ORDONNANCES
DES
ROYS DE FRANCE
DE LA
TROISIÉME RACE,

RECUEILLIES PAR ORDRE CHRONOLOGIQUE.

AVEC

Des renvoys des unes aux autres, des sommaires, des observations sur le Texte, & cinq Tables,

La 1.ere des Pâques, La 2.e des Ordonnances par ordre de date, La 3.e des Matieres, La 4.e des Noms des personnes, Et la 5.e des Noms des lieux.

PREMIER VOLUME.

Contenant ce qu'on a trouvé d'Ordonnances imprimées, ou manuscrites, depuis HUGUES CAPET, jusqu'à la fin du Regne DE CHARLES LE BEL.

Par M. DE LAURIERE ancien Avocat au Parlement.

A PARIS,
DE L'IMPRIMERIE ROYALE.

M. DCCXXIII.

AU ROY,

SIRE,

OFFRIR A VOSTRE MAJESTE' cette premiere partie du Recüeil general des Ordonnances de nos Roys de la troisiéme Race, ses Augustes Prédecesseurs, c'est luy rendre hommage de son propre bien, & ne luy presenter que ce qui luy appartient naturellement.

La sagesse de ces Loix a étendu leur Empire au de-là des limites de la France. Les autres Souverains de l'Europe les ont souvent adoptées; & elles ont regné, par l'exemple, dans les lieux mêmes, où elles ne pouvoient regner par l'authorité.

EPISTRE.

Vostre Majesté verra dans ce premier volume la Religion protegée, les libertez de l'Eglise Gallicane soutenuës, les guerres privées proscrites, l'usage barbare de commettre la verité & la justice mesmes au hasard des combats singuliers, presqu'entierement aboli, l'authorité & les droits du Sceptre maintenus contre les entreprises des Seigneurs, les alienations du Domaine de la Couronne justement revoquées, & la fortune des peuples, exposée autrefois à la violence & à l'usurpation, devenuë tranquille & florissante, à l'ombre de la justice & de la puissance Royale.

Il manquoit au bonheur & à la gloire même de la France, d'avoir le Recüeil entier de tant de loix, où elle trouve le fondement de sa grandeur, autant que de sa felicité. Le feu Roy vostre Bisayeul d'immortelle memoire, conçût le dessein de luy procurer cet avantage; & portant encore plus loin les vües de sa profonde sagesse, le principal objet qu'il se proposa, fut de choisir les plus saintes & les plus justes dispositions des Ordonnances que ce Recüeil doit renfermer, pour en former une Loy generale, qui devînt par sa perfection, comme par son authorité, la regle immuable & universelle de son Royaume.

Le grand Prince à qui l'administration de

l'Estat estoit confiée pendant vostre minorité, est entré dans ces mêmes vües, lorsqu'il a ordonné la continuation du Recüeil commencé sous les auspices du feu Roy. Mais c'est à vous, SIRE, *qu'il est reservé de mettre la derniere main à un ouvrage si vaste, si utile à vos peuples & si glorieux à* VOSTRE MAJESTE' *même.*

Fils d'un pere qui par son amour pour la justice & pour le bien public, faisoit nostre admiration & nos delices, vous estes, SIRE, *l'heritier de ses sentimens, de ses vertus; & vous allez nous tenir tout ce qu'il nous promettoit. Lès solides & touchantes instructions que vous avez reçûës du feu Roy, dans les derniers momens de sa vie, vous sont & vous seront toûjours presentes. Déja le Ciel vous comble de ses plus précieuses benedictions. Une paix heureuse, & plus affermie que jamais, par les soins du Prince, qui vient de vous remettre les resnes du gouvernement, consacre les prémices de vostre Regne. La justice sera le fruit de la Paix. Et tous vos peuples qui ont un respect & une affection si tendre pour* VOSTRE MAJESTE', *esperent que preferant le nom de Juste, & le titre de Legislateur, à ceux de Victorieux & de Conquerant, vous rendrez vostre Regne encore plus illustre, par son équité & par ſa ſageſſe, qu'aucun de ceux de vos Predeceſſeurs ne l'a eſté, par leurs victoires & par leurs conqueſtes.*

Ce ſont les vœux, SIRE, de celuy qui a l'honneur de vous preſenter cet ouvrage, & qui eſt avec le plus profond reſpect.

SIRE,

DE VOSTRE MAJESTÉ.

Le trés humble & trés obéiſſant ſerviteur & ſujet DE LAURIERE.

PREFACE.

PREFACE.

1. IL y a eû jusques icy differens Recüeils des *Ordonnances de nos Rois de la troisiéme race*. Mais ces Recüeils, & surtout les premiers ont esté tres imparfaits.

Vers l'année 1315. *Guillaume du (a) Breüil* Avocat, & autheur de *l'ancien stile du Parlement de Paris*, compila ce qu'il put trouver de ces Ordonnances, dont il composa la (b) *troisiéme partie* de son ouvrage. Et comme il vivoit (c) sous le regne de *Loüis le Hutin*, il n'y pût mettre que des Ordonnances de ce Prince, de *Philippe le Bel* son pere, de *Philippe le Hardy* son ayeul, & *de S.t Loüis* son bisayeul, sans remonter plus haut, parce que les Ordonnances des Rois plus anciens n'estoient pas alors bien connuës.

2. Vers l'année 1549. (d) *Du Molin* revit & corrigea cet *ancien stile*. Et comme cette Compilation luy parut defectueuse, il y adjoûta plusieurs dispositions d'Ordonnances latines (e) de *S.t Loüis*, de *Philippe le Bel*, de *Loüis le Hutin*, de *Philippe de Valois*, du Roy *Jean*, de *Charles V.* de *Charles VI.* de *Charles VII.* de *Loüis XI.* & de *Charles VIII*, qui n'estoient pas dans les Compilations Françoises, dont on se servoit alors.

3. *Du Molin* divisa cette Compilation en (f) *cinquante titres*, suivant l'ordre des matieres, qu'il jugea à propos de se prescrire. Et coupant, pour ainsi dire, & divisant toutes ces Ordonnances, il mit ses Lecteurs presque dans l'impossibilité de les étudier de suite, & chacunes d'elles séparément.

4. Peu d'années aprés il parut une autre Compilation, de l'impression des *Etiennes*, divisée en deux petits volumes *in folio*, dont le *premier* contient seulement *quarante-cinq* Ordonnances, qui sont presque toutes Françoises, entre lesquelles sont les grandes du *Roy Jean*, de *Charles VI.* de *Charles VII.* de *Loüis XI.* & de *Loüis XII.* dont quelques-unes ne sont néantmoins que par extraits. Et on ne fit entrer dans le second volume, que des Ordonnances de *François I.* tant sur le fait de la guerre, que sur d'autres matieres, à compter depuis le 3. Septembre 1514. jusques en 1546, qui furent toutes mises par ordre chronologique.

5. En l'année 1549. *Pierre Rebuffi*, distribua de nouveau par ordre des matieres, quelques articles de ces Ordonnances, & d'autres qui furent faites ensuite. Il donna ce Recüeil au public avec de grands commentaires, que peu de personnes lisent aujourd'huy, & dans lesquels, il y a néantmoins de bonnes choses.

NOTES.

(a) Voyez le tome 2. des ouvrages de Du Molin, page 402.

(b) Voyez le tome 2. des œuvres de Du Molin, page 487.

(c) Voyez la preface de Du Molin sur l'ancien stile, tome 2. page 407. colomne 2. vers le milieu.

(d) Voyez l'Epistre de Du Molin à la teste du stile page 405. 406. tome 2.

(e) Voyez le tome 2. des œuvres de Du Molin page 847.

(f) Voyez cette Compilation, au lieu marqué cy-dessus.

6. Comme il manquoit beaucoup d'Ordonnances dans ces *Collections* & dans d'autres, qui estoient alors, dont on ne parle pas icy, *Fontanon* Avocat au Parlement en entreprit une nouvelle, aidé par le celebre (*a*) *Pierre Pithou*, par *Bergeron*, & autres sçavants Jurisconsultes de son temps. Et aprés plusieurs recherches, il fit imprimer en l'année 1580. son *Recüeil*, qu'il divisa en quatre tomes *in folio*, reliez en deux volumes. Il y fit entrer plusieurs Ordonnances qui n'avoient pas encore esté imprimées, dont les plus anciennes sont de *S.t Loüis*, & il subdivisa chaque tome en differents Livres.

7. Dans le *premier Livre* du *tome premier*, il mit toutes les Ordonnances qui concernoient la *Chancellerie*, les *Sçeaux*, le *Parlement de Paris*, avec ses *Officiers*, les *Parlemens* de *Toulouse*, de *Bordeaux*, de *Dijon*, d'*Aix*, de *Bretagne* & de *Roüen*, avec leurs Officiers.

8. Il renferma dans le *second* Livre, les Ordonnances qui regardoient les *Juges inferieurs*, les *Baillis*, les *Seneschaux*, les *Prevosts*, les *Avocats*, & les *Procureurs* du *Roy*, les Juges *Consuls*, les *Enquesteurs*, & les *Examinateurs*.

9. Il fit entrer dans le *troisiéme*, tout ce qui regloit l'instruction *des procés* civils & criminels, tant aux *Parlemens*, qu'aux Justices inferieures.

10. Il plaça dans le quatriéme, ce qui concernoit les *Contracts*, les *restitutions* en entier, les *prescriptions*, les *rentes foncieres*, les *rentes constituées*, les *censives*, *&c.*

11. Et le cinquiéme comprit tout ce qui avoit rapport à la Police.

12. Dans son *second tome*, il tint à peu prés le mesme ordre qu'il s'estoit proposé, dans le precedent, à l'égard de la Justice.

13. Il renferma dans le *premier Livre*, tout ce qui concernoit le *Roy*, la *Reyne*, la *Regence* du Royaume, Messieurs les *Enfans de France*, & les *Princes du Sang* Royal.

14. Il mit dans le *second Livre*, toutes les Ordonnances faites pour les *Officiers du Domaine*, & pour la *Chambre des Comptes*.

15. Et il plaça dans le *troisiéme* & dernier Livre, celles qui regloient les *franchises des Officiers* extraordinaires, tant de Judicature, que *Comptables*, & tout ce qui concernoit les *Subsides* & les *Subventions*.

16. Le *troisiéme tome* fut employé, à traiter du *Lieutenant general* pour le Roy, des Gouverneurs des Provinces, du Connestable, de l'Amiral, des *Chevaliers* de S.t *Michel*, de ceux du S.t *Esprit*, & de la *Noblesse*.

17. Et enfin il composa *son quatriéme tome*, de ce qui regardoit le *Clergé*, la *Discipline Ecclesiastique*, les *Collations des Benefices*, l'*Université* de Paris, &c.

18. *Gabriel* de la *Rochemaillet* Avocat au Parlement de Paris revit cet ouvrage, par ordre de *Monsieur le Chancelier de Syllery*. En l'année 1611. il en donna une seconde Edition en trois gros volumes *in folio*, & il l'augmenta d'un fort grand nombre d'Ordonnances, tant anciennes que nouvelles, qui n'avoient pas esté imprimées.

19. Mais au lieu de distribuer toutes ces Ordonnances, suivant *l'ordre de Fontanon*, en les répandant sous les titres, qui leur convenoient, il les mit par

NOTES.

(*a*) Voyez la Preface de Fontanon à la teste de sa Collection.

forme *d'Appendice*, & avec une telle confusion, qu'il n'y a pas mesme gardé éxactement l'ordre des dates. Ensorte qu'il est vray de dire que ce Recüeil, qui est asseurément le plus complet que nous ayons, est cependant imparfait en beaucoup de choses.

20. *Premierement*, parce qu'il y manque un grand nombre d'Ordonnances, que ni *Fontanon*, ni de la *Rochemaillet* ne connoissoient pas, faute de recherches suffisantes dans les dépôsts publics du Royaume.

21. 2.° Parce que dans l'arrangement que *Fontanon* s'estoit proposé, les Ordonnances qui comprennent un grand nombre d'articles, sont tellement *divisées*, *coupées* & *dispersées*, dans *ces trois volumes*, qu'il n'est presque pas possible de les lire de suite. Et ne sçachant où en mettre le commencement & la fin, il a esté obligé de les placer dans *sa Table* chronologique. On en peut voir un exemple dans l'Ordonnance de *Philippe le Bel* de l'an 1302. pour l'utilité du Royaume.

22. 3.° Parce que Fontanon a fait entrer dans sa Collection un grand nombre de Pieces qui n'y convenoient pas, parce qu'elles ne sont pas des Ordonnances.

23. Et enfin, parce qu'ayant fait imprimer plusieurs Ordonnances sur de mauvaises Copies, ainsi qu'aprés luy de la *Rochemaillet*, ces Ordonnances sont si pleines de fautes, & si tronquées, qu'il est souvent impossible de les entendre.

24. Lorsquè la premiere Edition de la *Collection de Fontanon* eût paru, le Roy *Henry III.* crut qu'il estoit à propos pour le bien de son Royaume, de faire à l'imitation de *Justinien*, un Recüeil abregé, de toutes les Ordonnances des Roys ses predecesseurs & des siennes. M.r *Brisson* Avocat General, & ensuite President au Parlement de Paris, qui estoit alors regardé comme un tres grand Jurisconsulte, fut honoré par le Roy de cette Commission, dont il s'acquitta avec soin & diligence. Et il fit imprimer son Ouvrage en l'année 1587. sous le nom de *Basiliques & de Code Henry*.

25. Dés que cet Ouvrage parut, *le Roy* en fit envoyer des Exemplaires à tous les (*a*) Parlemens, pour l'examiner, l'augmenter, ou le diminuer, comme il leur paroistroit juste & raisonnable, parce que son intention estoit de luy donner force de Loy dans tout son Royaume, aprés les corrections qui y auroient esté faites.

26. Mais les guerres civiles, qui desolérent l'Estat pendant tant d'années, la mort *d'Henry III.* & du President *Brisson* empeschérent l'execution de ce projet.

27. Quoyque cet ouvrage soit tres bon, si on le considere comme Code, ou Loy nouvelle, on peut dire cependant qu'il est difficile d'en porter un jugement aussi avantageux, en le considerant comme *Compilation*, parce que les Ordonnances y sont plus *divisées*, plus *coupées* & plus *dispersées*, que dans le Recüeil de *Fontanon*.

28. En l'année 1596. *Guenois* fit imprimer, en un seul volume *in folio*, sa

NOTES.

(*a*) Voyez les Prefaces du Code Henry.

Conference des Ordonnances, qui a depuis esté augmentée, & dont la derniere édition est en trois volumes *in folio*.

29. Cet autheur se proposa dans cet Ouvrage, un dessein tout different de celuy de *l'autheur du Code Henry*, car au lieu que M.[r] *le President Brisson*, n'avoit eû en veüe, que de ramasser les Ordonnances de nos Roys les plus sages & les plus justes, pour en faire, comme on l'a dit, *un Code*. *Guenois* se proposa seulement de compiler, sous differens titres, toutes les dispositions de nos Roys sur differentes matieres, afin que le lecteur fut en estat de les conférer aisément, ce qui ne peut estre de quelque utilité, que lorsqu'une Ordonnance posterieure adjoûte, ou diminüe quelque chose à la precedente, parce qu'on peut connoistre par là un progrés de Droit. Mais lorsqu'elles sont en tout semblables, il est évident que la Conference en est inutile, & que c'est en vain qu'elles sont transcrites les unes aprés les autres, par ordre des dates.

30. C'est aussi sans raison, que *Guenois* s'estoit proposé pour modele le *Code de Justinien*, parce que si *Tribonien*, qui en est l'autheur, y a distribué par ordre des matieres les Constitutions des Empereurs, qui estoient souvent des décisions singulieres, ce n'est que parce qu'il n'estoit pas possible de leur donner un autre ordre, au lieu que *Guenois* coupant, pour ainsi dire, divisant & dispersant les Ordonnances generales, il les a données autrement que le Legislateur les a faites, & met comme on l'a dit, ceux qui veulent les étudier, presque dans l'impossibilité de les lire de suite.

31. Vers le commencement du dernier siecle, en l'année 1620. on fit une *nouvelle Compilation* d'Ordonnances par ordre chronologique. Elle fut divisée *en trois parties*, & ne contient que les Ordonnances qui reglent les matieres les plus frequentes au Palais.

32. *Neron* & *Girard* Avocats perfectionnerent ensuite ce *petit Recüeil*, soit en y joignant d'autres Ordonnances importantes, soit par les petites notes & les renvoys qu'ils y firent. Et cette Collection qui est, comme on vient de le dire, par *ordre chronologique*, & dans laquelle chaque Ordonnance se trouve de suite & entiere, a eû plus de succés, & est d'un plus grand usage que les Collections precedentes. Tant il est vray, que ceux qui s'appliquent à l'étude des Loix veulent les lire de suite, & telles que le Souverain les a données.

33. Ce mesme *Girard*, dont on vient de parler, fit aussi imprimer un Recüeil *des Offices de France*, divisé en trois livres, dont le *premier* traite *des Parlemens*. Le *second* des *Chanceliers* & des *Gardes des Sceaux*, & le *troisiéme* des *Baillis* & des *Seneschaux*, *&c.* Il fit entrer dans ce Recüeil, un grand nombre d'Edits de creation d'Offices. Et enfin *Jolly*, qui revit cet ouvrage, & qui par ses additions en composa *deux gros volumes*, tels qu'ils parurent en 1645. & 1647. y adjoûta un grand nombre d'Ordonnances qui n'estoient pas dans les *Compilations* precedentes. Mais comme ces Ordonnances estoient hors de leur place, & données sans aucun ordre qui put les faire trouver aisément, elles n'ont esté presque d'aucun usage, parce qu'on ne les connoissoit pas.

34. Ces differents Recüeils des Ordonnances de nos Roys, estant donc ou *imparfaits*, ou donnez dans un *mauvais ordre*, le feu Roy *Loüis XIV. d'heureuse memoire* crut, qu'il estoit necessaire pour le bien de son Estat, de faire travailler, sous son autorité à une nouvelle *Collection*, plus ample, plus

correcte,

correcte, & mieux ordonnée que les precedentes, sans remonter néantmoins jusques aux Ordonnances des Roys des deux *premieres Races*, soit parce que la pluspart de ces Loix, sont si differentes de celles qui sont aujourd'huy en usage parmi nous, qu'il semble qu'elles ayent esté faites pour d'autres peuples, soit parce qu'on ne pouvoit rien ajoûter de nouveau aux Recueils imprimez de ces Ordonnances, qui ont esté donnez sous le titre de *Loix anciennes*, & de *Capitulaires* des Roys de France.

35. Le commencement du regne d'*Hugues Capet* fut donc l'époque que l'on jugea à propos de donner à cette Collection; Et le feu Roy ayant expliqué ses intentions, à ce sujet, il se reposa de l'execution sur Monsieur le Chancelier de *Pontchartrain*.

36. Monsieur le Chancelier de *Pontchartrain*, en execution de la volonté du Roy, envoya des ordres de tous costez, pour faire chercher & transcrire dans les déposts publics, les Ordonnances qu'on y trouveroit, ce qui a esté executé avec tant d'exactitude, que les Ordonnances ainsi recouvrées, qu'on ne connoissoit presque pas, surpassent de beaucoup le nombre de celles qui avoient esté imprimées, puisque toutes celles de nos Roys de la *troisiéme race*, jusques à *Philippe de Valois*, dont il n'y a que *trente-cinq*, ou *quarante* dans la Table chronologique de *Fontanon*, font icy un gros volume *in folio*.

37. Lorsque les Copies de tout ce qui avoit esté trouvé dans les differentes archives, eurent esté envoyées à *Monsieur le Chancelier de Pontchartrain*, & que ceux qui estoient chargez de la nouvelle *Compilation*, les eurent examinées, ils crurent qu'il estoit necessaire d'instruire le public, du *projet* de cet Ouvrage, & de faire imprimer dans cette veüe, *une Table chronologique* de toutes les Ordonnances de nos Roys de la troisiéme race, jusques en l'année 1400, tant de celles qui avoient esté déja publiées, que de celles qui avoient esté recouvrées nouvellement, pour exciter par là les Sçavants à fournir ce qui se pourroit trouver dans les *cabinets* particuliers, & à communiquer leurs observations, afin que par ce secours rien ne manquât à l'exactitude, & à l'entreprise du Recüeil qu'on se preparoit de donner au public.

38. Monsieur le *Chancelier de Pontchartrain* ayant approuvé cette pensée, elle donna lieu à la *Table chronologique*, qui fut imprimée en l'année 1686, dans laquelle on ne jugea pas à propos de comprendre les Ordonnances posterieures à l'année 1400. parce que comme elles se trouvent aisément depuis cette époque, dans les déposts publics, on ne crut pas avoir besoin du mesme secours pour ces Ordonnances, que pour celles qui les precedent, dont la recherche estoit beaucoup plus difficile.

39. Il s'estoit glissé dans cette Table, comme dans les anciennes Collections, quelques *pieces* qui ne meritoient pas le *nom d'Ordonnances*. Comme par exemple, *le Capitulaire* de l'Abbé *Abbon*, lequel n'est qu'un Recüeil de differens Canons, qui n'est pas revêtu du caractere de l'autorité Royale. Et c'est par cette raison qu'on n'a pas jugé à propos de le faire entrer dans la Compilation presente, qui ne doit contenir que ce qui porte ce caractere.

40. On auroit pû retrancher aussi quelques *Lettres Patentes* d'*Henry premier*, de *Philippe premier*, de *Loüis VI.* dit *le Gros*, qui sont plustost des *Privileges* que des *Ordonnances*. Mais aprés y avoir fait reflexion, on a crû devoir les

inserer dans cet ouvrage, parce qu'il ne se trouve aucune Ordonnance de ces Princes, & que ces Privileges ont fait en leur temps une espece de Droit.

41. On a hésité long-temps sur l'ordre que l'on donneroit à cette *Compilation.* On n'avoit à suivre que celuy *des temps*, ou celuy des *matieres*. Et aprés avoir beaucoup balancé les avantages & les inconveniens de ces deux ordres différens, on s'est déterminé à rejetter l'ordre des *matieres*, par les raisons qu'on vient de toucher en parlant *des Collections precedentes*, & à préférer *l'ordre chronologique* comme plus utile, non seulement aux *Jurisconsultes*, par la facilité qu'il leur procure de lire les Loix toutes entieres avec leurs *préambules*, qui servent souvent à faire connoistre leur veritable esprit, mais encore aux *Sçavants* qui étudient les Loix, soit par rapport à certains faits historiques, soit pour connoistre les mœurs & les usages de chaque siecle.

42. Ce n'est pas, qu'il ne soit souvent fort commode, & fort avantageux aux *Jurisconsultes* & aux *Sçavants* mesmes, d'avoir sur chaque matiere la suite des Loix qui ont esté faites, pour y establir des regles certaines. Mais ils trouveront tout ce qu'ils peuvent desirer à cet égard, dans *les Tables redigées par ordre des matieres*, qui seront à la fin de chaque volume, & dont on formera *une generale* dans le dernier. On suppléra par là au seul défaut qui peut se trouver dans *l'ordre chronologique* : Et en réünissant ainsi ces deux ordres, on sera en estat de se former une juste idée de la partie la plus importante de nostre Droit, qui consiste dans les Ordonnances de nos Roys.

43. On a eû soin encore de faire des renvois d'une Ordonnance à l'autre, lorsqu'elles ont des dispositions, ou *semblables*, ou *contraires*, ou *differentes* sur le mesme sujet. Et comme ces *renvois* seront contenus dans chaque volume, ensorte que le suivant rappellera toûjours le precedent, dans les changements qui auront esté faits par les Ordonnances des Roys posterieurs, le Lecteur attentif aura la facilité de suivre exactement par ce moyen, le progrés de la Jurisprudence, depuis le premier siecle de cette *Compilation.*

44. L'ordre chronologique, quoyque le plus simple, & en apparence le plus facile, a esté souvent d'un assez grand travail dans l'execution, soit par la difficulté de fixer exactement l'époque du commencement de *certains regnes*, soit par celle qu'on a trouvée à marquer *les dates* de quelques Ordonnances, parce que pendant plusieurs siecles, *l'année civile* commençoit à *Pâques.* Et comme c'est une feste mobile, le premier jour de chaque année l'estoit aussi, ensorte qu'il arrivoit que les mois de *Mars* & d'*Avril* se trouvoient quelquefois dans deux années differentes. Le commencement d'un de ces mois en finissoit une, & la fin commençoit l'année suivante, ce qui a duré jusques en l'année 1552, en laquelle ce mauvais usage fut aboli par l'Article XXXIX. de l'Ordonnance de *Roussillon.*

45. Aprés avoir marqué l'ordre que l'on s'est prescrit dans cette *Compilation*, il est temps de donner une idée plus exacte du grand nombre d'Ordonnances, qu'on a ajoûtées aux Recüeils precedents.

46. La plus considerable, parce qu'elle peut estre regardée comme une espece de Loy generale du Droit François, & comme une espece *de Code*, est ce qu'on appelle les *Establissemens de S.t Loüis.*

47. Dans un ancien Registre, qui est à l'Hostel de Ville d'Amiens, cette

Ordonnance est intitulée *Les Establissemens de (a) France confirmez en plein Parlement, par les Barons du Royaume.*

48. Mais ce titre est (b) contesté par plusieurs Sçavants, qui prétendent que ces *Establissemens* n'ont point eû force de Loy, & qu'il n'est pas vray qu'ils ayent esté faits & publiez en *plein Parlement*. Leurs raisons sont:

49. *Premierement.* Qu'il n'est pas possible qu'ils ayent esté faits & publiez en 1270. avant le départ *de S.t Loüis* pour passer en Afrique, puisque selon *Guillaume de Nangis* autheur contemporain, le Roy partit d'*Aiguemortes* en 1269. le mardy d'aprés les festes *de S.t Pierre & de S.t Paul,* que l'on celebre le 29. du mois de Juin.

50. 2.° Parce que la forme d'Ordonnance ne s'y trouve pas, y ayant plusieurs citations de *Canons*, du *Decret*, de chapitres des *Decretales*, & de Loix du *Digeste* & du *Code*, ce qui est, dit-on, sans exemple, dans tout ce que nous avons de Loix de nos Roys de la troisiéme race.

51. 3.° Parce que ce qui est dit dans la Preface, qu'ils furent faits pour estre observez dans toutes les Cours du Royaume, n'est pas veritable, puisque par l'Article XV. du premier Livre, le Doüaire coutumier est réduit *au tiers* des immeubles, que les maris possedoient au jour des épousailles, au lieu que nous apprenons de (c) *Pierre de Fontaines* & de *Philippe* (d) *de Beaumanoir*, que le *Doüaire coutumier* estoit alors de la *moitié des immeubles* des maris, suivant l'Ordonnance de *Philippe Auguste* de l'année 1214, qui est encore pratiquée dans presque tout le Royaume.

52. On répond d'un autre costé.

Premierement, Que la date de *Guillaume de Nangis* est évidemment fausse, soit qu'il se soit trompé luy-mesme, soit que l'erreur se soit glissée dans son Histoire, par la faute des Copistes. Il est constant que *S.t Loüis* mourut en Afrique, en arrivant à *Thunis*, la mesme année qu'il partit d'*Aiguemortes*. Et comme tout le monde convient qu'il est decedé le 25. Aoust 1270, il s'ensuit par une consequence necessaire, qu'il partit d'*Aiguemortes* en 1270, & non en 1269. comme *Guillaume de Nangis* l'a écrit. En sorte que l'argument que l'on tire de cet autheur pour prouver que *ces Establissemens* n'ont pû estre publiez avant le départ du Roy est faux, parce que *S.t Loüis* fut prés de deux mois à *Aiguemortes*, avant que de pouvoir s'embarquer.

53. 2.° Que *le Testament de S.t Loüis* fait à Paris, & daté du mois de Fevrier 1269. à la fin de cette année, est une preuve manifeste de la faute qu'il y a dans *Guillaume de Nangis*, car le Roy estant parti vers le *mois* d'*Aoust suivant*, il faut necessairement que ce *mois* d'*Aoust suivant* ait esté de l'année 1270. Et comme il est decedé au *mois* d'*Aoust* en arrivant en Afrique, il s'ensuit que c'est dans ce mesme *mois* d'*Aoust* 1270, ou autrement il faudroit dire qu'il auroit fait son Testament aprés sa mort.

NOTES.

(a) Du Cange dans sa Preface sur ces Establissemens.

(b) Du Cange dans sa Preface sur ces Establissemens.

(c) Pierre de Fontaines dans son conseil chap. 21. article 52.

(d) Beaumanoir dans ses Coutumes du Beauvoisis, au chapitre des Doüaires, page 76. lignes 22. & 24.

54. 3.° Qu'il ne s'ensuit pas que ces *Establissemens*, ne soient pas des *Ordonnances*, parce qu'il y a des citations de *Canons*, de *Decretales* & de *Loix* du *Digeste* & du *Code*, car de quelque maniere qu'ils soient redigez, il a suffi que le Roy les ait autorisez pour leur avoir donné force de Loy.

55. 4.° Que comme *S.t Loüis*, en confirmant *ces Establissemens* n'avoit pas dérogé aux Coutumes establies dans son Royaume, ni aux Loix anterieures, qui y estoient pratiquées, il n'est pas estonnant qu'à Paris, & en plusieurs Provinces, le Doüaire coutumier ait continué d'estre *de la moitié des immeubles* des maris, suivant l'Ordonnance de *Philippe Auguste* de l'an 1214.

56. Et enfin qu'ils sont citez, non seulement par des autheurs à peu prés contemporains de *S.t Loüis*, Comme *Philippe de Beaumanoir*, mais encore par des *Roys* enfans & successeurs *de S.t Loüis*. Car lorsque *Charles le Bel* dit dans une de ses Lettres Patentes de l'an 1326. qu'en levant *le droit d'amortissement* sur les gens d'Eglise, (*a*) il suivoit les vestiges *de S.t Loüis* son bisayeul. *Ecclesiarum utilitati, & subjectorum nostrorum quieti. Prædecessorum nostrorum & maxime* Beati Ludovici, *proavi nostri inhærendo vestigiis, inhærere volentes, &c.* Cela doit estre entendu du chapitre 125. du premier Livre des *Establissemens*, par lequel ce juste Roy ordonne que *Se aucuns avoit donné à aucune Religion, ou aucune Abbaye, une piece de terre, li Sires, en qui fié seroit, ne le souffriroit pas par Droit, se il ne voloit, ains le porroit bien prendre en sa main, Més que cil à qui l'aumosne auroit esté donnée, si devroit venir au Seigneur, & li devroit dire en telle maniere.* Sire nous a esté donné en aumosne, se il vous plaist, nous le tenions, & se il vous plaist, nous l'osterons de nostre main, dedans le terme advenant. *S'il leur doit li Sires esgarder qu'ils la doivent oster dedans l'an & le jour de leur main. Et se il ne l'ostoient, li Sires la porroit penre, comme en son domaine, & si ne leur répondroit ja, par droit.* Ainsi ces Establissemens estant de *veritables Loix*, on n'a pû se dispenser de leur donner place dans ce Recüeil.

57. L'édition que M.r Du Cange donna le premier de ces *Establissemens*, en l'année 1658. à la suite (*b*) de l'Histoire de *Joinville*, fut faite sur un manuscrit, qui avoit appartenu au S.r *Chantereau le Fevre*, Tresorier de France à Soissons, dont la Copie fut conferée sur un autre manuscrit, qui avoit appartenu à feu M.r *Nublé* ancien Avocat. Mais comme ces deux manuscrits n'estoient pas corrects, l'édition de M.r *Du Cange* s'est trouvée *remplie de fautes*. On a esté obligé, pour en donner une plus exacte, d'avoir recours *à d'autres manuscrits*. Et on en a trouvé *quatre*, dont *Monsieur le Chancelier* en a bien voulu communiquer deux. M.r *Joubert* Syndic des Estats de Languedoc, a fourni *le troisiéme*, qui avoit appartenu au S.r *Caseneuve*. Et feu M.r *Baluze le quatriéme*.

58. On a conferé exactement ces *quatre manuscrits* les uns avec les autres, & on a fait au texte par ce moyen plusieurs *corrections*, sans quoy un bon nombre de chapitres n'auroient peut-estre jamais esté entendus.

59. Quant aux *observations* que feu M.r *Du Cange* y avoit faites, quoy-

NOTES.

(*a*) Ces Lettres sont dans ce volume au 18. Juillet 1326. page 797.
(*b*) Voyez la Preface de Du Cange sur ces Establissemens.

qu'elles

qu'elles soient tres sçavantes & tres curieuses, on a jugé à propos de ne les pas donner, parce que n'estant qu'historiques & philologiques, elles conviennent peu à cette *Compilation*, qui est un ouvrage de Droit. Mais on en a fait *de nouvelles* beaucoup plus amples, & qui seront plus utiles à ceux qui veulent prendre *nostre Droit* dans sa source, & en connoistre les *premiers & les vrays principes*.

60. On passera plus légérement sur les autres *Ordonnances* qu'on publie icy *de nouveau*, parce qu'elles sont beaucoup moins considerables, que le corps des *Establissemens de S.t Loüis*, que l'on peut regarder comme *un Code ancien du Droit François*. Et on se contentera de remarquer, que l'on trouvera *dans ce Recüeil*, cinq Lettres Patentes, tant d'*Henry premier*, que de *Philippe premier* & de *Loüis le Gros*. Une Ordonnance de *Loüis le Gros* & de *Loüis VII. dit le Jeune*, quatre, tant Ordonnances que Lettres Patentes de *Loüis le Jeune seul*; vingt & une Ordonnances de *Philippe Auguste*, deux de *Loüis VIII.* trente-une *de S.t Loüis*, seize de *Philippe le Hardy*, cent soixante-quatre de *Philippe le Bel*, trente-cinq de *Loüis le Hutin*, & trente-quatre de *Charles le Bel*, ce qui fait en tout *trois cens treize* Ordonnances, au lieu que toutes celles de ces Princes rapportées, par *Fontanon*, ne sont en tout qu'au nombre de *trente-cinq* ou *quarante*.

61. Jusques icy on n'a parlé que de ce qui regarde cette *Compilation* en general, mais il ne sera pas inutile à present de s'étendre un peu plus, sur les matieres qui sont traitées dans ce premier volume.

62. Ces Ordonnances roulent principalement sur les points suivants, sçavoir, les *Amortissemens*, les *Francs-fiefs*, le Droit d'*Aubaine*, le Droit de *Bâtardise*, le *Frerage* & le *Parage*, les *Guerres privées*, les *Duels*, ou *Gages de batailles*, les *Inaliénations du domaine de la Couronne*, & la *Revocation* de ce qui en avoit esté *aliené*. On va tâcher de donner une idée generale de ce qu'il y a de plus important sur chacun de ces points dans ces Ordonnances. Et quoyque l'on soit obligé de se renfermer dans des bornes proportionnées à celles que doit avoir *une Preface*, on espere néantmoins, que ce qu'on dira sur ce sujet, pourra servir *d'introduction* à cette partie de nostre Droit, & faciliter à tous ceux qui le liront, *l'intelligence* de toutes ces Ordonnances sur ces matieres.

Des Amortissemens.

63. C'est un fait constant, & connu de tout le monde, que sous *nos Roys* de la *premiere* & de la *seconde* race, l'*Eglise acqueroit librement des fonds*, & que nos Roys, qui, par pieté, favorisoient ces acquisitions, luy accordoient des *Lettres de garde*, ou de *protection*, qui estoient nommées *Emunitates*, dans la moyenne & la basse *Latinité*.

64. On trouve dans les preuves des histoires des anciens monasteres, plusieurs de ces Lettres, où l'on void, que ces *immunitez* ne consistoient que dans l'exemption de la *Jurisdiction seculiere*, & de quelques *imposts* & *amendes*, *&c.* Elles estoient ordinairement conçeuës en ces termes. (*a*) *Ut nullus Judex pu-*

NOTES.

(a) D. Bignonius ad Marculfum libro 2. cap. 3. col. 877. 878.

blicus, quolibet modo, judiciariâ accinctus potestate, in curtes ipsius monasterii, ubicumque ad præsens eorum maneat possessio, vel dominatio, aut quod inantea fuerit additum, vel condonatum, nec ad causas audiendum, nec fidejussores tollendum, nec freda exigendum, nec mansiones faciendum, vel rotaticum intra urbes, vel in mercatis extorquendum, nec ullas paratas, aut quaslibet redhibitiones exactare præsumat. Car pour ce qui regarde le (*a*) *Cens*, il estoit ordonné par les Capitulaires, que les gens d'Eglise le payeroient comme les seculiers, à la reserve d'une certaine quantité de terre designée par le nom de *Mansus*, qui estoit exempt de toute sorte de services & de devoirs Seigneuriaux. *Unicuique Ecclesiæ unus mansus integer, absque ullo servitio adtribuatur, & si aliquid amplius habuerit inde Senioribus suis debitum servitium impendant.*

65. Mais lorsque sur le declin de la *seconde race* de nos Roys, & au commencement de la *troisiéme*, les *droits de mutation*, dans la possession des fonds, eurent esté establis, les Eglises commencerent d'estre troublées dans les acquisitions qu'elles firent, parce que comme elles ne *meurent point*, & qu'elles *n'alienent* presque jamais, les Seigneurs perdoient leurs droits de *lods & ventes*, de *rachats*, ou *de reliefs*, qui n'auroient pas manqué de leur échoir, si ces mesmes fonds avoient esté possedez par des seculiers.

66. Les contestations que les Seigneurs eurent à ce sujet contre les Eglises, s'estant fortement renouvellées sous le regne de *Loüis IX.* Ce saint Roy se crut obligé en conscience de les décider contr'elles, en ordonnant, qu'elles seroient obligées de traiter avec les Seigneurs feodaux, pour estre conservées dans la possession des heritages qu'elles auroient acquis dans leurs mouvances, sinon qu'elles seroient contraintes de les mettre, dans l'an, & dans le jour, hors de leurs mains, sous peine de *confiscation*. Cet establissement déja rapporté cy-dessus est conceû en ces termes : *Se aucuns avoit donné à aucune Religion, ou à aucune Abbaye, une piece de terre, li Sires, en qui fié ce seroit, ne le soufferroit pas par droit, se il ne voulloit, mais le poroit bien penre en sa main. Més cil à qui l'aumône auroit esté donnée, si doit venir au Seigneur, & li doit dire en telle maniere.* Sires ce nous a esté donné à aumosne, si il vous plaist nous le tenions, & si il vous plaist nous l'osterons de nostre main, dedans terme advenant. *S'il leur doit li Sires esgarder, qu'ils la doivent oster dedans l'an & le jour de leur main. Et se ils ne l'ostoient, li Sires la porroit penre comme* SON DOMAINE. *Et si ja ne respondroit par Droit, &c.*

67. Aprés cette décision royale, les Eglises furent dans la necessité de traiter avec les *Seigneurs feodaux immédiats*, pour éviter la confiscation & pour se faire *conserver dans la possession paisible des biens immeubles qu'elles avoient acquis.* Graces que les Seigneurs n'accordoient que moyennant une *finance* proportionnée à la perte qu'ils faisoient.

68. Mais (*b*) comme ces sortes de *graces* estoient des *diminutions*, ou pour parler comme nos anciens praticiens, des *abrégemens de fiefs*, les *Seigneurs médiats* s'en plaignirent & prétendirent que ces *abrégemens*, ou ces *diminutions*,

NOTES.

(*a*) *D. Bignonius ad Marculfum col. 877. 878.*

(*b*) Voyez ma Dissertation sur l'origine du droit d'amortissement, pages 88. 89.

n'avoient pû estre faites à leur préjudice. Ils mirent donc en leurs mains les heritages que les Eglises avoient acquis *nouvellement*, & pour lesquels elles avoient traité avec les *Seigneurs immédiats*, & ils ne les leur rendirent qu'à condition qu'elles s'en défairoient dans l'an & le jour. Ensorte qu'elles furent contraintes de financer pour une seconde fois au profit de ces Seigneurs, & ainsi de *Seigneurs* en *Seigneurs jusques au Roy, en remontant de degré en degré.* Et par là elles furent presque dans l'impossibilité d'*acquerir*, ou pour mieux dire de *conserver* des *fonds*, parce qu'au moyen de toutes ces finances, elles les payoient infiniment plus qu'ils ne valoient.

69. Et par la mesme raison un *serf*, ou un *mainmortable de corps* ne pouvoit presque point parvenir à obtenir sa franchise, parce que comme *membre de fief*, estant dévolu par son *premier affranchissement* au Seigneur *médiat*, & par le *second affranchissement au troisiéme Seigneur*, & ainsi de Seigneurs suzerains, en Seigneurs suzerains qui l'affranchissoient, jusques au Roy, il ne se trouvoit pas assez riche, pour payer à tous ces Seigneurs les finances qu'ils éxigeoient de luy.

70. (*a*) *Beaumanoir* explique ainsi tout cet ancien Droit, dans son vieil langage. *Tout aussint comme nous avons dit ichy dessus, que aucuns ne puet* franchir son serf, *sans l'autorité de son pardessus. Aussint nul ne puet donner* abriégement de serviches de fief, ne franchise de heritage, *sans l'autorité de son pardessus. Et se aucun* abriége le fief *qui est tenu de luy*, ou franchist aucun heritage, *li Sires, de qui che müet*, a gaingné l'homage *& est* à plain serviche. *Et l'heritage*, que il trouve franchi ensement, *& le fief que il trouve donné* en villenage *tout aussint, &c.*

71. Lorsque des *Ecclesiastiques seculiers*, ou des *Bourgeois* acqueroient des fiefs, comme ils ne pouvoient en rendre les services militaires qui en estoient dûs, ils en traitoient ordinairement avec les Seigneurs feodaux, qui les en *affranchissoient* pour de l'argent. Et parce que, par la mesme raison, tous les Seigneurs suzerains, en remontant de degré en degré jusques au Roy, & le Roy mesme éxigeoit d'eux de grosses finances, ils ne pouvoient *garder* leurs acquisitions, qu'à des conditions tres onereuses. Ce qui donna lieu à une infinité de nouvelles plaintes, tant de la part des *Communautez Religieuses*, que de celle des *Ecclesiastiques seculiers*, & des *Bourgeois*.

72. (*b*) *Philippe le Hardy* fils de *S.t Loüis* resolut de faire cesser ces plaintes, en donnant des bornes certaines aux prétentions excessives des Seigneurs. Et pour cet effet, il ordonna dans un Parlement tenu à Paris, aux festes de Noel de l'année 1275.

73. 1.° Que les gens d'Eglise qui produiroient des Lettres d'amortissement accordées par trois Seigneurs suzerains, en remontant de degré en degré, ne seroient plus inquietez.

74. 2.° Qu'ils ne seroient pas contraints de mettre hors de leurs mains

NOTES.

(*a*) Beaumanoir au chapitre 45. des aveux. Voyez l'article 17. des Loix de Thibaud Comte de Champagne, imprimées à la fin des Coutumes de Troyes, les anciennes Coutumes de Berry, chap. 29. page 267. & ma Dissertation sur l'origine du Droit d'amortissement, page 88.

(*b*) Voyez son Ordonnance cy-aprés, sous sa date.

les fonds qu'ils avoient acquis depuis vingt-neuf années, dans ſes fiefs & ſes arriere-fiefs, pourvû qu'ils luy payaſſent en argent l'eſtimation des fruits de deux années, ſi ces fonds leur avoient eſté *aumônez*. Et s'ils les avoient eû *à titre onereux*, parce qu'ils les avoient *achetez* eux-meſmes à prix d'argent, en payant l'eſtimation des fruits de trois années.

75. 3.° Quant aux *perſonnes non nobles*, qui avoient acquis des fiefs, il ordonna à ſes Officiers de ne les point inquieter, mais de les en laiſſer joüir paiſiblement, ſi elles les poſſedoient à *ſervices competents*, c'eſt-à-dire, ſans *diminution*, ou ſans *abrégement* des ſervices militaires.

76. 4.° Que ſi elles les poſſedoient avec *diminution*, ou *abregement* de ſervices, hors des terres de ſes Barons, & qu'il n'y eut pas *trois Seigneurs ſuzerains intermédiaires*, entre le Roy, & celuy qui avoit fait l'alienation, elles ſeroient tenuës d'en vuider leurs mains, ſi mieux elles n'aimoient payer en argent la valeur des fruits de deux années.

77. 5.° Et enfin qu'en cas que des *heritages feodaux euſſent eſté convertis, ou changez en cenſives*, les choſes ſeroient reſtablies, ou remiſes dans leur premier eſtat, ſi les poſſeſſeurs n'aimoient mieux luy payer la valeur des fruits de *quatre années*. Ce qui nous fait connoiſtre, que c'eſt par abus, & faute de ſçavoir les anciens principes, que ces ſortes de changemens ſont tolerez, & que ſuivant les veritables regles, de tels heritages, malgré le conſentement des Seigneurs immédiats, devroient eſtre *partagez noblement*, ſuivant les Coutumes, ſi la feodalité n'en a eſté amortie, ou éteinte par le Roy, comme *fieffeux ſouverain* dans ſon royaume. C'eſt la qualité qui luy eſt donnée dans quelques-unes de nos Coutumes.

78. Depuis cette Ordonnance, les non nobles furent jugez incapables de *poſſeder des fiefs*, parce qu'ils eſtoient incapables de les *deſſervir*. Ce qui ne doit néantmoins eſtre entendu, que des *fiefs qu'ils avoient acquis* par *achat*, ou par *eſchange*. Car quant à ceux qui leur eſtoient échus par *ſucceſſion*, il leur eſtoit permis de les poſſeder, comme nous l'apprenons de *Beaumanoir* à la fin du chapitre 48. de ſes Coutumes de Beauvoiſis, en ces termes :

79. *La* (a) *quinte reſon comment li hons de poote puet tenir fief, ſi eſt quand il* li échet de coſté, comme au plus prochain. *Tout fuſt-il ainſi, que cil de qui* il échoit fuſt *gentilhoume, ou homme de poote*. Car l'intention de l'eſtabliſſement n'eſt pas, que nul perde ſon droit de l'heritage, qui doit venir pour raiſon de lignage. *Ainchois eſt pour che que il ne fuſt ſouffert*, que il ne s'y accroiſſent par *achat* ou par *eſchange*, &c. Enſorte que ce nouvel eſtabliſſement, ou cette nouvelle Loy, n'empeſcha pas qu'il n'y eut dans le royaume un grand nombre de fiefs entre les mains des roturiers.

Des Francs-fiefs & de la ſimple Nobleſſe.

80. Il y avoit alors en France un droit fort ſingulier à l'égard des fiefs. C'eſt *qu'ils communiquoient leur franchiſe*, ou leur *nobleſſe* aux roturiers qui les

NOTES.

(a) Beaumanoir au chapitre *Comment l'home de poote puet tenir fief, &c.* page 266.

poſſedoient,

possedoient, & que les roturiers y faisoient leur demeure. Au lieu que *les nobles* perdoient les privileges de leur franchise, & estoient demenez comme *roturiers*, tant qu'ils demeuroient sur leurs heritages tenus en censive. Cet ancien Droit nous est attesté par *des Fontaines*, dans son conseil à son amy, dont les paroles meritent d'estre rapportées fidellement.

81. (*a*) *Se tés vilains a acaté un fief, & il couke, & il liéve en ton vilenage, ne laira il mie, qu'il ne voit à ta semonce, que tu li fis du matin au vespres, ou telle come tu li feras. Et se ondit seur son francfief, il ne requerra mie jour de conseil, se il ne veut, pour le semonce, qui ne fust pas rainable.*

Mais si Catel, & ses convenances sont justiciables par Loy vilaine, s'il n'est mie gentilhome de lignage, & il couke & il liéve seur son francfief, que il tient de toi, *& il lest*, les siennes coses doivent estre menées, par Loy de franchise, là où il se tient. *Et se il ne tient aucune chose en villenage de toi*, & il couke & liéve seur son francfief, que il tient de toi, il doit avoir semonce telle comme de quinze jours.

Et se gentixhons de lingnage, qui tient francfief de toi, est coukans & levant en ton villenage, avec tes autres vilains, *encore dust-il avoir avantage pour se franchise naturel, nekedent il soufferra la Loy, où il est accompagniez*, fors de son francfief.

82. Ce que (*b*) *Beaumanoir* explique plus clairement à la fin du chapitre 48. de ses Coutumes de Beauvoisis. *Quand*, dit-il, *li hons de poote a fait feute*, (c'est-à-dire foy) *de che que il tient, bien se garde, que il ne mesfasse, contre son serement, & que il ne desobeïsse de che, dont il doit obeir à son Seigneur, par raison de francfief, car il encherroit en autele peine & en autel damage, vers son Seigneur, comme se il estoit gentilhomme, & li eust fait homage. Car toutes autelles redevances & obeissances, doit-il à son Seigneur, comme se il estoit gentishoms & tout en le maniere, que li gentilhomme doivent requerre à leur Seigneur, que il soit rechu à homme. Che est assavoir dedans quarante jours, que li fiés leur vient, comment il leur viegne, tout en autelle maniere doit requierre li homme de poote, que sa feute soit rechue. Et se il ne le fet, li Sires puet penre les issues du fié, par defaute de le feute, & lever & faire siens les fruits aussint come il feroit du gentilhome, par defaute d'houme.* Nul ne doit douter que se li homs de poote tient fiés de son droit, & aucuns plaide à luy de ce qui au fief appartient, soit les Sires, ou autre, que il ne doit estre demené par ses Pers, ainsi comme se il estoit gentilhoume. *Chauf* ce que *se il appelloit, il ne se combattroit pas* comme gentilhoume, mais comme homme de poote. *Més de tous ses autres pleds, qui venroient par la raison dou fief*, IL DOIT ESTRE DEMENÉ A LA LOY DE GENTIXHOMES.

83. Cette prerogative que les fiefs avoient de communiquer leurs franchises aux *non nobles*, tant que les *non nobles* y faisoient leur demeure, n'avoit pas lieu à l'égard des successions feodales, & elles estoient divisées par testes entre les enfans d'un *roturier*. C'est la décision précise du chapitre 23. du pre-

NOTES.

(*a*) Voyez des Fontaines dans son conseil, chap. 3. art. 3. 4. 5. 6. page 79.
(*b*) Beaumanoir dans ses Coutumes de Beauvoisis, chap. 48. pages 265. 266.

mier livre des Establissemens, qui porte, que *se gentil femme prend hons vilains coustumier, li enfant, qui istront d'eux, si auront-el fié devers la mere, autretant li uns comme li autres, se il n'y a foy à faire. Et se il y a foy à faire, li ainé la fera, & aura li hebergement en avantage, ou une chose à son choix. Et se li hebergement n'y est, ni le choix, il ara selon la grandeur du fié, pour faire la foy au Seigneur, & pour garantir les autres en parage, &c.*

84. Mais lorsque les fiefs possedez par des *non nobles* estoient échus *en tierce foy*, c'est-à-dire, quand ils avoient passé de l'ayeul au fils, & du fils aux petits enfans, alors ils estoient partagez noblement entr'eux, c'est-à-dire, par *les deux parts & par le tiers*, ensorte que l'ainé *reputé gentilhome*, & qui en avoit seul, par cette raison, les *deux tiers* avec le chezé, c'est-à-dire, le principal manoir & le vol du chapon, garantissoit ses puinez en *franc parage*, non plus sous *sa foy* seulement, mais encore sous son *homage*, auquel, presque par tout, il n'y avoit que les nobles d'admis. Ce qui paroist manifestement par ces paroles qui sont à la fin du chapitre 23. du premier livre des Establissemens qui vient d'estre rapporté. *Et en cette maniere sera mès toûjours partis (li fief) par testes, jusques à tant qu'il descendra à la* tierce foy, *puis se départira toûjours mès gentiment, &c.*

85. *L'anoblissement* par la possession des fiefs, quand ils avoient passé de l'ayeul au fils, & du fils au petit fils, estoit encore en usage en Italie & en France dans le quinziéme siecle, ainsi que nous l'apprenons (*a*) *du Poggio*, dont voicy les paroles. *Mercatorum, aut quorumvis opificum filii, qui divitiis, præstant, aut empto prædio rus se conferunt, urbe relictâ, atque ejus fructu contenti SEMINOBILES evadunt, suisque posteris NOBILITATEM præbent, aut principibus famulantes, prædio collato, pro nobilibus honorantur. Ita plus illis rura & nemus conferunt ad consequendam nobilitatem, quam urbes.*

86. Nos Roys n'approuvérent pas ces usurpations de *noblesse*. Et pour distinguer à l'avenir les *nobles* des *roturiers* possesseurs de fiefs, ils ordonnérent, que les *roturiers*, qui en auroient, seroient obligez de temps en temps de leur payer une certaine finance, pour interrompre la prescription de la noblesse : ce que Bouteiller autheur de la Somme rurale explique ainsi.

87. (*b*) Item. *Appartient au Roy, la connoissance des acquestes faites des terres & possessions tenuës en fief, acquises & acquestées* par non nobles, *à renouveller* de quarante ans en quarante ans commissaire sur ce. *A sçavoir que endedans iceluy temps, en est acquis & acquesté par* non nobles, *& de prendre finance sur ce, de la valüe de l'acqueste, ou selon qu'elle vaut, & enseigne à faire. Et la raison si est,* Que nul ne se peut anoblir, sans l'autorité du Roy, en son royaume, qui ne vient d'extraction noble. *Et par acquerre nobles tenemens, il semble* qu'ils s'anobliroient, par long-temps les tenir, & *l'acqueste, qui noble seroit envieillie entre leurs mains, &c.*

88. Malgré ces précautions & ces taxes, les roturiers, possesseurs *de fiefs*, ayant continué de prendre le titre d'*Escuiers*, l'Ordonnance de Blois de l'an

NOTES.

(*a*) *Poggius de nobilitate.* Bouteiller dans sa Somme, livre 2. Tit. 1. page 656. lignes 36. 37.

(*b*) Voyez Bouteiller dans sa Somme, livre 2. chapitre 1. pages 654. 657. à la fin.

1579, statua enfin par l'article CCLVIII. que *les roturiers & non nobles achetans fiefs nobles ne seroient pour ce anoblis, de quelque revenu que fussent les fiefs par eux acquis.* Et tel est l'usage.

Du Droit d'Aubaine.

89. Il faut venir à present *au droit* d'*Aubaine*, & à celuy de *Bâtardise*, dont il y a des dispositions dans les Establissemens de *S.t Loüis.*

90. Anciennement on ne souffroit point en France de *gens inconnus* & *sans aveu*, ce qui estoit pratiqué si severement, que quand une personne, quoyque regnicole, quittoit le *Diocese* où elle estoit née, pour s'aller establir dans un autre Diocese, elle y estoit regardée comme *Aubaine*, suivant les principes du Droit Romain, dans la Loy unique, au Code, *Non licere habitatoribus metrocomiæ loca ad extraneum transferre. Libro XI.* Et suivant l'ancien usage de l'Eglise, qui nous est attesté par M.r de l'Aubepine, dans ses notes sur *Optat de Milelve. Peregrinus*, dit cet autheur, *vocabatur, qui multos annos in unâ moratus esset civitate, vel etiam quamvis ipsius civitatis factus esset episcopus Peregrinus adhuc censebatur. Paginâ 16. col. 2. littera N.*

91. Parmi nous si cet *Aubain* ne reconnoissoit un Seigneur, dans l'an & jour, il en payoit l'amende au Baron, dans la Chastellenie de qui il avoit estabii son domicile. Et s'il estoit decedé, sans laisser au Baron *quatre deniers*, tous ses meubles, aprés son deceds, estoient acquis au *Baron.* C'est la décision précise du chapitre 87. du premier livre des Establissemens de S.t Loüis, qui porte que *se aucuns hons estrange vient ester, en aucune* Chastellerie de aucun Baron. *Et il ne fasse Seigneur dedans l'an & le jour, il en sera exploitable au Baron. Et se avanture estoit que il mourut, & n'eut commandé à rendre quatre deniers au Baron*, tuit *li muebles seroient au Baron.* On trouve encore des restes de cet ancien Droit dans l'article V. du Tit. 2. de la Coutume du Loudunois & dans celle de S.t Cyran locale de Touraine, qui par *l'Estranger* ou l'*Aubain* entendent celuy qui n'est pas du *Créme*, ou du *Diocese*, & qui a esté baptisé dans un autre Diocese. *Adde Amayam ad Tit. 39. Codicis De Incolis. Lege 7. n. 47.*

92. Quant à ceux qui estoient nez dans un autre *royaume*, & qui le quittoient, pour venir s'establir dans celuy-cy, ils y estoient traitez trés durement, car les Seigneurs sous qui ils venoient s'establir, se faisissoient de leurs personnes, & les faisoient *serfs*, ou *mainmortables* de corps. Ce qui estoit en usage dans plusieurs Provinces du Royaume; comme on le void par l'extrait de la Charte suivante, tirée du chartulaire manuscrit de *Philippe Auguste.*

Hæc est inquisitio Alienigenarum Calniaci.

93. *Dominus* Albericus Miles, *& conversus de sancto Eligio fonte abjuratus super suum ordinem, dixit, quod vidit, quod Comes* Rad. *&* Comes Flandrensis, *& Comitissa* Ada *& Comitissa* Alienor *habebant ALIENIGENAS, per totam suam terram.*

Ebrardus Miles, qui fuit Præpositus Comitissæ Alienor, *dixit quod* Alienigenæ *fuerunt Comitis, & Comitissæ. Et habuit de* Colino de *Coucgny XX. libras,*

& de quodam alio VII. libras. Et tempore Comitissæ litigavit abbas de Humblieres, *cujus Cado villa est, & per jus remanserunt Comitissæ.*

Major & jurati Calniaci *dixerunt per sacramentum, quod fecerunt Regi, quod Ædiletitii Castellaniæ Calniacensis, sunt Domini Calniaci, exceptis duabus villis Joannis* de Plesseio, *scilicet Plesseium, &* Ungmes. *Et* Alienigenas *manentes in istis duabus villis*, tenet *dictus Joannes de* Domino Rege. *Et propter hæc debet singulis annis unum Ostagii, apud Calniacum.*

94. A quoy est conforme *l'ancien Coutumier de Champagne*, qui porte dans l'article LVIII, que *Quand aucuns* Albins *vont demeurer en la justice d'aucun Seigneur, & li Sires dessous qui il est, n'en prend le service dans l'an & le jour, se les gens du Roy le sçavent, ils en prennent le service, & est acquis au Roy.*

95. C'est de ces sortes d'*Aubains* qu'il faut entendre le chapitre 96. du premier livre des Establissemens, où ils sont nommez *Mesconeus.* Ce qui paroist clairement par le chapitre 94. de l'ancienne Coutume d'Anjou glosée manuscrite, tirée de celuy-cy, lequel chapitre 94. est intitulé d'*homme Estrange & de Cuvert*, c'est-à-dire, d'*homme Estrange & de serf.*

96. Comme cet usage estoit contraire à l'humanité, au droit des gens, & mesme au bien du royaume, nos Roys, qui avoient *afranchi* de la *mainmorte*, ou de la *servitude de corps*, tous les habitans des grandes villes, & tous ceux qui estoient dans leurs domaines, en userent de mesme envers les *Aubains* en les prenant sous leur *avoüerie*, ou *protection* royale. Ensorte que dés qu'un *Aubain* avoit reconnu le Roy; ou luy avoit fait aveu, il conservoit sa franchise naturelle, sans craindre les violences & les entreprises des Seigneurs particuliers. Et par succession de temps, l'usage s'establit en plusieurs lieux, que les *Aubains* ne pourroient se faire d'autre Seigneur, que le *Roy seul*, comme il se void dans le chapitre 31. du premier livre des Establissemens, qui ordonne que *se aucuns* Aubain, *ou* Bâtard *müert, sans hoir, ou sans lignage, le Roy est hoirs, ou li Sires, sous qui il müert, el cïer del Chastel. Més* Bâtards, *ou* Aubains *ne püet faire autre Seigneur que le Roy, en son obëïssance, ne en autre Seigneurie, ne en son ressort qui vaille, ne qui soit establé, selon l'usage de Paris*, d'*Orleanois & de la Soloingne.* D'où il resulte que quand ces Establissemens furent faits, il y avoit encore quelques lieux, où les Seigneurs s'attribuoient sans droit les successions des *Aubains.*

97. Et de là vient que la Coutume d'Anjou décide encore dans l'article XLI. tiré en partie du chapitre 96. *des Establissemens*, que, *les biens meubles des* Bâtards, *& des* Aubains *appartiennent aux Seigneurs, chacun pour tant qu'il en trouve en sa Seigneurie, qui ont droit d'épave, & que les heritages acquis par tels* Bâtards *&* Aubains *appartiennent au bas justicier, en la jurisdiction duquel ils sont assis, quand tels* Bâtards *&* Aubains *trepassent sans hoirs de leur chair issus en loyal mariage.* Où Me *Charles Du* (a) *Molin*, a mis pour note, *contre les droits du Roy.* Que ç'a esté de tout temps en France le droit des nobles, d'avoir generalement, dans leurs terres, tout droit de confiscation, lorsqu'ils y avoient haute, moyenne & basse justice, comme il paroist par les Procés

NOTES.

(a) Du Molin sur l'article 41. de la Coutume d'Anjou, & sur le 48. de celle du Maine.

verbaux

verbaux des Coûtumes d'*Anjou* & du *Maine*, & par les *anciens regiſtres*, & chartulaires. Et que cependant depuis peu, quelques perſonnes fiſcales ayant cherché de nouvelles inventions pour augmenter les droits du Roy, & diminuer ceux des particuliers, ſe ſont efforcez de leur oſter les *Aubains*, & de limiter la ſucceſſion des *Bâtards* à certains cas.

98. Mais cette note, dans laquelle conſiſte tout le droit prétendu par les Seigneurs, ſe détruit par pluſieurs raiſons.

99. *Premierement*, Parce que l'on void, dans les (*a*) *Eſtabliſſemens de S.t Loüis*, au chapitre qui vient d'eſtre rapporté, qu'à *Paris*, dans l'*Orleanois*, & dans toute la *Sologne*, les *Aubains*, dans le *treiziéme ſiecle*, ne pouvoient plus déja *s'avoüer* d'autre Seigneur, que du *Roy ſeul*. D'où il reſulte que dans ces Provinces, le *Droit* d'*Aubaine*, eſtoit alors *royal*, comme on l'a dit cy-deſſus.

100. 2.° Parce que dés 1386. le 5. de Septembre, le Roy *Charles VI.* en conſequence *d'anciens titres* qu'il avoit fait examiner en ſon Conſeil, avoit fait *une* (*b*) *Ordonnance*, par laquelle il avoit declaré, que dans tout le *Comté de Champagne*, qui eſtoit pays de *ſervitude de corps*, les *Aubains eſtoient à luy ſeul*. Enſorte que les Seigneurs ne pouvoient prétendre ſur eux aucun droit, meſme comme *ſerfs*, ou *mainmortables*.

101. 3.° Parce que n'y ayant que le *Roy ſeul*, qui puiſſe dans ſon Royaume, accorder aux *Aubains* des Lettres de *Naturalité*, il eſt juſte qu'il n'y ait auſſi que luy ſeul, qui leur ſuccede, au defaut d'enfans regnicoles & legitimes.

102. Enfin parce que le Droit de juſtice, ſur lequel les Seigneurs ont fondé autrefois leurs prétentions, ne pouvoit eſtre conſideré que comme une conceſſion émanée de l'autorité royale, & que le Roy a eſté le maiſtre d'y appoſer telle condition, & d'y mettre telles exceptions qu'il a jugé à propos pour le bien de l'Eſtat, qui eſt toûjours beaucoup plus intereſſé à l'introduction, ou à l'eſtabliſſement des eſtrangers dans le royaume, qu'aucun Seigneur particulier ne le peut eſtre.

103. C'eſt par toutes ces raiſons que le droit d'*Aubaine* eſt à preſent regardé avec juſtice, comme un droit purement royal, dont les Seigneurs ne peuvent joüir, meſme dans les lieux, où les Coutumes leur paroiſſent favorables à cet égard, parce que c'eſt un principe certain que dans tout ce qui concerne les *Droits du Roy*, c'eſt par les *Ordonnances* qu'il en faut juger, & non par les *Coutumes*, qui n'ont eſté autoriſées que pour ſervir de regle entre *ſes ſujets*, ſuivant (*c*) Loyſeau dans ſon Traité des Seigneuries.

Du Droit de Bâtardiſe.

104. A l'égard des *Bâtards*, comme ceux qui eſtoient iſſus de *roturiers*, ou pour mieux dire, qui eſtoient iſſus de perſonnes *non nobles*, ſuivoient or-

NOTES.

(*a*) Livre premier, chap. 96.
(*b*) Cette Ordonnance eſt dans ce volume ſous la date du 5. Septembre 1386.
(*c*) Loyſeau, des Seigneuries, chapitre 4. nombre 59.

dinairement la condition des *Aubains*, ils estoient *serfs*, ou *mainmortables de corps*, en plusieurs Provinces du Royaume. De là vient, que dans ces Provinces, ils ne pouvoient disposer de leurs biens *par (a) Testamens*, & que leurs *successions* y appartenoient à leurs Seigneurs, par droit de *mainmorte*, au defaut d'enfans legitimes.

105. Mais les Seigneurs ne joüirent pas long-temps de cette usurpation, car *Loüis le Hutin* fit une Ordonnance au mois de May (*b*) 1315. à la supplication des *nobles* de Champagne, par l'Article IV. de laquelle, il fut arresté *qu'ils n'auroient uniquement, que les successions des Bâtards* nez de leurs *femmes de corps*, dans leurs terres, *où ils auroient toute justice*. Ensorte, qu'hors de ce seul cas, le droit *de Bâtardise*, fut declaré *Royal*.

106. En l'année 1319. (*c*) *Philippe le Long* adressa un Mandement aux Baillis de *Meaux*, de *Vitry*, & de *Chaumont en Bassigny*, par lequel il leur enjoignit de tenir exactement la main, à ce que l'Ordonnance du Roy *Loüis le Hutin* son frere, du mois de May 1315. fut executée.

107. En l'année 1386. (*d*) le 5. Septembre *Charles VI.* fit l'Ordonnance dont on vient de parler, par laquelle il deffendit d'admettre les parties à prouver une possession contraire au droit qui appartenoit au Roy dans toute l'estenduë *du Comté de Champagne*, de *succeder aux Aubains, aux Epaves, & aux Bâtards* de l'un & de l'autre sexe, évoquant tous les procés concernans cette matiere, qui estoient alors pendans, aux Requestes du Palais, au Chastelet, ou ailleurs, & les renvoyant aux *Commissaires du Domaine*.

108. Et il estoit si constant dans ces temps-là, que le Droit de *Bâtardise estoit Royal*, que *l'autheur du grand Coutumier*, qui vivoit alors, nous a donné pour regle (*e*) qu'*au Roy seul appartenoit la succession de tous les Bâtards, Clercs, ou Lais. Que toutefois aucuns justiciers en avoient joüi, mais qu'avant qu'ils deussent avoir la succession des Bâtards, il convenoit* qu'il y eut trois choses concurrentes.

Que les *Bâtards* fussent nez *dans leurs terres*.

Qu'ils y fussent demeurans.

Et qu'ils y fussent trepassez. *Aliàs non audirentur*.

109. Desorte qu'on croid pouvoir dire, que *Du Molin* s'est trompé, quand il a dit, que c'estoit de *son temps*, que le Droit des Seigneurs, sur les biens délaissez par les *Bâtards decedez*, avoit esté restraint *à ces trois cas*, sans faire attention que comme il n'y a que le *Roy seul* qui puisse *legitimer* les Bâtards, il est juste qu'il n'y ait aussi que luy seul qui leur *puisse succeder*.

110. Les Seigneurs trouvérent néantmoins le moyen de faire, qu'à la reformation de quelques-unes de nos Coutumes, & entr'autres de celles d'*Anjou* & du *Maine*, leurs prétendus Droits d'*Aubaine* & de *Bâtardise* leur fussent

NOTES.

(*a*) V. entr'autres les art. 477. & 479. de la nouvelle Coutume de Bretagne, Bacquet du Droit de Bâtardise, chap. 6. le glossaire du Droit François sur *Bâtardise*, & cy-aprés au nombre 193.

(*b*) Cette Ordonnance est dans ce volume. Voyez sous sa date.

(*c*) Ce Mandement est à la fin de la Coutume de Troye. Voyez cy-aprés sous sa date.

(*d*) Cette Ordonnance est rapportée cy-aprés sous sa date.

(*e*) Voyez l'autheur du grand Coutumier, livre premier, chap. 3. page 23. Bouteiller livre premier, titre 95. page 537.

conservez. Mais les *Substituts* de Monsieur le *Procureur General* sur les lieux, s'y estant opposez *pour le Roy*, à qui les dispositions des Coutumes ne *peuvent* (*a*) *préjudicier*, *la possession*, aussi bien que le *droit*, en est resté *au Roy*. Ensorte, qu'il est aujourd'huy constant, contre la note de Du Molin, que l'*Aubaine* & la *Bâtardise sont des Droits Royaux*. Et si ce principe reçoit une exception, ce n'est que par tolerance, & seulement à l'égard de la *Bâtardise*, lorsque les enfans illegitimes sont *nez*, ont eû leur *domicile*, & sont *decedez* dans les terres des Seigneurs, comme on l'a dit cy-dessus, comme Bacquet l'a trés bien observé, dans son Traité de Droit d'Aubaine, partie premiere, chapitre 8. Et Gousset sur l'article XCII. de la Coutume de Chaumont.

Des Frerages & des Parages.

111. Il y avoit anciennement comme aujourd'huy, *quatre tenures* principales dans le Royaume, c'est-à-dire, *quatre manieres* de posseder, ou de tenir des heritages. Sçavoir, *la tenure à Cens*, ou *villenage*. La tenure *en franche aumosne*, & en *francaleu*. La tenure par *homage*, & la tenure en *franc Parage*.

La *tenure à Cens*, ou en *villenage* estoit une *tenure*, ou une possession *roturiere*.

La *tenure* (*b*) en *franche aumosne* & en *francaleu* estoit une tenure, ou une possession *franche*, & pour laquelle il n'estoit rien deû à aucun Seigneur feodal, ou censier.

La *tenure par homage* (*c*) estoit une *tenure*, ou possession feodale, pour laquelle le tenancier, que l'on nommoit *vassal*, estoit obligé de rendre des *services militaires*, ou d'autres devoirs, au Seigneur dont il relevoit.

Et enfin *la tenure* (*d*) *en franc Parage*, estoit une *tenure*, dans laquelle un *ainé noble* garantissoit ses puisnez, ou ses puisnées sous son homage envers le Seigneur feodal, pour leurs parts dans les fiefs, & dans laquelle les puisnez, ou puisnées garantis, estoient *pairs*, ou *égaux* entr'eux & avec leur ainé.

112. Quant au (*e*) *Frerage*, ce n'estoit pas une *tenure*, comme *Pierre Pithou*, & le sieur *Du Cange* l'ont crû. C'estoit seulement un *titre respectif de proprieté & de possession*, entre plusieurs *coheritiers*, qui avoient partagé entr'eux des biens communs. Car *frarescher*, ou *frerachier*, en vieux langage François, n'estoit autre chose que *diviser*, ou *partager*, comme les *freres* sont presque toûjours obligez de le faire. Sur quoy l'on peut voir le chapitre 130. du premier livre des Establissemens de St Loüis.

113. Comme l'on avoit heureusement reformé, sous nos Roys de la troisiéme race, l'usage *de partager le royaume*, entre les enfans du *dernier Roy de-*

NOTES.

(*a*) Loyseau des Seigneuries, chapitre 4. n. 59.

(*b*) Voyez les Institutes coutumieres de Loisel, livre premier, titre premier, regle 66. avec la note que j'y ay faite.

(*c*) Voyez l'ancienne Coutume de Normandie, au titre des *tenures*. Et Bouteiller dans sa Somme, livre premier, titre 83. page 489.

(*d*) Voyez l'ancienne Coutume de Normandie, au lieu marqué cy-dessus, & le Glossaire du Droit François sur *Parage*.

(*e*) Voyez Pierre Pithou dans ses Memoires des Comtes de Champagne, page 751. le S.[r] Du Cange dans sa Dissertation 3.e sur Joinville, page 147. Et l'autheur du grand Coutumier page 185. ligne 1.

cedé, usage qui avoit esté si funeste à la France, pendant les *deux premieres races*. Et comme la succession entiere de la Couronne estoit alors déferée à (*a*) *l'ainé seul*, les Seigneurs prenant pour modele, ce qui s'estoit passé à l'égard du *fief dominant*, c'est-à-dire, à l'égard de *la Couronne*, portérent si loin les prérogatives des *ainez*, qu'on les regarda *pendant quelque temps*, comme les seuls *heritiers*, dans les *successions feodales*, & comme les Seigneurs de leurs freres.

114. On void encore des vestiges anciens de cet usage, dans la celebre assise de (*b*) *Geoffroy* Comte de Bretagne, de l'an 1185. suivant laquelle les *Baronies* & les *Chevaleries* entieres devoient appartenir aux *ainez*, à la charge de donner à leurs *puisnez* des pensions alimentaires, proportionnées à leur naissance, & à la valeur des terres.

115. La rigueur de ce droit ayant paru trop odieuse, elle fut adoucie, dans la suite, par divers temperamens favorables aux *puisnez*, sur lesquels les *ainez* conservérent toûjours de grands avantages.

116. Un de ces temperamens, & peut-estre le plus ancien, fut d'obliger l'*ainé* de donner un partage *en fief* à ses *puisnez*, à condition néantmoins qu'ils luy en feroient homage. Et c'est peut-estre ce qu'*Othon* de *Frisinge*, dans la vie de Frideric I. nous a voulu faire entendre par ces paroles. (*c*) *Mos in illa, qui pene in omnibus Galliæ provinciis usurpatur, remansit*, quod semper seniori *fratri, ejusque liberis, seu maribus, seu fœmineis, paternæ hereditatis cedat authoritas, cæteris ad illum, tanquam ad Dominum respicientibus, &c.*

117. On trouve des exemples de cet usage dans nostre Histoire. Et c'est par là qu'il est arrivé, comme le S.[r] (*d*) *Du Cange* le remarque tres bien, que le *Comté* de *Blois*, & celuy de *Sancerre* ont relevé du *Comté de Champagne*, & que la terre de *Boves* releve encore à present de celle de *Coucy*.

118. Si l'on en croid cet autheur ce temperament estoit, en quelque façon, avantageux aux ainez, parce qu'ils avoient plus de vassaux. Mais d'un autre costé on peut dire qu'il leur estoit trés préjudiciable, en ce que leurs mouvances immédiates estoient par là comme anéanties à leur égard, puisqu'ils perdoient une grande partie de leurs droits Seigneuriaux.

119. En effet ils ne furent pas long-temps sans le reconnoistre. Et ce fut ce qui donna lieu à l'*Ordonnance* du mois de May 1209. que l'on trouve dans ce Reciieil, par laquelle le Roy *Philippe Auguste* establit une regle plus équitable sur cette matiere. Elle fut conçeüe en ces termes.

120. (*e*) *Ut a primo die Maii in posterum, ita esset de feodalibus tenementis. Quicquid teneretur de domino ligie, vel alio modo, si contingeret per successionem heredum, vel quocumque alio modo divisionem inde fieri, quocumque modo id fieret; omnis qui de illo feodo teneret, principaliter & nullo medio teneret, sicut unus antea tenebat, priusquam divisio facta est.*

NOTES.

(*a*) Ce qui commença sous Lotaire fils de Loüis d'outremer, vers l'an 954.

(*b*) *Otho Fris. lib. 2. De Gestis Friderici cap. 29. Abælardus epistola 1. pag. 2. lin. 15.*

(*c*) Voyez Hevin dans ses Notes sur Frain, tome 2. page 707. 708.

(*d*) Voyez M. Du Cange dans sa troisiéme Dissertation sur Joinville, page 149.

(*e*) Cette Ordonnance est cy-aprés, au feüillet 29.

Et

Et quandocumque contingeret pro illo totali feudo servicium Domino fieri, quilibet eorum tamdiu quod de illo feodo teneret, servitium teneretur exhibere, & illi Domino deservire & reddere rachatum, & omnem justitiam.

Quidquid autem antea factum esset contra, & usitatum, usque ad primum diem Maii, maneret sicut esset dictum.

Quod ne posset oblivione deleri, &c. Actum *apud* Villam novam Regiam, *juxta Senon.*

121. Mais comme cette Ordonnance n'estoit pas generale, & comme elle ne regardoit que les *terres des Barons*, & des *Seigneurs*, qui l'avoient demandée, elle ne fut observée que dans quelques Provinces du royaume. Ailleurs on suivit toûjours l'ancien Droit, dont il nous reste encore des vestiges dans quelques-unes de nos (*a*) Coutumes, où il est au choix des *puisnez*, de relever du *Seigneur suzerain*, ou de leur *ainé*.

122. En d'autres Provinces, comme le *Poitou*, l'*Anjou*, le *Maine*, la *Touraine*, le *Loudunois*, & la *Normandie*, où l'avantage excessif des *ainez*, qui faisoit relever d'eux les portions de leurs *puisnez*, ne fut pas aboli, on se contenta, pour le temperer, d'en suspendre l'effet pendant le temps qui fut fixé pour la durée du *Parage*, dont l'usage estabi dans ces Provinces fut, que les *puisnez* tiendroient leurs parts dans les fiefs, aussi noblement que leurs *ainez*, avec lesquels ils seroient *Pairs*, parce que tant que le *Parage* duroit, *l'ainé*, qui paroissoit *seul Seigneur* du fief commun, *garantissoit* ses *puisnez*, sous son hommage envers les Seigneurs suzerains, & il les acquittoit des *reliefs*, ou des *rachats*, & des autres droits feodaux (*b*) *ordinaires*, tels que sont les *gants*, les *sonnettes* d'*Epreviers*, les *éperons*, le *roussin de service, &c.* Ce qui nous est marqué par le chapitre 21. du premier livre des *Establissemens*, lequel porte : que, *Nul gentixhons, (tant que le Parage dure) ne fet rachat de riens, qui li échée devers soy, jusques à tant qu'il ayt passé cousin germain.*

123. Mais lorsque les Droits feodaux estoient *insolites* & *extraordinaires*, comme quand le fief estoit chargé *d'une redevance annuelle*, l'ainé noble, suivant la remarque de (*c*) *Du Molin*, n'en affranchissoit pas ses puisnez. Et de là vient, selon le chapitre 42. du premier livre des Establissemens, que les *puisnez* nobles, quoyque *garantis en franc Parage*, devoient contribuer aux *loyaux aydes*.

124. (*d*) *Se li Ber fait aide pardessus ses vavasseur, il les doit mander pardevant luy. Et se li vavasseur, avoit aparageors, qu'ils deussent mettre en l'ayde, il leur doit mettre jour, que il auront leurs aparageors. Et li vavassor doit dire à li autres aparageors, que eux viennent à tel jour voir faire l'ayde. Et se li aparageors n'y viennent, eus ni leront pas pource à mettre, puisqu'ils sont semons. Et se aucun fet l'aide sans semondre ses aparageors, il ne mettront riens, se eux ne veullent.*

NOTES.

(*a*) Troye, art. 14. Mante, chap. 1.er art. 5. Senlis, titre 7. art. 32. Amiens, art. 79. M. Du Cange dans sa troisiéme Dissertation sur Joinville, & De la Thaumassiere dans ses anciennes Coutumes de Berry, partie 1.re chap. 36. page 47. 48.

(*b*) Voyez Beschet dans ses notes sur l'usance du siege Presidial de Saintes, chap. 2. page 149.

(*c*) Du Molin dans ses Commentaires sur l'ancienne Coutume de Paris §. 11. glose 1. n. 16. Voyez Beschet sur l'usance de Saintes, au traité des *Parages*, chap. 5. page 166.

(*d*) Les Establissemens, livre 1. chap. 42.

125. Il n'y avoit, comme on l'a dit, que les *ainez nobles*, qui pouvoient ainſi de droit garantir leurs puiſnez en *franc Parage*, ſous leur homage, parce qu'il n'y avoit, en pluſieurs Provinces du royaume, qu'entre nobles, que les fiefs eſtoient partagez *par les deux parts & par le tiers*, ce qui eſtoit tellement neceſſaire pour cette *garantie*, que quand les ainez, à qui les *deux parts*, ou les *deux tiers* d'un fief, avec le *préciput*, ou le *chezé*, eſtoient donnez, les diviſoient autrement que *par partage*, comme par *vente*, ou *donation*, tout le fief eſtoit *demembré* ou *depiecé*, enſorte que les parties des puiſnez n'eſtoient plus garanties par l'ainé, ou par ſes repreſentans, mais relevoient immediatement du Seigneur ſuzerain. Ce qui eſt tres bien expliqué par la Coutume d'Anjou, qui porte, que (*a*) *Tant comme les deux parties* (*du fief*) *ſont entieres, elles garantiſſent l'autre tierce partie. Qu'auſſi eſt-il ainſi, que toutefois, que l'homme de foy mettra jamais aucunes choſes hors d'icelles parties, & les* depiecera *par* vendition, *ou* alienation. *En iceluy cas tous ceux qui eurent oncques aucunes choſes dudit fié, viendront à la foy & homage du ſuzerain chef Seigneur, par* DEPIÉ *de fié. Et ne les pourra plus garantir le ſujet home ſous ſondit homage, & n'y aura doreſnavant ledit ſujet homme de foy, fié, juſtice, ne Seigneurie, mais il eſt tout devolu audit ſuzerain & chef Seigneur, &c.*

126. Il y a plus. Si l'ainé vendoit ſes *deux tiers*, meſme ſans les diviſer, ou morceller, à une perſonne *eſtrange*, c'eſt-à-dire, à une perſonne qui ne fut pas de la famille, comme cet *eſtranger*, ne pouvoit garantir ſous ſon homage, les *puiſnez* de *l'ainé vendeur*, l'ainé eſtoit obligé de les dédommager de la *franchiſe*, qu'il leur faiſoit perdre par ſon alienation, au moyen de laquelle, ils devoient porter la foy au Seigneur ſuzerain. Ce qui reſulte clairement du chapitre ſuivant du premier livre des Eſtabliſſemens, dont voicy les paroles :

127. *Se* (*b*) *aucuns hons tenoit en Parage d'un autre, & cil de qui il tiendroit fuſt fox, & vendit ſa terre : & li autres veniſt au Saingneur du fié, de qui il mouveroit, & il diſt.* Sires, cil de qui je tiens en Parage, vend ſa terre, & ce qu'il a. Je vous requiers, que vous le faſſiez attermer. *Si puet cil dire à l'autre.* Beaux amis, vous vendez ce que vous avez. Je ne voy mie que vous le puiſſiez vendre, ains veux que vous retenez à moy GARIR, ou me bailliez, tant de ce que vous tenez, que j'en puiſſe rendre le ſervice. *Et ſe li autres diſt.* Beaux amis, il me eſtüet vendre ce que j'ay, mais feray volontiers ce que je devray. *Si li puet bien l'en eſgarder*, que il ne lerra pas à vendre pour ſon parageor, *mais il li baillera tant de ſa terre, que il en puiſſe bien fere le ſervice ; à celuy à qui il ſera hons, & à qui il fera la foy. Et ainſi doit l'en eſgarder de dommage qu'il y aura, ſelon la grandeur du fié, & tel ſervice faire, & à l'obëiſſance du Seigneur d'aides, & d'autres choſes.* Ce qui a eſté peut-eſtre mal changé par l'Article CCXXVI. de la Coutume de *Touraine*, par le 129. de celle de *Poitou*, & par le 21. de celle de *Loudunois*, au titre de *Succeſſion de fiefs.* Voyez *Beſchet* dans ſes obſervations ſur les uſages de Xaintes, page 160.

128. Lorſque *les puiſnez* alienoient *leur tiers*, à une perſonne eſtrange, *le*

NOTES.

(*a*) Anjou article 203. le Maine article 218.

(*b*) Voyez les Eſtabliſſemens de S.t Loüis livre premier, chapitre 126.

Parage cessoit aussi. Et comme par une telle alienation le fief cessoit d'estre dans son integrité, il devoit, ce semble, relever entierement du Seigneur suzerain par, *depié,* ou *démembrement* de fief, comme dans le cas precedent. Mais (*a*) l'usage s'introduisit dans ce cas, que le *Parage seroit failly*, & que celuy qui auroit le *tiers des puisnez*, en porteroit l'homage à *l'ainé,* ou à ses representans, ce qui fut tres préjudiciable aux Seigneurs. Sur quoy l'on peut voir l'article CCXX. de la Coutume d'Anjou.

129. Mais la maniere la plus commune, dont le Parage *finissoit*, estoit lorsque la parenté légale estoit finie, entre *l'ainé parageur*, & les *puisnez parageaux,* ou leurs representans. Ce qui arrivoit en (*b*) *Normandie*, quand les *descendans* estoient entr'eux au *sixiéme* degré, & ailleurs, lorsqu'ils estoient *du quart au quint*, & qu'ils pouvoient contracter mariage ensemble. Et dans ce cas ce qui avoit esté tenu entre nobles, par les *puisnez,* ou leurs descendans, en *franc Parage,* sous l'homage de leur *ainé,* ou de ses enfans, commençoit de devenir *arriere-fief* du Seigneur suzerain, qui par *cet éloignement* perdoit un tiers de sa mouvance, contre la décision de (*c*) l'Ordonnance de *Philippe Auguste*, qui, pour éviter cet inconvenient, avoit statué en l'année 1209, qu'à l'avenir les puisnez tiendroient leurs parts dans les fiefs, en foy & homage du Seigneur suzerain, comme il se pratiquoit *chez les* (*d*) *Lombards.*

130. Il n'y avoit pour le repeter encore une fois, que les *ainez nobles* qui pouvoient ainsi *garantir* leurs puisnez en *franc Parage* sous leur homage, parce que suivant le Droit commun, il n'y avoit, comme on l'a dit, qu'entre les enfans *nobles*, que les fiefs estoient partagez, presque par tout, par les deux parts & par le tiers.

131. Mais quoyque les (*e*) *filles nobles* partageassent les successions feodales *par testes*, il fut cependant ordonné, que *l'ainée*, pour *l'hebergement*, & un *Coq*, c'est-à-dire, le vol du chapon qu'elle auroit par *preciput*, seroit tenuë de *garantir* ses *puisnées* en *Parage,* sous son *homage.* C'est la décision formelle du chapitre 10. du premier livre des Establissemens, qui porte, que *se il n'a que* filles, *autretant prendra l'une comme l'autre. Mais* l'ainée *aura les hebergemens en avantage, avec un Coq, se il y est. Et garra (ou garantira) les autres en Parage.* D'où l'article CCXXIII. de la coutume de Touraine a esté pris, lequel décide, qu'*és successions directes & collaterales qui adviennent à* filles *nobles, chacune d'elles est saisie de sa portion par teste, fors qu'à* l'ainée *appartient l'hostel principal, avec le chezé, par forme & maniere que prend le mâle sur les puisnez. Et est tenuë ladite ainée faire la foy & hommage, & garantir en Parage, & durant iceluy, les portions de ses puisnées.*

132. Et comme entre *roturiers* les successions feodales se partageoient aussi par testes, en plusieurs lieux, il ne devoit pas, ce semble, y avoir aussi de *Pa-*

NOTES.

(*a*) Voyez Beschet dans ses notes sur l'usance de Saintes, au traité des *Parages*, chap. 3.

(*b*) Voyez l'article 129. de la Coutume de Normandie, avec les Commentaires.

(*c*) Elle est rapportée cy-dessus, au nombre 123. & se trouve dans les anciennes Coutumes de Berry, page 49. & 50.

(*d*) *Lib. 4. Feudorum, tit. 9.* & selon Cujas, *lib. 2. cap. 26. Vers* Omnes.

(*e*) Voyez l'autheur du grand Coutumier liv. 2. chap. 29. page 201. à la fin, & la Conference des Coutumes sur l'article 19. de la Coutume de Paris.

rage entr'eux, d'autant plus que les *roturiers*, qui possedoient des fiefs, n'en portoient ordinairement que la foy *sans hommage*. Cependant on tolera entr'eux une espece de *Parage*. Ce que nous apprenons du chapitre suivant du premier livre des Establissemens, que voicy.

133. (*a*) *Se aucuns hons coustumier conquerroit* ou achetoit chouse, que *il feist à mettre homage, ou il pourchasse envers son Seigneur, comment il le mette en foy, ou en homage en tous ses heritages, ou une partie, en telle foy, coume est la chose pourchassiée. Se auroit-il autant li uns, comme li autres des enfans, fors li* ainez, *qui feroit là, si auroit la moitié, selon le grandeur de la chose. Et pour faire la foy, & pour* garir *les autres en* Parage. *Et tout ainsi se départira mie, jusques à la* tierce foy. *Et d'ilecques en avant, si aura l'ainé les deux parties, & se départira toûjours més* gentiment.

134. Mais quand ces sortes de Parages cessoient, soit par vente, ou parce que la parenté estoit finie, la question fut de sçavoir, de qui les *puisnez*, & les *puisnées*, leurs representans, ou ayans cause, releveroient, ou du *Seigneur*, ou de leur *ainé*, ou *ainée*, leurs representans, & ayans cause.

135. Cette question se trouve décidée par l'article CXXVIII. de la coutume de Touraine, qui porte en ces cas, que *l'ainé*, (*b*) ou *l'ainée qui baillent à leurs puisnez, par partage, portion d'un fief, sont tenus porter la foy, & homage, pour le tout, & garantir en Parage leurs puisnez, & leurs successeurs à titre universel, tant que le Parage soit failly. Et que pendant icelui ne sont tenus lesdits* puisnez, *faire homage à leur* parageur.

136. D'où il resulte par un argument (*c*) contraire, que quand *ce Parage* estoit failly, les *puisnez*, & les *puisnées*, ou leurs ayans cause, devenoient vassaux des *ainez*, ou des *ainées*, ou de leurs ayans cause. Et c'est par cette raison que les redacteurs, & ensuite les reformateurs de cette coutume ont décidé indéfiniment dans l'article CCXX. que *depié de fief n'a point de lieu en partage de droit successif*, sans ajoûter, *par les deux parts & par le tiers*. (*d*)

137. Il est aisé de sentir le grand préjudice qu'un tel usage faisoit aux droits des Seigneurs. Mais ce n'est pas le lieu de traiter à fond cette matiere, dont on ne donne icy une notion generale, que par rapport à la disposition de quelques Ordonnances rapportées dans ce volume.

138. Le *Domaine de la Couronne* estant (*e*) inalienable, lorsque *nos Roys* faisoient anciennement des infeodations, dans les coutumes *de Parage*, c'estoit à condition que les fiefs concedez, *ne pourroient estre demembrez*, ni *divisez* par *alienation, ni par partage*.

139. Par exemple, en l'année 1483. *Loüis XI.* infeodant à *Pierre de la Jaille*, & *unissant* en sa faveur, la terre & Seigneurie *des Roches*, celle *des Prez de Longeprée*, & celle de *la Jaille prés S.t Marçolle* dans le *Loudunois*, pour estre tenuës de luy à une mesme foy & un mesme homage, à cause de

NOTES.

(*a*) Voyez les Establissemens de S.t Loüis, livre premier, chapitre 143.

(*b*) Voyez le Commentaire de Pallu, en cet endroit.

(*c*) Voyez le Commentaire de Pallu, sur ce mesme article.

(*d*) Voyez la Coutume du Loudunois au titre 12. *De Depié de fief, & de Paraiges*, art. 3.

(*e*) Voyez cy-aprés aux nombres 203. 204. 205. &c.

son

son chasteau de *Loudun*, y mit cette condition, *sans que par partage, ni autrement, ces trois terres pussent estre demembrées, ni divisées.* D'où il resulte à l'égard de ces trois terres unies, que le *Parage* devoit estre perpetuel, selon l'intention du Roy, & sans pouvoir jamais *faillir*, comme ce qu'on appelle en Poitou, des *parts-prenans* (*a*) & des *parts-mettans*, qui sont des *Parages conventionels.* Ce qui doit toûjours estre pratiqué, en quelque coutume que ce soit, à l'égard *du Roy*, parce qu'autrement plusieurs de ses *Domaines*, qui de droit public sont inalienables, seroient perdus à jamais pour la Couronne. Et sur ces principes il a esté jugé au Parlement, par Arrest de l'année entre M.[r] le Procureur General, prenant le fait & cause de *Roussier* receveur du domaine de la Rochelle, contre le Sr *Chesnel de Fouras*, que le *Parage* n'avoit point lieu contre le Roy, au pays d'*Aunix*.

Des Guerres privées.

140. Entre les differentes Ordonnances, qui nous restent de *St Loüis*, il n'y en a pas eu de plus utiles, ni de plus sages, que celles qu'il fit, pour abolir les (*b*) *Guerres privées*, & les *Gages de bataille*, ou les *Duels judiciaires*.

141. C'estoit anciennement un abus inveteré, chez les peuples du Nord (*c*) de venger les *homicides*, & les *injures*, par les *armes*.

142. Lorsqu'une personne avoit esté tuée, la famille du mort en demandoit raison, à la famille de celuy qui avoit *commis le crime*. Et si le different ne se terminoit pas par un accommodement, ils entroient en guerre les uns contre les autres.

143. Cet abus a regné long-temps en France, comme on peut le voir dans plusieurs chapitres de (*d*) *Gregoire de Tours*. Et il continua sous nos Rois de la premiere, de la seconde, & mesme de la troisiéme race, sans qu'il fut possible de le faire cesser. Ensorte que des personnes innocentes, se trouvoient souvent engagées dans des Guerres, ausquelles elles n'avoient aucune part.

144. On chercha d'abord à diminuer, & du moins à adoucir ce mal, en attendant qu'on put y remedier entierement. Un de ces adoucissemens estoit, que celuy qui avoit commis l'homicide, ou sa famille, payoient une somme au Roy pour acheter *la paix*, ce qui s'appelloit FREDUM, (*e*) & une somme aux parens du mort, ce qu'on nommoit, selon quelques-uns, FAIDUM, *vel* FAIDAM, quoyque selon plusieurs de nos anciens autheurs, ces mots signifioient une *inimitié* capitale.

NOTES.

(*a*) Voyez l'art. 107. de la Coutume de Poitou, avec les Commentateurs, & *Beschet* dans son Commentaire sur l'usage du Presidial de Saintes, au chapitre des *Parages* conventionels, page 180.

(*b*) Voyez le Traité de *Clement Vaillant*, des Guerres privées, & M. *Du Cange* dans sa 29.e Dissertation sur Joinville.

(*c*) Vide Velleium Paterculum, *lib.* 2. *cap.* 118. Gregor. Turon. *lib.* 7. *cap.* 14. Fredegar. *in chronico cap.* 51. *Leg. Longobard. lib.* 2. *tit.* 56. *Stephani Joannis* Stephanii *notas ad* Saxonis Grammatici *historiam Danicam, pag.* 120. Schenckium *de Feudis tit.* 17. §. 1. *pag.* 237. Sonsbekium *de Feudis, parte* 15. *pag.* 207. Alciatum, & Parid. de Puteo *de singulari certamine*, & Stiernhookium *de jure Sueonum vetusto, lib.* 1. *cap.* 7. *pag.* 74. *editionis Holmiens. an.* 1672.

(*d*) Gregorius Turonensis *lib.* 7. *historiæ Francorum, cap.* 2. *col.* 333. Fredegarius *in chronico cap.* 51. *col.* 629. *litera D.* Warnefridus *de gestis Longobard. lib.* 4. *cap.* 49. Theganus *de gestis Ludovici Pii cap.* 38. &c.

(*e*) Voyez M. *Du Cange* dans son glossaire, sur les mots *Fredum* & *Faidum*. *Pithou* sur la Loy Salique, & M. *Eccard* sur la mesme Loy, titre 2. page 45. page 170.

145. On trouve la preuve de cet ancien usage dans l'histoire de *Gregoire de Tours* (*a*) *des miracles de S.t Martin*, dont voicy les paroles. *Sed cum nos ad Regem accedentes virtutis hujus diffamaremus miraculum, affirmavit Rex quosdam ex his qui absoluti fuerant ad se venisse, atque compositionem fisci debitam, quam illi* FREDUM *vocant, à se fuisse eis indultam.*

Et l'on en void une autre preuve dans le *premier Capitulaire* de *Dagobert II.* de l'an 630. qui est une Loy qu'il fit pour les *Riverains*, ou *Riberols*, chapitre 89. dont voicy les termes. *Nec* (*b*) *nullus judex fiscalis, de quacumquelibet causa,* FREDA *non exigat, priusquam facinus componatur. Si quis autem per cupiditatem, ista transgressus fuerit, legibus componatur.* FREDUM *autem non illi judici tribuat cui culpam commisit, sed illi qui solutionem recipit, tertiam partem, coram testibus fisco tribuat, ut* PAX *perpetua stabilis permaneat.* Ce qui est expliqué par M.r *Bignon* dans ses notes sur le chapitre 3. des Formules de Marculfe, page 880. dans les Capitulaires de la derniere édition.

146. Une *autre précaution* que les parens du meurtrier pouvoient prendre, estoit *d'affirmer* & de *jurer* solemnellement, qu'ils n'estoient directement, ni indirectement complices de son crime. Ce que nous apprenons du chapitre 49. & du 50. des *formules* (*c*) *Angevines*, publiées par Dom *Mabillon*, que le lecteur pourra consulter.

147. Enfin ils avoient encore une troisiéme ressource. C'estoit de *renoncer à la parenté*, & de *l'abjurer*. Ce qui se pratiquoit ainsi selon le chapitre 63. de la Loy Salique. (*d*) *Si quis se de parentelâ tollere voluerit, in mallo, ante Tunginum, aut centenarium ambulet, & ibi quatuor fustes super caput suum frangat, & illas quatuor partes, in mallo jactare debet, & ibi dicere, ut & de juramento & de hereditate, & de tota illorum se ratione tollat. Et si postea aliquis de parentibus suis, aut moritur, aut occiditur, nihil ad eum, de hereditate*, vel compositione *pertineat. Si autem* ille aut *moritur, aut occiditur, compositio aut hereditas ejus, non ad* heredes *ejus, sed ad* fiscum *pertineat, aut cui fiscus, dare voluerit.*

148. *Charlemagne* fut le premier de nos Roys, qui fit une Loy generale contre les *Guerres privées*, que nous lisons encore dans le chapitre 32. de son Capitulaire de l'an 802.

149. (*e*) *Ne populus nobis Commissus ad regendum, hoc malo pereat, hoc omni disciplina devitare prævidimus, quia nos nullo modo placitum, vel propitium habebit, qui sibi Deum iratum non formidaverit, sed sævissima districtione vindicare volumus, in eum, qui malum homicidii ausus fuerit perpetrare. Tamen ne peccatum adcrescat, & inimicitia maxima inter Christianos non fiat, vel suadente diabolo homicidia contingant. Statim reus ad suam emendationem recurrat, & tota celeritate perpetratum malum ad propinquos extincti digna compositione emendet. Et hoc firmiter bannimus, ut parentes interfecti, nequaquam inimicitiam super commissum malum adaugere audeant, neque pacem fieri petenti denegare, sed datâ fide paratam compositionem recipere, & pacem perpetuam reddere, verum autem nullam moram compositionis facere. Ubi autem hoc peccatum merito contingerit, ut quis, vel fratres, vel*

NOTES.

(*a*) Greg. Turonensis *de miraculis sancti* Martini *lib.* 4. *cap.* 26.

(*b*) Voyez M. *Eccard*, dans ses notes sur la Loy des Riberols, ou Riverains, page 230.

(*c*) Vide *D.* Mabillonium *lib.* 4. *Analectorum, pag.* 263. 264.

(*d*) Vid. *Ibi D.* Bignonium *&* Pithœum.

(*e*) *Vide tomum* 1. *Capitular. col.* 371. 372.

propinquum suum occiderit, statim se ad pœnitentiam sibi compositam sumit, & ita ut episcopus ejus sibi disponat absque ulla ambiguitate, sed juvante Deo perficere suum remedium statuat & componat occisum secundum Legem, & cum propinquis suis se omnino complaceat, & datâ fide nullam inimicitiam exinde movere nemo audeat. Qui autem dignam emendationem facere contempserit, hereditate privetur, usque ad judicium nostrum. Voyez le chapitre 2. du (*a*) Capitulaire d'*Isaac* de Langres.

150. Mais cette Loy n'estant pas encore assez rigoureuse, pour reprimer un abus si ancien, & d'ailleurs l'autorité royale ayant souffert une espece d'éclipse, sous nos derniers Roys de la seconde race, & sous les premiers de la troisiéme, les Seigneurs, tant Ecclesiastiques, que temporels, s'arrogérent tellement le pouvoir de se faire la guerre, qu'ils firent en quelque façon un droit public, de ce qui n'estoit auparavant que des crimes tolerez.

151. Les meurtres, les incendies, & les pillages, qui estoient les suites funestes de ces Guerres, continuérent donc hautement & impunément dans le *neuviéme*, le *dixiéme*, & *l'onziéme siécles*, comme on le void par ces paroles tirées de la vie de St *Gerauld*, Comte d'Aurillac, écrite par *Odon*, ou *Eudes* Abbé de Cluny, second du nom. (*b*) *Godefridus ille Turonensis Comes, quâdam vice, collecto militum agmine, festinabat, ut hunc virum Dei bellando lacesseret, aut quæ erant juris illius devastaret.*

152. Et encore par ce témoignage de *Pierre Damien* Cardinal d'Ostie. (*c*) *Nostris quoque temporibus accidit, ut in Burgundiæ regno, quidam* CLERICUS *esset superbus nimis ac tumidus, & non modo carnali vitæ seculariter deditus, sed & contra suum ordinem* TERRIBILITER BELLICOSUS. *Itaque cum ecclesiam beati Mauricii, multis inclytam prædiis, suis ditionibus usurparet. Potens autem quidam cum è diverso sui juris esse, non sine magnæ livoris, atque certaminis animositate contenderet. Tandem belli dies utroque pasciscente statuitur, & a multis hinc inde trementium armatorum agminibus convenitur, &c.*

153. Pendant que tout le royaume estoit ainsi en combustion, un *Evêque* (*d*) *d'Aquitaine*, dont on ignore le nom, publia qu'il avoit reçeû du Ciel, *un écrit* apporté par *un Ange*, dans lequel il estoit ordonné à un chacun de *faire la paix en terre*, pour appaiser la colere de Dieu, qui avoit affligé la France de maladies extraordinaires, & d'une stérilité generale. Ce qui donna lieu à plusieurs Conciles nationaux & provinciaux, qui furent tenus alors, de deffendre à toutes personnes *de s'armer en Guerres privées*, pour *venger* la *mort de leurs parens*, & d'ordonner aux fideles de jeuner les (*e*) *vendredys* au pain & à l'eau, & de s'abstenir de la chair les *samedys*, sous peine d'excommunication.

154. L'histoire dont on vient de faire le recit, est ainsi rapportée par *Sigebert* sous l'an 1032. (*f*) *Istiusmodi Decretum à Franciæ* episcopis *datum est servari*

NOTES.

(*a*) Tome 1. des Capitulaires, col. 1253. & *tom. 3. Concil. Galliæ pag. 655.*

(*b*) *S.* Odo *de vita sancti* Geraldi, *lib. 1. cap. 37. fol. 84. Biblioth. Cluniac.*

(*c*) *B.* Petrus Damianus *opusculo 34. cap. 4. tomo 2. paginâ 258. col. 2. lit. E. Junge tit. Decretalium, De.* clericis pugnantibus *in Duello.* Anastasium *Germonium* & *Cironium* ibidem, & D. Lucam Dachery, *in notis & observat.* ad Guibertum *paginâ 661.*

(*d*) Voyez nos historiens, sous l'an 1032. & *Brodeau* sur l'article 7. de la Coutume de Paris, nombre 13. 14. &c.

(*e*) Voyez le Pere *Thomassin*, dans son traité des *jeunes*, partie seconde, chap. 15. & 16.

(*f*) *Vide* Baldricum Noviomensem *lib. 3. chronici Cameracensis, cap. 52. paginâ 338.* Nauclerum *vol. 2. chronogr. generatione 35.* Baronium *an. 1034.*

subjectis sibi populis. Unus eorum *dicit* cælitus sibi delatas esse literas, quæ pacem monerent renovandam in terra, *quam rem mandavit cæteris. Et hæc tradenda dedit populis,* ut arma quisque non ferret, dirempta non repeteret, sui sanguinis, vel cujuslibet proximi, ultor minime existens, percussoribus cogeretur indulgere. *Jejunium in pane & aqua, sexta feria servarent, & in sabbato a carne, & liquamine abstinerent. Soloque hoc contenti jejunio, in omnium peccatorum remissionem nullam sibi scirent adjiciendam pœnitentiam, & hoc servare sacramento firmarent. Quod qui nollet christianitate privaretur, & exeuntem de sæculo nullus visitaret, nec sepulturæ traderet. Alia quoque importabilia dedere mandata, quæ oneri visa sunt replicare.* A quoy l'on peut joindre ce que *Baldricus* a écrit sur ce sujet, *in chronico Cameracensi, lib. 3. cap. 27. & 52. pag. 305. 338.*

155. La paix generale qui fut faite alors, ne dura qu'environ *sept années.* Et les Guerres ayant ensuite recommencé, il y eut en 1041. une *Treve* generale en France establie entre tous les Seigneurs, qui dura, depuis les *vespres* de la *quatriéme ferie,* jusqu'au matin de la *seconde,* c'est-à-dire, depuis le *mercredy* d'une semaine, jusques au *lundy* de la semaine suivante, ce qui faisoit un *espace alternatif,* dans chaque semaine, d'environ *quatre jours* entiers, pendant lequel toutes vengeances, & toutes hostilitez cessoient. Et comme ce changement subit, tenoit du miracle, & de l'inspiration divine, cette *Treve* fut nommée par cette raison *Treve* (*a*) *de Dieu,* suivant l'historien *Glaber,* qui rapporte ainsi cet évenement.

156. (*b*) *Contigit inspirante divinâ gratiâ, in partibus Aquitanicis, deinde paulatim per universum Gallorum territorium, firmare pactum, propter timorem Dei pariter & amorem, ut nemo mortalium, à feriâ quartâ, usque ad secundam feriam, incipiente luce, ausu temerario, præsumeret, quippiam alicui hominum per vim auferre, neque actionis vindictam, a quocumque inimico exigere, nec etiam a fidejussore vadimonium sumere. Quod si ab aliquo fieri contigisset, contra hoc Decretum publicum, aut de vita componeret, aut a Christianorum consortio expulsus, patriâ pelleretur. Hoc insuper placuit universis veluti vulgo dicitur, ut* TREUGA DOMINI *vocaretur.*

157. Comme la conduite & la police des François a presque toûjours servi de modele à tous les peuples de l'Europe. (*c*) *Edoüard* le Confesseur, Roy d'Angleterre reçeut dans ses Estats, en l'année 1042. la *Treve de Dieu,* mais avec cette addition, que cette Paix, ou Treve auroit lieu pendant *l'Avent,* & jusques à *l'octave de l'Epiphanie,* depuis la *Septuagesime,* jusqu'à *Pâques,* depuis *l'Ascension,* jusques à *l'octave* de la Pentecoste, pendant les *quatre temps,* tous les *samedys* depuis neuf heures, jusques au lundy suivant, la veille des festes de la *Vierge,* de saint *Michel,* de saint *Jean Baptiste,* de tous les *Apôtres,* & de tous les *saints,* dont la solemnité estoit annoncée à l'Eglise, de la *Toussaints,* de la dedicace des Eglises, de la feste du *Patron* des *Paroisses, &c.*

158. Et l'on void par le *chapitre premier* du (*d*) titre *De Treuga & pace,* aux Decretales, tiré du Concile de Latran, de l'an 1279. sous Alexandre III.

NOTES.

(*a*) *Vide* Hugonem Flaviniacensem *in chronico Virdunensi, tom. 1. Biblioth. mss. Labbei, pag. 187.*

(*b*) Glaber Radulfus *lib. 5. anno 1041. Vide* Chiffletium *in Trenorchio, pag. 157.* & Roverium *in Reomao, pag. 664. 665.*

(*c*) Les Loix de ce Prince se trouvent dans la Collection des anciennes Loix d'Angleterre, publiée par *Lambard,* & imprimée par les soins de *Wheloc* à Cambrige, en 1644. aprés l'histoire de *Bede le venerable,* page 138. article 3. *V. cap. 3.*

(*d*) *Vide Anastasium, Germonium & Innocentium Cironium ad h. Titul.*

que la

que la *Treve de Dieu*, avec une partie des augmentations, qu'*Edoüard* le Confesseur y avoit faites, devint une regle generale, & un droit commun dans tous les Estats Chrestiens.

159. Ces Treves, qui furent cependant mal observées, ayant esté un remede trop foible, contre un si grand mal, les *Guerres privées* se renouvellérent, avec plus de force que jamais, sur tout en *Languedoc*, & en *Guyenne*, jusques vers l'année 1180. qu'un nommé (*a*) *Durand*, *charpentier*, asseura que *Jesus-Christ* & la *Vierge* luy estoient apparus dans la Ville *du Puy en Velay*, & selon quelques-uns, dans un *bois*, qu'ils luy avoient commandé d'annoncer *la Paix*, & luy avoient donné, pour preuve de sa mission, une *image* qu'il montroit, où la *Vierge* estoit representée tenant *Jesus-Christ* son enfant, au tour de laquelle il y avoit écrit, *Agnus Dei, qui tollis peccata mundi*, (*b*) *dona nobis pacem*.

160. Sur la foy de cet artisan, les Prelats, les grands Seigneurs, & les gentilshommes s'assemblerent *au Puy*, au jour de *l'Assomption*, & jurerent, sur les Evangiles, de mettre tous les armes bas, & d'oublier les injures qu'ils avoient reçeües. Et ils firent une *confrairie*, pour unir & concilier les esprits irritez, qu'ils nommérent la CONFRAIRIE DE DIEU.

161. Ces *confreres* portérent sur leur poitrine cette image de *Jesus-Christ*, avec *la Vierge*, empreinte sur de *l'estain*, ou du *plomb*, & sur leurs testes des *capuchons*, ou *chaperons*, que ce *charpentier*, qui en tiroit du profit, leur vendoit. Et avec ces marques, chacun estoit en seureté entre ses ennemis.

162. Cet évenement singulier est rapporté par *Rigord*, dans la vie de *Philippe Auguste*, sous l'an 1183, par *Guillaume de Nangis*, & par *Robert Abbé du Mont S.t Michel*, dont on transcrira icy les paroles, pour épargner au lecteur la peine de les aller chercher. *Anno* (*c*) *superiori apparuit Domina nostra, mater misericordiæ*, Sancta Maria, *cuidam fabro lignario, opus facienti, in quadam sylva, & obtulit illi sigillum iconis suæ, & filii sui Salvatoris nostri, cujus sic conscriptio erat* Agnus Dei, qui tollis peccata mundi, dona nobis pacem. *Et jussit ut ferret illud apud episcopum Podiensem, ut prædicaret in provinciâ suâ, & aliis circumquaque, ut omnes, qui vellent pacem sanctæ Ecclesiæ, & filiis suis, facerent hujusmodi sigilla, & portarent in signum pacis, & facerent parva alba caputia, ad ostentationem pacis & innocentiæ, & dato sacramento* pacem tenerent, & inimicos pacis destruerent. *Quod, & factum est. Nam multi episcopi & consules, & viri consulares, & mediocres, & pauperes, hanc sectam tenentes*, pacem tenent, & inimicos pacis persequuntur.

163. Les choses se passérent ainsi en France, parce que, comme on l'a dit, nos Roys ne joüissoient pas alors de toute l'autorité, qui leur appartenoit legitimement.

Mais lorsque par la sagesse & la fermeté de leur conduite, ils eurent remis

NOTES.

(*a*) Voyez nos historiens François, & *Brodeau* sur l'article 7. de la Coutume de Paris, page 83. de l'Edition de 1669.

(*b*) Vide *Cardinalem* Bonam, *lib. 2. Rerum Liturgicarum cap. 16. fol. 427. editionis romanæ, anni 1671. Et Josephum Mariam* Suaresium, *ad tractatum Onuphrii* Panvinii, *De baptismate Paschali, & de origine ac ritu consecrandi* Agnos Dei, *capite octavo, paginâ 98. lin. 13. & 14. editionis romanæ, anni 1656.*

(*c*) Les additions que *Robert Abbé du Mont S.t Michel* a faites à la chronique de *Sigebert* Abbé de Gemblous, ont esté reimprimées, par les soins de Dom Luc *Dachery*, aprés les œuvres du venerable *Guibert*, Abbé de Nogent *sous Coucy*. Voyez à la page 809.

les Seigneurs dans leur devoir, les choses commencérent à changer de face.

164. Ils firent d'abord une Ordonnance nommée la (a) QUARANTAINE LE ROY, par laquelle il fut estabi, que depuis les *meurtres* commis, ou les *injures* faites, jusques à *quarante jours* accomplis, il y auroit de plein droit une *Treve de par le Roy*, dans laquelle les parens des deux parties seroient compris; Que cependant le meurtrier, ou l'aggresseur seroit arresté & puni, & que si dans les *quarante jours* marquez, quelqu'un des parens se trouvoit avoir esté tué, celuy qui auroit commis le crime, seroit reputé *traitre, & puni de mort*.

165. Cette *Treve* eut plus de succés, que les precedentes, mais la difficulté est de sçavoir par lequel de nos Roys elle fut establie.

166. Quelques-uns croyent que ce fut par un *Philippe*. Et on peut conjecturer que c'est à *Philippe Auguste*, que (b) *Beaumanoir* en a donné la gloire, dans les paroles suivantes du chapitre 60. de ses coutumes de Beauvoisis. *Trop mauvaise coustume souloit courre en cas de guerre, el royaume de France. Car quand aucun fet avenoit de mort, de mehaing, ou de bature, chil à qui le villenie avoit esté faite, regardoit aucun des parens à chaus qui li avoient faite le villenie, & qui manoient loin du lieu, où le fet avoit esté fait, si que il ne sçavoient rien dou fet. Et puis alloient là de nuit, & de jour, & sitost comme il le trouvoient, ils l'ocioient, ou mechoignoient, ou battoient, ou en faisoient toute leur volenté, coume de chil qui garde ne s'en donnoit & qui ne sçavoit riens, que nul qui li apartenist de lingnage, leur eust meffect. Et pour les grands perius, qui en avenoient,* LE BON ROY PHILIPPE *en feist un establissement, tel que quand aucun fet est avenus,* chil qui sont au fet present, *se doivent bien garder depuis le fet, ne vers chaus ne queurt nule* TREVE, *devant qu'elle ait esté prise par justice, ou par amis. Més tuit le lignage de l'une partie & de l'autre,* qui ne furent present au fet, *ont par l'Establissement,* les QUARANTE JOURS DE TREVE. *Et par ces* quarante jours *ont les lignagers loisir de sçavoir ce qui advient à leur lignage, si que il se pïent pourveoir, ou de guerroier, ou de pourchassier assurément, Treve, ou Paix, &c.*

167. Le S.[r] *Du Cange,* dans sa Dissertation 29. (c) sur Sire Joinville, a crû que ce Roy *Philippe* dont parle *Beaumanoir,* estoit le *fils de St Loüis,* nommé *le Hardy,* à quoy il ajoûte qu'il est néantmoins constant, que ce fut St *Loüis* son pere qui ordonna cette *Treve.* En effet *Bouteiller* écrit positivement dans sa Somme rurale, qu'elle fut establie *sous St Loüis.* Et le Roy *Jean* dans une Ordonnance du 9. Aoust 1353. l'écrit pareillement.

168. Mais le S.[r] *Du Cange* n'a pas remarqué, que *Philippe de Beaumanoir* en parlant de ce Roy, se sert de cette expression, *le bon Roy Philippe,* expression qu'on n'employoit alors, qu'à l'égard des Princes decedez. Ce mot *Bon* pris dans ce sens signifioit la mesme chose qu'aujourd'huy le mot (d) *Feu,* c'est-à-dire, *heureux.*

169. Par exemple, *Philippe Auguste* fit, en l'année 1214. une Ordonnance, par laquelle il fixa le *Doüaire coutumier* des femmes, à la moitié des biens, que

NOTES.

(a) On n'a qu'un fragment de cette Ordonnance, qui est dans ce volume, sous l'an 1245. page 56.

(b) Voyez *Beaumanoir* dans ses coutumes du Beauvoisis, chap. 60. page 306.

(c) Voyez cet autheur dans sa Dissertation 29. sur Joinville, page 334.

(d) *Vide Fabrotum libro primo Stromatum cap. 12. pag. 76. 77. Menage* dans son Dictionaire étymologique sur le mot Feu. *Adde* Martialem *lib. 10. Epigram. cap. 5. vers 8. 9. Et ibi* Raderus, *paginâ 681.*

les maris auroient au jour de leurs épousailles. Et quand *Beaumanoir* parle, à ce sujet, de ce Roy *Philippe,* il le nomme LE BON ROY PHILIPPE, pour marquer qu'il ne vivoit plus, & pour le distinguer du Roy *Philippe le Hardy,* sous qui il vivoit. Car *Beaumanoir* finit ses coutumes de Beauvoisis en l'année (*a*) 1283. & *Philippe le Hardy* ne mourut qu'en 1285. Voicy comme cet autheur s'énonce. *Li* (*b*) *general coustume des Doüaires de che que la femme emporte la moitié de che que homs y a, au jour qu'il l'épousa . . . si commencha par l'establissement* LE BON ROY PHILIPPE *Roy de France, lequel regnoit en l'an de grace 1214.*

170. Il y a donc, ce semble, lieu de dire, que *Philippe Auguste,* dont il nous manque beaucoup d'Ordonnances, fut peut-estre le premier de nos Roys de la troisiéme race, qui establit, vers la fin de son regne, la *Treve* de *quarante jours,* par une Ordonnance que nous n'avons pas, & que *S.t Loüis* son petit fils, en fit ensuite une semblable en l'année 1245. dont on n'a le texte en partie, que parce qu'il y en a un (*c*) fragment dans une Ordonnance du Roy *Jean,* de l'année 1353. qui est dans un registre de l'Hostel de Ville *d'Amiens.*

171. Cependant cette Ordonnance, que *S.t Loüis* fit, ou qu'il réitera peut-estre en l'année 1245, ne fut pas encore bien éxactement observée. Et il n'en faut pas d'autre preuve que le Mandement qui suit de l'an 1257. adressé à tous ses sujets du diocese du Puy, par lequel il leur enjoignit d'observer éxactement son Ordonnance de l'année 1245. (*d*) *Noveritis nos deliberato consilio, Guerras omnes inhibuisse in regno, & incendia, & carrucarum perturbationem. Unde vobis districte præcipiendo mandamus, ne contra dictam inhibitionem nostram, Guerras aliquas, vel incendia faciatis, vel agricolas, qui serviunt carrucis, seu aratoribus disturbetis, &c.*

172. Sous le reste de ce regne, & sous celuy de *Philippe le Hardy,* on ne fit que tenir la main à l'execution des Ordonnances qui avoient introduit, ou confirmé la *Treve* appellée *la Quarantaine le Roy.* Et les Seigneurs qui s'unirent au Roy pour cet effet, ayant eû contestation pour leurs *justices,* sur lesquelles les officiers royaux entreprenoient sous ce pretexte, *Philippe le Hardy* fit le Mandement qui suit, par lequel il décida quelques difficultez qui concernoient les *Guerres privées,* la *Treve* & la *Paix.* Sçavoir, que la *Paix* seroit censée rompuë, par toutes les violences qui se commettroient en cas de sédition, mais non dans les querelles particulieres, comme lorsque des bergers se battroient les uns contre les autres, & quant au *vol de grands chemins,* qu'il seroit reputé *infraction de Paix.* Et comme il y avoit à ce sujet quelques autres doutes, le Roy ordonna au Seneschal de Carcassone, d'en conferer avec des personnes sages & éclairées de sa Seneschaussée, & de luy envoyer leurs avis au Parlement suivant de la Pentecoste. *Cum in castris, aut civitatibus, facta seditione publicâ, pars partem ejecerit, vel cum armis invaserit, vel civitas castrum, aut villa, aut Baro, aut castri Dominus aliis guerram moverit, aut furtive castrum, aut villam, aut munitionem substraxerit,* pax dici debet violata. Quod si privatæ *personæ, in civitatibus, vel municipiis sese aggressæ fuerint, aut etiam pastores in pascuis multi, ut sæpe contingit*

NOTES.

(*a*) Voyez les Coutumes du Beauvoisis de *Beaumanoir,* page 355. à la fin.

(*b*) Voyez Philippe de *Beaumanoir* au chap. 13. de ses Coutumes du Beauvoisis. *Des Doüaires,* page 76. ligne 18.

(*c*) Ce fragment est cy-aprés sous sa date.

(*d*) Ce Mandement de l'an 1257. est cy-aprés sous sa date, page 84.

occasione eorumdem rixati, hæc ad pacis fractionem non pertinent. Sane aggressores itinerum, sive plures *fuerint, sive unus*, Pacis violatores *censendi sunt. Qui, sive ad paciarii, (seu scabini) sive ordinarii manus devenerint, unus alteri eos minime remittere teneatur, quod si ad manus tertii, remittendo alterutri liberatur. Ut igitur melius sciri possit quid servari debeat generaliter, & in quo casu debeat pacis fractio censeri. Mandamus vobis quatenus, habito consilio, cum sapientibus Seneschalliæ vestræ, quæcumque circa hæc, ad plenam jurisdictionem habendam, seu consilium quod habueritis, nobis in Parlamento Pentecostes, plenam certitudinem faciatis. Datum Parisius die Mercurii ante festum B. Lucæ Evangelistæ, &c.* Ce Mandement est au registre *Noster* de la Chambre des Comptes, feüillet 127.

173. En l'année 1296. *Philippe le Bel* fit une *Ordonnance* au Parlement de la Toussains, par laquelle il deffendit les Guerres privées, tant que la sienne dureroit. (*a*) *Dominus Rex, pro communi utilitate, & necessitate regni sui, statuit* quod durante Guerra sua, *nulla* alia Guerra fiat in regno. *Et si forte inter aliquos jam mota sit guerra, datis* treugis, *vel* assecura mentes *secundum consuetudinem duraturis* per annum, *&* anno finito *continuentur.*

174. Il renouvella la mesme Ordonnance, en l'année 1303. (*b*) Mais les *Guerres privées* s'estant encore rallumées, pendant que le Roy estoit en paix avec ses voisins, il se servit de l'occasion d'une nouvelle guerre qu'il eût à soûtenir, pour suspendre les *Guerres privées;* Et pour mieux faire respecter l'autorité de sa Loy, il ajoûta la *peine de corps & d'avoir,* dans celle qu'il fit publier sur ce sujet le 29. Juillet 1314. en ces termes. *Propter* (*c*) *guerram prædictam & ex aliis justis causis,* omnes Guerras *in regno nostro, inter personas quascumque, sub pœna* commissionis corporum & bonorum, *durante Guerra nostra, inhibemus, &c.*

175. Ces desordres ayant ensuite recommencé dans le *Comté de Bourgogne,* sous *Philippe le Long* & *Jeanne de Navarre* son épouse, ils ne (*d*) statuérent rien de nouveau sur les *Guerres privées,* & ils se contentérent seulement de défendre les *incendies,* & d'ordonner, que tous ceux qui en seroient coupables, seroient regardez comme *infracteurs de la paix,* & comme *ennemis publics.*

176. Sous les regnes suivans, les *Guerres privées* commencerent à devenir plus rares. Mais néantmoins comme il y en avoit encore quelques-unes de temps en temps. Le *Roy Jean* en l'année 1353. mit presque fin à ce mal inveteré, en (*e*) ordonnant que la *quarantaine le Roy* seroit ponctuellement observée, & que l'on poursuivroit extraordinairement ceux, qui par leurs crimes, auroient donné occasion à ces querelles, ou à ces Guerres.

177. Il n'y avoit lieu aux *Guerres privées,* qu'entre les (*f*) *gentilshommes* seulement, & non entre les *roturiers.* Et il falloit encore, que celuy qui avoit commis *l'homicide,* ou *l'injure* fut connu, car lorsqu'on ne le connoissoit pas, on usoit alors, comme aujourd'huy, *d'informations.* Et s'il y avoit quelqu'un, contre qui il

NOTES.

(*a*) Cette Ordonnance est cy-aprés sous sa date, au feüillet 328.

(*b*) Cette Ordonnance du 9. Janvier 1303. le samedy aprés la feste de l'Epiphanie, est cy-aprés sous sa date au feüillet 390.

(*c*) Cette Ordonnance est cy-aprés sous sa date, au feüillet 538.

(*d*) L'Ordonnance faite à Clairvaux le 11. Novembre 1319. est cy-aprés au feüillet 701.

(*e*) Cette Ordonnance fut du mois d'Avril 1353. On ne sçait si ce fut au commencement ou à la fin de cette année. Elle est citée par *Du Cange* dans sa 29.e Dissertation sur Joinville, page 346.

(*f*) Voyez *Beaumanoir* dans ses coutumes du Beauvoisis, chap. 59. *Comment guerre se fet par coutume,* page 300. ligne 36. Clement *Vaillant* des Guerres privées, chap. 7. feüillet 55. *verso.*

y eut

y eut de violens soupçons, on en venoit au *Duel*, ou au *gage de Bataille*. Ce qu'on remarque icy aprés *Beaumanoir*, dans le chapitre 61. de ses coutumes de Beauvoisis, page 308.

Du Duel, & des gages de Bataille.

178. Le *Duel* (*a*) dont il s'agit icy n'estoit pas un combat, entre des personnes qui ne cherchoient qu'à se venger, mais c'estoit *une espece de preuve ordonnée par le Juge*, pour découvrir par l'évenement du combat, le *veritable coupable d'un crime* qui avoit esté commis, ou pour décider quelquefois une question douteuse, en matiere (*b*) civile, dont il y a un bel exemple dans *Witichind*, moine de Corbie, au sujet de la representation des petits enfans, dont les paroles meritent d'estre icy transcrites. *De* (*c*) *Legum quoque varietate facta est contentio. Fuerunt qui dicerent, quod filii filiorum non deberent computari inter filios, hereditatemque legitime cum filiis sortiri, si forte patres eorum obiissent avis superstitibus. Unde exiit edictum a Rege, ut universalis conventio fieret, apud villam quæ dicitur* STELLA. *Factumque est, ut causa inter arbitros judicaretur debere examinari. Rex autem meliori consilio usus, voluit viros, nobilesque senes populi honeste tractari, sed magis rem* INTER GLADIATORES *discerni jussit. Vicit igitur pars, quæ filios fratrum computabat inter filios. Et firmatum est ut æqualiter cum patruis hereditatem dividerent, pacto sempiterno, &c.* Sigebert rapporte ce fait sous l'an 943.

179. Chez les *Romains*, les affaires douteuses, quand il n'y avoit ni écrit, ni preuve, se décidoient par le *serment* d'une des parties.

Lorsque le serment avoit esté deferé au *deffendeur*, & qu'il avoit affirmé qu'il ne devoit rien, si ensuite le *demandeur* s'avisoit d'agir contre luy, le *deffendeur* luy opposoit son serment. Et le (*d*) Preteur dans ce cas ne donnoit pas d'action.

Lorsque le serment avoit esté referé au *demandeur*, & qu'il avoit juré, il y avoit une action pareille à celle qui naissoit de l'autorité des jugemens.

Quant à celuy qui offroit de jurer, il n'estoit pas écouté, parce qu'il vouloit estre juge dans sa propre cause. Et dans les *matieres* (*e*) *criminelles*, lorsqu'il s'agissoit de peines afflictives, on avoit peu d'égard au *serment* de *l'accusateur* & de *l'accusé*.

180. Ce droit ne plut pas à *Gondebaud* (*f*) *Arrien*, & Roy des Bourguignons, qui vivoit vers la fin du cinquiéme siecle, & au commencement du sixiéme. Et sous pretexte que ses sujets se parjuroient, il ordonna, que quand le *deffendeur*, ou *l'accusé* auroit nié la *dette*, ou le *crime*, avec serment, il seroit au pouvoir du *demandeur*, ou de *l'accusateur* de rejetter le *serment*, & de demander le *Duel*. Voicy sa Loy, autant injuste qu'odieuse. (*g*) *Multos in populo nostro, & pervicatione causantium, & cupiditatis instinctu cognoscimus depravari, ut de rebus incertis sacramenta plerumque offerre non dubitent, & de cognitis jugiter perjurare. Cujus sceleris*

NOTES.

(*a*) Voyez le traité de Clement *Vaillant* de la poursuite des jugemens par armes & duels. *Alciatum de singulari certamine.*

(*b*) Voyez Clement *Vaillant* dans son traité de la poursuite des jugemens par armes & duels, chapitre 5. 6. *Beaumanoir* chap. 63. de ses coutumes de Beauvoisis.

(*c*) Witichindus *Corbeiens. monachus lib.* 2. *annalium pag.* 644. *Tomo primo rerum germanicarum edit. ann.* 1688.

(*d*) *Vide Leg.* 7. *Dig. de jurejurando, & Guilelmum* Maranum *ad illum Tit. tom.* 1. *pag.* 293.

(*e*) Battandier *in praxi criminali regulâ* 33. 34. 35. Farinacius *parte* 1. *fragmentorum criminalium num.* 247. *pag.* 27.

(*f*) *Vide* Agobardum *adversus Legem* Gundobadi *pag.* 113.

(*g*) *Vide Codicem Legum antiquarum. Tomo* 1. *pag.* 284. 285.

consuetudinem submoventes presenti Lege decernimus, quotiens inter homines nostros *causa surrexerit, ut is qui pulsatus fuerit,* non deberi à se, *quod requiritur,* aut non factum *quod objicitur,* sacramentorum *obligatione negaverit, hac ratione litigio eorum finem oportebit imponi. Ut si pars ejus cui oblatum fuerit jusjurandum, noluerit sacramentum suscipere, sed adversarium suum veritatis fiduciâ armis dixerit posse convinci, pugnandi facultas non negetur.* Tit. 45. Leg. Burgund.

181. Cette Loy barbare faite par un Prince heretique, fut néantmoins approuvée & reçeüe de presque tous les peuples de l'Europe. Et dans la suite les juges, ordonnérent le Duel, tant en matiere civile que criminelle.

182. (*a*) *Saint Avite* Archevêque de Vienne, qui vivoit du temps de *Gondebaud,* luy representa fortement l'injustice de cette nouveauté. Et sous *Loüis le Debonaire* saint *Agobard,* ou *Agebaud* Archevêque de Lyon, presenta une requeste à *l'Empereur* imprimée entre ses œuvres, par laquelle il demanda que la Loy des *Bourguignons* fut abolie, & que les peuples qui la suivoient, fussent regis à l'avenir par la Loy des *Francs,* qui n'avoient pas encore reçeû, ni approuvé le Duel, *Si* (*b*) *autem placeret Domino nostro sapientissimo Imperatori, ut eos transferret ad Legem* FRANCORUM, *& ipsi nobiliores efficerentur, & hæc regio ab squalloribus miseriorum quantuluncumque sublevaretur. Horum enim causâ accidit, ut frequenter non solum valentes viribus, sed & infirmi, & senes lacessantur ad certamen, & pugnam, etiam pro villissimis rebus, quibus feralibus certaminibus contingunt homicidia injusta, & crudeles & perversi eventus judiciorum, non sine amissione fidei, & caritatis, ac pietatis, dum putant* DEUM *illi adesse, qui potuerit fratrem suum superare, & in profundum miseriarum dejicere, &c.*

183. Mais ces remontrances n'eurent pas alors tout l'effet qu'elles devoient avoir; Et sous nos derniers Roys de la *seconde* race, & sous les premiers de la *troisiéme,* l'abus devint d'autant plus general, dans tout le royaume, qu'il y eût des Ecclesiastiques moins éclairez que *S.t Avite* & *S.t Agobard,* qui commencérent à s'y accoûtumer, & à le mettre en usage par eux-mêmes.

184. Il y en a des exemples, dans ce volume, où l'on void des lettres de *Loüis le Gros,* de l'an 1118, par lesquelles, ayant égard à la priere des (*c*) Religieux *de S.t Maur* des Fossez, il leur accorde, comme une *grace singuliere,* que leurs SERFS soient admis en jugement, contre les personnes *franches,* tant pour y rendre témoignage, que pour y COMBATTRE. Car de droit un (*d*) *serf* ne pouvoit appeller en duel une personne *franche.* Et d'autres lettres de l'an 1128. par lesquelles une pareille grace, si la chose merite ce nom, est accordée à l'Eglise metropolitaine de Chartres, à la priere de *Geofroy* qui en (*e*) estoit l'Evesque.

185. En l'année 1168. *Loüis le Jeune* commença à restraindre les *Duels en matiere civile,* en ordonnant qu'ils n'auroient plus lieu pour une dette de *cinq sols,* & de moins. *Pro debiti titulo citra quinque solidorum dationem inter aliquos non judicetur Duellum.*

NOTES.

(*a*) Vide Agobardum *adversus Legem* Gundobadi *pag. 120. tom. 1. oper.*

(*b*) Agobardus *adversus Legem* Gundobadi *n. 7. pag. 113. & pag. 121. tom. 1.*

(*c*) Ces Lettres sont imprimées cy-aprés sous leur date, page 3.

(*d*) Voyez *Beaumanoir* chap 59. page 299. & cy-aprés au nombre 193.

(*e*) Ces Lettres sont cy-aprés sous leur date à la page 5. Il y en a de semblables dans le tome 13. du Spicilege, page 309. & dans le pœnitentiel de Theodore, tom. 2. page 452. *Vide notas D. Lucæ* Dachery *ad Guibertum abbatem de Novigento fol. 661. & pag. 518. col. 1.*

186. *Philippe Auguste* son fils, en regla la police, pour ainsi dire, par son Ordonnance du mois d'Aoust 1215. portant qu'à l'avenir les Champions ne combattroient, qu'avec *des (a) bâtons de trois pieds*. Et par un autre, qui ordonne que la peine du *Talion* aura lieu en *Normandie* en matiere criminelle, & que *l'appellant en Duel*, & *l'appellé* seront soumis à la mesme peine. C'est-à-dire, que celuy qui succomberoit, subiroit la peine prescrite pour le crime, sur lequel la contestation seroit formée, suivant l'usage de la France. Ce que Guillaume le *Breton* rapporte ainsi, dans sa *Philippide*.

> *Quædam (b) autem in melius juri contraria mutans,*
> *Constituit Pugiles, ut in omni* Talio *pugna*
> *Sanguinis in causis ad pœnas exigat æquas,*
> *Victus ut appellans, sive appellatus, eâdem*
> *Lege ligaretur, mutilari, aut perdere vitam.*
> *Moris enim exstiterat apud illos hactenus; ut si*
> *Appellans victus in causâ sanguinis esset,*
> *Sex solidos decies, cum nummo solveret uno.*
> *Et sic impunis, omissâ lege, maneret.*
> *Quod si appellatum vinci contingeret, omni*
> *Re privaretur, & turpi morte periret.*
> *Injustum justus hoc juste Rex revocavit,*
> *Reque pares* Francis Normanos *fecit in istâ.*

187. Ce fut vers ces temps-là que nos Roys affranchirent les habitans des grandes Villes, ausquels ils accordérent le droit de (c) *Commune*, c'est-à-dire, le droit d'avoir des Maires & des Eschevins, qui devoient leur administrer la justice. Mais comme souvent nos Roys voulurent avoir des Officiers à eux dans ces Villes, qui y exerçassent la justice criminelle, ils s'y reservérent le *Duel*, c'est-à-dire, le droit de le permettre, ou de l'ordonner. Les Seigneurs particuliers, toûjours imitateurs du Roy, en usérent de mesme dans leurs Seigneuries, par leurs lettres d'affranchissement. Et de là est venuë la regle singuliere rapportée par Loisel, que (d) *Tableau de champions* combatans à *l'audience, est une marque de haute justice*.

188. Quand *S.t Loüis* eut establi, ou confirmé la *Treve* nommée *la quarantaine le Roy*, par son Ordonnance de l'année 1245, qui diminua considerablement l'abus des *Guerres privées*, il crût qu'il estoit de son devoir de faire un reglement aussi necessaire, pour mettre fin, s'il pouvoit, *aux Duels*, ou *gages de*

NOTES.

(a) *Vide cap. 3. 23. & 29. lib. 4. Capitul.* & Adrevaldum *Floriacensem lib. 1. cap. 25.* Yvonem *Carnotensem epist. 247. & Legem Longobardorum lib. 2. tit. 50. & lib. 10. tit. 11.* Clement *Vaillant* de la poursuite des jugemens, chap. 17.

(b) *Vide* Guillelm. *Britonem lib. 8. Philippidos vers 228.* Beaumanoir chap. 61. page 315. à la fin, & l'ancienne coutume de Normandie, chap. 107. *S.t Loüis* confirma ce chef d'Ordonnance de *Philippe Auguste*, en autorisant la peine du Talion, suivant quelques Loix du Code. *Vide Legem 7. & 14. Cod. Theodos. de accusationibus, & ibi Jacob* Gothof. *& Legem 17. Cod. Justinian. de accusationibus.* On ne trouve dans le Digeste aucune Loy qui parle de cette peine, clairement.

(c) *Vide* Guibertum *Abbatem libro 3. de vita sua cap. 7. pag. 503. col. 2. littera D.* Et Philippe de *Beaumanoir* dans ses coutumes du Beauvoisis au titre 50. de Ville de Commune, page 368.

(d) *Loisel* dans ses Institutes coutumieres, livre 2. tit. 2. regle 47. *Chopinum ad consuetudines Andenses lib. 1.* Clement *Vaillant* de la poursuite des jugemens par armes & Duels. *Beaumanoir* dans ses coutumes du Beauvoisis, chap. 58. page 194.

bataille. C'est ce qu'il entreprit en 1260, en les deffendant. Mais comme les Seigneurs estoient encore alors trop puissans, il ne fit cette Ordonnance, que pour avoir lieu seulement dans ses domaines. (*a*) *Nous* deffendons *à tous les* Batailles *par tout nostre* demengne. *Mais nous n'ôtons mie les* clains, *les* répons, & *les* contremans, *ne tous autres* contremans *que l'on fet en Cour Laie, si que à ores, selon l'usage de divers pays, fors que nous ostons les* Batailles. *Et en lieu des* Batailles, *nous mettons prüeves par témoins, Et si n'ôtons mie les autres bonnes prüeves, qui ont esté en Cour Laye, siques à ore. Nous* Commandons, *que se aucuns vüelt appeller aucun de multre, que il soit ois, & quand il voudra faire sa clameur, que l'en li die. Se tu veuls appeller de multre tu seras ois, més il convient que tu te lie à telle peine souffrir, comme ton adversaire soufferroit, se il estoit attaint. Et sois certain qui tu n'auras point de* Bataille, *ains te conviendra prouver par témoins, comme il te plaist à prouver, tout quant que tu connoistras, que aidier te doie. Et si vaille ce qui te doit valoir, car nous ne t'ostons nulle prüeve, qui ayt esté reçeüe en Cour Laye, si ques à ores, fors* Batailles. *Et saches que ton adversaire pourra dire contre les témoins, &c.*

189. Quoyque *S.t Loüis* n'eût fait cette *Ordonnance*, que pour ses *Domaines;* cependant à mesure que son autorité augmentoit, il obligea *ses Barons* de la faire observer dans leurs terres. Plusieurs y consentirent, & la jurisprudence fut alors establie dans les Seigneuries particulieres, que quand un procés y auroit esté commencé suivant le *nouvel Establissement*, ou la nouvelle *Ordonnance*, on ne pourroit plus retourner à *l'ancien Droit*, & que quand le procés auroit esté commencé suivant *l'ancien Droit*, on ne pourroit plus revenir au *nouvel establissement*. Ce qui diminua beaucoup l'usage des *gages de Batailles* dans les terres des Seigneurs, parce que comme cette espece de preuve estoit trés perilleuse, on ne s'en servoit qu'au deffaut d'autres : *Il est*, dit Beaumanoir, (*b*) *a le voulenté des houmes dou Comté de Clermont, de tenir leur Court, se il leur plaist de chés cas, selon l'ancienne coustume, ou selon l'establissement le Roy. Més se li plait est entamé, sur l'establissement, par la souffrance dou Seigneur, li Sires ne le puet plus mettre à gage, se partie s'en vieut aidier. Et aussi se li plais est entamé sur les gages, par l'ancienne coustume, li Sires ne le puet pas ramener à l'establissement le Roy, si che n'est par l'accord des deux parties, &c.*

190. Comme *S.t Loüis*, zelé pour le bien de son royaume, desiroit que cette *Ordonnance* fut éxactement observée, il la reitera par les chapitres 2. & 3. du premier livre de ses *Establissemens* publiez en 1270. Et par une disposition nouvelle qui est dans le chapitre 167. de ce mesme livre, il ordonna qu'*entre freres il n'y auroit plus* de combat personel, en matiere civile. (*c*) *Deux freres ne se combattent pas ensemble de fié, de terres & de meubles, se ce n'est de trahison, ou de murtre, ou de rapt. Et se il s'entr'appellent, de terres, ou de muebles dont il doit estre bataille, il porroit bien mettre Serjans, pour eux, ou par d'autres.*

NOTES.

(*a*) Voyez cy-aprés page 87. & les chapitres 2. & 3. du premier livre des Establissemens de *S.t Loüis*, page 111.

(*b*) Voyez *Beaumanoir* dans ses coutumes de Beauvoisis, chap. 61. *Des Aplaux*, page 309. ligne 30.

(*c*) Voyez Philippe de *Beaumanoir* dans ses coutumes du Beauvoisis, au chap. 59. page 299. On ne permettoit pas aussi aux *bâtards* de combattre contre les personnes *franches;* car dans ces temps, les *bâtards* issus de roturiers estoient *serfs*, comme on l'a dit cy-dessus. Voyez Philippe de *Beaumanoir* dans ses coutumes de Beauvoisis, chapitre 63. page 323. lignes 25. 26. 27. *Clement Vaillant* de la poursuite des jugemens, par armes & duels, chapitre 7. feüillet 137. *verso.*

191. Aprés le deceds de St *Loüis*, *Philippe* le Hardy son fils executa, à cet égard, ses bonnes intentions.

192. *Philippe le Bel* son petit fils en usa de mesme. Dans un Parlement tenu aux festes de la *Toussains*, en l'année 1296. il voulut que pendant la guerre, où il estoit alors contre les Flamans, il n'y eût point de *gages de bataille*, & que tous les procés fussent jugez par les voyes ordinaires. (*a*) *Durante guerrâ Regis, inter aliquos gagia Duelli nullatenus admittantur. Sed quilibet in Curiis Regiis, & subditorum suorum, jus suum viâ ordinariâ persequatur.*

193. Et pour accoutumer peu à peu ses sujets aux voyes de Droit, il deffendit derechef l'usage des *gages de batailles*, par une autre (*b*) Ordonnance du mois de Janvier 1303.

194. En l'année 1306. il les (*c*) deffendit pour *toûjours, en matiere civile.* Et s'il les *tolera* encore *en matiere criminelle*, ce ne fut que dans le seul cas, où *celuy qui seroit violemment soupçonné d'avoir commis un crime, ne pourroit même en estre convaincu par témoins.* Ce qui mit presque la fin aux *gages de batailles.*

195. En l'année 1314. le *mesme Roy* réïtera les (*d*) deffenses qu'il avoit faites en 1296. & 1303. de proceder à aucuns *gages de batailles*, tant qu'il seroit en guerre contre les *Flamans & les Gascons*, & il y ajoûta la *peine de mort*, & de *confiscation de biens.*

196. Quoyque *Loüis le Hutin* fils de *Philippe le Bel* eût fait une (*e*) *Ordonnance* en l'année 1315. sur les remontrances des Nobles des Evêchez de *Langres, d'Autun*, & du Comté de *Forest*, & que par l'Article premier, il leur eût accordé, qu'ils useroient à l'avenir *des gages de batailles*, comme ils en avoient usé auparavant; ce droit néantmoins fut presque aboli dans la suite, parce que le cas marqué par l'Ordonnance de 1306, dans lequel seul le Duel pouvoit estre decerné, se presentant rarement, les Juges, qui la suivirent partout exactement, décidérent les procés criminels suivant les voyes de Droit.

197. Sous *Philippe de Valois* il y eut un *celebre Duel*, qui fut permis entre Mre *Henry Dubois* Chevalier, & Mre *Jean de Vervins*, dont il est parlé dans un registre du Parlement, de l'an 1343. Et le Parlement en ordonna un autre, sous *Charles VI.* entre (*f*) *Carrouge* & *Le gris*, dont l'Arrest est rapporté par *Jean le Cocq*, dans son *Recüeil*, questions 77. 85. 89. 90. Mais ce petit nombre d'exemples extraordinaires, est une preuve que les gages de batailles judiciaires n'estoient presque plus alors en usage.

198. Quand cet abus cessa, on en vint aux voyes de fait, & (*g*) les *cartels* de *deffits*, ou les *Duels extrajudiciaires* ayant commencé, ils continuérent avec fureur, jusques aux regnes *d'Henry IV.* & de *Loüis XIII.* qui les deffendirent seve-

NOTES.

(*a*) Cette Ordonnance tirée du Registre *Olim* du Parlement, est cy-aprés au feüillet 328.

(*b*) Elle est cy-aprés sous sa date, page 390.

(*c*) Cette Ordonnance est imprimée, cy-aprés au feüillet 135. Et elle a esté inserée dans l'ancien stile du Parlement, comme le remarque Du Molin. *Vide antiq. stilum Parlamenti cap. 16. De Duello, parte 1. pag. 424. tom. 2. oper. Molinæi.*

(*d*) Voyez cy-aprés, page 538. & cy-dessus au nombre 175. à la fin.

(*e*) Elle est du mois d'Avril 1315. & est imprimée cy-aprés, aux feüillets 557. Voyez l'article 6. page 559.

(*f*) Voyez Clement *Vaillant* dans son traité de la poursuite des jugemens par armes, chapitre 5. à la fin; *Brantome* dans ses anecdotes, touchant les Duels, page 13. de la derniere édition.

(*g*) Voyez *Brantome* dans ses anecdotes touchant les *Duels*, page 87. De la *Colombiere* dans son theatre d'honneur, tome 2. chapitre 12. jusques à la fin. *Antonium* Barbosam *ad Concilium Tridentinum cap. 19. Titul. & Decret. De Clericis pugnantibus in Duello, &c.*

rement. Mais la gloire de l'execution de leurs Loix estoit reservée *à Loüis XIV.* de glorieuse memoire, dont la fermeté a encore plus servi à abolir cette espece de *Duel,* que ses Edits mesmes, que le Roy, suivant les traces de son bisayeul, vient de renouveller.

Du Domaine de la Couronne.

199. Il ne reste plus qu'à dire quelque chose du *Domaine de la Couronne,* & principalement de son *inalienabilité,* dont on trouvera des preuves dans ce premier volume.

200. (*a*) *Cujas* & aprés luy (*b*) *Ragueau* ont trés bien observé, que les Domaines des Couronnes ont esté de tout temps inalienables, & que cet usage est comme du Droit des gens. *Eâ de re cum consulerer,* dit Cujas, *Respondi nullam Legem esse specialem, quæ id prohibuisset, sed hanc esse Legem generalem omnium regnorum, cum ipsis regnis natam, & quasi jus gentium. Jus quod initio regni Rex quisque jurare & ferre quodammodo solitus esset, &c.*

201. Quand *Auguste* se fut rendu maître de l'Empire, il fit des dons à ses favoris, tant en meubles, qu'en immeubles. Et aprés son deceds *Tibere* n'y eût aucun égard, à moins qu'il ne les eût confirmez. Et son exemple fut suivi des Empereurs qui luy succedérent, à l'exception de *Tite,* qui ne voulut pas revoquer ces sortes de liberalitez, comme *Suetone* le remarque en ces termes. (*c*) *Natura autem benevolentissimus, cum instituto* Tiberii, *omnes de hinc Cæsaris* beneficia, *à superioribus concessa principibus, aliter rata non haberent, quam si eadem eisdem & ipsi dedissent. Primus præterita omnia uno confirmavit edicto, nec a se peti passus, &c.* Ce qui fut ensuite imité par *Trajan,* dont l'Edit est entre les (*d*) Epitres de *Pline* le jeune.

202. On voit dans *Marculfe,* que ceux qui avoient eû des fonds en don de nos *Roys* de la *premiere race,* faisoient confirmer ces liberalitez, par les Roys leurs successeurs. D'où il y a lieu de conjecturer, que ces dons pouvoient estre revoquez, aprés le deceds des Roys qui les avoient faits.

203. La forme de ces confirmations estoit ainsi conçeüe. (*e*) *Illustris vir ille, Clementiæ regni nostri suggessit, eo quod ante hos annos, Ille quondam Rex Parens noster villam aliquam, nuncupante illâ, sitam in pago illo, quam antea ad Fisco suo adspexerat, & ille tenuerat, pro fidei suæ respectu, ejus meritis compellentibus, cum omni integritate, ad ipsa villa adspicientem, per suam præceptionem, sua manu roboratam in integra emunitate ... eidem concessisset. Unde & ipsam præceptionem ante dicto Principe nobis ostendit relegendam ... Petiit ergo ut hoc circa eadem nostra plenius deberet auctoritas generaliter confirmare. Cujus petitionem nequivimus denegare... Præcipientes ergo, ut sicut constat ante dicta villa illa, cum omni integritate sua, ab ipso Principe illo memorato* lui *fuisse concessa, & eam adpræsens jure proprietario possidere videtur, per hunc præceptum, plenius in Dei nomine confirmatum, inspecta ipsa præceptione, & ipse & posteritas ejus eam teneant & possideant, & cui voluerint ad possidendum relinquant, vel quidquid exinde facere decreverint, ex nostro permisso, libero perfruantur*

NOTES.

(*a*) *Vide* Cujacium *ad Capitulum Intellecto 33. extra de jurejurando.*

(*b*) *Ragueau* dans son indice, sur le mot *Domaine.* V. le glossaire du droit François sur ce mot.

(*c*) *Vide* Suetonium *in* Tito *num. 8. &* Dionem.

(*d*) *Vide* Plin. *lib. 10. epistolarum, post epist. 59.*

(*e*) *Vide* Marculfum *libro primo formul. cap. 17. & ibi D. Bignonius.*

arbitrio. Quam vero auctoritatem, ut firmior habeatur, & per tempora conservetur, propria manu subter eam decrevimus roborare.

204. Tel fut l'usage sous nos *Roys de la seconde race.* Et l'on en usoit ainsi en Allemagne; en sorte que les Princes regnans, estoient censez faire une seconde liberalité, quand au lieu de revoquer les dons faits par leurs predecesseurs, ils vouloient bien les confirmer, ce qui a fait dire à *Guntherus*, en parlant de l'Empereur Frederic.

> *Tanta (a) tamen clari fuit indulgentia Regis,*
> *Ut quicumque bona priscorum munere Regum*
> *Hactenus ista fide possederat, idque probare*
> *Legitimis poterat, vel demonstrare tabellis*
> *Principis assensu, titulo gavisus eodem*
> *Nunc quoque possideat, &c.*

205. *André* Roy de Hongrie ayant aliené des *Domaines* de sa Couronne, avec *serment* qu'il ne pourroit en revoquer l'alienation; ce serment fut regardé comme nul & inutile, comme on le void dans le chapitre 33. aux Decretales *De (b) jurejurando*, adressé vers l'an 1220. à l'Archevêque de *Colocz*, & à ses suffragans, sur lequel on peut consulter les Commentateurs.

206. Il y a à ce sujet une chose trés singuliere dans *Fleta.* L'auteur de ce livre, qui est une espece de pratique du Droit Anglois, dans le chapitre 6. au paragraphe 3.e du livre 3.e écrit qu'en l'année quatriéme du regne *d'Edoüard I.* Roy d'Angleterre, c'est-à-dire, vers la fin de l'an 1275. ou en 1276. il y eut une assemblée solemnelle à *Montpellier*, où tous les Princes Chrestiens convinrent par eux, ou leurs Ambassadeurs, que le *Domaine* de leur Couronne seroit inalienable, & que les choses qui en auroient esté alienées y seroient réünies. *Res (c) quidem coronæ sunt antiqua maneria Regis, homagia, libertates & hujusmodi cum alienantur,* tenetur Rex ea revocare, *secundum provisionem omnium* Regum Christianorum, *apud* Montem Pessolonam, *anno Regis Eduardi filii quarti habitam, &c.*

207. Les Princes Chrestiens (*d*) qui vivoient en 1275. & 1276. estoient en Orient *Michel Paleologue*, l'Empereur *Rodolphe* en Occident, *Philippe le Hardy* en France, *Alphonse* auteur des sept parties, dans la Castille & dans le royaume de Leon, *Alexandre III.* en Ecosse, *Eric VIII.* en Danemarck, *Bosleslas* en Pologne, *Wladislas* en Hongrie, *Jacques* en Aragon, *Ottocarus* en Boheme, *Charles* en Sicile, & *Hugues* en Jerusalem. Et dans les histoires de tous ces royaumes, on ne trouve rien de cette *prétenduë* assemblée.

208. On void au contraire que dans ce mesme temps, l'Empereur *Rodolphe I.* donna au Pape (*e*) *Gregoire,* Bologne, & tout le pays qui en dépendoit. Que le Jurisconsulte *Azon* maître *d'Accurse,* auteur de la compilation des gloses du Droit civil, decedé avant 1275. avoit déja décidé, ce qui fut ensuite arresté dans cette prétenduë assemblée, & qu'il y avoit à ce sujet des dispositions précises

NOTES.

(a) Vide Guntheri *librum 5. Ligurini.*

(b) Vide capitulum Intellecto extra De jurejurando & Hugonem Grotium *De jure belli & pacis libro 2. cap. 14. num. 3.*

(c) Voyez *Fleta* de la seconde édition de 1685. page 183.

(d) Vide Seldeni *Dissertationem ad Fletam cap. 10. n. 4. pag. 549. editionis anni 1685.*

(e) Seldenus, *ibidem.*

dans les Loix d'Eſpagne nommées *Las ſiete partidas*, qui portent que le Roy pouvoit *aliener* les fonds de ſon *domaine*, & qu'en cela il avoit plus d'autorité que l'Empereur, qui ne le pouvoit pas. *E* (*a*) *de mas, el Rey puede dar villa, ô caſtillo de ſu reyno por heredamiento a quien quiſiere, lo que no puede fazer el Emperador.* D'où *Selden* (*b*) croid qu'il faut qu'on en ait alors impoſé à cet auteur, qui eſtant priſonnier, a crû peut-eſtre trop legerement ce qu'on luy diſoit. *Atque imponi ſibi paſſus eſt proculdubio* carcerarius hic *noſter, ſeu* Fletæ *autor, dum ſive a peregrinatione reduces aliqui homines leviores, ac ut fieri amat, locutuleii (forte à Concilio generali paulo ante Lugduni habito, ſive literæ, libelli ve de proviſione hujuſmodi, in eorum quorum intererat, utcumque rem ſparſi, offucias illi, aliiſque forſan obtruſere. Hallucinationes id genus, apud nimis credulos haud ita raræ, &c.*

209. Et ſans aller chercher des exemples & des preuves dans les pays eſtrangers; *Philippe le Bel,* qui monta ſur le thrône en l'année 1286. peu de temps aprés cette prétenduë aſſemblée, diſpoſa de ſes *domaines*, pendant tout ſon regne. Et les Dons qu'il en fit ayant paru exceſſifs à *Philippe le Long,* il fit une (*c*) Ordonnance le 29. Juillet 1318. par laquelle il revoqua pluſieurs dons des *Domaines*; que les Roys ſes predeceſſeurs avoient faits, depuis *S.t Loüis.*

210. Par une autre (*d*) Ordonnance du 16. de Novembre de la meſme année, il deffendit qu'on ne luy demandât aucun don à heritage de ſes *Domaines.*

211. (*e*) En 1321. le 5. Avril le Roy *Charles le Bel* revoqua pareillement les domaines alienez. Ces revocations furent enſuite ſuivies de pluſieurs autres. Et nos Roys ont depuis reconnu la verité du grand principe, qui les met dans une heureuſe impuiſſance d'aliener leur Domaine.

212. On peut voir entre autres choſes ſur ce ſujet l'Edit de *François I.* de l'an 1539. l'article I. de l'Ordonnance de Moulins du mois de Fevrier 1566. l'article CCCXXIX. de l'Ordonnance de Blois, l'Edit de 1667. *Bartholomæum* de las caſas. *Chriſtophorum Cellarium, Buknerum, Ringlerum, & Chopinum* de Domanio, *Portugalium* de donationibus Regiis, *& Vaſquium, libro primo quæſtionum illuſtrium cap. 4. & 5.*

213. On auroit pû traiter dans cette Preſace des matieres plus importantes; & plus convenablement placées à la teſte du *Recüeil general* des Ordonnances que l'on donne au public. Comme par exemple, de *la forme des Ordonnances*, des *titres & des qualitez* que nos Roys y ont pris, de la *langue* dans laquelle elles ont eſté redigées, des *differentes clauſes* qu'elles contiennent, des *Officiers* auſquels elles ont eſté *adreſſées,* de leur *date*, de la *ſignature,* du *ſçeau*, & de la maniere de les faire *publier.* Mais comme les obſervations que l'on peut faire ſur ces differens ſujets, doivent eſtre le fruit du travail que l'on fera, pour continuer la Compilation entrepriſe; on a crû qu'il eſtoit à propos de les comprendre toutes dans une *Diſſertation* generale, qu'on donnera au public, dans un des volumes ſuivans, & lorſqu'on ſera aſſez avancé pour n'avoir rien à découvrir de nouveau ſur cette matiere.

NOTES.

(*a*) *Las ſiete partidas. Part. 2. tit. 1. Leg. 8. & part. 3. Tit. 18. Lege 29.*

(*b*) Seldenus *ad Fletam, cap. 10. pag. 551. lin. 6. & 7.*

(*c*) Cette Ordonnance eſt cy-aprés, ſous ſa date, feüillet 665.

(*d*) Cette Ordonnance eſt auſſi ſous ſa date, au feüillet 668. art. 6.

(*e*) Cette Ordonnance eſt cy-aprés, ſous ſa date, page 762.

ORDONNANCES

ORDONNANCES DES ROIS DE FRANCE DE LA TROISIÉME RACE.

HENRY PREMIER.

HENRY I. à Orleans en 1051.

(*a*) Letres par lesquelles le Roy ordonne que les Portes de la Ville d'Orleans ne seront plus fermées dans le temps des Vendanges, & que ses Officiers n'exigeront plus de Vin de ceux qui y entreront.

IN Christi nomine. Ego Henricus *gratiâ Dei Francorum Rex. Notum volo fieri cunctis fidelibus Sanctæ Dei Ecclesiæ, tànt præsentibus quàm futuris, qualiter* Isembardus *Aurelianensis Episcopus, cum Clero & Populo sibi commisso, nostram serenitatem adiit, conquestionem faciens, super* injustâ consuetudine, *quæ videbatur esse in eà urbe, videlicet de* custodiâ portarum, *quæ custodiebantur & claudebantur civibus,* tempore vindemiæ, *& de* impia exactione vini, quas faciebant ibi ministri nostri, *obnixe & humiliter deprecans, ut illam impiam & injustam consuetudinem Sanctæ Dei Ecclesiæ, & illi, Clero & populo; pro amore Dei, & pro remedio animæ nostræ & parentum nostrorum, in perpetuum perdonarem. Cujus petitioni benignè annuens, perdonavi Deo, sibi, & clero, & populo supradictam consuetudinem & exactionem perpetualiter: Ita* ut nulli amplius ibi custodes *habeantur, nec* portæ, *sicut solitum erat, illo tempore toto* claudantur, *nec* vinum cuilibet tollatur, nec exigatur. *Sed omnibus sit liber ingressus, & egressus & unicuique res sua, jure civili & æquitate servetur. Hæc autem perdonatio, ut firma & stabilis in perpetuum permaneret, hoc* (*b*) testamentum *nostræ* (*c*) *auctoritatis inde fieri volumus, subterque sigillo & annulo nostro firmavimus. Signum* Isembardi *Aurelianensis Episcopi:* S. Henrici *Regis,*

NOTES.

(*a*) On met icy ces Lettres parce qu'elles firent alors un Reglement utile, & qu'il y a peu de Piéces du Regne de ce Prince. Elles ont esté tirées du Spicilege de Dom Luc d'Achery tome. VIII. pag. 156.

(*b*) *Testamentum*] c'est ce semble, icy la mesme chose que *testimonium* comme dans le Chapitre VIII. de la Collation de la Loy Mosaïque avec la Loy Romaine. Cependant dans la basse latinité, on appelloit *testamenta* les Actes par lesquels on faisoit quelques liberalitez, comme il se void par ce qui suit du Chap. 2. du Capitulaire d'Abbon, que Dom Mabillon a fait imprimer dans le second Volume de ses Analectes. *Testamentorum alia fiunt dotis nomine, alia hereditatis donatione, alia de rebus Ecclesiæ, quas abalienari est difficile, & dicuntur Precariæ.*

(*c*) *Nostræ auctoritatis*] *auctoritas* se doit, ce semble, prendre icy pour la puissance Royale. Dans la moyenne & la basse latinité, ce mot seul signifioit aussi une *Charte du Roy, Diploma Regis*, comme il se voit par ce qui suit d'une Charte de Loüis le Debonnaire de l'an 815. rapportée par Besly, dans ses preuves de l'Histoire des Comtes de Poitiers pag. 165. à la fin, *Hanc itaque auctoritatem, ut pleniorem, in Deo, obtinere valeat vigorem . . . manu propria subterfirmavimus & annuli nostri impressione signari jussimus.* Voyez la note de Jacques Godefroy sur la Loy 31. *Cod. Theodosiano.* De petitionibus libro 10.

HENRY I. à Orleans en 1051.

S. Gervasii *Remensis Archiepiscopi :* S. Hugonis *Bardulfi :* S. Hugonis *Buticularii :* S. Henrici *de Ferrariis : S. Malberti Præpositi.* S. Hervei *Viarii ;* S. Herberti *subviarii* S. Gisleberti *Pincernæ :* S. Jordanis *Cellarii.* Balduinus *Cancellarius subscripsit. Datum Aureliæ publice VI. nonas Octobris, anno ab Incarnatione Domini millesimo quinquagesimo septimo, Henrici vero Regis vigesimo septimo.*

PHILIPPE I. à Paris en 1105.

PHILIPPE PREMIER.

(*a*) Letres du Roy, par lesquelles il confirme une Charte d'Estiene Comte de Chartres, & deffend, en consequence, à toutes personnes de s'emparer des biens meubles des Evesques de Chartres decedez, & de detruire leurs Maisons pour en prendre les Materiaux.

IN nomine Sanctæ & individuæ Trinitatis Amen. Philippus *Dei gratia Francorum Rex. Notum fieri volumus Universis in Regno Francorum, per futura tempora, successuris, quòd Dominus Ivo Sanctæ Carnotensis Ecclesiæ venerabilis Episcopus humili devotione celsitudinem nostræ serenitatis adjerit, obnixe deprecans, ut pravam consuetudinem in domibus Episcopalibus ejusdem Ecclesiæ, à Comite* Henrico *cognomine* (*b*) Stephano, *& Adelâ uxore ejus, concessione filiorum suorum* Willelmi, Theobaldi, Odonis, Stephani, *remissam, & libertatem prædictis domibus & rebus in eisdem collectis, à prædictis Comitibus donatam, concederemus, & nostra* (*c*) pragmatica sanctione *firmaremus. Cujus pio desiderio assentientes, & æquissimæ postulationi aurem inclinantes, secundum tenorem scripti, quod de prædictis rebus prætaxati Comites fieri decreverunt, nostræ Majestatis auctoritate res prætaxatas à pravâ consuetudine liberamus, domum scilicet, & domus ejusdem,* (*d*) ferrum, plumbum, vitrum, lignum, lapides, *ceteramque supellectilem, scilicet* tabulas, scamna, scabella, vasa vinaria, lectos, *necnon* coquinas *&* horrea granaria, cellaria, torcularia furnos,

NOTES.

(*a*) Ces Lettres sont prises du tome 13. du Specilege de Dom Luc d'Achery page 296. On a jugé à propos de les mettre entre les Ordonnances de nos Rois, parce qu'on en trouve peu de Philippe premier, & que ce Prince luy donne le nom de *Pragmatique sanction.*

(*b*) *Henrico cognomine Stephano.*] Quand ce Comte de Chartres retourna en la Terre Sainte, Yve obtint de luy cette remise du droit que le Comte pretendoit avoir sur les biens des Evesques defunts. La Charte de ce Comte est rapportée toute entiere par Souchet dans ses notes sur l'Epistre 94. d'Yve Evesque des Chartres.

Yve fit confirmer cette Charte par le Pape Paschal, dont la Bulle est rapportée par Dom Luc dans le tome 13. de son Spicilege page 297. & il obtint ensuite ces Lettres du Roy.

(*c*) *Et nostra pragmaticâ sanctione firmaremus.*] En voilà assez pour mettre ses Lettres entre les Ordonnances de nos Rois.

Selon un ancien Glossaire cité par le President Brisson *pragmatica sanctio erat* illa constitutio, quam constituebat Imperator habito prius tractatu cum principibus. *Et selon Hotman. Erat* rescriptum principis, non de privatorum negotiis, sed corporum, ordinum & Collegiorum causis, de consilii sententia emissum, deducto verbo, *quod pragmaticis & viris peritis in consilium adhibitis, interponabatur, Hinc Zeno ait in lege.* Universa paragraf. 1. Codice De rescriptis, *Pragmaticas sanctiones, non ad singulorum preces, super privatis negotiis proferri, sed si quando corpus, aut Schola, vel Officium, vel curia, vel civitas, vel provincia, vel quædam universitas hominum, ob causam publicam fuderit preces, manare, &c. Sanctio* est la partie de la Loy, qui irroge la peine contre ceux qui la transgressent.

(*d*) *Ferrum, plumbum, vitrum, lignum, ceteramque supellectilem.*] On void par là quel estoit le pillage des biens des Evesques aprés leur mort. Les Conciles tâcherent de remedier à ce desordre, mais inutilement. *Vide Gratianum Causa 12. Quæst. 2. & Malmesburiensem de rebus Angliæ lib. 4.*

firmorumque domos, *sive in urbe, sive extra urbem*, silvas, *ut non vendantur, nec succidantur, nec dentur*; annonam *quoque*, vinum, fenum, oves, & boves, & cetera animalia, omniaque reliqua mobilia, *quæ congregata, vel collecta fuerint, sive in urbe, sive extra urbem, ante obitum, vel discessum Episcopi cujuslibet, intacta manere firmamus : illis profutura, quibus Episcopus reservare, vel donare, seu per se, seu per* (e) *œconomum suum decreverit, ut* (f) *majores personæ Ecclesiæ, si id Episcopo aliqua occasione prævento facere non licuerit. Concedimus etiam ut exactio, quæ defunctis Episcopis, vel discedentibus fieri solet in servientes Episcopi, vel rusticos, de cetero nunquam fiat. Hæc omnia sicut à prædictis Comitibus concessum est & firmatum & nos, ut prædictum est, concedimus, & per* pragmaticam sanctionem nostram *firmamus, testificante charactere nostri nominis, & sigillo nostræ Majestatis.* PHILIPPUS *Dei gratia Francorum Rex. Actum & confirmatum Parisiis. Anno Dominicæ Incarnationis M. CV. anno vero Regni nostri XLVI.*

PHILIPPE I. à Paris en 1105.

NOTES.

(e) *Seu per œconomum*] c'estoit ce mesme officier, que l'on nommoit *Vidame*, ou *advoué*. Vide omninò *Cangium in glossario* in vice-dominus *& Thomassinum de disciplinâ Ecclesiasticâ parte 2. lib. 4. cap. 25.*

Il faut se souvenir que dans ce temps, les biens que les Evesques avoient acquis au service de l'Eglise, devoient retourner à l'Eglise, & qu'il n'y avoit que leurs propres, ou les acquisitions faites quand ils estoient encore Laïques, qui appartenoient à leurs parens voyez le Capitulaire de l'an 794. chap. 34. mais dans la suite il a esté decidé que tous ces biens appartiendroient aux heritiers des Evesques, voyez l'article 336. de la Coûtume de Paris. *Et D. Petrum de Marca de Concordia sacerdotii & imperii lib. 8. cap. 17. & 18. n. 3. 4. 5. & 6.*

(f) *Ut majores*] dans la confirmation de Loüis le jeune de l'an 1155. il y a moins bien *vel majores.*

LOUIS VI. DIT LE GROS.

LOUIS VI. dit le Gros à Paris en 1118.

(a) Letres par lesquelles le Roy ordonne que les Serfs, ou mainmortables de l'Eglise de Saint Maur des fossez, seront admis en jugement contre les personnes franches, pour y rendre temoignage & pour combattre.

LUDOVICUS, Dei gratiâ Francorum Rex; omnibus Christi fidelibus. Cum juxta sacratissimarum legum instituta, Regia potestas, ex injuncto sibi officio Ecclesiarum defensioni & honori, plurimum vacare debeat; operæ pretium est eos, quibus tanta permissa est à Deo potestas, earum tranquillitati & paci, attentiori sollicitudinis curâ providere, & ad laudem Dei omnipotentis, per quem Reges regnant, Ecclesias, & earum res quodam honoris privilegio decorare, ut in bonis actibus & Regium morem exerceant & supernæ retributionis præmium indubitanter recipiant. Noverint igitur omnes, quia sancti (b) Petri fossatensis *cœnobii Abbas*, Theobaldus *nomine, nostræ serenitatis adierit*

NOTES.

(a) Ces lettres ne sont proprement qu'un privilege, mais comme le Roy leur donne le nom *de Decret*, ou *d'Edit*, & que d'ailleurs elles firent alors un droit nouveau, on a jugé à propos de les faire imprimer, à quoy l'on s'est d'autant plus volontiers determiné qu'il reste peu d'Ordonnances de Loüis le Gros. *Vid. §. 6. Instit. de jure naturali, & Mabillonii Analect. tom. 2. pag. 563.*

(b) *Sancti Petri Fossatensis*] ce Monastere fut fondé par Clovis II. & sa mere la Reine Nandechilde, comme il se voit par une Charte donnée par le P. Chiflet, à la fin de son histoire de Bede page 380. Il fut construit sur la Marne à deux lieuës de Paris, en un lieu où la riviere fait un grand circuit. Selon l'Auteur de la vie de Saint Babolein, Cæsar y campa pendant un hyver, & comme il y fit faire de grands fossez, cet endroit fut nommé *Fossatus. Cum Julius Cæsar* dit-il, *te-*

LOUIS VI. dit le Gros à Paris en 1118.

præsentiam, conquerendo ostendens, & ostendendo conquerens; quatinus servi sanctæ fossatensis Ecclesiæ secularibus personis tanto contemptui habebantur, quod in forensibus & in civilibus causis, vel placitis, adversus liberos homines in testimonium *nullatenus recipiebantur & ecclesiastica mancipia sæcularibus servis fere in nullo præferebantur. Unde res ecclesiastica, ob tanti scilicet dedecoris opprobrium, non solummodo vilescebat, sed maximum diminutionis incommodum de die in diem incurrebat. Cognitâ verò Ecclesiæ querelâ, motus tàm ratione, quàm dilectione, necessarium duxi à Fossatensi ecclesiâ, nobis quidem inter alias familiarissimâ, tantum scandalum omninò removere, & regiam sedem regio beneficio sublimare. Ego igitur* LUDOVICUS, *Dei Clementiâ Françorum Rex, communi quidem Episcoporum & Procerum nostrum consilio & assensu,* Regiæ auctoritatis decreto *instituo & decerno, ut* servi sanctæ fossatensis ecclesiæ *adversus omnes homines, tam liberos, quam servos, in omnibus causis, placitis, & negotiis, liberam & perfectam habeant* testificandi *&* (c) bellandi *licentiam; & nemo umquam servitutis occasionem eis opponens, in eorum testimonio ullam dare præsumat calumniam. Hac autem ratione licentiam testificandi ea quæ viderint & audierint, eis concedimus, quod si aliquis liber homo in eadem causa de falso testimonio illos contradicere, vel comprobare voluerit, aut suam comprobationem* duello perficiat, *aut eorum sacramentum, sine ullâ aliâ contradictione recipiens, illorum testimonio adquiescat. Quòd si aliquis temerariâ præsumptione illorum testimonium in aliquo refutaverit, aut calumniaverit; non solum regiæ auctoritatis & publicæ institutionis reus existat, sed querelam negotii sui, vel placiti irrecuperabiliter amittat, ita scilicet ut præsumptuosus calumniator, de querelâ suâ, si quærat, ulterius non audiatur; & si aliquid ab eo quæratur, alterius querelæ reus & convictus habeatur. Illud etiam statuimus, ut prædictus calumniator, nisi de tantâ calumniæ culpâ Fossatensi Ecclesiæ satisfecerit excommunicationis mucrone feriatur, & ad testimonium faciendum interea non admittatur. Ut autem hujus nostræ institutionis* edictum *perpetuæ firmitatis privilegio muniatur, præsentem chartam fieri præcipimus, quæ nostræ auctoritatis effectum posterorum memoriæ tradat, & totius retractationis occasionem in perpetuum excludat. Actum Parisius publicè anno incarnati verbi millesimo centesimo decimo octavo, regni nostri decimo,* ADELAIDIS (d) Reginæ quarto. *Adstantibus in Palatio nostro, quorum nomina substitulata sunt & signa signum* WILLELMI *Dapiferi S.* HUGONIS *Constabularii. S.* GISLEBERTI *Buticularii S.* GUIDONIS *Camerarii. Data per manum* STEPHANI *Cancellarii.*

NOTES.

tum orbem Romano subjugasset imperio, & navali itinere, ab urbe Senonum, usque Meledunum castrum, indeque Parisius, cum sibi familiaribus Romanis, ut ad Meldarum civitatem, sive ad Reliquas urbes perveniret quæ aquarum fluminibus muniebantur, contingit eum transitum hinc habere, & quia Romanis mos est, si in expeditione fuerint, non ultra progredi hiemis tempore, sed residendo ibidem, usque ad hivernum tempus hiemare, fixis tentoriis illic Castrum condidit, murorum firmitatibus adornavit, profunditatibus quoque fossatuum, ac propagnaculis, & omni munitione firmissime muniri studuit, quod etiam castrum Bagaudarum vocavit, *nomine sumpto à custodibus quos ibi deputavit, &c.* Mais le corps de Saint Maur, qui estoit à Glanfeüil, sur la Loire, y ayant esté transporté, ce lieu fut nommé *Saint Maur des fossez*, ce qui arriva en l'an 862. suivant une ancienne chronique d'Anjou, donnée par le P. Labbé tom. I. de sa Biblioteque manuscrite *folio* 284. cependant l'on voit par ces letres qu'en l'an 1118. ce Monastere se nommoit encore *Saint Pierre des fossez. Vid. Fabrot ad Theophilum lib. 2. Inst. Tit. XI.*

(c) *Et bellandi*] Quand aux autres *Serfs*, ils n'estoient pas admis a combattre avec les personnes *franches*, comme il se void par ce qui suit, de Beaumanoir chap. 63. pag. 322. *Pluriex resons sont à cheluy qui est appellez desquelles s'il en peut mettre l'une en voir, il n'y a point d'appel. La quinte raison, si est se chil, qui est appellé,* est Serf, ou Serve, par deux raisons. La premiere si est que il ne loit pas à Serf à battre soy à franche personne; & la seconde raison si est que le sires d'où Serf, le pouroit oster de le Cour, en quelque estat qu'il le trouvast, & fust ainsi qu'il eust ja l'escu & le bâton, pour combattre, &c.

(d) *Reginæ quarto*] cecy est à remarquer.

LETRES

LOUIS VI. dit le Gros en 1128.

(a) Letres par lesquelles le Roy ordonne que les Serfs de l'Eglise de Chartres seront reçeûs en jugement contre les personnes franches, pour y rendre temoignage & pour combattre.

LUDOVICUS Dei misericordiâ Rex Francorum, omnibus Christi fidelibus. Cum juxta sacratissimarum legum instituta, Regia potestas, ex injuncto sibi officio, Ecclesiarum defensioni, & honori vacare plurimum debeat, operæ pretium est eos quibus tanta permissa potestas à Deo, earum tranquillitati & paci, attentiori sollicitudinis curâ providere, & ad laudem Dei omnipotentis, per quem Reges regnant, Ecclesias & earum res quodam honoris privilegio decorare, ut in bonis actibus & regium morem exerceant, & supernæ retributionis premium indubitanter recipiant. Noverint igitur universi, *quia fidelis noster* Goffridus *venerabilis Carnotensium Episcopus, & Beatæ Mariæ Carnotensis Ecclesiæ Conventus, Majestatis nostræ præsentiam adierunt, humiliter conquerentes & ostendentes, quatenus servi præfatæ Ecclesiæ à secularibus personis tanto contemptui habeantur, quod in forensibus & in civilibus causis, vel placitis, adversus liberos homines in testimonium nullatenus recipiebantur, & Ecclesiastica mancipia secularibus servis ferè in nullo præferebantur. Unde res Ecclesiastica, ob tanti scilicet opprobrium dedecoris, non solummodo vilescebat, sed maximum diminutionis incommodum, de die in diem, incurrebat. Cognitâ vero prædictæ Ecclesiæ querelâ, moti tam ratione, quam dilectione, necessarium duximus ab eadem Ecclesiâ tantum scandalum removere, & Carnotensem Beatæ Mariæ illius gloriosissimæ Virginis & Reginæ Ecclesiam regio beneficio sublimare. Ego igitur LUDOVICUS, divinâ in Regem Francorum clementiâ sublimatus, antiquam consuetudinem Carnotensis Ecclesiæ recognoscens, communi Episcoporum & procerum nostrorum* assensu & Consilio, *necnon & uxoris meæ Adelais, &* filii mei Philippi in Regem designati, *instituo & decerno, ut servi sanctæ Carnotensis Ecclesiæ, tàm qui ad Episcopum, quàm qui ad Canonicos pertinent, adversus omnes tàm liberos quàm servos, in omnibus causis, placitis & negotiis, liberam & perfectam habeant* testificandi *&* bellandi *licentiam; & nemo unquam servitutis occasionem eis opponens, in eorum testimonio ullam dare præsumat calumniam. Quod si aliquis temerariâ præsumptione, illorum testimonium in aliquo refutaverit, aut calumniatus fuerit, non solum Regiæ Majestatis & publicæ institutionis reus existat, sed querelam negotii sui, vel placiti irrecuperabiliter amittat, ita scilicet, ut præsumptuosus calumniator de querelâ suâ, si quærat, ulterius non audiatur: & si aliquid ab eo quæratur, alterius querelæ reus omnino & convictus habeatur. Aliud etiam statuimus, ut prædictus calumniator, nisi de tantâ calumniæ culpâ Carnotensi Ecclesiæ satisfecerit, ad testimonium proferendum ulterius non admittatur. Quod ne valeat oblivione deleri, scripto commendavimus, & ne possit à posteris infirmari, sigilli nostri auctoritate, & nominis nostri charactere subter firmavimus. Actum Parisius publice, anno MCXXVIII. regni nostri XX. adstantibus in Palatio nostro, quorum nomina subtitulata sunt & signa S. LUDOVICI Buticularii. S. HUGONIS Constabularii. S. ALBERICI Camerarii. Dapifero nullo.*

NOTES.

(a) Voyez les lettres de Loüis VI. de l'an 1118. accordées à l'Eglise de Saint Maur des fossez pour ses Serfs. *Spicileg. Acherian. tom. 13. pag. 309. & Penitential. Theodori. tom. 2. pag. 452.*

LOUIS VI. dit le Gros à Paris en 1134.

Injonction au Prevôt de Paris de tenir la main aux Bourgeois, pour estre payez de leurs dettes, sur tout ce qu'ils trouveront appartenir à leurs debiteurs, sans encourir par les Bourgeois aucun forfait, ou amende envers le Roy, s'ils ne font pas preuve de leurs creances.

(a) *IN nomine sanctæ & individuæ Trinitatis, Amen. Ego* Ludovicus *Dei gratiâ Francorum Rex, notum volumus, tam præsentibus quam futuris, quod Burgensibus nostris Parisiensibus universis præcipimus, & concedimus, si debitores sui, quibus sua crediderint debita, quæ si negata fuerint, legitime probari poterunt, terminis sibi à Burgensibus datis non solverint, Burgenses de rebus debitorum suorum, qui de* (b) justiciâ nostrâ *sint, ubicumque, & quocumque modo poterunt, tantum capiant, unde pecuniam sibi debitam integre & plenarie habeant, & inde sibi invicem* (c) *adjutores existant, & si aliquando de rebus quorumlibet ceperint, & illi aliquid se eis debere non cognoverint, si legitime inde convinci à Burgensibus non poterunt, Burgenses nullum erga nos* (d) *foris factum incurrent, sed expensam, & damnum, quæ illi propter hoc facient & habebunt, illis* (e) *cum lege, quâ vivunt, reddent, & emendabunt.* Volumus & præcipimus, *ut Præpositus noster Parisiensis, & omnes famuli nostri Parisienses futuri & presentes ad hoc sint in perpetuum Burgensibus adjutores. Quod ne valeat oblivione deleri, scripto commendari præcipimus, & ne possit à posteris infirmari, sigilli nostri auctoritate, & nominis nostri charactere subter firmavimus. Actum Parisius publice anno 1134. Regni 27. annuente Ludovico filio nostro,* in Regem sublimato, *anno 3. adstantibus in palatio nostro, quorum nomina substitulata sunt & signa, S. RADULPHI Dapiferi Viromandorum Comitis, S. HUGONIS Constabularii S. HUGONIS Camerarii. Datum per manum STEPHANI Cancellarii.*

NOTES.

(a) L'Article 173. de la Coûtume de Paris a esté pris de ces letres.

(b) *Qui de justiciâ nostrâ sint.*] Le Roy, comme l'on void, ne donnoit ce privilege aux Bourgeois de Paris, que contre *ses justiciables* seulement, & non contre les justiciables des Seigneurs, parce qu'en matiere mobiliere, *l'aveu emportoit l'homme, qui estoit justiciable de corps & de chatel, où il levoit & couchoit,* en sorte que les justiciables des Seigneurs, dont les effets auroient esté arrestez, auroient decliné, la jurisdiction du Prevost de Paris, & demandé leur renvoy dans la Justice de leurs Seigneurs, par qui ils se seroient fait revendiquer.

(c) *Et inde sibi invicem adjutores existant.*] Cela nous marque que cet Arrest se faisoit par voye de fait, *& d'autorité privée,* ce qui estoit assez frequent alors, comme il se void par les deux autoritez qui suivent. *Consuetudines Soligniaci.* Creditor *qui habebit domum apud Soligniacum, poterit ibidem debitorem suum auctoritate propriâ gagiare, ratione debiti ibidem contracti.*

Carta anni 1300. *ex Cartulario Parisiensi. Si in solutione aliquâ harum viginti librarum, aliquo termino, defici, vel cessari contigerit prædictus Capellanus auctoritate propriâ, absque nostrâ, vel successorum nostrorum licentiâ, poterit licite pro dictis viginti libris turonensibus . . . necta sibi pignora capere, &c.*

(d) *Foris-factum*] Il y a une pareille clause dans plusieurs chartes de Communes, entr'autres dans celles d'Amiens & de Roye.

(e) *Illis cum lege quâ vivunt reddent & emendabunt.*] Cecy paroist conforme à ce passage d'Agobard, *adversus legem Gondobadi* n. 4. p. 111. *Cupio per pietatem vestram nosce, si non huic tantæ divinæ operationis unitati aliquid obsistat tanta diversitas legum, quanta non solum in singulis regionibus aut civitatibus, sed etiam in multis domibus habetur, nam plerumque contingit, ut simul eant atque sedeant quinque homines, & nullus eorum communem legem cum altero habeat.* Mais sous Loüis le Gros toutes les anciennes loix, la Salique, celle des Bourguignons &c. estoient hors d'usage, & tout se regloit en France par le droit des Communes, des Fiefs & des mains-mortes.

Dans quelques manuscrits au lieu de *cum lege quâ vivunt*, il y a *cum lege quæ minuit*, c'est-à-dire, avec l'amende, mais l'amende qui s'imputera sur les dommages & interests, & qui les diminuera d'autant. Voyez l'Ordonnance de Charles V. du 9. Aoust 1371. & celle de Charles VI. du 5. Aoust 1390.

Loüis VI. dit le Gros à Paris, & Loüis VII. dit le Jeune à Bordeaux en 1137.

(a) Letres par lesquelles le Roy, & Loüis le Jeune son fils Duc d'Aquitaine, & Comte de Poitou abolissent, dans cette Province, le droit d'hommage & d'investiture, en faveur des Archevesque, Evesques & autres Prelats.

SOMMAIRES.

(1) *Que les Elections, soit à l'Archevéché de Bordeaux, aux Evéchez suffragans, & aux Abbayes de cette Province, seront faites librement, suivant les Canons, & que ceux qui seront élus, ne feront pas hommage pour leurs Benefices, ni n'en demanderont pas l'investiture.*

(2) *Que les biens delaissez par le deceds de l'Archevéque de Bordeaux, & des Evéques ses suffragans & des Abbés, seront reservez à leurs successeurs.*

(3) *Que les Eglises de cette Province joüiront de leurs biens immeubles, & de tout ce qui en depend, suivant leurs Privileges, & leurs anciens usages.*

IN nomine sanctæ & individuæ Trinitatis, Amen. Ludovicus Dei gratiâ Francorum Rex, tibi dilecte in Domino, Gauffride, Burdigalensi *Archiepiscopo, cum suffraganeis Episcopis,* Raymundo *Agennensi,* Lamberto *Angolismensi,* Guillelmo *Xantonensi,* Guillelmo *Pictaviensi,* Guillelmo *Petragoricensi, necnon cum Abbatibus Burdigalensis provinciæ, vestrisque successoribus, in perpetuum.* Regiæ Majestatis *est Ecclesiarum quieti piâ sollicitudine providere, & ex officio suscepte à Domino potestatis, earum libertates tueri, & ab hostium, seu malignantium incursibus deffensare; sic nimirum regalis apicem dignitatis nos a Domino, a quo omnis potestas est, consequutos esse constabit, si juxta evangelicam institutionem, & Apostolicæ doctrinæ traditionem, in sanctæ Dei ecclesiæ ministerium accincti, pro ejusdem contuendâ libertate, quâ Christus eam liberavit, & pacis quiete, operam demus.*

(1) Eapropter petitionibus vestris, communicato prius Episcoporum Abbatum & Procerum nostrorum consilio, assentiente Ludovico filio nostro, jam in Regem sublimato, duximus innuendum, & in sede Burdigalensi, & in prænominatis Episcopalibus sedibus, Abbaciis ejusdem provinciæ, quæ defuncto illustri Aquitanorum Duce & Comite Pictaviæ Guillelmo, per filiam ipsius Alienordim, jam dicto filio nostro Ludovico sorte matrimonii cedit, in Episcoporum & Abbatum suorum electonibus, canonicam omnino concedimus libertatem, *(b)* absque hominii, juramenti, seu fidei per manum date obligatione.

(2) Porrò decedentis Archiepiscopi & suffraganeorum ipsius Episcoporum, sive Abbatum *(c)* decedentium res universas successorum usibus regiâ auctoritate servari volumus, & concedendo præcipimus illesas.

(3) Hoc quoque adjicientes, ut omnes Ecclesiæ infra denominatam provinciam constitutæ, predia, possessiones, & universa ad ipsas jure pertinentia, secundum privilegia & justicias & bonas consuetudines suas, habeant & possideant illibata, quin immo Ecclesiis ipsis universis, & earum ministris, cum possessionibus suis, canonicam in omnibus concedimus libertatem.

Quod ut perpetue stabilitatis obtineat munimentum, scripto commandari, & sigilli nostri, & nominis nostri caractere corroborari præcepimus. Actum Parisius, in Palatio nostro publice, anno incarnati verbi millesimo centesimo tricesimo septimo, regni nostri vicesimo nono

NOTES.

(a) Ces letres sont prises du Registre de la Chambre des Comptes. *Qui es in cœlis,* folio 222. 223.

(b) *Absque hominii, juramenti, seu fidei per manum date obligatione.*] Cette Ordonnance mit fin dans cette Province, à la contestation des investitures. *Vide Gauffridum Vindocinensem, tractatu de ordinatione Episcoporum, & de investitura laïcorum. Et Yvonem Epistola 60.*

(c) *Decedentium.*] Voyez ce que j'ay remarqué sur l'Ordonnance de Philippe premier de l'an 1105. vers la fin, & sur les letres touchant la regale de Laon de l'an 1158. sur le mot *successoribus.*

LOUIS VI. dit le Gros à Paris, & Loüis VII. dit le Jeune à Bordeaux en 1137.

LUDOVICO filio nostro in Regem sublimato, anno quarto, in præsentia GAUFFRIDI Venerabilis Carnotensis Episcopi & Apostolicæ sedis legati, STEPHANI Parisiensis Episcopi, SUGERII Abbatis Beati Dionysii, GIRARDI Abbatis Josaphat, ALGRINI à secretis nostris; astantibus in Palatio nostro quorum nomina subtitulata sunt & signa. Signum RADULPHI Viromandorum Comitis & Dapiferi nostri, S. WILLERMI Buticularii S. HUGONIS Camerarii S. HUGONIS Constabularii. Data per manum STEPHANI Cancellarii.

Ordonnance de Loüis le Jeune par laquelle il donne son consentement à la precedente.

LOUIS VI. dit le Gros à Paris, & Loüis VII. dit le Jeune à Bordeaux en 1137.

(a) *IN nomine sanctæ & individuæ Trinitatis, Ego* Ludovicus junior, *Magni Ludovici filius, Dei gratiâ Rex Francorum & Dux Aquitanorum, tibi dilecte in Domino,* Gaufride, *Burdigalen. Archiepiscope, cum suffraganeis Episcopis,* Raymundo, *Agennen.* Lamberto *Engolismen.* Guillelmo *Pictaven.* Guillelmo *Petragoricen. necnon cum Abbatibus. Burdigalen. provinciæ, vestrisque successoribus in perpetuum.* Regiæ Majestatis *est Ecclesiarum quieti piâ sollicitudine providere, & ex officio suscepte à Domino potestatis, earum libertatem tueri, & ab hostium, seu malignantium incursibus defensare, sic nimirum regalis apicem dignitatis nos a Domino, à quo omnis potestas est, consecutos esse constabit, si juxta Evangelicam institutionem & Apostolicæ doctrinæ traditionem, in sanctæ Dei Ecclesiæ ministerium accincti, pro ejusdem contuendâ libertate, quâ* Christus *eam liberavit, & pacis quiete, operam demus.*

1. Ea propter petitionibus vestris, communicato prius Episcoporum Abbatum & Procerum nostrorum Consilio duximus annuendum, & in sede Burdegalen. & in prænominatis Episcopalibus sedibus, Abbatiis ejusdem Provinciæ, quæ defuncto illustri Aquitanorum Duce & Comite Pictaviæ Guillelmo, *per filiam ipsius Alienordim nobis sorte matrimonii cedit, in Episcoporum & Abbatum suorum electionibus,* canonicam omnino concedimus libertatem, absque hominii, juramenti, seu fidei per manum date obligatione.

2. Porro decedentis Archiepiscopi & suffraganeorum ipsius Episcoporum, sive Abbatum decedentium res universas successorum usibus regiâ auctoritate servari volumus, & concedendo præcipimus illesas.

3. Hoc quoque adjicientes, ut omnes Ecclesiæ infra denominatam provinciam constitutæ predia, possessiones, ac universa ad ipsas jure pertinentia, secundum privilegia & justitias & bonas consuetudines suas habeant & possideant illibata: quin immo Ecclesiis ipsis universis & earum ministris, cum possessionibus suis, canonicam in omnibus concedimus libertatem.

Quod ut stabilitatis obtineat munimentum scripto commendari & sigilli nostri auctoritate & nominis nostri caractere corrobari præcepimus: Actum Burdegal. in palatio nostro publice, anno incarnati verbi millesimo centesimo tricesimo septimo, Regni nostri quarto, in præsentia GAUFFRIDI Venerab. Carnoten. Episcopi Apostolicæ Sedis legati, ALBERICI Bituricen. Archiepiscopi. HUGONIS Turon. Archiepiscopi, GAUFFRIDI Burdigalen. Archiepiscopi, HELIE Aurelian. Episcopi, RAYMONDI Agennensis Episcopi, LAMBERTI Engolismensis, & GUILLERMI Xantonensis Episcoporum, SUGERII Abbatis sancti Dionysii, astantibus in Palacio nostro quorum nomina subtitulata sunt & signa. Signum RADULPHI Viromandorum Comitis & Dapiferi nostri S. GUILLERMI, Buticularii, S. HUGONIS Camerarii, S. HUGONIS Conestabularii. Data per manum ALGRINI Cancellarii.

NOTES.

(a) Les sommaires sont les mesmes que ceux de la precedente.

LOUIS VII.

LOUIS VII. DIT LE JEUNE.

Louis VII. dit le Jeune à Paris en 1145.

(a) Letres par lesquelles le Roy abolit plusieurs mauvaises Coûtumes, dans la Ville de Bourges.

SOMMAIRES.

(1) Lorsqu'un Bourgeois, mandé par le Prevost, ou le Voyer, n'a pas comparu, & a esté condamné à quelque amende. Si le Bourgeois veut affirmer qu'il a ignoré l'avertissement, il sera quite de l'amende, & il n'y aura plus de duel comme auparavant.

(2) Il sera permis au creancier de se saisir des effets de son fidejusseur, ou de sa caution, & de les retenir pour gages, sans qu'il soit besoin d'en obtenir la permission du Prevost, ou du Voyer.

(3) Le Prevost, ou le Voyer ne pourra plus rien prendre sur les moissons, ni aucuns gistes, dans la Septene, ou la Banlieuë de la Ville.

(4) Dans chaque Voyrie, il n'y aura à l'avenir qu'un seul Voyer.

(5) Le Hauban ne sera plus exigé que trois fois l'année, & à des termes justes & raisonnables.

(6) Le droit des moissons ne sera pas levé pour le Roy sur ceux qui n'auront pris des Bœufs que depuis le Saint Michel, jusques à la moisson suivante.

(7) Chaque coutumier chef de famille payera au Roy pour la remise de ces coûtumes une mesure de froment, par an. Pour le rachat des charois, une mesure de froment par bœufs, avec une mine d'orge. Et les mineurs, nommez Fossores, *payeront aussi une mesure.*

(8) Le droit des moissons sera payé à la mine de Bourges.

(9) Ceux qui viendront à Bourges, soit pour y demeurer, ou pour y apporter leurs effets seront en la sauvegarde du Roy, en allant, ou revenant, & s'ils commettent quelque delict dans la Ville, ils l'amenderont à l'arbitrage des Barons, *& ils remporteront leurs effets, &c.*

(10) Ceux qui viendront au marché seront sous la sauvegarde du Roy en venant, ou retournant.

(11) Les Estrangers qui viendront s'establir à Bourges, & qui y construiront maison, s'ils sont nez dans le Royaume, pourront disposer de leurs biens au profit de leurs parens.

IN *nomine, &c.* Ludovicus *Dei gratiâ Rex Francorum, & Dux Aquitanorum. Notum fieri volumus universis, præsentibus, pariter & futuris. Quia Bituris veniens (b) Genitor venerandæ memoriæ* Ludovicus, pravas *quasdam* consuetudines, *quæ ibi tenebantur, Bituricensis tam cleri quàm populi submissis precibus, exhortatus, consilio* Volgrini, *tunc temporis Archiepiscopi, pro ameliloratione prædictæ civitatis, benignitate Regiâ, relaxare & emendare curavit. Cujus nos, institutioni, per omnia savendum esse censentes,* emendatas à Patre nostro consuetudines, *pari indulgentiâ, reformamus, & Regiæ confirmationis, mansuris in perpetuum apicibus, annotamus. Erant autem consuetudines, quas ipse pater noster dimisit & emendavit hujusmodi.*

(1) Præpositus urbis præscriptæ, (c) sive Vigerius aliquem hominem ad se mandabat, & dicebat, mandavi te ad me, & contempsisti venire. *(d)* Fac mihi rectum de despectu. *Hanc autem consuetudinem sic pater noster emendavit, præcipiens, ut si ille negare potuerit, per unum (e) planum sacramentum, transeat, & pro despectu aliquo nullum (f) duellum faciat, sicut antea esse solebat.*

(2) Prava rursus consuetudo Bituris tenebatur in fidejussoribus. Quod fidejussoris

NOTES.

(a) Cette Charte est prise du Registre de Philippe Auguste, & est rapportée par la Thaumassiere dans ses anciennes coûtumes du Berry chapitre 47.

(b) Genitor noster] Ludovicus VI.

(c) Sive Vigerius] C'est l'Officier qui a esté nommé le *Voyer* & ensuite le *Vicomte de Bourges.*

(d) Fac mihi rectum] C'est-à-dire *faites moy droit, ou raison.*

(e) Planum Sacramentum] C'est le simple serment, qui se faisoit sans aucune solemnité comme l'hommage *simple*, à la difference de l'hommage *Lige*, qui estoit solemnel. Voyez les articles 108. & 113. de la coûtume du Poitou.

(f) Duellum] Voyez l'Ordonnance de 1260. touchant les Batailles.

LOUIS VII. dit le Jeune à Paris en 1145.

sui (g) Vadimonium *capere, sine consensu Præpositi, seu Vigerii, nullus audebat: de quo præceptum est ab ipso, ut quicumque fidejussorem habuit, (h)* sine clamore *aliquo ad Præpositum, sive Vigerium facto,* Vadimonium *quis secure capiat.*

(3) Præterea, Præpositus, aut Vigerii mestivas, hospicia capere consueverant, in Septenâ, sed hanc consuetudinem excepit penitus & dimisit.

(4) Emendavit quoque quod in unaquaque vigeriâ erant plures Vigerii, statuens ut in unâquaque vigeriâ unus tantum Vigerius habeatur.

(5) Præpositus autem atque Vigerius quotiescumque volebant, (i) halbannum, submonebant, & villanos sese redimere coërcebant; de quo quoque præceptum ab ipso est, ut illa redemptio halbanni remaneat, & halbanum tamen ter in anno fiat, termino competenti, sine omni redemptione (k) rustici sua negotia amittant & hoc consilio bonorum virorum ipsius civitatis.

(6) De bobus autem, in quibus mastivas accipimus, statutum ab ipso est, ut quicumque bovem, post festum sancti Michaëlis acceperit, usque in sequentes Messes, Mestivam nullatenus reddat.

(7) Per harum itaque dimissionem pravarum consuetudinum, *omnes villani consuetudinarii qui per se sunt, & familiam tenent, cartallum unum frumenti Regiæ Majestati annuatim persolvere firmaverunt: (l)* Pro divisione, verò quarrorum, *de unoquoque bove rusticorum consuetudinariorum,* quartallum *similiter unum frumenti; & de unoquoque rustico consuetudinario,* ordei minam *unam. (m) De Fossoribus, autem,* quartallum unum, *quod servientes habere solebant.*

(8) Porro de his mastivis præceptum est ut ad justam minam præfatæ civitatis reddantur.

(9) Statutum vero à patre nostro est, ut quicumque ad urbem venerint & ibi stare, vel res suas (n) commendare voluerint, ipsi cum rebus suis in eundo & redeundo sint securi, & si eorum. Dominium, vel castrum unde venerint, cum Regiâ potestate male fuerint, nihil eis nocebit. Quod si infra urbem aliquid forifecerint, pro laude (*o*) Baronum *ipsius civitatis emendabunt, & res suas, quo voluerint asportent.*

(10) Quicumque vero ad mercatum venerint, in veniendo & redeundo (p) salvi sint & securi.

NOTES.

(g) Vadimonium] Sponsio erat alterius sistendi. Erat & constitutus dies quo quis se judicio sistere debebat. Mais dans la basse latinité, on entendoit par ce mot *un gage.* Et l'usage estoit alors que le creancier pouvoit de *son autorité privée se saisir des effets de son debiteur,* & les prendre *en gage,* comme il se void icy, & dans les autoritées que j'ay rapportées sur le titre 8. de la coûtume de Paris & sur les Letres de Loüis VI. de 1134.

(h) Sine Clamore] c'est-à-dire, sans se pourvoir pardevant le Prevost, & sans luy en demander la permission. Voyez le glossaire du droit François au mot *Clain.*

(i) Halbannum submonebant] C'estoit une convocation, des Roturiers, ou Villains, à l'effet de quelques corvées, ou services, que les Officiers du Roy exigeoient d'eux, & qu'ils leur faisoient racheter pour de l'argent. Le hautban est icy fixé à trois fois l'année, sans qu'il fût permis à ceux qui le devoient de le racheter.

(k) Rustici] Il y a mieux dans les letres de Loüis VIII. de l'an 1224. *ne rustici sua negotia amittant.*

(l) Pro divisione] Dans les letres de Loüis VIII. de l'an 1224. par lesquelles il confirme celles-cy, il y a mieux. *Pro quitanciâ quarrorum, id est pro dimissione.*

(m) De fossoribus] On appelloit ainsi ceux qui faisoient des chemins sous terre pour miner des murailles comme il se void par ce qui suit de la Chronique de Jean Moine de Mairemontier. *Habebat quippe quosdam artifices, quos Fossores, vel Talparios vocant, qui admodum talpæ subterranea fodientes, quaslibet murorum & turrium firmitates, ferramentis validissimis perrumpebant, &c.*

(n) Commendare.] C'est icy mettre en sûreté. Voyez Salvaing pag. 228. ligne 4. *Et Cangium in glossario, in* salvamentum.

(o) Baronum.] C'est ainsi que l'on appelloit les principaux Citoyens de la Ville de Bourges, comme ceux de Londres, suivant l'autorité qui suit de Matthieu Paris *in Henrico 3. Londonienses, propter civitatis dignitatem, & Civium antiquitatem* Barones *consuevimus appellare. Vide Spelman in Barones de London.*

(p) Salvi sint & securi.] Voyez l'article 133. de la Coûtume du Bourbonnois, Loi-

Louis VII. dit le Jeune à Paris en 1145.

(11) Extranei vero qui Bituris venerint, & ibi ſeſe ædificaverint, & Regni (q) fuerint, bona ſua parentibus ſuis dimittere licebit.

Hæc igitur omnia, ſicut ſuperius patenter explicata, & à patre noſtro conceſſa ſunt, ita nos quoque concedimus, & auctoritate Regiâ confirmamus. Quod ut ratum &c. Actum apud Lorriacum *anno Domini* milleſimo centeſimo quadrageſimo quinto, *Regni noſtri* octavo. *Aſtantibus &c. Datum per manum* (r) Cad. *Cancellarii.*

NOTES.

ſel dans ſes Inſtitutes Livre 6. Tit. 5. Regle 8. & la Thaumaſſiere dans ſes anciennes Coûtumes du Berry partie 1. chap. 30. pag. 37.

(q) *Et regni noſtri fuerint.*] Voyez le chap. 87. des Eſtabliſſemens de Saint Loüis avec la note qu'on y a faite.

(r) *Cad.*] Ce Chancellier eſtoit *Cadurc* ou *Cadulce*. Voyez le P. Labbe dans ſes Eloges Hiſtoriques tome 2. page 182.

Louis VI. le Jeune à Paris en 1155.

(a) Confirmation des Letres de Philippe premier de l'an 1105. en faveur de l'Egliſe de Chartres.

IN nomine &c. ego Ludovicus *Dei gratiâ Francorum Rex, notum facimus univerſis, clericos noſtros Carnotenæ civitatis, exiſtentes adhuc in deſolatione, quam acceperant ex morte bonæ memoriæ Epiſcopi* Gosleni, *(b) noſtram adiiſſe regiam ſerenitatem, & humiliter expoſtulaſſe, quatenus præceptum* avi noſtri *Regis* Philippi, *& nos jam dictæ Eccleſiæ confirmaremus. Tenor igitur privilegii talis eſſe dinoſcitur, Regem* Philippum *notum facere univerſis in regno Franciæ per futura tempora ſucceſſuris, quod Domnus (c)* Yvo *ſanctæ Carnotenſis Eccleſiæ venerabilis Epiſcopus, humili devotione celſitudinem ſuæ ſerenitatis adierit, obnixe deprecans, ut* pravam conſuetudinem *in domibus Epiſcopalibus ejuſdem Eccleſiæ a Comite* Henrico *cognomine* Stephano, *&* Adela *uxore ejus, conceſſione filiorum ſuorum* Guillermi, Theobaldi, Odonis, Stephani *remiſſam, & libertatem prædictis domibus & rebus in eiſdem collectis, a prædictis Comitibus collatam, concederet, & ſuâ (d)* pragmaticâ ſanctione *firmaret, cujus pio deſiderio aſſentiens, & æquiſſimæ poſtulationi aurem inclinans, ſecundum tenorem ſcripti, quod de prædictis rebus prætaxati* Comites *fieri decreverunt, ſuæ Majeſtatis auctoritate res prætaxatas a pravâ conſuetudine liberavit,* domum *ſcilicet, & domus ejuſdem (e)* ferrum, plumbum, vitrum, lignum, lapides *cæteramque* ſupellectilem *ſcilicet* ſtabulas, ſcamna ſcabella, vaſa vinaria, lectos, *necnon* coquinas *&* horrea granaria, cellaria, torcularia, furnos, *furnorumque* domos, *ſive in urbe, ſive extra*

NOTES.

(a) Cette confirmation eſt dans le Regiſtre de Philippe Auguſte, feüillet 77. *recto* d'où elle a eſté priſe, & où elle eſt intitulée *Carta Regalium Carnotenſium.* Le Roy meſme la nomme *Pragmatique.* On s'eſt par cette raiſon d'autant plus determiné à la mettre au nombre des Ordonnances, qu'il y en a peu de Loüis le Jeune.

(b) *Gosleni*] Ce Goslen fut Evêque de Chartres en 1148. & eſtoit neveu de Geofroy ſon predeceſſeur, ſucceſſeur du celebre Yves. Il fut fondateur de l'Abbaye de Saint Cheron martyr prés de Chartres, & il acheva la conſtruction de l'Abbaye de Joſaphat que Geofroy avoit commencée.

(c) *Yvo*] c'eſt celuy dont nous avons le *Decret*, les *Lettres* & la *Panormie.*

(d) *Pragmaticâ ſanctione firmaret*] Voyez la note ſur les Letres de Philippes premier de l'an 1105.

(e) *Ferrum, plumbum,*] Le Roy fit la meſme remiſe à *l'Egliſe de Laon* par ſes Letres de l'année 1158, qui ſont dans le Regiſtre de Philippe Auguſte, en ces termes *libertate quorum donavimus domos Epiſcopi de Lauduno, & quaſcumque extra Laudunum habet, & quidquid in eiſdem domibus conſiſtit, de ligno & filo, de ferro & vitro & ære & de aliâ quacumque materiâ... Et inſerere dignum duximus, quod decedens Epiſcopus, ſicut teſtatus fuerit ratum erit, & ſi deceſſerit inteſtatus quod abſit, regii juris erit aurum ejus & argentum totum, annona tota* &c. Voyez ma note ſur le chap. 85. du premier livre des Eſtabliſſemens & mon gloſſaire ſur *Executeurs teſtamentaires.*

LOUIS VI. le Jeune à Paris en 1155.

urbem, silvas, *ut non vendantur, nec succidantur, nec dentur;* annonam *quoque*, vinum fenum, oves *&* boves, *&* cætera animalia, *omniaque*-reliqua mobilia *quæ congregata sunt, vel collecta fuerint, sive in urbe, sive extra urbem, ante obitum, vel discessum, Episcopi cujuslibet, intacta manere firmavit, illis profutura quibus Episcopus reservare, vel donare, vel per se, seu per (f) Ichonimum suum decreverit (g) vel majores personæ Ecclesiæ, si id Episcopo aliquâ occasione prævento, facere non licuerit.* Concedimus *etiam ut exactio, quæ defunctis Episcopis, vel discedentibus, fieri solet in servientes Episcopi, vel rusticos, de cætero numquam fiat. Hæc omnia sicut a prædictis Comitibus concessum est, & firmatum &* ipse Philippus Rex, *ut prædictum est, concessit & per* pragmaticam sanctionem *suam firmavit.* Nos *autem Clericorum ejusdem Ecclesiæ auditâ, & susceptâ postulatione, hæc omnia eis, in eundem modum & inviolabiliter atque in perpetuum, sicut prædictus* avus noster Philippus *Rex Francorum*, concessimus *& nostri sigilli auctoritate* firmavimus, *& nominis nostri caractere testificati sumus. Actum publicè Parisiis, anno Domini millesimo centesimo* L. V. *astantibus, &c. Signum Bles. Comitis* THEOB. *Dapiferi nostri. S.* GUIDONIS *Buticularii S.* MATHEI *Camerarii. Signum* MATHEI *Constabularii. Dat. per manum* HUGONIS *Cancellarii.*

NOTES.

(f) *Ichonimum]* Dans la charte de Loüis le Gros il y a mieux *æconomum*.

(g) *Vel majores]* Dans la Charte de Loüis le Gros il y a *ut majores &c.*

LOUIS VII. dit le Jeune à Paris en 1158.

(a) Letres touchant la Regale de Laon.

SOMMAIRES.

(1) *Les granges de l'Evesque de Laon, les Fermes, ou bassecourts, les Charrües, les Troupeaux, les Vignes du Champ-breton, du Clos prés du Breüil, celles du Breüil mesme, celles de P. & generalement toutes les vignes qu'il aura plantées, ou acquises, & tout ce qui sert à la culture de la terre, sera à perpetuité affranchi de la* Regale.

(2) *L'Evesque & ses successeurs, s'ils decedent avant les vendanges, ne joüiront de cet affranchissement, qu'à la charge de laisser du revenu, ce qui en sera necessaire pour cultiver les vignes. Et à l'égard des maisons de l'Evesque, soit qu'elles soient dans la Ville de Laon, ou dehors, avec tous les materiaux qui les composeront, ou le choses qui seront dedans, comme le Bois, le Fil, le Fer, le Verre & l'Etain, seront pareillement affranchis de la* Regale.

(3) *Si l'Evesque decede, aprés avoir fait son Ordonnance de derniere volonté, elle sera executée. Mais s'il est decedé* intestat, *son or, son argent, tous les fruicts qu'il aura perçûs & qui seront en nature, à l'exception de ce qui aura esté mis à part pour les semailles, pour la nourriture des gardiens des Granges, & de celuy qui a la direction des Charrües, ou des Labours, les animaux, & le vin, à l'exception de celuy qui proviendra des vignes, que l'Evesque decedé aura acquises, ou plantées, tout appartiendra au Roy à cause de sa* regale. *Et le vin provenu des vignes que l'Evesque aura acquises, ou plantées servira à payer ses dettes.*

(4) *Lorsque l'Evesché vacant en* regale *par le deceds de l'Evesque, sera en la main du Roy, les personnes que le Roy aura commises & envoyées, ne pourront demeurer dans les maisons de l'Evesché, qui seront dans la Ville de Laon, ni dans les autres maisons, où il n'y aura pas de provisions, mais seulement dans celles où il y aura des provisions, pour les garder. Et quant aux effets qui sont affranchis de la* regale, *ils seront en la garde de ceux à qui l'Evesque deffunt en aura commis l'administration.*

(5) *Pendant que l'Evesché sera en la main du Roy, le Roy ne pourra ni donner, ni vendre les Bois. Si le Siege est vacant pendant la moisson, ceux qui auront la garde des Granges reserveront ce qui en sera necessaire pour les semailles, pour les gages des Valets & des Pasteurs, pour leur nourriture & celles des bestes, & le surplus sera au Roy. Et si le Siege est vacant pendant les vendanges, les vins, les vinages, & les autres revenus, à l'exception de ce qui est affranchi* de la regale, *seront au Roy pareillement.*

(1) EGO LUDOVICUS *Dei gratiâ Francorum Rex, notum facimus universis præsentibus, & futuris, quod per consilium fidelium nostrorum nobis assidentium, pro humili, &c. reverendâ* prece Episcopi Laudunensis Magistri Gualteri de Mauritaniâ,

ritaniâ, grangias & curtes, carrucas, (*b*) greges (*c*) & armenta *de quibuscumque animalibus*, vineas *de Campo-britonis*, de clauso *juxta brolium*, *& ipsum* (*d*) brolium, vineas de Poliaco, *alias etiam* vineas *quascumque plantaverit, sive acquisierit, & omninò omne* (*e*) instauramentum *suum* libertate (*f*) *donavimus in perpetuum.*

Louis VII. dit le Jeune à Paris en 1158.

(2) *Ipsius etiam* petitione, *omnes ejusdem* (*g*) successores *in eâ necessitate posuimus, ut tempore vindemiarum, ad reficiendum vineas, de fructu earum tantum conservetur, & cultoribus tradatur, quod earum culturæ sufficiat; libertate quorum donavimus* domos *Episcopi de Lauduno & quascumque extra Laudunum habet, & quidquid in eisdem domibus consistit* de (*h*) ligno & filo, de ferro & vitro, & ære *& de quacumque aliâ materiâ.*

(3) *In hoc autem memoriali Regio, & pro evidentiâ rerum in posterum, & pro conservando ejusdem libertatis statu, inserere dignum* duximus, *quod decedens Episcopus sicut* testatus fuerit *ratum erit. Et si* (*i*) *decesserit* intestatus, *quod absit, regii juris erit* aurum *ejus &* argentum *totum,* annona *tota, exceptâ illâ quam custodes granchiarum, & Magistri carrucarum retinebunt ad seminandos agros, & ad sufficienter sustentandum se & servientes necessarios sibi, & animalia sua. Similiter vinum* ab intestato Episcopo *remanens, totum Regii juris erit, excepto vino illo, quod de vineis* acquisitis, *vel* plantatis *à præfato Episcopo fuerit, quod sanè vinum* nostrum non *erit, sed inde preoccupati Episcopi solventur debita, & si nulla sunt, reservabitur vinum* (*k*) *successoribus.*

(4) *Porro per decessum Episcopi, Episcopatu veniente* in manum Regiam, *servientes de parte Regis venientes non stabunt in domibus Laudunensibus, nec in aliis domibus, ubi* (*l*) munitiones *non erunt, sed aliis in locis, ubi* munitiones *sunt, ipsi ministeriales Regii in munitionibus manebunt ad custodiam earum. Et in distrahendis rebus Episcopi prædictis, quas* libertate donavimus, *vel in ordinando, vel in usus*

NOTES.

(*a*) Ces Lettres sont au feüillet 76. *verso* du Registre de Philippe Auguste, où elles sont intitulées *Carta de Regalibus Laudunensibus.* Comme elles sont anciennes, & que les semblables de l'an 1105. accordées à l'Eglise de Chartres, sont nommées *Pragmatiques sanctions*, on a jugé à propos de leur donner place entre les Ordonnances de nos Roys.

(*b*) *Greges*] Troupeaux de bestes comme de Moutons, de Porcs &c.

(*c*) *Armenta*] Troupeaux de grosses bestes comme de Bœufs, de Chevaux, &c.

(*d*) *Brolium*] Voyez cy-aprés.

(*e*) *Instauramentum*] C'est ainsi que l'on nommoit tout l'attirail, & les instrumens necessaires pour la culture de la terre.

(*f*) *Libertate donavimus*] Les Evesques obtenoient ainsi ces exemptions, mais on n'y a aujourd'huy aucun égard, à moins qu'ils ne les ayent acquises à titre onereux, suivant la Declaration du mois de Fevrier 1673.

(*g*) *Successores*] Voyez cy-aprés.

(*h*) *De ligno & filo*] L'abus estoit dans ce temps non seulement de piller les maisons des Evesques decedez, mais encore de ruiner les bâtimens pour en prendre les materiaux. Voyez la Charte de Philippe I. de l'an 1105. pour l'Eglise de Chartres, & celles de 1155.

(*i*) *Si decesserit intestatus*] Dans ces temps là les biens meubles de ceux qui estoient decedez *intestats*, quoique subitement, appartenoient aux Seigneurs par droit de confiscation, ce qui fut à l'égard de ceux qui estoient morts subitement, corrigé par le chapitre 89. des Establissemens de Saint Loüis. Voyez ce que j'y ay remarqué, & mon glossaire sur *Executeurs testamentaires.*

(*k*) *Successoribus*] Les Successeurs sont icy les Evesques qui devoient estre au lieu des Evesques decedez, car alors on pratiquoit le capitulaire de l'an 794. chap. 39. par lequel les parens des Evesques ne succedoient qu'aux *propres*, & non aux biens que les Evesques avoient acquis au service de l'Eglise, *Propinqui vel heredes Episcopi res, quæ ab Episcopo sunt acquisitæ, aut per comparationes, aut per traditiones, postquam Episcopus fuerit ordinatus, nequaquam post ejus obitum hereditare debeant, sed ad suam Ecclesiam catholicæ. Illæ autem quas prius habuit, nisi traditionem ad Ecclesiam ex eis fecerit, heredibus & propinquis succedant.* Voyez les Letres de Loüis le Gros de l'an 1137.

(*l*) *Munitiones*] Dans ces temps les Evesques ne recevoient pas les revenus de leurs Benefices *en argent*, mais en *grains, vins,* &c. & comme ils en consumoient une partie dans leurs maisons, on a rendu *munitiones*, par *provisions.* Voyez ce qu'on a remarqué sur le testament de Philippe Auguste, Article XVIII. Lettre N.

LOUIS VII. dit le Jeune à Paris en 1158.

suos assumendis, potestate carebunt, sed illi potius servientes, qui in vitâ Episcopi eam sortiti sunt administrationem, retinebunt eandem, & seorsum in domibus & grangiis (m) *Episcopalibus manebunt.*

(5) *Dum in manu Regiâ Episcopatus fuerit,* brolium *nec vendere, nec donare, nec aliquo modo diminuere poterimus. Et si vacaverit sedes messionum tempore, custodes grangiarum retinebunt quod sufficiat seminandis agris, pascendis & conducendis bubulcis, pastoribus, ministris, & animalibus. Ceterum Regii juris est. Et si vacaverit sedes in vindemiis,* (n) vinum de taxone, de talliis, & vinagium, *quod per pa-*

NOTES.

(m) *Brolium*] Ce mot doit ce semble estre pris icy pour *un Bois de haute futaye*, dont la coupe fait une diminution du fond, car quant aux Bois taillis, comme ce qui est en coupe, fait partie des fruits, ils devoient jusques à cette concurrence appartenir au Roy, comme les moissons &c. Voyez mon glossaire sur *Breüil.*

(n) *Vinum de taxone, de talliis & Vinagium &c.* Il semble que le vin de taxe & de taille ne soit icy qu'une mesme chose. Quant au *Vinage*, c'estoit souvent le Cens, ou la prestation qui estoit dûë en vin aux Seigneurs à cause des vignes qui relevoient d'eux. Voyez mon glossaire sur *Vinage*. En l'année 1185. Philippe Auguste confirma un traité que l'Evesque de Laon avoit fait avec ses hommes touchant ces tailles, qu'il est bon de rapporter icy, pour la parfaite intelligence de ces Lettres.

Philippus Dei gratiâ Francorum Rex. Noverint universi præsentes pariter ac futuri, quod Rog. Laudunensis Episcopus & homines sui de Laudunesio, post multam contentionem inter eos habitam, super *talliis,* quibus iidem homines se conquerebantur ab ipso gravari, in hunc modum in nostrâ composuerunt præsentiâ, quod Episcopus *pro talliis* super homines illos, quas *tribus de causis* facere poterat, *videlicet pro exercitus nostri servitio, pro Domino Papâ, pro guerrâ Laudunensis Ecclesiæ manifestâ, dabunt homines prædicti Episcopo singulis annis in festo omnium sanctorum, septingentas libras Parisiensis monetæ, vel trecentas* quinquaginta marcas puri argenti, ad pondus *Trecense,* si monetam Paris. contigerit pejorari; Dabunt etiam singulis annis Episcopo *mille modios* vini tempore vindemiarum, pro talliâ vini.

Item annuatim in festo omnium sanctorum, dabunt ducentas libras Laudun. monetæ Vicedomino, & Præposito. Vicedomino CLX. lib. Præposito XL. quas Vicedominus & Præpositus cum alio feodo suo, tenebunt ab ipso ligie. Et propter hoc ipsi in propriis personis servient Episcopo in guerrâ, quandiu pecunia illa durabit, in quatuor tantum militibus. Sciendum autem quod cum Episcopi dono, & propter prædictæ pacis concessionem, supradictæ pecuniæ, & vini haberemus annuatim medietatem, illam Episcopo quitavimus medietatem, propter feodum Feræ, *& homagium ligium* Radulphi de *Cociaco, quod Episcopus nobis* dedit. *Noverint etiam universi quod consuetudines alias a prædictis talliis, & justitias, & forefacta,* & omnia jura *quæ Episcopus in prædictis* hominibus, & in illâ terrâ *priùs habebat, habebit Episcopus in illo statu, in quo ea habere consueverat, nisi quod XII. Scabinos constituimus, quorum judicio omnes querelæ quæ inter eos emerserint, aut quas Episcopus adversus eos habebit, decidentur. Qui scabini, si in judiciis faciendis concordare non poterunt,* ad Curiam nostram venient, *illud judicium inquisituri. Omnem autem eorum quæstionem infra finem tertii mensis, post motionem litis, oportebit terminari, & illi Scabini Episcopo, Vicedomino & Præposito fidelitatem præstabunt, & hominibus terræ pecuniam & vinum quod Episcopo debent solvere annuatim, talliabunt, & imponent super se homines prædicti, prius quidem præstito juramento, quod id legitime facient. Episcopus autem faciet hoc reddi per justitiam Vicedomini. Nullus hominum Episcopi de Laudunesio immunis erit ab hac pecuniâ dandâ & vino quod Episcopo redditur annuatim, exceptis quinque servientibus Vicedomini, & duobus servientibus Præpositi. Nullus hominum de Laudunesio tenementa sua, qui dictam pecuniam & vini talliam debent, dare, vel vendere, vel invadiare poterit homini, qui non tenetur in hanc vini & pecuniæ summam annuatim conferre. Episcopus Laudunensis nullum hominem suum de Laudunesio in aliquam Communiam, aut Libertatem mittere poterit, quominus in pecuniam & vinum quod Episcopo debetur, conferat. Nullus hominum prædictorum, aut res ejus capi poterit, pro delicto Laudunensis Episcopi, nisi ille homo debitor fuerit, aut fidejussor illius debiti. Episcopus in homines, aut res eorum, quandiu stare voluerint justiciæ, manum non mittet. Vicedomino autem & Præposito pro suâ talliâ vini reddent homines de Laudunesio singulis annis tempore vindemiarum, quingentos modios vini. Quæ omnia ut rata sint & inconcussa, concedimus, salvis appellationibus ad nos faciendis. Et ut perpetuam servent firmitatem, sigilli nostri auctoritate & Regii nominis caractere inferiùs annotato communivimus. Actum Parisiis anno Domini M. C. LXXXV. Regni nostri anno VI.*

gum colligitur, ceterique omnes redditus, præter ea quæ libertate donavimus, similiter Regii juris erunt.

Ut autem hoc donum nostrum in posterum ratum sit &c. Actum Parisius anno Incarnationis Domini MCLVIII. *Regni vero nostri* XXII.

LOUIS VII. dit le Jeune à Paris en 1158.

NOTES.

Astantibus in palatio nostro quorum nomina supposita sunt & signa S. Theob. Comitis Dapiferi nostri *S. Guidonis Buticularii S. Mathei Camer. S. Radulfi Constabularii.*

Cette Charte est au Registre de Philippe Auguste folio 75. verso.

Letres par lesquelles le Roy abolit plusieurs mauvaises Coûtumes, dans la Ville d'Orleans.

LOUIS VII. le Jeune à Paris en 1168.

SOMMAIRES.

(1) *Le forain, qui poursuit à Orleans, le payement de sa dette, ne doit aucune Coûtume.*

(2) *Celuy qui n'a fait qu'offrir sa marchandise & en dire le prix, ne doit rien.*

(3) *Quand une contestation ne sera que de cinq sols, ou moins, le duel ne sera pas ordonné.*

(4) *Celuy qui n'aura pas produit son garand au jour qui luy aura esté marqué, ne perdra pas pour cela sa cause, mais il luy sera permis d'amener son garand à un autre jour.*

(5) *Nul homme associé avec un autre en la Ferme des Audiences, ne payera la Coûtume pour le tout, mais pour sa part seulement.*

(6) *Les taverniers, ni les crieurs de vins n'acheteront point de vin à Orleans, pour l'y revendre en la taverne.*

(7) *Celuy qui sera en societé par participation avec un Clerc, ou un Chevalier, ne payera la Coûtume que pour sa part, pourvû que la societé soit prouvée.*

(8) *Il n'y aura plus de meneurs, ou de conducteurs de ceux qui achetent des vins.*

(9) *Les regratiers n'acheteront plus des vivres dans la banlieuë d'Orleans, pour les revendre dans la Ville.*

(11) *Les charretes, qui apporteront des vivres pour les vendre à la Porte Dunoise, estant vuides, seront emmenées pour faire place à celles qui arrivent chargées.*

(12) *Personne ne pourra acheter du pain à Orleans pour l'y revendre.*

(13) *Le garde de la mine du sel n'en prendra pour loyer que deux deniers.*

(14) *Il ne sera rien pris sur les hommes de Meun & de S.t Martin sur le Loiret, pour le rachat de leur Baillie.*

(15) *Le droit de Brenage sera reduit & payé comme il l'estoit sous le regne de Loüis* VI. *pere du Roy.*

(16) *Il ne sera permis à personne de lever à l'avenir ces Coûtumes abolies.*

IN (a) *nomine &c.* Ludovicus &c. *Attendentes quasdam Aurelianenses consuetudines reprobandas, easdem civium nostrorum providentes utilitati, & animæ nostræ saluti, reprobamus. Hec autem sunt consuetudines reprobande.*

OU * nom de sainte Trinité. *Loüis* par la grace de Dieu Roy des François. Nous aveons aucune coustumes à Orliens, qui n'estoient pas porfitables à la Ville, & nous agardasmes au profit des Borjois & à la sauveté de nostre âme, & les abatismes. *Ce sont les Coûtumes qui furent abatuës.*

NOTES.

(a) Dans les manuscrits cette Charte a pour titre, *De quittatione consuetudinum Aurelianensium.* Les *Coûtumes* sont icy un impost qui se levoit sur les roturiers, d'où ils estoient appellez *Coustumiers*, nom assez frequent dans nos Coûtumes. Cette piéce est au tresor des Chartes & au Registre de Philippe Auguste, feüillet 61. *verso* col. 1.

(*) Cette Charte a esté prise dans les Notes de la Thaumassiere sur Beaumanoir, page 465. & elle est dans le Registre de Philippe Auguste folio 72. *verso*

LOUIS VII. dit le Jeune à Paris en 1168.

(1) Homo extraneus debitum suum sequens Aureliis, vel requirens nullam propter hoc reddat consuetudinem.

(2) Ab homine extraneo Aureliis rem suam ad vendendum afferente, propter oblationem (b) & dem. suum tantum, non exigatur consuetudo.

(3) Pro debiti titulo quinque solidorum, (c) negationem. Inter aliquos non (d) indicetur duellum.

(4) Si quis ad primum diem sibi nominatum garantum suum non habuerit, non ideo (e) cadat, sed illum liceat sibi producere, ad diem congruum.

(5) Nullus homo societatem habens, cum homine (f) de audienciis, totam reddat consuetudinem, sed eam tantum partemque ipsum contigerit.

(6) Tabernarii & preconiarii vinum non emant Aureliis, ut ibidem revendent in tabernâ.

(7) Nullus homo participationem habens cum Clerico, sive Milite, pro re ad participationem pertinente, totam reddat consuetudinem, sed tantum partem quæ ipsum contigerit, (g) cum Clericus, vel Miles probaverit illum secum habere participationem.

(8) Ductores corum, qui vina emunt, removeantur.

(9) Regratarii non emant victualia infra banlivam, ut vendant Aureliis.

(10) (h) Pps. & (i) forestarii non capiant Quadrigas infra banlivam.

(11) Quadrigæ in (k) porta Vimen.

(1) Home estrange venant à Orliens, sigant, ou requerant sa dete, pour ce ne rende nulle coustume.

(2) Le houme estrange, & d'Orliens, offrant la soüe chose à vendre, por s'offre, ne por son dit tant seulement, ne soit demandée Coustume.

(3) Por dete de cinq sols, & de mains, & elle ert niée, ne soit bataille ja entre deux gens.

(4) Se aucun au premier jour qui li sera nomé n'aura son garand, por ce ne perde pas la cause, més ait licence de l'amener le jor convenable.

(5) Nul home qui ait compagnie a home des oances, por ce ne soit que il ne rende la coustume de cete partie qui li advient.

(6) Li tavernier, li crieur de vins, n'achetaient vin à Orliens pour que ils le revendent en taverne en la Ville.

(7) Nuz home, qui a participation à Clerc, ou à Chevalier, por la chose appartenant à la participation, de la soüe partie qui li doit avenir, rende toute la coustume, comme li Clercs & li Chevaliers.

(8) Les meneurs de ceux qui achatent les vins, soient osté.

(9) Li Regratier n'achetent vitaille dedens la banlieuë, por que ils la vendent à Orliens.

(10) Li Prevost, & li Charretier ne pregnent charette dedens la Banlieuë.

(11) Les Charettes dedens la Ban-

NOTES.

(b) *Et dem.*] C'est-à-dire, *dictum*, ce qui signifie le prix offert de la chose exposée en vente. Il y a *dictum* dans le Registre de Philippe Auguste.

(c) *Negationem*] Il faut ce semble *& negatione*. Dans le Registre de Philippe Auguste il y a *pro debito citra quinque solidorum dationem, inter &c.*

(d) *Indicetur*] Il faut ce semble, *judicetur*. Dans le Registre de Philippe Auguste il y a *judicetur*.

(e) *Cadat*] Dans le Registre de Philippe Auguste il y a *à causâ*.

(f) *De audientiis.*] *Audientiæ*, où les *oyances* estoient ce semble une redevance, qui se payoit, ou pour l'entretien du lieu, où l'on donnoit l'Audience, ou pour les gages du Juge. Cette redevance estoit en quelques lieux de quatre deniers par maisons. *Charta Petri Parisiensis Episcopi.* Audientiæ *de Varennis ibidem recipiendæ in festo B. Andreæ apostoli, 26. sols 6. den. Et recipiuntur istæ audientiæ ratione domorum ibi existentium, videlicet pro qualibet domo quatuor denarios Paris. Vide* Francisc. Le Maire *in historia Aurelianensi*, pag. 323. & Cangium *in glossario in* audientia.

(g) *Cum clericus &c.*] L'Ordonnance Françoise doit estre icy suppleée par la Latine.

(h) *Pps.*] C'est-à-dire, *Præpositus*, ce qui est manifeste par le texte de l'Ordonnance Françoise.

(i) *Forestarii*] Suivant la version Françoise, il faudroit *Quadrigarii. Vide Cangium ad Joinvillam pag. 108.*

(k) *Porta Vimen.*] Il faut qu'il y ait *portâ Dunensi.* La porte Dunoise, ou qui conduit

victualibus

victualibus vendendis exposita, non reimpleantur, sed illis venditis removeantur, & supervenientibus cedant.

lieuë, Porte Dunaise, mises, ou posées, vendant vitaille, ne faient raemplis, mais quand les vitailles seront vanduës, si seront ostées, & dongent leu au sourvenans.

LOUIS VII. dit le Jeune à Paris en 1168.

(12) *Nullus emat panem Aureliis, ut ibidem revendat.*

(13) *Minæ salis custos duos denarios, pro minæ pretio tantum capiat.*

(14) *Ab hominibus de Magduno & Sancto Martino super Ligericum, pro redemptione baillivæ suæ questum nullus faciat.*

(15) (k) *A branagio cadat quod tempore nostro superappositum est, & ita sit sicut erat tempore patris nostri.*

(16) *Expleto itaque numero consuetudinum, quas reprobavimus, decrevimus, scriptoque præsenti, & sigilli nostri auctoritate, & Regii nominis Karactere subtus apposito, confirmamus; Prohibemus in perpetuum ne quis aliquam de præfatis consuetudinibus Aurelianensibus reducere præsumat. Actum Parisius anno Domini* MCLXVIII. *Astantibus in Palatio &c. Data per manum secundi (l) Hugonis Cancellarii.*

(12) Nus n'achate pain à Orliens, por que il le revande à Orliens.

(13) La Garde de la Mine de Sel, deux deniers pour loyer de la Mine, tant seulement praigne.

(14) Des homes de Meun & de S.t Martin sus Lerat, por raançon de leur Baillie nul complants ne soit faiz.

(15) Chi ce doit Brenage, ce que en nostre temps, & par dessus a adjouté, & ensint soit coume il estoit ou tans nostre Pere.

(16) Ainsint ert aemplis li nombre des coustumes, que nous avons abatuës, & deffandons par ce present escript de nostre seel, & de l'auctorité nostre real nom, que est dessouz apost & confermez le. Deveons més que nus aucunes des devant dites coustumes à Orliens ne soit si hardis, que il i remaint. Ce fut fet à Paris en l'an de l'incarnation de nostre Seigneur MCLXVIII. Et si estoit en nostre Palais li Cüens * *Thibauz* nostre Seneschal, *Guy* le Bouteiller, *Renaut* le Chambrier, *Rau* le Connestable.

NOTES.

au pays de Dunois, il y a ainsi dans le chartulaire de Philippe Auguste.

(k) *A branagio*] Le Brenage estoit une redevance, qui estoit payée aux Seigneurs pour la nourriture de leurs chiens. Voyez le glossaire de M. du Cange sur *Brenagium*, & le mien sur *Past de chiens*. Dans le Registre de Philippe Auguste il y a *à barnagio*.

(l) *Secundi Hugonis*] C'estoit *Hugues de Puseaux*, qui fut nommé *second*, parce qu'il succeda en l'Office de Chancelier, à *Hugues de Champ-fleury*, Evesque de Soissons.

(*) *Thibauz nostre Seneschal*] Ce mesme Thibauz est qualifié *Dapifer* dans les Letres Latines rapportées cy-dessus.

Anciennement l'Office *de Seneschal* de France appartenoit aux *Comtes d'Anjou*. Voyez sur ce sujet le commentaire *Hugonis de Cleriis De majoratu & Senescalciâ Franciæ Andegavorum olim Comitibus, hereditariâ* dans le Tome III. des ouvrages du Pere Sirmond page 876.

Le Roy donna à Thibaud ce mesme *Office de Seneschal*, comme il se void par ce qui suit de Robert du Mont S.t Michel, sous l'an 1164. *Comes carnotensis Tedbaudus desponditt filiam Ludovici Regis Franciæ, & Rex ei concessit Dapiferatum Franciæ, quem Comes andegavensis antiquitus habebat.*

Thibaud estant mort au Siege d'Acre, en l'an 1191. l'Office *de Seneschal* fut supprimé. Et de là vient, selon la remarque de Duchesne, que dans toutes les Letres, ou Chartes de nos Roys expediées depuis, il n'est plus fait mention du Seneschal.

Touchant le Seneschal & ses fonctions voyez Duchesne dans son histoire de Montmorency livre 3. chap. 2. page 133. Paquier dans ses recherches liv. 2. chap. 12. & S.t Bernard Epistre 78. N. 11. & 12.

PHILIPPE AUGUSTE à Paris en 1190.

PHILIPPE II. SURNOMMÉ AUGUSTE.

(a) Testament du Roy.

SOMMAIRES.

(1) Les Baillis establiront par Prevostez dans les Seigneuries du Roy, quatre hommes *sages & de bonne renommée, sans le conseil desquels, ou de deux au moins, aucune affaire des Villes ne sera traitée, à l'exception qu'à Paris il y aura les* six personnes *nommées par le Roy.*

(2) Les Baillis assigneront chaque mois une assise, *ou un jour auquel chacun recevra promptement justice, & le Roy ses droits. Et ils tiendront Registre des amendes ajugées au Roy, pour delicts, ou crimes Royaux.*

(3) Tout sera reglé par la Reine mere, & par l'Archevesque de Rheims Oncle du Roy. Et tous les quatre mois *ils assigneront un jour à Paris, auquel ils recevront les plaintes qui leur seront faites par tous les Sujets du Royaume, dont ils termineront les contestations.*

(4) Il y aura à ce jour des Deputez de chaque Ville, avec les Baillis qui tiendront les assises, & ils informeront la Reine & l'Archevesque de toutes les affaires qui seront survenuës dans les terres, ou la Seigneurie du Roy.

(5) Lorsqu'un des Baillis du Roy aura commis quelque delict, à l'exception du meurtre, *du* rapt, *de l'*homicide *& de la* trahison, *& que la Reyne, l'Archevesque, & ceux qui en doivent connoistre en seront certains, la Reine & l'Archevesque en informeront le Roy tous les ans, & trois fois par chaque année, & chacun par leurs Letres, en marquant le nom du Bailly & la qualité du delict.*

(6) Les Baillis informeront pareillement le Roy des delicts des Prevosts.

(7) La Reyne & l'Archevesque ne pourront destituer les Baillis, ni les Baillis les Prevosts, si ce n'est pour meurtre, *pour* rapt, *pour* homicide, *& pour* trahison, *le Roy se reservant d'en faire justice exemplaire, quand il aura esté informé de la verité du fait.*

(8) La Reyne & l'Archevesque informeront le Roy pareillement trois fois l'année *des affaires de l'Estat.*

(9) S'il arrive qu'un Evesché, ou une Abbaye Royale vienne à vacquer, les Chanoines, ou les Moines demanderont à la Reine & à l'Archevesque la permission d'élire librement un successeur *à l'Evesque, ou à l'Abbé decedez. Et cette permission leur sera accordée sans contradiction.*

(10) Les Chanoines & les Moines sont exhortez d'élire un Pasteur, qui soit agreable à Dieu, & utile à l'Estat.

(11) La Reine & l'Archevesque auront en main la Regale, *jusques à ce que celuy qui aura esté élû soit consacré, ou beni, auquel cas la mainlevée luy en sera accordée, sans contradiction.*

(12) S'il arrive que quelque Prébende, ou quelque Benefice vienne à vacquer pendant la Regale, *la Reine & l'Archevesque le confereront à des personnes* honnestes, *&* gens de letres, *par l'avis de frere Bernard; sauf néantmoins les dons que le Roy en auroit faits à quelques personnes, par ses Lettres Patentes.*

(13) Les Prelats & les hommes du Roy ne pourront faire aucune remise de la taille, tant que le Roy sera outre mer au service de Dieu.

(14) S'il arrive que le Roy meure en son voyage, ses hommes, Clercs, ou Laïques, ne pourront faire remise de la taille, jusques à ce que son fils ait atteint l'âge auquel il doit regner.

(15) Si quelqu'un fait la guerre au jeune Roy, & si les revenus du jeune Roy ne suffisent pas pour la soustenir, tous ses hommes seront tenus de l'ayder de leurs corps & de leurs biens, & les Eglises luy feront l'ayde qu'elles ont accoûtumé de faire au Roy.

(16) Il est deffendu aux Baillis d'arrester aucune personne, ni de saisir ses biens, lors qu'elle donnera caution d'ester en la justice du Roy, si ce n'est pour meurtre, homicide, rapt *ou* trahison.

(17) Les revenus du Roy & les redevances qui luy seront payées, seront apportez à Paris à la S.t Remy, à la Purification & à l'Ascension, & ils seront mis entre les mains des Bourgeois dont il est parlé cy-dessus, & du Vice-mareschal, Et si quelqu'un d'eux vient à mourir Guillaume de Garlande en mettra un autre en sa place.

(18) Adam sera present à la reception de nos revenus, & il en tiendra registre. Chacun aura une clef de chacun des lieux du Temple, où ils seront mis. Le Temple en aura aussi une, & l'on envoyera au Roy autant d'argent qu'il en demandera par ses Letres.

(19) S'il arrive que le Roy meure, la Reyne, l'Archevesque de Rheims, l'Evesque de Paris, les Abbez de S.t Victor, de S..... & frere G. diviseront son Tresor en deux parts, ou moitiez, dont une sera employée aux repa-

PHILIPPE AUGUSTE à Paris en 1190.

rations des Eglises ruinées par les Guerres, & à dedommager ceux qui auront esté apauvris par les Tailles, & le reste à ceux qui en auront le plus besoin. Et l'autre moitié sera reservée pour le jeune Roy, *jusques à ce qu'il soit en âge de regner.*

(20) *S'il arrive que le Roy & son fils meurent, ce qui se trouvera au tresor sera distribué de l'avis des* six personnes nommées, *pour le salut de l'ame du Roy, & de son fils. Et dès que l'on sera certain de la mort du Roy, le tresor sera* porté chez l'Evesque de Paris, & *y sera gardé jusques à ce que la distribution en soit faite.*

(21) *A l'égard des* Benefices de dignité, *comme les Abbayes, les Deyenez &c. dont la nomination appartient* au Roy, *si la Reyne & l'Archevesque de Rheims, le peuvent faire honestement, ils attendront que le Roy soit de retour pour y nommer, & s'ils ne peuvent pas honestement attendre le retour du Roy, ils y nommeront par le conseil de frere G. le plus utilement qu'ils pourront, pour la gloire de Dieu, & pour le bien de l'Estat. Et s'il arrive que le Roy meure ils pourront nommer librement les personnes qu'ils jugeront les plus dignes.*

IN nomine sanctæ & individuæ Trinitatis, Amen. Philippus *Dei gratiâ Francorum Rex. Officium regium est subjectorum commodis, modis omnibus, providere, & suæ utilitati privatæ publicam anteferre. Quoniam igitur summo desiderio votum (b)* peregrinationis *nostræ*, ad sanctæ terræ subventionem, *totis viribus amplectimur: idcirco* consilio altissimi *ordinare decrevimus, qualiter in (c)* absentiâ nostrâ *regni negotia, quæ agenda erunt, tractari debeant, & vitæ nostræ, si quid in viâ, humanitus accideret, extrema disponi.*

(1) In primis igitur præcipimus, *ut Baillivi nostri, per singulos Præpositos, in potestatibus nostris, ponant* quatuor homines *prudentes, legitimos & boni testimonii, sine quorum, vel duorum ex eis ad minus, consilio, negotia villæ non tractentur, excepto quod Parisius* sex homines *probos & legitimos constituimus, quorum nomina sunt hæc T. A. E. R. G. H.*

(2) Et in terris nostris, quæ propriis nominibus distinctæ sunt, Baillivos nostros posuimus, qui in bailliviis suis, singulis mensibus, ponent unum diem, qui dicitur Assisia, *in quo omnes illi, qui clamorem facient, recipient jus suum per eos, & justiciam sine dilatione, & nos nostra jura, & nostram (d) justiciam; & forefacta, quæ proprie nostra sunt, ibi scribentur.*

(3) Præterea volumus & præcipimus, ut charissima mater nostra A. Regina statuat, cum charissimo avunculo nostro & fideli Guillelmo Remensi Archiepiscopo, singulis quatuor mensibus *ponent unum diem Parisius, in quo audiant clamores hominum regni nostri, & ibi eos finiant ad honorem Dei & utilitatem regni.*

(4) Præcipimus insuper, ut eo die sint ante ipsos de singulis villis nostris, & Baillivi nostri qui assisias *tenebunt, ut coram eis recitent negotia terræ nostræ.*

(5) Si autem aliquis de Baillivis nostris deliquerit, *præterquam in* murtro, raptu, *vel* homicidio, *vel* proditione, *& hoc constabit Archiepiscopo & Reginæ, & aliis qui aderunt, ut audiant forefacta Baillivorum nostrorum, præcipimus eis, ut nobis* singulis annis, *& hoc* ter in anno, *literis suis nobis duobus prædictis significent, quis Baillivus deliquerit, & quid fecerit, & quid acceperit, & à quo pecuniam, vel munus vel servitium, propter quod homines nostri jus suum amitterent, vel nos nostrum.*

(6) Similiter de Præpositis nostris significent nobis Baillivi nostri.

(7) Baillivos autem nostros non poterunt amovere Regina & Archiepiscopus, à bailliviis suis, nisi pro murtro, *vel* raptu, *vel* homicidio, *vel* proditione: *vel Bail-*

NOTES.

(*a*) Ce testament est rapporté par *Rigord* page 30. & transcrit par *Joly* tome 2. *des offices*, livre 8. page 1799.

(*b*) *Votum peregrinationis*] C'est ainsi qu'on nommoit alors l'entreprise du voyage de la terre sainte, parce que ceux qui y alloient prenoient la *Croix* & le *Bourdon*, comme l'on voit dans l'Histoire de Joinville, page 23. ligne 30.

(*c*) *In absentiâ*] Ainsi ce Testament, ou cette Ordonnance n'estoit que pour un temps.

(*d*) *Nostram justiciam*] *Justicia* ne signifie pas icy justice, mais *cens, redevance.* Il signifie aussi quelques fois *amende.*

PHILIPPE AUGUSTE à Paris en 1190.

livi Præpositos, nisi pro aliquo istorum. Nos autem in consilio Dei talem faciemus de eo vindictam, postquam prædicti viri nobis rei veritatem nuntiaverint, per quam alii non immerito poterunt deterreri.

(8) Similiter Regina, & Archiepiscopus de statu regni nostri, & negotiis ter in anno *significent.*

(9) Si forte contigerit sedem Episcopalem, *vel* aliquam abbatiam regalem *vacare, volumus ut Canonici Ecclesiæ, vel Monachi monasterii vacantis veniant ad Reginam & Archiepiscopum, sicut ante nos venirent,* & liberam *(e)* electionem ab eis petant; *& nos volumus quod sine contradictione eis concedant.*

(10) Nos vero tam Canonicos, quam Monachos monemus, ut talem pastorem eligant, qui Deo placeat, & utilis sit regno.

(11) Regina autem & Archiepiscopus tamdiu Regalia *in manu sua teneant, donec* Electus consecratus sit, *vel* benedictus, *& tunc* Regalia *sine contradictione ei reddantur.*

(12) *Præterea præcipimus, quod si* præbenda, *vel* beneficium *(f) aliquod ecclesiasticum vacaverit, quando* Regalia *in manu nostra venient, secundum quod melius & honestius poterunt Regina & Archiepiscopus, viris* honestis *&* literatis, *consilio* (*g*) fratris Bernardi *conferant: salvis tamen (h)* donationibus nostris, *quas per literas nostras patentes quibusdam fecimus.*

(13) *Prohibemus etiam universis (i) Prelatis Ecclesiarum & hominibus nostris, ne* talliam, *vel* toltam donent, *quamdiu in servitio Dei erimus.*

(14) *Si vero Dominus Deus de nobis suam faceret voluntatem, & nos mori contingeret, prohibemus districtissime omnibus (k) hominibus terræ nostræ, tam clericis, quam laïcis, ne* talliam, *vel (l)* toltam donent, *donec filius noster, quem Deus servitio suo sanum & incolumem conservare dignetur, veniat ad ætatem, in quâ, gratiâ sancti spiritus possit regere regnum.*

NOTES.

(*e*) *Liberam electionem*] Voyez Chopin, *de sacrâ politiâ page 5. & de Domanio* lib. 2. *tit. 10. num. 2.* Philippe Auguste renouvella ensuite cette Ordonnance aprés les conquestes qu'il fit *sur les Anglois*, comme il se voit par ces vers de Guillaume le Breton dans le livre 8. de sa Philippide.

Præterea motu proprio, nullo supplicante,
Indulsit monachis & clero, ut fiat ab illis,
Canonico deinceps Pastorum Electio ritu.
Nam Rex Anglorum jus usurpaverat illud
Usque modo, ut solus Pastores ipse crearet.
Et ensuite.
Præsint Ecclesiis, præsint conventibus illi,
Præesse quibus dederit concors electio, sicut
Sacro-sancta jubet sanctorum sanctio Patrum.

(*f*) *Si præbenda, vel beneficium aliquod Ecclesiasticum vacaverit &c.* Voilà une belle preuve, que de ce temps *le Roy Conferoit pendant la Regale, les benefices non cures,* qui estoient vacans. Tel estoit aussi l'usage avant le Regne de Philippe Auguste, ce que M. Baluze promet de prouver dans ses Notes sur Hildebert. *Vide D. De marca De concordiâ lib. 8. cap. 22. n.* 10. & *ibi D. Baluzius.*

(*g*) *Fratris Bernardi*] Ce F. Bernard estoit un moine de Grandmont, qui estoit alors en grand credit, & dont parlent souvent Jean de Sarisbary, & Estienne de Tournay.

(*h*) *Donationibus*] Ces dons estoient des *graces expectatives.*

(*i*) *Prelatis*] Les Prelats levoient la taille sur leurs Sujets en trois cas 1° pour *L'ost*, ou la *chevauchée* du Roy 2° pour *le Pape* & 3° pour *la Guerre que leur Eglise avoit à soutenir.* Cela se voit par une transaction de l'an 1185. passée entre l'Evesque de Laon & ses hommes, qui est au Registre de Philippe Auguste, où il y a *In hunc modum composuerunt in nostrâ præsentiâ, quod Episcopus, pro talliis super homines, quas tribus de causis facere poterat, videlicet pro exercitus nostri servitio, pro Domino Papâ, pro guerrâ Laudunensis Ecclesiæ manifestâ dabunt &c.*

Lorsque la Taille se levoit pour *l'Host* du Roy, elle duroit peu, parce que le ban ne duroit pas long-temps, comme on le fait voir sur le Chapitre 61. du premier livre des Establissemens de S.t Loüis, & c'est par cette raison que le Roy ordonne icy que la remisse ne s'en fera pas, tant qu'il sera au service de Dieu outre mer.

(*k*) *Hominibus nostris*] Il en estoit à cet égard à peu prés des Prelats, comme des vassaux, ou des hommes de fief.

(*l*) *Toltam donent.*] Voyez cy-dessus letre *i.*

(15) *Si*

PHILIPPE AUGUSTE à Paris en 1190.

(15) *Si autem aliquis filio nostro vellet movere guerram, & redditus sui quos habet, non sufficerent, tunc omnes homines nostri* adjuvent eum de corporibus suis & (m) averis, & Ecclesiæ (n) *tale faciant ei* auxilium, *quale solitæ sunt facere nobis.*

(16) *Præpositis insuper nostris & Baillivis prohibemus ne aliquem hominem capiant, neque* averum suum, *quandiù bonos fidejussores dare voluerit, de justiciâ prosequendâ in curiâ nostrâ, nisi pro* homicidio, *vel* murtro, *vel* raptu, *vel* proditione.

(17) *Præterea præcipimus, quod omnes redditus nostri & servitia, & obventiones* afferantur Parisius, *per* tria tempora. *Primo ad festum* sancti Remigii. *Secundo* ad Purificationem *beatæ virginis. Tertio* ad Ascensionem, *& tradantur, burgensibus nostris prædictis & Pro-marescallo. Si contingeret aliquem ex eis mori, G. De garlandiâ alium in loco ejus substitueret.*

(18) *In receptionibus* (o) averi nostri *Adam clericus noster præsens erit, & eas scribet, & singuli habeant singulas claves de singulis* (p) *archis in quibus reponetur* averum nostrum *in Templo, & Templum unam. De isto* avero *tantum nobis mittetur, quantum literis nostris mandabimus.*

(19) *Si in viâ quam facimus nos mori contingeret, præcipimus quod Regina & Archiepiscopus &* Episcopus Parisiensis, *& Abbates* sancti Victoris, & de (q) Sardenio, *& (r) Frater G. thesaurum nostrum in duas partes dividant : unam medietatem pro arbitrio suo distribuant ad Ecclesias reparandas, quæ per guerras nostras destructæ sunt; ita quod servitium Dei possit in eis fieri. De eadem medietate donabunt illis, qui per tallias nostras* aporiati sunt, *& de eadem dabunt residuum illis quibus voluerint, & quos magis egere crediderint, ob remedium animæ nostræ & genitoris nostri Regis* Ludovici, *& antecessorum nostrorum. De alterâ medietate præcipimus custodibus* averi nostri, *& omnibus hominibus Parisiensibus, quod eam custodiant* ad opus filii nostri, *donec ad ætatem veniat, in quâ consilio Dei, & sensu suo possit regere regnum.*

(20) *Si autem tàm nos quàm filium nostrum mori contingeret, præcipimus, quod* averum nostrum *per manum VI. prædictorum, pro* animâ nostrâ, & filii nostri, *pro arbitrio suo distribuatur. Quam cito etiam certum esset de morte nostrâ, volumus quod* averum *nostrum ubicumque foret, ad* domum Episcopi Parisiensis *portaretur, & ibi custodiretur, & postea de eodem fiet quod disposuimus.*

(21) *Præcipimus etiam Reginæ & Archiepiscopo, ut omnes (s) honores, qui dum vacant, pertinent ad* donationem nostram, *quos honeste poterunt retinere, sicut*

NOTES.

(m) *Averis*] Voyez cy-aprés.

(n) *Et ecclesiæ tale faciant auxilium, quale solitæ sunt facere nobis*] Voyez cy-dessus lettre (i) *Rigordus* sub annum 1209. *Cum omnes Barones & Episcopi vocati ad hunc exercitum convenissent apud Meduntam, & misissent ad mandatum Regis homines suos, prout debebant in expeditionem illam, Aurelianensis & Altissiodorensis Episcopi, cum militibus suis ad propria sunt reversi, dicentes se non teneri ire, vel mittere in exercitum, nisi quando Rex ipse personaliter proficiscitur. Et cum nullo privilegio se tueri possent, generali consuetudine contra eos faciente, petiit Rex ut hoc emendarent. Ipsis autem emendare nolentibus Rex eorum* Regalia confiscavit, *scilicet ea tantum* temporalia *quæ ab eo feodaliter tenebant, Decimas & spiritualia eis in pace dimittens.*

(o) *Averi nostri*] Ce mot a esté fait du François, *avoir* pour *posseder.* Sous le mot d'*averum, avoir,* on comprenoit non seulement l'argent *monnayé,* mais encore tous les *effets mobiliers.* On s'est servi icy du mot *avoir,* parceque tous les revenus de nos Rois ne se payoient pas alors en argent, comme aujourd'huy, & qu'il y en avoit beaucoup qui estoient payez en *Especes,* comme bleds, poules, vins, &c. qui estoient revendus au profit du Roy.

(p) *Archis*] Ce mot signifie icy, *Fisc, Tresor.*

(q) *De Sardenio*] Il y a faute, & il doit, ce semble, y avoir *de Cernayo,* c'est-à-dire, les *Vaux de Cernay,* Abbaye de l'ordre de Cisteaux dans le Diocese de Paris.

(r) *Frater G.*] Au lieu d'un *G.* il faut un *B.* pour marquer ce frere Bernard, dont il est parlé cy-dessus.

(s) *Honores*] Ce mot se prend icy pour des *dignitez Ecclesiastiques,* & se prenoit aussi en ce temps-là pour des *Fiefs.*

PHILIPPE AUGUSTE à Paris en 1190.

abbatiæ nostræ & decanatus, *& aliæ quædam* dignitates, *in manu suâ teneant, donec à servitio Dei redierimus. Et quos retinere non poterunt, donent secundum Deum, & assignent consilio* (t) *fratris G. & hoc faciant ad honorem Dei & utilitatem regni. Si autem in viâ moriemur, volumus ut* honores *&* dignitates *Ecclesiarum donent illis, quos magis dignos viderint.*

Quod ut firmum & stabile permaneat, præsentem paginam sigilli nostri auctoritate & regii nominis charactere inferius annotato, præcipimus confirmari. Actum Parisiis *anno verbi incarnati* millesimo centesimo nonagesimo, *regni nostri* anno undecimo. *Astantibus in palatio nostro, quorum nomina supposita sunt & signa. S. Comitis* Tibaldi *Dapiferi nostri. S. GUIDONIS Buticularii, S. MATHEI Camerarii. Data vacante Cancellaria. P. R. S. P.*

NOTES.

(t) *G.*] Il faut un *B* comme on l'a dit cy-dessus.
(u) *Al.*] Mathæi.

PHILIPPE AUGUSTE à Moret en 1197.

(a) Letres par lesquelles le Roy permet aux Bourgeois de Bourges de donner des *Tuteurs* à leurs enfans.

SOMMAIRES.

(1) *Lorsqu'il mourra quelque Bourgeois de Bourges, après qu'il aura disposé d'une partie de ses biens en legs pieux, il sera en son pouvoir de confier à quelqu'un de ses amis l'administration des biens* de ses enfans, *& des autres biens qu'il leur laissera, sans prejudicier neamoins à la part qui appartiendra à sa veuve dans les biens acquis avec elle.*

(2) *Si celuy à qui le Bourgeois aura ainsi confié ses biens, decede avant que les enfans du Bourgeois ayent atteint la majorité, il appellera* quatre personnes *de confiance & par leur conseil il cedera* la tutelle *à celuy qu'ils luy nommeront.*

(3) *Et si celuy à qui le Bourgeois aura confié les biens de ses enfans estoit mort, sans avoir disposé* de la tutelle, *elle sera deferée par l'avis de quatre prud'hommes de la Ville de Bourges.*

IN nomine sanctæ & individuæ Trinitatis, Amen. (1) Philippus *Dei gratiâ Francorum Rex. Noverint universi præsentes, pariter & futuri, nos bene velle, ut quando aliquis, ex* Burgensibus nostris Bituricensibus, *moriens,* (b) legatum *suum fecerit; ipse, si voluerit, partem suam, & partem puerorum suorum* in manibus alicujus Amicorum suorum *mittat, salvâ parte illâ, quam uxor ejusdem burgensis morientis habere debet.*

(2) *Si vero hominem illum, cui prædicta commissa fuerint, mori contingerit, priusquam heredes Burgensis jam mortui pervenerint ad ætatem, vocet* quatuor fideles homines *& consilio illorum tradat illud* baillium *homini quem ad hoc idoneum censebunt.*

(3) *Si verò moriatur, non vocatis quatuor fidelibus hominibus,* consilio quatuor proborum hominum villæ *Bituricensis baillium illud committatur, ubi videbitur melius committendum.*

Quod ut perpetuum robur obtineat sigilli nostri authoritate, & Regii nominis caractere inferius annotato presentem paginam precepimus communiri. Actum Moreti anno ab incarnatione Domini millesimo centesimo nonagesimo septimo, regni nostri anno decimo nono. Astantibus in palatio nostro quorum nomina supposita sunt & signa. DAPIFERO nullo. Signum GUIDONIS Buticularii. Signum MATHEI Camerarii. Signum DROCONIS Constabularii. Data vacante Cancellariâ. PHILIPPUS.

NOTES.

(a) Ces Letres sont entre les anciennes Coûtumes du Berry, de la Thaumassiere, chap. 48.

(b) *Legatum*] Voyez l'Ordonnance de 1219. au mois de Juillet à la fin, & ce que l'on y a remarqué.

PHILIPPE AUGUSTE à Betisi en 1200.

(a) Letres accordées à l'Université de Paris en faveur des Ecoliers outragez, ou excedez.

SOMMAIRES.

(1) *Le Roy fera jurer les Bourgeois de Paris que s'ils voyent quelque Laïque faire insulte à un* Ecolier, *ils en rendront un temoignage veritable.*

(2) *S'il arrive qu'un* Ecolier *soit frappé d'armes, de bâton, ou de pierre, tous les Laïques qui le verront, arresteront de bonne foy,* les malfaiteurs *pour les livrer à la Justice du Roy. Et nul Laïque ne se retirera pour ne pas voir le meffet, ou pour n'en pas rendre temoignage.*

(3) *Soit que le malfaiteur soit pris en flagrant delict, ou non, le Roy, ou ses Officiers feront faire enqueste, ou information par des personnes fidelles, Clercs, ou Laïques, & s'il est prouvé par l'Enqueste qu'il ait commis le crime, le Roy, ou ses Officiers en feront aussitost justice, quand mesme le criminel nieroit le fait & qu'il offriroit de se purger par le* duel, *ou par* l'eaüe.

(4) *Le Prevost du Roy, ou l'Officier de sa Justice ne pourra mettre la main sur un* Ecolier, *ni le mettre en prison, à moins que le forfait ne soit tel, que l'Ecolier doive estre arresté. Dans ce seul cas la* Justice du Roy *l'arrestera sur le lieu, sans le frapper, à moins qu'il ne se deffende; & elle le rendra à la* Justice Ecclesiastique, *qui le gardera jusques à ce qu'il ait satisfait au Roy, ou à la Partie.*

(5) *Si le forfait est grand, la Justice du Roy ira, ou envoyera pour en connoître.*

(6) *Si l'Ecolier qui a esté arresté ne s'est pas deffendu, & si c'est luy qui a receû l'injure, le Roy, ou ses Officiers en feront justice.*

(7) *Hors le cas du flagrant delict, la justice du Roy ne pourra mettre la main sur aucun* Ecolier. *Et s'il est à propos d'en prendre quelqu'un, il sera arresté, gardé & jugé par la* Cour Ecclesiastique.

(8) *Si le Prevost du Roy arreste un Ecolier en flagrant delict, & à une telle heure que l'on ne puisse avoir recours à la Justice Ecclesiastique, l'Ecolier sera mis & gardé en la maison d'un autre Ecolier, sans injure, jusques à ce qu'il soit livré au Juge d'Eglise.*

(9) *A l'égard des* serviteurs *Laïques des* Ecoliers, *qui ne doivent au Roy ni droit de* bourgeoisie, *ni* residence, & *qui ne sont pas marchands, afin que les Ecoliers ne s'en servent pas pour faire injure aux autres, les Officiers du Roy ne pourront pas mettre la main sur eux, à moins que leur delict ne soit apparent.*

(10) *Quant aux* Chanoines *de Paris & leurs* serviteurs, *ils joüiront seulement des libertez que le Roy & ses predecesseurs leur ont accordées.*

(1) PHILIPPUS &c. *(b) Ordinamus quod omnes cives Parisienses jurare faciemus, quod si alicui scholari ab aliquo laïco injuriam fieri viderint, quòd super eo testimonium perhibeant veritati.*

NOTES.

(*a*) Ces Lettres ont esté prises dans *l'Appendix* de Fontanon, page 942. tome IV. Elles sont en original dans le Registre de Philippe Auguste, feüillet 62. dans la Piece qui a pour titre, *De Clericis Parisiensibus*, de laquelle on s'est servi pour corriger les fautes que Fontanon avoit laissées.

(*b*) Cet acte commence, comme il suit, dans le Registre de Philippe Auguste, où l'occasion qui donna lieu de le faire est marquée : *Notum &c. quod propter illud enorme flagitium, quo Parisienses clerici quinque numero, a quibusdam maleficis interfecti sunt, talem justiciam faciemus, quod Th. illum tunc Præpositum, de quo super alios clerici conquesti sunt, quia factum negat, in perpetuis detinebimus vinculis arctâ custodiâ & paupere victu, quandiu vixerit, nisi forte ipse elegerit subire judicium* aquæ Parisiensis publice, *in quo si ceciderit, damnatus erit, si liberatus fuerit, nunquam Parisius, vel alibi in terrâ nostrâ erit Præpositus noster, Baillivus noster, nec etiam alibi, dum id vetare possimus, per rationem, nec Parisius intrabit de cetero, & si per bonam, & legitimam inquisitionem, quam commisimus duobus fidelibus nostris G. Cameracensi, & Philippo de Liviis, sine omni personarum acceptione faciendâ, sub adjuratione fidei quâ Christiani sunt, quamque nobis debent Domino suo ligio, & per juramentum quod nobis fecerunt de honore & consilio nostro, intelligere poterimus, quod amplius inde facere possimus, aut debeamus, sine ullo arrestamento faciemus, salvo honore Dei & nostro. De aliis autem qui in captione sunt, pro eodem forisfacto, hoc faciemus, quod in captione perpetuâ eos detinebimus, nisi* judicio aquæ *innocentiam suam, Deo teste, purgaverint, in quo si qui* ceciderint, *eos*

PHILIPPE AUGUSTE à Betisi en 1200.

(2) *Si scholaris (c) armis percutiatur, fuste, aut lapide, omnes laïci qui viderint, bonâ fide comprehendent illum* malefactorem, *vel* malefactores, *ut tradant justitie nostre, nec se substrahent, ne videant, vel comprehendant, vel testimonium veritati perhibeant.*

(3) *Si (d) vero* malefactor *captus sit super ipsum* forefactum *suum, nos bonam* inquisitionem *faciemus & fidelem, sive per* clericos, *sive per* laïcos, *seu per quascunque bonas personas: Præpositus noster, & justitie nostre id facient. Et si intelligere potuerimus, per bonam inquisitionem, vel justitie nostre intelligere potuerint, (e) quod ille fecerit forefactum, statim faciemus justitiam, seu nostre justicie facient, secundum qualitatem & modum forefacti: nonobstante quod malefactor ille factum negabit, vel quod dicet se paratum esse deffendere per (f)* monomachiam, *vel per (g)* judicium aque.

(4) *Præpositus noster, vel justicie nostre, pro nullo forefacto in scholarem manus mittent, nisi forefactum scholaris tale visum fuerit, ut debeat arestari, & tunc arestabit eum justicia nostra in eodem loco, sine omni percussione, nisi se defenderit, & reddet eum justitie Ecclesiastice, quæ eum custodire debet, pro satisfaciendo nobis & injuriam passo.*

(5) *Et si forefactum grande visum fuerit (h) ibi, vel mittet justicia nostra, (i) ut videat quid Scholari fiet.*

(6) *Si vero se Scholaris non defenderit in arrestatione illâ, & injuriam passus fuerit, nos secundum prædictam inquisitionem, & per juramentum prædictum inde ultionem faciemus.*

(7) *In nullum* Scholarium justicia *nostra, pro nullo forefacto* manum mittet: *sed si visum fuerit esse arrestandum, per justiciam Ecclesiasticam (k) arrestabitis & arrestatum custodietis, ut de illo capitali fiat, quod per Ecclesiam bene fuerit judicatum.*

(8) *Quod (l) si tali* horâ *fuerint* Scholares arestati *a Præposito, quod non possit justicia Ecclesiastica inveniri, vel statim, faciet Prepositus in aliquâ Scholaris domo eosdem sine injuriâ custodiri, donec justicie Ecclesiastice tradentur.*

(9) *De (m)* servientibus laïcis Scholarium, *qui non debent (n)* burgensiam *nobis*

NOTES.

habebimus pro damnatis, nisi forte aliqui ex eis per bonam inquisitionem scolarium, a captione per nos fuerint liberati. Eos autem qui fugerunt eo ipso pro damnatis habemus, & omnes Præpositos terræ nostræ jurare faciemus, quod diligenter inquirent eos. Et si quem ex eis capere potuerint capient, & nobis mittent Parisius. De securitate autem scolarium Clericorum in posterum Parisiensium, consilio hominum nostrorum hæc ordinavimus quod omnes cives Parisienses jurare *faciemus &c.* Ainsi l'on void que Fontanon n'a pas eû tort de mettre cette Piece entre les Ordonnances de nos Rois.

(c) *Si Scolaris armis percutiatur*] Il y a dans le manuscrit. *Et si contigerit, quod si aliquis alicui Scolari ab aliquo* Laïco *injuriam fieri viderit,* si Scholaris *maxime armis percutiatur aut fuste, aut lapide &c.*

(d) *Si vero*] Il y a dans le manuscrit *Sive autem malefactor captus sit super ipsum forefactum, sive non, nos legitimam inquisitionem faciemus &c.*

(e) *Quod ille*] Le manuscrit adjoûte *cui imponitur, fecerit illud forefactum.*

(f) *Per monomachiam*] Voyez ce qu'on a remarqué sur l'Ordonnance de S.t Loüis de l'an 1260. touchant les *gages de Batailles* & le premier livre des Establissemens de ce Prince chap. 2. 3. 4.

(g) *Judicium aquæ*] Vide *Cangium in glossario, in* judicium Dei. *Anastasium* Germonium & Innocentium Cironium *ad titul. Decretalium* De purgatione Canonicâ & vulgari, *& Pithœi glossarium ad Capitularia in* aquæ ferventis, aut frigidæ judicium &c.

(h) *Ibi*] Il faut lire *ibit*, comme il y a dans le Registre de Philippe Auguste.

(i) *Ut videat quid de Scholari fiet.* Vide *stabilimentum* quod *fuit factum inter clericos, Regem & Baronies Art. 2. & 6.* Entre les Ordonnances de Philippe Auguste.

(k) *Arrestabitis.*] Dans le Registre de Philippe Auguste il y a mieux, *arrestabitur, & arrestatus custodietur, &c.*

(l) *Quod si &c.*] Voyez cy-aprés les Letres de Philippe Auguste adressées au Maire de Sens & aux autres Maires art. 3.

(m) *De servientibus &c.*] *Servientes* ne peut signifier icy que *serviteurs.* Ancienement *Sergent*, & *Serviteur* estoit la mesme chose, mais aujourd'huy ces deux mots ont une signification bien differente.

(n) *Qui non debent nobis burgensiam &c.*]

(vel)

(o) *vel residentiam, nec vivunt de mercaturis, & unde Scolares non faciant injuriam aliis, sic erit, quod in eos* manum non mittemus, *nec justicia nostra, nisi forefactum* (p) *apparens fuerit.*

PHILIPPE AUGUSTE à Betisi en 1200.

(10) (q) *Volumus ut* Canonici *pariter & eorum* servientes, *& ejusdem villæ Canonici eandem libertatem habeant, quam predecessores nostri, & nos contulimus.* Statuimus *ut Præpositus Parisiensis se bonâ fide servaturum* juramento confirmet. *Actum apud Bestisiacum, anno incarnati verbi* MCC. *regni vero nostri anno* XXI.

NOTES.

C'est ce que l'on appelle dans nos Coûtumes *le droit de jurée.*

(o) *Vel residentiam.*] Voyez ce que j'ay remarqué sur *Resseans & Estagiers*, dans mon glossaire du droit François.

(p) *Apparens fuerit*] Le manuscrit du Tresor des chartes ajoûte, *Pro quo debeamus in eis manum mittere, vel justicia nostra.*

(q) *Volumus &c.*] Avant ce mot il y a dans le manuscrit du Tresor des chartes,

Pro tenore si quidem privilegii quod Parisiensibus scolaribus contulimus, nolumus, ut Canonici Parisienses, & eorum servientes in hoc privilegio contineantur, sed volumus ut servientes Canonicorum Parisiensium, & ejusdem villæ Canonici eandem libertatem habeant, quam prædecessores nostri observare debuerunt. Et nos occasione autem prædictarum conventionum, vel occasione hujus cartæ in causam trahi non poterimus nisi in curiam nostram. Ut autem hæc cautius custodiantur & stabili in perpetuum jure firmentur statuimus, ut Præpositus nunc noster & Parisiensis populus omnia quæ prædicta sunt, in conspectu scolarium tantum, se bona fide servaturos in juramento se confirment. Et de cætero semper quicumque officium Præposituræ Parisiensis administrandum a nobis acceperit, inter ipsa Præpositurae suæ initia, Dominicâ videlicet primâ, vel secundâ in una Ecclesiarum Parisiensium, coram scolaribus, prædicta omnia se bonâ fide servaturum publice juramento confirmet. Le Prevost de Paris est encore Conservateur des Privileges de l'Université.

PHILIPPE AUGUSTE en 1201.

(a) Letres touchant le hauban.

SOMMAIRES.

(1) *Celuy qui devra le hauban entier payera au Roy par an* six sols, *à la St Martin. Celuy qui devra le demi hauban, payera la moitié qui est de* trois sols. *Et celuy qui devra le hauban & demi à proportion, sçavoir,* neuf sols.

(1) *IN nomine sancte & individue Trinitatis, Amen.* Philippus *Dei gratiâ Francorum Rex. Noverint universi præsentes pariter & futuri, quod nos concessimus Burgensibus nostris Parisiensibus, ut quicumque integrum* (b) halbannum *nobis debebit, pro integro* halbanno *reddet nobis singulis annis* sex solidos, *in die festi sancti Martini. Et si dimidium, vel integrum & dimidium halbannum, vel amplius debebit secundum proportionem prædicti integri halbanni nobis reddet, in prædicto festo, & sic de halbanno tantum liber erit & quittus. Quod ut perpetuum robur obtineat præsen-*

NOTES.

(a) Ragueau dans son glossaire qualifie cette piece *d'Ordonnance.* Voyez mon glossaire du Droit François sur le mot *hauban.*

(b) *Halbannum*] Dans un ancien manuscrit que j'ay des Ordonnances de la Ville de Paris, il y a ce qui suit.

Haubens est un propre nom d'une Coûtume assise ancienement, par laquelle il fût establi que quiconque seroit haubaniers, qu'il seroit franc.... des droitures du mestier de la marchandise dont il seroit haubaniers.

Haubaniers furent ancienement establis à un muid de vin *poiant en vendange au Roy. Et puis mit li* bon Roy Philippe *ce muid de vin à* six sols *Parisis pour le content qui estoit entre les pauvres haubaniers & les Eschançons le Roy, qui le muid de vin recevoient de par le Roy.*

Des mestiers haubaniers les uns doivent demy hauben, c'est à sçavoir, trois sols, *& li autres plein hauben, c'est à sçavoir* six sols, *& li autres hauben & demy, c'est à sçavoir* neuf sols.

Tous les mestiers de Paris ne sont pas haubanier, ne nul ne peut estre haubanier, se il n'a, ou est du mestier qui ait hauben, ou si le Roy ne li octroye par vente, ou par grace.

PHILIPPE AUGUSTE en 1201.

tem paginam sigilli nostri autoritate, & Regii nominis Karactere inferiùs annotato præcepimus conservari. Actum Parisius anno ab incarnatione Domini MCCI. *regni vero nostri anno* XXII. *Astantibus in palatio nostro quorum nomina supposita sunt & signa. Dapifero nullo.* S. Guidonis *Buticularii.* S. Mathæi *Camerarii.* S. Droconis *Constabularii. Data vacante Cancellariæ.*

PHILIPPE AUGUSTE Duc de Normandie en 1208. ou 1209.

Letres touchant les patronages des Eglises de Normandie.

SOMMAIRES.

(1) *Lorsqu'il y aura procés touchant le* patronage *d'une Eglise, & que l'Archevesque, ou l'Evesque aura ajugé le patronage à une Partie, s'il y en a plainte, on tiendra une* assise *dans un lieu dont on conviendra, dans laquelle il y aura d'une part quatre* Ecclesiastiques *nommez par l'Evesque, & de l'autre part* quatre Chevaliers *qui seront choisis par le Bailli du Roy. Et le droit de presentation demeurera à celuy à qui le plus grand nombre de ces huit personnes aura ajugé le patronage.*

(2) *Rien ne pourra dispenser l'Archevesque, ou l'Evesque de venir à l'assise, ou de commettre une personne pour y tenir sa place.*

(3) *Si des huit personnes nommées, trois, ou plus, conviennent d'avoir vû une des parties en possession, cette partie aura le patronage.*

(4) *La possession demeurera encore à celuy, en faveur duquel il y aura plus de témoins, qui affirmeront qu'il a eû une possession paisible jusqu'au temps de l'enqueste.*

(5) *Si celuy qui se pretend patron d'une Eglise n'en forme pas contestation dans* six mois, *à compter du jour de la vacance, l'Archevesque ou l'Evesque la pourra conferer.*

(6) *Si l'Archevesque, ou l'Evesque soûtiennent que le patronage leur appartient, ils ne pourront nommer les* quatre Prestres *qui doivent faire l'enqueste, ni encore moins la faire eux-mesmes. Mais on prendra l'Evesque le plus proche, ou l'Archevesque, comme superieur, pourvû qu'il n'ait pas d'interest dans la contestation.*

(a) PHILIPPUS *Dei gratiâ Francorum Rex, amicis & fidelibus suis R.* (b) Rothomagensi Archiepiscopo, *& universis Episcopis Normanniæ ejus suffraganeis, salutem & dilectionem.*

NOTES.

(a) *Philippus &c.*] Dans les manuscrits de Mrs Dupuy ces letres sont mal intitulées *Pour la provision des Eveschez de Normandie*, & mal datées *de l'an 1189.* Elles sont au tresor des chartes, & au Registre de Philippe Auguste *folio 83. R. col. 2. V.* D. Martene, *tom. 1. Collectionis veter. script. part. 2. pag. 86. 87. & Spicileg. T. 9. p. 189.*

Aprés la conqueste de la Normandie, que *Philippe Auguste* reünit à la Couronne de France, vers les années 1203. & 1204. Guillaume, ou plustost *Gauthier* de Coustances, Archevesque de Roüen, car il y a faute dans l'imprimé, & tous les Evesques de cette Province, qui estoient ses suffragans, écrivirent au Roy la Letre qui suit, au sujet des *patronages* de Normandie.

Excellentissimo Domino suo Philippo *illustri Francorum Regi serenissimo Guillermus Dei gratiâ Rothomagensis Archiepiscopus & suffraganei sui B. Baiocensis. C. Constantiensis. S. Sagiensis A. Abrinciensis. E. Ebroicensis. L. Lexoviensis salutem, & paratum in omnibus obsequium. Pro salute animæ nostræ, & parentum nostrorum, sive predecessorum unanimiter requirimus, quod de Ecclesiis vacantibus, unde contentio est & erit, super presentatione earum, recognitio fiat, per quatuor presbyteros, & per quatuor milites. Et Episcopus, seu Archiepiscopus, in cujus Diocesi contentio erit super presentatione Ecclesiæ, & Baillivus Domini Regis illius Diocesis, eligent bonâ fide presbyteros & milites fide digniores & legaliores, quos poterunt invenire. Et quatuor presbyteri, & quatuor milites jurabunt super sacrosancta. Et Episcopus exinde, sive Archiepiscopus exoneret, quod ipsi octo dicent ad quem spectare donatio Ecclesiæ debet de jure patronatus. Archiepiscopus vero, sive Episcopus & Baillivus Domini Regis, singulos presbyterorum & militum, qui juraverunt pro recognitione diligenter seorsum examinabunt unum post alium, & in quem major pars convenerit, ille habebit jus patronatus. Et si illi octo non possint scire ad quem deberet spectare donatio Ecclesiæ de jure patronatus, ipsi dicent qui habuerit ultimam presentationem Ecclesiæ, & ille inde habebit saisinam. Et si aliquis clericus contra hujus institutionem venire præsumeret nos essemus in nocumentum eidem clerico, in querelâ istâ. Et nos concef-*

(1) Noveritis, *quod (c) super* recognitionibus Ecclesiarum *per quatuor Presbyteros, & quatuor milites, presentibus Archiepiscopo, vel Episcopo loci, vel personâ loco eorum per litteras patentes sufficienter transmissâ, & Baillivo nostro ad certum locum, de communi assensu electum, ad assisiam de quâ inter eos convenerit, faciendis, ubi intervenerit contentio inter Ecclesiasticas & laïcas personas, vel inter Ecclesiasticas & Ecclesiasticas personas de Ecclesiâ vacante, vel non vacante; si Archiepiscopus, vel*

PHILIPPE AUGUSTE Duc de Normandie en 1208. ou 1209.

NOTES.

simus bonâ fide unanimiter, quod nos hujusmodi negotium, sine dilatione terminabimus. Et si aliqua contentio inde exiret, negotium ad D. Regem referretur, & dictus Rex inde faciet sicut sibi viderit expedire. Nulla vero Ecclesia unde contentio fuerit, interim donari poterit ab Archiepiscopo, seu Episcopo, antequam difinitum fuerit, ut supradictum est, nisi vacaverit per sex menses, salvo etiam tunc jure patronatus ei qui patronatum obtinuerit. Archiepiscopus verò, seu Episcopus super his non posset se exoniare, nisi exonium proprii corporis haberet, tunc loco sui mitteret bonâ fide fideliorem & legaliorem, quem posset invenire, ad id faciendum. Valete in Domino. C'est pour ainsi dire à cette Letre que Philippe Auguste repond par celles-cy.

(b) R. Rothomagensi Archiepiscopo] Cette R. n'est pas dans les imprimez, mais mal. Elle se trouve *au premier Registre de Philippe Auguste du trésor des chartes folio 83. recto col. 2.* Cet Archevesque de Roüen estoit *Robertus Pullus*, qui succeda en 1208. à *Gauthier*, dont il est parlé sur la Letre transcrite cy-dessus. De sorte que ces Letres que quelques-uns datent de 1207. doivent estre de la fin de 1208. ou du commencement de 1209.

(c) Noveritis quod super recognitionibus &c.] Recognitio, appellée en François *Reconnoissant* dans le Chapitre 91. de l'ancienne Coûtume de Normandie, estoit *une enqueste d'establissement*, qui estoit faite de toutes les matieres contenuës aux brefs de *nouvelle dessaisine*, de *mort d'ancesseur*, *d'escaëte*, de *mariage encombré*, de *Douaire*, de *presentement d'Eglise*, de *fief & de gage*, de *fief & de ferme*, *d'establie*, de *surdemande*, de *fief lay*, *& d'aumône*, de *lignage nié*, *& d'heritage*. Voyez le chap. 109. & 110. de la mesme Coûtume.

Le droit de Patronage, qui consiste principalement à nommer aux Benefices, & à recevoir les honneurs dans l'Eglise, a esté originairement accordé, à ceux qui avoient donné des fonds, pour y construire des Eglises, ou qui les avoient fait bâtir, ou dotées, d'où l'on a fait ce vers,

Patronum faciunt dos, ædificatio, fundus.

Mais il y a cinq, six, à sept cens années, & plus, qu'il s'introduisit un abus, qui donna lieu à un grand nombre de patronages, & cet abus fut *l'infeodation des Eglises*, mesme des *Eglises Parroissiales*.

Pour entendre cecy, il faut sçavoir que dans ces temps-là, les grands Seigneurs, ou grands Barons du Royaume se rendirent maîtres des *Eveschez* & des *Eglises Parroissiales* & qu'ils les donnerent en fief, à des Gentilshommes, qui faisoient desservir ces Benefices par des personnes à gages, en sorte que ces Gentilshommes tiroient des profits des *ordinations*, des *Sepultures*, des *Baptesmes*, des *Confirmations*, & en un mot de tous les *Sacremens*.

Ainsi l'on voit dans le premier volume *Galliæ Christianæ* des Peres Benedictins pag. 4. aux Preuves chap. 8. que le Comte Ponce avoit donné l'Evesché d'Alby en dot à sa femme.

Ainsi Evrard Chevalier tenoit en foy & hommage des Comtes d'Anjou, *la Cure de St Leger de Montbrillois*. Voyez ce que j'ay remarqué à ce sujet dans mes Notes sur Loisel livre 2. titre 2. chap. 40.

Comme cet abus estoit intolerable, l'Eglise s'éleva contre, autant qu'elle pût, & pour exciter les Gens de Guerre, qui possedoient ainsi des Benefices; à les luy restituer, elle leur en accorda, en les luy restituant, *le droit de patronage*, comme s'ils les avoient dotez & fondez, ce qui a tres bien esté remarqué par de Roye, *De Jure patronatus*, cap. 7. *Prolegomen*, page 55. dont les paroles meritent d'estre rapportées. *Et ita solum*, dit-il, *jus patronatus habere cœperunt in his Ecclesiis, quas olim in beneficium, vel etiam in alodem acceperant.* Ut nempe Clericos *diœcesanis Episcopis præsentarent tantum*, non *etiam instituerent, unde & eo fere tempore Hincmarus Rhemensis, in suis capitulis, eos appellet* Patronos, *qui dicebantur etiam* Abbates Laïci, Abbi-comites, *apud Gerbertum. Sicque invaluit, ut qui Ecclesiam aliquam accepisset in beneficium, in eâ* jus patronatus *haberet, quamvis eam nec dotasset, nec quicquam ei contulisset. His adde præstantissimum Parisiensem Archiepiscopum* Petrum de Marcâ *historiæ Bearnensis lib. 1. cap. 28. & lib. 5. cap. 30.*

Les Seigneurs *de Linieres* dans le Maine restituérent ainsi l'Eglise du lieu, aux moines *de St Martin de Sez*, Et de là vient que ces Seigneurs en sont encore les patrons. L'acte de l'an 1089. tiré du livre rouge du chartulaire de cette Abbaye est en ces termes.

Notum sit tàm posteris, quàm præsentibus,

PHILIPPE AUGUSTE Duc de Normandie en 1208. ou 1209.

Episcopus lite motâ, Ecclesiam illam alicui contulisset, hæc est voluntas nostra quod videlicet partibus ad certam diem convocatis, & quatuor presbyteris, ab Archiepiscopo, vel Episcopo, vel eorum assignato, sicut premissum est, & quatuor militibus à Baillivo nostro ad recognitionem datis, & illis diligenter examinatis ab ipsis & aliis quos secum viderint evocandos, parti illi remaneat presentatio Ecclesiæ, in quam plures illorum octo concordabunt.

(2) *Nulla autem excusatio locum habebit, quin Archiepiscopus, vel Episcopus per se veniat, vel personam per literas suas patentes loco suo, ut dictum est, ad assisiam transmittat.*

(3) *Item si tres illorum octo, vel plures de visu concordabunt, similiter penes illum juris patronatus possessio remanebit.*

(4) *Item si plures illorum octo, qui loquuntur de auditu, vel credulitate, legitime super sacramenta sua dixerint, quod firmiter credunt, quod ille cui attribuunt patronatum illum, eum habuerit & possederit pacifice, usque ad tempus illud, penes illum remaneat possessio.*

(5) *Preterea volumus, quod nisi ille qui dicitur esse patronus, vel qui ad se patronatum Ecclesiæ asserit pertinere, a die vacationis* (d) *infra* sex menses continuos, *super hoc non moverit questionem, Archiepiscopus, vel Episcopus illam Ecclesiam liberam, cui voluerit, conferendi habeat potestatem, quod non habebit si ille qui dicit se esse patronum, contra Archiepiscopum, vel Episcopum infra* sex menses *moverit*

NOTES.

quod Robertus Quadrillus favente, ac etiam interveniente matre sua Robes, *nec non fratre suo Guillermo, atque sorore sua Matildi, tam pro suâ, quàm suorum animarum salute parentum, dedit Abbatiæ, in* honore sancti Martini, juxta burgum Sagii, *super fluvium Olnæ constructæ,* Ecclesiam de Lineriis, *cum omnibus ad eam pertinentibus beneficiis, scilicet decimatione, oblationibus, sepulturis,* primitiis, hoc quidem pacto, *ut ipse* Robertus, *atque pater suus jam defunctus, particeps fieret totius beneficii fratrum, ad Domino serviendum in* prædictâ Abbatiâ congregatorum. *Mater vero ipsius* Roberti *prænominata, videlicet* Robes, *pro quâ totâ præcipue jam prædicta donatio fuit facta, quasi unius ex professis cœnobii monachis communis soror & particeps spiritualitatis cœnobii substanciæ permaneret, tam in vitâ, si vellet, cum etiam post obitum cum migraret......* Notum sit *omnibus tàm posteris, quàm præsentibus quod* Guillelmus *filius* Frecusendis *totam suam decimam, quam habebat in parochiâ de* Lineriis *Deo &* sancto Martino, *fratribus que in* cœnobio Sagiensi, *tàm victuris quàm viventibus in perpetuam, solute & quiete eleemosynam donavit, atque concessit & donum super altare sancti* Martini *per quemdam librum posuit. Verumtamen quasi de charitate viginti solidos Cenomanenses habuit.* Anno ab incarnatione Domini tertio MLXXX. Gerardus de Lineriis *donavit Deo & sancto* Martino de Sagio *totam suam decimam de* Lineriis & *inde quasi de charitate habuit* IV. *solidos Cenomanenses.*

Lorsque celuy qui se pretendoit patron avoit en main son titre de fondation, ou de donation, ou l'Acte par lequel il avoit restitué à l'Eglise le *benefice qu'il avoit tenu en fief,* ou en *alleu* il n'y avoit pas de difficulté, à moins qu'une autre personne n'eût pretendu avoir prescrit par trois nominations consecutives, avec une possession continuele & suffisante, suivant le chapitre 3. *Extra de causâ possessionis,* qui est d'Innocent III. & de l'an 1206. deux années avant cette Ordonnance. Mais quand il n'y avoit pas de titre de part & d'autre, ce qui est decidé dans la suite de cette Ordonnance devoit estre observé.

(d) Infra sex menses] Voyez la Letre des Evesques de Normandie transcrite cy-dessus vers la fin, le chapitre 27. *extra De jure patronatus,* & de Roye, *De jure patronatus cap. 8. prolegomen,* page 93. Avant cette Ordonnance & la letre des Prelats, l'usage estoit seulement en Normandie, que tant qu'il y avoit procés pour le patronage, l'Archevesque, ou l'Evesque ne pouvoient conferer le benefice, comme il se void par *l'enqueste* que Philippe Auguste fit faire au sujet *des droitures que les Roys d'Angleterre avoient en Normandie* en la Cour de sainte Eglise, où *Regnaut* Comte de Boulogne, Jean *Gauthier Martel, Guillaume Chambellant de Tancarville* &c. *deposérent, Que se contens estoit meu pour la droiture del patronage, l'Archevesque, ou l'Evesque ne pouvoient pas donner cette Eglise, ne recevoir, ne elire à icelle Eglise, de si atant que le contant, ou en la Cour du Roy, ou en la Cour de celuy dont le fief muet, fut afiné, & determiné. Et quant li contans estoit finé en la Cour li Roy, ou en la Cour de celuy dont le fief mouvoit,*

questionem,

questionem. Et si inter eos questio oriatur, videlicet quod mota fuerit controversia super jure patronatus de Ecclesiâ vacante infra sex menses *prenotatos, per quatuor presbyteros, & quatuor milites, sicut prædictum est, examinatos veritas inquiretur.*

PHILIPPE AUGUSTE Duc de Normandie en 1208. ou 1209.

(6) Volumus etiam, quod si fortuito casu contingat quod Archiepiscopus, vel Episcopus patronatum clamet in Ecclesiâ, Archiepiscopus, vel Episcopus qui clamat, & est actor, non sit elector *quatuor presbyterorum qui jurabunt, nec* inquisitor, *sed Episcopus vicinus statuatur loco Episcopi, qui clamat, vel Archiepiscopus tanquam superior, si ipse Archiepiscopus non sit de querelâ.*

NOTES.

l'Archevesque, ou l'Evesque devroient adonc recevoir personne souffisante au tesmoing du Roy, ou de son Baillif, ou de celuy en quel court li plest en est finé & terminé, pourtant que celuy presente personne fut souffisante, auquel le Patronage de l'Eglise seroit adjugié &c. Cette enqueste est au Regiltre St Just de la Chambre des Comptes de Paris *fol. 9.* Voyez les historiens de Normandie de Duchesne, page 1059.

Establissement, ou Ordonance touchant les Fiefs du Royaume de France.

PHILIPPE AUGUSTE à Villeneuve-le-Roy, prés de Sens, le 1er May, 1209.

SOMMAIRES.

(1) Lorsqu'un Fief *sera* divisé, *tous ceux qui y auront part le tiendront* nûment *&* en chef *du Seigneur dont le fief relevoit, avant la division.*

(2) S'il est dû pour le fief des services & des droits, chacun de ceux qui y auront part, les payeront à proportion de la part qu'ils y auront.

(3) Cette Ordonance n'aura cours qu'au premier May 1209.

P*HILIPPUS Dei gratiâ Francorum (a) Rex. O. Dux Burgundiæ. Her. Comes Nivernensis. R. Comes Boloniæ G. Comes sancti Pauli. G. De. domnâ petrâ, & plures alii Magnates de regno Franciæ unanimiter convenerunt, & assensu publico firmaverunt ut à primo die Maii in posterum ita sit de feodalibus tenementis.*

(1) Quicquid tenetur de (b) Domino ligie, vel alio modo, si contigerit per successionem heredum, vel quocumque alio modo divisionem inde fieri, quocumque modo fiat, omnis, qui de illo feodo tenebit, de Domino feodi (c) principaliter, & nullo medio tenebit, sicut unus antea tenebat priusquam divisio facta esset.

NOTES.

(a) Cet Establissement est au *tresor des Chartes* au Registre de Philippe Auguste *fol. 9. R. col. 1.*

Beaumanoir dans le chap. 48. de ses Coûtumes du Beauvoisis page 265. écrit que *quand li Rois fait aucun Establissement, especiaument en son Domaine, li Barons ne lessent pas à user en leurs terres selonc les anchiennes Coûtumes. Mais quand li Establissement est generaux, il doit courre par tout le Royaume. Et nous devons croire que tel Establissement sont fait par tres grand conseil, & pour le commun pourfit.* Ainsi l'Ordonance que l'on rapporte icy, ne fût faite que pour avoir lieu *dans les domaines, ou l'obéissance du Roy*, Et dans les domaines des *Seigneurs particuliers qui y signérent*, car alors les Seigneurs *Barons* faisoient des Ordonances dans *leurs domaines*, ce qui estoit un attentat à l'authorité Royale, lequel a esté depuis reprimé. Voyez cy-aprés le mandement touchant *les Champions*, de l'an 1215.

(b) Quicquid tenetur de Domino ligie, vel alio modo] C'est-à-dire, que toute division de fief tenu à homage lige, ou plain, soit qu'elle fut faite par partage, ou autrement, emporteroit *depié de fief*. Ensorte que tous ceux qui y auroient part, la tiendroient du chef Seigneur, & non de leur aîné, comme il se pratiquoit auparavant, suivant le temoignage d'Othon de Frisingen *libro secundo de gestis Friderici cap. 29. Mos*, dit-il, *in illâ quæ pene in omnibus Galliæ provinciis servatur, remansit, quod semper seniori fratri ejusque liberis, seu maribus, seu fœminis, paternæ hereditatis cedat autoritas, cæteris ad illum tanquam ad Dominum respicientibus.*

(c) Principaliter] Ce mot exclud le *Parage*, car dans le *Parage*, l'aîné qui garantissoit ses puînez sous son homage, portoit seul la foy & paroissoit ainsi seul Seigneur. *tenebat principaliter.* Cependant le *Parage*

PHILIPPE AUGUSTE à Villeneuve-le-Roy, prés de Sens, le 1er May 1209.

(2) *Et quandocumque contigerit, pro illo totali feodo servitium Domino fieri, quilibet, eorum secundum quod de feodo illo tenebit, servitium tenebitur exibere, & illi Domino deservire, & reddere* (*d*) *rachatum & omnem justiciam.*

(3) *Quicquid autem antea factum contra & usitatum, usque* ad primum diem Maii, *maneat, sicut est factum, sed de cetero fiat sicut est supra dictum.*

Quod ne possit oblivione deleri, & in posterum irritari, presens scriptum sigillorum suorum munimine roborari fecerunt. Actum anno Domini MCCIX. mense Maio, primo die Maii, *apud Villam-novam Reg. juxta Senon.*

NOTES.

fut reçû peu de temps aprés, comme il se void par les chapitres 22. & 42. du premier livre des Establissemens. Voyez la troisiéme dissertation de M. Ducange sur Joinville & M. de la Thaumassiere dans ces anciennes Coûtumes du Berry chap. 36. pag. 47.

(*d*) *Rachatum & justiciam*] Il semble qu'alors le rachat se payoit à toute mutation. Quant au mot *justicia* il signifie icy *droits, devoirs* ou *redevances*.

PHILIPPE AUGUSTE à Paris le..... de Novembre en 1211.

(*a*) Letres par lesquelles le Roy accorde quelques privileges aux ouvriers de la Monoye.

SOMMAIRES.

(1) *Les libertez & les privileges des ouvriers de la Monoye leur seront rendus. Ils seront exempts, dans tout le Royaume de* Taille, d'Ost *& de* Chevauchée, *& ils ne pourront estre ajournez que pardevant le Maître des Monoyes, si ce n'est dans les trois cas, de* meurtre, *de* rapt *&* d'arsin.

(2) *Personne ne les voira travailler, ni ne travaillera avec eux, si ce n'est leur frere, leur fils, ou leur neveu.*

(3) *Si quelque estranger, c'est-à-dire, qui ne travaille pas à la monoye, frape un des ouvriers, cet estranger sera obligé de venir* nud *à eux, & de se mettre à leur misericorde.*

(4) *Les ouvriers auront pour leurs salaires, de seize marcs & de quarante sterlins, neuf sols & quatre deniers du Marc de Troyes.*

PHILIPPUS *Rex Franciæ salutem in Domino. Noveritis, quod cum contentio verteretur inter* Magistros *monetæ Parisius,* & operarios *ejusdem operis, in regno meo commorantes, tandem, coram me, super omnibus contentionibus motis, inter eos compositum extitit, in hunc modum.*

(1) *Videlicet quod ego reddidi ipsis operariis* totum opus *eorumdem & ipsorum libertatem, quæ libertas talis est, quod ego volui & concessi, & confirmavi eisdem operariis, per* totum regnum meum, *quod ipsi sint liberi & immunes* ab omni (*b*) tallia & (*c*) exercitu, *& quod coram* nullo judice *possint conveniri, nec in judicium evocari, nisi coram* Magistro monetæ *eorumdem, nisi in tribus casibus, videlicet in* homicidio, raptu & combustione ignis.

(2) *Et super his etiam taliter duximus* statuendum, *quod nullus in opere corumdem commorari, nec ad illud opus evocari possit, nisi sit* frater, filius, *vel* (*d*) nepos *eorumdem, nec etiam, ubi denarii fabricantur & traduntur instanter, ut etiam ubi opus eorum, sicut aliàs construitur, nemo* interesse potest, *nec* commorari, *nisi de consanguinitate eorumdem operariorum, ut supradictum est & expressum.*

(3) *Item volui & concessi eisdem, quod si aliquis* extraneus *manus injecit in ali-*

NOTES.

(*a*) Ces letres sont rapportées par *Constant*, dans les *preuves* de son *traité des Monoyes*, feüillet 6. où il marque qu'elles ont esté prises des archives de la Monoye de Toulouse.

(*b*) *Ab omni tallia*] Voyez le Chapitre 95. du premier livre des Establissemens de St Loüis avec la note qu'on y a faite.

(*c*) *Et exercitu*] Voyez le Chapitre 61. du premier livre des Establissemens, & ce qu'on y a remarqué.

(*d*) *Nepos*] Ce mot pourroit signifier *le petit fils* aussi bien que le *neveu*. Voyez le Chapitre 81. du premier livre des Establissemens de St Loüis, avec l'observation.

quem eorum operariorum *injuste, quod idem* injuriator *venire teneatur* totus nudus *ad misericordiam eorumdem habendam, supra delicto perpetrato.*

(4) Et volui & concessi eisdem, quod ipsi pro mercede (*e*) operariorum *eorum habeant, & percipere valeant de* sexdecim marchis, *&* quadraginta *(f)* stellingis novem solidos & quatuor denarios (*g*) *ad marcham de* civitate Trecensem. *Datum Parisiis sexta Kalendis Decembris* MCCXI.

PHILIPPE AUGUSTE à Paris le.... de Novembre en 1211.

NOTES.

(*e*) *Operariorum*] Il faut ce semble *operarum.*

(*f*) *Stellingis*] On void par là que les *Esterlins* d'Angleterre avoient cours en France, ce qui provenoit de ce que les Anglois possedoient alors plusieurs provinces dans le Royaume. Voyez le Blanc.

(*g*) *Ad marcham trecensem*] Il y avoit alors *quatre Marcs* en France, celuy de *Troyes*, qui pesoit 14. sols 2. deniers esterlins de poids. Le Marc de *Limoges* qui pesoit 13. deniers 3. oboles esterlins de poids; le Marc de la *Rochelle* dit *d'Angleterre*, qui pesoit 13. sols 4. deniers esterlins de poids, & celuy de *Tours* qui pesoit 12. sols 21. deniers obole esterlins de poids. *Vide Cangium in glossario in* marcha.

PHILIPPE AUGUSTE en 1214.

(*a*) Letres touchant les Croisez.

SOMMAIRES.

(*1*) *Le Roy declare qu'en faveur de la* Croisade *entreprise par le Roy Jean d'Angleterre, il a promis d'employer* la quarantiéme partie *de ses revenus d'une année, à condition qu'il envoyera ce secours, où luy & ses Barons, & où le Roy Jean & ses Barons, jugeront le plus à propos.*

(*2*) *Ceux qui auront pris* la Croix, *ou qui la prendront à la nativité prochaine, donneront asseurance à leurs creanciers,* hommes du Roy, *que leurs creanciers, à compter du jour de la Purification suivante, auront en payement les revenus de leurs terres, à quoy les Croisez feront consentir leurs Seigneurs, Censiers, ou feodaux, en sorte que les Croisez joüiront en entier de leurs biens, jusqu'à la Nativité prochaine.*

PHILIPPUS Dei gratiâ Francorum Rex, (*b*) *universis amicis & fidelibus suis Baronibus, & aliis ad quos presentes litere pervenerint salutem & dilectionem.*

(1) Noveritis quod universi cruce-signati, & omnis clerus, qui ad colloquium convenerant, inter nos, & dilectum & fidelem nostrum (*c*) *J. Regem Anglie, intuitu Dei requisierunt, absque violentiâ aliquâ, & absque* (*d*) dicstetione *aliquâ, tum summi Pontificis, tum Cleri, tum alicujus alterius, quod nos ad auxilium terre Jerosolimitane* quadragesimam *partem redditum nostrorum unius anni mitteremus. Et nos predicto modo* (*e*) *absque consuetudine, &* distractione *aliquâ & absque violentiâ aliquâ inposterum requirendis, intuitu Dei eis hoc concessimus, ita tamen quod* consilio nostro *&* Regis Anglie *& Baronum nostrorum, & suorum* predictam quadragesimam par-

NOTES.

(*a*) *Letres.*] Ces letres accordées aux Croisez ne sont pas proprement une Ordonance. Elles ont esté prises au Registre de Philippe Auguste, qui est au tresor des chartes fol. 33. *Recto*, art. 2.

(*b*) *Universis amicis & fidelibus suis Baronibus & aliis &c.*] Philippe Auguste fit en 1214. deux Establissemens, ou Ordonances touchant *les Croisez.* Celle-cy fut generale pour tout le Royaume, & fut observée dans les terres des Barons, & *l'autre* n'eut lieu que dans les domaines du Roy seulement. Voyez ce que j'ay remarqué cy-aprés sur le mandement du 15. Aoust 1215. touchant les *Champions.*

(*c*) *Regem Angliæ*] C'estoit *Jean sans terre,* qui se croisa pour se tirer des mauvaises affaires que ses Barons luy faisoient. Il se mit par là sous la protection du Pape, qui prit son parti contre les Barons, mais peu de temps aprés, Jean estant mort, la Croisade qu'il avoit entreprise fut sans effect.

(*d*) *Dicstetione*] Il faut ce semble *distractione.*

(*e*) *Absque consuetudine*] Il faut ce semble, *contradictione.* Cependant *consuetudine* est bon & peut avoir esté mis pour marquer que ce secours que le Roy donnoit, ne tireroit pas à consequence, pour pouvoir estre exigé dans la suite.

PHILIPPE AUGUSTE en 1214.

tem *ibi mittemus, ad auxilium terre Jerosolimitane, ubi melius judicaverimus expedire.*

(2) *Nos vero, predicto modo concessimus cruce-signatis, & eis qui infra instantem nativitatem Domini signum crucis acceperint, quod ipsi hominibus nostris, quibus debent, dabunt securitatem competentem incontinenti, quod ipsi omnes redditus terrarum suarum, post instantem* purificationem B. Marie *integre, & sine contradictione nomine solutionis percipient,* (f) cum assensu dominorum, *de quibus terre & feoda movent. Et supradicti cruce-signati, & qui signati erunt, usque ad instantem* Nativitatem Domini, *sicut suprà diximus,* integre omnes redditus suos percipient *usque* ad instantem Purificationem. (g) *In est quod nos intuitu Dei & amore nostri rogamus, & sine violentiâ aliquâ requirimus.*

NOTES.

(f) *Cum assensu Dominorum*] Voyez la note sur l'Ordonance contre les Juifs, du mois de Fevrier 1218. art. 5.

(g) In est,] *id est.*

PHILIPPE AUGUSTE à Paris en Mars 1214.

(a) Establissement, ou Ordonance touchant les Croisez.

SOMMAIRES.

(1) *Aucun* Bourgeois, *ou* villain ne *sera imposé à* la taille *de la premiere année qu'il aura pris la Croix, mais si la taille avoit esté assise, avant qu'il se fut croisé, il n'en seroit affranchi que pour la seconde année, à moins qu'il ne se fit quelque levée pour l'armée. Et la taille sera sensée imposée, quand elle aura esté signifiée à personne, ou à domicile.*

(2) *Les Croisez ne sont pas exempts* de l'ost *&* de la chevauchée, *soit qu'ils ayent pris la Croix avant, ou après la convocation.*

(3) *Si le Roy ordonne qu'une Ville envoye en* l'ost, *ou la* chevauchée, *& si les habitans donnent de l'argent au Roy pour lever des Troupes, au lieu de servir en personne, le Roy pourra taxer les Croisez, mais il sera en leur option de servir, ou de payer, & s'ils se trouvent trop taxez, ils se pourvoiront pardevant l'Evesque, ou son official.*

(4) *Si un Croisé possede des terres sujetes à la taille, il en payera la taille comme s'il n'estoit pas Croisé, mais s'il nie que ses terres y soient sujetes, il en fera la preuve pardevant l'Evesque diocesain, ou son official.*

(5) *Les Croisez qui demeurent dans les* Communes, *seront tenus, comme les autres de payer pour* l'ost *& la* chevauchée, *pour la closture de la Ville, ou pour sa deffense, quand elle sera assiegée. Quant aux detes de la Commune ; ils contribueront au payement de celles qui ont esté faites avant qu'ils prissent la Croix, & ils seront exempts de celles qui ont esté faites depuis, jusqu'à leur départ & pendant leur voyage, ou* pelerinage.

(6) *Si les Baillifs Royaux arrestent un Croisé pour crime, dont il doive perdre quelque membre, ou la vie, l'Eglise ne pourra plus en connoistre, mais quand il sera question de crimes legers, les Baillifs seront tenus de rendre le coupable à l'Eglise, pour en faire justice.*

(7) *Si le* Croisé *est convaincu en Cour de Chretienté de crime, pour lequel il doive perdre membre, ou vie, l'Eglise ne pourra plus le deffendre, ni ses biens, mais quant aux autres crimes, s'il y en est convaincu, il en payera le domage suivant la Coûtume de la Ville.*

(8) *Quand quelque Ville, Bourg, Village, ou Château est affranchi par le Roy de* l'Ost *ou de la* Chevauchée, *si le Roy leur demande quelque chose pour la subsistance de ses Troupes, les Croisez ne payeront rien pour la premiere année.*

(9) *Lorsqu'il s'agira de droits feodaux, ou de censives, les Croisez seront tenus de se deffendre en la Cour de leurs Seigneurs feodaux, ou Censiers, mais s'ils se pretendent surchargez, ou de tailles, ou de taxes, ils se pourvoiront pardevant l'Evesque, ou son Official.*

(10) *Quand un* Croisé *poursuivra* un Chrestien, *ou sera poursuivi par* un Chrestien, *pour dete, pour meuble, ou pour injure, il sera au choix du* Croisé *de plaider devant le* Juge Ecclesiastique, *ou le* Juge Laïque.

(11) *Nul Croisé ne sera tenu de repondre en Cour* Seculiere, *si ce n'est pour raison de son* fief, *ou de sa* censive.

(12) *S'il survient quelque nouvelle difficulté à l'occasion des* Croisez, *elle sera decidée par* l'Evesque de Paris *& par celuy* de Senlis.

(13) *Cet Establissement sera executé* dans les domaines du Roy, jusques au prochain Concile *qui doit estre tenu à Rome.*

PHILIPPUS (b) *Dei gratiâ Francorum Rex, amicis & fidelibus suis Baronibus, & aliis ad quos presentes litere pervenerint salutem & dilectionem. Noveritis quod nos per dilectos & fideles P. Parisiensem & G. Silvanectensem Episcopos, ex pos, ex assensu Domini Legati, fecimus diligenter inquiri, qualiter sancta Ecclesia consuevit defendere cruce-signatos, & ipsorum cruce-signatorum libertates, qui factâ inquisitione, pro bono pacis, inter regnum & sacerdotium (c) usque ad instans Concilium Romanum ista voluerunt observari.* PHILIPPE AUGUSTE à Paris en Mars 1214.

(1) Nullus Cruce-signatus (d) burgensis, *vel* rusticus, *sive mercator fuerit, sive non, primo anno quo crucem assumpsit,* tallietur, *nisi tallia prius fuerit imposita quam crucem assumeret. Quod si* primo anno *imposita fuerit,* immunis erit secundo anno, *nisi aliquid accipiatur pro exercitu. Tunc autem talliam esse impositam intelligimus, quando denuntiatum est alicui, vel domui suæ, quantum debeat solvere, seu ponere in talliâ.*

(2) Quia verò constat de consuetudine hactenus observatâ in regno Franciæ, (e) quod cruce-signati debeant exercitum, nisi per speciale privilegium Domini Regis sint exempti, dicimus quod in exercitum quilibet cruce-signatus de supradictis ire tenetur, sive ante citationem, sive post, cruce signetur, (f) si tamen debeat exercitum.

(3) Et si Rex viderit expedire quod villa mittat in exercitum, & servientes potius, quàm illi qui sunt de villa, vadant, poterit Rex accipere pro exercitu de cruce-signatis, competenter, sed habebunt de cetero electionem cruce-signati eundi in exercitum, si voluerint, vel ponendi portionem suam in prisiâ, pro redemptione exercitus factâ. Et si gravati fuerint de prisiâ ad diocesanum Episcopum, vel ejus officialem habebunt recursum.

(4) Si vero cruce-signatus habeat possessiones quæ debeant talliam, reddet talliam ac si non esset cruce-signatus, & si neget possessiones (g) debere talliam, probetur coram diocesano Episcopo, vel ejus officiali.

(5) De cruce-signatis manentibus (h) in communiis *dicimus, quod si a communiâ aliquid accipiatur propter exercitum Regis, vel clausuram villæ, vel defensionem villæ ab inimicis obsessæ, vel communiæ debitum factum & juratum reddi, antequam crucem assumerent, partem suam ponent in prisiâ, sicut & alii non cruce-signati. De debito vero creato a communiâ post crucis assumptionem, immunis erit cruce-signatus usque (i) ad presentem* motam, *& quamdiu erit (k) in peregrinatione.*

NOTES.

(*a*) Dans le second Registre de Philippe Auguste qui est au tresor des chartes feüillet 17. *verso*, cette Ordonance a pour titre *Stabilimentum cruce-signatorum*, Au premier Registre de Philippe Auguste qui est au mesme tresor feüillet 33. *recto* col. 2. il y a une autre letre intitulée, *Carta de Cruce-signatis*, imprimée cy-dessus.

(*b*) *Philippus &c.*] Ce commencement n'est pas au second Registre.

(*c*) *Usque ad instans consilium Romanum &c.*] Ce Reglement, quoy qu'approuvé par le Roy, n'estoit pour ainsi dire, que provisionel, en attendant, que les contestations qu'il y avoit à ce sujet, fussent decidées dans un Concile qui devoit estre tenu à Rome.

(*d*) *Burgensis*, vel *rusticus*] Remarquez qu'il n'y avoit que les *bourgeois*, ou les *vilains* qui payoient la taille, & non les *Clercs* ni les *Gentilshommes*. Voyez le Chapitre 4. de l'Establissement entre les Clercs, le Roy Philippe Auguste & les Barons.

(*e*) *Quod Cruce-signati debeant exercitum, &c.*] C'estoit ce que l'on appelloit dans ces temps-là, *devoir ost & chevauchée*. Voyez ce qu'on a remarqué à ce sujet sur le premier livre des *Establissemens* de St Loüis chap. 61.

(*f*) *Si tamen debeat exercitum*] Suivant le chapitre 61. du premier livre des *Establissemens*, les Exempts estoient entr'autres, *les Femmes, les Fourniers & les Meuniers*, &c.

(*g*) *Debere talliam*] *Vide notam ad Stabilimentum factum inter Clericos, Philippum Augustum, & Barones cap. 4.* Et la note sur l'Ordonance de Philippe Auguste touchant les *Croisez*, ou touchant la *dixme saladine* de l'an 1188. article 2.

(*h*) *In Communiis*] On appelloit *Commune* une Ville affranchie de la *main morte*, qui formoit un Corps civil, & qui avoit ses Maires & ses Eschevins. Nos Roys accorderent ancienement des chartes de Communes aux meilleures Villes du Royaume & se reputerent Seigneurs de ces Villes, ce qui leur fût un moyen pour reprendre peu à peu leur autorité, que les Grands Seigneurs avoient usurpée. V. Beaumanoir chap. 50.

(*i*) *Ad presentem motam*] *Mota* vient de *movere*, & signifie proprement *une armée qui se met en marche*. On disoit *meute* en vieux François, mot qui a esté appliqué dans la suite aux chiens de chasse lorsqu'ils sont en grand nombre. *Vide Cangium in glossario in verbo movere* & l'Ordonance de 1188. touchant les Croisez article 1.

(*k*) *In peregrinatione*] Ceux qui se croi-

PHILIPPE AUGUSTE à Paris en Mars 1214.

(6) Si Ballivi domini Regis aliquem cruce-signatum deprehenderint ad præsens forefactum, pro quo debeat membris mutilari, vel vitam amittere, secundum consuetudinem curiæ sæcularis, *Ecclesia non defendet eum, vel res ejus. In aliis autem levioribus, & minoribus forefactis, pro quibus non debeat membris mutilari, vel vitam amittere, non debet Ballivus corpus cruce-signati, vel res ejus capere, vel captum detinere, imò reddat absolutè ipsum & res suas Ecclesiæ requirenti, pro jure faciendo.*

(7) Si autem in foro Ecclesiæ convictus fuerit, de tali forefacto, pro quo debeat juxta judicis sæcularis consuetudinem, *membris mutilari, vel vitam amittere, Ecclesia nec ipsum, nec res ejus amplius defendet. De aliis convictus in foro Ecclesiæ, secundum* consuetudinem villæ, *(l) emendat læso.*

(8) Quod si dominus Rex alicui burgo, vel civitati, vel castello, concesserit immunitatem exercitus, si petat Rex aliquid de eis pro exercitu, cruce-signati primo anno nihil ponent.

(9) (m) De feodis autem & censivis respondeat cruce-signatus coram domino, feodi, vel censivæ. *Et si gravati fuerint, recurrent ad Episcopum, vel ejus officialem.*

(10) (n) Si vero cruce-signatus conveniat quemquam Christianum, *super debito, vel mobili, vel injuriâ corporali sibi illatâ, vel conveniatur à christianis super premissis, electionem habet conveniendi cum sub judice* sæculari, *vel* Ecclesiastico, *sub quo maluerit.*

(11) Nullus cruce-signatus tenetur respondere in foro sæculari, sed in Ecclesiastico (o) exceptis feodis & censivis, *de quibus litigabunt coram dominis feodorum & censivarum (p) de possessione quam pacifice tenuerint per diem & annum, donec perfecerit (q) peregrinationem.*

(12) (r) Si autem super negotio cruce-signatorum aliquæ novæ dubitationes emerserint, ad duos prædictos Episcopos recurratur.

(13) Ista pro bono pacis per totum domanium Domini Regis *de cruce-signatis pro terrâ Jerosolymitanâ, usque ad* Concilium *volumus observari, salvis jure & consuetudinibus sanctæ Ecclesiæ, & similiter salvis jure & consuetudinibus regni Franciæ, & auctoritate sacro-sanctæ* Romanæ Ecclesiæ *per omnia salvâ. Actum Parisius anno Domini* MCCXIV. *mense Martio.*

NOTES.

soient, & qui entreprenoient le voyage de la terre sainte se nommoient *Pelerins*, & prenoient par cette raison *le Bourdon*, comme il se void par ce qui suit de Joinville page 25. *Et quant je voulu partir, & me mettre à la voye, j'envoyé querir l'Abbé de Cheminon, qui pour lors estoit le plus prud'home qui fut en toute l'ordre blanche, pour me reconcilier à luy, & me bailla & ceignit mon écharpe, & me mît mon Bourdon en la main*, &c.

(l) Emendat læso] Voyez sur ce sujet Fevret dans son *traité de l'abus*, livre 8. chap. 1. 2. 3. &c.

(m) De feodis &c.] Vide Stabilimentum factum inter Clericos, Philippum Augustum & Barones cap. 1. & l'enqueste *Des droitures des Roys d'Angleterre vers sainte Eglise*, que Philippe Auguste fit faire, vers le milieu. Cette enqueste est au Registre St Just de la Chambre des Comptes, *folio 9.*

(n) Et si gravati fuerint &c.] Voyez le chap. 3. cy-dessus & le chap. 4.

(o) Exceptis feodis &c.] Voyez le chapitre 9. cy-dessus avec la citation.

(p) De possessione quam pacifice tenuerint per diem & annum] Ainsi dés ce temps-là c'estoit le Juge laïque, qui connoissoit des *Complaintes*. Voyez l'article VII. de l'Ordonnance de 1667. art. IV.

(q) Peregrinationem] Voyez cy-dessus la note sur l'article VI.

(r) Per totum domanium Domini Regis] Ainsi cet Establissement n'eut pas lieu dans les *terres des Barons*. Voyez ce qu'on a remarqué sur le mandement de Philippe Auguste de l'année 1215. touchant *les Champions*.

(a) Mandement de Philippe Auguste à Blanche Comtesse de Troye, de faire publier son Ordonance touchant *les Champions*.

PHILIPPE AUGUSTE à Paris en Aoust 1215.

SOMMAIRES.

(1) Qu'à l'avenir les Champions ne se battront plus avec des bâtons plus longs que de trois pieds.

PHILIPPUS *Dei gratiâ Francorum Rex dilecte & fideli sue B. (b) Comitisse Trecensi, salutem & dilectionem. Noveritis quod (c) consilio bonorum virorum, & pro communi omnium utilitate statuimus, quod* Campiones *non pugnent de cetero cum* Baculis, *qui excedant longitudinem (d)* trium pedum. *(e) Ad pedem manus vel minoris longitudinis liceat eis pugnare, si voluerint. Proinde vobis mandamus, & per fidem, quam nobis debetis, vos requirimus quatenus per totam terram id publice clamari faciatis, & firmiter observari. Actum Parisius anno Domini* MCCXV. *mense Augusto.*

NOTES.

(a) Ce Mandement est tiré du Registre qui a pour titre, *Liber Principum.*

(b) Ce n'est pas icy proprement une Ordonance, mais un mandement qui nous fait connoistre la disposition d'une Ordonance de Philippe Auguste, que nous n'avons pas.

On a remarqué déja sur l'autorité de Beaumanoir dans ses Coûtumes du Beauvoisis chap. 48. Des aveus page 265. que *quand li Rois fesoit aucun establissement especiaument en son domaine, li Barons ne laissoient pas pour che à user en leurs terres, selon les anciens Coûtumes, mais quand li Establissement estoient generaux, il devoit courre par tout le Royaume, & que len devoit croire que tel Establissement sont fait par tres grand Conseil, & pour le commun pourfit.*

Quand le Roy faisoit l'Ordonance, ou l'Establissement pour ses domaines, il l'adressoit à ses Officiers pour le faire publier & executer.

Mais lorsque l'Establissement estoit pour tout le Royaume, & pour le bien public, il l'adressoit à ses Officiers, & il l'envoyoit aux grands Barons avec ordre & injonction de le faire publier & observer dans leurs domaines, ainsi qu'il paroist par ce mandement cy.

(c) *Consilio bonorum virorum*] Quelques-uns croyent qu'il faut lire *Baronum nostrorum.*

(d) *Trium pedum*] Il y a ensuite dans l'original, *sed cum baculis trium pedum ad pedem manus.*

(e) *Ad pedem manus,*] Lisez *ad palmam,* ou *ad palmum manus. Palmus* & *palma*, palmée, ou paumée est la distance qu'il y a du bout du pouce, au bout du petit & cinquiéme doigt, ou au bout du quatriéme doigt, quand la main est estenduë. La premiere est la grande, & la seconde la petite, & l'une & l'autre est plus petite que le pied. *Vide Beverinum de mensuris,* sur le mot *palmus, pagina 111. 112.*

(a) Ordonance touchant les Juifs.

PHILIPPE AUGUSTE en Fevrier 1218.

SOMMAIRES.

(1) Aucun Juif, à compter des octaves de la Purification, ne pourra prester à aucun Chrestien qui n'aura aucuns fonds ni aucuns meubles, & qui ne pourra vivre que du travail de ses mains.

(2) La somme que le Juif aura prestée ne produira plus d'interest après l'an, & la livre ne produira que deux deniers par semaine.

(3) Aucun Juif ne pourra prester, ni à Moine, ni à Chanoine regulier, sans le consentement de l'Abbé, ou du Chapitre, qui le donneront par leurs letres patentes.

(4) Aucun Juif ne pourra prendre en gage aucun ornement d'Eglise, aucun vestement ensanglanté, ou moüillé, des fers de charuë, ni des animaux qui servent au labour, ni du bled non vanné.

(5) Quand un Juif aura presté de l'argent à quelque Chevalier, à quelque Bourgeois, ou quelque Marchand, le debiteur après avoir pris le consentement du Seigneur dont il

PHILIPPE AUGUSTE en Fevrier 1218.

releve, assignera au Juif son payement sur quelque fond, ou revenu, & de ce temps la dete ne produira plus d'interest, mais si le debiteur fait violence au Juif, en l'empeschant de joüir de son assignat, les interests de la dete coureront tant que la violence durera, à compter du jour que le Juif en aura rendu plainte, & celuy qui aura fait la violence en payera l'amende au Roy.

(6) Les Juifs de Normandie feront registrer les sommes qui leur seront deües, & les assignats qui leur en auront esté faits, dans les assises où il y aura record, ou pardevant le Bailly, en presence de dix Chevaliers. Et si aprés l'assignat fait en l'absence du Bailly, le debiteur refuse le record en l'assise en presence du Bailly & de dix Chevaliers, ce refus estant prouvé par des temoins legitimes & Chrestiens, le Bailly contraindra le debiteur & ses cautions de faire le record, & l'enregistrement dans la forme qui vient d'estre prescrite.

(7) Si un Chevalier, ou telle autre personne que ce soit, met en gage son cheval, ses hardes, ou autres meubles, le Juif les pourra prendre, & le Roy, ou ses Officiers n'en prendront pas connoissance.

(8) Quant aux prests que les Juifs auront faits avant la Purification, les debiteurs, ni leurs cautions ne pourront pas estre forcez de vendre leurs biens pour les payer, ni ne pourront pas estre mis en prison, mais il leur sera permis de ceder aux Juifs les deux tiers de leur revenu, & de s'en reserver le tiers pour vivre, & cependant leurs bestes, leurs charuës, & autres effets mobiliers ne pourront estre saisis.

(9) Tous les debiteurs tant de France que de Normandie qui n'ont ni meubles, ni immeubles, & qui ne peuvent vivre que du travail de leurs mains, auront un répit de trois années pour payer leurs detes, en donnant caution d'en payer chaque année le tiers.

HÆc est constitutio quam fecit Dominus Rex de (b) Judæis potestatis suæ *anno Domini MCCXVIII. mense Februario.*

(1) Nullus Judæus, ab octavis Purificationis beatæ Mariæ inantea, mutuo tradet alicui Christiano, qui propriis manibus laboret, sicuti agricola, sutor, carpentarius, & hujusmodi, qui non habent hereditates, vel mobilia unde possint sustentari, nisi laborent propriis manibus.

(2) Nec debitum curret ultra annum a mutuo facto. Et libra non lucrabitur per septimanam nisi tantum (c) duos denarios.

(3) Item nullus Judæus mutuo tradet monacho, vel canonico regulari, nisi de assensu Abbatis, & capituli sui, & per literas suas patentes, nec alicui religioso, (d) sine assensu capitanei sui cum literis suis patentibus.

(4) Item nullus Judæus accipiet in vadium ornamentum Ecclesiæ (e) aut vestimentum sanguinolentum, aut madidum, aut ferrum carrucæ, aut animalia carrucæ, aut bladum (f) non ventilatum.

NOTES.

(a) Cette Ordonance est au Registre de Philippe Auguste *fol. 144. verso.*

(b) Potestatis suæ] Cet Establissement, ou cette Ordonance que Philippe Auguste fit au mois de Fevrier de l'an 1218. ne fut pas generale, mais seulement pour avoir lieu dans ses domaines.

(c) Duos denarios] Cela est conforme à l'Establissement contre les Juifs du mois de Septembre .... qui est peut-estre anterieur à cette Ordonance.

(d) Sine assensu capitanei] Il faut ce semble *Capituli.*

(e) Aut vestimentum] Dans l'Ordonance du mois de Septembre de l'an ...... que Philippe Auguste fit contre les Juifs, chap. 5. Il y a *Vadimonia sanguinolenta.* Les Juifs ne tiennent pour leur prochain que ceux qui sont Juifs comme eux, & non tous les autres homes, ensorte que Maimonidés enseigne que le Juif, qui est dans un bateau n'est pas obligé de donner la main au Chrestien qui est dans l'eau, & qui se noye. Par cette raison les Juifs ont toûjours exigé des usures excessives des Chrestiens, ce qui a donné occasion à nos Rois de les fixer comme il se void par l'Ordonance du mois de Septembre...... faite par Philippe Auguste. Et comme les Juifs en prestant ainsi à usure, recevoient une infinité de gages, on leur deffendit de prendre des vestemens ensanglantez, parce que celuy qui auroit commis un assassinat auroit pû par un pareil gage, cacher la preuve de son crime. Il en estoit de mesme des vestemens moüillez parce qu'il se pouvoit faire que celuy qui les donnoit en gage eût noyé celuy qui les portoit &c. ou qui les eût lavez pour en oster le sang.

(f) Non ventilatum] Cela fut apparemment reglé ainsi, pour oster toute matiere de contestation, & afin que les Juifs fussent tenus de rendre la mesme mesure de bled qu'ils avoient eüe.

(5) *Item*

PHILIPPE AUGUSTE en Fevrier 1218.

(5) Item si aliquis Judæus militi, vel burgensi, seu mercatori mutuo pecuniam tradiderit, pro debito suo accipiet assignamentum, à debitore, hereditatis, tenementi, vel redditus (f) per assensum Domini de quo debitor tenet, & si debitor violentiam fecerit, super assignamento, usura curret quandiu durabit violentia, post clamorem Judæi. Et ille qui violentiam fecerit, Domino Regi emendabit. Et ex quo factum fuerit assignamentum non curret debitum, nisi facta fuerit violentia, ut dictum est.

(6) Item Judæi Normaniæ coram Ballivo suo (g) in assisiis quæ habent recordationem, vel coram Ballivo, presentibus decem militibus, habebunt recordationem debitoris de summâ debiti, & de assignamento ut ibi inrotulentur tam debita, quam assignamenta. Si vero absente Ballivo factum fuerit assignamentum, & debitor noluerit venire coram Ballivo & decem militibus, vel in assisiâ, sicut dictum est, si Judæus id probaverit per testes legitimos christianos, Ballivus compellet debitorem & garentos nominatos, coram se & decem militibus, vel in assisiâ ad faciendam recordationem & in rotulationem tam debiti, quam assignamenti.

(7) Si miles, vel aliquis alius quicumque fuerit, voluerit in vadium ponere equum suum, (h) vel vestimenta, vel alias res mobiles, quæcumque fuerint, Judæo licebit accipere : sed Dominus Rex super hoc se non intromittet.

(8) De debitis mutuatis, ante Purificationem, non compelletur debitor, aut ejus plegius (i) vendere, hereditatem suam, (k) aut redditus suos, nec propter hoc capientur corpora eorum, sed assignabuntur Judæo duæ partes hereditatum, aut redditaum, tam debitoris quam plegii, & de tertiâ parte vivent, nec propter hoc capientur animalia, carrucæ debitoris, aut culcitra, aut alia utensilia domus suæ.

(9) Omnes debitores, tam Franciæ, quam Normaniæ qui non habent hereditates, vel mobilia unde possint sustentari, nisi laborent propriis manibus, (l) habent respectum trium annorum ad solvendum debita sua, faciendo securitatem de quolibet tertio singulis annis reddendo.

NOTES.

(f) *Per assensum Domini de quo debitor tenet]* *Vide cartam de cruce-signatis anni 1214. art. 2. in fine.* Ainsi l'on void que sous le regne de Philippe Auguste, le vassal ne pouvoit pas imposer la moindre charge sur son fief, sans le consentement de son Seigneur dominant, quoy qu'il y eût déja du temps que les fiefs fussent hereditaires en France, comme il se void par l'Epistre 96. de Fulbert. On trouve encore des restes de cet ancien droit dans quelques-unes de nos Coûtumes, comme celle de Troye dans les articles 34. & 38.

(g) *In assisiis, quæ habent recordationem]* Le record estoit une enqueste qui se faisoit en Normandie, pour informer de la verité de quelque chose, comme icy pour informer de la verité de la dete pretenduë par le Juif, & quand la dete avoit esté certifiée par temoins, ou recordée & registrée, le debiteur ne la pouvoit plus contester. Voyez l'ancienne Coûtume de Normandie, chap. 4. 9. 24. 40. 55 .... & 121.

(h) *Vestimenta]* Voyez l'article 4. de cette Ordonance.

(i) *Vendere hereditatem]* C'est proprement à dire *leurs propres*, mais icy ce mot signifie *immeuble*.

(k) *Aut redditus]* Il ne faut point entendre par là, *les Rentes constituées* qui constament n'estoient pas alors connuës, mais il faut entendre toute sorte de revenu, ce qui a esté bien remarqué par Curtius, *tom. 1. conjecturalium lib. 2. cap. 32.*

(l) *Respectum trium annorum]* De *respectus* on a fait *répit*, & de *respectare*, ou *respectuare*, on a fait *respiter*, pour donner *respit*. Geoffroy de Villehardoüin chap. 32. *Querons lor qu'il le nos ayent à conquerre, & nos lor respiterons des trente mille mars d'argent que il nos doivent.*

PHILIPPE AUGUSTE au Pont-de-l'Arche au mois de Juillet 1219.

(a) Ordonance touchant la part des femmes predecedées dans les Conquests.

SOMMAIRES.

Si la femme mariée meurt sans enfans, ses parens n'auront rien aux conquests, qu'elle aura faits avec son mary, & les conquests appartiendront au mary seul, à la charge de payer les legs qu'elle aura faits. Et quant aux parens de la femme, ils auront ce qu'elle aura apporté en mariage.

DOMINUS *Rex statuit apud* Pontem Arche, *anno Domini* millesimo ducentesimo decimo nono, mense Julio, *de viro & muliere matrimonio conjunctis. Si mulier* (*b*) sine herede *decesserit, parentes ipsius mulieris non participabunt cum marito suo, ex hiis quæ ipsa & maritus ejus* simul acquisierunt, *dum ipsa viveret, in* mobilibus, *nec in tenementis, ymo quiete remanebunt, marito ipsius mulieris,* (*c*) salvis rationabilibus legatis ipsius mulieris. Parentibus *vero mulieris accedet id* (*d*) *quod ipsa* secum attulit in matrimonium, (*e*) *salvo* legato suo, *quod ipsa potuit facere per jus.*

NOTES.

(*a*) Cet extrait d'Ordonance se trouve dans le chartulaire de Philippe Auguste, & au Registre de la Chambre des Comptes de Paris intitulé *Fermes de Normandie,* aux Terriers, feüillet 220.

Ou la femme decedoit *sans enfans,* ou *avec des enfans.*

Si elle *laissoit des enfans*, ils prenoient dans la Communauté, la part que leur mere y avoit eüe.

Mais si elle decedoit *sans enfans,* tous les biens de la Communauté, suivant cette Ordonance devoient appartenir au mary, & les parens de la femme n'y pouvoient rien demander.

Cette loy est encore pratiquée en Normandie avec les exceptions suivantes.

(*b*) *Si mulier sine herede decesserit*] *Heres* icy signifie *enfant.* Ainsi cette Ordonance prouve que quand il y avoit des enfans, ils prenoient alors dans la Communauté la part que leur mere y avoit eüe. Et quoy que l'Article 389. de la Coûtume de Normandie dise que *les personnes conjointes par mariage ne sont pas communes en biens, soit meubles, ou conquests immeubles, & que les femmes n'y ont rien, qu'aprés la mort de leurs marys,* Cette Ordonance ne laisse pas que d'y estre pratiquée, en ce que les femmes sont tellement maîtresses des conquests faits *en Bourgage, &* de la moitié des conquests faits *hors Bourgage en quelques lieux,* que suivant l'article 331. *le mary n'a que le simple usufruict de ces Conquests, quand la femme est predecedée.*

(*c*) *Salvis rationabilibus legatis ipsius mulieris*] Ainsi quoy que tous les Conquests meubles, ou immeubles appartinssent au mary survivant, quand il n'y avoit pas d'enfans, la femme pouvoit neantmoins charger de quelques legs la moitié qu'elle avoit dans ces biens. Mais il faut observer que ces mots qui se trouvent dans le Registre de la Chambre des Comptes intitulé *Fermes de Normandie,* ne sont pas dans le Registre de Philippe Auguste. Par *rationabilibus Legatis,* il faut ce semble, entendre les *legs pieux,* sans lesquels on mouroit *deconfés.* Voyez ce qu'on a remarqué sur le chapitre 87. du premier livre des Establissemens, & mon glossaire sur les mots *Executeurs testamentaires page 440.*

(*d*) *Quod ipsa secum attulit in matrimonium*] C'est ce que l'on appelloit *maritagium* & aujourd'huy *mariage,* ce que l'on confond mal avec *la dot,* qui est *le doüaire.* Comme le mary dotoit sa femme, ou luy assignoit son doüaire à la porte de l'Eglise, c'estoit aussi à la porte de l'Eglise que l'on donnoit le *mariage* des filles. Voyez les articles 11. & 18. du premier livre des Establissemens, avec les Notes.

(*e*) *Salvo legato quod ipsa potuit facere per jus*] Ancienement on ne pouvoit disposer de *ses propres,* sans le consentement de ses heritiers presomptifs, qui contestoient mesme les dons que les defuncts avoient fait de leurs *acquests,* par testament. Mais comme en ce temps on refusoit *le Viatique & la sepulture* à ceux qui decedoient sans vouloir laisser quelques aumosnes à l'Eglise, & aux pauvres, l'usage s'introduisit que l'on pourroit faire *des legs pieux* proportionez à ses biens, & dans la suite que l'on pourroit disposer du *quint de ses propres.* Voyez la Note sur le chap. 87. des Establissemens.

(a) Establissement fait entre les Clercs, le Roy, & les Barons.

SOMMAIRES.

(1) Les Clercs connoistront du parjure, mais sous ce pretexte, ils ne connoistront pas des matieres feodales. Quoy qu'une veuve ait à prendre son doüaire sur un fief, il sera neantmoins en son option de plaider en Cour de chrestienté, ou pardevant le Seigneur du fief.

(2) Quand un Clerc arresté pour un crime capital, aura esté degradé par le Juge d'Eglise, ce Juge ne le pourra pas delivrer, ni le mettre en un lieu, où il ne puisse pas estre arresté, mais la justice ordinaire le pourra arrester hors de l'Eglise, & du Cimetiere, & le punir suivant son crime.

(3) Les dixmes seront payées comme elles l'ont esté, & comme elles doivent l'estre.

(4) Nul Bourgeois, ou villain ne pourra donner à son fils Clerc, s'il a d'autres enfans, la moitié, ni plus que la moitié de sa terre, & s'il luy donne moins que la moitié, ce fils Clerc rendra au Seigneur de la terre les services qui luy en seront deûs, mais ce Clerc ne pourra estre mis à la taille à moins qu'il ne soit usurier, ou marchand. Le fond de terre qui luy aura esté ainsi donné, appartiendra aprés sa mort à ses plus proches parens, & nul Clerc ne pourra acheter cette terre, sans rendre au Seigneur les services qui luy en seront dûs.

(5) Les Archevesques, ou les Evesques ne pourront obliger les bourgeois, ou autres à jurer qu'ils n'ont pas presté à usure, & qu'ils n'y presteront pas.

(6) Si un Clerc est arresté en flagrant delict de rapt, il sera mis entre les mains du Juge d'Eglise pour estre degradé, & aprés qu'il aura esté degradé, le Juge laïque le pourra prendre hors de l'Eglise, ou du porche, & le punir, sans que le Juge d'Eglise puisse accuser le Juge laïque d'entreprise.

(7) Si un Clerc poursuit un laïque pour raison d'un heritage, que le laïque n'a jamais eû, le Clerc ne pourra pas le faire ajourner en Cour de chrestienté, mais il faudra qu'il le poursuive pardevant le Seigneur, qui en devra connoistre, à moins toutesfois que la Cour de chrestienté n'ait la jurisdiction temporele du lieu.

(8) Les Clercs ne doivent pas excommunier ceux qui vendent le jour du Dimanche des bleds, ou autres marchandises semblables, ni ceux qui vendent aux Juifs, ou qui achetent d'eux, ou qui travaillent pour eux, mais ils peuvent excommunier les nourrices, qui allaitent les enfans des Juifs.

(9) Quand un home se constituë volontairement prisonnier, pour se racheter d'un crime qu'il a commis, ou quand le Roy, ou un autre Seigneur a fait arrester un criminel, pour luy donner occasion de se redimer, si ce criminel se sauve de prison & s'enfuit à l'Eglise, il ne peut pas priver le Roy, ou le Seigneur du profit qui leur doit revenir de ce rachat, mais on le peut mettre en lieu de seureté hors de l'Eglise, & du porche, sans que ceux qui l'auront ainsi retiré, puissent estre inquietez.

(10) Les Clercs ne peuvent pas excommunier un Seigneur, ni mettre sa terre en interdit, pour le forfait de son Sergent, à moins que le Seigneur n'ait esté requis d'en faire justice, ou son Bailly, en cas que le Seigneur soit hors du pays.

(11) Il en sera de mesme, si c'est le Seigneur qui a commis le forfait contre l'Eglise, soit qu'il l'ait fait à dessein, ou sans dessein.

(12) Le Juge d'Eglise ne peut pas obliger celuy qui est ajourné devant luy, de jurer qu'il y estera à droit, quoy que l'adjourné y ait procedé, & qu'il ne soit pas excommunié.

(13) Lorsque les Clercs poursuivent quelqu'un, comme leur serf, en Cour de chrestienté, & que celuy qui est poursuivi, se dit serf d'un autre Seigneur, le Juge d'Eglise ne peut pas obliger ce serf à se deffendre pardevant luy, ni excommunier ceux qui s'en disent les Seigneurs, mais il faut que le procés soit terminé dans la justice de celuy que le serf aura avoüé, ou reclamé pour son Seigneur.

(1) PRIMUM capitulum *est, quod Clerici trahunt causam feodorum in curiam Christianitatis, propter hoc quod dicunt quod fiducie, vel juramentum fuerunt inter eos, inter quos causa vertitur, & propter hanc occasionem, perdunt Domini justitiam feodorum suorum.*

NOTES.

(a) *Stabilimentum*] Ce mot dans ces temps-là signifioit une Ordonance, & Joinville l'employe toûjours ainsi, comme il paroist par ce qui suit de la page 122. de son histoire. *Cy-aprés verrez comment St Loüis corrigea ses Baillifs, Juges, & autres Officiers, & les beaux* Establissemens *nouveaux qu'il fit, & ordonna estre gardez par tout son*

PHILIPPE AUGUSTE.

RESPONSIO.

In hoc concordati sunt Rex & Barones, quod bene volunt quod ipsi cognoscant de perjurio & transgressione fidei, sed nolunt quod cognoscant (b) de feodo; & si convictus fuerit de perjurio, vel transgressione fidei, injungant eis penitentiam, sed propter hoc Dominus *non* amittat *justitiam feodi, nec propter hoc se capiant ad feodum.*

Preterea (c) volunt Rex & Barones, quod vidua possit conqueri Regi, vel Ecclesie de dotalitio suo : & si conquesta fuerit Ecclesie, & ille a quo petit dotalitium, dicat quod respondebit coram Domino de quo feodum movet, Ecclesia potest cogere ipsum ad respondendum, & decidere causam inter eos de jure.

(2) Secundum capitulum, *quod quando Clericus capitur pro aliquo forifacto, unde aliquis debet vitam vel membrum perdere, & traditur Clerico (d) ad degradandum, Clerici volunt illum degradatum omnino liberare,* ad quod respondetur.

Quod Clerici non debent eum degradatum reddere curie, sed non debent illum liberare, neque ponere in tali loco ubi non possit capi, sed justiciarii possunt illum capere, (e) extra Ecclesiam *(f) vel* cæmeterium, *& facere justitiam de eo, nec inde possunt trahi in causam.*

NOTES.

Royaume de France &c. On dira peut-estre que ce n'est icy qu'une convention, qui fût faite sous le regne de Philippe Auguste, entre les Clercs, & les Barons, mais il faut observer que le Roy estoit à la teste des Barons, qui donnoit à cette convention force de loy. Cet Establissement est au Tresor des chartes, & au premier Registre de Philippe Auguste feüillet *40. verso.*

(b) De feodo] Voyez l'Enqueste des droitures des Roys d'Angleterre envers Ste Eglise, en Normandie, que Philippe Auguste fit faire, vers le milieu. Cette Enqueste est au Registre St Just de la Chambre des Comptes *fol. 9.*

(c) Volunt Rex & Barones quod vidua possit conqueri Regi, vel Ecclesiæ, si voluerit, de dotalitio suo &c.

On a fait voir dans le glossaire du droit François, que suivant quelques loix des Empereurs Romains, il n'y avoit pas de mariage sans dot, ce qu'on a prouvé par la novelle de Majorien *de sanctimonialibus*, & par les novelles de Justinien 11. chap. 4. & 74. chap. 4.

Quant aux Papes, ils ordonnerent aussi qu'il n'y auroit pas de mariage sans dot. *canone Consanguineorum 4. causâ 3. Q. 4. §. 1.* Et à l'égard de l'Eglise Gallicane elle suivit la novelle de Majorien, & elle ordonna comme les Papes que les femmes seroient dotées, comme il paroist par le Canon qui suit, rapporté par Gratien *30. Quæst. 5.* & attribué au Concile d'Arles de l'an 524. *Nullum sine dote fiat conjugium, juxta possibilitatem fiat dos, nec sine publicis nuptiis quisquam nubere, vel uxorem ducere præsumat.*

Et comme c'estoient ancienement en France les marys qui dotoient leurs femmes, de là vient que l'on obligeoit les futurs époux, avant le mariage, de les doter, ou de leur constituer leur doüaire, ce qui se faisoit toûjours à la porte de l'Eglise, ou du Monstier. Et comme par cette raison le doüaire estoit en quelque façon de l'essence du mariage, de là vient que la Cour de Chrestienté en avoit la connoissance concurrament avec les Juges Royaux, ou des Seigneurs. Voyez le chapitre 18. du premier livre des Establissemens de St Loüis, & ce que j'y ay remarqué.

Il sembloit que le Juge d'Eglise devoit aussi connoistre des matieres feodales, à cause que le serment y estoit souvent violé, mais les Roys & les Barons distinguerent tres bien le violement de foy par rapport au for interieur, ou à la felonie.

(d) Ad degradandum] La degradation estoit un acte solemnel, par lequel on ostoit au Clerc, ou au Prestre le titre Clerical, ou sacerdotal. Voyez la novelle 83. de Justinien avec la note de Cujas, l'Ordonance de Charles IX. du 16. Avril 1571. Fevret *De l'abus*, tome 2. livre 8. chap. 4. à la fin, page 258. de l'edition de 1667. & cet Establissement de Philippe Auguste entre les *Clercs* & *les Barons*, vers la fin.

(e) Extra Ecclesiam, vel cæmeterium] Les aziles, qui avoient esté en usage en France sous la premiere & la seconde race de nos Roys, estoient exactement pratiquez dans le temps de cet Establissement, mais comme ils ne servoient qu'à l'impunité des crimes, ils furent abolis avec raison, par l'Ordonance de 1539. art. 166. *Vide Sarpium, Rittershusium & Mylerum, asylis Tit. Codicis Th. De his qui ad Ecclesias confugiunt* lib. 9. *tit. 45. lib. 1. Cod. Justinian. lib. 1. tit. 12. & 25.* & *legum Willelmi nothi cap. 1.*

(f) Vel cæmeterium] Vide *Georgium Rittershusium de asylis cap. 3. num. 21. & My-*

(3) *De*

(3) *De decimis ita statutum est quod (g) decime reddantur, sicut hactenus reddite fuerunt, & sic debent reddi.*

(4) Quartum, *quod nullus Burgensis, vel villanus potest filio suo clerico medietatem, terre sue vel plusquam medietatem donare, si habuerit filium, vel filios, & si dederit ei partem terre* citra *medietatem, ipse clericus debet reddere tale servitium & auxilium quale terra debebat Dominis quibus debebatur.* (*h*) *Sed non poterit talliari nisi fuerit usurarius, vel mercator, & post decessum suum, terra redibit ad proximiores parentes. Et nullus clericus potest emere terram, quin reddat Domino terre tale servitium quale terra debet.*

(5) Quintum capitulum *est quod Episcopi, vel Archiepiscopi non debent requirere à Burgensibus, vel ab aliis* tale juramentum *quod numquam prestaverint ad usuram, neque prestabunt.*

(6) *Si clericus deprehensus fuerit in raptu, tradetur Ecclesiæ ad degradandum, & post degradationem poterit eum capere Rex, vel Justiciarius extra Ecclesiam* (*i*) *vel atrium, & facere de eo justitiam* (*k*) *& non poterit in causam.*

(7) *Si Clericus aliquem, qui non sit Clericus, traxerit in causam,* (*l*) *super aliquâ possessione, de quâ numquam fuit tenens, non debet eum trahere in curiam christianitatis,* (*m*) *sed in curia Domini ad quem spectat justitia, nisi ratione fundi terre ad christianitatem spectet justitia.*

(8) *Item Clerici non debent excommunicare illos qui vendunt blada, vel alias merces diebus dominicis, neque illos qui vendunt Judeis, vel emunt ab illis, vel qui opera eorum faciunt. Sed bene volunt quod nutrices Judeorum excommunicentur.*

(9) *Item super eo quod quando aliquis de voluntate suâ se mittit in carcerem Regis, vel alterius, ubi Rex vel alius habet capitale, sive vitam, aut membrum perdere,* (*n*) *ut redimatur, vel quando Rex, vel aliquis alius capit aliquem, pro redimendo suam vitam, vel membrum perdere & evadit de carcere, & fugit ad Ecclesiam, Ecclesia vult eum liberare & auferre Domino redemptionem,* respondent.

NOTES.

lerum de jure asylorum cap. 12. num. 2. pag. 152.

(*g*) *Decimæ reddantur sicut hactenus redditæ fuerunt*] Ainsi en Normandie on ne payoit point la dixme des foins, des genets, & des bois, à moins qu'ils n'eussent esté premierement aumônez, comme le porte l'enqueste des droitures des Roys d'Angleterre en Normandie envers la Cour de Ste Eglise, que Philippe Auguste fit faire, & qui se trouve au feüillet 9. du Registre St Just de la Chambre des Comptes.

(*h*) *Sed non poterit talliari*] *Beaumanoir* chapitre 50. page 270. *Tuit chil qui sont és Villes de communes manans & habitans, si ne sont pas tenus à estre ailleurs tailliés, ainchois en sont personnes exceptées, si comme chil qui ne sont pas de leur commune, ou gentixhommes, liquel ne s'entremettent de marcheander, ainchois se chevissent de leurs heritages, que ils tiennent en franc fief du Seigneur,* ou Clercs qui ne marcheandent pas, ainchois se chevissent des francs-fiefs que ils ont de leur patremoigne, ou de benefices que il ont de sainte Eglise, *ou chil* qui sont au serviche du Roy &c.

(*i*) *Vel atrium*] C'est le porche de l'Eglise, & le Cimetiere qui estoit un lieu d'asyle, sous la premiere & la seconde race de nos Roys, *Decretio Clotarii Regis post legem Salicam §. 13.* Nullus latronem, vel quemlibet culpabilem *de atrio* Ecclesiæ trahere præsumat : quod si sunt Ecclesiæ quibus *atria* clausa non sint, ab utraque parte parietum terræ spatium arpennis pro *atrio* observetur. *Voyez* le chap. 31. du premier livre des Establissemens.

(*k*) *Et non poterit in causam*] Dans les Conciles de Normandie du P. Bessin, il y a *inde causari.* On pourroit lire comme à la fin du chap. 2. de cet Establissement, *& non poterit trahi in causam,* joignez neantmoins la fin du chapitre 9. cy-aprés.

(*l*) *Super aliquâ possessione*] Icy *possessio* signifie un *fond*, un *heritage*.

(*m*) *Sed in curiâ Domini*] Ce doit estre ce semble le Seigneur du domicile, car si celuy qui estoit poursuivi, n'avoit jamais possedé l'heritage, il ne pouvoit estre poursuivi que personnelement. Voyez Van-Espen, partie 3. chap. 2. 11. 3. 4. 13. 14. &c.

(*n*) *Ut redimatur*] Anciennement en France, ceux qui estoient condamnez pour crimes à perdre quelques membres, ou la vie, se pouvoient racheter pour de l'argent, *Vide formulam Sirmondicam 32.* & joignez la charte de la commune de Roye.

Que l'on suppose qu'un home qui meritoit de perdre la vie, ou quelque membre,

PHILIPPE AUGUSTE.

Quod ex quo aliquis de voluntate suâ se mittit in carcerem alicujus ut redimatur, vel quando aliquis capitur pro catallo, (o) suam vitam vel membrum perdere Ecclesia non debet Domino auferre catallum, vel redemptionem suam, neque illum liberare, si fugerit ad Ecclesiam, sed potest custodiri extra Ecclesiam, & extra atrium, nec custodes ex hoc poterunt *causari de jure.*

(10) Item Clerici non possunt de jure excommunicare aliquem propter forifactum (p) servientis sui, neque (q) interdicere terram ejus priusquam Dominus fuerit super hoc requisitus, vel Baillivus ejus si Dominus fuerit (r) foris paisratus.

(11) Item si aliquis scienter vel ignoranter forisfecerit, Ecclesiæ, non debet excommunicari, vel ejus terra interdici, donec super hoc requisitus fuerit, vel Baillivus ejus, si Dominus fuerit extra patriam.

(12) Item quando aliquis citatur, coram ecclesiastico judice, & ipsi judices compellunt eum in primâ citatione jurare quod stabit (s) mandato eorum, quamvis (t) non defecerit de jure faciendo, *vel quamvis non sit excommunicatus.* Responderunt *quod hoc non debet fieri.*

(13) Item super eo quod Clerici aliquem trahunt in causam de servitute, *& ille dicit se esse servum alterius, volunt quod ille respondeat in curiâ illorum, quamvis dicat se esse servum alterius, & cogunt ipsum ad respondendum coram ipsis per excommunicationem, vel illos excommunicant qui* ipsos *manutenent: ad quod* respondent, *quod ille debet respondere in curiâ illius (u) cujus servum se esse profitetur.*

NOTES.

eust esté mis en prison, ou se fust constitué luy-mesme prisonnier, pour se redimer, par la perte de ses cateux, & qu'ensuite il se fut évadé de prison, & sauvé en lieu d'asyle, comme dans l'Eglise, ou le Cimetiere, l'Eglise le pouvoit-elle faire évader & priver ainsi le Seigneur des cateux qui devoient luy revenir!

Le Roy & les Barons decidérent que l'Eglise ne le pouvoit pas, mais qu'elle pouvoit seulement tenir le criminel caché, pourveû que ce fût hors de l'Eglise & du porche, ou du Cimetiere.

(o) *Pro catallo suam vitam, vel membrum perdere*] Il y a ainsi dans quelques manuscrits, mais dans d'autres au lieu de *suam* il y a mieux *sive* comme cy-dessus vers le commencement de ce chapitre.

(p) *Servientis*] Voyez le chapitre 149. des Establissemens livre 1.

(q) *Interdicere terram*] L'Interdit estoit une excommunication generale d'un Royaume, d'une Province, d'une Ville, ou d'une Seigneurie, de l'origine duquel Mr Bosquet traite au long sur l'Epistre 72. d'Innocent III. Les Ecclesiastiques abusans de ce pretendu droit, les Papes accorderent à nos Roys, que les Villes de leurs domaines, ou du domaine des Reynes ne pourroient plus estre mises *en Cés, ou Interdit*, Voyez les Coûtumes notoires art. 51. & 79. Jean Des Mares decision 95. le stile du Parlement tit. 14. &c. Et enfin tout ce mauvais droit a esté aboli, Voyez l'enqueste des droitures des Roys d'Angleterre envers la Cour de Ste Eglise en Normandie que Philippe Auguste fit faire.

(r) *Foris paisratus*] C'est à dire hors du pays. Des Fontaines dans son Conseil chap. 17. n. 1. *Je ne di mi ke li* despaisié *ont leur aage soient restabli en toutes causes. Et sachiez que tous ceux qui sont* forpaisié. *Je te distincte, où il sunt par* leur volente, *où il sunt par leur propre besoingne. Che ne leur pourfite mie à estre restablis, se il sunt* depaisié *maugré eux pour leur pourcas, il sunt restablis en tele maniere, ke on ne leur torne à gaaing, ne à damage.*

(s) *Mandato eorum*] Dans un manuscrit il y a *juri eorum.*

(t) *Non defecerit de jure faciendo*] Dans un autre manuscrit il y a *juri non defecerit.*

(u) *Cujus servum se esse profitetur*] Voyez le chapitre 31. du livre 2. des Establissemens.

(*) Letres du Roy touchant le privilege des Clercs en matiere criminelle.

SOMMAIRES.

(1) Le Juge laïque ne pourra arrester, ni emprisonner un accusé, quand il sera certain qu'il sera Clerc, à moins que le criminel ne soit pris en flagrant delict, comme meurtre, ravissement, incendie, adultere, effusion de sang avec bâton, ou armes mouluës, ou autres semblables crimes.

(2) S'il est pris en tel flagrant delict, & avant la nuit, il sera rendu au Juge Ecclesiastique, qui en doit connoistre, pour le punir selon l'atrocité du crime.

(3) Si la nuit oblige de retenir le Clerc, on ne l'enfermera pas avec des voleurs, ou d'autres malfaiteurs, mais il sera gardé honestement, & le lendemain renvoyé au Juge d'Eglise.

(4) Si quelqu'un estoit arresté sans estre connu pour Clerc, & si ensuite l'Eglise le revendiquoit comme Clerc, il luy seroit rendu.

(5) Il en sera de mesme à l'égard des personnes religieuses.

(1) MAJORI (a) Senonensi & aliis majoribus & communiis. (b) Mandantes vobis præcipimus & inhibemus, ne aliquem Clericum, de quo manifestum sit quod sit Clericus, capiatis, vel arrestetis, neque incarceretis, nisi inventus fuerit ad presens forisfactum multri, raptus incendii, adulterii, sanguinis effusi per baculum, vel per arma moluta, vel per hujusmodi criminis magni.

(2) Si autem captus fuerit ad hujusmodi presens forisfactum, eum reddatis judici Ecclesiastico ad quem pertinebit justitia (c) ad faciendum de eo quod secundum quantitatem forisfacti fuerit faciendum, nisi sit nox.

(3) Quos autem sic captos propter noctem detinebitis, non cum latronibus, vel aliis malefactoribus eos in carcerem trudatis, sed ipsi in custodiâ eos honeste custodiatis & in crastino Judici reddantur Ecclesiastico.

(4) Si vero aliquis captus fuerit qui non sit cognitus Clericus, quando constiterit ipsum esse Clericum, & requiretur ab Ecclesiâ, Ecclesiæ reddatur.

(5) Hoc idem præcipimus de viris religiosis.

NOTES.

(*) Ces letres sont au Registre de Philippe Auguste du tresor des chartes feüillet *88. verso col. 2.*

(a) *Majori Senonensi & aliis majoribus & communiis*] Ce mandement est adressé aux Maires & aux Communes, parce que dans ces temps-là les Communes & les Maires exerçoient la justice temporelle dans les Villes, & les banlieuës. En voicy une preuve tirée de la charte de la Commune de Roye. *Si quis forisfactum de quo clamor in præsentiâ Majoris & juratorum fuerit, Major recto judicio juratorum super hoc emendationem accipiet talem, quod domus forisfactoris diruetur, si Major voluerit. Et si Major redemptionem accipiet de domibus diruendis, hujus redemptionis medietas erit nostra, & alia Burgensium........ Forisfactor autem si domum non habuerit, quæ dirui debeat recto judicio juratorum, pro forisfacto comprobato, a Villâ bannietur...... Si quis alium intra villam interfecerit, ubicumque malefactor inventus fuerit, de ipso vindicta accipiatur...... Si Major & Jurati quempiam bannierint, qui post bannum in villa redierit de eo vindicta, sine emendatione nobis exhibendâ, capiatur &c.* Voyez Beaumanoir chap. 50. pag. 271.

(b) *Mandantes vobis præcipimus*] Cecy peut passer pour une Ordonance, & sur tout sous un regne aussi ancien que celuy de Philippe Auguste.

(c) *Ad faciendum de eo &c*] Vide *Stabilimentum factum Parisius inter Barones & Clericos cap. 2.* Et les letres de l'an 1200. accordées par Philippe Auguste à l'Université de Paris.

PHILIPPE AUGUSTE
le 1er Septembre.

(a) Ordonance, ou Establissement touchant les Juifs.

SOMMAIRES.

(1) Aucun Juif ne pourra prendre un plus gros interest, que de deux deniers pour livre par chaque semaine.

(2) Nul Juif ne pourra forcer son debiteur à compter avant l'an, à moins que le debiteur ne veüille s'acquitter & compter, car toutes les fois que le debiteur voudra compter & rendre au Juif ce qu'il luy devra, le Juif ne pourra le refuser.

(3) Les Juifs feront sceller leurs obligations, dans le jour qui leur aura esté fixé par les Baillifs du Roy, & aprés ce jour ils ne pourront plus rien exiger par vertu de l'ancien sceau.

(4) S'il arrive qu'un debiteur soit en fuite, ou en pelerinage on arrestera, ou fixera ce qu'il doit, & de ce jour l'interest de la somme düe ne courrera plus qu'à raison de deux deniers pour livre, & par semaine.

(5) Les Juifs en prestant ainsi à interest, ne pourront prendre pour gages des vases, & des ornemens Ecclesiastiques, des vestemens ensanglantez, ou moüillez recemment, des terres des Eglises sous le Roy sans son consentement, ni des terres des Eglises qui sont sous le Comte de Troye, ou des autres Barons, sans leur permission, & s'ils le font, ils perdront ce qu'ils auront presté, & rendront les gages à ceux à qui ils appartiennent.

(6) Dans le temps du prest, le Juif, & le debiteur seront tenus d'affirmer, le debiteur qu'il aura reçeû tout le contenu dans l'obligation & qu'il n'aura rien donné, ni rien promis au Juif, & le Juif qu'il n'aura rien reçeû, ni qu'il ne luy aura esté rien promis. Et si dans la suite ils sont convaincus du contraire, le Juif perdra sa creance, & le debiteur sera en la misericorde du Roy.

(7) Le Juif ne pourra rien exiger de ce qu'il aura presté, si son obligation n'est scellée, ou à moins qu'il n'ait des gages entre ses mains, comme Or, Argent, Vestemens, ou Animaux.

(8) Il y aura dans chaque Ville deux homes de probité qui garderont le sceau *des* Juifs, *& ils feront serment sur l'Evangile, qu'ils n'apposeront le sceau à aucune promesse, s'ils n'ont connoissance par eux-mesmes, ou par d'autres, que la somme qu'elle contient est legitimement düe.*

(9) Il n'y aura dans chaque Ville qu'une personne, qui redigera les obligations passées au profit des Juifs, & cette personne donnera caution qu'elle fera exactement son devoir.

(10) Cet Establissement ne durera que tant que le Roy, la Comtesse de Troye, Guy de Dam-Pierre, & les autres Barons dont le Roy prendra l'avis, le jugeront à propos.

HOc est stabilimentum quod Rex facit Judæis per assensum Comitissæ Trecensis *&* Guidonis de Dompnâ Petrâ, primâ die Septembris, *videlicet in festo* sancti Egidii.

(1) Nullus Judæus prestabit carius, quam singulas libras pro duobus denariis, per hebdomadam.

(2) *Neque Judæus computare poterit cum debitore suo infra annum, nisi debitor computare voluerit infra annum. Et quandocumque debitor computare & reddere voluerit, Judæus id ei denegare non poterit.*

(3) Infra (b) cicam dicem, quæ a Ballivis domini Regis statuta fuerit, facient Judæi universa debita sua sigillari *in* novis sigillis, *& si infra diem statutam non fuerint sigillata, ex tunc in antea non reddetur eis aliquid, quod exigant per vetera sigilla.*

(4) Si quis autem fugitivus fuerit, aut in peregrinatione detentus, ejus debitum arrestabitur, & ex tunc non curret lucrum, nisi duorum denariorum pro librâ per hebdomadam.

(5) Nihil que prestabunt Judæi, super alicujusmodi vasa, vel ornamenta Ecclesiastica, nec super (c) vadimonia sanguinolenta (d) vel retent. madefacta, nec super

NOTES.

(a) Cette Ordonance a esté tirée du Registre de Philippe Auguste au Tresor des chartes *folio 96*.

(b) *Infra cicam dicem]* Il faut lire *certam diem.*

(c) *Vadimonia sanguinolenta*] Ce pourroit estre les *Corporaux* teints du Sang de Jesus-Christ, à quoy l'on peut appliquer le Canon qui suit d'un Concile de Reims, rapporté par Burchard dans son decret livre 3. cap. 48. *Quando abluitur corporale a sacr. terras*

terras Ecclesiarum quæ sub nobis sunt, nisi per nos, nec super terras Ecclesiarum Comitis Trecensis, vel Baronum aliorum, nisi per ipsos. Et si hoc fecisse convicti fuerint, ipsi præstitum suum amittent, & ille cujus erit vadium illud quietum rehabebit.

(6) Quando autem debitor *suum præstitum accipiet à* Judæo, *uterque tam* Judæus, *quam* debitor, *jurabunt, quod ipse debitor tantum receperit, quantum in scripto conventionis dicetur, & quod Judæo per conventionem nihil dederit. Et si quis illorum exinde convictus fuerit,* Judæus *amittet debitum suum, &* debitor *in misericordiâ Domini Regis remanebit.*

(7) Præterea si Judæus (e) sine sigillo *aliquid præstaverit, exinde non respondebitur ei, nisi habeat (f)* vadium *ex auro, vel argento, vestibus, vel animalibus.*

(8) Duo quidem de probioribus viris cujuslibet villæ, custodient (g) sigillum *Judæorum, alter videlicet sigillum, & (h) reliquas ruttam. Et ipsi jurabunt super sacrosancta, quod nullum ponent inscriptum ad aliquod debitum, cujus non habeant bonam notitiam, vel per se, vel per alium.*

(9) In unaquaque villâ erit unus solus scriptor literarum Judæorum, *& ille dabit securitatem quod legitime scribet, & officium illud legitime faciet.*

(10) Hoc autem stabilimentum durabit, quo usque nos, & Comitissa Trecensis, & Guido de Domnâ Petrâ, qui hoc facimus, per nos & illos ex Baronibus nostris, quos ad hoc vocare volumus, illud diffaciamus.

NOTES.

dote, diacono, vel subdiacono, primo in Ecclesia in loco & vase ad hoc præparato, abluatur QUOD EX DOMINICO CORPORE ET SANGUINE INFECTUM SIT.

Mais dans l'article 4. de l'Ordonance de 1218. au lieu de *Vadimonia*, il y a *Vestimenta*, ce qui paroist détruire cette explication. Voyez en cet endroit & cy-aprés art. 7.

(d) Vel retent. madefacta] Il faut qu'il y ait *recens*, ou *recenter madefacta*.

(e) Sine sigillo] Ainsi les Juifs ne pouvoient poursuivre leurs debiteurs en consequence de leurs promesses, quand ces promesses n'estoient pas scellées. *Vide Heineccium de sigillis part. 1. cap. num. 3.*

(f) Vadium] Voyez l'Ordonance du Commerce de 1673. au titre des interests de Change, article 8.

(g) Sigillum Judæorum] Il sembloit que les Juifs devoient faire apposer aux promesses qui leur estoient faites, le Sceau du Roy, ou des Seigneurs sous qui ils demeuroient. Mais on void icy qu'ils avoient un Sceau particulier, parce que suivant leur Loy, ils ne pouvoient se servir des figures d'hommes empreintes, gravées, ou peintes, *Vide Heineccium de sigillis part. 1. cap. 3.*

(h) Et reliquas ruttam] Il faut peut-estre *& alter rotam*. C'est-à-dire, le modele de la *rouelle* que les Juifs devoient porter. *Vide Cangium in* Rota Judæorum.

OBSERVATION.

PHILIPPE AUGUSTE a fait d'autres Ordonances, que l'on n'a plus.

Rigord dans la vie de ce Prince, qui est dans le tome 5. des Historiens de France page 5. & *Guillaume le Breton*, dont l'ouvrage est dans le mesme tome page 102. disent qu'il fit une Ordonnance contre les blasphemateurs.

> *Postea constituit, & sanxit lege novellâ*
> *Per totum regnum, ne blasphemare quis esset*
> *Cor, cerebrumve Dei, vel membrum quodlibet, ausus.*
> *Sic ut qui legem fuerit trangressus eandem,*
> *Quinque quater solidos teneatur solvere Christi*
> Pauperibus, *vel flumineas* jaciatur in undas.

Alberic moine de Trois-Fontaines, sous l'an 1182. écrit aussi, que Philippe Auguste fit au commencement de son regne des deffenses de blasphemer. *Prohibuit ne quis ludendo, vel alio modo, caput, ventrem, vel aliud membrum Dei jurare presumeret blasphemando*, ce que Justinien avoit fait dans ses novelles, *collatione 6. tit. 6. cap. 1.*

Rigord, page 9. & *Guillaume le Breton*, page 102. disent qu'il fit une Ordonance *portant que les* Juifs *seroient tenus de sortir du Royaume.* Et *Alberic* page 363.

sous l'an 1182. parle d'une autre Ordonance, par laquelle *Philippe* statua, que les debiteurs des Juifs seroient dechargez des sommes qu'ils leur devoient, & que la cinquiéme partie en appartiendroit au fisc, *Et quia Judæos odio habebat, & multas de eis in nomine Jesu Christi blasphemias audiebat, omnes debitores eorum a debitis absolvit, quintâ parte summæ fisco retentâ. Et eodem anno omnes de regno ejecit, datis prius induciis vendendi supellectiles suas, & parandi ea quæ necessaria erant egressui, antequam eos omnino ejiceret. Domos autem & vineas, & alias possessiones retinuit fisco &c.*

Selon *Rigord* page 42. les Juifs furent ensuite rappellez.

Aprés la conqueste de la Normandie, ce Prince fit une Ordonance touchant les *Elections*, dont Guillaume *le Breton* parle ainsi.

Preterea motu proprio, nullo supplicante,
Indulsit Monachis & Clero, ut fiat ab illis
Canonico deinceps pastorum electio *ritu,*
Nam Rex Anglorum jus usurpaverat illud
Usque modo, ut solus Pastores ipse crearet.

Et il fit au rapport du mesme Guillaume *le Breton* une Ordonance, portant que la peine du *talion* auroit lieu en Normandie.

Quædam autem in melius juri contraria mutans,
Constituit pugiles, ut in omni talio *pugna*
Sanguinis in causis ad pœnas exigat æquas,
Victus ut appellans, sive appellatus, eâdem
Lege ligaretur, mutilari, aut perdere vitam.
Moris enim exstiterat apud illos hactenus; ut si
Appellans victus in causa sanguinis esset,
Sex solidos decies, cum nummo solveret uno.
Et sic impunis, omissâ lege, maneret.
Quod si appellatum vinci contingeret, omni
Re privaretur, & turpi morte periret.
Injustum justus hoc juste Rex revocavit,
Reque pares Francis Normanos fecit in ista.

En l'année 1214. Il establit le *Doüaire Coûtumier*, qu'il fixa à l'usufruit de la moitié des immeubles, que le mary auroit au jour des épousailles. Voyez *des Fontaines* dans son Conseil chap. 21. n. 52. & *Beaumanoir* chap. 13. p. 75.

Beaumanoir écrit dans le chapitre 60. de ses Coûtumes du Beauvoisis, que *trop mauvaise Coûtume souloit courre en cas de Guerre el Royaume de France, car quant aucun fet avenoit de mort, de mehaing, ou de bateure, chil à qui le vilenie avoit esté fete, regardoit aucun des parens à chaus qui li avoient fet le vilenie, & qui manoient loin doù lieu, là où li fet avoit esté fet, si que il ne savoient riens dou fet, Et puis aloient là de nuit & de jour. Et sitost comme il le trouvoient il l'ocioient, ou mehaignoient, ou batoient, ou en faisoient toute leur volenté, comme de cheluy qui garde ne s'en donnoit, & qui ne savoit riens, que nus qui li apartenist de lignage, leur eust meffet. Et pour les grands perius qui en avenoit, le* bon Roy Phelippe *en fist un* Establissement *tel, que quant aucun fet est avenus, chil qui sont au fet present, se doivent bien garder puis le fet, ne vers chaus ne queurt nulle trive, devant que elle est prise par Justiche, ou par amis. Mais tuit li lignage de l'une partie & de l'autre, qui ne furent presens au fet, ont par l'Establissement le Roy* quarante jours *de trives, & puis les* quarante jours, *il sont en Guerre. Et par ces* quarante jours *ont les lignages loisir de savoir che qui avient en leur lignage, si que il se pueent pourveoir, ou de guerroier, ou de pourcachier asseurement, Trives, ou Pes.*

Comme Beaumanoir *selon luy-mesme* finit ses Coûtumes en 1283. *ce bon Roy*

Philippe, qui estoit mort, ce que nous marque le mot *bon*, ne pouvoit estre *Philippe le Hardi*, puisque ce Prince, qui succeda à S.t Loüis son pere le 15. Aoust 1270. n'est mort que le 6. Octobre 1285. deux années aprés que Beaumanoir eût fini son ouvrage. Ainsi il faut necessairement que *ce bon Roy Philippe* soit *Philippe Auguste*, lequel a esté le premier auteur de la Treve nommée par nos anciens praticiens *la quarantaine le Roy*. M.r du Cange s'y est trompé dans ses observations sur Joinville page 334. V. la note sur l'Ordonance de S.t Loüis de 1245.

Il auroit esté naturel de parler de ces Ordonances dans leur ordre, mais on ne l'a pû faire, parce qu'on n'a pû découvrir leurs vrayes dates.

LOUIS VIII. SURNOMME' LE LYON.

Louis VIII. à Paris en 1223.

(a) Ordonance touchant les Juifs.

SOMMAIRES.

(1) Aucune dete des Juifs ne produira plus d'usures à leur profit, & le Roy ni les Barons n'obligeront plus les debiteurs de les payer.

(2) Toutes les sommes deûës aux Juifs seront payées à leurs Seigneurs, en trois années & à trois termes dans chaque année. Le premier *à la feste de la* Purification prochaine *de l'an 1223. Le* second *à l'Ascension, & le troisiéme* à la Toussaint.

(3) Le Roy ne pourra retenir dans ses domaines les Juifs de ses Barons, ni les Barons les Juifs du Roy & des autres Barons, soit que les Barons ayent juré d'observer cette Ordonance, ou non.

(4) Les Juifs à l'avenir n'auront plus de scel pour sceller les obligations faites à leur profit.

(5) Les Juifs seront tenus de faire registrer dans les Justices de leurs Seigneurs, à compter de la date des presentes, jusques à la Purification prochaine, leurs detes actives, & s'ils ne le font, ils n'auront plus aprés ce temps d'action contre leurs debiteurs.

(6) Les letres, ou obligations rapportées par les Juifs, dont les dates seront avant cinq ans, seront nulles, & il n'en sera rien dû.

LUDOVICUS *Dei gratiâ Franciæ Rex, omnibus, ad quos literæ presentes pervenerint salutem. Noveritis, quod per voluntatem & assensum Archiepiscoporum, Episcoporum, Comitum, Baronum & militum regni Franciæ, qui Judæos habent, & qui Judæos non habent, fecimus stabilimentum super Judæos, quod juraverunt tenendum, illi quorum nomina subscribuntur*, Guillelmus, *Episcopus Cathalaunensis, Comes* Pertici, *Comes* Philippus Boloniæ, *Ducissa* Burgundiæ, *Comitissa* Nivernensis, *Comes* Galterius Blesensis *Comes* Joannes Carnotensis, *Comes* Robertus Drocarum, *pro se & pro Comite* Britannie *fratre suo, Comes* Namurcii *Comes* grandis prati, *Comes* Vindocinensis, *Robertus* de Cortenaio *Franciæ Buticularius, Mathæus* de Montemorenciaco *Franciæ Constabularius, Archembaldus* de Bourbon, *Guillelmus* de Dampetra, *Ingerannus* de Cociaco *Seneschallus. Amauricus* Andegavensis. *Droco* de Melloto, *Vicecomes Bellimontis, Henricus* de Soliaco, *Guillelmus* de Calviniaco, *Galcherus* de Joviniaco, *Joannes* de Viczvi, *& Guillelmus* de Silliaco. *Stabilimentum autem tale est.*

(1) *Nullum debitum* Judæorum curret ad usuram, *ab hac die* octabarum omnium Sanctorum, *(b) inantea, nec nos, nec Barones nostri faciemus de cætero reddi Judæis usuras, quæ current, ab hac die octabarum omnium sanctorum inantea.*

(2) *Debita universa, quæ debentur Judæis, sunt aterminata, ad novem pagas, infra* tres annos, *ad reddendum (c) dominis quibus Judæi subsunt, singulis annis ter-*

NOTES.

(a) Cette Ordonance a esté prise sur l'original qui est au tresor des chartes, avec le sceau du Roy & de tous les Barons qui y sont nommez.

(b) Inantea] De *cy en avant, à l'avenir.*

(c) Dominis quibus subsunt] C'est-à-dire, les Seigneurs dont les Juifs estoient *serfs*, ou *mainmortables*. Voyez ma note sur le chapitre 129. du premier livre des Establissemens de

LOUIS VIII. à Paris en 1223.

tiam partem *debitorum, tribus terminis, tertium* in instanti festo Purificationis beatæ Mariæ, *tertium* in Ascensione Domini, *& tertium in* festo omnium sanctorum subsequenti, *& sic in aliis duobus sequentibus annis.*

(3) Et sciendum quod nos & Barones nostri statuimus, & ordinavimus de statu Judæorum, *quod nullus nostrum alterius Judæos* recipere *potest, vel* retinere, *& hoc intelligendum est, tam de hiis, qui stabilimentum* juraverunt, *quam de illis qui* non juraverunt.

(4) *Judæi de cætero* sigilla non habebunt (*d*) *ad sigillandum debita sua.*

(5) *Debent etiam Judæi facere* (*e*) inrotulari, *auctoritate* dominorum quibus subsunt, *universa* debita sua, *infra instans festum* Purificationis beatæ Mariæ, *ita quod* de debitis *quæ tunc inrotulata non fuerint, sicut dictum est, non respondebitur Judæis de cætero, nec eis reddetur.*

(6) *Si quas autem* literas *exhibuerint Judæi de* debitis suis *continentes longius, & remotius* suæ confectionis tempus, *quam* a quinque annis *proximo, & ultimo præteritis, statuimus* eas non valere, *& debita in literis illis contenta reddi non debere.*

In cujus rei testimonium & confirmationem præsentibus literis sigillum nostrum fecimus apponi, & Comites, Barones, *& alii prænominati* sigilla sua duxerunt apponenda. *Factum Parisius anno Domini* MCCXXIII. *mense Novembri die Mercurii in octabis omnium sanctorum.*

NOTES.

St Loüis, & l'Ordonance de St Loüis faite à Melun en 1230. n. 2.

(*d*) *Ad sigillandum*] V. l'Ordonance sans date de Philippe Auguste touchant *les Juifs*, num. 8.

(*e*) *Inrotulari*] Voyez l'Ordonance de Philippe Auguste touchant *les Juifs*, de l'an 1218. article 6.

LOUIS VIII. en 1224.

(a) Confirmation des Letres du Roy Loüis le Jeune de l'an 1145. par lesquelles il abolit plusieurs mauvaises Coûtumes dans la Ville de Bourges.

SOMMAIRES.

(1) *Celuy qui sera accusé de n'avoir pas obéi au mandement du Prevost, ou du Viguier, sera quite de l'amende, en affirmant qu'il a ignoré le mandement. Et il n'y aura plus à ce sujet de duel comme auparavant.*

(2) *Le creancier pourra se saisir des effets de sa caution, & les prendre en gage, sans en obtenir la permission du Prevost, ou du Viguier.*

(3) *Le Prevost, ni le Voyer ne prendront plus rien sur les moissons, ni aucuns gistes.*

(4) *Dans la Septene, & dans chaque Voyrie il n'y aura qu'un seul Voyer.*

(5) *Le ban ne sera plus éxigé que trois fois l'année, à trois termes, & sans rachat.*

(6) *Le droit des moissons ne sera plus levé pour le Roy, sur ceux qui n'auront pris des bœufs, que depuis la St Michel jusqu'à la moisson suivante.*

(7) *Chaque* vilain, *ou* Coûtumier *chef de famille, qui* n'aura pas de bœuf, *donnera au Roy pour la remise de ces coûtumes une mesure de Froment & une mesure d'Orge, & celuy qui aura* un bœuf, *donnera une mesure de Froment avec une mine d'Orge. Et pour la décharge des charrois ils donneront par bœuf une mesure de Froment.*

(8) *Les moissons seront payées à la mesure de la Ville, demi-rase & demi-comble. Elle sera emplie par celuy qui recevra le droit, & rasée par celuy qui le payera.*

(9) *La Coûtume des Agneaux sera levée pour le Roy, depuis le jour des Rameaux jusques à la quinzaine de Pasques, & si les Officiers du Roy ne s'en font payer dans ce temps, celuy qui devra la Coûtume en sera dechargé, pour cette fois.*

(10) *Ceux qui viendront à Bourges, pour y demeurer, ou y apporter leurs effets, seront en sa sauvegarde du Roy, en allant, ou revenant, & si leurs Seigneurs, ou les Châteaux d'où ils viennent sont mal avec le Roy, ils n'en souffriront aucun prejudice.*

(11) *S'ils commettent quelque delict dans la Ville, ils l'amenderont à l'arbitrage des prud'homes de la Ville.*

(12) *Ceux qui viendront au marché seront en la sauvegarde du Roy, en allant, ou revenant, à moins qu'ils ne soient pris en flagrant delict.*

In nomine

Louis VIII. à Paris en 1224.

IN nomine sancte & individue Trinitatis, Amen. LUDOVICUS *Dei gratiâ Francorum Rex. Noverint universi præsentes pariter & futuri, quod Bituricas veniens* avus noster *venerandæ memoriæ.* (b) Ludovicus, *pravas quasdam consuetudines, quæ ibi, &* in (c) Septenâ *tenebantur, tam Cleri, quam populi Bituricensis precibus exoratus, pro emendatione prædictæ civitatis benignitate Regiâ relaxare, & emendare curavit. Cujus institutioni venerandæ memoriæ genitor Rex* (d) Philippus *favens per omnia, sicut in literis suis vidimus contineri, emendatas a* Patre suo, Avo nostro *confirmavit, & insuper alias quasdam paternâ usus bonitate in melius reformavit, & nos eorum vestigiis inhærentes, easdem consuetudines,* concedimus & confirmamus *in hunc modum.*

(1) *Si quis de* despectu *fuerit accusatus, per unum* (e) *planum sacramentum transeat* (f) sine duello.

(2) *Quicumque fidejussorem habuerit, sine clamore aliquo ad Præpositum, vel ad Vigerium facto,* (g) vadimonium *ejus secure accipiat.*

(3) Præterea Præpositus atque Vigerius mestivas, & hospitia non accipiant.

(4) In Septenâ, & unaquaque vigeriatâ unus tantum Vigerius *habeatur.*

(5) (h) Bannum ter tantum in anno, sine redemptione fiat competenti termino, ne rustici negotia sua inde omittant, & hoc consilio proborum hominum ipsius civitatis.

(6) De bobus, in quibus mestivas accipimus, sicut statutum est, concedimus, *scilicet, quicumque bovem post festum* sancti Michaëlis *acceperit, usque in sequentes messes, (i) mestivantem nullatenus reddat.*

(7) Pro pravarum itaque consuetudinum remissione & quittanciâ, statutum est, & unusquisque villanus consuetudinarius, qui per se est, bovem non habens *regiæ reddat majestati* unum quartallum *frumenti, & unum* quartallum hordei, bovem habens *reddat unum* quartallum frumenti, & minam hordei; *& iterum pro quittantiâ (k)* Charierorum, pro unoquoque bove *suo reddat unum* quartallum frumenti.

(8) Porro de his mestivis statutum est, ut ad justam mensuram prædictæ civitatis semirasam & semicumulatam reddatur, & qui mestivam receperit cumulet, qui reddiderit cum justâ rasitoriâ reddat.

(9) Consuetudo Agnorum *quod Præpositus & servientes nostri capere debeant; capiatur a Ramis palmarum usque ad quindenam Paschæ. Quod si Præpositus & servientes infra terminum istum accipere & adducere voluerint, ex tunc non teneatur reddere consuetudinem qui prius eam debuerat.*

(10) Concedimus etiam sicut antecessores nostri prædicti concesserunt, ut quicumque ad præfatam urbem venerint, & ibi stare, *vel res suas (l)* commendare *voluerint, ipsi cum rebus suis in* eundo, redeundoque, *securi sint. Et si eorum Domini, vel castra unde venerint, cum Regiâ majestate male fuerint, nihil eis nocebit.*

(11) Quod si infra urbem aliquid foris-fecerint, pro laude (m) proborum hominum *ipsius civitatis emendent, & res suas quo voluerint, asportent.*

NOTES.

(a) Ces letres sont entre les anciennes Coûtumes du Berry de la Thaumassiere chapitre 50. mal cotté 45.

(b) *Ludovicus*] VII.

(c) *Septenâ*] C'est la Banlieuë. Voyez mon glossaire sur ce mot.

(d) *Philippus*] *Augustus.*

(e) *Planum sacramentum*] Voyez la note sur les letres de Loüis VII. de l'an 1145. letre E.

(f) *Duello*] Voyez les letres de Loüis VII. de l'an 1145. letre G.

(g) *Vadimonium*] Voyez les letres de Loüis VII. de l'an 1145. letre G.

(h) *Bannum*] Dans les letres de Loüis le Jeune de l'an 1145. il y a *halbannum.* Voyez ce qu'on y a remarqué en la letre I.

(i) *Mestivantem*] Dans les letres de Loüis VII. de l'an 1145. il y a mieux *mestivam.*

(k) *Charierorum*] Dans les letres de Loüis VII. de l'an 1145. il y a *Quarrorum.*

(l) *Commendare*] Voyez les letres de Loüis VII. de l'an 1145. letre N.

(m) *Proborum hominum*] Dans les letres de Loüis VII. de l'an 1145. il y a *pro laude Baronum.*

LOUIS VIII. à Paris en 1224.

(12) Quicumque vero ad mercatum venerint, *in eundo redeundoque securi sint, nisi in præsenti forisfacto deprehensi fuerint.*

Ut autem hæc omnia stabilitatis robur obtineant, præfatam paginam sigilli nostri auctoritate, & Regii nominis charactere inferius adnotato, præcipimus communiri, Actum Parisiis anno Dominicæ Incarnationis MCCXXIV. *regni vero nostri anno secundo, astantibus in palatio nostro, quorum nomina supposita sunt & signa, Dapifero nullo. Signum* Roberti *Buticularii. Signum* Bartholomæi *Camerarii. Signum Constabularii. Data per manum* Garini *Silvanectensis Episcopi.*

LOUIS IX. du nom, à Paris au mois d'Avril de l'année 1228.

SAINT LOUIS IX. DU NOM.

Ordonance en faveur des Eglises, & contre les heretiques du Pays de Languedoc, &c.

SOMMAIRES.

(1) Les Eglises de Languedoc joüiront des privileges, & des immunitez de l'Eglise Gallicane.

(2) Ceux que l'Evesque aura condamnez pour quelque heresie que ce soit, seront punis sans retardement.

(3) Personne ne pourra donner retraite aux heretiques, ni les defendre, ou les favoriser. Et ceux qui contreviendront à ces deffenses, ne seront pas reçeûs à temoignage, ni à posseder aucune dignité. Ils ne pourront faire testament, ni succeder, & tous leurs biens meubles & immeubles seront confisquez, sans esperance pour leurs heritiers d'y pouvoir jamais rentrer.

(4) Les Barons & les Baillis du Roy & tous ses sujets auront soin de purger le pays d'heretiques. Ils les chercheront, & quand ils les auront trouvez, ils les livreront aux personnes Ecclesiastiques pour en faire ce qu'ils devront.

(5) Les Baillis, dans les deux premieres années donneront deux marcs *& dans les annees suivantes* un marc, *pour chaque heretique, à ceux qui les auront arrestez, dans leur Bailliage, aprés neantmoins que les heretiques auront esté condamnez.*

(6) Les Routiers seront chassez du Languedoc, afin que n'y estant plus, il y ait dans ce pays une paix perpetuelle, que chacun aura soin d'observer.

(7) Personne n'aura commerce avec les excommuniez suivant les Constitutions Canoniques. Et si les excommuniez laissent passer une année sans se faire absoudre, ils y seront contraints par la saisie de leurs biens meubles & immeubles, dont ils n'auront main-levée que quand ils seront rentrez dans le sein de l'Eglise, & par ordre du Roy.

(8) Les Laïques restituëront les dixmes qu'ils possedent, & ne les pourront plus retenir à l'avenir.

(9) Les Barons, les Vassaux, & les bonnes Villes feront serment qu'ils observeront ces presentes, & les Baillis qu'ils les feront observer, à quoy ils seront tenus sous peine de perdre le corps & les biens.

(10) Le frere du Roy, lorsqu'il entrera en possession du pays de Languedoc, sera tenu de jurer qu'il observera cette Ordonance & qu'il la fera executer.

LUDOVICUS *Dei gratiâ Francorum Rex universis civibus (b) Nemausi & aliis fidelibus suis per Nemausensem diocesim constitutis salutem & dilectionem.* Cupientes *in primis etatis, & regni nostri primordiis, illi servire, a quo regnum recognoscimus, & id quod sumus.* Desideramus ad honorem ipsius, qui nobis culmen dedit

NOTES.

(*a*) Le Pape Innocent IV. fait de grands éloges de cette Ordonance dans une epistre écrite à Blanche Reine de France en 1250. rapportée par M. Baluze dans l'*Appendix* de ses Conciles de la Gaule Narbonoise tit. 19.

(*b*) Cette Ordonance ayant esté envoyée dans plusieurs Dioceses, & en differentes Villes, elle a par cette raison des adresses differentes. Icy elle est adressée aux bourgeois de *Nismes* &c. Celle qui est donnée par M. Baluze dans ses Notes sur le traité de M. de Marca *de Concordiâ* page 128. de la seconde Edition, est adressée aux bourgeois de *Narbone.* Et celle qui est au Registre *Noster* est adressée aux *Barons, Vassaux* & *Baillis* des Provinces *d'Arles* de *Narbone* & des Dioceses de *Rhodez*, de *Cahors*, *d'Agen*, *d'Alby* &c.

honoris, *quod Ecclesia Dei, que in partibus (c)* nostris *longo tempore fuit afflicta, (d) & tribulationibus* concassata *in nostro dominio,* honoretur *& fideliter gubernetur.*

Louis IX. du nom, à Paris au mois d'Avril de l'année 1228.

(1) *Unde de (e)* magno nostrorum *& prudentium consilio,* statuimus *quod Ecclesie, & viri Ecclesiastici* in terris *constituti predictis,* libertatibus & immunitatibus utantur, *quibus utitur Ecclesia* Gallicana, *& eis plenè gaudeant secundùm consuetudinem Ecclesie memorate.*

(2) *(f)* Et heretici virus suum longo tempore in nostris partibus effuderunt, *Ecclesiam (g) matrem multipliciter maculantes, ad ipsorum extirpationem* Statuimus, *quod heretici* qui a fide catholicâ deviant, *quocumque nomine censeantur, postquam* fuerint *de heresi* per suum *(h)* Episcopum, *vel per aliam personam Ecclesiasticam,* qui potestatem habeat condempnati, *indilate animadversione debitâ puniantur.*

(3) (i) Ordinamus etiam quam firmiter decernentes, *ne quis hereticos receptare, vel* deffendere *quomodolibet, aut ipsis favere quocumque modo presumat; Et si aliquis contrà predicta facere presumpserit, nec ad* testimonium, *nec ad* honorem *aliquem de cetero admittatur, nec possit facere (k)* testimonium *(l)* tn. vel successionem alicujus hereditatis habere. *(m)* Omnia bona mobilia, que sint *ipso facto publicata, decernimus ad ipsum, vel (n) posteriores ipsius nullatenùs reversura.*

(4) Statuimus & mandamus *ut* Barones *terre, &* Bajuli *nostri, &* subditi *nostri presentes & futuri solliciti sint & intenti terram purgare hereticis, & hereticâ (o) feditate,* & *precipientes quod (p)* predicta *diligenter investigare studeant & fideliter invenire, & cum eos invenerint, presentent, sine moræ dispendio,* personis Ecclesiasticis *superiùs memoratis, ut eis presentibus, de errore heresis condempnatis, omni odio, prece & pretio, honore, gratiâ & honore postpositis, de ipsis festinanter faciant quod debebunt.*

(5) Verùm quia (q) honorandi sunt, & muneribus provocandi, qui ad inveniendum & capiendum hereticos solicitè diligentiam suam exercent, statuimus & volumus & mandamus *ut Bajuli nostri, in* quorum Bajuliis *capti fuerint heretici, pro quolibet* heretico capto, *postquàm fuerit de heresi* condempnatus, *usque ad biennium solvant integrè* duas marchas capienti, *post* biennium *autem unam.*

(6) Sanè quia (r) Ruptarii *solent (s) devastare terram predictam, & quietem*

NOTES.

(c) Nostris] Dans l'Edition de M. Baluze il y a mieux *vestris.*

(d) Et tribulationibus concassata] Dans l'Edition de M. Baluze il y a *tribulationibus innumeris conquassata,* & dans le Registre Noster *tribulationibus variis constricta.*

(e) Magno nostrorum] Dans l'Edition de M. Baluze il y a mieux *de magnorum.* Il y a aussi *magnorum* dans le manuscrit de M. Foucault.

(f) Et] Dans l'Edition de M. Baluze il y a *Et quia.*

(g) Matrem] Dans l'Edition de M. Baluze il y a *nostram.*

(h) Episcopum] Dans le manuscrit de M. Joubert & l'Edition de M. Baluze il y a *Episcopum loci.*

(i) Ordinamus] Dans l'Edition de M. Baluze & au Registre *Noster* il y a *Ordinantes.*

(k) Testimonium] Dans le Registre *Noster* & dans l'Edition de M. Baluze il y a mieux *testamentum.*

(l) Tn vel successionem] Dans le manuscrit de M. Baluze il y a mieux *nec successionem* &c.

(m) Omnia bona mobilia] Au Registre *Noster* & dans l'Edition de M. Baluze il y a mieux *Omnia bona ipsius mobilia & immobilia* &c.

(n) Posteriores] Dans le manuscrit de M. Baluze il y a mieux *posteritatem.*

(o) Feditate] Turpitudine.

(p) Prædicta] Dans l'Edition de M. Baluze il y a mieux *prædicti,* au Registre *Noster* il y a *prædictos* qui est bon.

(q) Honorandi] Dans le Registre *Noster* il y a moins bien *hortandi.*

(r) Ruptarii] C'estoient des brigands & des voleurs ramassez qui vivoient sans solde. Ils estoient ainsi nommez selon M. de Marca du mot *rupta* qui signifioit dans la moyenne & la basse Latinité une Compagnie de Soldats. Comme ils estoient infracteurs de la treve de Dieu, de là vient qu'il est dit dans la suite de cet article que *Illis expulsis pax perpetua servetur in terrâ.* Vide *Dom. de Marca lib 6. historiæ Bearnens, cap. 14. Cang. in glossario. Concil. Gal. Narb. p. 60. & D. Martene in glossario ad Thesaurum anecdot.*

(s) Devastare] Dans l'Edition de M. Baluze il y a *& demoliri.*

LOUIS IX. du nom, à Paris au mois d'Avril de l'année 1228.

Ecclesie & Ecclesiasticorum virorum turbare, Statuimus *ut omninò* Ruptariis *illis expulsis*, pax perpetua *servetur in terrâ, ad quam servandam dent omnes operam efficacem.*

(7) Ad hec quia claves Ecclesie consueverunt in terrâ illâ contempni, statuimus *ut excommunicati (t)* vitentur *secundum Cononicas* sanctiones, *Et si aliqui* per annum *contumaciter in excommunicatione persliterint, ex tunc (u)* spiritualiter *compellantur reddire ad Ecclesiasticam unitatem, ut quos a malo non (x) retrahit amor Dei; saltem* pena *(y)* temporaliter compellat. *Unde precipimus quod Bajuli nostri omnia bona talium excommunicatorum* mobilia *&* immobilia *post* annum *capiant, nec eis aliquo modo restituant, donec predicti* absoluti fuerint, *& Ecclesie satisfactum, nec tunc etiam nisi de nostro speciali mandato.*

(8) Decime *sanè quibus fuit Ecclesia longo tempore per maliciam inhabitantium defraudata*, statuimus *&* ordinamus *quod restituantur Ecclesiis, & amplius laïci non* detineant decimas, *sed eas Ecclesiis liberè habere permittant.*

(9) (z) Hec statuta inviolabiliter servari jubemus, mandantes quod Barones & vassali & bone ville jurent ista (aa) servari, Baillivis *nostris ad hoc executoribus deputatis, qui infra mensem, postquàm fuerint in Baliviis suis constituti, publicè & in loco publico & die solempni, jurent quod hec servabunt, & facient ab omnibus bonâ fide servari, quod si non fecerint, penam bonorum omnium, &* corporum *poterunt formidare.*

(10) Noveritis etiam quòd ista statuta sic volumus observari, quod etiam frater noster, qui *terram ipsam tenebit, jurabit hoc facere servari.*

(bb) Et ea sigilli nostri fecimus munimine communiri. Actum anno gratie millesimo ducentesimo (cc) vicesimo octavo *mense Aprilis. (dd)*

NOTES.

(t) *Vitentur]* Il y a ainsi dans l'Edition de M. Baluze.

(u) *Spiritualiter]* Dans l'Edition de M. Baluze il y a *temporaliter*, & dans le Registre de M. Joubert il y a *corporaliter* qui vaut mieux.

(x) *Retrahit]* Au Registre *Noster* il y a *revocat*.

(y) *Temporaliter]* Dans l'Edition de M. Baluze il y a mieux *temporalis*.

(z) *Hæc statuta]* Il y a au Registre *Noster Et ut hujus forma statutorum nostrorum inviolabiliter observetur, eam jubemus perpetuo observari, mandantes &c.*

(aa) *Servari]* Au Registre *Noster* & dans l'Edition de M. Baluze il y a mieux *servare*.

(bb) *Et ea]* Il y a ainsi au Registre *Pater*. Au Registre *Noster*, & dans l'Edition de M. Baluze il y a *Ut autem hæc statuta firma & inconcussa permaneant*, ea &c.

(cc) *Vicesimo octavo]* Au Registre *Noster* il y a *vicesimo nono*, ainsi que dans le manuscrit de M. Joubert.

(dd) Aprés l'Ordonance precedente il y a ce qui suit au Registre *Pater* de la Chambre des Comptes, que l'on met en note parce qu'on doute fort que ce soit une Ordonance.

(1) *Item* nullis Regularibus, pro vestibus, *seu pro pittantiâ a suo majore pecunie summâ detur, ad hoc enim datur eis materia proprium retinendi, sed omnes cum vestiario induantur.* Vide Canonem 15. Concilii Monspeliensis anni 1214.

(2) *Prohibemus quoque districtiùs ut nulli regulares cum balardinis, seu * gramasiis seu aliis vestibus laïcorum equitent vel incedant, sed cappas rotundas publice deferant, vel suum habitum regularem.* * Vide D. Martene in glossario ad Thesaur. anecdoct.

(3) *Et quia plurimi regulares regularem deferre habitum erubescunt, Montispessulano & Avenionensi Conciliis inherentes*, statuimus *ut omnes Monachi nigri, & Canonici regulares vestes deferant albas, vel nigras, ut qui ex antiqua Ecclesiæ consuetudine suæ albas hactenùs portaverunt, hujus constitutionis pretextu nigras...... deferre propterea non presumant, cum in unaquaque Ecclesia velimus habitum unum, & statutum antiquum & laudabile observari, districtè precipientes ut Regulares aliqui clarâ vel nigrâ, brunetâ, vel panno alio, sumptuoso, sendato quoque, aut serico non utantur.* V. Concil. Monspel. an. 1204. can. 22. 23.

(4) *Ut autem predicta serventur ab omnibus Clericis tam regularibus quàm secularibus, ipsius Concilii approbatione, inconcussè* statuimus, *ut quicumque contra predicta venerit, vel aliqua predictorum, sit ipso facto inegligibilis ad beneficium Ecclesiasticum, & multò magis ad Ecclesiasticam dignitatem, ad quod, vel ad quam post hujus excessum proximo eum eligi contingerit, vel vocari, nisi cum eo fuerit per sedem apostolicam dispensatum.*

(5) *Statuimus* & *ut si talis fuerit priora-*

NOTES.

tus monachorum, in quo tres monachi valeant commorari, tres ad minus ponantur ibidem, ut unus ex eis Prior fiat, qui curam habeat animarum, vel aliorum. Si verò tot fratribus non sufficiat Prioratus, cùm pauciores vix possint regulariter vivere, due vel tres Ecclesie juxta arbitrium diocesani Episcopi, vel Abbatis, sive Prepositi, vel Prioris, cui vel quibus Ecclesie ille subsunt, conjungantur in unum, & illi Priori qui instituetur in unâ ipsarum respondeant, qui prior in illis Ecclesiis quibus non sunt fratres, ministret per presbyterum * secularem. * *V. cap. 1. ext. De Capell. monach. & Concil. Monspel. anni 1214. can. 26.*

(6) Adjicientes ut si ille ad quem *spectat prioratuum ordinatio predictorum, per annum in hiis negligens fuerit vel remissus, ipsorum prioratuum ordinatio ad superiorem proximum devolvatur.*

(7) De Prioratibus verò Canonicorum, cum regule inserviant latiori, si pluribus non sufficiat prioratus, duo saltem Canonici in prioratu ponantur. Quod si nec duobus facultates sufficiant, prioratus fiat de prioratibus monachorum : hoc enim agimus in hiis presertim ut monachi, vel Canonici regulares absque sociis vel socio sui ordinis non morentur.

(8) Item præcipimus ut nullus sacerdos, vel Clericus regularis, aut secularis aliquam feminam teneat infra septa Ecclesie de quâ mala suspicio valeat exoriri.

LOUIS IX. du nom, à Paris au mois d'Avril de l'année 1228.

LOUIS IX. du nom, à Melun en Decembre 1230.

(a) Ordonance contre les Juifs & les usures.

SOMMAIRES.

(1) Le Roy & les Barons n'autoriseront plus les Juifs à contracter aucunes detes.

(2) Personne dans le Royaume ne pourra retenir le Juif qui appartiendra à un autre, & celuy qui en sera le maistre le pourra reprendre comme son serf.

(3) Les sommes dûes aux Juifs seront payées en trois années, & le terme de chaque payement écherra à la Toussaint.

(4) Le Roy & les Barons ne permettront pas aux Chrestiens de prester à usure, & par usure on entend tout ce qui est au delà du sort principal.

(5) S'il y a quelques Barons qui ne veulent point observer cette Ordonance, ils y seront contraints par le Roy, & les autres Barons seront tenus de se joindre à luy & de l'ayder de leur pouvoir.

(6) Les Juifs representeront leurs lètres, ou leurs obligations à leurs Seigneurs avant la Toussaint prochaine, & s'ils y manquent leurs obligations seront nulles.

LUDOVICUS *Dei gratiâ Francorum Rex. Noverint universi, presentes pariter & futuri, quod nos pro salute anime nostre, & inclite recordationis Regis* Ludovici *genitoris nostri, & antecessorum nostrorum, pensatâ ad hoc utilitate* totius regni nostri, *de sincerâ voluntate nostrâ, & de communi consilio Baronum nostrorum.*

(1) Statuimus *quod nos, & Barones nostri Judeis (b) nulla de cetero contrahenda faciemus haberi.*

(2) Nec aliquis in toto regno *nostro poterit retinere Judeum alterius (c) Domini, & ubicumque aliquis invenerit Judeum suum, licite capere poterit tamquam (d) proprium* servum, *quantamcumque moram fecerit Judeus sub alterius dominio, vel in alio regno.*

(3) Debita vero que (e) nunc Judeis debentur, solventur tribus terminis, *videlicet in instanti festo omnium sanctorum tertia pars, in sequenti festo omnium sanctorum tertia pars, & in alio sequenti festo omnium sanctorum tertia residua pars.*

(4) De Christianis *vero* statuimus, *quod nullas* usuras *de debitis contrahendis cos*

NOTES.

(a) Cette Ordonance est en la Chambre des Comptes de Paris au Registre *Pater* feüillet 114. Au Registre A. feüillet 145. & elle est rapportée par Alberic dans sa Chronique page 536. 537. &c.

(b) Nulla] Dans le Registre intitulé *Fermes de Normandie*, & dans Alberic, il y a *nulla debita.*

(c) Domini] Dans le Registre *Pater* il y a *dominii.*

(d) Proprium servum] Cela prouve manifestement que dans ces temps-là les Juifs estoient *serfs*. Voyez l'Ordonance touchant les Juifs de l'an 1223. page 47. letre C.

(e) Nunc] Dans le Registre *Pater*, & dans Alberic, il y a *usque nunc.*

LOUIS IX. du nom, à Melun en Decembre 1230.

faciemus habere nos, seu Barones nostri. Usuras autem intelligimus quidquid est ultra (*f*) *sortem. Hec autem statuta servabimus & faciemus servari in terrâ nostrâ, & Barones nostri in terris suis.*

(5) *Et si aliqui Barones noluerint hoc servare, ipsos ad hoc compellemus, ad quod alii Barones nostri, cum posse suo, bonâ fide nos juvare tenebuntur, & si aliqui in terris Baronum inveniantur rebelles, nos & alii Barones nostri juvabimus ad compellendos rebelles predicta statuta servare.*

Hec autem in perpetuum volumus illibata servari, & a nobis & heredibus nostris, & Barones nostri similiter concesserunt se & heredes suos perpetuo servaturos. Ego Philippus Comes Bolonie *eaque premissa sunt, volui, consului, & juravi, Ego* Theobaldus Comes Campanie *eadem volui, consului, & juravi. Ego* Hugo Comes Marchie *eadem. Ego* Amalricus Comes *Montisfortis Francie Constabularius eadem. Ego* Hugo Comes sancti Pauli *eadem. Ego* Guillelmus Comes Lemovicensis *eadem. Ego* Guillelmus (*g*) de Dompno Petro *eadem; hec autem voluimus, consuluimus & juravimus, pro salute animarum nostrarum & antecessorum nostrorum.*

(6) *Adjunctum est insuper quod omnes Judei literas quascumque habent de debitis suis* (*h*) non dent. *Dominis suis* (*i*) *infra festum omnium sanctorum; alioquin non valebunt litere ille, nec eis ex tunc uti poterunt Judei ad petenda debita sua.*

Nos autem ut predicta omnia rata in perpetuum remaneant & inconcussa, in eorum perpetuam memoriam, & testimonium, sigilla nostra presentibus literis fecimus apponi. Actum apud Meledunum *anno Domini MCCXXXIII. mense Decembri.*

NOTES.

(*f*) *Ultra sortem*] Il y a ainsi dans le Registre A. & dans le Registre intitulé *Fermes de Normandie.* Dans le Registre *Pater* il y a moins bien *extra sortem.*

(*g*) *De domno Petro eadem*] Dans le Registre intitulé *Fermes de Normandie*, il y a ensuite. *Ego Joannes de Nigellâ eadem. Ego Guillelmus de Vergiaco eadem.* Et dans Alberic il y a plusieurs autres noms qui ne sont pas icy.

(*h*) *Non dent*] Dans le Registre *Pater* il y a mieux *ostendent.*

(*i*) *Infra festum*] Dans le Registre intitulé *Fermes de Normandie*, il y a *instans festum.*

LOUIS IX. en 1234.

(*a*) Letres touchant les Juifs.

SOMMAIRES.

(1) *Le Roy quitte les Chrestiens du tiers des sommes registrées, qu'ils doivent aux Juifs. Ensorte que ce tiers sera rendu à ceux qui auront tout payé, & sera remis à ceux qui seront encore debiteurs, à condition qu'ils payeront la premiere moitié des deux parties restantes à la Toussaint suivante, & l'autre moitié à la Purification.*

(2) *Les Baillis ne pourront faire emprisonner aucun debiteur pour les detes des Juifs, ni forcer aucun Chrestien à vendre ses immeubles pour les payer.*

(3) *Les Juifs ne pourront recevoir aucun gage qu'en presence de gens dignes de foy. & s'ils y manquent leurs meubles, ou cateux seront confisquez.*

(4) *Il est deffendu aux Baillis de prendre quelque chose pour l'execution des presentes sous peine de l'indignation du Roy & de confiscation de leurs meubles & immeubles.*

ANNO *Domini MCCXXXIV. Institutum est à Ludovico filio regis* (*b*) *Ludovici.* (1) Sciendum est *quod Dominus Rex Francorum pro salute animæ suæ, & animæ patris sui, & omnium antecessorum suorum,* quictavit *omnibus* Christianis, *qui debebant Judæis, quando ultimo capti fuerunt, &* debita *fuerunt* (*c*) irrotulata, tertiam partem *totius debiti quod debebant Judæis : ita videlicet quod* tertia pars red-

NOTES.

(*a*) Ces letres ont esté prises dans la Collection nouvelle de Dom Martene imprimée à Roüen en 1700. partie 2. feüillet 100.

(*b*) *Ludovici*] VIII.

(*c*) *Irrotulata*] Voyez l'Ordonance de Philippe Auguste de l'an 1218. article 6. & cel-

deretur illis, qui totum persolverunt; & *illis qui* adhuc debent, tertia pars quietata erit, *& de duabus partibus remanentibus habebunt terminum, videlicet de primâ medietate usque ad instans festum omnium sanctorum, & de aliâ medietate usque ad Purificationem proxime sequentem.*

Louis IX, en 1234.

(2) *Præceptum est etiam districte omnibus Baillivis, ne corpora Christianorum capiantur* pro debito Judæorum, *& quod Christiani non cogantur pro hoc ad ven*dendum hereditates suas.

(3) *Præceptum est autem quod* Judæi nullum vadium accipiant, *nisi per testi*monium bonorum *hominum & fide dignorum, quia si aliqua vadia penes ipsos inventa fuerint, de quibus bonam garanticationem non habuerint:* catalum *suum amittent,* (d) *& per jus tamquam Christiani deducentur.*

(4) *Præceptum est etiam Baillivis quod nihil capere præsumant pro supradictis fideliter adimplendis, sicut* carum *habent Dominum* Regem, *& sicut diligunt* corpora sua, *terras, & omnia* mobilia *sua. Valete.*

NOTES.

le de Loüis VIII. de l'an 1223. art. 5.

(d) *Et per jus tamquam Christiani deducentur*] C'est-à-dire, ce semble, que les gages seront ostez, ou imputez aux Juifs comme à des Chrestiens, qui auroient presté sur gages.

Louis IX, en May 1235.

(a) Ordonance touchant le relief & le rachapt des fiefs.

SOMMAIRES.

(1) *Lorsqu'il y aura mutation de fief, de Pere à fils, si le fils n'a pas dequoy payer le relief, le Seigneur joüira de son domaine pendant une année, si le domaine consiste en* terres labourables. *Le Seigneur aura la moitié des fruits des* vignes *cultivées, & si elles ne sont pas cultivées, il les fera cultiver & en aura tous les fruits.*

(2) *S'il y a des* viviers *ils seront prisez par deux Chevaliers, homes de foy du Seigneur, s'il les a, sinon il les demandera au Chef Seigneur. Ces Chevaliers s'informeront combien ces viviers peuvent produire de revenu en cinq années, & le Seigneur en aura la cinquiéme partie pour son relief. Il en sera de mesme à l'égard des* garennes.

(3) *Quand aux* Bois, *on estimera ce qu'ils produiront en sept années, & de ces sept années le Seigneur en aura une.*

(4) *Le Seigneur ne prendra rien sur les* tailles *ou les* aydes *qui seront deües au vassal par ses homes.*

(5) *Le Seigneur aura le relief des arriefiefs qui seront ouverts pendant l'année, & à la fin de l'année il aura quatre Parisis pour chaque arrierefief.*

(6) *Si quelque veuve joüit du fief qui est à relever, à titre de doüaire, l'heritier en fera raison au Seigneur.*

(7) *Aprés que le Seigneur aura joüi du fief pendant une année pour son relief, il recevra l'homage de l'heritier, pourvû néantmoins que l'heritier luy donne asseûrance que dans 80. jours il le payera de ce qui luy sera deû de son relief sur les viviers & les garennes &c.*

(8) *Tant que le Seigneur aura en sa main les viviers & les garennes de son vassal, il sera tenu de les garder de bonne foy.*

(1) O*RDINATUM fuit ad relevationem malarum consuetudinum, quod* de patre ad filium, *vel alio modo, quandò* relevare *convenerit, nisi* (b) finator *possit* finare *cum domino suo, dominus tenebit domanium suum per annum, si ibi sit* terra (c) arabilis *quæ culta, sit. Dominus capiet medietatem de* vineis *cultis, & si cultæ non essent, Dominus eas coleret, & fructus perciperet.*

NOTES.

(a) Cette Ordonance est rapportée par Brodeau sur la Coûtume de Paris article 3. page 61. Voyez ce qu'il y dit.

(b) *Finator]* C'est celuy qui doit la Finance pour le relief.

(c) Voyez les articles 58. & 59. de la Coûtume de Paris.

LOUIS IX. en May 1235.

(2) *Et si ibi sint (d)* vivaria, *appreciarentur per* duos (*e*) milites juratos *homines Domini, si habeat, aliàs (f) requireret à* Domino capitali, *qui inquirerent quantùm vivaria possent valere* in quinque *annis, & dominus habebit* quintam partem *pretii pro illo anno, & idem de* garennis.

(3) *Quoad* (*g*) nemora *Dominus haberet septimam partem ejus quod valerent si custodirentur per* Septennium.

(4) *Et si essent homines qui* talliam, *vel* auxilium *deberent, Dominus non posset hoc levare.*

(5) *In* (*h*) retrofeudis *venientibus infra annum, dominus habebit* relevamen, *& in fine anni pro quolibet* retrofeudo, *habebit servitium* quatuor Parisiensium, *quas relevator tenebitur reddere Domino.*

(6) *Et si* dos *fuerit in quolibet feudo relevato, faciet satisfactionem secundum valorem dotis.*

(7) *Postquam Dominus per* annum terram *tenuerit,* recipiet homagium ab herede, *tali modo quod heres de pretiis vivariorum, garennarum, nemorum, &* valore dotium, *& servitiorum, debet Domino prius facere gratum suum, vel competentem securitatem ei dare, quam infra 80. dies facere debebit.*

(8) *Et quamdiu Dominus tenebit in manu sua vivaria, garennas, nemora, ea custodire debet bonâ fide.*

NOTES.

(*d*) Voyez l'article 48. de la Coûtume de Paris.

(*e*) *Milites juratos*] Voyez l'article 47. de la Coûtume de Paris, & ce que j'y ay remarqué sur le mot *prud'homes.*

(*f*) *Requireret à Domino capitali*] Voyez ma note sur le chap. 4. du premier livre des Establissemens letre G. & Beaumanoir dans ses Coûtumes du Beauvoisis chapitre 67. *des Jugemens* page 337. au commencement.

(*g*) *Nemora*] Voyez l'article 43. de la Coûtume de Paris & les Commentateurs.

(*h*) *Retrofeudis &c.*] Voyez la Coûtume d'Anjou, article 233. celle du Maine article 133. celle de Touraine article 137. celle du Loudunois chapitre 14. article 12. celle du Poitou article 164. & Loisel dans ses institutes Coûtumieres livre 4. tit. 3. art. 19.

LOUIS IX. du nom, à Pontoise au mois d'Octobre 1245.

Ordonance touchant les guerres privées, nommée *la quarantaine le Roy.*

SOMMAIRES.

Lorsqu'il y aura quelque delict pour lequel les parties seront en guerre, il y aura treve pendant quarante jours, à compter du delict, dans laquelle tous les parens de deux parties seront compris, la guerre continuant entre les auteurs de la querelle &c.

*VIDELICET *quod quotiescumque aliquæ discordiæ, rixæ, mesleiæ, aut delicta inter aliquos regnicolas in motus*

(*a*) D'ANCHIEN tamps, & mesmement par les Ordonances de bon (*b*) Eurée recordation (*c*) *Saint Loeys de* France nostre predecesseur Roy, el temps qu'il vivoit, eust esté *establi & ordené,* que * *Toutes fois* que aucuns descorde, tenchon, meslée, ou delict estoit meus en caude-meslée entre au-

NOTES.

(*a*) *D'anchien temps*] Ce n'est point icy l'Ordonance de St Loüis, mais un extrait de celle du Roy Jean du 9. Avril 1353. que l'on donne Latine & Françoise, où la disposition de celle de St Loüis touchant les *guerres privées,* nommée par les praticiens *la quarantaine le Roy* est exactement rapportée. La latine avoit déja esté donnée par M. du Cange sur Joinville page 334. de ses Dissertations.

(*b*) *Eurée*] Heureuse du mot Latin *hora.*

(*c*) *St Loeys Roy de France*] Ainsi selon le Roy Jean, c'est St Loüis qui a fait l'Ordo-

calidi

Louis IX. du nom, à Pontoise au mois d'Octobre 1245.

calidi conflictu, vel aliàs pensatis insidiis, evenire contingebat, ex quibus nonnullæ occisiones, mutilationes, & aliæ injuriæ sæpissime accidebant, amici carnales hujusmodi mesleias facientium, aut delicta perpetrantium, in statu securo remanebant, & remanere debebant, a die conflictus, seu maleficii perpetrati, usque ad quadraginta dies immediate continuos tunc sequentes, delinquentibus personis duntaxat exceptis, quæ propter eorum malesicia capi & arrestari poterant, tam dictis quadraginta diebus durantibus, quàm postea, & in justitiariorum carceribus mancipari, in quorum justitiâ dicta malesicia fuerant perpetrata, justitiam ibidem de suis maleficiis recepturi, secundum delicti qualitatem, prout postulabat ordo juris. Et si interim infra terminum quadraginta dierum prædictorum, aliqui de parentelâ, progenie, consanguinitate, seu affinitate utriusque partium principalium delinquentium aliter quoquo modo facere præsumebat, pro hujusmodi causâ vindictam assumere satagendo, vel aliàs exceptis malefactoribus prædictis, qui, prout fertur, capi & puniri poterant, prout casus exigebant, ipsi tamquam proditores, criminisque convicti, & ordinationum, ac statutorum regiorum transgressores puniri & justitiari debebant, per judicem ordinarium, sub cujus jurisdictione delicta existebant perpetrata, vel in loco in quo essent ab hujusmodi crimine convicti, seu etiam condemnati. Quæ quidem

cuns de nostre Royaume, ou par agait, & de fait appensé, des quelles coses plusieurs occisions, mutilations, & plusieurs autres injures souventesfois avenoient, (*d*) *li ami carnel* de chiauls qui les dites mellées, & delicz faisoient, demouroient, & demeurer devoient en leur estat, du jour dudit assault, ou meffait, jusques à *quarante jours* continuelement ensuivans, excepté tant seulement *les persones qui s'entremesfaisoient*, les queles persones pour leur meffait, pooient estre prins & arresté, tant durant les *dis quarante jours*, come aprés, & pooient estre emprisonnez és prisons des justiciers, en le jurisdiction desquels li dit malefice avoient esté perpetré, pour estre justicié de leurs malefices, selonc le qualité du delict, ainsi qui li ordres de droit l'enseigneoit. Et se en dedens le terme *des quarante jours devans dis* aucuns du lingnage, progenie, consanguinité, ou affinité d'aucunes des parties principalment meffaisans à aucun de l'autre lignage des dis meffaisans, en aucune maniere *sourfaisoit*, ou *malfaisoit* pour chelle cause, en prenant vengeance, ou en aultre maniere, excepté les malfaiteurs principauls devant dis, liquel, si come dit est, pooient estre prins & puni, si come li cas le desiroient. Ichiauls, come traistres & convaincus du meffait, & come enfraigneurs des Ordenances & statuts Royauls, devoient estre puni & justicié par le Juge ordinaire, sous qui jurisdiction li delict avoient esté perpetré, ou el lieu, ou quel il estoient dudit crime convaincu, ou con-

NOTES.

nance touchant les guerres privées nommée *la quarantaine le Roy*, Beaumanoir l'attribuë neantmoins à *Philippe* Auguste. De sorte qu'il faut, ou que Beaumanoir se soit trompé, ce qui est difficile à croire, ou qu'il y ait eû deux loix qui ayent ordonné la *quarantaine* dont il est parlé dans celle-cy. Voyez l'observation qui a esté faite aprés la derniere Ordonance de Philippe Auguste page 46, & la note qui suit.

(*d*) *Li ami charnel*] C'est-à-dire, les parens. Beaumanoir chap. 60. page 306. *Trop mauvaise coutume souloit courre en cas de guerre el Royaume de France, car quant aucun fet avenoit de mort, de mehaing, ou de bateure, chil à qui le vilenie avoit esté fete, regardoit aucun des parens, à chaux qui li avoient fait le vilenie, & qui manoient loin du lieu là où li fet avoit esté fet, si que il ne savoient riens d'où fet, & puis alloient là de nuit & de jour, & si tost comme il le trouvoient, il l'ocioient, ou mehegnoient, ou batoient, ou en fesoient leur volenté, comme de cheluy qui garde ne s'en donnoit, & qui ne savoit riens que nus qui li appartenist de lignage, leur eust meffet, & pour les grans perius qui en avenoient.* Le bon Roy Philippe fit un Establissement tel, que quant aucun fet est avenus, chil qui sont au fet presens, se doivent bien garder puis le fet, ne vers chaux ne queurt nule treve devant que elle est prise par Justice, ou par amis. Mais tuit li lignage de l'une partie & de l'autre, qui ne furent present au fet, *ont par l'Establissement le Roy* quarante jours de Treve, & puis les quarante jours, *ils sont en guerre, &c.* Voyez Boutciller dans sa Somme livre premier tit. 34. pag. 235. où il attribuë cette Ordonance à St Loüis. Joignez en cet

LOUIS IX. du nom, à Pontoise au mois d'Octobre 1245.

ordinationes adhuc in pluribus & diversis partibus Regni nostri non immeritò tenentur &c.

dempné. Lesqueles Ordonances encore en plusieurs & diverses parties de nostre Royaume, non mie sans cause, sont tenuës, & fermement pour le bien publique, tuition du pays, & des habitans en nostredit Royaume demourans & manans, loialment wardees, si come est dist, &c.

NOTES.

endroit la note de Charondas letre M. page 243.

Il faut icy remarquer que les guerres privées n'avoient lieu qu'entre *gentilshommes*, & non entre gens de *poote, ou roturiers.* Il est *Coûtume* dit Beaumanoir *en le Chastellenie de Clermont, que se gens de poote ont mefet à l'autre de fet apparent, & l'une des parties demande* treves *de l'autre pardevant Justiche, il ne l'ara pas, ainchois fera le Justiche fere à plein* asseurement, *si pés ne se fet entre les parties*, car gens de poote par le Coûtume ne puent guerre demener, & entre gens qui ne pueent guerroier nules trives n'appartient &c. Voyez la Dissertation 29. de Mr du Cange sur Joinville.

LOUIS IX. du nom, à Orleans au mois de May 1246.

(a) Ordonance touchant le Bail & le Rachat dans les Coûtumes d'Anjou & du Maine.

SOMMAIRES.

(1) *En Anjou la veuve d'un home noble ou d'un Seigneur de fief, a le* Bail *de ses enfans sans rachat, & si elle meurt, le* Bail *est deferé au plus proche parent paternel, ou maternel du costé dont la succession est écheüe aux mineurs.*

(2) *Ceux qui auront le* Bail *d'une mineure heritiere principale de terre, soit la mere, ou un parent collateral, seront obligez de donner asseûrance au Chef Seigneur qu'elle ne sera pas mariée sans son consentement, & sans l'avis de ses parens.*

(3) *Si la veuve d'un noble, ou d'un Seigneur de fief, Baillistre de ses enfans, passe en seconde noces, son mary fera homage du fief & en payera le* rachat.

(4) *Il n'y a pas de* rachat *dans les mutations de pere à fils, ni de frere à frere, & tous les autres qui tiennent en* Bail *doivent homage & rachat.*

(5) *Le parent collateral heritier presomptif du fief du mineur en a* le Bail, *mais la garde de la personne du mineur appartient au parent collateral qui est dans le degré suivant. Et l'enfant doit estre nourri & entretenu suivant son estat, & le revenu de sa terre &c.*

(6) *L'âge des mâles pour porter la foy & pour entrer en joüissance de leur fief, est à vingt-un an commencez.*

(7) *Il en est du* Bail *& du* rachat *dans le Maine, comme en Anjou, à l'exception que dans le Maine la veuve qui passe en secondes noces perd le Bail de la terre que son fils mineur a eüe de la succession de son pere, & celuy à qui le Bail est dévolu, en doit l'homage & le rachat, à moins qu'il ne soit frere du defunt.*

(8) *A la Ferté-Bernard, & dans la Châtellenie il y a un autre usage touchant les rachats.*

(9) *L'âge des filles pour faire homage & tenir fief sera, dés qu'elles auront quatorze ans accomplis.*

IN nomine sanctæ & individuæ Trinitatis. Amen.

(1) Ludovicus *Dei gratiâ Francorum Rex. Notum facimus, quod cum dubitaretur ab aliquibus* de consuetudine ballorum & rachatorum Andegaviæ & Ceno-

NOTES.

(*a*) Cette Ordonance a esté donnée par M. De Renusson à la fin de son traité des Gardes page 228. & ensuite par M. Baluze dans le livre 7. de ses mélanges page 343. On appelle *Bail* la joüissance que les peres, les meres, & les Collateraux ont des biens des mineurs, sans leur en rendre compte, à la charge de les nourrir, & de les acquiter de toutes leurs detes. En quelques Coûtumes cette joüissance est nommée *Garde, en ligne directe* & *bail* en collaterale. Icy en ligne directe, comme en collaterale elle est nommée *Bail.*

Quant au *rachat* c'est le revenu d'une année, qui appartient au Seigneur suzerain en cas de mutation. En quelques Coûtumes, ce *rachat* est nommé *relief*, parce qu'au moyen de ce droit, le nouveau vassal reprend du Seigneur, & releve *le fief.*

maniæ, *Nos volentes super hoc cognoscere veritatem, & quod erat dubium* declarare, *vocatis ad nos apud* Aurel. *Baronibus & magnatibus earundem terrarum, habito cum eis tractatu & consilio diligenti, communi assertione eorum didicimus de consuetudine terrarum illarum, quæ talis est, videlicet quòd* (*b*) relicta *alicujus nobilis, vel alterius feodati habet in* Andegaviâ ballum *liberorum suorum & terræ, & non facit* rachatum, *nisi se maritet, & si ipsa moriatur, ille habet* ballum *qui magis propinquus est ex parte patris, vel ex parte matris, ex parte cujus hereditas movet.*

LOUIS IX. du nom, à Orleans au mois de May 1246.

(2) *Quicunque etiam, sive mater, sive aliquis amicorum, habeat custodiam feminæ quæ sit heres, debet præstare securitatem Domino a quo tenebit in capite* (*c*) *quod maritata non erit, nisi de licentiâ ipsius Domini, & sine assensu amicorum.*

(3) *Et si relicta nobilis, vel alterius feodati se maritet,* (*d*) *maritus suus facit homagium Domino, & solvit rachatum. Et rachatum est valor terræ unius anni.*

(4) *Dominus autem non habet rachatum de* patre ad filium, *nec de* fratre ad fratrem. *Et omnes alii qui tenent ballum, debent homagium Domino, & debent solvere rachatum.*

(5) *Ille autem qui tenet* ballum, *si terra debet ad ipsum devenire,* (*e*) non habet custodiam puerorum, *immò proximior post ipsum, & habent pueri beneficium de terrâ patris & matris suæ, secundum valorem terræ, & secundum statum suum. Et quicunque tenet ballum, debet facere rachatum, solvere debita, & tenere ballum in bono statu.*

(6) *Est autem ætas heredis masculi faciendi homagium Domino, & habendi terram suam, quam citò idem heres ingressus fuerit vicesimum primum annum.*

(7) *De* ballis & rachatis Cenomaniæ *dicunt idem Barones Cenomaniæ, hoc excepto, quod* (*f*) vidua *perdit ballum terræ moventis ex parte patris puerorum in* Cenomaniâ, *quam citò se maritat, & ille qui ballum habet, facit homagium Domino, & solvit rachatum,* (*g*) *nisi sit frater defuncti.*

(8) *Sciendum est tamen quod* Feritas Bernardi, & castellania Feritatis *aliam habet consuetudinem quantum ad rachata.*

(9) *Quia vero super ætate feminarum certa consuetudo non inveniebatur,* statui-

NOTES.

(*b*) *Relicta*] C'est une veuve. Voyez cy-aprés le paragraphe 7.

(*c*) *Quod maritata non erit*] Voyez le premier livre des Establissemens chap. 124. & ce qu'on y a remarqué.

(*d*) *Maritus suus*] Voyez le chap. 17. du livre premier des Establissemens de St Loüis avec la note, l'ancienne Coûtume d'Anjou glosée chap. XI. & l'article 85. de la nouvelle Coûtume.

(*e*) *Non habet custodiam*] Les Anglois ont pris cette Jurisprudence de nous, dont Fortescue fait l'éloge dans son traité *De laudibus Legum Angliæ cap. 44.* en ces termes qui meritent d'estre icy transcrits. *Leges civiles, impuberum tutelas, proximis de eorum sanguine, committunt, agnati fuerint, seu cognati, unicuique videlicet secundum gradum & ordinem, quo in hæreditate pupilli successurus est. Et ratio legis hujus est, quia nullus, tenerius favorabiliusve infantem alere satagit, quam proximus de sanguine ejus. Tamen longe aliter de impuberum custodiâ statuunt leges Angliæ. Nam ibidem, si hæreditas, quæ tenetur in socagio, descendat impuberi ab aliquo agnatorum suorum, non erit impubes ille sub custodiâ alicujus agnatorum ejus, sed per ipsos cognatos, videlicet, consanguineos ex parte matris, ipse regetur. Et si ex parte cognatorum, hæreditas sibi descenderit, pupillus ille cum hæreditate suâ, per proximum agnatum, & non cognatum ejus custodietur, quousque ipse fuerit adultus. Nam leges illæ dicunt quod committere tutelam infantis illi, qui est ei proxime successurus, est quasi agnum committere lupo ad devorandum.*

La Coûtume d'Anjou a encore une disposition conforme à cette Ordonance, dans l'article 89. qui porte que *le* Bail *d'enfans mineurs n'a la garde de leurs* corps, *sinon le* Bail *naturel, comme le pere, ou la mere, & en celuy cas qu'ils n'ont Bail naturel, justice en doit bailler la garde à leurs autres parens & amis, ou à l'un d'eux, qui ne seroient heritiers presomptifs, & plus prochains, & leur bailler provision de leur vivre, jusques à la tierce partie des biens dudit mineur, ou autre portion, selon que le cas le requiert, à l'arbitration de Justice.*

(*f*) *Vidua perdit ballum*] Aujourd'huy elle le perd en Anjou, comme au Maine. Voyez l'article 85. de la Coûtume d'Anjou & le 98. de la Coûtume du Maine.

(*g*) *Nisi sit frater defuncti.*] Voyez l'article 84. de la Coûtume d'Anjou & le 97. de celle du Maine.

LOUIS IX. du nom, à Orleans au mois de May 1246.

mus & ordinavimus *assensu Baronum & militum prædictorum, quod femina non maritata postquam quintum (h) decimum annum compleverit, habeatur legitimæ ætatis ad faciendum homagium Domino, & ad habendum terram suam.*

Hæc autem omnia, prout superius continentur, de communi consilio, & assensu dictorum Baronum & militum volumus & præcipimus *de cætero in perpetuum firmiter observari. Quod ut perpetuæ stabilitatis robur obtineat, præsentem paginam sigilli nostri auctoritate & regii nominis charactere inferius annotato, fecimus confirmari. Actum* Aurelianis *anno Incarnationis Dominicæ* MCC. *quadragesimo sexto, mense Maio, regni vero nostri anno vicesimo, astantibus in palatio nostro quorum nomina supposita sunt & signa.* (i) *Dapifero nullo. Signum* Stephani *Buticularii. Signum* Johannis *Camerarii. Constabulario nullo.*

NOTES.

(*h*) Voyez l'article 86. de la Coûtume d'Anjou.

(*i*) *Dapifero nullo*] Voyez ce qu'on a remarqué sur l'Ordonance, ou les letres de Loüis VII. de l'an 1168. à la fin page 17. cy-devant.

LOUIS IX. du nom, à Corbeil au mois de Juin 1248.

(a) Letres par lesquelles le Roy laisse à la Reyne sa Mere, la Regence de son Royaume.

SOMMAIRES.

(1) La Reyne Regente choisira qui elle voudra, pour l'administration des affaires d'Estat, & en esloignera qui elle voudra.

(2) Elle pourra instituer les Chastellains, les Forestiers, & autres Officiers, & les destituer, comme elle le jugera à propos.

(3) Elle pourra conferer les Benefices vacans, recevoir le serment de fidelité des Evesques & des Abbez, donner main-levée des Regales, *& permettre aux Chapitres & aux Monasteres de faire leurs Elections.*

(1) LUDOVICUS (b) *Dei gratiâ Rex, universis presentes literas inspecturis* salutem. *Notum facimus quod nos carissimæ Dominæ & matri Reginæ* concessimus *&* voluimus, *quod ipsa in hac nostræ* peregrinationis absentiâ *plenariam habeat potestatem recipiendi & attrahendi ad regni nostri negotia, quos sibi placuerit & visum fuerit attrahere, removendi etiam quos viderit removendos, secundum quod ipsi videbitur bonum esse.*

(2) *Baillivos etiam instituere valeat, Castellanos, Forestarios, & alios in servitium nostrum & regni nostri ministros ponere &* (c) *amovere, prout viderit expedire.*

(3) *Dignitates etiam & beneficia Ecclesiastica vacantia conferre, fidelitates Episcoporum & Abbatum recipere,* (d) & eis Regalia *restituere, & eligendi licentiam dare capitulis, & conventibus vice nostrâ.*

NOTES.

(*a*) Ces letres sont dans les preuves des Libertez page 367. & dans les preuves de la majorité des Roys de Dupuy page 136.

(*b*) Saint Loüis donna par ces letres plus de pouvoir à Blanche sa mere, que Philippe Auguste n'en avoit donné à la sienne par son testament de l'an 1190. rapporté cy-dessus.

(*c*) *Amovere*] Voyez l'article 7. du testament de Philippe Auguste page 19. & 20.

(*d*) *Et eis regalia restituere*] Ainsi dés ces temps-là, les *Abbayes,* comme les Eveschez tomboient en regale, parce qu'il y avoit parité de raison. En voicy un exemple tiré du tresor des chartes, Registre de Philippe le Bel cotté 30. pour les années 1259. 1260. num. 463. feüillet 162. *verso.* In *nomine sancte & individue Trinitatis. Amen.* Philippus *Dei gratiâ Francorum Rex.* Noverint *universi presentes & futuri, quod ex authentico literarum genitoris nostri pie recordationis Regis quondam* Ludovici, *didicimus, quod de contentione, que diu agitata fuit inter* Henricum *Episcopum Eduensem* & Raynaldum *Abbatem Flaviniaci, super* Regali *nostro Flaviniaci.* Idem *genitor noster veritatem diligenter inquisivit, quâ inquisitâ Flaviniacum cum omnibus appendiciis suis, eidem Episcopo, & successoribus suis* de Regali suo *tenere in perpetuum concessit,* ita quod

In cujus

In cujus rei testimonium sigillum nostrum præsentibus literis duximus apponendum. Actum apud hospitale juxta Corbolium, *anno Domini* MCCXLVIII. *mense Junii.*

LOUIS IX. du nom, à Corbeil au mois de Juin 1248.

NOTES.

Episcopus Eduensis de Rege, & Abbas de Episcopo illud teneat. *Nos vero factum genitoris nostri approbantes, salvâ procuratione meâ unius diei, quam semel in anno, cum Flaviniacum venerimus, Flaviniacum nobis debet, sicut antecessores nostri eam habuerunt, & salvo eo, quod cum Episcopum Eduensem requisierimus, munitiones Flaviniaci nobis tradet, dictum D. genitoris confirmamus. Quod ut ratum & inconcussum permaneat, sigilli nostri auctoritate, & regii nominis caractere inferius annotato, presentem paginam, salvo ut prediximus jure nostro, precipimus communiri. Actum apud Fontem-bliaudi, anno incarnati verbi millesimo centesimo nonagesimo secundo, regni nostri anno tertio decimo. Astantibus in palatio, quorum nomina supposita sunt & signa, Dapifero nullo. Signum* Guidonis *Buticularii. Signum* Mathei *Camerarii. Constabulario nullo. Vacante Cancellaria.*

LOUIS IX. à Vincennes au mois d'Avril 1250.

(a) Letres contenant plusieurs reglemens pour le Languedoc.

SOMMAIRES.

(1) Les biens saisis en execution de l'Ordonance du mois d'Avril 1228. seront rendus à ceux qui les demandent, à moins qu'ils n'ayent esté en fuite, par crainte de l'inquisition, ou qu'aprés avoir esté citez, ils n'ayent perseveré dans leur contumace, ou que l'on ait découvert chez eux quelque heretique caché, ou qu'ils n'ayent esté condamnez à estre renfermez, ou qu'ils n'ayent esté abandonnez au bras seculier.

(2) Les femmes ne perdront pas leurs biens pour le crime de leurs maris. Et quant aux heretiques qui seront entrez en religion avant qu'ils eussent esté citez, & qui y auront fini leurs jours, leurs biens seront rendus à leurs heritiers.

(3) Ceux qui, avant l'arrivée des Croisez, auront loüé leurs biens à des heretiques, ne les perdront pas pour cela, à moins qu'il n'y ait quelque loy, ou quelque Coûtume contraire.

(4) Celles qui ont épousé des maris avant qu'ils fussent heretiques, ou ceux qui ont contracté avec des personnes qui sont devenuës ensuite heretiques, seront payez, les femmes de leur dot & de leur augment, & les autres de tout ce qui leur sera dû, jusques à concurrence des biens, quoy que le contraire se pratique dans les pays coûtumiers, ou de Languedouy.

(5) Quant à celles, ou ceux qui ont contracté avec des heretiques manifestes, citez & notez, ils ne pourront rien demander.

(6) Si cependant il se trouvoit quelqu'un, qui eut contracté de bonne foy *avec de tels heretiques, ils ne perdroient pas ce qui leur seroit dû, à moins qu'il n'y ait quelque decretale, qui oste aux heretiques le pouvoir d'aliener, & d'obliger leurs biens.*

(7) Si ceux contre qui l'inquisition a commencé ses poursuites, vivent & meritent d'estre enfermez, ou si estant morts, ils le meritoient, leurs biens seront confisquez, mais s'il n'y a rien de cela leurs biens leur seront rendus, ou à leurs heritiers.

(8) S'il y avoit neamoins dans le cas precedent quelque soupçon d'heresie, ceux à qui les biens seront ainsi rendus, doneront caution de les restituer, en cas que dans les cinq années suivantes il y ait quelque preuve, ou charge nouvelle. Et il leur sera fait deffense de par le Roy, de rien aliener pendant ce temps &c.

(9) Ceux qui auront esté du parti du Roy Loüis VIII. lors qu'il alla en Languedoc, *& qui seront restez en possession de leurs biens, n'en seront pas dépoüillez pour avoir pris les armes contre le* Comte de Montfort, *ou pour avoir donné secours, ou conseil contre luy.*

(10) S'ils demandoient cependant des biens, dont le Comte, *en arrivant, se seroit rendu maistre, ou qu'il auroit pris sur ceux qui se seroient revoltez contre luy, ces biens ne leur seront pas rendus, à moins qu'ils ne fassent voir que le* Pere du Roy, *le* Roy, *ou le* Comte de Montfort, *n'en ayent ordonné la restitution, ou à moins qu'ils ne les ayent possedez publiquement & paisiblement pendant vingt années, depuis l'arrivée du* Pere du Roy *en Languedoc.*

(11) Les biens confisquez de ceux qui se sont opposez au Roy, dans la guerre de Trincavel *& du* Comte de Tolose, *ne leur seront pas rendus, à moins qu'ils ne fassent voir que le Roy, ou ses predecesseurs leur en ayent fait grace.*

(12) A l'égard de ceux qui n'ont pas porté les armes dans la guerre de Trincavel *& du* Comte de Tolose, *mais qui demeuroient alors avec les ennemis, s'ils demandent des biens, dont eux, ou ceux dont ils sont heritiers ne possedoient pas dans le temps de la guer-*

LOUIS IX. à Vincennes au mois d'Avril 1250.

re, ils ne seront pas écoutez, à moins qu'il n'y ait preuve de minorité, *de* demence, *ou de* violence *de la part des ennemis. Il en sera de mesme des femmes qui demeuroient chez les ennemis, à moins qu'elles n'ayent eû part à leur rebellion.*

(13) On ne payera rien aux femmes, ni aux creanciers qui ont contracté avec les rebelles depuis leur crime. Quant à ceux qui ont contracté auparavant, ils seront payez à concurrence des biens.

(14) A l'égard des immeubles que ceux de Carcassone possedoient dans le temps de la guerre, il leur en sera fait récompense, suivant la letre du Roy, adressée au Seneschal qui estoit alors.

(15) Pour les jardins qui sont autour de la Ville, on s'en rapportera à la déposition des témoins qui seront produits.

(16) Et attendu que l'on fait demande de plusieurs biens qui ont esté donnez à cens ou rente, *si ce sont des personnes Ecclesiastiques qui les revendiquent, elles agiront contre les possesseurs. Il en sera de mesme des biens des laïques, à moins qu'il n'ait esté fait mention expresse d'eux, dans le bail, ou qu'il n'y ait preuve qu'il y ait eû intention de donner leurs biens à rente, quoyque dans le bail il ne soit point parlé d'eux, ausquels deux cas les demandeurs entreront en composition avec les possesseurs, ou les possesseurs avec les demandeurs, sans que la prescription de quarante années puisse estre opposée.*

(17) Il ne sera rien rendu à ceux qui ont pris à ferme les revenus du Roy, moyennant une certaine somme de tournois, ou de melgoires par an, sous pretexte que depuis le bail l'une de ces Monoyes a cessé d'avoir cours.

(18) Ceux dont les Maisons basties nouvellement dans le Bourg de Carcassone, entre la Ville & la Riviere, ont esté abbatuës par l'ordre du Marechal du Roy, *en seront dedomagez.*

(19) Les tailles imposées par le Comte de Montfort, *& payées au Roy seront levées sur le mesme pied, & s'il y a eû quelque augmentation elle sera ostée.*

(20) Dans les lieux, où il y a eû des confiscations de terres au profit du Roy, la taille sera diminuée à proportion des confiscations, jusques à ce que ces terres soient retournées à des taillables.

(21) Dans les lieux, où il n'y aura plus de tailles, les anciens droits qui estoient dûs, dans le Pays d'Alby, & qui avoient cessé d'estre payez depuis l'imposition des tailles, seront confisquez.

(22) A l'égard des tailles de C...... des lieux qui sont prés de Nimes, & des places qui ont esté mises en la main du Roy, & qui servoient aux usages publics, on en composera.

(23) Les cens, ou redevances portant lods, imposez sur les aleux seront ostez, & l'on n'en imposera plus dans la suite.

(24) Les Baillis ne permettront pas que les fiefs qui relevent du Roy soient vendus sans son consentement, à moins qu'on ne prouve que la Coûtume soit contraire, ce que le Roy se reserve à examiner.

(25) Si l'on n'a autre chose à opposer à B..... sinon qu'il s'est rendu caution d'E... sa demande doit estre écoutée, estant constant qu'il ne s'est pas rendu caution, sous peine de confiscation de ses biens, & que d'ailleurs la terre d'E... appartient au Roy par confiscation.

(26) Quant aux enfans des rebelles on suivra les dispositions du droit Canonique pratiquées dans le pays.

(27) Toutes ces dispositions seront observées par les Baillis, & par tous les Seigneurs, &c.

IN *nomine Domini, &c.* Ludovicus Dei gratiâ Franciæ Rex, *dilectis suis,* Magistro Henrico de Surzil, Nicolao de Cath. & Petro de vicinis, inquisitoribus restitutionum & emendarum suarum *in* Carcassonæ & Bellicadri *Bailliviis, salutem & dilectionem.* Cum *ex nostro mandato diversas examinaveritis quæstiones; illorum videlicet, qui in Carcassonæ & Bellicadri Bailliviis, aliqua de bonis suis minus*

NOTES.

(*a*) Ces letres, qui ont esté faites pour servir d'interpretation, ou de Declaration à l'Ordonance du mois d'Avril 1228. contre les heretiques, sont obscures en quelques endroits, parce qu'elles ne sont pas correctes, quoy que données par Caseneuve auteur habile, dans son traité du *franc aleu*, page 291.

Les heretiques dont il est parlé dans l'Ordonance de 1228. & dans ces letres, estoient les *Vaudois*, ainsi nommez, parce qu'ils avoient eû pour chef un nommé *Valdo* riche Lyonois, qui embrassa la pauvreté pour publier ses erreurs.

En l'année 1208. il y eût une Croisade publiée contr'eux, & contre *Raymond Comte de Tolose* qui les protegeoit. Le nombre des Croisez s'estant trouvé de prés de cinq cens milles personnes, ils s'emparerent de Beziers, & les Seigneurs Croisez donnerent ensuite la conduite de cette guerre à *Simon Comte de Montfort.*

En l'année 1226. *Loüis* VIII. prit la croix contre ces heretiques, & se rendit maître de toutes les Villes du Languedoc, jusques à quatre lieuës prés de Tolose.

justè à nostris officialibus asserunt occupata, & ex dictâ examinatione, dubitationes *variæ vobis occurrerint, quàs sinè nostro consilio, & assensu dirimere noluistis.* Nos *volentes laudabiliter cæptum negotium laudabiliùs terminari, consultationibus vestris duximus* respondendum *taliter.*

LOUIS IX. à Vincennes au mois d'Avril 1250.

(1) *Proposuistis siquidem, quod qui partem nostram coram vobis defenderunt, objiciunt aliquibus petitoribus, eis non esse restituenda quæ petunt, quia, vel fovendo, vel receptando, vel modis aliis extitisse probantur* pravitatis hæreticæ labe *respersi.* Nos *autem licèt in regni nostri primordio* ad terrorem duriùs scripserimus *contra tales, in quibusdam* literis *nostris, quæ incipiunt* Cupientes; *nolumus tamen aliquem eâ causâ solummodo à suâ petitione repelli; nisi vel* metu Inquisitionis *aufugerit, vel* citatus *in* contumaciâ *perseveraverit, vel in domo ejus* hæreticus *fuerit* deprehensus, *vel* ad murum *fuerit* condemnatus, *vel* relictus Curiæ sæculari.

(2) *Nec propter* virorum *culpam* uxores *bonis suis privari* volumus, *nisi & ipsæ in tantùm deliquerint, & propter culpam propriam sint privandæ, juxta formam proximè prætaxatam. Eis autem qui* hæretici *fuerant, &* ante citationem *religionem ingressi,* vitam suam *laudabiliter ibidem* finierunt, *hanc gratiam facimus, ut eorum* hæredibus bona reddantur, *si aliud non obsistat.*

(3) *Eos sane, qui ante* Crucesignatorum *adventum,* hæreticis *publice in terrâ morantibus, possessiones suas habitandas, vel excolendas* tradidisse, *vel* locasse *dicuntur, ob hoc solum nolumus possessiones quas petunt amittere, nisi* consuetudo terræ *aliud teneat approbata, vel* Constitutio *de hoc specialiter fuerit contra tales.*

(4) *Quia vero quæsistis quid nobis* de creditoribus hæreticorum, *qui credita sua repetunt, vel eorum* uxoribus dotem, *vel (b)* dotalitium *repetentibus sit tenendum, vobis taliter* respondemus : *quod licet de* consuetudine Gallicanâ *aliter observetur, quia tamen terra illa regi consuevit (ut dicitur) & adhuc regitur* Jure scripto. *volumus* creditoribus, & uxoribus satisfieri, *qui cum eis antequam essent hæretici, contraxerunt, usque ad valorem bonorum, si culpa propria non obsistat.*

(5) *Eos verò, vel eas, qui cum eis* postquàm *fuerunt* hæretici *contraxerunt,* repelli volumus *ab agendo, si cum hæreticis* manifestis, *vel pro hæresi jam* citatis, *vel* notatis, *vel publice* infamatis, *contrahere præsumpserunt.*

(6) *Si vero, iis cessantibus, bonâ fide cum talibus contraxerint, eos audiri volumus, nisi prout, vobis suggeritur, inveniatur per* interpretationem summi Pontificis declaratum, *quod personis hujus commissi criminis, sit rerum alienatio & obligatio interdicta.*

(7) *Verum de his contra quos pendet* inquisitio *dicimus, quod si vobis per ipsos* inquisitores, vel acta inquisitionis *constiterit, quod in eâ sint causâ, ut saltem ad* murum *debeant condemnari, si vivunt, vel jam mortui si vixerunt debuissent, bona non reddatis eorum. Si vero nihil tale contra eos inventum fuerit, eos, vel eorum heredes in suis petitionibus audiatis.*

(8) *Si tamen aliqua vos movet* suspicio *contra ipsos, & aliquid eis reddendum fuerit, recipiatis ab eis idoneam cautionem, si eam præstare poterunt de bonis, quæ receperint vobis reddendis, si infra* quinquennium *inventum fuerit super prædicto crimine aliquid contra ipsos, propter quod bona ipsorum amittere debuissent, & interim authoritate nostrâ interdicatis eisdem bonorum prædictorum alienationem. Si vero dictam præstare non poterunt cautionem, vos possitis eam remittere personaliter negotii qualitate pensatâ.*

(9) *Quia vero, ut dicitis, de diversis (c) faidimentis excipitur coram vobis, ad re-*

NOTES.

En 1239. *Trincavel* fils du Vicomte de Beziers, & cinq ou six Seigneurs du Pays, se mirent à la teste des *Vaudois,* qui ne vouloient pas se soumettre aux ordres de l'inquisition. Et St Loüis envoya contr'eux *Jean Comte de Beaumont,* qui les chassa de Carcassone. Voyez le moine des Vaux de Cernay *& Concilia Galliæ Narbonensis,* pages 59. 63.

(*b*) *Dotalitium*] Dans les pays Coûtumiers c'estoit le *doüaire,* mais dans les pays de droit c'estoit *l'augment de dot,* que le mary donnoit à sa femme.

(*c*) *Faidimentis*] Id est, *inimicitiis, bellis privatis, rebellione.* Vide Cangium *in faidâ.*

LOUIS IX. à Vincennes au mois d'Avril en 1250.

pellendos agentes, & quæritis quid super....... his tenere debeatis; vobis breviter respondemus; *quod illi qui eo tempore, quo bonæ memoriæ (d)* charissimus genitor noster *venit ad terram illam, adhæserunt eidem, & in suis possessionibus remanserunt, sive super pacem literas habeant, sive non, ob hoc solum repellendi non sunt, quia antea in guerrâ fuerant contra* Comitem Montisfortis, *vel ad eum repellendum dederant consilium, seu juvamen.*

(10) *Si tamen coram vobis aliqua bona petunt, quæ dictus* Comes in suo adventu occupaverat, *vel posteà super* rebelles suos acquisierat, *& possederat, ea (e)* volumus eis reddi; *nisi ostenderent factam fuisse sibi super his à* genitore nostro, *vel* nobis, *vel à prædicto* Comite restitutionem, *seu specialem* gratiam *& expressam; vel nisi ea post adventum patris nostri, per viginti annos continuè possedissent.*

(11) *Illos autem qui se nobis opposuerunt in guerrâ (f)* Trincavelli, *&* Comitis Tolosani, *ad petitionem illorum bonorum admitti nolumus, quæ verè possidebant tempore motæ guerræ, sed prius à nostris genitoribus fuerant occupata..... nec... ostenderent super hoc gratiam specialem.*

(12) *Qui vero tempore dictæ guerræ* Trincavelli, *&* Comitis Tolosani guerram *personaliter* non fecerunt, *sed tamen in villis, vel castris à nostris hostibus occupatis promiscuè cum ipsis hostibus remanserunt, à petitione bonorum quæ* tempore motæ guerræ *non tenebant,* repelli volumus; *nisi essent* juniores decem octo annis, *vel* decrepiti, *vel* mente capti, *vel* inviti *retenti ab hostibus, vel etiam* mulieres, *quæ cum hostibus remanserunt, nisi alias eorum proditioni, facto vel dicto, consensisse probentur.*

(13) Creditoribus *autem* faiditorum, *uxoribus eorumdem, qui, vel quæ cum eis à tempore commissi criminis contraxerunt, nolumus quicquam solvi; aliis autem usque ad valorem bonorum, quæ ab ipsis habuimus satisfiat.*

(14) *Sanè super* possessionibus *hominum* Carcassonæ, *quas eis, ut dicitur, reddi jussimus, eas scilicet quas tenebant tempore motæ guerræ, volumus quod eisdem si aliter...... non commiserint, recompensationem idoneam faciatis, juxta tenorem literæ, quam misimus* Joanni de Cranis *tunc tempore Senescalli.*

(15) *De* hortis *autem qui sunt circa civitatem, stari volumus dictis testium coram vobis super hoc productorum.*

(16) *Ceterum quia multa petuntur à vobis, que (g) data sunt aliis* in assisiis, *& quædam ex his personis* Ecclesiasticis, *quædam* laïcis *repetuntur, vobis* duximus respondendum; *quod cum Ecclesiarum bona aliis dare, nec voluerimus, nec potuerimus, agant Ecclesiæ* contra possessores *rerum ipsarum, &* volumus *&* mandamus *maturam eis, & expeditam justitiam exhiberi. Et idem* dicimus *de* laïcis petitoribus, *nec constet..... ex* litera assisiæ, *quod vel bona ipsorum* nominatim *dedimus* in assisiam, *vel aliter probari possit, quod Senescallus noster, quando* dedit assisiam, *bona illa* expressim assisiæ computavit, *quamvis in* litera assisiæ *nihil de hoc inveniatur expressum; in quibus* duobus casibus audiri volumus petitores, *& si aliud non obsistat componi cum* possessore, *vel cum* petitore, *prout commodius poterit expediri, nec eis noceat possessio quadriennii, quæ de jure scripto tales repellere consuevit.*

(17) *His qui* reditus nostros *alicubi ad certam summam* Turonensium, *vel* Melgorensium *emerant, & aliquæ moneta quæ currebant, cum Turonensibus, & Melgorensibus tempore emptionis, de terrâ postea infra solutionis terminum sunt expulsæ, vobis dicimus quod nihil hac occasione reddatis eisdem.*

(18) *De servientibus vero, & aliis qui in Burgo novo* Carcassonæ *ædificato in-*

NOTES.

(d) *Charissimus genitor noster venit ad terram illam*] Voyez la note sur le commencement de ces letres.

(e) *Ea volumus eis reddi*] Il faut ce semble *ea nolumus eis reddi.*

(f) *Trincavelli*] Voyez la note que l'on a faite au commencement de ces letres, lettre A.

(g) *Data in assisiis*] Dare *in assisiis*, & comme il y a mieux cy-aprés, *Dare in assisiam*, c'estoit donner un fond en imposant, retenant, ou assoiant dessus un cens, un revenu

ter civi

ter civitatem & flumen domos ædificaverunt, quas noster postea diruit (h) Marreschallus, volumus quod aliqua recompensatio competens eis fiat.

LOUIS IX. à Vincennes au mois d'Avril 1250.

(19) Porro de talliis a Comite Montisfortis impositis, & postmodum quamdiu terram tenuimus in pace levatis, volumus quod in eo statu, in quo fuerunt impositæ, perseverent, & si quid est super additum resecetur.

(20) Si vero, prout dicitur, in locis aliquibus magna pars possessionum ad nos ex confiscatione pervenit, volumus talliam diminui pro ratâ, donec dictæ possessiones ad illos venerint, qui conferre possint in talliâ.

(21) Ubi autem tallias recipimus, servitia vetera, quæ ante impositionem talliarum accipiebantur ab hominibus Albigensibus, seu gistis, & post impositas tallias cessaverant, volumus amodo confiscari.

(22) De talliis vero Calvissonis, & aliorum locorum circa Nemausum, dicimus quod vel componatis cum eis, vel secundùm ea quæ acta sunt coram vobis, quod justum fuerit faciatis. Et idem dicimus de plateis ad manum nostram redactis, quæ antea publicis usibus serviebant.

(23) Demum de allodiis quæ, ut dicitur, a possessoribus eorum vendi libere consueverunt, & Baillivi nostri vendi non permittunt, nisi & insuper pecunia pro laudimio eis detur, volumus quod census impositi revocentur, & similia in posterum non attemptent.

(24) Ea verò quæ à nobis tenentur in feudum particulariter, (i) vendi Baillivi nostri, sinè nostro non permittant assensu; nisi contraria consuetudo probetur, quæ si probata fuerit, probationes super hoc productæ ad nostrum referantur examen.

(25) Verum super facto Berengarii de Cautio, (k) vobis taliter respondemus, quòd si ei aliud non obsistat, nisi quòd fidejussisse dicitur pro Eumenone de Fontosio, qui contra suam promissionem se nobis opposuit. Eumdem Berengarium, ob hoc solum à suâ petitione repelli (l) volumus; tum quia, prout dicitis, non probatur quòd fidejusserit pro eodem, sub suorum commissione bonorum. Terra dicti Eumenonis ad nos ex confiscatione pervenit.

(26) De filiis præterea faydítorum tenere vos volumus, quòd jure scripto in illis partibus observetur.

(27) Hæc autem omnia à Baillivis nostris, vel aliis terrarum dominis ex hac ordinatione, ac juris authoritate trahi volumus, cùm non animo jus custodiendi ordinavimus, sed ut in dubiis temperato juris rigore, animæ nostræ salutis viam possimus eligere tutiorem, & in his omnibus mutandi, & corrigendi retinemus nobis liberam potestatem. Actum apud Vicenas, anno Domini MCCL. octavo mensis Aprilis.

NOTES.

nu, ou une rente fonciere, & le Bail qui en estoit fait, estoit nommé *litera assisiæ*, comme il se void cy-aprés.

(h) *Mareschallus*] C'estoit Jean Comte de Beaumont.

(i) *Vendi non permittant*] Vide *Titulum lib. feudorum* De alienatione feudi. *Et ibi Cujacius.*

(k) *Ubi*] *Vobis.*

(l) *Volumus*] *Nolumus.* Touchant l'heresie des Vaudois. *Vide disputationem inter Catholicum & Paterinum, tom. 5. Thesauri anecdot.* pag. 1703. *Summam Renerii* de Catharis & Leonistis, seu pauperibus de Lugduno pag. 1759. *Et tractatum de hæresi* Pauperum de Lugduno *pag.* 1778. Junge *tom.* 1. p. 832.

LOUIS IX. à Paris en Decembre en 1254.

(a) Ordonance pour la reformation des mœurs dans le Languedoc & le Languedoil.

SOMMAIRES.

(1) *Les Seneschaux & les autres Officiers des Baillages de* Beaucaire *& de* Cahors *feront obligez de faire le serment qui suit; Et si les Seneschaux le violent, le Roy s'en reserve la punition.*

(2) *Les Seneschaux de ces deux Baillages jureront qu'ils rendront la justice,* sans distinction des personnes, *& suivant les Coûtumes, & les usages approuvez.*

(3) *Qu'ils conserveront de bonne foy les droits du Roy, sans faire préjudice à ceux des particuliers.*

LOUIS IX.

à Paris en Decembre en 1254.

(4) *Qu'ils ne recevront aucuns presens, si ce n'est de choses à* boire, *ou à* manger, *& dont la valeur n'excedera pas la somme de* dix sols *en une semaine. Qu'ils ne permettront point à leurs femmes, leurs enfans &c. d'en recevoir, & qu'ils les feront rendre, quand leurs femmes, ou leurs enfans &c. en auront pris, dés qu'ils en auront conoissance.*

(5) *Qu'ils n'emprunteront par eux, ou par d'autres, de ceux qui seront domiciliez dans leur Seneschaussée, ou des personnes qui auront, ou qui seront sur le point d'avoir des procés devant eux, au-delà de la* somme de vingt livres, *qu'ils rendront dans deux mois à compter du jour du prest, quand mesme le creancier voudroit attendre.*

(6) *Qu'ils n'envoyeront aucun present à ceux du Conseil du Roy, à leurs femmes, leurs enfans, leurs domestiques, à ceux qui seront preposez pour examiner leurs comptes, ni à ceux qui seront envoyez pour informer de leur conduite.*

(7) *Qu'ils n'auront aucune part dans le profit des ventes, ou des adjudications qui seront faites des* baillies inferieures, *des rentes dûes au Roy, des monoyes, &c.*

(8) *Qu'ils ne protegeront point les Baillis* inferieurs *qui malverseront dans leurs Offices, qui abuseront de leur pouvoir, qui commettront des exactions, qui seront suspects d'usure, ou qui meneront une vie scandaleuse, mais qu'ils les corrigeront.*

(9) *Les Juges & les* Viguiers *de chaque lieu jureront qu'ils ne donneront rien aux Seneschaux, à leurs parents, ni à leurs domestiques, & qu'ils observeront tout ce qui a esté marqué cy-dessus.*

(10) *Les Viguiers, que les Seneschaux, ou les Baillis substituënt en leur place, ne pourront entrer en exercice, qu'aprés avoir fait* le serment *en la forme prescrite par cette Ordonance.*

(11) *Le serment sera fait publiquement dans les assises, quand mesme il auroit esté fait auparavant devant le Roy.*

(12) *Les Seneschaux, ceux qui tiennent des Offices sous eux, & tous ceux qui reçoivent des gages du Roy dans ces deux Baillages, ne profereront aucunes paroles contre l'honeur de Dieu, de la Sainte Vierge & des Saints, & ils s'abstiendront du jeu de* dez, *de celuy* d'échets, *de la* fornication, *& des* tavernes.

(13) *Les Baillis* superieurs *ne pourront acheter directement, ni indirectement, sans la permission du Roy, des immeubles dans* leurs Baillages, *pendant l'exercice de leur charge, & s'ils en acquierent, la vente en sera nulle, & les immeubles seront confisquez au Roy, s'il luy plaist.*

(14) *Tant qu'ils seront Baillis, ils n'y pourront prendre des filles en mariage pour eux, pour leurs parents, leurs domestiques, ni mettre leurs domestiques, ou leurs parents dans des monasteres, ou leur faire avoir des benefices.*

(15) *Ils ne pourront prendre des* gistes *ou des* repas *dans les maisons Religieuses, ou dans le voisinage, aux dépens de ces maisons, sans la permission du Roy.*

(16) *La deffense qui vient d'estre faite aux Baillis d'acquerir des fonds & de prendre des filles en mariage n'est pas pour les Prevosts, ni les autres Officiers inferieurs.*

(17) *Les Seneschaux, & les Baillis qui sont sous eux, auront peu de* Bedeaux, *ou* Sergens *pour executer leurs Jugements; Et nul ne sera reputé* Sergent *ou* Bedeau, *à moins qu'il n'ait esté nommé publiquement dans les assises.*

(18) *Les Sergens, ou Bedeaux qui seront envoyez dans les lieux éloignez, ne seront point crus, s'ils n'ont des commissions de leurs Superieurs; Et si, sans en avoir, ils font quelque execution, les Seneschaux les en feront punir.*

(19) *Les Seneschaux, & les Baillis* inferieurs, *ou* subalternes *ne pourront faire arrester personne pour detes, si ce n'est pour celles du Roy.*

(20) *Ils ne pourront aussi detenir pour crime celuy qui pourra se justifier, à moins que le crime ne soit énorme, & que l'accusé n'en soit convaincu, ou par sa confession, ou par des preuves suffisantes, ou qu'il n'y ait des presumptions si fortes, que le Juge estime à propos d'en user autrement.*

(21) *Et parce que l'usage est dans ces deux Seneschaussées de faire des enquestes en matiere criminelle, elles seront communiquées à l'accusé lorsqu'il le demandera.*

(22) *Les personnes de bonne renommée, quand mesme elles seroient pauvres, ne seront pas mises à la* question, *sur la deposition d'un seul témoin.*

(23) *Les Baillis ne pourront lever aucune amende pour crimes, ou delicts, à moins que ceux qui les ont commis, n'ayent esté condannez à la payer, ou qu'ils ne l'ayent offerte, au cas que le délit ne merite qu'une peine pecuniaire, & les Juges, ni les Baillis n'intimideront, ou n'accuseront personne pour faire offrir ainsi des amendes.*

(24) *Ceux qui auront acheté des* Baillages inferieurs *du Roy, ne les pourront revendre à d'autres. S'il y a plusieurs acheteurs, il n'y en aura qu'un qui exercera la justice, & qui joüira de l'exemption des* Chevauchées, *des* Tailles, *& des autres* charges publiques. *Les Seneschaux ne les pourront vendre à leurs enfans, freres, &c. Et ceux qui les auront achetez ne pourront poursuivre le payement de leurs detes dans les Baillages, mais dans les Seneschaussées seulement.*

(25) *Les Seneschaux & les* Baillis subalternes *tiendront leurs audiences dans les lieux*

où ils ont accoustumé de les donner.

(26) *Ils ne pourront priver personne de la possession, ou de la saisine de son heritage, sans connoissance de cause, ou sans le mandement especial du Roy. Ils ne pourront charger le peuple d'aucune imposition. Ils n'ordonneront point de chevauchées pour en tirer de l'argent, mais seulement pour des causes necessaires, & ils ne pourront forcer à payer finance ceux qui voudront servir en personne.*

(27) *Ils ne feront aucunes deffenses de transporter des bleds & des vins &c. hors de leurs territoires, que quand elles seront necessaires, & avec conseil, & ils ne les revoqueront pas sans conseil, &c.*

(28) *On ne pourra porter en aucun temps des* armes *aux Sarasins, des vivres, ni d'autres marchandises, tant qu'ils seront en guerre avec les Chrestiens, ni prester aucunes autres choses aux ennemis du Roy, sans sa permission, s'il n'y a tréve.*

(29) *A l'avenir les parties qui plaideront & qui succomberont, payeront, au lieu de dépens, la* dixiéme partie *de la valeur de la chose controversée. Les debiteurs assignez, qui ne contesteront pas leurs detes, seront condannez de les payer à un jour certain, sans amende, & s'ils ne payent point, les creanciers se pourvoyeront sur leurs biens.*

(30) *Si quelqu'un aprés son serment, nie en Jugement ce qu'il aura fait, ou dit; & si le contraire estant prouvé, il est condanné, il perdra le benefice de l'appel.*

(31) *Les Baillis* superieurs, *ou* subalternes *seront obligez aprés que leurs fonctions seront finies de rester, ou de laisser du moins un Procureur suffisant, dans le lieu où ils auront exercé leurs Offices, pendant* cinquante jours, *pour deffendre contre les plaintes qui seront faites contr'eux, pardevant ceux qui seront commis à cet effet par le Roy.*

(32) *L'Ordonance contre les usures, les blasphesmes & les sortileges des Juifs, & qui enjoint de brûler leurs livres sera executée.*

(33) *L'Edit de Melun du mois de Decembre de l'an 1230. sera executé.*

(34) *Les femmes publiques seront chassées tant des Villes que de la campagne, & celuy qui leur aura loüé sciament sa maison, la perdra.*

(35) *Personne ne joüera aux* dez, *ni aux* échets. *Il n'y aura point d'Academies de jeu, & ceux qui les tiendront seront punis.*

(36) *Ceux qui tiennent des* tavernes *& des* cabarets *ne pourront loger chez eux que des passans, ou des voyageurs.*

(37) *Dans les terres du* Domaine *du* Roy, *personne ne pourra prendre* le Cheval *d'un autre sans son consentement, si ce n'est pour le service du Roy; auquel cas le cheval ne sera pris que par l'autorité* des Seneschaux, *ou des autres Officiers inferieurs &c. qui ne pourront prendre les chevaux des marchands, des passans, ni des pauvres.*

(38) *Personne ne pourra aussi prendre les chevaux des Ecclesiastiques, si ce n'est par l'exprés commandement du Roy.*

LOUIS IX. à Paris en Decembre en 1254.

(b) LUDOVICUS Dei gratiâ Francorum Rex, universis presens scriptum inspecturis, salutem. *Ex debito Regie potestatis, pacem & quietem subjectorum nostrorum, in quorum quiete quiescimus, precordialiter affectantes, & adversùs injuriosos & improbos, qui tranquillitati eorum invident & quieti, zelum indignationis habentes, ad hujusmodi propulsandas injurias, & statum regni (c)* reformandum in melius ad presens tempus subscripta duximus ordinanda.

DU *devoir de la Royal puissance*, nous voulons moult de cuer la *pais* & le repos de nos fougés, en qui repos nous reposons, & si avons moult grant indignation encontre ceux qui injures leurs font, & qui ont envie de leur pais & leur tranquillité. Et pour ce que nous ostons ces injures & enfourmons l'estat de nostre Royaume en miex, nous avons ordené aucunes choses cy-aprés contenuës.

NOTES.

(a) Cette Ordonance est en la Chambre des Comptes de Paris, Registre *Pater* feüillet 44. Registre *Noster* feüillet 20. Au tresor des chartes, Registre cotté 30. pour les années 1259. 1260. Elle est dans Nangis feüillet 438. Et elle est dans les Conciles de la Gaule Narbonoise de M. Baluze feüillet 68. où il y a au commencement *Hæc sunt stabilimenta per Dominum Regem Franciæ, quæ D. Guido Fulcodii attulit sigillata sigillo dicti Domini Regis, & fuerunt recitata & lecta, aggregato generali Concilio Prælatorum, Baronum & militum terræ apud Biterrim anno 1205.* Ensorte que cette Ordonance fut faite pour le Languedoc, c'est-à-dire, pour le pays, ou pour *ouy* l'on disoit *oc*, au lieu que la Françoise, que l'on donne tirée du Registre *Pater,* fut faite pour le *Languedoil,* c'est-à-dire, pour le pays ou pour *oc* l'on disoit *ouy,* ou *oil.*

(b) Ce commencement jusques à *Ex debito,* n'est pas au tresor des chartes, ni au Registre St Just.

(c) *Reformandum in melius]* Il y a au Registre St Just *informandum in melius, aliqua ad presens duximus ordinanda.*

LOUIS IX. à Paris en Decembre en 1254.

(1) *Questus quidem illicitos, (d) quàm possibile fuerit, in Baillivis, & aliis Curialibus, reprimere cupientes, (e)* Senescallos nostros, & alios officiales in Bellicadri & Caturcensi Bailliviis *juramento subscripto duximus astringendos, cujus si ipsi* Senescalli *fuerint transgressores, pœnas debitas, in bona* ipsorum, *vel si res exigat, in* personas, *nostre voluntatis, vel deputatorum a nobis arbitrio (f) reservamus.*

(1) Adecertes nous convoitons reprimer lès plaintes, tant comme possibilité est, ez Baillies & es autres de la court. Les Baillis, Prevots, Vicomtes, Maires de Villes & quexques autres sous eux establies, avons astreins à faire tel serment comme dessous est escript, lequel se iceux Baillis le passent, nous reservons à l'arbitrage de nostre volenté, ou de ceux que nous à ce deputerons, telle peine en leurs biens, ou es personnes se la chose le requiert, comme devra estre jugiée en tel cas. * Et se il avient que Prevots, Maires, ou autres sous eux establis Willent contre ce aller, il pour ce seront punis des Baillis, par le temoignage & conseil de bonnes gens.

(2) Jurabunt ergò *(g)* utriusque Baillivie Senescalli, *quod quamdiu commissam sibi tenebunt (h) Bailliviam, tam majoribus quàm mediocribus, tam minoribus quàm advenis, tam indigenis quam subditis, sine personarum & nationum acceptione, jus reddent (i) [cum judicum suorum consilio juratorum] (k)* secundum jura, usus, & consuetudines in locis singulis approbatas.

(2) Si jurront doncques tous ceux devans dis, & chacun d'eux, tant comme ils tendront *par commission*, Baillie, Prevosté, ou autre quelconque office devant dit, il feront & rendront droit aussi aux greigneurs comme aux mayeus, tant aus petits comme aus estranges, tant aus besoigneus, comme aux sougés, sans acceptacion de nations, ou de personnes, en gardant toutesvois en chacun pays les Us & les Coustumes approuvées.

(3) *Jurabunt insuper jura nostra, bonâ fide, requirere & (l)* salvare, *& aliorum jura scienter, nec diminuere, nec etiam impedire.*

(3) *Item* ils jurront que il nos droits requerront & garderont en bonne foy, & aussi les anciens droits que ils sçauront, & que ils ne soufferront aucuns & en estre ostez, amenuisez, ou empeschiez.

(4) *Jurabunt etiam* donum, *seu* munus quodlibet *a quacumque personâ, per se, vel per* alios non recipere *in pecuniâ, argento, vel auro, vel rebus aliis quibuscumque mobilibus (m) vel immobilibus, vel beneficiis personalibus, vel per-*

(4) *Item* jurront que il par eux, ou par autres ne prendront aucun don de quelque personne que ce soit, en pecune, en argent, en or, ou en autres choses quelles qu'elles soient, meubles, ou non meubles *soient mouvanz*, ou benefices personnels

NOTES.

(*d*) *Quam]* Au Registre du Tresor il y a *quantum.*

(*e*) *Seneschallos nostros]* Au Registre St Just, & dans celuy du Tresor il y a *Seneschallos, Baillivos, Præpositos, Vicecomites, & villarum Majores & quoscumque sub eis in officiis constitutos.* Il y a de mesme dans l'Edition de M. Baluze.

(*f*) *Reservamus]* Au Tresor, au Registre St Just, & dans l'Edition de M. Baluze il y a ensuite. *Si vero Prepositos, Majores, Vicecomites, vel alios inferiores officiales dejerare contigerit, sub bonorum testimonio personarum cum ipsorum consilio puniantur.*

(*g*) *Utriusque Baillivie Senescalli]* Dans l'Edition de M. Baluze il y a *jurabunt igitur omnes & singuli supradicti.*

(*h*) *Bailliviam]* Dans le Registre St Just, il y a ensuite *Præposituram, vel aliud quodcumque officium.*

(*i*) *Cum judicum suorum consilio juratorum]* Ces mots ne sont pas au Registre St Just, ni au tresor.

(*k*) *Secundum jura]* Au Registre St Just, au Tresor, & dans l'Edition de M. Baluze il y a *servantes tamen in locis usus, & consuetudines approbatos.*

(*l*) *Salvare]* Au Registre St Just, & dans l'Edition de M. Baluze il y a *servare.*

(*m*) *Vel immobilibus]* Il y a ensuite dans le Registre St Just, dans celuy du tresor des Chartes, & dans l'Edition de M. Baluze *vel se moventibus.*

petuis,

petuis, *(n) preter* esculenta *&* poculenta, *quorum* valor *in unâ ebdomadâ summam* decem solidorum *Parisiensium non excedat, & quod dicta dona, seu beneficia dari uxoribus, liberis, fratribus vel sororibus, (neptibus) vel consanguineis, consiliariis, vel domesticis suis minimè procurabunt: Imò bonâ fide diligentiam adhibebunt, ne uxores (o) aut aliæ* gentes ipsorum *munera recipiant; quod si fecerint, ex quo hoc sciverint [(p) Senescalli] eos ad restitutionem bonâ fide compellent, sub debito juramento.*

(5) Jurabunt etiam quod ab illis (q) de suâ Senescalliâ, *nec ab* aliis *qui causam habeant coram ipsis, vel scient in proximo habituros*, mutuum non recipient *per se, vel per* alios, *ultra summam* viginti librarum *quas reddent à die (r)* conventi *mutui, infra* duos menses, *licet (etiam) creditor* velit *solutionis terminum prorogare.*

(6) Addetur etiam juramento ipsorum, quod nihil dabunt, vel (s) mittant *alicui de* nostro consilio, *vel* uxoribus eorumdem, *liberis, aut aliis domesticis, vel illis qui compotum eorum recipient, atque illis quos ad visitandum terram, vel facta eorum (t)* inquirenda *mittemus.*

(7) Quod etiam (u) in venditionibus Bailliarum, vel nostrorum redditu-um *partem non habebunt, nec etiam in monetâ (x) * vel navibus que a mercatoribus, aut a peregrinis conducuntur.*

(8) Quod etiam (y) Baillivos infideles, injuriosos, aut improbos, *exactores, vel de* usurâ *suspectos, aut turpem vitam apperte ducentes, in suo non sustinebunt er-*

ou perpetuels, fors vins & viandes, de quoy la valuë ne surmontera pas la semaine dix sols parisis, & que il ne pourchasseront qu'iceux dons, ou benefices soient faits, ou donnez à leur femmes, à leur enfans, à leurs freres, à leurs seurs, neveux, nieces, cousins, cousines, conseillers, ou privez, ençois en bonne foy mettront diligence que leurs femmes, ne les autres personnes devant nommées, ne prendront, ne ne recevront nuls des dons devans dits, de quoy se ils le font, & il le soivent, il, en bonne foy, les contraindront à en faire restitution par leur serment.

(5) *Item* il jurront que de ceux de leur Baillie, ou d'autres qui ayent cause pardevant euls, ou que ils sçachent que la y doient avoir prochenement, il ne prendront prest, outre la somme de vingt livres, les quels rendront dedens deux mois, aprés le contraut du present fait, jaçoit ce que le creancier voudroit bien alongier le terme du payement.

(6) Et si sera adjouté en ce serement, que il ne dourront, ne n'envoyeront rien à aucun de nostre conseil, ne à leurs femmes, enfans, ou privez, ne à ceux qui recevront leurs comptes, ne à ceux que nous envoyerons pour visiter, ou enquerre sur eux.

(7) *Item* que es ventes des baillies, ou des rentes, ou de nos autres choses, il ne auront part, ne aussi en la monoye.

(8) *Item* que les Baillis, ou injurieus, ou faisans exactions, ou soupeçonnés de usures, ou menans apparemment deshonneste vie, ils ne soutendront en leur er-

LOUIS IX. à Paris en Decembre en 1254.

NOTES.

(n) *Preter esculenta & poculenta]* Vide *Legem 6. §. 3. Dig. De officio Proconsulis.*

(o) *Aut aliæ gentes ipsorum]* Dans l'Edition de M. Baluze, & dans le Registre St Just il y a *vel personæ proximo nominatæ.*

(p) *Seneschalli]* Ce mot n'est ni dans le Registre de St Just, ni dans l'Edition de M. Baluze.

(q) *De suâ Senescalliâ]* Dans le Registre St Just, & celuy du Tresor il y a *Bailliviâ*, & dans l'Edition de M. Baluze il y a *Senescalliâ, vel Bailliviâ.*

(r) *Conventi mutui]* Dans le Registre St Just, & dans l'Edition de M. Baluze il y a *contracti mutui.*

(s) *Mittant]* Dans le Registre St Just, & dans l'Edition de M. Baluze il y a mieux *mittent.*

(t) *Inquirenda]* Dans le Registre St Just & dans l'Edition de M. Baluze il y a *exquirenda.*

(u) *In venditionibus bailliarum, vel nostrorum redditium]* Les Baillages *inferieurs* & les Prevostez se vendoient alors à temps, ou se donnoient à ferme, le plus souvent pour une année, comme tous les revenus du Roy. V. l'Ordonance de Charles V. de l'an 1356. art. 9. Dans le Registre de St Just, & dans l'Edition de M. Baluze il y a *Bailliviarum.*

(x) *Vel navibus que a mercatoribus, aut a peregrinis conducuntur]* Il n'y a rien de cela au tresor, dans le Registre St Just, ni dans l'Edition de M. Baluze.

(y) *Baillivos]* Il y a ainsi dans le Registre St Just. Dans l'Edition de M. Baluze il

LOUIS IX. à Paris en Decembre en 1254.

rore ; imò eorum excessus corrigent bonâ fide.

(9) (z) *Jurabunt etiam* Judices, & locorum (aa) Vicarii singulorum, quod nec ipsis Senescallis, vel eorum domesticis, aut propinquis *quidquam dabunt, & in fine juramenti concludent se universa & singula supradicta servare, nec quidquam per se, vel per alios in fraudem facere predictorum.*

reur, aincois en bonne foy corrigeront leur excés.

(9) *Item* Ils jurront, c'est assavoir, nos Prevosts, Vicomtes, Maires de Villes, Forestiers, & autres sous eux establis en offices, que il gregneur d'eux, ou estans en gregneur office d'eux, ne à leurs femmes, ne à enfans, procheins, ou privés, rien ne dourront. Et en la fin de leur serment ils promettront en bonne foy garder toutes les choses dessusdites, & chacune par soy, fors que il nous plaira à en relascher, & que en fraude des choses devant dites ils ne feront aucune chose par eux ne par autres.

(10) Vicarios *autem, quos* (bb) Senescalli *quandoque pro se substituunt,* nolumus *ab ipsis institui, nisi priùs sub formâ predictâ prestiterint juramentum.*

(11) *Ut verò hec* (cc) officiales, *juramenta* (dd) firmius *observentur, volumus, quod in publicâ* (ee) *assisiâ fiant, coram clericis & laïcis, ab omnibus & singulis supradictis, etiam si antea facta fuerint* coram nobis, *ut non solum metu divine indignationis & nostre, sed etiam confusionis, & erubescentie apud homines perjurium manifestum incurrere vereantur.*

(12) Volumus *autem & precipimus quod* (ff) Senescalli nostri *predicti, & alii quicumque sub ipsis tenentes officia, necnon & omnes qui in dictis duabus Bailliviis vadia nostra percipiunt,* abstineant *ab* omni verbo, *quod vergat in contumeliam, vel contemptum* Dei, Matris sue *&* (gg) sanctorum ejus, *a ludo etiam cum* taxillis, *sive* alcis, *vel* (hh) saccis, *& a* fornicatione, *vel* tabernis.

(10) Adecertes nous ne voulons pas que les Vicaires, que les Baillis sous-establiront aucunes fois, soient instituz par eux, se il ne sont avant le serment en la fourme devant dite.

(11) Et pour ce que ces sermens soient plus fermement gardez, Nous voulons que ils soient faits en pleine *assise* de tous ceux dessus nommez devant, clercs & lais, neis se il les avoient fais devant nous & non pas pour paour seulement de l'indignation devine, ne de nous, mes pour ce que il redoute encore confusion & honte, & purement manifeste.

(12) *Item* Nous voulons & commandons que nos Baillis, & autres quelconques offices que il tiengnent sous eux, & aussi tous qui prennent gages de nous, se tiengnent de dire paroles qui tournent à despit à Dieu, à sa Mere, & aux Saints de Paradis, & que il ne joüent à jeu de *dez*, ne à *échez*, & que il se tiengnent de *fornication* faire, & de aller en *taverne*.

NOTES.

y a *Bajulos*, qui est la mesme chose. Ceçy doit estre entendu des *petits Baillis*, ou des Baillis *inferieurs* aux grands Baillis.

(z) *Jurabunt etiam judices &c.]* Dans le Registre St Just, dans celuy du tresor & dans l'Edition de M. Baluze, il y a *Præpositi nostri, Viccomites, Majores villarum, Forestarii, aut alii, sub eis in officiis constituti, quod superioribus suis, nec uxoribus eorum, liberis, propinquis,* sive *domesticis &c.*

(aa) *Vicarii]* Sont les *Viguiers*. Voyez Ragueau sur ce mot.

(bb) *Senescalli]* Dans le Registre St Just il y a *Baillivi*. Dans l'Edition de M. Baluze il y a *Senescalli, vel Baillivi*.

(cc) *Officiales]* Ce mot inutile n'est ni dans le Registre de St Just, ni dans l'Edition de M. Baluze.

(dd) *Firmius]* Dans le Registre St Just il y a moins bien *firmiter*.

(ee) *In assisiâ]* L'*assise* estoit le grand plait, ou le plait extraordinaire. Voyez mon glossaire sur ce mot, & Loiseau des Seigneuries chap. 7. num. 15.

(ff) *Senescalli nostri]* Dans le Registre St Just, & dans celuy du Tresor il y a *Baillivi nostri, & alii quodcumque teneant officium, nec non & omnes quicumque vadia nostra recipiant.*

(gg) *Sanctorum ejus]* Tout ce qui suit jusques à l'article 13. manque dans l'Edition de M. Baluze, & se trouve dans la mesme Ordonance Françoise, qui est au Registre *Pater*.

(hh) *Saccis]* Dans le Registre St Just & dans celuy du Tresor il y a *scacis*. C'est à dire, au jeu d'*échets*. V. *Tom. 4. Thesauri anecdotorum col. 249. & 900.*

Louis IX. à Paris en Decembre en 1254.

(*13*) Inhibemus *verò districtè* (*ii*) Baillivis *nostris* predictis possessiones *aliquas per se, vel per alium* (*kk*) emere, *administratione suâ durante in Baillivâ suâ*, vel aliâ fraudulenter, *sine nostrâ licentiâ* (*ll*) procedere; *quod si fecerint, emptionem irritam esse, & possessiones sic emptas fisco nostro, si nobis placuerit, volumus* *applicari*.

(*14*) *Prohibentes insuper* Senescallis *ne quamdiù Baillivi fuerint, sibi*, vel suis domesticis, aut propinquis (*mm*) matrimonia copulent tempore sue Baillivie, *sine nostro speciali consensu, nec predictos in* religionibus *ponant, aut beneficia Ecclesiastica, vel possessiones eis acquirant*.

(*15*) Gista *etiam, vel procurationes in domibus* (*nn*) religiosis, *vel circà, cum expensis eorum, non recipiant, sine nostrâ licentiâ speciali*.

(*16*) (*oo*) *Prohibitionem vero istam quam facimus de* matrimoniis non copulandis, *&* possessionibus non acquirendis *non extendimus ad Præpositos, Majores & alios officiales* minores, *qui Majorias, Præposituras & alia officia tenebunt in locis mansionum suarum, dum tamen hæc faciant sine nostrâ, vel alterius læsione*.

(*17*) Et Senescalli autem nostri & (*pp*) inferiores Baillivi *caveant sibi* (*qq*) *a multitudine Bedellorum, & quanto paucioribus* poterint, *sint contenti, ad*

(13) *Item* Nous deffendons estroitement à nos Baillis, que il, durant leur administration, ne achatent en leur baillie aucunes possessions, ne en autres, par fraudes, se n'est par nostre congié, la quelle chose se il la font, nous tenons l'achapt pour nul, & voulons se il nous plaist, icelles possessions achetées estre à nous apliquiées.

(14) *Item* nous deffendons à nos Baillis, que tant comme ils seront Baillis, sans especial assentement, ils ne marient ne leurs enfans, ne leurs freres, leurs seurs, neveus, nieces, cousins, ne autres de leur menie, à personne nulle de leur Baillie, ne ne meittent iceux en religion, ne ne leur acquerent benefices de S.te Eglise, ou aucunes possessions.

(15) Et si leur deffendons aussi que il ne prengnent *gistes* en maisons de religions, ne environs à leurs dépens, sans nostre congié.

(16) Adecertes l'inhibition, ou deffense que nous faisons de mariages, & de non acquerre possessions, nous ne l'estendons pas aux *Prevosts, Maires,* & autres *mendres* officiaux, qui tendront Prevostez, Mairies, & autres Offices, es lieux là où il maindront, mes que il le facent sans lezion de nous, & d'autres.

(17) *Item* nos Baillis se prengnent bien garde, & aussi nos autres officiaux que il n'ayent multitude de *Bedeaus,* aincois s'en facent au moins que euls pourront, pour mettre à exceqution les com-

NOTES.

(*ii*) *Baillivis*] Dans l'Edition de M. Baluze il y a *Senescallis, vel Baillivis*.

(*kk*) *Emere*] Cecy doit estre entendu des *grands Baillis* qui estoient puissans dans les provinces, & qui abusans de leur autorité, auroient pû s'y faire vendre des biens considerables pour peu de chose. Voyez l'article 14. cy-aprés avec la note.

(*ll*) *Procedere*] Dans le Registre S.t Just, au tresor des chartes, & dans l'Edition de M. Baluze il y a mieux *precedente*.

(*mm*) *Matrimonia copulent. Vide titulum codicis*] Si quacumque præditus potestate, vel ad eum pertinentes, ad suppositarum jurisdictioni suæ aspirare tentaverint nuptias *lib. 5. tit. 7.*

(*nn*) *Religiosis*] Dans le Registre S.t Just, & dans l'Edition de M. Baluze il y a *Religiosorum*. Et par cette raison il y a ensuite *expensis eorum*, au lieu qu'y ayant icy *domibus religiosis* il faut ensuite *expensis earum*. Les *gistes* estoient des repas, & des logemens que les Baillis se faisoient donner. Voyez ce que j'en ay dit dans mon glossaire letre G.

(*oo*) *Prohibitionem*] Cet article a esté pris dans le Registre S.t Just, & dans l'Edition de M. Baluze.

(*pp*) *Inferiores Baillivi*] Touchant ces *petits Baillis* voyez le chapitre 4. de l'anciene Coûtume de Normandie, & Loiseau *des Seigneuries*, chap. 8. nombre 35.

(*qq*) *A multitudine Bedellorum*] C'estoient comme il se void icy ceux qui mettoient à execution les sentences, comme nos Sergens & nos Huissiers. L'anciene Coûtume de Normandie *Li Bedel sont li mineur Sergent* qui *doivent prendre les nams*. Voyez l'article qui suit.

LOUIS IX. à Paris en Decembre en 1254.

Curie exequenda precepta, & illos nominent in assisiâ publicâ, aliter vero pro Bedellis non *habeantur.*

(*18*) *Ubi autem* Bedelli, *vel* Servientes *ad remota loca mittuntur, eis sine superiorum literis non credatur; & si aliter inventi fuerint facientes executionem, vel mandata*, nuncietur Senescallo, *qui eos* puniat *competenter.*

(*19*) *Ne verò* Senescalli nostri, & (*rr*) inferiores Baillivi *contra justitiam subditos nostros gravent*, inhibemus *eisdem, ne pro quocumque debito preter nostrum* capiant, vel *captum, detineant, aliquem subditorum.*

(*20*) (*ss*) *Sed nec occasione criminis, seu delicti detineant aliquem personaliter, qui possit, vel valeat idonee se purgare, nisi criminis hujus requirat enormitas, de quo confessione propriâ, vel probatione legitimâ sit convictus, vel nisi tam violentis presumptionibus urgeatur, ut Judex cognoscat reum esse personaliter detinendum.*

(*21*) *Et quia in dictis Senescalliis secundum* jura & terre consuetudinem *sit* inquisitio *in* criminibus, *volumus & mandamus quod reo petenti, acta inquisitionis tradantur ex integro.*

(*22*) Personas *autem* honestas, & bone fame, *etiamsi sint* pauperes, *ad dictum* testis unici, *subdi* tormentis, *seu* questionibus *inhibemus, ne hoc metu, vel confiteri factum, vel suam vexationem redimere compellantur.*

(*23*) Emendas *autem pro* maleficiis, *seu* delictis *a Baillivis nostris* levari nolumus, *nisi in foro judiciario publicè* (*tt*) de bonorum consilio, *fuerint judicate, vel estimate* (*uu*) *quamquam antea fuerint* gagiate. *Si tamen ille cui crimen imponitur, Curiâ sibi offerente judicium, id* noluerit *expectare, & pecuniam certam offerat pro emendâ, & tale sit cri-*

mandemens des Cours, & si les nomment en pleine & commune assise, ou autrement il ne soient ja tenus pour Bedeaus.

(18) Et là où *Bedeaus*, ou *Sergens* seront envoyez en lointeins lieus, sans letres de leur Souverain, si ne soient de rien creus, & se il sunt trouvez faisans excequtions, ou mandemens autrement, si soit mandé aux Baillis, qui les puniront convenablement.

(19) *Item* ne nos Baillis, ou autres *mendres officiaus* grevent nos subgés contre justice, nous leur deffendons que pour nulle doibte fors pour la nostre, ils ne prengnent nul, ne tiegnent pris.

(20) *Item* nous ne voulons pas que les amendes pour malesfaçons, ou pour doibtes soient levées par nos Baillis, se elles ne sunt avant jugiées, ou taxées en jugement, par conseil de bonnes gens, jaçoit ce que elles ayent avant esté *gagiées*. Et se toutes voyes cil à qui crime est mis sus, la Court li offrant jugement ne le vouloit attendre, & offrist certeine pecune pour l'amende, & le crime

NOTES.

(*rr*) *Inferiores Baillivi*] Il y avoit comme l'on void des *grands* & des *petits* Baillis, qui ne doivent pas estre confondus.

(*ss*) *Sed nec &c.*] Cet article, le 21. & le 22. ne sont pas dans le Registre de St Just, dans celuy du tresor, ni dans l'Edition de M. Baluze. Et tous ces articles manquent aussi dans l'Ordonance Françoise.

(*tt*) *De bonorum consilio*] C'estoient ceux que l'on nomoit alors *Jugeurs*, ou *homes jugeans*. Voyez ce que j'en ay dit sur le chap. 105. du premier livre des Establissemens.

(*uu*) *Quamquam antea fuerint gagiatæ*] C'est-à-dire, quoy que les amendes ayent esté consignées, ou payées. Voyez la Coûtume de St Paul article 32.

men de

men de quo emenda pecuniaria recipi *consuevit, liceat Curie eam recipere, si sibi competens videatur, alioquin emendam faciat judicari, vel estimari secundum quod* dictum est, *licet reus se* velit subjicere omnimodè Curie voluntati. *Caveant tamen judices & Baillivi ne* minis *vel,* terroribus, *vel machinationibus callidis clàm, vel palam, aliquem ad emendam offerendam* inducant, *vel sine causâ rationabili* accusent.

(*24*) *Eos sane* (*xx*) *qui Baillivias nostras tenuerint, aliis* easdem revendere *prohibemus; quòd & si plures emptores fuerint,* unus tamen jurisdictionem exerceat *& immunitate gaudeat in cavalcatis, talliis, seu collectis & aliis oneribus publicis, quibus* Vicarii *consueverunt gaudere. Vendi autem eas filiis, fratribus, nepotibus,* neptibus, *aut consanguineis, aut domesticis,* (*yy*) *a nostris nolumus Senescallis.* (*zz*) *Emptores autem Bailliviarum debita propria,* & *que debentur eisdem* (*aaa*) *non ex* Bailliviâ vel *eorum sociis, authoritate propriâ non coërceant, sed per manum Senescalli, aut Judicis ea repetant, sicut facerent si Bailliviam non tenerent.*

(*25*) *Porrò viam maliciis volentes precludere quantùm possumus, firmiter* inhibemus, *ne* Senescalli, aut inferiores Baillivi *in causis* criminalibus, vel civilibus *subditos nostros locorum mutatione fatigent, sed singulos in illis locis audiant ubi consueverunt audiri, ne gravati laboribus & expensis, cogantur cedere juri suo.*

soit tel de quoi amende pecuniere soit accoustumée à estre levée, loise à la Court recevoir icelle, se elle void que ce soit chose competant, ou se ce non, souffise li l'amende estre jugiée & estimée selon ce que dessus est dit, jaçoit ce que cil qui seroit coupable se voulsist sousmettre à la volenté de la Court. Toutesvoyes prengnent soi bien garde li Baillis & officiaus devans dis, que par menaces, espouventemens, ou chaudes machinations, en appert, ou couvertement, il ne amenient aucun à offrir amande, ou accusent sans cause raisonnable.

(21) *Item* Nous deveons à ceuls qui auront tenus *prevostez,* ou *rentes,* ou autres *baillies,* que ils ne les revendent à autres, meis se il y avoit plusieurs acheteurs, l'un d'eux seul hait la vendition & joisse de la franchise, en chevauchiées, tailles, cuellettes & autres charches communes, dequoy autres ont accoustumée à joir. Toutes voyes nous deveons que elles ne soient venduës à fils, freres, neveus, ou cousins ou as privez des Baillis. Et si ne voulons que ceuls qui acheteront icelles Prevostez ou Baillies, esploitent leurs doibtes propres. C'est assavoir celles qui leurs sunt deües, non pas des Prevostez, ou autres Baillies, ou à leurs Compaignons, de leur propre autorité, ainçois par la main du Bailli, ou du plus haut Juge les requierent, aussi comme se il ne tenoient Prevosté ne Baillie.

(22) *Item* pour ce que nous voulons clore la voye aux malices, tant comme nous povons, nous deveons fermement que Baillis, ne autres officiaus devant dis en causes, ou besoignes, quelles que elles soient, ne travaillent nos subgés par remüemens de leus, sans cause raisonnable, meis oient chacun ez lieus, là où il ont accoustumé estre ois, meismement pour ce que se ils estoient grevez de travail & de dépens, que il ne delessassent leurs droits.

NOTES.

(*xx*) *Qui baillivias nostras tenuerint*] Dans l'Ordonance Françoise il y a *Prevostez,* ce qui marque que par *baillivias,* il faut entendre icy les *petits baillages* qui se vendoient, ou donnoient à ferme, comme les Prevostez.

(*yy*) *A nostris nolumus Seneschallis*] Dans l'Edition de M. Baluze, & dans le Registre St Just, il y a *Vendi autem eas filiis, fratribus, nepotibus, aut consanguineis, seu domesticis Baillivorum prohibemus eisdem.*

(*zz*) *Emptores autem Bailliviarum*] Dans l'Edition de M. Baluze, il y a *Emptores autem ipsarum præpositurarum, vel aliarum bailliviarum,* & il y a de mesme au Registre de St Just.

(*aaa*) *Non ex bailliviâ,* vel *eorum sociis &c.*] Dans le Registre St Just, & dans l'Edition de M. Baluze il y a *Emptores autem ipsarum præpositurarum, vel aliarum bailliviarum debita propria, scilicet que debentur ab eisdem ex præposituris, vel bailliviis aliis, aut eorum sociis, auctoritate propriâ non coërceant sed &c.*

LOUIS IX.
à Paris en Decembre en 1254.

(26) *Quia verò nemo sine culpâ*, vel causâ *privandus est jure suo*, *Baillivis nostris* (bbb) majoribus & minoribus inhibemus *ne* dissaisiant *aliquem sine cause cognitione*, *vel nostro speciali mandato*. *Subditos etiam nostros* novis exactionibus, consuetudinibus, oneribus *non affligant*. Cavalcatas *extorquende pecunie causâ non mandent*, *sed ex causâ* tantummodo *necessariâ*, & *tunc* (ccc) nolentes *personalem facere* cavalcatam, *ad eam redimendam*, *data pecuniâ*, *non compellant*.

(27) *Deffensum etiam* (ddd) Bladilis, *vini*, *vel mercium aliarum non extrahendarum de terrâ*, *sine causâ urgente*, (eee) Si faciant, & *tunc cum bono & maturo consilio*, *nec suspecto* & factum cum consilio, sine consilio *non dissolvant*, *nec eo durante cuiquam faciant gratiam specialem*.

(28) (fff) *Arma tamen Sarrascenis deferri prohibemus*, & *tam victualia quam res alias omni tempore quo Christianis guerram habebunt*. *Inimicis etiam nostris nihil sine licentiâ nostrâ defferri voluimus*, *nisi tempore quo treugam habebimus cum eisdem*.

(29) (ggg) *Demum perversam consuetudinem abolentes*, *que in* aliquibus Curiis *nostris*, *circa* judiciales expensas & *penas subcumbencium in judiciis*, *diù fuerat observata*, volumus & mandamus *in litis initio contestate*, (hhh) *reddant pignora litigantes ad valorem* decime partis litis, *vel estimationis ejusdem*, *que pignora partibus reddantur*, *nec in toto processu negotii levetur* aliud pro expensis; *sed eo finito*, *per compositionem*, *vel summam*, *solvat Curie qui victus fue-*

(23) Et pour ce que sans coupe nul ne doit estre privé de son droit, nous deveons aux Baillis & aus autres devans dis que ils ne *dessaisissent* nuls sans cognoissance de cause, ou sans nostre especial mandement ne que il tourmentent nos subgés de nouveles exactions, coûtumes, ou autres charches, ne ne mandent chevauchiées pour cause d'exaction de pecunes, mes pour cause necessaire en toutes manieres, & lors ne contreingnent point ceux qui *voudront* faire chevauchiée personnel à la reembrer, *la* pecune donnée.

(24) *Item* ils ne fassent nuls deffenses *de bled*, *de vin*, ou d'autres marchandises traire hors de la terre, sans cause contreignant, & lors *o bon conseil meur*, & non souppeçonneus soit fait. Et ce que par ce conseil sera fait, ne soit relevé, ne celuy durant il ne facent à aucun grace especial.

NOTES.

(bbb) *Majoribus*, *vel minoribus*] Ces mots ne sont qu'au Registre *Pater*, & non dans le Registre St Just, dans l'Edition de M. Baluze, ni dans l'Ordonance Françoise.

(ccc) *Nolentes*] Dans l'Edition de M. Baluze, & dans le Registre St Just il y a mieux *volentes*. L'Ordonance Françoise est conforme à cette correction.

(ddd) *Bladilis*] Dans l'Edition de M. Baluze & dans le Registre St Just, il y a *Bladi*.

(eee) *Si faciant*] Dans le Registre St Just, & dans l'Edition de M. Baluze il y a mieux *non faciant*, ce qui est conforme à l'Ordonance Françoise.

(fff) *Arma tamen*] Cet article n'est pas dans l'Edition de M. Baluze, ni dans le Registre St Just.

(ggg) *Demum*] Cet article n'est pas dans le Registre St Just, ni dans l'Edition de M. Baluze.

(hhh) *Reddant pignora litigantes*] C'est à dire, que ceux qui plaideront, donneront avant contestation, des gages de la valeur de la *dixiéme partie* de la chose qui sera la matiere du procés, pour en payer les dépens, en cas qu'ils succombent. Voyez le chap. 92. du prelivre des Establissemens avec la note qu'on y a faite.

LOUIS IX. à Paris en Decembre en 1254.

rit partem decimam ejus in quo ſuccubuerit, *vel eſtimationem ejuſdem. Et ſi ambo quadam* (*iii*) *parte victi fuerint, ſolvat quilibet pro parte in quâ ſuccumbet. Qui verò in litis principio* reddere pignora *non poterunt,* dent fidejuſſores *idoneos, & ſi nec illos dare valuerint, juramentis propriis committatur. Super debitis verò de quibus* (*kkk*) *controverſiam non referunt debitores,* placet nobis *quod precipiat Curia ſimpliciter, & penâ aliquâ non adjectâ, ſolvi debita certâ die; quod ſi factum non fuerit, de bonis debitorum, creditoribus legitimè ſatisfiat.*

(*30*) (*lll*) *Si quis autem ab alio ex facto proprio, vel dicto conventus, factum ſuum proprium, ſive dictum poſt juramentum preſtitum* (*mmm*) *in judicio negare preſumpſerit, & legitimâ probatione convictus, fuerit condempnatus,* beneficium appellationis *amittat.*

(*31*) *Omnes autem Baillivos noſtros* majores *&* minores, *finito officio, remanere* volumus, *vel ſaltem procuratorem ſufficientem dimittere in ipſâ Bailliviâ, per* quinquaginta dies, *ut de ſe conquerentibus coram illis, reſpondeant, quibus hoc* committetur.

(*32*) *Ceterùm ordinationem factam* in perpetuum *de Judeis obſervari diſtrictè precipimus, que talis eſt :* Judei *ceſſent ab* uſuris, *&* blaſphemiis, ſortilegiis *&* caracteribus; *& tam* (*nnn*) Talibus *quam alii libri in quibus inveniuntur blaſphemie, comburantur, & Judei, qui hoc ſervare noluerint, expellantur, & tranſgreſſores legitimè puniantur. Et vivant omnes Judei de laboribus manuum ſuarum, vel de negociationibus ſine terminis vel uſuris.*

(*33*) (*ooo*) *Præterea ſtatutum olim de conſilio Baronum noſtrorum* (*ppp*) *apud* Meledunum *editum, obſervari* precipimus *firmiter & teneri, videlicet quod nul-*

(25) *Item* nous voulons que tous nos Baillis, *maires* & autres *mendres* leur office fini, demeurent, ou leſſent ſouffiſant procureur pour euls en icelle bailie par *cinquante jours,* pour ce que ils reſponnent à ceux qui de euls ſe pleindront pardevant ceux à qui len le commettra.

(32) *Item* l'Ordenance des Juifs nous voulons que elle ſoit gardée, qui eſt telle, c'eſt aſſavoir que les Juifs ceſſent de uſures, blaſpheſmes, ſors & *caraz,* & que leur *Talemus* & leurs autres livres eſquiex ſunt trouvez blaſphemes ſoient ars, & les Juifs qui ce ne voudront garder ſoient boutées hors, & les tranſgreſſeurs ſoient loyaument punis. Et ſi vivent tous les Juifs des labeurs de leurs mains, ou des autres beſoignes ſans uſures.

(26) En ſeurquetout nous commandons que l'eſtabliſſement fait jadis à Meleun du Conſeil de nos Barons, ſoit fermement gardé & tenu, c'eſt aſſavoir que

NOTES.

(*iii*) *Parte*] *id eſt pro parte.*

(*kkk*) *Controverſiam*] Ce mot eſt en abregé dans le Regiſtre *Pater.* Au lieu de *controverſiam* on pourroit lire *quittanciam.*

(*lll*) *Si quis demum*] Cet article n'eſt point encore dans S^t Juſt, ni dans l'Edition de M. Baluze.

(*mmm*) *In judicio negare præſumpſerit*] Voyez la Coûtume du Loudunois au titre des amendes article 17.

(*nnn*) *Talibus*] Au Regiſtre du treſor il y a *Talemus.* Dans l'Edition de M. Baluze il y a *Talemis.* C'eſt le Talmud, *ſeu Pandectæ rerum Judaïcarum divinarum & humanarum,* ſeu *juris civilis & canonici Hebræorum.*

(*ooo*) *Præterea &c.*] Cet article dans l'Edition de M. Baluze eſt aprés le 34.

(*ppp*) *Apud Meledunum*] C'eſt l'Ordonance du mois de Decembre 1230. Voyez cy-devant en la page 53.

LOUIS IX. à Paris en Decembre en 1254.

lum debitum haberi faciant Barones, Senescalli, *vel alie quecumque personæ Judeis. Nec aliquis in toto regno nostro* Judeum *retineat* alterius dominii, *nec impediat quominùs aliquis* Judeum *suum possit capere tamquam proprium suum* servum, *quantumcumque sub alterius dominio fecerit ipse moram. De* Christianis *verò, sicut in eodem statuto continetur*, prohibemus *districtè, quòd nullas usuras haberi faciant* Barones, Senescalli *nostri, vel alie quecumque persone eisdem. Usuras* autem *intelligimus* quidquid est ultra sortem. *Istud autem statutum factum* Meleduni volumus *quòd Senescalli nostri observent & faciant observari, tam in terrâ nostrâ, quàm in terrâ nostrorum Baronum, vel aliorum si defecerint, postquàm sufficienter fuerint requisiti.*

(34) *Expellantur autem publice* meretrices, *tam de* campis *quàm de* villis, *& factis monitionibus, seu* (qqq) profectionibus, *bona earum per locorum judices capiantur, vel eorum auctoritate* a quolibet occupentur, *etiam usque ad tunicam* (rrr) *vel ad* pellicium. *Qui vero domum publice meretrici locaverit scienter*, volumus *quod ipsa* (sss) *domus incidat Domino a quo tenebitur*, (ttt) * *in commissum*.

(35) *Preterea* prohibemus *districtè ut nullus homo ludat ad* taxillos, *sive* aleis *aut* scaccis, *Scholas* autem deciorum prohibemus *& prohiberi* volumus *omninò, & tenentes eas districtius puniantur.* Fabrica *etiam* deciorum prohibetur.

(36) *Nullus preterea recipiatur ad moram* in tabernis *faciendam, nisi sit* transiens, *vel viator, vel in ipsâ villâ non habeat aliquam mansionem.*

(37) (uuu) *Inhibemus autem ne aliquis in terrâ nostrâ*, capiat aliquem

Baillis, Barons, ou autres quelconques personnes ne facent avoir nulle doibte aux Juifs & que nul en tout le Royaume ne tiengnent *Juif d'autruy Seigneurie* ne n'empeiche que aucun ne puisse prendre soit *Juif* comme son propre *serf*, combien que il ait demouré sous autre Seigneurie. Des Chrestiens aussi comme en iceluy establissement est contenu que nos Barons, Baillis, ou autres quelconques personnes ne facent avoir aux Juifs nulles usures quelque chose que il y ait outre le sort. Et c'est establissement fait à Meleun, voulons nous que nos Baillis gardent & facent garder, tant en nostre terre, comme en la terre de nos Barons, ou d'autres se il en deffailloient, puisque il en auront esté requis.

(27) *Item* soient boutées hors *communes ribaudes*, tant de *champs* commes de *villes*, & faites les monitions, ou deffenses, leurs biens soient pris par les Juges des lieus, ou par leur autorité, & si soient dépouillez jusqu'à la *core*, ou au *pelicon*. Et qui loüera maison à ribaude, ou recevra ribauderie en sa maison, il soit tenu de payer au Bailli du lieu, ou au Prevost, ou au Juge autant comme la * pension vaut en un an.

(28) Et avec ce nous deffendons étroitement que nul ne joüe aux *dez*, aus *tables*, ne aus *échets*, & si deffendons escoles de dez, & voulons du tout estre devées, & ceux qui les tendront soient tres bien punis. Et si soit la forge, ou l'euvre de dez deveyé par tout.

(29) *Item* nul ne soient reçeû à faire demeure en taverne, se il n'est trepassant, ou il n'a aucune mansion en la Ville.

(30) *Item* nous deffendons que nul en nostre terre ne prengnent *cheval* con-

NOTES.

(qqq) *Profectionibus*] Dans le Registre St Just, & dans l'Edition de M. Baluze il y a mieux *prohibitionibus*.

(rrr) *Vel ad pellicium*] Dans l'Edition de M. Baluze il y a *Pecium*, mais mal. Il faut lire comme icy, *Pellicium*, c'est-à-dire, le vestement de peaux, qui estoit appellé *Pelicon*. Dans ces temps-là presque tout le monde estoit vestu de peaux, & les Prestres mesmes, d'où le vestement de linge qu'ils mettoient pardessus tous leurs habits, estoit nomé *superpellis*. Surplis. *Superpellicium. Vide Cangium in glossario*, & D. Martenne *in glossario* ad Thesaurum *anecdotorum* tom. 5. pag. 1296.

(sss) *Domus incidat in commissum*] Dans l'Edition de M. Baluze, & dans le Registre St Just il y a *quantum valet pensio domus uno anno, Baillivo loci, vel judici solvere teneatur*, & il y a de mesme dans le Registre St Just.

(ttt) *In commissum*] Au Registre *Noster* il y a moins bien *in commissurâ*.

(uuu) *Inhibemus*] Cet article n'est pas dans le Registre St Just.

equum.

Louis IX.

à Paris en Decembre en 1254.

equum, *contrà voluntatem ejus cujus equus erit, nisi sit pro proprio negotio nostro. Et tunc per* (xxx) Senescallos nostros, aut alios inferiores officiales, *vel eos qui loco ipsorum (yyy) erunt, & de equis conductitiis capiatur, & si equi conducticii sufficere nequeant pro nostro servicio faciendo*, Senescalli, vel alii inferiores officiales *non capiant equos* mercatorum transeuntium, *vel* pauperum, *sed* divitum *tantùm, si sufficere possint ad nostrum proprium servitium faciendum.*

(38) Inhibemus *etiam ne pro servitio nostro, vel alio capiantur* equi personarum Ecclesiasticarum, *nisi de nostro speciali mandato, nec capiant Senescalli, aut alii prediĉti equos plusquàm fuerit nobis opus, illos etiam quos ceperint, pro pecuniâ non relaxent. Hec autem que de equis capiendis diximus*, volumus *observari* quamdiù nobis placuerit, *salvis serviciis nobis debitis, & juribus nostris & alienis.*

(39) *Omnia ergò singula supradiĉta, que pro subditorum quiete duximus ordinanda, retentâ nobis plenitudine Regie potestatis declarandi, mutandi, vel etiam corrigendi, addendi vel minuendi, à Baillivis nostris & subditis (zzz) [in dictis duabus Bailliviis Carcassonum scilicet & Bellicadri, districtè volumus observari]* Actum Parisiis *anno Domini millesimo ducentesimo quinquagesimo quarto, mense Decembris.*

tre la volenté de celuy qui le cheval sera, se n'est pour nostre propre besoingne. Et lors prengnent nos Baillis, Prevosts, ou Maires, ou ceux qui seront en leurs lieux, chevaux à loyer, & se les chevaux à loyer ne souffisoient à faire nostre service, les Baillis, Prevots, ou autres personnes dessus nommées ne prengnent pas les chevaux aux marchands, ne aux poures gens, més les chevaux aux riches homes tant seulement, se ils peuvent souffire à nostre service faire.

(38) *Item* nous deffendons que pour nostre service, ne pour autre nul prengnent *chevaux de gens de S.te Eglise*, se n'est de nostre especial mandement, ne ne prengnent Baillis, ne les autres devant dis chevaus fors tant comme mêtier nous sera, & ceux que len aura pris, par argent ne soient point relâchiés. Ce que nous avons dit de chevaux prendre, nous voulons que soit gardé tant comme il nous plaira, sauls nos services, nos devoirs & nos droits, & aussi les autruy.

(39) Toutes les choses devant dites, & chacune d'icelles, lesquelles nous à present pour le repos de nos subgés, avons ordenées, nous voulons que soient destroitement gardées de nos Baillis & subgés, retenuë à nous la plenité de la Royal puissance de y declarer, muer, ou corrigier, adjouster, ou amenuiser. Ce fut fait à Paris l'an mil deux cens cinquante quatre en mois de Decembre.

NOTES.

(xxx) *Senescallos nostros]* Dans le Registre du tresor il y a *Baillivos, ac Præpositos nostros, Majores villarum &c.* Dans le Registre de M. Baluze il y a *Baillivos, Senescallos &c.*

(yyy) *Erunt]* Dans l'Edition de M. Baluze il y a ensuite *capiatur*, qui est icy plus bas.

(zzz) *In dictis duabus Bailliviis Carcassonum scilicet & Bellicadri]* Dans l'Ordonance qui est au Registre St Just, ces mots ne se trouvent pas, parce qu'elle fut envoyée dans une autre Seneschaussée. Et comme dans chaque Seneschaussée il y avoit des abus differents ausquels il falloit remedier, de là vient que cette Ordonance a quelque difference suivant les differens lieux, où elle a esté envoyée.

En l'année 1256. St Loüis renouvella cette Ordonance, *par une autre* que l'on donnera cy-aprés dans l'ordre de sa date, tirée du Registre Croix de la Chambre des Comptes, où il fit des changemens, des modifications & des retranchemens considerables.

LOUIS IX. à Paris en 1254. au mois de Fevrier.

Ordonance par laquelle le Roy ajoûte quelques dispositions à une Ordonance precedente, qu'il avoit faite en passant par le Languedoc.

SOMMAIRES.

(1) *Les seneschaux ne pourront faire paître leurs troupeaux, que dans leurs propres pacages, s'ils en ont.*

(2) *Les Clers, ou leurs écrivains ne pourront prendre plus de six deniers tournois pour les letres patentes, & quatre deniers pour les letres clauses.*

(3) *Les Baillis ne prendront point sous la protection, ou la sauvegarde du Roy les homes des Barons, ou des autres Seigneurs.*

(a) LUDOVICUS *Dei gratiâ Francorum Rex. Universis presentes literas inspecturis* salutem. *Ad reformandum statum* terræ nostræ, quam in Senescalliis Carcassonæ, Bellicadri obtinemus, *nuper dum* (b) *per partes illas fecerimus transitum, quædam* ordinavimus, *& sigilli nostri auctoritate duximus roboranda, quæ districte præcepimus observari*, adjicientes aliqua *in* eisdem obmissa, *quæ inferius exprimuntur.*

(1) In primis ordinamus & præcipimus *quod Senescalli nostri non teneant* armenta, vel greges, *nisi* in propriis pascuis, *si quæ habent.*

(2) Item *quod* clerici, *vel* scriptores eorum, *pro patentibus literis, ultra* sex denarios Turonenses, *& pro clausis*, ultra quatuor *recipere, vel exigere præsumant.*

(3) Cæterum, *quod homines Baronum, vel aliorum Dominorum de terrâ prædictâ,* (c) in guidagio *non recipiant Senescalli. Et hæc quidem* inter alias ordinationes prædictas conscribi volumus & mandamus, *&* præcipimus observari *firmiter, & districte.* Actum Parisius *anno Domini* MCCLIV. *mense Februarii.* (d)

NOTES.

(a) Ludovicus] Cette Ordonance est tirée du Registre de la Seneschaussée de Nîmes cotté D.

(b) *Per partes illas fecerimus transitum]* Ce fut apparemment en revenant en 1254. de son premier voyage d'outremer.

(c) *In guidagio]* Id est *in protectione.* Charta Willelmi Pictaviensis Comitis Valentini in Bibliotheca Sebusiana Centuria prima cap. 19. pages 47. 48. *Notum sit omnibus me domum Leuncelli, & omnes res ejus mobiles & immobiles in securitate mea, & protectione, &* guidagio *suscepisse.* Epistola Raimundi Comitis Tolosani ad sanctum Ludovicum Franciæ Regem an. 1242. *Si nobis apud Caturcum cum literis* vestris patentibus & *pendentibus miseritis*, guidagium honorabile & *securas firmitates &c.* Vide Cangium in glossario. Epistola Jacobi Regis Aragonum. *Noverint universi quod nos Jacobus Dei gratiâ Rex Aragonum ...... præcipimus & constituimus in nostrâ protectione, & custodiâ, & commendâ, & nostro* guidatico *speciali*, vos *venerabilem & dilectum nostrum Raimundum &c.* Vide D. Martene tom. 2. Thesaur. anecdot. col. 595. lit. B. & in glossario.

(d) Aprés cette Ordonance il y a au Registre D. de la Seneschaussée de Nîmes ce qui suit, que l'on met en note, parce que l'on ne sçait si c'est une Ordonance.

(1) Si questio sit inter *Regem* & *aliquos milites*, vel alios super jurisdictione, vel aliis, & *Rex sit in possessione*, defendatur in ea, & agant illi contra eum, constituto defensore.

(2) *Si alii sint in possessione, defendantur in eâ*, & *defensor regis* agat contra eos.

(3) Si sit dubium, quod uterque dicat se possidere, *inquiratur de possessione*, & reddatur illi qui inventus fuerit possidere. *Pendente tamen inquisitione Rex teneat*, ut superior, in manu suâ, sine præjudicio partis adversæ.

LOUIS IX.
à Paris en
1256.

(a) Ordonance pour l'utilité du Royaume.

SOMMAIRES.

(1) Tous les Seneschaux, Baillis, & autres Officiers feront serment, qu'ils rendront la justice, sans distinction des personnes, suivant les Coûtumes des lieux.

(2) Qu'ils conserveront fidelement les droits, & les rentes du Roy.

(3) Qu'ils ne prendront directement, ni indirectement aucuns benefices, ni aucuns dons si ce n'est de fruits & de vins, dont la valeur n'excedera pas la somme de dix sols.

(4) Qu'ils ne permettront pas que leurs femmes, leurs enfans &c. reçoivent aucuns presens, & qu'ils n'en feront point à ceux qui seront preposez pour examiner leurs Comptes, ou pour informer de leur conduite.

(5) Qu'ils n'auront aucune part dans le profit des ventes, *ou des* marchez, *ni dans les baux qu'ils feront des Rentes du Roy, de ses prevostez, baillies, eaux & forests, de ses monoyes & de ses autres droits &c.*

(6) Qu'ils n'accorderont aucune protection aux Officiers, ou Sergens qui meriteront d'estre privez de leurs Offices à cause de leurs usures, vols, & autres vices.

(7) Les Prevosts, Viguiers, Vicomtes, Maires, Forestiers, Sergens, & autres Officiers subalternes *jureront qu'ils ne feront aucuns presens à leurs superieurs, à leurs femmes, ni à leurs enfans &c.*

(8) Afin que ce serment soit plus solennel, il sera fait en pleine place, & il y sera réiteré, quand mesme il auroit esté fait devant le Roy.

(9) Les Seneschaux, Baillis & autres Officiers ne profereront aucune parole impie contre Dieu, la Vierge, & les Saints. Et ils s'abstiendront du jeu de dez, *des mauvais* lieux, *& des* tavernes.

(10) On ne fera point de dez *dans tout le Royaume, & ceux qui seront en reputation d'y joüer, & de frequenter les tavernes & les mauvais lieux, seront infames, & ne pourront porter temoignage.*

(11) Les femmes publiques *seront chassées des bonnes Villes, & sur tout des grandes* ruës *qui y sont. Elles seront hors des* murs *& dans les* fauxbourgs, *loin des* Eglises *& des* Cimetieres. *Et quiconque leur loüera des maisons dans les Villes, en perdra le loyer d'une année.*

(12) Il n'y aura que ceux qui ne demeurent point dans les Villes, qui pourront boire dans les tavernes.

(13) Les Seneschaux, Baillis, Receveurs & autres Officiers superieurs *ne pourront acheter des* immeubles *dans les lieux où ils exerceront leurs Offices, ni aucunes* detes *dont le Roy soit le debiteur, sans sa permission. Et s'ils en acquierent le Roy les pourra mettre en sa main, s'il luy plaist.*

(14) Ils ne pourront marier *leurs enfans, ni aucuns de ceux qui leur appartiennent, à des personnes demeurantes dans les lieux de leurs offices sans la permission du Roy, ni les mettre en* religion, *leur faire avoir des benefices, & leur acquerir des immeubles. Ils ne pourront aussi prendre* giste *dans les maisons religieuses, ni à leurs dépens dans des maisons voisines, & ils ne recevront ni* robes, *ni pensions de ceux qui auront à faire au Roy.*

(15) Cette deffense de marier ses enfans & d'acquerir des immeubles, ne sera que pour les Officiers superieurs, *& non pour les petits Officiers.*

(16) Les Seneschaux n'auront de Sergents *que ce qu'il en faudra pour mettre à execution les ordres du Roy, & de ses Cours, Les Sergens seront nommez en pleines assises, & s'ils font des executions dans des lieux éloignez, sans letres, ou commissions de leurs superieurs ils seront punis.*

(17) Les Seneschaux, Baillis, ou autres Officiers ne vexeront point injustement les sujets du Roy, & ne feront mettre personne en prison pour detes, si ce n'est pour celles du Roy.

(18) Les Seneschaux, les Baillis & autres Officiers ne leveront aucune amende, *à moins que les parties n'y ayent esté condannées en Jugement. Si neanmoins celuy qui seroit repris d'aucun blâme, offroit de la payer sans attendre le jugement, si elle estoit convenable elle pourroit estre reçeüe.*

(19) Ceux qui tiendront les Prevostez du Roy, ou autres Offices ne les pourront revendre *à d'autres sans sa permission, & si plusieurs prennent ensemble de ces Offices, il n'y aura qu'un d'eux qui en fera l'exercice, & qui joüira des franchises qui y sont attachées.*

(20) Les Baillis & Seneschaux ne pourront vendre *les Prevostez, & autres Offices à leurs parens, freres, neveux, aux amis de leurs parens ni à des* gentilshomes, *& ceux qui les auront achetez, ne pourront poursuivre le payement de leurs detes particulieres, que pardevant les Seneschaux & les Baillis ou autres Juges superieurs, comme s'ils n'estoient point au service du Roy.*

(21) Les Baillis & Seneschaux & autres Officiers ne leveront point injustement des

LOUIS IX. à Paris en 1256.

amendes, *& n'accuseront personne à cet effet sans cause raisonnable.*

(22) *Ils feront les fonctions de leurs Offices aux lieux accoustumez.*

(23) *Ils ne* dessaisiront *personne sans connoissance de cause, ou sans ordre exprès du Roy. Ils ne leveront pas de nouvelles exactions. Ils n'ordonneront point des chevauchées inutiles pour en tirer de l'argent, & ceux qui auront esté sommez, quand elles seront ordonnées justement, auront la liberté de donner de l'argent, ou de servir en personne.*

(24) *Ils n'empescheront point le transport des bleds sans cause raisonnable. S'ils en font des deffenses ce ne sera que par le conseil de gens sages, sans fraude, & ils ne feront grace à personne.*

(25) *Les Seneschaux & autres Officiers seront obligez de* rester, *ou de laisser des* Procureurs *dans les lieux où ils auront exercé leurs Offices, pendant* quarante jours *pour deffendre aux plaintes qui seront faites contre eux, pardevant les nouveaux Seneschaux, & les autres Officiers qui leur auront succedé.*

(26) *Le Roy se reserve le pouvoir d'interpreter, d'augmenter, & de diminuer la presente Ordonance.*

(1) (*b*) NOus establissons que tous nos Seneschaux, Baillis, & tous autres en quelque Office que ils soient, facent serement que tant comme ils feront esdites Offices, il feront droit à chascun, sans exception des personnes, aussi au poure, comme au riche, à l'estrange comme au privé, & garderont les Us & les Coûtumes des lieux bonnes, & éprouvées. Et s'il avient qu'ils facent contre leur serement, & il en soient atteint, nous voulons que il en soient puni en leurs biens, & en leurs personnes, se le messait le requiert.

(2) (*c*) *Item* les dessus dis Seneschaux & Baillis jureront que il garderont loyaument nos *droits & nos rentes*, ne ne il ne soufferront, que il sachent que il nous soient soustrait, osté, empeschié, ne amenuisié.

(3) (*d*) *Item* ils jureront que il ne prendront par euls, ne par autres don nul, ne or, ne argent, ne benefice personnex, ou esperitex, ne autre chose, se ce n'est fruit ou vin, ou autre present, dequoy la somme de *dix sols* ne soit pas surmontée en la sepmaine.

(4) (*e*) *Item* il jureront que il ne feront prendre à leurs femmes, ne à leurs enfans, ne à leurs autres parens, affins, amis, ou mesnie, ne à ceuls, qui les comptes orront, ne à nul *enquesteur* ou *visiteur*, que nous envoyerons pour enquerre contre eux, es lieux où il auront esté en Office de par nous.

(5) (*f*) *Item* tous nos officiauls jureront que ils ne partiront à vente nulle, ne à marchié que l'en face de nos rentes, de nos *prevostez*, baillies, *de nos yaues, de nos forez, de nos* Monoyes, *& de nos autres devoirs, ne à chose nulle, qui à nous appartiegne, & que le profit des Monoyes qu'ils recevront pour nous bien & loyaument, il nous rendront, & que nos dites rentes qu'ils vendront, ou nos autres fermes & devoirs qu'ils baudront, il les vendront & bailleront au mieus, & au plus loyaument & convenablement que il pourront à nostre profit.*

(6) (*g*) *Item* ils jureront que se ils sçavent sous euls official, *ou Sergent nul*, qui soient *desloyaus, rapineurs*, usuriers, & plein de autres vices, *par quoy il doient perdre nostre service*, il ne les soustendront, *par don, par promesse, par prieres d'amis, ne par autres choses*, ainçois amendront leurs meffais en bonne foy.

NOTES.

(*a*) Cette Ordonance tirée du Registre *Croix* feüillet 83. contient presque les mesmes dispositions qui sont dans l'Ordonance Latine & Françoise de 1254. Mais comme dans celle-cy il y a neanmoins quelques changemens & modifications, on la donne encore une fois avec des notes, qui marquent ce qui a esté changé, ajousté, & modifié.

(*b*) C'est l'article premier de l'Ordonance Françoise de 1254.

(*c*) C'est l'article 3. de l'Ordonance Françoise de 1254.

(*d*) C'est l'article 4. de l'Ordonance Françoise de 1254.

(*e*) C'est l'article 4. de l'Ordonance Françoise de 1254.

(*f*) C'est l'article 7. de l'Ordonance Françoise de 1254. L'article 5. de cette Ordonance & le 6. ne sont pas icy, & tout ce qui est en *Italique* n'est pas dans l'Ordonance de 1254.

(*g*) C'est l'article 8. de l'Ordonance de 1254. Et ce qui est icy en *Italique* n'est pas dans cette Ordonance.

Louis IX. à Paris en 1256.

(7) (*h*) *Item* Nos autres Officiaux *de meneur office*, comme Prevots, *Viguiers*, Vicomtes, Maires, Forestiers, *Sergens*, & autres semblables officiaux, jureront que il ne donrront *à leurs Souverains*, dou nul, ne à fame, ne à enfans, ne à autres amis, ne à nulli qui leur appartiegne.

(8) (*i*) Et pour ce que cil serement soient plus fermement gardé nous voulons que il soient pris *en pleine place*, devant tous clercs & lays, jaçoit que il ayent juré devant nous, à ce que il redoute encourre *le vice de perjurre*, non pas tant seulement pour la paour de Dieu & de nous, *mais pour la honte du peuple.*

(9) (*k*) Nous voulons derechief & establissons, que tuit nos *Seneschaux*, Baillis, & tous nos autres officiauls & *servicials*, de *quelque estat*, ou *condition que il soient*, se tiegnent de dire paroles qui tourne en despit de Dieu, de *nostre Dame sainte Marie*, & tous les Saints *& saintes*, & se gardent de (*l*) jeu de dez, *de Bordeaux*, & de tavernes.

(10) *(m)* Item *que la forge des dez soit deffenduë & devée par tout nostre Royaume, & tout homme qui sera trouvé joüant aux dez communement, ou par commune renommée, frequentant taverne, ou bordel, soit reputé pour infame, & debouté de tout temoignage de verité.*

(11) *Item (n)* que toutes *foles fammes*, & ribaudes communes soient boutées & mises hors de toutes nos bonnes Citez & Villes, (*o*) *especiallement qu'elles soient boutées hors des ruës qui sont en cuer des dites bonnes Villes, & mises hors des murs, & loing de tous lieus Saints, comme Eglises & Cimetieres.* Et quiconque loëra maison nulle esdites Citez & bonnes Villes, & lieus à ce non establis, à folles fammes communes, ou les recevra en sa maison, il rendra & payera aux establis à ce garder de par nous, le loyer de la maison d'un an.

(12) *Item (p)* Nul ne *voise boire* en taverne se il n'est trespassant, ou tel que il n'ait point de maison en la Ville.

(13) *Item (q)* Nous deffendons à tous nos *Seneschaux*, Baillis & autres Officiaus *de grant Office* que il n'achatent, ne ne facent achater, ne aquerir par euls, ne par autres possessions ne terres qui soient en leurs *Seneschaussées*, Baillies ou office *(r) ne debte nulle que nous doyon*, ne ailleurs, tant comme il soient en leurs Offices; sans nostre congié especial. Et se il avient que tiex achats, ou aquez soient faits, nous voulons que il soient nul, & ordonons que se il nous plest, que les dites possessions *& debtes* achetées en telle maniere vieignent en nostre main.

(14) *Item (s)* Nous deffendons que nuls de nos devant dits officiaux, qui soit en nostre service, ne marient fils, ne filles qu'ils ayent, ne personne qui leur apparteigne aux personnes de leurs *Seneschaussées*, Baillies, ou autres lieux de leur Office, sans nostre especial congié, ne que il les mettent en religion, ne qu'il ne leur acquierent benefice de Ste Eglise, ne possession nulle, ne que il ne preignent giste, ne *Procurations* ès maisons de religions, ou prés de euls, aux dépens des religions, *(t) ne robbes, ne pensions de nul qui à nous ait à faire.*

NOTES.

(*h*) C'est l'article 9. de l'Ordonance de 1254. le 10. manque, & ce qui est icy en *Italique* est adjousté.

(i) C'est l'article 11. de l'Ordonance de 1254.

(*k*) C'est l'article 12. de l'Ordonance de 1254. & ce qui est en *Italique* est adjousté.

(*l*) *Jeu de dez*] Dans l'Ordonance de 1254. il y a *ne échets*, ce qui n'est plus icy.

(*m*) Voyez l'article 35. de l'Ordonance de 1254. à la fin. Cette disposition est icy beaucoup plus estenduë, & on l'a mise par cette raison en *Italique*.

(*n*) C'est l'article 25. de l'Ordonance de 1254. dont il manque icy quelques articles.

(*o*) *Especiallement*] Ce qui suit en *Italique* n'est pas dans l'Ordonance de 1254.

(*p*) C'est l'article 29. de l'Ordonance Françoise de 1254. où il y a *nul ne soient receû à faire demeure en taverne.*

(*q*) C'est l'article 13. de l'Ordonance de 1254.

(*r*) *Ne debte*] Cecy est ajousté.

(*s*) C'est l'article 14. de l'Ordonance Françoise de 1254.

(*t*) *Ne robbes*] Cecy est ajousté.

LOUIS IX. à Paris en 1256.

(15) Cefte (*u*) deffenfe de mariage, & d'aquerre ne voulons nous pas que elle fe eftende à autres officiaux de *meneur Office* que deffus eft dit, ne à petis Prevots, & autres qui achatent nos fermes.

(16) *Item (x)* nous commandons que nuls *Senefchaux*, Baillis, ou autres official, que nous ayons, ne tienne trop grand plente de Sergens, ne de bediaux, mes au plus po que il pourront en ayent, pour faire les commandemens *de nous*, & de nos Cours, & voulons que li Bedel & Sergent foient nomez en pleine affife, ou autrement ne foient pas tenu pour bedel, ne pour Sergent. Et s'il *(y)* avient que nos Bedel ou nos Sergens foient envoyé en aucun lieu loing, ou eftrange, nous voulons que il ne foient pas creus, fans letres de leurs fouverains, & fe il le font autrement ce foit denoncié à leur fouverain du lieu, aufquiex nous commandons que il les puniffe fouffifamment.

(17) *Item (z)* Nous deffendons que nul *Senefchal*, ne Bailly, ne nul autre Officier noftre, quel que il foit qui foit mis ou eftabli en noftre fervice, grieve, nos fubgiez contre droiture, & que nos fubgiez foient mis en prifon pour debte nulle que il doient, que pour la noftre.

(18) *Item (aa)* nous eftabliffons que nuls de nos *Senefchaux*, Baillis, *Prevofts*, ou autres officiaux ne lieve amende pour debte, ne pour nulle malfaçon de nos fubgiez, fe ce n'eft *en plein plaid*, où elle foit jugiée, ou *eftimée* par le confeil de bonnes gens, jaçoit que elle ait efté gagiée pardevant euls. Et fe il avient que cil qui feroit repris de aucun blafme, ne veille pas attendre le jugement de la Cour qui offert li eft, ainçois li offre certaine fomme de deniers, fe elle eft convenable fi foit prife, ou fe ce non, nous voulons que l'amende foit jugiée, felon ce qu'il eft dit deffus, jaçoit ce que le coupable fe mette à faire la volenté de la Cour.

(19) *Item (bb)* nous voulons que cil qui tiendront nos Prevoftez, *nos Vigueries, Vifcontez, Mairies*, Baillies, ou autres Offices, que il ne les puiffent à autres vendre fans noftre congié. Et fe plufieurs achatent enfemble les Offices deffus nommez, ou aucunes d'icelles, nous voulons que l'un des acheteurs facent l'Office pour tous les autres, & ufe de la franchife & liberté qui appartient à chevauchiée, à Tailles, & *Collectes*, & à communes charges, fi comme il eft accouftumé.

(20) *Item (cc)* nous deffendons que les dites Offices ils ne vendent, ne à afins, ne à freres, ne neveux, coufins, ne à privez de leurs coufins, & amis, ne à nuls *gentilshomes*, ne que il requierent debte que l'en leur doit par eux, *fe ce n'eft des debtes que l'en leur doie des chofes qui appartiennent à leurs Offices*, mes leurs propres debtes requierent à avoir par l'autorité *du Senefchal* & du Bailly, ou autre *Juge fouverain* du lieu, ainfi comme fe il ne fuffent pas en noftre fervice.

(21) *Item (dd)* nous deffendons que li Bailly, *Senefchaux* & autres Officiaux deffus nomez ne contraignent par menace, ou par paour, ou par aucune cavillation, nos fubgiez à payer amende, *(ee) en repoft*, ou en appert, ne ne les accufent pas fans caufe raifonnable.

NOTES.

(*u*) C'eft l'article 16. de l'Ordonance Françoife & Latine de 1254.

(*x*) C'eft l'article 17. de l'Ordonance de 1254. Latine & Françoife.

(y) C'eft l'article 18. de l'Ordonance de 1254. Latine & Françoife.

(*z*) C'eft l'article 19. de l'Ordonance Françoife & Latine de 1254.

(*aa*) C'eft l'article 20. de l'Ordonance Françoife & le 23. de la Latine de 1254.

(*bb*) C'eft l'article 21. de l'Ordonance Françoife de 1254. & le 24. de la Latine.

(*cc*) C'eft l'article 21. de l'Ordonance Françoife de 1254. & le 24. de la Latine.

(*dd*) Voyez l'article 23. de l'Ordonance Latine de 1254. à la fin, & le 20. de la Françoife.

(*ee*) *En repoft*] En fecret. Dans l'Ordonance Françoife de 1254. il y a *en appert, ou couvertement.*

Louis IX. à Paris en 1256.

(22) *Item* (*ff*) nous deffendons à nos dessus dits Officiaux qu'il ne travaillent nos subgiez en cause que il ont pardevant euls, par müement de lieux, sans cause raisonnable, ainçois aient les besoignes que ils ont pardevant euls, és lieux où elles ont esté accoustumées à oir, si que il ne lessent pas à poursuivre leur droit, pour travail, & pour dépens.

(23) *Item* (*gg*) nous deffendons que il ne dessaisissent personne nulle, de chose que il tiegnent sans cognoissance de cause, ou sans mandement especial de nous, ne que il ne grievent nos subgiez de nouvelles exactions *de Tailles & de Coûtumes nouvelles*, ne ne semoignent que l'en fasse chevauchie pour l'achoison d'avoir pecune, car nous (*hh*) *voulons que nul qui chevauchie doie, ne soit contraint en hoste, en leurs propres personnes à aller, sans cause raisonnable & necessaire, & ceuls qui vendront ne soient pas contraints à racheter leur voye par argent.*

(24) *Item* (*ii*) nous deffendons que nuls de nos Officiaux ne facent deffense de porter vin, ne bled, ne autres marchandises par nostre Royaume, ne hors *de nostre Royaume* sans cause necessaire, & quand il esconviendra que deffense soit faite, nous voulons que elle soit faite du conseil de prudeshomes, sans nulle souspicion de fraude, *ne de* (*kk*) *boidie*. Et ceste chose ainsi faite par conseil, il ne despeceront pas par leur propre volenté, ne tant comme cette chose durera, il ne face à nul grace especial.

(25) *Item* (*ll*) nous voulons que tous nos *Seneschaux*, Baillis & autres officiaux soient aprés ce que il seront hors de leurs Offices par l'espace de (*mm*) *quarante jours*, ou païs là où *ils ont les administrations gouvernées accoustumeement* en leurs propres personnes, ou par Procureurs, pour ce que ils puissent respondre pardevant *les noviaux Seneschaux, Baillis, ou autres enquesteurs officiaux souverains*, à ceux ausquiex il auront meffait, qui se voldront plaindre de euls.

(26) Et en toutes ces choses que nous avons ordené pour la paix & tranquillité de nos subgiez en nostre Royaume, nous retenons à nostre Majesté pooir de declarer, de adjouster, de amender & d'admenuisier selon ce que nous aurons conseil. Donné à Paris l'an mil deux cens cinquante-six.

NOTES.

(ff) C'est l'article 25. de l'Ordonance Latine de 1254. & le 22. de la Françoise.

(*gg*) C'est l'article 26. de l'Ordonance Latine de 1254. & le 23. de la Françoise.

(*hh*) *Voulons*] Cecy est mieux que dans l'Ordonance de 1254.

(*ii*) C'est l'article 24. de l'Ordonance Françoise de 1254. & le 27. de la Latine.

(kk) Boidie] C'est-à-dire, finesse, tromperie. *Boise* signifioit la mesme chose, d'où nous est resté le mot *emboiser*, à present inusité. *Boidie, Boise*, comme *Embusche* & *Embuscade* viennent de *Boscus*, qui signifie *bois*, parce que c'est ordinairement dans les bois que les embusches se font. *Arripuitque locum* & silvis *insedit iniquis*. Virgilius. *Voyez* Ducange sur *Boscus*, & Menage sur *Embuscade*.

(*ll*) C'est l'article 25. de l'Ordonance Françoise de 1254. & le 31. de la Latine.

(*mm*) Dans l'Ordonance de 1254. il y a *cinquante jours*.

Dans cette Ordonance cy il n'est rien dit *des usures, des blasphêmes, des sorts, des caraz & du Talmud* des Juifs, dont il est parlé dans l'article 32. & dans le 26. de l'Ordonance du mois de Decembre de l'an 1254. Latine & Françoise. Il n'y est rien dit de l'Edit de Melun dont il est parlé dans l'article 33. de l'Ordonance Latine de 1254. & dans le 27. de la Françoise. Les autres principaux changemens sont marquez dans cette Ordonance cy par les differens caracteres.

LOUIS IX. vers 1256.

(a) Ordonance touchant les Mairies dans toutes les bonnes Villes du Royaume.

SOMMAIRES.

(1) Les Maires seront ẽlûs en France *le le lendemain de la saint Simon saint Jude.*

(2) Les nouveaux Maires, les anciens & quatre notables, dont deux auront eû l'administration des biens de la Ville pendant l'année, viendront aux octaves de la saint Martin rendre compte de leur recepte à Paris.

(3) Les Villes de Commune ne pourront, sans la permission du Roy, prester à personne, ni faire aucun present, si ce n'est de vin en pots, ou en barils.

(4) Il n'y aura que le Maire, ou celuy qui tiendra sa place, qui pourra aller en Court, *ou ailleurs pour les affaires de la Ville. Il ne pourra avoir avec luy que* deux personnes *avec le Clerc, ou le Greffier, & celuy qui portera la parole, & ils ne pourront tous faire plus de dépense, qu'ils en feroient s'ils alloient pour leurs propres affaires.*

(5) Les deniers de la Ville seront mis dans un coffre commun, & personne n'en pourra rien retenir, si ce n'est celuy qui fera la dépense, qui en pourra avoir jusqu'à vingt livres.

(1) NOus ordenons que tuit *li Mayeur de France* soient fait *lendemain de la feste saint Simon & saint Jude.*

(2) Derechief *nous ordenons* que li *noviaus* Maires, & li *viez*, & (b) *quatre des preudeshomes* de la *Ville*, des quiex *quatre* li *uns*, ou les *deux* qui auront *receu*, ou *despandu cette année les biens de la Ville*, viegnent à Paris à nos gens *aux octaves de la saint Martin* ensuivant, pour rendre compte de leur recepte, & de leurs dépens.

(3) Derechief nous ordenons & deffendons sur corps & sur avoir à (c) nos *communes* & *à nos bonnes* Villes, *(d)* que il ne *prestent*, ne ne *doignent* à nulle maniere *de prest*, ne de (e) *don*, fors *vin* en *potz*, ou en *barız*, sans nostre congié.

(4) *Derechief* nous *ordenons* que nulle *Ville de commune*, combien que elle soit grant, *n'aille ne ne viegne à Court*, ne ailleurs pour les *besoignes de la Ville*,

NOTES.

(a) Au Registre *Croix* feüillet 35. Cette Ordonance a pour titre *Ordinatio facta a Rege sancto* Ludovico *de bonis villis suis & Majoribus suis eligendis. Et primus compotus ipsarum villarum factus* anno Domini millesimo sexagesimo secundo, *in octabis sancti Martini hiemalis & circâ.* Le premier de ces comptes ayant esté rendu en 1262. on pourroit dire que cette Ordonance devroit estre de l'année precedente, c'est-à-dire, de 1261. mais la note qui est au Registre *Croix* feüillet 41. en la marge de l'Ordonance Latine, pour les *Mairies de Normandie*, la datant, ce semble de 1256. on a crû devoir preferer cette autorité, & suivant l'ordre du Registre, la mettre la *premiere* parce qu'elle est au feüillet 35. & la Latine la *seconde*, parce qu'elle est au feüillet 41.

(b) *Quatre prudeshomes]* Dans l'Ordonance Latine pour la Normandie, il y a *tres probos homines.*

(c) *Nos Communes]* Touchant les *Communes.* Voyez Beaumanoir chap. 50. on remarquera seulement icy que commes nulle *Commune* ne pouvoit estre faite sans le consentement de nos Roys, ils se regardoient comme seuls Seigneurs de toutes les *Villes de Communes*, ainsi qu'il se void par ce qui suit de l'histoire Latine des Evesques d'Auxerre publiée par le Pere Labbe, tom. 1. de sa bibliotheque manuscrite, en la vie de Guillaume chapitre 57. *Idem Comes de assensu regio Communiam Autissiodori de novo institutam voluit, cui item præsumptioni Præsul insignis se confidenter opponens, super hoc in regiâ Curiâ causam ventilandam suscepit, non tamen absque periculo & expensarum nimietate,* fere enim *malevolentiam illius* piissimi Ludovici *incurrit, qui ei improperabat, quod Autissiodorensem civitatem ipsi, & heredibus suis auferre conabatur, reputans* civitates omnes suas esse *in quibus* Communiæ *essent &c.*

(d) *Que ils ne prestent]* Voyez l'article 5. de l'Ordonance de 1254.

(e) *Don]* Voyez l'Ordonance de 1254. article cinquiéme & l'article troisiéme de l'Ordonance de 1256. pour l'utilité du Royaume.

fors que

fors que li *Maires*, ou celuy qui sera en lieu de luy, ne ne puisse amener avec li, fors *deux de ses compaignons* & le *Clerc de la Ville*, & *un pour parler*, se mêtier en aura, ne ne puisse aller, ne venir li Maires, ou celuy qui sera en son lieu, ne ses compaignons, a plus de chevaux & de gens, que il iroient pour *leurs propres besoignes*.

LOUIS IX. vers 1256.

(5) Derechief nous *ordenons* que cil qui font les dépens en *nos bonnes Villes*, & qui font les *payemens*, & les *emprunts*, que il ne *retiegnent nuls des deniers* de *la Ville* par devers euls, fors que cil qui font les dépens. Et cil n'en ait ensemble plus de *vingt livres*. Més les deniers de la Ville soient gardez en la *huche commune* de la Ville.

LOUIS IX. en 1256.

(a) Ordonance touchant l'Election des Maires, dans les bonnes Villes *de Normandie*.

SOMMAIRES.

(1) Le lendemain de la S.t Simon S.t Jude, celuy qui aura esté Maire pendant cette année, & les notables de la Ville, choisiront trois preud'homes qu'ils presenteront au Roy à Paris, aux octaves de la S.t Martin suivante, dont le Roy choisira un pour estre Maire. Tous les ans le lendemain de la S.t Simon S.t Jude, on rendra compte devant ces trois preud'homes de l'estat de la Ville. Et le Maire & ces trois preud'homes apporteront le compte en la Chambre des Comptes, aux octaves de la S.t Martin d'hyvert.

(2) Les Villes de Commune, ne pourront, sans la permission du Roy, prester à personne, ni faire aucun present, si ce n'est de vin en pots, ou en barils.

(3) Il n'y aura que le Maire, ou celuy qui tiendra sa place, qui pourra aller en Court ou ailleurs pour les affaires de la Commune. Il ne pourra avoir avec luy que deux personnes, avec le Clerc, ou Greffier de la Ville, & une personne pour porter la parole. Et ils ne pourront tous faire plus de dépense qu'ils en feroient, s'ils alloient pour leurs propres affaires.

(4) Les deniers de la Ville seront mis dans un coffre commun, & personne n'en pourra rien retenir, si ce n'est celuy qui fera la dépense de la Ville, qui en pourra avoir jusqu'à vingt livres. *Et chaque Commune ne levera de taille qu'autant qu'il en faudra pour payer ses debtes, ou les interests qui en seront échûs.*

(1) NOs *ordinavimus de nostris* Communibus Normannie, *quod crastino beatorum Apostolorum* Simonis *&* Jude, *Major qui anno illo fuerit, simul cum aliis probis hominibus ville*, eligant *(b)* tres probos homines, *qui tres homines presententur nobis, in octabis sancti Martini* sequentis, apud Parisios. *De quibus tribus probis hominibus nos trademus* unum *ville* in Majorem. *Et volumus quod in die prædictâ, videlicet in crastino dictorum Apostolorum* Simonis *&* Jude, *& in quolibet anno, computetur de toto statu ville coram predictis tribus hominibus probis, & illum statum, vel compotum ville afferant Major, & illi* tres probi *homines, supradicti, ad nostras gentes, que ad nostros compotos deputantur*, in octabis sancti Martini hiemalis.

(2) Item *(c) Nos* ordinamus *& inhibemus (d)* Communibus *nostris, bonis villis, sub penâ corporum & bonorum suorum ubicumque sint, quod alicujus (e)* mutui

NOTES.

(a) Cette Ordonance a esté tirée du Registre *Croix* de la Chambre des Comptes de Paris, feüillet *41. verso*, où elle est intitulée *Ordinatio facta a Rege de bonis villis suis Normaniæ, & Majoribus eligendis*. Comme dans ce Registre il y a en note sur cette Ordonance, *Ordinatio hæc est de tempore sancti* Ludovici, *ut patet per datam positam supra folio 35. verso. 1256.* on s'est determiné à luy donner cette date, comme à la Françoise touchant les Mairies, qui precede immediatement. Et on l'a mise aprés la Françoise, parce que la Françoise est au feüillet *35. du Registre, & que* celle-cy est au *41.*

(b) Tres probos homines] Dans l'Ordonance Françoise qui precede, il y a quatre *preud'homes.*

(c) Le reste de cette Ordonance est à peu prés semblable à la Françoise.

(d) Voyez la note sur l'Ordonance Françoise.

(e) Mutui contractum] Voyez l'Ordo-

LOUIS IX. en 1256.

contractum *alicui facere non presumant, nec alicui (f)* doni maneriem *facere non attemptent, nisi solummodo (g)* prt *vini in potis, vel cadis sine licentiâ nostrâ.*

(3) Item *Nos ordinamus quod nulla* villa communia *quantacumque sit, non eat vel redeat* ad Curiam, *vel alibi pro negociis ville, nisi* Major, *aut ille qui loco ejus erit, tantummodo, nec possit secum ducere amplius quam* duos socios & Clericum *ville, cum quodam* causidico, *si sibi necesse fuerit. Nec possint dicti* Major *&* socii *cum pluribus equis, vel gentibus pro dictis ville negociis ire, nec majores expensas facere quam si pro propriis negociis irent.*

(4) Item *ordinamus quod nullus quicumque sit, preter quam ille qui* facit expensas *denariorum* dicte ville, *penes se retineat. Et idem qui faciet expensas plusquam* viginti libras *insimul habere non valeat, sed denarii ville in arca communi reserventur. (h) Et quelibet* communia *tantam (i)* talliam, *quolibet anno faciat, quam quando computatum venient, coram nostris gentibus, ad terminum supradictum, ab omnibus usuris & debitis penitus sit immunis.*

NOTES.

nance de l'an 1254. article 5.

(f) Doni maneriem] Voyez l'Ordonance de 1254. article 4. & celle de 1256. article 3.

(g) Prt] Id est *præsens*, seu *præsentia*. Un present, Math. Paris. ann. 1268. *Cui cum Abbas sancti Albani in esculentis & poculentis nobile misisset Xenium*, regratians archiepiscopus *dixit* accipio *ejus* præsentias *id est* Xenia, *mallem tamen* præsentiam. Gervasius Dorobernensis, in Henrico II. anno 1186. *Spoliavit suis Exeniis, quæ vulgò* præsentia *vocantur.* V. Cang. in glossario.

(h) Et quelibet communia] Cecy n'est pas dans l'Ordonance Françoise.

(i) Talliam] Voyez Beaumanoir chapitre 50. page 270. lignes 5. 35. &c.

LOUIS IX. à St Germain en Laye en 1257. au mois de Janvier.

Ordonance touchant les guerres privées, & la Treve nommée la quarantaine le Roy.

SOMMAIRES.

(1) Les guerres privées, & les incendies sont deffendus dans tout le Royaume. Les laboureurs ne doivent plus estre troublez dans la culture des terres. Et si dans le diocese du Puy l'on contrevient à l'Ordonance faite en 1245. sur ce sujet, le Seneschal prestera main forte à l'Evesque, pour la conservation de la paix, & pour faire punir ceux qui en seront les infracteurs.

(a) LUDOVICUS &c. *universis regni fidelibus* in Aniciensi Diœcesi, & feodis Aniciensis Ecclesiæ constitutis, *salutem. Noveritis nos deliberato consilio* guerras omnes inhibuisse in regno, & incendia, *&* carrucarum perturbationem. *Unde vobis districtè præcipiendo* mandamus, *ne contra dictam inhibitionem nostram* guerras, aliquas, *vel* incendia *faciatis, vel* agricolas *qui serviunt* carrucis, *seu* aratris, *disturbetis. Quòd si secùs facere præsumpseritis, damus Senescallo nostro in mandatis, ut fidelem & dilectum nostrum (b)* G. Aniciensem Electum *juvet fideliter & attentè, ad pacem in terrâ suâ tenendam*, & fractores pacis, *prout culpa cujuscumque exigit, puniendos. Actum apud sanctum* Germanum *in Layâ, anno Domini MCCLVII. mense Januarii.*

NOTES.

(a) Ludovicus] Cette Ordonance est rapportée par M. *Ducange* dans sa 29me Dissertation sur *Joinville*, page 344. Elle est au Registre *Olim* feüillet 28. Et elle semble avoir esté faite par St Loüis pour confirmer, & faire executer, dans le Diocese du Puy, son Ordonance de 1245. nommée *la Quarantaine le Roy.* Voyez cy-dessus page 56.

(b) G. Aniciensem Electum] C'est le celebre *Guy Foucaud*, dont parle *Durand* surnommé le speculateur, & qu'*Onuphre* appelle le plus sçavant des Jurisconsultes. Il est parlé de luy au feüillet 67. Et en 1265. il fut Pape, sous le nom de *Clement IV.*

LOUIS IX. à Paris en 1257. ou 1258.

(a) Ordonance, ou Letres touchant les usures, & les biens des Juifs.

SOMMAIRES.

(1) Les usures extorquées par les Juifs, & quelques usuriers de Normandie, dont le Roy avoit pris les biens, seront restituées à ceux qui les auront payées, ou à leurs heritiers.

(2) Ce qui aura esté soustrait, ou reçeû des biens des Juifs, dont les Baillis, les Prevots & autres n'auront pas rendu compte, sera retiré des mains des vendeurs & des acquereurs, & mis en la main de personnes seûres & dignes de foy.

(3) Les Commissaires deputez pour l'execution des presentes, pourront vendre les maisons, les rentes & les autres biens immeubles des Juifs, à l'exception des anciennes synagogues, des Cimetieres, & des biens, sans lesquels les Juifs ne pourroient pas se servir de leurs synagogues.

(4) Si le Roy decedoit avant l'execution des presentes, il veut que les Commissaires par luy nommez, les accomplissent aprés son deceds, comme executeurs de son testament.

LUDOVICUS *Dei gratiâ Francorum Rex, universis presentes literas inspecturis,* salutem. *Cum antequàm* iter *arripuissemus* transmarinum, *quedam bona percepimus a* Judeis, *non tamen animo retinendi. Et postmodum cùm* Judeos *ipsos de terrâ nostrâ mandavissemus* expelli, *aliqua perceperimus que habebant; insuper & de bonis quorumdam* Usurariorum in Normaniâ defunctorum, *invenerimus aliqua percepisse.* Nos *super hiis* anime nostre *cupientes providere saluti, & de nostrâ conscientiâ scrupulum removere, taliter* ordinamus *&* volumus, *ut per viros discretos dilectum & fidelem nostrum* Guillelmum Aurelianensem *Episcopum B. Abbatem Bonevallis, & magistrum Petrum* de Minciaco *(b) archidiac. Pissiac. in Ecclesiâ Carnotensi, quos ad hoc specialiter* deputamus, *& quibus vices nostras* committimus *in hac parte, de bonis istis, & rebus aliis* Judeorum, *tàm mobilibus quàm immobilibus.*

(1) *Restituantur* usure *hiis a quibus habite fuerint, vel eorum heredibus, si potuerint inveniri.*

(2) *Quod autem de* bonis Judeorum, *ubicumque* substractum fuerit, habitum, vel receptum *a quibuscumque Baillivis, Prepositis, seu aliis quibuscumque personis, de quo nondùm* rationabilem compotum reddiderint, *vel plenam* satisfactionem *fecerint, prefati* Episcopus, Abbas, *&* Archidiaconus *ab hujusmodi* distractoribus *&* detentoribus *recuperent & requirant, ac in manu fide dignorum servari faciant & teneri,* substractores *&* detentores *eosdem ad restituendum auctoritate nostrâ, si necesse fuerit, compellentes.*

(3) *Damus insuper eisdem plenariam* potestatem vendendi domos, redditus, & quascumque res alias immobiles Judeorum; *Volentes tamen ut* veteres synagogas *cum hiis sine quibus uti non possunt commodè synagogis,* reddant Judeis *ipsis, nec non &* cimeteria *eorumdem.*

(4) *Et ut predicta omnia exequi valeant, tàm per se, quàm per alios, quos ad hoc idoneos viderint, & quibus ea duxerint committenda,* Volumus *etiam &* ordinamus, *ut si antequàm omnia predicta sint completa, decedere nos contingat, nihilominùs prefati Episcopus, Abbas, & Archidiaconus ad ea complenda procedant, tamquam* executores *in hoc nostre* ultime voluntatis, *nisi mandatum hujusmodi &c.*

NOTES.

(a) Cette Ordonance a pour titre au Registre *Pater* feüillet 201. *Ordinatio facta a B. Ludovico de usuris receptis de debitis Judæorum restituendis hiis a quibus habitæ fuerint, vel eorum heredibus, si possint reperiri.* Ce *Guillaume* Evesque d'Orleans, à qui St Loüis adressa ces letres, mourut en 1258. & comme il y paroit que ce Prince estoit déja de retour de son voyage d'outremer, il y avoit quelque temps, elles doivent estre selon toutes les apparences de 1257. ou 1258.

(b) *Archidiaconus Pissiac.]* C'est-à-dire, Archidiacre de Poissy.

LOUIS IX. à Vincennes en 1259. au mois d'Avril.

(a) Letres contenant plusieurs reglemens, pour le Languedoc.

IN *nomine Domini &c.* Ludovicus Dei gratiâ Franciæ Rex. *Dilectis suis magistro* Henrico de Surzil, Nicolao de Cath. *&* Petro de Vicinis *inquisitoribus restitutionum & emendarum suarum in Carcassonæ & Bellicadri Bailliviis*, salutem & dilectionem. *Cum ex nostro mandato &c.* Actum apud Vicenas anno Domini millesimo ducentesimo quinquagesimo nono. Mense Aprili.

NOTES.

(*a*) Ces letres sont les mesmes que celles que l'on a fait imprimer cy-dessus sous l'an 1250. pages 62. 63. &c. & qui avoient esté jusqu'icy mal distinguées.

La difficulté est de sçavoir quelle en est la veritable date. Et comme St Loüis estoit constament en 1250. en *son voyage de la terre sainte*, dont il ne revint qu'en 1254. elles ne peuvent estre de l'an 1250. En sorte que *Caseneuve*, qui les a données comme tirées du livre de la Chambre des Comptes de Paris, intitulé *Registrum Curiæ Franciæ Domini Regis, de feudis & negotiis Senescalliarum Carcassonæ, & Bellicadri, & Tolosanæ, & Caturcensis, & Ruthenensis*, sur la foy de qui, on les a mises sous cette année, s'est trompé en mettant à la fin, *actum apud Vicenas anno Domini MCCL. Octavo mensis Aprilis*, & s'il y a ainsi dans le Registre, c'est une faute. Selon quelques autres ces letres sont de 1258. mais on s'est determiné à leur donner la date de 1259. sur l'authorité du Registre *Noster* de la Chambre des Comptes, feüillet 23. où il y a à la fin de ces letres, *Actum apud Vicenas anno Domini millesimo ducentesimo quinquagesimo nono. Mense Aprili.*

LOUIS IX. en 1260. au Parlement des octaves de la Chandeleur.

(a) Ordonance touchant les Batailles, ou les Duels, & la preuve par témoins.

SOMMAIRES.

(*1*) *Le Roy deffend les batailles dans ses domaines, & establit en leur place, la* preuve par témoins.

(*2*) *Celuy qui accusera un autre de meurtre se soumettra à la peine du* talion. *On l'avertira qu'il n'y aura plus de bataille, qu'il sera obligé de faire sa* preuve par témoins, *& que les témoins pourront estre reprochez par son adversaire.*

(*3*) *Celuy qui voudra se desister de son accusation, le pourra faire sans peine & sans peril. S'il la veut poursuivre, il suivra la Coûtume, & il aura ses delais, ou respits. Mais au lieu de la bataille, la* preuve *se fera par* témoins, *que la Justice entendra aux dépens de celuy qui la requerera.*

(*4*) *Si l'accusé veut reprocher les témoins il sera entendu. Si ses raisons sont bonnes & notoires, les témoins seront rejettez. Si ses raisons ne sont pas bonnes, s'il nie le fait & produit d'autres témoins, tous ces témoins seront entendus, & la Justice jugera suivant leurs dépositions, aprés qu'elles auront esté* publiées *aux parties.*

(*5*) *Si aprés la* publication *l'accusé avoit quelque chose à dire contre la déposition des témoins, ils seront derechef entendus, & ensuite le jugement sera rendu. Il en sera de mesme dans les accusations de trahison, de rapine, d'arsin, & d'autres crimes, où il y aura peril de perdre la vie, ou quelque membre.*

(*6*) *Dans les cas marquez cy-dessus, les Baillis n'auront la connoissance, que jusques aux* preuves, *&* renvoyeront *les procés en la* Court, *afin que les preuves y soient entenduës.*

(*7*) *En matiere de* servitude, *ou de* main morte, *la preuve se fera* par témoins *& par* titres. *Et si le demandeur ne prouve pas il payera l'amende à la volonté du Seigneur.*

(*8*) *Dans les pays, ou les* roturiers *peuvent* appeller *des jugements de leurs Seigneurs, les procedures, ou erremens seront portez en la* Court du Roy, *ou le jugement dont est appel sera confirmé, ou mis au neant, & la partie qui succombera condannée en l'amende.*

(*9*) *Si quelqu'un interjette appel contre son* Seigneur *de* deny de Justice, *le deny doit estre prouvé par témoins. Si le deny n'est point prouvé, celuy qui aura interjetté appel en sera puni suivant la Coûtume du pays, & si le deny est prouvé le Seigneur perdra ce qui luy est deû.*

(*10*) *Ce qui a esté dit cy dessus aura lieu*

lieu dans les contestations touchant les servitudes *ou* main mortes, *& les* appellations de deny *de justice, pourveû que les dépositions des témoins ayent esté publiées aux parties, comme on l'a déja dit.*

(11) Ceux qui auront deposé faussement seront punis à l'arbitrage des Juges.

(12) Tout ce que dessus n'aura lieu que dans le domaine du Roy, *& non dans les terres de ses Barons.*

LOUIS IX. en 1260. au Parlement des octaves de la Chandeleur.

(1) *(b)* NOus deffendons à tous les batailles par tout nostre *demengne*; *(c)* més nous n'ostons mie les *clains*, les *respons*, *(d)* les *convenants*, *(e)* ne tous autres convenants que l'en a fait en Court laie, siques à ore,

NOTES.

(a) Cette Ordonance se trouve sans date au Registre *St Just* de la Chambre des Comptes de Paris *fol. 4.* Elle est rapportée sans date par Du Chesne, tome 5. de son recüeil des historiens de France, page 471. par Savaron dans son traité des Duels page 109. par Joly dans ses additions à Girard page 1813. qui la datent de 1260. Et comme elle est une des plus sages & des plus utiles que Loüis IX. ait faites, il est bon de l'expliquer avec exactitude.

On a prouvé ailleurs par l'autorité de Velleius Paterculus chap. 118. que l'usage estoit chez les anciens Allemans, de terminer par le *duel*, tous leurs differens, soit en matiere civile, ou criminelle. On a encore remarqué que ce mauvais usage fut approuvé par Gondebaud Roy des Bourguignons, dont l'Ordonance est rapportée dans le chapitre 45. de sa loy des Bourguignons, & qu'enfin cet usage, contre lequel les Evesques de France s'estoient élevez de toutes leurs forces, fut reçeû generalement dans tout le Royaume. Voyez ce qu'on a remarqué sur les institutes de Loisel livre 6. tit. 1. chap. 20. page 263.

Saint Loüis se crut obligé de remedier à ce funeste desordre, & aprés avoir deffendu les *guerres privées*, par son Ordonance du mois d'Octobre 1245. il fit celle-cy, pour abolir *les duels*. Mais comme l'autorité royale n'estoit pas alors aussi grande qu'elle devoit l'estre, cette derniere Ordonance ne fut faite que pour les lieux, qui estoient des *domaines* du Roy, & il fut au pouvoir des Barons d'user du duel dans leurs Seigneuries, comme il se void par l'autorité qui suit de Beaumanoir, qui composa sa pratique en 1283. chap. 61. page 309. *Il est en la volonté dou Comte de remettre en se Court, quant il li plera, les gages, pour mueble, ou pour heritages, car quant li saint Rois Loois les osta de sa Court, si ne les osta pas de la Court à ses Barons &c.* Voyez l'histoire de St Loüis de M. de la Chaise Tome 2. page 284. 285.

Il faut à present observer, que quand cette Ordonance fut faite, il y avoit en Cour laie, *huit sortes de preuves*, dont le demandeur, ou l'accusateur se pouvoit servir, mais avec cette particularité, que quand il en avoit choisi une, si elle suffisoit, il ne pouvoit plus varier, pour en prendre une autre, ce que nous apprenons du passage qui suit de Beaumanoir, extrait du chap. 39. de ses Coûtumes du Beauvoisis.

Voirs est que il sont plusieurs manieres de prueves, par lesquelles, ou par une desquelles, il souffit que cil qui ont à prouver leur intention, la püecent prouver.

La premiere *si est quand cil à qui l'en demande, congnoist che qui li est demandé.*

La seconde *si est par* letres, *si comme quant aucuns s'est obligé par letres, & cil qui se obligea, nie l'obligation, il ne li convient prouver fors par letres.*

La tierche maniere *si est par* gage de batailles. *Mais cheste maniere de prüeve ne doit pas estre reçeüe, fors és cas, es quels on doit gages recevoir. Et bien se gart, qui prent cheste prüeve, car de toutes manieres de prüeves che est la plus perilleuse.* Voyez le chap. 62. & 63.

La quarte maniere *si est* par témoins. *Si comme une chose est niée, & li demandieres l'offre à prouver par témoins. Et en cheste maniere de prueves convient il deux loyaux témoins, &c.*

La quinte maniere *si est par* recort. *Si com quant aucun descort est entre les parties, de che qui a esté plaidié en Court, pardevant hommes qui doivent jugier &c.*

La sixiéme maniere *si est quant aucunes* raisons sont proposées en Court, *& elles ne sont niées, ne debatuës des parties &c.*

La septiéme *si est quant le chose que l'en a à prouver est si claire de soy-mesme, que il n'y convient autres témoins, si comme si je demande demain à un homme, que il paye cinq sols d'une amende &c.*

La huitiéme *si est par presomptions &c.*

Toutes les huit manieres *de prüeves que nous avons dites, ont tele vertu que cheluy qui a à prouver, se il prüeve par l'une tant seulement, il gaagne la querelle qui li estoit niée. Et quant une des prüeves* li souffit, *il ne convient pas que il offre à prouver par deux autres manieres de prüeves, ne par trois. Et se il offre, ne doit-il pas estre reçû dou Juge, &c.*

De ces huit sortes de preuves St Loüis ne supprima que la *troisiéme* par *gages de batailles*, & il conserva toutes les autres, comme on le va voir dans la suite.

(b) Nous deffendons à tous les batailles &c.] Tant en matieres *criminelles* que civi-

LOUIS IX. en 1260. au Parlement des octaves de la Chandeleur.

ſelon les uſages de divers pays, fors que nous oſtons les *batailles*, *(f)* & en lieu des batailles nous meton *prüeves de teſmoins*, & ſi n'oſton pas les autres bones prüeves & loyaux, qui ont eſté en Court laye ſiques à ore.

NOTES.

les. En matieres criminelles pour toutes ſortes de crimes, & en matieres civiles, quoy qu'il fut queſtion de *proprieté*, & quoy qu'en l'un & l'autre cas, il n'y eût nulles preuves, ſçavoir nulles preuves par *témoins* en matiere criminelle, ou nulles preuves par *letres* ou par *témoins* en matiere civile. Voyez Beaumanoir chapitre 61.

Cette loy n'eſtoit que pour avoir lieu dans les domaines du Roy, & non dans les terres des Barons, mais il faut obſerver que quand le plet eſtoit commencé, ſuivant cette Ordonance, dans les juſtices des Barons, on ne pouvoit plus revenir à l'ancien droit, ni ordonner les gages de batailles, *Il eſt*, dit Beaumanoir, *à le voulenté des houmes dou Comte de Clermont de tenir leur Court, ſe il leur pleſt de ches cas, ſelonc l'ancienne Coûtume, ou ſelon l'Eſtabliſſement le Roy. Mes ſe li ples eſt tamé ſur l'Eſtabliſſement, par la ſouffrance dou Seigneur, li Sires ne le püet puis mettre à gages; ſe partie s'en vieut aidier. Et auſſi ſe li ples eſt entamés ſur les gages par l'anciene Coûtume, li Sires ne le puet pas ramener à l'Eſtabliſſement le Roy, ſe che n'eſt par l'accord des deux parties, &c.* page 309.

Les Seigneurs refuſerent long-temps de ſe ſoumettre à cette pieuſe Ordonance par pur intereſt, car quand il y avoit gages de batailles, l'amende du vaincu roturier eſtoit pour eux de *ſoixante ſols*, & du gentilhome de *ſoixante livres*. Voyez Beaumanoir chapitre 61. page 309. ligne 19.

(c) Més nous n'oſtons mie les clains, les répons, les convenants, &c.] Les *clains*, *clamores* ſont les plaintes en matieres criminelles & les demandes en matieres civiles. Voyez le chapitre 57. de la Coûtume de Normandie anciene, & le gloſſaire du droit François ſur le mot *Clameur* & *Clain*.

Les *Reſpons*, ſont les deffences. Voyez Pierre Des Fontaines dans ſon conſeil ch. 13.

(d) Les convenans] Liſez les *contremans*. Le Contremant eſtoit la raiſon propoſée pour remettre, ou differer l'ajournement, & il differoit de l'eſſoine, en ce que celuy qui *contremandoit*, remettoit l'ajournement à un jour certain, au lieu que celuy qui propoſoit l'eſſoine ne remettoit pas l'ajournement à un jour certain, & eſtoit obligé d'affirmer que la cauſe qu'il alleguoit eſtoit veritable. Les contremans eſtoient en uſage *en gages de batailles* comme en matieres purement civiles. Beaumanoir chapitre 61. page 309. *à chaſcun jour que gentixhoumes viennent en Cour pour gages*, ou *contremandemens*, *as jours que l'on puet contremander. Li premier jour doit dix ſols d'amende, le ſecond vingt ſols, li tiers jours quarante ſols, & de tous les jours aſſenez de Juſtice, ou alongiez par accort de partie, à chaſcun jour l'amende double. Et ſi la bataille eſt d'houme de poote, l'amende eſt de cinq ſols de la premiere journée, la ſeconde dix ſols, la tierche vingt ſols, & toûjours double.* Voyez l'article 2. du premier livre des Eſtabliſſemens.

(e) Ne tous autres convenans] In judicio & contrahitur, & quaſi contrahitur lege 3. 5. Idem ſcribit Digeſtis De peculio. Quand une partie fait des offres, & que l'autre partie les accepte, c'eſt un contract qui ſe fait en jugement. Les Duels s'offroient & s'acceptoient en jugement, & ainſi ils ſe faiſoient par convenant. St Loüis n'a aboli que ces convenants & a reſervé tous les autres.

(f) Et en lieu de batailles nous meton prueves de teſmoins] Avant cette Ordonance, quand les faits eſtoient ſi publiques, que le Juge n'avoit qu'à ſe tranſporter ſur le lieu pour en connoiſtre la verité, la preuve s'en faiſoit par *témoins*, & non par le *duel*, ce que nous apprenons de Beaumanoir, qui écrivoit dans le Beauvoiſis, où cette Ordonance n'eſtoit pas reçeüe. *De tous cas de crieme len puet appeller, ou venir à gages, ſe li accuſieres en vieut faire droite accuſation, ſelonc che que apiaux ſe doit faire, car il convient que chil qui eſt appellez s'en deffende, ou que il demeure attaint dou fait douquel il eſt appellez. Més il y a bien autre voye que de droit appel, car ains que li apiaux ſoit fés, ſe chil qui accuſer vieut, il puet denoncier au Juge que tel meffés a eſté fés à la veüe, & à la ſüe de tant de bonnes gens qu'il ne puet eſtre celés. Et ſeur che il en doit fere comme bons Juge, il en doit enquerre tout ſoit che que la partie ne ſe veüille mettre en enqueſte. Et ſe il trueve le meffait notoire & appert, il le puet juſticier ſelon le meffect, car male choſe ſeroit ſi l'en avoit occis mon prochain parent en plene feſte, ou devant grand planté de bonnes gens, s'il falloit que je me combatiſſe pour le vangement pourcachier. Et pour che puet on en tex cas qui ſont appert, aller avant par voye de denonciation*, chap. 61. page 308.

Mais quand le fait n'eſtoit pas publique, les parties en venoient d'abord au duel, s'il n'y avoit pas de témoins. Et lors que le demandeur, l'accuſateur, ou le deffendeur adminiſtroient des témoins, le demandeur, le deffendeur, ou l'accuſé pouvoient appeller en duel les témoins. *Quant li teſmoins*, dit Beaumanoir, *viennent pour témoigner, de quelque partie que il viegnent, ou pour appelleur, ou pour cheli qui eſt appellés. Chil encontre qui*

(2) Nous commandons que se aucun (*g*) *veut appeller aucun de multre*, que il soit ois, & quant il voudra (*h*) *faire sa clameur*, que len li die, se tu veux appeller de multre tu seras ois, més il convient (*i*) *que tu te lies à tel paine souffrir comme ton adversaire souffreroit*, se il estoit ataint. Et sois certain que tu n'auras point de bataille, ains te convicndra preuver par témoins, comme il te plest à preuver tout (*k*) *quant que tu connoitras, que aidier te doie*, & si vaille ceu qui te doit valoir, quar nous t'oston nulle prüeve qui ait esté recheüe en Court laie, siques à ores, *fors la bataille*, & saches bien que ton adversaire pourra dire contre tes témoins.

LOUIS IX, en 1260. au Parlement des octaves de la Chandeleur.

(3) Et se chil qui appeller veut, quant il aura ainsi dit, ne veut poursievre sa clameur, il la peut laissier sans peine & sans peril, & se il veut sa clameur poursievre, il fera sa clameur ainsi que l'en la doit faire par la Coûtume du pays, & aura ses repis selon la coûtume de la terre. Et quant il vendra au point donc la *bataille* souloit venir, cil qui preuvast par la *bataille*, se *bataille* fut, preuvera par *tesmoins*, & la justice fera venir les *tesmoins* as cousts de celuy qui les requiert, se il sont dessous son pouvoir.

NOTES.

il veulent tesmoigner, püet, se il li plest lever le second tesmoin, & li mettre sus, que il est faux & parjure, & aussint püent bien naistre gages de l'appel...... Qui vient fausser témoins, il doit laisser passer le premier témoin & lever le second, car par un témoin n'est pas la querelle perduë, ni gaaingnée, mais par deux le seroit-elle, si que se il laissoit passer les deux témoins, & il appelloit le tiers, ou le quart, li apiaux ne vauroit riens, se li deux premier témoin avoient témoigné clerement contre. Saint Loüis crut abolir entierement les duels, ou les gages de bataille, en ordonnant que dans ces deux cas la preuve par témoins seroit encore necessaire, mais ses pieuses intentions resterent sans effet, comme l'on en peut juger par l'Ordonance que Philippes le Bel fut obligé de faire sur ce mesme sujet, le premier Juin 1306.

(*g*) *Veult appeller de murtre.*] L'appel en duel n'estoit autre chose qu'un deffi, qui se faisoit en Justice par gages. Il ne faut pas confondre cet appel avec celuy qui est interjetté d'un Juge inferieur à un superieur.

(*h*) *Faire sa clameur*] C'est-à-dire, intenter son accusation de meurtre.

(*i*) *Que tu te lie à tele peine souffrir comme ton adversaire souffreroit*] Par l'ancien droit de la France, quand le duel avoit esté ordonné, ou le gage de bataille reçeû, pour *meuble*, ou pour *heritage*, celuy qui estoit battu perdoit la chose contentieuse avec amende, & s'il avoit combatu par *avoüé*, ou par *Champion*, le Champion, ou l'avoüé avoit le *poing coupé*, ce qui fut introduit avec raison, pour empescher que les Champions gagnez par argent, ne se laissassent vaincre. Beaumanoir chap. 61. page 315. vers la fin. *Se il avient que chil qui est loüés pour faux témoingnage est vaincus, ou ses avoüé, se il a avoüé, se la bataille est pour müebles, ou pour hiretage*, il doit avoir le poing coupé, si li avoüé se combat & il est vaincus. *Chil qui fut levé pour faux témoin, est atteint de faux témoignage & demeure en le mercy dou Seigneur, de penre amende à se volenté.*

(*k*) *Quant que tu connoitras*] Il y a mieux dans le chapitre 3. du premier livre des Establissemens. *Tant comme tu cuideras que aidier te puissent & doivent &c.*

Lors que le gage de bataille, ou le duel estoient pour crimes, le *talion* avoit lieu, soit pour la *mort*, ou la *mutilation de membres*, comme il se void par ces vers de Guillaume le Breton, tirez du livre 8. de sa Philippide, c'est-à-dire, du Poëme qu'il fit en l'honneur de Philippe Auguste, d'où nous apprenons que ce Prince establit ce droit dans la Normandie aprés l'avoir conquise.

Quædam autem in melius juri contraria mutans
Constituit pugiles ut in omni talio *pugnâ*
Sanguinis in causis ad pœnas exigat æquas.
Victus ut appellans, sive appellatus eâdem
Lege ligaretur, mutilare, aut perdere vitam
Moris enim extiterat apud illos hactenus, ut si
Appellans victus in causâ sanguinis esset
Sex solidos decies, cum nummo solveret uno
Et sic impunis amissâ lege maneret.
Quod si appellatum vinci contingeret, omni
Re privaretur, & turpi morte periret.
Injustam justus hoc juste Rex revocavit
Re que pares Francis Normannos fecit in ista

Voyez Beaumanoir chap. 61. page 315. à la fin, & l'anciene Coûtume de Normandie chapitre 107. &c.

St Loüis derogea à cette Ordonance de Philippe Auguste, en ce qu'il deffendit les gages de bataille, mais il la confirma, en ce qu'il

LOUIS IX. en 1260. au Parlement des octaves de la Chandeleur.

(4) (*l*) Et se chil contre qui les tesmoins seront amenez, veut aucune reson *contre les tesmoins* qui seront amenez contre luy, dire, pourquoy il ne doient estre recheus, len l'oira, & se la reson est bonne, & apperte, & communement seue, les tesmoins ne seront pas reçeûs, & se la reson n'est communement seue, & ele noie d'autre partie, (*m*) *len oira d'une partie & d'autre les tesmoins*, & adonc (*n*) len jugera selon le dit des tesmoins *peuplé as parties*.

(5) Et se il avenoit que chil contre qui les tesmoins sont amenez, (*o*) *voussist dire, aprés le peuplement, aucune chose resonnable* contre ledit as dits tesmoins, il seront ois, & puis aprés fera la justice son jugement : en teles manieres yra len avant, és querelles de *traison*, de *rapine*, de (*p*) *arson*, de (*q*) *larcin*, & de tous crimes, ou aura peril de perdre, ou vie, ou membre.

(6) Et en tous les cas desusdits, se aucun est accusé pardevant aucun (*r*) Bail-

NOTES.

en prit le talion. *Vide Legem 7. & 14. Cod. Theod. De accusationibus. Et ibi Jacobus Gothofredus.*

(*l*) *Et se chil contre qui les témoins seront amenez, veut aucune raison contre les témoins dire &c.*] Cecy est encore pratiqué, & mesme en matiere criminelle. Voyez l'Ordonance de 1670. au titre des *Recollemens & confrontations*, article 16. avec la conference.

(*m*) *L'en oira d'une partie & d'autre les témoins*] Cela ne se pratique plus ainsi. Voyez l'Ordonance de 1670. au titre 38. *des faits justificatifs*, & l'Ordonance civile de 1667. au titre 22. *des Enquestes.*

(*n*) *L'en jugera selon le dit des témoins peuplé as parties*] Le *dit* de témoin *peuplé* est la deposition des témoins *publiée*, ou *lûe* aux parties, suivant le Droit Canonique dans le chap. *Præsentium extra De testibus.* Cette procedure se faisoit ainsi selon Durand, dit le speculateur dans sa pratique au titre *de Teste §.* Satis 8. *Testibus productis examinatis, partes debent renuntiare testium productioni, quo facto postulent attestationes publicari, vel saltem pars producens, & hoc redigatur in actis. Judex igitur volens attestationes publicare vocabit partes : quia eis non vocatis non debet aperire, vel publicare, maxime ea contra quam sunt producti..... Eis ergo præsentibus, vel per contumaciam absentibus.... præcipiat notario, quod legat coram se, &* coram testibus publice in judicio dicta testium. *Vel ipsemet legat. Et si sunt multæ attestationes, vel prolixæ, sufficit unam pro omnibus legere. Quo facto dicat Judex. Hæ sunt tales attestationes, habeatis pro publicatis. Publicatio autem scribetur sic &c.* Post publicationem attestationum fiebant rubricæ. C'est-à-dire, que l'on donnoit aux parties des copies des depositions, *& postea sequebatur testium reprobatio*, les reproches des témoins.

Il paroist par cette Ordonance que cela se pratiquoit ainsi, tant en matiere civile que criminelle. Voyez Imbert dans sa pratique chapitre 48. avec les notes de Guenois.

Tout ce droit est changé. Voyez l'Ordonance de 1667. au titre 22. des *Enquestes*, article 1. 2. 3. 4. &c. & l'Ordonance criminelle de 1670. au titre 15. des *Recollemens*, art. 15. & 16. &c.

(*o*) *Voussist dire aprés le peuplement aucune chose resonnable.*] Cecy paroist contre les regles. Le reproche est contre la personne du témoin, ainsi il faut qu'il soit opposé au témoin avant le *peuplement*, c'est-à-dire, avant que l'on sache sa deposition. Cela doit donc estre entendu suivant le chapitre *Præsentium 31. Extra de Testibus*, qui ne permet les reproches aprés le peuplement, qu'en trois cas. Le *premier* lors que celuy qui les oppose jure qu'il en use ainsi sans fraude. Le *second* lors qu'avant la publication il s'est reservé par sa protestation, la faculté de reprocher, & le *troisiéme*, lors que depuis le peuplement il a appris des choses du témoin qu'il ne sçavoit pas auparavant. Ce droit est changé, & suivant les articles quinze & seize de l'Ordonance criminelle de 1670. au titre *des Recollemens. La lecture doit estre faite à l'accusé des premiers articles de la deposition du témoin, contenant son nom, âge, qualité & demeure, la connoissance qu'il aura dit avoir des parties, & s'il leur est parent ou allié. Et l'accusé est ensuite interpellé par le Juge de fournir sur le champ ses reproches contre le témoin, si aucuns il a, & averti qu'il n'y sera plus reçeû aprés avoir entendu la lecture de sa déposition, dont est fait mention.* Voyez l'article 19.

(*p*) *Arson*] Ou *arsin* viennent du Latin *ardere* & signifient incendie.

(*q*) *Larcin*] Dans la suite on ne permit plus le duel pour le larcin. *Per statuta Regum Franciæ*, dit Jean Faber, *toleratur duellum in omni casu, cui pœna est mors*, excepto furto, *quando crimen est ita occultum quod non potest & clare probari per testes* ad tit. Inst. *de hereditatibus ab intestato §. Per contrarium.* Delà est venu que le *larcin* a esté un cas de basse Justice, au lieu que la connoissance du *duel* appartenoit au haut justicier.

(*r*) *Li Baillif*] Voyez le chap. 4. du premier livre des Establissemens.

lif, ora

lif, ora la querelle, jusques as preuves, & adoncques il le nous fera assavoir, *(s) & nous renvoyera pour les preuves oir*, *(t)* & appelleron ceux qui boens soient, o le conseil de celz qui devront estre au jugement fere.

LOUIS IX. en 1260. au Parlement des octaves de la Chandeleur.

(7) *(u)* En *querelle de servage*, chil qui demandera homme comme son serf, il fera sa demande, & poursievra sa querelle *(x)* jusqu'au point de la bataille. Cil qui prouveroit par bataille, prouvera par témoins, ou par chartre, ou par autres preuves bons & loyaux, qui ont esté à coustume en Court laie jusques à ore. Et ce que il prouvast *par bataille* il prouvera par *témoins*. Et se il faut à sa preuve, il demourra à la volenté au Seigneur pour l'amende.

(8) *(y)* Se aucun veut *fausser jugement*, *(z)* ou païs, où il appartient que jugement soit faussé, il n'i aura *point de bataille*, més les clains, & les respons, & les autres *(aa) destrains* de plet seront apportez en nostre Court, & selon les er-

NOTES.

(s) Et nous renvoyera] Il y a ainsi dans les additions de Joly à Girard, mais dans le chapitre 4. du livre premier des Establissemens de St. Loüis, il y a. *Et adonc nous y envoyerons les preuves oir.*

(t) Et appelleron] Dans les additions de Joly à Girard, il y a, *& j'a appelleron ceux qui devront estre au jugement fere.*

Dans le chap. 4. des Establissemens imprimez, il y a. *Si appellerons cil que nous y envoyerons, de ceux, qui devront estre au jugement fere.*

Et dans le manuscrit de Monseigneur le Chancelier il y a. *Si appellerons cil que nous y envoyerons de ceux, qui devront estre au jugement.*

Mais il n'y a pas mal icy, *Et appellerons ceux qui bon y soient, o* (ou avec) *le conseil de ceux qui devront estre au jugement fere.*

(u) En querelle de servage] La querelle de servage se terminoit, ou par témoins, ou par gages de bataille. *Li sers*, dit Beaumanoir, *qui desavoüe, doit estre poursuis de son droit Seigneur, par ourine, en le court de cheli dessous qui il est couchans & levans, se il se fet frans, ou en le court dou Seigneur, auquel il se conoit homme de cors, ni contre le prüeve de le ourine, il ne puet rien dire, quand len le prüeve par son lignage meisme. Més se li sires, qui le veut attaindre, veut prouver l'ourine par autres témoins, que par son lignage, il püet dire, encontre les tesmoins, se il a resons par lesquels il les puet & doit debouter, ou par voye de gages.* Et quand il y avoit ainsi combat entre gentilhomme & homme de poote, l'homme de poote combattoit à pied en forme de champion, & le gentilhomme à cheval. Voyez Beaumanoir chap. 61. page 308. à la fin. Saint Loüis par cette Ordonnance osta, dans ce cas, les gages de bataille, & retint la preuve par témoins. Voyez Des Fontaines dans son conseil chap. 22. art. 7.

(x) Jusqu'au point de la bataille] Dans le chapitre 5. du premier livre des Establissemens il y a *Et en lieu de bataille, cil &c.*

(y) Veut fausser jugement] Falsare judicium, dans la moyenne & la basse latinité, estoit soutenir qu'un jugement estoit *faux*, ou *mal & iniquement rendu*. Selon Beaumanoir, dans le chapitre 67. de ses Coûtumes du Beauvoisis, page 337. à la fin. *Il estoit deux manieres de* fausser jugement, *desquelles li un des apiaux se devoit mener par* gages. *Si estoit quant len adjoustoit avec l'appel*, vilain cas. *L'autre se devoit demener par* errement, *seur quoy li jugement avoit esté faits. Ne pourquant se len appelloit de faux jugemens des hommes qui jugeoient en le Cour le Comte, & li appellieres ne metoit en son appel* vilain cas, *il estoit au choix de cheluy contre qui l'en vouloit fausser jugement, de faire le jugement par gages devant le Comte, & devant son Conseil &c.* Ainsi selon cet Auteur les jugemens se faussoient, ou parce qu'ils n'estoient pas *juridiquement* rendus, par *defaute de droit*, & *deny de justice*, ou parce qu'ils estoient *faussement* rendus, car comme dit Pierre Des Fontaines dans son conseil chapitre 22. art. 19. celuy qui faussoit de la seconde maniere devoit prendre le Seigneur à partie, en luy disant, *je fausse le mauvais jugement que vous m'avez fait, par loyer que vous en avez eü, ou promesse &c.*

Le mesme Beaumanoir ajouste en la page 315. que *li appel qui estoient fait par* defaute de Droit, *ne devoient estre demenez par gages de bataille, mais par mentrer resons, par quoy le defaute de droit fut clere & que chés resons convenoit-il averer par* tesmoins *loiaux, si elles estoient niées de cheli qui estoit appellé de defaute de droit. Més que quand li tesmoins venoient pour tesmoigner en tel cas, de quelque partie que il venoient, ou pour appelleur, ou pour cheli qui estoit appellez, chil en contre qui il vouloient tesmoigner, povoit, si il li plaisoit, lever le second tesmoin & luy mettre sus que il estoit* faux *&* parjure, *& qu'ainsi pouvoient bien naistre* gages de l'appel *qui estoit, soit seur defaute de droit &c.*

(z) Au pays où il appartient que jugement soit faussé] C'est vray-semblablement aux pays Coûtumiers. Voyez le chap. 6. des Establissemens livre premier.

(aa) Destrains] Lisez *erremens* & voyez le chap. 6. du premier livre des Establissemens.

LOUIS IX. en 1260. au Parlement des octaves de la Chandeleur.

remens du plet, len fera (*bb*) *depécier* le jugement, (*cc*) ou *tenir*, & cil qui sera trouvé en son tort, l'amandera selon la Coûtume de la terre.

(9) (*dd*) Se aucuns veut appeler son Seigneur de *deffaute de droit*, il convendra que la deffaute soit prouvée par *tesmoins*, non pas par *bataille*. Ainsi que se la deffaute n'est prouvée, (*ee*) cil qui appelera le Seigneur de la deffaute, il aura tel dommage comme il doit, par l'usage du païs. Et se la deffaute est prouvée, li Sire l'amandera, & perdra ce que len li doit, par la Coûtume del païs, & de la terre.

(10) Et tex cas aviennent, quant tesmoins sont amenez en *querelle de servage*, & quant l'en appele *contre son Seigneur* de *deffaute de droit*, & il soit peuplée, si comme il est dessus dit, & se chil contre qui les tesmoins sont amenez, veut dire aucune chose resonnable contre les témoins, qui seront amenez contre luy, il sera ois.

(11) Se aucun est attaint, ou repris de faux tesmoignage és querelles dessus dites, il demourra en la volenté de la Justice.

NOTES.

(*bb*) *Depécier le jugement*] C'est le mettre en pieces, ou le mettre au neant.

(*cc*) *Ou tenir*] Ou confirmer.

(*dd*) *Se aucuns &c.*] *Quiconques voulloit son Seigneur appeller de* faux jugement, *ou de* desfaute de Droit, *il devoit tout avant son Seigneur requerre que il luy fit droit, & en la presence de ses Pers. Et se li sires li veeoit, il y avoit bon appel du* defaute de Droit, *Et se il appelloit avant qu'il eût son Seigneur sommé en cheste maniere, il estoit renvoyé en le Court son Seigneur, & li devoit, pour che que il le traioit en le Court du Souverain, seur si vilain cas, & estoit l'amende en le voulenté dou Seigneur, de tout ce que li appellieres tenoit de luy. Tout ainsint se un homme de poote voulloit appeller de* defaute de Droit, *il devoit sommer le Seigneur de qui il tenoit, par trois quinzaines, & s'il se hastoit trop, il cheoit de son appel, & il estoit renvoyé en le Court de cheli de qui il appella, & estoit l'amende en le volenté dou Seigneur de che qui estoit tenu de li &c.* Voyez Beaumanoir page 311. à la fin, page 312. ligne 21. & le premier livre des Establissemens chapitre 76. & 136. avec les notes.

Quand le jugement estoit faussé *pour vilain cas*, Des Fontaines dans son chap. 22. nombre 1. dit que *chil contre ki jugement estoit donnés, pouvoit tantost demander, au qués kil li plaisoit des hommes ki estoient au jugement rendre, s'il usoient de tel jugement, & aussi au secons, & puis au tiers. Et se il disoient que il s'y assentoient, li faussieres povoit dire à aus trois.* Je vous fausse de cest jugement, que il n'est, ne bons, ne loiaus, *& en devoit porter son gage en la main son Seigneur, & devoit requerir jor resonable à prover che kil arami.*

Lors que le jugement ainsi faussé, avoit esté rendu par *Pers*, ou par *Jugeurs*, si celuy qui le faussoit, n'y prenoit garde, il pouvoit arriver qu'il fut seul obligé de combattre contre plusieurs. Et c'est pour cela que Beaumanoir page 313. à la fin, remarque, que *qui sagement voulloit appeller, & poursievre son appel, si que il ne conviengnist combattre fors à un, il devoit dire, quand il voyoit les Jugeurs appareillés de juger, avant que il dissent rien, en tele maniere au Seigneur qui tenoit le Cour.* Sire je ay cheens un jugement à avoir à li journée d'huy, si vous requiert que vous le fachiez prononcer à un des hommes, & que tel jugement que il prononcera, que vous demandiez, que l'en sieut à chascun à par soi, par loisir, si que je puisse veoir, se li jugement est contre moy, & je en vüeil appeller, li quiex ensuivra dou jugement. *Et le Court li devoit faire cette requeste. Et quand li jugement estoit prononciez par l'un des hommes, & li second s'ensuivoit, il ne devoit plus attendre à fere son appel, ainchois devoit appeller cheluy qui ensuivoit & dire en cette maniere à li Justice.* Sire je dis que chis jugement qui est prononciez contre moy, & auquel P. s'est accordés, est *faux*, mauvais & desloiaux, & tel le feray contre ledit P. qui s'est accordé au jugement, par moy, ou par mon home, qui fere le pület & doit pour moy, comme chil qui a essoine &c.

Et quand il avoit ainsi dit, chil qui estoit appellés devoit dire que li jugement estoit bon, & loiaux & offrir loy à fere, par luy, ou par un autre, qui pust, ou fere le dust, pour son essoine, en li Court, c'est-à-dire, *devant le Seigneur, où li faux jugement avoit esté fait, & où là où droit le meneroit.*

Quand gages estoient rechus, les parties ne pouvoient plus fere paix, sans l'accord dou Seigneur. Et se chil qui estoit appellez de defaute de Droit, *ou de* faux *jugement estoit convaincu en l'appel, il perdoit le jugement, & le justiche de sa terre, & si l'amendoit de* soixante livres. *Et tuit cil qui avoit appellé de* defaute de Droit, *& estoit convaincu de leur appel, ils n'estoient pas quittes tant seulement de faire l'amende à l'appellé, ainchois l'amende au Seigneur en qui Court il appellerent. Et se li appellières estoit gentilhomme, l'amende estoit*

(12) Et ces batailles nous ostons en nostre *demaigne* à toûjours, & voulon que les autres choses soient gardées, tenuës par tout nostre *domaine*, si comme il est devisé dessus, en telle maniere que nous y puisson mettre & oster, & amander toutes les foys que il nous plera, & que nous voirron que biensoit.

Louis IX. en 1260. au Parlement des octaves de la Chandeleur.

NOTES.

de soixante livres, & s'il estoit homme de pooste, de soixante sols. Beaumanoir page 312.

Mais, neanmoins *quant aucuns appelloit de faux jugement,* pour plet *que il avoit de* meuble, ou d'hiretage, *& li sires voyoit que li cas dont le jugement estoit faits, estoit moult de fois avenu, & que le Coûtume estoit toute clere & bien approuvée, par lequelle Coûtume estoit clere chose, que li jugement estoit bon, & ne devoit pas souffrir les gages, ainchois devoit faire amender à chest qui appella, le villenie que il avoit dite en Cour, més li amende si n'estoit que de* dix sols *&c.* Beaumanoir page 31.

Il n'y avoit rien, comme l'on voit, de si absurde que toute cette procedure, & ce fut par cette raison que St Loüis entreprit de l'abolir entierement dans ses domaines, par cette Ordonance. Voyez les notes sur le chap. 6. & le 78. du premier livre des Establissemens.

(*ee*) *Cil qui*] *De cil qui* vaudroit mieux.

Louis IX. en 1262. vers la-mi-Caresme.

(*a*) Ordonance, ou Reglement touchant les Monoyes.

SOMMAIRES.

(1) *Les Monoyes que les Seigneurs peuvent faire fabriquer, seront des deux costez differentes de celles du Roy.*

(2) *Dans les lieux, où il n'y a point de Monoye particuliere, nulle autre n'aura cours que celle du Roy, à commencer à la feste de St Jean prochaine 1263. Et dans les lieux où il y a des Monoyes particulieres, celle du Roy aura aussi cours.*

(3) *Les parisis & les tournois, quoyqu'usez, ne laisseront pas que d'avoir cours, pourveû neanmoins qu'on les puisse connoistre, tant du costé de* croix *que de* pile. *Le Roy les prendra en payement, & ils auront cours dans ses domaines.*

(4) *Celuy qui rognera les Monoyes du Roy sera puni corporellement, & ses biens seront confisquez.*

(1) IL est esgardé que nuls ne puisse faire *monoies semblant* (*b*) *à la monoie le Roy,* que il n'y ait dessemblance apperte, & (*c*) devers *croix* & devers *pille,* & que elles cessent des ors en avant.

(2) Et que nulle monoie ne soit prinse, ou Royaume, de la St Jean en avant, là où il n'a point de propre monoie, fors que la *Monoie le Roy,* & que nul ne vende, ne achate, ne fasse marchié, fors à celle monoie. Et peut & doit courre (*d*) la monoie-le-Roy.

NOTES.

(*a*) Cette Ordonance est au Regiſtre A. de la Chambre des Comptes de Paris feüillet 83. Elle est rapportée par Le Blanc dans son traité des monoyes, au chapitre des monoyes de Loüis IX. Et Du Cange en a transcrit une partie dans son glossaire, sur le mot *Moneta.*

(*b*) *A la monoye le Roy*] Il y avoit alors plus de quatre-vingt Seigneurs particuliers en France, qui pouvoient faire battre Monoye, mais il n'y avoit que le Roy seul qui avoit droit d'en faire batre *d'Or,* ou *d'Argent.* Celles des Barons estoient noires, & comme elles ne devoient avoir cours que dans leurs terres, elles ne devoient avoir, suivant cette Ordonance, suivant celle de Philippe le Hardy de l'an 1273. & celle de Philippe le Bel de l'an 1313. aucune ressemblance avec celles du Roy.

Comme ces Monoyes estoient differentes, la peine de ceux qui en faisoient de fausses estoit aussi differente. Car ceux qui contrefaisoient les monoyes du Roy, estoient *boüillis,* ce qui n'estoit pas à l'égard de ceux qui fabriquoient celles des Barons. Voyez sur ce sujet l'autheur du grand Coûtumier livre premier page 17. Le livre verd neuf du Chastelet, au titre des droits du Roy. *Joannem Fabrum* ad Leg. 2. *Cod. de falsâ monetâ, Joannem Igneum ad legem* necessarios *S.* non aliàs, *part. 2. num. 100.* ad Sillanianum.

(*c*) *Devers croix & devers pile*] Du temps de St Loüis il y avoit de gros tournois d'argent, qui avoient d'un costé une *Croix* & de l'autre des *Pilliers.* Voyez sur ce sujet Le Blanc dans son traité des monoyes, au chapitre de Loüis IX. & Du Cange dans sa 19me Dissertation sur Joinville. Et delà vient qu'encore aujourd'huy les differents costez des monoyes se nomment *Croix & Pile.*

(*d*) *La Monoye le Roy.*] Dans l'Edition

LOUIS IX. en 1262. vers la-mi-Caresme.

(3) Et ne seront refusez *parisis*, ne *tournois*, (e) *tous soient pelez*, més que il aient connoissance devers *croix*, ou devers *piles*, que ils soient *parisis*, ou *tournois, pour qui ni faille piece; Et li Roy veut & commande* que telles monoies soient receües à ses rentes, & comme il commande à prendre en sa terre.

(4) Et que nuls ne puisse recourre, ne trebuchier la monoie le Roy *(f) sus paine de corps & d'avoir.*

Facta fuit hec ordinatio Carnoti, anno Domini millesimo ducentesimo sexagesimo secundo, circa mediam quadragesimam, cui facienda interfuerant Jurati Clemens de Visiliac, Joannes *dictus* Rigidus, Joannes Hermam *Cives Parisienses:* Nicolaus de Castello, Garinus Fernet, Jacobus Fris. *Burgenses* Pruvinienses, Joannes de Lori, Stephanus Morin *Cives Aurelianenses;* Evrardus Maleri Joannes Parergini *Cives Senonenses:* Robaille de Claustro, Petrus de Moncellis, *Cives Laudunenses.*

NOTES.

de Le Blanc il y a ensuite, *par tout son Royaume, sans contredit de nul qui ait propre monoye, ou point.*

(e) *Tous soient-ils pelez*] Dans l'Edition de Le Blanc, il y a, *tant soient-ils pelez.* On void par là que les parisis, ou tournois *pelez* estoient ceux dont l'impression estoit presque effacée.

(f) *Sus paine de corps*] Voyez la note sur la letre B. à la fin.

LOUIS IX. en 1265.

Ordonance ou Reglement touchant les Monoyes.

SOMMAIRES.

(1) Dans la terre du Roy les purs tournois, les parisis & les Loevesiens auront cours deux pour un parisis.

(2) Les nantois à l'Escu, & les angevins seront pris, quinze pour douze tournois, les mançois un pour deux angevins, & l'estellin pour quatre tournois. Et si quelqu'un les met, ou les prend sur un autre pied, ils seront confisquez.

(3) Les Monoyes contrefaites sur celle du Roy, les poitevins, les provenceaux & les tholosains n'auront plus cours. Ils seront percez du jour de l'attirement jusques à la-mi-Aoust, & aprés la-mi-Aoust, tous ceux qui ne seront point percez seront confisquez.

(4) Cette Ordonance, ou cet attirement sera executé par toute la terre du Roy, & dans les terres des Seigneurs qui n'ont point de propres monoyes. Quant aux terres des Seigneurs qui ont droit de battre monoyes, les leurs y auront cours, & celles qui ont esté nommées cy-dessus, & les contrefaites n'y seront point prises.

(a) LI attirement *que le Roy a fait des Monoyes est tiex.*

(1) Que nuls ne prangnent en sa terre, fors purs *tournois & parisis &* (b) *loevesiens,* deûs pour un parisis.

(2) Et commande, pource que le pueple cuide qui ne soit mie assez de monoie de *tournois* & de *parisis*, que len prangne *nantois* à l'Ecu & *angevins*, quinze pour douze tournois, & *mançois* un pour deux *angevins*, & (c) *estellins* un pour quatre tournois : Et veut que icelles monoyes queurent ainsi par sa terre, par tel prix devant dit, tant comme il l'y plaira. Et se aucuns estoit trouvé, ou pre-

NOTES.

(a) *Attirement*] Il y a ainsi au Registre A. de la Chambre des Comptes, d'où cette Ordonance est prise. Il y a moins bien dans Le Blanc *altirement & altirament.* L'attirement, estoit ce semble une Ordonance par laquelle le Roy *attiroit* à ses Hostels, les Monoyes à refondre, ou reformer. Ou c'estoit plustost une Ordonance par laquelle le Roy remettoit ou attiroit les Monoyes affoiblies, à leur juste valeur. Voyez Le Blanc dans son traité des monoyes, pages 174. & 175. de l'Edition d'Hollande de l'année 1692.

(b) *Loevesiens*] Dans Le Blanc il y a *Leutecienne*s. Mais selon M. Du Cange ces *Louvesiens*, ou *Loevesiens* estoient des monoyes de Laon, *Monetæ Laudunensium Episcoporum.* Vide Cangium *in moneta.*

(c) *Estellins*] Voyez ce que j'ay remarqué cy-dessus sur les letres de l'an 1211. page 31. col. 1.

nant,

nant, ou mettant icelles monoyes devant dites, autrement que il est devisé, cil perdroit la monoye (*d*) *ou à qui* elle seroit trouvée. LOUIS IX. en 1265.

(3) Et *veut* & *commande* que les monoyes qui sont *contrefaites* à (*e*) *la senne*, c'est à sçavoir, *poitevins*, *provenceaux*, *tholosains*, ne *queurrent à nul pris*, ains veut & commande que ils soient *perciez* en quelconque lieu que len les trouvera entre cy, & la-mi-Aoust, & aprés ce terme, se len en trouvoit nules qui ne fussent *percié* en quelconque lieu que ce fust, ils seroient *prins* & *perdus* à ceux qui il seroient.

(4) Et veult le Roy & commande que c'est (*f*) *ordenement* soit tenu dans toute sa terre, & *es terres à ceus qui n'ont propre monoye*. Et à ceus qui ont *propre monoye*, veut le Roy que *il soit aussi tenu en leurs terres*, fors tant que chascun puisse faire prendre *sa propre monoye* en sa terre, & (*g*) *non autrefois* que celles qui sont nommées dessus, en telle maniere que les monoyes dessus dites *contrefaites* en la monoye le Roy ne soient reçeües, ne prises en nul lieu. Et veut le Roy que cest (*h*) *attirement* soit ainsi tenu par tout son Royaume.

NOTES.

(*d*) *Ous qui*] Le Blanc, *sur qui*.
(*e*) *La senne*] Dans Le Blanc il y a *la sienne*.
(*f*) *Ordenement*] Le Blanc, *Ordenance*.
(*g*) *Non autrefois*] Le Blanc, *non autres fors que*.
(*h*) *Attirement*] Le Blanc, *altirement*.

LOUIS IX. au Parlement de la Toussaint en 1265.

(*a*) Ordonance touchant le cours des esterlins.

SOMMAIRES.

(1) Les esterlins n'auront cours dans le Royaume, que pour quatre tournois, à compter du jour de cette Ordonance, jusqu'à la-mi-Aoust. Et si quelqu'un les prenoit, ou mettoit pour plus de quatre deniers, il en payeroit l'amende à la volonté du Roy.

(2) Aprés la-mi-Aoust les esterlins ne seront pris qu'au poids, & si quelqu'un les prenoit, ou metteit autrement il les perdroit.

(1) IL est ordenné de par le Roy que nuls (*b*) *estellins* ne querrent en son Royaume pour plus de quatre tournois, *jusqu'à la-mi-Aoust*, Et veut & commande que nuls ne les prangnent, ne ne les mettent pour plus, jusques audit terme. Et qui pour plus les prendroit, ou mettroit dedans le devant du terme, il en seroit en l'amende le Roy de son avoir, à sa volenté.

(2) Et veut le Roy & commande, que *estellins* ne querrent à nul pris en son Royaume dés *la-mi-Aoust* en avant, *fors à pois & à la valüe de l'argent*. Et qui les prendroit, ou mettroit de la-mi-Aoust en avant à nul pris, fors ainsi comme il est dit par dessus, *il perdroit* tout ce qu'il auroit pris, ou mis.

Et veut & commande le Roy que len ne *vende*, *n'achate*, ne ne fasse marchié en son Royaume dés ores en avant *à estellins*, sur la peine devant dite. Et soit gardé ly establissement des autres monoyes estroitement si comme il fut commandé.

Facta fuit hec ordinatio in Parlamento omnium sanctorum anno Domini millesimo ducentesimo sexagesimo quinto. Fuit primò scripta Meleduni.

NOTES.

(*a*) Selon Le Blanc cette Ordonance n'est qu'une suite de la precedente.

(*b*) *Estellins*] Voyez la note sur les letres de Philippe Auguste de 1211. page 30. cy-dessus.

LOUIS IX. en 1268. au mois de Janvier.

(a) Letres portant injonction à tous les Baillis de chasser de leur territoire, & de faire chasser des territoires des Seigneurs, les Lombards, les Caorcins, & les autres usuriers estrangers.

SOMMAIRES.

(1) Les Baillis royaux chasseront de leur territoire les Lombards, les Caorcins & les autres Estrangers usuriers. Ils leur donneront un delay de trois mois, pour en sortir, pendant lequel ceux qui leur ont donné des meubles en gages, pourront les retirer, en payant seulement le principal.

(2) Les Baillis requerreront des Seigneurs qu'ils fassent la mesme chose dans leurs terres. Et si dans les trois mois les Seigneurs n'y ont satisfait, ils y seront contraints.

(3) Les Marchands Lombards, Caorcins & autres pourront aller & venir dans le Royaume, pour y faire leur commerce, pourvû qu'ils n'y exercent aucunes usures, & qu'ils ne fassent rien qui merite punition.

LUDOVICUS *&c.* Ballivo tali *&c. Intelleximus quod* (*b*) Lombardi *&* (*c*) Caorcini, *ac etiam quàm plures alii* alienigene usurarii, *in regno nostro publicè,* (*d*) *super pignoribus* (*e*) *mutuatis ad usuram, habentes ad hoc domos & mansiones specialiter deputatas, in quarum extorsione usurarum valdè depauperant regnum nostrum, ac in domibus & mansionibus suis multa mala perpetrare dicuntur. Unde.*

(*1*) *Tibi* mandamus, *quatenùs omnes tales, si qui in tuâ Ballivià, videlicet,* justiciâ nostrâ, *fuerint, ab inde prorsùs* amoveas & expellas, *prefixo & concesso eis nihilominùs spacio* trium mensium *recedendi, infrà quod illi* qui habent pignora penes eos, *ea redimere valeant, que* sorte solutâ sine usuris, *volumus, & precipimus eis reddi.*

(*2*) *Si qui etiam de predictis* Lombardis, Caorcinis, *& aliis alienigenis morantur in terris & jurisdictionibus* aliorum Dominorum *tue Ballivie, sive sint clerici, sive sint laici, ex parte nostrâ requiras eosdem; ut eos de terrâ suâ sub formâ predictâ similiter amoveant & expellant, videlicet* tres menses *postquàm a te super hoc fuerint* requisiti, *& quod tantùm super hoc faciant, ut non opporteat quod manum super hiis apponamus.*

(*3*) *Non vetamus tamen quin mercatores* Lombardi, Caorcini, *& omnes alii undecumque, pro suis negociis & mercaturis legitimè exercendis in regno nostro pacificè veniant, morantur & recedant, dum tamen in ipso regno nostro non exerceant* genus hujusmodi usurarum, *nec aliud* forisfaciant, *vel* forisfecerent *propter quod capi debeant aliter, vel puniri.*

Iste litere misse fuerunt clause omnibus Ballivis anno Domini millesimo ducentesimo sexagesimo octavo, mense Januarii.

NOTES.

(*a*) Ces letres sont au Registre *Pater* de la Chambre des Comptes de Paris feüillet 114. *verso* & au Registre A. *feüillet* 45. *verso.*

(*b*) *Lombardi*] Id est *Langobardi.* C'est ainsi qu'on nommoit alors en France les Marchands Italiens, qui venoient souvent s'y establir.

(*c*) *Caorcini*] Quelques-uns pretendent que ces Italiens vinrent s'establir à *Cahors,* & que par cette raison ils furent nommez *Caorcins. Caorcini, Caturcini, Carvarsini & Corcini.* D'autres croyent que ce fut une famille de Florence appellée *Caorsina* qui leur donna ce nom.

(*d*) *Super*] Au Registre *Pater* il y a mal, *sine.*

(*e*) *Mutuatis ad usuram*] Il doit ce semble y avoir *mutuant ad usuram.*

LOUIS IX. en 1268. au mois de Mars.

(a) Edit, ou Ordonance touchant les Elections, les Promotions, les Collations des Prelatures, &c.

SOMMAIRES.

(1) *Les Prelats, les Patrons & les Collateurs des Benefices joüiront pleinement de leurs droits.*

(2) *Les Eglises Cathedrales & les autres Eglises du Royaume auront la liberté entiere de faire leurs elections.*

(3) *Le crime de simonie sera banni de tout le Royaume.*

(4) *Les Promotions, les Collations des Prelatures & autres Benefices seront faites suivant le droit commun, suivant les decrets des Conciles & les decisions des Peres.*

(5) *Les exactions insupportables de la Cour de Rome, par lesquelles le Royaume se trouve malheureusement appauvri, ne seront plus levées à l'avenir, si ce n'est pour d'urgentes necessitez, & du consentement du Roy, & de l'Eglise Gallicane.*

(6) *Les libertez, les franchises, les immunitez, les droits & les privileges accordez par les Roys aux Eglises & aux monasteres, leur sont confirmez.*

LUDOVICUS (b) *Dei gratiâ Francorum Rex, ad perpetuam rei memoriam. Pro salubri ac tranquillo statu* Ecclesiæ regni nostri, *nec non pro divini cultus augmento, & Christi fidelium animarum salute, utque gratiam & auxilium omnipotentis Dei, cujus soli ditioni, atque protectioni regnum nostrum semper subjectum extitit, & nunc esse volumus, consequi valeamus: Quæ sequuntur, hoc* edicto consultissimo *in perpetuum valituro statuimus & ordinamus.*

(1) *Ut Ecclesiarum regni nostri,* Prælati, (c) Patroni, & beneficiorum Collatores ordinarii : (d) *jus suum plenarium habeant,* (e) *& unicuique jurisdictio debite servetur.*

(2) *Item Ecclesiæ Cathedrales, & aliæ regni nostri* (f) liberas electiones, *& earum effectum integraliter habeant.*

NOTES.

(a) Cette Ordonance est rapportée par Fontanon dans son appendix page 1238. & 1392. par Bouchel dans son decret pages 647. 1114. 1141. par Girard livre 2. Tit. 23. page 235. Voyez le stile du Parlement part. 3. tit. 3. §. 1. tit. 36. §. 5. tit. 39. §. 1. & titre 45. §. 10. Pinson l'a donnée in 4.° avec des Commentaires. C'est ce qu'on appelle communément *la Pragmatique de S.t Loüis.* Voyez cy-dessus les letres de Philippe I. avec la note sous la letre E. page 2.

(b) *Dei gratiâ]* Pepin & Charlemagne se sont quelquesfois qualifiez Roys par la *clemence* de Dieu. Voyez le premier tome des Capitulaires colomnes 246. & 249. & ce fut par pieté qu'ils en userent ainsi. On void par toutes les Ordonances rapportées cy-dessus que tous nos Princes de la troisiéme race se dirent Roys *par la grace de Dieu*, ce qu'ils firent non seulement par pieté, mais encore pour marquer leur autorité souveraine & leur indépendance des Papes, qui s'estoient vers ces temps-là arrogé, sans apparence de raison, le pretendu droit d'excommunier les Souverains, & de disposer de leurs Royaumes. Voyez ce que j'ay remarqué à ce sujet sur Loisel livre premier tit. 1. Regle 2. & du Tillet dans son recüeil des Roys pages 261. 262. 263.

(c) *Patroni]* Cecy doit ce semble estre entendu des Patrons ecclesiastiques, cependant il peut aussi convenir aux laïques.

(d) *Jus suum plenarium habeant]* Dans l'Edition de Pinson & quelques autres, il y a *plenarie*. Le sens de cet article est que le Pape ne pourra donner aucune atteinte au droit de conferer des Prelats & des Patrons, par ses reserves, ses graces expectatives, & ses mandats, *de providendo &c.*

(e) *Et unicuique jurisdictio debite servetur]* Cela est dit ainsi, parce que la Collation & la Provision des Benefices est de jurisdiction, non contentieuse mais volontaire. *Vide cap.* Constitutus *& ibi glossam in verbis* contra formam *De Concessione præbendæ. Cap.* transmissa 15. *De electione.* Ansaldium *de Jurisdictione parte 2. tit. 7. cap. 1. num. 24.* paginâ 28. *Pragmaticam sanctionem Caroli* VII. *tit. De Collationibus, in verbis* cum unicuique sua jurisdictio non servatur, & ibi glossa pag. 199.

(f) *Liberas electiones]* Le Roy Philippe Auguste ordonna la mesme chose par son testament, articles 9. & 10. en ces termes. *Si forte contigerit sedem episcopalem, vel aliquam*

LOUIS IX. en 1268. au mois de Mars.

(3) *Item* (g) simoniæ *crimen pestiferum Ecclesiam* (h) *labefactans, a regno nostro penitus eliminandum volumus & jubemus.*

(4) *Item* (i) promotiones, collationes, (k) provisiones, *(l) &* dispositiones prælaturarum, *dignitatum, vel aliorum quorumcumque beneficiorum, (m) & officiorum Ecclesiasticorum regni nostri, secundum dispositionem, ordinationem, determinationem* juris communis, *sacrorum* conciliorum *Ecclesiæ Dei, atque institutorum antiquorum* sanctorum Patrum, fieri *volumus* pariter & *ordinamus.*

(5) *Item* (n) Exactiones *&* onera gravissima pecuniarum, per curiam Romanam *Ecclesiæ regni nostri* impositas, *vel* imposita *quibus regnum nostrum miserabiliter depauperatum extitit, sive etiam imponendas, aut imponenda* levari, *aut colligi nullatenus* volumus, *nisi duntaxat pro* rationabili, piâ & urgentissimâ causa, inevitabili necessitate, & *de spontaneo & expresso* consensu nostro, *&* ipsius Ecclesiæ *regni nostri.*

(6) Item (o) Libertates, franchisias, immunitates, prerogativas, jura & privilegia per inclitæ recordationis Francorum Reges prædecessores nostros, *& successive* per nos Ecclesiis, monasteriis *atque locis piis,* religiosis, *nec non* personis Ecclesiasticis regni nostri concessas, *& concessa* (p) innovamus, laudamus, approbamus, & confirmamus *per præsentes.*

Harum tenore, universis justiciariis, officiariis, & subditis nostris, ac loca tenentibus, presentibus & futuris, & eorum cuilibet, prout ad eum pertinuerit, districte pra-

NOTES.

abbatiam regalem vacare, volumus ut Canonici ecclesiæ, vel monachi monasterii vacantis veniant ad Reginam, vel Archiepiscopum, sicut ante nos venirent & liberam electionem *ab eis petant. Et nos volumus quod sine contradictione eis concedant. Nos verò tam canonicos quam monachos monemus, ut talem pastorem eligant qui Deo placeat & utilis sit regno.*

Mais la Cour de Rome ayant fait tous ses efforts pour donner atteinte aux *elections,* quoy que tres Canoniques, St Loüis fut obligé de les confirmer, & de les proteger contre ces entreprises. C'est le sens que Messieurs du Parlement donnerent à cet article dans les remontrances qu'ils firent au Roy Loüis XI. pour la deffence de la Pragmatique sanction de Charles VII. *Cum tempore sancti Ludovici conarentur Romani libertatem Electionum infringere, & iis malis de quibus jam diximus, viam aperire, is se Principem verè pium, Christianum. & catholicum, custodemque & propugnatorem Ecclesiarum sibi commissarum præbuit : occurrit enim perniciosissimis conatibus, & consiliis Romanorum, & Ecclesias in libertatem vindicavit.*

Et c'est aussi le sens que luy donne avec raison Guimier dans sa glose de la pragmatique sanction de Charles VII. sur le mot *Reservationes* page 147. colomne premiere. *Non invenies,* dit-il, *quod a principio Ecclesiæ, usque ad tempora dicti Beati Ludovici Francorum Regis, Romani Pont. se de electionibus prælaturarum intromiserint : sed quia tunc nisi sunt electiones impedire, & onera pecuniaria beneficiis imponere, iterum decrevit electiones in suo regno fieri debere, exactionesque cessare : quæ decreta inviolabiliter observari fecerunt Ludovicus Hutin, & Joannes, multique alii Reges Francorum.*

(g) *Simoniæ crimen]* Les Elections quoy que tres canoniques, comme on l'a dit cy-dessus, ne laisserent pas que de donner lieu a beaucoup de simonie, & c'est par cette raison que St Loüis la deffendit icy, comme une peste tres prejudiciable à l'Eglise. Voyez la Pragmatique sanction de Charles VII. au titre de electionibus §. *quod si aliter* page 115.

(h) *Labefactans]* Dans le stile du Parlement livre 3. titre 39. il y a *labificans.*

(i) *Promotiones]* Scilicet *Prælaturarum.*

(k) *Provisiones]* Scilicet *dignitatum.*

(l) *Provisiones]* Scilicet *aliorum quorumcumque beneficiorum.*

(m) *Et officiorum Ecclesiasticorum]* Dans le concordat au titre *De electionum derogatione, in verbo Simoniacis,* où ce texte est rapporté il y a moins bien, *beneficiorum Ecclesiasticorum, & officiorum regni nostri.*

(n) *Exactiones]* Ces exactions intolerables, dont St Loüis se plaint, font detaillées au long, dans l'Arrest de 1406. rapporté dans les œuvres de Du Molin tome 4. page 410. que l'on peut voir avec ses Commentaires. Il faut aussi voir à ce sujet l'ancien stile du Parlement, partie 3. tit. 37. *De immunitate & reparatione Ecclesiarum* page 523. & le proëme de la Pragmatique de Charles VII. au §. *Proh dolor,* avec la glose page 31.

(o) *Libertates, Franchisias]* Ces mots doivent estre entendus par rapport aux exactions & aux entreprises de la Cour de Rome.

(p) *Innovamus]* C'est-à-dire, *nous renouvellons.*

cipiendo

piendo mandamus, *quatenus omnia & singula prædicta diligenter & attente servent, teneant, & custodiant, atque servari, & teneri, & custodiri inviolabiliter faciant, nec aliquid in contrarium quovis modo faciant, vel attentent, seu fieri, vel attentari permittant : transgressores, aut contrafacientes, juxta casus exigentiam tali pœnâ plectendo, quod ceteris deinceps cedat in exemplum. In quorum omnium & singulorum testimonium, præsentes literas, sigilli nostri appensione muniri fecimus. Datum Parisius, anno Domini* MCCLXVIII. *mense Martio.*

LOUIS IX. en 1268. au mois de Mars.

LOUIS IX. en 1268. ou 1269.

Ordonance contre ceux qui jurent le *vilain serment*, c'est-à-dire, qui blasphement contre Dieu, la Vierge & les Saints.

SOMMAIRES.

(1) Il sera crié tous les mois, que personne ne blaspheme contre Dieu, la Vierge & les Saints, sous les peines portées par la presente Ordonance. Et celuy qui aura entendu proferer quelque blaspheme & qui n'en advertira pas la Justice, en payera l'amende au Seigneur.

(2) Celuy qui, à quatorze ans ou plus, aura proferé quelque horrible blaspheme, payera quarante livres d'amende, ou au moins vingt livres, selon la condition de la personne, & l'énormité du blaspheme. Et s'il estoit si pauvre qu'il ne la pût payer, ou quelqu'un pour luy, il sera mis à l'Échelle une heure de jour, en un lieu public de la Justice du Roy, & ensuite conduit en prison pour y jeusner pendant six ou huit jours au pain & à l'eau.

(3) Celuy qui à cet âge aura proferé quelque blaspheme moins horrible, payera dix livres, ou au moins vingt sols, selon l'énormité du blaspheme, & s'il ne peut payer cette somme il sera mis à l'Échelle une heure de jour, & ensuite en prison pendant trois jours au pain & à l'eau.

(4) Et si le blaspheme est encore moins grand que le precedent, l'amende sera de quarante sols, & au moins de cinq sols, suivant la qualité du messait, & la condition de la personne, & si elle ne peut payer, elle sera mise en prison pendant un jour & une nuit au pain & à l'eau.

(5) Si celuy qui a blasphemé n'a que dix ans & plus, jusques à quatorze ans, il sera batu de verges nud plus ou moins selon la grieveté du messait. L'homme sera batu par un homme, & la femme par une femme, hors la presence des hommes, à moins qu'ils ne se rachetent en payant une somme convenable.

(6) Celuy qui aura esté denoncé à la Justice, sera tenu de respondre. S'il nie le messait, les témoins seront entendus, aprés avoir fait serment, & s'il est convaincu il sera puni sur le champ. Les témoins seront contraints par corps & par saisie de leurs biens de déposer, & s'ils sont de differentes Justices, l'une entendra les preuves à la priere de l'autre, & les renvoyra cachetées.

(7) L'amende sera divisée en quatre parties. Le Denonciateur en aura une, la Justice l'autre, le Seigneur la troisiéme, & la quatriéme sera reservée pour les denonciateurs, quand les malfaicteurs seront si pauvres, qu'ils ne pourront payer l'amende.

(8) Les Baillis, les Prevots, & les autres Juges, mesme ceux des Seigneurs, jureront qu'ils tiendront la main à l'execution des presentes. Ceux qui seront trouvez en deffaut payeront la mesme amende que s'ils avoient commis le messait, & celuy qui aura denoncé le deffaut du Juge, aura la moitié de l'amende.

(8) La presente Ordonance sera observée dans les terres du Roy, dans celles des Seigneurs, & dans les Villes de Commune. Elle sera publiée dans toutes les assises. Si un Seigneur ne peut faire Justice dans sa terre, il aura recours aux Seigneurs Superieurs, en remontant de degré en degré jusqu'au Roy. Et les Sergens des Seigneurs superieurs ne pourront faire aucune denonciation dans les Justices des Seigneurs inferieurs, ni les Sergens des Seigneurs inferieurs dans les Justices des Seigneurs superieurs.

(1) *(a)* IL sera *crié* par les Villes, par les Foires, & par les Marchiez, *chascun mois une fois* au moins, que nul ne soit si hardy que il *jure par aucuns des membres de Dieu, de Nostre Dame, ne des Sainz*, ne qu'ils fassent chose

NOTES.

(a) Cette Ordonance se trouve au Registre *Noster* de la Chambre des Comptes de Paris feüillet 31. Elle est rapportée par Du Cange, dans ses notes sur Joinville, comme tirée du dixiéme Registre du tresor des chartes, feüillet 54. Et de la Thaumassiere l'a transcrite dans ses notes sur Beaumanoir page 373. Elle n'est point en forme, ainsi que celles des monoyes

Louis IX. en 1268. ou 1269.

(*b*) *par maniere de blasme*, ne ne dient *vilaine parole*, ne par maniere de *jurer*, *ne autrement* qui torne à *despit de Dieu*, de *Nostre Dame*, ne *des sainz*, & se il le fait ou dit, lon en prendra *vengence*, tele comme elle est *establie*. Et cil qui *l'orra*, ou *sçaura* est tenuz de le *faire sçavoir à la Justice*, où il en sera *à la mercy au Seigneur*, qui en porra lever tel amende, comme il verra que bien sera.

(2) Se aucune *persone* de *l'aage de quatorze ans*, ou *de plus*, fait chose, ou dit *parole en jurant*, ou autrement qui torne à *despit de Dieu*, ou de *Nostre Dame*, ou *des Sainz*, & qui fust si horrible qu'elle fust (*c*) *vilaine à recorder*, il *poira quarante livres ou moins*, més que ce ne soit *moins de vingt livres*, selon l'estat & la condition de la persone, (*d*) *& la maniere de la vilaine parole, ou du vilain fait, & à ce sera contraint se mestier est*. Et si il estoit si poure, que il ne peust poyer *la poine desusdite*, ne n'eust autre qui pour li la voussist payer, il sera mis en l'eschiele (*e*) *l'erreure d'une luye*, en lieu de nostre Justice, où les gens ont ac-

NOTES.

de l'an 1262. & 1265. imprimées cy-dessus, mais quand cette formalité manquoit aux Ordonances on y joignoit une Commission du Roy, adressée aux Baillis & Seneschaux, pour les faire executer, & telle fut la Commission qui fut jointe à celle-cy. *Ludovicus &c. tali Baillivo. Cum nos in hoc Parlamento Assumptionis beatæ Mariæ Paris. de assensu Baronum nostrorum, quandam ordinationem fecerimus de amovendis blasphemiis, & enormibus juramentis, ac etiam puniendis : quam quidem ordinationem vobis mittimus per latorem præsentium, sub contrasigillo nostro inclusam, mandamus vobis quatenus ordinationem istam per villas, nundinas, & mercata præconisari, & in vestris assisiis publicari faciatis, eamque in vestrâ bailliviâ quandiu nobis placuerit, teneri firmiter, & servari. Et si forte contigerit aliquem de vestrâ Bailliviâ aliquid dicere, seu facere contra Deum, aut beatissimam virginem Mariam matrem ejus, adeò horribile, quod de pœnis in prædictâ ordinatione positis, ad illud non sufficiet vindicandum, volumus quod inflictâ eidem propter hoc graviori pœnâ in eadem ordinatione contentâ, res deferatur ad nos, & ipse in prisione nostra nihilominus teneatur, quousque nostram super hoc rescripserimus voluntatem. Partem autem nos contingentem de emendis, quæ provenient in vestrâ Bailliviâ de blasphemiis & juramentis hujusmodi, ponetis ad partem, ad nostrum beneplacitum inde faciendum, summam partis ipsius in Parlamento omnium sanctorum nobis reddituri in scriptis, ac etiam relaturi quid de blasphemiis interim erit. Actum &c.*

L'on void par cette Commission que cette Ordonance fut faite dans un Parlement de l'Assomption qui commença au 15. du mois d'Aoust, mais la difficulté est de sçavoir en quelle année. Et il faut observer que St Loüis avant cette Ordonance faisoit punir les blasphemateurs de la *mutilation de membres*, car selon Nangis, qui a écrit sa vie. *Frontem ac deinde linguam ferro candenti inuri, & confodi jubebat.* Et un jour ayant entendu jurer un Bourgeois, il luy fit percer les levres. Le Pape Clement VIII. luy envoya une Bulle en date du 12. Juillet 1268. qui se trouve au tresor des Chartes, par laquelle il exhorta ce Prince à ne plus user de peines si severes, Et comme cette Bulle arriva dans le temps que le Parlement de l'Assomption suivante duroit encore, il y a de l'apparence qu'elle y fut faite, & qu'ainsi elle est de 1268. ou du moins de 1269. En sorte que M. de la Chaize dans sa vie de St Loüis tom. 2. page 446. 447. la datte mal de 1264.

Justinien par sa Novelle 67. *Collatione sexta, titulo sexto*, deffendit pareillement le vilain serment en ordonnant que personne ne jureroit par la *teste*, ni par les *cheveux* de Dieu. *Et quoniam quidam ad hec, quæ diximus, & blasphema verba, & sacramenta de Deo jurant, Deum ad iracundiam provocantes : istis injungimus abstinere ab hujusmodi, & aliis blasphemiis verbis, & non jurare per capillos, & caput, & his proxima verba &c.*

A l'égard de Philippe Auguste, il avoit coustume, au rapport de Rigord, & de Guillaume le Breton de faire payer *vingt sols d'amende* aux blasphemateurs, ou s'ils ne les avoient pas, de les faire jetter dans l'eau sans peril de mort, *Vide Innocentium Cironium ad titulum decretalium extra De maledicis titulo 26. Et ibi Cironius & Germonius.* Joignez l'observation que j'ay faite à la fin du Registre de Philippe Auguste.

(*b*) *Par maniere de blasme*] Ces mots ne sont pas dans l'Edition de la Thaumassiere.

(*c*) *Vilaine à recorder*] Le vilain serment est comme l'on void le blaspheme contre Dieu, la Vierge & les Saints.

(*d*) *Et la maniere de la vilaine parole ou du vilain fait*] Cecy manque dans l'Edition de la Thaumassiere.

(*e*) *L'erreure d'une luye*] Dans les notes de M. Du Cange sur Joinville, où il rapporte cette Ordonance il y a *l'erreur d'une lieüe*, au tresor des Chartes & dans la Thaumassiere sur Beaumanoir page 374. il y a *une heure*

coustumé de assembler plus communément, & puis sera mis en la prison pour six jours, ou pour huit jours ou pain & à l'eau.

(3) Se il avenoit que aucun *d'iceluy aage* deist, ou feist chose que tournast à *despit de Dieu*, de *Nostre Dame*, ou *des Sainz*, qui fust *moult horrible*, & toutevois ne fut pas si horrible comme celle dessusdite, il poira *dix livres ou moins*, mais que ce ne soit *moins de vingt sols*, selon la maniere *du vilain fait*, ou *de la vilaine parole*, & l'estat de la condition de la personne, & à ce sera contrainz, se mestier est. Et s'il est *si poure* que il ne puisse poyer par luy, ne par autre la poine desus dite, il sera mis en l'eschiele (*f*) *l'erreur d'une luye* comme dit est *& puis en prison trois jours à pain & à l'eau.*

(4) Et se aucun faisoit chose, ou disoit parole, combien *qu'elle ne fut pas si vilaine*, mais toutesvoies *tournast à despit de Dieu, de Nostre Dame*, ou *des Sainz* il poira *quarante sols, ou moins*, mais que ce ne soit *moins de cinq sols*, selon la maniere du fait, ou de la vilaine parole, & l'estat, & la condition de la persone. Et se *il ne peut poyer la peine dessusdite*, par luy ne par autre, il sera mis en *prison un jour & une nuit au pain & à l'eau.*

(5) Et se celle persone, qui aura ainsi messait, ou mesdit, soit de *l'aige de dix ans*, ou de plus, jusques *à quatorze ans*, il sera *batu par la Justice du lieu, tout à nud de verges en apert ou plus ou moins*, selon la grieveté du *mesfait*, ou *de la vilaine parole*, c'est assavoir *li homme par hommes & la fame par fames*, sans presence d'homme, se il ne *rachetoient la bature*, en payant *convenable poine*, selon la forme desus dite.

(6) Et quand il sera *denoncié à la Justice d'aucun*, sus qui len mette tel fait, il sera contraint de respondre tantost de ce. Et *s'il noioit* le mefait, & *preuves fussent presles*, tantost soient *oyes*, & jurent en la presence de celuy à qui len metra *suz le mefait*, soit, ou ne soit *le denonceur present*, & selon ce que il sera prouvé, soit, sans delay, justicié cil qui sera atteint du mefait, en la maniere que dit est. Les *tesmoins* qui seront nommez à ce prouver & ne seront presens, soient contrainz, se mestier est, par *prise de corps* & de leurs biens, *à venir & apporter tesmoignages* par leurs sermens de ces choses dites. Et si *sont de diverses Justices*, l'une *Justice orra les preuves à la requeste de l'autre* & renvoira *sellé & clos*, ce qui *sera prouvé*, au Juge à qui la Justice appartiendra, de celuy qui sera *accusé*, ou *denoncié* du mefait, ou du mesdit.

(7) Et de *la poine d'argent* qui sera levée pour tel mefait, li *denonceurs auront la quarte partie*, cil qui *commendront & feront la Justice l'autre quarte partie*, & *li Sire de la terre l'autre* à faire sa volonté. L'autre *quarte partie sera gardée pour* (*g*) *guesredonner*, se mestier est à l'esgard de la Justice, *ceux qui feront à sçavoir les mesfaits & les mesdits de ceux qui seront si pourres que il ne pouront poyer rien.*

(8) Et que ces choses *soient mieux gardées*, li *Balliz*, li *Prevoz*, li *Maires* des *Villes* & les *autres Justices* desous les Seigneurs, *jurront* que il *travalleront loyalment à ce pechié abatre* selon la fourme dessusdite, & cil qui en sera trouvé en defaut il *en poira autelle poine d'argent* comme il feist, se *il eust esté convincu du mesfaist.* Mais pour ce ne sera pas cil quite, qui aura mesfait ou mesdit Et cil qui

NOTES.

de jour, & la preuve que cette leçon est la bonne, c'est que Beaumanoir qui estoit à peu prés du temps, la confirme, par ce qui suit du chapitre premier de ses Coûtumes, à la fin, page 16. *Li establissement que li Roys fit pour le quemun pourfit doit estre fermement gardez par la pourveance des Baillis, & entre les autres, il doit estre soigneux de cheluy qui fut fes pour le vilains sermens, car il est establi que chil qui jurent vilainement de Dieu & de Nostre Dame doivent estre mis en l'eschielle* une eure de jour, en la presence du quemun, pour che que il ait honte, & aprés il n'est mie quitte de l'amende, pour che que il a enfreint l'establissement. En cheste amende n'a point de tauxation, fors que la volonté du Prince. *Luye* vient de *lux* & signifie jour.

(*f*) *L'erreur d'une luye*] Voyez la note sur la letre F.

(*g*) *Guesredonner*] Recompenser.

LOUIS IX. en 1268. ou 1269.

fera à sçavoir *le defaut* de *celuy qui devra faire la Justice, prendra la moitié en la peine d'argent,* qui sera pour ce levée.

(9) Et ces choses *commande li Roys estroitement à garder en sa terre* par les *Bailliz* & par les autres *Justiciers,* & ez *Villes des Communes* par les *Justiciers des lieux,* & veust que il soit publié en *toutes les assises,* & ainsi face *(h) chascun Sire garder en sa terre, & crier cil qui ont ban.* Et s'il avenoit qu'aucun Seigneur *ne peust justicier comme dessus est dit, aucune persone,* dont la Justice luy appartenist, il doit *requerre le prochain Seigneur pardessus,* & se *cil l'en faut, l'autre pardessus se nuls en y a, jusques à nostre Justice.* Et nous *commendons* que nos *Bailliz* & nos *autres Justiciers leur dongnent force & aide,* quant il *les en requerront,* par quoy ils puissent faire la Justice. Et est à sçavoir que li *Sergens du souverain Seigneur* ne pourront accuser, ne *denoncier* ez *terres aux autres Seigneurs* qui auront *Justice* & qui seront subgiez *au Souverain,* ne li Sergens *des subgiez* ez terres des souverains (*i*).

NOTES.

(*h*) *Chascun sire garder en sa terre]* Ainsi Beaumanoir a eû raison de dire que cet establissement estoit general.

(*i*) Aprés la fin de cette Ordonance il y a ce qui suit que l'on met en note parce qu'il n'en fait pas partie.

(1) Il est ordonné que len mande aux Bailliz & aux Seneschauls, que il voyent & enquierent par tous les Chasteaux, & les manoirs le Roy de leurs Baillages, se il y a Sergent à gaige, dont len se puisse soufferre, & se aucun en y a, que il en escripsent au Roy les noms & de par qui il sont, au Parlement de la Toussains.

(2) *Item* len mandera à tous les Bailliz que ils poient & envoyent au Temple à Paris tous ce que il doivent de viez, au Tresorier, & ce soit fait sans delai.

(3) *Item* len mandera à tous Bailliz, que il facent garder en leur Baillages & en la terre aus Barons, qui sont en leurs Baillages, ladite Ordenance de deffendre *les vilains sermens* les *Bordeaux* communs, les jeux *des dez,* & leur envoira len l'Ordenance, més la poine d'argent porra bien estre muée en peine de corps selon la qualité de la personne & la quantité du mefait. *Et est sciendum quod iste tres ultime partes, seu clausule sunt de ordinatione facta super omnibus predictis per Regem Philippum Parisius in Parlamento Ascensionis anno millesimo ducentesimo septuagesimo secundo.*

LOUIS IX. à Paris ou à Sens au mois de Mars 1269.

(a) Ordonance touchant les Dîmes.

SOMMAIRES.

(1) Les personnes laïques qui possedent des Dîmes dans les terres du Roy, & dans les fiefs qui relevent de luy immediatement, ou mediatement les peuvent ceder aux Eglises à quelque titre que ce soit, sans qu'il soit besoin d'en avoir le consentement du Roy.

LUDOVICUS *&c. Notum facimus universis tam presentibus quam futuris, quod nos* divini amoris intuitu, *& pro* remedio anime nostre, *ac animarum inclite recordationis* Regis Ludovici genitoris nostri, *&* Regine Blanche genitricis nostre, *& aliorum predecessorum nostrorum, quantum in nobis est,* volumus & concedimus, *quod*

LOYS par la grace de Dieu Roy de France, Nous faisons assavoir, tant à cheus qui sont à present, comme à cheus qui sont à venir, que nous pour le regart de *l'amour divine,* & pour le *salut & le remede de nostre ame, &* ensement pour le salut & pour la remembrance des ames del Roy Loys *nostre pere,* & *de la Royne Blanche nostre mere,* & de nos autres pre-

NOTES.

(*a*) Cette Ordonance est en la Chambre des Comptes de Paris, au Registre St Just feüillet 5. au Registre *Olim,* ou des Enquestes du Parlement feüillet 29. *verso.* Elle est rapportée par Fontanon tome 4. page 513. par Bouchel dans son decret page 964. Elle est citée par Du Luc dans son recüeil d'Arrests livre 3. tit. 5. num. 1. & Chopin la rapporte dans son traité du Domaine livre 3. tit. 23. num. 8. page 436. &c.

omnes

omnes persone laycales, decimas (*b*) percipientes *ab aliis in* terrâ nostrâ, & (*c*) in feodis nostris *moventibus* mediatè, *vel* immediatè, *quas* Ecclesie *perciperent*, *si eas* laïci non haberent, *possint eas relinquere, dare, & alio quocumque* justo, & licito modo, Ecclesiis concedere (*d*) tenendas in perpetuum, *nostro*, vel *successorum nostrorum* (*e*) assensu minimè requisito, *ita etiam quod contra hoc heredes, seu* (*f*) *successores nostri nullatenus se opponere valeant, aut hujusmodi concessionem nostram deinceps aliquatenus impedire. Quod ut ratum & stabile permaneat in futurum, presentibus literis nostrum fecimus apponi sigillum. Actum* Parisius *anno Domini millesimo ducentesimo sexagesimo nono. Mense* Martio.

decesseurs. Et quant il est de nous, Nous voulon & octroyon, que toutes les persones layes *qui ont la possession des dixmes des autres gens* en nostre terre & en nos fieffemans (*1*) *qui vivent o main & sans main*, desquelles *dismes* les Yglises *eussent la possession*, se *la gent laie ne les tenissent*, ou eussent, que il les *pussent delessier*, & *donner*, *ou* en quel autre maniere que ce soit *droituriere*, & *convenable*, & *octroier as Eglises* à tenir les, en *perdurableté* par *nostre octroiance*, sans requeste nulle, qui en soit fete desormés *à nous*, & à nos *successeurs*, en telle maniere que nos hoirs, ou nos successeurs ne *se puissent opposer* en nule maniere, encontre, ne nostre *octroiement* que nous en fesons maintenant, empescher des ore en avant, en nule maniere. Et que ce soit ferme & estable, & parmaigne en perdurableté, à ces presentes letres nous y feismes mettre nostre Seel, ce fut fet en l'an nostre Seigneur (*2*) MCCLXXIX. (*3*) el mois de Mars.

LOUIS IX.

à Paris ou à Sens au mois de Mars 1269.

NOTES.

(*b*) *Percipientes ab aliis*] Dans l'Ordonance Françoise il y a, *qui ont la possession des dixmes d'autres gens*. C'est-à-dire, ce semble, *qui possedent des dixmes, comme mouvantes d'autres personnes*, en sorte que cette Ordonance doit estre entenduë des dixmes *infeodées*, ou tenuës *en fief*.

(*c*) *Infeodis nostris*] Ainsi cette Ordonance n'avoit pas lieu dans les terres des Barons, qui pouvoient *amortir*.

(*d*) *Tenendas in perpetuum*] Comme ces dixmes estoient des fiefs, il estoit impossible de les transmettre aux Eglises, sans faire des *abregemens*, des extinctions, ou des *amortissemens* qui estoient alors deffendus.

(*e*) *Assensu minime requisito*] Sans cette Ordonance la dixme venduë, ou aumônée aux Eglises par le vassal, feroit retournée au mesme estat au Seigneur suzerain, ce que j'ay expliqué dans mon traité du droit d'amortissement.

(*f*) *Successores nostri nullatenus se opponere valeant*] Ce qu'ils auroient pû faire sans cela, ces abregemens de fiefs, ou ces amortissemens estant en quelque façon des alienations du Domaine de la Couronne.

Quant à l'origine *des dîmes* quelques-uns l'attribuënt à Charles Martel, parce que dans le temps de l'irruption des infidelles dans les Gaules, il fut dans la necessité de prendre des biens ecclesiastiques pour entretenir ses troupes, comme il paroist par ce qu'a écrit à ce sujet *Adrevaldus* dans son

(*1*) *Qui vivent o main ou sans main*] Dans un autre manuscrit il y a mieux *qui muevent o mehaing & sans mehaings*. C'est-à-dire, *avec moyen* ou *sans moyen*. Ce qui paroist par l'Ordonance Latine où il y a *moventibus mediatè* vel *immediatè*.

(*2*) *En 1279.*] Dans le regiſtre appellé memorial St Just, il y a en marge vis-à-vis de la datte. *Data hujus literæ est falsa*. En effet l'Ordonance estant veritablement de St Loüis qui y parle de la Reyne Blanche sa mere, elle ne peut estre de 1279. puisqu'il estoit mort. Ainsi l'erreur estant dans le 7. On l'a datée de 1269. avec Chopin & Fontanon, & cette datte est d'autant plus certaine qu'elle est confirmée par l'autorité du Registre *Olim*.

(*3*) *El mois de Mars*] Dans le second Registre de la Chambre des Comptes il y a *aliàs* May.

LOUIS IX. à Paris ou à Sens au mois de Mars 1269.

NOTES.

traité des miracles de St Benoist livre premier chap. 24.

Mais leur veritable origine vient de ce que les grands Seigneurs qui s'emparerent des Benefices, & mesme des Cures, & qui les donnerent ensuite en fief aux gentilshommes, en userent de mesme à l'égard des *dîmes*. Voyez ce qu'on a remarqué à ce sujet sur les letres de Philippe Auguste de l'an 1208. ou 1209. touchant les patronages de Normandie page 27. *Ordericus Vitalis lib. 5. hist. Avidi quippe possessores terrenorum caducis inhiant, de summis & æternis parum cogitant, adeòque quia plures vix aliquid pro spe supernâ, nisi temporale commodum viderint, agere tentant, decimas, quas Dominus ab Israëlitis per Moysen sibi ad usum sanctuarii, & Levitarum exegit, nostrates laïci retentant, vel ministris ecclesiæ, nisi magno redimantur precio, reddere affectant.*

Il arriva aussi dans ce pillage des biens Ecclesiastiques, que les Eglises donnerent en fief de leurs fonds, & de leurs *dîmes* aux Seigneurs qui estoient les plus puissants, à la charge de les deffendre contre ces invasions, de sorte qu'ils perdirent volontiers une partie de leurs biens pour conserver l'autre. *Arnoldus Lubec. lib. 3. cap. 18. Scimus autem decimas & oblationes a Deo sacerdotibus & Levitis primitus deputatas, sed cum tempore christianitatis, ab adversariis infestarentur Ecclesiæ, easdem decimas præpotentes, & nobiles viri ab Ecclesiis in beneficio stabili acceperunt, ut ipsi defensores Ecclesiarum fierent, quæ per se obtinere non valerent.*

Helmoldus presbyter lib. 2. hist. Sclavorum. Porro decimas terræ recognovit Episcopo, quarum tamen medietatem recepit in beneficio, & factus est homo Episcopi.

Ces dîmes infeodées furent enfin autorisées par l'Eglise, pourvû qu'elles fussent anterieures au Concile de Latran tenu sous Alexandre III. & toutes celles qui furent posterieures furent supprimées. *Vide Gemonium & Innocentium Cironium ad titulum extra de decimis, pag. 241.*

Mais St Loüis pour diminuer le nombre de celles qui estoient anterieures au Concile de Latran, ordonna avec sagesse, qu'elles pourroient estre restituées aux Eglises, sans le consentement des Seigneurs superieurs immediats, & mediats, & sans le consentement du Roy mesme. Voyez ce que je remarque sur l'Ordonance de Loüis le Hardy de l'an 1270. touchant les amortissemens.

Comme la Chambre des Comptes de Paris est le plus grand depost de pieces & d'actes qu'il y ait dans le Royaume, on y trouvoit les titres d'infeodations des Dîmes, & l'on connoissoit ainsi quand elles estoient anterieures, ou posterieures au Concile de Latran. Mais en l'année ...... le feu y ayant pris, & plusieurs titres y ayant esté consumez, on presume que les infeodations de Dîmes sont anterieures au Concile, lors qu'elles sont anterieures à cet incendie. Voyez Brodeau sur M. Loüet letre D. Som. 9. n. 5.

LOUIS IX. en 1269. à Aiguemortes le 25. Juin.

(a) Letre de Saint Loüis à Mathieu Abbé de Saint Denis & à Simon de Nesle.

SOMMAIRES.

(1) *Les Regens du Royaume, les Baillis & les Prevosts pourront changer ou ajoûter à l'Ordonance faite en 1278. contre le* vilain serment, *& ils auront soin de bannir du Royaume ce crime qui n'y est que trop commun.*

(2) *Pour connoistre si l'Ordonance contre le vilain serment aura esté bien executée, on fera rendre compte aux Baillis des amendes ausquelles ils auront condamné les blasphemateurs.*

(3) *Tout ce qui reviendra de ces amendes au Roy, sera distribué aux pauvres.*

(4) *Il sera ordonné dans chaque Parlement que l'on aura une attention particuliere à la punition de ce crime, & ceux qui à cet égard ne feront pas leur devoir seront repris & mesmes punis.*

(5) *Les femmes publiques seront chassées, tant des Villes que des autres lieux, & le Royaume sera purgé de malfaiteurs & de scelerats. Les Eglises & les personnes ecclesiastiques seront protegées contre les violences. Les droits du Roy & de ses sujets seront deffendus. Les plaintes des pauvres seront écoutées, & la justice leur sera renduë exactement.*

(6) *Les Juges, qui seront connus pour avoir reçû des presens, ne seront pas admis au Conseil du Roy, & ceux pareillement qui seront diffamez par des crimes notoires.*

(7) *Les sermens prestez au Roy par ceux qui sont de son Conseil seront revoquez, & les Regens en exigeront de nouveaux de tous, à l'exception des Prelats & des Evesques.*

LOUIS IX. en 1269. à Aiguemortes le 25. Juin.

LUDOVICUS *Dei gratiâ Francorum Rex dilectis & fidelibus suis* Matthæo Abbati sancti Dionysii, *&* Simoni domino Nigellæ, *salutem & dilectionem. Quia ad ulciscendas* summæ Majestatis *injurias, illas maximè quæ* vergunt in contemptum, & contumeliam Redemptoris, *tantò validiùs* animari *condecet*, *&* armari Christianos Reges & Principes, *quantò ab ipso majora beneficia receperunt, & seipsos ad ipsius exaltationem nominis & honoris obligatiores esse cognoscunt.*

(1) Volumus *&* præcipimus, *ac tam* vos *qui* nostrum locum tenetis, *quàm Baillivos, Præpositos, & alios justitias habentes à nobis, specialiter adjuramus, ut in* blasphemos, *illos videlicet qui facto, dicto, vel juramento ausi fuerint contumeliosi esse in* Dominum Majestatis, *aut beatam* Virginem Dei matrem, *à nobis esse* (b) *ordinata dignoscuntur : aut si fortè circa ea, ad hoc scilicet ut meliùs hujusmodi divina vindicetur offensa, aliquid* emendandum *fuerit, vel* addendum sit, *studeatis efficere, quod efficaciter* aboleri valeat de regno *nostro hujusmodi tam* consueti criminis, *aut criminosæ consuetudinis corruptela.*

(2) *Ut autem sæpiùs ad memoriam inducatur, & efficaciter hujusmodi* Præceptum nostrum servetur, *sicut in corde gerimus, & zelamus, in singulis* computis nostris *inter* alia ratiocinia nostra, *quæratur & exigatur districtè ab omnibus &* singulis Baillivis, *quid* habuerunt, vel receperunt de emendis & pœnis hujusmodi blasphemorum, *& de his teneantur plenam ibidem reddere rationem.*

(3) *Quicquid autem inde habitum fuerit*, de portione, *videlicet* nos contingente, *in* pauperes *volumus* erogari.

(4) *In singulis* Parlamentis *districtè* præcipiatur *eisdem, ut circa punitionem hujus* nefandi sceleris *studiosi & vigilantes existant. Qui verò desides &* remissi fuerint inventi duriùs arguantur, *& secundùm quod bonum visum fuerit* districtius corrigantur.

(5) *Cæterùm notoria* & manifesta prostibula, *quæ fidelem populum suâ* fœditate maculant, *& plures* protrahunt in perditionis interitum, *penitus exterminari* præcipimus, *tam (c) in villis, quàm extra, & ab aliis* flagitiis, & flagitiosis hominibus, ac malefactoribus *publicis*, terram nostram *pleniùs expurgari. (d)* Ecclesias *etiam & personas* Ecclesiasticas personas, à manifestis *injuriis & violentiis defensari.*

NOTES.

(*a*) Cette letre fut écrite par St Loüis lors qu'il fut sur le point de s'embarquer pour sa seconde Croisade. Elle est rapportée par Dom Luc Dachery, dans le tome second de son Spicilege. On a douté si on la mettroit au rang des Ordonances, & comme elle contient quelques reglemens, on s'est determiné à le faire, parce que pour user des termes de Justinien, *quodcumque Imperator per epistolam constituit, vel cognoscens decrevit, vel edicto præcepit legem esse constat. Instit. De jure naturali &c.*

(*b*) *Ordinata*] Par l'Ordonance de 1268. contre le vilain serment, le blasphéme n'estoit pas seulement deffendu contre *Dieu* & la *Vierge*, mais aussi contre les Saints, qui sont obmis icy. Voyez cette Ordonance cy-dessus page 105.

(*c*) *In villis*] Par cette disposition le Roy confirmoit l'article 34. de son Ordonance de 1254. qui est conçeüe en ces termes. *Expellantur autem publicè meretrices, tam de campis, quam de villis, & factis monitionibus, seu prohibitionibus, bona earum per locorum judices capiantur, vel eorum auctoritate, a quolibet occupentur, etiam usque ad tunicam, vel ad pellicium. Qui vero domum publicè meretrici locaverit scienter, volumus quod ipsa domus incidat domino a quo tenebitur in commissum.* Il faut bien observer que le mot *Villæ* ne signifioit pas en ce temps-là des maisons de campagne, comme dans la bonne latinité, mais des *Villes*, ainsi qu'il est justifié par l'article 27. de l'Ordonance Françoise de 1254. Et par les deux vers qui suivent de *Rutilius, Numatianus, Gallus*, qui vivoit vers l'Empire d'Honorius, & qui nous marque que ce mot avoit déja de son temps cette signification. *Itiner. 1. vers. 223. 224.*

Alsia prælegitur tellus, Pyrgique recedunt
Nunc Villæ grandes, oppida parva prius

Ce qu'on s'est crû obligé d'observer icy, parce que beaucoup de gens n'entendent pas ce que signifie *Villæ* dans les anciens titres.

(*d*) *Ecclesias*] Voyez l'Ordonance touchant les Elections article 2. & 6. de l'an 1268.

LOUIS IX. en 1269. à Aiguemortes le 25. Juin.

Jura nostra, & aliena servari. Querelas pauperum, *&* miserabilium *personarum* diligenter audiri. *Et tàm ipsis, quàm omnibus aliis, quibus* justitiæ debitores sumus, *ita reddi quod justum est, justè fideliter, & maturè; quòd apud illum Judicem, qui* justitias judicabit, *non possimus de neglectâ, dilatâ,* vel usurpatâ justitia condemnari.

(6) Porrò quia in causis & negotiis audiendis & terminandis *frequenter ab illis qui libenter* (*e*) munera accipiunt justitia læditur, prosternitur veritas, judicia subvertuntur, *nolumus ut aliquem de* tali munerum acceptione notabilem, *ad* consilium nostrum, *in prædictis agendis, aliquatenus admittatis, nec committatur eis aliquid de prædictis, sed cautè elongetis eosdem; & hæc eadem* volumus *si qui fuerint* de criminibus aliis notoriis diffamati.

(7) Juramenta etiam quæ solent fieri ab illis qui de consilio nostro erant, revocari volumus *atque* præcipimus, *ut ea vice nostrâ recipiatis ab illis, & eorum singulis qui consiliis prædictis intersunt, Prælatis scilicet Episcopis duntaxat exceptis.*

Datum in Castris apud Aquas mortuas *in crastino B. Joannis Baptistæ.*

NOTES.

(*e*) *Munera*] Par cet article St Loüis réïtera ses deffences faites aux Juges par l'art. 4. de l'Ordonance Latine & Françoise de l'an 1254. de recevoir aucuns presens, lesquelles sont en ces termes. *Jurabunt etiam donum, seu munus quodlibet a quacumque personâ, per se, vel per alios non recipere in pecuniâ, argento, vel auro, vel rebus aliis quibuscumque mobilibus, vel immobilibus, vel beneficiis personalibus, vel perpetuis, preter esculenta & poculenta quorum valor in unâ ebdomadâ summam decem solidorum Parisiensium non excedat & quod dicta dona, seu beneficia dari uxoribus, liberis, fratribus, vel sororibus (neptibus) vel consanguineis, consiliariis, vel domesticis suis minime procurabunt : imo bonâ fide diligentiam adhibebunt, ne uxores, aut alie gentes ipsorum munerâ recipiant, quod si fecerint, ex quo sciverint, Senescalli eos ad restitutionem bonâ fide compellent, sub debito juramento.*

(*a*) LES

(a) LES ESTABLISSEMENS

Selon l'usage de (b) Paris & d'Orleans & de Court de Baronnie.

LOUIS IX. en 1270.

LIVRE I.

(c) L'AN de grace 1270. (d) Li bons Roys Loeys fit & ordena ces establissemens, avant ce que il allast en Tunes, en toutes les Cours layes du Royaume & de la Prevosté de France. Et enseignent ces establissemens comment tous Juges de Court laye doivent oir & jugier & terminer toutes les querelles qui sont tretiées par devant eux, & des usages de tout le Royaume & d'Anjou, & de Court de Baronnie, & des redevances que li Prince, & li Baron ont sur les Chevaliers & sur les Gentishommes, qui tiennent d'eux; Et furent faits ces establissemens par grand conseil de sages hommes & de bons Clers, par les concordances des Lois, & des Canons & des Decretales, pour confermer les bons usages & les anciennes Coustumes, qui sont tenuës el Royaume de France, seur toutes querelles, & seur tous les cas qui y sont avenus, & qui chacun jour y aviennent. Et par cet establissement doit estre enseigné li demanderres & li deffendieres à soy deffendre. Et commence en la maniere qui ensuit.

NOTES.

(a) Ces Establissemens, dans lesquels St Loüis comprit quelques loix de ses predecesseurs, & plusieurs de celles qu'il avoit publiées auparavant, sont comme une espece de *Code* qu'il fit faire peu de temps avant sa seconde croisade.

M. Du Cange dans sa preface sur ces Establissemens dit, que ce sont eux que Beaumanoir cite souvent, sous le titre *d'Establissemens le Roy*, ce qui est vray quelquefois, comme l'on peut voir en conferant le chapitre 65. du livre premier intitulé *d'Homme qui se plaint de nouvelle dessaisine*, & le chap. 41. du livre second, avec ce qu'écrit Beaumanoir chap. 32. page 171.

(b) Dans le manuscrit de Monseigneur le Chancelier il y a à la teste du livre, *Ci ce commencent li establissement, le Roy de France, selonc l'usage de Paris & d'Orliens, & de Touraine & d'Anjou, & de l'Office de Chevallerie, & Court de Baron. La premiere rebriche dou premier cas si est de l'Office de Prevost.* Et ce titre vaut peut-estre mieux, parce qu'il est évident que les Coûtumes d'Anjou, du Maine, de Touraine & du Loudunois ont esté tirées en partie de ces Establissemens.

La preface qui suit n'est pas dans le manuscrit de Monseigneur le Chancelier.

(c) *L'an de grace 1270.*] Plusieurs doutent de cette date sur l'autorité de Nangis, qui écrit page 385. que St Loüis partit d'Aiguemortes, pour son second voyage d'outremer, le mardy aprés la feste de St Pierre & de St Paul de l'année 1269. mais il y a au tresor des Chartes, *Registre cotté 20. depuis 1259. jusques en 1272.* un eschange du mois de Juin 1270. fait entre le Roy d'une part & les Templiers d'autre, pour leur maison de St Gilles, & daté *d'Aiguemortes*, lequel suffit pour prouver que Nangis s'est trompé, & qu'en 1270. ces establissemens ont esté publiez, comme il est dit dans cette preface.

C'est d'ailleurs un fait constant dans l'histoire, que St Loüis mourut le 25. Aoust de l'année 1270. presque aussitost qu'il fut arrivé à Tunis. De sorte qu'il n'y a nul doute que ce Prince n'ait esté assez long-temps en France, en l'année 1270. pour y faire publier ces establissemens.

(d) *Li bon Roys*] Ces mots nous marquent que cette preface a esté ajoûtée aprés la mort de St Loüis, par une tierce personne.

(a) LOEYS Roys de France par la grace de Dieu, à tous bons Chrestiens habitans el Royaume, & en la Seignorie de France, & à tous autres qui

NOTES.

(a) Cecy manque encore dans le manuscrit de Monseigneur le Chancelier.

LOUIS IX. en 1270.

y sont presens & à venir, *Salut* en nostre Seingnieur. Pour ce que *malice*, & tricherie est si porcreue entre l'umain lignage, que les uns font souvent aux autres tort, & anuy, & messés en maintes manieres, *contre la volenté & le commandement de Dieu,* & n'ont li plusours poor, ni espouvantement du cruel Jugement *Jesus-Christ.* Et pour ce que *nous voulons* que le pueple qui est dessous nous, puisse vivre loyaument & en pés, & que *li uns se garde de forfere à l'autre,* pour la poor de la decepline du cors, & de perdre *l'avoir.* Et pour *chastier & refrener* les mauféteurs par la voye de droit & de la roideur de Justice, nous en appellans l'aide de Dieu, qui est Juge droicturier seur tous autres, *(b) avons ordené* ces establissemens, selon lesquiex nous volons que len use *és Cours laies,* par tout le reaume, & la Seigneurie de France.

NOTES.

(b) Avons ordonné ces Establissemens] Il y avoit dans ce temps-là, comme on l'a tant dit, deux sortes de loix, ou *d'establissemens.* Quand le Roy ne les faisoit pas, pour avoir lieu dans tout son Royaume, ils n'avoient lieu que *dans ses domaines,* tel fut *l'establissement qui abolit les duels* & qui introduisit au lieu des duels *la preuve par témoins.* Voyez cy-dessus l'Ordonnance de 1260. *touchant les batailles.* Mais quand nos Roys faisoient les Establissemens pour *l'utilité generale* de tous leurs sujets, ils devoient estre *observez dans tout le Royaume. Quant li Roys,* dit Beaumanoir page 265. *fait aucun Establissement especiaument en son domaine, li Barons ne laissent pas pourche à user en leurs terres,* selon les anciennes coûtumes, mais quand li Establissement est generaux, *il doit courre par tout le Royaume, & nous devons croire, que tel Establissement, sont fait par tres grand conseil, &c.* Tels furent ces Establissemens, & tel fut celuy des guerres privées de l'an 1245.

CHAPITRE I.

(a) Comment le Prevost se doit contenir en ses plés.

SE aucuns vient devant aus, & muet question *(b) de marchié* qu'il ait fait, encontre un autre, ou *demande heritage,* *(c) li Prevost semondra* celuy dont len se plaindra. Et quand les parties vendront, à ce jor, *(d) li demandieres*

NOTES.

(a) Comment &c.] Dans le manuscrit de Monseigneur le Chancelier & dans celuy de M. Baluze, le titre de ce chapitre est conçû en ces termes. *Li Prevost de Paris & d'Orliens si tendront cette forme en leur plez* &c.

(b) De marchié, ou demande heritage] C'est-à-dire, si quelqu'un intente une action *personelle,* ou *reelle.*

(c) Li Prevost semondra] Les Prevosts estoient comme aujourd'huy inferieurs aux Baillis. Suivant ce chapitre le Prevost devoit donc faire faire les semonces par ses *Sergents,* ou *Bedeaux,* car les Prevosts comme les Baillis avoient de ces sortes de bas Officiers, qu'ils commettoient eux-mesmes, soit pour faire les ajournemens, soit pour executer leurs jugemens. Et c'est pour cela que St Loüis deffendit aux *Prevots* & *Baillis* par l'art. 17. de son Ordonnance de 1254. d'avoir un trop grand nombre de ces Officiers. *Baillivi nostri & alii officiales caveant sibi a multitudine Bedellorum & quanto paucioribus poterunt, sint contenti, &c.*

Les choses estoient ainsi dans les Pays, où la justice estoit administrée par les *Prevots,* ou les *Baillis,* ou dans les lieux, où la Justice se rendoit par *hommes,* ou *pairs,* lors que les semonces estoient faites à des Roturiers & des personnes non franches, mais quand les semonces estoient faites à des *gentilshommes,* ou des *possesseurs de fiefs,* ce devoit estre, suivant Beaumanoir, par *le ministere de leurs Pers. Puisque li sires,* dit cet auteur, *veut semonder son gentilhomme, par la raison de che que il tient de luy fief, il doit penre deux de ses hommes, qui soient Per à cheli que il veut semondre, & se il n'a nul homme, il les doit emprunter à son Seigneur, & li sires li est tenu à prester. Et adonques il leur doit dire, que il voisent adjourner son homme, & leur doit chargier, que il disent la cause à son homme, pourquoy il est semons. Et adonques chils doivent faire la semonce, laquelle semonce doit au moins contenir quinze jours d'espace.* Beaumanoir chapitre 2. page 17. Voyez Des Fontaines dans son conseil chapitre 3.

(d) Li demandieres si fera sa demande] La *semonce,* comme on le void dans le passa-

fera sa *demande*, & celuy à qui len demande, *respondra* à cel jour meismes, se ce est de son faict. Et se ce est *d'autruy* fet, il aura *un autre seul jour à respondre*, se il le demande, & à cel jor il respondra. Se cil à qui len demande (*e*) *connoist ce que len li dira contre lui*, li Prevost fera *tenir* & (*f*) *enteriner* ce qui *sera conneu*, & ce qui est accoustumé selon droit escrit el Code el titre *De transactionibus*, en la loy, *Si causâ cognitâ*, en la fin, & en la Digeste el titre qui se commence *De re judicatâ l. A divo pio.* Se cil *à qui len demande* ne dit aucune reson qui valoir luy doie à sa deffense, & se il avenoit se cil à qui len demande meist en ny, ce que len li demandera, ou ce cil qui demande, *niast* ce que len li *met sus*, à la deffense de cil à qui li demande, les parties jureront de la querelle. Et la forme du serement si se sera tele. *Cil qui demande jurera que il croit avoir droite querelle, & droite demande, & qu'il respondra droite verité à ce que len li demandera selon ce qu'il croit, &* (*g*) *que il ne donra riens à la justice, ne ne prometra por la querelle, ne aus tesmoins, fors que leurs despens, ne n'empeschera les preuves de son adversaire, ne riens ne dira contre les tesmoins qui seront amenez contre luy,* (*h*) *qu'il ne croie que voir soit, & qu'il n'usera de fausses prueves. Cil à qui len demande jurerra qu'il croit avoir droit & bone reson de soi deffendre, & jurera les autres choses qui sont dites dessus. Aprés ces seremens li Prevost demandera és parties la verité* de ce qui sera dit pardevant luy. Et se cil *à qui len demande met en nie* ce que len li demandera, se *cil qui demande* à ses tesmoins prés, li *Prevots* les recevra, & orra tantost, (*i*) se ce non, se il veut selon ce que li *tesmoins* ou les *parties seront prés*, ou *loin*, & selon ce qu'il semblera bon au Prevost. Et à savoir *quant li tesmoins seront presens*, lors demandera li Prevos, se cil contre qui il seront amené, ne veut riens dire contre (*k*) *les tesmoins*, & les personnes, & lors convendra que il responde, & se il dit que non, il ne porra riens dire contre iceux d'illeques en avant; Et se il dit *que oil*, il conviendra dire dequoy. Et se il dit chose qui vaille, len li mettra jour *à prouver* ce qui *sera dit contre les tesmoins*, un seul jour. Et recevra li *Prevos les tesmoins* du demandeur, & jurera chacun par soi, & les doit oir (*l*) *secreement*,

NOTES.

ge de Beaumanoir que l'on vient de rapporter, devoit contenir la cause pourquoy elle estoit faite, ce qui estoit necessaire, afin que celuy qui estoit adjourné pût estre en estat de se deffendre, quand l'action seroit formée devant le Juge. *Quâ quisque actione agere volet, eam edere debet. Nam æquissimum videtur, eum qui acturus est actionem edere, ut proinde sciat reus, utrum cedere, an contendere ultra debeat. Et si contendendum putet veniat instructus ad agendum cognitâ actione, quâ conveniatur. Edere est etiam copiam describendi facere, vel in libello complecti & dare, vel dictare. Eum quoque edere Labeo ait, qui producat adversarium suum ad Album, & demonstret quod dictaturus est, vel id dicendo, quo uti velit &c.* Lege 1. Digestis de edendo.

Comme cette procedure se pouvoit faire verbalement chez les Romains, elle se faisoit aussi souvent en France *verbalement*, du temps de St Loüis, ainsi qu'on en peut juger par cette Ordonnance, ce qui est aboli il y a long-temps. Voyez l'Ordonance de 1667. titre 2.

(*e*) *Connoist ce que len li dira*] C'est-à-dire, *si le deffendeur acquiesce.*

(*f*) *Enteriner*] Accomplir, executer. *Enteriner* est proprement rendre *entier*. *Integer* Enterin.

(*g*) *Que il ne donra riens à la justice*] C'est-à-dire, qu'il ne donnera rien secretement aux Juges pour les corrompre.

(*h*) *Que il ne croie que voir soit*] C'est-à-dire, qu'il ne croie qu'il soit *vray*. Il y a ainsi dans le manuscrit de Monseigneur le Chancelier & dans celuy de M. Baluze.

(*i*) *Se se non se il veult &c.*] Cet endroit est corrompu & est dans les termes suivans dans les manuscrits de Monseigneur le Chancelier & de M. Baluze. *Et se cil à qui len demande met en nie ce que len li demandera, se cil à qui len a demandé à ses tesmoins prés, li Prevost les recevra, & orra tantost, se non cil qui demande, porra avoir deux jours, se il veut, longs ou courts, selon ce que li tesmoins & les parties seront loin ou prés, & selon ce qu'il semblera bon au Prevost.*

(*k*) *Les tesmoins*] Il y a seulement *les personnes* dans les manuscrits de Monseigneur le Chancelier & de M. Baluze. Voyez ce que j'ay remarqué sur l'article 4. de l'Ordonnance de 1265. page 90.

(*l*) *Secreement*] Dans le manuscrit de M. Baluze il y a *secretement*. Dans celuy de Monseigneur le Chancelier il y a *soutirement*.

LOUIS IX. en 1270.

(m) & tantost *pueplier*, *(n)* & porra dire contre *les dis és tesmoins cil à qui len demande*, se il puet dire chose qui vaille. *(o)* Et se il avenoit chose que li tesmoins seront amenez, que *cil à qui len demande* dit par son serrement, que il ne *cogneust les tesmoins*, len li mettra jour, se il le demande, à dire contre les tesmoins, ou les personnes un seul jour, & un autre à prouver, se il le demande, & il dit chose qui vaille. Et ne pourquant les tesmoins du demandeur seront reçeûs & *pueupliés* en la maniere qui est dite desus. Et se il avenoit que li tesmoins fussent amenez contre les tesmoins au demandeur, len demanderoit à celi demandeur selon ce qui est dit dessus, c'est à sçavoir se il *vodra riens dire contre les tesmoins* qui seront amenez à reprouver les siens, & conviendra que il responde selon ce qui est dit dessus, & garderoit len la forme dessus dite, en toutes choses, *ne plus de tesmoins ne seront reçeûs d'illeques en avant* à reprouver tesmoins. Et donroit li Prevotz son jugement selon ses *erremens*, se la chose estoit clere, *(p)* *ne ne pourra len appeller de son jugement*, selon droit escrit el Code *De precibus Imperatori offerendis l. ult. Si quis. Authent. ibi signatâ, Quæ supplicatio gloriosis;* més len pourra *bien supplier au Roy* que il le jugement voye, & se il est contre droit, *que len le depiéce*, selon Droit escrit el Code *De sententiis Præfectorum Prætorio, lege unica*, où il escrit de ceste matiere. Cist meismes ordres *de Prevost* & de prueves sera gardés à faire selon plés d'eritage, ou d'appartenances à heritage. Derechief *se cil à qui len demande*, met en sa deffense aucune chose qui vaille, li ordres dessus dit sera gardés és prüeves faire. Et est à savoir que faux tesmoins sera punis, selon ce que li Prevos verra que bien sera, & seront li tesmoins contraints à porter tesmoignage és quereles qui seront pardevant les Prevos.

NOTES.

(*m*) *Et tantost publier*] Voyez la note sur l'article 5. de l'Ordonance de 1260. touchant les batailles & sur l'article 4.

(*n*) *Et pourra dire contre les dis és tesmoins*] Il y a dans le manuscrit de Monseigneur le Chancelier *& pourra dire contre les tesmoins cil à qui len demande, chose qui vaille.*

(*o*) *Et se il avenoit chose que li tesmoins seront amenez*] Dans le manuscrit de M. Baluze, il y a mieux, *se il avenoit chose quant li tesmoins seront amenez*. Et encore mieux dans le manuscrit de Monseigneur le Chancelier. *Se il avenoit quand li tesmoins seront amenez.*

(*p*) *Ne ne pourra-t-on appeller de son jugement*] On void par là qu'il n'y avoit point alors tant d'appellations en la Court, qu'il y en a aujourd'huy, & que le Parlement qui n'estoit pas encore sedentaire, estoit bien moins surchargé d'affaires. Dans les cas qui sont icy marquez, on demandoit en la Justice du Roy *amendement de Jugement*, ce qui devoit estre fait le jour mesme que le Juge Royal avoit rendu sa sentence, & ce jour passé il n'y avoit plus que la voye d'appel, dont l'usage commençoit de s'introduire suivant les chap. 78. & 80. de ce livre. Joignez l'article 18. de l'Ordonance de Charles VII. à Montil-les-Tours en 1453.

L'amendement de Jugement se demandoit au mesme Juge par *supplique*, ou *supplication*, & il estoit par cette raison plus respectueux que *l'appel*, qui selon les Praticiens contenoit *felonie*, ainsi qu'il est dit au chapitre 15. du second livre de ces Establissemens. Et le Juge dans ce cas faisoit venir une seconde fois ceux mesmes qui avoient assisté au Jugement & autres preud'hommes, qui connoissoient de droit & de Jugement, comme il est dit dans le chap. 80. Voyez la note sur le chapitre 78. de ce livre. *L'appel* suspendoit le jugement, *l'amendement*, ou la *retractation* ne le suspendoit pas.

Suivant le chapitre 76. *Nul gentilhomme ne pouvoit demander amendement de jugement*, & il devoit le *fausser*, ou *le tenir* pour *bon*, à moins que ce ne fut en la Court le Roy où tout le monde pouvoit demander *amendement*, & où personne ne pouvoit *fausser*.

Et suivant le chapitre 136. *L'homme Coutumier* ne pouvoit *faire froissier, ne contredire jugement*. Et si aprés que son Seigneur luy avoit rendu justice, il avoit demandé *l'amendement* de son jugement, il en estoit amendable envers son Seigneur.

Nous apprenons du chapitre 78. que *l'amendement* se demandoit ainsi au Baillif, ou autre Juge en suppliant, *Sires il me semble que cest jugement me grieve, & pour ce en requiers-je amendement, & que vous me mettez terme, & faites tant de bonnes gens venir, que eux connoissent, se li amendement y est, ou non par gens qui le puissent faire.* Vide Cujacium ad tit. Codicis De precibus Imperatori offerendis, in Paratitl. & ad tit. *Cod. de sententiis Præfectorum Prætorio.* Et les chapitres 76. 78. 136. avec les notes.

CHAPITRE

Louis IX. en 1270.

CHAPITRE II.

De deffendre batailles, & d'amener prüeves.

(a) NOUS deffendons les batailles par tout nostre *demaine*, en toutes querelles: mais nous n'ostons mie les (b) denis, les responses, (c) les contremans, qui ayent esté accoustumés, selon *les usages des divers pays*, fors itant que nous *en ostons les batailles*. Et en lieu des batailles, nous mettons *prüeves des tesmoins*, ou des chartres, (d) selon Droit escrit en Code (e) el titre *De pactis*, (f) qui commence, *Pactum, quod bonâ fide interpositum*. Et en Code el titre *De transact. l. Cùm transegisset*. Et si *n'ostons mie les autres bonnes prüeves & loyaus*, qui ont esté accoustumées en Court laie en jusques à ores.

NOTES.

(a) *Nous &c.*] C'est l'article premier de l'Ordonance de l'an 1260. contre les *duels & les gages de bataille*. Dans le manuscrit de M. Baluze au lieu de *demaine* il y a *empiere*.

(b) *Denis*] Dans l'art. 1. de l'Ordonance de 1260. il y a *clains*.

(c) *Les contremans*] Adjoûtez *ne nul des erremens*, suivant le mſ. de M. Baluze. Le duel judiciaire se faisoit par gages, qui consistoient ordinairement en un *gand*, que celuy qui provoquoit, ou appelloit, jettoit par terre. En matiere civile les *erremens*, ou *arrements* estoient comme les gages des procés. On a expliqué dans les notes sur l'Ordonance de 1260. *touchant les duels*, ce que c'estoit que les *clains*, les *respons* & les *contremans*. Voyez aussi le glossaire du Droit François sur ces mots, & le chap. 6. cy-aprés sur *Erremens*.

(d) *Selon Droit écrit*] Dans l'imprimé, il y avoit moins bien, *& est écrit*.

(e) *El titre*] On a ainsi rectifié cet endroit sur les manuscrits. Dans l'imprimé, il y avoit mal, *selon droit*.

(f) *Qui commance*] Il doit y avoir *en la Loy qui commance*.

CHAPITRE III.

(a) D'appeller homme (b) de murtre, & d'annoncer la peine au pleintif.

NOUS commandons, que se nus hom veut *appeller* un autre de murtre, que il soit oïs ententivement. Et quand il vodra faire (c) *sa clameur*, que len li die. (d) *Se tu veus icelui appeller de murtre, tu seras oïs, mais il convient que tu te lies à souffrir tele peine, comme tes adversaires soufferroit, se il en estoit atteins, selon Droit escrit en Digeste*, (e) *novel* De privatis l. finali, *au tiers liv. Et soies bien certain que tu n'auras point de batailles, ains te conviendra jurer par bons tesmoins jurez. Et si convient que tu en aies deux bons au mains. Et bien ameine tant de tes-*

NOTES.

(a) *D'appeller*] Ce mot ne signifie pas icy, comme on l'a déja dit, *se porter appellant d'une sentence*, mais *ajourner, assigner, accuser*. Le mot *appellare* pour *judicio convenire*, se trouve dans la Loy 29. *Dig. de Judiciis*. On trouve aussi *appellare debitorem*. Dans la Loy 15. *ſ. Si quis. Dig. de Injuriis*. Voyez l'article 2. de l'Ordonance de 1260.

(b) *De murtre*] Voyez le chapitre 11. & le 38. du premier livre de ces Establissemens & le chapitre 11. du second livre.

(c) *Sa clameur*] Voyez la note sur l'art. 1. de l'Ordonance de 1260. letres c. d.

(d) *Se tu veus &c.*] Cecy est pris mot pour mot de l'Ordonance de St Loüis de l'an 1260. article 2.

(e) *En Digeste novel* de privatis] C'est la Loy derniere *Dig. De privatis delictis*, qui ne parle pas clairement du *Talion*, non plus que la Loy 3. *ſ.* 2. & la Loy 7. *in princ. D. De accusat.* On auroit pû mieux citer le chap. 21. de l'Exode, le 19. du Deuteronome, la Loy des douze tables, où il y a *Si membrum rupit, ut cum eo pacit talio esto*. La Loy 14. *Cod. Theod. De accusationibus*. Voyez Jacques Godefroy sur la Loy 7me de ce titre *Formulam* 29. *secundum Legem Romanam. Doctores ad Legem 3. cod. Qui accusare non possunt*, & Imbert livre 3. chap. 1. vers la fin.

LOUIS IX. en 1270.

moins comme il te plaira à prouver, & comme tu quideras, que aidier te puissent & doivent. Et si te vaillent ce qu'il te doie valoir, car (f) nous ne contons nulles prüeves qui ayent esté receües en Court laye en jusques à ores, fors la bataille. Et saches tu bien que tes adversaires porra bien dire contre tes tesmoins *(g)* se il veut. Et. se cil qui veut *appeller,* quand len li aura ainsi dit, ne veut poursuivre sa *clameur,* laissier la puet, sans peril & sans peine. Et se il veut sa *clameur* poursuivre, il la fera, si comme len la doit fere à la coustume du pays & de la terre. Et quand len viendra au point que *la bataille devra venir,* cil qui par bataille prouvast, se bataille fust, si *prouvera par bons tesmoins,* aus cous de celuy qui les requiert, se ils sont desous son pouvoir. *(h)* Et se cil encontre qui li tesmoins seront amenez, veut aucune raison dire contre les tesmoins qui seront amenez contre luy, pourquoy il ne doivent estre reçeûs, *len l'orra,* & se la raison est bonne & loyaux, & communaument *(i) sauvée, (k)* & elle est muée de l'autre partie, *(l) len enquerra les resons* de l'une partie & de l'autre, & seront li dis *(m) puepploiés* aus deus parties. Et se *(n)* cil encontre qui li tesmoins seront amenés voussist dire aprés le puepploiement aucune chose resonnable encontre les dis des tesmoins, *si seroit oïs,* selon droit escrit en Decretales, *De testibus,* en *(o)* premier chapitre, qui commence *Præsentium statuimus,* où il est escrit en ceste matiere, & puis aprés fera la justice son jugement.

NOTES.

(f) Nous ne contons &c.] Cecy doit estre corrigé par l'Ordonance de 1260. & au lieu de lire *contons,* il faut lire *t'ostons.*

(g) S'il veut &c.] Cecy est pris du chapitre 3. de l'Ordonance de 1260.

(h) Et se cil encontre] Cecy est pris du chapitre 4. de l'Ordonance de 1260.

(i) Sauvée] Il y a ainsi dans un des manuscrits de Monsieur le Chancelier. Mais il faut mettre *seüe.* Et aprés le mot *seüe* il faut ajoûter *li tesmoin ne seront pas reçeü.* Sans ces mots il n'y auroit pas de sens. Ils se trouvent dans l'Ordonance de 1260. article 4. dans le manuscrit de Monsieur le Chancelier, & dans celuy de M. Baluze.

(k) Et elle est müée] Dans l'Ordonance de 1260. art. 4. & dans le manuscrit de Monsieur le Chancelier il y a mieux. *Et si la chose n'est communalment seüe & elle est niée de l'autre partie &c.* Dans le manuscrit de M. Baluze il a *vée.*

(l) Len enquerera les resons] Il y a mieux dans le manuscrit de Monsieur le Chancelier, *li tesmoings seront oï,* & encore mieux dans l'Ordonance de 1260. art. 4. *Len oira d'une partie & d'autre les tesmoins &c.*

(m) Puepploies] Voyez ce que j'ay remarqué sur l'Ordonance de 1260. art. 4.

(n) Cil encontre] Cecy est pris de l'Ordonance de 1260. article 5. Voyez ce qu'on y a remarqué.

(o) En premier chapitre] C'est le 31.

CHAPITRE IV.

(a) De quas de haute Justice de Baronnie.

(b) EN tele maniere come vous avez oï ira len avant és *quereles* que nous vous nommeron, *(c)* de *traïson,* de *rat, (d)* d'*arson,* de *murtre,* de *(e) scis,* de tous crimes où il ait peril de perdre vie, ou membre, là où len fesoit bataille, & en tous ces quas devant dis seront amenez tesmoins; *(f)* Et se aucuns est encusés des quas dessus dis pardevant aucuns Baillis, li Baillis si orra la que-

NOTES.

(a) Des cas de haute Justice] Voyez le chapitre premier du livre 2.

(b) En tele maniere] Ce chapitre est pris du chapitre 5. de l'Ordonance de 1260.

(c) De trahison] Voyez Beaumanoir chapitre 30. & l'observation sur le chapitre 10. de ce livre.

(d) Arson] incendie.

(e) Scis] ou Encis. C'est le meurtre d'une femme enceinte, ou de l'enfant qui est dans son *sein,* ou son *ventre.* Voyez l'art. 44. de la Coûtume d'Anjou.

(f) Et se aucuns] C'est le chapitre, ou l'article 6. de l'Ordonance de 1260. Voyez la note qu'on y a faite.

relle jusques aus prüeves, & adonc il li nous fera savoir, & adonc (g) nous i envoyerons les prueves oir, si appelleront cil que nous i envoyerons de ceus qui devront estre au jugement fere.

NOTES.

(g) *Nous i envoirons*] Des Fontaines dans son Conseil chap. 22. article 14. dit qu'en pareil cas *Li Rois Philippes envoya jadis tout son Conseil en la Cour l'Abbé de Corbie, pour un jugement qui y estoit fausséz*. Voyez la note sur l'Ordonance de 1260. art. 6. letre t.

CHAPITRE V.

(a) De demander homme comme son Serf.

EN (b) querele *de servage*, cil qui demande homme, comme *son serf*, il fera sa demande, & poursuivra sa querele selon *l'ancienne coustume*, jusques au point *de la bataille*, & *en lieu de* bataille, cil qui prouveroit *par bataille*, se bataille fust, si *prouverra par tesmoins*, ou par *chartres*, ou par *bonnes prueves & loyaus*, qui ont esté accoustumées *(c) en* jusques à ores. (d) *Ainsi cil qui demande*, prueve celi que il demandera comme *son serf*, & se il defaut de prueve, il demourra en la volenté au Seigneur por l'amende.

NOTES.

(a) *De demander home &c.*] Ce chapitre a esté tiré de l'Ordonance de St Loüis de l'an 1260. par laquelle il avoit deffendu *les batailles* dans ses domaines, & introduit la preuve par tesmoins. Voyez l'article 7. de cette Ordonance & la note qu'on y a faite.

(b) *Querelle de servage*] Voyez cy-aprés livre 2. chapitre 31.

(c) *En*] Dans un des manuscrits de Monseigneur le Chancelier il y a mieux *en Cort laie*. Ces mots obmis icy sont aussi dans le manuscrit de M. Baluze, & dans celuy de M. Joubert.

(d) *Ainsi cil qui demande &c.*] Dans le manuscrit de Monseigneur le Chancelier il y a. *Ainsint convient, que cil qui demande, prüeve ce que il demandera comme son serf, & se il ne prüeve, il demourra en le volenté au Seigneur pour l'amende.* Dans le manuscrit de M. Baluze il y a *Ainsi quand se cil qui demande, preuve cil à qui il demandera, il enmerra comme son serf. Et se il defaut de preuve, il demorra en la volonté du Seigneur.* Et dans le second manuscrit de Monseigneur le Chancelier il y a. *Ainsi se cil qui demande preuve, celi à qui il demandera & li demourra comme son serf, & se il defaut de preuve, il demourra en la volenté au Seigneur par l'amende.* La leçon imprimée vaut bien celle des manuscrits.

CHAPITRE VI.

(a) De fausser Jugement.

(b) SE aucuns veut *fausser* jugement en païs, là où *faussement* de jugement afiert, il n'i aura point de bataille, mais li *cleim*, li *respons*, & li autre *errement* du plet seront rapportés en nostre Court, & selon les *erremens* du

NOTES.

(a) Ce Chapitre est une suite du precedent dans l'Ordonance de St Loüis de l'an 1260. par laquelle il avoit aboli les *duels*, & introduit en leur place la preuve *par tesmoins*. Voyez l'art. 7. de cette Ordon. avec la note.

(b) *Se aucuns veut fausser jugement*] *Falsare*, dans la moyenne & la basse latinité signifioit *accuser de fausseté*. Capitulare anni 819. tom. 1. Capitular. col. 610. art. 11. *Si servus chartam ingenuitatis adtulerit, si servus ejusdem chartæ autorem legitimum habere non potuerit, Domino servi ipsam chartam falsare liceat.* Fausser jugement estoit *se pourvoir contre un jugement, comme faux, ou mal rendu.* Ce qui se faisoit en deux manieres ou

LOUIS IX. en 1270.

plet, len fera tenir, ou depiécer le jugement, & cil qui sera treuvé en son tort l'amendera par la coustume du païs & de la terre. (c) Et se la defaute est prouvée, li sires qui est apelés, il perdra ce que il devra par la coustume du Païs & de la terre. Et est à savoir que li tesmoins qui seront amenés en querele *de servage*, ou en querele que len apéle son Seigneur *de defaut de droit*, *si* seront *(d) pueploié*, si comme il est dit dessus. Et se cil encontre qui li tesmoins seront amenés veut dire aucune chose resonnable encontre aus, il sera oïs.

NOTES.

en *appellant* sur le champ *purement & simplement*, ou en *accusant celuy qui l'avoit rendu d'avoir esté corrompu*. Voyez ce qu'on a remarqué à ce sujet sur l'article 10. de l'Ordonance de 1260. sur le chap. premier cy-dessus letre p. & joignez le chap. 78. de ce livre avec la note.

(c) *Et se la defaute &c.*] Lisez *se aucuns appelle son Seigneur de defaute de droit, & se &c.* Voyez l'article 9. de l'Ordonance de 1260. touchant les batailles, avec la note que l'on y a faite, & Beaumanoir chap. 61. page 312.

(d) Voyez la note sur l'article 5. de l'Ordonance de 1260. touchant les duels.

CHAPITRE VII.

De pugnir faus tesmoins.

SE aucuns est atains, ou reprins de *faus témoignage és* quereles devans dites, il demourra en la volenté la Justice, pour l'amende. Et les batailles nous ostons par tout nostre *demaine* à toûjours més, & volons & commandons & octroions que les autres choses soient tenuës en nostre *demaine*, si comme il est devisé dessus, & en tele maniere que nous puissions, & mettre, & oster & amander, quand il nous plaira, se nous voyons que bon soit.

NOTES.

Ce chapitre a esté pris de l'Ordonance de 1260. article 11. voyez la note qu'on y a faite.

CHAPITRE VIII.

De don de gentilhome à ses enfans, & (a) comment eus doivent partir, se li pere meurt sans assener eus.

(b) GEntishome ne puet donner à ses enfans, qui sont *puisnez*, que *le tiers de son heritage*, més il bien püet donner ses *achats & ses conqués*, auquel que il voudra, se faire le voloit. (c) Més se il avoit fait *achas*, qui fussent *de son fié*, & il les donnast (d) à un étrange, *li ainés les auroit pour les deniers payant que li peres y auroit mis*. Et se ainsic avenoit, que li gentilhome allast

NOTES.

(a) *Comment eus doivent partir*] C'est-à-dire, *faire partage*, ou *diviser*. Aujourd'huy l'on dit *partir* pour s'en aller, parce que celuy qui s'en va, se separe, ou se *divise* de ceux qu'il quitte.

(b) *Gentilhomme ne püet donner à ses enfans puinez, que le tiers de son heritage, mes &c.*] C'est de ce chapitre que l'article premier de la Coûtume du Loudunois, au titre *des donations entre nobles*, & l'article 248. de la Coûtume de Touraine ont esté tirez. En Anjou, entre nobles, *le Pere, ou la mere peuvent donner seulement à l'un de leurs puinez, ou à tous leurs puinez la tierce partie de leurs* acquets & conquets, *pour en joüir par heritage avec tous leurs* meubles *pour en joüir en proprieté*. Anjou art. 321. le Maine art. 334.

(c) *Més se il avoit fait achas*] Voilà un

de vic

de vie à mort, (*e*) sans *fere partie* à ses enfans, (*f*) & il n'eust point de fame, *tuit li mueble seront à l'aisné* : (*g*) mes il rendroit les detes de son pere loyaument. Et se (*h*) *li puisné* li demandoit partie, il leur feroit du *tiers de sa terre* par droit; (*i*) Et se ce est fiés *enterins*, (*k*) li ainsnés ne fera ja foy à Seigneur de cele tierce partie, & garantira es autres en parage. (*l*) Et se ainsi estoit que li freres ainsnez *fust rioteus*, & il leur eust leur tierce partie *faicte trop petite*, li puisné ne la prendroit pas, se il ne voloit, ains remaindroit à l'aisné, & li puisné *si partiroit l'autre terre en deux parties*, & li aisné prendroit (*m*) ce que li plairoit. Et ainsi *à li aisné les deux parties*, (*n*) & si a les hebergemens en heritage.

NOTES.

cas singulier ou en donation il y avoit une espece de retrait. Voyez le chap. 14.

(*d*) *A un étrange*] Dans le manuscrit de M. Baluze il y a *un autre que l'ainsnez*.

(*e*) *Sans fere partie*] C'est-à-dire, sans fere partage.

(*f*) *Et il n'eut point de femme, tuit li müebles seront à l'aîné*] S'il y avoit une femme, comme elle avoit la moitié des meubles, l'aîné ne pouvoit en avoir que l'autre moitié, & non le tout. Voyez cy-aprés le chapitre 15. de la Coûtume du Loudunois au titre de *succession de fiefs* art. 3. & 31. celle de Touraine article 260. 290.

(*g*) *Més il rendroit les dettes de son pere*] Voyez la Coûtume du Loudunois au titre de *succession de fiefs* art. 3. celle de Touraine art. 268. Anjou 235.

(*h*) *Li puiné demandoit partie*] Car l'aîné faisoit partage à ses puinez. Voyez la Coûtume du Loudunois au titre de *succession de fiefs*, art. 15. celle de Touraine art. 271.

(*i*) *Et se est fief enterins &c.*] C'est-à-dire, *fief entier*. *D'enterin* on a fait *enteriner* pour accomplir, perfectionner, autoriser. Cet endroit est un peu obscur. Quand l'aîné donnoit à ses puinez une part du fief, il en portoit la foy & homage pour eux, parce qu'il les garantissoit en parage sous son homage. *Voyez la Coûtume du Loudunois au titre de succession de fiefs art. 9. & celle de Touraine article 264.* Mais quand, pour leur partage, il leur donnoit un fief enterin, entier, ou separé, il ne les garantissoit plus sous son homage, & c'estoit à eux de le faire & d'en porter la foy. Voyez la Coûtume de Touraine art. 266. & celle du Loudunois au titre de *succession de fiefs* art. 12.

(*k*) *Li aîné ne fera la foy & garantira*] C'est-à-dire, ne fera la foy & ne garantira.

(*l*) *Et se ainsi estoit que li frere aîné fut rioteus & il eut &c.*] Riote en vieux François signifioit *querelle*, & rioteux *querelleux*, pointilleux. Voyez la Coûtume du Loudunois au titre *de succession de fiefs* article 15. & celle de Touraine article 271.

Dans le ms. de M. Baluze, il y a *conciteus & envieux*. Dans l'un de ceux de Monseigneur le Chancelier il y a *envieux* & *rioteus*.

(*m*) *Ce que li plairoit*] C'est-à-dire, une de ces deux parties. Voyez les articles de la Coûtume du Loudunois, & de celle de Touraine qui viennent d'estre citez.

(*n*) *Et si a li hebergement en heritage*] Dans la Coûtume d'Anjou glosée, tirée de ces Establissements, il y a mieux, *en avantage*, ainsi que dans les manuscrits de Monseigneur le Chancelier, & dans celuy de M. Baluze. Voyez la Coûtume du Loudunois au titre de *succession de fiefs* art. 5. celle de Touraine art. 273. & le chap. 10. cy-aprés.

CHAPITRE IX.

De don de Gentilhome qu'il donne à sa fille, ou à sa suer en mariage.

(*a*) GEntishons si püet bien donner à sa fille *plus grand mariage que avenant*; (*b*) & se il la marioit *o mains que avenant*, si püet elle recouvrer

NOTES.

(*a*) *Gentishons si püet bien donner à sa fille plus grand mariage que advenant*] C'est-à-dire, que le pere noble peut donner en mariage à sa fille, plus que la portion hereditaire, coûtumiere & legale qu'elle auroit *ab intestat*, dans sa succession. *L'avenant* est la portion hereditaire & *le plus qu'advenant* est ce qui excede la portion hereditaire, ce qui a esté fixé dans la Coûtume du Loudunois *au quart de l'avenant*. Voyez cette Coûtume au titre des Donations entre nobles art. 5. à la fin, celle de Touraine, art. 254. & Anjou, art. 247. 241.

(*b*) *Et s'il la marioit o mains que avenant si püet-elle recouvrer*] Dans un des manuscrits de Monseigneur le Chancelier & dans celuy de M. Baluze il y a mieux *retourner*.

LOUIS IX. en 1270.

(c) à la franchise. Et ainsi *(d) se gentishome à sa süer*, & il li donne *petit mariage*, cil qui la prend *ne püet autre demander;* més elle püet bien demander *avenant partie*, *(e)* puisque li *peres* est mors. Car bien li semble que *li freres li ait faite petite partie*, pour retenir à soy & à ses enfans, *(f)* se la mere moroit.

NOTES.

(c) A la franchise] Il y a ainsi dans le chapitre 22. cy-aprés, & dans les manuscrits, mais dans la Coûtume d'Anjou glosée, il y a *Fraresche*, c'est-à-dire, *partage*, & cette derniere leçon vaut mieux. Et au lieu de lire *si püet elle retourner*, il faut lire *si ne püet elle retourner*, comme il y a dans un des manuscrits de Monseigneur le Chancelier, & dans celuy de M. Baluze, car suivant l'ancien usage, la fille noble dotée & apparagée, n'eut-elle qu'un *chapel de roses*, estoit excluse de la succession de son pere, ou de sa mere, qui l'avoit dotée. Voyez la Coûtume du Loudunois au titre de *succession de fiefs* article 26. & celle de Touraine article 284.

(d) Se gentilhome a sa süer & il li donne petit mariage] Voyez la Coûtume d'Anjou article 244. Celle du Loudunois au titre de *succession de fiefs* article 27. & celle de Touraine article 285.

(e) Puisque li Peres est mors] Dans le manuscrit de Monseigneur le Chancelier, & dans l'ancienne Coûtume d'Anjou glosée, il y a *li fires*, c'est-à-dire, *le mary*, & mieux, parce qu'il est dit un peu plus haut, que celuy *qui a épousé la seur, ne peut demander autre mariage*, d'où il resulte que la sœur ne peut demander son avenant entier, qu'aprés le deceds de son mary, qui s'est contenté du *petit mariage*, ce qui a esté changé par la Coûtume du Loudunois au titre *de succession de fiefs* art. 27. & par celle de Touraine article 285. Voyez la Coûtume de Normandie art. 251. *& Cujac. ad leg. 48. de negotiis gestis lib. 3. Qu. Papin. & Leg. 12. §. ult. de administr. Tutorum.*

(f) Se la mere moroit] Dans le temps de ces Establissemens, le frere faisoit partage à ses puinez, comme il se pratique encore en Anjou, & dans le Loudunois &c. Et comme il estoit saisi de la succession de son pere, si le pere estoit mort le premier, il pouvoit luy donner en mariage *moins qu'avenant*, & si son mary s'en estoit contenté, ni luy, ni elle tant que son mary vivoit, ne pouvoient rien demander davantage, comme on vient de le dire. Mais aprés la mort du mary, elle ou ses enfans, en cas qu'elle fut decedée la premiere, pouvoient demander le *supplément de l'avenant*. En sorte que le frere noble qui marioit sa sœur pour peu de chose, n'en tiroit avantage que contre son mary, & non contre elle, quand elle devenoit veuve, ni contre ses enfans, en cas qu'elle predecedast, bien qu'il semble qu'il n'eust peu donné que pour avoir le surplus, & le transmettre à ses enfans, quand mesme sa sœur decederoit la premiere.

CHAPITRE X.

De Gentilhome qui n'a que filles.

GEntishons se il il n'a *que filles*, *(a)* tout autretant prendra l'une comme l'autre, més l'aisnée aura *(b) les heritages en avantage*, *(c) & un cocq*, se il i est, & se il n'i est, *v. s. de rente*, *(d)* & guerra aux autres parage.

NOTES.

(a) Les Coûtumes d'Anjou article 222. du Maine art. 238. 239. & du Loudunois au titre de *succession de fiefs* article 3. donnent le droit d'aînesse aux aînées, quand il n'y a que des filles, comme elles le donnent aux mâles, mais la Coûtume de Touraine reformée dans l'art. 273. s'est conformée à ce chapitre, en ordonnant qu'*és successions directes & collaterales procedant du chef des nobles, qui adviennent à filles nobles, chacune d'elles est saisie de sa portion* par teste, *fors qu'à l'aînée appartient l'hostel principal, avec le chésé & avantage, par la forme & maniere que prend l'aîné sur ses puinez. Et est tenuë ladite aînée faire ses foy & homage, & garantir en parage les portions de ses puinez, durant iceluy &c.*

(b) Les heritages] Dans le manuscrit de Monseigneur le Chancelier, il y a, *li hebergement en heritage*, & encore mieux dans le manuscrit de M. Baluze, *les hebergemens en avantage.*

(c) Et un cocq se il y est] C'est-à-dire, le vol du chapon. Dans le manuscrit de Monseigneur le Chancelier, il y a *un chois*, c'est-à-dire, *un choisé*, ou *chezé*. Voyez la note sur le chapitre 23.

(d) Et guerra aux autres parage] Dans le manuscrit de Monseigneur le Chancelier,

NOTES.

dans celuy de M. Baluze & dans l'ancienne Coûtume glosée, il y a mieux, & *garra*, c'est-à-dire, *garantira* les autres en parage sous son homage. *Garrir*, d'où l'on a fait *guerir*, n'est autre chose que *preserver*, *garantir*. Voyez le chapitre 144. cy-aprés, & ce qu'on y a remarqué.

CHAPITRE XI.

(a) De don de mariage à porte de Monstier, & de tenir sa vie, puisque li hoirs en a crié & bret.

(b) GEntishoms tient sa vie, (c) ce que len li donne *a porte de Monstier en mariage*, aprés la *mort sa feme*, tout *n'eut-il nul hoir*, (d) pour qu'il en ait eu hoir qui ait *crié & bret* (e) se ainsi est que sa femme li ait esté *donnée pucelle*.

NOTES.

(a) Ce chapitre est tiré, *en partie*, du second capitulaire de Dagobert, ou de la Loy des Allemans chap. 92. *Si qua mulier, quæ hereditatem paternam habet, post nuptum prægnans pepererit filium, & in ipsâ hora mortua fuerit, & infans vivus remanserit, aliquanto spatio, vel unius horæ, ut possit aperire oculos, & videre culmen domus & quatuor parietes, & postea defunctus fuerit, hereditas materna ad patrem ejus pertineat ; eo tamen si testes habet pater ejus, quod vidissent illum infantem oculos aperire, & potuisset culmen domus videre, & quatuor parietes. Tunc pater ejus habeat licentiam, cum lege, ipsas res deffendere. Si autem aliter, cujus est proprietas, ipse conquirat.* Et en cela l'on suivoit l'ancien droit Romain, qui estoit en usage avant Constantin. *Vide Tit. Cod. Theod. & Justinian. De Bonis maternis & ibi Jacob. Goth. & Cujacium.*

(b) *Gentishoms*] Et non le roturier. Le Capitulaire de Dagobert ne fait pas cette distinction.

(c) *Tient sa vie*] Quand mesme l'enfant seroit decedé avant la mere. En quelques-unes de nos Coûtumes, on a suivi le droit estabi par Constantin, & le Capitulaire de Dagobert qui vient d'estre transcrit cy-dessus. *Vide Legem 1. Cod. de bonis maternis*, & les articles 48. & 49. du titre 14. de la Coûtume d'Auvergne avec les Commentaires de Basmaison. Ce droit estoit en Auvergne, & dans quelques autres Coûtumes, comme dans le Droit Romain, une suite de la puissance paternelle, qui estoit en 1270. en usage dans tout le Royaume, & mesme dans la Prevosté & Vicomté de Paris, comme nous l'apprenons de l'auteur du grand Coûtumier livre 2. chap. 40. page 264. à la fin. On void des restes de cet ancien droit dans l'art. 230. de la Coûtume de Paris à la fin, & dans le 382. de celle de Normandie, où il est nommé *Droit de viduité*. Ce dernier article qui merite d'estre icy transcrit, est en ces termes. *Home ayant eû enfant né vif de sa femme, joüit par usufruit tant qu'il se tient en viduité, de tout le revenu appartenant à sadite femme, lors de son deceds, encore que l'enfant soit mort, avant la dissolution du mariage, & s'il se marie il ne joüira que du tiers.*

(c) *Ce que len li donne à porte de monstier en mariage*] Nous apprenons du chapitre 79. du 7me livre des Capitulaires, que les maris devoient constituer le doüaire à leurs femmes de l'avis du Curé & des amis communs, *conveniendus est sacerdos in cujus parochiâ nuptiæ fieri debent, in Ecclesiâ coram populo ..... & si licita omnia pariter invenerit, tunc per consilium & benedictionem sacerdotis & consultu aliorum bonorum hominum, eam sponsare & legitime dotare debet.* De là vient que les doüaires ont esté constituez aux *portes* des *monstiers* ou des *Eglises*, ainsi que les *mariages* des femmes, c'est-à-dire, ce que les femmes donnoient, ou apportoient en mariage à leurs époux, comme il se voit dans ce chapitre & dans le chapitre 18. de ce livre. Voyez Bracton livre 4. *De actione dotis cap. 10. fol. 305. verso.*

(d) *Pourvû qu'il en ait eû hoir, qui ait crié & bret*] Ces mots semblent avoir esté pris du chapitre 58. §. 1. du livre 2. des Loix d'Ecosse intitulées *Regiam majestatem*, & faites par le Roy David en l'année 1124. environ 147. années avant ces Establissemens. *Cum terram aliquam, cum uxore suâ, quis acceperit, in maritagio, si ex eadem heredem habuerit bragantem, inter quatuor parietes, si idem vir uxorem suam supervixerit, sive vixerit heres, sive non, illi viro pacifice remanebit terra illa.* Braire se dit proprement des chevaux & des ânes, & il se prend icy pour crier, ainsi que *Skenæus* le remarque en cet endroit. Voyez l'article 382. de la Coûtume de Normandie rapporté cy-dessus.

(e) *Se ainsi est que sa femme li ait esté don-*

LOUIS IX. en 1270.

NOTES.

née pucelle] Quand mesme elle ne l'auroit pas esté, & qu'elle auroit eû quelque mauvais commerce, que le mary auroit ignoré, parce qu'il n'auroit pas esté juste que le mary trompé, eut encore esté privé de ce droit de succeder à son enfant. Mais si sa femme ne luy avoit pas esté donnée pucelle, comme alors il auroit esté en faute, il y a ce semble lieu de dire qu'il auroit dû estre privé de cette succession. Voyez l'observation sur le chapitre qui suit.

L'autheur de la glose de l'ancienne Coûtume d'Anjou nomme mal icy *Don pour noces*, ce que la femme donnoit à son mary *à la porte du montier*. On l'appelloit dans la basse latinité *maritagium*, comme on peut voir dans Bracton & dans Fleta. Chez les Romains c'estoit la dot, mais parmi nous les femmes n'ont point d'autre dot que leurs *doüaires*, comme on l'a prouvé dans le glossaire du droit François, & dans les notes sur le titre du doüaire de la Coûtume de Paris.

Ce mesme autheur remarque que le gentilhomme qui avoit épousé une *veuve* ne joüissoit pas du benefice de ce chapitre, ce qui peut estre vray.

CHAPITRE XII.

De fole Gentilfame.

GEntisfame, quand elle a eû enfans, *(a)* ains qu'elle soit mariagée, ou quand elle se fait *depuceler*, elle perd son heritage par droit, *(b)* quand elle en est prouvée.

NOTES.

(a) Ains qu'elle soit mariagée] C'est-à-dire, *avant* qu'elle soit mariée; comme il y a dans un des manuscrits de Monseigneur le Chancelier. *Ains* signifie *avant*, d'où l'on a fait le mot *ainsné* pour signifier l'avant-né, ou le premier né. Le sens de ce chapitre est donc que *la fille noble, qui est convaincuë d'avoir eû quelque mauvais commerce, soit qu'elle en ait enfant, ou non*, est privée de plein droit, de sa part & portion dans la succession de son pere, ou de sa mere. Voyez l'ancienne Coûtume de Normandie au chapitre *de viie*.

Ce qu'il faut entendre quand mesme elle auroit épousé celuy avec qui elle auroit esté en commerce. Lex Visigothorum. lib. 3. tit. 2. cap. 8. *Si absque cognitione & consensu parentum puella fuerit viro conjuncta, & eam parentes in gratiam recipere noluerint, mulier cum fratribus suis in facultate parentum, non succedit, pro eo quod sine voluntate parentum transierit pronior ad maritum &c.*

Par les Loix Romaines il n'estoit permis d'exhereder, dans ce cas, les filles, qu'avant vingt-cinq ans, & non aprés, parce qu'aprés vingt-cinq ans c'estoit la faute des peres & des meres de ne les avoir pas mariées. *Si post viginti quinque annos, te differente filiam marito copulare ea in suum corpus peccaverit, vel sine consensu tuo marito se libero tamen copulaverit, eam exheredare non potes. Auth. sed si post si inofficioso testamento.*

Cette disposition du Droit Romain a esté suivie dans les Coûtumes d'Anjou, du Maine, de Touraine & du Loudunois. Dans les deux premieres à l'égard de la *fille noble* seulement, & dans les deux dernieres tant à l'égard de la fille noble que de la roturiere. Voyez Anjou art. 251. Loudunois au titre de *succession de fiefs* art. 28.

(b) Quand elle en est prouvée.] Voyez l'ancienne Coûtume de Normandie au chapitre *de viie*.

CHAPITRE XIII.

De Gentilfame qui est hoir de terre, comment elle prend doüere.

(a) SE Gentilfame *(b)* est hoirs de terre, *(c)* & ses sires soit morts, & elle ait ses hoirs, & elle veille prendre doüere en la terre *(d)* son Seigneur, *(e)* ce est la tierce partie *(f)* en la seüe.

NOTES.

(a) Se gentilfame] C'est-à-dire, *femme noble*.

(b) Est hoir de terre] C'est-à-dire, si elle est heritiere & proprietaire d'une terre.

(c) Et ses sires sont morts] C'est-à-dire, *son mary*.

NOTES.

NOTES.

(*d*) *Son Seigneur*] Son mary, ou pour user des termes des Praticiens Anglois, *son Baron.*

(*e*) *C'est la tierce partie*] Quelques manuscrits ajoûtent, *& ses aînez prendra la tierce partie en la seüe.* C'est-à-dire, *dans la terre de sa mere.* Et il y a ainsi dans l'ancienne Coûtume d'Anjou glosée.

Le sens de ce chapitre est donc que *la femme noble heritiere de terre, joüit pour son doüaire du tiers de la terre de son mary, mais que son fils aîné joüit en recompense du tiers de la terre dont elle est heritiere.* En sorte qu'elle ne profite de rien, comme doüairiere, à moins que la terre de son mary ne soit d'un plus grand revenu que la sienne, ce qui a esté bien observé par l'autheur de la glose sur ce chapitre. On void encore des restes de cet ancien droit, dans l'article 300. de la Coûtume d'Anjou, où la *femme noble heritiere principale de terre de ses pere & mere, ou de l'un d'eux, ou d'autres ses lignagers, au temps de ses noces, n'est fondée d'avoir, ou prendre aucun doüaire sur la terre de son mary noble &c.* Voyez l'article 302.

(*f*) *Ce est la tierce partie en la seüe*] Dans le manuscrit de Monseigneur le Chancelier il y a mieux, *ses fiz li ainsnez penra ainsi la tierce partie en la seüe*, c'est-à-dire, *en la terre de sa mere.* Voyez le chapitre 19. cy-aprés.

CHAPITRE XIV.

Quel doüere Gentilfame doit avoir, & demander à l'hoir ses achats.

GEntilfame (*a*) si n'a que le *tiers en doüere* en la terre (*b*) son Saignour. (*c*) Més li sires li püet bien donner ses *achaz, & ses aqués* à faire sa volenté. Et se ainsint estoit que (*d*) li sires eust fait achapt en son fié (*e*) cel achat auroit ses fieuls li aisnés, par les deniers payans & rendans que (*f*) li sires y auroit mis.

NOTES.

(*a*) *Si n'a que le tiers*] C'est encore l'usage dans l'Anjou, le Maine, la Touraine & le Loudunois. Voyez la Coûtume du Loudunois au titre de *doüaire de femme noble* art. 1, Touraine, art. 326. Anjou, art. 299. le Maine, art. 313. & le chap. 133. cy-aprés.

(*b*) *Son Seigneur*] Son mary.

(*c*) *Mais li sires li püet bien donner ses achats*] Voyez la Coûtume du Loudunois au titre de *donaisons entre roturiers*, art. 4. Touraine, articles 247. 243. le Maine art. 334. Anjou art. 321. 325.

(*d*) *Que li sires &c.*] C'est-à-dire, que le mary eût acquis dans son propre fief.

(*e*) *Cel achat auroit ses fieuls &c.*] Voyez cy-dessus le chap. 8. letre C.

(*f*) *Li sires*] Dans un des manuscrits de Monseigneur le Chancelier, & dans celuy de M. Baluze, il y a *Li Peres.*

CHAPITRE XV.

Comment Gentilfemme doit partir as muebles, quand ses sires est mors, & de l'aumosne son Saignour.

GEntilfame (*a*) ne met riens en *l'aumosne* son Saignour, & si aura (*b*) la *moitié és muebles*, se elle veult, més elle mettra la *moitié és detes*, & se elle ne veut rien prendre és muebles, elle ne mettra riens és detes (*c*) & de ce est-il à son chois.

NOTES.

(*a*) *Ne met rien en l'aumosne son Seigneur*] C'est-à-dire, qu'elle ne contribuë pas au payement des *legs*, qui ont esté faits par *son mary.* Voyez la Coûtume d'Anjou art. 238. le Maine art. 255. Touraine art. 305. Loudunois tit. 29. art. 8. Dans l'art. 7. de la Coûtume de l'Isle, le *Legataire* est nommé *Aumônier*, & dans les anciens titres les executeurs testamentaires estoient nommez *Eleemosynatores, Eleemosynarii.* Voyez le glossaire du droit François.

(*b*) *La moitié és muebles*] Anjou art. 338. Dans le Loudunois & la Touraine il n'y a que la femme roturiere qui ait moitié aux meubles. Voyez la Coûtume de Touraine art. 307. & du Loudunois chap. 29. article 11. Entre nobles la femme survivante a tous les meubles, si elle veut. Touraine art. 247. Loudunois au titre de *succession de fiefs* art. 14.

(*c*) *Et de ce est-il à son choix*] Il y a ainsi dans les manuscrits. Ces mots manquent neamoins dans celuy de M. Baluze.

LOUIS IX. en 1270.

CHAPITRE XVI.

Quel hebergement Gentilfame doit avoir aprés la mort de son Saignour, & de tenir le en bon estat.

(*a*) GEntilsame doit avoir les *hebergements* son Saignour aprés *sa mort*, jusques à tant que cil qui doibt avoir (*b*) le *retort* de la terre, *li ait fet herbergement avenant;* & elle le doit tenir *(c) en bon estat.* Et se elle ne li tenoit, cil li porroit *oster* par droit, pourquoy ce fust en sa *defaute*, que *li manoirs fust empiriés*, & encore seroit-elle tenuë à *amender les dommages*, & se elle ne les pooit amender, il li porroit oster *le doüere*, & si le devroit perdre par droit. Et tout ainsi devroit-elle tenir en bon estat, (*d*) *vignes*, & *arbres* fruit portant, se elle les avoit en son *doüere*, sans couper, & sans *(e) mal mettre.*

NOTES.

(a) Gentilsame doit avoir les hebergemens son Saignour &c.] Le chapitre 14. dit, que *gentilsame si n'a que le tiers en doüaire, en la terre son Saignour*, c'est-à-dire, *de son mary*. Et ce chapitre cy dit qu'elle *doit avoir les hebergemens son Saignour aprés sa mort &c.* La femme noble avoit-elle & ce *tiers* & ces *hebergemens!* L'autheur de la glose sur cet article ne decide pas cette question, mais les Commentateurs de la nouvelle Coûtume d'Anjou sur l'article 309. tiré de ce chapitre, disent que l'usage est que cet hebergement fait partie du tiers des immeubles du mary noble, dont la femme joüit par usufruit pour son doüaire. Voyez Du Pineau & Touraille sur cet article.

(*b*) *Le retor de la terre*] C'est-à-dire, le *retour*. Celuy à qui un bien doit retourner en a le retour.

(*c*) *En bon estat*] L'article 311. de la Coûtume d'Anjou a esté tiré de ce chapitre.

(*d*) *Vignes*] La nouvelle Coûtume d'Anjou adjoûte, que si elle laisse courre les vignes ou partie d'icelles de tailler, ou de bescher, par deux années continuelles, elle perd tout son doüaire, & est tenuë neanmoins de dedommager l'heritier.

(e) Mal mettre] Il y a ainsi dans les manuscrits de Monseigneur le Chancelier, de M. Baluze & dans l'ancienne Coûtume d'Anjou glosée. Dans l'Edition de M. Du Cange, il y a mal, *main mettre.*

CHAPITRE XVII.

Comment Gentilsame doit tenir aprés la mort son Saignour le bail de son hoir, & toutes choses en bon estat.

SE ainsint avenoit que *Gentilsame* eust *petit enfant*, & ses sires mourust (*b*) tenroit-elle le *bail* de son *hoir masle* jusques à vingt-un an, (*c*) & le *bail* de la *fille* jusques à quinze ans *(d)* pourcoi il n'i ait hoir masle. *(e)* Et toutes ces

NOTES.

(*a*) Les articles 85. & 86. de la Coûtume d'Anjou ont esté pris de ce chapitre.

(*b*) *Tenroit-elle le bail de son hoir mâle jusques à vingt-un an*] La majorité feodale, qui estoit aussi la coûtumiere des gentilshommes, estoit à *vingt-un an*, parce qu'à vingt-un an tout mâle estoit presumé en estat de porter les armes & de deservir son fief. Ce que l'autheur de la glose a tres bien remarqué sur l'article 11. de l'ancienne Coûtume d'Anjou. Voyez ce qu'on a remarqué sur les Institutes de Loisel livre premier titre 1. regle 34. & cy-aprés l'article 140.

(*c*) *Et le bail de la fille jusqu'à quinze ans*] Le bail finissoit à la fille à *quinze ans*, parce qu'à cet âge elle pouvoit prendre un mary pour deservir son fief. Voyez ce que j'ay remarqué dans mon glossaire sur *devoir le mariage* en la letre M.

(*d*) *Pourquoy il n'y ait hoir mâle*] Il y a ainsi dans les manuscrits, & il semble resulter de là, que quand il y avoit un mâle, la

choses si doit-elle tenir en bon estat, & se il i avoit *bois*, ou *estanc*, que li sires eust autrefois vendu, elle le porroit bien vendre. *(f)* En tele maniere maintendroit li *sires* la chose, se ele *se marioit;* Et se *ele*, ou ses *sires*, lessoient le *manoir descheoir*, ou *fondre*, ou il *vendissent bois*, qui n'eust esté *autrefois vendus*, *(g)* cil à qui le retort de la terre devroit avenir, porroit bien demander le *bail* à avoir par droit.

LOUIS IX. en 1270.

NOTES.

fille ne tomboit pas en garde, ou en bail, ce qui provenoit peut-estre de ce que l'aîné estoit saisi des successions, comme on l'a observé sur le chapitre 6. & de ce qu'il gagnoit les fruits des portions de ses puis-nées, jusques à ce qu'elles l'eussent sommé de leur en faire partage. Voyez la Coûtume du Loudunois au titre de *succession de fiefs*, article 6.

(e) Et toutes les choses si doit-elle tenir en bon estat.] L'article 311. de la Coûtume d'Anjou est tiré en partie de ce chap. Voyez cet article.

(f) En tele maniere maintiendroit li sires la chose se elle se marioit &c.] C'est-à-dire, si elle passoit en secondes noces. Il y a dans l'ancienne Coûtume d'Anjou glosée *Et en autelle maniere tendroit son mary, si elle l'avoit predecedé.* Dans un des manuscrits de Monsieur le Chancelier, il y a, *Et en cette maniere tendroit ses sires, si elle l'avoit.* Dans le ms. de M. Baluze, il y a. *Et en ceste meismes maniere maintendroit ses sires se elle mouroit.* L'une & l'autre leçon peut avoir un bon sens.

(g) Cil à qui le retor de la terre devroit avenir.] C'est-à-dire, le plus proche heritier paternel de l'enfant, à qui par la mort de l'enfant la terre devroit retourner, &c.

CHAPITRE XVIII.

(a) Devant qui len puet pledier de son doüere.

(b) GEntilfame püet bien *plaidier de son doüere* en la cort à celui *(c)* en qui *chastellerie (d)* il sera, *(e)* ou en la Cort de Sainte Eglise, & en est à

NOTES.

(a) Ce chapitre est pris du chapitre 4. de la convention qui fut faite sous le regne de Philippe Auguste, entre les Clercs, le Roy & les Barons, au sujet de la jurisdiction, qui est en ces termes. *Preterea volunt Rex & Barones, quod vidua possit conqueri Regi, vel Ecclesiæ, si voluerit, de dotalitio suo. Et si conquesta fuerit Ecclesiæ, & ille a quo petit dotalitium, dicat quod respondebit coram Domino de quo feodum movet, Ecclesia potest cogere ipsum ad respondendum, & decidere causam inter eos de jure.*

(b) Gentilfame] Il en estoit de mesme de la femme roturiere, ou de pôte, suivant l'article 133, qui porte que *qui li feroit tort de son douaire, elle s'en pourroit bien plaindre en la Cour le Roy, ou en la Cour au Baron, ou en la Cour de Sainte Eglise, &c.* Voyez les institutes de Loisel livre premier titre 1. regle 19. avec la note. Ce Droit est encore pratiqué en Anjou, comme il se void par l'art. 313. qui parle de la femme, sans distinguer la *noble* de la roturiere. *Vide Regiam Majestatem lib. 2. cap. 59. paginâ 64. & Glanvillam lib. 7. cap. 18.*

(c) En qui Chastellerie il sera] La *Chastellerie* est la mesme chose que la *Chastelenie*. C'est-à-dire, la Justice, ou Jurisdiction du Chastelain. Voyez les Coûtumes d'Anjou, du Maine, de Touraine & du Loudunois, aux titres *des Droits du Seigneur Chastelain.* La femme noble, suivant ce chapitre, pouvoit donc demander son doüaire en la Cour du Seigneur Chastelain, *s'il y estoit*, c'est-à-dire, si le doüaire y avoit son assiete, & s'il se prenoit sur des immeubles. Dans un manuscrit de Monsieur le Chancelier il y a *en la Cour le Roy, ou en la Cour celuy, &c.* Voyez l'article 133.

(d) Il sera] Dans le ms. de M. Baluze il y a, *en qui Chastellerie elle sera*, ce qui estoit vray, si l'heritage chargé du doüaire estoit dans la mesme Chastellerie, ou si le doüaire devoit estre pris sur les meubles du mary qui y estoit decedé. Dans les manuscrits de Monsieur le Chancelier & dans celuy de M. Joubert, il y a, *il sera.*

(e) Ou en la Cour de S.te Eglise] C'est-à-dire, en l'Officialité. L'Eglise s'estoit attribué ce droit, parce que suivant les loix Romaines, les maris estans obligez de doter leurs femmes, on ne les marioit pas qu'ils ne les eussent dotées, ce qui se faisoit à la porte de l'Eglise & du consentement du Curé. *Regiam Majestatem lib. 2. cap. 16. de Dote.*

Dos dicitur duobus modis. Dicitur enim. Dos vulgariter quod liber homo dat sponsæ suæ,

son chois. *(f)* Et ainsi püet fere Gentilhome de son mariage, qui li a esté donné à porte de monstier, *(g)* pourcoi sa femme li ait esté donnée pucelle.

NOTES.

ad ostium Ecclesiæ tempore desponsationis. Tenetur autem unusquisque, tàm de jure Canonico, quàm de jure seculari, sponsam suam dotare tempore desponsationis. Vide tit. *Decretal. de Donationibus inter virum & uxorem, & ibi Germonium & Cironium.*

(f) Et ainsi püet fere gentilhomme de son mariage, qui li a esté donné à porte de monstier] Voyez la note sur le chapitre 11.

(g) Pourcoi sa femme li ait esté donnée pucelle] Il y a ainsi dans le manuscrit de M. Baluze. Dans un de ceux de Monsieur le Chancelier, & dans celuy de M. Joubert, mais tous ces mots manquent dans un autre ms. de Monsieur le Chancelier. Voyez ce qu'on a remarqué sur le chapitre 11. cy-dessus.

CHAPITRE XIX.

Quel (a) assenement Gentilhom doit fere à son fils, (b) quand il le marie.

(c) SE Gentilhons *marie son fils*, il li doit donner le *tiers de sa terre*, & ainsi quand il est *Chevaliers*. Més il ne li fet pas *partie* de ceu qui li a esté donné *à porte de monstier* en mariage; porcoi sa fame ne soit hoirs de terre, il li fera aussi le *tiers de la terre sa mere.*

NOTES.

(a) Assenement] Il y a ainsi dans le manuscrit de M. Joubert. Dans les autres il y a moins bien, *asseurement.*

(b) Quand il le marie] Le manuscrit de M. Joubert ajoûte bien, *ou fait Chevalier.*

(c) Cet article est obscur. En voicy le sens.

Lors qu'un Gentilhomme *marie son fils*, ou qu'il le fait *Chevalier*, il doit, suivant la Coûtume, luy donner *le tiers* de sa terre.

Mais la question est de sçavoir, s'il luy doit faire partie, ou luy donner part dans ce que sa femme luy a apporté en mariage, à porte de monstier.

Il faut distinguer. Ou la femme n'a pas esté heritiere de terre, ou elle a esté heritiere de terre.

Si elle n'a pas esté heritiere de terre, le Gentilhomme ne donne rien de ce que sa femme luy a donné à porte de monstier.

Mais si elle a esté heritiere de terre, le fils doit avoir le tiers de la terre de sa mere. Voyez le chapitre 13. cy-dessus.

Aprés ces mots *porquoy sa femme ne soit hoir de terre*, il faut ajoûter, *Et si elle est hoir de terre, il li fera ainsi le tiers de la terre sa mere.*

On void par ce chapitre qu'on ne marioit pas alors les aînez, comme *heritiers principaux*, & que les institutions contractuelles, ou reconnoissances d'aînez n'estoient pas encore connuës. V. l'art. 245. de la C. d'Anjou.

CHAPITRE XX.

En quiex escheoites Gentilsame doit prendre doüere, & son assenement.

(a) SE ainsi estoit que *Gentilhons eust aiol*, ou *aiole*, *pere & mere*, & il preist *fame*, & il se morust, avant que *sa fame*, & il n'eussent *nul hoir.* Quand li *pere* & la *mere* & *l'aiol* & *l'aiole* seront mort, *(b)* elle a en ces choses *son*

NOTES.

(a) Se ainsi estoit que gentilhons] Les articles 303. & 304. de la Coûtume d'Anjou ont esté pris de ce chapitre, & ne font neamoins aucune distinction entre l'homme *Coûtumier* & l'homme *noble.*

(b) Elle a en ses choses son doüaire] Selon Beaumanoir, dans ses Coûtumes du Beauvoisis chapitre 13. du *Doüaire* page 76. *li doüere,*

doüere, *(c)* & en toutes autres *escheoites*, fussent de *freres*, ou de *serors*, ou de *oncles*, ou de *neveus*, ou d'autre lingnage. Més elle n'i auroit riens, se elles estoient avenuës *puisque li sires l'auroit prise*, & se elles estoient escheoites avant, elle i auroit son doüere.

LOUIS IX. en 1270.

NOTES.

femme ne devoit avoir doüaire, que sur les biens qui échoioient à son mary *en ligne directe*, pendant le mariage & non aprés, *Se aucune descenduë d'heritage vient à l'oume, ou temps qu'il a fame, comme de son* Pere, *ou de sa* Mere, *ou de son* ayol, *ou de* s'ayole, *ou de plus loing, en* descendant, *& li hons müert, puis chele descenduë, ains que la fame, la fame emporte la moitié pour raison de Doüaire. Més se la descenduë ne vient devant que li hons est mors, tout soit che que elle en ait enfans, elle ni püet demander doüaire, car li Barons, n'en fut onques tenant, ainchois vient as hoirs, &c.* pag. 76. Et ainsi il doit paroistre extraordinaire, que ce chapitre donne doüaire à la femme, sur des biens, dont son mary n'a jamais esté saisi, & qui ne luy ont jamais appartenu.

La decision de ce chapitre ne laisse pas que d'avoir sa raison, parce que le pere, la mere, l'ayeul & l'ayeule, qui sont presens au mariage de leur fils, & qui y donnent leur consentement, constituënt tacitement à sa femme son doüaire coûtumier sur leurs biens, aprés leur deceds, ou pour mieux dire, le fils constituë à sa femme son doüaire sur leurs biens, de leur consentement, pour en joüir aprés leur deceds. D'où ce doüaire est appellé *Douvement ex consensu patris*, dans Littleton, au titre *Of Douver* section 4. *Vide Regiam Majestatem* lib. 2. cap. 16. *de Dote num.* 75. 76. Ce chapitre est encore suivi dans plusieurs de nos Coûtumes. Voyez celle d'Anjou, article 303. celles du Maine, art. 317. de Touraine 353. de Normandie 369. & ma note sur les institutes de Loisel livre 1. titre 3. Regle 3.

(*c*) *Et en toutes autres escheoites*] Les escheoites selon Beaumanoir sont les successions collaterales. *Si terre*, dit cet autheur, *eschoit de costé à cheli qui est mariés, comme* de *oncle, ou d'antain, de frere, ou de sereur, ou de plus lointing degré de lignage, & li hoirs müert, la feme n'a nul doüaire en tele maniere d'eschoite. Més si aucune tele eschoite est eschüe à l'oume, avant que il l'ait épousée, il est aperte chouse que elle en est doüée, aussint bien comme dou propre heritage de l'oume.* Chapitre du doüaire page 76. & tel est l'usage. Voyez le chapitre suivant.

CHAPITRE XXI.

D'escheoites entre freres.

(*a*) TOutes *escheoites*, qui aviennent entre freres, *si sont à l'aisné*, puis la mort au pere, se ce n'est de *lour mere*, & *de lour aiol*, & *de lour aiole*, car len appele celles escheoites *droites aventures*.

NOTES.

(*a*) *Toutes eschoites, qui aviennent entre freres, si sont à l'aîné puis la mort du pere*] C'est-à-dire, qu'aprés la mort du pere, toutes les successions collaterales vont à l'aîné.

L'autheur de la glose de l'ancienne Coûtume d'Anjou, sur cet article, qui est le 15. dit que de son temps quelques-uns soutenoient que l'aîné ne succedoit à celuy de ses freres puinez qui decedoit, à l'exclusion des autres puinez, que quand tous les enfans tenoient leurs parts *divisément*, mais que quand les enfans joüissoient *tous ensemble* de leurs parts, par *indivis*, ils se succedoient reciproquement à l'exclusion de leur aîné.

Et la question s'estant presentée depuis, de sçavoir comment on devoit en user, & quand c'estoit l'aîné qui estoit decedé. L'article 23. de la Coûtume du Loudunois du titre de succession de fiefs, & l'article 282. de la Coûtume de Touraine ont decidé, qu'*Entre nobles, les successions collaterales viennent à l'aîné ou aînée & n'y prennent rien les puinez, fors en deux cas, l'un quand lesdits puinez tiennent leur partage ensemble, & l'autre quand la succession* naist & procede du frere aîné, ou d'autre parent chef de la ligne, ou souche, *dont ils sont descendus, ou de ceux qui les representent, car si tele succession advient* tous les membres en sont abbrevez, *en maniere que l'aîné en aura les deux parts, ensemble l'avantage, comme en succession directe, & tous les puinez le tiers.* Voyez l'art. 283. de la mesme Coûtume, & Hevin dans ses notes sur Frain, page 878. 879.

LOUIS IX. en 1270.

CHAPITRE XXII.

D'escheoites en parage, & de gentishons qui tient en parage.

(*a*) NUs *Gentishons* (*b*) ne fet *rachat de riens* qui li eschiée devers soi, jusques atant que il ait passé (*c*) *cousin germain*. Ne nus ne püet demander à autrui *franchise*, se il n'est *cousinz germainz*, ou plus prés. Et chose que Gentishons (*d*) prend o sa femme, pourcoi il en face foi au Saingnour, (*e*) il en *fet rachat*, l'anée de sa terre. Et se il tient en parage, (*f*) il n'en fera point.

NOTES.

(*a*) *Nus gentishons*] La raison est que le parage n'avoit lieu en ce temps, qu'entre *nobles*. Voyez l'art. 212. de la Coûtume d'Anjou à la fin. Depuis on l'a estendu aux *non nobles*, quand les fiefs tomboient *en tierce foy*. Voyez le chapitre 23. cy-aprés à la fin, l'article 2. de la Coûtume du Loudunois au titre de *succession de gens roturiers*, & ce que j'ay remarqué dans mon glossaire sur *tierce foy & tierce main*.

(*b*) *Ne fait rachat de riens, jusques à tant qu'il ait passé cousin germain*] Suivant ces Establissemens l'aîné noble garantissoit en parage ses puinez, sous son homage, en sorte que pendant cette garantie il paroissoit seul Seigneur de tout le fief, quoyque ses freres puinez y eussent leur part. Cette garantie en parage duroit jusques à tant que le *degré* de *cousin germain*, c'est-à-dire, le *quatriéme degré* de parenté eut esté passé, & que la parenté fut du *quart au quint*, qui estoient les degrez où les mariages estoient permis suivant le chapitre *Non debet. extra de consanguinitate*. Le sens de ce chapitre est donc qu'il n'y a point de rachat, tant que le parage dure. Voyez Cosme Beschet dans son Commentaire sur les usages de Xaintes page 149. ligne 18. page 156. ligne 14. & page 158. vers la fin, & ce qu'on remarque sur le chap. 42. de ce livre.

(*c*) *Ne nus ne püet demander à autrui franchise, se il n'est cousinz germainz, ou plus prés*] Cecy n'est pas dans le manuscrit de M. Baluze, mais il se trouve dans les trois autres manuscrits qui m'ont esté communiquez, dont il y en a deux à Monsr le Chancelier, & un à M. Joubert. Dans l'ancienne Coûtume d'Anjou glosée, il y a, *Nul homme ne püet demander fraresche, ne partie, se il n'est cousin germain, ou plus prés &c.*

Le Parage est appellé *Franc*, parce que l'aîné qui garantit ses puinez sous son homage, les *affranchit* de tout devoir, pendant que le Parage dure. Demander *franchise*, n'est donc icy autre chose que demander la garantie en parage, ce qui ne peut estre demandé que par *les cousins germains, ou autres plus proches parens*. C'est-à-dire, par ceux qui sont dans le quatriéme degré ou plus prés, parce que le parage finit dés que la parenté est du quart au quint degré.

Suivant l'ancienne Coûtume d'Anjou glosée, il faudroit dire qu'on ne pourroit demander partage, si l'on n'estoit cousin germain ou plus prés, car *fraresche* & partage ne sont qu'une mesme chose, ce qui n'a aucun sens.

(*d*) *Prend en sa femme*] Lisez *prend o sa femme*. C'est-à-dire, *avec sa femme*, & il y a ainsi dans le manuscrit de M. Baluze & dans ceux de Monsr le Chancelier.

(*e*) *Il en fait rachat*] Voyez la Coûtume du Loudunois au titre *des rachats*, art. 1.

(*f*) *Il n'en fera point*] Voyez ce qu'on a remarqué au commencement de ce chapitre & les chapitres 42. 43. 44. & 74.

CHAPITRE XXIII.

De partie fere entre les enfans de gentilfame, qui prend home coustumier.

SE *Gentilfame* prend (*a*) *hons vilain* coustumier, li enfant qui istront d'aus d'eus, si auront (*b*) *el fié devers la mere, autretant li uns come li autres*, se il

NOTES.

(*a*) *Hons vilain Coûtumier*] C'est-à-dire, homme non *noble* ou *roturier*. Quelques-fois par *vilain* dans nos Coûtumes, on entend un *serf*, comme quand on dit que *le chanteau par le vilain*, & quelques-fois on entend simplement *un roturier* comme icy. *Vilain* vient

n'i a foi à faire; (*c*) Et se il i a foi à faire, (*d*) li aisné la fera, & aura *le herbergement* en advantage (*e*) *ou une chose à son chois*. (*f*) Se li hebergement n'i est, ne le chois, il aura selon la grandeur du fié pour fere la foi au Saingnour, & (*g*) pour *garantir aus autres en parage*. Et en ceste maniere sera més toûjours partis, jusques à tant qu'il descendra (*h*) en la *tierce foi* (*i*) puis si departira toûjours més gentilment.

LOUIS IX. en 1270.

NOTES.

de *villa*, d'où nous avons fait *Village*. Le roturier estoit aussi appellé *Coûtumier*, parce qu'il estoit sujet aux prestations, ou tributs nommez *Coûtumes*. Voyez la Coûtume du Loudunois au titre de *successions de roturiers*, ou *Coûtumiers*.

(*b*) *El fié devers la mere se il n'i a foi à fere*] Icy le *fief* se prend simplement pour heritage, ou fond. Dans l'art. 63. des Constitutions du Chastelet, que j'ay fait imprimer aprés mes notes sur la Coûtume de Paris, ces sortes de fiefs sont nommez *vilains*, à la difference des *fiefs nobles*.

Anciennement en Normandie & en Angleterre, *fief* se prenoit aussi pour toute sorte d'heritage. Voyez Littleton dans ses Instituts chapitre 1. section 1. Touchant le partage des Coûtumiers par testes. Voyez cy-aprés les chapitres 130. 137.

(*c*) *Et se il y a foy à fere*] C'est-à-dire, si *le fief est franc, ou noble*. Selon Beaumanoir, qui finit ses Coûtumes du Beauvoisis en 1283. *par l'ancien* droit de la France & par nouvel Establissement, il n'y avoit que les *nobles*, ou gentilshomes *qui pouvoient posseder des fiefs*. Voyez cet autheur chapitre 48.

Mais nous apprenons de ce mesme autheur que les enfans qui estoient nez de *mere noble* & de *pere roturier* estoient nobles & *gentilshommes*, & que de droit ils pouvoient posseder des fiefs. En sorte qu'ils differoient seulement des nobles, & des gentishomes *de parage* ou *de par le Pere* en ce qu'ils ne pouvoient estre *Chevaliers* comme les derniers. *Servitude*, dit Beaumanoir, chapitre 45. page 252. 255. *vient de par les meres, car tuit li enfant que celle porte qui est serf, tout soit-il ainsint que li Pere soit franc home nez. Se li Pere estoit chevaliers & il épousoit une serve, si seroit tuit li enfant sers. Tout soit-il ainsint que li gentillesse par laquelle len puist estre chevaliers, doie venir de par le Pere*...... *Quand le* mere est gentilfame *& le Pere ne l'est pas, li* enfant *si ne püent estre* chevaliers. *Et ne pourquant li enfant ne perdent pas l'estat de gentillesse dou tout, ainchois sont demené comme* gentilhome *dou fait de leur* corps, *&* püent bien tenir fief, *lesquelles choses vilain ne püet tenir.* Ainsi au rapport de Monstrollet volume premier chapitre 57. page 91. Jean de Montagu Surintendant des Finances sous Charles VI. *natif de Paris, estoit gentilhomme de par sa mere*. De là vient suivant ce chapitre que les enfans issus de *gentilsame* & de Pere vilain *pouvoient tenir fié*. Voyez le chap. 128.

(*d*) *Li aîné la fera, & aura li hebergement en avantage*] Suivant le chapitre 10. cy-dessus, quand il n'y a que filles nobles, elles partagent par *testes*, & l'aînée n'a en avantage que *l'hebergement* avec un *coq*, qui est le vol du chapon. Suivant ce chapitre les *nobles de par la mere* seulement, partagent aussi les fiefs par *testes* & l'aîné n'y a que *l'hebergement en avantage* avec le vol du chapon. Voyez l'article 2. de la Coûtume du Loudunois au titre de *succession de roturiers*.

(*e*) *Ou une chose à son choix*] Il y a ainsi dans le manuscrit de M. Baluze & dans celuy de Monf.r le Chancelier, mais dans le chapitre 17. de la Coûtume d'Anjou glosée, il y a mieux un *Choisé, Caput mansi*, appellé *chezé* par la Coûtume du Loudunois dans l'article 4. au titre de *succession de fiefs*, ce qui n'est autre chose que le *coq*, ou *le vol du chapon*, dont il est parlé dans le chapitre 10.

(*f*) *Et se li hebergement n'i est, ne le chois*] Ces mots *ne le chois* qui se trouvent dans le manuscrit de Monf.r le Chancelier & celuy de M. Baluze, prouvent qu'on a mal écrit cy-dessus *chose* pour *choix*, *choisé* ou *cheisé*, comme il y a dans l'ancienne Coûtume d'Anjou glosée art. 17.

(*g*) *Pour garantir aux autres en parage*] Le parage, comme on l'a remarqué, sur le chapitre 22. n'a lieu qu'entre *nobles de par le pere*, ainsi qu'il est dit dans l'article 212. de la Coûtume d'Anjou, de sorte que la garantie dont il s'agit icy, & dans le chap. 10. n'est pas d'un veritable parage.

(*h*) *En la tierce foy*] Il y avoit lieu à la tierce foy, quand le fief possedé par l'ayeul & le Pere échoioit au petit fils. Voyez la Coûtume du Loudunois au titre de *succession de roturiers*, article 2.

(*i*) *Puis se departira toûjours més gentilment*] C'est-à-dire, *par les deux parts & par le tiers*, comme entre nobles, de par le pere, dont l'aîné a les *deux tiers* des fiefs & les puinez le tiers, ce qui est une preuve que la possession des fiefs, continuée en ligne directe, annoblissoit à *la tierce foy*, comme l'a remarqué le Poggio *De nobilitate* dont les termes meritent d'estre icy rapportez. *Mercatorum aut quorumvis opificum filii, qui divitiis præstant, aut empto prædio rus se conferunt urbe relictâ, atque ejus fructu contenti seminobiles evadunt, suis que posteris nobilitatem præbent, aut principibus famulantes, atque prædio collato, pro*

NOTES.

nobilibus honorantur. Ita plus illis rura & nemus conferunt quam urbes, ad consequendam nobilitatem. Et ce fut une des raisons pour lesquelles ces personnes furent taxées pour les francs fiefs. Voyez Bouteiller dans sa Somme livre 2. titre premier page 654. ligne 27.

CHAPITRE XXIV.

(a) Quiex parties enfans de Baron doivent avoir, & de mettre ban en terre de Vavasor.

(b) BAronie *ne depart mie entre freres,* se leur *pere* ne leur *a faete partie,* més li ainsnez doit faere *avenant bien fet* au puisnez, & si doit *les filles marier. Bers* si *à toutes Justices* en sa terre. Ne li *Rois* ne püet *(c)* mettre *ban en la terre au Baron* sans son assentement, ne li *Bers* ne püet mettre *ban en la terre au Vavasor.*

NOTES.

(a) Ce titre est ainsi dans le msf. de M. Joubert. Dans celuy de M. Baluze, il y a seulement, *Quiex parties enfans de Baron doivent avoir en Baronie.*

(b) Baronie ne depart mie entre freres] Ce chapitre est expliqué par les Commentateurs de la Coûtume d'Anjou, sur l'art. 278. de celle du Maine, sur l'art 294. de celle de Touraine sur l'art. 294. 295. & du Loudunois sur le chap. 28. art. 1. 2. & 3. Voyez le chap. 36. de celle du Loudunois livre 2. & Loiseau des Seigneuries chap. 6. n. 12. 13. &c.

(c) Mettre ban] Ces termes se trouvent dans la Coûtume de Lorraine, Vosges & Allemagne art. 278. & ne signifient autre chose que faire *Bans, Edits, Cris & Proclamations, mettre & indire peine sur ses sujets, selon la qualité & necessité des cas,* comme il est dit dans l'art. 45. de la Coûtume d'Anjou & dans le 52. de celle du Maine. Le Droit de mettre ban appartient au Baron à cause de sa justice, & comme le Roy ne peut entreprendre sur la justice du Baron, le Roy ne peut mettre ban en la terre du Baron, si le Baron n'y consent. Et le Baron par la mesme raison ne peut mettre ban, dans la terre du vavasseur, si le vavasseur n'y consent. Voyez Du Pineau sur l'art. 45. de la Coûtume d'Anjou & cy-aprés le chapitre 38.

CHAPITRE XXV.

Quiex li cas sont de haute Justice de Baronnie.

(a) BErs si (b) à en sa terre le *murtre,* le *rat,* & l'*encis,* tout ne l'eust pas anciennement. *Rat* si est fame efforciée. (c) *Encis* si est fame enceinte quand len la fiert, & elle muert de l'enfant. *Murtre* si est d'home & de fame, quand en les *tué en leur lict,* ou en aucune maniere pour que ce ne soit *en meslée.* *(d)* En sa voie porroit len *(e)* un home murtrir, *(f)* se len le feroit, si

NOTES.

(a) Bers] C'est-à-dire, le Baron. Voyez le chapitre 36. du livre 2.

(b) A en sa terre] Voyez la note sur le chap. 4. & le chap. 40. cy-aprés qui reserve au Baron, *le chemin brisié & le messect de marché.*

(c) Encis si est femme enceinte &c.] L'encis est le meurtre de l'enfant dont la mere est enceinte, ou le meurtre de la mere mesme quand on luy a donné quelque coup. Dans le manuscrit de M. Baluze, & dans l'ancienne pratique manuscrite de Cholet, autheur qui vivoit en 1424. il y a mal, *ocis. Ocis,* dit Cholet, *si est femme qui est enceinte, & elle meurt, ou son enfant par colp que len luy donne. Et tous ceux qui font teux messects doivent estre pendus & traignez, & fait sur leurs biens le ravage. C'est à sçavoir, les maisons fondre, ou ardoir, les prez ars, les vignes, tous les arbres tranchiez, & si sont leurs meubles au Baron.*

(d) En sa voie] Dans le manuscrit de Monsr le Chancelier & de M. Baluze, il y a mieux, *Em mi la voye.*

(e) Un homme meurdrir &c.] Nous apprenons de ce chapitre, que le meurtre se com-

qu'il

qu'il en moruſt, (*g*) ſans menacier, (*h*) & ſans tanchier à lui, & (*i*) ſans li defier.

NOTES.

met quand on tuë, ou quand on bleſſe à mort un homme dans ſon lict, ou dans ſa chambre ſecretement. Cependant il y eſt adjouſté que c'eſt commettre un meurtre que de tüer une perſonne dans une voye publique, quand on n'a pas de querelle avec elle. *Leges Scotiæ* lib. 4. cap. 5. ſ. 4. *Duo ſunt genera homicidii. Unum quod dicitur murdrum, quod nullo vidente, vel ſciente clàm perpetratur, præter ſolum interfectorem & complices ..... Secundum genus homicidii, eſt quod dicitur ſimplex homicidium.* Aujourd'huy nous nommons le meurtre, *aſſaſſinat*.

(*f*) *Se len le feroit*] C'eſt-à-dire, ſi on le *frappoit*, ce mot vient de *ferire*.

(*g*) *Sans menacier*] Ces mots ne ſont pas dans le manuſcrit de Monſ.r le Chancelier, ni dans celuy de M. Baluze.

(*h*) *Sans tanchier*] Sans *quereller*, ce mot vient de *tendere*, *contendere*, & ſelon M. Du Cange de *Tenſare*.

(*i*) *Sans li deffier*] Voyez la diſſertation 39me de M. Du Cange ſur Joinville page 33.

CHAPITRE XXVI.

De pugnir mauſeteur & home ſouſpçonneux, comment la Juſtice en doit ouvrer.

HOns quand len (*a*) li tot le ſien, ou en chemin, ou en boez, ſoit de jour, ſoit de nuit, c'eſt apelé (*b*) *eſchapelerie*. Et tous ceus qui ſont tel meſet, (*c*) ſi doivent eſtre pendu, trainé, & tuit li mueble eſt au Baron. Et ſe il ont terre, (*d*) ou meſons en la terre au Baron, li Bers les doit ardoir, & les prés areir, (*e*) & les vignes eſtreper, & les arbres cerner. Et ſe aucun tel mauſeteur s'enfuioit, qu'il ne peuſt eſtre trouvez, li Bers les doit faere ſemondre par jugement el lieu où ils eſteront, ſelon droit eſcrit el Code *De juriſdictione & foro compet. l. Juris ordinem*, & en Decretales, *De dolo & contumacia:* en un chapitre qui commence *Cauſam*, où il eſt eſcrit de cette matiere, & au monſtier de la Parroiſſe, dont il ſeroit, que il vienge ez droiz, dedans (*f*) les *ſept jors & les ſept nuits*, pour cognoiſtre, ou pour defendre. Et ſi le fera len apeler en plain marchié. Et ſe il ne venoit dedans les *ſept jours & les ſept nuits*, ſi le feroit len ſemondre derechef par jugement, que il veniſt dedans les quinze *jours*, & les quinze *nuits*, ſi len le feroit ſemondre derechief que il veniſt dedans les quarante *jours* & les quarante *nuits*; & ſe il ne venoit lors, ſi le feroit len

NOTES.

(*a*) *Li tot*] C'eſt-à-dire, luy *prend*, ou luy *vole*. Ce mot vient de *tollere*, d'où l'on a fait *mala tolta* maltoſte.

(*b*) *Eſchapellerie*] Collet dans ſa pratique manuſcrite dont Monſ.r le Chancelier a l'original, dit la meſme choſe. *Le cherpeleix* ou *cherpeleiz*, *ſi eſt quand len touſt à li houme li ſien en chemin, ou en bois, outre ſa volenté, ſoit jour ou nuit, & ceux qui ſont teux meffez doivent eſtre pendus & traignez, & fait ſur leurs biens le ravage, c'eſt à ſçavoir, les maiſons ſoudre ou ardoir, les prez ars, les vignes & tous les arbres tranchiez.* Cet autheur a tranſcrit tout cela de ce chapitre. *Eſcharpiller* eſt enlever *l'eſcharpe*, comme *derober*, eſt enlever la *robe*. Voyez M. Du Cange ſur Joinville page 88.

(*c*) *Si doivent eſtre pendu*] Le ſupplice de la roüe ne fut introduit pour ce crime que par l'Ordonance de François I. du mois de Janvier 1534.

(*d*) *Ou meſons .... li Bers les doit ardoir*] L'ancien uſage eſtoit de raſer les maiſons des criminels. *Cartha Communiæ Tornacenſis. Si quis aliquem de Communiâ infra civitatem Tornaci, vel extra occiderit & captus fuerit capite plectetur, & domus ejus ſi aliquam habuerit, diruetur &c.* il y a la meſme choſe dans la charte de la Commune de Peronne & pluſieurs autres.

(*e*) *Les vignes eſtreper*] Cholet dans le paſſage qui vient d'eſtre rapporté a dit *tranchier*.

(*f*) *Les ſept jours & les ſept nuits*] Voyez le gloſſaire du Droit François ſur *nuits*.

Louis IX. en 1270.

bannir en plein marchié. Et se il venoit puis, & il ne peust monstrer resonable essoigne, qu'il eust esté hors *en pelerinage,* ou en autre *resonable lieu,* parcoi il n'eust oï le ban, ne les semonces, *(g)* li Bers feroit *reagier sur la terre,* & seroient li mueble sien. Et se aucuns est *(h) souspçonneus* de tel messet, ou d'autre semblable, dont il deust perdre vie, ou membre, & il s'en fust *allés hors du païs,* & venist aprés, quand les *sept jours & les sept nuits,* & les quinze *jours & les quinze nuits* & les quarante *jours & les quarante nuits* fussent passez, & il venist à la justice, & il li deist, que aussitost comme il sot que len l'ot appellé à droit, il estoit venu pour soi dessendre, adonc en devroit la justice prendre son serement, que il diroit voir, & atant auroit sa dessense qui le vodroit appeler. Et se il ne treuvoit qui l'apelast, la justice le porroit bien retenir pour le *souspeçon.* *(i)* car *souspeçon* si doit estre *estrange* à tous preudeshomes, selon droit escrit en Code *De furtis,* en la loy qui commence *Civilem rem,* & el titre *des choses emblées,* en la loy qui commence *Civile,* où il est escrit de cette matere *(k)* de sept *jours* & de sept *nuits,* de quinze *jours* & quinze *nuits,* de quarante *jours* & de quarante *nuits.* Et feront semondre le lignage du mort, pour savoir se eulx le voudroient appeller & dire *au moustier,* & crier *au marchié,* & se nus ne venoient avant pour lui appeller, la Justice le devroit lessier aller par pleges, se il les püet avoir, & se il ne les püet avoir, si li face fiancier que il ne s'enfuira dedans l'an, ne ne se destornera, *(l)* & qu'il rendroit adroit qui len voudroit appeller.

NOTES.

(g) Li Bers feroit reagier sur la terre] Dans le manuscrit de Monf.r le Chancelier il y a *regagier,* mais dans celuy de M. Baluze comme dans la pratique manuscrite de Cholet il y a *ravagier,* ce qui vaut mieux. Voyez ce qu'on vient de remarquer sur la letre B.

(h) Souspeçonneux] Voyez le chap. 34. de ce livre & le 16. du livre 2.

(i) Car souspeçon si doit estre estrange à tout preudeshomes] C'est-à-dire, que tout preud'homme doit essoigner de luy tout soupson.

(k) De sept jours & de sept nuits] Cecy doit estre restitué par le chapitre 20. de l'ancienne Coûtume d'Anjou glosée, & le sens est que, *si celuy qui est soupsonné d'avoir commis le crime, ne trouve personne qui l'en appelle, qui l'en accuse, ou qui se rende partie contre luy, la Justice le peut retenir pour le soupson, pendant l'espace de sept jours & de sept nuits, de quinze jours & de quinze nuits &c.* Et la Justice fera ensuite semondre le lignage du mort pour sçavoir, si quelqu'un des parents du deffunt le veut appeller, ou accuser. Dans les loix 2. & 5. *Cod. De pactis* il n'est rien dit de ces delais.

(l) Et qu'il rendroit adroit &c.] Dans un manuscrit de Monf.r le Chancelier, il y a, *& que il rendroit adroit qui l'en appelleroit ou qui l'en voudroit appeller.* Dans l'ancienne Coûtume d'Anjou glosée, il y a, *que il viengne adroit qui l'en voudroit appeller,* & dans le manuscrit de M. Baluze, il y a, *& que il vendra adroit se len le veut appeller,* ce qui prouve que dans l'Edition de M. Du Cange il y a mal, *& qu'il rendroit &c.*

CHAPITRE XXVII.

D'hons qui occit autre en meslée.

HOns qui occit autre en *meslée,* *(a)* & puisse *monstrer plaie* que cil li ait faite avant qu'il *l'ait occis,* il ne sera pas *pendu* par droit, fors en une maniere que se aucuns du lignage *l'apelle de la mort* de celuy *(b)* & li meist sus, sans ce

NOTES.

(a) Et puisse montrer plaie] Dans le manuscrit de Monf.r le Chancelier & dans celuy de M. Baluze il y a, *& ne puisse montrer plaie .... il sera pendu.*

(b) Et li meist sus] Adjoûtez *que il l'eust meurdry.* Il y a ainsi dans un manuscrit de Monf.r le Chancelier. Dans celuy de M. Baluze, dans l'ancienne Coûtume d'Anjou glosée, chapitre 21. il y a, *que il l'eust occis sans &c.*

que cil l'eust (*c*) *feru*, ne *navré*, & li deist en telle maniere que le mort li eust donné commandement, (*d*) *& avoüerie*, & ainsi porroit len jugier (*e*) une bataille d'aus deus, & se li quiex que soit (*f*) avoit quarante ans, il porroit bien mettre autre pour luy, & cil qui seroit vaincus (*g*) si seroit pendus.

LOUIS IX. en 1270.

NOTES.

(*c*) *Feru*] Le manuscrit de M. Baluze ajoûte *avant*.

(*d*) *Et avoüerie*] Un manuscrit de Monf.r le Chancelier, & l'ancienne Coûtume d'Anjou glosée, adjoûtent *du prouver & du desrenier*. Le manuscrit de M. Baluze adjoûte seulement *de prouver*.

Pour rendre cecy plus net, il faut rapporter tout ce passage, qui est ainsi conçû dans le manuscrit de M. Baluze qui est un des plus correcʈs. *Il li deist en tele maniere que li mors li eust donné commandement & l'avoüerie de prouver, & autant pourroit len &c.*

Dans un autre mf. de Monf.r le Chancelier, il y a. *Il deist en tele maniere que li mors li en eust donné commandement & l'avoüerie du prouver & du desrenier. Li autres li porroit dire que il ne len croit pas, que li mors li en eust donné commandement & avoüerie & autant &c.*

(*e*) *Une bataille*] Voilà une exception au chapitre 2.

(*f*) *Avoit quarante ans*] Dans le chap. 21. de l'ancienne Coûtume d'Anjou glosée, il y a *soixante ans*, mais dans les manuscrits de Monf.r le Chancelier & de M. Baluze, il y a *quarante ans*. Selon Beaumanoir chap. 61. page 308. tout homme devoit neamoins combattre en personne à moins qu'il n'eut essoines legitimes & prouvées, dont une estoit d'avoir *soixante années passées*.

(*g*) *Si seroit pendus*] Et souffriroit ainsi la peine du talion. Voyez ce qu'on a remarqué sur l'article 2. de l'Ordonance de 1260. touchant les batailles.

CHAPITRE XXVIII.

D'hons qui requiert asseurement par devant la Justice, à qui len fet force de cors, ou d'avoir, ou dommage.

SE ainsint estoit que uns hons (*a*) *eust guerre* à un *autre*, & il venist à la Justice (*b*) pour li faere *asseurer*, puisque il le requiert, *il doit fere fiancer*, ou *jurer* à celui de cui il *se plaint*, ou (*c*) *financier* que il ne li fera domage (*d*) ne il, ne li sien, & se il dedans ce li fet dommage, & il en püet estre prouvé, il en sera pendus : car (*e*) ce est appellé *trive enfrainte*, qui est une des grans traisons qui

NOTES.

(*a*) *Eust guerre*] Dans le mf. de M. Baluze, dans un de Monf.r le Chancelier, il y a, *se ainsi estoit qu'un hons eut garde d'un autre hons*, & dans le chapitre 22. de la Coûtume d'Anjou glosée, il y a, *eust regard d'autre*. Dans un autre mf. de Monf.r le Chancelier, au lieu de *garde*, il y a *doutance*. Toutes ces lecʈures sont bonnes, mais celle de l'imprimé vaut peut-estre mieux, & il faut remarquer que ces guerres privées n'avoient lieu, presque par tout, qu'entre Gentilshommes.

(*b*) *Pour li fere assurer*] Le manuscrit de M. Baluze & la Coûtume ancienne d'Anjou glosée dans l'article 22. ajoûtent tres bien, *la justice le doit faire assurer, puisqu'il le requiert & doit &c.* Dans le manuscrit de Monf.r le Chancelier, il y a, *puisque il l'en requiert, il le doit faire, & doit &c.*

(*c*) *Financier*] Lisez *fiancer* comme il y a dans les manuscrits. Voyez l'article 52. de la Coûtume d'Anjou.

(*d*) *Ne il, ne li sien*] Il y a ainsi dans le mf. de M. Baluze. Dans celuy de Monf.r le Chancelier, il y a mieux, *ne lui, ne les siens, ne à lui ne aux siens &c.*

(*e*) *Ce est appellé treves enfraintes*] Cecy a esté pris de l'Ordonnance de S.t Loüis de la 1245. Il y avoit cependant de la difference entre la *treve* & *l'assurement*. La *treve* n'estoit qu'à terme, ou à temps. *L'assurement* estoit pour toûjours, parce qu'il estoit une paix. La *treve* estoit legale, mais *l'assurement* se faisoit par autorité de Justice, quand celuy qui estoit le plus foible le demandoit, comme il est dit dans ce chapitre. La *treve* n'avoit lieu qu'entre ceux qui pouvoient se faire la guerre, au lieu que *l'assurement* estoit tant pour le roturier que pour le noble. *L'assurement* devoit estre demandé par l'une des parties, au lieu que les Seigneurs pouvoient forcer ceux qui estoient en guerre à faire *treve* ou *paix*. Voyez Beaumanoir chap. 59. & 60. & M. Du Cange dans sa dissertation 29. sur Joinville. Ces choses sont icy confonduës quant à la peine. Il nous reste encore des Coûtumes qui ont des dispositions sur ce sujet.

LOUIS IX. en 1270.

soit: *(f)* & ceste Justice si est au Baron. Et se ainsint estoit que il ne vousist asseurer, & la justice li deffendist, & dist, *(g) Je vous deffens que vous ne vous en alliés pas devant ce que vous aurez asseuré:* & se il s'en alloit sur ce que la Justice li auroit deffendu, & len ardist à celui sa maison, ou l'en li estrepast ses vignes, ou l'en le tuast, il en seroit aussi bien coupable, comme s'il l'eust fait.

NOTES.

Voyez ce que j'ay remarqué dans mon glossaire sur *asseurement* & sur *treves*. La Coûtume d'Anjou art. 386. & celle du Maine art. 396. & l'arbre des batailles.

(f) Et cette justice si est au Baron] Beaumanoir marque la mesme chose en plusieurs endroits, & sur tout dans le chapitre 59. page 301. ligne 18. Bouteiller dans sa Somme rural livre premier titre 34. page 236. ligne 11. dit que *par deliberation du grand Conseil à Paris, il fut deliberé que si le cas advenoit dans la terre d'un haut justicier, & ledit haut justicier en prenoit la connoissance à faire avant les Officiers royaux, à luy comme haut justicier luy devoit demeurer. Mais que si lesdits Officiers du Roy encommençoient premierement leurs Exploits sur ce, la connoissance leur en appartiendroit, & que de cette loy estoit plus usé ès parties de Picardie & deça la Somme &c.* La Coûtume d'Anjou dans l'article 42. & celle du Maine dans l'art. 49. & le 65. quoy que tirées en partie de ces Establissemens donnent la connoissance de la *treve enfrainte* aux Seigneurs hauts Justiciers. Joignez la Coûtume du Loudunois chapitre 4. article premier.

(g) Je vous deffens] Voyez le chap. 37. de ce livre.

CHAPITRE XXIX.

Quele justice len doit de larron selon qu'il a meffet.

(a) LI lierres est pendables qui emble *cheval,* ou *jument,* & qui *art meson* de *nuiz,* *(b)* Et cil pert les iex, qui emble riens *en monstier,* *(c)* & qui fait fausse monoye. Et qui emble *(d) soc de charrüe,* & qui emble autres choses, *robes,* ou *deniers,* ou autres menuës choses, *(e)* il doit *perdre l'oreille* du premier

NOTES.

(a) Li lierres est pendables, qui emble cheval, ou jument & qui art maison de nuit &c.] Voyez Beaumanoir chap. 58. page 294. le chapitre 38. de ce livre, *Damhouder* dans sa pratique criminelle chapitre 110. n. 24. 25. & 32. Bouteiller livre 2. chap. 38. page 294. & la Coûtume du Loudunois au titre des crimes art. 10. Dans le manuscrit de Monf.r le Chancelier, il y a, *qui art maison de nuitz cil perd les euls,* & le chap. 23. de l'ancienne Coûtume d'Anjou glosée autorise cette leçon.

(b) Et cil perd les euls qui emble riens en monstier] Cette peine estoit en usage chez les Lombards pour le vol. *De latronibus ita præcipimus observandum, ut pro primâ culpâ non moriantur sed oculum perdant. Lege 70.* Voyez les loix de Guillaume I. Roy d'Angleterre article 67. page 172. de l'Edition de 1644.

(c) Et qui fait fausse monoie] Par le capitulaire de Loüis le Debonaire de l'an 819. ceux qui avoient fabriqué de la fausse monoie devoient avoir le poing coupé, *qui eam percussisse comprobatus fuerit manus ei amputetur.* Dans l'article 23. de l'ancienne Coûtume d'Anjou glosée, il y a, *Qui fait fausse monoie il doit estre boüilli,* ce qui avoit lieu seulement à l'égard des monoyes du Roy, qui estoient toutes ancienement *d'or* & *d'argent,* & non à l'égard des monoyes des Barons qui estoient de *cuivre,* comme il paroist par ce qui suit du livre verd du Chastelet, en l'article de l'Ordonance des Droits dûs au Roy à cause de sa Courone, *au Roy seul & pour le tout appartient la connoissance du forgement des fausses monoyes, c'est à entendre de ceux qui font la monoye, & de ceux qui y aydent tant soit petit, & ne fut tant seulement que de souffler le feu, qui fait boüillir les metaux ensemble. Et pour ce sont tels delinquans boüillis. Et pareillement des marchands ses sujets, sans moyen & pris en present meffet en sa Justice, auroit la connoissance, & est à entendre des monoyes du Roy,* car en son royaume autres que luy ont bien puissance de faire forger & de donner Coins, *Exemplum,* le Comte de Flandres, le Duc de Bretagne.

(d) Soc de charüe] Voyez l'art. 13. de la Coûtume du Loudunois au titre Des crimes.

(e) Il doit perdre l'oreille] Dans un manuscrit de Monf.r le Chancelier cette peine est appliquée à ceux qui emblent en monstier,

meffet,

meffet, & de l'autre larrecin (*f*) il perd le *pied*, & au tiers larrecin il est *pendable :* car l'on ne vient pas du gros au petit, (*g*) més du petit au grand.

NOTES.

qui font fausse monoye, *qui emblent soc de charüe, ou autres menuës choses*. Par l'art. 11. de la Coûtume du Loudunois, au titre des crimes, *celuy qui emble bœuf, ou vache* doit avoir *l'oreille coupée*. Voyez l'article 627. de la Coûtume de Bretagne, Bouteiller livre premier titre 35. page 244. & les Institutes d'Edoüard, composées par Bretoun, ou Britton, chapitre 15. n. 52. à la fin.

(*f*) *Il perd le pied*] Les loix de Guillaume I. Roy d'Angleterre art. 67. *Interdicimus ne quis occidatur, vel suspendatur pro aliquâ culpâ, sed eruantur oculi, & abcindantur pedes &c.*

(*g*) *Més du petit au grand*] Car comme dit Juvenal. *Nemo repetente fuit turpissimus.* Satyr. 2. versu 83.

CHAPITRE XXX.

D'hons qui emble à son Saignour qu'il sert.

HOns, quand il emble à son Saignour, (*a*) & il est à son *pain* & à son *vin*, il est *pendables :* car c'est maniere de *traison*. Et cil à qui il fet le meffet, le doit *pendre* par droit, se il a Justice en sa terre.

NOTES.

(*a*) *Et il est à son pain & à son vin*] Vide *Titulum 27. libri 2. Feudorum §. 9. & ibi Gothof. Gellium lib. 7. cap. 15. Isidorum lib. 5. originum cap. 26. Damhouderium in Praxi cap. 110.* L'anciene Coûtume de Touraine, l'anciene Coûtume d'Anjou au titre *des crimes*, Bodereau sur l'art. 44. de la Coûtume du Maine, & Britton chapitre 15.

Ancienement en Touraine le moindre vol domestique estoit puni de la perte d'un membre, ce qui fut aboli en 1260. *Intimatum fuit D. Regi quod in Bailliviâ Turonensi erat quædam prava consuetudo, videlicet quod quando aliquis homo, vel aliqua mulier, furabatur domino suo de cujus familiâ erat, unum panem, vel unam gallinam, vel unum potum vini, si possit inde convinci, aliquod membrum propter hoc amittebat. Dominus Rex amovit istam consuetudinem.* Ex Registro Inquestarum. A. folio 110. verso.

CHAPITRE XXXI.

De Vavasor qui fet forbani.

(*a*) NUs Vavasor ne püet *fere forbani*, (*b*) ne ne püet à hons *fere forjurier sa chastellerie*, sans *l'assentement du Baron*, en qui *chastellerie* il sera,

NOTES.

(*a*) *Nus vavassor ne püet fere forbani*] Du temps que ces Establissements furent faits, il n'y avoit que deux degrez de Justice, la *haute* & la *basse*. Et les vavasseurs, ou vassaux inferieurs n'avoient que la basse, ce qui paroist manifestement par cet article de la pratique de Cholet, dont Monf.r le Chancelier a le manuscrit *folio* 57. verso. *L'en tient que li vavasseur a l'action personelle de ses hommes levans & couchans, & de l'action reelle, quand la chose est tenuë de li. Et aucuns tiennent le contraire de l'action personelle, ains appartient au* haut justicier, *s'il n'y avoit titre, ou droit especial, qui le donast aux* vavasseurs. Cet autheur dit à peu prés la mesme chose au feüillet 30. *verso*.

Suivant ce chapitre, le vavasseur ne peut *forbannir, ne faire forjurer hons sa chastellerie.* C'est-à-dire, la chastellerie du chef Seigneur sous qui l'homme demeure. La raison en est évidente, c'est que le vavasseur qui en useroit ainsi, estendroit sa jurisdiction au delà de son territoire, parce qu'il n'est pas Seigneur dans toute la chastellerie, ou chastellenie.

(*b*) *Ne ne püet à hons fere forjurier sa chastellerie*] Quand ceux qui avoient la justice seculiere, ou laïque, avoient les criminels dans leurs prisons, si le delict le meritoit, ils

Louis IX. en 1270.

& se il le fesoit, il en perdroit sa Justice : *(c)* car la *Justice si n'est mie au Vavasor.*

NOTES.

les banissoient; ou pour user des termes de nos anciens Praticiens ils les *forbanissoient.* Mais lorsque le criminel avoit le temps de se retirer dans l'Eglise, ou le Cimetiere, qui estoient ancienement des lieux d'asile. Alors la justice laïque, qui ne pouvoit luy faire son procés, exigeoit de luy qu'il *forjurât* le pays. *Cil qui s'enfuit à l'Eglise, ou as saints lieux,* dit l'anciene Coûtume de Normandie, dans le chapitre 24. *il y peut demeurer par huict jours, & au neufviéme jour, on luy doit demander s'il se veut rendre à la justice laye, ou se tenir à l'Eglise. Car s'il veut, il se peut rendre à la Cour laie, & s'il veut se tenir à l'Eglise, & forjurera le pays &c.* Voyez Britton chapitre 16.

L'enqueste des droitures que les Roys d'Angleterre avoient en Normandie, ordonnée par Philippe Auguste, en 1205. dont l'original est au feüillet 9. du Registre St Just de la Chambre des Comptes de Paris à la fin. *Derechief nous deimes par nostre serement, que quand li clerc est pris, par bonne reson, se l'Eglise le requiert, len le doit rendre à l'Eglise. Et se il est convaincu de larrechin, ou de murdre, il doit estre degradé, ou len le doit fere* forjurer *la terre, ne il ne doit pas estre autrement punis de son delict, ne il ne pourra aprés ceu entrer en telle terre, sans la licence nostre sires le Roy, que il ne fasse justice d'iceluy. Et se il forfet en aprés, nostre sires le Roy fera justice del clerc autresi comme d'un lay &c.* Comme nul vavasseur ne püet forbanir homme hors *sa chastellerie,* c'est-à-dire, hors de la chastellenie, où l'home est domicilié, nul vavasseur ne peut par la mesme raison faire qu'un criminel forjure sa chastellerie.

(c) Car la justice n'est mie au vavasseur] Mais au Baron, qui selon la Coûtume du Loudunois peut conceder haute moyenne & basse justice. Voyez l'article 3. de cette Coûtume au titre *des Droits de Baronie.*

CHAPITRE XXXII.

De tenir compagnie à larrons & meurtriers, & de ceus qui les consentent.

FAMES qui sont avec *murtriers (a)* & avec *larrons,* & les consentent, *(b)* si sont *à ardoir.* Et se *aucuns,* ou *aucunes* leur tenoit *compaignie,* qui les *consentissent,* & ne *emblassent riens, (c)* si leur feroit len *autretant de peine,* comme se eus l'eussent emblé. Et se *li murtriers* qui *tüent les gens,* apportent aucune chose que soit à ceus que il auront tués, & il l'apportent chiés aucun ame, soit hons, ou fame, & il sachent bien que eus sont *larron,* ou *meurtriers, (d)* & il les reçoivent, ils *sont pendables,* ainsi come li murtriers sont, selon droit escrit, en Code *De sacros. Ecclesiis* en la loi qui commence, *Jubemus.* §. *œconomus,* &

NOTES.

(a) Avec larrons] Ces mots ne sont pas dans le manuscrit de Monsr le Chancelier. Ils sont dans celuy de M. Baluze & dans l'art. 26. de l'anciene Coûtume d'Anjou glosée.

(b) Si sont à ardoir] Il paroist par là que les femmes, qui sont avec les meurtriers, & avec les larrons sont traitées plus severement, que les larrons & les meurtriers, parce que ceux-cy ne sont que pendus.

(c) Si leur feroit len autretant de peine &c.] Il est icy parlé des femmes comme dans la disposition precedente, & cependant on ne dit pas qu'elles seront *arses,* mais qu'elles seront punies, comme si elles avoient emblé ou volé. Il faut, ce semble, distinguer, où elles participent aux crimes des meurtriers & des larrons, en les commetant avec eux, & elles sont brûlées, où elles sont seulement dans la compagnie des larrons & des murtriers, & alors quoyqu'elles n'ayent ni tué ni volé, comme elles consentent hautement aux crimes commis, elles sont punies comme les murtriers & les larrons. Voyez le chapitre 35. de ce livre.

L'article 26. de l'anciene Coûtume d'Anjou manuscrite est en ces termes, *Femmes qui sont o meurtriers & les consentent sont à* ardoir. *Et se elles sont à embler chevaux & jumens sont à* enfoüir. *Et se aucuns,* ou aucunes qui n'emblassent rien, *estoient d'assentement d'embler aucune chose, len en feroit autant comme se il avoit emblé.* Dans la chronique de Loüis XI. nommée scandaleuse, il est parlé d'une Perrette Mauger qui fut enfoüie vive.

(d) Et il les reçoivent, ils sont pendables ainsi comme les meurtriers] Le sens de cette disposition est que les recelleurs sont punissables, comme les voleurs. Voyez Britton chapitre 16.

en Decretales, *De officio Delegati*, *C. Quia quæsitum*, car li consenteour, si sont aussi bien pugnis, comme li maufeteur.

CHAPITRE XXXIII.

D'encusement de laron.

SE aucuns *lierres*, ou *murtriers* dit que aucuns soient *(a)* ses compainz, *(b)* il n'est pas pource prouvé, més la Justice le doit bien prendre pour savoir se il li porroit *(c)* recognoistre.

NOTES.

(*a*) *Ses compains*] Les compains sont ceux qui sont à mesme *pain*, d'où l'on a fait *compaignons* & ensuite *compagnons*. Et les *camarades* sont ceux qui sont en mesme *chambre*, du mot *camera* ou *camara*, qui signifioit dans la bonne latinité une *voute*, & la mesme chose que *fornix*.

(*b*) *Il n'est pas pour ce prouvé*] *Vide omninò Hyppolitum de Marsiliis in Practicâ criminali verbo diligenter.* n. 59.

(*c*) *Reconnoistre*] L'ancienne Coûtume d'Anjou glosée adjouste *sans peril de son corps ne de tourment mortel.* Vide *Hyppolitum de Marsiliis dicto loco.* Il faut excepter de cette disposition le crime de *leze Majesté*.

CHAPITRE XXXIV.

De pugnir soupeçonneus.

(*a*) SE aucuns est *qui n'ait riens*, & soit *en la Ville* sans rien gaigner, & il *hante tavernes*, la *Justice le doit prendre*, & demander de quoy il vit, & se il entent qu'il mente, & que il soit de mauvaise vie, il le doit bien *jetter hors de la Ville*: car ce appartient à l'Office de *Prevost* de netoyer la Jurisdiction & sa Province de mauvais hons & mauveses fames, selon droit escrit en Digeste. *De officio Præsidis*, en la loy qui commence, *Congruit*.

NOTES.

(*a*) L'anciene Coûtume d'Anjou imprimée au titre *des amendes* article 12. *La Coûtume audit pays est telle, que si en ville a compagnon* oiseux, *& n'a rente, ne meuble pour* son estat soustenir, la justice *le püet prendre & emprisoner, & l'examiner, & s'il est trouvé variant, soy enquerir plus avant, ou le faire vuider hors le pays.* Voyez le chapitre 26. cy-dessus & le 16. du livre 2.

Il y avoit une loy presque semblable, mais plus rigoureuse, chez les Egyptiens, suivant Herodote. *Lib. 2. in Euterpe*, page 158. de l'Edition de 1608. qui en rapporte le précis en ces termes, de la traduction de Valla. *Amasis quoque extitit, qui legem hanc apud Ægyptios condidit, ut singulis annis apud provinciarum Præsides Ægyptii omnes demonstrarent unde quilibet viveret, & qui aut hoc non faceret, aut demonstraret se legitime vivere, is morte afficeretur.* Vide Joannem Nicolai de Synedrio Ægyptiorum pag. 70.

CHAPITRE XXXV.

De fame qui tuë son enfant par mescheance.

SE il *meschiet* à fame que elle tuë (*a*) *son enfant*, ou *estrangle* de jours, ou de nuits, elle ne *sera pas arse* du premier, ains la doit len rendre *à Sainte*

NOTES.

(*a*) L'exemplaire de M. Du Cange ajoûte *par mescheance*, c'est-à-dire, *par malheur*, & non par hazard. De *més-escheant*, ou *malescheant*, on a fait ensuite *méchant*, pour *malheureux*.

LOUIS IX. en 1270. *Yglise*, més se elle en *tüoit un autre*, elle *en seroit arse*, pour ce que ce seroit accoustumé, selon droit escrit en Code, *De Episcop. audient l. nemo.* *(b)* en la fine concordance.

NOTES.

(*b*) L'anciene Coûtume d'Anjou glosée chap. 30. adjouste, *mais orendroit elle seroit arse par l'Establissement du Roy Philippe, qui corrigea cette Coûtume, considerant qu'elle tüeroit plus volontiers un autre, & ainsi qu'il li mouveroit de tres mauvaise nature de tüer son enfant.* Ce nouvel Establissement a esté suivi dans l'anciene Coûtume de Touraine & celle du Loudunois au titre des *crimes*. A l'égard de celle qui tüe son enfant *volontairement*, car à l'égard de celle qui le tüe par hazard, elle n'est soumise qu'aux peines canoniques.

CHAPITRE XXXVI.

De volenté d'omicide, sans plus faire.

(a) SE aucuns gens avoient *enpensé* à aler tüer un hons, ou une femme, & fussent pris en la voie, de jours, ou de nuits, & l'en les amenast à la Justice, & la Justice lor demandast que il aloient querant, & il deissent que eus *allassent tüer un hons*, ou une femme, & il n'en eussent plus fet, jà pource *ne perdroient ne vie ne membre.*

NOTES.

(*a*) *Se aucuns &c.*] La raison est qu'on ne punit pas la simple volonté, lorsque l'execution n'a pas esté tentée. *Cogitationis pœnam nemo patitur.* Leg. 18. Dig. *De pœnis*, si ce n'est pour crime de leze majesté. *Lege quisquis 4. in principio Codice Ad legem Juliam majestatis.*

CHAPITRE XXXVII.

De menace & d'asseurement vée pardevant Justice, & de guerre au Souverain par Justice aus parties.

SE aucuns hons menaçoit un autre, à faere damage de cors & de l'avoir, (*a*) pardevant Justice, & li menaciés en demande asseurement, & li autres deist, *Je m'en conseillerai*, & la Justice deist, *Ne vous en allés pas devant que vous l'aiez asseuré*, & il s'en allast seur sa deffense, & sans lui asseurer, & ardist len à celui ses mesons, ou li feist l'en autre dommage, de corps, ou d'avoir, & tout ne l'eust encore pas fet, cil *menacierres* si en seroit-il aussi bien *atains &* prouvés.

NOTES.

(*a*) *Pardevant justice*] On a remarqué sur le chapitre 28. que quand il y avoit guerre entre nobles, les Seigneurs pouvoient les contraindre à faire *treve* pour un temps, & que quand il y avoit querelles entre gens de *pôte* ou *roturiers*, les Seigneurs pouvoient les contraindre à se donner *asseuremens*, qui duroit toûjours. Qu'en cas de *treves* on ne s'en prenoit qu'à ceux qui les brisoient, & que dans le cas *d'asseuremens*, on s'en prenoit & à ceux qui les avoient donnez, & à ceux qui les avoient brisez. Voyez Beaumanoir chapitre 60. page 304. ligne 28. & page 306. ligne 18. & la note sur le chapitre 28. cy-dessus.

Nous apprenons de ce chapitre, que quand un homme avoit l'audace de menacer un autre *en Justice*, le menacé pouvoit demander *asseurement*, & si celuy qui avoit fait les menaces, ne vouloit pas l'accorder, il estoit coupable de toutes les violences commises ensuite envers celuy qui avoit demandé l'asseurement, comme s'il les avoit commises luymesme. En sorte que le *refus d'asseurement* valoit *asseurement*. Ces deux mots sont dans les deux manuscrits de Monf.r le Chancelier, & manquent dans celuy de M. Baluze.

prouvés (*b*) comme se il l'eust fet, (*c*) ou qui auroit tué celuy qui auroit demandé *asseurement*, & l'en li en vousist bien ensuivre, jusques à droit, par qui *l'asseurement* eust *esté vée*, ou *refusé* à fere en la Court *le Roy*, ou en la Court au *Baron* (*d*) ou en la Court de quelque *chastellerie* il seroit, il en seroit autresi bien (*e*) pendables, (*f*) come s'il eust fet le fet. (*g*) Et pour ce *ne doit nus véer droit de trives* à donner devant Justice. Et quand aucuns se doute, il doit venir à la justice, & *requerre asseurement*, selon droit escrit, el Code *De iis qui ad Eccles. confug. l. Denuntiamus.*

NOTES.

(*b*) *Comme se il l'eust fet*] Le manuscrit de Monf.r le Chancelier & celuy de M. Baluze adjoûtent, *de voir*.

(*c*) *Ou qui auroit tüé*] Il y a ainsi dans le manuscrit de Monf.r le Chancelier, mais ces mots ne sont pas dans celuy de M. Baluze. L'anciene Coûtume d'Anjou glosée ajoûte tres bien, *& len ne prit le meurtrier en present meffect*, car quand le meurtrier est pris en present meffect, il est aisé de *sçavoir* si celuy qui a refusé l'asseurement est coupable ou non.

(*d*) *Ou en la cour de quelle chastellerie il seroit*] Ces mots ne sont pas dans le manuscrit de M. Baluze. Dans celuy de Monf.r le Chancelier il y a, *ou d'un autre home qui eut cette joustice en sa terre*.

(*e*) *Pendables*] Dans le manuscrit de M. Baluze, il y a, *coupables*.

(*f*) *Comme s'il eust fet le fet*] Le manuscrit de Monf.r le Chancelier adjoûte, *Et le porroit len arrester, tout n'en eust-il rien fet*.

(*g*) *Et pour ce ne doit nus veer droit de trives à donner devant Justice*] Ces mots ne sont pas dans le manuscrit de M. Baluze.

CHAPITRE XXXVIII.

De Justice (a) de Vavasor.

TUit Gentis-hons, qui ont (*b*) *voirie* en leur terre, (*c*) *pendent larron* de quelque *larrecin* que il ait fait en leur terre. (*d*) Més en aucune chastellerie les mene l'en juger à leur Saingnour. Et quand li sires les a jugiés, si les *en-*

NOTES.

(*a*) *De Vavassor*] Les Vavassors nommez *Valvassores* dans les livres des fiefs, sont icy ceux qui possedent de simples fiefs avec basse Justice, sous les Barons, ou ceux qui tenoient en Baronie. Ces *Vavasseurs* qui estoient appellez *Bacheliers* quand ils estoient Chevaliers, estoient ordinairement pauvres, comme il se void par ce qui suit d'une anciene chronique d'Angleterre composée par un nommé Vaurain, à peu prés du temps de Monstrellet, & qui appartient à Monf.r le Chancelier, tome 1. page 108. *Quand le Roy Richard vit Messire Alain pris, il s'écria, Roy or vous tiens jou. Certes sires respondit Alain non faites, ains tenez Alain de Roussy, un pauvre Vavasseur.* Voyez mon glossaire sur *Bachelier*.

(*b*) *Voirie*] On a remarqué sur le chap. 31. qu'il n'y avoit ancienement que deux degrez de Justice, la *haute* & la *basse*, & que la basse se nommoit *Voirie*. Mais depuis les degrez de Justice ayant esté divisez en haute, moyenne & basse, la *moyenne Justice* a esté nommée *grande voirie*, comme il se void par l'inscription de l'article 39. de la Coûtume d'Anjou, & la basse Justice fonciere a esté nommée *simple voirie*, comme il se void dans l'article premier de la Coûtume d'Anjou. *Voirie* vient de *Viaria*, ou plustost d'*Advocatia*. Voyez ce que j'en ay dit dans mon glossaire & sur les institutes de Loisel livre 2. titre 2. art. 45.

(*c*) *Pendent le larron*] Ainsi dans ce temps-là, les Seigneurs qui avoient *voirie* ou *basse Justice* avoient la connoissance du larron, ce qui a esté observé par Beaumanoir dans ses Coûtumes du Beauvoisis chap. 8. page 294. *L'on doit* sçavoir, dit cet autheur, *que de tous cas de crimes, quels qu'ils soient, dont len peut perdre vie, qui en est atteint & condanné, appartient à haute Justice*, excepté le larron, *car tout soit-il ainsint que lierres pour son larrecin perde la vie, ne pourquant larrecin n'est pas cas de haute Justice.* Et de là vient que pour larcin il n'y avoit pas de gages de bataille en plusieurs lieux, ce que j'ay expliqué dans mes notes sur Loisel au titre des crimes regle 20. Cependant par l'article 44. de la Coûtume du Maine le larrecin est cas de grand voirie ou de moyenne Justice.

(*d*) *Més en aucune chastellerie les menne len juger à leur Saignour*] La chastellerie, ou chastellenie est icy le territoire du Baron, comme dans le chapitre 31. Suivant ce chapitre

LOUIS IX. en 1270.

voie arriere, & cil en font la justice. Et encore ont plus (e) *li Vavassour,* car eus tiennent *lor batailles* devant eus de toutes choses, *fors de grans meffaez* que nous vous avons nommés pardevant. (f) Et si ont *lor mesures* en lor terre, & les *preunent,* (g) & les mettent *és cors de lor chastiaux,* & les *baillent à leurs homes.* Et puis se eus truevent seur leur home *fausse mesure,* li droits en est lour, & en püevent lever *soixante sols d'amende.* (h) Et se *li Bers la trueve,* ains que li Vavassour, li droit en est siens. (i) Et se li Vavassour püet estre prouvés que il ait *baillé fausse mesure,* il en perdra *ses müebles :* & se il voloit dire que il ne li eust baillé fausse, il s'en passeroit par son serement, & li vilains en paieroit soixante sols d'amende.

NOTES.

en quelques chastelleries ceux qui y avoient voirie, ou basse Justice estoient obligez de mener les larrons à leurs Seigneurs pour estre jugez. Et quand les Seigneurs les avoient jugez, les bas justiciers, ou voyers en faisoient justice & en *avoient la dépoüille,* c'est-à-dire, *le chaperon, le surcot* & tout ce qui estoit au-dessus de la ceinture, ainsi que le remarque l'autheur de la glose sur le chap. 33. de l'anciene Coûtume d'Anjou. *Vide statut. Alex. Regis Scotiæ cap. 2. n. 6.*

(e) *Li Vavassours tiennent leurs batailles de toutes choses, fors de grands meffets]* C'est-à-dire, qu'à l'exception de *trahison, de meurtre, de rapt, d'encis, de chemin brisé & de meffect de marchié,* qui suivant le chapitre 4. cy-dessus, estoient cas de haute Justice, les Vavasseurs avoient de ce temps les batailles de tous meffects, ce qui estoit, ce semble contre le droit general de la France, par lequel le *duel,* ou *le gage de bataille* estoit de haute Justice. Voyez ce que j'ay remarqué à ce sujet sur les institutes de Loisel livre 2. titre 2. Regle 47. & cy-aprés les chapitres 40. & 41.

L'autheur de la glose sur l'article 33. de l'anciene Coûtume d'Anjou, ne donne les batailles qu'à ceux qui ont *grand voirie* ou moyenne justice. Voyez le chap. 4. cy-dessus portant abrogation des batailles.

(f) *Et si ont leurs mesures en leurs terres]* De là vient que la Coûtume d'Anjou dans l'article 40. donne les mesures au *moyen* justicier, ou *grand voyer* & la Coûtume du Loudunois au titre de moyenne justice article 2. Voyez les Institutes coûtumieres de Loisel livre 2. titre 2. regle 46. & ce que j'y ay remarqué.

(g) *Et les mettent és cors des châtiaux]* Afin qu'elles ne soient pas falsifiées. Suivant la Novelle 128. de Justinien elles devoient par cette raison estre conservées dans les Eglises.

(h) *Et se li Bers la trüeve, ains que li Vavassour li droit en est siens]* C'est-à-dire, que l'amende est au Baron, s'il trouve la fausse mesure *avant* le vavasseur.

(i) *Et se li Vavassour püet estre prouvez que il ait baillé fausse mesure]* Le Vavasseur ne prend pas sa mesure de luy, mais du Baron son Seigneur, qui en a l'estalon, ou le patron, & si le vavasseur donne fausse mesure à ses hommes il perd ses meubles. Cependant si le Vavasseur veut affirmer qu'il n'a pas donné de fausse mesure à son homme villain, ou coûtumier, le Vavasseur en sera crû par son serment, & le villain chez qui la mesure fausse aura esté trouvée, payera soixante sols d'amende, ce qui a esté suivi en Anjou & au Maine, avec cette difference qu'au Maine les peines pecuniaires sont du double de celles d'Anjou, suivant la remarque de la glose sur ce chapitre.

CHAPITRE XXXIX.

De Vavasor qui relasche larron.

(a) NUs Vavassour ne püet relaschier larron, ne larronesse, sans l'assentement du Chief Saignour : & se il le relasche, & il en püet estre prouvés, il en perdra sa justice. Et se il voloit dire que il ne l'eust pas relaschié, & que il fust eschapé, & qu'il en sist la meilleure garde que il onques po sere, se

NOTES.

(a) *Nus Vavassour ne püet relaschier larron, ne larronesse sans l'assentement du chief Seigneur]* La raison en est rapportée cy-dessus à la fin du chap. 31. C'est que la justice du Vavasseur n'est pas à luy, mais à son Seigneur.

i li porroit li sires (*b*) esgarder un serement, & se il l'osoit fere, il en seroit quittes à tant.

NOTES.

(*b*) *Esgarder un serment*] Il y a ainsi dans les manuscrits de Monsr le Chancelier & de M. Baluze. Dans la basse latinité, *l'égard* estoit une Connoissance, un Jugement, une Sentence. De sorte qu'icy *égarder un serment* estoit faire ordonner par le Juge, que le vavasseur feroit serment, ou jureroit que le larron s'estoit eschappé. Voyez le chap. 273. des assises de Jerusalem.

CHAPITRE XL.

(*a*) *De quel meffet* (*b*) *Vavasor nera pas la cort de son hons de la cort au Baron.*

(*c*) DE quelque meffet li Bers apelast hons à Vavasor, li Vavassor en auroit la cort, se il la requeroit, à mener son hons *par sa main;* se ce n'estoit de haute Justice. Car se aucuns hom se plaint d'hons à Vavasor en la cort au Baron, li Vavassor en aura la cort, se ce n'est de (*d*) *chemin brisié*, ou de *meffet de marchié*. De ce il n'aura pas la cort, (*e*) ne il n'en auroit mie les *deffautes*, se li autres l'en apeloit, ne de *choses jugiées*, se li autres dit que l'en li ait riens jugié en la cort au Baron, ne de *choses conneües*, toutes les avoast-il aprés, car li Bers, ne ses Justices (*f*) ne doivent pas fere recors au Vavasseur de riens du monde, qui soit jugié pardevant eus.

NOTES.

(*a*) Dans le manuscrit de M. Baluze, il y a, *De quiex meffaez*, Vavassor n'a pas la cort *de son homme*. Et dans un de Monsr le Chancelier, il y a, *De quiex meffect Vavassur ne vée la cort de son home de la cort au Baron.*

(*b*) *Vavassor*] Voyez la note sur le chapitre 38.

(*c*) *De quelque meffect li Bers appellast homme à Vavassor, li vavassor ni auroit la Cour*] Anciennement l'aveu emportoit l'homme, & estoit l'homme justiciable de corps & de *châtel*, c'est-à-dire, de meuble où il levoit & couchoit, en sorte que quand il estoit poursuivi pardevant un autre Seigneur, en s'avoüant du Seigneur sous qui il levoit & couchoit, il devoit estre renvoyé en la justice de ce dernier Seigneur. Il en estoit de mesme quand ce dernier Seigneur revendiquoit luy-mesme son homme & le *prenoit par la main*, pour le faire retourner en sa justice. Voyez Loisel dans ses Institutes livre 1. titre 1. regle 26. & ce qu'on y a remarqué.

Suivant ce chapitre le Vavasseur, ou bas justicier, (car il faut se souvenir qu'alors il n'y avoit que deux degrez de Justice, la haute & la basse,) le bas Justicier connoissoit de tous meffects, à l'exception des cas de haute Justice, ce qui a esté changé dans la suite par l'establissement des moyennes Justices, ou la distinction des *voiries* en hautes & basses.

(*d*) *Chemin brisié*] L'anciene Coûtume d'Anjou glosée dans l'article 35. adjoûte *peageau*.

(*e*) *Ne il n'en auroit mie les deffautes se li autres l'en appelloit*] Le sens est que si quelqu'un se plaignoit en la Cour du Baron de l'homme, ou du justiciable du Vavasseur, le Vavasseur en avoit la Court & non le Baron, à moins qu'il ne fut question de *chemin brisé, ou de meffect de marché*, car de ces deux choses, la court n'estoit pas au Vavasseur, mais au Baron. Et si quelqu'un appelloit de ces deux cas l'homme du Vavasseur, les deffauts, ou la peine des deffauts n'estoit pas au Vavasseur, mais au Baron. Voyez le chapitre 57. & l'art. 77. de la Coûtume d'Anjou.

(*f*) *Ne doit pas fere recors*] Du mot latin *recordari*, qui signifie se souvenir, on a fait *Record* pour signifier celuy qui a esté present à quelque fait & qui en peut rendre compte & le certifier. *Faire recors* icy, c'est rendre compte en la justice du Vavasseur de ce qui s'est fait dans la justice du Baron, ce qui est contre toutes les regles, parce que le Juge superieur ne rend pas compte de son jugement, au Juge inferieur.

Si donc le justiciable du Vavasseur est ajourné en la Court du Baron, & si la cause y est jugée, ou si la dette dont il s'agit y est reconnuë, le Vavasseur ne peut plus revendiquer son homme, ni juger la contestation, parce qu'il ne peut pas reformer le jugement de son Seigneur. Voyez les articles 71. & 72. de la Coûtume d'Anjou.

LOUIS IX. en 1270.

CHAPITRE XLI.

De requerre larron, ou murtrier.

(a) SE aucuns lierres, larron, ou murtrier fet *larrecin,* ou *murtre* en une chastellerie, & il s'enfuit en une autre. Se li Bers, en qui chastelerie li meffez sera fet, l'envoye querre, il l'aura par droit, & rendra pour chascun larron II. sols VI. deniers au Baron qui les aura arrestés. Et se li larcins avoit esté fait en la terre à aucun Vavaseur, porquoy li Vavasseur ait *voüerie* en sa terre, ses sires li devroit rendre, *(b)* ô les II. sols VI. deniers paians, que il auroit rendus au Baron.

NOTES.

(*a*) On a dit sur le chapitre precedent qu'ancienement en France, *l'aveu* emportoit l'homme, & que l'homme estoit justiciable de corps & de chastel où il couchoit & levoit. Nous apprenons de ce chapitre cy que suivant l'usage de Paris, d'Orleans, de Touraine & d'Anjou, l'aveu n'emportoit pas l'homme *en matiere criminelle,* mais que les delicts estoient punis où ils avoient esté commis, ce qui a esté depuis confirmé par l'article 35. de l'Ordonance de Moulins. Voyez ce que j'ay remarqué sur les Institutes de Loisel livre I. titre I. regle 26. & l'article 74. de la Coûtume d'Anjou. Joignez le chapitre 59.

(*b*) *O les II. sols VI. deniers*] C'est-à-dire, *avec* les II. sols VI. deniers.

CHAPITRE XLII.

(a) De fere aide à son Saigneur, & de semondre ses aparageors.

(b) SE li Bers fait *s'aide* pardessus ses Vavassors il les doit mander pardevant luy. (*c*) Et se li Vavasor avoient aparageors qu'il deussent mettre en *l'aide,* il leur doit mettre jor que il auront lors aparageors. Et li Vavassor doit dire as autres aparageors que eus viegnent à tel jour voir *fere l'aide,* & se li aparageor n'i viennent, il ne leront pas por ce à mettre, puisqu'ils y sont semons. Et se aucuns fet *s'aide* sans *semondre* ses aparageors, il n'i mettront riens, se eus ne veulent.

NOTES.

(*a*) *De fere aide*] Quand l'aîné noble garantit ses puinez en parage sous son homage, il paroist seul Seigneur de tout le fief, quoy que ses puinez y ayent leur part, & par cette raison, comme il n'y a que l'aîné seul qui couvre le fief par la foy qu'il porte, il n'y a aussi que luy seul qui en fasse le rachat, ainsi qu'on l'a vû sur le chapitre 22. cy-dessus. Et de là vient que le parage est appellé franc.

Comme en *franc parage,* l'aîné acquitte ses freres du *rachat,* il semble qu'il devoit aussi les acquiter des *aydes.* Cependant nous apprenons de ce chapitre qu'ils devoient contribuer aux aydes.

(*b*) *Se li Bers fait s'aide par dessus ses Vavassours*] L'aide est un secours en argent que les Seigneurs nobles chevels levent sur leurs vassaux, & leurs hommes coustumiers en trois cas. Le *premier* pour la rançon des Seigneurs, quand ils sont prisonniers chez les ennemis de la foy, ou du Royaume. Le *second* pour le mariage & l'apparagement de leur fille aînée. Et le *troisiéme* quand les Seigneurs se font chevaliers. Voyez les articles 127. 128. & 129. de la Coûtume d'Anjou, avec les Commentaires de Du Pineau. Salvaing page 239. Masuer tit. 38. n. 4. la Thaumassieres dans ses Coûtumes locales chapitre 27. Besly dans ses Comtes de Poitou page 87. d'Olives page 238. *Boerium Decis* 126. 127. *Durant* qu. 93. *Hostiensem ad cap.* 2. *extra De immunitate ecclesiarum. n.* 5. *p.* 167. *Vasquium controversiarum illustrium lib.* 1. *cap.* 7. *n.* 3. *Jacobinum de sancto Georgio de feudis pag.* 167. 168. 217. Le Grand sur la Coûtume de Troyes titre 1. art. 3.

(*c*) *Et se li Vavassour avoient apparageors*] C'est-à-dire, s'ils avoient des puinez, ou des enfans de puinez qu'ils garantissent en parage sous leur homage. Le reste du chap. est facile.

CHAPITRE

CHAPITRE XLIII.

En quel aide aparageors doivent mettre terme du parage, & quel franchise cil à, qui tient en parage.

(a) NUs hons qui tient *en parage* ne fet *aide* à son aparageor, se il ne le fet au Chief Seigneur. Et se aucuns est qui ait aparageors, qui tiennent de lui en parage, (b) il ne lor püet *terme* mettre *hors du parage*, par droit, (c) Hons qui a parageur, si tient aussi franchement & gentement, come celui de qui il tient, & si a autretant de (d) Justice en parage.

NOTES.

(a) *Nus hons*] Le sens de ce chapitre est que ceux qui sont garantis en franc parage, ne font point ayde à celuy qui les garantit; & qu'ils y contribuënt seulement, quand celuy qui les garantit les paye au chef Seigneur.

(b) *Il ne lor püet mettre terme hors parage*] Les puinez garantis en parage, sous l'hommage de leur aîné, *contribuënt avec luy, au payement des aydes*. Et si l'aîné leur donne terme, *il faut de droit, par cette raison, que le terme ne soit pas hors du parage*. Quand le parage est failly, pourveû que ce ne soit pas par depié de fief, ce qui estoit tenu en parage, commence d'estre tenu de l'aîné, ou de celuy qui le represente, à foy & homage, & ainsi en arrierefief du chef Seigneur. En quelques lieux la regle est que les *soustenanz, qui ont Seigneur moyen entre eux, & le chef Seigneur, ne doivent pas payer au chef Seigneur ayde, mais qu'ils doivent aider à celuy de qui ils tiennent nu à nu, pour payer l'ayde au chef Seigneur*, ainsi qu'il est dit dans le chapitre 35. de la Coûtume de Normandie, mais icy comme la partie du fief tenuë en parage, ne devient arriere-fief qu'aprés l'assiette de l'ayde, il ne feroit pas possible que ceux qui la tiennent nouvellement à hommage, pussent contribuer à cette ayde comme arriere-vassaux.

(c) *Hons qui a parageur*] Voyez l'article 215. de la Coûtume d'Anjou & les Commentateurs. Dans un mss. de Monsr le Chancelier, & dans celuy de M. Baluze, il y a, *hons qui tient en parage*.

(d) *Justice*] Voyez la Coûtume d'Anjou article 221. 216.

CHAPITRE XLIV.

De requerre son aparageor de fere homage, & quel service il doit fere, se il ne püet conter lignage.

(a) QUand aucuns hons a tenu, grand piece, *en parage*, & cil de qui il tient requiert que il li *face homage*, ou se ce non, ce que il li doit fere, si face, cil li doit monstrer que il ait entre eus deus (b) tel *parage* que leur enfans *ne s'entrepuissent avoir par mariage*. (c) Et se il ne li püet monstrer le

NOTES.

(a) *Quand aucun hons a tenu grand piece en parage*] L'article 217. de la Coûtume d'Anjou a esté pris de ce chapitre.

(b) *Qu'il y ait entr'eux tel parage, que leurs enfans ne s'entrepuissent avoir par mariage*] C'est-à-dire, que leurs enfans soient hors du *quatriéme* degré de parenté. Voyez l'observation sur le chap. 22. cy-dessus. En Normandie, suivant l'ancienne Coûtume, dans le chapitre 35. à la fin, le parage dure jusqu'au *sixiéme* degré du lignage, joignez Beaumanoir chapitre 59. page 303. ligne 14. & la note sur le chapitre 74. cy-aprés.

(c) *Et se il ne li püet montrer le lignage, il li fera homage par droit*] L'article 217. de la Coûtume d'Anjou adjoûte, que si le parageur ne peut montrer que le parage soit failly, *le parageau fera serment qu'il a bien loyaument racompté son lignage, & fera envoyé comme dessus*, c'est-à-dire, à l'obéissance de son parageur. Par le mot *il*, il faut entendre *celuy qui a tenu en parage*.

(d) *Et li sires ne li püet asseoir qu'un Roussin de service*] Sçavoir par parage failly. L'article 218. de la Coûtume d'Anjou, dit que

LOUIS IX. en 1270.

lignage, il li fera homage par droit. (*d*) Et li sires ne li püet asseoir *qu'un roncin de service*, pour ce que li fiés est issu de parage.

NOTES.

sera ledit devoir sur les choses qui ont esté garanties en parage, selon la grandeur d'icelles, eû égard au devoir, soit cheval de service *ou autre, que le parageur fait au chef Seigneur. Et en payera au parageur à la raison de ce qu'il tient, & pour cette premiere foi faite* par parage failly, *le parageur n'aura aucun rachat de son parageau &c.*

Quoyque tout fief ait esté donné à la charge de faire profession des armes, tout vassal n'estoit pas obligé de se monter, ni de s'armer à ses dépends. Il n'y avoit que ceux qui relevoient immediatement du Roy, ou des Barons, qui estoient obligez de se monter. Et de là vient que le Roy & les Barons ne levoient sur leurs hommes aucuns roussins. *Le Roy,* dit Beaumanoir, *ne chil qui tiennent en Baronie ne doivent lever nus Roussins de service, pour che que il püent penre les cors tous armez, & monter toutesfois que ils veüillent & qu'ils en ont mêtier &c.* Voyez la note sur le chapitre 129. de ce livre, & Beaumanoir dans ses Coûtumes du Beauvoisis chap. 28. page 142.

CHAPITRE XLV.

De hons qui demande heritage à son home : comment li hons en doit querre droit.

SE li Bers demande à son Vavasor l'eritage (*a*) que ses hons tendra de lui, li Vavasor ne *pledera* pas *pour lui, par devant lui,* se il ne veut (*b*) car li Bers si est ainsi come *li tolerres,* & pour ce ne doit-il pas plaidier par devant lui, ains plaidera en la cort au Seignor, de qui li Bers tendra. (*c*) Et se bataille est jugiée entre lui & son Seigneur, li hons ne se combatra pas en la cort, là où il plede, car la *cort ne seroit pas ygal,* pource que semblant seroit que li sires i eust plus pooir, que li hons. Se li sires est Bers, il doit nommer la cort le Roy, ou la court de deus autres Barons, & li hons si prendra laquelle que il voudra des trois. Se li sires est Vavasor, la bataille sera en la cort au Baron de qui eus tendront, se li hons ne püet nommer *(d)* que il li ait fait grief.

NOTES.

(*a*) *Que ses hons tendra de luy]* Dans le manuscrit de Monsr le Chancelier, il y a, *que son Vavassour tendra de luy.* Dans le manuscrit de M. Baluze, il y a, *que il tendra de luy.* Le sens de ces paroles est, que si le Baron demande qu'un heritage soit declaré estre mouvant de luy, & que le Vavasseur qui a la possession pour luy, soutienne que c'est de luy qu'il releve, on ne plaidera pas en la Cour du Bers ou Baron, à moins que le vavasseur ne le veüille bien.

(*b*) *Car li Bers est ainsi que li toleres]* Dans le manuscrit de M. Baluze, il y a, *li taillierres.* Dans celuy de Monsr le Chancelier, il y a, *li toleeur.* Dans un autre de Monsr le Chancelier, il y a, *li tollieres.* Dans l'article 40. de la Coûtume d'Anjou glosée, il y a, *telleour.* Et dans une note manuscrite qui est à la marge de la Coûtume d'Anjou glosée manuscrite, il y a, *li tollieres.*

Il est difficile de dire ce que ces mots signifient, mais on void bien le sens de ce chapitre, qui est, que comme le Vavasseur ne doit pas plaider *pour luy devant luy,* le Baron ne peut aussi plaider *pour luy devant luy-mesme,* & qu'ainsi il faut qu'ils plaident l'un & l'autre en la Cour du Seigneur superieur, dont le Baron tient. *Vide titulum Codicis Nequis in suâ causâ judicet.*

Peut-estre qu'il faudroit lire li *taillieres* comme il y a dans le manuscrit de M. Baluze qui est un des plus correcTs, & entendre par ce mot ceux *qui imposoient la taille,* lesquels ne pouvoient pas se l'imposer à eux-mesmes. Voyez cy-après sur ce sujet l'Ordonance sans date de St Loüis touchant la maniere de lever la taille, qui est precise à ce sujet.

(*c*) *Et se bataille est jugiée]* Dans ce cas le Vavasseur ne se combattra pas, en la Court du Seigneur dont le Bers, ou le Baron tiendra, quoyqu'il eût esté obligé d'y plaider. La raison est que l'affaire estant plus importante il se trouveroit que le Bers auroit plus de pouvoir que le Vavasseur en la Cour du Seigneur suzerain. Voyez le chap. 2. cy-dessus avec les notes.

(*d*) *Que il]* C'est-à-dire, que le Baron &c. Dans l'anciene Coûtume d'Anjou glosée, il y a, *que li sires.*

CHAPITRE XLVI.

De Baron qui demande à voir le fié que ses hons tient de li, & comment li hons le doit monstrer.

(a) SE li Bers semont son hons, que il li *monstre son fié*, il li doit demander terme de quinze jours, & de quinze nuits, & cil li en doit *monstrer* quanque il en saura. (b) Se li hons avoit Vavaseur, ou hons qui ne voussist estre venus, li sires li doit aidier à pourchassier & pourforcier à venir. Aprés (c) quand li sires aura veu son fié, il demandera à son hons, *en i a-t-il plus que vous aiés à tenir de moi*. Li hons li doit respondre, & dire, *Sire, je vous demant enqueste tele comme je dois avoir : car je ne suis pas bien pourpensés :* (d) & li sires li en doit donner quarante jours & quarante nuits de terme, par droit à enquerre & à encerchier. Et emprés l'enqueste, se li hons dit à son Seigneur, *Sire, je ne puis trouver que je en tiegne plus de vous :* aprés li sires li doit demander se il veut droit : & quand li hons l'en a *monstré*, quanque l'en a trüevé en l'enqueste, li sires li püet bien (e) esgarder par droit (f) que il n'en püet plus avoir de lui à tenir. Et se li sires en savoit (g) aucunes choses, & qu'il le deist à son home en tele maniere, *je vueil que vous aiés perdu le fié que vous tenés de moy : car ce est de mon fié*, & li monstroit quoi *& si ne le m'avés mie monstré*. Et se li hons dit, *Sire, je ne le savoie mie, & en feré ce que je devrai*. (h) Si li püet l'en bien es-

NOTES.

(a) *Se li Bers semont son hons que il li montre son fié]* Du temps que ces Establissemens furent faits, les aveux & denombremens estoient inconnus. Le vassal alors qui possedoit un fief, en portoit la foy, & avoüoit en mesme temps qu'il le tenoit de son Seigneur. Voyez mon glossaire sur *aveu du* vassal.

Mais quand le Seigneur craignoit que son vassal ne luy diminuât son fief, l'usage estoit qu'il pouvoit obliger le vassal de luy en faire montrée. *Hostiensis* en parle ainsi dans sa Somme au titre *de Feudis*. num. 12. *Quid si vassallus confitetur se esse vassallum, sed non vult ostendere feudum ! Respondeo potest compelli ut ostendat, ut Digestis de actionibus empti & venditi. Titius &c. Vide Paridem de Puteo de reintegratione feudorum cap. 24. Menochium de arbitrariis judiciis centuriâ 6. casu 554. Brunum consil. 116. vers. 2.* Brodeau sur l'article 44. de la Coûtume de Paris num. 5. Ricard sur le mesme article. Joan. *Galli.* Qu. 235. *Mornac ad Leg. si in rem Dig. De rei vindicatione*. Joignez la Coûtume d'Anjou art. 6. & 7. celle du Loudunois titre 1. art. 2. & celle de Touraine art. 2. & 117.

Ces vües & montrées ont esté abolies par le titre 9. de l'Ordonance de 1667.

(b) *Se li hons avoit Vavasseur, ou hons qui ne voussist estre venus]* Comme celuy qui tient du Vavasseur, n'est pas Vassal du Bers, ou Baron, *quia Vassallus vassalli mei non est meus vassallus*, il semble que le Bers ne pouvoit pas obliger son arriere-vassal de venir. Cependant l'article 6. de la Coûtume d'Anjou, autorise en quelque maniere le Bers, ou le chef Seigneur dans cette poursuite, mais elle adjoûte que ces arriere-vassaux ne doivent faire leur declaration *qu'en gros & non par le menu*.

(c) *Quand li sires aura vû son fié]* Remarquez que ce que le Vassal tient à foy & homage, est le fief de son Seigneur.

(d) *Et li sires luy doit donner quarante jours & quarante nuits]* Aprés la montrée & la vëue le Vassal avoit quarante jours & quarante nuits, pour y adjoûter ce qu'il avoit obmis. Mais nos Coûtumes en abolissant cet ancien droit, ont mieux ordonné que le nouveau vassal, auroit quarante jours pour faire homage, & du jour de l'homage quarante jours pour bailler son aveu & denombrement. Voyez les articles 7. & 8. de la Coûtume de Paris & les Commentateurs. Dans le manuscrit de M. Baluze, il y a, *quinze jours & quinze nuits*.

(e) *Esgarder par droit]* C'est-à-dire, par jugement. Voyez la note qui a esté faite cy-dessus sur le chapitre 39.

(f) *Que il n'en püet plus avoir de luy à tenir]* Il y a dans le manuscrit de Monf.r le Chancelier, *que il ne püet pas avoir plus de luy*, & dans la Coûtume ancienne d'Anjou glosée, il y a, *que il ne püet plus tenir de luy tout ce qu'il a montré*.

(g) *Aucunes choses]* Le mf. de Monf.r le Chancelier adjoûte tres bien, *oubliées*.

(h) *Si li püet len bien esgarder que il jur-*

LOUIS IX. en 1270.

garder que il jurera seur sains, que il ne le savoit mie, au jour que il li rendit l'enqueste, (*i*) & itant en demoërra au Baron, comme il en aura trouvé. (*k*) Et se li hons n'ose fere le ferement, il perdra son fié : car ce seroit ainsi come se il li voloit embler, & ainsi seroit-il de tous les autres Seigneurs qui auroient home de fié, se tiex quas leur avenoit.

NOTES.

ra seur sains &c.] Voyez la note sur le chapitre 39.

(*i*) *Et itant en demoëra au Baron, come il en aura trouvé]* Cecy ne paroist pas juste, le Vassal affirmant qu'il ne sçavoit pas que la chose fut de son fief, & offrant au Seigneur de luy en faire ce qui seroit dû. Mais on peut opposer avec raison au Vassal qu'il doit connoistre son bien, ce que Paris de *Puteo* a bien remarqué dans le chapitre 24. de son traité de *Reintegratione feudorum* num. 4. *Et si dicat Vassallus res feudi ignorare, talis ignorantiâ & excusatio non auditur, quam culpâ præcessit argumento legis* Si ut certo §. interdum Digestis commodati &c. Vide Ardizonem in Summâ feudali cap. 100.

(*k*) *Et si li hons n'ose fere le serment, il perdra son fié]* Ainsi le Vassal qui receloit dans la montrée la moindre partie de son fief le perdoit tout entier. Joignez Beaumanoir au chapitre *des aveux & desaveux*. Voyez l'article 199. de la Coûtume d'Anjou. *Joannem de Ardizone capite 93. Summæ feudalis. Baraterium tit. 13. n. 14. & jus feudale Saxonum cap. 11. & 14.*

CHAPITRE XLVII.

De drois à Gentilhons.

(*a*) GEntishons ne püet fere que *trois drois*, (*b*) le *gage de sa loi*, & (*c*) *son fié*, (*d*) & *son müeble*, se ce ne sont de drois establis, c'est-à-dire, se il apele hons, ou fame *de folie desloial*, ou se il *coupe en forest*, (*e*) dont le

NOTES.

(*a*) *Gentishons ne püet fere que trois Drois]* Ce chapitre est difficile, & doit estre entendu des *peines*, ou *amendes* coûtumieres, ou legales, dont le gentilhomme ne peut lever que trois en sa Cour, sçavoir, *le gage de sa loy, son fié & son meuble.*

(*b*) *Le gage de sa loy]* C'est la petite amende düe au bas Justicier, & dont il est parlé dans l'article 2. de la Coûtume d'Anjou qui porte que dans cette province, *Il y a deux actions, l'une criminelle, l'autre civile. Que des criminelles les bas Justiciers n'ont aucune connoissance, mais qu'ils sont fondez de connoistre entre leurs sujets des civiles reelles concernant choses immeubles, soient petitoires, ou possessoires, dont pour cheoite d'icelle cause, n'y a que la loy d'amende, qui est sept sols six deniers tournois entre nobles, & deux sols entre roturiers &c.* Voyez les articles 3. 15. 50. 146. 150. de la Coûtume d'Anjou, la Coûtume du Loudunois titre 1. article 1. & cy-aprés le chapitre 136.

(*c*) *Son fié]* Comme quand le Vassal met main par mal talent à son Seigneur. Lorsqu'il n'aide pas son Seigneur en guerre, & que le Seigneur l'en a requis, & autres meffects pour lesquels le Vassal perd son fief, qui sont marquez dans les articles 187. 188. 189. 190. 191. 192. 193. 194. &c. Voyez cy-aprés le chap. 48.

(*d*) *Et son müeble]* Il y a dans le chap. 78. de ce livre un cas, pour lequel le Vassal perdoit encore ses *meubles*, qui estoit quand il demandoit *amendement de jugement*. L'autheur de la glose sur le chapitre 43. de l'anciene Coûtume d'Anjou en marque d'autres, qui ne sont plus en usage, comme quand le Vassal *dementoit son Seigneur*, quand il *peschoit dans ses Etangs*, contre sa volonté, ce qui a esté changé par l'article 192. de la Coûtume d'Anjou, lorsqu'il *devoit garde*, & qu'il ne l'avoit pas faite exactement, & quand il *choisit d'applegement fraudeur &c.]* Voyez l'art. 167. de la Coûtume d'Anjou & les 165. 166. & le chapitre 50. cy-aprés.

(*e*) *Dont le droit seroit de soixante sols]* Le manuscrit de Monsr le Chancelier, celuy de M. Baluze & l'anciene Coûtume d'Anjou glosée dans le chapitre 43. adjoûtent, *Li gages de sa loy, si est de cinq sols en la Cour le Roy.*

Le bas justicier ne pouvoit de droit lever amendes coustumieres, ou legales que de *sept sols six deniers* tournois sur les nobles & de *dix sols* entre roturiers. Cependant il y avoit des cas, ou par titre particulier, privilege, ou prescription il pouvoit lever amende *jusques à soixante sols*, comme lors que quel-

drou

droit seroit de soixante sols en la Court le Roy, & en autres pluseurs chastelleries.

NOTES.

qu'un *avoit appellé homme, ou femme de folie desloyal, ou qu'il avoit coupé en forest.* L'article 43. de la Coûtume d'Anjou glosée adjoûte *ou que quelqu'un eut brisé chemin, ou s'il avoit fait paître bœufs, ou vaches en deffaix.* C'est-à-dire, en *lieux deffendus.* Voyez l'article 2. de la nouvelle Coûtume d'Anjou.

CHAPITRE XLVIII.

De quel meffet Gentishons doit perdre son fié.

SE Gentishons *(a) met main à son Seigneur* par *mal despit,* avant que ses sires l'ait mise en lui, *il perd son fié* par droit. Et se il avenoit sus son Seigneur en guerre (*b*) o gens qui riens ne li tendroient, il *en pert son fié.* Et se *nus hom liges* ot *appeller son Saignour* qui est (*c*) ses droits sires (*d*) *de traison,* (*e*) & il s'en offre à deffendre, *il en perd son fié.*

NOTES.

(*a*) *Met main à son Seigneur.*] Voyez le chapitre precedent. *Librum primum feudorum cap. 5. circa principium. cap. 17. & librum 2. cap. 24. §. 1. Regiam majestatem lib. 2. cap. 63. §. 5.* Et la Coûtume d'Anjou article 188. 189. Dans les manuscrits, il y a ensuite par *nul respit.* Voyez le chapitre 50.

(*b*) *O gens qui rien ne li tendroient*] C'est-à-dire, s'il venoit sur son Seigneur en guerre, avec gens qui ne fussent pas ses parents. C'est-à-dire, parents de luy & non du Seigneur. Ancienement les parents estoient enveloppez dans les guerres de leurs parents jusqu'au septiéme degré. Voyez Beaumanoir chapitre 59. page 303.

(*c*) *Ses droits sires*] C'est-à-dire, le Seigneur direct dont il est homme lige.

(*d*) *De traison*] Voyez cy-dessus le chapitre 28. *Math. de Afflictis de feudis ad tit. Quibus modis feudum amittatur versiculo item fideles n. 27. paginâ 61.* Ce que j'ay remarqué sur les Institutes de Loisel, au titre des crimes, regle 21. & 28. & Beaumanoir chapitre 61. ligne 10. page 308.

(*e*) *Et il s'en offre &c.*] Dans les manuscrits il y a mieux ensuite, *& il ne l'offre à deffendre.* Cette correction est importante.

CHAPITRE XLIX.

De semondre son hons pour aller guerroier son Chief Seigneur.

SE li sires à son hons lige, & il li dic, (*a*) venez-vous-en o moi, (*b*) car je vueil *guerroier mon Seigneur,* qui m'a vée le jugement de sa court. Li hons doit respondre en tele maniere à son Seigneur, *Sire, je iray* volentiers sçavoir

NOTES.

(*a*) *Venez vous en o moy*] C'est-à-dire, venez-vous-en avec moy. *Vide Minccuccium de feudis tit. 6. pag. 42. & ibi Columbum.*

(*b*) *Car je vueil guerroier mon Seigneur, qui m'a vée le jugement de sa Court*] Véer jugement, *estoit refuser de faire justice, ou quand les Seigneurs dilaioient les plais en leurs Cours plus que ils ne pouvoient, & ne devoient.* L'homme ou le vassal pouvoit par cette raison appeller son Seigneur de defaute de Droit, comme nous l'apprenons des paroles suivantes de Beaumanoir chapitre 61. page 312. & 318. à la fin. *Quiconques vient son Seigneur appeller de faux jugement, ou defaute de droit, il doit tout avant son Seigneur requerre, que il li fache droit, & si li sires li vée il a bon droit de defaute de droit, & se il appelle avant que il ait son Seigneur sommé en cette maniere, il est renvoyé en la Court de son Seigneur, & il li doit amender che que il le trait en la Court du Souverain. Et est l'amende à la volonté du Seigneur &c.* Et

LOUIS IX. en 1270.

(c) a mon Seigneur *se il est ainsi que vous me dites:* Adonc il doit venir au Seigneur, & doit dire, *Sire, mes sire dit que vous luy avez vée le jugement de vostre cort, & pour ce suis-je venu à vostre Court, pour savoir en la verité, car mes sires m'a semons, que je aille en guerre encontre vous.* Et se li Seigneur li dit que il ne fera jà nul jugement en sa Cort, li hons en doit tantost aller à son Seigneur, & ses sires le doit pourveoir de ses despens: & se il ne s'en voloit aller ô lui, (d) il en *perdroit son fié par droit.* Et se li chief Seigneur avoit répondu, *Je feré droit volentiers à vostre Seigneur en ma Cort,* li hons devroit venir à son Seignor, & dire, *Sire, mon Chief Seigneur m'a dit que il vous fera volentiers droit en sa Court.* Et se li sires dit, (e) *Je n'enterré jamais en sa Court, més venez-vous en ô moi, si comme je vous ai semons,* adont pourroit bien dire li hons, *je n'iray pas,* pour ce n'en perdroit jà par droit, ne fié, ne autre chose.

NOTES.

comme l'appel de faux & mauvais jugement se demenoit par *gages de bataille,* selon Beaumanoir chap. 67. page 337. L'appel *de defaute de droit* se demenoit aussi par *gages,* & par la mesme raison il se decidoit aussi par la guerre, entre gentilshommes, ainsi qu'il se void dans ce chapitre. Et la peine du Seigneur qui avoit refusé de faire droit estoit de perdre l'obéïssance de son homme. Voyez la Coûtume d'Anjou 195. & l'Ordonance de 1667. au titre 25. des prises à parties. *Véer* vient du latin *vetare.* Dans un manuscrit de Monf.r le Chancelier & dans celuy de M. Baluze, il y a, *je veuil guerroyer Monseigneur le Roy.*

(c) *A mon Seigneur]* Dans un manuscrit de Monf.r le Chancelier & de M. Baluze, il y a *au Roy.*

(d) *Il en perdroit son fié].* Voyez le chapitre precedent.

(e) *Je n'enterré]* C'est-à-dire, *je n'entreray.* Dans le manuscrit de Monf.r le Chancelier, & dans l'anciene Coûtume d'Anjou glosée, il y a, *je ne retourneray. Vide Codicem juris feudalis Alamanici cap. 10. & ibi Schilterum.*

CHAPITRE L.

(a) De quel meffet gentishon perd ses müebles, & son fié.

(b) HOme qui fait *esqueusse* à son Seigneur, il perd ses müebles (c) ou se il *met main* à son certain *mesage* par mal despit, (d) ou se il *desment* son *Seigneur* par mal despit, ou (e) se il a mise *fausse mesure* en sa terre, ou (f) se il va *poursuivant son Seigneur* par mal despit, ou (g) se il a *peschié en*

NOTES.

(a) Ce chapitre sert d'explication au 47.

(b) *Homme qui fait esqueusse à son Seigneur]* La glose sur l'article 43. de l'anciene Coûtume d'Anjou dit que *gentilhomme qui escout à son Seigneur ce que il prend sur luy, il perd ses meubles. Escourre,* ou faire *escousse* ou *esqueusse,* vient d'*excurrere,* comme faire *recousse,* ou *requeuste,* ou *requeurre* à l'infinitif, viennent de *recurrere.* Le vassal fait *esqueusse* à son Seigneur, quand il persiste à vouloir spolier son Seigneur de ce qu'il a usurpé injustement sur luy. La Coûtume d'Anjou art. 190. *Si le sujet est sommé par son Seigneur de se departir du domaine de sondit Seigneur, que il avoit aveüé & entrepris sur luy, & depuis ladite sommation, il persiste malicieusement jusqu'en diffinitive, il perdra autant que vaut, ce qu'il a voulu entreprendre du domaine de sondit Seigneur, & sera condanné en amende arbitraire.* Il se void par ce chapitre qu'ancienement il perdoit ses meubles.

(c) *Ou s'il met la main à son message]* Voyez l'article 189. de la Coûtume d'Anjou & le chapitre 60. de la tres anciene Coûtume de Bretagne. Icy les manuscrits varient, les uns ajoûtant par *mal respit,* d'autres par *mal dépit.* Dépit vaut ce semble mieux.

(d) *S'il dément son Seigneur]* Le vassal perd son fief pour l'injure faite à son Seigneur. *Vide Math. de Afflictis ad tit. Quibus causis feudum amittatur. §. Similiter. n. 2.*

(e) *Se il a mise fausse mesure]* Voyez le chapitre 38. cy-dessus, & ce qu'on y a remarqué.

(f) *Se il va poursuiant son Seigneur]* Vide Mincuccium de Prato veteri de *feudis lib. 4. cap. 16. pag. 181. & ibi Jacobum Columbum.*

(g) *Se il a peschié en ses Estans sans son*

ses estans sans son congié, ou se il a *emblé ses conins*, en sa garenne, & (*h*) se il *gist o sa feme*, il en perd son fié, (*i*) ou *o sa fille*, pourquoi elle soit *pucelle*, & il en puisse estre preuvés, il en perd le fié de droit & coustume si accorde.

LOUIS IX. en 1270.

NOTES.

congié] Voyez la Coûtume d'Anjou article 192.

(*h*) *Se il gist o sa femme*] Voyez la Coûtume d'Anjou art. 193. *Mincuccium de feudis lib. 4. tit. 16. pag. 177. & ibi Jacobum Columbum, Ardisonem in summâ feudali cap. 82. 83. 84. 85. 86. &c.* & l'article 60. de tres ancienc Coûtume de Bretagne.

(*i*) *Ou o sa fille pourquoy elle soit pucelle*] C'est-à-dire, pourvû qu'elle soit de bonnes mœurs, & non une prostituée, car tous les feudistes tiennent que le Vassal perdroit son fief s'il avoit suborné la fille de son Seigneur, mariée, ou veuve. *Quod est dictum de uxore* dit *Ardizo* chap. 90. *idem intelligo de filiâ domini, quæ sit in capillo, vel nupta & non vidua, vel idem etiam in viduâ, argumento Cod. de raptu virginum &c.* Voyez l'art. 193. de la Coûtume d'Anjou, & le 60. de la tres ancienc Coûtume de Bretagne. Joignez le chapitre 53. à la fin & le 54. & cy-aprés l'article 94. Pucelle vient du mot latin, *pulchra pulchellula.*

pourquoi pas de puella cela est plus naturel

CHAPITRE LI.

De bailler pucelle à garder, comment len la doit garder.

(*a*) SE uns *Gentishoms* baille une *pucelle à garder* à un autre *Gentilhoms son hons*, & (*b*) soit de son lignage, ou d'autre, se il la *depucelloit* (*c*) & il en porroit estre prouvés, il en *perdroit son fié*, tout fust-ce à la *volenté* de la *pucelle* (*d*) & ce estoit à force, il en *seroit pendus*, se il en pooit estre prouvés. Et bien en doit estre pugnis, selon droit escrit en Code *De raptoribus*, en la premiere loy, & par tout le titre des meffets.

NOTES.

(*a*) *Se un gentishons baille une pucelle à garder à un autre gentishons son home &c.*] Par les loix Romaines les tuteurs qui marioient leurs pupilles devenuës puberes, devoient prouver au mary qui les épousoit, qu'elles estoient *vierges*, & s'il y avoit preuve, que le tuteur en eût abusé, il estoit exilé & ses biens estoient confisquez. *Si puella ad annos adultæ ætatis accesserit & aspirare ad nuptias cœperit, tutores necesse habeant comprobare, quod puellæ sit intemerata virginitas cujus conjunctio postulatur...... officio servaturo, ut si violatæ castitatis apud ipsum facinus hæreat, deportatione plectatur, atque universæ ejus facultates fisci viribus vindicentur, quamvis eam pœnam debuerit sustinere, quam raptori leges imponunt.* Lege unicâ Cod. Theod. Si quis eam cujus tutor fuerit corruperit lib. 9. tit 8. & Cod. Just. lib. 9. tit. 10.

Leon par sa Novelle 34. changea ce droit en ordonant que les biens ostez au tuteur ne seroient plus au profit du fisque, mais de la fille qui auroit esté subornée.

On a regardé l'homme auquel le Seigneur avoit donné une pucelle à garder, comme s'il en avoit esté en quelque maniere *le tuteur*, & delà vient que quand il l'avoit seduite & abusée, il en estoit puni par la perte de son fief.

(*b*) *Soit de son lignage ou d'autre*] L'article 193. de la Coûtume d'Anjou ne parle que de la *parente* du Seigneur.

(*c*) *Et il en pourroit estre prouvez, & en perdroit son fié*] Ainsi il falloit information & jugement. Guy Pape dans sa decision 180. tient que pour prouver cette sorte de felonie, il falloit cinq témoins, mais Du Molin dans son Commentaire sur l'ancienc Coûtume de Paris art. 43. glose unique nombre 66. a esté d'avis avec plus de raison que deux témoins suffisoient.

(*d*) *Et ce estoit à force il seroit pendus*] Vide titulum Codicis *de raptoribus & ibi Doctores.* Il semble qu'en ce temps les gentishommes estoient sujets aux mesmes peines que les roturiers. Voyez sur ce chapitre *Rolandum a Valle lib. 2. consil. c. 35. & 86.* Du Pont sur la Coûtume de Blois article 9. Du Molin sur la Coûtume de Paris article 43. glose unique nombre 140. Dargentré sur l'article 617. de l'ancienc Coûtume de Bretagne, & les Commentateurs sur l'article 193. de la Coûtume d'Anjou.

LOUIS IX. en 1270.

CHAPITRE LII.

(a) De quoi li sires perd son hons.

(b) QUant li sires *vée le jugement de sa cort*, il ne *tendra jamais riens de lui* *(c)* ains *tendra* de celui qui *sera par dessus son Seigneur*. *(d)* Et ainsi seroit-il se il *gesoit o la fame son hons*, ou *à la fille*, se elle estoit *pucelle (e)* ou se li hons avoit aucunes de ses *parentes*, & elle fust *pucelle*, & il l'eust *baillée à garder* à son Seigneur, & il li *depucelast*, il ne tendra jamais riens de luy.

NOTES.

(*a*) On a veû dans les chapitres 47. 48. 49. 50. & 51. les causes pour lesquelles le Vassal perdoit son fief ou ses meubles, il est traité icy des causes pour lesquelles le Seigneur perd son homme.

(*b*) *Quant li sires vée jugement de sa court il ne tendra jamais rien de luy &c.]* Dans un mf. de Monf.r le Chancelier, il y a. *Quant li sires vée le jugement de sa court à son hons, il &c.* Voyez le chap. 49. cy-dessus, & ce qu'on y a remarqué. C'est-à-dire, que quand le Seigneur vée, ou denie jugement à son homme, la peine est, suivant ce chapitre, qu'il perd l'obéïssance de son homme, en sorte que son homme cesse d'estre son vassal.

(*c*) *Ains tiendra de celuy qui sera par dessus son Seigneur &c.]* Il semble qu'il auroit esté plus raisonnable que le vassal à qui le *droit* auroit esté *vée*, ou denié, affranchi de l'hommage de son Seigneur, eût tenu son fief en *franc aleu*, mais cet affranchissement d'homages & de devoirs auroit esté un *abregement de fief* deffendu par les loix du Royaume, & dont la peine estoit que le fief affranchi, ou la partie du fief abregée, retournoit au mesme estat, où estoit devolüe de plain droit au Seigneur suzerain, & de Seigneur suzerain à Seigneur suzerain jusques *au Roy*, ainsi qu'on l'a fait voir dans la dissertation sur l'origine du droit d'amortissement pages 83. 84. 85. Voyez les notes sur l'Ordonance de Philippes III. de l'an 1275.

(*d*) *Et ainsi seroit-il se il gesoit o la femme son hons, ou o la fille se elle estoit pucelle &c.]* Voyez les notes sur le chap. 50. cy-dessus, le chapitre 60. de la tres ancienne Coûtume de Bretagne & les articles 661. 662. de la nouvelle.

(*e*) *Ou se li hons avoit aucune de ses parentes &c.]* Voyez cy-dessus le chapitre 51. avec la note.

CHAPITRE LIII.

(a) Comment len se doit tenir en son lige estage.

SE li sires fet semondre ses hons, *(b)* qui li doivent sa *garde*, cil qui li doit *la garde*, il doit estre *o fame*, *(c)* & se il doit *la garde sans fame*, il & ses

NOTES.

(*a*) Ce chapitre, quoyqu'il n'en soit rien dit dans le titre, parle de deux choses, de la *garde* & du *lige étage*.

(*b*) *Qui li doivent sa garde]* Cecy est une suite des *guerres privées*, & des *incursions* que plusieurs barbares ont faites ancienement dans le royaume, comme les Maures, les Normands, *les Cottereaux &c.*

Dans ces cas malheureux, les pauvres habitans de la campagne se retiroient avec leurs femmes, leurs enfans & leurs meilleurs effects dans les Châteaux de leurs Seigneurs, & les Seigneurs qui vendirent cette protection, cette deffence, ou cette advoüerie le plus cher qu'ils purent, assujetirent leurs hommes ou sujets au droit *de garde*, qu'ils se firent payer *en bled, en vin,* ou *en argent*, & les obligerent de plus à faire *le guet*. *Vide titulum.* Codicis Theodos. *De Patrociniis vicorum tom. 4. pag. 173. & ibi Jacob Goth.* Et ce que j'ay remarqué dans mon glossaire sur *avoüerie*.

Les Seigneurs en plusieurs lieux allerent jusqu'à forcer leurs sujets aux reparations des Châteaux, comme il se void par l'article 17. du titre 25. de la Coûtume d'Auvergne, qui merite d'estre rapporté pour servir de preuve a ce qui a esté observé cy-dessus, *Les sujets guettables d'aucun châtel & qui ont droit de retraite en iceluy, au temps d'imminent peril, & aussi ceux qui ont retraite ordinaire de leurs biens en un châtel de forteresse, sont tenus fou-*

Sergent

Sergent doivent estre, *(d)* & i doit *gesir toutes les nuiz*. Et se il ne *le fesoit*, comme nous avons dit, il en perdroit *ses müebles*. *(e)* Cil qui doit *lige estage*, il doit estre *avec sa fame*, & avec son *Sergent*, & avec sa mesnie, la plus grant partie, *(f)* més il ne lerra pas à aler *à ses affaires* souffisaument : Et se il ne se tenoit à son *estage* souffisaument, & li sires l'en apelast, & li deist, *(g) vous m'avez laissié agastir mon lige estage*, li sires en porroit bien avoir son serement, que il n'eust pas laissié *agastir* son estage : & se il n'ose fere le serement, il en *perd ses müebles*.

LOUIS IX. en 1270.

NOTES.

lement aux legeres reparations desdits Châtels & forteresses.

Ces conventions estoient differentes suivant les differents lieux, car il y en avoit, où les hommes estoient obligez à la garde, avec leurs femmes, & d'autres où ils n'estoient pas obligez d'amener leurs femmes, comme il se void par ce chapitre.

(c) *Et se ils doivent la garde sans femme, il & ses Sergent doivent estre &c.*] Tous ceux qui avoient des fiefs, n'avoient, ou le moyen, ou le droit de les fortifier, ainsi que le remarque Jean Faure, *ad leg. 10. Cod. De ædificiis privatis*. Et comme ils estoient obligez de se retirer, avec leur famille & leurs effects dans les Châteaux de leurs Seigneurs, ils estoient aussi obligez de mener avec eux leurs femmes, & quand ils n'en avoient pas, ils devoient mener avec eux leurs *Sergents*, c'est à-dire, leurs *serviteurs*, ou leur menage, ainsi qu'il est dit dans le chap. 48. de l'anciene Coûtume d'Anjou glosée. Voicy comme l'autheur de la glose sur cet article s'est expliqué sur ce sujet. Celuy qui doit la garde y doit mener sa femme, *se il la doit o femme, & se il ne la doit o femme, il y doit estre o son menage. De cette garde dites suivant la Coûtume du lieu, car il est aucunes gardes* personelles, *que l'homme doit à son Seigneur, pour & à cause de son fié, ou d'autre chose en son Chastel, s'il y a guerre, & se y doit presenter* tout armé, se il la doit ainsi, & y *doit estre* quinze jours, ou plus, *selon qu'il y a accoustumé*, à ses dépens, *& les jours passez* aux dépens *du Seigneur*. Voyez l'article 136. de la Coûtume d'Anjou avec les Commentateurs.

(d) *Et i doit gesir toutes les nuits*] Ainsi le jour il pouvoit vacquer à ses affaires.

(e) *Cil qui doit lige étage*] On a dit cy-dessus que les gentishommes qui estoient en guerre y engageoient & enveloppoient tous leurs parents, jusqu'au *septiéme degré*, sans mesmes que leurs parents en sçussent rien. En sorte qu'avant l'Establissement de la *quarantaine le Roy*, les parents se trouvoient souvent assaillis sans estre en estat de se deffendre. Il en estoit encore pis à l'égard des incursions des barbares, ou des voleurs, qui survenoient quand on y pensoit le moins.

Pour prevenir ces malheurs & ces violences, les Seigneurs donnerent souvent leurs terres *à cens*, à la charge que les preneurs, leurs enfans, ou ayans cause *y resideroient* & ils les infeoderent, ce qui est la mesme chose, à la charge *du lige étage*, afin que les uns & les autres fussent toûjours prés d'eux pour les deffendre. Ainsi la *resseantise* & le *lige étage* estoient des especes *de servitudes* dûes aux Seigneurs à cause de leurs *chasteaux*.

Odefroy tres ancien autheur parle de ces fiefs dans sa Somme sous le titre *De Divisione feudi fol. 35. verso* de l'Edition d'Alcala de Henarés. *Feuda*, dit-il, *alia sunt pura, alia conditionalia. Pura sunt quæ dantur indeterminate. Conditionalia, quando apponitur conditio, ut per hòc fiat latum servitium propter id, ut in feudo de caballo, vel quando datur ad hoc ut sit Scutifer, vel* propter habitationem, quæ debeat inhabitari. *Et ista feuda amittuntur, si non faciat vassallus id propter quod datum est feudum &c.*

(f) *Més il ne lerra pas à aller à ses affaires souffisaument*] La *garde*, ou le *guet* obligeoit l'homme à passer les nuits dans le château du Seigneur lorsqu'il y avoit necessité, & l'homme avoit le jour à luy. *Le lige étage* l'obligeoit, comme on l'a dit, à resider sur le lieu, mais avec la liberté raisonable de s'absenter pour ses affaires. Ces *gardes* & ces *guets* ont esté ensuite reglez par nos Roys. Voyez ce que j'en ay remarqué dans mon glossaire sur *lige étage, guet & garde*.

(g) *Vous m'avez laissié agastir mon lige étage &c.*] Dans l'anciene Coûtume d'Anjou glosée, il y a, *Degaster*. Dans un manuscrit de Monf.r le Chancelier, il y a *aguetier*, & dans celuy de M. Baluze, il y a mieux, *a garder*. Voyez les articles 134. & 135. de la Coûtume d'Anjou, & l'article 6. de la Coûtume du Loudunois au titre des *Loyaux aydes*.

Ancienement *étage* signifioit *maison*, & *l'étagier* estoit celuy qui avoit son domicile en un lieu, comme il se void par plusieurs articles de la Coûtume d'Anjou.

LOUIS IX.
en 1270.

CHAPITRE LIV.

De Gentilhons qui perd ses müebles par son messet.

SE *Gentishons* perd ses *müebles*, (*a*) il doit *jurer voir* à son Seigneur, (*b*) *quand il les a perdus*, que il ne li *celera riens*, ains les trera tous avant, se il n'est *hons qui porte armes*. Et se il est hons qui porte armes, (*c*) si li remaindra *ses palefrois*, & le *roncin son Escüier*, & *deus seles* à luy & à son Escuyer, & *son sommier* que il mene par la terre, & son *lit*, (*d*) & sa *robe à cointoier*, & un *fermail*, & un *anel*, & le *lit sa fame*, & *une robe à la Dame*, & un *anel*, (*e*) & *une ceinture*, & *une aumoniere*, & *un fremail*, & ses (*g*) *guimpes*, & toutes les autres choses sont au Seigneur qui a gaigné les müebles. Et se il porte *armes*, il a *son cheval*, & toutes ses autres choses. Et se li sires mescroit son hons, que il ne li ait dit *voir* de ses müebles, il ne l'en puet au plus mener que par son serement.

NOTES.

(*a*) *Il doit jurer voir*] L'anciene Coûtume d'Anjou glosée, dit mieux, *il doit jurer qu'il dira voir*. C'est-à-dire, *vray*.

(*b*) *Quand il les a perdus*] Ces mots sont superflus, & ne sont pas dans le manuscrit de Monsr le Chancelier, ni dans l'anciene Coûtume d'Anjou glosée.

(*c*) *Si li remendra ses Palefrois & le Roncin son escuyer &c.*] Le *Palefroy*, comme l'on void, estoit le cheval du *vassal* & le *Roussin* estoit le cheval de son *escuyer*, d'où il resulte que le *Palefroy* estoit de plus grand prix que le Roussin.

Palefroy vient de *Paraveredus*, qui signifioit le cheval dont on se servoit pour aller en diligence, dans les chemins militaires, ou de traverse, suivant la remarque de Jacques Godefroy, *Ad legem 4. Cod. Theodosiano De cursu publico. Vide Cujac. ad tit. Cod. De cursu publico, Cangium in glossario, Vossium de vitiis sermonis.* Et M. Menage dans ses Etymologies.

Dans le petit Dictionaire ancien, que le P. Labbe a fait imprimer aprés ses Etymologies, *Palefroy* est rendu par le mot *gradarius*, qui signifioit un cheval qui marchoit vîte, ou qui alloit l'amble, comme il paroist par ces deux vers,

M'en aloie de grand aleure
Si com Palefroy l'ambleure

Quant au *Roucin*, c'estoit un cheval de service & propre à la guerre. Voyez le chapitre 85. de l'anciene Coûtume de Normandie. Brunet dans son tresor manuscrit dit que le Roussin estoit un *cheval de somme*, mais ce chapitre prouve le contraire, le roussin y estant distingué *du sommier*. Du mot *Ross* Aleman, qui signifie cheval, on a fait *Roussin*.

(*d*) *Et sa robe à cointoier*] C'est-à-dire, la robe qu'il met quand il se pare, ou se met proprement. Ce mot est frequent dans le Roman de la Rose.

(*e*) *Une ceinture*] Voyez mon glossaire & Pasquier dans ses recherches livre 4. chapitre 10.

(*f*) *Une aumoniere*] C'est-à-dire, une *bourse*. Voyez Menage dans son Etymologique.

(*g*) *Guimpes*] C'est ainsi que l'on nomoit les linges des femmes, qui servoient à couvrir & envelopper leurs testes. Voyez Menage & *Cang. in glossario* in *guimpa*.

CHAPITRE LV.

D'hons qui se plaint en la cort le Roy, de son Seigneur.

(*a*) SE aucuns *hons* se plaint en la *cort le Roy* de son Seigneur, (*b*) li hons n'en fera jà *droit*, ne *amende* à son Seigneur, (*c*) ainçois se la justice fa-

NOTES.

(*a*) *Se aucuns hons*] L'homme, ou le vassal qui avoit eû procés en la justice de son Seigneur, ne pouvoit demander *amendement* de

voit que il les *pledoiast*, il en feroit le plet remaindre, & feroit li sires droit au Roy, dont il l'auroit pledoyé.

Louis IX. en 1270.

NOTES.

jugement, & comme il est dit dans le chapitre 76. de ce livre, il falloit, ou *qu'il le tint pour bon*, ou *qu'il le faussat*. Voyez le chapitre 136.

S'il avoit interjetté appel du Jugement de son Seigneur, sans le fausser, il estoit renvoyé en la Cour de son Seigneur qui avoit droit de le condanner en l'amende. Et quand le jugement estoit faussé, & l'appel porté en la Cour du Superieur, ou du Roy, s'il estoit prouvé que le Seigneur eut fait faux jugement, il perdoit l'obéissance de son homme. Et si le jugement du Seigneur estoit bon, & la plainte de l'homme injuste, l'home perdoit son fief. Voyez le chap. 79. de ce livre, le chapitre 15. du livre 2. & ce qu'on a remarqué cy-dessus sur le chapitre 6.

(*b*) *Li hons n'en fera ja droit, ne amende à son Seigneur*] La raison est qu'il pourra arriver que le Seigneur sera convaincu d'avoir rendu faux jugement.

(*c*) *Aincois si la Justice sçavoit que il le pledoiast &c.*] C'est-à-dire, si la Justice du Roy sçavoit que le Seigneur voulust reporter cette affaire en sa Court, elle la feroit retenir avec amende, envers le Roy. L'autheur de la glose sur l'ancienne Coûtume d'Anjou, entend ce chapitre *de l'appel*.

Dans le manuscrit de M. Baluze ce chapitre est conçu en ses termes, *Se aucuns hons se plaint en la Cour le Roy, que son Seignor li fasse tort, li hons n'en fera ja amende, se il s'emplaint de li & la chose soit prouvable. Et püet plaidier en la Court le Roy, ou en la justice de qui le Seigneur tient.* Ce qui signifie que quand l'home, ou le vassal se plaint du tort que son Seigneur luy a fait, en la Cour du Roy, ou du Seigneur superieur dont le Seigneur releve, le Seigneur de qui l'homme se plaint ne peut demander aucune amende par la raison du chaqitre 45. cy-dessus. Voyez le 56.

CHAPITRE LVI.

De monstrée fete, & d'enteriner les choses conneües, & de defaute en la cort au Baron.

SE aucuns se *plaint* en la *cort le Roy* (*a*) de son Seigneur, que il li ait *tolu ses terres*, ou ses *mesons*, ou de *vignes*, ou de *prés*, & li Bers en qui chastellerie ce sera, demandast la cort à avoir, (*b*) & cil de qui l'en sera clamés dit, *Je ne me vuel pas partir de cete cort devant qu'il aura esté veu*. Lors li doit l'en mettre jour de la veüe, & i doit estre la justice le Roy, & celle du Baron, & cil qui demande doit *montrer à veüe* des deux justices, ce qu'il demande à l'autre. Et aprés *la veüe*, li sires doit avoir la cort, se ce est de son fié, & leur

NOTES.

(*a*) *De son Seigneur*] Dans le manuscrit de Mons.r le Chancelier, il y a, *que uns autres li face tort*. Dans le manuscrit de M. Baluze il y a de mesme, & dans le chapitre 51. de l'ancienne Coûtume d'Anjou glosée, il y a, *d'autre qui li face tort de terre, ou de mesons*. Ces leçons ne valent pas mieux.

Le sens est que si quelqu'un se *plaint*, c'est-à-dire agit, ou intente son action en la Cour le Roy, contre son Seigneur qui luy a pris ses vignes, ou sa maison, le Bers en la Chastellerie de qui les choses seront, pourra en revendiquer la conoissance & en demander la court.

(*b*) *Et cil de qui len fera clamés*] C'est-à-dire, & si celuy de qui l'on s'est plaint, ou le defendeur. Dans le mf. de M. Baluze, il y a mieux. *Et cil qui cette clameur dira.* Dans le de Mons.r le Chancelier, il y a, *Et cil qui sont clamez*. Et dans le chap. 51. de l'ancienne Coûtume d'Anjou glosée, il y a, *& celuy qui s'est clamé*. C'est-à-dire, le demandeur.

Si donc le demandeur revendiqué, dit qu'il ne veut pas quitter la Court le Roy, que la *montrée & la vüe* n'y ayent esté faites, on doit luy mettre jour *de vüe*. La vüe doit estre faite en la presence de la Justice du Roy & de celle du Baron. Le demandeur doit alors en presence des deux Justices montrer ce qu'il demande, & aprés *la vüe*, la Court est au Baron, pourvû que la chose contentieuse soit de son fief, & il doit donner jour aux parties pour ester adroit devant luy. *Vide Gellium lib. 20. cap. 9. & Jacobum Gothof ad duodecim tabulas, tabulâ 6. De vindiciis.*

LOUIS IX. en 1270.

doit mettre jour de estre à droit pardevant luy. (c) Et se il s'en plaint autrefois à celui, dont il doit avoir ce qu'il aura veu par Jugement de la cort le Roy, droit ne li donroit mie, car toutes les veües qui sont fetes en la cort le Roy, ou au Chief Seigneur, sont fermes & estables par droit.

NOTES.

(c) *Et se il s'en plaint &c.*] Dans le manuscrit de M. Baluze, il y a, *Et se li autres demande à voir autrefois ce qui ara esté vû par jugement de la Cour le Roy, droiz ne le donroit mie.* Et dans le manuscrit de Monſ.r le Chancelier, il y a, *Se il se plaingnoit, & il demandât à veoir autrefois ce qui auroit esté vû par Jugement de la Cour le Roy, droit ne li donroit mie.* Car &c.

CHAPITRE LVII.

Dou droit au Prince.

LI Bers n'a mie en la Cort le Roy la Cort de son hons (a) de defautes, (b) més des choses conneües, on lui rend la cort à faire à son gré, (c) & enteriner les choses connuës pardevant la Justice le Roy.

NOTES.

(a) *Des defautes*] Voyez la note sur le chapitre 40.

(b) *Mes de choses connües on luy rend la Cort à faire son gré*] C'est-à-dire, que quand les choses ont esté connuës & jugées en la Cour du Roy, la court en est renduë au Baron, pour *enteriner*, ou faire executer le jugement. Voyez le chapitre 40. cy-dessus & ce qu'on y a observé.

(c) *Et enteriner les choses connuës*] Dans un manuscrit de Monſ.r le Chancelier, il y a, *les choses jugiées.*

CHAPITRE LVIII.

De defaute de droit, (a) & de requerre son malfaisant, ou son larron, ou son meurtrier.

(b) SE li Bers ne li façoit droit, & il s'en plaignissent arriere, par la defaute (c) dou larron, & il püent estre prouvé, & il demandast la cort, il ne l'aroit mie, (d) ainçois ferient les Justices (e) anquerre par leur mains tout ce qui aroit esté fait pardevant aus.

NOTES.

(a) *Et de requerre &c.*] Dans le manuscrit de M. Joubert, dans celuy de M. Baluze, & celuy de Monſ.r le Chancelier, ce chapitre fait partie du precedent.

(b) *Se li Bers ne faisoit droit*] Dans le manuscrit de M. Baluze, il y a, *Se li Bers en estoit deffaillant, que il n'enterinast les choses connuës devant dites de son home, en sa Court, & li home s'en replainsit arriere par la* defaute du Baron, *se il en pouvoit estre prouvé, & il en demandast autrefois la Cour il ne l'auroit mie, aincois feroit la Justice le Roy enteriner par lor mains, tout ce qui auroit esté fait pardevant els.* Dans un manuscrit de Monſ.r le Chancelier, il y a, *Se li Bers n'enterine les choses devant dites de son home quennuës, & li hons se plaint arriere pour la* defaute du Baron, *& li Bers en püet estre prouvez, & il demandât aprés le court, il ne laroit pas, ainchois feroient les justices enteriner par leurs mains, ce qui auroit esté fet pardevant aus.*

(c) *Du larron*] Lisez du Baron.

(d) *Ferient*] Lisez feroient, sçavoir *les justices le Roy.*

(e) *Anquerre*] Lisez *enteriner.* Aprés ces corrections ce chapitre est aisé. Voyez neamoins la glose de l'anciene Coûtume d'Anjou sur le chapitre 52.

CHAPITRE

CHAPITRE LIX.

Comment li sires doit rendre larron à son hons, & li hons à son Seigneur.

SE larrons, ou murtriers *(a)* avoit esté arresté en la Court le Roy, qui eust messet en la Chastellerie au Baron, li Bers si l'auroit, & *(b)* si ne rendroit mie *les II. sols VI. deniers,* car nus hons ne les *rend à son Seigneur, ne li sires à son hons, més il rendent bien les cousts* avenans que il a despendus, pardevant qui que il soit requis, du Seigneur, ou de l'hons. Et se il avenoit que il i eust debat, il ne rendroit *nus des cousts* qui seroient faits d'illuec en avant.

NOTES.

(*a*) *Avoit esté arresté.*] Il y a ainsi dans un manuscrit de Monsr le Chancelier, dans celuy de M. Baluze, & dans le chapitre 53. de l'anciene Coûtume d'Anjou glosée. La disposition de ce chapitre est encore pratiquée en partie. Voyez les art. 1. 2. 3. 4. 5. du titre *De la competence des Juges* de l'Ordonance criminelle de l'an 1670.

(*b*) *Si ne rendroit mie les II. sols VI. den.*] Voyez le chapitre 41. cy-dessus.

CHAPITRE LX.

Comment li Gentishons garissent o els leur gent de ventes, & de paages, & leur Prevos d'os, & de paages, & de chevauchiées.

(a) NUs Gentishons ne rend *coustumes, ne paages* de riens qu'il *achate,* ne qu'il *vende,* se il *n'achate* pour *revendre,* & pour gaaigner. *(b)* Et se il avoit bestes achetées, & les gardast un an & un jour en sa meson, & en sa garde, il n'en rendroit nulles ventes; *(c)* Et ainsi *garantissent li Gentilhons leurs Sergens de ventes & de paages de leurs bestes, & de leurs norritures, qu'il ont nor-*

NOTES.

(*a*) *Nus gentishons ne rend coûtume ne paage de riens qu'il achate ne qu'il vende.*] Si *paage,* ou *peage* venoit de *pedagium,* & si c'estoit le droit qui est dû pour les bestes au passage des Ponts, &c. on ne void pas pourquoy il seroit dit icy que le gentilhomme ne rend rien de ce qu'il vend, car la beste venduë estant à l'acheteur, il ne seroit pas juste que le gentilhomme affranchit l'acheteur du peage.

Paage ne vient donc point icy de *pedagium,* mais de *payer,* & du latin *pactare,* ou *pacare,* & le sens de ce chapitre est que le gentilhomme ne paye aucune petite Coûtume ou levage de tout ce qu'il achette ou qu'il vend, pourvû qu'il n'achette pas pour revendre. Voyez Menage dans ses Etymologies sur *peage.*

Dans les bas siecles les non nobles, qui possedoient des fiefs, & qui y demeuroient estoient considerez comme francs, ou nobles, & transmettoient la noblesse à leurs enfans, ainsi qu'on le prouve sur le chap. 23. cy-dessus par l'autorité du Poggio. Et de là vient que l'art. 30. de la Coûtume d'Anjou pris de ce chapitre, dit que *celuy qui tient à foy & homage l'hebergement, où il demeure, soit noble ou coûtumier, ne paye à son Seigneur aucunes petites coûtumes, ou levages &c.* Voyez Des Fontaines dans son conseil chapitre 3. article 6.

Comme il n'y avoit que les *Roturiers* qui payoient ces coûtumes, de là vient qu'ils ont esté nomez *coûtumiers.* Voyez du Pineau sur l'article 8. de la Coûtume d'Anjou colonne 1. & les autheurs qu'il cite.

(*b*) *Et se il avoit bestes achetées, & les gardast un an & un jour en sa meson & en sa garde, il n'en rendroit nulles ventes &c.*] S'il vendoit ses bestes achetées dans l'an & le jour, le peage estoit donc dû, parce qu'il y avoit lieu de croire que le gentilhomme avoit acheté pour revendre & gagner.

(*c*) *Et ainsi garantissent leurs Sergens &c.*] C'est-à-dire, leurs domestiques & serviteurs. Voyez le chapitre 53. Cecy n'est que contre les Seigneurs Justiciers qui levent les Coûtumes dont il est parlé dans l'article 8. de la Coûtume d'Anjou.

LOUIS IX. en 1270.

ries en leurs chastelleries de leurs biens, qui croissent en leurs tenemens. *(d)* Aus Chevaliers, pour quoi que il ait son pooir, & il tiegnent leur coust, il les garantissent d'ots & de chevauchies.

NOTES.

(*d*) *Aux Chevaliers &c.*] Cecy est tellement corrompu qu'il n'y a aucun sens. Dans le manuscrit de M. Baluze, il y a bien, *Et chascuns Vavassors, pourquoy il ait son Prevost, & lievent leurs coûtumes, il les garantissent d'ost & de chevauchiée.*

Dans le chapitre 55. de la Coûtume d'Anjou glosée, il y a, *Chascun Vavasseur püet avoir un Sergent, pourquoy il soit son Prevost, & se le Sergent releve ses Coûtumes, il les garantissent d'ost & de chevauchée.* Ce qui a fait dire à l'autheur de la glose que si le Vavasseur garantit ainsi son Prevost qui leve ses Coûtumes, d'ost & de chevauchée, il le garantit à plus forte raison des Coûtumes & paages. Ce chapitre n'est plus observé que dans les Coûtumes qui l'ont reçeû.

CHAPITRE LXI.

D'ost & de chevauchie devers le Roy, le Baron, & des amendes, & des gaiges.

SE li Bers fet semondre ses hons, que il li *amaine* (*a*) *ses hons coustumables, pour aller en l'ost le Roy*. Li Prevos les doivent amener (*b*) de chacun ostel au commandement leur Seigneur (*c*) el cüer du chastel, (*d*) & puis s'en doivent retourner. (*e*) Més nule fame à coustumier ne doit aller en ost, n'en chevauchiées, ne fournier, ne mousnier qui gardent les fors & les moulins. Et se nus de ceus qui sont semons ne venoient, & l'en le pooit sçavoir, il en paieroit *soixante sols* (*f*) de gages. Et li Prevos au Baron si doit mener ses hons devant dits, jusques au Prevos le Roy, el chastel, dont li hons sont du ressort, & puis si s'en doit retorner arriere. Et ainsi li hons coustumier des chastelleries si doivent aus Barons leurs chevauchiées, & li Prevos aus Vavasors si les doivent mener el cors du chastel au commandement au Baron. Et li Bers ne les doit mie mener en lieu dont en ne puissent venir jusques au soir. Et cil qui remeindroit, en paieroit *soixante sols* d'amende. Et se li sires les voloit mener si loins que eus ne peussent venir au soir, ils n'iroient pas se il ne voloient, & n'en fe-

NOTES.

Ce chapitre est remarquable, parce qu'il nous apprend de quelle maniere *le ban & l'arriereban* se levoient du temps de St Loüis, car ce qui est icy appellé *ost & chevauchée*, quand c'estoit le Roy qui les convoquoit, estoit la mesme chose. Suivant l'anciene Coûtume d'Anjou. *L'ost* estoit neamoins pour *deffendre le pays*, & la *chevauchée pour deffendre son Seigneur*, mais icy ces termes sont confondus. Voyez Delalande dans son traité du Ban & de l'arriereban page 65.

(*a*) *Ses hons coûtumables pour aller en l'ost le Roy &c.*] C'estoit là l'arriereban *retrobannum*. Car nous apprenons d'un ancien titre qui est au tresor des chartes, dans le Registre de Philippes le Bel, cotté 36. au haut & au bas 12. nombre 38. que de ce temps *les nobles seuls estoient sujets au Ban, & toutes personnes, sans distinction, sujettes à l'arriereban, pourvû qu'elles pussent porter les armes &c.* Ce qui détruit plusieurs mauvaises conjectures faites sur l'origine de ce mot.

(*b*) *De chascun hostel*] Dans un ms. de Monf.r le Chancelier, il y a, *un chef d'hostel*, & dans le chap. 56. de la Coûtume d'Anjou glosée, il y a *un hostel.*

(*c*) *El cüer du chastel*] Dans un manuscrit de Monf.r le Chancelier, il y a, *au cors dou chastel*. Dans celuy de M. Baluze, il y a, *el cors du chastel*, & dans l'anciene Coûtume d'Anjou glosée, *au corps du chastel.*

(*d*) *Et puis s'en doivent retourner*] Sçavoir les Prevots.

(*e*) *Més nulle fame à coustumier ne doit aller en ost, ne en chevauchée*] Parce que les femmes ne sont pas propres aux batailles, comme le remarque l'autheur de la glose sur l'anciene Coûtume d'Anjou. Cependant elles devoient accompagner leurs maris aux *gardes & guets*, quand il y en avoit eû convenance. Voyez le chapitre 53. cy-dessus.

(*f*) *De gages*] Il y a ainsi dans un manuscrit de Monf.r le Chancelier. Dans celuy

roient jà droit, ne nule amende. Et ainsi *li Baron & li hons le Roy doivent le Roy suivre en son ost,* quand il les en semondra, (*g*) & le doivent servir, (*h*) *soixante jours, & soixante nuits,* o *tant de Chevaliers,* comme chacun li doit, & ses services il li doivent quand il les en semont, & il en est mestiers. Et se li Roy les voloit tenir plus de (*i*) *soixante jours au leur,* il ne remeindroient mie, s'il ne voloient par droit. Et se li Roy les voloit tenir, (*k*) *au sien,* pour le *Royaume deffendre,* il devroient bien *remaindre par droit.* Més se li Roy les voloit mener *hors du Royaume, ils n'iroient mie se il ne vouloient,* puisqu'ils auroient fet (*l*) *soixante jours, & soixante nuits;* (*m*) Et nule *Dame* ne doit ne *ost,* ne *chevauchiée* desoremés, se n'est *fame le Roy :* (*n*) més elle doit envoyer *tant de Chevaliers, comme ses fiés doit,* (*o*) & li Roy ne la püet *achoisonner.* Et se les gens le Roy truevent les hons coustumiers par les chastelleries qui fussent *remés,* fors ceus qui *devroient* (*p*) *remaindre,* li Roy en porroit bien lever sus chacun *soixante sols d'amende,* & li Bers ne les en pourroit *garantir.* Et (*q*) li hons coustumier ne doi-

NOTES.

de M. Baluze, & dans l'anciene Coûtume d'Anjou glosée, il y a mieux, *d'amende.*

(*g*) *Et le doivent servir*] Un manuscrit de Monsr le Chancelier, adjoûte tres bien, *au leur.* C'est-à-dire, à leurs dépens. Le manuscrit de M. Baluze est conforme, & dans l'article 58. de l'anciene Coûtume d'Anjou glosée, il y a, *à leurs dépens.*

(*h*) *Soixante jours & soixante nuits*] Dans un manuscrit de Monsr le Chancelier, dans celuy de M. Baluze, & dans le chapitre 58. de l'anciene Coûtume d'Anjou glosée, il y a, *quarante jours & quarante nuits,* ce qui vaut peut-estre mieux, car suivant l'ancien usage de la France, le Ban n'estoit que de quarante jours, comme il se void par les preuves qui suivent.

Capitularia Caroli Magni lib. 7. additione 4. cap. 84. *Postquam Comes & Pagenses de qualicumque expeditione hostili reversi fuerint ex eo die,* supra quadraginta noctes, *sit bannus rescisus, quod linguâ theotiscâ* Scatlegi, *id est armorum depositio vocatur.*

Mathæus Paris ad annum 1226. *Venit ad eum* (Ludovicum VIII.) *Henricus Comes campaniensis,* cum quadraginta dies *in obsidione peregisset, petens de consuetudine gallicanâ licentiam ad propria redeundi &c.*

Le rolle de ceux qui furent convoquez au Ban pour la guerre que Philippes III. eût contre le Comte de Foix.

Milites Baillivia Rothomagensis.

Henricus de Agaiâ Miles, pro Rodulpho de Croilleio, qui debet servitium unius militis per quadraginta dies, *pro Episcopo Lexoviensi & jam fecit viginti dies.*

In Baillivia Xantonensi.

Gaufridus de Rupeforti miles dicit, quod debet servitium Domino Regi trium militum per quadraginta dies. *Venit Apamiam.*

Delalande remarque tres bien que dans ces quarante jours, on ne comptoit pas l'aller & le revenir. Voyez cet autheur page 63.

(*i*) *Soixante jours*] Il y a quarante jours dans les manuscrits.

(*k*) *Au sien*] C'est-à-dire, à ses dépens.

(*l*) *Soixante jours & soixante nuits*] Il y a quarante jours & quarante nuits dans les manuscrits.

(*m*) *Et nulle Dame ne doit ne ost ne chevauchée desoremés, se n'est femme le Roy &c.*] Quoyque les *femmes des Coûtumiers* ne fussent pas sujetes à *l'arriereban,* les dames ou celles qui possedoient des fiefs estoient neamoins sujetes au *Ban,* & elles devoient donner des personnes qui servissent pour elles. Mais il paroist par le mot *desoremés,* que quand elles n'estoient pas femmes le Roy, elles en furent dechargées, ce qui a changé dans ces derniers temps, où elles y ont esté assujeties à l'effect de payer finance. *Vide Altesserram de origine feudorum cap. 9. pag. 317.* Dargentré dans ses avis sur les partages des nobles, question 41. Brodeau sur l'article 40. de la Coûtume de Paris nombre 11. & la dissertation de Delalande sur *le Ban & l'arriereban.*

(*n*) *Mais elle doit envoyer tant de chevaliers comme ses fié doit &c.*] C'est-à-dire, que si le fief de la femme du Roy, doit le service de 2. 3. 4. Chevaliers, plus ou moins, elle les doit fournir.

(*o*) *Et li Roy ne la püet achoisonner*] Il y a ainsi dans l'anciene Coûtume d'Anjou glosée. Dans un manuscrit de Monsr le Chancelier, il y a aussi *achoisoner,* & dans celuy de M. Baluze, il y a *accuser.* Du latin *occasio* on a fait ochoison, & achoison, pour occasion ou pretexte de faire de la peine. Et de *ochoison* & *achoison* on a fait ensuite *ochoisoner* & *achoisoner.* Voyez M. Du Cange en cet endroit, & dans son glossaire.

(*p*) *Remés, remaindre*] De *remanere,* rester, demeurer.

(*q*) *Li hons coustumier ne doivent estre en l'ost le Roy que quarante jours & quarante*

LOUIS IX. en 1270.

vent estre en l'ost le Roy que *quarante jours & quarante nuits*, & se il en venoit avant, & il en fussent prouvé, la Justice le Roy en porroit bien lever *(r)* soixante sols.

NOTES.

nuits] Cecy paroist faire de la distinction entre les nobles & les coustumiers, d'où il y auroit lieu de croire, que dans les lieux marquez cy-dessus il ne faudroit pas mettre *quarante* au lieu de *soixante*, le lecteur en jugera.

(r) *Soixante sols]* L'autheur de la glose sur le chapitre 60. de la Coûtume d'Anjou demande quelle estoit la *peine* des Bers & des arriere-vassaux qui ne s'estoient pas trouvez au Ban, aprés la sommation qui leur en avoit esté faite. Et il répond que suivant l'avis commun ils perdoient leurs fiefs. *Vide Ardizonem de feudis cap. 67.*

Il faut icy remarquer que les Croisez n'estoient pas affranchis de l'ost ni de la chevauchée. Voyez l'Ordonance de Philippes Auguste touchant les Croisez article 2.

CHAPITRE LXII.

Comment Dame doit faire rachat.

(a) NUle Dame ne fet *rachapt*, se elle ne se marie. *(b)* Mes se elle se marie, ses sires fera rachapt au Seigneur, qui ele sera fame. Et *(c)* se au Seigneur ne plaist ce qu'il li offerra, il ne püet prendre que les issües d'une année de son fié. *(d)* Et se il y avoit bois que la Dame eust commencié à vendre, ou que li, ou son Seigneur, & que ele le peust bien vendre par droit, ou par raison du rachat, li sires le porroit bien vendre à ce mesme füer, que il auroit esté commenciés à vendre, més il n'en porroit pas faire plus grant marchié que cil auroit fet devant.

NOTES.

(a) *Nulle Dame ne fait rachat]* Cela est vray pour le fief qui luy est échû en ligne directe. Voyez l'article 96. de la Coûtume d'Anjou.

(b) *Mais se elle se marie ses sires fera le rachat au Seigneur dont elle sera femme]* C'est encore la disposition de l'article 93. de la Coûtume d'Anjou.

(c) *Et si au Seigneur ne plaist ce qu'il li offerra, il ne püet penre que les issües d'une année de son fié]* C'est-à-dire, que si les offres en argent que le mary aura faites pour son rachat, ne conviennent pas au Seigneur, le Seigneur ne pourra prendre que les issües d'une année du fief. Voyez l'article 103. de la Coûtume d'Anjou.

(d) *Et se il y avoit bois &c.]* Dans un manuscrit de Monf.[r] le Chancelier, il y a, *Se il avoit bois que la Dame eût commancié à vendre, & que luy & son Seigneur l'eussent autrefois vendu, & que elle le poist autrefois bien vendre, par droit & par raison du rachat, li sires le pourroit bien vendre à ce meisme füer que il l'avoient commancié à vendre, més il ne porroit faire meilleur marchié que cil auroit fait devant.*

Dans le chapitre 62. de l'anciene Coûtume d'Anjou glosée, il y a, *Et se il y avoit bois que la Dame eût commancié à vendre, ou que elle & son Seigneur eussent autrefois vendu, il en porroit bien vendre pour la raison du rachat, au fur mesmes que il est commancié à vendre, mais il n'en porroit faire plus grand marchié.*

Et dans le manuscrit de M. Baluze, il y a, *Et se il y avoit boez, qui eussent esté vendus autre foiz, il le porroit bien vendre à cel mesmes füer, que il auroit esté commancié à vendre, mais il ne porroit pas faire meillor marchié que il auroit fait devant.*

Le sens de la derniere partie de ce chapitre, dans ses differentes leçons, est que quand le rachat est dû au Seigneur, parce que sa vassale se marie la premiere fois, ou passe en secondes noces, avant le bail de ses enfans, car anciennement en Anjou la femme ne perdoit pas le bail, par son second mariage, le Seigneur pour son rachat ne peut prendre les bois qu'au mesme marché, ou au *feur* que la femme ou son premier mary auroient commancé de les vendre. Voyez mon glossaire sur le mot *feur*, les articles 101. & 113. de la Coûtume d'Anjou, le 48. de la Coûtume de Paris, & le chap. 17. cy-dessus. Cet article n'est plus pratiqué que comme Coûtume. Joignez les articles 93. 96. & 103. de celle d'Anjou, & cy-dessus l'Ordonance de 1246. touchant les *rachats*.

CHAPITRE

CHAPITRE LXIII.

De Dame qui donne seureté à son Seigneur pour soupeçon du mariage sa fille.

QUant Dame remeint véve, & elle a une fille, (*a*) & elle s'afebloie, (*b*) & li sires à qui elle sera feme lige, viengne à lui, & li requierre, (*c*) *Dame, je vuel que vous me donnés seureté que vous ne mariez vostre fille, sans mon conseil, & sans le conseil au lignage son pere, car ele est fille de mon hons lige, pour ce ne vüel je pas que ele soit* (*d*) *fors-conseillée*. Il convient que la Dame li doint seureté par droit. Et quand la pucelle sera en aage de marier, (*e*) se la Dame trû qui la li demande, ele doit venir à son Saignor, & au lignage devers le pere à la Damoiselle, & leur doit dire en tele maniere, *Saignors, l'en me requiert ma fille à marier, & je ne la voel pas marier sans vostre consel: ore metés bon consel car un tel homme la me demande:* & le doit nommer. Et se li sires dit, *Je ne voel mie que cil l'ait, quar tiex hons la me demande qui est plus riches, & plus gentishons assez, que cil de qui vous parlés, qui volentiers la prendra*. Et se li lignage dit, *encore en savons-nous un plus riche & plus gentis-hons que nus de cels*. Adonc si doivent regarder le *meillor des trois,* & le plus proufitable *à la Damoiselle,* (*f*) & cil qui dira le meillor des trois, si en doit estre creus: Et se la

NOTES.

(*a*) *Et elle s'afoibloie*] Dans un manuscrit de Monsf.r le Chancelier & dans celuy de M. Baluze, il y a, *& elle afoibloie*, c'est-à-dire, quand la fille est *foible, ou mineure*. Ces mots ne sont pas dans le chapitre 61. de l'ancienne Coûtume d'Anjou glosée.

(*b*) *Et li sires à qui elle sera femme lige*] Ainsi la disposition de ce chapitre n'est pas pour la mere, qui n'est pas supposée femme lige du Seigneur. Cela paroist par ces mots qui suivent, *Car elle est fille de mon hons lige &c.*

Les Seigneurs & le Roy avoient soin de prendre ces precautions, afin que leurs vassalles prissent des marys, sur la fidelité desquels ils pussent compter, comme il se void par la charte qui suit.

Ego Herveus Comes Nivernensis notum facimus omnibus, quod nos juravimus super sacrosancta, Domino nostro Philippo illustri Regi Francorum, quod Agnetem filiam nostram nulli tradennus in uxorem, sine assensu & licentiâ Domini Regis, nec maxime alicui filiorum Joannis Regis quondam Angliæ, nec Theobaldo de Campaniâ, nec filio Ducis Burgundiæ, nec Ingerranno de Cociaco. Et de hoc constituimus plegios ergo Dominum Regem Hugonem Dominum Ulmi, Hugonem de sancto Verano, Renaldum de Montefalconis, Gaufridum de Bulli, Petrum de Livron, Anselmum Bridaine, super feoda quæ tenent à nobis. Robertum vero de Cortenaio constituimus terminis competentibus in plegium erga dominum Regem, super feudo quod tenet de nobis, & Archembaldum de Bourbon *super feudo quod tenet de nobis, si pro nobis intrare voluerint in plevinam.* Voyez les preuves de l'histoire de Chastillon page 40. *Et Quoniam Attachiamenta, seu Leges Baronum Scotiæ lib. 2. cap. 92. & ibi Skenæus,* & l'alliance chronologique du P. Labbe tome 2. page 652. ligne 28.

(*c*) *Dame je vüel que vous me donnez seureté, que vous ne mariez vostre fille, sans mon conseil &c.*] Le Seigneur avoit double interest dans ce mariage. Le premier estoit que la vassalle lige ne fut pas trompée, & le second qu'en prenant un époux elle luy donnât un vassal fidele. Voyez cy-dessus letre B.

(*d*) *Fors conseillée*] C'est-à-dire, *mal conseillée*, trompée.

(*e*) *Se la Dame tru*] C'est-à-dire, si la Dame, ou la mere *trouve*.

(*f*) *Et cil qui dira le meilleur des trois, si en doit estre crûs &c.*] Cela estoit vray quand la mere, & les parents paternels de la fille offroient au Seigneur des personnes qui ne luy estoient pas desagreables, mais quand ils luy presentoient des personnes suspectes, & dont il avoit lieu de douter de la fidelité, il les pouvoit recuser, & dans ce cas, l'usage estoit en plusieurs lieux, que le Seigneur presentoit trois personnes, dont la mere & les parents de la fille estoient obligez de prendre un, ce qui se pratiquoit ainsi lorsque la fille estoit *majeure*, & que le Seigneur vouloit qu'elle prit un mary pour desservir son fief, comme il se void par le chapitre qui suit des assises de Jerusalem.

LOUIS IX. en 1270.

Dame la marioit *sans le conseil au Saignor*, & sans le *conseil au lignage* devers le pere, puisque li sires (*g*) li auroit devée, (*h*) *ele en perdroit ses müebles*, & si l'en porroit li sires destraindre *par sa foy*, ou par pleges, se mestiers estoit, ainçois que elle *partist de son fié ou de sa foy*, (*i*) *&* jüerroit à dire *voir des müebles* puis l'eure que ele les auroit *perdus par jugement*. Et quant ele les auroit tous mis avant, si li *remaindroit sa robe* à chacun jour, & sa robe *à cointoier* soi, *& joiaux avenans*, se ele les avoit, *& son lit, &* sa *charette*, & *deux roncins* qui souffiroient à aler en ses besongnes, pourquoy elle n'ait point de Saignor, & son *Palefroy*, se ele l'a.

NOTES.

Quant le Signor veaut semondre, ou faire semondre, si com il doit, feme de prendre Baron, quant elle a & tient fié, qui li doie service de cors, ou à Demoiselle à qui le fief eschoit, qui li doit service de cors, il li doit offrir trois Barons, & tels que ils soient à luy afferans de parage, ou à son autre Baron, & la doit semondre...... & si la femme qui est semonée de prendre Baron ne le prend...... le Seigneur se püet faire servir de celuy fié un an & un jour, &c. chapitre 242. 243.

Regiam majestatem cap. 48. num. 5. & 6. *Si quis filiam vel filias tantum heredes habens, in vitâ suâ, illam vel illas sine assensu domini sui maritaverit, juste & secundum consuetudinem regni perpetuo exheredatur, ita quod inde nihil recuperare poterit nisi per solam misericordiam.* Voyez mon glossaire sur *Devoir le mariage*.

(*g*) *Luy auroit devée*] C'est-à-dire, luy auroit *deffendu*.

(*h*) *Elle perdroit ses müebles*] Sçavoir la mere. Cecy doit estre entendu, ce semble, de la mere qui avoit le bail de sa fille, & qui comme baillistre estoit entrée en foy. Ce qui suit jusques à *Et quant*, manque au manuscrit de M. Baluze. Voyez la Coûtume du Loudunois au titre *des Bails article 3*. Ce chapitre n'a lieu que dans les Coûtumes qui l'ont reçeû.

(*i*) *Et jureroit à dire voir des müebles*] Voyez le chapitre 54. avec les notes.

CHAPITRE LXIV.

(*a*) *Quiex Gentilhons püeent fere de leur heritage, puisque eus aient hoirs.*

(*b*) DAme n'est que *bail de son heritage*, puisqu'elle *a hoir masle*, ne elle ne püet *donner*, (*c*) ne *choisir*, pour que ce soit (*d*) amenuisement de l'oir, se ce n'est à son (*e*) adversaire, ou ele ne püet donner ne le *tiers*, ne le *quart*, ne le *quint*, selon l'usage de cort laie. (*f*) Més *Gentishons* püet bien

NOTES.

(*a*) *Quiex dons gentishons*] Un manuscrit de Monf.r le Chancelier, & celuy de M. Baluze ajoûtent *& gentilfame*.

(*b*) *Dame n'est que Bail de son heritage puisqu'elle a hoir mâle*] C'est-à-dire, que la femme noble, dés qu'elle a un hoir mâle, cesse d'estre proprietaire de sa terre, & qu'elle n'en joüit plus que comme *usufruitiere*, *baillistre*, ou gardienne de son fils, en sorte qu'elle ne peut plus la vendre, l'engager, la donner, ni la diminuer, à son prejudice, par quelque contract que ce soit. Voyez le chapitre 114. cy-aprés. L'autheur de la glose sur la Coûtume d'Anjou article 63. dit qu'il en seroit de mesme de l'aînée, s'il n'y avoit que des filles, ce qui est precisement contre ce texte.

(*c*) *Ne choisir*] Dans un manuscrit de Monf.r le Chancelier, il y a, *ne changier*, dans celuy de M. Baluze, il y a, *cheissir*, & dans l'anciene Coûtume d'Anjou glosée article 63. il y a *cessier*, peut-estre pour *ceder*.

(*d*) *A l'amenuisement de l'hoir*] Il y a ainsi dans un manuscrit de Monf.r le Chancelier, dans celuy de M. Baluze, il y a, *à l'amenuisement de loier*.

(*e*) *Adversaire*] Dans les manuscrits il y a mieux *anniversaire*, & il faut remarquer que la femme pour son anniversaire, ne pouvoit donner ni le *tiers*, ni le *quart*, ni le *quint* de son heritage. C'est-à-dire, qu'elle ne pouvoit presqu'en rien donner.

(*f*) *Mais gentilhome püet bien donner le tiers de son heritage*] Voyez l'article 321 de la Coûtume d'Anjou.

donner *le tiers* de son heritage, tout ait il *enfanz, ou non,* més il n'en püet plus donner (*g*) qui fust par droit.

NOTES.

(*g*) *Qui fut*] Un manuscrit de Monf.r le Chancelier ajoûte *qui fust pas estable*, & celuy de M. Baluze, ajoûte *qui fust chose resonable par droit.* Ce chapitre n'est suivi que comme Coûtume, où il est reçeû.

CHAPITRE LXV.

D'hons qui se plaint de nouvele dessesine.

SE aucuns hons vient à son Seigneur, soit *gentishons*, ou *coustumiers*, pourquoy li sires ait *voerie* en sa terre, & li die, *Sire,* (*a*) *uns riche hons est venus à moy d'une meson, ou de pré, ou de vignes, ou de terres, ou de cens, ou d'autres choses,* (*b*) *& m'a desseisi de nouvele dessesine, que je exploitié au seû & au veû, en servage de Seigneur jusques à ores, que il m'en a dessaisi à tort & à force dont je vous pri que vous prengniez la chose en vostre main.* Li sires li doit respondre, *Si feroi-je, se vous metez pleiges à poursüivre le plet, à ce que cil vous a dessaisi à tort, & à force, si come vous avez dit.* Et se il ne met pleiges, li sires n'a mie à dessesir l'autre. Et se il dit, *je vous en mettré volentiers bons pleiges,* il doit

NOTES.

(*a*) *Un riches homs*] Dans les manuscrits & dans le chapitre 65. de l'anciene Coûtume d'Anjou glosée, il y a, *un tiex home.*

(*b*) *Et m'a dessaisi*] Il ne s'agit point icy de la *complainte en cas de saisine & de nouvelleté*, ou de l'interdit, *Uti possidetis retinendæ possessionis*, comme quelques-uns se le sont mal imaginez, mais il s'agit de la complainte de *dessaisine & de force*, ou de l'interdit, *Unde vi recuperandæ possessionis.*

Dans ces temps-là celuy qui estoit *dessaisi* ou expulsé de son heritage alloit trouver son *Seigneur*, c'est-à-dire, son *Sergent*, comme le remarque l'autheur de la glose de l'anciene Coûtume d'Anjou sur le chapitre 65. & il demandoit que la chose contentieuse fut ostée à son adversaire, & qu'elle fut mise en *main de Justice.*

Mais comme dans cette complainte, celuy qui agissoit, reconnoissoit son adversaire *saisi*, le Sergent n'avoit point d'égard à sa demande, à moins qu'il ne donnât *pleges, ou cautions* de poursuivre *le plait* & de payer les domages & interests ausquels il pourroit estre condanné.

S'il ne donnoit pas de pleiges, les choses en demeuroient là, & l'adversaire restoit saisi.

Et s'il donnoit pleiges, le Sergent exigeoit ensuite de l'adversaire, ou du *deffendeur* en complainte, qu'il luy donnât aussi caution, ou pleiges. Et s'il ne les vouloit pas donner, la saisine de la chose contentieuse luy estoit ostée & donnée au *demandeur* qui avoit donné pleiges. Et si le *deffendeur* donnoit pleiges, la chose contentieuse estoit mise en main de Justice.

Comme dans ces complaintes, il y avoit *pleiges & contrepleiges*, elles furent nommées par cette raison *appleigemens & contreappleigemens.* Cet usage dura jusques à Messires Simon de Bucy premier President du Parlement de Paris, qui establit le premier pour principe, que celuy qui avoit esté spolié de sa chose, n'en perdoit que la *possession naturelle ou la detention*, & qu'en conservant par sa volonté, ou son esprit, la possession *civile*, ou la *saisine*, il pouvoit demander d'estre *conservé ou maintenu dans cette possession*, & intenter *la complainte en cas de saisine & de nouvelleté*, comme si *la force & la dessaisine* n'avoient esté qu'un *nouveau trouble*. Ce qui est expliqué par l'autheur du grand Coûtumier, qui dit, par cette raison que Simon de Bucy fut le premier qui mit sur le cas de saisine. Voyez ce que j'ay remarqué dans mon glossaire sur *Applegement & sur Complainte.*

Chez les Romains, lorsqu'il estoit question de successions, *le deffendeur* qui estoit en possession, devoit donner caution *au demandeur*, & le *demandeur* pareillement *au deffendeur*. Ce qui est ainsi expliqué par *Asconius* dans ses notes sur la troisiéme Verrine page 100. de l'Edition de 1644. *Lis vindiciarum est cum litigatur de eâ re apud Prætorem, cujus incertum est, quis debeat esse possessor & ideò qui eam tenet satisdat pro præde litis vindiciarum adversario suo, quo illi satisfaciat, nihil se deterius in possessione facturum, de qua jurgium esset. Rursus sponsione ipse provocatur ab*

LOUIS IX. en 1270.

les pleiges prendre bons & souffisans, selon ce que la querele sera grande, & quand il aura pris bons pleiges, il doit l'autre partie mander par certain mesages, & li doit dire, que cil a mis bons pleges que il l'a dessesi à tort & à force, & de tele chose, & la nommera, *Je vuel sçavoir se vous mettrés pleges au deffendre là*. Et se il dit, *je n'i mettré jà pleiges*, l'en doit *l'autre lessier en la sesinne*, pour les pleges que il i a mis. Et se cil dit, *je i mettré bons pleges au deffendre que il n'i a riens, & que ce est ma droiture*, la justice si doit mettre jour aus *deus parties*, & tenir la chose en sa main, jusques à tant que li quiex que soit *ait gaignié la saisinne* par droit, selonc Droit escrit en Code, *De ordine cognitionum Leg. Si quando negotium*, environ le milieu de la Loy. Et se li plaintif est deffaillant, & li autres viegne au Saignor, & li die, *Sire, cil vous avoit fet entendant que je l'avoie dessesi à tort & à force, & avoit mis pleges de prouver, & m'en fist dessesir à tort, & je ay gaigné ma querelle & ma droicture par jugement de vostre court, dont je vous requiex comme à Saignor que vous me faciez rendre mes cous, & mes despens que je ai mis el plet*. Quar droit est qui fait autre dessaisir, & il li met sus que il l'a dessesi à tort & à force, & il perd la querele, il doit rendre à l'autre partie (*c*) ses couts, & ses despens, pour ce que il l'a fet dessaisir, & pour ce en prend l'en les pleges. Si li doit l'en fere rendre les couts & les domages, & les dépens que il a mis el plet, & aus pledeurs loüer, & en autres choses qui appartiennent au plet, & à tant l'en aura (*d*) à la capcion de Juge, selon droit escrit en Code *De judiciis, l. Properandum, & l. Sancimus ut omnes judices*, en la Digestes *De judiciis*. Lege *Eum quem*, & en Decretales, *De dolo & contumaciâ cap. Finem litibus &c.* où il est escrit de cette matere. (*e*) Toutes icelles choses qui sont mises en *main de Justice*, si valent autant come *si elles estoient monstrées* en jugement: Et quand les deux parties ont terme de ce qui est en main de Justice, & l'une s'en deffaut, l'en doit mettre jour au deffaillant en jugement par (*f*) *trois hons*, si que eus se puissent *recorder* du Jugement. Et se il ne vient au terme

NOTES.

adversario certæ pecuniæ, aut æstimationis quam amittat, an sua sit hereditas de quâ contendit. Prædes ergo dicuntur, satis datores locupletes pro re de quâ apud judicem lis est, ne interea qui tenet diffidens causæ, possessionem deteriorem faciat, tecta dissipet, excidat arbores, & culta deserat. Vide Paulum 1. sententiarum tit. 19. num. 1. & Hotomanum 1. observationum cap. 6.

(*c*) *Et ses couts & dépens*] Ragueau dans son Indice des Droits Royaux, dit neamoins qu'en cette matiere, il n'y avoit pas de condannation de dépens, & cite un Arrest de la Dame de Vierzon contre l'Abbé de Foncombaut, és Enquestes du Parlement de Toussaints, qui dit l'avoir ainsi jugé. Voyez mon glossaire du droit François sur les mots *Applegement, contr'applegement*, en la letre A. page 55.

(*d*) *A la caption du Juge*] M. Du Cange marque à la marge de son Edition, qu'il y a dans quelques manuscrits *par le tansement du Juge*. Dans un manuscrit de Monf.r le Chancelier, il y a mieux, *à la tauxation du Juge*, & dans le manuscrit de M. Baluze, *au taux du Juge*.

(*e*) *Toutes les choses*] M. Du Cange remarque que dans quelques manuscrits, c'est icy un nouveau chapitre qui a pour titre *De defaute aprés montrée faite au jugement, & de adjournement par justice*. Dans un manuscrit de Monf.r le Chancelier, c'est aussi un autre chapitre, qui a pour titre *De defautes faites aprés montrée en jugement*. Dans la Coûtume d'Anjou glosée, c'est aussi un autre chapitre, mais dans le manuscrit de M. Baluze c'est la fin du 65. comme dans l'Edition de M. Du Cange que l'on a jugé à propos de suivre.

La premiere partie de ce chapitre explique comment la chose contentieuse en cas de *dessaisine* estoit mise en main de Justice. Et la derniere partie explique comment la Justice en faisoit la *delivrance*.

L'usage estoit donc, quand la chose contentieuse estoit mise en main de Justice, de donner aux parties terme & jour pour venir plaider, & quand une des deux estoit en defaut, on luy donnoit un autre jour, en jugement par trois hommes qui pussent le recorder, & si elle defailloit au jour marqué, la saisine estoit donnée à l'autre partie. Et il ne pouvoit en ce cas y avoir aucune difficulté à l'égard de la certitude & de la consistance de la chose, parce que la main de Justice valoit montrée. Voyez le chapitre suivant.

(*f*) *Trois hommes*] Un mf. de Monf.r le Chancelier ajoûte, *fiancez*.

que

que l'en li aura mis el jugement, l'en doit bailler *la saisinne à l'autre*, (*g*) qui est prest par pleges, més ceux qui rien li demanderoit de la querele.

Louis IX, en 1270.

NOTES.

(*g*) *Qui est prest par pleges*] C'est-à-dire, à celuy qui est present, en donnant pleiges ou caution. Dans le manuscrit de M. Baluze, il y a, *Len doit bailler la saisine o pleiges mettant d'estre adroit, qui rien luy demanderoit de la querelle.* Dans le manuscrit de Monsr le Chancelier, il y a. *Len doit bailler à l'autre la saisine, qui est prés, quant li jors est passez, à mettre pleiges d'estre adroit qui li demanderoit riens de la querelle.* Et dans le chapitre 66. de l'anciene Coûtume d'Anjou glosée, il y a, *Len doit bailler la saisine à l'autre qui est present, quand le jour sera passé o plege mettant de estre adroit, qui demanderoit rien de la querelle.* Ce chapitre n'est plus en usage.

CHAPITRE LXVI.

Comment la Justice doit ouvrer d'hons deffaillant.

SE aucuns se plaint d'un autre à la Justice (*a*) *d'heritage*. La justice li doit *mettre jour*, & se cil qui sera *atermés*, deffault, cil qui se *plaint* doit dire en tele maniere. *Sire, je vous requiert droit.* La Justice doit oïr le jugement, & si doit oïr les *Serjans* qui ont le *terme mis*, & se li Serjans *garantissent* que culs li ayent mis terme, la Justice les doit *atermer par trois termes*. Et quant li *Serjant* aura garanti qu'il aura mis *les trois termes*, la justice doit bien esgarder par droit que cil qui se defaut doit estre *atermés en jugement*, & la justice i doit envoyer

NOTES.

(*a*) *D'heritage*] Ce mot n'est pas dans le manuscrit de Monsr le Chancelier. Il est dans celuy de M. Baluze. Dans l'anciene Coûtume d'Anjou glosée, il y a, *ou autre chose*. Voyez le chapitre 68. de ce livre.

On ne peut mieux faire pour developper cette anciene procedure, que de transferire icy la glose manuscrite sur le chapitre 67. de l'anciene Coûtume d'Anjou. *Si vous voulez sçavoir comment len doit proceder contre son adversaire, en simple action, sans applegement, partie à partie. Le demandeur doit venir au Sergent, & li doit dire.* Sire je vous requiert que vous bailliez jour à tel, à ce que je li voudray demander. *Lors doit le Sergent ajourner la partie averse aux plaids son Seigneur en la demande de l'autre.* Et se celuy qui est *adjourné defaut, & le Sergent confesse que il li eust baillé le jour, le Sergent doit mettre jour au deffaillant par meismes*, c'est-à-dire, *par si comme alé est*, & c'est second jour baillé au deffaillant. Et se il deffaut au second terme, il ara jour si com alé est *secondement*, c'est-à-dire jour tierement, & *ainsi est* jusques à trois termes. *C'est à sçavoir*, premier, second & tiers &c.

Item *se il deffaut des trois termes dessusdits & les ajournemens soient recordez, le Sergent doit ajourner le deffaillant o jugement. & se il deffaut o jugement par trois hommes, qui puissent recorder le jugement quand il est mis hors court, c'est-à-dire, par le Sergent & deux records. Mais en aucun territoire len baille au deffaillant, jour premier, second & tiers, & est jour au jugement. Et se il deffault au jugement suffisament recors, le Sergent li baillera jour o jugement le sien tenant, c'est-à-dire, la cause tenant. Et est à entendre, que celuy qui sera demandeur, se il est ainsi deffailly, ne püet demander jusques à ce qu'il ait obéi des deffautes. Se il est deffendeur toutes les deffences li sont vagées & deffenduës, jusques à tant qu'il ait obéi des deffautes.*

Ainsi poez vous voir que celuy à qui l'en baillera jour o jugement, se il est deffendeur, li sien tenant, s'il vient obéir aux pleds, il doit demander la delivrance du sien, o mettant pleges d'obéir avant connoissance de cause, & se il faisoit autrement, il feroit l'amende, & le pleige. Més cil püet user de sa demande, ou de sa deffence, en respondant avant des deffautes à la partie averse, *car il ne seroit pas oüy des deffences aprés.*

Celuy deffendeur l'en püet sauver en disant, quand les jours des deffautes seront nommez & prouvez par ordre des jours baillez premierement, secondement & tiercement, il püet respondre que n'oit nul d'iceux jours, ou qu'il obéït, ou qu'il avoit certains essoines recevables, lesquels il nommera & declarera &c. ou que il avoit essoines, & ne trouva par qui les envoyer &c. & li jurera, & ainsi ara un serment pour chascune desfaute, & fera lors les sermens se il vieut, ou se il vieut les fera autrefois, & y emportera jour, & partant ne vaudra son jour que simple. Et si les deffau-

LOUIS IX. en 1270.

trois Serjans qui s'en puissent *recorder*. Et se cil qui aura esté *deffaillanz de trois termes*, vient au terme que l'en li aura mis en jugement, *& l'autre partie qui se plaint* li demande sa querele & ses dommages à amander, (*b*) de chacun defaut (*c*) 50. s. se il est gentilshons. Et se li autres dit, *je n'en vuel rien rendre*, & dire reson pourquoy, *quar je ne voi onques terme*, (*d*) *ne ne soi terme, fors que celuy*. Et se li autres dit, *Je ne vüel mie qu'il s'en puisse deffendre, quar li Serjant ont bien garanti que euls l'ont semons, & que euls li mistrent les trois termes*. Et se il dit, *Je m'en deffens bien contre vous, & contre les Sergens, si comme l'en* (*e*) *m'esgardera*. Adonques la Justice püet bien esgarder que se il ose *jurer seur sains de sa main*, qu'il n'oi, ne n'entendi que li Serjans l'eussent *atermé* par les *trois termes*, si comme ils ont garenti ci avant, aitant si doit estre quites des defautes, ainsi ne vaudroit le *jour jugié* qu'une *simple semonce*. Et se il n'ose faire le serment, si rendra au *Gentilshons pour son deffaut 50. s.* més il jüerra que tant *li aura cousté* en son conseil & en ses pledeeurs, & la justice si prendra pour chacun *deffault* le *gage de sa loi*, & ainsi a len de chacune *defaute prouvée, conneüe & jugiée* en Gentishons. *50. s.* soit vilains, soit Gentishons, pourquoy (*f*) les deffautes fussent *fetes avant veüe*, quar cil qui deffaut (*g*) *aprés veüe, si perd la sesine* des choses que l'en li a monstrées, quand il est prouvés des defautes.

NOTES.

tes sont connuës & prouvées, celuy qui se deffaillit, fera l'amende au Juge pour chascun deffaut, le gage de sa loy, soit gentilhomme ou vilain, & à la partie pour chascune deffaute, ce que il en osera jurer pour ses cousts, le Juge moyennant, se partie faisoit son estimation excessive.

(*b*) *De chascun defaut*] L'anciene Coûtume d'Anjou glosée article 57. adjoûte, *Et li amandera de chascune defaute 50. sols*.

(*c*) *De cinquante sols*] Il y a ainsi dans le manuscrit de M. Joubert & dans la Coûtume d'Anjou glosée, article 57. Dans un manuscrit de Monsr le Chancelier, & dans celuy de M. Baluze, il y a, *soixante sols*.

(*d*) *Ne ne soi*] C'est-à-dire, *ne ne sçay*.

(*e*) *Esgardera*] Voyez la note sur le chapitre 39. cy-dessus.

(*f*) *Les deffautes fussent faites avant vëe*] Il y a ainsi dans le manuscrit de Monsr le Chancelier, dans celuy de M. Baluze, & dans la Coûtume d'Anjou glosée, il y a, *les deffautes soient avant montrées*.

(*g*) *Aprés vüe*] Larticle 52. des loix de Thibaud Comte de Champagne est conforme à ce chapitre. *Encore use len en Champagne que se uns hons plaidoie à un autre, & il li face demande de heritage, soit en proprieté, ou en saisine & li deffendieres ait eü jour de montrée*, & il defaut aprés le jour de montrée, *se li deffaut est connus, il* perd la saisine, se li plest est de saisine, *& se il est de proprieté il perd la proprieté. Encore use len, que aprés jour* de montrée, *qui berreie une fois de chose qui touche au fait, il ne peut plus barreyer. Et se il propose la seconde barre, & il en chiet, il perd la proprieté*. Voyez Britton chapitre 32. fol. 83. *Fletam* lib. 4. cap. 5. L'anciene Coûtume de Normandie chapitre 93. *& stilum Curiæ Parlamenti Tit. de causa novitatis*. Tout cet ancien droit est aboli. Voyez le titre 9. de l'Ordon. de 1267.

CHAPITRE LXVII.

Comment l'en püet porforcier hons qui ne veut faire hommage à son Seigneur.

SE aucuns Sires est, qui ait hons, qui ne *li soit pas venus fere son homage*, li sires le doit fere *semonre qui li viegne fere son homage*, (*a*) & le doit fere se-

NOTES.

(*a*) *Et fera semondre celuy par hons qui foy luy doie*] Dans un manuscrit de Monsr le Chancelier, il y a, *& le fera semondre par homme qui foy li doye*. C'est-à-dire, par homme qui soit *pair* à celuy qu'il s'agit de semondre. Voyez ce que j'ay remarqué sur la regle de Loisel *Sergent à Roy est Pair à Comte*, livre 1. titre 1. la Coûtume d'Anjou art. 68. le chapitre 71. cy-aprés. *Et Quoniam attachiamenta* capite 67.

semondre *par hons qui foi li doie*, se il l'a, (*b*) & se il ne l'a, par aucun *prud'hons souffisant*. Et se il ne vient au terme, li sires le doit faire atermer *autrefoîs*, & se il ne vient au *second terme*, li sires li doit mettre (*c*) *le tiers terme*, & se il ne vient *au tiers*, li sires li doit mettre terme, ou jour de *jugement*, & se il ne vient au jour jugié, li sires doit lessier le jour passer, & lendemain, & adonques *il poit prendre le fié en sa main*, & le püet faire *semondre en jugement* par *trois Gentishons* (*d*) ou par *Serjans* souffisans, & doit estre le terme de *huit jours*, *&* *de huit nuits*. Et si doient li Sergent dire, *Sires, pource que vous estes deffaillant de trois termes simples, & du tiers en jugement, pour ce* (*e*) *a més sires pris le fié que vous devez tenir de luy*, (*f*) *par*, *& vous en fet semondre en jugement de huit jours & de huit nuits*. Et se il ne vient au jour qui li est atermés de *huit jours & de huit nuits*, (*g*) l'en li doit mettre en jugement de *quinze jours* & de *quinze nuits*. Et se il ne vient, li sires doit oïr les *Serjans*, & se il li mistrent terme, & se il le garentissent, li sires li doit mettre terme de *quarante jours & quarante nuits* aussi souffisans, comme nous avons dit dessus, & se il ne vient au terme, li *Serjant* doivent estre ois, & s'il le garentissent, li sires (*h*) doit lessier, & li doit mettre terme (*i*) *d'an & jour el jugement*, & s'il ne vient au terme, li sires li püet bien esgarder par jugement, que il a le *fié perdu par droit*, quand li jors sera passé. Ainsi, (*k*) *remest* le fié au Seigneur. Et se il vient avant que li sires face tous ses exploits sor luy, il n'en perdra pas son fié par droit, més il en aura perdu quanque li sires en aura levé, & si fera droit des defautes. LOUIS IX. en 1270.

NOTES.

(*b*) *Et se il ne l'a pas, par aucun preud'home souffisant*] C'est-à-dire, ce semble, par un *gentilhome*. Ancienement dans les procés où il estoit question de *fiefs*, on n'employoit que le ministere des *gentilshomes*, ce qui paroist par l'article 152. de l'anciene Coûtume de Bretagne, qui decide que *Nul roturier ne doit estre reçeû en temoignage pour fait de noblesse de personnes, ni des fiefs, s'il n'est Prestre, ou d'Estat de Justice*. Par sentence du 28. de Novembre 1616. renduë au Chastelet, entre le Sr de *Blemur*, & le Seigneur du fief *Charles de Montmorency* à Domont, il fut jugé que le mot *Preud'hommes*, dans l'article 47. de la Coûtume de Paris, devoit s'entendre de *gentilshommes*.

Dans le Beauvoisis & autres lieux, le Seigneur, au lieu de *prud'homes* devoit emprunter, dans le cas marqué cy-dessus, un home de fief de son Seigneur superieur, voicy comme Beaumanoir s'explique sur ce sujet, dans le chapitre 2. de ses Coûtumes du Beauvoisis page 17.

Puisque li sires veut semondre son gentilhomme par la raison de che que il tient de luy fief, il doit penre deux de ses hommes qui soient Pers à celuy que il veut semondre, & se il n'a nul homme il les doit emprunter à son Seigneur, & li sires li est tenu à prester &c.

(*c*) *Le tiers terme*] Voyez les deux chapitres precedens. Aujourd'huy toute cette procedure est abolie. Joignez l'article 65. de la Coûtume de Paris avec la conference, & l'article 103. de la Coûtume d'Anjou.

(*d*) *Ou par ses Sergens*] Voyez la regle de Loisel citée cy-dessus, *Sergent à Roy est Pair à Comte*. Dans l'article 68. de la Coûtume d'Anjou glosée, il y a, *trois Sergens suffisans*.

(*e*) *A mes sires pris*] Le manuscrit de M. Baluze ajoûte *en sa main*.

(*f*) *Par*] Adjoûtez *Droit*. Il y a ainsi dans les manuscrits de Monf.r le Chancelier & dans celuy de M. Baluze. La Coûtume d'Anjou glosée est conforme à ses manuscrits dans l'article 68. Les mots *Par droit* se doivent rapporter au mot *pris*.

(*g*) *Len li doit mettre*] Adjoûtez *terme*. Il y a ainsi dans les manuscrits & dans l'article 68. de l'anciene Coûtume d'Anjou glosée.

(*h*) *Doit laissier*] Un ms. de Monf.r le Chancelier ajoûte, *passer le jour*. La Coûtume d'Anjou glosée y est conforme.

(*i*) *D'an & jour*] Dans l'anciene Coûtume d'Anjou glosée, il y a, *Li doit mettre terme de quarante jours & quarante nuits. Et se il ne vient à celuy terme les Serjents doivent estre ois, & se ils le garantissent, li Serjent doit laissier le jour passer & li doit faire mettre jour de sept jours en sept jours o jugement, & si il ne vient à celuy terme li sires l'y püet esgarder &c.*

(*k*) *Remest*] *Remanet*. Demeure, reste. Dans le manuscrit de M. Baluze, il y a, *remeint*. Toute cette procedure n'est plus en usage comme on l'a dit cy-dessus. Voyez l'article 65. de la Coûtume de Paris avec la conference de Guenois sur le mesme article.

LOUIS IX. en 1270.

CHAPITRE LXVIII.

(a) D'hons qui se plaint de deniers ou de müebles, ou d'autres choses.

SE aucuns se plaint d'un autre *de deniers*, & cil en viegne à la cort, & li autres die, *Vous me devés itant de deniers :* Et li detierres die, *je n'en oi onques parler, pourquoy je demant* (*b*) *jour avenant, & à ce jour je respondré ce que je devré, comme cil qui deffent que nul tort je ne vous fais :* Et li autres die, *je ne vüel mie que vous aiez terme, ains vüel que vous me cognoissiez, ou niés ma dete*, Et se il atend droit, (*c*) droit dira que il li doit cognoistre, ou nier; & se il li connoist, il aura terme de huict jours & de huict nuits *(d)* de rendre *à veüe* de Justice : si que li uns (*e*) ne soit mescreus de rendre, ne li autres de prendre, fors ce que la Justice *(f)* esgardera, se il i a contens. Et se ainsi estoit que il *deffendist*, que il ne *li deust riens*, il auroit terme; & se il deffailloit au *terme*, il auroit *terme en jugement* (*g*) pource que quand les choses qui *sont mueblans sont monstrées* en court, eles valent autant come se eles estoient *monstrées en jugement*, Et se il ne vient au *terme jugié*, & cil li die, *Sire, cil se deffault : Je en demant droit, car je suis tout prés de prouver ma dete*, li Sires doit fere semondre l'autre en jugement, que *il viegne veoir prouver sa dete* que l'autre dit que il li doit. Li termes doit estre mis *ô souffisant recort*, Et se il ne vient, ne à l'un jor ne à l'autre, & li *Serjant* garentissent qu'il li aient *mis les termes*, (*h*) il doivent tant prendre de la chose (*i*) à celui, que ils facent l'autre payer sans prouver. Et quand la seüe chose sera prise, se il disoit, *vous me faites tort, je me plain de celui quar* (*k*) *je nelui dois riens*. La justice li en doit mettre jour (*l*) més la justice si doit estre bien certains du Jugement. Et se il dit, *je ne vous dois riens*, & li autres die, *je le puis bien prouver, comme chose jugiée*. Adonc si doit en oïr les Sergens (*m*) qui ont mis les termes, (*n*) & qui ont mis le jugement, & se il recordent

NOTES.

(*a*) Ce chapitre n'est pas dans le manuscrit de M. Baluze, & il est le 69. de la Coûtume d'Anjou glosée.

(*b*) *Jour avenant*] Dans l'anciene Coûtume d'Anjou glosée, il y a, *jour à avoir*.

(*c*) *Droit dira*] Dans l'anciene Coûtume d'Anjou glosée, il y a, *Droit donra*.

(*d*) *De rendre*] Dans la Coûtume d'Anjou glosée article 69. il y a, *de rendre la dette*.

(*e*) *Ne soit mescreus*] Dans un manuscrit de Monf.r le Chancelier & dans l'anciene Coûtume d'Anjou glosée, il y a *crûs*, ce qui revient au mesme. Le sens de ce chapitre est que celuy qui s'est reconnu debiteur, doit au terme *de huit jours* & de *huit nuits* payer la dete *à vüe de Justice*, afin que dans la suite il ne soit pas *mescru* quand il dira qu'il aura payé, ni le creancier crû en cas qu'il soûtienne qu'il n'ait pas esté payé.

(*f*) *Esgardera*] Voyez la note sur le chapitre 39.

(*g*) *Pour ce que quand les choses qui sont mueblans sont monstrées en Court*] Voyez le chapitre 65. letre D. Dans l'anciene Coûtume d'Anjou manuscrite glosée, il y a mieux, sont *declarées* en Cour.

(*h*) *Il doivent tant prendre de la chose &c.*] Dans un manuscrit de Monf.r le Chancelier, il y a, *Il doivent tant prendre à celui que il fassent payer sans preuver*. Dans le chapitre 69. de l'anciene Coûtume d'Anjou glosée, il y a, *Ils doivent tant prendre des choses, que il fassent payer l'autre sans preuve*.

(*i*) *A celuy*] Ces mots ne sont pas dans l'anciene Coûtume d'Anjou glosée.

(*k*) *Je ne luy dois rien.*] Voyez l'article 471. de la Coûtume d'Anjou.

(*l*) *Més la justice si doit estre bien certains du jugement*] La Coûtume d'Anjou glosée dit plus netement, *mais la justice luy doit toûjours faire enteriner ce qui est jugié avant*.

(*m*) *Qui ont mis les termes*] Le manuscrit de Monf.r le Chancelier, & la Coûtume d'Anjou glosée adjoûtent *jugiés*.

(*n*) *Et qui ont mis les jugemens*] Dans un manuscrit de Monf.r le Chancelier, il y a, *Et ceil qui ont fet le jugement*. Dans la Coûtume d'Anjou glosée, il y a peut-estre mieux, *Et qui ont fait les feremens*. Voyez l'article 471. de la Coûtume d'Anjou.

que

que ainsi soit, si sera cil payés, & li autres si fera droit à la Justice (*o*) dont il aura vée le jugement.

NOTES.

(*o*) *Dont il aura vée le jugement*] Il y a ainsi dans le manuscrit de Monsr le Chancelier. Dans la Coûtume d'Anjou glosée, il y a, *dont il aura nié le jugement*. Voyez l'article 509. de la Coûtume d'Anjou.

CHAPITRE LXIX.

D'hons qui se plaint à qui l'en ait fet dommage.

(*a*) SE aucuns se plaint que uns *autres li ait fet dommage*, & cil venist *à la cort, & se deffendist*, & en demandast *jour à avoir*, il l'auroit. Et se il s'en deffailloit, ainsi come nous avons dit, dessus, l'en feroit rendre à l'autre son domage, (*b*) sans prüeve.

NOTES.

(*a*) Voyez cy-dessus le chapitre 66. & le 68.

(*b*) *Sans prüeve*] Dans l'anciene Coûtume d'Anjou glosée, il y a, *ainsint comme l'autre sans preuve*. Dans le manuscrit de M. Baluze, il y a simplement, *ainsi, comme à l'autre*.

CHAPITRE LXX.

(a) D'hons qui se plaint que l'en li fet tort d'eritage.

(*a*) SE ainsi avenoit que aucuns *se plainsist de un autre*, qui li fist *tort de son heritage*, & cil heritage eust *monstré* en jugement, & cil à qui l'en le demanderoit se defansist, & il fust prouvé *de la defaute*, il en perdroit *sa saisine*, & si la bailleroit l'en à l'autre par bons pleiges metans d'estre à droit. Més pour ce n'auroit-il pas (*b*) *gaaingnié la chose*, que li autres ne l'eust, se il pooit monstrer que ce fust *sa droicture*.

NOTES.

(*a*) Ce chapitre est une repetition du 66. cy-dessus.

(*b*) *Gaaignié la chose*] C'est-à-dire, *la proprieté*. Ce chapitre n'est plus en usage.

CHAPITRE LXXI.

(a) De Baron qui ne veut pas estre jugié par ses Pers.

SE li Bers est apelés en la cort le Roy d'aucune chose qui apartienne à eritage, (*b*) & il die, *Je ne vüel mie estre jugiés par mes pers de cette chose*.

NOTES.

(*a*) Dans un des manuscrits de Monsr le Chancelier, & dans celuy de M. Joubert le titre de ce chapitre est comme dans l'imprimé, *De Baron qui ne veut estre jugé par ses Pers*. Dans le manuscrit de M. Baluze qui est un des plus corrects le titre est mieux, *De Baron qui veut estre jugié par ses Pers*.

(*b*) *Et il die je ne vüel mie estre jugiez par mes Pers de cette chose &c.*] Il y a ainsi dans un manuscrit de Monsr le Chancelier. Dans l'anciene Coûtume d'Anjou glosée, il y a, *Je ne vüel estre de cette chose jugié, se*

Louis IX. en 1270.

(c) adonc si doit-on les Barons semondre (d) jusques à trois à tout le mains, (e) & puis la Justice doit fere droit à ceux, & à autres Chevaliers.

NOTES.

par mes Pers non. C'est-à-dire, *je ne veux estre jugé de cette chose, sinon par mes Pers.* & dans le manuscrit de M. Baluze, il y a plus netement, *Je ne vüeil mie de cette chose estre jugié, fors par mes Pers.*

Anciennement la Justice se rendoit en France, ou par *Pairs*, ou par *Baillis*. *Il y a aucuns lieux*, dit Beaumanoir, là *où li Baillis fet les jugemens, & autres lieux*, là *où li hommes du fief au Seigneur les font..... En la Comté de Clermont doivent tout le jugement estre fait par li hommes dou fiefs &c.*

Cela estoit ainsi dans les justices subalternes, mais en court le Roy. C'est-à-dire, dans les Justices Royales, les Bers, ou vassaux n'estoient pas jugez par leurs Pers à moins qu'ils ne le demandassent, & au lieu que dans les Justices subalternes, ils devoient estre ajournez par leurs Pairs, en court le Roy, ils n'estoient ajournez que par les Sergens Royaux, d'où est venu le proverbe, *Sergent à Roy est Pair à Comte.* Voyez les Institutes de Loisel livre 1. titre 1. regle 32. avec mes notes.

(c) *Adonc doit-on les Barons semondre*] C'est-à-dire, les Barons Pairs au Baron, appellé en la Court le Roy.

(d) *Jusques à trois à tout le moins*] Selon Beaumanoir, chapitre 67. page 336. il en falloit semondre jusques à quatre. *Uns home seul en sa personne ne püet jugier, ainchois en convient ou deux ou trois ou quatre, au meins, autres que le Seigneur.* Voyez Des Fontaines chapitre 21. article 9.

(e) *Et puis la Justice doit fere droit à ceux & à autres chevaliers*] Il y a ainsi dans un manuscrit de Monf.r le Chancelier. Dans celuy de M. Baluze, & dans l'anciene Coûtume d'Anjou glosée, il y a beaucoup mieux, *o eux & o autres Chevaliers.* C'est-à-dire, avec ces trois Barons Pairs & les autres Chevaliers qui se trouveront au jugement. Ce chapitre n'est plus en usage.

CHAPITRE LXXII.

(a) De demander éritage à hons qui atend à estre Chevalier.

SE l'en demande à Baron, ou à autre *Gentilhons*, aucune chose de son heritage, (b) & il ne *soit mie encore Chevaliers*, & il die à ceux qui li demanderoient, *Je ne vous feré nus tors*, (c) *més je demant attente d'estre Chevaliers, ains que je vous responde*, il aura l'atente *de un an* & *d'un jours* par droit.

NOTES.

(a) Dans un manuscrit de Monf.r le Chancelier, ce chapitre a pour titre, *De privileges de Chevaliers.* Et dans la Coûtume d'Anjou glosée, le titre est, *Quand len demande à Baron ou autre gentilhome de son heritage.* Dans le manuscrit de M. Baluze le titre est comme dans l'imprimé.

(b) *Et il ne soit mie encore chevalliers*] Du temps que ces Establissemens furent faits la majorité des nobles estoit à vingt-un an, qui estoit l'âge auquel ils pouvoient porter les armes & deservir leurs fiefs, & les roturiers estoient majeurs à quatorze ans, qui estoit l'âge auquel ils pouvoient faire quelque negoce. Voyez cy-aprés les chapitres 73. & 140. Ceux qui possedoient des fiefs de *Haubert* estoient obligez de se faire *Chevaliers* dés qu'ils estoient majeurs, mais à l'égard des autres gentilshommes, ils se faisoient *Chevaliers* quand ils pouvoient. Ce chapitre doit estre entendu des Chevaliers *Bachelers* qui estoient ordinairement pauvres, & non des *Chevaliers bannerets* qui estoient riches. Voyez mon glossaire, sur *Bachelier.*

(c) *Mais je demande attente d'estre chevaliers*] Cette attente estoit un petit respit, qui estoit accordé aux Chevaliers à cause de la dépense extraordinaire qu'ils estoient obligez de faire quand ils recevoient *l'accolade*, & outre cela ils levoient les *loyaux aydes.* Voyez le chapitre 42. cy-dessus, & ce qu'on y a remarqué, le chapitre 73. de l'anciene Coûtume d'Anjou glosée, & l'article 95 de la Coûtume d'Anjou, avec la neufviéme dissertation de M. Du Cange sur *Sire*, De Joinville, page 189.

LOUIS IX. en 1270.

CHAPITRE LXXIII.

D'aage de Gentilhons & de tenir en bail.

(a) GEntilhons n'a aage *de soi combattre* devant que il ait *vingt-un an*, ne ne doit *tenir terre*, (b) ne avoir *Seignorie de* nul heritage, (c) que l'en li demandast, (d) se l'en ne *l'en avoit dessesi*, més à sa *dessesine* (e) il auroit response. Et aussi Gentishons & Gentilfame, se il tiennent enfant *en bail*, (f) il

NOTES.

(a) *Gentilhons n'a âge de soi combattre avant qu'il ait vingt-un an &c.]* Tel estoit l'ancien Droit de la France, comme il se void encore par la decision 249. de Jean Des Mares, qui doit estre jointe à ce chapitre. *Enfans de peste sont aagiez à quatorze ans puisqu'ils sont mâles, & les pucelles sont agiées à douze ans. Mais ceux qui sont nobles sont agiez à vingt-un an, quant és choses nobles & feodataires, & quant à celles qui sont tenuës en villenage à quatorze ans.* Voyez le chapitre 140. cy-aprés, & l'autheur du grand Coûtumier livre 2. chapitre 42.

De là vient que la *garde noble* dans plusieurs de nos Coûtumes dure aux mâles jusques à *vingt ans* accomplis, & aux femelles jusques à *quinze ans*, & la garde Bourgeoise aux mâles jusques à *quatorze ans*, & aux femelles jusques à *douze ans*. Voyez ce que j'ay remarqué sur le titre *De la garde noble & bourgeoise* de la Coûtume de Paris, & sur la regle 34. du premier livre des Institutes de Loisel.

(b) *Ne avoir Seigneurie]* Dans la Coûtume d'Anjou glosée, dans un manuscrit de Monsr le Chancelier & dans celuy de M. Baluze, il y a, *ne avoir saisine*, & c'est ainsi qu'il faut lire, le mot Seigneurie, n'ayant pas un si bon sens.

(c) *Que len li demandast]* Lisez *qu'il demandast*, & il y a ainsi dans l'ancienne Coûtume d'Anjou glosée, dans le manuscrit de Monsr le Chancelier, & dans celuy de M. Baluze.

(d) *Se len ne l'avoit dessaisi]* C'est-à-dire, que quand le mineur avoit esté dessaisi, luy ou son tuteur pouvoient agir pour rentrer dans la possession de son bien. Voyez cy-dessus le chapitre 85. avec la note.

(e) *Il auroit response]* La *reponce* se dit du deffendeur, & la *voix* du demandeur, mais icy la *réponse* est la mesme chose que la *voix*.

(f) *Il ne püent riens demander de leur droiture si leur pere n'en estoit mort vestu &c.]* Tel estoit l'ancien droit de la France sous *la seconde race de nos Rois*, & comme souvent les peres usurpoient injustement des biens & les cedoient à leurs enfans mineurs en fraude des proprietaires, Charlemagne fit en 829. le capitulaire suivant qui se trouve dans la loy des Lombards, *lib. 2. tit. 25. cap. 4.* & qu'Yves Evesque de Chartres a rapporté dans son decret partie 16. cap. 342. *Quicumque res alienas cuilibet homini vendiderit, & ipse homo, easdem res alteri alicui dederit seu vendiderit, & ipse qui tunc easdem res comparatas habet, per malum ingenium* PROPRIO FILIO, *aut alteri cuilibet* necdum legitimos annos habenti, *justiciæ tollendæ causa tradiderit, volumus atque firmiter præcipimus, ut si pater ejusdem parvuli vixerit, ipse intret in causam rationem reddendi pro filio suo.*

Si autem pater mortuus est, tunc legitimus ejus propinquus qui juste & tutor, aut defensor esse videtur pro eo ipso rationem reddere compellatur, similiter de aliis omnibus justiciis ad eam pertinentibus. EXCEPTA SUA LEGITIMA HEREDITATE, QUÆ EI PER SUCCESSIONEM PARENTUM SUORUM LEGITIME OBVENIRE DEBUIT.

Quod si quis hanc nostram jussionem contempserit, vel neglexerit, sicut de cæteris contemptoribus ita de eo agatur. Is verò qui easdem res primus invaserit, & injuste vendidit, nec non & emptores, excepta solâ personâ parvuli, hoc quod fraudulenter admiserunt intra patriam emendare cogantur, & postea, sicut contemptores jussionis nostræ sub fidejussoribus ad nostram præsentiam venire compellantur.

En l'année 1330. Philippes de Valois abrogea cet ancien droit. Et afin que les baillistres, les Baux, ou gardiens ne negligeassent pas les affaires de leurs mineurs en n'entreprenant pas pour eux des procés necessaires, dans la crainte d'en payer les frais, il ordonna qu'*en cas de garde*, il seroit pourvû aux mineurs de tuteurs ou de curateurs.

En l'année 1498. il y eût Arrest en la maison de St Theran, par lequel il fut jugé suivant cette Ordonance, que le gardien noble ne pourroit point agir pour son mineur, mais que l'on feroit creer à cet effect au mineur un tuteur, ou un curateur. Et c'est sur cette Ordonance & cet Arrest que l'article 270. de la Coûtume de Paris, suivi dans nos autres Coûtumes, a esté fait.

LOUIS IX. en 1270.

ne püeent *riens demander* (*g*) *de leur* droicture, se leur pere n'en estoit *mort vestu & sesi*; ou se ce n'estoit *escheoite qui leur est avenuë* de droit puis la mort au pere. Et se l'en demandoit *au bail* choses dont li peres aus enfans fust mors *sesis & vestus*, tout le teinsist-il à tort, si n'en *respondroit jà le bail*. Et se ainsi estoit, que le *bail rendist* à l'enfant sa terre, & l'eust fait prendre à home à ses Seigneurs, (*h*) ainçois que il fust en aage, & aucun li demandast du sien, il *ne respondroit point par droit jusques à tant qu'il eust vingt-un an*. Et se ainsi estoit, que le bail ne li vousist *rendre sa terre, & deist* qu'il n'eust pas *aage de terre tenir*, & cil l'offrist à prouver qu'il eust vingt-un an, il le *prouveroit* (*i*) *par ses parrains, & par le Prestre* qui le baptisa, & le jüerroient seur sains, (*k*) *& li Prestres* le diroit en parole *de prevoire*. Et s'il ne les pooit avoir, qu'il fussent tuit mort, il le proveroit par *preudoms*, & par *preudes fames* qui seroient certains de son aage, & le jüerroient *seur sains*. Et quant la Seignorie auroit receu (*l*) les parties *des preudomes*, l'en le mettroit en foi & en la (*m*) Seignorie de sa terre, se ainsi estoit que le bail li eust rendu, & de sa volenté, (*n*) il ne devroit pas prendre les hommages de sa terre devant que il soit en la foy au Seigneur.

NOTES.

(*g*) *De leur droiture*] C'est ce qui est appellé *justiciæ* dans le capitulaire transcrit cy-dessus.

(*h*) *Ainçois qu'il fut en âge*] C'est-à-dire, avant qu'il fut en âge.

(*i*) *Par ses Parains*] Dans les manuscrits, il y a, *& marines*.

(*k*) *Et li Prestres li diroit en parole de Prevoire*] Dans un manuscrit de Monf.r le Chancelier & dans celuy de M. Baluze, *en parole de Prestre*, ce qui est la mesme chose, *Prevoire*, comme *Prestre* venant de *Presbyter*.

(*l*) *Les parties*] Lisez les *preuves*, & il y a ainsi dans le manuscrit de Monf.r le Chancelier & dans celuy de M. Baluze.

(*m*) *Seignorie*] Dans le manuscrit de M. Baluze, il y a, *saisine*.

(*n*) *Il ne devoit pas prendre les homages de sa terre devant que il soit en la foy du Seigneur*] Voilà la preuve qu'anciennement celuy qui possedoit un fief ne pouvoit pas recevoir *les homages de ses vassaux avant qu'il fut en foy envers son Seigneur*. L'article 79. de la Coûtume de Clermont en Beauvoisis, en a une disposition expresse. Mais il faut remarquer que dans le temps de ces Establissemens, la maxime, *tant que le Seigneur dort le vassal veille*, n'estoit *pas encore connüe*. Voyez ma note sur Duplessis livre 1. des fiefs, chap. 5. page 25. de l'Edition de 1709.

CHAPITRE LXXIV.

De conter lignage à son aparageur.

SE aucuns (*a*) avoit tenu en parage longuement, & cil de qui il auroit tenu deist, (*b*) *Je ne vüel que vous teingniez plus en parage de moi, se vous ne me monstrés le lignage*. Et li autres dit, *Je vous le monstreré*, il li doit mettre terme pardevant soi *pour le parage conter*, & cil li doit *monstrer & conter*, dont il est issus, & le lignage de degré en degré. Et se il se truevent si prés que eus ne s'entrepuissent *avoir par mariage*, & li uns soit homme, & li autres soit fame, il

NOTES.

(*a*) *Avoit tenu en parage longuement*] La tenure en parage est une espece de *jeu de fief*, par lequel le fief, quoyque divisé entre les freres, est toûjours entier par rapport au Seigneur dominant, auquel l'aîné seul porte la foy, & garantit ses freres & sœurs puinez sous son hommage. Et parce que tant que cette tenure dure, les puinez tiennent en *parité* avec leur aîné, elle a esté nommée *Parage*.

(*b*) *Je ne vüels plus que vous teingniez en parage de moy, si vous ne me montrez le lignage &c.*] On a remarqué sur le chapitre 22. & le 44. cy-dessus que le parage ne duroit que tant que le lignage duroit, & que les descendans des aînez qui garantissoient, & les descendans des puinez garantis ne se pouvoient marier ensemble.

Avant l'année 1216. le lignage duroit jusremaindra

remaindra en paraige. Et se cil ne l'en croit, il *jüerra seur sains*, que il a conté loiaument le lignaige à son escient, & quand il aura fait le serement, *il remaindra en paraige*, & se il n'osoit fere le serement, *il li feroit homage, &* quand il li auroit fet homage, (*c*) li sires ni porroit asseoir *que un roncin de service*.

Louis IX, en 1270.

NOTES.

ques au sixiéme degré inclusivement, & jusques au septiéme exclusivement. *Canone Ad sedem causâ 35. Quæstione 5.* En sorte que le Parage duroit alors jusques au septiéme degré exclusivement.

Mais le Concile de Latran de l'an 1216. ayant permis les mariages au delà du *quatriéme degré de consanguinité*. Capitulo *Non debet extra De consanguinitate & affinitate*, le Parage a esté restraint dans ces degrez. Voyez Beaumanoir page 303. ligne 12.

Cependant en Normandie le Parage duroit jusques au *sixiéme degré*, comme il se void par ce qui suit du chapitre 35. à la fin. *Les aînez font les hommages aux chiefs Seigneurs, & les puinez tiennent d'eux par parage, sans hommage. Par la main des aînez payeront les autres les reliefs, les aydes & toutes les autres redevances aux chiefs Seigneurs, & par eux doivent estre faites toutes les semonces aux puinez. Quand le lignage sera allé jusques au* sixte degré, *les hoirs aux puinez seront tenus à faire feauté aux hoirs de l'aîné, & quand il sera allé jusqu'au* septiéme degré *ils seront tenus à leur faire hommage, pource que le septiéme degré est du tout hors du lignage.*

Il n'est pas là parlé de mariage, ce qui pourroit donner lieu de croire qu'en Normandie le parage duroit tant que les descendans des freres se pouvoient succeder. Voyez l'article 129. de la nouvelle Coûtume & l'article 41. & 42. du Reglement.

(*c*) *Li sires ni pourroit assoir qu'un ronssin de service.*] Voyez le chapitre suivant, & les 42. 43. 44. cy-dessus.

CHAPITRE LXXV.

(*a*) *De rendre roncin de service.*

(*b*) NUs hons ne rend *roncin de service* devant que il se *depart de la foi à celui à qui il l'aura rendu*. Car se cil à qui il l'auroit rendu se *mouroit*, il rendroit à celuy *à qui la terre escharroit*. Et se ainsi avenoit que aucuns eust rendu son *roncin de service* à son Seigneur, & ses sires le vousist donner à son

NOTES.

(*a*) *Roncin de service*] Voyez cy-aprés le chapitre 76.

Ce chapitre n'est pas dans le manuscrit de M. Baluze. Voyez le chapitre 44. cy-dessus à la fin.

(*b*) *Nus hom ne rend roncin de service devant que il se depart de la foy, à celuy à qui il l'aura rendu*] Ce chapitre est obscur. Pour l'entendre il faut sçavoir que le roussin de service est dû & à mutation de Seigneur & à mutation de vassal. *Cheval de service*, dit la Coûtume d'Anjou dans l'article 132. *se paye ordinairement par ceux qui tiennent terres sujettes à chevaux de service, à mutation par mort* de sujet & de chacun d'eux. *Et combien que les foy & homage ne soient pas faits, toutesfois peut-on avoir & demander ledit cheval de service, qui est dû pour raison de la mutation, non pas pour raison de l'homage.*

Le sens de ce chapitre est donc que tant que le vassal est en foy, il ne doit point de *cheval de service*, & qu'il doit *le cheval de service*, lors qu'il est departi, ou degagé de sa foy par le deceds de son Seigneur, ou lors qu'il a porté sa foy à celuy qui a acheté du Seigneur le fief dominant.

Que l'on suppose qu'un Seigneur qui a esté payé de son cheval de service, ait donné son fief à son fils. Le vassal qui a payé le cheval de service au pere, sera-t-il obligé de le payer encore au fils. Et si le vassal se depart de la foy qu'il a faite au pere, en faisant nouvellement l'homage au fils, il est indubitable qu'il sera obligé de donner au fils un cheval de service.

Mais si le vassal dit au Pere, *Je ne me departiray pas de la foy que je vous ay promise*, c'est-à-dire, *Je ne cesseray pas de vous reconnoistre pour mon Seigneur, & je ne me reconnoistray point vassal de vostre fils en luy portant la foy, si je ne me departs de vostre foy*, *comme de* fief servi, *puisque je vous ay payé le cheval qui vous estoit dû.* Dans ce cas le vassal, de droit, ne se departira pas de la foy du Pere, à moins que le Pere ne le fasse decharger par son fils du *cheval de service*,

LOUIS IX. en 1270.

fils, ou à sa fille, & li hons respondist, *Je ne me voel pas partir de vostre foy, se je ne m'en part* (*c*) *comme de foy servie, quand je vous ai rendu vostre roncin de service.* Il ne s'en partira pas par droit, se il ne le fet quitter à l'autre, à qui il le rendroit, (*d*) se cil mourroit, ou il li *fera ottroier que il ne prendra point de roncin de service, tant* comme cil vive, à qui il l'aura rendu.

NOTES.

ou à moins que le fils ne luy promette qu'il n'exigera de luy le cheval de service que quand son pere sera mort.

(*c*) *Comme de foy servie*] Lisez *comme de fié servi*, & il y a ainsi dans l'anciene Coûtume d'Anjou glosée chapitre 76.

(*d*) *Se cil mourroit*] Ces mots sont inutiles, & ne sont ni dans le ms. de Monf.r le Chancelier, ni dans l'anciene Coûtume d'Anjou glosée.

CHAPITRE LXXVI.

Quel redevance cil qui tient en paraige fet à son aparageur.

(*a*) NUs hons *qui tient en paraige* ne met riens en *roncin de service*, ne en nus rachat, ne en nul service, que cil, de qui il tient en parage, face au chief Seigneur, se ce n'est *en ses loiaux aides.*

NOTES.

(*a*) *Nus hons*] Ce chapitre est expliqué sur le 42. & le 43. Voyez l'article 218. de la Coûtume d'Anjou.

CHAPITRE LXXVII.

De demander homage à enfans qui sont en bail.

SE aucuns *hons*, ou aucune fame *tient enfanz en bail*, & cil enfant tiennent en *paraige*, (*a*) & li sires leur die, (*b*) *Je ne vüel que vous me faciés mon hommage, que cil enfanz ne me sont riens que vous tenez en bail, si vüel que vous me faciez la foi, ou vous me contez le lignage.* Et cil qui tient en bail si li doit respondre, *Je ne vous feré ne l'un ne l'autre,* (*c*) *que je ne suis que bail* (*d*) *si vüel tenir en achat ce que li peres aus enfans tient, & en atend droit.* Si li esgardera l'en, que il n'en doit point fere, ne conter lignage, ainçois tendra en autel estat, (*e*) comme li heritiers avoit tenu avant que il mourust.

NOTES.

(*a*) *Et li sires*] Par ce mot il ne faut point entendre icy le *Seigneur dominant* du fief appartenant à l'enfant qui est en bail, mais *l'aîné*, ou celuy qui le represente, qui ne veut plus garentir l'enfant en franc parage sous son hommage.

(*b*) *Je ne vüel*] Dans un manuscrit de Monf.r le Chancelier. Dans celuy de M. Baluze, & dans l'anciene Coûtume d'Anjou glosée, il y a, *je vüel*, & c'est ainsi qu'il faut lire, parce qu'avec la negative il n'y a aucun sens dans ce chapitre.

(*c*) *Que je ne suis que Bail*] Dans les manuscrits, il y a mieux, *quar* ou *car je ne suis que bail.*

(*d*) *Si vüel tenir en achat*] Il n'y a là aucun sens. Dans les manuscrits de Monf.r le Chancelier, de M. Baluze, & dans l'anciene Coûtume d'Anjou glosée, il y a mieux, *si vüel tenir en estat, &c.*

(*e*) *Comme li heritiers avoit tenu avant que il mourut*] Dans le manuscrit de M. Baluze, il y a, *Comme li heritagiers*, c'est-à-dire, celuy qui a delaissé l'heritage, *& qui l'avoit tenu avant que il mourut.* Dans un ms. de Monf.r le Chancelier, il y a encore mieux, *Comme li sires tenoit avant que il mourust.*

La raison de ce chapitre est que le bail qui n'est qu'un simple usufruitier, ne peut changer l'estat du bien de son mineur. Voyez la note sur le chapitre 74.

Louis IX. en 1270.

CHAPITRE LXXVIII.

De Gentilshons qui demande amandement de Jugement.

(a) NUs *Gentishons* ne püet demander *amandement de Jugement* que *l'en* li face, ains convient que *il le fausse tout oultre,* ou que il *le tienne pour bon,* (b) se ce n'est *en la cort le Roy :* car illuec püeent toute gent demander *amandement de Jugement* par droit, selon droit escrit en Code *De precib. Imperat. offerendis l. ult. & l. si quis.* (c) Et pour ce ne l'en püet fausser, car l'en ne trouveroit mie qui droit en feist, *(d)* car *li Rois ne tient de nului fors de Dieu & de luy.*

NOTES.

(a) *Nus gentishons ne püet demander amendement de Jugement*] Par le Droit Romain il y avoit trois voyes pour se pourvoir contre les Sentences.

La premiere estoit *l'appel* qui estoit la voye la plus ordinaire.

La seconde estoit la restitution en entier. *Lege Cum & minores Cod. Si adversus rem judicatam.*

Et *la troisiéme* estoit la *supplication,* qui differoit principalement de *l'appel* en ce que *l'appel* portoit l'affaire devant le *Juge superieur,* au lieu que la *supplication* se faisoit *au Juge mesme* qui avoit rendu la sentence, à qui l'on en demandoit la *reformation,* ou *l'amendement. Appellatio,* dit Oldendorpius trahit causam ad *superiorem Judicem, supplicatio ad eundem qui judicavit. Ratio diversitatis est, quia* appellatio *præsupponit* iniquitatem sententiæ, *de quâ ejusdem judicis cognitio esset suspecta.* Supplicatio *misericordiam implorat, ideoque nihil prohibet eundem judicem de eo cognoscere & statuere.* L'appellation suspendoit l'execution du Jugement. La supplication ne le suspendoit pas &c. Ce qui est expliqué avec exactitude par Oldendorpius *Tract. De Re judicatâ. Tit. De Remediis adversus iniquam sententiam judicis,* page 517. *Editionis Basileensis, anni 1559.*

Suivant ce chapitre, *Nus gentishons,* & suivant le chapitre 146. *Nul homme coûtumier* ne pouvoit demander *amendement de Jugement* en Cour *subalterne,* & *non royale,* parce que les Seigneurs, ou leurs Juges ne pouvoient corriger leur Sentence. Mais au lieu de demander *amendement,* il falloit *fausser* de la maniere qu'on l'a expliqué cy-dessus, sur le chapitre 6. & plus au long sur l'article 8. de l'Ordonance de 1260. *touchant les batailles.*

(b) *Se ce n'est en Cour le Roy car illuec püent toute sorte de gens demander amendement de Jugement*] Les parties demandoient cet amendement en *proposant* qu'il y avoit *erreur* de fait dans le jugement. *Vide Rebuffum ad constitutiones regias* Tractatu *De supplicationibus & errorum propositionibus* pag. 300. Par l'Ordonance de 1667. au titre des Requestes civiles article 42. *ces propositions d'erreur ont esté abolies.*

(c) *Et pource ne l'en püet fausser*] Dans les manuscrits & dans la Coûtume d'Anjou glosée, il y a mieux, *pource que len ne püet fausser.*

(d) Car li Rois ne tient de nullui] Voyez Loisel livre 1. tit. 1. Regle 2. le chap. 13. du second livre à la fin, & Brodeau sur l'article 60. de la Coûtume de Paris.

CHAPITRE LXXIX.

(a) *De gent qui ont à marchir au Roy d'aucunes choses, & comment li Roy esgarde droit à lui & à autruy.*

SE li Rois tient aucunes choses de ses hommes, qui li demandent, & si dient, *ce est nostre droicture que vous demandons, & somes prest* (b) *de trere l'en-*

NOTES.

(a) *De gens qui ont à marchir avec le Roy*] *Marchir* ou *marchier,* vient de *marc* ou *march,* qui signifie *Borne,* de sorte que *marchier* ou *marchir,* n'est autre chose que *borner,* ou *mettre des bornes,* ou *terminer* à ce sujet

LOUIS IX. en 1270.

queste & la jurée de la gent du pais, li Rois (*c*) ne leur peut véer par droit, ains doit commander au *Baillif* que il face semondre les *gens des plus prochaines paroisses*, (*d*) & les prochains Chevaliers, & les *prochains* (*e*) *Serjans fiefés*, & les *prochains Barons*, (*f*) se la querele est si grand. Et si les doit l'en fere jurer à dire voir, & se il est conneu que ce soit (*g*) la droicture le Roy, elle li remaindra, & tout ainsi à l'autre partie (*h*) se la mode garantist que ce soit leur (*i*) droicture.

NOTES.

quelque different. Voyez le chapitre 3. & 19. du second livre. Dans le manuscrit de M. Baluze ce chapitre a pour titre, *De gens qui ont à marchier d'aucunes choses luy & autruy*.

(*b*) *De traire l'enqueste*] Dans le manuscrit de M. Baluze, il y a, *de croire en l'enqueste*. Il y a pareillement *croire en l'enqueste* dans l'anciene Coûtume d'Anjou glosée. Dans un mf. de Monf.r le Chancelier, il y a, *Querre l'enqueste*, & dans un autre, *attendre*.

(*c*) *Ne leur püet véer*] C'est-à-dire, ne le peut *empescher*. *Véer*, comme on l'a tant dit, vient de *vetare*.

(*d*) *Et les prochains chevaliers*] Voyez l'anciene Coûtume de Normandie au titre *De vüe* & de *Record de vüe*.

(*e*) *Sergens fiessez*] Voyez mon glossaire sur *Sergent feodé* ou *du fief*, sur *Sergenteries*, & Loiseau dans son traité des offices livre 2. chapitre 2. num. 49. page 152. de l'Edition de 1660.

(*f*) *Si la querelle est si grand*] C'est-à-dire, s'il s'agit de *fiefs* & de *grands fiefs*. Voyez les chapitres de l'anciene Coûtume de Normandie que l'on vient de citer, & ce que j'ay remarqué cy-dessus sur le chap. 67. letre B.

(*g*) *La droiture le Roy*] C'est-à-dire, la Seigneurie ou le domaine du Roy, ou la chose qui de droit luy appartient.

(*h*) *Se la mode garantit*] Il n'y a là aucun sens. Dans un manuscrit de Monf.r le Chancelier, dans celuy de M. Baluze, & dans l'anciene Coûtume d'Anjou glosée, il y a mieux, *& si la jurée garantit*.

(*i*) *Sa droiture*] La Coûtume d'Anjou adjoûte *en la Cour le Roy*.

CHAPITRE LXXX.

Comment l'en doit demander amandement de Jugement.

(*a*) NUS hons ne püet demander *amandement de Jugement* en la Court *le Roy*, (*b*) se ce n'est *le jor meisme que li Jugement sera fés*, (*c*) car l'en

NOTES.

(*a*) *Nus hons ne püet demander amendement de jugement*] Voyez ce que j'ay remarqué sur le chapitre 6. & 78. cy-dessus, & sur le chapitre 8. de l'Ordonance de 1260. qui a aboli les batailles.

(*b*) *Se ce n'est le mesme jour que li jugement sera faits*] Cecy est tiré du Droit Romain.

En la Cour le Roy toute personne pouvoit demander, comme on l'a dit cy-dessus, *amendement de jugement*, non *par appel*, mais *en suppliant*. Ce qui est bien remarqué dans le chapitre 15. du second livre de ces Establissemens, en ces termes. *Cil qui demande amendement, doit dire en telle maniere.* De ce jugement je demande amendement de jugement, *en soupliant, car soupplications doit estre faite en Court le Roy*, & non pas *appel*, car *appel* contient *felonie & iniquité*, selon Droit écrit en Code, *De haut Prince les prieres*, en la loy qui commence, *Si quis adversus* 5. en la loy *Instrumentum* 8. en la loy unique qui commence *Litigantibus*, *Codice De sententiis Præfectorum Prætorio*, & en la loy *Præfecti* 17. Dig. *De minoribus*, où il est traité de cette matiere.

Or suivant le Droit Romain, *la supplication* par laquelle on demandoit *amendement de Jugement*, se faisoit *par écrit*, quand il y avoit du temps que le jugement avoit esté rendu, mais si celuy qui s'en plaignoit, le jugeoit à propos, il pouvoit *le mesme jour* supplier de *vive voix*, & aprés le jour *il n'y estoit plus reçeû*, ainsi que Oldendorpius l'a remarqué dans son traité *De re judicatâ Tit. de Remediis adversus iniquam sententiam judicis* page 519. de l'Edition de Basle de l'an 1559. *Hanc supplicationem exhibere oportet, vel intra decem dies, vel intra biennium diversis tamen effectibus. Rursus ordo supplicandi requirit, ut preces ex scripto porrigantur*, ad instar appellationis. *Quod verum est, cum ex intervallo supplicatur. Sed eodem die quo sententia lata est, permittitur victo vivâ voce supplicare, ut* doit

doit *maintenant apeler,* selon l'usage de la court laie, car les choses qui sont jugiés, (*d*) dont l'en apele, *sont tenües,* selon droit escrit en Code. *De advoc. diver. judic.* en la loi premiere en la fin, (*e*) car il n'auroit *point de amandement de Jugement,* se li jors passoit. Et se il le requiert au Baillif *en soupliant,* li doit dire, & li doit requerre, *Sire, il me semble que c'est jugement me griéve, & pour ce en requier-je amandement, & que vous me mettez terme, & fêtes tant de bonnes gens venir, que eux connoissent se li amandement i est, ou non, par gens qui le puissent fere, & doivent* selon le droit, & l'usage de Baronnie. Adonc li *Baillif* li doit mettre *terme,* & li doit fere semondre des *hommes le Roy, & ceux qui furent au jugement fere, & autres preud'hommes qui connoissent de droit* & de jugement : & pour garder se le jugement est bon, ou non, *Et se le jugement est bon* par leur esgard & par leur dit, *il sera tenus,* & se il n'est bons, il le *convient amander.* Et se il esgardent, que il n'y ait *point d'amandement,* cil qui aura demandé amandement de jugement, *(f)* il *en gagera ses müebles,* se il est Gentishons, & hons le Roy. Et se li *Baillif* ne vouloit fere *l'amandement de Jugement,* cil en püet *appeler devant le Roy.* Et se li *Rois & ses Conseils* dient que il *soit bons & loiaus,* cil en gage *ses müebles :* més le *Roy le doit sçavoir par cels qui furent au Jugement fere,* Et se li Jugement ne fut bien faict, *li Rois li doit fére rendre ses cousts & ses dommages au Baillif, qui fist le jugement.*

LOUIS IX. en 1270.

NOTES.

in appellatione constituitur. Lege 1. in fine & lege sequenti Dig. De appellationibus.

Quand les appellations eurent esté introduites, l'usage fut qu'elles seroient faites incontinent aprés le jugement rendu, comme il se void par l'art. 18. de l'Ordonance de Charles VII. de Montil-les-Tours au mois d'Avril de l'an 1453. *Nous avons entendu que les Procureurs de plusieurs, aprés que les Sentences sont prononcées par nos Juges, & autres en pays coûtumiers, en acquiesçant à icelles Sentences reprennent leurs sacs & procés des Greffiers, & ung, deux, trois, quatre ou six mois aprés, que les Juges envoyent pour executer leurs Sentences, les parties principales sur qui se doit faire l'execution, en appellent, ou font appeller comme de nouvel venu à leur congnoissance, combien que par la Coûtume de nostre Royaulme en pays coûtumier len doit appeller* incontinent aprés la Sentence, ou appoinctement prononcé, autrement jamais on n'y est reçeû, *Decernons & declairons, que doresenavant* nul ne soit reçeû à appeller, *s'il ne appelle* incontinent aprés la Sentence donnée, *sinon que par dol, fraude ou collusion du Procureur qui auroit occupé en la cause, icelui Procureur n'eust appellé, ou qu'il y eust grande & évidente cause de relever l'appellant, de ce qu'il n'auroit appellé incontinent.*

(*c*) *Car l'en doit maintenant appeller selon l'usage de Court laie*] Remarquez que l'usage des appellations n'a esté reçeû que tard en France en Court laie.

(*d*) *Dont l'en appelle*] Dans un manuscrit de Monsr le Chancelier, il y a mieux, *dont len appelle pas.*

(*e*) *Car il n'auroit point d'amendement de Jugement se li jour passoit*] Voyez ce que je viens de remarquer sous la lettre B.

(*f*) *Il en gagera ses müebles se il est gentilhons & hons le Roy*] Voyez le chap. 19. du second livre au commencement.

CHAPITRE LXXXI.

Comment l'en doit appeler son Seigneur de default de droit.

SE aucuns Gentishons (*a*) ot que ses Sires li face mauvais jugement, (*b*) il li püet bien dire, (*c*) *c'est jugement est mauvais & faus, & je ne pledeé jà*

NOTES.

(*a*) *Ot*] Il y a ainsi dans le manuscrit de M. Baluze. Ce mot vient *d'oüir,* & signifie *entend. Audit.* Dans la Coûtume d'Anjou glosée, il y a, *dit.*

(*b*) *Il püet bien dire c'est jugement est mauvais & faux &c.*] Selon Beaumanoir dans ses Coûtumes du Beauvoisis chapitre 61. *Des aveux,* page 311. à la fin, *Quiconque vouloit son Seigneur appeller de faux jugement,*

LOUIS IX. en 1270.

plus pardevant vous, Et se li sires *est Bers*, *(d)* il s'en doit clamer en la *Court le Roy*, (*e*) ou en *la Cour de celui de qui il tendra*, Et se li sires est *Vavasors* qui aura fet le jugement faux, li autres s'en doit clamer en *la Court au Bers*, ou de celui de qui il tendra, & li püet dire en tele maniere, *Sires, cil m'a fet faux jugement, pour laquelle reson je ne vüel plus tenir de luy, ainçois tendre de vous qui estes Chief Sires*. Et se li Vavasors dit, *Je m'en deffent*, Et li autres die, *Je ne vüel mie qu'il s'en puisse deffendre, car il me fist le jugement faux à veüe & asseüe de moi, qui foi li doit*, (*f*) *& le sui prest de monstrer contre son cors, se il le veut deffendre*, Et tout ainsi appelle l'en son *Seigneur de faux jugement* (*g*) & en püet l'en *bien jugier une bataille*, (*h*) Et se cil qui *appelle* son Seigneur *vaint l'autre*,

NOTES.

ou de defaute de droit, il devoit tout avant son Seigneur requerre, que il li feist droit, & en la presence de ses Pers, & se li sires le veoit, il avoit bon appel de defaute de droit. Et se il appelloit avant que il eust son Seigneur sommé en cheste maniere, il estoit renvoyé en la Court de son Seigneur, & il li devoit amender de che que, il l'avoit trait en la Court du souverain, seur si vilain cas, & estoit l'amende en la volonté dou Seigneur, de tout che que li appellieres tenoit de luy &c. Voyez le chapitre 43. des Loix de Thibaud Comte de Champagne.

(*c*) *C'est jugement est mauvais & faux*] Selon Beaumanoir chapitre 67. page 337. à la fin. *Il estoit deux manieres de fausser jugement, desquels li uns des apiaux se devoit demener par gages, & si estoit quand on ajoûtoit avec l'appel, villain cas*, en disant vous avez fait jugement faux & mauvais, comme mauvais que vous estes, ou par loyer ou par promesse, ou par autre mauvaise cause. *L'autre se devoit demener par errement seur quoy li jugement fut faits &c.*

(*d*) *Il s'en doit clamer en la Cour le Roy*] Les Seigneurs supportoient ces appels avec peine & usoient souvent de rigueur envers ceux qui les avoient interjettez, en voicy un bel exemple tiré de la vie de St Loüis. *Aliquando motâ quæstione inter Dominum Karolum fratrem ejusdem Regis tunc Comitem Andegaviæ, & quemdam alium militem super quodam castro, latâque sententiâ in Curiâ prædicti Comitis contra militem prefatum, Miles prædictus appellans ad Regis Curiam, jubente Comite, in carcere detinetur: quibus compertis sanctus Rex æquitatis viâ Regiâ incedens, ad sinistram, vel ad dextram non declinans, Comitem præcepit ad se evocari, quem in sui præsentiâ constitutum, eo quod militem appellantem in carcere detineret multum redarguit, dicens ei quod unus Rex debebat esse in Franciâ, & quod non crederet, quod quia frater ejus erat, parceret sibi in aliquo contra justitiam, præcipiens que ei ut militem liberaret, ut appellationem suam posset libere prosequi coram eo. Miles vero Regis præcepto liberatus, ministratis consiliariis eidem militi a Domino Rege, quos & fecit jurare quod fidele consilium prædicto militi darent. Tandem vero illatâ causâ contra militis cassatam sententiam pro se obtinuit in Curiâ justi Regis &c.*

(*e*) *Ou en la Court de celuy de qui il tiendroit &c.*] Beaumanoir explique cecy dans le chap. 61. *des aveux* page 317. en ces termes, *Chil qui appelle, soit de defaute de Droit ou de faux jugement, doit appeller devant le Seigneur de qui len tient le Court, où li faux jugemens fut faits, car se il se trepassoit & appelloit pardevant le Comte, ou pardevant le Roy, si en auroit chil le Court, de qui len tenroit le justiche nu à nu, ou le jugement fut fet, car il convient appeller de degré en degré.* C'est-à-dire, *selonc che que li homage descendent, dou plus bas, au plus prochain Seigneur aprés, si come du Prevost au Baillif, & du Baillif au Roy és Courts où Prevost & Baillis jugent, & és Cours où les hommes jugent, selonc che que li houmage vont, & descendent, li appel doit estre fet, en montant de degré en degré sans nul Seigneur trepasser. Mais il n'est pas ainsi en li cour de Chretienté qui ne vieut, car de quelque Juge que che soit l'en püet appeller à l'Apostoille, & qui veut, il püet appeller de degré en degré, si comme du Doyen à l'Evesque, de l'Evesque à l'Archevesque, & de l'Archevesque à l'Apostoille.*

(*f*) *Et le suis prest à montrer contre son corps &c.*] Beaumanoir explique cecy dans le chapitre 61. de ses Coûtumes du Beauvoisis page 314. *Quant aucun*, dit-il, *appelle nicement, si come si il dit, che jugement est faux, & mauvés, & il ne l'offre pas à fere pour tel, li apiaux ne vaut riens, ainchois doit amender le villenie que il a dit en Court, & est l'amende de dix sols au Seigneur pour le villenie dite, se il est gentilshons, & se il est hons de poote* cinq sols. *Mais si hons coûtumiers de parler vilainement encheoit en cel cas pardevant nous, il ne s'en iroit pas sans peine de prison, car il est assez de tix qui pour si petite partie d'argent ne feroient pas à dire villenie en Court, & pour che y est peine de prison bien employée.*

(*g*) *Et en püet len jugier une bataille*] Voilà une exception aux articles 2. & 3. du premier livre de ces Establissemens.

(*h*) *Et se cil qui appelle son Seigneur vainc l'autre, il ne tendra jamais rien de luy*

il ne tendra jamés riens de *luy*, ainçois tendra *du Chief Seigneur :* (*i*) Et se il estoit *vaincus*, il en *perdroit le fié :* (*k*) Et sachiés que nus Juge ne *doit tenir à injure*, se l'en appelle de sa Sentence, & de son jugement, ne en grant querele, ne en petite, selon Droit escrit en Code, *De appellationibus*, en la loi qui commence, *Et in majoribus & in minoribus negotiis &c.* où il est escrit de cette matere. Louis IX. en 1270.

NOTES.

&c.] C'est-à-dire, que si celuy qui appelle, vainc le champion du Seigneur, il ne tiendra jamais rien du Seigneur, qu'il a appellé avec raison, mais il tiendra à l'avenir du Seigneur superieur.

(*i*) *Et se il estoit vaincus il perdroit son fié*] Quand le vassal vouloit ainsi accuser son Seigneur de vilain cas, il devoit commencer par renoncer à son homage, & declarer qu'il ne le reconnoissoit plus pour Seigneur, car comme dit Beaumanoir, chapitre 67. page 337. *Il loist bien à l'houme à soi deffendre contre son Seigneur, quand il l'accuse de mauvaistié, ne ja pour che il se deffend de mauvaistié contre son Seigneur, ne convenra que il lesse che que il tient de li. Mais se li hons accusoit son Seigneur de mauvaistié, il convenroit que il li rendist son hommage.* Et de là vient que le vassal qui avoit mal appellé son Seigneur de faux & mauvais jugement, perdoit *son fief*.

(*k*) *Et sachez que nus Juge ne piiet tenir à injure &c.*] Cela est vray quand le Juge pris à partie n'est pas accusé de vilain cas. Vide Leg. 13. *ʃ. 1. Dig. De appellationibus.*

CHAPITRE LXXXII.

De bataille de Chevalier & de vilain.

SE ainsinc avenoit que uns *hons coustumier* appellast un *Chevalier*, ou un autre *Gentilhons* qui deust estre *Chevalier*, (*a*) de murtre, ou de larrecin, ou de roberie de chemin, ou d'aucun grand messet, dont li quiex que soit deust *prendre mort*, li *Gentishons* ne se combatroit pas *à pied*, més *à cheval*, se il voloit. Més se li *Gentishons* appelloit le *vilain*, droit donroit (*b*) qu'il se *combatist*, pour ce que ce fust de si grand chose, comme nous avons dit dessus, (*c*) & cil qui seroit *vaincus*, *seroit pendus*.

NOTES.

(*a*) *De meurtre*] La Coûtume d'Anjou glosée & le manuscrit de Mons.r le Chancelier adjoûtent *de trahison*.

(*b*) *Qu'il se combatit*] L'anciene Coûtume d'Anjou glosée & le manuscrit de Mons.r le Chancelier, ajoûtent *à pied*.

On ne peut mieux expliquer ce chapitre qu'en transcrivant ce que Beaumanoir a écrit sur cette matiere, dans le chapitre 61. de ses Coûtumes du Beauvoisis page 308.

Se un gentishons appelle un gentishons, & li uns & li autre est Chevaliers, ils se combatent à cheval armez de toutes armeures, telles coume il leur plest, excepté coustel à pointe & mace d'armes moulüe. Ne doit chacun porter que deux épées & son glaive, & aussint si sont Ecuyers deux épées & un glaive.

Se Chevalier, ou Ecuyer appelle houme de poote, il s'y combat à pié, armé en guise de champion aussint coume li home de poote, car par che que il s'abaissent a appeller si basse personne, sa dignité est ramenée en cel cas, à fere armeures comme chil qui est appellé de son droit, & moult seroit cruele chose, se li gentixhons appelloit un home de poote, & il avoit l'avantage du cheval & des armûres.

Se li hons de poote appel gentilhoume, il se combat à pié en guise de champion, & li gentixhoumes à cheval armé de toutes armes, car en aus deffendant, il est bien avenant que il usent de leur avantage.

Se li hons de poote appelle un autre houme de poote, il se combatront à pié. Et de toute telle condition est li champions à le gentilfame, se elle appelle, ou est appellée, comme il est devisé de gentixhoume cy-dessus.

La decision de ce chapitre estoit pour les lieux qui n'estoient pas du domaine du Roy, car dans ces lieux les batailles ne cesserent pas d'estre en usage. Voyez le chap. 2. cy-dessus avec la note.

(*c*) *Et cil qui seroit vaincus seroit pendus*] Ainsi alors les gentilshomes estoient punis comme les roturiers. Voyez le chapitre 91. de ce livre à la fin, & la note letre N. Tout ce droit n'est plus en usage.

Louis IX. en 1270.

CHAPITRE LXXXIII.

D'hons qui s'enfuit de prison.

(a) SE aucun estoit *en prison* pour souspeçon de murtre, ou de larrecin, ou d'aucun grand meffet, dont l'en doutast que il deust prendre mort, & se il s'en aloit de prison, il seroit aussi *coupables du fet*, comme se il l'avoit fet, tout ne l'eust pas fet, si en seroit-il pendus.

NOTES.

(a) *Se aucun &c.*] Ce chapitre est pris de la loy premiere. *Digestis De effractoribus*, où le Jurisconsulte dit la mesme chose. *De his qui carcere effracto evaserunt sumendum supplicium, Divi fratres Æmilio Tyroni rescripserunt. Saturninus etiam probat eos qui de carcere eruperunt, sive effractis foribus, sive conspiratione cum cæteris qui in eadem custodiâ erant capite puniendos &c.*

Mais Imbert dans sa pratique livre 3. chapitre 3. dit que cette loy n'est pas pratiquée en France, ce que l'on peut prouver par les articles 24. & 25. de l'Ordonance de 1670. au titre *Des defauts & coutumaces*, qui portent que *si l'accusé s'évade des prisons depuis son interrogatoire, il ne sera ni adjourné ni proclamé à cry public. Que le Juge ordonnera que les témoins seront oüis, que ceux qui l'auront esté seront recollez, que le recollement vaudra confrontation, & que le procés sera aussi fait à l'accusé pour le crime de bris de prisons par defaut & coutumace.* Si celuy qui est prisonnier pour un crime, en estoit convaincu par le bris de prison, il suffiroit de le condanner pour un seul de ces crimes, & cependant l'Ordonance dit que son procés luy sera fait & parfait pour l'un & pour l'autre. Voyez Imbert au lieu marqué cy-dessus, & ce que j'ay remarqué sur les Institutions de Loisel livre 6. titre 1. Regle 11. L'article 31. des Loix de Thibaud Comte de Champagne est conforme à cet article. *Item, se uns homs est mis en prison fermé, pour quelconques fait que ce soit, & il brise la prison & s'en va, & il est prouvez, il est tenu, & le doit len punir selon le fait pourquoy il aura esté mis en prison, & ainsi en use len generalement.* Voyez Beaumanoir chapitre 30. page 149. vers le milieu, & l'autheur du grand Coûtumier livre 4. des *Peines*, page 545. ligne 14. où il dit que ce chapitre n'a lieu que *pour cas civil.* Joignez Papon livre 22. tit. 2. & l'Ordonance de Charles Regent fils du Roy, de l'an 1356.

CHAPITRE LXXXIV.

Comment laie Justice doit ouvrer de Cler, ou de Croisié, ou d'ome de Religion à quelque meffet que l'en les praigne.

SE li *Rois*, (a) ou *Quens*, (b) ou *Bers*, ou aucun qui Justice a en sa terre prent *Clerc*, (c) ou *Croisié*, (d) ou aucun home de Religion, tout fust-il *lais*, (e) l'en le doit *rendre à Sainte Eglise* de quelque meffet que il face. Et

NOTES.

(a) *Ou Quens*] Ou Comte. Voyez ce que j'ay remarqué sur les *Comtes* dans mes notes sur les Institutes de Loisel livre 1. titre 1. Regle 32.

(b) *Ou Bers*] Ou Baron.

(c) *Ou Croisié*] Le Croisé estoit celuy qui s'estoit engagé de faire le *voyage d'outremer*, en prenant *la Croix*, & qui estoit par cette raison sous la protection de Ste Eglise. *Vide supra stabilimentum cruce-signatorum.*

(d) *Ou aucun homme de Religion tout fut-il lais.*] *Vide Concilium Parisiense Causâ 2. Qu. 1. Canone 2. Titulum de Clericis conjugatis in sexto lib. 3. tit. 2. Anastasium Germonium & Cironium ad Titulum extra de Clericis conjugatis. Concil. Tridentinum. Sessione 23. De Reformatione cap. 6.*

(e) *Len le doit rendre à Ste Eglise de quelque meffect que il face &c.*] Ainsi du temps de ces Establissemens, on ne distinguoit pas les *delicts Ecclesiastiques* des *delicts communs*, & les *cas privilegiez* estoient inconnus. Voyez Fevret dans son traité de l'Abus livre 8. chapitre 1. nombre 3. & ce que j'ay remarqué sur les Institutes de Loisel livre 6. titre 1. Regle 16.

se li

se li *Clerc* fet chose dont il doie estre *pendus*, & deffés, *(f)* & ne porte point de *Couronne*, la Justice laie en doit fere justice. Et se il a la *couronne & l'habit de Clerc*, & soit lierres, nulle cognoissance, ne nulle responsc que il face, ne li püet *porter domage*: car il n'est mie *ses Juges ordinaires*, & cognoissance faite devant celuy qui n'est mie ses Juges ordinaires si ne vaut riens, selon droit escrit en Decretales, *De Judiciis cap. Etsi Clerici*, & el chapitre *Cum homine*.

LOUIS IX. en 1270.

NOTES.

(f) Et ne porte point de Courone] Cecy est expliqué par le chapitre 25. des statuts synodaux françois de M. Ameil Archevesque de Tours de l'an 1396. tome 4. du tresor d'Anecdotes de Dom Martene, col. 1184. *Tous clercs mariez qui peuvent joüir de privilege, nous ammonestons que portent habit & tonsure, autrement ils ne joüiront point du privilege de clerc.* Vide *tractatum de Re vestiaria hominis sacri cap. 8.* & les autoritez rapportées sur ce chapitre en la letre D. Le manuscrit de M. Baluze ajoûte, *& habit de clerc*. La glose sur l'anciene Coûtume d'Anjou cite à ce sujet le chapitre *Super quibusdam 26. extra De verborum significatione*, mais le lecteur verra mieux le chapitre unique *De clericis conjugatis in sexto, & ibi Joannem monachum & Joannem Andreæ.* En France les Clercs mariez ne joüissent plus d'aucun privilege. *Clerici sæcularis status*, dit Du Molin, *nullo gaudent privilegio clericali.* Ad tit. *De cleric. conjug.* Voyez Fevret de l'Abus tome 1. livre 4. chap. 4. n. 1.

CHAPITRE LXXXV.

De pugnir mescreant & herite.

(a) SE aucuns est souspeçonneux *de bouguerie*, la Justice laie le doit prendre, *& envoyer à l'Evesque*, & se il en estoit prouvés, l'en le *doit ardoir*, & tuit li *müeble sont au Baron*. En au tele maniere doit-on ouvrer (c) *d'ome herite*, puisque il en soit prouvés, & tuit *li müeble sont (d) au Prince, ou au Baron*, selon droit escrit en Decretales, el titre *Des significations de paroles*, el chapitre (e) *Super quibusdam*, & coustume si accorde.

NOTES.

(a) Si aucun est souspeçonneux de bouguerie] Geofroy de Villehardoüin dans son histoire de la conqueste de Constantinople nombre 45. écrit que *Li Grex d'Andrinople requistrent l'Empereur Baudoüins qu'il leur laissast la ville garnie, por Joan le Roy de Blakie & de Bougrie, qui guerre lor faisoit souvent.* Ce Jean estoit Roy de Valachie & de Bulgarie. Ainsi voilà la preuve que par *Bougrie* on entendoit ancienement la *Bulgarie*, & par *B*..... les *Bulgares*.

Comme ces Peuples estoient heretiques Manicheens, les Albigeois qui le furent comme eux, furent par cette raison nommez *B*.... & c'est peut-estre de ces heretiques, dont tout le Royaume fut ancienement infecté, qu'il est parlé dans ce chapitre, ce qui semble neamoins contredit par le mot *herite* qui suit. Voyez l'histoire du Moine des Vaux de Cernay. Ce nom fut ensuite donné aux *usuriers*, & à ceux qui commettoient un crime qu'il n'est pas permis de nommer, & c'est peut-estre de ces derniers que le mot *B*.... devroit estre entendu.

(b) La Justice le doit prendre & envoyer à l'Evesque] Parce que l'Evesque est le seul Juge en matiere de foy & de Religion. *Lege 1. Cod. Theodos. de Religione lib. 16. tit. 11. tomo 6. paginâ 298. Vide Farinacium de hæresi Quæstione 86. §. 1. n. 5. 6. &c. & Clarum. §. hæresis num. 5. paginâ 162.* L'Evesque connoissoit aussi alors du crime contre nature, ce qui a esté aboli. Voyez Fevret de l'Abus, tom. 2. livre 8. chap. 2. n. 14.

Lorsque celuy qui avoit esté soupsonné d'heresie en avoit esté convaincu en Court de Chrestienté, il estoit livré au bras seculier qui le faisoit brûler.

(c) D'home herite] C'est-à-dire, d'home heretique.

(d) Au Prince ou au Baron] Ainsi en ce temps *l'heresie* n'estoit pas un crime Royal comme il l'est aujourd'huy. Voyez l'Ordonance de 1670. au titre *De la competence des Juges article 11.*

(e) Super quibusdam] C'est le chapitre 36. *Extra de verborum significatione* de l'an 1215. qui est d'Innocent III. adressé au Comte de Tholose.

LOUIS IX. en 1270.

CHAPITRE LXXXVI.

De pugnir les (a) Usuriers.

(b) QUand en la terre *au Baron à aucun usurier,* ou en quelque terre que ce soit, & il en est prouvez, *li müebles si doivent estre au Baron,* & puis si doivent estre pugnis par *Sainte Eglise* pour le peché. Car il appartient à *Sainte Eglise* de chastier *chacun pecheur* de son *pechié,* selon droit escrit en Decretales, el titre *Des Jugemens,* ou chapitre *Novit.* où il est escrit du Roy de France & du Roy d'Angleterre.

NOTES.

(a) *Usuriers.]* A qui l'on donnoit anciennement le mesme *nom* qu'aux heretiques Albigeois comme on l'a remarqué sur le chapitre precedent, sous la letre (a).

(b) *Quand &c.]* On void par ce chapitre, que du temps de ces Establissemens, le crime d'usure estoit *mixti fori.* C'est-à-dire, que la connoissance en appartenoit au Juge Seculier & au Juge Ecclesiastique, contre l'opinion de la glose sur le chapitre premier, *De officio ordinarii,* & sur la Clementine, *Dispendiosam De judiciis,* & de presque tous les interpretes du Droit Canon, sur le chapitre *Cum sit generale extra De foro competenti,* qui ont soûtenu que le crime d'usure estoit purement Ecclesiastique. *Vide Leotardum De usuris Quæstione 100. n. 78. & Merendam lib. 15. cap. 17. n. 7.*

Lorsque l'usurier avoit esté condamné *en Cour laïque,* & que ses meubles y avoient esté confisquez, on le renvoyoit alors *en Cour d'Eglise,* où on luy imposoit *une peine Canonique* pour son peché. Voyez Beaumanoir chapitre 68. page 345. à la fin.

L'enqueste *des droitures des Roys d'Angleterre envers Ste Eglise en Normandie* que Philippe Auguste fit faire, & qui se trouve au feüillet 9. du Registre St Just de la Chambre des Comptes, peut servir à illustrer ce chapitre. *Nous deimes par nostre serement, que des choses as usuriers, tant comme l'usurier sera el lict de sa maladie, se il distribue les choses de sa main propre, ce sera chose ferme & estable, & se il ne le fait ainsi, toutes ses choses aprés sa mort seront à nostre Sire le Roy, pour tant que il soit prouvé que en chel an, el quel il mourut, il ait presté à usure.*

Chopin remarque que ce crime est encore *mixti fori,* en ces termes. *Crimen usurarum fori est Pontificii, si de eo accusatio instituatur adversus clericum, & profani si adversùs laïcum. De sacrâ politiâ* lib. 2. cap. 3. num. 16. & 17. Joignez Fevret dans son traité de l'Abus, livre 8. chap. 2. nombre 6.

CHAPITRE LXXXVII.

D'home estrange, qui n'a point de Seigneur.

(a) SE aucuns *hons estrange vient ester* (b) *en aucune chastellerie* de aucun *Baron,* (c) & il ne face *Saingnieur dedans l'an* & le jour, il en sera *esploi-*

NOTES.

(a) *Si aucun home estrange]* Dans un manuscrit de Monsr le Chancelier, il y a, *Se aucun home qui ne soit pas de la Ville.* Dans l'article 86. de l'anciene Coûtume d'Anjou glosée, il y a, *Si aucuns home de dehors, vient demeurer en la Chastellerie au Baron, & il ne soit pas de l'Eveschié.* L'homme *estrange* est icy celuy qui est d'un autre *Diocese,* ou d'un autre *Crême.* Car suivant l'ancien usage de l'Eglise, on a toûjours reputé *Etranger* celuy qui estoit d'un autre Diocese que celuy où il demeuroit, *peregrinus,* dit M. de l'Aubépine, *vocabatur apud antiquos, qui natus erat in aliâ Diœcesi, qui multos annos in unâ moratus esset civitate, vel etiam quamvis ipsius civitatis factus esset Episcopus, peregrinus adhuc censebatur. Ad optatum paginâ 6. col. 1. littera M. N.* On void des restes de cet ancien usage dans les chapitres 154. & 157. de ce livre, dans les anciennes Coûtumes de Bourges partie premiere page 161. article 10. page 178. ligne 5. page 185.

table au Baron. (*d*) Et se avanture estoit que il *moruſt*, & il n'eust commandé à rendre *IV. den. au Baron*, tuit *si müebles seroient au Baron*.

NOTES.

ligne 26. page 234. article 18. page 369. article 1.

La Coûtume de St Cyran en Brenne locale de Touraine, est précise à ce sujet, car elle porte en termes exprés que *le droit d'Aubainage se prend par ledit Seigneur de St Cyran en chacune Jurisdiction dependante de sa chastellenie, tel qu'il est introduit par la Coûtume generale, si le decedant n'est du Crême de Bourges, parce que ladite Chastellenie est en la spiritualité de Berry & en la temporalité de Touraine.*

La Coûtume du Loudunois a retenu cet ancien droit, comme il se void au titre *De moyenne Justice* article 5. où il y a, que *Quand aucuns forains qui ne sont du Diocese decedent en sa Justice, il a droit d'avoir l'aubainage, c'est à sçavoir une bource neuve & quatre deniers dedans, &c.* Dans l'article 43. de la Coûtume de Touraine, au lieu de *Diocese*, on a mal mis, *Baillage*.

(*b*) *En aucune chastellerie*] C'est ainsi que l'on nommoit le territoire du Bers, ou du Baron. Voyez Beaumanoir chapitre 60. page 304. ligne 9.

(*c*) *Et il ne face Saingneur dedans l'an & le jour*] Celuy qui estoit né dans *un Evesché*, & qui venoit en *un autre Evesché*, se domicilier dans la Chastellerie d'un Baron, devoit *faire aveu*, & se reconnoistre Bourgeois, ou du Baron, ou de l'un de ses Vavasfors, & s'il ne le faisoit, il en estoit exploitable, & amendable envers le Baron. Mais selon l'usage d'Orleans & de Sologne, *l'aubain*, ainsi que le *Bastard* ne pouvoit faire autre Seigneur que le Roy. Voyez le chapitre 30. du second livre de ces Establissemens. Suivant l'article 58. de l'ancien Coûtumier de Champagne, *Quand aucuns Albins venoit demeurer en la Justice d'aucun Seigneur & li sires, sous qui il venoit ne prenoit le service dedans l'an & le jour, si les Gens du Roy le sçavoient, ils en prenoient le service, & il estoit acquis au Roy.* Voyez ce qu'on a observé sur le chapitre 30. du livre 2.

(*d*) *Et si avanture estoit que il mouruſt*] C'est en partie de ce chapitre que l'on a pris l'article 5. de la Coûtume du Loudunois au titre *De moyenne Justice.* On dit en partie parce que cette Coûtume donne le *droit d'Aubainage* au *moyen Justicier*, au lieu que dans le temps de ces Establissemens il *appartenoit au Baron.* Et au lieu que le *Baron* confisquoit les meubles de l'Aubain, quand il n'avoit pas esté payé de ses *quatre deniers*, le *moyen Justicier* ne leve dans ce cas qu'une amende de soixante sols. *Quand aucuns Forains qui ne sont du Diocese decedent en sa Justice, il a le droit d'avoir l'Aubainage, c'est à sçavoir une bource neuve & quatre deniers dedans. Et doit estre payé ledit Aubainage au Seigneur, son receveur, ou en son absence autre son Officier, avant que le corps du decedé soit mis hors de la maison, où il est trepassé, & en defaut de payer ledit Aubainage ledit Seigneur peut prendre & lever* soixante sols *d'amende sur les heritiers & biens dudit deffunct, Ensemble sondit Aubainage.*

CHAPITRE LXXXVIII.

D'hons ou de feme qui se pend, ou noie, ou s'occit en aucune maniere.

SE il avenoit que aucuns hons se *pendiſt*, ou *noiaſt*, ou *s'occiſt* en aucune maniere, (*a*) si *müebles seroient au Baron*, (*b*) & aussi de la *fame*.

NOTES.

(*a*) *Si müebles seroient au Baron*] Aujourd'huy tous ses biens seroient confisquez. Voyez l'Ordonance criminelle de 1670. au titre 22. De la maniere de faire le procés au cadavre.

(*b*) *Et aussi de la femme*] Bacquet qui traite de la matiere de ce chapitre dans le chapitre 7. de ses droits de Justice n. 17. dit que *quelquefois quand on void qu'une pauvre femme, par necessité, indigence & pauvreté s'est penduë, on n'use pas à la rigueur, mais qu'on dit que le corps mort de la defuncte sera privé de sepulture en terre sainte, & qu'il sera mis en terre profane pour les causes mentionées au procez.*

Louis IX. en 1270.

CHAPITRE LXXXIX.

D'hons qui muert desconfés.

(a) SE aucuns hons, ou aucune fame, avoit *geu malade* (b) *huit jours*, & il ne se volust *confesser*, & il morust *desconfés*, tuit li *müebles seroient* au

NOTES.

(a) *Se aucuns home, ou aucune femme avoit geu malade au lict, & il ne voulut se confesser, & il mourut deconfés, tuit li müebles seroient au Baron &c.]* St Estienne Roy de Hongrie, qui mourut en l'an 1038. fit une pareille Loy rapportée dans le tome 2. des Loix de Hongrie, page 7. chapitre 11. en ces termes, *Si quis tam obstinatus, (quod absit ab omni Christiano) ut nolit confiteri sua facinora secundum suasum presbyteri, hic sine omni divino officio & eleemosynis jaceat, quemadmodum infidelis. Si autem Parentes, & proximi neglexerint vacare presbyteros, & ita subjaceat absque confessione morti, ditetur orationibus & consuletur eleemosynis, sed Parentes negligentiam luant jejuniis, secundum arbitrium presbyterorum &c.*

On trouve sur ce sujet une pareille disposition dans le chapitre 21. de l'anciene Coûtume de Normandie latine, dont les termes meritent d'estre icy transcrits. *Desperati autem moriuntur, qui per novem dies vel amplius gravi ægritudine & periculosâ oppressi, confessionem & communionem sibi oblatam recusant, ac differunt & in hoc moriuntur, terris tamen propter hoc heredes non privantur, sed eorum catalla debent in manu Principis remanere.* Ce qui a esté pris d'une ancienne Enqueste que le Roy Philippe Auguste fit faire, aprés la conqueste de la Normandie, pour sçavoir quelles y estoient les droitures des Roys d'Angleterre envers Ste Eglise, qui est au Registre de St Just de la Chambre des Comptes de Paris feüillet 9. en ces termes : *Nous deismes de celuy qui müert* intestat, *se il gist en son lict par trois jours, ou par quatre, tous ses biens meubles doivent estre nostre sire le Roy, ou à cheli, en quelle terre, ou en quelle Jurisdiction il est, & tout est-il de chaux qui ochient eux-mesmes de leur propre volonté.*

En l'année 1686. le 9. Avril Loüis XIV. a renouvellé & augmenté en quelque maniere cet ancien droit, en statuant que *ses Sujets de l'un & l'autre sexe, qui auront fait abjuration, & qui venans à tomber malades refuseront de recevoir les Sacremens de l'Eglise, leur procés leur sera fait & parfait, & au cas qu'ils recouvrent la santé, les hommes condannez aux Galeres avec confiscation de biens, & les femmes & filles à l'amende honorable avec confiscation, & à estre renfermées. Et en cas qu'ils en decedent, que le procés sera fait aux cadavres, & leurs biens confisquez &c.*

M. Du Cange dans ses notes sur ce chapitre, & sur le mot *Intestatio* de son glossaire, a esté d'avis que le *deconfés* n'est icy autre chose que *l'intestat*, c'est-à-dire, celuy qui avoit voulu mourir sans leguer une partie de ses biens aux pauvres & à l'Eglise, & à qui par cette raison on avoit refusé la *confession* & le *viatique*, ce qu'il prouve par une charte accordée aux habitans de la Rochelle, par Alphonse Comte de Poitou en 1227. & rapportée par Besly, dans ses preuves de l'histoire des Comtes de Poitou page 500. d'où ce qui suit est extrait. *Noverint universi, quod ego dedi & concessi in perpetuum omnibus hominibus qui manent Rochellæ, vel etiam mansuri sunt in perpetuum, quod quicumque ex illa sive* testatus, *sive* intestatus, *id est sive* confessus sive non *morietur, omnes res ejus & possessiones integre & quiete remaneant heredibus suis, & generi suo. Illius autem qui* testatus *sive* confessus *morietur, præcipio quod* testamentum stet juxta ejus divisionem, nec volo quod aliquis *illud violare præsumat. Si vero quispiam intestatus, & sine herede & genere morietur, ejus possessio nostra erit &c.*

A quoy l'on peut joindre l'autorité qui suit tirée de l'histoire des Normands de Duchesne *folio* 1052. 1060. que le mesme M. Du Cange a employé dans son glossaire. *Item diximus de illo qui moritur* intestatus, *si jacuerit in lecto ægritudinis per tres dies, vel quatuor, omnia mobilia ipsius domini Regis debent esse, aut illius in cujus feodo terra est, & sicut de illo qui se interfecit spontaneus &c.* Voyez ce qui vient d'estre rapporté de l'Enqueste de Philippe Auguste.

En joignant ces deux passages, on void que dans ces temps-là, mourir *deconfés*, ou *intestat* n'estoit qu'une mesme chose, & qu'on ne mourroit *deconfez* que parce qu'on ne vouloit pas *tester*. Voyez ce que j'ay remarqué sur ce sujet dans mon glossaire sur *Executeurs testamentaires*, page 439. colomne 2. & pag. 440. Joignez le chap. 122. cy-aprés. *Regiam Majestatem lib. 2. cap. 53. 54.*

(b) *Huit jours]* Dans la Coûtume d'Anjou glosée, il y a, *sept jours & sept nuits.* Dans un manuscrit de Monsr le Chancelier, il y a, *huit jours & huit nuits.*

Baron.

Baron, (*c*) més se il moroit *desconfés de mort subite*, la Justice, ne *la Seignorie n'i auroit riens*, (*d*) Et se cette chose avenoit en la terre à aucun qui eust *toute Justice* en sa terre, tout ne *fust-il Baron*, si en seroit la Justice leur; (*e*) & se li mors avoit fait *son testament*, car nule chose n'est si grande come d'accomplir la volenté au mort, selon droit escrit au Code *De sacrosanct. Eccles. l. jubemus*, où il est escrit de cette matere.

Louis IX. en 1270.

NOTES.

(*c*) *Més se il morroit desconfés de mort subite, la Justice ne la Seignorie n'i auroit riens &c.*] On a remarqué ailleurs, qu'ancienement *en Orient*, ceux qui mouroient, estoient obligez de laisser quelques legs à l'Eglise ou aux pauvres, & qu'au rapport de Balzamon, Patriarche d'Antioche, Constantin Porphyrogenete fit une Constitution, par laquelle il ordonna, que la troisiéme partie des biens des *Intestats* seroit employée en œuvres pieuses, quand ils n'auroient pas laissé d'enfans. *Balzamo ad Canonem 84. Concilii Carthaginensis. Vide Constitutionem Constantini inter Constitutiones Imperatorias, Canon. Nicephori 4. tom. 4. monumentorum Ecclesiæ Græcæ pag. 445. & Jus Græco Romanum tom. 1. pag. 196.*

Les Ecclesiastiques *d'Occident* qui regarderent les *morts subites*, comme des *châtimens de Dieu*, à l'imitation des Eglises d'Orient, se firent un droit sur les biens des *intestats* ou decedez *sans langue*, au prejudice de leurs heritiers. Cet abus fut frequent en Espagne & Alphonse IX. y remedia par la loy qui suit. *Finando Alguno* sin lengua, *de manera que non fiziesse testamento, la Eglesia, onde fuesse parrochiano, non ha rason de demandar ninguna cosa de su aver fueras ende si lo oviessen per costumbre en aquella tierra de demandar alguna cosa &c.* Las siete Partidas *Partida primera tit. 13. Leg. 6.*

En Ecosse les Seigneurs feodaux confisquerent les biens meubles des *deconfez*, ou *intestats*, comme il paroist par les deux articles qui suivent, tirez de *Regiam majestatem*, au titre 53. *De Intestato decedente*, livre 2. *Ejus qui intestatus decedit omnia Catalla sua domini sui erunt, si vero plures habuerit dominos quilibet illorum Catalla recuperabit, quæ in suo reperiet dominio.* Vide Glanvillam lib. 7. cap. 16.

En Angleterre les Seigneurs se rendirent maistres de tous les biens de ceux qui estoient ainsi decedez, comme il paroist, ce semble, par l'autorité suivante, tirée de Prynn page 20. *Mortuo laïco intestato D. Rex & cæteri Domini feodorum bona defuncti sibi applicantes, non permittunt de ipsis debita solvi, nec residuum in usum liberorum & proximorum suorum & alios pios usus, per loci ordinarium aliqua converti &c.* Et les Prelats sous pretexte de s'opposer à ce desordre, ayant voulu se rendre maîtres de ces biens, leur entreprise fut reprimée. *Provide super bonis decedentium ab intestato, provisionem quæ olim a Prælatis regni Angliæ, cum approbatione Regis & Baronum, dicitur emanasse, firmiter approbantes, districte inhibemus ne Prælati vel alii quicumque bona intestatorum hujusmodi, quocumque modo recipiant, vel occupent, contra provisionem prædictam.*

L'on void par ce chapitre, & par le chapitre de l'anciene Coûtume de Normandie rapporté cy-dessus, qu'en France, les Seigneurs ne prirent, ou ne confisquerent que les *meubles des Intestats* ou *déconfez*. Mais comme ce pretendu Droit n'avoit aucun fondement à l'égard de ceux qui estoient *morts subitement*, St Loüis l'abolit avec justice, & l'on ne void pas que depuis ces Establissemens, les Seigneurs l'ayent levé.

(*d*) *Et si cette chose avenoit en la terre à aucun qui eust toute Justice*] Ainsi les meubles du deconfez n'appartenoient au Baron que dans sa chastellerie, ou chastellenie, & si le cas arrivoit dans la haute Justice d'un Seigneur, ces meubles estoient à luy quoyqu'il ne fut pas Baron. Dans la Coûtume manuscrite d'Anjou glosée, au lieu de *cette chose*, il y a, *& si tielx cas arrivoient.* Dans un des manuscrits de Monsr le Chancelier, il y a, *Et si cette morine avenoit*, & dans le manuscrit de M. Joubert, il y a, *& se cette memere*, ce qui n'a aucun sens.

(*e*) *Et se le mort avoit fait son testament*] Un manuscrit de Monsr le Chancelier adjoute, *l'en le doit enteriner.* Dans le manuscrit de M. Baluze, il y a, *len li doit garder*, & dans l'anciene Coûtume d'Anjou glosée, il y a, *l'en le devroit garder.*

Suivant ce chapitre, la Justice & la Seigneurie n'ont rien en cas de *mort subite*, & par consequent lorsqu'il est dit icy que *si le mort avoit fait son testament, il devoit estre gardé*, cela ne peut estre entendu du testament de celuy qui *estoit mort subitement*, mais de celuy qui avoit esté malade pendant huit jours & qui estoit mort sans vouloir se confesser, ni recevoir ses Sacremens, ce qui pourroit donner lieu de soûtenir, contre l'opinion de M. Du Cange, que mourir *desconfés* & *intestat* n'estoit pas une mesme chose. Mais il faut dire, ce semble, que tout *intestat* estoit *deconfés*, & que tout *deconfés* n'estoit pas *intestat*, parce qu'il pouvoit arriver qu'un homme qui avoit eû la precaution de faire son testament, n'eut pas voulu recevoir ses Sacremens. Il semble dans ce dernier cas que le testament ne devoit pas valoir, comme il n'auroit pas

NOTES.

valu, si le testateur avoit esté homicide de luy-mesme, mais ce chapitre decide tres bien qu'il devoit estre executé, si ce n'estoit ce semble quant *aux meubles du deconfez* qui avoit esté malade pendant huict jours, que le Baron ou le haut Justicier confisquoient.

Ancienement on regarda aussi les *usuriers* comme des *desesperez*, & on leur refusa par cette raison le viatique & la sepulture.

Et ceux qui mourroient excommuniez, pour n'avoir pas *payé leurs dettes* estoient traitez de mesme maniere. On n'offroit pas pour eux le sacrifice de la Messe & ils estoient privez des prieres publiques. En 1357. Pierre de Bourbon ayant par cette raison esté excommunié à la poursuite de ses creanciers, Loüis de Bourbon son fils le fit absoudre aprés sa mort, afin de faire prier Dieu pour luy, & le Pape Innocent VI. ne leva l'excommunication, que sur l'obligation du fils, qui promit de payer les dettes de son pere.

Voicy l'acte de l'an 1357. que j'ay extrait du petit livre de la restitution des Grands, page 25.

Franciscus miseratione divinâ &c. *Sancti Marci Presbyter Cardinalis discretis viris Bituricensi, Claromontensi, Lemovicensi, Nivernensi, Eduensi, Parisiensi & Belvacensi officialibus, vel eorum loca tenentibus* salutem in Domino. *Ex parte nobilis & egregii viri* Ludovici Ducis Borbonesii *filii primogeniti quondam Domini* Petri Ducis Borbonesii *nobis oblata petitio continebat, quod ipse Dominus* Petrus *dum vitam duceret in humanis olim fuit, & adhuc est per Domini nostri* Papæ cameræ auditorem, ad *instantiam* quorumdam creditorum suorum pluribus excommunicationum sententiis innodatus. *Et antequam super hoc absolutionis beneficium obtinuisset, in bello Domini Regis Franciæ expiravit. Verum cum circa finem vitæ suæ signa contritionis & pœnitentiæ apparuerint in eodem, ejusque corpus sit traditum Ecclesiasticæ sepulturæ,* dictusque Ludovicus filius, pro dicto patre suo defuncto ipsis creditoribus & aliis, si quibus dum vivebat obnoxius tenebatur, satisfacere sit paratus, *supplicari fecit humiliter eidem defuncto de oportuno remedio super hoc per sedem apostolicam misericorditer provideri. Nos igitur auctoritate Domini Papæ cujus primarie ad præsens curam gerimus, vobis & cuilibet vestrum in solidum committimus, & mandamus, quatenus si est ita, prædicto filio adimplente* quod promittit, faciatis animam ipsius patris defuncti debitâ absolutione præviâ, *suffragiis fidelium adjuvari.* Datum Avenioni XII. Kal. Aprilis Pontificatus Domini Innocentii Papæ VI. anno V. Voyez le chapitre 40. aux Decretales *De appellationibus*, livre 2. tit. 28. Le chapitre Odoardus 3. *De solutionibus*, livre 3. tit. 23. & le chapitre *Alma* de Boniface VIII. *De sententia excommunicationis in Sexto*, livre 5. tit. 2.

CHAPITRE XC.

De trouver aucune chose par fortune, ou en autre maniere.

(a) NUs n'a *fortune d'or*, se il *n'est Rois*, (b) & les *fortunes d'argent* sont *aus Barons*, & à ceux qui ont *grand Justice en leur terre*. Et se il avenoit que aucuns hons qui *n'eust voiere en sa terre*, trouvast sous terre aucune

NOTES.

(a) *Nus n'a fortune d'or se il n'est Roys*] Nous apprenons de la fin de ce chapitre, que la *fortune d'or* est l'or trouvé par hasard dans la terre lorsqu'on y foüille. *Fortune si est quand elle est trouvée dans terre & terre en est effondrée.* Ceux qui ont redigé la Coûtume d'Anjou sous *René de Sicile*, & ceux qui ont reformé cette Coûtume en 1508. ignorans ce que c'estoit que *Fortune*, ont mal mis, *fortune d'or en mine.* Voyez l'article 46. de la nouvelle Coûtume de Bretagne, l'article 53. de l'anciene, le 16. des ancienes Coûtumes de Bourges publiées par M. de la Thaumassiere, & les articles 60. 150. & 151. de la Coûtume d'Anjou.

En l'année 1295. peu de temps aprés ces Establissemens, un Lingot d'Or ayant esté trouvé à *Aubervilliers*, les Religieux de St Denis qui y ont haute & basse Justice, s'estant appropriez ce Lingot, le Prevost de Paris le revendiqua pour le Roy, & l'affaire ayant esté portée au Parlement, il y eut à la Toussains l'Arrest qui suit.

Cum apud Albertum-villare, *in quodam loco* in quo Religiosi *viri & Conventus sancti Dionisii habebant omnimodam justiciam altam & bassam, quædam petia auri fuisset inventa, dictique Abbas & Conventus essent in possessione dicti auri. Præpositus Parisiensis dicebat pro nobis dictum aurum quasi Thesaurum, ad nos pertinere, & Abbatem & Conventum dessaisierat dicto auro. Quare petebat Procu-*

trouvaille, (*c*) elle feroit au *Vavasor,* à qui la *voiere* de la terre feroit, où la *trouvaille* fu trouvée; Et se cil venoit avant qui l'auroit *perdüe,* il l'auroit à son *serement,* se il estoit de bonne renommée; Et se li *hons de foy la receloit* à son Seigneur, & il li eust demandée, *(d)* il en perdroit son *müeble,* & se il disoit, *Sire, je ne sçavois mie que je la vous deusse rendre,* il en seroit *quittes par son serement,* & si rendroit la *trouvaille au Baron.* Fortune *si est quand elle est trouvée dedans terre, & terre en est effondrée.* LOUIS IX. en 1270.

NOTES.

rator dicti Abbatis pro ipso & Religiosorum nomine, eos dicto auro ressaisiri, maxime cum dictum aurum non debeat dici Thesaurus *sed quædam res inventa. Tandem multis hinc inde propositis, pronuntiatum fuit, dictum aurum dictis Religiosis debere restitui, non tamquam* Thesaurum, *sed tamquam* rem inventam. *Reg. Olim folio 116. verso.*

Bracton de Legibus Angliæ lib. 3. tractatu 2. De corona cap. 3. §. 4. pag. 120. Editionis anni 1569. *Est Thesaurus, quædam vetus depositio pecuniæ, vel alterius metalli, cujus non extat modo memoria, ut jam dominum non habeat. Et sic de jure naturali, fit ejus qui invenerit ut non alterius fit....* Thesaurus fortunæ donum creditur *& nemo servorum operâ Thesaurum quærere debet, nec propter Thesaurum terram fodere, sed si alterius rei tunc operam sumebat & fortuna aliud dedit. Cum igitur Thesaurus in nullius bonis fit, & antiquitus de jure naturali esset inventoris,* nunc de jure gentium efficitur ipsius Domini Regis &c. Vide *Covvellum lib. 2. institution. tit. 1. §. 38. Fletam lib. 1. cap. 43. & Hovedenum in Henrico II. pag. 604.*

Il faut icy remarquer que la *Fortune d'or,* dont il est parlé dans ce chapitre, & que ce qui est appellé *Tresor* dans l'Arrest que l'on vient de rapporter ne sont qu'une mesme chose, ensorte que si ce Lingot d'or qui fut adjugé aux Religieux comme *chose simplement trouvée* avoit esté *Fortune & Tresor,* ou trouvée en foüillant la terre, il auroit esté adjugé au Roy, suivant ce chapitre.

Bacquet dans son traité des Droits de Justice chapitre 32. rapporte quelques Jugemens qui ont partagé la *Fortune d'or* par *tiers,* entre celuy qui l'avoit trouvée, le Proprietaire du fond & le Seigneur haut Justicier, mais si la question se presentoit, il faudroit suivre ce chapitre, & l'Arrest qui vient d'estre rapporté.

(*b*) *Et les fortunes d'argent sont aux Barons]* Chopin sur l'article 61. de la Coûtume d'Anjou page 513. nombre 2. rapporte un extrait des anciens usages d'Anjou, qui dit la mesme chose en ces termes, *le Comte & le Baron ont l'épave en leur Seigneurie* d'argent trouvé sous la terre, *du Faucon & du Destrier.* C'est à sçavoir, *que ce qui est trouvé sous terre est appellé* Fortune, *& celle d'autre metal* que d'argent *est à celuy qui la trouve* &c. Voyez ce que j'ay remarqué sur les Institutes de Loisel livre 2. tit. 2. Regle 52. 53.

(c.) Elle feroit au Vavasseur] Ainsi, suivant ce chapitre, tout ce qui est trouvé en foüillant la terre à l'exception de l'or & de l'argent appartient au *Vavasseur.*

(*d*) *Il en perdroit son müeble]* Cette decision doit estre jointe au chap. 50. cy-dessus.

CHAPITRE XCI.

D'avoir son garand (a) de Chastel emblé.

SE uns hons achetoit un *cheval,* ou un *buef,* ou autre chose, & il fust de bonne renommée, & uns autres venist avant, & li deist, *cette chose m'a esté emblée,* & il fust bien cogneus, & il ne seust de *qui il l'eust achetée,* li autres l'auroit se il voloit jurer *sor sains* loiaument (*b*) que *elle fust seüe,* (*c*) & cil qui

NOTES.

(a) De chastel emblé] C'est-à-dire, de chose mobiliere volée. Dans un manuscrit de Monf.r le Chancelier, & dans celuy de M. Baluze, au lieu de *chastel emblé,* il y a, *chose emblée.*

(*b*) *Quelle fut seüe]* C'est-à-dire, qu'elle fut sienne.

(*c*) *Et cil qui l'auroit achetée si auroit son argent perdu]* C'est la decision de la loy seconde au Code *De Furtis & servo corrupto* libro 6. tit. 2. *Incivilem rem desideratis, ut agnitas res furtivas non prius reddatis quam pretium fuerit solutum a Dominis. Curate igitur cautius negotiari, ne non tantum in damna hujusmodi, sed etiam in criminis suspicionem incidatis.* La mesme decision se

LOUIS IX. en 1270.

l'auroit achetée ſi auroit ſon argent perdu, *(d)* & ſe il li *convenroit jurer que il ne ſauroit de qui il l'auroit achetée,* il l'amerroit à la Juſtice ſe il voloit venir, & ſe il ne voloit venir, (*e*) il leveroit le cri aprés lui. *(f)* Et ſe il diſoit cette choſe *ſai-je bien de qui je l'ai achetée,* & en auré bon *garend,* à terme nommé; il doit avoir terme, & ſe il amaine ſon garand au terme nommé, & dic en cette maniere, *l'en me demande ce que vous m'avez vendu,* cil doit demander (à voir la choſe, & cil la li doit monſtrer) & ſe il ne la demande à veoir, (*g*) ainçois la garantiſſe, ce ne vaut riens, & aprés la veüe, ſe il deiſt, *ce vous garantirai-je bien,* (*h*) li autres doit eſtre quittes du plet, & avoir ſon argent du garantiſſeur, (*i*) car tout paiaſt-il la choſe, ſi rendroit-il l'argent à celui qui l'auroit achetée, & tout ainſi püet aler de garantiſſeeur juſques à ſept. Et ſi li derreniers garantiſſeeur dit, *cette choſe li garentiré-je bien,* car ce eſt de *ma norriture,* & ſe c'eſt drap, ou robe, & autre choſe, il pourroit bien dire, *ce eſt de l'œuvre de ma maiſon,* & ſe cil dit, *je la deffent, elle me fut emblée,* adonc doit tenir la Juſtice la choſe en ſa main, (*k*) & ainſi püet en eſgarder des deux *une bataille,*

NOTES.

trouve dans la loy 23. au Code *De rei vindicatione.* Voyez Godefroy dans ſes notes ſur ces loix.

La meſme diſpoſition ſe trouve dans les Inſtitutes d'Edoüard Roy d'Angleterre compoſées par Briton Eveſque d'Herefort, decedé en 1275. au rapport de Mathieu Veſtmunſter. chapitre 15. *De larcyns,* nombre 49. 50. *Si le tiers eyt garaunt en noſtre terre adonques ſe purra deffendre par vocher. Et ſe il vouche,* (c'eſt-à-dire, *appelle*) *à garant aſcun que luy donna la choſe, ou vendi, ou autrement leſſa, ſi luy ſoit jour donné de aver ſon garaunt, ſe aver le puſſe, ſi adonques ne ſoit preſent, & ſe il ne le puſſe aver, ſi li face len vener par eyde de noſtre court. Quel jour ſe il defaute de aver ſon garaunt que il aver voche ſauns eide de noſtre court ſi ſoit mys en autre reſpon ou à ſa penaünce. Et la choſe ſoit delivrée as chalangeur &c.* Fleta lib. 1. cap. 38. ſ. 7. *Si quis autem latrocinium emerit quod crederit eſſe legale, & inſecutus fuerit ab aliquo qui rem vindicaverit, & talis emptor rem publico emerit in foro vel in nundinis coram baillivis & fide dignis, qui inde ſibi legale teſtimonium perhibuerunt & quod tolnetum dederit & conſuetudinem, conſiderandum erit quod emptor quietus recedat,* & quod rem vero domino petenti reſtituat, & quod proinde pacaverit amittat, *qui ſi non teſtificetur, prout dictum eſt, nec Warantum habuerit in periculo erit vitæ amiſſionis &c.* Voyez l'anciene Coûtume de Normandie chap. 71.

(*d*) *Et ſe il li convenroit jurer que il ne ſçauroit de qui il l'auroit achetée*] Le manuſcrit de Monſ.r le Chancelier adjoûte, *& que cil pooit celuy trouver, il le menroit à la juſtice.* Dans le manuſcrit de M. Baluze, il y a, *& que ſe il povoit celuy trouver de qui il l'avoit achetée, il l'amerroit à la Juſtice &c.* Ce ferment eſtoit neceſſaire à l'acheteur pour ſe purger de la ſuſpicion de vol. *Lege 5. Codice de furtis.*

(*e*) *Il leveroit cry aprés luy*] Voyez mon gloſſaire ſur *Cry* & ſur *Haro.*

(*f*) *Et ſe il diſoit cette choſe ſçay-je bien de qui je l'ay acheté & en auray bon garand &c.*] Celuy qui parloit ainſi ſe mettoit à couvert de la ſuſpicion de vol. *Vide Gothofredum ad Legem 5. Cod. de furtis,* l'article 146. & 420. de la Coûtume d'Anjou, Briton & Fleta, aux lieux marquez cy-deſſus.

Aujourd'huy il n'y a pas de Juriſprudence certaine à cet égard dans les Parlemens du Royaume. Car il y en a où l'on ordonne que celuy qui poſſede la choſe volée, ſera payé du prix par le proprietaire qui la revendique, lorſqu'il l'a acquiſe publiquement & en plein marché, & il y en a d'autres où ſans diſtinction, on ordonne que l'acquereur de bonne foy ſera rembourcé du prix. Voyez Bardet dans ſes Arreſts tome 1. livre premier chapitre 15. Soefve tome 1. centurie 2. chap. 96. Boniface tome 2. livre premier titre 5. page 312. Papon livre 1. tit. 5. n. 38. Bouvot dans ſon recüeil d'Arreſts tome 2. ſur le mot *revendication,* Deſpeiſſes, tome 3. *Des cauſes criminelles,* partie premiere tit. 12. Section 2. art. 6. Taiſand ſur la Coûtume de Bourgogne tit. 1. art. 5. n. 8.

(*g*) *Aincois la garantiſſe*] C'eſt-à-dire, avant qu'il la garantiſſe. Dans un manuſcrit de Monſ.r le Chancelier, il y a, *avant.*

(*h*) *Li autres doit eſtre quittes du plait*] Voyez l'article 9. de l'Ordonance de 1667. au titre *Des garands.*

(*i*) *Car tout payaſt-il la choſe, ſi rendroit-il l'argent à celuy qui l'auroit achetée*] Dans un manuſcrit de Monſ.r le Chancelier & dans l'article 89. de l'anciene Coûtume d'Anjou gloſée, il y a, *tout gaigna-t-il la choſe.* Dans le manuſcrit de M. Baluze, il y a mieux, *tout perdit-il la choſe.*

(*k*) *Et ainſi püet en eſgarder des deux une bataille*] La raiſon eſtoit que la bataille avoit

(*l*) ou

(*l*) ou par deux autres, se eux voloient changier. Et fera le serement à celui qui se fera garantisseeur, & quand il sera au jour de la bataille; il vendra devant les sains, & prendra li autres par la main, & dira, *ô tu hons que je tiens par la main, & vous Justice,* (*m*) *se Dieu m'ait & li sains, iceste chose qui est en main de Justice, dont je me fais garentisseeur, & me sui trait avant pour garantir, si estoit moie devant que je la vendisse, si comme je dis, quand je la vendi à celui qui m'a trait à garand.* Et li autres si doit jurer encontre & dire, *se Dieu m'ait, & les sains, tu és parjure,* & tost ainsi l'en doit les mettre en champ, & cil qui appelle, si doit aller à l'autre, & requierre le, (*n*) & *cil qui sera vaincus ne perdra jà ne vie ne membre* pour ce qu'ils ne s'entr'appellent pas de *traison, ne de larrecin en chief:* mais cil qui sera *vaincus, paiera à l'autre ce que ses champions li aura cousté en chief,* & les *coustemens* du jour que *la bataille aura esté jugiée:* més il ne mettra riens en autres cousts, & si fera le droit à la Justice de soixante sols.

NOTES.

lieu necessairement dans les cas où la Justice manquoit de preuves pour decider. Voyez Des Fontaines dans son conseil chapitre 15. article 28. & le chap. 27. cy-dessus.

(*l*) *Ou par deux autres si eux vouloient changier*] Dans un manuscrit de Monf.r le Chancelier, dans celuy de M. Baluze, & dans la Coûtume d'Anjou glosée, il y a, & par deux *Sergents*, c'est-à-dire, par deux *champions*, s'ils ne vouloient pas combatre eux-mesmes.

(*m*) *Se Diex m'ait*] Dans un manuscrit de Monf.r le Chancelier, il y a, *Se Diex meist.* Dans l'anciene Coûtume d'Anjou glosée, il y a, *Se Dieux me aist*, & dans le manuscrit de M. Baluze, il y a, *Se Dux mait.* C'est-à-dire, ce semble, *si Dieu m'aide.*

(*n*) *Et cil qui sera vaincus ne perdra ja ne vie ne membre*] Voyez Beaumanoir chapitre 71. page 315. vers la fin, & le chapitre 82. cy-dessus à la fin. Tout cela est aboli.

CHAPITRE XCII.

(*a*) *De quiex choses l'en rend despens la cort laie.*

TEle est la coustume en *la cort laie, que l'en ni rend cous ne despens* (*b*) que de trois choses, ce est (*c*) *de bataille vaincüe,* & (*d*) de *deffautes,* quant elles sont *prouvées* (*e*) *avant veüe, non aprés:* se ce estoient les cous à un Gentilhons *de chacun defaut* 50. sols, & au coustumier 10. sols, (*f*) més ils les doi-

NOTES.

(*a*) *De quiex choses &c.*] Voyez l'article 29. de l'Ordonance de 1254.

(*b*) *Que de trois choses*] Il y a ainsi dans le manuscrit de M. Baluze. Dans celuy de Monf.r le Chancelier, & dans la Coûtume d'Anjou glosée il y a de *quatre choses.*

(*c*) *De bataille vaincüe*] Comme à la fin du chapitre precedent, qui est la preuve de ce qui est dit icy.

(*d*) *De deffautes, quand elles sont prouvées &c.*] Les preuves de ce qui est dit icy sont cy-dessus dans le chapitre 65. 66. & 68.

(*e*) *Avant vüe*] Dans le chapitre 90. de l'anciene Coûtume d'Anjou glosée, il y a, *C'est-à-dire avant montrée.* Dans un manuscrit de Monf.r le Chancelier & dans celuy de M. Baluze, il y a, *aprés vüe*, mais mal, comme il se void par ce qui suit du chapitre 66. cy-dessus. *Se il n'ose fere le serment si rendra au gentilhomme pour son defaut cinquante sols, mais cil jurera que tant ly en a coûté en son defaut, conseil & en ses pledeeurs. Et la Justice si prendra pour chacun defaut le gage de sa loy, & ainsi a len de chacune defaute prouvée connüe & jugiée en gentishons cinquante sols, soit vilains soit gentishons pour* quoi ces defautes fussent faites avant vüe, *car cil qui defaut aprés vüe, si perd la saisine des choses qui len li a montrées, quand il est prouvé de defaute.*

(*f*) *Més ils les doivent conter par leur serement*] Dans un manuscrit de Monf.r le Chancelier, il y a, *il les doivent prouver par leurs Serjans.* Dans le manuscrit de M. Baluze, il y a, *cil les doit prouver par lor serement,* & dans le chapitre 90. de l'anciene Coûtume d'Anjou glosée, il y a, *mais il les doivent prouver par leur serment.* Et c'est ainsi qu'il

LOUIS IX. en 1270.

vent conter par leur ferement que tant leur a-t-il cousté en pledeours loüer, (g) Et se ce estoit que eux fissent pés par devant la Justice de chose jugiée, & cil qui auroit perdu venist avant derechief en cort, & en pledoiast l'autre, de quanqu'il auroit perdu par Jugement, ou par pés, & cil deist, (h) *Je ne vous vüel reprendre, car je le gaaigné par jugement, & bien le prouverai-je par Jugeurs*, si li püet l'en bien esgarder qu'il doit nommer la justice, & ceux qui furent au Jugement, si les doit l'en oïr parler, & se eux garantissent que le Jugement fust tieus, comme il dit, si li doit ou rendre ses despens & ses cous qu'il a mis el plét, si comme il a dit dessus (i) el titre *De nouvelle dessesine*, selon droit escrit en Code *De fructibus & litis expensis*, en la loi qui commence *Non ignoret*, ô ses concordances. k. Et se il avenoit, que aucuns se plainsist par devant la Justice que aucun l'eust dessesi à tort & à force *de nouvelle dessesinne*, & li autres s'en deffendist, & cil l'offrist à prouver, & Justice eust la chose en sa saisinne, cil qui perdra la querele rendra à l'autre *ses cousts par droit* que il aura mis el plet, *Et de nule autre chose l'en ne rend cous en cort laie*, fors (l) des trois choses dessus dites.

NOTES.

faut lire. Le mot Serjans qui est dans le manuscrit de Monsr le Chancelier n'ayant aucun sens. Voyez le chapitre 66. cy-dessus & ce qui vient d'en estre rapporté en la letre D.

(g) *Et se ce estoit que eux fissent pés pardevant la Justice de chose jugée &c.*] C'est-à-dire, & s'ils s'accordoient ou faisoient paix, ou s'ils transigeoient avant que la chose fut jugée.

(h) *Je ne vous vüel reprendre*] Il faut lire *respondre*, Il y a ainsi dans l'ancienne Coûtume d'Anjou glosée & dans tous les manuscrits.

(i) *El titre de nouvel dessaisine*] C'est le chapitre 65. cy-dessus.

(k) *Et se il avenoit que aucun se plainsist pardevant la Justice que aucun l'eust dessesi à tort &c.*] On a veu trois choses pour lesquelles les couts & dépens devoient estre rendus suivant ces Establissemens.

La *premiere*, de *Bataille vaincüe*.

La *seconde*, de *Deffautes, quand elles estoient prouvées avant vüe & non après*.

La *troisiéme*, quand *celuy qui avoit esté condanné, ou qui avoit acquiescé, en faisant paix avant le jugement, revenoit contre le jugement qui l'avoit condanné, ou contre sa transaction*.

Et la *quatriéme* dont il est icy question estoit, quand il y avoit *complainte de dessaisine*.

(l) *Des trois*] Des quatre.

CHAPITRE XCIII.

(a) De sesinne brisiée.

SE aucuns appelloit son hons, qu'il li eust *sa saisinne brisiée*, & emportées les choses qui i estoient, (b) & les *nommera*, & se li homs dit en tele maniere,

NOTES.

(a) *De saisine brisée*] La *saisine brisée* est icy la mesme chose que *l'infraction de la saisie du Seigneur*, soit *la feodale* dont il est parlé dans l'article 29. de la Coûtume de Paris, ou autre. Voyez Brodeau en cet endroit nombre 1.

L'article 28. des Loix de Thibaud Comte de Champagne peut contribüer à l'intelligence de ce chapitre. En voicy les termes. *Encore use len en Champagne que se aucuns a Justice & il y a Sergens jurez establis en icelle Justice que chacun fait ygaument & li Sergent fait aucune saisine sus aucun qui est justiciables à son Seigneur, d'aucuns de ses biens que il treuve en la justice de son Seigneur*, & en brise la saisine *& il en est atains, il doit soixante sols d'amende*.

Beaumanoir dans ses Coûtumes du Beauvoisis chapitre 3. des meffects, page 57. ligne 37. *Quant li sires met sus à aucun que il li a se sesine brisiée, & le sezine si fu fete en derrieres de chelui qui le brisa, si li accusés vieut jurer que il ne seut mot de le sesine, il se passe de la demande de le sezine brisée, mes toutes voies doit-il le lieu ressesir*.

Pierre proposa contre Jehan que il li avoit brisié se sesine, parquoi il vouloit que il resaisisist le lieu, & que il amandast che que il avoit se sezine brisiée. A che respondi Jehan que il ne savoit riens de se sezine, car ele

Je ne desdiré já; que je vous les aie ostées, (c) *més je ne savois pas que ils fussent en vostre sesinne,* (d) *& en feré ce que je devré, & ce que l'en m'esgardera.* Adonc li Sires li püet esgarder que il porte tout arriere en la saisinne ce que il en aura osté, ou la valüe, & partant sera-t-il quittes: més il *jüerra seur sains de sa main,* que il ne savoit mie la sesinne, Et se il n'ose fere le serement, la paine si est telle que il doit estre tenus & condamnés selon droit escrit en Code *De juramento calum.* en la loy 2. §. 2. *Si autem Reus hoc sacramentum,* & par tout le titre el Code *De judiciis,* & en la loy qui commence *Properandum:* & aussi par toute la loi où il est escrit de cette matere, Et est à sçavoir que (e) *il perdra ses müebles, se il est Gentishons,* & se il est *coustumiers,* il en paiera 60. *sols, selon la laye Justice.*

LOUIS IX. en 1270.

NOTES.

ne fut pas fete à lui ne en sa presence, & se voudra-il jurer, & seur che se mistrent en droit se il s'en passeroit par son serement.

Il fut jugié que Jean s'en passeroit de l'amande de sezine brisiée par son serement püisque le sezine ne fu pas fete à lui ne en sa presence, mes il seroit tenus au lieu resesie & la resaisine fete se il la brisoit puis il chesroit en l'amande de sesine brisiée, car adoncques ne s'en pourroit-il escuser.

(b) *Et les nomera*] Voyez l'article 7. de l'Ordonance de 1667. au titre *des saisies.*

(c) *Mais je ne sçavois pas*] C'est pour prevenir ces sortes de deffences qu'il a esté introduit que les saisies tant feodales qu'autres seroient notifiées aux parties saisies. Voyez l'article 3. de la Coûtume de Paris, Du Molin sur l'article 109. & 112. de la Coûtume de Tours, & l'Ordonance de 1667. au titre *des saisies,* article 7. & 8.

(d) *Et en feray ce que je devré*] Le manuscrit de M. Baluze ajoûte par droit.

(e) *Il perdra ses müebles*] Voyez Brodeau au lieu marqué cy-dessus. Voilà un cas dont il n'est rien dit dans l'article 50. cy-dessus intitulé, *De quel messect gentishons perd ses müebles.* Toute cette procedure est abolie.

CHAPITRE XCIV.

De Gentilhons qui fet eschange à son homme pour fere ses herbergemens.

(a) SE Gentishons se voloit *herbergier,* & ses hons *coustumiers eust une piece de terre,* ou deux, que il tienne de luy, li sires la prendra se il veut à luy *herbergier,* ou en fera son *estanc,* ou son *moulin,* ou autre *herbergement,* en lui faisant eschange avenant.

NOTES.

(a) *Se gentilhons*] Voyez la Coûtume de Touraine article 37. celle d'Anjou, article 29. celle du Maine article 34. celle du Nivernois titre 16. des eaües & Rivieres article 4. Troyes article 180. La Marche 308. Guy Pape Qu. 91. Boer consil. 33. & joignez les Commentateurs. Ce chapitre n'est plus en usage.

CHAPITRE XCV.

De meson taillable à Gentilhons.

SE Gentilhons avoit *meson,* qui fust *escheoite* en la *terre le Roy,* ou en *Chastel à Baron,* (a) qui soit *taillable,* en quelque maniere que li Gentilhons l'ait, soit d'eritaige, ou d'escheoite, ou d'autre chose, elle est taillables. Se il i fet estage

NOTES.

(a) *Qui soit taillable*] Du temps de St Loüis, & mesme avant son regne on levoit des tailles en France pour le besoin de l'Estat, & comme ce Prince voulut qu'elles fussent im-

LOUIS IX. en 1270.

pour lui, pourcoi il la tiegne en sa main, elle ne sera pas taillable : més se il l'avoit loüée, ou afermée à hons coustumier, il ne la porroit pas garantir de taille.

NOTES.

posées avec justice il fit le reglement suivant, qui a esté extrait du memorial de St Just de la Chambre des Comptes de Paris fol. 4. *verso*.

Comment l'en doit asseoir tailles és Villes nostre sire le Roy.

Soient eslus 30. hommes ou 40. ou plus ou mains, bons & loiaux par le conseil des prestres, & de leurs paroisses, & des autres hommes de religion, & ensement des bourgeois & des autres prud'homes, selon la quantité & la grandeur des Villes, & ceux qui seront en telle maniere eslus jureront sur les saints Evangiles, que icheux d'entr'eux meismes ou d'autres, prud'homes d'ichelles villes meismes esliront siques à douze homes d'iceux, qui seront les meilleurs ichelle taille asseer, & les autres douze hommes nommez jureront sur les saints Evangiles, que bien & leaument, il asseiront ladite taille, & n'épargneront nul, ne il ne graveront nul, par haine ou par amour, ou par priere, ou par criente, ou en quelqu'autre maniere que ce soit, il asserront ladite taillée à leur volenté, la livre égaument, & la valeur des choses meubles en l'assise devant ladite taillée. Et ensement o les 12. homes dessus nommez seront eslus quatre bons homes & soient escrits les noms segrement, & soit fait si sagement, que leur Election ne soit conüe à âme qui vive, ains soit gardée comme chose segrée, de si atant que ichels douze homes aient la taille assise dessus dite, si comme nous avons dit pardessus, laquelle chose fete devant que ladite taillée soit peuplée par escriptures & fete, les quatre hommes qui sont eslis des douze pour la taille faire loiaument, il ne doivent mot dire que si à tant que les douze homes leur aient fet faire serement pardevant la Justice, que il, par leur serement bien & loialment asserront la taillée dessus dite en la forme & en la maniere, que les devant dits douze homes auront ordené & fet selon l'Ordenance que nous avons dite pardevant. Cette Ordonance est rapportée en latin dans le spicilege de Dom Luc Dachery tome 12. page 168. piece 44. Voyez cy-dessus la note sur le chap. 45. au mot *toleres*.

Quand le Roy levoit la taille dans les Villes, les Barons qui estoient obligez de servir le Roy dans ses urgentes necessitez, la levoient pareillement dans les Villes dont ils estoient Seigneurs, & ils la devoient faire asseoir le plus justement qu'il leur estoit possible, ainsi que le dit Beaumanoir dans le chapitre 50. de ses Coûtumes du Beauvoisis page 269. vers la fin.

Que l'on suppose à present qu'il fut eschu à un gentilhome une maison dans les terres du Roy, ou des Barons, ce gentilhomme devoit-il estre mis à la taille pour cette maison. Et il y avoit ce semble raison de l'y mettre, puisqu'un roturier auroit esté imposé à raison de cette maison si elle luy estoit eschüe.

Ce chapitre distingue ou le gentilhome *fera estage*, c'est-à-dire, *occupera sa maison*, ou il ne *l'occupera pas*.

S'il occupe sa maison il n'en payera pas la taille, parce que tout gentilhome en est exempt.

Mais s'il l'accence, la donne à cens, ou la donne à ferme, alors celuy qui l'occupera en payera la taille.

Voicy à present comme Beaumanoir s'explique sur cette matiere page 270. *Tuit chil qui sont és Villes de Quemune manans & habitans, si ne sont pas tenus à estre aillieurs tailliés, ainchois en sont aucunes personnes exceptées, si com chil qui ne sont pas de leur Quemune, ou* gentixhomes, *liquel ne s'entremettent de marcheander, ainchois, se chevissent de leur heritage que il tiennent en franc fief de Seigneur, ou Clercs qui ne marcheandent pas ainchois se chevissent des francs fiefs, que il ont de leur patrimoine, ou de benefices que ils ont en Ste Eglise, ou chil qui sont* au service du Roy, *car si serviche entant comme il sont, les franchis, à ce que il ne poient ni tolte ni taille. Et ne pourquant se aucune des personnes dessusdites* à hiretages vilains *dedans la banlieüe de la ville de Quemune, & mouvant de ladite ville que le Justiche en soit à le ville*, tiex heritages ne sont pas quittes de la taille de le ville quelque personne qui les tienne, *se li aucun de aucun de tex heritages ne sont clamés quittes par privileges, si coume len voit que aucunes Eglises ont bien hiretages vilains és bones villes, dont ils payent les Cens & les Rentes à le commune, & chil ne püent estre tailliés, parce que il leur fut ainsint octroyé anchienement &c.* Voyez le mesme autheur chapitre 30. page 150. vers le milieu. Touchant l'exemption de la taille accordée aux Ecclesiastiques, voyez Durant question 93. Fevret de l'Abus tome 1. livre 4. chap. 4. n. 9. page 367. ma dissertation sur le droit d'Amortissement pages 44. 45. les Memoires du Clergé, tome 3. partie 4. page 26. 40. & dans l'addition en la partie 40. page 377. partie 5. page 59. tome 3. partie 4. page 59. & aux additions à la 4me partie page 379. tome 3. partie 4. page 40. 77. & 81. Quand les tailles estoient *reelles & serviles*, les personnes franches, ni les gentilshommes ne pouvoient ce semble, se dispenser de les payer par les raisons rapportées par Des Fontaines chapitre 3.

LOUIS IX. en 1270.

NOTES.

article 6. & 7. Mais comme les tailles ne pouvoient estre exigées des personnes franches comme des serves, de-là vient que les franches estoient obligées dans l'an, de mettre hors de leurs mains les heritages qui en estoient chargez. Et de-là vient en partie que dans la Coûtume du Duché de Bourgogne, où suivant l'article premier du titre 9. il n'y a nuls serfs de corps, *l'homme de main-morte*, suivant l'article 10. du mesme titre, *ne peut vendre son heritage assis en lieu de main-morte, à homme de franche condition, si ce n'est du consentement des Seigneurs de la main-morte.* Voyez la Coûtume du Bourbonnois article 201. 345. celle du Nivernois chapitre 8. art. 19. La Coûtume de Château-neuf en Berry art. 17. Loisel dans ses Institutes livre 1. regle 12. mon glossaire, *Sur taillables haut & bas*, & la note sur l'article qui suit livre 5.

CHAPITRE XCVI.

(a) De hons mesconnu en terre de Gentilhons.

(b) SE Gentilhons *a hons mesconeu en sa terre*, (c) se il servoit *le Gentilhons*, & il moruft, (d) le Gentilhons *auroit la moitié de ses müebles :*

NOTES.

(a) *De hons mesconnu en terre de gentilshons]* Dans un manuscrit de Monf.r le Chancelier, ce chapitre a pour titre *De home mescreu de son Seigneur.* Selon M. Du Cange il a pour titre dans quelques manuscrits, *De Aubains & de Bastards*, & dans la Coûtume d'Anjou glosée, il a pour titre, *De home estrange & Cuvert.*

(b) *Se gentishons a hons mesconnu en sa terre]* Dans l'ancienc Coûtume d'Anjou glosée, il y a, *si gentishomme a Cuvert en sa terre*, c'est-à-dire, *serf.* Et pour prouver que celuy qui est icy appellé *Cuvert*, estoit un *serf*, on employe ce passage de Mathieu Paris sous l'an 1213. *Et quod nullus remaneat qui arma portare possit sub nomine Culvertagii & perpetuæ servitutis ..... his ergo literis per Angliam divulgatis, convenerunt ad maritima in locis diversis .... nihil magis quam opprobrium* Culvertagii *metuentes.* Quelques-uns pretendent que de *Collibertus* on a fait *Cuvert.*

(c) *Se il servoit le gentilhons &c.]* C'est-à-dire, *s'il estoit serf* du gentilhomme. Ces mots qui sont dans le manuscrit de Monf.r le Chancelier, prouvent qu'il s'agit dans ce chapitre de *serf*, ou de *Cuvert*, comme il est dit dans la Coûtume d'Anjou glosée.

Ces Establissemens distinguent deux sortes de personnes *Estranges* ou *Aubains.* Sçavoir, ceux qui ne sont pas *nez dans le diocese* où ils se sont venus establir, dont il est parlé dans le chapitre 87. cy-dessus, & *les mescruz, ou mesconnus*, c'est-à-dire, ceux qui estoient nez hors du Royaume, ou qu'on ne pouvoit croire sur leur origine.

Les *premiers* estoient des personnes *franches*, quoyqu'ils deussent un droit *d'aubainage*, mais pour les autres ils estoient *serfs*, ou *Cuvers*, en plusieurs lieux, comme il se void par les autoritez suivantes.

Beaumanoir chapitre 45. *Des aveux*, page 254. ligne 22. *Il y a de telles terres, quant un frans home qui n'est pas gentixhome de lignage, i va manoir & i est resident un an & un jour, il devient soit home, soit femme, serf au Seigneur sous qui il vient estre resident &c.*

La Coûtume de Vitry article 72. *Par Coûtume en noblesse ne git espavité, qui est à entendre que les nobles natifs & demeurans és pays d'Allemagne, Brabant, Loraine, Barrois, ou ailleurs hors du Royaume, succedent à leurs parens decedez, soit qu'ils fussent demeurans audit Royaume, ou ailleurs, és biens delaissez par leur trépas, audit baillage, meubles ou immeubles nobles ou roturiers.*

L'article 58. des Coûtumes de Champagne. *Quant aucuns Albins vient demeurer en la Justice d'aucuns Seigneurs, & li sires dessous qui il vient, ne prend le service dedans l'an & le jour, si les gens hu Roy le sçavent, ils en pregnent le service & est acquis au Roy.* Joignez l'enqueste touchant les *Aubains* de Chauny dans mon glossaire sur *Aubaine.* Statuta Davidis Regis Scotiæ lib. 2. cap. 3. *Homo qui in terrâ Domini Regis sine Domino inventus fuerit, postquam breve lectum fuerit in Curiâ Domini Regis, habeat spatium quindecim dierum perquirendi sibi dominum. Et si ad proximum sibi terminum Dominum sibi non invenerit, justitiarius Domini Regis octo vaccas de eo capiat & hominem ad opus Domini Regis custodiat, donec dominum invenerit.*

De-là est venu que l'art. 41. de la Coûtume d'Anjou donne encore le droit d'Aubaine aux Seigneurs, ce qui a esté neamoins rejetté avec raison, parce que tous ces pretendus droits estoient des entreprises sur l'autorité souveraine.

(d) *Le gentilhons auroit la moitié de ses*

LOUIS IX. en 1270.

(*e*) & se il müert sans hoir, & sans lignage, toutes ses choses seront au *Gentilhons*. (*f*) Més il rendra sa *dette* & *s'aumosne*. (*g*) Et se li *mesconneus* avoit *conquises aucunes choses* sous autres *Vavasors*, que sous celui à qui il seroit *hons*, li autres Sires n'i auroit riens par droit, (*h*) més il ne prendroit pas le *cens*, ne les *coustumes* du Saingnieur, ains conviendroit que li Sires li en baillast hons coustumier qui le servist.

NOTES.

meubles] Cecy doit estre entendu quand *l'Aubain* ou le *Cuvert* laissoit des enfans. Voyez le chap. 127. & les 30. & 31. du second livre.

(*e*) *Et se il müert sans hoir & sans lignage toutes ses choses seront au gentilhons &c.*] Par droit de main-morte.

(*f*) *Més il rendra sa dette & s'aumosne*] Il y a mieux dans les manuscrits, *& fera s'aumosne*. C'est-à-dire, que le gentilhomme succedant à son serf par droit de main-morte, payera non seulement les dettes du serf, mais aussi ses legs. Cependant l'ancien usage de la France estoit que les serfs ne pouvoient tester au prejudice de leurs Seigneurs. Voyez ce que j'ay remarqué sur Loisel livre 1. tit. 1. Regle 74. Dans un ms. de Monf.r le Chancelier, il y a, *son legs*.

(*g*) *Et se li mesconnûs avoit conquises aucunes choses sous autres vavassors, que sous celuy à qui il seroit home li autres sires n'i auroient riens par droit &c.*] Le Seigneur du *Serf* succedoit ainsi à tous ses biens par droit de morte main, car ancienement en France on pratiquoit l'article qui suit de la Coûtume du Nivernois. *Les homes & femmes serfs taillables à volonté, abonnez, questables ou corveables, sont main-mortables, & au moyen du droit de main-morte*, s'ils decedent sans hoirs communs, *leur succession entierement* de meubles & immeubles & autres especes de biens, quelque part qu'ils soient assis, soit en terre main-mortable ou autre, *compete & appartient à leur Seigneur, qui s'en peut dire vestu & saisi, sinon que par privilege, convention, ou prescription suffisante, ils soient exemptez de ladite main morte.* L'article 41. de la Coûtume d'Anjou qui a une decision contraire, est contre ces principes. Voyez la Coûtume du Nivernois, chapitre 8. article 7.

(*h*) *Més il ne prendroit pas les cens*] Il y a moins bien dans les manuscrits, *més il ne perdroit pas les cens &c.* Le sens est que le gentilhome qui succederoit ainsi à son Cuvert par droit de main-morte, n'auroit pas les Cens & les Coûtumes dûs par les heritages que le Cuvert auroit acquis dans d'autres Seigneuries, mais qu'il conviendroit que ce Seigneur donnât aux autres Seigneurs des homes coûtumiers pour desservir ces heritages & en payer les redevances. Voyez la Coûtume du Nivernois chapitre 8. article 19. & la note sur le chapitre precedent. Tout cela est aboli.

CHAPITRE XCVII.

(*a*) *D'hons bastard.*

QUand *bastart* müert *sans hoir de sa fame*, toutes ses choses (*b*) sont à *ses Saigneurs*, (*c*) *à chacun ce qui sera en son fié :* (*d*) més il püet bien pren-

NOTES.

(*a*) *D'hons bastard*] En plusieurs Provinces du Royaume, les Bastards estoient *serfs*, & par cette raison ils ne pouvoient se marier sans la permission de leurs Seigneurs. Ils ne pouvoient tester, & leurs successions appartenoient à *leurs Seigneurs* par droit de main-morte. Voyez ce que j'ay remarqué à ce sujet dans mon glossaire sur le mot *Bastard*, & mes notes sur Loisel livre 1. titre 1. Regle 42. Mais du temps de ces Establissemens, les *bastards estoient francs*, suivant les usages de Paris, d'Orleans & d'Anjou &c.

(*b*) *Sont à ses Seigneurs*] Par droit de *Bastardise*, & non de main-morte.

(*c*) *A chascun ce qui sera en son fié*] Il n'en auroit pas esté ainsi si le *bastard avoit esté serf*, car tous ses biens auroient appartenu à son Seigneur par droit de *main-morte*, comme dans le chapitre precedent. Sous Charles VII. ce droit estoit changé, car l'autheur du grand coûtumier, livre 1. chapitre 3. écrit que *Au Roy appartient la succession de tous bastards soient Clercs ou lais, que toutesfois aucuns justiciers en ont joüi, mais avant qu'ils ayent la succession des bastards, il convient qu'il y ait trois choses. 1.° Que les Bastards ou Bastardes soient nez en leurs terres. 2.° Qu'ils y soient demeurans. 3.° Qu'ils y trepassent*, aliàs *non audientur*. Et tel est l'usage &c. Voyez Bacquet droit de Bastardise chap. 8. n. 4.

dre ses müebles *à s'aumône*, & *sa fame son doüere*, (*e*) més il retornera aprés sa mort *aux Seignories*. LOUIS IX. en 1270.

NOTES.

(*d*) *Més il püet bien prendre ses müebles à s'aumône*] Dans le manuscrit de M. Baluze il y a ainsi, mais dans un manuscrit de Monsr le Chancelier, il y a, *il püet bien prendre de ses müebles*. Ce droit de tester fut encore contesté aux bastards en 1329. mais il fut jugé qu'ils pouvoient disposer librement de leurs biens. Voyez la septiéme partie du stile du Parlement chapitre 81. & ce que j'ay remarqué sur les Institutes de Loisel livre 1. titre 1. Regle 42.

(*e*) *Més il retournera aprés sa mort aux Seigneuries*] Cela est vray, quand le doüaire n'avoit esté constitué à la femme qu'*en usufruit*, mais s'il luy avoit esté constitué *en proprieté* elle le gardoit, & les Seigneurs n'y avoient rien.

CHAPITRE XCVIII.

(*a*) *De ventes d'heritaiges de Bastart.*

SE *Bastart vendoit de ses* (*b*) *heritages*, & il eust freres, ou cousins, ou autres lignage, il n'auroient *point de la vente* au *bastart*, ne li *bastars de la lor*, se il ne l'avoient par achat. Et *se eus moroient* sans *hoir* & sans *lignage*, si eschar-

NOTES.

(*a*) *De vente d'heritage de bastard*] Ce chapitre est principalement pour les lieux où les bastards pouvoient vendre librement leurs biens, car en plusieurs provinces du Royaume ils ne le pouvoient sans la permission du Roy. En voicy la preuve que j'ay tirée du Registre du Tresor des chartes, cotté Philippes Le Bel pour les années 1303. 1304. & 1305. piece 77.

Philippus *Dei gratiâ Francorum Rex. Notum facimus universis tam præsentibus quam futuris quod nos pietatis intuitu* Petro Treguier *nato Ancelini quondam dicti* Treguier *de Ecodelano Laudunensis Diocesis humiliter supplicanti, quod ipse Petrus, non obstante defectu natalium, quem pati dicitur*, de bonis suis tàm mobilibus quàm immobilibus *quæ impræsentiarum possidet, vel in futurum possidebit*, justo quocumque titulo, *pro voluntate suâ ultimâ*, & aliàs quomodolibet disponere possit, *quodque heredes sui legitimi* sibi succedere valeant in eisdem, ex certâ scientiâ, tenore præsentium *concedimus de gratiâ speciali, ipsum ad premissa, & ad omnes alios actus legitimos idoneum & habilem quantum in nobis est reddentes. Salvo in aliis jure nostro & in omnibus jure quolibet alieno. Quod ut firmum & stabile permaneat in futurum, presentibus literis nostrum fecimus apponi sigillum.* Actum apud *Athies* super Orgiam mense Junio *anno Domini 1305.* Non seulement les bastards ne pouvoient vendre en plusieurs Provinces, mais ils ne pouvoient mesmes acquerir. En voicy la preuve tirée du Tresor, Registre de Philippe de Valois pour les années 1329. &c. cotté 57. piece 40. *Philippes &c. A tous ceux &c. sçavoir faisons, que Nous de certaine science & grace especial, par contemplation & à la requeste de nostre amé & feal Cousin le Comte d'Armignac, avons octroié & octroions par la teneur de ces presentes letres à B. & à* Guillaume des Bordes Escuiers freres, *que non contrestant ce* qu'ils n'aient pas esté nez de loyal mariage, il puissent acquerre en nostre Royaume de France, jusques à cent livres de terre, à tournois ensemble, ou par parties, *en Justice haute moyenne & basse, en fiez, ou en arrierefiez, ou alleus, ou Censives, ou que il leur plaira, par juste & loyal titre, & que les diz freres, leurs hoirs & successeurs, ou ceux qui de euls ont, ou auront cause pour le temps à venir, puissent* perpetuellement & paisiblement avoir, tenir & posseoir les dites cens livres de terre ainsi acquises, sans ce qu'il en soient contraints de nous, ou de nos successeurs Roys de France les *vendre* ou mettre hors de leurs mains, ou rendre, ou faire à nous, ou à nos diz successeurs pour lesdites *cens livres de terre, aucune finance*, quelle que ele soit, *fors telle comme elle appartiendroit & pourroit appartenir à noble & de loyal mariage. Et est nostre entente que ou cas que les diz freres auroient esté, ou soient usurier, cette presente grace soit de nulle valüe, & que ce soit &c.* Donné à Beauvés l'an dessus dit au mois de Juing..... Corrigié en la Chambre des Comptes par M. de Beaumont present vous, & Erart Dalemant par la condition que non contrestant ce qu'ils n'aient pas esté nez de loyal mariage.

(*b*) *Heritages*] Par ce mot il ne faut pas

LOUIS IX. en 1270.

roit-il au *Saigneur avant que au bastard*, ou *à la Saignorie* de qui li bastard tendroit. *Car le Bastard ne püet rien demander ne par lignage ne par autre raison pour sa mauvaise condicion :* Et droit si accorde selon le Code *De heredibus instituendis & quæ personæ heredes institui possunt*, en la loy *Si pater*, en la Dig. *de l'estat des homes*, en la loy qui commence *Vulgo concepti*, & selon l'usage d'Orlenois, el titre *des bastars*, & coustume si accorde.

NOTES.

entendre *des propres*, mais *des fonds*. Le bâtard ne peut exercer aucun retrait lignager par la raison de la loy derniere. *Codice De naturalibus liberis. Quia nec genus nec gentem habent, præter patrem & matrem & nulla consequentia potest esse ex illegitimo nascendi principio & radice corruptâ.* Et comme ce chapitre est fondé en principes, il fait encore un droit general dans tout le Royaume. Voyez Loisel dans ses Institutes livre 3. titre des *Retraits*, Regle 18. 19. avec mes notes.

CHAPITRE XCIX.

De tenir terres de Bastars à terrages.

SE aucuns *Gentishons avoit hons (a)* qui teinssent terres *à terrages de Bâtart*, (*b*) & il ne l'en rendissent autres coustumes que *les terrages*, li Sires les porroit bien prendre (*c*) à son *gaaingnage*, més il ne les porroit pas *bailler à autre*.

NOTES.

(*a*) *Qui teinssent terres à terrage de Bâtards &c.*] Dans un manuscrit de Monsr le Chancelier, il y a, *Qui tenissent de luy terre, à terrage de Bâtards.* C'est-à-dire, ce semble, qui tinssent des terres mouvantes de luy, & chargées de terrage envers des *Bâtards*.

(*b*) *Et ne len rendissent autres Coûtumes que les terrages &c.*] Le champart n'est seigneurial & n'emporte lots & ventes, que quand il est dû au Seigneur foncier & direct. L'autheur du grand Coûtumier chap. 26. livre 2. Nota *par les usages & Coûtumes des terres tenües à champart, le Seigneur à qui est dû le champart ne doit avoir lots, ne ventes de terres qui luy doivent champart quand elles sont vendües, si iceluy Seigneur n'est chef Seigneur*, c'est-à-dire, *Seigneur foncier, mais les aura le Seigneur foncier. Et au cas qu'il n'y auroit autre chef Seigneur*, c'est-à-dire, *Seigneur foncier, celuy à qui le champart est dû, auroit les lots & ventes.*

Que l'on suppose à present, que dans une Seigneurie, il y ait un homme qui tienne des terres à champart d'un Bâtard, & qui n'en paye aucune redevance au Seigneur direct, ce Bâtard aura-t-il pû se faire ainsi Seigneur direct de ces terres, au prejudice de son Seigneur. Il faut dire que non, & que le Seigneur pourra dans ce cas mettre ces terres en sa main, jusques à ce que le bâtard les reprenne à la charge du cens. Ce qui est icy dit du Bâtard convient à toute personne.

(*c*) *A son gaignage*] C'est-à-dire, à son profit. En plusieurs lieux le Seigneur direct confisquoit l'alleu, qui estoit fait à son prejudice. Beaumanoir chapitre 24. page 123. *Quant li sires void aucun de ses sougiez tenir heritages, desquiex il ne rend nul cens, rentes, ni redevances nulles, li sires y püet jetter les mains, & tenir comme sienes propres, car nus selon nostre coûtume ne peut tenir des aluex. Et on appelle aluex ce que on tient sans faire redevance nulle à nullui. Et se li Quens s'apperçoit avant que nus de ses sougiez que tels alués soit tenu en sa Comté, il les püet penre comme siens, ne n'en est tenus à rendre, ne à repondre à nus de ses sougiez, pourche que il est sires de son droit, & de tout ce que il trouve en alués &c.* Voyez cy-aprés le chapitre 163.

CHAPITRE

CHAPITRE C.

De mesurer terres censives.

SE aucuns Gentishons avoit hons qui tenissent de luy terres *à cens*, & il doutast que il en rendissent poi de cens, il leur porroit bien fere *mesurer*, & se il trouvoit plus, dont il ne *rendissent le cens*, & celle terre se tenist (*a*) à la seüe (*b*) ce qu'il en auroit trouvé. Et se elle ne se tenoit à la seüe, si ne la porroit pas prendre à soi, més il li porroit bien croistre le cens à la réson qu'il auroit trouvé (*c*) en la terre, & des autres cens, rendroit les *defaux des cens* des années que il auroit ces terres tenües. Et feroit droit de la premiere année; (*d*) & feroit le *gaïge de sa loy*, & ainsi li remaindroit sa terre, & non pas au Seigneur.

NOTES.

(*a*) *A la seüe*] A la sienne.

(*b*) *Ce qu'il en auroit trouvé*] Les manuscrits de Monf.r le Chancelier disent que *ce qu'il en auroit plus trouvé li remaindroit*.

On a agité la question dans le Droit Romain, de sçavoir si celuy qui possedoit un fond mesuré & limité, comme de vingt ou trente arpens en une piece, pouvoit augmenter son fond en prescrivant contre son voisin. La raison de douter estoit que son propre titre repugnoit à la prescription. Mais comme on pouvoit prescrire par trente années sans titre, il fut decidé que le possesseur du fond limité pouvoit prescrire par trente années. *Lege Quinque pedum & Lege ultimâ Cod. Finium regundorum.* Il pouvoit mesme arriver qu'une telle prescription s'accomplist avec bonne foy, le proprietaire du fond limité ayant crû que le fond prescrit en faisoit partie.

Or personne ne doute que dans les cas, où il ne s'agit, ni de foy, ni de reconnoissance de cens. Le Seigneur ne puisse prescrire contre le vassal, ou le tenancier, & le vassal, ou le tenancier contre le Seigneur. Ainsi il ne seroit pas juste qu'aprés une possession de trente années de la part de l'homme, ou du tenancier, le Seigneur qui fait mesurer, profitast de ce qui se trouveroit au-delà de la mesure, quand mesme le Seigneur auroit ses terres voisines. Et c'est pour cela que dans l'article 98. de la Coûtume d'Anjou glosée, la distinction qui est faite dans ce chapitre ne se trouve pas, & qu'il y est dit seulement que *se il se trouvoit plus de terre, dont li hons ne rendissent leur cens, & icelle terre tenist à la soe*, c'est-à-dire, à celle du Seigneur, *il n'en pourroit pas faire son domaine, mais qu'il pourroit bien croître le cens*, selon *ce que il auroit plus trouvé &c.* Vide Balbum de præscriptionibus *parte 4. Quæstione 14.* Et Brodeau sur l'article 12. de la Coûtume de Paris. n. 7. 8.

(*c*) *En la terre*] Dans un ms. de Monf.r le Chancelier il y a, *auroit en sa terre le surplus que il auroit trouvé.*

(*d*) *Et feroit le gage de la loy*] Voyez le chapitre 47. cy-dessus.

CHAPITRE CI.

De demander à son hons service trespassé.

SE aucuns estoit qui laissast son service à rendre à son Saigneur, *gants* ou *esperons*, ou autre service deu (*a*) à jour nommé de quatre, ou de cinq ans, ou de plus, ou de mains, & li Sires l'en apelast, & li deist, *vous ne m'avez pas rendu mon service de ces années trespassées*, il li en feroit le *droit gage de sa loy*. Més li sires en porroit bien ouvrer en autre maniere: quar quand li terme seroit passez, que il ne li eust pas rendu son service, li sires porroit bien prendre en son fié el demaine à son home, ou bestes, ou autres choses, s'il les avoit, & si püet bien vendre (*b*) par *souffrete* de service. Et se il vient avant au Seigneur, & li dic,

NOTES.

(*a*) *A jour nommé*] Un manuscrit de Monf.r le Chancelier adjoûte, *& cil ne les ont pas rendu de quatre ans, ou de cinq ans.*

(*b*) *Par souffrete de service*] Il y a ainsi dans un manuscrit de Monf.r le Chancelier,

LOUIS IX. en 1270.

vous avez prises les moies choses, je les vous demant par pleges, quar je suis tout prest de fere droit pardevant vous : & li sires li püet respondre, *Je ne vüel pas, que vous les aiez, car je les ay vendües par defaute de service.* Més se ainsi estoit (c) que il les requist à son Seigneur, il les devroit avoir (d) par si que il li eust ainsi fet, & a tant (e) rendre son service (f) & le gaige de sa loy.

NOTES.

Dans le chapitre 99. de la Coûtume d'Anjou glosée, il y a, *pour deffautes*, & il y a plus bas ainsi dans la suite de ce mesme chapitre. Au lieu de *sousfrette*, on pourroit lire *soustraite*, comme il y a dans un endroit du chapitre 99. de l'anciene Coûtume d'Anjou rapporté cy-aprés sous la letre (f).

(c) *Que il en requist son Seigneur*] Un manuscrit de Monsr le Chancelier adjoûte, *avant que la chose fut vendüe, & il la trouvast en la main au Seigneur, ou ne la trouvast mie.* Dans la Coûtume d'Anjou glosée, il y a, *mais si ainsi estoit que home tenist de li à foy, & requist à son Seigneur, avant que il les eût vendus ne mises hors de sa main, il les devroit avoir o plege &c.*

(d) *Par si que*] Dans le manuscrit de Monsr le Chancelier, il y a, *porcoi.*

(e) *Rendre*] Dans le manuscrit de Monsr le Chancelier, il y a, *rendroit.*

(f) *Et le gage de sa loy*] Voyez le chapitre 47. cy-dessus. La Coûtume d'Anjou glosée adjoûte, *que le Seigneur pourroit bien les choses prendre sans le faire à sçavoir à son homme, selon aucun cas. Et se l'homme demeuroit à venir, jusques le Seigneur eust vendu les choses, le Seigneur ne les restabliroit pas, & se le Seigneur prenoit le domaine à l'home, & l'home disoit puisque son Seigneur l'auroit dessaisi.* Vous ne tenez pas mon domaine pour *soustraite* d'homme, *car je en suis* vostre homme, & vous en ay servi autrefois, *si porroit le Seigneur dire*, amy je ne cuidois pas que tu en fusse més mon homme par les deffautes que tu as faites.

On void par ce chapitre que les Seigneurs feodaux avoient en ce temps des redevances anuels de *gants & d'éperons*, & la question ayant esté de sçavoir comment les Seigneurs devoient se faire payer de ces redevances.

Il est decidé icy que les Seigneurs, pour rendre les vassaux plus exacts, pouvoient leur faire payer *le gage de la loy*, ou qu'ils pouvoient faire saisir les bestes, ou les meubles de leurs vassaux, & les faire vendre. La Coûtume anciene d'Anjou glosée dit encore mieux, que les Seigneurs pouvoient prendre les fiefs de leurs vassaux, & tel est aujourd'huy l'usage. Mais il faut remarquer que la saisie feodale qui est faite pour ces droits extraordinaires, & pendant qu'il y a des hommes, ou des vassaux qui sont en possession des fiefs, n'emporte pas perte de fruits, suivant cette remarque de Du Molin. *Prehensio feudalis, cum lucro fructuum habet tantum locum pro oneribus ordinariis & approbatis, non etiam pro juribus extraordinariis insolitis & a consuetudine incognitis, & generalis dispositio non refertur ad extraordinarias præstationes.* Molin. *ad art. 33. Cons. Par. gloss. 1. n. 125.* Brodeau sur cet art. n. 12. Touchant les *gants*, voyez mon glossaire, & les autheurs que j'y ay citez, & touchant les esperons. Voyez le chap. 130.

CHAPITRE CII.

D'hons qui a essoine de son corps, comment il doit establir Procureur pour luy.

SE aucuns vieus hons, ou foibles, ou malade, fesoit tort à aucune gent, & cil s'en venist plaindre à la Justice, l'en li doit mettre jour, & se il ne venoit au jour, & il mandast l'essoine de sa maladie, l'autre partie devroit attendre huict jours & huict nuicts. Et se le plaintif (a) vient devant le Roy, & die, *Sire, je vous requiex droit, car cil de qui je m'estois plaint si est malade,* la Justice i doit envoier par hommes souffisans, & cil li doivent dire, *tieux gens se plaignent de vous, & de tele chose,* (& la nommeront,) *& vous estes malade de longue maladie, si vous esgarde l'en que vous mettez un autre pour vous, qui vous deffende* (b) *quant*

NOTES.

(a) *Vient devant le Roy*] Dans un manuscrit de Monsr le Chancelier, il y a mieux, *vient avant derechief, & die* &c. Dans le manuscrit de M. Baluze, il y a, & *se li plaintif vient derechief.*

(b) *Quant vous ne connoissiez*] Il y a ain-

vous ne cognoissiez (selon l'usage de la Cour laic) selon droit escrit en Dig. el titre des Procureurs en la loy, *Sed hæ personæ*, & el Code aussi *Des Procureurs l. Exigendi*, & en Decretal *Des Procureurs*, où il est escrit que le fils püet estre pour le pere. Ne ne convient pas que il ait autre commandement que du pere, quand il est personne conjointe, si comme la dite escriture le dit, que cil i doit mettre son fils l'aisné, & se il n'a enfans, celui à qui le recors de la terre (*c*) avient, & ainsi l'esgarde l'en par droit qu'il sera estably, & ce que il fera, sera estable.

LOUIS IX. en 1270.

NOTES.

si dans le manuscrit de M. Baluze & dans celuy de Monsr le Chancelier, *quant vous le connoissiez*.

(*c*) *Avient*] Ajoûtez, *y doit estre pour luy*. Et il y a ainsi dans les manuscrits de Monsr le Chancelier & de M. Baluze.

On a déja remarqué en plusieurs endroits, que par l'ancien droit Romain, on ne pouvoit agir par Procureur, si ce n'estoit en trois cas. *Olim* dit Justinien, *in usu erat alterius nomine agere non posse nisi pro populo, pro libertate, pro tutelâ*. Instit. Per quos agere licet.

On void par la formule 21. du second livre de Marculphe que ce droit estoit pratiqué de son temps en France & cet usage continua long-temps sous la troisiéme race de nos Roys, De-là vient que Beaumanoir dans le chapitre 4. de ses Coûtumes du Beauvoisis page 27. écrit qu'*en demandant nul n'est ois par Procureur*. Et que l'autheur du grand Coûtumier écrit livre 3. chapitre 6. page 335. qu'*au Procureur du demandeur en pays Coûtumier faut grace*.

Les choses estoient ainsi en *demandant*, mais en *deffendant* chascun pouvoit constituer Procureur. Beaumanoir chapitre 4. page 27. *Chascun par la Coûtume de Beauvoisins en soy deffendant, püet envoyer Procureur & püet faire li Procurieres se il a bonne Procuration autant en la cause comme si li sires feroit si il estoit present*, & page 31. *Nous n'avons pas accoustumé que hons de poote fasse procureur en nus cas, mais gentixhome, Religieux, Clercs & femmes le püent faire en deffendant &c.* Voyez l'autheur du grand Coûtumier page 335. 346. Bouteiller & Masuer, *tit. De Contumacia. §. Item Procurator*. Tout ce droit fut aboli par Loüis XII. aux Estats tenus à Tours en 1483.

Quand celuy qui avoit esté semons avoit juste raison pour ne pas comparoir il faisoit proposer son essoine, & celuy qu'il en chargeoit *devoit* selon Beaumanoir, *dire en cheste maniere à cheluy qui tenoit la Cour*, Sires P. *si essoine tel jour comme il avoit à huy pardevant vous, contre tous chaux à qui il avoit à faire, & quand il sera delivrés de son essoine, il le vous fera à sçavoir*, si que vous le puissiez radjourner se il vous plest, *ou se partie vous le requiert, & se aucune partie voulloit debatre l'essoinement, il le devoit debatre &c.*

Quand l'essoinement estoit juste & que la partie averse ne le debatoit pas, l'affaire restoit en suspens. Mais lorsque la partie averse, ou celuy qui avoit fait faire la semonce voyoit que l'essoinement pouvoit durer un long espace de temps, parce que le deffendeur estoit âgé & dans une infirmité qui pouvoit durer plusieurs années, on suivoit ce chapitre & l'on obligeoit celuy qui avoit proposé l'essoine à constituer Procureur. Voyez ce qu'à écrit Ayrault contre l'Abus des Essoines livre 3. chap. 383. n. 7. Ce chap. n'est plus en usage.

CHAPITRE CIII.

De battre hons que l'on aterme pardevant Justice.

(*a*) SE ainsi avenoit que l'en se plainsist d'un home, ou de battre, ou de ferir, ou de deniers, ou de terre, ou d'aucune autre chose, & Justice li meist terme, & il venist au terme: & cil li demandast sa droiture, ou autre chose, & cil li répondist, *Je m'en deffens que je nul tort ne li fay, comme cil qui point ne tiens de sa droicture, ne riens ne li dois, més je vüel que il me face droit de ce*

NOTES.

(*a*) *Se ainsi estoit &c.*] Anciennement quand un homme en appelloit un autre en jugement, pour crime, ou pour des sommes dont il demandoit le payement, celuy qui estoit appellé avoit toûjours terme pour se preparer à sa deffense.

Si pendant ce terme, l'appellé messaisoit à l'appellant, il en estoit puni, quand le messait

LOUIS IX. en 1270.

que il m'a meffet dedans le terme que vous m'aviez mis à sa plainte, comme cil qui m'a battu, & fet autre meffet, & le vous nommeré. Sire, (fet li autres) *je ne vüel pas à luy respondre, car je n'ay point de jour à sa plainte, més il a jour à la moie, pource si vüel qu'il responde à ce que je li demanderai. Sire,* (fet li autre) *je ne vüel mie respondre, més respondra à moi de ce qu'il m'a meffet dedans le terme que vous m'avez mis.* Tout n'ait-il point de jor (à sa plainte) il respondra avant que cil responde à li, & se il püet prouver qu'il *ait mise main* sur luy, dedans le terme, se ce n'estoit *sur son corps defendant,* il en payeroit 60. sols d'amende à la Justice, se il estoit coustumiers, & se il estoit Gentilhom, *(b)* il en payeroit ses müebles, & amenderoit à celui à qui il auroit meffet tous ses dommages. Et pour ce se doit l'en bien garder de meffaire dedans le terme, car l'en en pert sa response au jour, & en fet-on droit, si comme nous avons dit dessus.

NOTES.

estoit prouvé, & la peine estoit qu'il perdoit au jour marqué sa response & ses meubles, avec domages & interests, s'il estoit gentilhome, & s'il estoit coûtumier, il payoit à justice 60. sols d'amende. Tout cet ancien droit est aboli.

(*b*) *Il payeroit ses meubles*] Lisez, *Il perdroit ses meubles*] Il y a ainsi dans les manuscrits de Monsr le Chancelier, dans celuy de M. Baluze & dans l'anciene Coûtume d'Anjou glosée.

CHAPITRE CIV.

De rendre par pleges hons qui est appellé de murtre.

SE il avenoit que aucuns apelast un autre de *murtre,* ou de *traison,* parquoi il deust perdre *vie ou membre,* la Justice (*a*) doit tenir *les cors de eus deux* en ygal prison, si que li uns ne soit plus à malése que li autres. Et se aucune fole Justice estoit, qui lessast l'uns aller hors de prison, par pleges, & retenist l'autre, (*b*) & cil s'enfoüist qu'il auroit mis en prison par pleiges, & ne venist mie au terme que l'en li auroit mis : adonques la Justice doit dire au pleges, *Vous avez tel homme plevi à estre à tel jour à droit pardevant nous (& le nommera) & si estoit appellez (c) de si grand meffet, & il s'en est foüis, & pour ce vüel-je que vous en*

NOTES.

(*a*) *Il doit tenir les cors de eus deux*] Voyez le chapitre 20. du second livre sous la letre (*g*).

(*b*) *Et cil s'enfoüist qu'il auroit mis en prison par pleges*] Dans un manuscrit de Monsr le Chancelier, il y a mieux, *& cil s'enfoüist que il auroit delivré par pleiges.* Dans le manuscrit de M. Baluze, il y a, *Et cil s'enfoüit qui seroit delivré par pleiges,* & dans la Coûtume d'Anjou glosée, il y a, *Et celuy qui auroit esté laissé aller, s'enfoüit.* De sorte qu'il faut lire icy, *& cil s'enfoüit qu'il auroit mis hors de prison par pleiges &c.*

Il semble que du temps que ces Establissemens ont esté faits, le ministere des Procureurs du Roy & de ceux des Seigneurs pour la punition des crimes, estoit inconnu, & l'on void manifestement qu'on usoit alors de recrimination, ce qui a esté rejetté avec raison, parce que comme le remarque Ayraut dans son ordre judiciaire livre 3. chapitre 32. *Si on vouloit admettre ces deux accusations respectives toutes ensemble, ce seroit contre la regle de Celsus & d'Apollodorus, qui disoient,* de uno reo consilium cogi dumtaxat. *C'est-à-dire, qu'en un procez il ne doit y avoir qu'un accusé. Or ce seroient deux accusations, deux procés, deux jugemens. Et quand cela se presente,* dit Quintilien, *aprés eux, il faut par necessité preferer l'une des accusations, & surseoir à l'autre &c.*

On estoit alors obligé d'en user ainsi pour decouvrir les grands crimes & les punir. Et contre toutes les regles du droit ancien & nouveau, on commençoit par mettre en prison les accusateurs & les accusez pour les faire combattre, par le *deffaut de preuves,* car comme dit Des Fontaines dans son conseil chapitre 15. article 28. page 100. *Bataille n'a pas lieu où Justice amesure.* Joignez le chapitre 27. cy-dessus.

(*d*) *De si grand meffect*] Beaumanoir chapitre 30. page 148. parle ainsi de ces meffects. *Quiconques est pris en cas de crime, soiet foiez prouës & atains de porter tele peine, comme cil qui s'en est foüis, soffrist. Sire,* ce dient cil, *ce ne ferons nous mie, car se nous plevissons nostre ami, nous fesons ce que nous devrons.* Et ainsi püet l'en esgarder aux pleges que eux en feront à c. sols & 1. den. d'amande, & atant en seront quittes. Et icelle amende si est appellée (*d*) *Relief d'home,* & pour ce se doit bien garder la Justice que il ne praigne pleiges de gent qui s'entre-appellent de si grand meffet, comme de murtre, ou de traison. Car il n'en püet porter autre amande que ce que nous avons dit dessus.

NOTES.

& atains du cas, si coume de murtre ou de trahison, ou d'homicide, ou de femme efforcíée, il doit estre traîné & pendu, & si mesfeët tout le sien quanque il a vaillant, & vient la forfaiture au Seigneur de sous qui li siens est trouvez, & en a chascun Sires che qui en est trouvez en sa Seigneurie.

Murdre, *si est quand aucun tüe ou fet tüer autruy en aguet apensé puis le soleil couchant jusques au soleil levant, ou quand il tüe, ou fet tüer en assurement, ou en treves.*

Trahison, *si est quant len ne montre semblant de haine & len het mortelment, si que par li haine, l'on tüe ou fait tüer, ou bat ou fet batre jusqu'à afolure cheli que il hait par trahison. Nus murtre n'est sans trahison, mès trahison püet bien estre sans murtre en mout de cas, car murtre n'est pas sans mort d'homme, mais traison est pour battre, ou pour affoler, en trives, ou en assurement, ou en aguet à pensé, ou pour porter faux tesmoing pour cheli mettre à mort, ou pour desheriter, ou pour li fere battre, ou pour li faire haïr de son Seigneur lige, ou pour mout d'autres cas semblables.*

Homicide, *si est quand aucun tüe aucun en chaude meslée, si comme il avient que tençon naist, & de la tençon, vient laide parole, & de la parole la meslée, pour laquelle aucun reçoit mort souvante fois.*

Femme efforcíée, *si est quant aucun prend à force charnel compagnie à femme contre le volonté de le femme, & sur che que elle fet pouvoir de che deffendre. Chil quatre cas dessusdits doivent estre punis & vengez par un mesme jugement.*

(*d*) *Relief d'home]* Voyez cy-aprés le chap. 121. Ce chapitre n'est plus en usage.

CHAPITRE CV.

Comment la Justice doit ouvrer quand Jugement est contendus deus fois pardevant luy.

(*a*) SE aucun se plaint à Justice de *aucun meffet*, & li jugement contende, au premier jour de leurs paroles, la Justice leur doit mettre *terme avenant.* Et se à cel jour content li jugement par meismes leur paroles, (*b*) la

NOTES.

(*a*) *Se aucun se plaint]* Ce chapitre estoit pour les lieux, où la Justice se rendoit par *Prevots*, ou *Baillis*, & non pour les lieux, où elle se rendoit par *Pairs* ou par *hommes de fief.*

Dans le temps que ces Establissemens avoient lieu, quand un homme se plaignoit à Justice d'aucun meffect contre un autre, la justice au premier jour de leurs paroles, c'est-à-dire, au premier jour qu'elle les avoit entendus, leur mettoit terme advenant. Quand ils venoient au jour marqué, ils disoient encore leurs raisons, & la justice aprés les avoir encore entendus, leur donnoit un autre terme. Quand ils s'estoient rendus à ce terme, la Justice, c'est-à-dire, le Juge se levoit & appelloit *hommes sufisans*, c'est-à-dire, ses *Conseillers, Assesseurs*, ou comme il est dit dans le chap. 15. du second livre de ces Establissemens, ses *hommes jugeurs*, qui ne devoient estre amis ni de l'une ni de l'autre partie. Il devoit *retraire*, c'est-à-dire, faire rapport aux *jugeurs*, des paroles, ou des raisons des deux parties, & les jugeurs devoient dire leur avis & faire droit. Le Juge retreioit ensuite aux parties presentes, ce qui avoit esté decidé par les jugeurs. Et si l'une des parties n'estoit pas contente du jugement elle devoit en appeller en *presence du Juge.* Voilà l'explication de ce chapitre que l'on ne peut entendre que par le commencement du chapitre 15. du second livre, qu'il y faut joindre.

(*b*) *La justice si leur doit mettre l'autre terme]* Dans le manuscrit de M. Joubert &

LOUIS IX. en 1270.

Justice si leur doit mettre *l'autre terme*, & à celuy terme se doit lever & appeler *gens souffisans*, qui ne soient de l'une partie, ne de l'autre, & si doit fere la parole retrere, & des paroles qu'auront dites, si leur doit fere droit, & si leur doit retraire (*c*) ce qu'il auroit jugié, & ainsi justice ne se peut lever, ne ne doit, (*d*) devant ce que jugement (*e*) *ait contendu deux fois pardevant luy*.

NOTES.

dans la Coûtume d'Anjou glosée, il y a, *le tiers terme*.

(*c*) *Ce qu'il auroit jugié*] Dans tous les mss. il y a mieux, *Ce qu'ils auront jugié*. C'est-à-dire, les hommes suffisans, ou les jugeurs.

(*d*) *Devant ce que*] Dans le manuscrit de Monf.r le Chancelier, il y a, *jusques à tant*.

(*e*) *Ayt contendu*] Dans le manuscrit de Monf.r le Chancelier, il y a, *ait attendu*. Tout ce droit est aboli.

CHAPITRE CVI.

De requerre à partir terres parçonnieres.

SE aucunes gens avoient terres, ou vignes, qui fussent *communes ensemble*, & li uns venist à l'autre, & deist, *Biau Sire, partons nos terres que nous avons ensemble*, & li autres die, *Je ne vüel pas partir*. Si s'en pourroit cil plaindre à la Justice, & la Justice si leur doit mettre terme, & quand eux seront au terme, se cil qui se seroit plaint deist, *Sire, entre moi & cet homme avons terres parçonnieres, & je vüel que elles soient parties, car je vüel savoir où ma partie en gist*. Et li autres die, (*a*) *Je ne vüel pas partir; & je partiré*, püet dire li autres, *& vous choisissez comme cil qui n'i a plus de moy, & je i ai autant comme vous, & en atens droit*, & ainsi püet *esgarder* la Justice que cil qui se haste doit partir, (*b*) & partira à l'autre, & cil choisira. Et se il avenoit que li uns eust (*c*) plus de Justice, en la terre, que li autres, & il deist, *Biau Sire, je ne vüel mie que nous partons ensemble, car je ai la justice en la terre, tant y ai-je plus de vous, & vous n'y avez riens plus de moy, & sont les rentes* (*d*) *renduës par moy & par mes mains, & par mon Sergent, & bien püet estre que vostre Sergent i a esté*, (*e*) *& les coustu-*

NOTES.

(*a*) *Je ne vüel pas partir, & je partiré &c.*] Il y a ainsi dans le manuscrit de M. Joubert qui est ancien & qui a appartenu à M. Caseneuve. Dans celuy de Monf.r le Chancelier, il y a, *Je ne le vüeil pas einsi, mais je suis tout prés de partir, & vous choisirez*. Dans le chapitre 103. de la Coûtume d'Anjou glosée, il y a, *Je ne le vüeil pas, & si le complaignant die Sire je suis prest de partir & vous choisirez &c.*

(*b*) *Et partira à l'autre*] Dans un manuscrit de Monf.r le Chancelier, il y a, *si partiroit à l'autre*.

(*c*) *Plus de Justice*] Ce n'est pas, ce semble, *plus de Jurisdiction*, mais *plus de droits*. Ce mot pris en ce sens est frequent dans une infinité de titres. *Vide Cangium in glossario*. Cependant *Justice* doit estre icy pris pour *Jurisdiction*, ce qui paroist par les mots qui suivent *je tiens le plait*. Par *plus de Justice* il faut donc entendre icy *Justice ou Jurisdiction de plus*.

(*d*) *Renduës*] Dans un mf. de Monf.r le Chancelier & dans la Coûtume d'Anjou glosée, il y a, *receües*.

(*e*) *Et les coûtumes me sont renduës au terme, je tiens le plet, si vous n'y voulez estre*] Dans un manuscrit de Monf.r le Chancelier, il y a, *se les Coûtumes ne sont renduës aux termes, je tiens le plet si vous n'y voulez estre &c.* Et il y a de mesme dans le manuscrit de M. Joubert.

La question proposée est de sçavoir comment des terres, ou des vignes possedées en commun par deux personnes, doivent estre partagées, qui des deux doit faire les lots, & qui doit choisir. Et il est decidé dans ce chapitre que c'est le provoquant, ou le complaignant qui doit faire les lots, & que l'autre doit choisir. *Cil qui se haste doit partir, & partira, & cil choisira*, & ce qui est icy decidé est devenu dans la suite le droit commun de presque toute la France, au temoignage de Jean Faber *ad titul. Instit. De ..ctionibus. §. Quædam num. 10*. en ces termes, *Quæritur: Quis tunc dividet: & quis eliget? Consuetu-*

mes me sont renduës au terme; je tiens le plet se vous n'y volés estre; & pour ce que je j'ay ces avantages, ne vüel-je pas partir, & se ainsinc est, il ne partira pas par droit. LOUIS IX. en 1270.

NOTES.

dinarii dicunt quod provocans dividet & provocatus eliget, & ita scio servari in pluribus terris de facto. Quid si sint plures provocati, tunc videtur quod minor eligat Ced. De mutatis lege 2. &c. Voyez Loisel dans ses institutes livre 2. tit. 6. Regle 1.

Les choses estoient ainsi quand il s'agissoit de *fonds*, mais quand il estoit question de *Cens*, de *Rentes* & de droits Seigneuriaux entre des personnes dont la justice appartenoit à une seule d'elles, alors celuy qui avoit la Justice pouvoit s'opposer au partage, & l'usage estoit qu'il devoit les recevoir seul, à la charge d'en faire raison aux autres. *Vide Joannem Fabrum, ad titulum Institutionum De actionibus. §. Quædam numero 8. in principio.*

Celuy qui faisoit ainsi payer les rentes Seigneuriales employoit son Sergent à les lever, & les Sergents des autres pouvoient estre avec luy, pour informer leurs maistres de ce qui avoit esté payé. Et quand il estoit question de proceder contre ceux qui ne payoient pas, ou qu'il s'élevoit à ce sujet quelque contestation, il estoit libre à tous les Seigneurs d'assister au plait.

CHAPITRE CVII.

De moudre à moulin par ban, & de fere rendre les domages au mouleur.

SE aucuns hons avoit moulin, qui eust (*a*) *voiere* (*b*) en sa terre, il doivent moudre à son moulin tuit cil qui sont (*c*) dedans la banlieüe. (*d*) Et se aucuns en defailloit puisqu'il en seroit semons, (*e*) li Sires li püet bien *esgarder* que il ne moule à autre moulin (& se li sires, ou ses Serjans le truevent apportant farine d'autre moulin que du sien) la farine si est au Seigneur *(f)* & li hons n'en doit autre amende. Et se il avenoit que li mousniers feist dommage à aucun de ses mouleeurs, & cil venist au Seigneur, & li deist, *Sire, vostre mousnier m'a fet dommage de mon blé, fetes le moy amender*: li sires doit mander le mousnier, &

NOTES.

(*a*) *Voiere*] Dans les manuscrits de M. Joubert & de M. Baluze, au lieu de *voiere*, il y a, *voirie*. Voyez l'article 3. de la Coûtume du Loudunois au titre de basse Justice, & l'article 14. de la Coûtume d'Anjou.

(*b*) *En sa terre*] Dans le manuscrit de M. Joubert il y a ensuite, *& il ayt hommes en sa terre*. Dans le manuscrit de M. Baluze, il y a, *& qu'il ayt homes Etagiers*. Voyez l'article 14. de la Coûtume d'Anjou, la note sur le chapitre 53. cy-dessus, & mon glossaire au mot *Estagiers*.

(*c*) *Dedans la banlieüe*] L'art. 14. de la Coûtume d'Anjou adjoute *dudit moulin*, & le 3. de la Coûtume du Loudunois au titre *De basse Justice*, requiert que le moulin *soit à eaüe*. Par l'article 9. du mesme titre, la *banlieüe est de deux mille pas, chacun valant cinq pieds*, & en Anjou de mille tours de roüe, valant 15. pieds, article 22.

(*d*) *Et se aucuns en defailloit puisqu'ils en seront semons*]. Dans le temps de ces Establissemens, celuy qui avoit moulin banal devoit commencer par faire semondre ses estagiers d'y aller moudre. S'ils n'obéïssoient pas à la semonce, il devoit leur faire deffense de moudre ailleurs, & si les estagiers n'y obéïssoient pas, il pouvoit confisquer les farines. Aujourd'huy ces precautions ne sont plus requises.

(*e*) *Li sires li püet bien esgarder*] Dans le manuscrit de M. Joubert, il y a, *li sires li püet bien faire esgarder*, c'est-à-dire *faire prendre garde*. Dans l'art. 104. de la Coûtume d'Anjou glosée, il y a, *le Seigneur le peut bien faire guetter que il n'aille à autre moulin*.

(*f*) *Et li home n'en doit d'autre amende*] Suivant les articles de la Coûtume d'Anjou & du Loudunois citez cy-dessus, le Seigneur qui a *voirie*, ou basse Justice ne confisque les farines de ses estagiers, que quand elles sont saisies dans son fief, & les estagiers ne doivent autre amende. Mais si les farines sont trouvées hors du fief, ou si le Seigneur ne fait pas saisir les farines, il peut poursuivre son *amende de loy* en justice qui est de *7. sols six deniers*, ainsi qu'il est dit dans le chapitre 104. de l'anciene Coûtume d'Anjou glosée. Voyez l'article 4. de la Coûtume du Loudunois au titre *de basse Justice*.

LOUIS IX. en 1270.

li doit dire, *ceſt homme ſe plaint de toy, & dit que tu li as fet dommage de ſon blé.* Et ſe li mouſniers dit, *Je m'en deffens,* & li autres die, *Je le prouveré, ſi comme je devré,* (g) ſi li en doit fere amender, ſe il i a plus de 12. deniers par ſon ferement: & ſe il y a moins, (h) par ſa foy, (i) & ainſi püet-on entendre que nus mouſniers n'a point de deffenſe ſeur ſon moulin: (k) més cil doit jurer, ou fiancier, que il y a bien eu tant de domages en la garde au mouſnier, & ainſi auront li moulant leur dommage, comme nous avons dit deſſus. Et ſe li ſires ne leur vouloit fere rendre leurs dommages, il ne ſeroient pas tenus de moudre à ſon moulin, juſques à tant que il leur euſt fet amender, ne li Sires ne les en porroit pas forcier par droit.

NOTES.

(g) *Si li doit en fere amander*] Un manuſcrit de Monſ.r le Chancelier, adjoûte *ſon domage*, & le manuſcrit de M. Baluze a la meſme addition.

(h) *Par ſa foy*] La Coûtume d'Anjou gloſée dit *par ſa fiance*, c'eſt-à-dire, *ſur ſa parole.*

(i) *Et ainſi püet len entendre que nus mouniers n'a point de deffenſes ſur ſon moulin &c.*] Dans un manuſcrit de Monſ.r le Chancelier & dans celuy de M. Joubert, il y a, *& enſi püet-on entendre que nus mouniers n'a point de deffenſe ſor ſon moulant.* Dans le manuſcrit de M. Baluze, il y a, *contre ſon moulant*, c'eſt-à-dire, que le meunier ainſi pourſuivi n'a point de deffenſes à oppoſer au moulant.

(k) *Més cil doit jurer, ou fiancer, que il y a bien eu tant de domages en la garde au mounier*] Il y a dans l'ancienne Coûtume d'Anjou la gloſe qui ſuit. *Se l'homme moulant meſure ſon bled, & il le apporte au dedans du ſüeil du moulin pour moudre là, puis il viegne querre ſa farine, & il la meſure auſſi comme il fit le bled, & il ne trouve ſon compte, il en ſera dedomagé ſur le monnier du moulin.* C'eſt à ſçavoir, *que le mounier li payeroit ce que il en trouveroit moins, & n'appartient à ce que le ſerment de l'homme. Et ſi le varlet ou chambriere à l'homme, ou autre pour luy avoit meſuré le bled, ou la farine & l'homme en demandaſt retour, puiſque fait d'autre y eut, il n'en ſeroit pas crû à ſon ſerment, ains convendroit ceux qui auroient porté & meſuré le bled & rapporté la farine, & par les ſermens de celuy & de ceux ſeroit dedomagé.* Voyez l'article 24. de la Coûtume d'Anjou.

Il faut obſerver que la diſpoſition de ce chapitre n'eſt que pour les *Eſtagiers*, c'eſt-à-dire, pour les *roturiers* qui avoient leur *eſtage* ou domicile ſur des terres en roture dans le fief du Seigneur qui avoit *voirie.* Il n'en eſtoit pas de meſme ſi le roturier avoit ſon eſtage ou ſon domicile ſur *ſon fief*, ſuivant le chapitre 104. de l'ancienne Coûtume d'Anjou gloſée, dont voicy les termes. *Mès tout home combien que il ſoit coûtumier tenant ſon eſtage à foy, püet moudre & cuire où il voudra, pour la dépenſe de luy & de ſa famille.* Voyez l'article 30. de la nouvelle Coûtume d'Anjou.

Beaumanoir dans le chapitre 30. de ſes Coûtumes du Beauvoiſis rend raiſon de ce droit, en diſant, que *ſi li home de poote maint en franc fief, il eſt demené, comme gentihome, coume de adjournemens, & de commandemens, & püet uſer des franchiſes du fief,* page 152.

CHAPITRE CVIII.

De moulin à parçonnier, comment l'en en doit uſer.

SE aucuns avoient moulin *parçonnier* (a) & il fauſiſt müebles en ce moulin, ou autre choſe, parquoi il ne peuſt moudre, il doit venir à celuy (b) qui i a part, & li doit dire, (c) *Il faut en voſtre moulin* (d) *moüille, metez i voſtre*

NOTES.

(a) *Et il fauſiſt müebles &c.*] Dans les manuſcrits, il y a, *müelles*, c'eſt-à-dire, *des meules.*

(b) *Qui y a part*] Le manuſcrit de M. Joubert ajoûte, *avec luy*, de ſorte qu'un moulin *parſonier* eſt un moulin *commun.*

(c) *Il faut en voſtre moulin*] Dans un mſ. de Monſ.r le Chancelier, & dans celuy de M. Joubert, il y a, *dans noſtre moulin.* Il *faut*, c'eſt-à-dire, *il manque, il defaut.*

(d) *Moüille*] Meule.

part:

part, & se il dit, (*e*) *Je n'i mettré rien, que* je ne puis : Et aprés il li doit autresi monstrer pardevant la Justice, & se il dit, *je n'i vüel plus mettre, (f)* cil püet bien fere affetier le moulin, & en aura toute la mouture & l'une partie & l'autre, jusques à tant que il aura rendue sa part des couts & des despens, ainsi recevra toute la mouture sans conter. Et se il le fesoit affetier sans l'autre semondre, (*g*) cil ne feroit que rendre l'argent, tant comme il auroit cousté par parties, & diroit par son serement combien, & compteroit ce qu'il en auroit receû en payement de la mouture, & se il en avoit (*h*) plus eu (*i*) que li coustement ne vaudroient, il rendroit le surplus.

NOTES.

(*e*) *Je n'i mettrai rien que je ne puis*] Dans un manuscrit de Mons.r le Chancelier il y a mieux, *quar je ne puis*. Ancienement on écrivoit ainsi *quar*, parce qu'il vient du mot latin *quare*. Et de-là vient souvent qu'au lieu de *quar* écrit en abregé, on a mis *que*.

(*f*) *Cil püet bien faire affetier le moulin*] *Affetier*, c'est *raccommoder*, comme il se void par ce qui suit de Merlin, *Et luy demandez de ce cuir qu'il emporte, il vous dira qu'il en veut ses souliers* affaitier, *quand ils seront depiecez*.

(*g*) *Cil ne feroit que rendre l'argent tout comme il auroit coûté par parties &c.*] Dans un manuscrit de Monsr le Chancelier, il y a mieux, *l'autre ne feroit que rendre l'argent que cil auroit mis pour sa partie. Encores conven-droit-il, que il prouvast par son serement combien il aura mis au moulin affetier, de loiaux couz, & sera conté ce qu'il aura reçeû de la mouture &c.*

(*h*) *Plus eû*] Le manuscrit de Monsr le Chancelier ajoûte, *de la mouture*.

(*i*) *Que li coustemens ne vaudroient*] Dans le manuscrit de Monsr le Chancelier, & dans celuy de M. Joubert, il y a mieux, *que li coûtemens ne monteroient*.

L'art. 20. de la nouvelle Coûtume d'Anjou tirée de ce chapitre servira à le faire entendre. *Quand un moulin est commun ou personier entre deux ou plusieurs personnes, & il y faut mettre roüe, roüet, ou autre reparation, ou autre refection necessaire, par quoy il ne puisse moudre, l'un des personiers peut sommer l'autre de contribuer à la reparation du moulin, & ladite sommation faite, s'il ne veut, ou s'il delaie, l'autre personnier le peut faire reparer, & prendra, & fera siens, tous les profits du moulin, jusques à ce que l'autre personier ait payé sa part de la reparation. Mais s'il le faisoit reparer sans le sommer, l'autre personnier payeroit sa part de la reparation, & auroit sa part de ce que le moulin auroit gagné*. Voyez les Commentateurs.

CHAPITRE CIX.

Comment Vavasor doit avoir for, & comment il en doit user.

NUs Vavasors ne püent avoir *for* à Village, où il puisse fere cuire ses hommes, (*a*) *se il n'a Bourc*, ou *partie en Bourc*, més se il l'a, il püet bien avoir for, se il a voirie en sa terre, & y doivent li homme cuire. Et se il y a aucun qui cuise à autre for, li sires en püet bien fere porter le pain, quand l'en l'apporteroit du for, & cil ne l'en rendroit jà autre amende, més le pain seroit au Seigneur. Et se li forniers fesoit dommage aux cuiseeurs de lor pain mal cuit, li Sires leur devroit fere amender, (*b*) ou il ne seroient pas tenu de cuire à son for, jusques à tant qu'il leur eust fet amender le dommage.

NOTES.

(*a*) *Se il n'a Bourg ou partie de Bourg &c.*] La raison est qu'il n'est pas possible qu'un Seigneur puisse tirer du profit d'un four banal, ni les estagiers de la commodité, s'il n'y a un si grand nombre d'estagiers pour porter leurs pastes au four, qu'il ne vaque pas. Voyez l'article 23. de la Coûtume d'Anjou, le 24. de la Coûtume du Maine, & Sainson sur l'article 13. de l'anciene Coûtume de Touraine.

(*b*) *Ou ils ne seroient pas tenus de cuire à son four*] Il y a une disposition semblable à l'égard du moulin banal dans l'article 107. cy-dessus à la fin, page 197.

Louis IX. en 1270.

CHAPITRE CX.

De moudre à moulin par ban.

SE aucuns Bers eſt, qui ait ſon Vavaſor, en ſa chaſtelerie, & le Vavaſor n'ait point de moulin, (*a*) tuit ſi homme couſtumiers moudront au moulin au Baron, pourquoi il ſoit dedans la banlieüe, & ſe il en eſtoit hors, il n'i moudroient pas, ſe eus ne vouloient, Et li Bers leur ferait amender leurs dommages à leurs prüeves, ſi (*b*) comme il eſt deſſus dit, Et (*c*) ſe aucuns des Vavaſors feſoit moulin en ſa chaſtelerie, tot n'en euſt-il oncques point eu, tuit ſi homme moudroient à ſon moulin, més ſe eus eſtoient hors de ſa chaſtelerie, ils n'i moudroient pas, tout fuſſent-ils dans la banlieüe, ne li Bers n'en perdroit pas ſa droiture.

NOTES.

(*a*) *Tuit li homme couſtumiers*] Quand les vavaſſeurs n'ont pas de moulin, les Barons peuvent contraindre les eſtagiers des vavaſſors de venir moudre à leurs moulins, pourveû que les eſtagiers ſoient dans la banlieüe.

(*b*) *Comme il eſt dit cy-deſſus*] Chapitre 107.

(*c*) *Si aucuns des vavaſſors feſoit moulin en ſa chaſtellerie*] Il y a ainſi dans le manuſcrit de M. Joubert, dans un de Monſ.r le Chancelier, dans la Coûtume d'Anjou gloſée, & dans un autre manuſcrit de Monſ.r le Chancelier tout cecy manque. Mais au lieu de *chaſtellerie* qui eſt la juſtice du Ber, il ſemble qu'il y auroit mieux *veiere* ou *voirie*, qui eſt la juſtice du vavaſſeur. Cette correction eſt autoriſée par le commencement du chapitre 107. qui eſt en ces termes. *Se aucuns homme*, c'eſt-à-dire vavaſſor, avoit moulin, *qui euſt* voerie *ou* voiere *en ſa terre*, & il ait homme en ſa terre, *il doivent moudre à ſon moulin, tuit cil qui ſont dedens la banlieüe &c.*

Le ſens de ce chapitre eſt que ceux qui ſont dans la voirie du vavaſſeur, qui n'a point de moulin, doivent moudre au moulin du Ber, pourveû qu'ils ſoient dans la banlieüe, mais que ſi le vavaſſeur bâtit un moulin, il pourra contraindre *ſes eſtagiers* à laiſſer le moulin du Ber pour venir moudre au ſien, pourvû qu'ils ſoient dans la banlieüe de ſa voirie, & s'il eſt dans la banlieüe mais hors de ſa voirie, il ne pourra les contraindre, n'ayant nul droit ſur les eſtagiers qui tiennent nüement du Ber, lequel ne doit pas perdre ſa droiture.

Par *ſa chaſtellerie* on peut ce ſemble auſſi entendre celle du Ber ou du Baron, dans laquelle eſt la *voirie* ou la *voyere* du vavaſſeur.

CHAPITRE CXI.

De tenir fié en autrui Baronnie.

SE li Bers *a fié*, en Baronnie à aucun autre Baron, li Bers à qui ſeroit li fié, n'i auroit *ne petite Juſtice, ne grant*, ains ſeroit la Juſtice au *Baron en qui chaſtelerie li fiés ſeroit*. (*a*) Et bien avient *aucune fois* que li *Vavaſors* tendra en

NOTES.

(*a*) *Et bien avient aucune fois*] Dans un manuſcrit de Monſ.r le Chancelier, dans celuy de M. Baluze, & dans celuy de M. Joubert, il y a, *Et bien avient en aucun fié.* Dans la Coûtume d'Anjou gloſée, il y a, *aucune fois.*

Le Baron qui tient un fief *avec ſimple voirie*, dans la chaſtellerie d'un autre Baron, n'eſt que *vavaſſeur* par rapport au Baron dont il tient ce fief. Et il peut fort bien arriver qu'un vavaſſeur qui demeure ſur ſon fief, le tienne à foy & homage d'un Baron, qu'il ſoit en meſme temps dans la chaſtellerie d'un autre Baron, & qu'il tienne ſa *voirie & ſa juſtice*, non du Baron dont il tient ſon fief à foy & homage, mais de l'autre Baron en la chaſtellerie duquel il eſt, & ainſi l'on peut faire deux homages d'un meſme fief & à deux differents Seigneurs, à l'un *du fief*, & à l'autre de la *voirie* ou *voiere*.

la terre à aucun Baron, & si sera en autre chastelerie, que en cele de qui il tendra, & aura la voierie en la Justice du Baron, en qui chastelerie il sera, & en cete maniere *fet l'en bien d'un fié deux hommages*, (*b*) à l'un du fié, & de la terre, & à l'autre de la voiere. (*c*) Et se il avenoit que aucun se plainsist d'un autre, à celui qui tendroit le fié en autre chastelerie, (*d*) il porroit bien tenir les plés jusques à la bataille: més il ne porroit tenir la bataille, porce qu'il n'i a point de Justice, ains feroit d'illecques en avant devant l'autre Baron en qui chastelerie ce seroit. LOUIS IX. en 1270.

NOTES.

(*b*) *A l'un d'un fié & de l'autre la terre, & à l'autre la voiere*] Dans un manuscrit de Mons.r le Chancelier, il y a mieux, *à l'un du fié de la terre & à l'autre de la voierie*. Le manuscrit de M. Baluze est conforme à celuy de Monf.r le Chancelier. Dans celuy de M. Joubert, il y a, *à l'un du fié & de la terre, & à l'autre de la voüerie.*

(*c*) *Et se il avenoit que aucuns se plainsist d'un autre à celuy qui tenroit le fié en autre chastellerie*] Il y a ainsi dans le manuscrit de M. Joubert & dans celuy de M. Baluze. Dans un manuscrit de Monf.r le Chancelier, il y a, *Se ainsint estoit que aucuns se plainsist de luy au Baron de celuy qui tenroit le fié de la terre.* Et dans le chapitre 108. de la Coûtume d'Anjou glosée, il y a, *Et se ainsi avenist que aucun se plaignist de celuy qui tient le fond de la terre de luy.* Mais de toutes ces leçons la premiere est la meilleure.

(*d*) *Il pourroit bien tenir les plés*] Dans la Coûtume d'Anjou glosée, il y a, *Celuy de qui seroit tenu le fonds, pourroit bien tenir le plaid du fond.*

Que l'on suppose que deux personnes soient domiciliées dans la *voirie* unie au fief possédé par un de ces Barons, dans la chastellenie de l'autre, & que ces deux personnes ayent procés ensemble. Qui est-ce qui en aura le plaid? Et il faut dire que ce sera le Baron Seigneur du fief auquel la voirie est unie.

Mais si la contestation de ces deux personnes ne peut estre decidée que par le duel, qui en aura la connoissance? Ce ne sera pas le Baron Seigneur du fié parce qu'il n'a pas telle justice, car le gage de bataille n'est pas de voirie, ou de basse justice, mais de haute. Et ainsi ce sera le Baron dans la chastellerie duquel le fief est, qui en connoistra. Voyez ce que j'ay remarqué sur la regle de Loisel *Tableau de champions combatant à l'audience est marque de haute Justice*, livre 2. dans ses Institutes chapitre 47.

CHAPITRE CXII.

De dete de Baron & de Vavasor.

SE li Bers *devoit deniers au Roy*, li Rois ne se porroit pas *venger à ses hommes* par droit, (*a*) fors que les redevances que li hommes doivent au Baron. (*b*) Més il ne porroit mie prendre leurs müebles par droit, ne aussi pour nul meffet que li Bers fist, pourquoi li home ne l'eussent desservi. Et aussi dis-je que li Bers ne porroit mie prendre par droit, pour dete que li Vavasor li doit, ne pour meffet que il li face autrement, fors ainsi comme nous avons dit dessus, & ainsi püet l'en entendre que nule Justice ne püet (*c*) fere autrement, que li Rois.

NOTES.

(*a*) *Fors que les redevances que li hommes doivent au Baron*] La raison est que les redevances, quand elles sont échües, sont entre les biens des Barons.

(*b*) *Més il ne porroit prendre leurs müebles par droit*] Il semble neamoins que le Roy exerçant les droits du Baron, pouvoit se faire payer comme le Baron, qui pouvoit faire saisir les meubles de ses hommes, pour estre payé de ses redevances, par l'argument du chapitre 101. cy-dessus, qu'il faut joindre à celuy-cy.

(*c*) *Fere autrement que li Rois*] On a suppléé ces paroles du manuscrit de M. Joubert. Dans celuy de Monf.r le Chancelier, il y a, *fere autrement si coume li Rois*, & dans le chapitre 109. de la Coûtume d'Anjou glosée, *fere autrement par droit.*

LOUIS IX. en 1270.

CHAPITRE CXIII.

De donner heritage à hommage à lui & à son hoir de sa femme espousée.

(*a*) SE ainsi avenoit que *li Rois* eust donné à aucun home pour son service, ou par sa volenté *aucun heritage à lui & à ses hoirs*, que il auroit de sa fame espousée. Se il mouroit, & il eust hoirs, (*b*) quand li hoir seroit en aage, (*c*) & partis de sa mere, se sa mere demandoit doüere, & il respondit, (*d*) *Dame, vous n'en devez point avoir, car se mes peres fust mors sans hoir, vous n'en eussiés point, ainçois demeurast au Roy quites : car li Rois ne la donna fors qu'à luy & à ses hoirs qui seroient de sa fame espousée, & pour ce se je fusse mort, vous n'eussiés point de doüere* (*e*) *o le Roy.* Ainsi püet-on entendre que fame n'a point de doüere en tiex dons, qui que les face, ou Roy, ou Comtes, ou autres hons.

NOTES.

(*a*) *Se ainsi avenoit que li Rois eût donné aucun heritage, à luy ou à ses hoirs &c.*] Ainsi au defaut d'hoirs l'heritage devoit retourner au Roy, ou à ses successeurs. *Vide Cujacium ad titulum Codicis. De donationibus sub modo.*

(*b*) *Quant li hoir seroit en âge*] Un manuscrit de Monf.r le Chancelier & le chapitre 111. de la Coûtume d'Anjou glosée adjoûtent, *il en seroit en foy le Roy.*

(*c*) *Et partis de sa mere*] C'est-à-dire, hors de la tutele, ou plustost du bail de sa mere, car tant qu'il estoit hors d'âge, sa mere joüissoit de son fief à titre de bail.

(*d*) *Dame vous n'en devez point avoir car se mes peres fust mort sans hoir vous n'en eussiez point &c.*] Par le droit des Lombards on ne pouvoit donner des fiefs en *dot*, ni constituer dessus des *doüaires*, parce qu'ils regardoient les fiefs comme des usufruits, & les vassaux qui les possedoient comme de simples usufruitiers. Il y en a, au sujet des Dots, une decision precise dans le second livre des fiefs titre 9. *Qualiter olim poterat feudum alienari §. 1. Donare autem, aut judicare pro animâ, vel in dotem pro filia dare nullius Curiæ poterat consuetudine. Vide Ardizonem de feudis cap. 130.* Et touchant le Doüaire. *Vide Mathæum de Afflictis, ad dictum capitulum Qualiter olim feudum* n. 11. pag. 303. *Et Constitution. sicular. lib. 3. tit. 14. De Dotariis constituendis in feudis & castris.* Ces principes estoient suivis à Paris & à Orleans dans le temps de ces Establissemens, comme il se void par ce chapitre, & ils ont esté long-temps pratiquez en France depuis, à l'égard de certains fiefs.

Beaumanoir dans ses Coûtumes du Beauvoisis au chapitre Du Doüaire page 76. *Li general coustumes des Doüaires, de che que la femme emporte la moitié de che que hons i a, au jour que il l'épousa, si commenche par establissement le bon Roy Philippe Roy de France, lequel regnoit en l'an de grace 1214. & chest establissement commanda-t-il à tenir par tout le Royaume de Franche, excepté* la Couronne & plusieurs Baronies tenües dou Royaume, *lesquelles ne se partent point à moitié pour le Doüaire. Ne n'emportent les Dames en Doüaire fors ce qui leur est convenancé, en faisant le mariage. Et devant chest establissement dou Roy Philippe, nulle fame n'avoit doüaire, fors tel comme il estoit convenancié au marier. Et bien appert que la coûtume estoit tele ancienement, par une parole, que li Prestre fait dire à l'ome, quand il épouse la fame, car il li dit d'eu Doüaire, qui est devisé entre mes amis & les tiens te deu.* Voyez les Institutes de Loisel au titre des Doüaires livre 1. tit. 3. Regle 1. avec mes notes. *Et Odofred. in summa feudali pag. 94. n. 26.*

Mais tout cet ancien droit a esté aboli, & avec justice, car de ce qu'un vassal ne peut constituer sur son fief, un doüaire au prejudice de son Seigneur, en cas de reversion par le defaut d'hoirs, il ne s'ensuit pas qu'il ne le puisse constituer, à la charge de ses hoirs, & que ses hoirs, sous un tel pretexte se puissent dispenser de le payer à leur mere. D'ailleurs si suivant les loix Romaines celuy qui a un simple usufruit, pour sa vie seulement, peut l'engager à ses creanciers. *Lege. Si is qui 11. §. Ususfructus. Digestis De pignoribus,* l'on ne void pas pourquoy un usufruict accordé à un homme & à ses hoirs ne pouvoit pas estre obligé à leurs creanciers & à leurs femmes pour leurs doüaires, pourveû que le Seigneur n'en souffrît pas. Et les biens mesmes substituez ayant esté affectez aux Doüaires, il s'ensuit à plus forte raison, dans l'espece presente, que les fiefs y doivent aussi estre affectez, ce qui ne fait plus de difficulté, les fiefs estant patrimoniaux parmi nous. *Vide Marcum Aurelium galvanum de usufructu cap. 39.*

(*e*) *O le Roy*] Avec le Roy.

CHAPITRE

LOUIS IX. en 1270.

CHAPITRE CXIV.

De don entre fame & home.

(a) DAme ne püet rien donner à son Saingnieur en *aumosne*, tant comme elle soit seinne, (b) que li dons feust pas estables : car par aventure ele ne l'auroit pas fet en sa bone volenté, ains li auroit donné (c) pour ce que il ne li en fist pis, ou par la grand amor que elle auroit à luy, & pour ce ne li püet-elle riens donner *(d)* de son mariage. Més avant que elle l'eust pris, elle li porroit bien donner le tiers de son heritage, ou à sa mort, quand elle seroit malade, pour qu'il n'i eust hoir masle.

NOTES.

(a) *Dame]* Il y a ainsi dans le manuscrit de M. Baluze, dans celuy de Monsr le Chancelier, dans celuy de M. Joubert, & dans le chapitre 111. de la Coûtume d'Anjou glosée, il y a, *femme*.

(b) *Que li don fut pas estables]* Il y a ainsi dans un manuscrit de Monsr le Chancelier, dans celuy de M. Joubert, dans celuy de M. Baluze il y a, *que li don fust estable*, & dans la Coûtume d'Anjou glosée, il y a plus netement, *car li don ne seroit pas tenable.*

(c) *Pource que il ne li en fet pis]* Il y a ainsi dans le manuscrit de M. Joubert, dans celuy de Monsr le Chancelier, dans celuy de M. Baluze, & dans la Coûtume d'Anjou glosée, il y a, *par crainte qu'il ne li en fit pis.*

(d) *De son mariage]* Dans la Coûtume d'Anjou glosée, il y a, *de son heritage*. Le sens de ce chapitre est que la femme ne pouvoit faire aucune donation à son mary. Ce qui doit estre entendu du legs & *de l'aumosne*, ou de la donation purement gratuite, car par *donation mutuelle* elle le pouvoit. Voyez l'article 328. de la Coûtume d'Anjou. Mais avant que de l'épouser, ou en mourant, elle luy pouvoit donner le tiers de son heritage, pourvû neamoins *qu'elle n'eut pas d'enfans* mâles, car si elle avoit un enfant mâle, comme elle n'avoit plus que le bail, ou le simple usufruit de son heritage, ainsi qu'il est dit dans le chapitre 64. cy-dessus, elle ne pouvoit rien donner à son mary. Voyez l'article 321. de la Coûtume d'Anjou.

CHAPITRE CXV.

De don en mariage aus hoirs qui de eus deus istront.

SE ainsi avenoit que aucuns Gentishons *mariast sa fille*, & li peres venist (a) à la porte du moustier, & deist, *Sire, je vous doins cette Damoiselle, & tant de ma terre à vous deus, & aus hoirs qui de vous deux istront*, Et se ainsi est (b) que il i ait hoir, & la Dame repreigne Seigneur, & ait hoirs, & la fame se müere, & les enfans du derrenier Seigneur deissent à l'ainé du premier Seigneur, *Fêtes-nous partie de la terre nostre mere*, & li ainé deist, *Je ne vüel que vous y ayez riens, car ele fu donnée à mon pere & à ma mere, & aus hoirs qui de eus deus istroient, & ce sui-je tout prest de prouver.* Et se li puisnés disoit que il ne l'en creust mie, si conviendroit amener gens qui eussent esté au mariage, au mains trois prudes hommes, ou quatre, qui jurassent seur sains que *ce ma-*

NOTES.

(a) *A la porte du moustier]* Dans le manuscrit de M. Joubert, dans celuy de Monsr le Chancelier, & dans la Coûtume d'Anjou glosée, il y a, *ou la mere se elle n'avoit pere*. De *monasterium*, on a fait *moustier*, que l'on a employé pour signifier une Église Paroissiale. Voyez le chapitre 11. cy-dessus.

(b) *Que il i ait hoirs]* Un manuscrit de Monsr le Chancelier, & la Coûtume d'Anjou glosée ajoûtent, *& li Peres se müert.*

riage eust esté donné au pere & à la mere, à aus, & à leurs hoirs, qui de eus deus istroient, à veüe & à sçüe d'eus, & tout ainsi remaindroit à l'aîné : & se il ne pooit ainsi prouver, la tierce partie demouroit au puisné du darrenier Seigneur, & li aîné leur garroit en parage. Et se il avenoit que du premier Seignor n'i eust que filles, & elles le peussent *prouver*, comme nous avons dit dessus, toute la chose leur demourroit, & li puisné n'i auroit riens : Et se elles ne le pooient *prouver*, (c) li enfant du derrenier Saigneur i auroient la tierce partie, & elles les deus parts, & leur garroit l'aînée en paraige, & feroit la foy, se elle estoit à fere.

NOTES.

(c) *Li enfant du derrenier Saigneur y auroient la tierce partie, & elles les deux parts &c.*] Il y a ainsi dans le manuscrit de M. Joubert. Dans un manuscrit de Monsr le Chancelier & dans le chapitre 112. de l'anciene Coûtume d'Anjou glosée, il y a, *le fils du dernier Seigneur y auroit les deux parts & elle la tierce*, & cette derniere leçon est constamment la bonne.

Ce chapitre doit estre joint avec le 113. parce qu'ils sont l'un & l'autre fondez sur le mesme principe.

Lorsqu'un pere marie sa fille, & qu'il luy donne sa terre, ou une partie de sa terre & *aux hoirs qu'elle aura de ce mariage*, il la greve de substitution fidei-commissaire envers les enfans qu'elle aura de ce mesme mariage. Et si aprés la mort de son mary elle passe en secondes noces, les enfans du second lit, suivant ce chapitre n'y auront rien, si ce n'est la *legitime*, car l'ayeul ne peut par une telle paction priver ses petits enfans de ce second lit de la legitime dans la succession de leur mere. Si c'estoit un fief que le pere eut donné en mariage à sa fille avec cette charge, & si la fille avoit un garçon, de son premier mariage il faudroit dire, en temperant la rigueur de ce chapitre, que les enfans du second lict en auroient pour leur legitime, le tiers, ou en proprieté, ou en usufruit, suivant les differens lieux.

Que l'on suppose à present que cette fille ait eû de son premier mariage une fille, & du second un mâle. Comment le fief sera-t-il partagé? Suivant ce chapitre, si la fille du premier lict peut prouver que le fief ait esté donné à sa mere à cette charge, elle aura tout le fief comme substituée, & le fils n'y aura rien, & si elle ne peut prouver la charge, elle en aura les deux tiers & le fils le tiers. Mais ce droit ne seroit pas suivi aujourd'huy, & soit que la fille du premier lict prouvast la charge ou qu'elle ne la prouvast pas, le fils du second lict, comme aîné auroit les deux tiers du fief avec le chezé, parce qu'on ne peut en ligne directe, par quelque stipulation que ce soit, priver un aîné de ses parts avantageuses. Voyez l'article 226. de la Coûtume d'Anjou, & l'article 2. de la Coûtume du Loudunois au titre *De donaisons de nobles*. Ainsi dans ce dernier cas ce sera l'enfant mâle du second lict, qui garantira sa sœur aînée *en franc parage* sous son homage. Et il faut remarquer qu'alors les pacts des mariages ne se prouvoient que par témoins.

CHAPITRE CXVI.

(a) *Comment l'en püet donner son homme de foy.*

NUs (b) ne *Quens*, ne *Bers*, ne autres ne püet donner son *homme de foy*, se n'est à son frere, ou à sa suer : (c) més à ceus le püet-il bien donner en

NOTES.

(a) *Comment &c.*] Il est traité dans ce chapitre du *demembrement* & de *l'abregement* de fief, qui ne pouvoit se faire au prejudice du Seigneur superieur, comme on l'a montré dans la dissertation sur l'origine du droit d'amortissement page 44.

(b) *Ne Quens*] C'est-à-dire, *ni Comte*. Pourquoy *ni Duc !* Voyez ce que j'ay remarqué sur la regle de Loisel, *Sergent à Roy est Pair à Comte*, livre premier titre 1.

(c) *Més à ceux-cy le püet-il bien donner en partie &c.*] C'est-à-dire, *en partage*, comme il y a tres bien dans le chap. 113. de l'anciene Coûtume d'Anjou glosée. Anciennement on disoit *partir* pour *partager*, *diviser*, comme il se void par ce proverbe qui se dit par rapport aux serfs & main-mortables, qu'*un parti tout est parti & le chanteau part le vilain*. Voyez Loisel dans ses Institutes livre 1. tit. 1. Regle 75. On pouvoit donc en divisant

partie : (*d*) més il ne le porroit pas donner *à un estrange*, se il ne le donnoit à toute l'obéïssance que il i auroit sans riens retenir. Car (*e*) se li *Bers* le donnoit à un de ses Vavasors, ce seroit au dommage de celui : car il li conviendroit fere *deux obéïssances*, à celui à qui il la devroit, & au *Baron de qui il tendroit son fié*, & ainsi seroit d'une obéïssance deux. Més (*f*) se li *Bers* le donnoit en tele maniere, que cil à qui il le donroit le tenist *du Roy*, se li Bers en tenoit ou d'un autre Seigneur, car ainsi n'en retient li Bers nule obéïssance : & en tele maniere porroit li Vavasors donner à un autre Vavasor, pourquoi cil à qui l'en le donnast tenist de celuy de qui li Vavasors tendroit.

LOUIS IX, en 1270.

NOTES.

le fief entre coheritiers, diviser aussi les hommes de foy, ce qui ne se peut aujourdhuy, l'usage estant que l'on ne peut diviser par partage que les profits feodaux dûs par les vassaux. Voyez Brodeau sur la Coûtume de Paris, article 51. nombre 31. M. Loüet lettre V. sommaire 10. avec les notes & Du Molin sur l'ancienne Coûtume de Paris. §. 1. *glossa 3. num. 29*.

(*d*) *Més il ne le pourroit pas donner à un étrange, se il ne le donnoit à toute l'obéïssance, que il y auroit sans rien retenir &c.*] Car en donnant ainsi son homme de foy, il demembreroit son fief, ce que le Seigneur dominant pourroit empescher. Voyez l'article 51. de la Coûtume de Paris. D'ailleurs il faudroit aussi le consentement de l'homme de foy, car c'est une regle feodale que *Dominus vassallos suos, sine eorum consensu in alium transferre non potest*. Capitulo Imperialem. §. Præterea Ducatus *in fine De prohibita feudi alienatione per Fridericum. Cap. unico.* §. Ex eadem lege *De lege Conradi*. Vide Borcholten *de feudis cap 8. num. 136*.

(*e*) *Se li Bers le donnoit à un de ses vavasseurs &c.*] Le Baron qui donne son homme de fief à un de ses vavasseurs, ou partage cet homme de foy, ou le donne sans en rien retenir.

S'il le partage. Cet homme, qui devra la foy à l'un & à l'autre, sera en mesme temps vassal & arriere-vassal. Et comme le vavassor aura la moitié des droits feodaux en qualité de Seigneur immediat pour sa part, il se trouvera que le Baron aura abregé, ou diminué son fief de cette moitié d'homme. Et de droit cette moitié d'homme estant devolüe au Seigneur suzerain immediat du Baron, il se trouvera que le Baron n'aura rien donné à son vavasseur. Il en sera de mesme s'il a donné au vavasseur son homme de foy, sans en rien retenir, parce que son fief se trouvant diminué de tout cet homme, qui de vassal seroit arriere-vassal, cet homme seroit tout entier devolu au Seigneur immediat du Baron. Comme on l'a fait voir dans la dissertation sur l'origine *du droit d'amortissement*.

(*f*) *Més se li Bers le donnoit en telle maniere, que cil à qui il le donroit le tenist du Roy se li Bers en tenoit &c.*] Que l'on suppose que le *Bers* qui releve du Roy donne son homme de foy à un tiers à la charge de le tenir du Roy. Qu'en sera-t-il ! Et comme ce sera un demembrement de fief, il est certain que le Roy pourroit l'empescher, mais comme le Roy y gagne, parce que cet homme de foy, qui n'estoit que son *arriere-vassal*, devient son *vassal*, le don de l'homme de foy sera bon. Il en sera de mesme à peu prés si un vavasseur cede son homme de foy à un autre vavasseur mouvant du mesme Baron, le Baron ayant peu d'interest dans ce changement.

CHAPITRE CXVII.

Comment l'en doit garder hoir de Gentilhons qui a pere & mere.

SE il avenoit que uns Gentilhons morust lui & sa fame, & ils eussent hoir, (*a*) cil qui devroit avoir le *retor de la terre* de par le *pere* & de par la *mere*, *si auroit la terre en garde : més il n'auroit pas la garde des enfans*, ains l'auroit *un de ses amis de par le pere*, qui seroit de son lignage, & devroit avoir de

NOTES.

(*a*) *Cil qui devroit avoir le retor de la terre*] C'est-à-dire, celuy à qui la terre devroit *retourner* & appartenir, comme heritier du mineur en garde. Solon l'avoit ainsi prudemment ordonné par une de ses loix. Μὴ ἐπιτροπεύειν, εἰς ὃν ἡ οὐσία ἔρχεται τῶν ὀρφανῶν τελευτησάντων.

LOUIS IX. en 1270.

la terre par reson à norrir les enfans, & à pourvoir. Car cil qui ont le *retor de la terre* ne doivent pas avoir *la garde des enfans*, car souspeçons est que il ne vousissent plus la mort des enfans que la vie, pour la terre qui leur escharroit.

NOTES.

Tutor is ne esto qui agnationis jure hereditatem pupilli potest hersiscere. Vide *Potterum in Archæologia græca lib. 1. cap. 26. tit 7. columna 180.*

Vita Clementis VII. apud Bosquetum p. 260. *Eodem anno 1380. die 16. mensis Septembris, obiit Carolus Rex Franciæ, cui successit in regem Carolus Delphinus VII. Viennensis suus filius primogenitus, qui eodem anno 16. mensis Septembris fuit coronatus in Regem, ut moris est adhuc duodenis existens. Cujus regni regimen pro eo assumpsit dictus Ludovicus Andegavensis suus patruus prior natu. Personæ tamen curam habuit Philippus Dux Burgundiæ suus etiam patruus licet posterior & hoc ex ordinatione certâ, super hoc factâ per dictum Carolum patrem suum.*

De-là vient que la Coûtume d'Anjou decide encore, dans l'article 89. que *le Bail des enfans mineurs n'a la garde de leur corps sinon le Bail naturel, comme le pere, ou la mere. Et en celuy cas qu'ils n'ont Bail naturel, justice en doit bailler la garde à leurs autres parens & amis, ou à l'un d'eux qui ne seroient heritiers presomptifs & plus prochains, & leur bailler provision de leur vivre jusques à la tierce partie des biens dudit mineur &c.*

On ne peut mieux faire pour illustrer ce chapitre que de rapporter l'éloge que Fortescüe a fait de ce droit dans le chap. 44. de son traité *De Laudibus legum Angliæ pag. 104.*

Leges civiles impuberum tutelas proximis de eorum sanguine committunt, agnati fuerint seu cognati, unicuique videlicet secundum gradum, & ordinem quo in hereditate pupilli successurus est. Et ratio legis hujus est, quia nullus tenerius favorabiliusve infantem alere satager, quàm proximus de sanguine hujus. Tamen longe aliter de impuberum custodiâ statuunt leges Angliæ, nam ibidem si hereditas, quæ tenetur in soccagio descendat impuberi ab aliquo agnatorum suorum, non erit impubes ille sub custodiâ agnatorum ejus, sed per ipsos cognatos videlicet consanguineos ex parte matris ipse regetur. Et si ex parte cognatorum hereditas sibi descendat, pupillus ille cum hereditate suâ per proximum agnatum, & non cognatum ejus custodietur quousque ipse fuerit adultus, nam leges illæ dicunt quod committere tutelam infantis, illi qui est proxime successurus, est quasi agnum committere Lupo &c. Vide Regiam Majestatem lib. 2. cap. 47. & Glanvillam lib. 7. cap. 11.

CHAPITRE CXVIII.

(a) De requerre son pleige, & comme l'en en doit ouvrer.

SE aucuns hons veut mettre un *autre en pleiges*, il l'en doit garder de tous *dommages*, & se il i a *dommage* en quelque maniere que ce soit, il li est tenus à *amender*, à sa *prïeve*. Et se aucuns est *pleiges* à un autre, il püet bien prendre *du sien*, se il cognoist que il soit ses pleiges, & se il le deffent, il ne doit pas prendre *du sien* (*b*) *à force*, més il s'en doit *plaindre à Justice*, & doit dire en tele maniere, *Sires*, (*c*) *cil m'a esqueus ses gages* (*d*) *& ses projés, & si estoit mes pleiges*, (*e*) *fetes m'en droit*. Car il est à la volenté de celuy à qui l'en doit, de prendre aus pleiges, ou au deteur principal, selon l'usage *d'Orlenois*, & en *Court de*

NOTES.

(*a*) Dans un manuscrit de Monf.r le Chancelier, ce chapitre a pour titre, *Comment l'en doit nantir son plege &c.*

(*b*) *A force*] Il y a ainsi dans le manuscrit de M. Joubert, dans celuy de Monf.r le Chancelier, & dans l'ancienne Coûtume d'Anjou glosée, chapitre 115. ces mots n'y sont pas.

(*c*) *Cil m'a esqueus ses gages*] M'a *repris*, m'a *retiré*. Ce mot vient d'*Excurro*. Dans la suite de ce chapitre au lieu d'*Esqueure* on se sert de *Requeure* ou *recourir*.

(*d*) *Et ses projés*] Ce mot manque dans un manuscrit de Monf.r le Chancelier, dans le chapitre 115. de la Coûtume d'Anjou glosée, il y a, *celuy m'a escoussé ses projés*, c'est-à-dire, *ses choses*.

(*e*) *Faites m'en droit*] Il y a ensuite, dans la Coûtume d'Anjou glosée, *la justice li doit mettre terme, & quand il viendra au terme, & l'un & l'autre seront venus, celuy dira, Sire, veez cy tel homme, &c.*

Baronie.

Baronie. Més il doit *(f)* ainçois requerre le *principal* que le plege, quand *le principal* (*g*) *est presens & souffisans*, selonc droit escrit, en Code, el titre *Des pleges*, en la loi qui commence, *Non rectè*, & en l'authentique *Presente*, où il est escrit de cette matere. Et adonc l'en leur doit mettre terme, & quand vendra au terme, & li uns & li autres sera venus, il dira, *Sires, veez cy cest homme qui est mes pleges*, (*h*) *por celui* (& le nommera) *& pour itant d'argent, ou pour itel chose & si m'a esqueus ses gages*. *Et cil dira, je m'en dessent, je ne vous esqueus onques*, ainçois estois *tout prest de fere envers vous comme plege, & le prouverai, si comme len m'esgardera que prouver le doie*. Se li püet l'en esgarder puisque il jüerra seur sains de sa main, qu'il ne fist onques la resqueusse, & pour itant en sera quites. Et se il ne l'osoit jurer, il l'amenderoit à celui ses dommages qu'il auroit eü en la resqueusse, à sa prüeve, & si seroit à la Justice le gage de sa loi. Et se il avenoit que il deist, *Je ne vous sui de riens pleige, & m'en dessent bien, & en feré ce que je devré*, Si li püet len esgarder que se il ose jurer seur sainz de sa main, que il ne soit son plege, si en sera quittes, se il le veut laissier corre à en son serement. Et se il n'ose fere le serement, il amendera à celui tous les couts, & sera tenus à la pleuvine, & fera à la Justice *l'amende de sa loy*. Et se la querele est à plus de cinq sols, & il niast que il ne se fust mis en *la pleuvine*, si comme il est dit dessus, li autres *li porroit* (*i*) *chalangier par un champ de bataille cors à cors, ou par deus autres champions; & cil qui seroit vaincus, rendroit à l'autre ses couts*, que il auroit donnés à son champion, (*k*) & aux couteeurs du jour, & feroit à la justice soixante sols d'amende, se il estoit Coûtumiers.

NOTES.

(f) Ainçois] Avant.

(g) Est presens & souffisans] Dans un manuscrit de Monf.r le Chancelier, il y a, *est bien payeus à convenir & à exploitier & soupleier*.

(*h*) *Por celuy*] Dans un manuscrit de Monf.r le Chancelier, il y a, *por tel*.

(*i*) *Chalangier*] Ce mot vient de *calumniari* & signifie icy *requerir, demander*. Voyez mon glossaire au mot *Calenge*. Dans la bonne latinité *calumniari* signifioit *chicaner*, comme dans ce vers de Phedre dans son prologue. *Calumniari si quis autem voluerit, quod arbores loquantur*. Cicero lib. 1. officiorum. *Existunt injuriæ sæpe ex calumniâ quadam, & nimis callidâ & malitiosâ juris interpretatione*.

(*k*) *Et aux couteeurs du jour*] Dans la Coûtume d'Anjou glosée, il y a, *Et aux couts du jour*. Dans un manuscrit de Monf.r le Chancelier, il y a, *à continuer le jour*.

Sous le regne de St Loüis il n'y avoit ordinairement que les Contracts des personnes riches & qualifiées, qui estoient redigez par écrit. Les autres ne l'estoient pas, parce qu'alors peu de gens sçavoient écrire, & de-là vient que dans ces temps-là en matiere civile on avoit tant recours au *serment* & aux *gages de batailles*, comme il se void dans ce chapitre, & dans plusieurs autres de ces Establissemens.

Quand un homme s'estoit rendu *plege*, ou caution d'un autre, celuy qui s'estoit rendu plege, devoit estre indemnisé comme il estoit juste. Et si le creancier n'estoit pas *nanti*, il pouvoit de son autorité, & par voye de fait se nantir luy-mesme, en se saisissant de quelques effects du plege.

Cela estoit ainsi, si celuy que l'on traitoit de la sorte, convenoit qu'il estoit plege ou garand, car s'il n'en convenoit pas, le creancier ne pouvoit se saisir de rien, & il ne pouvoit se pourvoir en justice, ni se plaindre de ce que le plege luy avoit *Esqueus*, ou *recoust* ses gages.

Si le *plege* convenoit qu'il estoit plege, & s'il nioit la recousse, il en estoit quitte en jurant de sa main sur les Evangiles, qu'il ne l'avoit pas faite. S'il ne vouloit jurer, il l'amendoit à l'autre qui estoit crû du domage de la recousse, & il faisoit à la justice *le gage de sa loy*.

Et s'il nioit qu'il fut *plege*, il en estoit quitte en jurant de sa main sur les Evangiles qu'il ne l'estoit pas. Mais s'il ne vouloit fere serment, il estoit tenu *de la plevine*, ou du *cautionement*, il devoit dedomager l'autre de tous ses couts, & il paioit encore à la justice *l'amende de sa loy*. Si la querelle estoit de plus de cinq sols, & si celuy que l'on pretendoit caution nioit la plevine, on en venoit *au Duel*.

Ces procés ont diminué en France à mesure qu'on y a appris à écrire, & ce sont en partie toutes ces mauvaises procedures qui ont donné lieu de statuer par l'Ordonance de Moulins dans l'article 54. & ensuite par l'Ordonance de 1667. dans l'art. 2. du titre *des faits qui gissent en preuves*, qu'il seroit passé acte pardevant Notaires pour toutes choses excedant la somme, ou valeur de cent livres.

LOUIS IX. en 1270.

CHAPITRE CXIX.

De estre defaillant aprés monstrée des choses müeblans.

SE aucuns se plaint de autres, que il *li doie deniers*, ou que il li ait fet dommage d'aucune chose qui appartienne *à müebles;* & cil de qui len se plaindra *soit defaillant*, len li doit bien mettre terme en jugement (*a*) pour qu'il eust eüe *la monstrée en court, & semondre* par *trois Sergens* (*b*) *feeus*. (*c*) Et se cil ne venoit au jour jugié, & il n'avoit *resnable essoine* de l'autre terme, & li autres l'appelast de la defaute, len bailleroit à l'autre *la sesinne* de ce qu'il auroit demandé en Court (*d*) car *les choses monstrées en Court, & motées parquoy elles soient müeblant*, si valent jugiées, & pour ce se doit l'en garder de defaillir en tele maniere.

NOTES.

(*a*) *Pour qu'il eust eüe la montrée en Court &c.*] Dans un manuscrit de Monf.[r] le Chancelier, il y a, *Porcoi il eust la demande en Court*. Dans le manuscrit de M. Baluze, il y a, *Pourquoy il eust oye la demande en jugement en Cort*. Cependant selon Beaumanoir quand il estoit question de meubles, il n'y avoit pas de montrée. Chapitre 9. page 51. au commencement.

(*b*) *Feeus*] Dans le manuscrit de M. Joubert, il y a, *feels*. Dans un manuscrit de Monf.[r] le Chancelier, il y a, *fievez*, & dans le manuscrit de M. Baluze, il y a, *suffisans*. Voyez le chapitre 75. à la fin.

(*c*) *Et se cil ne venoit au jour jugié*] Dans un manuscrit de Monf.[r] le Chancelier, il y a, *se il ne venoit au jor*.

(*d*) *Car les choses montrées en court, & motées, pourquoy elles soient mueblans, si valent jugiées &c.*] Dans un manuscrit de Monf.[r] le Chancelier, il y a, *Car les choses montrées en Court, & nommées, pourquoy elles soient meubles, si valent jugiées*. Dans le manuscrit de M. Baluze, il y a, *Car les choses montrées & en Court nommées, pourquoy elles soient meubles, si vaillent-il jugiées*. Voyez le chapitre 75. à la fin, le 77. & le chap. 10. du second livre.

CHAPITRE CXX.

Ces essoines sont resnables, parquoi len est quites de defautes.

CES (*a*) *essoines* sont *resnables*. (*b*) Quand li hons est *malade*, ou son *fuls*, ou son *pere*, ou sa *mere*, ou ses *freres*, ou (*c*) ses *niez*, pourque eus fussent en peril de mort, (*d*) ou se il aloit à *l'enterrement* d'aucun de ceus que nous avons dit dessus, ou se aucuns estoit qui eust *terme* en la *Court au Baron*, & il

NOTES.

(*a*) *Essoines*] Selon Beaumanoir chapitre 2. & 3. *Essoigne est délais de plet, qui montre cause pourquoy cil qui est semons ne vient à Cort*. Ces essoines estoient necessaires, parce qu'anciennement les jugemens devoient estre rendus en presence des parties. Essoine vient des mots barbares, *sonnis, sonnia & exonia* qui signifioient la mesme chose.

(*b*) *Quand li hons est malade ou son fils &c.*] Lex Visigothorum lib. 2. cap. 18. in fine tit. 1. *Si tamen ammonitum, aut ægritudo ad veniendum nulla suspenderit, aut inundatio fluminum non retinuerit, vel aditum non obstruxerit, in quo montes transituri sunt conspersio superflua nivium. Quæ necessitas, utrum evidenter evenerit, an per excusationem videatur opponi, aut idoneis testibus, aut suo juramento firmabitur. Vide Regiam Majestatem lib. 1. cap. 8. Bartholum ad legem Accusatore 13. §.* ad crimen *num. 16. D.* De Publicis judiciis. *Chassaneum ad consuetudines. Burgundiæ Rubr. 4. §. 5. num. 28.*

(*c*) *Ses niez*] Ses *neveux*, ou plustost ses *petits enfans*. Dans le manuscrit de Monf.[r] le Chancelier, il y a, *ses neveus*. Voyez le chapitre 128. cy-aprés.

(*d*) *Ou s'il alloit à l'enterrement d'aucuns de ceux que nous avons dit &c.*] *In jus voca-*

deust aler en la *Court le Roy*, & len l'appelast de la *defaute* en la Court *au Baron*, & il deist en tele maniere, *Je n'en vüel nul droit fere, car j'avoie terme en la Court le Roy, & m'i ajorna celui Serjant*, & le nommeroit, & adonc doit-on oïr le Serjant parler, & doit envoier li Bers sçavoir, que li Sergens dira. (*e*) Car *les Justices le Roy ne se recordent pas en la Court au Baron*, & se li Sergent garantist qu'il eust terme en la *Court le Roy*, si est cil quites de la defaute. Et se il voloit ainsi jurer que len ne li meist oncques terme en la Court *au Baron*, si est cil quites aussi de la *defaute*. Et si est (*f*) *resnable essoine* d'eue (*g*) *où il n'a port*, més len doit venir à l'eüe, & faire son poir de passer, & qui l'appeleroit de la defaute, & il deist que il fust ainsi venus, & en feroit ce que l'en li esgarderoit, si li porroit len *esgarder* par droit, que se il osoit *jurer seur sains*, que il eust ainsi alé, & qu'il eust fet son pouvoir du passer, si feroit quites de la defaute.

NOTES.

ri non oportet, neque funus ducentem familiare, justa re mortuo inferentem, vel qui cadaver prosequuntur leg. 2. & 3. Dig. de In invocando.

(*e*) *Car les justices le Roy ne se recordent mie en la Court au Baron &c.*] Voyez le chapitre 40. à la fin & le 56.

(*f*) *Resnable essoine*] Raisonnable excuse. Voyez les chapitres 12. 13. & 14. de la tres ancienc Coûtume de Bretagne.

(*g*) *Où il n'a port*] Dans le manuscrit de M. Joubert, il y a, *ou il n'a pont, mais en doit venir à l'eüe*, c'est-à-dire, *à l'eaüe*. Dans un manuscrit de Monf.r le Chancelier & dans celuy de M. Baluze, il y a, *quand l'en ne passe port*, més il doit venir au jour, & doit len faire son pooir *de passer, s'il trouve qui le passe*. Dans le chapitre 117. de la Coûtume d'Anjou glosée, il y a. *Item quand len a à passer eüe, més len doit venir à trois ports les plus prochains de la voie, & faire son povoir de passer, & se il ne trouve qui li passe &c.*

Si quis judicio se sisti promiserit & valetudine vel tempestate, vel vi fluminis prohibitus se sistire non possit exceptione adjuvabitur .... Quod diximus succurri etiam, qui tempestate, aut vi fluminis prohibitus non venit. Tempestatem intelligere debemus tamen quæ impedimento sit itineri, vel navigationi. Vis fluminis etiam sine tempestate accipienda est. Vim fluminis intelligimus, & si magnitudo ejus impedimento sit, sive Pons solutus sit, sive navigium non stet. Lege 2. §. 3. & 4. Digest. Si quis cautionibus.

CHAPITRE CXXI.

Du dommage qui püet avenir de beste qui a (a) male teche.

(*b*) SE aucuns menoit *sa beste* au marché, (*c*) & ele *mordist*, ou *ferist* aucuns, & cil qui seroit bleciés s'en plainsist à la Justice, & li autres deist : *Sire*, (*d*) *je ne savois mie que ele eust itele teche*, à itant rendra au pleintif son dom-

NOTES.

(*a*) *Male teche*] Dans la Coûtume d'Anjou glosée, il y a, *mal entechiée*, ce qui revient au mesme. La beste *mal entechiée*, ou qui a *mal tache*, est une beste vicieuse. Ce mot vient de *tasca*, qui se prenoit en bonne & mauvaise part, comme il se void par ce qui suit du chapitre 26. de l'ancienc chronique de Flandres, où il est dit de la Comtesse Marguerite, qu'*elle avoit quatre taches*. Premierement, *elle estoit une des plus belles dames au lignage de France*. Secondement, *elle estoit la plus sage &c.* Et de-là vient qu'icy il y a *male tache*, c'est-à-dire, *mauvaise tache*. De tache on a fait *entiché*, dont Moliere s'est servi.

(*b*) *Se aucuns &c.*] Ce chapitre est pris en partie du titre du Digeste, *Si quadrupes pauperiem fecisse dicatur.*

(*c*) *Et elle mordist, ou ferist*] Vide Potterum *in Archæologiâ græcâ lib. 1. cap. 26. lib. 7. titulo 3. De damnis. Platonem de Legibus lib 11. paginâ 936. edit. Henrici Stephani. Legem Salicam cap. 38. edit. Baluzianæ. Cap. 39. editionis Vendelini & tit. 46. Legis Repuariorum.*

(*d*) *Je ne sçavois mie qu'elle eut telle itache, a itant rendra au plaintif &c.*] Suivant le droit Romain, il avoit la faculté, ou l'option d'abandonner la bête pour le delict, ou de payer les domages. *Vide Maranum ad tit. Pandectarum Si quadrupes pauperiem fe-*

LOUIS IX. en 1270.

mage à sa prüeve, & n'en fera jà nul droit (*e*) à la justice. Et se il ne l'osoit jurer, il perdroit la beste, & seroit à la justice: Et se il avenoit que la beste tuast un homme, ou une fame, & la justice prinst celui qui l'auroit amenée, & li deist, *Ta beste a tué un home*, & il deist, (*f*) *elle n'est pas moie :* Si li püet l'en esgarder que il jüerra sor sains, que elle n'est pas seüe, & qu'il ne l'amena pas, (*g*) & ainsinc remaindroit à la justice la beste, & si ne le püet-on plus mener. Et se il disoit, *Elle est moie, je l'amené, més je ne savoie mie que ele eust tele teche*, encore remaindra la beste à la justice, & fera cil à qui la beste estoit (*h*) le relief d'un homme c. sols & II. den. & par itant sera quites. Et se il estoit si fox que il deist que il seust la teche de la beste, (*i*) il en seroit pendus pour la recognoissance.

NOTES.

cisse dicatur. Ce qui est ainsi ordonné par quelques Coûtumes, comme celle de Bretagne, art. 595. de l'anciene & art. 640. de la nouvelle. Celle d'Acs tit. II. article 41. & celle de St Sever chapitre 18. article 21.

(*e*) *A la justice*] Un manuscrit de Monsr le Chancelier & le chapitre 117. de la Coûtume d'Anjou glosée adjoûtent, *mais il jurra sor sains qu'il ne sçavoit mie la teiche*. Et ainsi en payant le domage, la beste luy demeuroit. Mais s'il ne vouloit jurer la beste estoit confisquée, comme il est dit aprés.

(*f*) *Elle n'est pas moie*] Lorsque la beste avoit tüé un homme, si celuy que l'on en croyoit le maistre, juroit qu'elle n'estoit pas à luy, & s'il ne la menoit pas, la beste estoit confisquée, elle ne devoit plus estre menée, & il en estoit quitte par son serment. Mais par le droit Romain, s'il avoit juré faux, il estoit tenu solidairement du domage, sans pouvoir abandonner la beste. *Interdum autem Dominus in hoc non convenietur, ut noxæ dedat, sed etiam in solidum, ut puta si in jure interrogatus an sua quadrupes esset, responderit non esse suam, nam si constiterit esse ejus, in solidum condemnabitur. L. I. Si quadrupes.*

(*g*) *Et ainsint remaindroit à la justice la beste*] En quelques lieux on l'executoit, comme il se void par la decision 238. de Guy Pape, qui dit avoir vû en Bourgogne un *cochon* pendu pour avoir tüé un enfant. *Vide Julium clarum lib. 5. sententiar. §. finali. Qu. 99. pag. 866. & Battandierum. R.* 132. pag. 584.

(*h*) *Le relief d'home*] Voyez cy-dessus le chapitre 104.

(*i*) *Il en seroit pendus*] Par nos Coûtumes la peine, dans ce cas, est à l'arbitrage du Juge. Voyez la Coûtume de Labourt au titre *Des domages donnez par bestes*, article 3. Et Mornacium *ad Legem primam. §. 5. Si quadrupes pauperiem fecisse dicatur pag.* 402.

CHAPITRE CXXII.

De demander à enfant dete qui n'est mie cogneüe aprés la mort son pere.

(*a*) SE aucuns appelloit un autre que *ses peres li deust deniers*, & le nommera, & *son pere fust alez de vie à mort*. Et cil deist à son fiuls, *puisque li retors de la terre vous est avenus, je demant ma dete ;* Et cil die, (*b*) *il se mourust*

NOTES.

(*a*) *Se aucuns &c.*] Un home meurt & laisse un enfant. Un creancier se presente & demande à cet enfant une somme de cent livres, qu'il dit que le pere de cet enfant luy devoit. L'enfant dit pour deffences que son pere en mourant a donné ordre à toutes ses affaires, qu'il ne l'a point chargé de payer cette dette, & que par consequent elle ne peut luy estre demandée. Il est dit dans ce chapitre que ce creancier n'a point d'action, à moins qu'il n'affirme *luy tiers*, que les cent livres qu'il demande luy sont düës.

(*b*) *Il se mourust bien confés*] C'est-à-dire, aprés avoir donné ordre à ses affaires, & declaré ses dernieres volontez, tant au sujet de ses aumosnes, ou legs pieux, que du payement de ses dettes. Ce qui fait voir que le *Deconfés* dans le chapitre 89. cy-dessus n'est autre chose, comme on l'a dit que *l'intestat*, ou celuy qui en mourant n'a pas voulu donner ordre à ses affaires.

Or comme on *excommunioit*, & qu'on privoit des prieres publiques ceux qui n'avoient pas *voulu payer leurs dettes* avant leur mort, ou qui n'avoient pas donné ordre de les payer en laissant de quoy satisfaire à leurs creanciers ainsi qu'on l'a prouvé sur le chapitre 89. par l'exemple de P. de Bourbon. C'estoit une

bien

bien confés, & ne vous en commenda riens à rendre, si en vüel estre quites. Et je ne vüel mie, dit l'autre, *car je suis prest de prouver ma dete*. Si li esgardera l'en par droit, que *(c)* il doit prouver sa dete lui tiers, & autrement n'en aura-t-il point.

LOUIS IX. en 1270.

NOTES.

bonne raison au fils, dans l'espece proposée, de dire que son Pere estoit mort *Confés*, & qu'il n'avoit pas commandé de payer cette dette. Et cependant ce chapitre decide que cette dette sera bien demandée, pourveû que le creancier, jure luy troisiéme, que cette somme luy est legitimement dûe.

Il falloit que le Creancier n'eust pas d'écrit car s'il en avoit eû un, ç'auroit esté au fils à en prouver la nullité, ou la fausseté. Vide *Joannem Fabrum ad Tit. Instit. De actionibus. §. Item verborum. n. 17.*

(c) Il doit prouver sa dette luy tiers] Voyez la Coûtume du Ponthieu article 20. & M. Du Cange dans son glossaire sur *jurare tertiâ manu*.

CHAPITRE CXXIII.

D'escommenié pour forcier de venir à amendement, & comment il respond en Cour laie.

(a) SE aucuns est *escommeniés* (b) un an & un jour, & li officiaus mandast (c) à la Justice laie, que il le contrainsist par la prise de ses biens, ou par le cors, car le jugement de l'Evesque doit estre menés à execution, & à fin par l'office du Prevost, *selon droit escrit, en Code* (d) *el titre De l'audience de l'Evesque, ensemble ses concordances*, le mestiers est, (e) Et si ne le doit pas prendre pour que ce soit *de detes*, més la Justice doit tenir toutes ses choses en sa main, sauf son vivre jusques à *tant que il se soit fet assoudre*. Et quand il sera assous, il paiera neuf l. d'amende, dont les soixante s. seront à la Justice laie, & les six l. seront à l'autre Justice, & les doit avoir par la main de la Justice laie. Et se il estoit souspeçonneus de la foy, la Justice laie le devroit prendre adonques, & envoier au Juge ordinaire; car quand Ste Eglise ne püet plus fere, elle doit

NOTES.

(a) *Se aucuns &c.]* En l'année 1228. S.t Loüis fit à ce sujet l'Ordonance qui suit. *Si aliqui per annum contumaces extiterint, ex tunc compellantur redire ad ecclesiasticam veritatem, ut quos à malo non retrahit amor Dei, saltem pœna temporalis compellat. Unde præcipimus quod Ballivi nostri omnia bona talium excommunicatorum mobilia & immobilia post annum capiant, nec eis aliquo modo restituant donec prædicti absoluti fuerint, & Ecclesiæ satisfecerint.* Ce chapitre cy semble avoir esté fait pour marquer comment l'Ordonance precedente devoit estre pratiquée.

(b) Un an & un jour] Dans la Coûtume d'Anjou glosée, il y a, *Quarante jours ou plus.*

A la joustice laie] Un manuscrit de Monf.r le Chancelier ajoûte, *ou à son Seigneur ordinaire.* La mesme addition est au manuscrit de M. Baluze.

(d) El titre De l'audience de l'Evesque] Un manuscrit de Monf.r le Chancelier, adjoûte, *Lege. Episcopale judicium, cum authenticâ ibi signatâ.*

(e) Et si ne le doit pas penre pour que ce soit de dettes &c.] Dans un manuscrit de Monf.r le Chancelier, il y a, *pourquoi ce soit de dette, & de terre.* Dans le manuscrit de M. Baluze, il y a, *Et si ne li doit prendre pour dette*, ce qu'il faut entendre de la prise de corps. Ce chapitre fut suivi. Et dans la suite les Ecclesiastiques excommunierent pour dettes, & priverent ainsi les debiteurs de la sepulture & des prieres publiques, comme on l'a montré sur l'article 89. cy-dessus, par l'exemple de Pierre de Bourbon, & comme l'a fait voir M. Du Cange dans son glossaire sur les mots *Excommunicatio ob debita non soluta* pag. 305. Mais les laïques s'éleverent contre cette jurisprudence, & de-là vient que l'article 6. de l'ancienne Coûtume de Bretagne porte en termes exprés que *Les gens d'Eglise peuvent proceder par semonces, par inhibitions & par monitions, mais ne peuvent proceder par sentence d'excommunie contre aucun detteur seculier, pour le contraindre à payer sa dette, si il a biens meubles, ou immeubles sur lesquels li crediteur peut faire proceder à execution.* Voyez Dargentré en cet endroit.

LOUIS IX. en 1270.

apeler *(f) l'aide des Chevaliers, & la force*, ſelon droit eſcrit en Code *Des Eveſques & des Clercs*, en la loy qui commence, *Si quis in hoc genus*. Et quand li Juges l'auroit examiné, ſe il trouvoit *(g)* que il feuſt *Bougres* ſi le devroit fere envoier à la Juſtice laie, & la Juſtice laie le doit faire ardoir. (*h*) Tuit *eſcommeniés* ſont ois *en cort laie en demandant & en defendant*, més ils ne ſont mie ois *en la cort de S.te Egliſe en demandant:* car ils ne doivent mie avoir prouſit en leur malice, ſelon droit eſcrit en Decretales, ou titre *Des Juges*, ou chapitre qui commence, *Intelleximus :* més il ſeroit ois en la Cort de S.te Egliſe en defendant, car toutes deſenſes ſont gardées à eſcommeniés par droit, ſelon droit eſcrit en Decretales, *Des exceptions*, el chap. *Cùm inter puerum*, où il eſt eſcrit de cette matere.

NOTES.

(*f*) *L'aide des Chevaliers &c.*] Toute cette procedure eſt ainſi expliquée par Bouteiller dans ſa Somme livre 2. titre 12. page 758. *Les clercs*, dit-il, *appellent bras ſeculier, quand aucun ſe laiſſe excommunier par an & plus & pour ce eſt appellé bras ſeculier, que l'Eveſque qui n'a point execution ſeculiere, requiert ſur ce par ſes lettres requiſitoires au Juge lay, c'eſt au bras ſeculier par le moyen d'un de ſes Preſtres, ou appariteurs qui en ayde droit requiert, de ramener tel à la foy catholique, qui par an & plus, eſt comme chiens endormi en excommunication, qu'il ſoit contraint* par detention de corps *à ſatisfaire & ſoy remettre en obeïſſance de S.te Egliſe, dont il eſt privé par ſa coulpe*. Et le Juge lay à la requeſte *du Prelat le doit faire par la maniere qui s'enſuit.*

Le Juge ſpirituel doit envoyer un libelle qu'on appelle en Court Comparimini, *qui doit contenir comment l'excommunié luy incité & condamné, en ce s'eſt laiſſé excommunier & endormir comme chien ſans crainte de Dieu, en ſentence d'excommuniment par an & plus, & ainſi ſe laiſſeroit & voudroit laiſſer, ſi qu'il demontre ou comtempt de partie, & de l'Egliſe, ſi remedié n'y eſtoit, qu'il plaiſe au Juge lay deſſous qui ledit excommunié eſt demeurant, qu'il ſoit prins & detenu priſonnier & envoyé au Juge ſpirituel, tant qu'il ſoit devenu à l'obéïſſance de S.te Egliſe &* à partie, de qui il eſt tenu. *Et ſi l'excommunié ſe rend fugitif, ſi peut le Juge tant contraindre de ſes biens, ſi trouver les peut, que pour ſatisfaire* à partie du deu. *Et ſi l'excommunié ſe vouloit à ce oppoſer, le Juge lay qui de ce eſt requis, doit l'excommunié tout priſonnier, envoyer au Juge ſpirituel, dont le requiſitoire vient, pour dire les cauſes de ſon oppoſition, refus ou contredit, & n'y doit eſtre rentré que ſur celuy cas, que l'Eveſque ne le doit traiter de ce. Et ſi ledit excommunié s'oppoſoit* & requiſt avoir jour ſur ce, *ſi doit-il eſtre priſonnier mené à la Cour ſpirituelle, tant qu'il ſoit ſçeû s'il a cauſe d'oppoſition, ou non*, Et s'il a cauſe, *la partie demandereſſe li doit demander. Si ſçachez s'il ne plaiſt au Juge lay, il n'executeroit mie cette requiſitoire &c.*

(*g*) *Que il fut B...*] Voyez le chapitre 85. au commencement avec la note & *Conſtitutiones Siculas lib. 1. tit. 1. & 2.*

(*h*) *Tuit eſcommuniez ſont ois en Cour laie en demandant & en deffendant*] Voyez l'autheur du grand Coûtumier livre 2. chapitre 45. page 284. Bouteiller livre 1. titre 9. page 42. *Et cap. Intelleximus extra de Judiciis.*

CHAPITRE CXXIV.

De donner erres de mariage pour enfans qui ſont en aage.

SE aucuns avoit ſon fils, qui feuſt en non aage, & li peres deiſt à aucuns de ſes voiſins, *Vous avez une fille, qui eſt auques de l'aage de mon fils, ſe vous voliés que ele fuſt à mon fils, quand elle ſeroit en aage, je le voudroie bien, en tele maniere que vous me bailliſſiez une piece de voſtre terre, & je dix liv. par nom d'erres, en tele maniere que les erres me demoüerront, quand voſtre fille ſeroit en aage de marier,* (*a*) *ſe elle ne vouloit le mariage ottroier*. Les *erres* demoüerroient à l'au-

NOTES.

(*a*) *Se elle ne vouleit l'ottroier*] Le manuſcrit de M. Joubert adjoûte, *& ſi elle le vouloit ottroier les gages &c.*

Selon les loix Romaines, ceux qui ſe fian-

tre ou à ses hoirs, se il n'y avoit lignaige, ou autre cas, parquoy le mariage ne deust estre, parcoi Sainte Eglise ne s'y accordast, les *erres* demoüerroient à chacun, ce qu'il auroit baillié. Et se il avoit fet tele convenance en autre maniere que il eussent mis pleiges de rendre c. l. ou plus, ou mains, se li mariages n'estoit, (*b*) la peine ne seroit pas tenable par droit.

LOUIS IX. en 1270.

NOTES.

soient, se donnoient reciproquement des *aires*, & celuy qui ne vouloit pas ensuite donner son consentement au mariage les perdoit, comme en matiere de *vente*, car comme dit tres bien M. Cujas. *Arrharum datio erat contractus, qui adhibebatur his contractibus, emptioni, venditioni, locationi, conductioni, matrimonio & sponsalibus.* Et quand le mariage estoit contracté, les *aires* qui avoient esté données de la part de la femme estoient imputées sur sa dot par le mary, & les aires que le mary avoit données estoient imputées sur la donation à cause de noces, *l'hypobolon* ou l'augment. Et de-là vient que dans Harmenopule. *Lib. 4. tit. 10. l'hypobolon* est appellé *arrha*. Et que les Espagnols & les Portugais appellent encore *las arras*, ce que nous appellons dans nos pays de Droit écrit *augment de dot*.

La question a esté agitée, de sçavoir, à quel âge les fiançailles se pouvoient faire, & il a esté decidé qu'elles estoient nulles par le defaut de consentement, quand elles estoient faites par des enfans, qu'elles n'obligeoient ni les peres ni les tuteurs, & que les peines qui avoient esté stipulées ne pouvoient estre exigées. *Cap. 1. de Desponsatione impuberum in sexto. Can. 1. caus. 3. qu. 2.* Mais comme à *sept ans* les enfans commencent à avoir de la connoissance, l'opinion commune est qu'à *sept ans* accomplis, ils peuvent estre fiancez, du consentement de leurs peres, meres & tuteurs. Voyez Sanchez *De matrimonio lib. 1. disput. 16. Brouverum De matrimonio cap. 3. De infantium & impuberum sponsalibus n. 11. Cironium & Anastasium Germonium ad tit. De Desponsatione impuberum & Franciscum Marcum tom. 2. decision. cap. 502.*

Un homme a un fils impubere & son voisin une fille aussi impubere. Le Pere du fils demande la fille en mariage, pour quand ils seront en âge, & les deux Peres fiançant l'un & l'autre, se donnent des *aires*, sçavoir, le Pere de la fille une piece de terre, & le Pere du fils *dix livres*. On demande si cette convention est bonne. Et il est decidé dans ce chapitre qu'elle est bonne, ensorte que si le mariage manque du costé du garçon, le Pere de la fille gagnera les *aires*, & que le Pere du garçon gagnera aussi les aires, si le mariage manque du costé de la fille. Et la raison est que les fiançailles estant bonnes, il s'ensuit que le contract *d'aires* est bon aussi. Voyez ce que j'ay remarqué sur Loisel livre 1. titre 2. Regle 6.

(*b*) *La peine ne seroit pas tenable par droit*] Parce qu'il est contre la liberté des mariages qu'une des parties soit forcée de les accomplir par des stipulations de peines. Et cependant la perte des aires approche assez du payement de la peine. Voyez François Marc dans le tome 2. de ses decisions cap. 538. n. 5. *Hostiensem in Summâ. De sponsalibus*, Sanchez de matrimonio lib. 1. Disputatione 35. *Utrum possint arrhae in contractu sponsalium apponi amittendae per frangentem sponsalium fidem*, & le Prestre centurie 1. chapitre 68.

CHAPITRE CXXV.

De heritage qui est donné en aumosne à Religion.

SE aucuns avoit donné (*a*) *à aucune Religion*, ou à aucune *Abaïe*, une piece de terre, (*b*) *li Sires* en qui fié ce seroit *ne le soufferroit* pas par droit, *se il*

NOTES.

(*a*) *A aucun homme de Religion*] Il en estoit de mesme des Communautez laïques.

Sous nos Rois de la premiere & de la seconde race, les Eglises & les Monasteres se mettoient eux & leurs biens sous la protection Royale, & nos Rois par leurs lettres appellées *Emunitates*, les recevant sous leur protection, leur accordoient des privileges, ou confirmoient les privileges que leurs predecesseurs avoient accordez. Voyez Marculphe dans ses formules livre 1. chapitre 3. & ce que M. Bignon y a remarqué page 877. de l'Edition de M. Baluze. Nos autheurs ont mal confondu ces *letres* avec les *amortissemens*, sans faire attention que les amortissemens sont des extinctions de droits, de fiefs & de censives.

(*b*) *Li sires en qui fié ce seroit ne le souf-*

LOUIS IX. en 1270.

ne voloit; ains le pourroit bien prendre en sa main. Més cil à qui *l'aumosne* aura esté donnée, si doit venir au Seigneur, & li doit dire en tele maniere : *Sire, ce nous a esté donné en aumosne, se il vous plest nous le tenions, & se il vous plest nous l'osterons de nostre main dedans terme avenant;* Si leur doit li Sires *esgarder* (c) qu'ils la doivent oster dedans l'an & li jour de leur main, & se il ne l'ostoient, li Sires la porroit prendre comme en son demaine, & si ne len respondroit jà par droit.

NOTES.

friroit pas par droit] Parce que les gens de main-morte ne mourant pas, & ne vendant pas, le Seigneur ne pouvoit de droit, estre contraint de perdre ses lods & ventes, & ses rachats ou reliefs. Et quand le Seigneur l'auroit voulu, il ne l'auroit pû, parce qu'en consentant de perdre ces droits, il auroit diminué, ou abregé son fief, au prejudice de son Seigneur, à qui les mesmes droits de lods & ventes & de reliefs auroient esté devolus, & ainsi de Seigneur en Seigneur jusqu'au Roy, comme souverain fieffeux. Voyez ce qu'on remarque cy-aprés sur l'Ordonance de Philippe III. de 1275. & ma dissertation sur l'origine du droit d'amortissement page 89.

(c) *Qu'ils la doivent oster dedans l'an & jour de leur main*] Les gens d'Eglise pouvoient acquerir des Immeubles, mais ils ne pouvoient les garder sans abreger, ou diminuer les fiefs dans lesquels ces immeubles estoient situez. Ce que nos praticiens ne peuvent comprendre, croyant toûjours qu'un amortissement est une permission d'acquerir accordée aux gens de main-morte. Voyez ma dissertation sur l'origine du droit d'amortissement page 78. La Coûtume d'Anjou article 37. & celle du Loudunois au titre *d'indemnité & d'injonction*.

CHAPITRE CXXVI.

D'hons qui deffent à son aparageur à vendre son heritage.

SE aucuns hons *tenoit en parage* d'un autre, & cil de qui il tendroit (a) *fust fox, & vendist sa terre*, (b) & li autre venist au Saingnieur du fié de qui il mouvroit, & li deist, *Sire, cil de qui je tiens en parage vent sa terre, & ce qu'il a. Je vous requier, que vous le facez atermer.* Si puet cil dire à l'autre; *Biaux amis vous vendez ce que vous avez, je ne voi mie que vous le puissez vendre*, (c) *ains vüel que vous en retenez à moy garir, ou vous me baillez tant de ce que vous tenez que je en puisse rendre le service.* Et se li autres dit : *Biaus amis :* (d) *il me estüet vendre ce que je ai, més feré volontiers ce que je devré.* Si li püet len esgarder que il ne lera pas à vendre por son parageeur (e) més il li baillera tant de sa terre, que il en puisse bien (f) fere le service à celuy à qui il sera hons, & à qui il se-

NOTES.

(a) *Fust fox & vendist sa terre*] Remarquez que l'on regardoit alors comme fols ceux qui vendoient leur patrimoine. Voyez Loisel dans ses Institutes livre 1. titre 2. Regle 15.

(b) *Et li autres venist*] La Coûtume d'Anjou glosée adjoûte, *& le fit ajourner devant le Seigneur suzerain & dist.*

(c) *Je vüel que vous en retenez à moy garir*] C'est-à-dire, à moy *garantir*, comme il y a dans la Coûtume d'Anjou glosée chapitre 122. De *garir* on a fait *guerir*, qui n'est autre chose que *garantir*.

(d) *Il me estüet à vendre*] Il y a ainsi dans les manuscrits. C'est-à-dire, il m'est necessité de vendre. C'est l'apparageur ou celuy qui garantit qui parle ainsi.

(e) *Més il baillera tant de sa terre*] Anciennement, quand l'aîné, qui garantissoit ses puinez en franc parage sous son hommage, vendoit ses deux tiers du fief, le parage cessoit, parce qu'il n'y avoit plus de lignage entre l'acquereur & les puinez, en sorte que les puinez qui relevoient du Seigneur suzerain, & qui perdoient la franchise de leur parage, avoient sujet de se plaindre & de s'opposer à la vente que l'aîné faisoit. Cependant il est decidé dans ce chapitre que l'aîné peut vendre, mais qu'il doit donner de sa terre au puiné autant qu'il luy en faut pour le dedommager de la franchise qu'il perd. Voyez le chap. 76. cy dessus, & l'article 219. de la Coûtume d'Anjou.

(f) *Fere le service à celuy à qui il sera home*] Ces mots prouvent que le Parage estoit failly, puisqu'il n'y avoit plus de garantie.

ra la

ra la foy, & ainsi doit len esgarder de doumage que il y aura, selon la grandeur du fié, & au service fere, & à l'obeïssance du Seigneur d'aides & d'autres choses. (*g*)

Louis IX. en 1270.

NOTES.

Mais la question est de sçavoir à qui le puiné devenoit homme, car ce chapitre ne le dit pas. Et il faut dire que c'estoit au Seigneur suzerain, par deux raisons.

La *premiere*, parce que si ce n'avoit pas esté au Seigneur suzerain, il l'auroit fallu indemniser, comme le garanti, ou le puiné. Et il n'est rien dit de son indemnité dans ce chapitre.

Et la *seconde*, parce que si le puiné, à qui l'aîné donnoit en dedommagement une partie de son fief, avoit tenu le total à foy de l'acquereur, le Seigneur suzerain auroit plus perdu de sa mouvance, que si le parage eut esté failli sans vente, ce qui n'auroit pas esté juste. Joint à cela que les Seigneurs suzerains par devant qui ces contestations se decidoient, avoient soin de leurs interests.

L'article 219. de la Coûtume d'Anjou a terminé cette difficulté en decidant, que *Quand le parageur transporte tout son fief & sa terre à personne estrange, le parageau ne fera pas pource foy & homage à l'acheteur, mais sera garanti, tant comme le lignage durera entre son parageur & luy &c.*

(*g*) La Coûtume d'Anjou glosée adjoûte, *& ainsi ne laissera à vendre.*

CHAPITRE CXXVII.

De deffendre pescherie d'eüe courant.

SE aucuns Gentishons avoit *eüe, qui corust* par sa terre, & i *eust coru*, & la vousist defendre que l'en i peschast pas, il ne le porroit pas fere sans *l'acort au Baron*, (*a*) en qui chastelerie ce seroit, & sans l'accord du Vavasor.

NOTES.

Ce chapitre est ainsi dans un manuscrit de Monsr le Chancelier, & dans ceux de M. Baluze & de M. Joubert.

(*a*) *En qui chastellerie seroit]* Il y a dans la Coûtume d'Anjou glosée, *ne le Baron ne le pourroit faire sans l'assentement de ses Vavasseurs.*

Ce chapitre ne parle que de l'eaüe courante, à la difference des *estangs*. Voyez l'article 192. de la Coûtume d'Anjou, & les Institutes de Loisel livre 2. titre 2. Regle 6. & 51. avec les notes.

CHAPITRE CXXVIII.

De requerre la cort de celui qui doit au Més le Roy.

SE aucuns devoit (*a*) au Més le Roy deniers, & le Més s'en fust alé clamer à la Justice le Roy, & li Bers de qui chastelerie ce seroit, en demandast

NOTES.

C'est une des Regles de Loisel tirée de nostre ancien droit, que les *Roturiers estoient justiciables de corps & de chastel*, c'est-à dire, *de corps & de meubles, où ils couchoient & levoient.* Voyez les Institutes de Loisel livre 1. titre 1. Regle 19. & 26.

Ce chapitre contient une exception à cette regle, qui est, lorsque les roturiers couchans & levans dans les terres des Seigneurs, estoient debiteurs de sommes envers *le Més le Roy* parce que les meubles du *Més le Roy estoient au Roy*, & que le Roy ne plaide pas dans les Cours de ses Barons, qui sont ses justiciables, & dont il n'est pas par consequent justiciable luy-mesme. Voyez le chapitre 19. du second livre letre P.

(*a*) *Au Més le Roy]* Qu'est-ce que le *Més le Roy!* M. Du Cange croit que c'est *Missus Regius.* Dans un ms. de Monsr le Chancelier, il y a comme icy, *au Més le Roy.* Dans un autre manuscrit de Monsr le Chancelier, dans celuy de M. Joubert, qui a appartenu à

LOUIS IX. en 1270.

la court à avoir, il n'en auroit point, car les müebles au Més le Roy sont au Roy.

NOTES.

M. Casneuve, & dans celuy de M. Baluze, il y a, tres distinctement au *Niés*, ou *au Niex le Roy*, comme dans le chapitre 120. cy-dessus letre C. C'est-à-dire, au *Neveu*, ou pour mieux dire, *au petit fils du Roy*. Et il est dit icy que les meubles du petit fils du Roy estoient au Roy, parce que du temps de S. Loüis la *puissance paternelle* avoit lieu à Paris. Voyez l'autheur du grand Coûtumier page 264. 265. & le chapitre suivant.

CHAPITRE CXXIX.

De requerre la Court à hons qui plede à Juif, & de tesmoins à Juif.

SE li Bers avoit *Juif* qui se pleinsist des *hommes au Vavasor* en la *Court au Baron*, & li Vavasor en demandast la cort à avoir, il ne l'auroit mie, car *les müebles aux Juifs sont au Baron*. Et (*a*) nus *Juif* n'est reçeüs en tesmoignage, selon droit. Aussi sont devées li tesmoignage au Juif encontre les Chrestiens, selon droit escrit en Code *De hæret. & Manich.* en la loy qui commence *Quam multi judices &c.* où il escrit de cette matere.

NOTES.

On a vû dans le chapitre precedent, que tous les meubles du *Niés* ou *Niex le Roy* estoient au Roy, & que par cette raison le *Niex le Roy* estoit en droit de poursuivre ceux qui luy devoient des sommes, en la Cour le Roy, sans que le Baron put revendiquer le debiteur quoy qu'il fut son homme levant & couchant.

Nous apprenons de ce chapitre que tous les meubles *des Juifs* estoient aux Barons sous qui les Juifs demeuroient, & que par cette raison si un Juif poursuivoit les hommes du Vavasseur en la Cour du Baron. Les hommes du Vavasseur ne pouvoient s'avoüer de luy, ni luy les revendiquer, en sorte que la cause devoit estre jugée en la Cour du Baron. Ce qui est encore une autre exception à la regle, que *les hommes roturiers estoient justiciables de corps & de chastel des Seigneurs, dont ils estoient couchans & levans.*

On a veû cy-dessus dans l'Ordonance de Melun du mois de Decembre 1230. que *les Juifs estoient serfs*, & l'on void par ce chapitre que leurs meubles appartenoient aux Barons. Mais peu aprés, tous les *Juifs* ce semble, appartinrent au Roy, comme les *aubains*.

Ce chapitre est ainsi conçeû dans la Coûtume d'Anjou glosée. *Si homme au Baron devoit deniers aux Juifs le Roy, & iceux Juifs s'en fussent clamez en la Cour le Roy, & le Baron en demandast la Cour à avoir, il ne l'auroit pas, car les meubles aux Juifs sont au Roy.* Ce chapitre sert de preuve à l'explication nouvelle que l'on a donnée au precedent.

(*a*) *Nus Juif n'est reçeû en temoignage*] Vide *Nellum de testibus parte 1. num. 16. & num. 20. Albericum de Maletis de testibus cap. 3. num. 13.*

CHAPITRE CXXX.

Comment vilenages est franchis en gentillece.

SE aucuns hons estoit Chevalier, (*a*) & ne fust pas *Gentishons de parage*, (*b*) tout le fust-il *de par sa mere*, si ne pourroit-il estre par droit. Ains le

NOTES.

(*a*) *Et ne fut pas gentilhons de parage*] C'est-à-dire, gentilhome *par son pere*, ou comme dit Beaumanoir, *gentilhome de par le Pere.*

(*b*) *Tout le fust-il de par sa mere*] Cecy est bien expliqué par Beaumanoir dans le cha-

porroit prendre li Rois ou li Bers en qui chastelerie ce seroit, & (*c*) trencher ses esperons seur un fumier, & seroit li müeble à celui en qui chastelerie ce seroit : car usage n'est mie que fame franchisse home, més li home franchit la fame: car se uns hom de grand lignaige prenoit la fille à un vilain à fame, ses enfans porroient bien estre Chevaliers par droit.

Louis IX. en 1270.

NOTES.

pitre 45. de ses Coûtumes du Beauvoisis page 252. 255. *Veirs est que servitude vient de par les meres, car tuit li enfant que celle porte qui est serve, sont serf, tout soit-il ainsint que li Pere soit frans homes nez.*

Si li Peres estoit chevaliers & il épousoit une serve, si seroient tuit li enfant sers.

Tout soit-il ainsint que le gentillesse par lequel len puist estre Chevaliers, doie venir de par le Pere, *car che est coûtume au Royaume de France, que cil qui sont* gentilshome de par le Pere, tout soit leur *mere villain*, püent estre Chevaliers. *Et quand* le mere est gentilfame, & li Pere ne l'est pas, li enfant si ne püent estre Chevaliers. *Et ne pourquant li enfant ne* perdent pas l'estat de gentillesse dou tout, *ainchois sont demené comme gentishomes dou fet de leurs corps*, & püent bien tenir Fiés, *lesquelles choses* Villain ne püent pas tenir &c.

Monstrelet volume 1. chapitre 57. page 91. dit que Jean de Montagu estoit né de la Ville de Paris, qu'il estoit fils de M.e Girard de Montagu, *& qu'il estoit gentilhome de par sa mere*, ce qui est une preuve, avec ce chapitre, que la noblesse de par les meres avoit lieu à Paris, comme dans tout le reste du Royaume, car il y a encore plusieurs Coûtumes qui l'autorisent, comme celle d'Artois, art. 198. celle de St Mihel article 2. & celles de *Champagne*, ce qui suffit avec ce chapitre, pour prouver que ce n'est pas un privilege pour la Champagne comme Pithou & nos autheurs se le sont imaginez. Voyez mon glossaire sur *Noblesse de par les meres.*

(*c*) *Trencher ses esperons*] En ce temps les Chevaliers avoient des *esperons dorez*, & les Escuyers des *esperons argentez*. Les roturiers n'avoient pas d'esperons, parce qu'en guerre ils servoient à pied.

CHAPITRE CXXXI.

Comment len doit rendre roncin de service à son Seignieur.

SE aucuns avoit un hons qui li deust *roncin de service*, & il le semonsist, & li deist, *Rendez-moy mon roncin de service, car je le vüel avoir, je n'en vüel mie avoir deniers.* Adonc il li doit amener son roncin de service (*a*) dedans 60. jours, se cil ne li en veut donner plus long terme, (*b*) & cil li doit amener o frain & o selle, & o quanque mestiers est, & ferré de tous les quatre piés; Et se li Sires dist, *Je ne le vüel mie, car il est trop foibles*, cil li porroit respondre, *Sire, fêtes-le essayer si comme vous devez.* (*c*) Li sires püet faire monter un Escuier dessus si grand comme il l'aura, & *un haubert* troussé derrier, & une chaus-

NOTES.

(*a*) *Dans soixante jours*] Dans un manuscrit de Monsr le Chancelier, il y a, *dedanz quatorze jors*, & il y a aussi *quatorze jours* dans la Coûtume d'Anjou glosée.

(*b*) *Et cil li doit amener o frain*] C'est-à-dire, avec frain.

(*c*) *Li sires püet fere monter un escuyer*] Parce que c'estoit ordinairement un Escuyer qui montoit le ronsin. Voicy comme Beaumanoir s'explique sur ce sujet, *Si je suis semons pour paier ronsin de serviche, je doi au jour de la semonce mener ronsin sain de tous membres, & offrir le à Monseigneur, & dire en tele maniere.* Sires, semons m'avez de ronsin de service, veez cy au ronsin que je vous offre sain de tous membres, si vous requiert que vous le preniez, & s'il ne vous plaist à penre, donnez moy jour souffisant, & je vous amerray autre. *Donques se il ne li plet penre, il me doit donner jour d'amener autre à quinze jours, & ainsint me püet fere par trois fois, se il luy plest. Et quand je li merray ronsin la tierce fois, je dois offrir & le ronsin & deniers & dire en tele maniere.* Sire, semons m'avez de ronsin de service, amené vous en ay un, deux, & veez cy le tiers, qui est sain de tous membres, si vous requiers que vous le preniez, & se le ronsin ne vous plest, je vous offre *soixante sols* pour ce ronsin, & veez cy les deniers, & se vous ne vou-

LOUIS IX. en 1270.

ses de fer, si l'envoier 12. lieües loin, & se il les püet bien aller en un jour, & lendemain retorner, li Sires ne le püet pas refuser par droit. Et se il ne püet fere les deux journées, li Sires le pourroit bien refuser, & conviendroit que il en queist un autre qui peust fere ces deux jornées. Et quand il l'auroit pourchassé souffisant, se li Sires ne le prenoit, il ne li en rendroit jamés point, tant comme il vescust, més se il plest au Seigneur, il le püet bien rendre dans l'an, pourquoi li chevaux soit sains, ainsi comme cil li bailla, & li hons ne le püet refuser, & quand ce vendra jusques à un an, li Sires li püet demander son roncin de service, & cil li doit amener, si come nous avons dit dessus, & se li sires le tenoit plus d'un an & un jor, li hons ne le reprendroit pas se il ne voloit.

NOTES.

lez penre le ronsin & les deniers, je vous requiers que vous dou service me lessiez en pés. Et si vous voulez dire que je ne vous aie fait offre suffiant, je vous requiers que vous me faciez dire par droit & par mes Pers quel ronsin je vous dois &c.

Si mes Sires a pris de moy un ronsin de serviche & il ait tenu le ronsin quarante jours continues sans renvoyer, je sui quitte de mon service. Et se il me le renvoie dedans quarante jours sain de tous membres, je ne puis refuser que je ne le preigne, & seray derechef ses redevans dou ronsin de serviche &c.

Quand j'ay servi Monseigneur de ronsin douquel il s'est tenu a payé, ou lequel il a tenu quarante jours sans renvoier, je suis quites de mon serviche à tous les jours de ma vie, ne ne suis tenus à aller puis lueques en avant avec Monseigneur en guerre ne en se meson deffendre se je ne vüel....... Il sont aucuns fiés que len appelle abregiées. *Quant len est semons len doit offrir à son Seigneur che qui est dû par le reson de l'abregement, ne autre chose li Sires ne püet demander si li abregement est prouvez ou connuz, & il en fait souffisament par l'octroy dou Comte, car je ne puis souffrir à abregier le plain serviche que len tient de moi, sans l'octroy dou Comte, combien que il ait de Seigneur dessous le Comte l'un aprés l'autre, soit ainsint que il se soient tuit accordé à l'abregement &c.*

Li Rois ne chil qui tiennent en Baronnie ne doivent lever nus ronsins de serviche, pour che que il püent penre les cors tous armés, & moutes toutes fois que il vüelent, & que il en ont mêtier.

L'on void par là que le ronsin de service estoit un cheval de combat, ce qui paroist encore par ce qui suit d'une anciene Chronique d'Angleterre écrite en François il y a environ trois cens ans, intitulée *Vaurains*, qui est dans la bibliothèque de Monf.r le Chancelier, tome 1. page 108. *Si fut Messire Alain pris & cent Chevaliers avec luy, sans plusieurs autres nobles hommes, & avec ce y eut deux cens ronsins tous couverts de fer, prins & retenus &c.*

Il ne faut pas confondre le *cheval de service* avec *le service de cheval.* V. *Ardisonem in summâ feudali Quæstione 34. Odofridum in summâ feudali fol. 35.* & mon glossaire.

CHAPITRE CXXXII.

De partie fere entre les enfans coustumiers.

QUand hons coustumier a enfans, autant à li uns, comme li autres en la terre au pere & à la mere par droit, soit fils ou fille, & tout autant és muebles & achas, & és conquez (a) car *lois à vilain si est patremoines* selonc l'usage de la Court laie. Et se li hons coustumiers avoit *fils marié, ou fille, (b)* & il en eust *autant à l'hostel,* & il demandassent *partie és eschetes* à ceux qui ne se-

NOTES.

(*a*) *Car lois à vilain se est patremoines*] Dans le manuscrit de M. Joubert, il y a *Borz.* Dans un manuscrit de Monf.r le Chancelier & dans la Coûtume d'Anjou glosée, il y a, *Bource.* Le sens de cette regle est que le Coûtumier ne peut plus avantager un de ses enfans de ses meubles acquets & conquets, que de son patrimoine. Voyez les articles 321. & 327. de la Coûtume d'Anjou.

(*b*) *Et il en eust autant à l'hostel*] Il y a ainsi dans le manuscrit de M. Joubert. Dans celuy de Monf.r le Chancelier, il y a plus nettement, *qui ne fussent pas mariez, & si maroient*

roient pas mariés, *(c)* cil qui ne sont pas mariés ne lor püecnt *véer partie par droit.* Més il conviendroit aus autres que chacun *aportast (d)* ce qu'il auroit *eû en frerage*, fust terre, fussent mesons, fussent deniers, ou autres müebles. Et se il avenoit que aucuns de ceus eussent *amendé leur partie* que il i eust fetes mesons, ou plantées vignes, *tuit cil amendement retorneroit en frerage*. Més l'en feroit regarder par preudomes *la valüe de la terre*, combien elle valoit quand elle li fu donnée en mariage, & ce que il aura mis *(e) sera conté, & freragera* comme les autres. Et se il i avoit *aucun fol* qui eust delessié empirier sa partie, comme laissier *vignes agastir*, ou trenchier arbres, ou laissier vignes à fere, ou se il *avoit vendu tout ce qu'il avoit eû*, & il demandast frerage, en l'escheoite du pere & de la mere, & li autre frere li deissent, *Nous ne voulons pas que vous frerachiez avec nous, se vous n'amendez ce que vous avez empirié de vostre partie;* & se il dit, *je ne le puis amender, (f) més je vüel que l'en esgard par preudomes, que la chose valoit quand elle me fut donnée, & combien elle est empiriée.* Et en cette maniere compteroient li prudons la valüe de la chose, & ce qu'il l'auroit empiriée *(g)* li seroit comptée en partie, & puis frerageroit avec les autres selonc ce que il en auroit eû, & du remanant auroit autant li un come li autres, & és terres & és müebles; Et se il avenoit que li uns eust eû trop grande partie, & il ne vousist retorner à l'escheoite du pere & de la mere, & li autres li demandassent, *Vous avez eû trop grande partie, venez fireragier ô nous, & si nous fetes droit retour.* Adonc droit donroit que sa partie seroit veüe par preudes homes, *(h)* & se il avoit trop eû, il leur feroit droit retour, sauf les amendemens, se il les i avoit mis, si come nous avons dit dessus.

NOTES.

riez venissent à l'hostel & demandassent partie. Dans la Coûtume d'Anjou glosée, il y a, *Et il mourust, & ceux qui seroient mariez venissent à ceux qui seroient à l'hostel demeurez, & demandassent en l'escheoite partie.*

(*c*) *Cil qui ne sont pas mariez ne lor püent veer partie par droit*] Peu de temps aprés, la jurisprudence changea à Paris, & les enfans mariez, comme émancipez, ne succederent plus avec ceux qui estoient restez dans la maison paternelle, ou en puissance, comme nous l'apprenons de la decision 236. de Jean Des Mares autheur qui vivoit sous Charles VI. & dont Jean Juvenal des Ursins fait mention vers le commencement de son histoire. *Si aucuns enfans sont mariez de biens communs de pere & de mere, & autres enfans demeurent en celle,* c'est-à-dire, *en domicile de pere & de mere, iceux enfans renoncent taisiblement à la succession de pere & de mere, ne ni püent rien demander au prejudice des demeurans en celle, supposé qu'ils rapportassent ce qui donné leur a esté en mariage, car par mariage ils sont mis hors la main de pere & de mere, si ce n'est que par exprés, il leur eust esté reservé au traité de mariage, que par rapportant ce qui donné leur a esté en mariage ils puissent succeder à leur pere & mere, avec leurs freres & sœurs qui sont demeurez en celle. Et se tous les enfans avoient esté mariez vivans pere & mere, & au traité de leur mariage ait esté dit que par rapportant comme dit est, toutesfois aprés la mort de pere & de mere, ils viengnent à la succession d'iceuls sans rapporter, car il n'y a nuls enfans demourez en celle, mais sont tous de pareille condition,* c'est-à-dire, *mariez.* Mais on est revenu à Paris à l'ancien droit qui a toûjours esté suivi en Anjou, comme il se void par l'article 337. & 260.

(*d*) *Ce qu'il auroit eû en frerage*] C'est-à-dire, *en partage.*

(*e*) *Sera conté*] Voyez l'article 305. de la Coûtume de Paris.

(*f*) *Més je vüeil que len esgard par preudhomes*] Dans un manuscrit de Mons.r le Chancelier, il y a, *par deux prud'homes.*

(*g*) *Li seroit comptée en partie*] C'est-à-dire, *en partage*, ou *frerage.*

(*h*) *Et se il avoit trop eû, il leur feroit droit de retour*] Cela est encore pratiqué en Anjou. Et si le donataire renonce à la succession du pere il doit tout rendre, comme il se void par l'article 334. qui suit. *Si le pere ou autre roturier donne à aucun de ses enfans ou heritiers presomptifs, soit en avancement de droit successif, ou autrement, & aprés sa mort ledit enfant ou heritier veüille renoncer à sa succession, il y sera reçeû avant qu'autrement se porter heritier, en rendant à l'Ordonance de Justice, tout ce que sondit pere ou mere, ou autre parent luy ont donné, & faudra qu'il rapporte à la raison de la valeur en quoy estoient lesdites choses données au temps d'iceluy don, toutesfois tel donataire ne sera tenu de rendre les fruits des choses données.*

LOUIS IX. en 1270.

CHAPITRE CXXXIII.

Quel doüere fame coustumiere doit avoir, & où elle en doit pledier, se len li en fet tort.

(*a*) FAme *coustumiere* si a la *moitié de l'heritage* son mari en doüere, (*b*) & doit tenir son *doüere en bon estat,* (*c*) & si doit mettre *la moitié és coustemens,* Et qui li feroit tort de son doüere, elle s'en pourroit bien plaindre (*d*) en *la Court le Roy*, ou en *la Court au Baron*, ou en la Court *de Ste Eglise*, & en est à son chois, & si n'en feroit pas la Cort renduë au Seingnieur en qui terre ce seroit.

NOTES.

(*a*) *Femme coustumiere si a la moitié de l'heritage son mary en doüere*] Suivant l'Ordonance de Philippes Auguste de l'an 1214. Mais dira-t-on puisque Philippe Auguste avoit fixé le doüaire de la femme à la moitié des biens immeubles que le mary avoit au jour des épousailles, & à la moitié de ceux qui luy échoioient pendant le mariage en ligne directe, d'où vient que suivant le chapitre 14. cy-dessus, la femme noble *n'avoit que le tiers en doüaire en la terre son Seigneur.* La raison est dans le chapitre 8. c'est que le noble estant obligé de laisser les deux tiers de sa terre à son aîné, il n'y avoit que le seul tiers dont il pût disposer, & par la mesme raison la femme ne pouvoit avoir que le tiers aux fiefs échûs en tierce foy, ou en tierce main, si la foy avoit esté muée en devoir. Voyez l'article 299 de la Coûtume d'Anjou, & le titre de la Coûtume du Loudunois, *De doüaire de femme coustumiere.*

(*b*) *Et doit tenir son doüaire en bon estat*] Voyez l'article 262. de la Coûtume de Paris, & le 311. de la Coûtume d'Anjou.

(*c*) *Et doit mettre la moitié és coustemens*] Comme aux labours & semences & au payement des charges reelles.

(*d*) *En la Court le Roy &c.*] Voyez les loix de Thibaud Comte de Champagne chapitre 12. & 40. & l'article 313. de la Coûtume d'Anjou. C'est encore icy une exception à la regle, que les *villains ou roturiers sont justiciables de corps & de chastel des Seigneurs dont ils sont levans & couchans, & pour les immeubles, des Seigneurs dans la justice desquels les immeubles sont situez.*

CHAPITRE CXXXIV.

De fere bonnage, ou de fere partie sans Justice.

SE *freres coustumiers* partissoient ensemble, ils pourroient bien *seignier leurs parties de pieus*, ou *de pierre*, sans justice, car il ne porroient mettre *bonnes*, ne ne devroient sans la justice. (*a*) Et se eux i mettoient *bonnes sans justice,*

NOTES.

(*a*) *Et se eux i mettoient bonnes sans justice, eux en feroient l'amende de 60. sols*] La Coûtume d'Anjou article 280. *Frarescheurs qui ont departi la succession à eux advenüe, n'y peuvent mettre ni assoir bornes sans l'autorité de Justice. Bien y peuvent mettre piaux & enseignemens, en attendant que par justice bornes y soient mises, & s'ils y mettent bornes sans appeller justice, ils en feront soixante sols tournois d'amende, laquelle amende appartient aux Seigneurs de la justice fonciere, qui auroit droit d'y mettre, ou faire mettre lesdites bornes, s'il a connu de la matiere. Toutesfois des bournes ostées & arrachées, les bas justiciers n'ont pas la connoissance.* Voyez les Commentateurs sur cet article, Loisel dans ses institutes coûtumieres livre 2. chapitre 2. Regle 28.

Ce Droit n'estoit pas ancienement general par tout le Royaume, car selon Beaumanoir, *Toutes gens qui requierent bonnage le doivent avoir, & bien püent les parties, se elles s'accordent borner sans justice, més que che ne soit pas en divers Seigneurages, où il y ait*

eus en feroient l'amende à la justice de chacune bonne soixante s. Et itiex parties qui sont *seigniées* sans justice, *si ne sont pas estables*, se li quiex que soit (*b*) s'en desdissoit, Més iceles qui sont *fetes & bonnées* pardevant *justice* si sont bien *estables*. Ne nule persone ne doit fere *bonnage sans justice*. Car nus ne se doit *fere justice*, ne *de son deteur (c) ne doit nus prendre sans justice*, se ses detierres ne li bailloit de sa bonne volenté. Més il doit venir à la justice, & requierre droit, & demander. Et que ce soit voir que nus ne se doit fere justice, ne prendre de l'autrui sans justice, ou par le commandement à la justice, selon droit escrit en Digeste el titre des choses qui sont fetes par force, ou par poor en la loy qui commence *Extat enim decretum;* où il escrit de cette matere. Louis IX. en 1270.

NOTES.

plusieurs Seigneurs, car en devise de plusieurs Seigneurs les tenans ne püent borner sans les Seigneurs appeller, chapitre 30. page 151. ligne 13.

Boutiller dans sa Somme livre 1. page 366. à la fin. *S'il avenoit que parties fussent d'accord de mettre & asseoir bournes entr'eux, faire le peuvent sans appeller loy, ne autres, fors voisins.* Chez les Romains les bornes se mettoient aussi d'autorité privée. *Lege 1. & ibi Accursius Cod. Finium regundorum.*

(*b*) *S'en dédisoit*] Dans un manuscrit de Monf.[r] le Chancelier, il y a, *s'en deffendoit*. Dans celuy de M. Joubert, il y a, *s'en discordoit*, & dans le manuscrit de M. Baluze, il y a, *en discordoit*.

(*c*) *Ne nus ne doit prendre sans justice.*] Voyez cy-dessus le chapitre 118. au commencement.

CHAPITRE CXXXV.

D'hons coustumier qui a eü deus fames; ou la fame deus Seignieurs; comment leurs enfans doivent partir.

(*a*) SE aucuns *hons coustumiers* a eu deux fames, li enfant *de chacune des meres* si prendront (*b*) autretant *li uns comme li autres* en la terre de par le pere. Et se l'une des fames avoit eu deux Seignieurs, li enfant si auroient en la terre de par la mere autretant *li uns comme li autres*. Et se ainsi estoit que entre le Seingnieur & la premiere fame, eussent fet achat, *li enfant de la premiere fame si auroient tuit seul la moitié* par la reson de la mere, & l'autre partie si sera *partie* entre les *premiers & les derreniers*, *si que* autretant en aura li un comme li autre, tout ainsi comme nous avons dit devant.

NOTES.

(*a*) *Se aucuns hons coustumiers a eü deux fames*] Ce chapitre est conforme au droit commun. La Coûtume d'Anjou article 267. *Si l'homme Coûtumier a esté plusieurs fois marié & ait enfans de chacune femme, ses enfans succederont à ses heritages & conquets par égales portions. Et au regard des heritages échûs en tierce foy, l'aîné y prendra les deux tiers. Et semblablement est-il des femmes Coûtumieres qui auroient esté plusieurs fois mariées, & de chacun mary auroient eü enfans qui succederoient à l'heritage de leur mere, & conquets &c.*

(*b*) *Autretant li uns comme li autres*] Il faut joindre icy le chapitre 23. cy-dessus qui porte que *si gentilfame prend hons vilain coustumier li enfant qui istront d'eux deux si auront el sié devers la mere autretant li uns comme li autres, se il n'y a foy à faire. Et se il y a foy à faire li aîné la fera & aura li hebergement.*

Louis IX. en 1270.

CHAPITRE CXXXVI.

De achat entre home & fame comment eus le doivent tenir.

SE un home, ou une fame, *achetoient terre ensemble* (*a*) cil qui plus vit, *si tient sa vie* les *achas*. Et quand ils seront morts (*b*) *ambedui*, si retorneront si achat l'une moitié au lignage devers l'home, & l'autre moitié au lignage devers la fame.

NOTES.

(*a*) *Cil qui plus vit, si tient sa vie les achats*] Dans un mſ. de Monſ.r le Chancelier & dans celuy de M. Joubert, il y a, *Si tient sa vie & les achats*. La Coûtume d'Anjou article 283. *Le survivant de deux conjoins par mariage.* Liberis existentibus, *aura les conquets, moitié en proprieté, moitié en usufruit, tant qu'il sera en viduité, à la charge de nourrir & entretenir les enfans mineurs, tant qu'il soient en âge. Et si ledit survivant se remarie, lesdits acquets se departiront entre iceluy survivant & les heritiers du premier decedé, ou leur representation en ligne directe, & s'il n'y a aucuns enfans ledit survivant aura tous les acquets, moitié en proprieté, & l'autre en usufruit.*

Article 288. *Aucuns lieux sont ausdits pays esquels les acquets se divisent entre le survivant & les heritiers du premier decedé desdits conjoints par mariage, sans que ledit survivant ait droit de les tenir pour le tout par usufruit, comme en la chastellenie de Vendosme.* Voyez les Commentateurs sur ces articles.

(*b*) *Ambedui*] L'un & l'autre, tous deux.

CHAPITRE CXXXVII.

De Bail en vilenage.

NUL home *coustumier n'a baillie d'autrui enfant*, se en une maniere non, que je vous dirai. (*a*) Que se uns hons & une fame moroient, (*b*) *cil qui doit avoir le retor de la terre*, si porroit bien tenir les enfans tant qu'ils porroient *aler à un de leurs autres amis*, se il leur *grée miex*, ou à un autre estrange; il iroient bien se eux voloient, & eux & leurs terres, & cil à qui eux seront alé, *si doivent tenir les choses en bon estat* : & se euls ne le fesoient, ils seroient tenus à l'amender, quand ils seroient partis de lui : (*c*) més il *ne rendroit nules des issues de la terre*, *de* tant comme il auroit esté el lieu, & ainsi *n'a nul hons coustumier Bail* d'enfant, se ce n'est son pere, ou sa mere, puisque il set dire auquel il li plest miex d'aler de ses amis.

NOTES.

(*a*) *Que se uns home & une femme*] Il y a ainsi dans le manuscrit de M. Joubert & dans celuy de M. Baluze. Dans celuy de Monſ.r le Chancelier, il y a, *un homme, ou une femme*.

(*b*) *Cil qui doit avoir le retor de la terre, si porroit bien tenir les enfans*] Cil qui doit avoir le retour de la terre, est l'heritier *ab intestat*. Et cependant il est decidé dans le chapitre 117. cy-dessus, que cil qui ont le retour de la terre, ne doivent pas avoir la garde des enfans, *car souspeçons est que il ne vousissent plus la mort des enfans, que la vie pour la terre qui leur escharroit.* Il semble que ces loix ayent fait moins d'attention à la vie des mineurs roturiers, qu'à celle des gentilshomes. Voyez l'article 89. de la Coûtume d'Anjou.

(*c*) *Més il ne rendroit nulle des issues de la terre*] Il n'en estoit pas de mesme du mineur gentilhome, car selon le chapitre 117. celuy qui avoit la garde de sa personne, ne devoit avoir de sa terre que ce qu'il en falloit pour sa nourriture. Voyez le chapitre 18. du livre 2. à la fin.

CHAPITRE

LOUIS IX, en 1270.

CHAPITRE CXXXVIII.

D'hons coustumier qui fausse jugement.

(a) NUs hons coustumier ne püet jugement fere froissier, ne contredire. Et se ses Sires li avoit fet bon jugement, & loial, & demandast *amendement* de jugement, il feroit au Seigneur amende de sa loy v. s. ou vi. s. & demy, selon la coustume de la chastelerie. Et se il avoit dit à son Seigneur, *Vous m'avez fet faus jugement*, & le jugement fust bons & loiaus, il feroit au Seigneur 60. sols d'amende, (b) & à tous ceux qui auroient esté au jugement qui seroient Gentilhons, ou qui auroient fié. Et si feroit à la Justice l'amende de sa loy.

NOTES.

(a) *Nus hons coustumier ne püet jugement fere froissier, ne contredire*] Dans un manuscrit de Monsr le Chancelier & dans celuy de M. Joubert, il y a, *Nus homs coustumiers ne püent jugement faire, ne fausser ne contredire.*

(b) *Et à tous ceux qui auroient esté au jugement fere*] Il y a ainsi dans un manuscrit de Monsr le Chancelier & dans celuy de M. Joubert, mais tous ces mots manquent dans celuy de M. Baluze. Voyez Beaumanoir chapitre 67. page 338. ligne 7. & chapitre 61. page 312. ligne 17.

Anciennement nul homme coustumier, ou villain ne pouvoit faire jugement, car dans les lieux où la Justice se rendoit par Pairs, il falloit necessairement estre Pair pour estre Juge, & où elle se rendoit par Baillis, les coûtumiers ne le pouvoient encore estre, parce que les Baillis ne devoient appeller que des gentilshomes, ou des homes francs, c'est-à-dire, des Seigneurs de fief, & quelquesfois des bourgeois, comme l'on void dans Beaumanoir chapitre 67. page 339. vers le milieu. Mais dans les lieux où les cottiers estoient jugez par leurs Pairs, ce qui est dit icy n'avoit pas lieu. Voyez ce que j'ay remarqué sur Loisel livre 4. titre 3. Regle 14. page 121.

Le Coûtumier ou le villain ne pouvoit aussi se pourvoir contre le jugement de son Seigneur *par amandement*, de la maniere qu'on l'a expliqué sur le chapitre 80. quand mesme le jugement de son Seigneur n'auroit pas esté bon, car comme dit Des Fontaines dans son conseil chap. 21. art. 8. *N'a-t-il entre toi Seigneur & ton villain Juge, fors Dieu.* Comme le villain ne pouvoit demander amendement il pouvoit encore moins fausser le jugement de son Seigneur, quoyque mauvais, puisque *fausser* estoit plus que demander *amendement*, comme on l'a fait voir sur le chapitre 80. & ainsi quand il avoit eû l'audace de dire à son Seigneur *Vous m'avez fait faux jugement*, si le jugement estoit bon, il en faisoit amende, & aux gentilshommes, & aux hommes de fief qui avoient esté au jugement. Mais il y avoit des pays où les hommes Coûtumiers & villains pouvoient fausser, comme on peut voir dans le chapitre 22. du conseil de Des Fontaines article 7. & dans Beaumanoir chapitre 61. page 312. au commencement. Quant à l'appellation elle n'estoit pas anciennement en usage en Cour laie, & n'a commencé d'estre reçëue que dans le temps de ces Establissemens, ainsi que nous l'apprenons du chapitre 80. cy-dessus au commencement, & du chapitre 15. du livre 2. De-là vient qu'anciennement le Parlement ne tenoit qu'environ quatre fois l'an. Mais depuis que les appellations ont esté introduites, l'usage en est devenu si frequent que l'on a esté obligé de rendre cette Compagnie sedentaire & continuelle, & mesme d'en creer plusieurs, qui à peine suffisent pour terminer à present toutes les affaires qui y sont portées.

CHAPITRE CXXXIX.

De parties fetes entre enfans coustumiers.

SE aucun hons qui *avoit müebles*, prenoit une fame qui *n'avoit riens*, & il morust, tout n'eust-il hoir, si auroit la fame, *la moitié des müebles*. Et si une fame bien riche prenoit un hom poure, & ele morust, si auroit-il *la moitié des müebles*. Et ainsi püet len entendre que li *müebles sont commun*.

LOUIS IX. en 1270.

(*a*) Et se il avenoit que la riche fame, qui auroit eû le poure hom, reprist Seigneur, & ils eussent hoir, & il se morust, & la mere & li enfant du premier & du derrenier vousissent *partir les müebles* qu'ils auroient trouvés en estant, fussent oes, ou bestes, ou busches qui fussent du temps au premier Seignieur, il i auroient *la moitié* tuit seul, & *l'autre* par la *reson de la mere,* si seroit *partie entre les premiers & les derreniers:* & en cette maniere aura li enfés la moitié des müebles, & l'autre partie si sera partie entre les premiers, & les derreniers par la reson de la mere, si come nous avons dit dessus. (*b*) Més li *gaaignages des terres sera communs,* pour ce que ils l'auront gaaigné ensemble, & contera len, & autant en aura li uns come li autres. Et ensemble seront partis entre les premiers & les derreniers li müebles que la mere avoit conquesté puis la mort au pere, & avec le derrenier Seigneur, (*c*) & tout autant en aura li uns comme li autres.

NOTES.

(*a*) *Et se il avenoit que la riche femme &c.*] Une femme riche épouse un homme qui ne l'est pas, & elle en a un enfant. Cet homme meurt, la femme passe en secondes & a plusieurs enfans de son second lict. Les meubles de cette femme ayant esté communs entre elle & son premier mary, l'enfant du premier lict en aura la moitié comme heritier de son pere, & dans l'autre moitié il aura sa part comme heritier de sa mere, avec ses freres du second lict. Il n'y a là aucune difficulté.

(*b*) *Mais li gaaignages des terres sera communs, pour ce que il l'auront gaagné ensemble, & autant en aura li uns comme li autres &c.*] Pendant que cette femme riche estoit avec son premier mary, ses terres ont esté *gaagnées,* c'est-à-dire, *labourées,* comme il est bien dit dans le chapitre 134. de l'ancienne Coûtume d'Anjou glosée, à qui appartiendront les *gagnages!* c'est-àdire, les fruits qui estoient en terre, ou pendans par les racines dans le temps du decedS du premier mary, ou s'il y a un Fermier, à qui appartiendra l'année düe à cause de ces fruits. Il semble qu'ils devoient estre partagez comme les meubles, & que l'enfant du premier lict devoit en avoir une moitié, & la mere l'autre moitié, mais comme ces fruits sont partie du fond, il faut dire qu'ils appartiendront à la mere seule, & que si cette année est encore düe à son decedS par le Fermier, elle sera commune à tous ses enfans & divisée entre eux par testes, ce qu'il faut entendre, en rendant à l'enfant du premier lict la moitié des labours & semences, comme il est decidé par l'article 231. de la Coûtume de Paris.

(*c*) *Autant en aura li un comme li autre*] Dans la succession de la mere.

CHAPITRE CXL.

De frerages de sous enfans.

SE il avient que *uns hons coustumier ait enfans,* & il i en ait de *sages* & de *bien gaaignans,* & il i eust un *fol, &* (*a*) *taverniers, & jöueur de dez,* qui s'en fust alés par le païs, & li peres se morust, *& li fox l'oist dire,* & il *revenist* (*b*) *freragier,* il auroit *autant és müebles,* & en la *terre,* comme un des autres freres, & en auroit autant par droit, comme cil qui les auroit aidiés (*c*) à gaaignier, & tot aussint une des *suers,* se ele s'en estoit alée (*d*) en *meschinnage,* ou en autre leu

NOTES.

(*a*) *Taverniers*] Il y a ainsi dans le manuscrit de M. Baluze, dans celuy de Monsr le Chancelier & dans celuy de M. Joubert, il y a, *Taverneret.*

(*b*) *Freragier*] Partager.

(*c*) *A gaaigner*] Voyez la note sur le chapitre precedent letre (*b*).

(*d*) *En meschinnage*] Dans le chapitre 38. de la Coûtume du Haynaut & dans l'article 113. de la Coûtume de l'Isle, *meschine* est une servante. Originairement *meschin* & *meschine* signifioient un jeune garçon & une jeune fille. Et comme de *vaer* qui signifioit un homme, on a fait *varlet* pour signifier un jenne homme, & ensuite un *valet,* on a aussi employé *meschin* & *meschine,* pour signifier un *valet* & une *servante.* Et parce que les servantes ne sont pas toûjours de bonnes mœurs & vont

ailleurs (*e*) pour soi joüer, si freragcroit elle par droit avec les autres freres, come li fous.

NOTES.

souvent de maisons en maisons, les mots *meschin* & *meschine* ont esté pris quelquefois en mauvaise part. Mais icy *aller en meschinnage* n'est autre chose que *quitter la maison de son pere ou de sa mere pour se mettre en service.*

(*e*) *Pour soy joüer*] C'est-à-dire, pour son plaisir. Dans le manuscrit de M. Baluze, il y a, *pour son joüer*, & dans l'article 135. de la Coûtume d'Anjou glosée, il y a, *pour faire sa volonté.*

Ce qui est decidé dans ce chapitre est une suite de la puissance paternelle qui avoit lieu à Paris dans le temps de ces Establissemens, comme on l'a déja prouvé par l'autheur du grand Coûtumier livre 2. chapitre 40. page 264. 265. Cependant plusieurs Commentateurs du droit Romain tiennent qu'il y a des cas, ou le fils de famille bon menager, ne seroit pas obligé de communiquer à ses freres fols & dissipateurs, les profits qu'il auroit faits, ce qui est traité par *Paschalius. De viribus patriæ potestatis*, partie premiere chapitre 3. n. 11. 12. & 13. page 35.

CHAPITRE CXLI.

D'hons qui fet amendement en l'heritage de sa femme.

(*a*) SE aucuns *Gentishons*, ou *coustumiers*, avoit prise *fame*, & il eust fet en la terre sa fame *bonnes mesons*, ou *vignes plantées*, & sa fame *mouroit sans hoir*, li amendement que il auroit fet en la terre sa femme *remaindroient au lignage* à la femme, ne jà li lignage à la fame ne len seroit retour. Itant gaaigne qui met amendement en autrui heritage.

NOTES.

(*a*) *Se aucun &c.*] On a remarqué en plusieurs endroits, que suivant nos usages, les femmes n'ont point de Dot, ce qui a esté tres bien remarqué par *Curtius tom. 1. conjectur. lib. 1. tit. 39.* & par Dargentré sur l'article 419. de l'ancienne Coûtume de Bretagne, glose premiere, nombre 2. dont les paroles ne peuvent trop estre rapportées. *Tibi domum reverso, & pulveri assuescenti multa dediscenda sunt nam jure patrio nulla nobis Dos, ut illo quidam jure, constituta nulla dotis jura, nullus fundus dotalis, nulla lex Julia, nulla usucapiendi inhabilitas &c.*

Le mary parmi nous est Bail, ou gardien de sa femme, & c'est en cette qualité qu'il fait les fruits siens de tous les fonds qu'elle possede, comme le baillistre ou le gardien fait, les fruits siens des Immeubles de son mineur. Or si le gardien s'avisoit de bâtir sans necessité sur le fond de son mineur, le gardien perdroit les augmentations qu'il auroit faites ainsi, & ne pourroit esperer que de remporter ses materiaux, en restablissant les lieux, & par consequent ce chapitre a decidé avec quelque raison qu'il en devoit estre de mesme à l'égard du mary. *Vide tamen legem 3. & 8. Dig. De Impensis in res dotales factis.* Et le Brun de la Communauté livre 3. chapitre 2. distinction 7. page 371.

CHAPITRE CXLII.

D'age d'home coustumier.

(*a*) HOme *coustumier* si est bien aagé quand il a passé *quinze ans* d'avoir sa terre, (*b*) & de tenir de service de Seigneur, & de *porter garantise.*

NOTES.

(*a*) *Homme coustumier si est bien âgé quand il a passé quinze ans d'avoir sa terre*] Tel estoit l'ancien usage de la France & de l'Angleterre. Fleta lib. 1. cap. 11. §. 7. *Heres burgensis, quam citius discretionem habet denarios numerandi, pannos ulnandi & hujus-*

LOUIS IX. en 1270.

(c) Més il n'est pas en aage de soy *combatre devant* que il ait *vingt-un an*, (d) se il ne le voloit de son gré.

NOTES.

modi. plenam ætatem dicitur obtinere & tunc primo finitur tutela. Vide Covvellum lib. 1. *Instit. juris Anglicani tit. 22. in principio.*

Des Mares decision 249. *Enfans de poote sont âgez à quatorze ans*, puisqu'ils sont mâles, & les pucelles sont âgées *à douze ans* &c. Mais aujourd'huy ces majeurs sont restituez comme mineurs. Voyez Du Pineau sur l'article 444. de la Coûtume d'Anjou.

(b) Et de tenir de service de Seigneur] Cecy doit estre entendu du service des terres en roture. Car à l'égard des fiefs, le roturier estoit comme les nobles, qui ne pouvoient tenir leurs terres avant vingt-un an, comme il est dit au commencement du chapitre 73. cy-dessus, ce qui est bien expliqué par l'article 444. de la Coûtume d'Anjou qu'il est bon de rapporter, *Et est assavoir que le mâle noble n'est aagé que jusques* à vingt ans *accomplis, & la fille* à quatorze ans. *Mais enfans coustumiers, soient fils ou filles, sont aagez à* quatorze ans, *& sont habiles à la poursuite de leurs droits, posé que le coustumier ne soit aagé à tenir sa terre* tenüe à foy plustost que le noble, *comme dit est cy-devant, & vaut, & tient contract fait avec iceux coustumiers, aagez à* quatorze ans *entant que touchent leurs meubles seulement, & pourtant que touchent les contraux portant alienation des choses heritaux, ils ne sont valables, sans l'autorité de Justice, jusques à ce qu'ils ayent* vingt ans *comme les nobles.* Voyez Loisel dans ses Institutes livre premier titre 1. Regle 34. avec ma note.

(c) Més il n'est pas en aage de soy combatre devant qu'il ait vingt-un an &c.] Ainsi celuy qui estoit proprietaire d'un fief, qui obligeoit au service des armes, ne pouvoit le desservir à cet âge, & il n'estoit pas obligé de combattre quand il estoit appellé en duel. Dans quelques lieux il estoit pourtant admis au combat aprés quinze ans. *Cil qui appelle, ou est appellés dessous l'aage de quinze ans,* dit Beaumanoir, *(püet mettre en voir, qu'il n'i a point d'appel) car male chose seroit de souffrir enfans en gage, devant que il ayent âge par quoy il doivent connoistre le peril qui est en gage, & en mout de pays, il convient plus d'age. Et par nostre coustume crois-je qu'il auroit avoüé, jusques à tant que il aroient vingt ans,* page 313. 314.

(d) Se il ne le voloit] Sçavoir soi combatre en gage de bataille, car il n'estoit pas en son pouvoir de desservir son fief, ni de sortir de Bail, avant l'âge.

CHAPITRE CXLIII.

(a) D'hons coustumier qui acquiert frerage.

(b) SE aucuns hons *coustumier conqueroit*, ou achetoit chose qui feist à *metre homage (c)* ou il *porchase* envers son Seingnieur comment il le *meve en foy, ou en homage* en tous ses heritaiges, ou une partie, en tele foy, comme est la chose qui seroit *pourchaciée*, si auroit *autant li uns comme li autres des en-*

NOTES.

(a) D'hons coustumier qui acquiert frerage] Il y a ainsi dans le mf. de M. Joubert, mais mal, car on ne sçait ce que c'est qu'acquerir *frerage* ou *partage*. Dans un manuscrit de Monf.r le Chancelier il y a mieux, *De foi en villenage*, & dans celuy de M. Baluze, *d'home coustumier qui acquiert franchise.*

(b) Se aucuns hons] La premiere partie de ce chapitre, est ce semble, de celuy qui prend d'un Seigneur un fond à titre d'infeodation. Mais dans les manuscrits de Monf.r le Chancelier & dans celuy de M. Baluze, il y a, ensuite *achetoit chose qui feist à autre homage.*

(c) Ou il pourchasse envers son Seigneur, comment il le mette en foy &c.] *Pourchasser*, est *poursuivre, solliciter, traiter.* Beaumanoir chap. 45. page 253. *Bonne chose est à chaux qui vüellent* pourchacier *franchise de leur servitude, que il facent confirmer leur franchise par le Souverain de qui leur Seigneur tient &c.* Littleton chapitre 1. n. 1. *Si un home vüel pourchaser terres, ou tenemens en Fée simple, il convient de avoir ceux parols en son* purchase, *à aver* & tenir, à luy & à ses heirs, *car ceux parols* & ses heirs *font l'estate d'enheritance &c.*

Quand donc un homme coustumier est nouvellement investi d'un fief, ou parce qu'il l'a acquis de son Seigneur, ou parce qu'il a fait *fans*,

fans, (*d*) fors li aisné, qui feroit la foi si auroit la moitié selon la grandeur de la chose, & pour faire la foy, & *pour* (*e*) *garir les autres en parage*. Et tout ainsi *departira toûjours més* (*f*) *jusques en la tierce foy*, & d'ileques en avant si aura l'aisné (*g*) les deux parties, & se departira toûjours més gentiment.

LOUIS IX. en 1270.

NOTES.

convertir sa roture en fief, ce fief se partage également entre ses enfans.

(*d*) *Fors que li aîné qui feroit la foy, si auroit la moitié*] Il y a faute icy, & dans un manuscrit de Monsf.r le Chancelier. Dans celuy de M. Baluze & dans celuy de M. Joubert, il y a mieux, *si auroit l'avantage*. Et en cela l'aîné roturier estoit comme la fille aînée noble, qui garantissoit ses sœurs sous son homage. Voyez cy-dessus le chapitre 10. & ce que j'y ay observé.

(*e*) *Garir*] Garantir.

(*f*) *Jusques à la tierce foy*] La raison est qu'à la tierce foy, les roturiers proprietaires de fiefs estoient considerez comme nobles, ce qu'on a déja justifié par l'autorité qui suit du Poggio *De nobilitate*, qui ne peut trop estre rapportée, *Mercatorum, aut quorumvis opificum filii*, qui divitiis præstant, aut empto prædio rus se conferunt, *urbe relictâ, atque ejus fructu contenti* seminobiles *evadunt*, suisque posteris nobilitatem præbent, *aut famulantes Principibus, aliquo prædio collato, prò nobilibus honorantur. Ita plus illis rura & nemus conferunt, quàm urbes, atque otia quàm negotia, ad consequendam nobilitatem &c.* Voyez Bouteiller dans sa Somme livre 2. titre 1. page 654. ligne 27.

(*g*) *Les deux parties*] Voyez la Coûtume d'Anjou article 255. 256. & celle du Loudunois chapitre *De succession de Coûtumier* article 5.

CHAPITRE CXLIV.

D'hons coustumier qui trenche chemin qui doit paage, ou qui vend à fausse mesure.

(*a*) HOns *coustumier* (*b*) *qui trespasse chemin* qui *doit paage*, il en paie *soixante sols d'amende* à celuy à qui est li chemins. Et tout ainsi se len trüeve (*c*) fausse mesure de seur lui, se il vend, ou achate.

NOTES.

(*a*) *Hons coustumier*] Voyez le chapitre 58. au commencement, le 95. avec les notes, & l'article 54. & 55. de la Coûtume d'Anjou.

(*b*) *Qui trepasse chemin qui doit peage*] Voyez l'article 50. & 51. de la Coûtume d'Anjou, & la Coûtume du Loudunois au titre *Des Peages*, article 1.

(*c*) *Fausse mesure*] Voyez le chap. 146. & le 50.

CHAPITRE CXLV.

De Marcheant qui trespasse peage.

SE un marcheant trespasse (*a*) paage sans paier son paage, & li paagieres le prend, & li dit, *Vous vous en alés sans paier vostre paage, nous volons que vous nous en facez droit, & que vous nous en gagiés l'amende*. Et cil die en tele maniere, *Sire, je ne savoie mie que je deusse ici endroit point de paage, & en feré ce que je devré*. Et ainsi len li püet *esgarder* que (*b*) se il ose *jurer seur sains*, que il ne

NOTES.

(*a*) *Paage*] Voyez cy-dessus le chapitre 60. & ce que j'y ay remarqué.

(*b*) *S'il ose jurer*] La Coûtume d'Anjou article 50. *S'aucun marchand forain trepasse par les branchieres d'aucune coustumerie par la terre des Comtes Vicomte, Baron ou Sei-*

LOUIS IX. en 1270.

savoit que il i *eust point de paage*, il en fera le gage de sa loy, & si rendra le paage, & à itant sera quites. Et se il ne l'ose jurer, il en paiera soixante s. au paageur. Més *marcheant* qui va par yaüe *(c)* & meine *chalant*, se il s'emble du paage par aucun passage, & len le prouvoit, il en perd son *chalant*, *(d)* & ce qui est dedens.

NOTES.

gneur chastelain sans acquitter sa denrée, s'il ignore l'acquit, pourvû qu'autrefois n'y ait passé, il sera reçeû à le jurer par serment, & en sera la loy d'amende de dix sols tournois, & s'il ne l'ose jurer il en payera soixante sols d'amende. Voyez l'article suivant. Aujourd'huy il n'y a plus lieu à ces sermens, parce que les Seigneurs qui ont de tels Droits doivent avoir des pancartes affichées, en sorte que personne ne peut ignorer ces sortes de Coûtumes. Voyez l'Ordonance de Charles IX. de l'an 1560. celle d'Henry III. de 1549. articles 138. & 282. & la Conference des Ordonances livre 4. titre 12.

(*c*) *Et meine chalant*] Le chaland est un bateau, d'où le pain qui vient sur l'eau a esté nommé *pain chaland*, comme l'a remarqué M. Du Cange dans ses notes sur Joinville page 71. vers la fin. Ceux qui achetoient de ces pains estoient nommez des chalands, les Marchands ont donné ensuite ce nom à tous ceux qui leur achetoient. Et de-là vient que l'on dit encore une *boutique achalandée.*

(*d*) *Et ce qui est dedans*] La Coûtume d'Anjou glosée adjoûte, *ou cas toutesfois que l'on pourroit arrester le chalant au lieu accoûtumé à payer le peage.* Et suivant l'article 54 de la Coûtume d'Anjou, *Si le Marchand retourne par la coustumerie qu'il a outrepassée, le Seigneur d'icelle le peut contraindre à payer soixante sols d'amende & la Coûtume, sans confiscation, parce qu'il n'a plus les denrées &c.*

CHAPITRE CXLVI.

De Marcheans qui portent fausses mesures, ou faus dras.

(*a*) MArcheant qui porte *fausses mesures* & il en est provés, (*b*) il en paie soixante s. (*c*) Et qui porte *faus dras* à vendre, & il en est provés par les Marcheans drapiers, qui bien auront cognu que li dras seront faus par leur serement, la Justice doit faire les *dras ardoir* à veüe & à seüe d'autres gens, & si paiera cil que les aura apportés soixante s. d'amende à la Justice. Et se il estoit prouvé que li meismes eust fet les dras qu'il auroit apportés, (*d*) il en *perdroit le poing* par droit, pource qu'il auroit ouvré comme faus & comme lierres.

NOTES.

(*a*) *Marcheand qui porte fausse mesure*] Dans le chapitre 141. de l'anciene Coûtume d'Anjou glosée, il y a, *fausse aulne.* Voyez le chapitre 144. cy-dessus.

(*b*) *Il en paye soixante sols*] L'art. 173. de la Coûtume d'Anjou dit *qu'il sera puni d'amende arbitraire.* Sic Jure *Romano in Dardanios propter falsum mensurarium modum ob utilitatem popularis annonæ, pro modo admissi extra ordinem vindicari placuit. Lege 37. D. de Pœnis.* Vide Cujacium *lib. 8. observationum cap. 33. ubi agit de Judiciorum quæ ex delictis nascuntur differentiâ, Leg.* Jubemus C. *De Defensoribus civitatum, Legem* Modios *Cod. De susceptoribus, Novellam* 128. cap. 13. Chassaneum *in Cons. Burgundiæ tit. De confiscat. §. 1. gloss. 1. v. 56.* & la Conference des Ordonances livre 1. titre 13. de la Police generale article 31. & l'article 146. de l'Ordonance d'Orleans.

(*c*) *Et qui porte faux Draps à vendre &c.*] L'article 137. de la Coûtume d'Anjou peut servir à faire entendre ce chapitre. *Tous vendeurs de Draps en detail, les auneront par le fest, à peine d'amende arbitraire. Et s'il est trouvé que* les Texiers y fassent fraude en faisant le Drap plus long par le fest que par les lisieres, *ils en seront punis, & ceux qui seront trouvez participans, par amende arbitraire &c.* Joignez l'anciene Coûtume de Tours au titre *Des Droits du Seigneur chastellain*, articles 8. 9. 10. 11. & 12. qui contiennent plusieurs reglemens touchant les Draps, & l'article 8. de celle du Poitou.

(*d*) *Il en perdroit le poing par droit*] Vide *Jacobum de Ardisone, parte 4. secundæ principalis, capite 153. pagina 245. editionis Colon. an. 1569.*

LOUIS IX. en 1270.

CHAPITRE CXLVII.

De response de fame.

(a) NUle *fame* n'a *response (b) en Cour laie*, puisque ele a Seigneur, se ce n'est du *fet de son corps*. Més qu'il l'auroit *batüe*, (c) ou dit *folie*, ou autre desloiauté, en tele maniere *elle a response* sans son Seigneur (d) ou se ele estoit *marchande, ele auroit bien la response des choses que ele auroit bailliés de sa marchandise & autrement non*, selon droit escrit en la Digeste vielle, el titre *Des ruiles de droit*, en la l. *Fœminæ à publicis judiciis*. Car fame si est ostée à tous offices.

NOTES.

(a) *Nulle femme n'a répons en Cour laie &c.*] C'est de-là que la Coûtume d'Anjou a statué par l'article 510. que *Femme mariée est en la puissance de son mary, & ne peut contracter des biens de la Communité, ne autres, sans l'autorité de sondit mary, sinon qu'elle soit marchande publique, & que ce soit du fait de la marchandise, & sauf par testament.* Voyez les Institutes coustumieres de Loisel livre 1. titre 1. avec ma note.

La *response* est opposée ordinairement à la *voix*. Et comme *avoir voix* en Cour, est y avoir action, il s'ensuit qu'y *avoir response*, est y pouvoir estre pour s'y deffendre. Mais Icy la *response* est la mesme chose que la *voix*.

(b) *En Cour laie*] De-là il s'ensuit que la femme pouvoit agir en Cour Ecclesiastique sans l'autorité de son mary, & tel estoit l'usage du temps de Jean Faure, comme il le remarque dans son Commentaire sur la loy premiere *Cod. De Bonis maternis num. 3.* en ces termes. *Quid de muliere, quæ est in potestate viri, & agere non potest sine auctoritate viri de consuetudine fori sæcularis. Videtur quod ei currat tempus, & maxime ex quo possit agere in curiâ Ecclesiasticâ quæ non utitur illis consuetudinibus &c.* Mais Du Molin a soustenu que la femme en puissance de mary devoit estre autorisée dans l'une & l'autre Cour, car sur l'art. de la Coûtume de Paris qui porte que *Femme ne peut ester en jugement*, il a mis pour note, *nec in civili, nec in Ecclesiastico foro, quamvis Joannes Faber dixerit contrarium, ad tit. cod. De bonis maternis.*

(c) *Ou dit folie*] Vide *Legem 15. Dig. de Injuriis. §. Si quis virginis.* Beaumanoir chapitre 30. *Des meffects*, page 550. & le chapitre 148. cy-aprés. La femme dans ce cas pouvoit agir sans auctorisation, mais aujourd'huy il faut qu'elle soit autorisée. Voyez Riccard sur l'article 135. de la Coûtume de Paris.

(d) *Ou si elle estoit marchande.*] Voyez l'article 510. de la Coûtume d'Anjou & le 135. de celle de Paris avec les Commentaires.

CHAPITRE CXLVIII.

D'appeller home ou fame de folie desleal.

(a) SE aucuns apele un autre *faus*, ou *larron*, ou *murtrier*, ou (b) *punais*, ou d'aucune autre folie vilene, ou desloial, & cil qui seroit ainsi apelés s'en

NOTES.

(a) *Se aucuns appelle un autre faus, ou larron, ou murtrier ou punais &c.*] La loy salique dans le chapitre 32. a une pareille disposition. *Si quis alterum cenitum*, (c'est-à-dire, *Borgne*, selon M. Pithou, ou homme *de neant* selon Vandelin) *clamaverit, sexentis denariis, qui faciunt solidos quindecim culpabilis judicetur. Si quis alterum concagatum*, c'est-à-dire, *breneus* selon M. Pithou, *clamaverit, centum viginti denariis culpabilis judicetur. Si quis alterum falsatorem clamaverit & non potuerit comprobare sexcentis denariis, qui faciunt solidos 15. culpabilis judicetur &c.*

(b) *Punais*] Il y a ainsi dans le manuscrit

LOUIS IX. en 1270.

pleinsist à la Justice, & doit dire en tele maniere, *Sire, il m'a apelé desleal ou larron, à veüe & seüe de moy & de gens, si vüel que vous m'en facez droit.* Et se li autre dit, *Je m'en deffens, & en feré ce que je devré,* si püet l'en esgarder qu'il jüerra seur sains de sa main que il ne li aura pas dit la folie, & à itant s'en passera. Et se il n'ose fere le serement, *(c)* il en paiera v. s. à la Justice d'amende, & v. s. 1. den. au pleintif. Et tout ainsi qui apeleroit une femme *(d) putain, ou larronesse* ou d'aucune folie desloial si le s'en plaignoit, si li en feroit len le droit, si come nous avons dit dessus. *(e)* Et se aucuns appelloit un autre de folie desloial, & ne deist pas, que ce fust à veüe & à seüe de luy, ou se il ne trouvoit garand de la querele, ou lequel que ce soit de ces deux choses, *(f)* il n'en auroit ja response, & seroient li garant oi tantost, s'il estoient en la Cort, & s'il n'i estoient, si seroient nommé & vanroient au terme qui leur seroit nommez. Et se il garantissent que il eussent oie la folie desloyal, & cil s'en deffendist vers luy, & vers ses garants, adonc porroit len esgarder, qu'il jureroient sor sainz, qu'il ne li auroit pas dite la folie, que cil li mettroit sus einsi com li garant ont garanti, & par itant sera quittes. Et se il n'ose jurer, il paiera v. sols d'amende à la joustice & v. s. 1. den. au plaintif, si com nous avons dit cy-dessus.

NOTES.

de M. Joubert, dans celuy de Monf.r le Chancelier, il y a, *punés,* & dans celuy de M. Baluze, *punaiz.* Voyez M. Menage dans son Dictionaire Etymologique, & M. de Marca dans son histoire de Bearn chapitre 16. nombre 6.

(*c*) *Il en paiera cinq sols à la Justice d'amende & cinq sols un denier au plaintif]* Beaumanoir chapitre 30. *De plusieurs meffects* page 150. *Autre maniere de meffez sont si comme de lais dits. Or veon doncques si uns hons dit villenie à autruy & s'il s'en plaint à qui le vilenie est dite.* L'amende est de cinq sols, s'il est home de pooste, & s'il est gentilhomme l'amende est de dix livres. *Et encore di-je si un homme dit villenie à un vaillant homme, que il ait peine de prison, si que par la peine de la prison li musart en soit chastié.*

(d) P.....] Lex Salica tit. 32. art. 5. *Si quæ mulier ingenua, aut vir mulierem meretricem clamaverit, & non potuerit approbare, mille octingentis denariis, qui faciunt solidos quadraginta quinque, culpabilis judicetur.* Les loix de Thibaud Comte de Champagne. *Encor use len en Champagne, que si uns hons, ou une femme appelle une autre femme Putien, par derriere Justice, qui ne soit pas mariée, & la femme s'en plaint, & il soit connu, ou prouvé: Ou elle dit mauvaise, & ne dist dequoi, elle devroit cinq sols d'amende, & l'escondit à la femme. Et cil avenoit que la femme à qui len diroit le lait, eut mary, & en li disoit putien, le mary present,* cette amende chiet *à la volonté du Seigneur, jusques à soixante sols.* Art. 45.

(*e*) *Et se aucuns]* Ce qui suit est dans un manuscrit de Monf.r le Chancelier & dans celuy de M. Joubert.

(*f*) *Il n'en auroit ja reponse]* Un manuscrit de Monf.r le Chancelier, adjoûte en cet endroit. *Et se il disoit que ce fust à vüe & à seüe de li, & treffit bons garans avant, si seroient le garant ois &c.*

CHAPITRE CXLIX.

D'hons qui met main à son Seigneur par mal despit, ou qui bat son Serjant.

(*a*) HOns coustumiers, qui *met main* à son Seigneur par mal despit, (*b*) pour qu'il soit Gentishons, il *perd le poing,* si ses Sires ne l'avoit feru avant,

NOTES.

(*a*) *Hons coustumiers qui met main à son Seigneur par mal despit &c.]* Dans le chapitre 48. il est traité du gentilhomme qui met main à son Seigneur par mal dépit, avant que son Seigneur l'ait levée sur luy, & il y est dit que le gentilhomme perd son fief. Icy il est traité de l'homme coûtumier, & nous apprenons que quand il levoit par mal dépit la main sur son Seigneur, il estoit puni de la perte du poing, si le Seigneur ne l'avoit pas frappé le premier.

(*b*) *Pour qu'il soit gentilhons]* Quand & se il

& se il bat le Prevost son Seigneur, ou (c) son Serjant de son ostel qui porte les clés, il en paiëra à la Justice soixante s. d'amende, & à celuy son dommage à sa prüeve. LOUIS IX. en 1270.

NOTES.

mesme il n'auroit esté gentilhomme que par sa mere. Voyez l'article 117. cy-dessus avec la note que l'on y a faite. Mais dira-t-on quand le roturier demeuroit sur son fiés, n'en joüissoit-il pas de la franchise! & ainsi ne devoit-il pas à cet égard estre traité comme gentilhomme. Il faut répondre que le roturier qui demeuroit sur son fief n'en joüissoit de la franchise qu'à l'égard des semonces qui luy estoient faites par son Seigneur, & autres cas semblables. Voyez Des Fontaines dans son conseil chapitre 3. article 6. & Beaumanoir chapitre 30. page 152. vers la fin.

(c) *Son sergent*] Voyez l'article 189. de la Coûtume d'Anjou.

CHAPITRE CL.

De messet d'hons coustumier dont il paye soixante sols d'amende.

(a) HOns coustumiers si fet soixante sols d'amende, se il brise la sesinne son Seigneur, (b) ou il chace en ses garennes, (c) ou il pesche en ses estans, ou (d) en ses defois, (e) ou se il a taverne seur son ban, (f) ou se il garde nuit bués, ou vaches el bois, qui n'ait pas trois ans, ou se il i met chievres, (g) ou se il fet escousse à son Seingnieur, ô à son Prevost, il en paye soixante sols.

NOTES.

(a) *Hons coustumier fait 60. sols d'amende s'il brise la saisine de son Seigneur &c.*] Voyez le chapitre 93. cy-dessus, & Beaumanoir chapitre 30. *Des messects* page 157. vers le milieu.

(b) *Ou il chace en ses garennes*] Beaumanoir chapitre 30. *De plusieurs messects* page 163. à la fin. *Aucunes gens cuident que chil qui sont pris en present messet, emblant counins, ou autres gresses bestes sauvages en autruy garenne anciene, ne soient pas pendaule, mais si sont quand ils sont pris de nuit, car il appert qu'il y vont par courage d'embler, més s'il y vont par jour, si comme societé meine les aucuns à folie faire, il s'en passent par amende d'argent, chest à sçavoir gentilhomme* par soixante livres, *& li hons de pooste* par soixante sols. *Et autel coume nous avons dit des garennes, disons-nous des poissons qui sont és enclos & és viviers &c.*

(c) *Ou il pesche en ses estans*] Voyez l'autorité de Beaumanoir qui vient d'estre rapportée.

(d) *En ses defois*] C'est-à-dire, en ses lieux de deffences. Voyez l'article 171. de la Coûtume d'Anjou.

(e) *Ou se il a taverne seur son ban*] C'est-à-dire, s'il vend vin durant le ban de son Seigneur. Voyez l'article 184. de la Coûtume d'Anjou.

(f) *Ou se il garde de nuit bués, ou vaches &c.*] Anjou article 182.

(g) *Ou s'il fait escousse*] Voyez Beaumanoir chapitre 30. *Des messects* page 158. vers le milieu, & le chapitre precedent.

CHAPITRE CLI.

De sesinne qui n'est mie certaine.

(a) SE aucuns Sires disoit à son hons coustumier, *je preing ceste chose en ma main*, & il n'en prist autrement la sesinne, & li hons coustumier ostast

NOTES.

(a) *Se aucuns Sires &c.*] Toute saisie est de fait, & un Seigneur ne peut mettre la chose de son homme coûtumier en sa main par une simple parole. Si donc un Seigneur

LOUIS IX. en 1270.

la chose, ou remuast, il n'en feroit à son Seigneur que le gage de sa loy, car tiex sesinne n'est pas certaine, elle n'est que vée, més s'il l'ostast de la sesinne, puisque il l'eust sesie, & mise en sa main, il en payeroit soixante sols d'amende.

NOTES.

dit à son homme coûtumier, *je prends cette chose en ma main*, si l'homme coûtumier brise une telle saisine, il n'en doit que le gage de la loy pour la desobeïssance, qui est de sept sols six den. mais si le Seigneur met seulement la chose en sa main, & si ensuite l'homme coûtumier brise sa saisine ou saisie, il en doit soixante sols d'amende. Voyez Beaumanoir chapitre 30. page 157. Chopin sur l'art. 3. de la Coûtume d'Anjou où il rapporte ce chapitre, *& Boërium in consuet. Bituricens §. 16.*

CHAPITRE CLII.

De fere eschange de terre.

(*a*) SE aucunes gens fesoient *eschange de terres*, les uns as autres, & elles n'estoient pas *d'un fié*, ne *d'une Seigneurie*, li sires feroit les terres prisier par prud'hommes, & de tant comme elles seroient prisiées en auroit li sires ses ventes. (*b*) Més se elles estoient *d'une Seignorie*, il n'en auroit nulles ventes, se en une maniere n'estoit, que nous vous dirons, que li uns tenist de deux Barons, & qu'il eust home en chacune chastelerie, & li hons chanjassent li uns aus autres leurs terres, leurs ventes seroient renduës par la reson de ce que ce est de deux fiez, tout soit-ce d'un Seigneur.

NOTES.

(*a*) *Se aucunes gens faisoient eschange de terre les uns aux autres, & elles ne fussent pas d'un fié, ni d'une Seigneurie .... en auroit li sires ses ventes &c.*] C'a esté une grande question de sçavoir si les lods & ventes estoient dûs en cas d'eschange & de permutation, & nos Coûtumes ainsi que nos autheurs y ont esté partagez. Voyez Franzke dans son traité *De Laudimiis*, chapitre 18. où il cite tous les autheurs qui ont examiné cette difficulté.

Suivant ce chapitre si les terres échangées sont de deux differens fiefs, ou Seigneuries, chaque Seigneur peut faire priser l'heritage eschangé qui est mouvant de luy & en prendre les lods & ventes, mais si les terres sont dans la mesme Seigneurie ou le mesme fief, il n'en est rien dû, parce que le Seigneur ne change pas d'homme.

Que l'on suppose à present qu'un mesme Seigneur ait deux fiefs, dont l'un releve d'un Baron & l'autre d'un autre Baron, & qu'un tenancier residant dans un fief & une chastellerie, fasse un échange de sa terre, avec un autre tenancier, dont la terre est dans l'autre fief & l'autre Seigneurie. Ces tenanciers qui eschangent ainsi devront-ils des lods & ventes au mesme Seigneur? Et il semble qu'ils n'en devroient pas puisqu'ils ne changent pas de Seigneur, cependant cet article decide qu'ils en doivent parce qu'ils sont de deux differens fiefs. *Vide Amedeum a Ponte de Laudimiis Qu. 28. Antonium Fabrum de erroribus pragmaticorum Decade 99. errore 6. Molin in consuetudines Parisienses §. 33. n. 79. novæ editionis.* Franskium *de Laudimiis cap. 18. ampliatione 3. Dargentreum de Laudimiis §. 49. &c.*

(*b*) *Mais se elles estoient d'une Seigneurie il n'en auroit nulles ventes*] La raison vient d'en estre renduë! Mais ce droit changea en Anjou, comme il se void par l'article 155. de la nouvelle Coûtume, qui porte, que *En contract d'eschange & permutation d'heritages à ventes, supposé que les heritages soient en un mesme ou divers fiefs*, ce qui a esté depuis estendu dans tout le Royaume par l'Edit du mois de Fevrier 1674. Voyez les Commentateurs sur l'article de la Coûtume d'Anjou qui vient d'estre rapporté, sur l'art. 173. de celle du Maine, sur les articles 143. & 147. de celle de Touraine. Le Proust sur la Coûtume du Loudunois chapitre 14. art. 13 & 24. & le chapitre suivant avec la note.

CHAPITRE CLIII.

De retrere terres qui sont venduës par eschange.

SE aucuns estoit qui achetast à un autre (*a*) un *grand achat de cent livres* ou de plus, ou de mains, fussent prez, où vignes, ou terres, ou mesons, & cil qui l'auroit acheté, si en baillast (*b*) une aune de terre qui ne vausist que dix livres, tout vausist li achas c. livres, si comme nous avons dit dessus, ou plus, ou mains, & li lignagés venist avant & li demandast à avoir, & cil deist, *Je ne vüel pas que vous l'aiez, que c'est eschange, car je en ai donné une grand partie de ma terre en eschange.* Ainsi n'auroit pas le lignage ceste maniere d'achat (*c*) selon l'usage qui cort.

NOTES.

(*a*) *Un grand achat de terre de cent livres*] Cent livres de terre sont une quantité de terre qui produit cent livres par an, ce qui estoit autrefois un grand revenu, & par consequent une grande acquisition. *Cent livres de terres, & cent livrées de terres* estoient la mesme chose.

(*b*) *Une aune*] *Ulnata terræ.* C'estoit une mesure de terre.

Un homme acquiert cent livres de terres d'une personne à qui elles estoient propres, & pour ces cent livres de terres, il n'en donne qu'une aune de dix livres. Les parens lignagers de celuy qui a aliené ces cent livres de terres, intentent leur demande en retrait contre l'acquereur. La question est de sçavoir si ces lignagers sont bien fondez dans leur demande en retrait. Et il est decidé dans ce chapitre qu'ils y sont mal fondez, parce qu'en eschange, il n'y a pas de retrait, ce qu'il faut entendre pourvû qu'il n'y ait pas eû de retour en argent. La Coûtume d'Anjou article 353. *En contract d'échange aussi fait sans fraude n'a point de retrait, si le premier, ou l'un de ceux qui acquiert par eschange ne retournoit en argent ou autre meuble, mais en ce cas auroit retrait aux prochains du lignage, au regard & à la raison du prix de l'argent seulement, ou au Seigneur de fief, si le lignager ne le prenoit, & au surplus demeure ledit échange en sa vertu, & sera faite équivalation d'un eschange à l'autre.* Voyez l'article 143. de la Coûtume de Paris & l'autheur du grand Coûtumier livre 2. page 229. 230.

(*c*) *Selon l'usage qui cort*] Dans la Coûtume d'Anjou glosée, il y a, *suivant l'usage de la Cour laie.* Voyez la note sur le chapitre precedent.

CHAPITRE CLIV.

D'hons qui demande achat par lignage, coment il le doit avoir.

(*a*) EN tous les achas que l'en achete qui apartiennent à heritage, puisque (*b*) eux le tiennent *an & jour* (*c*) sans chalange, (*d*) *à veüe & seüe*

NOTES.

Ce chapitre est curieux & merite d'estre bien expliqué.

(*a*) *En tous achas que l'on achete qui appartiennent à heritage &c.*] C'est-à-dire, en tous achats que le vendeur a eû par succession & qui luy sont propres. Anciennement les propres estoient inalienables sans le consentement de l'heritier presomptif, & si ce n'estoit par necessité jurée. Voyez mon glossaire sur *Necessité jurée* & sur *Retrait*, & ce que j'ay remarqué sur la Coûtume de Paris au titre du *Retrait lignager.*

(*b*) *Et ils le tiennent an & jour*] Aprés l'an & le jour les acquereurs avoient acquis saisine avec titre, & ainsi il n'estoit plus au pouvoir des lignagers du vendeur de les inquieter.

(*c*) *Sans chalange*] Sans interruption, sans inquietation. Chalange vient de *Calumnia.* On a déja remarqué que dans la bonne latinité *calumniari* signifioit *chicanner*, ce que l'on a prouvé par ces vers de Phedre dans son prologue :

Calumniari *si quis autem voluerit*
Quod arbores loquantur
Fictis jocari nos meminerit fabulis

Cicero de officiis lib. 1. *Existunt injuriæ sæpe*

LOUIS IX. en 1270.

du lignaige de celui de qui il l'auroit achetée, (*e*) se il venissent aprés que li ans & li jours fussent passés, & il demandast cest achat à avoir, il n'en auroit point par droit, (*f*) pour qu'il fussent *en l'Eveschié*. Més se il venoient dedans l'an & le jor, & aucun du lignage demandast l'achat il l'auroit, (*g*) puisqu'il n'eust esté semons devant Justice. (*h*) Més il rendroit à celui les amendemens que il y auroit mis & fés. Et se il avoit esté semons pardevant Justice de reprendre, il n'en auroit point part.

NOTES.

ex calumniâ *quadam & nimis callidâ & malitiosâ juris interpretatione.*

(*d*) *A veüe & à seüe*] *Non clam.* Pour acquerir la saisine il falloit avoir possedé par an & jour, *non vi, non clam, non precario.* Voyez l'autheur du grand Coûtumier livre 2. chapitre 21. page 139. & mon glossaire sur *Complainte.*

(*e*) *Et se il venissent aprés que li ans & li jours fussent passez, & il demandast c'est achat à avoir, il n'en auroit point par droit &c.*] Cela estoit ainsi quand les lignagers avoient esté presens, car s'ils avoient esté absens la prescription d'an & jour ne courroit pas contre eux. Voyez la note qui suit.

(*f*) *Pour qu'il fussent en l'Eveschié*] Dans un manuscrit de Mons.r le Chancelier, au lieu *d'Eveschié*, il y a, *Chastellerie*, mais mal comme il paroist par le chapitre suivant. Anciennement l'action que les lignagers avoient pour retraire, se prescrivoit par an & jour, entre presens, c'est-à-dire, entre ceux qui estoient dans le mesme Evesché, mais elle ne se prescrivoit pas par an & jour contre les absens, ou ceux qui estoient dans un autre Evesché. Aujourd'huy ces principes sont changez. L'action qui est donnée aux lignagers ne *dure*, ou pour ainsi dire, ne *vit* qu'un an & un jour, & de-là vient que cet an & jour courent tant contre les absens que les presens, & tant contre les majeurs que contre les mineurs. *Ea quæ tempore ipso jure pereunt, hæc pereunt minori. Et ita dicimus annum petendæ bonorum possessionis currere minori.* Cujacius ad leg. 30. Dig. *De minoribus, lib. 3. Quæstionum Papiniani.* Voyez le chapitre 156.

(*g*) *Puisqu'il n'eust esté semons devant Justice*] Jure Feudorum lib. 2. tit. 3. vel 4. *§. 1. Si quis ex agnatis tuis, rem quæ à communi parente per successionem ad eum pervenerit alienare voluerit, non permittitur ei, etiam secundum antequam consuetudinem alii eam vendere, nisi tibi vel alii proximiori, pro æquali pretio accipere volenti &c. Junge legem* Cum dubitabatur *3. Cod. De jure emphyteutico.* Ainsi suivant ce droit, celuy qui vouloit vendre, devoit offrir la chose à ses proches parens, & les parens avoient droit de la prendre pour le prix dont on estoit convenu avec l'acheteur. Anciennement en France on ne pouvoit vendre son propre, comme on l'a déja dit, que du consentement de son hoir, ou par necessité jurée, ou pour en employer le prix en autres heritages, & dans l'un & l'autre cas celuy qui vendoit devoit offrir la chose vendüe à ses parens. Et pour les mieux exclurre du retrait, les offres leur estoient faites par semonces, en jugement, suivant ce chapitre.

Il n'est pas dit icy quand l'an & le jour donné aux lignagers pour retraire devoit commencer, & il y a ce semble, lieu de dire que c'estoit du jour de la saisine, ou de l'ensaisinement du Seigneur, mais il faut remarquer que dans ce temps, les ensaisinemens se faisoient si publiquement que personne ne devoit les ignorer, comme il se void par ce qui suit de l'autheur du grand Coûtumier livre 2. chapitre 25. & 27. pages 170. 177. joint à l'autorité de Du Molin. *Le vendeur* principal, dira ces mots, *Sire, j'ay vendu à tel, tel heritage, ou tel cens ou rentes, sur tel heritage mouvant de vous en censive, pour tel prix, si m'en dessaisi en vostre main & en presence, & vüeil & vous requier que ledict achepteur ensaisinez.* Et si c'est le Procureur, il doit dire au Seigneur. *Monseigneur, tel mon maistre a vendu à tel, tel heritage, &c. Je suis Procureur pour en faire la dessaisine, si comme il appert par la lettre de la vendüe, ou par ceste procuration, si m'en dessaisi au nom de luy, & comme son Procureur, & audict nom vüeil, ou accorde & vous requier que vous l'ensaisinez.* Et en signe de desaisinement doit bailler audict Seigneur un *festu*, vel aliud, *soit maistre ou Procureur.* Et adoncques l'achepteur doit requerir audit Seigneur dedans le temps de la saisine, en disant: *Monseigneur, je vous requier que vous m'ensaisissiez.* Molineus in Cons. Paris. *§.* 2. gloss. 1. n. 30. *Solebant investituræ publice fieri, vel apud acta in prætorio judicis, si dominus, ut plerimum, habebat jurisdictionem contentiosam, vel in loco dominanti, ubi præsentibus ministris & testibus, in libro, vel in cartophilacio ad hoc destinato conscribebantur investituræ, & sic erat solennis quædam publicatio, ut etiam satis indicat disputatio statuum super §. 183. in precessu verbali, quâ publicatione cessante non videbatur res in aliam manum translata &c.*

(*h*) *Més il rendroit à celuy les amendemens que il y auroit mis*] Ce droit a esté changé. Voyez Jean Des Mares dans ses decisions chap. 113. l'autheur du grand Coûtumier livre 2. chapitre 34. page 230. 231. & l'article 146. de la Coûtume de Paris avec les Commentaires.

CHAPITRE

CHAPITRE CLV.

De mettre amendement en achat qui est demandés.

SE il avenoit que aucuns achetast, & un autre *du lignage* li demandast l'achat, & li offrist les deniers à rendre (*a*) que li achas li auroit cousté, & deist, (*b*) *Contez bien tous les coustemens, & je les vous rendré, car vées ci l'argent,* (*c*) & se cil ne voloit prendre les deniers, & i meist *amendement* aprés, ou de vignes planter, ou de mesons fere, ou d'autres amendemens que il i auroit fés, il n'en rendroit rien, ainçois auroit l'achat par les deniers paians que li autres i auroit mis.

NOTES.

(*a*) *Que li achats li auroit cousté*] Le manuscrit de M. Joubert adjoûte, *Et li montrast les deniers & ait prové que li achats li aura cousté & deist &c.* Dans le manuscrit de M. Baluze, il y a, *Et li mettroit les deniers, & soit provées que li achat li auroit cousté & deist &c.*

(*b*) *Contez bien tous les coustemens, je vous les rendray*] Cecy doit estre entendu des coustemens necessaires & utiles. Dans le temps que ces Establissemens furent faits, on estudioit en France les loix Romaines, & les loix 3. & 8. du titre du Digeste *De Impensis in res dotales factis* n'estoient pas inconnuës. Voyez l'article 146. de la Coûtume de Paris.

(*c*) *Et se cil ne vouloit prendre les deniers il i meist amendement aprés &c.*] La raison est que celuy qui dans ces circonstances fait des amendemens en la chose retraite, est sensé les donner.

CHAPITRE CLVI.

D'hons qui a demoré hors du païs de demander achat.

(*a*) SE aucuns hons achetoit d'un autre qui eust lignage hors de *l'Eveschié*, & cil venist demander aprés ce que *li ans & li jors seroit passés*, cil qui auroit acheté ne s'en passeroit pas par le terme, ainçois auroit l'achat cil qui de-

NOTES.

(*a*) *Se aucuns achetoit d'un autre qui eust lignage hors de l'Eveschié*] Suivant les loix Romaines, on regloit l'absence en cas de prescription par les Provinces, en sorte que ceux qui estoient dans une mesme province, estoient reputez *presens*, & ceux qui estoient dans deux differentes provinces estoient reputez *absens*. *Lege ultimâ Cod. de præscriptione longi temporis.*

Dans l'Establissement des Archeveschez on suivit la division ou distribution que les Romains avoient faite de Provinces, & il semble par cette raison qu'on ne devoit reputer absens, que ceux qui estoient dans de differens *Archeveschez*.

Quand les Provinces se trouverent d'une grande estenduë, on y establit des *Eveschez* subordonnez aux Archeveschez, & ensuite le gouvernement temporel ayant esté reglé, sur l'Ecclesiastique on envoya les *Ducs* dans les villes Archiepiscopales pour y resider, *Et les Comtes* dans les villes *Episcopales*, comme il se void parce qui suit de Valafridus Strabo *de Rebus Ecclesiasticis cap. 31.* col. 695. *Metropolitanos Ducibus comparamus, quia sicut Duces sunt singularum Provinciarum ita & illi singulis Provinciis singuli ponuntur. Unde in Chalcedonensi concilio jubetur, ne una provincia in duos metropolitanos dividatur. Quod Comites in sæculo, hoc Episcopi cæteri in Ecclesiâ explent &c.*

Les Archeveschez & les Eveschez ayant esté establis. On y reputa estrangers, tous ceux qui estoient d'un autre Diocese, comme l'a remarqué M. de Laubepine dans ses notes sur Optat, dont l'autorité merite d'estre encore icy rapportée. *Peregrinus* dit-il, *vocabatur apud antiquos, qui natus erat in aliâ diœcesi, qui quamvis ipsius civitatis factus esset Episcopus, peregrinus adhuc censebatur paginâ 6. col. 1.*

Des Cours Ecclesiastiques cet usage passa

LOUIS IX. en 1270.

manderoit par les deniers paians, (*b*) Et se li autres i avoit mis amendement, il les auroit (*c*) à la loy prüe, (*d*) & si ne rendroit riens de chose qu'il i eust demandé. (*e*) Car droit ne donroit mie que l'en alast semondre hors de l'Eveschié.

NOTES.

dans les Cours seculieres. De-là vient que suivant le chap. 87. cy-dessus, ceux qui estoient d'un diocese estoient reputez aubains dans un autre diocese, & de-là vient suivant le chap. 154. cy-dessus, & suivant celui-cy, que l'an du retrait ne courroit pas contre les lignagers qui estoient domiciliez dans un autre diocese.

(*b*) *Et se li autres y avoit mis amendement, il les auroit &c.*] Voyez la note sur le chapitre 155.

(*c*) *A la loy prüe*] Dans le manuscrit de M. Joubert, il y a, *à sa loyale preuve*. Il y a de mesme dans un manuscrit de Monsr le Chancelier & dans celuy de M. Baluze.

(*d*) *Et si ne rendroit riens de choses qu'il y eust demandé*] Dans un manuscrit de Monsr le Chancelier, dans celuy de M. Baluze & dans celuy de M. Joubert, il y a beaucoup mieux, *de ce qu'il en auroit levé*. C'est-à-dire, des fruits qu'il en auroit perçûs, ce qu'il faut entendre avant que l'action en retrait eust esté intentée. *Vide Reinkinkgium de retractu Quæstione 8. n. 7. pag. 361.*

(*e*) *Car droit ne donroit mie que l'en alast semondre hors de l'Eveschié*] Quand celuy qui vouloit vendre *son propre*, l'avoit offert à ses proches parens, avec semonce en Justice, s'ils acceptoient les offres, les fruits de l'heritage leur appartenoient, & non au vendeur, ce qui n'avoit lieu qu'à l'égard des parens qui estoient presens, c'est-à-dire, dans le mesme Evesché : Car comme il est dit icy *Droit ne donnoit mie que l'on allast semondre hors de l'Eveschie.* Voyez l'article 134. de la Coûtume de Paris, & l'autheur du grand Coûtumier livre 2. chapitre 34. page 231.

CHAPITRE CLVII.

D'achat que li Sires püet retrére à luy.

SE aucuns achetoit d'un autre (*a*) qui ne li tenist riens, (*b*) icelui achat adonc i ce mouvroit, se il voloit, (*c*) ains que uns estrangés.

NOTES.

(*a*) *Qui ne li tenist de riens*] C'est-à-dire, *qui ne luy fut pas* parent.

(*b*) *Icelui achat adonc i ce mouvroit*] Dans un ms. de Monsr le Chancelier, dans celuy de M. Baluze, & dans celuy de M. Joubert, il y a mieux, *Icelui achat auroit li sires dont i ce mouvroit.* Le sens de ce chapitre est qu'en matiere de retrait, le lignager est preferé au Seigneur, & le Seigneur à l'estranger. J'ay fait voir ailleurs que le retrait feodal, plus ancien que ces Establissemens, estoit en usage en France dés l'an 977. ce que j'ay prouvé par la charte du restablissement de la Reole, dont j'ay extrait ce qui suit, *Statutum est quod si quis possessiones quas tenet in feudo de Ecclesiâ, vendere voluerit, cum assensu Prioris, vel Præpositi faciat, & Prior ipse si voluerit, emat, alioquin cui voluerit vendat &c.*

La Charte de la Commune de Beauvais de l'an 1182. rapportée par Loisel dans ses preuves de l'histoire du Beauvoisis. *Item si contigerit quod aliquis de Communiâ hereditatem aliquam emerit, per annum & diem tenuerit, & ædificaverit, quique postea veniens per redemptum calumniabitur, super hoc ei non respondebitur, sed emptor in pace remanebit &c.* Voyez ce que j'ay remarqué sur le titre *Du retrait lignager* de la Coûtume de Paris, mon glossaire du Droit François, sur les mots *retrait lignager*, & mes notes sur le chapitre precedent, & sur les deux qui suivent.

(*c*) *Ains que uns estrangés*] C'est-à-dire, *avant* un estranger, ou *plustost* qu'un estranger. Voyez l'article 347. de la Coûtume d'Anjou.

Louis IX. en 1270.

CHAPITRE CLVIII.

De rendre ventes qui sont retraites.

SE aucuns *achetoit*, & uns autre *retreſſiſt*, qui fuſt du *lignaige*, (a) il n'en rendroit nulles *ventes aus Saignieurs*, més il les rendroit, *à celui dont il l'auroit retrait*, (b) & les deniers & les rentes que cil auroit rendües au Seigneur.

NOTES.

(a) *Il n'en rendroit nulles ventes aux Seigneurs, mais il les rendroit à celuy dont il l'auroit retrait*] L'article 136. de la Coûtume de Paris a eſté pris de ce chapitre. Voyez l'autheur du grand Coûtumier livre 2. chapitre 34. page 228.

(b) *Et les deniers & les rentes que cil auroit rendües au Seigneur*] Cela devoit eſtre ainſi à l'égard des rentes, quand l'action en retrait avoit eſté intentée de bonne heure, & avant que l'acheteur eût perçû les fruits. Mais il n'en eſtoit pas ainſi quand elle avoit eſté intentée à la fin de l'année, & aprés la perception des fruits par l'acheteur, parce que celuy qui perçoit les fruits d'un heritage comme proprietaire, en doit payer les charges. Par *deniers*, il faut, ce ſemble, entendre icy *les Cens*.

CHAPITRE CLIX.

D'hons qui retret achat à qui len demande plus que li achas n'a couſté.

(a) SE aucuns hons avoit acheté d'un autre, prez, vignes, ou terres, ou meſons, ou autres choſes qui apartenissent à heritage, & aucuns demandaſt l'achat à avoir qui fuſt du lignage, & li autres deiſt, *Je vüel bien que vous l'aiez, més que vous me rendez ce qu'il m'a couſté*, & li autres li demandaſt, *combien vous*

NOTES.

(a) *Se aucuns hons &c.*] Depuis que l'uſage des retraits a eſté admis en France, on a toûjours commis des fraudes, pour en exclurre les lignagers, & l'une des plus ordinaires a eſté de faire le prix des choſes vendües beaucoup plus grand, qu'il ne l'avoit eſté effectivement.

Suivant ce chapitre, lorſque celuy qui n'avoit acheté un heritage que vingt livres, en avoit dit cinquante ou ſoixante, ce qui eſtoit dans le temps de ces Eſtabliſſemens une tres groſſe ſomme. Si le lignager croyoit que la choſe n'avoit eſté vendüe que vingt livres il falloit en venir au ferment. Le lignager, ou le retrayant apportoit en juſtice les ſoixante livres qui luy eſtoient demandées, & les offroit à l'acheteur, ou l'acquereur, & l'acquereur devoit jurer ſur les Evangiles que la choſe luy avoit effectivement couſté ſoixante livres, & aprés le ferment ainſi fait, les ſoixante livres luy eſtoient delivrées.

Mais s'il n'oſoit jurer, & s'il avoüoit de bonne foy, que quoy qu'il eut demandé ſoixante livres, la verité eſtoit que la choſe ne luy en couſtoit que vingt. Le lignager qui avoit droit de ſe plaindre de la vexation qui luy avoit eſté faite, en le mettant dans la neceſſité de chercher une ſomme ſi forte, pouvoit demander de rentrer pour rien dans la poſſeſſion de la choſe alienée par ſon parent, ce que la Juſtice devoit luy accorder par droit, pour punir l'acquereur de ſa fraude.

Dans l'article 373. de la Coûtume d'Anjou, il eſt dit que *Si l'acquereur a mis ou fait mettre plus grand prix en ſon contract que la choſe ne luy a couſté, & ſemblablement declaré plus grande abondance, qu'il n'y a, le lignager ne les payera pas s'il ne luy plaiſt, & recevra l'executeur, devant qui eſt fait le retrait, le ſerment accouſtumé de l'acquereur, qui eſt qu'il doit jurer devant l'executeur d'iceluy retrait combien la choſe luy a couſté. Et conſignera ledit lignager s'il veut, en la main dudit executeur, ce qu'il voira que ledit acquereur aura trop mis, & employé tant en principal prix, que en abondances, & doit payer ce neamoins à l'acquereur le juſte & loyal prix & couſts que l'acqueſt a couſté, s'il le veut recevoir, & qu'en ce faiſant les choſes acquiſes ſoient delivrées au lignager.*

LOUIS IX. en 1270.

a-t-il cousté, & il deist cinquante l. ou soixante ou plus, & deist que tant luy eust-il cousté tout ne luy eust-il cousté que vingt l. & li autres deist, *tant il ne vous cousta que vingt l. & tant sui-je prest de paier,* & cil die, *je n'en prendré mie mains de soixante l. car tant me a-t-il cousté, & bien en feré ce que je devré,* Si esgardera len par droit, (*b*) que cil apportera tous les deniers, (*c*) avant que il die que li achas li aura cousté;. Et quand les deniers seront apportez devant, la Justice si dira, *Vées ci les deniers, soixante l. tant comme li achas vous a cousté, si comme vous dites :* Si convendra adonc que cil jure seur sains de sa main, que tant li aura cousté en leal achat. Et se il ne l'ose jurer, & il die en telle maniere, *Je n'en prendré que vingt l. car il n'a plus cousté,* & li autres die, *Or ne vous vüel-je rien paier : car je vous offri les vingt l. pardevant la Justice, & en lieu & en temps* (*d*) *que fere le düi, & vous ne les vousistes prendre, ains me deistes qu'il vous avoit cousté soixante l. si m'avez fet dommage à pourchasser* (*e*) *si grand fés de deniers, & pource que vous deistes devant la Justice que il vous avoit tant cousté, & vous ne l'osastes jurer, ne prouver, ainsi comme vous l'avez empris, & pour icele reson je demande l'achat avoir sans denier, & sans maille, se drois est.* Adonc esgardera len par droit que il aura l'achat sans deniers & sans maille.

NOTES.

Et si iceluy acquereur ne les veut recevoir, ledit lignager doit tout consigner en main de Justice, & faire adjourner la partie pour luy delivrer ledit acquest, Et n'est tenu de consigner ce que l'acheteur aura trop mis en abondance, en principal, cousts & mises s'il ne luy plaist. *Mais s'il consigne tout, l'heritage luy sera deslors delivré par l'executeur dudit retrait, & s'il n'a payé, ou consigné ce que aura declaré l'acquereur, iceluy acquereur sera saisi le procés pendant. Et s'entend cette coûtume quand le retrait est connu en l'absence du lignager, mais quand il est connu en sa presence, s'il ne proteste en faisant la connoissance de montrer au jour de l'execution dudit retrait, que l'acquereur n'a pas tant payé en principal achat, comme il a mis en son contract, il ne sera plus reçeû, & s'il paye plus que la raison, soit du principal ou des abondances, ou des autres mises, cuidant icelles estre vrayes, & depuis il sçait le contraire, il peut repeter ce qu'il aura trop payé.*

Dans le temps de ces Establissemens quand l'acquereur avoit fait son serment, quoyque faux, le lignager n'avoit plus rien à dire & devoit payer la somme entiere. Mais aujourd'huy ce serment n'est point decisif, & si le lignager peut ensuite prouver que l'acquereur a moins payé qu'il n'a affirmé, il peut, comme on le void, repeter ce qu'il a payé de trop. Et la preuve par temoins est dans ce cas admise, n'ayant pas esté jugée excluse par l'article 54. de l'Ordonance de Moulins. Voyez Du Pineau sur l'article de la Coûtume d'Anjou qui vient d'estre rapporté.

(*b*) *Que cil apportera tous les deniers*] *Cil,* c'est-à-dire, le *lignager.*

(*c*) *Avant que il die*] C'est-à-dire, l'acquereur.

(*d*) *Que fere-je duï*] C'est-à-dire, *que je dûs faire.* Dans les manuscrits, il y a, *que fere le dui.*

(*e*) *Si grand fés*] Si grand *fardeau,* si grande somme.

CHAPITRE CLX.

De rendre ventes d'heritage.

SE aucuns achate, (*a*) & il ne *rend les ventes* dedans *sept jors & sept nuis,* & il n'en ait pris respit à la Justice, il amendera *le gage de sa loy.*

NOTES.

(*a*) *Et il ne rend les ventes dedans sept jours & sept nuits*] Il y a ainsi dans le manuscrit de M. Baluze, dans celuy de M. Joubert, & dans l'anciene Coûtume d'Anjou glosée. Dans celuy de Monsr le Chancelier, il y a, *huit jours & huit nuits.* Par l'art. 153 de la nouvelle Coûtume d'Anjou, *En ventes recelées trente jours aprés le contract passé, a amende de loy,* qui est de six sols six deniers entre nobles, & de dix sols entre roturiers. Voyez l'article 2. de la Coûtume d'Anjou.

(*b*) &

(*b*) & se il passe l'an & le jour que il ne les rende, ou que il n'en *preingne respit* à la Justice, il en payera soixante sols d'amende.

NOTES.

(*b*) *Et s'il passe l'an & jour qu'il ne les rende..... il en payera soixante sols d'amende.* La Coûtume d'Anjou retient encore cette disposition dans l'article 173. où elle decide, que *celuy qui recele les ventes par an & jour paye soixante sols d'amende, supposé qu'en icelluy fief n'y ait que justice foneux.*

CHAPITRE CLXI.

De retrère achas entre freres & suers, & entre cousins germeins.

AInsi *gaaignent freres, ou suers, ou cousins germeins leurs achas li uns vers l'autre*, comme vers un estrange; car se ils estoient *trois freres*, & li un vendist à l'autre, & le tiers frere qui n'eust vendu, ne acheté, demandast sa part en cel achat, aprés ce que *li ans & li jours seroit passés*, il n'en auroit point par droit, pourquoy il eust lessié *an & jour passer* sans *chalenge*, (*a*) se il estoit *en l'Eveschié*. Més se il venoit (*b*) *dedans l'an & le jor* de l'achat, & demandast à la Justice l'achat pourquoy *il n'en eust onques esté semons* du reprendre par la Justice, il l'auroit par la moitié des deniers paians : més il n'auroit nules *des issües* que li autres en auroient levées.

NOTES.

(*a*) *Se il estoit en l'Eveschié*] De-là il s'ensuit que celuy qui estoit dans un autre Evesché, pouvoit exercer le retrait aprés l'an. Le chapitre 154. le decide netement. Mais celuy sur qui le retrait estoit exercé, ne rendoit rien des issües, c'est-à-dire, des fruits par luy perçûs, comme celuy, dont le vendeur n'avoit pas fait semonce de reprendre, & qui avoit esté adjourné dans l'an par un parent present, ou qui avoit eû son domicile dans l'Evesché. Voyez la note sur le chap. 154. Aujourd'huy ce droit est changé, & suivant l'article 134. de la Coûtume de Paris. *En matiere de retrait lignager, ne sont dûs les fruits que du jour de l'adjournement & offre de bourse de deniers, loiaux cousts & à parfaire.*

(*b*) *Dans l'an & le jour*] Un manuscrit de Monsr. le Chancelier, & celuy de M. Joubert adjoûtent, *Et demandast à la justice l'achat.* Dans celuy de M. Baluze, il y a seulement, *Et demandast l'achat.*

Le sens de ce chapitre est, qu'entre freres il y a retrait, quand un des trois freres vend à l'un son heritage, car le troisiéme peut dans ce cas retraire la moitié de l'heritage acquis par son frere, en luy rendant la moitié des deniers. Pourvû neamoins que le frere qui exerce le retrait, vienne dans l'an & jour, s'il a esté present, c'est-à-dire, s'il demeuroit dans le mesme Evesché, comme on l'a expliqué sur les chapitres 156. 157. &c. cy-dessus. Et pourvû qu'il n'ait pas esté semons en justice de reprendre l'heritage, au prix convenu avec l'acquereur ou le frere. Et dans ce cas, il ne peut rien demander aux issües, c'est-à-dire, aux fruits que son frere a perçûs, come on l'a dit.

Suivant le chapitre 155. de l'ancienne Coûtume d'Anjou glosée, il y avoit retrait entre freres quand le Pere avoit vendu à l'un d'eux. Ce qui est ainsi expliqué, *Et se le Pere vendoit à aucun des enfans* (& li autre) *fust o luy & heust sa part du vin du marché, il n'en auroit pas le retrait. Et se li Pere vendoit, & aucun de ses enfans retraisist à séüe des autres, les autres ne laisseroient pas à avoir leur part de l'achat par retrait, en payant leur part de l'achat par retrait, més que il ne teneist an & jour o sceû de eux, car s'il tenoit ainsi an & jour, où il les auroit requis de retraire comme luy, & ils dissent que il ne pourroient, il n'en auroit rien par droit.*

Les choses estoient ainsi alors, parce que le Pere qui vendoit son propre à un de ses enfans, devoit offrir ce mesme propre à ses autres enfans, & que le frere qui vendoit son propre à un de ses freres, devoit l'offrir aux autres. Mais aujourd'huy, il n'y a pas lieu au retrait, quand le propre vendu n'a pas esté mis hors de la famille, si ce n'est en quelques Coûtumes, où le parent le plus proche peut retraire sur le parent plus éloigné, comme celle de Troye article 145. de Chaumont, article 113. *&c.*

LOUIS IX. en 1270.

CHAPITRE CLXII.

De rendre cens & coustumes.

(a) QUand hons coustumiers ne rend ses *cens* & ses *coustumes* au jor que il les doit au Seigneur, il en fet le *gage de sa loy* d'amende.

NOTES.

(*a*) *Quand hons coustumiers]* La Coûtume d'Anjou article 178. *Celuy qui defaut, soit noble, ou Coûtumier de payer & rendre ses cens ou autres devoirs infeodez à son Seigneur, aux termes qui sont dûs, en fait amende de loy, lesquels devoirs feodaux sont rendables au Seigneur de fief, ou son receveur, & non requerables. Et si li dit Seigneur de fief a sur son sujet cens & rente, la rente n'est point amendable: Mais s'il n'y a seulement que rente qui soit infeodée, pour icelle non payée à jour, y aura amende.* Joignez Beaumanoir chapitre 30. page 152. vers le milieu & au commencement.

CHAPITRE CLXIII.

De tenir terres à terrages, où il n'ait point de coustume, fors le terrage.

(*a*) LI Sires si la püet bien prendre à son *gaaingnage*, (*b*) més il ne li püet pas bien oster, pour baillier à un autre. (*c*) Et se il i avoit aucunes coustumes accoustumées, *chapons*, ou autres choses, li Sires ne li porroit pas oster, (*d*) s'en une maniere non, que cil l'eust lessiée *sept ans en frichette*,

NOTES.

(*a*) *Li Sires &c.]* Ce chapitre commence ainsi dans le manuscrit de M. Joubert. Dans celuy de Monsr le Chancelier & dans l'ancienne Coûtume d'Anjou glosée, il commence en ces termes, *Se aucuns tient terres, où il n'y ait point de coûtume fors du terrage &c.*

Voicy la preuve que du temps de ces Establissemens, il n'y avoit point de *terre sans Seigneur*, & par consequent *point de franc aleu* à Paris, à Orleans & en Anjou. Le sens de ce chapitre, qu'il faut joindre avec le 99. cy-dessus, est qu'un Seigneur peut mettre en sa main les terres qui sont dans sa mouvance, quand elles ne luy payent aucunes redevances, quoyqu'elles soient tenües à terrage d'autres personnes, parce que ces terres sont comme des francs aleux à l'égard du Seigneur, & que personne, comme on l'a dit, ne peut avoir des francs-aleux sans titre.

(*b*) *Més il ne li püet pas bien oster pour donner à un autre]* La raison est, que le Seigneur n'est pas proprietaire des terres qu'il met ainsi en sa main. Mais dans les lieux où il confisquoit les aleux, il pouvoit les donner à d'autres, ou *à cens* ou à terrage Seigneurial, comme en Beauvoisis, ainsi qu'il resulte de l'autorité qui suit de Beaumanoir chapitre 24. page 123. *Quand li sires void aucun de ses sougiez tenir heritages, des quiex il ne rend nul cens, rentes, ni redevances nulles, li sires y püet jetter les mains, & tenir comme siens propres, car nus, selon nostre coustume ne püet tenir alüex. Et on appelle alüex ce que on tient sans faire redevances nulles à nullui. Et se li Quens s'apperçoit, avant que nus de ses sougiez, que tels alüex soit tenu en sa Comté, il les püet penre comme siens, ne n'en est tenu répondre à nus de ses sougiez, pour che que il est Sires de son droit, & de che que il trouve en alües &c.*

(*c*) *Et se il n'y avoit aucunes coustumes accoustumées....... li sires ne li porroit pas oster]* Dans un manuscrit de Monsr le Chancelier, il y a, *se il y avoit convenances accoustumées, chapons, ou autres choses &c.* Et dans la Coûtume d'Anjou glosée, il y a, *Et se il y avoit autre redevance outre le terrage, il ne la pourroit oster &c.* Ce qui est dans les regles.

(*d*) *Se en une maniere non, que cil l'eust laissiée sept ans en frichette]* Dans le manuscrit de M. Joubert, qui a appartenu à M. de Caseneuve, il y a, en *Frichée*, & dans la Coûtume d'Anjou glosée, il y a, en *freiche*. Ce qui s'entend. En Beauvoisis celuy qui possedoit des terres à champart ne les perdoit que quand il les avoit laissées *dix années* en friche, comme on le va voir dans l'autorité de Beau-

(e) adonc la porroit prendre li sires en son demaine tout i eust-il coustume, & encore seroit-il tenu à amender les dommages du terrage de tant comme il l'auroit laissié *(f) à gaaignier,* tant comme li preudome diroient par leur serement, ne n'en feroient ja autre amende fors que il perdroit sa terre. Et pour ce se doit len garder de lessier terres en friches.

NOTES.

manoir en la note suivante. Voyez l'autheur du grand Coûtumier livre 2. *De saisine en fief*, page 180. ligne 14. avec la note de Charondas.

(e) Adonc la pourroit prendre li sires en son domaine &c.] Beaumanoir chapitre 51. page 274. *Les terres en champartiex ne sont pas perdües à chaux à qui elles sont pour laissier un an ou deux en friez, mais se l'on les gaigne aprés, li sires püet faire saisir ces dépoüilles, tant ses grés soit-fait du champart qu'il y pust avoir, de son droit, se li terre eust esté mainbournie à son droit. Et si l'on vieut laisser la terre en friez plus de trois ans, li sires le püet faire labourer, si il li plest en sa main, en tele maniere que si tres soncieres y veut revenir, li sires prenra premierement son labourage, & son champart de l'année presente & des années passées, que la terre deust avoir porté. Et se il avient que aucuns ait lessé se terre champartil, en friez par dix ans, li sires le püet penre, puis illüeques en avant, comme la sieüe, car il appert que chil, qui tant la lessié sans labourer, la lessé pour le champart, exceptées les terres à orphelins & à sousaagiez &c.*

(f) A gaaigner] A labourer.

CHAPITRE CLXIV.

De requerre la cort d'home qui est appellés de murtre.

SE aucuns hons estoit apelés de *larrecin*, ou de *murtre*, ou de *traison*, ou d'autre chose qui apartenist à desleauté, (a) il convient que il se deffende en la chastelerie où il sera apelez, & droit si accorde en Code *De crieme li demande* en la premiere loy en l'authent. qui commence *Quia in provinciâ*. *(b)* Li autres sires n'auroit pas la cort, car tiex personnes n'ont point de suite, ou se aucuns messesoit en la Court au Baron, & la Justice le preigne en present, il convient que il se deffende en la Court au Baron pour la reson du present fait si come est contenu el titre du present fet, en l'usage de France.

NOTES.

(a) Il convient qu'il se deffende en la chastellerie où il sera appellez &c.] C'est-à-dire, où il sera accusé. La Coûtume d'Anjou article 71. *S'aucun fait denoncement criminel dûment applegé allencontre d'aucun, soit de meurtre, de larcin ou d'embrasement, de femme violée ou ravie, de bateure, ou mutilation faite de guet à pens, ou d'autre crime en la Cour suzeraine, jamais le vassal n'en aura la Cour ou renvoy, mais en aura la punition celuy qui a prevenu en la connoissance, & semblablement ne pourront user, les Comtes, Vicomtes, Barons, Seigneurs chastelains, hauts & moyens Justiciers. Et si denoncement estoit fait par une mesme personne en Cour suzeraine & en Cour sujette, iceluy qui premier aura reçeû & executé le denoncement en aura la connoissance pourvû que le sujet informe les Officiers du suzerain qu'il a prevenu.* Mais par le droit Romain. *Quæstiones eorum criminum quæ legibus aut extra ordinem coërcentur, ubi commissa, vel inchoata sunt, vel ubi reperiuntur, qui rei esse perhibentur criminis, perfici debere satis notum est.* Lege 1. Cod. ubi de criminibus agi oporteat lib. 3. tit 15.

Dans les lieux où il n'y avoit pas de prevention, par l'ancien usage de la France, *l'aveu emportoit* l'homme, & l'homme estoit justiciable de corps & de chastel où il couchoit & levoit, ce qui fut aboli par l'article 35. de l'Ordonance de Moulins, qui decida que les delicts seroient punis où ils auroient esté commis. Voyez les Institutes de Loisel livre 1. titre 1. Regle 19. & 26. Voyez les chapitres 13. & 33. du second livre de ces Establissemens.

(b) Li autres sires n'auroit pas la court car tiex personnes n'ont point de suite] Par *li autres sires* il faut entendre le vassal. Et le vassal, dans ces cas, n'aura pas la court de son homme, parce qu'il n'y a pas *de suite* comme il y en auroit en matiere civile. Voyez le chapitre 13. & 32. du second livre.

LOUIS IX.
en 1270.

CHAPITRE CLXV.

(a) De hons qui ſuit és fuitives.

SE aucun a *és,* (*b*) & elles *s'enfuient,* & cil à qui elles ſeront les en voye aler, *(c)* & il les ſuit toûjours à veüe & ſans perdre, & eles s'aſſieent en aucun lieu, el manoir à aucun preud'hons, & cil en qui porpris elles ſont aſſiſes, les preigne avant que il viegne, & cil dic aprés, *ces és ſont moies;* Et li autres die, *je ne vous en croi mie,* Et cil viegne à la Juſtice en qui terre ce ſera, & li die, *c'eſt hons a recüeillis mes és;* li ſires doit mander l'autre pardevant lui, & cil doit dire, *Je avoie és, qui s'enfoüirent (d) de mon eſſein, & je les ai ſuivies en la terre à ce preud'hons qui les a acüeillies & ne les me veut rendre, & je ſui preſt de fere ce que voſtre Cort eſgardera, que eles ſont moies, & que je les ai ſuivies à veüe d'elles, & ſans perdre leur veoir,* Et li autres die, *je vüeil que il en face ce qu'il en doit fere,* ſi li eſgardera len que il jüerra ſeur ſains de ſa main que (*e*) elles ſont ſeües, & que elles iſſirent de ſon eſſein à veüe & à ſeüe de luy, & ſans perdre la veüe, juſques au lieu, où il les a cüeillies, & par itant aura les és, & rendra à l'autre *(f)* la valüe du vaiſſel, où il les a *(g)* cüeillies.

NOTES.

(*a*) *De hons qui ſuit és fuitives*] Les *és* ſont icy des abeilles, ou mouches à miel, comme dans la Coûtume de Cambray, titre 24. art. dernier. Dans pluſieurs de nos Coûtumes elles ſont nommées *eps.* Voyez mon gloſſaire ſur ce mot.

(*b*) *Et elles s'enfüient*] Dans le manuſcrit de M. Baluze, il y a, *de ſon acés,* & dans la ſuite, au lieu d'*acés,* il y a, *auciés,* & dans le chapitre 159. de l'anciene Coûtume d'Anjou gloſée, il y a, *achier,* c'eſt-à-dire, *Ruche,* ces mots ſelon M. Menage viennent *d'apiarium.* Dans la loy ſalique la ruche eſt nommée *vas apium.*

(*c*) *Et il les ſuit toûjours à vüe ſans perdre &c.*] Juſtinianus tit. Inſtitutionum de Rerum diviſione ſ. 14. *Examen quod ex alveo tuo evolaverit, eo uſque intelligitur eſſe tuum donec in conſpectu tuo eſt, nec difficilis perſecutio eſt alioquin occupantis fit &c.*

(*d*) *De mon Eſſein*] Dans le manuſcrit de M. Baluze, il y a, *de mon achier.* Dans celuy de Monſ.r le Chancelier, il y a mal, *de mon hoſtel.*

(*e*) *Elles ſont ſeües*] Elles ſont *ſiennes.*

(*f*) *La valüe du vaiſſel*] Parce que celuy à qui les abeilles ſont, ne peut les emporter qu'avec le vaiſſeau de celuy qui les a accüeillies. Dans l'imprimé il y avoit mal, *volée.*

(*g*) *Cüeillies*] Il y a enſuite dans la Coûtume d'Anjou gloſée. *Et ſe aucuns qui n'euſt riens, les trouvoit aſſenées en creux, & il les priſt ſans le congé de la Juſtice, à qui ſeroient les Epaves, il en feroit groſſe amende, ou ſeroit en peril de corps. Et s'il avient qu'elles entrent en creux d'arbre, qui ne ſoit pas à celuy qui les ſuit, il doit prendre merc de l'arbre, & le rapporter devant Juſtice, come dit eſt. Elles ſeront à celuy à qui eſt l'arbre, la moitié, & l'autre* qui les a ſignées, *moitié* par moitié. Et s'elles ne ſont ſignées, elles ſeront *par moitié à Juſtice, & à celuy à qui eſt l'arbre, Et ſi aucun les trouve d'eſpave, & il les apporte à la Juſtice, il y aura la moitié.* Voyez le titre 29. de la loy ſalique aux mots *arbor ſignata,* & l'article 12. de la Coûtume d'Anjou.

CHAPITRE CLXVI.

De fame qui demande doüere.

SE aucuns hons vendoit ſa terre, fuſt Gentilhons, ou couſtumiers, ſa fame aprés ſa mort auroit ſon doüere és choſes que il auroit vendües, & aprés la mort à la fame ſi retorneroit arriere à celui qui l'auroit achetée : Et ſe cil qui l'auroit achetée diſoit, *Je ne l'acheterai pas de vous, ſe vous ne faites jurer à voſtre fame que jamais riens n'i demandera, ne par* doüere, *ne par autre choſe, & vüel que vous li vous lui en facez en autre lieu eschange pour son doüere, & par dessus je vüel avoir les lettres de l'Official, de l'Evesque* (a) *ou du Juge & seellées.* (b) Et se elle l'avoit ainsi juré de sa volonté sans force, & en *eust eschange,* & cil qui l'eust achetée eust eu lettres du don, elle n'i pourroit puis rien rapeler, car les lettres du Juge ordinaire si sont tenües & creües, & jusqu'à tant que li contreres soit prouvez, selon droit escrit en Decretales el titre *Des prüeves,* en la Decretale qui commence *post cessionem,* où il est escrit de cette matere. Et ce qui est fet par force & par poor, la Justice ne le doit pas tenir pour estable, ains doivent estre tenües

NOTES.

(a) *Ou du Juge*] Dans le manuscrit de M. Joubert, il y a, *ou du Doien* & dans celuy de Monsr le Chancelier, il y a, *ou de l'Archevesque.*

Il y a plusieurs choses à remarquer dans ce chapitre.

La *premiere,* que du temps de ces Establissemens, le doüaire n'estoit que viager & non propre aux enfans, comme il l'est aujourd'huy dans la Coûtume de Paris. Et comme en Anjou on a suivi ces Establissemens, de-là vient que le doüaire n'y est encore que viager. De ce que le doüaire n'estoit que viager & non propre aux enfans, il s'ensuit que l'heritage qui y estoit sujet, ou qui en estoit chargé, & qui avoit esté vendu par le mary du vivant de sa femme, devoit retourner à l'acquereur aprés que la femme doüairiere estoit decedée, comme il est decidé dans ce chapitre.

La *seconde,* que celuy qui vendoit ainsi son heritage, pouvoit faire jurer sa femme, que jamais elle n'y demanderoit de doüaire, & que l'usage estoit alors de prendre des letres de l'Evesque, ou du Juge, par lesquelles ils certifioient que la femme avoit fait son serment sans force & sans contrainte.

Et la *troisiéme,* que le serment que la femme faisoit ainsi, ne luy prejudicioit pas, à moins que son mary ne luy eust assigné son doüaire sur un autre heritage, comme par une espece d'eschange, ce qui paroist par ces mots, *Et se elle l'avoit ainsi juré de sa volonté sans force, & en eust* ESCHANGE, *& cil qui l'eust achetée, eust eu letres du Don, elle n'y pourroit plus rien rappeller.* La Coûtume de Touraine article 328. *Si le mary sans le consentement de sa femme, aliene aucuns des heritages qui luy appartenoient lors de son mariage, ladite femme peut aprés le trépas de sondit mary, s'adresser contre les acquereurs pour la part que les choses vendües sont sujettes audit doüaire, sinon qu'elle en eust eû recompense, ou que ledit mary durant ledit mariage eust fait d'autres acquests de pareille valeur que les choses alienées, & que ladite femme se tint à la communauté, auquel cas sera faite imputation desdits acquests au lieu des choses alienées.*

La femme noble comme il est dit dans le chapitre 14. cy-dessus a le tiers en doüaire de la terre de son mary. Que l'on suppose que ce tiers soit de dix mille livres, & que le mary en vendant sa terre principale, du consentement de sa femme, assigne son doüaire sur une autre petite terre qui ne vaille que dix mille livres, la femme joüira-t-elle de toute cette petite terre à titre de doüaire, au prejudice de ses enfans? Et il faut dire qu'elle en joüira, à la charge de les nourrir, car le doüaire n'est donné aux femmes qu'à cette condition, & les enfans ne pourront se plaindre parce que leur pere pouvoit vendre tous ses biens à leur prejudice.

Ce que disent à ce sujet Du Pineau & Le Fevre sur l'article 306. de la Coûtume d'Anjou merite d'estre transcrit. *On demande si la femme sera recompensée de son doüaire sur les autres biens de son mary, lorsqu'elle a consenti l'alienation de ceux sur lesquels il luy est assigné. Et encore qu'elle ait consenti à telle alienation & qu'elle y soit mesme obligée, elle pourra avoir son doüaire entier sur ce qui reste, eû mesme égard au fond alienè, & c'est ce semble,* dit Le Fevre, *le sentiment de Dargentré sur la Coustume de Bretagne, article 419. gl. 3. n. 2. 3. 4. & article 436.* glo. 2. num. 1. *& article 444.* num. ult. *Et la nouvelle Coûtume de Bretagne, en ayant disposé au contraire, article 470. ce tres docte personnage, grand amateur du Droit & de l'équité, s'écrie contre cette disposition. Certes les anciens Avocats de nostre Barreau citent un Arrest donné au profit de Jacqueline Du fay, veuve de noble Pierre Gaillard, par lequel il a esté donné à la veuve recompense de son doüaire sur les autres biens du mary, pour raison des fonds, à l'alienation desquels elle a consenti, & avec grande équité, parce que la femme consentant à l'alienation, travaille à la verité à la seureté de l'acheteur, mais elle ne promet rien à son mary, & ne renonce pas à son droit, ni à son recours sur ses autres biens, mais s'ils ne suffisent pas, elle n'a point de regrez sur les hypotheques à l'alienation desquelles elle a renoncé en faveur d'un tiers, dit Chopin sur la Coûtume de Paris,* lib. 2. tit. 2. de dotalio. num. 12. *Que selle y renonce expressément à l'égard mesme de son mary, elle n'a point de recours sur ses autres biens, comme il a esté jugé en ce Siege, par Sentence d'audience du mois de Juin*

LOUIS IX. en 1270.

teles convenances pour nulles, selon droit escrit en Code *De transactions*, en la loi qui commence *Interpositas*, où il est escrit de cette matere en Code *De his quæ vi metusve causâ*, en la loy *Si donationis*, & en la loy, *Si per vim*, & en la derreniere loy, & par tout le chapitre, & en la Digeste en cel meismes, titre *Quod metus causa*, en la premiere loy, el commencement.

NOTES.

1612. contre l'observation de Dargentré article 419. gl. 3. num. 2. & 3. *que nous ne recevons pas quant au doüaire. Il faudroit dire autre chose de la dot, à l'égard de laquelle la femme ne se fait jamais de prejudice, sinon au profit des acquereurs, selon Chopin sur la Coûtume de Paris,* lib. 3. tit. De prehens. n. 21. *mais cette recompense n'est point donnée à la femme pour raison des biens donnez par le mary de son consentement à leurs enfans communs en avancement d'hoirie. J'estimerois tres équitable qu'il en fut de mesme de la donation faite aux enfans d'un premier lict, ce que je ne propose pas toutefois comme indubitable. Un consentement tacite, ne nuiroit pas à la femme,* adjoûte Le Fevre, *& a cela fait tres bien, le chapitre* Pervenit ext. De emptione & vendit, *dans lequel l'acheteur avoit possedé trente ans, & le prix avoit esté converti aux usages communs du mary & de la femme. Mais si la femme qui a donné son consentement par exprés estoit mineure, sera-t-elle restituée? On distingue, ou elle est mineure de vingt ans, & elle sera restituée par la nullité de l'acte, & la prescription ne court point contre elle ou elle est majeure de vingt ans, & toutefois mineure de vingt-cinq, & on ne veut pas qu'elle soit restituée, par l'article 444. cy-dessous, parce qu'elle a pû faire remise de ses droits, & qu'il n'y a point de regrés pour ceux qui ont fait remise de leurs actions,* L. 14. *§. Si venditor Dig. De Ædilitio edicto, J'ay toûjours répondu le contraire, parce que la disposition de l'article 444. est sans esperance de restitution. Mais dans ce negoce la femme est enormement lezée, car elle ne participe point au prix. D'ailleurs le §. Si venditor est de la vente d'un meuble : & entre majeurs. Dans nostre hypothese, il s'agit d'un doüaire que nous plaçons entre les immeubles. Ce qu'on dit, qu'on peut renoncer à un droit introduit en sa faveur, doit estre entendu, pourveû que la renonciation soit faite par une personne capable, & sans caption & surprise.*

(*b*) *Et se elle l'avoit ainsi juré]* On void par là qu'ancienement en France, l'usage estoit d'exiger le serment des parties pour l'execution des contracts, suivant le chapitre *Ex rescripto extra De jurejurando,* & l'authentique *Sacramenta puberum Codice si adversus venditionem libro 2. tit. 28.* Ce serment obligeoit les mineurs mesmes, mais ils s'en faisoient relever par l'Evesque ou son Vicaire, & ils prenoient ensuite des letres de Chancelerie qu'on ne leur refusoit jamais. *Vide Rebuffum ad constitutiones Regias glossa 5. n. 50. & De restitutionibus l. 2.* Aujourd'huy ces sortes de sermens n'ont aucun effect parmi nous, & toute la faveur que les Ultramontains leur donnent a esté donnée en France aux contracts de mariage. Suivant nostre usage une fille mineure peut donc renoncer aux *successions à venir* par son contract de mariage, & une telle clause a autant de force que si elle avoit esté autorisée par le serment en Italie. Mais si une fille renonce aux successions à venir par un autre contract, eut-elle juré mille fois, comme dit Antoine Faber, on n'auroit aucun égard à son serment, ensorte que parmi nous le serment ne fait jamais valoir un acte qui ne vaut rien par luy-mesme. *Vide Antonium Fabrum De erroribus pragmaticorum. Decade 28. errore 6. n. 9. 10. & 11.* & Papon dans son recüeil d'Arrests livre 9. nombre 23.

CHAPITRE CLXVII.

De bataille entre freres.

(*a*) DUI freres (*b*) ne se *combattent pas* ensemble de fié, de terres, & de müebles, se ce n'est de *traison*, ou de *murtre*, ou de *rat* : & se ils s'en-

NOTES.

(*a*) *Dui freres]* C'est-àdire, *deux freres. Vide Legem 3. Cod. Qui accusare possunt.*

(*b*) *Ne se combatent pas ensemble de fié de terre & de müeble &c.]* Quand il estoit question de meubles, ou d'immeubles, & qu'elle ne pouvoit estre decidée par les voyes de Droit, on en venoit au duel, ce qui n'avoit lieu que dans les terres des Barons depuis

trappelloient de terre, ou de müebles, dont il doie istre bataille, il porroit bien mettre Serjans pour aus, ou por autres.

NOTES.

l'Ordonance de S.t Loüis de l'an 1260. par laquelle il abolit les gages de bataille. Et il estoit au pouvoir de ceux qui estoient ainsi en procez de combatre par eux-mesmes ou par champions, mais quand ils combatoient par champions, l'usage estoit de couper le poing au champion vaincu, ce qui fut introduit avec raison, afin que les champions combatissent fidelement & ne se laissassent pas corrompre par argent. *Se bataille,* dit Beaumanoir, *est en la Court d'aucun des hommes le Comte, pour müebles, ou pour heritages entre personnes de poote li vaincus perd la querelle parquoy li gages furent donné, & si l'amende au Seigneur en quel Court le bataille est, & l'amende de soixante sols. Et se bataille est de gentixhomes, chil qui est vaincus perd la querelle & est l'amende au Seigneur de soixante livres. Chacuns par le Coustume de Clermont en gages de müebles ou de chastiex püet avoir Avoüé, se il le requiert, soit que il ait essoine, ou qu'il n'en ait pas, & li champions a le poing coupé &c.* Beaumanoir chapitre 61. page 309. & page 315. à la fin.

Mais comme il ne convenoit pas que des freres se batissent pour des contestations civiles, on les forçoit à prendre des avoüez, ou champions, & par la mesme raison de bienseance il n'y avoit jamais guerre entre freres, *Sachent,* dit Beaumanoir, *que guerre ne se püet faire entre deux freres germains engenrez d'un mesme pere & d'une mesme mere, pour nul contens que entre eus muey, nus se li uns avoit l'autre batu, ou navré, car li uns n'a point de lignage, qui ne soit aussint prochains à l'autre comme à luy, & quiconque est aussi prochain du lignage de l'une partie comme de l'autre de chaus qui sont chiefs de guerre, il ne se doit de le guerre merler. Donques se deux freres ont content ensemble, & li uns meffect à l'autre, chil qui se meffect ne se püet escuser, de droit, de guerre, ne nul de son lignage qui li vüeille aidier contre son frere, si coume il pourroit avenir de chaux qui aimeroit mieux l'un de l'autre. Donques quant tix contens naist li sires doit punir cheluy qui meffect à l'autre, & fere droit dou contens,* chapitre 59. au commencement page 299.

Mais lorsqu'il s'agissoit de meurtre ou de trahison, & que deux freres s'en accusoient reciproquement, alors on en venoit au duel. Ce qui n'avoit lieu neamoins que dans les terres des Barons, ainsi qu'on l'a remarqué tant de fois. Voyez le chapitre 2. cy-dessus.

CHAPITRE CLXVIII.

De bataille de mehaingniés.

SE aucuns hons, ou autres (*a*) qui fussent *mehaingniés,* (*b*) & eust passé soixante ans, & un jour, & un autre (*c*) qui soit *sours, ou lours,* (*d*) ou qu'il

NOTES.

(*a*) *Qui fussent mehaingniez*] Il y a ainsi dans un manuscrit de Monsf.r le Chancelier, dans celuy de M. Joubert, & dans celuy de M. Baluze. *Mehaigner*, n'est pas frapper ou battre, mais *estropier & mutiler*. Ce mot selon toutes les apparences vient de *malignare* qui se trouve pris en ce sens dans le chapitre 11. des loix d'Henry I. Roy d'Angleterre. *Qui ordinatum occiderit, vel malignaverit, emendet ei sicut ratum sit.* Covvellus *in indice dictionum obscur.* Mehemium *enormis lesio, quâ quis ad serviendum principi in bello redditur imbecillior.* Beaumanoir chapitre 30. page 150. *Qui navre ou afole, il li doit rendre ses domages, c'est à entendre le coust des mires & des dépens du blessié, & restorer les journées selonc le métier dont il est. Et se il y a* meshaing *len doit regarder le memoire dou* meshaing, *& l'estat de la personne qui est* mehesgnié, *& l'avoir de cheli qui le* mehesgna, *& selonc che que il a vaillant, len doit donner largement dou sien au* meshaignié. *Et selonc l'ancien Droit, qui* meshaignoit *autrui, len li faisoit autel* mehaing *coume il avoit à autrui fet, chest à dire, pour poing, poing, pié pour pié. Més len en use més par nostre Coustume en cheste maniere, aincois s'en passe len par amande, si coume je ay dit dessus, & par longue prison & par fere rendre au* meshaignié *selonc son domage & selonc che qu'il est, & selonc l'avoir que cil a, qui le mehaigna &c.* Dans le chapitre 162. de l'anciene Coûtume d'Anjou glosée, au lieu de *mehaingniez*, il y a, *malingneux.* Voicy comme ce chapitre est conçû. *S'aucun* malingneux *qui puisse montrer* mehain *évident, ou*

LOUIS IX. en 1270.

peust monſtrer, & li quiex que ſoit, apelaſt l'autre de murtre, de rat, ou de traiſon, ou d'aucun autre meffet, dont li uns deuſt prendre mort, ſe il eſtoit vaincus, & li uns ſe vouſiſt changer de l'autre, & li deffendieres deiſt, *Je ne vüel pas que vous vous changiées,* (e) *car vous m'apelés, & de tel meffet dont je prendroie mort, ſi je eſtoie vaincus,* (f) Droit diroit qu'il ſe changeroit au deus, ou il le lerroit.

NOTES.

qui paſſe ſon âge de ſoixante ans & un jour, appelloit autre de grand cas, dont celuy qui ſeroit vaincu, duſt prendre mort, & le malingneux *par* mehain, *ou par âge ſe vouluſt eſchanger fuſt appelleur, ou deffendeur, droit donroit qu'il eſchangeaſt.* Vide *Legis ſalicæ tit. 32.*

(b) *Et euſt paſſé ſoixante ans]* Dans les manuſcrits de Monſ.r le Chancelier, de M. Baluze & de M. Joubert, il y a mieux, *ou autres qui ait paſſé ſoixante ans & un jour.* Voyez Beaumanoir dans le paſſage rapporté cy-aprés ſur ce chapitre.

(c) *Qui ſoit ſours ou lours]* Dans les manuſcrits il y a, *lorz.* Ce mot vient de *luſcus.* De *lours* ou *lorz* l'on a fait *lorgner.* Vide *Legem 10. Dig. de Ædilitio edicto & Merillium lib. 6. obſervationum cap. 23.*

(d) *Ou qu'il puſt montrer]* Les manuſcrits citez cy-deſſus, ajoûtent, *autre mehaing.*

(e) *Car vous m'appellez]* Le manuſcrit de M. Joubert adjoûte, *Et ſe ne vous appelle pas.* La meſme addition eſt dans celuy de Monſ.r le Chancelier & de M. Baluze.

(f) *Droit diroit &c.]* Dans un manuſcrit de Monſ.r le Chancelier, il y a, *Droit diroit qu'il ſe changeroit, ja pour ce ne le laiſſeroit.* Dans le manuſcrit de M. Joubert, il y a, *Droiz diroit qu'il ſe changeroit & ſi le lairoit,* & dans le manuſcrit de M. Baluze, il y a, *Droit dorroit que il ſe changeroient ja pour ceu ne le lairoit.* Mais de toutes ces leçons celle du manuſcrit de M. Joubert eſt la meilleure, car celuy qui avoit une eſſoine juſte & raiſonable pouvoit mettre en ſa place un avoüé ou un champion, ſoit qu'il fut appellant, ou appellé, comme nous l'apprenons de Beaumanoir, par l'autorité qui ſuit, *Si chil qui appelle, ou eſt appellés vieut avoir avoüés qui ſe combate pour luy, il doit montrer ſon eſſoine quant le bataille ſera jugiée. Pluriex eſſoines ſont par les quiex ou par l'une des quiex l'en püet avoir avoüé. Li uns des eſſoines ſi eſt ſi chil qui vieut avoir avoüé montre que il li faille* aucun de ſes membres, *par lequel il eſt aperte choſe que le corps eſt plus foible. Le ſecond eſſoine ſi eſt ſi len a paſſé* ſoixante ans. *Le tiers eſſoine, ſi len eſt accouſtumé de maladie qui vient ſoudainement, comme de goute arcticle ou de avertin. Le quart eſſoines eſt ſe len eſt malade de tierchaine, ou quartaine, ou autre maladie apertement ſeüe, ſans fraude &c.* chapitre 61. *Des apiaux*, page 308.

Cy finiſt le premier livre des Eſtabliſſemens le Roy de France, ſelon l'uſage de Paris & d'Orleans, & de Court de Baronnie.

LES ESTABLISSEMENS

Selon l'usage de Paris & d'Orleans & de Court de Baronie.

Louis IX. en 1270.

(a) LIVRE SECOND.

CHAPITRE I.

(b) De quas de haute Justice de droit, & des commandemens de droit, & de la devision de droit.

JUSTICE si est une volonté estable qui donne à chascun son droit : Et les commandemens de droit si sont tels, honnestement vivre, (*c*) ne nulle personne ne doit despire, & doit donner à chascun son droit, selonc droit escrit (*d*) en Institutes, el titre *De Justice & de droit*, où il est traitié el comencement especiaument de cette matiere.

NOTES.

(a) Livre second] Dans le manuscrit de M. Joubert, il y a, *Cy commence le second livre Des cas de haute Joustice, & commandement de Droit. Premierement de la division de Droit.* Dans le manuscrit de M. Baluze, il y a, *Cy commance le second livre de haute Justice*, & dans un manuscrit de Monsr le Chancelier, il y a, *En commance le second livre, de Joustice de Droit, & des commandemens de Droit, de l'Office de Chevalerie & de penre malfaiteur en present meffect, & de l'usage de Paris, du Chastelet & d'Orliens en Court de Baronie. La premiere rebriche si est de jostice de Droit.* Tout ce livre manque dans l'anciene Coûtume d'Anjou glosée. Voyez le chapitre 4. cy-aprés à la fin, le chapitre 10. à la fin & la note sur le chapitre 15. en la letre L.

(b) De cas de haute Justice] Ce titre n'a aucun rapport au chapitre qui suit.

(c) Ne nulle personne ne doit despire] Il y a ainsi dans les manuscrits de Monsr le Chancelier, de M. Baluze & de M. Joubert, ce mot signifie proprement *mespriser, despicere*, mais icy, c'est, ce semble, *offencer, lædere*.

(d) En institutes] Tit. 1. lib. 1. Vide *Legem 10. Dig. de justitiâ & jure.*

CHAPITRE II.

De requerre hons qui est pris en present fait.

SE aucune Justice prend un *hons le Roy*, ou aucun justisable, qui *au Roy s'avoë*, en (*a*) quelque meschief que ce soit, en *present fet*, en sa Justice, ou en sa Seignorie, & il noie (*b*) le present, la Justice qui le suivra si prouvera le present pardevant la *Justice le Roy*, si en seront en saisine la gent le Roy,

NOTES.

(a) Quelque meschief] Dans le manuscrit de M. Joubert, il y a, *mescheance*, mais dans le manuscrit de Monsr le Chancelier, & dans celuy de M. Baluze, il y a mieux, *meffect*.

(b) Le present] Dans le manuscrit de M. Baluze, il y a, le *present fait*.

Ancienement en France, dans les lieux & les cas, où il n'y avoit pas de prevention. *L'aveu emportoit l'homme*, c'est-à-dire, que l'homme, ou le Justiciable poursuivi dans la

LOUIS IX. en 1270. avant toute œuvre, & le present prouvé loiaulment, ou conneu, len le rendroit en la cort de ceux qui le tendroient pour justicier, Et se li present n'est prouvés souffisamment, il demoerroit en la Cort que il aura avoé pour justicier, par la Coustume de Baronnie.

NOTES.

justice d'un autre Seigneur, pouvoit demander d'estre renvoyé dans la justice du Seigneur sous qui il levoit & couchoit, ce qui ne devoit luy estre refusé, Et quand l'homme s'avoüoit du Roy, il estoit à l'instant en la garde du Roy, jusques à ce que le contraire eut esté prouvé, ainsi qu'il est dit dans le chapitre 31. cy-aprés au commencement.

On void dans ce chapitre cy une exception à cette regle, qui est, lors que celuy qui avoit fait le crime dans une autre justice que celle de son Seigneur, y avoit esté arresté dans le moment mesme qu'il le commettoit, car dans ce cas quoy qu'il fut justiciable du Roy, & qu'il s'en avoüast, son procés devoit luy estre fait dans la justice où il avoit esté arresté.

Mais s'il nioit qu'il eut esté arresté en flagrant delict, & s'il persistoit à demander son renvoy en la Cour du Roy, c'estoit aux Officiers de la Justice inferieure, où le criminel estoit prisonnier, à venir à la Justice du Roy, & y prouver que le prisonnier avoit esté arresté en flagrant delict. Quand ils le prouvoient, la connoissance du crime leur estoit renduë, sinon le criminel en vertu de son aveu estoit jugé par les Officiers du Roy.

Aujourd'huy, il n'y a plus d'aveu en matiere criminelle, & par l'article 35. de l'Ordonance de Moulins, les delicts doivent estre punis où ils ont esté commis. Voyez les chapitres 128. 129. & 164. du livre premier.

CHAPITRE III.

De Justice qui a à marchir au Roy.

(a) SE aucune Justice a à *marchir au Roy*, de quelque Justice que ce soit, de heritage, de Seignorie, ou d'autre chose, (b) li Roy pour le debat *prendra la chose en sa main*, & si esgardera droit à luy, & à autruy. (c) Car li *Roy n'emporte pas sesine de autrui, més len l'emporte de luy*, selonc l'usage de Cort de Baronnie.

NOTES.

(a) *Se aucun a Justice &c.]* Voyez le chap. 13. & 19. de ce livre. Dans la moyenne & la basse latinité, *marcha*, signifioit une *borne*, Regino an. 788. *Carolus Ratisbonam venit, ibique marchas & fines Bajoariorum disposuit.* Et de *marcha* on a fait *mere* & *merc*, dans la mesme signification, comme il se void dans l'article 2. de la Vicomté de Bayeux, qui dit que *les maisons & heritages de la Ville & fauxbourgs & partie de la banlieuë, selon qu'elle est bornée d'anciens meres & divises, sont tenus en franc aleu.* De sorte qu'une justice à *marchir*, ou *à marchier*, comme il y a dans le manuscrit de M. Baluze est une justice pour laquelle il y a quelque contestation à *terminer* au sujet des limites.

Que l'on suppose qu'un Seigneur ait une justice contigüe à celle du Roy, qu'il y ait entre le Roy & ce Seigneur un lieu contentieux. Qui est-ce qui aura pendant le procez la saisine de la justice de ce lieu? Il est decidé dans ce chapitre que ce sera le Roy, parce que *sa main ne nuit à personne*, & qu'il est plus juste & plus raisonnable que le sujet reçoive la saisine de son Roy, que le Roy de son sujet. Ce que dit l'autheur du grand Coûtumier livre 2. chapitre 21. en traitant *Des cas de nouvelleté* page 150. à la fin, donne quelque jour à ce chapitre, quoyque du temps de ces Establissemens, la complainte en cas de saisine & de nouvelleté ne fut pas encore connuë. *Quand aucun debat de Nouvelleté est meû entre un sujet & le Roy, adonc*, dit-il, *la chose est mise en la main du Roy, comme souveraine, mais il ne nuit point, car alors un preud'homme est esleû, qui gouverne la chose au nom de l'un & de l'autre.*

Nota. *Qu'il semble bien qu'un sujet se puisse complaindre en cas de nouvelleté contre le Roy.* Mais il y a au dessous en note, *au contraire le sujet contre le Roy, ni le Procureur du Roy contre un sujet n'est recevable en cas de nouvelleté. Jugé par Arrest du 15. Septembre 1534.* Voyez mon glossaire sur *Complainte.*

(b) *Li Roy pour le debat prendra la chose en sa main.* Voyez le chapitre 13. cy-aprés vers la fin.

(c) *Car li Roys n'emporte pas saisine.]* Voyez encore le chapitre 13. à la fin où cela est repeté mot pour mot.

LOUIS IX. en 1270.

CHAPITRE IV.

De demander sesine de heritage.

NUs ne püet, ne ne doit demander sesine de heritage, (*a*) se il n'a avant esté ensesiné, ou se cil por qui il l'a demandé, n'en a esté sesis, dequoi il est despoüillés. Quiconques demande sesine d'heritage, il le doit demander en tele maniere, *Mon pere, ou mon frere, mon cousin, ou mon parent, morut sesis & vestus, tenans &* (*b*) *prenans, ploians & desploians tenant de Seigneur, & à itel temps, que il ala de vie à mort, & morut en paisible sesine, sans suite de nului, & de tel heritage,* (& le doit nommer) *& est assis en tele sesine, & en tel lieu, & en tel fié, & come je soie le plus prochains hoirs, & de cele part, dont li heritage müet, & cil tienne à tort lesdites choses,* (*c*) *dont je requiex à avoir la sesine, & bien m'en enlignageray envers luy se il le me nie, en fesant vers vous ce que je devré, comme vers Seigneur, ou Droit, sçavoir mon, se je le dois avoir ou non.* (*d*) (Et si doit fere retenuë de plus fere, & de plus dire, se mestiers en est, que retenuë vaille, & est escrit el titre *d'appeller homme de murtre & de traison*) (*e*) Droit dit que hoirs doit estre en possession. Et est escrit en Code *De Edicto Divi Adriani tollendo,*

NOTES.

(*a*) *S'il n'a avant esté en saisine &c.*] Dans le manuscrit de M. Baluze, il y a, *Nul ne doit demander saisine, se il n'a esté devant ensaisiné de ce qui est depoüillé.*

Dans le temps de ces Establissemens, la *Complainte en cas de saisine & de nouvelleté* n'estoit pas connüe, & il n'y avoit que trois complaintes seulement; Sçavoir, celle de *force* de *nouvelle dessaisine* & de *nouveau trouble*. On appelloit *nouvelle dessaisine* la complainte que celuy qui avoit possedé un immeuble par an & jour, ou qui en avoit esté ensaisiné par son Seigneur, intentoit dans l'an, contre celuy qui l'avoit depossedé. Voyez Beaumanoir chapitre 32. & mon glossaire au mot *Complainte*. Dans le cas *de force* & de *dessaisine* le complaignant se disoit depossedé, & dans le *cas de trouble*, il demandoit d'estre maintenu dans sa possession.

(*b*) *Prenans, ploians & deploians*] Il y a ainsi dans le manuscrit de M. Joubert. Dans le manuscrit de Monf.r le Chancelier, il y a mieux, *prenans, desbleans*, & dans le manuscrit de M. Baluze encore plus netement, *tenans & prenans des blez*.

(*c*) *Dont je requiers à avoir la saisine*] On void par ces mots que celuy qui intentoit la *Complainte de nouvelle dessaisine*, demandoit d'estre remis, ou restabli dans la possession de sa chose. En sorte que dans le temps de ces Establissemens, il n'y avoit que la Complainte de *nouveau trouble*, où le complaignant demandoit d'estre maintenu dans sa saisine, ou sa possession. Dans la suite on distingua la *saisine* de la simple possession; on prétendit que la simple volonté suffisoit pour retenir & conserver la *saisine*, ou *possession civile*, & en consequence de ce principe, la *force* & *la dessaisine* n'ayant esté regardées que comme des troubles, qui estoient faits à celuy qui n'avoit pas cessé un moment d'estre possesseur civil de la chose, on ne pratiqua plus que *la complainte en cas de saisine & de nouvelleté*, & les cas de force & de dessaisine furent ainsi hors d'usage. Ce qui fut introduit par M.re Simon de Bucy, ainsi que nous l'apprenons de l'autheur du grand Coûtumier livre 2. chapitre 21. page 156.

(*d*) *Et si doit faire retenüe de plus fere &c.*] Ces mots enfermez de deux parentheses sont inutiles & ne se trouvent pas par cette raison dans plusieurs manuscrits, au rapport de M. Du Cange. Ils sont neamoins dans un manuscrit de Monf.r le Chancelier, & dans celuy de M. Joubert. Dans celuy de M. Baluze, il y a. *Et si doit fere retenüe de plus fere & de plus dire, se mestiers est & que retenüe vaille, il est écrit en Code el titre* D'appeller homme de meurtre ou de trahison &c.

(*e*) *Droit dit que hoirs doit estre mis en possession &c.*] Il n'y a pas dans la loy citée que l'heritier *devoit estre* en possession, c'est-à-dire, qu'il devoit estre *saisi*, mais il y a, qu'il *devoit estre mis* en possession. Suivant les principes du droit Romain toute possession estoit de fait, & par cette raison l'heritier n'avoit la possession des biens du defunct, que du jour qu'il l'avoit prise, comme il se void dans la loy *Quamvis C. De Edicto D. Hadriani &c.* En France, nous avons tenu pour principe, suivant les loix Romaines, que l'heritier & le defunct ne devoient estre regardez que comme une mesme personne, & sur ce fondement nous avons estabii que le vivant, c'est-à-dire l'heritier du sang, seroit saisi.

LOUIS IX. en 1270.

en la loy qui commence ainsi, *Quamvis quis se filium defuncti &c.* (*f*) & li usages de Paris & d'Orliens si est tieux que *li mors sesit le vif*, & que il doit avoir sesine, se autres ne se tret avant qui ait plus grand droit en la chose que cil. Et si doit li Sires, devant qui il requiert les choses devant dites, esgarder en sa Court par droit, par ses hommes liges, par ceux qui foy li doivent, car les choses qui sont faites en la presence de *persones nobles*, & en la Cort au Prince, tiennent selon droit escrit en Code, *Des testamens*, & est ordené *in lege Omnium testamentorum solemnitatem*, el commencement, (*g*) par Chevaliers, par Borjois, par Serjans. Et se li jugement est debattus & contendus à la premiere journée, & la seconde & la tierce, (*h*) li Sires la püet donner de soy à loyal conseil que il aura eu, se il ne püet accorder, selonc Droit escrit en la Digeste *Des choses jugiées*, en la loy qui commence *Inter pares*, Et se il ne le fesoit, & il en fust en defaute, & la defaute fust prouvée sur luy, (*i*) la Cort en vendroit au souverain, & (*k*) en perdroit li Sires tele droiture comme il i devroit avoir, par la coustume du païs & de la terre (c'est à sçavoir l'obéïssance selon *les Establissemens le Roy*, si comme il est contenu el titre *d'appeller son Seigneur de defaute de droit*, selon l'usage de Paris & d'Orleans en Court laic.)

NOTES.

(*f*) *Et li usages de Paris & d'Orliens si est tieux que le mort saisit le vif &c.*] On void par là que cette regle est fort anciene en France, & quoyque M.rs Cujas & P. Pithou l'ayent regardée, comme un proverbe traîné dans les ruisseaux des Halles, en l'appellant, *vocem de vià collectam*. On l'a trouvée si utile qu'on l'a reçeüe en Italie & en Flandres, & presque dans toute l'Europe. Voyez ce que j'ay remarqué à ce sujet dans mon glossaire, & sur la Coûtume de Paris.

(*g*) *Par Chevaliers, par Borjois, par Serjans*] Il y a ainsi dans les manuscrits de Monsr le Chancelier & de M. Joubert, mais ces mots ne sont pas dans le manuscrit de M. Baluze. Ce qui est dit icy est vray, comme on l'a fait voir sur le chapitre 138. du livre premier, mais il n'est pas en sa place, & doit estre joint aux mots, *par ceux qui foy luy devent*, qui sont un peu au dessus.

(*h*) *Li sires la püet donner*] Ce qui est dit icy doit s'entendre quand le debat vient de ce que les Juges sont partagez. Et c'est le cas de la Loy *Inter pares. 38. De Re judicata.*

(*i*) *La Cour en vendroit au Souverain*] Ancienement quand les Juges inferieurs estoient partagez dans leurs avis, & qu'ils ne pouvoient s'accorder, ou se concilier, le procés estoit devolu aux Juges superieurs.

(*k*) *En perdroit &c.*] Dans un manuscrit de Monsr le Chancelier, il y a, *en prendroit li sires tele droiture*, c'est-à-dire, le souverain, mais *perdroit*, vaut mieux.

CHAPITRE V.

Comment len doit demander recreance.

SE aucuns demande à avoir (*a*) *recreance* d'aucune chose, il doit mettre *pleges de la recreance* : car (*b*) recreance ne fiet mie sans pleiges, selon l'usage

NOTES.

(*a*) La *recreance*, suivant le Droit commun, est la possession de la chose contentieuse, qui est donnée pendant le procés, à celle des parties qui a le droit le plus apparent, & qui prouve qu'elle a joüi paisiblement pendant la derniere année.

Celuy à qui la *recreance* estoit donnée, devoit donner caution qu'il ne deterioreroit pas la chose, parce qu'il n'en estoit que gardien, ce qui se pratiquoit chez les Romains. *Lis vindiciarum est cum possessio rei controversæ alicui tribuitur à Prætore usque ad finem judicii, & quamdiu incertum est, quis debeat esse possessor & ideò qui rem tenet, satisdat adversario, nihil se in possessione deterius facturum, de quâ jurgium est &c.* Asconius in Verrinam 3. *pag. 100.* Voyez mon glossaire sur *recreance, reintegrande & applegement.*

Touchant l'usage, voyez l'Ordonance de 1667. au titre *Des Complaintes & reintegrandes*, & l'article 16. du titre 15. de la mesme Ordonance.

Icy la *Recreance* est, ce semble, une suite des *prises*, & elle consiste, selon Beaumanoir, de con

de cort laic : (*c*) Més nus ne doit *fere recreance* de chose, où il i ait *peril de vie, ou de membre*, (*d*) ne. là où il a point de sanc. Louis IX. en 1270.

NOTES.

à ravoir che qui fut pris por donner seureté de remettre li en la main dou preneur à chertain jour qui est nommés, ou aucune fois à la semonce dou Seigneur qui fit penre. Voyez cet autheur chapitre 53. où il traite au long de ces *recreances*, & le chapitre 19. cy-aprés letre (*f*) & (*g*).

(*b*) *Recreance ne siet*] Dans un manuscrit de Monf.r le Chancelier, il y a mieux, *n'afiert*. Dans le manuscrit de M. Joubert & dans celuy de M. Baluze, il y a, *recreance si ne doit pas estre &c.*

(*c*) *Ne nus ne doit fere recreance de chose où il y ait peril de vie &c.*] C'est-à-dire, qu'il n'y a pas de lieu à la recreance, en cas de meurtre, de trahison, de rapt, d'encis, d'aguet en chemin, de roberie, de larcin, de treves enfraintes, ou de arson, parce que *les pleiges n'en perdroient ne vie ne membre.* Voyez le chapitre 104. du livre premier, le chapitre 7. cy-aprés.

Beaumanoir chapitre 53. page 281.

En toutes prises quelles que elles soient excepté les cas de crimes, ou qui sont soupechonneux de cas de crimes, desquels l'en püet perdre vie ou membre, *si le fet n'est connus, ou prouvés doit estre faite recreanche, quand chil le requiert seur qui le prise fust fete*, més és cas de crime ne doit pas estre fete cheste recreanche, *fors en l'un des cas, si coume gages sont donnés de villain cas de partie contre autre, en che cas si les parties se püevent ostagier par bons pleiges que il venront à jour, recreanche leur doit estre fete &c.*

(*d*) *Ne là où il a point de sang*] C'est-à-dire, que la recreance n'a lieu, qu'où il n'y a point de sang, & qu'elle n'a pas lieu où il y a sang. Voyez le chap. 11. au commencement. Dans quelques manuscrits, il y a *plainte* au lieu de *point*, & peut-estre *peine* vaudroit-il mieux. Voyez le chapitre 7. cy-aprés en la letre (*b*) & le chapitre 20. cy-aprés au commencement.

CHAPITRE VI.

Comment len doit demander en la saisine avant que len respondre.

NUs ne doit en nulle cort *pleder dessesis;* més il doit *demander sesine* (*a*) en toute œuvre, (*b*) ou doit savoir se il la doit avoir, & droit dit que il la doit avoir; Et n'est mie tenus de respondre dessesis, ne despoüillés ne le sien tenant, ne ne fere nule connoissance, ne response, ne defaute nule, selon droit

NOTES.

(*a*) *En toute œuvre &c.*] Dans le manuscrit de M. Joubert & dans celuy de M. Baluze, il y a, *avant toute œuvre.*

(*b*) *Ou doit savoir s'il l'a doit avoir*] Il y a dans le manuscrit de M. Joubert, *ou Droit, s'il la doit avoir.* Dans le manuscrit de M. Baluze, il y a, *& doit sçavoir, s'il l'a doit avoir, ou non*, & dans un manuscrit de Monf.r le Chancelier, il y a, *ou doit sçavoir s'il l'a doit avoir.*

Ce chapitre ne fait que confirmer la regle du Droit civil & Canonique, *Spoliatus ante omnia restituendus.* Ce qui est traité à pleines mains par tous les Canonistes dans les lieux marquez sur le chapitre *Conquerente*, & sur le titre des Decretales *De Restitutione spoliatorum.* Voyez entr'autres *Germonius & Cironius.*

Ce que Beaumanoir écrit sur ce sujet merite d'estre icy rapporté. *Il soulloit estre, quant aucuns gentixhons qui avoit justice en se terre, preneit seur un autre gentixhons, que cil seur qui il preneit, ne raleit pas tant seulement querir la chose, qui li avoit esté tollüe ou esrachiée, mais quanque il pouvoit trouver, des choses au gentixhons, qui che li avoit fait en sa terre, ou en le terre de cheli, qui cheli avoit fet, & pour che que che estoit droitement esmouvement de guerre, & de mortiex haine, tex contregagemens sont deffendus, dou pooir & de l'autorité de nostre souverain terrien nostre Seigneur le Roy de France. Et si est li Establissement tex, que si je me düeilg de me chose que len me tollüe, ou efforcie*, & je le vois requierre par force, ou autre chose, dou cheli qui che m'aura fait, je suis tenu à luy ressaisir por le raison de la contreprise, & à li rendre son domage que je li auray fait en contreprenant, & suis cheu en l'amende le Roy, pour che que je suis allé contre son Establissement, *laquelle amende, se je suis gentixhons est de soixante livres, & se je suis hons de poesté, de soixante sols. Et ne pourquant*

LOUIS IX. en 1270.

escrit en Decretales, el *titre De l'ordre des connoissances*, en les Decretales qui commencent, *Cùm dilectus filius. Super spoliatione*, & par tout le titre, & selon l'usage de Court laie.

NOTES.

l'amende n'est pas si fausse que se li Rois void, que si aucuns de ses Barons ou de ses nobles puissans de son Royaume facent tex contregagemens que il n'en püet bien plus gresse amende lever &c. Beaumanoir chapitre 32. page 171.

CHAPITRE VII.

De quas de haute Justice sans rendre & sans recroire.

(*a*) RECREANCE ne fiet mie en *chose jugiée*, ne en *murtre*, ne en *traison*, ne en *rat*, ne en *cis*, ne en *aguet* de chemin, ne en *roberie*, ne en *larrecin*, ne en *trieve frainte*, ne en *arson*, selonc la cort laie : car li pleiges n'en perdroient ne vie ne membres. Et se aucuns est appellés de aucun des quas dessusdis, (*b*) qui requierrent *paine de sanc*, procurateur pour noient i est establis, selonc droit escrit, en la Digeste, el titre (*c*) Des *communs jugemens*, en la penultiéme loy : *(d)* car tiex maufeteurs sont au Seigneur des avoirs, & des cors. (*e*) Des autres quas püet len fere pés & transaction, selon droit escrit en Code des transactions, en la loy qui commence *Transigere & pacisci*, où il est escrit de cette matere *(f)* fors d'avoutire.

NOTES.

(*a*) *Recreance ne fiet mie en chose jugée]* Dans le manuscrit de M. Joubert il y a ainsi. Dans un manuscrit de Monf.r le Chancelier, il y a, *recreance si n'est mie &c.* & dans le manuscrit de M. Baluze, il y a, *Recreance n'affiert mie.* Voyez la note sur le chapitre 5. cy-dessus.

(*b*) *Qui requierent paine de sanc.]* Voyez le chapitre 5. cy-dessus à la fin, ou au lieu de *point de sang*, il faut lire, ce semble, comme icy, *peine de sang*. Voyez ce qu'on a remarqué en cet endroit letre *(d)*.

(*c*) *Des communs jugemens]* C'est la loy penultiéme *ſ. 1. Digestis De publicis judiciis*, dont voicy les termes. *Ad crimen judicii publici persequendum, frustra procurator intervenit, multoque magis ad defendendum, sed excusationes absentium ex senatusconsulto judicibus allegantur, & si justam rationem habeant, sententia differtur.*

(*d*) *Car tiex maufeteurs sont au Seigneur des avoirs & des corps]* C'est-à-dire, que le Seigneur haut Justicier qui a confisqué leurs corps, confisque aussi leurs biens.

(*e*) *Des autres cas püet len fere pés & transaction.]* Vide *Gerardum Noodt ad Diocletianum & Maximinum De transactione & pactione criminum.*

Par l'article 19. du titre 24. de l'Ordonnance de 1670. *Le Roy enjoint à ses Procureurs & à ceux des Seigneurs de poursuivre incessament, ceux qui seront prevenus de crimes capitaux, ausquels il échoira peine afflictive.* Nonobstant toutes transactions & cessions de droits faites par les parties, *& à l'égard de tous les autres, Sa Majesté veut que les transactions soient executées, sans que ses Procureurs ou ceux des Seigneurs puissent en faire aucune poursuite.*

(*f*) *Fors d'avoutire]* C'est-à-dire, excepté de l'adultere. Voyez ce qui vient d'estre observé, & *Gerardi Noodt Diocletianum cap. 20.*

CHAPITRE VIII.

De l'Office de Procurateur.

PROCURATEUR est appellés cil qui fet & amenistre à autrui besongne, selon droit escrit en la Dig. el titre *Des Procureurs* en la premiere loy; Et sans le commandement au Seigneur il n'est mie loyaux, ainçois est desloiaux, selon droit

Louis IX. en 1270.

escrit en Code, el titre *De larrecin*, (*a*) en la loy qui commence, *Falsus Procurator*, où il est escrit de cette matere. Et ce qui est fet par faux Procurateur, ne li jugemens, ne la Sentence ne vaut riens, selonc droit escrit en Code *Des Procureurs*, en la loy qui commence *Licet*, el commencement. Ne Procureur püet fere à son Seigneur dommage, se il n'a commandement de ce qu'il fera, selon droit escrit en Code, *De Transact.* en la loy *Transactionis:* Ne nus Procureur n'a pooir fors que ce dont ses Sires li donne commandement, selonc droit escrit en Code *Des Procureurs*, en la loy qui commence *Si Procurator*, & en la lettre de procuration fete au Seigneur, en Decretales *De l'Office du Juge delegué* au chapitre qui commence *Cùm olim Abbas*, en la fin, & selon les droits dessus dis, o les concordances : Et Procurateur doit garder diligemment les commandemens son Seigneur, selon droit escrit en Decretales, el titre *De rescriptis*, en la Decretale, *Dilecta in Christo*, & en la Digeste Des *mandemens*, en la loy qui commence *Diligenter*, selonc l'usage de Cort laie, & de Cort de Baronie : (*b*) Ne nus Procurateurs n'est reçeûs en *Cort laie*, se ce n'est de personne authentique, de Evesque, ou de Baron, & (*c*) ou de chapitre, ou se

NOTES.

Il y a plusieurs choses à observer sur ce chapitre, qui est tiré des loix Romaines, & des chapitres des Decretales qui y sont citez.

(*a*) *En la loy qui commence &c.*] C'est la loy *Falsus creditor 43. ff. Falsus Procurator*.

(*b*) *Ne Nus procurateurs n'est reçeû en Cour laie, se ce n'est de personne authentique, d'Evesque, de Baron ou de Chapitre &c.*

Par l'ancien droit Romain on ne pouvoit *agir* pour un autre en jugement, qu'en trois cas; Sçavoir, *pro populo, pro libertate, pro tutela*. Tit. Institutionum *Per quos agere possumus in principio*.

Ce droit a esté suivi sous la premiere, la seconde, & sous partie de la troisiéme race de nos Rois, comme il se void par ce chapitre & par ce qu'a écrit l'autheur du grand Coûtumier, livre 3. chap. 1. chap. 9. page 346. & Beaumanoir page 259. à la fin. *Adde Marculfum lib. 1. formul. 21. & 161. D. Bignonium col. 903. & Gregorium Turonens. lib. 7. cap. 48.*

Nos anciens Praticiens ont recherché la raison de cet usage. Et si l'on en croit l'autheur du grand Coûtumier, *la raison pourquoy* un demandeur *ne plaide par Procureur fondé de procuration, sans grace, si est telle, car si* l'acteur *est present*, & il a bonne cause, il est à presumer qu'il est hardy, & a bon courage pour oüir quelques deffences, qui seroient proposées au contraire, & s'il a mauvaise cause, il a honte & vergogne d'y estre, & pource le Roy luy fait grace de passer cette honte. *Il y a autre raison, car les Sieges de Justice sont de tant plus honorez, comme il y a plus d'honnestes personnes presens & en personnes; c'est à sçavoir, quand les parties principales y sont, comme Comtes, Barons & autres grands Seigneurs, & ainsi pour leur presence leurs causes peuvent estre plus brievement terminées &c.* Joignez Beaumanoir page 259. vers la fin.

(*c*) *Ou de Chapitre, ou se ce n'est de cause de commun profit de Cité de Ville &c.*] L'autheur du grand Coûtumier livre 3. chapitre premier. *Et est à sçavoir qu'un Seigneur ne peut estre en jugement par Procureur fondé de procuration faite sous son seel, se il n'a chastellenie & ressort. Mais personnes d'Eglise ou de Religion peuvent bien constituer Procureur s'ils ont Chapitre; c'est à sçavoir, sous les Seaux de l'Abbé & du Couvent, ensemble & non autrement. Et aussi peut bien un Prieur conventuel qui a administration, constituer un Procureur sous son seel.*

De College, il convient que la procuration soit passée en plein Chapitre, & ne suffiroit pas qu'elle fut passée sous le nom du Doyen, ou d'aucun autre Officier dudit Chapitre, pour l'estat commun de l'Eglise, & aussi ne seroit-il de l'Abbé sans le consentement du Couvent. Et s'il est deffendeur, il doit bien regarder que celuy du demandeur soit suffisament fondé de procuration & de grace entre les personnes privilegiées, & ne dure ladite grace qu'un an, & convient qu'elle soit renouvellée, & pour ce est-il bon au Procureur du deffendeur, de prendre copie d'icelle grace, par la main de la Cour, afin de la reprocher au demandeur, à la premiere assignation, aprés l'an d'icelle grace passé, car si par tolerance, ou inadvertance du Procureur du deffendeur, le Procureur du demandeur avoit aucune journée avecques luy, & qu'il laissast courir l'an de grace d'iceluy demandeur, sans monstrer la copie d'icelle grace expirée, & sans luy en faire reproche, en ce cas iceluy demandeur est paisiblement relevé, nonobstant qu'icelle grace soit expirée d'un an, & pour ce qui en veut faire reproche, il convient promptement montrer la copie d'icelle grace expirée, autrement il n'y soit à recevoir à iceluy debat de fondation de grace.

De cette Regle sont exempts gens d'Eglise,

Louis IX. en 1270.

ce n'eſt de cauſe de commun profit de Cité, ou de Ville, *(d)* ou d'Univerſité, ou ſe ce n'eſt du conſentement des perſonnes, (*e*) & doivent envoyer les letres à leurs adverſaires, & vault moult miex à la Juſtice, ſelonc droit eſcrit en Digeſte, des Procureurs, en la loy, *Si Procurator, (f)* ſe ce n'eſt pour contremans, ou pour eſſoigner ſon Seigneur, ou pour eſſoigner l'eſſoigne, car prouffis eſt choſe commune de deffendre celui qui n'eſt preſent, ſelon droit eſcrit en la Digeſte du Procureur, en la loy qui commence *Servum quoque* au paragraphe *publicè utile eſt*, & doit venir li contremans à la Juſtice, & à la partie adverſe; Et revocation de Procurateur quant li Sires le veut faire, ſi vaut, ſelon le droit eſcrit

NOTES.

de Religion, Colleges, Villes, Communautez, qui pour le fait de la Ville ou Communauté d'icelle voudroient conſtituer Procureur, car à telles gens ne faut grace &c. Voyez Beaumanoir chapitre 4. pages 28. 29. 30. 31. &c.

(*d*) *Ou d'Univerſité &c.*] Suivant ce chapitre nul ne peut pourſuivre, ou *agir* par Procureur *en Cour laie,* ſi ce n'eſt pour perſonne authentique, comme Eveſque, Baron, chapitre, ou pour commun profit de Ville, ou *d'Univerſité.* Ainſi de droit commun toute *Univerſité* pouvoit agir par Procureur, en Cour laye, ſans grace, & peu de temps aprés; ſçavoir en 1298. Boniface VIII. exhorta tous les Seigneurs temporels de ſouffrir que les choſes ſe paſſaſſent ainſi dans leurs Juſtices à l'égard des Moineſſes, des Abbeſſes, & des Prieures. *Porrò ne Moniales cauſam, ſeu occaſionem habeant evagandi, Principes ſeculares, ac alios Dominos temporales rogamus, requirimus & obſecramus per viſcera miſericordiæ Jeſu Chriſti, eiſdem in remiſſionem peccaminum, nihilominus ſuadentes, quod Abbatiſſas ipſas & Prioriſſas ac Moniales quaſcumque monaſteriorum ſuorum curam, adminiſtrationem negotia ve gerentes quibuſcumque nominibus cenſeantur, per procuratores, in ſuis tribunalibus, ſeu curiis litigare permittant, ne pro conſtituendis Procuratoribus, qui* Attornati *in aliquibus partibus nuncupantur, ſeu aliis hujuſmodi, ſi eaſdem oporteat evagari. Qui verò contrà præſumpſerint exhortationi hujuſmodi rationabili, atque ſanctæ obtemperare nolentes cum ſit juri contrarium, quod mulieres, præſertim religioſæ, per ſe ipſas litigare cogantur, & a viâ deviet honeſtatis, & periculum animarum inducat, ad hoc per ſuos ordinarios Eccleſiaſticos cenſurâ Eccleſiaſticâ compellantur &c.* Cap. unico ſ. 3. De ſtatu Regularium in ſexto.

En l'année 1208. l'Univerſité de Paris avoit demandé au Pape Innocent III. la grace de plaider par Procureur, & quoyque ſelon ce Pape, ce qu'elle demandoit fut de droit commun, il ne laiſſa pas que de l'accorder pour eſtendre ſon pouvoir. *Quia in cauſis quæ contra vos & pro vobis moventur, veſtra univerſitas ad reſpondendum commode intereſſe non poteſt, poſtulatis à nobis ut procuratorem inſtituere ſuper hoc vobis, de noſtra permiſſione liceret. Licet igitur de jure communi hoc facere valeatis, inſtituendi tamen procuratorem ſuper his auctoritate præſentium vobis concedimus facultatem.* Cap. 7. extra De Procuratoribus.

Ce chapitre eſt difficile & a fait peine, meſme à ceux de nos Commentateurs qui n'ont pas ignoré noſtre ancien droit. Et en effet ou l'univerſité plaidoit devant des Juges Eccleſiaſtiques, ou en Cour laye.

Si elle plaidoit devant des Juges Eccleſiaſtiques, il eſtoit inutile de demander grace de plaider par Procureur, puiſqu'en Cour d'Egliſe on plaidoit par Procureur ſans grace, & qu'on ne demandoit cette grace qu'en Cour laye. Comme il eſt dit dans cet Eſtabliſſement.

Et ſi elle plaidoit en Cour laye, ce n'eſtoit pas au Pape qu'il falloit demander la grace, mais au Roy, ou aux Seigneurs temporels.

D'un autre coſté, il n'eſt pas concevable que l'Univerſité de Paris eut demandé grace de plaider par Procureur, ſi on ne luy en avoit fait difficulté. Et comme elle s'adreſſoit au Pape pour demander cette grace, il y a lieu de croire qu'elle plaidoit devant des Juges que le Pape avoit deleguez. Et c'eſt peut-eſtre depuis cette decretale que l'uſage s'eſt introduit en France qu'on plaideroit en Cour Eccleſiaſtique ſans grace, & que cette grace ne ſeroit demandée qu'en Cour laye. Voyez Beaumanoir chapitre 4. page 31. à la fin.

(*e*) *Et doivent envoyer les letres à leurs adverſaires, & vault moult miex à la Juſtice &c.*] Quand le demandeur agiſſoit par Procureur, le Juge & le deffendeur pouvoient rejetter le Procureur, & obliger le demandeur de plaider en perſonne, ce qui devoit eſtre fait avant conteſtation en cauſe, parce qu'aprés la conteſtation, le Procureur eſtoit *dominus litis,* comme le diſent les loix Romaines. Et ſi le deffendeur vouloit bien plaider contre le Procureur du demandeur, il pouvoit en donner ſes letres, ou au Procureur ou au Juge, & encore mieux au Juge afin qu'il ne fit pas de difficulté.

(*f*) *Se ce n'eſt pour contremans, ou pour eſſoigner ſon Seigneur ou pour eſſoigner l'eſſoigne &c.*

Il y avoit ancienement une grande difference entre le *contremand* & *l'eſſoine.*

Le *Contremand,* comme on l'a déja dit cy-

en De-

en Decretales, *Des Procureurs*, el chapitre qui commence *Extrà mandatum*, en Digeste en cel mesme loy qui commence *Si procuratorem;* en Code *de satis dando*, en la loy unique, où il est escrit de cette matere. Et selon l'usage de Court laie, qui ne se deffend par Procurateur, len le doit tenir pour deffaillant, selon droit escrit en Digeste *De diversis temporalibus præscriptionibus*, en la loy premiere. Et si püet len bien dire contre les contremans, quand il est tardis, ou quand il est plusieurs fois contremandés aprés monstrée d'heritage : Et se li Procurateur essoigne son Seigneur, *(g)* il doit nommer l'essoigne, ou de la maladie, ou d'autre chose, & se l'essoigne est resnable, li Juges le doit oïr. Més si Sires doit fere de l'essoigne ce qu'il devra fere selon droit escrit en Decretales des Procureurs *cap. Querelam*, où il est escrit de cette matere. Et quand il vendra à la journée que il sera ajournés, il doit prouver son essoigne ou son empeschement, car il porroit bien perdre *(h)* aprés monstrée sesine, ou proprieté, ou la querele perdre, se il ne prüeve son essoigne, selonc l'usage de Court laie, se il avoit oy la demande, ou autres pour luy, Et fere monstrée par Justice (*i*) est estable selonc droit escrit en Decretales, (*k*) *Ut lite non contestata*.

NOTES.

dessus estoit une raison proposée, pour remettre, ou differer l'assignation.

L'essoine estoit une raison proposée par celuy qui ne pouvoit comparoir à l'assignation, ou pour maladie, ou à cause de quelque peril imminent.

Et le *contremand* differoit de *l'essoine*, en ce que celuy qui contremandoit, remettoit l'ajournement à un jour certain, sans estre obligé d'affirmer ni d'alleguer aucune autre raison, au lieu qu'en cas d'essoine, il falloit affirmer qu'elle estoit vraye. Et comme on ne pouvoit sçavoir quand elle cesseroit, la remise n'estoit jamais par cette raison à un jour certain.

Beaumanoir chapitre 3. page 24. *Il y a grande difference entre* contremans *& essoinemens, car en toutes querelles où il chiet contremans, len en püet penre trois, avant que len viengne à Court, dont chascuns de trois contient quinze jours, ne ne convient pas fere serment, ne dire la raison pourquoy len contremanda. Mais de l'essoinement, len ne püet avoir que un entre deux jours de Cour, & doit estre fet sans jour, car nul ne sçait quand il doit estre hoirs de son essoine. Et si luy convient son essoine jurer, se il en est requis de partie, quand on vient à Cour.*

En toutes querelles où il y a contremant len püet essoiner une fois, qui a essoine, mais toutes les querelles où len püet essoiner len ne püet pas contremander, car il est poi de querelles, ou nulles, ésquelles on ne peut bien essoiner qui a essoine, mais on ne püet contremander, si la semonce n'est fete simplement &c.

Comme celuy qui estoit dans l'obligation d'user de contremans ou d'essoines ne pouvoit les proposer luy-mesme, il estoit dans la necessité d'avoir recours au ministere d'un messager, pour les proposer, s'il ne vouloit pas avoir de Procureur, & dans ce cas, il ne luy falloit ni grace ni le consentement de son adversaire. Voyez Beaumanoir chapitre 3. & l'autheur du grand Coûtumier livre 3. chapitre 7.

(*g*) *Il doit nommer l'essoine]* Voyez Beaumanoir chapitre 3. page 26. ligne 43. & joignez le chapitre 102. du livre 1.

(*h*) *Aprés montrée]* Voyez Beaumanoir chapitre 3. page 24. ligne 30. le chap. 119. du livre premier, & le chapitre 10. cy-aprés.

(*i*) *Est estable]* Ces mots qui sont necessaires ont esté pris du manuscrit de M. Baluze.

(*k*) *Ut litè non contestatâ]* Cap. Quoniam. §. 6.

CHAPITRE IX.

De veer recreance.

(*a*) REcreance ne doit mie estre (*b*) vée, en droit fesant, se il n'i a resnables causes, ou se n'est (*c*) des cas dessus dis. Et quand *recreance est*

NOTES.

(*a*) *Recreance]* Voyez ce que l'on a remarqué sur le chapitre 5. de ce livre en la letre (*a*) à la fin, & cy-aprés le chapitre 19. letres (*f*) (*g*) (*h*) (*i*).

LOUIS IX. en 1270. *fete par Justice (d)* certainement il doit assener jour souffisant aus parties, & mener par droit selon tous erremens, & selon les coustumes du païs & de la terre.

NOTES.

(*b*) *Vée]* Empeschée.

(*c*) *Des cas dessus dits]* Au chapitre 5. de ce livre & au chapitre 7. au commencement. Et ces cas sont le *meurtre*, la *trahison*, le *rapt*, *l'encis*, le *guet à pens en chemins*, le *larcin*, la *treve enfrainte*, *l'arson &c.* Voyez l'autorité de Beaumanoir rapportée sur le chapitre 5. de ce livre.

(*d*) *Certainement]* Il y a ainsi dans le manuscrit de M. Joubert. Dans celuy de Monf.r le Chancelier, il y a mieux, *enterinement*, & dans celuy de M. Baluze, encore mieux, *entierement*, pour *enterinement*. Voyez Beaumanoir chap. 53.

CHAPITRE X.

De demander sesine au defaillant aprés monstrée de l'heritage.

SE aucuns est defaillant aprés monstrée d'heritaige, si comme nous avons dit (*a*) dessus, (*b*) li demander & dire en tele maniere; *Comme je demandasse à tel homme pardevant vous tel heritaige assis en tel lieu, & en telle censive, & en tel fié, que il tient à tort*, & doit retraire la demande, (*c*) & ont an & jour de monstrée, & jour de conseil, & jour certain de respondre, & doit nommer le jour & le defaut. *Et celle journée nous fusmes attendant, & il fut defaillant de tout en tout, sans fere response, & passa heure, (d) parquoi len perd, don se il cognoist le defaut, je n'ay que prover, (e) si en demant à avoir saisine ou proprieté ou querele gaignée, ou tel gaains, comme la Cort esgardera par loyal jugement, que avoir en doie. (f)* Et li ait temoignage tel comme il i doit avoir, comme aprés monstrée; Et se il le nie (*g*) en la Court laie, se les parties ne s'accordent, & otroient, se ce n'est en chose jugiée, ou en chose mise à fin en la Cort le Roy, ou en assise de Baillif, ou prouvée par tesmoins, ou par gage de bataille, se ce est hors de l'obéïssance le Roy; Et doit nommer & avoir presentement le garant qui le jour vit mettre, & assener aus parties, & le defaut fere, & en püet len jugier une bataille; Et se les parties (*h*) aucuns mehains aparissant, & il le meissent avant, (*i*) & il en eussent mention, ou retenuë, il pourroient bien mettre champions pour eux : & se estoit (*k*) en l'obéïssance le Roy, ou en sa Sei-

NOTES.

(*a*) *Cy-dessus]* Livre premier chap. 119.

(*b*) *Li demander]* Dans les manuscrits, il y a, *Li demandieres*, c'est-à-dire, le demandeur. Aprés ce mot, il y a dans les manuscrits de Monf.r le Chancelier, de M. Joubert & de M. Baluze, *doit faire sa demande & dire &c.*

(*c*) *Et ont an & jour de montrée]* Il y a mieux dans un manuscrit de Monf.r le Chancelier, & dans celuy de M. Joubert, *Et a est jour de montrée.* Dans celuy de M. Baluze, il y a, *Et eust jour de montrée.*

(*d*) *Par quoy len perd]* Un manuscrit de Monf.r le Chancelier ajoûte, *& gaigne.*

(*e*) *Si en demant]* C'est-à-dire, si demande d'en avoir saisine ou proprieté. Joignez le chapitre 119. du premier livre.

(*f*) *Et il ait tesmoignage]* Dans le manuscrit de M. Baluze, il y a mieux, *& ait tel damage &c.* Il y a aussi domage dans le manuscrit de Monf.r le Chancelier.

(*g*) *En la Court laie]* Dans un mf. de Monf.r le Chancelier, dans celuy de M. Joubert & dans celuy de M. Baluze, il y a, *Il doit requerre le recort, se il le püet avoir, car record n'est mie en la Cour laie, se les parties ne s'y accordent, & octroient, si ce n'est en chose jugiée &c.*

(*h*) *Aucun mehains.]* Voyez le chapitre 168. du livre premier, avec la note, & Britton, ou les Institutes d'Edoüard Roy d'Angleterre, composées par Briton Evesque d'Hereford, au chapitre 25. *Des appels de mahems* nombre 94. feüillet 48. *verso.*

(*i*) *Et ils en eussent mention]* Il y a dans les manuscrits, *& ils en eussent fait mention.*

(*k*) *En l'obéïssance le Roy &c.]* Voyez les chapitres 2. 3. & 4. du premier livre.

gneurie, ou en son demaine, par tesmoins, car le Roy deffend batailles (*l*) par ses Establissemens.

Louis IX. en 1270.

NOTES.

(*l*) *Par ses Establissemens*] Voyez l'Ordonance de St Loüis de l'an 1260. touchant *les duels & les gages de batailles*, & les articles 2. & 3. du premier livre de ces Establissemens. Il semble par ce qui est dit icy, que ce second livre n'en feroit pas partie. Voyez la note sur le chapitre 15. cy-aprés sur la letre (*l*).

CHAPITRE XI.

(*a*) *Comment len doit appeller de murtre.*

SE aucuns accuse un autre de *murtre*, ou de *traison*, ou des *quas* qui sont (*b*) dessus dit (*c*) où il a point de sanc, li encusierres doit fere sa plainte pardevant la Justice, & dire en telle maniere, *Je me plains de Jehan, qu'à tel jour, & à tel lieu, sans tort que je li feisse, & sans droit* (*d*) *que je li veasse* (*e*) *devant Justice* (*f*) *nuit entré & en traison, & en aguet de chemin porpenssé;* se il y a esté fet, il le doit en telle maniere mettre avant, en sa plainte. Et se il est certain du prouver, & se il i fust attains, il en seroit pugnis, si comme il est dit dessus, (*g*) el commencement des Establissemens le Roy: *Sire, il me feri de ses armes esmoulües & me donna coups, & colées, dont cuir creva* (*h*) *& sanc en issi, & me fit plaie mortieux, qui bien sont apparissans, dont se il se recognoist, je demande & requiers, qu'il en soit pugnis comme de tel fet, & mes domages me soient rendus jusques à la valüe de dix liv. Et se il le nie, je li offre à prouver* (*i*) *par enqueste, ou par tesmoins;* Car tesmoins si ont aussi grand force comme chartres & instrument du plet, selonc droit escrit en Code *De fide instrum.* en la loy qui commence, *In exercendis*, où il est escrit de cette matere, ou ainsi comme la Cour esgardera que faire se doie, & li doit la Justice denoncier (*k*) la peine qui

NOTES.

(*a*) *Comment on doit appeller homme de murtre.*] Voyez le chapitre 3. du livre premier, le chapitre 20. & le 38. cy aprés.

(*b*) *Dessus dit*] Au chapitre 5. & 7. de ce livre.

(*c*) *Où il a point de sang*] Voyez le chapitre 5. de ce livre letre (*d*). C'est comme *s'il y avoit où il y a sang*, car le meurtre & les cas specifiez dans les articles citez ne *sont pas sans sang*. Dans le manuscrit de Monsr le Chancelier, il y a, *dans les cas susdits qui requierent peine de sang*. Dans un manuscrit de M. Baluze, il y a, *dans les cas dessusdits, où il y ait peine de sang*, & il y a de mesme dans le manuscrit de M. Joubert. Dans quelques manuscrits, au lieu de *point* il y a *plainte*, mais vaut mieux *peine*, comme dans le chapitre 20. cy-aprés.

(*d*) *Que je li veasse*] Que je luy empeschasse. Ce mot vient de *vetare*.

(*e*) *Devant justice*] Ces mots sont dans le ms. de M. Joubert, dans celuy de M. Baluze, & dans celuy de Monsr le Chancelier.

(*f*) *Nuit entré*] Dans le manuscrit de M. Joubert, il y a aussi, *nuit entré*. Ces mots ne sont pas dans les manuscrits de Monsr le Chancelier & de M. Baluze.

(*g*) *El commancement des Establissemens le Roy.*] C'est le chapitre 3. du livre 1.

(*h*) *En issi*] Voyez ce qui a esté remarqué sur ce chapitre, letre (*c*).

(*i*) *Par enqueste, ou par têmoins*] Cela estoit ainsi dans les domaines & les Justices du Roy, comme il se void dans le chapitre 3. du livre premier, mais dans les justices des Seigneurs les parties en venoient au duel, suivant le chap. 10. de ce livre à la fin, & comme il est dit cy-aprés à la fin de ce chapitre.

(*k*) *La peine qui est dite cy-dessus*] Sçavoir celle du *talion*. Voyez le chapitre 3. du livre premier au commencement.

(*l*) *Gage de bataille*] Voyez le chap. 2. du livre premier, & le chapitre 10. de ce livre à la fin. Beaumanoir chap. 61. page 309. *Il est en le volonté dou Comte de remettre en se Court, quand il li plaira les gages pour meubles, ou pour heritages, car quant le S. Roy Loois les osta de se Court, si ne les osta pas de la Court à ses Barons, & se il ne les pooit rappeller en se Court, donques auroit-il moins de Seigneurie en se Court, en che cas que li houmes en leur Court Il est à la volonté des hommes dou Comte de Clermont de tenir leur*

Louis IX. en 1270.

est dite dessus, se ce est en l'obéïssance le Roy, & se ce est hors de l'obéïssance le Roy, (*l*) gage de bataille.

NOTES.

Court se il leur plaist de ches cas, selonc l'anchiene Coustume, ou selonc l'Establissement le Roy, mes se li plés est tamés, seur l'Establissement par li souffrance dou Seigneur, li Sires ne le püet plus mettre à gages, se partie s'en vieut aider, & aussint se li plés est entamés seur les gages par l'anchienne Coustume, li Sires ne le püet pas ramener à l'Establissement le Roy, se che n'est par l'accord des deux parties, car il convient querelles de gages, & toutes autres querelles demener selonc che que li plés est entamez &c.

CHAPITRE XII.

Comment len doit requerre (a) chose emblée.

SE aucuns accuse autre personne de *larrecin,* il doit avoir les prüeves prestes, selon droit escrit en Code, en la loy qui commence, (*b*) *Qui accusare volunt,* & doit nommer le larrecin, se ce est cheval, ou robes, ou gages d'argent, & doit dire en tele maniere : *Je me plaing de tel homme,* (*c*) (& doit mettre *quatre den.* (*d*) dessus la chose pardevant la Justice) *il m'a emblé tele chose,* (*e*) & puis le larrecin, je l'en ai veû en saisine, car larrecin si est une chose que l'en ne fet pas en apert, & est une chose qui est ostée contre la voulenté au Seigneur, & sans son seu, selon droit escrit en Institut. *De obligat. Ex delicto,* el paragraphe qui commence *Furtum,* & en Code el titre *Des larrecins,* en la loy, *Si quis servo alieno,* environ le milieu de la loy. Et de cel larrecin *(f)* comment il cuide dire qu'il l'ait veu en sesine, puis le larcin, & le doit prouver par bons tesmoins; Et se il defaut de prüeves, il demourra à la Justice à pugnir, (*g*) si comme nous avons dit dessus, (*h*) se ce est en l'obéïssance le Roy (*i*) se cil ne le cognoist, (*k*) & n'a esté prouvés, ne pris en present fet, ne n'a esté trouvé sesis, ne

NOTES.

(*a*) *De chose emblée]* Voyez le chapitre 17. cy-aprés, & le 91. du premier livre avec la note qu'on y a faite.

(*b*) *Qui accusare volunt]* C'est la loy 4. au Code *De Edendo.*

(*c*) *Et doit mettre quatre deniers sur la chose pardevant Justice &c.*] Il y a la mesme chose dans le chapitre 17. cy-aprés au commencement, où il est dit que c'estoit alors la Coûtume. Par nostre ancien droit les mariages se contractoient aussi *per denarios 3.* & les manumissions se faisoient *per denarium.* Vide *Bignonium ad Marculfum lib. 1. cap. 22. & Pithæi glossarium ad leges Salicas tit. 46.*

(*d*) *Dessus la chose pardevant Justice*] Ainsi il faut supposer que la chose revendiquée devoit estre devant le Juge. *Jure Romano antiquo, vindicia erat correptio manus in re, atque in loco presenti apud Prætorem.* Vide *Jacobum Gothofredum ad duodecim tabulas, libro tertio Probationum De vindiciis tabula sextâ.*

(*e*) *Et puis le larcin len ai vû en saisine]* C'est-à-dire, que depuis le larcin je l'ay vû en possession de la chose qui m'a esté volée.

(f) Comment il cuide dire] Dans le manuscrit de Monsr le Chancelier, dans celuy de M. Baluze, & celuy de M. Joubert, il y a mieux, *convient-il que die.*

(*g*) *Si comme nous avons dit dessus*] Livre premier chapitre 3.

(*h*) *Se ce est en l'obéïssance le Roy]* Car en l'obéïssance le Roy, c'est-à-dire, dans sa Seigneurie tout se prouvoit par témoins, les gages de bataille y ayant esté abolis. Voyez derechef le chapitre 3. du livre premier, & le chap. 91. du livre premier à la fin. Il semble que *hors l'obéïssance le Roy* il y avoit lieu aux gages de batailles pour le larcin, ce qui ne pouvoit estre que par un usage particulier dans quelques endroits, car presque par tout, *en larcin il n'y avoit point de gages de batailles,* parce qu'il estoit de basse Justice, ainsi que l'a remarqué Loisel dans ses Institutes Coûtumieres livre 6. titre premier *Des crimes.* Regle 20. sur laquelle il faut voir ma note, pages 274. & 275.

(*i*) *Se cil ne le connoist &c.*] C'est-à-dire, que la preuve par témoins n'est pas necessaire, quand celuy qui a commis le vol en

vestus.

vestus, car cognoissance fete en jugement vaut chose jugiée, selon droit escrit en Code *De Confessis*, en la loy unique qui commence *Confessos*.

LOUIS IX. en 1270.

NOTES.

convient, & se trouve saisi de la chose volée.

(k) *Et n'a esté prouvés*] Ces mots ne sont pas dans les manuscrits de Monsf.r le Chancelier. Dans le mss. de M. Joubert, il y a, *Et n'a esté pris prouvez ou present fait*, & dans celuy de M. Baluze, il y a, *Et n'a esté pris à present meffect*. Joignez Des Fontaines dans son conseil chapitre 22. nombre 21.

CHAPITRE XIII.

De requerre homme qui est à jor pardevant le Roy.

SE aucuns est appellés pardevant le Roy, ou devant sa gent, par adjornement, ou par semonce, il doit venir (*a*) à la Justice le Roy, à sçavoir se il est justissable, ou non, (*b*) ou de s'obéïssance, ou de sa Saignorie, ou por aleguier son privilege, selon droit escrit en la Dig. el titre *Des Jugemens*, en la loy qui commence *Si quis ex aliena*, & selon l'usage de Court laie. Et se il n'est à s'obéïssance, il doit dire en telle maniere, *Sire, je ai Saigneur*, (*c*) *par qui je ne vée nul droit, & sui couchant & levant en tel lieu, en telle Saignorie*, & doit nommer son Saignor. Et se la Justice le Roy est certaine que li sires ait justice en celuy lieu, du fet dont len le suivra, len le doit renvoyer à son Saingnieur, se il le requiert, *(d)* se il n'i a chose resonable (*e*) en present, ou ni, ou cognoissance, ou response : *(f)* car frans home, qui fet response, ou ni, (*g*) sans

NOTES.

(*a*) *A la justice le Roy*] Dans le manuscrit de Monsf.r le Chancelier & dans celuy de M. Joubert, il y a, *à l'ajournement le Roy*. Et dans celuy de M. Baluze, il y a, *au jour le Roy*. Joignez le chapitre 33. de ce livre.

(*b*) *Ou de l'obéïssance*] Un manuscrit de Monsf.r le Chancelier, celuy de M. Baluze & celuy de M. Joubert, adjoûtent, *ou de sa Justice*.

(*c*) *Par qui je ne vée nul droit*] c'est-à-dire, *lequel avoüant, je n'empesche pas que Droit ne soit fait*, ou pour mieux dire, *que je n'avoüe pas pour éloigner le jugement*.

(*d*) *S'il n'y a chose resonable*] Dans un manuscrit de Monsf.r le Chancelier, & dans celuy de M. Baluze, il y a mieux, *cause*. Dans celuy de M. Joubert, il y a, *chose*.

(*e*) *En present*] Il y a dans un manuscrit de Monsf.r le Chancelier, dans celuy de M. Baluze & dans celuy de M. Joubert, *ou present*, & dans l'autre mss. de Monsf.r le Chancelier, il y a, *ou present fet*.

(*f*) *Car frans home, si fet response, ou ni sans avoüer Justice ne Court, il ne la püet puis decliner après le plet entamé &c.* Le franc homme est icy l'homme roturier non serf, ou main-mortable, qui possede un fief. Quand le franc homme estoit levant & couchant sous un Seigneur, il estoit justiciable de ce mesme Seigneur de *meuble, ou de chastel*, ce que Loisel a tres bien remarqué dans ses Institutes Coûtumieres livre premier titre premier, dont les Regles 19. 20. & 26. portent que *Les roturiers, ou vilains sont justiciables des Seigneurs, dont ils sont levans & couchans, sinon qu'il soit question d'heritages qu'ils tiennent ailleurs, ou qu'ils soient Bourgeois du Roy*. Et que *l'aveu emporte l'homme, & est justiciable de corps & de chastel, où il couche & leve, mais* que *par l'Ordonance de Charles IX. les delicts sont punis où ils sont commis*.

Suivant ce chapitre, lors qu'un franc homme estoit poursuivi pour crime, ou pour meuble, dans une autre Justice que celle du Seigneur où il levoit & couchoit, il pouvoit former son aveu, *c'est-à-dire*, s'avoüer de son Seigneur, & demander d'estre renvoyé dans sa justice, ce qui ne pouvoit luy estre refusé, pourvû qu'il eust demandé son renvoy, ou formé son aveu avant contestation en cause, parce que toute exception declinatoire ne peut plus estre proposée après que la cause a esté contestée, & il y a lieu de dire, qu'alors le Seigneur mesme ne pouvoit plus revendiquer son homme. Voyez Bacquet des droits de Justice chapitre 9. avec la note, & ce que j'ay remarqué sur les Regles de Loisel qui viennent d'estre rapportées. Tel estoit l'usage à l'égard des hommes *francs*. Quant aux *serfs*, ou mainmortables, ils n'avoient en cas de cri-

Louis IX. en 1270.

avoër Justice, ne Cort, (*h*) il ne la püet puis decliner aprés plet entamé. Car li (*i*) où li plés est entamés & commanciés, illuec doit prendre la fin, selon droit escrit en la Digeste, *De judiciis. Lege Ubi*, Et en Code *De jurisdictione omnium judicum &c.* en la loy qui commence *Nemo*, où il est escrit de cette matere; car nus ne püet aprés *ni*, decliner Siege ordinaire; Et se la Justice en doute qu'il ne soit justiffable, à celui qu'il aura avoé à son Saigneur, il le doit tenir jusques à tant que cil le requiere qu'il aura avoüé à Saingnieur: (*k*) car len ne doit pas rendre court par derrieres, Ne nus n'est souffisans tesinoins en sa querele & pour ce ne le doit pas, selonc droit escrit en Code *De testibus*, en la loy qui commence *Omnibus*. (*l*) Ne pour ce ne le doit pas la Justice croire ne adjouster foy devant qu'elle soit certaine du mandement au Saigneur, (*m*) par certain message, ou par Sergens generaument connus, ou par lettres au Saignieur, ou par son Prevost, ou par son Major, selon droit escrit en Code *Des mandemens au Prince*, en la premiere loy, où il est escrit de cette matere; (*n*) car quand aucun dit qu'il est au Roy, ou à l'Apostole, len ne le doit pas croire (*o*) se len ne voit les lettres. Et quand li Sires le requerra, & fera certains souffisamment la gent le Roy, si comme nous avons dit dessus, len le doit rendre, & se il en doute il le doit recroire, se la recreance i siet, par le commun de la terre, par pleges mettans souffisans, ou soi meismes par sa foy, ou par son serement, se il ne püet pleges trouver por justicier devant lui, ou là où droit le metra, Et doivent les justices aller el lieu, (*p*) pour enquerre de la justice & de la Saignorie, & les parties presantes à certain jour à qui la chose touche & appartient : (*q*) car len ne fet pas en Cort laie jugement d'une parole, que se l'autre partie n'est oïe, & appellée souffisamment, len ne püet riens definer, ne jugier, selon droit escrit en Decretales *De cause de possession & de proprieté* en la premiere Decretale vers la fin, & selon droit escrit en Code, *Si adversùs dotem*, en la premiere loy, en la fin où il est escrit de cette matere, car li Prevos de la Province doit cognoistre de la cause, la partie adverse presente selon Baronie. Et se il y a debat de la justice entre les parties, le Roy, qui est souverain es choses temporieux, (*r*) le prent en sa main, ne *li Rois ne desesist nului, ains enquiert de son droit loyaument, & de l'autrui esgarde droit à soi & à autrui. Car len emporte sesine du Roy,* nou

NOTES.

me, ou quand il s'agissoit de meubles, d'autres Juges que leurs Seigneurs, ce que nous apprenons de P. Des Fontaines dans son conseil chapitre 21. où il fait à cet égard de la difference entre le serf & le villain, en observant que selon son usage, il n'y avoit cependant entre le Seigneur & le villain, *autre Juge fors Dieu.*

(*g*) *Sans avoüer Justice*] C'est-à-dire, sans avoüer son Seigneur, sous qui il leve & couche. Dans un ms. de Monsr le Chancelier, il y a mieux, *sans veer.*

(*h*) *Il ne la püet plus decliner*] C'est-à-dire, la justice, où il a fait *response*, ou *ni*. Dans le manuscrit de M. Baluze, il y a, *Justice ne le püet plus delivrer aprés plet entamé.*

(*i*) *Ou li plet est entamés.*] Voyez Beaumanoir chapitre 10. page 55. ligne 32.

(*k*) *Car len ne doit pas rendre Court par derrieres*] C'est ce qui est dit cy-aprés que *len ne fet pas en Court laie jugement d'une parole, que se l'autre partie n'est oye & appellée souffisament.*

(*l*) *Ne pour ce ne le doit pas la jousti-ce croire*] Il y a ainsi dans le manuscrit de M. Joubert & dans celuy de M. Baluze, mais celuy de M. Joubert ajoûte. *Car quant aucuns dit qu'il est au Roy ou à l'apostoile &c.* De sorte qu'il y manque beaucoup en cet endroit.

(*m*) *Par certain message.*] Voyez Des Fontaines dans son conseil chapitre 21. article 32. 33. page 123.

(*n*) *Car quand aucun dit qu'il est au Roy ou à l'apostole &c.*] Tout ce qui est depuis la letre (*g*) jusques icy manque au manuscrit de M. Joubert. L'Apostole est le Pape.

(*o*) *Si len ne void les letres*] Voyez ce que j'ay remarqué sur le premier titre du livre premier des Institutes de Loisel Regle 20. & 21.

(*p*) *Pour enquerre de la justice*] Voyez le chapitre 3. cy-dessus.

(*q*) *Car len ne fet pas en Court laie jugement d'une parole &c.*] C'est ce qui est dit cy-dessus que *len ne doit pas rendre Court par derrieres.*

(*r*) *La met en sa main*] Cecy sert à faire entendre le chapitre troisiéme de ce livre.

pas li Rois *d'autrui*, si comme nous avons dit dessus : car li Rois n'a point de souverain es choses temporieus, *(s)* ne il ne *tient de nului que de Dieu, & de lui.* Ne de son jugement, len ne püet appeller *(t)* qu'à nostre Saigneur de lassus: car cil qui len appelleroit, ne trouveroit pas qui droit len fist. LOUIS IX. en 1270.

NOTES.

(s) Ne il ne tient de nuluy que de Dieu & de luy] Dans un manuscrit de Monsr le Chancelier, il y a seulement, *il ne tient de nuluy que de Dieu.* Dans le manuscrit de M. Baluze, il y a, *Ne il ne tient de nuluy fors de Dieu & de soy*, & dans le manuscrit de M. Joubert il y a comme dans l'imprimé de M. Du Cange, *Ne il ne tient de nuluy fors de Dieu & de luy.* Voyez le chapitre 78. du premier livre à la fin, & le chapitre 19. cy-après letre *(o)*.

Charles VII. irrité d'un mauvais jugement qui avoit esté rendu contre luy, le droit & les loix du Royaume, en appella *à Dieu* son seul maistre, & *à son épée*, ne reconnoissant aucun autre superieur. Voyez ce que j'ay remarqué sur Loisel dans ses Institutes Coûtumieres, livre premier, titre premier, regle 2.

(t) Qu'à nostre Seigneur de lassus] Dans le ms. de M. Joubert, il y a, *qu'à luy*, mais dans le ms. de M. Baluze, il y a mieux, *fors à Dieu.*

CHAPITRE XIV.

Comment Avocas se doit contenir en cause.

QUand aucuns a bonne deffense & loïaux, li *Avocas (a)* & li *Avantparlier* doit mettre avant & proposer en Jugement ses deffenses, & ses barres, & toutes les choses qu'ils cüident, qui valoir leur doient, & puissent loyaument, Car ce que li *Avocas* dit, si est aussi estable, comme se les parties le disoient, quand il entendent *(b)* ce que il dient, & il ne le contredient presentement, selon droit escrit en Code, *Des erreurs des Avocas*, en la premiere loy; Et toutes les resons à destruire la partie adverse, si doit dire courtoisement, *(c)* sans *vilenie* dire de sa bouche, ne en fet, ne en dit; Et si ne doit fere nul marchié à celuy pour qui il plaide, plet pendant, car droit le deffend en Code, *De postulando*, en la loy qui commence *Quisquis vult esse causidicus*, & ce appartient à loyal Avocas, si comme la dite loy le dit; *(d)* Et doit dire & requerre à la Justice,

NOTES.

(a) Ou li avantparlier] Il y a ainsi dans tous les manuscrits. Dans le chapitre 11. du conseil de Pierre Des Fontaines, il y a Amparliers. *Chi parole des amparliers & des mesdits as Amparliers.* De *parabola*, dans la basse latinité, on a fait *parole*, & de *parabolare* on a fait *parler*. Et comme les Avocats parlent pour les parties qu'ils deffendent, ils ont esté nommez *Emparliers* & *Avantparliers*, parce qu'ils plaident avant le jugement de la cause, ou comme il est dit dans ce chapitre, *parce qu'ils mettent avant & proposent au jugement les raisons des parties.* Voyez le dialogue des Avocats page 463. & le glossaire du droit François sur ce mot.

Dans l'ancien droit Romain, *Advocati* estoient ceux qui consultoient, & *Patroni*, les Emparliers, ou ceux qui plaidoient. Et dans la moyenne & la basse latinité, *Advocati* estoient les *Avoüez* ou *Vidames*.

(b) Ce que il dient] Des Fontaines dans son Conseil chapitre 11. n. 7. *Le lois escrite dist ke les choses ke li Amparliers dient, quant cil qui les querelles sont present, doivent valoir autrestant comme si le Seigneur mesmes des querelles les disoient.*

(c) Sans vilenie dire] Lex Quisquis Cod. de Postulando. *Temperent se ab injuriâ, nam si quis adeò procax fuerit, ut non ratione, sed probris putet esse certandum, opinionis suæ imminutionem patietur &c.* Non jurgia vendant, non iras, non verba locent; *Nec doceat toga infectos vitiis falsa loqui non sine crimine.*

(d) Et si ne doit fere nul marchié à celuy pour qui il plede] Lex Quisquis Cod. de Postulando. *Præterea nullum cum litigatore contractum, quem in propriam recepit fidem, ineat advocatus, nullam conferat pactionem.* Où la glose met. *Ergo nec emere, vel alias contrahere cum clientulo potest. Et est ratio, quia omnia daret propter timorem litis, sicut infirmus, propter timorem mortis, ut Digestis De variis cognitionibus. Lege* Medicus. *Ante vero & post, sic. Dig. De variis cognitionibus Leg.*

en fouploiant, (*e*) *De mes barres, & de mes deffenses que je ai dites & proposées en jugement pardevant vous, qui me sont proufitables, si comme je croy, ne me veillé-je mie partir, sans droit & sans loial jugement de vostre cort :* (*f*) car len püet mettre & oster en sa demande jusqu'au jugement, *si fais-je bien* (*g*) *retenuë de plus fere & de plus dire en lieu & en temps, quand droit m'i amenra, si comme de barres peremptoires, qui ont lieu jusqu'à jugement, & jusqu'à sentence, selon droit escrit en Code* Sententiam rescindi non posse, *en la loy qui commence,* Peremptorias exceptiones, *Si que je ne chiée mie en tort envers le demandeur, ni à la Justice, dont je vous requiers droit, comme à Justice, se vous le me devés fere ou non.* En soupployant le doit dire & en requerant droit. Et la Justice li doit faire esgarder en la Court par droit, & faire jugier ses barres, & ses deffenses par cil qui le püeent faire, & doivent par l'usage du païs, & donner loial jugement des choses qui sont (*h*) jugiées pardevant luy, selon l'usage de la Cort, à ses justissables droit faisant, & le doit nommer par droit selonc la coustume de la terre.

NOTES.

1. ʃ. Si cui. Sed quid si ante non convenit de salario ! Respondeo secundum Joannem, quod tunc potest conveniri pendente lite, argumento hujus literæ, in propriam recepit fidem. *Et hoc non puto, licet æquitas me multum moveat in contrarium.*

Beaumanoir dans ses Coûtumes du Beauvoisis chapitre 5. page 33. *Li Avocats par nostre Coustume püent penre de la partie pour qui il plaident le* salaire *convenancé, ne més que il ne passent pour une querelle* trente livres, par l'Establissement nostre Roy Philippe. *Et se il ne font point de marchié à chaus pour qui il plaident, & doivent estre payés par journées, selonc che que il levent, & selonc leur estat, & che que la querelle est grant, ou petite, car il n'est pas resons que un Avocat qui va à un cheval, doie avoir aussi grant journée comme chil qui va à deux chevaux, ou à trois, ou à plus, ne qui chil qui peu fet, ait autant comme chil qui fait assez, ne que chil qui plaide pour petite querelle, comme chil qui plede pour la grant.*

Et quand plet est entre l'Avocat, & chely pour qui il a pledié, pour che que il ne se püent accorder dou salaire *qui ne fut pas convenancié, estimation doit estre faite par le Juge selonc che que il void que resons est &c.*

On void par cette autorité de Beaumanoir que par l'ancien usage de la France les Avocats avoient action, pour estre payez de leurs *honoraires.* Quelques-uns denient cette action aux Avocats, en sorte que, selon eux, un Avocat ne peut aujourd'huy honestement plaider pour son honoraire, ce qui est avantageux à ceux qui sçavent exiger de grosses sommes & se les faire payer d'avance, & pernicieux à ceux qui ont de la modestie & de la pudeur. Et il seroit à souhaiter qu'à l'imitation du Roy Philippe le Hardy, qui par son Ordonance de 1274. statua que les honoraires des Avocats, ne pourroient exceder trente livres, on leur donnât aujourd'huy des bornes raisonables.

Quelques-uns ont prétendu qu'entre l'Avocat & le client, le medecin & le malade, il n'y a pas de loüage, ou de conduction, & que c'est la raison pour laquelle l'Avocat ne doit pas avoir d'action pour son salaire, ou son honoraire. Mais Jacques Godefroy remarque, dans son traité *De salario cap. 1. n. 6.* que le payement appellé *merces,* estoit pour les arts mechaniques, & le *salaire* pour les arts *liberaux.* Et dans l'article 5. du chap. 5. il prouve que le salaire est dû aux Avocats, & qu'ainsi ils ont action pour s'en faire payer. *Advocatis, seu togatis honorarium, seu vocis & præsidii pretium, triplici jure debetur, ex provisione hominis, veluti per stipulationem, ex mixtâ ratione hominis & legis, ex pacto nudo ex merâ provisione legis, officioque judicis, nempe & si nihil conventum, nullum salarium advocato promissum fuerit, nihilominus præstandum est officio judicis &c.* Vide *Legem* 1. ʃ. In honorariis *Dig. De extraordinariis cognitionibus. Speculatorem De salario advocati. Cinum ad Leg.* adversus *qu. 3. Cod.* Mandati. *Baldum ad Legem* Properandum. ʃ. Et illo procul dubio *Cod.* De Judiciis, *Fredericum De senis consilio 218. Alexandrum* consilio 109. n. 2. lib. 6. *Parisium* consilio 105. n. 10 lib. 4. *Minochium* De arbitrariis lib. 2. centuria 6. casu 717. n. 1. 6. 7. Gutierrez *De sacramento confirmatorio* p. 1. cap. 64. n. 3. *Johan Costam* consilio 43. n. 6. *Riccium* Decisionum Neapolitan. c. 85. n. 2. *Magonium* Decis. Florent. 12. n. 4. *Vivium* in communib. opinionib. 2. p. op. 6. *Cæphalum.* Qu. 288. n. 8. & *Farinacium.* Decision. Rotæ cap. 310. Il y a un traité du salaire des Avocats de Lecornay.

(*e*) *De mes barres*] C'est-à-dire, de mes exceptions.

(*f*) *Car len püet mettre & oster*] Voyez Beaumanoir chapitre 5. page 33. à la fin.

(*g*) *Retenuë*] Protestation. Voyez le chapitre 20. cy-aprés letre (*e*).

(*h*) *Jugiées*] Dans les manuscrits, il y a, *proposées.*

CHAPITRE

LOUIS IX. en 1270.

CHAPITRE XV.

Comment len doit faire jugement & rendre aux parties, & demander amendement, ou fausser, se il n'est loyaux.

QUand les parties seront coulées en Jugement, li Prevost, ou la Justice si feront les parties (*a*) renser, & appelleront souffisamment gent (*b*) qui ne seront mie de parties, (*c*) & doit la Justice *retrére* ce dequoy eus seront mis en jugement pour l'une partie & pour l'autre, & livrer les paroles (*d*) *aux Jugeurs*, (*e*) Et ils doivent loyaument jugier les fuils des hommes, & ne doivent mie jugier selon la face, ains doivent rendre loyal jugement, & doivent avoir Dieu devant leurs els, car jugement doit estre épouvantable, selonc droit escrit en Code *De judiciis*, en la loy qui commence *Sicuti*, ne ne doivent avoir remembrance d'amor, ne de haine, de don, ne de promesse, (*f*) quand ce vient au jugement; se il li plaist, & il voye que bien soit, & loyautés, mes il doit dire aux parties, que eus facent pés, & en doit faire son pooir: car il appartient à toute leal justice, & à tout Juge de depecier les plés, & les quereles métre à fin loiaument, selon droit escrit en la Digeste, en la loy qui commence *Quidam existimaverunt D. Si certum petatur*, (*g*) Et se il püet accorder de pés, (*h*) la justice si doit appeller les parties presentes à jugement, si come il a esté fet, (*i*) car li Juges, si ne doit pas faire le jugement, selon la Court laie, & ains doit dire en telle maniere, *comme vous vous fussiés mis en droit, & coulé en jugement, seur toutes demandes, & sur tieuz deffenses en requérant droit, (& les doit retraire,) pource que vous les avez proposées, & que vous avez repondu, à la demande*

NOTES.

(*a*) *Renser*] Il y a *reuser* dans le manuscrit de Monf.r le Chancelier. Dans celuy de M. Joubert, il y a, *mander*, & dans le manuscrit de M. Baluze, il y a, *ruser*.

(*b*) *Qui ne seront mie de partie*] Dans le chapitre 105. du livre premier, il y a, *qui ne seroit de l'une partie, ne de l'autre*.

(*c*) *Et doit la Justice retrere*] Voyez le chapitre 105. du livre premier, avec la note qu'on y a faite.

(*d*) *Aux Jugeurs*] Voyez ce qu'on a remarqué sur le chapitre 105. du premier livre.

(*e*) *Et doivent loiaument juger &c.*] Voyez le chapitre 41. des loix de Guillaume le Bastard, & le 28. des Loix d'Henry I. Roy d'Angleterre, dans le livre qui a pour titre *Archæologia, seu de priscis Anglorum legibus*, imprimé à Cambrige, *in folio* en 1644.

(*f*) *Quand ce vient au jugement*] Il y a ensuite dans un manuscrit de Monf.r le Chancelier, *Se il est enterinez, sans contredit & il est d'un acort, la justice si doit retraire aux parties, son jugement, se il li plest &c.* Il y a de mesme dans le manuscrit de M. Joubert, mais dans celuy de M. Baluze au lieu *d'enterinés*, il y a, *entamés*.

(*g*) *Et se il püet accorder de pés*] Dans les manuscrits de Monf.r le Chancelier, de M. Baluze & de M. Joubert, il y a mieux, *Et se il ne püet accorder*.

(*h*) *La Justice si doit appeller les parties presentes à Jugement*] Dans un manuscrit de Monf.r le Chancelier, dans celuy de M. Joubert & dans celuy de M. Baluze, il y a mieux, *la Justice si doit appeller les parties, & donner & rendre, les parties presentes son jugement, si com il a esté dit &c.*

(*i*) *Car li Juges, si ne doit pas fere le jugement, selon la Cour laie*] Ceci est expliqué par Beaumanoir dans le chapitre premier de ses Coûtumes du Beauvoisis page 11. ligne 34. *Il y a aucuns liex là où li Baillis fet li jugemens, & autres liex, là où li hommes de fief au Seigneur les font. Or disonsnous ainsint, que les liex, là où li Baillis font les jugemens, quant li Baillis* a les paroles reçûës, & elles sont appuyées en jugement, *il doit appeller à son conseil des plus sages, & fere li jugement por leur conseil. Et là où len juge par hommes, le Bailli est tenu en la presence des hommes, à penre les paroles de chaux qui plaident, & doit demander as parties, se il vüellent oïr droit, selonc les raisons que ils ont dites. Et se il dient Sires, oïl, le Baillis doit contraindre les hommes que il facent le jugement &c.* Dans le premier cas, c'estoit proprement les *Juges* qui

LOUIS IX. en 1270.

ne tardés pas ces preudomes qui ci sont, se il vous esgarderont loyaument, & par droit jugement; se ce est de *heritage*, ou de *müeble*. Et se ce est de *murtre*, ou d'autre chose, il doit dire en telle maniere : *Nous l'assolons, ou condamnons de la demande qu'il faisoit encontre luy par loial jugement, que nous avons fet par droit*, liquiex doit estre à eux rendus, & ne doit pas estre vendus, Et se aucune des parties se sent du jugement grevée, & que len leur ait fet tort, & grief, qui soit apert, (*k*) il en doit tantost *appeller sans demorer*, au *chief Seigneur*, ou à la cort de celuy, de qui il tiendra de *degré en degré*, (*l*) si comme nous avons dit dessus, el titre *Comment len doit demander en amendement de jugement:* & doit *appeller sans delay:* car les choses jugiées en Court de Baron, desquiex len *n'appelle pas* tantost, sont tenües *estables*, selon l'usage de la Cort laye, & selon droit escrit en Code (*m*) *Des Avocas, des divers Juges*, en la loy premiere où il est escrit expressement de cette matere, & doit dire en telle maniere : *De ce jugement je demande* (*n*) *amendement de jugement*, si come nous avons dit dessus (*o*) el titre *De demander amendement de jugement*, en souploiant : (*p*) car *souplications* doit estre faite *en Court de Roy*, & non pas appel : car appel contient felonnie, & iniquité selon droit escrit en Code *De haut Prince les prieres*, en la loy qui commence, *Si quis adversùs*, & la loy, *Instrumentorum*, & en la loy unique qui commence, *Litigantibus*, el Code *De sententiis Præfectorum, Prætorio* & en la Digeste, *De minoribus*, en la loy *Præfecti*, où il est escrit de cette matere, que len doit souploier au Roy, que il le jugement voye, ou face

NOTES.

faisoient le jugement, lesquels estoient nommez *Jugeurs*, & dans le second, c'estoit les *Pers*. Voyez le chapitre 105. du livre 1.

(*k*) *Il doit tantost appeller sans demorer*] C'est-à-dire, qu'il doit appeller au plustost. Quant à *l'amendement* de jugement il devoit estre demandé, en suppliant dans le jour. Il semble neamoins qu'icy ces deux choses soient confondües. Voyez ce que j'ay remarqué sur le chapitre 80. du livre premier. Joignez l'article 12. de l'Ordonance de 1667. au titre de *l'Execution des Jugemens, & Cujacium ad tit. De Appellationibus in paratit.*

(*l*) *Si come nous avens dit cy-dessus el titre, Comment len doit demander amendement de jugement*] Cecy prouve que le second livre fait partie des Establissemens de S.t Loüis. Joignez l'Ordonance de Charles VII. de l'an 1453. à Montil les Tours article 18.

(*m*) *Des Avocats de divers Juges*] Cette citation est fausse.

(*n*) *Amendement de jugement &c.*] Il y a ensuite dans le manuscrit de M. Baluze. *Et doit fere retenüe de fausser & doit dire presentement.* Cil jugement n'est ne bons ne loiaux, ainchoix est faux & mauvais, si en appel au souverain. Et bien vüeil sçavoir qui a fait tel jugement *(& doit nommer la Court où il appelle) c'est à sçavoir le pardessus, & prouveray pardevant le souverain pour tel comme je le di, selon ces Establissemens le Roy.* Et se cil defaut de prouver, *il sera punis selon la Coûtume du pays de la terre, si come il est dit cy-dessus el commencement des Establissemens nostre Sire le Roy. Et se li Sires est ataint de faux jugement, il en perdra l'obeïssance quant à soy, selon l'usage de la Cour laie. Et se li jugement a esté donnés en Court de Prevost, ou de Baillis ou du Roy, il doit demander amendement de jugement en supliant, car &c.* Un manuscrit de Mons.r le Chancelier contient la mesme augmentation.

(*o*) *El titre de demander amendement de jugement*] Livre 1. chapitre 80.

(*p*) *Car supplication doit estre faite*] Voyez ce que j'ay remarqué sur le chapitre 80. du livre premier. Voicy comme mon ancien manuscrit qui est une espece de conference du Droit François avec le Droit Romain, s'explique sur ce sujet au titre *d'Apiaux, de supplication & de faux jugement*, page penultiéme *Selon la Coustume de France len ne doit pas appeller, car ce n'a pas esté usé, més se aucuns est grevez de jugement, il doit dire tex paroles. Je me tiens a grevez de la sentence que vous avez donnée contre moy, qui n'est pas bonne, ni tele comme elle doit estre, selonc les Us de la terre, ains est mauvaise & ne me tient pas à jugiez car li jugement est faux, & si en requiert l'amendement dou souverain. Et quand il vient devant le souverain, si doit dire tex paroles*, Sire, je soupploie à vous comme *à souverain*, que li Quens de Blois a donné Sentence contre moy en la cause d'une meson, qui est entre moy & Gaubert, assisse en tel & en tel censive, & à tel jour fut donnée, & de tex gens, laquelle est fausse mauvese & non droituriere selon les Us du pays, por laquelle chose Sire je vous requiers amandement dou jugement. *Lors si doit dire la cause raisonable parquoy li jugement est mauvés.*

voir, & se il n'est contre droit, que il le face tenir, & (*q*) enteriner par la Coûtume du païs. Et ce ne püet-il (*r*) veer aux parties selon les *Establissemens le Roy*, si comme il est dit dessus, *(s)* Et se ce est hors de l'obéïssance du Roy, & il viegne en la Cort le Roy par resort, par apel, ou par defaute de droit, ou par faus jugement, ou par (*t*) recreance née, ou par grief, ou par véer le droit de sa Cort, (*u*) il convient, que il die, que le jugement *est faus*, ou autrement il ne seroit pas oïs (selon les Establissemens,) Et selon l'usage de Cort laie, (*x*) s'il appelloit son Seigneur des choses dessus dites, li Sires en auroit le recort de sa Cour, droit fesant, *(y)* & comment que ce soit prouvé par bons tesmoins, si comme il est dit dessus, & cil qui sera trouvés en son tort l'amendera par la Coustume de la terre.

NOTES.

(*q*) *Enteriner*] Enterin en vieux François signifie *entier*. *Enteriner*, c'est declarer un jugement *entier*, *bon* & *parfait*, & ordonner qu'il sera accompli & executé.

(*r*) *Veer*] Empescher, refuser.

(*s*) *Et se ce est hors l'obéïssance le Roy*] En l'obéïssance *le Roy* on pouvoit demander *amendement de jugement*, mais on ne pouvoit *fausser*. Le chapitre 68. du livre premier. *Nus gentishons ne püet demander amendement de jugement que len li face, ains convient que len le fausse tout outre, ou que il tienne pour bon, si ce n'est en Cort le Roy, car illueques püent toute gent demander amendement de jugement par droit*, & pource ne püet len fausser, *car len ne trouveroit mie qui droit fit, car li Rois ne tient de nullui, fors de Dieu & de luy*. En Court inferieure, *on faussoit*. Joignez le chapitre 138. du livre premier.

(*t*) *Recreance née*] Dans les manuscrits il y a mieux, *vée*. Voyez le chapitre 9. de ce livre avec la note.

(*u*) *Il faut qu'il die que le jugement est faux*] Voyez Des Fontaines dans son conseil chapitre 22. & Beaumanoir chapitre 67.

(*x*) *S'il appelloit*] Dans un manuscrit de Monsʳ le Chancelier, il y a, *s'il n'appelloit*. Il faut toûjours se souvenir icy qu'il y avoit anciennement dans le Royaume des lieux où les jugemens se faisoient par *Pers*, & d'autres où ils se faisoient par *Baillis* & *Jugeurs*. Or dans les lieux où ils se rendoient par Baillis & jugeurs, & peut-estre dans les lieux où ils se rendoient par *Pers* & Baillis, on pouvoit fausser les jugemens contre les jugeurs ou les Pers, sans les fausser contre les Seigneurs. Et dans ce cas l'appel du faux jugement estoit porté pardevant le mesme Seigneur, qui devoit chercher d'autres jugeurs, ou emprunter des hommes du Seigneur superieur, Beaumanoir chapitre 61. page 313. à la fin. *En appeller de faux jugement en li Cour où li homme fievé sont jugeurs, à chertaine voie de jugement appeller, car en telle maniere pourroit-on appeller que il se convenroit à combatre tout seul à tous les hommes qui aroient fet le jugement, & à telle maniere que l'on se combatroit à deux ou à trois, & non pas à tous les hommes. Et qui jugement appelle, il ne convient que il se combatte fors qu'à un tant seulement. Quant aucuns appelle de faux jugement, & il atant tant que li jugement est prononciez, & que tuit li home se sont accordé au jugement, & li appelliers dit aprés* chil jugement est faux & pour tel le feré en le Court de cheens, *où là où droit me merra, en telle maniere il convenroit que il se combatit tous seus encontre tuit li homes, se tuit li homes offroient à fere le jugement. Qui jugement donques vieut appeller & poursievir son appel, si que il ne conviegne pas à combatre, fors à un, il doit dire, quand il void les jugeurs apareilliez, de juger avant que il disent riens, en telle maniere au Seigneur qui tient le Cour,* Sires je ay cheens un jugement à avoir à la journée d'huy, si vous requiert que vous le faciez prononcier à un des hommes, & que tel jugement que il prononcera que vous demandez que len sieut à chascun à par soi, par loisir, si que je puisse voir, se li jugement est contre moy, & je en vüeil appeller, lequiex ensievra du jugement! *& le Cour li doit fere cheste requeste, & adonc quant li jugement est prononcié par l'un des hommes, & li second l'ensuit, il ne doit plus attendre à fere son appel, ainchois doit appeller cheluy qui ensieut, & dire en cette maniere à la justice.* Sire je dis que chil jugement qui est prononcié contre moy, & auquel P. s'est accordé, est faux, & mauvés & desloyaux, & tel le feray contre ledit P. qui s'est accordé par moy, ou par mon homme qui fere le püet, & doit pour moy, comme celuy qui a essoine &c.

Quand le jugement estoit faussé contre les jugeurs, le Seigneur en la Court duquel il avoit esté rendu en avoit la connoissance, mais si le Seigneur estoit luy-mesme pris à partie, alors l'affaire estoit portée pardevant le Seigneur superieur. Voyez Beaumanoir page 312. au commencement, & page 338. à la fin. Et ce que j'ay remarqué sur le chapitre 105. du livre premier & sur les chapitres 78. 80. 81. & 138.

(*y*) *Et comment*] Lisez & *convient*, comme il y a dans le mſ. de Monsʳ le Chancelier, dans celuy de M. Joubert & celuy de M. Baluze.

Louis IX. en 1270.

CHAPITRE XVI.

Comment len doit justicier homme, qui est (a) souspeçonneus.

SE aucuns est *mauvaisement renommez (b)* par cri ou par renommée, (c) la justice le doit prendre, & si doit enquerre de son fet, & de sa vie, & là où il demeure : & se il le treuve par enqueste, que il soit coupable de aucun fet, où il ait paine de sanc, il ne le doit mie condamner à mort, quand nus ne l'accuse, ne quand il n'a esté pris en aucun present fet, ne en nule *(e)* recognoissance. Més se il ne se voloit mettre en l'enqueste, lors püet la justice bien fere, & doit forbannir hors de son pooir, selonc ce que li semblera courpables par le fait, & comme il le trouvera par l'enqueste qu'il en aura faite de par son office: car il appartient à l'Office du Prevost, & à toute loyal justice de nettoier la Province, & sa Jurisdiction des mauvés hommes, & des mauvéses femmes, selon droit escrit en la Digeste *De receptatoribus*, en la premiere loy qui commence *Pessimum*, en la loy *Illicitas*, & en la loy *Congruit*, en la Digeste *De Off. Præsidis*, & si comme nous avons dit dessus el titre *Des souspeçonneus pugnir*. Et se puis le forbanni estoit trouvés el pays, il seroit pendable selonc l'usage de la Cort laie; Et se il se mettoit en l'enqueste, & l'enqueste trouvast qu'il fust coupable, la Justice le devroit condamner à mort, se ce estoit *(f)* de ces quas que nous avons dit dessus. Et toute justice doit tous ceus enquerre, & apprendre, comment elle porra, & devra pugnir les maufeteurs, ne ne doit mie remeindre, que il ne soit pugnis, pour ce que li autres n'i pregnent exemple de leur mal fere, & selonc droit escrit en la Digeste *Ad legem Aquiliam*, en la loy qui commence *Ita vulneratus*, environ le milieu : car li *mauvés* lessent à mal fere pour la *poor de la paine*, & *li bon* pour avoir *l'amour de Dieu*, selonc droit escrit en la Digeste de justice de droit, *(g)* en la premiere loy (el premier respons.)

NOTES.

(a) *Qui est soupeçonneux.]* Voyez le chapitre 26. & 34. du livre premier.

(b) *Ou par cri*] Il y a ainsi dans le manuscrit de M. Joubert & dans celuy de M. Baluze. Dans celuy de Monsr. le Chancelier, il y a, *crime*.

(c) *La justice le doit prendre]* Il semble qu'alors le ministere public des Procureurs du Roy & des Seigneurs n'estoit pas encore en usage. Voyez mon glossaire sur *Procureur*.

(d) *Quand nus ne l'accuse.]* Voyez la note precedente.

(e) *Reconnoissance.*] Voyez le chapitre 12. de ce livre à la fin.

(f) *Des cas que nous avons dit cy-dessus*] Chapitre 7. & 8. de ce livre.

(g) *En la loy premiere]* Lege 1. §. 1. Dig. *De Justitiâ & jure & ibi glossa*.

CHAPITRE XVII.

(a) De chose emblée, qui est requise pardevant justice, & que la justice en doit fere.

SE aucune personne suit aucune chose, qui li a esté *emblée*, & il la requiert comme *emblée*, (b) il doit mettre *quatre deniers seur la chose*, si comme nous

NOTES.

(a) *De chose emblée.]* Voyez le livre premier de ces Establissemens chapitre 91. & le livre 2. chapitre 12.

(b) *Il doit mettre quatre deniers sur la chose.]* Voyez le chapitre 12. de ce livre avec la note.

avons

avons dit dessus par la coustume du païs, & doit dire en telle maniere à la Justice, *Sire, ceste chose; si m'a esté emblée, & sui tout prest de jurer seur sains (de ma main, & de ma bouche) que je ne fis onques chose, dequoi je en deusse perdre la sesine:* Et se cil seur qui la chose est trouvée; die que il l'a achetée de preudomme, & de loial, si comme il croit, & l'osera bien jurer seur sains: adonc il sera hors de la souspeçon, & du peril, (c) mais il perdra son chastel, quand il ne püet son garent trouver; (d) Et se il avoit garant, il auroit jour à amener son garant, selon la tenuë de la chose, & à venir au jour convenable. (e) Et se le garant le tesmoigne que la chose li ait venduë, il demorra à la Justice. (f) Et se il ne trüeve son garant, (g) cil qui sera hors de souspeçon. Et se il n'a trouvé son garand, il jüerra ce que nous avons dit dessus, (h) que se il le püet avoir, ne sçavoir, ne appercevoir, que il le fera prendre, ou que il (i) levera le cry, ou fera sçavoir à la Justice. (k) Et si perdra son chastel, quand li demandierres aura fet la chose (l) pour seüe, se li marchands ne l'avoit achetée (m) à la foire de Pasques. Et se il li avoit achetée, il r'auroit son argent (n) par la Coustume d'Orlenois, & seroit hors de la souspeçons, se ce estoit hons qui eust usé, & accoustumé à acheter tiex choses, & qui fust de bonne renommée, LOUIS IX. en 1270.

NOTES.

(c) *Més il perdra son chastel, quand il ne püet son garand trouver]* Son chastel, c'est la chose mobiliere qui luy appartient, comme son bœuf, son asne, son cheval. La jurisprudence estoit à cet égard differente en Angleterre. Fleta lib. 1. cap. 38. De Furto §. 7. *Si quis latrocinium emerit, quod crediderit esse legale, & insecutus fuerit ab aliquo qui rem vendicaverit, & talis emptor rem illam publice emerit in foro, vel in nundinis, coram baillivis & fide dignis, qui inde sibi legale testimonium perhibuerint, & quod tolnetum dederit, & consuetudinem: considerandum erit quod emptor quietus recedat, & quod rem vero domino petenti restituat, & quod deinde pacaverit amittat, qui si non testificetur, prout dictum est, nec varantum habuerit, in periculo erit vitæ amissionis &c.*

Si celuy qui estoit ainsi poursuivi trouvoit son garand, & le mettoit en cause, il suivoit la procedure prescrite dans le chapitre 91. du livre premier. Voyez Britton chapitre 75.

(d) *Et se il avoit garant]* Dans un manuscrit de Monsr le Chancelier & dans celuy de M. Joubert, il y a, *més se il n'a point de garant il aura jor à amener son garant.* Dans le mamanuscrit de M. Baluze, il y a mieux, *& se il avoë,* (ou avoüe) *garant, il aura jour à amener son garant &c.*

(e) *Et se li garant li tesmoigne que la chose li ait vendüe il demeurera à la justice]* Dans un manuscrit de Monsr le Chancelier, il y a, *Et se li garand li tesmoigne qu'il la chose li ait vendüe, il demorra à la justice, & se il trueve son garand, cil sera hors de la souspeçon.* Dans le manuscrit de M. Baluze, il y a, *Et se li garant li tesmoigne que il li ayt la chose vendüe il sera hors de la souspechon, & aura son argent &c.*

(f) *Et se il ne trüeve son garant]* Lisez, *Et se il treuve son garant,* cecy est superflu & corrompt le sens.

(g) *Cil sera hors de souspeçon]* C'est-à-dire, celuy qui a amené son garant.

(h) *Que s'il le püet avoir, ne sçavoir, ne appercevoir]* C'est-à-dire, que s'il le peut avoir, sçavoir & appercevoir &c.

(i) *Levera le cri]* Voyez le chapitre 91. du livre premier. Ce cri se faisoit pour assembler le monde & faire arrester le larron ou le meurtrier, comme il se void par le chapitre 48. des loix Françoises de Guillaume le Bâtard, qui est conçeu dans les termes qui suivent. *E ki larun encontre & sanz, qui a ancient li leit aler, si l'amend a la vaillance de larun, v se n'espurge, per plener ley qui il larun nel sout. E ki li cri orat, & sursera la sursise, li Rei amende v sen espurget.* C'est-à-dire, que *Qui larron rencontre & sauve & qui a escient le laisse aller, il en doit l'amende à la valeur du larron, ou peut-estre du larcin, ou il se purgera par pleine loy, qu'il ne le connoissoit pas pour larron. Et qui le cri oyra, & n'y viendra pas, il en payera l'amende au Roy, ou se purgera par son serment.* Voyez les notes de Selden sur Eadmer page 123. à la fin de St Anselme de l'Edition de Paris, & l'Edition des anciennes loix d'Angleterre par Wheloc *folio* 169. Joignez mon glossaire sur les mots *Cri* & *Haro.*

(k) *Et si perdra son chastel]* Voyez cy-dessus letre (c).

(l) *Pour seüe]* Dans un manuscrit de Monsr le Chancelier, dans celuy de M. Joubert, & celuy de M. Baluze, il y a, *poursuivre.*

(m) *A la foire de Pasques]* Qui estoit tres solemnelle.

(n) *Par la Coûtume d'Orleanois]* Dans le manuscrit de M. Baluze, il y a, *par la Coûtume de Paris & d'Orleans.* Et cette addition est bonne.

LOUIS IX. en 1270.

selon droit escrit en Code, ou commencement el titre *Des larrons*, & *du serf corrompu*, en la loy qui commence *Incivilem rem*, & la loy qui commence *Civile*, où il est escrit de cette matere. Ne il ne doit pas dire, que cil l'ait achetée d'hons qui soit mesconneu, ains doivent sagement marcheander, que eus ne chiéent en crime de mauvés souspeçon, si comme ladite loy le dit en la fin, car souspeçon doit estre estrangé à tous preudes hommes.

CHAPITRE XVIII.

Comment gentishons doit requerre son Saigneur, que il le mete en sa foy, & comment li Sires le reçoit à homme.

QUand aucuns doit *tenir de Saigneur en foy*, il doit requerre son Saigneur (*a*) dans *quinze jours*, & se il ne le faisoit dedans quinze jours, (*b*) li Sires pourroit, & devroit *assener à son fié* par *defautes d'homes*, & seroient les choses seües que il trouveroit, (*c*) sans retor, (*d*) & si feroit vers son Saigneur, ce que il devroit fere du *rachat;* Quand aucuns veut entrer en foy de Saingnieur, si le doit requierre, si comme nous avons dit cy-dessus, & doit dire en tele maniere : *Sire, je vous requiex comme à mon Saigneur, que vous me metés en vostre foy, & en vostre homage de tele chose assise en vostre fié, que j'ay achetie*, & li doit dire de tel home, (& doit cil estre presens, qui est (*e*) en la foy du Seigneur,) & se ce est por achat, ou se ce est d'escheoite, ou de descendüe, il le doit nommer, & jointes meins, dire en tele manere : *Sire, je devien vostre homme, & vous promet feauté d'orenavant, comme à mon Saigneur envers tous hommes*, (*qui puissent vivre, ne mourir*) *en telle redevance, comme li fiés la porte, en fesant vers vous de vostre rachat, comme vers Saignieur*, Et doit dire dequoy (*f*) de Bail (*g*) ou d'escheoite, (*h*) ou d'heritage, ou d'achat. Et li Sires doit presentement respondre, *Et je vous reçois & preing à hons*, (*i*) *& vous en bese*

NOTES.

(*a*) *Dans quinze jors*] Dans un manuscrit de Monf.r le Chancelier, il y a, *quarante jours*, comme dans la Coûtume de Paris.

(*b*) *Li sires porroit & devroit assener au fief par defaute d'hommes*] De sa propre authorité. Voyez ma note sur le titre de la Coûtume de Paris, *Des Arrests & executions*, ce qui n'est plus pratiqué.

(*c*) *Sans retor*] Un manuscrit de Monf.r le Chancelier adjoûte, *se il faisoit vers son Seigneur ce qu'il devroit, si ne perdroit point*.

(*d*) *Et si feroit vers son Seigneur &c.*] Cecy manque dans un manuscrit de Monf.r le Chancelier.

(*e*) *En la foy du Seigneur*] Un manuscrit de Monf.r le Chancelier adjoûte, *& saisir l'autre, & soi dessaisir en la main du Seigneur, se ce est par achat*.

(*f*) *De Bail*] Ou comme mary, ou comme gardien.

(*g*) *Ou d'eschoite*] C'est-à-dire, de succession collaterale.

(*h*) *Ou d'heritage*] C'est-à-dire, de succession directe.

(*i*) *Et vous en bese*] Ce baiser qui se faisoit toûjours à la bouche, n'estoit accordé qu'aux vassaux *nobles*, & non aux villains, ou roturiers, ce que j'ay déja prouvé par ce passage de Durand surnommé le speculateur livre 4. de Feudis. §. Quoniam .... *Porro in Regno Franciæ facilius se expediunt, nam nobilis homo flexis genibus coram Rege, & immissis manibus junctis intra manus regias sibi fidelitatem jurat & homagium facit & Rex illum recipit ad osculum. Si vero sit ignobilis, licet habeat nobile feudum, non recipitur ad osculum.*

Le Roman de la Rose.

Mais il m'a lors par la main pris
Et m'a dit, je t'aime moult & pris
Quand tu as respondu ainsi
Onques cette parole n'issi
D'hommes villain mal enseignié
Et si as y tant guaaingnié
Que je vueil pour ton avantage
Qu'orendroit me fasses hommage
Et me baises emmi la bouche
A qui nul villains home ne touche

LOUIS IX. en 1270.

en nom de foy, & sauf mon droit & l'autruy, (selon l'usage de divers pais, (k) Et li Sires püet prendre large place de la moitié, & des rentes, se il ne fine du rachat, (l) & aussi des relevoisons. (m) Més nus ne fet relevoisons de Bail, ne de doüere, ne de frerage, (n) ne jour de monstrée, selonc les usages de divers païs, se ce n'est en un quas, car qui relieve de Bail, il doit fere seures les parties, que quand li enfans vendront en aage, (o) cil qui a le bois le fera fere à ses dépens, & à ses cousts, & engardera les censiers de dommage (p) *Bail si est de fié*, més *en vilenage, si n'a point de Bail.*

NOTES.

A mi touchier ne laisse mie
Nul home, ou il ayt villenie
Je n'i laisse mie touchier
Chascun bouvier, chascun bouchier
Mais estre doit courtois & frans
Celui duquel homage prens.

Joignez Beaumanoir chapitre 48. page 265.

(k) *Et li sires püet prendre large place &c.*] Il y a mieux dans un mſ. de Monſ.r le Chancelier, *Et li sires püet penre les debleances de l'année, & les rentes se il ne fine vers luy dou rachat.*

(l) *Et aussi des relevoisons*] Ces relevoisons sont *un rachat ou relief* dû au Seigneur censuel dans la Coûtume d'Orleans. Voyez le titre 3. de cette Coûtume.

(m) *Mais nus ne fait relevoisons de Bail*] C'est-à-dire, que le droit de relevoisons n'estoit pas dû, soit pour garde ou Bail, ou pour doüaire, ou pour frerage, c'est-à-dire partage, mais peu aprés ce droit fut changé dans l'Orleanois, car selon la Lande Commentateur de la Coûtume d'Orleans sur l'art. 126. *Les cayers de cette Coûtume plus anciene que la reformée en 1509. disposoient simplement que des censives estant au droit de relevoisons, il estoit dû profit par toutes mutations, ce qui avoit induit quelques-uns de croire que le changement des Seigneurs censuels faisoit ouverture aux relevoisons, & que c'est par cette raison qu'en l'article 116. de la Coûtume redigée en 1509. il fut noméement declaré que les profits n'estoient acquis que par les mutations procedantes du costé des personnes au nom duquel le cens estoit payé.*

Cet autheur adjoûte que *quand on proceda à la reformation de la derniere Coûtume, la pluspart des honnestes gens demanderent qu'il fut ordonné que les censives estant au droit de relevoisons, il ne fut dû de profit pour mutation arrivée en ligne directe, par succession, dons & legs, & que tout ce qu'ils purent obtenir, fut qu'il fut arresté que les femmes n'en payeroient plus pour leur premier mariage &c.*

(n) *Ne jour de montrée*] Il y a ainsi dans le manuscrit de M. Joubert. Dans celuy de Monſ.r le Chancelier, il y a mieux, *le jour de montrée.*

(o) *Cil qui a le bois*] Lisez *cil qui a le Bail,* ainsi qu'il y a dans un mſ. de Monſ.r le Chancelier & dans celuy de M. Joubert. Quoyque le baillistre ne dût aucunes relevoisons, à cause de son Bail, il se pouvoit faire que le mineur en dût de son chef, & dans ce cas le Bail devoit l'en acquitter, car *qui garde prend, quitte le rend. Et de-là vient qu'il est dit icy que le Bail doit faire seures les parties quand li enfant seront en âge qu'il le fera faire à ses dépens & à ses cousts, & en acquittera les censiers du domage &c.*

(p) *Bail si est defié*] Et de-là vient qu'il n'y a encore que les fiefs qui tombent en garde, & non les heritages en roture. Ce qui est expliqué au long par Philippe de Beaumanoir dans ses Coûtumes du Beauvoisis chap. 15.

CHAPITRE XIX.

Comment len va avant en toutes quereles, qui a (a) à marchir au Roy.

SE aucune Justice (b) prend un *hons le Roy*, ou *bourjois*, ou *manant*, ou qui *au Roy s'avoë en* l'obéïssance le Roy, la gent le Roy si doivent mander à la Justice, en tele maniere, *Nous vous mandons que vous à tel homme, qui au*

NOTES.

(a) *A marchir*] Voyez le chapitre 13. & 31. de ce livre.

(b) *Prend un hons le Roy &c.*] Pour crime, car avant l'Ordonance de Moulins, dans l'article 35. qui a ordonné que les crimes seroient punis, où ils auroient esté commis, *l'aveu emportoit l'homme & il estoit justiciable de corps des Seigneurs où il levoit & couchoit.* Voyez Loisel dans ses Institutes livre premier titre 1. regle 26. L'on void par

LOUIS IX. en 1270.

Roy s'avoë, que vous avés fet prendre, ou detenez (*c*) *à tort*, (autrement n'auroit-il pas recreance, se il ne disoit *à tort*, selonc l'usage de Baronie,) *rendés, ou recrées, ou soiés au jour pardevant nous*. Et li doit len assener jour, qui soit souffisant, selonc ce que la Justice le Roy verra que il sera bon à faire, selon la personne qu'il tendra, & selon ce que la justice sera honneste, & selon ce qu'il tendra en Baronie; Et au jour (*d*) il doit envoyer souffisant gent, ou il doit venir, ou dire raison souffisant, parcoi il n'est pas tenus à fere, & se la resons est resonable, (*e*) que il ait present en autre chose,) si comme nous avons dit dessus, & il en müeve Juge, il doit estre oïs; Et se (il ne dit chose resonable,) & il ne le vüelle rendre, ou recroire, (*f*) la Justice le Roy le doit parforcier par la prise de ses hommes, à ce qu'il ayent la sesine de l'home le Roy, & qui au Roy s'avoë, & quand il en seront en sesine, li Rois gardera droit à soy, & à autruy, si comme nous avons (*g*) dit dessus; (*h*) car li Rois *si n'emporte de nului sesine, més len l'emporte de lui*. (*i*) Et si fera amende de la recreance vée aus gens le Roy, car li Roy en est en sesine & en possession, & qui vée recreance à sa gent, (*k*) il le tout quite, & fet amender de la recreance vée, selonc l'usage du païs & de la terre. Et si enquierent les gens le Roy de son droit par bonnes gens, & par bonnes prüeves & loiaus, se il les veut amener; (*l*) Et s'il i a son droit, len li rendra la Cort pour (*m*) justifier, selonc ce que cil sera trouvés en tort, si comme il sera prouvés par l'enqueste, qui en aura esté faite loyaument, & ainsi va len avant en toutes querelles qui auront à (*n*) *marchir* au Roy, ou de contens d'escheoite, ou de müebles, ou d'heritage, ou d'apartenances à heritage, ou de Justices, ou de Seigneuries; (*o*) car *li Rois ne tient de nului que de Dieu, & de luy*, ne *de son jugement nus ne püet appeller qu'à Dieu*, si comme nous avons dit dessus: Ne nule justice le Roy ne püet pledier de son droit, ne de ses heritaiges, (*p*) fors en sa Cort. Et li Roy ne perd pas par son feble Serjant, *més à luy püet bien len perdre, & rien gaaingnier*, & li Baillis, qui est par de seur les Serjans, doit veoir, & les droits fere sçavoir au Roy, selon droit escrit en Code *Des Avocas de haults Princes*, en la loy qui commence *Fisci Advocatus*, & si se doit garder, qu'il ne tolle les droits le Roy, ne les profis au Roy, se ce est d'heritage, ou d'autre grande chose, car *nus Serjant ne püet fere dom-*

NOTES.

là que l'homme du Roy qui estoit detenu dans une justice, s'avoüoit non seulement du Roy, mais qu'il se faisoit reclamer ou revendiquer par les Juges Royaux.

(*c*) *A tort*] Il falloit necessairement que les Juges Royaux dissent ainsi, car sans cela ils n'auroient pas eû droit de revendiquer celuy qui s'estoit avoüé du Roy, & il n'y auroit pas eû lieu de recreance.

(*d*) *Il doit envoyer*] Sçavoir le Seigneur inferieur en la justice duquel l'homme qui s'avoüe du Roy a esté pris.

(*e*) *Que il ayt present ou non*] Il y a ainsi dans les manuscrits de M. Baluze & de M. Joubert. Ces mots manquent dans un manuscrit de Monsr le Chancelier, & avec raison, parce qu'ils sont inutils.

(*f*) *La justice le Roy se doit parforcier par la prise de ses hommes*] Dans un manuscrit de Monsr le Chancelier, il y a plus netement *la justice le Roy doit porforcier, par la prise des hommes le Roy, & qui au Roy s'avoüent*. Dans le manuscrit de M. Baluze, il y a, *La justice le Roy si doit fere pourforcier par la prise de ses hommes & de ses choses &c.*

(*g*) *Cy-dessus*] Livre 2. chapitre 5. 7. & 9.

(*h*) *Car li Rois, si n'emporte de nului saisine*] Voyez le chapitre 3. de ce livre & le 13. à la fin.

(*i*) *Et si fera amende de la recreance vée*] Joignez le chapitre 9. de ce livre.

(*k*) *Il le tout quitte*] Dans un manuscrit de Monsr le Chancelier, il y a, *il le rent quitte*. Dans le manuscrit de M. Baluze, il y a, *s'en iront quitte*, dans le manuscrit de de M. Joubert, il y a, *il fort quitte*.

(*l*) *Et se il a son droit*] Sçavoir le Seigneur inferieur.

(*m*) *Justifier*] Dans le manuscrit de M. Joubert, il y a mieux, *justicier*.

(*n*) *Marchir*] Terminer.

(*o*) *Car li Rois ne tient de nulluy*] Voyez le livre premier chapitre 78. à la fin, & le livre 2. chapitre 13. à la fin.

(*p*) *Fors en sa Court.*] Voyez le chapitre 118. du livre premier.

mag[illegible]

mage au Roy, ne chose qui soit contre droit, selonc droit escrit, en Code *De Imperatori precibus offerendis*, en la loy qui commence *Nec damnosa*; més bien püet fere son profit, & enquerre de son droit selonc l'usage de la Court laie; & de l'Hostel le Roy, que il soit estables, quant à la chose est proprieté, ou Justice ou Seignorie. Louis IX. en 1270.

CHAPITRE XX.

Comment len va avant en querele, quand hons est (a) appellé de quas de haute Justice.

SE aucuns appelle uns autres de *traïson*, ou de *murtre*, ou de cas (*b*) dessus dit où il i ait *peine de sanc*, (*c*) ou de peril, ou de perdre *vie*, ou *membre*, il doit presentement respondre sans demeure, & sans (*d*) jour de conseil de tel fet, selon l'usage de divers pays. Et se la journée passoit que il ne s'en meist à plus, (*e*) li deffens li porroit bien porter grand dommage. Et se il estoit d'autre justice, il devroit dire ce que nous avons dit (*f*) dessus, (*g*) & doit fere *retenüe*, que len appelle *protestation*, (se est que retenüe vaille.) Selon Droit escrit, en Code & en Decretales, *De iis, quæ vi, metus ve causâ fiunt*, el premier chapitre qui se commence *Perlatum*, où il est escrit de la noble Dame qui fit protestation, qu'elle istroit de religion, quand ele i entra, par la force de son Seignior, & li valut. Et doit dire en tele maniere : *Messires n'avoit pas tel justice, en celuy leu, je l'offre à deffendre, ci où là, où droit m'amerra, si comme je devray*. Et doit nommer son Seigneur, (*h*) & doit avoir pour luy qui le requierre en la Cour droit faisant, si comme nous avons dit dessus, & ainsi se porroit passer du deffaut. Et doit la justice (*i*) ces deux parties bien tenir ygaument tant qu'il soit cogneus de la justice, & que ses Sires le requierre; Car se il fesoit fosse avoërie, elle li porroit bien porter dommage, se il n'avoit fet tele retenuë, comme nous avons dit (*k*) dessus, en la fin el titre de *De justice de* (*l*) *Vavasor*.

NOTES.

(*a*) *Appellé*] Accusé. Voyez le chapitre 11. de ce livre au commencement, & le 38. cy-aprés.

(*b*) *Dessus dit*] Chapitre 7. de ce livre, au commencement.

(*c*) *Ou de peril*] Il y a ainsi dans le manuscrit de Monsr. le Chancelier & dans celuy de M. Baluze. Dans celuy de M. Joubert qui a appartenu à M. de Caseneuve, il y a beaucoup mieux, *peine de sanc, ou de perdre vie ou membre*. En laissant *peril*, il faudroit lire *ou peril de perdre vie ou membre, &c.*

(*d*) *Jour de conseil*] Voyez le chapitre 41. letre (*l*).

(*e*) *Li deffens*] Il y a ainsi dans le manuscrit de M. Baluze. Dans celuy de Monsr. le Chancelier & de M. Joubert, il y a mieux, *li defauts*.

(*f*) *Dessus*] Chapitre 19. de ce livre.

(*g*) *Et doit fere retenüe, que l'on appelle protestation*] Cecy doit fere entendre tous les chapitres de ces Establissemens, où il est parlé *de retenüe*. Voyez le chapitre 14. de ce livre letre (*f*.)

(*h*) *Et doit avoir pour luy qui le requierre.*] Voyez ce que j'ay remarqué sur le chapitre 19. de ce livre, sous la letre (*b*.)

(*i*) *Ces deux parties bien tenir ygaument.*] Voyez le chapitre 104. du premier livre.

(*k*) *Dessus*] Il y a ensuite dans le manuscrit de M. Joubert, *ou ses sires n'avoit telle justice en sa terre. Et telle joustice n'ont mie Vavassour, ainz l'ait li Barons, si comme nous avons dit cy-dessus &c.* Le ms. de Monsr. le Chancelier, est semblable, ainsi que celuy de M. Baluze. Voyez le chapitre 38. du premier livre.

(*l*) *Vavassor*] Dans quelques rouleaux que j'ay vû au tresor des chartes, touchant Bar-sur-Aube, le *Vavassor* est plus que le simple Seigneur de fief, mais dans mon ancien manuscrit qui est une conference du droit François avec le droit Romain, le Vavasseur est la mesme chose que le simple Seigneur de fief. *Duc est la premiere dignité, puis Comte, puis Vicomte, puis Baron, puis Chastelain, puis* Vavasseur, *puis citaen, & puis villain.* Voyez la Somme rurale de Boutciller page 901.

LOUIS IX. en 1270.

CHAPITRE XXI.

(a) De dettes deües au Roy.

NOstre sires li Roy est en sesine, & en possession generalement de prendre, & de tenir pour sa *dette conneüe, & prouvée, cors, & avoir, & heritages*, selon l'usage de la Cort laie, *(b)* ne len ne met pas l'home en prison pour dete, se ce n'est pour la seüe, selon droit escrit en Decretales *Des solutions*, el chapitre *Odoardus, cum suis concordantiis*, & en Code, en la tierce loy, *Si adversùs fiscum*. Més il doit fere la loy du pays, que il payera au plustost que il porra, ou jüerra seur sains, qu'il n'aura dequoy payer ne tout, ne en partie, & au plustost *(c)* que il pourra venir en plus grand fortune, qu'il payera, & doit jurer, que *(d)* il vendra son heritage dedans quarante jours, se il l'a, & se il ne le fesoit, li deteur le vendroient, & li feroient enteriner la vente selon l'usage de la Cort laie.

NOTES.

(*a*) Voyez le chapitre 128. du premier livre.

(*b*) *Ne len ne met pas l'homme en prison pour dette, se ce n'est pour la seüe &c.]* Saint Loüis avoit statué la mesme chose en 1256. par son Ordonance, que Sire de Joinville rapporte page 122. *Nous deffendons que nul de nos subjets, ne soit prins au corps, ne emprisonez pour leurs dettes personnelles, fors que pour les nostres &c.*

(*c*) *Qu'il pourra venir à plus grande fortune]* C'est icy que doit tomber la citation du chapitre *Odoardus*.

(*d*) *Il vendra son heritage]* Dans ces temps-là on ne pouvoit vendre son heritage, sans une telle raison. Voyez mon glossaire *sur necessité jurée*, & les Institutes de Loisel livre premier, titre 2. regle 15.

CHAPITRE XXII.

Des commandements au Roy.

QUand li Roy mande aucun Baillif, que il face droit à aucun plaintif, il mande seur tele forme, *Nous te mandons, que à tel porteur de ces presentes faces bon droit & hastif, selon la Coustume du pays*, (*a*) *& de la terre*, selonc droit escrit en Code *De inofficioso testamento* en la loy, Si quando talis, *el commencement*. (*b*) Car *quand len n'use pas du droit escrit, len doit avoir recors à la Coustume du païs & de la terre; Et Coustume passe droit*, & est tenüe por droit, selon droit escrit, en la Digeste *De leg. & Senatusconf. & long. consuet.* en la loy, *De quibus causis*, où il est escrit de cette matere, & en Code *Quæ sit*

NOTES.

(a) Et de la terre] Il y a ensuite dans un manuscrit de Monf.r le Chancelier, *Car l'intention au Roy, si n'est mie de celuy.* Il faut lire *de nuire à autruy, ne aller encontre la Coûtume du Païs, & de la terre &c.*

(*b*) *Car quand len use pas du droit escrit &c.*] Sous le regne de S.t Loüis il n'y avoit pas d'autre droit escrit que celuy de Justinien, & les Ordonances de nos Roys. Mais outre que les Ordonances de nos Roys estoient en petit nombre, elles entroient peu dans le detail des affaires des particuliers, en sorte que quand les cas qui se presentoient n'estoient pas decidez par le droit Romain, on avoit recours à la Coûtume, ce qui nous marque que le droit Romain estoit alors en France, comme le droit commun. Et comme l'usage estoit dans l'Empire Romain d'estendre aux Villes des Provinces, les Coûtumes de l'ancienne & de la nouvelle Rome, comme il est dit dans la loy premiere *De veteri jure enucleando*, on a voulu dans ces derniers temps, avec raison, que les cas obmis dans les Coûtumes du Royaume, fussent suppleées par celle de Paris.

longa consuetudo, en la premiere loy, où il est escrit de cette matere, *(c)* Et li Baillif püet bien enquerre, en apprenant des drois le Roy, tant que il soit certain par bonnes prüeves, que aucuns a droiture en la chose, car *li Roy donne droit à soy & à autruy*, si comme nous avons dit dessus, & selon l'usage de Baronie.

LOUIS IX. en 1270.

NOTES.

(*c*) *Et li Baillif]* Voyez le chapitre 19. de ce livre.

CHAPITRE XXIII.

D'home qui bat autre, ou fet sanc, comment la Justice en doit ouvrer.

SE aucuns (*a*) se plaint d'un autre, qu'il li ait *fet* (*b*) *sanc* ou *plaie* qui soit *aparissant*, ou monstrée à la Justice, cil qui sera trouvés en tort, & aura (*c*) la colée donnée, & il soit de ce atains par témoins, il paiera soixante sols d'amende à la Justice, & quinze sols au plaintif, se il les en veut lever, & amendera au plaintif ses dommages, & la plaie li doit fere guerir : més len doit regarder dont le sanc est issus, & se il i a plaie mortele, il fera l'amende qui est dessus dite, selon l'usage de Paris & d'Orleans; car tant li bourjois, & li manant *(d)* ne payent que *soixante sols* d'amende de quelque meffet qu'ils facent, se ce n'est de *larrecin*, ou de *rat*, ou de *traïson*, ou se il n'avoit aucun membre tolu, pié, ou poing, ou oreille, (*e*) selon la forme de la Chartre, si comme il est dessus dit.

NOTES.

(*a*) *Se plaint d'un autre qu'il li ait fait sang, ou plaie]* Voyez le chapitre 11. de ce livre.

(*b*) *Sanc ou plaie]* Dans un manuscrit de Monf.r le Chancelier, il y a, *sang, ou chaable.* Voyez le chapitre 33. de ce livre.

(*c*) *La colée]* C'est-à-dire, le coup, & de-là vient que dans le chapitre 11. de ce livre, il y a, *coups, & colées.* Coup, vient de *Colpus* qui se trouve frequemment dans les anciennes loix, & les Capitulaires. *Vide appendicem Marculphi capite 29.*

(*d*) *Ne payent que soixante sols d'amende]* Voyez le chapitre 149. & 150. du premier livre.

(*e*) *Selon la forme de la chartre]* Il y a ainsi dans un manuscrit de Monf.r le Chancelier, dans celuy de M. Baluze & dans celuy de M. Joubert, mais il faut lire *de l'enqueste*, comme il paroist par le chapitre 11. cy-dessus. Voyez Beaumanoir chap. 30. *Des meffects*, page 150.

CHAPITRE XXIV.

De parole vilaine.

SE aucuns dit *parole* à autre sans fet, qui soit *vilaine*, & *sans sanc*, (*a*) le plaintif en a cinq sols se il est prouvé, que il ait ainsi dit, & cinq sols à la

NOTES.

(*a*) *Le plaintif en a cinq sols]* Beaumanoir chapitre 30. page 250. *Autres manieres de meffects sont, si coume de laiz ditz. Or veont donques, se un hons dit villenie à autruy, & cil s'en plaint à qui la villenie est dite, l'amende est de* cinq sols, *s'il est home de pooste, & se il est gentixhome, l'amende est de* dix livres, *& encore m'accordé-je, se uns home dit villenie à un vaillant home, que il ayt peine de prison, & que par la peine de prison li musart en soit chastié. De villenie qui est dite devant le juge, si coume là où li Pre-*

LOUIS IX. en 1270.

Justice; (*b*) més la femme ne paye que demie amende de trois sols.

NOTES.

vost tient ses plets, où le Baillis entre gens de pooste, l'amende est de soixante sols, *&* *entre gentixhommes l'amende est de* soixante livres. *De villenie qui est dite as Prevosts, ou as Serjans, d'homme de pooste l'amende est* de soixante sols, *& de gentilhome* de soixante livres.

(*b*) *Més la femme ne paie que demie amende*] De-là vient que Loisel dans ses Institutes Coûtumieres livre 6. titre 2. art. 33. dit *Que de toutes amendes estant en loy, les femmes n'en devoient que la moitié.* Voyez l'article 460. de la Coûtume d'Orleans avec le Commentaire de la Lande & mon glossaire du Droit François sur *amende de loi.*

CHAPITRE XXV.

De dons & de partie, que pere & mere font à leurs enfans.

CE que pere & mere *font à leurs enfans devant leur mariage* est estable, & se il marie son fiul ou sa fille, si s'en va quittes, o ce que pere & mere li donne, sans retor, (*a*) se droite escheoite ne li donne. Més pere & mere ne püent fere en sa veveté l'une partie plus grande de l'autre, se ce n'est de l'assentement aus enfans, qui soit pas estables, selonc l'usage de (*b*) divers pays.

NOTES.

(*a*) *Se droite escheite ne li donne*] Dans un manuscrit de Monsr le Chancelier, il y a, *si droite eschoite ne li en vient.* Dans le manuscrit de M. Baluze, il y a, *si droite eschoite ne luy vient.*

(*b*) *Divers pays*] Dans un manuscrit de Monsr le Chancelier, il y a, selonc l'usage d'Orliens.

Ce chapitre est plus difficile qu'il ne le paroist. Et pour l'entendre, il faut sçavoir que dans le temps que ces Establissemens furent faits, la puissance paternelle estoit en usage à Paris, dans l'Orleanois & dans la Touraine. Voyez ce que j'ay remarqué à ce sujet sur le chapitre 128. du livre premier vers la fin, & le titre 9. de la Coûtume d'Orleans.

Or tant que les enfans estoient sous la puissance de pere & de mere, le pere & la mere ne leur pouvoient rien donner, parce que la chose donnée estoit acquise de plein droit au pere & à la mere donateurs. Et ainsi il faut necessairement entendre ce qui est dit au commencement de ce chapitre, des enfans *emancipez.* Quant aux enfans mariez par peres & meres, comme ils estoient émancipez de plein droit par le mariage, les donations que les peres & meres leur faisoient estoient bonnes. Mais la question est de sçavoir, si ces émancipez donataires pouvoient revenir à la succession de peres & meres, en rapportant. Et l'article 132. du premier livre decide qu'ils y revenoient en ces termes, *Et se li hons Coûtumiers avoit fils marié, ou fille & il en eust autant à l'hostel, & il demandassent partie ès escheetes à ceux qui ne seroient pas mariez, cil qui ne sont pas mariez ne leur püent veer par droit, partie, mais il convenroit aux autres que chacun apportast ce qu'il auroit eü en frerage, fust terre, fussent maisons, fussent deniers ou autres meubles &c.* Et en cela on imita le nouveau droit Romain qui admettoit les émancipez à la succession de leur pere avec les enfans qui estoient restez en puissance, du chef de l'Edit *Unde liberi.*

Mais à Paris on suivoit l'ancien droit Romain. Et les émancipez qui avoient esté avantagez ne revenoient plus à partage, comme il se void par la decision qui suit de Jean Des Mares, *Se aucuns enfans sont mariez de biens communs de pere & de mere, & autres enfans demeurent en celle,* c'est-à-dire, *en domicile de par & deniers, iceux enfans renoncent taisiblement à la succession de pere & de mere ne ni püent rien demander au prejudice des demeurans en Cité, supposé qu'ils rapportassent ce qui donné leur a esté, car par mariage ils sont hors la main de pere & de mere &c.* Voyez le premier livre chapitre 40. & Beaumanoir chapitre 70. page 253. au commencement.

Les choses estoient ainsi quand les peres & meres marioient leurs enfans, pendant leur mariage, & peut-estre de biens communs, mais quand ils estoient en viduité, ils ne pouvoient avantager un enfant au prejudice de l'autre, sans leur consentement, parce qu'alors tous les enfans estoient également hors de puissance. Voyez l'article 103. de la Coûtume de Chartres &c.

CHAPITRE

CHAPITRE XXVI.

De la semonce au Prevost, & de fere escouce à son Sergent.

(*a*) SE aucuns est semons de la semonce au Prevost, & il ne vient à jour, le Prevost en a *cinq sols* d'amende de la defaute, & se cil veut jurer qu'il ne sot, ne n'oit l'ajornement, il s'en passera quites. Et se il *resqueut* son gage au Serjant, il payera *soixante sols* de la resqueusse, se il en est prouvés. Et se il veut (*b*) *arramir,* ou jurer, que il ne fit la resqueusse, il s'en passera quittes envers les Serjans selonc l'usage de Court laie. Més se il en est prouvés par tesmoin, il en payera *soixante sols.*

NOTES.

(*a*) Ce chapitre est facile. Voyez Beaumanoir chap. 2. & Des Fontaines chap. 3.

(*b*) *Arramir]* Voyez mon glossaire sur ce mot & sur *Eramne.*

CHAPITRE XXVII.

D'hons qui se plaint en Cort le Roy de son Saignieur.

SE aucuns se plaint en la Court le Roy de son Saignieur de *dete,* que son *Saignieur li doie,* ou de promesses, ou de convenance que il li ait fetes, li sires n'aura mie la Cour: car nus Sires ne doit estre Juges, ne dire droit en sa propre querele, selonc droit escrit en Code, *Ne quis in suâ causâ judicet,* en la loy unique qui commence *Generali,* el rouge, & el noir, où il est escrit de cette matere. (*a*) Non auroit-il, se il se plaignoit de son home, ou de son fié, ou d'eritage, ou d'autre chose, qui deust estre tenuë de Seigneur, il n'en aura pas la Cort, ne l'obéïssance droit fesant: car à ce jugement faut trois choses, & sont necessaires *Juges, demandant, & deffendant,* & en ces quas où il auroit deffendant & demandant, (*b*) li sires feroit querre letres, si ne seroit pas la cort ygax, car jugement si ne doit pas (*c*) ecligier, selon l'usage de Cort laie.

NOTES.

(*a*) *Non auroit-il se il se plaignoit]* Dans un manuscrit de Monf.r le Chancelier, il y a, *Mais se il se plaignoit de son Seigneur, il en aura la Cort & l'obéïssance, droit faisant.* Dans le manuscrit de M. Joubert & de M. Baluze il y a comme dans l'imprimé de M. Du Cange, à l'exception qu'il y a, *se il se plaignoit de son Seigneur,* au lieu qu'il y a dans l'imprimé, *se il se plaignoit de son homme.*

(*b*) *Li sires feroit querre letres]* Il y a dans un manuscrit de Monf.r le Chancelier, *Li sires si orroit les querelles, autrement ne seroit pas la Cort égal.* Dans le manuscrit de M. Joubert, il y a mieux, *Se li sires estoit querelleres, si ne seroit pas la Cort égaux,* & dans le manuscrit de M. Baluze, il y a, *Et ces cas on seroit demandans & deffendans si sires seroit querelleres, si n'en seroit pas le cort igaux.*

(*c*) *Ecligier]* Dans le manuscrit de M. Joubert, il y a, *Eligier.* Dans celuy de Monf.r le Chancelier, & dans celuy de M. Baluze, il y a, *clochier.*

Le sens de ce chapitre est qu'un Seigneur qui est en contestation avec son vassal, ne peut en estre juge, parce que personne ne peut estre juge en sa propre cause. Si donc il y a procés entre le Seigneur & le vassal, pour dette, ou pour promesse & convenance, & que la question ait esté portée devant le Juge royal, le Seigneur qui est partie au procés, ne pourra demander d'estre renvoyé en sa Court. Et il en est de mesme si entre le Seigneur & le vassal il est question de mouvance, ou de fief, ou d'heritage. Et la raison qui en est renduë, est que pour rendre un jugement, il faut trois choses. Un Juge, un demandeur & un deffendeur. Or dans les cas proposez il y a bien un demandeur & un deffendeur, mais il n'y a pas de Juge, puisque le Seigneur est luy-mesme *Querelleres* ou partie. En sorte que la Cour ne seroit plus égale, ce qui est tres certain.

Louis IX. en 1270.

CHAPITRE XXVIII.

De donner asseurement, qui est fet en la Cort le Roy.

SE aucuns *donne asseurement* en la *Cort le Roy* à aucun plaintif, & puis l'asseurement li ait la *trive enfrainte*, & l'asseurement brisié, & il en soit semons pardevant la gent le Roy, il respondra pardevant aus, tout soit-il levant & couchant en autre Seignorie, tout ait li Sires telle haute Justice en sa terre. Et convendra que il demorre illuec por justicier, pour la raison de *l'asseurement* fet en la *Cort le Roy*, ou pardevant sa gent, selon l'usage de Baronie, tout ne soit-il pas pris en fet present: car li Roy est souverains, si doit estre sa Cort souveraine.

NOTES.

Comme l'usage des assuremens estoit anciennement tres frequent, il n'y a presque aucun de nos anciens Praticiens qui n'en ait parlé, mais Beaumanoir est constament celuy qui en a traité le plus au long, dans le chapitre 60. de ses Coûtumes du Beauvoisis. En l'an 1555. *Petrus Premus* Conseiller de l'Electeur de Saxe en donna un traité, qui a esté depuis reimprimé à Spire en l'année 1609.

L'assurement estoit une *seûreté* que celuy qui craignoit d'estre opprimé par une personne plus puissante que luy, exigeoit: Et la personne puissante à qui il estoit demandé devoit l'accorder, en promettant qu'il ne feroit aucun mal à celuy qui craignoit d'estre opprimé. Il n'estoit pas tout à fait inconnu aux anciens Romains qui le nommoient *securitatem*. Vide *Premum pag. 10.*

Il devoit estre fait en justice, & la connoissance en appartenoit au Seigneur haut justicier, comme le remarque Loisel dans ses Institutes Coûtumieres livre 2. titre 2. n. 49.

Que l'on suppose que celuy qui craignoit d'estre ruiné & opprimé, se soit plaint de son ennemi, en la justice du Roy, qu'il y ait demandé asseurement, & que l'asseurement y ait esté donné par l'ennemy, qui couchoit & levoit sous un mesme Seigneur haut justicier. Si dans la suite l'asseurement est enfraint, qui est-ce qui connoistra de l'infraction? sera-ce le Seigneur haut justicier, dont le criminel sera homme levant & couchant, ou seront-ce les Officiers du Roy? Et il faut dire que les Officiers royaux en connoistront, parce que les Officiers du Roy doivent connoistre de ce qui a esté fait en sa Cour.

CHAPITRE XXIX.

D'hons qui desavoüe son Seigneur.

SE aucuns gentishons (*a*) assene à son fié par *defaut d'ome*, ou de *rachat*, ou de *roncin de service*, ou por autre chose, en usant de son droit, (*b*) & cil qui est li demaines *s'avoë* bien à tenir la chose de luy, (*c*) li sires li rendra la seüe chose, ou requerra, ou l'enmerra par droit, & li assenera souffisant jour

NOTES.

(*a*) *Assene à son fié*] On void par là que le fief que le vassal possede, est le fief du Seigneur. *Assener*, c'est assoir, saisir, & mettre sa main sur une chose.

(*b*) *Et cil qui est li domaine*] C'est-à-dire, *le Vassal*. De sorte que le *domaine* utile de l'heritage noble est au vassal, & le *fief* au Seigneur dominant.

(*c*) *Li sires li rendra sa seüe chose, ou la requerra, ou lenmerra par droit*] Il n'y a pas de sens à ces paroles. Dans un manuscrit de Monsf.r le Chancelier, il y a, *Li sires li rendra sa seüe chose & restorera & l'enmenra par droit*, mais dans le manuscrit de M. Baluze, il y a mieux, *Li sires li rendra, ou recroira, & remaindra par droit à luy &c.*

Ancienement la foy & l'aveu se faisoient en mesme temps & par le mesme acte, & l'aveu se faisoit de tout le fief sans aucun detail. Quand alors un Seigneur avoit assené au fief

(d) dedans les *nuis*, ou dehors les *nuis* *(e)* de *quinzaine* (selonc l'usage d'Orlenois) *(f)* *entre les Vavasors*, & menra par droit selonc la Coustume (du païs) & de la terre. Mes se il *desavoë* à tenir de luy *pardevant Justice*, & il avoë un autre, *(g)* il ne püet, ne ne doit assener au fié, ainçois en aura *(h)* cil la sesine. *(i)* Més se il a droit el fié, *(k)* il le püet bien fere, & doit, & se il püet monstrer que il ait fet mauvese avoërie, & que li fiés doit estre tenus de luy & de ses devanciers, & que il ait fete nouvelle avoüerie : (car li Rois deffent *(l)* *nouvelles avoüeries*,) cil perdra le *demaine*, se il en estoit atains, & se il est prouvé contre luy, & pour ce si en doivent, li Vavassor & li gentilhome garder, *(m)* que il ne vendent à autre Seigneur que à leur droit Seigneur : car tiex dommages si en püeent bien venir, comme de perdre le *demaine*, selonç l'usage de Baronie, & si est grand pechié mortiex, de desavoër son Seigneur : car len en perd l'ame & son *demaine*, & si en püet jugier *bataille*, se ce est *(n)* hors de l'obëïssance le Roy. *(o)* Car *len met bien le fié encontre le demaine*, selonc l'usage *(p)* de Cort laie; Et se ce est en l'obëïssance le Roy, par *enqueste* selon les Establissemens le Roy.

LOUIS IX. en 1270.

NOTES.

mouvant de luy par faute d'homme, & en mesme temps par faute de rachat, ou de roussin, s'ils estoient dûs, dés que le vassal saisi avoit avoüé son Seigneur, ce qu'il faisoit toûjours, comme on l'a dit, en portant la foy, le Seigneur estoit obligé de lever sa main, & de rendre le fief, ce qui estoit dans ses regles.

(d) Dedans les nuits] On a expliqué ces mots sur le chapitre 26. du premier livre, & dans le glossaire du droit François.

(e) De quinzaine] Voyez le chapitre 18. de ce livre au commencement. Un manuscrit de Monsr le Chancelier & celuy de M. Joubert, aprés *quinzaine*, adjoûtent comme dans l'imprimé, *suivant l'usage d'Orleanois*. Dans celuy de M. Baluze, il y a, *suivant l'usage du pays*.

(f) Entre les Vavasseurs] Les Vavasseurs sont ceux qui possedent les *simples fiefs*, ce qui est bien expliqué dans mon ancien manuscrit qui est une espece de conference du droit François avec le droit Romain, en ces termes. *Duc est la premiere dignité, puis Comtes, puis Vicomtes, & puis Baron, & puis Chastelain, & puis Vavassor, & puis citaen, & puis Villain.* Et selon Bouteiller le Vavasseur estoit le simple Seigneur de fief qui avoit haute justice. Voicy comme il s'explique à ce sujet dans sa Somme page 901. *Du droit au Vavasseur à usage de Cour laie, tu peus & dois sçavoir que le gentilhome qui tient Seigneurie de haute justice tant seulement, si est appellé vavasseur, car il n'a marché, ne tient autre droit que la haute justice & ce qui en dépend, non mie ce qui est en dessus, car si en appartient au Baron si comme dessus est dit, si sachez que li vavasseur ne peut affranchir de corps sans le gré au Baron de qui il tient.*

(g) Il ne peut ne ne doit assener au fief] Cecy doit s'entendre du Seigneur. Voyez l'article 45. & 48. de la Coûtume de Paris.

(h) Cil la saisine] C'est-à-dire, l'homme qui a fait le desaveu. Voyez l'article 45. de la Coûtume de Paris.

(i) Més se il a droit el fié] C'est-à-dire, le Seigneur.

(k) Il le püet bien fere] Dans les manuscrits de Monsr le Chancelier, dans celuy de M. Baluze & celuy de M. Joubert, il y a mieux, *il le püet bien suire*, C'est-à-dire, suivre.

(l) Nouvelles avoüeries] Il paroist par là qu'il y a eû plusieurs Ordonances sur ce sujet, parce qu'au Registre *Olim* il y en a une de Philippe Le Hardy de l'an 1275. qui sera imprimée cy-aprés. Voyez le chapitre 31. cy-aprés letre *(q.)*

(m) Que il ne vendent] Dans les manuscrits il y a mieux, *que il n'avoent*, ou *que il ne s'avoent.*

(n) Hors l'obëïssance le Roy] Voyez le chapitre 3. & 4. du premier volume.

(o) Car len met bien le fié encontre le demaine] On vient de remarquer sur la letre *(b)* qu'il y a difference entre le *fief* & le *domaine*; que le *fief*, qui consiste au *domaine direct* appartient au Seigneur dominant, & que le *domaine utile* est au vassal. Et il faut remarquer à present que le desaveu fait au Seigneur dominant emporte la confiscation du *domaine utile*. Mais dira-t-on la condition du Seigneur & du vassal ne doit-elle pas estre égale & reciproque. Et si le Seigneur, quand il outrage, ou fait injustice à son vassal, ne perd que *son fief*, pourquoy le vassal qui le desavoüe perdra-t-il *son domaine*, où est la justice de mettre le *domaine* en parallele avec *le fief*? Mais on repond en un mot que le vassal qui desavoüe ne peut-estre puni que par la perte de son *domaine*, parce qu'il n'a que son *domaine* à perdre. Ce qui est tres juste.

(p) L'usage de Cour laie] Parce que la Cour d'Eglise ne connoissoit pas des matieres feodales, au prejudice des Seigneurs feodaux.

LOUIS IX. en 1270.

CHAPITRE XXX.

De Aubains, & de Bastards.

SE aucuns (*a*) *Aubains*, ou *Bastard* müert sans hoir, ou sans lignaige, (*b*) *li Roy est hoirs*, (*c*) ou li *sires* sous qui il est, se il müert el *cüer del chastel*. (*d*) Més Bastards, ou Aubains ne püet fere autre *Seigneur* que le *Roy* en son obéïssance, ne en autre Seignorie, ne en son ressort, qui vaille, ne qui soit estable, (*e*) selon l'usage d'Orlenois, & la Saaloingne.

NOTES.

(*a*) *Aubains*] Ce mot se prend de deux manieres, & pour celuy qui est né dans un autre *diocese*, que celuy où il est domicilié, duquel il est parlé dans le chapitre 83. & 96. du livre premier. Icy il est pris pour celuy qui est né *hors du Royaume*, & qui est venu s'y establir. *Vide Potgieserum De conditione servorum lib. 1. cap. 3. pag.* 77. 78. 79. mon glossaire sur ce mot, & ma note sur les Institutes Coûtumieres de Loisel livre 1. titre 1. regle 49.

(*b*) *Li Rois est hoirs*] Ainsi du temps de ces Establissemens le droit *d'Aubaine* & de *Bâtardise* estoit royal.

(*c*) *Ou li sires sous qui il est, se il müert el cüer del chastel*] De sorte que le Seigneur ne succedoit au Bastard, ou à l'Aubain que quand l'Aubain & le Bastard estoient decedez dans sa terre. Aujourd'huy il ne succede au Bastard, que quand le Bastard y est né, y a esté domicilié, & y est mort. Voyez Bacquet du droit de bastardise.

(*d*) *Mes Bastards ou Aubains ne püet fere autre Seigneur que le Roy en son obéïssance*] Depuis les Seigneurs en plusieurs lieux, usurperent le droit d'aubaine, comme il se void par les articles 41. de la Coûtume d'Anjou & 48. de celle du Maine, avec les notes de Du Molin, mais ces entreprises ont esté reprimées. Voyez mon glossaire sur le mot *Aubain* & *Aubenage*.

(*e*) *Selon l'usage d'Orleanois & de Salonigue*] Dans le manuscrit de M. Baluze, il y a, *suivant l'usage de Paris & d'Orleans.*

CHAPITRE XXXI.

De demander hons comme son serf.

(*a*) SE aucuns *s'avoë hons le Roy*, le Roy le tient en *sa garde* jusques à tant que contreres soit prouvés, selonc droit escrit en Decretales *Des presomptions* en la derniere Decretale, & en la Digeste *De re militari*, en la loy qui commence, *Non omnes, paragrapho A Barbaris)* (*b*) Se aucuns le suit de servage, il doit fere sa demande en tele maniere : *Sire, je demant Guill.* (*c*) *car il est mes hons de cors, & de chief : car mes pere en mourut en saisine, & en possession*

NOTES.

(*a*) *Se aucuns se avoüe hons le Roy &c.*] Cet aveu se devoit faire dans la justice des Seigneurs inferieurs, où l'homme du Roy estoit poursuivi. Et les Officiers du Roy, à qui il devoit notifier son *aveu*, devoient le revendiquer. Cette procedure est expliquée sur le chapitre 2. de ce livre.

(*b*) *Se aucuns le suit de servage*] C'est-à-dire, le *poursuit*. Tout *serf*, & sur tout s'il estoit serf de corps estoit *de suite*. C'est-à-dire, que le Seigneur pouvoit le suivre par tout, pour estre payé de sa *taille* & de son droit de *mortaille* ou *de morte-main*. Voyez la note qui suit, le chapitre 13. de l'establissement fait entre le Sires le Roy & les Barons, sous Philippe Auguste.

(*c*) *Car il est mes homs de cors*] C'est-à-dire, qu'il est homme dont la personne m'est serve. L'article 145. de la Coûtume de Vitry donnera de la lumiere à ce chapitre. *Tous hommes & femmes de corps sont audit Baillage de* poursuite, *en quelque lieu qu'ils aillent demeurer, soit lieu franc ou non, & les peuvent les Seigneurs reclamer & faire reclamer si bon luy semble, car tels hommes & femmes de corps sont censez & reputez du pied & partie*

comme

comme de son serf, & comme son justissable (d) de contens, d'eschëoites, de müebles & de fet de cors, & de heritage (e) & je aprés la mort mon pere en requier la sesine, comme mon serf, dont se il cognoist ce que je dis, je vous requier que vous le me rendés, comme mon home. Et se il le nie je l'offre à prouver, si comme je devré par l'esgard de la cort: Lors est la demande oïe en jugement. Cil qui est demandés, si doit demander jour de conseil, & le doit avoir selonc l'usaige de Baronie, *(f)* & au jour proposer toutes ses loyaux deffenses, (*g*) & leur est la Justice, & li doit demander la paine des Establissemens le Roy. Car se il prüeve ce qu'il dit, il l'enmerra comme son serf. Et se il defaut de prüeve, il demoërra en la volonté de la Cour pour l'amende, (*h*) & se doit lier à la peine avant toute veüe. Et li deffendierres si doit dire en tele maniere, *Sire, je suis home le Roy, & bien m'i avoë, & en tieng mes müebles, & mes choses, dont je vous requiex la* (*i*) *delivrance de mes choses, en la recreance droit fesant.* (*k*) Il l'en doit avoir, selonc l'usage de la Baronie & püet dire en tele maniere, *Sire, ma mere fut franche fame le Roy,* (*l*) *& nus ne perd au Roy de saing de crois, ou de seing seigniés,* (*m*) *selon l'usage d'Orlenois,* (*n*) *dont je vüel que li generaus valle, & la coustume,* (*o*) *dont je doi suivre la condition de ma mere,* si droit s'y accorde, & si est en Code *De rei vindicatione,* en la septiéme loy, qui commence *Partum ancillæ,* où il est escrit de cette matere *(p) & aprés la mort de ma mere, dix ans, ou vingt ans, ou trente ans, & plus, se il est certains en prouver, autrement non à veüe, & seüe du païs; par laquelle reson nous volons demourer en l'avoërie le Roy, se droit nous i amaine,* Et droit dit, & li usages de Baronie que longue tenuë de vingt ans de serfs contre Seigneur, & meismement en franchise, ne püet estre brisiée, selonc droit escrit en la Digeste *Des regles de droit,* en la loy qui commence *Libertas,* où il est escrit mot à mot de cette matere. Et

NOTES.

de la terre, & se baillent en aveu & denombrement per les vassaux, avec leurs autres terres. Joignez l'article 3. 4. & 5. de la Coûtume de Troyes.

(*d*) *De contens*] Dans un manuscrit de Monf.r le Chancelier, il y a, *de contanz*. Dans celuy de M. Joubert, il y a, *de contenz*. Et dans celuy de M. Baluze, il y a, *des contenz*, ce qui approche assez *de Cateuz*. Voyez mon glossaire sur *Catel* & *Cateux*, & le chapitre 33. cy-aprés letre *(g.)*

(*e*) *Et je aprés la mort mon pere*] Un manuscrit de Monf.r le Chancelier, celuy de M. Baluze, & celuy de M. Joubert adjoûtent, *l'ay justicié comme mon serf,* ce qui estoit mal obmis dans l'imprimé.

(*f*) *Et au jour*] Dans le manuscrit de M. Baluze, & dans celuy de M. Joubert, il y a, *au jour de la demande*. Dans celuy de Monf.r le Chancelier, il y a mieux, *au jour de la réponse.*

(*g*) *Et leur est la justice &c.*] Dans un manuscrit de Monf.r le Chancelier, il y a, *lors la joustice le Roy doit au demandeur denoncier la peine des establissemens.* Dans le manuscrit de M. Baluze, il y a comme dans celuy de Monf.r le Chancelier, mais dans celuy de M. Joubert, il y a moins bien, *lors la justice doit demander la peine &c.*

(*h*) *Et se doit lier à la peine avant toute vüe*] Il y a ainsi dans le manuscrit de M. Joubert. Dans le manuscrit de M. Baluze, il y a, *avant toute heure.* Dans un mf. de Monf.r le Chancelier, il y a, *si se doit lier à la peine tout avant.*

(*i*) *Delivrance &c.*] Il y a ainsi dans le manuscrit de M. Baluze, & dans celuy de M. Joubert. Dans un de ceux de Monf.r le Chancelier, il y a, *dont je requiers la recreance de mes choses, ou la delivrance, droit faisant, pardevant vous &c.*

(*k*) *Il le doit*] Dans un manuscrit de Monf.r le Chancelier, il y a, *s'il le doit avoir.*

(*l*) *Ne nus ne perd au Roy de saing de crois, ou de saing saignies*]. Il n'y a là aucun sens. Dans un manuscrit de Monf.r le Chancelier, il y a mieux, *nul ne partit au Roy, que S.te Croix & S.t Aignan.* Voyez ce qui sera cy-aprés observé en la letre *(y.)*

(*m*) *Suivant l'usage d'Orliens*] Le manuscrit de M. Baluze adjoûte, *& de divers pays.*

(*n*) *Dont je vüeil que li generaux vaille*] C'est-à-dire, *le droit general,* les exceptions generales.

(*o*) *Dont je dois suivre la condition de ma mere*] Car ancienement en France le ventre *affranchissoit.* Voyez ma note sur Loisel livre 1. titre 1. regle 22.

(*p*) *Et aprés la mort de ma mere*] Un manuscrit de Monf.r le Chancelier, & celuy de

Louis IX. en 1270.

pource (*q*) Messires *li Roy deffent generalement les nouvelles avoëries conneües* & loyaument provées (*r*) ne *ne sient* nului fors *les Bastards*, & les Aubains Ne nus Bastars ne püet (*s*) *fere faute*. Ne esploits, que len face seur Bastard à tort, ne püet porter dommage au Roy à ce qu'il en perde l'obéïssance ne le droit, qui (*t*) que il a en son cors, selonc l'usage d'Orlenois, & la Coustume de Saaloingne, Et se cil (*u*) qui est apelés püet prouver, que il soit fils (*x*) de franche fame, (*y*) il demoërra pardevers le Roy, se il n'est home, ou fame de sainte Crois, ou de saint Aignien. (*z*) Et doit avant prendre la Seigneurie de par le pere, quand ce vient aux parties fere, selonc l'usaige de la Saaloingne. Et se autre personne les suit, il demourra en *l'avoërie le Roy*. (*aa*) Car nus *ne part* au Roy que S.te Crois & S.t Aignien, si comme nous avons dit dessus. Et se ainsi estoit que cil qui est apelés de servage fust en non aage, il n'en auroit la response (*bb*) *devant qu'il fust à droit* en la sesine des biens, & en la possession dequoi ses peres estoit sesis, & vestus, au temps que il ala de vie à mort. Et doit donner bons pleiges de tenir la chose en bon estat, & de retorner vers le Seigneur, se il pooit prover, que cil fust ses hons de corps, quand il vendroit en aage, se li sires le voloit appeler comme son serf, selonc droit escrit en Code *De Carboniano Edicto*, en la premiere loy, où il est escrit mot à mot de cette matere. (*cc*) Et se aucuns est apelés de servage devant (*dd*) aucune justice le Roy, ou devant aucun Serjant en aucun divers païs, il ne doivent pas pledier de servage

NOTES.

M. Baluze adjoûtent, *Sire nous avons esté justiçable le Roy*. Voyez Beaumanoir dans ses Coûtumes du Beauvoisis chap. 45. *Des aveux* page 252. ligne 34.

(*q*) *Messire le Roi deffend les nouvelles avoüeries*] C'est-à-dire, *que le Roy deffend à ceux qui relevent constament de certains Seigneurs d'en reconnoistre d'autres.* Voyez le chapitre 29. cy-dessus.

(*r*) *Ne ne sient nullui fors les Bastards & les Aubains*] Dans un manuscrit de Monf.r le Chancelier, il y a, *ne ne sont nullui fors les Bastards & les Aubains.* Dans le ms. de M. Baluze, il y a, *ne ne sont ne luy fors és Bastards & és Aubains*, & dans le ms. de M. Joubert, il y a un peu mieux, *ne ne suit nulluy fors Bastards & les Aubains.* Tout cela n'est pas bien net, mais le chapitre 30. prouve manifestement que les *Aubains* & les *Bastards* ne pouvoient avoüer autre Seigneur que le Roy.

(*s*) *Fere faute*] Il y a ainsi dans le ms. de M. Baluze. Dans celuy de Monf.r le Chancelier, il y a, *fere fiance.* Voyez l'autheur du grand Coûtumier livre 2. chapitre 31.

(*t*) *Qu'il a en son corps*] Dans ces temps-là les *Aubains* & les *Bastards* estoient en plusieurs lieux *serfs de corps.* Voyez mon glossaire sur *Aubain* & sur *Bastard.*

(*u*) *Qui est appellez*] Un manuscrit de Monf.r le Chancelier adjoûte, *de servage.*

(*x*) *De franche femme*] Un manuscrit de Monf.r le Chancelier adjoûte, *ou de franc home.*

(*y*) *Il demeurera par devers le Roy, s'il n'est homme ou femme de S.te Croix*] Lors qu'un serf d'un Seigneur s'estoit formarié, & qu'il avoit épousé une femme *franche*, levante & couchante d'un autre Seigneur, en plusieurs lieux les enfans se *partageoient*, en sorte qu'une moitié, qui suivoit la condition de la mere, estoit *franche*, & l'autre moitié qui suivoit la condition du pere estoit *serve.* Et dans ce cas tous les enfans estoient francs en plusieurs lieux, en renonçant à la succession de leur pere serf. Voyez cy-dessus letre (*l.*)

(*z*) *Et doit avant prendre la Seigneurie de par le Pere*] Dans un manuscrit de Monf.r le Chancelier, il y a, *Et doit avant suire Seigneurie par devers le Pere.*

(*aa*) *Car nus ne part au Roy.*] Voyez la note sous la letre (*x.*)

(*bb*) *Devant qu'il fut à droit en la saisine &c.*] Il y a mieux dans un manuscrit de Monf.r le Chancelier, *devant qu'il fust en âge. Et tiendroit la saisine & la possession des biens dont son pere estoit vestu &c.* Par l'anciene Coûtume de la France, suivant le capitulaire de l'an 829. les gardiens, ou baillistres, & les mineurs de vingt ans, & les non nobles de quatorze ne pouvoient intenter action petitoire, ni estre contraints de deffendre à cette action, de ce dont ils estoient saisis comme heritiers, ce qui fut corrigé par l'Ordonance de Philippe de Valois de l'an 1330. en pourvoyant à cette fin les mineurs de curateurs. Voyez Loisel dans ses Institutes Coûtumieres, livre premier titre 4. Regle 12. avec ma note, & ce que j'ay remarqué sur l'article 270. de la Coûtume de Paris.

(*cc*) *Et se aucuns est apelés &c.*] Il y a icy une obmission considerable dans un manuscrit de Monf.r le Chancelier & dans celuy de M. Baluze. Celuy de M. Joubert est à peu prés conforme à l'imprimé.

(*dd*) *Aucune justice le Roy*] Il y a ce

pardevant eux, car il ne pueent, ne ne doivent connoistre de tele querele, *(ee)* où il apert heritage, & est cause de grant pitié, & favorable, qui ne püet estre prisiée qu'est franchise. Ne il ne doivent pas cognoistre, ains en doit cognoistre li Provos, ou li Baillis, & est escrit en Code, el titre *Des Juges pedanées*, en la seconde loy, qui commence, *Placet nobis*, en la fin, où il est escrit de cete matere. Et de ce sont li homme le Roy, & qui avoënt au Roy, en sesine, & en possession, en la Saaloingne, qui ne sont mie tenus de pledier, ne de respondre pardevant aus (selonc l'usage de Cort laie.)

NOTES.

semble faute en cet endroit. Joignez le chapitre suivant.

(ee) Où il apert heritage] Il y a ainsi dans un manuscrit de Monf.r le Chancelier. Dans celuy de M. Baluze il y a bien mieux, *ou len pert heritage & est cause de grant pitié.*

On finira les notes sur ce chapitre (en observant que par la convention qui fut faite, sous le regne de Philippe Auguste) entre le Roy & les Barons d'une part, & les Clercs d'autre, il fut arresté au sujet des serfs par l'article 14. *Quod quando clerici aliquem trahunt in causam de servitute, & ille dicit se esse servum alterius, volunt quod ille respondeat, in curiâ illorum, quamvis dicat se esse servum alterius, & cogant ipsum ad respondendum coram ipsis per excommunicationem, vel illos excommunicant, qui illum manutenent, ad quod responderunt. Quod ille debet respondere in curiâ illius, cujus se servum esse profitetur &c.*

CHAPITRE XXXII.

De semondre les hommes le Roy en autre Justice, qu'en la seüe.

SE aucuns Barons, ou aucuns *(a)* Vavasors, qui ait Justice en sa terre, semont, ou fet semondre *l'hons le Roy*, li *hons le Roy*, n'est pas tenus à aler pardevant aus, ne à leur ajournement. Et se il ne sont *couchant & levant el cüer de son Chastel*, ou se il ne tient d'aus, ou du fet de leur cors, il ne se justiceront mie par aus; Ne il n'ont prise, ne justice, ne Seignorie en *l'hons le Roy*, se il n'est pris *(b) en present la gent le Roy*, ou en ont cognoissance, ou la sesine, si comme nous avons dit dessus el titre *(c) Des mausfeteurs en present fet*, où il est escrit de cette matere selonc l'usaige de Cort laie, & de Cort de Baronie.

NOTES.

(a) Aucuns Vavassors.] Voyez ce que j'ay remarqué sur le chapitre 31. sur le 38. 39. 40. du livre premier, & sur les chapitres 20. & 29. du livre 2.

(b) En present] Dans un manuscrit de Monf.r le Chancelier, il y a, *en present fet, & se il nie le present la gent le Roy en ont la connoissance.*

Il faut joindre à ce chapitre le 13me de ce livre. Quand un homme levant & couchant sous un Baron, ou un Vavasseur estoit semond, ou ajourné en la Justice le Roy, il devoit y comparoir, pour sçavoir s'il en estoit justiciable ou non. Et s'il n'estoit pas justiciable du Roy, il devoit s'avoüer de son Seigneur & demander son renvoy avant contestation de cause, parce que le Roy est le souverain justicier de son Royaume. Mais si l'homme le Roy, ou le levant & couchant sous le Roy, estoit semond en la justice d'un Baron, ou d'un Vavasseur, suivant ce chapitre il n'estoit pas dans l'obligation d'y comparoir, à moins qu'il ne fût question *d'heritages* situez en la justice du Vavasseur ou du Baron, ou pour fait de son corps, comme lors qu'il estoit pris en present meffait. Et encore s'il nioit qu'il eût esté pris en present meffait, la connoissance en appartenoit au Roy, suivant le chapitre second de ce livre. Voyez le chapitre qui suit.

(c) Des mausfeteurs en present fet.] Voyez le chapitre second de ce livre, avec la note.

LOUIS IX. en 1270.

CHAPITRE XXXIII.

De requerre son justisable en la Cort le Roy.

(*a*) SE aucuns hons se plaint d'un autre en la *Court le Roy*, ou devant sa gent (*b*) de fons d'heritage, ou de fié, ou de censive, (*c*) & les parties soient mises en responsе sans avoir autre Justice, ne autre Cort, & il soient justisable à aucun Baron, ou à aucun Vavasor, & li *Sires viegne avant, & requiert sa Cort*, & ce soit *d'heritage*, qui doie estre tenus de luy, pour ce ne perdra-t-il pas l'obéïssance de la Cort, (*d*) ains li rendra len la Cort en celuy point, quand la Justice le Roy sera certaine qu'il en doie avoir la Cort, come il trouvera la partie deffendant en la Cort le Roy, & selon les erremens dessus faits, & dits. Et se la gent trouvoient aucune partie deffendant en la Cour au Baron, ou en la Court de celuy qui eust justice en sa terre, (*e*) il en auroit le recort, se ce estoit chose dont il deust avoir la cognoissance, tout se fussent mises les parties en ni & en deffense. Et li esploit & (*f*) li erremens du plet fet en la Cort au Baron ne seroient mie tenus en la Cort le Roy, ainçois feroient nouvellement deffenses, & les merroit len par droit, selonc l'usage de la terre, & la Coustume du païs. Car il n'est mie avenant que le fet du Justisable soit tenu en la Cort au Souverain, & ainsi est-il tenu selon l'usage de Baronie en Cort laie. Més se ce est de müebles (*g*) ou de *heritages qui appartiennent à müebles*, (*h*) ou de deffaut

NOTES.

(*a*) *Se aucuns*] Ce chapitre doit estre joint avec le 13me de ce livre, & avec Bouteiller dans sa Somme page 64. à la fin.

(*b*) *De fond d'heritage, ou de fié, ou de censive*] Il faut entendre cecy de fond d'heritage, de fief, ou de censive, situez dans la justice d'un Baron ou d'un Vavasseur, car dans ce cas le procés devoit estre porté dans la justice du Baron ou du Vavasseur, comme Loisel l'a remarqué dans ses Institutes Coûtumieres livre premier, titre premier, Regle 20.

(*c*) *Et les parties soient mises en reponse, sans avoir autre justice, ni autre Cort &c.*] Si les parties sont mises en reponse, & si avant que la reponse soit faite, l'homme du Vavasseur ou du Baron s'avoüe d'eux & s'ils le font revendiquer, il sera renvoyé, mais aprés sa reponse il ne le sera plus, car comme il y a dans le chapitre 13. *Franc homme, si fait reponse, ou ni, sans avoüer Justice ne Cort, il ne le püet plus decliner aprés plet entamé.* Voyez Des Fontaines chapitre 25. *Comment plet est entamé.*

(*d*) *Ains li rendra len la Cour en celuy point*] Dans le manuscrit de M. Baluze, il y a, *Quand la Justice le Roy sera certaine que il en doie avoir la Cort, il li rendra la Cort en tel point, comme il trouvera la partie deffendant en la Cort le Roy.* Dans celuy de Monsr le Chancelier, il y a, *Et li rendra len la Cort en celuy point qu'il trouvera la partie deffendante en la Cort le Roy.* Dans le manuscrit de M. Joubert, il y a mal, *Ains li remaindra leis en celi point, quand la justice le Roy sera certaine qu'il en doie avoir la Cort, qu'il trouvera la partie deffendant en la Cort le Roy &c.*

(*e*) *Il en auroit la Cour...... tout se fussent mises les parties en ni & en deffenses &c.*] Ce qui est dit icy est fort remarquable. Quand l'homme franc, levant & couchant d'un Seigneur, avoit esté semons en la Cour du Roy, s'il y avoit fourni de deffences, ou s'il y avoit fait ni, il ne pouvoit plus ensuite avoüer son Seigneur, ni demander d'estre renvoyé dans sa justice, comme il est expliqué dans le chapitre 13. de ce livre. Mais si l'homme du Roy ajourné dans la justice d'un Baron, ne s'y estoit pas avoüé du Roy, & y avoit contesté la cause volontairement, les gens du Roy le pouvoient revendiquer, & toutes les procedures qui avoient esté faites en Cour inferieure, ne servoient de rien dans la justice du Roy, en sorte qu'il falloit recommencer.

(*f*) *Li errement du plet*] Voyez mon glossaire sur ce mot, & sur *Eramne.*

(*g*) *Ou de heritage qui appartienne à müeble*] Il y a ainsi dans le manuscrit de M. Joubert, & ces sortes d'heritages qui appartiennent à meubles, estoient les *Cateux*. Voyez la note sur le chapitre 31. letre (*d*) & mon glossaire sur *Cateux*. Dans un manuscrit de Monsr le Chancelier, il y a moins bien, *Einsi est-il tenu selon l'usage de Baronie, & en la Court laie, soit de müeble, ou d'heritage ou de son* de son corps, & se ils s'estoient mis en response, & en ni en la Cort le Roy, *(i)* li Sires n'auroit mie le recort de sa Cort, ainçois demoërroit illuec, pour justicier, quand il n'ont avoé autre Seigneur avant la responsе. *(k)* *Car frans hons püet fere juge* en ceil cas de qui que il veut, quand il sçait qu'il a justice en sa terre. Et frans hons püet bien renoncier à ce que il fet pour luy, selon droit escrit en Code, *Des Jugemens*, el tiers livre en la loy qui commence *Servus in judicio*, où il est escrit de cette matere especiaument.

LOUIS IX. en 1270.

NOTES.

d'eschoite &c. Dans le manuscrit de M. Baluze, il y a, *mes se c'est de meuble, ou d'eschoite qui appartienne à meuble &c.*

(h) Ou deffaut] Dans tous les manuscrits il y a, *ou de fet de son corps.*

(i) Li sire n'auroit mie le recort.] Voyez le chapitre 13. cy-dessus.

(k) Car frans home.] Voyez le chapitre 13. de ce livre letre *(e.)*

CHAPITRE XXXIV.

De franchir hons.

(a) NUs *Vavasor*, ne *Gentishons* ne püet *franchir son hons* de cors en nulle maniere sans *l'assentement au Baron*, ou du chief Seigneur, selon l'usage de la Cort laie.

NOTES.

(a) Nus Vavasseur ne Gentilhons ne püet franchir son hons &c.] Voyez la note sur le chapitre 29. de ce livre.

J'ay déja expliqué ce chapitre dans ma dissertation sur l'origine du droit d'amortissement.

Suivant le droit Romain, & nostre ancien droit François, les Serfs appellez par les Romains *Adscriptitii & Coloni*, & par nos anciens François *Mortaillables*, *Mainmortables*, & gens de *morte-main*, faisoient partie des fonds, ensorte que quand ces fonds estoient vendus, ils l'estoient aussi. Et quand en France on bailloit aveu des fiefs, on y comprenoit ces sortes de persones, comme l'on void encore par l'article 145. de la Coûtume de Vitry. *Tous hommes & femmes de corps sont au Baillage de poursuite, en quelque lieu qu'ils aillent demeurer, soit lieu franc ou non, & les peuvent les Seigneurs reclamer, & faire reclamer, si bon leur semble, car tels hommes & femmes* de corps sont censez & reputez du pied & partie de la terre, *& se baillent en aveu & denombrement par les vassaux, avec leurs autres terres.*

Il faut à present observer, que suivant l'ancien droit de la France nul vassal ne pouvoit diminüer & abreger son fief au prejudice de son Seigneur. Et s'il le faisoit, la partie du fief abregée ou diminuée estoit devolüe au Seigneur, dans le mesme estat qu'elle estoit avant l'abregement.

Or comme les homes de corps faisoient partie des fiefs, il est évident que celuy qui affranchissoit *son homme de corps* esteignoit & abregeoit par cet affranchissement une partie de son fief, & ainsi ce serf affranchi retournoit, ou estoit devolu au Seigneur superieur dans le mesme estat, & la mesme condition qu'il estoit avant l'affranchissement. Et de-là vient que l'affranchissement du serf ne se pouvoit faire, comme il est dit dans ce chapitre, *sans l'assentement au Baron, ou du chief Seigneur.* Ce qui est tres bien expliqué par Beaumanoir dans le passage qui suit, tiré du chapitre 45. de ses Coûtumes du Beauvoisis page 253. 254. *Bonne chose est à chaus, qui vüellent pourchacier franchise de leur servitude que il facent confirmer franchise par leur souverain, de qui leur sires tient, car si je mes sers, les quiex je tiens de Seigneur, je les pert, car il convient tant comme à moy monte que je leur tiengne la franchise que je leur ay promise, Mais mes sires les guaingnera, car il devenront si sers, & ainsi il gaingneroit. Et se je pris aucun loüier por le franchise donner, je leur suis tenus à rendre, puisque je ne puis leur franchise garandir, car il est resons que parce que je fes ce que ne povoie ne ne devois fere, que il viengnent aussi riche en la main de mon Seigneur comme il estoient en le moie. Et suis encore tenus à amende fere à mon Seigneur de che que je li avoi son fief apeticié. Et si seroit li amende de soixante livres.*

Quand le Seigneur suzerain avoit donné son consentement à l'affranchissement, il avoit

LOUIS IX. en 1270.

NOTES.

aussi diminué son fief, & ainsi ce serf affranchi estoit devolu successivement de Seigneur en Seigneur jusqu'au Roy. Et de-là vient qu'il n'y avoit que le *Roy seul qui pouvoit amortir ou affranchir les personnes & les terres*. Voyez ma dissertation sur l'origine du droit d'amortissement, page 86. 87. & 175.

CHAPITRE XXXV.

De relaschier larron.

(a) NUs Vavasor ne püet *(b) relaschier larron* sans l'assentement du Baron, ainçois appartient au Baron la cognoissance, *(c)* ne il ne püet fere enqueste qui appartiegne à si grand justice, ne il ne püet lever justice ne forches, *(d)* se li fés n'i avoient esté jugiés. Et se les *forches chieent* par quas d'aventure, *(e)* il ne les püet relever, ne ne doit sans *l'assentement du Baron*, ou Chief Seignieur. *(f)* Ne ne püet à homme fere forjurer sa chastellerie, ne fere forban, & se il le fet, il perd sa justice, car ce n'est pas justice de Vavasor. Justice de Vavasor, si est en l'usage d'Orlenois, *(g)* el tiltre *D'appeller homme de murtre, & de traïson, & de fere retenuë*, en la fin selonc l'usage de Conlaic.

NOTES.

(a) Nus Vavassor &c.] Voyez la note sur le chapitre 31. & 38. du premier livre.

(b) Relachier larron.] Mais quoyque les Vavasseurs ne puissent relâcher le larron, ils ne laissent pas que de le faire pendre. Voyez le chapitre 38. du livre premier, le chap. 41. & le 59.

(c) Ne il ne püet fere enqueste] Il y a ainsi dans un manuscrit de Monsr le Chancelier, & dans celuy de M. Baluze. Dans celuy de M. Joubert, il y a, *Ne il ne püet faire qui apartiegne à si grant Justice.*

(d) Se li fés n'i avoient esté jugiés] Dans un manuscrit de Monsr le Chancelier, il y a, *se li fez ni avient jugié*, il y a de même dans celuy de M. Baluze & de M. Joubert. De-là il resulte que les Vavasseurs ou les Seigneurs qui avoient voirie, avoient des fourches, quand le larron avoit esté executé en leur terre. Voyez la Coûtume du Loudunois, au titre *De haute Justice*, article 3.

(e) Il ne les püet relever.] Voyez Bacquet *Des droits de haute Justice* chapitre 9. 10. & 11. page 30. de la nouvelle Edition.

(f) Ne ne püet à homme fere forjurer sa chastellerie.] Voyez le chapitre 31. du livre premier avec la note.

(g) El titre d'appeller homme de murtre.] Voyez les chapitres 38. 41. & 59. du premier livre de ces Establissemens.

CHAPITRE XXXVI.

De gentillece de Baron.

(a) NUs ne *tient* de *Baronie*, se il *ne part de Baronie par partie*, ou par *frerage*, *(b)* ou se il n'a le don dou Roy, sans riens retenir, fors le re-

NOTES.

(a) Nus ne tient de Baronie] Il y a ainsi dans le manuscrit de M. Joubert. Dans celuy de Monsr le Chancelier, il y a mieux. *Generalement nul ne tient en Baronie se il n'est departis de Baronie.* Dans celuy de M. Baluze, il y a, *Nul ne püet tenir en Baronie gentillement, se il ne depart de Baronie par partie, ou par frerage &c.* Le sens est que nul ne peut avoir portion de Baronie que par *frerage* ou *partage*, ou par *don*, C'est-à-dire, *permission du Roy*. Et comme celuy qui a une portion de Baronie par *frerage*, la tient aussi noblement que son aîné, à la charge neamoins du ressort, il en est de mesme de celuy qui y a part par permission du Roy. Voyez le chapitre 24. & 25. du premier livre.

(b) Ou se il n'a don du Roy sans rien retenir fors le ressort.] Dans le manuscrit de M.

. (c) Et qui a à marchir (d) *Chastellerie*, ou *paage*, (e) & *lige ostage*, il
nt *en Baronie*, adroitement parler. (f) Et porte bien le droit *recort* en cho-
jugieés, & en choses (g) mises à fin & en autres pluseurs choses, selonc l'u-
ge de la Cort laie. Et doivent estre semons souffisamment comme Ber par
) certain Serjant par la raison de Baronie. Autrement il ne seroit tenu de res-
ndre, se il ne leur plesoit, (selonc l'usaige de divers païs.)

NOTES.

ubert, il y a, *le conduit du Roy*.

(c) *Et qui a à marchir.*] Dans un manus-
t de Monf.r le Chancelier, il y a mieux,
qui a marchié. Il y a de mesme dans celuy
M. Baluze & dans celuy de M. Joubert.
oyez l'art. 2. de la Coûtume du Loudunois
titre de Baronie, l'art. 49. de la Coûtume
Anjou, & l'Ordonance d'Henry III. du
7. Aoust 1579. dans la conference tom. 2.
age 295.

(d) *Chastellerie*] La Coûtume d'Anjou
t. 47. *Droite Baronie doit avoir trois chas-
ellenies sujetes du corps de la Baronie, ville
lause &c.*

(e) *Lige ostage*] Dans un manuscrit de
Monf.r le Chancelier, il y a mieux, *lige esta-
ge*. Il y a aussi *lige estage* dans celuy de M.
Baluze. Voyez le chapitre 53. du premier li-
vre avec la note & mon glossaire sur *lige
estage*.

(f) *Et porte bien le droit recort en choses
jugées &c.*] Dans un mf. de Monf.r le Chan-
celier, il y a mieux, *Et penroit bien leur Cort,*
ressort *en chose jugiée*. Dans le mf. de M. Ba-
luze, il y a, *& porte bien le recort en chose
jugiée*. Il y a moins bien dans le mf. de M.
Joubert come icy, *Et porte bien le droit recort
en chose jugiée &c.* Ce qui est dit icy ne signi-
fie autre chose sinon, qu'*en Baronie la justice
du Parageau ressortit en la justice de son chief
Parageur*. Voyez la Coûtume du Loudunois
au titre *De Baronie*, article 4.

(g) *Mises.*] Voyez le chapitre 18. du
conseil de Des Fontaines.

(h) *Par certain Sergent.*] Voyez ce que
j'ay remarqué sur la regle de Loisel. *Sergent
à Roy est pair à Comte*, livre premier titre pre-
mier.

CHAPITRE XXXVII.

Comment jugement doit estre establis, quand prüeves sont igaux d'une part & d'autre.

SE aucuns est appellé (a) *de servage* comme il est dit dessus, (b) ou de *murtre*, ou d'aucun *autre messet*, dont il doie *perdre vie* ou *membre*, & prüeves soient traites contre lui, & il soit avis à la justice, que li fet soit loialment prouvés, & souffisament, & li deffendieres ait proposé en jugement sa deffense, (c) *que il ait fet le fet*, seur luy deffendant, & cele chose soit prouvée souffisamment, & les prüeves d'une part & d'autre soient *par igaus*, ou cil qui est apelés de servage, ait prouvé que il soit en estat de franchise, ou en autres presomptions, qui li doivent aidier, si comme il est dit dessus, & prüeves *soient igaux* d'une part, & d'autre, Droit dit que Sentence & Jugement doit estre plustost donnés (d) pour celuy escuser & apeler de servage, que pour l'autre, selon droit escrit en Decretales, el titre *Des prüeves*, en la Decretale, qui commence (e) *Ex literis tuis*, où il est escrit de cette matere, que quand prüeves *sont igax*

NOTES.

(a) *De servage.*] Voyez le chapitre 31. de ce livre.

(b) *Ou de murtre.*] Voyez les chapitres onze & vingt de ce livre.

(c) *Que il ait le fet*] Dans un manuscrit de Monf.r le Chancelier, il y a mieux, *que il n'ait fet le fet*.

(d) *Pour celuy escuser &c.*] Dans un mf. de Monf.r le Chancelier, il y a mieux, *pour celuy qui est accusé & appellé de servage, que pour l'autre, & aussi pour celuy qui est appellé de murtre*. Dans le mf. de M. Baluze, il y a, *pour celi escuser, qui est appellé de servage, que pour l'autre, & pour celi qui est appellé de murtre, que pour l'autre*.

(e) *Ex literis tuis*] Adde Legem Inter

LOUIS IX. en 1270.

d'une part & d'autre, & Sentence doit estre donnée pour franchise, & plus pour celuy qui est accusés, que pour l'autre : car droit est plus prés à asoudre, que à condamner à mort, si comme il est escrit en ladite Decretale mot à mot, & usage du païs si accorde. Et ainsi doit fere jugier toute leal justice : *(f)* car len doit les fiuls des homes, se cil qui sont accusé, ou qui accusent, *(g)* & prometent vcent à Justice livrée l'enqueste, ou les prüeves aus jugeeurs. Et droit le dit en Decretales, el titre *Aus Juges delegat*, en la bonne Decretale, qui commence *Prudentiam*, el second respons, où il est escrit de cette matere, que jugemens *(h)* soit enterins, qui est confermés par plusors Sentences, & Coustumes du païs esprouvée, & usaiges si accorde.

NOTES.

pares 38. *D. De Re judicatâ Legem* Si pars *De inofficioso testamento & Legem* Arrianus *De obligationibus & actionibus*. J. Gothofredum & P. Fabrum *ad Legem* Favorabiliores 125. *De Regulis juris*.

(f) Car len doit] Un mſ. de Monſ.ʳ le Chancelier adjoûte, *loialement juger*.

(g) Et promettent vêent à justice] Cet endroit est tres corrompu. Dans un manuscrit de Monſ.ʳ le Chancelier, il y a, *car len doit loialment jugier les fils des hommes, se cil qui sont accusé, ou qui accusent ne prent neant, & justice livre l'enqueste & les preuves aux jugeeurs*. Dans le manuscrit de M. Baluze, il y a, *quer len doit juger loyalment les fils des prodeshomes, & cil qui accusent & sont accusé ni pramettent noiant, & justice livre l'enqueste, ou les prüeves des jugeurs*, & dans celuy de M. Joubert qui a appartenu à M. de Caseneuve, il y a, *Car len doit les fils de ses hommes, se cil qui sont excusé, ou qui accusent, & promettent noiant à joustice, livrée enqueste des preuves aux jugeurs*.

De toutes ces leçons, celle du manuscrit de Monſ.ʳ le Chancelier est la meilleure, en lisant au lieu de *prent neant*, *ne prouvent neant*, comme M. Du Cange assure en la marge qu'il y a dans quelques manuscrits, Et la decretale *Prudentiam* indique assez qu'il faut lire ainsi.

(h) Soit enterins] Dans un manuscrit de Monſ.ʳ le Chancelier il y a mieux, *soit enteriné*.

CHAPITRE XXXVIII.

Comment len doit appeller de murtre.

QUand aucuns apele aucune personne *(a)* de *murtre*, ou de *larrecin*, ou de cas, qui sont dessus dis de haute Justice, el titre *D'apeler hons de murtre & de traïson*, *(b)* il doit dire dont vient la traïson, ou se ce est de trieve enfrainte, il doit monstrer sanc ou plaie, *(c)* ou descireure, ou chaple : *(d)* car traïson

NOTES.

(a) De murtre.] Voyez les chapitres 3. 4. & 162. du premier livre, & les 11. & 20. du second livre.

(b) Il doit dire dont vient la trahison] Dans un manuscrit de Monſ.ʳ le Chancelier, il y a, *dont müet la trahison*, & les manuscrits de M. Baluze & de M. Joubert sont conformes.

(c) Ou descireure, ou chaple] La descireure est une deschireure ou une plaie. Du participe de *Scindo* ou *discindo* on a fait *discireure* ou *descireure*. De sorte que M. Menage s'est, ce semble, trompé en faisant venir *Deschirer* de *dilacerare*. Quant au mot *châple*, il vient de *capillare*, qui signifioit la mesme chose que *scindere* selon Jean de Gennes & Papias. Et de-là vient que l'on dit encore du *pain chaplé* ou *chapellé*. Dans le manuscrit de M. Baluze, il y a, *Et doit montrer le sanc & la plaie ou desereure, ou de chable*.

(d) Car trahison n'est mie de parolle] Non seulement la treve n'estoit pas enfrainte par paroles, mais elle ne l'estoit pas mesme par les coups & les blessures, quand les blessures & les coups n'estoient pas une suite de la premiere querelle qui avoit donné lieu à la treve, Beaumanoir chapitre 61. page 306. 307. *Il avient souvent que aucuns lignages sont en trives ou en asseurement, les uns vers les autres, & pour che ne demeure pas qu'aucuns nouveaux contens ne naissent entre aucuns de chaus du lignage, si que par le nouveau fet, il y a murtre, ou fet apparent. Or veons donc si trives ou li asseurement est brisiés. En cil cas nous disons que non, car en accuser autruy de trives ou asseurement brisié, il convient que le*

n'est

n'est mie de parole, ainçois i convient fet aparissant monstrer à justice, *(e)* & en püet len jugier bataille selon les paroles, *(f)* & convient que len mete en murtre le veoir, & le savoir. Et se aucuns apele un autres de traïson devant justice, il doit dire en telle maniere : *Come je fusse tel jour en tel lieu, sans tort que je fisse à nului, sans droit que je veasse, & sans ce que je eusse regard de nului, Guill. vint à moy, envers qui je estoie* en trieves, & en asseurement fet par la justice, *& cel jour me feri, dont cuir creva, & sanc en issit, come traitres, dont se il le me connoist, je requiers que il soit punis, comme de ce fet, & me fit sanc & plaie, (car le sanc si est li garand (g) de l'hons, selonc l'usage de la Cort laie) & fut monstrée à la Justice. Et se il le nie, (h) je l'offre à monstrer,* & à voir en champ de bataille, *ainsi comme la Cort esgardera,* que fere le doie, *comme hons qui a son essoine aparissant.* Il convient que bataille en soit cors à cors, *(i)* selonc l'usage du pays. Et convient que il face encontre la demande presentement tel ni, & tele deffense comme il doit, si come nous avons *(k)* dit dessus, el titre *D'apeller hons de murtre, & de traïson.* Li Rois deffent les batailles en son demaine par ses Establissemens.

NOTES.

messect naisse dou premier messect, pourquoy la treve, ou asseurement fut donné &c.

(e) Et en püet len jugier bataille selon les paroles] Cecy & tout ce qui suit manque dans le manuscrit de M. Baluze, jusques aux mots, *Et doit dire en telle maniere.* Dans un manuscrit de Monsʳ le Chancelier, & dans celuy de M. Joubert, il y a comme dans l'imprimé. Si donc quelqu'un se plaignoit de treves enfraintes, s'il le prouvoit par ses blessures, & si celuy qu'il accusoit le nioit, au deffaut de preuves, il falloit en venir au duel hors des domaines du Roy.

(f) Et convient que len mette en murtre le veoir, & le sçavoir] Il y a ainsi dans le manuscrit de M. Joubert, mais dans un de ceux de Monsʳ le Chancelier, il y a, *Et ne convient pas que len mette ou murtre, le veoir ne le sçavoir,* ce qui est directement contre les chapitres 2. 3. & 4. du premier livre de ces Establissemens.

(g) De l'hons] Il y a ainsi dans le manuscrit de M. Joubert, mais dans celuy de Monsʳ le Chancelier & dans celuy de M. Baluze ces deux mots manquent avec raison.

(h) Je l'offre à montrer & à voir en champ de bataille] Cela estoit ainsi dans les domaines, ou dans l'obéïssance du Roy, comme on vient de le dire, & comme il est dit à la fin de ce chapitre, & du chapitre 11. de ce livre. Joignez le chapitre 27. & le 118. du premier livre à la fin.

(i) Selon l'usage du pays] Dans le manuscrit de Monsʳ le Chancelier, & dans celuy de M. Baluze, il y a, *Selon l'usage de Cort laie,* & dans celuy de M. Joubert, *Selon l'usage du pays.*

(k) Cy-dessus] Chapitre 11.

CHAPITRE XXXIX.

Des müebles, & des heritages de larrons, & des murtriers, comment ils demeurent as Seigneurs.

SE aucuns hons *(a)* fet *murtre,* ou *larrecin,* ou autre messet, parquoy il doie *(b)* perdre le cors, *(c)* & il ait heritage, ou müeble, en aucune Chastelerie, & li Sires ait Justice en sa terre, *haute & basse,* & li murtriers ait heritage en autre Chastelerie, ou en autre Justice, *(d)* li Sires si aura les müeblés & les heritages qui sont sous luy, tot ne soit-il couchant, ne levant en sa Justice, par

NOTES.

(a) Fait murtre] Un mſ. de Monsʳ le Chancelier adjoûte, *ou hommecide.*

(b) Perdre le corps] Un manuscrit de Monsʳ le Chancelier adjoûte, *ou avoir.*

(c) Et il ait heritage en aucune chastellerie] Dans un manuscrit de Monsʳ le Chancelier, il y a, *& il ait heritage en aucune joustice.*

(d) Li sire aura les meubles & les heritages] Cela se pratique ainsi aujourd'huy, en sorte qu'en cas de crime & de confiscation *les meubles ne suivent pas le corps.* Voyez

LOUIS IX. en 1270.

la reſon du murtre, *(e)* & de l'amende. Generaument tout Seigneur, qui ont la haute Juſtice en leur terre, auront les choſes que il trouveront en leur Juſtice, & en leur Seignorie; car *(f) murtrier & homicide n'ont point de ſuite*, ſelonc l'uſaige de la Cort laie. Et eſt en la volenté des Seigneurs à tenir comme leur propre demaine, *(g)* & de fere revaigier; c'eſt à ſavoir *(h)* les vignes fere eſtreper, ſelonc l'uſage de divers païs. Et tele juſtice, & tel uſage ſi apartient à Gentilhons & à Baron ſelonc l'uſage de la Court laie. Et tel juſtice doit len fere de murtrier, & de robeeurs de gens par chemins, & d'homecides, & de robeors d'Ygliſes, & de ardeeurs de meſons, & de fauſſonniers de monoyes, & de pluſieurs autres quas, ſi comme nous avons *(i)* dit *Des cas de haute Juſtice*, ou il eſt eſcrit de ceſte matere.

NOTES.

Bacquet *Des droits de Juſtice*, chapitre 13.

(e) Et de l'amende] Dans un manuſcrit de Monſ.r le Chancelier, & dans ceux de M. Joubert, & de M. Baluze, il y a, *de l'homicide*.

(f) Meurtrier & homicide n'ont point de ſuite, ſelonc l'uſage de Cour laie] Cela eſtoit vray quant aux biens, mais il n'en eſtoit pas ainſi quant *à la perſonne*, car par l'ancien droit *l'homme vilain eſtoit juſticiable de corps & de chaſtel, où il levoit & couchoit*, ce qui eſt expliqué fort au long par Boutciller dans ſa Somme livre 1. titre 34. page 225. Mais par l'article 35. de l'Ordonance de Moulins cet ancien droit a eſté changé, & il a eſté ſtatué ſuivant l'authentique *Quâ in provinciâ*, que *les delicts ſeroient punis, où ils auroient eſté commis*. Voyez ce que j'ay remarqué ſur les Inſtitutes de Loiſel livre 1. regles 19. 26. livre 19. 20. & 26.

(g) Et de fere revaigier] Dans un manuſcrit de Monſ.r le Chancelier, il y a, *fere ravage*.

(h) Les vignes fere eſtreper.] Voyez le chapitre 26. & 28. du premier livre de ces Eſtabliſſemens. Un manuſcrit de Monſ.r le Chancelier adjoûte, *& les maiſons abatre & les arbres cerner, & les prez arer, ſelon l'uſage du pays, & tele juſtice & tel uſage appartient à gentilhons & à Baron.* Dans le mſ. de M. Joubert, il y a aprés *eſtreper*, *tele juſtice, tel uſage ſi appartient à gentilhons & à Baron.* L'uſage eſtoit ancienement de raſer les maiſons, & d'eſtreper, ou d'arracher les vignes, & de couper les arbres des criminels condamnez. On en trouve des exemples dans les Chartes de Communes, & entr'autres dans les deux ſuivantes. La charte de la Commune de Roye. *Si quis alium intra villam interfecerit, ubicumque malefactor inventus fuerit, de ipſo vindicta accipiatur, & ſi domum habuerit diruatur.* La Charte de la Commune d'Amiens. *Si vero ita ſuperbus fuerit vulneratus, quod emendationem non velit accipere, ad arbitrium Præpoſiti & Majoris, vel ſecuritatem præſtare, domus ejus, ſi domum habuerit, diruetur.*

(i) Voyez le chapitre 25. & 29. du premier livre & le 7. de ce livre.

CHAPITRE XL.

De dete conneüe & prouvée, comment len doit le deteur porforcier, quand il ne veut fere payement.

QUand aucuns *eſt cognoiſſans* en droit que il *doit aucune ſomme d'argent* à aucune perſonne, *(a)* & ſeur ladite cognoiſſance li detierres en ait données lettres de Prevoſt, ou d'aucune autre Juſtice ordinaire, & il ſoit defaillans du payement au terme nommé, & cil viegne à la juſtice plaintif, pour *(b)* enteriner ſa lettre en feſant payement, la juſtice doit mander à celi que il paie, & le doit pourforcier par la priſe de ſes choſes à paiement fere. Et ce appartient

NOTES.

(a) Et ſeur ſadite connoiſſance li dettieres en ait donné letres de Prevoſt, ou d'aucune autre juſtice ordenaire] Dans un manuſcrit de Monſ.r le Chancelier, il y a, *Et ſeur ladite connoiſſance la Cour en ait donné letres du Prevoſt ou d'aucune autre juſtice &c.*

(b) Enteriner ſa lettre] Ce mot comme on l'a dit tant de fois, vient d'*enterin* qui ſignifie *entier*. De ſorte que *ſe plaindre pour enteriner* une lettre, c'eſt demander qu'elle ait ſon effect par le payement.

à Justice de Prevost, & à toute justice de pourforcier selon droit escrit *Des executions de choses jugiées* en la seconde loy, en la fin, & el Code en autre lieu des Transactions, en la loy, *Si causâ cognitâ,* & en la Digeste *De chose jugiée* en la loy qui commence *A divo Pio.* Se il ne veut monstrer paiement, ou quittance, ou aloignement de terme, *(c)* lors doit estre oïs de la justice, & li doit len mettre jour souffisant, selon l'usage de la Court laie, à prouver s'entencion, & se il defaut de prüeve, la justice le doit parforcier par la prise de ses choses, si comme il est dit dessus. Et se aucuns estoit en tel estat, que il n'eust ne müebles *(d)* ne *chastel,* parquoi il peust paier la chose conneüe & jugiée, si jüerroit seur sains, que il n'auroit dequoy payer, ne tout, ne en partie, & que au plustost que il vendroit en plus grande fortune, que il paieroit, *(e)* Et doit abandonner ses biens par son serement, & Droit si accorde en Decretales *Des solutions,* & en la Decretale *Odoardus Clericus;* si comme nous avons *(f)* dit dessus el titre *Du droit au Roy* où il est parlé de cette matere.

NOTES.

(c) Lors doit estre oiz de la justice] Un manuscrit de Monf.r le Chancelier adjoûte *à prover s'entention, & s'il defaut de prüeve &c.* Dans le manuscrit de M. Joubert, il y a moins bien, *lors doit mettre estre diz de la Justice, & si doit len mettre jor soffisant, selon l'usage de la Cort laie, & prouvera s'entention, & se il defaut de prüeve &c.*

(d) Ne chastel.] Voyez mon glossaire sur *catel* & *cateux.*

(e) Et doit abandonner ses biens] C'est ce qu'on appelle *faire cession de biens,* dont il est traité au long dans l'Ordonance du Commerce du mois de Mars 1673. titre 10. avec les autheurs qui ont traité de cette matiere.

(f) Cy-dessus] Chapitre 21.

CHAPITRE XLI.

De chevauchiée fere (a) à armes.

QUand aucuns est plaintif en jugement d'aucune personne, qui est venus à son droit, & à son fié, ou à sa Seignorie *(b)* à force & à tort d'armes, & en lieu où il n'avoit riens à tenir de luy, ne en fié, ne en demeine, où il n'a ne prise, ne Seignorie, *(c)* ne vengement du Roy mi ami ensemble, ou mes autres fiés, dont je sui en sa foy, & en la Seignorie le Roy, & en sui ses homes liges a portez, ou fet porter mes müebles, (& les doit nommer,) *(d)* dont je requier que li siens en soient saisis *(e)* enterinement, & mes dommages amender *(f)* jusques la monstrance de cent livres, *(g)* & doit nommer en sa plainte

NOTES.

(a) A armes] Il y a ainsi dans un manuscrit de Monf.r le Chancelier. Dans celuy de M. Baluze, il y a, *ô armes,* c'est-à-dire, *avec armes.* Et il y a aussi *ô armes,* dans celuy de M. Joubert. Il y avoit moins bien, *come armes,* dans l'imprimé.

(b) A force & à tort d'armes] Dans un manuscrit de Monf.r le Chancelier, il y a, *à tort, à armes.* Dans celuy de M. Baluze, il y a, *à tort, ô armes,* & dans celuy de M. Joubert il y a moins bien, *à tort & d'armes.*

(c) Ne vengement du Roy] Il y a ainsi dans le manuscrit de M. Joubert. Dans celuy de Monf.r le Chancelier & dans celuy de M. Baluze, il y a plus netement, *ne vangement, ne justice, le quel fié, & laquelle Seignorie je tiens du Roy, ensemble mes autres fiefs, dont je suis en la foy, & en l'homage le Roy & en sui ses hommes liges, & en ai apporté & fet apporter mes meubles &c.* Joignez le chap. 50. & 63. du premier livre vers la fin, & Beaumanoir chapitre 32.

(d) Dont je requiers que li siens &c.] Dans un manuscrit de Monf.r le Chancelier, dans celuy de M. Baluze, & dans celuy de M. Joubert, il y a, *li liex,* ou *li leux,* c'est-à-dire, *les lieux.*

(e) Enterinement] Entierement.

(f) Jusques à la montrance de cent livres] Dans un manuscrit de Monf.r le Chancelier & dans celuy de M. Baluze, il y a, *jusques à la valüe de cent livres.* Dans le manuscrit de M. Joubert, il y a, *jusques à la vaillance,* ce

LOUIS IX. en 1270.

le jour de sa chevauchiée. *(h)* Et se il connoist, que il soit venus ainsi come il doit, *je vous requier come à Souverain, que vous le me feisés amender*. Et se il le nie, je l'offre à prouver par enqueste, ou par tesmoins, si comme la Cort esgardera, que fere le doie *(i) selon les Establissemens le Roy*, *(k)* & le demant en jugement. Li deffendieres doit fere encontre la demande de celui presentement tel ni, & tele deffense, comme il doit: car nus n'a jour de conseil, de force, de chevauchiée, ne d'armes, ne de fet de son cors, *selon les Establissemens le Roy, (l) qui sont cy-dessus* commencement. *(m)* De dons ou franchise, ne Roy ne li doüe, ou coustume de pays, *(n)* Et se il est à Cort ainsi venus, come j'ay dit el leu qui est avoé du Roy, il fera sa demande par la Coustume du païs, & de la terre, & fera l'amende de *(o) soixante sols* se il est Bers, ou Chevaliers, ou Gentishons. Ne nus n'en est garantis, selon l'usage de divers païs, tout soit-il Bers, ou tieigne en Baronie.

NOTES.

qui marque qu'au lieu de *montrance*, il faut *montance*.

(g) Et doit nommer en sa plainte le jour de la chevauchiée] C'est-à-dire, le jour de l'irruption & de la violence.

(h) Et se il connoist que il soit venus ainsi, comme il doit &c.] Dans le manuscrit de M. Joubert, au lieu de *comme il doit*, il y a, *comme il dit*. Dans celuy de Monsr le Chancelier, il y a mieux, *se il connoist qu'il soit venus ainsi, comme je dis*, C'est-à-dire, à force ouverte & à main armée. Et le manuscrit de M. Baluze est conforme à celuy de Monsr le Chancelier.

(i) Selonc l'Establissement le Roy.] Voyez le chapitre 3. 4. & 5. du premier livre.

(k) Et le demant en jugement] Dans un manuscrit de Monsr le Chancelier, il y a mieux, *& la demande oïe en jugement*.

(l) Qui sont cy-dessus.] Voyez le chapitre 20. de ce livre au commencement.

(m) De dons ou franchise ne Roy ne li doüe &c.] Dans un manuscrit de Monsr le Chancelier, il y a bien mieux, *si don ou franchise ne luy donne*. Dans le msf. de M. Joubert, & dans celuy de M. Baluze, il y a bien aussi, *se dons ou franchise de Roy ne li donne*.

(n) Et se il est à Cort] Dans un manuscrit de Monsr le Chancelier. Dans ceux de M. Baluze, & de M. Joubert, il y a mieux, *& se il est à tort*.

(o) Soixante sols] Dans un msf. de Monsr le Chancelier, dans ceux de M. Joubert & de M. Baluze, il y a *soixante livres*, comme dans ce qui suit de Beaumanoir, qui servira à l'intelligence de ce chapitre, page 171. chapitre 32. *Il soulloit estre, quand aucun gentixhons, qui avoit justiche en se terre, prenoit sur un autre gentilhoume, que cil seur qui il prenoit, ne ralloit pas tant seulement querir la chose, qui li avoit esté tollüe, ou esrachiée, mès quanque il pooit trouver de chose au gentilhoume, qui che li avoit fet en se terre, ou en le terre de cheli qui che li avoit fet. Et pour che que che estoit droictement esmouvement de guerre, & de mortex haine, tex contregagement sont deffendus, dou pooir & de l'auctorité nostre souverain terrien nostre Seigneur le Roy de France. Et si est li Establissement tex, que si je me düeil de me chose, que len m'a tollüe, ou efforcié, & je le vois (vas) requerre par forche, ou autre chose dou cheli qui che m'aura fet, je suis tenu à luy ressaisir par le resau de la contreprise, & à li rendre son damage que je li auray fet en contreprenant. Et suis chû en l'amende le Roy, pour che que je suis allé contre son Establissement, à le quelle amende se je sui gentixhons si est* de soixante livres, *& se je suis hons de poote* de soixante sols &c. Voyez les chapitres 147. 148. & 149. du premier livre.

C'est ce chapitre, & le chapitre 63. du livre premier, que Beaumanoir appelle le *nouvel Establissement le Roy*, que l'on a mal confondu avec l'Arrest de 1277. rapporté par Chopin, *De moribus Parisiorum, lib. 3. tit. 1. n.* 2. ce qui paroist manifestement par ce qui suit de Guy Pape, dans sa decision 552. n. 2. *In Patriâ Lugdunensi, unde sum oriundus, & in ipso regno Franciæ, est quoddam statutum vulgariter appellatum* Arrestum querelæ de novis dessaisinis, *tenoris sequentis. Querelæ super novis dessaisinis non veniunt in Parlamento, sed quilibet Baillivus in Baillivia suâ adeat locum debati, & vocatis secum probis viris se informet de saisina & dessaisina, sine strepitu & figurâ judicii. Et si intervenerit ita esse, statim loco dessaisiat & ad manum Regiam ponat & inde coram se evocatis partibus, ministret justitiæ complementum. Quod statutum fuit conditum per Beatum Ludovicum Regni Franciæ.* Mais cet autheur se trompe en partie. Ce fut St Loüis qui fit le reglement sur *les Dessaisines*, comme il paroist par le chap. 63. du premier livre de ces Establissemens & par celuy-cy. Et ce fut sous Philippes le Hardy, que la Cour rendit cet Arrest, par lequel elle ordona que les Baillis connoistroient ainsi *des Dessaisines*.

CHAPITRE

Louis IX. en 1270.

Chapitre XLII.

De desavoër son fié de son droit Seigneur.

(a) SE aucuns *desavoë* mauvésement le fié de son *Saingnor lige*, & il en soit atains, *il perdra son fié*, si come nous avons dit dessus, el titre *De desavoër son Saingneur*, où il est escrit de cette matere mot à mot. Et Usaiges & Coustumes de païs generaux esprouvée si accorde. Nostre Sire li Roy deffent (b) les armes & les chevauchiées en ses Establissements.

NOTES.

(a) Ce chapitre n'est qu'une repetition du 29me de ce livre, où il suffit de renvoyer le lecteur.

(b) *Les armes & les chevauchiées en ses Establissemens.]* Voyez le chapitre precedent.

Cy finissent les Establissemens le Roy de France, selon l'usage de Paris & d'Orleans, & de Cort de Baronie, si a deux cens treize chapitres.

Louis IX. sans date.

(a) Ordonance touchant la levée des tailles dans les Villes du Roy.

SOMMAIRES.

(1) On elira 30. ou 40. hommes qui feront serment d'en elire douze autres, pour asseoir la taille. Les douze jureront qu'ils l'imposeront également au sol la livre, la valeur des meubles estant estimée à la valeur de la moitié des immeubles. Avec ces douze persones il en sera eslu quatre autres, dont les noms seront tenus secrets, jusques à ce que les douze ayent fait l'assiette de la taille. Et avant que l'assiette ayt esté publiée, ces quatre, après avoir presté serment, taxeront les douze.

ELIGANTUR per consilium sacerdotum parochialium & aliorum virorum religiosorum, nec non & Burgensium, & aliorum proborum virorum de communi ipsorum, usque ad quadraginta vel triginta bonos viros & fideles, vel plures aut pauciores, secundum quantitatem ipsarum villarum. Et illi qui sic electi fuerint, jurabunt super sancta, quod ipsi de ipsis, vel de aliis probis viris earum villarum, eligent usque ad duodecim *de Villis qui meliores erunt, ad illam* talliam assidendam. *Et illi duodecim nominati jurabunt super sancta, quod bene & fideliter (b) assidebunt* dictam talliam ad libram æqualiter.

SOIENT eslûs trente hommes, ou quarante ou plus ou mains, bons & loiaus, par le conseil des prestres & de leur parroisses & des autres hommes de religion, & ensement des bourgeis & des autres preudommes, seleon la cantité & la grandeur des Villes. Et ceux qui seront en telle maniere Elûs, jureront sur les Stes Evangiles, que icheux d'entreus meismes ou d'autres preudommes d'icheles-Villes meismes essiront de siques à douze hommes d'icheux, qui seront les meilleurs à ychele taillie asseer, & les autres douze hommes nommés jureront sur les Saintes Evangiles, que bien & diligeaument il asserront ladite tailliée, ne n'épargneront

NOTES.

(a) Cette Ordonance se trouve en François dans le Registre St Just de la Chambre des Comptes feüillet 4. *verso*, & elle est en Latin dans le tome 12. du Spicilege de Dom Luc Dachery page 168.

(b) *Assidebunt talliam ad libram æqualiter.]* Ces sortes de tailles s'imposoient quelquefois pour le Roy dans ses Villes, mais le plus souvent pour les affaires des Villes mesmes. Ce qu'écrit Beaumanoir dans le chapitre 50. de ses Coûtumes du Beauvoisis page 269.

LOUIS IX. sans date.

Et valor (c) immobilium appretiabitur ad medietatem (d) mobilium in assisiâ prædictæ talliæ. Eligentur etiam simul modo, cum prædictis duodecim alii quatuor boni viri & scribantur nomina eorum, secreta tamen ita quod electio eorum non publicetur aliquibus, sed sub secreto habeatur, quo usquè illi duodecim assederint, sicut prædictum est, talliam prædictam, quo facto, antequam publicetur tallia, vel aperiatur scriptura facta super talliam prædictam, illi quatuor sic electi, juramento ab illis præstito de illis duodecim fideliter talliandis, sub formâ prædicta, assidebunt talliam competentem.

nul, ne il n'engraveront nul, par haine, ou par amour, ou par priere, ou par crieute, ou en quelconques autre maniere que ce soit. Et asserront ladite tailliée à leur volenté la livre, égaument. Et la moitié des choses meubles sera aproisié à la moitié des choses non meubles. En l'assise devant ladite tailliée, & ensement, o les 12. hommes dessus nommés, seront eslûs 4. bons hommes, & soient escripts les nons segreement, & soit fet si sagement que leur essection ne soit peuplée à ame qui vive, ains soit gardée comme chose segrée de si atant que ycheus 12. hommes aient la taillie assise dessus dite, si comme nous avons dit, pardessus, laquele chose fete devant que la taillie soit peuplée par escripture & fete, les 4. hommes qui sont eslûs des 12. pour la tailliée faire loiaument, n'en doivent mot dire de si atant que les 12. hommes leur aient fet fere serement pardevant la justice, que il par leur

NOTES.

servira à faire entendre cette Ordonance.

Mout de contens müevent és bonnes Villes de Quemune pour leurs tailles, car il avient souvent que li riches qui sont gouverneurs des besoignes de le Ville, metent à meins que il ne doivent aus, & leurs parens, & deporte les autres riches hommes, pour che que il soient deporté, & ainsint queurt tous li fais seur le Quemuneté des poures hommes, & pour che ont esté maint mal fet, pour che que li poure ne le vouloient soufrir, ne il ne savoient bien la droite voie de pourcachier leur droit, fors que de par aus courre sus, si en ont esté aucune fois maint ochis, & les Villes mal menées par les fous empreneurs. Doncques quant li sire de le Ville voit mouvoir tel contens, il doit courre au devant, & doit dire au Quemun que il les fera taillier à droit, & les riches. Et aussint adonc il doit asseer le taille en se Ville, par loial enqueste, aussint li riches comme les poures, chascuns selonc son estat, & selonc che que il est mestiers en le Ville que la taille soit grans, ou petite. Et puis doit contraindre chascun que il pait che à quoi il est tailies. Et aprés doit fere paier che qui est levé de la taille là où il est plus grant besoin, au pourfit de le Vile, & en che fesant pourra estre li contens de le Vile apesiés & mis en pés.

Bien se gardent chil qui sont taillié selonc che que il ont de müebles, ou de hiretages, quant il leur convient jurer leur vaillant, que il dient verité, car se il juroient meins que il n'ont & il estoient atains, il perdroient tout le seurplus, liquel seurplus seroit au Seigneur par qui le taille seroit faite, fors tant que len mettroit en le taille selonc che que il jura à le livre, che est à entendre se il devoit paier de cent livres dix livres, & len trouvoit cent livres par de seur son serement, dix livres courroient en le taille, & les quatre-vingt dix livres seroient aquis au Seigneur. Mais se le Vile fesoit le taille sans le Seigneur, le seurplus qui est trouvé de chaus qui se parjurent, est acquis à le Vile & non pas au Seigneur, & che entendons nous des Viles qui ont pooir de che fere par les poins de leurs privileges.

Tuit chil qui sont és Viles de Quemune, manans & abitans si ne sont pas tenus à estre ailleurs taillies, ainchois en sont aucunes personnes exceptées, si comme chil qui ne sont pas de leur Quemune, ou Gentixhommes liquel ne s'entremetent de marcheander, ainchois se chevissent de leur hiretage que il tiennent en francfief de Seigneur, ou Clercs qui ne marcheandent pas, ainchois se chevissent des francs fief que ils ont de leur patrémoigne, ou de Benefices qu'ils ont en S.te Eglise, ou chil qui sont ou service le Roy, *car li service entant comme il sont les franchist à que il ne paient ne toute ne taille. Et ne pourquant se aucune des personnes dessus dites à hiretages vilains dedens le Banlieüe de le Vile de Quemune & mouvans de ladite Vile, que le Justiche en soit à le Vile, tiex hiretages ne sont pas quites de le taille de le Vile quelque personne qui les tiegne, se li aucun de aucun de tes hiretages ne sont clamé quites par privilege, si comme len veoit que aucunes Eglises ont bien hiretages vilains és bonnes Viles dont il paient les cens & les rentes à le Quemune, & si ne püeent estre taillié, par che que il leur fu ainsint otroié anchiennement, ou que il ont tenu si lonc tans sans taille paier, que par longue teneure leur est acquise franchise d'estre delivré de la taille. Mais se il ne fit oncques métier de tailler les hiretages d'aucune Vile de Quemune, & il en estoit métiers de nouvel, len ne se pourroit pas aidier de longue teneure,*

ferement bien & loialment afferront la tailliée defus dite, en la fourme & en la maniere que les devant dis 12. hommes l'auront ordené & fet felon l'Ordenance que nous avons dit pardevant. LOUIS IX. fans date.

NOTES.

Doncques chil qui fe vieut dire que les hiretages ne doivent pas eftre taillies, pourche que il ne le fit oncques, che doit eftre entendu quant li autres ont efté taillie autrefois, & chil ou tans que li autres furent taillié par plufieurs fois demeurera frans.

Nous avons veû aucuns Seigneurs qui ne voloient pas fouffrir que les perfonnes qui font de Quemune, aqueftaffent defouz aus, ne en fief ne en Vilenages. Et des fiefs ont-il droit, par le refon de che que il eft defendu par l'Eftabliffement le Roy, que Bourjois ne hons de poote n'achate fief, mais des vilenages font-il chaus tort qui ne le vüelent fouffrir, car chafcune perfonne de Quemune fe püet accroiftre en hiretages vilains & en le Vile dont il eft, & en autre, car fe il ne fet de l'hiretage che que il doit, li fires de qui li hiretage müet le püet juftichier comme fon tenant, de che que len li püet demander par le refon de l'hiretage. Et fe chil qui eft de le Quemune ne vieut venir à fes ajournemens, ne prendre droit pardevant lui, li fires fe püet prendre à l'hiretage, pour fes amendes des defautes, & pour droit de che que len i feuft dire & demander feur l'hiretage, car chafcuns doit defendre fon hiretage, par devant le Seigneur de qui il müet.

(c) Immobilium.

(d) Mobilium.

OBSERVATION.

IL fe trouve quelques Reglemens attribuez à St Loüis, que l'on n'a ofé mettre au nombre de fes Ordonances.

1. *Par exemple*, il y a au Regiftre des Enqueftes cotté A feüillet 102. col. 2. qu'en 1260. l'intention du Roy fut, que les biens des heretiques de Carcaffone, mis en la main du Roy feroient vendus aux Seigneurs dont ils eftoient mouvans.

Placuit Domino Regi quod terre, vinee, prata, & alia minuta que ratione herefis veniunt ad manum Regis, vendentur per Senefcallum, Domino a quibus tenentur in Senefcaliâ Carcaff. anno 126.

2. Il y a au mefme Regiftre cotté 2. feüillet 103. que le Confeil du Roy voulut qu'une mauvaife Coûtume qui avoit lieu à Compiegne nommée *Abandons*, ceffât.

Ordinatum fuit, & unanimiter concordatum per totum Confilium, quod quedam captio que fiebat apud Compendium, & dicebatur Abandons, *ceffet amodo & amoveatur omnino. Anno 1260.*

3. Il y a au Regiftre *Olim* vol. 1. feüillet 148. qu'en l'année 1261. au mois de Novembre, l'intention du Roy fut que dans fes domaines les terres des debiteurs feroient difcutées & venduës, avant que l'on pût s'adreffer aux cautions.

Voluit Dominus Rex quod in Domanio fuo prius compellantur debitores vendere terram fuam, quam plegii. An. 1261. menfe Novembri.

4. Il y a au Regiftre A feüillet 130. col. 2. que le Roy abolit une Coûtume à Vernеüil, qui eftoit, que celuy qui avoit fait une querelle, ou une meflée, en eftoit quitte en fe purgeant par ferment, luy fixiéme, quoyque le delict eut efté public & notoire.

Quedam prava confuetudo erat apud Vernolium, videlicet quod quando aliquis facit melleyam manifeftam & apertam in ipsâ villâ, licet factum fit notorium, tamen malefactor purgabat fe per juramentum, fuum, fe fexto, & hoc faciendo quietus erat fuper hoc. Dominus Rex ad petitionem Majoris & Burgenfium ejufdem loci, amovit iftam confuetudinem, anno 1263. in Parlamento fancti Martini.

5. Il y a au mefme endroit, que quand le Maire de Verneüil & autres avoient befoin de chevaux pour les affaires de la Ville, ils les prenoient fans en rien payer, & que le Roy abolit cette injufte coûtume.

Item confuetum erat in ipsâ Villâ Vernolii, quod quando Major vel alii ibidem capiebant aliquos equos, pro negociis ville fue, nihil inde folvebant; Voluit Dominus Rex quod amodo non capiant taliter equos, nisi pro ipsis solvant competens salarium. Anno 1263.

6. Il y a au mesme Registre feüillet 30. qu'au Pont-Audemer, ceux qui vendoient leurs biens, faisoient en secret des Actes, en fraude du retrait, & que le Roy abolit ce mauvais usage, en ordonnant que les Contracts de Vente seroient passez pardevant le Maire de la Ville.

Quedam consuetudo diu obtenta fuerat apud Pontem Audemarum, quod quando aliquid ibi vendebatur, in occulto faciebant partes literas & instrumenta sua super hujusmodi venditionibus, in fraudem heredum, qui debent retrahere. Dominus Rex ad instantiam Majoris & Burgensium dicti loci, ad amovendam fraudem hujusmodi, voluit, quod in talibus contractibus venirent partes coram Majore ejusdem loci, & ibidem in aperto instrumenta sua conficerent. Anno 1263.

7. Il y a au Registre des Enquestes cotté A. Qu'il fut ordonné par le Conseil du Roy, & du consentement de Sa Majesté, qu'à Dun le Roy, les vignerons à loyer, ne sortiroient des vignes qu'à la mesme heure que les Bourgeois.

Ordinatum est per consilium Domini Regis, & de assensu Domini Regis, quod cultores vinearum Duni Regis habeant eamdem horam exeundi de vineis, in quibus ad locagium operantur, quam habent cives Bituricenses, ad quorum consuetudines est ipsa villa Dunensis. Anno 1265.

8. Il y a au mesme Registre que les Vignerons à loyer n'emporteront pas les échalats des vignes, sans la permission des proprietaires.

Quod ipsi cultores vinearum Duni Regis non afferant echalatos, vel ligna vinearum in quibus ad locagium operantur, preter voluntatem eorum quorum sunt vinee an. 1265.

Voicy une autre Ordonance de St Loüis de l'an 1269. touchant *les Juifs*, que je viens de recouvrer, & que je suis obligé de mettre icy, n'ayant pû la placer dans son ordre.

L*UDOVICUS Francorum Rex Baillivis, Vicecomitibus, Senescallis, Præpositis, & aliis ubique potestatem à nobis habentes, salutem. Quoniam volumus quod Judæi à Christianis discerni valeant & recognosci, vobis mandamus quatenus, ad requisitionem dilecti nobis in Christo fratris* Pauli Christini, *de ordine fratrum Prædicatorum, imponatis omnibus & singulis Judæis utriusque sexus signa. Videlicet unam rotam de feutro, seu panno croceo, in superiori veste consutam, ante pectus & retro, ad cognitionem, cujus rotæ latitudo sit in circumferentia quatuor digitorum, concavitas autem contineat unam palmam. Si quis Judæus postmodum sine signo inventum fuerit, inventori vestis ejus superior concedatur. Et nihilominus idem Judæus qui sic inventus fuerit sine signo, puniatur usque ad decem libras, ita tamen quod pœna ejus summam non exedat prædictam, & hujusmodi emenda ponatur ad partem per nos, vel de mandato nostro in usus pios. Actum Parisiis die Martis ante Nativitatem beati Joannis Baptistæ, anno 1269.* Vide stabilimentum Philippi Augusti 1. Septembris pag. 45 articulo 8. lit. *(h)* & Cangium in *Rota Judæorum.*

PHILIPPE

PHILIPPE III. au Camp prés de Cartage le 2. Octobre 1270.

PHILIPPE III. SURNOMMÉ LE HARDY.

Letres, ou Testament du Roy par lesquelles il establit son frere Regent du Royaume, durant la minorité de ses enfans.

(a) PHILIPPUS *Dei gratiâ Francorum Rex universis præsentes literas inspecturis salutem in Domino. Notum facimus, quod nos mentis compotes, &* (b) in bonâ sanitate, *de regno nostro* ordinavimus *in hunc modum. Videlicet, quod si nos morte contigerit preveniri, antequam* Ludovicus *primogenitus noster, vel alter liberorum nostrorum* (c) quartum decimum annum compleverit, *disponimus & volumus, quod* Petrus carissimus frater noster *custodiat regnum nostrum, & ipsum principalem* tutorem, defensorem, & custodem constituimus *super regnum prædictum & pertinentia ad illud, quousque unus liberorum nostrorum* quartumdecimum annum *compleverit, ut dictum est. Tradentes eidem, & constituentes secum ad consilium suum, pro negociis regni faciendis venerabiles viros,* Odonem Archiepiscopum Rothomagensem, Stephanum Parisiensem, Odonem Bajocensem. Phil. Ebroicensem, *Episcopos,* Matheum *Abbatem* sancti Dionysii in Franciâ, Simonem Dominum Nigellæ, Erardum de Valeriaco, Petrum Cambellanum, Julianum de Peronâ *milites:* Magistrum Henricum de Vezeliaco, & magistrum Joannem de Trecis, Archidiaconos *in Ecclesiâ Bajocensi,* Nicolaum de Altolio, *&* Joannem Sarraceni, *propter scacarios, & propter compotos templi, & alios compotos regni nostri faciendos.* Volumus *etiam quod dictus Petrus frater noster ad consilium suum, & ad predicta negotia facienda advocet,* Petrum de Brocia *Cambellanum nostrum, & etiam alios quos ad prædicta facienda viderit necessarios, per consilium prædictorum similiter advocet, ad consilium suum quando viderit expedire.* Volumus *autem, quod dictus Petrus* expensas & missiones suas, quas ipse faciet pro negociis regni nostri, capiat de bonis regni prædicti, (d) & residuum deponatur *Parisius apud templum, ad custodiendum & tradendum mandato primogeniti nostri. In cujus rei testimonium, ad robur & firmitatem prædictorum, præsentes literas fecimus sigilli nostri impressione muniri.* Actum in Castris juxta Cartaginem die Jovis post festum sancti Remigii anno Domini MCCLXX.

NOTES.

(a) Ces letres sont rapportées par Dupuy dans son traité *De la majorité des Rois* page 142. & par Duchesne dans son histoire de Chastillon aux preuves livre 3. chapitre 7. page 69. Mais elles furent sans effect, parce que le Roy vécut jusques à la majorité de son fils aîné Philippes le Bel. Voyez du Tillet dans son recüeil des Roys au titre *Des Regences* page 276. où il remarque qu'en 1271. au mois de Decembre, il y eût de pareilles letres qui furent aussi sans effect, par la raison qui vient d'estre rapportée.

(b) In bonâ sanitate ordinavimus] Voyez le testament de Philippe Auguste de l'an 1190. page 18. & les letres de St Loüis de l'an 1248. page 60.

(c) Quartum decimum annum compleverit] Avant ces letres, la majorité de nos Roys estoit comme celle des nobles à 21. an, ensorte que par ces letres nos Rois devinrent majeurs comme les non nobles à 14. ans. Et Charles V. par son Ordonance du mois d'Aoust 1374. publiée le 21. May 1375. statua ensuite qu'il suffiroit aux Rois ses successeurs pour estre majeurs, d'entrer dans leur quatorziéme année, ce qui se pratique encore aujourd'huy. Voyez les Institutes Coûtumieres de Loisel livre premier titre premier Regle 34. avec ma note.

(d) Et residuum deponatur Parisius &c.] Voyez ce que j'ay remarqué sur les Institutes de Loisel livre premier titre 4. Regle 11. & Du Tillet au chapitre *Des Regences* page 275. & page 120. aux annotations.

PHILIPPE III. au Parlement de l'Ascension en 1272.

Fragment d'Ordonance touchant les Sergens à gage, l'argent dû par les Baillis & l'execution de l'Ordonance de Saint Loüis touchant le villain ferment.

SOMMAIRES.

(1) Les Baillis & les Seneschaux verront dans tous les Chasteaux & les manoirs du Roy qui sont dans leurs territoires, s'il y a suffisament de Sergens à gage, dont ils envoyeront les noms au Roy.

(2) Il sera mandé à tous les Baillis qu'ils payent & envoyent au Temple tout ce qu'ils doivent de vieux au Tresorier.

(3) On mandera aux Baillis qu'ils facent observer l'Ordonance de S.t Loüis touchant le villain serment.

(1) IL est ordené que len mande aux Baillis & aux Seneschauls, que il voyent & enquierent par tous les Chasteaux & les manoirs le Roy, de leurs Baillages, se il y a *Sergent à gaige*, dont *len se puisse souffeire*. Et se aucun en y a que il en escripsent au Roy les noms & de par qui il sont, au Parlement de la Toussains.

(2) *Item* len mandera à tous les Bailliz que ils poient & envoient *au Temple* à Paris tout ce que il *doivent de viez* au Tresorier, & ce soit fait sans delai.

(3) *Item* len mandera à tous Bailliz que il facent *garder en leurs Baillages* & en la *Terre aux Barons* qui sont en leurs Baillages ladite *Ordenance de deffendre (a) les vilains fermens*, les *bordeaux communs*, les *jeux des dez*, & leur envoira len l'Ordenance, més *la poine d'argent* porra bien estre müée *en peine de corps*, selon la qualité de la personne & la quantité du mefait.

Et est sciendum quod iste tres ultime partes, seu clausule sunt de ordinatione facta super omnibus predictis, per Regem Philippum, Parisius in Parlamento Ascens. an. millesimo ducentesimo septuagesimo secundo.

NOTES.

(a) Les villains fermens] Voyez l'Ordonance de S.t Loüis touchant le villain ferment de l'an 1268. ou 1269. avec la note qu'on y a faite.

PHILIPPE III. à Nogent le Rembert l'an 1272. le Mercredy aprés la Decollation de S.t Jean Baptiste le 31. Aoust.

(a) Reglement touchant les Droits des Chambellans.

SOMMAIRES.

(1) Quiconque n'estoit point en l'hommage du Roy S.t Loüis, soit qu'il eût fait ou non fait homage au Roy Philippe son fils, payera aux Chambellans, le plus pauvre, au moins vingt sols Parisis, ceux qui auront cent livres de terre, de quelque Seigneur qu'il les tienne, cinquante sols, ceux qui auront cinq cens livres, cent sols, les Barons, les Evesques & les Archevesques, dix livres.

EN l'an de l'incarnation nostre Seigneur *mil deux cens soixante douze*, le Mercredy emprés la Decolation Saint Jean Baptiste *à Nogent le Rembert* fut ordené *pardevant le Roy*, presens Monsieur *l'Abbé de Saint Denis*, Monsieur *Jean d'Acre Bouteillier de France*, *(b)* Monsieur *Herart Chambrier de France*, Mon-

NOTES.

(a) Ce reglement est au Registre de S.t Just de la Chambre des Comptes feüillet 11. & dans un rouleau aux terriers. Voyez le glossaire de Du Cange sur *Cambellanus*, Du Tillet dans son traité *des Roys*, au titre Du grand Chambellan page 416. à la fin, traite ce reglement d'Ordonance.

(b) Monsieur Herart Chambrier] Selon

sieur Mahieu de Mailli (c) Chamberlenc de France & plusieurs autres, que quiconque feroit, ou auroit fet hommage au Roy Philipes qui ores est, dont il ne fust mie en l'homage au Roy Loys son pere, que li plus poures hons payeroit vingt sols de parisis au mestre Chamberlenc Chevalier & à tous les autres Chamberlens, & li autres hons de cent livres de terre, de qui que il les tiengne, payeront cinquante sols parisis, & chil de cinq cens livres de rente, de qui que il les tiengnent, paieront cent sols de parisis, & li Baron & li Evesque & li Archevesque paieront dix livres de parisis as dits Chambellens.

PHILIPPE III. à Nogent le Rembert l'an 1272. le Mercredy aprés la Decollation de St Jean Baptiste le 31. Aoust.

NOTES.

Du Tillet dans son recüeil des Roys page 410. Celuy qui estoit pourvû de cet Office estoit anciennement nommé en France, *le Comte de la Chambre du Roy*, & cet Office comme tous les autres grands Offices, estoit un fief à vie, tenu à foy & homage de Sa Majesté. François I. en 1527. en pourvût Monsieur, Charles de France Duc d'Orleans son fils puiné, aprés le decedś duquel, arrivé en 1545. au mois d'Octobre, il fut supprimé. Voyez du Tillet page 412. *Cangium in glossario in Camerarius*, Loiseau des Offices livre 4. chapitre 2. nom. 62. 100. & 101. *Et P. Fabrum i. semestr. cap. 1.*

(c) Chamberlenc de France] Cet Officier estoit sous le Chambrier. Ses fonctions sont rapportées par Du Tillet dans son recüeil des Roys page 415. Une des principales estoit d'estre present quand le Roy recevoit les homages, & de parler pour Sa Majesté, en disant au vassal, *vous devenez homme du Roy de tel fief & Seigneurie, que vous connoissez tenir de luy, & aprés que le vassal avoit répondu* oüy, *il disoit qu'il le recevoit, ce que ledit Seigneur avoüoit.* Voyez Du Tillet page 417. Loiseau des Offices aux lieux marquez cydessus & M. Du Cange *in Cambellanus.*

(a) Ordonance par laquelle le Roy supprime les nouvelles avoüeries, à compter depuis dix ou douze années, & deffend d'en faire de nouvelles à l'avenir.

PHILIPPE III. au Parlement de l'Octave de la Toussaint 1272.

PRECEPIT dominus Rex *& voluit* in pleno Parlamento, *quod (b)* nove avoerie *seu* garde *quas Ballivi & servientes domini Regis ceperunt de* hominibus aliorum dominorum, *a duodecim vel decem annis citra* revocentur, *&* quassentur *omninò, & pro nullis habeantur, nec* nove de cetero recipiantur.

NOTES.

(a) Cette Ordonance est au Registre *Olim* ou des Enquestes au feüillet 189. *verso.*

(b) Nove avoerie.] Voyez ce que j'ay remarqué sur le second livre des Establissemens chap. 29. letre *(l)* & chap. 31. letre *(q)*.

(a) Ordonance touchant les Monoyes.

PHILIPPE III. au Parlement de la Pentecoste en 1273.

SOMMAIRES.

(1) Aucunes autres monoyes que celles du Roy n'auront cours dans le Royaume.

(2) Dans les terres des Barons qui ont droit de monoye, on ne forgera que les leurs, qu'ils tiennent du Roy.

(3) Il n'y aura que les monoyes du Roy qui auront cours dans les terres des Barons qui n'ont pas droit de faire des monoyes &c.

(4) Ceux qui font des monoyes ne les pourront fondre, ni faire fondre sous peine de corps & d'avoir &c.

PHILIPPES &c. à tous ses amez & feaux, & à tous ceux qui ces presentes letres verront, & orront, Salut & amour. Nous faisons à sçavoir que c'est

NOTES.

(a) Fontanon date cette Ordonance de l'an 1273. tome 2. page 109. & Guenois aprés luy dans sa Coûtume des Ordonances livre 11. titre 6. page 180. Elle se trouve au Char-

PHILIPPE III. au Parlement de la Pentecoste en 1273.

l'Ordonance des Monoyes, laquelle nous voulons & commandons qu'elle soit tenuë & gardée par tout nostre Royaume.

Premierement, nous voulons & commandons que nulle monoye ne coure en nostre Royaume, fors que les nostres propres, lesquelles y ont accoustumé d'y courre.

(2) *Item*, Nous voulons & commandons qu'en la terre de noz *Barons qui ont monoye*, ne se forge nulle monoye, fors que les leurs, qu'ils tiennent de nous, & les nostres propres.

(3) *Item* Nous voulons & commandons qu'en la terre à noz *Barons, qui n'ont monoye, ne courre nulle monoye* fors que les nostres propres, ou celles que d'ancienneté par droict y ont esté accoustumement à courre.

(4) *Derechef*, Nous voulons & defendons *sur peine de corps & d'avoir*, à tous ceux qui font monoyes, qu'ils ne les fondent, ni ne facent fondre, ni n'acheptent billon de monoyes à noz Barons, tant comme leurs monoyes demeurent en leur droit cours & qu'elles ne soient abatues. Et outre si que *(b)* nul ne les trebuche *(c)*.

NOTES.

tulaire de l'Hostel de Ville de Narbonne intitulé *3. Thalamus*, où elle est datée du mois de Decembre 1275.

(b) Nul ne les trebuche] Il y a dans le Chartulaire de Narbonne que chaque Ville où l'on bat monoye doit avoir sa marque.

(c) Voicy le mandement qui fut alors joint à cette Ordonance. « A toy Baillif nous » te mandons, & commandons, que tu estroite- » ment, & diligemment faces garder cette Or- » donance en la forme & en la maniere qu'il est » contenu en ces presentes letres. Et si tu trou- » vois aucun qui la trespasse, ou en soit rebelle » ou contraire, puny le asprement, qu'il ne s'y » accoustume pas une autrefois. Especialement » nous te mandons & commandons que chacun » mois une fois, fay venir une fois en ta pre- » sence des gens de Villes de ta Baillie : c'est à » sçavoir ceux qui plus prennent & mettent de » monoye, & leur demande par leur ferment » s'ils ont, puisqu'ils sceurent la defence que » nous avons faicte des monoyes, prins ne mis » nulle autre monoye, fors que la nostre. Et » s'ils le cognoissent, qu'ils en ayent puis pris » ne mis, demande leur combien autresi par » leur serment, de tant comme tu trouveras » qu'il sera raisonnable. Et si tu trouvois au- » cun qui se parjurast de ces choses, puny le si » asprement comme l'on doit faire tel malfai- » teur. Toutes voyes à ces choses faire, & quand » l'on le fera à sçavoir & dire au peuple, & » aux fermens prendre de ceste Ordonance gar- » der, & aux amendes lever quand besoin sera, » appelle avec toy deux ou trois preud'hom- » mes de ta Baillie, que tu verras convenables » à ce : qui oyent & facent ces choses, & qui te » puissent porter tesmoin, que tu les ayes faites » si diligemment comme nous le te mandons & » commandons. Et ces letres faits à sçavoir au » plus communement que tu pourras, que nuls » ne se puissent excuser, qu'ils ne sçachent que » nous voulons que ceste Ordonance soit tenuë » & gardée. Et s'il y a aucun qui *veüille avoir* » *escrit de ces letres*, si leur faits bailler. Et si te » mandons que tu faces envoyer le *transcrit* de » ces letres à tous noz *Barons de ta Baillie*, & » à tous ceux qui ont justice en leurs terres. Et » leur mande que cette Ordonance, si comme » elle est dite cy-dessus, facent garder & tenir, » si qu'il n'en convienne pas que tu y mettes la » main par defaute d'iceux. »

PHILIPPE III. à Paris au Parlement de l'Assomption 1274.

Letres ou Mandement au sujet des Lombards, Çaorcins & autres usuriers.

SOMMAIRES.

(1) Les Lombards, Caorcins & autres estrangers usuriers seront chassez dans chaque Baillage, des lieux qui sont de la Justice du Roy, & ils n'auront de delay pour en sortir, que deux mois seulement, à compter du jour de la publication des presentes, pendant lequel les debiteurs pourront retirer leurs gages, sans usures.

(2) Les Baillis feront injonction de par le Roy, aux Seigneurs, Clercs ou laïques, qu'ils chassent de leurs terres ces usuriers dans le mesme delay.

(3) Les Marchands, Lombards & Caorcins pourront cependant demeurer, aller & venir

venir dans le Royaume pour y faire leur commerce, pourvû qu'ils ne fassent rien directement, ou indirectement contre la presente Ordonance, qui sera executée soubs peine de perdre le corps & les biens.

PHILIPPE III. à Paris au Parlement de l'Assomption en 1274.

(a) PHILIPPUS &c. Tali Baillivo &c. Extirpare volentes de finibus regni nostri usurariam pravitatem, quam quosdam (b) Lombardos & Coarcinos, aliosque quamplures alienigenas in eodem regno publicè intelleximus exercere, mutuantes pecuniàm, obligatis sibi pignoribus, ad usuram, & habentes ad hoc domos & mansiones speciàliter deputatas, in quarum extorsionibus usurarum valdè depauperant regnum nostrum, in suis domibus & mansionibus multa, ut asseritur, turpia perpetrantes.

(1) Mandamus tibi, preclare recordationis carissimi Domini & genitoris nostri Ludovici Regis Francie sequentes vestigia, quatenus omnes tales, si qui fuerint in tuâ Bailliviâ, videlicet in nostrâ justiciâ, nisi relinquere velint prorsùs usuras hujusmodi & eas penitùs abjurare, ab inde prorsùs amoveas & expellas, prefixo eis nihilominùs termino duorum mensium, a tempore publicationis presentis mandati, recedendi, infrà quod illi qui habent pignora penès eos possint redimere, quæ sortè solutâ sine usuris volumus & præcipimus eis reddi.

(2) Si qui etiam de predictis Lombardis, Caorcinis, & aliis alienigenis morantur in terris & jurisdictionibus aliorum dominorum tue baillivie, sive sint laïci, sive sint Clerici, ex parte nostrâ precipias eisdem, ut eos (c) de terrâ suâ sub formâ predictâ, infrà dictum terminum, similiter amoveant & expellant, & quod tantum super hoc faciant, ut non oporteat quod super hiis consilium aliud apponamus.

(3) (d) Non inhibemus tamen quin Mercatores Lombardi, Caorcini, & alii undequaque, pro suis negociis & mercaturis legitimè exercendis, in regno nostro morentur, pacificè veniant & recedant, dùm tamen in ipso regno nostro publicè vel occultè, modo predicto non exerceant genus aliquod usurarum, nec contra ordinationem prædictam aliquam fraudem committant. Premissa autem volumus sub pœnâ amissionis cor-

NOTES.

(a) *Philippus &c.*] Cette Ordonance est au Registre *Pater* de la Chambre des Comptes feüillet 114. *verso*, au Registre *Noster* feüillet 29. & au Registre A. feüillet 46.

(b) *Lombardos & Caorcinos.*] Voyez ce que j'ay remarqué sur l'Ordonance de St Loüis de l'an 1268. page 96.

(c) *De terrâ suâ.*] Voyez les letres de St Loüis de l'an 1268. article 2. qui sont conformes.

(d) *Non prohibemus &c.*] Cecy est conforme aux letres de St Loüis de l'an 1268. article 3.

Voicy l'instruction donnée aux Commissaires deputez sur ce fait, telle qu'elle se trouve au feüillet 125. du Registre *Pater* de la Chambre des Comptes.

Item. *Il est assavoir que les dis Commissaires ne doivent aprochier sur le fait d'usures nul homme és terres des grans Barons, fors tant seulement en la terre, & ou demaine le Roy.*

Item. *En ladite terre le Roy il ne doivent nul homme approchier, se il n'est renommé d'estre usurier notoirement.*

Item. *Se aucuns se plaingnoient d'aucun usurier, notoirement diffamé & renommé d'estre usurier, ou d'autre qui ne seroit pas si notoirement renommé, & lesdits usuriers se vouloient deffendre & faire partie, se ensy estoit que tantost de plain & sans demeure & dilacion de leurs Commissions, il les poient convaincre, en ce cas il y porront entandre, & ou cas où il ne le porront faire sitost, il leront aucun Commissaire & leel homme, qui les orra, & iront en leur Commissions, & en leur retour il orront le rapport doudit Commissaire, & feront droit as parties.*

Item. *Ou cas où lesdits usuriers se voudroient deffendre, & la deffense devroit avoir long trait & rioteus par sa malice, le Commissaire pourroit dire en la presence des dis usuriers & d'autres bonnes personnes, que se aucun se vouloient plaindre d'euls en cas de usure, que il les orront & leur feront droit sommerement & de plain, & le dient devant tant de gens qu'il puisse estre publié & rapporté, car en ce cas devroit-il venir à composition pour plus de plaignens.*

Item. *Pour che que les poines contenües en l'Ordenance sont mout griés & mout apres contre ceux qui font fraude contre ladite Ordenance, & vous avez pooir de faire composition & d'atremper lesdites poines, vous devés & povés avoir consideration de la richece de l'usurier, savoir se il a longuement maintenu le mestier d'usure, & se il y a moult gaa-*

PHILIPPE III. à Paris au Parlement de l'Assomption en 1274.

poris & bonorum firmiter observari, & cures diligentiam adhibere, quod nulla fraus in talibus committatur. Factum fuit hoc statutum Parisius in Parlamento Assumptionis Beate Marie Virginis. Anno Domini millesimo ducentesimo septuagesimo quarto.

NOTES.

gnie au mestier. Et se il a presté a griés usures, ou à legieres attrempeement, & se il a legierement confessé son crime & offert à faire amende ou composition, ou se il a esté rebelle & rioteux en soy deffendant, & selon ce soyées avisés selon vostre discretion de les punir, ou de faire compositions, car les compositions se porront & devront faire à mains de tant que les poines, & plus hastivement.

Item. *Assavoir est que tuit li Lombart usuriers demourans és lieux de vos Commissions soient approchié aussi comme les autres. Et la où vous les saurés tantost, mandés les devant vous, & faites qu'il donnent caution d'estre à droit que il ne se mettent en franchises, car il en sont accoustumé de se y mettre, quant il scevent que len les doit aprochier.*

Item. *Vous devés mander les Courratiers des Villes où vous vendreis, car par euls vous pourrois avoir cognoissance des personnes des usuriers plustost, & les faites jurer sur comination de grant poine de vous dire verité.*

PHILIPPE III. à Paris, le Mardy avant la S.t Simon S.t Jude le 23. Oct. 1274.

Ordonance touchant les fonctions & les honoraires des Avocats.

SOMMAIRES.

(a) Les Avocats, tant du Parlement que des Baillages & autres justices Royales jureront sur les Saints Evangiles qu'ils ne se chargeront que des causes justes, qu'ils les deffendront diligemment & fidelement, & qu'ils les abandoneront dés qu'ils connoistront qu'elles ne sont point justes. Et les Avocats qui ne voudront point faire ce serment seront interdits jusques à ce qu'ils l'ayent fait.

(2) Les salaires seront proportionez au procés & au merite de l'Avocat, sans pouvoir neamoins exceder la somme de trente livres.

(3) Les Avocats jureront encore qu'au de-là de cette somme ils ne prendront rien directement ou indirectement. Ceux qui auront violé ce serment seront notez de parjure & d'infamie, & exclus de plain droit de la fonction d'Avocats, sauf aux Juges à les punir suivant la qualité du meffait.

(4) Les Avocats feront ce serment tous les ans. Et cette Ordonance sera lûe tous les ans aux assises.

(a) PHILIPPUS *Dei gratiâ Francorum Rex, Senesc. Carc. Salutem. Nostrorum zelantes prospicere commodum subjectorum, ut coram vobis & in Curiis Ballivorum, Senescallorum, Prepositorum, & aliorum judicum, seu Allocatorum nostrorum, jus suum in causis & negociis facilius & liberiùs prosequantur,* Eosque, *qui circà* causas, & judicia, *suum exhibent* ministerium, à maliciosis *litium protractionibus, & immoderatis salariis, (b) artem proponentes.*

(1) Ordinavimus & statuimus ut omnes & singuli, tam in vestrâ quàm Ballivorum & aliorum predictorum nostrorum officialium, seu judicum Curiis, advocationis *officium exercentes, prestent super sacro-sanctis Evangeliis juramentum, quod in omnibus causis in dictis curiis pertractendis, officium quod in eis assumpserint vel assument, bonâ fide deligenter ac fideliter exercebunt, quamdiu eas crediderint esse justas. In nullâ causâ, in dictis Curiis patrocinium seu consilium, nisi eam justam esse crediderint,* impensuri, *quodque in quacumque parte judicii eis innotuerit injustam, seu improbam fore causam, ampliùs non patrocinabuntur eidem, sed a patrocinio & consilio dicte cause penitus abstinebunt.* Avocati *autem qui juxta eam formam jurare noluerint, hujusmodi voluntate durante, advocationis officium in dictis Curiis sibi noverint interdictum.*

NOTES.

(a) Philippus] Cette Ordonance est au Registre *Noster* de la Chambre des Comptes de Paris feüillet 28. & elle est rapportée par Joly dans ses additions à Girard pages 133. 135. Voyez sur le mesme sujet celle de Charles V. du 16. Septembre 1364. qui est au Registre du Parlement entre *les Ordonances anciennes* feüillet 90. & qui est rapportée par Joly tome premier aux additions page 17.

(b) Artem proponentes] Il y a mieux dans l'Ordonance imprimée, *arcere.*

(2) *Circà advocatorum verò* (c) Salaria *duximus statuendum, quod pro modo litis & advocatorum peritiâ* competens Salarium *recipiatur, ita tamen quod pro quacumque causâ movendâ, de cetero coram nobis seu coram vobis, seu coram nostris justiciariis ante dictis pro totâ causâ summam* trigenta librarum Turonensium *unius Advocati salarium non excedat.*

PHILIPPE III. à Paris, le Mardy avant la S.t Simon S.t Jude le 23. Oct. 1274.

(3) *Jurabunt etiam* Advocati *quod nec pensionis, servitii, muneris, aut gratie cujuscumque nomine, vel pretextu per se vel per alium quacumque arte, vel ingenio quocumque colore excogitato, seu excogitando sine fraude aliquâ nihil ultra summam recipiet pretaxatam. Si quis verò ordinationes & statuta hujusmodi, nec non & juramentum prestitum violare presumpserit, postquàm constiterit ita esse in predictis Curiis, is nota perjurii & infamie, nullâ aliâ expectatâ sententiâ, ab Advocationis officio perpetuò sit exclusus alias nihilominùs prout nobis seu aliis nostris judicibus in quorum Curiis deliquerit videbitur puniendus.*

(4) *Ordinavimus etiam juramentum predictum ab* Advocatis *quomodolibet* annis singulis *innovari: Et hanc ordinationem nostram per Baillivos, Senescallos, & alios justiciarios nostros, ter in anno in suis assisiis precipimus publicari.*

Vobis igitur districtè precipiendo mandamus, *quatenùs statutum nostrum hujusmodi in potestate vestrâ diligenter facientes observari, & in assisiis & Curiis quàm citiùs ad vos pervenerint, publicari, & hanc publicationem quolibet anno ter repeti, transgressores ejus puniatis juxtà formam superiùs annotatam. Actum Parisius* die Martis *ante festum beatorum Apostolorum* Simonis & Jude. *Anno Domini millesimo ducentesimo septuagesimo quarto.*

NOTES.

(c) *Salaria.*] Voyez ce que j'ay remarqué sur l'article 14. du second livre des Establissemens page 262.

PHILIPPE III. à Paris le Mercredy Vigile de S.t André Apostre 1274.

(a) Letres par lesquelles le Roy resout quelques doutes qui luy avoient esté proposez sur differentes matieres.

SOMMAIRES.

(1) *L'Ordonance de S.t Loüis, touchant les contraintes prescrites contre ceux qui seroient restez dans l'excommunication pendant un an & un jour, sera executée.*

(2) *Les Dimes seront payées selon la loy divine & les Coûtumes des lieux.*

(3) *Lorsqu'il s'agira de sçavoir à qui la connoissance du meurtre commis par un Clerc dans la justice du Roy, doit appartenir, on suivra le droit écrit au defaut de la Coûtume.*

(4) *Touchant les Clercs mariez ou non mariez qui exercent quelque justice, il faut suivre les decisions Canoniques.*

(5) *Les biens des Clercs qui auront commis quelque homicide ne seront confisquez que quand ils auront esté condannez.*

(6) *L'Evesque ne pourra faire saisir les biens immeubles des Clercs condannez en actions personelles.*

(7) *Si un Clerc poursuit un laïque en Cour laye, le procés y doit estre jugé, & il en doit estre de mesme, si un laïque agit contre un Clerc pour des biens immeubles.*

(8) *Les Clercs non mariez ne contribuënt pas aux tailles avec les laïques, à moins qu'elles ne soient réelles, ou des charges des fonds.*

(9) *S'il y a procés pour le prix d'une Dîme entre deux laïques, quoyqu'elle ait esté venduë par un Clerc, le Juge d'Eglise n'en connoistra pas &c.*

PHILIPPUS *Dei gratiâ Francorum Rex, dilectis & fidelibus clericis magistris* Falconi de Lauduno archidiacono Pontivi in Ecclesia Ambianensi, & Tho-

NOTES.

(a) Ces letres sont au Registre de l'Abbaye de Moissac, qui appartient à M. Foucault. Elles sont rapportées par Rebuffe *tomo* 1. *Constitutionum Regiarum pagina* 218. par Dom Bessin dans ses Conciles de Normandie page 252. Et elles sont au Registre *Noster* de la Chambre des Comptes, feüillet 27.

PHILIPPE III. à Paris le Mercredy Vigile de St André Apoſtre 1274.

mæ De parte canonico Rotomagenſi, *ſalutem & dilectionem. Super ſingulis ad nos miſſis articulis, de quibus Curiam noſtram conſulere voluiſtis, ſic duximus reſpondendum.*

(1) Et primo ſuper Excommunicatis compellendis, *qui ſuſtinuerunt excommunicationem per annum:* ſcire volumus *quod (b) conſtitutionem Domini & genitoris noſtri probamus, & nolumus in aliquo contraire. Si tamen ante & poſt conſtitutionem eamdem non fuerint doloſe excommunicati compulſi, rem novam nolumus inchoari.*

(2) Nec diſplicet nobis quod decimæ præſtentur, (c) quæ lege divinâ præſtantur, ſeu debentur, vel per loci conſuetudinem approbatam, cum uſus longiſſimus, per quem non præſtantibus acquiri poteſt jus, in talibus obſervetur.

(3) (c) Ex quo Clerici interficientes homines in juriſdictione noſtrâ, *cui committi debeant, nobis videlicet, an Epiſcopo recurri volumus* ad jus ſcriptum, *niſi quid agi debeat* conſuetudo declaret.

(4) Hæc videntur ſentire canones, quod Clerici moneantur ne *(e)* artificia *diverſa exerceant: ſed* Clericos non conjugatos *canon moneri præcipit, ex quo gaudere volunt privilegio clericali, ut ſæcularibus negotiis, aut turpibus quæſtibus ſe non immiſceant, ſeu non debeant immiſcere. Sed quoniam uxorati, etiam deſerentes tonſuram, qui ſæcularibus negotiis & turpibus quæſtibus ſe immiſcent, dum his ſe implicant, privilegio clericali gaudere (f) non poſſunt. Et in talibus non eſt aliqua monitio expectanda.*

(5) De homicidis Clericis, priuſquam fuerint de crimine condemnati, non videtur quod eorum bona debeant confiſcari: ſed injuriam facit Epiſcopus, ſi in præjudicium juris noſtri à talium condemnatione ceſſet, in fraudem.

(6) Quod Epiſcopus faciat miſſionem in bona immobilia Clerici condemnati in perſonali *actione, auctoritate ſuâ, poſtquam res* immobiles non ſunt de juriſdictione ſuâ epiſcopali, *non videtur rationem habere.*

(7) Eſt etiam contra jura ſcripta, *ſi clericus agat contra laïcum, quod relinqui non debeat laïcus foro ſuo: & propterea ille qui habet juriſdictionem temporalem in territorio ubi clericus (g) ſuas habet poſſeſſiones, hujuſmodi devenerunt, niſi de præſcriptâ conſuetudine in partibus illis hactenus pacifice fuerit aliud obſervatum.*

(8) Clerici verò, ſi conjugati non ſunt, in Franciâ non contribuunt talliis cum *laïcis, ſed onera rerum dumtaxat agnoſcunt. Unde Conſules Toloſani ſatis poſſunt abſtinere a contributione quam petunt a clericis in talliis, niſi tales exiſtant taliæ, quæ* poſſeſſiones oneraverunt ab antiquo.

(9) Super ultimo articulo, nobis non videtur rationem habere ſi laïcus *(h)* clerico vendiderit decimas quamvis emptas a clerico, *quod quæſtio quæ vertitur de pretio ſolvendo inter laïcum & laïcum, propter hoc debeat relinqui foro judicis eccleſiaſtici: quæſtio enim de pretio ſic oritur ex contractu. Salvis in his caſibus in quibus Epiſcopus eſt in poſſeſſione, vel quaſi, expletandi, vel exercendi, ea quæ præmiſimus*

NOTES.

(b) Conſtitutionem noſtram] Dans le manuſcrit de M. Foucault, il y a, *quæ* incipit *Cupientes.* Voyez cy-deſſus page 50.

(c) Quæ lege divinâ debentur] St Thomas dans ſa Somme & les nouveaux Canoniſtes ont eſté d'un autre avis. Voyez Covarruvias *lib. 1. Variarum Reſolutionum.* cap. 17. & ibi *Ybannez de Faria.*

(d) Ex quo] Dans le manuſcrit de M. Foucault, & au Regiſtre *Noſter*, il y a, *In equo clerici interficientis hominem in juris dictione noſtra cui committi debeat &c.*

(e) Artificia diverſa exerceant] Vide titul. Durital. *Ne clerici vel monachi.* Et ibi Germonius & Cironius.

(f) Non poſſunt] Le manuſcrit de M. Foucault adjoûte, *Quo minus reſpondeant dominis ſuis ne juſticiis re debitis & ſervitiis conſuetis præſtari ab aliis uxoratis illico non eſt &c.*

(g) Suas habet poſſeſſiones] Il y a enſuite dans le Regiſtre de M. Foucault, & au Regiſtre *Noſter. Non debet ſuam juriſdictionem amittere, ſi ſuper his trahatur in curiam a laïco, pro eo quod ad clericum poſſeſſiones.*

(h) Clerico] Dans le manuſcrit de M. Foucault, & au Regiſtre *Noſter*, il y a, *laïco.*

ſuprà

supra. Non est bonum quod a suâ possessione, causâ non cognitâ, dejiciatur Episcopus; sed est bonum quod eo vocato jus nostrum modo debito retinere curetis. Volumus *etiam quod omnia quæ vobis incumbunt, sine præcipitatione cum maturitate debitâ peragatis. Datum Parisiis (i)* die Mercurii in vigiliâ beati Andreæ Apostoli anno Domini millesimo ducentesimo septuagesimo quarto.

Sic scribitur in quodam libro cameræ computorum, in quo continentur ordinationes sancti Ludovici pro tranquillitate status regni, fol. 2.

PHILIPPE III. à Paris le Mercredy Vigile de St André Apostre, 1274.

NOTES.

(i) *Die Mercurii]* L'année, ou la veille de St André estoit un Mercredy, avoit la letre A. pour dominicale, & par consequent cette Ordonance doit estre, ce semble, de 1273. qui avoit A. pour dominicale, car depuis 1270. jusqu'en 1275. il n'y a pas d'année qui pour dominicale ait pû avoir cette letre.

PHILIPPE III, au Parlement de la Toussaint ou de Noël en 1275.

(a) Ordonance touchant les Amortissemens.

SOMMAIRES.

(1) Les Baillis, les Prevosts, les Vicomtes & autres Officiers ne molesteront pas les Eglises, au sujet des acquisitions qu'elles ont faites, dans les terres des Barons, qui de tout temps ont esté en possession d'amortir.

(2) Ils ne molesteront pas encore les Eglises, au sujet de leurs acquisitions, quand elles auront esté amorties par trois Seigneurs *mediats, sans compter celuy qui aura donné, ou vendu aux Eglises.*

(3) Quant aux immeubles que les Eglises auront eûs par aumône, *& qu'elles possederont sans la permission du Roy, dans ses fiefs & ses arriere-fiefs, à compter depuis* 29. années, *elles ne seront pas contraintes de les mettre hors de leurs mains, en payant en argent la valeur des fruits de* deux années.

(4) Elles ne seront pas tenües pareillement de mettre hors de leurs mains les immeubles qu'elles auront acquis, à quelque titre que ce soit, *en payant au Roy en argent la valeur des fruits de* trois années.

(5) Si elles ont fait des acquisitions dans les alleus situez dans les fiefs & les arriere-fiefs du Roy, elles en seront quittes, pour celles qui leur auront esté aumônées, *en donnant l'estimation des fruits* d'une année, *& pour celles qu'elles auront à* titre non gratuit, *en donnant les fruits de* deux années, *à moins qu'elles ne veüillent mettre ces acquisitions hors de leurs mains.*

(6) Les non nobles, qui auront acquis des fiefs à la charge de les desservir, ne seront pas inquietez.

(7) Au cas que hors des terres des Barons, ils ayent fait de telles acquisitions, si entre le Roy & celuy qui a fait l'alienation, il ne se trouve pas trois Seigneurs, *& s'ils possedent les fiefs acquis avec* abregement de services, *ils seront contraints de les mettre hors de leurs mains, ou de payer la valeur des fruits* de deux années.

(8) Et si la feodalité *a esté müée, ou changée en* cens, *les choses seront remises en leur premier estat, à moins que les possesseurs ne veüillent payer l'estimation des fruits de* quatre années.

(9) Cette Ordonance n'aura lieu que pour le passé, & ne pourra estre estendüe aux acquisitions qui seroient si prejudiciables au Roy, qu'elles ne pourroient estre tolerées.

(b) ECCLESIARUM utilitati, *& subjectorum* quieti *providere volentes, deliberatione providâ precedente. In formâ que sequitur duximus ordinandum.*

(1) Videlicet quod Senescalli, Baillivi, Preposíti, Vicecomites & alii justiciarii nostri cessent, & abstineant molestare Ecclesias *super acquisitionibus, quas hactenus fecerunt in terris Baronum nostrorum, qui & quorum predecessores, nostris, & prede-*

NOTES.

(a) Cette Ordonance, appellée *Vetus ordinatio*, par rapport à celle de Philippes IV. de l'an 1291. est au Registre St Just de la Chambre des Comptes, où elle est datée du Parlement de Noël de cette année. Elle est aussi au Registre A. du Parlement où elle est datée du Parlement de Noël. Et dans quelques autres Registres, elle est datée du Parlement de la *Toussaint*.

(b) Ecclesiarum utilitati & subjectorum quieti providere volentes &c.] Voicy la premiere Ordonance qui ait mis en regle les *Amortissemens*, c'est-à-dire, les *extinctions* &

PHILIPPE III. au Parlement de la Toussaint ou de Noël en 1275.

cessorum nostrorum temporibus, per longam patientiam usi fuisse noscuntur publice, & patienter dare & eleemosynare Ecclesiis, & concedere quod Ecclesie licitè acquisita tenerent, consensu nostro minime requisito, absque ullâ reclamatione per nos, vel predecessores nostros factâ, dictis Baronibus, vel predecessoribus eorumdem.

(2) Insuper precipimus quod ubi Ecclesie acquisierint possessiones, quas habent amortisatas (c) a tribus dominis, *non computatâ personâ que in Ecclesiam transtulit possessiones easdem, nulla eis per justiciarios nostros molestia inferatur.*

(3) Rursum pro rebus & possessionibus aliis quas acquisierunt Ecclesie *in terris, feodis, vel retrofeodis nostris, sine nostro, vel predecessorum nostrorum assensu (d) a 29. annis citra, hanc gratiam fieri volumus Ecclesiis, videlicet quod res & possessiones taliter acquisitas extra manum suam pro nobis, aut nomine nostro, ponere non cogantur, dummodo pro possessionibus eleemosynatis eisdem, nobis prestent in pecuniâ, quantum valere possent fructus* duorum annorum *rerum, sic acquisitarum, legitime estimati.*

(4) Ad alias vero possessiones per quemcumque contractum non gratuitum *acquisitas ab Ecclesiis, ad ponendum extra manus, volumus illas Ecclesias non compelli pro nobis aut nostro nomine, quæ nobis solvere voluerint in pecuniâ, quantum valere possent* fructus trium annorum *legitime estimati.*

(5) Quod si Ecclesie acquisiverint in allodiis in terris, feodis, & retrofeodis *nostris,* volumus *quod in* eleemosynatis, vel donatis, fructuum unius anni *nobis prestetur* estimatio. *In acquisitis* non gratuito *titulo fructuum* duorum annorum *nobis estimatio persolvatur, si res taliter acquisitas retinere maluerint, quam ponere extra manum.*

(6) Preterea in personis innobilibus, *que res feodales acquisierint & tenent per homagium, ad* servitium competens, *precipimus justitiariis nostris quod hujusmodi personas innobiles non molestent, sed eis in pace dimittant res taliter acquisitas.*

(7) Quod si persone innobiles *acquisierint in feodis, vel in retrofeodis nostris,* extra terras predictorum Baronum nostrorum *& ita sit quod inter nos & perso-*

NOTES.

les *abregemens de fiefs*, en taxant les Eglises & les non nobles pour leurs acquisitions à une *certaine finance*.

On sera sans doute surpris que le Roy dise qu'il ait fait une telle disposition pour *l'utilité des Eglises* & pour *le repos de ses sujets*. Cependant cela est tres veritable. Il faut donc se souvenir de ce qui a déja esté remarqué cy-dessus, que par l'ancien usage de la France nul Seigneur de fief ne pouvoit *l'abreger*, le *diminuer*, ou en *esteindre*, ou *amortir* la moindre partie, sans le consentement de son Seigneur suzerain, & que la peine de l'abregement, ou de l'amortissement, estoit que la partie *amortie*, ou *abregée* estoit devolüe au Seigneur superieur, au mesme estat qu'elle estoit avant *l'amortissement*, ou *l'abregement*.

Lorsqu'un Seigneur permettoit à des gens de main-morte de posseder des terres dans son fief, il le diminuoit & l'abregeoit, ou il en esteignoit ou amortissoit une partie, parce que les gens de main-morte ne mourant & n'alienant pas, il se privoit à l'avenir des lods & ventes qui luy seroient échus, si ces heritages ainsi tombez en main-morte, avoient esté possedez par des laïques & des seculiers.

Et lorsqu'un Seigneur permettoit à un non noble de posseder un fief mouvant de luy, il abregeoit encore son fief, & en esteignoit une partie, parce que le non noble ne desservoit pas ordinairement son fief, & qu'ainsi les services en estoient perdus.

De sorte que dans l'un & l'autre cas, les heritages, & le fief estoient devolus au Seigneur superieur immediat, au mesme estat qu'ils estoient avant l'amortissement, ou l'abregement.

Et comme le Seigneur superieur immediat diminuoit aussi son fief, quand il approuvoit ce qui avoit esté fait par son vassal, ce fief & ces heritages estoient devolus à l'autre Seigneur superieur, & ainsi de Seigneur superieur en Seigneur superieur jusques au Roy. Ainsi pour obtenir un amortissement parfait, il faloit payer finance au Seigneur immediat, & à tous les Seigneurs mediats de degré en degré jusques au Roy.

Philippe III. abolit cet ancien droit pour l'utilité de l'Eglise & le repos de ses sujets, en les affranchissant de la vexation des Seigneurs mediats, dont le nombre fut reduit à trois, ainsi qu'il est expliqué cy-aprés. Voyez ma dissertation sur l'origine du droit d'amortissement page 89. 90. &c.

(c) A tribus Dominis] Avant cette Ordonance tous les Seigneurs mediats vexoient les Eglises en exigeant d'elles finance.

(d) A 29. annis citra] Dans quelques manuscrits, il y a, *a triginta annis*.

ñâm que alienavit res ipsas, non sint (e) tres, vel plures intermedii Domini, *precipimus quod si teneant ad servitium* minus competens, *vel aliter appareat feodi* facta deterior conditio, *cogantur tales possessores rem feodalem ponere extra manum, nisi maluerint prestare nobis estimationem* fructuum duorum annorum rerum *taliter acquisitarum.*

PHILIPPE III. au Parlement de la Toussaint ou de Noël en 1275.

(8) Et si res feodalis *facta fuerit* censualis *prestabitur nobis* quatuor annorum fructuum estimatio *vel fiat per justiciarios nostros, quod res in statum pristinum reducatur.*

NOTES.

(e) Tres vel plures intermedii Domini] Depuis en quelques lieux l'ancien droit fut suivi, comme il se void par la Coûtume ancienne de Bourges article 28. qui porte que *Len garde* en Coûtume *que la ou aucune persone non noble acquiert de noble, tele persone acquerant ne peut tenir l'acquest, si elle ne fait finance au Seigneur de fief, & aussi de Seigneur en Seigneur jusques au Roy.*

Il y a au Registre *Croix* de la Chambre des Comptes feüillet 54. & au Registre A. du Parlement feüillet 85. ce qui suit que l'on met icy en note, parce que ce n'est qu'une instruction, ou un Mandement envoyé aux Commissaires.

Pares Franciæ.

Belvacum, Noviodunum, Cathalanum sunt Comitatus.
Remi, Laudunum, Lingones atque, duces.
Flandria, Tholosa, Campania sunt Comitatus
Est Dux Normanus, Burgundus sic Aquitanus.

Comites Majores post Pares.

Britannus . . . . . . Andegavensis.
Nivernensis . . . . Marchie
Attrebatensis.

De hiis prout ex declarationibus aliàs super financiis habitis est compertum, potest intelligi, quod tam sue titulo dignitatis, quam eorum usu longissimo, admortizare & eleemosynare valeant, pecuniam, seu quodvis emolumentum proinde non recipiendo, ita tamen quod pro eleemosynis, seu admortisationibus hujusmodi, eorum tenute non emenbrentur, seu etiam deformentur.

Comites.

Blesensis. . . . . Drocensis
Autisiodorensis . . . . . . Claromont.
Tornodorensis . . . . . sancti Pauli.

Domini.

de Borbonio . . . . . . de Couciaco
de Bello-joco.

Hos, & similis conditionis non intelligimus in constitutione exclusos aliquatenus, vel exemptos quantumcumque, & qualitercumque se & predecessores eorum hactenus usos fuisse pretendant, nam licet, & tales, & minores ipsis usos, & aliter fuisse retroactis temporibus sit compertum, ad tollendum tamen hujusmodi abusum, qui in distractionem feodorum, retrofeodorum & regni totius redundabant, providimus ordinationem facere in predictis. Verum quia tales aliquâ debent prerogativâ gaudere, de patientiâ toleramus, quod aliquas eleemosynas pro suarum animarum salute, facere valeant anniversaria, constituere Capellanias, & similia beneficia fundare, dum tamen eorum tenute propter hoc nullatenus emenbrentur, seu etiam deformentur. Volumus tamen quod insinuare nobis talia teneantur.

Preterea Archiepiscopi, Episcopi, vel alii dignitates, aut beneficia obtinentes, que in regalia nostra venerunt, quidquam admortizare, vel alienare, non possunt, quod si jam fecerint, financie possunt exigi & levari, cum hoc non possunt facere, sine nostro prejudicio, & regni etiam detrimento. Si vero ecclesia in aliam similis conditionis Ecclesiam possessiones transferat, vel tenutas, ad quas extra manum suam ponendas non poterat coherceri, ex translatione hujusmodi financia non debetur. Quod & si Ecclesia possessiones, vel tenutas acquirat ab aliâ cujuscumque conditionis existat, cui eas licebat retinere, si ab Ecclesiâ acquirente justitiam, dominium, deveria & alia jura ita commode libere, sicut habebamus ab aliâ possimus percipere & habere, in hoc casu financia non vendicat sibi locum.

Ecclesia, si in locis in quibus omnimodam justitiam, ac merum & mixtum habet imperium, nosque nihil preterquam ressortum habemus, etiam si ad nos ibidem gardia pertineret, acquirat res aliquas, vel in manu mortuâ poni, seu nobile feodum in personam innobilem transferri permittat, ratione financie nullatenus molestetur, hiis dumtaxat exceptis que in regalia venerunt, exceptis etiam Ecclesiis & monasteriis, que nobis ad prestenda per nobiles serviciæ sunt adstricti, quibus non licet facere, per quod serviciis possemus hujusmodi processu temporis defraudari.

De allodiis autem, quæ ab Ecclesiis quibusdam absque prestatione financie consueverant, ut dicebatur, acquiri, quia usus seu consuetudo hujus potius est censendus abusus, de ipsis allodiis, sicut de feodis, retrofeodis financiam secundum modum in ordinatione traditâ, usu non obstante predicto, persolvant.

De feodis quoque & allodiis que innobiles,

PHILIPPE III. au Parlement de la Toussaint ou de Noël en 1275.

(9) Hanc autem ordinationem facimus pro casibus illis, qui temporibus preteritis præcesserunt, provisionem ipsam nolentes extendi ad casus qui provenient in futurum, immo in his qui de novo emerserint, novo provisionis remedio consulatur, nolentes insuper eamdem ordinationem ad alienationes extendi, de quibus sine dilatione sciri po-

NOTES.

vel illi similis condicionis, a quibus causam habent, per tempora contenta in Constitutionibus, tenuerint, nulla financia exigetur, nec ad ponendum extra manum suam iidem aliquatenus compellantur. Et si propter hoc esset forte servitium diminutum servetur ordinatio *in hoc casu.*

Si vero Ecclesia financiam prestare recuset, offerens res acquisitas transferre in personam conditionis, quam conditio rerum ipsarum exposcit, si de hoc collectores financiarum *dubitare contingat, Curiam consulant, que per declarationis oraculum dubium amovebit.*

Si domini acquisitis factis ab Ecclesiis assensum prestiterint, vel circa hec fuerunt negligentes, & ad manum suam res vellent ponere acquisitas, hoc non permittetur eisdem, immo amovebitur manus sua, si jam forte apposuerint in eisdem. Et de ipsis, secundum Constitutionis tenorem *financia exigetur, nec pretextu* Constitutionis *ejusdem alicui domino financias levare licebit, sed jure suo secundum quod sibi ante Constitutionem competebat, utatur.*

Inhibeant etiam Baillivi & Senescalli nostri districtius ex parte nostrâ, ne quis dominorum ipsorum ad inquirendum super acquisitis, vel recipiendas financias officiales deputent, vel ministros, & si quem deputaverint, revocetur.

De elemosynis modicis factis Ecclesiis sicut de cereâ, lampade uno, duobusve torticiis in elevatione Dominici corporis *accendendis, financia non prestetur. Circa alias elemosynas Constitutionis forma servetur, nisi super hoc gratiam faciamus specialem. In financiis etiam jam receptis pro talibus nihil penitus innovetur.*

De ampliatione verborum Constitutionis *intelligimus & etiam declaramus, quod licet de feodis & retrofeodis & censivis & allodiis in* constitutione *habeatur mentio, de omnibus tenutis, deveriis & aliis quibuscumque temporale tangentibus simile judicium est habendum.*

Interpretatio Curie talis est. *Cum de feodis & retrofeodis, pro quibus exiguntur financie, eo quod a nobilibus in innobiles ad censum vel redditum aliqua, nullâ interveniente summâ pecuniæ, transferuntur, cum ob hoc frequenter meliorentur a tenentibus, & ob hoc feodi conditio minime pejoretur, peterent que ab hujusmodi financiarum exactione cessari,* concessimus *quod pro eis nulle financie de cetero prestabuntur. Et si forsan pro aliquo, interveniente pecunia, vel aliâ ratione, eas deberi contigerit & ob hoc easdem habere voluerimus, respectus habebitur ad tempus translationis & ad summam inde traditam, non ad tempus presens, sed ad meliorationem rei ejusdem.*

Item. *Concessimus quod de feodis retrofeodis in emphiteosim, vel acapitum, per Ecclesiasticas personas datis & translatis in personas innobiles, nulla financia debeatur, nisi fuerint castra, ville seu alia loca, cum justitiâ alta, que a nobis in feodum, vel homagium, vel ad servicium aliud teneantur, de quibus alienationem fieri nolumus, sine nostro laudemie, aut nostrâ gratiâ speciali.*

Item. *De allodiis liberis in emphiteosim vel acapitum datis, seu aliis translatis non debetur financia, dum tamen non sit allodium magne rei, cum jurisdictione, & districtu, cujus alienationem de nobili in innobilem fieri nolumus, nisi de nostra licentiâ, vel gratiâ speciali.*

Voicy une autre instruction tirée du Registre *Noster* feüillet 30. *verso*, qui fût envoyée aux Commissaires en Languedoc.

Philippus Dei gratiâ Francorum Rex *dilecto & fideli clerico suo Magistro Petro Vigerii Archidiacono Xantonensi, ac Magistro Stephano de Lauriach. Archidiacono Bajocensi salutem & dilectionem. Quibusdam consultationibus vestris in nostrâ Curiâ propositis,* respondemus, *quod cum per* ordinationem *nostram quam fecimus super exigendis pro nobis financiis, de rebus ab Ecclesiis & Religiosis in feodis & retrofeodis nostris acquisitis à* trigenta annis citra, *& de rebus feodalibus in personas innobiles translatis, non ab ipsis nobilibus, sed ad ipsarum rerum possessoribus, financiones exigantur. Et cum nostra intersit, ut res hujusmodi possiderentur a talibus, qui nobis videri possint facere servitia consueta, non debent nobiles quorum vestra consultatio mentionem faciebat, conqueri de novâ impositione servitutis, si hujus financie de rebus sub eis, ut dictum est, alienatis nobis prestentur, sicut fit in terris nobilium Francie, qui non innobilius eis tenent. Nec intelligimus inter illos Barones quos nostra excepit* ordinatio, *(videlicet ut per nostros non molestentur Ecclesie super acquisitionibus factis in terris Baronum eorumdem) communicari dilectos & fideles nostros, Comitem Fuxensem, Vicecomitem Narbonensem, Vicecomites Lautren. Dominum Mirapicis, Johannem de Monteforti, Dominum Clargerii & Dominum Clarismontis. Preterea Judicibus, seu Inquisitoribus percipientibus stipendia de nostro si aliàs quam de consensu litigantium judicature sue terminos pro causis exeant, Volumus a litigatoribus expensas ministrari. Datum Parisius Dominica ante festum Nativitatis beate Marie Virginis.*

ici

terit manifestè ipsas nobis adeò esse damnosas & graves, quod meritò non debeant aliquatenus tolerari. Premissa ordinatio facta Parisiis in Parlamento omnium sanctorum, post Nativitatem Domini *anno millesimo ducentesimo septuagesimo quinto.*

PHILIPPE III. au Parlement de la Toussaint ou de Noël en 1275.

NOTES.

De Comite Fuxensi sane intelligendum est, de terris, quas ipse & predecessores sui a nobis & nostris predecessoribus in feodum tenuerunt, non de suo Comitatu, *vel aliis terris, per nostros nolumus super novis acquisitionibus Ecclesias molestari.*

PHILIPPE III. au Parlement de l'Epiphanie en 1277.

(a) Ordonance touchant les Amortissemens qui seront accordez par les Pairs.

SOMMAIRES.

(1) L'Archevesque de Rheims, & les Evesques Pairs ne pourront amortir à l'avenir que leurs arriere-fiefs. Et quant aux Evesques non Pairs, ils ne pourront accorder aucun amortissement.

ORDINATUM *fuit per consilium D. Regis,* Rege presente, *quod Archiepiscopus Remensis & Episcopi Pares Franciæ admortire non poterunt (b)* Domanium suum, nec feoda quæ ab ipsis tenentur immediate, *sed sua retrofeoda poterunt admortire. Alii vero (c) Episcopi, qui non sunt Pares, nec domanium suum, nec feoda sua, nec retrofeoda poterunt admortire.*

NOTES.

(a) Cette Ordonance est au Registre *Olim* vol. 2. feüillet 39.

(b) Domanium suum &c.] Par cette Ordonance le pouvoir des Pairs fut limité. Voyez l'Ordonance de 1275. avec les instructions au commencement.

(c) Episcopi.] Voyez les instructions rapportées en notes sur l'Ordonance de 1275. au §. *Præterea.*

PHILIPPE III. en 1277.

(a) Ordonance touchant la maniere de rendre les Jugemens en Touraine.

SOMMAIRES.

(1) Dans les jugemens qui se rendent en Touraine, lorsqu'un, ou deux Chevaliers seront d'un avis contraire aux jugeurs, l'avis des jugeurs ne laissera pas que d'estre suivi, si le Bailli le trouve bon. Mais s'il y a plus de deux Chevaliers qui soient d'un avis contraire, le jugement sera remis à la premiere assise. Et la sentence sera rendüe suivant ce qui aura esté allegué & prouvé.

ORDINATUM *fuit per* Dominum Regem *& ejus* Consilium, *quod si in Judiciis in Turoniâ faciendis (b)* unus Miles vel duo, *cum aliis qui Judicium facient, non concordent, non remanebit propter hoc quin transeat Judicium, si videatur Baillivo bonum; Et si plures sint discordes, judicium prorogabitur usque ad aliam assisiam, in eodem statu, & tunc judicabitur ex propositis, si fieri poterit bono modo. Et fiet judicium super illis que fuerint proposita a partibus, quando primo se supponent judicio, nec in verbis illis super quibus fuerit litigatum, & super quibus partes se supposuerint judicio poterit a partibus aliquid immutari.*

NOTES.

(a) Cette Ordonance est au Registre *Olim* feüillet 37.

(b) Unus miles vel duo.] Voyez la note sur le chapitre 105. du premier livre des Establissemens, & sur le chapitre 15. du livre 2.

PHILIPPE III. à Paris au mois de May en 1278.

(a) Letres par lesquelles le Roy confirme les libertés & la Justice du Maire & des Bourgeois de Roüen.

SOMMAIRES.

(1) Le Maire & les Bourgeois de Roüen auront la connoissance du plait de l'épée *& toute justice, à l'exception de la mort, du mehaing, & du gage de bataille.*

(2) Les malfaiteurs pris en la Ville & la banlieüe de Roüen, seront conduits dans les prisons du Maire, jusques à ce qu'il soit constant de la mort, ou du mehaing, auquel cas ils seront livrez à la Justice du Roy, &c.

(3) Les larrons, les meurtriers, & autres, qui auront commis des crimes capitaux, seront arrestez par les Gens du Roy, ou du Maire & des bourgeois qui les auront trouvez les premiers. Les Gens du Roy s'ils les prennent les premiers, les meneront au Maire, ou à son Lieutenant, & le Maire & ses gens les livreront le plustost qu'ils pourront à la justice du Roy.

(4) Le Maire & ses gens presteront la main aux Gens du Roy, pour prendre ces sortes de malfaiteurs, lorsqu'ils en seront requis, & s'il y a d'autres personnes qui soient plus proches, on les requerra avant le Maire & les Eschevins.

(5) Les biens des criminels seront en la garde du Maire, dont le Bailly aura un estat & le Maire un autre estat, jusques à la condamnation, aprés laquelle les meubles & les immeubles du condamné seront au Roy, suivant la Coûtume. L'amende dûe par ceux qui contreviendront aux reglemens des monoyes sera au Roy & levée par le Maire. Le Roy aura la connoissance de ceux qui ne seront pas de la Commune, & qui auront nié leurs dettes pardevant le Maire &c. La moitié des Ecuës, des Vins & de toutes les fausses marchandises seront au Roy, & elles luy seront adjugées & bailliés par le Maire, & les Eschevins.

(6) Le Maire & les Bourgeois de Roüen joüiront de toutes les franchises & les libertez à eux accordées par les Roys de France, sous le ressort, ou l'appel des faux jugemens, du defaut de droit, & sauf la connoissance des crimes qui doit appartenir au Roy, à cause de Sa Majesté royale.

PHILIPPUS *Dei gratiâ Francie Rex notum facimus universis tàm presentibus quàm futuris, quod cum per* Baillivum *nostrum* Rothomagensem *dilectis & fidelibus nostris.* Majori & civibus Rothomagi, *imponeretur ex parte nostrâ, quod dicti Major, & illi de Communiâ abusi fuerant aliquibus justitiis*, ad placitum ensis spectantibus, *contra cartam inclite recordationis* Philippi Regis *quondam Francie proavi nostri, quam dicti Major & illi de* Communiâ *in defensione suâ ostendebant, asserentes pluribus rationibus, se posse bene uti justitiis quibus utebantur, Et dicentes quod de punctis suis, sive articulis* dicte carte, *poterant usus eorum trahi veraciter, cum longissimâ pacificâ teneurâ, quam habuerant in predictis. Tandem nos habito super hoc consilio,*

(1) Volumus & concedimus *quod dicti Major, & illi de* Communiâ, *& eorum successores habeant, teneant & exerceant omnimodam Jurisdictionem ad nos pertinentem, tam (b)* de placitis spade, *quam de aliis, que accident, & amodo accidere poterunt in civitate, & banleucâ Rothomagensi in placitis, Jurisdictionibus & jus*

NOTES.

(a) Ces letres sont au tresor des Chartes Registre cotté au haut 42. & au bas 15. feüillet 72. *verso*, piece 148. dans un *Vidimus* de Philippes le Bel.

(b) De placitis spade] Le plait de l'Epée estoit la haute Justice. Et pour user des termes d'un Arrest de l'an 1258. qui est au premier Registre du Parlement feüillet 12. *Placitum ensis erat placitum mortis, mutilationis membrorum &c.* Et cependant le Roy qui accorde icy au Maire & aux Bourgeois de Roüen *le plait de l'épée*, se reserve ensuite la justice de mort, de mehaing, & de gage de bataille, mais il semble que par le plait de l'épée, il faut icy entendre le duel, qui avoit lieu en matiere civile, ce qui est expliqué par les Commentateurs de la Coûtume de Normandie sur le titre *De la loy apparoissante.*

Comme ces letres ont esté faites en interpretation de la Charte de la Commune de Roüen, on la rapporte icy toute entiere.

Si oporteat Majorem in Rothomag. sive in Fales. fieri, illi centum qui Pares constituti sunt, eligent tres proborum hominum civitatis, quos

tiiis, quibuscumque, retentâ nobis justitiâ mortis, mehagnii, & vadiorum belli *quum securâ fuerint*.

PHILIPPE III. à Paris au mois de May en 1278.

(2) *Ita quod malefactores, qui in civitate & banleucâ Rothomagensi capientur in prisione Majoris & Juratorum, tenebuntur quo usque de morte, vel mehagnio clarum fuerit per dictum Cirurgicorum, ad hoc nobis & dictis Majori & civibus Juratorum, & tunc ducentur ad gentes nostras, & liberabuntur eisdem, ita tamen quod delinquentes in casibus, in quibus justitiam retinemus, per servientes nostros possint capi, si primo eos invenerint, aut per servientes Majoris, si eos invenerint, ita quod in prisione Majoris & juratorum tenebuntur nobis reddendi eo modo, quo supra jus est expressum.*

(3) *Latrones vero, multrarii & alii capti pro crimine capitali, capientur per gentes nostras si primo eos invenerint, vel per gentes Majoris & civium, si primo eos invenerint. Sed si gentes nostre primo eos invenerint & ceperint, ducent eos ob pericula evitanda ad Majorem, vel locum suum tenentem, qui Major vel locum suum tenens,*

NOTES.

Domino Regi præsentabunt, ut de quo illi placuerit Majorem faciat. De ceptum vero prædictis Paribus eligentur viginti quatuor assensu centum Parium, qui singulis annis renovabuntur, quorum duodecim Eschevini vocabuntur, & alii duodecim Consultores. Isti viginti quatuor in principio sui anni, jurabunt se servaturos jura sanctæ Ecclesiæ, & fidelitatem Domini Regis, atque justitiam, quod & ipsi recte judicabunt secundum justitiam suam, quod & siquidem Major forte cœlari præceperit, celabunt, hoc quicumque dixerit à suo officio deponetur, & in Communiæ misericordiâ remanebit. Major vero & duodecim Eschevini convenient bis qualibet ebdomadâ, pro civitatis, vel Castelli Falesi. negociis, & si in aliquo agendo dubitaverint de duodecim Consultoribus, quot voluerint convocabunt, eorum consilio super hoc fruituri, & duodecim Consultores cum Majore, & Eschevinis quoque sabbato simul erunt, & quaque quindena die sabbati, similiter omnes centum Pares. Quicumque vero omnium prædictorum ad dies, ut prædictum est, sibi constitutos antequam prima cantetur, sine submonitione cum aliis non affuerit Paribus, si sit Eschevinus pagabit quinque solidos ad negotia civitatis Rothomag. vel Castelli Falesi. & Consultor absens tres solid. & sic de aliis Paribus II. solid. nisi idoneam excusationem die precedenti Majori notam fecerit. Et quicumque predictorum, sine licentiâ Majoris, abierit de congregatione aliorum tantumdem pagabit, quantum ei pagare statutum est, si ad horam primæ non venisset. Et si Major aliquando istorum prædictorum aliquibus eguerit, tunc si quis ad ejus submonitionem, vel mandatum non venerit, præconstitutam sibi pagabit emendationem, nisi apertam ostenderit excusationem. Si quis duodecim Eschevinorum in Angliam, sive in Regionem longinquam, vel peregrinationem ire voluerit, licentiam accipiet à Majore, & aliis Eschevinis quando erunt sabbato congregati, & ipsi statim communiter eligent, quem loco ejus statuant donec repatriet. Si Major & Eschevini sederint in Eschevinagio, & loquente Majore aliquis verba ejus interruperit, vel aliquem quem Major auscultari velit, disturbaverit, Major ei tacere præcipiet, & si postea turbaverit memoriam ejus qui loqui debet, mox pagabit XII. denarios, si sit de Juratis communiæ, quorum octo erunt in usus civitatis Rothomag. vel castelli Falesi. & quatuor habebunt clerici & servientes. Si quis Eschevinorum, Consult. seu aliorum Parium diebus sibi constitutis, postquam pro recto faciendo cum aliis sederit, si sine Majoris licentia sedem suam consiliandi causa reliquerit, pagabit XII. denarios, octo scilicet urbi Rothomag. vel castello Falesi. & quatuor Clericis, & servientibus. Si Major, & Eschevini sedeant in Eschevinagio, & tunc aliquis alicui convicietur in audientiâ, erit in misericordiâ Majoris, & Eschevinorum, secundum quantitatem convicii, & quod convinciari consueverit. Si Major institutionem Communiæ transgressus fuerit ad duplum erit misericordiæ, quod esset aliquis Eschevinorum, quia ab eo debet sumi juris, & æquitatis exemplum & instituta servandi. Si contigerit aliquem interciare aliquid de suo super aliquem latronem, vel falsonarium in Rothomag. vel castro Falesii captum & convictum, si possit ostendere legali testimonio vicinorum, suum esse quod clamat, reddetur ei, & latro, vel falsonarius judicabitur per Communiam, & ponetur in palorico, ut omnes eum videant & cognoscant, & si debet habere mere sici ei, & si feriscecerit membrum vel amplius, reus & catallum ejus, tradentur justitiæ Domini Regis, ad faciendum de eo justitiam. Si juratus Communiæ juratum suum occiderit, & fugitivus, vel convictus inde fuerit domus suâ prosternetur, & ipse reus cum catallis suis tradetur justitiæ Domini Regis, si poterit teneri. Si juratus juratum membro aliquo debilitaverit, placitum inde & emendatio erit Domini Regis, & reus in misericordia Communiæ remanebit, eo quod juratum suum membro

PHILIPPE III. à Paris au mois de May en 1278.

eos vel gentibus nostris, vel suis sic captos ducent & liberabunt gentibus nostris, quam citò absque omni fraude, fieri poterit, bono modo.

(4) Debent dicti Major & cives gentes nostras juvare ad capiendos malefactores hujusmodi cum ab ipsis fuerint requisiti, proximiores tamen loco in quo invenientur malefactores super hoc primitus requirentur.

(5) Ita etiam quod bona ipsorum per Majorem custodientur, de quibus Baillivus noster habebit quoddam scriptum & Major aliud, quousque dampnati fuerint, & tunc bona mobilia erunt nostra & immobilia, secundum consuetudinem patrie, retentâ etiam & nobis emendâ monete, pro quâ emendâ Major justiciabit in civitate, & banleucâ Rothomagensi, nomine nostro, venientes contra defensum monete, *retentâ etiam nobis cognitione de debitis negatis coram Majore ab illis, qui non sunt de* Communiâ

NOTES.

debilitaverit. Si quis seditionem in Urbe Rothomag. vel in Castro Fales. fecerit & duo de viginti quatuor juratis hoc viderint, reus verbo eorum convincetur, qui ideo solo verbo credentur, quia in initio sui Eschevinatus juraverunt se verum dicturos, de hoc quod audierint, & viderint : Si qui vero duo de ceteris Paribus viderint, reus, juramento eorum convictus, remanebit in misericordiâ, & emendabit intuitu Majoris, & Eschevinorum malefactum, secundum quod est, & juxta quod consuevit malefacere. Si aliquis alicui verbo conviciabitur in civitate, sive in vico, sive in domo Castelli Falesii, convincetur per duos testes de centum Paribus, sine inchoamento, & emendabit, in misericordiâ Majoris & Eschevinorum, convicium secundum quod est, & secundum quod consuetudinarius est inferre convicia. Et si conviciatus non habeat testes de Paribus, querela ejus lege terræ deducetur. Si quis in pilorico fuerit non propter furtum, sed quia aliquid egerit contra statutum Communiæ, & aliquis ei exprobraverit ut faciat ei verecundiam, coram juratis vel coram aliis hominibus, pagabit viginti solidos, quorum is cui exprobratio facta est, habebit quinque solidos & quindecim erunt ad negotia civitatis Rothomagensis, vel castri Falesii & si ille qui exprobraverit non velit, vel non possit pagare viginti solidos, ponetur in pilorico. Si femina convincatur esse litigiosa & maledica alligabitur fune subtus ascellas, & ter in aquam projicietur, cui si quis exprobraverit pagabit decem solidos, vel ter in aquam projicietur. Si aliquis qui non fuerit de Communia, forifecerit alicui jurato Communiæ, mandabitur ei quod emendet forifactum, quod si contempserit defendetur juratis ne communicent, nec vendendo, nec emendo, nec credendo, nec hospitando, nisi Dominus Rex, vel filius ejus assint Rothomag. vel Falesii, vel Assisia, & si ille per hoc forifactum emendare noluerit, Communia ostendet justitiam Domini Regis, & jurato suo auxiliabitur rectum perquirere, & si quis juratorum nostrorum contra hanc prohibitionem fecerit, erit in misericordia Majoris & Eschevinorum. Si quis fecerit clamorem de sibi malefacto, & rectum inde per judicium Majoris & Eschevinorum accipere noluerit, retinebitur, & positus per vadium & per plegios jurabit pro forifacto illo, non malefacturum se illi de quo clamaverat. Si vero postea pro forifacto illo sibi malefecerit, judicabitur sicut transgressor juramenti. Si quis juratorum nostrorum Communiæ sit in misericordiâ positus, pro forifacto suo, & fecerit nos inde requiri ab aliquo, nisi fiat præcepto Domini Regis, sua misericordia multiplicabitur, quia nolumus habere malevolentiam vicinorum nostrorum divitum. Si quis dixerit se esse nostrum juratum, & nos exinde minime certi sumus, testimonio duorum juratorum approbabit verum esse id quod dicit. Si clericus aliquis, seu miles debeat debitum cuiquam de civitate Rothomag. seu Castello Fales. & debitor justiciari per Majorem, neque per Pares Communiæ noluerit, defendetur quod nullus communicet ei vendendo, nec emendo, nec hospitando, nisi Dominus Rex, vel filius ejus assint Rothom. vel Fales. vel Assisia. Quod si quis contra prohibitionem fecerit, reddat debitum creditori & erit in misericordiâ Majoris, & Communiæ, & si per hoc debitor non vult Justitiari, Communia auxiliabitur jurato rectum perquirere. Si sit in Communia contentio de debito, vel conventione, vel aliquo mercato, ipsa recordatione, & testimonio dictorum de viginti quatuor juratis terminabitur, qui solo verbo suo credentur, quia juraverunt hoc in initio sui Eschevinatus. Et si postquam perfecerunt annum sui Eschevinatus, & depositi fuerint, surgit contentio de debito coram eis credito, vel de conventione, vel aliqua re ante eos facta, juramento eorum finietur. Si vero unus de viginti quatuor juratis portat inde testimonium, & unus vel plures de reliquis Paribus cum eo, illi qui est de viginti quatuor juratis solo verbo, & aliis juramento credatur. Si autem tres de aliis Paribus ferant testimonium, & si nullus centum Parium testis fuerit, querela ducetur lege, & consuetudine terræ. Et si de decem solidis vel de minus querela fuerit, testimonio Parium, sine juramento finietur. Si quis fecerit clamorem de terra super alium clamans, dabit vadium, & plegium sequendi clamorem, & si postea facta fuerit recognitio de terrâ illâ, & clamor sit con-

Rothoma-

Rothomagensi eo modo, quo declaratum est in carta *dicti* Regis Philippi, *& usque nunc extitit usitatum, nec non medietate forefactorum pannorum, vinorum, falsi argenti, auri, & aliarum falsarum mercaturarum, quarumcumque, eo modo quo extitit usitatum; que forefacture cum acciderint judicabuntur per Majorem & cives Rothomagi, & pars nostra dictarum forefacturarum, per manum ipsorum nobis reddetur.*

PHILIPPE III. à Paris au mois de May en 1278.

(6) Consuetudines, franchisias, libertates a predicto Rege Philippo *& ab aliis predecessoribus nostris dictis* Majori & civibus *concessas, & alia in dictâ cartâ contenta, non etiam minuentes, nec in aliquo retrahentes, retento tamen nobis resorto judicii, & defectus juris, & justitiæ excessuum, quorum punitio, vel vindicta ad nos pertinet tantum modo ratione Regie dignitatis, videlicet in hiis excessibus quorum justitia non transit in aliquem, nec transire potest concessione generali. Que ut perpetue stabilitatis robur obtineant, presentes litteras sigilli nostri fecimus impressione muniri.* Actum Parisiis anno Domini MCCLXXVIII. mense Maio.

NOTES.

victus per recognitionem de falso clamore, remanebit in misericordiâ Majoris & Communiæ, de quinquaginta novem solid. Andegav. Si quis requisierit curiam suam de terra, concedetur ei, & nisi fecerit rectum clamanti, in duabus quindenis, Communia faciet, nisi ipse habuerit justam excusationem, quam Major & Eschevini sciant. Si quis requisierit curiam suam de debito, concedetur ei, & faciet rectum domino in duabus octenis, & nisi fecerit Communia faciet, nisi qui tenet curiam habeat exonium justum quod Major, & duo Eschevini sciant. Si quis debet alicui debitum quod non possit, vel nolit reddere, tantum de suo tradetur debitori quod pagetur, si tantum habet, & si debitor non habet tantum unde ille possit pagari, tandiu ponetur extra civitatem Rothomag. vel Castrum Falef. quod faciat gratum Majoris, & creditoris sui. Et si inventus fuerit in civitate Rothomag. vel Castro Falef. antequam gratum suum fecerit, tandiu tenebitur in carcere Communiæ, donec redimatur de centum solidis, per se vel per amicos suos, & tum jurabit se non reversurum in dictam civitatem, vel dictum Castellum, donec fecerit gratum Majoris & creditoris. Si homo forensis clamorem fecerit in Communiâ de debito, quod juratus ei debeat, dominus ejus inde habebit Curiam, si eam requisierit, & nisi ipse in tribus diebus clamanti rectum fecerit, Communia faciet. Si Communia præcepto Domini Regis, vel justitiæ suæ debeat iter facere, Major, & Eschevini previdebunt, quos statuent remansuros ad urbem Rothomag. vel Castellum Falef. custodienda, & qui post horam nominatam exeundi, inventus fuerit in dictâ civitate, vel in dicto Castello, ille convictus erit per illos qui custodes urbis, sive Castell. Falef. remanserunt & erit in misericordiâ Domini Regis & in misericordiâ Communiæ, de domo sua prosternenda, vel de centum solidis, si domum non habuerit. Et si postquam Communia moverit, aliquis ab eo recesserit causa hospitandi, vel alterius rei, sine licentia Majoris, vel corporis sui exonio, erit in misericordiâ.

PHILIPPE III. 29. Septembre en 1278

Ordonance touchant les retraits lignagers en Normandie.

SOMMAIRES.

(1) Celuy qui exercera le retrait lignager en Normandie, payera le prix du marché à l'acquereur, sitost qu'il luy sera connu, sinon il n'y sera plus reçeû. Si celuy qui agit en retrait, demande veüe, il ne l'aura point, & si le deffendeur la demande, il l'aura.

(2) Si dans l'an & jour il survient un parent plus prochain que celuy qui aura demandé le retrait, il l'aura en payant.

(1) IL est accordé *par le Roy,* & par *son Conseil,* & commandé à garder *en Normandie,* & fu peuplée en chet Eschiquier generalement, que quiconques desoresnavant voudra retraire *marchié* par *burse* en *Normandie,* sitost comme sera cogneu au lignage, il payera tantost l'argent, ou se ce non, il n'en sera plus ois. Et se chil qui voudra avoir le marchié demande veüe, il ne l'ara point, & se chil à qui len demande le marchié demande la veüe il l'aura.

(2) Item. Il fut accordé *& ordené* que se aucun plus prochain du lignage que

chil qui aura retrait le marchié, vient avant & demant le marchié de burſe, dedans l'an & le jour, il ara le marchié, par payer tantoſt l'argent & par autre ſi pries erremens, comme il eſt dit deſſus el premier article.

PHILIPPE III.

à Paris en Juillet 1280.

(a) Ordonance qui abolit en Gaſcogne une Coûtume par laquelle celuy qui avoit commis un crime, pourvû qu'il n'eût pas eſté pris en flagrant delict, ou eſtant en fuite, ou qu'il n'eût pas confeſſé le crime, ou qu'il n'en eût pas eſté convaincu par des témoins, & par le duel, eſtoit renvoyé abſous, en jurant ſur le corps de Saint Severin, ou de quelque Saint ou Sainte, qu'il eſtoit innocent.

PHILIPPUS *Dei gratiâ Francorum Rex. Notum facimus univerſis tam præſentibus quam futuris, quod cum, ſicut ex frequenti & fide dignâ relatione plurium intelleximus*, in quibuſdam Waſconiæ, *ſint quædam* conſuctudines, *videlicet* quod in *murtris* & *maleficiis*, pro quibus pœna mortis, vel membri mutilatio convictis *deberet infligi, (b) inculpatus, accuſatus, ſeu denuntiatus de maleficio, cum ſacramento, quod faciat* ſupra corpus ſancti Severini, vel alterius ſancti, vel ſanctæ, *quod non eſt culpabilis, ſive reus, maleficii, de quo* inculpatur, *abſolvitur & evadit*, niſi fuerit in ipſo maleficio vel in fugâ deprehenſus, vel confeſſus, vel primò per duos, aut plures teſtes, & prætereà per duellum convictus, *vel citatus, propter dictum maleficium permiſerit ſe banniri, licet per alias probationes* idoneas *poſſit convinci, Et in quibuſdam partibus Waſconiæ, etiam* convictus *de tali maleficio, vel cum ſacramento, vel pro* trecentis ſolidis, *aut aliâ ſummâ pecuniæ abſolvitur, ſeu evadit, Et pretextu harum conſuetudinum nonnulli de hujuſmodi maleficiis inculpati, accuſati, ſeu denuntiati, in pluribus Curiis illarum partium, per judicium Curiarum ipſarum* ſimiliter abſolvuntur, *& a quibuſdam talibus judiciis* fuit *appellatum, & gentes dilecti conſanguinei noſtri illuſtri Regis Angliæ Ducis Aquitaniæ fidelis noſtri talia pretextu dictarum conſuetudinum colorabant, licet aſſererent quod dictæ conſuetudines ſibi diſplicebant;* Nos *attendentes conſuetudines hujuſmodi, ſeu potiùs corruptelas, nullatenùs in regno noſtro debere ſervari, de bonorum conſilio, & ad requiſitionem gentium dicti Regis in noſtrâ Curiâ exiſtentium, eas* caſſamus *& totaliter* annullamus, *ac mandamus atque præcipimus per præſentes dicto Regi Angliæ & locum ſuum tenenti in Waſconiâ, ut in locis & caſibus, in quibus dictæ conſuetudines locum habebant, hujuſmodi maleficia puniat rationabiliter & puniri faciat, nonobſtantibus conſuetudinibus ſupradictis. Quæ ut perpetuæ ſtabilitatis robur obtineant, præſentibus literis noſtrum fecimus apponi ſigillum. Actum Pariſiis anno Domini* MCCLXXX. *menſe Julio.*

NOTES.

(a) Cette Ordonance eſt au Regiſtre *Olim* volume 2. feüillet 51. *recto* & *verſo*, & au treſor des Chartes, Regiſtre 38. piece 45.

(b) Inculpatus. C'eſt icy celuy qui eſt accuſé.

PHILIPPE III. à Paris, l'an de grace au mois de Juillet en 1283.

(a) Letres par lesquelles le Roy décharge de l'amende, en cas d'appel, les Seneschaux du Roy d'Angleterre, ou leurs Lieutenans.

PHILIPPES par la grace de Dieu Roy de France, à tous ceux qui verront ces lettres Salut. Nous faisons sçavoir que nous à nostre chier Cousin & *(b)* feal *Eduart*, par cele meisme grace *Roy d'Angletere*, Seigneur de Hirlande & *Duc d'Aquitaine*, otroions pour nous, & pour nos hoirs, & pour nos successeurs, que s'il avient qu'on *appelle de luy, ou de ses Seneschaux, ou de leurs Lieutenans qui ore sont, ou aprés* seront, *en toutes les terres que il a, ou aura en Gascogne, Agenois, Caorsin, Pierregort, Lemosin, & en Xantonge*, à nous, ou en nostre Court par quelle achoison que ce soit, de mauvés & *(c)* de faux jugement, ou de defaute de droit, ou en quelle autre maniere, faite ou à faire, si de ceux apiaux par aucun cas choient, ou en soient convenu en nostre Court, *tant comme celi nostre Cousin vivra, luy*, ne ses *Seneschaux*, ne leurs *Lieutenans, en paine, ne en forfaiture, ne en amende vers nous, ne chieent*. Et se aucune chose par achoison de ce, peut accroître, ou avenir à nous, ou à nos hoirs ou à nos successeurs nous les quittons, relessons, & donnons à luy, tant come en nous est, pour nous, & nos hoirs, & nos successeurs à durer toute sa vie. Et se il avient qu'on *appelle de luy, ou de ses Seneschaux, ou de leurs Lieutenans*, en quel cas que ce soit, & *les appellans chieent*, nous voulons que *son droit, il soit sauf en forfaiture, en paines, en (d) encorement*, & en toutes autres choses qui de ce, li devront avenir. Et encore octroions-nous à nostre cher Cousin, que de *apiaux*, que vendront en nostre Court de luy, ou de ses *Seneschaux ou de leurs lieutenans*, en quel cas que se soit, que nous les appellans *(e)* revoirons, & leur donrons espace de trois mois des le hore qu'il seront requis de celi qui aura appellé, de leur jugement amender, & de faire droit se defaut iert. Et si nel font dedanz le temps devant, si puissent les appellans adonques retorner à nostre Court, & retenir droit en nostre Court. Et ces choses avons nous octroiées sauve autruy droiture. Et tesmoing de laquelle chose nous avons fait seeller ces lettres de nostre Seel. Donné à Paris l'an de grace MCCLXXXIII. au mois de Juignet.

NOTES.

(a) Ces lettres sont au tresor des Chartes Registre cotté 33. num. 63. fol. 45. Et elles ne furent accordées à Edoüard Roy d'Angleterre que tant qu'il vivroit.

(b) Feal] Parce qu'il estoit vassal du Roy, à cause des Seigneuries qu'il possedoit dans le Royaume.

(c) De faux jugement] Voyez Beaumanoir dans ses Coûtumes du Beauvoisis chapitre 67.

(d) Encorement] Il y a ainsi dans le manuscrit. Voyez de la Thaumassiere dans son glossaire sur Beaumanoir, au mot *encombrer*.

(e) Revoirons] Il faut ce semble, *recevrons*.

PHILIPPE III. dit le Hardy sans date.

(a) Mandement par lequel le Roy ordonne que l'Ordonance de Saint Loüis de l'an 1269. touchant les Juifs, sera executée.

PHILIPPUS *&c. Cum datum sit nobis intelligi quod (b)* quædam ordinatio, *quam condidit inclitæ recordationis* cariffimus Dominus, & genitor noster Ludovicus Francorum Rex, *videlicet de* signis, seu *(c)* rotis croceis, a Judæis deferendis, *per quas possent à Christianis discerni, plenius & recognosci, minus debite in vestrâ Bailliâ observetur: vobis districte* præcipimus, *quod tam poteritis observetis, & ut etiam faciatis prout ad vos pertinet observari, ita quod non debeatis exinde de negligentiâ reprobari. Datum &c.*

NOTES.

(a) Cette Ordonance est rapportée par Dom Bessin, dans ses Conciles de Normandie page 150. où il ne marque pas d'où il l'a prise.

(b) Quædam ordinatio.] Voyez cy-dessus page 294.

(c) Rotis.] Voyez ce qu'on a remarqué sur l'Establissement de Philippe Auguste du premier Septembre, page 45. art. 8. *Et Cangium in glossario in* Rota *Judæorum.*

OBSERVATION.

QUoyque Philippes III. ait regné pendant prés de quinze années, il n'a pas fait beaucoup d'Ordonances, Et nos autheurs en citent quelques-unes qu'on ne trouve pas.

Un anonyme qui a fait des Notes sur le livre des Monoyes de M. Hautin, en cite une du premier Octobre 1270. prés de Carthage qu'on n'a pû recouvrer.

M. Du Cange dans son glossaire sur *Judæi,* en cite une autre de l'an 1271. touchant les *Juifs,* qui est peut-estre celle qui est imprimée cy-dessus sans date, qu'il dit estre mal au Registre 8. des memoriaux, feüillet 54.

On en cite une autre de l'an 1274. du Parlement de l'Assomption, par laquelle il est enjoint d'arrester les *malfaiteurs, assassins, ravisseurs &c.* mais elle n'est pas au Registre des Enquestes cotté A. feüillet 62. comme on le marque.

Miraumont page 17 *du Parlement,* rapporte un fragment d'Ordonance touchant le Parlement, qui est en ces termes.

Item, *Ils seront deux portiers en Parlement, quand le Roy n'y est, & aura chacun deux sols de gages, & on leur deffendra qu'ils ne laissent nul entrer en la Chambre des Prelats, sans le commandement des Maistres.* Voyez Joly aux additions a Girard tome 1. page 132.

Au Registre *Olim* volume 2. entre les Arrests de l'an 1276. il y a un Reglement, par lequel il est dit que le Roy revoque les deffenses, qui avoient esté faites dans le pays *d'Amiens* & de *Vermandois,* de ne mettre le bêtail aux champs, que trois jours aprés que les bleds auroient esté coupez, & de ne pas charrier les gerbes devant le soleil levé, & aprés le soleil couché.

A pluribus ad Dominum Regem delata querimonia, quod occasione cujusdam banni, in partibus Ambianensibus & Viromandensibus de novo introducti, de porcis & animalibus, donec post tres dies, post secatas segetes, & ablatas, in stipulis non ponendis & de garbis ante solis ortum, & post solis occasum non chareandis, homines illorum partium tam Domini, quam subditi in justiciâ suâ & in emendis multipliciter gravabantur, & inquietabantur. Intellecto & Domino Regi *relato, quod hujusmodi bannum à quindecim annis citra fuerat introductum.* Placuit Domino Regi, *quod hujusmodi bannum*

bannum cadat, & quod in partibus in quibus non fuit diutiùs observatum, de cetero non servetur. Mais cette piece est plustost un Arrest qu'une Ordonance.

Il y a au Registre du Parlement, *Vivat Rex*, feüillet 68. qu'au Parlement du lendemain de la Toussaint l'an 1277. il fut arresté que *li Avocat ne fussent si hardi d'alleguer droit écrit là où Coûtumes ayent lieu, ains usent de Coûtumes*, mais ce n'est ce semble *qu'un Arrest*.

Il y a au Registre des Enquestes, cotté D. qu'il y eust en 1277. un Reglement touchant les appellations en matiere criminelle. On ne sçay si ce fût le Roy qui le fit.

Le 3. Decembre 1278. il y eût une Ordonance pour la *Manufacture des gros deniers à fleurs de Lis d'Or, des demy gros & des oboles*, mais elle ne se trouve pas.

En l'année 1280. il y eût une Ordonance qui prorogea les deffenses des Joutes & des Tournois. M. Du Cange dans ses notes sur Joinville, l'indique si mal qu'on n'a pû la trouver.

En la mesme année, il fut deffendu aux Chrestiens de se mettre en service chez les Juifs. On ne sçait par qui ce sage reglement fut fait. Il est au Registre *Olim* feüillet 50.

Statutum fuit & ordinatum, quod aliqui Christiani, seu Christiane non morentur in domibus Judeorum, ut eis serviant, & quod Judæi aliquos christianos, seu Christianas, in suis domibus, ut eis serviant, retinere non præsumant. Vid. Cap. 6. append. Cod. Th.

En la mesme année, il y eût un Reglement sur le prix des Monoyes, qui n'est cité que par l'anonyme, qui a fait des notes sur le livre des Monoyes de M. Hautin.

En l'année 1283. il fût ordonné que les parties, qui plaideroient au Parlement, pourroient demander par Procureur, le renouvellement des Commissions pour faire enqueste, ce qui ne paroist *qu'un Arrest*.

Ordinatum fuit, quod a partibus factis propositis, ac datis a Curiâ auditoribus, ad probationes partium recipiendas, sive fuerint inqueste, sive probationes, quod partes, sive *actor* sive *deffensor, possint per procuratores petere renovari mandata data auditoribus, vel si casus se offerat alios auditores petere subrogari, vel secundum productionem petere sibi dari, & omnia prosequi usque ad publicationem faciendam cum fuerit facienda, & usque ad judicem audiendum, si fuerit inquesta.*

Cette addition est en la marge du Registre. *Hec ordinatio registrata est inter judicia, consilia & arresta expedita in Parlamento omnium sanctorum, anno Domini MCCLXXXIII.*

Dans la table des manuscrits de M.[rs] Du Puy page 311. Il est fait mention d'une Ordonance de l'an 1283. pour *la reforme du luxe dans les habits*, & d'une autre Ordonance de l'an 1284. touchant *le ban & l'arriere-ban*, que l'on n'a pû avoir.

PHILIPPE IV. au Parlement de la Pentecoste en 1287.

PHILIPPE IV. SURNOMMÉ LE BEL.

(a) Ordonance touchant les Bourgeoisies.

SOMMAIRES.

(1) Comment la Bourgeoisie d'un lieu doit estre demandée, & à qui il faut s'addresser pour la requerir.

(2) Nul ne sera reputé Bourgeois, à moins que les choses icy prescrites n'ayent esté observées, & que l'aveu de Bourgeoisie n'ait esté notifié au Seigneur du lieu que l'on quitte.

(3) Le Bourgeois ainsi reçeû & avoüé, s'il a femme, il doit ou sa femme, demeurer continuellement en la Bourgeoisie, depuis la veille de la St Jean, jusques à la Toussaint, s'il n'y a maladie &c.

(4) Chaque Bourgeois & sa femme peuvent aller ensemble où il leur plaist pour leur moisson, fenoison, & leurs vendanges &c. depuis la S.t Jean jusques à la Toussaint.

(5) Celuy qui n'a point de femme, ou celle qui n'a pas de mary, doit avoir des domestiques qui resident en la Bourgeoisie, depuis la veille de la Toussaint jusques à la veille de la S.t Jean.

(6) Celuy qui se retirera de la Bourgeoisie, payera la taille à laquelle il y aura esté imposé.

(7) Le Bourgeois & la Bourgeoise seront justiciables de corps & de meubles du Seigneur auquel ils auront fait nouvel aveu.

(8) Quant aux heritages, les Bourgeois & les Bourgeoises seront justiciables des Seigneurs où les heritages sont situez.

(9) Cette Ordonance ne donnera aucune atteinte aux Chartes accordées par les Rois, & n'empeschera pas que les Seigneurs ne puissent suivre leurs serfs dans les lieux de franchise.

(10) La presente Ordonance sera lûe & publiée en la premiere assise, en la maniere accoûtumée.

C'EST l'Ordonance faite par la Cour de nostre Seigneur le Roy *& de son Commandement, seur la maniere de faire & tenir les Bourgeoisies* de son reaume, pour oster les fraudes & les malices, qui se faisoient par *(b)* achoison d'icelles Bourgeoisies, dont si subgiet estoient durement grevé, & durement plaignant.

Premierement, Il est ordonné que se aucun veut entrer en aucune Bourgeoisie, il doit aller au lieu dont il requiert estre Bourgeois, & doit venir au *Prevost* del lieu, ou à son *Lieutenant,* ou al *Majeur des lieux* qui reçoivent Bourgeoisies *sans Prevost,* & dire en tele maniere. *Sires je vous requiert la Bourgeoisie de ceste Ville & sui apparellez de faire ce que j'en doi faire.* Adonc li *Prevost,* ou le Maires, si com dessus est devisé, ou leur *Lieutenanz* en la presence de deux, ou de trois Bourgeois de la Ville recevra seurté de l'entrée de la Bourgeoisie, & qu'il fera ou achetera, pour raison de la Bourgeoisie, *maison dedenz an & jour, de la valüe de soixante sols Parisis au moins.* Et ce fait & registré, li Prevost, ou li Maires li doit baillier un Serjant pour aler *(c)* o li au Seigneur dessoubs cui il iert partiz, ou à son Lieutenanz pour *faire li à savoir,* qu'il est entré en la Bourgeoisie de tel Vile, à tel jour, & en tel an, si comme il est contenu en la lettre de la Bourgeoisie, en laquelle seent contenu le nom des Bourgeois qui furent presens, quand il entra en la Bourgeoisie desus dite.

(2) Et est ordené que il ne sera tenuz ne deffenduz comme Bourgeois, devant ce que les choses dessus dites, seent faites, & seurté donnée de accomplir, si comme il est dessus devisé, *& avoez* comme *Bourgeois devant le Seigneur* dessous cui *il sera partiz.*

NOTES.

(a) Cette Ordonance est au tresor des Chartes, Registre Cotté 34. *verso* piece 32. Voyez les anciennes Coûtumes du Berry, de la Thaumassiere page 249. & ce que j'ay remarqué touchant les Bourgeoisies dans mes notes sur les Institutes Coûtumieres de Loisel livre premier, titre premier, Regles 19. 20. 21. 26. &c.

(b) Achoison] Occasion.

(c) Oli] Avec luy.

PHILIPPE IV. au Parlement de la Pentecoste en 1287.

(3) *Item.* Il est ordené que chascun Bourgeois ensi *reçeuz & avoez* comme dessus est dit, en quelquonques tans que ce soit, devant *la Saint Jehan,* ou *aprés,* ou devant *la Toussainz* ou aprés, il doit continuer sa Bourgeoisie en cette fourme; *C'est à savoir,* que se il a femme espousé, il, ou sa femme doit continuelement tenir leur Bourgeoisie au lieu, de la veille de la Toussainz jusques à la veille de la S.t Jean, se ce n'estoit par cas de maladie apperte de lour corps, ou de sa feme, ou de ses amis charnex prochains, ou de mariage, ou de pelerinage, ou de cas semblanz, sans fraude, par ensi encor qu'il ne demoureit, aprés le departement del lieu de sa Bourgeoisie, outre trois jours, ou quatre au plus, l'empeschement cessant sans fraude.

(4) Mais il est à savoir que chascuns Bourgeois & sa femme poent aller ensemble ou par partie, là où leur plaist pour leurs moissons, fenoisons, vendanges, & pour leurs autres besoignes faire, dés la veille de la S.t Jehan, jusques à la veille de la Toussaint sans plus, Et toutesvoés li maris & la femme doivent estre au lieu de leur Bourgeoisie *(d)* amedeux ensemble, à toutes les feites annex, se il sont ou païs.

(5) *Item.* Il est à savoir que *cil qui n'a femme, ou celle qui n'a mary,* qui voudra entrer en Bourgeoisie en la maniere dessus dite, doit avoir continuelement au lieu de sa Bourgeoisie *propre vallet,* ou *(e)* baisselle demorant au lieu, *dés la veille de la Toussainz, jusques à la veille de la S.t Jehan,* & ensi faisant il pourra aller toute l'année, là où il li plaira pour ses besoignes faire, en manere toutesvoés qu'il soit en propre personne au lieu de sa Bourgeoisie à toutes les festes annex, se il sont ou païs.

(6) *Item.* Il est ordené que se aucuns, ou aucune reçeus à la Bourgeoisie, ou à recevoir en la fourme dessus dite, s'estoit partis, ou partoit de cy en avant, d'aucun lieu, ou *d'aucune Commune,* il payera les Tailles, les frez de la Ville, *de tant come il fut tailliez,* ou *gité sus li,* avant ce qu'il fut *reçuz* & *avoez comme Bourgeois* à l'autre Ville, dont il aura requis la Bourgeoisie, *ou (f) la partie de doite, pour yssüe* de Ville, Et d'autre part il payera aussi toutes les Tailles, les jurées, & les frais de la Ville, où il sera reçûs Bourgeois, ou a esté, dés le jour en avant qu'il fut, ou aura esté reçuz à la Bourgeoisie, jusques à tant qu'il se departe publiquement de la Bourgeoisie. Et est ordené que nuls Bourgeois ne nul Bourgeoise ne sera reçuz à nulle Bourgeoisie, ou gardez ne deffenduz, tandis comme la premiere à laquelle, il aura esté reçuz & avoez durra.

NOTES.

(d) Amedeux] Pour *Ambedeux,* c'est-à-dire, l'un & l'autre.

(e) Baisselle] C'est la famille & les domestiques. Voyez mon glossaire sur ce mot.

(f) La partie de doite pour issüe de la Ville] Cela avoit esté ainsi decidé par l'Arrest qui suit de l'an .... qui est dans le Registre *Olim. Petebant Major & Jurati Compendii contra Johannem le Riche, Burgensem modo Corbiensem, quod cum ipse fuisset & adhuc esset Burgensis suus, nec unquam eis solvisset* exitum *ville, solveret eis talliam sicut & alii Burgenses dictæ ville, vel saltem* exitum *ville & partem* debiti *ville eis redderet, Et ad hoc petebant per Curiam eum compelli. Ad hoc respondebat dictus Johannes quod non debebant super hoc audiri, cum ipse sit Burgensis Corbiensis & ibi solvat, ut debet de omnibus bonis suis, nec unquam fuisset Burgensis Compendii, sicut dicebat, & maxime quia per Curiam istam fuerat super hoc, ut dicebat, alias liberatus. Ad hoc quod dicebant ex adverso quod Burgensis ipsorum fuerat & Juratus & ibi solverat, sicut & alii, nec unquam super hoc fuerat per Curiam absolutus, propter quod petebant talliam, vel saltem* exitum *ville ab eo presertim, cum de bonis uxori sue ultimo defunctè, quam duxerat apud Compendium, que bona debebant talliam ville Compendii, secum detulisset viginti mille libras, vel amplius, sicut dicebant. Tandem auditis hinc inde propositis, intellecto etiam per propriam confessionem suam quod Burgensis & Juratus etiam Compendii fuerat, nec constiterit ipsum Compendii Burgesiam reddidisse, Pronuntiatum fuit contra ipsum Johannem, quod talliam eis solveret tanquam Burgensis, & si Burgesiam suam eis reddere vellet partem debiti ville ipsum contingentem redderet eidem.* Inter arrestationes judicia & consilia Parisius, in *Parlamento octavæ omnium sanctorum, anno Domini millesimo ducentesimo ...... sexto.*

PHILIPPE IV. au Parlement de la Pentecoste en 1287.

(7) *Item.* Il est ordené que Sires desous cui tele maniere de Bourgeois, ou de Bourgeoises se partiront pour entrer en Bourgeoisie, si com dessus est dit, aura la connoissance & l'execution de toutes les querelles mües contre luy, & pour *achoison* de li, & de tous *les messaits avenus* trois mois avant ce qu'il fut reçuz comme Bourgeois, & avoez, si com dessus est dit; c'est à sçavoir des querelles ou messaiz qui seront notoires, ou connus, ou que li Sires pourra prover par tesmoins soussisans devant la Justice de la Bourgeoisie dedens trois mois aprés ce qu'il sera reçeuz & avoez comme Bourgeois, ou Bourgeoise.

(8) *Item.* Il est ordonné que nuls Bourgeois, ne nulle Bourgeoise ne sera deffenduz, ne soustenuz contre ce qu'il ne facent droit de lours heritages, & pregnent droit par les Segneurs sous cui il ont leurs heritages, & le moismes des detes que leur subgiet doivent ou deveront à des Bourgeois & Bourgeoises.

(9) *Item.* Il est à sçavoir que par c'est *ordenement, li Rois nostre sire*, ne son *Conseil*, n'entendent de riens à changier, ne müer les privileges, ne les poins des Chartres que il & si Ancesseur ont donné, dont l'en a bonnement usé sanz malice & sans fraude. Ne n'est aussi sa intentions que si subgiet ne puissent poursuivre à retraire de Bourgeoisie leur *homes de cors*, ou d'autre condition en la maniere que len a accoustumé.

(10) Et sera publiée cette Ordenance en chacune Baillie en la premiere assise qui sera, & sera dit en tele maniere que ceux qui voudront joüir desdites Bourgeoisies vieignent dedenz un mois du temps puis ce publiement, pour renouveller leurs Bourgeoisies, en la maniere qui est dessus dite, & se il ne viennent dedens ce terme, il ne seront pas deffendu de cette Bourgeoisie.

Et entend *la Cour* que cete Ordenance soit tenüe non contraitant, saisine ne usaige contraire se il ne sont par point de Chartre, ou privilege, dont il ayent (g) bien usé. Cette Ordenance fut faite au Parlement de la Pentecoste l'an MCCLXXXVII.

NOTES.

(g) Il y a aprés cette Ordonance ce qui suit au lieu marqué du tresor des Chartes. *Verum cum pro modo placuisset D. Regi, quod aliquibus de causis, hujusmodi ordinatio de Burgesiis, in villis sitis in marchiis, sive in finibus regni sui, à parte Imperii Allemanni, minime servaretur.* Demum Dominus Rex *anno Domini 1293. circa Ascensionem Domini, apud Pontisaram, cum majori & saniore parte sui consilii, voluit & precepit, quod dicta ordinatio de Burgesiis per totum regnum suum, tàm in finibus, quam alibi generaliter observaretur.*

Item. *Anno nonagesimo quinto, presentibus Duce Burgundie, Comite sancti Pauli constabulario, Episcopis Tornacensi, Dolensi, & P..... Flote...... recitata fuit predicta ordinatio & approbata. Et fuit additum quod nulla fieret r....... in Campaniâ. In Parlamento omnium sanctorum, præsente toto Parlamento.*

PHILIPPE IV. en 1287. & 1288.

Ordonance portant que les Justices temporelles seront exercées par des personnes laïques, & que dans toutes les Cours les Procureurs seront aussi laïques, à l'exception de ceux des Chapitres, & des Couvents.

ORDINATUM *fuit, per consilium Domini Regis, quod Duces, Comites, Barones, Archiepiscopi, & Episcopi, Abbates, Capitula, Collegia, Milites, & generaliter omnes,* in regno Franciæ temporalem jurisdictionem habentes, *ad exercendam dictam* temporalem jurisdictionem *Baillivum, Præpositum, & servientes laicos, & nullatenus* Clericos instituant, *ut, si ibi* delinquant, *superiores sui possint* animadvertere *in eosdem. Et si aliqui Clerici sint in prædictis officiis, amoveantur.*

Item, *ordinatum fuit quod omnes causam habentes, & habituri, post* præsens Parlamentum

lamentum in Curiâ Domini Regis, *& coram secularibus Judicibus regni Franciæ constituant* Procuratores laïcos. *Capitula tamen poterunt facere* Procuratores de suis concanonicis, *& similiter* Abbates *&* Conventus, *de suis (a)* monachis. *Hæc ordinatio registrata est inter judicia, consilia, & arresta expedita in Parlamento omnium sanctorum, anno Domini* MCCLXXXVII.

PHILIPPE IV. en 1287.

NOTES.

(a) Il fut ensuite jugé que les Clercs ne pourroient estre, ni Maires, ni Eschevins. *Ordinatum fuit quòd Clerici non possunt fieri Jurati, aut Scabini, Majores aut Præpositi : & hoc specialiter dictum fuit pro illis de Compendio.*

Inter judicia aliqua, consilia, & arresta in Parlamento Pentecostes, anno Domini 1288. *Reg. Olim. B. fol.* 79.

PHILIPPE IV. au Parlement de la Pentecoste en 1288.

(a) Ordonance qui fait deffenses d'emprisoner aucuns Juifs, par l'ordre d'aucun Religieux, de quelque Ordre qu'il soit, sans en avoir averti auparavant le Seneschal, ou le Bailli, dans le territoire duquel les Juifs seront domiciliez.

ORDINATUM *est quod* Judei regni Francie, *vel aliqui, aut aliquis eorum, non* capiantur, *seu* incarcerentur *ad mandatum, vel requisitionem aliquorum* patrum, fratrum alicujus ordinis, *vel aliorum, quocumque fungantur officio, nisi prius informato Senescallo, aut Baillivo (b)* nostro, *sub cujus jurisdictione moram faciant, capiendi, aut capiendus,* de casu pro quo capi mandabuntur, *aut requirentur, & quod sit talis casus sic clarus, pro quo capi debeant aliqui, vel aliquis eorumdem, & qui ad jurisdictionem mandantium eos capi pertineat, ex formâ mandati apostolici, cujus mandati copiam habere* mandamus *&* volumus *universos & singulos Senescallos & Baillivos, & alios officiales nostros, ne possint per ignorantiam excusari nostri officiales predicti, in dictum mandatum apostolicum exequendum. Et si sit super aliquod dubium, vel obscurum non capiant aliquem vel aliquos eorum, nisi prius consulta domini Regis curia & magistris.*

NOTES.

(a) Cette Ordonance est au tresor des Chartes, Registre cotté 33. feüillet 33. piece 25.

(b) *Nostro]* Il paroist que c'est icy le Roy qui parle.

PHILIPPE IV. surnommé le Bel, au Parlement de la Chandeleur en 1290.

(a) Ordonance portant que les Juifs venus d'Angleterre & de Gascogne seront expulsez du Royaume, à compter de ce Parlement, jusques à la Mi-Caresme suivante.

ORDINATUM *fuit domino Rege presente & precipiente, quod omnes* Judei, *qui in Regno Franciæ de Angliâ & Wasconiâ venerant, a dicto regno Franciæ, infra mediam Quadragesimam, expellantur.*

NOTES.

(a) Cet extrait d'Ordonance est au Registre *Olim* du Parlement feüillet 88. *verso*.

PHILIPPE IV. dit le Bel en 1290.

(a) Letres Patentes par lesquelles le Roy permet aux Ecclesiastiques de plaider par Procureur, & accorde aux Prelats que leurs causes ordinaires ne seront portées qu'au Parlement &c.

SOMMAIRES.

(1) Les Colleges & les Ecclesiastiques pourront plaider par Procureur, tant en demandant qu'en deffendant, pourvû qu'ils comparoissent en personne au commencement des causes, où leur presence sera necessaire &c.

(2) Les biens meubles des personnes Ecclesiastiques vivant clericalement ne seront pas justiciables des Cours seculieres.

(3) Les causes ordinaires des Prelats ne seront portées qu'au Parlement, & ils ne seront pas contraints de plaider dans les autres Jurisdictions royales. Les appellations des Jugemens rendus dans leurs Cours seculieres, seront portées devant le Roy. Et les Baillis & Seneschaux ne pourront interposer leur autorité que dans les cas de violence, & où le retardement seroit prejudiciable à une des parties.

(4) Les meubles des personnes Ecclesiastiques ne pourront estre saisis, ou arrestez sans un mandement exprés du Roy, ou à moins que le cas requiere celerité.

(5) Lorsque les meubles des personnes Ecclesiastiques; Sçavoir, des Archevesques & des Evesques, auront esté saisis dans les cas marquez cy-dessus, ils ne pourront estre détruits, ou dissipez. Et s'il y a quelque domage le Roy le fera reparer à leur affirmation, ou lorsqu'ils le prouveront legitimement.

(6) Lorsque les biens des Ecclesiastiques seront saisis, on n'establira pour Commissaire dans chaque Chasteau, ou chaque manoir qu'un seul Sergent qui vivra à ses dépens, &c.

(7) Les Prelats empescheront que les Clercs vivant clericalement ne soient imposez à la taille. Quant aux Clercs qui feront negoce, ils les payeront, & y seront contreints par les Officiers du Roy.

(8) Les Prelats pourront connoistre des testamens, des legs pieux, & des douaires.

(9) Les Prelats pourront arrester les personnes Ecclesiastiques, qui commettront quelque delict dans leur diocese, & arrester aussi leurs biens meubles.

(10) Les Prelats & les personnes Ecclesiastiques ne payeront aucune finance pour les biens qu'ils ont acquis au nom de leurs Eglises, & ils ne seront pas contraints de les mettre hors de leurs mains.

(11) Les nouvelles avoüeries faites au Roy par les vassaux, & les tenanciers des Eglises seront mises au neant.

(12) Les Baillis & les Sergens Royaux ne pourront demeurer dans les terres des Prelats & des Eglises, pour y exercer leurs Offices &c.

(13) Les Juges forains nommez Vicomtes d'Eschiquier, *seront supprimez, & il n'y en aura plus à l'avenir, &c.*

(14) Les Juges des lieux ne connoistront pas des dîmes non infeodées, soit au petitoire, ou au possessoire, & particulierement entre des personnes Ecclesiastiques &c.

(15) Les personnes Ecclesiastiques, quand mesme elles seroient obligées, par letres passées pardevant les Juges Royaux, ne pourront estre contraints de plaider en Cour seculiere.

PHILIPPUS *Dei gratiâ Francorum Rex. Universis præsentes literas inspecturis, salutem.*

(1) Notum facimus quod Prælatorum Regni nostri supplicationibus annuentes, eisdem, ac etiam suis Collegiis & personis Ecclesiasticis duximus concedendum, ut *in causis, tàm (b)* agendo *quam* defendendo *per Procuratorem admittantur: dum tamen in principio* causæ *eorum* præsentiam requirentis, *præsentes existant. In aliis vero causis personaliter litigabunt, sicut extitit consuetum.*

NOTES.

(a) Cette Ordonance est rapportée par Joly dans ses additions à Girard, tome 2. page 18.

(b) Agendo] Cecy est pris en partie des anciennes loix Romaines, suivant lesquelles on ne pouvoit agir par Procureur qu'en trois cas. *Pro populo, pro libertate, pro tutelâ.* Titulo *Institut.* Per quos agere licet &c. *in principio.* Vide *Janum a costâ* ad cap. 9. *Tit.* 2. *libri Decretal.* pag. 17. pag. 27. Cap. Quia in causis. *Extra* de Procuratoribus. *Marculfum lib.* 7. *formularum cap.* 6. Beaumanoir page 259. à la fin, l'Autheur du Grand Coutumier page 246. & M. Bignon sur le chapitre 21. du premier livre des formules de Marculfe.

(2) Item, *quod* bona mobilia *personarum Ecclesiasticarum & Clericorum clericaliter viventium, capi, vel justitiari non possint in aliquo casu per justitiam secularem.*

(3) Item, *quod* causæ ordinariæ *Prælatorum in* Parlamentis *tantummodo* agitentur, *nec in aliis Curiis, nostris litigare cogantur inviti. Nec ab eorum Curiis secularibus ad Seneschallos, aut Baillivos nostros, nec nisi ad nos tantummodo liceat appellare. In violentiis siquidem & in casibus quibus dilatio nobis & parti periculosa existeret, Seneschalli intromittere se poterunt, ac Baillivi.*

(4) Item, *quod bona eorum mobilia sine nostro speciali mandato, capi vel arrestari non possint, nisi casus, absque periculo dilationem expectare non possint.*

(5) Item, *quod in casu ubi licite bona ipsorum capi contingeret, ea* consumi, *vel* destrui *non liceat, aut expendi. Quod si fiat, id ante omnia* faciemus emendari. *Jurabunt tamen de* scientiâ damni excepti, *vel (c) debiti probatione probabunt: Prælatos si quidem, Archiepiscopos, & Episcopos intelligimus.*

(6) Item. *Quod in casu, ubi* bona *personarum Ecclesiasticarum licite* saisientur, vel capientur, unus *tantummodo* Serviens *in* castro uno, *vel* manerio, *sive loco,* ponatur, *qui de stipendiis suis* vivet. Serviens *autem* eques *pro victu* duobus *duntaxat* solidis *monetæ currentis, &* Serviens pedes duodecim denariis *dictæ similiter monetæ tantummodo sint contenti.*

(7) Item. *Quod dicti Prælati Clericos viventes (d) clericaliter non impediantur a talliis. Clerici vero mercatores & mechanici consuetas solvent tallias, & per nos ad hoc compellentur.*

(8) Item. *Quod non impediantur dicti Prælati* de testamentis, tegatis *vel* fidei-commissis, dotibus *aut* dotalitiis *cognoscere. Veruntamen in quantum testamentum, legatum vel fidei-commissum,* realem tangat actionem, *vel* hereditatis petitionem, *vel si dos aut dotalitium ad* personale servitium teneatur, *cognitio hujus ad secularem dominum pertinebit.*

(9) Item. *Quod non impediantur dicti Prælati, personas Ecclesiasticas & eorum bona mobilia, cum armis moderate, vel sine armis capere delinquentes in civitatibus & diocesibus eorumdem.*

(10) Item. *De gratiâ speciali concedimus dictis Prælatis & Ecclesiis suis, Collegiis & personis Ecclesiasticis, quod de acquisitis suis factis nomine Ecclesiarum, temporibus retroactis, præstare* financias, *vel extra manum suam ponere nullatenus compellantur.*

(11) Item. Quod *(e) annotationes* & recognitiones *novæ, quæ ab Ecclesiarum subditis* nobis fiunt, *nullatenus admittantur, & jam de novo factæ revocentur omninò.*

(12) Item. *Quod* Servientes & Baillivi nostri *non maneant in jurisdictionibus Prælatorum,* officium exercendo, *nec in* terris Ecclesiarum *teneantur* assisiæ, *nisi ab antiquo fuerit consuetum.*

(13) Item. *Quod* Judices foranci, *qui vocantur* Vicecomites Scacariorum, *amoveantur, nec deinceps ponantur ibidem. Et quod prætextu alicujus gardæ nostræ antiquæ, in personis Ecclesiasticis non impediatur aliqua jurisdictio Prælatorum.*

(14) Item. *Quod de cognitione* decimarum non feodalium *in* petitorio, *vel* possessorio, *præsertim inter personas Ecclesiasticas Ministri loci se nullatenus intromittant. Et si tamen, cum duæ partes Ecclesiasticæ contendunt se quamlibet earum possidere, fructus ponantur in manu nostrâ, ne partes ad arma venire contingat, hujusmodi possessionem in manu ordinarii loci ponant, qui jus faciat inter partes, dummodo sequestratio hujusmodi de partium litigantium consensu & voluntate procedat.*

(15) Item. *Quod Ecclesiasticæ personæ non compellantur in foro seculari, super*

NOTES.

(c) *Debiti probatione probabunt]* Lisez *debitâ probatione probabunt.*

(d) *Clericaliter]* Il manque ensuite quelques mots.

(e) *Annotationes]* Lisez *Advocationes.* Voyez cy-dessus l'Ordonance 1272. touchant les nouvelles avoüeries, page 297.

actionibus personalibus *litigare, quamquam* per nostras, aut ministrorum. *Literas fuerint obligata.*

In cujus rei testimonium, &c.

PHILIPPE IV. dit le Bel, au Parlement tenu dans les trois semaines aprés la Toussaints en 1291.

(a) Ordonance touchant le Parlement.

SOMMAIRES.

(1) Il y aura chaque jour pendant le Parlement, trois personnes du Conseil du Roy, pour entendre les Requestes, lesquelles personnes ne seront pas du nombre des Baillis &c.

(2) Il y aura toutes les semaines, le Vendredy, le Samedy & le Dimanche, & autres jours, s'il est à propos, quatre, ou cinq personnes du Conseil, pour expedier les Requestes & les causes des Pays de droit écrit.

(3) Pour entendre & decider les Requestes, il y aura quatre personnes du Conseil, qui ne seront pas Baillis, lesquelles s'assembleront chaque semaine, le Lundy & le Mardy, & d'autres aussi au nombre de quatre, le Mercredy & le Jeudy. Et s'il y en a qui ne puissent venir, il suffira qu'il y en ait deux, ou trois.

(4) Ceux qui seront commis pour voir les enquestes les liront exactement chez eux, & les rapporteront fidelement, & ils ne viendront en la Chambre des plaits que quand ils y seront mandez.

(5) S'il y a quelqu'un du Conseil qui soit parent de l'une des parties qui plaident, ou son pensionnaire, ou son vassal, il sera obligé de se retirer dés que l'on parlera de l'affaire, sous peine de parjure.

(6) Les Seneschaux, les Baillis, les Vicomtes, les Prevosts & leurs Clercs, se retireront lors que l'on jugera, à moins qu'ils ne soient du Conseil. Et quand ils seroient du Conseil, s'il y a plainte contre quelqu'un d'eux, aprés qu'il aura répondu à la plainte, il se retirera.

(7) Les Seneschaux, les Baillis seront payez de leurs gages, à raison des journées qu'ils auront employées à aller & revenir dans leurs Baillies, au Comptes, & à aller & venir aux Parlements, où ils resteront tant que le temps de leur Baillie durera, ou tant qu'ils y seront retenus.

(8) Les Seneschaux & les Baillis feront serment à leur arrivée, & toutes les fois qu'ils seront envoyez d'un Baillage en un autre, suivant l'Ordonance de S.t Loüis.

(9) Les Prevosts & les Vicomtes feront serment entre les mains des Baillis, & les Maîtres des Forests, les Gruyers & les Forestiers entre les mains de leurs superieurs.

(10) Les Seneschaux, les Baillis & tous les Officiers royaux a qui les letres du Roy seront adressées, les executeront ponctuellement. Et s'ils ont des raisons pour ne les pas executer, ils les donneront par écrit à l'impetrant, &c.

(11) Les Avocats feront le serment prescrit par l'Ordonance de Philippe le Hardy, & ils le renouvelleront tous les ans. Ils ne diront pas dans leurs plaidoiries des choses inutiles, ni des injures aux parties averses &c.

(1) PRO *celeri & utili Parlamentorum nostrorum Parif. expeditione, sic duximus ordinandum;* Videlicet *per totum Parlamentum pro (b)* Requestis audiendis *quâlibet die sedeant tres persone de consilio nostro, non Baillivi, & ad hoc deputamus ad presens Magistros* Joannem Dentis, Guillelmum de Karitate, & Stephanum de pedagio *militem, & ad istud officium deputamus notarium* Magistrum Richerium.

(2) Item. *Pro causis & requestis Senescalliarum & earum partium, que per scripto reguntur audiendis & expediendis, sedeant diebus Veneris, Sabbati & Dominicâ & aliis diebus quibus viderint expedire quâlibet septimanâ,* quatuor vel quinque persone de Consilio, *& ad istud officium deputamus ad presens* Cantorem Baioncensem, *Magistros* Joannem de Feritate, Egidium Camelini *& Magistrum* Gauffridum de Villâ Braini, *& ad hoc deputamus in Notarium Decanum de (c)* Gerberie.

NOTES.

(a) Cette Ordonance a esté tirée du tresor des Chartes, Registre cotté 33. piece 59. feüillet 44. *verso.* Elle est aussi au Registre S.t Just de la Chambre des Comptes.

(b) Requestis audiendis] Dans le Registre S.t Just, il y a, *Requisitione audiendâ.*

(c) Gerberie] Ou peut-estre Verberie.

(3) Item.

(3) Item. *Pro audiendis & decidendis inquestis, sedeant quatuor persone de Consilio, (d) non Baillivi, videlicet qualibet septimanâ diebus Lune & Martis*, Decanus Turonensis, Archidiaconus Xantonensis, Castellanus Nigelle *&* Robertus de Resignies *Miles. Diebus verò Mercurii & Jovis in eisdem inquestis sedeant* Decanus Senonensis, Archidiaconus Aurelianensis, Anselmus Dominus de Hellecourt, & Matheus de Triâ *milites. Quod si omnes predicti forsitan propter impedimentum aliquotiens in predictis interesse non possent, secundùm quòd de ipsis suprà ordinavimus*, duo vel tres ex eis secundùm ordinationem predictam *sufficient, pro expediendis (e)* premissis.

PHILIPPE IV, dit le Bel, au Parlement tenu dans les trois semaines après la Toussaints en 1291.

(4) Item. *Precipimus quod omnes inspectores inquestarum diligenter inspiciant in domibus suis inquestas sibi traditas à Curiâ, & eas diligenter & fideliter referant, & ad Cameram placitorum non veniant, (f) nisi mandetur pro eis, ut amplius & curiosius vacent in videndis inquestis.*

(5) (g) Item. *Si sit de Consilio* presens *aliquis sanguineus, germanus, vel propinquior, aut affinis alterius partis litigantium, in gradu supradicto, vel pensionarius, (h) aut vestes ejus recipiens, vel tenens feodum ad vitam, seu redditum ab alterutraque parte litigante, de dono suo irrequisitus recedat statim, cum* tractabitur *de eorum judicio faciendo, advertens sub penâ perjurii ne ipse circà* hoc *aliquam fraudem committat (i) (pro remanendo in judiciis talium faciendis, contrà tenorem & intentionem ordinationis predicte.)*

(6) Item. *Senescalli & Baillivi, Prepositi, Vicecomites & eorum Clerici in arrestis & judiciis faciendis, non remaneant, sed irrequisiti recedant, nisi sint de consilio. Quin etiam si de consilio fuerint & deferatur querela de ipsis, audita responsione illius de quo defertur querimonia, ipse statim, cum tractabitur de arresto super hoc faciendo, irrequisitus recedat, & quamquàm sit de Consilio, non intersit in ejusmodi arresto faciendo.*

(7) Item. *Senescalli & Baillivi recipiant vadia sua (k) per* dietas, *quibus ipsi erunt in Bailliviis suis, eundo & redeundo ad compotos, & ad Parlamenta, & ibidem remaneant quamdiù dies Baillivie sue durabunt, vel quatenùs per Magistros Curie retinebuntur.*

(8) Item. *Omnes Senescalli, & Baillivi in novitate suâ, & quotiens mutabuntur de Bailliviâ in Bailliviam, prestent juramentum. (l)* Secundùm ordinationem bone memorie Regis Ludovici, *specialiter, & articulatim, & non solum Regi, vel alii de consilio pro Rege prestent juramentum predictum, sed etiam in primis assisiis suis prestent & innovent palam & patenter hujusmodi juramentum.*

(9) *Prepositi etiam & Vicecomites prestent juramentum, secundùm ordinationem Regis memorati*, in manibus Baillivorum, Magistri *forestarum & Aquarum*, Gruerii & Forestarii *in manibus suorum superiorum prestent juramentum secundùm formam constitutionis prelibate.*

(10) *Omnes Senescalli & Baillivi ceterique Justiciarii regni nostri quibus nostre litere dirigentur, literas & mandata nostra diligenter, secundum eorum tenorem*, exequantur, *vel si causam habeant, quare ad exequendum non teneantur, eam dicant impetranti mandatum, vel literas*, & ei offerant tradere literas suas super hoc, & tradant, *si recipere voluerint sub sigillis suis, excusationem suam super hoc, ut eam refe-*

NOTES.

(d) *Non Baillivi*] Voyez cy-aprés l'article 6.

(e) *Premissis*] Dans le Registre S.t Just, il y a, *inquestis*.

(f) *Nisi mandetur*] Dans le Registre S.t Just, il y a, *nisi ubi mandetur*.

(g) *Item si sit*] Ce paragraphe, dans le Registre S.t Just, est avant le 4.e

(h) *Aut vestes ejus recipiens*] Vide *Cangium in glossario in verbis.* Liberatio, liberata, livreia.

(i) *Pro remanendo*] Ce qui suit jusques à l'autre parenthese n'est pas au Registre S.t Just.

(k) *Per dietas*] *Dicta* est le chemin d'un jour. *Vide Cangium in glossario.*

(l) *Secundum ordinationem bonæ memoriæ B. Ludovici.*] Voyez cy-dessus les Ordo-

PHILIPPE IV. dit le Bel, au Parlement tenu dans les trois semaines aprés la Toussaints en 1291.

rat impetrator nobis vel Curie nostre. Quod si eam causam, seu excusationem in scriptis recipere noluerit impetrator, *& ille qui mandatum recepit, causam rationabilem habeat, quare id quod mandatur exequi non teneatur,* expectet secundum mandatum *in quo contineatur quod causam rescribat, & isto secundo mandato recepto, tunc exequatur, vel causam rescribat per suum proprium nuntium, etiamsi pars rescriptionem suam referre noluerit.*

(11) Advocati insuper juramenta prestent & innovent quolibet anno, (m) secundùm formam traditam in constitutione edita à preclare memorie D. Philippo progenitore nostro. *Caveant etiam sub pena perjurii, ne in causis quarum patrocinium assumpserunt, harengis seu prefationibus, aut verbis rixosis seu contumeliosis utantur, sed factum proponant planè & simpliciter, & rationes suas, verba sua Curie dirigendo. Dilationem frustratoriam non petant, debitam & petitam non denegent, falsum factum, vel quid aliud falsum scienter non proponant. Caveant etiam ne circa processus Curie, & consuetudines mendaces reperiantur, aliàs penam perjurii meritò poterunt formidare, & circa receptionem* salarii *fraudem non committant, occasione alicujus negotii magni & ardui majus & pinguius* salarium *pro aliis causis priùs recipiendo, vel pensionem petendo, vel recipiendo pro illo magno negotio, ut taxatio salarii evitetur, vel alio quoquomodo fraudem in hujusmodi non committant. Advertant etiam* Clientuli *quod advocatos suos promptos habeant, quia in aliquo auditorio dilatio non dabitur pretextu absentie patroni, sed quotiens a Curiâ vocabuntur litigantes, in causa procedant, propter quod* precipimus *quod advocati sint presentes in palatio quamdiu Magistri erunt in Camera, ut parati sint intrare quoties vocabuntur.*

Caveant etiam Clientuli & advocati ne fugiant seu dilationem querant pro absentiâ alicujus de Consilio, nisi ipsius absentis presentia sit adeò necessaria, quod in illa causa securè procedi non possit ipso absente. Actum Paris. in Parlamento quod incepit in tribus ebdomadis post festum omnium sanctorum. Anno Domini millesimo ducentesimo nonagesimo primo.

NOTES.

nances de 1254. & de 1256. page 67. & 77.

(m) Secundum formam traditam in constitutione edita a D. Philippo progenitore.] C'est l'Ordonance du Mardy avant la St Simon S. Jude au mois d'Octobre 1274. Voyez cy-dessus page 300. l'Ordonance de Charles V. du 16. de Septembre 1364. & le chapitre 14. du second livre des Establissemens.

PHILIPPE IV. dit le Bel, au Parlement de Toussaints en 1291.

(a) Ordonance touchant les Amortissemens.

SOMMAIRES.

(1) Les Seneschaux, les Baillis, les Prevosts & les Vicomtes n'inquieteront pas les Eglises au sujet des acquisitions qu'elles ont faites dans les terres des Barons qui ont esté en possession de permettre aux Eglises de posseder des fonds.

(2) Les Eglises payeront finance pour les fonds qu'elles ont acquis dans les terres du Roy, dans ses fiefs, ses arriere-fiefs, ses censives & ses aleus, sans son consentement ou le consentement de ses predecesseurs, à compter trente années avant l'Ordonance de Philippes le Hardy, qui sera executée.

(3) Quant aux acquisitions faites, depuis l'Ordonance du Roy Philippes le Hardy, jusques au jour des presentes, à titre gratuit, dans les fiefs & les censives du Roy, sans leur consentement, ou le consentement de ses predecesseurs, les Eglises ne les mettront pas hors de leurs mains, pourvû qu'elles veüillent payer en argent, la valeur des fruits de quatre années.

(4) Pour les acquisitions faites à titre gratuit dans les arriere-fiefs & les arriere-censives du Roy, elles payeront l'estimation des fruits de trois années.

(5) Pour les acquisitions faites à titre non gratuit dans les fiefs & les censives du Roy, elles payeront la valeur des fruits de [illegible] années.

(6) Pour les acquisitions faites aussi à titre non gratuit dans les arriere-fiefs, & les arriere-censives du Roy, elles payeront la valeur des fruits de quatre années.

(7) Si les Eglises ont fait des acquisitions dans les aleus situez dans les terres & les fiefs du Roy, à titre gratuit, elles payeront l'estimation des fruits de deux années.

(8) Et si elles y ont fait ces acquisitions à titre non gratuit, elles payeront l'estimation des fruits de quatre années.

(9) Quant aux non nobles qui ont acquis des fiefs, ou des arriere-fiefs du Roy, hors des terres de ses Barons, & sans son consentement, s'il n'y a pas entre le Roy, & la personne qui a fait l'alienation, trois Seigneurs intermediaires, soit qu'ils tiennent à la charge de desservir les fiefs ou non, ils payeront la valeur des fruits de trois années, & s'il y a abregement de services, ils en payeront le dedomagement au dire de prud'homes.

(10) Les Commissaires pourront augmenter ces taxes, & ne les pourront diminuër.

(11) Cette Ordonance aura lieu pour le temps passé, & non pour le temps à venir, & elle ne pourra estre estenduë aux alienations, qui seroient si prejudiciables à l'Estat, qu'elles ne pourroient estre tolerées.

PRo *Ecclesiarum (b)* utilitate *& subjectorum nostrorum* quiete *sic duximus ordinandum.*

(1) Videlicet quod Senescalli, Baillivi, Prepositi, Vicecomites, & alii Justiciarii nostri cessent & abstineant molestare Ecclesias super acquisitionibus, quas hactenus fecerunt in terris Baronum nostrorum, *qui & quorum predecessores, nostris & predecessorum nostrorum temporibus, per longam patientiam usi fuisse noscuntur publice & patenter dare, & Eleemosynare Ecclesiis, & concedere quod Ecclesie licite acquisita tenerent, assensu nostro minime requisito, absque ulla reclamatione per nos vel predecessores nostros facta dictis Baronibus, vel predecessoribus eorumdem, salvo jure nostro, in casibus futuris, & jure eorumdem.*

(2) Rursus pro rebus & possessionibus aliis quas acquisierunt Ecclesie in terris, feodis, retrofeodis, censivis, vel allodiis nostris, sine nostro, vel predecessorum nostrorum assensu a triginta annis citra, usque ad diem constitutionis super hoc edite per inclite recordationis Dominum genitorem nostrum Philippum Dei gratiâ Regem Francorum *financiam fieri & recipi volumus, secundum formam constitutionis prelibate.*

(3) De acquisitis vero circa tempus dicte constitutionis *usque* ad presentem diem, *quia illa constitutio non extenditur ad futura, sic duximus ordinandum, videlicet quod pro rebus & possessionibus quas Ecclesie acquisierunt in* feodis & censivis nostris, *sine* nostro *vel* predecessorum nostrorum assensu, titulo gratuito, *res ipsas & possessiones taliter acquisitas* extra manum suam ponere non cogantur, *dummodo pro possessionibus sic acquisitis nobis prestent in pecuniâ quantum valere possunt* fructus quatuor annorum rerum sic acquisitarum legitime estimati.

(4) Pro rebus vero taliter acquisitis scilicet titulo gratuito *in retrofeodis nostris vel retrocensivis prestent estimationem trium annorum.*

(5) Pro rebus vero in predictis terris, & censivis nostris, & feodis, titulo non gratuito acquisitis, estimationem sex annorum prestent.

(6) Pro aliis vero in retrofeodis, *&* retrocensivis *nostris acquisitis, titulo non gratuito,* quatuor annorum *fructuum estimationem prestent.*

(7) Quod si Ecclesie acquisierint in allodiis sitis in terris, feodis, aut retrofeodis nostris titulo gratuito, *estimationem fructuum duorum annorum solvent.*

(8) Quod si titulo non gratuito quatuor annorum estimationem prestent.

(9) Quod si persone ignobiles feoda, *vel* retrofeoda *nostra* acquisierint extra terras Baronum *predictorum, sine nostro assensu, & ita sit quod inter nos & personam que alienavit res ipsas non sint* tres, *vel plures intermedii* Domini, *precipimus si teneant ad servitium* minus competens, *quod prestent nobis estimationem fructuum*

NOTES.

(a) Cette Ordonance est au Registre de S.t Just de la Chambre des Comptes de Paris feüillet 11. *verso*, au Registre *Noster* feüillet 44. au Registre A. feüillet 85. & au tresor des Chartes Registre cotté 34. piece 68. & dans tous ces lieux elle est intitulée *Ordinatio super feodis.*

(b) Utilitate.] Voyez ce qu'on a remarqué à ce sujet sur l'Ordonance de Philippes le Hardy de 1275. au commencement.

PHILIPPE IV. dit le Bel; au Parlement de Toussaints en 1291.

trium annorum & (c) *si est* servitium competens, nihilominus estimationem fructuum trium annorum, *solvent rerum taliter acquisitarum, & nihilominus de deteriratione feodi nobis satisfacient ad arbitrium proborum per nos deputandorum.*

(10) *Volumus etiam quod missi a nobis pro financiis faciendis meliores financias faciant pro nobis (d) quod supra dictum est, si possit, deteriores autem non recipiant ullo modo.*

(11) *Hanc autem ordinationem facimus pro casibus illis qui temporibus preteritis precesserunt, provisionem ipsam nolentes extendi ad casus qui provenient in futurum & immo in his qui de novo emerserint novo provisionis remedio consulatur. Nolentes insuper eandem ordinationem ad alienationes extendi, de quibus sine dilatione sciri poterit manifeste ipsas, fore adeo damnosas ac graves quod merito non debeant aliquatenus tolerari. Et quia in Senescalliis Petragoricensi, Carcassonensi, Bellicadri, Tholose, Ruthenensi, possessiones sunt cariores, quam in partibus istis, pro financia premissorum & quolibet membro & articulo supradicto* duplum *volumus exigi, & levari. Predicta ordinatio fuit facta in Parlamento omnium sanctorum, anno Domini millesimo ducentesimo nonagesimo primo.*

NOTES.

(c) *Si est servitium competens]* Philippe le Hardy avoit decidé qu'en ce cas il n'estoit pas dû de finance, & ce fut par cette Ordonnance cy que le droit de francs-fiefs commença.

(d) *Quod]* Au Regisstre *Noster*, il y a, *quam*.

PHILIPPE IV. surnommé le Bel à Paris, le Mercredy avant Pasques fleuries en 1294.

(a) Ordonance portant deffenses à tous ceux qui n'ont pas six mille livres tournois de rente, d'avoir de la Vaisselle d'Or & d'Argent, & qui enjoint à ceux qui en ont, d'en porter le tiers, ou le tout à la Monoye.

PHILIPPES par la grace de Dieu Roys de France, à tous Seneschauls, Baillis, Prevost, Vicomtes, Majeurs, Eschevins, & tous autres Justiciers de nostre Royaume à qui ces presentes Lettres vendront, Salut. Nous vous *mandons & commandons* que Vous, ces letres veües, hastivement, & sans deloy, faciez crier de par Nous, par toutes vos Senechaussées, Baillies, Prevostez & autres lieux de Justice, que toute manieres de genz quiex que il soient, *privez, ou Estrangers* en nostre Roiaume qui n'ont *six mille livres de rentes à Tournois*, n'usent, ne ne puissent user en leurs hostiex ne hors, *de vessèlement d'or ne d'argent, pour boire, ne pour mengier, ne pour autre usaige puis huit jours* en avant que ceste criée sera faite, & dedens, les *huit jours* d'aprés ceste criée, tuit cil qui auront argent en *vesselement*, ou en autre maniere apportent, ou facent apporter en *noz monoies*, ez bonnes Villes, & ez lieux certains ou noz gens seront establiz de par nouz la *tierce partie de l'argent, ou le tout que il aront en* quelque maniere que ce soit, ou de *coupes* ou de *henas* à pié, ou sans pié dorez & non dorez, ou soit argent en plate, ou quelque maniere que il l'aient, se il n'est en sanctuaires, ou en autres choses qui soient en usage d'Iglise. Et que nuls *sur paine de corps & d'avoir n'y* face fraude. Et les *deux pars* qui remaindront tiegnent & gardent devers eulx jusques à tant qu'il aient autre commandement de nous; Et l'argent dessusdit *Nous voulons* pour faire nos Monoies pour le commun profit de nostre Roiaume : Et *Nous avons ordené prix certains* sus chascun Marc combien chascun en aura, Et se il avenoit que aucuns rebelles feust contre cette Ordenance, *Nous voulons que* il perdent la moitié de ce que l'en pourra trouver qu'il ara retenu

NOTES.

(a) Cette Ordonance est au Registre *Noster* de la Chambre des Comptes feüillet 211. bis *verso*.

par le

par lui ou par autre aprés nostre commandement, Et *commandons* à touz, souz paine *de cors & d'avoir*, que nul ne porte, ne ne face porter *Or, ne Argent, ne Billon hors dou Roiaume*, & que nuls ne achate Or, ne Argent, ne Billon d'ores en avant, fors ceux qui seront establi de par nous. Ce fut fait à Paris le Mercredi de avant Pasques flories de l'an mil deux cens nonante & quatre.

PHILIPPE IV. surnommé le Bel, à Paris le Mercredy avant Pasques fleuries en 1294.

Et commandons suz la paine devant dite, que touz preignent la monoie que Nous faisons fere nouvelement.

PHILIPPE IV. dit le Bel, en 1294. aprés Pasques.

(a) Letres par lesquelles le Roy enjoint à ses Baillis d'observer l'Ordonance de S.t Loüis du mois de Mars 1269. touchant la faculté de racheter les dîmes, accordée aux gens d'Eglise.

PHILIPPUS *Dei gratiâ Francorum.... Rex, Rothomagensi, Cadomensi, ac ceteris Baillivis & Justitiariis nostris, ad quos literæ istæ pervenerint; Scire vos credimus sanctæ memoriæ* Ludovicum Francorum Regem, avum nostrum, sui regiminis tempore concessisse, quod Ecclesiæ, ecclesiasticæ que personæ decimas feodales libere possent acquirere, & per eum, aut successores ipsius non debeant aliquatenus impediri. *Unde nos ejusdem Avi nostri commendanda vestigia libenti animo complectentes, vobis & vestrum singulis, præsentium tenore* mandamus *quatinus Decanum & Capitulum Bajoc. contra hujus præfati Regis piæ beneplacitum voluntatis, circa acquisita & possessiones* decimarum *ipsarum impedire vel molestare nullatenus attemptetis, nec impediri aut molestari quantum in vobis fuerit permittatis.* Actum Parisiis die veneris post Pascha anno Domini millesimo ducentesimo nonagesimo quarto.

NOTES.

(a) Ces letres sont rapportées par Dom Bessin, dans ses Conciles de Normandie, page 151. où il dit les avoir prises du Chartulaire de S.t Taurin d'Evreux. Elles sont anterieures à l'Ordonance precedente.

PHILIPPE IV. surnommé le Bel, à Paris au mois de May en 1295.

(a) Letres par lesquelles le Roy promet de dedomager ceux qui auront de sa nouvelle Monoye.

PHILIPPUS *Dei gratiâ Francorum Rex, notum facimus universis, tàm præsentibus quàm futuris, quod nos pro ingruentibus nostris & regni nostri negotiis, temporibus hiis monetam cudi, seu fabricari facere disponentes, in quâ forsan* aliquantulum deerit, de pondere, (b) alleio, seu lege, *quam predecessores nostri Reges Francorum transactis temporibus consueverunt, in monetarum fabricâ observare. Ne propter hoc monetam recipientes eandem in posterum damnificari contingat, aut ledi, presentium tenore* promittimus, *quod omnibus qui monetam hujusmodi in solutum, vel alias recipient in futurum, id quod de ipsius valore, ratione minoris ponderis*, alleii, sive legis *deerit, in integrum de nostro supplebimus, ipsosque indemnes servabimus, in hac parte, nos & terram nostram, heredes ac successores nostros, ac nostra & eorum bona, & specialiter omnes redditus nostros & proventus quoscumque totius Normaniæ, de voluntate & assensu carissime consortis nostre* Joanne *Regine Francorum, ad hoc in integrum obligantes.* Volentes *etiam ex nunc, ac discernentes tenore præsentium, & mandantes, quid dicta moneta pro pretio quod in ea appositum fuerit, a die qua currere incipiet, quo usque ad fiscum nostrum tota finaliter sit recepta, pro nostris redditibus*

NOTES.

(a) Ces letres sont au tresor des Chartes tome 7. feüillet 243. nombre 9.

(b) *Alleio seu lege*] La loy est la bonté interieure de l'Argent & de l'Or. Voyez Boi-

PHILIPPE IV. surnommé le Bel, à Paris au mois de May en 1295.

capiatur, licet ipsam forsan antea duxerimus reprobandam, sive de primo pretio minuendam. Quod ut ratum & stabile perseveret, presentibus literis nostrum fecimus apponi sigillum.

Nos autem Johanna Dei gratiâ Francie & Navarre Regina, Campanie, Brie Comitissa (c) Palatina præmissa omnia rata habentes & grata, ea laudamus & volumus, ipsis que nostrum impertimus assensum, & ad majorem cautelam sigillum nostrum literis hiis apponi fecimus, una cum sigillo prefati Domini nostri Regis. Actum Parisius mense Maio, anno Domini millesimo ducentesimo nonagesimo quinto.

NOTES.

sard dans son traité des Monoyes chapitre 4. & le glossaire de Monoye dans les ouvrages de Poulain page 399. de la derniere Edition.

(c) Palatina.] Voyez la 14me dissertation de M. Du Cange sur Joinville.

PHILIPPE IV. dit le Bel, à Compiegne aux festes de la Toussaints en 1295.

(a) Letres par lesquelles le Roy accorde plusieurs privileges aux Lombards & Italiens, en payant un denier obole, & une picte par livre, des Marchandises qu'ils vendront.

PHILIPPUS Dei gratiâ Francorum Rex universis presentes literas inspecturis salutem. Digne nos agere credimus si ad illos, quorum devotionem gratuitam opportunis temporibus experimus, regie liberalitatis dexteram extendentes ipsos congruis muniamus favoribus & specialium prosequamur exhibitionibus gratiarum. Hinc est quod cum singulares Lombardi in regni nostri partibus commorantes, (b) Bichio & Moncheto Guidy fratribus dilectis (c) Valletis & receptoribus nostris, nostro nomine & carissime consortis nostre Joanne Regine Francorum placidâ gratuitate, promiserint, quod ipsi omnes & singuli Lombardi nobis, seu alii pro nobis, & dictâ consorte nostrâ dabunt & solvent denarium, obolam, & pogesiam, sive pictam, de librâ omnium mercaturarum & cambiorum suorum, quemadmodum & prout mercatores, nundinarum nostrarum Campanie dant & solvunt, & prout in privilegio propter hec a nobis eisdem mercatoribus concesso plenius continetur, salvis tamen declarationibus infra scriptis; Nos devotionis sue promptitudinem in hac parte merito commodan-

NOTES.

(a) Ces letres sont au Registre A. de la Chambre des Comptes de Paris feüillet 87.

(b) Bichio & Moncheto] Le Roy leur donna un denier à prendre sur chaque vingt-un deniers, qui revenoient à Sa Majesté, sur les marchandises vendües par les Lombards, à condition que l'un & l'autre tiendroient ce sol en fief lige. Voicy la Charte.

Philippus Dei gratiâ Francorum Rex notum facimus universis tàm presentibus quàm futuris, quod cum Capitaneus, Universitas & Societates mercatorum, & cambsorum Lombardorum, Italicorum & Ultramontanorum omnium nundinas Campanie, civitatem Nemausensem, & Narbonensem Provinciam frequentantium, in recognitionem certarum gratiarum, quas eis fecimus nobis, & carissime consorti nostre Johanne Francie & Navarre Regine, nostris que heredibus & successoribus, pro quâlibet librâ mercaturarum suarum, in dictis nundinis, & locis ac aliis Regni nostri, ubi mercaturas exercere consueverunt, unum denarium Turonensem, pro parte venditoris, & alium pro parte emptoris, cambsores verò, nec non mercatores cambium per se, vel alias tenentes unum obolum, & pictam, prout eorum cambia, vel contractus auri, argenti in massâ, vel billionis, aut alterius metalli, ad ipsorum ministerium pertinentes, requirunt, procurante dilecto valleto & thesaurario nostro Moncheto Guidi, concesserint, prout in literis privilegii, & instrumentis nostris, & ipsorum mercatorum inde extantibus, plenius continetur. Nos attendentes ejusdem Moncheti, & Bichii fratrum thesaurariorum nostrorum devotionem ad nos, & fidele eorum servitium nobis jamdudum prestitum, expensas etiam & missiones, quas in utilitatis nostre perquisitione & prosecutione, fecerunt, ea propter, ut ex nostri largitione beneficii devotiores nostris obsequiis habeantur, eisdem Bichio & Moncheto, eorum que heredibus pro nobis & carissimâ consorte nostrâ Johanna Franc. & Navarre Regina, de-

tes ac volentes, ipsos propter hec specialis prosequi exhibitione favoris volumus, *& eisdem Lombardis nostro nomine, & prædicte consortis nostre* presentium tenore concedimus, *quod ipsi omnes & singuli ab omnibus* collectis, talliis, mutuis subventionibus, impositionibus, cavalcatis, exercitibus, oneribus, angariis, parangariis & exactionibus quibuscumque, quocumque nomine censeantur, etiam si hujusmodi collectas, subventiones aut onera propter regni nostri necessitates, preteritas presentes, vel futuras fieri contingeret, vel imponi, sicut in pretaxato mercatorum predictorum privilegio plenius continentur; sint omnino liberi & immunes, *ita videlicet quod ipsi singulares Lombardi continuam moram trahere in regno nostro non poterunt nisi in villis & locis in* literis suarum Burgesiarum *contentis, namque ad Lombardos qui per conventiones cum dictis receptoribus nostris nomine quo supra, habitas ad burgesias hujusmodi inscripti sunt, vel scribi continget in posterum, concessionem presentem duntaxat referri volumus, ac omnia & singula supra scripta per totum tempus quo durature sint predicte ipsorum burgesie, firmiter, irrevocabiliter valere & inviolabiliter observari;* Acto etiam quod predicti Lombardi denarium obolum, & pougesiam predictas dabunt & solvent, dareque & solvere in posterum tenebuntur, *de illis tantummodo mercaturis & cambiis, que & quas in regno nostro facient inter se, vel cum aliis quibuscumque personis que de regno ipso non sunt, & denarium obolum & pogesiam hujusmodi dant & solvunt ad presens, aut dare & solvere contingerit in futurum. In cujus rei testimonium presentibus literis nostrum fecimus apponi sigillum.*

PHILIPPE IV. dit le Bel, à Compiegne aux festes de la Toussaints en 1295.

Nos autem Joanna Dei gratiâ Francorum & Navarre regina, Campanie, Brieque *Comitissa Palatina, premissa omnia sicut superius sunt expressa,* volumus & laudamus *eisque nostrum impertimus assensum, & ad majorem cautelam sigillum nostrum literis his apponi fecimus, una cum sigillo prefati Domini nostri Regis.* Actum Compendii in festo omnium sanctorum, anno Domini millesimo ducentesimo nonagesimo quinto.

NOTES.

mus & concedimus de singulis viginti uno denario *nobis, ex hujusmodi emolumento, & ejus occasione, sive ex caduco, vel casu, sive ex emendis, seu aliter quomodolibet provenientibus, vel in posterum proventuris, tàm a jam dictis mercatoribus & cambsoribus, quàm aliis quibuslibet, qui jam ad prestationem hujusmodi sunt inducti & poterunt in futurum induci,* unum denarium, *turonensem habendum, & percipiendum in* hereditatem perpetuam, in feodum & homagium ligium, quod nobis jam prestiterunt, *quod que ipsorum heredes predicti prestare nobis & nostris successoribus tenebuntur. Quod si forte contigerit de dicto emolumento, & ejus predictis pertinentiis, in toto, vel in parte donationem, remissionem, aut quittationem vel alienationem, per nos aut nostros fieri successores permitimus eisdem* Bicheto & Moncheto *& eorum heredibus in equivalente redditu compensare, quod de emolumento & hujusmodi pertinentiis diminuetur, sicut est predictum.* Volumus *insuper quod eundem vicesimum unum denarium, vel compensationem proxime dictam habeant & percipiant per manum suam, quandiu nostri erunt receptores, absque difficultate qualibet, nulloque alio super hoc a nobis, vel nostris successoribus requisito, vel expectato mandato. Quod si forte eosdem fratres receptoriam nostram contingat dimittere,* volumus, *ac per nos & successores nostros eisdem fratribus, & eorum predictis heredibus, concedimus, quod ipsi, cum receptoribus nostris deputandis pro tempore, ad collectionem emolumenti predicti, deputent & habeant aliquem pro se, si voluerint, qui dicte recepte intersit, & facto compoto inter ipsos receptores ratam predicti emolumenti fratres ipsos contingentem, ut dictum est, per manum suam eorum nomine recipi, & omni difficultate & impedimento semotis, & partem suam expensarum, quas ipsi receptores in simul facient, solvet secundum quantitatem solummodo, quam recipiet pro dictis fratribus, ex emolumento predicto, nos que totum residuum expensarum solvemus. Quod ut firmum & stabile perseveret presentibus literis nostrum fecimus apponi sigillum.*

Nos *autem predicta* Johanna *Dei gratiâ Francie & Navarre Regina, Campanie & Brie Comitissa* Palatina, *predictam concessionem modo quo superius est expressum,* volumus, laudamus & approbamus *quantum in nobis est, nostrum eisdem impertientes assensum, & ad majorem firmitatem ejusdem, sigillum nostrum presentibus literis, una cum sigillo memorati domini & conjugis nostri carissimi Philippi Regis predicti duximus apponendum. Actum apud* Vicennas anno Domini millesimo ducentesimo nonagesimo quinto mense Septembris.

(c) Valletis.] Vide *Cangium in glossario & ad Villharduinum pag. 172.*

PHILIPPE IV. surnommé le Bel au Parlement de la Toussaints en 1296.

(a) Ordonance par laquelle le Roy restablit dans plusieurs Villes du Laonois, les appellations qu'il y avoit establies auparavant.

DOMINUS Rex, attendens in principio, quod appellationes, *que erant in aliquibus villis, & locis de Laudunesio, contra commune bonum, & contra communem utilitatem totius patriæ essent introductæ*, amotioni dictarum appellationum consensit, credens *quod de consensu omnium fieri posset, & juste. Modò plenius & melius super hoc informatus, intellexit* dictas appellationes in favorem hominum illius patriæ *& utilitatem fuisse introductas, Nolens quod illud quod credebat fuisse in eorum commodum in dampnum ipsorum redundet,* voluit & præcepit, quod in omnibus villis & locis in quibus appellationes esse consueverant, eisdem appellationibus utatur, eo modo quo fuit consuctum. *Et illi qui aliquid dederant pro amotione appellationum indempnes conservabuntur.*

NOTES.

(a) Cette Ordonance est au Registre *Olim* du Parlement, volume 2. feüillet 112. *verso*.

Voyez ce que j'ay remarqué touchant les appellations sur le chapitre 80. du premier livre des Establissemens & sur le chapitre 15. du second livre.

PHILIPPE IV. surnommé le Bel au Parlement de la Toussaints en 1296.

(a) Ordonance par laquelle le Roy deffend les guerres privées, les gages de Batailles & les tournois, tant que sa guerre durera.

SOMMAIRES.

(1) Tant que la guerre du Roy durera, il n'y aura aucunes guerres privées dans le Royaume, & ceux qui seront en guerre seront obligez de faire des treves, ou de se donner des asseuremens.

(2) Tant que la guerre du Roy durera, il n'y aura pas de gages de bataille, & l'on plaidera à l'ordinaire dans les Justices royales, & dans les subalternes.

(3) Les chevaux de guerre, ni les armes ne pourront estre saisis, & arrestez pour dettes.

(4) Tant que la guerre du Roy durera, il n'y aura, ni joustes, ni tournois.

(1) *DOMINUS Rex, pro communi utilitate & necessitate regni sui,* statuit *quod durante guerrâ suâ, (b) nulla alia guerra fiat in regno, & si forte inter aliquos jam mota sit guerra, quod* datis treugis, vel assecuramentis, *secundum consuetudines locorum duraturis* per annum, *&* anno finito, iterum continuentur. Et Omnes *aliæ guerræ cessent, donec guerra Regis fuerit finita.*

(2) Item. *Quod durante guerrâ Regis, inter aliquos* gagia duelli *nullatenus admittantur, sed quilibet (c) in Curiis Regis, & subditorum suorum jus suum* viâ ordinariâ *prosequatur.*

(3) Item. *Quod equi armorum, vel arma pro aliquo debito non arrestentur.*

NOTES.

(a) Cette Ordonance est au Registre *Olim* du Parlement, feüillet 114. *verso*.

(b) Nulla alia guerra fiat] Les guerres privées estoient encore alors en usage, parce que l'Ordonance, de St Loüis de l'an 1245. ne fut pas bien observée. Voyez cy-dessus page 56. & la 29me Dissertation de M. Du Cange sur Joinville, pages 344. 345.

(c) In Curiis Regis] Il paroist par là que l'Ordonance que St Loüis avoit faite pour abroger les gages de batailles, n'estoit pas exactement observée, dans les domaines mêmes du Roy.

(4) Item.

(4) Item. *Quod durante guerrâ Regis (d) torneamenta, justæ, vel equitationes non fiant.*

NOTES.

(d) *Torneamenta.*] Voyez la 7me Dissertation de M. Du Cange sur Joinville, *& tractatum de ludis equestribus Georgii Scubarti.*

(a) *Letres par lesquelles le Roy accorde au Duc de Bretagne, & à ses hoirs, qu'ils ne pourront estre adjournez, tant pardevant luy que pardevant ses gens, par simples adjournemens, qu'en cas d'appel de defaut de droit, ou de faux jugement, ou autres cas dependans de la souveraineté.* PHILIPPE IV, dit le Bel, au mois de Fevrier en 1296.

PHILIPPE par la grace de Dieu Roys de France, à touz ceuls qui ces lettres verront, & orront, Salut. Sçachent touz que nous à nostre amé & feal, *Jehan Conte de Bretaigne, & à ses hoirs Contes de Bretaigne*, en nostre feauté, & en nostre devocion demourans à touzjoursmais, ses bonnes merites requerans, *leur octroions* que *euls*, à la *requeste de leur subjez* de *Bretaigne*, par *devant nous, par simples adjournemens, ou pardevans nos genz*, ne puissent estre *adjournez*, fors tant seulement en *cas d'appel (b) de defaut de droit*, ou de *faus & mauvais jugement*, ou en autre cas appartenant à nostre souveraineté Royale. Cestes choses adecertes, se au dit Conte, ou à ses hoirs Contes de Bretaigne, *appartiennent de leur droit, nous leur confermons* par cestes lettres. Et se ainsi *n'appartiengnent de leur droit*, nous les leur *octroions* de nostre grace especial, sauf en toutes choses autrui droit. Et pour ce que ce soit ferme chose & estable, nous avons fait mettre en ces presentes lettres nostre seel, qui furent faites l'an de grace MCCXCVI. au mois de Fevrier.

NOTES.

(a) Ces letres ont esté prises du tresor des Chartes, Registre cotté 72. pour les années 1323. 24. 25. piece 147. Elles se trouvent aussi dans un *vidimus* de Charles le Bel de l'an 1324.

(b) *De defaut de droit ou de faux jugement.*] Voyez le chapitre 15. du second livre des Establissemens, & Beaumanoir dans ses Coûtumes du Beauvoisis chapitre 62. page 319.

(a) Mandement au Bailli de Carcassone de ne pas souffrir que les Clercs, vivans clericalement, soient imposez aux tailles personnelles. PHILIPPE IV. surnommé le Bel, en 1296. ou 1297.

PHILIPPUS *Dei gratiâ Francorum Rex, Senescallo Carcassonæ, vel ejus locum tenenti salutem.*

Mandamus vobis, quatinus Clericos *vestræ Baillivia* viventes Clericaliter, *ad contribuendum* in taliis personalibus *universitatum & locorum, in quibus habent sua bona & domicilia, nullatenus compellatis, aut permittatis compelli, sed eos permittatis gaudere in hujusmodi approbatâ & solitâ libertate.* Datum Parisius sabbatho in festum Candelosæ.

NOTES.

(a) Ce Mandement est rapporté par Dom Martene, *tom. 1. Thesauri anecdot. paginâ 1283.* Voyez ce que j'ay remarqué au sujet de ces tailles dans ma Dissertation sur le droit d'Amortissement, pages 41. 42. &c.

PHILIPPE IV. dit le Bel, à Arras aprés la Trinité en 1297.

(a) *Ordonance portant qu'il y aura Commerce entre la France & le Haynault, tant que l'Alliance entre le Roy & le Comte Jean d'Avesne durera.*

PHILIPPE par la grace de Dieu Roy de Franche, à tous ceux qui ces Presentes lettres verront & oront, Salut. Sacent tuit ke nous *ordenons*, *voulons* & consentons, que les *marchandises de nostre Royaume puissent aler* & venir paisiublement de nostre Royaume, en la Conté de Haynnau à estre despendues de ceux de la Conté, & usées, & de ses aidans, & les marchandises de ladite Conté de Haynnau en nostre Royaume, durant les aillances faites entre nous d'une part & nostre amé & feel *Jehan d'Avesnes* Contes de Haynnau d'autre; Et voulons ke tous nos Justiciers, sans autres lettres voir & demander, laissent paisiublement les dites marchandises passer, selonc ceste *Ordenance*, & commandons à tous nos sugis de nostre Royaume, ke ceste Ordenance soit tenue & gardée en tos lors lieus entierement, sans nul enpenchement, sauf ce que les droitures acoutumées à payer par la raison desdites marchandises soient entierement payées; & *voulons* que ces lettres veües, à celui ki les portera soient sans nul contredit rendües. En tiesmongnage de ce, nous avons audit Conte baillé ces presentes lettres, saielées de nostre saiel, qui furent faites à Arras, le mekredi aprés la Trinité, l'an de grace mil deux cens quatre-vingt & dix-sept.

NOTES.

(a) Cette Ordonance est rapportée par Dom Martene tom. 1. *Anecdotorum pag.* 292.

PHILIPPE IV. dit le Bel, au mois de Septembre dans l'Octave de la Nativité en 1298.

(a) Ordonance portant que les heretiques & leurs fauteurs condannez par les Evesques, ou les Inquisiteurs, seront punis par les Juges seculiers sans appel.

PHILIPPUS *&c. Universis suis fidelibus* in toto regno Francie *constitutis salutem & dilectionem.* Ut inquisitionis negotium *contra hereticam pravitatem, ad Dei gloriam, & augmentum fidei, nostris temporibus* prosperetur, *progenitorum nostrorum vestigiis inherentes, universis regni nostri Ducibus, Comitibus, Baronibus, nec non & universis Senescallis. Baillivis, Præpositis ceterisque justitiariis* injungimus & mandamus, *ut sicut reputari cupiunt & haberi fideles, ita pro defensione fidei, diocesanis (b) Episcopis*, & Inquisitoribus heretice pravitatis à sede Apostolicâ deputatis, *aut in posterum deputandis* pareant, & intendant, *in hereticorum (c) credentium, fautorum, receptatorum & defensorum ipsorum*, investigatione, captione, ac custodiâ diligenti, *cum ab iis fuerint requisiti, & ut prefatas personas pestiferas in potestatem, seu carcerem Episcoporum, ac Inquisitorum predictorum, vel ad locum de quo ipsi, vel aliqui ex eis mandaverint, infra tamen districtum illius, qui super hoc requiretur, ducant, vel duci faciant sine morâ, ubi per viros catholicos a prefatis Episcopis, seu Inquisitoribus, vel eorum aliquo deputatos, sub artâ, & di-*

NOTES.

(a) Cette Ordonance est au Registre *Olim* volume 2. feüillet 116. & est prise presque mot pour mot du chapitre *Ut inquisitionis* 18. *De hæreticis, in sexto*, qui est de Boniface VIII. Voyez les Commentateurs sur ce chapitre.

(b) Episcopis, Inquisitoribus] Vide *Farinacium de hæresi Quæstione* 186.

(c) Credentium] Voyez le §. dernier du chap. 2. *Ut officium* De hæreticis *in sexto*.

ligenti custodiâ teneantur, donec eorum negotium, per Ecclesiæ judicium terminetur, *ut quæ de heresi a diocesano Episcopo, vel Inquisitore, seu Inquisitoribus condempnatos sibi relictos, statim recipiant, indilate* animadversione *debitâ puniendos*; (d) non obstantibus appellationibus, seu proclamationibus *prædictorum nequitie filiorum*, cum omne appellationis & proclamationis beneficium expresse sit hæreticis, & credentibus, ac eorum *receptatoribus, fautoribus, & defensoribus interdictum*. PHILIPPE IV. dit le Bel, au mois de Septembre dans l'Octave de la Nativité en 1298.

Datum anno Domini millesimo ducentesimo nonagesimo octavo, in octavis Nativitatis Beatæ Mariæ virginis, *presentibus ad hoc Archiepiscopo Narbonensi, Altissiodorensi, Constantiensi & Carcassonensi Episcopis*.

NOTES.

(d) *Non obstantibus appellationibus*] Vide *Farinacium de hæresi Quæstione 185. §. 15.* paginâ 158.

PHILIPPE IV. surnommé le Bel, à Angleur, le Jeudy aprés Pasques le 23. Avril 1299.

(a) Mandement adressé aux Baillis de Touraine & du Maine, par lequel le Roy leur defend de vexer, par leurs saisies, les personnes Ecclesiastiques.

SOMMAIRES.

(1) S'il est ordonné de saisir le temporel de quelque Prelat, les Baillis ne pourront mettre en la main du Roy qu'un seul manoir, ou une petite partie d'un autre manoir, & ils ne pourront saisir tout le temporel, s'il ne leur est expressement ordonné par les letres qui leur seront envoyées &c.

(2) Ils en useront de mesme à l'égard du temporel des autres personnes Ecclesiastiques, & ils n'establiront à ces saisies que des gardiens, ou Commissaires sages & fideles.

(3) Ils n'empescheront pas que les sujets du Roy ne poursuivent leurs adversaires en Cour d'Eglise dans les cas dont elle doit connoistre. Et ils ne pourront contraindre personne par prise de corps, ou saisie de ses biens, à obtenir l'absolution pour ses adversaires.

(4) Ils ne maltraiteront pas les porteurs de censures Ecclesiastiques, ils ne permettront pas aux excommuniez d'agir en Jugement, ni d'avocacer, & ils contraindront les excommuniez qui ne voudront pas demander l'absolution, de se faire absoudre.

(5) Ils ne permettront pas que l'on exige des peages insolites des personnes Ecclesiastiques, pour les fruits de leurs Benefices.

(6) Deffenses sont faites aux gardiens des Regales de commettre aucuns excés, & de faire aucunes usurpations.

PHILIPPUS *Dei gratiâ Francorum Rex*, Turonensi & Cenomanensi Baillivis, *vel eorum loca tenentibus, salutem. Ex dilectorum nostrorum* Archiepiscopi Turonensis *ejusque* suffraganeorum, *gravi querimoniâ ad nostrum pervenit auditum*, quòd vos & alii Justitiarii, Ministri & Officiales nostri, *in nostris constitutis Baillivis, ipsos*, Ecclesias, & personas Ecclesiasticas Provinciæ Turonensis, molestationibus & oppressionibus variis *contra immunitatem Ecclesiasticæ libertatis incessanter* opprimitis *& diversis jugiter injuriis & gravaminibus molestatis*. Nos *autem qui in eorum quiete quiescimus, ipsos à prædictis gravaminibus preservari, & libertatem hujusmodi regiminis nostri, temporibus illibatam servari, plenis desideriis affectantes*.

(1) Mandamus *vobis, quatinus, si* temporalitas *Prælati, per* Curiam nostram saisiri, *ex causâ mandetur*, sitis *à principio*, sesinâ unius manerii *vel alterius* paucæ

NOTES.

(a) Ce Mandement, qui fut fait sur les plaintes de l'Archevesque de Tours & de ses suffragans, est rapporté par Dom Luc Dachery dans son Spicilege, tome 10. page 339. Le titre de concession de la decime qui donna lieu aux exactions dont il est parlé dans ce Mandement est rapporté par Dom Martene dans le tome premier *Thesauri anecdotorum col. 1277.*

PHILIPPE IV. surnommé le Bel, à Angleur, le Jeudy aprés Pasques le 23. Avril 1299.

partis, contenti, nisi ad majorem forsitan partem successivè postmodum sesinam extendi indurata contumacia, vel protervitas inobedientis exposcat, non tamen ad sesiendum totam temporalitatem, procedentes, nisi in nostris litteris de totâ contineatur expresse, vel nisi facti atrocitas hoc requirat. Quòd si custodes in talibus sesinis poni contingat, uno sitis contenti à principio, nisi magna rebellio aliud requirat, vel de pluribus in literis nostris expressa mentio habeatur.

(2) Ab his & similibus processibus, & gravaminibus abstineri, in sesinis temporalitatis aliarum personarum Ecclesiasticarum prædictæ Provinciæ facientes, attentiùs provisuri, ut in sesinis hujus Servientes ponatis, ita providos & fideles, ne de ipsorum administrationibus atque gestis à vobis ratio exigatur, vel super hoc alias possitis redargüi, vel puniri.

(3) Subditis quoque nostris, non inhibeatis, quin, in casibus ad jurisdictionem Ecclesiæ de jure, vel consuetudine spectantibus, suos adversarios coram Ecclesiasticis Ordinariis locorum conveniant, nec aliquos per captiones corporum, vel bonorum, ad impetrandum pro adversariis suis absolutiones compellatis, nec compelli etiam permittatis.

(4) Neque literas Ecclesiasticorum judiciorum deferentes incarceretis, nec verberetis propter portationem ipsarum, nec literas ipsas auferatis eisdem. Quòd si aperta litera & indubitata Ordinariorum Ecclesiasticorum judiciorum, majorem excommunicationem continens, vobis ostendatur præ manibus, & non fuerit appellatum, excommunicatos (b) ad agendum, vel patrocinandum non recipiatis, (c) ubi consuetum est hoc servari, & excommunicatos, siquidem obstinatos, ad petendum absolutionem, ad requisitionem Ordinariorum (d) compellatis, sicut ab antiquo fuerit consuetum.

(5) Personas insuper Ecclesiasticas ad nova pedagia, vel inconsueta (e) (solvi, à personis Ecclesiasticis,) de fructibus beneficiorum suorum Ecclesiasticorum, solvenda, compelli minimè permittatis.

(6) Custodes autem Regalium per nos positos, vel ponendos, excessus, vel usurpationes facere prohibemus.

Hujusmodi ergo (f) Mandatum nostrum sic diligenter & fideliter exequi procuretis, quòd tam ipsi Prælati, quàm Ecclesiæ & Ecclesiasticæ personæ supradictæ, in-

NOTES.

(b) *Ad agendum.*] Cecy est pris du chap. *Cum inter, Extra, De exceptionibus.* Voyez les Commentateurs, & Bouteiller dans sa Somme, livre premier titre 9. page 42. & livre 2. titre 12. page 757.

(c) *Consuetum est hoc observari*] Voyez l'autheur du grand Coûtumier page 284. *Lib.* 2. tit. 45. *Joannem Fabrum ad tit. Institut.* De curatore furiosi *§. finali & Petrum de* Bella perticâ, *ad Legem* Placet *De sacrosanctis Ecclesiis.*

(d) *Compellatis.*] Voyez l'Ordonance de St Loüis de l'an 1228. article 7. page 52.

(e) *Solvi a personis Ecclesiasticis.*] Ces mots sont superflus.

(f) *Mandatum.*] Voicy les letres executoriales que le Roy envoya à ce sujet, & qui sont aussi rapportées dans le Spicilege de Dom Luc Dachery tome 10. page 341.

Philippus Dei gratiâ Francorum Rex, dilectis Magistro Radulfo Rousseloti Clerico nostro, & Gaufrido de Aniseyo Vicecomiti Bajocensi *salutem & dilectionem. Ex dilectorum nostrorum Archiepiscopi Turonensis, ejusque suffraganeorum gravi querimoniâ ad nostrum pervenit auditum, quòd* collectores decimæ & *annalium Ecclesiasticorum beneficiorum, nobis pro regni nostri defensionis subsidio concessorum, & alii. Officiales & Ministri nostri superintendentes negotio collectionis hujusmodi, & aliàs in ejusdem, & aliarum subventionum impositarum, diversis retroactis temporibus pro negotio defensionis, prædictæ collectionis officii, illùd que contingentibus, in Turonensi Provincia deputati, plus illicitis quæstibus & propriis commodis inhiantes, quàm utilitati & executioni fideli negotiorum suæ fidei commissorum, & aliàs potestate sibi traditâ nequiter abutentes. Prælatos, Ecclesias & personas Ecclesiasticas Provinciæ Turonensis, ac homines eorumdem, sub umbrâ* subventionum *hujusmodi,* indebitis exactionibus, extortionibus & rapinis *diversimodè gravaverunt : Quòd qui tam prædicti, quàm alii* Officiales, Justitiarii & Servientes *nostri Balliviarum ipsarum, Prælatos, personas Ecclesiasticas, & homines supradictos molestationibus & oppressionibus variis contra immunitatem Ecclesiasticæ liber-* juriarum,

juriarum & molestationum quarumlibet turbinibus relegatis, pacis Actori, cujus mancipantur obsequiis, eo devotiùs, quo tranquilliùs debitum impendere valeant famulatum. Nósque ipsorum in hac parte cessantibus querimoniis & querelis, quarum revera iterata delatio nostrum turbaret acerbiùs & offenderet animum, obedientiam & sollicitudinem vestram proinde meritò commendare possimus, præsentes literas prædictis Prælatis, vel eorum mandato reddentes.

Actum apud Angleur, *die Jovis post festum Resurrectionis Dominicæ*, Anno Domini millesimo ducentesimo nonagesimo.

PHILIPPE IV. surnommé le Bel, à Angleur, le Jeudy aprés Pasques le 23. Avril 1299.

NOTES.

tatis, & ordinationes nostras super his editas, opprimere, & diversis injuriis & gravaminibus afficere præsumpserunt, & alias graves & enormes priscis temporibus commiserunt, & jugiter committere non verentur excessus.

Nos autem qui in eorum quiete quiescimus, prædicta gravamina eis, ut præmittitur jam illata molestè ferentes, & cupientes ab his quæ inferri possint in posterum præservari; vobis de quorum industriâ & fidelitate plenam in Domino fiduciam gerimus, præsentium tenore committimus, & mandamus, *quatinus ad partes illas vos personaliter conferentes, de exactionibus, extortionibus, rapinis, gravaminibus, injuriis & excessibus ante dictis inquiratis, vocatis evocandis, summariè & de plano, diligenter & sollicitè veritatem: quæ taliter inveneritis extorta, plenè restitui, damna restaurari, injurias emendari, & gravamina submoveri, prout justum fuerit, facientes: & quos in præmissis constiterit deliquisse, castigatione debitâ, etiam per privationem ipsorum ab officiis, vel servitiis suis perpetuò, vel ad tempus, & aliàs, prout expedire videritis, taliter punientes, quòd eorum pœna tam sibi, quàm aliis præsumptionis similis interdicat exempla. Illos etiam quos culpabiles inveneritis in hac parte, ad refundendum prædictis Prælatis & alias expensas, quas ipsos in hujus prosecutione negotii fecisse constiterit, ratione prævià compellatis.*

Hujusmodi ergo mandatum nostrum sic diligenter & fideliter exsequi procuretis, quòd tam ipsi Prælati, quàm Ecclesiæ & personæ Ecclesiasticæ supradictæ, injuriarum & molestationum quarumlibet turbinibus relegatis, pacis Actori sive *Autori, cujus mancipantur obsequiis, eo devotiùs quo tranquilliùs debitè impendere valeant famulatum. Nósque ipsorum in hac parte cessantibus querimoniis, & querelis, quarum revera iterata delatio nostrum turbare acerbiùs & offenderet animum, obedientiam & sollicitudinem vestram proinde meritò commendare possimus. Damus autem fidelibus justitiariis & subditis nostris tenore præsentium in mandatis, ut vobis in præmissis, & ea tangentibus diligenter & efficaciter pareant & intendant. Actum apud* Angleur *die Jovis post festum Resurrectionis Dominicæ, anno Domini millesimo ducentesimo nonagesimo nono.*

(a) Ordonance qui porte que celle de S.t Loüis contre les Usuriers & les Juifs, sera observée.

PHILIPPE IV. surnommé le Bel, en la feste de S.t Pierre & de S.t Paul, prés Melun en 1299.

PHILIPPUS *Dei gratiâ &c. Universis præsentes literas inspecturis. Noverit universitas vestra quod nos prædecessorum nostrorum piis vestigiis inhærere volentes & presertim* Beati Ludovici avi nostri *in iis quæ faciunt ad promotionem virtutum, & exterminium vitiorum, ac subditorum nostrorum tranquillitatem & pacem,* statutum, seu ordinationem quam *(b)* Beatus Ludovicus *ad reprimendam usurarum voraginem, de Prælatorum ac Baronum suorum consilio dudum fecit, ne videlicet obligatos per literas, aut alias fidejussorias cautiones* Judæis, aut aliis notoriis usurariis, *quicumque justiciarius compellat ad solvendum,* volumus, statuimus & præcipimus inviolabiliter observari. *Et ne hujusmodi ordinatio de cætero a quocumque valeat irritari, omnibus officiis ac subditis nostris cujuscumque status, seu conditio-*

NOTES.

(a) Cette Ordonance est au Tresor des Chartes, Registre cotté *(g) (h) (i) (l)* feüillet 78. *verso*, & dans le recüeil manuscrit de M. Du Tillet.

(b) Beatus Ludovicus.] Voyez cy-dessus l'Ordonance de 1257. ou 1258. à Paris, page 85.

PHILIPPE IV. surnommé le Bel, en la feste de S.t Pierre & de S.t Paul, prés Melun en 1299.

nis existant, authoritate Regiâ prohibemus, *ne de cætero tales literas obligatorias Judæis, aut notoriis usurariis faciant, aut sigillent & quæ contra prohibitionem facta fuerunt nullius roboris habeant firmitatem.* Volumus *tamen & ordinamus ut debita pro tempore præterito supradicto modo contracta Judæis, seu notariis usurariis, aut ab eis causam habentibus quantum ad sortem primariam plenarie persolvantur, quod vero ultra sortem fuerit legaliter penitus remittendo. In cujus rei testimonium præsentibus literis nostrum fecimus apponi sigillum. Actum apud Abbatiam de Lilio juxta Meledunum in festo Apostolorum Petri & Pauli. Anno Domini* MCCXCIX.

PHILIPPE IV. surnommé le Bel, à Longchamp, aprés les Brandons, le 10. Mars en 1299.

(a) Letres accordées aux Evesques de Normandie contre les oppressions des Baillis, des Vicomtes &c.

SOMMAIRES.

(1) Les Baillis, les Vicomtes & les Sergens, ne pourront mettre en la main du Roy, les biens temporels des Prelats, sans le consentement de Sa Majesté.

(2) S'il y a necessité de mettre en la main du Roy une partie du temporel des Evesques, ce qui sera saisi n'excedera pas la quantité de la dette &c.

(3) On ne pourra saisir leurs fermes, leurs provisions & leurs meubles malgré eux, s'il n'y a de leur part excés, ou coutumace.

(4) Les Juges Laïques ne pourront contraindre les personnes Ecclesiastiques de plaider devant eux en action personnele.

(5) Les Benefices, dont le Roy aura le revenu d'une année, à chaque vacance, ou mutation, seront desservis par des personnes sages, qui seront nourries sur les fruits qu'elles percevront.

(6) Il ne sera rien levé au profit du Roy, quand la vacance des Benefices arrivera par permutation.

(7) Les letres des Prelats & de leurs Juges ordinaires feront foy en Cour laye, & les obligations passées pardevant eux auront l'ordre de leurs hypotheques.

(8) Chaque Bailly de Normandie supprimera dans son territoire les Vicomtes *forains & les Sergens inutiles, ou il en diminuera le nombre, afin qu'ils ne soient pas à charge aux Prelats.*

(9) Les Baillis de Normandie executeront ces presentes & les feront executer par les Officiers inferieurs.

PHILIPPUS *Dei gratiâ Francorum Rex universis presentes literas inspecturis salutem. Decens reputamus & congruum, ut illos qui, secundum status sui decenciam, nobis devotos & nostris affectibus indeficienter exhibent se paratos, condignis muniamus favoribus, & ne injuriosis quorumcumque molestiis pregraventur, Regie protectionis munimine foveamus.*

Nuper siquidem nobis in Christo carissimi Rothomagensis Provincie *Prelati ad nostram presentiam pro quibusdam Regni nostri statum contengentibus evocati, nobis non nulla gravamina, molestias, oppressiones, & injurias, que per* Baillivos, Vicecomites, Servientes, & ministros *nostros eisdem pervenerant, porrexerunt,* supplicantes *tranquillitati sue, per nos super hoc opportuno remedio provideri. Eorum, in quibus sincere devotionis, & prompte de nostris desideriis affectionis gratitudinem invenimus, supplicationibus inclinati, super premissis gravaminibus, molestiis, oppressionibus, & injuriis* sic duximus providendum.

(1) Videlicet quod nullus Baillivorum, Vicecomitum, Servientum *&* ministrorum *nostrorum, aut eorum* locatenenciuni *temporalitatem ipsorum Prelatorum (b) universitatis, ad manum nostram ponat assensu nostro (c) nomine requisito, & obtento.*

(2) Si vero pro quocumque debito, contumaciâ, vel delicto eorumdem Prelatorum

NOTES.

(a) Ces letres sont au Registre *Pater* de la Chambre des Comptes de Paris, feüillet 319.

(b) Universitatis.] Il faut ce semble, *Universorum.*

(c) Nomine] Dans quelques manuscrits il y a mieux, *minime.*

partem temporalitatis sue ad manum nostram poni oporteat, volumus quod pars illa modum, seu qualitatem debiti, contumacie, vel delicti non excdat.

PHILIPPE IV. surnommé le Bel, à Longchamp, aprés les Brandons, le 10. Mars en 1299.

(3) Concedimus *etiam ut nullus* maneria, garnisiones, *&* mobilia *Prelatorum, eisdem invitis, assumat, nisi eorundem excessus vel contumacia id exposcat.*

(4) Concedimus *preterea ut nullus secularis judex Clericos & personas Ecclesiasticas coram se super* personalibus actionibus respondere *compellat.*

(5) Concedimus *insuper quod beneficia, in quibus per eorum vacationem,* (d) annalia *debemus percipere, bonis & honestis deserviendis committantur personis, & pro sufficienti sustentatione deservientum, quibus hoc faciendum fuerit, de fructibus ab ipsis percipiendis annalium ministretur.*

(6) Inhibemus *etiam ne quis ad ipsa* levanda annalia *deputatus, de beneficiis ex causâ pure permutationis & non fraudelente, vacantibus, vel vacaturis annale exigat, sive levet.*

(7) Concedimus *siquidem quod literis Prelatorum & suorum ordinariorum judicum, in seculari foro, adhibeatur fides, prout hactenus extitit consuetum, & quod obligationes coram ipsis facte, vel faciende,* ceteris posterioribus obligationibus preferantur, *ut de jure & locorum consuetudinibus est agendum.*

(8) Concedimus *etiam quod Baillivi nostri Ducatus Normannie,* (e) quibus *videlicet in Bailliviâ suâ Vicecomites foraneos, & Servientes inutiles amoveat, & eorumdem numerum restringat, sic quod ipsi Prelati pro nimiâ Vicecomitum vel servientum multitudine non graventur.*

(9) Damus *igitur Baillivis nostris* Ducatus Normannie *presentibus in mandatis, quatenus ipsi & eorum quilibet in sibi commissis Bailliviis hujusmodi provisionem nostram teneant & ab omnibus justiciariis & subditis nostris teneri faciant & ad integrum effectum perduci, quos hujus ordinationis nostre transgressores invenerint, puniendo. Actum in Abbatiâ Longi campi die Jovis post Brandones, anno Domini millesimo ducentesimo nonagesimo nono.*

NOTES.

(d) *Annalia.*] En l'année 1196. Les Chanoines de la Cathedrale de Roüen obtinrent du Pape Celestin, que ces Especes *de Reliefs* & *d'Annates* feroient employez en usages pieux. *Celestinus &c. Dilectis filiis Decano & Capitulo Rothom.* Salutem, *& Ap. bened. Cum a nobis petitur, quod religioni & honestati convenire dignoscitur, animo nos debemus lubenti concedere, & petentium desideriis congruum suffragium impertiri. Ea propter, dilecti in Domino, vestris justis precibus inclinati, antiquam vestræ Ecclesiæ consuetudinem, super* annalibus præbendarum decedentium Canonicorum, consensu Archiepiscopi & totius Capituli roboratam, *sicut in authenticis eorum instrumentis apparet;* Scilicet ut quolibet decedente Canonico fructus omnes præbendæ illius anni, in quo obierit, *in usus pios, secundum rationabilem defuncti dispositionem, aut cessante dispositione, secundum capituli arbitrium erogarentur, auctoritate Apostolicâ confirmamus, & præsentis scripti patrocinio munimus. Nulli ergo hominum &c.* Datum Turonis v. Kal. Decemb. MCXCVI. Voyez les Conciles de Normandie de Dom Bessin, partie 2. page 38.

(e) *Quibus.*] Lisez *quilibet.*

PHILIPPE IV. surnommé le Bel, en 1299.

(a) *Ordonance contre les voleurs de Gibier & de Poisson.*

IL sera crié par toutes les Chastelleries, au jour de Marchié, *de huit jours,* en *huit jours,* par trois Marchiez continües, que tuit cil qui ont *paniaus à connis,* ou à *Lievres,* qui ayent garennes, ou non, les apporteront au *Chastel,* en qui

NOTES.

(a) Dans le Registre *Olim,* feüillet 28. Cette Ordonance a le titre qui suit. *C'est l'Ordonance faite par nostre Seigneur le Roy, & par son Conseil* pour le commun profit du Royaume, *& pour oster & eschiver moult de larrecins, murtres & meffaiz, que larrons*

PHILIPPE IV. surnommé le Bel, en 1299.

Chastellerie il sont, au jour de Marchié qui sera crié, Et seront *ars* devant le peuple & banni. Et se aprés ce banissement *paniaus* estoient trouvez seur qui que ce fust, il paieront soixante livres de Parisis d'amende, ou la volenté *li Roy*, ou de celuy en qui justice il sera trouvé. Et cil qui le vendra accuser à la Joustice, aura le tiers en l'amende.

Item. En chascune Chastellerie seront establi *deux preudeshomes* pour enquerre de souspçonneus & des consenteurs & des recepteurs de ces devans dit larrons, & des larrons des *(b) ayves* aussi. Et obéiront les Justices à ces deux preudeshommes de ceus que il auront trouvé souspeçonneus, consenteurs, & recepteurs de prendre & de tenir ceus qui leur nommeront, Et les Baillis des lieus les puniront bien & âprement, selon leurs meffaiz, & si comme raison donra. Et tous ceux qui ont haute Justice en leur terre feront cette Ordenance tenir.

Item. Que nulz ne puist tenir *(c) fuiron* ne *reiseüs*, se il n'est gentishoms, ou s'il n'a Garenne, & seur la paine dessusdite.

Item. Que nuls ne face paniaus. Et cil qui les fera seront puniz ainsi comme li dessus dit.

NOTES.

de conins sont ou Royaume de France.

Dans le Registre *Olim* elle n'a pas de date & on la place icy en 1299. parce qu'elle se trouve de cette année dans quelques Copies.

Il y a en la marge du Registre *Olim* qu'elle est aussi au tresor des Chartes.

(b) Ayves.] C'est-à-dire, *Eaux.* Ainsi cette Ordonance est aussi contre les larrons de poisson.

(c) Fuiron, ne reiseüs.] C'est-à-dire, furet, ni rezeaux, ou filets.

PHILIPPE IV. à Paris, aprés le Dimanche où l'on chante *Judica me*, en 1300.

(a) Mandement adressé au Prevost de Paris, par lequel le Roy reduit le nombre des Sergens du Chastelet.

PHILIPPUS *Dei gratiâ Francorum Rex, Præposito Parisiensi salutem. Intellecto dudum ex fide dignorum relatu, ex confusâ Notariorum Castelleti nostri Paris. multitudine multa pericula provenire,* mandaveramus *tibi, ut vocato tecum Nicolao Portitore, ejusque circa hoc habito consilio,* diligenter *inquireres quot Notarii ad facienda negotia Castelleti prædicti sufficerent, & qui de Notariis idoneiores existerent ad prædicta, quid inde faceres & invenires dilecto & fideli nostro Magistro Stephano Archidiacono Brugensi, sub tuo & dicti Nicolai sigillis inclusum celeriter remissurus. Tu que & idem Nicolaus eidem Magistro Stephano juxta mandati nostri prædicti, diligenti inquisitione præhabitâ, per vestras rescripseritis literas sexaginta Notarios infra scriptos sufficere, & idoneos fore ad facienda omnia negotia ad officium notarii pertinentia, quæ in Castelleto prædicto facienda existunt, videlicet* Jacobum Auberti, Guillelmum Le Conte, Stephanum de Medonta, Theobaldum de Fraxinis, Guerinum de Monteforti, Manesserium de sancto Mauro, Guillelmum de sancto Martino, Guillelmum de Evreux, le Cher.... Berthaudum de Rothomago, Guillelmum de Roseto, Thomam Poileve, Johannem de Lacellis, Petrum de Pontibus, Stephanum de Montygniaco, Martinum Toussain, Jeronimum de Castris, Joannem de Bailliaco, Petrum Bidellum Universitatis Parisiensis, Girardum de Thumeriaco, Evenum de Villebt, Egidium de Brebant, Jacobum de Carnoto, Robertum Pagani, Johannem de Parvoponte, Simonem de Poissy, Henricum li Rois, Johannem le Saunier, Simonem de Charmoys, Girardum de Nigella, Aubertum Laguillier, Guillelmum Chapiausec, Hugonem de sancto Leodega-

NOTES.

(a) Ce Mandement est dans un *Vidimus* de Philippe de Valois de l'an 1330. qui est au tresor des Chartes, Registre cotté 53. feuillet 35. piece 78.

rio, Gurio, Grutinum Bonneayde, Petrum de Claromonte, Joannem de Medunta, Eustacium de Couciaco, Guyardum de Sarqueuse, Joannem de Sucy, Odonem de sancto Dionysio, Quintinum de Perona, Laurentium Quarré, Colinum de Gisortio, Johannotum de Crespy, Michaëlem de sancto Lando, Johanotum de cruce, Joudoinum de Nonchodoro, Nicolaum de Thumeriaco, Rogerium de Lanu, Clementem Clericum Hervei de Trinitate, Guillermum le Chat, Eustachium de Aurelianis, Johannem le Railleur, Simonem de Cernay, Johannem de Templo, Johannem Bescot, Bernardum Labele, Nicolaum de Atrabato, Simonem de sancto Clodoaldo, Johannem Lotharingum, de Remis, & Johanotum fromenti. *Quare nos* volentes *quod ipsi in officio notariorum Castelleti prædicti remaneant, & illud more solito exerceant, quamdiu nostræ placuerit voluntati*, mandamus *tibi quatenus omnibus aliis ab officio Notarii Castelleti prædicti* Parisius *amotis, personas superius nominatas, absque numeri prædicti augmentatione, permittas officium prædictum (b) exequi, & libere exercere. In cujus rei testimonium præsentibus literis nostrum fecimus apponi sigillum.* Actum Parisius die Martis post Dominicam quâ cantatur *Judica me*. Anno Domini millesimo trecentesimo.

PHILIPPE IV. à Paris, aprés le Dimanche où l'on chante *Judica me*, en 1300.

NOTES.

(b) Ce Mandement fut confirmé par les trois qui suivent, adressez au Prevost de Paris.

Philippus *Dei gratiâ Francorum Rex, Præposito Parisiensi, salutem. Sicut alias, tibi dedisse meminimus literas, in mandatis, ut ordinationem supra dicto Notariorum Castelleti nostri Parisiensis numero, præfatam & per nos postmodum confirmatam, faceres inviolabiliter observari, & quidquid contra ordinationem ipsam factum extitisset, revocari : idcirco* mandamus *tibi, quatenus ipsam prout facta est, firmiter observari, & quidquid post circa eam factum extiterit, sine dilatione facias, prout justum fuerit, revocari, tale id acturus quod ad nos non oporteat referre querelam. Datum apud Castellum novum supra Ligerim, die Mercurii post festum Beatæ Mariæ Magdalenæ, anno Domini millesimo trecentesimo primo.*

Philippus *Dei gratiâ, Francorum Rex, Præposito Parisiensi, salutem. Mandamus tibi quatenus* ordinationem supra dicto *notariorum in nostro Castelleto Parisiensi* numero, *de mandato nostro nuper factam, & postmodum per nos confirmatam, inviolabiliter facias observari, & quod contra ipsam ordinationem factum inveneris, revocari. Actum Parisiis, die Mercurii post festum Beati Marci Evangelistæ, anno Domini millesimo trecentesimo primo.*

Philippus *Dei gratiâ, Francorum Rex, Præposito Parisiensi, vel ejus locum tenenti, salutem. Cum per Præpositum Parisiensem predecessorem tuum, de mandato nostro, multitudo Notariorum Castelleti nostri Parisiensis, propter confusionem vitandam, ad certum sexaginta numerum redacta fuit, & ordinatum expresse, quod dictus numerus de cætero nullatenus augeretur, ipsaque reductio & ordinatio, nobis & nostro consilio reportata, nobis placuit, & ipsam mandavimus & præcipimus firmiter observari. Igitur tibi districte præcipimus & mandamus, ac sigillifero & Notariis dicti Castelleti, cæterisque omnibus quos dicta reductio, seu ordinatio tangit, firmiter injungentes, quatenus tu & ipsi dictam ordinationem firmiter observetis, nihil contra eam penitus innovantes, & si quid contra ipsam factum fuerit ad pristinum statum reducas & facias reduci. Actum Parisiis die Martis post hyemale festum Beati Nicolai, anno Domini millesimo trecentesimo secundo.*

Aprés ce dernier Mandement le Prevost de Paris ayant contrevenu à l'Ordonance, il y en eut un quatriéme, qui est entre les Chartes des Notaires. Voyez les pages 18. 19. &c.

PHILIPPE IV. dit le Bel, le Mercredy aprés la feste de S.t Marc, en 1301.

(a) Mandement au Prevost de Paris, par lequel le Roy ordonne que les Dépositions des témoins, les Enquestes &c. seront écrites par les Notaires du Chastelet.

PHILIPPUS *Dei gratiâ Francorum Rex, Præposito Parisiensi, salutem. Intelleximus, quod tui Auditorum, Inquisitorum, seu Examinatorum Castelleti nostri Parisiensis Clerici, suas* depositiones, rationes, *seu* articulos testium, vel inquestarum, *ac aliorum processuum judiciatorum, copias* per alios, *quàm per* juratos Notarios *fieri faciunt, quippe ea nolumus, quinimmo præsentibus multa damna possunt, & præjudicia provenire, ac causarum secreta indebite revelari,* Unde tibi mandamus, *quatenus circa præmissa sic studeas, perinde quod per provisionem tuam, nostrorum Notariorum dicti loci & alienum jus possit conservari illæsum.* Actum Parisiis, die Mercurii post festum Beati Marci Evangelistæ, anno Domini millesimo trecentesimo primo.

NOTES.

(a) Ce Mandement est entre les Chartes des Notaires page 19.

PHILIPPE IV. dit le Bel, le Mardy aprés la S.t Gregoire en 1301.

(a) Ordonance touchant les Bâtardises & les Aubaines.

SOMMAIRES.

(1) Les Collecteurs n'exploiteront pas les successions des Bâtards & des Aubains, decedez dans les terres des Seigneurs qui y ont toute Justice, à moins qu'il ne soit constant, que le Roy soit en possession de percevoir ces sortes de biens.

(2) Pendant que l'on fera l'enqueste à cet effet, l'on procedera à l'inventaire.

(3) L'inventaire estant fait, le tout sera mis en la main du Roy, & sous la garde d'une personne fidele.

(4) Ces sortes d'enquestes seront faites par la Cour.

(5) Les Collecteurs ne feront aucunes societez pour le Roy, sans son consentement.

(6) S'il est question entre deux personnes des biens delaissez par un serf de corps, s'il n'y a personne qui les reclame pour le Roy, les Collecteurs renvoyeront la cause au Seigneur qui en doit connoistre.

(7) S'il s'agit de la succession d'une personne que les Gens du Roy pretendent avoir esté serve de Sa Majesté, & que les heritiers soutiennent avoir esté libre, ou franche, les biens delaissez par le defunt seront mis en la main du Roy, & l'on en fera l'inventaire, les parties appellées, avec le Seigneur du lieu &c.

(8) Pour proceder à l'inventaire des biens, dans lesquels les Collecteurs diront avoir quelque droit pour le Roy, ils y appelleront tous ceux qui y auront interest, avec le Seigneur du lieu où les biens seront, & on leur donnera des copies de l'inventaire.

PHILIPPUS *&c. Universis presentes literas inspecturis,* salutem. *Graves clamores & multiplices frequenter tam ad* nos, *quàm gentes nostras perveniunt, contra* Collectores *per nos deputatos, in negotiis* manuum mortuarum, Aubenarum & Bastardorum, *super inordinatis & abusivis processibus, & usurpationibus pluribus, qui per eos fiunt, ut dicitur, in grave subditorum nostrorum dampnum & dispendium, ac etiam in diminutionem eorum, que ad nos debent pertinere in bonis eorumdem, cum ipsorum bonorum quantitates magnæ fuisse & esse dicantur, & dicti Collectores de modicis quantitatibus dumtaxat reddiderint, & reddant nostris gentibus*

NOTES.

(a) Cette Ordonance est au Registre *Olim* vol. 3. fol. 104. *verso*. Au Tresor des Chartes Registre de Philippe le Bel, cotté au haut 36. & au bas 12. piece 134. & au Registre cotté au haut 35. & au bas 10, piece 137. Voyez mon glossaire sur le mot *Bastard.*

rationem. Tandem deliberatione super hoc habitâ diligenti per Curiam nostram *extitit* ordinatum.

PHILIPPE IV. dit le Bel, le Mardy aprés la S.t Gregoire en 1301.

(1) Quod Bastardorum & Aubenarum in terris Baronum & aliorum subditorum nostrorum *in quibus ipsos constiterit* omnimodam *habere* justitiam, *decedentium, bona ipsi Collectores non explectent, nisi prius, per aliquem idoneum virum, quem ad hoc specialiter deputaverimus, vocatis partibus ac dictis Collectoribus, & (b) Domino loci, constiterit, quod* nos *simus in bonâ saisinâ percipiendi & habendi* bona talium Bastardorum & Aubenarum, decedentium in terris prædictis.

(2) Quâ inquestâ pendente statim de bonis hujusmodi, vocatis predictis, certum fiet inventarium.

(3) Quo facto bona predicta in manu nostrâ tamquam superioris, ponentur, & interim salva custodientur ibidem, penes aliquem probum virum non suspectum.

(4) Et inquestę hujusmodi per nostram Curiam expedientur.

(5) Item. Ordinatum *fuit quod dicti Collectores novas (c)* associationes *de cetero pro nobis non recipient, absque nostro. speciali mandato.*

(6) Item. Ordinatum *fuit, quod, si inter aliquos subditos nostros, sit questio de bonis habendis alicujus, qui* in statu decesserit servitutis, *utraque parte dicente, defunctum* hujusmodi hominem suum de corpore fuisse, *& ex parte alicujus non proponatur bona hujusmodi ad* nos pertinere *vel ratione (d)* associationis *antique, dicti collectores, cognitionem questionis hujusmodi sibi non assumant, sed super hoc Domino loci cognitionem dimittant.*

(7) Item. Ordinatum *est quod si Collectores predicti bona alicujus defuncti* ratione manus mortue *petant pro* nobis, *dicentes defunctum hujusmodi* hominem nostrum de corpore *fuisse, & e contra ipsius defuncti heredes dicant ipsum fuisse* liberum *& in saisinâ libertatis decessisse, statim bonis hujusmodi ad manum nostram tamquam superioris positis, fiat, vocatis partibus ac Domino loci, certum inventarium de bonis prædictis, cujus copiam utraque pars habebit & interim ibidem dicta bona per aliquem probum virum non suspectum in manu nostrâ servabuntur & de causis hujusmodi Baillivus noster illius loci cognoscet, nisi virum aliquem alium forsitan duxerimus specialiter committendum, & dicti Collectores coram dicto Baillivo nostro vel deputato a nobis jus nostrum in hujusmodi prosequtione defendent.*

(8) Item. Ordinatum *est, quod in faciendis inventariis bonorum quorumlibet defunctorum, in quibus ipsi collectores reclamaverint nos jus habere, ipsi vocabunt omnes illos quos tangit negotium, & etiam Dominum in cujus terrâ & justitiâ bona hujusmodi consistunt, & fiet utrique partium copia inventariorum eorumdem, & in omnibus quibuslibet casibus qui de cetero evenient,* servabitur ordinatio predicta.

In cujus rei testimonium præsentibus literis (e) nostrum fecimus apponi sigillum. Actum Parisius die Martis post festum Beati Gregorii, anno Domini millesimo trecentesimo primo.

NOTES.

(b) Domino loci.] Les Seigneurs joüissoient alors en plusieurs lieux du droit d'aubaine & de bâtardise, par usurpation. Depuis le droit d'aubaine leur a esté osté, & ils ne joüissent plus du droit de bâtardise que dans les trois cas, sçavoir quand le bâtard est né dans leurs terres, lorsqu'il y estoit domicilié, & qu'il y est mort. Voyez Bacquet du droit de Justice chapitre 22. & 23.

(c) Associationes.] Voyez l'article suivant.

(d) Associationis antiquæ.] Voyez l'article precedent.

(e) Nostrum fecimus apponi sigillum.] Cette Ordonance fut faite par le Parlement, de l'ordre du Roy, qui la confirma ensuite. Voyez l'Ordônance des Bourgeoisies au commencement & à la fin, dans le recüeil des anciennes Coûtumes du Berry, par la Thaumassiere, partie premiere chap. 116. pages 249. 250.

PHILIPPE IV. surnommé le Bel, à Paris, le Mercredy aprés l'Invention de S.te Croix, le 3. May en 1302.

(a) Ordonance en faveur des Eglises de Languedoc.

SOMMAIRES.

(1) Si les Seneschaux de Tolose, de Carcassonne & de Beaucaire, arrestent par eux, ou leurs Sergens des Clercs en flagrant delict, sans la permission des Prelats, ces Clercs seront rendus aux Prelats, ou à leurs Officiaux, en marquant le crime pour lequel ils auront esté arrestez afin que les Prelats les en fassent punir. Si les Clercs ont esté mis en prison injustement, il ne sera exigé d'eux aucun droit de geole, & les Seneschaux obligeront le geolier de se contenter de la dépense que les Clercs auront faite.

(2) Les Clercs arrestez avant cette Ordonance, qui seront mis dans les prisons des Seneschaux, seront pareillement rendus aux Prelats, ou à leurs Officiaux, sans amende.

(3) Si les Clercs ainsi arrestez peuvent d'abord estre mis dans les prisons des Officialitez, les Seneschaux ne les mettront pas dans leurs prisons.

(4) Les Seneschaux n'empescheront pas que les Prelats, suivant les usages des lieux, ne puissent avoir des personnes armées, pour arrester dans leurs Dioceses les Clercs delinquants.

(5) Les Clercs non mariez vivans clericalement, ne seront pas contraints de contribuer aux tailles personnelles, à raison de leurs meubles.

(6) Les Seneschaux ne pourront empescher que les Prelats, ou leurs Officiaux ne procedent contre leurs justiciables dans les cas qui sont de leur competence.

(7) Les Seneschaux n'empescheront pas les Recteurs, ou Curez de poursuivre leurs Paroissiens pour le payement de leurs Dîmes, non infeodées, pardevant les Officiaux.

(8) Si les personnes Ecclesiastiques donnent leurs Dîmes à Rente, ou à ferme à des laïques, la connoissance en appartiendra aux Juges d'Eglise.

(9) Les Prelats, ou leurs Officiaux auront la connoissance des legs pieux, des dots, & des augments de dot, dans les lieux où ils sont en possession d'en connoistre.

(10) Les Juifs qui sont nez & domiciliez dans les terres où les Prelats ont toute Justice, & qui sont tailliables haut & bas & à volonté, ne contribuëront pas aux tailles imposées sur les Juifs du Roy.

(11) Les Clercs, en action personnelles, ne seront pas contraints de plaider pardevant les Seneschaux, quand mesme ce seroit pardevant les Seneschaux qu'ils se seroient obligez &c.

(12) Le temporel des Prelats ne pourra estre saisi, pour les excommunications qu'ils auront decernées, dans les cas qui sont de leur competence, & ils ne pourront estre contraints de revoquer leurs Sentences.

(13) Les Juges d'Eglise ne pourront estre contraints par saisie de leur temporel, de se desister de la connoissance des cas qui leur appartiennent par droit, ou par coûtume.

(14) Si quelqu'un s'est obligé par letres sous le seel des Cours Royales, & s'il y a action intentée contre luy en Cour de Chretienté, au sujet des usures, les Seneschaux ne pourront faire revoquer ce qui y aura esté jugé à cet égard. Et cependant les letres seront mises à execution, si elles ne font pas mention de l'usure.

(15) Si quelque personne Ecclesiastique est en possession de quelque Justice, ou de quelques autres biens, elle n'en pourra estre dessaisie sans connoissance de cause, ni par fraude devenir demanderesse au lieu de deffenderesse &c.

(16) Les meubles des personnes d'Eglise ne seront pas mis en la main du Roy sans juste cause, & s'ils sont saisis injustement, il n'en sera rien payé aux Sergens &c.

(17) Si les Vassaux qui sont dans la mouvance & dans le Ressort des Prelats, ont esté avertis par les Seneschaux, ou leurs Officiers de faire quelque chose qui concerne la Justice, & s'ils ont esté negligens d'y satisfaire, les Officiers des Seneschaux ne pourront neamoins rien faire, qu'aprés en avoir requis les Prelats & à leur defaut.

(18) Les Seneschaux ne souffriront pas que leurs Officiers inferieurs achetent dans leurs territoires des Rentes & des terres, ou fassent des negoces illicites, ainsi qu'il est statué par l'Ordonance de S.t Loüis.

(19) L'Ordonance de S.t Loüis touchant la paix enfrainte, sera executée sans fraude.

(20) Les Seneschaux n'empescheront pas que les Officiers des Prelats ne portent des armes ordinaires pour la deffense de leurs Bois, de leurs Pacages, & pour l'execution de leur Justice, & sous ce pretexte, ces Officiers ne pourront estre arrestez.

(21) Les Seneschaux ne pourront empescher les Officiers des Prelats, qui ont toute Justice de faire le procés à ceux qui y debiteront de la fausse monoye.

(22) S'il est necessaire de metire en la main du Roy les terres de quelques personnes Ecclesiastiques, on ne metira en chaque terre, ou chaque Chasteau qu'un seul Sergent pour gardien.

(23) Les Seneschaux ne recevront aucu-

nes nounes nouvelles avoüeries, au prejudice des personnes Ecclesiastiques.

(24) Les Officiers du Roy ne pourront demeurer dans les terres où les Prelats ont toute Justice, pour y exercer celle du Roy.

(25) La Jurisdiction des Prelats ne sera pas empeschée, sous pretexte que leurs Eglises seront en la garde, ou l'avoüerie du Roy.

(26) Les Seneschaux n'empescheront pas que dans les lieux où le serment est en usage dans les Contracts, les Notaires n'en fassent mention.

(27) Ceux qui se seront refugiez dans les lieux d'asiles, n'en seront pas tirez, si ce n'est dans les cas permis.

(28) Si des Abbez, des Prestres, ou des Clercs ont esté outragez, les Seneschaux en feront prompte justice.

(29) Si des Sergens, ou autres Officiers ont esté excommuniez, les Seneschaux ne souffriront pas que le Service Divin soit arresté, en souffrant qu'ils soient dans l'Eglise.

PHILIPPE IV. surnommé le Bel, à Paris, le Mercredy aprés l'Invention de S.te Croix, le 3. May 1302.

PHILIPPUS Dei gratiâ Francorum Rex Tholosæ, Carcassonæ & Bellicadri Senescallis, vel eorum loca tenentibus salutem. Regi Regum per quem vivimus & regnamus, (b) gratias & obsequium impendere procul dubio arbitramur, cum ejus ministris & his præcipuè qui Pontificali sunt præditi dignitate, opportunis assistimus auxiliis, & venerandas Dei Ecclesias quorumcumque malignorum oppressas incursibus, opportunæ subventionis auxilio consolamur, scientes pro facto, quod ad hoc omnipotens Dominus Regum & Principum in terris statuit (c) dominationem, ut per eorum potentiam, perversi a reprobis cohibeantur moribus, & vim patientes de talium manibus eruantur. Hâc igitur consideratione inducti gravaminibus, molestiis, injuriis, & variis oppressionibus, in quibus per vos, Bajulos, Officiarios, Servientes, & ministros nostros Senescalliarum (d) vestrarum Prælati, & aliæ personæ Ecclesiasticæ Provinciæ Narbonensis asserunt se & suos multipliciter prægravatos, deliberatione præhabitâ diligenti, obviare volentes.

(1) Mandamus vobis & vestrum singulis, quatenùs si in maleficiis & facinoribus (e) flagrantibus, vel aliàs absque speciali licentiâ Prælatorum prædictorum ceperitis per vos, vel Servientes vestros, Clericos quoscumque in possessione Clericatus repertos, vel extrà habitum Clericalem, postquàm de Clericatu constiterit, seu quod communiter & probabiliter pro Clericis (f) habebantur tempore captionis, absque qualibet difficultate, & absque redemptione emendæ cujuscunque pro maleficiis supradictis, ipsis Prælatis vel eorum officialibus ipsos requirentibus, restituatis, eosdem ipsis casus, pro quibus capti fuerint, exprimentes & declarantes, ut ipsos puniant, prout fuerit rationis, non capientes, nec capi permittentes a custodibus carcerum vestrorum carceragia ab illis Clericis, qui in debitè & absque causâ rationabili in ipsis carceribus positi fuerint, sed expensis moderatis, quas ipsi Clerici inibi fecerint (g) ipsos custodes carcerum faciatis manere contentos. Et dum ex parte ipsorum Prælatorum, vel officialium suorum requisiti fueritis, super adjutorio eisdem impendendo, ad Clericos malefactores (h) ipsis delatos capiendos & coërcendos, eisdem auxilium impendatis sufficienter, Servientes tradentes ad stipendia ad hæc sufficientia Prælatorum eorumdem.

(2) Quod si contingat ipsos sic captos anteà, ex causâ in vestris poni carceribus, absque difficultate quacumque, & emendâ, ut suprà dictum est ipsis Prælatis, vel suis officialibus requirentibus statim restituatis eosdem.

NOTES.

(a) Cette Ordonance qui a pour titre dans les manuscrits, *Statutum regium pro Ecclesiis* est au Tresor des Chartes, Registre cotté 30. piece 77. & au Registre de la Seneschaussée de Nismes cotté D.

(b) *Gratias.*] Dans le Registre du Tresor, il y a, *gratum obsequium.*

(c) *Dominationem.*] Au Tresor, il y a, *dominatum.*

(d) *Vestrarum.*] Au Registre du Tresor, il y a mieux, *nostrarum.*

(e) *Flagrantibus.*] Voyez l'Establissement de Philippe Auguste, des Clercs & des Barons, article 6. page 39. cy-dessus, & les Letres de Philippe Auguste touchant *le privilege des Clercs en matiere criminele* page 48.

(f) *Habebantur.*] Au Registre du Tresor, il y a, *habeantur.*

(g) *Ipsos.*] Au Registre du Tresor, il y a, *ipsorum.*

(h) *Ipsis.*] Au Registre du Tresor, il y a, *Ipsos.*

PHILIPPE IV. surnommé le Bel, à Paris, le Mercredy aprés l'Invention de S.te Croix, le 3. May 1302.

(3) *Et si (i)* commode, *absque positione in vestris carceribus, in Prælatorum carceribus poni possint, ipsos sic ad eorum requisitionem captos, in vestris carceribus non ponatis.*

(4) Item. *Illorum Prælatorum, qui* nuncios *(k)* arma ab antiquo *in suis diæcesibus* portantes *habere consueverunt, ad Clericos delinquentes capiendos, arma portare (l)* pro hiis *non impediatis* nuncios eosdem.

(5) Item. Clericos non conjugatos *viventes clericaliter, ad contribuendum cum laïcis (m)* in talliis, *vel collectis personalibus, vel ratione mobilium suorum nullatenùs compellatis, nec per vestros Justitiarios compelli, nec ob hoc eorum* bona capi, *seu* domos claudi, *permittatis, caventes ne in fraudem super eorum* immobilia, *imponantur collectæ, vel* talliæ *in casibus in quibus non fuerint imponendæ.*

(6) Item. *Si ipsos Prælatos, vel eorum officiales contra suos subditos, in casibus ad eos spectantibus, procedere contingat, ipsos subditos contra ipsos Prælatos non deffendatis, Jurisdictionem ipsorum Prælatorum impediendo.*

(7) Item. *(n)* Quod *non impediatis* Rectores, *& alios* Curatos *Ecclesiarum, parrochianos suos, super (o)* decimis non feudalibus, *coram ipsorum Prælatorum officialibus convenire, nec ob hoc bona ipsarum personarum Ecclesiasticarum saisiri, vel ipsos in eisdem impediri permittatis.*

(8) *Quod, si de ipsis* Decimis personas Ecclesiasticas arrendationes facere contingat, *seu eas ad firmas tradere laïcis, propter hoc, ad instantiam ipsorum laïcorum, ipsas personas Ecclesiasticas, licet* firmas non servantes, *ad respondendum coram vobis non compellatis, cum hoc nostram Jurisdictionem non contingat.*

(9) Item. *Super cognitione (p)* legatorum *ad pias causas factorum,* dotium, & propter nuptias donationum, *de quibus noveritis ipsos, & predecessores suos cognitionem,* ab antiquo habuisse, *non impediatis eosdem, nec ipsis super hoc inferatis, nec permittatis inferri indebitas novitates.*

(10) Item. Judæos originarios *eorumdem Prælatorum,* in terris, *in quibus* omnimodam Jurisdictionem habent *commorantes, & pro ipsorum* libito talliabiles *cum nostris Judæis in talliis & Collectis super* Judæos nostros *impositis, tantùm* contribuere *nullatenùs compellatis.*

(11) Item. *Pro* factis personalibus, *Clericos clericaliter viventes, & etiam* personas Ecclesiasticas, *coram* vobis litigare *non compellatis, licet coram vobis super (q) ipsis* factis se obligaverint, *nec permittatis compelli, nec pro (r) debitis ab ipsis commissis condemnationes, vel executiones aliquas faciatis.*

(12) Item. Si *Judices Ecclesiastici, in casibus ad ipsos spectantibus, aliquem* excommunicent, *vel* excommunicatum faciant nuntiari, *Jurisdictionem nostram temporalem propter hoc non impedientes, temporalitatem eorumdem Prælatorum, ob hoc nullatenùs capiatis, nec capi permittatis, nec ad hujusmodi excommunicationum sententias revocandas compellatis eosdem, aut permittatis compelli.*

(13) Item. *In casibus (s) in quibus de jure, vel consuetudine antiquâ & ap-*

NOTES.

(i) Commode.] Au Registre du Tresor, il y a, *Amodo.*

(k) Cum armis.] Voyez les letres de Philippe le Bel de l'an 1290. article 9.

(l) Pro hiis.] Au Registre du Tresor, il y a, *hujusmodi.*

(m) In talliis.] Voyez les letres de Philippe le Bel de l'an 1290. art. 7. page 319. & les letres de Philippe III. de l'an 1270. article 8. page 301.

(n) Quod] Ce mot n'est pas au Registre du Tresor.

(o) Decimis non feudalibus.] Voyez les letres de Philippe III. de l'an 1274. article 2. & 9. page 301. les letres de Philippe le Bel de l'an 1290. article 14.

(p) Legatorum.] Au Registre du Tresor, il y a, *Causarum.* Voyez le chapitre 18. du premier livre des Establissemens page 121. les letres de l'an 1290. article 8. page 319.

(q) Ipsis factis.] Le Registre du Tresor adjoûte *personalibus.* Voyez les letres de Philippe III. de l'an 1274. art. 7. celles de Philippe le Bel de l'an 1290. article 2. & 4.

(r) Debitis] Il semble que *delictis* vaudroit mieux. Voyez cy-dessus les nombres 1. 2. &c.

(s) In quibus.] Le Registre du Tresor adjoûte *ad ipsos.*

PHILIPPE IV. surnommé le Bel, à Paris, le Mercredy aprés l'Invention de S.te Croix, le 3. May 1302.

probatâ ad ipsos spectat cognitio, eos ab ipsâ cognitione desistere, per captionem bonorum, vel amicorum suorum non compellatis.

(14) Item. *Si quis per* literas sigilli *Curiarum nostrarum sigillatas, se obligaverit, & illæ obligationes in Curiâ Ecclesiasticâ conquerantur de illo, qui se obligavit super usuris, cognitionem Ecclesiæ super iis* nolumus *impediri, aut quemquam compelli ad acta in Curiâ Ecclesiasticâ super his habita revocanda. Nihilominùs literæ nostræ non exprimentes* usurariam pravitatem, *executioni debitæ mandabuntur.*

(15) Item. *Si aliquæ personæ Ecclesiasticæ sint, & fuerint in possessione pacificâ justitiarum, vel rerum aliarum ab ipsis, sine causæ cognitione ipsas* nolumus *dissaisiri, nec per fraudem, de* possessoribus *fieri petitores, nec malitiose, quando coram vobis, vel vestris ministris causæ agitate fuerint, sententias ferre, pro quibus ferendæ fuerint, differatis, nec differri permittatis.*

(16) Item. *Sine causâ justâ, in bonis mobilibus personarum Ecclesiasticarum per vos, vel per aliquem ministrorum nostrorum* manum nostram *non* ponatis, *Etsi contingat bona ipsorum Prælatorum, vel personarum Ecclesiasticarum* ad manum nostram capi, vel saisiri, *si reperiatur injustè, vel sine causâ rationabili ea capta fuisse, non compellatis ipsos, nec permittatis compelli* Servientibus salaria reddere, *vel expensas. Si tamen ad instantiam aliorum hoc fortè factum fuerit, ab illis qui hoc injustè procuraverint fieri, prædicta* salaria *& expensæ exigi poterunt & levari.*

(17) Item. *Si aliqui vassalli, tenentes a Prælatis in feudum, in locis* in quibus *(t)* ressortum *ad ipsos Prælatos spectat, per vos, vel ministros vestros moniti super aliquo facto justitiæ exequendo (&) non faciant, vel negligentes existant, non ob hoc per vestros ministros hoc fieri faciatis in dictis locis, nisi Prælatus requisitus in negligentiâ fuerit, vel defectu, aut nisi in locis ipsis aliud de approbatâ consuetudine habeatur.*

(18) Item. *(u) Bajulos & Curiales vestros, contrà (x)* ordinationem Beati Ludovici, emptiones redditùum, *vel* terrarum, aut negociationes illicitas *per se, vel per alios, in territoriis sibi subditis, exercere nullatenùs permittatis.*

(19) Item. *Super (y)* ordinatione factâ a Beato Ludovico de articulo fractionis pacis, *fraudem committi* nolumus, *nec contrà aliorum jurisdictiones sub palliatione hujusmodi contrà ipsius ordinationis mentem aliquid attentari.*

(20) Item. *Si servientes vel ministri, aut subditi dictorum Prælatorum, ad mandatum ipsorum, (z)* arma consueta *portent, pro defensione & custodiâ nemorum, pascuorum, vel pro executione justitiæ suæ, in locis in quibus hoc consueverint, ob hoc non capiatis, nec capi permittatis eosdem, nisi casum committant excessuum, in quo ad vos punitio pertinere noscatur.*

(21) Item. *Si aliqui* falsam monetam *expendant in terris, in quibus ipsi* Prælati omnimodam altam & bassam *justitiam habere noscuntur, non impediatis ipsos Prælatos, quominus debitam justitiam faciant de eisdem.*

(22) Item. *Si in casu debito* castra vel terras *personarum Ecclesiasticarum* ad manum nostram capi, vel saisiri contingat, *(a a) uno Serviente in loco uno ponendo, contentos vos esse volumus, nisi contumacia, vel protervitas plures requirat. Et Servientes hujusmodi moderatis, non excessivis stipendiis faciatis manere contentos.*

(23) Item. (b b) Advocationes & recognitiones in terris & Justiciis *dictarum*

NOTES.

(t) Ressortum.] Dans le Registre du Tresor, il y a, *ressortio.*

(u) Bajulos.] Voyez l'Ordonance de S.t Loüis de l'an 1254. art. 8. & 13. page 66. cy-dessus.

(x) Ordinationem B. Ludovici.] Voyez l'Ordonance de 1254. art. 1. 2. &c. page 68.

(y) Ordinatione &c.] Voyez l'Ordonance de S.t Loüis de l'an 1257. page 84. & cy-aprés l'Ordonance touchant *les guerres privées*, page 344.

(z) Arma.] Voyez l'art. 4. cy-dessus.

(a a) Uno serviente.] Voyez les letres de l'an 1290. article 6. celles accordées à l'Archevesque de Tours & ses suffragans en 1299. article 1. 2. page 131. & celles accordées aux Evesques de Normandie en 1299. article 18. page 335.

(b b) Advocationes & recognitiones.]

PHILIPPE IV. surnommé le Bel, à Paris, le Mercredy aprés l'Invention de S.te Croix, le 3. May 1302.

personarum Ecclesiasticarum de novo, in earum prejudicium, non admittatis, nec a vestris ministris admitti permittatis, & si quæ de novo factæ fuerint, eas ad statum debitum reducatis.

(24) Item. *(cc) Servientes & Bajuli, aut aliqui ministri nostri in terris, in quibus ipsi Prælati omnimodam habent justitiam, officium exercendo* mansiones non habeant, *nec assisias teneant, nisi ubi fuerit consuetum.*

(25) Item. *Pretextu alicujus* gardiæ nostræ antiquæ *in personis Ecclesiasticis, non impediatis, nec impediri permittatis jurisdictionem Ecclesiasticam Prælatorum. In his tamen quæ ad* ipsam *(dd)* gardiam *nostram spectant, jus nostrum & illorum qui sunt* de nostrâ antiquâ gardiâ, conservetis.

(26) Item. *In locis in quibus consuetum est in instrumentis* juramenta, *vel fidem poni a Notariis (ee) Senescalliarum, ad requisitionem contrahentium, non inhibeatis apponi fidem, & hujusmodi juramenta.*

(27) Item. *(ff) Confugientes* ad Ecclesias *non extrahatis ab eis, nec extrahi permittatis, nisi in* casibus a jure permissis.

(28) Item. *Si Abbates, aut Presbyteros, vel alios Clericos* capi, *vel* verberari, *seu eis insidiari ab aliquibus vestris subditis contingat, de talibus factis ad laudem Dei, pro ut ad vos spectat,* justitiam facere non tardetis *& defendatis eosdem, ubi defensio requiretur, pro ut ad vos noveritis pertinere.*

(29) Item. *Si aliqui de vestris* ministris, vel servientibus sint excommunicati denuntiati, *appellatione ipsam excommunicationem non precedente, non permittatis impediri per eos* divina officia, in Ecclesiis remanendo, *contra prohibitionem sacerdotum.* Actum Parisius die Mercurii post Inventionem sanctæ Crucis, anno Domini millesimo trecentesimo secundo.

NOTES.

Voyez l'Ordonance de Philippe III. de l'an 1172. avec la note, page 297. & les letres de Philippe le Bel de l'an 1290. article 11.

(cc) Servientes & Bajuli.] Voyez les letres de Philippe le Bel de l'an 1290. art. 12. page 319.

(dd) Gardiam nostram.] Voyez Beaumanoir dans ses Coûtumes du Beauvoisis, chapitre 46. page 260. *Chopinum de domain.* lib. 1. tit. 6. n. 1. *Duschenium in histor. Ducum Burgundiæ,* pag. 92. 93. 99. 101. & Cangium in *Warda.*

(ee) Senescalliarum.] Le Regiſtre du Tresor adjoûte *vestrarum.*

(ff) Confugientes ad Ecclesias.] Vide *F. Paulum Sarpium, Rithershusium, & Millerum de asylis.* Ces aziles ont esté abolis par l'Ordonance de 1539. article 66.

PHILIPPE IV. dit le Bel, à Paris en 1302. le Dimanche aprés le 9. May, feste de S.t Nicolas d'esté.

(a) Ordonance touchant les Guerres privées.

(b) PHILIPPUS *Dei gratiâ Franciæ Rex Tholosæ, Carcassonæ, & Bellicadri Senescallis, vel eorum loca tenentibus, salutem. Ex gravi querimoniâ dilecti & fidelis nostri* Archiepiscopi Narbonensis *& ejus suffraganeorum* accepimus, *quod vos, officiales alii, & ministrales nostri illarum partium, occasione* pacis fractæ in locis in quibus omnimodam altam & bassam habent justitiam, *in his quæ ad* pacis fractionem *minime pertinere noscuntur, eorum Jurisdictionem, & dominium la-*

NOTES.

(a) Cette Ordonance est dans un *Vidimus,* qui est au Registre du Vicomte de Narbonne Amalric, cotte 165. entre les titres du Vicomté de Narbonne.

(b) Cette Ordonance semble avoir esté faite en consequence du Mandement de Philippe III. qui suit, lequel est au Registre *Noster* de la Chambre des Comptes de Paris, feüillet 27.

Philippus *Dei gratiâ Francorum Rex Senesc. Carcass. salutem. Propter dubietates, que frequenter emergunt, & ne jurisdictio dominorum, ut committitur, ex his aliquatenus usurpetur, consilium quod dicitur prefitibile* felicis recordationis Clemens summus Pontifex, *dum in servitio inclite recordationis predicti,*

ctis, & quandoque contra ordinationem pacis-hujusmodi, *ut dicitur, usurpatis. Ne igitur quisquam vestrum super hoc amplius, prætextu ignorantiæ, velamen excusationis assumat, & ut vobis liquido pateat, quando* ex delicto pacis fractæ, *excessus qui contigerit, ad Jurisdictionem nostram debeat pertinere, sicut in registris nostris plenius continetur, illum vobis taliter duximus exprimendum,* videlicet cum in castris, aut civitatibus factâ seditione publicâ pars partem ejecerit, vel cum armis invaserit, vel Civitas, Castrum, aut Villa, aut Baro, aut Castri Dominus aliis guerram moverit, aut furtive Castrum, aut Villam, aut masionem subtraxerit, pax dici debeat violata. *Quod si privatæ personæ in civitatibus, vel municipiis sese aggressæ fuerint, aut etiam pastores in pascuis, multi, ut sæpe contingit, occasione eorum rixati,* hæc ad pacis non pertinent fractionem. *Sane aggressores itinerum, sive plures fuerint, sive unus, pacis violatores censendi sunt, qui sive ad manum gentium nostrarum sive ordinariorum, qui omnimodam justitiam altam & bassam, in locis in quibus aggressiones hujusmodi factæ fuerunt habere noscuntur, devenerunt, unus alteri remittere aggressores hujusmodi minime teneatur, quod si ad manum tertiam devenerint, tradendo nostris gentibus, sive ordinario prædicto primitus requirenti tertius hujusmodi liberetur. Quare vobis* mandamus *quatenus dictam* ordinationem *firmiter observantes, & facientes in vestris Senescalliis ab aliis inviolabiliter observari, non permittatis in ipsius præjudicium quovis modo aliquid per aliquos attemptari. Actum Parisius die Dominicâ* post æstivale festum Beati Nicolai, anno Domini millesimo trecentesimo secundo.

PHILIPPE IV. dit le Bel, à Paris en 1302. le Dimanche aprés le 9. May, feste de S.t Nicolas d'esté.

NOTES.

clarissimi Domini & genitoris nostri Ludovici Francorum Regis, *minori officio fungeretur, vobis scribimus ad videndum quantum ex* delicto pacis fracte *excessus qui* contigerit, *ad jurisdictionem nostram debeat pertinere. Dicebat enim quod cum in castris, aut civitatibus factâ seditione publicâ, pars partem ejecerit, vel cum armis invaserit, vel civitas castrum, aut villa, aut Baro, aut castri Dominus aliis guerram moverit, aut furtive castrum, aut villam, aut munitionem subtraxerit,* pax dici debeat violata. *Quod si private persone in civitatibus, vel municipiis sese aggresse fuerint, aut etiam* pastores in pascuis, *multi, ut sepe contingit, occasione eorumdem rixati, hæc ad pacis non pertinent fractionem. Sane aggressores itinerum, sive plures fuerint, sive unus, pacis violatores censendi sunt, qui sive ad manus paciarii, sive ad sui ordinarii manus devenerint, unus alteri eos minime remittere teneatur, quod si ad manus tertii, remittendo alterutri, liberetur. Ut igitur melius sciri possit, quid servari debeat generaliter, & in quo casu debeat* pacis fractio *censeri,* mandamus *vobis quatinus habito consilio cum sapientibus Senescallie vestre, quecumque circa hoc pertinent ad plenam* Jurisdictionem *habendam,* seu *consilium quod* habueritis, *Nobis in Parlamento Pentecostes, plenam certitudinem faciatis. Datum Parisius die Mercurii ante festum beati Luce Evangeliste.*

(a) Mandement au Bailli d'Amiens, portant deffenses de faire partir pour l'Armée de Flandres, tous ceux qui auront moins de Cent livres Parisis en meubles, & moins de Deux cens livres tournois de meubles & d'immeubles, pourveû que les meubles de ces derniers vallent moins de quarante livres.

PHILIPPE IV. dit le Bel, le Jeudy aprés la Trinité 12. Juin 1302.

PHILIPPUS *&c. Subditorum nostrorum* incommodis, *quantùm permittit temporis conditio,* cupientes occurrere, *& eorum utilitatibus de benignitate regiâ providere,* Mandamus *tibi quatenùs homines dilecti & fidelis nostri* talis, *qui non habent* in bonis mobilibus centum libras Parisienses, *vel qui non habent in bonis mo-*

NOTES.

(a) Ce Mandement est au Tresor des Chartes, Registre de Philippe le Bel, cotté au haut 36. & au bas 12. pour les années 1302. 3. 4. & 5. piece 4. & au Registre cotté 35. & 10. piece 4.

PHILIPPE IV. dit le Bel, le Jeudy aprés la Trinité 12. Juin 1302.

bilibus & immobilibus per totum, ducentarum librarum Turonensium valorem; *quorum* valor mobilium *summam quadragentarum librarum Turonensium non excedit, ad eundum* in præsentem nostrum Flandrensem *(b)* exercitum *non compellas, quos ex causâ hujusmodi a prædicto exercitu ad præsens haberi volumus excusatos. Illos autem quos centum libras in mobilibus vel ducentas in mobilibus & immobilibus modo prædicto haberi constiterit, ad eundum in hujusmodi exercitum, sine dilatione compellas.* Hanc autem ordinationem *nostram ad finem primi mensis nostre prime subventionis servari volumus & effectum habere, ita quod financie per nos occasione hujusmodi primæ subventionis cum gentibus nostris facere pro mense prædicto valeant & habeant roboris firmitatem.* Actum apud Vicennas die Jovis post Trinitatem, anno Domini millesimo trecentesimo secundo.

NOTES.

(b) Exercitum.] Voyez ce que j'ay remarqué sur le chap. 61. du premier livre des Establissemens.

PHILIPPE IV. dit le Bel, le Samedy aprés le 29. Juin feste de S.t Pierre & S.t Paul 1302.

(a) Ordonance touchant les Inquisiteurs de la foy, portant qu'ils ne pourront poursuivre les Juifs pour usures, pour sortileges, ni pour tous autres crimes qui ne sont pas de leur competence.

PHILIPPUS &c. Senescallis, Baillivis, Præpositis, cæterisque justiciariis ad quos præsentes literæ pervenerint, salutem. Licet negotium catholicæ fidei cordi, præ cæteris, habeamus, illud que intendamus opportunius semper favoribus efficacius promovere, Inquisitoribus hæreticæ pravitatis *in ipsius negotio fidei consilium & auxilium impendendo : Inquisitores tamen eosdem sic suis finibus* volumus *esse contentos, quod in temporalis Jurisdictionis præjudicium, nostrorum que dispendium subditorum potestatis sibi traditæ limites non excedant.* Ea propter vobis *& vestrum singulis districte* præcipiendo mandamus *quatenus si Inquisitores præfati contra* Judeos *regni nostri de quæstionibus (b) usuris, sortilegiis, vel aliis quæ Inquisitoribus ipsis* ex officio Inquisitionis non competunt *se forsitan intromittant, vel intromittere quoquomodo contendant, vos ad instantiam, vel requisitionem ipsorum nullum* Judæum capiatis, *nec faciatis capi, aut quomodolibet molestari occasione prædictâ, nec super illis eisdem inquisitoribus impendatis auxilium vel favorem.* Datum Vincennis sabbato post festum beatorum Apostolorum Petri & Pauli, anno Domini millesimo trecentesimo secundo.

NOTES.

(a) Cette Ordonance est au Tresor des Chartes Registre cotté au haut 35. & au bas 10. fol. 2. *verso*, piece 11. & au Registre de Philippe le Bel, cotté au haut 36. & au bas 12. pour les années 1302. 3. 4. & piece 11.

(b) Usuris.] Au second Registre, il y a mieux, *usurarum*.

PHILIPPE IV. dit le Bel, le Jeudy avant le 25. Aoust feste de S.t Loüis 1302.

(a) Mandement aux Baillis & autres Officiers Comptables de porter en la Monoye toute leur vaiſſelle blanche, & de publier une Ordonance portant injonction à toutes autres perſonnes d'en porter au moins la moitié.

SOMMAIRES.

(1) Tous Baillifs, autres Officiers & miniſtres qui reçoivent pour le Roy, porteront inceſſamment à la monoye toute leur vaiſſelle d'argent, ſans en rien reſerver, & ils attendront à ſe rembourſer ſur le premier compte qu'ils rendront, lors duquel on leur rabattra le prix de ce qu'ils auront porté.

(2) Tous les autres ſubgets y porteront au moins la moitié de ce qu'ils ont de vaiſſelle, & ils en recevront incontinent le prix.

(1) PHILIPPES &c. au Baillif de Sens, ſalut. *(b)* Pour la neceſſité appariſſant, & pour le profit commun de noſtre Royaume, il ſoit accordé aſſemblienment de pluſieurs de nos amez & feaux Prelaz & Barons, avec noſtre Conſeil, que *il, & toutes autres perſonnes d'Egliſe, de Religion, ou de ſiecle queles que elles ſoient baillent & delivrent en preſent, la moitié de tout leur veſſelement blanc,* ou plus que la moitié, ſe à moins ſe peuvent faire bonnement, à ouvrer en noſtre monoie, pour le prix *de quatre livres & quinze ſols tornois,* pour chaſcun Marc de Paris, ou de ſemblable valeur, lequel prix *Nous voulons* que il ſoit rendu ſanz delay en baillant ledit argent, & ſoit ordené eſpecialment & *volons* que vous, & touz noz autres Officiaus & Meniſtres quelques il ſoient, qui reçoivent le noſtre en icelle Baillie, bailliez premierement audit ouvrage de ladite monoie ſur les ſeremens que vous & il nous y eſtes aſtrainz, *toutes voz vaiſſellemens* d'argent ſans nulle retenuë, ſi que en ce vous ſoiez veuz moins deportez en exemple de touz : & de ce nous *voulons* que vous & il atendez à payer dudit pris juſques à voz premiers comptes, és quieux nous otroions deſorendroit que nous le puiſſions rabattre & compter en paie, & retenir ſelonc la quantité de chaſcun.

(2) Derechief toute autre maniere de gent de noſtre Baillie baillent & delivrent auſſi eſdiz ouvrages *la moitié* au moins de leur vaiſſellement, & *voulons* que il ſoient tantoſt payez dudit pris. Nous vous *mandons* que cette commune accordance & *pourveance* ſignifiez à touz par cri general, ſanz faire mention de *Prelaz ne de Barons*, c'eſt à ſçavoir que toute manieres de gens quelque il ſoient apportent à noſtre plus prochaine Monoie *la moitié* au mains de leur vaiſſelement d'argent blanc aprés ce cri, & payement leur ſera fait dudit pris preſentement, lequel pris nous creu & haucié outre ce que *il ne valoit en la* date de cette Ordenance eſpeciaument pour relever noz ſubgez de dommages & qu'il ne tiegnent agrenance faites ſignifier au cri que tuit accompliment les choſes deſſus dites ſi parfaitement & loialment que il ne conviegne que nos metien main pour raiſon de forfaiture. Donné à Paris le Jeudy devant feſte S.t Loys l'an de grace mil trois cens & deus. *(c)*

NOTES.

(a) Ce Mandement eſt au Treſor des Chartes Regiſtre cotté au haut 35. au bas 10. fol. 7. piece 26. Collationné avec le Regiſtre cotté au haut 36. au bas 12.

(b) Il faut adjoûter ce ſemble, *Comme.*

(c) Nomina illorum quibus mittuntur literæ ſupra ſcriptæ.

Duci Britanniæ.
Duci Burgundiæ.
Reginæ Mariæ.
Comitiſſæ Drocenſi & Montisfortis.
Comitiſſæ Brani.

Comitibus.

Valeten. Alenç. Carnoten. & Andeg.
Sacri-Ceſaris.
Albæ-Malæ.
Foreſii.
Sueſſionenſi.

PHILIPPE IV. dit le Bel, le Jeudy avant le 25. Aoust feste de S.t Loüis 1302.

NOTES.

Marchiæ.
Pontivi.
Petragor.
Nivernen.
Drocensi.
Ruthen.
Dompni-Martini.
Rociaci.
Vindocin.
Jo. de Cabill. Autiss.
Fuxi.
Aymard. de Pictavia Valentin.
Ebroicens.
Astariaci.
Joignaci.
Hanoniæ.
Burgundiæ.
Autiss.
Claromont.
Grandis-Prati.
Convenarum.
Portuensi.

Vicecomitibus.

Bellimontis.
Narbonæ.
Touardi.
Meliduni.
Lemovicensi.
Brunigili.

Dalphinis.

Alverniæ.
Vianen.

Vicedominis.

Ambian.
Cathalan.
Carnoten.

Dominis.

Couciaci.
Castri-Villani.
Granceii.
Montis-acuti.
Puissati vel *Pussiaci.*
G. Crespini de Dangu.
Droconi de Melleto.
Credonii.
Ronceii.
Belli-joci.
Boumez.
Roche-Tesson.
M. Montismauri.
Archando Roncilion.
Theobaldo de Lotharing.
J. Hanricurt.
M. Americo Bechet.
Vergeii.
Jordanno Insulæ.
Gaufro de Lezignen.
Valeriaci.
Rochæ in Campaniâ.
N. de Charboigne.
Radulpho de Suess.
Ambaziæ.
Betaudo Mercorii.
De la Val.
Hugoni de Burgundiâ.
P. de Ambaziâ.
Guillelmo Archiepiscopi.
Guillelmo de Maulevrier.
De Marthefelon.
Bertrando de Monte Joant.
De Hayâ.
Harduino de Mailli.
Aymardo d'Archiac.
Brano de Vernolio.
De Turre in Alverniâ.
Hugoni de Touart.
Guillelmo Pri.
Foucaudo de Nelle.
De Monte-lauro.
De Choisel.
De Rupe-choardi.
Guillelmo Bertran.
Payvolle.
Gaufrido de Vindocin.
De Bajou.
de Beffremont.
de Joinville.
De Wanguonnii.
Hugoni Lachever-que.
Roberto de Aennal.
J. Malot.
De Gaci.
De Estouteville.
Guillelmo Marcel.
De Feritate.
Roberto Malet.
Johanni de Bruecourt.
Johanni de Clero.
Johanni de Feritate.
Nicolao de Hoto.
Roberto de Montigni.
de Duyti.
G. de Chauvigni *de* Chastel Raoul.
G. de Chastellione de Trano.
De Perculeyo.
Marescallo Miræ piscis.

PHILIPPE IV. dit le Bel, à Paris, le Jeudy aprés le 25. Aoust, feste de S.t Loüis 1302.

(a) Ordonance concernant la capture des gens d'Eglise en Normandie.

PHILIPPUS Dei gratiâ Francorum Rex universis Baillivis nostris, Præpositis & aliis Justiciariis nostris in Ducatu Normaniæ deputatis salutem. Ex parte dilectorum & fidelium nostrorum Rothomagensis Archiepiscopi & suffraganeorum suorum, nobis extitit conquirendo monstratum, quod licet tàm jure divino, Canonico & civili, quam statutis & consuetudinibus *scriptis in Normaniâ, Presbyter, vel Clericus propter* crimen mere personale *conveniri, judicari, seu puniri* per secularem justitiam non debeat, *nec coram eâ teneatur super hoc respondere, sed si capiatur per eam debet reddi* justitiæ Ecclesiasticæ, per eam puniendus. *Nihilominus gentes nostræ per aliqua tempora propter facta hujusmodi contra jus, statuta & consuetudines prædictæ Normaniæ, veniendo in causam coram se personas hujusmodi trahebant, & ad hoc trahere nitebantur injuste, & quando post ipsos* presbyteros, seu clericos, seu *contra eos,* Harou, *propter facta hujusmodi clamabant, in ipsorum Archiepiscopi & suffraganeorum prædictorum præjudicium non modicum, & gravamen. Quare nobis cum instantiâ supplicarunt ut abusum hujusmodi penitus* aboliri, *statuta que & consuetudines prædictas per gentes nostras,* faceremus observari, *propter quod librum, seu re-*

NOTES.

(a) Cette Ordonance est dans le recüeil manuscrit de M. Du Tillet, qui appartient à M. Gilbert Greffier en Chef.

gistrum

gistrum dictarum consuetudinum, seu statutorum Normaniæ videri fecimus & *ex eo statutum factum super hoc extrahi, cujus tenor de verbo ad verbum sequitur in hæc verba:* Nulz Clercs, ne nulle personne de S.te Eglise ne doit estre prise & arrestée, si elle n'est prise en present mesfaict, ou s'il n'est seivi à harou. Et lors doibt-il estre rendu à S.te Eglise si elle le requiert, & s'il reconnoist en la Court de S.te Eglise, le mesfait dont il est seivi, & il en est atteint, il doit estre deposé de tous ordres & de tout privilege à Clerc, & *(b)* chassé hors du pays comme exilez, pourtant que le mesfaict soit tel que homme en dût perdre vie, ou membre. Icelles personnes (ne) sont quittes de plaider en Cour laye, entant comme il appartient au *(c)* fié lay.

PHILIPPE IV, dit le Bel, à Paris, le Jeudy aprés le 25. Aoust, feste de S.t Loüis 1302.

Nos igitur instituti Domini nostri Jesu Christi & sanctæ matris Ecclesiæ, nec non specialis affectionis quam ad ipsos Prælatos semper habuimus, & habentes, dictum statutum *volumus & præcipimus, quantum ad nos spectat, prout superius est expressum & insertum* teneri, servari, & in nullo penitus infringi, *nonobstante abusu, per longa tempora contra hoc per gentes nostras in contrarium expletato & usitato, quem totaliter* tollimus & abolemus, *mandantes & præcipientes districtius vobis, & vestrum singulis, quod memoratum* statutum *observetis & faciatis inviolabiliter a nostris gentibus observari, prædicto abusu nonobstante, Actum Parisius die Jovis ante festum Beati Ludovici. Anno Domini millesimo trecentesimo secundo.*

NOTES.

(b) Chassé.] Voyez ce que j'ay remarqué sur le chapitre 31. du premier livre des Establissemens, & les chapitres 23. 24. 80. & 82. de l'anciene Coûtume de Normandie.

(c) Fié lay] Voyez l'Establissement de Philippe Auguste art. 7. page 41. & l'anciene Coûtume de Normandie chapitre 115.

(a) Mandement adressé au Baillif d'Orleans, portant injonction de saisir les biens de ceus qui estoient sortis du Royaume, contre les deffenses contenuës dans une Ordonance precedente.

PHILIPPE IV. dit le Bel, à Paris le Dimanche aprés le 18. Octobre, feste de S.t Luc 1302.

SOMMAIRES.

(1) On saisira les biens de ceux qui sont sortis du Royaume sans le Congé du Roy. On les conservera soigneusement jusqu'à ce que le Roy ait commis des gardiens pour les gouverner. On s'informera du nom de ceux qui sont sortis, & de la quantité de leurs immeubles, & on informera le Roy de tout ce que l'on aura trouvé.

PHILIPPUS *&c. Baillivo Aurelianensi, vel ejus locum tenenti, salutem. Cum nos Regni nostri hiis diebus utilitate pensatâ, deliberationeque super hoc* præstitâ *diligenti, sub certis semel & iterùm formis districtè duxerimus prohibendum, ne quis de incolis Regni nostri, certis rationibus & causis, in ipsâ prohibitione contentis,* ab eodem regno, absque nostrâ speciali licentiâ exire præsumeret *quoquomodo: Nonnulli nihilominùs* Prælati, Abbates, Priores, Magistri *in Theologiâ,* Doctoresque Juris Canonici & Civilis, *ac aliæ quædam Ecclesiasticæ & seculares personæ, prout ad nostrum nuper venit auditum, inhibitione hujusmodi nostrâ spretâ, ab eodem regno egredi, quod molestum gerimus, præsumpserunt.* Nolentes *igitur ob ipsarum absentiam personarum bona earum* temporalia *dissipari, & potius ea cupientes proinde conservari,* mandamus *tibi quatenùs bona omnia temporalia personarum quarumlibet Baillivia tuæ, quæ prohibitionem nostram prædictam transgresserunt, ad manum nostram causâ custodiæ ponere non obmittas, ea quæ diligenter custodiri facias, donec de certis eorum custodibus duxerimus providendum.*

NOTES.

(a) Ce Mandement est au Tresor des Chartes, Registre cotté au haut 35. & au bas 10. *recto*, piece 31. Et au Registre cotté au haut 36. & au bas 12.

De nominibus *verò ipsorum, & quantitate bonorum immobilium singulorum te diligenter informes, informationem quam inde feceris, nobis quàm citius relaturus, vel sub sigillo tuo interclusam missurus. Actum Parisius Dominicâ post festum Beati Lucæ Evangelistæ. Anno Domini millesimo trecentesimo secundo.*

PHILIPPE IV. dit le Bel, le Vendredy aprés les octaves de la Toussaints 1302.

(a) Mandement touchant la subvention, à cause de la Guerre de Flandre.

SOMMAIRES.

(1) Les Commis sur le fait de la levée des Finances, apporteront promptement au Louvre toutes les sommes qu'ils auront au-dessus de mille livres.

(2) Suivant une Declaration precedente, ils feront payer finance aux nobles qui auront quarante livres & plus de revenu, & aux non nobles qui auront trois cens livres en meubles, ou la valeur de cinq cens livres, tant en meubles qu'immeubles &c.

(3) Les Baillis ne souffriront que les Seigneurs levent aucune finance sur leurs sujets non nobles, qui ont esté dechargez de la subvention.

(1) PHILIPPUS *&c. Super-intendentibus negotio financiarum pro nostro Flandriæ exercitu in Bailliviâ Cadomensi, & Baillivo ejusdem salutem. Referentibus nonnullis vestrum & aliis verisimiliter* didicimus *vos de pecuniâ per vos mer receptâ de dictis financiis & proventibus aliis, paratam habere non modicam quantitatem. Ideoque* mandamus vobis *quatenùs pecuniam ipsam totam & quàm ampliùs vos inde levare contigerit cum notabilem summam saltem* mille librarum *habueritis, quàm citiùs transmittatis Parisius apud* Lupparam, *thesauro assignandam.*

(2) Servantes *in financiis levandis* declarationem *à nobis noviter factam, quam per alias debetis literas didicisse. (b) Videlicet* quod a nobilibus habentibus quadraginta libras, vel plus in redditibus, & ab ignobilibus habentibus trecentas libras in mobilibus, vel valorem quingentarum librarum, tam in mobilibus quam in hereditatibus simul legitimè estimatis, exigantur & leventur financiæ, *secundum quod minimè aut minùs* sufficienter servierint *in exercitu memorato* in personis propriis, *nisi aut* inhabilitas *vel* impotentia legitima, *aut* gratia specialiter obtenta à *nobis, eos* excuset : *Et illo casu tantummodo pro defectu ac exactione etiam emendarum hujusmodi supersedeatis usque ad nostræ beneplacitum voluntatis,* pauperibus *scilicet unde armare se & ire vel mittere possint non habentibus omninò exclusis.*

NOTES.

(a) Ce Mandement est au Tresor des Chartes, Registre cotté au haut 35. au bas 10. feüillet 15. *recto*, piece 51.

(b) Videlicet.] Joignez le Mandement adressé au Bailli d'Amiens, du Jeudy aprés la Trinité 1302. Le Dimanche aprés le 4. de Juillet de la mesme année, le Roy avoit donné aux Commissaires nommez pour la levée de sa subvention, l'instruction qui suit qui est au Registre *Pater* de la Chambre des Comptes de Paris, feüillet 149.

Instructio Missorum pro financiis recipiendis pro exercitu Flandrie. Et ista debet teneri secrete & non revelari alicui, nisi illius qui missus est ex parte Regis & Baillivo college suo.

*Quia rebellium nostrorum & Regni vires, favores, & auxilia iis temporibus contra nos & subditos nostros crevere & multiplicari videntur, ad protervam ipsorum fautorum suorum & sibi adherentium superbiam conspirationes & machinationes varias & .... que ab alienigenis & remotis contra nos & statum regni, conjecturis evidentibus imitari perpendimus, congruâ & necessariâ ordi*natione *providimus, ut exercitus nostri Flandrie subditorum nostrorum equitum & peditum, quos generaliter singulos & singulariter universos tangere noscitur, negotium pluralitate fecundet, & bellatorum strenuitate pervigeat, quorum potentiâ regnum ipsum contra rebellionem, ac superbiam hostium deffensetur. Ea propter vobis* mandamus *quatinus universos & singulos locorum vobis commissorum ignobiles sollicite moneatis, & singulariter faciatis moneri ut sine dilatione ad prædictum nostrum Flandrie exercitum, statim post monitionem vestram personaliter se conferant in equis & armis, secundum statum cujuslibet parati, nostris gentibus ibidem existentibus auxi-*

(3) Præterea. *Cum nos aliquorum fidelium nostrorum obtentu, qui in exercitu prædicto serviunt* concesserimus, *quod homines eorum* ignobiles *ad dictas* financias *nobis præstandas* minimè teneantur, *tu Baillive, propter hoc non permittas per Dominos ipsos ab hujusmodi subditis aliquas pro se financias exigi vel levari.* Actum Parisius die Veneris post octavas omnium sanctorum.

PHILIPPE IV. dit le Bel, le Vendredy aprés les octaves de la Toussaints 1302.

NOTES.

lium prestaturi. Si vero quia labori suo parcere & penam proprii corporis redimere voluerint & finare vobiscum, attendentes moderni temporis & exercitus prædicti imminentem caristiam, de speciali gratiâ concedimus, ut ad financiam pro quâ finare vobiscum de ipsorum assensu voluerint non coacti, recipiatis eosdem. Nolumus *tamen quod minorem financiam* viginti librarum pro miliari recipiatis, *ab eis plus de pluri, & de minori minus. pinguiorem tamen si bono modo poteritis financiam exigentes ab ipsis : non enim intentionis nostre existit, quod illi qui* in mobilibus & hereditagiis valorem ducentarum librarum Turon. non habent, ad finandum cogantur. Sed quicumque centum libras in mobilibus tantum, vel ducentas libras Turon. in mobilibus & hereditagiis habere noveritis, financiam prestari volumus, *vel ad exercitum faciendum compelli. Advertatis insuper quod quicumque majorem quantitatem mobilium possidet, quam hereditariorum bonorum, pinguiorem, & absque lesione, financiam prestare potest, quam qui majorem quantitatem immobilium quam mobilium possidere noscuntur. Manifestos autem usurarios locorum vobis commissorum ad majores financias quas poteritis prestandas, vel ad faciendum exercitum, secundum quantitatem bonorum suorum quorumlibet in equis & armis ac bonis apparatibus viriliter compellatis. Taxationem autem bonorum suorum dictarum personarum, quas ad financiam teneri noveritis, vestre discretioni ac legalitati committimus confidenter. Verumtamen super hoc inquirere potestis per taxationes antiquas, vel per vicinos, vel saltem per juramenta ipsorum. Scriptum Parisius Dominicâ post festum estivale Beati Martini, anno Domini millesimo trecentesimo secundo.*

PHILIPPE IV. dit le Bel, à Châalis, le Samedy aprés la Toussaints 1302.

(a) Letres portant deffenses de transporter hors du Royaume, le Bled, le Vin, & les autres choses necessaires à la vie.

SOMMAIRES.

(1) Il est defendu à toutes personnes sous peine de corps & de biens, de transporter hors du Royaume, des Vins, des Bleds, & quelques autres vivres que ce soit.

(2) Sous cette deffense ne sont pas compris ceux ausquels on est convenu par des traitez d'alliance, ou de treve, d'en laisser emporter, à condition neantmoins qu'ils en demanderont la permission au Roy, & qu'ils n'en feront pas passer par leurs terres aux ennemis de l'Estat.

(3) Le transport des Etoffes n'est pas compris sous cette defense, pourvû qu'on n'en fasse pas passer chez les ennemis de l'Estat, avec lesquels tout commerce est interdit.

(1) PHILIPPUS *&c. Baillivo* Vitriaci, *salutem. Victualium raritatem* & insolitam caristiam *quæ in diversis partibus regni nostri*, ex sterilitate præsentis anni *fore nascuntur*, *(b)* confidentes *attentiùs, & diligentius* attendentes, *pro ipsius regni defensionis negotio, adversùs præsentes impugnationes hostiles necessariam omninò existere hujusmodi victualium ubertatem, plenioris habitâ deliberatione consilii, districtiùs duximus inhibendum, Ne quis* sub pœnâ corporis & averii Vinum, Bladum, *vel alia victualia, quocumque nomine censeantur, de regni prædicti finibus, per terram, vel per mare, vel per se, vel per alium præsumat* extrahere, *vel in viâ ponere* extrahendi, *absque nostrâ speciali licentiâ, per nostras patentes literas præhibentâ.*

NOTES.

(a) Au Tresor des Chartes, Registre cotté au haut 35. & au bas 10. feüillet 10. *recto*, piece 32. & au Registre cotté au haut 36. au bas 12. piece 30.

(b) Confidentes.] Il faut ce semble, *considerantes.*

PHILIPPE IV. dit le Bel, à Châalis, le Samedy aprés la Toussaints 1302.

(2) Per hujus autem inhibitionis edictum *illis ad quorum terras per concessiones, conventiones, confederationes, aut federa treugarum debent aut possunt de partibus dicti regni, victualia transvehi vel transferri, non intendimus* victualium eorumdem commercium, vel commoditatem subtrahere, *aut prædictis concessionibus, conventionibus, confederationibus, aut treugis quomodolibet contraire. Quinimmò ipsis extrahendi victualia ipsa, non obstante inhibitione præsenti, licentiam, sine difficultatis obstaculo,* concedimus, *cùm eam a nobis duxerint postulandam, proviso ne per terras ipsas, hostes seu rebelles nostri & regni prædicti nullum ex victualibus ipsis habeant subsidium, vel fomentum.*

(3) Sed nec sub nomine victualium in hoc casu (c) pannos *intelligimus comprehendi, illis dumtaxat exceptis, quæ hostium, seu rebellium prædictorum fore, vel exhibito eum ipsis in rebellione durantibus commercio vetito, devenisse constaret, circa quos inhibitionem dudùm à nobis factam de talibus diligenter volumus observari.*

Quocircà mandamus vobis districtiùs injungentes quantociùs præsentem inhibitionem nostram in locis & villis vestræ Bailliviæ de quibus expedire videritis, publicari & teneri firmiter faciatis & inviolabiliter observari. Datum apud Karoli-locum, die sabbati post festum omnium sanctorum, anno Domini *(d)* millesimo trecentesimo secundo.

NOTES.

(c) Pannos] Ce mot se peut aussi prendre pour des peaux differentes, dont on estoit autrefois vestu. Voyez M. Du Cange dans sa premiere Dissertation sur Joinville & mon glossaire sur Ecusson.

(d) Millesimo trecentesimo.] Dans le second Registre, il y a 1304.

PHILIPPE IV. dit le Bel, à Paris, en la quinzaine de la feste de la Toussaints, en Novembre 1302.

(a) Ordonance portant Reglement pour les Officiers du Chastelet.

PHILIPPE par la grace de Dieu Roys de France, à nostre Prevost de Paris, Salut. Nous t'envoyons *l'Ordenance* faite par nous & par nostre Conseil sur la prouveance des *Offices* de nostre Chastelet de Paris & des besongnes qui y appartiennent. Si te mandons que tu la fasse publier oudit Chastelet, & tenir & garder desoresenavant, sans enfraindre sur ton serement en la maniere que il s'ensuit.

Premierement, Il aura oudit Chastelet *quatre-vingts Sergens à cheval,* & non plus, & donra chascun *plege* de lealment & bien sergenter jusques à la valüe de cent livres, & devra avoir armeures souffisans, & à les *veoir & prouver* sera le Prevost & *Regnaut Barbou,* ou *Jehan de Montigny.*

(2) Item. Il aura *quatre-vingts Sergens à pied,* & les *(b) douze de la douzaine,* & non plus, & donra chascun plege de vingt livres. Et si aura chascun armeures souffisans pour lui *(c) a voir* par ceus qui sont dessus nommez.

(3) Item. Li *certain Auditeur* des tesmoins, que nous avions mis oudit Chastelet seront *doutout* ostez. Et li Prevos selon la qualité des querelles, donra *auditeurs bons & loyauls & non souppeçonneus en* la besongne, en la presence des parties, si comme il estoit accoustumé anciennement.

(4) Item. En querelles de *(d) chatiex* montans à vingt livres, ou moins.

NOTES.

(a) Cette Ordonance est en la Chambre des Comptes de Paris, au Registre *Pater* feüillet 101. Au Tresor des Chartes Registre de Philippe Le Bel, pour les années 1302. 1303. 4. & 5. Elle est au Registre du mesme lieu, cotté au haut 35. & au bas 10. feüillet 12. *verso,* & 13. *recto.*

(b) Douze de la douzaine.] Voyez cy-aprés l'article 8.

(c) Avoir.] Dans le Registre du Tresor, il y a mieux, *à veoir.*

(d) Chatiex.] Meuble. Voyez mon glossaire sur *Cateux.*

l'en n'e

l'en ne fera nul procés par escript, ainçois seront li tesmoins juré en la presence des parties, & oy en commun en l'absence des parties, & terminera l'en tantost la querelle, & autel sera fait en *(e) villenies* dites entre petites personnes, *en bateures legieres*, & en *petites querelles*.

PHILIPPE IV. dit le Bel, à Paris, en la quinzaine de la feste de la Toussaints, en Novembre 1302.

(5) Item. Li *Auditeurs* de Chastelet ne pourront cognoistre *de nostre heritage*, ne en *possession*, ne en *proprieté*, ne ne termineront nul gros meffait, ainçois le *rapporteront* au Prevost, ne ne pourra nulle amende estre taxé en Chastelet sans la presence dou Prevost, *meisme le Prevost* ne porra en proprieté de nos choses, ne de nos droitures connoistre sans commandement especial.

(6) Item. Nul Auditeur, ne autres *Official*, ne Procureur nostre en la Prevosté de Paris, ne sera *pensionnaire* en la Vicomté de Paris à nulles personnes. Et se nulles en y a, il la lessera, se il vieult demourer en nostre service.

(7) Item. Li Prevost n'ara point *de Lieutenant certain resident*, més se il est absent por necessité, il porra lessier *un preud'homme* pour luy, tant que il retournera, ou que sa necessité *(f) sera*.

(8) Item. *(g)* Li Sergent *de la douzaine* seront osté à present, & le Prevost selon ce que il verra que nechessité sera, fera garder la Ville quant à ores jusques à tant que il en soit autrement ordené.

(9) Item. *(h)* L'Office de ceus qui sont establi pour le gueit cuillir, sera souppendu & autres. Ils seront mis au temps, & saura l'en comment il se sont contenu.

(10) Item. Celuy qui escript *les deffaus* ne les lievra pas, mais les baillera chacun jour *(i) aus Receveurs* de Chastelet pour exploitier.

(11) Item. Les Sergens de Chastelet qui font *les semonces* à Paris, ne püeent *(k) pretendre* que *deux deniers* pour la semonce de la Ville, & dedens la banliüe douze deniers *(l) tournois*, & cil à cheval *trois souls* tournois.

(12) Item. Le *Collecteur de mortes-mains*, ou autre certain *Commissaire* de nous en la Vicomté de Paris, se il *ont mestier de Sergens à cheval, ou à pied*, requerront desdis Sergens, ou a Prevost, ou à son Lieutenant, qui les leur baillera pour nous, & sçaura pourquoi & quant il devront retourner.

(13) Item. Des *Sergens du Guet sera* sçeu lesquiex sont bons & profitables, & lesquiex non, & lesquiex demourront. Et cil qui demourront iront *au guet chascune nuit*, se il n'ont *(m) loyal* essoine.

(14) Item. Li *Notaire* de Chastelet qui escriront les Chartres, les Sentences ou autres procés, ou mandement de Justice, ne pourra prendre pour l'escripture, for que le salaire establi *pour* l'Ordenance faite sus ce, laquelle est contenüe en nos autres letres scellées de nostre Seel que nous vous *(n) envoyons*.

(15) Item. Li Prevost à escrire les besongnes appartenans à son pur Office n'ara que un Clerc, liquiex ne porra faire nulle delivrance des personnes tenües, ains sera fait ce par le Prevost, se il est en la Ville, ou par son Lieutenant quant il n'i sera.

Ce fut fait *à Paris* en la quinzaine de feste de Toussaints, en l'an de grace mil trois cens deux.

NOTES.

(e) Villenies.] Injures.

(f) Sera.] Aux Registres du Tresor, il y a, *cessera*.

(g) Cet article n'est pas dans le Registre du Tresor.

(h) Cet article n'est pas dans le Registre du Tresor.

(i) Aux Receveurs.] Au Registre du Tresor il y a, *au Receveur*.

(k) Pretendre.] Au Tresor, il y a, *prendre*.

(l) Tournois.] Ce mot n'est pas dans le Registre du Tresor.

(m) Loyal.] Ce mot n'est pas aux Registres du Tresor.

(n) Envoyons.] Aux Registres du Tresor, il y a, *envoyerons*.

PHILIPPE IV. dit le Bel, à Paris, le Lundy aprés la Mi-Caresme 23. Mars 1302.

(a) Ordonance pour le bien, l'utilité & la reformation du Royaume.

SOMMAIRES.

(1) L'intention du Roy est que les Eglises, les Monasteres, les Prelats, & toutes les personnes Ecclesiastiques soient sous sa protection Royale &c.

(2) Les Eglises joüiront des libertez, des franchises & des immunitez qu'elles avoient sous le regne de S.t Loüis ayeul du Roy. Et deffenses sont faites aux Officiers Royaux de les y troubler, ainsi que dans l'exercice de leur Jurisdiction spirituelle, ou temporelle &c.

(3) S'il y avoit ordre de la part du Roy de saisir, ou de confisquer les biens des Eglises, ou des personnes Ecclesiastiques, le Bailli auquel un tel ordre sera adressé ne le mettra à execution, qu'aprés s'estre informé si ce qui a esté mandé au Roy est veritable, ou à moins que la cause exprimée dans le mandement ne soit notoire.

(4) Cette disposition d'Ordonance aura son execution dans les terres des Ducs, des Comtes & des Barons. Et le Roy envoyera des personnes sages & habiles dans les Seneschaussées & les Baillages du Royaume pour s'informer des anciennes Coûtumes, & pour sçavoir comment on les pratiquoit du temps de S.t Loüis, afin de restablir les bonnes, & supprimer les mauvaises.

(5) Si le Roy ordonnoit de saisir les biens de quelque Prelat, ou autre personne Ecclesiastique, on ne pourra en execution du premier Mandement mettre leurs meubles en la main du Roy, ni découvrir, ou detruire leurs maisons, & l'on ne saisira de leurs biens que jusques à concurrence de l'amende qu'ils devront.

(6) Quand les Prelats, & les autres personnes Ecclesiastiques seront obligées de venir au Parlement, leurs affaires y seront promptement expediées, aux jours de leurs Baillages, ou Seneschaussées. Ils seront traitez avec honnesteté, & expediez promptement, à raison de leur rang, & de l'importance de leurs affaires, ce qui sera observé pareillement à l'égard des Barons.

(7) Si les Prelats ou les Barons, ne peuvent estre expediez à cause de la multitude des affaires, la Cour leur donnera un jour certain, auquel ils seront entendus.

(8) Le Roy n'acquerera rien à l'avenir dans leurs fiefs, ni leurs arriere-fiefs, sans leur consentement. Il ne recevra point de nouvelles avoüeries à leur prejudice, & toutes celles qui luy ont esté faites, ou à ses predecesseurs sont revoquées, à moins qu'il n'y ait prescription.

(9) S'il arrive que par forfaiture, quelques biens soient acquis au Roy dans les terres des Prelats & des Barons, Sa Majesté les mettra hors de ses mains dans l'an, & les remettra à des personnes qui pourront s'acquitter des devoirs feodaux, ou elle en indemnisera les Seigneurs.

(10) Les Commissaires, ou gardiens, veilleront à la conservation des biens en regale. Ils en percevront les fruits sans degast, ils n'abbattront pas les bois de haute futaye, ils ne couperont pas les bois taillis avant le temps, & ils ne détruiront pas les étangs ni les viviers &c.

(11) Les gardiens des Regales qui ont esté commis au temps passé, seront condamnez sommairement à payer tous les domages qu'ils ont faits, & seront punis selon la qualité du delict.

(12) Les Arrests rendus par la Cour seront executez sans appel, & s'il y a quelque ambiguité ou erreur, la correction en appartiendra au Roy, ou à la Cour &c.

(13) Les Enquestes portées en la Cour, seront du moins expediées & jugées dans deux années.

(14) Les Baillis, les Seneschaux & autres Officiers Royaux, les Juges & Gardes des Foires de Champagne, les Maîtres & Gardes des Eaux & Forests seront élûs & instituez par le Grand Conseil du Roy &c.

(15) Les Officiers & les Procureurs du Roy feront le serment qui suit, *dans les assises, qui seront tenües immediatement aprés la publication de cette Ordonance.*

(16) Les Seneschaux & les Baillis ne pourront estre du Conseil du Roy, tant qu'ils seront Seneschaux & Baillis. Et s'ils ont esté du Conseil auparavant, ils s'abstiendront d'y aller, tant que leur Office durera.

(17) Aucun Conseiller du Roy ne pourra recevoir pension d'aucune personne Ecclesiastique & seculiere, ni d'aucune Ville, ou Communauté, &c.

(18) Nul Seneschal, ni Bailli ne pourra avoir pour Prevost, Lieutenant ou Juge, aucun qui luy soit parent, ou avec qui il ait affinité, ou en liaison par la nourriture, de crainte qu'ils soient hors d'estat de rendre des jugemens justes, dans les appellations interjettées de ces sortes de personnes.

(19) Les Prevostez du Roy ne seront vendües, ou données à ferme, qu'à des personnes fideles, capables, de bonne renommée, non

Clercs ni usuriers &c. Les Prevosts à ferme ne pourront juger ni taxer les amendes. Et dans chaque Prevosté il n'y aura qu'un seul Prevost, ou deux au plus.

(20) Lorsque les Procureurs du Roy poursuivront quelques causes, ils feront comme les autres, le serment appellé en Droit Calumniæ, & ils n'occuperont pas pour des particuliers, à moins qu'ils ne leur soient parens.

(21) Les Baillis, les Seneschaux, les Prevosts, &c. executeront les mandemens du Roy, à moins qu'ils n'ayent de justes raisons pour ne le pas faire, qu'ils expliqueront au Roy par leurs letres scellées de leurs Sceaux, &c.

(22) Les Seneschaux, les Baillis, les Viguiers, les Vicomtes, les Juges & autres Officiers de Justice exerceront leurs Offices en personne, & ne pourront commettre en leur place des Substituts, ou des Lieutenans qu'en cas de necessité. Et s'ils sont obligez de s'absenter, ils ne mettront pour Substituts, que des personnes du pays, sages & éclairées, qui ne seront pas Avocats ou surchargez d'affaires. Et ces Substituts jureront qu'ils feront leur devoir.

(23) Les Prevosts n'exigeront rien de leurs justiciables, & quand mesme leurs justiciables leur offriroient quelque chose ils ne pourront la prendre. Ils ne vexeront pas les Eglises, sous le pretexte de subventions & d'aides, ils n'éxigeront pas des personnes d'Eglise des repas & des gîtes, & ne traiteront pas avec elles de leurs amendes.

(24) L'Ordonance faite par le Roy touchant les Bourgeoisies sera executée & exactement observée. S'il y a contestation pour quelque Bourgeois entre les Officiers du Roy & les Seigneurs, la recreance en sera faite par celuy qui y sera obligé, & aprés qu'on aura enquis de la verité, l'affaire sera terminée suivant le Droit & les Coûtumes.

(25) Les Officiers royaux n'attireront pas à eux les causes meües entre les justiciables des Prelats & des Barons, au prejudice de leurs Justices, & ils ne connoistront de ces causes qu'en cas de ressort.

(26) Les Seneschaux & les Baillis tiendront leurs assises dans le circuit de leur territoire, de deux mois en deux mois, au moins. A la fin de chaque assise ils indiqueront le commencement de la suivante, & ils ne pourront en tenir aucune dans les terres des Prelats & des Barons &c.

(27) Aucun ne sera Seneschal, Bailli, Prevost, Juge, ou Viguier, dans le lieu de sa naissance.

(28) Les Sergens ne feront aucuns ajournemens, que par l'ordre des Seneschaux & des Baillis &c. Et si le Prevost faisoit faire quelque ajournement, injuste ou faux, il en dedomageroit la partie.

(29) Les Sergens Royaux ne pourront exercer leurs Offices dans les terres, où les Prelats & les Barons ont toute Justice, si ce n'est en cas de ressort &c.

(30) Les Sergens Royaux ne pourront demeurer dans les terres, où les Prelats & les Barons ont toute Justice, à moins qu'ils n'y soient nez ou mariez, & dans ces deux cas ils n'y pourront faire aucune fonction de leurs Offices, mesme en cas de ressort.

(31) Les Sergens qui demeureront en ces deux cas dans les terres des Seigneurs, seront soumis à leur Jurisdiction, tant spirituelle que temporelle, excepté en ce qui concernera la fonction de leurs Offices.

(32) L'Ordonance touchant la reduction du nombre excessif des Sergens sera executée.

(33) Les Sergens qui seront élûs, & reservez, donneront de bonnes & suffisantes cautions, qui seront reçeües par les Seneschaux, les Baillis &c.

(34) Les Sergens à cheval ne prendront que trois sols par jour, & les Sergens à pied dix-huit deniers de monoye courante, quand ils sortiront des Villes, quelques ajournemens qu'ils fassent pour differentes affaires & pour des personnes differentes. Et où la Coûtume sera de donner moins, elle sera suivie.

(35) S'il y a contestation pour des terres, & si les Officiers du Roy les saisissent & en accordent la possession à l'une des parties, les fruits intermediaires luy en seront restituez.

(36) Les Seneschaux, les Baillis & autres Officiers de Justice, ne pourront creer & instituer des Notaires, le Roy s'en reservant le droit & à ses successeurs, sans prejudicier aux droits des Seigneurs, qui sont en possession d'en creer dans leurs terres.

(37) Les Notaires auront de salaire, pour trois lignes, un denier, depuis quatre lignes jusques à six deux deniers de monoye courante, & si leurs écritures excedent six lignes, ils n'auront qu'un denier pour trois lignes &c.

(38) Les Seneschaux, les Baillis, les Viguiers &c. jureront qu'ils feront justice aux grands & aux petits, & à toutes personnes de quelque condition qu'elles soient, sans acceptation.

(39) Qu'ils conserveront les droits du Roy, sans faire prejudice à personne.

(40) Qu'ils ne recevront, Or, ni Argent, ni aucun autre don quel qu'il soit, si ce n'est de choses à manger, ou à boire.

(41) Qu'ils ne souffriront pas que l'on fasse aucun present à leurs femmes, leurs enfans, leurs freres, leurs neveux, leurs nieces, ni qu'on leur donne aucun benefice.

(42) S'ils reçoivent du Vin en present, ce ne sera qu'en barils, ou bouteilles.

(43) Ils ne pourront rien recevoir à titre de prest, des personnes de leurs Baillages,

PHILIPPE IV. dit le Bel, à Paris, le Lundy aprés la Mi-Caresme 23. Mars 1302.

PHILIPPE IV. dit le Bel, à Paris, le Lundy aprés la Mi-Caresme 23. Mars 1302.

ni de ceux qui auront, ou seront sur le point d'avoir des causes devant eux.

(44) Ils jureront qu'ils ne feront aucun present à ceux qui seront du Conseil du Roy, à leurs femmes, ni à leurs enfans &c.

(45) Qu'ils n'auront pas de part dans les ventes des Baillages, des Prevostez, des revenus du Roy, ni dans les monoyes.

(46) Qu'ils ne soutiendront pas les fautes, les injures, les exactions, les usures & les vices des Officiers qui leur seront soumis, mais qu'ils les puniront.

(47) Les Prevost, les Viguiers, les Baillis & les Officiers qui leur seront soumis, jureront qu'ils ne donneront rien à leurs superieurs, à leurs femmes, leurs enfans, leurs domestiques, leurs parens, leurs amis, ni qu'ils ne seront pas à leur service.

(48) Les Seneschaux & les Baillis jureront qu'ils ne recevront des Baillis inferieurs, des Vicomtes, &c. aucuns gistes, ni aucuns repas &c.

(49) Qu'ils ne recevront aucun present des personnes religieuses, qui seront domiciliées dans le lieu de leur administration, pas mesmes des choses à boire ou à manger, si ce n'est des personnes riches, & une fois, ou deux l'année, au plus.

(50) Qu'ils ne feront aucune acquisition d'immeubles dans leurs Baillages, tant que leur Office durera.

(51) Qu'ils ne contracteront pas mariage dans le lieu de leur administration, & qu'ils ne permettront pas que leurs enfans, leurs sœurs, leurs nieces, leurs neveux &c. s'y marient.

(52) Qu'ils ne mettront, ou ne tiendront aucun en prison pour dettes, à moins qu'il ne se soit obligé par corps, par letres passées sous le scel royal.

(53) Qu'ils ne confieront, ou ne donneront à ferme les Prevostez du Roy, ses autres Offices & revenus, qu'à des personnes capables.

(54) Il en sera de mesme des écritures des Sergenteries & des Vigueries &c.

(55) Qu'ils ne feront rien en fraude de tout ce qui a esté marqué cy-dessus.

(56) Les Sceaux des Seneschaussées des Baillages & des Prevostez &c. ne seront plus donnez à ferme, qu'à des personnes de bonne renommée &c.

(57) Les letres expediées pour crimes, ne passeront pas au grand Sceau, si elles ne sont auparavant approuvées & signées de deux personnes du Conseil du Roy ou d'une seule personne que le Roy commettra à cet effect.

(58) Les Prelats & les Barons qui ont haute Justice, auront la connoissance de l'execution des letres que leurs justiciables auront passées sous le scel royal.

(59) Si des personnes domiciliées dans les provinces qui sont regies par le Droit Commun, *ont des causes qui doivent estre decidées par le* droit civil, *c'est par le droit civil qu'elles seront jugées.*

(60) Aucun Seneschal, Bailli, Prevost, Viguier, Vicomte &c. ne pourra tirer un homme d'une Chastellenie, d'un Bailliage, ou d'une Prevosté, pour le faire plaider dans une autre Chastellenie, une autre Prevosté, ou un autre Baillage.

(61) Les sujets des Prelats & des Barons se pourvoiront par appel, pardevant les Barons & les Prelats, suivant l'ancien usage.

(62) Pour l'expedition des causes, l'on tiendra tous les ans deux Parlemens à Paris, deux Eschiquiers à Roüen, & deux fois l'an les jours de Troye. Et il y aura un Parlement à Toulouse, si les gens de cette Province consentent, qu'il n'y ait point d'appel des Presidens de ce Parlement.

Ordonance Latine touchant les Bourgeoisies.

(1) Comment la Bourgeoisie d'un lieu doit estre demandée, & à qui il faut s'adresser pour la requerir.

(2) Nul ne sera reputé Bourgeois, à moins que les choses icy prescrites n'ayent esté observées, & que l'aveu de Bourgeoisie n'ait esté notifié au Seigneur du lieu que l'on quitte.

(3) Le Bourgeois ainsi reçeû & avoüé, s'il a femme, doit, ou sa femme, demeurer continuellement en la Bourgeoisie, depuis la veille de la S.t Jean, jusques à la Toussaints, s'il n'y a maladie, &c.

(4) Chaque Bourgeois & sa femme peuvent aller ensemble où il leur plaist, pour leurs moisson, fenoison, & leurs vendanges &c. depuis la S.t Jean jusques à la Toussaints.

(5) Celuy qui n'a point de femme, ou celle qui n'a pas de mary, doit avoir des domestiques qui resident en la Bourgeoisie, depuis la veille de la Toussaints, jusques à la veille de la S.t Jean.

(6) Celuy qui se retirera de la Bourgeoisie, payera la taille à laquelle il aura esté imposé.

(7) Le Bourgeois & la Bourgeoise seront justiciables de corps & de meubles du Seigneur, auquel ils auront fait nouvel aveu.

(8) Quant aux heritages, les Bourgeois & les Bourgeoises seront justiciables des Seigneurs où les heritages sont situez.

(9) Cette Ordonance ne donnera aucune atteinte aux Chartes accordées par les Rois, & n'empeschera pas que les Seigneurs ne puissent suivre leurs serfs dans les lieux de franchise.

(10) La presente Ordonance sera lüe & publiée en la premiere assise, en la maniere accoustumée.

Nos PHILIPPUS *Dei gratiâ Francorum Rex, Notum facimus universis, quod* pro reformatione regni nostri, *quod retroactis temporibus gravatum extitit adversitatibus temporum, & guerrarum, ac pluribus aliis contrariosis eventibus, ex deliberatione providâ* fecimus aliquas ordinationes *patentes, & statuta utilia & salubria, pro* gubernatione *&* bono statu Regni predicti, *pro pace etiam & tranquillitate subjectorum nostrorum, sicut inferiùs* continetur. *Ut autem Deo propitio* reformationem predictam *facilius impetremus, & circà eam auxilium & gratias omnipotentis Dei misericorditer habeamus, cujus* solius *ditioni, manui & protectioni predictum regnum nostrum subjectum semper extitit, & nunc esse* volumus, *& a quo nobis omnia bona proveniunt;*

PHILIPPE IV. dit le Bel, à Paris, le Lundy aprés la Mi-Caresme 23. Mars 1302.

Primò Volumus & *intentionis nostre est* sacrosanctas Ecclesias, monasteria, Prelatos, *& quascumque* personas Ecclesiasticas, *cujuscumque status, aut conditionis existant, & quibuscumque nominibus censeantur, ob Dei reverentiam & amorem tenere,* custodire *&* conservare *in favore & gratiâ, & auxilio condecenti, quibus (b) predecessores nostri retroactis temporibus tenuerunt, foverunt, & etiam servaverunt.*

(2) Volumus *autem quod privilegia, (c)* libertates, franchisie, consuetudines, *seu* immunitates *dictarum Ecclesiarum, Monasteriorum, & personarum Ecclesiasticarum integre, &* illese serventur, *teneantur, & custodiantur eisdem, sicut temporibus felicis recordationis* Beati Ludovici *avi nostri inviolabiliter servate fuerunt, inhibentes districtius omnibus Justiciariis,* Officiariis, *ministris, fidelibus & subditis nostris, & quibuscumque aliis personis, ne* predictas immunitates, privilegia, *aut* libertates *eisdem Ecclesiis, seu personis Ecclesiasticis infringere,* aut violare *quoquomodo presumant, nec impediant, aut molestent eas in eorum* jurisdictionibus spiritualibus & temporalibus, *quas de jure, vel de antiquâ & approbatâ consuetudine obtinere noscuntur, nec in aliis juribus earum, quecumque sint, impedimentum prêstent, nec jura, seu jurisdictiones dictarum Ecclesiarum, seu personarum* Ecclesiasticarum, *fraude, vel dolo occupent, vel usurpent. Et si aliqua de predictis occupata, vel usurpata per* ipsos *fuerint indebitè & injustè,* volumus *quod sine dilatione aliquâ secundum justitiam, ad* statum debitum reducantur, *& qui sic fecerint,* graviter puniantur. *Si verò de cetero per aliquem vel aliquos contra predicta, fuerit attemptatum, ut dictum est, graviter punietur, attemptata, damnaque restaurabuntur; si que fieri contigerit minùs justè,* ad esgardum *Consilii nostri. Et ista mandabuntur executioni* debite *breviter & de plano, sine strepitu judicii, & per istum modum facient hoc fieri & executioni mandari* Senescalli & Baillivi *per* Prepositos, Servientes *& alios justiciarios sibi subjectos.*

(3) Et si contingeret quod nos *(d)* mandaremus *bona aliquarum Ecclesiarum, seu personarum Ecclesiasticarum aliquibus* causis, vel rationibus saisiri, *seu etiam* confiscari, *sub conditione videlicet, si que nobis* significata sunt, veritate nitantur; Volumus *quod* Senescallus, *vel* Baillivus, *cui tale mandatum ex parte nostrâ dirigetur, non procedat ad* saisiendum, *vel* confiscandum *predicta bona, donec super hiis que nobis significata fuerint, (nisi aliàs notoria fuerint) plenè fuerit informatus, vocatis priùs omnibus qui de jure fuerint evocandi.*

NOTES.

(a) Cette Ordonance qui est mieux redigée que les precedentes, est au Registre *Croix* de la Chambre des Comptes de Paris feüillet 57. au Registre A. du Parlement feüillet 45. au Tresor des Chartes Registre cotté au haut 35. & au bas 10. feüillet 1. Elle est encore au Registre du Languedoc armoire A. nombre 42. feüillet 233. & armoire A. T. nombre 24. feüillet 260. & armoire A. nombre 18. desquels M. Joubert a communiqué des extraits, & enfin elle est presque entiere dans l'ancien stile du Parlement.

(b) Prædecessores nostri.] Voyez la Pragmatique de S.t Loüis de l'an 1268. article 1. & 2. page 97.

(c) Libertates, franchisias &c.] Voyez la Pragmatique de S.t Loüis de l'an 1268. articles 2. & 3. pages 97. 98. Le Testament de Philippe Auguste de l'an 1190. article 9. page 20.

(d) Mandaremus bona personarum Ecclesiasticarum saisiri.] Voyez l'Ordonance de Philippe le Bel de l'an 1302. articles 16. & 22. avec les notes, page 313. cy-dessus.

PHILIPPE IV. dit le Bel, à Paris, le Lundy aprés la Mi-Caresme 23. Mars 1302.

(4) Et istud, seu istam ordinationem, *quantùm ad (e)* Duces, Comites, Barones, *& alios quosvis subditos nostros* volumus observari. *Et mittemus personas bonas & sufficientes, per Senescallias, & Baillivias regni nostri, ad sciendum de* consuetudinibus antiquis regni nostri, *& quomodo tempore* beati Ludovici *utebatur eisdem,* Volentes *quod si a dicto tempore citrà, aliquas bonas &* approbatas consuetudines abolitas invenerint, *& aliquas* iniquas invenerint introductas, *eas revocabunt & facient revocari, & ad predictum antiquum statum, & ad summam memoriam registrari.*

(5) Item. *Volumus quod si nos* mandaverimus, *vel* preceperimus *bona alicujus* Prelati, *seu alterius* persone Ecclesiastice, *vel* Clerici clericaliter *viventis, (f)* capi, seu ad manum nostram poni, *quod virtute primi mandati,* seu precepti nostri, *bona eorum* rectè mobilia *non* capiantur, *saisiantur, seu ad manum nostram ponantur, neque* domus eorum discooperiantur, *& seu etiam destruantur. Nec* volumus *quod in casu isto gentes nostre de bonis ipsorum* capiant, saisiant, vel arrestent *ultra quantitatem emende, pro quâ dictâ bona* mandabimus capi, *saisiri, vel aliter arrestari.*

(6) Item. *Volumus ad hoc ut Prelati, alieque Ecclesiastice persone melius & libentiùs possint vacare divinis obsequiis, quibus sunt specialiter deputati, quod quandocumque eos* contigerit *venire (g) ad Curiam nostram, seu* Parlamentum, celeriter audiantur, *& eorum negocia ordinatè tractentur, (h)* secundùm *dies* Senescallorum & Baillivorum suorum, sine *prorogatione, nisi aliquâ justâ de causâ, de speciali mandato nostro circà id negocium faceremus prorogationem fieri condecentem. Et* volumus *quod in Parlamento & extrà per* Curiales nostros *tractentur condecenter & honestè, & ut celeriùs fieri possit, juxtà qualitatem negocii & conditionis personarum, eos* volumus *expediri. Et hoc idem volumus & statuimus fieri & teneri de nostris* Baronibus *& subjectis.*

(7) Si verò contigerit quod aliquis Prelatus, *vel* Baro *propter magna onera negociorum, non posset celeriter expediri,* certa dies assignetur *eidem,* quâ audietur & *expedietur, & tunc* audiatur & expediatur *de die in diem celeriùs quàm Curia poterit.*

(8) Item. *In* eorum *(i)* feudis *nihil de cetero acquiremus, nisi de eorum procedat* assensu, *nisi in casu* pertinente ad jus nostrum regium : *nec accipiemus (k)* novas advocationes vassallorum, seu hominum Ecclesiarum, *nec non & nostris Baronibus subjectorum, &* eas quas recepimus revocamus, *nisi eas tanto tempore tenuerimus* pacificè *quod de consuetudine patrie nobis fuerint acquisite.*

(9) Si verò contingat quod in terris ipsorum, *aut aliorum subditorum nostrorum alique* forefacture *nobis* obveniant, *jure nostro regio,* infrà annum & diem extrà *manum nostram ponemus, & ponemus in manu* sufficientis hominis *ad deserviendum feudis, vel dominis feudorum, (l)* recompensationes sufficientes *& rationabiles faciemus.*

NOTES.

(e) Duces, Comites, Barones, &c.] Voyez ce que j'ay remarqué sur l'Establissement, ou l'Ordonance de Philippe Auguste du premier May 1209. page 29. & sur son Mandement de l'an 1215. page 35.

(f) Capi &c.] Voyez la note sur l'article 3. cy-dessus.

(g) Ad Curiam nostram.] Voyez l'Ordonance de l'an 1290. article 3. page 319.

(h) Secundum.] Dans la Copie communiquée par M. Joubert, il y a moins bien, *scilicet dies Senescalliarum & Balliviarum suarum.*

(i) Feudis.] Dans la Copie de M. Joubert, il y a, *& retrofeudis.*

(k) Novas advocationes] Voyez l'article 11. de l'Ordonance de 1290. page 319. avec les notes, & l'Ordonance de 1272. avec les notes.

(l) Recompensationes &c.] Lorsque le Roy avoit dedomagé, ou payé indemnité aux Seigneurs, ses Officiers faisoient homage pour luy, comme il se void par l'acte qui suit.

Pour ce qu'il est venu à la connoissance de Nosseigneurs des Comptes, que le Seigneur de Marly, *qui maintient la terre & Seigneurie de* Challeau *prés Paris, pour estre tenüe de luy, l'a fait mettre en sa main par faute d'homme. Ils ont ordonné que pour homme luy sera baillé* M.e Pierre de Quatre-lures Procureur en son Chastelet de Paris, qui luy en fera la foy & homage, sans garder les solemnitez qui

(10) Item. *Quantum ad* Regalias, *quas Nos & Predecessores nostri* consuevimus percipere *& habere in* aliquibus Ecclesiis regni nostri, *quandò eas vacare contingit, de quibus plures ad nos querimonie devenerunt, eo quod* gardiatores, *seu* regaliatores *(m) amputabant, & secabant nemora dictarum Ecclesiarum, & antequàm tempus* amputationis *seu* sectionis eorum, *aut debite venditionis advenisset, & evacuabant* stagna & vivaria ad *dictas Ecclesias pertinentia, pluraque alia faciebant & committebant, que in gravia dictarum Ecclesiarum dispendia & prejudicia redundabant;* Nos *circà ea cautius precavere volentes debito temperamento & opportuno remedio interjecto,* Volumus & precipimus *& etiam* ordinamus *quod res*, bona, maneria & jura dictarum regaliarum *manu-teneantur, custodiantur, & explectentur, absque aliquo* detrimento & devastatione, *ac si propria nostra essent;* Inhibentes *ne de cetero* nemora dictarum regaliarum ante tempus *debitè sibi resecationis* amputentur, *neque* arbores *que ab antiquo servate & forte fuerunt propter decorem & amenitatem maneriorum, nemora etiam quæ* exponuntur sectioni, *non devastentur aut vendantur, nisi pro modo & tempore consuetis.* Vivaria *insuper,* stagna, *&* piscarie, *nisi piscium (n) nutrimento & fomentatione servatis, pro capturâ piscium non graventur,* Precipientes *insuper quod omnibus istis casibus, & circa predicta & singula premissorum, caveatur ab* omni vastatione, *abusu,* destructione *& excessu, & quod circa predicta talis moderatio adhibeatur, talis equitas & tale temperamentum, qualia consueverunt à quolibet legitimo administratore, &* provido dispensatore, *circà talia ratione previâ adhiberi. Et quia tantò meliùs singula premissa servabuntur, quantò meliores & fi*deliores executores *in eis & circa ea ponentur,* quasdam personas *de quarum fidelitate gerimus fiduciam pleniorem* eligemus, *per quas predicta cum advenerint servabuntur.*

(11) Volumus *que quod custodes, seu gardiatores* regaliarum *predictarum &* Ecclesiarum vacantium, *qui fuerunt* temporibus retroactis, *compellantur ex nunc summarie & de plano, ad* restituenda, seu resarcienda *damna, & gravamina que eos fecisse constiterit, propter excessum, vel abusum, fraudem, aut dolum in predictis adhibitos & circa predicta, Ecclesiis quas sic gravaverunt indebitè & injustè & cum hoc etiam puniantur, secundùm quod ratio suadebit. Hoc idem quantùm* ad Barones *& alios subditos nostros volumus observari, quandò terras suas propter defectus hominum, aut alias ad nos devenire continget* in *(o)* questu.

(12) Item. *Volumus,* sancimus *& etiam* ordinamus *quod judicata, arresta & sententie, que de nostrâ Curiâ, seu nostro* communi Consilio *processerint, teneantur, & sine* appellatione aliquâ executioni mandentur. *Et si aliquid ambiguitatis, vel* erroris *continere viderentur, ex quibus meritò suspicio indiceretur,* Correctio, interpretatio, revocatio, *vel* declaratio *eorumdem* ad nos, vel nostrum commune Consilium *spectare* noscantur, *vel* ad majorem partem consilii nostri, *vel providam deliberationem* specialis mandati nostri, *& de nostrâ licentiâ speciali super omnia* antcà *requisita servetur.*

(13) *Et* volumus *quod (p)* inqueste *& probationes, postquàm fuerint transmisse ad Curiam,* judicentur infrà biennium *ad tardius, postquàm, ut premittitur, fuerint ad Curiam reportate.*

(14) Item. *Quia ad reformationem predictam, opus est quod per sapientes & fideles personas,* Senescallos, Baillivos, *& nostros alios* Officiarios *communes in re-*

PHILIPPE IV. dit le Bel, à Paris, le Lundy aprés la Mi-Caresme 23. Mars 1302.

NOTES.

se gardent par les autres vassaux tenans de luy. *C'est à sçavoir de s'agenoüiller & de baiser &c.* Tiré des Registres de la Chambre des Comptes le Lundy 23. Juillet 1492. *Vide Chopinum de moribus Parisiorum lib. 1. Tit. 2. n. 9. pag. 46.*

(m) *Amputabant.]* Voyez les letres touchant le regale de Laon, de l'an 1158. page 13.

(n) *Nutrimento.]* Dans la Copie de M. Joubert, il y a, *nutricatione.*

(o) *In questu.]* Ces deux mots ne sont pas dans la Copie de M. Joubert.

(p) *Inqueste.]* Voyez l'Ordonance de 1291. article 4. page 320.

PHILIPPE IV. dit le Bel, à Paris, le Lundy aprés la Mi-Caresme 23. Mars 1302.

gno nostro, justitia nostris temporibus servetur illesa, Volumus & ordinamus *quod nostri Senescalli, Baillivi, Judices &* Custodes nundinarum Campanie, *Magistri &* Custodes forestarum *& aquarum de cetero* eligantur, & instituantur *ex* deliberatione nostri magni Consilii. *Et si aliquis ante hoc salubre statutum electus fuerit ad aliquam prefecturam, vel administrationem nostram, qui* minùs sufficiens, *aut imperitus existat, regie* Majestati significetur *apertè, ita quod circà hoc salubre valeamus remedium adhibere.*

(15) Volumus *insuper quod* ipsi, & Procuratores nostri jurent *secundum formam (q) infrà scriptam. Et ut predictum juramentum validiùs & firmiùs teneatur, Volumus quod in quâlibet* assisiâ dictorum Senescallorum & Baillivorum nostrorum que primò tenebitur, *post publicationem hujus saluberrimi statuti, apertè & in communi coram Clericis & laïcis* predictum faciant juramentum, *quamvis aliàs in nostrâ* presentiâ fecerint *illud idem, ut si Dei timor a malo eos revocare non posset, saltem indignationis nostre formidine & temporalis confusione ruboris, a malis agendis in suis administrationibus arcerentur.*

(16) Item. *Nolumus quod* Senescallus *aliquis, vel* Baillivus de nostro *(r) sit* Consilio, *quandiù sue preerit prefecture. Et si anteà receptus fuerit de nostro consilio,* Nolumus *quod suo* durante officio *se de eo aliquatenùs intromittat.*

(17) Item. *Nolumus quod aliquis* Consiliarius noster *de cetero recipiat, vel habeat* pensionem *ab aliquâ personâ Ecclesiasticâ (vel seculari,* nec ab *aliquâ etiam) villâ, vel communitate, Et si aliqui habeant, Volumus ut ex nunc* dimittant *easdem.*

(18) Item. *Volumus &* ordinamus *quod nullus Senescallus,* Baillivus, *aut aliquis* judex *quicumque sub se habeat* Prepositum, Vicarium, *seu* Judicem, *qui eidem* consanguinitatis, affinitatis, *vel* nutriture *vinculo teneatur, ne persone predicte in causis, que ad ipsas per appellationes perveniunt, minùs fideliter debeant judicare. Et si sint aliqui,* Volumus *eos à dictis officiis amoveri.*

(19) Volumus *etiam quod si contingat quod aliqua de* prepositurìs *nostris vendatur,* aut tradatur ad firmam, *quod talibus* commendetur *personis, que fideles & idonee reputentur & bone fame, &* quod *sint bene solvendo, (t)* non Clerici, *non* usurarii, *non* infames, *nec* suspecti *circà oppressiones subjectorum. Nec* volumus *quod prefate persone ad* dictas *preposituras nostras, seu administrationes, quantumcumque plus aliis offerant admittantur,* Inhibentes *de cetero ne Prepositi ad firmam preposituras tenentes* taxare, vel judicare presumant emendas, *sed tantummodò Senescalli & Baillivi, homines, aut Scabini dumtaxat, secundùm quod locorum* consuetudines *fuedebunt:* Injungentes *quod in unâ Præpositurâ ponatur* unus Prepositus, aut duo *tantummodò & non plures, & quod uni persone non tradatur nisi unica Baillivia, Senescallia, vel Præpositura Vicaria seu judicatura, & tales jurabunt sicut Senescalli & Baillivi.*

(20) Ceterùm volumus *quod Procuratores nostri, in causis quas nostro nomine ducent contra quascumque personas, jurent (u)* de calumniâ, *sicut predicte persone. Et si contingat ipsos facere substitutos, ipsis substitutis* satisfaciant, *& non partes adverse;* Nolentes, *immo* prohibentes *expressè ne dicti Procuratores nostri de* causis alienis *se intromittere, aut literas impetrare presumant, nisi pro* personis conjunctis *ipsos contingeret facere predicta.*

NOTES.

(q) Infra scriptam.] Voyez cy-aprés l'article 38. 39. 40. 41. &c. joignez l'Ordonnance de S.t Loüis de l'an 1254. au commencement, page 65.

(r) Sit de Consilio.] Voyez l'Ordonance de 1291. article 5. page 320.

(s) Dimittant.] Cette sage disposition a esté renouvellée par Charles VI. Charles VII. Loüis XII. & les Roys leurs successeurs, mais sans succez, l'avidité du gain l'ayant emporté sur le devoir. Voyez sur ce sujet le dialogue des Avocats page 456.

(t) Non Clerici.] Voyez l'Ordonance de Philippe IV. de l'an 1287. ou 1288. page 316.

(u) De calumniâ.] Vide *titulum, Institutionum De pœnâ temere litigantium. S. 1. & ibi Doctores.*

(21) Item.

PHILIPPE IV. dit le Bel, à Paris, le Lundy aprés la Mi-Caresme 23. Mars 1302.

(21) Item. *Precipimus quod omnes* Senescalli, Baillivi, *Prepositi, & quicumque alii justiciarii in regno nostro constituti,* mandata regia *cum reverentiâ* suscipiant, *& diligenter executioni debite demandent, nisi aliqua vera, & justa causa, & legitima obsistat, quominùs juxtà juramentum suum, ea facere aut exequi* minimè teneantur, *quàm nobis referant & rescribant & nobis mittant per literas apertas, eorum sigillis sigillatas* per illos qui mandata perpetrabunt *supradicta, causas propter quas dicta mandata non tenentur executioni* demandare, *reddantque literas impetratoribus earumdem, aut* transcripta earum *sub sigillis propriis nobis* clausa *remittant. Volentes quod si circa predicta negligentes extiterint vel remissi,* aut maliciam seu deffectum *aliquem commisisse noscantur,* damna, gravamina, & expensas eorum impetratoribus reddere compellantur, *si quas, vel que dictos impetratores fecisse contigerit ob defectum, negligentiam, fraudem, vel predictorum maliciam, & quod aliàs prout jus fuerit, puniantur.*

(22) Item. *Et* hâc irrefragabili constitutione sancimus, *quod omnes nostri Senescalli, Baillivi, Vigerii, Vicecomites, Judices, aliique justiciarii nostri, quibuscumque nominibus censeantur, & ubicumque in dicto regno nostro fuerint constituti,* officia sibi commissa per se ipsos, & personaliter *exerceant, nec sibi* substitutos, *aut* locum tenentes *facere presumant, nisi in casu necessitatis, ut pote* valetudinis, vel consilii, *in quo, cessante causâ necessitatis, ad commissa sibi* redeant officia *exequenda,* sub debito juramenti, & sine fraude. *Cum autem eos contigerit in predicto casu absentari,* ponant pro se, & *substituant aliquem* virum idoneum & honestum, *de patriâ, seu provinciâ cui præesse noscuntur, usque ad suum reditum, quem cito accelerent, qui* quidem *substitutus non sit* advocatus, nec aliis arduis negociis impeditus, *nec amicorum multitudine oneratus,* caventes *sibi sic substituentes, quod pro administratione, pacto, gestione substitutorum suorum, si quid in eis commiserint, tenebuntur, prout de jure fuerit, respondere,* Et jurabunt predicti *substituti, quod quamdiù preerunt officio supradicto, illud benè & fideliter exequentur;* Inhibentes *districtiùs ne predicti* Senescalli, Baillivi, Officiarii, Commissarii *nostri, quicumque sint, sub penâ amissionis officii sibi commissi, accipiant aliquid pro sigillis* suis, *nec recipi faciant, aut patientiam prestent (x)* pecuniam, argentum, servitium, vel utilitatem aliquam, *quecumque sit, illa vel illud pro eis exigatur.*

(23) Item. *Quod prefati Prepositi nostri, nihil penitùs exigant à subjectis, aut si offeratur, non recipiant ab eisdem, nec* Ecclesias gravare *presumant* ratione *(y)* subventionis, *aut* auxilii *eisdem* impendendi, *nec ad easdem accedere debeant (z) pro* comedendo, *aut* jacendo *ibidem, sine magnâ causâ, nec cum personis dictarum Ecclesiarum, aut aliis quibuscumque subjectis suis* Conventiones, pacta, *seu* mercata *faciant de dandâ certâ summâ pecunie, pro omnibus* emendis *quas incurrerint seu incurrere possint, in toto tempore quo eorum officium perduraret, quia per hunc modum daretur predictis subditis & aliis personis* occasio delinquendi. *Contra hoc autem salubre statutum venientes volumus animadversione condignâ puniri.*

(24) Item. *Volumus quod (aa)* Ordinatio burgesie *per nos & nostrum consilium facta, diù est, super* burgenses, *custodiatur & firmiter teneatur; Et si contingeret quod emergeret questio,* quod si gentes nostre requirant *aliquem tamquam* Burgensem nostrum, *quem aliquis* Prelatus, *aut* Baro, *aut quivis alius nobis* subjectus, dicerent *esse* hominem, aut justiciabilem suum, *aut* quid *in eorum jurisdictione* com-

NOTES.

(x) *Pecuniam.]* Dans la Copie communiquée par M. Joubert, il y a, *ut pecuniâ, argentum, servitium, vel utilitas aliqua quæcumque sit illa, vel illud pro eis exigatur.*

(y) *Subventionis.]* Voyez le mandement du mois d'Avril 1299. page 331. & les letres du 10. Mars 1799. page 334. Dans quelques manuscrits, il y a, *subjectionis,* au lieu de *subventionis.*

(z) *Pro comedendo, aut jacendo.]* Voyez l'Ordonance de S.t Loüis pour la reformation du Royaume, article 15.

(aa) *Ordinatio burgesie.]* Voyez cy-dessus, sous l'an 1287. page 314. *Burgesiæ* manque au Registre du Tresor.

PHILIPPE IV. dit le Bel, à Paris, le Lundy aprés la Mi-Caresme 23. Mars 1302.

misisset, *negantes ipsum esse* Burgensem nostrum, recredentia fiat *de illo per illum qui eum tenet, si ita sit quod in casu recredentie teneatur. Et inquisitâ veritate super negotio, vocatis qui fuerint evocandi*, negocium executioni demandetur, *secundùm quod* jus *&* *bona* consuetudo *patrie postulabunt, servatâ tamen ordinatione* Burgensium *per Consilium nostrum editâ, de quâ copiam habebit, qui eam voluerit legere & habere, Et ita observari volumus (bb) de novis bastidis.*

(25) Item. *Hoc* perpetuò prohibemus edicto, *ne* subditi, seu justiciabiles Prelatorum, aut Baronum, *aut aliorum subjectorum nostrorum* trahantur *in causam, coram nostris officialibus, nec eorum cause, (cc) nisi* in casu ressorti *in nostris Curiis audiantur*, vel in casu alio ad nos *pertinenti*, nec volumus *quod eis litere nostre concedantur preterquam in casibus memoratis.*

(26) Item. *Precipimus quod* Senescalli & Baillivi *nostri teneant* assisias suas *in circuitu Senescalliarum &* Bailliviarum suarum, *de* duobus mensibus *in duos menses ad minùs. Et quod in fine cujuslibet assisie significari faciant diem alterius assisie*: Inhibentes *ne* predictas assisias teneant in terris, villis, aut locis Prelatorum, Baronum, Vassallorum aut aliorum quorumlibet subjectorum nostrorum, *aut in quibus nos non habemus justitiam, dominium, aut* gardiam, *nisi sit in locis in quibus alias dicte assisie consueverunt teneri* a triginta annis citrà : *nec teneant eas in locis in quibus non est villa, nec habitatio gentium populosa. Et si à quocumque in contrarium (dd) contingeret attemptari*, nolumus *quòd redundet, quantum ad possessionem, vel proprietatem in eorum prejudicium, ad quos dicta possessio, vel proprietas pertinere noscatur.*

(27) Item. *Nolumus quod aliquis preficiatur in Senescallum, Baillivum, vel Prepositum, Judicem*, vel *Vicarium, aut Bajulum* in loco *unde* oriundus *dicitur.*

(28) Item. *Inhibemus ne* servientes faciant adjornamenta, *seu* citationes *sine (ee)* precepto *Senescalli, Baillivi, Prepositi, Vicarii, Vicecomitis, aut Judicis*: *Et si Prepositus fortè faceret, seu fieri preciperet falsum, aut injuriosum adjornamentum, damna, gravamina parti, quam sic (ff)* gravavit, resarciret, *& cum hoc penâ decente cognosceret quod graviter deliquisset.*

(29) Interdicimus *Servientibus nostris ne justicient, aut* Officium suum exerceant, *(gg)* in terris Prelatorum, Baronum, *aut aliorum Vassallorum, seu subditorum nostrorum in quibus habent* Justitiam altam & bassam, *seu* merum & mixtum imperium, *nisi* in casu ressorti, *aut alio ad nos de jure spectanti, neque tunc nisi de precepto Senescalli, Vicecomitis, Vicarii, sive Judicis. Et continebit tunc mandatum, sive preceptum ipsorum casum ad nos, ut premittitur, pertinentem.*

(30) Inhibemus insuper ne morentur seu (hh) larem *foveant in dictis terris & locis, vel in locis vicinis in fraudem absque voluntate Dominorum, nisi sint* oriundi *de loco, aut ibidem* matrimonium contraxerint ; *in hiis* duobus casibus *non poterunt servientes officium exercere in locis illis. Et* si casus ressorti, aut *alius ad nos spectans in eisdem terris advenerit*, Volumus *quod de illis se* nullatenùs intromittant, *immò casus executioni mandabitur* per alios servientes.

(31) Prelati *verò*, Barones, *& alii* fideles nostri *poterunt predictos Servientes nostros justiciare, & contra eos uti* jurisdictione suâ spirituali, & temporali, *prout jus*

NOTES.

(bb) De novis bastidis.] Les nouvelles bastides estoient des Châteaux nouvellement fortifiez.

(cc) Nisi in casu &c.] Il y a au Registre du Tresor, *nisi in casu alio ad nostrum jus regium pertinenti.*

(dd) Contingeret.] Au Tresor, il y a, *contigerit.*

(ee) Precepto Senescalli.] Cela n'est plus en usage que par erreur. Voyez l'Ordonnance de 1667. au titre *Des Ajournemens*, art. 10.

(ff) Gravavit.] Au Registre du Tresor, il y a, *gravaverit.*

(gg) In terris.] Voyez les letres de l'an 1290. article 12. page 319. & Loüet dans son recüeil d'Arrests, letre *(n)* sommaire 10.

(hh) Larem foveant.] Voyez les letres de l'an 1290. article 12. page 319. & Brodeau dans ses notes sur Loüet letre *(n)* sommaire 10. nombre 9.

tum fuerit sine fraude, contrà alias privatas personas, in hiis que ad eorum officium non spectabunt, *poteruntque eos punire de excessibus & commissis que fecerint, non tamen nostrum regium officium exequendo.*

PHILIPPE IV. dit le Bel, à Paris, le Lundy aprés la Mi-Caresme 23. Mars 1302.

(32) Item. *Volumus quod (ii) ordinatio facta, diu est,* per nos super removenda *superfluitate Servientium, & de reducendo eos ad certum numerum servetur, compleatur, & etiam firmiter executioni demandetur, videlicet quod ubi consuetum erat haberi* viginti Servientes, *remotis omnibus,* quatuor tantùm *restent : Et sic per consequens de majori numero major substrahatur, & de minori minor.* Volentes *quod Servientes illi, qui nostras antea habebant literas, & qui sufficientes aliàs extiterint, (kk) inter remanentes* alios *deputentur, servato numero supradicto, & illi qui taliter remanebunt, obedient Senescallis & Baillivis nostris, qui poterunt predictos Servientes corrigere & punire, pro suis excessibus & commissis, & si eorum excessus exegerint, de officio eorum, quamvis nostras literas super hoc habuerint, totaliter amovere.*

(33) Item. *Precipimus quod tales qui in* Servientes eliguntur, *(ll) prestent idoneas* cautiones, *in manibus predictorum Senescallorum & Baillivorum nostrorum, ut benè & fideliter faciant & exequantur officia sibi commissa, & quod debeant respondere, aut juri stare super hiis, & in omnibus que ab iisdem poterunt peti ratione dicti officii exequti. Et si contingat aliquem predictorum Servientium mori, vel officium sponte vel suis excessibus dimittere, Senescalli & Baillivi poterunt loco eorum alios sufficientes, suo tamen periculo, subrogare, & habebunt respondere de hiis que gesserint suum officium exercendo nec poterunt dictorum Servientium numerum augmentare.*

(34) Item. *Volumus quod dicti* Servientes nostri *moderatum (mm) salarium* suscipiant, *videlicet* Servientes equites *tres solidos in die, &* pedites octodecim denarios monete currentis, *quandò exibunt villam, & plus non accipiant in die pro suo salario,* quotcumque adjornamenta, executiones, aut processus alios ad eorum officium pertinentes faciant, *pro* pluribus negociis pluribusve personis. *Et si sit consuetum in aliquibus locis quod minùs debeant habere, illa consuetudo servetur.*

(35) Item. *Statuimus, quod (nn) si* aliqui de officialibus nostris saisierint *aliquas terras, vel possessiones pro* debato partium, *dictis terris, vel possessionibus, alteri parti cognitione judiciariâ premissâ, adjudicatis,* fructus etiam medio tempore percepti *eidem parti fideliter & plenariè reddantur, deductis missionibus & expensis.*

(36) Inhibemus *prætereà &* interdicimus *omnibus* Senescallis, Baillivis, Justiciariis, *fidelibus & subjectis nostris quibuscumque, potestatem faciendi, seu instituendi (oo) Notarium seu Notarios, publicum vel publicos, auctoritate nostrâ regia, quoniam intelleximus quod retroactis temporibus* inordinata, seu effrenata multitudo notariorum multa intulit dispendia *& prejudicia nostris fidelibus & subjectis,* quam siquidem potestatem nobis & successoribus nostris Francie Regibus specialiter & perpetuò *reservamus : Et ex nunc pro utilitate publicâ de consilio & deliberatione providâ Consilii nostri in eos intendimus, qui cum inordinatâ multitudine* Notariorum publicorum *sunt creati, circà eos proponentes apponere remedium opportunum,* nolumus *tamen quod Prelatis, Baronibus* & omnibus aliis *subditis nostris, qui de antiquâ consuetudine in terris suis possunt Notarios facere, per hoc prejudicium generetur.*

NOTES.

(ii) Ordinatio... super removenda superfluitate Servientium.] Philippe le Bel fit sur ce sujet plusieurs Ordonances. Voyez entr'autres celle de l'an 1302. dans la quinzaine de la Toussaints page 352. & les letres de l'an 1299. article 8. page 335.

(kk) Inter remanentes alios deputentur.] Dans la copie de M. Joubert, il y a, *nil remanentes deputentur.* Dans les autres manuscrits il y a comme icy, à l'exception que le mot *alios* manque.

(ll) Prestent idoneas cautiones.] Voyez l'Ordonance de l'an 1302. au mois de Novembre page 352.

(mm) Salarium.] Voyez l'Ordonance du mois de Novembre 1302. touchant les Officiers du Chastelet, page 352.

(nn) Si aliqui de officialibus nostris saisierint.] Dans les autres manuscrits, il y a, *si aliquis de officiariis nostris saisierint.*

(oo) Notarium sive notarios.] Voyez l'Ordonance de 1256. art. 16. Loyseau des offices livre 2. chapitre 5. Des Greffiers & tabellions, nombre 47. & 48.

PHILIPPE IV, dit le Bel, à Paris, le Lundy aprés la Mi-Caresme 23. Mars 1302.

(37) Item. *Volumus quod* prefati Notarii, *seu* Clerici nostri, *vel* Clerici seu Notarii Senescallorum, Baillivorum & Prepositorum *predictorum*, *& alii Notarii, seu scriptores in nostris officiis constituti accipiant salarium moderatum, videlicet* de tribus lineis unum denarium, *& de* quatuor lineis usque ad sex, duos denarios *usualis monete, & non ampliùs. Et si* scripta excedant sex lineas, *recipient* pro tribus *unum denarium, sicut dictum est*. Et debet esse linea *in* longitudine unius palme, *& continere* septuaginta literas *ad minus, & si plus protendatur linea plus poterit Notarius recipere, secundùm longitudinem carte vel instrumenti venditionem, aut alios contractus perpetuos continentis, videlicet* de duabus lineis unum denarium. *Hoc idem servari & teneri* volumus *in instrumentis publicorum tabellionum. Et si in aliquibus locis predicte scripture minori pretio olim taxate fuerint, Nolumus quod per hanc Constitutionem nostram in eis aliquid immutetur, immò illi taxationi stetur, nostrâ noviter edita non obstante.*

Sequitur forma juramenti, per quam debent jurare Senescalli, Baillivi, judices, Vigerii, Vicecomites, Prepositi & alii officiarii nostri jurisdictionem habentes.

(38) (pp) *Jurabunt enim inprimis, quod quamdiu erunt in officio, seu administratione* eis *commissâ facient justum judicium omnibus personis magnis & parvis, extraneis & privatis, cujuscumque* conditionis *existant, & subjectis quibuslibet, sine acceptione personarum & nationum, servando & custodiendo diligenter usagia locorum & consuetudines approbatas.*

(39) Item. *Jurabunt bonâ fide custodire, & servare* jus nostrum, *sine diminutione impeditione, sine juris* prejudicio alieni.

(40) Item. *Jurabunt quod per se, nec per alios recipient, seu recipi facient aurum, argentum, vel aliquod aliud donum mobile, vel immobile, nomine Servicii, obsequii, sive doni, aut beneficium aliquod perpetuum, vel etiam personale, exceptis esculento, vel etiam* poculento, *& aliis ad comedendum & bibendum ordinatis. Et de talibus, cum moderamine inculpato, secundùm conditionem cujuslibet, & in tali quantitate ea recipient, quod infrà unam diem possint absque devastatione illicitâ consumi.*

(41) Item. *Ut suprà jurabunt quod ipsi non* procurabunt, quod dona, *munera, servicia, aut beneficia* Ecclesiastica *dentur, seu conferantur eorum* uxoribus, natis, fratribus, nepotibus, neptibus, *consanguineis*, auxiliariis, *aut privatis suis, immò diligentiam quam poterunt adhibebunt, quod uxores, aut persone predicte* non recipient *talia dona, vel munera superiùs nominata, quod si contrarium fecerint, contradicent & compellent personas predictas ad reddendum sic per sordem accepta, quam cito ad eorum notitiam devenerint.*

(42) Item. *Non poterunt recipere* (qq) vinum, *nisi in* barillis, seu bouteillis vel potis, *sine fraude & sorde qualibet, & quod supererit vendere non debebunt.*

(43) Item. *Interdicimus eis quod ab hominibus suarum* Bailliviarum, *aut administrationum suarum, aut ab aliis coram eis* causam habentibus, *vel ab eis quos sciverint proximè* habituros (rr) non recipiant mutuum *per seipsos, nec per alias interpositas personas, parvum aut magnum, ab aliis verò qui causam non habent, nec speratur quod habeant* proximò *coram ipsis non recipient* mutuum *quod excedat* quinquaginta libras turonenses, *quas infrà duos menses* a tempore receptionis dicti mutui reddere tenebuntur, *licet creditores eas per ampliùs spatium credere vellent & nec aliud mutuum recipere poterunt, quousque fuerit prioribus creditoribus satisfactum.*

(44) Item. *Jurabunt, ut suprà, quod non dabunt, aut mittent* (ss) munus vel *servitium illis qui* sunt de Consilio nostro, *nec eorum* uxoribus, liberis, *aut pr*

NOTES.

(pp) *Jurabunt.*]

(qq) *Vinum.*] Voyez l'Ordonance de S.t Loüis de l'an 1256. article 3. & celle de 1254. article 4.

(rr) *Non recipient mutuum.*] Voyez l'Ordonance de S.t Loüis de l'an 1251. article 5 & celle de 1256. article 4.

(ss) *Munus.*] Voyez l'Ordonance de S.t Loüis de l'an 1254. article 6. & celle de 1256. article 4.

vatis su

vatis suis, nec illis qui missi fuerint ex parte nostrâ, ad visitandum, seu inquirendum de factis, & super commissis eorum, exceptis, ut superiùs est expressum, esculento & potulento, in tali quantitate, que infrà unum diem consumi possint.

PHILIPPE IV. dit le Bel, à Paris, le Lundy aprés la Mi-Caresme 23. Mars 1302.

(45) Item. Quod non habebunt partem in venditionibus (tt) Bailliviarum, Prepositurarum, aut aliorum redditnum ad jus regium spectantium, vel etiam in monetâ.

(46) Item. Non sustinebunt (uu) in errore suo Prepositos & officiarios alios qui suberunt eis, qui erunt injuriosi, exactores, suspecti, usurarii, aut aliter vitam inhonestam ducentes apertè, immò corrigent eos de eorum excessibus, prout justum fuerit bonâ fide.

(47) Item. Jurabunt Prepositi, Vicarii, Baillivi, Bajuli, Vicecomites, Majores villarum, & forestarum Custodes, & alii qui sunt sub eis in officiis, quod non (xx) dabunt, aut servient in aliquo, majoribus suis nec eorum uxoribus, familiaribus, liberis, aut propinquis privatis.

(48) Item. Jurabunt Senescalli & Baillivi, quod à Bajulis, Vicecomitibus, Prepositis, aut ab aliis subditis officiariis suis, (yy) sivè sint in firmâ, sive in Bailliviâ, non recipient gistum, pastum, procurationem, aut aliquod aliud donum, quodcumque sit illud.

(49) Item. Quod a (zz) Religiosis personis sue administrationis, non recipient ea que superioribus articulis sunt expressa, nec recipient esculentum, vel potulentum, ut suprà dictum est, nisi ab illis qui in divitiis sufficienter abundant, semel in anno vel bis & non amplius, cum magnâ instanciâ requisiti, videlicet à Militibus, Domicellis, Burgensibus, divitibus, aut aliis magnis viris.

(50) Item. Non (aaa) ement in Bailliviâ suâ, seu administratione, quocumque & quantumcumque duret, nec in aliâ, possessiones aliquas, dolosâ vel fraudulentâ impressione; Quod si fecerint, contractus eo ipso reputabitur nullus, & possessiones applicabuntur nobis in dominio nostro, & Prelatis, Baronibus, & aliis subditis nostris applicabuntur, si predicti Senescalli, Baillivi, aut alii predictos contractus faciant in terris suis, contra nostram inhibitionem predictam, nisi de nostrâ processerit voluntate.

(51) Item. Jurabunt quod durante administratione suâ, contra prohibitionem predictam, nisi de nostrâ processerit voluntate, non contrahent in personis suis, nec contrahi, quantumcumque in eis erit, permittent filiis, aut filiabus suis, fratribus, sororibus, nepotibus, neptibus, aut consanguineis suis, (bbb) matrimonium cum aliquo vel aliquâ, sub administratione suâ, predictâ administratione durante, nec ponent in Monasteriis religiosorum, seu religiosarum aliquas de personis predictis, nec acquirent eis beneficia Ecclesiastica, seu possessiones, nisi de nostrâ processerit gratiâ, seu licentiâ speciali, personis dumtaxat exceptis, que habent officia, seu administrationes in locis unde traxerint originem, vel in quibus mansionem habent, seu larem fovent, quibus liceat matrimonium contrahere, parentes, seu amicos in religione ponere, & possessiones emere, dum tamen id sine fraude & cupiditate aliquâ faciant, jure regio in omnibus & per omnia observato penitùs & illeso.

(52) Item. Quod non ponent, nec tenebunt, aliquem in prisione seu carcere (ccc) pro debito, nisi per literas nostras regias ad hoc fuerit specialiter obligatus.

NOTES.

(tt) Bailliviarum.] Voyez l'Ordonance de S.t Loüis de l'an 1256. article 5. & celle de 1254. article 7.

(uu) In errore suo officiarios &c.] Voyez l'Ordonance de 1254. article 9. & celle de 1256. article 6.

(xx) Dabunt.] Voyez l'Ordonance de 1254. article 9.

(yy) Sive in firmâ, sive in Bailliviâ.] Ainsi tenir un Office en Baillie estoit alors autre chose que le tenir à ferme.

(zz) Religiosis.] Voyez l'Ordonance de 1254. article 15.

(aaa) Ement.] Voyez l'article 13. de l'Ordonance de 1254.

(bbb) Matrimonium.] Voyez l'art. 14. de l'Ordonance de 1254.

(ccc) Pro debito.] Voyez l'article 19. de l'Ordonance de 1254.

PHILIPPE IV. dit le Bel, à Paris, le Lundy aprés la Mi-Caresme 23. Mars, 1302.

(53) Item. *Jurabunt, secundùm quod consuetum est, concedere* ad firmam, *vel committere* Prepositturas, *& alia officia, redditus, & proventus nostros personis sufficientibus & non aliis.*

(54) Item. *Idem de scripturis, sigillis, Sergenteriis, Vicariis, aliisque sub eis officiis censemus esse tenendum.*

(55) Item. *Jurabunt quod per se, vel alios* dolo, *vel* fraude *contra predicta, vel aliquod de predictis non venient, seu venire facient, vel permittent.*

(56) Item. *Volumus, & presentium tenore* sancimus *quod* sigilla *Senescalliarum, Bailliviarum, Prepositurarum*, Vicariarum *&* judicaturarum *regni nostri, de cetero non vendantur (ddd)* ad firmam, *seu* custodiam *tradantur, nisi* personis legalibus, *ac etiam* bone fame. *Hoc idem de officiis* recognitionum *(eee) recipiendis* volumus *observari. Ceterùm quia multe* novitates *contrà approbatas* & antiquas consuetudines nundinarum Campanie *&* appellationum *(fff)* Lauduni, *in nostrum prejudicium subjectorum introducte dicuntur*, proponimus *&* ordinamus *personas mittere idoneas ad inquirendum de antiquis* consuetudinibus nundinarum *&* appellationum *ipsarum, & predictas antiquas & approbatas consuetudines facient observari; & si quas invenerint infractas vel abolitas, facient eas* ad antiquum statum reduci; *Quia vero* multe magne *cause in nostro* Parlamento *inter notabiles personas & magnas aguntur*, Ordinamus *&* Volumus *quod* duo Prelati, *&* due *alie bone & sufficientes* persone laice *(ggg) de* nostro Consilio, *vel saltem unus Prelatus & una persona laica causâ audiendi* & deliberandi *dictas causas, continue in nostris Parlamentis existant.*

(57) Item. *Volumus quod* litere *super* factis criminalibus *confecte, ad nostrum magnum* sigillum *nullatenùs recipiantur, donec correcte & signate fuerint per duos fideles homines* nostri Consilii, *vel saltem per unum quem ad hoc duxerimus deputandum.*

(58) Si verò contingat aliquos de subjectis Prelatorum, Baronum, *vel aliorum* subjectorum *nostrorum altam justitiam habentium, per* nostras literas *obligari, dicti Prelati & Barones* habebunt executionem *literarum ipsarum.*

(59) Ordinamus *etiam quod si alique* persone provinciarum, *que (hhh)* jure communi *reguntur, in* Parlamento nostro *causas habeant, que* jure scripto debeant terminari, *sententia diffinitiva ipsarum secundùm jus scriptum feratur.*

(60) Volentes *insuper & etiam* ordinantes *quod nullus* Senescallus, Baillivus, Prepositus, Vicarius, Vicecomes, *vel Judex* hominem *unius* Castelanie, Baillivie, Preposíture, Vicarie, *vel* Judicature ad aliam valeat trahere, aut etiam *(iii)* ordinare.

(61) Item. *Volumus quod* subditi Prelatorum, Baronum *& aliorum altam justitiam habentium de cetero* appellent *ad ipsos secundum quod (kkk)* ab antiquo *consueverunt* appellare ad ipsos.

(62) Præterea *propter* commodum *subjectorum nostrorum, &* expeditionem causarum, proponimus ordinare *quod* duo Parlamenta Parisius, & duo Scacaria Rothomagi, *& dies* Trecenses bis tenebuntur in anno. *Et quod Parlamentum*

NOTES.

(ddd) Ad firmam, seu custodiam.] Au Registre du Parlement, & dans celuy du Tresor, il y a, *ad firmam in custodiâ.*

(eee) Recipiendis.] Au Registre du Parlement, il y a, *recipiendarum.*

(fff) Lauduni.] Au Registre du Parlement, il y a, *Laudunensium.*

(ggg) De nostro consilio.] De-là vient peut-estre que quelques personnes du Conseil ont encore seance au Parlement.

(hhh) Jure communi.] Il semble que le *Droit commun* soit icy opposé au *Droit écrit*, & qu'ainsi l'on conclud mal de ces mots, que le Droit écrit est le Droit commun de la France. Voyez cependant les lettres Patentes de Philippes le Bel, pour l'establissement de l'Université d'Orleans.

(kkk) Ab antiquo.] Voyez ce que j'ay remarqué sur le chapitre 15. du second livre des Establissemens, page 264. & sur le chapitre 80. du livre premier.

Cette Ordonance est rapportée icy dessus en François sous l'an 1287. page 314.

apud Tholosam tenebitur, *si gentes* terre predicte consentiant, *quod non* appelletur a Presidentibus *in Parlamento predicto*.

PHILIPPE IV. dit le Bel, à Paris, le Lundy aprés la Mi-Caresme 23. Mars 1302.

HEC EST ORDINATIO facta per nos & Consilium nostrum de mandato nostro super modo tenendi & faciendi Burgesias regni nostri, ad removendum & tollendum fraudes & malicias, que in eis olim fiebant, occasione, seu causâ dictarum Burgesiarum, ratione quarum aliquotiens subjecti nostri graviter opprimebantur & gravabantur, ad nos suas sepè querimonias deferentes.

Primò *statutum est & ordinatum, quod si aliquis voluerit* aliquam intrare *de Burgesiis nostris, debet venire ad locum unde proponit, seu requirit esse Burgensem, & adire Prepositum illius loci, vel ejus locum-tenentem, vel Majorem illius loci qui recipit, seu recipere consuevit, absque Preposito Burgensem; Et debet dicere tali modo:* Domine, requiro a vobis mihi concedi Burgesiam hujus Ville, paratus que sum facere quod incumbit faciendum. *Et tunc Prepositus, vel Major in loco predicto, vel eorum locum-tenentes, ut supra dictum est, in presentiâ duorum, vel trium Burgensium ejus ville recipient securitatem, seu cautionem de introitu Burgesie prefate, & quod ipse faciet, vel emet ratione & nomine Burgesie,* domum *infrà* annum unum & diem, *de valore* sexaginta solidorum *Parisiensium ad minùs, & de hoc fiet instrumentum & registretur. Et tunc Prepositus, vel Major in loco concedet sibi unum* servientem *cum quo debet adire Dominum sub quo anteà fuerat, & a cujus districtu, seu jurisdictione se voluit amovere, vel ejus locum-tenentem, & eos, vel eorum unum certificare, quod ipse factus est Burgensis noster in tali villâ, designando eis diem & annum, sicut in literâ Burgesie sibi datâ continetur, in quâ contineantur nomina Burgensium, qui premissis affuerint quando intravit Burgesiam supradictam;*

(2) Ordinatumque *fuit quod ipse non habebitur, aut deffendetur ut Burgensis noster, antequàm premissa, & quodlibet de premissis per eum facta fuerint, & data securitas de complendo, sicut superiùs est expressum, donec fuerit advoatus ut Burgensis coram Domino, a cujus jurisdictione se substraxit.*

(3) Item. *Statutum est quod quilibet Burgensis noster sic receptus & advoatus, ut premissum est, in quocumque tempore sit, sive ante festum Beati* Johannis Baptiste *sive post, sive ante* festum omnium sanctorum *sive post, debet continuare Burgesiam suam per eum modum qui sequitur.* Videlicet, *quod ipse & uxor sua, vel sponsa, (si quam habet) debent personaliter* residere *in dictâ Burgesiâ, a* Vigiliâ omnium sanctorum, *usque ad* vigiliam sancti Johannis Baptiste, *nisi aliàs infirmitate fuerit impeditus proprii corporis sui, aut uxoris sue, vel propinquorum suorum, vel nisi in casu matrimonii, aut peregrinationis, vel casuum similium, sine fraude eos contingeret absentare. Pretereà post recessum eorum à loco Burgesie sue, impedimento cessante, non morentur ultrà tres* dies vel quatuor ad plus.

(4) Item. *Concedimus & volumus* quod predictus Burgensis, unà cum uxore sua insimul, *vel divisim, si eis expediens videatur, possint se absentare a dictâ Burgesiâ*, à festo sancti Johannis Baptiste, *usque ad* festum omnium sanctorum, *pro fenis suis, messibus, &* vindemiis faciendis, aut aliis suis negociis peragendis; *Volumusque quod præfatus Burgensis & uxor sua, vel alter eorum sint in loco dicte Burgesie, si commodè fieri poterit, & fuerint in patriâ in quolibet magno festo annuali.*

(5) Item. *Scire volumus universos, quod si vir, qui non est uxoratus, aut mulier que non habet virum voluerit intrare aliquam de Burgesiis nostris, sub modo & formâ premissis, oportet eum vel eam habere proprium* valletum, seu famulum, aut ancillam, qui deservient *personis predictis in dictâ Burgesiâ, a vigiliâ omnium sanctorum, usque* ad vigiliam sancti Johannis Baptiste, & isto modo deserviendo, *dicti Burgenses per se, vel per substitutas personas poterunt suis negociis intendere quandocumque voluerint; ita tamen quod in quolibet festo celebri annuali, si in patriâ fuerint, in dictis locis suarum debent facere presentiam personarum.*

(6) Item. *Statutum est & ordinatum quod si aliquis, vel aliqua* receptus, *vel recepta in Burgensem, per modum qui dictus est, vel recipiendus sub formâ predictâ se substraxerit, vel de cetero* substrahat, *seu* substrahere *voluerit ab aliquo loco, vel*

PHILIPPE IV. dit le Bel, à Paris, le Lundy aprés la Mi-Caresme 23. Mars 1302.

communitate solvat tallias, & onera sibi imposita in villâ in quâ sic fuit talliatus vel oneratus, antequàm receptus esset in Burgensem, vel advoatus tamquàm Burgensis in aliâ villâ in quâ requisivit esse Burgensis, vel partem debitorum pro exitu ville. Ab aliâ verò parte solvet omnes tallias, jura & onera ilius ville in quâ receptus est Burgensis, ab illo die quo receptus fuit, vel receptus erit, usque ad diem quo se subtrahere voluerit publicè a loco dicte Burgesie. Et etiam ordinatum est quod nullus vel nulla Burgensis recipietur, aut dessendetur in aliquâ Burgesiâ, quamdiu tenebit primam in qua receptus fuerat & etiam advoatus.

(7) Item. Est ordinatum & statutum quod ille dominus de sub cujus jurisdictione Burgensis hujusmodi se subtrahat, omninò habebit cognitionem & executionem omnium causarum, questionum & querelarum motarum contra ipsum, & occasione ipsius, omniumque excessuum per eum commissorum a tribus mensibus antequàm receptus esset & advoatus in Burgensem, ut superiùs est expressum; quod intelligendum est de querelis & excessibus, de quibus notorie, aut ordine judiciario cognitum extat vel extitit, seu que dominus predictus per sufficientes testes probare poterit coram justiciario dicte Burgesie, infrà tres menses postquàm receptus, ut predictum est vel advoatus fuerat in Burgensem.

(8) Item. Statutum est quod nullus predictorum Burgensium sustinebitur, aut deffendetur, quominus in causâ hereditatis contrâ eos, vel ab eis motâ, seu movendâ debeat parere juri coram domino, vel dominis, sub quo, vel quibus est hereditas memorata. Idem etiam est censendum circa debita, que subditi predictorum dominorum debent predictis Burgensibus aut debebunt.

(9) Item. Sciendum est quod per hujusmodi statuta, seu ordinationes nos aut nostrum consilium non intendimus in aliquo variare, vel mutare privilegia seu, puncta literarum que nos aut predecessores nostri concessimus, quibus justè sine malicia usum fuerit & etiam sine fraude. Nec est intentionis nostre quin subjecti nostri possint requirere, aut de prefatis Burgesiis extrahere homines suos de corpore ascripticios, seu glebe affixos, aut alterius servilis conditionis, modo debito seu etiam consueto.

(10) Publicabitur autem hec ordinatio per quemlibet Baillivum, aut Senescallum in primâ assisiâ quam tenebunt : Et dicetur sub hac forma, quod omnes qui voluerint gaudere predictis Burgesiis, veniant infra mensem, a tempore publicationis predicte, pro renovandis dictis Burgesiis, sub modo & formâ superiùs expressis; & nisi infra prefixum terminum venerint, vel si non se excusaverint, non deffendentur ab illa hora in antea, nec habebuntur ut Burgenses.

Intentionisque Curie, seu Consilii nostri existit, quod hujusmodi statuta & ordinationes firmiter teneantur, contrariâ consuetudine qualibet non obstante, nisi specialiter alique persone puncto litere Regie, aut privilegio eis concesso, quo bene & legitime fuerint use, extiterint premunite.

Omnes autem istas ordinationes superscriptas, statutaque salubria facimus, promulgamus, & sancimus, tenerique firmiter, & inviolabiliter precipimus observari, pro bono regimine Regni nostri & utilitate Reipublice; Requirentes Prelatos, Barones, & alios fideles & subditos nostros, quatenùs eas, vel ea faciant à subditis suis teneri & firmiter observari in terris & jurisdictionibus suis, precipiantque fieri officiariis suis modo quo injungimus & nos nostris; In cujus rei testimonium presentibus literis nostrum fecimus apponi sigillum. Actum Parisiis die Lune post mediam Quadragesimam anno Domini millesimo trecentesimo secundo.

(a) Letres

PHILIPPE IV. dit le Bel, le Mardy avant le 25. Mars, jour de l'Annonciation 1302.

(a) Letres accordées au Duc de Bretagne, portant que ses sujets ne seront exempts de sa Jurisdiction, qu'en cas d'appel seulement.

PHILIPPUS Dei gratiâ Francorum Rex Turonensi & Constanciensi Baillivis, salutem. Significavit nobis dilectus & fidelis noster J. dux Britannie *conquerendo, quod nonnulli sui subditi, dum* ab ipsius curiâ, ad nostram appellant, *pendentibus hujusmodi appellationibus, ab ipsius* jurisdictione, *non solum* ratione causarum, *in quibus deffendentes existunt, sed etiam* agendo, *&* causas movendo *coram nobis, sive gentibus nostris, contra alios dicti Ducis subditos* eximunt se frequenter, *& faciunt se per gentes nostras* hujusmodi exemptione deffendi, *sic ipsius forum per diversa declinando deffugia, & multimode, prejudicium inferendo eidem.* Quare mandamus *vobis & vestrum cuilibet, quatenus appellantes ipsos, prout de hiis vobis constiterit, in* casibus illis dumtaxat in quibus deffendentes existant, *legitime* pendentibus eorum appellationibus hujusmodi exemptione gaudere, *sub protectione regiâ* permittatis *& faciatis. In aliis verò, videlicet in quibus extra appellationum ipsarum causas, actores sint,* ipsos non intelligimus a jurisdictione dicti Ducis fore, *virtute dictarum appellationum* exemptos, *quum ipse, aut gentes sue, in eosdem, sicut in alios subditos Justiciam valeat exercere, ut fuerit rationis.* Datum Parisius diè Martis ante Annunciationem Dominicam, anno Domini millesimo trecentesimo secundo.

NOTES.

(a) Ces letres sont dans un *Vidimus* de l'an 1323. qui est au Registre du Parlement cotté A. intitulé *Ordinationes antiquæ.*

PHILIPPE IV. dit le Bel, le Samedy aprés l'Annonciation 1302.

(a) Ordonance touchant la subvention à cause de la Guerre de Flandres.

SOMMAIRES.

(1) Ceux qui auront cent livres tournois de revenu par chacun an, en fonds de terre, payeront vingt livres tournois de subvention par chacunes cent livres, & de plus en plus, suivant la mesme proportion. Ceux qui auront la valeur de cinq cens livres tournois en meubles, payeront vingt-cinq livres tournois pour chacunes cinq cens livres, & ainsi pour tout ce qui excedera, suivant la mesme proportion. Ceux qui n'auront ni cent livres de revenu en fonds de terre, ni cinq cens livres en meubles ne payeront rien.

(2) On n'exigera de ceux qui auront payé ce subside, ni aucun autre subside pendant l'année, ni aucun emprunt forcé. On ne prendra d'eux ni vivres, ni autres choses pour les provisions du Roy, si ce n'est à un prix juste & raisonnable, qu'on leur payera dans le moment. Ils ne seront tenus ni de contribuer au payement des soldats qu'ils s'estoient obligez d'entretenir à l'Armée pendant quatre mois, ni d'aller à la Guerre l'esté prochain, ni enfin de rien payer au Roy pour le subside qu'il pourroit lever sur ses sujets, pour remettre les monoyes à leur ancien estat.

PHILIPPUS &c. dilectis & fidelibus nostris Episcopo Biterrensi, ac Magistro (b) Sicardo de Vairo, salutem & dilectionem. Destinamus vos ad partes Tho-

NOTES.

(a) Cette Ordonance est au Tresor des Chartes, Registre cotté au haut 35. & au bas 17. piece 57. Au Registre cotté au haut 36. au bas 12. piece 55.

(b) Sicardo de Vairo.] Au Registre du Tresor, il y a, *Sitardo de Voire.*

PHILIPPE IV. dit le Bel, le Samedy aprés l'Annonciation 1302.

los. Ruthen. Agenn. (c) & Aufciy *Senefcalliarum, ac prælectâ induftriâ veftrâ, fpecialiter deputamus fuper facto præfentis* ordinationis *noviter editæ in hunc modum.*

*CUM per inimicorum noftrorum nequitiam, falfitatem nimiam, & rebellionem malivolam Regnum noftrum iftis e veftigio temporibus opprimatur, gravetur enormiter, jamque modis variis invadatur, & nobis qui tolerare amplius qualitercumque nolu*mus, *ficut nec debemus, dampna hujufmodi nobis, & noftris de Regno noftro fubditis illata, & quæ adhuc de die in diem ab inimicis ipfis graviùs inferuntur, nec etiam prætermittere: quinimò viriliter ipfos a fuis aufibus in exemplum reprimere futurorum,* altiffimo difponente, *proponimus & ftudemus,* quilibet *manum adjutricem porrigere ad hoc jure naturali & debito teneatur, ficut incumbit evidentius fingulariter univerforum viribus & univerfaliter fingulorum. Nihilominus* nos *confideratis attentè devotis (d)* alias *nobis in ejufdem guerræ facto fubfidiis a fidelibus noftris ipfarum Senefcalliarum popularibus impenfis, ipfos & alios fubditos noftros & præcipue plebem multis non abundantem divitiis relevare exinde & dirigere, fuæ parcendo fubftantiæ quantùm poterimus affectantes, de fidelium Prelatorum, Baronum, & aliorum confiliariorum noftrorum ad hoc prefentium confilio & affenfu* duximus ordinandum.

(1) Videlicet quod qui habeat centum libras turonenfes, *vel plus in* exitibus *quibuflibet terræ* per annum, *folvet, pro imminente exercitus noftri inftanti negotio,* viginti libras *turonenfes, pro* quolibet centenario *prædictorum, & fic de pluri plus, fecundùm legitimam eftimationem, qui verò valorem* quingentarum librarum turonenfium, *vel plus in* mobilibus *quibufcumque habuerit, folvet pro negotio eodem* viginti quinque libras turonenfes *pro quolibet* quingentenario, *& fic plus de pluri, juxta* ordinationem *eamdem. Et qui minùs quàm fupra dictum eft centum libras in* exitibus *quibuflibet terræ fuæ redditualibus per* annum, *& minùs quingentarum librarum in mobilibus habuerit, prout legitimè ita repertum fuerit, nihil folvet de fubfidio memorato.*

(2) Volentes *fiquidem in iis, qui in prædictis quantitatibus abundantes fubfidium hujufmodi nobis folverint in præfenti, & tenore præfentium promittentes, quod nos hoc anno ab eis non poffimus aliud exigere fubfidium, nec ad* mutuum nobis præftandum *ipfos compellere. Infuper nec* victualia, *five* bona *eorum capere, aut capi facere pro* garnifionibus *noftris, nifi per juftum pretium, de quo ftatim fibi integrè fatisfiat, quittantes omninò eofdem de fervientum numero nobis ab ipfis pro dicto exercitu,* per quatuor menfes *fuis fumptibus conceffo, (e)* quos *nullatenùs nobis miniftrare, nec ad exercitum de æftate inftanti accedere teneantur. Quid ultrà concedentes eifdem quod fi pro monetâ ad antiquum reducenda ftatum aliquam a fubditis noftris fubventionem exigere nos contingat, illique fubfidium prætaxatum folverint in præfenti, quiti fint & immunes circa* rationes *hujufmodi monetæ de mobilibus & immobilibus de quibus folverint, ut eft dictum.*

Quocircà vobis tenore præfentium committimus & mandamus, quatenùs vocato Senefcallo, vel ejus locum-tenenti, cum altero veftrum æftimationes denariorum prædictas eo follicitiùs & celerius, quo magis inftat negotii prædicti arduitas, levetis, feu levari faciatis, quàm citiùs tranfmittendas Parifius; ficque ordinationem *prædictam teneri inviolabiliter ab omnibus, & fideliter adimpleri. (f) Dantes omnibus jufticiariis &*

NOTES.

(c) Et Aufcii.] Lifez *& Auxitan.*

(d) Alias.] Dans le Regiftre du Trefor cotté au haut 36. & au bas 12. il y a, *aliis.*

(e) Quos.] Il y a ainfi dans les manufcrits.

(f) Inftruction fur l'Ordonance precedente.

A l'information de ceux qui font envoyez par les Senefchauffées & par les Baillies du Reaume pour les finances de l'oft de Flandres de cette faifon, felon la commiffion faite fur ce à chafcun eft à entendre.

Premierement len doit appeler des plus fouffifanz d'une Ville, ou de plufeurs enfemble, felonc le pays & leur faire diligeaument entendre l'Ordenance felonc la letre, comment elle eft piteable, efpecialment pour le menu peuple, & courtoife à ceus qui payeront: car il feront deportez, & quittes de l'oft de cette

subditis nostris specialiter in mandatis, ut vobis in iis & ea tangentibus pareant efficaciter & intendant. In cujus rei testimonium præsentibus literis nostrum fecimus appo-

PHILIPPE IV. dit le Bel, le Samedy aprés l'Annonciation 1302.

NOTES.

faison, & des Sergens que l'on avoit ostroiez, & de toute autre subvention pour ceste année, & du *retour* de la Monoye pour tant comme il auront payé, lesquelles choses leur peussent estre assez plus grieves, si comme chascun le poveit savoir & veoir, pourquoi il doient plus tost, & plus volentiers & plus largement estimer ses biens, à paier selonc ce. C'est assavoir que qui aura cent livres tournois d'yssues en terres, ou en rente par an, baillera vingt livres tournois pour les cent, & de plus selonc la afferme.

Item. Qui aura cinq cens livres en meubles quelque il soit, payera vingt-cinq livres, & aussint de plus plus.

Item. En la maniere de ce faire, & lever len s'enfourmera par loial gent qui plus doivent savoir *l'estimation* des heritages & des biens de chascun, & ainsinc ensuivre resonablement la renommée de sa richece, par la deposition devant dite, & passer moiennement sans faire grief.

Item. Quar ladite Ordenance est faite *par les Prelaz & Barons a ce presens* faire, entendu en icelle mesme condition Clers mariez, & Marchanz.

Item. Clercs mariez jaçoit ce que il ne soient pas Marchans.

Item. Clers Marchans non mariez, & Clers qui, hors de benefice, ont en terre de heritage la valüe de cent livres par an, ou plus.

Item. Femmes veuves qui aient meubles, ou heritages, en la valüe dessusdite & ainsinc de ceste Ordenance sont franc, & exceptés tant seulement *nobles* personnes, sans fraude puissans de servir en armes & en chevaux à nostre semonse par eux ou par autres, & pupilles pour faveur du petit aage.

C'est l'instruction & la fourme que ceus qui sont deputez a finance de cest present tendront.

Premierement les nobles qui ont cinquante livres de terre a tout, ou plus par an, qui voudront estre deportez d'aler oudit ost paieront la moitié de la valüe de leur terres par un an.

De ceus qui auront cinq cens livres de terre, ou plus, & voudront finir pour estre deportez dudit Ost, receue la finance, c'est assavoir le quint, & se vous ne povez bonnement, si le pourez vous aucun pour amenuisier.

Item. Les personnes nobles veuves ou non puissans, qui ont cinquante livres de terre, ou plus qui voudront estre quites de servir oudit ost, & seront chargiez de debtes, ou d'enfans, paieront le quart de la valüe de leur terre par an, une fois sans plus ; & cil qui ne le feront paieront la moitié. Et se vous voiez aucun amenuisement a faire, si le povez vous faire, se vous ne povez bonnement avoir la moitié.

Item. Les non nobles qui voudront estre deportez dudit Ost, & ont vingt livres de terre par an, ou plus, jusqu'à cent livres paieront pour finance le dixiéme de la valüe de leur terre par an.

Item. Cil qui ont cinquante livres de meubles ou plus, jusques a cinq cens livres, & voudront estre deportez dudit Ost, paieront le cinquentiesme dudit meuble.

C'est assavoir que vous devez estre avisez de parler au pueple par *douces paroles*, & demonstrer les grans desobeissances, rebellions, & domages que nos subjez de Flandres ont fait a nous & a nostre Reaume, a la fin de atrere les a nostre entencion : & ensement devez vous ces levées & finances au maindre esclande que vous pourrez & commocion de menu pueple. Et soiés avisez de mettre Serjans debonneres & traitables, pour faire vos executions, si que il n'aient cause de eus doloir.

Item. En toutes manieres leur monstrez comment par cette voye de finer, ils sont hors de peril de leur cors, des grans cous des chevaux & de leur despens, & pourront entendre à leur marchandies, & leur biens de leur terres administrer.

Et contre la volenté des *Barons* ne faites pas ces finances en leur terres.

Et cette Ordenance tenez secrée, mesmement l'article de la terre des *Barons*, quar il nous seroit trop grand domage, se il le savoient. Et en toutes les bonnes manieres que vous pourrez, les menez a ce que ils le veillent suffrir, & les nons de ceus que vous y trouverez contraires nous rescrivez hastivement, a ce que nous metions conseil de les ramener, & les menez & traitiez par belles paroles, & si courtoisement que esclande n'en puisse venir.

Episcopis.

Trecen.	*Belvacen.*
Lingonen.	*Abrincen.*
Eduen.	*Tornacen.*
Claramont.	*Sagien.*
Caturcen.	*Silvan.*
Aurel.	*Ambian.*
Carnoten.	*Morinen.*
Nivernen.	*Bajocen.*
Ebroicen.	*Tholo.*
Constantien.	*Pictaven.*
Attrebatens.	*Agenen.*

PHILIPPE IV. dit le Bel, le Samedy aprés l'Annonciation 1302.

ni sigillum. Datum Paris. die sabbati post Annunciationem Dominicam, anno Domini millesimo trecentesimo secundo.

NOTES.

Maclovien.
Briocen.
Petragoricen.
Corisopiten.
Trecoricen.
Leonen.
Redonen.
Vanneten.
Andegaven.
Dolen.
Carcass.
Biterr.
Ruthen.
Nemausen.
Magalon.
Lectoren.
Lemovicen.
Xanctonen.
Cenoman.
Matiscon.
Cabilon.
Senon.
Turon.
Rothom.
Narbon.
Auxitan.
Burdegal.
Lugdun.
Remen. cui non est scriptum, quia composuit.
Guillelmus de Podio.
Fortinus Adamariis.
Luppus Dominus de Lunæ, Baro.
Benjon de Cardonâ.
Guillelmo Dangleróle.
Guerraut Aleman.
Guillelmo de S. Vincent.
Jacobum de Turricolâ.

PHILIPPE IV. dit le Bel, le Samedy veille de Pentecoste 1303.

(a) Mandement au Bailli de Caux de faire publier les defenses de transporter Or & Argent hors le Royaume.

SOMMAIRES.

(1) Celuy qui portera de l'Or, de l'Argent, ou du Billon hors du Royaume, perdra tout l'Or, l'Argent & le Billon, & confisquera son corps & ses biens.

(2) Ceux qui découvriront les contrevenans auront pour salaire le quint de ce qui aura esté découvert.

(3) Aussitost qu'on aura fait une prise, le tout sera porté à la Monoye de Roüen, & les Maistres de la Monoye delivreront le quint aux denonciateurs, & leur donneront leur reconnoissance de ce qu'ils auront receu, & le Garde tiendra Registre de toutes les forfaitures.

(4) Nulle personne ne doit fondre les Monoyes du Roy, ni acheter le Billon.

(1) PHILIPPES &c. au Baillif de *Cauz*, ou à son Lieutenant, salut. Nous vous mandons, que vous *faciez crier* par les bonnes de vostre Baillie, que nus, *sus paine de cors & d'avoir,* ne soit si hardi porter, ou fere porter *Argent,* ne *(b) Billon* hors de nostre Royaume: Et se aucun estoit ataint de ce faire, *nous voulons* que il *perde l'argent,* ou le *Billon,* que il porteroit, ou feroit porter, & que leur *cors* & leur *biens* soient *pris en nostre main,* sanz rendre, & sanz recroire, se n'est de nostre especial commandement.

(2) Et voulons que touz ceus qui prandront, arresteront, enseigneront, ou encuseront *l'Argent* & le *Billon* que l'on portera, ou aura porté, ou fait porter hors du Reaume, en aient le *quint*.

(3) Et tantost comme *l'Argent* & le *Billon* sera pris & arresté, nous commandons qu'il soit porté à nostre *monoie de Roën,* & baillié & delivré aux mestres de ladite monoie, & les diz mestres paieront & delivreront tantost le *quint* de la

NOTES.

(a) Ce Mandement est au Tresor des Chartes, Registre cotté au haut 35. au bas 10. *fol.* 19. piece 63. Il y en a une pareille au Registre du mesme Tresor, cotté *Philippe le Bel,* pour l'année 1302. 3. 4. & 5. piece 59. Voyez Constant dans son traité des Monoyes, page 22. aux preuves.

(b) Billon.] Selon quelques-uns, on appelle ainsi toute sorte d'argent, qui est au dessous de dix deniers de fin, encore qu'à proprement parler, toutes les especes de Monoye, qui ne sont que de cinq, ou six deniers de fin, & au dessous, soient appellées *Especes* de Billon, parce qu'elles tiennent moins & ont plus de cuivre que d'argent. On entend encore par *Billon* des Especes décriées, que l'on ordonne estre portées par les particuliers à la Monoye, & aux Changeurs, pour estre fonduës & converties en Especes courantes : & tel decry & Commandement s'appelle envoyer la Monoye au Billon. Voyez Poullain de la derniere Edition pages 406. 407. Boutteroüe dans son traité des Monoyes page 142. & Boisard aussi dans son traité des Monoyes, pages 6. & 17.

forfaiture

forfaiture à ceus qui l'auront apporté, & leur bailleront leurs letres de ce qu'il auront reçeu, & le garde de ladite monoie escrira pardevers soi toutes les forfaitures qui en la monoie seront apportées.

PHILIPPE IV, dit le Bel, à Paris, le Samedy veille de la Pentecoste 1303.

(4) Et vous mandons que vous *faciez crier*, & deffendre que *nus ne fonde*, ne face *fondre* nulles de noz monoies, & que nul ne soit si hardi, sus poine de *cors & d'avoir* rachater, ne fere rachater nulle maniere de *Billon*, se n'est par la volenté & du commandement des Mestres de nos monoies, & que ce soit en lieux certains, qui de par les diz Mestres seront establiz, & souffisant à garder, & fere tenir & garder les choses dessus dites, & qui bien gardent les passages par là où len porte l'Argent & le Billon hors de nostre Reaume. Et de ce faites tant que par vostre deffaut, ou par vostre negligence nous ne puissions avoir dommage, & que noz monoies n'en puissent estre destourbeés. Que se il avenoit nous nous entournerions à vos cors, & à vos biens pour les dommages. Donné à Paris le Samedi veille de Penthecoste, l'an de grace mil trois cens & trois.

PHILIPPE IV. dit le Bel, à Paris, le Mercredy aprés la Pentecoste 29. May 1303.

(a) Letres touchant la subvention pour la Guerre de Flandre.

SOMMAIRES.

(1) Tout roturier, qui, sans y comprendre les ustenciles d'hostel, aura en effects mobiliers la valeur de cinquante livres, ou plus, jusques à la somme de cinq cens livres, comme aussi celuy qui aura de revenu en fond de terre, le manoir non compris, depuis vingt livres tournois jusqu'à cent, sera tenu de venir servir personelement en l'armée du Roy, à moins qu'ils ne s'en fassent dispenser en fournissant une finance convenable.

(2) Ceux qui n'ont pas en meubles la valeur de cinquante livres, & en immeubles vingt livres de revenu sont dispensez de servir.

(3) Les Nobles qui ont cinquante livres de rente ou plus, en fond de terre, serviront personelement, ou payeront une finance convenable pour estre dispensez du service.

PHILIPPUS *Dei gratiâ Francorum Rex, Universis presentes literas inspecturis, salutem. Notum facimus quod nos ob defensionem necessariam regni nostri, nec non ad rebellium Flamingorum, quorum assiduè crescit iniquitas, proterviam conterendam, per alias nostras literas* duximus ordinandum, *quod ignobilis quilibet regni nostri, qui centum libras turon. vel plus habet in exitibus terræ per annum, pro imminenti exercitus nostri negotio, viginti libras turonenses pro quolibet centenario, & sic de pluri plus, qui verò quingentarum librarum turonensium valorem, vel plus, habet in mobilibus quibuscumque, solvat pro eodem negotio viginti quinque libras turonenses pro quolibet quingent. & sic plus de pluri secundum ordinationem eamdem.* Aliis, *qui non habent in exitibus terræ, nec mobilibus valorem prædictum, positis usque ad nostrum beneplacitum in respectu, cùm esset intentionis nostræ quod ipsi nobis in exercitu prædicto personaliter deservirent.*

(1) Nosque post ordinationem hujusmodi tam eos quàm alios quoscumque nobiles & ignobiles regni nostri per solempnem præconisationem ad certam diem apud Attrebatum fecimus submoneri. Quia tamen subditorum nostrorum quietem appetimus, & ab eorum gravaminibus retrahimus manus nostras, certis personis commisimus injungendo, quod ad opus dicti negotii prosequendi, de certo ac *competenti tam equitum quàm peditum armatorum numero nobis provideant in præsenti; volentes, ad expensas in hujusmodi prosecutione negotii faciendas, alleviationem, ac tenore præsentium ordinantes, quod quilibet ignobilis regni nostri, qui quinquaginta* librar. turonensium, *utensilibus hospitii dumtaxat exceptis, valorem in mobilibus invenietur habere, vel plus, usque ad*

NOTES.

(a) Ces letres sont au Tresor des Chartes, Registre cotté au haut 35. & au bas 10. feüillet 24. piece 73. & au Registre cotté 36. & au bas 12. Voyez ce que j'ay remarqué sur le chapitre 61. du premier livre des Establissemens.

PHILIPPE IV. dit le Bel, à Paris, le Mercredy aprés la Pentecoste 29. May 1303.

summam quingentarum librarum turonensium in exitibus terræ per annum usque ad centum libras terræ annui redditus, seu valoris, non computato proprio manerio, seu domo quam inhabitat, ad exercitum nostrum prædictum personaliter ad nostrum servicium accedere teneatur, nisi forsan ex hoc excusari voluerit per financias competentes.

(2) Alios autem ignobiles qui quinquaginta libras in bonis mobilibus, vel viginti in exitibus terræ, ut præmittitur, non habebunt ab exercitu prædicto, volumus excusatos haberi.

(3) Nobiles verò qui quinquaginta libras turonenses in exitibus terræ annuis, vel plus habebunt, nobis in exercitu prædicto deservient personaliter, ut tenentur, nisi per financias competentes ab hujusmodi servitio se duxerint liberandos. In cujus rei testimonium præsentibus literis nostrum fecimus apponi sigillum. Datum Parisius die Mercurii post Penthecosten anno Domini millesimo trecentesimo tertio.

PHILIPPE IV. dit le Bel, à Paris le 15. Juin 1303.

(a) Letres par lesquelles le Roy prend sous sa protection l'Abbé de S.t Corneille de Compiegne, les Prelats & les Barons de son Royaume qui avoient interjetté avec luy appel au futur Concile, contre le Pape Boniface VIII.

PHILIPPUS *Dei gratiâ Francorum Rex, universis præsentes literas inspecturis, salutem.* Cum Prælatos, Barones, & alios fideles & subditos nostros defendere teneamur, *nos dilecto nostro* P. monasterii sancti Cornelii Compendiæ *Abbati, promisimus, quòd personam suam, statum, honorem, libertates, & jura ip*sius Monasterii sui, *consanguineorum, parentum, affinium, amicorum & subditorum suorum, qui de* adhærentibus fuerint, *& aliorum* adhærentium, *& adhærere vo-*

NOTES.

(a) Ces letres sont dans les preuves des libertez de l'Eglise Gallicane page 680. Le Roy en donna de semblables à d'autres Prelats. En voicy qui furent accordées à l'Abbé de Cluny, qui sont au Tresor des Chartes, Registre cotté au haut 35. & au bas 10. feüillet 27.

Philippus Dei gratiâ Francorum Rex universis & singulis regni nostri Senescallis, Baillivis, Castellanis, Præpositis, justitiariis & Servientibus nostris quibuscumque, ad quos præsentes literæ pervenerint salutem. Vobis *universis & singulis* præcipiendo mandamus, *quatenus dilectum & fidelem nostrum Abbatem Cluniacensem, qui* ad futurum generale proximum Concilium, *vel* ad futurum summum Pontificem, *prout melius fuerit, faciendum unà* cum nobiscum, *& cum aliis* Prælatis *&* Baronibus regni nostri, ex causis legitimis provocasse noscitur, *& etiam* appellasse, *non* permittatis, *durante appellatione, seu provocatione hujusmodi, ab aliquibus regni nostri cujuscumque status, vel conditionis existant, nec etiam alios Abbates ordinis Cluniacensis, Priores & administratores quoscumque subditos, familiam, amicos, & affines eorum eis adhærentes in appellatione, vel provocatione hujusmodi in eorum personis, rebus, juribus, privilegiis, & possessionibus quibuscumque* ab aliquo opprimi, affici, aut *quomodocumque indebite molestari. Quin imo eidem Abbati & personis prædictis* assistatis, *quantum de jure poteritis in gratiâ, auxilio, & favore. Ceterum si aliquos idem Abbas de subditis suis invenerit, qui nollent in appellatione & provocatione prædictis adhærere eidem, sed indebitam viam sequi niterentur & vellent, & vestrum super hoc idem Abbas velit habere auxilium & juvamen;* volumus & mandamus *ut ipsum Abbatem in punitione & tractatione talium personarum* adjuvare nullatenus differatis, *ab eodem, vel ejus certo mandato super hoc requisiti. Illos vero qui ultra regnum nostrum commorantur & degunt affectuose rogamus ut eundem Abbatem, si eorum indigeat auxilio, juvent similiter in prædictis, si super hoc ut præmittitur fuerint requisiti. Datum Parisius die XV. Junii anno Domini millesimo trecentesimo tertio.*

Il faut icy observer que suivant les loix Romaines, les Evesques n'avoient aucune *Jurisdiction*, ce qui paroist évidemment par ces paroles de la Novelle 12. de Valentinien, *De Episcopali judicio*, de l'an 452.

De Episcopali judicio diversorum sæpe causatio est; Ne ulterius querela procedat necesse est presenti lege sanciri. Itaque cum inter clericos jurgium vertitur, & ipsis litigatoribus convenit, habeat Episcopus licentiam judicandi, præeunte tamen vinculo compromissi, *quod*

lentium, efficaciter deffendemus; *sibi que assistemus in eorum defensione, contra omnem hominem, qui vellet statum, honorem, libertates, & jura prædicta infringere, vel etiam annullare : & specialiter contra* Bonifacium *nunc Ecclesiæ Romanæ regimini præsidentem, qui multis contra nos, ipsum, & alios Prælatos, & regnum dicitur* comminatus *fuisse : nec nos ab eo, & suis, ut præmissum est, nec ipsos a nobis in defensione prædictâ separabimus, nec etiam excludemus, faciemus* que *(excludi)* de convocatione Concilii generalis, *quod alias promisimus sicut in instrumentis publicis inde confectis plenius continetur.* Cumque, *tàm nos, quàm* Prælati *&* Barones *regni nostri sub certis formis* provocaverimus *&* appellaverimus, *& in scriptis, ne dictus Bonifacius commotus occasione præmissorum, vel aliquorum ex eis procederet contra* nos, Prælatos, Barones, subditos nostros, *prout in instrumentis publicis inde confectis plenius continetur,* promittimus *quod si dictus Bonifacius jam forte processerit, occasione præmissorum, vel quia Prælati per nos retenti, pro defensione necessariâ regni nostri, post ejus vocationem, ex inopinato emergente ad vocationem hujusmodi non iverint, sed ad requisitionem nostram se ex causis legitimis excusarunt, vel procedat pendente negotio dicti consilii, vel etiam terminato præmissorum occasione quo-*

PHILIPPE IV. dit le Bel, à Paris le 15. Juin 1303.

NOTES.

& de laïcis, si consentiant auctoritas nostra permittit. Aliter eos judices esse non patimur, nisi voluntas jurgantium interposita, sicut dictum est, conditione præcedat. Quoniam constat Episcopos & Presbyteros forum legibus non habere, nec de aliis causis (secundum Archadii & honorii constituta, quæ Theodosianum corpus ostendit) præter religionem *posse cognoscere &c. V. Leg. 8. cod. De episcopali audientia.*

Lorsqu'il estoit question *de Religion*, le Pape & les Evesques estoient donc Juges, avec cette distinction qu'il y avoit appel des Evesques aux Metropolitains, des Metropolitains aux Primats, ou aux Patriarches, suivant les differens lieux, des Primats au Pape dans l'Occident, & des Exarques ou Primats au Patriarche de Constantinople dans l'Orient, où l'on ne voulut pas permettre l'appel des Patriarches au Pape.

Mais lorsqu'il s'agissoit *de procez*, les Evesques n'en connoissoient que par *compromis*. Ce fut une des raisons pour laquelle il n'y avoit pas d'appel de leurs Sentences. Justinien en ajoûta ensuite une autre, en ordonnant que les Jugemens des Evesques seroient respectez comme ceux des Prefets du Pretoire, dont il n'y avoit pas d'appel.

Le Concile de Sardique, tenu en l'année 347. decida neamoins par les Canons 4. & 5. que les Evesques deposez par les Evesques voisins, pourroient se pourvoir *par appel à Rome.* Et quoyque tout l'Orient se fût opposé à cette decision, le Pape Gelase vers l'an 495. ne laissa pas que d'écrire aux Evesques de Dardanie dans l'Orient, que l'Eglise Romaine estoit en droit de connoistre par appel des Jugemens de tous les Evesques du monde, & qu'il n'y avoit point d'appel de ses jugemens. *Cuncta per mundum novit ecclesia, quod sacro-sancta Romana Ecclesia fas de omnibus judicandi habeat, neque cuiquam liceat de ejus appellare judicio, siquidem ad illam de qualibet mundi parte appellandum est, ab illâ autem nemo est appellare permissus &c.* Et les Papes ses successeurs sçûrent se conserver cette autorité, comme il se void par l'Epistre 6. de S.t Gregoire, livre 3. page 627. de la derniere Edition. *Can. 17. caus. 9. qu. 3.*

Jusques-là, encore une fois, il ne fut question que *d'autorité spirituelle*, parce que, comme on l'a dit, tous les Evesques en general n'avoient pas de Jurisdiction. Mais, les Papes des moyens & des bas siecles s'estant mis en teste, qu'en qualité de successeurs & Vicaires de Jesus-Christ, consideré comme Dieu, ils estoient les maistres souverains de toute la terre, sans considerer qu'ils avoient contre eux les paroles de Jesus-Christ mesme, qui avoit dit dans S.t Jean chapitre 18. num. 36. que *son Royaume n'estoit pas de ce monde*, & dans S.t Mathieu chapitre 20. n. 25. que ses disciples n'auroient aucune *autorité*, ou *domination les uns sur les autres*, ainsi que les souverains sur leurs sujets, & encore son *exemple*, puisque selon S.t Jean chapitre 6. n. 15. Il s'estoit retiré pour n'estre *pas proclamé Roy*. Ils abuserent à un tel excés de ce pouvoir injuste, que les Roys opprimez, comme s'ils avoient esté *leurs justiciables*, furent dans la necessité de se pourvoir par appel contre leurs decrets, ou jugements.

Ainsi le Pape Innocent III. ayant fait mettre le Royaume en interdit par Pierre de Capoüe son Legat, parce que Philippe Auguste avoit repudié la Reine Ingeburge sa femme, le Roy fut obligé de se pourvoir contre, par appel envers Innocent mesme, auquel ce Pape eut peu d'égard, à en juger par son Epistre, dont on a fait le chapitre *Novit Extra De appellationibus*, où il parle à Sa Majesté en ces termes : *Præterea interdicti sententiam Cardinalis non edidit, sed potius pu-*

PHILIPPE IV. dit le Bel, à Paris le 15. Juin 1303.

cumque quæsito colore, excommunicando, interdicendo, suspendendo, deponendo, absolvendo a juramento fidelitatis, vel homagii, aut alterius cujuslibet obligationis vinculo, seu aliàs quoquomodo *contra nos*, Prælatos, Barones consanguineos, parentes, affines, amicos, vel subditos eorumdem, aut alios adhærentes vel adhærere volentes; Nos dictis Prælatis, Baronibus, & aliis adhærentibus, vel adhærere volentibus, assistemus & defendemus *eosdem, nec nos* separabimus *de eis, nec* absolutionibus a juramentis quibuslibet in præsenti negotio in animam nostram factis, vel præstitis per *quoscumque, vel aliis quibuscumque relaxationibus indultis vel indulgendis, impetratis vel impetrandis, ultro oblatis vel concessis offerendis, vel etiam concedendis*, utemur: *imo* semper eisdem Prælatis, Baronibus, & aliis adhærentibus & adhærere volentibus, adhærebimus: nos, hæredes *que nostros, ad omnia præmissa, & singula præmissorum inviolabiliter observanda, specialiter* obligamus, *& ea propositis sacrosanctis Evangeliis tenere & inviolabiliter observare, ac etiam adimplere* jurari fecimus *in præsentiâ nostrâ, & in animam nostram, per dilectum & fidelem nostrum* Comitem S. Pauli. *Cæterum* charissimæ consorti *nostræ Joannæ Reginæ Franciæ, ac charissimo* Ludovico primogenito & Philippo

NOTES.

blicavit: nec dictator ipsius, sed verius executor. Unde cum secundum jus, ab executoribus appellari non possit, nisi forsan modum excederent in exequendo, nos etiam in literis super hoc directis ad ipsum, appellationis curavimus obstaculum inhibere, appellationi ab eo interpositæ non fuerat deferendum. De suspicionis autem objectis, licet eum merito tibi suspectum non fuisse credamus, non tamen, & si fuisset, propter appellationem interpositam ab eo desistere debuisset ad quod non proprio motu, sed nostro potius præcepto processit. Joignez le recueil des Epistres d'Innocent III. livre 10. article 42.

Cujas sur ce chapitre, & Du Molin dans son Commentaire sur l'Edit des petites dates, ont crû que cet appel avoit esté *fait au futur Concile*, mais il paroist par le chapitre mesme, que c'est au Pape qu'il avoit esté interjetté, par forme *de supplication*, suivant les loix Romaines, ainsi qu'on l'a expliqué sur le chapitre 80. du livre premier des Establissemens, & le Pape n'y eût pas d'égard, parce qu'en droit il n'y a pas d'appel de celuy qui execute un jugement diffinitif à celuy qui l'a rendu, *Lege 3. Cod. Theod. De appellationibus. Paulus V. sententiarum tit. 35.*

Le Pape Boniface VIII. qui se pretendoit comme quelques-uns de ses predecesseurs, *le souverain des Rois*, ayant eû different avec Philippe le Bel, ce Prince & ses fidelles sujets s'opposerent avec raison à ses entreprises injustes, & comme alors on approfondissoit mieux les matieres Canoniques que sous Philippe Auguste, on prit le sage parti d'en interjetter appel, non à Boniface mesme, mais *au Pape futur*, ou *au futur Concile, superieur du Pape*, & pour prevenir tout ce que Boniface pourroit faire contre ceux qui avoient adheré avec le Roy en cet appel; le Roy par ces letres les prit sous sa protection.

Comme cette procedure avoit pour principe *la superiorité du Concile sur le Pape*, conformement à l'Evangile, elle fut approuvée par les *Conciles de Constance & de Basle*, qui declarerent avec raison le Pape inferieur aux Conciles, & depuis cet appel a toûjours esté pratiqué lorsqu'il y a eû neccessité d'y avoir recours.

D'abord les Papes susciterent leurs Canonistes contre ces appels, & ce fut pour plaire aux Papes que le Cardinal *a Turre-cremata*, dans son Commentaire sur le Canon *Cuncta* du Pape Gelase, dont il a esté parlé cy-dessus, & rapporté par Gratien. *Causâ 9. qu. 8.* s'est expliqué en ces termes en faveur du Pape contre le Concile.

Quæritur utrum a Papâ possit fieri appellatio ad aliquem alium, & videtur quod sic. Appellatio ordinata est ad remedium oppressorum, & eorum relevamen, sed quandoque contingit opprimi a Papâ, ergo si non possit appellari ab eo, videtur non sufficienter provisum fidelibus. Consequentia patet. Secundo sic. Papa errare potest. Concilium universale non potest, ut præsupponitur, cum repræsentet universalem Ecclesiam, quæ errare non potest. Sed ab obliquo ad rectum, & ab eo qui errare potest ad semper regulatum appellari potest.

Tertio sic. Petrus accepit claves nomine Ecclesiæ, ut in c. Quodcunque 24. qu. 1. Ergo videtur quod a Papâ ad Concilium, quando universalem Ecclesiam representat possit appellari. In oppositum est. c. Presens & Procedit. Item ut deducit glossa hic, a Principe & Senatu appellari non licet. Dig. A quibus app. non licet lib. 1. sed Papa est Princeps Ecclesiæ, ut dictum est Petro à Christo, super plebem meam principem te constituum. *Respondeo dicendum sub certis conclusionibus. Præsupponimus in 1. duas suppositiones. Prima est quod appellatio est proclamatio a minori judice ad majorem, prætextu iniqui gravaminis, vel injustæ sententiæ, ut satis aperte colligitur hic.*

secundo

secundo genito natis nostris, & Baronibus supradictis, damus præsentibus in mandatis, ut eidem Abbati P. omnia & singula præmissa promittant, se que expresse & specialiter obligent ad observationem eorumdem, & similibus juramentis astringant. Nos vero per promissiones & juramenta, quæ dictus Abbas super præmissis & præmissa tangentibus, nobis fecit & præstitit, non intendimus, nec volumus novum homagium, juramentum, seu aliam novam servitutem in ipso, & in Monasterio suo, & ipsius successoribus, in aliis acquirere in futurum. Nos autem Joanna Franciæ & Navarræ Regina, Campaniæ, Briæque Comitissa Palatina, nos que Ludovicus & Philippus præfati, præmissa omnia & singula tenere firmiter, & fideliter observare, quantum ad nos pertinet, vel in futurum poterit pertinere, promisimus, & per præfatum Comitem sancti Pauli in animas nostras jurari fecimus, nos hæredes & successores nostros ad hæc expresse & specialiter obligantes. Nos vero prænominatus Rex præmissa omnia & singula per præfatos, consortem, & liberos nostros, de mandato nostro præmissa, jurata, & prædictas obligationes modo prædicto factas fuisse testamur, & ad majorem cautelam sigillum nostrum nos Regina prædicta literis his apponi fecimus,

PHILIPPE IV. dit le Bel, à Paris le 15. Juin 1303.

NOTES.

& ex C. Omnis 2. qu. 6. & Dig. de mino. L. Præfecti Dig. A quibus ap. non licet. L. 1. Secundum præsuppositum est quod Judex ille major ad quem appellandum est, sit talis conditionis quod adiri possit, & appellatio deferri, & cum quo partes humano more, & ordine judiciario conversare possint. Hoc aperte colligitur ex fine & intentione ipsius appellationis, & ex eis que competunt officio judicis, ad quem fit appellatio, quod satis aperte tangitur in C. Diffinitiva 2. Qu. 6. alias talis appellatio frustratoria esset, & cassa, & vana, & magis dicenda esset iniquitatis vinculum, quam auxilium oppressorum. Quibus suppositis sit ista prima conclusio. Appellatio a Papâ ad Deum non est admittenda. Patet conclusio ex 2. suppositione, quum talis appellatio foret frivola, cum fieret ad eum cum quo partes conversari non possunt, quia dictum est Non videbit me homo & vivet, nec apud quem ordo judiciarius servari posset. Ergo concl. vera. Secundo Papa est specialis Vicarius Christi. Unde Chrysost. sup. illud Jo. ult. Pasce oves meas dicit. 1. Loco mei præpositus esto, & caput fratrum tuorum, & ipsi loco meo te assumentes ubique terrarum te in throno tuo predicent & confirment. Unde quod ligatur & absolvitur a Papâ, ligatum & absolutum creditur apud Deum: Ergo Pape sententia est sententia ipsius, sed ejusdem ad seipsum non est appellatio: ergo nec a Papâ ad Deum cui est vicarius. Unde in C. Non putamus De consue. lib. 6. habetur quod non valet consuetudo, quod ab officiali Episcopi appelletur ad Episcopum, cum sit idem tribunal utriusque. Et ita dicit etiam Hostiensis in C. Quanto Extra de jurejurando & cap. Et si Christus.

Les Canonistes Ultramontains ayant presque tous tenu le mesme langage, les Papes sont enfin intervenus, & Pie II. decidant la question en sa faveur, declara nuls, schismatiques & erronez tous ces appels au futur Concile, voicy son extravagante telle qu'elle est rapportée dans le livre 7. des Decretales au titre *De appellationibus*. *Execrabilis & pristinis temporibus inauditis, tempestate nostrâ inolevit abusus, ut a Romano Pontifice Jesu Christi Vicario, cui dictum est in personâ beati Petri,* Pasce oves meas; *&, quodcunque ligaveris super terram, erit ligatum & in cælis, nonnulli spiritu rebellionis imbuti, non sanioris cupiditate judicii, sed commissi evasione peccati, ad* futurum Concilium provocare præsumunt: *quod quantum sacris canonibus adversetur, quantumque Reipublicæ Christianæ noxium sit, quisquis non ignarus jurium intelligere potest. Namque (ut alia prætereamus, quæ huic corruptelæ manifestissime refragantur) quis non illud ridiculum judicaverit, quod ad appellatur, quod nusquam est, neque scitur, quando futurum sit? Pauperes a potentioribus multipliciter opprimuntur, remanent impunita scelera, nutritur adversus primam sedem rebellio, libertas delinquendi conceditur, & omnis Ecclesiastica disciplina, & hierarchicus ordo confunditur.* Volentes *igitur hoc pestiferum virus à Christi Ecclesiâ procul pellere & ovium nobis commissarum saluti consulere, omnemque materiam scandali ab ovili nostri Salvatoris arcere, de venerabilium fratrum nostrorum sanctæ Romanæ Ecclesiæ Cardinalium, cunctorumque Prælatorum, ac divini & humani juris interpretum, curiam sequentium, consilio & assensu, ac certâ nostrâ scientiâ, hujusmodi provocationes* damnamus, *& tanquam erroneas ac* detestabiles reprobamus, *cassantes; & penitus annullantes, si quæ hactenus taliter interpositæ reperiantur, easque tanquam inanes ac pestiferas, nullius momenti esse* decernimus *ac* declaramus: *præcipientes deinceps, ut nemo audeat quovis quæsito colore, ab ordinationibus, sententiis, sive mandatis quibuscumque nostris, ac successorum nostrorum, talem* appellationem interponere, *aut interpositæ pro*

PHILIPPE IV. dit le Bel, à Paris le 15. Juin 1303.

una cum sigillo præfati domini nostri Regis. Datum Parisiis die decimo quinto Junii anno Domini millesimo trecentesimo tertio.

NOTES.

alium, adhærere, seu eis quomodolibet uti.

En 1509. Jules II. confirma ce qui avoit esté fait par Pie II. Et les Canonistes recens comme Navarre, *Fagnani, & Passerini,* regardant ces deux dispositions comme émanées des Souverains des Roys, ont traité aussi d'heretiques tous ceux qui appellent au futur Concile, mais toutes ces pretenduës decisions contraires aux preceptes de Jesus-Christ, n'ont aucune autorité parmi nous.

PHILIPPE IV. dit le Bel, à Paris, le jour de la S.t Jean 24. Juin 1303.

(a) Mandement au Bailly d'Orleans, touchant les Monoyes.

SOMMAIRES.

(1) Dans trois semaines, à compter du jour de la S.t Jean, tous les payemens qui se feront dans le Royaume, soit pour fermages & autres redevances, soit pour Marchandises, Changes & autres Contracts, seront faits en petits tournois, & en parisis simples, ainsi qu'il se pratiquoit auparavant dans les lieux où ces Monoyes avoient cours.

PHILIPPUS *Dei gratiâ Francorum Rex,* Baillivo Aurelianensi, *vel ejus* locum-tenenti, *salutem. Mandamus tibi quatenus* ad tres septimanas *præsentis* festi Nativitatis Johannis Baptistæ, *facias ex parte nostrâ* præconizari *publice, ac præcipere generaliter & districte, quod* omnes solutiones *tàm (b)* redditum, *quàm (c)* censuum *& aliorum* debitorum, *quàm* mercium, *seu* mercaturarum, excambiorum *& aliorum contractuum quorumcumque, fiant ex tunc in antea per totum regnum nostrum ad bonam monetam* parvorum turonensium, & Parisiensium simplicium, *sicut & in locis in quibus solebant fieri solutiones hujusmodi, tempore quo* boni parvi Turonenses *&* Parisienses *simplices* solebantur, *communiter & currebant ad executionem præsentium mandati nostri, sine dilatione, difficultate, & excusatione quibuslibet processuri, licet ipsum antedictum terminum non receperitis, cum sic scienter & ex causâ duxerimus ordinandum.* Actum Parisius in dicto festo, anno Domini millesimo trecentesimo tertio.

NOTES.

(a) Ce Mandement est au Tresor des Chartes, Registre cotté au haut 35. au bas 10. *fol.* 36. piece 95.

(b) Redditum.] On void par là que les Rentes constituées à prix d'argent sont anciennes. Voyez les Opuscules de Loisel page 129. *Dionysium Goth. ad Novellam 172. cap. 7. & ad Novellam 160. cap. 1.* Beaumanoir parle de ces Rentes en plusieurs endroits.

(c) Censuum.] Par ce mot il faut entendre les Cens qui ne sont à present que des marques de Seigneurie directe, emportant lods & ventes, au lieu que dans ces temps-là ils formoient un revenu, ce que j'ay prouvé ailleurs par ces paroles d'un titre de l'an 1287. que Malbranq a rapporté *tomo 3. lib. 11. capite 89. pag. 657.* De Morinis. *Ego* Theodoricus *Dei gratiâ Flandriæ* Comes & Philippus una filius meus solitudinem *Renitgiensem* victui nostro *specialiter deputantes* sub annuali censu *agricolis colendam dimisimus.* Et comme les Rentes constituées à prix d'argent estoient non rachetables & assignées sur des fonds qui en estoient chargez, elles ont esté nommées *Census.*

(a) Mandement à Gaucher de Chastillon Conestable, touchant les Monoyes.

PHILIPPE IV. dit le Bel, à Vincennes, le Samedy devant la Magdelaine 20. Juillet 1303.

SOMMAIRES.

Il sera publié que le petit parisis nouvellement fait, sera pris sans contrainte pour un double tournois, & non les anciens petits parisis & tournois, parce qu'ils sont de moindre valeur.

PHILIPPUS *Dei gratiâ Francorum Rex dilecto & fideli nostro G. Comiti Portien. & Constabulario Franciæ salutem & dilectionem.* Ex Regiæ ordinationis edicto, *quod generaliter universorum & singulorum tangit commodum fidelium subditorum,* mandamus *vobis quatenus in villis, & locis in quibus videritis expedire,* proclamari, *& ex parte nostrâ,* injungi omnibus faciatis, *quod* Parisiensis parvus *noviter factus pro* uno duplici turonensi, ad omnes denariatas *& mercaturas capiantur pacifice & ponantur, cum* parvi, seu simplices turonenses & Parisienses, *qui modo cuduntur, tanti communiter sint valoris, sicut* duplices parisienses & turonenses. Nullum *tamen ad hoc* compelli volumus invitum. *Veteres autem* Parisienses *&* turonenses parvos *non* intelligimus *ad eundem & similem* admitti valorem, *cum sicut audivimus non tanti sint communiter ponderis, vel valoris, sicut novi qui modo cuduntur, quandiu nostræ placuerit voluntati.* Datum apud Vicennas sabbato ante festum beatæ Mariæ Magdalenæ, anno Domini millesimo trecentesimo tertio.

NOTES.

(a) Ce Mandement est au Tresor des Chartes, Registre cotté au haut 35. au bas 10. fol. 36. piece 94. Il est aussi rapporté par Du Chesne dans ses preuves de l'histoire de la maison de Chastillon, sous la vie de Gaucher.

(a) Letres portant deffenses de transporter de l'Or & de l'Argent hors du Royaume, & d'envoyer en Flandres, ou d'en recevoir des letres missives.

PHILIPPE IV. dit le Bel, à Vincennes, le Dimanche aprés la Magdelaine 28. Juillet 1303.

SOMMAIRES.

(1) On ne doit laisser sortir aucune personne du Royaume sans l'exprés congé du Roy, à la reserve des Marchands, & de leurs facteurs. On arrestera toutes les letres ouvertes, ou clauses écrites à quelque personne que ce soit. On les surprendra aux ports & passages, soit qu'on les veüille faire passer hors du Royaume, ou qu'on veüille les y faire entrer. On envoira directement ces letres au Roy & non à autres, sans les avoir decachetées & & leües auparavant. Et on mettra en la main du Roy les biens de ceux qui seront sortis sans congé, & ces biens seront confisquez à son profit.

(2) Si nonobstant ces deffenses quelqu'un sort du Royaume, fut-il Archevêque, ou Evêque, il sera reputé ennemy de l'Estat. Et ceux des Officiers preposez pour la garde des passages qui auront favorisé leur sortie, ou qui y auront connivé, seront declarez traîtres.

PHILIPPUS *Dei gratiâ Francorum Rex Senescallis, Baillivis, Prepositis, ceterisque nostris, ac custodibus portuum, & passagiorum, finium regni nostri ubilibet deputatis,* salutem. Turbamur *non modicum, & movemur, quod cum olim pro*

NOTES.

(a) Ces letres sont au Tresor, Registre de Philippes le Bel, cotté au haut 36. au bas 12. piece 80. & dans les preuves de l'Eglise Gallicane, page 683.

PHILIPPE IV. dit le Bel, à Vincennes, le Dimanche aprés la Magdelaine 28. Juillet 1303.

defensione necessariâ regni nostri, ad cujus impugnationem hostilis iniquitas conatus sue malignitatis exercet. Aliisque certis & legitimis causis inducti, constitutiones & inhibitiones, ne quis de fidelibus, vel subditis nostris, vel incolis regni nostri cujuscumque conditionis seu status existeret, exiret limites regni ejusdem, vel in viâ se poneret exeundi, & de auro, argento, pecuniâ & aliis certis rebus non extrahendis de regno ipso, absque nostrâ licentiâ speciali, sub diversarum penarum objectione duximus promulgandas. Vobis ad conservationem constitutionum, & inhibitionum ipsarum, ex speciali confidentiâ executoribus, ac portuum & passagiorum ac finium dicti regni custodibus deputatis, ex constitutionibus, & inhibitionibus hujusmodi nullus est hactenus sequutus effectus, cum per desidentiam, negligentiam, & defectum quorumdam ex vobis, ac fraudem & malitiam aliquorum, post editionem, contra tenorem & formam constitutionum ipsarum, persone nobis & regno suspecte ingresse fuerint, ac de die in diem quedam propriis, & alie mutatis habitibus passim, & indifferenter, ingrediantur, & quidam egrediantur terminos dicti regni, & de ipso regno hujusmodi res prohibite absque nostrâ licentiâ extrahantur. Cum igitur presentis conditio temporis, regni status, & ingruentium exigat qualitas agendorum, ut constitutiones, & inhibitiones predicte, solito strictius, & firmius observentur, presertim cum Flandrensium rebellium predictorum abhorrenda rebellio, detestanda sevitia, ferina rabies, magis ac magis de die in diem invalescat & periculosa succrescat, adeò quod ipsi mala malis, & excessus excessibus cumulantes, ad subventionem & destructionem omnimodam, & finale excidium dicti regni, & Ecclesiarum, totis conatibus satagentes, nuper ad civitatem Morinensem, & alias villas diversas, & loca Morinensis, Attrebatensis & Tornacensis Diocesium, collectâ multitudine satellitum hostiliter accedentes, Beate Marie Morinensis & aliorum locorum predictorum Ecclesias ipsius Virginis, & aliorum sanctorum imagines existentes in eis, eorum reverentiâ penitus retrojecta, & divino amore postposito, nefandis ausibus, & temeritate sacrilegâ, ignis incendio concremarunt, ac villas & loca predicta per cedis, depopulationis & devastationis voraginem, depositâ omni humanitatis mansuetudine, & horribili crudelitate totaliter destruxerunt. Nec Deo nec homini, nec persone, nec dignitati aliquatenus deferentes, nec sexui, nec etati parcentes, & alios diversos, enormes & detestabiles commiserunt excessus, qui humanis sensibus horrorem ingerunt, & stuporem.

(1) Vobis & vestrum singulis, sub capitali & amissionis omnium bonorum penis, firmiter injungimus, & districte precipiendo mandamus, quatenus ad conservationem constitutionum & inhibitionum, solito diligentius, & efficacius intendentes, provideatis, attentius, ne persona quecumque Ecclesiastica, vel secularis, cujuscumque dignitatis, ordinis, status, vel conditionis existat, etiam si Archiepiscopus, Episcopusve existat, proprio, vel mutato habitu, (mercatoribus & nunciis mercatorum dumtaxat exceptis) exeat dictum regnum, ne ve litere aperte, vel clause quibuscumque personis transmissis, etiamsi ad aliquos de affinibus, consiliariis, vel familiaribus nostris hujusmodi forsitan litere, vel ab ipsis ad alios dirigantur, afferantur in regnum, vel extrahantur de ipso hujusmodi litere, aut alie res prohibite in constitutionibus, & inhibitionibus supradictis, nisi de egressu, missione, vel extractione predictis, Patentes literas nostras recipere contingat, omnes literas, quas ad manus vestras devenire contigerit, quibuscumque absque personarum acceptione directas, nobis & non aliis clausas & integras, sine apertione vel inspectione mittentes, bona omnia illorum, si quos forsan exire contingeret, absque nostrâ licentia speciali, capientes ad manum nostram, & tamquam confiscata, nostris commodis applicantes.

(2) Ad premissa omnia & singula diligenter & fideliter exequenda, sic indignationem nostram perpetuam, & corporum ac bonorum vestrorum pericula capitis, evitare totis viribus, totisque conatibus intendentes, cum nos proculdubio gravius offendere non possetis, quam si in negligentiâ, vel defectu, dolo, fraude, vel malitiâ, vos, quod absit, contingeret inveniri. Nos enim non solum omnes illos cujuscumque status, dignitatis, vel conditionis existerent, etiamsi Archiepiscopali, vel Episcopali dignitate fulgerent, qui nos & regnum in presentis necessitatis articulo deserendo, contra nostri

formam

formam prohibitionis exirent; sed & vos, si exiret, in casum negligentie, fraudis, malitie, vel defectus, nostros, & regni nostri reputaremus, non immerito, proditores. Datum apud Vicennas Dominica post festum Magdalene, anno Domini millesimo trecentesimo tertio.

(a) Mandement au Seneschal de Carcassone de faire executer les deffenses faites en 1302. de transporter hors du Royaume, le Bled, le Vin, & les autres choses necessaires à la vie, sans avoir égard aux permissions que le Roy pourroit accorder, qui seront sans effect, & de punir ceux qui y ont contrevenu, &c.

PHILIPPE IV. dit le Bel, à Vincennes, le Dimanche aprés le 3. Aoust, ou la feste de l'Invention de S.t Estienne 1303.

PHILIPPUS *Dei gratiâ Francorum Rex Senescallo Carcassonensi*, Salutem. *Ad nos pervenit quod multi contra* generalem prohibitionem *nostram, de* quibuslibet victualibus, & rebus aliis de Regno nostro non extrahendis, *venientes*, victualia *in quantitate tantâ per vestram Senescalliam, & de eadem Senescalliâ extrahunt, & adhuc de die in diem nituntur extrahere, ex quo in ipsa Senescallia, que in* victualibus habundare consuevit, *tanta hiis diebus viget victualium caristiâ, quod ipsius Senescallie populares inde recedere (b) & in* remot. notis mediante *coguntur. Quocircà vobis districtè precipiendo* mandamus, *quatenùs in omnibus, & singulis Senescallie vestre locis, de quibus expedierit, generaliter inhiberi, ad clamorem publicum faciatis*, ut nullus cujuscumque conditionis, vel status existat, ausu quocumque, blada, avenas, seu alia quecumque victualia *de Regno nostro*, & precipuè *de vestrâ* Senescalliâ de cetero extrahere, *& ad regna ducere aliena presumat, etiamsi super hoc gratias obtineant, quas ex nunc & ex causâ, tenore presentium*, revocamus. *Contrarium autem facientes, & quos jam contra predicte prohibitionis nostre tenorem id fecisse vobis constiterit, nec non per quorum culpam, negligentiam vel defectum, hujusmodi victualia, sic extracta*, penâ corporis *(c)* & averi graviter punientur, *& cum hoc portus & passagia Senescallie vestre sic diligenter, sicque strictè custodiri facientes, quod circà id non possit quomodolibet fraus committi. Cumque nonnulli quibus gratiam fecisse dicimur de certâ quantitate victualium de regno nostro extrahendâ, per dicte Senescallie vestre portus & passagia, victualium quantitatem multò majorem, quam pretextu gratie super hoc sibi facte deberent extraxisse dicantur*, Mandamus *vobis quatenùs sub talium nominibus, in quibus & quantum sibi factam gratiam excesserunt, & super eorum circumstantiis universis, vos diligentiùs informantes, informationem quam super hoc feceritis, nobis quàm citiùs referatis, vel sub sigillo vestro remittatis inclusam.* Actum apud Vicennas Dominicâ post festum Inventionis beati Stephani, anno Domini millesimo trecentesimo tertio.

NOTES.

(a) Ce Mandement est au Tresor des Chartes Registre de Philippes le Bel, cotté au haut 36. & au bas 12. piece 101. & au Registre cotté 35. piece 103. *Vide Spicilegium tomo 8. & ibi Chronicon Nicolai Trivetti, paginâ 703.* Les letres du Samedy aprés la Toussains 1302. cy-aprés, page 351. Les letres du 6. Fevrier 1304. page 424. Celles du 8. Fevrier, & du 11. Avril suivant, de la mesme année, & celles du 11. May 1322.

(b) Et in remot. notis mediante.] Il faut ce semble, *& in remotas terras migrare, &c.*

(c) Et averi.] Ce mot est frequent dans les Ordonances, & signifie *les biens.* Voyez cy-aprés l'Ordonance de *Charles le Bel*, du mois de Fevrier 1321. page 759. touchant les *Epiceries & les avoirs de poids.* Et ce que j'ay remarqué dans mon glossaire du Droit François sur le mot *avers.*

PHILIPPE IV. dit le Bel, à Longchamp, le Mercredy aprés l'Assomption, ou le 15. Aoust 1303.

(a) Letres adressées à l'Evesque d'Amiens, portant Ordonance de faire lever une Decime dans son Diocese, comme elle se payoit dans les autres, pour subvenir aux dêpenses de la Guerre de Flandres, Et au moyen de cette Decime le Roy remet aux Ecclesiastiques le droit d'amortissement de toutes leurs acquisitions.

PHILIPPUS *Dei gratiâ Franciæ Rex, dilecto & fideli nostro* Episcopo Ambianensi, *salutem & dilectionem. Quia* Flamingorum *rebellium nostrorum nefanda perversitas magis ac magis cotidie invalescens ad subversionem, destructionem & excidium regni nostri asperius solito, sue malignitatis conatus exponit. Adeò quod ipsi nuper (b) ad civitatem Morinensem, & nonnullas alias villas, & loca Morinensis, Attrebatensis & Tornacensis Diocesis, cum multitudine satellitum hostiliter accedentes, Beate* Mariæ Morinensis *& aliarum villarum, & locorum predictorum Ecclesias ipsius virginis & aliorum sanctorum* imagines *existentes in eis, ipsorum reverentiâ penitus retrojectâ, & divino timore postposito, nefandis ausibus & temeritate sacrilegâ, ignis incendio concremarunt, ac civitatem, villas & loca predicta per depopulationem & cedes, depositâ omni humanitatis mansuetudine, totaliter destruxerunt, nec Deo, nec homini, nec persone, nec dignitati aliquatenus deferentes, nec sexui, nec etiam parcentes. Nos ad defensionem necessariam dicti Regni, Ecclesiarum & personarum Ecclesiasticarum, ac predictorum rebellium conterendam superbiam, ad ulciscendam excessus & aliàs compescendos, totis, ut condecet, studiis intendentes, Nosque cum Baronibus & fidelibus aliis nostris, & ingenti, sicut res exigit, gentis armigere comitivâ, ad partes illas propter hoc personaliter conferentes, quia pro negotio deffensionis hujusmodi importabilia subire continuè nos oportet onera expensarum, dilectos & fideles nostros nonnullos* Archiepiscopos & Episcopos dicti regni, ad nostram presentiam specialiter propter hoc evocatos, requiri fecimus, *ut nobis* ad subsidium hujusmodi expensarum, decimam *olim nobis cum* dimidiâ decimâ *ab eis & aliis Prelatis, sub certâ formâ pro dicti regni deffensione* concessam, presencialiter exhiberent, *predictâ dimidiâ decimâ alias congruo tempore persolvendâ. Ipsi verò necessitates & onera que incumbunt, debitis considerationibus* attendentes, *tam pro predictis necessitatibus, quam pro gratiis infra scriptis, requisitionibus nostris in hac parte liberaliter assenserunt.* Nos *autem eorum devotionem gratuitam, & gratitudinem liberalem volentes gratâ recognitione respicere, ad eorum* supplicationem *tam sibi, quam aliis Prelatis, Abbatibus, Prioribus, Ecclesiis, Capitulis, Conventibus, Collegiis, & aliis personis Ecclesiasticis regularibus & secularibus dicti regni de speciali gratia* duximus concedendum, *quod* omnes conquestus per eos in feodis, & retrofeodis, censivis, & allodiis nostris factos quibuscumque temporibus retroactis, usque ad diem date presentium literarum, tenere & pacifice perpetuo possidere *valeant, absque coactione vendendi, vel extra manum suam ponendi, aut prestandi financiam pro eisdem sibi per nos, vel successores nostros in posterum faciendi, quod que tam ipsi, quam alii Prelati & persone Ecclesiastice, qui predictam* decimam solverunt *in presenti de veniendo, vel mittendo, hac vice, in nostrum* Flandrensem exercitum, vel finando, *aut prestando subventionem aliam pro eodem excusati penitus* & immunes

NOTES.

(a) Ces letres sont en la Chambre des Comptes de Paris, Registre B feüillet 89. *verso*. Il y a au Tresor des Chartes, Registre cotté 65. 1. pour les années 1327. & 1328. piece 251. & dans un *Vidimus* de Loüis Hutin du 3. Juillet 1315. de pareilles letres adressées à l'Evesque d'Angoulesme, &c. ce qui marque qu'on en envoya de semblables à tous les Evesques.

(b) *Ad civitatem Morinensem.*] C'est la Ville *de Theroüane*, qui a esté depuis ruinée par Charles V.

nihilominus habeantur; *Quocirca dilectionem vestram requirimus & rogamus, quatenus predictas necessitates & onera diligentius attendentes, & quod in hoc casu causa nostra, Ecclesiarum & personarum Ecclesiasticarum, ac dicti regni, singulariter omnium, & generaliter singulorum agi dignoscitur, & proprium cujuslibet prosequitur interesse, nobis in tante necessitatis urgentiâ*, predictam decimam *in presenti* solvere & exhibere curetis, & ab *Abbatibus, Prioribus, Ecclesiis, Capitulis, Conventibus, Collegiis & aliis personis Ecclesiasticis, regularibus & secularibus civitatis & Diocesis* Ambianensis *faciatis presentialiter exhiberi, eamque per illos per quos alias, nec non juxta formam & taxationem quibus alias colligi consueverunt, fideliter colligi, & thesaurariis Parisiorum, cum omnimode accelerationis instanciâ apportari.* Damus autem Baillivis, & aliis justiciariis nostris quibuslibet presentibus in mandatis, *ut personas Ecclesiasticas predictas ad* solutionem hujusmodi decime, si opus *fuerit, ad vestram requisitionem* compellant, *& quod inde receperint, vobis integre liberent, & assignent patentes literas vestro munitas sigillo, recepturis, quid, quantum, & quando vobis crediderint continentes. Eisdem Baillivis & justiciariis* mandamus *nihilominus, ut si que de personis Ecclesiasticis predictis in solutione hujusmodi* decime *rebelles, quod absit, extiterint, circa hoc de remediis taliter* provideant *opportunis, ne in tante necessitatis articulo ob deffectum subsidii regnum nostrum remaneat in deffensum.* Actum apud Longumcampum die Mercurii post Assumptionem beate Marie Virginis, anno Domini millesimo trecentesimo tertio.

PHILIPPE IV. dit le Bel, à Longchamp, le Mercredy aprés l'Assomption, ou le 15. Aoust 1303.

Letres adressées à l'Evesque de Paris, à l'effect de lever l'aide d'un Gentilhomme armé, par chaque cens livres de terres, possédées par les Gens d'Eglise & les nobles, & de six Sergens à pied, par chaques cens feux, qui devoient estre fournis par les roturiers.

PHILIPPE IV. dit le Bel, à Chasteau-Thierry, le Lundy devant la S.t Denys 9. Octobre 1303.

SOMMAIRES.

(1) Tous Archevêques, Evêques, Abbez & autres Prelats, Doyens, & toutes personnes d'Eglise, les Ducs, les Comtes, les Barons, les Dames, Demoiselles & autres nobles, &c. feront ayde au Roy pendant les mois de Juin, Juillet, Aoust & Septembre, par chacunes cinq cens livres de terre, d'un gentilhomme bien armé, & monté à cheval, de cinquante livres tournois, &c.

(2) Les non nobles fourniront six Sergens de pied par chaques cens feux, armez de pourpoins, d'hauberjons, de gamboisons, de bacinez & de lances, desquels six Sergens il y aura deux Arbalestriers.

(3) Au moyen de la presente ayde, le Roy fera faire, de la Toussaint prochaine en un an, de bons petits tournois & des Parisis de la loy, & de la valeur de ceux qui avoient cours du temps de S.t Loüis, &c.

(4) Du jour de la date des presentes, jusques à la Toussaint suivante, le Roy fera baisser peu à peu les monoyes fabriquées, pour subvenir à la deffense du Royaume, &c.

PHILIPPES &c. A nostre amé & feal *l'Evesque de Paris*, Salut. Sçavoir vous faisons que Nous considerans, & regardans les granz Charges, & les griez que noz fealz & sougiez ont par lonc temps soustenu par nos guerres, especialment pour la guerre de Flandres. Meuz pour ce de compassion & à pitié envers eus, & queranz voies & manieres par lesquelles nous puissions, à l'aide nostre Seigneur, abregier & mettre a fin ladite guerre, & oster la charge & les griés, & pourchacier paîs & tranquilité à noz feaus & sougiez, & à nostre Royaume. Euz sur ce deliberation & consueil, avuecques noz Prelaz & noz Barons, que nous poons avoir en presentement, pource que Nous ne poons pas avoir à ceste deliberation touz noz Prelaz & Barons du Royaume, sitost comme la necessité du Royaume le requiert, Entre plusieurs voies traitiées & pourparliées de la maniere de nous faire subvention & ayde, pour la poursuite de ladite guerre. Nous aveucques noz diz Prelaz, Barons, & autres feaux presenz, avons accordé & or-

PHILIPPE IV. dit le Bel, à Chasteau-Thierry, le Lundy devant la S.t Denys 9. Octobre 1303.

dené la voie qui s'ensuit, pour la plus profitable & convenable à la besoingne, & qui peut estre au moins du grief des sougiez & du peuple.

(1) C'est assavoir que touz Arcevesques, Evesques, Abbez & autres Prelaz, Doiens, Chapitres, Convens, Colleges, & toutes autres manieres de personnes d'Eglise, Religieux & Seculiers, Exempts & non Exempts, Ducs, Comtes, Barons, Dames, Demoiselles, & autres Nobles de nostre Royaume, de quelque condition & estat qu'il soient, nous *aident* en la poursuite de ladite guerre *par quatre mois*. C'est assavoir *Juing, Juignet, Aoust & Septembre* prochiens à venir, de chascunes *cinq cens livres* de terre que il ont ou Royaume, *d'un (a) Gentilhomme bien armé*, & *monté à cheval de cinquante livres tournois*, & *couvert de couverture de fer*, ou de *couverture pourpointe*, & de tant comme il passera *cinq cens livres de terre*, combien que ce soit jusques à mille, de *deux hommes d'armes montez & appareilliez*, si comme dessus est dit, Et en ceste mesme maniere de chascune *cinq cens livres de terre*, un homme d'armes, ou plus & ou moins, faite compensation du riche au poure, selon la fourme dessusdite.

(2) Item. Quant aux *non nobles*, chascuns *cent feus* nous facent *six Serjanz de pié* des plus souffisanz & des meilleurs que l'en pourra trouver ès paroisses, ou ailleurs, si ceus des paroisses n'estoient souffisanz. Et seront armez de *pourpoinz & de (b) hauberjons*, ou de *(c) gamboisons*, de *bacinez* & *de lances*, & des six il y en aura *deux arbalestriers*, qui auront *arbalestres*. Et sera ceste aide assise, cuillie & levée loialment & raisonablement, faite compensation du riche au poure, par chascun Prelat & Baron en son Diocese, & en sa terre. Et i aura un *prodome* de par Nous, pour sous-entendre & prendre garde à la besoingne, sans ce que il face contrainte, ne s'entremettre de la besoingne, fors à la requeste du Prelat & du Seigneur, en quel Diocese & Seigneurie ce sera. Et *ceste aide* faisant en la maniere dessusdite, lesdiz Prelaz & autres personnes d'Eglise, & autres personnes tant nobles, comme non nobles, *seront quittes de host, de chevauchiée, & de toute autre charge, subvention, ou aide quelle que elle soit, pour l'année à venir* qui *sera l'an de grace mil trois cens & quatre*, ne ne prendra lon *Bleds, Vins, Chars, Bestes, ne autres de leurs biens, pour noz garnisons, se n'est en payant l'argent presentement, & de leur assentement, & de leur volenté.* Et ceste aide Nous recevrons de grace, sans ce que elle court à prejudice, ne aucun droit en soit osté, ou amenuisié, ou nouvel acquis, ne acru à nous ne à autrui. Et de ce *auront letres de nous tous ceux qui avoir les voudront.*

(3) Et pour ce que noz diz feaux & sougiez nous facent plus legierement & plus prestement, & plus gratieusement l'aide dessusdite. *Nous* qui *regardons les griés, les domages & les pertes que il ont longuement eu*, souffert & soustenu, ont & souffrent de jour en jour, *par les müemens de noz Monoies*, à la requeste &

NOTES.

(a) Gentilhomme bien armé & monté à cheval.] Ancienement les Gentilshommes servoient à la guerre *à cheval*, & les roturiers, ou villains servoient *à pied*. Et de là vient que quand le *Duel* ou le *gage de bataille* estoit ordonné entre un gentilhomme appellé, & un roturier qui appelloit, le gentilhomme combattoit à cheval, & le roturier à pied. Beaumanoir page 308. *Se un gentixhons appelle un gentilhomme, & li un, & li autre est Chevalier, il se combattent à cheval, armez de toutes armeures, telles comme il leur plaist.*

Se Chevalier ou Escuier appelle houme de poote, il se combat à pied, armé en guise de champion, aussins comme li home de poote, car par che que il s'abaissent en appeller si basse persone, se dignité est ramenée en cil cas, à tes armeures, comme chil qui est appellé a de son droit. Et moult seroit cruele chose, se li gentixhons appelloit un homme de poote, & il avoit l'avantage dou cheval & des armeures.

Se li homme de poote appelle gentilhoume, il se combat à pied, en guise de champion, & li gentilhoume à cheval armé de toutes armes, car en eux deffendant, il est bien avenant, que il usent de leur avantage, &c.

(b) Hauberjons.] Le Hauberjon estoit une cotte de mailles.

(c) Gamboisons.] Le Gamboison estoit un plastron de linge & d'estoupe, qui couvroit l'estomac & le ventre. Ce mot vient de *Wamba*, qui signifioit le *ventre*.

à la

à la priere de noz diz *Prelaz & Barons presens*, octroions *& promettons* par ces presentes lettres, que ceste aide nous faisant en la maniere dessusdite, Nous dedenz la feste *de Toussains prochienne à venir en un an, ferons monoier & faire bonne monoie de petiz tournois, & de parisis du pois & de la loi, & de la valüe de quoi estoient* ceux qui couroient au temps *le saint Roy Loys nostre ayeul*. Et cele bonne monoie nous ferons courre, & avoir son cours continuelment dedenz la feste de Pasques prochiennement ensuiant.

PHILIPPE IV. dit le Bel, à Chasteau-Thierry, le Lundy devant la S.t Denys 1303.

(4) Et outre, & entre-ci & ledit terme de la *feste de Toussainz*, nous ferons *abessier petit & petit les monoies que nous faisons à present faire, pour la* necessité de la deffence de nostre Royaume, si que la bonne monoie pourra lors avoir son cours convenablement. Pourquoy Nous vous *requerrons* que ladite *aide* en la fourme & la maniere dessusdite, laquelle est si attrempée, & si po greveuse, comme l'en peut miex pourveoir, selonc la condition, & la necessité du temps & des besoingnes, vous nous faites prestement & liberalment de vous meismes, & nous faites faire de voz subgiez, tant nobles comme non nobles, en vostre terre en la fourme & en la maniere dessusdite. Et pour ces choses nous envoyons à vous nostre tres chier & amé *tel* pour l'amour & la feauté duquel nous avons grant fiance, si vous prions & requerrons que de ce qu'il vous dira de par nous, vous le créez & le faitez & accomplissez si prestement, & si diligemment que nous vous en sachions gré, & que nous en soions tenus à vous à touzjours més. *Donné à Chasteautierri le Lundy devant la feste de S.t Denis, l'an de grace mil trois cens trois.*

(a) Ordonance par laquelle le Roy pourvoit à la subsistance des nobles, dont les biens situez en Flandre, avoient esté ruinez, par la Guerre contre les Flamans.

PHILIPPE IV. dit le Bel, à Corbeil, le Dimanche aprés la S.t Luc 1303. le 20. Octobre.

SOMMAIRES.

(1) Ceux qui devoient recevoir un certain payement à la mi-aoust prochaine, pour les dedomager de la perte des revenus de leurs terres, causée par la Guerre de Flandre, ne recevront ce payement qu'à la S.t Remy suivante.

(2) Les Chevaliers qui ont reçeû du Roy la moitié du revenu de leurs terres de Flandres, recevront encore cette moitié jusqu'à la S.t Remy prochaine, & les Ecuyers, les Dames & les Demoiselles continüeront de recevoir jusqu'au mesme terme, la valeur du tiers du revenu de leurs terres. A l'égard de ceux qui jusques-là n'ont eû aucune recompense, on leur en fournira une, suivant les proportions cy-dessus, & jusqu'au mesme terme.

(3) Si le Roy leur rendoit leurs heritages à la S.t Remy, il seroit quitte envers eux, à compter du temps qu'ils y seroient rentrez. Mais si neantmoins leurs terres estoient tellement dépoüillées, qu'ils ne pussent pas trouver leur subsistance dessus, ils auront encore le payement de la S.t Remy & rien plus.

(4) Et si au contraire le Roy ne rendoit pas ces terres, les Chevaliers auront le total de leurs revenus, Et quant aux Ecuyers, aux Dames & aux Demoiselles ils en auront une moitié à la S.t Remy prochaine, & l'autre dans les termes marquez dans les letres precedentes du Roy, Et toutes ces dispositions n'auront lieu qu'autant qu'il plaira au Roy.

(5) Les Ecuyers qui sont devenus Chevaliers, prendront, suivant l'Ordonance cy-dessus, à proportion du temps.

(6) Si on ne rend aux personnes cy-dessus qu'une portion de leurs terres, ce qui sera rendu, ira toûjours à la décharge du Roy.

(7) Tout ce qui a esté reglé cy-dessus ne s'applique qu'à ceux dont tous les biens sont en Flandres.

(1) PHILIPPES par la grace de Dieu Roys de France, à touz ceus qui verront & oiront ces presentes lettres, Salut & amour. *Sçavoir faisons* que

NOTES.

(a) Cette Ordonance est au Tresor des Chartes, Registre cotté au haut 35. & au bas 10. feüillet 46. piece 119. & au Registre cotté 36. & 12.

PHILIPPE IV. dit le Bel, à Corbeil, le Dimanche aprés la S.t Luc 1303. le 20. Octobre.

il est *ordené* par nous, des *Chevaliers*, des *Escuiers*, des *Dames* & des *Damoiseles*, qui ont perdu les revenues de leurs terres, pour la Guerre de Flandres, & par le gré d'eus, que le terme de la mi-aoust prochain à venir, auquel terme il devoient avoir certain paiement, si comme il est *contenu (b) en nos lettres*, est aloingnié jusques à la feste saint Remi aprés ensuivant.

(2) *Item. Li Chevalier* qui ont recompensation de Nous des revenus de leurs terres de Flandres, lesquels ont jusques ci eu *rendage* de la *moitié* de leur terres, auront encore cele dite *moitié*, jusques à la feste saint Remi prochain à venir. Et les *Escuiers*, les *Dames* & les *Damoiseles* de leur *tiers* jusques audit terme. Li *Chevalier*, li *Escuier*, les *Dames* & les *Damoiseles*, qui ou temps passé n'ont eü nulle recompensation, desores-en-avant teles comme les autres, & à ces meismes termes.

(3) *Et* si nous rendons ausdites persones leurs heritages dedenz la feste saint Remi dessusdite, nous serons quites, du temps qu'il seront remis en leur (c) heritages il les trouvassent nuz & despoüillez, parquoi il ne peussent prendre leur vivre, ou leur soustenance dessus, *Nous voulons* que il prengnent le terme de la saint Remi dessusdite & non plus.

(4) (d) *Et* se il estoit ainsint que li Chevalier de cest terme en avant auront le tout de la revenue de leur terres, & li Escuier, les Dames & les Damoiseles la moitié en la (e) *monnoie* dessusdite, il penrront chascun selonc leur portion la *moitié* à la Saint Remi & l'autre moitié aus termes contenuz en nos lettres; Et durra ceste Ordenance tant comme à nous plera.

(5) *Et* prendront par le temps li Escuier qui sont devenu Chevalier, *selonc* l'Ordenance dessus dite.

(6) *Et* se il avenoit que plene restitution ne fust faites as persones dessusdites de leur heritages, toutes euvres nous tendroit lieu ce qu'il en auront.

(7) *Et* entendons *ceste Ordenance* des personnes *qui n'ont soustenance ailleurs hors de Flandre*. Et nous en tesmoing des choses dessusdites avons fet mettre nostre Seel en ces presentes lettres. *Donné à Corbueil, le Dimanche emprés feste Saint Luc Evangeliste, l'an de grace mil trois cens & trois.*

NOTES.

(b) *En nos letres.*] Qu'on n'a pu recouvrer.

(c) *Heritages.*] Il faut ce semble ensuite, *& au cas qu'il &c.*

(d) *Et se il estoit ainsint.*] Il faut ce semble, *& se il n'estoit ainsint*, li Chevalier &c.

(e) *Moneye.*] Lisez *revenue*.

PHILIPPE IV. dit le Bel, à Paris, le Mercredy aprés la Toussaints 1303.

Letres touchant la residence des Officiers.

SOMMAIRES.

(1) Tous les Seneschaux, Baillifs, Prevosts, Juges, Ministres de la Justice, Officiers & Sergens, desserviront en personne, & à cet effet dans quinzaine aprés la publication de cette Ordonance, ils se rendront au lieu de leur residence pour y faire leurs fonctions, & s'ils y manquent ils seront privez de plein droit de leurs Offices, lesquels seront remplis par d'autres personnes.

(2) Cette Ordonance sera executée sans aucune exception, sans avoir égard à quelque priere que ce soit, ni mesme aux Mandemens contraires qu'on pourroit obtenir du Roy, lesquels ne seront point écoutez, à moins qu'ils ne dérogent nomément à cette Ordonance.

(1) PHILIPPUS *Dei gratiâ Francorum Rex, Præposito nostro Parisiensi, Salutem. Quoniam nostræ intentionis est in hiis maxime que nostrorum utilitatem respiciunt subditorum providere negotiis potius quam personis, statuimus ut Senescalli, Baillivi, Præpositi, Judices, Ministri, Officiales, & Servientes nostri, quocumque nomine censeantur, officia & servitia sibi commissa personaliter exequantur,*

& ut ipsi infra quindecim dies, a tempore publicationis hujus statuti, ad officia propter hoc redeant supradicta deservituri eisdem continue & absque quolibet intervallo. Quod nisi fecerint, ipsos ex tunc dictis officiis & servitiis privamus omnino, & de officiis & servitiis hujusmodi, elapso dicto tempore, nisi ipsi, ut dictum est, redierint, per vos in vestrâ Præpositurâ aliis personis idoneis volumus provideri, ordinatione à nobis super hoc editâ in suo robore duraturâ.

PHILIPPE IV. dit le Bel, à Paris, le Mercredy aprés la Toussaints 1303.

(2) Mandantes vobis, & in virtute juramenti quo nobis tenemini districtius injungentes, quatenus statutum hujusmodi publicari, & Servientibus, Officialibus, & Ministris vestris in vestrâ Præpositurâ faciatis quam citius intimari, ipsumque statutum observetis & faciatis juxta sui continentiam firmiter observari, licet preces a nostris gentibus cujuscumque status, aut conditionis existant, aut a nobis mandatum forsitan de contrario recipere vos contingat, si mandatum ipsum de statuto hujusmodi plenam & expressam non faciat mentionem. Actum Parisius die Mercurii post festum omnium sanctorum, anno Domini millesimo trecentesimo tertio.

PHILIPPE IV. dit le Bel, à Paris, au mois de Novembre 1303.

(a) Ordonance touchant le payement des cens, & des surcens assignez sur les Maisons de la Ville de Paris.

SOMMAIRES.

Si ceux qui ont des cens & des surcens, ou croix de cens, assignez sur les maisons de Paris, ne sont pas payez de leurs arrerages, ils feront ajourner les Proprietaires à comparoir pardevant le Prevost de Paris, & l'année estant revolüe, les Proprietaires qui n'auront pas payé les arrerages ou qui n'auront pas mis les maisons en bon estat, à l'effet que les arrerages y puissent estre perçûs, perdront leur proprieté &c.

P*HILIPPUS Dei gratiâ Francorum Rex. Noverint universi præsentes literas pariter & futuri, quod cum* cives nostri Parisienses *supplicassent nobis, quod nos ordinaremus, & statueremus certum terminum, infra quem illi quibus debentur* incrementa censuum *vel* reditus, *possent* assignare ad domos *&* possessiones, *cum earum pertinentiis, sitas Parisius, vel ejus pertinentiis, de quibus eisdem civibus debentur (b)* incrementa censuum *& redditus de eisdem, quando domus, vel posses-*

NOTES.

(a) Cette Ordonance est au Tresor des Chartes, tome premier pour Paris, Orleans, feüillet 32. *verso.*

Elle est entiere au livre vert vieil 2. du Chastelet *fol. 58. verso* & 59. où elle est transcrite dans une autre Ordonance du mois de Novembre 1441.

Elle est aussi au livre rouge vieil *fol.* 110.

Elle est encore dans le livre vert vieil 2. du Chastelet, où elle se trouve en Latin, & où elle est inserée dans des letres du 3. Novembre 1303.

(b) *Incrementa censuum seu redditus]* On void par là que le croix de cens, & les surcens ou les rentes n'estoient qu'une mesme chose. En sorte que Brodeau sur le titre des censives de la Coûtume de Paris, s'est manifestement trompé, en disant que le *Croix* de cens n'estoit autre chose que le cens mesme, ainsi nommé, parce qu'il estoit payé en monoye marquée d'une croix.

Le titre qui suit tiré du Registre rouge vieil du Chastelet feüillet 110. confirmera cette verité.

A tous ceux qui ces presentes Letres verront : Hugues de Cousy, Garde de la Prevosté de Paris. *Salut.* Sçavoir faisons, que pardevant Denis de la Celle & Mery de la Prée, Clercs Notaires Jurez establis de par nostre Sire le Roy au Chastelet de Paris, ausquels quant aux choses qui s'ensuivent, faire, oyr, & à vous rapporter, nous avons commis, & commettons de tout nostre pooir en euls, adjoûtant foy pleniere en ce cas & en greigneur, Personnellement establis Jehan Bourgdon, & Emmeline sa femme, fille de feu Philippe Bonnecin Bourgeois de Paris, affermans en bonne verité, euls avoir vendu à toûjours à Jeanne Marcelle fille de feu Nicolas de Pacy, Bourgeoise de Paris & ses hoirs, soixante quatre livres neuf sols onze deniers parisis *de croix, de cens ou Rente,* que ils avoient de propre heritage de ladite Emmeline chascun an, és lieux & sur les lieux cy-aprés nommez & devisez en cette maniere.

C'est à sçavoir, premierement sur la mai-

PHILIPPE IV. dit le Bel, à Paris, au mois de Novembre 1303.

ſiones hujuſmodi ſunt vacuæ, & ad hoc redactæ, quod non poſſunt ipſi cirla percipere cenſus vel redditus earum, dicendo quod plures (c) domus corruerant & ruinâ deteriotæ erant in villâ Pariſienſi & ejus pertinentiis, & loca remanſerant vacua, & plures poſſeſſiones inanes erant & vacuæ, quæ non eſſent, ſi illi quibus cenſus vel redditus de eiſdem debentur, poſſent ad domus vel poſſeſſiones proprias aſſignare. Nos ipſorum civium indemnitati, & totius villæ Pariſienſis, quæ ex hoc deformabatur immunditiis & ruinis providere volentes, penſatâ etiam, circa hoc, publicâ utilitate, ordinamus ſeu ſtatuimus quod illi ſeu aliqui eorum, quibus cenſus vel redditus hujuſmodi debentur, per unum annum, ter in ipſo anno, videlicet in craſtino omnium ſanctorum, in octavis Nativitatis & Pentecoſtes citabunt, vel ad judicium vocabunt, ad locum vel in loco, ubi cenſus vel redditus debebantur in cujuſcumque dominio vel treffundo exiſtant, illum, vel illos qui domos vel poſſeſſiones hujuſmodi poſſidebunt coram noſtro Præpoſito Pariſienſi, & in præſentiâ fide dignorum, & in caſtelleto, & ibi monebunt eoſdem, quod ſolvant arreragia, vel ponant illas domos vel poſſeſſiones in tali ſtatu, quod illi quibus cenſus vel redditus debentur, poſſint illic capere ſuos cenſus, & redditus cum arreragiis, & fient citationes per quadraginta dies, ante diem litis, Et erit citatio ſufficiens, quæ fiet ad locum, vel in loco ubi cenſus vel redditus debebuntur, & in caſtelleto; Et ſi citati non veniant, vel mittant ſufficienter, quamvis ſint abſentes, vel extra patriam, noſter Præpoſitus Pariſienſis reputabit ipſos contumaces, & ſuper contumaciâ illâ vel contumaciis, aut ſuper monitione, vel monitionibus dabit litteram ſuam ſigillo præpoſituræ Pariſienſis ſigillatam, in quâ continebitur major pars illorum, qui erant præſentes in monitione prædictâ & nocebit eis contumacia, vel contumacia eo modo quo noceret monitio, ſi facta eſſet coram Præpoſito noſtro Pariſienſi, & in præſentiâ eorum, & monitionibus ſic factis, vel contumaciis habitis modo prædicto, ſi poſſeſſores vel proprietarii dictarum domorum & poſſeſſionum, aut dictorum locorum, non ſolverint arreragia dictorum cenſuum & reddituum, vel poſuerint eaſdem domos vel poſſeſſiones in tali ſtatu, quod cenſuarii poſſint ibidem capere pro arreragiis cenſuum & redituum, vel poſuerint eaſdem domos vel poſſeſſiones in tali ſtatu quod cenſuarii poſſint capere arreragia cenſuum & redituum prædictorum, incontinenti prædicto tempore elapſo amittent totum jus ſibi competens ibidem, aut competiturum, nec ex tunc poterunt ibidem ratione præteritorum jus aliquod reclamare. Et nihilominus illi quibus cenſus debebuntur, vel redditus poterunt exigere, & petere ab illis qui fuerunt proprietarii, arreragia ſuorum reddituum & cenſuum, eo modo quo exigere alias conſueverunt. Præterea ex cauſis prædictis Statuimus & ordinamus quod ſi plures ſint qui cenſus, ſuper-cenſus alioſve redditus habeant, ſeu aliud jus in locis, ſeu domibus prædictis & ruinoſis, vel per annum vacuis, abſque deveriorum ſolutione, & aliqui, ſeu aliquis ipſorum cæteros jus habentes quoſcumque ipſi monerint, ſeu moneri fecerint & vocari ad judicium coram noſtro Præpoſito Pariſienſi, per intervalla prædicta, & requiri prout eſt ſuperius inter cenſuarium & proprietarium ordinatum ſeu ſtatutum, & dicti cenſus, ſuper-cenſus, redditus ſeu jus aliud, ut dictum eſt habentes, ſic moniti, ſeu citati non venerint, ſeu comparuerint ſufficienter, adeo quod poſſit inter ipſos de prædictis diſcuti, & fieri quod fuerit rationis, quod ex tunc, anno elapſo priventur omni jure quod habebant ratione quâcumque, in locis, ſeu domibus prædictis volentes, quantum ad privationem omnium jurium Prædictorum, quod illud idem, quod eſt ſuperius ordinatum, ſeu ſtatutum inter proprietarium & cenſuarium, inter facientes ſic vocatos, ſeu monitos inter cæteros jus

NOTES.

ſon Meſſire Jean de la Terre en la Cenſive S.t Eloy, quatre livres dix ſols pariſis, &c.

(c) *Domus corruerant & ruinâ deterioratæ erant in villa Pariſienſ.]* De-là vient que par l'Article 121. de la Coûtume de Paris, *Les Rentes de Bail d'heritages, ſur maiſons aſſiſes en la Ville & Fauxbourgs de Paris ſont à toûjours rachetables ſi elles ne ſont les premieres aprés le fond de terre,* & que par l'Article 122. *Les legs pitoyables de rentes en deniers ou autres Eſpeces ſur une maiſon de la Ville & Fauxbourgs de Paris, ſont rachetables au denier Vingt, ſans que ledit rachat ſe puiſſe preſcrire, ores qu'il fut dit par le teſtament non rachetable &c.*

habentes

habentes vendicet sibi locum; Quæ ut robur perpetuum stabilitatis obtineant, presentem paginam sigilli nostri munimine, salvo in aliis jure nostro & jure quolibet alieno, fecimus roborari. Actum Parisiis anno Incarnationis Domini millesimo trecentesimo tertio, mense Novembri.

PHILIPPE IV. dit le Bel, le 1.er Decembre, entre des pieces de l'année 1303.

(a) Mandement au Bailly de Chaumont, touchant la reformation de la Monoye.

SOMMAIRES.

(1) Les peuples sont excitez à porter aux Monoyes du Roy, & aux personnes à ce preposées, les Monoyes courantes qu'ils ont, afin que cette matiere serve à faire de nouvelles Monoyes conformes à celles qui avoient cours du temps de S.t Loüis, & le Roy promet de rendre aux peuples ce qu'ils auront confié à ceux qu'il a preposez pour recevoir.

(1) PHILIPPE &c. au Baillif de Chaumont ou à son Lieutenant, *Salut.* Comme nous par la necessité *de noz Guerres,* & pour plus granz domages de noz subgez eschiver, eussions ordené & fait faire *plusieurs novelles monoies;* C'est assavoir, *mailles blanches, & parisiz, & tournois à florins d'or, grans & petiz.* Et noz subgez, c'est assavoir le Clergié, les Barons, & le commun peuple de nostre Royaume, de novel *nous aient requis que il nous plaise remettre nostre moneye en son premier estat;* Et pour ce a leur requeste, & pour le commum proufit de noz subgez nous aions ordené a remettre noz monoies *en l'estat ou quel elles estoient ou temps de sainte memoire Mons. Saint Loys.* Et desores nous aions commandé a battre, coignier & faire hastivement & continuelment les noz dites monnoies bonnes & anciennes, la quele chose ne pueit en bonne maniere si hastivement estre faite, se les noveles monnoies couranz à present ne sont mises pardevers nos monnoiages, pour plus avoir matere à faire les bonnes monoies anciennes dessusdites; Et nous en ce fesant veillions à nostre povoir nos subgez de *dommages garder,* considerans le dommage que il auroient *se le dechié des monnoies descresendroit venoit sus eus* ou temps que lesdites monoies prandront leurs cours. *Nous vous mandons & commandons* que ces Letres vues, vous faciez *crier & publier* de par nous generalment par toute vostre Baillie, que tous ceus qui auront de noz *monoies couranz* à present, *se il leur plaist,* dedanz *quinze jours* apres ladite crie, les aportent ou envoient *tele quantité comme il auront* à nous, ou au Procureur de nostre amé & feal Chevalier *Mouche Gui,* en ladite Baillie deputez à ce, quar nous voulons le plustost que len pourra haster le cours desdites monnoies bonnes, pour eschiver les fraudes & les malices qui se pourroient faire par ceux qui contrefont, ou pourroient contrefaire les dites novelles monnoies en nostre roiaume & hors: Et nous les sommes que il baudront, si comme dessus est dit, à vous & audit Procureur, de quoy il auront les letres de vous ou dudit Procureur, leur rendrons.

NOTES.

(a) Ce Mandement est au Tresor des Chartes, Registre cotté au haut 35. au bas 10. *fol.* 19. *verso*, piece 64.

Le Blanc fait mention de ce Mandement sous le regne de Philippe le Bel. Il y dit que le *premier de Decembre* de cette année, le peuple demanda que les Monoyes fussent remises en leur ancien estat, que le Roy ayant égard à leur demande, l'ordonna ainsi le *premier Decembre,* & qu'à cette fin Sa Majesté fit publier par tout le Royaume, que ceux qui auroient des foibles monoyes, eussent à les rapporter, qu'on leur en donneroit de bonnes, & que la perte tomberoit sur le Roy.

PHILIPPE IV. dit le Bel, à Toulouse, le Samedy aprés l'octave de l'Epiphanie le 9. Janvier 1303.

(a) Edit, ou Ordonance par laquelle le Roy defend les Guerres privées pour toûjours, & les duels pendant que sa Guerre durera.

PHILIPPUS *Dei gratiâ Francorum Rex* Senescallo Tolosæ, *salutem. Ad statum prosperum regni nostri, sicut Regiæ dignitatis decet officium, totis studiis, totisque conatibus intendentes, ac cupientes gravibus obviare periculis commissarum à Deo nobis personarum, & rerum scandalis, expendiis variis quæ ex guerrarum & bellorum criminosis eventibus sequi possent, ac proinde attendentes, quod ad hoc sunt jura in medio constituta, & ad eorum defensionem & executionem justitiæ Reges & Principes orbis terræ divinitus deputati, ut nemo sibi jus dicere, aut vindictam assumere audeat, sed unicuique sufficiat vigor justitiæ, quam regimus, nostris temporibus expeditam singulis volumus ministrari. (b)* Ad instar sancti Ludovici *eximii confessoris quondam Regis Francorum, cum nonnullis probatis & Baronibus nostris pleniori habitâ deliberatione consilii,* hoc generali statuto *expresse* intendimus *& districtius* inhibemus guerras, bella, homicidia, villarum vel domorum incendia, aggressiones vel invasiones agricolarum vel aratorum fieri, *vel committi de cætero* quo ad fideles & subditos nostros, *cujuscumque* status vel conditionis *existant, in quibuscumque locis, vel partibus regni;* Provocationes etiam ad duellum & gagia duellorum recipi, vel admitti, *ipsaque* duella fieri *vel iniri* durantibus guerris nostris *expressius* inhibemus. *Quæstiones autem, dissentiones & causas, propter quas, & seu quarum occasione hujusmodi* guerræ & duella *fieri solebant hactenus & iniri, per semitas æquitatis, rationis & juris, sortiri* volumus *debitum (c) Institui complementum. Statuta verò & inhibitiones hujusmodi,* quo ad guerras prædictas, *temerarios transgressores, tamquam turbatores pacis* decernimus *puniendos, nonobstante contrariâ consuetudine, quin potius corruptelâ, quæ haberi dicitur in aliquibus partibus dicti regni, quam contra bonos mores, & utilitatem & bonum statum, & salubre regimen prædictarum personarum ad impedimentum & perturbationem justitiæ ratione introductâ,* de Prælatorum & Baronum consilio & certâ scientiâ & auctoritate, & de plenitudine regiæ potestatis omnino tollimus, annullamus, cassamus, irritamus & penitus abolemus; *nullam, cassam & irritam pronuntiamus & decernimus.*

Quocirca mandamus vobis quatenus statutum, ordinationem & prohibitionem hujusmodi in locis vestris, de quibus expedire videritis, publicari & teneri firmiter faciatis & inviolabiliter observari. Illicitamque, vel prohibitam dilationem armorum, non intelligentes in hoc casu, si qui pro executione justitiæ, vel defensione licitâ, cum moderamine debito in locis & casibus ad eos spectantibus arma portent. Datum Tolosæ sabbato post octavam Epiphaniæ, anno Domini millesimo trecentesimo tertio.

NOTES.

(a) Cet Edit est rapporté par la Faille, dans ses preuves des annales de Toulouse tome 1. page 58.

(b) Ad instar sancti Ludovici.] Voyez l'Ordonance de S.t Loüis du mois d'Octobre 1245. & celle du Parlement de l'Octave de la Chandeleur 1260. En 1312. le Roy deffendit mesmes les tournois, & il réitera ces deffenses par son Ordonance donnée à S.t Oüen prés de Paris le Samedy, aprés la S.t Remy 1314.

(c) Institui complementum.] Il y a ainsi dans les preuves imprimées de l'histoire des annales de la Ville de Toulouse de la Faille page 58. mais il doit y avoir, ce semble, *justitiæ complementum.*

PHILIPPE IV. dit le Bel, à Toulouse, le 20. Janvier 1303.

(a) Mandement adressé au Bailli d'Orleans, de lever cent livres pour chacunes cinq cens livres de terre; sur tous ceux, qui, suivant l'Ordonance du 5. Octobre 1303. devoient fournir un Gentilhomme armé. Les hommes de pooste & abonnez demeurans en autre Seigneurie & Justice que celle du Roy, fourniront quatre hommes de pied par chacunes cent livres, & les hommes de corps taillables haut & bas, fourniront deux hommes de pied armez par cent feux, &c.

COMME nous par nostre Ordenance faite seur ce, & par le conseil des Prelaz & des Barons de nostre Royaume, avons ordené que tous Arcevesques, Evesques, Abbez, & autres Prelaz, Doyens, Chapitres, Convenz, Colleges, & toutes autres personnes d'Eglise, Seculieres & Religieuses, exemps & non exemps, Dus, Contes, Barons, Dames, Damoiselles & autres nobles de nostre Royaume, de quel condition, ou estat qu'il soient, nous aident à la poursuite de nostre Guerre par *quatre mois*. C'est assavoir, Juing, Juingnet, Aoust & Septembre prochains à venir, de chascune cinq cens livres de terre, que il ont en nostre Royaume, d'un *Gentilhomme bien armé, & monté à cheval de cinquante livres tournois, & couvert de couverture de fer*, ou de *couverture pourpointe*, & de tant comme il passera *cinq cens livres de terre*, combien que ce soit, jusques à mil, de deux hommes d'armes montez & appareillez, si comme dessus est dit. Et en ceste maniere, *de chascune cinq cens livres de terre, un homme d'armes du plus plus, ou du moins moins*, Et quant *as non nobles, que cent feus nous facent aide de six homes armez*, selon ce qu'il est contenu *en ladite Ordenance*, Et aucuns, si comme nous entendons en leurs personnes, ne voillent pas faire ceste aide, ou ne puissent pas avoir persones souffisans, par lesquelles il puissent servir, segon la fourme devant dite. *Nous voullons, ordonons, & mandons, que tu Baillif*, avec aucun preud'homme, que tu prenras à ce avec toi, de tous ceus & de toutes celes de ta Baillie, & du Ressort, qui ceste devant dite suvention, ne nous voudrons faire, ou ne pourront pas, si tost comme il convient, *levez cent livres* pour *chascuns cinq cens livres de terre*, qu'il auront, de *plus plus*, & *du moins moins*. Aprés quant *aus nobles* nous *voullons & ordenons* que tous ceus qui se sont accordez à faire nous ladite aide, ou que il soient demourans nous facent ladite aide plainement, si comme en ladite ordenance est contenus. *Et quant aux hommes de poosle, & aux hommes de condition abonnez, demouranz* en autre Seigneurie & Justice, il nous plaist que de *chascuns cent livres, nous facent aide de quatre hommes de pié*, Et quant *as hommes de cors taillables de haut* & de bas à volonté, qui ne sont nostre homme de cors, que *cent feus nous facent aide de deux hommes de pié armez souffisamment, si* comme plus pleinement est contenu en nostre ordenance dessus dite. Et se *aucunes villes, ou université ne povient ou ne voulloient servir selon ceste ordenance, nous voulons* que tu lieves pour tant de Serjans, comme il devroient pour chascun *deux sols par jour* pour tout le temps devant dit, Et ce voullons nous que tu aies levé *la moitié dedenz les octaves de Pasques, & l'autre moitié dedenz le mois de Penthecoste*, sanz nulle fraude, & les personnes de qui tu leveras ceste Ordenance & les sommes que tu en pourras lever, selon l'estima-

NOTES.

(a) Ce Mandement est au Tresor, R. de Philippe le Bel, cotté au haut 36. & au bas 12. piece 117. Il fut envoyé aux personnes qui suivent; Sçavoir, au Prevost de Paris, au Bailli de Gisors, au Bailli de Roüen, de Caux, Coutances, Amiens, Vermandois, Senliz, Orliens, Senz, Bourges, Mâcons, Auvergne, Tours, Chaumont, Vitri, Troies, Poitou, Xaintonge, Pierregort, Toulouse, Carcassone, Roüergue, Beauquaire.

tion de leurs biens, rescri tantost & sans delai à noz genz des Comptes de Paris, Et ce que tu en assigne entierement & sanz delai à noz Tresoriers de Paris. *Donné à Toulouse 20. jours en Janviers.*

PHILIPPE IV. dit le Bel, à Toulouse, en Janvier 1303.

(a) Letres portant attribution aux Consuls de Toulouse de la connoissance de tous les crimes commis dans leur Ville, les Fauxbourgs, & la Viguerie.

SOMMAIRES.

(1) Les Consuls de la Ville de Toulouse connoistront des crimes commis par toutes sortes de personnes dans la Ville, les Fauxbourgs & la Viguerie de Toulouse, à l'exception des Monasteres, des personnes Ecclesiastiques, des nobles, & des Officiers du Roy &c.

(2) Celuy qui sera avec fondement suspect de quelque crime, pourra estre arresté par le Viguier, son Lieutenant ou ses Sergens, qui le livreront aux Consuls. Les Consuls en auront la connoissance, & s'il est condamné, l'execution en appartiendra au Viguier, ou à ses gens &c.

(3) Si quelqu'un offence quelque Bourgeois de Toulouse dans l'estenduë de la Seneschaussée, hors de leur Jurisdiction, la connoissance en appartiendra au Seneschal qui luy rendra prompte justice.

(1) PHILIPPUS *Dei gratiâ Francorum Rex, universis præsentes literas inspecturis*, Salutem. *De dilectorum nostrorum* Consulum civitatis nostre Regie & suburbii Tolosæ fidelitate & industriâ confidentes, *ipsosque propterea circà cognitionem & judicium criminum illis prosequi gratiis & honoribus prevenire volentes, per quos justitia suum consequatur effectum, & sic jura nostra nobis illibata serventur, quod aliena non ledantur in aliquo, sed tribuatur unicuique quod suum est. Eorum supplicationibus annuentes, sibi presentium tenore de gratiâ speciali* concedimus, & volumus *quod de cetero prefati Consules, vice nostrâ, & pro nobis*, de omnibus & singulis criminibus, tam in civitate & suburbio Tolose, *& in locis in quibus cognitionem & judicium hujusmodi, ex concessione* clare memorie Philippi Regis Francorum carissimi genitoris nostri consueverunt *hactenùs exercere*, quam in totâ vicariâ Tholose, monasteriis, Ecclesiis, & personis Ecclesiasticis ac nobilibus, qui cives Tholose non existant, vicarie supradicte hominibus justitiabilibus, terris & bonis eorum dumtaxat exceptis, *perpetratis seu commissis, & de omnibus que ad hujusmodi cognitionem & judicium pertinent*, presente Vicario nostro Tholose, *qui pro tempore fuerit, vel ejus locum tenente, non tamen partem judicis obtinente*, cognoscant & judicent. *Ita tamen quod in cognitione & judicio predictis*, sint duo Notarii electi, vel saltem unus a Vicario nostro predicto, & duo similiter, vel unus a predictis Consulibus, *qui acta omnia super cognitione & judicio predictorum criminum faciant & conscribant, qui quidem Notarii jurabunt in presentiâ Vicarii & Consulum ad sancta Dei Evangelia, quod jura nostra servabunt benè & fideliter, & jura similiter cujuslibet alterius, & quod fideliter conficient & conscribent ac referent*, Et de istâ concessione excipi volumus gentes nostras, & servientes nostros de quibus nobis, vel Vicario nostro Tholose, vel ejus locum tenenti cognitionem & judicium penitùs retinemus. *Addentes insuper ad præmissa, quod si aliquis captus fuerit pro delicto, seu casu criminis* per Vicarium nostrum Tolosanum, *aut per servientes suos, presenti delicto in locis supradictis ad Curiam Vicarii, ubi tenet placita sua ducetur, & ibidem per dictos Consules, presente, ut suprà dictum est, predicto Vicario, vel ejus locum tenente, de predicto delicto suo cognos*

NOTES.

(a) Ces letres sont au Tresor des Chartes, Registre de Philippe le Bel, pour les années 1303. 4. & 5. piece 29.

cent & judicabunt, nec predictis Vicariis poterit predictum criminosum, absque consilio, vel assensu dictorum Consulum, liberare.

PHILIPPE IV. dit le Bel, à Toulouse, en Janvier 1303.

(2) Pretereà si aliquis de aliquo crimine meritò sit suspectus, per Vicarium Tolose, *vel per locum* ejus tenentem, *aut per* servientes suos, *de mandato ipsius poterunt capi*, & tradetur Consulibus, & in domo Consulatus de dictâ *suspicione cognoscetur & judicabitur; fiet autem executio de criminibus supradictis per Vicarium Tholose, vel gentes suas in personis & rebus delinquentium, quemadmodum usque nunc extitit consuetum.*

(3) Insuper *volumus &* ordinamus, *quod si aliquis forefaciat predictis civibus in Senescalliâ Tholosanâ*, extra fines suos, *ubi aliquam Jurisdictionem non habent, quod* Senescallus noster Tholosanus faciat eis celeris justitie complementum, *secundùm quod hactenùs fieri consuevit.*

Gratiam autem & concessionem hujusmodi tamdiu durare volumus, donec eam nos, vel successores nostri expressè duxerimus revocandam. In cujus rei testimonium presentibus literis nostrum fecimus apponi sigillum. Actum Tolose anno Domini millesimo trecentesimo tertio mense Januarii.

PHILIPPE IV. dit le Bel, à Toulouse, au mois de Janvier 1303.

(a) Letres par lesquelles le Roy accorde plusieurs privileges aux Bourgeois de Toulouse.

SOMMAIRES.

(1) Les Notaires, les Greffiers, les Substituts, les Sergens & autres Officiers du Roy, qui ont leur domicile à Toulouse, contribueront comme les autres Bourgeois aux Tailles & autres charges, à l'exception des Juges de la Seneschaussée, de la Viguerie & des Procureurs du Roy, qui reçoivent des gages de Sa Majesté.

(2) Les Bourgeois de la Ville de Toulouse, pour les biens meubles & immeubles qu'ils ont dans la Viguerie, ne seront tenus d'aller en l'ost & chevauchée du Roy, ou d'y contribuer qu'avec toute la Communauté des habitans, à moins qu'il n'y ait quelques-uns d'eux qui possedent des fiefs chargez de services particuliers. Et quant aux biens qu'ils possedent hors de la Viguerie, on suivra l'ancien usage.

(3) Dans les causes criminelles, qui sont jugées par les Consuls, le Procureur du Roy n'interjettera pas appel avant Sentence diffinitive, & s'il le fait son appellation ne pourra estre admise que dans les cas permis par le Droit.

(4) Les Bourgeois de Toulouse seront exempts dans tout le Comté, de peages pour les bleds, les vins & les autres fruits qu'ils recüeillent de leurs terres & de leurs marchandises, soit qu'ils les fassent voiturer par terre, ou par eau.

(1) PHILIPPUS *Dei gratiâ Francorum Rex. Notum facimus universis tam presentibus quam futuris, quod nos reducentes ad sollicite considerationis examen, labores & onera, que dilecti & fideles nostri* cives & incole civitatis *nostre Regie & suburbii Tolose in nostris obsequiis, priscis temporibus, promptis affectibus protulerunt, ac devotionis gratitudinem & fidei puritatem quam in ipsis presentialiter invenimus benignius attendentes, ac volentes propterea ipsos & civitatem eamdem condignis liberalitatis Regiè prevenire favoribus & specialibus gratiis honorare, sibi de speciali gratiâ presentium tenore.* Concedimus, *ut* Notarii, *(b)* Actarii, Substituti, Servientes, *& alii* Officiales nostri *larem foventes, seu domicilium tenentes in civitate, vel suburbio Tholose, Senescallie & Vicarie judicibus Tholose & procuratoribus nostris a nobis stipendia, seu vadia percipientibus dumtaxat exceptis, pro omnibus bonis suis, que habent, vel habituri sunt in posterum, tam in civitate & suburbio quàm in vicariâ & Senescalliâ Tholosanis, in communibus talliis, oneribus & ex-*

NOTES.

(a) Ces Letres sont au Tresor des Chartes, Registre de Philippe le Bel, pour les années 1303. 4. & 5. piece 30.

(b) Actarii.] Vide Cangium in glossario verbo *Actuarii.*

PHILIPPE IV. dit le Bel, à Toulouse, au mois de Janvier 1303.

pensis universitatis Tholose sicut alii Cives Tholosani contribuunt, contribuere teneantur.

(2) Concedimus. *Iterùm civibus & incolis supradictis de gratiâ speciali, ut pro terris, possessionibus, villis,* bonariis, *& aliis bonis mobilibus & immobilibus que habent* infrà *fines vicarie supradicte, in* Exercitum nostrum, seu Cavalcatam, *cum communitate, seu Universitate Tolose duntaxat proficisci, vel pro eis contribuere teneantur, nisi forsan aliqui* ex eis feoda possiderent, pro quibus ad specialia servitia *tenerentur. Pro hiis autem quæ extrà Vicariam obtinent infrà Senescallie terminos Tholosane, servetur quod est antiquitùs usitatum.*

(3) Eisdem insuper civibus & incolis gratiosis concedimus, *ut in* causis criminalibus, *in quibus* per Consules Tholosanos *ex officio quandoque proceditur,* Procurator noster (in criminalibus) *ante* diffinitivam sententiam *frustratoriè* non appellet, *nec ejus appellatio admittatur, nisi duntaxat (c)* in casibus a jure Civili permissis.

(4) Concedimus *etiam civibus ipsis, de gratiâ ampliori,* ut de vinis, bladis, & aliis terrarum suarum fructibus, aut mercibus, mercaturis, vel aliis rebus suis, quas Tholose *per terram vel aquam* transvei faciunt *vel afferri, in pedagiis nostris, in Comitatu Tholosano ubilibet constitutis, ab omni exactione, vel prestatione pedagii,* seu Leudæ, *sicut ex concessione predecessorum nostrorum Comitum Tholosanorum, se hactenus fuisse pretendunt, sic & in posterum habeantur exempti, liberi & immunes. Quod ut ratum & stabile perseveret, presentibus literis nostrum fecimus apponi sigillum.* Actum Tholosæ anno Domini millesimo trecentesimo tertio mense Januarii.

NOTES.

(c) In casibus a jure ad messis.] Vide Legem 2. Digestis *De appellationibus recipiendis vel non.* Et Ducunazium Regula 52.

PHILIPPE IV. dit le Bel, à Toulouse, au mois de Janvier 1303.

(a) Ordonance qui regle le devoir, & le pouvoir des Officiers de la Ville de Toulouse, dans l'administration de la Justice, avec attribution au Senefchal de la connoissance des contestations entre le Viguier & les Consuls.

SOMMAIRES.

(1) Dans les Cours royales de la Ville & des Fauxbourgs de Toulouse, il n'y aura pas de procés pour moins de vingt sols Toulousains, ou pour des choses au dessous de la valeur de cette somme.

(2) Lorsqu'il s'agira de dettes, dont il y aura un écrit, l'action ne sera pas libellée, & il n'y aura pas de jour pour répondre. A l'égard des autres dettes & actions personelles, la cause sera contestée au plus tard dans vingt jours &c.

(3) Si le deffendeur en action reelle ou personelle, veut proposer quelques exceptions dilatoires, ou peremptoires avant la contestation en cause, il n'aura pour le faire qu'un seul delay de six jours.

(4) Lorsque dans une desdites Cours, il y aura des témoins nommez par une des parties, ce que les témoins auront deposé sera public dans un jour d'entre dix qui sera marqué, & si dans ce jour l'examen des témoins n'est fait, on ne pourra plus le demander &c.

(5) Les parties n'auront qu'un seul terme à l'arbitrage du Juge pour proposer leurs moyens, tant de fait que de droit, après lequel elles ne seront plus écoutées.

(6) L'on n'appellera d'autres sentences que des diffinitives, si ce n'est dans les cas permis par le droit.

(7) Lesdites Cours n'accorderont aucuns répits de cinq années aux debiteurs, qui peuvent, ou qui voudront payer leurs creanciers, ou dont les creanciers voudront prendre des biens en payement.

(8) Quand l'exploit de demande sera mal libellé, si la conclusion est juste, le Juge ne laissera pas de rendre sa Sentence.

(9) Lorsque des Sentences auront esté rendûës contre le Roy en faveur de personnes privées, le temps fatal des appellations ne courera contre Sa Majesté, s'il y a preuve qu'il se soit écoulé par la negligence de ses Procureurs, ou des Juges d'appel.

(10) Les Juges qui reçoivent des gages du Roy, ne recevront rien des commissions qui leur seront decernées, si ce n'est hors du lieu où ils ont leur domicile.

PHILIPPE IV. dit le Bel, à Toulouse, au mois de Janvier 1303.

(11) Si les biens de quelqu'un sont confisquez au profit du Roy, Sa Majesté payera ses dettes & la dot de sa femme, sans contestation.

(12) Le denonciateur sera obligé de dedomager celuy qu'il aura denoncé, à moins que le denoncé, ou l'accusé de crime n'ait esté diffamé, ou convaincu au moins par un seul témoin, ou qu'il n'y ait eu quelque soupçon bien fondé contre luy.

(13) Les Notaires, les Sergens & autres Officiers ne prendront rien pour l'imposition du Ban, pour les saisies de biens &c. à moins que le denoncé ne soit trouvé coupable, ou qu'il n'y ait contre luy des soupçons probables.

(14) Personne ne sera pris au corps dans la Ville de Toulouse ni le ban apposé sur ses biens, si ce n'est par l'ordre du Seneschal, du Viguier, des Consuls, &c. & tout ce qui aura esté fait au contraire sera nul.

(15) Lorsque les Consuls auront élargi quelque criminel sous caution; sans appel de la part du Procureur du Roy qui sera present, le Viguier, ni autres ne pourront plus l'arrester.

(16) Les Notaires de la Cour de Toulouse écriront les actes bien & fidelement, & on ne leur donnera que ce qui a esté ordonné depuis peu par les Ordonances du Roy &c.

(17) Les Notaires des Cours n'auront que trois sols tournois pour les Sentences renduës dans les causes pecuniaires, ou d'injures.

(18) Pour les sauves-gardes & les garnisons, ou pour avoir vendu les biens des debiteurs hors de la Ville de Toulouse, les Notaires & les Sergens seront payez comme ils l'estoient ancienement.

(19) Le Seneschal de Toulouse connoistra sommairement des contestations qui surviendront entre le Viguier & les Consuls &c.

PHILIPPUS *Dei gratiâ Francorum Rex. Notum facimus universis tàm presentibus quàm futuris, quod ex parte dilectorum nostrorum* Consulum civitatis nostre Regie & suburbii Tholose, *oblata nobis petitio continebat, quod questiones & cause, que in* Curiis nostris civitatis, *suburbii & Vicarie Tholose, pro tempore agitantur, tot exceptionibus frivolis & cavillationibus, tot judiciorum prepediis, tot litigiorum anfractibus, tot frustratoriis appellationum diffugiis, aliisque morosis dilationibus protrahuntur assiduè, ut penè lites censeri debeant immortales.* Cupientes *igitur litium morosa dispendia equitatis compendio, quâ possumus industriâ, breviare, predictorum Consulum* supplicationibus inclinati *pro hujusmodi litibus coartandis, ac bono statu & salubri regimine dicte* civitatis & suburbii, statuta & ordinationes edidimus, *que sequuntur, que teneri firmiter & inviolabiliter precipimus, & firmitatis perpetue autoritate Regiâ decernimus habere vigorem.*

(1) In primis *statuimus quod de minori summâ* viginti solidorum tholosanorum, *vel de re cujus valor non excedat summam predictam, nullus fiat processus, seu scriptura in curiis antedictis, hoc excepto quod (b)* clamor *scribatur, & res que petitur, & depositiones testium* predictorum, *tam per partem* agentem, *quam per partem* ream, *& cognitio seu preceptum dicte cause non in formam sententiæ.*

(2) Item. *Quod de debito (c)* incartato *non tradatur* libellus, *nec detur dies ad respondendum, si de facto proprio partium contendatur, in aliis autem* debitis & actionibus personalibus *infrà viginti dies ad longius* litis contestatio fiat, *nisi reus conventus super exceptione ab eo propositâ in predictâ causâ cognitionem Curie pro se reportaverit.*

(3) Item. *Si reus conventus, tàm* in actione personali, quam reali, *aliquas exceptiones proponere voluerit, ante litis contestationem, detur eidem* dilatio unica tantùm decem dierum, *ad omnes exceptiones,* dilatorias, & peremptorias, que litis contestationem impediunt, proponendas, *ultra quam dilationem volens aliquas exceptiones de predictis proponere, minimè audiatur.*

(4) Item. *Quod* testibus nominatis *per aliquam partium, in aliquâ curiâ, unica,* dies decem dierum *(d)* ad publicandum, *dictis partibus assignetur, ultrà quàm,*

NOTES.

(a) Cette Ordonance est au Tresor des Chartes, Registre de Philippe le Bel, pour les années 1302. 3. 4. & 5. piece 28. & Registre 67. nombre 525. où elle est intitulée *Constitutiones, seu statuta civitatis Tolosæ.*

(b) Clamor.] C'est le *clain,* l'action intentée.

(c) Incartato.] Vide Cangium in verbo *charta,* columnâ 947.

(d) Ad publicandum.] Voyez ce que j'ay

PHILIPPE IV. dit le Bel, à Toulouse, au mois de Janvier 1303.

nisi testes predictos examinare fecerit, ad idem petendum minimè audiatur, nisi notoriè & verè ostendere poterit & docere non per ipsum sed per curiam, vel aliis impedimentis stetisse legitimis, quominùs dictos testes examinare fecerit.

(5) Item. Quod unicus taxandus, ad arbitrium judicis, terminus tantùm partibus assignetur in qualibet causâ, ad proponendum quidquid de jure & de facto proponere voluerit, & quod ulteriùs dicte partes minimè audiantur, nisi renuntient & concludant in causâ, & si renuntiare malitiose distulerint, quod Curia habeat in dictâ causâ pro renuntiato & concluso, & procedat ad sententiandum in eâ.

(6) Item. Quod non appelletur in Curiis predictis, citra diffinitivam sententiam, nisi in casibus a (e) jure civili permissis, (f) & quod hoc constet primo judici appellationum, vocatis partibus, antequam inhibitionem aliquam virtute dicte appellationis faciat.

(7) Item. Quod per Curiam Senescalli, Vicarii, Consulum & Judicum non concedantur (g) inducie quinquennales, vel alie debitoribus qui possunt & volunt suis creditoribus satisfacere, vel quorum bona creditores velint recipere integrè in solutionem suorum debitorum, nec illis qui satisfacere integrè nequiverint suis (h) debitoribus, nisi priùs prestitâ idoneâ cautione de satisfaciendo suis creditoribus adveniente tempore quinquennali, vel aliis concessis induciis.

(8) Item. Quod propter ineptitudinem libelli, dummodò ex causâ debendi ad causam petendi recta Conclusio sequi possit, Judex ferre sententiam non omittat.

(9 Item. Quod in causis appellationum interpositarum à sententiis latis nobis contra privatas personas (i) fatalia non currant, ubi pro certo constabit stetisse per procuratores nostros, vel judices appellationum quominùs infrà fatalia terminentur.

(10) Item. Quod judices qui à nobis recipiunt gagia, nihil omninò recipiant de commissionibus que eis fiunt per Curiam nostram, nisi extra Villam seu Castrum in quo habent suum domicilium, ratione commissionis predicte eos oporteat proficisci.

(11) Item. Quod si bona alicujus nobis veniant in commissum, quod debita sua, & dos uxoris, si quam habent, reddantur creditoribus & uxori, sine libello, & alio strepitu judiciario, cùm constiterit de predictis, per testes, vel per alia legitima documenta.

(12) Item. Quod denunciator, vel instructor resarciat denuntiato damna & expensas, quas idem denuntiatus sustinuerit, nisi de illo delicto denuntiatus fuit diffamatus, vel ad minus per unum testem convictus, vel alias appareret probabilis suspicio contra eum, ad cognitionem Curiæ & judicum, ita tamen quod super predictis denuntiator, vel instructor in testem minime admittatur.

(13) Item. Quod pro impositione banni, inscriptione, seu adnotatione bonorum perventorum, seu denuntiatorum, nec per manum Regiam amovendam, seu bannum, cum denuntiatus recreditur, vel bona recreduntur nihil (k) recipiant per notarios, nec per servientes, seu quoscumque alios officiales, nisi denuntiatus (l) culpabilis ad cognitionem judicis, quare captus, vel bannitus, vel bona ejus saisita fuerint precessisset.

(14) Item. Quod pro crimine, seu delicto nullus capiatur in civitate Tholose, ni-

NOTES.

remarqué sur le chapitre premier du premier livre des Establissemens, & sur les articles 4. & 5. de l'Ordonance de 1260.

(e) Jure Civili.] Vide Legem 2. Dig. De appellationibus recipiendis.

(f) Et quod hoc constet.] Dans le Registre 67. il y a, & quod de hoc constet.

(g) Inducie quinquennales.] C'est un repit de cinq années. Vide Legem ultimam codice. Qui bonis cedere possunt & Legem 5. Cod. De precibus Imperatori offerendis. L'Article 61. de l'Ordonance d'Orleans. L'Ordonnance de 1673. pour le Commerce article 9. & mon glossaire sur Benefice d'Annien & de Quinquennioy.

(h) Debitoribus.] Dans le Registre cotté 67. il y a mieux, Creditoribus.

(i) Fatalia.] Vide Cujac. ad Titulum Codicis. De temporibus & reparationibus appellationum, seu consultationum.

(k) Recipiant.] Dans le Registre 67. il y a, recipiatur.

(l) Culpabilis.] Il y a ensuite dans le Registre 67. reperiatur, vel nisi aliqua causa, vel suspicio probabilis ad &c.

infra

infra terminos, vel *(m) bannum aliquod apponatur in rebus alicujus nisi de mandato Senescalli, Vicarii, Consulum Tolose, vel eorum judicum, & si de facto in contrarium factum fuerit, pro nullo habeatur, nisi in casibus in quibus ad vindictam publice justitiæ, vel Domino Regi, vel parti res posset esse dampnosa.*

PHILIPPE IV. dit le Bel, à Toulouse, au mois de Janvier 1303.

(15) Item. *Quod cum Consules Tolose aliquem de aliquo crimine, presente & non appellante procuratore nostro, datis fidejussoribus* decreverint recredendum, *Vicarius vel aliquis alius non capiant nec capi faciant dictum denunciatum pro crimine supradicto, durante causâ denuntiationis predicte.*

(16) Item. *Quod Notarii Curie Tholose scribant acta bene & fideliter, & quod non detur eis pro (n)* brachiatâ *actorum, nisi secundum formam* per statuta Regia *noviter edita ordinatam, vel minus si de minori fuerit hactenus observatum.*

(17) Item. *Quod non solvantur Notariis Curiarum predictarum pro sententiâ & pronuntiatione in causis pecuniariis &* injuriis, *nisi tres solidi Turonenses.*

(18) Item. *Quod nuntii & Servientes dictarum Curiarum non recipiant pro qualibet die quâ steterint in* salvâ gardâ, *vel* garnisione, *vel pro* vendendis, vel distrahendis bonis alicujus debitoris extrà villam *Tolose, nisi secundùm modum antiquum, si modus ille minor (o)* quod *continetur in statutis predictis, (p) si* non *esset major, non recipiat, nisi* contrarium *in statutis predictis* exprimeretur.

(19) Item. *Quod* Senescallus Tolose cognoscat & diffiniat summarie & de plano *& sine strepitu judiciario de* controversionibus *& de questionibus que evenire* contigerit *inter* Vicarium & Consules Tolose, *nisi magnitudo earum ad cognitionem Senescalli exposcat aliter procedendum.*

Quod ut ratum & stabile perseveret, presentibus literis nostrum fecimus apponi sigillum. Actum Tholose anno Domini millesimo trecentesimo tertio mense Januarii.

NOTES.

(m) Bannum apponatur.] Voyez le chapitre 24. du premier livre des Establissemens, la Charte de la Commune de Crêpy, Galland dans son traité du Framalleu, page 250. La Coûtume de Lorraine titre 8. article 4. & titre 15. article 10.

(n) Brachiata.] Ce mot dans les autheurs de la basse latinité signifie ordinairement une *brassée.*

(o) Quod] Sit quàm is qui &c.

(p) Si non] Si verò.

PHILIPPE IV. dit le Bel, à Beziers, avant le Mercredy des Cendres 1303.

(a) Ordonance pour la Seneschaussée, la Viguerie, & la Ville de Toulouse.

SOMMAIRES.

(1) Le Seneschal de Toulouse & d'Alby tiendra ses assises dans les lieux les meilleurs & les plus remarquables de sa Seneschaussée, lorsqu'il le jugera le plus à propos.

(2) Le Seneschal à ses risques & perils choisira de bons Sergens & autres Officiers, qui exerceront leurs Offices en personne.

(3) Il fera tenir les assises par les Juges en personne, comme il le jugera à propos pour le bien de la Province.

(4) Il n'y aura en chaque lieu qu'un nombre certain de Sergens. Ceux qui ne seront pas capables seront rejettez, & ceux qui resteront donneront caution.

(5) Les prothocolles des Notaires decedez qui n'ont pas esté redigez en forme publique seront confiez à un autre Notaire suffisant & fidele, pour en faire la redaction.

(6) Les Notaires ne feront enqueste contre personne sans Ordonance du Seneschal ou du Juge Royal des lieux, laquelle ne sera expediée que dans les cas où il y auroit peril dans le retardement.

(7) Le nom des denonciateurs sera écrit, & s'ils sont trouvez calomniateurs, ils seront punis par le Seneschal, ou le Juge.

(8) Si quelqu'un fait mettre un autre en prison injustement, il sera tenu de ses domages & interests.

(9) Les Sentences renduës ou à rendre par les Consuls, dans les causes dont la connoissance leur appartient, seront mises à execution par les Baillis & Officiers du Roy &c.

(10) Le Seneschal, ou les Juges ne renvoyeront pas ailleurs les causes dont ils doivent connoistre de Droit, ou par Coûtume, à moins qu'il n'y en ait de justes raisons.

(11) Si quelqu'un renonce dans une obli-

PHILIPPE IV. dit le Bel, à Beziers, avant le Mercredy des Cendres 1303.

gation au privilege d'Ost, de Croix, de Bastide nouvelle, & de quinquennelles ou de repit de cinq ans, il ne pourra plus s'en aider.

(12) On ne mettra pas garnison chez les debiteurs, & on ne les arrestera pas pour dettes particulieres, mais on exposera leurs biens en ventes pour payer leurs creanciers, à moins qu'il n'y ait quelques conventions contraires de la part des debiteurs.

(13) Lorsqu'en action personelle il sera question d'une somme qui n'excedera pas quarante livres tournois, la cause sera jugée sommairement.

(14) En toutes actions personelles, réelles, civiles & criminelles, les Juifs de la Seneschaussée de Toulouse & d'Alby plaideront en defendant pardevant les Juges ordinaires de leur demeure, & les Chrestiens pareillement s'ils sont poursuivis par des Juifs, & les uns & les autres seront jugez suivant les Loix Romaines.

(15) Lorsqu'il y aura clameur, ou arrest pour raison d'une dette. Si elle est contestée, il y aura delay de quinzaine, & la quinzaine passée, la clameur ne sera pas levée, à moins que le debiteur ne paye.

(16) Les mandemens du Viguier ne pourront estre mis à execution hors de la Viguerie, si ce n'est dans les cas qui concernent le sceau du Roy, ou de l'ordonance du Seneschal.

(17) Dans les causes civiles, ou criminelles les personnes ne seront pas renvoyées hors des Cours où la cause aura esté contestée, ou dans le territoire desquelles les crimes auront esté commis, si ce n'est dans les cas de droit, où par la Coûtume le renvoy doit estre fait.

(18) Les Notaires, les Sergens Royaux & autres qui possedent des biens à raison desquels l'usage est de contribuer aux charges de l'Estat, y contribueront à l'égard de ces biens, & y seront contraints par saisie de ces biens, & il n'y aura d'exceptez de cette loy que le Seneschal, les Juges, les Viguiers & les Procureurs du Roy.

(19) Les Juges, les Notaires & autres Officiers Royaux qui auront esté condannez pour leurs exactions, pour leur mauvaise administration, &c. ne seront plus admis aux charges publiques.

(20) Quant aux fiefs qui ont esté possedez par des nobles, des personnes Religieuses, des Bourgeois ou autres, & pour lesquels les possesseurs contribuoient, les Seigneurs superieurs à qui ces fiefs seront devolus seront pareillement tenus de contribuer.

(21) Les Juges ordinaires ne prendront rien pour les Commissions qui leur seront decernées par leurs Superieurs dans leurs Jurisdictions, & ils se contenteront des gages ou salaires qu'ils reçoivent du Roy.

(22) Les Commissaires des Juges, ou les Notaires ne prendront rien pour l'Audience, mais seulement pour leurs écritures.

(23) Les Juges, ou les Notaires ne prendront rien à leur profit particulier pour l'interposition des decrets, mais les Notaires auront cependant un salaire moderé pour leurs écritures.

(24) Le Seneschal, les Juges, les Baillis & les Notaires des Baillies, ne prendront rien pour le scel.

(25) Le Seneschal, ou le Juge deffendront aux Notaires, aux Sergens & autres Officiers qu'ils ne commettent aucunes extorsions, & s'ils contreviennent aux deffenses qui leur auront esté faites, ils seront condannez en une amende envers le Roy, & à restituer ce qu'ils auront pris indûment, & ils seront de plus privez de leurs Offices.

(26) Aucuns des Officiers du Roy ne pourront rien prendre pour la reception des cautions presentées par ceux qui ne se sont pas trouvez coupables, ou pour ceux qui se le sont trouvez, si ce n'est pour leur peine.

(27) On ne tiendra pas en arrest, ni on n'arrestera pas ceux qui pourront donner caution, si ce n'est pour homicide, pour vol, crime de Leze-Majesté, d'heresie, de rapt, &c.

(28) Ceux qui levent les peages & les laides, ne les exigeront que dans les lieux où ils sont dûs suivant la Coûtume.

(29) Le Seneschal à la requisition des Consuls, les deffendra, ainsi que les Communautez & les particuliers, contre les Prelats & les personnes Ecclesiastiques qui voudroient leur faire de nouvelles impositions, ou renouveller celles qui auroient esté supprimées.

(30) S'il arrive que les biens de quelqu'un soient confisquez, on commencera par payer dessus la dot de sa femme, & ses Creanciers, selon l'ordre de leurs hypotheques.

(31) Si l'on envoye des Sergens pour proceder par voye d'execution contre plusieurs debiteurs, ils n'auront pas plus, que si on les avoit envoyez contre un seul.

(32) Les Baillis aprés le temps expiré de leur administration, demeureront pendant cinquante jours continuels dans leur Baillie pour répondre à ceux qui se plaindront d'eux.

(33) Pour la confection des Actes, tant au sujet des tuteles, des assignats de dot, qu'autres, où la connoissance du Juge est requise, les Notaires n'exigeront rien au de-là de ce qui est fixé par les Ordenances.

(34) Pour les letres d'ajournement ou d'execution & autres semblables, les Seneschaux, les Baillis & autres Officiers ne prendront que deux deniers tournois.

(35) Si le Juge a connoissance que les Baillis, ou leurs Lieutenans ayent pris des gages qui soient à restituer, à moins qu'ils n'en fassent la restitution à la premiere assise, il les condannera en cinquante sols d'amende envers le Roy.

PHILIPPE IV. dit le Bel, à Beziers, avant le Mercredy des Cendres 1303.

PHILIPPUS Dei gratiâ Francorum Rex, Universis presentes literas inspecturis, Salutem. *Notum facimus quod nos dilectorum nostrorum,* Universitatum, Communitatum & incholarum Senescallie Tolose *devotis* supplicationibus *annuentes, ad eorum utilitaten & bonum publicum,* Ordinationes *edidimus infrà scriptas.*

(1) In primis ordinamus. *Quod Senescallus noster Tholose & Albiensis (b)* assisias suas *teneat in locis insignibus & melioribus ipsius Senescallie, cum sibi visum fuerit expedire.*

(2) Item. *Ordinamus quod Senescallus predictus, sub periculo suo* eligat bonos Servientes, *& officiales alios, qui in personis propriis regant & exerceant officia eisdem commissa.*

(3) Item. *Quod idem Senescallus faciat teneri assisias per Judices in personâ suâ propriâ, prout utilitati patrie viderit expedire.*

(4) Item. *Quod certus numerus Servientum instituatur in quolibet loco, quodque instituti non sufficientes amoveantur, & remanentes idonee caveant, prout (c)* in ordinatione nostrâ factâ super hoc continetur.

(5) Item. *Quod libri, seu* prothocolla Notariorum mortuorum *qui non fuerunt* in publicam formam redacta, *alii* Notario sufficienti & fideli loci ejusdem *per dictum Senescallum vel Judicem loci tradantur in* publicam formam redigenda. *Ita tamen quod hujusmodi* prothocolla de *dicto loco non* extrahant, *nec pro confectione instrumenti plus recipiant quàm Notarius defunctus esset, si viveret, recepturus.*

(6) Item. *Quod Notarii non faciant inquisitionem contra aliquem, sine mandato Senescalli vel Judicis nostri, (d) loci petetur in casibus in quibus mora expectandi esset dampnosa.*

(7) Item. *Ordinamus quod si aliquis accusator vel denuntiator appareat, & voluerit prosequi contrà aliquem, quod (e) nomen ejus in preventione ponatur, & si reperiatur* calumniator ad cognitionem Senescalli *vel Judicis puniatur.*

(8) Item. *Quod si aliquis aliquem fecerit in carcere detineri injustè, puniatur in expensis reddendis capto, seu detento, & pro eo solvere prisonagium teneatur.*

(9) Item. *Quod sententie late & ferende per Consules Senescallie predicte, de causis de quibus constiterit Senescallo quod ad ipsos cognitio pertineat, per Bajulos & officiales nostros executioni debite demandentur, nisi per appellationem partium suspendantur, vel alia legitima causa subsit.*

(10) Item. *Quod* Senescallus *vel* Judices *causas judicaturarum suarum* de foro suo *ubi* audiri debent de jure, vel de consuetudine *approbata, non tradant alibi in subditorum prejudicium, nisi hoc fecerint, justâ de causâ.*

(11) Item. *Ordinamus quod si aliquis expresse & ex certâ scientiâ renuntiaverit (f)* privilegio exercitus, crucis, nove bastide, *seu* quinquennalium induciarum in instrumento debiti, *vel alterius contractus expressi non possit ex tunc se juvare dicto privilegio, vel excipere de eodem.*

(12) Item. *Quod garnisiones in bonis alicujus debitoris non ponantur, nec obligatorum persone* arrestentur *pro debitis privatorum, sed eorum* bona venalia expo-

NOTES.

(a) Cette Ordonance est au Tresor des Chartes, Registre de Philippe le Bel, cotté au haut 36. & au bas 12. piece 133. & au Registre 35. & 10.

(b) Assisias.] Voyez l'Ordonance pour le bien, l'utilité & la reformation du Royaume, de l'an 1302. article 26.

(c) In ordinatione nostrâ.] Voyez l'article 11. de l'Ordonance de 1302. à la Toussaints, page 353.

(d) Loci.] Il faut ce semble ensuite, *Quod.*

(e) Nomen ejus in preventione ponatur.] Vide *Legem 2. Cod. De exhibendis reis Legem 3. §. Item subscribere & Legem 7. in principio & §. 1. Dig. De accusationibus.* L'Ordonance de Philippe IV. de l'an 1304. Celle d'Orleans de l'an 1560. article 73. & l'Ordonance criminelle de Loüis XIV. de l'an 1670. au Titre des Plaintes & des Denonciations, article 6. & 7.

(f) Privilegio exercitus & crucis.] Vide Cangium in *crucis Privilegium, & in Bastida.*

PHILIPPE IV. dit le Bel, à Beziers, avant le Mercredy des Cendres 1303.

nantur, *de quibus satisfiat creditoribus, nisi hoc ex conventione processerit debitoris.*

(13) Item. *Quod si aliquis conqueratur de aliquo, cum publico ministro* in personali actione, *quod debitor* teneatur respondere, rejecto libello, *& quod causa audiatur de plano, & absque strepitu judiciario, dùm tamen sit adeò modica quod* summam quadraginta *solidorum Turonensium non excedat.*

(14) Ordinamus *etiam quod* Judei *Senescallie Tolose & Albiensis coram Judice ordinario sub quo morantur, conveniantur per Christianos, & Christiani per eos*, in personalibus, realibus, *civilibus & criminalibus actionibus, & super hiis* jure civili *regantur.*

(15) Item. *Quod quandò* clamores fient de debitis, & debita *erunt* contestata, *eis detur* quindena, *ut moris est, in majori parte Senescallie, quodque transactâ quindenâ, (g)* clamor non levetur *per Bajulum, priusquàm satisfiat de debito creditoris.*

(16) Item. *Quod literis Vicarii Tolose continentibus mandatum extra Vicariam, nisi contineant requisitionem debitam, non pareatur, nec servientibus latoribus earumdem, nec dicti Servientes possint autoritate dicti mandati facere executionem, nisi in casu pertinente* ad sigillum nostrum, *vel nisi hoc faceret de mandato* Senescalli. *Et hoc idem servetur de alio quocumque officiali.*

(17) Item. *Quod in* causâ civili, vel criminali, *nulla fiat* persone remissio *per* gentes nostras *extra loca & castra bajuliarum nostrarum ubi* causa fuerit, vel delictum commissum, *preter in casibus in quibus* de jure, *vel de* consuetudine patrie remissio *fuerit facienda.*

(18) Item. *Quod* officiales *nostri*, Notarii, Servientes, *& alii quicumque* possidentes bona, *pro quibus* est contribui consuetum, *compellantur contribuere pro dictis bonis, sicut veteres possessores consueverunt, &* contribuant in locis ubi sita sunt dicta bona, *& ad hoc per* captionem bonorum *compellantur*, Senescallo, Judicibus, Vicariis, & procuratoribus nostris *stipendia nostra recipientibus dumtaxat* exceptis.

(19) Item. *Quod Judices, Notarii, & Officiales nostri super* exactionibus, *vel* suâ malâ administratione condempnati *ex dolo vel malitiâ ad publica officia ex tunc non admittantur.*

(20) Item. *Quod pro* feodis *que teneri consueverant* a nobilibus *vel* Religiosis personis, Burgensibus vel aliis, *licet aliquomodo vel jure* devoluta sint *ad* Dominos, à quibus tenebantur *in emphiteosim, pro quibus feodis possessores eorum contribuere consueverunt Domini possidentes ea, aut quicumque alii* in realibus contribuere compellantur, *prout hactenùs extitit contribui consuetum, per eorum veteres possessores.*

(21) Item. *Quod* Judices ordinarii *pretextu* Commissionum *sibi* factarum *infrà judicaturas suas per superiores, nullum* salarium recipiant *a partibus, seu etiam levare presumant, sed* salario *quod a nobis* recipient, *sint contenti.*

(22) Item. *Commissarii Judicum, sive Notarii, nullum pro auditorio salarium levent, seu exigant, nisi* scripturam suam, seu pro scriptum *(h) ita par sicut levaret Judex, si presens esset, sed suo scripture salario sint contenti.*

(23) Item. *Quod Judices, seu Notarii nihil ad bursam suam levent a gentibus, seu exigant pro interpositione decreti, tamen Notarii moderatè recipiant pro scripturis.*

(24) Item. *Ordinamus quod Senescallus, Judices, Bajuli, & Notarii bajuliarum nihil de sigillo suo recipiant, nec fraudem aliquam faciant super hoc, prout in* Ordinatione nostrâ continetur.

(25) Item. *Quod Senescallus, vel Judices non permittant fieri per* Bajulos, Notarios.

NOTES.

(g) Clamor non levetur.] Voyez mon glossaire sur *Clameur*, & l'Ordonance de François I. de l'an 1525. portant reglement pour la Justice en Provence, chapitre 10. des Sommations.

(h) Ita par sicut levaret.] Il y a faute en cet endroit dans les deux Registres manuscrits.

PHILIPPE IV. dit le Bel, à Beziers, avant le Mercredy des Cendres 1303.

tarios, Servientes, *vel alios* Officiales, *aliquas* indebitas extorsiones, *sed quod hoc expressè eis (i) exhibeant, Et si contra eorum inhibitionem fecerint,* in certâ pecunie summâ nobis solvendâ, *ad Senescalli arbitrium, puniantur, & nihilominùs indebitè* exacta restituant, *&* ab officiis expellantur, *& aliàs juxta qualitatem excessuum puniantur.*

(26) Item. *Quod aliqui* Officiarii nostri aliquid non recipiant *pro cautionibus ab eis qui culpabiles reperti non fuerint, nec etiam a culpabilibus, nisi pro labore,* pro ut in ordinatione nostrâ continetur.

(27) Item. *Quod nullus teneatur arrestatus, nec arrestetur per* Bajulos *& alios* Officiales nostros, *aut aliorum dominorum, qui possint idoneè* fidejubere, *nisi hoc esset in casu homicidii,* furti, criminis Lese-Majestatis, *heresis, raptus mulieris, & aliorum de jure expressorum.*

(28) Item. *Ordinamus quod* pedagiarii *seu* Leudarii *nova pedagia,* bautagia, *seu (k) leudas non exigant seu levent in locis ubi non est sic consuetum, sed solùm juxta locorum consuetudines approbatas.*

(29) Item. *Quod Senescallus ad requisitionem Consulum locorum quorumlibet, defendat ipsos Consules & Universitates, & singulos à nova (l) impositione servitur faciendâ per Prælatos, seu alias Ecclesiasticas personas, & (m) à novâ exactione passatâ, prout de jure fuerit, & est hactenùs fieri consuetum.*

(30) Item. *Quod si contingat bona alicujus venire* in commissum *ratione alicujus* maleficii, *statim satisfiat uxori de dote & aliis quæ sibi debebuntur, & suis creditoribus, si quos habet, prout fuerint priores tempore, prout videbitur Senescallo justius & celerius, & sine offensione justitie.*

(31) Item. *Quod si* Servientes *mittantur* contrà plures *pro executionibus faciendis, non recipiant pro salario suo, nisi quantùm reciperent, si contrà unum tantùm mitterentur, prout in* ordinatione nostrâ continetur.

(32) Item. *Quod* Bajuli, *facto tempore eorum regiminis,* morentur & remaneant in locis bajuliarum *suarum, per* quinquaginta dies *continuè parati respondere omnibus de se conquerentibus.*

(33) Item. *Quod Notarii pro conficiendis instrumentis, vel actis super tutelis, curis, assignationibus dotium mulierum, (n) sententiis & aliis in quibus cause cognitio requiritur & decretum,* plus debito non exigant, *secundùm ordinationem nostram super hoc editam (quam) legitimè teneant & observent.*

(34) Item. *Quod Notarii non recipiant pro literâ citationis vel executionis aut similium, Senescalli, Judicum Bajuli, aut alterius Officialis, nisi* duos denarios turonenses tantùm, *vel sicut reciperent de aliâ simplici scripturâ, juxtà ordinationem nostram super hoc factam.*

(35) Item. *Ordinamus quod si* Judex *cognoverit aliqua* pignora *capta per Bajulos, vel eorum loca-tenentes, aut Servientes fore* restituenda, *(quod) nisi infrà primam sequentem assisiam dicti Bajuli, seu eorum loca-tenentes, aut Servientes dicta pignora restituerint, (quod) in quinquaginta solidos nobis solvendos puniantur.*

In quorum omnium testimonium presentibus literis nostrum fecimus apponi sigillum. Actum Biterris, die Veneris ante cineres, anno Domini millesimo trecentesimo tertio.

NOTES.

(i) Exhibeant.] Inhibeant.

(k) Leudas.] Voyez mon glossaire du Droit François sur ce mot.

(l) Impositione servetur facienda.] Il faut qu'il y ait, ce semble, *in futurum faciendâ.*

(m) A novâ exactione passata.] Il faut ce semble, *à novâ exactione passatæ, scilicet impositionis.*

(n) Sententiis.] On a mis ainsi par conjecture, car ce mot est en abregé dans le Registre, & si mal écrit qu'on ne le peut lire.

PHILIPPE IV, dit le Bel, à Beziers, le Mercredy des Cendres 1303.

(a) Letres portant que les Seneschaux de Carcassone & de Beziers, le Viguier, les Juges, & autres Officiers à venir, jureront aux premieres assises qui seront tenuës à Beziers, qu'ils observeront les Ordonances de S.t Loüis, & celles que le Roy avoit faites le 23. Mars 1302. pour le bien du Royaume.

PHILIPPUS *Dei gratiâ Francorum Rex, universis præsentes literas inspecturis,* Salutem. *Notum facimus quod nos* ad dilectorum nostrorum Consulum & universitatis villæ Biterrensis supplicationem, concessimus & concedimus *eisdem, quod omnes* Senescalli *nostri Carcassonenses & Biterrenses, qui de cætero pro tempore fuerint,* in primis assisiis *quas Biterris tenebunt, & similiter quilibet* Vicarius, *Judex, Officiarii, Notarii, &* Bedelli *curiæ Biterrensis, in novitate suâ tenebuntur* jurare *ad* sacrosancta Dei Evangelia, se statuta *felicis recordationis* beati Ludovici confessoris, avi nostri, *nec non (b)* statuta nostra *pro* bono statu *regni nostri,* nuper edita, *de quibus in statutis cavetur eisdem, quod ea Senescalli & alii officiarii prædicti servare jurare debeant & firmiter custodire, prout in statutis ipsis extitit ordinatum,* Dantes Senescallis, Vicariis *Judicibus, Officiariis, Notariis & Bedellis curiæ Biterrensis qui pro tempore fuerint, tenore præsentium in mandatis, ut* vocatis Consulibus *dictæ villæ,* prædictum faciant juramentum, prout *est superius expressum, in cujus rei testimonium nostrum fecimus apponi sigillum.* Actum Biterris die cinerum, anno Domini millesimo trecentesimo tertio.

NOTES.

(a) Ces Letres sont dans le recüeil de M. Du Tillet, qui appartient à M. Gilbert Greffier en Chef, feüillet 161. *verso.*

(b) *Statuta sancti Ludovici.*] Voyez l'Ordonance de S.t Loüis de l'an 1254.

PHILIPPE IV. dit le Bel, à Nîmes, en Fevrier 1303.

(a) Ordonance en faveur du Clergé de Narbonne.

SOMMAIRES.

(1) Les meubles des personnes Ecclesiastiques, & des Clercs vivans clericalement, ne pourront estre saisis par la Justice seculiere.

(2) S'il y avoit necessité de saisir leurs immeubles on ne pourroit les deteriorer ni les vendre. Et si on le faisoit, le Roy les en feroit dedomager.

(3) Lorsque les biens des personnes Ecclesiastiques auront esté saisis, on ne mettra dans chaque manoir qu'un seul Sergent, qui vivra des salaires qui luy sont deûs par les Ordonances.

(4) On ne pourra empescher que les Prelats ne protegent les Clercs vivans clericalement, en cas qu'on les veüille mettre à la taille qu'ils ne doivent pas.

(5) Les Prelats & les personnes Ecclesiastiques ne payeront pas finance pour les acquisitions qu'ils ont faites au temps passé, ni ne seront pas contraints de les mettre hors de leurs mains.

(6) Le Roy ne recevra aucunes avoüeries nouvelles au prejudice des Eglises, & les avoüeries qui luy ont esté faites nouvellement seront declarées nulles.

(7) Les Baillis & les Sergens Royaux ne demeureront pas dans les Justices & les terres des Prelats, ni des personnes Ecclesiastiques, pour y faire les fonctions de leurs Offices.

(8) La jurisdiction Ecclesiastique ne sera point empeschée, sous pretexte de l'ancienne garde royale.

(9) Les Gens du Roy ne connoistront pas des dîmes Ecclesiastiques, & non infeodées, soit au petitoire, ou au possessoire &c.

(10) Les Ecclesiastiques ne seront pas contraints de plaider en action personele en Cour laie, quoy qu'obligez par letres passées pardevant les Officiers Royaux.

(11) Les Seneschaux & autres Officiers jureront qu'ils executeront sans peine & fidelement les mandemens qui leur seront adressez de la part du Roy, en faveur des Eglises

& des personnes Ecclesiastiques, à moins qu'il n'y ait quelque cause raisonable pour ne le pas faire, dont ils informeront au plustost la Cour, &c.

(12) Les terres qui auront esté acquises pour construire, ou fonder de nouveau des Eglises Paroissiales dans les Villes, ou pour les augmenter, resteront aux Eglises, sans qu'on puisse les obliger de mettre ces terres hors de leurs mains, en quelque temps que ce soit.

(13) Il en sera de mesme des terres acquises pour construire des Eglises, & des maisons Curiales hors des Villes.

(14) Les Eglises & les personnes Ecclesiastiques pourront acquerir dans leurs fiefs & leurs censives, quoy qu'elles n'y ayent pas haute Justice, suivant neamoins qu'il a esté usité jusques icy dans le Diocese de Narbonne.

(15) Les Prelats & les personnes Ecclesiastiques ne seront pas punis pour les delicts de leurs Officiers, ni de leurs domestiques, si ce n'est entant qu'ils doivent l'estre suivant le droit, & la Coûtume de la Province de Narbonne.

(16) Les Abbez, les Prieurs Conventuels, les Chapitres, &c. ne seront pas punis pour les delicts de leurs moines, de leurs convers, ni de leurs domestiques, si ce n'est entant qu'ils doivent l'estre suivant le droit, & la Coûtume de la Province de Narbonne.

(17) Lorsqu'il y aura appel en la Cour du Roy, des Cours seculieres des Prelats, au prejudice de ceux à qui l'appel doit estre porté, les affaires leur seront renvoyées, ou à leurs Juges.

(18) Il n'y aura pas de vacance en Regale dans la Province de Narbonne.

(19) Les Prelats ne seront pas empeschez de faire user moderement de la voye des armes pour punir les delicts des personnes Ecclesiastiques dans leurs dioceses, ainsi qu'ils en ont usé jusques à present.

PHILIPPUS *Dei gratiâ Francorum Rex universis presentes literas inspecturis,* Salutem. *Notum facimus quod nos Archiepiscopi, Episcoporum, Abbatum, Capitulorum, Priorum, & Rectorum Ecclesiarum, ac cœterarum personarum Ecclesiasticarum Provinciæ Narbonensis* Supplicationibus annuentes, *eisdem, ac Ecclesiis suis, Collegiis, ac personis Ecclesiasticis duximus concedendum.*

(1) Quod *(b) bona mobilia personarum Ecclesiasticarum & Clericorum clericaliter viventium capi, vel justiciari non possint in aliquo casu per justitiam sæcularem.*

(2) Item. *Quod in casu ubi licitè bona ipsorum immobilia capi contingeret, ea consumi, vel (c) distrahi non liceat, aut expendi; quod si fiat, id ante omnia faciemus emendari.*

(3) Item. *Quod in casu, ubi bona personarum Ecclesiasticarum* saisirentur, *vel imperentur, (d)* unus tantummodò Serviens in castro uno vel manerio, sive loco ponatur, *qui de stipendiis suis vivet. (e) Stipendia autem ista solvantur prout in nostris continetur statutis, videlicet Servienti equiti* tres solidi, *& pediti* octodecim denarii *monetæ currentis, ita quod si moneta ad statum pristinum reduci contingat, stipendia hujusmodi faciemus, ut expedire viderimus, moderari, nisi in aliquibus locis minus accipere consueverint, quam volumus consuetudinem observari.*

(4) Item. *Quod dicti Prælati* Clericos clericaliter viventes *non impediantur (f) a talliis, ad quas non tenentur de jure, defendere.*

(5) Item. *De gratiâ speciali* concedimus ipsis *Prælatis, ac Ecclesiis suis, Collegiis, ac personis Ecclesiasticis supradictis, quod* de acquisitis suis factis nomine Ecclesiarum temporibus retroactis, præstare financias, vel extra manum *suam dicta acquisita ponere nullatenùs compellantur, sed ea possint licitè retinere.*

NOTES.

(a) Cette Ordonance est au Registre du Tresor des Chartes, cotté 36. & 12. Au Registre cotté au haut 35. & au bas 10. piece 121. Au Registre D. de la Seneschaussée de Nimes. Et elle est aussi imprimée dans le penitentiel de Theodore page 457.

(b) Bona mobilia.] Voyez les letres de 1290. article 5. & l'Ordonance de 1302. article 11. & 16. pages 342. 343.

(c) Distrahi.] Dans le Registre D. de la Seneschaussée de Nîmes, il y a, *Destrui.* Voyez l'article 5. des letres de 1290.

(d) Unus serviens.] Voyez les letres de 1290. article 6. & l'Ordonance de 1302. article 22. page 343. le mandement du 23. Avril 1299. article 1. page 331. & les letres de 1290. article 6.

(e) Stipendia.] Voyez cy-dessus l'Ordonance de Philippe le Bel de l'an 1302. article 34. page 355.

(f) A talliis.] Voyez le mandement de 1297. l'Ordonance de 1302. article 5. page 342. & celle de 1290. article 7.

PHILIPPE IV. dit le Bel, à Nîmes, en Fevrier 1303.

(6) Item. *Quod* advoationes & recognitiones *novæ, quæ ab Ecclesiarum subditis nobis (g)* finat, *nullatenùs admittantur, & jam de novo factæ revocentur omninò.*

(7) Item. *Quod Servientes vel Bajuli nostri non (h) maneant in Jurisdictionibus Prælatorum exercendo officium, nec in terris Ecclesiarum assisie teneantur, nisi ab antiquo fuerit consuetum.*

(8) Item. *Quod prætextu alicujus* nostræ *(i)* gardiæ antiquæ, *in personis Ecclesiasticis non* impediatur Ecclesiastica Jurisdictio *Prælatorum.*

(9) Item. *Quod* de cognitione decimarum non feudalium *in petitorio, vel possessorio, præsertim (k) inter partes Ecclesiasticas Nuntii nostri se nullatenùs intromittant : Et* sic *cum duæ partes Ecclesiasticæ (que) contendunt se* quelibet *earum possidere, posuerint, vel ponent in manu nostrâ, ne partes ad arma venire contingat, possessionem hujusmodi reddent in* manu ordinarii loci, *qui jus faciat inter partes, dum tamen sequestratio hujusmodi, de partium litigantium assensu & voluntate procedat.*

(10) Item. *Quod* personæ Ecclesiasticæ *non compellantur in* foro sæculari *super (l)* actionibus *merè personalibus litigare, quanquàm per* nostras, *aut* ministrorum nostrorum literas *ad hoc fuerint* obligatæ.

(11) Item. *Quod teneantur Senescalli, & alii officiales nostri* jurare *quod mandata eis facta, per literas nostras, pro Ecclesiis & Ecclesiasticis personis faciliter & fideliter exequentur, nisi obstet aliqua rationabilis causa, quam rescribere in continenti nostræ Curiæ integrè teneantur, & de rescriptione illâ ipsis personis Ecclesiasticis, quorum interest, copiam faciant, ut appareat an veritatem rescribant. Si tamen revelatio causæ hujusmodi esset nobis periculum illatura, tunc Senescallus & Baillivus de causâ copiam facere non tenetur. Quod tamen circà hoc fraudem, vel malitiam non committet jurabit cum nostris aliis statutis.*

(12) Item. *Concedimus ex nunc, quod possessiones, quas* pro Ecclesiis, aut pro domibus Ecclesiarum parochialium fundandis de novo, vel ampliandis, infra villas, *non ad superfluitatem, sed ad convenientem necessitatem* acquiri continget *de cætero, apud ipsas Ecclesias perpetuò remaneant* absque coactione vendendi, *vel extra* manum Ecclesiarum ipsarum ponendi, *(m) quodquè possessores illarum possessionum ad eas dimittendas pro justo pretio compellantur.*

(13) Item. *Pro* Ecclesiis etiam *(n)* parochialibus *(o)* & domibus Rectorum extrà Villas fundandis vel ampliandis *concedimus illud idem.*

(14) Item. *Promittimus & volumus quod Ecclesiæ, & Ecclesiasticæ personæ possint* acquirere in suis feodalibus & censivis, *etiam* in quibus merum non habent imperium, *quatenùs competit Ecclesiis de jure ac de* consuetudine *Ecclesiarum Provinciæ Narbonensis.*

(15) Item. *Nolumus quod Prælati (p) seu personæ Ecclesiarum pro delictis officialium, vel familiarium suorum puniantur, nisi quatenùs sunt propter hoc puniendi de jure, vel de consuetudine* Provinciæ Narbonensis.

(16) Item. *Concedimus, pro* Abbatibus, Prioribus Conventualibus, Capitu-

NOTES.

(g) Finat.] Il faut ce semble, *fient*. Voyez l'Ordonance de 1302. article 23. celle de 1290. article 11.

(h) Maneant.] Voyez l'Ordonance de 1302. art. 24. celle de 1290. art. 30. & 31.

(i) Gardiæ antiquæ.] Voyez l'Ordonance de 1302. article 25. page 344.

(k) Inter partes.] Dans le Registre D. qui est en la Seneschaussée de Nîmes, il y a, *inter personas Ecclesiasticas.]* Voyez l'Ordonance de 1290. article 14.

(l) Actionibus mere personalibus.] Voyez l'Ordonance de 1302. article 11. page 342 *& Bened. ad cap. Raynutius. fol. 69. verso.*

(m) Quodquè.] Il faut ce semble, *quandoque* ou *quandocumque.*

(n) Parochialibus.] Le Registre D. de la Seneschaussée de Nîmes adjoûte *Cemeteriis.*

(o) Et domibus Rectorum.] La raison est que les maisons curiales ont le mesme privilege que les Eglises. *Vide Augustinum Barbosam de Parocho, parte 1. cap. 7. num. 1. pag. 108. 109.*

(p) Seu personæ.] Dans le Registre de la Seneschaussée de Nîmes, il y a, *Rectores*

li:

lis & hospitalariis, *scilicet quod non puniantur pro delictis* Monachorum suorum, seu Conversorum, & aliorum familiarium & domesticorum suorum, *nisi quatenùs sunt propter hoc puniendi de jure, vel de consuetudine* Provinciæ Narbonensis.

PHILIPPE IV. dit le Bel, à Nîmes, en Fevrier 1303.

(17) Item. *Volumus & præcipimus concedentes de gratiâ speciali, quod cùm contingit aliquando appellari ad Curiam nostram a curiis sæcularibus Prælatorum, qui de antiquâ consuetudine* primas habent appellationes, *fiat sine difficultate remissio dictorum appellantium ad ipsos Prælatos, vel ad eorum judices appellationum.*

(18) Item. *Nolumus quod gentes nostræ occupent regalia ecclesiarum vacantium Provinciæ Narbonensis.*

(19) Item. *Quod* non impediantur *Prælati personas Ecclesiasticas & eorum bona mobilia (q) cum armis moderatè, vel sine armis, ac delinquentes in civitatibus, ac diocesibus eorum capere, quatenùs facere consueverunt.* Actum Nemausi, anno Domini millesimo trecentesimo tertio mense Februario.

NOTES.

(q) *Cum armis.]* Voyez l'Ordonance de 1302. en faveur des Eglises du Languedoc, article 4. page 340.

PHILIPPE IV. dit le Bel, à Clermont en Auvergne, au mois de Mars 1303.

(a) Letres en faveur des Barons & des Nobles, ayant Justice au Pays d'Auvergne.

SOMMAIRES.

(1) Les Chanceliers, ou les Gardes des Sceaux d'Auvergne, ne pourront, sous pretexte des obligations qu'ils auront scellées, ou sous pretexte de l'execution de leurs Sceaux, saisir, ou mettre en la main du Roy, les fiefs, les arriere-fiefs, & les censives des Nobles ayant Justice, sans y avoir appellé les parties, ou ceux qui y ont interest, & avec connoissance de cause; Et on ne procedera sur ces biens par voye d'execution, en consequence du mandement des Chanceliers, qu'en cas de negligence de la part des Nobles.

(2) Si un debiteur oblige, ou hypotheque un immeuble dont il est en possession, & s'il vend ensuite sans fraude cet immeuble à un tiers, ce tiers ne pourra estre poursuivi pardevant les Chanceliers, ni l'immeuble estre saisi, si le debiteur principal a des biens sur lesquels le creancier puisse se pourvoir.

(3) Si quelqu'un oblige un immeuble dont il n'est notoirement, ni proprietaire, ni possesseur, celuy qui en est le Seigneur, ou le veritable maistre, ne pourra estre troublé en consequence de cette mauvaise obligation, ni l'immeuble par la mesme raison ne pourra estre saisi.

(4) Lorsqu'il y aura saisie, ou apposition de la main du Roy sur quelque fief, ou quelque censive de la part des Chanceliers, pour raison de l'execution de leur Sceau, cela n'empeschera pas que le Seigneur ne puisse user de son droit, & user de saisie, suivant le Droit & la Coûtume.

PHILIPPUS *Dei gratiâ Francorum Rex, Universis præsentes literas inspecturis,* Salutem. *Notum facimus, quod nos dilectis fidelibus nostris* Baronibus, Nobilibusque *aliis* Justitiam & Jurisdictionem *habentibus Arverniæ, de speciali gratiâ præsentium tenore.*

(1) Concedimus, *quod (b)* Cancellarii, seu custodes sigillorum *nostrorum Arverniæ non possint, prætextu* obligationum factarum sub dictis sigillis, *vel executionis ipsorum sigillorum, aliqua bona* immobilia, moventia de feodis, retrofeodis, vel censivis Nobilium eorumdem, ubi justitiam habere noscuntur, ad manum nos-

NOTES.

(a) Ces letres sont au Tresor des Chartes, Registre cotté au haut 35. & au bas 10. *fol.* 74. *verso*, piece 157. qui a esté conferée avec celle du Registre cotté 36. & 12.

(b) Cancellarii, seu custodes sigilli.] Anciennement la Chancelerie, & la garde des Sceaux ne formoient qu'un seul & mesme Office. Et en plusieurs Royaumes, le *fief*, ou le revenu du Sceau servoit de gages, ou d'appointement aux Chanceliers, comme il se

PHILIPPE IV. dit le Bel, à Clermont en Auvergne, au mois de Mars 1303.

tram saisire, *vel* capere, *nisi vocatis partibus, & aliis quorum interest, ac causâ cognitâ legitime, prout fuerit rationis. Quodque* Executiones faciendæ *in bonis eisdem, ad mandatum dictorum* Cancellariorum, *per nobiles ipsos, in locis in quibus justitiam habent, (c)* sitra, *nisi super hoc invenirentur in negligentiâ, vel defectu, in quo casu per dictos* Cancellarios, *vel de mandato suo, auctoritate Regiâ, fiant executiones prædictæ.*

(2) Concedimus *insuper, ut si quis rem* immobilem *pro aliquo debito duxerit* obligandam, *quam obligationis tempore possideret; ac postmodum possessionem hujusmodi in alium, sine fraude, duxerit transferendam, ille in quem translata est ipsa possessio, ratione rei translatæ, prætextu, vel occasione* debiti *supradicti, conveniri non possit, coram* Cancellariis memoratis, *vel executio fieri in re ipsa, dummodo debitor alia bona habeat, de quibus de debito obligationis ejusdem competens valeat satisfactio impertiri.*

(3) Concedimus *etiam ut si quis per malitiam, sive fraudem, rem aliquam im*mobilem obligaverit, *(d) quam* obligationis tempore *minime* possideret, *nec pro ipsius rei domino communiter haberetur, prætextu talis fraudulente obligationis non conveniatur, vel molestetur* rei prædictæ possessor legitimus, *nec res ipsa capiatur, saisiatur, nec fiat executio in eadem.*

(4) Item concedimus *quod pro aliquâ saisina, vel appositione* manus nostræ *per dictos* Cancellarios, *vel de mandato suo, ratione* executionum sigilli *in re aliquâ* feodali, *vel* censuali, non *impediatur* Dominus temporalis *pro jure suo* saisire, *vel* capere *&* assignare *ad rem ipsam, & alias uti jure suo, prout sibi competit de consuetudine, vel de jure. Quod ut ratum & stabile permaneat in futurum, præsentibus literis nostrum fecimus apponi sigillum.* Actum apud Claromontem in Arverniâ anno Domini millesimo trecentesimo tertio mense Martii.

NOTES.

void par les Loix de Malcolme Roy d'Ecosse chap. 2. *De feodo Cancellarii & ejus Clerici*, qui commence en ces termes.

Ordinaverunt Cancellario Regis feodum magni sigilli, pro qualibet chartâ centum libratarum terræ & ultra. Pro feodo sigilli decem libras, & clerico pro scripturâ duas marchas &c.

(c) Sitra.] Il n'y a là aucun sens, & à en juger par ce qui suit il doit y avoir, ce semble, *fiant*.

(d) Quam obligationis tempore minime possideret, nec pro ipsius rei Domino haberetur.] C'est icy le cas de la Loy premiere au commencement. *Digestis De Pignoribus & hypothecis*, sur laquelle il faut voir les Commentateurs.

PHILIPPE IV. dit le Bel, à Paris, le 1.er ou 3. May 1304.

(a) Letres en faveur de l'Archevêque & des Ecclesiastiques du Diocese de Rheims, contenant plusieurs Reglemens.

SOMMAIRES.

(1) Le Roy fera mettre les monoies en l'estat où elles estoient sous le regne de S.t Loüis, sans les changer davantage, sinon en grande necessité, & de l'avis des Prelats & des Barons.

(2) L'Archevêque & les Ecclesiastiques ne pourront estre contraints de mettre hors de leurs mains, les acquisitions qu'ils auront faites.

(3) Ils ne pourront estre contraints de mettre hors de leurs mains, les fonds qu'ils ont acquis pour fondations de Paroisses, & pour des Cœmetieres, &c.

(4) Les meubles des Clercs vivans clericalement, ne seront pas soumis à la justice Laïque.

(5) Les nouvelles avoüeries faites par les personnes sujettes des Eglises, seront nulles, &c.

(6) Sous pretexte de garde ancienne, la Jurisdiction Ecclesiastique ne sera point troublée.

(7) Les Baillis & autres Officiers Royaux jureront, qu'ils executeront fidellement les ordres qu'ils recevront du Roy, en faveur des Eglises.

(8) Les Eglises ne seront pas troublées dans la possession des fonds, & des rentes qu'elles auront acquises, ou qu'elles acquerront, sans leur demander finance.

(9) Les griefs qui leur ont esté faits par les Officiers Royaux seront levez, & les Reglemens faits en leur faveur seront executez.

(10) Lorsque le Pape aura accordé des decimes pour le Roy, les Prelats n'en pourront estre poursuivis pour les arrerages à venir, &c.

(11) Les exactions faites dans les terres des Prelats sur leurs sujets & justitiables, ne pourront estre tirées à consequence, contre les libertez & les franchises des Prelats.

(12) On ne pourra prendre de leurs biens, ni des biens de leurs justiciables, pour les munitions des Villes.

(13) Le Roy fera lever incessamment les saisies & empeschemens faits dans les terres des Prelats.

(14) On ne levera rien à l'occasion de la subvention sur les hommes de corps & mainmortables des Prelats, &c.

(15) S'il y a paix ou treve, ce qui restera dû du subside, ne sera pas levé.

(16) Le subside sera levé par l'autorité des Prelats, à la poursuite des gens du Roy.

(17) Pour oster les griefs faits aux Prelats & aux Eglises, le Roy, quand il en sera requis, commettra des personnes non suspectes pour leur faire justice.

PHILIPPUS *Dei gratiâ Francorum Rex Universis præsentes literas inspecturis*, Salutem. *Notum facimus quod nos oblatam nobis liberalitatem ab Archiepiscopo & suffraganeis Remensibus fidelibus nostris, pro subsidio guerræ nostræ Flandrensis instantis, gratam plurimum & acceptam habentes, eisdem gratiosiùs respondendo, tenore præsentium duximus concedendum.*

Primo. *Quod nos monetas nostras, ad statum in quo erant tempore* beati Ludovici *avi nostri, infra annum, ab instante* Penthecoste *inchoandum, reduci faciemus, non mutandas amplius, nisi urgente* necessitate, *cum consilio Prælatorum & Baronum nostrorum, qua cessante, iterum ad statum debitum reducentur.*

(2) Item. *Quod omnia conquesta, a tempore retroacto, usque ad tempus concessionis præsentis in feodis, retrofeodis, censivis, & retrocensivis, & allodiis nostris aut subditorum suorum, tenere possint perpetuò, absque coactione vendendi, vel extra manum ponendi, aut financias præstandi nobis pro eisdem.*

(3) Item. *Quod similiter* tenere *possint possessiones quas pro* Ecclesiis, *aut pro* domibus *Ecclesiarum parochialium* fundandis *de novo, vel ampliandis, extra, vel infra villas, & pro Cimiteriis, non ad superfluitatem, sed ad convenientem necessitatem, acquiri continget de cætero, ad Ecclesias perpetuo remaneant, absque coactione vendendi, vel extra manum ponendi, aut finantias præstandi nobis pro eisdem, & quod possessores hujusmodi possessionum ad eas dimittendas, justo mediante pretio, compelli debite faciemus.*

(4) Item. *Quod bona mobilia Ecclesiasticarum personarum & Clericorum clericaliter viventium non capientur, vel justitiabuntur in aliquo casu per justitiam sæcularem.*

(5) Item. *Quod* advocationes & recognitiones *novæ, quæ ab Ecclesiarum subditis fiunt, nullatenus admittentur, & factas de novo faciemus penitus revocari.*

(6) Item. *Quod prætextu alicujus gardiæ antiquæ, in personis Ecclesiasticis non impedietur Ecclesiastica, vel temporalis jurisdictio Prælatorum.*

(7) Item. *Quod Ballivi & alii Officiales nostri teneantur jurare, quod mandata sibi facta per literas nostras pro Ecclesiis & personis Ecclesiasticis, absque difficultate fideliter exequentur.*

(8) Item. *Quod non impedientur, aut inquietabuntur Ecclesiæ super possessionibus, seu redditibus, emptis, vel emendis, in justitiis, feodis, retrofeodis, aut censivis suis, quin ea, absque aliqua propter hoc præstanda financia, etiamsi merum non habeant imperium, perpetuò pacifice teneri valeant & quieti.*

(9) Item. *Quod tollantur gravamina eis per gentes nostras lata, ac nostra jam concessa statuta serventur, & ea Ballivi nostri jurare teneantur se firmiter servaturos.*

(10) Item. *Quod si aliquod onus, per Romanam Ecclesiam, ad opus nostrum,*

NOTES.

(a) Ces Letres sont au Tresor des Chartes, Registre cotté au haut 35. au bas 10. *fol.* 76. piece 160. & ont esté conferées avec le Registre cotté 36. & 12. piece 155. Voyez cy-dessus, pag. 402. où il y a pareilles Letres.

PHILIPPE IV. dit le Bel, à Paris, le 1.er ou le 3. May 1304.

Prælatis prædictis imponatur, durantibus terminis solutionum decimarum nobis con*cessarum ab eis, ad hujusmodi solutiones, pro futuris inde terminis nullatenus teneantur, similiter nec tenebuntur ad eundum, vel mittendum, seu redimendum pro exercitu præsenti terminis durantibus prælibatis.*

(11) Item. *Quod non est intentionis nostræ, nec volumus, quod prætextu exac*tionum *quarumlibet in terris dictorum Prælatorum, ex parte nostra, pro necessitate guerrarum factarum, à personis subditis, vel justiciabilibus sibi de consuetudine, vel de jure eis, vel Ecclesiis, aut personis aliquod generetur præjudicium, vel novum jus nobis propter hoc acquiratur. Sed in eisdem libertatibus & franchisiis in quibus ante guerras inceptas erant, legitime perseverent.*

(12) Item. *Quod ad opus garnisionum nostrarum bona eorum, vel subditorum suorum eis invitis nullatenus capientur.*

(13) Item. *Quod impedimenta & gravamina quæ in feodis Prælatorum prædictorum ponuntur, amoveri debite faciemus.*

(14) Item. *Quod nihil occasione* subventionis *noviter nobis concessæ, levabitur ab hominibus Ecclesiarum de corpore, seu de manu mortua, alto & basso ad voluntatem talliabilibus, Et si aliquid ab eis contingat exigi, id Ecclesiæ hujusmodi de præstando ab eis subsidio deducitur.*

(15) Item. *Quod si pacem vel treugam a nobis* iniri *contingeret, quod restans solvendum de dicto subsidio pro futuris inde terminis amplius non solvatur.*

(16) Item. *Et quod subsidium illud, (b)* juxta ipsius concessionis *tenorem,*

NOTES.

(b) Juxta ipsius concessionis tenorem.] Voicy les Letres du 3. Octobre 1303. où les clauses de cette concession sont expliquées. Ces Letres un peu plus amples que celles qui sont au feüillet 383. adressées à l'Evêque de Paris, sont dans les preuves des Libertez de l'Eglise Gallicane, & ont esté conferées au Registre de Philippe le Bel qui est au Tresor, cotté au haut 36. & au bas 12. feüillet 44. piece 115.

Philippes par la grace de Dieu Roy de France, à tous ceux qui ces presentes Letres verront, *Salut.* Nous faisons à sçavoir que nous considerans & regardans les grandes charges & les griefs que nos feaux & sougiez ont par long-temps soutenu pour nos guerres, & especiaument pour la guerre de Flandres, meus pour ce à compassion & à pitié envers eux, & querens voyes & manieres, par lesquelles nous puissions à l'aide de nostre Seigneur, abregier, & mettre à fin ladite guerre, oster les Charges & les griés, & pourchacier pacs & tranquillité à nos feaux & sougiez, & *(1)* à tout nostre Royaume, *eü sur ce deliberation & Conseil, (2) avec nos amez & feaux Gilles Archevêque de Narbonne, P. d'Auxeurre, Jean de Meaux Evêque, Charles & Leois nos tres chers freres, Robert de Bourgongne, H. le Brun Comte de la Marche, Gauchier de Chasteillon Connestable de France, Jean de Dampierre Seigneur de Saint Disier, Berault Seigneur de Marcueïl, Jean de Chalon Seigneur d'Arlai, & plusieurs autres nos Barons & feaux, desquex les noms sont cy-dessous escrits,* pour ce que *nous ne pouvions pas avoir à cest conseil & à cette deliberation, nos autres Prelats & Barons du Royaume,* sitost comme la necessité le requeroit & requiert, entre plusieurs *(3) autres* voyes traitées & pourparlées, de la maniere de nous faire subvention & aide pour la poursuite de ladite guerre, Nous avec nosdits Prelats, Barons & autres feaux presens, avons accordé & ordené la voye qui s'ensuit *(4) Cy-dessous escrite,* pour la plus convenable & profitable à la besoigne, & qui puet estre aux mains de griefs des sougiez & du pueple.

C'est à sçavoir que tous Archevêques, Evêques, Abbez & autres Prelats, Doyens, Chapitres, Convents, Colleges, & toutes autres manieres de personnes d'Eglise, Religieux & Seculiers exempts, & non exempts, Dux, Comtes, Barons, Dames, Damoiselles, & autres nobles de nostre Royaume, de quelque condition ou estat qu'ils soient, nous aident *(5) au leur,* en la poursuite de ladite guerre, par quatre mois; c'est à sça-

(1) A Tout.] Ces mots manquent au Tresor.

(2) Avec nos amez.] Tout ce qui est en Italique n'est point au Tresor, & en la place il y a seulement, *Eu sur ce deliberation & conseil avec nos Prelaz & nos Barons que nous poons avoir eu presentement, pour ce que nous ne poons pas avoir à ceste deliberation tous nos Prelaz & Barons du Royaume.*

(3) Autres.] Ce mot n'est point au Tresor.

(4) Cy-dessous escrite.] Ces mots ne sont point au Tresor.

(5) Au leur.] Ces mots ne sont point au Tresor.

per dictis

per dictos Prælatos seu auctoritate eorum levabitur, nobis seu gentibus nostris ad hoc instantibus, seu etiam deputatis quam citius assignandis.

PHILIPPE IV. dit le Bel, à Paris, le 1.er ou le 3. May 1304.

(17 Item. *Et insuper quod pro gravaminibus sibi, aut Ecclesiis suis, vel personis Ecclesiasticis illatis corrigendis, de quibus liquebit, auditores nundum suspectos eisdem cum requisiti fuerimus, concedemus, qui vice nostra celeris complementum justitiæ super hoc prompte & fideliter exhibebunt. In cujus rei testimonium præsentibus literis nostrum fecimus apponi sigillum.* Datum Parisius *(c)* die prima Maii anno millesimo trecentesimo quarto. *(d)*

NOTES.

voir, Juin, Juignet, Aoust & Septembre prochains à venir, de chacune cinq cens livres de terre que ils ont ou Royaume, d'un Gentilhomme bien armé & monté à cheval, de cinquante livres tournois, & couvert de couverture de fer, ou de couverture pourpointée. Et de tant comme il passera cinq cens livrées de terre, combien que ce soit jusques à mil, de deux hommes d'armes montez & apparillez, si comme dessus est dit, & en cettes mesmes manieres de chacune cinq cent livrées de terre, un homme d'armes, du plus plus, & du mains mains, *(6)* selon la fourme dessusdite. Quant as non nobles, chacuns cent feux nous fassent six Sergens de pied, *(7) desquex il y ait deux Arbalestriers* des plus souffisans & des meilliours que on pourra trouver, és parroisses ou ailleurs, se és parroisses on ne trovoit suffisans, Et feront armez de pourpoints & de haubergeons, ou de gambesons, de bacinets, & de *(8)* lances, *& d'arbalestres les Arbalestriers.* Et cette aide nous recevrons, sans ce que il court prejudice, ne ancien droit amenuisié, ne nouvel acquis à nous ne à autre : & pourceque nosdits feaux & sougiez nous fassent plus volontiers, plus prestement & plus gracieusement l'aide dessusdite, nous qui reguardons les griefs, les dommages, & les pertes que ils ont longuement eû & soustenu, & ont & souffrent de jour en jour pour le müement de nos monoyes, à la requeste & priere de nosdits Prelats & Barons presens, octroyons & promettons par ces presentes lettres, que cette aide nous faisant en la maniere dessus escrite, nous dedans la feste de Toussainćts prochains à venir en un an, ferons monnoyer & faire bonne & loyale monnoye de petits tournois, & parisis de poids, de la loy, & de la valuë de quoy estoient ceux qui couroient au tems de Saint Loys nostre ayeul. Et celle bonne monnoye nous ferons courre communément dedans la Pasques prochainement ensuivant, & dedans ladite feste de Toussainćts nous ferons les monnoyes que nous faisons faire à present pour la necessité de nostre Royaume, à baissier petit & petit, si que la bonne monnoye pourra avoir son cours au tems dessusdit. En tesmoin desquelles choses nous avons *fait sceller ces presentes de nostre Scel.* Et nous *Charles & Loÿs,* nous Dux, & nous Comtes de la Marche & Porcien, nos Seigneurs de Sainćt Disier, d'Arlay, & Marcueils dessus nommez, nous Guis Cuens de Sainćt Pol, Boutheiller de France, & nous Mahault Comtesse d'Arthois & de Bourgogne, pource que ladite Ordenance nous semble convenable & profitable à la besoigne, & si peu greveuse selonc le cens & la besoigne, que nus ne la doit refuser, nous y consentons: & en tesmoin de ce avons fait mettre nos Seaux à ces presentes letres. *Données à Chastel-Thierry le Samedy aprés la feste Sainćt Remy, l'an de grace mil trois cens trois. Scellé du Sceau du Roy, & de neuf autres Sceaux.*

(6) Selon la forme dessus dite.] Le Registre du Tresor adjoute, *faite compensation du riche au poure.*

(7) Desquex il y ait deux Arbalestriers.] Cecy n'est point au Tresor.

(8) Lances.] Aprés ce mot il y a au Tresor, *Et des six il y aura deux Arbalestriers qui auront Arbalestres. Et sera cette aide assise, coillie & levée loyalement, & raisonnablement, faite compensation du riche au poure, par chascun Prelat & Baron en sa diocese & sa terre, & y aura un prud'homme de par nous, pour seurentendre & prendre garde à la besoigne, sans ce que il fasse contrainte, ne s'entremette de la besoigne, fors à la requeste du Prelat & du Seigneur, en quel droit & Seigneurie ce sera.*

(c) Die prima.] Dans le second Registre il y a, *tertia.*

(d) Il y a ensuite des Letres du 12. Avril precedent 1304. adressées aux Evêques, Abbez, Prieurs, &c. du Diocese & de la Province de Rheims, assemblez par l'Archevêque, par lesquelles le Roy les exhorte tous à luy accorder un subside; ce qui peut faire croire que ces letres-cy furent données par le Roy en reconnoissance du subside qui luy fut promis dans cette assemblée. Et il est bon de remarquer, que quand ce subside fut accordé par les Prelats & Barons au mois d'Octobre 1303. l'Archevêque de Rheims ne se trouva pas à l'assemblée.

Il y a au Tresor des Chartes Registre cotté au haut 35. & au bas 10. feüillet 109. piece 211. de pareilles letres pour l'Archevêque de Bordeaux.

PHILIPPE IV. dit le Bel, à Pontoise, l'an 1304. au mois de May.

(a) Letres en faveur des Barons, des Nobles, & des habitans du Pays d'Auvergne.

SOMMAIRES.

(1) Les Chanceliers ne mettront nulles letres passées sous le scel du Roy, à execution dans les terres & les Justices subalternes, si ce n'est par le defaut des Seigneurs, ou par leur negligence.

(2) Si quelqu'un obligeoit une chose dont il ne fût pas en possession, les Chanceliers n'en auroient pas la connoissance, & celuy à qui la chose seroit obligée se pourvoiroit par devant les Seigneurs.

(3) Si quelqu'un obligeoit generalement tous ses biens, & si pendant l'obligation, il en alienoit quelques-uns; l'obligation ne seroit pas mise à execution sur les choses alienées, au cas que le debiteur eut d'autres biens suffisans, pour satisfaire ses creanciers.

(4) Si quelques biens sont obligez, ou mis en la main du Roy, les Seigneurs de qui ils seront tenus, ne cesseront pas d'en avoir la connoissance pour le droit qu'ils y auront.

(5) Les Chanceliers n'auront aucuns Notaires dans les Justices des Barons & des autres Seigneurs, & leurs Notaires n'y pourront recevoir aucuns Contracts.

(6) Les Chanceliers ne jugeront, ni ne taxeront aucunes amendes, pour raison des appellations interjettées d'eux, & ausquelles on aura succombé, mais ces amendes seront taxées par les Baillis, &c.

(7) Le Roy reconnoist que la subvention qui luy a esté faite, a esté de pure grace, & qu'elle ne tirera pas à consequence.

(8) Ceux qui ont haute Justice, pourront porter des armes pour en soûtenir l'exercice, quand mesmes il faudroit passer par les terres d'autruy, pourvû qu'ils n'y commettent aucun meffect.

(9) S'il estoit question de possession entre le Roy & quelque particulier, on n'y pourroit apposer la main du Roy, à moins que son Procureur au Baillage ne jurât, qu'il croit que la possession de l'heritage contentieux est au Roy.

PHILIPPE par la grace de Dieu Roys de France, *Sçavoir faisons*, à tous presens & à venir qui ces Lettres verront, que Nous à nos amez & feaus, *as Barons*, as *nobles*, & as *autres habitans de la Baillie d'Auvergne*, avons *octroié* de grace especial.

(1) Que nos *Chancelliers* ne mettront nulles de *(b)* nos lettres à execution, as terres, ne as justices d'autruy, ne ne cognoistront des choses qui soient en justice d'autruy, se n'estoit par deffaut, ou par negligence des Seigneurs.

NOTES.

(a) Ces letres sont au Tresor, Registre de Philippe le Bel, cotté au haut 36. au bas 12. piece 139. & au Registre cotté 72. pour les années 223. 24. 25. pieces 42. & 43. où elles sont confirmées par *Loüis Hutin*, à Paris en Septembre 1315. Et par *Charles le Bel*, à Toulouse en Fevrier 1323.

(b) Voyez les letres du mois de Mars 1303. article premier, page 405. Ces *Chanceliers* estoient *des gardes des petits Sceaux royaux*, & c'estoit par leur ordre, ou mandement que les Letres qu'ils avoient scellées estoient mises à execution. M.r de *Marillac Garde des Sceaux* de France, dans son traité *des Chanceliers*, remarque qu'il y avoit des Chancelleries, & des Sceaux pour raison des differentes Provinces, qui avoient, comme l'on void icy, leurs Chanceliers, ainsi que les *Juifs*.

On void pareillement dans l'Ordonance du mois de Fevrier 1320. à la fin, qu'il y avoit une Chancellerie à Navarre, & une dans la Province de Champagne, dont les émolumens appartenoient au Roy. *Tous ces émolumens de la Chancellerie de Champagne & des Juifs*. Ce sont les termes de l'article 10. de cette Ordonance, *venront & seront tournez à nostre proufit, si comme la Chancellerie de France, Et tuit li autre émolument, & droit, que li Chancelier avoient accoustumé à pence sur le Scel revenrront tuit à Nous, &c.*

Il y avoit aussi une Chancellerie particuliere en *Normandie*, mais cette Province avant esté réünie & annexée au Royaume, par *Charles V. Regent* du Royaume, pendant la prison du *Roy Jean* son pere. Cette Chancellerie fut aussi réünie à celle de France, & les appointemens du Chancelier furent par cette raison augmentez. Et quoy qu'en 1349. *Humbert* ait donné le *Dauphiné* à Philippe de Valois, pour estre uni & incorporé à la France. Cette Province a neamoins encore un Sceau particulier, dont Monsieur le Chancelier est le Garde, Et elle a aussi une cire particuliere qui est rouge, au lieu que les Edits, les Declarations & les Letres qui s'expedient pour le reste du Royaume sont Scellez en cire verte, ou jaune.

PHILIPPE IV. dit le Bel, à Pontoise, l'an 1304. au mois de May.

(2) Et s'il avenoit que aucune personne *(c) obligeoit* par Lettres scellez de nostre scel aucune chose de laquelle il n'eust *possession*, nos *Chancelliers* n'en auroient pas la *cognoissance*. Mais se aucun disoit que il eut droit en la chose par raison d'obligation, il poursuivroit son droit devant le *Seigneur* de qui ladite chose seroit tenue.

(3) *Item*. Se aucun *(d)* obligeoit tous ses biens generalement, & durant l'obligation, il vendoit, donnoit, ou changeoit aucuns de sesdits biens, l'en *ne mettra pas la dette à execution sus les choses vendues, changées, ou données*, tant comme le debiteur *ait demourance souffisant* d'autres biens pour faire satisfaction dudit dette.

(4) *Item*. Se il avenoit que aucunes choses fussent *(e)* obligées, ou que nostre main y fût mise, les Seigneurs de qui lesdites choses seroient tenues, *ne cesseroient pas, se il voulloient, de user & de cognoistre de leur droit*, qui leur appartendroit esdites choses, en tant comme à Seigneurs leur devroit appartenir.

(5) Et est assavoir que nos Chancelliers n'auront nus Notaires es terres, ne es justices des Barons, & des autres Seigneurs qui ont haute justice, ne ne recevront nus contraz es terres d'iceux.

(6) *Item*. Nos *Chancelliers* ne jugeront, ne ne taxeront nulles *amendes* de ceux qui *enchient de leur appiaus* que il font desdiz *Chancelliers*, ançois les taxeront *les Bailliz des lieus*, selon la nature de la cause, & que raison sera. Ne li *Prevost censiers & fermiers* ne jugeront, ne taxeront les amendes que il demanderont à leurs *subgiez*, ançois les demanderont devant les *Baillis*, & li *Bailli les taxeront* & jugeront. Et feront les Ordenances nouvellement faites pour le profit de nostre Royaume, & de nos sougiez, fermement garder. Et se il avenoit que aucuns de nos genz, ou de noz sougiez venoit encontre les choses contenues esdites Ordenances, nous les ferons punir griement, & hastivement selon son meffait.

(7) Et fasons sçavoir & recognoissons que la derreniere *subvention* que il nous ont faite, il nous ont faite de *pure grace*, sans ce que il y fussent tenuz que de grace. Et voullons & leur octroyons que les autres subventions que il nous ont faites ne leur facent nul prejudice, es choses esquelles, il n'étoient tenu, ne par ce nul nouveau droit ne nous soit acquis, ne amenuisié.

(8) *Item*. Voullons & octroyons que ceux qui ont haute justice puissent porter armes *pour justicier leurs terres & leurs fiez*. Et se il avenoit que il ne puissent aller en leur justices *sans passer par autruy* terres, en ce cas où il leur convendroit de necessité *par autruy terres passer* à armes, (ils le feront) sanz y meffaire, & se il le faisoient en autre maniere, par quelquonque couleur que ce fut, il en seroient puniz griement.

(9) Et si voullons & octroyons que se *nostre procureur de* ladite Baillie disoit que nous *fussons en possession d'aucune chose*, & aucuns à qui il deust apartenir, disoit le contraire, se nostre procureur ne voulloit jurer que il *cuidast en bonne foi, que nous fussons en possession de ladite chose*, pour le simple dit de nostre procureur, *sanz son sairement*, nostre *main ne seroit pas mise* en ladite chose.

Et pour ce que ce soit a touzjoursmais ferme & estable, nous avons fait mettre nostre scel en ces Lettres. *Donné à Pontoise, l'an de grace mil trois cens quatre au mois de May*.

NOTES.

(c) Voyez l'article 2. des letres accordées aux Barons & aux Nobles de la Province d'Auvergne, au mois de Mars de l'année precedente 1302. page 406.

(d) Voyez l'article 2. des letres de 1303. page 406.

(e) Voyez l'article 4. des letres de 1303. page 406.

PHILIPPE IV. dit le Bel, à Paris le 15. Juin 1304.

(a) Letres en faveur de l'Evesque & des personnes Ecclesiastiques du Diocese de S.t Malo.

PHILIPPUS &c.

NOTES.

(a) Ces letres sont semblables à celles que le Roy accorda à l'Archevesque & au Clergé de Narbonne, en consideration de la subvention qu'ils avoient promise. Voyez cy-dessus sous l'an 1303. au mois de Fevrier page 402.

PHILIPPE IV. dit le Bel, à Paris, le 15. Juin 1304.

(a) Letres accordées à l'Evesque & aux Ecclesiastiques du Diocese de Mende.

PHILIPPUS &c.

NOTES.

(a) Ces letres sont semblables à celles du mois de Fevrier 1303. accordées à l'Archevesque & aux Ecclesiastiques du Diocese de Narbonne. Voyez cy-dessus page 402. Elles sont au Registre A. de la Chambre des Comptes, feüillet 51. & au Registre Pater feüillet 321.

PHILIPPE IV. dit le Bel, à Paris le 9. Juillet 1304.

(a) Mandement au sujet de la subvention accordée pour la Guerre de Flandres.

SOMMAIRES.

(1) Recit de ce qui est porté dans les letres adressées à l'Evesque de Paris, du Lundy avant la S.t Denys 1303.

(2) Ceux des nobles qui ne voudront servir en personne, ou qui par chaques cinq cens livres, ou livrées de terre, ne pourront fournir un gentilhomme armé, & monté sur un cheval de cinquante livres tournois &c. payeront dans les domaines du Roy, la somme de cent livres par chaques cinq cens livres de terre. Et quant aux non nobles, soit qu'ils soient dans les domaines du Roy, ou dans ceux des Seigneurs, à moins qu'ils ne soient conditionnez & abonnez, ils payeront l'ayde en entier suivant l'octroy.

(3) Les conditionez & abonnez demeurans dans les domaines & les Justices des Seigneurs, feront ayde par chaques cent feux, de quatre hommes de pied.

(4) Les taillables haut & bas & à volonté, & les mandians & ouvriers seront deschargez de l'ost, s'il plaist à leurs Seigneurs.

(5) Si les Villes & les Universitez ne vouloient, ou ne pouvoient payer l'ayde marquée cy-dessus, elles payeroient pour autant de Sergens qu'elles devroient, de deux sols parisis par jour, pour tout le temps passé.

(6) Cette ayde sera payée entierement, & les deniers qui en proviendront, apportez aux Tresoriers du Temple.

(1) PHILIPPE par la grace de Dieu Roys de France, à nostre amé & feal *Maistre Yves le Mareschal* Clerc, *Salut.* Comme en Conseil & en traitie d'Arcevesques, Evesques, Abbez, & autres Prelaz, Doiens, Chapitres, Convent

NOTES.

(a) Ce Mandement est au Registre de Philippe le Bel, cotté au haut 36. & au bas 12. feüillet 79. piece 182. & au Registre cotté 35. & 10. piece 83. Il y a au premier de ces deux Registres la note qui suit. *Ista litera fuit missa in Comitatu Andegavensi & Cenomanensi magistro Stephano* de Montiniaco, *in Comitatu Carnotensi & Alenconii in terrâ Perchia*

Colleges,

Colleges, & plusieurs autres personnes d'Eglise, Seculers & Religieux, Exempts & non Exempts, Dux, Comtes, Barons & autres nobles de nostre Royaume, *(b) nous soit octroié de grace*, que les *nobles personnes*, Clerc ou Lay, tenanz layement, *nous aident en la persecution de nostre guerre*, pour quatre mois, c'est à sçavoir, *Juing, Juignet, Aoust & Septembre prochains* à venir, de chascunes *cinq cens livres de terre*, qu'il ont en nostre Royaume, d'un *gentilhomme bien armé, & monté, & cheval de cinquante livres de tournois, & couvert de couverture de fer, ou de couverture pourpointe*, & de tant comme il passera cinq cens livres de terre jusqu'à mil, *de deux hommes d'armes montez & appareillez*, si comme dessus est dit, & en cestes meime maniere de *chascune cinq cens livres de terre*, un home d'arme, du plus plus, & du moins moins. Et quant aus *non nobles frans*, que *cent feus* nous facent aide *de six Sergents de pié armez convenablement, &* les Prelaz & autres personnes de sainte Eglise *(c) d'autre subvention suffisanz* des biens des Eglises.

PHILIPPE IV, dit le Bel, à Paris le 9. Juillet 1304.

(2) Et aucuns, si comme nous entendons *desdiz nobles* en leur personnes *ne vueillent* pas faire ceste aide, *ou ne puissent* pas avoir personnes souffisans par lesquels il puissent servir selonc la fourme devant dite, *Nous voullons, ordenons & commandons*, que vous avecques aucun preudome que vous prendrez à ce avecque vous, de touz ceuz, & de toutes celles de la terre nostre amé & feal le *Comte de Dreües*, qui ceste devant dite subvention ne *nous voudrons faire*, ou ne *pourront pas*, si tost comme il convient, *levez en noz demaines*, & requerrez les *Seigneurs de faire lever en leurs terres, & à vous assigner cent livres pour chascunes cinq cens livres de terre* que il auront, du plus plus & du moins moins, & des *non nobles*, quiex que il soient demorans en noz *domaines*, & aussi de tous ceux qui sont en *autre demaine & justice*, qui ne sont *conditionez*, ou *abonnez*, levez ladite aide *plainement, si comme il est contenu audit octroi*.

(3) Et quant à ceux qui sont *conditionez* & abonnez demeuranz en autruy seigneurie & justice, chascuns *cent feus* nous feront aide *de quatre homme de pié*.

(4) Et quant *aus taillables de haut & de bas a voulenté*, vous *(d) deporterez* se il plaist à leurs Seigneurs, & ensi vous deportez & souffrez de tous ceus qui sont mandianz & laboureurs de braz, liquel si cessoient de labourer, seroient mandianz sans fraude.

(5) Et se aucunes Villes, ou Universitez ne pouvoient, ou ne voulloient servir selonc ce qu'il est dessus divisé, *nous voullons* que vous levez en *nos domaines*, & requerrez *les Seigneurs en leurs terres*, de faire lever & à vous assigner, *pour tant de serjanz come il devroient, pour chascun deux sols parisis par jour, pour tout le temps devant dit*.

(6) Et soit presentement & tantost levée ladite subvention enterinement, sanz nulle faute, & les sommes qui seront levées & à vous assignées, & des quiex vous rescripsez tantost & sans delai aux gens de nos comptes de Paris, & lors les deniers faites aporter tantost sans delai à nos Tresoriers du Temple de Paris. Et nous donnons en mandement à toutes justices & sougiez, que il vous obeissent diligeaument esdites choses & en ce qui y apartient. *Donné à Paris le neuviéme jour de Juignet, l'an mil trois cens quatre.*

NOTES.

Magistro G. de Fossâ in Comitatu Drocensi, Ymi Marescalli in Comitatu Blesensi, Bertrando Point-Lánc, *in terrâ Reginæ Mariæ Magistro G. de Dumo.*

(b) Nous soit octroyé.] Voyez cy-dessus les letres adressées à l'Evesque de Paris, en l'année 1303. le Lundy avant la S.t Denys, page 383.

(c) D'autre subvention.] Voyez les letres du Lundy devant la S.t Denys 1303. nombre 2. page 384.

(d) Deporterez.] Deporter. C'est decharger. Les letres du 18. May 1303. pour la subvention. *Tuit li non nobles qui ont cinquante livres en meubles, ou vingt livres de reinte, jusques à cent livres de terre par an, voisent en nostredit host en leur propres personnes, pour y servir, se il ne leur plaist mieux, à estre* deportez de l'host *par convenables finances.*

PHILIPPE IV. dit le Bel, à Arras, le 25. Juillet 1304.

(a) Letres en faveur des Marchands du Pays du Brabant.

SOMMAIRES.

(1) Les Marchands du Brabant pourront entrer & sortir librement du Royaume, y vendre & acheter toutes sortes de marchandises, en payant les droits accoustumez, pourveu qu'ils n'apportent pas des Marchandises de Flandres, ni qu'ils n'en prennent pas en France pour les porter directement, ou indirectement aux ennemis du Royaume, auquel cas ces Marchandises, & encore toutes les autres qu'ils auroient, seroient confisquées.

(2) Les Juges des lieux dans lesquels les Marchandises seront arrivées, obligeront les Marchands de jurer qu'ils ne les porteront pas aux ennemis de l'Estat.

(3) Les gardes des ports & passages ne permettront pas aux marchands de transporter hors du Royaume les marchandises qu'ils auront achetées, qu'aprés que les marchands leur auront exhibé les lettres des Juges qui auront exigé d'eux le serment.

(4) Les Maires & les Echevins des Villes du Brabant jureront qu'ils auront soin d'empescher que les marchandises achetées dans le Royaume ne soient portées dans les pays ennemis.

(5) S'il arrivoit que quelques Marchands du Brabant contrevint aux presentes lettres, le Roy pourroit exiger des villes dont ils seroient Bourgeois, les marchandises qui luy appartiendroient par droit de confiscation ou elles seroient obligées d'envoyer ces Marchands pour estre punis de leur delict.

(6) Il n'y aura lieu à la confiscation marquée cy-dessus, qu'au cas qu'il y ait dans le Royaume des Marchands de la Ville de celuy qui aura commis le delict, & s'il n'y en avoit aucuns, ceux qui seront des Villes les plus proches, seront appellez pardevant le Juge dans la Jurisdiction duquel les marchandises auront esté achetées, ou autres lieux qui seront marquez de la part du Roy, pour estre presens à la deposition des temoins, qui seront entendus touchant le delict &c.

(7) Aucun de ces Marchands ne pourra estre arresté dans le Royaume pour les dettes d'autruy, à l'exception de celles qui auront esté contractées aux foires de Champagne, à moins qu'il ne s'y soit expressement obligé, qu'il ne se soit rendu caution, ou qu'il ne soit d'une Ville qui ait ainsi obligé ses habitans &c.

(8) La presente grace n'aura lieu que tant qu'il plaira au Roy. Et la revocation des presentes, au cas que le Roy juge à propos de la faire, sera notifiée aux marchands, six semaines auparavant, afin qu'ils n'en soient pas lesez.

PHILIPPUS *Dei gratiâ Francorum Rex universis & singulis justiciariis nostris, ac portuum, passagiorum & districtuum nostrorum Custodibus, ad quos presens mandatum pervenerit,* Salutem. *Fidelitatis constantia, & dilectionis integritas, quas ad nos, & regnum nostrum Mercatores Brabantie novimus jugiter hactenus habuisse, merito nos inducunt, ut eosdem gratiâ speciali, & oportunis favoribus prosequamur.*

(1) Inde est quod nos præfatis mercatoribus Lovani, Brusselle, Masquilie, Enturpie, Tenisdiest, Nivelle, & aliarum villarum & locorum insignium Brabancie, ut possint salvò & securè regnum nostrum intrare & liberè exire, *venditionis, emptionis, permutationis, & alios* contractus *quoscumque* licitos, *cum nostris Regnicolis & aliis nobis subditis* celebrare, *super omnibus generibus mercium, seu mercaturarum, ibidem res, merces, seu mercaturas comparatas in regno, & rerum venditarum precia in quacumque monetâ, que cudi & fabricari consuevit in regno, ad partes suas secum, vel per deputatos ab ipsis referre & libere reportare,* pedagia & alia deveria consueta solvendo, *& omnia alia & singula, que circa hoc fuerint oportuna facere, per presentes gratiose* duximus concedendum *sub formis & conditionibus que sequuntur.* Videlicet *quod si mercatores prædicti merces, seu mercaturas* de Flandriâ, *vel partibus notoriè sibi adherentibus* ad regnum afferre contingeret, *vel ipsi* merces comparatas in regno *ad terram* inimicorum nostrorum *per se, vel per personas interpositas*

NOTES.

(a) Ces letres sont au Registre de Philippe le Bel du Tresor des Chartes, cotté au haut 36. & au bas 12. piece 185. & au Registre cotté 35. & 10. piece 186.

ducere, *vel* indirectè per mare, vel per terram, *vel aliàs quocumque quesito colore* deferrent, *aut* deferri permitterent, *vel quomodolibet consentirent*, tamquàm forefacte *& non solùm ipse*, sed omnes alie ipsorum delinquentium, eo ipso nobis venient in commissum.

PHILIPPE IV. dit le Bel, à Arras, le 25. Juillet 1304.

(2) *Ceterùm ut res sine suspicione procedat*, volumus *ut a dictis mercatoribus merces, seu mercaturas de regno extrahere volentibus, seculares nostri judices* in quorum justitiâ & jurisdictione idem *Mercatores* merces ement, *vice nostrâ* recipiant juramenta, *quod merces hujusmodi*, ad terram inimicorum non deferent, *ut expressius est predictum*.

(3) Mandamus *etiam quod* Custodes portuum, passagiorum, & districtuum nostrorum *non permittant dictas mercaturas de Regno extrahi*, nisi mercatores predicti judicum nostrorum literas coram *quibus hujusmodi* prestiterunt juramentum, *exhibuerint Custodibus antedictis*.

(4) Jurabunt *insuper* Majores, *Jurati, & Scabini prenominatarum villarum Brabantie, quod curabunt bonâ fide, quod merces, seu mercaturas hujusmodi ad terram inimicorum nostrorum non deferentur, aut deferri aliquatenùs permittentur, sicut superius pleniùs est expressum. Hec autem omnia premissa dictarum villarum Majores, Jurati & Scabini in dictis villis & locis aliis sibi subditis facient, prestito super hoc juramento firmiter observari.*

(5) *Promiserunt etiam, & ad hoc obligarunt se dicti* Mercatores, *quod si aliquis mercator dictarum villarum* literas burgesie, seu communitatis dicte ville, *de quâ existeret, habens vel deferens, quem aliàs Regnum nostrum exire non volumus, circa premissa, vel aliquod premissorum fortè* committeret, res *seu* mercaturas, *que nobis inciderant in* commissum *a dictâ villâ licitè possemus* exigere *& levare*, vel personam Mercatoris taliter delinquentis ad nos puniendam tenebitur remittere communitas dicte ville.

(6) *Ita demum non priùs aliàs commissum hujusmodi exigi poterit, quam Mercatores ville de quâ delinquens exstitit, si qui essent in regno, & si fortè de ipsâ villâ nulli existerent mercatores, de villis vicinioribus vocentur* coram judice, in cujus jurisdictione merces hujusmodi *fuerint* comparate, *vel* aliis quibusdam locis deputatis à nobis, *acturi, & audituri* testes idoneos, *aut alias probationes legitimas ad probandum illud forecommissum specialiter exhibitos & productos, quorum depositioni vel probationi (b) scribitur in hac parte.*

(7) Concedimus *etiam, quod* aliquis dictorum Mercatorum, pro debito aliquo alieno, *debitis contractis (c) in* nundinis Campanie *duntaxàt exceptis, non possit aliquatenùs* detineri in Regno vel arrestari, *nisi ad hoc specialiter se obligaverit, vel fidejussor extiterit debiti alieni, vel nisi fortè esset de villâ alias obligatâ.*

(8) *Presenti verò gratiâ quamdiù voluntati nostræ placuerit duraturâ;* Revocationem *quidem concessionis, seu gratie hujusmodi, si, & cum fieri continget*, per sex septimanas *ante revocationem faciendam, dictis Mercatoribus, ne ledantur in aliquo, volumus vel literis aut aliter aperiri.*

Quocirca mandamus vobis, & vestrum singulis quatenùs dictos Mercatores & familiares suos exercere & agere premissa omnia & singula, sicut premittitur, liberè permittatis, nullam eis molestiam super hiis aliquatenùs inferendo, nec inferri ab aliis quomodolibet permittendo. Actum Attrebati 25. die Julii, anno Domini millesimo trecentesimo quarto.

NOTES.

(b) *Scribitur.*] Il faut ce semble, *statur.*

(c) *In nundinis Campaniæ.*] Touchant les privileges des Foires de Champagne. Voyez Bouteiller dans sa Somme rurale livre premier titre 25. page 135. Fontanon dans son recüeil, tome premier, livre 5. titre 26. page 1075. & Brodeau dans son Commentaire sur l'article 112. de la Coûtume de Paris, n. 4.

PHILIPPE IV. dit le Bel, à Amiens, au mois de Juillet 1304.

(a) Ordonance touchant les Tabellions & les Notaires.

SOMMAIRES.

(1) Lorsque les Notaires, ou les Tabellions auront receû des Contracts dans les lieux de leurs demeures, & où ils ont leurs chartulaires, ils seront obligez de les inserer dans leurs protocolles, de les lire ensuite aux parties & de corriger leur minute s'il est à propos &c.

(2) Les Notaires ne redigeront les minutes des Contracts, & ne les transcriront dans leurs protocolles, que lorsqu'ils auront entierement entendu les parties, & que les Contracts seront parfaits. Et s'ils sont requis de recevoir un Contract dont ils ignorent la nature, & qu'ils ne puissent rediger, ils renvoyeront les parties à un notaire plus habile, ou ils le consulteront avant que de mettre le Contract en grosse.

(3) Ils écriront nettement les minutes & sans abbreviations, & ils n'y mettront pas de clauses obscures & inintelligibles.

(4) Leurs chartulaires, ou protocolles seront de bon papier. Ils laisseront un espace raisonnable aux marges. Il n'y en aura que de tres petits dans le corps du Contract, ensorte qu'on ne puisse écrire entre les lignes, & il n'y en aura aucun entre la fin d'un acte & le commencement d'un autre.

(5) Au commencement de chaque chartulaire, ou protocolle, & à chaque instrument ils mettront l'an, le jour, le nom du Roy, celuy des temoins, le leur, le lieu où le Contract aura esté passé, les noms des contractans, &c.

(6) Ils recevront les Contracts dans des lieux & en des heures ou des temps non suspects, & pardevant des temoins connus & dignes de foy.

(7) Ils ne recevront que des Contracts licites. Aprés les avoir receus, ils les grossoiront, les rendront aux parties sans delay, & se contenteront d'un salaire mediocre.

(8) Ils ne recevront pas les Contracts lorsqu'ils sçauront qu'il y aura violence, crainte & usure, & s'ils ont à ce sujet quelque doute, ils consulteront les Juges des lieux, ou des personnes d'experience.

(9) Ils ne donneront pas à la mesme partie plusieurs grosses d'un mesme Contract, s'il n'y en a convention expresse, ou quelqu'autre cause legitime, avec la permission du Juge.

(10) Lorsqu'ils auront delivré la grosse à la partie, ils bastonneront, ou barreront le projet, ou broüillon, ou ils mettront au bas que la grosse a esté delivrée, & qu'ils auront receu leur salaire.

(11) Ils ne recevront aucun Contract, à moins qu'ils n'en ayent esté requis par les parties publiquement.

(12) Ils garderont avec soin leurs chartulaires, ou protocolles. Et s'ils changeoient de domicile, ils ne pourroient les transporter sans la permission de leurs superieurs, ensorte que les protocolles resteront au lieu de leur premiere residence.

(13) Les Notaires des Cours ne transcriront pas dans leurs registres, ou protocolles les procés, mais ils les mettront dans les Registres des Cours, & quand leur exercice sera fini, ils mettront ces Registres entre les mains des Juges.

(14) Lorsqu'ils seront commis pour entendre des temoins, ils les examineront promptement & fidellement, tant sur le fait que sur les circonstances, & s'ils trouvent que quelque temoin soit suspect, ou vacillant, ils en informeront le Juge.

(15) Ils tiendront les depositions des temoins secretes avant la publication, & aprés qu'elle aura esté faite, ils en donneront copie aux parties, quand ils en seront requis.

(16) Lorsque des femmes voudront renoncer au benefice du Velleien ou à la loy Julia fundi dotalis, *on en fera mention expresse, & il en sera de mesme de tous les termes de droit, que l'on aura soin d'expliquer à ceux qui n'entendent pas les affaires.*

(17) On n'admettra à l'Office de Tabellion & de Notaire, que des personnes de bonnes mœurs, & habiles.

(18) Les noms & les signatures des Tabellions & des Notaires seront registrez dans chaque Cour Royale, & les Registres où ils seront mis, seront gardez soigneusement dans les Seneschaussées.

(19) Le Roy aura soin de commettre une personne qui aura attention à l'execution de ce qui a esté ordonné cy-dessus, & qui aura pouvoir de la part de Sa Majesté de créer de nouveau des Tabellions, & des Notaires.

(20) Ceux qui seront ainsi instituez ou confirmez pourront exercer l'Office de Tabellion & de Notaire. Et quant à leurs salaires ils seront reglez par le President, ou la personne dont il a esté parlé cy-dessus, selon les usages differens des lieux.

(21) Ceux qui ont esté créez Notaires & Tabellions dans les lieux dont le Roy est seul Seigneur, ou Seigneur en partie, ou dans lesquels il est à present aux droits des anciens Seigneurs, ils y exerceront leurs Offices comme auparavant, pourveu neanmoins qu'ils soient Notaires Royaux.

(22) Les Notaires & les Tabellions re-

sideront dans de certains lieux, où ils exerceront leurs Offices, & s'ils passent par hazard dans d'autres lieux, ils pourront y recevoir des Contracts, s'ils en sont requis, & ces Contracts feront foy par tout le Royaume.

(23) Si le President trouve que les fils de Notaires & de Tabellions, soient habiles & veuillent succeder à leurs peres, il les preferera à d'autres. Et si ces enfans ne veulent pas estre Tabellions ni Notaires, les Registres, ou les protocolles des Peres seront mis entre les mains de quelques Notaires de bonne renomée & fideles, qui auront la moitié de l'émolument, & rendront l'autre moitié aux enfans &c.

(24) Dans les lieux, où le Roy est seul Seigneur, les Notaires qui ne seront pas instituez par le Roy, ne pourront exercer leur Office, sous peine de faux.

(25) Les Notaires & les Tabellions ne pourront estre Bouchers ni Barbiers, & s'ils font de tels mêtiers, ils pourront estre privez de leurs Offices, aprés avoir esté dûment avertis.

(26) Selon l'usage estabi en de certains lieux, les Notaires pourront recevoir les Contracts en personnes, les transcrire ensuite dans leurs chartulaires, ou protocolles, & les en tirer à leurs risques & perils, par leurs Substituts, pour les mettre en grosse, &c.

(27) Ce qui vient d'estre expliqué aura effet pareillement dans les lieux où l'usage est contraire, ce qui ne durera neamoins que tant que le Roy le jugera à propos.

(28) Quant aux Sermens à apposer dans les Contracts, soit dans les Contracts de mariage à recevoir par les Notaires sous l'autorité du Roy, ou quant aux actes de lods & ventes, on suivra les Coûtumes usitées dans les differens lieux.

PHILIPPUS *Dei gratiâ Francorum Rex, omnibus præsentes literas inspecturis*, Salutem.

(1) In primis Ordinamus & statuimus, *autoritate Regiâ decernentes, quod cum* Notarii, seu Tabelliones publici *contractus in loco in quo morari, & tenere Cartularia sua consueverunt*, dictos contractus receperint, *in ipsis (b)* Cartularibus, *seu* protocollis *substantialiter & seriatim in continenti* ponant & inserant, *& in* Cartulariis redacta, contrahentibus præsentibus legant & exponant, *& si opus fuerit*, *(c)* notam suam corrigant *in præsentiâ contrahentium prædictorum. Si verò alibi receperint, in scriptis statim redigant, & quam citiùs poterint*, redigant in Cartulariis *antedictis.*

(2) Item. *Quod tunc de Contractibus recipiant notas, vel faciant instrumenta ad ipsos Contractus, cum usque ad completionem audiverint, & à partibus fuerint absoluti, perfecti, & totaliter consumati.*

Si verò de recipiendo contractum fuerint requisiti, cujus naturam ignorent penitùs, vel per exercitium non habeant notitiam, vel peritiam, Instrumenta *super contractu hujusmodi ordinandi, remittant contrahentes ad alium, vel peritiores consulant, saltem antequàm de* protocollo *instrumenta* extrahant, *sive* grossent.

(3) Item. *Quòd notas suas faciant, & scribant intelligibiliter, & non apponant* abbreviationes, obligationes, renunciationes consimiles, non intelligibiles, *maximè ubi esset propter abreviationes de facili periculum.*

(4) Item. *Quod cartularia sua faciant in bonâ papiro, & in* marginibus debitum spatium *dimittant, & inter* singulas notas modicum spatium, *ita quod nihil valeat (d) subterscribi. Inter finem & principium cujuslibet spatium prorsùs nullum.*

(5) Item. *In principio cujuslibet cartularii seu registri, & in singulis instrumentis & capitulis, apponant* annum & diem, nomen Regium, *nomina testium*, no-

NOTES.

(a) Cette Ordonance est à Montpellier armoire B. Registre 5. feüillet 17. & au Registre de la Seneschaussée de Nîmes cotté D.

(b) Cartularibus, seu protocollis.] Les protocolles sont icy les Registres où les Notaires & Tabellions doivent transcrire, ou mettre au net les Contracts qu'ils ont redigez par écrit. Chez les Romains & les Grecs le protocolle estoit la marque du papier, où l'on avoit soin de mettre l'année qu'il avoit esté fait, ce que j'ay expliqué au long dans mon glossaire sur le mot *Notaire.*

(c) Notam suam corrigere.] La note est icy le broüillon, ou le projet. Et comme on le corrigeoit souvent, il s'ensuit que ce qui estoit transcrit dans le *protocolle* devoit estre signé des parties.

(d) Subterscribi.] Voyez l'article 23. cy-aprés.

PHILIPPE IV. dit le Bel, à Amiens, au mois de Juillet 1304.

men suum, locus Contractus, signa sua, nomina contrahentium, *& substantiam* Contractus, *nil addendo, minuendo, vel aliàs corrigendo, aut mutando, quod substantiam..... vel* naturam contractus, *(qui) inter partes haberi posset quoquomodo* perverteret, *seu etiam* immutaret.

(6) Item. *Dictos Contractus recipiant in locis & horis non suspectis, coram testibus notis, ac etiam fide dignis.*

(7) Item. *Quod recipiant Contractus licitos, & receptos grossabunt, & partibus seu contrahentibus instrumenta reddant, mediante justo salario, absque morosâ dilatione, cum super hoc fuerint requisiti.*

(8) Item. *Quod de Contractibus in quibus noverint interesse vim, vel metum, vel usurariam pravitatem, aut alias (res) de jure aut consuetudine improbatas, aut de præmissis probabiliter, vel verisimiliter suspectos, instrumenta non faciant, & si eos probabiliter* dubitare contigerit, judicem locorum, *vel peritiores consulant, antequàm de præmissis reddant contrahentibus instrumenta.*

(9) Item. *Quod* de eodem contractu uni parti pluries instrumenta non reddant, nisi hoc actum fuerit expressè, *vel aliàs ex causa legitimâ, de superioris licentiâ, vel mandato.*

(10) Item. *Cum* redditum alteri parti fuerit instrumentum, cancellabunt notam, *vel* signabunt in fine, redditum fuisse utrique parti, vel alteri, *& sibi satisfactum fuisse, prout veritas se habebit.*

(11) Item. *Quod tunc demùm de contractu (e) nobis negotio recipient, vel conficient instrumentum, cum de eo recipiendo palam fuerint requisiti, nec clam recipient instrumenta.*

(12) Item. *Quod diligenter* custodient cartularia sua. *Et si eos ad remotas partes se transferre contingerit, ea alibi non transferent, absque superioris mandato, auctoritate vel licentiâ speciali, sed predicta cartularia & registra in loco residentiæ suæ tutè & securè dimittent, &* in ultimâ voluntate sua mandabunt pro securitate reipublicæ tutè & fideliter custodiri, *ac Senescallo, vel Vicario, seu judici loci pro majori* custodiâ volumus *consignari.*

(13) Item. *Notarii Curiarum, (f) processus curiæ, vel præcepta* in suis propriis cartulariis *non ponant, sed in* Registris Curiæ redigent integrè *& diligenter, ac fideliter conservabunt, & judicibus locorum integrè reddent, regiminis sibi commissi transito tempore, vel finito.*

(14) Item. *Testes quorum examinatio eis commissa fuerit, diligenter & fideliter examinabunt, inquirendo diligenter, tam super principali quàm de circumstantiis aliis de quibus fuerit inquirendum, & si de falsitate testes verisimiliter suspectos habuerint, seu eos viderint vaxillantes, hoc Senescallo, vel judici significare curabunt.*

(15) Item. *Attestationes secretas & clausas (g)* ante publicationem *tenebunt, & eis legitimè publicatis, partibus copiam facient, cum super hoc legitimè fuerint requisiti, quando, (&) in casibus in quibus fuerit copia facienda.*

(16) Item. *Mulieribus volentibus* renunciare Velleiano, *vel Legi* Juliæ fundi dotalis, *in vulgari quod dicitur vel significatur per nomen exponent, & idem de rusticis & aliis juris ignaris, cum apponi continget in instrumentis aliqua verba* ministerium juris importantia, *vel in quibus propter* ignorantiam *juris de facili decipi valerent.*

(17) Item. *Ad predictum officium* tabellionatus, *seu publici* Notariatus exercendum, *non instituantur aliqui nisi qui* vitâ & moribus *legitimè comprobati, per*

NOTES.

(e) Nobis.] Ce mot est inutile, & il faut ce semble, *sive*, ou *seu*.

(f) Processus.] Voyez l'Ordonance de François I. de l'an 1525. chap. 3. *Des Greffiers*, article 8, dans Fontanon tome premier page 271. & 272. où la disposition de celle-cy est corrigée.

(g) Ante publicationem.] Voyez ce que j'ay remarqué sur les Establissemens de S. Loüis, livre premier chapitre ou article 3. & sur l'Ordonance de 1260. art. 4. letre *(a)* page 90.

reformationem reperti fuerint habiles *&* idonei, *in scripturâ & scientiâ, scilicet quam ipsius officii cura requirit.*

PHILIPPE IV. dit le Bel, à Amiens, au mois de Juillet 1304.

(18) Item. *Omnium Tabellionum, seu Notariorum nomina &* signa *in Curiâ nostrâ volumus registrari, & registra fideliter custodiri, & etiam in qualibet Senescalliâ, apud Curiam ipsius Senescalliæ Notariorum nomina &* signa *ibi registrata teneri, ne de ipsis, vel eorum autoritate possit dubitatio suboriri.*

(19) Item. *Ordinabimus de certâ idoneâ personâ quæ . . . prædicto preerit, & ad probandum, confirmandum, & de novo creandum Tabelliones, seu Notarios publicos auctoritate Regiâ, habebit liberam potestatem.*

(20) Item. *Tabelliones, seu Notarii publici, auctoritate Regiâ confirmati, vel de novo creati a dicto* Præsidente, auctoritatem *& potestatem habebunt Tabellionatus, seu publici Notariatus officium more debito exercendum, & super eorum* salariis taxandis, & ab ipsis Notariis exigendis & recipiendis providebitur, *per* Præsidentem *præfatum, secundum consuetudinem singulorum locorum, prout expediens visum fuerit.*

(21) Item. *Creati in locis ad nos* in solidum *pertinentibus, vel* in parte, *in locis Dominorum,* in quorum loca successimus, & sumus ad præsens, *in dictis locis* remanebunt, *& sua* officia *in eis* exercebunt, *quando in eisdem officiis legitimè se habuerint, dùm tamen auctoritate nostrâ creati fuerint, seu etiam confirmati.*

(22) Item. *Dicti Notarii in locis certis, villis, seu castris residebunt, & in eisdem locis suum officium exercebunt,* transeuntes *verò per* alia loca regni *nostri, vel a non proposito, sed à casu in locis aliis* existentes, *super contractibus, vel quasi, de quibus rogati fuerint, seu legitimè requisiti,* Instrumenta recipere poterunt, *habitura fidem ubilibet, & perpetuam roboris firmitatem, dummodò ibidem sedem non teneant, vel etiam stationem.*

(23) Item. *Gratificari volumus Tabellionibus, seu Notariis publicis prædictis per* Præsidentem præfatum, *ut si* filios Notariorum prædictorum habiles, & sufficientes reperient, ad exequendum officium supradictum, *ipsos* loco parentum *in dicto* officio *& in* Cartulariis, *aliis præferre debeat, prout, & quando, consideratis circumstantiis debitis, viderit expedire. Si verò dicti* filii *noluerint esse Notarii, vel reperti non fuerint idonei, vel habiles ad executionem officii memorati,* Volumus *quod* dicta Cartularia, *alicui* probo & fideli Notario committantur, *seu tradantur, qui quantum ad hoc* subrogatus *habebit* medietatem emolumenti, *seu lucri* Cartulariorum *prædictorum, & de* aliâ medietate dictis filiis *& hæredibus integrè* tenebitur *fideliter* respondere, *nisi dicti parentes de dictâ medietate, inter vivos, vel ultimâ voluntate aliter duxerint ordinandum.*

Registri *verò, seu* Cartularia *post mortem Notariorum, antequàm* Notarii alii assignentur, *per* Senescallum *vel* judicem examinari, *cum sollicitâ diligentiâ,* volumus, *& videri, ne sint ibi aliqua (h)* intermixta *suspecta, vel possint quomodolibet misceri.*

(24) Prohibemus *insuper, & per Senescallum & alios officiarios nostros districtius prohiberi & servari* volumus *&* mandamus, *quod in locis nostris, seu ad nos in* solidum spectantibus, *Notarii, qui per nos, seu* authoritate nostrâ *electi non fuerint, seu etiam* confirmati, *sub* pœnâ falsi, *Tabellionarii, seu Notarii publici* officio non *utantur.*

(25) Item. Tabelliones, *seu* Notarii publici, *autoritate nostrâ, nullo* vili officio, *vel ministerio se immisceant, vel utantur, nec* Carnifices, *vel* Barbitonsores *existant, quod si fecerint ipsos post monitionem legitimam privari volumus officio supradicto.*

(26) Item. *Statuimus, quod in locis in quibus est ab antiquo hactenus consuetum, quod dicti* Notarii, *seu* Tabelliones *per* substitutos *possint de suis Cartulariis* notas extrahere & grossare, *quod Notarii prædicti per se, vel* in propriis personis contractus recipiant, & per se in Cartulariis suis redigant, *& redacta per se in*

NOTES.

(h) Intermixta.] Voyez l'article 4. cy-dessus.

PHILIPPE IV. dit le Bel, à Amiens, au mois de Juillet 1304.

Cartulariis prædictis, possint per substitutos idoneos, approbatos, fideles & juratos extrahere & grossare, *ipsius* Notarii periculo, *postquàm per dictos Substitutos extracta, ut præmittitur, fuerint & grossata,* collationem facient substitutus *&* Notarius, *seu* Tabelliò *diligenter, quâ factâ, dictus Tabellio, seu Notarius, qui instrumentum recepit,* subscribet more solito, & signabit.

(27) In locis verò in quibus hoc non est hactenùs consuetum, hoc modo prædicta fieri concedimus, quamdiù nostræ placuerit voluntati, ut si fortè processu temporis id in abusum vel noxam vergere sentiremus, *possimus super hoc, prout nobis expediens visum fuerit, providere.*

(28) Cæterum *super* juramentis licitis *in instrumentis publicis apponendis.*

Item. *Super* instrumentis nuptialibus, *per* Tabelliones, *seu Notarios publicos autoritate Regiâ* recipiendis, *ac conficiendis.*

Item. *Super* instrumentis laudimiorum, *per dictos Notarios nostros* recipiendis, *de quibuscumque dominis possessiones venditæ teneantur, antiquas & approbatas consuetudines singulorum locorum observari* volumus & mandamus.

In cujus rei testimonium præsentibus literis nostrum fecimus apponi sigillum. Actum Ambiani mense Julio, anno Domini millesimo trecentesimo quarto.

PHILIPPE IV. dit le Bel, à Paris, le 5. Octobre 1304.

(a) Mandement adressé à tous les Baillis, de faire arrester ceux qui iront aux tournois.

PHILIPPUS *Dei gratiâ Francorum Rex Ballivo tali,* Salutem. *Intelleximus quod nonnulli nobiles regni nostri ad torneamenta facienda se parant, contra inhibitionem nostram, ne quis, guerrâ nostrâ durante, torneamenta facere presumeret, factam, non obstante quod omnibus generaliter id per clamorem, & edictum publicum fecimus inhiberi. Unde tibi districte precipimus & mandamus, quatenus omnes, & singulos nobiles, ubicumque fieri debuerint, per districtus tuos ire noveris, cum equis, harnesiis, & aliis quibuscumque rebus & bonis, ad ipsa torneamenta accedentibus, capias & arrestes, capique & arrestari facias, & tamdiu in arresto teneri, donec a nobis mandatum super hoc habueris speciale.* Actum Parisiis 5. die Octobris, anno Domini millesimo trecentesimo quarto.

NOTES.

(a) Ce Mandement est au Tresor des Chartes, Registre de Philippe le Bel, cotté au haut 36. piece 192. *Vide Titulum Decretalium,* De Torneamentis, *lib. 5. tit. 13. Et ibi Anastasium Germonium & Cironium.* Du Cange dans ses dissertations sur Joinville, chapitre 6. page 165. *Georgium Schubartum, De ludis equestribus,* & de la Colombiere dans son theatre d'honeur tome 1.

PHILIPPE V. dit le Bel, à Chaillis, le Samedy aprés la Toussaints 1304.

(a) Letres portant defenses de transporter hors du Royaume, le Bled, le Vin, & les autres choses necessaires à la vie.

PHILIPPUS *&c.*

NOTES.

(a) Ces letres ont esté mises cy-dessus, sous l'an 1302. page 351. sur la foy du Registre du Tresor, cotté au haut 36. & au bas 12. Mais le Mandement de Philippe le Bel adressé au Bailly de Vermandois, & imprimé cy-aprés, page 426. & l'Ordonance qui est ensuite page 428. prouvent manifestement qu'elles sont du Samedy aprés la Toussaints 1304. Voyez la note sur l'Ordonance du jour de Pâques 1304.

(a) Mandement

PHILIPPE IV. dit le Bel, à Paris, le Dimanche aprés la Thyphaine 1304.

(a) Mandement adressé au Bailly d'Auvergne, pour empescher les Tournois.

SOMMAIRES.

(1) Le Bailly d'Auvergne informera diligemment de tous les Chevaliers, Bannerets, & autres, qui ont esté aux tournois, depuis que le Roy est de retour de Flandres, & les biens de ceux qui y auront esté, seront arrestez.

(2) Il ordonnera de la part du Roy à tous les Maires, Eschevins, Prevots, & à tous autres justiciers, de saisir & d'arrester tous les nobles, qui iront aux tournois avec leurs gens, leurs chevaux, & leurs harnois, & il fera crier solennellement, que nul de sa Baillie, sous peine de perdre corps & biens, ne leur donne giste, vivres & chevaux.

(3) Il fera pareillement deffendre par cri solemnel, que nul marchand, ou autre personne, ne menent, ou fasse mener aux marchez, ou aux lieux où il y aura tournois, des chevaux, des armeures, des harnois, & des vivres, sous peine de confiscation.

PHILIPPE &c. au Baillif d'Auvergne, *Salut*. Comme pour le grand proufit de nostre Royaume, & des subgez, Nous avons expressement deffendu, que *nul de noz diz subgez*, sur quantque il se püent mesfaire vers nouz, *ne soit si hardiz de faire, ne de assembler tournoiements*, ne d'i aler en nostre Royaume, ou hors, & nous aions entendu, que aucunes personnes de vostre Baillie, puis nostre revenuë de Flandres dareniere, *ont été as tournoiemens, contre nostre deffense.*

(1) Nous *vous mandons & commandons* si estroitement comme nous poons, & sus quantque vous vous povez messaire vers nous, que vous enquerrez diligament, se aucunes personnes de vostre Baillie, *(b) Chevaliers, (c) bannerez*, ou autres y ont esté, *puis nostre dite revenuë*. Et se vous en trouvez aucuns qui y ayent esté, sanz delai *prenez leurs personnes & mettez en prison*, & toute leur terre saisiez, & mettez en nostre main, sanz rendre, & sans recroire, sans nostre especial commandement.

(2) *Item*. Nous vous *mandons* que vous *mandez & commandez*, si estroitement comme vous pourrez de par nous, à touz *Majeurs, Eschevins, & Prevoz*, & à touz autres Justiciers de vostre Baillie, que touz *Gentishomes* qui iront, ou seront trouvez allanz ausdits *tournoiements*, prengnent & arrestent, & leurs genz, leurs chevaux & leurs harnois, sanz rendre & sanz recroire, sanz nostre commandement. Et *faites crier* solempnelment, & defendre par tous les lieux de vostre Baillie, que nus, sus peine de perdre cors & avoir, de quelque condition que il soit, ne soit si hardi, que il heberge, ne reçoive nul gentilhome allanz as tournoiements, ne sejornanz as Villes pour *cause de tournoi*, ne qui leur *vende, preste ou donge nus vivres, chevaus, ou armeures, ne autres choses qui soient necessaires, ne ordonnées à fait de tournoi.*

(3) Et faites crier & deffendre par cri solennel, que nul marchanz, ou autres personnes ne soient si hardi, sur quantque il se püent messaire vers nous, qu'il ne meinent, ou facent mener par autres chevaux, harnois, ou armeures, vivres

NOTES.

(a) Ce Mandement est au Registre de Philippe le Bel, cotté au haut 36. & au bas 12. pour les années 1302. 1303. & 1304. piece 62. feüillet 23. Il y eut de pareils mandemens adressez aux Prevots de Paris, de Senlis, de Bourges, de Vermandois, de Chaumont, d'Amiens, d'Orleans, de Gisors, de Sens, de Vitry, de Tours, de Caux, de Caën & de Roüen.

(b) *Chevaliers.*] C'estoient ceux qui avoient reçû l'accolade, & qui n'avoient pas le moyen de lever banniere. Ils estoient aussi nommez *Bacheliers*.

(c) *Bannerets.*] C'estoient ceux qui avoient assez de terres, de bacelles & de vassaux, pour lever banniere. Voyez mon glossaire sur *Chevalier Banneret, & Bachelier.*

ou autres choses aus marchiez ou as lieus, où seront lesdiz tournois, Et se il advenoit que aucuns lesdites choses, ou aucunes d'icelles menassent as diz lieux, *Nous voullons & ordenons* que toutes lesdites choses soient forfaites & perdües à eux, & acquises à nous. Et si faites faire si hastivement, si solempnelment, & si diligament, que vous n'en doiez estre repris, ne puniz de nous. *Donné à Paris le Dimanche aprés la Thyphaine, l'an de grace mil trois cens & quatre.*

PHILIPPE IV. dit le Bel, à Paris, le 1.er Fevrier 1304.

(a) Mandement aux personnes denomées, & aux gardes des Ponts & passages, d'empescher qu'on ne transporte aucunes marchandises hors du Royaume.

SOMMAIRES.

(1) Les personnes denomées & les gardes des passages dans les Baillages & Seneschaussées, empescheront qu'on ne transporte hors du Royaume aucunes marchandises sans la permission du Roy, accordée par ses letres patentes.

(2) Si quelqu'un est trouvé transportant des marchandises cy-dessus marquées hors du Royaume, elles seront confisquées de plein droit au profit du Roy, avec les chevaux, les charettes &c.

(3) Les marchands estrangers qui auront apporté dans le Royaume des marchandises, non defenduës, pourront les emporter, ou l'argent qu'ils en auront reçeû, s'ils les ont venduës.

(4) Les epiceries & les aromates qui servent au manger, pourront estre tirées du Royaume & portées aux amis de l'Estat.

(5) On aura une attention particuliere, que l'on ne transporte rien aux ennemis de l'Estat.

PHILIPPUS *Dei gratiâ Francorum Rex,* Johanni de Wartignys *armigero, & Nicolao de* Estrebays *Clerico, in Viromand. & Vitriac. cæterisque passagiorum & finium Regni nostri* custodibus *in* Ambianensi, Calvimontensi, Caletensi, Rothomagensi, Cadomensi, Balliviis, Pictavensi, & Xantonensi Senescalliis *deputatis, ad quos præsentes literæ pervenerint,* Salutem. *Liquet cunctis, quod nobis ad Regni regimen a Deo positis, ex officii necessitate incumbit, quod videntes præsentia attendere debemus* media, *& ad instar prævisorum sagacium pensemus, quæ circa hæc, secundum cursum futurorum temporum, de bonis necessariis ad subditorum necessariam sustentationem fuerint ordinanda, ut per subtilem, & Deo placentem (b)* speculam, *ac meditationem sedulam nostri Regnicolæ temporalibus non destituantur auxiliis, sed ad serviendum Deo prompti bonis ipsis competenter valeant sustentari. Et quamquam nostris proximis, nobis & regno nostro benivolis, quos affectu sincero prosequimur bonum gerentes amorem, eos confovere fideliter proponamus : tamen quia* ordinata charitas rite in quosquam à se ipsis incipit, *crudelitatique proximum existat, agro in quo fons nascitur sitiente, exhinc ad aliorum agrorum usum aquam duci, damnosum que foret ut nostri æmuli & inimici nobis & regno, confortentur & consolentur ex ipsis, per hoc Deo & justitiæ repugnantes ex iis indebite confortari. Ideo circa hoc consulte, & de nostrorum fidelium consilio* ordinamus *secundum Deum, rationemque naturalem & justam quæ circa hæc visa sunt fideliter expedire.*

(1) Quocirca *mandamus vobis & vestrum cuilibet districte precipimus quatenus* bladum, avenam, hordeum, *aut aliquod genus* grani vel leguminum *quorumcumque,* Vina, Mella, Piperem, Gingibrum, Cinamomum *(c)* Zucaram, Galangam,

NOTES.

(a) Ce Mandement est au Tresor des Chartes, Registre cotté au haut 35. & au bas 10. *fol.* 97. *verso*, piece 196.

(b) Speculam] Specula est un lieu élevé, d'où l'on découvre de loin.

(c) Zucaram.] Zucara estoit ce que les Romains appelloient *saccharum,* du sucre, qui estoit alors rare, & qui est devenu commun depuis la découverte des Indes Occidentales.

Galangam.] Galanga, cyperus Babylonicus. Radix acris. Vide *Robertum Stephanum de Latinis & Græcis nominibus arborum in* Cyperus.

integra vel pulverisata, Amigdala, aliqua animalia, aut coria eorum, seu quorumcumque aliorum animalium, Ferrum, Calibem, seu Acerium, *(d)* Cendala, telas, sericum, seu cotonum, arma, equos, mulos, equitaturas, lanas, pannos, *(e)* pelliperiam crudam, sive paratam, *linum, canapem,* sive *chanvre* filatum & non filatum, aurum argentum in vasis jocalibus, pecunia, seu massa, billonum, seu quamcumque speciem pecuniarum, auri vel argenti in Regno nostro, vel extra regnum nostrum fabricatarum, granas ad tingendum, Alumen, *(f)* Gaidas, Bresil, Ceram, sepum, auxangiam porcinam, vel aliam adipem sive *oint*, oleum, & quamlibet speciem liquorum pinguium, cuprum, plumbum, stamen, seu quodcumque metallum, cineres viniperum, seu gravellam vinorum, *& quascumque merces, seu mercaturas alias, etiamsi in præsentibus non nominentur, quas pro nominatis expresse* volumus *haberi, de prædicto regno trahi, portari, seu deferri nullatenus permittatis, absque nostris patentibus literis, vel illorum quos ad hoc duxerimus deputandos, de personis quibus super hoc gratiam fecerimus, aut nos facere continget expressam facientibus mentionem.* PHILIPPE IV. dit le Bel, à Paris, le 1.er Fevrier 1304.

(2) Si verò *aliquis, vel aliqui res, vel merces prædictas, aut aliquas ex eisdem de regno nostro prædicto contra nostram prohibitionem extrahere attentaverint, seu in viâ posuerint extrahendi, easdem res, sive merces, nec non equos, quadrigas, & hernesia quas & quæ cum omnibus aliis quæ cum eis tunc reperientur volumus & decernimus nobis esse ipso facto commissa,* capiatis, saisiatis, & arrestis, & ea nostris *utilitatibus applicetis, seu capi, saisiri, arrestari, & nostris faciatis utilitatibus applicari.*

(3) Volumus *tamen quod* mercatores de extra regnum nostrum, *qui pannos, argentum, aurum, vel merces, aut quævis alia non vetita ingredi in regnum nostrum attulerint, vel afferri fecerint, merces alias non prohibitas extrahi, seu* pecunias nostras modernas, aureas, argenteas, *vel nigras usque* ad valorem rerum, vel mercium quas attulerint, vel *afferri fecerint in dictum regnum nostrum, & in eo dimiserint, possint extrahere ac etiam reportare.*

(4) Nostræque *intentionis existit ut Gingibretum, pignoletum, ciminum, & ceteræ species aromaticæ edibiles superius non expressæ, ad quascumque partes amicorum nostrorum, de prædicto nostro regno libere possint trahi.*

(5) Quia *vero per facti evidentiam didicimus, quod nostri & dicti regni Franciæ inimici, quanto de ipso regno ampliora subsidia receperunt, tanto contra nos & ipsum regnum suorum nefandorum conceptuum rebellionis & nequitiæ aculeos asperius exercerunt, vobis & vestrum cuilibet iterato* mandamus *quatenus studeatis cum omni diligentiâ & sollicitudine providere ne de prædictis aliqua patrocinia vel subsidia, nostris proveniant inimicis & ne fraus circa hoc aliqua committatur.*

Damus *autem omnibus Senescallis Ballivis, Præpositis, & aliis justitiariis & subditis nostris tenore præsentium in mandatis, ut in præmissis & ea tangentibus vobis & cuilibet vestrum pareant, parerique faciant efficaciter & intendi.* Datum Parisius primâ die Februarii, anno Domini millesimo trecentesimo quarto.

NOTES.

(d) Cendala.] Le cendal estoit une étoffe, ou une penne de soye. Le cendal estoit ou simple, ou double, & renforcé. *Gesta Gaufredi de Lauduno Cœnomanensis Episcopi* page 390. *Dedit etiam quinque parie vestimentorum pontificalium, videlicet capsulam, dalmaticam, tunicam, quorum unum par est de samito, secundum de Cendato infortiato rubro &c.* Parce qu'il y a beaucoup plus de difficultez dans le second livre du Digeste, il a esté nommé *Infortiat*, c'est-à-dire, *Digeste renforcé.*

(e) Pelliparíam crudam, sive paratam.] Par ces mots, il faut, ce semble, entendre de la pelleterie preparée & non preparée.

(f) Gaidas.] *Gaida* est une herbe nommée *Guesde*, dont on se sert pour teindre en bleu. Elle est appellée *Pastel* en Languedoc, & en latin *Glastum.*

PHILIPPE IV. dit le Bel, à Paris, le 6. Fevrier 1304.

(a) Letres portant defenses de transporter des Bleds, des Vins, & autres marchandises hors du Royaume.

PHILIPPUS Dei gratiâ Francorum Rex universis præsentes literas inspecturis, Salutem. Cum pro subditorum nostrorum necessariâ sustentatione, de fidelium nostrorum consilio, deliberatione super hoc præhabitâ diligenti, per alias nostras super hoc, sub certâ confectas formâ (b) literas districtius duxerimus inhibendum, ne blada, vina, aut quævis victualia, panni, lanæ & cœtera alia, in dictis expressa literis, extra regnum nostrum hiis diebus, sine nostrâ licentiâ speciali trahantur, de quâ per nostras, aut illius, seu illorum quem vel quos ad hoc duxerimus deputandos patentes liqueat : adjicientes certam pœnam in facientes, vel attentantes quomodolibet facere contra tenorem dictæ prohibitionis nostræ : nostræque intentionis existat ut de bonis quibus regnum nostrum abundaverit, Domino largiente, amicis nostris & Regni ejusdem circumpositarum terrarum in eorum oportunitatibus succurratur, summeque intendamus cavere, ne de bonis ipsis ad inimicos nostros, vel eorum terras aliquid transferatur, seu etiam ad quodvis ipsorum commodum, vel subsidium de regno nostro trahatur : Considerantes quoque parum esse prohibitionem fecisse prædictam, nisi esset qui eam faceret observari.

Ideò, & ut remaneant in Regno necessaria Regnicolis, & de bonis ipsis, quantum se offeret bonorum copia prædictorum, proviso prius Regnicolarum necessitati, subveniatur eisdem amicis, & nostri regnique inimici a bonorum hujusmodi participatione penitus sint exclusi, dilectum & fidelem Gaufridum dictum Coquatrix familiarem nostrum, de quo plane confidimus, quod hujusmodi prohibitionem nostram debite & fideliter faciet observari, quemque ad hoc novimus oportunum, ut pote habentem notitiam de hiis que magis regno expediunt, pro regnicolarum necessariâ sustentatione, ut ea retineat & faciat retineri, ac scientem, quo ad eosdem nostros & regni ejusdem amicos affectu ducimus, ut apud eos de quibus oportunum viderit de bonis prædictis transire permittat, ac non ignorantem, quibus modis a dictorum participatione bonorum dicti nostri ac regni inimici arctius excludantur. Ipsum Gaufridum tenore præsentium deputamus, ad ponendum custodias circa regni passagia, in dictâ prohibitione contenta, jamque positas admovendas & alias instituendas ibidem, pœnas in dictâ prohibitione indictas in contra venientes, facientes, vel attentantes quomodolibet infligendas, dudumque licentiam trahendi ad partes amicorum nostrorum, quæ pro eorum oportunitate a regno trahenda viderit, & alia circa hoc facienda quæ viderit oportuna.

Cœterum cum dudum a nobis alias inhibitum fuerit ne panni, aut merces aliæ inimicorum nostrorum in regnum nostrum adducantur, aut receptentur, ac merces quascumque ipsorum & de suis partibus venientium ubicumque in regno nostro inventa fuerint, tanquam commissas nostris mandaverimus rationibus applicari, volumus & tenore præsentium mandamus omnibus justitiariis & custodibus passagiorum regni nostri, quatenus pannos & alias merces dictorum inimicorum nostrorum, vel de eorum partibus venientes, ubicumque eas invenerint, extra sacra & religiosa loca, capiant, & nostris rationibus applicent, nisi de nostrâ speciali licentiâ vel ejusdem Gaufridi per nostras vel ipsius patentes literas constiterit, prædictos pannos & merces in regnum nostrum fuisse in præsentiarum & deinceps adductos. Damus siquidem omnibus justitiariis & subditis in mandatis ut prædicto Gaufrido & deputatis ab ipso per suas pa-

NOTES.

(a) Ces letres sont au Tresor des Chartes, Registre cotté au haut 35. & au bas 10. fol. 97. verso, piece 195.

(b) Literas.] Voyez le mandement du premier Fevrier 1304.

tentes

tentes literas, in præmissis & præmissa tangentibus, pareant & intendant. Actum Parisius sextâ die Februarii, anno Domini millesimo trecentesimo quarto.

PHILIPPE IV. dit le Bel, à Paris, le Dimanche aprés la Chandeleur, l'an 1304.

(a) Ordonance, ou Reglement touchant les Bleds & autres Grains.

SOMMAIRES.

(1) On envoyera par toutes les Villes de la Vicomté de Paris, pour sçavoir combien il y aura de grain froment, de meteil, de seigle, d'orge, d'avoine, & de toute autre sorte de grain, combien il en faudra dans chaque lieu pour nourrir les habitans, combien il en faudra pour semer, & l'on fera porter le reste aux marchez, non tout à la fois, mais peu à peu, ensorte que les marchez puissent estre fournis, jusques à la prochaine recolte.

(2) Dans la terre de Montmorency, & dans celles des autres Barons, cette perquisition sera faite par leurs Officiers, avec un preud'home qui sera commis par le Prevost de Paris, afin qu'il ne se commette à cet égard aucune fraude.

(3) On fera une pareille recherche dans les granges des personnes religieuses, & des Nobles qui ont leurs manoirs hors de la Vicomté, où ils ont accoûtumé de faire porter leurs grains.

(4) Il sera crié solennellement, que tous les grains que l'on portera aux marchez seront sous le sauf-conduit du Roy, & qu'on ne pourra les saisir, ni les charettes, ni les chevaux &c.

(5) Celuy qui voudra avoir du bled, ou autre grain le payera comptant, & il ne pourra en emporter pour mettre en grenier, sous peine de le perdre.

(6) On ne pourra faire de la Cervoise, ou Biere sous peine d'amende.

(7) On pourra voiturer directement des grains à Paris pour la necessité de la Ville.

(8) La presente Ordonance sera publiée és lieux de la Vicomté, que le Prevost choisira, sans aucun delay.

PHILIPPE par la grace de Dieu Roys de France, au Prevost de Paris, *Salut.* Pour le commun profit de nostre Royaume, nous avons fait une Ordonance en la maniere qui s'ensuit.

(1) Len *envoyera* par toutes les *Villes*, & par le *Villages de la Vicomté de Paris*, & saura len par tout *combien il aura de grain froment, metail, soigle, orge & avoine, & toute autre maniere de grain*, & combien en chascune Ville, & és territoires, & *combien il en faudra pour leur vivre* jusques aus nouviaus, & *pour semer*, & ce qui sera par dessus *len fera porter aux marchiez* dedanz celle *Vicomté*, au plus prés des lieus, ou li *marchiez* seront, ne ne fera len pas tout porter ensamble, *mes petit à petit*, si que le grain se puisse continuer jusques au nouvel, & ne sera pas souffert *que il en soit point trait hors ladite Vicomté*, sans congié especial.

(2) Et est assavoir que en la terre de *Montmorency & des autres Barons, ce sera fait par leur genz*, ajousté aveques eus de par le Prevost de Paris *un preud'homme* qui sera aveques eus, pour veoir que ceste chose se face, sans fraude, en la maniere dessus dite, & qui les choses dessus dites feroit faire & accomplir, se deffaillant en estoient.

(3) Ce mesmes fera len des *granches des Religieux & Chapitres, & des Nobles & non nobles*, qui ont leurs manoirs hors de *la Vicomté*, aus quiex ils ont acoûtumé porter le grain, & en porteront à la suffisance pour eux & pour leurs aumosnes.

(4) Et sera solempnelment crié par tout, que len *emmaine seurement toute maniere de grains aux marchiez*, selonc ce que devant est, au sauf-conduit le Roy, & sanz ce que *nuz y puisse arrester ne prendre chevaus, ne charettes.*

NOTES.

(a) Cette Ordonance est au Tresor des Chartes, Registre de Philippe le Bel, cotté au haut 36. & au bas 12. *fol.* 86. piece 200.

PHILIPPE IV. dit le Bel, à Paris, le Dimanche aprés la Chandeleur, l'an 1304.

(5) Et qui le blé, ou le grain voudra achater, *si paie tantost l'argent, ou len li pourra denoier* que il n'enporte point, en tele maniere que nus *n'achate grain pour mettre en granier sur paine de le perdre.*

(6) Derechief que nus ne face cervoise, & se nus depuis le temps de nostre deffance l'a faite, que bonnes amandes en soient levées.

(7) Et est à entendre que quiconques voudra, puisse droite voye, sans fraude, amener & faire amener à Paris pour l'aisement de la Ville, toutes manieres de grains, & de vitailles.

(8) Pourquoy nous te *mandons* & estroitement commandons, que lû ladite Ordenance, és lieux de ladite Prevosté, ou tu verras convenir, face sanz delay publier & crier, accomplir & garder diligemment, en tele maniere que nous en ceste partie puissions appercevoir ta diligence. Donné à Paris le Dimanche aprés la Chandeleur l'an mil trois cens quatre.

PHILIPPE IV. dit le Bel, à Paris, au mois de Fevrier 1304.

(a) Ordonance portant que le Change de Paris sera sur le grand Pont.

SOMMAIRES.

(1) Le Change de Paris sera sur le grand Pont du costé de la Greve, entre la grande arche & l'Eglise de S.t Leufroy.

(2) On n'exercera pas le Change ailleurs, sous peine de confiscation des choses changées.

(3) Si quelques-uns de ceux du Change, en avertissant, donnent lieu à la confiscation, ils en auront la cinquiéme partie.

PHILIPPUS *Dei gratiâ Francorum Rex : Notum facimus universis tam præsentibus quam futuris, quod nos ad ea, que pro bono communi utiliùs expedire videntur, aciem considerationis dirigere, & propter hoc eorum qui* facto Cambii Parisiensis ingruunt, *statum & usum in melius ordinare studentes,* duximus ordinandum.

(1) Quod Cambium Parisiense erit & tenebitur super nostrum magnum *Pontem solummodò, a parte Gravie,* inter Ecclesiam beati Leofredi & majorem archam, *sive dessectum ipsius Pontis, prout hactenùs ante corruptionem pontis ejusdem quondàm lapidei extitit consuetum.*

(2) Item. *Quod nulli omninò liceat* alibi, quàm in loco illo Cambiare, *seu Cambium tenere Parisius, aut infra banleucam, & quod si contrà hujusmodi* ordinationem nostram secùs *fieri contingat imposterùm, & reperiri, pecunia seu res illa quæ alibi quàm in loco* ad hoc per nos ordinato, *cambiata fuerit,* vel ad Cambiandum fuerit ordinata, *nobis cedet penitùs in commissum.*

(3) Item. *Quod* si per aliquem habentem sedem, seu locum in Cambio *prædicto, commissum hujusmodi nobis delatum fuerit,* volumus, *& ne frustrà se in hoc laborasse doleat, ei concedimus, quod cum pecunia, seu res illa per gentes nostras fuerit tamquàm commissa judicata, nobisque applicata,* quatuor partibus *illius pro jure nostro retentis, ipse habeat* quintam partem *residuam sibi pro salario & labore suo, per gentes easdem de speciali gratiâ liberandam : Quod ut firmum permaneat in futurum, salvo in omnibus jure nostro & etiam alieno, presentibus literis fecimus nostrum apponi sigillum. Actum Parisius, anno Domini millesimo trecentesimo quarto mense Februarii.*

NOTES.

(a) Cette Ordonance est en la Chambre des Comptes, Registre C. *fol.* 127. au Tresor des Chartes, Registre de Philippe le Bel, pour les années 1302. 3. 4. & 5. piece 50. Voyez Du Cange dans son glossaire, sur le mot *Cambium publicum*, où il dit qu'elle est au Registre 36. du Tresor, nombre 199.

PHILIPPE IV. dit le Bel, vers le mois de Mars 1304.

(a) Mandement au Bailli de Vermandois, contenant reglement pour le prix des Grains.

SOMMAIRES.

(1) Il sera crié solennelement dans tous les Baillages, les Vicomtez, les Prevostez & autres lieux, que nul, sous peine de confiscation de biens, ne vende le sextier du meilleur froment, mesure de Paris, plus de quarante sols Parisis, & le sextier d'autre moindre bled, à proportion.

(2) Le sextier des meilleures feves & du meilleur orge, à la mesure de Paris, sera vendu trente sols, le sextier de la meilleure avoine vingt sols, le sextier du meilleur son dix sols, le moindre à proportion, & ainsi des autres grains.

(3) Celuy qui aura des grains marquez cy-dessus ce qui luy en sera necessaire, pour la nourriture de sa maison, & pour ses semailles, sera obligé d'envoyer le surplus au marché, non tout à la fois, mais peu à peu, pour estre vendu au prix fixé cy-dessus.

(4) Si après la proclamation publique qui sera faite, il se trouve chez quelques-uns, des grains, au de-là de la quantité qui leur est accordée, les grains seront confisquez au profit du Roy.

(5) L'Ordonnance susdite sera publiée par les Baillis, aux lieux qu'ils marqueront. Ils la feront observer, & feront punir severement ceux qui y contreviendront.

(6) Et afin que la susdite Ordonnance soit mise à due execution, Nicolas de Laigny *& Guillaume* de Tournay, *nommez par d'autres lettres, feront la perquisition des grains, & compensant la mesure d'un lieu avec celle d'un autre lieu, ils les reduiront toutes à celle de Paris.*

PHILIPPUS *Dei gratiâ Francorum Rex, Ballivo Viromandensi.* Salutem. *Sicut in subjectorum nobis populorum tranquillitate, & prosperitate venturâ gloriamur uberius, sic & in ipsorum afflictione & adversitate noxiâ, & oppressis compatimur, & condolemus afflictis, vias exquirentes & modos, juxta datam nobis a Deo potentiam, quibus & eorum succurratur indigentiis, dispendiis obvietur.*

Cùm itaque victualium omnium *& precipue* bladorum, pisorum, fabarum, hordei, avene, ceterorumque granorum, *quibus sustentari consuevit populi multitudo, adeo in regni nostri partibus, Domino permittente, (b)* caristia invaluerit *his diebus, quod humilis plebis copia innumerabilis, nisi eis indilato succurratur remedio, diutius, absque gravi totius vulgi dispendio, non poterit sustentari.*

(1) Generali condolentes excidio, presertim cum necessitatis tempore omnia fere communia jura publice proterantur, consulte duximus ordinandum, *quod baillivias, vicecomitatus, preposituras, & alia loca regni nostri, de quibus expedire viderimus, faciemus* publice proclamari, *ac etiam inhiberi, sub omni amissione bonorum, ne quis subditorum nostrorum* sextarium frumenti melioris, ad *mensuram Parisiensem, ultra summam* quadraginta solidorum parisiensium, vendere, *vel emere, seu vendi, aut emi facere, quoquomodo presumat.* Et sextarium frumenti, seu bladi minoris, pro minori pretio, *vendi, aut emi descendendo, precipimus, habitâ consideratione ad valorem & pretium melioris sextarii, aut pisorum meliorum, ad mensuram predictam similiter, pro quadraginta solidis Parisiensibus, & minora pro minori pretio descendendo, vendi precipimus, ut est dictum.*

(2) Fabas *quoque, &* hordeum, *pro* triginta *solidis,* avenam *que pro* viginti *solidis, &* furfur *pro* decem *solidis parisiensibus, sextarium ad mensuram parisiensem, de* melioribus *&* de aliis *pro minori pretio descendendo, ac* cetera grana, *habito res-*

NOTES.

(a) Ce Mandement est au Tresor des Chartes du Roy, Registre de Philippe le Bel cotté au haut 36. & au bas 12. piece 313. où il est sans date. Mais comme il fut presque aussitost revoqué par l'Ordonance suivante, qui est du jour de Pâques fleuries, ou du Dimanche des Rameaux 1304. on a crû devoir le placer vers le mois de Mars precedent. Voyez la note sur l'Ordonance suivante à la letre B.

(b) Caristia invaluerit.] Ainsi en 1304. il y eut une grande famine dans le Royaume.

PHILIPPE IV. dit le Bel, vers le mois de Mars en 1304.

pectu ad meliora, juxta eorum qualitatem, vendi volumus, *modo, quo superius est expressum.*

(3) Statuentes nihilominus, quod quicumque granum predictum habuerit, ultra domus sue sustentationem, *&* seminum portionem *necessariam moderatam, hujusmodi sustentatione & portione retentis,* residuum ad mercata circumvicina *(c) paulative ad sufficientem necessitatem villarum & locorum vicinorum,* non totum insimul una vice, defferri faciat *& vendi, pro pretiis supradictis.*

(4) Quod si post proclamationem hujusmodi, ultra retentionem concessam, penes quemcumque, granum predictum valeat reperiri, illud fisci nostris commodis, tanquam commissum statuimus applicari.

(5) Vobis itaque precipimus, & mandamus quatenus in civitatibus, oppidis, bonis villis & aliis locis baillie vestre, de quibus expedire videritis, ordinationem, & statutum *predictum publice & solempniter proclamari, & in qualibet sui parte faciatis firmiter* observari. *Si quem, vel quos ipsius* transgressores inveneritis, animadversione in eosdem expressa punientes, *nemini in hac parte parcendo, nisi de nostrâ speciali licentiâ, seu mandato.*

(6) Et ut statutum & ordinatio *predicta melius executioni valeant demandari,* Nicolaum de Laignaco, & Guillelmum de Tornaco, in Viromandensi, & Ambianensi Baillivis, *per alias nostras, sub certâ formâ, literas* deputavimus, *qui grana hujusmodi, cum diligentiâ* investigent, *& equipollentiâ,* seu compensatione de variis mensuris, *per dictas Ballivias constitutis,* ad mensuram parisiensem, *factâ, necnon vecture, deductis custibus, pretium in dictis granis apponant, & ea, ut premittitur, ad mercata paulative differri faciant, pro ut utilitati publice melius viderint expedire, ceteraque in commissione sibi factâ contenta plene & fideliter exequantur.*

NOTES.

(c) Paulative.] Il y a ainsi dans le manuscrit.

PHILIPPE IV. dit le Bel, à Paris en 1304. le jour de Pasques fleuries.

(a) Ordonance qui revoque celle, par laquelle le Roy avoit fixé le prix des Bleds, & qui permet à ceux qui les feront porter au Marché d'en tirer le prix qu'ils pourront, pourvû qu'il ne soit pas excessif.

SOMMAIRES.

(1) Ceux qui auront des grains au de-là de ce qui leur en faut pour la nourriture de leur famille, & pour leurs semailles, seront obligez d'en envoyer le surplus au marché, ou d'en publier la vente, pour en avoir le prix dont ils conviendront, avec ceux qui l'acheteront, pourveû que le prix ne soit pas excessif.

(2) Les grains qui seront à vendre seront transportez seurement à Paris & aux autres marchez, sans que personne puisse saisir, ou arrester les chevaux & les charettes.

(3) Aprés que le cri public aura esté fait, s'il se trouve quelqu'un qui ait des grains au de-là de la quantité marquée, sans les faire porter au marché, ou sans faire publier qu'ils sont à vendre, tout ce qui s'en trouvera, dans les domaines du Roy, luy sera acquis, & ce qui sera dans les autres domaines, sera acquis & confisqué aux Seigneurs.

(4) Les denonciateurs auront la vingtiéme partie de la forfaiture.

(5) La presente Ordonance sera criée solennellement.

PHILIPPE par la grace de Dieu Roys de France, au Ballif de Senliz. *Salut.* Comme nous a refrener la commune tempeste, & necessité qui est es

NOTES.

(a) Cette Ordonance est au Tresor des Chartes, Registre cotté au haut 35. & au bas 10. fol. 105. piece 207. Il y a au bas qu'elle fust envoyée aux Baillis d'Amiens, de Vitry, de Chaumont, de Senlis, de Vermandois, de Tours, d'Orleans & de Troye.

PHILIPPE IV. dit le Bel, à Paris en 1304. le jour de Pasques fleuries.

jours d'huy, pour la chierté *de blez, de pois, de féves, de orge, de avaine*, & de autres *grains*, dont la Communeté de pueple est soustenüe, eussiens *(b) nagueres ordené* & *establi*, & communelment fait crier & defendre par nostre Royaume, que nus de noz foubgiez, feur poine de perdre touz ses biens, ne osat vendre *forment* le meilleur, plus de quarante sols, *pois* plus de *quarante sols, féves & orge* plus *de trente sols, avaine* plus de *vingt sols, & bren* plus de *dix sols*, le sestier des meilleurs, *à la mesure de Paris*, ne osast vendre, ne achater, ne fare vendre, ou achater, & fust nostre entente que les grains dessus diz, qui ne fussent pas des meilleurs, & les *autres grains de mains* de value fussent venduz pour plus *petit pris*, en consideration à la value & au pris des meilleurs. Du quel *estatut*, & de la quele *Ordenance* nous esperions que plus grant *alegement, &* plus grant *pourveance* deust venir à nostre pueple, que encore *n'est fait*. Toutesvoies que pour ce que les nouveles causes seurvenans, il convient aucunes fois muer les conseiz, & les Ordenances.

(1) Nous pour ce que plus hastivement puist estre secouru à la necessité de nostre pueple, par nostre Conseil *avons rapelé, & rapelons les prix que nous avions mis esdiz grains*, si comme dit est, & avons ordené & establi, *& ordenons & establissons*, que *quiconques* de nostre Royaume, de quel condition, ou estat que il soit, *ara de grains dessusdiz, outre la necessité que li faudra pour la soustenance de lui, ou de sa gent*, jusques à nouviaus, & pour ses *semences*, soit tenus à apporter, ou faire apporter aus marchiez à Paris, ou ailleurs aus marchiez accoustumez des lieus, où les grains seront, *tout ce que il en ara, outre la necessité dessusdite, &* vendre & donner pour tel *pris comme il en pourra avoir, & que l'acheteur en* voudra donner atrempeement toutesvoies, ou au mains faire savoir, & crier communelment par les marchiez, *que il a grain à vendre*, en disant la quantité & que volentiers le vendra qui achater le voudra.

(2) Et voulons & commandons que seurement, & pesiblement, & sans empechement il puissent venir à Paris aux marchiez, si que dit est, pour aporter les grains dessusdiz à vendre, sanz ce que nuz de nostre Royaume, de quelque estat que il soit, le puisse empeschier, ne prendre leurs chevaux, leurs charetes, ne leur harnois. Et ces choses voulons nous estre criées par les Ballies, les Viscontez & les Prevostez de nostre Royaume, & par tous les lieus communs.

(3) Establissans & ordenanz que se emprés le cri devant dit fait sollempnelment, en trouvoit chiés aucun des grains dessusdiz, ou aucun en retenoit, ou celoit, outre la necessité que il li en convient, si comme dit est, & que il ne le feist porter aus marchiez, ou feist crier que qui le voudroit achater, que il le *venist querre & achater* & il le vendret, si comme dessus est devisé, tout ce qui en noz demaines seroit trouvé, ou seu retenu, celé, ou non mis en vente, soit *forfait* à nous, & ce qui seroit trouvé és *demaines de ceux qui ont haute justice, soit forfait* à eus.

(4) *Et voulons & otroions*, que quiconques pourra loiaument, & sanz fraude enseignier & encuser à nous, ou à nos genz, grain ainsi retenu, recelé, ou non mis en vente, ait *la vingtiesme partie de la forfaiture*, pour son salaire.

(5) Si te mandons & commandons que tu c'est Estatut, & ceste Ordenance faces crier sollempnelment, par toutes les bonnes Villes de ta Ballie, & la faces fermement & estroitement garder. Et si tu treuves aucun qui la enfraigne quel que il soit, si le contrains & punis par la paine qui i est contenue. Et pour miez faire l'execution de ces choses, nous voulons que en chascune bonne ville de ta Ballie,

NOTES.

(b) Nagueres ordonné] C'est par cette raison que le Mandement qui precede, adressé au Bailly de Vermandois, lequel se trouve sans date d'année, de mois, ni de jour, a esté mis avant cette Ordonance-cy, & daté devers le mois de Mars 1304. Depuis lors qu'il y a eû des famines on a deliberé si l'on fixeroit le prix des grains, & aprés de meures deliberations, on a jugé à propos de n'en rien faire, de crainte que l'abondance ne manquast dans les marchez. Ces embarras cesseront lors qu'il y aura des magasins publics.

ou nous avons toute justice, en establisses deus preudes hommes, qui facent faire & garder. Et es lieus ou autres ont haute justice, li Seignor establissent en ceste maniere des hommes pour eus, à ce faire, & tu un pour faire l'execution, se il en estoit en deffaut. *Donné à Paris le jour de (c) Pasques Flouries, l'an de grace mil trois cens & quatre.*

NOTES.

(c) *Pâques flouries.*] C'est le jour des Rameaux. *Dies Palmarum, sive florum, atque Ramorum.*

PHILIPPE IV. dit le Bel, à Parcent, le Mardy aprés Pasques fleuries, 13. Avril 1304.

(a) *Mandement portant defenses de faire des Tournois.*

PHILIPPE par la grace de Dieu Roys de France, au Ballif de Sens, *Salut.* Vous savez que nos avons expressement *deffendu, & fait deffendre tournoiemenz,* & les armes par nostre Reaume, à la quele defense nous entendons que plusieurs *gentizhommes* de vostre Ballie, & du ressort ont esté, & sont desobeissant & rebelles. Si vous *mandons & commandons* que vous enquerez si diligeaument comme vous pourrez, des noms d'iceus qui sont alez contre ladite defense, & ceus *faites prendre & enprisonner,* & leurs terres & leurs biens saisir, & tenir en nostre main sanz rendre & sanz recroire, sans nostre especial *commandement. Et faites tantost ladite defense en toutes les bonnes villes de vostre Ballie renouveller par cri si efforciement comme vous pourrez, & la garder & tenir sanz aler encontre. Et se il avenoit que aucuns se vousissent efforcier de tournoier en icelle* Ballie contre nostredite defense. se ne le souffrez mie, & se il ne vouloient obeir feissiez que par force il obeissent en tele maniere, que il ne eussent point de pouair d'aler en contre. Et de ce soiez si diligent, & si curieus que il ni ait defaut par vostre colpe dont vous doiez estre puniz. *Donné à Parcent le mardi aprés Pasques Flouries en l'an de grace mil trois cens & quatre.*

NOTES.

(a) Ces deffenses sont au Tresor des Chartes, Registre cotté au haut 35. & au bas 10. *fol.* 106. piece 208. De pareilles letres furent envoyées aux Baillis de Vermandois, de Bourges, d'Amiens, de Vitry, de Caux, au Prevost de Paris, & aux Baillis de Chaumont, de Gisors, d'Orleans, de Roüen, de Coutances, de Tours, de Troyes, de Caën, & au Senechal de Xaintonges, touchant les Tournois.

Il y eût anciennement en France trois differens desordres, que nos Roys eurent peine à abolir, sçavoir les *guerres privées,* les *duels* ou *gages de batailles,* & les *tournois.*

En l'année 1245. S.t Loüis tâcha d'arrêter le cours des *guerres privées* par son Ordonance du mois d'Octobre 1245, en introduisant une treve de 40. jours, à compter du fait qui donneroit lieu à la guerre. Ce qui se nomme la *Quarantaine le Roy.* Voyez cy-dessus, page 56.

En 1260. au Parlement de la Chandeleur, il deffendit les *duels & les gages de batailles* dans ses domaines, & il introduisit en la place, la *preuve* par témoins. Voyez cy-dessus pages 86. 87.

En l'année 1304. au mois de Janvier Philippes le Bel deffendit les tournois, par des Mandemens envoyez aux Baillis & Senechaux, & de temps en temps il fit de pareils Reglemens.

Les Roys ses enfans firent de semblables deffenses, Et les Papes ayant joint l'autorité spirituelle à la temporelle, les *tournois,* ainsi que les *guerres privées,* & les *duels* ont esté enfin abolis, avec beaucoup de peines.

Voyez les Decretales de Gregoire IX. liv. 5. tit. 13. Les Extravagantes de Jean XXII. tit. 9. *Anastasium Germonium, Innocentium Cironium in Paratitlis* ad Titulum Decretalium *de Torneamentis. Schubartum de Ludis equestribus. Summam S. Raymundi lib. 2. tit. 2. & tit 3.* Le Pere de S.te Marie, dans ses Dissertations liv. 1. Dissertation 8. & M. Ducange dans ses Dissertations sur Sire de Joinville, chapitres 6. & 7.

(a) Ordonanc:

PHILIPPE IV. dit le Bel, à Parcent de lez Beaumont, le Mercredy aprés les octaves de Pasques 1305.

(a) Ordonance contenant Reglement touchant les Talemeliers de Paris.

SOMMAIRES.

(1) Si les Talemeliers de Paris ne font pas leur pain suffisant, toute leur fournée sera forfaite, & ils seront encore punis par le Prevost de Paris.

(2) Toute personne de Paris, ou demeurant à Paris, peut faire du pain en sa maison, & le vendre en payant les droits accoûtumez.

(3) Tous les jours de la semaine chacun pourra librement apporter son pain, son bled, & des vivres à Paris pour les y vendre.

(4) Les Talemeliers & autres qui vendent du pain seront obligez de le faire suffisant, de juste poids, & de prix proportionné à la valeur du bled, à quoy le Prevost de Paris aura attention.

(5) Les vivres & denrées seront amenées aux marchez, & venduës dans les marchez, & personne ne pourra acheter des bleds, ni autres grains pour les revendre.

(6) Lorsque les marchandises voiturées à Paris auront esté apportées, les particuliers pourront en prendre comme les marchands, en gros.

PHILIPPE par la grace de Dieu Roy de France, *au Prevost de Paris, Salut.* Nous avons oy les requestes de la Communaulté des genz de Paris, sur lesquelles nous avons *ordené* & repondu pour le commun prouffit, si comme cy-dessoubz est contenu.

Premierement que comme les *(b) Talemeliers* de Paris maintenissent que pour *pain moins souffisant* fait, ilz sont quites pour *six deniers paiant de l'amende,* en quoy ils en pouvoient, ou devoient estre. Nous avons *ordené & ordenons quant* à ores, tant comme il nous plaira, que non contretant leur privilege, se nul en ont sur ce, quiconque fera *pain moins souffisant,* & sera prouvé contre luy, *toute la fournée sera forfaite,* & sera encore *punis* à l'esgart de nostre *Prevost de Paris.*

(2) Item. Nous *ordenons* & *voulons* que chacun de Paris, ou à Paris demourans puisse pain faire & *fournier en sa maison,* & vendre à ses voisins, en faisant pain souffisant & raisonnables, & en paiant *(c)* les droitures accoustumées.

(3) Item. Nous *ordenons* & *voulons* que tous les jours de la sepmaine quiconque vouldra, puisse à Paris apporter pain & blé, & toutes autres vitailles, & vivres à vendre seurement & paisiblement.

(4) Item. Nous *voulons & ordenons* que par nostre Prevost de Paris, les Talemeliers, & tous autres qui pain voudront faire, soient contraints de faire pain souffisant & *(d) de valüe convenable à juste poiz,* selon le *pris & l'estimation que blé vauldra,* & que a ce *(e)* ledit Prevost se prengne garde & establisse, & mete le poiz, & establisse certaines personnes à regarder que la chose soit faite bien & loyalment, & tout par le conseil de noz genz de Paris.

(5) Item. Nous *commandons* & *ordenons* que toutes denrées soient venduës & amenées en plain marchié, & deffendons estroitement que nulz ne soit si hardis que il achete ne vende denrées, vivres, ne vitailles ailleurs que en plain mar-

NOTES.

(a) Cette Ordonance est au livre vert vieil du Chastelet *fol. 11. verso.*

(b) Talemeliers.] C'estoient des Boulangers. On ne sçait pas l'origine de ce mot, dont celuy de *Talmouse* qui nous reste, est derivé. Voyez les antiquitez de Paris de Du Breüil in 4.° de l'Edition de 1612. page 402. de la Thaumassiere dans son glossaire sur Beaumanoir, Menage dans ses étymologies, & *Cangium* in glossario in verbo *Talemarii.*

(c) Les Droitures accoûtumées.] Voyez Du Breüil au lieu cité cy-dessus.

(d) De valüe convenable.] Voyez les Ordonances de la Ville, au Titre des Boulangers, & le traité de la Police, livre 4. titre 4.

(e) Ledit Prevost se prengne garde.] Voyez le Traité de la Police, livre 4. titre 4.

PHILIPPE IV. dit le Bel, à Parcent de lez Beaumont, le Mercredy aprés les octaves de Pasques 1305.

chié, & que nul n'achete blé, ne grain autre *(f) pour revendre* le jour du mesme marchié.

(6) Item. Nous *voulons & ordenons* que de toutes denrées venans à Paris, puisqu'elles seront *(g)* afforées, tout le commun en puisse avoir pour tel pris, comme *(h)* li grossier les acheteront.

Si te mandons & commandons que tu *ceste Ordenance faces crier à Paris communement*, & la faces estroitement & justement *garder & tenir*. Et se tu treuves & sai aucun qui voit encontre, ne face, Nous te commandons que tu en lieves si grosses amendes, & les en punisses par telle maniere, que li autre y prengnent example. *Donné à Parcent de lez Beaumont, le Mercredy aprés les octaves de Pasques, l'an mil trois cens & cinq.*

NOTES.

(f) Pour revendre.] Voyez cy-dessus les letres de Loüis VII. de l'an 1168. n. 12. page 15.

(g) Afforées.] C'est-à-dire, apretiées. Ce mot vient de *Forum*. Voyez mon glossaire sur le mot *feur*, & ce que j'ay observé sur l'article 59. de la Coûtume de Paris.

(h) Li grossier.] Sont ceux qui achetent en gros pour revendre en detail.

PHILIPPE IV. dit le Bel, à Paris, le Mercredy aprés la *Quasimodo* 1305.

(a) Mandement au Prevost de Paris de deffendre de par le Roy, à toutes personnes par Cry solennel, de faire des assemblées publiques, ou occultes, jour, ou nuit, en plus grand nombre que de cinq, sous peine de prison.

PHILIPPUS *Dei gratiâ Francorum Rex, Præposito Parisiensi*, Salutem. *Mandamus tibi, &* præcipimus *districte, quatenus per villam nostram Parisiensem* publice preconisari *& districte* inhiberi, *ex parte nostrâ facias*, ne aliqui cujuscumque sint conditionis, vel ministerii, aut status in villâ nostrâ predictâ, ultra quinque insimul, per diem vel noctem, palam, vel occulte congregationes *aliquas*, sub quibuscumque formâ, modo vel simulatione, *post* preconisationem predictam de cetero facere presumat. *Quod si secus facere & obedire contempserint, quoscumque congregationes ipsas facere, & contra preconisationem nostram fecisse noveris, & qui eos congregatos*, ultra numerum predictum *viderint, & relevare pretermiserint*, capi facias, *& in* Castelleto nostro Parisiensi intrusos teneas absque *liberatione, vel recredentiâ, donec a nobis super hoc aliud receperis in mandatis. Actum Parisius die Mercurii post* Quasimodo, *anno Domini millesimo trecentesimo quinto.*

NOTES.

(a) Ce Mandement est au Tresor des Chartes, Registre de Philippe le Bel, cotté au haut 36. au bas 12. piece 224.

PHILIPPE IV. dit le Bel, à Paris, le 3. May 1305.

(a) Mandement au Prevost de Paris de faire crier solennellement, que les bons gros tournois d'argent nouveaux soient pris pour dix deniers, *&* mailles de bons petits Parisis, *à la valeur des petits tournois nouveaux, & que dix deniers tournois & maille soient pris pour un bon gros tournois.*

PHILIPPE par la grace de Dieu Roys de France, au Prevost de Paris, ou à son Lieutenant, *Salut.* Nous te *mandons*, que tu, veües ces Letres, fai crier par tous les lieus de ta Prevosté que tu verras à ce estre *convenables*, que *chascuns* prenra prenne & mette les bons gros tournois d'argent, que nous faisons faire nouvellement, si bons comme ils furent faiz ou temps du Saint Roy Loys nostre ayeul, chascun pour dix deniers & maille de bons petiz parisis nués, de ceux que nous fasons faire aussi bons comme ils estoient au temps dudit Roy Saint Loys, & à la valüe des bons petiz tournois que nous fasons faire nouvellement en celle meisme bonté qu'il estoient au temps dudit S.t Loys. Et dix deniers & maille desdis bons petiz parisis soient pris pour un desdiz gros tournois, ou autant desdiz bons petiz tournois, à la valüe, en celle meisme maniere que on les prenoit, avant que ceste monoye, qui ores court, qui a esté faite pour la necessité de nostre guerre, fut faite. Et fais crier avec ce, que ce n'est pas nostre entention par ce Cri abatre quant à ores le cours de nostre autre monoye qui ores court, jusques à tant que nous aions autre chose ordené sur ce. Donné à Paris le tiers jours de May, l'an de grace mil trois cens & cinq.

PHILIPPE IV. dit le Bel, à Paris, le 3. May 1305.

NOTES.

(a) Ce Mandement est au Tresor des Chartes, Registre de Philippe le Bel, cotté au haut 36. & au bas 12. piece 226. *fol.* 97.

Touchant ce qui est ordonné par ce Mandement, voyez Le Blanc dans son Traité des Monoyes, sous Philippe le Bel, page 189. de l'Edition de Hollande.

PHILIPPE IV. dit le Bel, à Paris, le Vendredy aprés la S.te Croix, 3. May 1305.

(a) *Mandement à tous Baillis & Seneschaux de faire crier solennellement que les nouveaux royaux d'or seront pris dans tout le Royaume pour onze sols de bons petits Parisis.*

PHILIPPE par la grace de Dieu Roys de France, à touz Seneschaux, Bailliz, Prevotz & à tous autres Justiciers, & à leurs Lieutenanz, à qui ces presentes Lettres vendront, *Salut*. Nous vous *mandons & commandons*, que par *toutes vos Seneschaucies, Baillies*, & touz vos autres lieus, *faciez crier solempnelment* que *nos royaus d'or*, que nous fasons faire à present, soient pris & mis, sans nul contredit, *par tout nostre Royaume, pour onze sols de bons petiz parisis, de ceux que nous fasons faire orendroit*, ou *de l'autre, qui ore court*, à la valüe de *cette bonne monoye, & faites crier que touz noz subgiez, à qui len devra, pregnent chascun desdiz royaux pour ledit pris, sus paine de cors, & d'avoir.*

Donné à Paris, *le jour de Vendredy aprés la feste S.te Croix, l'an de grace mil trois cens cinq.*

NOTES.

(a) Ce Mandement est au Tresor des Chartes, Registre de Philippe le Bel, cotté au haut 36. & au bas 12. piece 249.

PHILIPPE IV. dit le Bel, à Poissy, le 19. May 1305.

(a) Letres Patentes, ou Mandement adressé au Prevost de Paris, touchant les Monoyes.

SOMMAIRES.

(1) Il sera crié par tous les lieux que les Prelats & les Barons, qui ont droit de faire battre des monoyes, ne les feront pas de moindre prix qu'ils les faisoient auparavant.

(2) Les monoyes des Prelats & des Barons &c. n'auront cours seulement que dans leurs terres. Celles d'un Baron n'aura cours dans la terre de l'autre Baron, que comme elles doivent estre mises par leur droit ancien. Et nulles ne seront prises pour denrées, ou marchandises dans les terres du Roy, si ce n'est à billon, ou au Change, sous peine de forfaiture.

PHILIPPE IV. dit le Bel, à Poissy, le 19. May 1305.

(3) Personne, sous peine de perte de corps & d'avoir, ne fera trebucker, ou fondre les monoyes du Roy blanches, ou noires.

(4) Aucune monoye blanche ou noire, & frappée hors du Royaume, n'y sera prise, si ce n'est à billon. Et ceux qui en auront dans les terres du Roy les porteront percées à ses monoyes, sous peine de les perdre, & d'estre punis severement.

(5) Personne sous peine de perdre corps & avoir, ne pourra transporter hors du Royaume, argent, ni billon, & s'ils en ont, ils les porteront aux plus prochaines monoyes du Roy.

(6) Tous ceux qui apporteront argent, ou billon aux monoyes du Roy, pourront aller, venir & passer par toutes ses terres, & celles de ses Barons, sans aucun empeschement.

PHILIPPE par la grace de Dieu Roys de France, au Prevost de Paris, ou à son Lieutenant, *Salut.*

(1) Nous te *mandons & commandons*, que tu, veües ces lettres, fai crier & defendre par touz les lieux de ta Prevosté & du ressort, que tu verras à ce estre convenables, que *nus Prelaz, Barons, Nobles, ou Eglises qui ont droit de faire monoyes,* de quelle condition, ou estat que il soient, *ne facent faire nulles monoyes de mendre pris & loy,* que *il les souloient faire anciennement.*

(2) Et fai defendre que *les Monoyes desdiz Prelaz, Barons, Nobles, ou Eglises* ne *queurent, ne ne soient mises hors de leurs terres,* ne la Monoye de l'un Baron, en la terre de l'autre, fors tant comme elles doivent estre mises & courir *par leur droit ancien,* Et que les monoyes desdiz Prelaz, Barons, Nobles, ou Eglises, de quelle condition ou estat que il soient, ne soient *prises, ne mises à nules denrées, ne marchandises en nostre terre,* fors que à billon, ou au Change, & toutes celles qui y seront trouvées metanz & despendanz, puis ceste criée, seront fourfaites, & acquises à Nous.

(3) Et fai crier que nus sur paine de cors & d'avoir, ne soit ousez *trebuchier ne fondre nos* monoyes blanches, ne noires que nous fasonz faire.

(4) Item. Fai crier que nulle monoye *blanche, ou noire faite* hors de nostre Royaume, ne soit prise ne mise en nostre Royaume fors que à billon, Et que *tous ceux* qui les auront *en nostre terre,* les portent à nos *monoyes perciées,* à celle dont il seront plus prés, sur paine *de perdre lés,* & d'estre *punis griément.*

(5) Item. Fai crier que *nul, seur paine de cors & d'avoir,* ne soit osez porter ne *traire hors de nostre Royaume, argent ne billon,* més que tous ceux qui auront argent & billon en nostre terre, *les portent à la plus prochaine de nos monoyes, de la* où il seront, seur la peine dessusdite.

(6) Et voullons que toute maniere de genz qui aporteront argent & billon à nos monoyes, puissent aler, venir & passer par nostre terre, & par la terre de noz Barons franchement & sans aucun empeschement, ou arrest, par paiant les Coûtumes & les autres devoirs accoustumez.

Et toutes ces choses & chacunes d'icelles fai tenir & garder fermemenz, sanz enfraindre. *Donné à Paris le dix-neufviéme jour de May, l'an de grace mil trois cens cinq.*

NOTES.

(a) Ces letres sont au Tresor des Chartes, Registre de Philippe le Bel, cotté au haut 36. & au bas 12. piece 224.

(a) Mandement adressé au Bailly de Chaumont, touchant le prix des vivres & des denrées.

PHILIPPE IV. dit le Bel, à Cachant prés Paris, devant l'Ascension, le 25. May 1305.

SOMMAIRES.

(1) Il sera crié que nul ne vende en détail, le pain, le vin, & autres vivres & denrées trop cher, mais seulement à prix, ou gain convenable, eû égard à ce que ces marchandises auront esté achetées en gros, sous peine de forfaiture.

(2) Ces denrées seront prisées & venduës à la monoye du Roy, qui a couru, & qui a encore cours, jusques à ce qu'il y ait quelque reglement contraire.

(3) Nul, sous peine de forfaiture des denrées, ne pourra les vendre plus cher à l'occasion des nouvelles monoyes.

(4) Le petit Parisis nouveau sera pris pour un double parisis & demi ancien, & le petit tournois nouveau pour un double tournois & demy ancien.

(5) Ce qui sera ainsi crié sera executé sous peine de perdre les denrées.

PHILIPPE par la grace de Dieu Roys de France, au Baillif de *Chaumont* ou à son Lieutenant, *Salut*. Nous vous mandons que par tous *les lieus* de vostre Baillie que vous verrez à ce estre convenables, faites crier.

(1) Que nul ne soit si hardiz, que le *pain*, *le vin*, les autres vivres, & les autres *denrées* que len vent à détail, ou en autre maniere, vendre trop chierement, mais à convenable feur & guaing, selonc le pris que elles ont cousté, ou valent en gros, seur paine des denrées estre forfaites.

(2) *Item*. Que les denrées devant dites soient *tailliés & venduës à nostre monoie, qui a courru & encores court*, jusques à tant que nous aions autre chose (b) ordené seur ce, pour le commun proufit.

(3) *Item*. Que nul ne soit si hardiz sur paine des denrées forfaire, d'encherir ses denrées par *ocheison* de nostre nouvelle monoye, que nous faisons faire nouvellement, mais soit chascuns tenuz à les donner à aussi convenable pris comme il faisoit avant.

(4) *Item*. Que se aucuns, qui *achate pain, vin, vivres*, ou *autres denrées*, veut paier *un des petiz tournois, ou parisis que nous fasons faire*, & batre nouvellement *du pois & de la loy du temps S.t Loys*, le petit tournois *pour un double tournois & demi, & un petit* parisis pour un double parisis & demi de nostre monoie, qui a courru & encores court, il le puisse faire. Et cil cui on le voudra baillier soit tenuz de le prendre, en tele maniere que chascuns ait autant de toutes manieres de denrées *pour un petit tournois* ou pour *un petit parisis* de la monoie que nous fasons faire & batre orendroit, comme il auroit *pour un double tournois & demi*, ou pour *un double parisis & demi*, de la monoie qui a courru & encores court, jusques à tant que nous aions autre chose ordené seur ce, pour le commun profit.

(5) Et ce voullons nous qui soit gardé sus paine de perdre les denrées, qui autrement le feroit. *Donné à Cachant prés de Paris, le Lundy devant l'Ascension mil trois cens cinq*.

NOTES.

(a) Ce Mandement est au Tresor des Chartes, Registre de Philippe le Bel, cotté au haut 36. & au bas 12. piece 227.

(b) *Ordené sur ce.*] L'affoiblissement des monoyes que le Roy fit faire, dura depuis 1295. jusques en 1306. Voyez ce qu'a remarqué à ce sujet Le Blanc, dans son Traité des Monoyes, sous Philippe le Bel, pages 189. & 190. de l'Edition de Hollande.

PHILIPPE IV. dit le Bel, à Athies, le Jeudy aprés la Trinité 12. Juin 1305.

(a) Mandement au Prevost de Paris, touchant les Monoyes.

SOMMAIRES.

(1) Il sera crié solennellement que les gros tournois d'argent faits du temps de S.t Loüis, non rognez, ni usez, seront pris pour ceux que le Roy faisoit faire alors.

(2) Il sera crié que les gros tournois faits du temps de S.t Loüis, & ceux de poids & de Loy, faits du temps de Philippe le Hardy, ainsi que les nouveaux, seront pris & mis en toutes marchandises, pour trente-un deniers & maille parisis, de la monoye qui avoit couru & qui couroit alors.

PHILIPPE par la grace de Dieu Roys de France, au Prevost de Paris, ou à son Lieutenant, *Salut. Nous te mandons* que tu, veües ces lettres, *fai crier*, par tous les lieus de ta Prevosté, & du ressort, que tu verras à ce estre convenables.

(1) Que chascuns seur peine de cors & d'avoir prengne & mette *les gros tournois d'argent faiz ou temps S.t Loys nostre aieul*, non roognez, ne usez, pour le pris de ceus que nous *fasons faire à present*, *(b)* & ceux aussi qui furent faiz ou temps dudit S.t Loys.

(2) *Item.* Fai crier que yceus gros tournois faiz ou temps dudit S.t Loys, & les autres du pois, & de la Loy dessus diz, faiz ou temps de nostre pere, & tous ceus que nous fasons faire nouvellement soient *pris & mis à toutes denrées & marchandises*, sus la paine dessusdite pour trente & un deniers & maille parisis, de nostre monoye qui a courru & court encores. *Donné à Athies le Jeudy aprés la Trinité Nostre Seigneur, l'an de grace mil trois cens cinq.*

NOTES.

(a) Ce Mandement est au Tresor des Chartes, Registre de Philippe le Bel, cotté au haut 36. & au bas 12. piece 329. *fol.* 98. Voyez Le Blanc dans son traité des Monoyes, sous Philippe le Bel page 189. & 190. de l'Edition de Hollande. On remarquera seulement que le *marc* d'argent, qui au commencement du regne de ce Prince ne valoit que cinquante-cinq sols six deniers tournois, fut porté cette année à huit livres dix sols. Ce qui fut fait par le conseil de deux Florentins nommez *Musichati & Bichi.*

(b) Et ceux &c.] Cecy ne paroist qu'une repetition inutile.

PHILIPPE IV. dit le Bel, à Marcin, le Lundy devant la Magdelaine 22. Juillet 1305.

(a) Letres ou Mandement adressez aux Baillis de Vitry & de Troyes, touchant les Changes.

SOMMAIRES.

(1) Il y aura une table qui sera tenuë en douze, ou quatorze lieux solennels des domaines du Roy, & il sera crié qu'on ne pourra changer qu'aux Monoyes, ou aux personnes preposées par le Roy.

(2) Nul, sous peine de forfaire, ne pourra vendre ni acheter Or & Argent non monoyé du Coin du Roy, avant qu'il ait esté porté à la table, & qu'il y ait esté mis en écrit. Et tout l'Or & l'Argent qui sera vendu aux Changeurs y sera inscrit avant qu'il leur soit livré.

(3) Tous ceux qui auront ainsi de l'or & de l'argent, seront tenus, sous peine de forfaire, de l'apporter dans quinzaine, & de le faire écrire, à moins qu'ils ne le puissent faire pour juste & loyale cause. Et celuy qui dénoncera les contrevenans à la presente Ordonnance, aura le quint de la forfaiture.

(4) Nul ne pourra tenir Change en la terre du Roy, sans son congé.

PHILIPPE par la grace de Dieu Roys de France, *au Bailly de Vitry & de Troyes*, ou à leurs Lieutenans, & aus Maistres des *Foires de Champagne*. Salut.

(1) Pour le profit de tout nostre Royaume, & de *nos monoyes*, Nous avons

ordené

ordoné à faire *(b) une table,* qui sera tenüe en *douze, ou quatorze lieux solempniez en nostre demaine*, & de nostre Royaume, & que il soit crié, que se ce n'est *qu'à nos monoyes*, ou és *changeurs*, qui des-ores *aient nostre autorité & nostre consentement*, de Changer, & tenir Change.

PHILIPPE IV. dit le Bel, à Marcin, le Lundy avant la Magdelaine 22. Juillet 1305.

(2) Nus ne soit si hardis que *Or ne Argent, qui ne soit monoyez de nostre Coing*, qui soit dedanz nostre Royaume & en nostre terre, il vande ne achate, jusques à tant qu'il ait esté portez à nostredite table, & mis en escrit par devers nous, à laquelle nostre *table Nous commandons, seur la paine du fourfaire*, & voullons aussi estre porté & mis en escrit par devers nous, tout l'Or & l'Argent qui as *diz Changeurs sera venduz*, & par eus achetez, avant ce qu'il leur soit delivré.

(3) Item. Que chascuns qui li aura, si soit tenuz d'aporter dedanz *les quinze jours* aprés la criée, & faire escrire seur paine du forfaire, s'il n'avoit loyal & juste cause, pourquoy il ne peust faire, & que si aucuns en faisant encontre ceste nostre defence, fourfasoit son Or ou son Argent, qui premiers nous fera sçavoir la fourfaiture, *la quinte partie de la fourfaiture sera soie, & li remananz sera nostres.*

(4) Derechief que nus ne soit osez de changer, ne de tenir Change en nostre terre, se il n'en a nostre assentement, & nostre congié des ores.

Se vous mandons & commandons si estroitement comme nous poons, que vous *Baillïz*, par touz les lieus de vos Baillies que vous verrez estre convenables à ce, & vous *Maistres des foires* par tous les lieus où l'on tient les foires, & en foires diligemmant, solempnelment, & ententivement facez publier nostredite Ordenance, & ladite criée faire, en tele maniere que nus ne puisse dire ne mettre avant, cause de ignorer les choses dessusdites. *Donné à Marcin Lundy devant la Magdelaine, l'an mil trois cens cinq.*

NOTES.

(a) Ces letres sont au Tresor des Chartes, Registre de Philippe le Bel, cotté au haut 36. & au bas 12. piece 231. Vide *Cangium in verbis* tabula *& cambium publicum.*

(b) Une table.] C'est-à-dire, *un Change public.*

PHILIPPE IV. dit le Bel, à Courci ou Loige, le Lundy avant la Magdelaine en Juillet 1305.

(a) Letres touchant les Monoyes.

SOMMAIRES.

(1) Il sera fait au nom du Roy & à son profit des petits Royaux d'or fin, *du poids de soixante-dix au marc de Paris, qui auront cours pour onze sols de petits Parisis, & ceux qui fabriqueront, donneront 64. Royaux au marc d'Or fin.*

(2) Tous ceux qui voudront apporter de l'Or aux monoyes du Roy, le pourront, sans estre contraints de le porter ailleurs.

(3) Les couts & frais faits pour la susdite monoye seront reglez par Betin, Bernard Remon, & Jean Dymer, ou deux d'eux, & le profit qui restera sera pour le Roy.

PHILIPPE par la grace de Dieu Roys de France, à tous ceux qui ces presentes lettres verront, *Salut.*

(1) Sçachent tuit que nous a *Cathelin Infangathin* pour ses compaignons *des (b) Peruches de Florence*, avons baillé à faire pour nous, & en nom de nous & à nostre profit, *nostre monoye d'Or*, en tele maniere, que il feront *petiz royaux d'Or fin*, qui seront *de pois de soixante-dix au Marc* de Paris, & seront tailliez, si com-

NOTES.

(a) Ces letres sont au Tresor des Chartes, Registre de Philippe le Bel, cotté au haut 36. & au bas 12. piece 238. Voyez Le Blanc, des Monoyes.

(b) Peruches de Florence.] Voyez la note sur le Mandement adressé au Prevost de Paris, du Jeudy aprés la Trinité, au mois de Juin 1305. page 432.

PHILIPPE IV. dit le Bel, à Courci ou Loige, le Lundy avant la Magdelaine en Juillet 1305.

me petiz royaux d'Or *(c)* ont *accoustumé à estre tailliez*, liquel courront *chascun royaus* pour *onze sols de petiz parisis*. Et doivent donner ledit compaignon *au Marc d'Or fin* de Paris *soixante-quatre des royaux* dessus dis.

(2) Et est assavoir que toute maniere de genz, qui voudront apporter *Or* en ledite monoye, il le pourront apporter sanz estre contrainz de porter ailleurs.

(3) Et des coutz & des fraiz qui seront faiz, pour raison de ladite monoye, il sera *ordené* par *Betin* nostre amé Chevalier, *Bernart Remon*, & *Jehan Dymer*, ou par *deux d'eus*, & tout pour le profit qui ystra de ladite monoye, abatuz les cousz & les frais, enterinement sera nostre.

En tesmoignage de laquelle chose nous avons fait mettre nostre seel à ces presentes lettres. *Donné à Courci ou Loige le Lundy devant la Magdelaine, l'an de grace mil trois cens cinq.*

NOTES.

(c) Ont accoustumez à estre tailliez.] Ainsi il y avoit déja du temps que l'on fabriquoit *des Royaux* en France, lesquels estoient ainsi nommez, parce que le Roy y estoit representé, couronné & en habit royal.

PHILIPPE IV. dit le Bel, à Amboise, le 1.er Septembre 1305.

(a) Mandement adressé au Bailly de Vermandois, touchant les Tournois.

PHILIPPUS *Dei gratiâ Francorum Rex*, Ballivo Viromandensi, Salutem. *Consultâ deliberatione prehabitâ, sub certâ penâ dudùm districtiùs inhibuisse recolimus*, Ne quis aliquem pro torneando faceret apparatum, vel eidem insisteret quoquomodo, & si quis ejusdem inhibitionis transgressor existeret, idem cum suis equis & harnesiis caperetur, & ad viciniora captioni loca nostra mitteretur detinendus ibidem arcius, donec ordinassemus aliud in hac parte. *Verùm evidentiâ facti docente, didicimus quod in* Balliviâ vestrâ *quamplures torneandi, non sine dicte inhibitionis contemptu temerariam audaciam assumentes in propatulo se, & propalam exponere presumpserint, quorum temeritati vos non obviasse, & sic* per *eorum non repressam, & impunitam superbiam*, effrenem torneare cupiencium voluntatem, ex vestrâ negligentiâ percipimus pululasse. *Quod nimirùm eò molestiùs ferimus, quo protervius nostra parvipendi mandata & dispendiosiora subditorum nostrorum incommoda, ex dictis torneamentis cernimus imminere. Quocircà* mandamus vobis & districtè precipimus, *quatenùs torneamentorum ludis in balliviâ vestrâ, omnium impedimentorum que poteritis repagulum opponentes, vestris subditis, sub acerbiori penâ, quâ poteritis, inhibeatis*, ne cuivis torneare volenti, vel pro torneando preparationem aliquam facienti, aut ad ea accedenti, seu propter hoc, vel ad hoc signum, vel demonstrationem aliquam facienti, quisque panem, vinum, blada, forragia, vel quevis expressa victui necessaria vel utilia, quoquo quesito colore, vendat, tradat, commodet, tribuat aut ministret. Et nihilominùs omnes tales ad torneamenta voluntate precipiti se flectentes, de quibus liquebit, cum omnibus eorum equis, & harnesiis arrestari & capi, sine personarum acceptione, & absque deliberatione vel recredentiâ faciatis, personas talium imprisionandas, sub fida custodia mittentes in Castelleto nostro Parisius, & equos & harnesia in scutiferia nostra sine spe recuperationis eisdem applicanda. *Igitur circa predicta vos taliter ha-*

NOTES.

(a) Ce Mandement est au Tresor des Chartes, Registre de Philippe le Bel, cotté au haut 36. & au bas 12. piece 140. Voyez cy-dessus les Mandemens adressez au Bailly d'Auvergne, du Dimanche aprés l'Epiphanie 1304. & celuy adressé au Bailly de Sens, du Mardi aprés Pasques fleuries 23. Avril 1304. *Innocentium Cironium & Germonium ad tit. 13. lib. 5. Decretalium* De torneamentis & *Scubartium* de ludis equestribus.

beatis, & illam vigilantiam adhibere curetis, quod futura in prediƈtis adhibita cura vestra preteritam vestram negligentiam deleat, & de ulteriori non possitis quomodolibet reprehendi, penaque prediƈtis transgressoribus inflicta, ceteros a simili presumptione compescat. Actum Amboisie die primâ Septembris, anno Domini millesimo trecentesimo quinto.

(a) *Ordonance touchant les duels & les gages de Bataille.*

PHILIPPE IV. dit le Bel, à Paris, le Mercredy aprés la Trinité 1306.

PHELIPPE par la grace de Dieu Roy de France, à tous ceux qui ces presentes Lettres verront, *Salut.* Sçavoir faisons, que comme ença en arriere, pour le commun prouffit de nostre Royaume, nous eussions deffendu ge-

NOTES.

(a) Cette Ordonance est rapportée par Vulson de Colombiere dans son theatre d'honneur volume 2. page 27. par Savaron dans son traité des Duels, par Favin dans son theatre d'honneur page 1714. par Du Cange dans son glossaire sur *Duellum*, & dans l'ancien stile du Parlement, partie 1. chap. 16.

Voicy le formulaire des combats à outrance qui fut fait en consequence de cette Ordonance.

Les quatre choses appartenant à gaige de Bataille, auparavant qu'il puisse estre adjugé.

Premierement, nous voulons & ordonnons, qu'il soit chose notoire, certaine & évidente, que le malefice soit advenu. Et ce signifie l'acte, où il aperra évidemment homicide, trahison, ou autre vray-semblable malefice, par évidente suspicion.

Secondement, Que le cas soit tel, que mort naturelle en deust ensuivir, excepté cas de larrecin, auquel gaige de bataille ne chiet point. Et ce signifie la clause parquoy peine de mort s'en deust ensuivir.

Tiercement, qu'ils ne puissent estre punis autrement que par voye de gaige. Et ce signifie la cause en trahison reposte, si que celuy qui l'auroit fait ne se pourroit deffendre que par son corps.

Quartement, Que celuy que on veut appeller soit diffamé du fait, par indices, ou presomptions semblables à verité. Et ce signifie la cause des indices.

Comment le deffendeur se vient presenter devant le Juge sans estre adjourné.

En gaige de bataille, tout homme qui se dit vray, & sans coulpe est tenu de soy rendre sans adjournement, s'il sçait estre accusé, mais on luy doit donner bon delay, pour avoir ses amis.

Item. Voulons & ordonnons, selon le texte de nos dites letres, que jaçoit ce que en larrecin chiet peine de mort, toutes voyes il n'y chiet point gage de bataille, si comme il est contenu en la cause de larrecin excepté.

Item. Voulons & ordenons que quand on propose aucun cas de gaige de bataille, duquel peine de mort, s'en deust ensuivir, excepté larrecin, comme dit est, il suffit que l'appellant die que l'appellé a fait, ou fait faire le cas par luy, ou par autre, supposé que l'appellant ne nomme point par qui.

Item. Si le cas est proposé en generaux termes, comme de dire, je te dis, & veux dire, maintenir & soustenir, que tel N. a traistreusement tüé, ou fait tüer tel N. Nous voulons & ordonnons, que telle proposition soit non suffisante, & indigne d'y répondre, selon le stile de nostre Court de France: mais luy convient dire le lieu ou le malefice a esté fait, le temps & le jour que sera mort la personne, ou que la trahison aura esté faite; toutesvoyes en telle condition pourroit estre l'information du malefice, qu'il ne seroit ja besoin de dire l'heure, ne le jour, qui pourroit estre occult de sçavoir.

Item. Voulons & ordonnons, que si le Juge ordonne gaige, ou combat contre les Coûtumes contenuës en nos dites letres, de tout ce qui sera fait au contraire pourra estre appellé.

Item. Voulons & ordenons que se l'une des parties se departoit de nostre Court, aprés les gaiges jettez & reçeûs, sans nostre congié; iceluy departant ainsi, voulons & ordonnons qu'il soit tenu, & prononcié convaincu.

Item. Voulons & ordonons, que le demandeur, ou appellant, doive dire, ou faire dire par un Advocat son propos devant nous, ou son Juge competent, contre sa partie adverse, luy present, & se doivent garder de dire chose ou chée vilennie, qui ne serve à sa querelle seulement, & doit conclure & requerir que si l'appellé, ou deffendant confesse les choses par luy

PHILIPPE IV. dit le Bel, à Paris, le Mercredy aprés la Trinité 1306.

neralement à tous nos subjets, *toutes manieres de guerre, & tous gaiges de bataille*, dont plusieurs malfaicteurs se sont advancez par la force de leurs corps, & faux engins, à faire homicides, trahisons, & tous autres malefices, griefs & excés, pour ce que quand ils les avoient faits couvertement & *en repost*, ils ne pouvoient estre convaincus par tesmoins, dont par ainsi le malefice demeuroit impuni, & ce que en avons fait, est pour le commun prouffit & salut de nostre Royaulme; Mais pour oster aux mauvais dessusdits toute cause de malfaire, *nous avons* nostre def-

NOTES.

proposées estre vrayes, qu'il soit condamné avoir forfait, & confisqué corps & biens à nous, ou estre puni de telle peine, comme droit, coustume, & la matiere le requierent, Et se ledit appellé, ou deffendant le nie, adonc ledit appellant doit dire qu'il ne pourroit prouver par témoins, ne autrement que par son corps, contre le sien, ou par son advoüé en champ clos, comme Gentilhomme & preud'homme doit faire, en ma presence, comme Juge & Prince souverain. Et alors doit jetter son gaige de bataille, & puis faire sa retenuë de conseil, d'armes, de chevaux, & de toutes autres choses necessaires & convenables à gaige de bataille, & que en tel cas, selon la noblesse & condition de luy appartient, avec toutes les protestations qui s'ensuivent; lesquelles protestations, voulons & ordonnons qu'elles soient registrées, pour sçavoir s'il y aura gaige, ou non.

Item. Et premier dira, Tres haut, tres excellent, & tres puissant Prince & nostre souverain Seigneur, ou s'il n'est, ou sont du Royaume de France, au lieu de dire souverain Seigneur, diront nostre Juge competant, pour donner plus brieve fin aux choses que j'ay dites, je proteste & retiens que par leale exoine de mon corps, je puisse avoir un Gentilhomme pour celuy jour mon advoüé, qui en ma presence, si je puis, ou en mon absence à l'aide de Dieu & de Nostre-Dame fera son devoir, à mes perils, cousts & dépens, comme raison est, toutes & quantes fois qu'il vous plaira. Et semblablement de conseil, d'armes, & de chevaux, comme pour ma propre personne, & ainsi comme en tel cas appartient.

Item. Voulons & ordonnons, que le deffendeur, s'il voudra sur ses perils, dire au contraire, & requerir que les injures dites par l'appellant soient amendées de telle amende & peine qu'il debvroit porter, s'il avoit fait les choses dessusdites, & que l'appellant, sauve l'honneur de nostre Maistre, ou de son Juge competant, a faulsement & mauvaisement menti, & comme faux & mauvais qu'il est de dire ce qu'il dit, & s'en deffendra ledit deffendeur à l'aide de Dieu, & de Nostre-Dame, par son corps, ou par son advoüé, cessant toute leale exoine, s'il est dit & jugé que gaige de bataille y soit, au lieu, jour & place que par le Roy, comme leur souverain Juge, sera dit & ordonné.

Et lors doit lever & prendre le gaige de terre, & puis faire ses protestations dessusdites, & requerir son advoüé en cas de leale exoine, demander & faire retenuë de conseil, d'armes & de chevaux, & de toutes autres choses necessaires & convenables à gaige de bataille, selon la noblesse & condition de luy, & le surplus ainsi que dit est, lesquelles paroles & deffenses, voulons & ordonnons, que soient semblablement escrites & registrées, pour sçavoir s'il y aura gaige ou non, & pour l'amender l'un envers l'autre, selon que Justice le requerra. Et pour ce chacun d'eux jurera & prometra, & se obligera de comparoir aux jours, heure & place à iceux assignez, tant à la journée, à sçavoir, se gaige y sera, comme à celle de la bataille, si bataille y chiet, selon l'information & le propos, lequel sera bien veu, & sainement regardé par notables & preud'hommes Clercs, Chevaliers, & Escuyers, sans faveur de nully, lequel gaige ou non, sera devant eux adjugé au jour & place, comme dit est, sur la peine d'estre reputé comme recreant, ou convaincu celuy à qui la faute sera.

Et oultre voulons & ordonnons, qu'ils soient arrestez, se ils ne donnent bons & suffisans gaiges, ou plaiges de non partir sans nostre congié & licence.

Item. Et pource que il est de coûtume que l'appellant & le deffendant entrent au champ, portans avec eux toutes leurs armes, desquelles ils entendent offendre l'un l'autre, & eux deffendre, partans de leurs hostels à cheval, eux & leurs chevaux houssez & tenielez, avec paremens de leurs armes, les visieres baissées, les Escus au col, les glaives au poing, les épées & dagues chaintes, & en tous estats & manieres qu'ils entendront eux combattre, soit à pied ou à cheval; car ce ils faisoient porter leursdites armes par aucuns autres, & portassent leurs visieres levées, sans nostre congié, ou de leur Juge, ce leur porteroit telle prejudice, qu'ils seroient contraints de combattre en tel estat qu'ils seroient entrez au champ, selon la coustume de present, & du droit d'armes.

Et parce que cette coûtume nous semble pour le combateur aucunement ennuyeuse par nosdites lettres & chapitres de present, voulons & ordonnons que lesdits combateurs puissent partir aux heures assignées, montez & armez comme dit est, entrans au champ leurs visieres levées, faisant porter devant eux susdits

susdite deffense attemperée par ainsi, que là où il aperra évidemment homicide, trahison, ou autre griefs violences, ou malefices, excepté larrecin, parquoy peine de mort s'en deust ensuivir, secretement ou en repos, si que celuy qui l'auroit fait, ne

PHILIPPE IV. dit le Bel, à Paris, le Mercredy aprés la Trinité 1306.

NOTES.

leurs Escus, leurs glaives, & toutes les autres armures raisonnables de combattre en tel cas.

Et tant plus pour donner à connoissance qu'ils sont vrais Chrestiens, partans de leurs hostels, se seigneront de leurs mains droites, & porteront le crucifix, ou bannieres, ou seront portraits Nostre Seigneur, Nostre-Dame, ou les Anges, ou saints, ou saintes, où ils auront leurs devotions, desquelles enseignes ou bannieres se seigneront toûjours, jusques à ce qu'ils soient descendus dedans leurs pavillons & tentes.

Item. Et par les anciennes Coûtumes de nostre Royaulme de France, l'appellant se doit presenter au champ *premier*, & devant *l'heure de midy*, & le deffendant devant *l'heure de none*, & quiconque deffaut de l'heure, il est tenu & jugié pour convaincu, se la grace & mercy du Juge ne s'y estend, lesquelles constitutions, nous voulons & approuvons qu'elles tiennent & vallent : Neantmoins pour aucunes bonnes raisons à ce nous mouvans, lesdites Ordonances atrempons & consentons, que nous, ou le Juge puissions avanchier, ou tarder le jour ou l'heure, selon la disposition du temps, ainsi qu'à tous Juges plaira, & les prendre à nos mains pour les accorder, & ordonner à l'honneur & bien de tous deux qui pourra, ou pour donner autre jour & heure, tant avant la bataille commenchiée, comme en combattant, pour parfaire leur bataille, & en les remettant au mesme & semblable point & party, comme l'on les aura prins, sans sans ce que nul d'eux se puist jamais excuser, complaindre, deffendre, ne protester contre leurs Juges competans.

S'ensuit le premier des trois cris, & les cinq deffenses, que le Roy d'armes, ou herault doit faire à tous gaiges de bataille.

Premierement, ledit Roy d'armes, ou herault doit venir à cheval à la porte des lices, & là doit une fois crier que l'appellant viegne.

Secondement, une autre fois crier que l'appellé viegne, quand l'appellant & l'appellé, ou deffendant seront entrez, & auront fait au Juge leurs protestations, & seront descendus en leurs pavillons.

Et tiercement, quand ils seront retournez de faire leurs derniers seremens, les Rois & herauts d'armes par la maniere qui s'ensuit, crieront à haute voix, *or oez, or oez,* Seigneurs, Chevaliers, Escuyers, & toutes manieres de gens que nostre souverain Seigneur par la grace de Dieu Roy de France vous commande & deffend sur peine de perdre corps & avoir, que nul ne soit armé, ne porte espées, ne autres harnois quelconques, se ce ne sont les gardes du champ, & ceux qui de par ledit Roy nostre Sire en auront congié. Ainçois le Roy nostre souverain Seigneur vous defend & commande, que nul de quelconque condition qu'il soit, durant la bataille ne soit à cheval, & ce aux Gentilshommes sur peine de perdre le cheval, & aux serviteurs & roturiers, sur peine de perdre l'oreille : Et ceux qui convoyeront les combatans, eux descendus devant la porte du champ, seront tenus de incontinent renvoyer leurs chevaux, sur la peine que dit est; Ainçois le Roy nostre Sire vous commande & deffend, que nulle personne de quelconque condition qu'il soit, ne entre au champ, sinon ceux qui seront deputez, ne ne soient sur les lices, sur peine de perdre corps & biens; Ainçois le Roy nostre Sire commande & defend à toutes personnes de quelconques conditions qu'ils soient, qu'ils se assient sur banc, ou sur terre, afin que chacun puisse voir les parties combatre, & ce sur peine du poing. Ainçois le Roy nostre Sire vous commande & defend, que nul ne parle, ne signe, ne tousse, ne crache, ne crie, ne fasse aucun semblant quel qu'il soit, sur peine de perdre corps & avoir.

S'ensuivent les requestes & protestations que les deux Champions doivent faire à l'entrée du Champ.

Les protestations que les deux Champions doivent faire à l'entrée du Champ sur la porte des lices, soit au Connestable que le Roy y a commis, & aux Mareschaux, ou Mareschal du Champ qui là se trouvera, ausquels l'appellant dira, ou fera dire par son Advocat, les paroles qui s'ensuivent, qui est pour plusieurs raisons le meilleur; Et puis celles qu'il dira ou fera dire semblablement au Juge, quand il sera tout à cheval entré dedans, & premierement celles de l'heure du champ : Nostre trés honoré Seigneur, Monseigneur le Connestable, ou le Mareschal du Champ, je suis tel N. de, ou voicy tel N. lequel pardevant vous comme celuy qui a cy esté ordonné de par nostre Sire le Roy, se vient presenter armé & monté comme Gentilhomme, qui doit entrer en Champ, pour combatre contre tel N. sur telle querelle qu'il m'a faite, comme faux, mauvais, traistre, meurtrier qu'il est, & de ce il prend nostre Seigneur, Nostre-Dame, & Monsieur Saint George le bon Chevalier à tesmoing à cette journée, à nous par le Roy nostre souverain Seigneur assignée, & pour

PHILIPPE IV, dit le Bel, à Paris, le Mercredy aprés la Trinité 1306.

peust estre convaincus par témoins, ou autre maniere suffisante. *Nous voulons* que en deffaut d'autre poinct, celuy, ou ceux qui par indices, ou presomptions semblables à verité pour avoir ce fait, soient de tels faits suspicionnez, appellez & citez

NOTES.

ce faire & accomplir s'est venu presenter pour faire son vray devoir, & vous requiers que luy livriez & departiez sa portion du champ, du vent, & du soleil, & de tout ce qui luy est necessaire, proufitable & convenable en tel cas. Et ce fait il fera son devoir à l'aide de Dieu, de Nostre-Dame, & de Monsieur Saint George le bon Chevalier, comme dit est. Et proteste qu'il puist combattre à cheval & à pied, ainsi comme mieux luy semblera, & de soy armer, ou desarmer de ses armes, & porter telles qu'il voudra, tant pour offendre, que pour deffendre à son plaisir, avant combattre, ou en combatant, se Dieu luy donne loisir de ce faire.

Item. Que se tel N. son adversaire portoit autres armures en champ qu'il ne devroit par la Coûtume de France, que icelles luy seroient ostées, & qu'en leur lieu n'en eust nulles autres, ne puist avoir.

Item. Se son ennemy avoit armes par mauvais arts forgées, comme par briefs, charmes, sorts, ou invocations des ennemis, parquoy il fust veu & conneu manifestement que son bon droit luy fust empeschié avant la bataille, ou en combatant, ou aprés que son bon droit peuist estre moindre, ains soit le faux & mauvais pugny comme ennemi de Dieu, traître & meurtrier, selon la condition du cas, & doit requerir que sur ce il doive specialement jurer.

Item, doit requerir & protester que se le deplaisir de Dieu ne fust que au *soleil couchant,* il n'eust deconfit, & oultré son *ennemy* (laquelle chose il entend à faire se Dieu plaist,) neantmoins peut requerir qu'il luy soit donné du jour, autant comme il en seroit passé en faisant les ceremonies, selon les droits & anciennes Coûtumes, ou autrement peut protester, s'il n'a l'espace d'un jour tout du long, lequel nous luy devons consentir & octroier.

Item, Et que se tel N. son adversaire, ne soit venu dedans l'heure dite de par le Roy nostre Sire, qu'il ne soit plus reçeû : mais soit tenu pour reprouvé & convaincu, laquelle Requeste est & sera à nostre liberté; neantmoins que s'il tardoit sans nostre volonté, qu'il soit fait comme dit est.

Item, doit demander, & tres expressement protester de porter avec luy, pain, vin, & autre viande pour mangier & boire l'espace d'un jour, si besoin luy estoit, & toutes autres choses à luy convenables & necessaires en tel cas, tant pour luy que pour son cheval, desquelles protestations & requestes, tant en general qu'en especial, il doit demander acte & instrument, lesquelles protestations & requestes, voulons & ordonnons que l'appellant & deffendant puissent également & semblablement faire. Et par la forme que dit est, voulons & ordonnons qu'ils puissent combatre à cheval ou à pied, armez chacun à sa volonté de tous bastons & harnois, excepté le mauvais engin, charmes, charrois, & invocations d'ennemis, & toutes autres semblables choses deffendües selon Dieu & S.te Eglise à tous bons Chrestiens.

Comment les Eschafaux, & les lices du Champ doivent estre, le siege de la Croix & du Te igitur, *avec les pavillons des Champions.*

Item, voulons & ordonnons que toutes lices de gaige de bataille ayent six vingt pas de tour, c'est à sçavoir, quarante pas de large, & quatre-vingt de long, lesquelles tous Juges seront tenu de faire, & les retenir pour les autres s'il en venoit.

Item, voulons & ordonnons, que le siege & pavillon de l'appellant quel qu'il soit, sera à nostre main dextre, ou de son Juge, & celuy du deffendant à la senestre.

Item, quand chacun aura dit, ou fait dire par son Avocat les choses dessusdites, avant qu'ils entrent au champ, doivent baisser leurs visieres, & y entrer leurs visieres baissées, faisant le signe de la Croix, tout ainsi que dit est; Et en celuy estat doivent venir devant l'echaffaut où leur Juge sera, qui leur fera lever leurs visieres. Et se le Roy estoit present ils doivent dire. Tres excellent & tres puissant Prince, & nostre souverain Seigneur, je suis tel N. qui à vostre presence comme à nostre droiturier Juge competant, suis venu à jour & l'heure par vous à moy assignée, pour faire mon devoir contre tel N. à cause du meurtre & trahison qu'il a fait, & de ce j'en prend Dieu de mon costé, qui me sera aujourd'huy en ayde. Et quand il aura dit au plus prés qu'il pourra par ses Conseillers, luy sera baillé un écrit, qui contiendra les paroles dessusdites, lesquelles de sa propre main il baillera au Mareschal du Champ qui les recevra, & de ce fait nous luy donnerons congié d'aller descendre en son pavillon. Et se ainsi estoit que les paroles dessusdites escrites, il ne sceust dire, voulons & ordonnons qu'elles puissent estre dites par un Advocat.

Item, aprés tout ce, le Roy d'armes, ou heraut doit monter sur la porte des lices, & illec doit faire son second cry, & les cinq deffenses par la forme & maniere que dit est.

à gaiges de bataille, & souffrons quant à ce cas les gaiges de bataille avoir lieu; Et pour ce que à celle justice tant seulement nous atrempons nostre deffense dessusdite *és lieux & és termes, esquels les gaiges de bataille n'avoient lieu devant*

PHILIPPE IV. dit le Bel, à Paris, le Mercredy aprés la Trinité 1306.

NOTES.

S'ensuivent les trois sermens, que doivent faire ceux qui sont tenus combatre en Champ par gaige de bataille.

Premierement, vient l'appellant la visiere hauchée, tout à pied, partant de son pavillon avec ses gardes & conseil, armé de toutes ses armes, comme il est dit dessus, & quand il sera dessous l'échafaut où le Juge est, il se mettra à genoux devant un siege richement paré, le mieux que on pourra, ou sçaura, où sera la figure de nostre Redempteur *Jesus-Christ* en Croix couchié dessus un *Te igitur*, & à sa dextre sera un Prestre, ou Religieux, qui luy dira par la maniere qui s'ensuit. Sire Chevalier, Escuyer, où Seigneur de tel lieu, N. qui estes icy appellant, veez icy la remembrance de nostre Seigneur & Redempteur Jesus-Christ, laquelle est tres vraye, qui voulut livrer son tres precieux corps à mort pour nous sauver. Or luy requerez mercy, & priez le que à ce jour, vous veüille aider, se bon droit avez, car il est le souverain Juge. Souviegné vous des sermens que vous ferez, ou autrement vostre ame, vostre honneur & vous estes en peril. Alors ces paroles finies, le Marefchal prend l'appellant par ses deux mains à tout les gantelets, & met la droite sur celle Croix, & la senestre sur le *Te igitur*, & puis luy dit. Vous tel N. dictes comme moy, & il le dit, s'il a bon droit, ou s'il se veut parjurer. Et lors le Mareschal dit, Je tel N. appellant jure sur la remembrance de la Passion de nostre benoist Sauveur & Redempteur Jesus-Christ, & sur les saints Evangiles qui icy sont, & la foy de vray Chrestien, & du saint Baptesme que je tiens de Dieu, que j'ay certainement juste & bonne querelle, & bon droit d'avoir en ce gaige de bataille appellé tel N. comme faux & mauvais, traistre, meurtrier, ou dire selon le cas qu'il veut soustenir, qu'il est, lequel a tres fausse & mauvaise querelle de soy en deffendre, & ce luy montreray aujourd'huy par mon corps, contre le sien, à l'aide de Dieu, de Nostre-Dame, & de Monseur saint George le bon Chevalier, lequel serment fait, ledit appellant se livre, & se retourne à son pavillon, avec ceux qui l'ont conduit.

Item, aprés ce, les gardes vont au pavillon du deffendant, lequel ils menent pour faire le serment à la susdite forme, avec les Conseillers, armé de toutes ses armes, & le surplus comme dit est.

Item. Et quand le Prestre l'a bien admonesté, le Mareschal aprés tout ce, prent ses deux mains à tout les gantelets, & les met ainsi qu'il a fait celles de l'appellant, & puis luy dit, Je tel N. en deffendant, jure sur cette remembrance de la Passion de Nostre Seigneur Jesus-Christ, & sur les saints Evangiles qui cy sont, & sur la foy de vray Chrestien, & du saint Baptesme, que je tiens de Dieu, que j'ay, & cuide avoir fermement bonne, juste & sainte querelle, & bon droit de moy deffendre par gaige de bataille, contre tel N. qui faulsement & mauvaisement m'a accusé, comme faux & mauvais qu'il est, de moy avoir appellé, & de ce luy montreray aujourdhuy par mon corps, contre le sien, à l'ayde de Dieu, de Nostre-Dame, & de Monsieur Saint George le bon Chevalier. Ledit serment fait, ledit deffendant se lieve, & s'en retourne à son pavillon, comme a fait l'appellant.

Item, au second serment, viendront les deux parties, l'un aprés l'autre, semblablement comme dessus, & pour abregier, jureront comme dessus il a esté devisé.

Item, au tiers serment, les gardes se departiront autant de l'un costé comme de l'autre, & viendront aux deux parties, & les meneront accompagnées de leurs Conseillers, ainsi comme dit est, lesquels viendront pas à pas, de part à part; Et quand ils seront agenoüillez devant la Croix, & le *Te igitur*, le Mareschal prendra leurs mains droites, & leur ostera leurs gantelets, lesquels il mettra sur la Croix. Alors doit estre le Prestre present, pour leur ramentevoir la vraye Passion de nostre Seigneur Jesus-Christ, la perdition de celuy qui aura tort, en ame & en corps, aux grands sermens qu'ils ont faits, & seront jugez par la sentence de Dieu, qui est de ayder à bon droit les confortant de se mettre plustost à la mercy du Prince, que à la mercy, ou Justice de Dieu, & pouvoir de l'ennemy.

Nous ordonnons que ce serment soit le dernier des trois, pour la mortelle haine qui est entre eux, especialment quand ils se entreverront, & se entretiendront par les mains, adonc le Mareschal leur demande, & premier à l'appellant. Vous tel N. comme appellant, voulez-vous jurer. Et s'il se repent & fait conscience comme Chrestien, nous le recevrons à nostre mercy, ou de son Juge avant qu'il ait combatu, pour luy donner penitence, ou autrement ordonner à nostre bon plaisir.

Dont se ainsi est, nous ordonnons qu'ils soient menez en leurs pavillons, & de là ne partent jusques à nostre commandement, ou du Juge devant qui ils seront venus.

Et s'il veut jurer & dire que ouy, alors le Mareschal demandera semblablement au def-

PHILIPPE IV. dit le Bel, à Paris, le Mercredy aprés la Trinité 1306.

nostredite deffense, car ce n'estoit mie nostre intention, que cette deffense fust rappellée ne attemperée à nuls cas passez, devant, ne aprés la date de nos *presentes lettres*, desquelles les condempnations & absolutions, ou enquestes soient faites, afin

NOTES.

fendant, & puis retournera à l'appellant, & dira qu'il die comme luy, Je tel N. appellant, jure sur cette vraye figure de la Passion de nostre vraye Redempteur Jesus-Christ, & sur cestes Evangiles qui cy sont, sur la foy de Baptesme comme Chrestien, que je tiens de Dieu, sur les tres souveraines joyes du Paradis, ausquelles je renonce pour les tres angoissantes peines d'enfer, sur mon ame, sur ma vie, & sur mon honneur, que j'ay bonne, sainte, & juste querelle à combatre cetuy faux & mauvais, traistre, meurtrier, parjeure, menteur tel N. que je vois cy present devant moy, & de ce j'en appelle Dieu mon vray juge, Nostre-Dame, & Monsieur saint George le bon Chevalier a tesmoins, & pour ce leaument faire par les fermens que j'ay faits, je n'ay, ne entens porter sur moy, ne sur mon cheval, paroles, pierres, herbes, charmes, charrois, conjuremens, ne invocations d'ennemis, ne nulles autres choses, ou j'aye esperance d'avoir ayde, ne à luy nuire, ne ay recours fors que en Dieu, en mon bon droit, par mon corps & mon cheval, & par mes armes; Et sur ce je baise cette vraye Croix, & les saints Evangiles & me tais. Aprés les fermens faits ledit Mareschal se trait vers ledit deffendant, & pour abregier, l'un & l'autre, dient ainsi comme dit est. Et quand le deffendant a sur ses perils baisé la Croix, & le *Te igitur*, pour plus clarifier droit à celuy qui l'a, le Mareschal les prend par les mains droites & les fait entretenir. Lors il dit à l'appellant, qu'il die aprés luy, en parlant à son ennemy. O! tu tel, N. que je tiens par la main droite, par les fermens que j'ay faits, la cause pourquoy je t'appelle est vraye, & ay bonne cause de toy appeller, & à ce jour t'en combatray, tu a mauvaise cause, & nulles raisons de toy encombatre & deffendre contre moy; & tu le sçays, dont j'en appelle Dieu, Nostre-Dame, & Monsieur S.t George le bon Chevalier a tesmoin, comme faux, traistre, meurtrier & foy mentie. Aprés ce le Mareschal dit au deffendeur qu'il die comme luy en parlant à l'appellant. O! tu tel N. que je tiens par la main droite, par les fermens que j'ay faits, à cause que tu m'a appellé faux & mauvais, parquoy j'ay bonne & lealle cause de m'en deffendre & combattre contre toy à ce jour, & tu as mauvaise cause, & fausse querelle de me avoir appellé & combattre contre moy, comme tu le sçais, dont de ce j'en appelle Dieu, & Monsieur saint George le bon Chevalier à tesmoin, comme faux & mauvais que tu est. Et aprés tous les fermens faits & paroles dites, ils doivent rebaiser le Crucifix, & puis chascun ensemble per à per se lever, & leur retourner en leurs pavillons pour faire leur devoir. Et le prestre prend alors sa Croix, son *Te igitur*, & le siege sur quoy ils estoient, & les boutte hors, & s'en va.

Le dernier des trois cris, que le Roy d'armes, ou heraut, doit crier à haute voix au milieu des lices.

Or aprés ce que le Roy d'armes aura crié, & que chacun sera assis, & ordonné sans dire mot, & que les parties seront toutes prestes, & en point de faire leur devoir. Alors par le commandement du Mareschal, viendra le Roy d'armes, ou herault au milieu des lices par trois fois crier, *Faites vos devoirs, faites vos devoirs, faites vos devoirs*, Et aprés ces paroles les deux champions soudront de leur pavillons sur les escabeaux qui seront là tout prests, & leurs bâtons à l'entour de eux, de quoy ils se doivent ayder, environnez de leurs Conseilliers. Adonc subitement leurs pavillons seront par dessus les lices jettez hors.

Et quand tout sera en point, lors le Mareschal partant, en criant par trois fois, *Laissez-les aller, laissez-les aller, laissez-les aller*, Et ces paroles dites, jette le gand, & alors qui veut se monte prestement à cheval, & qui ne veut en gaige de querelle soit à son bon plaisir. Alors les Conseilliers sans plus attendre s'en partent, & laissent là à chacun sa bouteillette pleine de vin, & un pain, lié en une toüaillette, & fasse chacun le mieux qu'il pourra.

Par quantes manieres le gaige de bataille est dit oultre.

Item. Voulons & ordonnons, que gaige de bataille ne soit point oultré, fors par deux manieres, c'est à sçavoir, quand l'une des parties confesse sa coulpe, & est rendu, & l'autre qui est la seconde, quand l'un met l'autre hors des lices vif ou mort, dont mort ou vif comme sera le corps, il sera du juge livré au Mareschal, pour de luy faire justice tout à nostre bon plaisir. Et lors s'il est vif, ordonnons qu'il soit en estant levé, & par les Roys d'armes & herauts desarmé, & les éguillettes coupées, & tout son harnois, çà & là par les lices jettez, & puis à terre couchié. Et s'il est mort soit ainsi desarmé & laissé jusques à nostre ordonnance, qui sera de pardonner, ou d'en faire justice, tout ainsi que

que ce

que on le peust juger, absoudre, ou condamner, ainsi que le cas le requiert, & évidemment apparoistra. En tesmoing de ce, nous avons ces lettres fait sceller de nostre grand Scel. *Donné à Paris le Mercredy aprés la Trinité, (b) l'an de grace mil trois cens & six.*

PHILIPPE IV. dit le Bel, à Paris, le Mercredy aprés la Trinité 1306.

NOTES.

bon nous semblera : mais les pleiges seront arrestez jusques à la satisfaction de partie, & le surplus de ses biens à son Prince confisquez.

Item. Voulons & ordonnons, que le vainqueur se parte des lices honorablement à cheval, par la forme qu'il y est entré, s'il n'a essoine de son corps, portant le baston duquel il aura deconfit son adversaire, en sa dextre main, & luy seront ses pleiges, & hostaiges delivrez. Et que de cette querelle pour quelque information du contraire, il ne soit tenu d'y respondre, ne nuls Juges ne l'en puissent plus contraindre, s'il ne veult.

Quia transivit in rem judicatam, & judicatum inviolabiliter observari debet, &c.

Item, voulons & ordonnons, que le cheval, comme dit est, du vaincu, & generalement toutes les autres choses que le vaincu aura apporté au champ, soient & appartiennent de droit au Connestable, Mareschaux ou Mareschal du Champ, qui pour ce jour en auront eû la charge & la garde.

CONCLUSION.

Or faisons à Dieu priere qu'il garde le droit à qui l'ha, & que chacun bon Chrestien se garde d'encherir en tel peril, car entre tous les perils qui sont, c'est celuy que l'on doit plus craindre & redouter, dont maint noble, s'en est trouvé deçeu, ayant bon droit, ou non, par trop se confier en leurs engins, & en leurs forces, ou aveuglez, par ire & outrecuidance : & aucunes fois par la honte du monde, donnent, ou refusent paix, ou convenables partis, dont maintefois ont depuis porté de vieux pechez nouvelles penitences, en méprisant & nonchalant le jugement de Dieu. Mais qui se plaint, & justice ne trouve, la doit-il de Dieu requerir : Que si pour interest sans orgüeil & mal talent, ains seulement pour son bon droit, il requierre bataille, ja ne doit redouter engin, ne force: car Dieu nostre Seigneur *Jesus-Christ*, le vray juge sera pour luy.

(b) Dans quelques livres imprimez cette Ordonnance est mal datée de 1305.

(a) Letres touchant les Monoies.

PHILIPPE IV. dit le Bel, à Paris, le 8. Juin 1306.

SOMMAIRES.

(1) Il sera crié, que la bonne monoie faite nouvellement par ordre du Roy, du poids & de la loy, usitez du temps de S.t Loüis, aura dans tous les payemens, le cours ancien qu'avoit celle de S.t Loüis, denier pour denier, à la feste de Nostre-Dame de Septembre prochaine, & que personne à l'avenir, sous peine de perte de corps & d'avoir, n'achete & ne vende avec autre monoie.

(2) Quant aux dettes & aux marchez faits jusques alors à foible monoie, le Roy n'entend rien statuer à ce terme, se reservant à le faire avec une telle équité, que Dieu & ses sujets en seront satisfaits.

PHELIPPES par la grace de Dieu Roy de France, au Seneschal de Beaucaire, *Salut.*

(1) Nous vous mandons que par toutes les Chastelainies de vostre Seneschaussée, ces lettres veües, *fassiez crier* & sçavoir, que nous eüe consideration, deliberation & conseil de plusieurs Prelats, & de plusieurs Barons, & d'autres bonnes gens, pour le commun profit, *voulons, ordonons & mandons* que la bonne monoye du poids, & de la loy du temps le S.t Roy Loüis, que nous faisons

NOTES.

(a) Ces letres sont au Registre de la Seneschaussée de Nîmes cotté D. Le Blanc sous le regne de Philippe le Bel, page 290. de l'Edition de Hollande, remarque que vers le 8. du mois de *Septembre* 1306. ce Prince ordonna qu'on feroit de bonne monoie qui auroit cours du jour de la S.t Remy suivante, en sorte que le bon denier tournois, qui courroit pour trois deniers n'auroit cours que pour un.

2. Que la foible monoie ne seroit pas decriée, mais qu'on luy donneroit cours selon

PHILIPPE IV. dit le Bel, à Paris, le 8. Juin 1306.

faire, ait & preigne son cours ancien *denier pour denier*, dés la feste *Nostre-Dame ou Septembre prochainement en avant*, à *toutes rentes*, *devoirs & contrats à faire d'iceluy terme* en sus, & à toutes *marchandises* & danrées quelles qu'elles soient. Et que nul *sur quant qu'ils se peuvent meffaire de cors & d'avoir*, ne puist marchander ne vendre, ne acheter *à autre monnoye que la bonne dessusdite*, & que nous avions ce ordoné déja, pour ce que nul ne puisse estre surpris par cette Ordonnance, si que chacun pouist faire son profit entre deux de la foible monnoye, se il la & ce que à luy en appartiendra.

(2) Et *voulons* que chacun sçache, que nous des *debtes & des marchés* qui ont esté contractés, & faits de la *foible monnoye*, que encore court, n'entendons à ordonner au profit commun, de celuy terme en tele maniere que raison & equité y sera gardée, & que il plairra *à Dieu* & à tous nous *Sujets* & à autres. *Doné à Paris huit jours en Juin, l'an de grace mil trois cens six.*

NOTES.

sa valeur intrinseque, & qu'ainsi trois deniers n'en vaudroient qu'un de la bonne & forte monoie.

3. Que les autres monoies de France seroient reduites à l'équipollent.

4. Que le marc d'Argent valant 8. livres 8. sols, ne vaudroit que cinquante-cinq sols 6. deniers.

5. Que le marc d'Or demeureroit comme auparavant à quarante-quatre livres tournois, en sorte que depuis le premier Octobre ou suivant un vieux Registre depuis le 8. de Septembre 1306. jusques au mois de Janvier 1310. la forte monoie eût cours.

On a cherché cette Ordonance, mais on n'a pû la trouver. Voyez cy-aprés au 4. Octobre 1306.

PHILIPPE IV. dit le Bel, à Paris, le Jeudy aprés la S.t Jean 30. Juin 1306.

(a) Letres touchant les Monoies.

SOMMAIRES.

(1) Il sera crié, que nul ne mette, ou ne prenne pour marchandises, ou en payement, le gros tournois de vingt-sept deniers, si ce n'est au marc pour billon.

(2) Les monoies d'Or, ou d'Argent frappées dans les pays estrangers n'auront aucun cours dans le Royaume.

(3) Nul ne pourra vendre les susdites monoies, si ce n'est aux plus prochains hostels des monoies du Roy, ou aux Changes accoustumez.

(4) Nul ne soit si hardy que d'acheter lesdites monoies en billon, ou autre matiere, si ce n'est pour les porter dans la quinzaine qu'il les aura achetées, aux plus prochains hostels des monoies, sous peine de forfaiture.

PHELIPPES par la grace de Dieu Roy de France, au Seneschau de Beaucaire, *Salut*.

(1) Nous vous mandons que vous, ces lettres veües, fassiez *crier* en tous les lieux de vostre Seneschaucie, que *nul ne mette, ni ne pregne à marchandises* . . . . quelles qu'elles soient, à nul payement ne à nul contract, le *gros tournois de vingt-sept deniers* d'oresnavant à nul prix, fors que *à marc pour billon*.

(2) Et aussi que nul ne preigne, ni ne mette à nul cours, ne à nul payement monnoye faite dehors de nostre Royaume, soit d'Our, ou d'Argent, ou autre.

(3) Et que nul ne vende ne fasse vendre lesdites monnoyes, fors que à nos plus prochaines monnoyes, ou aux Changes accoustumés.

(4) Ni ne soit nul si hardy *(b)* de porter *lesdites monnoyes en billon, ou autre matiere quelle qu'elle soit*, pour faire apporter dedans *(c)* le quinziéme jour

NOTES.

(a) Ces letres sont au Registre de la Seneschaussée de Nîmes, cotté D.

(b) De porter.] Il faut ce semble, qu'il y ait *d'acheter*.

(c) Le quinziéme jour.] Voyez le Mandement du Lundy devant la Magdelaine 1305. article 4. page 434.

que il *les aura achetées*, ou desore-droit, se il les a, à nos plus *prochaines monnoyes*, si comme dessus est dit, sur peine de perdre l'argent & le billon & estre à nostre mercy des cors & des avoirs. Donné à Paris le Lundy aprés la feste S.t Jean-Baptiste, l'an de grace mil trois cens six.

PHILIPPE IV. dit le Bel, à Paris, le 27. Aoust 1306.

(a) Mandement aux Commissaires sur le fait des Juifs, portant que les biens immeubles des Juifs seront vendus aux plus offrans, & que s'il s'y trouve des tresors, ils seront restituez au Roy, sous les peines portées par les Ordonances.

PHILIPPUS *Dei gratiâ Francorum Rex, Superindentibus in negotio Judæorum in Seneschal. Tholosanâ & Bigorrâ, & Senescallo dicti loci salutem.* Mandamus *vobis & vestrum singulis quatenus* omnes terras, domos, vineas, & possessiones alias, quas Judæi dictæ Senescalliæ, tanquam suas proprias habebant, *tempore captionis ipsorum, sufficientibus* proclamationibus, & subhastationibus *factis*; vendi & distrahi, pro justis pretiis nobis applicandis, *quam citius commode poteritis* faciatis, *Emptoribus tamen rerum & possessionum ipsarum injungentes expresse, quod si in prædictis domibus, terris, vineis locis & possessionibus* thesaurum, vel pecuniam, *nunc, vel imposterum contigerit inveniri, nobis & gentibus nostris revelent,* sub pœnâ, pro thesauris in regno nostro inventis, & nobis recelatis statutâ, *quam ipsorum thesaurorum & pecuniarum inventores incurrere* volumus, *nisi eos, ut dictum est, nobis, vel gentibus nostris revelaverint, sine morâ, quod proclamari per dictam Senescalliam publice faciatis.* Actum Parisius XXVII. die Augusti, anno Domini millesimo trecentesimo sexto.

NOTES.

(a) Ce Mandement est au Tresor des Chartes, Registre de Philippe le Bel, coté 7. piece 97.

PHILIPPE IV. dit le Bel, à Messy, le 4. Octobre 1306.

(a) Mandement adressé au Prevost de Paris, touchant le cours des Monoies, & les payemens.

SOMMAIRES.

(1) Toutes rentes ainsi qu'il a esté crié, seront payées à la bonne monoie, tous Contracts & toutes denrées pareillement.

(2) Tous marchez & toutes convenances faites pour une certaine quantité, & pour une somme certaine, avec terme de plusieurs années, seront payez suivant la valeur que la monoie avoit cours au temps du marché, ou du Contract, eû égard à ce que valoit alors le marc d'Argent.

(3) Si les Contracts ont esté faits pour une quantité & une somme payable à diverses années, le payement de chaque année sera fait à la monoie courante.

(4) Si les Contracts & les marchez ont esté faits pour diverses quantitez, & diverses sommes à payer à diverses années, chaque payement sera fait à la monoie courante.

(5) Si quelqu'un a pris quelque bien à loyer payable en plusieurs termes. Ces termes seront payez à la bonne monoie courante. Mais si le loyer estoit si fort que le locataire en fut grevé, il sera payé à la monoie qui avoit cours au temps du Bail.

(6) Quant aux subventions dûes au Roy, pour raison des guerres passées, si elles sont à accorder, elles seront payées à la monoie qui aura cours au temps qu'elles seront accordées. Si elles ont esté accordées il y a quelque temps, & si le payement n'en a pas esté fait à cause du Roy, il le recevra à la monoie qui avoit cours alors, & à la monoie courante, s'il n'a pas esté fait par la faute de ceux qui le devoient.

(7) Ce qui sera dû des rentes, ou des revenus annuels vendus au denier dix, sera payé à la monoie courante, & s'ils ont esté vendus à un plus haut prix, ce qui en sera dû

PHILIPPE IV. dit le Bel, à Messy, le 4. Octobre 1306.

sera payé à la monoie qui courroit au temps du Contract, ou de la vente, ce qui n'aura pas lieu dans le cas d'emprunt.

(8) Celuy qui aura fait quelque marché à la monoie foible, & qui n'aura pas payé dans les deux années, à compter du jour que la bonne monoie a eû cours, payera en bonne monoye, ce qui n'aura lieu dans le cas d'emprunt.

PHILIPPES par la grace de Dieu Roy de France, au Prevost de Paris; *Salut*. Comme nous ayons pieca *ordené & fait crier par nostre Royaume*, que nostre *monnoye du poiz & de la loy du temps nostre ayeul Monsieur S.t Loys jadis Roys de France, courre* & soit *prise*, & tuit marchié fait à icelle, *(b) de la Nostre-Dame en Septembre dareinement passée en avant*, par nostredit Royaume. Et aucuns de noz subgiez *soient doubteuz à quelle monnoye les payemens & les ventes qui sont, & estoient à payer de la derniere Nostre-Dame & en ça*, seront & doivent estre payez, Sçavoir te faisons que nous *avons ordené par nostre grant Conseil sur le cours des monnoyes, & sur le payement des rentes, & des autres choses qui* sont à faire par nostre Royaume, en la maniere qui s'ensuit.

Premierement, Toutes rentes seront payées à la bonne monnoie, & tuit marchiez, tuit Contract & toutes convenances y seront faites, & toutes denrées vendables tailliées, laquelle chose à ja pieca a esté *ordenée*, & commendée, & criée.

(2) Item. Tuit marchié, toutes convenances qui sont faites souz une somme, souz une quantité, aussi comme l'on vent pour mil livres, ou pour plus, ou pour moins, se c'est à payer souz *terme de plusieurs années*, seront payez *à la valüe que monnoie valoit ou temps que li marchiez, ou la convenance furent faiz*, & saura len la valüe, *par le pris que valoit marz d'argent* à icel temps.

(3) Se il sont faiz souz une somme, souz une quantité à payer, *à diverses années*, aussit comme l'en vent bois & autres choses *pour cinq*mil livres*, ou pour plus, ou pour moins à paier *à dix ans*, chacun an *mil livres*, ou plus, ou moins, des années, *len payera telle monnoye comme il courra* selonc nostre *Ordenance*, au *temps que li payement de chascune année charra.*

(4) Item. Se li marchiez, ou la convenance ont esté faiz souz *diverses sommes*, souz *diverses quantitez* à payer *par diverses & plusieurs années*, ainsi comme len *afferme*, ou len *acence* sa rente à rendre, ou à payer chacun an, ou plus, ou moins, soit à perpetuité ou à temps, de quatre, ou de six, ou de dix ans, ou de moins ou de plus des années, *len payera tele monnoie comme il courra*, selonc nostre *Ordenance* au *temps que li payemenz de chascune année charra.*

(5) Item. Se len a *(c)* marchandé à ceste année, qui commença à la S.t Jehan *mil trois cens & six*, aussi comme len a prises, Maisons, Estaus, ou autres choses, jusques à la *S.t Jehan ensuivant*, pour certain prix, à payer *à divers termes, de deux l'année, aussi comme len prent une* maison, ou autre choses pour *le fuer* de trante livres à payer, dix livres à la Touzainz, dix livres à Noël, & dix livres à la S.t Jehan, len payera tel monnoye, comme il courra au temps que li *termes desdiz poyement charront*, car chascun pouvoit sçavoir au temps qu'il fit tel marchié, par le cri qui avoit esté fait, que la bonne monnoye devoit courre dez *la Septembresche* en ça, se ainsi n'estoit que len l'eust prisié à si grand feur, que len en fust grandement, & oustrageusement grevez, se l'on payoit *à la bonne monoye*, ou quel cas l'en payera seulement *à la valüe de la monnoye, qui couroit ou temps que la prise, ou li marchiez fut fait.*

(6) Item. Les *subventions* que len nous doit faire pour raisons de noz guerres

NOTES.

(a) Ce Mandement est au Registre *Noster verso* de la Chambre des Comptes, feüillet 203.

(b) De la Nostre-Dame en Septembre dareinement passée en avant.] On n'a pû trouver cette Ordonance. Voyez ce qu'on a remarqué à cet égard, sur le Mandement du 8. Juin 1306.

(c) Marchande.] Vide *Anton. Fabrum de variis nummariorum debitorum solutionibus cap. 14.*

passées

passées, soient *diziémes*, ou *autres aides* se elles *sont à accorder & à* payer, seront *payées à la monnoie qui courra au temps que elles seront accordées, & paiées.* Se elles sont accordées pieca, mais ne sont encore payées, se li paiemenz est demouré pour *cause de nous*, len paiera à la *monnoie qui courroit ou* temps que li accors fu faiz, *(d)* Se il est *demouré par ceus qui devoient* paier, l'on paiera à *la monnoie qui courra ou temps du poiement.*

PHILIPPE IV. dit le Bel, à Messy, le 4. Octobre 1306.

(7) Item. Ce que len doit des *(e) annuex* qui ont esté *venduz* selonc la taxation du *diziéme, sera paié à la monnoie qui courra ou (f) temps du paiement.* Se il avoient esté venduz grandement outre la taxation *du disiesme, (g)* cest assavoir le double ou plus, len se pourra tenir à paiez *de la valüe de la monnoie qui couroit au temps de la vente*. Et est assavoir que les Ordenances dessusdites & chacunes d'icelles sont à entendre es marchiez, & ez *cotratz*, ou len n'avoit *expressement dit & convenancié quel maniere len deveroit paier*, ou dit que *len paieroit à la monnoie qui courroit ou temps que li paiemenz se devroit faire*, mes ez marchiez & ez contratz que len avoit dit, & *(h) convenancié quel monnoie len deveroit paier, seroient gardé* li accors & la convenance, exepté seulement les empruns ausquiex pour ce que *toute usure* y *puisse* cessier, len ait dit, & convenancié entre les parties, que len ne paiera fors que *la valüe de la monnoie que len aura empruntée* avec *loial & cler interest,* combien que li prez soient faiz sanz termes, ou a paier a un, ou a plusieurs termes, ou a diverses années.

(8) Item. Il est ordené que qui aura marchandé ou temps de la *feuble monnoie*, se il ne paie *dedenz deux ans, a compter des ce que la bonne monnoie a pris son cours*, & a li termes du paiement sera cheuz la valüe de la monnoie qui courroit *(i)* ou temps qu'il marcheanda, il sera tenuz de paier autant de bonne monnoie, exceptez les emprunts ausquiex li cours de deus ans ne portera point de prejudice, pour les *(k)* raisons dessusdites, & pour autres que li emprunteurs ne s'aquittent que de la valleur de la monnoie que il empruntent avec loial & cler interest. Si te mandons que tu noz dessusdites *Ordenances* faites diligement & sagement par toute la prevosté & par les ressors d'icelle enteriner, tenir & garder de tes soubgiez fermement sanz corrumpre. *Donné à Messy le quart jour d'Octobre, l'an de grace mil trois cens & six.*

NOTES.

(d) S'il est demouré par ceux.] Vide *Antonium Fabrum De variis nummariorum debitorum solutionibus cap. 10.*

(e) Annuex.] Vide *Ant. Fabrum De variis nummariorum debitorum solutionibus cap. 11.*

(f) Au temps du payement.] Pour obvier à ces inconveniens on a arresté dans la suite, que tous les marchez & les ventes seroient faits en livres tournois, ou Parisis qui sont immuables.

(g) C'est à sçavoir le double.] Voyez les letres du 13. Janvier 1306. article premier.

(h) Convenance.] Vide *Antonium Fabrum De variis nummariorum debitorum solutionibus cap. 2.*

(i) Au temps qu'il marchanda.] Vide *Antonium Fabrum De variis nummariorum solutionibus cap. 6. 7. 8. 9.*

(k) Les raisons dessusdites.] Voyez cy-dessus l'article 7. à la fin.

(a) Letres touchant le payement des Marchands, qui avoient acheté des bois du Roy.

PHILIPPE IV. dit le Bel, à Paris, le Vendredy aprés la Thiephaine 13. Janvier 1306.

SOMMAIRES.

(1) Ceux qui ont acheté des bois du Roy avant la Toussaint 1303, dans le temps de la bonne monoie, & qui ont payé en 1304. en foible monoie, payeront ce qu'ils doivent en bonne monoie.

(2) Les marchands qui ont acheté des bois du Roy, depuis la Toussaint 1303. dans le temps de la foible monoie, payeront en foible monoie, & parce que plusieurs personnes, à cause du changement de la monoie, n'ont pas enchery, on procedera à de nouvelles encheres.

PHILIPPE IV. dit le Bel, à Paris, le Vendredy aprés la Thiephaine 13. Janvier 1306.

PHILIPPE par la grace de Dieu Roy de France, a tous ceuz qui ces presentes lettres verront, *Salut*. Nous faisons assavoir que comme plusieurs *Marcheans de nos bois* & de *nos forez*, pour *raison* de nostre *Ordenance & Declaration fetes sur les monnoyes*, se teinssent durement agrevées, & nous ayent sopployé que Nous sur ce de grace especial voulissons aucun attrempement mettre.

(1) Nous qui nos devanz diz marcheanz voulons amiablement tretier, en ceste partie, *voulons & ordenons* que nosdiz marcheans, qui achepterent, & tindrent les ventes *de nos bois*, & de ceuz ou nous prenons aucuns droit, ou temps de la *bonne monnoye*, c'est a savoir ou temps qui fu *devant la feste de touz-sains, qui fut l'an de grace mil trois cens & trois*, & nous en paierent à la *feble monnoye*, au *terme de Pasques* l'an mil *trois cens & quatre* & as termes depuis, que il payeront ce que il nous *(b)* devoient, a la bonne monnoye aussi comme il nous paierent à la feble.

(2) Item. Li Marcheant qui ont achepté *nosdits bois*, au temps *de la feble monnoye*, c'est a savoir depuis ladite *touz-sains* mil trois cens & trois, *nous paieront à la feble monnoye*, Et parce que moult de gens ont laissié a prendre & a encherir les marchiez de nos bois pour le changement de la monnoye, si comme nous entendons, Nous ordennons & voulons que non contrestant ce que les encheres desdits marchiez sont passées, que qui les voudra encherir, que il soit receus a l'enchiere jusques *à la fin de nos comptes de l'Ascension prochaine à venir*. En tesmoin de laquele chose *Nous avons fait mettre nostre scel en ces presentes letres*. Donné à Paris Vendredy aprés la Thiephanie, l'an de grace mil trois cens & six.

NOTES.

(a) Ces letres sont en la Chambre des Comptes Registre *Pater*, feüillet 236. *verso*.
(b) Devoient.] Doivent.

PHILIPPE IV. dit le Bel, à Paris, le 16. Fevrier 1306.

(a) Ordonance touchant les Monoies.

SOMMAIRES.

(1) Toutes fermes & prevostez baillées & prises avant la feste de la Chandeleur derniere, & deux ans, seront payées pour les termes échûs & à échoir, depuis la derniere feste de Nostre-Dame de Septembre en bonne monoie, & pour les termes échus avant la Nostre-Dame de Septembre, à la monoie qui couroit alors. Mais si ceux à qui les fermes & les Prevostez ont esté baillées, les avoient prises pour un grand nombre d'années, en sorte qu'il y eut moins de profit pour eux d'avoir payé à la foible monoie, que de perte en payant à l'avenir à la forte monoie, il y sera pourvû.

(2) Les fermes & les Prevostez prises depuis la Chandeleur derniere & deux ans, jusques à ce qu'il fut publié que la bonne monoie auroit cours à la Nostre-Dame de Septembre derniere, seront payées pour les termes échûs avant cette feste, à la monoie qui avoit alors cours. Et si depuis cette feste, elles ont esté baillées aussi profitablement à la foible monoie, que si elles avoient esté baillées a la bonne, elles seront payées à la bonne.

(3) Si elles ont esté baillées à la foible monoie, & par cette raison à plus haut prix, comme du tiers & plus, que si elles avoient esté baillées à la bonne monoie, & si ceux qui les ont prises ont reçeû de l'argent, elles seront payées pour raison de l'argent reçeû, en bonne monoie depuis la Nostre-Dame de Septembre. Et si c'est du bled, & autres revenus semblables qui auront esté reçeûs, ils seront évaliez, & les fermes payées avec estimation de la foible monoie à la bonne.

(4) Ce que dessus aura lieu lorsque les payemens n'auront pas esté reglez par des conventions particulieres.

PHILIPPE par la grace de Dieu Roy de France, à touz ceuz qui ces presentes lettres verront, *Salut*. Nous vous faisons sçavoir, que comme nous par *nostre grant* Conseil, à la requeste & instance de mout de *Prelaz* & *Barons*, e du grant desir que nous en avions, pour la reftormation de la tranquillité, & du proffit de nostre Royaume, & de touz noz subgiez; ayons fait *Ordenance* de noz *bonnes monnoyes refaire & ramener à leur ancien cours, & des payemenz de touz devoirs*, & aucuns meisent en doubte aucuns articles de icelle Ordenance. | PHILIPPE IV. dit le Bel, à Paris, le 16. Fevrier 1306.

Nous pour oster toute *obscurite* en ce, si comme a nous appartient, *entendons*, & *declarons* les articles qui s'ensuivent en la maniere qui s'ensuit.

(1) *C'est assavoir* que toutes *Fermes*, & *Prevostez* baillées (&) prises *devant la Chandeleur darreinement passée & deus ans*, seront payés, pour les termes venuz & a venir depuis la *darreine feste de Nostre-Dame en Septembre en ça*, a la *bonne monnoie*. Et pour les *termes passez* devant icelle Septembresche à *la monnoye qui couroit*, ce sauf quant a cest article, que se ceuz qui ont pris lesdites Fermes, ou Prevostez les avoient prises a *si granz années*, que pour le temps qui est passé, il n'y eussent pas tant eu de proffit en payant la fleube monnoye, comme il arroient de *damage pour le remanent* des années a venir, en *payant la bonne monnoye*, attrempement y seroit mis de par nous par la Justice a qui il appartendroit.

(2) Derechief celles qui ont esté prises *puis la Chandelleur & deux ans*, jusques lors que nous feismes *crier & publier* que la bonne monnoye courroit à ladite *Septembresche*, seront payez pour *les termes devant icelle feste*, *à la monnoye qui couroit lors*, & *depuis ladite Septembresche en ca*, se elles furent bailleez pour au temps ou illuec .... environ, *a la foible monnoie, comme elles souloient valoir, ou peussent valloir à la bonne*, seront payées à la bonne monnoye.

(3) Derechief se elles furent bailliées a si *grant croix* a la *foible monnoye*; outre ce que elles pussent valoir à la bonne, si comme le *tiers* ou *plus*, se il y a *exploiz* de deniers, elles seront payées pour tant comme les diz *exploiz de deniers* pourront monter, pour les termes depuis la dite *Septembresche en ça à la bonne monnoie*, quar telle la doit en avoir receu. Et pour les autres *revenus d'icelles*, si comme *de blez & autres rentes seront* avaluées selonc ce que elles *souloient estre vendües à bonne monnoye*, & payées selonc celle avaluement & selonc l'estimation de *la foible monnoie* au *fuer* de *la bonne*.

(4) Et c'est à entendre ceste declaration à garder ez marchiez, ou len auroit pas dit & convenancié expressement quelle monnoye, ou feuble ou bonne len devroit payer, ou dit, & convenancié expressement de l'une ou de l'autre, quar, en cest cas seroit tenuz le marchié & la convenance selon sa teneur. Et se il estoit dit expressement à la monnoie qui courroit pour le temps à venir, len paieroit pour les termes depuis ladite Septembresche en ca à la bonne monnoie.

Et n'est pas nostre entention par ceste declaration de rien changier ne muer ez autres choses contenuës en ladite Ordenance. *Donné à Paris le seiziesme jour de Fevrier, l'an de grace mil trois cens & six.*

NOTES.

(a) Cette Ordonance est en la Chambre des Comptes au Registre *Noster* fol. 200. elle fut envoyée en Languedoc & datée du Lundy avant Pasques fleuries 1306. Voyez cy-après sous cette date.

PHILIPPE IV. dit le Bel, à Paris, le Lundy avant Pasques fleuries 1306.

(a) Ordonance touchant le payement des Fermes.

SOMMAIRES.

(1) Toutes fermes & prevostez baillées & prises avant la feste de la Chandeleur & deux ans, seront payées pour les termes échûs & à échoir depuis la derniere feste de Nostre-Dame de Septembre en bonne monoie, & pour les termes échus avant la Nostre-Dame de Septembre, à la monoie qui couroit alors. Mais si ceux à qui les fermes & les prevostez ont esté baillées, les avoient prises pour un grand nombre d'années, en sorte qu'il y eut moins de profit pour eux d'avoir payé à la foible monoie que de perte en payant à l'avenir à la forte monoie, il leur sera pourvû.

PHILIPPE IV, dit le Bel, à Paris, le Lundy avant Pasques fleuries 1306.

(2) Les fermes & les Prevostez prises depuis la Chandeleur derniere & deux ans, jusqu'au jour qu'il fut publié que la bonne monoie auroit cours à la Nostre-Dame de Septembre derniere, seront payées pour les termes échûs avant cette feste, à la monoie qui couroit alors. Et si depuis cette feste elles avoient esté baillées avec autant de profit à la foible monoie que si elles avoient esté baillées à la bonne, elles seront payées à la bonne.

(3) Si elles ont esté baillées à la foible monoie, & par cette raison à plus haut prix, que si elles avoient esté baillées à bonne monoie, & si ceux qui les ont prises ont reçeû de l'argent, elles seront reçeües pour raison de l'argent, en bonne monoie depuis la Nostre-Dame de Septembre. Et si c'est du bled, & autres revenus semblables qui auront esté reçeûs, ils seront évalüez, & les fermes payées avec estimation de la foible monoie à la bonne.

(4) Ce que dessus aura lieu lorsque les payemens n'auront pas esté reglez par des conventions particulieres.

PHILIPPE par la grace de Dieu Roy de France, au Seneschau de Beaucaire, *Salut.* Nos vos fam assaber que con nos per nostre gran Conseil, à la requesta & instancia de mos Prelats & Barons, de gran desir que nos avian per la reformation del profich, & de la tranquillitat de nostre Ryalme & de tots nostres sotmesses, ayam fach Ordonensa de *nostras bonas monedas refar* & *revenir* à leur *ancian cours,* & de la pagamens de *tous deutes.* Et aulcuns mezessant en dubte aucuns articles daquella Ordenensa, Nos per ostar tota *Escurdat daquelle* aissy con a nos apparten, entendem & declaram los articlas que sensegon en la maniera que sen sec;

(1) So es assaber que totas fermas & Perbostatz baylias & presas devan *la candelosa d'arrieramen passada à aut dos ans,* seran pagadas per los termes *venguts & à venir,* despueys la darrriera festa de *Nostra Dame de Septembre en la abona moneda,* & per los termes passats davant aquela Septembre, de la moneda que corria, sal aisso quant adaquest article que aquels que an presas las ditas fermas, o, Perbostats lais auran presas agamens dans que per le temps que es passat il non jaguesson pas tam auut de profich, en pagan la sembla moneda, can il y auvien de dampnage per romanen des ans à venir, en pagan la bona moneda & tempramen y sera mes de par nos per la Justitia a cui partendra.

(2) Item. Si aquelas que an estat presas puis la Candelosa auut dos ans entrodouex, que nos fesem cridar & publicar, que la bona moneda correrie à la dicha Septembressa, seram pagados per los termes daquela festa à la moneda que corria adoncas, & depueys la dicha Septembre en sa, sy elas foçon bayladas per aytan o entorn à la feble moneda, con elas solien valer, o podien valer a la bona seran pagadas à la bona moneda.

(3) Item. Si elas foçon bayladas a sy grand creyes a febla moneda, contra quo que las podien valer à la bona, aissy con le ters ou plus si y a explez de deniers, elas seran pagadas per aytam quant lesdits expletz dels deniers poirian montar per los termes depueys *la dicha Septembre* ensa à la bona moneda, car se le deu, ou la arecebre, & per las autras revenduas daquelas, aissy can de blats & autras rendas seran à la valer segon soque elas solien esser vendudas à bona moneda, & pagadas segon aquels valer, & segon l'extimation de la fembla moneda al for de la bonna.

(4) Et es a entendre aquesta declaration a gardar es mercats, ou non aura hom pas dich & coumensat expressament de l'una & de lautra, car enhanchas sera tengut le mercats, & la connensa segon sa tenor.

E. Si a esta dich expressament à la moneda que corvera per lo temps à venir, len pagara per los termes depueys la diche Septembre en, sa à la bona moneda.

NOTES.

(a) Cette Ordonance qui est la mesme que celle du 16. Fevrier 1306. imprimée cy-dessus page 446. mais en different langage, est au Registre D. de la Seneschaussée de Nîmes.

Et ...

Et non es pas nostra entention per aquesta declaration de Recambiar, ny mudar las autras causas contengudas en la diche Ordenansa.

Sy vous mandam & estrechamens comandam, que vos aquestes lettres vistas, ses deguna dilation, nostra davant dicha Ordenansa, & la declaration, & que la fassas publicar per vostra Seneschaucie a tems, & garder per vostre sosmesses fermament sans corrompre. Donade à Paris le Diluns d'avan Pasques floridas, l'an de gracy mil trois cens six.

PHILIPPE IV, dit le Bel, à Paris, le Mardy aprés Pasques 1308.

(a) Letre adressée au Duc de Bretagne, touchant les Monoies.

SOMMAIRES.

(1) Les doubles parisis & les doubles tournois seront pris & mis au prix courant, & les gros tournois de dix deniers & maille, pour dix deniers & maille parisis.

(2) Nulle monoie d'Or, ou d'Argent, blanche, ou noire fabriquée hors du Royaume, n'y pourra estre mise, ni reçeüe, sous peine de perte de corps & d'avoir, & elle sera seulement portée au billon.

(3) Les deniers d'Or à la chaire n'auront cours que pour vingt-cinq sols tournois seulement. Les deniers d'or à la mace pour vingt-deux sols six deniers tournois, les deniers d'Or à la Reine pour seize sols huit deniers tournois, & les petits deniers d'Or nouveaux pour douze sols six deniers tournois.

(4) Les gros tournois de vingt-un deniers n'auront aucun cours, & seront portez au billon, parce qu'il y en a plusieurs qui sont contrefaits & faux.

(5) Aucuns des Officiers de l'hostel du Roy, ni autres, sous peine de corps & d'avoir, ne prendront, ni ne mettront aucunes des monoies deffenduës, ni aucunes de celles qui ont cours, si ce n'est au prix marqué cy-dessus.

(6) Les maistres des monoies prendront le marc d'Argent en billon, Argent le Roy, au marc de Paris, pour cinquante-sept sols tournois, & en argent, argent le Roy, pour cinquante-neuf sols tournois. Et les Orfevres & Changeurs & autres, ne pourront vendre ni acheter billon à plus haut prix qu'il sera pris aux monoies, si ce n'est argent ouvré.

(7) Nul, sous peine de corps & d'avoir ne pourra affiner, ni acheter argent, ou billon, si ce n'est aux Hostels des Monoies.

(8) Nul ne pourra porter hors du Royaume des petits parisis ni des petits tournois, ni des doubles parisis & tournois, si ce n'est des voyageurs, ou autres personnes qui sont obligez de sortir du Royaume, lesquels pourront porter des petits parisis & tournois pour leur dépense, sans fraude &c.

(9) Nul ne pourra transporter hors du Royaume de la vaisselle d'argent, à moins qu'il ne soit Prelat, noble, ou personne honorable, selon son estat, & sans fraude.

PHILIPPE par la grace de Dieu Roys de France, a nostre amé & feal le Duc de Bretaigne, *Salut*. Sçavoir vous faisons, que nous considerans, & regardans, que le commun pueble de nostre Royaume, tant pour le fait de nos Guerres, comme pour la *mutation de nos monnoyes*, ont esté durement grevez, & desirans, si comme a nous apartient, le profit & le bon estat de nostre pueble, especiaument a present quant *au fait des monnoyes*, *avons* de nouvel mandé, & faic venir a Paris, de plusieurs bonnes Villes, deus, ou trois preudes hommes de chascune, qui mieus ou fait des monnoyes se connoissent, pour avoir deliberation, & conseil de mettre, & faire revenir nos monnoyes au point & en l'estat, en la valeur, & de la loy, en quoy elles estoient au temps de Mons.r S.t Loys nostre ayeul, par le conseil desquiex preudes hommes, eüe sur ce diligent deliberation, le commun profit de nous sougiez regardé, voulans encore en ce nostre singuler domage souffrir, nous avons seur le fait desdites monnoyes ordené en la maniere qui s'ensuit.

Premierement, nous ordenons & voulons que les *doubles parisis*, & les *doubles*

NOTES.

(a) Cette letre est au Tresor des Chartes, Registre de Philippe le Bel, depuis 1308. jusques à 1311. piece 2. Il y a à la fin qu'on en envoya de semblables à tous les Barons, les Baillis & les Seneschaux. Voyez cy-aprés au 15. Janvier 1308.

PHILIPPE IV. dit le Bel, à Paris, le Mardy aprés Pasques 1308.

tournois demeurent & soient pris & mis au pris que *il queurrent a present*, & les *gros tornois de sis deners & maaille* pour *dis deners & maaille Parisis*, & non pour plus, tant comme il nous plaira, pource que nous ne voulons pas que le peuble de nostre Royaume ait souffraite de monnoie.

(2) Derechief que nulle *monnoye d'Or ne d'Argent blanche, ne noire*, faite dehors nostre Royaume sur poine de perdre cors & avoir, ne soit prise ne mise a nul feur, fors tant seulement a billon.

(3) Derechief pour ce que len *a contrefait* en plusieurs lieus *nos monnoyes d'Or, & faussees*, dont nostre Royaume & nostre pueple sont damagez & deceuz, & feroient encore plus, se remede ni estoit toust mis, *Nous voulons & ordenons* que les deniers d'Or a la chaire queurent quant a ore pour *vint cinc soulz tournois* tant seulement, les *deners d'Or diz à la mace* pour *vint & deus sols sis deners tournois*, les *deners d'or a la Raine* pour *seze soulz huit deniers tournois*, & les *petiz deniers d'or derrenierement faiz* pour *douze soulz sis deniers tournois*.

(4) Derrechief les *gros tournois de vingt & un denier*, qui autrefoiz ont esté abatuz *charront du tout*, ne nuls sus painne de cors & davoir ne les prendra *fors a billon*, pourque ceus qui courrent a present sont aussi comme tous contrefaiz, & y a mout de faus, de quoy nostre pueple est damagiez & deceuz.

(5) Derrechiez nous *deffendons*, sus paine de cors & d'avoir, que nus de nos officiaus de nostre ostel, ne autres ne praingne, ne ne mette nulle desdites monnoyes deffendues, ne des autres qui auront cours, fors au pris dessus diz.

(6) Derrechief nous pour relever le pueple de damage *avons ordené* que les Mestres de nos monnoyes prendront pour nous *le marc d'Argent en billon, Argent le Roy*, au marc de Paris *pour cinquante & sept soulz tournois* & *en Argent, Argent le Roy*, pour *cinquante-neuf soulz tournois*, & deffendons estroitement sus *paine de corps & d'avoir* perdre, que nuls *Orfevres, Changeurs ou autres ne vende ne achate Argent, ne billon a greigneur pris* que nous les ferons prendre a nos monnoies, si comme dessus est dit, se ce n'estoit *argent ouvré*, ou il eust aucune façon lequel se porra vendre, ou acheter *plus chier*, selonc la *valeur de la façon* sanz fraude.

(7) Derrechiez nous *deffendons* estroitement, & commandons sus paine de cors & davoir que nus, en nostre Royaume ne affine, ne ne rachate Argent, ne billon fors en lostel de nos monnoyes.

(8) Derrechief nous deffendons pour certaine cause especiaument, pource que nostre Royaume n'est pas a present souffisaument garniz *de petite monnoye, que nus ne traie, ne ne* porte *hors de nostre Royaume parisis, ne tournois petiz, ne parisis doubles ne doubles tournois se ce n'estoient Pelerins, ou* autres personnes, qui pour leur besoing auroient aler hors du Royaume, ausquiex len lesseroit porter des *parisis, ou des tournois petiz* pour leurs dépens souffisaument *sanz fraude*, pour le congié de ceus qui de par nous a ce seroient deputez; ne nul de quelque condition que soit *ne traie hors de nostre Royaume, argent ne billon*, especiaument *les gros tournois de vingt & un dener*, les quiex nous avons abatuz & mis a billon.

(9) Derrechief pour oster les fraudes qui ont esté faites aucunes foys & porroient encore estre faites, nous deffendons que nus ne porte *hors de nostre Royaume Argent, ne vessellement*, se ce n'estoient Prelaz, ou Nobles, ou autres honorables personnes ausquiex selonc l'estat de chascun len *lesseroit porter vessellement souffisaument, sanz fraude*.

Pourquoy nous vous *mandons* que vous nosdites Ordenances, es lieus de vostre terre ou vous verrez convenir, faciez sanz delay crier & publier & sus les paines dessusdites estroitement tenir & garder. *Donné à Paris le Mardi aprés Pasques, l'an de grace mil trois cens & huit.*

PHILIPPE IV. dit le Bel, à Paris, le Samedy aprés la S.t Marc 1308.

(a) Letre adressée au Seneschal du Poitou, par laquelle il luy est ordonné de faire abatre incessamment les fournaises construites dans les lieux secrets, où les Lombards faisoient fondre du billon.

PHILIPPUS *Dei gratiâ Francorum Rex, Seneschallo Pictaviensi,* Salutem. *Ex plurium fide dignorum relatione intelleximus quod nonnulli* Lombardi, Campsores, Aurifabri, *& alii* construxerunt, construunt, *& manutenent (b) in locis* privatis & secretis fornaces ad fundendum, affinandum & rechaciandum billionem, *in quibus retroactis temporibus fraudulenter & maliciose* fuderunt *&* rechaciarunt *monetas nostras* nigras & albas, *ex quo nos & subditi regni nostri multipliciter dampnificati fuimus & decepti, & adhuc plus essemus nisi circa hoc celeriter apponeretur remedium opportunum. Quocirca* vobis mandamus *& districte* præcipimus *quatenus* fornaces *hujusmodi, quæ in vestrâ Seneschalliâ poterunt inveniri, ad quas indagandas vos omnem diligentiam quam poteritis* volumus adhibere, *in quibuscumque locis existant, statim visis præsentibus absque dilatione qualibet* dirui, & destrui faciatis, *& ex parte nostra expresse per* proclamationem publicam inhiberi, *sub pœnâ corporis & bonorum, ne quis amodo fornaces hujusmodi facere præsumat,* nisi in locis in quibus monetæ nostræ ordinatæ sunt *ad cudendum, per manus magistrorum monetarum ipsarum, injungentes omnibus Campsoribus Seneschalliæ vestræ, & aliis qui billionem hujusmodi emere sunt soliti, sub virtute præstiti juramenti, ut ipsi omnem billionem quem habent, seu habebunt infra octo dies postquam illum emerint, afferant apud Monsterolium Bonini in monetis nostris, sub pœna amissionis ejusdem. Omnium vero illorum quos invenire poteritis qui contra inhibitiones nostras prædictas fecerint aut facient in futurum, corpora & bona saisita arrestata teneatis, absque relaxatione, aut recredentiâ nisi id nostro, aut gentium compotorum nostrorum mandato processerit speciali quas gentes nostras de hiis (quæ) feceritis quantocius certificare curetis.* Datum Paris. sabbato post festum beati Marci Evangelistæ. *(c)*

NOTES.

(a) Cette letre est au Tresor des Chartes, Registre de Philippe le Bel, depuis 1308. jusques à 1311. piece *7. fol. 67.*

(b) In locis privatis & secretis.] Cela est encore deffendu. Voyez les Statuts & Ordonnances touchant les Orfevres.

(c) Le mesme jour le mandement qui suit, fut envoyé au Bailli de Troyes.

Philippe par la grace de Dieu Roys de France au Bailli de Troyes, *Salut.* Comme nous aions entendu que plusieurs Lombars, Changeurs, Orfevres, & autres ont fait & encore font, & mantenent en lieus privés & secrez, fornaises pour fondre, affiner, & rechacier le billon, esqueles il ont ou temps passé fraudeusement & malicieusement fondu & rechacié nos monnoyes noires & blanches, de quoy nous & le peuple de nostre Royaume avons esté grandement domagiez, & serions encore plus se remede ni estoit mis hastivement. Nous te mandons & commandons estroitement que tu les fournaises de celle maniere, qui porront estre trouvees en ta baillie, ausqueles faire trouver tu mette toute diligence que tu porras, en quelque lieu que eles soient, faces abatre & depecier, veues ces lettres sanz nul delay & de par nous, par cry defendre sur paine de cors & davoir perdre, que nul des ore-en avant ne face nule, ne ne mantiengne fors à Troyes ou lieu, ou nos monnoies sont ordenées à forgier & par les mains des Maistres d'iceles, & enjoing par serment a tous les Changeurs de ta Baillie, & a tous autres qui billon achatent, que il portent a Troyes, ou nostredite monnoye est establie a faire tout le billon que il auront dedans les huict jours que il l'aront acheté sus peine de le perdre : Et tous ceux que tu pourras trouver qui aront fait, ou feront encontre puis nos deffenses saisis leurs cors & tous leurs biens sans rendre, & sans recroire sans nostre commandement especial, ou des gens de nos Comptes, lesqueles tu certifies de ce que tu auras fait. Donné à Paris Samedy aprés la S.t Marc, l'an de grace mil trois cens & huit.

PHILIPPE IV. dit le Bel, *Apud mercatum*, le 5. Septembre 1308.

(a) Ordonance portant que ceux qui se sont obligez avant la Nativité de la Vierge de l'année 1306. pourront se liberer en payant en la monoie qui courroit lors du Contract, à l'exception des arrerages des cens, des rentes, & du prix des Fermes, qui depuis la Nativité de la Vierge 1306. seront payez en forte monoie.

PHILIPPUS *Dei gratiâ Francorum Rex, Senescallo Bellicadri, & aliis justiciariis & subditis nostris,* Salutem. *Cum jamdudum pro utilitate publicâ regni nostri* duxerimus ordinandum, *quod (b)* a festo Nativitatis beatæ Mariæ Virginis *(quod)* anno Domini millesimo trecentesimo sexto *in antea,* fortis moneta legis & ponderis turonensium, qui tempore Beati Ludovici currebant, suum cursum antiquum haberet, *inter cætera in ipsâ ordinatione contenta* disposuimus, *quod* mutua, cœteraque debita, tempore *cursus fragilioris monetæ, vel fortioris prius contracta, reditibus annuis, censibus & pensionibus firmarum plurium annorum, exceptis, quæ post dictum festum solvenda restabant, pro valore monetæ, quæ tempore mutuorum, vel contractuum hujus habitorum, ex quibus tale debitum debebatur, currebat, solvi deberent,* prout in ipsâ ordinatione plenius continetur. *Verum prout accepimus* literæ de nostrâ curiâ emanarunt, *quod omnes & singuli, qui (tàm) ex aliis contractibus seu mercaturis, quam mutuis fuerant obligati,* qui solvendo fragiliorem monetam, seu in minori valore quam sit fortis moneta prædicta, *poterant (c) liberari, nisi solverent debita hujusmodi* infra instans festum nativitatis beatæ Mariæ virginis hujus anni, (scilicet anno Domini millesimo trecentesimo octavo) currentis (Et) ex *tunc tale debitum ac fortem monetam, vel ejus valorem solvere tenentur, quod si fieret, esset prout habita deliberatione comperimus grave reipublicæ quam plurimum & nocivum.*

Volentes igitur tali occurrere, deliberato consilio providimus, *quod juxta priorem ordinationem predictam, ex causis, seu contractibus, vel conventionibus præcedentibus* dictum festum nativitatis beatæ Mariæ virginis, anni Domini millesimi trecentesimi sexti, quilibet ex causis præmissis obligati *liberentur, solvendo monetam licitam pro valore monetæ quæ tempore contractus obligationis currebat. Salvo quod* redditus annui, census, & pensiones firmarum perpetuarum, vel annorum plurium solvantur in *(d)* forti monetâ *pro tempore vel terminis* dictum festum anni sexti sequentibus, *prout in nostrâ predictâ* ordinatione primitus extitit ordinatum *cum moderationibus tam in ipsa ordinatione, quam postmodum per nos adhibitis, prout in literis nostris inde per diversas regni nostri partes directis continetur. Si quæ vero literæ nostræ vel præcepta emanarunt à nobis, vel nostra curia per quas especialiter in instanti festo beatæ Mariæ virginis vel post ipsius festi lapsum aliquid ex præcedentibus immutari deberet, easdem penitus revocamus, moderationibus aliis per nos adhibitis in plerisque casibus dictam ordinationem ex diversis causis tangentibus, in suo robore duraturis. Actum apud novum Mercatum die quinto Septembris, anno Domini millesimo trecentesimo octavo.*

NOTES.

(a) Cette Ordonance est au Tresor des Chartes, Registre de Philippe le Bel, pour l'année 1308. jusqu'en 1311. piece 81. *fol.* 100. *verso.*

(b) *A festo nativitatis beatæ Mariæ.]* Voyez l'Ordonance du 16. Fevrier 1306.

(c) *Liberari.]* Il faut ce semble qu'il y ait, *non liberarentur,* ou *non possent liberari.*

(d) *Forti monetâ.]* C'est ainsi que l'on nomme la monoie faite du metal le plus pur, en sorte que plus il y a d'alliage dans la monoie moins elle est forte, & plus elle est aioiblie.

(a) Lettres

(a) Letres adressées à l'Eschiquier de Roüen, & aux Baillis de Normandie, par lesquelles le Roy mande que l'on sursoie à la levée de l'ayde pour le (b) mariage d'Isabelle sa fille Reyne d'Angleterre, jusques au Caresme prochain.

PHILIPPE IV. dit le Bel, *Apud novum mercatum*, 6. Septembre 1308.

PHILIPPUS *Dei gratiâ Francorum Rex, dilectis & fidelibus gentibus nostris* (c) Scacarii Rothomagensis, *ac omnibus* Ballivis *in Ducatu Normanniæ constitutis*, Salutem. *Cum nuper mandaverimus* levari subsidium à subditis nostris, ratione maritagii carissimæ filiæ nostræ Isabellæ Angliæ Reginæ, *nonnulli de partibus Normanniæ* nobiles, & ignobiles *nostram adiere præsentiam, in* dubium revocantes, *utrum nobis liceret, sine Par. injuriâ & absque indebitâ novitate, levare dictum subsidium in toto Ducatu Normanniæ, tàm a subditis nostris immediate, quàm à subditis subditorum nostrorum.*

Nos igitur *visis Registris consuetudinum Normanniæ, ac diligenter inspectis Registris insuper nostris, Paris. habitâ deliberatione super hiis pleniori,* decrevimus, & declaramus *nobis deberi dictum subsidium in Ducatu prædicto, tam a nostris immediatè subditis, quàm a subditorum nostrorum subjectis, ac levari præcipimus subsidium memoratum.*

Verùm cùm, ut accepimus, in aliquibus partibus Normanniæ fructus in magnâ parte tempestate perierunt, ac prætereà in instanti solvere nobis focagium solitum *in Normanniâ subditi teneantur, compatientes eisdem, exactionem prædicti subsidii, ratione maritagii* dictæ filiæ nostræ debiti, ponimus in sufferentiam *generaliter in Ducatu prædicto, usque ad instans proxime carniprivium. Illis autem quorum fructus nuper tempestate, prout suprà dictum est perierunt, usque ad festum* Assumptionis beatæ Mariæ virginis *proximò futurum* concedimus *dilationem solvendi subsidium memoratum; Volentes, & vobis præsentibus injungentes, ut si quid captum, vel levatum est per quoscumque à nostris mediate, vel immediate subditis, id sine difficultate liberetis eisdem, usque ad tempora gratiæ supradictæ. Quæ omnia per vos gentes nostras in instanti Scacario, per vos insuper Ballivos in vestris assisiis publicari, & ad perpetuam memoriam registrari præcipimus, nec non per vos Ballivos dictis temporibus debitæ executioni mandari.* Actum apud novum mercatum die sextâ Septembris, anno Domini millesimo trecentesimo octavo.

NOTES.

(a) Ces letres sont au Tresor des Chartes, Registre de Philippe le Bel, pour l'année 1308. jusqu'en 1311. piece 81. feüillet 101. *verso*. Voyez au Samedy aprés le Dimanche de *Reminiscere* 1309.

(b) Elle fut mariée à Boulogne le 22. Janvier 1308. avec Edoüard II. du nom. La question fut de sçavoir si pour ce mariage l'aide estoit duë en Normandie. Et le Roy ayant decidé qu'elle devoit luy estre payée, donna surseance jusqu'au Caresme suivant. Au feüillet 106. piece 98. du mesme Registre, il y a un Arrest par lequel il fut jugé au Parlement que les sujets des Evesques & autres Prelats estoient tenus de cette ayde. Voyez mon glossaire sur *ayde coûtumiere*.

(c) *Scacarii Rothomagensis.*] Vide *Cangium & Spelmannum in glossariis, verbo* Scacarium. C'estoient ordinairement des personnes du Parlement de Paris, qui estoient commises pour aller à Roüen tenir l'Eschiquier, & à Troye pour tenir les grands jours.

PHILIPPE IV. dit le Bel, à Paris, le 18. Janvier 1308.

(a) Letre adressée au Comte de la Marche, touchant les monoies, portant entr'autres choses que les mailles d'Argent seront prises & mises, pour trois deniers & maille parisis.

PHILIPPE par la grace de Dieu Roys de France, à nostre amé & feal le Comte de la Marche, *Salut & dilection.* Comme nous regardans, & considerans que le commun peuple de nostre Royaume, tant pour le fait de nos guerres, comme pour la mutation de nos monnoyes ont esté durement grevez; & desirans fervemment, si comme à nous appartient, le profit & le bon estat de nostredit peuple, & especialment quant au fait de noz monnoyes eussions mandé & fait venir a nous de plusieurs bonnes Villes de nostre Royaume deus, ou trois preudes hommes, de chascune, qui miex se congnoissent ou fait des monnoyes, pour avoir conseil & deliberation de mettre & faire revenir noz monnoyes, ou point, en l'estat, & en la valeur, *& de la loi, en* quoi elles estoient ou *temps* de *Monseigneur S.t Loys nostre ayeul.* Par le conseil desdiz preudes hommes & de nostre autre grant Conseil eu sus ce diligeaument & grant deliberation, le commun profit dou peuple regarder, pour lequel *nous voulons* nostre singulier domage souffrir, eussiens ordené sus le fait desdites monnoies en la maniere qui s'ensuit.

(1) Que le *double parisis & tournois* demourassent & fussent pris & mis au pris que il *couroient,* & le gros *tournois d'argent de dix deniers & maalle parisis* & non pour plus tout comme *il nous plaira,* pour ce que nous ne voulons pas que le peuple eût defaute de monnoye.

(2) Item. Que nulle *monnoye d'Or ne d'Argent blanche, ne monnoye noire faite hors de nostre Royaume* ne fust prise ne mise à nul feur, fors tant seulement en billon, sus peine de *perdre corps & avoir.*

(3) Item. Pour ce que len contrefesoit, & contrefet encore en plusieurs lieus noz *monnoyes d'Or,* & les avoit-on *faussées,* dont nostredit Royaume & le peuple estoient mout *doumagez & deceuz* & sont encores, Nous qui *voulions & voulons* encore mettre remede contre le domage & la decepcion dou peuple, ordenasmes que les deniers *d'or a la Chere* courussent *pour vingt-cinq sols tournois* tant seulement, *les deniers d'Or à la mace pour vingt-deux sols* six *deniers tournois,* les *deniers d'Or diz a la Royne pour seize sols six deniers tournois,* & les petiz *deniers d'Or* darnierement faiz pour *douze sols six deniers tournois.*

(4) Item. Les gros tournois de vingt-un deniers, qui autres fois avoient esté abatuz *cherroient du tout,* ne nulz, souz poine de corps ne d'avoir, ne les prist *fors au billon,* pour ce que ceux qui lors couroient estoient ainsinc comme touz contrefaiz, & en i avoit, & encores a mout de faus, parquoi nostre peuple estoit & est mout deceuz.

(5) Encores defendismes nous sus poine *de cors & d'avoir,* que nul de noz Officiers *de nostre hostel, ne nulle autre personne ne prist, ne ne meist nulles desdites* monnoyes deffendües, ne des autres qui auroient cours fors au pris dessusdit.

(6) Encores pour sublever ledit peuple de domage eussions ordené que les *Mestres de noz monnoies* prendroient pour nous *le marc d'Argent en billon Argent le Roy au marc de Paris, pour cinquante-sept sols tournois, & Argent blanc Argent*

NOTES.

(a) Cette letre est au Tresor des Chartes au Registre de Philippe le Bel, depuis 1308. jusqu'en 1311. feüillet 48. & feüillet 82. C'est la mesme qui fut envoyée au Duc de Bretagne le Mardy aprés Pasques 1308. Voyez cy-dessus page 449. Il y a de plus à celle-cy deux articles, qui sont le 11. & le 12. & c'est ce qui a determiné à la donner encore icy.

le Roy pour *cinquante-neuf sols tournois;* Et eussions deffendu estroitement sus paine *de perdre cors & avoir, que* nuls *Orfévres, Changeurs, ou autres ne vendist ne achestast Argent, ne billon a grenour pris,* que nous le ferions prendre à noz monnoies, se ce n'estoit *Argent ouvré,* où il eust aucune façon lequel se peust vendre plus chier selon la valeur de la façon, sans fraude.

PHILIPPE IV. dit le Bel, à Paris, le 18. Janvier 1308.

(7) Et encore eussions-nous deffendu estroitement, *que nus en nostredit Royaume n'affinast ne rachatast* Argent ne billon, fors en l'ostel de nos monnoyes.

(8) Et encore *eussiens-nous deffendu* estroitement, pource que nostredit Royaume n'estoit pas garni souffisaument *de petite monnoye,* que nus ne portast, ne *traisist* hors de nostre Royaume *parisis, ne tournois petiz, ne parisis ne tournois doubles,* se ce n'estoient *pellerins,* ou autres personnes, qui pour leur necessité auroient *à aler hors du Royaume,* asquiex len lesseroit porter *des parisis & des tournois petiz* souffisiaument *pour leur vivre,* sanz fraude, par le congié de ceus qui de par nous à ce estoient deputez: Ne nul de quelque condition qu'il fust, ne traisist hors de nostre Royaume *argent ne billon, especialement gros tournois de vingt-un deniers,* lesquieus nous avons abatuz, & mis à billon.

(9) Et encores pour toutes les fraudes qui povoient estre faites, nous deffendismes, que nul ne portast hors de nostredit Royaume *Argent ou vaissellement,* se n'estoit *Prelas, Nobles, ou autres honourables* personnes, ausqueles len lesseroit porter vaissellement, selon l'estat de chascun sanz fraude.

(10) Et si comme nous aions entendu, vous aiez esté si negligent de faire garder nosdites Ordenances, que nul fruit, ne nul profit ne s'en est ensui, ne nostredit peuple n'en a eu nul profit, ne nul remede contre le domage, les fraudes & les deceptions que il en soustenoient pour raison desdites monnoyes, de laquele chose nous sommes mout troublés, & mout nous desplaist. Si vous mandons que nosdites Ordenances, si comme eles furent & sont faites és lieus de vos Jurisdictions par tout la où vous verrez que à faire sera, sans delay faites crier & publier & estroitement garder, sus les paines dessusdites; & que dedans la quinzaine aprés ce cri, nul ne soit si hardi de tenir lesdites monnoies deffendues, sans estre perciées. Et se aucuns est trouvé prenant ne mettant les, il seront forfaites, & si seront en nostre mercy de cors & d'avoir.

(11) Item. Comme pour le profit de nostre Royaume, & especialment pource que Marchans peussent plus aisiement porter leurs avoir de lieus en lieus, eussiens fait faire *maalles d'argent, les trois pour un tournois d'argent,* & en eussiens commandé à faire le mains que nous peussiens bonnement, pour ce que nous peussiens plus faire *de noire monnoye;* & si comme nous avons entendu les Changeurs, & les grans compaignies qui plus pensent à leur singulier profit, que à celuy du peuple, les font mettre & prendre pour *quatre deniers* parisis, en grant domage & deception doudit peuple, dont nous avons esté & sommes mout troublés : pour laquele chose nous qui pourrions avoir grant profit, se lesdites maalles se mettoient pour quatre parisis, & toutevoie voulons-nous souffrir nostre singulier domage pour le commun profit dudit peuple, vous *mandons & commandons* si estroitement comme nous povons, que par tous les lieus de vos Jurisdictions où vous verrés qu'il sera mestier, faites crier que nul ne soit si hardi, sus poine de cors & d'avoir, que il prengne ne mette lesdites maalles, fors pour trois deniers & maalle parisis chascune.

(12) Item. Pource que nous voulons que toutes cesdites Ordenances faites, si comme dit est, pour le commun profit de nostre peuple soient fermement & loyalment gardées, Nous vous mandons que tantost ce cri fait, vous eslisiez deus preudommes, ou trois de bonne renommée de vos lieus, lesquiex vous ferez jurer sus sainte Evangile, que sanz fraude nulle, & sanz nul espargnier, il prendront de par vous toutes les monoyes deffenduës que il trouveront prenant & mettant, & arresteront toutes les personnes, qui contre noz Ordenances dessusdites feront en quelque maniere que ce soit. Et ainsi le faites par tous les lieus de

vos Jurisdictions, là où vous verrez que a faire sera. *Donné à Paris le dix-huitiéme jour de Janvier l'an mil trois cens & huit.*

PHILIPPE IV. dit le Bel, à Paris, le 18. Janvier 1308.

(a) Ordonance touchant les Monoies, contenant plusieurs articles.

PHILIPPE par la grace de Dieu &c.

NOTES.

(a) Cette Ordonance est au Registre *Noster* de la Chambre des Comptes, feüillet 201. C'est celle qui fut envoyée au Comte de la Marche le 18. Janvier 1308. Voyez cy-dessus page 454. 449.

PHILIPPE IV. dit le Bel, à Paris, en Parlement, le Vendredy aprés *reminiscere*, c'est-à-dire, le Vendredy aprés le second Dimanche du Caresme 28. Fevrier 1308.

(a) Ordonance touchant le payement des rentes à vie.

SOMMAIRES.

(1) Les arrerages des rentes à vie, échus depuis que la forte monoie a eû cours, seront payez en la monoie, qui courroit dans le temps du Contract. Et s'il y a contestation pour les arrerages à échoir, elle sera terminée par les Juges laïques ordinaires, eû égard à la condition des personnes, & aux clauses & conditions des Contracts.

PHILIPPUS *Dei gratiâ Francorum Rex, Universis præsentes literas inspecturis,* Salutem. *Notum facimus quod cùm* Monasteria, Communiæ, *& quamplures alii subditi nostri nobis exposuerint, quod ipsi pro suis necessitatibus sublevandis plures (b)* redditus ad vitam ementium annuatim *solvendos, tempore quo* debilis moneta nostra currebat, *& pro pretio* in monetâ debili *tantùm eis soluto vendiderunt, quodque ratione* ordinationis nostræ *super cursus monetæ mutatione, ac super solutione talium redditurum per nos* editæ, anno Domini millesimo trecentesimo sexto, *Emptores prædicti a tempore quo deinde* fortis moneta *nostra incæpit currere, a venditoribus ipsis exigere nituntur in forti monetâ redditus ante dictos, ex quo plurimùm damnificarentur ut dicunt, venditores prædicti, supplicantes humiliter, ut super hoc eorum indempnitati providere velimus. Cùm autem tam propter contrahentium hujusmodi diversas conditiones, ætates, & status, quam propter temporum diversitatem quibus facti sunt contractus prædicti, & propter diversitatem pactorum, ac multas, & varias promissiones & obligationes in eisdem* Contractibus *appositas, certam & generalem, ac uniformem provisionem super hoc facere non possumus, quæ tot contractus varios & diversos, & diversas personas contrahentium æqualiter comprehendat, nos viam rationi & æquitati consentaneam eligentes, sic duximus* ordinandum.

(1) Quod hujusmodi debitores summas conventas, quæ pro terminis, qui ceciderunt, à tempore, quo fortis moneta cæpit cursum suum habere, *debebuntur, sine difficultate persolvent in valore monetæ tempore* Contractus currentis, *& si* de residuo sit discordia *inter partes, ipsi super hoc* ordinarios Justiciarios sæculares eorum *adibunt, qui ordinarii ordinatione prædictâ visâ, & diligenter attentâ, consideratis personarum contrahentium, conditionibus, & statu, qualitate contractus & ipsius tempore*

NOTES.

(a) Cette Ordonance est au Registre *Olim* 3. du Parlement, feüillet 114. *verso*, & au Tresor des Chartes, Registre de Philippe le Bel, depuis 1308. jusqu'en 1311. piece 42. feüillet 80. *verso*.

(b) Redditus ad vitam.] Beaumanoir parle en plusieurs endroits de ces rentes. Ce qui prouve qu'on disoit ancienement *redditus*, et non *reditus*, sur quoy il est bon de voir ce qu'a écrit *Curtius, libro 2. tomo 1. conjectaralium cap. 32.*

quantita

quantitate pretii, ac conditionibus, retentionibus, promissionibus, & obligationibus in contractu appositis, & cæteris circumstantiis, quæ fuerint in talibus rationabiliter attendendæ, auditis partibus, exhibebunt eisdem super hoc justitie complementum; salvis gratiis, quas aliquibus ex causâ fecimus super debitorum suorum respectu, quibus gratiis per hoc nolumus *prajudicium aliquod generari. Hoc salvo insuper quod illas partes quæ super talibus casibus diem habent, per citationem, vel assignationem in Parlamento præsenti, Curia nostra audiet & expediet, si possit, alioquin finito Parlamento illæ partes quæ super hoc non fuerint expeditæ, ad suos ordinarios, sicut præmissum est, revertentur. In cujus rei testimonium præsentibus literis nostrum fecimus apponi sigillum.* Actum Paris. in Parlamento nostro die Veneris post *Reminiscere*, anno Domini millesimo trecentesimo octavo.

PHILIPPE IV. dit le Bel, à Paris, en Parlement, le 28. Fevrier 1308.

(a) Mandement au Bailly du Vermandois de faire observer l'Ordonance de l'an 1302. pour l'utilité du Royaume.

PHILIPPE IV. dit le Bel, à Paris, en Parlement, le Jeudy avant les Rameaux 1308.

SOMMAIRES.

(1) Le Bailly jurera & fera jurer tous les Officiers de Justice aux assises, qu'ils observeront exactement l'Ordonance faite en 1302. pour l'utilité du Royaume.

(2) Qu'ils observeront ce qui est prescrit par les letres accordées aux Evesques, & aux personnes Ecclesiastiques, en consideration de la subvention.

(3) Ils feront revoquer les proclamations qui avoient esté faites, portant deffenses aux laïques de traire les laïques, & les Ecclesiastiques en Cour de Chrestienté, en actions personnelles.

(4) Lorsque les Prelats feront leurs visites, ils les soûtiendront, & leur feront avoir les gîtes, ou procurations où ils sont en possession de les avoir.

PHILIPPUS *Dei gratiâ Francorum Rex, Ballivo Viromadensi, cæterisque justitiariis nostris ad quos præsentes litteræ pervenerint,* Salutem.

(1) Dilecti & fidelis nostri Episcopi Cathalaunensis *supplicationibus inclinati* mandamus *vobis & vestrum singulis firmiter injungentes, quatenus* ordinationes & statuta *nostra (b)* pro regni nostri reformatione, & publicâ utilitate, *cum magnâ dudum deliberatione facta, quæ sic incipiunt,* Pro reformatione regni nostri &c. *& sic terminantur,* Actum Parisius die Lunæ post mediam quadragesimam, anno Domini millesimo trecentesimo secundo, *bonâ fide, prout scripta & concessa sunt, faciatis realiter observari, & in primis assisiis vestris quilibet vestrum juretis vos ordinationes & statuta prædicta fideliter vos servaturos. Si quis vero recusaverit hoc jurare, postquam fuerit super hoc legitime requisitus ipsum nostro privari officio volumus ipso facto.*

(2) Præterea quasdam gratias speciales, Prælatis & personis Ecclesiasticis Regni nostri per nos postmodum generose cessas, quæ sic incipiunt. (c) Notum facimus quod nos oblatam &c. Actum Paris. die primâ Maii, anno Domini millesimo trecentesimo quarto, *integraliter observetis. Si quid autem post editionem statutorum & concessionem gratiarum hujusmodi contra ipsum tenorem attemptatum fuerit, vel contigerit attemptari, ad statum debitum reducatis, non obstantibus quibuslibet literis a Curiâ nostrâ in contrarium impetratis, aut etiam impetrandis.*

(3) Item. *Quasdam præconizationes, & proclamationes factas,* ne laïci laïcos, vel clerici clericos, *super* personalibus actionibus *ad forum Ecclesiasticum evocarent,*

NOTES.

(a) Ce Mandement est au Tresor des Chartes, Registre de Philippe le Bel, depuis 1308. jusqu'en 1311. piece 50. *fol.* 84.

(b) Pro regni nostri reformatione.] Voyez cy-dessus page 354.

(c) Notum facimus quod nos oblatam.] Ce sont les letres mesmes qui furent accordées à l'Archevesque & au Chapitre de Rheims. Voyez cy-dessus, pages 402. & 410.

PHILIPPE IV. dit le Bel, à Paris, en Parlement, le Jeudy avant les Rameaux 1308.

vel facerent evocari, ficut generaliter & publice fuerint faciatis fic generaliter & publice revocari, *ipfum Epifcopum & perfonas Ecclefiafticas in juribus & jurifdictionibus fibi tam jure quam de antiquâ & approbatâ confuetudine competentibus manutenentes, ipfofque indebite non turbantes, vel permittentes ab aliis indebite perturbari.*

(4) *Et infuper* Prælatos, monafteria, & loca vifitantes, *feu procurationes recipere volentes de quibus conftiterit eos effe in poffeffione* vifitandi, feu recipiendi procurationes *prædictas, ab injuriis, oppreffionibus & violentiis, cum ab eis fuper hoc requifiti fuerītis, defendatis.*

Cæterum cum plurimum infideat cordi noftro, quod Prælati & perfonæ Ecclefiafticæ Regni noftri ut divinis poffint obfequiis liberius defervire, a quorumlibet malignorum incurfibus protectionis noftræ fubfidio defenfentur. Mandamus vobis diftricte quatenus invafores & in perfonas Ecclefiafticas, maxime in Prælatos manus injicientes temere violentas, fic rationabiliter puniatis quod cedat cæteris in exemplum. Actum Parifius in Parlamento noftro die Jovis, ante Ramos Palmarum, anno Domini MCCCVIII.

PHILIPPE IV. dit le Bel, à Paris, en Parlement, le Jeudy avant les Rameaux 1308.

(a) Letre en faveur des Eglifes du Diocefe de Nîmes.

PHILIPPUS *Dei gratiâ Francorum Rex Senefcallo Bellicadri, cæterifque jufticiariis noftris ejufdem Senefcalliæ a nobis deputatis ad quos præfentes litteræ pervenerint*, Salutem. *Dilecti & fidelis noftri Epifcopi Nemaufi fuplicationibus inclinati*, Mandamus vobis *& veftrum cuilibet firmiter injungendo quatenus* ordinationes & ftatuta noftra *pro Regni noftri reformatione & publicâ utilitate cum magna dudum deliberatione facta, quæ fic incipiunt, Pro reformatione.* (b)

NOTES.

(a) Cette letre eft au Regiftre de la Senefchauffée de Nîmes, cotté D.

(b) Cette letre eft la mefme que la precedente adreffée au Bailly du Vermandois, à la priere de l'Evefque de Châlons.

PHILIPPE IV. dit le Bel, à Paris, le Jeudy avant Pâques fleuries 1308.

(a) Ordonance contenant reglement touchant les vivres, les denrées & les voitures qui feront pris pour le Roy &c.

SOMMAIRES.

(1) *Les Ordonances faites à ce fujet par les Roys predeceffeurs de Sa Majefté, feront executées.*

(2) *Le Roy, la Reyne, les enfans du Roy, qui feront en fa mainbournie, le Chambrier, le Conneftable & le Bouteiller, auront les vivres au prix du Roy.*

(3) *Et pareillement le Senefchal & le Chancelier.*

(4) *L'Evefque de Paris prendra dans la Ville un panier de Poiffon, & l'Hoftel-Dieu un panier, ou une fomme.*

(5) *Outre les perfonnes marquées cy-deffus, nul n'aura prife dans Paris. Et ceux qui feront commis pour prendre & prifer les vivres, jureront qu'ils le feront loyaument.*

(6) *Perfonne ne pourra prendre chevaux, beftes, charretes, bateaux, ou autres voitures par terre & par eaüe, fi ce n'eft pour le Roy, la Reyne & fes enfans en puiffance.*

(7) *On ne pourra mefme pour le Roy prendre des beftes de labour.*

(8) *On ne pourra demonter les marchands, ni arrefter autres perfonnes allant à leurs affaires, par terre, ou par eau.*

(9) *On ne pourra arrefter, ni décharger bêtes, charretes, ou autres voitures par terre, ou par eaüe.*

(10) *On ne pourra prendre bête, ou voiture loüée, & allant prendre fa charge.*

(11) *On ne prendra bête, ou voiture d'Hoftel-Dieu, ni de maladerie.*

(12) *Les bêtes & les voitures prifes pour le Roy ne feront pas trop chargées.*

(13) *On payera pour les bêtes & les voitures que l'on prendra, ce qui fera dû legitimement.*

(14) *Ceux qui feront commis à cet Office jureront qu'ils le feront loyaument, & qu'ils ne recevront aucuns prefens.*

(15) *Ceux qui contreviendront à la prefente Ordonance feront amendables envers le Roy.*

(16) *La presente Ordonance sera publiée solennellement.*

(17) *Les Baillis & les Seneschaux commettront, s'il est necessaire, des personnes pour la faire executer.*

PHILIPPE IV, dit le Bel, à Paris, le Jeudy avant Pâques fleuries 1308.

PHILIPPE par la grace de Dieu Roys de France, au Prevost de Paris, & à touz nos autres Seneschaus & Bailliz, *Salut*. Comme nous aions entendu que noz sougiez sont grantment domagiez, par ceus qui veulent prendre & avoir *les vivres* & les *denrées* a nostre pris.

Item. Pour ceus qui pour besoignes, veulent de par nous prendre, & avoir les *chevaus*, les *bestes*, les *charettes*, les *nez*, & les *batiaus*, & les autres *voitures* de nos souzmis.

(1) *Nous considerans les Ordenances* sur ce faites bien & raisonnablement par nos antecesseurs & par nous, & voulans que elles soient fermement tenuës & gardées.

(2) *Encores* a plus grant fermeté d'icelles & pour le païs, & pour le profit de noz sougiez, *establissons, voulons, ordenons & commandons* quant as *vivres*, que nous, *la Royne nostre compaigne, quant* nous l'aurons, nos effans estans avec nous, *(b) en nostre mainbournie*, le *Chamberier* de France, le *(c) Connestable* de France, le *Bouteillier* de France, auront la prise aus vivres, & a nostre pris.

(3) *Item.* Li *(d) Seneschaus* & li *Chancellier* de France quant il y seront.

(4) *Item.* En la Ville de Paris, li Evesques de Paris a un *panier de poisson*, & la maison-Dieu de Paris a un panier, ou a une somme. Et nulle autre personne de quelconque condition, de quelconque lignage, de quelconque dignité ou estat que elle soit, ne ha point *de prise*, ne à Paris, ne en autre lieu en nostre terre.

(5) *Et commandons* expressément que nul autre quelconque que il soit des-ore-en avant ne use de ces prises en quelconque maniere que ce soit. Et se aucune grace seur ce avons faites a autre personne, nous des-orendroit la rappelons dou tout, & voulons que cil, ou ceux qui de par nous seront *establi à prendre & prisier les vivres, jurent seur les sainz, que il loyalment feront ceste office, ne ne trepaseront en nulle maniere ceste Ordenance*, pour quelconque personne que ce soit, par quelconque faveur, ou pour quelconque commandement d'autrui. Et se il contre leur serement vouloient trespasser cest establissement, nous *voulons* que noz sougiez ne leur *obeissent mie*, & il sans *amende* leur puissent en maniere deüe & raisonnable *(e) escoure les denrées*.

(6) *Item.* Nous *establissons, ordenons, & commandons* que nulle personne quelconque que elle soit, n'ait poüair de prendre *chevaus, bestes, charretes, batiaus, ne autres aisemens*, ou *voitures* par *terre*, ou par *yau*, fors seulement pour nos *propres besoignes, ou pour nostre chiere compaigne* quant nous l'aurons, ou pour nos effans estans avec nous en nostre *mainbournie*.

(7) *Et voulons* encore que pour nous len ne puisse prendre *bestes de charrue*, ou de *labourage*.

NOTES.

(a) Cette Ordonance est au Tresor des Chartes, Registre de Philippe le Bel, depuis 1308. jusqu'en 1311. piece 49. *fol.* 83. *verso.* Elle est du mesme jour que les deux precedentes, le jour de Pasques fleuries n'estant autre chose que le Dimanche des Rameaux, où l'on chante *Occurrunt turbæ cum floribus & Palmis, & nos similiter debemus occurrere cum floribus virtutum & palmis victoriarum.* Vide *Rationale Durandi*, cap. 65. n. 5.

(b) *En nostre mainbournie.*] C'est-à-dire, à nostre pain & en nostre puissance. Voyez ce que j'ay remarqué sur Loisel au titre de *Mainbournie* livre premier de ses Institutes coûtumieres, & sur le premier livre des Establissemens chapitres 128. 129.

(c) *Connestable, Bouteiller.*] Voyez Du Tillet.

(d) *Li Seneschaux.*] C'estoit le Grand-Maître de la Maison du Roy. Voyez du Tillet au chapitre du Grand-Maître page 401.

(e) *Escoure les denrées.*] C'est-à-dire, courir aprés, & les reprendre.

PHILIPPE IV. dit le Bel, à Paris, le Jeudy avant Pâques fleuries 1308.

(8) Item. Que len ne puisse mie *deschevacher marchant*, ne arrester, ou autre *personne chevauchant en allant en sa besoigne* par terre, ou par yau.

(9) Item. Que len ne puisse mie *deschargier, ne arrester charrete*, ou *vaissel* de terre ou de *yau*, ou *beste chargiée*.

(10) Item. Que len ne puisse prendre beste en quelconque voiture loée, ou estant en son voiage d'aler querre sa charge.

(11) Item. Que len ne prengne beste, ou charrete, ou autre voiture de *maison-Dieu*, ou de *maladerie*.

(12) Item. Que les bestes ou instrumens, ou vaissiaus que len prendra *pour nous*, que len ne les *greve mie* de *charge*, ou de trop longue journée.

(13) Item. Que len paye pour *ceus que len prendra*, leur journée soffisant.

(14) Item. Que cil qui seront establi de par nous a cest office faire, *jurent* sus les sainz, que il *loyaument* & bien feront cest office, si comme il est dessusdit, & que il ne prendront de nulle personne de quelconque estat, ou condition que elle soit *robes, jouiaus, ne autres dons* qui puissent tourner à male convoitise, ne ne trepasseront en nulle maniere *ceste Ordenance*, pour quelconque personne que ce soit, & pour quelconque couleur, ou faveur, ou pour quelconque commandement d'autrui. Et se il contre leur serement vouloient *trepasser ceste Ordenance*, nous *voulons* que len ne leur obeisse mie, & que len leur puisse, en maniere deüe & raisonnable, *escoure* sans amende faire.

(15) Et ordenons que quiconque fera, ou par lui, ou par autre, ou fera faire, ou commander à faire contre *ces Ordenances* & ces *Establissemens*, soit encheus & le faiseur & le commandeur en nostre *amende* a lever, & a prendre à nostre volonté, ou de nostre *Baillif*, ou *Seneschal* d'iceli lieu, ou sera *faiz li outrage*.

(16) Pourquoi *commandons & enjoignons* especialment & expressement a toi *Prevost de Paris, & à vous Seneschaus, & Baillis*, que vous & chascun de vous en vos Seneschaucies, & Baillies, & en vos *assises*, & tu Prevost a Paris, & es Villes de ta Prevosté, ou tu verras que il sera a faire, *faces publier communement* & solempnement *l'Ordenance*, l'Establissement & toutes les choses dessusdites, & gardez fermement, & faites garder toutes les choses dessusdites, si chier comme vous avez nostre grace, & entendez à eschiver nostre indignation.

(17) Et voulons que vous, & chascun de vous, si & quant vous verrez que mestier sera, deputez de par nous especiaus executeurs bons & soffisans a faire garder entierement ceste *Ordenance*, & a prendre garde que nul ne viengne a lencontre.

En tesmoing de laquelle chose nous avons fait mettre en ces presentes lettres nostre Scel. *Donné à Paris le Jeudy avant Pasques flories, l'an de grace mil trois cens & huit.*

PHILIPPE IV. dit le Bel, à Roüen, en l'Eschiquier, le 20. Avril 1309.

(a) Mandement au Bailly de Roüen d'observer & de faire observer l'Ordonance faite par la Chambre des Comptes, qui y est transcrite.

SOMMAIRES.

(1) Tous les Baillis viendront compter aux octaves de Pâques, & de la S.t Michel, ou au jour qui leur sera marqué par le Roy, ou par la Cour, sous peine de dix livres par jour, s'il n'y a essoine.

(2) Les Baillis, qui bailleront des fermes à heritage, prendront contreplege du cinquiéme au moins. Ils auront & bailleront les letres du bail. Quand ils fourniront leur premier compte, ils mettront en blanc le nom de celuy à qui la ferme aura esté donnée, & celuy du contreplege, ou ils le mettront au dos du compte. Ils rapporteront au compte la letre du bail, ou le transcrit sous forme authentique. Ils marqueront les noms de ceux qui les tiendront, & des contrepleges, & ils bailleront les

PHILIPPE IV. dit le Bel, à Roüen, en l'Eschiquier, le 20. Avril 1309.

ront les fermes au plus offrant & dernier encherisseur.

(3) Ils bailleront les fermes non fiefées, & les prevostez à ouyes de paroisses, & aux encheres. Ils prendront comme dessus letres du bail, & rapporteront au premier compte les noms de ceux qui tiennent les fermes, mesmes de celles qui montent à dix livres, avec les noms des pleges.

(4) Ils ne bailleront precisement à ferme que ce qu'on y donne ordinairement, sans y rien joindre. Et si les fermes estoient trop grandes, ils pourroient d'une en faire plusieurs, du consentement de l'Echiquier, & de la Chambre des Comptes.

(5) Ils bailleront à ferme les Prevostez, les peages, les Sceaux, & les écritures à des personnes suffisantes, à condition qu'elles ne pourront demander de dedomagement pour guerre, par terre ou par mer, ou pour quelque autre cause que ce soit.

(6) Ils rapporteront en leur premier compte les noms de ceux qui auront acheté des bois, avec les noms de leurs pleiges en blanc, ou au dos de leur compte.

(7) Ils adjugeront les gardes au plus offrant & dernier encherisseur. Ils marqueront en leur premier compte le jour qu'elles seront échuës, les rentes, les vivres & les doüaires dont elles sont chargées. Et si le Roy fait don de la garde, ils rapporteront par écrit le jour que la letre leur sera presentée.

(8) Ils ne vendront pas les sceaux & les écritures à une mesme personne. Celuy qui achetera le scel le fera tenir par une autre personne dont il recevra l'émolument, & les sceaux seront vendus comme ils l'estoient anciennement.

(9) Ils compteront des bleds & des avoines en un rolle. Ils en marqueront le prix, & chargeront ceux qui les acheteront de payer les rentes & les aumônes dûës par le Roy, au mesme prix que les blés auront esté vendus &c.

(10) Ils mettront en leur compte les noms de ceux dont ils compteront en dépens, fiefs & aumônes &c.

(11) Ils deffendront aux Charpentiers & aux Maçons, qu'ils ne fassent aucun ouvrage sans l'ordre du Bailly, si ce n'est des ouvrages qui requierent celerité, comme d'estaier, ou autres semblables.

(12) Ils ne feront nuls ouvrages nouveaux pour le Roy, si ce n'est par l'ordre du Roy. Et aprés une visite ils les feront faire au moindre coust qu'ils pourront &c.

(13) Ils n'employeront pas dans un compte ce qui aura esté rayé dans un autre compte, sous peine de quarante sols.

(14) Les Sergens du plait de l'épée donneront plege suffisant pour eux & leurs sous-Sergens, de bien & fidelement sergenter.

(15) Chaque Bailly sera chargé dans sa baillie de la recepte. Il prendra seureté de ses Vicomtes, & privera de leurs Offices ceux qui ne le feront pas.

(16) Les Verdiers apporteront leurs comptes aux Baillis, avec les parties de leurs exploits un mois avant l'échiquier, & ceux qui y manqueront perdront les gages de ce terme.

(17) Les Baillis ne vendront pas les grains du Roy à ses Verdiers, ni ne bailleront aucunes de ses fermes à aucun de ses Officiers.

(18) Un Bailly sera tenu d'executer le mandement d'un autre Bailly, quand il s'agira d'exploiter les dettes du Roy.

(19) Les Baillis feront leurs payemens à chaque eschiquier, suivant l'ancienne Coûtume, & celuy qui, par sa negligence obligera le Tresorier de rester, luy en payera les dépens.

(20) Ceux qui tiendront les Sceaux ne scelleront nulles lettres qu'en presence des parties &c.

PHILIPPUS *Dei gratiâ Francorum Rex, Ballivo Rothomagensi,* Salutem. *Dudum in Scacario Rothomagi, ne tu, & alii Ballivi nostri Normanniæ de his quæ facturi estis, possetis ignorantiam allegare, providâ & diligenti super hoc deliberatione præhabitâ* per gentes *nostras in* Camerâ comptorum, *quasdam* utiles ordinationes *fieri fecimus, ac in tuâ, & aliorum Ballivorum præsentiâ solemniter publicari. Quibus* publicatis *tu & ipsi Ballivi, ac nonnulli Vicecomites qui præsentes erant, eas jurastis inviolabiliter observare. Verum quia ipsas, ut accepimus, tu & alii neglexistis usque nunc, quod grave gerimus, adimplere,* mandamus *tibi districtius injungentes, quatenus præsentes* ordinationes, *quas de verbo ad verbum, ut de hiis memoriam habeas præsentibus inseri fecimus, sic diligenter & curiose deinceps adimpleas, & observes, & ab illis qui hoc facere tenentur, adimpleri & observari facias, quod amodo non debeas de negligentiâ super hoc reprehendi, sciturus, quod nisi hoc feceris taliter puniemus, quod cedet mandatorum nostrorum aliis transgressoribus, in exem-*

NOTES.

(a) Ce Mandement est au Tresor des Chartes, Registre de Philippe le Bel, depuis 1308. jusqu'en 1311. piece 55. *fol.* 86.

PHILIPPE IV. dit le Bel, à Roüen, en l'Eschiquier, le 20. Avril 1309.

plum. Damus *autem omnibus aliis Justiciariis, & subditis ac Vicecomitibus & Viridariis nostris præsentibus* in mandatis, *ut prædictas ordinationes, in iis quæ eos tangunt observent, tibique in prædictis pareant efficaciter & intendant.* Tenor etiam dictarum ordinationum sequitur in hunc modum.

(b) Premierement, tuit li Bailli vendront, & se presenteront *pour compter* sanz faillie, au jour de *l'Eschequier acoustumé*, c'est assavoir, aux *octaves de Pasques & de la S.t Michel*, ou a *jour* qui leur sera *mandé dou Roy*, ou de la *Court.* Et cil qui en faudra, encourra *la paine establie* par le Roy, *c'est assavoir dix livres pour les despens les gens le Roy, par chascun jour,* se il n'a essoine loial.

(2) Li Bailli qui baillent, ou baudront *fermes, a heritage, quant il leur sera commandé, prendront (c) contrepleige* souffisant *du cinquiesme* au mains, & baudront lettre & prendront dudit bail, & mettront en leur premier compte *le nom* de celui a qui la *ferme sera baillée* & le *contreplege, en blanc,* ou *en dos du compte,* & rapporteront audit compte la lettre dudit bail, ou le transcript *sous* scel autentique pour faire enregistrer; Et baudront lesdites fermes a *oies de paroisse*, & par encherement, si comme il est acoustumé; Et de celles qui sont ja balliees *a heritage*, il rapporteront aussi a leur premier compte les noms de ceus qui les tiennent, & les contrepleges.

(3) Item. Il baudront les *(d) fermes non fiefées,* & les prevostés a oyes de paroisse & par encherement, & baudront lettres du bail, & rapporteront aussi a leur premier compte les noms de ceus qui les tiennent, & mesmement des fermes qui montent dix livres ou plus, & les noms de pleges aussi, & aussi donrront-ils lettres, il, & les Viscontes a touz ceus de qui il recevront deniers.

(4) Item. Il n'ajoindront riens aus *prevostez*, ne aus *fermes*, fors ce qui est *acoustumé* a estre ballié *esdites fermes.* Ainçois celles qui seront *trop grans & trop grosses*, se il les peuent *disjoindre* en bonne *maniere*, & il y voyent le *profit dou Roy,* il les baudront *par membres*, par le conseil toutesvoyes de gens de *l'Eschequier,* & de la *Chambre des Comptes.*

(5) Item. Il baudront les *prevostez*, les *peages*, les *seaux*, les *escriptures*, & tous les autres marchiez *dou Roy,* as personnes *souffisanz.* Et les baudront en telle maniere que cil qui les prendront ne pourront *demander domages* pour raison *de guerre* par *mer*, ne par *terre*, ne par deffense qui soit faite dou Roy pour cause de guerre, ne pour autre deffense, establissement, *Ordenance,* ou *ban,* pour le profit dou Royaume, ou de la baillie.

(6) Item. Il rapporteront en leur premier compte les *noms des achateurs des ventes de bois* & les noms *des pleges* en blanc, ou au dos de leur compte, de celles qui sont a baillier, & qui ja sont baillées, & les nons des achateurs.

(7) Item. Il baudront a oyes de paroisse & par encherement *(e) les gardes* qui escharront, & rapporteront en leur premier compte le jour que elles echerront,

NOTES.

(b) Cette Ordonance se trouve sans le Mandement du Roy en la Chambre des Comptes, au Memorial *Pater* feüillet 165. *verso*, au Memorial *Noster* feüillet 76. & au Memorial *Croix* feüillet 65.

(c) Contrepleige.] Il est nommé simplement pleige dans l'article 3. à la fin.

(d) Fermes non fiefées.] Chez les anciens Normans & chez les Anglois, *fief* & succession, ou heredité n'estoit qu'une mesme chose. *Feudum*, dit Littleton, chap. 1. *idem est quod hereditas, & simplex idem est quod legitimum vel purum. Et sic feodum simplex idem est quod hereditas legitima, vel hereditas pura &c.* Quand le fief, c'est-à-dire, l'heritage noble ou roturier estoit donné à ferme à perpetuité, il estoit appellé *fief-ferme*, à la difference de la ferme à temps qui estoit muable. Voyez ce que j'ay remarqué dans mon glossaire sur *fief-ferme & main-ferme.*

(e) Les gardes.] Anciennement le Roy tiroit un grand profit des gardes en Normandie, comme il se void par ces articles d'une instruction que j'ay extraits du Registre D. de la Chambre des Comptes.

1.° Que *les Vicomtes de Normandie, & chascun d'iceux, sitost comme il vendra en la connoissance que aucun soubsagé soit venu*

& en quoi les rentes desdites gardes seront, & diront aussi les sommes assenées pour *vivres*, & pour *doüaires* en leur premier compte. Et quant le Roy rendra aucune garde, il rapporteront par escript le jour que la lettre leur sera presentée.

PHILIPPE IV. dit le Bel, à Roüen, en l'Eschiquier, le 20. Avril 1309.

(8) *Item*. Il vendront les seaus & les escriptures, non pas ensemble a une personne. Et cil qui achetera le seel ne le tendra pas en sa main, ainçois sera mis en la main d'un preudomme, & l'achateur en aura l'émolument : Et sera ledit seel vendu si comme il a esté commandé autrefois, especialment ceus qui sont es mains des *Visconte*s, contre la defense pieça faite en l'Eschequier.

(9) *Item*. Il compteront des *blés* & des *avoines* par parties convenables en un roulle, par soy, ou au dos du compte de la baillie, & en diront le pris, ne n'acheteront pas autres *blés*, ne *avoines* pour paier *rentes, ne aumosnes que li Roys doie*, ainçois, les paieront desdiz *blés*, ou les feront paier as achateurs *des blés, par le meisme pris que il les achateront*, & en feront mention au marchié faire, se n'estoit ainsic que li Roys deust a aucuns termes, *blés, & en ne li en deust pas a celuy terme*, ne a plus hastif, de quoi il les peust a ce terme paier.

(10) *Item*. Il metront en leur compte touz les *noms de ceus dont ils compteront en despens, fiez, aumones, gages, pensions*, & *salaires*, soit a *heritage*, ou a *vie*, ou a *volenté*.

(11) *Item*. Il deffendront des orendroit aux *Charpentiers*, & aus *Maçons* combien que il soient jurez le Roy, que il ne facent *nulles euvres*, sanz ce que il l'aient premierement *nuncié au Bailli*, & sanz son *commandement*, se nest d'estaier, ou semblable chose petite, pour oster peril si hastif, que il ne n'eussent pas espace de le montrer au Bailli. Et se il le font autrement, le Bailli ne leur compteront, ne les euvres, ne leur gages.

(12) *Item*. Li Bailli ne feront nulles *nouvelles euvres*, ne ne soufferront estre faites pour le Roy en leur baillies, se n'est dou commandement dou Roy, ou de la Court, & des euvres que il feront pour soustenance, ou pour necessité, il les verront avant, & feront veer, & les feront faire au mains de coust que il pourront, regardé le profit dou Roy, & la condition de l'euvre. Et le merrien qui sera necessaire pour lesdites euvres, il prendront es ventes par pris acoustumé & deu, & non par allieurs es forés le Roy. Et se il le font autrement, en ne leur en comptera riens.

NOTES.

en la garde dudit Seigneur, *ils se transporteront ès lieux où les heritages d'icelui sousagé seront assis, & se informeront veritablement & loyaument quels heritages ledit sousagé tiendra & possedera, en quoy en seront les revenus, quels ils seront, & de quelle valeur, & aussi quels édifices ou manoirs, fours, halles, coulombiers, étangs & autres édifices quelsconques, que ledit sousagé tiendra & possedera ou temps qu'il vendra en la garde du Roy nostre Seigneur.*

Item. Que aprés ce fait, *le Vicomte en la Vicomté duquel icelle garde sera eschüe, la baillera à ferme en la maniere & condition qui ensuivent. C'est assavoir que il la fasse crier & subhaster en lieux & en la maniere accoustumée.*

Item. Que il *la baille à personne souffisant & convenable, plus offrant & dernier encherisseur, puissant de payer, & faire les choses qui ensuivent. C'est assavoir, tenir les édifices en estat, payer vivres & doüaires, quand ils seront düement declariez & adjugiez, & pour payer le prix d'icelle garde avec autres charges düës & accoustumées.*

Item. Que *il ne baillera à homme noble, à personne d'Eglise, à Advocat, ne à autre personne quelconque, qui soit si puissant, ou pays que len leissât enchierir sur luy icelle garde.*

Item. Que *ils se informeront veritablement quelles charges hereditaux sont à prendre de raison & de coûtume, sur les revenus d'icelle garde, par quelles personnes, & à quel titre, pour quelles causes, & quelle possession ils en ont eüe.*

Item. Se il *ne pouvoit bonnement bailler les conditions dessusdites tenües & gardées, il en cüeillera, & recevra bien & loyalment les prouffits & émolumens en la main dudit Seigneur, le temps de ladite garde durant.*

Item. Que *à leurs prochains comptes aprés le temps de ladite garde échüe, ils apporteront devers nous par écrit, sous leur seel, les parties des heritages & revenus, quelles elles sont, & de quelle valeur, avec toutes les au-*

PHILIPPE IV. dit le Bel, à Roüen, en l'Eschiquier, le 20. Avril 1309.

(13) *Item.* Nuls Bailli ne mettra en son compte chose qui li ait esté raiée autrefoiz, se il n'a nouviau commandement, ou congié de mettre le derechief, sus paine de quarante sols, que le clerc du Bailli paiera aus clers des Comptes.

(14) *Item.* *(f)* Li Serjant du *plait de l'espeé* donrront *pleige souffisant* pour eus & pour leur *souserjans*, de loialment serjanter & repondre de leur faiz; & ne seront li Bailli deschargié de ce que il devront pour detes que il aient baillié a leur autre serjanz.

(15) *Item.* Chascun Baillis sera chargiez en sa baillie *de la recepte, & prendra seurté de ses Viscontes de ce que il recevront*, & aus Viscontes qui ne voudront donner seurté, il leur *souspendra leur Office*.

(16) *Item.* Tuit *(g) li Verdier* apporteront aus *Baillis leur Compte* & les parties de leur esploiz, un *mois devant l'Eschequier*, & qui ne le fera pas il perdra ses gages de ce terme. Et seront li Viconte a tauxer les amendes. Et donront li Verdier seurté aus Baillis de ce que il recevront, ou la recepte leur sera ostée.

(17) *Item.* Li Bailli ne *vendront nus des grains le Roy a nul des Verdiers le Roy*, ne nulles des *fermes*, ne des marchiez le Roy a nul *des Officiaus* le Roy, ne ne soufferront *(h)* que il en soient perçonniers.

(18) *Item.* Chascun Bailli sera tenu a obeir a lautre Baillif pour esploitier les debtes le Roy, & qui ne le fera il sera chargié de la debte.

(19) *Item.* Les Baillis *paieront (i) a chascun Eschequier* a l'anciene coustume. Et celui par qui deffaut le Tresorier demoura, paiera les despens du Tresorier. Et payera le Baillif de Gisors a l'Eschequier comme les autres.

(20) *Item.* Cil qui tendront les seaus ne sacleront nulles lettres, se il ne voient les personnes qui si lieront, ou se il ne les font veir par certaines *personnes souffisanz.*

Datum apud Rothom. in Scacario Paschæ, Dominicâ vigesimâ die Aprilis, anno Domini millesimo trecentesimo nono.

NOTES.

tres diligences qu'ils auront sur ce faites, afin qu'il en soit ordonné comme de raison sera.

(f) Li Serjant du plait de l'épée.] Voicy quel estoit l'office de ces Sergens suivant le chapitre 5. de l'anciene Coûtume de Normandie. *Sous les Vicomtes sont les Sergens de l'épée qui doivent tenir les vües, & faire les semences & les commandemens des assises & faire tenir ce qui y est jugé, & delivrer par droit les namps qui sont prins. Et doivent avoir onze deniers pour chascune vüe qui est soustenüe, & aussi de chacun nams qu'ils delivrent. Et pour ce sont-ils appellez* Sergens de l'épée, *car ils doivent justicier vertueusement à l'épée & aux armes tous les malfaicteurs, & tous ceux qui sont diffamez d'aucun crime & les fuitifs. Et pour ce furent-ils establis principalement, afin que ceux qui sont paisibles, fussent par euls tenus en pais. Et par euls doivent estre accomplis les offices de droit.* Voyez la glose en cet endroit. Nous apprenons de cet article que les Sergens du plait avoient des sous-Sergens dont ils répondoient.

(g) Li verdier.] Selon saint Yon dans son traité des eaux & forests, *Gruier*, Forestier, Verdier, Segrayer, Chastelain, Concierge, Maistre Sergent, Maistre garde, n'est qu'un mesme Office, ayant mesme fonction, pouvoir, jurisdiction, & cognoissance, premiere des delits qui se commettent ès forests, jusqu'à soixante sols, appellé diversement selon les lieux. En quoy s'est mépris Ragueau en son indice sur le mot *Verdier*, quant il a dit que le Verdier est en plus grande charge que le maistre Sergent : & aussi qu'il cognoist des amendes coustumieres, parce qu'il ne cognoist que jusqu'à soixante sols des legalles : c'est-à-dire, qui sont taxées par l'Ordonance, qu'il veut entendre par les Coûtumieres : & de celles qui sont au dessus, il n'en peut cognoistre.

(h) Que il en soient perçonniers.] C'est-à-dire, qu'ils ayent part, ou interest aux fermes & aux marchez. *Parchon, parçon*, en vieux François signifioient *part*.

(i) A chascun Eschiquier.] Voyez cy-dessus, l'article premier.

(a) Lettres

PHILIPPE IV. dit le Bel, le Samedy de la Trinité 12. Juin 1309.

(a) Letres par lesquelles le Roy confirme une Ordonance faite par Guillaume de Hangest, & Pierre le Feron Garde de la Prevosté de Paris, touchant les Officiers & les Sergens du Chastelet.

SOMMAIRES.

(1) Il n'y aura que soixante Sergens à cheval, & quatre-vingt-dix à pied. Et entre les quatre-vingt-dix il y en aura douze de la douzaine, qui seront pris & élus, comme il plaira au Prevost de Paris.

(2) Tous Sergens à cheval ou à pied, demeureront en la Ville de Paris &c.

(3) Nul Sergent à pied ne pourra faire arrest, ni saisie, ni mettre personne en prison, si ce n'est par l'exprès commandement des personnes nommées dans l'article precedent, à moins qu'il n'y ait necessité d'en user autrement.

(4) Le Sergent à cheval, n'aura pour sa journée que six sols parisis.

(5) Le Sergent à verge pour semonce, ou arrest fait hors des portes de Paris, n'aura que quatre deniers, & dans les portes deux deniers.

(6) Nul Sergent n'ira en la compagnie d'autre Sergent, si ce n'est dans le cas, où il y auroit besoin d'aide.

(7) Toutes les fois que l'on criera à la justice le Roy, tous les Sergens viendront sans delay, à moins qu'ils ne soient hors de la Ville, & qu'ils n'ayent essoine, ou dispense du Prevost de Paris. Et toutes les fois que le Roy viendra à Paris, ou s'en ira, ils viendront recevoir les ordres du Prevost, & ils feront la mesme chose quand le feu sera à Paris &c.

(8) Nul Sergent ne pourra exploiter en la Ville de Paris, ni dehors, à moins qu'il n'ait letres de la date de cette Ordonance, ou depuis &c.

(9) Nul Prevost, Auditeur, ni autre personne quelle qu'elle soit ne pourra mettre, ou faire mettre des Sergens outre le nombre prescrit par cette Ordonance, si ce n'est dans les cas icy marquez.

(10) Quiconque sera trouvé sergentant, qui ne sera pas du nombre prescrit par cette Ordonance, sera mis en prison au Chastelet pour estre puni, & tous ceux qui seront trouvez contrevenans aux choses marquées cy-dessus seront également punis, & privez de leurs Offices.

(11) Lorsque le Prevost de Paris mettra en quelque lieu des Sergens à pied ou à cheval, ils les choisira bons & suffisans & du nombre de ceux qui sera arresté en vertu de la presente Ordonance.

PHILIPPE par la grace de Dieu Roys de France, a touz ceus qui ces lettres verront, *Salut.* Sachent tuit que nous avons veü les lettres de noz amés & feals *Guillaume de Hangest* l'ainsné *Thresorier*, & *Pierre le Feron nostre Prevost a present de Paris*, faites sur *l'Ordenance faite de nostre commandement des Officiaus & des Serjans de Paris, tant a cheval* comme *a pié*, laquele *Ordenance* il ont faite en la fourme qui s'ensuit.

A tous ceus qui ces lettres verront, *Guillaume de Hangest li ainsnez* Thresorier nostre Seigneur li Roy, & *Pierre le Feron garde a present de la Prevosté de Paris*, *Salut.* Comme plusieurs plaintes soient venues a nostre Seigneur *li Roy*, pour raison de son peuple, qui estoit griement grevés & oppressés, par la grant *multitude & oppressions des Serjans a cheval* & a *pié du Chastelet de Paris*, par les granz extorsions que il fesoient, pourquoy il nous a esté commandé & commis de par nostre Seigneur le Roy, que sus ce meissions conseil, *ordenance* & attemperament convenable de bonnes genz & loiaus, pour le profit de son peuple. *Sachent tuit*, que par le *commandement nostre Seigneur le Roy &* par le conseil de bonnes genz appelés avecques nous a ce faire, & par leur seremenz, avons establi & *ordené* le nombre des Serjans & l'Ordenance d'iceus en la fourme qui s'ensuit.

(1) C'est assavoir soissante Serjans a cheval, & *quatre vint dix a pié*, ou quel

NOTES.

(a) Ces letres & cette Ordonance sont au Tresor des Chartes, Regiftre de Philippe le Bel, pour l'année 1308. jusqu'en 1311. piece 57. *fol.* 88.

PHILIPPE IV. dit le Bel, le Samedy de la Trinité 12. Juin 1309.

nombre de ceus a pié, *douze Serjanz* de la douzaine seront pris & esleuz comme il plera au Prevost de Paris qui sera pour le temps, & changié ou remué chascun deus mois.

(2) Item. que touz *Serjanz de cheval & de pié* soient demourans en la Ville de Paris, & que nus ne voist hors de la Ville de Paris sanz empetrer commandement dou Prevost de Paris, ou son Lieutenant, ou les Auditeurs se il ne sont hors de la Ville, ou il aient loial essoine, parquoi il ne puissent ce faire.

(3) Item. Que nul Serjant a pié ne voist faire arrest, ne saisine, ne mettre personne en prison, se nest par especial commandement des personnes dessusdites, ou se nest en cas hastif ou il le conviegne faire de necessité, ou que il ne treuvent aucunes des personnes devant dites.

(4) Item. Que nus *Serjans de cheval* pour *sa journée,* se il va faire aucune besougne pour aucune personne, ne prendra que *six sols* parisis & non plus *la journée,* se on ne li veust donner de grace.

(5) Item. Que nuz Serjanz *a verge pour faire une semonse hors de portes* de Paris, ou aucun *arrest* ou saisine, n'aura que *quatre, & dedens les portes deus deniers,* se on ne leur donne de grace.

(6) Item. Que nul Serjant, ne voist a compagnie d'autre Serjant, se ce n'est *(b)* de commandement de p . . . ou en cas hastieu que il ait mestier *d'aide.*

(7) Item. Que toutes foiz que *len criera a la justice le Roy,* que il *vendront touz, sans delay* se il ne sont hors de la Ville, ou n'ont essoinne de certaine cause, ou il n'aient *deport* du Prevost de Paris, ou de son Lieutenant; Et toutes fois que nostre Seigneur *le Roy vendra a Paris, ou* s'en ira, il s'approcheront du Prevost de Paris *pour faire ce qui leur sera commandé.* Et que toutes fois qu'il aura *feu en la Ville de Paris,* ou aucune *assemblée de commun,* il s'assembleront devers le Prevost de Paris, Et se aucun empeche le droit le Roy sans delai, il le feront savoir au Prevost ou a son Lieutenant.

(8) Item. Que nul Serjant quels que il soit ne Sergente en la Ville de Paris ne hors, se il n'a lettre de la date de ceste Ordenance, ou depuis, laquele Ordenance, & les nons de pié & de cheval des Serjanz seront *enregistrés* devers le *Prevost de Paris,* & celui *qui sera garde du seel* de ladite Prevosté.

(9) Item. Que nus Prevost, Auditeur, ne autre personne quele que elle soit, ne mette, ou face mettre *Serjanz outre le nombre de ceste Ordenance,* ne en autre maniere se n'est apres *le decés ou vivement,* quant aucun sera *gité hors de son Office,* ou *resignacion* d'aucun desdiz Serjanz, ou quel cas il seront mis par nostre Seigneur le Roy, ou le Prevost *de Paris* qui sera pour le temps.

(10) Et avons ordené que quiconques trouvera *aucun sergentant de par le Roy,* qui ne soit ou nombre de ceste Ordenance, que il soit amenez *en prison ou Chastelet pour punir* si comme raison sera. Et se il i a, aucun Serjant qui soit trouvés en deffaute, ou desobeissans aux choses dessusdites, ou aucunes d'icelles, il sera *punis, & privés de son* Office comme parjure, & en tele amende comme il sera regardé par le Prevost de Paris.

(11) Item. Que toutes fois que li Prevost de Paris, pour aucune cause, mettra Serjant a pié ou a cheval a Paris, il sera tenuz par son serement de mettre y bonne personne & souffisant selonc son avis, & dedenz le nombre deu & non autre, ne pour faveur ne grace de nuluy, il ne mettra nul en autre maniere, laquele Ordenance dessusdite tuit li Serjanz jureront de tenir fermement; & li Prevost & li Auditeur qui seront pour le temps, & li Ministre la juerront de faire garder & tenir loialment.

Laquele *Ordenance* fut faite par nous *Guillaume de Hangest* & Pierre le Feron

NOTES.

(b) De commandement &c.] Dans le manuscrit il y a une abreviation qui rend cet endroit obscur.

Prevost dessusdit, *l'an de grace mil trois cens & nuef, le Samedy veille de la Penthecouste.*

PHILIPPE IV. dit le Bel, le Samedy de la Trinité 12. Juin 1309.

Et nous ouie la relation desdiz *Guillaume* nostre thresorier *& Pierre le Feron* nostre *Prevost de Paris* dessusdit *en* conseil sus ladite Ordenance, que elle est faite au profit de nostre peuple, *icelle Ordenance, voulons, loons, greons, approuvons, confirmons, & commandons a touz* a garder & tenir fermement, en la maniere qu'il est contenu en icelle. Et avecques ce nous *voulons & commandons* au Prevost de Paris qui sera pour le temps, que chascun an *il face enqueste* au plus diligemment qu'il pourra, appelé *deus preudes hommes* avec li souffisans seur toutes manieres *d'Officiaus* du Chastelet, soient *Auditeurs, scelleur, examinateur, Notaires, geoliers ou Serjans de pié & de cheval, soient Serjans de jours ou de guet de nuit*, laquele enqueste se fera chacun an és foiries de Noel. Et sera *len crier solempnelment Scelleur, Auditeur, Examinateur, Notaire, Jeolier, & Serjant de pié & de cheval, de jours & du guet de nuis*, que a touz Prevoz qui seront pour le temps obeissent & entendent diligemment. En temoing desqueles choses dessusdites nous avons fait mettre a ces presentes lettres nostre seel. L'an dessusdit le Samedi de la Trinité.

PHILIPPE IV. dit le Bel, à Paris, au mois d'Octobre 1309.

(a) Letre adressée au Prevost de Paris, touchant les monoies estrangeres.

SOMMAIRES.

(1) Personne quelle qu'elle soit, sous peine de cors & d'avoir, ne pourra prendre, ni mettre les esterlins & florins, ni autres monnoie estrangeres blanches ou noires. Ceux qui auront de ces monoies les envoiront dans un mois aux prochaines monoies, ou aux Changes, où on leur donnera cinquante-neuf sols tournois du marc d'argent blanc, cinquante-sept sols tournois de l'argent en billon, & quarante-neuf livres tournois du marc d'or.

(2) Le Prevost de Paris fera injonction de par le Roy, aux Prelats & aux Barons de sa jurisdiction, qui ont toute justice en leur terre, d'y faire observer les Ordonances du Roy touchant les monoies. Les Barons & les Prelats auront les forfaitures des monoies cy-dessus decriées, au cas qu'on les prenne & les mettent en leurs terres, mais à la charge de les envoyer aux prochaines monoyes du Roy.

(3) Les delateurs auront la cinquiéme partie des monoies confisquées.

(4) Personne sous peine de perdre cors & avoir, ne pourra porter lesdites monoies deffenduës hors du Royaume.

(5) Le Prevost de Paris & autres justiciers, sous peine de perdre corps & avoir, ne souffriront pas que lesdites monoies soient prises, ni mises, si ce n'est au marc pour billon, & pour porter aux monoies & aux Changes &c.

PHILIPPE par la grace de Dieu Roy de France, au Prevost de Paris ou à son Lieutenant, *Salut*. Comme plusieurs fois nous eussiens *ordené* & commandé que nulle monnoye, dehors nostre Royaume, n'eussent nul cours, ne ne fussent prises ne mises, a nulles marchandises & que elles fussent *(b)* parties & vendues au marc *pour billon*, & nous aions entendu que contre nostre deffense lesdites monnoies deffendues ont couru & queurent encore communement par tout nostre Royaume, & pour greigneur pris que elles ne valent, en prejudice de nous, & en grant dommage de nostre peuple, *Nous te mandons & commandons* que tu *faces crier* par touz les lieus de ta Jurisdiction, la où tu verras que il sera à faire.

(1) Que toutes manieres de gens, quiex que il soient, privez, ou estranges

NOTES.

(a) Cette letre est au Tresor des Chartes, Registre de Philippe le Bel, depuis 1308. jusqu'en 1311. piece 70. *fol.* 96. Voyez Le Blanc dans son traité des monoies page 291.

(b) Parties.] Il faut ce semble qu'il y ait *perciées*. Voyez cy-aprés l'article premier à la fin.

PHILIPPE IV. dit le Bel, à Paris, au mois d'Octobre 1309.

ne soient si hardiz *sus poine de cors & d'avoir,* de prendre, ne mettre a nulles denrées, ne a nulles marchandises *Esterlins, ne Florins de Florence,* ne nulles monnoies *de hors nostre Royaume quelles que elles soient, blanches, ou noires,* d'Or, ou d'Argient, & que toutes manieres de genz qui auront lesdites monnoies, & especialment les *Esterlins* & *Florins de Florence* les envoient dedens un mois aprés le cri, a nostre prochaine monnoie, & a noz Changes establiz a ce faire : & de ce on leur rendra *cinquante-nuef sols tournois du marc d'Argient blanc,* & *cinquante-sept sols tournois d'Argient en billon,* & *du marc d'Or quarente-deux livres tournois* : Car se elles sont trouvées & ne sont *perchiées,* dedens ledit mois aprés que la criée sera faite, elles seront *perduës & forfaites* par tous les lieus, où elles pourront estre trouvées, soit en change ou ailleurs.

(2) Item. Pour ce que nous avons entendu, que aucuns *Prelaz & Barons* de nostre Royaume, qui ont *toute joustice* en leur terres, ont esté negligens *de nosdites Ordenances & deffenses faire garder en leur terres,* Nous te *mandons* que tu a ceus de ta jurisdicion *commandes & enjoingnes* de par nous, que lesdites Ordenances & defences facent garder en leurs terres, & se il sont trouvés negligens de ce faire, si le fai faire par nos gens en leur deffaut, & diligeaument mettre a execution là où le deffaut sera convenu, ou ataint pardevant toi, eus appelez souffisaument. Et *voulons* que lesdiz *Prelaz* & *Barons* qui auront *toute joustice* haute & basse en leur terres, aient les forfaitures de leur terres, ou cas ou lesdites monnoies seront trouvés prenans & mettans en leur terres, *Et ce leur otroions-nous de grace especial,* tant comme il nous plaira, en entente que il n'oient pas cause de eus douloir de nous & que il soient plus curieus de faire tenir nos Ordenances dessusdites en leur terres & en leur joustices. Toutesvois *Nous voulons que il* soient tenus de faire apporter toutes lesdites monnoies forfaites a nostre plus prochaine monnoie, ou Change, si comme il est dessusdit.

(3) Item. Nous voulons que tous ceus qui *trouveront, ancuseront, ou enseigneront lesdites monnoies deffenduës ledit mois passé* aprés ledit cri, en aient le *cinquiesme,* & que le *cinquiesme* & toute la *forfaiture (c)* soit partie, & portée a nos monnoies prochaines, ou a nos Changes qui de par nous sont establis par les bonnes Villes de nostre Royaume, Et *voulons* que par fermens, & autres voies convenables lesdites monnoies soient quises & enseignées puis ledit terme en avant, sus ceus que tu pourras sçavoir, qui plus auront mes-usé en ta jurisdicion desdite monnoie, par les quiex nostredit peuple a esté domagé & grevé, en prenant lesdites monnoies pour graigneur pris que elles ne valent.

(4) Et defendons, sus poine de cors & d'avoir, que nulz ne soit si hardiz *de traire,* ne de porter lesdites monnoies deffenduës, ne argent, ne billon *hors de nostre Royaume.* Et se il avenoit que aucuns feust atains de porter argent, ou billon, ou les monnoies forfaites, *hors de nostredit Royaume,* contre nostre deffense, de quelque condition qu'il soit, *envoie le billon en nostre monnoie de Paris,* & *le cors tien en prison fermée, & tous les biens,* sans rendre & sans recroire, sans nostre mandement : *Car de ce retenons-nous la connoissance & la forfaiture* a nous sans nul autre, avecques toutes les forfaitures de contrefaire nos monnoies.

(5) Et te mandons & commandons, sus poine *de perdre cors & avoir, à toi,* a tous Officiaus, Receveurs & Ministres de la joustice, que lesdites monnoies dehors du Royaume ne prenez, ne ne mettez, ne souffrez prendre, ne mettre en vos joustices, *se n'est en marc par billon* a porter tantost *a nostre monnoie à* Paris, ou *a nos Changes.* Et ce fai tenir & garder fermement sanz enfraindre en tele maniere que par ton defaut, ou par ta negligence de ci avant nous n'i puissons avoir domage, lequel, s'il avenoit, nous entourncrions a ton cors & a tes

NOTES.

(c) *Soit partie.*] Soit perciée.

biens

biens. En tesmoing de laquelle chose nous avons fait mettre nostre scel en ces lettres.

Donné à Paris au mois d'Octobre, l'an de grace mil trois cens & nuef.

PHILIPPE IV. dit le Bel, à Paris, au mois d'Octobre 1309.

(a) Letre portant que dans les Villes du Royaume, où il y a Foires & Marchez, il y aura des personnes à qui les Monoies d'Or ou d'Argent seront montrées, pour sçavoir si elles sont contrefaites, ou fausses.

SOMMAIRES.

(1) Dans toutes les Villes du Royaume où il y a foire ou marché, il y aura des personnes establies de par le Roy, à qui les monoyes d'Or & d'Argent seront montrées, & qui les perceront ou trancheront, en cas qu'elles soient fausses, ou contrefaites.

PHILIPPE par la grace de Dieu Roy de France, au Prevost de Paris, ou à son Lieutenant, *Salut.*

(1) Pour ce que le commun peuple de nostre Royaume a esté ou temps passé grandement domagiez, & en plusieurs manieres défraudés & decus, & pourroient encore plus estre ou temps a venir, en ce que pluseurs ne redoutent contrefaire noz monnoies, especialement celles de l'Or; *Nous desirans* pourvoir au profit d'iceli peuple, & querir voies par lesqueles il puisse estre gardé de domage & de decevance en ce cas, eüe plaine deliberation & diligent traitié sus ce, *Avons ordené & ordenons,* que en chascune Ville de nostre Royaume, en laquele *foires, marchiez,* ou *assemblées* sollempnés se font, (b) aura establi de par nous certaines *personnes convenables,* une ou deus, ou tant comme len verra, que il sera mestier selonc la grandesse de la ville, ou la quantité des foires, marchiez, ou assemblées qui s'y font, a qui toutes manieres de genz de quelconque condition, ou estat que il soient, qui vouront baillier, prendre, ou recevoir pour quelque cause que ce soit, monnoye d'Or, *seront tenu a monstrer ladite monnoie d'Or,* avant que il la baillent, mettent, preignent, ou reçoivent, *pour resgarder, & esprouver se il y en a nul contrefait, ne faus.* Et se lesdites personnes es monnoies qui einsi leur seront monstrées, trouveront aucuns deniers *contrefaiz, ou faus,* il les *perceront,* ou *trencheront,* & perciés, ou trenchiés les rendront franchement, avecques la bonne monnoie a ceus a qui il seront, sans rien prendre ne retenir. Et se aucuns estoit trouvés pregnant, ou metant, ou qui est prise ou mise monnoie d'Or, sanz ce que il l'eust avant monstrée ausdiz Changeurs, & en y treuve aucuns deniers fauz ou contrefaiz, li dit denier faus ou contrefait qui y seront trouvez, seront forfaiz & acquis a nous, & l'amende sera a nostre volenté. Et comme la connoissance de noz monnoies, assavoir se elles sont de droit aloy, ou contrefaites, appartiegne a nous tant seulement & non a autres, *Nous te mandons & commandons* estroitement, que tu tantost sans nul delay, selon l'Ordenance dessusdite, *establisses* par les bonnes Villes de ta Prevosté, *convenables personnes a ce faire,* & nostredite *Ordenance fais crier* & publier solempnelment & garder fermement sans venir encontre. En tesmoing de laquele chose nous avons fait mettre nostre scel en ces presentes letres. *Donné au mois d'Octobre, l'an de grace mil trois cens & nuef.*

NOTES.

(a) Cette letre est au Tresor des Chartes, Registre de Philippe le Bel, pour l'année 1308. jusqu'en 1311. piece 71. *fol.* 97.

(b) *Aura establi.*] C'est-à-dire, sera estabi, ou il y aura establi.

PHILIPPE IV. dit le Bel, à Paris, au mois de Decembre 1309.

(a) Confirmation des letres accordées par Philippe III. au Maire, & aux Bourgeois de Roüen, au mois de May 1278.

PHILIPPUS *Dei gratiâ Franciæ Rex : Notum facimus universis tàm præsentibus quàm futuris, quod nos infra scriptas vidimus literas formam quæ sequitur continentes :*

Philippus *Dei gratiâ Francie Rex : Notum facimus universis tam præsentibus quàm futuris, quod cum per Baillivum nostrum Rothomagensem &c. (b)*

Nos autem *omnia & singula supradicta, prout in eisdem litteris exprimuntur, volumus, concedimus, approbamus, & tenore presentium confirmamus, salvo in aliis jure nostro & quolibet alieno, Que ut rata & stabilia permaneant in futurum, presentibus litteris nostrum fecimus apponi sigillum.* Actum Parisiis, anno Domini millesimo trecentesimo nono mense Decembri.

NOTES.

(a) Cette confirmation est au Tresor des Chartes, Registre de Philippe le Bel, pour les années 1308. & 1309. cotté au haut 42. & au bas 18. piece 148.

(b) Le reste de ces letres est imprimé sous l'an 1278. au mois de May. Voyez cy-dessus page 306. 307. & 308.

PHILIPPE IV. dit le Bel, à Paris, le 24. Janvier 1309.

(a) Letre adressée aux Commissaires deputez dans le Bailliage de Bourges, touchant les affaires des Juifs, qui avoient esté expulsez du Royaume.

SOMMAIRES.

(1) Les Commissaires deputez n'exigeront pas les sommes dües aux Juifs, avant vingt années, à moins qu'il n'y ait preuve que les Juifs en ayent fait demande avant leur expulsion, pourvû neamoins que les debiteurs affirment qu'ils ayent payé &c.

(2) S'il y a dans les registres des Juifs écrits avant leur expulsion, qu'ils ont esté payez, & que l'obligation a esté rendüe aux debiteurs, cela suffira, & les Commissaires ne demanderont rien.

(3) S'il ne s'agit que d'une dette de dix livres, le payement en sera prouvé par un seul témoin, avec le serment du debiteur, s'il est de bonne renomée.

(4) Les Commissaires n'exigeront que le principal, & non les usures.

(5) Les Chrestiens debiteurs des Juifs, qui en conviendront, & qui feront cession, ne seront pas mis en prison, & on ne leur fera aucune violence.

(6) Ceux qui appelleront des Commissaires, ou de ceux qui mettront leurs ordres à execution, ne seront pas emprisonez.

(7) Le Bailly de Bourges aura attention à ce que la presente letre soit ponctuellement executée.

PHILIPPUS *&c. Superintendentibus negotiis Judæorum in Baillivià Bituricensi,* Salutem.

(1) Auditâ querimoniâ nonnullorum hominum dictæ Ballivie, Mandamus *vobis & vestrum cuilibet, quatenus* antiqua debita *Judæorum* viginti annorum, vel ultra, non exigatis, *cum (tam) non sit credendum quod Judæi tantam* dilationem *suis creditoribus* concessissent, *nisi appareat clarè, quod Judæi illa antiqua debita petierint,*

NOTES.

(a) Cette letre est au Tresor des Chartes, Registre de Philippe le Bel, pour l'année 1308. jusqu'en 1311. piece 96. page 105.

vel prosequuti fuerint, ante expulsionem eorum a regno, *dummodo debitores jurent se debitis hujusmodi satisfecisse. Ubi verò debitor probat solutionem per (b) ostensionem justum debitum continentis, sibi a creditore Judæo, ante expulsionem prædictam redditi, nec non per juramentum suum, sufficiat vobis talis probatio, nec debitorem sic probantem & jurantem, super hoc quomodolibet molestetis.*

PHILIPPE IV. dit le Bel, à Paris, le 24. Janvier 1309.

(2) Item. *Si in* cartulariis *Judæorum* non suspectis, *& scriptis ante (c)* captionem *eorum, inveniatis scriptum de literâ Judæorum, quod debitor solvit debitum, sufficiat vobis talis probatio solutionis.*

(3) Item. *Ubi debitor est bonæ opinionis vel famæ, &* quantitas *debiti est modica, videlicet de* decem libris & citra, *ad probandam solutionem talis debiti sufficiat vobis unus testis idoneus, cum juramento debitoris.*

(4) Item. *Usuras nullatenus exigatis, sed sitis* sorte *contenti.*

(5) Item. *pro debitis Judæorum non carceretis Christianos eorum debitores, volentes (d)* credere bonis, *quum debita hujusmodi erunt clara, nec personis eorum violentias inferatis, aut faciatis inferri.*

(6) Item. *Appellantes a vobis, vel executoribus vestris* non *carceretis, nec faciatis incarcerari, sed eorum legitimis appellationibus deferatis.*

(7) Prædicta *vero omnia & singula sic observare curetis, quod super hoc de vobis ad nos non referatur querela; scituri quod si vos dictos homines, contra tenorem prædictorum præsumpseritis molestare, & prædicta non servaveritis, ut mandamus, Nos Ballivo Bituricensi* damus *præsentibus in mandatis, ut vos a molestando dictos homines super hoc, contra tenorem prædictorum desistere, & ad prædicta omnia observanda compellat.* Actum Parisius die viginti quatuor Januarii, anno Domini millesimo trecentesimo nono.

NOTES.

(b) *Ostentionem.*] Il faut ce semble suppleer, *chirographi* ou *instrumenti.*

(c) *Captionem.*] Il faut qu'il y ait *expulsionem*, comme dans l'article precedent.

(d) *Credere.*] Il doit y avoir, *cedere.*

(a) Mandement du Roy au Bailly de Caux, de faire payer aux Vassaux des Evesques, Abbez, &c. la subvention pour le mariage d'Isabelle sa fille, Reine d'Angleterre.

PHILIPPE IV. dit le Bel, à Paris le Samedy aprés le Dimanche de *reminiscere*, c'est-à-dire, le Samedy aprés le second Dimanche du Caresme 1309.

PHILIPPUS *Dei gratiâ Francorum Rex, Ballivo Caleti,* Salutem. *Cum nos subventionem in Ducatu Normannie, pro maritagio carissime primogenite nostre illustris Anglie Regine nobis debitam,* nuper faceremus levari, *& ad requisitionem Prelatorum Ducatus predicti,* Episcoporum, Abbatum, *& aliarum personarum Ecclesiasticarum dicti Ducatus, quantum* ad liberas personas *dicti Ducatus laïcales, subjectas eisdem, vel tenentes ab eis,* suspendi fecissemus *dicte subventionis exactionem, quousque Prelatorum predictorum, & aliarum personarum Ecclesiasticarum dicti Ducatus fecissemus audiri requestas & rationes, quas ad illum finem volebant proponere, ut dicebant,* quod nos subventionem hujusmodi a dictis personis subjectis eisdem, vel tenentibus ab eis de ratione non poteramus, nec debebamus levare; *Tandem in Parlamento nostro, Parisius coram nobis, & consiliariis nostris, ad plenum auditis rationibus & requestis ad finem predictum propositis ex parte Prelatorum supradictorum, & aliarum personarum ecclesiasticarum predictarum, nec non rationibus & deffen-*

NOTES.

(a) Ce Mandement est au Registre de la Chambre des Comptes, feüillet 4. *verso.* Voyez cy-dessus au 6. de Septembre 1308. Touchant l'aide de mariage. Voyez mon glossaire, *Et Cangium in glossario, in* Auxilium.

sionibus gentium nostrarum, ac Procuratoris nostri ex adverso propositis *ad illum finem, quod nos rationabiliter levare poteramus subventionem predictam*, per arrestum nostre Curie, dictum fuerit : quod predicti Prelati, & persone ecclesiastice, supradicte nihil proposuerunt rationabile, quare non possimus, & debeamus dictam subventionem facere levari a liberis personis laicalibus, ipsis Prelatis & ecclesiasticis personis subjectis, vel tenentibus ab eisdem, *& fuerit per idem arrestum dicta suspensio* ex nunc revocata, & injunctum fuerit quod *Ballivi & persone ad hoc deputate, a predictis personis, sicut ab aliis dicti ducatus habitatoribus levent subventionem predictam*. Mandamus tibi quatenus ad levandum, *& faciendum levari per tuam balliviam subventionem predictam secundum arresti predicti tenorem diligenter procedas*. Datum Parisiis die sabbati post Dominicam quâ cantatur *Reminiscere*, anno Domini millesimo trecentesimo nono.

PHILIPPE IV. dit le Bel, à Paris, au mois de Mars 1309.

(a) Edict portant que tout l'Argent qui proviendra du droit de Chambellage, payé par les Evesques & les Abbez, au serment de fidelité qu'ils rendront au Roy, sera mis entre les mains du grand Aumônier, pour estre employé à marier de pauvres filles nobles.

PHILIPPUS *Dei gratiâ Francorum Rex, Inter cætera misericordiæ, & pietatis opera, quibus divinæ benevolentia Majestatis acquiritur, peccatorumque sarcina, quâ premitur humana fragilitas relevatur, & demum salubris indulgentia promeretur illud credimus esse non minimum, ut* pauperibus puellis maritandis, *per eos qui sibi possunt, & aliis in bonis sufficere, largitatis & munificentiæ dextera porrigatur. Cum enim intervenientibus caritatis subsidiis, pauperes puelle maritali vinculo copulantur, earum providetur infamiæ, multis obviatur periculis, ac ex earum legali thoro proles legitima, Deo servitura creatur. Nam & ille præclarus Christi confessor & Pontifex* Nicolaus, *in hac valle plorationis positus, a parte luminum miraculis innumeris decoratus, inter cætera virtutum opera, quæ tot & tanta gratiose patravit, quibus per universum orbem fidelium laudibus devotio attollitur,* ex auro quod puellis pauperibus, quas earum pater *præ nimiæ paupertatis inediâ constituerat fornicari, Deo solo speculatore largitus est, quo earum fugatâ infamiâ, dictique patris extitit indigentia relevata, specialiter & precipue commendatur. Hujus itaque* sanctissimi Confessoris, *quantum, cum Deo possumus, vestigia consectantes, attendentes que, quod in emolumentis,* quæ ratione juramentorum, fidelitatum, quæ ab ipsis Episcopis, Abbatibus, Abbatissis, & aliis Prælatis Regni nostri consueverunt præstari, certam, *videlicet* decem librarum summam in *quolibet juramento, ratione* Dapiferiæ, vel *Senescalliæ Franciæ, quam in manu nostrâ tenemus*, percepimus portionem, *noscat omnium Christianorum præsentium & futurorum devotio, quod nos ob progenitorum nostrorum*, nostræ ac charissimæ Joannæ Franciæ & Navarræ Reginæ, *quondam consortis nostræ animarum remedium & salutem*, præsenti Edicto, Statuimus Præcipimus ac etiam Ordinamus *quod etiam omnia & singula emolumenta quæ a datâ præsentium nobis & quibuscumque nostris successoribus Franciæ Regibus in perpetuum ratione præmissorum, futuris temporibus provenire continget,* Elemosinario nostri, & dictorum successorum hospitii, *qui pro tempore fuerit, integraliter* liberentur & persolvantur *fideliter* pauperibus puellis nobilibus regni nostri, per ejusdem manus *Elemosinarii in maritagiorum suorum subsidia distribuenda fideliter & misericorditer eroganda,* Volentes & Præcipientes *districte hujusmodi* nostrum Edictum, per dictos successores nostros perpetuo & inviolabiliter observari. *Quod ut perpetuæ stabilitatis robur obtineat, præsentes litteras sigilli nostri fecimus impressione muniri.* Actum, & datum Parisiis, anno Domini millesimo trecentesimo nono mense Martio.

(a) Mandement

PHILIPPE IV. dit le Bel, au Parlement, au mois de Mars 1309.

(a) Mandement adressé aux Intendans des Finances, dans la Seneschaussée de Perigort, de ne point exiger de Finance des habitans de differens lieux, qui avoient pris des nobles, des heritages à cens.

PHILIPPUS *&c. dilectis Magistro Yvoni de Landuniaco clerico, & Joanni Roberti militi, nostris super-intendentibus financiarum nostrarum in Senescalliâ Petragoricensi,* Salutem & dilectionem. *Significaverunt nobis habitatores de tali loco, & jurisdictionis ejusdem, quod nos pro terris, essartis, gastinis, & similibus* de feodo, retrofeodo nobili moventibus, *per ipsos à nobilibus acceptis, seu ad firmam perpetuam captis, absque aliquâ justitiâ translatâ in eosdem, licet de hujusmodi rebus dicti habitores (b) certam personam,* seu censum annuum reddere, & solvere *teneantur, quod etiam per hoc* feodorum hujusmodi conditio fuerit plurimum meliorata *ut dicunt, & de dictis rebus plus reddant, & etiam plus valeant ipsæ res dominis prædictis, quam valerent, antequam ad manus dictorum innobilium pervenirent, ut dicunt, financias exigere nitimini ab eisdem, bona ipsorum propter hoc* arrestantes *in eorum præjudicium & gravamen: Quocirca Mandamus vobis, quatenus, si vobis constiterit de prædictis & aliis rationibus, non obsistat quin a compulsione hujusmodi desistatis. Quæ vero de bonis eorum eâ occasione cœpistis, restituatis eisdem. Datum die vigesimo octavo Martii, anno millesimo trecentesimo nono.*

NOTES.

(a) Ce Mandement a esté tiré des Memoires de M. Du Tillet qui appartiennent à M. Gilbert Greffier en Chef du Parlement, feüillet 168. *verso*, vol. 1.

(b) *Certam personam.]* Il doit y avoir, ce semble. *Certam summam.*

PHILIPPE IV. dit le Bel, à Poissy, au mois d'Avril 1309.

(a) Edict portant que les pailles & les feures, qui resteront dans les lieux où le Roy aura demeuré, appartiendront au plus prochain Hostel-Dieu, ou au defaut d'Hostel-Dieu, à la plus prochaine maladerie.

PHILIPPUS *Dei gratiâ Franciæ Rex, Notum facimus universis presentibus & futuris, quod nos progenitorum nostrorum, quantum possumus, imitantes vestigia & ad pauperes & afflictas personas regie pietatis oculos dirigentes, hoc* Edicto presenti Statuimus, Volumus *ac etiam* Ordinamus, *quod, quotiens in perpetuum, Nos vel successores nostros Francie Reges, infra regnum nostrum, in castris nostris, seu domibus, contigerit hospitari,* omnia stramina *pro nobis & gentibus nostris, in dictis castris, seu domibus apportata,* propinquiori Domui Dei, *domo seu castro nostro, in quâ vel quo hospitati fuerimus, vel* leprosarie, *si ibi non fuerit* Domus Dei, *post dicessum nostrum tradantur & liberentur integraliter & perfecte. Ipsaque stramina dictarum domorum usibus & commodis Volumus applicari, quorumcumque Castellariorum, Concergiorum, seu Custodum domorum, vel castrorum hujusmodi, & aliorum quorumlibet (rationibus) sine impedimento, non obstantibus & remotis, ob nostre, progenitorum nostrorum, ac recolende memorie* Johanne Francie & Navarre Regine carissime *quondam consortis nostræ animarum, remedium & salutem. Dantes universis & singulis Baillivis & justitiariis nostris districte presentibus, in mandatis, quatenus, si dictarum domorum Dei, vel leprosariarum, magistros sorores, provisores, aut administratores, vel co-*

NOTES.

(a) Cet Edit est au Tresor, Registre cotté au haut 45. & au bas 9. piece 78.

PHILIPPE IV. dit le Bel, à Poissy, au mois d'Avril 1309.

rum mandatum, in premissorum perceptione, per quemcumque, quavis ratione, seu causâ, impediri contigerit, impedientes hujusmodi ad desistendum ab impedimento prestito, quilibet in loco sibi subdito, celeriter & absque alterius mandati cujuslibet expectatione compellant, & dicta stramina predictis domibus indilate faciant liberari. Precipientes etiam jubemus hujusmodi statutum nostrum, per quoscumque nostros successores Francie Regis perpetuis temporibus firmiter observari. Quod ut perpetue stabilitatis robur obtineat, presentem paginam sigilli nostri fecimus impensione muniri. Actum Pissiaci, anno Domini millesimo trecentesimo nono *(b)* mense Aprilis.

NOTES.

(b) Mense Aprilis.] Cela fut ainsi parce que Pâques qui estoit le premier jour de l'année 1310. fut le 19. Avril.

PHILIPPE IV. dit le Bel, à Paris, le 4. Aoust 1310.

(a) Decri des Florins à la Reine.

SOMMAIRES.

(1) Tous ceux qui ont des deniers d'Or à la Reyne s'en delivreront dedans le terme de la Nostre-Dame de Septembre prochaine, & si on en trouve après qui ne soient pas percez, ils seront confisquez.

(2) Nul, sous peine de perdre corps & avoir, ne pourra prendre, ni mettre les Florins cy-devant decriez, ni autres monoies estrangeres. Et toutes les monoies qui seront trouvées sans estre percées seront confisquées.

PHILIPPE par la grace de Dieu Roy de France, au Prevost de Paris, ou à son Lieutenant, *Salut*. Comme nous aions entendu, & soions certifiez par commune renommée, & par rapport de bonnes personnes & loyalles, sages & esprouvées en connoissance de monnoie, que les *deniers d'Or,* que len appelle les *deniers a la Royne*, ont esté tantes fois, & entant de lieux *contrefaits*, que lesdits deniers, ou la plus grande partie d'iceux sont *faux*, ou de *plus petit pris* que ceux qui furent faits en nos monnoies, en nos Coins, laquelle chose est ou grand damage, & en grande decevance de nous, de nostre Royaume & de nos subjets. *Nous considerants & regardants les grants domages, perils & decevances* qui sont advenües & pueent advenir a nostredit Royaume, & as subgiez du cours desdits deniers apellez *les deniers d'Or a la Royne*, *Te mandons & commandons*, comme nous pouvons, que veües ces lettres, *fais crier solempnement* par tous les lieux de ta Prevosté, ou tu voiras que il sera a faire.

(1) Que tous ceux qui ont lesdits deniers a la Roine *s'en delivrent dedans la Septembresche* prochainement venant. Et se aucuns en sont trouvez aprés ledit terme qui ne soient *perciez*, ils acquis a nous seront, & perdus a ceux de qui ils estoient, & que nul dudit terme en avant ne soit si hardy que il prengne, ou mette lesdits deniers d'Or, seur paine de les perdre, & seur paine de cors & d'avoir, se il n'estoient perciez pour billon.

(2) Item. Comme pour le profit de nostredit Royaume, & des subgiez autrefois aions *ordonné* & *fait crier*, que nul ne fust si hardi, sus paine de corps & d'avoir, que il prist, ne ne mist *florins de Florence,* ne autre monnoie d'Or faite dehors de nostre Royaume quelle qu'elle soit. Encore te *mandons* nous estroitement, que tu ledit *cry fai encore renouveler,* & *crier* que des ores, nul ne soit si hardy sus lesdites paines, que il *prenne, ne ne mette lesdites monnoies d'Or faites hors* de nostre Royaume, si elles n'estoient *perciées* pour billon, & se des ores-en avant l'en trueve nul qui en autre maniere les mette ou prenne en nostre Royaume, ici-

NOTES.

(a) Ce decry est au Registre *(a)* de la Chambre des Comptes feüillet 9. Voyez Le Blanc dans son Traité des monoies pages 291. vers le milieu.

dits deniers d'Or, & les biens d'iceux, qui les mettront & prendront seront forfaits & acquis a nous, & leurs personnes a nostre mercy. *Donné a Paris le quart jour d'Aoust, l'an de grace mil trois cens dix.*

(a) Mandement adressé au Prevost de Paris, touchant les Monoies.

PHILIPPE IV. dit le Bel, à Poissy, le Mardy devant la S.t Vincent, 20. Janvier 1310.

SOMMAIRES.

(1) Nul ne rechassera, ne fera rechasser, ni trebucher aucune monoie du Roy. Et nul ne vendra, ni achetera Or, Argent & billon à plus grand prix que celuy qu'on en donne aux monoies, sous peine de perdre corps & avoir.

(2) Nul ne traira hors du Royaume, Or, Argent, billon, ni monoie, si ce n'est celle que l'on fabrique à present, ni aucune vaisselle d'Or & d'Argent, à moins que ce ne soient des Pelerins, ou autres personnes qui sont obligées de sortir du Royaume, &c.

(3) Personne ne pourra faire faire de la vaisselle d'Or & d'Argent, depuis le cry qui sera fait jusqu'à un an, sans permission du Roy.

(4) Quiconques aura des deniers d'Or à la masse sera tenu de s'en defaire à compter du jour du cry qui sera fait jusques à Pâques prochain, & si aprés quelqu'un les prend, ou les met sans qu'ils soient percez, ils seront confisquez.

(5) Les tournois d'Argent de vingt-un deniers, & les deniers d'Or à la Reyne ne seront plus pris qu'au billon, & s'ils ne sont percez dans quinzaine aprés le cry, ils seront forfaits.

(6) Le Prevost de Paris fera crier solennellement le contenu cy-dessus.

PHILIPPE par la grace de Dieu Roy de France, au Prevost de Paris, *Salut.* Comme pour le grand proufit de nostre peuple, eue deliberation o nostre grand Conseil, & plusieurs autres sages, sus le fait des monnoyes, nous avons ordonné a faire deffendre par nostre Royaume,

(1) Que nul ne rachace, ne face *rechacier*, ne *trebucher*, ne *requeure* nulle monnoye quele qu'ele soit de nostre coing, & que nul ne *vende, ne achete Or, Argent, ne billon* pour greigneur pris, que celuy qui est ordené, & que nous faisons donner a nostre monnoye, suz peine de perdre *ce qu'il rechacera, trebuchera, ou requeurera,* & d'estre en nostre mercy de corps & d'avoir.

(2) Derrechief, que pour eschiver & contrester as malicieux qui portent l'Or, l'Argent, vaisselemente, & billon as contrefaçons, en couleur de marchaandises, *Nus ne porte hors du Reaume, ne ne traie hors, Or, ne Argent, ne billon, ne monnoie, ce n'est cel que len fait a present,* ne vaisselemente d'Or, ne d'Argent, se ce n'est *pelerins,* ou autres personnes issant hors du Reaume pour leurs besoignes asquels len souferra aporter ladite monnoie *a tournois petiz,* par le congé de ceuz qui a ce seront deputez sus les poines dessusdites.

(3) Derechief, Que nus ne face faire vaissellements d'Or ne d'Argent, jusques a un an depuis le cry fait, sans congié de nous & par lettres qu'il ait de nous du congié & qui sera trouvé fesant le contraire, toute la vaissele sera perdüe.

(4) Derechief, Que quiconques aura *deniers d'Or a la mache,* s'en delivre dedans *Pasques prochainnes.* Et qui delors en avant sera trouvé prenant, ou mettant esdits deniers, il les perdra, se ils ne sont perciés & mis a billon & en aura dilec en avant le prix que len donra en Or en nostre monnoie tant seulement.

(5) Derechief, que tournois d'Argent de ving & un deniers, & deniers d'Or la Royne ne queurrent pour nul pris, *fors que a billon.* Et qui les aura & les

NOTES.

(a) Ce Mandement est au feüillet 12. verso du Registre *(a)* de la Chambre des Comptes, où il est adressé au Bailly de Senlis, & au Tresor des Chartes au Registre depuis 1308. jusqu'en 1311. feüillet 119. piece 131. Voyez Le Blanc dans son Traité des monoyes page 291.

tendra se ils ne sont percez dedans quinze jours *aprés le cry*, là où il seront trouvez ils seront forfaits.

(6) Nous te Mandons & Commandons estroitement, que tu tous les articles dessusdits en chascun d'iceux, & les deffenses dedans contenües faces en tes assises & ailleurs publiquement preconiser, sus les poines dessusdites, & quiconque sera trouvé faisant ce contraire, nous Voulons & te Commandons que tu punisses en la maniere que dessus est dit. En tesmoing de laquele chose nous avons fait mettre nostre scel royal en ces presentes lettres *faites a Poissy le Mardy devant la S.t Vincent, l'an de grace mil trois cens & dis.*

PHILIPPE IV. dit le Bel, à Poissy, le Mardy devant la S.t Vincent, 1310.

(a) Letre adressée aux gens des Comptes, par lesquelles le Roy leur donne pouvoir de revoquer toutes les alienations des Notairies, Ecritures, Registres, Sceaux, & Offices d'examinateurs de témoins, leur ordonne de tenir tous ces Offices en la main du Roy, & de faire payer les Rentes de Bled, d'Avoine & de Vins, assises sur plusieurs Chastellenies, Vicontez & Prevostez, &c.

PHILIPPE par la grace de Dieu Roys de France, à nos amez & feaux les gens de nos Comptes, *Salut & amour.* Comme nous en diverses parties de nostre Royaume *aions* octroié a plusieurs personnes *nos Notairies, Escriptures, Enregistremens, gardes des Registres, Offices d'examiner tesmoins, les esmolumens de nos Seaus & l'execution d'iceux*, a aucunes personnes *a vie*, as autres a *nostre volenté*, & aus autres *a certain temps* par voie de *accensement*, Et nous ayens entendu que lesdites Notairies, Escriptures, Registrements & esmolumens des Seaus, ou temps que Nous les *octroiames*, estoient, & sont de plus *grant valüe* que l'en ne nous donnoit entendre, que és gardes desdits Registres Nous & nos subgiets en grant lesion de Justice, avons grant domage couvertement, Que les Executions desdits Sceaus, & les Offices de examiner tesmoins se font par ceus qui les tiengnent, en grant grief, & prejudice de nos subgiets, parce que ils *prennent trop grant salaire* contre raison; Que en nos Vigueries & Prevostez bailliées en garde par nos lettres, Nous & nos subgiets avons grant domage par ceux qui les gardent, car par l'authorité de nos lettres ils usent de plus grant pooir qui ne leur est donné, nos droits laissent perir & legierement passer, & font moult de griets a nos subgiets, Que és *Chastelleries & Conciergeries* que Nous avons bailliées a *vie*, & a *volenté* Nous avons domages, en ce que li Chastelain & Concierge establis en plusieurs lieux, où il n'est pas grant mestier d'avoir *Chastelain, ne Concierge*, prennent *grans gages* de Nous, & avecque usent de nos forests, de nos bois, & de nos autres droits d'icelles Chastellenies comme des leur, & plus largement que il n'en usassent se elles estoient leur, & que en plusieurs de nos *Chastellenies, Visconte & Prevostez* nous avons octroié a plusieurs personnes, a chascunes d'icelles certaine quantité de Bleds, d'Avoine & de Vins à aucunes personnes *a heritage*, as autres *a volenté*, ou a temps, lesquels quantitez conjoint ensemble font plus grant nombre de Bleds, d'Avoine & de Vins que nous n'avons de rente par communes années esdites *Chastellenies, Viscontez & Prevostez.*

Nous sus les choses devant dites voullans pourvoir a garder nous, & nos subgiets de damage, vous Commettons & Donnons plain pouvoir de rappeler & ost

NOTES.

(a) Cette letre est au Registre *(a)* de la Chambre des Comptes feüillet 34, au Registre *Noster* feüillet 133, au Registre de Philippe Le Bel du Tresor, depuis 1308. jusqu'en 1311. piece 128. feüillet 128.

lesd

lesdits *Notaires*, *Escrivains*, *Enregistreurs*, *Gardeurs de Registres*, *Examinateurs*, *Accenseurs des proufits des Seaux*, *Executeurs des Seaux*, *les Viguiers & Prevosts mis en garde*, & les *Chastelains & Concierges*, de prendre & tenir en nostre main lesdits Offices, & de *ordener des rentes des Blez*, *d'Avoines & de Vins*, que nous avons assenées en pluseurs de nos *Chastellenies*, *Viscontez & Prevostez*, outre la somme des Bleds, Avoines & Vins que vous verrez qui fassent a faire pour nostre profit, & le proufit de nos subgiets, non contrestants toutes lettres octroiées de nous en quelconque fourme, sur les choses devant dites, Et est a sçavoir que nous volons que vous nous raportez les noms des Chasteaux qui sont en *marches*, les noms de *chascun des Chastelains d'icés Chasteaux*, & quiex gages chascun prend de nous, si que nous *en puissions ordener selon ce que nous verrons que profit nous sera*, Et voulons que és autres Chasteaus vous *habergiez* nos *Senechaus*, nos *Baillis*, nos *Viscontes* & nos *Forestiers*, chacun ou lieu de son Office, selon son estat, & nos autres Chasteaus & maisons fors, faites garder a nostre meindre coust, & au plus proufitablement que vous pourez, Et Nous Donnons en mandement par ces lettres a tous nos Seneschaux, Baillis, Viscontes, Prevosts & subgiets, que és choses devant dites, & en tout ce qui y puest appartenir, vous obeissent fermement & diligemment. Ce fut fait *à Poissy le Mardy devant feste S.t Vincent*, *l'an de grace mil trois cens dix.*

PHILIPPE IV. dit le Bel, à Poissy, le Mardy avant la S.t Vincent, 1310.

PHILIPPE IV. dit le Bel, à Poissy, le Mardy aprés la S.t Vincent, 27. Janvier 1310.

(a) *Ordonance touchant les petits deniers noirs appellez Bourgeois*, *les Bourgeois forts*, *& la monoie d'Or nommée à l'Aignel.*

PHILIPPE par la grace de Dieu Roys de France, au Prevost de Paris, *Salut*. Comme pour la grande necessité, & le deffaut de monoie qui est en nostre Royaume, Nous en deliberation, avec nostre grand Conseil, & pluseurs sages sus le fait des monoyes, pour le commun profit de nos subgiez, avons ordené a faire monnoye, c'est a savoir, *petiz deniers noirs*, qui sont & seront appelé *Bourgois*, Nous te mandons & commandons estroitement, que tu *nos Bourgois petis* lesquels nous fesons forgier a present, *faces prendre* & mettre par toutes ta Baillie, c'est a savoir, *quatre pour une maille blanche*, & pour le pris que elle court, & *douze pour un gros tournois de S.t Loys*, & pour le pris que il court, & nos *Bourgois fors* lesquels nous fesons aussi forger a present, faces prendre & mettre deus *pour une maille blanche*, & pour le pris que elle court, & *sis pour un gros tournois de S.t Loys*, & pour le pris que il court. Et deffendes & faces deffendre & prendre garde attentivement, que nus ne mette, ne ne pregne les dites monnoies, tant les unes comme les autres, pour greigneur pris les unes envers les autres que pour le pris dessusdit tant seulement.

Derechief, nostre monnoie d'Or qui est & sera apelée *a l'Aignel*, laquele est du temps de S.t Loys, nostre tres chier aicul, que nous fesons *forger a present*, faces prendre & mettre pour *sexe sols parisis* & aussi pour *huit sols de Bourgois petis*, & fait publier en tes assises par ta baillie, que einsi prendront, & mettront nous les dites monnoies a nostre tresor, & a touttes nos receptes, pour nos debtes & pour nos rentes, & auffy les pren, & fai prendre & mettre communement entre nos soubgiez en ta baillie. Et pour eschiver la malice des convoiteux, & pour veoir a la simplece de nostre pueble, que il n'en queure damage, *Nous Voulons* que se au-

NOTES.

(a) Cette Ordonance est au Registre (*a*) *fol.* 13. de la Chambre des Comptes de Paris.

PHILIPPE IV. dit le Bel, à Poissy, le Mardy aprés la S.t Vincent, 27. Janvier 1310.

cuns font contracts, ou convenances queles qu'elles soient, le debteur soit quittes en paiant laquelle que il voudra des *monnoies dessusdites, non contrestant* se il soit contenu es lettres, ou convenances dudit contract, le debteur doie *paier aucune certaine monnoie, & pour certain* pris. Et se aucun creancier vouloit venir & venist encontre nous *Voulons & te Commandons* que tu les *punisse*, pour ce, ou tiers de tout le contract, & a desdomager la partie. Et ne sueffre que nulle monnoie *d'Or, ne d'Argent dehors de nostre Royaume* courge pour nul pris, mais *fai publier & commander* par ta baillie, *que elle soit* portée *comme billon* a nos *monnoies*. En tesmoing de ce nous avons fait mettre nostre scel Roial en ces presentes lettres, faites a *Poissy le mardi aprés la S.t Vincent, l'an de grace mil trois cens diz.*

PHILIPPE IV. dit le Bel, à Paris, le 7. Fevrier 1310.

(a) Letres touchant les Monoyes.

SOMMAIRES.

(1) Rechin Cantinel & Pierre de Maance feront une monoie d'Or fin, qui sera nommée à l'Aignel, *qui sera de cinquante-huit deniers & un tiers au marc de Paris, & lesquels seront taillez sans fort, & sans foible.*

(2) Ils achepteront & donneront au marc d'Or fin, en deniers durs à la mace, cinquante-sept livres dix sols tournois.

(3) Au marc d'Or fin en deniers à la Royne cinquante-sept livres douze sols.

(4) Au marc d'Or fin de Florins de Florence & de deniers à la Chaire, cinquante-quatre livres quinze sols.

(5) Au marc d'Or fin en plate & en paillole, en deniers d'Or à double croix, & au mantelet, cinquante-deux livres dix sols.

(6) Les deniers que Rechin & Pierre feront, seront donnez en payement pour seize sols de la nouvelle monoie.

(7) Ils feront serment de faire les monoies loyales, & d'en rendre au Roy le profit.

(8) S'ils achetent l'Or à meilleur marché, ils en tiendroient compte au Roy.

(9) Ils auront pour chaque marc d'Or à ouvrer seize sols parisis seulement.

PHILIPPE par la grace de Dieu Roy de France, à touz ceus qui verront ces presentes lettres, *Salut.*

(1) Sachent touz que avec noz gens pour nous & en nostre nom, *Rechin Cantinel nostre Chevalier, & Pierre de Maance* nostre Bourgois de Paris, de la loyalté des quiex nous a esté rapporté bons tesmoignage, ont fait l'accort & les convenances qui s'ensuivent. C'est assavoir que les devant diz, *Rechin* & *Pierre* feront *une monnoye d'Or fin, qui sera appelée a l'Aignel,* & sera ladite monnoye *de cinquante & huit deniers & un tiers* au marc de Paris, *& seront tailliez sans forz & sans feuble.* Et s'il avenoit qu'il i eust sis forz & sis feubles au marc, c'est assavoir *le fort de demi grain fort,* & *le feuble de demi grain feuble,* pour ce ne se lerroient a delivrer : Et se delivreroient de cinquante & huit au marc, si comme dessus est dit, aus trois mars a parmi. Et se a la delivrance de la boëste le denier estoit trouvé *(b) eschars* de loy, la montance d'un petiz tournoiz, iceux Rechin & Pierre ne seront tenus de payer fors que la deffaute dessusdite, c'est assavoir la

NOTES.

(a) Ces letres sont au Tresor des Chartes, Registre de Philippe le Bel, pour l'année 1308. jusqu'en 1311. piece 135. *fol.* 120.

(b) Eschars.] C'est-à-dire, *moindre.* On appelle *remede de Loy,* une aide, ou permission que le Prince donne au maistre, ou fermier de monoie de tenir la loy ou bonté interieure du marc d'Or ou d'Argent en œuvre d'especes, moindre & plus écharce, qu'elle ne doit estre par l'Ordonance. Cette aide & permission est fondée sur l'incertitude de l'art d'essaier au juste l'Or & l'argent.

L'écharceté de loy est la qualité du remede de loy ou bonté interieure, que le maistre en alliant son metal, a pris sur chaque marc d'Argent en œuvre, la valeur de laquelle écharceté de loy le maistre est tenu de rendre & de payer au Roy suivant le jugement de la Cour des monoies, à raison de la quantité des marcs d'œuvres certifiez & arrestez par le papier des delivrances. Voyez Poullain des monoies page 433. & Boisard pages 24. & 25.

valüe d'un petit tournois & non plus. Et lors que (c) la boëte sera delivrée par les Mestres de noz monnoies, les devant diz Rechin & Pierre seront quittes de la boëte.

PHILIPPE IV. dit le Bel, à Paris, le 7. Fevrier 1310.

(2) *Item.* Lesdiz *Rechin* & *Pierre* acheteront & donrront au marc d'Or fin au marc de Paris, en deniers durs a la mace, cinquante-sept livres dix sols tournois.

(3) *Item.* Au marc d'Or fin en deniers a la Royne cinquante-sept livres & douze sols.

(4) *Item.* Au marc d'Or fin de Florin de Florence, & de deniers a la cheere, cinquante-quatre livres & quinze solz.

(5) *Item.* Au marc d'Or fin (d) en Or en plate, & (e) en paillole *en deniers d'Or a double crois*, & au mantelet, *cinquante-deus livres & dis souz* au marc de Paris, si comme dessus est dit.

(6) *Item.* Les devant diz *Rechin* & *Pierre* bailleront en payement les deniers que len fera, pour seze souz de la *monnoie que len fait a present* tant seulement.

(7) *Item.* Les devant diz *Rechin & Pierre* sont tenuz de faire ladite *monnoie bien & loyaument*, & par leurs seremens il nous randront *tout le profit* qui en istra.

(8) *Item.* Se il avenoit qu'il achatassent l'Or a meilleur marchié, que il n'est dit devant, il nous seroient tenuz de rendre tout le profit qui en istroit.

(9) Et auront les devant diz Rechin & Pierre *pour chascun marc d'Or, ouvrer a seze* soulz parisis pour tous dépens, couz & salaires, ne autres convenances les devant diz *Rechin & Pierre* ne nous porront ne ne devront demander.

Et nous l'accort, & les convenances dessus escriptes, Voulons, Octroyons, & Accordons en la maniere que dessus est dit & devisié. En tesmoing desqueles choses nous avons fait mettre nostre scel en ces presentes lettres faites & données *a Paris le septiéme jour de Fevrier, l'an de (f) grace mil trois cens & diz.*

NOTES.

(c) *La boëte sera delivrée.]* Voyez Poullain des monoies, pages 386. 387. & Boisard chapitre 13. pages 95. 96.

(d) *En Or en plate.]* Voyez Boisard des monoies, page 186. vers le milieu.

(e) *En paillole.]* L'Or en paillole est celuy qui est comme de petites pailles, que l'on trouve dans les torrens, & les rivieres.

(f) *C'est l'instruction de ceux qui se prendront garde que l'en praigne monnoyes deffendües contre l'Ordenance qui en a esté faite.*

Premierement, li Prevost de Paris commandera à touz ceux, qui recevront pour le Roy en sa Prevosté, que il ne praignent, ne ne mettent *nulle monnoie deffendüe sur poine de perdre la monnoie, leur office*, & de estre *en la merci le Roy* de cors & de avoir.

(2) *Item.* Li diz Prevoz establira en chacune Ville de sa Prevosté, *preudommes & dignes de foy, qui se prendront garde que len ne praigne monnoie deffendüe contre ladite Ordenance*, li quel establi iront *un ou deus ensemble*, ou un *Serjant avec* eus, là où len vent & achate, & là où len met & reçoit deniers plus communement. Et se il treuvent aucuns qui praignent, ou mettent *monnoyes deffendües*, il les prendront sur eus, & en la presence de tous ceus qui seront presens, pour *donner exemple* as autres, il les *perceront, & rendront toutes percées* à ceus sur qui elles auront *esté prises*, & leur commanderont qu'il les portent ou *Change, ou à la monnoie* le Roy plus prochaine, & arresteront leur nons, & leur diront que se il sont trouvez autrefoiz prenans ou mettans monnoie deffendüe len la prendra *sur eus comme forfaite*, sans que len leur en face *nulle grace*, & encore seront en la merci le Roy de cors & d'avoir. Et se li dit establi entendent par la *relation de proudomes*, que aucuns *ait pris monnoies deffendües*, & soit encore presenz au lieu icelle monnoie, il porront prendre *sur lui & percier, &* faire si comme dit est que dessus.

(3) *Item.* Se aucuns est renomez qu'il assamble *grant planté de monnoie deffendüe, &* la detiegne pardevers lui, sanz ce que il la porte *au change*, ou *à la monnoye, li devant* dit establi, porront aller *en l'ostel d'icelui, & present la justice du lieu, il porront prendre ladite monnoie deffendüe & percier & envoier si comme dit est au Change, ou à monnoye, &* se il y treuvent malice, *la monnoie sera forfaite*, & sera avec ce celuy sus cui ele sera trouvé, *puniz, si comme raison donra.* Et se li devant dit savoient aucun qui eut ja trosse Or, Argent, billon, ou monnoie deffendüe, & les vousist porter hors, il les porront prandre &

NOTES.

tantost envoier *au Change* ou à la *monnoie*, comme *forfaite*. Et sera avec ce celui puniz selon *l'Ordenance*, & ne cherchera len pas les hostiex fors és cas devant nommez.

(4) *Item*. Pour faire miex entendre à la gent lesdites deffenses, & que nul ne se puisse excuser qu'il ne les sache, li diz *Prevoz*, aprés ce qu'il aura reçu, *ceste instruction*, establira tantost *lesdites gardes*, par *un mois*, *as gages le Roy*, lesqueles *gardes perceront* les monnoies deffendües, & feront garder, si comme dit est, lesdites deffenses, & ledit mois passé lesdiz gages faudront. *Et fera li diz Prevoz crier en tous les leus solempnez de sa Prevosté, que d'iliec en avant toute la monnoie deffendüe que len trouvera par forme que ce soit, sera forfaite*, & ceus qui *accuseront* ceus qui auront ladite monnoie deffendüe en auront *le quint*.

PHILIPPE IV. dit le Bel, à Paris, le 12. Avril 1311.

(a) Mandement au Bailly de Roüen, ou à son Lieutenant, de faire crier solennellement, que les deniers d'Or durs, ou à la masse n'auront plus cours dans le Commerce.

SOMMAIRES.

Les deniers d'Or durs, ou à la masse n'auront plus cours, & ne seront pris que comme billon. Ceux qui les mettront, ou prendront ainsi que toute monoie defendüe, seront punis severement, & leurs monoies confisquées, dont les delateurs auront la cinquiéme partie.

PHILIPPUS *Dei gratiâ Francorum Rex*, Ballivo Rothomagensi, *vel ejus Locum tenenti*, Salutem. *Mandamus tibi quatenus circa* ordinationum, *& deffensarum monetarum observantiam, juxta mandatum nostrum, aliàs super hoc tibi factum, prout poteris diligenter*, intendas, *faciens in locis insignibus tue Ballivie, & aliis de quibus videris expedire*, publice proclamari, *ne* denarii aurei, *qui appellantur* duri, *seu* denarii ad massam, *aliter de cetero quam* ad billonem *quomodolibet allocentur. Et quicumque de cetero reperietur allocans* dictos denarios, *vel aliam* monetam prohibitam *aliter quam* ad billonem, *propter hoc graviter* punietur, *& cum hoc totâ monetâ hujusmodi* nobis veniet in commissum. *Et quicumque accusabit* allocantes prohibitam monetam, quintam partem *monete prohibite super ipsos accusatos reperte, ratione sue accusationis habebit, sine diminutione quacumque*. Datum Parisius decima secunda Aprilis, anno Domini millesimo trecentesimo undecimo.

NOTES.

(a) Ce Mandement est au memorial (a) de la Chambre des Comptes, feüillet 13.

PHILIPPE IV. dit le Bel, à Paris, le 6. May 1311.

(a) Mandement par lequel le Roy declare, que par celuy du Mardy avant la S.t Vincent 1310. il n'a pas entendu empescher les Orfevres de travailler à de petits ouvrages, pour gagner leur vie.

SOMMAIRES.

Les Orfevres pourront faire des vases de la largeur d'un pied, & du poids de trois ou quatre marcs, dorez dedans & dehors, des vases à verser de l'eau du poids d'un marc, des Calices, & autres ouvrages servant à l'Eglise, excepté des plats, des ecüelles, des pots, des bassins, & autres grands ouvrages.

PHILIPPUS *Dei gratiâ Francorum Rex*, Senescallo Pictavensi, *vel ejus locum tenenti*, Salutem. *Cum in deffensis monetarum nostrarum nuper editis, &* vobis

NOTES.

(a) Ce Mandement est en la Chambre des Comptes, au memorial (a) feüillet 13. *verso. sub sigillo*

sub sigillo nostro directis *inter cetera sit insertum*, quod nulli liceat *(b)* usque ad annum. aurea, vel argentea vasa, seu vaissellamenta fabricare, vel facere fabricari, sine nostrâ licentiâ, per literas nostras inde concessâ, *quia nostre intentionis non est, Aurifabros impedire quominus* valeant operari, & per opera sua sibi de victu & aliis necessitatibus *providere*, Mandamus *vobis quatenus in quibuscumque locis Senescallie vestre illis videlicet de quibus videritis expedire ex parte nostrâ certificare curetis, quod placet nobis* ut quilibet Aurifaber quecumque parva opera aurea, quicumque Aurifaber ciphos duplices ad pedem de tribus vel quatuor marchis operatos, *de magnis factionibus interius & exterius deauratos, potos ad* ministrandam aquam ponderis unius marche & ponderis minoris, nec non calices, *ac omnia singula alia Ecclesie opera facere, seu etiam fabricare, exceptis platellis, scutellis, navibus, potis, bacinis, & grossis vaissellamentis aliis quibuscumque. Datum Parisius die sexta Maii, anno Domini millesimo trecentesimo decimo primo.*

PHILIPPE IV. dit le Bel, à Paris, le 6. May 1311.

NOTES.

(b) Usque ad annum.] Voyez cy-dessus l'article 3. du Mandement de 1310. donné à Poissy le Mardy devant la S.t Vincent page 475.

PHILIPPE IV. dit le Bel, à Paris, le 16. May 1311.

(a) Mandement au Bailly de Bourges, touchant l'execution des Ordonances des monoies.

SOMMAIRES.

Le Bailly de Bourges fera observer les Ordonances des monoies. Il fera punir ceux qui y contreviendront. Il fera venir pardevant luy les Receveurs, les Justiciers, les Sergens des lieux, & les gens de chaque mêtier, & les fera jurer qu'ils executeront & feront executer ce que ces Ordonances enjoignent, qu'ils ne marchanderont rien qu'à sols, à livres & à deniers nouveaux qui ont cours, qu'ils ne prendront, ni mettront aucunes monoies estrangeres, ou defenduës, mais qu'ils les porteront, ou feront porter aux Changes, ou aux hostels des monoyes, qu'ils ne prendront la monoie qui a cours, à plus haut prix qu'elle ne vaut. Et il fera aussi jurer les Changeurs qu'ils exerceront leur office sans fraude, en lieu commun & au vû de tout le monde, entre soleil levant & couchant.

PHILIPPE par la grace de Dieu Roys de France, au Bailly de Bourges, ou à son Lieutenant, *Salut*. Comme les *Ordenances & dessenses des monnoies* aient esté mal gardées en ta Baillie, & au ressort, jusques a ores, par ton defaut, dont nous argüons & reprenons *ta negligence*, Nous *te Mandons & Commandons* estroitement, sus peine de encourre nostre *indignation*, & nostre *offense*, que des ores en avant icelles *Ordenances & dessenses* faces fermement tenir, & garder, *& punisses* selonc ce que esdites Ordenances & dessenses, est contenu, tous ceus qui feront encontre, en quelconque maniere que ce soit, Et *Voulons & te Mandons* que sans nul delay en chacune Ville de ta Baillie, là où tu verras que il sera a fere, appelles pardevant toy a certaines journées tous les *Receveurs, Justiciers & Serjans des lieus*, & la gent de chacun mestier, & les fais jurer, que lesdites *Ordenances & dessenses* ils garderont & tendront sans venir encontre, & les *Mestres* de chacun mestier fay jurer qu'ils les feront tenir, & garder chacun d'eus, a ceus de leur mestier, Et encores *facez jurer* a toutes les personnes devant dites, que *il ne marcheanderont a homme vivant, que a sols & a livres & a deniers de la monnoie que Nous feisons avoir commun cours par nosdites Ordenances*, Et que il ne mettront, ne ne prendront *nulle monnoie faite hors de nostre Royaume*, ne au-

NOTES.

(a) Ce Mandement est au memorial *(a)* de la Chambre des Comptes de Paris feüillet 13. *verso*.

PHILIPPE IV. dit le Bel, à Paris, le 16. May 1311.

tre monnoie *devée* a mettre & a prendre *par* nosdites *deffenses*, & que touttes les monnoies que il ont, & pourront avoir, comment que ce soit, porteront & *envoyeront sans delay au plus prochain Change pour changier*, ou a la plus prochaine de *nos monoies*, & que la monoie coursable ne mettront, ne ne prendront pour plus pris que elle est par nosdites Ordenances; Et aussi *Voulons* nous que tous les *Changeurs*, & ceus qui se *entremettent de Change* faites jurer, que en leurs meisons il ne *changeront riens*, ne ne conteront nule monoie qu'ils reçoivent a change, ne que ils mettent, ançois tout ce qui a Office de Changeur apartient & doit apartenir, il feront sans nulle fraude *en lieu commun, a veüe de toute gent entre soleil levant & soleil couchant, &* que tout le *bilhon, & la monnoie deffendüe* qu'ils auront & pourront avoir, porteront, ou envoyeront sans delay a la plus prochaine de nos monnoies. *Donné à Paris le seize jour de May, (b) l'an de grace mil trois cens unze.*

NOTES.

(b) Afin que les Ordonances que le Roy avoit faites touchant les monoyes fussent exactement observées. Messieurs de la Chambre des Comptes avoient envoyé aux Baillis l'ordre qui suit, qui est au Memorial (a) *feüillet 16. & qui est du Dimanche avant la Chandeleur 1311.*

Les gens des Comptes nostre Seigneur le Roy demourans a Paris pour les besoignes, au Bailli d'Amiens, ou à son Lieutenant, *Salut*. Nous vous mandons & estroitement commandons *de par le Roy* nostre Seigneur, que vous faciez tenir & garder fermement sans enfraindre les Ordonances des monoies, sur lesquelles *vous avez reçeües les lettres scellées du scel nostre Seigneur le Roy* en temps passé, en telle maniere que ledit nostre Seigneur le Roy n'y puisse avoir aucuns dammages par vostre defaut, ne par vostre negligence, pour lesquels se il avenoit, len auroit recors a vous, vos biens, entant, comme ils pooroient soufire, & outre vous puniroit len du corps, si comme raison seroit, & faites *renoveler le cry & les deffenses* desdittes monnoies deligemment en la maniere que y s'ensuit.

Comme plusieurs fois dit ait esté, crié & deffendu de par le Roy nostre Seigneur, sus paine de corps & d'avoir, que nul ne preist, ne ne meist monnoies nulles dehors du Royaume, d'Or ou d'Argent, blanches ou noires, ne les deniers d'Or a la masse, ne les deniers d'Or appellez a la Royne, ne nuls gros tournois fors que pour douze Bourgois petis tant seulement, & len a prises lesdittes monnoies contre ladite deffense du Roy en grant dammage du Roy & de son peuple. Nous derechef deffendons que nul, sus paine de corps & d'avoir, de quelque condition que il soit, ne soit si hardy que il prenne ou mette aucunes desdites monnoies deffendües, fors que a billon, & quiconque les aura, s'en delivre dedans la Mi-Caresme prochaine a venir, & les porte as monnoies le Roy plus prochaines, ou a Change, car du terme dessusdit en avant, qui les aura & les tendra, soit en huches, ou en bourses, ou en quelque lieu que elles pouroient estre trouvées, si elles ne sont perciées, elles seront forfaittes & acquises au Roy, & les corps & les avoirs demoureront en sa mercy, & deffendons encore estroitement, sus ladite paine de corps & d'avoir, que nul ne soit si hardy que il prenne ne ne mette les deniers d'Or a l'Aignel pour plus de seize sols petis Bourgois fors tant seulement. Et enjoignons a tous Justiciers que ils ne deportent sur ce aucune personne de quelle condition que elle soit, du jour devant dit en avant, sus ladite peine dessusdite, Et vous Bally d'Amiens dessusdit, sus ladite paine le jour dessusdit passé, ne prenez, ne souffrez a prendre en aucun pris, pour les debtes, rentes, ou droitures le Roy les monnoies deffendües, dessusdites, & deffendez, & faites deffendre a tous nos Receveurs & Officiaux quiex que ils soint, que ils ne soint si hardy, sus ladite paine, que ils prennent, ne ne mettent lesdites monnoies deffendües ledit jour passé, ausdites rentes, ou droitures le Roy, ne les tournois d'Argent, ne les deniers d'Or a l'Aignel que pour le prix dessusdit, tant seulement. Donné sous le scel de la Prevosté de Paris, en l'absence du grant scel le Roy, auquel nous Voulons que vous ajoustiez foy. *Le Dimanche devant la Chandeleur, l'an de grace mil trois cens unze.*

PHILIPPE IV. dit le Bel, à Paris, aprés la Penthecoste 1311.

(a) Mandement au Bailly, ou au Receveur d'Orleans, contenant Reglement touchant les Baux des Prevostez.

SOMMAIRES.

Les Prevostez à l'avenir seront baillées à ferme par parties, à des personnes differentes, au plus offrant & dernier encherisseur.

PHILIPPE par la grace de Dieu Roy de France, au Bailly, ou au Receveur d'Orliens, *Salut*. Comme nous aions en laditte Baillie, *aucunnes Prevostez*, qui sont de grant prix, pour les *grants rentes, membres & appartenances* qui, avecq *les exploits d'icelles Prevostez*, ont accoustumé estre bailliez jusque a ores, *Nous considerants*, que par le Bail de si grants choses ensemble, nous en sommes aucunne fois & souvent mal applegiez, & mal payez du pris que elles sont baillées, & que ceux qui les dittes *Prevostez* achetent de nos gens, *baillent* a personnes qui ne sont pas souffisants, les *membres* & *appartenances* d'icelles *Prevostez*, & les leur vendent en telle maniere, que *(b)* li *chiez* desdites Prevostez leur demeurent pour tres petit pris, ou davantage, & ainsi avient que pour baillier nos dittes *Prevostez* avecq les *grants rentes, & membres qui y appartiengnent*, nuls hommes de moien estat, ne s'ose embatre es marchiez de nos dittes *Prevostez*, pour la seureté de payer si grant pris, que ils ne pouroient donner, & par ce nos dittes Prevostez sont moins *venduës*, Et nous y avons grant domage. *Vous mandons & Commandons* estroitement *que des ores en avant de chacune Prevosté de vostre Baillie, bailliez les exploits* par soy, & chacun des *autres membres, rentes & appartenances d'icelles Prevostez, qui par soy peuvent estre mainteniies & gouvernées, bailliez aussint par soy, a diverses personnes, qui soient convenables de les tenir par enchierrement*, & au plus a nostre proufit que vous pourrez. *Donné a Paris le Mardy aprés la Penthecouste, l'an de grace mil trois cens unze.*

NOTES.

(a) Ce Mandement est au Registre *(a)* de la Chambre des Comptes de Paris, feüillet 14.
(b) Li Chiez.] Le Chef.

PHILIPPE IV. dit le Bel, à Crespy, le Lundy avant la Magdelaine 1311.

(a) Mandement adressé au Bailly de Caux, par lequel le Roy declare que dans les concessions generales d'heritages qu'il a faites, & qu'il fera, la Jurisdiction, la mouvance des fiefs, & les patronages, ne sont, & ne seront pas compris.

PHILIPPUS *Dei gratiâ Francorum Rex*, Baillivo Caletensi, *seu locum ejus tenenti*, Salutem. *Litteras tuas nobis directas, inter cetera, continentes, quod* ad jus patronatus *Ecclesie sancti Martini de Cavillâ, ad quam Ecclesiam Magistrum* Johannem Mignon *dicimur presentasse*, relicta *domini quondam de* Chambliaco & primogenitus eorum filius *se opponunt contra nos, tam ratione cujusdam* permutationis *inter nos & dictum Dominum de* Chambliaco, *dum viveret, facto, quam ratione quarumdam generalium concessionum a nobis factarum eidem Domino Chambeliaci*

NOTES.

(a) Ce Mandement, qui fait un Reglement general, & que Chopin dans son Traité du Domaine *lib. 3. tit. 20.* page 411. qualifie d'Ordonance, est tiré du Memorial de la Chambre des Comptes, *Qui es in cœlis*, feüillet 223. *verso.*

per litteras nostras inde factas vidimus, *tibi super hoc Respondentes, quod* in generali concessione quacunque, non Intelligimus, nec intelligi Volumus, Justiciam altam, foagia, feoda nobilium, aut jura patronatus venire, Mandantes *etiam tibi quatenus nisi in dictorum relicte & ejus filii predicti literis fiat expressa mentio de* jure patronatus *Ecclesie prédicte, ad oppositionem predictam de cetero non admittas eosdem, sed sibi silentium imponas perpetuum in hac parte.* Actum Crispiniaci, die Lune ante festum beate Marie Magdalene, anno Domini millesimo trecentesimo undecimo.

PHILIPPE IV. dit le Bel, en l'Abbaye de Maubuisson, en Juillet 1311.

(a) Ordonance contre les usures.

SOMMAIRES.

(1) Personne, sous peine de perdre corps & biens, ne pourra hors des foires de Champagne, prester à usure au de-là d'un denier pour livre par semaine, de quatre deniers par mois, & de quatre sols par année.

(2) Quant aux prests & creances faits aux Foires de Champagne, ou pour Change, nul ne pourra prendre de foire en foire que cinquante sols par cent livres.

(3) Tous Contracts simulez contre verité pour marchandises, ou autres faits en fraude, pour exiger des usures, sont également deffendus, & ceux qui les feront seront punis de perte de corps & de biens, comme dessus. Et tous creanciers, qui sous couleur d'interest ou de peine, exigeront un plus grand profit que celuy qui vient d'estre marqué, subiront la mesme peine.

(4) Nul creancier, en faisant renouveller son obligation, ne pourra faire accumuler l'interest avec le principal, sous la mesme peine.

(5) Toute dette sera payée en la mesme monoie qui avoit cours au temps du Contract, & toute convenance faite au Contract sera nulle.

(6) Nul creancier ne pourra, sous les mesmes peines, faire dater ses lettres des Foires de Champagne pour en avoir le privilege, lorsqu'elles seront passées en d'autres lieux.

(7) Ceux qui auront contrevenu à la presente Ordonance, n'en encoureront la peine que lorsqu'ils en seront legitimement convaincus.

(8) La presente Ordonance sera lüe dans toutes les assises des Seneschaux, & des Baillis, publiées solennellement, & signifiées à tous Prelats & Barons.

(9) Les Prelats & les Barons qui ont haute Justice, la feront également publier.

* PHILIPPUS *Dei gratiâ Francorum Rex, Omnibus nostris Senescallis, Baillivis, & omnibus aliis nostris Justiciariis,* Salutem. *Desiderantes ex magnâ affectione, ex toto nostro corde, sicut tenemur, & nostri Prædecessores ex quibus descendimus, quotidiè fecerunt reformationem publicè Regni nostri & utilitatem nostrorum subjectorum, & vitaverunt eorum damna, & videntes clarè recordamur, quod* graves usuræ *quæ currunt istis temporibus communiter, in tantum quod* multi nobiles *eorum venerunt in magnâ paupertate & venirent ampliores, nisi remedium adhiberetur. Quare*

PHILIPPE par la grace de Dieu Roy de France, a tous nos Senechauls & a nos autres Justiciers, *Salut.* Nos desirants de grant affection de tout nostre cœur, ainsi comme sommes tenus, & nos predecesseurs de qui nous sommes descendus, ont toûjours fait, la *reformation publique de nostre Royaume,* & proufit de nos subgiez procurer, & eschever leur domage, *Veons* clairement, & *regardons* que les *griés usures,* qui *cüerent en cest temps par toutes les parties de nostre Royaume,* devourent & degastent les biens, & la sustance de nos subgiez communement, en tant que sans nombre de gens en sont venus *en grant poverté,* & venroient plusieurs, se *remede n'y estoit mis.* Pourquoy

NOTES.

* Cette Ordonance est en Latin, mais en termes differens dans l'ancien stile du Parlement, entre les Ordonances, au titre *De Judæis.*

(a) Cette Ordonance est au Registre [illegible] de la Chambre des Comptes feüillet 19[illegible] Voyez cy-aprés au 30. Janvier 1311.

PHILIPPE IV. dit le Bel, en l'Abbaye de Maubuisson, en Juillet 1311.

cum magno consilio, & cum magnâ deliberatione, defendimus *omnibus personis &* singulis regni nostri, vel alienigenis, *quod nullus faciat, utatur, vel assuescat facere aliquas species, seu modos* usurarum prohibitarum *à Domino per sanctos* Patres, *& per* Antecessores nostros, *Et licet nos defendamus omnem modum* usurarum, *illas tamen graviores usuras & importabiles, quæ graviùs devastant bona, & substantiam subjectorum nostrorum*, defendimus, fortius *persequimur, & per præsentem ordinationem punimus sicut sequitur.*

(1) Quia *Nos ponimus, & constituimus pœnam corporis & bonorum quam incurrant ad nostram voluntatem, pro illo facto, qui* extra nundinas Campaniæ, *contrà nostram defensionem graves usuras facient, frequentabunt per se, vel per alium, recuperando seu petendo ex causâ usurarum* ultra unum denarium de librâ pro septimanâ, quatuor denarios pro mense, quatuor solidos pro anno.

(2) Sed in Nundinis Campaniæ, *ubi pro expeditione Nundinarum* fiunt credita in magnis quantitatibus, *& creditores nundinarum, quæ fiunt sexiès in anno, & in favorem specialiter nundinarum* Ponimus, & Constituimus *pœnam supradictam, contra omnes creditores, qui prædicto modo, ratione usurarum, seu sub colore interesse, contrà præsentem ordinationem* petierint, *seu* receperint *lucra* de nundinis ad nundinas, extrà *(a)* quinquies *quatuor libras, pro centum libris, vel pro minori seu majori tempore anni venientis; Et istud nos intelligimus de lucro quod recipitur* de nundinis usque ad nundinas, ratione mutui, *seu* cambii, *seu aliâ ratione contractus similis, cujuslibet coloris sit.*

(3) Et quia *sunt complures qui veraciter* mutuant pecuniam, sub colore alterius *contractus, faciunt, dicuntque* contra veritatem, *quod mercatores debent pro mercaturâ venditâ, seu faciunt alios contractus in* fraudem usurarum *gravium, & adhuc graviores fortiùs quam fuerint cre-*

o grant conseil & (b) o grant deliberation, deffendons a toutes personnes & a singulieres, soient de nostre Royaume, ou dehors, que nul ne fasse, use, ne accoustume de faire *nulle manniere d'usures* deffenduës *de Dieu*, par les *saincts Peres*, & par *nos Antecesseurs*. Et jaçoit ce que nous *dessendons toutes mannieres d'usures*, celles usures qui sont *trop griez*, & non *portables*, & lesquelles plus *grievement desgastent les biens & la sustance de nos subgiez, dessendons plus fortement*, & poursuivons, & par cette presente ordination punissons ainsi comme il ensuit.

(1) Car nous mettons, & establissons paine *de corps & de biens*, laquelle encourront a nostre volenté pour seul le fait, qui hors des Foires de Champagne contre nostre deffense tel griez usures feront, frequenteront par soy, ou par autre, recevant, ou demandant par raison d'usure, ou de semblable ou autre gaing, en fraude d'usure *outre un denier la livre* pour *semaine, quatre deniers pour le mois, & quatre sols pour l'année.*

(2) Item. E's foires de Champagne, ou pour delivrance des foires se font *prez de grant quantitez*, & *creances (b) de foire en foire*, qui sont *six fois l'an* & en faveur especiaument des foires, *mettons & establissons la paine dessusditte contre tous creanciers*, qui en telle manniere pour raison *d'usure*, ou sous couleur d'interest, contre nostre presente *Ordonnance*, oseront demander, avoir, ou recevoir *gaing de foire en foire, outre cinquante sols* pour cent livres, ou pour mineur quantité, ou mineur ou graigneur temps a l'avenant. Et ce nous entendons de gaing *qui se prend de foire en foire pour prest, ou pour change*, ou pour autre manniere de contrault semblable, sous quelle couleur que ce soit.

(3) Item. Et car sont plusieurs qui vraiment prestent deniers, *sous couleur d'autre Contrauts*, faisant, disant, & *faisant escrire contre verité, que la debte est deüe pour marchandise vendüe*, ou font autres contrauts en fraudes d'usures griez, & encore plus griez, plus fort que ne sont si

(a) *Quinquies quatuor.]* Dans l'Ordonance Françoise il y a *cinquante sols*, & dans la Latine du Samedy avant la Purification, 30. Janvier suivant, il y a, *quinquaginta solidorum.*

(b) *O]* Avec.

PHILIPPE IV. dit le Bel, en l'Abbaye de Maubuisson, en Juillet 1311.

dita ad usuram, & cumulant lucrum in quantitate supradictâ, *omnes modos hujusmodi contractuum talium, & fraudum nos reputamus* usuras, *&* defendimus, ac punimus *pœnâ supradictâ illos qui faciunt contra nostram præsentem defensionem. Ut creditores in fraudem tam gravium usurarum non faciant sibi promittere interesse seu pœnam, nisi eis fuerit satisfactum in die nominatâ, vel non recipiant aut petant* ultra quantitatem supradictam, *tales creditores qui ratione mutui, seu pecuniæ, seu alio credito facto interesse, seu pœnam ratione lucri ultra* quantitatem supradictam, seu simile lucrum recipient, seu petent, aut facient sibi promitti, *incurrent pœnam prædictam, quia pro* excessu quantitatis *interesse, pœnæ, aut similis lucri debiti in summâ pecuniæ, est clara præsumptio fuisse factum in fraudem usurarum, in personis difamatis aut consuetis facere usuras, aut contractus usurarum.*

(4) Item. *Defendimus quod nullus creditor* litteras obligationis sui debiti faciat innovari, *nec aliud debitum simile in suis litteris, ut lucrum præteriti temporis* convertatur in sortem, *seu in debitum principale, & qui facit contrarium, pro illo facto incurret pœnam prædictam.*

(5) *Et adhuc cum plures creditores in fraudem* usurarum cambiant, *vendunt*, rachatent pecuniam *ad sortem, & ponunt in suo contractu conventionem, quod solutio dicti debiti fiat* in alio valore, *seu* in aliâ monetâ *qualis cujus non est illa quam mutuant, & faciunt ita multas fraudes, & magna damna illorum qui debent & in destructionem & præjudicium cursus monetarum ipsarum, tales fraudes* Defendimus, & Volumus, & Constituimus *quod nullus* teneatur ad solvendum, *nec creditor* ad petendum, *seu recuperandum debitum suum in majori valore, quam fuit* in valore monetæ traditæ, *seu in aliâ specie* monetæ in graviori valore, *quam fuit in valore monetæ traditæ, scilicet sicut valebunt communiter in illo loco ordinationis* tempore dicti contractus & debiti facti, ubi dicta moneta tradebatur, *nec fiat in fraudem istorum. Et*

prest a usure, & surmontent leur gain outre la quantité dessus ditte, touttes manieres de tiels contrauts, & de tiels fraudes, nous tenons a usures, & les deffendons, & punissons de la paine dessus ditte ceux qui feront contre nostre presente deffense. *Et pour ce que* li creancier en fraude de tiels *griez usures*, ne se fasse payer *interest, ou pecune*, se ils ne sont payez à jour nommé, ou ne la reçoivent, ou ne le demandent, outre la *quantité dessus ditte*, tielx creanciers qui pour prest, ou pour deniers deubs par autre creance faite, interests, ou paine, par raison de gaing, outre la quantité dessus ditte, ou semblable gaing, recevront, ou demanderont, ou se feront promettre, encourront ladite paine, car pour l'excez de la quantité de l'interest, ou de painne, ou de semblable gaing de debte deüe en somme de deniers, est claire presomption estre fait en fraude d'usures, en personne diffamée ou accoustumée de faire usures, ou contraus usuraires.

(4) *Aprés nos deffendons* encore que, *nul creancier*, lettre d'obligation de sa debte, ne *fasse renouveler, ne* autre semblable deüe *sans lettre*, pourquoy *le gaing du temps passé se convertisse en sort, ne en autre manniere d'usure* ou interest, ne se convertisse en sort, ou en *debte principalle*, & qui fera le contraire, pour ce fait encoure la paine dessus ditte.

(5) *Et encorre*, quar plusieurs creanciers en *fraude d'usures*, changent, vendent, ou achatent deniers a creance, & mettent en leurs Contrauts convenance que la paye de la dette leur soit faitte en *autre valüe, ou en autre monnoie que n'est celle que ils baillent*, & font en tielx mannieres moult de fraudes, en grant damage de ceux qui leur doivent, & en destruction & prejudice du cours de nos monnoies, tielx fraudes nous *defendons, & voulons, & establissons* que *nul ne soit tenu de payer, ne le creancier n'ose demander, ou recevoir sa debte en la monnoie qui fut baillée, ou en autre manniere de monnoie* en greigneur valüe, que en la valüe de la monnoie baillée, *c'est a sçavoir* comme elle valoit communement selon nos *Ordennances, ou temps du Contrau, ou de la debte faitte*, & ou quel la monnoie de la debte fut baillée, ne faite en fraude de

si aliquis conventio sit facta è contra; Volumus & Statuimus quod sit nullius valoris, & quod creditor qui faciet in contrarium, incurrat dictam pœnam.

(6) Item. *Quod plures creditores sua debita, & contractus* extra nundinas *de Campaniâ, & plures foris in locis aliis faciunt scribi, sicut factos* corpore nundinarum pro rebus nundinarum de Campaniâ, *vel aliarum, quod faciunt ut habeant* privilegia nundinarum de Campaniâ *in recuperandis eorum debitis, & qui benè veritatem respicit, hoc est in magnum damnum nundinarum, & in magnam lesionem illorum qui eis debebant, & aliorum creditorum quibus erant obligati, & in magnum præjudicium & molestiam aliorum justiciariorum, in quorum jurisdictionibus & in veritate contractus facti sunt,* & est clarè falsitas manifesta. Nos Volumus *adhiberi remedium, &* defendimus tales fraudes, Et Volumus & Præcipimus, *quod tales creditores qui tales res facient, & illi qui hujusmodi litteras scribent vel sigillabunt,* incurrant pro facto hujusmodi pœnam supradictam, & *punientur pœna falsi.*

(7) Et est sciendum *quod istis casibus supradictis, qui ex* transgressione nostrarum constitutionum incurrent *dictam pœnam pro dicto facto, pœna non mandabitur executioni, quousque transgressio erit cognita de plano, vel per sententiam illius qui cognoscet de dicto negotio, seu per officium judicis, per confessionem seu perjurium.*

ce. Et se *convenance a esté faite encontre voulons & establissons* que elle soit de nulle valüe, & que le creancier qui sera encontre encourge laditte paine.

(6) Item. Car pluseurs creanciers leurs debtes, & contrauts faits *hors des foires de Champagne* & pluseurs fois en autres lieux, font escrire aussi comme faits en *cors de foires, par lettres de foires de Champagne, ou autres,* laquelle chose ils font *pour avoir les privileges des foires de Champagne* a recouvrer leurs debtes, & qui bien verité regarde, c'est en grant dammage *des foires* & en grant lesion de ceux qui leur doivent, & des autres creanciers, a qui li dits debteurs doivent en grant prejudice & moleste des autres Justiciers en qui jurisdiction en verité les Contrauts se font, & est clairement fausseté manifeste, *Nous volants mettre remede a ce, deffendons* tielx fraudes, & Volons & Commandons que tielx creanciers qui tielx choses feront, & ceux qui tielx lettres escriront ou scelleront a escient, encourent pour ce fait la peine dessusditte, & soient punis de paine de faux.

(7) Et est a entendre que és cas dessusdits, és quieux *li transgresseurs de nos deffenses encourront laditte paine pour li seul fet, la paine ne sera mie mise a execution, jusques a tant que li transgresseur sera convaincu de plain, a poursuitte* de celui qui touchera la besoigne, *ou par Office de justice, par confession, ou par preuve souffisante, regardé le cas* & la renommée, & la condition de la personne, presomptions & les autres choses qui par raison doivent estre regardées en tel cas.

PHILIPPE IV. dit le Bel, en l'Abbaye de Maubuisson, en Juillet 1311.

(8) Cette presente ordination a certes *nous voulons & commandons estre publiée par vous Seneschaus, & Baillis, & nos autres Justiciers tant en vos assises comme en autres solemnez lieux de vos destroits,* & estre signifiée. Et faite a sçavoir *aux Prelats & especiaument aux Barons de nos Seneschaussiées, & Baillies,* & Volons & Commandons que ausdits Prelats, Barons, & a toutes autre manniere de Justiciers, ou Gouverneurs, ainsy comme sont Eschevins, Consuls, Maires, & Jurez des bonnes Villes, vous sans requerre, envoyez coppie sous nos Sceaus de toute la teneur de ces Ordenances, sans prendre argent pour escripture, ne pour scel, pourquoy nul ne puisse alleguer ignorance de ces choses.

(9) Et commandons que li Prelat, & li Baron justicier, qui *ont haulte justice, facent* publier en leurs justices toutes ces choses.

Et pour ce que toutes ces choses soient fermes & estables, Nos avons fait mettre nostre scel en ces presentes lettres qui furent faittes & données *a l'Abbaie royale de Nostre-Dame de Maubuisson, de les Pontoise, l'an de grace mil trois cens unze ou mois de Juinet.*

PHILIPPE IV. dit le Bel, à S.t Oüen, prés de S.t Denis en France, le 22. Aoust 1311.

(a) Ordonance qui enjoint aux Juifs de sortir du Royaume.

SOMMAIRES.

(1) Les Baillis & autres Justiciers feront crier solennellement, que tous les Juifs & toutes les Juives sortiront incessamment du Royaume. Et s'ils ne sont pas sortis dans les jours qui leur auront esté marquez, ils seront privez de sauvegarde, ou de sauf-conduit.

(2) Les Commissaires deputez sur le fait des Juifs sont revoquez, & viendront incessamment à Paris, rendre compte de leur gestion.

(3) Aucun des sujets du Roy ne sera inquieté pour les sommes qu'il aura dû aux Juifs, à moins que ces sommes ne soient petites, claires, ou liquides, que le debiteur ne les declare luy-mesme, qu'il n'y ait autre preuve certaine qu'elles soient dûes, & que les Commissaires deputez sur le fait des Juifs, ayent negligé de les faire payer, auquel cas le Roy se reserve d'en ordonner.

PHILIPPUS &c. *Universis, Senescallis, Ballivis & aliis Justitiariis regni nostri,* Salutem. *Ex multiplici fide dignorum clamore auribus nostris insonuit, quod* Judæi *quos, quamvis eorum exigentibus nephandis sceleribus, de regno nostro expulsos,* pro declaratione veritatis debitorum ipsorum toleramus revocari ad tempus, *licet* aliqua vera *quandoque* afferant, *nihilominus* plurima falsa Christianis imponunt & *imputant, viduas & orphanos, ex factis etiam alienis, vexant & opprimunt, & alios innocentes multos super injustis causis impetunt & molestant, eos ad financias & compositiones occultas, minis & terroribus pertrahunt, & eas fraudulenter extorquent;* usurarios etiam contractus ineunt, *gestus intolerabiles ducunt, moresque & actus fidelium, quos alias exprimere fas prohibet, illicitis modis, & variis dehonestant, & tot mala etiam pullulant & divulgant, quod ex eorum morâ si protrahetur amplius, sequeretur error priore novissimus longe pejor. Ideoque hujusmodi periculis & scandalis obviare studentes ac volentes, ut possumus, super hoc condignum provisionis remedium adhibere, cum quoque provenientis ex ipsis Judæis commoda prorsus abominabilia nobis fiant,* Mandamus *vobis, & vestrum singulis, atque* Præcipimus *quatenus, omni difficultate submotâ, omnique materiâ dilationis exclusâ, faciatis in locis debitis vestrorum districtuum* proclamari.

(1) Quod omnes Judæi & Judeæ *statim de* regno nostro exire festinent, *et & si ulterius ultra dies quibus exire potuerint, per vos justitiarios assignatos eisdem, morari satagant, exponendo, &* privando omni gardiâ & conductu.

(2) Commissariis vero *per nos, vel ex parte nostrâ circa eorum negotia deputatis, quos ex nunc penitus revocamus, injungentes* ut Parisius *indilate veniant* reddituri, *coram gentibus nostris ad hoc specialiter deputatis, de gestis per ipsos super hoc* legitimam rationem.

(3) Præterea *quia quamplures ex dictis Judæis,* literas, vel instrumenta debitorum suorum, de quibus eis satisfactum extitit, frequenter, & in plerisque casibus sibi retinuisse dicuntur, *quæ debita forsan soluta a nostris subditis per nostros Commissarios* repetuntur, *licet in plerisque casibus talia debita non soluta juste petantur,* clamorem populi nostri super hoc graviter conquerentis amplius clementia nostra ferre non valet, *quominus in dubio subjectorum nostrorum indemnitatem commodis nostris præferre velimus, maxime etiam quia Judæi per instrumenta, vel literas sibi catholicos obligabant, sed pecunias sibi debitas recipiebant secrete, ne contra eos posset usura probari, & ut debitores ipsos sibi tenerint vinculis obligationis ligatos;* Ea propter *providâ deliberatione* expressius prohibemus, *ne aliquis subditorum nostrorum*

NOTES.

(a) Cette Ordonance est au Tresor des Chartes, dans le Registre de Philippe le Bel, depuis 1308. jusques en 1311. piece 147. feüillet 124.

prætextu

prætextu debitorum Judæorum ipsorum de cætero molestetur, *nisi forsan hujusmodi debitorum summæ minus* graves & lucidæ *forent, de quibus* pro confesso *debitor, vel per aliam probationem omni suspicione carentem, etiam possit constare*, de quibus, *ac præcipuè de illis, quod in officiis sibi ex parte nostrâ super hoc commissis male se habuisse contigerit*, reservamus, *tantum certis modis, prout expediens viderimus ordinare*. Actum apud sanctum Audoënum prope sanctum Dionysium in Franciâ, die vigesimâ secundâ Augusti, anno Domini millesimo trecentesimo undecimo.

PHILIPPE IV, dit le Bel, à Paris, 19. Septembre 1311.

(a) Mandement adressé au Bailly de Vermandois, portant qu'il sera crié publiquement, que les Italiens usuriers chassez du Royaume, n'en sortiront pas sans avoir payé leurs dettes.

SOMMAIRES.

Le Bailly fera crier solennellement que les Italiens usuriers chassez du Royaume par une Ordonnance precedente, n'en sortiront pas sans avoir payé ce qu'ils doivent au Roy, & à ses sujets. Il enjoindra à ceux du Royaume, & aux estrangers, qui devront quelque chose aux Italiens, ou qui auront connoissance de ce qui leur sera dû, de le declarer. Et si leurs dettes payées il leur reste quelque chose, il ne leur sera rendu que par ordre du Roy, ou de la Cour. Il fera publier que personne ne recelera aucun de leurs effets, ni ne les fera sortir du Royaume, sans permission par écrit du Roy, ce qui sera executé sous peine de perte de corps & de biens.

PHILIPPUS *Dei gratiâ Francorum Rex*, Ballivo Viromandensi, *vel ejus locum tenenti, ac custodibus passagiorum, portuum, & finium regni nostri in dictâ Balliviâ deputatis*, Salutem. *Cum propter importabilia dampna & gravamina, que ab Italicis, moram & residentiam in regno nostro trahentibus, regni ipsius incolis* per usurarum voraginem, monetarum nostrarum destructionem, & ordinationum nostrarum transgressionem, *ita quod bone monete fortis, & antique legis, & solite operatio, & ejus cursus penitus impeditur, ac per alios modos varios hactenus illata fuisse, & incessanter adhuc inferri noscuntur* : incolarum ipsorum indemnitatibus & periculis obviare volentes, & opportuno super predictis remedio, *prout tenemur ex officio nostri regiminis providere, salubris habitâ deliberatione consilii*, duximus ordinandum, *& etiam expresse & publice in mandatis* dedimus, *quod omnes quilibet* Italici *in* regno nostro morantes, & residentiam facientes, infra instans festum hyemale beati Martini, exeant *regnum ipsum*, in eo amplius, *quamvis ire, redire, & mercari legitime sibi prout ceteris forensibus liceat*, nullatenus moraturi residentiam faciendo. *Quum plures autem ex eis*, nobis *ex causis diversis multipliciter* teneantur, *ac nostris* subditis obligati sint, *& habeant* sub deposito, *aut alio nomine, sive causâ penes se bona plurima subditorum ipsorum, ex quibus subditorum eorumdem dampna gravia sequi possent, nisi provideretur eisdem de remedio opportuno*. Vobis districte vestrumque singulis precipiendo mandamus, *quatenus per vos, & per alios justiciarios dicte Ballivie* proclamari publice faciatis, & ex parte nostrâ *expressius intimari, quod nostre voluntatis & intentionis fuit in premissis, & existit*, ut Italici predicti *nobis, & quibuslibet regni nostri, quibus modo quocumque tenentur, seu quorum res habent ex causâ quacumque*, plene satisfaciant, *ut* rationis est, ante exitum eorumdem, *omnibusque tam de regno ipso, quam aliunde publice* districte injungatis, *ut quicquid*

NOTES.

(a) Ce Mandement est au Registre (a) de la Chambre des Comptes, feüillet 25. Il y en a un autre à peu prés semblable adressé au Bailly de Chaumont, au mesme Registre, feüillet 16. daté du 15. de Novembre suivant.

PHILIPPE IV. dit le Bel, à Paris, 19. Septembre 1311.

de bonis Italicorum ipsorum habuerint, *vel ipsis debuerint, vel alios habere, seu* debere sciverint, *vobis, seu aliis nostris gentibus ad hoc deputatis, vel deputandis a nobis, statim fideliter manifestent, ita quod ex hoc possit* satisfieri de his *in quibus* nobis, vel aliis legitime tenebuntur, *nec eis quidquam solvant, vel* restituant de predictis nisi per Curie nostre judicium, *vel licentiam. Eisque faciant firmiter* inhiberi *ne quis de bonis, seu debitis dictorum* Italicorum *aliquid* recelare, *vel sub suo, vel alterius nomine, aut alio ficto colore, tamquam suum, vel alterius persone dicte, vel* advocare presumat, *vel de regno* extrahere supra *dicto, quocumque colore quesito, nihilominus caventes attente, ne dicti* Italici, vel eorum bona de dicto regno exeant, vel extrahantur, absque nostro, vel deputatorum seu deputandorum a nobis ad hoc per litteras nostras speciali conductu, de quo provideri faciemus *eisdem, qui, ut premittitur, de predictis satisfecerint competenter. Premissa autem, & singula sub penâ corporum & bonorum, ut districtius possumus injungere, precipimus & mandamus, quam* incurri volumus ipso facto *contrarium faciendo, a singulis & omnibus, tam Italicis predictis, quam nostris regnicolis, justiciariis & subditis quibuscumque. Ceterum cautelam & provisionem adhibeant competentem, ut Prelati,* Barones, Nobiles, *& alii Justiciarii regni nostri predicti firmiter,* compleant, custodiant *& observent.* Datum Parisiis die decimâ nonâ Septembris, anno Domini millesimo trecentesimo decimo primo.

PHILIPPE IV. dit le Bel, à Paris, 17. Novembre 1311.

(a) Mandement au Prevost de Paris, de faire crier que les Italiens qui voudront se deffendre sur ce qu'on leur impute, ou au sujet des saisies de leurs effets, se presenteront en la Cour, ou devant les personnes à ce commises, avant le Mardy suivant, & que toute personne qui aura des effets à eux appartenans sera tenuë de les declarer.

PHILIPPUS *Dei gratiâ Francorum Rex, Preposito Parisiensi,* Salutem. *Cum ex certis causis, & pro jure nostro, subjectorumque nostrorum,* mercaturas Italicorum, *qui in regno nostro residentiam fecerunt, ad manum nostram jusserimus* in arresto teneri, *per gentes nostras, Capitaneo Ultramontanorum Italicorum ipsorum, nec non quam plurimis societatibus, & singularibus personis eorum Parisius sepius declaratis,* Mandamus *tibi, quatenus facias per preconem publice, in locis tibi subditis* intimari, *quod,* si quis ex eis super sibi impositis, *vel super* causis ex quibus processimus *ad predicta,* se velit deffendere *per jus,* se presentet infra diem Martis proximam inclusive, in Curiâ nostrâ Parisius, vel coram gentibus nostris ad hoc specialiter deputatis juri pariturus, & processurus *ut fuerit rationis,* intimantes *eisdem, quod cum pluries eis oblatum fuerit palam & publice, Nos paratos eisdem super premissis* justitiam exhibere, *nisi infra dictam diem se presentaverint ad premissa ex tunc super eis nullatenus audientur. Preterea cum Italici predicti, seu plures ex eis, apud alias personas, & loca diversa, bona sua occultasse dicantur, in illusionem juris nostri, subjectorumque nostrorum, ne justa possit fieri executio contra eos,* facias voce preconis palam & publice mandari personis *quibuslibet ecclesiasticis & secularibus, cujuscumque status & conditionis existant,* ut bona quecumque predictorum, seu aliquorum ex eis ubicumque ea sciverint, manifestent nobis, aut aliis gentibus nostris specialiter deputatis ad *hoc, & apud eos existentia in deposito, vel ex causâ, quacumque ea sit, notificatâ sub manu nostrâ secure custodiant, nec dictis Italicis quomodoli-*

NOTES.

(a) Ce Mandement est au Registre *(a)* de la Chambre des Comptes de Paris, feuillet 15.

bet tradant, deliberent, vel restituant sine nostro, vel ad hoc deputatorum a nobis speciali mandato, sub interminatione *indignationis nostre, & sub omni penâ insuper bonorum & corporum, quam eis imponere possimus, in quam incidere eos* Volumus *ipso facto. Datum Parisius die* decimâ septimâ Novembris, anno Domini millesimo trecentesimo decimo primo.

(a) Mandement à l'Archevesque, ou aux Vicaires de Roüen, leur portant deffenses de faire mettre à execution les obligations passées sous le scel Ecclesiastique, au profit des Italiens.

PHILIPPE IV. dit le Bel, à Paris, 19. Novembre 1311.

PHILIPPUS *Dei gratiâ Francorum Rex, dilecto & fideli nostro* Archiepiscopo Rothomagensi, aut *Vicariis ejusdem*, Salutem, & dilectionem. *Cum nobis, ac incolis regni nostri* Italici qui in regno eodem moram & residentiam traxerunt, *multipliciter ex diversis & legitimis causis obligati consistant, & propter hoc omnia & singula dictorum* Italicorum bona & debita sub nostro detineri mandaverimus arresto, *sub inhibitione ne dictorum Italicorum personis, eorum ve procuratoribus, nunciis, aut mandato aliqua suâ debita persolvantur, aut quevis eorum deposita liberentur.* Requirimus vos *nihilominus* mandantes *vobis, quatenus sub indignationis nostre penâ, dictis Italicis, vel eorum procuratoribus, nunciis, aut mandato, aliqua sua debita persolvi, aut deposita liberari, vel aliquas ipsorum litteras super ipsis debitis & depositis confectas*, sub quocumque fori Ecclesiastici sigillo executioni mandari, *ac personas, que dictis Italicis ex causâ debiti, vel depositi tenentur, executione hujusmodi per officiales, judices, aut servientes vestros compelli, vel aliquatenus vexari nullatenus permittatis*, scituri, *quod quicquid per vos* Officiales, Judices, aut Servientes *vestros, contra presens mandatum factum fuerit, nobis factum esse, & in nostra dampnum & prejudicium ascribemus, ac dicta debita & deposita que nos, aut gentes nostre solvi & liberari feceritis, a vobis recuperare proponimus, & vos ad ea nobis restituenda viis, & modis licitis faciemus compelli.* Actum Parisiis die decimâ nonâ Novembris, anno Domini millesimo trecentesimo decimo primo.

NOTES.

(a) Ce Mandement est au Registre *(a)* de la Chambre des Comptes de Paris, feüillet 16.

(a) Edict portant deffenses à toutes personnes d'exercer l'art de Chirurgie à Paris, sans avoir esté examinées par les Maistres Chirurgiens de Paris, convoquez par le premier Chirurgien du Roy.

PHILIPPE IV. dit le Bel, à Paris, en Novembre 1311.

SOMMAIRES.

Le Prevost de Paris fera crier solennellement, que nul à Paris, n'exerce l'art de Chirurgie, à moins qu'il n'ait esté examiné par les Maistres Chirurgiens Jurez de Paris convoquez par le premier Chirurgien du Roy. Il fera brûler les enseignes de tous ceux qui feront l'exercice de cet art sans avoir esté examinez, & il les fera conduire au Chastelet. Et les Chirurgiens jureront qu'ils ne visiteront qu'une seule fois, pour mettre le premier appareil, tout homme qui se trouvera blessé en lieu sacré & privilegié, & qu'aprés la premiere visite, ou le premier appareil, ils en donneront avis au Prevost de Paris.

EDICTO presenti Statuimus, *ut in villâ, & Vicecomitatu Parisiensi*, nullus Chirurgicus, nulla Chirurgica artem Chirurgiæ, seu opus quomodolibet exerce-

NOTES.

(a) Cet Edit est dans Joly, aux additions à Gerard, tome 2. page 1915.

PHILIPPE IV. dit le Bel, à Paris, en Novembre 1311.

re præsumat, *seu se immiscere eidem publice, vel occulte, in quacumque jurisdictione, seu terrâ,* nisi per Magistros Chirurgicos juratos, morantes Parisius, *vocatos per* dilectum magistrum Joannem Pitardi Chirurgicum nostrum juratum Casteleti nostri *Parisius tempore suo,* ac per ejus successores in officio, *qui ex juramenti sui vinculo,* Chirurgicos alios prædictos juratos vocare pro hujusmodi casu, *quoties opus fuerit tenebuntur, & prius examinati fuerint diligenter, & approbati in ipsâ arte, ac ab ipso, vel ejus successoribus in officio, ut est dictum, juxta approbationem aliorum* Chirurgicorum, *vel majoris partis eorum, ipsius vocantis voce inter alias numeratâ,* licentiam operandi in arte prædictâ meruerint obtinere : *ad quem ratione sui* officii, *quod a nobis obtinet, & ad ejus successores in hujusmodi officio habebit licentiæ concessionem, non ad alium* volumus pertinere. *Qui quidem, per eum & ejus successores, modo præmisso examinati & approbati, antequam* officii sui *administrationem attingant,* juramentum prestare teneantur coram Preposito Parisiensi nostro, de hujusmodi officio fideliter exercendo. *Quod insuper* vulneratum quemcumque non visitabunt, *seu* parabunt, *(b) in locis sacris, seu* privilegiatis, *nisi solum* in primâ vice, *& quod statim factâ illâ primâ visitatione, seu paratione, vulnerationem illam Præposito nostro Parisiensi, vel ejus locum tenenti, seu Auditoribus Casteleti prædicti* revelabunt, *vel etiam intimabunt.* Damus *itaque Præposito nostro Parisiensi moderno, & aliis qui pro tempore fuerint, præsentibus in mandatis, quatenus sub virtute juramenti quo administrationis suæ ratione tenentur, hujusmodi* presens nostrum statutum faciant nunc & alias, cum expediens fuerit in villâ & vicecomitatu predictis publicari & firmiter observari, *banneriasque omnium Chirurgicorum & Chirurgicarum prædictorum, non approbatorum & juratorum, ut præmittitur, post publicationem hujus* Edicti, *domibus* eorum appositas, coram domibus ipsorum publice comburi, personas eorum capi, & in Casteletum nostrum Parisiense conduci, & tamdiu teneri quousque nobis fuerit legitime *emendatum, eisdem districte & firmiter inhibendo, ne de cætero in arte prædictâ practicare præsumant, nisi prius per dictum magistrum Joannem Pitardi, vel successores suos in officio dicto ut præmissum est, examinati & approbati fuerint, & juramenta præstiterint antedicta. Si quis vero ipsorum ipsa præstare recusaverit,* Nos *eidem dictæ artis opus & exercitium penitus* interdicere volumus. *Et si contra interdictum & prohibitionem nostram dictæ artis practicæ se immiscere præsumpserint, ipsos* per Præpositum nostrum prædictum, prout facti, *qualitas poposcerit, & ad ipsum pertinuerit,* Volumus prima ratione puniri. *Quod ut ratum & stabile permaneat, in futurum presentes litteras sigilli nostri fecimus appositione muniri.*

NOTES.

(b) In locis sacris.] On voit que les Chirurgiens ne pouvoient visiter qu'une fois le blessé qui estoit en lieu d'asyle, & qu'aprés luy avoir mis le premier appareil, ils devoient en avertir le Prevost de Paris, afin que le blessé manquât de secours temporel, s'il meritoit punition. *Vide Rilthershusium de asylis cap. 7.* & ce que jay remarqué sur Loisel livre 6. tit. 2. Regle 8.

PHILIPPE IV. dit le Bel, à Poissy, le 30. Decembre 1311.

(a) Letres, ou Ordonance par lesquelles le Roy defend les Guerres privées dans tout le Royaume, avec injonction à tous Justiciers de faire publier l'Ordonance precedente qu'il avoit faite à ce sujet, &c.

PHILIPPUS *Dei gratiâ Francorum Rex,* Universis Justiciariis regni nostri, *ad quos presentes littere pervenerint,* Salutem. *Cum in aliquibus* partibus regni nostri subditi nostri sibi dicant licere guerras facere, *ex* consuetudine quam allegant, *que dicenda est potius* corruptela, *ne temporibus istis pax & quies publica* regni

regni nostri eo pretextu turbetur, cum multa dampna inde proveniant, & in periculum Reipublice pejora sperentur, nisi provideretur de remedio oportuno, omnes guerras, his tam ex casibus preteritis, quam pendentibus, quam futuris, omnibus & singulis subditis nostris prohibemus, sub penâ corporum & bonorum, quam ipso facto Volumus incurrere, si contra faciant, cujuscumque status aut conditionis existant, quam prohibitionem facimus quousque super hiis plenius fuerit ordinatum. Prohibemus insuper in partibus, & patriis supradictis, sicut in aliis in quibus consuetudo seu corruptela predicta non fuit, omnes portationes armorum & convocationes hominum armatorum sub penâ contenta (b) in aliâ constitutione nuper per nos editâ super istis, quam constitutionem cum presenti prohibitione per vos omnes, & vestrum quemlibet omnibus Baronibus, Nobilibus & aliis subditis nostris Senescalliarum, & Balliviarum vestrarum, vel eorum ressortorum publicari precipimus, ne possint ignorantiam allegare. Datum Pisciaci penultimâ die Decembris, anno Domini millesimo trecentesimo decimo primo.

PHILIPPE IV. dit le Bel, à Poissy, le 30. Decembre 1311.

NOTES.

(a) Ces letres sont en la Chambre des Comptes au memorial A feüillet 16. & au Registre du Parlement, depuis 1299. jusqu'en 1313. feüillet 28. *verso*, où elles sont adressées au Bailly de Vermandois. Voyez Du Cange dans son glossaire, page 345.

(b) *In aliâ constitutione nuper per nos editæ.*] Voyez cy-dessus au 9. Janvier 1303. page 390.

(a) Ordonance par laquelle le Roy deffend les Tournois, & le port d'armes.

PHILIPPE IV. dit le Bel, à Poissy, le 30. Decembre 1311.

PHILIPPUS *Dei gratiâ Francorum Rex,* Universis & singulis Baronibus, & quibuscumque Nobilibus regni nostri, nec non Viromandensi, Ambianensi, Turonensi Ballivis, & omnibus Senescallis, Ballivis, & *aliis quibuscumque* Justiciariis *regni ejusdem, ad quos presentes littere pervenerint,* Salutem. *Periculis & incommodis que ex* Torneamentis, congregationibus armatorum, & armorum portationibus, *in universis regni nostri partibus hactenus provenisse noscuntur* obviare volentes, *ac super hoc pro futuro tempore, prout ex officii nostri debito tenemur salubriter providere,* vobis & cuilibet vestrum, sub fide quâ nobis tenemini, & sub omni penâ *quam vobis infligere possumus,* precipimus & mandamus *quatenùs* congregationes armatorum, & armorum portationes *facere, vel* ad Torneamenta, *quas & que presentibus prohibemus, sub penâ predictâ, ullatenùs de cetero* presumatis, *nec in* contrarium fieri permittatis *a quoquam, Vosque* Senescalli, Ballivi, & Justiciarii nostri predicti *in assisiis & aliis in locis vestris, ac ressortis eorum faciatis celeriter* publicari, *contrarium attemptantes capiatis cum eorum* familiis, *equis, armis & harnesiis, nec non terris & hereditatibus eorumdem, quas terras & hereditates cum aliis eorum quibuscumque bonis, teneatis, & explectetis, sine omni* deliberatione, *vel recredenciâ faciendâ de his, sine nostro speciali mandato. Premissam verò* Torneamentorum *prohibitionem* durare volumus quamdiu duntaxat nostre placuerit voluntati. *Et omnibus subditis nostris, sub fide quâ nobis astricti tenentur, Torneamenta hujusmodi prohibemus.* Datum Pissiaci penultimâ die Decembris, anno Domini millesimo trecentesimo decimo primo.

NOTES.

(a) Cette Ordonance est au memorial A de la Chambre des Comptes, feüillet 16. Voyez les Extravagantes de Jean XXII. au Titre 9. *De Torneamentis.*

PHILIPPE IV. dit le Bel, à Montargis, le Samedy avant la Purification, le 30. Janvier 1311.

(a) Ordonance contre les usures.

SOMMAIRES.

(1) Personne, sous peine de perdre corps & biens, ne pourra hors des Foires de Champagne, prester à usure au-delà d'un denier pour livre par semaine, de quatre deniers par mois, & de quatre sols par année.

(2) Quant aux prests, & creances faites aux Foires de Champagne, ou pour Change, nul ne pourra prendre pour remise de Foire en Foire que cinquante ~~livres~~ par cent livres.

(3) Tous contracts simulez contre verité pour marchandises, ou autres faits en fraude, pour exiger des usures, sont également deffendus, & ceux qui les feront, seront punis de perte de corps & de biens, comme dessus, Et tous creanciers, qui sous couleur d'interest, ou de peine exigeront un plus grand profit que celuy qui vient d'estre marqué, subiront la mesme peine.

(4) Nul creancier, en faisant renouveller son obligation, ne pourra faire accumuler l'interest avec le principal, sous la mesme peine.

(5) Toute dette sera payée en la mesme monoie qui avoit cours au temps du Contract, & toute convenance faite au contraire sera nulle.

(6) Nul Creancier ne pourra sous les mesmes peines faire dater ses Lettres des foires de Champagne, pour en avoir le privilege, lorsqu'elles seront passées en d'autres lieux.

(7) Les Italiens qui ont esté expulsez du Royaume, par les Ordonances precedentes, y pourront demeurer à l'avenir, pourveû qu'ils observent exactement les Ordonances des monoies, & que ceux contre lesquels il y a eû des plaintes au temps passé, dedomagent le Roy, du prejudice qu'ils luy ont fait.

PHILIPPUS *Dei gratiâ Francorum Rex, Universis Senescallis, Ballivis nostris, & Justiciariis regni nostri*, Salutem.

(1) Pro reformatione publicâ regni nostri (b) usuras a Deo prohibitas *& a Sanctis Patribus, nec non Progenitoribus nostris dampnatas* prohibemus, *Et omnibus & singulis, tam regnicolis nostris, quam aliis in regno nostro quomodolibet contrahere* genus vel speciem quamlibet usurarum, *(c) sed graviores usuras, substantias populi gravius devorantes*, prosequimur *attentius* atque punimus, *pœnam* enim corporis & bonorum ipso facto incurret regnicola, vel forensis, *qui contra prohibitionem hujus presumpserit usuras graves hujusmodi frequentare, seu per se, vel per alium se usuris hujusmodi exercendis conferre, recipiendo, vel exigendo* ultra unum denarium in septimanâ, quatuor denarios in mense, vel quatuor solidos in anno pro librâ.

(2) (d) In nundinis vero Campanie, ubi pro expeditione nundinarum mutuatur pecunia, vel creditur de nundinis ad nundinas, *que sexies fiunt in anno, propter graves summas mutuorum, vel aliter creditas que contrahuntur ibidem, & in nundinarum favorem* infligimus penam predictam creditori, qui taliter *sub interesse nomine vel alio presumpserit excedere pro singulis nundinis supra dictis, lucrum* quinquaginta solidorum pro singulis centum libris *creditis, vel pro minori crediti quantitate, pro*

NOTES.

(a) Cette Ordonnance est au feüillet 17. du Memorial A de la Chambre des Comptes de Paris, & elle contient, quoy qu'en termes differens, les mesmes dispositions que celle du mois de Juillet precedent de la mesme année. Voyez le stile du Parlement, partie 3. tit. 40. où elle est rapportée, & cy-dessus, page 484.

(b) Usuras a Deo prohibitas.] Num. 1. *Vetat omnem usuram quod temperandum est ut dixi in tractatu usurarum. Qu. 2.* Carolus Molinæus.

(c) Sed graviores usuras.] Numero 2. addit pœnam *confiscationis corporis & bonorum gravibus usuris quæ excedunt 20. in 100. in anno, & sic duplicem fere centesimum. Et sic eo tempore usuræ valde graves erant in hoc regno.* Carolus Molinæus.

(d) In Nundinis.] Num. 3. Mirum quod *minores usuras tolerat in nundinis, num. 15. in 100. in anno excedant, & sic moderatio usurarum juvat commercia, & verum est quicquid Lugdunenses & Romani. Trapesitæ dicant. Dixi in tract.* usurar. num. 105. Carolus Molinæus.

ratâ quod intelligimus de lucro quod de mutuo recipitur, vel cambio de nundinis ad nundinas, *vel alio modo simili contractus cujuslibet colore quesito, ut si creditor supra dictam quantitatem lucrum receperit, vel exegerit, penam committat predictam.*

PHILIPPE IV. dit le Bel, à Montargis, le Samedy avant la Purification, le 30. Janvier 1311.

(3) Quia vero sunt plures, qui vere mutuant pecunias, alterius ficti contractus colore quesito, vel contractus alios usurariis mutuis graviores frequentant evidenter, in fraudem gravium usurarum, hujusmodi, penâ prædictâ eos prosequimur, *atque facimus tales contractus usurarios esse censentes. Verum per hoc non tollimus quominus impune creditor quilibet interesse legitimum preter sortem sibi debitam possit exigere ex mutui, vel alio contractu quocumque licito ex quo interesse rationabiliter & licite peti possit vel recipi. Sed ne in fraudem usurarum, maxime graviorum in contractu mutui ab initio interesse permittatur, vel etiam ex post facto petatur, si quis ex contractu mutui vel alio credito ratione lucri faciendi, seu non facti propter solutionem non factam debiti pro interesse ultra dictas quantitates exigere, vel recipere presumpserit, penam incurret predictam, propter excessum enim presumimus id fieri in fraudem hujusmodi usurarum.*

(4) Preterea prohibemus ne quis creditor litteras obligationis mutui, vel alterius crediti, ut lucrum ex tempore convertatur in sortem, faciat *(e) renovari, vel aliter usuras vel interesse quomodolibet in sortem convertat. Quod si quis contra fecerit dictam penam ipso facto incurret.*

(5) Cæterum quia mutuantes pluries in fraudem usurarum, pecunias vendunt, vel cambiunt, *& in contractu conventionem adjiciunt, ut solutio debiti eis fiat in alio valore, vel aliâ pecunia, quam sit illa quam tradunt,* Volumus *quod nullus teneatur solvere, nec quis creditor presumat exigere, vel recipere in eo modo pecunie tradite per eum, vel alio modo debitum in* majori valore, quam pecunia tradita, quantum *videlicet* valebat & currebat communiter juxta *ordinationes nostras (f)* tempore *contractus, & quo pecunia tradita fuit. Et si forsitan contrarium sit conventum, conventio talis ipso facto sit nulla, creditor que contrarium faciens tenebitur penâ predictâ.*

(6) Rursus plerique propter privilegia (g) nundinarum campanie concessa pro debitis exigendis contractis in corpore *nundinarum, debita extra nundinas vere contracta faciunt inscribi, vel litteras nundinarum ipsarum vel aliter tanquam in nundinis contracta, ut gaudeant privilegiis supradictis,* prohibemus *hoc igitur in futurum,* penâ amissionis debiti, *fisci viribus applicandi cohercentes eosdem.* Notarios sigillantes, *& ministros quoslibet talia inscribentes falso* scienter, pena falsi punimus.

(7) Sane licet propter dampna, & onera, quæ ex premissis causis, & aliis nos & regnum nostrum ex Italicorum morâ, *seu residentiâ sustinuimus tempore precedenti,* nuper inhibuissemus, *ne deinceps* residentiam facerent in regno nostro, sed exirent *inde quantum ad residentiam supradictam, propter affectionem tamen quam ad patrias habemus Italiæ, prout & nostri progenitores habuisse noscuntur,* Italicis predictis relaxamus inhibitionem hujusmodi, Volentes quod Italici mercatores *quicumque nobis, regno nostro, Ecclesie Dei devoti, & pro deffensione fidei nobis fideliter* adherentes, *nedum ingredi pro mercaturis, & causis honestis regnum nostrum, & egredi* sub nostrâ protectione valeant, *sed etiam* residere, & morari, *more solito, dum supraseriptam, & alias ordinationes nostras, tam pro factis* monetarum, *quam aliis editas & edendas fideliter* servaverint, *& pacifice conversentur, hoc salvo quod* Italici *qui preterito tempore in regno nostro moram fecerunt, pro commissis per eos nuper sibi* per gentes nostras expositis, nobis satisfaciant competenter, *si gaudere velint gratiâ supra dictâ. Premissam igitur ordinationem nostram per vos Senescallos Ballivos, & justicia-*

NOTES.

(e) Renovari.] *Prohibet anatocismum, sub pœna corporis & bonorum.* Carolus Molinæus.

(f) *Tempore, & sic approbata fuit opinio mea. in tract. usu. qu. 90. cam. 9. sequent.* Carolus Molinæus.

(g) Nundinarum.] *Prohibentur usuræ extendi etiam per destinationem solutionis.* Carolus Molinæus.

Cet Article & tout ce qui suit n'est pas dans l'Ordonnance Latine & Françoise du mois de Juillet de cette année, voyez cy-dessus, pages 484. 485.

PHILIPPE IV. dit le Bel, à Montargis, le Samedy avant la Purification, le 30. Janvier 1311.

rios nostros, tam in assisiis vestris, quam in aliis locis quibuslibet vestre jurisdictioni subjectis, publicari jubemus, & Prelatis, & Baronibus Senescalliarum & Balliviarum vestrarum intimari, *ut ipsi & Prelati, Barones & alii domini terrarum altam habentes justiciam Ordinationem* eandem, in suis justiciis faciant publicari & legitime observari, *intimantes eisdem, quod in eorum defectum, Nos premissa omnia faciemus in* eorum justiciis legitime custodiri. *In cujus rei testimonium sigillum nostrum fecimus presentibus hiis apponi.* Actum apud *Montem argi* die sabbati ante Purificationem beate Marie virginis, *(h)* anno Domini millesimo trecentesimo decimo primo.

NOTES.

(h) Cette Ordonnance fut envoyée à tous les Baillis & Seneschaux, avec un Mandement pareil à celuy qui suit.

Philippus Dei gratiâ Francorum Rex Ballivo Trecensi, vel ejus locum tenenti, Salutem. *Mittimus tibi quasdam Ordinationes per nos editas, super facto usurarum, pro utilitate publicâ regni nostri, Mandantes quatenus eas publicari, teneri & inviolabiliter observari, necnon & registrari facias, in omnibus & singulis castris, bonis villis, & locis insignibus, tue ballivie, in eisdem castris, villis, & locis certos, idoneos & probos viros locorum eorumdem deputans, qui videant ac intendant & provideant ne contra dictas ordinationes nostras aliquid attemptent.* Datum apud Montem argy die ultimâ Januarii anno Domini millesimo trecentesimo undecimo.

PHILIPPE IV. dit le Bel, à Vienne, le premier Avril 1312.

(a) Mandement au Seneschal de Beaucaire, de ne recevoir aucun Notaire, s'il n'est de la Seneschaussée, s'il n'y a du moins demeuré long-temps, & s'il n'est de bonnes mœurs.

PHILIPPUS *Dei gratiâ Francorum Rex, Senescallo, Bellicadri, vel ejus locum tenenti,* Salutem. *Cum sicut intelleximus infinitas & importunitas Notariorum publicorum, qui a diversis & alienis partibus, ad partes Senescalliæ causâ officii sui ibidem exercendi accedunt, in dictâ Senescalliâ existant, propter quorum confusionem & insufficientiam, jam plura damna venerunt, & in futurum venire possent incolis dictæ Senescalliæ, prout nobis a fide dignorum testimonio extitit intimatum.* Mandamus *vobis & districte* præcipimus *quatenus aliquem Notarium in dictâ Senescalliâ,* uti officio Notarii *permittatis, nisi in eadem Senescalliâ fuerit oriundus, vel longam residentiam traxerit in eadem, & nisi etiam vitæ laudabilis, & expertus in suo officio fuerit, quodque cautionem præstiterit idoneam de committendis per eum, si quæ sint debite emendandis.* Datum Viennæ primâ die Aprilis, anno Domini millesimo trecentesimo duodecimo.

NOTES.

(a) Ce Mandement est au Registre de la Seneschaussée de Nîmes, cotté D.

PHILIPPE IV. dit le Bel, à Maubuisson, au mois de Juillet 1312.

(a) Ordonance contre les usures.

PHILIPPUS *&c.*

NOTES.

(a) Cette Ordonance est au Registre *Pater* de la Chambre des Comptes de Paris, feüillet 112. au Registre B feüillet 28. C'est la mesme que celle du mois de Juillet 1311; Voyez cy-dessus, page 494.

(a) Lettres

PHILIPPE IV. dit le Bel, en l'Abbaye de Maubuisson, prés de Pontoise, au mois de Juillet 1312.

(a) Letres touchant les biens des Ecoliers intestats, decedez à Orleans.

SOMMAIRES.

(1) Par Concession du Pape, lorsqu'un Docteur d'Orleans ou un Ecolier y sera decedé intestat, *l'Evesque d'Orleans, & un des Docteurs auront la garde de leurs biens, & les mettront en lieu de seureté. Ils fixeront un jour ou un temps pendant lequel on notifiera leur mort dans leur pays, afin que leurs heritiers puissent venir à Orleans, ou y envoyer une personne seure, à qui l'on puisse confier leur succession. Et s'il ne se presente aucun heritier, ni aucune personne de leur part, pourvû qu'il n'y ait point eû d'empeschement legitime, les biens des deffunts seront employez pour le salut de leur ame.*

(2) L'Evesque aura la correction des delicts, & il en usera de maniere qu'ils ne seront pas impunis, & qu'il ne se fera rien contre l'honneur des Ecoliers. Les innocens ne souffriront pas pour les coupables. Si quelqu'un soupçonné de quelque delict est arresté, il sera detenu honestement & relâché en donnant caution, affranchi des exactions des geoliers. Et s'il ne doit pas estre relâché il sera detenu dans la prison des Ecoliers.

(3) Aucun Ecolier ne sera constitué prisonnier pour dette. Et l'Evesque, ni son Official ne pourra exiger des Docteurs, ni des Ecoliers, aucune amende pecuniaire, pour raison d'excommunication, ou d'autre censure ecclesiastique.

(4) Cette Concession du Pape n'a esté faite que sous la condition qu'elle ne prejudicieroit en rien à la Jurisdiction du Roy.

(5) Approbation du Roy.

PHILIPPUS *&c. Notum facimus Universis tam presentibus quam futuris, quod cum in Aurelianensi civitate literarum studium* in utroque jure, *ac (b) presertim* in jure civili *laudabiliter (c) viguerit ab antiquo, & ad presens, Domino* faciente *reflereat*, Nos ipsum *Aurelianense studium ex hoc & aliis condignis considerationibus prerogativâ gratie specialis*, Volumus *oportunis confovere favoribus, & specialibus presidiis communire, ut quanto utilioribus fuerit directionibus stabilitum, tantò commodiùs, laudabiliùs, & uberius docentes & studentes ibidem edificare valeant ad profectum.*

(1) Cum igitur Sanctissimus Pater *(d)* Summus Pontifex *inter cetera statuerit*

NOTES.

(a) Ces Letres sont au Registre *Olim* du Parlement, feüillet 141. *recto.*

(b) Presertim in jure civili.] La raison est, qu'il n'estoit pas permis d'enseigner le Droit Civil à Paris. Voyez le chapitre *Super specacula 28. extra De Privilegiis*, avec le Commentaire de De Roye, *& Cironium, lib. 5. observation*, cap. 7.

(c) Viguerit ab antiquo.] C'estoient anciennement des Ecclesiastiques qui enseignoient à Paris, & comme l'Etude des Loix Civiles ne leur convenoit pas, ainsi que le remarque Pierre de Blois dans son Epistre 26. de-là vient qu'à Paris on n'enseignoit pas le Droit Civil, ainsi sous le regne de Charlemagne y avant eu un procés considerable entre le Monastere de Fleury & celuy de Saint Denis, lequel devoit estre decidé suivant les Loix Romaines, par lesquelles l'Eglise de France estoit regie, il fallut aller à Orleans pour l'y faire decider par les Docteurs du Droit Civil, ce que nous apprenons des paroles suivantes, d'*Adrevaldus*, livre premier, *de miraculis sancti Benedicti*, cap. 25. page 50. *Oboritur*, dit-il, *controversia inter prefatum hujus loci advocatum, atque advocatum sancti Dionysii. Colliguntur ab utriusque partibus plurimi legum magistri & judices, qui pro partibus decertarent. Præterea aderant in eodem placito Missi a latere Regis Jonas Aurelianensis & Donatus comes Melidunensium, sed cum litem in eo placito finire nequirent, eo quod salvicæ leges Judices Ecclesiasticas res, sub Romanâ lege constitutas discernere perfecte non possent, visum est multis Dominicis placitum Aurelianis mittere. Venientes itaque ad condictum locum magistri & judices utraque ex parte acerrime decertabant, aderant namque legum Doctores tam ex Aurelianensi, quam ex Vassinensi provincia, &c.*

(d) Summus Pontifex.] C'estoit Clement V. dont voicy la Bulle.

Clemens Episcopus servus servorum Dei, ad perpetuam rei memoriam. Dum perspicaciter oculos in circuitu levamus, & gratiarum Dei circa humanæ naturæ compaginem distributiones inspicimus, diligenter scientia-

PHILIPPE IV. dit le Bel, en l'Abbaye de Maubuisson, prés de Pontoise, au mois de Juillet 1312.

ut de bonis Doctorum & Scolarium Aureliis studentium (e) *qui* decesserint intestati, *vel rerum suarum ordinationem alii non commiserint, taliter disponatur, nonobstante contrariâ consuetudine, vel abusu, videlicet quod Episcopus Aurelianenses, qui pro tempore fuerit, & unus de Doctoribus recipientes* bona defuncti, & ea in tuto loco *& idoneo deponentes, statuant certum diem, quo illius obitus in patriâ suâ valeat nuntiari, & illi ad quos bonorum suorum erit successio devoluta, possint* ad civitatem *accedere prelibatam, vel* idoneum nuntium *destinare, & si venerint vel miserint,*

NOTES.

rum fontes, corpora & animas utiliorum refectionum poculo satiantes, cæteris vidimus dotibus præferendos. Immensa enim benignitas conditoris omnium rudem hominem, quem post perceptionem mortiferi gustus, ad perfectionem discretionis vix efferre naturalis ratio poterat, scientiarum artiumque decrevit dogmatibus erudiri, per quas dono dato divinitus viri efficiuntur inlustres, litterarum decori scientiis, & virtutibus præsigniti. Quæ singula sic ipsorum consiliis providis & consultâ providentiâ dirigunt, quod orthodoxorum terrenorum incolæ, sub rectitudinis observantiâ, gloriosi vivunt & regnant, & quietis beatitudine gratulantur. Tales siquidem viros, infusâ eis divinitus gratiâ, litterale studium efficit, parvulos suavitatis lactans, dulcedine cibans adultos uberius & provectos majoris ubertatis delectatione fœcundans, dum circa ipsum studiosâ sedulitate versantur.

Cum igitur *in Aurelianensi civitate litterarum studium in utroque jure, & præsertim in jure civili laudabiliter viguerit ab antiquo, & ad præsens Domino favente refloreat*, Nos ipsum *Aurelianense studium*, quod *nos olim essentiam minoris status habentes, legendi & docendi in legibus scientia decoravit*, Et ad quod ex his, & aliis condignis considerationibus prærogativâ quadam intuitus nostræ affectionis adduntur, Volentes opportunis confovere favoribus, & præsidiis communire, ut quanto utilioribus fuerit directionibus stabilitum, tanto laudabilibùs, commodiùs & uberiùs docentes, & studentes ibidem ædificare valeant ad profectum; auctoritate apostolicâ *statuimus*, ut de bonis Doctorum & Scholarium prædictorum, *qui decesserint intestati, vel rerum suarum ordinationem aliis non commiserint*, taliter disponatur, non obstante contrariâ consuetudine, vel abusu, videlicet quod *Episcopus Aurelian.* qui pro tempore fuerit, *& unus de Doctoribus* quem ad hoc universitas Doctorum, & Scholarium ordinaverit, recipientes *omnia bona defuncti, & ea in tuto loco & idoneo deponentes, statuant certum diem, quo illius obitus in patria suâ valeat nunciari*, & illi ad quos bonorum suorum erit successio devoluta, possint ad civitatem accedere prælibatam, vel idoneum nuncium destinare, & si venerint vel miserint, *restituantur eis bona* hujusmodi, cum cautelâ quæ fuerit adhibendâ. *Si verò non comparuerint* aliqui, extunc Episcopus & Doctor bona ipsa *pro defuncti anima*, prout expedire viderint, erogabunt, nisi forte ex aliquâ justâ causâ venire, vel mittere nequiverint successores, & tunc in tempus congruum erogatio differatur. Cæterùm ut *præfatum studium in majori quiete refulgeat*, cum ubi regnat quies, ibi salus existat, *Aurelianensis Episcopus* sic delinquentium castiget excessus, *quòd Scholarium servetur honestas*, & maleficia non remaneant impunita, *innocentes autem occasione delinquentium* nullatenus *capiantur*, nec *bona detineantur eorum*, sed si contra quemquam suspicio fuerit exorta probabilis, is *honeste detentus*, præstitâ cautione idoneâ; cessantibus carcerariorum exactionibus dimittatur. Quod si forte *tale crimen commisit*, quod *incarcerari* sit *opus*, Episcopus culpabilem *tenebit in carcere*, *Scholastico Aurelian.* proprium carcerem penitus interdicto. Nullus quoque Scholaris *pro contractu, vel debito capiatur, cùm* hoc sit canonicis & legitimis sanctionibus interdictum. Sed neque Episcopus, aut officialis ejus sive *Scolasticus*, à *Doctore, vel Scholari pœnam pecuniariam* pro *excommunicationis emendâ*, vel alia qualibet censurâ requirat. Per hæc autem *jurisdictioni Regiæ* non intendimus derogare, sed ea quantum dependent ab ipso suæ approbationis & voluntatis arbitrio reservamus. Nulli igitur omnino hominum liceat hanc paginam nostri statuti, & reservationis infringere, vel ei ausu temerario contraire. Si quis autem hoc attemptare presumpserit, indignationem omnipotentis Dei, & beatorum Petri & Pauli Apostolorum ejus, se noverit incursurum. *Datum Lugduni 6. Kalend. Februar. Pontificatus nostri, anno primo.*

Ce Pape estoit Bertrand Archevesque de Bordeaux, qui fut élû en 1305. & Couronné à Lyon dans la mesme année. Sa vie nous a esté donnée par Jean Chanoine de Saint Victor, par Ptolemée Jacobin, par Bernard Guidon Evesque de Lodeve, & par Amaury Auger. *Vide vitas Paparum Avenionensium, tomo 1.*

(e) *Qui discesserint intestati.*] Voyez l'authentique, *Omnes Peregrini cod. communia de successionibus seu constitutionem Friderici II. circa finem*, & ce que j'ay remarqué dans mon glossaire, au mot *Aubain.*

PHILIPPE IV. dit le Bel, en l'Abbaye de Maubuisson, prés de Pontoise, au mois de Juillet 1312.

restituantur eis, bona ejusmodi, *cum cautelâ que fuerit adhibenda. Si verò non comparuerint aliqui, ex tunc dicti* Episcopus & Doctor *bona ipsa pro defuncti animâ, prout expedire viderint, erogabunt, nisi forsan ex aliquâ justâ causâ venire, vel mittere nequiverint successores, & tunc in tempus congruum erogatio differatur.*

(2) Ceterùm ut prefatum studium *in majori quiete refulgeat, cum ubi* regnat quies, *ibi* salus existat, *Episcopus Aurelianensis sic* delinquentium castiget excessus, *quod* scolarium servetur honestas, & maleficia *non remaneant* impunita, Innocentes *autem occasione delinquentium nullatenùs* capiantur, nec bona *detineantur eorum, sed si contra quemquam suspicio fuerit exhorta probabilis, is* honestè detentus *prestitâ cautione idoneâ,* cessantibus carcerariorum exactionibus, *dimittatur; Quod si forte tale crimen commiserit, quod incarcerari sit opus, Episcopus culpabilem tenebit in carcere Scolastico Aurelianensi, proprium habere carcerem penitùs interdicto.*

(3) Nullus quoque scolaris pro contracto debito capiatur. Sed neque Episcopus aut officialis *ejus, sive* Scolasticus, *a Doctore vel scolari penam pecuniariam, pro excommunicationis emendâ, vel alia qualibet censurâ requirat.*

(4) Per hec autem que premissa sunt dictus Summus Pontifex *specialiter expressit se non intendere* Jurisdictioni nostre in *aliquo derogare, sed ea, in quantum a nobis dependent, nostre approbationis & voluntatis arbitrio reservavit.*

(5) Nos igitur premissa omnia & singula, (f) quantum ad autoritatem & jurisdictionem ecclesiasticam pertinent, *a quoquam justitiariorum, vel subditorum nostrorum impediri, vel infringi modo quolibet inhibemus. Quatenùs verò* jurisdictionem, *seu* Regiam auctoritatem *nostram premissa & eorum quelibet tangunt, seu pertinent ad eamdem, eadem,* quantùm *ad* intestatorum *bona decedentium Scolarium & Doctorum, generosè concedimus Doctoribus & Scolaribus, qui nunc sunt, vel erunt pro tempore in studio supradicto, per manum exercenda Prepositi nostri Aurel. modo & formâ in Episcopo Aurel. superiùs expressis, eidem Preposito adjungendo, (g)* in hujusmodi doctore defuncti *predicti.* Statuentes, *quantùm ad nos pertinet, ne* innocentes occasione culpabilium molestentur *in personis vel bonis, nec quis Doctor,* vel Scolaris pro debito *capiatur, vel in* carcere detineatur pro crimine, *qui cautionem idoneam prestare paratus existat, nisi criminis gravitas id exposcat, & tunc in carcere* qui cedat *ad securam custodiam non autem ad penam, victusque ministretur capto decenter, secundùm qualitatem criminis & persone, semper insuper ubi liquebit de crimine mitiùs agatur cum Doctore, vel Scolari circà penam injungendam, emendam, vel mulctam, quàm cum alio ageretur, quamdiù spes de emendatione, seu correctione persone rationabiliter possit haberi, Doctores insuper & Scolares pro talibus detenti instantes patienter audiantur, favorabiliter & honestè tractentur, sic quod quisque percipiat gratiam & favorem, quibus in quantum fieri possit sine offensione justitie volumus affici Doctores & Scolares eosdem. Ut autem premissa rata stabiliaque perseverent, nostrum presentibus jussimus apponi sigillum.* Actum in Abbatiâ Regali Beatæ Mariæ juxta Pontisaram, anno Domini millesimo trecentesimo duodecimo mense Julii.

NOTES.

(f) Quantum ad autoritatem & jurisdictionem Ecclesiasticam pertinent &c.] Ainsi la Bulle de Clement V. n'a fait Loy, qu'autant qu'elle a esté confirmée par le Roy, comme il paroist par ce qui suit.

(g) In hujusmodi &c.] Il y a faute en cet endroit dans l'Original.

PHILIPPE IV. dit le Bel, en l'Abbaye de Maubuisson, prés de Pontoise, au mois de Juillet 1312.

(a) Letres par lesquelles le Roy approuve une Bulle du Pape, portant Reglement, touchant l'Etude du Droit Canonique & Civil à Orleans.

PHILIPPUS &c. Notum facimus Universis tam presentibus quàm futuris, quod cum in Aurelianensi civitate *literarum studium* in utroque jure, *ac presertim* (b) in jure civili *laudabiliter viguerit ab* (c) *antiquo, & ad presens, Domino faciente refloreat, Nos ipsum Aurelianense studium ex hoc & ex aliis condignis considerationibus prerogativâ gratie specialis*, volumus *oportunis confovere favoribus & specialibus presidiis communire, ut quantò utilioribus fuit directionibus stabilitum, tantò commodius, laudabilius & uberiùs docentes & studentes ibidem edificare valeant ad profectum.*

Cùm igitur Sanctissimus Pater (d) Summus Pontifex *inter cetera statuerit, ut Scolasticus quilibet Aurel. coram Episcopo Aurelianensi, vel de ipsius mandato in capitulo Aurelianensi vocatis ad hoc & presentibus duobus solum Doctoribus ejusdem studii, in suâ teneatur institutione jurare, quod ad regimen*, decretorum & legum *bonâ fide, loco & tempore, secundùm statum prefate civitatis, non nisi dignis licentiam largietur, nec admittet indignos, personarum & nationum acceptione subtractâ. Ante verò quàm quemquam licentiet, infrà* tres menses *a tempore petite licentie, tam ab omnibus Doctoribus utriusque juris in civitate presentibus, quàm aliis viris honestis & literatis, per quos veritas sciri possit de vitâ, scientiâ, necnon proposito & spe proficiendi, ac aliis que in talibus sunt requirenda, diligenter inquirat, & inquisitione sic factâ, quid deceat, quid expediat, det vel neget bonâ fide licentiam postulatam. Doctores autem* Decretorum *& legum, quando incipient legere*, prestabunt publicè juramentum, *quod super premissis fideliter testimonium* peribebunt. Scolasticus *etiam jurabit quod* consilia Doctorum, *seu* depositiones *eorumdem in malum ipsorum nullatenùs revelabit, neque pro Licentiandis* Baccalaureis *juramentum, vel obedientiam, seu aliquam exigat cautionem, neque aliquod emolumentum, seu promissionem recipiat pro licentiâ concedendâ, juramento superiùs nominato contentus. Ceterùm illi qui in civitate predictâ examinati & approbati fuerint, ac docendi Licentiam obtinuerint, ut est dictum, ex tunc absque examinatione, vel approbatione aliâ regendi & docendi ubique in facultate illâ, in qua fuerint approbati, plenam & liberam habeant facultatem, nec a quoquam valeant prohiberi.*

Nos igitur *volentes favoribus, beneficiis, ac privilegiis Regiis, ob honorem Dei, utilitatemque publicam dictum prosequi studium, ac Doctores & Scolares studentes ibidem, quatenùs ad nostram auctoritatem Regiam premissa pertinere noscuntur*, eadem generosè concedimus, *Doctoribus & Scolaribus in civitate predictâ studentibus presentibus & futuris*, Regiâ autoritate fulsimus, *inhibentes omnibus & singulis justitiariis, & aliis ditioni nostre subjectis, ne super premissis contrarium attemptent, nec quid ex eis impediant, nec in eis, vel aliquo premissorum a quoquam contrarium attemptari, vel impedimentum apponi permittant. Ut autem premissa rata, stabiliaque perseverent, presentibus nostrum jussimus apponi sigillum.* Actum in Abbatiâ Regali juxta Pontisaram, anno Domini millesimo trecentesimo duodecimo mense Julii.

NOTES.

(a) Ces letres sont au Registre *Olim* du Parlement, cotté 3. feüillet 141. *verso.*

(b) *In jure Civili.*] Voyez ce qu'on a observé sur les letres precedentes.

(c) *Ab antiquo.*] Voyez ce qu'on a observé sur les letres precedentes.

(d) *Summus Pontifex.*] C'estoit Clement V. Voyez la note sur la letre precedente.

(a) Ordonnanc

PHILIPPE IV. dit le Bel, en l'Abbaye de Maubuisson, prés de Pontoise, au mois de Juillet 1312.

(a) Ordonance touchant l'Etude du Droit Civil & Canonique à Orleans.

SOMMAIRES.

(1) Raisons pour lesquelles on n'enseignoit pas anciennement à Paris le Droit Civil, mais à Orleans, & dans les autres Universitez du Royaume.

(2) Il y aura à l'avenir à Orleans étude publique de Droit Civil & Canonique, & tous les Docteurs & les Ecoliers y seront sous la protection du Roy.

(3) Si les Maires & les écoliers ont souffert quelque injure, les Baillis d'Orleans qui sont & seront, leur en feront faire reparation, tout privilege cessant, mesme celuy des Bourgeois d'Orleans, s'ils en ont de contraires.

(4) Les affaires civiles des écoliers seront jugées sommairement.

(5) Le Prevost d'Orleans aura soin que les Docteurs & les Ecoliers soient logez, & ayent des vivres à prix raisonnable.

(6) Les Docteurs pourront faire des Reglemens, tant pour eux que pour les Ecoliers.

(7) Les Docteurs choisiront deux des Bourgeois qui leur seront presentez par le Prevost d'Orleans, pour les aider ainsi que les Ecoliers, & ces Bourgeois seront comme les Docteurs & les Ecoliers, exempts de Tailles & de toutes impositions, &c.

(8) On ne pourra exiger aucuns peages des Maîtres, ni des Ecoliers lorsqu'ils iront, ou reviendront.

(9) Les assemblées generales, qui donnent souvent lieu à des scandales, seront supprimées. Si neanmoins on avoit fait injure à quelque Docteur, ou quelque Ecolier, les Docteurs assemblez pourroient appeller ce qu'ils jugeroient à propos de Bacheliers, ou d'autres personnes, pour deliberer sur ce qu'il y auroit à faire, & le plus ancien des Docteurs tiendra lieu de Doyen.

(10) Le Docteur & les Ecoliers n'iront pas armez par la ville, & s'ils portent des armes elles leur seront ostées.

(11) Ceux qui n'étudieront pas veritablement ne joüiront pas des Privileges accordez aux veritables Ecoliers, & les seditieux & les querelleux seront chassez de la Ville.

(12) Le Prevost d'Orleans jurera qu'il observera la presente Ordonance.

(13) Le Prevost d'Orleans & ses successeurs seront conservateurs des Privileges des Docteurs & des Ecoliers, &c.

(14) Les Docteurs & les Ecoliers ne feront pas corps & n'auront pas de sceau commun.

(1) PHILIPPUS *Dei gratiâ Francorum Rex. Notum facimus Universis tam præsentibus quàm futuris, quod nos Progenitorum nostrorum sequentes vestigia, fidem catholicam, per quam in Domino Jesu Christo, qui via, veritas est, & vita, vivimus, ex toto corde faventes, justiciam per quam regnamus in Domino, cui Nos & regnum nostrum agnoscimus, viribus totis sectantes, pacem libenter amplectimur, quam nobis dedit Dominus & redemptor, ac in suo novo testamento reliquit, quâ mediante fides stabilitur catholica, servatur justitia, necnon instituitur disciplina, per quam scientia ad Dei fideique notitiam, ut vivamus ad sectandum justitiam, ut salvemur ad bonos mores ut Domino placeamus, & gratiam ejus sine quâ non possumus, consequamur, instruimur ab eis qui nos à tantis donis possent retrahere cohercendo. Est ergo necessaria disciplina doctrinæ, nam animæ rudis hominis scientia boni & mali per eam imprimitur, quæ docet prudentiam atque sapientiam, per quam Reges regnant, & Potentes scribunt justiciam, & legum conditores justa decernunt, & ideò repelluntur à Domino merito qui repellunt scientiam. Labia sacerdotum a Domino jubentur custodire scientiam, populus etiam qui non habet scientiam captivus ducitur, ut scripturæ testantur. Hinc progenitores nostri* Parisius studium Theologiæ principale, liberalium etiam artium, *quæ sunt præparationes ad illam, privi-*

NOTES.

(a) Cette Ordonnance est au Tresor des Chartes, guichet 20. n. 58. feüillet 34. *verso* & n. 59. feüillet 36. *verso* au Registre du Parlement, cote C feüillet 121. de l'original, & 241. de la Copie, & aux preuves des libertez, page 1429.

PHILIPPE IV. dit le Bel, en l'Abbaye de Maubuiſſon, prés de Pontoiſe, au mois de Juillet 1312.

legiis pluribus munierunt, & per ſedem Apoſtolicam muniri curarunt. Hoc enim ſtudium ſidei catholicæ lumen ſtabiliens, *id ut arca fœderis teſtamenti conſervat, ortus verè concluſus ſua germina, fons ſignatus ſcientiæ Dei fluenta per univerſum orbem emittens.* Eapropter hoc ſtudium fovere perampliuſque ſtabilire proponimus, Domino præſtante. *Ut autem* liberius ibidem *(b)* ſtudium proficeret Theologiæ, Progenitores noſtri non permiſerunt legum ſæcularium, ſeu juris civilis ſtudium ibidem inſtituti, quinimò id etiam interdici, ſub excommunicationis pœnâ, per Sedem Apoſtolicam procurarunt. *Ceterum ſuper negotiis, & cauſis forenſibus que ſpiritualitatem, & fidei ſacramenta non tangunt, regnum noſtrum* conſuetudine moribuſque *præcipuè,* non jure ſcripto regitur, licet in partibus ipſius regni quibuſdam, ſubjecti, ex permiſſione noſtrorum progenitorum & noſtrâ, juribus ſcriptis utantur in pluribus, non ut juribus ſcriptis ligentur, ſed conſuetudine, juxta ſcripti juris exemplar moribus introductâ, *tamen ut artium ſtudia liberalium* ad Theologiæ ſcientiam *introducunt, ſic legum & juris ſcripti dogmata perficiunt intellectum rationis, ad mores dirigunt, doctrinam præſtant exequendæ juſtitiæ, necnon præparant ad conſuetudinum intellectum. Sic profecto tradit antiquitas,* Romanos à Græcis pro ſui eruditione jus ſcriptum, & mores ab initio recepiſſe. *Placuit ergo noſtris Anteceſſoribus, placet que nobis legum etiam ſæcularum,* ſcriptique juris, *ſalvâ Pariſienſis ſtudii proviſione prædictâ,* in locis egregiis regni noſtri ſtudia frequentari, *præſertim ad doctrinam æquitatis & rationis fovendam, per quas in cauſis forenſibus Regni hujus judicari conſuevit,* ubi judicia, conſtitutiones, ſeu ordinationes progenitorum noſtrorum, & noſtræ, quas omni conſuetudini præponimus deficiunt, & conſuetudo certa non reperiatur ex quâ fuerit judicandum. *Non putet igitur aliquis nos recipere,* vel progenitores noſtros recepiſſe conſuetudines quaſlibet, ſive leges, *ex eo quod eas in diverſis locis, & ſtudiis regni noſtri per* Scolaſticos legi ſinantur, *multa namque eruditioni & doctrinæ proficiunt,* licet recepta non fuerint, *ſicut* nec Eccleſia recipit quamplures canones, qui per diſſuetudinem abierunt, vel ab initio non fuere recepti, *licet in ſcholis a ſtudioſis propter eruditionem legantur, ſcire namque ſenſus, ritus, & mores hominum diverſorum locorum & temporum, valdè proficit ad cujuſque doctrinam.*

(2) Sanè dum inter cives Aurelianenſis civitatis, in quâ propter opportunitatem, fertilitatem & amœnitatem loci, ſub alis progenitorum noſtrorum & noſtris liberalium artium, præcipuè juris canonici ſtudium, & civilis noſcitur floruiſſe, *unde tot & tanti Doctores proceſſiſſe noſcuntur, & eminentes perſonæ, temporibus retroactis, qui virtutum & ſcientiæ fulgore ſplendentes, fructum multiplicem, Deo gratum, & hominibus ſalubrem, per mundi diverſa climata reddiderunt. Ac inter Doctores, Magiſtros & Scolares juris canonici* & civilis ibi ſtudentes *cernimus grave nuper fuiſſe ſcandalum ſuſcitatum* Univerſitatis prætextu, Doctorum ipſorum Magiſtrorum & Scolarium noviter inſtitutæ, *Videntes ex eo ſtudium illud, nedum turbatum, & impeditum enormiter, ſed niſi celeriter occurreretur prorſus poſſe, quod abſit, in futurum ſine reparatione deſtitui,* Univerſitatem *hujuſmodi quæ cauſam huic præſtabat ſcandalo,* nec fuerat auctoritate noſtrâ ſubnixa, tolli decrevimus, *quod enim in hoc favore ſtudii fuerat diſpoſitum, manifeſtè tendebat ad noxam. Cæterum ut Doctores, Magiſtri, & Scolares libentius ad ſtudium ipſum declinent, & ferventiùs ibidem ſtudentes proficiant, quanto ſe plus honorari ſentient, illud privilegium beneficiis & libertatibus munientes,* ſtudium generale præſertim juris canonici & civilis, *dante* Deo, perpetuum ibidem eſſe volumus, *&* Regiâ auctoritate firmamus, hoc ſalvo quod Theologiæ magiſtri nullatenus creentur ibidem, ne detra-

NOTES.

(b) Studium Theologiæ.] Les Roys de France n'ont pas permis qu'on enſeignat à Paris publiquement le Droit Civil pour y favoriſer l'Etude de la Theologie. Voyez De Roye dans ſon commentaire ſur le chapitre *Super ſpecula*, cap. 4. & 5.

(c) Sed conſuetudine juxta ſcripti juris exemplar.] Le droit Romain n'eſt pas pratiqué en France comme loy. Voyez De Roye ſur le chapitre *Super ſpecula,* cap. 5. pag. 25.

hatur privilegiis Romanæ sedis studio Parisiensi concessis, *omnesque Doctores, Magistros & Scolares ad ipsum studium venientes, ibidem studentes, & inde recedentes, tam veniendo, morando, quam abeundo sub Regiâ, specialique protectione recipimus.*

(3) Et ne pro suis vindicandis injuriis, vel eorum causis, cum interdum occurrerit a studio retrahantur, volumus, quod cum eis violentias indebitas, vel injurias inferri, vel irrogari contigerit, Ballivi nostri, atque Præpositi Aurelianenses, qui fuerint pro tempore, ex nostro, & suo prout ad quemlibet eorum pertinuerit officio, etiam nemine prosequente, cum ad cujuslibet significationem, vel alias factum ad eorum notitiam pervenerit, inquirere veritatem simpliciter, & de plano sine figurâ judicii, & strepitu judiciario, vindicareque violentiam illatam, vel irrogatam injuriam, tanquam nostram, & emendari facere læso, vel passo ex debito teneantur. Et si quod privilegium forsan a nobis, vel nostris progenitoribus sit prædictis Civibus concessum, *quod huic adversetur,* id propter favorem studii, utilitatemque *publicam cessare volumus, in hac parte,* nec cives eos pigeat, ipsa namque civitas ex studio decoratur, ac ideo propter incrementum honorum, & utilitatis civitatis ejusdem, quod ipsi cives ex studio, si bene mentis oculos aperiant, sentire noscuntur, patienter ferre debeant, *si forsan videatur eis paulisper, ex talibus se gravari.* Volumus *insuper cives ipsos fovere studium, Doctores, Magistros, & Scolares prædictos, si nostram velint indignationem vitare. Sic è converso studiosos invitamus eosdem, ut charitatis vicem & favoris præstent præfatis Civibus, sine quorum beneficiis, & favoribus vix commodè possunt inter eos proficere, seu studere, quòd à peritioribus decet juniores, seu minus peritos doceri.*

(4) Concedimus *eis etiam* quod simpliciter, & de plano, sine que strepitu judiciario lites studentium ipsorum, & causæ tractentur. *Quinimo ubi hoc commodè fieri poterit, etiam sine scripturâ, ne pro sportulis Judicum, vel sigillo quicquam exigi* Volumus *ab eisdem. Quod insuper in causis suis, & negotiis coram quibuscumque sæcularibus judicibus, per procuratorem ad agendum & defendendum admittantur, contrariâ consuetudine nonobstante,* causis criminum quæ per procuratorem tractari non solent dumtaxat exceptis.

(5) Quod etiam Præpositus noster Aurelianensis, sub virtute præstiti juramenti per eum, provideat diligenter, quod Doctores & Scolares præfati habere valeant *habitationes & victualia pro pretio competenti.*

(6) Doctores insuper statuta, & ordinationes pro se, scolaribusque studentibus ibidem facere poterunt, pro suis, Baccalariorumque suorum lectionibus ordinandis libris finiendis, & qualiter, & quando incedant ad exequias defunctorum, ac coercere super hiis rebelles, ut est in aliis studiis consuetum.

(7) Præterea volumus *quod duo Burgenses quos doctores elegerint, præsentati Præposito nostro Aureliis moraturi, qui doctoribus, magistris & Scolaribus ibidem studentibus pro suis necessitatibus mutuent, speciali nostrâ protectione, sicut ipsi Scholares, Magistri & Doctores gaudeant, & etiam ab omnibus talliis, communibus expensis, & contributionibus dictæ villæ, penitus sint immunes, quodque Doctores prædicti, cum alios ad hoc elegerint, possint eos mutare, ac Præposito præsentare. Dictique Burgenses privilegiis hujusmodi gaudebunt, dum constitutiones &* ordinationes nostras observent, & specialiter contra usurarios editas pro utilitate publicâ regni nostri.

(8) Cæterum prohibemus *a Doctoribus, Magistris, vel Scholaribus prædictis venientibus ad ipsum studium, vel inde recedentibus, pro personis, equitaturis, pecuniis, libris, vel aliis rebus suis ad proficiscendum, vel in studio conversandum sibi necessariis, nomine pedagii, seu thelonei,* quicquam exigi, *vel levari, sed à talibus exactionibus ipsos liberos esse* Volumus *& immunes.*

(9) Congregationes generales, que nedum vagandi, *sed frequenter scandali materiam præstare solent,* inhibemus *eisdem, sed ubi casus occurrerit, propter irrogatam forsan* injuriam Doctori, Magistro, vel Scholari *cuiquam, vel aliam justam causam,* Doctores convenient, *Et si videbitur eis expediens de Baccalariis, & aliis perso-*

PHILIPPE IV. dit le Bel, en l'Abbaye de Maubuisson, prés de Pontoise, au mois de Juillet 1312.

PHILIPPE IV. dit le Bel, en l'Abbaye de Maubuisson, prés de Pontoise, au mois de Juillet 1312.

nis idoneis vocare poterunt, quot pro casu contingenti sufficiant, cum quibus tractent, vel prosequantur agenda. Doctoresque sciant antiquiorem ex eis in professione locum Decani tenere debere pro cæteris vocandis, qui pro talibus debeant convenire, qui tenebitur eis exponere casus vocationis, & causas.

(10) Doctores autem, vel Scholares incedentes per Civitatem prædictam, nullatenus arma deferant, nostrâ protectione gaudentes; quod si fecerint eos debitè coherceri jubemus, armis ipsis priùs ablatis eisdem.

(11) Rursus fictos, non veros Scholares studio non vacantes, privilegiis omnibus Doctoribus, Magistris, & Scholaribus prædictis concessis carere censemus, *nec non* seditiosos *quoslibet*, pacisque studii turbatores, *de studio, totâque civitate prædictis* expelli jubemus, *nostrâ protectione, necnon privilegiis & beneficiis prædictis, & aliis nostris quibuslibet privantes eosdem.*

(12) Ut igitur prædicta firmius observentur, Volumus, atque Statuimus, *quod Præpositus noster Aurelianensis, qui nunc est, & quicumque pro tempore fuerit,* jurare *teneatur palam, & publice in loco ubi jus reddit,* præsentibus Doctoribus *supradictis, qui adesse voluerint, se fideliter servaturum omnia, & singula supradicta per nos concessa, & alia per alias litteras nostras præfatis Doctoribus & Scholaribus concessa, ac etiam concedenda, dictosque Doctores & Scholares manutenebit, custodiet, & deffendet, & favorabiliter tractabit, quantum honestè, sinè que offensione justitiæ, salvo que honore nostro, si poterit, bono modo.*

(13) Præterea Præpositum nostrum Aurelianensem qui nunc est, & alios qui fuerint pro tempore, speciales Gardiatores, Protectores & Defensores dictorum Doctorum & Scholarium, *&* Conservatores privilegiorum ipsorum Statuimus, *justitiariis & subditis nostris præcipientes, quod quantum ad eos pertinebit super præmissis, & ea tangentibus eisdem efficaciter pareant, & diligenter intendant: Quinimo Nos ipsi, Successoresque nostri, Curiaque nostra dictorum Doctorum & Scholarium Protectores & privilegiorum prædictorum Conservatores erimus, propter quod aliquo casu Nolumus Doctores, & Scholares prædictos a lectionibus suis alio vocare.*

(14) Porrò licet pax omnibus specialius studiosis proficere volentibus perquam est necessaria, quæ penitus exularet a civitate, studioque prædictis, ut experimento jam vidimus, si Doctores, & Scholares prædictæ universitatis corpore, *sigillo communi, seu conservatoribus, qui jurisdictione ad conveniendum, citandum & vexandum gentes diversas pro injuriis Doctorum, Magistrorum, vel Scholarium vindicandis, vel similibus fruerentur, præsertim cum talia nobis non approbantibus in regno nostro nusquam debeant attemptari, nec indigent studiosi præfati rebus hujusmodi, ex quibus gravia scandala sequerentur, cum Nos ipsi per Nos, gentesque nostras, gratiosi conservatores privilegiorum nostrorum, quæ nos eis concessimus, vel quæ per Apostolicam sedem concessa laudavimus, & accepta habuimus, promptiùs, utiliùs, atque favorabiliùs erimus eorumdem. Ea propter eis* interdicimus *supra dicta, quibus prohibitis, si præter nostrum consensum, uti deinceps, studentes prædicti forsitan attemptare, quod absit, præsumpserint, in eum casum protectione nostrâ, nec non omnibus beneficiis, gratiis & privilegiis nostris eos nunc, ut ex tunc, carere decernimus, ulterius pro tanto contemptu cohercendos.* Ut autem præmissa perpetuâ firmitate serventur, sigillum nostrum præsentibus fecimus hiis appendi. Actum apud Abbatiam beatæ Mariæ regalis prope Pontisaram, anno Domini millesimo trecentesimo duodecimo mense Julii.

(a) Ordonance

PHILIPPE IV, dit le Bel, à Paris, le 28. Aoust 1312.

(a) Ordonance portant deffenses de traire du Royaume, & de porter aux ennemis de la foy, des Armes, des Chevaux, du Fer, &c.

PHILIPPUS *Dei gratiâ Francorum Rex, Universis ad quos presentes litteræ pervenerint*, Salutem. *(b) Scimus dudum ex nostri majoris plenâ deliberatione consilii, per nos inhibitum expressius extitisse*, ne arma, equi majores, ferrum, telæ aurum, argentum, billio, lapides pretiosi, nobilia jocalia, lanæ, garanciæ, gaidiæ & alia que sub præmissorum nomine continentur, de regno nostro extrahantur in posterum *quoquomodo, prout progenitores nostri Francorum Reges suis inhibuere temporibus. nedum ut per ordinationem, & inhibitionem hujusmodi regnum ipsum opulencius reddetur, sed & inhibitione penali, piâ devotione secutâ, ne res prefate, sic de regno ipso extrahi prohibite, (c)* ad hostes ipsius sanĉte fidei nullâ arte, *nulloque Piratarum ingenio portarentur, ut sic ipsâ inhibitione servatâ, tanto cicius posset opprimi illa nephandi nominis gens pagana, quanto sibi subtrahi contingeret res predictas, sine quibus diu vix posset existere in humanis, quin egestate maximâ, immo quasi perpetuâ laboraret. Verumtamen ex relatione fide dignorum accepimus, quod licet ipsa regni nostri portus & passagia faciamus ex causâ predictâ, plus solito, & diligentius custodiri, non nulli, spreto nostrarum ordinationis & inhibitionis edicto, res supradictas prohibitas in tantâ de regno nostro extrahunt quantitate, quod nisi talibus breviter occurramus posset regnum ipsum in posterum, rebus ipsis quasi totaliter denudari. Sed proh dolor deteriora prioribus, ex quorumdam revelatione mercatorum audivimus his diebus, quod referimus condolentes, quod illius hostis antiqui versucia, & serpentis astucia venenosi, qui a primo parente incipiens semper humanum genus in vetita suos edocet ampliare conatus, dum ordinationem & inhibitionem predictas sensit suis artibus prejudiciosas quam plurimum, nonnullos quos nutrivit sitientes pecuniarum, in sue dampnationis augmenta, quorum nationem & nomina subticemus ad tempus, ad hoc sub titulo sue proprie voluntatis induxit, quod a tempore quo primo Summus Pontifex sanctissimus Pater noster, & Nos tunc existentes Lugduni, cum Prelatis & Baronibus nostris majoribus Regni nostri, super terre sanĉte subsidio, sinceris mentibus tractabamus, sic ex adverso gens illa subdola Belial filii & heredes, nedum Christiane fidei seductivi, sed & hostium ipsius procuratores, & sindici, inceperunt omnium arcana rimari, & secreta que potuerunt percipere, super facto passagii terre sanĉte, ipsius hostibus quam cicius potuerunt revelasse dicuntur, & ab illo tempore plus solito non cessarunt vias & modos aliter inexcogitatas exquirere, quibus possent melius hostes ipsos Christiane fidei rebus sibi magis necessariis premunire, nedum res prohibitas superius nominatas ut ferrum, & telas maxime quibus inter cetera indigere noscuntur, sed & crimen plagii dolorosius committentes, utriusque sexus impuberes juveniles, alias que personas ad ipsos hostes dampnabili transfretatione perducunt, sic que nedum regnum nostrum rebus sibi per quam utilibus & necessariis spoliant incessanter, verum ab ipsâ sanĉta matre Ecclesiâ notorie separati, ipsam rem publicam Christianam, quam nostris propriis & regni nostri commodis volumus anteferri, insanabili plagâ ledunt, & hostes ipsius fidei muniendo validiores reddere, pro sui possibilitate conantur, contra quos*

NOTES.

(a) Cette Ordonance est au Registre *Pater* de la Chambre des Comptes de Paris, feüillet 27. & au Registre A feüillet 46.

(b) *Scimus dudum.*] Voyez le Mandement du premier Janvier 1304. page 422. cy-dessus.

(c) *Ad hostes ipsius fidei.*] Cela estoit conforme aux Canons des Conciles, & aux Decretales des Papes. Voyez le chapitre *Ita quorumdam 6.* le chapitre *Ad liberam, extra, de Judæis*, & le chapitre unique au mesme titre, entre les Extravagantes de Jean XXII. avec les gloses.

PHILIPPE IV. dit le Bel, à Paris, le 28. Aoust 1312.

nedum ultore gladio & furchâ patenti propositis, invitat ratio naturalis executiva Justicie omnes seculares insurgere potestates, sed & talibus longe deterioribus parricidis omnia debent merito subtrahi elementa. Nos igitur qui pro publicâ letitiâ instans factum generale passagium ardenti desiderio expectamus, piis Progenitorum nostrorum vestigiis inherendo tales re ipsâ valitores, & fautores hostium ipsius publice letitie turbatores, quin verius pacis perpetue Violatores potissimos hostes fidei Christiane ceteris deteriores pejoribus arbitramur, dum Christiano nomine, tanquam falsarii abutentes se sic ostendunt per opera adoptivos filios Antichristi. Sane que res prefate de regno nostro extrahi prohibite, premissâ ratione duplici hactenus extiterunt, nunc autem & ratione aliâ prohibentur, ut concedente Domino Jesu Christo, cujus negocium agitur in hac parte, sub cujus confidentiâ omnis ipsius terre sancte negocii .... assumpsimus, hiis rebus supradictis prohibitis ipsis hostibus fidei cum majori provisione subtractis, plus solito magis indigeant, & ut nos rebus eisdem, cum majori habundantiâ, in eorum exterminium exponendis, contra eos copiosius muniamur. Nos habitâ super hoc diligenti nostri majoris deliberatione consilii, ordinationem & inhibitionem predictas, ex certâ scienciâ presentibus innovamus, & quanto humana corpora sunt rebus quibuslibet preferenda, tanto primitus hac edictali ordinatione valiturâ perpetuo districtius prohibemus, nequis nauta, vel alius cujuscumque sexus, eminentie, dignitatis, seu conditionis existat, masculos vel femellas impuberes, vel pupillos in navim suam ad transfretandum aliquo modo recipiat, vel inducat, sine parentum suorum vel proximorum genere comitiva propria, vel assensu, omni fraude cessante. Inhibemus insuper ne quis arma, equos majores, ferrum telas, aurum, argentum, billonem, notabilia jocalia, lapides pretiosos, lanas, seu animalia lanigera, gaidias, garancias, & aliaque sub premissorum nomine possunt quomodolibet contineri, de regno nostro extrahere, vel fraudulenter in viâ ponere extrahendi, contra nostrarum presentium innovatarum ordinationis & inhibitionis Edictum aliquâ temeritate presumat. Hac sanctione pragmaticâ statuentes, quod personas talium qui ad hostes fidei res sic prohibitas, vel earum aliquas detulisse noscentur, vel in posterum deferent quoquomodo, cum bonis eorum omnibus propriis, & que in viâ ad hostes sunt deferendæ banno regio volumus subjacere, res vero que de regno nostro extracte fuerint vel fraudulenter in viâ posite extrahendi ipso facto fisci nostri rationibus volumus applicari. Bonorum autem valitorum hostium, & fautorum fidei orthodoxe partem tertiam, rerum vero per quoscumque de regno nostro extractarum vel positarum fraudulenter in via extrahendi, quintam partem, primo receptori, vel revelatori eorum liberam concedimus & eam sibi precipimus sine dilatione qualibet liberari, utrosque tamen malefactores hujusmodi, pro fraude contra ordinationem & inhibitionem nostras per eos sic commissâ ultioni vestræ nihilominus reservamus. Has autem ordinationem, & inhibitionem nostras præsentibus innovatas per singulas Senescallias & Ballivias regni nostri volumus solempniter publicari, & ab omnibus inviolabiliter observari, omnibus & singulis Senescallis Ballivis, ceterisque justiciariis regni nostri presentibus districtius inhibentes, ne se super præmissis, vel præmissorum aliquibus in casu aliquo intromittant, cum super præmissorum custodia quanto speciali insidit cordi nostro, tanto personas idoneas magis probatæ conditionis, & fame de quibus confidimus in omnibus & ad plenum sicut dudum, sic & nuper deputavimus per nostras alias literas speciales, quorum curæ & sollicitudini omnium portuum & passagiorum quorumlibet regni nostri fidelem custodiam & dispositionem omnimodam duximus committendum. Actum Parisius die vigesima octava Augusti, anno Domini millesimo trecentesimo duodecimo.

PHILIPPE IV, dit le Bel, à Melun, en Septembre, le Mardy aprés la feste S.te Croix 1312.

(a) Ordonance qui confirme celle du Jeudy avant Pâques fleuries, touchant la prise des vivres pour un certain prix, que plusieurs personnes s'attribuoient &c. & qui enjoint de punir comme voleurs ceux qui useront de ces sortes de violences.

PHILIPPE par la grace de Dieu Roy de France, a tous ceux qui verront ces presentes Lettres, *Salut.* Nous faisons sçavoir, que comme nous aiens entendu de la clameur & grant complainte de nos subgiez, & du pueple commun, que par plusieurs *prises, & pris faits de jour en jour, tant de vivres, comme de chevaux, & d'autres plusieurs choses*, non tant seulement de par nous, pour nous, ou de par certaines personnes qui par privilege aient droit d'avoir *pris*, mais par autres pluseurs qui de ce faire n'ont droit, ne privilege, nos subgiez sont & ont esté grandement domagez & grevez. Et Nous pour pourvoir aux domages & travaux de nos subgiez, aiens autrefois sus certaine fourme, & par cry general *telles mannieres de (b) prises deffendües, laquelle* deffense, si comme par la complainte de nos dits subgiez, avons entendu, n'a pas esté gardée, laquelle chose nous deplaist moult. Nous pour pourvoir en ces cas aux domages & moleste de nostre pueple, & pour nostredite deffense faire miex tenir & plus fermement garder, *toutes mannieres de telles prises, & pris deffendons* des-ores-en avant a toujours, aussi comme autrefois avons fait a touttes mannieres de gens, qui par droit ou privilege n'ont dû faire. Et quant a Nous, nostre hostel, & tous ceux qui droit ont, ou privilege de pris, *les souspendons* du tout des ores en avant, & *de la feste de Noel prochain jusques a deux ans*, & deffendons a tous nos feaux & subgiez de quelque condition, ou estat que ils soient, sus la foy en quoy ils sont tenus a nous, & sus l'encours de nostre indignation, & toutte la peine que nous leur pouriens enjoindre, que contre nostreditte souspense & deffense ne fassent, ne essaient a faire aucunes *prises, ou pris, sus quelques vivres, ou marchandises que ce soit, soient Chevaux, Bleds, Vins, ou autres marchandises, denrées, ou vivres quiex* que il soient, se ce n'estoit par le gré, ou la volenté du vendeur, ou celuy qui la chose feroit, ou garderoit. Et *Voulons, Ordennons & Commandons* que se aucun contre nostre ditte deffense, fait, ou essaie a faire aucune *prise*, ou *pris*, que celuy sus qui *la prise* ou *pris* seroit fait, ou sa gent resqueurent, & puisse requeurre sans poine de laditte *prise*. Et se par adventure par eux ne les pouaient rescourre, nous *Voulons, Ordennons & Commandons* que *a cry & a haro*, ils facent prendre celuy ou celle qui ainsi contre nostreditte deffense feroit prise, ou pris, auquel *cry & haro* tuit cil qui l'auront, soient tenu à aler & prendre celuy qui feroit *tel prise, ou pris* contre nostredite deffense, & celuy prins, livrent & baillent à la justice du leu. Et comme ce soit tolte & grieve manniere de *larcin*, nous *Voulons & Commandons* que la Justice du leu *punisse ledit preneur*, selon la qualité du mefait. Et pour ce que pour la doute desdites *prises, & pris*, pluseurs de nos subgiez *doutoient & ont douté faire porter leurs vivres & marchandises* appertement aux marchiez, & aux leux communs & accoustumez à vendre, & les receloient en celiers, en granches, & ailleurs, & les vendoient repostement, *Nous* qui sus ce avons, si comme dessus est dit, porveu, *Voulons, Ordennons & Commandons* que toutes mannieres de marchandises & de vivres, sur poine d'estre forfaites, *soient*

NOTES.

(a) Cette Ordonance est au Registre A de la Chambre des Comptes feüillet 20.

(b) *Prises deffendües.]* Voyez cy-dessus l'Ordonance du Jeudy avant Pâques fleuries 1308. page 458.

PHILIPPE IV. dit le Bel, à Melun, en Septembre le Mardy aprés la feste S.te Croix 1312.

menées pour vendre, droit aux leux & marchez communs, & accoustumez à ce, puisque ils seront partis de leurs leux pour aller à marchiez Et voulons que cete *Ordonnance* & deffense *soit publiée*, tenue & gardée entierement sans enfraindre, excepté que en ce nous retenons, que pour *la necessité tant seulement de nostre hostel*, laquelle l'on ne puet eschiver, mesmement, quant nous nous transportons de *leu en leu*, certaines personnes à ce ordonnées par nos Lettres pendans, sans faire nul substituer pour eux quant à ce, puissent prendre voitures convenables & soufisantes, en telle maniere que sur poine de perdre du tout nostre service, il ne les puissent tenir fors tant seulement *un jour & une nuit, &* tantost renvoyer en payant le salaire sus ce accoustumé. Et pour ce que nostre ditte *Ordonnance* & deffense soit plus fermement & estroitement tenüe & gardée, nous l'avons enjoint à tenir & garder, à nostre tres chier aisné fils *Louis Roy de Navarre, Comte de Champaigne*, Nostre chier frere *Charles Comte de Valois*, & nostre chier & feal *le Comte de saint Paul Boutelier de France*, li quel ont promi & voulu bonnement à tenir & garder, & faire garder notreditte deffense, & nous ont requis, que se aucuns de leurs gens faisoient contre notredite *Ordonnance & deffense*, que il *soient punis* en la manniere dessusditte & leur plaira moult & ainsi l'enjoindrons nous & feront promettre à tous ceux à qui il apartiendra. Et l'avons fait jurer au maître de notre hostel, & li avons enjoint que il le fasse ainsi jurer à tous les officiaus de nos mestiers. Et donnons en mandement au Prevost de Paris, par ces presentes lettres, que il ceste Ordonnance & deffense fasse publier & crier par tous les leux & Villes de la Vicomté de Paris és quiex il voira convenir, & la fasse tenir & garder fermement sans enfraindre en la manniere dessusditte, & ainsi l'avons-nous mandé à tenir & garder par touttes nos Baillies. En tesmoing de laquelle chose, nous avons fait mettre nostre seel en ces presentes lettres. *Donné à Melun le Mardy en prés la feste S.te Croix en Septembre, l'an de grace mil trois cens douze.*

PHILIPPE IV. dit le Bel, à Poissy, le 8. Decembre 1312.

(a) Ordonance contre les usures, qui interprete une precedente du mois de Juillet 1312.

PHILIPPE &c. Nous desirans purger nostre Royaume de la mauvaistié *d'usures*, nouvellement fimes *Ordonnance*, en laquelle jaçoit ce que nous ayant toutes manieres d'usures expressement reprouvé, & deffendu, toutesfois celles usures qui sont trop griefves, & surmontent certaine quantité, en ladite *ordination expresse*, aussi comme insupportables, & non souffrables, & lesquelles plus griefvement, & en petit temps devorent & consument la substance de nos subjets, *plus aprement avons deffenduës, mettant* & imposans peine *de corps, & d'avoir* à nostre volonté, à ceux qui les feront & les frequenteront, ainsi comme plus plenierement est contenu en *(b) l'Ordonnance dessusdite.*

Mais aucuns mal entendans & mauvaisement interpretant la Sentence, & les paroles de cette *Ordonnance*, jaçoit qu'elles soient claires & entendables, pour ce que en cette *Ordonnance* n'avons mis *peine* nommement contre ceux qui useront & frequenteront *usures de menüe quantité*, s'efforcent d'arguer que nous entendons que *celles menües usures se puissent bonnement user, ou frequenter en nostre Royaume*, laquelle interpretation, & argument de telles gens sont moust mauvais. Car comme nous ayons par paroles expresses deffendues *toutes manieres d'usures*, ja pour ce que nous *plus aprement* poursuivons & punissons *les plus grieves usures*, ainsi

NOTES.

(a) Cette Ordonance est rapportée par Fontanon tome 1.er page 676.

(b) En l'Ordonance.] Voyez cy-dessus l'Ordonance du mois de Juillet 1311. & du mois de Juillet 1312. pages 484. 496.

PHILIPPE IV. dit le Bel, à Poissy, le 8. Decembre 1312.

ainsi comme ils viennent de greigneur convoitise, inequité & inhumanité, & qui plus griefvement tourmante le peuple, & le commun des gens : nul homme de sain entendement, ne doit entendre que nous voulsissions souffrir, ce que nous avons reprimé, & deffendu expressement. Mais à ce que ne se donne lieu de doute a aucuns *simples, ou malicieux*, *Nous Declarons* par ces presentes letres, que nous *en l'Ordonnance* dessus dite, *avons reprouvé & deffendu*, & encore *reprouvons & deffendons toutes manieres d'usures*, de quelque *quantité qu'elles soient causées*, comme elles sont de Dieu & des saints Peres deffendües. Mais *la peine de corps & d'avoir* dessus dits, nous ne mettons mie, fors contre ceux *qui les plus grosses usures recevront*, useront, ou frequenteront, selon qu'en l'Ordonnance dessus dite se tient. Mais pour ce nous ne souffrons mie usures *de menüe quantité*, ains voullons estre donnée simplement & de plein, *barre & deffense* à tous ceux à qui seront demandées, afin qu'ils ne les soient tenus de payer, & *repetition* de ceux qui les auront payées, de quelque maniere, ou quantité soient icelles usures. *Et voulons* encore, & commandons celles *usures de menüe quantité*, pour les quelles nous n'avons pas mis la peine dessus dite, estre corrigées & punies, & ceux qui les recevront, useront, ou frequenteront, estre corrigez & punis, ainsi comme selon Dieu & droiture, profit public des sujets de nostre Royaume sera à faire. Porcoy nous vous *Mandons & Commandons* à tous, & chascun de vous, que vous publiez *ces presentes letres*, & les choses contenües en elles, faites sçavoir à tous en la forme & en la maniere, laquelle nous vous commandasmes faire sçavoir & publier *les Ordonnances dessus dites*, pourquoy nul en puisse alleguer ignorance sur les choses dessus contenües. *Donné à Poissy le huitiéme jour de Decembre, l'an de grace mil trois cens douze.*

PHILIPPE IV. dit le Bel, à Fontainebleau, le 28. Decembre 1312.

(a) Mandement adressé au Gardien de Lyons, par lequel le Roy deffend les joutes & tournois, conformement à son Ordonance precedente.

PHILIPPE par la grace de Dieu Roy de France, à nostre gardien de Lions, *Salut*. Comme nous entendons à donner à nostre *tres-cher amé fils Loys, Roy de Navarre, Comte de Champaigne, & de Brie, Palazin*, & à nos autres deux fils ses freres en ce nouviau temps, *ordre de Chevalerie* : & jà pieca par plusieurs fois *(b)* nous eussions *fait defendre generalement par tout nostre Royaume* toutes manieres d'armes, & de tournoiemens, & que nuls sur quanques il se pooient meffaire envers nous, n'allast à tournoiemens en nostre Royaume, ne hors, ou feist, ne alast à *(c)* joustes, *Tupineiz*, ou fist autres fais, ou portemens d'armes, pour ce que plusieurs nobles & grans personnes de nostre garde se sont fait faire, & se sont accoustumez de eux *faire faire Chevaliers esdits tournoiemens*, Et non contrestant cette general defense, plusieurs nobles personnes de nostre *dite garde* aient esté, & soient allez au tournoiement par plusieurs fois à joustes, *à Tupineiz*, tant en nostre Royaume comme dehors, & en autres plusieurs fais d'armes enfraignant nostre dite défense, & en iceux Tournoiemens plusieurs se *soient fait faire Chevaliers*. Et seur ce qu'ils ont fait contre nostre dite defense

NOTES.

(a) Ce Mandement est rapporté par Du Cange dans sa septiéme Dissertation sur Joinville, page 173. *Vide Titul. Decretal. de Torneament. & ibi Cironium & Germonium.*

(b) *Nous eussions fait deffendre.]* Voyez cy-dessus l'Ordonance du 30. Decembre 1311.

(c) *Joutes tupineiz.]* M. Du Cange avoüe que ce terme luy est inconnu, dans sa Dissertation 7.e page 173. Voyez les Dissertations historiques & critiques, touchant les Chevaliers, du P. Honoré de Ste Marie, livre premier, Dissertation 8. §. 4. page 191.

PHILIPPE IV. dit le Bel, à Fontainebleau, le 28. Decembre 1312.

vous n'ayez mis remede, laquelle chose nous desplaist moult forment: *Nous vous Mandons* & Commandons, si estroitement comme nous poons plus, & sur peine d'encourre nostre malivolence, que tous ceux que vous saurez *de nostre garde* qui ont esté puis nostre dite defense à Tournoiemens, Joustes, *Tupineiz*, ou en autres faiz d'armes, ou que ce ait esté en nostre Royaume, ou hors, que vous sans delay les *faciez prendre & mettre en prison* pardevers vous, en mettant en nostre main tous leurs biens. Et quant il seront devers vous en prison, si leur faites amander ce qu'il auront fait contre nostre dite defense: & ce fait si leur recréez leur biens, & avec ce quant il auront amendé, si leur faites jurer sus sains, & avec ce leur defendez de par nous sus poine d'ancourir nostre indignation, & *de tenir prison chascun un an, &* sus poine de perdre *une année chascun les fruiz de sa terre, qu'il tendront les Ordenances que nous avons fait sus le fait d'armes;* qui sont teles: C'est a savoir, que *nuls ne soit si hardi de nostre Royaume, qui voist à Tournoiemens, à Joustes, Tupineiz, ou en autre fait d'armes, soit en nostre Royaume, ou hors, (d) jusques à la feste S.t Remy prochaine venant. Et leur* faites bien savoir que encores avons *nous ordené* que s'il font au contraire de ce, que leur chevaux & leur harnois nous avons abandonné aux Seigneurs sous qui jurisdiction il seront trouvé. Et quant il auront ensi juré, si leur delivrez leur cors. Encore vous mandons-nous que *l'Ordenance dessus dite* vous faciez *crier & publier solempnellement* sans delay par les lieux de vostre garde, où vous saurez qu'il sera à faire, & de defendre de par nous que nuls ne soit si hardy sur la peine dessus dite d'aler aux armes à Tournoiemens, Joustes, ou *Tupineiz*, en nostre Royaume, ou hors, jusques à ladite feste de S.t Remy. Et faites cette besoigne si diligemment, que vous n'en puissiez estre repris de negligence, ou de inobedience, auquel cas, se il avient, nous vous punirons en tele maniere, que vous vous en apercevrez. *Donné à Fontainebliaut le vingt-huitiéme jour de Decembre, lan de grace mil trois cens douze.*

NOTES.

(d) Jusques à la S.t Remy.] Ainsi ces deffenses n'estoient que pour un temps.

PHILIPPE IV. dit le Bel, à Paris, au Parlement, au mois de Decembre 1312.

(a) Ordonance portant que les Docteurs, les Maistres & les Ecoliers d'Orleans ne formeront pas d'Université, & qu'ils ne pourront faire aucuns Statuts.

PHILIPPUS Dei gratiâ Francorum Rex, Notum facimus universis &c. Cum ex justis, rationabilibus, & honestis causis intentionis nostræ non existat, nec placeat nobis, nec Consilio nostro, quod Doctores *&* Scolares Studii Aurelianensis Universitatem habeant, nec statu Universitatis utantur, *Imò sicut ab olim ibidem extitit observatum, tamquam* singulares personæ *moribus & vitâ laudabiliter imbuantur. Nosque pro eorum utilitate, & dicti studii reformatione, certas gratias & privilegia nuper generose duxerimus concedenda, Doctoribus & Scolaribus Aurel. legentibus, & Studentibus, tam in* jure Canonico *quàm* Civili, *& pro dictis gratiis & privilegiis inviolabiliter observandis,* Prepositum *nostrum* Aurelianensem *executorem &* conservatorem *deputaverimus specialem, Nos ad eorum requisitionem hujusmodi gratias & privilegia ad* omnes Magistros & Scolares in Theologiâ, Grammaticâ & Logicâ legentes, & studentes *Aurel. Volumus & de gratiâ speciali* clargiri precipimus & extendi, *quodque dictus* Prepositus Conservator *a nobis super hoc de-*

NOTES.

(a) Cette Ordonance est au Registre *Olim* du Parlement, volume 3. feüillet 134.

PHILIPPE IV. dit le Bel, à Paris, au Parlement, au mois de Decembre 1312.

putatus, tàm istos, quàm illos gaudere faciat privilegiis & gratiis supradictis, quamdiù ipsi, ut persone singulares, *secundum antiquum modum in dicto studio se habebunt.*

Cum autem nuper intellexerimus, *quod predicti* Doctores Juris Canonici & Civilis *inter se* ordinaverint, *quod ipsi* jurare teneantur *se servaturos gratias & privilegia supradicta, & etiam statuta que ipsos Doctores facere contingerit in futurum, & jam inceperint tàm per se, quàm per Scolasticum Aurel. quasdam compulsiones facere, contrà illos, qui* dicta nolunt juramenta prestare, *quod non est dubium voluntati & ordinationi nostre contraire,* cùm per hoc indirectè Statu Universitatis eos appareat uti velle, *& ex hujusmodi juramentis, tam nobis quàm ipsis, quam toti ville Aurel. liquidò appareat posse prejudicium generari, tenore presentium* inhibemus ne ipsi talia, vel similia quomodolibet attemptent, *injungentes eisdem, ut quecumque super hiis attemptarunt,* revocent *absque difficultate quacumque, ita quod non oporteat nos super hoc aliud facere remedium adhiberi.* Damus *insuper tenore presentium in mandatis Ballivo, & Preposito Aurel. ut ipsi, prout ad eorum spectat officium, provideant diligenter, ne super hiis aliquid attemptetur, contra nostre predicte voluntatis & ordinationis intentum.* Volumus *insuper in studii predicti favorem, quod quemadmodum Prepositi nostri, sic & illi qui præerunt excubiis dicte ville, qui erunt pro tempore, jurare palam & publicè teneantur privilegia nostra quecumque Doctoribus, Magistris & Scolaribus predictis concessa, fideliter & inviolabiliter, ut premissum est, custodire, & quod quilibet ex iis, tam* Prepositi *quàm* Prefecti excubiis *qui fuerunt pro tempore, prout ad eorum quemlibet pertinebit, favorabiliter & honestè quantùm sine offensione justitiè commodè poterunt,* Doctores, Magistros & Scolares *Studii predicti* tractabunt, *& ab injuriis, ac* violentiis indebitis *usquequaque defendent.* Volumus *etiam quod ubi casus occurrerit, propter irrogatam forsan* injuriam Doctori, Magistro *vel* Scolari *cuiquam, vel aliam justam causam,* Doctores convenire valeant, prout ab antiquo facere consueverunt, *etsi videbitur eis expediens, secum de Baccalariis dicti Studii, & aliis personis idoneis vocare, possint quotquot pro casu contingente sufficere viderint, cum quibus tractent, vel persequantur agenda, ipsique Doctores sciant* antiquiorem *ex eis in professione* locum Decani *tenere debere, nisi alium communiter ad hoc duxerint assumendum pro ceteris vocandis qui pro talibus debeant convenire, qui Decanus eis exprimet causas vocationis predicte. In quorum testimonium & munimen presentibus literis nostrum fecimus apponi sigillum.* Actum Parisius in Parlamento nostro, anno Domini millesimo trecentesimo duodecimo mense Decembri.

PHILIPPE IV. dit le Bel, en Decembre ou Janvier 1312.

(a) Ordonance touchant les Epiceries & les Denrées, qui se vendent au poids.

SOMMAIRES.

(1) Personne sous peine de corps & d'avoir, ne pourra vendre à livre soutive, si ce n'est seulement aux Medecins & aux Chirurgiens.

(2) Tout Marchand d'Epiceries, & d'autres avoirs de poids, auront de loyaux poids & des balances justes.

(3) Nul ne pourra vendre de fausse marchandise, & si quelqu'un en vend, elle sera confisquée & brûlée, & il payera soixante sols d'amende &c.

(4) Nul n'achetera, ni ne fera acheter aucunes denrées, ou marchandises, mal prises ou volées.

(5) La Bougie sera vendüe sans estre mêlée de suif, ou d'autre chose. Aux quatre livres de Bougie il n'y aura qu'un quarteron de meche, & une once à la livre de Cierges.

(6) On ne pourra vendre des marchandises de poids, sous convention qu'on ne diminüera pas du prix ce qui manquera au poids.

(7) Celuy qui fera la fonction de peser, ne pourra estre, ni Marchand, ni Courretier des choses dont il sera peseur.

(8) Nul Hostelier ne pourra acheter des marchandises dechargées dans sa maison, si ce n'est pour les revendre au marché.

(9) Aucun Courretier ne pourra faire commerce des marchandises dont il sera Courretier.

PHILIPPE IV. dit le Bel, en Decembre ou Janvier 1312.

(10) Le Gingembre & le Pignolat, ainsi que les Confitures seront dessous comme dessus. Et qui sera trouvé faisant le contraire, perdra la marchandise, & sera condanné en l'amende.

(11) Quiconques usera mal ès choses dessusdites, & particulierement en la Cire & aux Confitures, payera soixante sols d'amende.

(12) Dans toutes les Villes où il y aura des Marchands qui vendront à poids, il y aura un Maire & trois Gardes, qui feront la visite, quand ils le jugeront à propos.

(13) Personne ne pourra se mêler de vendre des marchandises, ou denrées à poids, qu'après avoir fait serment au maître du métier.

PHILIPPE par la grace de Dieu Roys de France, Nous faisons assavoir a tous, que comme grans complaintes soient venus a nous, & aus gens de nostre Conseil par plusieurs fois, des grans baras, fraudes, & tricheries qui ont esté de lonc temps, & sont encore *en la marchandise d'Espicerie, & d'autres avoirs de pois*, a grant dommage & decevance de nous, & de tout nostre commun pueple & de tous autres conversans & habitans en nostre Royaume, & nous ait esté requis, o grant instance, que nous vousissions oster & faire oster, & cesser les grans baras, fraudes & tricheries dessusdits, & par tant de fois que nous ne poions plus contrester, sans trop grant esclande, que nous sur ces choses ne meissions conseil & remede. Nous pour oster les grans fraudes, baras & tricheries dessusdits, par grant deliberation de nostre Conseil, & de grant plainte de Marchants d'Espicerie & d'avoir de pois, sages & cognoissans en tels choses de la Ville de Paris, & d'autres diverses villes, & lieus de nostre Royaume, pour ce appelés avec nous a nostre Conseil, Avons Ordené & Ordenons & Establissons les articles, commandemens & deffences ci-dessous escrips, & les Commandons a garder & tenir fermement, & sur les paines ci-dessous escriptes, lesquelles tuit cil encouront qui feront encontre, puisque ces presentes Ordenances, Commandemens & Deffenses auront esté solempnelment & soufisaument publiées, és Seneschaucies & Baillies dont il seront.

(1) Premierement. Nous abatons & ostons du tout la *livre soutive*, & ordenons & Commandons que sur paine de corps & d'avoir, nul ne vende a celle *livre soutive*, ne a autre livre, ou pois, par lesquels tous baras & decevances puissent estre faits comme ont esté faits par cette *livre soutive*, fors que *a Phisiciens & Surgiens* tant seulement, & en cas & non autres, ou il en auroient a faire por leur medecinées & Sirurgiées estimées & ajustées par les escriptures anciennes au pois de cette livre *soutive*.

(2) Item. Que chacun *Marchant d'Espicerie, & d'autres avoirs de pois* ait & tiengne *bon pois & leal*, autre que ladite livre soutive, adjusté *au patron dou mestier*, & ait *bonnes balences perciées entre le bras & la langue* sans estre enarchiées, & a yceluy bon pois & balances li marchants, & toute sa mesniée livrent & poisent tout ce que il achateront & vendront a ceulx tant seulement qui par coustume de lieu ou de pais pourront, voudront & devront, sans prejudice d'autrui peser en leur maisons, ou autres lieus solitaires.

(3) Item. Que nuls ne achate, ne face achater ne vendre a son escient *fausse marchandise* quelle qu'elle soit, pour grant pris que il la vende, ou pour grant marchié que il en ait. Et se il achetoit ou vendoit ainsoient *fausse marchandise*, il perdroit la marchandise & seroit arse *comme fausse*, & paieroit avec ce soixante souls pour l'amende. C'est assavoir *quarante souls a Nous*, ou au Seigneur du lieu, en qui justice ce seroit fait, *& vingt souls au mestre du mestier* du lieu, ou plus prochain du lieu, ou ce seroit fait *pour paier les fiés du mestier*. Et se aucun par ignorance achetoit ycelles fausses marchandises, & ne peust avoir recours a son vendeur, ou pour poureté qui feust en lui, ou pour ce que il se feust destournés & montrat souffisans causes de l'ignorance au mestre du mestier, se il y estoit ou

NOTES.

(a) Cette Ordonance est au Registre *Pater* de la Chambre des Comptes, feuillet 68. & à en juger par les Mandemens suivans elle fut redigée par le Prevost de Paris.

se il n'

ſe il n'i eſtoit, a la juſtice du lieu, il ne forferoit ne ne perdroit pas pour ce la marchandiſe, & la pourroit revendre, non a marchans, mes a perſonnes qui les acheteroient pour uzer en leur oſtieulx, mais que il monſtraſt & aviſaſt ſouffiſaument, en la preſence de bones gens, l'acheteur de tout le dechié, & de tout le dommage qui i pourroit eſtre pour cauſe de la fauſſeté. Et ſe ainſſy ne le feſoit, la marchandiſe ſeroit forfaite, & arſe, & l'amenderoit ſi comme deſſus eſt dit de ceulx qui la marchandiſe acheſteroient fauſſe a eſſient.

(4) *Item.* Que nuls ne achate, ne face acheter danrées nulles d'avoir de pois, en quoy il ſente que il ait ſoupeçon d'eſtre mal priſes, ou emblées, ſe ce n'eſtoit *a cautele* pour tenir ſon ſaiſy, juſques a tant que le vendeur euſt trouvé *ſon garant.* Et ſe celui qui leſdites denrées aura aportées n'eſt revenus dedens le terme que l'acheteur li baudra, ou n'a trouvé & amené *ſon garent,* li achetieres ſera tenus a bailler & delivrer tantoſt leſdites denrées au meſtre du lieu, & li meſtre les baudra, ſitoſt comme elles li ſeront bailliées, a celui qui aura la haute juſtice du lieu, ou a ſon commandement.

(5) *Item.* Que nuls, quelque il ſoit, qui face ouvrer a la main cire pour revendre, ne en ouvrage de Bougie ne meſle, ne ne face meller avec *ſa cire, ſuif ne autre choſe* qui puiſt empirer la cire, & que la *cire ouvrée,* ſoit autele dedens comme dehors, *ſans couverture,* & en tout l'ouvrage que il fera, ou fera faire, ſoit a la main, ou de Bougie, aura autant de Cire parmi langue ſaiche comme l'euvre ſera ſeigne; Et ni mettra limegnon fors que tant comme le trait en doit porter de raiſon, c'eſt aſſavoir aux quatre livres de cire parmi un quarteron de limeignon en l'ouvrage fait pour vendre. Et ne pourra vendre nuls l'euvre qui ſera faite de viez cire pour neuve, ne de viez cire meſlée avec la neuve, que il ne le die a l'acheteur. Et aus cierges aura demie honce de limeignon a la livre.

(6) *Item.* Que nuls ne puiſt vendre, ne acheter denrées d'avoir de pois, ſous convenance, que il ne puiſſe, ou doie rabattre de la cire comme elle peſera.

(7) *Item.* Que nuls des peſeurs de pois, ſoit de cire, ou d'autre avoir de pois, tenant *l'Office de peſer,* ne puiſſe eſtre *ni marchant,* ne *courratier* des denrées dont *il ſera peſeurs.* Ne nuls par ſon ſerment ne leur donra, ne fera donner, ne prometre, ne ne fera promettre don, ou ſervice par entention que il toillent riens a autrui en leur peſages pour leur donner.

(8) *Item.* Que *nuls hoſteliers* ne puiſſe acheter pour revendre, denrées d'avoir de pois, qui ſeront venües en ſon hoſtel, ſe ce n'eſt en marchiez, ou places communes.

(9) *Item.* Que nuls courratiers d'avoir de pois ne puiſt eſtre marchant de *denrées dont il ſera courratier.* Ne ne pourra, ne ne devra par ſon ſerment faire convenances ne marchiez nuls a ſes marchans, aus vendeurs, ne aus acheteurs en faiſant l'office de ſa courraterie, que il li doingnent pour ſon ſalaire fors que *le droit courretage* anciennement accouſtumé, ne leſdiz marchans ne li donront ne proumettront pour marchié que il entendent a faire, fors que ſon droit courretage. Et que nuls ne puiſt uſer de courretage, ſans le congié du meſtre du meſtier & de ſon conſeil dou lieu, ou de la juſtice, ſe meſtre ni avoit, & juſques a tant que devant le meſtre, ou la juſtice il aura fait le ſerment que faire doivent, & devront courratiers.

(10) *Item.* Que nuls ne vende, ne achate pour revendre *Gimgembrat* ne *Pignolat enbouchié,* & qu'il ne ſoit autel deſous, comme deſſus, & ſans enchapleures, qui ne ſaint de même le cucre, & la confiture ſans yringes. Et que nul ne le reface en maniere que il meſle le viel avecques le nouvel, & que il ne le die a l'acheteur. Et que nuls ne face a confiture *nulle couverture* de cucre, qu'elle ne ſoit dautel deſſous comme deſſus. Et cil qui ſera trouvé faiſant contre ceſte Ordenance perdra toute *la confiture, & ſera en l'amende.* Et ladite confiture par le commandement de la juſtice du lieu ſera jugiée par le meſtre du meſtier du lieu, ſe meſtre y avoit, & ſe meſtre n'i avoit, par cette meſme juſtice, & leſdites

PHILIPPE IV. dit le Bel, en Decembre ou Janvier 1312.

gens & l'execution sera fait sur ce comme fait le requerra par ladicte Justice.

(11) Item. Se aucuns est trouvez usant en mal es choses dessus dictes, & especialement en l'euvre de la cire, & es confitures, il perdra les denrées qui seront trouvées de ce ataintes, & paiera soixante soulz parisis d'amende, en la maniere que dessus est dict.

(12) Item. Nous Ordenons & Commandons, que en chascune bonne Ville de nostre Royaume, où il y aura plusieurs marchans *d'avoir de pois,* chacun an le commun de celui mestier, soient éleües quatre personnes, l'une qui sera *mestre* & les trois qui seront *gardes* doudit mestier avec le mestre. Et cil qui ainsi eleuz seront, a ce faire ne le pourront refuser jusques a la fin de l'an passé, & feront serment a la justice du lieu, tel comme l'estat de chascun, & les besoignes dudit mestier le requerront. Et se prendront garde es Villes où il seront eleuz, & en toutes les autres Villes voisines esqueles il aura marchans, ou vendeurs *d'avoir* de pois, & des balences de l'ouvrage de cire, & des autres choses dessusdites, & les visiteront toutefois qui leur sera aviz que bon soit, & especialement deux fois, ou trois l'an en l'hostel de chascun marchant & vendeur. Et se il truevent aucun qui *en usent mal* a son escient, & n'en soit chastiez, quant il en aura esté monnestez, ledit mestre, ou li deuz, ou li *uns des esleuz* le rapporteront *a la justice* du lieu, & la justice *l'en punira* ainssi quant elle verra qui sera a faire par les Ordenances, deffenses & painnes ci-dessus escriptz.

(13) Item. Que nul ne puit commancier, ne lever estal, ne marchandise d'avoir de pois, si qu'atant qu'il aura *fait le serment* au mestre du mestier, ou a la Justice du lieu de faire loiaument tenir & enteriner les choses dessus dictes, sur *paine de perdre les denrées.* Et se il en y a aucun qui n'ait fait *le serment* dessusdit que il le face dedens *les nuits* que len li aura fait assavoir, *Et Voulons, Ordenons & Commandons* que les Ordenances, Commandemens & Deffenses dessusdites seront estroitement gardées, & qui sera trouvé en deffaut es choses dessus dictes, li Mestre *du mestier,* ou li *uns des Esleuz* le raportera a la justice du lieu, & y mettra la main du commandement de la Justice, & sera jugiée l'amende pour la Justice du lieu, apelé a ce faire ledit Mestre, ou aucunes bonnes gens dudit mestier, selon la qualité que le fait le requerra, *les deux pars* pour la justice du lieu & la *tierce partie* pour paier *les frez du devant* du mestier, si comme dessus est dit.

PHILIPPE IV. dit le Bel, à Paris, le 13. Janvier 1312.

(a) Mandement adressé aux Gardes des Foires de Champagne, pour l'execution de l'Ordonance precedente.

PHILIPPE par la grace de Dieu Roys de France, as gardes des Foires de Champaigne, *Salut.* Comme pour le commun proffit, & les grans fraudes oster, qui faites estoient en la marchandise de Espices, & des autres *avoirs de pois,* nostre *(b) Prevost de Paris,* a la requeste, & du conseil des marchans Espiciers, & autres demourans & frequentans en la Ville de Paris, *ait fait certaines Ordenances* sur ce, entant comme il puet touchier la marchandise, & les marchans *de la Ville de Paris,* si comme vous le voirois estre plus plainement contenus en une lettre scellée de nostre scel de la Prevosté de Paris, lesquelles *Nous vous envoions* avec ces presentes lettres, Nous *Voulions* pour le commun profist *les dites Ordenances estre gardées* en toutes les *Villes, Foires & lieus de nostre Royaume,* jusques a tant nous ayons eu plus plaine deliberation sur ce, *Vous Mandons* que

NOTES.

(a) Ce Mandement est au Registre *Pater,* feüillet 68. de la Chambre des Comptes.
(b) Voyez l'Ordonance precedente.

en ces présentes *Foires de Laigny*, les dittes *Ordenances faittes solemnellement publier de par nous*, que tuit marchans demourans, & frequentans en nostre Royaume en quelques Villes, Foires & lieus que ce soit, icelles *Ordenances*, & plus especialement celles qui *des confitures* font mention, esqueles les plus grans fraudes ont esté, & puent estre faites, *gardent & tiengnent*, & riens ne facent au contraire sur les peines contenues esdittes Letres, jusques a tant nous ayons eu sur ce plaine deliberation, si comme dessus est dit. *Donné à Paris le Samedy aprés la Tiphanie, l'an de grace mil trois cens & douze.*

PHILIPPE IV. dit le Bel, à Paris, le 13. Janvier 1312.

PHILIPPE IV. dit le Bel, à Paris, 1.er Fevrier 1312.

(a) *Autre Mandement concernant l'execution de l'Ordonance, touchant les Epiceries.*

PHILIPPE par la grace de Dieu Roys de France, as gardes des Foires de Champaigne & de Brie, *Salut.* Comme en ces présentes Foires de Laigny vous aiens envoyé par deus de nos Notaires de nostre Chastellet de Paris *certaines Ordenances faites par nostre (b) Prevost de Paris*, a la requeste, & du conseil, des *Marchans Espiciers*, & autres demourans & frequentans en la Ville de Paris, sur la marchandise *des Espiceries* & d'autres avoirs de poids, pour oster les grans fraudes, baras & decevances qui en la dicte marchandises sont faits communement, a grant dommages de tous marchands & de nostre pueple, & vous aiens mandé que les dittes *Ordenances feissiez publier a cry solemnel*, & commander estroitement de par nous, que jusques a tant nous eussions eu plaine deliberation sur ce, tuit marchans demourans & frequentans en nostre Royaume en quelques Villes, Foires & lieus que ce feust, icelles Ordenances, & plus especialment celles qui *des confitures* font mentions, esqueles plus grans fraudes ont esté, & puent estre faites, gardent & tiengnent, & riens ne facent au contraire, sur les peines contenuës esdites Ordenances. Et comme enseurquetout plusieurs marchans soient venus orendroit a nos amez & feals les *gens tenens nostre present Parlement* a Paris, & leur aient monstré en complaignant *aucunes confitures*, que ils ont acheptè en ces présentes foires de *Laigny*, en faisant foy, & demonstrant visiblement les grans fraudes & barras qui ez *boëtes & botelles, couvertures & tares desdites confitures* sont, & de ce mesme vous aient monstré, si comme il dient, un an a passé & depuis par plusieurs fois tout de nouvel, puis *la publication desdites Ordenances*, & requis o grant instance, que les *tares des dittes confitures* feissiez ramener, & mestre a estat deu & ancien, si que nul ni peust estre baretez, ne deceus, & riens n'en aies volu faire, si comme len dit, pour ce que aucuns opposans au contraire, vous requierent que vous les gardés & maintenez a leurs us & anciennes coustumes. *Sçavoir vous faisons* que nous ne tenons pour us, ne pour coustumes celles qui nourrissent, encloent, & soutiennent *fraudes, barras & larcins*, ne les coustumes des foires de Champaigne ne furent oncque faites, ne entroduites pour tels mauvestiées soustenir, mais pour tous biens & touttes leautez, Si vous *Mandons* encore, *& Commandons* si estroitement comme nous povons, que vous en toutes les Foires de *Champaigne & de Brie*, ainsit & sitost comme elles vendront les unes aprés les autres, *esdites Ordenances, faites solennellement publier & commander de par* Nous, selon la teneur de *nos autres lettres que* nous vous avons *autres fois envoyés sur* ce, que ycelles Ordenances soient gardées, & que nuls ne fassent le contraire, sus les painnes contenües en icelles, Et pour ce, si comme dessus est dit, len ne doit pas tenir pour coustumes celles qui encloent, & nourris-

NOTES.

(a) Ce Mandement est au Registre *Pater* de la Chambre des Comptes, *fol.* 70.

(b) Voyez cy-dessus, pages 512. 513. &c.

PHILIPPE IV. dit le Bel, à Paris, 1.er Fevrier 1312.

sent *barras, larrecins & faussetés*, Nous vous *Mandons* que non contretant l'opposition dessus ditte, les boites, les boutelles, couvertures, & les tares, *des confitures* faites ramener a estat, & pois ancien, si que nul n'i peust estre baretez, ne deceus, des-ore-en-avant; Et se par aventures aucuns ayent acheste en cette foire ou achatent, ou temps a venir *és foires de Champaigne & de* Bric, *confitures*, ou autres *marchandises*, avoirs de pois, & aient esté fraudés, deceus, & dommagiés, en aucuns des cas contenus esdites *Ordenances*, soit en poids, ou quantité de tares, de boites, ou de boutelles couvertes, ou en autre manniere, *contraignez* lesdits vendeurs, toutes fois que vous en serez requis, a rabatre & descompter du poids, & que les dites tares pestrant, & du pois de la chose vendüe, ou restablic, le dommage, se ja estoit, soit payé, selonc la teneur desdittes Ordenances, ainsi comme raison sera, & la faussété. Et vous faisons assavoir que si vous estes negligens & deffaillans de faire & accomplir les choses dessus dittes, nous les ferons faire par nos gens en deffaute de vous. *Donné à Paris le premier jour de Fevrier, l'an de grace mil trois cens douze.*

PHILIPPE IV. dit le Bel, à Poissy, le 26. Avril Avril 1313.

(a) Ordonance touchant les marques ou represailles, pour defaut de droit entre les sujets du Royaume de France & de celuy d'Arragon.

PHILIPPUS *Dei gratiâ Francorum Rex, Universis presentes litteras inspecturis*, Salutem. *Volentes & Cupientes circa utilitatem & tranquilitatem subditorum nostrorum, necnon &* bonum statum regnorum nostri & carissimi consanguinei nostri Jacobi Dei gratiâ Aragonum Regis illustris, *vacare & insistere, sicut decet. Attendentes que quod* Marche, seu Pignorationes, *si quas in futurum fieri contingeret inter prefati Regis & nostri subditos, materiam dissensionis, & discordie inter* utriusque regnicolas de *facili inducerent & afferrent, ideò juxta tractatum & ordinationem inter* ipsum Regem *& nos habitam, tenore presentium* Volumus *ac etiam* Ordinamus *quod de cetero inter dictum carissimum consanguineum nostrum Regem Aragonum inclitum, & nos, regna & terras, ac gentes ipsius & nostri*, non fiant, nec fieri possint, nec debeant, Marche, *vel* Pignorationes, propter defectum justitie, *qui inventus dicatur in regno nostrum altero, vel in officialibus, seu gentibus nostris, vel subditorum nostrorum dictus defectus justitie exponatur fuisse inventus primitus, si unâ peremptoriâ requisitione novem mensium spatium continente, de faciendâ justitiâ alter fuerit per alterum requisitus; Et si Nos, vel dictus Rex cum de hoc, requirendi essemus, tempore dicte requisitionis faciende, non essemus in regnis, vel terris nostris, quod requisitio predicta, in casu absentie nostre, fiat & fieri possit in ci*vitate Parisiensi coram gentibus nostris, aut Magistris per nos ibi deputatis, & in *casu absentie dicti Regis Aragonum* in civitate Barchinonensi, *coram Procuratore, vel Vicem-gerente ejusdem, & quod de dictâ requisitione, & de requisiti in reddendâ justitiâ defectu, constet illi* qui Marcham indicere voluerit *per litteras regias, vel alia publica instrumenta, antequam ad dictam* Marcham faciendam *procedat; Et si contingeret, quod absit, quod contra dictam observantie, seu ordinationis formam* Marcha, seu Pignoratio fiet, *Rex in cujus regno, vel terrâ illa* marcha induceretur, *sive per ipsum Regem, sive per sibi subditum aliam justitiam habentem perperam indicatur, teneaturque ipsam propriis sumptibus retractare, omnia que dampna, & expensas, que ex dictâ Marchâ, & ejus occasione* marchati, seu pignorati *incurrerent, ipsorum juramento, ubi alie probationes deficerent, declarandâ, de fisco proprio repa*

NOTES.

(a) Cette Ordonance est au Parlement Registre A *fol.* 18.

rare. Actum apud Pissiacum, die vigesimâ sextâ Aprilis. Anno Domini millesimo trecentesimo tredecimo. In cujus rei testimonium sigillum nostrum presentibus litteris duximus aponendum.

PHILIPPE IV. dit le Bel, à Paris, en Parlement, le Mardy S.t Jacques S.t Philippe 1.er May 1313.

(a) Ordonance touchant les Officiers du Chastelet.

SOMMAIRES.

(1) Il n'y aura plus d'Examinateurs, & les enquestes seront faites par les Notaires, ou autres personnes nommées par les Auditeurs, ou le Prevost.

(2) Il sera libre au Prevost, & aux Auditeurs de prendre tels clercs qu'il leur plaira, quand mesme d'autres auroient à cet effet des lettres du Roy.

(3) Il sera informé des excés commis par les Officiers du Chastelet, & cependant ils seront suspendus.

(4) Jean Payen clerc du Prevost de Paris sera suspendu de son Office, pour ses exactions.

(5) Les Notaires qui seront trouvez incapables, & de mauvaise vie, seront supprimez.

(6) Les Auditeurs ne connoistront pas des causes d'heritages, ni de l'estat des personnes, mais seulement des causes qui monteront à soixante sols.

(7) Tous procés pourront estre instruits par les Auditeurs, mais quand ils seront prés d'estre jugez, ils seront renvoyez pardevant le Prevost.

(8) Les frivoles amendements demandez des jugements des Auditeurs, seront renvoyez par le Prevost, pardevant les Auditeurs mesmes.

PHILIPPE par la grace de Dieu Roy de France, a tous ceuz qui ces presentes Lettres verront, *Salut.* Sçavoir faisons a tous, que comme il ayt esté trouvé par information sur ce faite de nostre Commandement, que plusieurs *extorsions, & outrageuses prises* se soient faites, & sont encore de jour en jour *en nostre Chasteleit de Paris.* Nous eüe sur ce deliberation diligent, *avec nostre conseil, avons Ordené en ce present Parlament* sus l'estat, & les Officiers doudit Chastellet en la maniere qui s'ensuit.

Premierement. Que les Examinateurs doudit Chastellet, pour ce que il est trouvé par ladite information, que ce est nostre domage, & dou peuple de ce que il y sont, seront dou tout ostez, & seront les *examinations faites* selonc la maniere antienne. C'est assavoir *par noz Notaires* dou Chastellet qui seront souffisans a ce faire, ou par autres bonnes personnes, teles comme *le Prevost & les Auditeurs* voudront, mais que il ne soient pas leur clers, ou qui a ce seront esleuz d'acort des parties, non contrestant lettres, que il ayent de nous, les queles des maintenant, nous rappellons & anullons.

(2) Item. Nous avons ordené que le *Prevost* & les *Auditeurs* dou Chasteleit prendront pour eus tels clers comme il voudront, & mettront & osteront toutes les fois que il leur pleira, non contrestant ce que aucuns clers aient de ce nos lettres, les queles dou tout nous rappellons & annullons des maintenant.

(3) Item. Nous ordenons que pour les exez, & les grans extorsions que les Officiers dou Chasteleit ont fait, & font tous les jours, que len enquerra de ce, eus appellez, & cependant, il seront soupenduz de leurs Offices.

(4) Item. Nous ordenons que pour les grans prises & outrageuses, & les grans extorsions que *Jean Paien clerc dou Prevost de Paris* ha faites, & fait de jour en jour, si coume il est trouvé par la dite information, que des maintenant il est *soupenduz de son Office*, & fera len inventoire de tous ces biens, & puis len enquerra de son fait, parties appellées.

(5) Item. Nous ordenons que pour ce que il i ha *plusieurs Notaires* moins

NOTES.

(a) Cette Ordonance est au Registre *Olim* du Parlement, feüillet 142. *verso.*

PHILIPPE IV. dit le Bel, à Paris, en Parlement, le Mardy S.t Jacques S.t Philippe 1.er May 1308.

souffisanz & de *mauvaise vie*, si comme len dit, que len enquerra de ce, & osteront les Commissaires a ce deputez ceus qui tels seront, & y mettra len bonnes personnes, & ceux contre qui les Commissaires, qui a ce seront deputez enquerront, il les soupendront, tout premierement de leurs Offices.

(6) Item. Nous ordenons que li Auditeurs dou Chastelet ne jugeront de nule cause *de heritage*, ne qui touche *estat*, ne *condition de personne*, ne de autres causes fors de celles que monteront jusques a *sexante sols*, ou au dessouz.

(7) Item. Tous procez se pourront faire devant les Auditeurs, & quant il seront en point de jugier, il envoyeront les procez devant le Prevost, pour jugier.

(8) Item. Se aucuns frivoles *amendemenz* sont demendez des jugiez des *Auditeurs*, le Prevost, sitost comme il verra, que il seront *frivoles*, il renvoyera la cause devant *l'Auditeur*, *(b)* de qui *l'amendement* sera demandé. En tesmoing de ce, nous avons fait mettre nostre Scel en ces presentes lettres, qui furent faites & données *a Paris en Parlement le Mardy jour de feste S.t Philippe & S.t Jacques Apostres, l'an de grace mil trois cens & treize.*

NOTES.

(b) De qui l'amendement sera demandé.] L'amendement de Jugement est icy, ce semble, confondu avec l'appel. Voyez ce que j'ay remarqué sur l'article 68. & 80. du premier livre des Establissemens de S.t Loüis, pages 169. & 170.

PHILIPPE IV. dit le Bel, à Pontoise, au mois de Juin 1313.

(a) Ordonance touchant les Monoies.

SOMMAIRES.

(1) Les monoies blanches & noires faites hors du Royaume, n'y auront à l'avenir nul cours.

(2) Toutes monoies blanches au Coin du Roy, n'auront plus cours à l'avenir.

(3) Toutes monoies d'Or n'auront plus de cours, à l'exception des deniers d'Or à l'Aignel qui seront pris chacun pour quinze sols tournois petits, & non pour plus.

(4) Les Tresoriers de la Chambre aux deniers, les Seneschaux, Baillis, &c. ne metteront, ni ne prendront aucunes monoies deffenduës, mais seulement des petits tournois & des petits parisis, des petits bourgeois pour des petits tournois, des doubles bourgeois forts, pour trois mailles parisis, des parisis doubles & des tournois doubles, au cours qu'ils ont eû; Sçavoir, trois parisis doubles pour deux deniers parisis, & trois tournois doubles pour deux tournois petits, &c.

(5) En chaque mêtier, il y aura deux preud'homes élûs, qui feront jurer ceux du mêtier, qu'ils observeront les Ordonances des monoies, & ceux qui seront trouvez y contrevenir, aprés qu'elles auront esté publiées, perdront leurs monoies avec amende, & le denonciateur aura cinq sols par livre de la monoie confisquée.

(6) Les Orfevres, ni les Changeurs & autres, ne pourront rachacer & afiner nules monoies d'Or ni d'Argent, blanches ou noires, ni l'Argent en plate, sous peine de confiscation, & d'estre punis comme faussaires. Et le denonciateur aura le tiers de la confiscation.

(7) Personne ne pourra porter hors du Royaume de la vaisselle d'Or ou d'Argent, si ce n'est des Prelats & des Barons, lesquels n'en pourront avoir que ce qui leur en sera necessaire.

(8) Nul ne pourra porter hors du Royaume de l'argent en billon, mais seulement des deniers d'Or à l'Aignel, à moins que ce ne fussent des Pelerins, ou autres personnes qui auroient affaire hors du Royaume, lesquels pourroient avoir des petits tournois, & des petits parisis.

(9) Personne ne pourra vendre, ni acheter, si ce n'est à sols & à livres, sous peine de confiscation de la marchandise & de la monoie.

(10) Nul Orfevre, ou Changeur ne pourra acheter de l'argent que pour un denier moins par livre qu'on le donne aux monoies. Nul pendant une année ne pourra mettre de l'argent en œuvre. Et dans toutes les Villes où il y aura des Orfevres il y aura deux personnes, qui marqueront leurs ouvrages.

(11) Les Changeurs & autres ne pourront porter l'argent & le billon qu'ils auront, qu'aux monoies du Roy les plus proches, sous peine de perdre le billon & l'argent.

(12) Les Prelats & les Barons auront les monoyes confisquées dans leurs terres, où ils ont haute & basse Justice, à la charge de les faire porter aux Hôtels des monoies du Roy.

(13) Il y aura des Commissaires nommez

pour informer contre ceux qui auront contrevenu aux Ordonances des monoyes, & ceux qui se trouveront coupables seront punis.

(14) Les Prelats, & les Barons qui ont droit de faire battre monoie dans leurs terres, ne le pourront faire, jusques à ce qu'ils en ayent des lettres de Sa Majesté.

(15) Les Prelats, & les Barons ne pourront alleger, empirer leurs monoies de poids, ni de loy, du point & de l'estat ancien.

(16) Les Prelats, & les Barons ne pourront faire des monoies semblables à celles du Roy.

(17) Il n'y aura que les seules monoies du Roy qui seront prises dans les Villes, & les lieux où il n'y a pas de propre monoie.

(18) Personne, sous peine de perdre corps & avoir ne pourra fondre aucunes monoies du Roy ou des Barons, tant qu'elles auront cours.

(19) Les maistres des monoies des Barons jureront qu'ils ne feront fondre aucunes desdites monoies.

(20) Dans les terres des Barons qui ont monoie, il n'y aura que la leur, & celle du Roy qui auront cours. Et dans les terres des Seigneurs qui n'ont pas monoye, il n'y aura que celles du Roy qui auront cours, &c.

(21) Dans toutes les monoies des Barons il y aura des gardes aux dépens du Roy, pour y faire observer les Ordonances.

(22) Les presentes Ordonances seront criées & publiées.

PHILIPPE par la grace de Dieu Roy de France, a tous ceus qui ces presentes Lettres verront, *Salut.* Comme pour le commun proufit de nostre Royaume, & a la requeste des Prelats, Duxs, Comtes & autres Barons, & du commun pueple de nostredit Royaume, Nous aions ordené a faire bonne monnoie, & a ramener, & faire remettre & retourner nos monnoies, & les monnoies des Prelats, Duxs, Comtes & Barons de nostredit Royaume qui ont droit de faire monnoies en leurs terres, a leurs cours & ancien estat; Sçavoir faisons a tous que sur ce appellé avecq nous nostre Conseil, & les maistres de nos monnoies grant plente de bonnes gens de bonnes Villes de nostre Royaume, sages & esprouvez en telles choses, avons entraitié deliberation & accord, & fait certaines Ordennances en la manniere cy-dessous escripte, lesquels chacun en droit soy sera tenus a garder, & faire tenir & garder, & sous certaines paines contenües esdites Ordenances.

Premierement. Nous avons Ordenné & ordennons que toutte *(b)* monnoies *blanches & noires* dehors de nostre Royaume, des-ore-en-avant chiessent du tout,

NOTES.

(a) Cette Ordonance est au Registre A de la Chambre des Comptes, feüillet 21. *verso*, au Registre B feüillet 30. & au Registre du Tresor, coté au haut 4. & au bas 3. feüillet 53.

(b) Le Roy pour faire executer cette Ordonance envoya les lettres qui suivent aux Baillis, aux Prelats, aux Barons, &c.

Mandement au Bailly de Cotentin.

Philippe par la grace de Dieu Roy de France, au Bailly de Constantin, ou a son Lieutenant, *Salut.* Comme nous aions ordenné a faire bonne monnoie de petits tournois & de petits parisis, Nous pource que nus ne soit deceuz en fermes, marchiez & Contrats des-ores-en-avant, te Mandons que toutes nos fermes & marchiez, bailliez & fay baillier des le jour de feste S.t Jean prochaine en avant a nostre ditte bonne monnoie, qui courra. Et autressy que veües ces lettres, fais solempnement publier, crier & preconiser en touttes les bonnes Villes de ta baillie, & du ressort d'icelle, que toutes personnes soient bien advisees des laditte feste en avant de marchander, bailler & prendre leurs fermes & marchiez a laditte bonne monnoie, & fait autressi assçavoir, a tous que assez tost nous envoirons a toi, a nos Senechaux & a nos autres Baillis & Prevosts autres lettres, qui par grant deliberation de nostre Conseil ont esté faites sus les Ordennances du cours, & des deffenses des monnoies, & des contrauts, & des fermes qui ont esté faits & baillez de temps passez. *Donné à Paris le Samedy devant la Trinité, l'an de grace mil trois cens treize.*

Ces lettres sont au Registre A de la Chambre des Comptes, feüillet 21. *verso.*

Mandement à l'Evesque de Maguelone.

Philippe par la grace de Dieu Roys de France, *à nostre* amé & feal *l'Evesque* de *Magalone,* Salut & bonne amour. Comme pour le commun proufit de nostre Royaume nous aions ordenné, à la requeste de nous & des autres Prelas & Barons de nostredit Royaume, & promis à faire bonne monnoie & à ramener & faire remettre nos monnoies, & les autres de nos Prelas & Barons, qui ont droit de faire monnoie, à leur cours, & ancien estat. Et seur ce appelé avecque nostre Conseil & les

PHILIPPE IV. dit le Bel, à Pontoise, au mois de Juin 1313.

& n'aient nul cours en nostre Royaume pour quelque pris que ce soit, fors au marcq pour billon.

(2) *Item.* Pour eschever la contrefaçon de nos *monnoies blanches*, que les faussaires ont fait ça en arriere, en coings semblables aux nostres, & pour ce que icelles monnoies *blanches* contrefaittes, & les nostres par la volenté du peuple sont en si grant pris montées, que pour ce nos noires monnoies ont esté fondües & degastées, & seroient encore plus, se plus estoit souffert, pourquoy nous ne pourrions peupler, ne remplir nostre Royaume de noires monnoies, si comme la necessité le requiert, durant le cours desdites blanches monnoies, *Nous avons Ordenné & Ordennons* que touttes blanches monnoies faittes en nostre coing des-ores-en-avant soint abattües du tout, & n'aient nul cours pour quelque pris que ce soit fors au marcq pour billon.

(3) *Item.* Pour les causes dessusdittes nous avons *Ordenné & Ordennons* que touttes monnoies d'Or, soient de nostre Royaume ou dehors, chiessent du tout & n'aient nul cours pour quelque pris que ce soit, fors au marcq pour billon, *exceptée nostre monoie d'Or à l'Aignel* laquelle nous faisons faire a present. Et courra chacun denier d'Or de celle monnoie a l'Aignel *pour quinze sols* tournois petits & non pour plus, & tant seullement comme il nous plaira.

(4) *Item.* Que nos Tresoriers nostre *Chambre aux deniers*, nos Senechaus, Baillis, Prevosts, Fermiers, & autres receveurs de nostre Royaume, quels que ils soint, ne preignent, ne mettent, ne fassent prendre ne mettre par eux, ne par autres, nulle monnoie defendüe *fors que tournois & parisis petits, &* les *Bourgois petits pour tournois petits, & les doubles Bourgois* fors *pour trois mailles parisis* & les *parisis doubles &* les tournois *doubles courront* pour le pris que ils ont couru, c'est a sçavoir *trois parisis doubles* pour *deux deniers parisis*, & *trois tournois doubles* pour *deux tournois petits bons*, & tant seulement comme il nous plaira. Et jurront touttes les personnes dessus dittes dedans les huit jours aprés ce que ces choses auront esté publiées, que il touttes les choses contenües en cest article, garderont & tendront, & riens pour quelque cause ou couleur que ce soit, encontre ne feront.

NOTES.

les Mestres de nos monnoies grant plante de bonnes gens des bonnes Villes de nostre Royaume, sages & esprouvez es choses dites, aions en traitié deliberation & accort & fait certaines Ordennances, lesqueles chacuns en droit soy sera tenus a garder, & faire tenir & garder & seur certaines peines contenües esdites Ordennances. Et comme longue chose seroit raconter par écrit les accors & traitiez que nous avons euz seur ces choses, & la maniere que nous, & chascun qui a droit de faire monnoie de nous, doit garder & tenir pour faire les bonnes monnoies dont il est acordé, ne se puist pas estre mis en escript ententiblement & sans peril, Nous qui pour defaute de bon avis, ne voudroions pas que vous, ne les autres Prelats & Barons de nostre Royaume qui ont droit de faire monnoie, encoureussiez, ne peussiez encourre les paines contenües en nosdites Ordennances Vous Mandons que les Mestres par les quieux vous entendez que vous doiez faire ouvrer en vos monnoies, envoiez à Paris aux octaves de feste de Toussaints prochain venant, pardevant nos amez & feals les gens de nos Comptes, & les mestres de nos monnoies pour nous, & eus enfourmer & aviser seur toutes les choses dessusdites, & seur la maneuvre que lesdits Mestres doivent garder & tenir en faisant ouvrer en nos monnoies. Et ce faites en tele maniere, que vous ne puissiez alleguer ignorance, ne escuser vostre negligence & simplesse seur les choses dessusdites, si eles y estoint par defaute de information & de bon avis, & pour ce que nous n'aions cause de faire lever, & exploiter seur vous, & vos gens lesdites paines, se par defaute de vous & de vos gens elles estoint commises. Et ne voulons pas que vous ouvrez, ou facez ouvrer en vos monnoies, jusques à tant que lesdits Mestres des monnoies vostres, aient esté à nosdites gens *à Paris, & raporté à vous leur information & avis* seur les choses dessusdittes. *Donné à Pontoise le Vendredy aprés la Trinité, l'an de grace 1313.*

Ces letres sont au Registre A de la Chambre, feuillet 27.

Commission envoyée à plusieurs particuliers.

Philippe par la grace de Dieu Roy de France, à nos amez & feals Guy Florent & (c) Le

PHILIPPE IV, dit le Bel, à Pontoise, au mois de Juin 1313.

(5) *Item.* Pour ce que nos dittes Ordenances soient mieux tenües & gardées, *Nous avons Ordenné & Ordennons & Commandons* que en chascune bonne Ville de nostre Royaume, les *Mestres des mestiers* fassent assembler touttes les personnes des mestiers, & de chacun mestier a part, & eus assemblez, que il de chascun mestier elisent *deus preud'hommes,* & que iceus deus prudes-hommes fassent *jurer seur saints Evangiles chascun du mestier,* que il en touttes choses *garderont* bien & loyaument, de tant comme a chascun appartiendra, *nos dittes Ordennances,* & qui, *puisque ces dittes Ordennances auront esté publiées,* sera trouvé prennant & mettant autres monnoie quelle que elle soit, fors les monnoies dessusdittes, & celles mesme pour plus grant pois, comme dessus est dit, ou sur ce sera convaincus, par enqueste, ou par preuve souffisemmment, il *perdra la monnoie,* & avecques ce *il l'amendera* à nostre volenté, & li accuseur de chascunne livre de la monnoie forfaite & accusée par li, aura cinq sols.

(6) *Item.* Nous avons *Ordenné & Ordennons* que nuls Orfevres, ne Changeurs, ne autres ne rachatent, ne affinent, ne ne facent rachater, ne affiner nules monnoies d'Or ne d'Argent, *blanches* ne *noires,* ne nul Argent en plate quelque il soit, seur paine de perdre l'Argent, & d'estre punis comme faussonniers, se il estoit seur ce *convaincus* par enqueste, ou par preuve souffisant. Et ceux qui accuseront celuy qui fera le contraire, treveront, ou enseigneront, nous donnons & octroions *le tiers* de la forfaiture.

(7) *Item.* Que nuls ne porte hors de nostre Royaume vaissellements d'Or ne d'argent, se ce ne sont Prelats, Barons, ou autres honnorables personnes, qui pour leur estat maintenir ne se peuvent souffrir de vaissellements, & n'en pourroint porter fors tant seullement pour leur usages, selon l'estat de chascun sans fraude.

(8) *Item.* Que nule ne porte Or, Argent, ne billon, ne nulle monnoie quelle que elle soit hors de nostre Roiaume, fors que les *deniers d'Or a l'aignel* que nous faisons faire a present, se ce n'estoient pellerins, ou autres personnes qui auroient a faire dehors nostre Royaume, ausquieux on lairroit porter *petits tournois,* ou petits *parisis* pour leurs despens souffisamment. Et celuy qui fera le contraire, ou fera fraude pour ce que il le pouest faire, se il est de ce convaincu par enqueste, ou par preuve, ou en autre manniere souffisante il perdra *l'or, l'argent, le billon* & la *monnoie* que il portera, & sera avecq ce en nostre volenté & mercy de corps & d'avoir. Et celi qui le trouverra ou accusera aura le tiers de ce que il encusera.

(9) *Item.* Que nul ne marchande, ne fasse marchander, ne fasse contrauts a nulle monnoie d'or, ne a autre monnoie, fors a celle qui courra, c'est a sçavoir *a sols & a livre.* Et qui sera trouvé faisant le contraire, li vendieres perdera la marchandise, & li achetieres perdera le prix de la marchandise.

NOTES.

Guillaume Dubois nos Tresoriers, *Salut & dilection.* Comme Nous avecq plusieurs Prelats & Barons de nostre Roiaume, & les plus grans de nostre Conseil, & avec autres plusieurs, qui de ce ont pieca grant congnoissance, & encore doivent avoir, *avons* eu plusieurs traitiez, deliberations, & avis, seur ce que les nostres monnoies fussent au profit commun de nostre Royaume, & de nos subgiez, ramenées en cours deu & ancien, du poids & en la loy & valeur. Et entre les autres deliberations ait esté especialement traittié, se ou mieux que ou temps a venir pourroit ladite monnoie estre ramenée en cours ancien devant dit, & se mestier estoit pour le commun profit, que icelles monnoies feussent ore endroit rameniées en leur estat ancien, quant au poids, a la Loy, valeur & cours anciens d'icelles monnoies. Et finablement par grant & sain conseil, si comme vous sçavez, aiens faittes *Ordenances* seur le cours d'aucunes de nos monnoies, & seur l'abatement d'aucunes, & de toutes autres dehors de nostre Roiaume, & ja faciens & entendiens a faire continuelment tant & si grant quantité de monnoies coursables, par icelle nostre Ordenance, especialment *Tournois & Parisis noirs, & noires petites Tournois du poids de la loy & de la valeur que elles estoient ou temps S.t Loys,* que par defaute de monnoie ne sera pas que nos

PHILIPPE IV. dit le Bel, à Pontoise, au mois de Juin 1313.

(10) *Item.* Que nuls *Changeurs, Orfevres,* ne autres ne puissent acheter argent, fors que pour le prix que l'on en donra en nos monnoies, *& un denier moins pour livre,* tant seulement. Et que nuls Orfevres ne autres ne puissent ouvrer, ne faire ouvrer vaissellements d'argent blanche, ne pleine, des le jour dessusdits jusques a un an, & que nul ne puisse *ouvrer argent* que il ne soit aussi bon comme celi que l'on dit l'argent le Roy. Et *Voulons & Ordennons* que en chascune ville ou il aura Orfevre, ait *un seing propre pour seigner les ouvrages qui y seront* faits, & sera gardé par deux prud'hommes establis & esleus à ce faire, & que *un seing ne ressemble l'autre.* Et qui sera trouvé faisant le contraire, il perdera l'argent, & sera punis de corps & d'avoir.

(11) *Item.* Que nuls Changeurs, ne autres ne portent argent, ne billon fors a nostre monnoie, & a celle qui sera plus prochaine de leurs lieux. Et que touttes mannieres de monnoies apartenants a billon, ils portent a nos monnoies plus prochaines, si comme dit est, sans recourre, ne trebucher. Et qui fera le contraire il perdra *l'Or, l'Argent, & le billon,* & sera en nostre volenté & mercy de corps & d'avoir.

(12) *Item.* Pour ce que ces Ordennances soient mieux gardées, Nous *Donnons & Octroions* de grace especial, & tant seullement comme il nous plaira, a tous *Prelats & Barons* de nostre Royaume, touttes les forfaitures des monnoies qui advendront en leurs terres, où ils auront toutes Justices hautes & basses, en cas tant seulement où lesdites monnoies seroient trouvées prenants & mettants, en telle manniere touttevois que lidit Prelat & Barons soient tenus a faire porter touttes les monnoies forfaittes en leurs terres, a nos monnoies plus prochaines des lieux où elles seroient forfaites. Et se il estoit sçeu que il en fussent negligent ou deffaillant, Nous en leurs defautes le ferions faire en leurs terres par nos gens.

(13) *Item.* Pour ce que touttes mannieres de gens soient plus douteux de faire contre ces presentes Ordenances, Nous ferons punir ceux qui seront trouvez avoir mesusé contre ces Ordennances des monnoies faittes ça en arriere, par nous & par nos predecesseurs, & a ce faire certains Commissaires & enquesteurs seront establis de par nous.

(14) *Item.* Pour ce que la bonne monnoie que nous entendons a faire ouvrer, pour la necessité, & les causes dessus dittes, ne soit enpeschiée, ou retardée, *pour les monnoies de nos Barons,* nous *avons Ordenné & Ordennons, Commandons & Deffendons que nuls Prelats, Barons, ne autres de nostre Royaume, qui ont droit de faire monnoie* ouvrer en leurs terres, ne fassent ouvrer, ne commancier leurs monnoies jusques a tant qu'ils aient *lettres pendants* de nous, contenants comment & quant ils devront ouvrer.

(15) *Item.* Nous avons *Ordené & Ordennons & Commandons* que nuls Pre-

NOTES.

Ordenances devant dittes ne puissent avoir plain effet, & icelles monnoies ordenées de nouvel a coure leurs cours deu. Et aiens encorre ordené que les deniers jadis faits, qui ont eu cours les trois pour deus Parisis petits, soient mis, & aient cours de cy en avant *les trois deniers pour deus petis tournois,* & que quiconque aura tiex deniers, il les mettent en avant, pour courre & estre alloez avec nos autres monnoies, si que tant des deniers devant dits comme des deniers que nous faisons faire dés maintenants cours suffisant puist estre eus en nostre Royaume. Et ces *Ordenances publiées solemnement aions* commandé estre estroitement gardées sur grants peines, & a nous soit raporté, que *a Paris, & en la Viconté de Paris,* & es ressorts, plusieurs contre icelles Ordenances ja publiées ou pais, & contre le profit commun de nostre Roiaume, & des subgiez *mettent & reçoivent monnoies par icelles Ordenances abatues, &* encorre celles que par nos Ordenances *faisons courre, prennent a autre pris que par nous n'est estably,* Nous qui de vostre sens & de vostre loyauté avons pleine fiance, considerans que des nostres Ordenances devant dittes, & des causes mouvans pour lesqueles iceles Ordenances ont este faites, avez plainne instruction, & plainnement en estes enformez, *Vous envoions ès parties de Paris de la Visconté & du ressort, & Vous*

lats, ne Barons ne puissent *aleger*, ne *empirer* leurs monnoies de *pois, ne de loy du point & de l'estat ancien*, & se ils font le contraire ils auront des lors en avant leurs monnoies forfaites a toûjours.

(16) Item. Que nuls *Prelats & Barons* ne fassent faire *semblables monnoies aux nostres*, que il n'y ait difference apperte *devers Croix, & devers Pile.*

(17) Item. Que nulle monnoie ne soit prise, ne mise és Villes & és lieux où il n'a propre monnoie, fors que la nostre propre monnoie.

(18) Item. Nous *Ordennons, Commandons*, & *Deffendons* seur paine *de corps & d'avoir*, a tous ceux qui font monnoies, & qui ne font monnoies, que ils ne fondent, ne fassent fondre nulles de *nos monnoies*, ne des monnoies *a nos Barons ne achatent billon d'icelles monnoies*, tant comme elles demoureront en leur droit cours, & que elles ne seront abbatües, & que autresi nul ne les trebuche.

(19) Item. Que les *Maistres qui feront les monnoies des Prelats & des Barons*, soint tenus de jurer seur *saintes Evangiles*, que ils ne *fondront*, ne *feront fondre* nuls des monnoies dessusdittes. Et se ils fesoient le contraire & ils en feussent atteint ils seroient en nostre volenté & mercy de corps & d'avoir.

(20) Item. *En la terre des Prelats & des Barons, qui ont monnoies, ne doit courre nulle monnoie fors la leur* que ils tiennent de nous, ou les nostres propres. Et en la terre de ceux qui n'ont nulle monnoie ne doivent courre nulles monnoyes *fors les nostres propres*, ou celles *qui de grant ancienneté &* par leur droit y ont a coustumé a courre. Et se aucun prennoit ou mettoit lesdittes monnoies contre les Ordenances dessusdites il perderoit la monnoie, & si seroit punis de corps & d'avoir.

(21) Item. Pour ce que nulle monnoie ne puet, ne ne doit estre *sans Garde*, Nous avons *Ordenné & Ordennons* que en *chacune monnoie de Prelats & Barons, aura une Garde* propre de par Nous a nos propres cousts & despens, laquelle garde pour ce que fraude encontre nos Ordennances ne puisse estre fait, delivrera les deniers de tels poids comme il sera ordenné, & fera a tous les achats de l'Argent & du Billon. Et ne la *pourra l'en fondre ne mettre en fournes, se nostredite garde n'est presente*, parquoy on ne poist fondre nulles monnoies contre nosdittes Ordennances. Et *iront des Maistres de nos monnoies par touttes les monnoies des Prelats & Barons, & prendront des boestes desdites monnoies*, & en feront essai, pour sçavoir si icelles monnoies seront faites *de tel poids & de tel ley comme elles devront estre. Et se il avenoit* que il faussist en la boeste de laditte

NOTES.

Mandons & Commandons que vous és Citez, Chastiaux & es lieus nobles & autres de la Prevosté de Paris & du ressort là où vous verrez que bon sera, alez vos personnes, & icelles *Ordenances publiées* & des causes qui ont meu a faire ces Ordenances, mesmement ou temps dorendroit mieux que ou temps a venir, & des profis qui évidemment en venront, des domages qui en seront par raison eschivez, & avisez les gens des dittes parties & a ce les amenez par sages & discrettes inductions, selon la verité de la besoingne, que il tiegnent, & gardent nosdites Ordenances, sans faire ou aler encontre, & a ce le contraignez par nous ou par autres a ce deputez de par vous, se mestier est, par manieres & voies deües & raisonnables. Et encorre ceux que vous sçauriez avoir mis ou receu monnoie contre la teneur de nos Ordenances dessus dittes, punissiez deument, en telle maniere que la peour de ceus que vous pour ce aurez punis, redoute ou chastiment de plusieurs. Et toutes monnoies dehors nostre Roiaume queles qu'elles soient, & aussy toutes autres monnoies desqueles le cours est deffendu par nosdites Ordenances, lesqueles monnoies vous trouverois courans, faites percier, & puis que elles perciées seront, a nos monnoies les commandez a envoyer, pour estre receüs illuec, pour le pris que elles vaudront. Et faites sçavoir que du pris sera sans nul delay faite plaine satisfaction a ceus qui ces monnoies y porteront. Et ceus tous & chascuns que vous pourrez trouver avoir mis, ou receu aucunes desdittes monnoies deffendües pour quelque pris que ce soit, ou encore celle que nous avons ordenné a courre a present pour plus grant pris que nous n'avons estably, ou que les devant deniers que nous avons commandé a courre, les trois pour deux petits tournois recceleroient, ou ne les metroient pour courre & estre alloüez avec nos autres monnoies courantes a present, corrigiez

PHILIPPE IV. dit le Bel, à Pontoise, au mois de Juin 1313.

monnoie un grain, ou deux grains de la loy, que cili a qui la monnoie feroit fust tenu de faire autant large a ses despens, parquoy le proufit du pueple ne venist en li bourses des Barons.

(22) Nous enseurquetout touttes les Ordennances, & deffenses dessusdites, & chascunne par soy Commandons estroitement estre tenues & gardées, & sous les paines contenues en icelles, de tous Prelats, Duxs, Comtes, & Barons, & de tous nos autres Feables, Justiciables, & Soubgiets de quelconque condition que ils soient. Et pour ce que nul ne se puisse escuser d'ignorance. Vous Mandons & Commandons a tous Seneschaux, Baillis & Prevosts que il hastivement & sans nul délay en leurs assises, & en toutes les bonnes Villes de leurs Seneschaussiées, Baillies & Prevostez, & en leur ressort *fassent solemnement publier, crier & preconiser toutes les Ordennances* & deffenses dessusdites, & icelles fermement garder & tenir, en la manniere que elles sont cy-dessus escriptes, Et que de toutte la teneur de ces presentes lettres ils doignent coppie sous leurs sceaux a tous Prelats & Barrons & a tous Capitous, Consuls, Maieurs, Jurez & Eschevins des Villes de leurs Seneschaussiées, Baillies & Prevostez & de leurs Ressorts, & a tous autres qui les requerront, si que nul ne se puisse excuser de ignorance, & que ils prengnent & fassent prendre de par nous les serments contenus esdites Ordenances, des personnes qui par ces Ordenances faire ce doivent. Et comme nous soions certains que pour le deffaut & negligence de nos Senechaus, Baillis, Viguiers, Prevosts, Vicomtes, Receveurs & autres Justiciables, les Ordennances & deffenses des monnoies, qui par nous & par nos predecesseurs ont esté faittes ça en arierre, ont esté mal gardées & tenües, par quoy nos monnoies ont esté fondues & degastées & nostre Royaume vidié de nostre monnoie, a grant dommage sans nombre de Nous & de tous nos subgiez. Nous voulons que ils sachent que nous avons deputé en chascune Seneschaussiée & Baillies, certaines personnes qui en ce enquerront, & sçauront la verité des deffenses & negligences dessusdittes, & des dommages qui s'en sont ensuivis, & des negligences & deffaults que il en ces presentes Ordennances feront des-ores-en-avant, & qui sceüe & enquise la verité, les puniront en corps & en avoir, selon la teneur des Commissions & povoir que nous leur avons donné seur ce, pour le temps passé & pour le temps a venir. En tesmoin desquelles choses nous avons fait mettre nostre Scel en ces presentes Lettres. *Donné à Pontoise, l'an de grace mil trois cens treize ou mois de Juing.*

NOTES.

& punissiez selon nos Ordenances. Si Mandons a tous nos Justiciers & subgiez, que quant a ce, il obeissent a tous, & a ceus que vous en ces choses aurez establis & deputez, par vos lettres. *Donné le dix jour d'Octobre l'an de grace mil trois cens treize.*

Item. Il y eût une semblable Commission donnée a Sire *Gefroy Coquatrix*, pour aller en la Baillie d'Amiens, & és ressorts.

Item. Une semblable a M.re *Gile Grancke*, & a *Sire Renaut Barbou*, pour aller en la Baillie de Sens, & és ressors, & en la Conté & és Foires de Champaigne & de Brie.

La Commission imprimée cy-dessus est au Registre A feüillet 31. de la Chambre des Comptes de Paris.

(a) Ordonnance

PHILIPPE IV. dit le Bel, à Pontoise, au mois de Juin 1313.

(a) Ordonance par laquelle le Roy explique, en quelles monoies on fera les payemens.

SOMMAIRES.

(1) Les arrerages des Rentes perpetuelles, ou à vie, qui écheoiront depuis la feste de la Magdelaine prochaine, & tous les marchez & les Contracts qui seront faits depuis ce temps, seront payez en bonne monoye.

(2) Ceux qui auront fait quelque marché depuis que les Bourgeois ont eu cours pour des Parisis, seront quittes en payant Bourgeois pour Bourgeois, ou petits Tournois pour Bourgeois, quand mesme le debiteur auroit promis de payer en bons petits Tournois, ou bons petits Parisis.

(3) Celuy qui se sera obligé de faire un payement en Tournois d'argent gros, sera quitte en payant pour chaque Tournois d'argent gros, douze petits Tournois, ou douze petits Bourgeois.

(4) A l'égard des Fermes baillées à temps, ou pour plusieurs années, les Fermiers seront quittes en payant les fermages passez en Bourgeois, & les fermages à venir en bonne monoye, &c. à moins qu'ils ne veüillent delaisser la ferme.

(5) Ce qui sera dû du prix des ventes de bois, avant la Magdelaine, sera payé en Bourgeois, & depuis cette feste en bonne monoye, à moins que l'acheteur ne veuille se desister de la vente.

(6) Ceux qui devront des sommes depuis que les Bourgeois ont eû cours, s'ils ne satisfont pas leurs creanciers dans un an, à compter de la Magdelaine prochaine, ils payeront en bonne monoye.

(7) Le Roy se reserve à pourvoir aux cas douteux qui surviendront.

PHILIPPE par la grace de Dieu Roys de France, a tous ceus qui ces presentes Lettres verront, *Salut*. Comme nous vueullions faire bonne monnoie, & seur le cours d'icelle bonne monnoie, & des autres faites ça en arriere, aions fait par grant deliberation de nostre Conseil, des Mestres de noz monnoies, & de grant planté de bonnes gens & sages ou fait des monnoies, de plusieurs bonnes Villes de nostre Royaume, certaines Ordonances, *Nous* pour oster les doutes & questions qui pouvoient estre entre les marcheans, Fermiers, vendeurs de bois & autres personnes, sur les payemens qui seront fais au temps de la bonne monoie, des rentes perpetuelles & a vie, & des debtes deües & acreües du temps passé, faisons assavoir a tous, que nous sur ces choses, par grant deliberation de nostre Conseil avons pourveu, & pourveons en la maniere qui s'ensuit.

Premierement. Que ou tems de ladite bonne monnoie, qui sera *de petiz Tournois*, & de *petiz Parisis*, & aura cours communement dés la *feste de la Magdelaine* prochienne en avant, toutes *rentes perpetuelles & a vie deües* en deniers, seront payées a ladite bonne monnoie pour les termes qui escheront puis ladite feste en avant, & tous les marchiez & Contraux faiz puis ladite feste en avant, seront payées a ladite bonne monnoie.

(2) *Item.* Que toutes manieres de gens, qui auront marchandé, puis le temps que nostre monnoie *des Bourgois* commança, & orent leurs cours *pour Parisis*, il seront quites en payant *Bourgois, pour Bourgois*, ou *petiz Tournois pour Bourgois* en la monnoie courant a la valüe, ainçois que ez lettres d'obligation li debiteur ait promis a payer petiz Tournois, ou petiz Parisis bons, se il n'estoit ainsi que li creancier prouvast autrement que par lettres que il eut baillié & livré sans fraude *bons petiz Tournois*, ou *bons petiz Parisis viez*.

(3) *Item.* Se aucuns s'est obligiez a rendre & payer *Tournois d'argent gros*, il sera

NOTES.

(a) Cette Ordonance est au Registre A feüillet 6. & au Registre B de la Chambre des Comptes, feüillet 30. & au Tresor Registre cotté au haut 4. au bas 3. piece 42. feüillet 55. *verso*.

PHILIPPE IV. dit le Bel, à Pontoise, au mois de Juin 1313.

quitte en payant pour chacun *Tournois d'argent gros, douze petiz Tournois*, ou *douze Bourgeois petiz*, ou de la monnoye a la valüe qui courra par nos Ordenances.

(4) Item. Des *fermes* baillées *a temps*, & por plusieurs années, li fermier seront quittes en payant *de Bourgois*, ce que il doivent de termes passé, & devront decy a landemain de ladite feste. Depuis en avant, se il veulent *retenir leurs fermes*, il payeront *a la bonne monnoye* qui courra, ce que il devront de leurs fermes pour les termes a venir. Et se il veulent laissier leurs Fermes, il le porront faire, mais sur ce il certifient celi qui la ferme leur aura baillée, ou la Justice du lieu suffisament & solempnelment dedenz le mois, que ces choses auront esté publiées. Et se aucunes des parties vouloit faire question de l'amendement, ou empirement de la chose, raison sera faite seur ce, par Juge competant, & de plain, sauf ce que le fermier ne pouroit leissier sa ferme, se le bailleur de la ferme vouloit estre contenz de recevoir la somme de la ferme, *ou de Bourgois* ou *de monnoie courant* a la valüe jusques a fin de termes de la ferme.

(5) Item. Des *ventes de bois*, li acheteurs sera quittes en payant *de Bourgois*, ce qu'il devra des *termes passez*, & deci a landemain de ladite feste. Et depuis en avant, se *il veut retenir sa vente*, il *paiera a la bonne monnoie*, qui courra, ce que il devra pour les termes ensuivant. Et se il vouloit *leissier sa vente, il le* porroit faire, mais que seur ce, il certifiast le vendeur qui la vente li auroit bailliée, ou la Justice du lieu souffisament & solempnelement dedens le mois que ces choses auroient esté publiées, sans rien copper, vendre, ne exploitier de la vente, puis que ces choses auroient esté publiées solempnellement au pays. Et se lidit achepteur faisoit le contraire il ne porroient puis lessier les ventes, & payeroient ce que il devroient, pour les termes avenir, a la *bonne monnoie*, qui courra. Et se einssinc estoit que li vendeur, a qui le bois seroit, li voussist *deleissier la vente*, & prendre, & recevoir ce que il li seroit deu, pour les termes avenir, en telle monnoie comme il courroit ou temps que la vente fu faite, l'acheteur ne porroit deleissier sa vente. Et ou cas auquel l'acheteur voudroit miex leissier sa vente, que retenir, & que li vendierres ne li voudroit deleissier, en paiant pour les termes avenir, tele monnoie comme il couroit au temps que la vente fut faite, si comme dessus est dit, se ou temps que li achepterres lairoit sa vente il avoit plus delivré, ou exploitié de la vente, ou meins selon l'afferme du tems couru, puis le bail de la vente, ou se le remanant du bois estoit *tressorez, ou empirez*, & aucune des parties se douloit, raisons seroit faite seur ce par Juge competent, & de plain, appellées avec li bonnes gens sages & connoissans en telle marchandise.

(6) Item. Se aucun qui devroit pour *quelque cause, ou contrauct* que ce fust, depuis que nostre monnoie de Bourgois a son cours, se par *l'espace d'un an* a compter *de ladite* feste en avant, il estoit en defaut de payer ce que il devroit, mais que il en fust souffisament requis de son creancier en jugement, ou hors jugement, il payeroit ce que *il devra a la bonne monnoie* qui courra, dés l'an passé en avant.

(7) Item. Nous retenons a pourveoir *en lieu & en tems*, en touz autres cas douteux, se il avenoient pour cause de nosdites Ordenances, & qui ne pourroient estre desclairiez & determinez par nos Provisions cy-dessus escriptes.

Pourquoy vous Mandons & Commandons a touz Senechauz, Baillis & Prevos, & a touz autres Justiciers, que il en toutes les bonnes Villes de leur Senechauciées, Baillies, Prevostées & Justices, & en touz les ressors facent les choses ci dessus escriptes hastivement solempnellement, & sans delai publier & preconisier, tiengnent & gardent & facent tenir & garder, facent & facent faire a ceux a qui il appartiendra raison sommairement & de plain és cas doubteuz, comme il avendront, & question en sera selon la teneur des Provisions ci-dessus escriptes & que il de ces presentes lettres doingnent copie sous leurs sciaux a tous ceus qui les requierront. *Donné à Pontoise, l'an de grace mil trois cens & treize au mois de Juing.*

PHILIPPE IV. dit le Bel, à Chingy, le 25. Aoust 1313.

(a) Mandement au Bailly d'Amiens, portant que le cours de la bonne monoie qui devoit commancer à la feste de la Magdelaine, ne commencera qu'à la quinzaine du mois de Septembre.

PHILIPPE par la grace de Dieu Roy de France, *au Bailly d'Amiens*, ou a son Lieutenant, *Salut*. Comme Nous aions fait certaine Ordenance sur le fait des monnoyes, & ayons entre les autres choses ordené a faire bonne mon-

NOTES.

(a) Ce Mandement est au Registre A de la Chambre des Comptes, feüillet 29.

(b) Voyez l'Ordonance du mois de Juin 1313.

Le Roy envoya en mesme temps les Commissions qui suivent.

Commission au Collecteur des decimes, à l'occasion du cours douteux des monoies, tirée du memorial A feüillet 30.

Philippus *Dei gratiâ Francorum Rex, dilecto & fideli Magistro Petro de* Monciaco *Clerico nostro, Collectori decime presentis in Burdigalensi provinciâ deputato*, Salutem & dilectionem.

Cum occasione dubii cursus plurium monetarum, *nonnulli in dubium revocaverint, in quibus monetis, & cursibus* decima ipsa *pro instanti primo ejusdem termino, sit solvenda. Vobis nostrum significantes intentum*, districtius prohibemus, *ne ad predicte solutionem decime monetas quascumque aureas, aut argenteas seu nigras de extra regnum .... & etiam alias a nobis prohibitas, recipere presumatis, sic plenius* declarantes & mandantes *vobis, quatenus ad dictam solutionem pro predicto primo ipsius termino, illas quæ sequuntur monetas tantummodo recipi faciatis, videlicet* Burgenses parvos & duplices, nec non Parisienses & Turonenses *parvos, ac etiam Parisienses* veteres duplices, *tres scilicet pro* duobus parvis Parisiensibus, & Turonense veteres duplices tres similiter pro duobus *Turonensibus parvis*, grossos siquidem Turonenses argenteos, pro duodecim burgensibus parvis, ac obolos nostros argenteos *pro quatuor* burgensibus parvis, *Et si monetas aureas non prohibitas vobis ad hoc offerri contingat, illas recipi faciatis, scilicet Regales nostros vocatos* ad cathedram *pro viginti solidis Parisiensibus illos vero* ad agnum, *pro sexdecim solidis, & illos vocatos* ad mintellum, *pro undecim solidis, ceteras omnes tam aureas quam argenteas & nigras ad dictam solutionem tanquam prohibitas recusantes omnino.* Datum Cyngiaci die viginti quinque Augusti. Anno Domini millesimo trecentesimo tertio decimo.

Commission au Bailly de Gisors touchant l'Ordonance des monnoies, tirée du memorial A feüillet 29.

Philippe par la grace de Dieu Roys de France, *au Baillif de Gisorz*, ou à son Lieutenant, *Salut.* Savoir te faisons que nous avons ordené à faire bonne monnoie *de petiz Tournois, & de petiz Parisis*, & commencera à avoir commun cours, *à la quinzaine de la Septembresche* prochainement venant, *Si te Mandons & Commandons estroitement*, que ces choses, & toutes les autres contenües en deux paires de lettres faites sur les Ordenances & Provisions des monnoies, & des doutes qui s'en porroient ensuir, lesqueles nous vous envoions avec ses presentes lettres, *faciez pour mieux aviser nos subgiez* seur ces choses, *publier, & crier solennement, & generaument, en toutes* les bonnes Villes de vostre Baillie, & des ressorts d'icelle, le jour *de la Septembresche* prochainement venant. Et depuis ladite quinzaine en avant, toutes les choses contenües esdites lettres, seur les peines, & par les peines contenües en icelles, faites tenir & garder estroitement, en tous les lieux de vostre Baillie, & des ressorts d'icelle, & prenez ou faites prendre *les sermens de toutes les personnes, qui par* lesdites Ordenances *faire les doivent*, & tenez & gardez secretes les choses contenües es dites lettres, jusques au jour de ladite publication, pour ce que par ces choses celui qui avant les saroit, ne puist bareter, ne decevoir celui qui rien n'en saroit, & rescrisiez a nos gens des Comptes le jour que vous aroiz reçeü lesdites lettres. *Donné à Chingy vingt-cinq jours, ou mois d'Aoust, l'an de grace mil trois cens & treze.*

Commission pour faire garder les Ordenances des monnoies, tirée du memorial A, feüillet 31.

Philippe par la grace de Dieu Roys de France, à nos amez & feaulz Mestre Jehan

PHILIPPE IV. dit le Bel, à Chingy, le 25. Aoust 1313.

noye *de petiz Tournois, & de petiz Parisis*, laquelle par ces Ordenances devoit avoir commun cours de la feste *de la (b) Magdelaine* derrenierement passé, & avant, si comme il est plus plainement contenu en deux paires de lettres de par Nous despieça envoyées *a toy* pour publier en ta Baillie, & ou ressorts d'icelle, Et depuis pource que nos sujets ne fussent trop grevez, de eux delivrer des monnoies que il avoient reçeües ou temps passé, pour la brieveté du temps, qui estoit assigné sur le cours de ladite bonne monnoie, & pour moult d'autres causes, aions mandé par nos autres lettres *que la publication de nosdites Ordonnances & provisions feust retardées* jusques a tant que l'en eust autre Mandement sur ce de par Nous. *Sçavoir te faisons* que nostre entente est, *Voulons & Ordonnons* que le cours de nostredite bonne monnoie, qui par lesdittes Ordennances devoit commencier *le*

NOTES.

de Cerez Thresorier de Lisieux, Guillaume de Hangest, & Pierre le Feron, *Salut & dilection*. Comme plusuers Ordenances & defenses, qui pour bien commun avoient esté faites ça en arriere par nous & par noz predecesseurs seur les monnoies, & le cours d'icelles n'ayent pas esté gardées, ne tenües de nos subgiez, en encourant les painnes contenües en icelles, Et comme enseurquetout les communs Justiciers de nostre Royaume, qui lesdites Ordenances & defenses devoient garder, & faire tenir & garder, par leur defaute & negligence, n'aient pas puni, si comme il devoient, ceus qui sont venuz contre lesdites Ordenances & defenses, en portant hors de nostre Royaume monnoies deffendües, & billon ailleurs que à nostre monnoiage, & ont acheté nostre monnoye pour porter hors de nostre Royaume, & rapporter mauvaises monnoyes, & de icelles mauvaises monnoyes raemplir nostre Royaume, en grant domage de nous, & destruction de nostre peuple, empechié & encheri, & haut levé plus que de droit, le commun cours de noz monnoies. Et pour contrester à tels malices, & si convoiteuses marchandises, & garder nostre peuple de domage, par grant deliberation & conseil des Prelaz, Dus, Comtes, & autres Barons de nostre Royaume, des Mestres de noz monnoies, & plusuers autres bonnes gens des bonnes Villes de nostre Royaume, sages & connoissans ou fait des monnoies, ayons de nouvel pour bien commun ordené à faire bonne monnoye, & seur le cours des monnoies fait certaines Ordenances & defences, & aions entre les autres choses ordené que en chascune Seneschaucie & Baillie de nostre Royaume, certaines & especiaulz personnes soient deputées de par Nous, qui plus curieuse diligence mettront en ce que nosdites Ordenances & defenses soient mieuz gardées, que n'ont fait nos Justiciers & autres Officiaus commis, en punissant ceus que il trouveront avoir fait contre les Ordenances & defences des monnoies faites par Nous, & par noz predecesseurs, ça en arriere, ou feront des-ore-en-avant, & ne garderont les Ordenances des monnoies qui pour bien commun, comme dit est, ont esté derrenierement faites, pronunciées & publiées. *Nous qui de Vostre loial & approvée* diligence, nous fions, commettons à vous trois, & à deus de vous, la cure de l'observation, ou garde de ces Ordenances & deffenses en la Prevosté de Paris, & és ressors d'icelle Prevosté, mesmement de celles Ordenances & defenses, que Nous de nouvel avons faites, pooir & autorité d'enquerre de plain la congnoissance, la punicion, par prise de cors & de biens, & correction pleniere de touz ceuz que vous trouverois avoir fait, ou feront contre les dittes Ordenances & defenses, tant fautes de nouvel, comme au temps passé, pooir *d'attremper* les painnes contenües en icelles Ordenances & deffenses, & autres queles que elles soient, & de faire finances seur celles, selon la qualité du meffait, la condicion & renommée des personnes, Et Commandons par ces lettres à touz Justiciers & subgiez de nostre Royaume, que il & chacun de eus en ces besoingnes obéïssent & entendent diligemment, & facent entendre, & obéir curieusement à vous trois, & à deux de vous. *Donné en l'Abbaye de Barbeil, le dix-huitiéme jour de Septembre, l'an de grace mil trois cens & treize.*

Et vers la feste de Nostre-Dame de Septembre, la publication qui suit fut faite.

Millesimo trecentesimo tertio decimo, in festo Beatæ Mariæ Septembris præconisatio super monetis.

Mandat Curia Domini nostri Regis, quod omnes monetæ albæ, & nigræ factæ extra regnum, nullum cursum habeant in regno, pro quocumque pretio fuerint, nisi ad marcam pro bilhione.

Item. *Quod omnes monetæ factæ in terris Regiis ex toto cadant, nec habeant cursum aliquem, pro quocumque pretio fuerint, nisi ad marcham pro bilhione.*

Item. *Quod omnes monetæ aureæ factæ in Regno, vel extra regnum, ex toto cadant, & nullum cursum habeant, pro quocumque pretio fuerint, nisi ad marcham pro bilhione, exceptâ monetâ aureâ dictâ* L'aignel, *quam Dominus noster Rex* facit fieri de præsenti, *& habebit cursum quilibet dictus* Agnus *de agno, pro quin-*

jour de

jour de la *Magdelaine* derrenierement passée, soit & commence a la quinzaine de la *feste Nostre-Dame en Septembre prochain* venant, & soit continuée dés cette journée en avant: Pourquoy *Nous te Mandons & Commandons estroitement*, que tu le cours de nostredite bonne monnoie en la maniere que il est cy-dessus escript, & toutes les autres choses contenuës esdites lettres, *fasse, pour mieux aviser* seur ces choses nos subgiets, *publier & crier* solemnement & generallement en

PHILIPPE IV. dit le Bel, à Chingy, le 25. Aoust 1313.

NOTES.

decim solidis turonensibus parvorum, & non pro pluri, & tantummodo quantum placebit dicto Domino nostro Regi.

Item. *Quod omnes* firmarii, *& alii* receptores Regis, *quicumque fuerint, non accipiant, nec ponant, nec faciant recipi vel poni per se, vel per alium, monetam* aliquam prohibitam, *nisi solum* turonensem & Parisiensem parvos.

Item. *A die quintâ decimâ festi* Beatæ Mariæ mensis Septembris *proximè præterita*, burgenses parvi pro turonensibus parvis *ponentur, &* burgenses fortes duplices pro tribus obolis parisiensibus.

Item. Parisienses duplices, & turonenses duplices *habebunt cursum, seu pretium consuetum, videlicet* tres parisienses duplices pro duobus denariis parisiensibus, *&* tres turonenses duplices pro duobus parvis turonensibus bonis, *& tantum modo quantum placuerit Domino nostro Regi.*

Item. *Quod nullus aurifaber, campsor, vel alius* rechatet, affinet, rechatari faciat, vel affinari *faciat aliquas monetas aureas vel argenteas albas vel nigras, nec aliquod argentum in platea quodcumque sit*, sub pœna amissionis argenti, *& quod aliter puniretur tamquàm falsarius, si super hoc esset convictus per inquestam, vel per probationem sufficientem, & illis qui accusabunt illum qui in contrarium facit, reperient, vel docebunt, dabitur tertia pars forisfacturæ.*

Item. *Quod nullus portet* extra regnum vasa aurea *vel argentea, nisi essent* Prælati, Barones, vel aliæ honorabiles personæ, *quæ pro statu eorum manutenendo, se non possent abstinere a vasis prædictis, nec tales personæ poterunt portare, nisi tantummodo pro eorum usu secundum status cujuslibet absque fraude.*

Item. *Quod nulli* portent, *aurum, argentum, bilhionem, vel aliquam monetam, quæcumque sit*, extra regnum, *nisi solum denarios dictos* Agnel, *quos Dominus noster Rex* facit fieri de præsenti, *nisi essent* peregrini, *vel aliæ personæ quæ haberent* facere extra regnum, *quibus gentes Regiæ permittant portare parvos turonenses, vel parvos parisienses pro eorum expensis sufficienter. Et ille qui faciet contrarium vel fraudem, si de hoc sit convictus per inquestam, probationem, vel alio modo sufficientem, ipse amittet aurum, argentum, bilhionem & monetam quam portabit, & tunc hic erit in voluntate nostri Regis de corpore & avero. Et ille qui hoc reperiet vel accusabit, habebit tertiam partem de hoc quod accusabit.*

Item. *Quod nullus mercetur, vel mercari faciat, vel contractus ad aliquam monetam auream, nec ad aliam monetam, nisi solùm ad illam quæ curret, scilicet* ad solidos & libram. *Et si aliquis reperiatur contrarium faciens, venditor mercaturam, & emptor pretium mercaturæ amittet.*

Item. *Quod nullus campsor, aurifaber, vel alius non possint* emere argentum, *nisi solùm pro pretio* quod dabitur in monetis Regiis & unum denarium minùs pro librâ *tantummodo. Et quod nullus aurifaber, vel alius non possint operari, nec facere operari vasa* argentea alba vel plana, a die quinta decimâ festi Nativitatis Beatæ Mariæ Septembris proximè lapsi, usque ad unum annum, *& quod aliqui non possint operari de argento, nisi esset ita bonum, sicut est istud quod appellatur* argentum Regis. *Et in qualibet villa ubi sunt aurifabri, erit* unum signum proprium, pro signandis operibus aureis vel argenteis *quæ operabuntur, & custodietur per duos* probos homines *ad hoc eligendos. Et qui reperietur contrarium faciens, amittet argentum, & punietur in corpore & avero.*

Item. *Quod nullus campsor, nec alius non* portet *argentum, vel bilhionem, nisi solum* ad monetam Domini nostri Regis, *& ad illam quæ erit propinquior de locis ubi erunt, & quod omnes monetas, quocumque nomine nuncupentur, spectantes ad bilhionem*, portent ad monetas propinquiores *Regias, ut dictum est, absque hoc quod eas* recasient, *vel* trebugent. *Et qui contrarium faciet, amittet aurum, argentum & bilhionem, & erit in voluntate & misericordia Domini Regis de corpore & avero.*

Item. *Quod de gratia speciali tantum, & quantum placebit Domino nostro Regi, idem Dominus noster Rex* concedit Prælatis & Baronibus dicti Regni, omnes forefacturas monetarum, *quæ* advenient in eorum terris, *in quibus habebunt* totam justitiam altam & bassam *in casibus tantummodo in quibus dictæ monetæ reperirentur, quæ caperentur vel ponerentur sub hac forma, quod dicti Prælati & Barones teneantur facere portari per totas monetas forefactas* in eorum terris ad *monetas* Regias propinquiores de locis ubi essent forefactæ, *Et si reperirentur in negligentia vel deffectu. Dominus noster Rex in eorum deffectu hoc in eorum terris fieri faceret per gentes suas.*

PHILIPPE IV. dit le Bel, à Chingy, le 25. Aoust 1313.

toutes les bonnes Villes de ta Baillie & des ressorts d'icelle le jour *de laditte feste Nostre-Dame en Septembre prochain* venant, & depuis laditte quinzaine de cette feste en avant touttes les choses contenuës esdittes deux paires de lettres, & en ceste, fai tenir & garder estroitement en tous les lieux de ta Baillie & des ressorts d'icelle, & pren, *ou fait prendre les serments contenuës esdittes lettres* des personnes qui par nosdites Ordenances faire les doivent, & tieing & garde secrette touttes

NOTES.

Item. *Dominus noster Rex faciet puniri illos, qui reperientur fecisse* contra ordinationes monetarum factas temporibus retroactis *per ipsum & predecessores suos, & ad hoc faciendum certi Commissarii & inquisitores constituentur per Dominum nostrum Regem.*

Item. *Quod nullus* Prælatus, Baro, *nec alius vel alii de regno, qui habent jus de faciendo operari* monetas *in eorum terris,* non faciant operari, nec incipiant facere suas monetas, *quousque litteras pendentes a Domino Rege habeant, continentes qualiter & quando debeant operari.*

Item. *Quod nullus* Prælatus vel Baro *non possit* alleviare, *nec* deteriorare suas monetas de pondere, nec de lege, *de puncto in statu antiquo. Et si contrarium faciant ipsi ab inde in anteà ...... diebus forefacient suas monetas.*

Item. *Quod nulli* Prælati & Barones non *faciant fieri monetas* similes monetis Domini Regis, *quin sit ibi differentia patens a parte* Crucis, *& a parte* Pilæ, *sive operis.*

Item. *Quod nulla moneta capiatur, nec ponatur in villis, nec locis ubi non est* propria moneta, *nisi* solùm moneta Domini nostri Regis.

Item. *Præcipitur & prohibetur sub pœna* corporis & averi, *omnibus istis qui faciunt & qui non faciunt monetas, quod ipsi* non fundant, nec fundi faciant *aliquas* de monetis Domini nostri Regis, nec de monetis Baronum *Domini Regis, nec emant* bilhionem *dictarum monetarum, tantùm quantùm erunt in suo recto cursu, & non erunt abatutæ, nec quod aliqui eos trebuchent.*

Item. *Quod Magistri qui facient* monetas Prælatorum & Baronum teneantur jurare ad sancta Dei Evangelia, quod ipsi fundi non facient aliquas de monetis supradictis, *Et si facerent contrarium, & super hoc attingerentur, ipsi essent in voluntate Regis de corpore & avero.*

Item. *Quod* Magistri officiorum facient congregari omnes personas officiorum, & de quolibet officio ad partem, *& ipsis congregatis, quod illi de quolibet officio eligant* duos probos homines, *& illi duo* probi homines *faciant* jurari ad sancta Dei Evangelia *quemlibet de officio, quod ipsi in omnibus causis* servabunt bene & legaliter hæc omnia, *prout ad quemlibet eorum pertinebit, Et ille qui postea reperietur ponens, vel capiens aliam monetam, quecumque sit, nisi monetas prædictas, & illas accipiet vel ponet ad majus pretium, quàm supradictum sit, vel super hoc fuerit convictus per inquestam vel probationem sufficientem,* ipse amittet monetam, *& cum hoc emendabit* ad voluntatem Domini nostri Regis. *Et ille qui accusabit, de qualibet libra monetæ forefactæ accusati, quinque solidos habebit.*

Item. In terris Prælatorum & Baronum *qui habent monetas, non debet* currere aliqua moneta, nisi solummodò sua, quam tenet a Domino Rege, vel moneta propria Domini nostri Regis. Et in terra illorum qui non habent monetam non debet, currere aliqua moneta, nisi solùm moneta propria Domini nostri Regis, *vel illæ, quæ* magna *antiquitate*, & pro earum jure *consueverunt ibidem currere; Et si aliqui reciperent, vel facerent dictas monetas, contra ordinationes suprascriptas, ipsi amitterent monetam, & punientur de corpore & avero.*

Item. *Quod in qualibet moneta* Prælatorum & Baronum *erit* unus proprius Custos ex parte Domini Regis, *& ad suas expensas proprias, qui Custos ad hoc quod jonas contra ordinationes Regias non fiat, deliberabit denarios de tali pondere sicut ordinabitur, & erit ad omnes emptiones argenti & bilhionis, nec aliquis poterit fundere, vel ponere in furnello, nisi dictus Custos esset præsens ad hoc, quod non possint fundi aliquæ monetæ, contra dictas ordinationes regias.*

Item. *Quod omnes ordinationes & prohibitiones suprascriptæ, & quælibet earum diligenter teneantur & observentur, & sub pœnis in eisdem contentis* ab omnibus Prælatis, Ducibus, Comitibus & Baronibus, & omnibus aliis fidelibus justicialibus & subditis Domini nostri Regis, cujuscumque conditionis existant.

Item. *Ordinatum est per Dominum nostrum Regem* quod tempore bonæ monetæ quæ erit de parvis turonensibus & parisiensibus, *& habebit cursum communem, a* dicta quinta decima die in antea, *omnes* redditus perpetui, & ad vitam *debiti, in* denariis solventur de dicta bona moneta *pro terminis qui evenient,* post dictam quintam decimam diem in antea, *& omnia* mercata & contractus facti post dictam quintam decimam diem in antea, solventur ad dictam bonam monetam.

Item. *Quod omnes personæ quæ mercata fuerint* post tempus quo moneta burgensium incepit, *&* cursum habuerit pro parisiensibus

les choses contenües esdittes lettres jusques au jour de ladite publication, pource que par ces choses celuy qui avant les *saroit ne puist bareter, ne decevoir celuy qui rien n'en saroit*. Et rescri a nos gens des Comptes le jour que tu aras reçeu lesdittes lettres. *Donné à Chingy vingt-cinq jours, ou mois d'Aoust, l'an de grace mil trois cens & treize.*

PHILIPPE IV, dit le Bel, à Chingy, le 25. Aoust 1313.

NOTES.

quittæ erunt, solvendo burgenses pro burgensibus, *vel* turonenses parvos bonos pro burgensibus, *vel* monetam currentem ad valorem quantumcumque in litteris obligatoriis promiserit solvere parvos turonenses vel parvos parisienses bonos, *nisi ita esset quod creditor probaret, aliter quàm per litteras, quod ipse tradidisset, & liberasset, absque fraude, bonos parvos turonenses, aut bonos parvos parisienses veteres.*

Item. *Si aliquis sit obligatus* ad reddendum, vel solvendum turonenses grossos argenti, *ipse erit* quittus solvendo pro quolibet turonensi grosso argenti duodecim parvos turonenses vel duodecim parvos burgenses, vel de moneta quæ pro dicto valore curret secundum ordinationes regias.

Item. *De* firmis traditis ad tempus & per plures annos, firmarii erunt quitti, solvendo de burgensibus hoc quod debent de termino transacto, & debebunt usque ad dictam quintam decimam diem festi beatæ Mariæ, *& ab inde in antea, si velint* retinere dictas firmas, ipsi solvent ad bonam monetam quæ curret, hoc quod debebunt de eorum firmis pro terminis venientibus, *Et si voluerint*, poterunt dimittere *eorum firmas, dummodo certificent illum, qui dictam firmam tradiderit, vel justitiam dicti loci, sufficienter & solenniter infrà mensem quod prædicta fuerint publicata.*

Et si aliqua partium volebat referre quæstionem super melioratione, *vel* deterioratione *ni, ratio fiet super hoc de plano per judicem competentem, hoc salvo quod firmarius non posset dimittere firmam, si ille qui eam tradidit, volebat esse contentus recipiendo firmæ summam, vel de burgensibus, vel de moneta currente ad valorem, usque ad finem terminorum firmæ prædictæ.*

Item. *De* venditione nemorum emptorum *erit* quittus, solvendo de burgensibus hoc quod debebit de terminis elapsis, & hinc ad quintam decimam diem prædictam, *& ab inde in* antea, si velit retinere venditionem, ipse solvet ad bonam monetam *quæ curret, hoc quod debebit* pro terminis sequentibus. *Si vellet* dimittere venditionem, ipse possit facere, *sed quod ipse certificet venditorem, qui* venditionem sibi tradiderit, vel justitiam *loci sufficienter & solempniter* infra mensem, *infrà quem prædicta fuerint publicata, absque hoc quod aliquis faciat vendi, vel explectari de venditione, postquam prædicta fuerint publicata; Et si ita esset quod venditor, cujus* nemus esset, *vellet* dimittere venditionem, *& accipere vel recipere hoc quod sibi deberetur pro terminis sequentibus in tali moneta*, qualis currebat tempore venditionis factæ, *emptor* non poterit dimittere venditionem, *Et in casu in quo emptor vellet magis dimittere venditionem quàm retinere, & venditor nollet dimittere, solvendo pro terminis venientibus talem monetam qualis currebat, tempore quo venditio facta fuit, ut supra dictum est, si tempore quo emptor* dimitteret venditionem, *ipse* plus de venditione deliberaverat, vel explectaverat, *vel minus, sed firmam temporis elapsi, postquam* venditio tradita fuit, *vel si* residuum nemoris *erat transforatum, vel deterioratum, & aliqua partium super hoc se dolebat*, ratio fiet super hoc per judicem competentem, & de plano, vocatis bonis gentibus sapientibus, *& in talibus casibus peritiam habentibus.*

Item. *Si aliquis qui deberet* ex qualicumque causâ vel contractu, postquàm moneta burgensium habuit cursum suum, *si per* spatium unius anni computandi, a dicta die quinta decima in antea, *ipse erat in* deffectu solvendi hoc quod debebit, *dum fuerit sufficienter requisitus a suo creditore in judicio, vel extrà judicium*, ipse solvet hoc quod debebit ad bonam monetam, *quæ curret anno elapso in anno.*

Cette proclamation comprend toutes les decisions des Ordonances precedentes de Philippe le Bel, touchant les monoies.

PHILIPPE IV. dit le Bel, à Paris, le 1.er jour d'Octobre 1313.

(a) Letre adressée au Seneschal de Nîmes, touchant les doubles Parisis.

SOMMAIRES.

(1) Les trois doubles parisis foibles seront pris pour deux petits tournois, & rien davantage. Et si quelqu'un aprés la quinzaine de la publication des presentes, cache & retient des doubles Parisis foibles, ils seront confisquez.

(2) Les Tallemeliers, les Cabaretiers, les Bouchers, les Charboniers, les Fourniers, & autres vendeurs de denrées en detail, ne pourront les debiter qu'à juste prix, au cours de la bonne monoie.

(3) Afin qu'il y aît plus de monoye courante, ceux qui ont de la vaisselle d'argent seront tenus d'en porter la dixième partie *aux monoies du Roy.*

PHILIPPUS *Dei gratiâ Francorum Rex, Senescallo Bellicadri, vel ejus locumtenenti,* Salutem. *Cum per ordinationes monetarum factarum de novo* ordinassemus *inter alia, super cursu* parisiensium duplicium debilium, *quod* tres parisienses duplices debiles ponerentur *& mitterentur* pro duobus parisiensibus parvis bonis, *quamdiu nobis placeret. Et postmodùm fuerimus sufficienter informati & requisiti a bonis gentibus, sapientibus & expertibus in talibus, quod cursus & pretium datum per dictas ordinationes* duplicibus predictis, *erant minùs altè, & dannosa cursui &* refectioni *bonæ monetæ,* Nos *per magnam deliberationem nostri Consilii, specialiter pro reducendo monetam* duplicium parisiensium debilium *prædictorum bonæ monetæ currenti, per prædictas ordinationes ordinavimus,* ordinamus & præcipimus.

(1) Quod tres duplices parisienses debiles *inantea recipiantur & ponantur pro* duobus turonensibus parvis *bonis & non* pro *pluri, Et quod omnes illi cujuscumque status & conditionis sint, qui dudum emerint* dictos duplices parisienses debiles *pro ipsis custodiendis & ponendis in thesaurariâ, ut communes gentes habeant monetam ad ponendum, & in majori abundantia, teneantur ponere extra eorum thesaurariam, & ponere in cursu, pretio supradicto, omnes illas monetas infra quindenam postquàm hæc fuerint præconisata & publicata, in locis & patria ubi illi erunt, qui eas habebunt. Et qui dictas monetas post* quindenam istius præconisationis occultabit, vel in thesauro custodiet *& retinebit, perdet* totam monetam tanquam forefactam. *Et ille qui hoc revelabit & accusabit, & post cujus revelationem reperientur, habebit quintum totius monetæ forefactæ, & per ejus accusationem repertæ.*

(2) Item. *Ut bonæ gentes, & communis populus nostri Regni habeant magis conveniens (b)* forum *victualium & omnium aliarum denariatarum,* Ordinamus & Præcipimus, *quod omnes Talamellarii, Tabernarii,* Massellarii, Charboneti, Fornerii *& omnes alii venditores denariatarum, ne auderint carius vendere suas denariatas, sed faciant* competens forum *secundùm cursum bonæ monetæ.*

(3) Item. *Ut communis populus habeat plus de* monetâ *in cursu,* Ordinamus & Præcipimus, *quod omnes gentes habentes* vasa argenti albi, teneantur aportare nostris monetis decimam partem eorum vaissellamentæ argenti plani & albi. *Et si dubitaretur de aliquo quin portasset decimam partem suæ vaissellamentæ, credetur eidem suo simplici sacramento, quod præstare tenebitur, si fuerit requisitus, absque alia compulsione seu probatione, & illi qui vaissellamentam portabit, solvetur de pretio vaissellamentæ quam tradiderit, de bona nova moneta quæ forgatur.*

Quare mandamus vobis quatenus omnia supradicta per modum superius scriptum faciatis su

NOTES.

(a) Cette letre est au Registre de la Seneschaussée de Nîmes, cotte D. Voyez cy-aprés au premier Decembre 1313.

(b) Forum victualium.] C'est le prix des vivres. Voyez ce que j'ay remarqué à ce sujet sur l'article 59. de la Coûtume de Paris & mon glossaire du Droit François.

ciatis sine dilatione, in omnibus bonis villis vestræ Senescalliæ & ressorti ejusdem, solempniter præconisari, & publicari, & firmiter teneri, & servari. Datum Parisius primâ die Octobris, anno Domini millesimo trecentesimo decimo tertio.

PHILIPPE IV. dit le Bel, à Paris, le 1.er Octobre 1313.

(a) Letres adressées à tous les Justiciers du Royaume, portant que les personnes Ecclesiastiques seront confirmées dans la connoissance, & dans la perception des Dîmes non infeodées.

PHILIPPUS *Dei gratiâ Francorum Rex, Senescallo Carcassone, & Bellicadri,* ceterisque Regni nostri Justiciariis, *ad quos presentes litere pervenerint,* Salutem. *Dilectus noster Biterrensis Episcopus nobis conquerendo fecit exponi, quod vos, seu aliqui vestrum, pretextu quarumdam litterarum, que ordinate fuerunt, dum dilectus & fidelis* G. de Nogareto miles noster, *quondam* nostrum deferebat sigillum, & a nostrâ Curiâ, seu Cancellaria emanarunt, *ipsum Episcopum & alias personas Ecclesiasticas in perceptione, & exactione* decimarum non feodalium impedire nitimini, *quod tamen fieri nolumus, neque debet. Quocirca vobis, & vestrum cuilibet* mandamus, *quatenus præfatum Episcopum aliasque personas Ecclesiasticas in perceptione, ac exactione* hujusmodi decimarum, & cognitione super hiis non impediatis *de cetero, nec permittatis a quoquam aliquatenus impediri, nonobstantibus literis supradictis, quidquid earumdem virtute litterarum, vel alias in contrarium factum est, in statum pristinum, sine difficultate qualibet,* reducatis. Datum Paris. primâ die Octobris, anno Domini millesimo trecentesimo tertio decimo.

NOTES.

(a) Ces Lettres sont au Parlement Registre 4. des Enquestes, depuis 1299. jusqu'en 1318. *fol.* 28. *verso.*

PHILIPPE IV. dit le Bel, à Paris, le 1.er Decembre 1313.

(a) Letres, ou Ordonance, touchant les doubles Parisis foibles.

SOMMAIRES.

(1) Trois doubles Parisis foibles seront pris & mis pour deux tournois petits bons. Et ceux qui auront des doubles Parisis foibles & qui ne les remettront pas dans le Commerce, dans la quinzaine après la publication des presentes, ils leur seront confisquez, & le denonciateur en aura le quint.

(2) Les Talemeliers, les Taverniers, ou Cabaretiers, les Bouchers, Charbonniers & les Fourniers &c. seront obligez de donner leur marchandise à juste prix.

(3) Tous ceux qui ont de la vaisselle d'Argent, seront tenus d'en porter aux monoies la dixiéme partie.

PHILIPPE par la grace de Dieu Roy de France, au Seneschal de Thoulouse, ou a son Lieutenant, *Salut.* Comme par les Ordenances des monnoies faites de nouvel, Nous eussions ordené, entre les autres choses, suz le cours *des parisis doubles flebes,* que *les trois parisis doubles flebes fussent pris & mis pour deux parisis petis bons,* & tant seulement comme il nous plairoit, Et depuis Nous aions esté advisiez, infourmez, & requis de bonnes gens sages & connoissants autres choses, que le cours & le pris donné par lesdites Ordenances *as doubles dessusdits,* estoient trop haut & domageux au cours, & a la refection de la bonne

NOTES.

(a) Ces Lettres qui sont au Registre A de la Chambre des Comptes de Paris, feüillet 32. *verso* sont les mesmes que celles qui avoient esté envoyées au Seneschal de Beaucaire, le premier Octobre 1313. Voyez sous cette date, page 532.

PHILIPPE IV. dit le Bel, à Paris, le 1.er Decembre 1313.

monnoie. *Nous* par grant deliberation de nostre Conseil, & specialement pour droitement amener la monnoye *des doubles Parisis flebes* dessusdits, a la ditte bonne monnoye courant; par lesdittes Ordenances.

(1) Avons ordené, Ordenons, & Commandons que *trois doubles Parisis flebes* desors-en-droit soient pris & mis *pour deux tournois petis bons*, & non pour plus, Et que tuit cil de quelque estat & condition que il soient, qui ça en arriere auront acheté & recüilli iceux *doubles Parisis flebes, pour garder & mettre en tresor,* pource que la commune gent aient monnoie a mettre en plus grant abondance, & plustost soient tenus a mettre *hors de leurs tresors*, & mettre en cours au pris dessusdit, toutte telle monnoie *dedans la quinzaine aprés ce que ces choses auront esté criées & publiées, és* lieus & païs là où ceux seront qui les auront. Et celuy qui icelles monnoies *aprés la quinzaine* de ce cry, aura en reposte & en tresors, gardera & retendra, *il perdra toutte la monnoie comme forfaitte,* Et celuy qui ce revelera & accusera, & par quelle revelation elles seront trouvées, *aura le quint* de toutte la monnoie ainsi forfaitte, & par lüy accusée & trouvée.

(2) Item. Pourceque la bonne gent, & *le commun peuple* de nostre Royaume ayent plus *convenable marchié* de vivres & de touttes autres denrées, *Nous Ordenons & Commandons,* que tous les Talemeliers & Taverniers, Bouchiers, Charbonniers, Fourniers, & touttes autres manieres de vendeurs de denrées ne soient si hardy, que il encherissent leurs denrées, ainçois en fassent marchié souffisant selon le cours de la bonne monnoie.

(3) Item. Pourceque le commun peuple ait *plus de monnoie en cours* & plustost, *Nous Ordenons & Commandons, que toutes manieres de gens* qui ont vaissellemente d'argent blanc, soient tenus a porter a nos monnoies *le dixiéme de toutte* leur vaissellemente d'argent pleine & blanche. Et se l'en avoit doubte seur aucun qui n'eust porté *le dixiesme de sa vaissellemente, il en seroit cru par son simple serement,* lequel il seroit tenu a faire se il en estoit requis, sans autre contrainte ou preuve, Et celuy qui la vaissellemente portera, sera payé du prix de la vaissellemente qu'il aura baillié de la bonne monnoie nouvelle que l'en forgera. Pourquoy Nous vous Mandons que vous touttes les choses dessusdittes, & en la maniere que elles sont cy-dessus escriptes, faittes sans delay, en touttes les bonnes Villes de vostre Senechauciée, & des ressorts de icelle solemnement crier & publier, & fermement tenir & garder. *Donné à Paris le premier jour de Decembre, l'an de grace mil trois cens & treize.*

PHILIPPE IV. dit le Bel, à Paris, le 1.er Decembre 1313.

(a) Mandement de lever l'ayde düe au Roy, à cause de la Chevalerie qu'il avoit conferée à son fils.

PHILIPPE par la grace de Dieu Roy de France, au Seneschal de Xaintonge, *Salut.* Comme nagueres nous aions *fait nostre amé fils Chevalier,* & pour cause de celle Chevalerie les gens de nostre Royaume soient *tenus a nous faire certaine aide, Nous* vous Commandons que vous ladite aide, en la maniere que il a esté fait autrefois en cas semblable en toute vostre Senechaucie, & és ressorts, faittes lever & esploitier au plustost que vous pourrez, & tout l'argent de celle aide, sitost comme il pourra estre receu, envoyez à nostre Tresor à Paris. *Donné à Paris le premier jour de Decembre, l'an de grace mil trois cens treize.*

NOTES.

(a) Ce Mandement est au Registre A *fol.* 33. de la Chambre des Comptes de Paris.

PHILIPPE IV. dit le Bel, à Flechicourt, le Jeudy avant l'Epiphanie 1313.

(a) *Letres adressées à la Chambre des Comptes, touchant le payement des loyers des maisons de Paris, & de Montdidier, & touchant le payement du Croix de cens imposé sur ces maisons.*

ANNO Domini millesimo trecentesimo decimo tertio, die Jovis ante Epiphaniam fuit, presentata littera in Camera Compotorum, cujus tenor sequitur sub hiis verbis:

Philippus *Dei gratiâ Francorum Rex, dilectis & fidelibus nostris gentibus Compotorum nostrorum Parisiensibus*, Salutem & dilectionem. *Cum sicut vos ignorare non credimus, ad requisitionem dilectorum nostrorum civium Parisiensium, per* Nos fuerit Ordinatum, *quod* locagia domorum, & census supercrescentes, *usque ad instans festum* Nativitatis Beati Joannis Baptistæ, in burgensibus *qui pro* parisiensibus poni *solebant, solvantur. Et ex parte communitatis ville* Montis desiderii *nobis supplicatum fuerit, quod* ordinationem *hujusmodi apud eos servari faciamus & teneri: Significamus vobis quod nobis videtur expediens, ac etiam placet nobis, quod istis & aliis qui vos super hujusmodi* ordinatione *faciendâ requisierint litteras nostras pro dictâ ordinatione servanda fieri faciatis.* Datum apud *Flechicourt* vicesima tertia die Decembris.

NOTES.

(a) Cette lettre, qui nous indique une Ordonance que nous n'avons pas, est au Regiſtre A de la Chambre des Comptes de Paris, feüillet 33.

PHILIPPE IV. dit le Bel, à Poissy, le Samedy aprés la Typhanie 1313.

(a) *Letres portant décry des monoies nommées Pilles-Vuilles, Venitiens & Thoulais.*

PHILIPPE par la grace de Dieu Roy de France, au *Bailly d'Auvergne*, ou a son Lieutenant, *Salut*. Comme par la grant mauvesetié, & fausseté qui estoit, & est és monnoies que len appelle *Pilles-Vuilles, Venitiens & Thoulais*, & pour ce que nos sougiez, qui par leur simplece n'avoient pas connoissance en la mauvesetié, & fausseté de ces monnoies, les prenoient & mettoient communément a grant perte, decevance, & dammage de eus, *Nous* aions autrefois, & despieça par nos Ordenances, abattu du tout icelles monnoies *de Pilles-Vuilles, Venitiens & Thoulais*, & commandé & deffendu, sur certaines peines, que nuls ne les preist, ne ne meist pour quelque prix que ce fust. Et il nous ait esté rapporté, que les commandements & deffenses que nous avions fait donner, & fait publier, sus les dites monnoies, sont & ont *esté mal gardées* en moult de parties de nostre Royaume, a grant desobeissance de nous & a grant dammage & decevance de nos sougiez, *Nous vous Mandons*, que vous ces lettres veües, en toutes les Paroisses & marchiez de vostre ditte *Baillie d'Auvergne*, & des ressorts de icelle, faciez a sçavoir, & crier si solemnement, que de ignorance nuls ne se puissent escuser, que *quiconque, puis les vuit jours aprés ce que ce cry aura esté fait solemnement, au lieu ou en la Paroisse dont il sera, aura, gardera, ou portera aucunnes desdittes monnoies de Pille-Vuilles, Venitiens, ou Thoulais, sans estre perciées, icelles monnoies non perciées, il perdra*, en tout comme *forfaittes, & nous seront commises*. Et celuy qui

NOTES.

(a) Ces letres sont en la Chambre des Comptes de Paris, Regiſtre A *fol.* 36.

PHILIPPE IV. dit le Bel, à Poissy, le Samedy aprés la Typhanie 1313.

icelles monnoies sçaura, trouvera & enseignera, puis les *vuit jours* dessus dits, aura *la valeur de la moitié de la monnoie, ainsint forfaitte, trouvée & enseignée par lui.* Et *Voulons*, & encore vous *Commandons*, que vous faciez crier & sçavoir a tous, bien & solemnement, si comme dessus est dit, que se aucun, ou aucunne personne, de quelque estat & condition que il soit, par son malice, ou cautelle, *tient en repos quantité desdittes monnoies de Pille-Vuilles, Venitiens ou Thoulais*, que nos gents qui esdittes Baillies & ressorts sont, ou seront deputez par nous, sur le fait & la garde des Ordenances des monnoies, chercheront & feront recherchier en tous les lieus dont ils auront presomption & soupçon de trouver icelles monnoies, & que touttes telles monnoies que ils trouveront, & pouront trouver, *qui perciées ne soint*, ils les prendront & appliqueront a nous, comme forfaittes, & icelles monnoies toutes perciées envoiront a nos monnoies plus prochaines *pour billon.* Et n'entendons pas par ces presentes lettres rappeller, ou müer és autres choses contenües en nos *Ordennances & deffenses faittes derrenierement* seur les monnoies. *Donné à Poissy le Samedy aprés la Typhanie, l'an de grace mil trois cens & treize.*

PHILIPPE IV. dit le Bel, à Paris, le 17. Avril 1314.

(a) *Letres par lesquelles le Roy renouvelle l'Ordonance precedente du mois de Juin 1313, touchant le décry des monoies.*

PHILIPPE par la grace de Dieu Roy de France, a nostre amé Clerc Mestre *Jean de Roie*, & au Bailly de Caus, *Salut & dilection.* Pour adressier, & mettre a point les cours des parisis & des tournois, que nous faisons faire maintenant selon l'estat que il estoient avant, au temps *(b) le Roy S.t Loüis* nostre aieul, Nous par pleine deliberation de nostre grant Conseil, pour le grant & évident prousit de tout le commun peuple de nostre Royaume, avons fait plusieurs Ordenances lesquelles nous avons faites publier generalement par tout nostre Royaume, & commandé a tenir & garder fermement, sus peines contenües en icelles Ordenances. Et entre les autres choses *avons Ordené & Commandé, que touttes monnoies d'Or, soient de nostre Royaume, ou dehors, chieent du tout & n'ayent nul cours pour quelque pris que ce soit, fors au marcq pour billon*, excepté nostre monnoie *d'Or a l'aignel*, laquelle nous faisons faire a present, qui courra chascun denier d'Or de celle monnoie *a l'aignel, pour quinze sols de petits Tournois, ou douze sols Parisis*, & non pour plus, & tant seulement comme il nous plaira. Et encorre avecq ce *avons Ordené* & Commandé, que *nus marcheans, ne autres de quelque condition & estat que il soit, ne marcheande, ne face marcheander, ne faire contraux a nulles monnoies d'Or, ne a autre, fors a celle qui courra*, c'est a sçavoir, *a sols & a livre de Tournois* ou de *Parisis.* Et qui sera trouvé faisant le contraire, le vendeur perdra la marchandise, & l'acheteur le pris de la marchandise. Et pource que *nos Ordenances* dessusdites, avecq les autres que nous avons piesça faites, fussent miex tenuës & gardées, *avons nous encorre Ordenné*, & Commandé entre les autres choses que en chacunes bonnes Villes de nostre Royaume *les Mestres des mestiers fissent assembler toutes les personnes des mestiers, & de chacun mestier* a part & eux assemblez, que il de chacun mestier eleussent deux prudes hommes, & que ces deux prudes hommes fissent jurer sus saintes Evangilles tous ceus de chacun mestier que *ils en touttes choses garderoient bien & loyallement, de tant* comme a eux appartiendroit nos dittes Ordennances. Or *est venu a nous*, & par le raport de plusieurs,

NOTES.

(a) Ces lettres sont en la Chambre des Comptes de Paris, Registre A *fol.* 38.

(b) Voyez Le Blanc dans son traité des monoies de l'Edition d'Hollande, pages 192. 193.

ſieurs, que touttes aient eſté nos dittes *Ordennances criées & publiées*, & commandées a garder generallement, par touttes, & ſus les poines qui y ſont contenuës, non contreſtants les paines & les ſermens deſſuſdits, *li denier d'Or a l'aignel queurrent encorre generaument, & ont eſté, & ſont encorre de jour en jour aloé, & pris pour plus grant pris que de quinze ſols de Tournois chacune piece, ou de douze ſols de Pariſis*. Et fait-on encorre pluſieurs marchiez en pluſieurs & divers lieux de noſtre Royaume, *a Florins, & autres deniers d'Or*, & a *gros Tournois*, & autrement en pluſieurs manieres fait-on de jour en jour, contre nos Ordenances, Commandements & deffenſes deſſus dittes, ou grand grief, & ou grant dommage de nous, & dou commun peuple de noſtre Royaume. Et pour ce que nous qui de grant volonté & de grant affection, deſirans que ce que nous avons ſur ces choſes ordenné, pour le commun proffit, ſoit tenu & gardé, *Nous voulons encore & Ordennons, Commandons & Deffendons* que nulle monnoie d'Or, ſoit de noſtre Royaume, ou dehors ne *ſoit aloée, ne priſe pour nul pris, fors au marcq pour billon*, fors tant ſeulement *les deniers a l'aignel que nous faiſons faire*, c'eſt à ſçavoir chaſcun de ces deniers d'Or *pour quinze ſols de Tournois petits, ou pour douze de Pariſis, &* non pour plus, & tant ſeullement comme il nous plaira. Et que tuit cil qui les aloeront, ou prendront en autre manniere, ne pour autre pris, huit jours aprés ce que ces choſes deſſus dittes auront eſté publiées & criées, cil qui *les metra, ou aloera, perdra* ce que il en aura mis, ou aloé, & cil qui les prendra perdra autant comme il en aura pris ou receu, ou la valüe d'autant, ſans l'autre peines que nous y avons miſe, & ordenné, & par nos Ordennances autres, leſquelles nous ne voulons en riens enfraindre par ces dernieres deffenſes. Et *cil qui l'enſeignera, ou encuſera, aura le quart de tout ce qui en ſera trouvé par luy*. Et encorre pour ce que li Juſticiers de noſtre Royaume ſoient plus diligens, cerchier & deprendre touttes li dites monnoies prenants & mettants, pour plus grant pris que nous avons ordenné, nous octroions de grace ſpecialle, & tant comme il nous plaira, que chacun Juſticier de par qui telles priſes ſeront faittes en ſa *juſtice haute & baſſe, ait la moitié de la priſe ou des priſes, & nous l'autre, oſté* de toute la priſe *li quart que l'encuſeur en aura*. Et s'il avenoit que nos gens en leurs Juſtices feiſſent telles priſes, li Juſticiers n'en auront riens, ains ſera *la forfaiture toute noſtre & le quart a l'encuſeur*. Et avecq ce deffendons nous, ſus toutes les peines contenües en nos dittes Ordennances, que nuls de quelque eſtat & condition que il ſoit, ne marcheande, ne faſſe faire marcheandiſe, ne Contraus a nulle monoie d'Or, ne a autre, fors *a Tournois*, & a *Pariſis bons*, ceux que nous faiſons a preſent faire, & a ſols & a livre, ſi comme le pris de la marcheandiſe le requerra. *Derrechief Nous Voulons encorre, & Ordennons* que chacun des *Tournois doubles fiebles*, qui furent faits de pieca, liquels ont eu cours par nos dites Ordennances, *les trois pour deux petis tournois bons*, queurrent *pour une maalle tournoiſe bonne, de la forte monnoie que nous faiſons faire a preſent, &* tant ſeulement comme il nous plaira. Et que tuit cil qui les auront les mettent avant pour *courre dedans huit jours* aprés ce que ces choſes auront eſté publiées, en la maniere, & ſus les paines qui ſont contenües en nos dittes Ordenances. Et pour ce que nous avons entendu que parmy les *Couretiers* ſe font de jour en jour moult des marchiez, pour les quiex *li dits deniers d'Or a l'aignel*, ſont par ces dits Courtiers aloé & pris pour plus grant fuer, que nous n'avons ordenné, *Nous Voulons, Ordennons & Commandons*, que tuit & chacun li Couretier, qui ſeront trouvez, és marchiez que il feront faire, *prendre leſdits deniers a l'aignel pour autre plus grant pris* que nous *n'avons ordenné, ſoient mis au pilory, ou en l'eſchielle, ſans nulle remiſſion* publiement & notoirement, ſans les autres paines & amendes, que nous en entendons a donner & a lever ſelon la qualité du meſfait, ou des meſfaits. Et les dittes Ordennances & deffenſes, *Voulons & Commandons* eſtroitement eſtre publiez generaument, fermement complies, gardées & tenües ſus les paines que len pourroit encourir envers nous & autres paines contenües en nos dittes Ordennances, deſquelles Ordennances

PHILIPPE IV. dit le Bel, à Paris, le 17. Avril 1314.

nous ne nous entendons pas a departir par ceſtes preſentes. Voulons que en ceſt cas, & en tous autres elles demeurent en leur eſtat & en leur fermeté. Et *Mandons & Commandons* eſtroitement *a tous Juſticiers de noſtre Royaume, que il eſtroitement les facent tenir & garder fermement, & les paines contenües en icelles facent lever de tous ceux qui encontre feront en aucunne manniere, & appliquer a nos droits & a noſtre prouffit ſans* nul eſpargner. Et pour ce que les bonnes gens ne ſoint par ignorance deceüs en ceſte beſoigne, nous *Vous mandons,* & a chacun de vous, que tantoſt ſans nul delay, vous faittes ces choſes deſſus dittes generaument ſolemnement & entendiblement publier & crier, par tous les lieus notables, & les Paroiſſes de ta Baillie de Caux, & les faittes pendre en tous les lieux, ou tu Bailly de Caus as accouſtumé a tenir tes aſſiſes, ſi que chacun les puiſſe apertement voir, ſi ne pourra ne devra, nul eſtre eſcuſé de ignorance. Et toutes les choſes deſſus dittes & chacunne de icelles, vous & chacun de vous, faittes tenir, garder & accomplir ſans rien laiſſier. Et ſeur ce nous vous commettons & a chacun de vous l'execution düe, & voulons & mandons que tuit obéïſſent a vous, & a chacun de vous en ce faiſant. *Donné à Paris dix-ſept jours en Avril, l'an de grace mil trois cens quatorze.*

PHILIPPE IV. dit le Bel, à Paris, le 29. Juillet 1314.

(a) Ordonance par laquelle le Roy deffend les Guerres privées, & les gages de bataille, ſous peine de corps, & d'avoir.

PHILIPPUS *Dei gratiâ Francorum Rex, Univerſis Juſliciariis Regni noſtri, ad quos preſentes littere pervenerint,* Salutem. *Cum nos olim tempore guerrarum noſtrarum* Vaſconie, & Flandrie, *omnia* guerrarum genera, *inter quaſcumque, tàm majores, mediocres, quàm etiam minores perſonas Regni noſtri, cujuſcumque conditionis, & ſtatus exiſtentes (b)* per Edictum noſtrum publice & ſolemniter promulgatum, diſtrictius inhibuimus, & inhiberi fecimus, *ac etiam quecumque* vadia duellorum. *Et poſt hujuſmodi guerras noſtras finitas, perſone plures inter ſe* guerras facere preſumpſerint *& preſumant, ſicut accepimus, Et nunc* Comes Flandrie, *& alie gentes, & populus Flandrie, contra formam pacis inter nos & ipſos noviſſime facte, temere veniendo,* contra nos apertam guerram faciant, *& propter guerram predictam, & ex aliis juſtis cauſis, omnes* guerras *in regno noſtro, inter perſonas quaſcumque* ſub penâ commiſſionis corporum & bonorum, guerrâ noſtrâ durante inhibeamus fieri, & duellorum vadia quecumque,

PHILIPPE par la grace de Dieu Roy de France, a tous les Juſticiers du Royaume de France, aux quiex ces preſentes lettres verront, *Salut.* Comme Nous ou temps de nos Guerres de *Gaſcogne,* & de *Flandres,* touttes manieres de Guerres, entre touttes manieres de gens, quelque eſtat & condition que ils ſoient, euſſions deffendu, & fait deffendre par cry ſolemnel, & tous gages de batailles avecques. Et aprés ce que nos dittes Guerres furent finies, pluſieurs perſonnes ſe ſoient avanciées de Guerre faire entr'eux, ſi Comme nous entendons. Et maintenant li *Cüens,* & les gens de Flandres en venants contre la pais derrenierement faitte entre nous & eux, nous facent Guerre ouverte. *Nous* pour laditte Guerre & pour autres juſtes cauſes, *deffendons ſus paine de corps & d'avoir,* que durant noſtre dite Guerre, nuls ne facent Guerre, ne portement d'armes l'un contre l'autre, en noſtre Royaume, & commandons *que*

NOTES.

(a) Cette Ordonance eſt au Regiſtre A *fol.* 60. de la Chambre des Comptes de Paris.

(b) Per edictum noſtrum.] Voyez cy-deſſus page 390.

quandiu nobis placuerit, *precipiamus in suspenso teneri. Vobis & vestrum cuilibet, prout ad ipsum pertinuerit, Mandamus quatenus* inhibitionem *nostram predictam, dictumque* Preceptum nostrum servari districtius faciatis *& publice per loca quecumque solemnia vobis subjecta solemniter* proclamari, ne quis cujuscumque status & conditionis existat, in regno nostro, guerram facere alter contra alterum, arma portare, aut duellorum vadia admittere presumat, *& jam admissa vadia in suspenso faciatis*, dictâ guerrâ durante, *tenere, contrafacientes districtius punientes.* Vina, blada & alia victualia quecumque, *que per commissos vobis districtus*, ad Stabilitas nostras *Flandrie, sive ad nostrum Flandrie* Exercitum, *ob causam guerre, quam Flandrenses noviter contra nos moverunt, faciendo, aut etiam ad loca partium Flandrie nobis devota & subjecta* portari, *&* duci, *ac etiam* armaturas, *&* armorum harnesia *faciatis, & permittatis, absque impedimento indebito, & exactione* vinagii, vel pedagii cujuscumque *transire*, cauto, *tamen &* provisio, *prout melius* caveri *&* provideri *poterit, quod prædicta non ad inimicos nostros Flandrenses, sed ad devotos & fideles nostros duci debeant & portari.* Actum Parisius die vicesimâ nonâ die Julii, anno Domini millesimo trecentesimo decimo quarto.

tuit gages de bataille soient *tenus en souspens*, tant comme il nous plaira. Si vous Mandons & a chacun de vous, pour tant comme il appartinra, que nostre deffense, & nos commandements devant dits, faittes estroitement garder & tenir, & faites solemnement crier par tous les lieux solemnels qui vous sont soubzmis & soubgiez, que nul de quelque condition & estat que il soit, ne face Guerre contre autruy, ne portement d'armes, ne ne reçoive *gagements de batailles*, & ceux qui *ja sont receüs faittes tenir en souspens*, tant comme *nostre ditte Guerre durera*, & punissiez, chascun endroit soy, aspremement tous ceus qui le contraire feront. *Et laissez porter & mener Bleds, Vins, & toutte autre* maniere de vivres, pour *laditte Guerre*, par vos lieus, par vos *distroits* & par vos paiages, *a nos Establies, & a nos Hostes de Flandres*, & a tous les lieus qui sont, & seront en nostre subjection & en nostre main, & armures & harnois d'armes, sans empeschement nul & sans *paier vinage, ne paiage.* Et pourvoicz, si comme vous pourrez mieux pourveoir, que nul de ces choses ne puist estre menée, ne portée a nos *annemis*, & rebelles de Flandres. *Donné à Paris le Lundy après la Magdelaine, l'an de grace mil trois cens quatorze.*

PHILIPPE IV. dit le Bel, à Paris, le 29. Juillet 1314.

PHILIPPE IV. dit le Bel, à S.t Oüen, prés Paris, le Samedy aprés la feste S.t Remy, 5. Octobre 1314.

(a) Ordonance par laquelle le Roy réitere les deffenses qu'il avoit faites des joutes & des Tournois.

PHILIPPE par la grace de Dieu Roys de France, a tous ceux qui verront ou orront ces Lettres, *Salut.* Il ne puist estre mesconneu par tout nostre Royaume, comment nous autresfois, & plus considerans la grant *destruction, & mortalité de chevaux*, & aucunes fois *de personnes*, qui par les *tournoyemens* & les *joustes* sont avenuz souvent en nostre Royaume, avons generaument, & solennellement *(b)* deffendu, & fait deffendre, sus grans peines pecuniaires, & corporels, que nuls de nostre Royaume, ou nostre subget, ne alassent en tel fait en nostre Royaume, ne dehors. Et avec ce par *(c) la Sainte Eglise de Rome a esté*

NOTES.

(a) Cette Ordonance est au Registre *Pater* de la Chambre des Comptes, feüillet 325.

(b) Avons deffendu.] Voyez cy-dessus au 30. Septempre 1311. pages 492. 493.

(c) La Sainte Eglise de Rome.] Voyez les Extravagantes de Jean XXII. Titre 9. *De Torneamentis, Tit. Decretalium de Torneamentis lib. 5. Tit. 13. Et ibi Cironius & Germonius.*

PHILIPPE IV. dit le Bel, à S.t Oüen, prés Paris, le Samedy aprés la feste S.t Remy, 5. Octobre 1314.

deffendüe sus peine d'excommeniement és personnes singulieres, qui contre la deffense vendroient, & de *interdit* és Villes, & és lieux, ou tels faits seroient faits, lesqueles sentences ont esté *solennellement publiées* par tout nostre Royaume longtemps. Et comme iceste deffense doie de tant miex estre gardée, comme plus grant cause appert de la faire, *Nous* regardant que orendroit nous *avons Guerres* en aucune partie de nostre Royaume, a laquelle tels faits pourroient moult estre nuisables, *du Conseil & de l'assentement des Prelats, & Barons de nostre Royaume avons Establi & Establissons* que quiconques nostre subget, de quelconque condition, estat, dignité ou Seignourie que il soit, *ira en fait d'armes*, comme de *tournoyemens, ou de joustes* en nostre Royaume, ne dehors, ne autre fors en nostre Guerre, ce *fait, soit condampnez sans autre jugement* atendre, a tenir *son corps en nostre prison fermée, la ou nous le voudrons envoyer par l'espace de un an tout entier*, sanz recreance avoir, & que la meilleure de touttes les maisons que *elle ara soit abatüe tout, & arrasée*. Et encore pour ce que chascun gart plus diligemment ceste deffense, Nous *Establissons & Ordonons* de nostre autorité royale, & par le conseil & l'assentement de nos Prelats & Barons devant dis, que toutte la valüe *des fruits & des issües de sa terre d'une année soit levée par nos gens, & tournée devers nous* a convertir ou proffit *du passage de outremer*. Et encore pour ce que aussi bien est a jugier & tenir pour ennemy, celui qui en nostre Royaume demeure paisiblement, & le vuide, & desgarnist des choses, qui necesseres sont a nous & a nos subgez & a nostre Guerre maintenir encontre nos ennemis, comme celuy qui manifestement se met a grever, & dommagier nostre Royaume, & nos subgez par Guerre ouverte, Nous *Establissons & Deffendons* de nostre authorité royale estroitement, *sus peine de forfaire cors & avoir* a nous, que nuls de quelque condition, ou estat que il soit, *ne traye, ne face traire, mener, ou porter hors de nostre Royaume, chevaux, armes, armeures, ne Bled, ne Vin sans nostre congié especial & par nos lettres pendantes*, lesqueles il seroit tenus a monstrer. Et se aucuns par avanture est, ou puet estre trouvez, ou pris, qui ait fait en aucune maniere contre ceste deffense, *nous le tenons pour atteint & forfait a nous en cors & en biens*, sans autre jugement ateindre. Et pour ce que par ignorance nul ne se puist escuser, que il ne doie porter, souffrir, & paier les peines dessus dittes, se elles estoient commises, *Nous donnons en Mandement*, par la teneure de ces lettres, *a tous nos Seneschaux, Baillis, & Prevost*, que il, en leur assises, *& en touttes les bonnes Villes de leurs Seneschauciées, Baillies & Prevostez, tous ceus que il trouveront, puisque ces choses auront esté ainsit sollennellement criées & publiées, faisans, ou avoir fait contre nos dittes Ordonnances & deffenses, punissent deüement, par* les peines dessusdittes, sans faire grace ne deport a nulluy. *Donné à S.t Oüen prez Paris, le Samedy aprés feste S.t Remy, l'an de grace mil trois cens & quatorze.*

OBSERVATION.

Quelque soin que l'on ait pris pour recüeillir toutes les Ordonances de Philippe le Bel, il y en a quelques-unes que l'on n'a pû avoir, & quelques autres qu'on n'a pas inseré dans leur ordre, parce qu'on n'a pû les avoir à temps.

Un auteur anonyme qui a fait des notes sur le livre des monoies de feu M.r Hautin, parle au feüillet 13. *verso* d'une Ordonance de Philippe le Bel, du premier de Juin 1286. portant que l'on feroit *des gros deniers d'argent, des mailles blanches tierces, des mailles d'argent, des Royaux Parisis doubles noirs, des Royaux tournois doubles, des maces d'Or, & des petits tournois noirs*. On n'a pû trouver cette Ordonance, que l'autheur anonyme, dont on vient de parler, a peut-estre mal dattée, parce que Le Blanc dans son Traité des monoies, page 185. au commencement, de l'Edition d'Hollande, asseûre qu'il n'a pas vû d'Ordonance de Philippe le Bel touchant les monoies, avant celle du mois d'Aoust de l'année 1289. imprimée cy-dessus.

En la

En l'année 1290. Philippe fit au Parlement, un Reglement pour les Templiers, & autres Religieux, portant, suivant les anciennes Ordonances, & les Constitutions Canoniques, qu'ils ne joüiroient pas des Privileges accordez à leur ordre, à moins qu'ils n'en portassent l'habit. Voicy ce reglement tel qu'il est rapporté par Chopin. *De sacrâ politiâ*, livre 3. titre 5. nombre 15.

Philippus *Dei gratiâ Francorum Rex, Ballivo Viromandiæ*, Salutem. *Ordinationem nostram factam in Parlamento nostro Parisius, anno Domini 1290. in verba quæ sequuntur, mittimus tibi, habitâ super his quæ sequuntur deliberatione diligenti.* Ordinatum est, *quod si Templarii, Hospitalarii, seu alii quicumque Religiosi, ratione cujuscumque advoationis, doni, vel cujuscumque emolumenti, in fratrem, seu redditum suum aliquem, seu aliquos receperint, & eum, vel eos tamquam fratrem, seu redditum defendere, & tueri voluerint, caveant gentes Domini Regis, Archiepiscopi, Episcopi & Barones, & alii quicumque temporalem jurisdictionem exercentes, ne aliquos tales privilegiis Templariorum, vel aliorum Relligiosorum quorumcumque, gaudere, neque aliquos auctoritate dictorum privilegiorum vexari permittant, nisi dicti fratres se omninò reddiderint, & deferant habitum eorumdem.* Mandantes *tibi quatenus ordinationem prædictam in Balliviâ tuâ servari facias & teneri.* Die Mercurii ante Ramos Palmarum, anno Domini 1292.

Fontanon tome 2. page 251. rapporte un fragment d'Ordonance, qu'il date de 1292. mais sans marquer d'où il l'a pris. Comme il n'est pas bien seur qu'il soit de Philippe le Bel, on s'est determiné à le rejetter icy.

Philippe par la grace de Dieu Roy de France & de Navarre, aux Maîtres des Eaux & Forests. Sachez que par nostre grand Conseil, & par noz Barons, Nous avons fait certaines Ordonances sur les Pescheurs, & sur la maniere de pescher en toutes rivieres grandes, & petites, en la maniere qui s'ensuit.

Premierement, que l'on ne pesche, ne puisse pescher d'engin de filé, de quoy la maille ne soit de moule d'un gros tournois d'argent, fors la rois adible, & le marchepied. Et deffendons Bac en toutes rivieres, & que l'on prenne *Brocheteux*, qui ne vallent deux deniers, *la Vandoise, & le Chenevel*, s'ils n'ont cinq pouces de long, *le Barbel* dont les deux ne vallent un denier tournois, les *Tanches* dont les deux ne vallent un denier tournois, le *Carpel* dont les deux ne vallent un denier, les *Anguilles*, dont les quatre ne vallent un denier tournois. Nous deffendons *la blanche Rosse*, si elle n'a cinq poulces de long, & qu'on ne la puisse prendre avant demy Avril, jusques à demy May. Nous deffendons la Nasse à mener la nef, si elle n'a la maille dessusdite. Le *marchepied* sera mené de jour & non de nuit. Nous deffendons qu'on n'ait mare à fossez, qui boivent en riviere, ne chantepleure. Nous deffendons que Marchand de Poissons n'achette poissons, qui ne soit de l'Ordonance dessus dite. Et s'ils estoient repris soustraians, ou vendans, ils payeront autant comme ceux qui l'ont pesché. Nous voulons que les poissons avec deffenses soient donnez pour Dieu. Nous voulons que les engins qui seront prins non suffisans soient ars. Nous voulons que si aucuns pescheurs controuvent engins, qui ne soient suffisans, qu'iceux engins soient ars selon nostre Ordonance, & les pescheurs justiciez.

De la Thaumassiere dans ses notes sur Beaumanoir, page 371. rapporte l'Ordonance suivante du mesme Prince, touchant *les superfluitez*, qu'il date de l'année 1294. & qu'il dit estre au Registre noir du Chastelet de Paris.

Premierement. Nulle Bourgeoise n'aura char.

Item. Nul Bourgois, ne Bourgoise, ne portera vair, ne gris, ne Ermines, & se delivreront de ceux que ils ont, de Pâques prochaines en un an. Il ne porteront, ne pourront porter Or, ne pierres precieuses, ne couronnes d'Or, ne d'Argent.

Item. Nul Clerc, se il n'est Prelat, ou establis en personnage, ou en dignité, ne pourra porter vair, ne gris, & Ermines, fors en leurs Chapperons tant seulement.

Item Li Duc, li Comte, li Baron de six mille livres de terre, ou de plus, pourront faire quatre robes par an, & non plus, & les femmes autant.

Item. Nuls Chevaliers ne donra a nuls de ses compagnons, que deux paires de robes par an.

Item. Tous Prelats auront tant seulement deux paires de robes par an.

Item. Tous Chevaliers n'auront que deux paires de robes tant seulement, ne par don, ne par achat, ne par autre maniere.

Item. Chevaliers, qui aura trois mille livres de terre, ou plus, ou li Bannerets pourra avoir trois paires de robes par an, & non plus, & sera l'une de ces trois robes pour esté.

Nuls Prelats ne donra à ses compaignons, que une paire *de Robe* l'an, & deux chappes.

Nuls Escuiers n'aura que deux paires de robes, par don ne par achat, ne en nulle autre maniere.

Garçons n'auront qu'une paire de robe l'an.

Nulle Damoiselle, si elle n'est Chastellaine, ou Dame de deux mille livres de terre, n'aura qu'une paire de robe par an.

Nuls Bourgois, ne Bourgoise, ne Escuier, ne Clerc, se il n'est en prelation, ou en personaige, ou en greigneur estat, n'aura torche de cire.

Nuls ne donra au grand mangier, que deux més, & un potage au lard, sans fraude. Et au petit mengier un més & un entremés. Et se il est jeûne, il pourra donner deux potages aux harens, & deux més, ou trois més, & un potage. Et ne mettra en une escuelle que une maniere de char, une piece tant seulement, ou une maniere de poisson, ne ne fera autre fraude. Et sera comptée toute grosse char pour més. Et n'entendons pas que fromage soit més, se il n'est en paste, ou cuit en yaue.

Il est ordoné pour declarer ce que dessus est dit des robes, que nuls Prelats, ou Barons tant soient grans, ne puisse avoir robe pour son corps de plus de vingt & cinq sols tournois l'aune de Paris.

Les femmes aux Barons à ce feur.

Li Comte & li Baron ne pourront donner robes à leurs compaignons, de plus de dix-huit sols l'aune de Paris.

Li Bannerets, & li Chastelain, ne pourront avoir robes pour leur corps de plus de dix-huit sols tournois l'aune de Paris, & leurs femmes à ce feur. Et pour leurs compaignons de quinze sols l'aune de Paris.

Les Escuiers, fils des Barons, Banerets, & Chastelains ne pourront avoir robes de plus grand pris de *quinze sols* tournois de Paris.

Prelats, Comtes, Barons, Banerets & Chastelains ne donront robes à leurs Escuiers de plus de *sept sols, ou de six sols* l'aune de Paris.

Les autres Escuiers qui ne sont de mesnage, & se vestent de leur propre, ne pourront faire robe de plus de *dix sols* tournois l'aune.

Clercs qui sont en dignitez, ou en personaiges, ne pourront faire robes, pour leur corps, de plus de *seize sols* tournois, l'aune de Paris, & pour leurs compagnons de *douze sols* tournois l'aune.

Clercs qui ne sont en dignitez, ne personnages, fils de Comtes, Barons, Bannerets, ou Chastelains, ne pourront faire robe de leur corps, de plus de *seize sols* l'aune, & pour leurs compagnons, ou pour leur maistres de *dix ou douze sols* tournois tout au plus l'aune.

Les autres Clers qui font robe du leur, ne pourront faire robe pour leur corps, de plus de *douze sols six deniers* l'aune. Et s'il est *Chanoine d'Eglise Cathedrale*, il pourra faire robe de *quinze sols tournois* l'aune, & non plus.

Bourgois qui auront la valüe de deux mille livres tournois, & au-dessus, ne pourront faire robe de plus de *douze sols six deniers tournois*, l'aune de Paris.

Et leurs *femmes* de *seize sols* au plus.

Les *Bourgois* de moins de valüe, ne pourront faire robe de plus *de dix sols tournois l'aune*, & pour leurs femmes, *de douze sols* au plus.

Et sont ces Ordonances commandées à garder, aux Ducs, aux Comtes, aux Barons, aux Prelats, aux Clers, & à toutes manieres de gens du Royaume, qui sont en la foy, sur celle foy qu'ils sont tenus. En telle maniere que li Ducs, li Comte, li Bers, li Prelats, qui fera contre ceste *Ordonance*, paiera *cent livres tournois* pour paine. Et sont tenus à faire garder cest *Establissement* à leurs sujets, en quelque estat qu'ils soient, & en telle maniere que si aucun *Banneret* fait encontre il payera *cinquante livres tournois*, & li *Chevalier*, ou *Vavasseur vingt-cinq livres tournois*, & les *Doiens*, & les *Arcediacres*, les *Prieurs*, & les autres *Clers* qui ont *dignité*, ou *personaige vingt-cinq livres tournois*. Des *autres Lays* qui contre ce feront, en quelque estat qu'ils soient, se il a vaillant *mille livres* Parisis, payera *vingt-cinq livres*, & se il a moins vaillant, il paiera *cent sols*, & des autres *Clers* qui sont sans *dignité*, ou *personnaige*, soient de siecle, soient de religion, quiconque sera encontre, il paiera *cent sols*, aussi comme l'autre; Et les *amendes* de toute maniere de gens lays, qui pour cette achoison de cest Establissement seront levées, seront aux Seigneurs, en qui terre, ou en qui Seigneurie li sourfait seront fait, soient li Seigneur cler, ou lay, *& les amendes des clers*, en quelque estat que il soient seront à leurs Prelats, ou à leur Souverain. Et en telle maniere que cil, par qui li fourfait vendra à la connoissance du Seigneur, aura le tiers de l'amende. Et se il avenoit qu'aucun Clers, ou Lais, de quelque condition que il fust, accusez que il eust fait contre cette Ordonance, & il s'en vouloit purgier par son ferment, en la maniere que chascun a accoustumé à jurer, il en seront creus, & seront quittes de la peine. Et se purgera chascun, soit Clers, ou Lays, qui de cest chose se voudra purgier. *Ce fut fait* & ordonné à Paris l'an de grace 1294.

Sic reperitur in quodam parvo libro Cameræ compotorum pro tranquillo statu regni.

En l'année 1295. le Roy envoya au *Comte de Nevers* le Mandement qui suit, rapporté par Le Blanc dans son Traité des Monoies, page 184. de l'Edition d'Hollande.

Philippe &c. A nostre amé & feal *le Comte de Nevers*. Nous vous Mandons que vous fassiez crier par vos terres, que toutes manieres de gens mettent nos monoies noires & blanches, & nostre monoie d'Or, que Nous faisons faire nouvellement, pour le pris par nous establi. Sçavoir la monoie noire de *Royaux Parisis doubles*, chacun denier pour deux Parisis, Les *Royaux tournois doubles*, chacun denier pour deux petits tournois. Et nos *petits tournois* d'argent nouvellement faits pour six deniers Parisis, & nostre monoie d'Or nouvellement faite de gros royaux d'Or, chacun denier pour vingt sols Parisis, &c.

Le Blanc dans son Traité des Monoies en la mesme page 184. parle d'une Ordonance que le Roy fit au mois de Juin 1296. pour regler le salaire des Ouvriers, & d'une autre Ordonnance de la mesme année du Jeudy aprés la Typhaine, qu'on n'a pû avoir.

Dans l'ancien stile du Parlement, partie 3. tit. 29. §. 2. il y a un fragment d'une Ordonance de Philippe le Bel de l'an 1300. qui est en ces termes.

De homicidis & malefactoribus notoriis, qui per officiales Episcopales liberantur. Et postmodum monent gentes nostras, ut bona nobis deventa, propter delicta clericorum manifesta, & de quibus ad plenum constat Curiæ seculari, talibus clericis restituant & eos in terrâ nostrâ faciant secure manere, unde laïci scandalizantur, videntes famo-

sos interfectores clericos, contra Deum & justitiam liberari, & laïcos ipsos rigide puniri, cum eos in similibus delinquere contigerit. Si facta sint notoria, aliquo de tribus modis a jure statuto, licet manus Episcopi quoquomodo evaserint, bona immobilia talium clericorum saisiantur, & teneantur, nec talibus in terrâ nostrâ, commorantibus securitas aliqua præstetur. Et si propter hoc processum fecerint contra gentes nostras, per bonorum temporalium captiones desistere compellantur.

A Montpelier au Registre 5. armoire B, feüillet 4. il y a, dit-on, une Ordonance touchant le respect dû aux Eglises, datée du mois de Mars 1302. que l'on n'a pû avoir.

Le Lundy aprés la huitaine de Pâques de l'année 1303. le Roy adressa ses letres datées de Paris, aux Inquisiteurs envoyez en Auvergne, pour connoistre des malversations faites par ses Officiers, contenant quatre articles que l'on a tirez du Tresor des Chartes, Registre cotté au haut 35. au bas 10. feüillet 22. & au Registre cotté 36. & 12.

Philippe par la grace de Dieu Roys de France, à *nos Inquisiteurs* envoyez de par nous en la Baillie d'Auvergne, sus noz Officiers, *Salut.* Nous vous mandons, que tant pour le desir que Nous avons, que les forfaiz de noz mauvés Officiers soient punis & adreciez, & a nostre pueples les griés & les extorsions qu'il leur ont faiz renduz & amendez, comme pour la mauvese renommée que nous en avons oie, dequoi nous sommes a grand malése de cuer, de ce que si longuement ont regné, en ce fesant, & que plustost ne avons esté avisez, avons ordené ceste voie qui s'ensuit, laquelle Nous vous ajoustons coment vous doiez aler avant sur eus, laquelle Nous vous mandons d'estroitement a tenir sur vos seremens.

Premierement. Nous voulons que tous noz Officiers, Baillis, ou Seneschaux, ou de quelque condition que il soient, qui en nostre service ont esté, que vous les faciez venir pardevant vous, & les faites jurer, seur saintes Evangiles, & seur poine d'estre atainz d'avoir forfait les cors, & les avoirs, que il vous cognoistront, & diront verité de toutes les restitucions, & apaisemenz qu'il auront fait, ou fait faire, de fait ou de promesse, ou qu'il sauront qui aura esté fait pour eus, par eus, ou par autre depuis le terme de la Touzsaints, a quiex personnes que ce soient, Et aprés le serement, donnez termes de huitaines tant seulement a chascun, de vous recognoistre la verité sus la poine dessus dite.

(2) Item. Nous vous mandons que vous faciez crier sollempnelment par touz les lieux de vostre Baillie, que chascun, sus quantque il se puet meffaire, seur cors seur avoir, qui aura reçeu, ou eu de nul de noz Officiaus dessus diz, restitution, ou promesse, par lui, ne par autre, puis le terme de la Touzsains, que il le viegne dire ou recognoistre pardevant vous, sus poine d'avoir forfait cors & avoir, & de ce les asseurez qu'il n'aient pas paour de dire la verité sus noz mauvés Officiaus, pour doute qu'ils raient leur service arriere, car soient-il certain que ceus que nous trouverons mauvés, ne coupables, il ne raront jamés nostre service, ne illeques, ne ailleurs, ains les punirons, si que les autres mauvés i prendront essample.

(3) Item. Nous voulons que vous faciez crier, que se nul doutoit a venir dire qu'il aient riens donné ausdiz Officiers, pour aucun cas qui nous deust apartenir, celer, ou souffrir que il ne le lessent pas a dire, pour doute que nous les en querelons, car nous ne nous en prendrions pas a eus, més a ceus qui auront fait la mauvése souffrance, & de ce les asseurez hardiement.

(4) Item Nous vous mandons, que vous ne souffrez a nus de noz Officiers dessus diz, que il aient Advocat, ne conseil a respondre pour eus, és cas dessus diz, fors de nier, ou de connoistre la verité, ne en nul autre cas qui touche leur fait. *Donné à Paris le Lundy aprés les* huitives *de Pasques, l'an de grace mil trois cens & trois.*

Le

Le Lundy aprés la quinzaine de Pâques de l'année 1303. le Roy adressa le Mandement qui suit, au Bailly de Caen, touchant les vivres qui devoient estre portez à l'Armée de Flandres, daté de Vincennes, lequel est au Tresor des Chartes, Registre cotté au haut 35. & au bas 10. feüillet 22. piece 68.

(1) *Philippe* par la grace de Dieu Roys de France au Baillif de Caen, ou a son Lieutenant, *Salut*. Nous te Mandons, & Commandons destroitement, que par touz les lieus de ta Baillie, & du ressort d'icelle, ou tu verras qu'il le convendra a fere, faces crier sollempnelment, & publier que toutes manieres de Marcheans, quiex que il soient, & de quelque condition, puissent porter, conduire, & mener seurement & sauvement, sanz fraude, toutes manieres de vivres en nostre ost de Flandres, sans poier coustumes, paiages, ne autres redevances de quelque condition qu'il soient, en lessant aus passages esquiex les coustumes, ou les paages sont deuz, gages de rapporter certaines ensaingnes d'un des Marechaus dudit ost, de la qualité, & valüe des choses que il aront porté.

(2) Et que se entre Soleil levant, & Soleil couchant, il soustenoient pertes, ou domages par aucuns malfecteurs, ez droiz voiages, qui a aller en nostre dit ost seront establi, c'est assavoir, a Tournay, a Arraz, a S.t Osmer, nous les rendrons, & ferons rendre, & restorer du nostre propre, le dommage & la perte, que il aroient soustenu.

(3) *Item*. Que nous defendons, & commandons destroitement a touz noz Justiciers, Menistres, Serjans, & pourveurs de noz Garnisons, que lesdiz Marcheans ne praignent, ne facent prendre nulle maniere de vivres, que il porteront, ou menront, feront porter, ou mener audit ost, ne ne facent prendre ne arrester leur chevaux, leur charrettes, ne leur voitures, par pris, ne par taxation, se n'estoit de la volenté & du consentement desdiz Marcheanz, ou quel cas nous voulons que il leur facent tantost satisfaction du pris pour lequel il les auront prises, ou achatées, si hastivement que plainte n'en puisse venir a nous. *Donné a Vinciennes, le Lundi aprés la quinzaine de Pasques, l'an de grace mil trois cens & trois.*

Le 25. Avril 1303. le Roy fit l'Ordonance qui suit datée de Vincennes, touchant les dettes des Juifs, qui sont au Tresor des Chartes, Registre de Philippe le Bel cotté au haut 36. & au bas 12. piece 65. & au Registre cotté 35. & 10. piece 67.

Philippe par la grace de Dieu Roy de France, a tous Seneschaus, Baillis, Prevos, & autres Justiciers de nostre Royaume, qui ces presentes lettres verront, *Salut*. Comme nous eussions faite Ordenance sur les debtes de *noz Juifs*, & defendu que len ne leur donnast, ou feist noz lettres, & que len ne les feist joir de leurs debtes faites puis nostre Ordenance darenierement faite. Et li dit Juifs vous aient donné a entendre que vous ne les voullez faire poier des debtes, que l'en leur doit pardevant ce que ladite Ordenance fust faite, pourquoy le poiement de nos tailles est fortement retargié, si comme ils dient. *Nous* vous Mandons, & a chascun de vous, que vous les debtes de noz Juifs faites, & dües devant ce que lesdites lettres fussent defendües, & que ladite Ordenance fût publiée souffisament, par les Seneschauciées & les Baillies de nostre Royaume, faites poier, non contrestant autres lettres empetrées contraires a cestes, Et si aucun ou aucunes se vouloient opposer a prouver aucunes usures és dites debtes, ladite usure prouvée souffisament par bonnes gens dignes de foi, faites rabattre & cesser, & poier le demourant. Et Voullons & Ordennons que les diz noz Juifs puissent marchander de bonnes marchandises & loiaus, tant comme il nous plaira. *Donné à Vincennes le Samedy aprés la feste S.t Marc, l'an de grace mil trois cens trois.*

En la mesme année 1303. le Samedy aprés l'Ascension, le Roy adressa un Mandement à Guillaume de Jussi, & au Bailly de Senlis, touchant la subvention pour la Guerre de Flandres, que l'on a tiré du Tresor, Registre cotté au haut 35.

& au bas 12. & au Registre 36. cotté au bas 12. feüillet 21.

Philippe &c. A nostre amé Clerc Maistre Guillaume de Jussi, & au Bailli de Senliz, *Salut.* Comme vous aiez eû par nos autres lettres, certain pouair de lever de *certaines personnes ignobles,* subvention pour cest ost prochain de Flandres; Lesquelles personnes avoient *cinq cens livres tournois* en meuble, *ou cent livres de terre par an à tournois,* & ceus qui n'avoient ladite valeur nous eussions voulu que il fussent deportez de ladite subvencion : quar nostre entente estoit que il en leurs propres personnes servissent en l'ost devant dit. Et il, & tuit autre de nostre Reaume nobles & non nobles ja par certain cri & semonse, soient ammonesté d'estre a Arraz a certain jour : *Nous qui voulons le relévement* du grief de nosdits subgiez, avons commandé à certaines personnes, qu'il nous pourvoient de gent, & de Sergenz d'armes, & voulons que tuit li non nobles qui ont cinquante livres en meubles, les outillemens de leur ostel non contez, ou plus, jusqu'à cinq cens livres tournois, ou vingt livres de rente par an, jusques a cent livres de terre par an, non contez leur mannoirs où il demourent, voisent en nostredit ost, en leur propre personnes pour nous y servir, se il ne leur plaist miex a estre deportez de l'ost, par convenables finances, lesquelles se il les voulent faire il nous plaist que vous les recevez en nom de Nous, selonc ce que vous savez que avons ordené. Et les personnes qui moins auront que cinquante livres de terre a tournois, seront deportez dudit ost. Et cil qui auront cinquante livres de rente ou plus, nous serviront audit ost, selonc qu'il y sont teñuz, se il ne leur plaist miex dudit ost estre deportez par convenable finance : laquelle finance Nous voulons que vous recevez & acceptez ou nom de Nous, selonc ce que vous savez que Nous avons ordené. Et de toutes ces choses faire & de toutes autres qui y appartiennent, Nous par la teneur de ces lettres vous donnons pouair & auctorité, & mandons à touz noz subgez que il vous obeïssent quant aus choses desus dites. *Ce fut fait à Paris, le Samedi aprés l'Ascension, l'an de grace mil trois cens & trois.*

Voyez cy-dessus les lettres du Mercredy aprés la Pentecoste vingt-neufviéme Mars mil trois cens & trois.

Le Mercredy aprés la Toussains de l'année 1303. le Roy ordonna que tous les Officiers exerceroient leurs Offices en personne.

Philippus *Dei gratiâ Francorum Rex Preposito nostro Parisiensi,* Salutem. *Cum nostre intentionis, & in hiis maxime que nostrorum utilitatem respiciunt subjectorum, providere negotiis, potius quam personis,* Statuimus, *ut Senescalli, Baillivi, Prepositi, Judices, Ministri, Officiales, & Servientes nostri, quocumque nomine censeantur,* officia, & servicia sibi commissa personaliter exequantur. *Et ut ipsi infra quindecim dies, a tempore publicationis hujus statuti, ad officia propter hoc redeant supradicta, deservituri eisdem continue, & absque quolibet intervallo. Quod nisi fecerint, ex tunc dictis officiis & serviciis privamus omnino, & de officiis & servitiis hujusmodi, elapso dicto tempore, nisi ipsi, ut dictum est, redierint, per vos in vestrâ Prepositurâ, aliis personis idoneis* Volumus *provideri, ordinatione a nobis super hoc editâ in suo robore duraturâ. Mandantes vobis, ut in virtute juramenti quo nobis tenemini, & districtius injungentes quatenus statutum hujusmodi publicari, & servientibus, officialibus, & ministris nostris in vestrâ præpositurâ, faciatis quam citius intimari, ipsumque statutum observatis & faciatis, juxta sui continentiam, firmiter observari, licet preces à nostris gentibus, cujuscumque status, aut conditionis existant, aut a nobis mandatum forsitan de contrario recipere vos contingat, si mandatum ipsum de statuto hujusmodi plenam non faciat mentionem.* Actum Parisius die Mercurii post festum omnium sanctorum, anno Domini millesimo trecentesimo tertio.

Ces lettres sont au Tresor des Chartes, Registre cotté au haut 36. & au bas 12. piece 150.

Choppin dans son Traité *De Domanio, lib. 1. tit. 7. n. 1.* Cite une Ordonnance du mois de Fevrier 1303. portant que le Roy mettra hors de ses mains, les heritages ajugez au fisc. Mais cette pretendue Ordonnance n'est autre chose que les articles 8. & 9. de celle du 23. Mars 1302. pour le bien du Royaume. Voyez en cet endroit, & Brodeau sur l'art. 67. de la Coustume de Paris, n. 10.

Le mesme Choppin dans son Traité *De Domanio, lib. 2. tit. 13. n. 9.* Cite sur la foy d'*Auferius*, une Ordonnance du mois de Fevrier 1303. par laquelle il dit que Philippe le Bel avoit statué, que les gens d'Eglise ne seroient pas contraints de mettre hors de leurs mains les heritages donnez pour fonder des Parroisses, mais on n'a pû la voir.

La pretendue Ordonnance portant que les croisez, qui auront renoncé au privilege de la croisade, pour la surséance de cinq années, ne pourront plus s'aider de ce privilege, n'est que l'article 11. de l'Ordonnance du Vendredy des Cendres de l'année 1303. pour la Seneschaussée de Toulouse, qui est à la page 397. Ce qu'on ne remarque icy que pour faire voir, qu'il y a plusieurs articles d'Ordonnances, que l'on fait passer par erreur pour des Ordonnances entieres.

Selon Pasquier dans ses recherches livre 2. chap. 3. En 1304, ou 1305. le Roy Philippe le Bel rendit le Parlement sedentaire, par l'Ordonance qui suit.

Il y aura deux Parlemens, li un desquiex commencera à l'Octave de Pasques, & li autre à l'Octave de la Toussaints, & ne durera chacun que deux mois.

Il y aura aux Parlemens deux Prelats. C'est à sçavoir l'Archevesque de Narbonne, & l'Evesque de Rennes, & deux lais, c'est à sçavoir, le Comte de Dreux & le Comte de Bourgogne.

Il ara treize Clers & treize lais sans eux, & seront li treize Clers Messire Guillaume de Nogaret, le Doyen de Tours &c.

Li treize lais du Parlement seront li Connestable Messire Guillaume de Plaisance.

Aux Enquestes seront l'Evesque de Coustance, l'Evesque de Soissons, le Chantre Ris, & autres jusques à cinq.

Il est à entendre qu'ils ne delivreront toutes les enquestes, qui ne toucheront l'honneur du corps, ou heritages, mesme prendront-ils bien leur conseil, & leur avis ensemble, mais aincois qu'ils les delivrent ils en auront le conseil de ceux qui tendront le Parlement.

Aux Enquestes de *la Langue d'oc,* seront le Prieur de S.t Martin des Champs, & jusques à cinq.

Aux Enquestes de la *Langue Françoise,* seront Maistre Raoul de Meilleur, & jusques à cinq.

Aux Echiquiers iront l'Evesque de Narbonne & jusques à dix, entre les quiex est le Comte de S.t Pol.

Aux *jours de Troyes,* qui seront à la quinzaine de la S.t Jean, seront l'Evesque d'Orleans, l'Evesque de Soissons, le Chantre d'Orliens, & jusques à huit.

Or est nostre entente, que cil qui portera nostre grand Scel, ordonne de bailler, ou envoyer aux enquestes de la Langue d'oc, & de la Langue Françoise des Notaires, tant comme il voira que il sera à faire, pour les besoingnes depecher.

Il est évident que ce n'est pas là une Loy. De sorte que ce fut par l'article 62. de l'Edit de 1302. fait pour le bien du Royaume, dont cecy n'est que l'execution, qu'il fût arresté que le Parlement seroit sedentaire.

Preterea propter commodum subjectorum, & expeditionem causarum proponimus ordinare, quod duo Parlamenta Parisius, & duo schacaria Rothomagensia, & dies Trecenses bis tenebuntur in anno &c.

L'Anonyme qui a fait des notes sur le livre des Monoyes de M.r Hautin, cite mal une pretenduë Ordonance, touchant la fabrication des petits Royaux d'Or valant onze sols, car le Bail qui en fut fait, & les letres qui furent expediées en conséquence, sont du Lundy avant la Magdelaine, au mois de Juillet 1305. Voyez cy-dessus sous cette date, & Le Blanc dans son Traité des Monoyes, page 180. ligne 15. & 20. de l'Edition d'Hollande.

Le mesme autheur cite encore une autre Ordonnance du 13. Aoust 1310. pour la fabrication *des deniers d'Or durs*, ou à *la masse*, qui devoient avoir cours pour 24 sols Parisis. Et les deniers qui devoient estre de vingt-deux sols six deniers, furent frappez en execution de l'Ordonnance du Mardy aprés Pasques 1308. Voyez cy-dessus page 499. & Le Blanc dans son Traité des Monoies de l'Edition d'Hollande page 180.

Il y a au Registre de la Seneschaussée de Nîmes cotté D, un Mandement adressé au Seneschal de Beaucaire du 10. Juin 1313, portant qu'à commencer à la S.t Jean prochaine, les Fermes seroient données, pour en recevoir le payement *en petits Tournois & petits Parisis*. On n'a pû avoir cette piece.

L'Autheur qui a fait des notes manuscrites sur le livre des monoyes de M.r Hautin, cite une Ordonance du 6. Avril 1313, veille de Pâques, pour la fabrication des deniers d'Or a l'aignel, valans vingt sols tournois la piece, ce qui est contredit, quant au temps, par Le Blanc dans son Traité des Monoyes, page 180. à la fin de l'Edition d'Hollande. Voyez le Mandement du 17. Avril 1314. page 537. lignes 15. & 16.

Le 2. du mois d'Octobre de l'année 1314. le Roy ordonna aux bonnes Villes de son Royaume d'envoyer à Paris, au premier de Novembre, deux ou trois notables, pour regler les monoies. Et les Deputez qui se rendirent à Paris, donnerent leur avis, tiré du Registre *Noster* de la Chambre des Comptes, feüillet 208. dans les termes qui suivent.

VEez cy l'accort qui fut fait par les gens de bonnes Villes, qui furent mandées pour le fait des monoies, l'an trois cens quatorze, c'est assavoir des Villes qui s'ensuivent. Et est assavoir que de chascune de ces Villes vindrent deux ou trois des plus souffisantes personnes.

PREMIEREMENT.

Compiegne.	S.t Jehan d'Angeli.	Saint Quentin.	Nîmes.
Meaux.	Chaalons.	Chartres.	Albi.
Montdidier.	Sens.	Noion.	Poitiers.
Beauvez.	Tours.	Caën.	Moissac.
Pontoise.	Laon.	Orleans.	Bourges.
Thoulouse.	Soissons.	Baieux.	Figat.
Caours.	Senlis.	Roën.	Clermont en Auvergne.
Montauban.	Tournay.	Troies.	
Lymoges.	Rains.	Nevers.	Beziers.
Narbonne.	Arras.	Dieppe.	Carcassonne.
La Rochelle.	Amiens.	Aux.	Montpellier.

Premierement. Il fut accordé que len face petiz Tournois & petiz Parisis & mailles petites. Tournois & Parisis du temps, & de la Loy Mons.r Saint Loys, & nulle autre monoie.

Item. Il fut accordé que toutes monoies feussent abbatuës d'Or, & d'Argent, exceptez les gros tournois, & les mailles d'Argent. Le gros Tournois pour douze Tournois, & la maille d'Argent pour quatre Tournois, pour la faute qui est de monoie, tant comme il pleroit à nostre Sire le Roy.

Item. Il fut accordé que la monoie d'Or à l'aignel coure pour dix sols Parisis, & toute autre monoie d'Or soit abbatuë.

Item. Il fut accordé pour avoir plus matere à faire monoie, que len pregne le quart

quart de la vessellemente d'Argent par souffisans prix, & que len ne face nulle vessellemente d'Argent jusques a onze ans.

Item. Que le Roy pourchace par devers ses Barons, que il se sueffrent de faire ouvrer jusques à onze ans, car autrement il ne puet pas raemplir son pueple de bonne monnoie, ne son Royaume. Et furent à accort que li Rois doint tant en Or, en Argent, que il n'i preigne nul profit.

Item. Que li doubles que l'en appelle *Cornuz* feussent abbatus de tous points.

C'est la fourme & la maniere comment sera faite la monoie d'Or, que nostre Sire le Roy veut faire faire par le Maistre qui la fera, & le pois & la loy, & le pris, comment il seront pris & mis par le Royaume, & ce seguefié ledit Maistre, ès Maistres de la Court le Roy nostre Sire, se ainsi leur plest.

P*Remierement.* Li denier d'Or seront fait de vingt-deux Caraz de Loy, & de trente-cinq, & le quart de pois. Et courront par le Royaume, & seront pris & mis à toutes denrées & à toutes marchandises pour le pris de vingt-deux Parisis petiz bons & n. . . . Et commencera dés maintenant à ouvrer ledit Maistre, jusques à la feste de Toussains, & de ladite feste en un an ensuivant, plain & enterin. Et fera d'euvre ledit Maistre par tout le temps dessusdit deux mille Mars d'Or fin, rendra pour le monoiage de deux Mars trente livres de la monoie qui ores court, ainsi rendra il pour chascun Marc d'Or fin, quinze livres de ceste monoie corant, en tele maniere, & en tele condition que toutes autres monoies d'Or queles qui soient, soient abatuës & descriées & deffenduës, si ques elles n'aient nul cours par le Royaume a nulle chose qui soit, fors celle qui maintenant court, qui est faite ou Coing & en la taille de ceste qui sera faite maintenant. Et nuls sur peine de cors & d'avoir, ne soit hardiz de les prendre, ne de les vendre, ne porter, fors que au Maistre de ladite Monoie, ou aus Changes acostumez & tout en apert. Et se plus ledit Maistre faisoit d'euvre, oultre ladite somme ou temps dessusdit, il rendroit a nostre Sire le Roy, du monoiage pour chascun Marc, autant comme il est dessusdit. Et prometra par son serment ledit Maistre fere ouvrer ladite monoie au mieux & au plus efforciement que il pourra, au profit dudit nostre Sire le Roy.

Item. Senefie que se il plaist mieux audit nostre Sire le Roy, & à nos Maistres, ledit Maistre rendra & paiera a nostre Sire le Roy, pour le monoiage, de tant comme il pourra ouvrer, & faire de ladite euvre par tout le temps dessusdit, cinquante mille livres de ceste monoie dessusdite qui ores court, & que ledit Maistre puisse ainsi faire ouvrer elles pars où il voudra ou Royaume, & que il luy plai a, & que durant ledit terme ladite monoie audit maistre ne puisse estre ostée, ni enchiérie par nulle maniere que ce soit, pour plus grant pris que nulle autre y veille, ne ofre a donner, & que durant ledit terme nostre Sire le Roy ne face faire nulle monoie d'Or en son Royaume, més que par la main dudit maistre, & non par autre. Et que ledit nostre Seigneur le Roy luy promette de tenir & garder, & que lesditz Royals qui seront faits, il face prendre communement par tout son Royaume en toutes marchandises, rentes & denrées queles que elles soient.

Item. Senefie, & requiert à nos Maistres dessusdits, que tout avant li soient baillez, & prestez dix mille livres de ceste monoie qui ores court, pour garnir, & pour faire ladite monnoie d'Or. Et se ce ne leur plaist à faire, requiert que il leur plaise & à nostre Seigneur le Roy, que tout le monoiage que il fera de l'euvre dessusdite, par le temps dessusdit, lui soit lessiez en sa main, sans requerir, ni le contraindre jusques à la fin du terme dessusdit, pour en faire le profit le Roy & le sien, en tele maniere que dudit monoiage ledit Maistre se puisse payer du debte que nostre Sire le Roy luy doit, & que tout ce qui li est deû soit rabatu en son compte de la somme, & de la tasche dessusdite.

Item. Seigneurs ne vous merveilliez pas, se ledit maistre ne offre plus grant tasche, & plus grant somme pour l'euvre dessusdite, jasoit ce que il ait bien bonne esperance de faire plus grand euvre, que il dit dessus, & de faire ouvrer plus efforciement que il pourra, au profit dudit nostre Sire le Roy. Més pour soy getier hors de tot peril, & de tout damage a son pooir, il offre ainsi, si que il ne promette chose a nostre Sire le Roy, que il ne puisse bien obtenir & atendre, mes ledit maistre promettra par son serement a faire en tout ce au mieux qui pourra, si que li Roys, & li dit maistre s'entendront a .... se dieux plaist, quar aussi n'est pas leur entention que ledit maistre peust avoir nul domage.

Item. Ledit Maistre seurté de lui requiert, que toutes ces choses lui soient promises par ledit nostre Seigneur le Roy tenir, attendre, & acomplir en la maniere dessusdite, enterinement. Et la permission faite, se lesdites convenances ne lui estoient tenuës, ou que nostre Sire le Roy en feust deffaillant, dit & requiert ledit maistre, que il ne puisse estre contraint par ledit nostre Sire le Roy, ne par sa gent a paier la somme dessusdite par lui offerte, fors que de tant comme pourroit monter tout le monoiage, que il auroit fait de l'euvre dessusdite.

Le fleurin d'Or qui seront du pois de trente-cinq au Marc, si vaudront la piece vingt-deux sols a paier, du denier a l'aignel pour quinze sols.

Item. Ceus qui seront de trente-six au Marc, si vaudront vingt-un sols trois deniers, a poier comme dessus.

Item. Ceus qui seront de trente-sept au Marc, si vaudront vingt sols huit deniers, a paier comme dessus.

Item. Fleurins de Fleurence, qui seront de soixante-dix au Marc, a quoi il devoient estre, vaudront douze sols onze deniers obole, a paier comme dessus.

Item. Les Fleurins qui seront de soixante-douze au Marc, vaudront onze sols dix deniers, a paier comme dessus.

Item. Fleurins a la chaere un pour deux de Fleurence, se porteront comme ceus de Fleurence dessus.

Item. Les deniers de la Royne qui sont de cent quatre au Marc, vaudra la piece quatorze sols, a paier comme dessus.

Item. Les bons a la Royne, qui sont de cinquante-deux sols & demi au Marc, vaudront quinze sols comme un d'agnel.

Item. Le Fleurin au mantelet vaudra la piece douze sols, a payer comme dessus.

Item. Les Esterlins qui sont de quatorze sols dix deniers au Marc, & a onze deniers & huit grains de loy, argent le Roy, vaudront trois deniers obole pour la piece.

Le Roy estant decedé le 24. de Novembre 1314. ce projet d'Ordonance fut sans execution.

Louis X. surnommé Hutin, à Vincennes, le 19. Mars 1314.

LOUIS X. SURNOMMÉ HUTIN.

(a) Letres par lesquelles le Roy confirme les Privileges des peuples de Normandie.

SOMMAIRES.

(1) Le Roy & ses successeurs ne feront faire en Normandie d'autre monoie, que celle de Paris & de Tours, & des gros tournois du poids & de la valeur qu'ils avoient du temps de S.t Loüis.

(2) Le foüage, ou le monoyage sera levé, ainsi qu'il est marqué dans le Registre des Coustumes de Normandie.

(3) Les nobles & les autres habitans de Normandie, qui doivent au Roy de certains services à la guerre, seront libres quand ils les auront rendus.

(4) Quand les Vassaux seront quittes de ces services, le Roy ne pourra plus rien exiger des sous-Vassaux, &c.

(5) Le Roy ne levera en Normandie que ses revenus ordinaires, &c.

(6) Nul Sergent de l'épée ne pourra faire exercer son office par un autre, sous peine de le perdre.

(7) On ne pourra prendre des denrées pour le Roy, sans Letres de Sa Majesté, ou de son Maistre d'Hostel, & s'il y a des Letres, les denrées seront appreciées & payées avant que d'estre enlevées.

(8) Le tiers & danger ne sera pas dû du mort-bois.

(9) Si quelqu'un dit qu'il n'est pas sujet au tiers & danger, parce que ses bois ont esté plantez anciennement, il en sera exempt en prouvant le fait qu'il avance.

(10) De trois ans en trois ans, le Roy envoyera des Commissaires, ou Enquesteurs pour reprimer les excés de ses officiers.

(11) Aucun franc-homme de Normandie ne sera mis à la question, s'il n'est violemment suspect de crime capital, & encore sera-t-il traité si moderement qu'il n'en perde ni membres, ni la vie.

(12) Aucun Avocat ne pourra prendre plus de trente livres pour une grande cause, & les salaires des petites causes seront taxez par les Juges.

(13) Les causes decidées à l'Eschiquier de Roüen, ne seront point portées au Parlement de Paris.

(14) La prescription de quarante années sera à l'avenir un titre competant, en Normandie.

LUDOVICUS *Dei gratiâ Francorum & Navarræ Rex omnibus fidelibus, & Justiciariis nostris,* Salutem.

Gravem querimoniam Baronum, Militum, & aliorum nobilium subditorum, ac Prælatorum Ducatus nostri Normaniæ accepimus, continentem quod à tempore Beati Ludovici *proavi nostri, multa fuerunt eis illata gravamina, ac etiam novitates, talliæ, subventiones, impositiones diversæ, contra patriæ solitam consuetudinem, contra jura, & libertates eorum, quibus gravia scandala imminent sibi, & successoribus suis oriuntur præjudicia infinita. Quare nobis humiliter supplicarunt prædictis remedium adhibere. Nos eorum precibus inclinati, qui eis, & universis subditis nostris sumus in exhibendâ justitiâ debitores, habitâ cum nostro consilio deliberatione solempni, ut sequitur duximus ordinandum.*

(1) Statuimus & ordinamus *quod nos, aut nostri successores in dicto Ducatu Normaniæ, de cætero aliam monetam, quàm Paris. & Turon. & grossos turon. de pondere quibus erant & valore, tempore dicti* proavi nostri, *fieri non faciemus, nec aliam monetam cursum habere, maximè cùm ob hoc in dicto Ducatu ceteros redditus, de termino in terminum percipiamus ab antiquo.*

(2) Item. *Quod Foagium non faciemus levari, nisi quatenus in registro* consuetudinis Normaniæ *continetur, usu contrario non obstante.*

(3) Item. *Nobiles, & alii qui nobis in guerris tenentur ad certa servitia, ipsis*

NOTES.

(a) Ces lettres sont tirées d'un manuscrit de l'Abbaye de Jumieges de 300. ans.

LOUIS X. surnommé Hutin, à Vincennes, le 19. Mars 1314.

servitiis persolutis, liberi remaneant & immunes, nec ulterius mittentur ad alia servitia facienda.

(4) Item. *Cum homines nostri dicti Ducatus servitia ab ipsis debitâ, ratione nostri exercitus, vel alias, nobis persolverint, à suis sub tenentibus nihil poterimus vendicare, salvo jure nostro in casu* retrobanni.

(5) Item. *Quod de cetero per nos, aut successores nostros in dicto Ducatu, in personis aut bonis ibidem commorantium, ultra redditus communes, & servitia nobis debita, tallias, exactiones, subventiones, impositiones facere non possimus, nisi evidens utilitas, vel emergens necessitas id exposcat.*

(6) Item. *Quòd de cetero nullus Serviens noster spatarius, vel quicumque alius cujuscumque conditionis existat servitium, vel officium sibi concessum alii cuicumque locare valeat, quocumque colore quæsito, alias ipso facto servitium, vel officium amittat.*

(7) Item. *Quòd illis qui nostro nomine* nummata *quæcumque, pro nostris munitionibus, aut necessariis ubilibet capere voluerint, non parcatur impune, nisi litteras certas super hoc afferant confectas sigillo nostro, aut magistri nostri hospitii munitas, & ubi ipsas litteras detulerint, loci Justiciarium vocare teneantur, & per fide dignos* nummata *appretiari pretio legitimo, & pretium sic taxatum solvi, antequam nummata permittatur deferre.*

(8) Item. *De cætero* nemoribus mortuis, *videlicet Gallice,* fauz, marsauz, pine, espine, Aune, Geneft, Genievre, & ronches, *nullus in Ducatu Normaniæ, cujuscumque conditionis existat, tertium, dangerium, vel alterum eorum nobis, aut alteri nomine nostro solvere teneatur, usu contrario non obstante.*

(9) Item. *Si quis dicat sua nemora plantavisse ab antiquo, si de hoc constet super dangerio seu tertio, nulla sibi molestia inferatur.*

(10) Item. *Quod de cætero de termino in terminum in dicto Ducatu inquisitores idoneos nos, & successores nostri mittere teneamur, pro reformandis corrigendis & puniendis excessibus officialium nostrorum quorumcumque.*

(11) Item. *Quod in dicto Ducatu nullus homo liber quæstionetur, nisi vehemens præsumptio ipsum reddat suspectum de crimine capitali, & tunc taliter quod propter gravitatem tormentorum mors, aut mutilatio non sequatur.*

(12) Item. *Quod nullus advocatus, pro majori causa ultra* triginta libras *pro salario, recipiat. In cæteris minoribus causis a judice salaria statuantur, secundum qualitatem causæ, consuetudinem fori, possibilitatem clientis, & industriam advocati. Et super hiis advocati quolibet anno astringantur propriis juramentis.*

(13) Item. *Causæ diffinitæ in Scacario Rothom. ad nostrum Parlamentum Parisius nullatenus deferantur.*

(14) Item. *Quod quadragenaria præscriptio cuilibet sufficiat de cætero, pro titulo competenti, sive de bassâ, aut altâ justitiâ contendatur, aut aliâ causâ quacumque, & hujusmodi possessor nullatenus molestetur juxta ordinationem dicti* proavi nostri *usu contrario non obstante. Hæc autem omnia supradicta ad perpetuam rei memoriam nostris subditis dicti Ducatus Normaniæ* concedimus *& auctoritate regiâ confirmamus & ab omnibus justitiariis nostris præcipimus perpetuis temporibus observari. (b)* Datum apud Vincen. sub sigillo, quo vivente genitore nostro utebamur. Decimo nono die mensis Martii, anno millesimo trecentesimo decimo quarto.

NOTES.

(b) C'est icy la premiere Charte que Loüis Hutin accorda aux Normands. Au mois de Juillet de l'année suivante 1315. il leur en accorda une plus ample, qui sera rapportée cy-aprés, Latine & Françoise.

(a) Ordonance

LOUIS X. dit Hutin, à Paris, le 1.er Avril 1315.

(a) Ordonance touchant le payement des dettes actives des Juifs. Elle contient de differentes dispositions touchant les fiefs, les alleux, &c.

SOMMAIRES.

(1) On ne fera plus de poursuites pour exiger les sommes dûës aux Juifs, à moins que ces dettes ne soient claires, ou qu'il n'en reste que l'execution à faire. Et tous les Commissaires envoyez à cet effet sont revoquez.

(2) Il ne sera levé aucune finance au profit du Roy, pour les Fiefs que les nobles auront donné à cens, ou rente, aux roturiers, Mais si la finance de ces fiefs est dûë au Roy, parce qu'il y a eû de l'argent baillé dans le temps des Contracts pour l'entrée, cette finance sera levée, eû égard à ce que les fiefs valloient dans le temps de l'alienation, & non au temps de la recherche.

(3) Il ne sera levé aucune finance au profit du Roy, pour les fiefs & les arrierefiefs donnez en emphyteose, ou à acapte aux roturiers, à moins que ce ne soit des Chasteaux, des Villes, ou des fiefs ayant haute Justice, & tenus du Roy à foy & hommage, ou à autres services, dont l'alienation ne peut estre faite, sans en payer les droits dûs au Roy, ou sans sa permission.

(4) Il ne sera pareillement levé aucune finance pour les alleux donnez en emphyteose, ou à acapte, à moins que ce ne soit des alleux de grande valeur avec Jurisdiction, dont l'alienation ne peut estre faite à des roturiers.

(5) Lorsqu'il s'agira de dettes passées sous le Scel Royal, entre particuliers, l'execution ne se fera pas par un Sergent Royal, mais quand il sera question de dettes du Roy; le Sergent Royal fera l'execution, & sans mettre garnison, quand il se trouvera des personnes pour acheter les biens des debiteurs.

(6) Les Seneschaux pourront permettre de transferer des vivres hors du Royaume, à moins qu'il n'y en ait disette, auquel cas les Seneschaux seront tenus de requerir l'avis des Prelats, des Barons, & des Consuls des Villes.

(7) Quant aux monoies & aux toiles, le Roy y a pourvû.

(8) Les Privileges, les Libertez & les Immunitez accordez aux peuples par S.t Loüis, *& par le Roy* Philippe le Bel, *leur sont confirmez.*

(9) En matiere civile, ou criminelle, chacun sera jugé par le Juge de son domicile, à moins qu'il n'y ait de justes raisons pour en user autrement, &c.

(10) Dans les offices de Judicature, ceux qui connoistront des matieres criminelles, connoistront aussi des civiles, pourveû qu'ils en soient capables. Quant aux ventes des Vigueries, des Baillages & des Notairies, le Roy y pourvoira.

(11) Personne ne sera puni, pour estre contrevenu aux Ordonnances des monnoyes, quant au cours, &c.

(12) En matiere de requisitions, & d'appellations, il sera permis aux parties de prendre quel Notaire il leur plaira, mais quant aux Actes Judiciaires, ils seront redigez par les Notaires des Cours, dont les salaires seront fixez.

(13) Les Seneschaux, ou les autres officiers à qui les ordres du Roy seront adressez, les executeront promptement, ou envoyeront leurs Letres patentes, par lesquelles ils marqueront les raisons pour lesquels ils ne les mettent pas à execution.

(14) Les Officiers, & les Commissaires ne pourront exiger de salaires, pour la continuation, ou la prorogation de leurs fonctions, &c.

(15) Lorsqu'il y aura procés entre le Procureur du Roy pour Sa Majesté, & des particuliers, les frais qu'il conviendra faire pour produire des temoins de la part du Roy, seront avancez par son Procureur.

(16) Ceux qui auront esté mis injustement en prison, & qui seront trouvez innocens, ne seront tenus de payer, ni geolage, ni écritures, à moins qu'ils n'en demandent copie, &c.

(17) Suivant l'Establissement de S.t Loüis, *& du feu Roy* Philippe le Bel, *on ne pourra arrester, ni emprisonner ceux qui peuvent donner caution, si ce n'est pour crimes énormes.*

(18) Les Notaires se contenteront de salaires modiques, suivant leurs Statuts, sous peine de privation de leurs offices, &c.

(19) Nul Capitoul, Consul, Decurion, ou Echevin de Toulouse, ou ses enfans, ne pourra estre appliqué à la question, si ce n'est pour crime de leze-Majesté, ou autre grand crime dont il soit violemment soupçonné.

LUDOVICUS *Dei gratiâ Francie, & Navarre Rex, Senescallo (b) Petragoricensi, & omnibus judicibus, & justitiariis quibuscumque ejusdem Senescallie,* Salutem.

LOUIS X. dit Hutin, à Paris, le 1.er Avril 1315.

Subditorum nostrorum tranquillitatem, indemnitatem etiam, ac quietem, totis procurare viribus, nobis ex debito incumbere arbitrantes, totisque affectibus, tam pro preteritis, quam futuris temporibus, quantum juri & justitie ingruerit, subvenire eisdem, ac etiam ubi expedierit gratie munificentiam exhibere. Porrectis itaque nobis ex parte Consulum (c) Montisfluti dicte Senescallie, & aliorum universitatum, castrorum, villarum, & locorum lingue occitane *supplicationibus inclinati. Videlicet cum ab exactione* bonorum, & debitorum quondam Judeorum, *quorum occasione mala plurima perpetrantur, ut dicunt,* cessari peterent, *& Commissarios revocari, inquiri etiam contra eos, & debite puniri eosdem.*

(1) Concessimus *quod ex nunc, & deinceps perpetuo ab* hujusmodi debitis inquirendis & exigendis *omnino cessabitur, nisi adeo clara, & confessata in judicio, coram Commissariis ad hoc deputatis, quod* sola executio restet *fieri de eisdem, quam fieri* Volumus *per vos* Senescallum, *vel Thesaurarium nostrum, sine sumptibus aliquibus, ut debitorum ipsorum parcatur laboribus, & expensis. Sicque Commissarios omnes hactenus ad hujusmodi bona, & debita deputatos penitus revocamus.* Volentes & precipientes *nihilominus, circa alia, exactiones, & punitiones Commissariorum ipsorum & Servientium tangentia, per inquisitores nostros, propter hoc, & alia specialiter destinandos, adhiberi remedium opportunum.*

(2) Item. *Cum de* feodis, & retrofeodis, *pro quibus exiguntur financie, eo quod a* nobilibus *in* innobiles *ad censum, vel redditum aliquem, nullâ interveniente summâ pecunie, transferuntur, cum ob hoc frequenter* meliorentur a tenentibus, *& ob hoc* feudi conditio minime pejoretur, *peterent ab hujusmodi financiarum exactione cessari.* Concessimus, *quod* pro eis nulle financie de cetero prestabuntur. *Et si forsan pro aliquâ interveniente pecuniâ, vel aliâ ratione, eas deberi contigerit & ob hoc easdem habere voluerimus, respectus habebitur ad tempus translationis, & ad summam inde traditam, non ad tempus presens seu ad meliorationem rei ejusdem.*

(3) Item. *Concessimus quod de feodis, & retrofeodis in emphiteosim, vel* acapitum *per* Ecclesiasticas *personas datis, & translatis in* personas innobiles, *nulla financia debeatur, nisi fuerint castra, ville, seu loca alia, cum justitiâ altâ, que a nobis in feodum, vel homagium, seu ad servitium aliud teneantur, de quibus alienationem fieri nolumus sine nostro* Laudemio, *aut nostrâ gratiâ speciali.*

(4) Item. *De* allodiis liberis *in* emphiteosim, *vel* acapitum *datis, seu alias translatis, non dabitur financia, dum tamen non sit* allodium magne rei, *cum jurisdictione & districtu, cujus alienationem de nobili in innobilem fieri nolumus, nisi de nostrâ licentiâ, aut gratiâ speciali.*

(5) Item. *Cum peterent quod* garnisiones servientium, *seu comestores non ponerentur* pro debitis nostris, *vel alias exequendis, sed exequerentur in bonis, & personis debitorum,* per bajulos & ordinarios *locorum suorum.* Concessimus *quod pro debitis inter privatas personas contractis sub sigillo nostro, Serviens noster requiret* ordinarium loci, *quod ea exequatur. Nec ea exequetur dictus Serviens noster, nisi dictus ordinarius negligens, vel plus debito differens fuerit super hoc requisitus. Et si ad hoc debitor se opponat, remittetur cognitio ad judicis sigilli nostri examen, qui cognoscet de dubio emergenti. Nostra vero propria debita ubicumque sint, per manum nostram, & non per aliam exequentur, nec pro hujusmodi debitis nostris exequendis, ponentur* co-

NOTES.

(a) Cette Ordonance est au Tresor des Chartes, Registre de Philippe le Bel, cotté au haut 4. & au bas 2. piece 209. Elle est aussi en la Chambre des Comptes de Paris, au Registre *Pater* feüillet 118. & au Registre D de la Seneschaussée de Nîmes, cotté D. Voyez La Faille tome premier page 61.

(b) Petragoricensi.] Cette Ordonance fut envoyée aux autres Baillis, & Seneschaux, & le 15. May 1315. à celuy de Beaucaire.

(c) Montisfluti.] Dans le Registre de la Seneschaussée de Nîmes, il y a, *Ex parte Consulum Universitatis Carcassonensis, &c.*

(d) Au Registre *Pater* de la Chambre des Comptes feüillet 118. il y a sur cette matiere, comme on l'a dit, un pareil Mandement adressé aux Seneschaux de Perigord & de Cahors.

mestores, seu servientum garnisiones, *quamdiu inveniri poterunt bonorum emptores, nisi hoc exigeret potentia, seu proterva contumacia debitoris.*

LOUIS X. dit Hutin, à Paris, le 1.er Avril 1315.

(6) Item. *Cum peterent quod quelibet persona possit de regno* nostro extrahere victualia quecumque, concessimus *quod vos Senescalli permittere debeatis victualia predicta exire, nisi videatis necessitatem patrie, vel periculum imminere, in quo casu de consilio Prelatorum, & Baronum & Consulatuum, bonarum villarum, & non aliter, ea propter necessitatem patrie prohiberetis exire. Proviso tamen quod victualia ipsa* ad nostros non transeant inimicos.

(7) De monetis *vero, &* telis *in ipsorum petitione contentis, per inquisitores nostros predictos* ordinavimus *prius, deliberato per eos, cum expertis in talibus, consilio, de commodo vel incommodo proprio, & communi, quod ex hoc sequi poterit provideri.*

(8) Item. *Cum statuta* proavi nostri beati Ludovici, *ac etiam* genitoris nostri, carissimi, *& alia eorum privilegia, servari & confirmari peterent, ac eorum* libertates, immunitates & consuetudines, prout usi sunt *ab antiquo*, concessimus, *quod sicut rite & juste eis usi sunt, hactenus gaudeant, & utantur. Nos que privilegia, libertates, immunitates & consuetudines eorum, que confirmari petierunt, & nobis exhibuerunt libenter confirmabimus prout fuerit rationis.*

(9) Item. *Cum peterent* nullum habitatorem *captum pro casu criminali, vel civili trahi, vel extrahi,* sed in loco suo *justitiari.* Concessimus *quod nullus trahi, vel extrahi valeat in casibus predictis, de Castellaniâ, seu judicaturâ sua, nisi* pro causâ arduâ, rationali, *atque justâ, quam Judex ante extractionem, seu tractionem hujusmodi exprimere teneatur.* Concessimus *etiam quod cause criminales quecumque, etiam de* supponendo aliquem questionibus, *audiantur & judicentur, non in* occulto, *sed palam & publice. Questionum vero suppositio cum judicata fuerit, fiet ubi judex viderit expedire.*

(10) Item. *Cum peterent in judicaturarum officiis tales poni, qui cognoscerent de criminalibus causis, sicut de civilibus, & etiam judicarent.* Concessimus *quod sic fieri* volumus & precipimus, *dum tamen idonei tales commode possint haberi. Super* venditionibus *vero Vicariarum, Bailliviarum, Notariarum & aliorum officiorum in eorum petitione contentis, ex quibus multa incommoda proveniunt, sicut dicunt, per Inquisitores nostros predictos* ordinavimus *de commodo & incommodo nostro, & alieno quod inde sequi potest inquiri, & referri nobis, ut inde providere salubriter valeamus.*

(11) Item. *Cum propter* ordinationes monetarum *non servatas, peterent aliquem non puniri, immo hujusmodi penam cuilibet a nobis generose remitti.* Concessimus *quod ob transgressionem preteritam dictarum ordinationum monetarum, solo usu, seu cursu,* vel trebuchatione, *que quidem trebuchatio non fuerit nobis immoderate dampnosa, nullus alicui pœne subjaceat, seu etiam puniatur.*

(12) Item. *Cum sibi licere peterent facere fieri, super* requisitionibus appellationibus, *& aliis sibi emergentibus coram nobis, seu judicibus aliis nostris, publica instrumenta,* per quem voluerint notarium regium publicum, *propter oppressiones notariorum curiarum nostrarum, & gravamina alia, que per eos sibi afferunt, ob hoc frequenter inferri;* Concessimus *quod hoc facere possint, exceptis actis judicialibus, que fieri debent & consueverunt,* per notarios curiarum, *quos etiam* Volumus *per vos, sub pœnâ eorum amissionis servitii, a gravaminibus, & diffugiis ab eis fieri solitis, & illicitis, ultra ordinationem regiam recipiendis salariis, districtius coherceri.*

(13) Item. *Cum in exequendis mandatis nostris vos exhibeatis, ut dicunt, multotiens negligentes, in ipsorum nostrorum dampnum gravissimum subditorum.* Volumus & precipimus *mandata nostra quelibet* prompte fieri, *& absque diffugio diligenter executioni mandari, vel* nobis statim mandari, *per portitorem dictorum mandatorum literis vestris apertis, vel instrumentis fideliter tamen, si qua justa causa subsit quare hoc sit minime faciendum.*

(14) Item. *Cum officiales, seu commissarios nostros peterent desistere ab* exactio-

LOUIS X. dit Hutin, à Paris, le 1.er Avril 1315.

ne vadiorum, *seu* salariorum, *ratione continuationis unius diei, vel horæ, cum in commisso sibi negotio aliter non procedant.* Volumus *quod pro talibus* continuationibus, seu prorogationibus, *pro quibus commissarios illos expensas majores facere non oportet, nihil penitus exigatur.* Precipimus *insuper quod si aliquis ordinarius, in locis in quibus erit, pro tenendis assisiis, vel aliis de causis, infra suam judicaturam requisitus fuerit de subjiciendo rem oculis, vel controversiam, seu aliam suam jurisdictionem exercendo, & hoc fuerit, sicut debet, propter hoc nullas expensas, & quod est detestabile nullum* salarium *petere, seu recipere presumat. Et si ipsum* ordinarium *propter hoc extra judicaturam proficisci contingat, ultra moderatas expensas nihil exigat.*

(15) Item. *Cum peterent vos, quando causam, cum aliquâ parte procuratorem nostrum, pro nobis experiri oportet, ab exigendo expensas* a parte adversâ *pro testibus ministrandis, & aliis pro parte nostrâ desistere, & cessare.* Volumus *&* precipimus, *quod expensas tales, pro jure nostro procurator noster ministrare teneatur, & quod nihil a parte adversa propter hoc exigatur, nec progressus in hujusmodi causis propter hoc differatur.*

(16) Item. *Cum super eo quod frequenter aliquem* capi & incarcerari *contingit, & causâ cognitâ innocentem, seu inculpabilem reperiri, & nihilominus detineri,* pro geolagio, *seu* carceragio, *& scripturâ, peterent ab hujusmodi extorsionibus desistere & cessare.* Concessimus *quod nullus, quamvis captus & incarceratus fuerit, & demum tamen innocens, & sine culpâ de imposito sibi facto repertus, & absque vehementi & justâ suspicione incarceratus fuerit, ad solvendum hujusmodi* geolagium, *seu* incarceramentum, *aut scripturam ob hoc factam, aliquatenus teneatur, nisi copiam de scriptura illa petierit sibi dari de qua tamen modo satisfiat, idemque* Volumus *& precipimus per vos facere a nostris omnibus subditis vestris Senescallie Jurisdictionem habentibus firmiter apud se in similibus observari.*

(17) Item. *Cum juxta statuta* Beati Ludovici *proavi nostri, ac etiam Domini genitoris nostri,* nullum capi, seu detineri, qui idonee caveri velit, peterent, *nisi enormitas impositi sibi criminis hoc requirat. Volumus & precipimus dicta statuta, pro ut de eis liquebit, in casu predicto inviolabiliter observari.*

(18) Item. *Cum secundum eadem statuta Domini genitoris nostri peterent* notarios ab immoderatis scripturarum suarum salariis *coherceri, & contentari debitis sibi expresse in statutis hujusmodi limitatis,* Volumus & precipimus *notarios ipsos moderatis, secundum statutorum ipsorum continentiam, sibi debitis salariis, fore (e) contentos, & si in eis excesserint, per privationem officiorum suorum puniri, ut fuerit opportunum.* Concessimus *etiam &* Volumus *quod juxta eadem statuta, vos & quilibet vestrum in primis assisiis vestris, ea, nec non* Libertates, Usagia, immunitates & *consuetudines singulorum locorum ipsorum approbata,* juretis publice, *& in aperto, servare, & inviolabiliter facere observari, licet nobis antea prestiteritis juramentum.*

(19) Item. *Cum peterent nullum, qui* ville Tholose Consul, sive Capitularius, *aut Decurio sit, vel fuerit, aut filius ejusdem, pro aliquo crimine sibi imposito, illo duntaxat lese majestatis excepto, quæstionibus subjici, cum de jure & usu, vel antiquâ & approbatâ consuetudine in similibus gaudeant, ut asserunt, libertate.* Concessimus & volumus *quod nullus qui dicte Ville Tholose Capitularius, Consul, vel Decurio, vel ejus filius sit, vel fuerit,* questionibus, pro crimine sibi imposito supponatur, *contra jus, usum, vel consuetudinem juris consonam, antiquam & approbatam, nisi pro dicto crimine lese majestatis, vel alio casu specialiter a jure premisso, de quo habeatur vehemens suspicio contra eum.* Mandantes *vobis & sub indignatione nostra districtius injungentes quatenus concessiones nostras predictas, tamquam ex speciali beneplacito prodeuntes, prout distincte continentur superius & habentur, attendere diligenter & sollicite curetis & easdem & singulis eorumdem suo modo efficaciter exequi, & firmiter, ac fideliter*

NOTES.

(e) Esse contentos.] Il seroit à souhaiter que cette Loy fut aujourd'huy exactement pratiquée.

adimplere

adimplere, omnes quoscumque aliquo modo rebelles iisdem justis & opportunis remediis coërcentes. In cujus rei testimonium signum nostrum presentibus his duximus apponendum. Datum Parisius primâ die Aprilis, anno Domini millesimo trecentesimo quinto decimo.

LOUIS X. dit Hutin, à Paris, le 12. Avril 1315.

(a) Ordonance portant revocation de tous les Notaires, & les Tabellions, créez par le Roy, & les Roys precedens, dans les Pays Coutumiers.

LUDOVICUS *&c. Universis, &c. Notum facimus, quod nos omnes & singulos Tabelliones publicos per nos, seu predecessores nostros, aut nostrâ, vel* predecessorum nostrorum auctoritate creatos, *& in terris aut locis, que reguntur* per consuetudinem *institutos, certis ex causis & de certâ scientiâ, tenore presentium revocamus omnino, dantes omnibus justitiariis nostris presentibus litteris in mandatis, quod hujusmodi revocationem, in sibi commissis districtibus publicari faciant & teneri, non permittentes ulterius Tabelliones hujusmodi tabellionatus officium in dictis locis, aut terris aliquatenus exercere. In cujus &c.* Actum Parisius die 12. Aprilis, anno millesimo trecentesimo decimo quinto.

NOTES.

(a) Cette Ordonance est au Registre *Olim* du Parlement, cotté 3. *fol.* 152.

LOUIS X. dit Hutin, à Vincennes, au mois d'Avril 1315.

(a) Ordonance faite sur les remontrances des nobles de Bourgogne, des Eveschez de Lengres, d'Autun, & du Comté de Forés.

SOMMAIRES.

(1) On ne pourra proceder contre les nobles du pays de Bourgogne par denonciation ou soupeson, ni les juger, ou condanner par enquestes, s'ils ne s'y mettent, & ils pourront user du gage de bataille, comme anciennement.

(2) On ne pourra saisir les Châteaux, les forteresses & les Villes des nobles de Bourgogne &c. quand ils pourront estre contraints d'ester à droit, ni au cas où ils s'applegeront.

(3) Les nobles de Bourgogne ne pourront estre contraints de donner assurement, mesme en guerre ouverte, si la menace n'est connuë.

(4) Le Roy ne pourra s'accroistre aux fiefs, & aux arrierefiefs des nobles, & des gens de religion, si ce n'est en cas de forfaiture & d'échoite de lignage, & à la charge par le Roy de faire desservir les biens par des personnes suffisantes.

(5) Le Roy ne pourra lever sur les nobles, plus de soixante livres tournois d'amende, & plus de soixante sols tournois sur les gens de pootte.

(6) Les nobles useront des armes comme auparavant, & pourront guerroier, & contregager, ou user de gages de bataille.

(7) Le Roy n'obligera de venir en armes que les nobles relevans nûment de luy, & non ceux qui en relevent mediatement.

(8) Les Officiers Royaux ne troubleront pas les Seigneurs dans l'exercice de leur justice haute & basse, sauf au Roy le cas d'appel, ou de defaut de droit.

9. & 10. Le Roy fera faire des monoies telles qu'elles avoient cours du temps de S.t Loüis, & en continüera le cours.

(11) Les nobles, les religieux, & les non nobles, ne pourront estre tirez des Prevostez & des Chastellenies où ils demeurent, si ce n'est en cas d'appel, pour defaut de droit, ou pour mauvais jugement.

(12) Les Sergens destituez de leurs Offices, & qui ont esté rétablis, en seront ostez, & ceux qui les ont rétablis seront punis. Et jamais Officier privé de son Office ne pourra y estre remis.

(13) Le Roy envoyera des personnes pour connoistre des griefs, qui ont esté faits aux no-

bles, aux religieux, & à leurs hommes, par ses predecesseurs, & il les fera reparer.

(14) *Les Baillis, & les Sergens royaux jureront à leurs assises, qu'ils observeront la presente Ordonance, & s'ils y contreviennent ils seront punis.*

LOUIS X. dit Hutin, à Vincennes, au mois d'Avril 1315.

LOUIS par la grace de Dieu Roy de France & de Navarre, &c. *Nous faisons* sçavoir a tous presens & a venir, que comme les nobles *de la Duché de Bourgoigne, des Eveschez de Lengres, d'Ostun, & du Conté de Forés*, pour eus, &.pour les Relligieus, & non nobles des diz pais, se fussent complaint a nous, que puis le temps *Mons.r Saint Loüis nostre Besayeul*, les franchises, les libertez, les usages, & les Coûtumes anciennes des . . . , & des pays dessus diz, avoient esté enfraintes en plusieurs cas, & en plusieurs manieres, & plusieurs griefs, & autres choses faiz & attemptez au contraire, par les genz de nos predecesseurs, & les nostres, en grant grief & en grant prejudice de eus, & de tout le pays, & des habitans en iceluy. Et nous eussent baillez *articles* contenans une partie de ces griefs si comme ils disoient, li quel articles sont cy-dessous contenuz. Et nous eussent supplié que nous y vousisiens mettre remede convenable. *Nous* qui desirons la paiz, & le bon estat de noz subgiez, cüe sur ce grant deliberation de bon conseil, sur les griez & les nouvelletez a nous bailliez de par eus, si comme dit est, *avons ordené & ordenons de nostre autorité real*, & de certaine science en la fourme, & en la maniere qui s'ensuit.

Le premier article baillié a nous, qui est tiels. *Premier que l'en ne puisse, en cas de crime aller encontre les diz nobles, par denonciation, ne par souspeçon, ne eus juger, ne condampner par enquestes, se il ne s'y mettent, jaçoit de .. que la souspeçon pourroit estre si grant & si notoire que li souspeçonnez contre qui la denonciation seroit faite, devroit demourer en l'hostel de son Seigneur, & illec demourer une quarantaine, ou deus, ou trois au plus, & se en ce termine, aucun ne l'approchoit dou fait, il seroit ostagez, & en faisant partie, il doient avoir leur deffence par gage de bataille.* Nous leur octroions, se la personne n'estoit si diffamée, ou li faiz si notoires, que li Sires li deust mettre autre remede. Et quant au gage de bataille, Nous voullons que il en usent, si comme l'en fesoit anciennement.

Le second article qui est tiels. *Item, que l'on ne mette la main ausdits nobles, à leurs Chastiaux, forteresses, Villes & autres biens, à leurs hommes, ne à leurs sougez, puisque il aient de quoy on les puisse contraindre a estre a droit de leur querelle, dont il seroient poursivi, ou que il s'applegeroit souffisament.* Nous leur octroions, si len ne si est liez, excepté les cas de crime.

Le tiers article qui est tiels. *Item, que l'en ne contraigne lesdits nobles leurs homes, ne leurs sougés, a donner assurement en guerre ouverte, ne en autre cas, se la menace n'est connuë ou prouvée.* Nous leur octroions.

Le quart article qui est tiels. *Item, Que le Roy n'acquiere, ne ne s'accroisse és Baronnies, & Chastellenies, és fiez, & riere fiez desdits nobles, & religieus, se n'est de leur volonté,* Nous leur octroions, sauf nostre droit, en ce qui nous pourroit venir par forfaiture, ou par eschoite de lignage, es quex cas nous baillierons au Seigneur dou *fié deserveur souffisant*, qui gouverneroit cette chose, qui avenüe nous seroit, en la maniere, que cilx de qui elle nous seroit avenüe, la gouverneroit.

Le cinquiéme article, Qui est tiels. *Item, Que li Roy, ne sa gent, ne lievent amende, se elle leur appartenoit d'un home noble, qui monte a plus de (b) soixante livres tournois, & d'un home de pooste, plus de soixante sols tournois.* Nous leur octroions & voullons que la coustume soit gardée, reservez a nous les cas, & les fais qui

NOTES.

(*a*) Cette Ordonance est au Tresor des Chartes, Registre de Philippe le Bel, pour les années 1308. 9. 15. cotté 1302. piece 210.

(*b*) *Soixante livres.*] Voyez Beaumanoir dans ses Coûtumes du Beauvoisis chapitre 61. page 312.

feroient si grand, & si horrible, que par cette coustume, ne se devroient juger, des quiex cas, & faiz il feroit cogneu par ceux a qui la cognoissance en appartendroit.

Louis X. dit Hutin, à Vincennes, au mois d'Avril 1315.

Le sixiéme article, Qui tiex est. *Item, Que ledit noble puissent & doient (c) user des armes, quant leur plaira*, & que il puissent guerroier & contregagier. Nous leur octroions *les armes & les guerres*, en la maniere que il en ont usé, & accoutumé ancienement, & fera l'en savoir au pais comment il en ont usé, & accoutumé a user ancienement. Et selon ce que l'en trouvera, Nous leur ferons garder, Et si de guerre ouverte li uns avoit prins sur l'autre, il ne feroit tenu du rendre, ne dou recroire, se puis la deffence que nous sur ce leur avons faite, ne l'avoient pris.

Le septiéme article, Qui est tiex. *Item, Que le Roy ne mande a armes les diz nobles, ceux qui ne sont nüement si homme, Et s'il estoient mandé, que il ne soient tenu d'aller, car ainsi ne pourroient servir le Roy ses Barons, & li autre noble ses hommes, se l'en leur ostoit ceux qui doivent aler a leur mandement*. Nous ferons sçavoir la Coustume, & la ferons garder, & quant a ores nous nous soufferons demander.

Le huitiéme article, qui est tielx. *Item. Que le Roy empesche, ne ne se entremettent ses gens de justitier és terres, & és lieux, où lesdits nobles & relligieux ont accoustumé a avoir justice haute & basse, mais y justicent lesdits nobles & relligieux, en tout cas, ce n'est en cause d'appel fait deüement au Roy, ou a se gent, pour defaute de droit, ou par mauvais jugement*. Nous leur octroions, se ce n'est en cas qui nous appartiengne, pour cause de ressort, ou de souveraineté.

Au *neuviéme* & au *dixiéme* articles qui tielx sont, *Item, Que le Roy mette les monoies en l'estat du poids, & de la Loy en quoy elles estoient au temps Monsr. Saint Loüis, & les y maintiengne perpetuelment;* Et valloit *lors le Marc d'Argent cinquante-deux sols tournois*, Item. *Que le Roy ne empesche le cours des monoies faites en son Royaume ou dehors. Nous* leur repondons que faisons faire bonne monoie du poids & de la Loy du temps de S.t Loüis, & la promettons à continuer.

Le onziéme article, qui est tielx. *Item. Que les nobles religieux & non nobles ne soient adjourné, trait, ou mené hors des Chastellenies, ou Prevostez, où il demeurent quels que elles soient, se n'est pour cause d'appel de deffaut de droit, ou de mauvés jugement, & ne soient jugé li dit noble, més que par les nobles leur ygaus*. Nous leur octroions en tous les cas, reservé a Nous & a nostre Court, les cas qui nous appartiennent par nostre souveraineté royal, des quiex cas il appartendroit noz Baillis, nos Prevoz & nos Sergens a connoistre. Et si il faisoient le contraire, Nous les en punirions & ferions rendre dommages, & Chastielx. Et quant a ce que les nobles soit jugé par les autres nobles leurs ygaus, nous ferons sçavoir comment l'on en a usé, & le leur ferons garder.

Le douziéme article, qui est tielx. *Item. Que comme plusieurs Sergens & Official du Roy aient esté pour leur meffaitz, par enquestes condamnez a partie, & privez pour touz jours de leur Office, & il soient arrieremis en leurs Offices, qu'icel en soient derechief osté a touz-jours, & contraint a paier les condamnations, & cil qui remis les ont és Offices en soient puni, & que jamais Sergent privé a touz jours de l'Office le Roy, n'i soient remis.*

Nous l'octroions, & ordonons que jamais ne soit fait contre, & envoierons au païs pour accomplir ledit article, & pour mettre le nombre des Sergents en estat.

Le treiziéme article qui tielx est. *Item. Que le Roy envoie brievement & de plain,*

NOTES.

(c) *User d'armes.*] Voyez l'Ordonance de S.t Loüis, & le premier livre des Establissemens, chapitre 2. & 3.

LOUIS X. dit Hutin, à Vincennes, au mois d'Avril 1315.

a ses deniers esdits païs, en quiex choses, le Roy si devancier, ou leur gentz ont grevé lesdits nobles, leurs hommes, & lesdits relligieux, ou aucun d'eus, ou enfraint leur droiz, leurs coustumes, & leurs usaiges, & que iceux griefs face rappeller & defaire, & des or les rappelle. Quar il y a plusieurs autres griez qui ne sont pas cy especifiez, & que chose que li Rois, si devancier, ou leur gent aient usé, en faisant lesdits griez, ne tourne a prejudice a ceuls contre qui il ont fait, ne au Roy a profit, en saisine, en proprieté, en temps present, ne en temps a venir. Nous leur octroions.

Le quatorziéme article, qui est tielx. *Item. Que le Roy commande que ses Baillis, ses Sergenz & ses autres Officials, jurent publiquement a leurs primes assises, & au commancement de leurs Offices, que il tendront, & garderont toutes les choses dessus dites, & chascunes d'icelles, & ne feront ne ne souffriront a leurs poüoirs, a faire encontre. Et se il faisoient, ou voulloient faire encontre, que l'en ne soit tenu a obeir a eux,* Nous leur octroions, & promettons a punir griement ceuls qui feront encontre, & eus faire rendre les domages.

Les quielx Ordenances, Octroiz & responces en la fourme & en la maniere que elles sont cy-dessus contenües, & avec ce les Ordonnances que nostre chier Sires & peres fist faire & publier, *Nous voullons, establissons, Mandons & Commandons* estre accomplies, enterinées, gardées & tenir fermement en sondit cours en toutes les choses, & chascunes d'icelles, que les nobles relligieux & non noble desdiz païs entendront qui leur soit profitables, & que facent pour leur. *Et mandons & Commandons* a touz noz Seneschaux, Bailliz, Prevoz, & autres Officiers, & Ministres quiex que il soient, que il les choses dessus dites, & chascunes de ils gardent, & facent acomplir, garder, & tenir, sanz rien faire encontre. Et cognoissons que nous ne savons aucune malgré ausdiz nobles, ne a aucuns d'iceulx de aliances que ils ayent faites jusques aujourd'huy, & que jamés nous, ne nostre hoir, ne demanderons aucune chose a eulx, ou a aucun d'euls, à leurs hoirs, ni a leurs successeurs. Et a plus grant seureté des choses dessus dites nous leur avons baillié ces lettres scellées de nostre seel. *Donné au bois de Vincennes, l'an de grace mil trois cens quinze au mois d'Avril.*

LOUIS X. dit Hutin, à Paris, la veille de la Penthecoste, 10. May 1315.

(a) Confirmation de l'Ordonance de Philippe le Bel, du 25. Mars 1302. pour la reformation du Royaume.

LUDOVICUS *Dei gratiâ Francorum Rex, &c.*

Nos Philippus *Dei gratiâ Francorum Rex. Notum facimus universis, &c.*

Voyez cy-dessus page 357.

Nos autem prædicta statuta salubria reputantes, universis justitiariis Regni nostri, tenore præsentiam districte præcipimus & ordinamus, quatenus ipsa statuta & alia in ipsis contenta literis, teneri, servari, & executioni mandari faciant diligenter, nec aliquid contra ea, aut aliquid eorum attemptent, seu attentari quoquo modo permittant,

NOTES.

(a) Cette confirmation est rapportée par Girard, aux additions à Joly, tome 2. pages 1815. 1816.

Le Roy Loüis Hutin confirma encore l'Ordonance de Philippe le Bel du mois de Mars 1302. pour la reformation du Royaume, par le Mandement qui suit.

Ludovicus *Dei gratiâ Francorum & Navarræ Rex, omnibus justitiariis regni nostri ad quos præsentes literæ pervenerint,* Salutem. *Mandamus vobis, quatenus Ordinationis pro* reformatione regni *nostri Franciæ, per Dominum genitorem nostrum, dum viveret editas vobis, sub sigillo per nobiles Comitatus Campaniæ, vel per deputatos ab eis inhibendas, juxta sui formam, faciatis eisdem, in omnibus, & per omnia inviolabiliter observari. Contrafacientes, inde taliter pœnâ debitâ punientes quod cæteris transeat in exemplum.* Datum Vicennis die septimo decimo Maii, anno Domini millesimo trecentesimo quinto decimo.

& ea quæ facta fuerint, revocent, & ad statum debitum, juxta dictorum statutorum continentiam faciant reduci. In cujus rei testimonium præsentibus nostrum fecimus apponi sigillum. Actum Parisius, in vigiliâ Penthecostes, anno Domini millesimo trecentesimo quinto decimo.

Louis X. dit Hutin, à Paris, le 15. May 1315.

(a) Ordonance faite sur les plaintes, & en faveur des habitans du Bailliage d'Amiens, &c.

SOMMAIRES.

(1) Suivant les Us & Coustumes d'Amiens, les Sergens du Roy ne pourront faire aucun ajournement, dans les Justices des Seigneurs, si ce n'est par Commission, dans laquelle le cas soit contenu, & duquel la connoissance soit au Roy, ou en cas de ressort, &c.

(2) Les Baillis, les Prevots, & les autres Justiciers Royaux ne pourront emprisonner aucune personne, ni l'executer en ses biens sans condannation. Et son procez luy sera fait, en demandant son renvoy, au lieu de son domicile.

(3) Les habitans du Bailliage d'Amiens seront jugez dans les Chastellenies, où ils sont levans & couchans, sans pouvoir estre attirez au Parlement, si ce n'est par appel de deffaut de droit, ou de mauvais jugement.

(4) Les justiciables detenus pour crimes, & renvoyez absous dans les Justices de leurs Seigneurs, ne pourront plus estre inquietez par les Officiers Royaux, à moins qu'il n'y ait preuve que les Juges ayent esté corrompus.

(5) Les Seigneurs Justiciers auront la connoissance des lettres de Baillie, & de toutes autres lettres, si l'on se pourvoit devant eux, &c.

(6) Le Roy commettra deux personnes pour examiner les Registres de S.t Loüis, & voir si le Roy permettra les Guerres privées.

(7) Les Baillis, les Prevots du Roy, & les Officiers des Seigneurs ne pourront saisir, ni exploiter les fiefs des Seigneurs inferieurs, lorsqu'ils seront en foy, &c.

(8) Les Baillis, les Prevots & les autres Officiers de Justice ne pourront appeller personne à leurs droits, s'il n'y a mort, affolure, ou cas dont mort doive s'ensuivre, &c.

(9) Si les Prevots, les Baillis & autres Officiers Royaux font ajourner quelqu'un aux droits du Roy, l'ajournement sera aux dépens de la Justice qui l'aura fait, &c.

(10) Si les Officiers des Seigneurs ont fait saisir les biens d'un criminel leur justiciable, les Officiers du Roy n'y pourront apposer la main, quand mesme les Officiers des Seigneurs n'auroient pas saisi.

(11) Les personnes Laïques sont justiciables de leurs Seigneurs, en cas personnels & autres, mais non dans les cas spirituels, dont la connoissance appartient à l'Eglise.

(12) Lorsque quelqu'un se plaindra de ce qu'il a souffert en ses heritages & ses càteux, à tort & sans cause, *si la complainte en cas de nouvelleté n'a pas esté formée, la connoissance en restera aux Seigneurs Justiciers.*

(13) Lorsque la nouvelleté sera intentée entre le Seigneur & le sujet, la connoissance en sera renduë aux Seigneurs.

(14) Les Prevots Royaux ne pourront oster les criminels des prisons des Seigneurs Justiciers, parce que les criminels detenus, se seront servis des mots à tort & sans cause.

(15) Il n'y aura point d'autres Sergens que ceux qui auront esté establis par le Roy, & ses Baillis. Et les Prevots n'en establiront plus à l'avenir, &c.

(16) Le Roy se reserve à statuer sur les vieilles monoies, si elles auront cours avec les nouvelles, & si la liberté d'aller aux tournois sera rétablie.

(17) Quand les Baillis auront appellé & reçû le serment des hommes, qui doivent rendre les jugemens, ils se retireront, & n'y assisteront pas.

(18) Les Prevostez Royales ne seront venduës que pour trois années. Et ceux qui les auront eües pendant les premieres trois années, ne pourront les avoir pendant les trois années suivantes, &c.

(19) La derniere subvention mise au neant par le feu Roy Philippe le Bel, *ne sera pas levée, mais quant aux maletostes qui courent, le Roy les levera, & les fera cesser.*

(20) On plaidera, ou l'on ne plaidera pas par Procureur, en demandant, ou deffendant, sans grace, suivant l'ancien usage.

(21) Les Commissaires que le Roy envoyera, ordonneront des salaires des Prevots & des Sergens.

(22) Le Roy aura la connoissance des cas de nouvelleté entre voisins, & les Seigneurs de tous les autres cas, &c.

(23) Les Mandemens impetrez du Roy pour connoistre de certaines causes, ne seront pas mis à execution, jusques à ce que l'on ait connu de la cause. Et dans ce cas les juge-

LOUIS X. dit Hutin, à Paris, le 15. May 1315.

mens seront rendus par les hommes de conjure, selon l'usage.

(24) En action personelle, nul ne sera ajourné qu'à son domicile.

(25) En cas de murtre, de larrecin, de rapt, de trahison & de roberie, il y aura lieu au gage de bataille, au defaut de témeins.

(26) Les nouvelles garennes faites au prejudice des nobles, seront abbatuës.

LOUIS par la grace de Dieu Roy de France & de Navarre. *Nous* faisons savoir a touz presenz & a venir, que nous qui desirons, & desirer devons la paix & la tranquillité de noz leals subgez, & nous esjoissons, & icelles querons volentiers, & touzjours voulons querre voies & manieres, par lesquelles icels subgees soient & puissent estre tenu & deffendu de oppressions, griez, & domages non deuz, & maintenus, & gardés en leur libertez, franchises & coustumes loials & approuvées, & desqueles ils ont usé au temps passé, sans le prejudice de nous & de nostre Royaume. Et comme li nobles *de nostre Baillie d'Amiens, & de Vermandois* nous aient de nouvel fait monstrer en complaignant, que il depuis le temps *Monsr Saint Loüis*, par les Officiers de noz antecesseurs, ont esté moust grevés, & traitiés non düement, & encores sont, si comme il disent, de jour en jour par les noz, contre leur anciennes coustumes, ou usaiges, des queix, si comme il dient, il ont usé ou temps passé, & par les quiex ils ont esté traitez & gouvernez, requeranz & supplianz humblement que sur ce leur voulissions pourvoir de remede convenable. Et Nous sur les Requestes devant dites, & sur les articles, que il nous ont baillié & presenté, sur les griez devant dit, si comme il est cy-dessous écrit, & contenu, en la presence de nos trer chers amez & feauls freres & oncles, de pluseurs Prelaz de nostre Royaume, de nos Barons & de nostre Conseil, eüe deliberation, la verité veüe & seüe, tant par les Registres dudit *Monsr Saint Loys*, & par les Ordenances de nos predecesseurs, comme par les bons usages & anciennes coustumes, que nous avons seües clerement avoir esté usées anciennement en ladite Baillie, & és ressorts d'icelles, avons ordené en la fourme, & en la maniere, & selon ce que il est cy-dessouz escript & devisé.

Premierement. Sur ce que il se sont complaint que par raison, l'Us, ou les Coustumes d'Amiens, noz Sergens ne doivent adjourner, ne Sergenter en terre de Seigneur, qui ait justice, se ce n'est par Commission, en laquelle li cas soit contenu, tiels que nous en devons avoir la cognoissance, ou en cas de ressort, & se il Sergentent autrement, il en doivent estre repris & punis. Et se noz Sergens, sans Commissions, & de leur volonté, si efforcent de adjourner, & adjournent les justitiables d'autrui de simple adjournement, dont la cognoissance appartient aux Seigneurs, & sont grevé de venir querre leur retour, & les sougiez de y venir, & se il n'y venoient, combien que il ne doient mie respondre en la Court, on se efforce de lever amendes, de faire contre ledit Us, ou Coustume, *Nous* voulons & deffendons que il ne soit fait, & que la Coustume, & l'usage devans dit soient gardez, & qui fera au contraire soient puniz.

(2) Item. Nous voullons & octroions que noz Bailliz, Prevoz, & autres Justiciers de leur volonté, ne de leur Office, ne puissent aucun approchier, sans aucun fait, de tenir, ne emprisonner, ne faire execution en ses biens, devant que il soient condampnez, mes que se il requiert droit, que tantost lui soit faiz, par les hommes de la Chastellenie, où il seront couchant & levant, selon les Us & Coustumes du pays.

(3) Item. Que de tous cas li subget de la Baillie d'Amiens soit jugé, corrigé, puni & delivré par les jugemens des Chastellenies, où il sont couchant & levant, soient, jugeeur en nostre Court, ou d'autre Seigneur, sanz estre amené en

NOTES.

(a) Cette Ordonance est au Tresor, Registre de Philippe le Bel, cotte 4. 13. & . pour les années 1308. 9. & 15. piece 212.

Parlement, ne devant autre juge, se ce n'est par appel de defaut, ou de mauvais jugement, sauf à nous, que se on messesoit a aucun de noz Sergenz; ou qui seroit en noz Offices souffesament establi, en faisant nostre Office en quelque part que il fussent, Nous en retenons la cognoissance & la correction pardevant nous. Més se il messesoient en la Justice d'aucun Seigneur, comme personne privée, nous voullons que li meffaiz soit corrigiez, & puniz par les Seigneurs, en qui Jurisdiction il ara esté faiz, & sauf, & retenu a nous *les cas des injures, qui seroient faites aux Prelaz, Pers, ou Barons, ou aux personnes d'Eglise*, qui n'ont mie accoustumé de plaider en Baillies, ou Prevostez, més ont droitement *leur ressorz en Parlement* pour toutes choses. Et sauves les questions de *la proprieté de nostre heritage*; là où nous en voudroit faire demande, les quelles choses nous reservons *par devers nous*. Et se nous, voullons plaidier, ou plaidons *de proprieté*, ou nous en voullons faire demande a aucun, la cause si demourra, *& sera determinée par les jugéeurs de la Chastellenie du lieu*, & de tous autres cas fors les retenuz à nous, si comme dit est, & les ressorts de deffaut de droit, ou de mauvais jugement.

LOUIS X. dit Hutin, à Paris, le 15. May 1315.

(4) *Item.* Comme chascun Sires Justiciers en sa terre, ait accoustumé de justitier ses justitiables en touz cas, & ont bien usé, se il sont souspeçonné d'aucun cas de crime, se il sont appellé *a noz droiz*, sus les cas de venir a la Court a leurs Seigneurs & de euls offrir a droit & a loy, & li Seigneur de euls recevoir, & les mettent en prison, pour faire droit & loy, selonc l'Us & la Coustume du païs, Et quant il les ont en leur prison, & le signifient a noz gens, & lors ont li appel cessé, & aprés ils ont procedé contre leur prisonier deüement, par la Coustume a sa delivrance, ou a son encombrement, & fait par jugement de leurs hommes, & se cel a esté delivrez par jugement en la Court du Seigneur, il doit estre delivrez en toutes Cours, & noz Bailliz & Prevoz s'efforcent au contraire. *Nous voullons, & leur deffendons* que il ne le facent, se il ne trouvent *que il y ait corruption*, auquel cas, il n'agrievent, ne detiegnent celuy qui sera delivrez, devant ce que li jugiez & li jugeur seront de ce ataint, & condamné *par leurs Pairs en leur Chastellerie*, & facent ce que raison donra, & aprés facent droit par les hommes de la Chastellerie, a celuy qui aura ainsi esté delivrez par la loy & la Coutume du Pays.

(5) *Item.* Nous voullons & octroions, que des *(b) lettres de Baillie*, & de toutes lettres, la *cognoissance soit laissiée*, & ne soit empechée *a ceux qui ont justice*, se on *en trait a eulx*, & en ayent *la cognoissance, & l'execution*, se en ne propose contre nostre Seel aucun vice, ou aucune faussetė, ne contre l'escripture, de nostre scel, au quel cas droit soit faiz par les *hommes de la Chastellerie*, & ne soit aus *lettres de Baillie* mise aucune fourme, qui empesche la *cognoissance aus Seigneurs*. Et ou cas là où s'en traira a noz genz, & il en convendra faire execution, que l'execution soit faite *par les Seigneurs*, sauf que se aucun se veut obligier a peine, l'obligation sera mise en la lettre. Més nous *enjoignons, & deffendons* a tous nos tabellions, sur paine de perdre leurs Offices, & de rendre couz & interests, que il ne mettent la peine a payer a nous especiaument, ne que en se doie traire de la lettre *a nous especiaument*, més generalment *a quelconques Seigneurs on se voura traire*, & a ceuls qui porteront le scel, que il ne les scelle en autre maniere; Et toutes voies se il ce faisoient, ne demoura il pas pour ce, que li Seigneur a cui on se traira, ne aient la cognoissance, & le profit tel comme il sera jugié, par les jugeurs, & nous par les nôtres, là où s'en traira a nous, & touz jours sera faite l'execution *par les Seigneurs, sous qui li obligié seront couchant & levant, se il n'estoient en defaut.*

NOTES.

(b) *Letres de Baillie.*] Ce sont des letres executoires. Voyez le stile de proceder en Normandie, au Titre *des Executions*, & Beaumanoir, chapitre 35. page 183. ligne 12.

LOUIS X. dit Hutin, à Paris, le 15. May 1315.

(6) *Item.* Sur ce que lesdits *nobles* requierent, que tuit *li gentilhome puissent guerroier* les uns aux autres, sans meffait, & ne soient tenu de donner *treves*, ne contraint, se partie le requiert, mais *chevauchier, aller, venir, & estre a armes en guerre*, & forfaire les uns aus autres, tantost *aprés fait, ou defiaille aux presenz, ou aux absens aprés la quarantaine*, sans meffaire aux soubsagez, se il ne sont coupable du fait, sanz nul meffait, & en requerroit trieve, bien y seroient contraint a donner par Justice, se il ne veullent redonner, & aloigner par amis, tant comme il le vouroient alongnier par amis, & ne soient tenu a *(c) donner asseurement* les uns aux autres. Et se il sont prins chevauchant a armes, aprés ce que *la trieve sera requise*, & qui seront adjournez par nostre gent, pour donner treves, que uns Chevalier puissent avoüer la chevauchié, & passer par une amande *de soixante livres* pour tout. Et se il estoient d'autre guerre que il ne cheissent en amende.

Nous ferons voir *(d) les Registres de Mons.r Saint Loys*, & bailler ausdits nobles deus bonnes personnes, tiels, comme il nous nommerons de nostre Conseil, pour savoir & enquerir diligemment la verité dudit article, aux quiex nous donrons pouvoir de desclairier ledit article, selonc ce que il trouveront, & sur ce qui sera trouvé & fait par ceulx, nous leur donrons lettres.

(7) *Item.* Nous *voullons & octroions* que nos Bailliz, Prevoz, ne autre Justice, de quelquonque Seigneur, ne puissent, ou doient *saisir les fiez de leurs hommes*, lever, ne exploitier, tant comme il soient *en hommages*, se n'est par cognoissance de cause, & par enseignement de leur homes. Et se il le faisoient autrement, & il sont requis d'oster leur main, que il l'ostent sans delay, & s'il ne le voulloient faire que il soient contraint a l'oster, & a rendre les dommages, & ainsi des autres biens, se ce n'est en cas, ou doute que peril seroit de perdre les biens, par cas de forfaiture, auquel cas recreance soit faite, & droit sur la delivrance, se elle est requise.

(8) *Item.* Nous *voullons & octroions*, que noz Bailliz, Prevoz, ne autre Justice ne puissent, ne doient appeller aucun *a leurs droits pour bannir*, se il n'y a mort, *ou affolure, ou cas dont mort se doit ensuivre*, se n'est que aucunz (ne) *voulsist-obeir, a donner (e) trieve, ou asseürement, entre gens de poste*, ou quel cas bien fust appellez, ou justiticz, si on ne le trouvoit, quar li Prevost Fermier, ou Censier en ont commancié a faire tant de mauls, si comme on dit, que pour une simple *meslée faite en terre d'autruy*, il appellent *les justiciables d'autruy*, & puis si les raimbent de lever amendes, ou prejudice de leurs Seigneurs, & de leurs justices. Et se aucun vient aus appauls, qui soit appellez pour cas de crime, que li recours en soit renduz aux Seigneurs, ou que droit li en soit fait, sanz delay, & cependant il ne soient contraint a respondre, ce sauf que se aucuns Sires demande retour d'un autre, & aucuns autres Sires s'oppose au contraire que droit se face entre les parties par les jugeurs, auquel il devra estre rendus, & cependant, li detenu, ne soit contraint de respondre, mais soit recruz, se il chiet en cas de recreance.

(9) *Item.* Nous voullons, & octroions que se noz Bailliz, Prevoz, ou autres Justitiers font adjourner aucun *a noz droiz*, ce soit *aus couz de la Justice qui fera l'adjournement*, car ainsi on en use. Et ne voullons pas que les couz de l'adjournement soient pris sus les biens de celuy qui sera adjournez, mes soient lessiez enterinement aus Seigneurs.

NOTES.

(c) Donner asseurement.] Voyez Beaumanoir dans ses Coutumes du Beauvoisis chapitre 60. Du Cange dans ses Dissertations sur Joinville chapitre 29.

(d) Les Registres de Mons.r Saint Loüis.] Voyez l'Ordonance de S.t Loüis de l'an 1260. & le premier Livre des Establissemens chapitre 2. & 3.

(e) Trieve ou asseurement.] Voyez Beaumanoir dans ses Coutumes du Beauvoisis cha-

(10) *Item.*

(10) *Item.* Se aucun est souspeçonnez d'aucun *fait criminel* avoir fait, qui soit *justitiable d'autruy*, & li Sires ait saisi les biens, & mis en sa main. *Nous ne voullons* pas que noz Prevoz, ne noz Justiciers y mettent nostre main sur la leur. Mesmement que se il n'y trouvoient nulle main des Seigneurs, si ni devroient-il pas mettre la nostre, se partie ne se douloit, & se partie se douloit, & il li mettoient, si l'en devroient-il oster, se le Seigneur le requerroit, puisqu'il ne fust appellé de defaut de droit, ou de mauvais jugement.

(11) *Item.* Nous *voullons, & octroions*, que de touz *cas personels, (f) se foy n'y est mise, la cognoissance* des laies personnes, soit aus Seigneurs, & de tous autres, se n'est de cas *espirituel* dont la connoissance soit seulement *à l'Eglise.*

(12) *Item.* Nous *voullons, & octroions*, que de *a tort & sans cause*, soit de *heritages*, ou de *chastiex*, se nouvelleté n'y est proposée avecque *par tielx mots*, la Cour & la cognoissance *(g)* n'en soit pas ostée aux Seigneurs.

(13) *Item.* Que se nouvelleté est proposée, & ce est entre Seigneur & soubgiet, par moyen, ou sanz moien, que la Court, & la cognoissance en soit renduë au Seigneur.

(14) *Item.* Nous voullons & octroions, que se aucun Sires, a pris un sien justiciable, & le tient en sa prison, & li veut faire droit, que pour dire *a tort & sans cause*, les Prevoz ne puissent mie oster les prisoniers des prisons aux Seigneurs, sauf que se le prisonier est detenuz, en cas de recroyance, & li Sires ne li veüille faire, nous ferons contraindre à faire la recroyance.

(15) *Item.* Nous, & noz Baillis avons accoustumé d'establir *les Sergenz* aus *Prevostez d'Amiens*, & presenter a faire serment devant le peuple, *& a ceuls doit-on obéir aux Prevostez.* Et jaçoit ce que il en i ayt plus que il ne doit avoir, selonc les Ordonnances, nos Prevoz encore *s'efforcent d'establir* en ez, tel gent, qui sont de petite valüe, & aus quiex on ne doit adjoûter foy. Et Sergent peut prendre & arrester en justice d'aucun, que il ne peuvent faire ceuls, qui charroient aprés Soleil couchant, & devant Soleil levant, & vont aus *(h) estroubles*, jaçoit ce que il en aient congié des Seigneurs, en qui justice ce est, & que li Seigneur facent bien garder, en leur justice leur ban & leur establissement, & que nos Bailliz ont plusieurs fois *deffendu*, que en *n'obeist point a tels Sergenz*, & que se li Seigneur les trouvoit Sergentant, que il n'y obéïssent de rien, més les prissent & les missent en prison, & pour ce noz Prevoz ne se soient point cessez, mes y establissent Sergens de jour en jour, qui moult font de maus contre l'Us & la Coustume du pays. *Si voullons* & octroions que il ne le puissent faire, ains soit gardé & maintenu en la maniere, que il est dessus contenu, selon la general Coustume du Pays.

(16) *Item.* Sus que les diz nobles nous souplierent, que les *bonnes vielles monoyes faites en nostre Royaume de noz antecesseurs*, queurent par bon pris, avec les neuves, sans estre prises. Et que cil qui ont pris noz monoyes, & noz pourveances, ou de nos antecesseurs, *soient corrigiez de leurs excez*, car le peuple en est trop grevé, si comme il dient. Et que les Gentilshommes puissent aller *(i) au Tournoy.* Nous entendons ordener *par noz* Barons, & par nostre *Conseil* au commun proufit de nostre peuple.

NOTES.

pitre 60. Du Cange dans ses Dissertations sur Joinville chapitre 29.

(f) Se foy n'y est mise.] Voyez cy-dessus l'Establissement fait entre les Clercs, le Roy Philippe Auguste & les Barons du Royaume, page 39. chapitre 10. & page 40.

(g) N'en soit pas ostée aux Seigneurs.] En cas de saisine & de nouvelleté les Juges Royaux avoient la prevention. Voyez l'Autheur du grand Coutumier, livre 2. chap. 21. page 141. vers la fin.

(h) Estroubles.] Pour l'intelligence de ce chapitre, il faut voir ce qu'à écrit Bouteiller dans sa Somme, livre premier, titre *Des Baux & deffenses, &c.* page 506. de l'Edition de 1611.

(i) Au Tournoy.] Voyez les Ordonances de Philippe le Bel, sous les années 1311. 1314. &c.

LOUIS X. dit Hutin, à Paris, le 15. May 1315.

(17) Item. Nous voullons, & octroions que noz Baillis, Prevosts & autres justitiers, quant il oront *conjuré* les hommes, se partent, ne demeurent au jugement, & que les jugemens *(k)* qui seront amenteuz des hommes, soient delivrez.

(18) Item. Sur ce que il requierent, que il nous plaise establir *bonnes personnes, en nos Prevostez, & sanz vendre,* & que se aucunes en voullons *vendre*, que nous ne les *vendons mie,* forz *a trois ans,* & au chief des trois ans, que elles ne soient mie bailliées *a ceuls qui les auront tenües,* més soit tantost fait enqueste seur euls, par un preudomme commis par nous, avec deus preudes hommes du pays. Car quant il ont tenu les Prevostez leurs trois ans, & il ont fait assez de mauls, il les reprennent, si ne s'en osent plaindre les bonnes gens, & ainsi sont estains les fais. Et que enqueste soit faite generalement *contre ceuls qui ont tenu les Prevostez & Offices.*

Ainsi voullons nous & octroions que il soit fait, sauf que nous vendrons noz Prevostez, se il nous plaist, més se nous les vendons, ce y sera gardé ce que les nobles ont requis.

(19) Item. Sur ce que il requierent, que *maletoste,* ne *subvention* ne queurent, ne ne soient octroiées a courre en bonnes Villes, ne ailleurs, & que il soit deffendu a ceuls de Compigne, qui encore la cuillent, & ailleurs generalement, & commandé, que ce que on a levé soit rendu, & aussi des subventions de ceuls qui l'ont levée.

Quant aus subventions *Nous voullons* que la derraine, que nostre tres chier Seigneur & pere, dont Dieu ait l'ame, laquelle il mit au nient, soit de nulle valuë. Quant aus *malletostes* nous mettons des-or-en-droit celles qui queurrent en nostre main. Et les ferons cesser, & les personnes que nous envoyerons au lieu, pour savoir *des armes,* & des autres griez dequoy il se voudront douloir. Sauront & enquerront *se Monsr Saint Loys, ou nos autres antecesseurs devant Monsr Saint Loys userent d'octroier aus bonnes Villes maletostes,* a leur reformation, & en quel cas, & comment il en userent, & ainsi comme il le trouveront, *Nous voullons* que il soit tenu & gardé. Et tout autre usage depuis nous mettons au nient.

(20) Item. Sur ce que il requiérent, que chacun *puist demander, & plaidier en demandant, aussi comme en deffendant par Procureur, sans grace,* aussi comme droit le donne. *Nous* leur garderons l'ancien usage.

(21) Item. Sur ce que quand les Prevoz vont aus besoignes, & lievent trop grans dêpens, & les nobles requierent que taux y soit mis, & és Sergenz aussi, & aus enquestes, a ceuls qui les font. *Nous* voullons que les Commissaires que nous envoyerons au pays, si comme dessus est dit, en ordenent.

(22) Item. De cas de trouble, & empeschement de Justice *en cas de nouvelleté, (l)* nous en aurons la connoissance entre les voisins, & de tous autres soit laissiée aus Seigneurs. Et des *(m) minages & desertes* aussi, sauf tant que des *minages & desertes* lesdits Commissaires sauront la verité, comment on en a usé, & en ordeneront.

(23) Item. Nous *voullons & octroions,* que se aucun *empetre lettres de nous,* ou de nostre Court, là où il ait *cognoissance de cause,* tiels Mandements, ne *soient mis a execution,* jusques l'on ait connu de la cause, & en tels cas jugement en soit faiz par les hommes, & non par autres, selon la Coustume du Pays.

(24) Item. Nous voullons & octroions que aucuns ne soit adjournez sur ac-

NOTES.

(k) Qui seront amanteus.] Voyez ce que j'ay remarqué sur le chapitre 105. du premier livre des Establissemens, sur le chapitre 15. du second Livre, & Beaumanoir dans ses Coutumes du Beauvoisis, page 11. ligne 34. où toute cette ancienne procedure est expliquée.

(l) Nous aurons la connoissance.] Voyez l'article 12. cy-dessus.

(m) Minages & desertes.] Voyez mon glossaire sur ces mots.

tion personel, ou sur lettres, fors aus lieus, où il est couchant & levant, mais quand il sera attaint ou lieu, où il sera couchant & levant, se il n'y a assez de biens a paier, ce en quoy il sera condamné, bien soit contraint par la requeste de la Justice sur ses autres biens.

LOUIS X. dit Hutin, à Paris, le 15. May 1315.

(25) *Item.* Nous voullons & octroions que en cas de *murtre, de (n) larrecin, de rapt, de trahison & de roberie, gage de bataille soit ouvert,* se les cas ne pouvoient estre prouvez par tesmoings.

(26) *Item.* Nous *voullons & octroions* que comme plusieurs se efforcent de faire *(o) nouvelles garennes, ou prejudice des nobles* dessus diz, celles *nouvelles garennes* soient mis en estat dû. Et toutes les choses & chascune d'icelles en la fourme & en la maniere, & selon ce qu'elles sont dessus escriptes, declairiées & octroiées, tant pour nous que pour nos successeurs, comme pour les nobles devanz diz, & leurs successeurs, les Eglises & les personnes d'Eglises, & pour tout le commun peuple du Pays, *Nouz voullons & commandons* fermement & estroitement estre tenües, gardées & accomplies, & mises a execution de point en point, a tousjours-més, sans corrompre en autre maniere, en tout ou en partie.

Et *Mandons & enjoignons* expresséement a nostre Bailly d'Amiens, & de Vermandois, a touz nos Prevoz, & autres officians de ces parties, qui sont, & pour le temps seront, que pour garder & tenir fermement, toutes les choses devant dites, sanz venir encontre, il, les dites choses & chascune d'icelles toutefoiz que il vendront nouvellement a Offices, *jurent* pardevant le commun, & que il ces choses gardent, & accomplissent, & façent tenir & garder de tous ceuls a qui il appartient, peut, & pourra appartenir a mes-tousjours, sus paine de rendre touz couz & dommages & interests de ceuls qui a droit s'en dolroient. Et pource que ce soit ferme chose & estable a perpetuité nous avons fait mettre a ces presentes lettres nostre Seel. Sauf en autres choses nostre droit, & en toutes l'autruy. *Donné à Paris le quinziéme jour de May, l'an de grace mil trois cens quinze.*

NOTES.

(n) Larrecin.] Ce qui est dit icy du larcin, est contre l'ancien usage de presque toute la France. Voyez ce que j'ay remarqué sur Loisel dans ses institutes, livre 6. titre 1. Regle 20.

(o) Nouvelles garennes.] Voyez l'article 25. de l'Ordonance de l'an 1359. faite par Charles Duc de Normandie, Dauphin de Vienne.

LOUIS X. dit Hutin, à Vincennes, le 17. May 1315.

(a) Ordonance faite sur les remontrances des Religieux, & des Nobles du Duché de Bourgogne, du Comté de Forés, & des Dioceses de Langres, d'Autun & de Châlons.

SOMMAIRES.

(1) Le Roy fera informer de quelle matiere les nobles en ont usé à l'égard des Guerres, & selon le rapport qui luy en sera fait, il les conservera dans leurs anciennes Coûtumes.

(2) Le Roy n'obligera pas de venir en armes, les vassaux qui tiennent immediatement du Duc, du Comte, du Seigneur de Beaujeu, & d'autres, si ce n'est dans le cas d'arriereban.

(3) Le Roy fera faire des monoies de la loy & du poids qu'elles avoient du temps de St. Loüis, & il en fera continuer le cours.

(4) Le Roy fera une Ordonance touchant les monoies estrangeres, & touchant l'Or & la vaisselle d'Argent que les Officiers forcent les nobles de vendre, ou qu'ils enlevent.

(5) Les nobles auront dans leurs Justices la correction, & la punition de la fausse monoie, soit du Roy, ou d'autre, &c.

(6) Les nobles ayant toute Justice, où leurs Officiers auront la connoissance de toutes obligations, mesmes de celles qui auront esté passées sous le Seel Royal, &c.

(7) S'il y a contestation touchant la fausseté de l'écriture, ou du Sceau, la connoissance en appartiendra au Roy.

(8) Les Notaires ne pourront plus extor-

LOUIS X. dit Hutin, à Vincennes, le 17. May 1315.

quer des sommes excessives pour leurs Sceaux & leurs écritures.

(9) Les Officiers du Roy, dans ce qui concerne leur Office, ne pourront se servir de leur cachet, ou scel particulier.

(10) Les Ordonnances du Roy Philippe le Bel, *touchant les ajournemens, seront executées dans les terres des personnes Ecclesiastiques, & des nobles, &c.*

(11) Les Seneschaux, les Baillis, les Juges, les Sergens privez, pour leurs fautes, de leurs Offices, & qui y ont esté rétablis sans grace du feu Roy Philippe le Bel *& du Roy* Loüis X. *seront supprimez, & le Roy envoyera des Commissaires pour les destituer.*

(12) Les nobles, & les Religieux joüiront sans trouble de leur haute & basse Justice, à l'exception du cas de ressort. Et les Officiers du Roy jureront qu'ils n'entreprendront rien sur les Justices des Seigneurs.

(13) Les biens de ceux qui ont commis des crimes ne pourront estre arrestez, lorsqu'ils seront prests d'ester à droit, ou de donner caution qu'ils n'alieneront pas leurs biens.

(14) Les gardes, ou avoüeries nouvelles sont nulles, à moins que ceux qui les pretendent ne prouvent qu'elles sont anciennes.

(15) Il y aura dans les Chastellenies du Roy un nombre certain de Sergens, qui ne pourra estre augmenté, &c.

(16) Les Ordonances du Roy Philippe le Bel, *touchant les Notaires & les Sergens, par lesquelles il leur est deffendu de demeurer dans les Justices des nobles, seront executées.*

(17) Les delicts commis par les Officiers Royaux, hors de l'exercice de leurs charges, seront punis où ils auront esté commis, &c.

(18) Ceux qui auront offensé les Sergens & autres Officiers Royaux, comme personnes privées, seront punis par le Juge du lieu, où le delict aura esté commis. Mais s'ils ont fait l'offense pendant que les Sergens faisoient leurs fonctions, la punition en appartiendra au Roy.

(19) On suivra le droit commun à l'égard des appellations interjettées au Bailliage de Mâcon, à moins que le Bailly, & les Officiers, qui alleguent une Coûtume contraire, ne la prouvent.

(20) Les parties qui voudront avoir des Copies des Enquestes faites dans les Cours Royales, les auront à leurs dépens, à moins qu'il n'y ait un usage contraire.

(21) Les Seneschaux, les Baillis, & les autres Officiers du Roy, ne recevront aucunes denonciations, à moins qu'elles ne doivent estre probablement, & raisonnablement admises, &c.

(22) Le Roy fera une Ordonance, de l'avis de ses Barons, touchant les ventes de Notairies.

(23) Les amendes ne seront taxées que par les Baillis & les Seneschaux, & non par les fermiers des Chastellenies, des Prevostez, &c.

(24) Les Juifs, s'ils n'ont point d'autres maîtres, appartiendront aux Seigneurs sous qui ils demeureront. Mais s'ils sont nez dans les terres du Roy, ils appartiendront au Roy, ou aux Seigneurs dans les terres desquels ils seront nez, &c.

(25) Les nobles auront la correction, & la punition des delicts de leurs Officiers, à moins que le Roy, ou ses Officiers ne soient en possession de les punir.

(26) Les Notaires Royaux pourront passer des Actes de ce qui aura esté fait pardevant les Officiers Royaux, & delivrer ces Actes aux parties, ce qui ne sera pas permis aux tabellions, &c.

(27) Les Officiers Royaux ne pourront empescher les Seigneurs Justiciers d'obliger leurs justiciables à se donner des asseûremens, & à y forcer ceux qui ne le voudront pas, &c.

(28) Les causes d'appel du Duché, & du Comté seront decidées suivant le droit Romain, & les Coutumes.

(29) Les pannonceaux du Roy ne seront pas apposez dans les Jurisdictions des Seigneurs, si ce n'est dans les cas qui appartiennent au Roy, ou à ses Officiers, &c.

(30) Les Sentences renduës par les Commissaires de Sa Majesté contre ses Officiers seront executées sur leurs biens, & au defaut de biens, sur leurs personnes, &c.

(31) Quant à la Jurisdiction que les Seigneurs pretendent contre le Roy, sur les chemins, les lieux sacrez, & les grandes rivieres, il sera informé comment on usoit du temps de S.t Loüis, *& de* Philippe le Hardy. *Et si l'une, ou l'autre des parties ne prouve pas son droit, on suivra le Droit commun.*

(32) On se reglera à l'égard des nouveaux acquets faits par les gens de mainmorte & par les roturiers, sur ce qui se pratiquoit du temps de S.t Loüis, *& de* Philippe le Hardy son fils.

(33) Le Roy n'acquerera pas dans les hautes Justices des Seigneurs à titre de vente ou d'autre Contract volontaire, sans leur consentement.

(34) Quant aux fiefs qui échoiront au Roy, ou par confiscation, ou succession, dans les hautes Justices des Seigneurs, le Roy les fera desservir, ou en payera l'indemnité.

LUDOVICUS Dei gratiâ Francie & Navarre Rex, Universis presentes literas inspecturis, Salutem. *Subditorum nostrorum tranquillitati, indempnitati etiam, & quieti providere totis affectibus cupientes, & quantum juri & justitie ingruerit subvenire,*

subvenire, super querimoniis nobis ex parte Relligiosorum & Nobilium Ducatus Burgundie, Comitatus Forensis, ac Lingonensis, Eduensis & Cabilonensis Diocesium, *nec non & aliarum terrarum dilectorum, & fidelium nostrorum* Ducis Burgundie, Comitis Foresii, & Domini Bellijoci, *& aliarum terrarum ipsorum Relligiosorum & nobilium, infra regni nostri Francie limites existentium, gravamina que eisdem, & populo* Ducatus, Comitatus & *terrarum ipsarum, per* gentes, officiarios, & ministros recordationis inclite cariſſimi Domini genitoris nostri, *contra libertates, usus, & consuetudines antiquas* illatas *fuisse dicebant, continentibus, cum magnâ deliberatione consilii, ordinandum duximus, prout inferius continetur.*

LOUIS X. dit Hutin, à Vincennes, le 17. May 1315.

Primo. *Videlicet super eo quod ipsi asserebant, se, & predecessores suos consuevisse* (b) guerras inter se ad invicem facere, & arma portare, *ad conservationem status, terrarum, ac bonorum suorum, & ipsos in hoc contra eorum consuetudines impeditos, & emendas propter hoc ab eis levatas fuisse.* Faciemus qualiter super hoc *antiquitus uti consueverunt, veritatem inquiri, & prout repertum fuerit, servari firmiter & teneri, & novitatem, si qua eis in hac parte, tempore Domini genitoris nostri facta fuerit, ad pristinum & debitum statum reponi.*

(2) (c) *Feudales vero dictorum Ducis, Comitis, & Domini Bellijoci, vel alios eisdem immediate subditos, nisi homines nostri fuerint, & Relligiosi, in ipsorum terrâ, & jurisdictione, ac etiam gardâ immediate existentes,* ad exercitus nostros venire, *vel pro eis financiam, vel emendam nobis prestare nullatenus compellemus, nisi in casu* retrobanni, *in quo casu* quilibet de regno nostro tenetur, *dum tamen hoc de mandato nostro per totum regnum nostrum generaliter fiat, si necessitas fuerit generalis, si autem particularis fuerit, & cum particulariter fieri poterit, & in litteris que officiariis nostris super hoc dirigentur hoc specialiter caveatur, de quibus officiarii nostri copiam facere petentibus tenebuntur.*

(3) (d) Monetas *vero de lege & pondere* Beati Ludovici *proavi nostri ex nunc cudi, & fieri faciemus, & continuare proponimus, & ut ipsa continuatio perseverare & durare valeat, cum pluribus Baronibus, & aliis personis bonarum villarum regni nostri in talibus sapientibus, & expertibus, nec non & super aliarum monetarum, extra regnum ipsum cusarum quarumcumque cursu, cum maturi deliberatione consilii, ad utilitatem reipublice regni nostri* intendimus *ordinare.*

(4) *Super eo autem quod* monete, extra regnum nostrum cuse, *vel aurum, vel argentum quod haberent in massâ, vel vasis per officiarios nostros, vel successorum nostrorum, non aufferentur ab eis, nec inviti eas vendere compellentur, eis taliter* providebimus quod poterunt contentari, & ordinationem ad *utilitatem nostre reipublice faciemus.*

(5) Correctio *vero & punitio* nostre falsе monete, *vel aliene, in terris eorum, & quilibet abusus earumdem, exceptâ fabricatione nostre monete regie, ad eos pertinebit. Cognitio vero & punitio nostre monete fabricate, vel cuse in terris eorum ad nos solummodo pertinebit.*

(6) Executiones *vero litterarum, & cognitiones descendentes ab eisdem, super obligationibus quibuscumque,* (e) sub nostris sigillis confectarum, *eisdem in terris eorum, ubi* omnimodam habent justitiam, *preterquam* in debitis nostris, *vel si* negligentes, aut defectivi *fuerint, concedimus faciendas.*

(7) *In casu vero in quo super dictâ cognitione ratione falsitatis scripture dumtaxat, vel sigilli debatum oriri contingerit, ipsius debati cognitionem nobis, quia antiquitus sic est consuetum, reservamus.*

NOTES.

(a) Cette Ordonance est au Tresor, Registre de Philippe le Bel, cotté 4. 13. & 2. pour les annees 1308. 9. & 15. piece 221.

(b) *Guerras.*] Voyez cy-aprés l'art. 6. de l'Ordonance du mois d'Avril 1315.

(c) *Feudales, &c.*] Voyez cy-dessus l'article 7. de l'Ordonance du mois d'Avril 1315.

(d) *Monetas.*] Voyez les articles 9. & 10. de l'Ordonance de 1315.

(e) *Sub nostris sigillis.*] Voyez cy-dessus

LOUIS X. dit Hutin, à Vincennes, le 17. May 1315.

(8) Exceſſivas (f) *extorſiones*, pro ſigillis noſtris *in literis apponendis*, *&* exceſſiva notariorum, & ſcriptorum, *pro* ſcribendis literis & *actis*, *ſalaria recipi prohibemus*.

(9) Officiarii noſtri propriis ſigillis *non utentur, in hiis que pertinent ad officium eorumdem*, ſed parva ſigilla *cum ſigno noſtro portabunt quibus utentur, quorum emolumentum, quod inde proveniet*, ad nos totaliter pertinebit.

(10) *Ordinationes etiam Domini genitoris noſtri ſuper* adjornamentis faciendis, *de cetero per ſervientes noſtros*, in terris relligioſorum, & nobilium ipſorum *diſtrictius obſervari, & contra ipſas ordinationes, venire, vel facere ſcienter preſumentes, per Seneſcallos, Ballivos vel alios judices noſtros, ſuis officiis perpetuo privari, & ad ea nunquam ſine ſpeciali gratiâ reſtitui, & ut ordinationes ipſe melius ſerventur, ipſis relligioſis & nobilibus de eis copiam*, ſub ſigillo noſtro *fieri, & eas ſolenniter publicari* Volumus & mandamus.

(11) *De* Seneſchallis *verò*, Ballivis, Judicibus, Caſtellanis Prepoſitis, Servientibus, *vel* aliis officiariis, *ſeu univerſis ab eorum officiis ſuis exigentibus culpis, causâ legitime cognitâ, privatis, vel privandis* ad ſua reſtituendis officia precavere *rationabiliter* intendimus, *& eos qui privati fuerunt hactenus, & poſtmodum*, ſine ſpeciali g atiâ Domini genitoris noſtri, vel noſtrâ ad eadem officia, *quibus privati fuerint, reſtituti ſunt, officiis privamus eiſdem. Et ad partes regni noſtri certas, & competentes perſonas, pro ipſis officiariis amovendis, & certo numero ad debitum ſtatum & competentem reducendo ſpecialiter deſtinare.*

(12) *In terris etiam eorum, in quibus* altam & baſſam habent *juſtitiam, ipſos, vel eorum alterum in aliquibus juriſdictionis caſibus, illis dumtaxat exceptis, qui ratione ſuperioritatis, vel reſſorti ad nos pertinuerint impediri, vel moleſtari diſtrictius inhibemus. Et* Volumus *quod omnes officiarii, & miniſtri noſtri terrarum predictarum in principio ſuorum regiminum*, publice jurent, *quod ex certâ ſcientiâ non uſurpabunt* juriſdictionem eorum, *aut de eâ ſe intromittant, niſi in caſibus ad nos ſpectantibus, vel quos veriſimiliter credent ad nos ſine fraude aliquâ pertinere quodque contrarium attemptantes, ſicut tranſgreſſores & contemptores ordinationis noſtre gravius puniantur.*

(13) *Pro* delictis *vero, vel aliis caſibus ad nos pertinentibus*, perſonas, *quamdiu parate erunt* ſtare juri, *capi* vel detineri nolumus, *niſi in caſibus premiſſis de conſuetudine, vel de jure*. Bona *vero eorum* capi, *vel ad manum noſtram poni, quamdiu parate erunt* ſtare juri, *& ſuper hoc de dictis bonis non alienandis, ubi caſus requirit, preſtare ſufficienter idoneam cautionem, prohibemus omnino.*

(14) (g) Gardas *etiam* novas, *per ſtatuta* Domini genitoris noſtri prohibitas, *nullas eſſe volumus, & cenſemus, niſi illi qui eas allegaverint, ipſas probaverint eſſe antiquas. Nec in membris alicujus Monaſterii, vel Eccleſie, in eorum, vel alicujus ipſorum juriſdictione altâ vel baſſâ exiſtentibus ſpecialem gardam, quamquam ipſius Eccleſie, vel monaſterii caput, in noſtra ſit gardâ ſpeciali, nos intelligimus habere, niſi in impoſitione garde, expreſſe actum fuerit, vel niſi predictam gardam membrorum predictorum preſcripſerimus competenter.*

(15) *In quibuſlibet* Caſtellaniis *noſtris certum, & moderatum* ſervientium numerum, *qui augeri non debeat, inſtitui precipimus, & eorum nomina ſemel in ſingulis aſſiſiis publicari, & ad hoc perſonas certas & ſufficientes ad loca proponimus deſtinare.*

(16) Statuta *predicti Domini genitoris noſtri (h)* de notariis, & ſervientibus

NOTES.

l'article 5. de l'Ordonance du 15. May 1315.

(f) *Extorſiones.*] Voyez cy-deſſus l'Ordonance du premier Avril 1315. article 18. page 556.

(g) *Gardas.*] Voyez l'Ordonance de Philippe III. faite au Parlement de la Touſſains 1272. page 297. l'Ordonance du 3. May 1302. article 23. page 343. & les lettres de Philippe le Bel de l'an 1290. art. 11.

(h) *De notariis, &c.*] Voyez l'Ordo-

nostris, in eorum jurisdictionibus non mansuris, inviolabiliter servari volumus, & de ipsis omnibus patentibus copiam sub sigillo nostro tradi.

(17) Officiariorum *nostrorum*, extra suum officium delinquentium, *ad illum ad quem loci ubi delictum perpetratum fuerit, jurisdictio pertinebit.* Declaramus & volumus *punitionem pertinere tamquam de privatâ personâ, reservatâ nobis jurisdictione super hiis que commissa fuerint per eos, nostrum officium exercendo.*

(18) Punitio *etiam illorum, qui servientes, vel officiarios nostros tamquam privatas personas offenderint, ad illos in quorum jurisdictione, dicta offensio facta fuerit, pertinebit. Sed si eos dum sua exequuntur officia, vel ratione executionis hujusmodi per eos facte, vel faciende, seu propter causam, suum contingentem officium, offendi contingerit, tunc predictorum punitio ad nos in solidum pertinebit.*

(19) *Super eo etiam eo quod conquerentes predicti asserebant, quod* Ballivus noster Masticonensis, & alii officiarii nostri, *usum juri contrarium, in hac parte volentes, inducere,* appellationes ad ipsos emissas, *nisi infra eorum assisias, post appellationes easdem immediate, in locis in quibus de ipsis appellationibus debent cognoscere, sequentes prosequuti fuerint, vel illi qui easdem appellationes emiserint, in ipsis assisiis non comparuerint, ad prosecutionem appellationum ipsarum, easdem* appellationes annullant, *petunt usum aboleri, tamquam juri contrarium, prout de facto procedit, de facto revocari, & annullari,* Volumus, *stari juri communi, nisi illi qui consuetudinem allegaverint, illam probent.*

(20) De inquestis *vero in Curiâ nostrâ factis, partibus petentibus* copiam integre fieri, *juxta juris formam,* suis sumptibus fieri volumus, *nisi circa hoc consuetudines antique, quas allegantes probare tenebuntur, in contrarium sint obtente.*

(21) Seneschalli, Ballivi, *aut alii* Officiarii nostri *nullas denunciationes recipient, nisi eas probabiliter, & rationabiliter viderint admittendas,* quo casu, *si denuntiatores eas prosequi, & probationes ad eas ministrare voluerint, de restituendis expensis & damnis, obtentu dicte denuntiationis a curiâ, vel a parte perferendis,* si calumpniose eos ad denuntiationem hujusmodi processisse reperiretur, cautionem prestent. *Et si denuntiationem hujusmodi prosequi noluerint, cautionem hujusmodi non teneantur prestare. Sed non admittantur denuntiationes eorum,* nisi jurent, *quod* ad eas faciendas, ex malitiâ non procedant, *tunc eâ repulsâ, via procedendi per inquisitionem, nobis, & officiariis nostris, sit salva, prout rationabile fuerit. In casu autem ubi denuntiatores jurant, judices ad eorum denunciationes procedant, si eis justum, & rationabile videatur.*

(22) *De* venditionibus autem notariarum *nostrarum, generalem* ordinationem *ad utilitatem publicam, de Prelatorum, Baronum, & aliorum fide dignorum consilio faciemus.*

(23) Arrendatores *etiam Castellaniarum, Prepositurarum, & aliorum officiorum nostrorum per se, vel judices eorum, emendas ad ipsos ratione dictorum arrendatorum pertinentes, auctoritate suâ taxare, & super hiis transigere, vel componere districtius prohibentes, per solos Ballivos, vel Senescallos, vel eorum majores judices ipsas emendas,* Volumus *judicari. Constitutiones charissimi Domini genitoris nostri, super hoc editas in ceteris volumus, & precipimus universabiliter observari.*

(24) Ordinamus *etiam quod (i) Judei, si eos contingat* ex permissione nostrâ, *in regno nostro Francie reverti, & morari, quod illi, qui in alterius* jurisdictione morabuntur, *dum tamen illorum, in quarum jurisdictione moram traxerint,* fuerint originaliter Judei, *vel* alios dominos non habeant, *sint in omnibus dominorum predictorum,* subditi, & sui. *Si autem nostri fuerunt* Judei, originarii, *subditi*

NOTES.

nance de Philippe le Bel de l'an 1302. le 23. Mars, articles 30. 31. pages 362. 363.

(i) *Judæi.*] Voyez ce que j'ay remarqué touchant les Juifs sur le chapitre 129. des Establissemens de S.t Loüis du livre premier, & sur l'Ordonance de Melun du mois de Decembre 1230.

LOUIS X. dit Hutin, à Vincennes, le 17. May 1315.

nostri *totaliter* remanebunt. *Si autem aliorum dominorum Judei fuerint originaliter, ipsorum Judei & subditi, similiter remanebunt. Si vero* ultra-montani, *in aliorum dominio, quam in nostro moram traxerint, ibidem totaliter* respondeant, *de contractibus & commissis. Sed si contra edicta nostra, vel aliàs contra nos commiserint, ad nos solum ipsorum cognitio & punitio remanebunt.*

(25) Punitionem *etiam, & correctionem officialium quorumcumque* dictorum conquerentium, *in eorum jurisdictionibus circa sibi commissa officia, vel aliàs delinquentium eisdem omnino* dimittimus, *nisi ex parte nostrâ probetur, nos tales officiales pro talibus delictis, ac tanto tempore punivisse, quod sufficiat* ad prescriptionem. *Et nisi in casu ad nos legitime interposite, vel propter* defectum, *vel si contra nostros* officiarios delinquerent, *eorum officia exercentes, prout est superius declaratum.*

(26) Notariis *etiam publicis nostris, quamdiu in eorum remanebunt officiis, quominus coram nostris, & aliis justitiariis regni, instrumenta publica, super hiis que coram ipsis acta fuerint, conficere, & requirentibus tradere possint, per ipsos justitiarios nostros* nolumus prohiberi. *Et ne alii* tabelliones *cujuscumque auctoritatis, coram nostris justitiariis hoc facere audeant districtius* inhibemus, *adjicientes, quod Senescalli, Ballivi, aliique justitiarii nostri, semel in suis assisiis anno quolibet illud jurent, & quod in fraudem non augebunt numerum servientium.*

(27) Et ne Domini temporales de cetero impediantur per gentes nostras, quominus in eorum jurisdictionibus, & terris assecuramenta *coram ipsis inter personas sibi subditas prestari facere possint, & contradictores ad hoc compellere districtius* inhibemus. Et volumus *quod in prestandis* assecuramentis *coram gentibus nostris in casibus ad eos spectantibus, antequam concedantur, probentur injurie, vel suspiciones probabiles, nisi consuetudo sit contraria, quam allegans probare teneatur.*

(28) Causæ *etiam* appellationum *quarumcumque personarum* Ducatus, Comitatus *& terrarum ipsarum, secundum* jus scriptum, *& bonas* consuetudines *Curie, ubi cause ipse principaliter judicari debent examinabuntur, & terminabuntur.*

(29) Pannoncellos, & signa nostra *in jurisdictionibus eorum, nisi in casibus ad nos pertinentibus, per Senescallos Ballivos, & alios judices nostros, & nisi prius causâ cognitâ legitime poni de cetero prohibemus, & aliter posita amoveri jubemus.*

(30) Sententias *autem* pecuniarias, *per dilectos & fideles nostros Magistrum* Joannem de Forgetis Archidiaconum Ecclesie Claromontane, & Bernardum de Meso inquisitores *in illis partibus deputatos, contra officiarios nostros, latas,* in bonis *eorum, contra quos late fuerunt, & si bona non habeant* in personis *executioni debite, secundum jus & consuetudinem, demandari jubemus. Et inquestas per eos inceptas, que complete non fuerint, vocatis evocandis, compleri.*

(31) Super jurisdictionibus vero locorum sacrorum, cheminorum, vel itinerum & fluminum publicorum, *quas jurisdictiones Domini temporales infra quorum jurisdictiones & terras predicta consistunt, ad se pertinere asserunt, & in hoc se per gentes nostras, dictas jurisdictiones usurpantes, indebite impeditos esse,* inquiretur veritas, *qualiter de premissis usi sunt,* tempore Beati Ludovici, & ejus filii Philippi Regis, Francie, *& stabitur illi parti, que melius probabit. Et si non probetur juri* communi stetur.

(32) In financiis vero acquestuum *factorum ab innobilibus, & relligiosis, ac aliis personis Ecclesiasticis, de possessionibus, aliisque rebus, bonis &* feudis, *& utrum possint transferri in* Ecclesias, *& personas* innobiles, *antiquam consuetudinem illius patrie* volumus observari, *scilicet prout tempore* Beati Ludovici, & ejus filii *extitit observatum.*

(33) In subditorum vero nostrorum feudis, *vel que sunt sub eorum* mero imperio, *nihil penitus, preter eorum consensum, emptionis, vel alterius voluntarii contractus titulo, deinceps acquiremus.*

(34) Ea vero que nobis ex (k) forefacturis, propter crimen lese Majestatis aut successionibus *quibuscumque ratione generis, tantummodo in eorum feudis vel sub eorum jurisdictione provenire contingerit, retinere poterimus, dum tamen Domini feudi*

feudi, *ubi res .... esset feudalis* deservitorem, vel hominem sufficientem, *pro* feudo tradamus, *aut ei* pro dicto feudo recompensationem ydoneam faciamus. *Premissa vero omnia compleri, teneri & servari perpetuo, & contra-facientes de quibus per gentes nostras, causâ legitime cognitâ constiterit, officiis suis, ad que sine nostra vel successorum nostrorum speciali gratiâ restitui non debeant, perpetuo privari, & ad refundenda dampna districtius compelli precipimus, tenore presentium, & mandamus.* LOUIS X. dit Hutin, à Vincennes, le 17. May 1315.

In quorum omnium testimonium presentibus nostrum fecimus apponi sigillum. Actum apud Vicenas, die septimo decimo mensis Maii, anno Domini millesimo trecentesimo quinto decimo.

NOTES.

(k) *Forefacturis.]* Voyez cy-dessus l'article 4. de l'Ordonance du mois d'Avril 1315.

LOUIS X. dit Hutin, à Vincennes, au mois de May 1315.

(a) Ordonance faite à la supplication des Nobles de Champagne.

SOMMAIRES.

(1) Les nobles ne pourront donner partie de leurs fiefs, pour recompense de service, avec retention de foy, qu'aux seuls nobles, pourvû que les fiefs ne soient trop diminuez.

(2) Le Roy n'exercera aucun acte de Justice, dans les terres des Seigneurs hauts justiciers, si ce n'est en cas de ressort, de garde d'Eglise, &c.

(3) Le Roy n'acquerera pas par Contract volontaire dans les fiefs des hauts Justiciers, mais il gardera ce qui luy échoira par confiscation, ou succession, en faisant desservir les fiefs, ou baillant récompense.

(4) Les nobles n'auront le droit de bâtardise, que sur les bâtards nez de leurs femmes de corps.

(5) Les Prevots, & les Sergens Royaux ne pourront plus ajourner pardevant euls, les hommes des Seigneurs Justitiers.

(6) Le Roy taschera de remettre les monoyes, en l'estat où elles estoient du temps de St Loüis son bisayeul.

(7) Les habitans de Champagne seront ajournez à quinzaine, dans les Chastellenies où ils sont levans & couchans, à l'exception des cas de ressort, ou de souveraineté.

(8) Les Ordonances des Bourgeoisies seront observées, & ceux qui y contreviendront seront punis.

(9) Le Roy ne retiendra pas les hommes taillables, ou de mainmorte des Seigneurs, & il sera au pouvoir des Seigneurs de les suivre pour estre payez de leurs droits.

(10) Les nobles, dans les matieres reelles & personelles, ne plaideront, que devant les Baillis.

(11) Les terres des nobles qui viendront au Roy pour dettes, ou pour amendes, par autorité de Justice, seront prisées par des personnes commises par les Juges, aux dêpens de la chose. Et si ces terres sont cedées au Roy par le debiteur, elles seront prisées par les personnes dont on conviendra de la part du Roy & du debiteur, aux dêpens de la chose.

(12) Les Seigneurs seront servis de leurs droits par leurs hommes & leurs femmes, quoyque mariez à des femmes & des hommes de la jurée du Roy.

(13) Tout noble detenu pour crime sera entendu, & il ne sera pas jugé sur un seule aprise *ou enqueste.*

(14) Aucun noble ne sera mis en gehine, *ou à la question, à moins que la presomption du crime ne soit si grande, qu'il y eût à craindre qu'il demeure impuni, &c.*

(15) Les nobles pour host, ou chevauchiée seront semons dedans les termes, ou les limites de Champagne. Et quant à ce qu'ils disent que le Roy ne les peut mener hors des termes de Champagne, il en sera informé.

LOUIS par la grace de Dieu Roy de France & de Navarre. Sçavoir faisons a tous presens & a venir, que nous desirans procurer, & garder le bien & la paix de nos sujets, contraires a leurs domages & lor griez, rappeller & adressier, sur les griez & empeschemens qui ont esté faits *aux Nobles*, & aux autres person-

NOTES.

(a) Cette Ordonance est à la fin des Coûtumes de Troyes, avec les Commentaires de Pithou & de le Grand.

LOUIS X. dit Hutin, à Vincennes, au mois de May 1315.

nes de nostre Comté de Champagne, si comme il dient, ou temps passé, contre les anciens usages, Coustumes & libertés, dont il se sont dolu & plaint a nous. Par deliberation de nostre Conseil, avons pourvehu, octroyé, & ordené en la maniere qui s'ensuit.

(1) Sur ce qu'ils disoient qu'ils ont usé, & accoustumé de donner a leurs serviteurs nobles ou autres, en recompensation de lor services, tant de lor terre comme il leur plaisoit, & retenir devers aux le fié, & l'homage, sur quoy il avoient esté & estoient empechié, si comme il disoient.

Nous voullons & leur avons octroyé, que il ce puissent faire, si comme dessus est dit, aux personnes nobles tant seulement, mais que le fié ne soit trop amenuisié.

(2) Item. Sur ce que il disoient que nous n'aviens que voir, ne que connoître en lor terres, se n'estoit par defaut de droit, ou par *appel de faux jugement*, soit a nous sans moyen, ou pour cause de *nos Bourgeois,* faisans de lor bourgeoisie lor devoir, ou *pour garde ancienne d'Eglise,* que nous, ou nos antecesseurs eussent fondé, ou dont la garde fut venüe en nostre main, pour certaine cause, ou *pour scellé d'obligation,* faite sous nostre scel, de laquelle mettre a execution les dits nobles fussent deffaillans.

Nous leur avons accordé, & octroyé, que nous en lor terres, où il ont haute Justice, ne justicierons point, fors es cas dessus nommez, ou autres qui a nous, & non a autre appartiennent par droit royal.

(3) Item. Sur ce que il disoient, que nous ne povons rien acquerre, ne nous accroitre en lor Baronies, terres, fiés, arriere-fiés ou censives, ne il alués, seans en lor terres.

Nous leur avons accordé & octroyé, que nous n'acquerrons riens en lor fiés, sans lor consentement, par maniere d'achat, ou par autre Contract volontaire. Mais ce que il nous y venra par forfaiture, ou par autre échoite, nous retendrons, se il nous plaist, en baillant au Seigneur de qui fié il mouvera, homme souffisant pour le fié, ou faisant suffisante recompensation d'icelui fié.

(4) Item. Sur ce que il disoient que li nobles qui ont toute Justice en lor terres, ont accoustumé de user, & joüir des bastards nez, ou venus, & demourans en lor Justice, & de toutes épaves, de quelque condition qu'elles soient, & d'avoir les tailles & les main-mortes des dits bastards, & la connoissance des épaves.

Nous leur avons accordé & octroyé, que les choses dessus dites, quant aux Bastards nez de lor femmes de corps en lor terres, où ils ont toute justice, & non d'autres, ni autrement.

(5) Item. Sur ce qu'ils disoient, que nos Sergens & nos Prevots alloient en lor terres ajourner privées personnes, & lors homes pardevant euls, & les metoient en *(b) gehine,* contre leurs Coustumes & libertés.

Nous voullons, & ordonnons, que nos dits Prevots & Sergens cessent du tout des choses dessusdites, en la maniere qu'il est plus plainement ordonné, és anciennes Ordonances faites sur ce.

(6) Item. Sur ce qu'ils disoient que nos Predecesseurs ont souvente fois müé & empiré les monoies, dont ils ont esté grevez, & domagez grossierement.

Nous avons octroié & promettons, que la monoie que nous avons commancié a faire, & faisons, nous entendons continuer en sa valour, & mettre peine comment elle puisse revenir a l'estat, où elle estoit au temps de S.t Loüis *nostre Bisayeul.*

(7) Item. Sur ce que il disoient, que par les Coustumes de Champagne, notoires & approuvées, quand ils sont ajournez, ils doivent estre ajournez en tous cas dedans les termes des Chastellenies, où ils sont couchans & levans, il doivent avoir jour de quinzaine, ou au mains dedans quinzaine hors huitaine.

NOTES.

(b) Gehine.] Gehenna. Question. Voyez cy-aprés l'article 14.

Nous voullons & octroions, que ainsi lor soit fait & gardé, excepté ès cas qui nous appartiennent, pour cause de ressort, ou pour cause de souveraineté.

Louis X. dit Hutin, à Vincennes, au mois de May 1315.

(8) *Item.* Sur ce que il disoient qu'il ont esté grevez & dommagiez, pour cause des bourgeoisies, qui n'ont mie esté gardées, suivant les Ordonnances, qui ont esté faites de nos Predecesseurs ou temps passé.

Nous voullons & octroions, que les Ordonances dessus dites, faites sur les bourgoisies, soient tenuës & gardées. Et se aucune a esté faite au contraire, ou temps passé, que il soit remis en estat deschu. Et si aucun de si en avant, fait aucune chose au contraire, que il en soit punis & corrigié.

(9) *Item.* Sur ce que il disoient que si lor homme taillable, ou de mainmorte, ou de formariage, ou abonnez, ou de jurée, se partoient dessous eux, & venoient en nostre jurisdiction, nous ne les poons, ne devons retenir, ains ont accoustumé de les suir, en levant d'eux par chacun an, leurs tailles, formariages, & main-mortes, quand elles y échoient.

Nous leur avons accordé, & octroyé, que lor dits hommes nous ne retenrons point, si comme dessus est dit, & voullons que il les puissent sievre en la maniere dessusdite, excepté se aucun se desavoüoit de son Seigneur, par Sergent souffisant a ce establi, & li desaveux avoit esté fait sçavoir audit Seigneur, & il n'estoit poursuivi dedans l'an & jour.

(10) *Item.* Sur ce que il disoient que la connoissance des nobles de Champagne appartient aux Baillis, & non aux Prevots; & devant les Baillis tant seulement doivent repondre.

Nous leur accordons, quant a la connoissance des cas d'heritage, ou de l'honeur de lor corps, qui touchat crime, se ainsi n'estoit que les parties s'accordassent d'aller devant le Prevost, & si aucun s'en doloit, nous feriens sçavoir, & garder sur ce l'ancien usage.

(11) *Item.* Sur ce que il disoient que quand aucunes terres de nobles venoient a nous, ou pour dettes, ou pour amendes, elles devoient estre prisiées par deux prud'homes, dont li uns devoit estre de par nous, & li autre de par le noble, a qui la terre estoit, & deviens payer autant comme ledit noble des dêpens faits pour ladite prisiée, & en telle maniere doit estre fait des Commissions, qui aviennent d'entre nous & nos subgiez.

Nous lor accordons & octroyons, se aucunes terres viennent a nous pour dettes, ou pour amendes par autorité de Juge, que li Juges y mettent en presence de partie, deux preud'homes, sans souspessons, pour la prisier, & sera fait aux dêpens de la chose. Et se les dites terres venoient a nous du consentement de nostre debiteur, sans autorité de Juge, les priseurs seroient pris de commun consentement de nous & de nostre debiteur, & sera fait aux dêpens de la chose. Et quant aux Commissions, qui seront faites és causes qui toucheront nous & autre partie, nous payerons la moitié des dêpens.

(12) *Item.* Sur ce qu'ils disoient, que quand un lor homme, ou femme de serve condition, se marient a aucune femme, ou home de nostre jurée, & sont empechié, que il ne lievent de leur dits hommes & femmes, fors tant que dure la jurée.

Nous voullons que ledit empeschement cesse du tout, & que il puissent exploiter lors dis hommes & femmes, comme il ont ancienement accoustumé.

(13) *Item.* Sur ce que il disoient, que quand aucun noble de Champagne estoit pris, por souspesson de cas de crime, il devoit estre ouys en ses bonnes raisons & deffenses, & tenu en prison pour certain temps. Et se il venoit aucun qui se feist partie contre li, il se pooit deffendre par gage de bataille, se il ne se vouloit mettre en enqueste. Et parmi ce il devoit estre delivré de prison, se il n'estoit pris en present meffect.

Nous voullons, & est nostre intention que chascun pris pour cas de crime soit ouys en ses bonnes raisons, & li en soit fait droit. Et se aucune aprise *se faisoit contre li, que par cette seule aprise il ne soit condannez, ne jugiez.*

LOUIS X. dit Hutin, à Vincennes, au mois de May 1315.

(14) *Item.* Sur ce que il disoient, que contre les Us, & Coustumes anciens de Champagne, nos gens s'efforçoient de mettre *en gehine,* les nobles de Champagne, pris pour souspesson de cas de crime, jaçoit ce que il ne soient pris en present meffait, ne ne soient connoissans le fait.

Nous accordons, & voullons & deffendons que nuls nobles ne soient mis en gehine, *se presomptions n'estoit si grand du meffait, que il convenist faire par droit, & par raison, ou il meffait demourast sans punir, ou quel cas deffendra l'en, & deffendons, que pour cette gehine, nuls ne soit condannez, ne jugiez, s'il ne persevere en sa confession, par temps souffisant aprés la gehine.*

(15) *Item.* Sur ce que il disoient que par la Coustume de Champagne, quand nous semonions les dis nobles, pour ost, ou pour chevauchiée, la semonce doit estre faite dedans les termes de Champagne, & de qui nous les poons mener a certains gages parmi la Comté, mais ailleurs ne les poons-nous mener, ne sievre ne nous doivent, se n'est a tous frais & a tous cousts.

Nous octroions, & voullons que il soient semons dedans les termes de la Comté de Champagne. Et quant a ce qu'il dient, que mener ne les poons, ne sievre ne nous doivent hors des dis termes, se n'est a tous cous & frais, nous ferons sçavoir comment nos antecesseurs les ont menez hors de Champagne, ou a gages, ou a tous frais.

(16) Et toutes les choses dessus dites, & chacunes d'icelles, en la maniere que nous les avons accordées, ordonnées & octroiées, si comme dessus est dit, Nous voullons & commandons estre accomplies, tenuës & gardées a tousjours, & que cil qui feront encontre, dont il apportera par connoissance de cause faite par nos gens, soient privez de lors Offices, aux quels ils ne pourront estre retablis, sans especial grace de Nous, ou de nos successeurs. Et neamoins voullons, que il soient contrains a payer les domages & interests, que les sus dits nobles, ou autres nos sujets encourront pour cette cause.

Et pour que ce soit chose ferme & stable à perpetuité, nous avons fait sceller ces presentes lettres de nostre grant scel. *Donné à Vincennes, lés Paris, l'an de grace mil trois cens quinze, au mois de May.*

LOUIS X. dit Hutin, à Sens, au mois de May 1315.

Additions à l'Ordonance faite à la supplication des Nobles de Champagne, au mois de May 1315.

SOMMAIRES.

(1) *Les nobles de Champagne pourront donner sur leurs fiefs des pensions annuelles à leurs serviteurs nobles, ou non nobles, pourvû que leurs fiefs n'en soient pas trop diminuez.*

(2) *Le Roy ne justiciera pas dans les terres des Comtes, Barons & Chastellains, &c.*

(3) *Les hommes que le Roy donnera aux nobles pour desservir les fiefs, seront tenus de leur obéir, & par faute d'homes les nobles pourront saisir feodalement.*

(4) *Les anciennes Ordonances portant reglement pour les Prevots & les Sergens, seront observées.*

(5) *Les nobles en cas de crime, & mesme en cas de ressort & de souveraineté, seront adjournez dedans les Chastellenies, où ils sont levans & couchans.*

(6) *Les desaveux que les hommes de main-morte feront, seront notifiez à leurs Seigneurs.*

(7) *Les Prevots n'auront pas la connoissance des delicts des nobles, quand mesme ils diroient que les nobles y auroient donné leur consentement, à moins que ce consentement ne soit prouvé.*

(8) *Les Ordonances faites sur les gages de batailles, seront observées.*

(9) *Les nobles de Champagne ne seront mis à la question, s'il n'y a presomption violente de crime, qui merite la mort.*

(10) *Nul Sergent, & nul Prevost ne pourra user des cas royaux, sans commission des Baillis, &c.*

(11) *L'aide pour l'ost ne sera pas levée sur les hommes des nobles taillables haut & bas, abonnez, ou de jurée.*

(12) *Ni sur ceux qui leur doivent ost & chevauchée.*

(13) *Ni de ceux, qui sont affranchis d'ay-de d'ost.*

(14) *Ni des Eglises, qui sont en la gar-de des nobles, &c.*

(15) *Ni des hommes chevagiers des Egli-ses.*

(16) *Ni de leurs hommes mainmorta-bles.*

LOUIS X. dit Hutin, à Sens, au mois de May 1315.

LOUIS par la grace de Dieu Roy de France & de Navarre. A tous ceux qui verront ces presentes Lettres, *Salut.* Nous faisons a sçavoir, que comme li nobles de Champaigne soient venus a nous, & nous ont requis, que nous leur fissiens certaines *additions & declarations* aux reponses que nous leur fismes, & donâmes *(a) n'aguieres* a Paris, sus aucuns articles que il nous avoient baillez, touchant les Us & Coustumes de l'estat de Champagne, si comme il est contenu és *Lettres que* nous leur avons baillées sur les dites responses. Et eû sur ce & sur leur requeste nostre Conseil, leur avons fait & accordé cés *additions, & declarations, qui s'ensuivent.*

Et premierement a la reponse faite *au premier article,* qui contient que les nobles de Champagne disoient qu'ils avoient usé, & accoustumé de donner à leurs serviteurs, nobles & autres, en recompensation de leurs services, tant comme il lor plaisoit de lor terres, & retenir par devers eux le fié & l'homage, surquoy il avoit esté empechié, si comme il disoient.

Au quel article nous leur repondimes, que nous *Voulions* & leur *accordions, & octroions* que il pussent faire, si come dessus est dit a personnes nobles, tant seulement, mais que le fié ne fut trop amenuisié.

Nous *ajoûtons & declarons,* que li dis nobles puissent donner a lor serviteurs *non nobles* aucune *pension* annuelle seur leur terres, se il lor plaist, en tele maniere que lor fié n'en soit trop amenuisiez, si coume il est contenu en nostre response devant dite.

(2) Item. Sur ce que il disoient que nous n'aviens que voir, ne que connoître en lor terres, se ce n'est par defaut de droit, ou par appel de faux jugement fait a nous sans moyen, ou pour cause de nos Bourgeois, faisant de lor Bourgeoisie devoir, ou pour garde ancienne d'Eglise, que nos Antecesseurs eussent fondées, ou dont la garde fut venuë en nostre main pour certaine cause, ou pour scellé d'obligations faites sous nostre seel, des quiex mettre a execution les dits nobles fussent deffaillans.

Nous leur avons accordé & octroyé, que nous en lor terres, ou ils ayent haute Justice ne justicierons point, fors que és cas dessus nommez, ou en aucuns autres, qui nous appartinroient *par nostre droit Royal.*

Nous *declarons & adjoutons* que és Comtés, Baronies, Chastellenies, & ressorts d'icelles, ne és terres des Comtes, Barons, Chastelains, ne en lor ressorts, garde, fiés, ou arrierefiés, nous ne justicierons point, fors que por la maniere devant dite. Et voulons estre gardée la declaration de nostre *droit Royal,* selon qu'il est cy-dessus contenu.

(3) Item. La reponse faite *au tiers article,* contenant que nous ne poons rien acquerre, ne nous accroître en lor Baronies, terres, fiés, arrierefiés, censives, ne és alüés, seans en lor terres.

Auquel article Nous lor respondimes, que nous *accordiens & octroiens,* que nous ne acquerrions riens en lor fiés, sans leur assentement, par maniere d'achat, ou par autre Contract *volontaire,* mais ce que a nous venroit par forfaiture ou par autre eschoite, *nous retenrions,* se il nous plaisoit, en baillant au Seigneur de qui fié il mouveroit, home souffisant pour le fié.

Nous *adjoutons & declarons,* que és cas, la ou nous serons tenus de donner,

NOTES.

(a) *N'aguieres.*] Sçavoir vers le commencement du mois de May 1315. Voyez cy-aprés la note sur la lettre E.

LOUIS X. dit Hutin, à Sens, au mois de May 1315.

homme, li nobles, en defaut dudit homme, puissent affiner a lor fié..... & que l'homme que nous aurons donné soit tenus pour cause dudit fié, obéir auldits nobles, ainsi comme lor propre vassal, & a desservir ledit fié.

(4) *Item.* A la reponse faite au *quint article*, contenant que li dis nobles disoient que nos Prevos, & nos Sergens alloient en lor terres ajourner privées personnes, & lor hommes pardevant euls, & les mettoient en *gehine*, contre leurs coustumes & libertez.

Auquel article Nous leur *respondimes*, que nous vouliens, & ordonniens, que nos dits Prevos & Sergens cessassent du tout des choses dessusdites, en la maniere qu'il est plus plainement contenu és anciennes Ordonnances.

Nous *adjoutons & voullons*, que les anciennes Ordonnances lor soient de nostre autorité Royal confirmées de nouvel, & soient gardées, & que il soit mandé par nos Baillis, Officiers & ministres, que il les gardent sus peine de encourir nostre indignation.

(5) *Item.* A la response faite au *septiéme article* contenant que li nobles disoient que par la Coutume de Champagne notoire & approuvée, quand il sont adjournez en tous cas, dedens les termes des Chastellenies, ou il sont couchans & levans, il doivent avoir jour de *quinzaine*, ou au moins dedans *quinzaine hors huitaine*.

Auquel article nous leur respondimes, que nous voulions & octroions que ainsi lor soit fait & gardé, excepté és cas qui nous appartiennent, *en cas de ressort, ou pour cause de nostre souveraineté.*

Nous *voullons & declarons* que li diz nobles en cas de crime, en quoy il les convenra faire adjourner, tout ce soit cas *de ressort, ou de souveraineté*, seront adjournez dedans lor Chastellenies, ou au lieu, ou il sont couchans & levans, & auront jour de quinzaine, ou au moins dedens quinzaine hors de huitaine.

(6) *Item.* A la response au *neuviéme article* contenant que li nobles disoient, que si lor hommes de *main-morte, ou de formariage*, ou *de jurée* se partoient dessous euls, & venoient en nostre jurisdiction, nous ne les pourriens retenir, ains ont accoustumé les suir, en levant d'eux chascun an, *les tailles*, & lor *formariage*, ou *mains-mortes*, quand elles y échoient.

Auquel article Nous leur avons accordé & octroyé, que leurs dis hommes nous ne recevrons point, si comme dessus est dit, & *voullons* que il les puissent *sievre* en la maniere dessusdite, excepté se aucun *se desavoüoit* de son Seigneur, par Sergent souffisant, a ce estabili, & li desaveus avoit esté fait sçavoir au Seigneur, & il n'estoit point poursuiz dedans l'an & jour.

Nous *Declarons, & voullons* que li desaveux que aucun vouroit faire de son Seigneur, soit fait sçavoir souffisaument audit Seigneur, gardées avec ce les anciennes *Ordonnances des noureaux aveux.*

(7) *Item.* A la response faite au *dixiéme article*, qui contient que li dis nobles disoient que la connoissance des nobles de Champagne appartient aux *Baillis*, & non pas aux *Prevots*, & devant li Baillis tant seulement doivent repondre.

Auquel article nous leur *respondimes*, que nous voulliens & accordiens ce qui estoit oudit article contenu, quant a la connoissance des cas d'heritage, ou de l'honneur de lor corps, qui touchât crime, se ainsi n'estoit que les parties s'accordassent d'aller devant le Prevost. Et se aucun s'en doloit nous feriens seur ce sçavoir l'ancien usaige.

Nous *declarons & adjoutons*, que si aucuns *Prevots mercenaires*, qui acheteroient les Prevostez, voulloient la cognoissance des gentilshommes és cas de crime, pour dire que li dis nobles s'y fussent consenti & octroyé, (que) li dis Prevots n'en fussent pas creu, se il ne le prouvoient souffisamment par hommes, ou ainsi que raison donroit.

(8) *Item.* A la response faite sur le *treiziéme article*, contenant que li nobles disoient, que quand aucuns nobles estoit pris, *pour souspeçon de cas de crime*, il

devoit *estre ouys* en ses bonnes raisons, & deffenses, & tenu en prison certain temps, Et se il venoit aucun qui se fist partie contre luy, il s'en porroit deffendre *par gage de bataille*, se il ne se voulloit mettre en enqueste, & parmy ce devoit estre delivrés, se il n'estoit pris en present meffait.

Louis X. dit Hutin, à Sens, au mois de May 1315.

Auquel article nous *respondimes* que nous voliens, & estoit nostre entention, que chascun pris pour cas de crime soit oys en ses bonnes raisons, & deffenses, & li en soit fait droit. Et se aucune *aprise* se faisoit contre luy, pour cette *aprise*, il ne soit condamnez ne jugiez.

Nous *adjoutons & declarons*, que les Ordonnances faites sur les gages de batailles soient gardées.

(9) Item. A la response faite *au quatorze article*, contenant que li dis nobles disoient, que contre les Us, & les anciennes Coustumes de Champaigne, notre gent s'efforçoient de mettre *en geheine* les nobles de Champagne, pris por *sospesson de cas de crime*, jaçoit ce que il ne soient pris au present meffait.

Auquel article, nous *leur respondimes*, que nous accordons, voulons & deffendons que nul noble ne fust mis *en geheine*, se presomption n'estoit du fait si grand, que il le convenist faire par droit & par raison, ou le meffait demeurast sans punir, ou quel cas deffendrions nous, & deffendions que pour telle *geheine*, nuls ne soit condamnez, ne jugiez, se il ne perseveroit *en sa confession*, aprés la *geheine*, por temps souffisant.

Nous *adjoutons & declarons*, que nuls nobles ne soit mis en *geheine*, se li cas ne sont tels, & que mort s'en doive ensuivre, & les presomptions telles comme dessus est dit, en nostre response, que nous feismes audit article.

(10) Item. Que en plusieurs de nos responses faites a aucuns de lor articles, nous avons retenu *nostre droit Royal (b)* & *nostre souveraineté*.

Nous *declarons, & adjoutons, voullons, & accordons*, que nuls Sergens, ne Prevos, ne usent, ne ne s'efforcent d'user des cas appartenans *a droit Royal*, ne a *souveraineté*, en la haute Justice des dis nobles, sans especial commission de lor Bailly, ou de son Lieutenant. Et la ou li dis nobles vorroit dire, que la cognoissance du cas luy appartiendroit, & non *a nostre Royal Majesté*, ou souveraineté, li Baillis, ou son Lieutenant, l'orroit en ses deffenses & raisons, & li feroit droit, & cependant l'execution du cas cesseroit, & seroit la chose tenüe en son estat, jusques a tant qu'il fut cognu de l'appel, sauf que se aucuns Prevost, ou Sergens, trouvoit aucun malfaiteur ou cas present, ou en cas ou il ne pourroit autrement estre vengiés, le Prevost, ou Sergent le pourroit penre pour paour de fuite, jaçoit ce que il n'eussent pas de Commission de lor Bailly, ou de son Lieutenant, quant a ce, & mettroient ledit malfaiteur en la garde dudit noble, en qui jurisdiction il seroit pris, jusques a tant que li Prevost, ou Sergent eussent commission sur ce. Et se li nobles ne s'y opposoit, li dis Prevost, ou Sergent, qui auroit commission sur ce, le menroit a justice, pardevers son maître li Bailly, ou son Lieutenant. Et se li dit nobles s'opposoit a ce, li dis nobles demourroit saisis sur ce, & seroit oys, & li seroit fait droit en la maniere que dessus est dit. Et voullons ainsi estre gardez, tant en la terre des Comtes, Barons, Chastellains, & és ressorts d'icelles, & en lor fiés, & arrierefiés, & gardes, ou Comtez, Baronies, Chastellenies, & és ressorts d'icelles, comme en la terre des autres nobles. Et si voullons nous, que cil qui averont *Commission* de nous, pour user d'aucun cas *appartenant a nostre droit Royal*, gardent la fourme, & maniere qui est cy-dessus contenuë.

(11) Item. Quant *a l'aide de l'ost*, Nous voullons & accordons, que nos gens deputés a ce, se souffrent de prendre, & lever ledit *ayde* des hommes aux

NOTES.

(b) Voyez cy-aprés les letres du premier Septembre 1315.

LOUIS X. dit Hutin, à Sens, au mois de May 1315.

dits nobles, qui sont *lor taillables haut & bas, a lor volonté, & de lor homes abonnez, & de jurée.*

(12) Item. De tous ceux, qui lor doivent ost, & chevauchiée.

(13) Item. De tous ceux de que il sont en saisine, de eux garantir de ayde d'ost.

(14) Item. Des Eglises qui sont en lor garde, desquelles il sont en saisine de euls garantir, & lors hommes.

(15) Item. Des hommes des Eglises *(c) chevagiers,* qui ne doivent riens que chevage, & li Sires y a le tout.

(16) Item. Des demourants en lor joustice, sur qui ils ont *main-mortes.*

Si mandons & commandons estroitement par la teneur de ces Lettres, a tous Baillis, Justiciers, Officiers & Ministres, que il & chascun en droit soy, jurent a garder & tenir fermement, gardent, & tiengnent les additions & declarations dessusdites, tout ainsi comme les articles principaux. Et fassent par telle maniere, que par leur defaut, il ne conviengne que li dis nobles en retournent a nous. En tesmoin desquelles choses, nous avons fait mettre nostre Seel a ces presentes Lettres.

Donné à Sens, l'an de grace mil trois cens quinze (d) au mois de Mars.

NOTES.

(c) Chevagiers.] Voyez mon glossaire & Bacquet du droit d'Aubaine, partie premiere, chapitre 4. n. 12. page 661.

(d) Au mois de Mars.] Ces letres sont mal datées. Elles ne peuvent estre du mois de Mars 1315. puisqu'elles confirment les letres precedentes qui sont du mois de May de la mesme année. Et comme elles sont interpretées par des letres rapportées cy-aprés, du mois de Septembre 1315. elles ne peuvent estre que de la fin du mois de May 1315. En sorte que par erreur le Copiste a mis *Mars,* au lieu de *May.*

LOUIS X. dit Hutin, à Paris, au mois de May 1315.

(a) Ordonance portant que la subvention pour l'Armée de Flandres cessera.

LOIS par la grace de Dieu Roys de France & de Navarre. Nous faisons sçavoir a tous presens & a venir, que comme nostre tres chier Sires & Peres, ou temps qu'il vivoit, eust voullu & ordenné, que une subventions se levast par tout le Royaume de France, pour cause du derrenier ost de Flandres. Et puis aprés a la requeste des nobles, & des autres gens de nostre Royaume, disans icelle subvention estre levée non düement, & requerrans ladite subvention cesser dou tout, nostre dit tres chieres Sires & Pere, considerant que il avoient mout esté grevez ou temps passé, & soutenu granz couz, & granz fraiz, tant pour la Guerre de Flandres, comme pour le changement des monoies. Et mesmement considerans, que cil qui levoient ladite subvention, grevoient son peuple en assez de choses, qui ne tournoient mie a son profit. Meuz de raison & d'equité pour les raisons dessus dites, & pour plusieurs autres, ayt ordonné, voullu, & commandé, eüe deliberation sur ce, avec son grand Conseil, que ladite subvention cesse dou tout. *Nous* considerans la bonne, & droituriere volonté, que nostre dit tres chier Sires & Pere ot, en ce faisant, laquelle nous voullons toujours ensievre a nostre pooir. Eüe sur ce deliberation avec nostre grand Conseil, *Voullons ordon-*

NOTES.

(a) Cette Ordonance est au Registre du Tresor cotté 52. feüillet 33, & Registre de Philippe le Bel, cotté au haut 4. ou 41, au milieu 13. & au bas 2. ou 15. piece 213.

nons &

nons & commandons, en appuiant & ratifiant *ladite Ordonnance*, & bonne, & droiturière volonté de nostre tres chier Seigneur & Pere, que *(b) ladite subvention* cesse dou tout des-or-endroit, & voullons encore que pour cause de ladite subvention levée, nul nouveau droit ne nous soit acquis, pour le temps a venir, & nulz prejudice aux gens de nostre Royaume n'en soit ainsint. Et pourque ces presentes choses soient fermes & estables a tousjours. *Nous* avons fait mettre nostre Scel en ces presentes lettres. *Donné à Paris au mois de May l'an de grace mil trois cens quinze.*

LOUIS X. dit Hutin, à Paris, au mois de May 1315.

NOTES.

Voyez l'article 18. de l'Ordonance du 15. May 1315. faite en faveur des habitans du Bailliage d'Amiens, page 566.

(b) Ladite subvention cesse.] Mais pour subvenir à la dépense de la Guerre, le Roy fit des emprunts, comme il se void par les lettres suivantes.

Loüis par la grace de Dieu Roy de France & de Navarre, a touz ceus qui les presentes lettres verront, *Salut.* Sçavoir faisons a touz, que comme pour granz besoignes, qui touchent nous, nostre Royaume, & le bon estat de touz nos subgiez, nous avons envoyé nostre amé Panetier *Barthelemy Chevrier* Bourgeois de Lyons, & nostre Seneschal de Lyons, en la Seneschaucie de Lyons & és ressorts d'icelle. Et pour les granz despens que il nous esconvendra faire en nostre present ost de Flandres, nous ayons métier & necessité de faire emprunz. Nous qui de la diligence, & de la loyauté des diz Barthelemy, & Seneschal, nous fions a plain, leur comettons & donnons plain pooir, & autorité de prendre & *recevoir emprunz* pour nous, & en nostre nom, de quelzconques personnes que ce soient, qui le pourront faire, soient d'Eglise, Relligieuz, ou Seculiers, nobles, & non nobles, Villes, Communautez, & Universitez. *Et Voulons & Octroions* que les personnes, Villes & Communautez & Universitez, qui leur *feront prest* par nous, si comme dessus est dit, *soient quictes de venir en nostredit ost de Flandres.* Et encore pour ce que ceus qui nous feront les *diz prests* soient plus seurs d'estre paiez desdiz emprunz, sanz fraude, delay, ou contredit, aus termes qu'il leur prometront. *Nous leur donnons* par la teneur de ces lettres, plain pooir, & autorité *d'obligier, baillier, & assigner a ceus qui les diz prez feront, & bailleront, toutes noz rentes, esplois, emolumenz & revenuez d'icelle Seneschaucie & ressort, en quelzconque chose que il soient*, a tenir & *esploitier* par les diz *creanciers*, & chascun d'iceus, tant que pleine satisfaction leur en soit faite, des sommes que il presteront. Et promettons en bonne foy pour nous & noz successeurs, que toutes les obligacions que il feront de noz dites rentes, nous avons & aurons fermes & estables, & tendront ferment, & feront tenir. Et donnons par ces lettres en commandement a tous noz subgiez, & Justiciers qui contre les dites obligations, & assignacions, que il feront par leurs lettres, ou par lettres de ladite Seneschaucie ne viengnent, ainssois voulons & commandons que ausdites personnes, Villes & Communautez, laissent tenir, lever, & esploitier *les dites rentes*, tant que plenne satisfacions leur soit faite de ce que il presteront. En tesmoing de laquelle chose nous avons fait mettre nostre Scel en ces presentes lettres. *Donné à Paris le quatre jour de Juing, l'an de grace mil trois cens & quinze.*

Voyez mon glossaire sur *mort-gage.*

LOUIS X. dit Hutin, à Paris, au mois de Juin 1315.

Lettres par lesquelles le Roy confirme celles du mois de May 1315. accordées aux habitans de Champagne, avec promesse de faire faire contre les Officiers royaux des enquestes de trois ans en trois ans.

LOUIS par la grace de Dieu Roy de France & de Navarre, faisons sçavoir a tous presens & a venir, que Nous aux *nobles*, & subjets de nostre Comté de Champagne, a lor supplications, *octroyons* par la teneur de ces presentes lettres, que Nous a toujours-mais perpetuelement *contre tous nos Officiers* quels que il soient de nostre dite Comté, & sur le portement d'eux presens & a venir, *ferons faire generaux enquestes de trois ans en trois ans.* Et si adjoutons a ce octroy, & par ces presentes lettres, *Mandons, Commandons & Enjoignons* a tous, & a chascun de nos justitiers *de la Comté de Champagne*, presens & a venir, que il & chascun d'eulx, *& les articles que nous avons octroyé* aus dits nobles & sujets, &

LOUIS X. dit Hutin, à Paris, au mois de Juin 1315.

declairiez, en la fourme, & la maniere qu'elles sont contenuës en nos autres lettres sur ce faites, *tiegnent & gardent*, & facent tenir & garder fermement, a toujours-mais perpetuelement, les dits articles. Et tout ce que contenu y est, nostre Bailly, & nostre Prevost de ladite Comté, present & a venir, tuit il chascun d'euls, de cy en avant a tousjours jureront sur les saints Evangiles en lor premiere assise, & en lor premiers plais, tenir & garder fermement & loyaument sans corrompre. Et promettons d'accomplir, & garder, & tenir a toujours perpetuelement, & a ce obligeons nous & nos hoirs. Et pour ce que ces choses soient a toujours fermes & estables, *Nous avons fait mettre nostre Scel en ces lettres qui furent faites & données au mois de Juin à Paris, l'an de grace mil trois cens quinze.*

LOUIS X. dit Hutin, à Paris, le 2. Juillet 1315.

(a) Lettres portant que les Casaniers *Italiens payeront de chaque Cent livres de marchandises, la somme de Cent sols, au moyen de laquelle ils seront exempts d'ost, de chevauchée, & d'autres subventions.*

LOYS par la grace de Dieu Roys de France & de Navarre. A noz amez & feauls *Loys de Villepereur*, & le Bailly de Tours, *Salut & dilection.* Comme *(b)* li *Caseniers Ytalien* demourans en nostre Royaume, aient ou temps passé chascun an acoustumé finer, selonc leurs facultez a nous, pour faire leurs marchandises en nostre Royaume, fors tant seulement puis trois ans en ça. Et vous eussiens mandé que vous touz les biens d'iceuls prenisiez en nostre main, jusques a tant qu'il eussent finé raisonnablement a vous, pour le temps passé. Encores vous mandons nous & commettons, que sanz nul delay contraignez chascun de euls a finer a vous, selonc la valuë de leurs biens, pour ledit temps, en la meilleur maniere & plus tost que vous pourrez, exceptez ceuls qui pour ceste cause ont finé a nous, qui vous apparoistra par noz lettres, ou par lettres de nos genz des Comptes, puisque nous venismes au gouvernement de nostre Royaume de France. *Et est nostre entencion que touz ceuls, qui de ci en avant voudront demorer en nostre Royaume, nous paieront chascun an cent sols, de chascune cent livres, qu'il auront vaillant,* de plus plus, & du mains mains, jusques a dis ans continuellement ensuivans, en tele maniere que pour les diz *cens souls* paians *de chascune cent livre,* il feront ledit temps durant quittez *d'ost, de chevauchies,* & de toutes autres subventions, & useront en leurs debtes, biens, marchandises, & causes, si comme les Bourgois de nostre Royaume & oveques ce des privilieges que Nous avons donné aus Marchans Ytaliens, pour raison *du double denier* de la livre, car ainsi paieront il *ledit double denier* de la livre des Marchandises que il feront. Et touz ceuls qui ainsi le voudront faire, leur donnez *vos lettres de Bourgoisie,* & franchises dessus dites. Et nous les confermerons souz nostre Scel toutes fois que nous en serons requiz. *Donné à Paris le deuxiéme jour de Juignet, l'an de grace mil trois cens quinze.*

NOTES.

(a) Ces lettres sont en la Chambre des Comptes, Registre *Pater*, fol. 125.

(b) Li Caseniers Italiens.] C'est-à-dire, les Italiens qui avoient leur domicile dans le Royaume, & qui vouloient avoir des lettres de Bourgeoisie. Ce mot vient de *Casa. Tugurium.* Voyez Du Cange dans son glossaire sur *Casa*, les gloses de Philoxene sur καλύβη & καλύβιον. Menage dans son Dictionaire Etymologique sur *Casanier*, & mon glossaire du Droit François sur *Cheseau, Chesal, Cheseolage.*

Louis X. dit Hutin, à Paris, le 3. Juillet 1315.

(a) *Lettres portant que les serfs du Domaine du Roy seront affranchis, moyennant finance.*

LOUIS par la grace de Dieu Roy de France & de Navarre a nos amez & feaus Mestre Saince de Chaumont, & Maître Nicolle de Braye, *Salut & dilection*. Comme selon le droit de nature chacun doit naistre franc. Et par aucuns Usages ou Coustumes, qui de grant ancienneté ont esté entroduites & gardées jusques cy en nostre Royaume, & par avanture *(b) pour le messet de leurs predecesseurs*, moult de personnes de nostre commun pueple, soient encheües *en lien de servitudes & de diverses conditions*, qui moult nous desplait. *Nous* considerants que notre Royaume est dit, & nommé *le Royaume des Francs*, & voullants que la chose en verité soit accordant au nom, & que la condition des gents *amende de nous en la venuë de nostre nouvel gouvernement*. Par deliberation de nostre grant Conseil *avons ordené & ordenons*, que generaument, par tout nostre Royaume, de tant comme il peut appartenir a nous, & a nos successeurs, *telles servitutes soient ramenées a franchises*, & a tous ceus qui de *(c) ourine, ou ancienneté*, ou de nouvel *par mariage*, ou par *residence de lieus de serve condition*, sont encheües, ou pourroient eschoir ou lien de servitudes, *franchise soit donnée o bonnes & convenables conditions*. Et pource, & specialement que nostre commun pueple qui par les Collecteurs, Sergens & autres Officiaus, qui ou temps passé ont esté deputez sur le fait des mains-mortes & formariages, ne soient plus grevez, ne domagiez pour ces choses, si comme il ont esté jusques icy, laquelle chose nous desplaist, & pour ce que *les autres Seigneurs* qui ont *hommes de corps*, preignent exemple a nous, de eux ramener a franchise, Nous qui de vostre leauté & approuvée discretion nous fions tout a plain : Vous *commettons & mandons* par la teneur de ces lettres, que vous aliez dans la Baillie de Senlis, & és ressors d'icelle, & a tous les lieus, Villes, & Communautez, & personnes singulieres qui ladite franchise vous requerront, traitez & accordez avecq eus de certaines compositions, par lesquelles sossisant recompensation nous soit faite des emoluments, qui *desdittes servitudes* pooient venir a nous & a nos successeurs, & a eus donnez de tant comme il peut toucher nous, & nos successeurs general & perpetuel franchises, en la maniere que dessus est dite, & selon ce que plus plainement le vous avons dit, declaré & commis de bouche. Et nous *promettons* en bonne foy, que nous pour nous & nos successeurs *ratifierons*, & approuverons, *tendrons & ferons* tenir & garder tout ce que vous ferez & accorderez sur les choses dessus dittes, & les lettres que vous donrez sur nos traitiez, compositions & acords de franchises a Villes, Communautez, lieus, ou personnes singulieres, nous les agreons des-ors-endroit, & leur en donrons les nostres sur ce, toute fois que nous en serons requis. Et donnons en mandement a tous nos Justiciers & subgiets, que en toutes ces choses il obeissent a vous & entendent diligemmant. *Donné à Paris le tiers jour de Julliet, l'an de grace mil trois cens quinze.*

NOTES.

(a) Ces letres qui font mention d'une Ordonnance qu'on n'a pas, sont au Registre A de la Chambre des Comptes de Paris, feüillet 78. Voyez de la Thaumassiere dans ses Coûtumes du Berry, page 251. *Spicilegium Acherianum*, tome 11. page 38. Au Tresor des Chartes, Registre cotté au haut 35. & au bas 10. feüillet 14. piece 48. & au Registre cotté au haut 46. & au bas 12. il y a une pareille Commission adressée à Guillaume de Gilliac, pour l'affranchissement des serfs du Roy, dans le Baillage de Caën.

(b) *Pour le messaict de leurs predecesseurs.*] Beaumanoir dans le chapitre 45. Des aveus, page 254. explique les differentes manieres par lesquelles les servitudes se font establies dans le Royaume.

(c) *Ourine.*] Origine.

LOUIS X. dit Hutin, à Paris, le 9. Juillet 1315.

(a) Ordonance touchant les Marchands Italiens, par laquelle le Roy fixe les droits qu'ils doivent luy payer.

SOMMAIRES.

(1) Tout Marchand Italien, tant le vendeur, que l'acheteur, payeront au Roy pour chacune livre de marchandises venduës aux Foires de Champagne & de Brie, & dans la Province de Narbonne, deux deniers de la monoye à laquelle le marché aura esté fait, & hors des foires de Champagne, de Nimes & de Narbonne, quatre deniers.

(2) De tous Contracts & eschanges, qu'ils feront aux Foires, aux quatre Villes, de Paris, de Nimes, &c. ils payeront, tant le vendeur, que l'acheteur, pour chacune livre, une maille, au lieu de la pougeoise *qu'ils payoient, & hors des Foires, en quelque lieu que ce soit, ils payeront tant le vendeur que l'acheteur un denier pour livre.*

(3) De tous Contracts, achats, ventes & eschanges qu'il feront d'Or & d'Argent, en masse ou de billon, ils payeront, tant le vendeur que l'acheteur, pour chaque livre du prix, deux deniers.

(4) Les Marchands Italiens feront aux Foires de Champagne des Contracts en forme pour les marchandises qu'ils vendront.

(5) Pour les Contracts que les Marchands Italiens passeront ensemble, ils ne pourront estre repris d'usure par le Roy, ou ses Officiers, ni contrains de payer aucune autre finance que celle qui est icy specifiée.

(6) Il y aura un certain nombre de courtiers qui feront les marchez des Italiens aux Foires, & aux lieux marquez cy-dessus.

(7) Les Courtiers seront establis par le Roy ou ses gens, & feront redevance, comme on le jugera à propos.

(8) Les Capitaines des Lombards, & les Consuls des Villes d'Italie, qui demeurent en France, avertiront chaque Marchand d'Italie, de ce qu'il devra payer.

(9) Les Italiens ne pourront avoir leur domicile que dans quatre Villes, Paris, S.t Omer, Nimes *&* la Rochelle.

LOUIS par la grace de Dieu Roy de France & de Navarre, a tous ceux qui verront ces presentes lettres, *Salut.* Nous faisons sçavoir que nous qui sommes desirants de garder, sauver & maintenir *les Marcheands Italiens*, nostre Royaume frequentant, & qui marcheandent des marcheandises honnestes, en telle maniere que il puissent seurement, par nostre Royaume venir, demourer, & aller & revenir, faire leurs marcheandises sans nul empeschement, & aucunes molestations, *Voulons* & a eus *donnons* & *octroions*, que il soient quittes, francs & & delivrez de tous *chevachiées*, *gardes*, de *gays* & *de touttes impositions*, tailles & *subventions* quelles qu'elles soient, & comment qu'elles leur puissent estre mises & demandez par nous, ou par nos Bourgeois, fors tant seulement *des charges reelles*, c'est a sçavoir, de ce que il doivent, ou peuvent devoir pour raison de *leurs heritages*, que il paieront selon ce que il est accoustumé anciennement. Et toutevois comme plusieurs *Italiens* soient en nostre Royaume, lesquiex font & exercitent Marchandises & *Contrauts*, *qui ne sont pas honnestes*, notre entention n'est mie a donner a present a tels Italiens les devant dites franchises, & libertez. Et par ce que nous regardons, & considerons que les graces & libertez dessus dittes, que nous faisons, *donnons* & *octroions* ausdits Marchands Italiens, leur sont moult profitables, & moult honorables ou temps a venir, & que nos *droits* & nos *Rentes* pourront assez mains valoir ou temps a venir, en autre cas, par les graces & privileges que nous leur donnons, & parce que il pourront ainsi marchander seurement en nostre Royaume.

(1) Nous voulons & ordenons, & par maniere de Statut *faisons*, que chacun Marchand Italien de touttes manieres de Marchands que il achetera ou que il

NOTES.

(a) Cette Ordonance est au Registre A de la Chambre des Comptes de Paris, feüillet 78. & au Registre *Pater*, feüillet 122. *verso*.

vendera

vendera és *Foires de Champagne & de Brie*, & és quatre Villes, ou les dites Foires sont, & seront hantées, & en la Ville de *Nismes*, & en toute la Province de *Narbonne*, ils payeront, tant le *vendeur* comme *l'acheteur* a nous, & a nostre mandement, *pour chacune livre dou pris que la marchandise sera vendüe ou achetée, deux deniers* de cette monoie, a laquelle le marchié sera fait, en lieu du denier de la livre que ils paioient devant, & outre les redevances anciennes & accoustumées. Et de *toutes Marchandises*, que il acheteront, ou vendront, en quelque lieu que ce soit en nostre Royaume, *hors desdites foires, & hors* des lieus, ou elles sont & seront hantées, & hors *de Nismes*, & hors de la *Province de Narbonne*, ils paieront, tant le vendeur comme l'acheteur, *pour chacune livre quatre deniers* de la monoie a laquelle la marchandise sera vendue, en lieu dou denier de la livre que ils payoient avant, & outre les redevances anciennes & accoustumées.

LOUIS X. dit Hutin, à Paris, le 9. Juillet 1315.

(2) *Item*. Que tous Contraus estranges que il feront esdites *foires*, & és *quatre Villes* dessusdites, & en la Citté de *Paris* & de *Nisme*, il payeront, tant le vendeur comme l'acheteur, pour *chacune livre* que le Contraut, ou l'eschange montera, une *maalle*, en lieu de la *pougeoise*, que ils soloient payer pour ledit Change és Foires, & és Villes dessusdites. Et se il advient que ils changent hors desdites Foires, lieus, & Villes de Paris & de Nismes, en quelque lieu que ce soit en nôtre Royaume, ils payeront tant le vendeur comme l'acheteur *un denier* pour chacune livre du Change.

(3) *Item*. De tous Contrauts, achats, ventes, eschanges que ils feront d'Or & d'Argent en masse, ou de billon, vendu, ou acheté a poids, si comme il est acoustumé en quelque lieu de notre Royaume ce sera fait, il payeront tant le vendeur comme l'acheteur pour *chacune livre du pris* que il sera vendu, ou acheté, ou changié *deux deniers*. Et n'est mie nostre entention que le vendeur soit tenu a payer pour l'acheteur, ne l'acheteur pour le vendeur a payer, mes chacun pour sa portion.

(4) *Item*. Que lesdits Italiens en marchandans de leurs choses, pecunes, ou autres marchandises de quelquonques denrées que ce soit, esdites *Foires de Champagne*, & és lieux dessusdits, feront Contrauts en forme de vente, d'achat, ou de Change, tant seullement, & non pour autre forme, en telle maniere que par aucune *fraude, malice, ou simulation* notre droit & redevance desdits Contrauts, Marchandises & Changes, ne puisse en aucunne maniere deperir, estre forstrait, ou recelé.

(5) *Item*. Lesdits *Marchands Italiens*, pour *change*, *(b) commande*, & quelques autres Contrauts que il facent ensemble l'un avecq l'autre, ne seront par nous, ne par nos gents repris, ne aprochiez de cas *d'Usures*, ne contraints a faire, ou payer autre finance, fors tant seulement ce qui est *dessusdit, & ordené*. Et pour ce que nulle fraude ne puisse estre faitte par *les Italiens*, & que chacun paye bien ce qu'il devra, *Nous ordenons* que tous Marchands Italiens, Maîtres & facteurs *jurront*, que de touttes Marchandises que ils feront, ou feront faire, ils paieront ce qui est ordené cy-dessus, *dedans les huit jours* que le marchié sera fait. Et qui ce ne fera, les huit jours passez, *il payera le double* plus, & celuy qui recelera les marchez faits, il payera pour *un denier douze*, & sera tenu pour *perjure*.

(6) *Item*. Que il soit fait un certain nombre de *Corratiers* hommes de bonne renommée, *és foires, & a Paris*, lesquels pourront faire les marchez *des Italiens és foires & és lieus dessusdits*. *Et tels Couratiers* seront faits & ordenez *du conseil du Capitaine des Lombards*, & des Consuls *des bonnes Villes d'Italie*, qui demouront és foires, & a Paris, & és lieus dessus dits, lesquels *Couratiers* seront tenus

NOTES.

(b) *Commande.*] Voyez mon glossaire sur *Société en commandite*, sur Commande, & le parfait Negociant, partie seconde, livre premier, chapitre premier.

LOUIS X. dit Hutin, à Paris, le 9. Juillet 1315.

par leur *serment*, de ballier par escript a ceux qui seront deputez a gouverner les choses dessus dites, *chacun mois*, tous les *marchiez* que il feront pour les *Italiens*, ou que il sçauront estre faits, & diront ainsi. *Ce sont les marchiez que j'ay fait en ce mois pour telle Compaignie, & pour tel homme, & que j'ay trouvez qui ont esté faits, qui montent tant, &* nommeront la marchandise, & la somme, & les *Changes*, sans dechirer les extraits des Changes, & declareront le jour que le marchié sera fait. Et le *Couratier, qui ce ne fera tous les mois, sera punis* pour chacune fois qu'il en faudra *de dix livres Parisis*, lesquels *dix livres Parisis seront a nous*. Et pour les choses dessus dites tenir chascun de eus donra bonne caution de deux cens livres, ou plus, selon son estat & pooir.

(7) Item. Les dits Couratiers seront mis par nous, ou par nos gens a qui nous le commetrons, & feront redevance telle comme len verra que bon sera.

(8) Item. Que le *Capitaine des Italiens, & les Consuls* des *Villes d'Italie* qui demorent en France, seront tenus par *leurs sermens*, de adviser chascun Marchand d'Italie qui viendra en France, de ce qu'il devra payer des Marchandises & Changes que il fera. Et est nostre entention que si aucun Marcheant faisoient aucune chouse contre les chouses dessus dites, ou defailloient de payer, si coume il est dessus dit, & il estoit trouvé leaument, de les punir & corrigier selon ce que reson seroit.

(9) Item. Les dits Italiens ne pourront avoir domiciles par eux, ne par autres, ne demourer en nostre Royaume, fors tant seulement és quatre Villes, de *Paris, S.t Omer, Nimes, & la Rochelle*, & autres Villes, où communes Marchandises seront faites pour le temps, ou teles ou les dits Marchands ont acoustumé a demourer jusques icy, esquelles il leur loira. Et pourront avoir domiciles par euls & par autres, si coume il ont accoustumé a avoir en temps passé, en payant toutes les redevances dessus dites. Et voullons, & octroyons que cette presente Ordonnance que nous faisons & avons faite, si coume il est contenu en ces presentes Lettres vaille & dure en sa vertu jusques a dix ans, commençans dés le jour de la date de ces presentes lettres. *Donné à Paris le neuviéme jour de Juignet l'an de grace mil trois cens quinze (b)*.

NOTES.

(b) Au Registre A de la Chambre des Comptes de Paris, feüillet 79. il y a l'instruction qui suit, au sujet de cette Ordonance.

C'est la maniere comment le denier maalle pour livre, que les Italiens payeront des Marchandises & Changes que ils feront, seront payez & aquis.

Premierement és Foires de Champagne & de Brie, sera Receveur Pierre de Laon.

Item. Avecq ledit Pierre des Provins, un Bourgeois de Provins.

Item. E's Foires de Troyes, sera un Bourgeois de Troyes.

Item. A Bar-sur-Aube, sera un Bourgeois de Bar.

Item. A Laguy sur Marne, sera un Bourgeois de Lagny. Et mettront en escrit ceus de qui ils recevront, & combien & pourquoy, en chascune fois. Il y aura une huche en laquelle sera mis tout ce que sera reçeu. En ladite huche, aura deus clefs, l'une gardera ledit Pierre, & l'autre gardera ledit Bourgeois, qui avecq li sera. Et quant venra au chief de la Foire, la huche li sera defermée, & ce que sera dedans sera ballié au Receveur de Champagne.

Avecq ledit *Pierre de Laon* sera és Foires de Provins, *Pierre de la Fontenelle* Bourgeois de Provins, & és Foires de Troyes sera *Pierre de Dampierre*, Bourgeois de Troyes. En laditte Foire de Lagny sera *Estienne du Fenil*, Bourgeois de Lagny, & en la Foire de Bar sera un prude homme, de qui en pourvoira entre-cy & la Foire, & ainsi sera a Paris deus prudes hommes, qui recevront en celle mesme fourme.

Louis X. dit Hutin, à Vincennes, avant le 22. Juillet 1315.

(a) Letres par lesquelles le Roy approuve les Privileges des habitans de Normandie.

SOMMAIRES.

(1) Le Roy, & ses successeurs ne feront faire en Normandie d'autre monoye que celle de Paris & de Tours. Et les gros tournois seront du poids & de la valeur qu'ils estoient du temps de S.t Loüis.

(2) Le foüage, ou le moneage sera levé, comme il est marqué dans le Registre des Coûtumes de Normandie.

(3) Les nobles, & les habitans de Normandie, qui doivent au Roy des services à la guerre, seront libres lorsqu'ils s'en seront acquitez.

(4) Quand les Seigneurs de fief auront rendu leurs services, le Roy ne pourra rien exiger de leurs vassaux, sauf le cas d'arriere-ban.

(5) Lorsque le Roy & ses successeurs revendiqueront quelque heritage, le procés sur la proprieté sera jugé, quoyque les possesseurs opposent la saisine, ou la possession d'an & jour.

(6) S'il y a contestation sur la possession d'an & jour, la chose contentieuse sera mise en la main du Roy, jusques à ce que la question sur la possession ait esté decidée.

(7) Le Roy ne levera en Normandie que ses revenus ordinaires, & n'exigera que les services qui luy sont dûs, à moins qu'il n'y ait quelque urgente necessité.

(8) Aucun Sergent Royal de l'épée, ou autre, ne pourra faire exercer son Office par des personnes de loüage, sous peine de perdre l'Office.

(9) On ne pourra prendre des vivres, ou autres denrées pour le Roy, sans ses letres scellées de son sceau, ou du Maître de son hostel. Et quand il y aura des letres, les marchandises seront appretiées, & payées avant que d'estre enlevées.

(10) Le Droit de tiers & danger ne sera pas levé sur le mort-bois.

(11) Si quelqu'un se pretend franc du tiers & danger, parce que ses bois ont esté plantez anciennement, il en sera exempt en prouvant.

(12) Les deniers levez pour faire, ou reparer les Ponts, y seront employez, &c.

(13) Lorsque le Roy sera chargé des bastimens ou de la refection des Ponts, les particuliers n'y contribuëront pas.

(14) Les nobles dans leur terres auront le varech, & les choses guaives.

(15) De trois ans en trois ans le Roy envoyera des Commissaires, pour informer des excés de ses Officiers.

(16) Nul homme libre ne sera mis à la question, à moins qu'il n'y ait contre luy des presomptions violentes de crime.

(17) Aucun Avocat ne pourra prendre plus de trente livres, pour les grandes causes, &c.

(18) Les causes decidées à l'Eschiquier de Normandie, ne seront pas portées au Parlement de Paris.

(19) La prescription de quarante années aura lieu en Normandie, en toutes matieres.

(20) Les heritages qui seront reünis au domaine du Roy par defaut de payement, seront estimez par des prud'homes.

(21) Les parens pourront retraire les heritages reünis au domaine du Roy, faute de payement.

(22) Ceux qui auront des domaines du Roy, par don, eschange, ou autre alienation, ne pourront traire les autres sujets du Roy dans des Justices éloignées.

(23) Quand il s'agira d'execution de letres passées sous le seel Royal, les parties ne seront pas mises en procés, à moins qu'une d'elles ne pretende avoir payé.

(24) En matiere de retrait, celuy qui ne possedera pas l'heritage, ne pourra estre ajourné.

LUDOVICUS *Dei gratiâ Francorum Rex omnibus, & fidelibus justitiariis nostris*, Salutem & pacem. *Gravem querimoniam Prelatorum, Ecclesiasticarum*,

LOUIS par la grace de Dieu Roy de France, a tous nos feaux, & nos justitiers, *Salut*. Nous avons reçeû la grieve complainte des Prelats, person-

NOTES.

(a) Ces lettres sont au Tresor des Chartes, Registre cotté 59. feüillet 9. Au memorial A de la Chambre des Comptes, & au Registre de Charles VI. qui est au Tresor, cotté 118. sous l'année 1380. piece 272. C'est la seconde Charte aux Normands, plus ample que celle de 1314. qu'on a fait imprimer cy-dessus, page 551. sur la Copie d'un manuscrit de l'Abbaye de Jumiege.

LOUIS X. dit Hutin, à Vincennes, avant le 22. Juillet 1315.

personarum, Militum, aliorum Nobilium, & subditorum, ac popularium, Ducatus nostri Normannie recepimus, continentem quod a tempore Beati Ludovici proavi nostri, *multa eis fuerant illata gravamina, & etiam novitates, tallie, subventiones & impositiones diverse,* contra solitam consuetudinem patrie, *jura, & libertates ejusdem, ex quibus gravia scandala imminebant, & sibi, ac suis heredibus, & suis successoribus generabantur prejudicia infinita. Quare nobis humiliter* supplicarunt, *quod nos supradictis gravaminibus, que nobis seriosus exponenda duxerunt, remedium opportunum adhibere* dignaremus. *Nos vero ipsorum precibus inclinati, qui eisdem, & aliis quibuscumque nostris subditis sumus in justitiâ debitores, volentes eisdem, & non immerito gratiam facere specialem, super suis requestis habitâ cum nostro consilio deliberatione solemni, ut sequitur, duximus providendum, ac etiam ordinandum.*

Primo. *Eis, & suis heredibus, & successoribus Concedimus, Statuimus, ac etiam Ordinamus, quod nos, aut nostri successores in dicto Ducatu Normannie, de cetero* aliam monetam, *quam turonens. & parisienses, grossos turonenses, ac obolos albos de pondere & valore, quibus erant tempore supradicti proavi nostri, fieri non faciemus, nec aliam monetam cursum habere quoquomodo, maxime cum ob hoc certos redditus in dicto Ducatu, de triennio in triennium percipiamus ab antiquo.*

(2) Item. *Quod redditus nobis debitos* pro dictâ pecuniâ non mutandâ, *qui in dicto Ducatu* Monetagium, *aliter* Focagium *nuncupatur, levari non faciemus, aut etiam aliqualiter permittemus levari, nisi quatenus in registro* consuetudinis Normannie *continetur, usu quocumque contrario in premissis nonobstante.*

(3) Item. *Quod illi nobiles, aut innobiles, qui nobis & nostris successoribus in guerris, & exercitibus nostris certa debent servitia, ipsis servitiis persolutis, liberi remaneant, & immunes, nec ulterius per nos, aut nostros successores possint cogi inviti ad alia servitia exercitus nobis facienda, nisi in casu in quo* retrobannum, *ex causâ imminenti rationabiliter fieri opporteret.*

nes d'Eglise, des Barons, des Chevaliers, & de tous autres nobles, & submis, & du menu peuple de nôtre Duchié de Normandie, contenant que depuis le temps de S.t Loüis nostre bisael, moult de griefs avoient esté faits a iceux, de nouvelletés, tailles, subventions, & diverses impositions, contre la Coustume du Pays, & contre les droits & franchises d'icelles, desquelles choses, griefs & perils, a eux, & a leurs successeurs estoient engendrez, domages & prejudices infinis. Pourquoy ils nous supplierent, que nous voulsissions ajouter ausdits griefs remede convenable, les quels il nous exposerent plus a plain. Nous alors inclins a leurs justes prieres, qui a eux, & a tous autres nos soumis somes debiteurs en Justice, voulsans a iceux, non sans cause faire grace especial, sur leur requeste, eüe deliberation solennel avec nostre Conseil avons pourveu, si comme il s'ensuit.

Premierement. A euls, a leurs hoirs, & a leurs successeurs avons estably, & ordonné, & derechief ordonnons, que nous, ou nos successeurs en la Duchié de Normandie doresnavant, autre monoie, que tournois & Parisis, & de gros tournois, *& de mailles blanches* du pois & de la valüe, que ils estoient au temps de nostre dit Bisael, ne ferons, ne autre monoye avoir cours en aucune maniere, veu que pour ce certaines rentes en ladite Duchié, de trois ans en trois ans, nous recevons d'ancieneté.

(2) Item. Que nous ne ferons lever, ne souffrirons les rentes qui nous sont dües *pour ladite monoie non müer,* qui en ladite Duchié est appellé *Moneage,* ou *Foüage,* estre levées en aucune maniere, si n'est comme il est contenu au Registre de la *Coustume de Normandie,* nonobstant quelconque usage contraire ausdites choses.

(3) Item. Que iceux nobles, & non non nobles, qui a nous & a nos successeurs en nos guerres & osts, doivent certains services & homages, iceux services payez, demeurent quittes & francs, sans ce que par nous, ne par nos successeurs puissent estre contrains a autre service d'ost fait a nous, fors en cas *de l'arriere-ban,* qui convient estre raisonnable *& de cause apparissant.*

Illi vero

LOUIS X. dit Hutin, à Vincennes, avant le 22. Juillet 1315.

Illi vero Ducatus, qui ad aliqua servitia certa nobis non tenentur, ad aliqua servitia exercitus nobis facienda, vel prestandas nobis propter hoc financias compelli nequeant, nisi in casu superius & immediate declarato.

Item. Que iceux homes qui ne sont tenus envers nous en aucuns certains services, a cause de ladite Duchié, ne puissent estre contrains a aucun service estre fait a nous, ou finance estre pretée, fors en cas dessus dit, & derrainement declaré.

(4) Item. *Cum homines nostri dicti Ducatus servitia nobis ab ipsis debita, ratione nostri exercitus, vel aliter nobis persolverint, in servitiis, vel auxiliis eisdem, a suis subtenentibus debitis, nihil juris de cetero poterimus, aut debebimus reclamare, seu aliquatenus vendicare, salvo jure nostro in casu* retrobanni.

(4) *Item.* Quand les hommes de notre Duchié de Normandie nous auront payé les services dûs pour raison de notre host, ou autrement, nous ne pourrons, ne ne devrons reclamer, ou en aucune maniere avoir aucune chose doresenavant aux aydes, ou aux services dûs a ceux de leurs soutenans, sauf notre droit en cas *d'arriere-ban.*

(5) Item. *Si nos, aut nostri successores aliqua jura, redditus, aut possessiones ab* aliquo *dicti Ducatus possessa per* annum & diem pacifice, velimus *in futurum quomodolibet vendicare, aut aliter ad nos pertinere debere dicamus, apud ipsum possessorem possessione manente libere, secundum patrie consuetudinem, causa, seu negotium super proprietate de cetero terminetur, quocumque usu contrario nonobstante.*

(5) *Item.* Se nous, ou nos successeurs voullons en temps a venir acquerir, ou dire a nous appartenir aucuns droits de rente, ou de possession, qui ayt esté possedée par aucun de notre Duchié, par an & jour paisiblement, la cause, ou negoce soit terminée doresenavant sur la proprieté selon la Coutume du Pays, la possession demourant franchement par devers iceux possesseurs, nonobstant usage au contraire.

(6) Item. *Si vero utrum* per annum & diem possederit *rem petitam, aut petendam a nobis, vel non merito in dubium revocetur, questione super hujusmodi dubiâ possessione pendente, res ipsa in manu nostrâ superiori sequestrabitur, quousque de ipsâ possessione cognitum fuerit, & etiam diffinitum. Et si finaliter inventum fuerit ipsum possessorem per* annum & diem *rem de quâ agitur, pacifice possedisse,* possessio *apud ipsum remanebit, & proprietatis judicium agitabitur, ut præfertur.*

(6) *Item.* Se il est doute, sçavoir si le possesseur a possedé par *an & jour* la chose requise, la question pendant d'icelle possession, icelle mesme chose sera gardée en nostre main comme Souverain, jusques a tant qu'il ayt esté congneu d'icelle possession, & definy. Et se il est trouvé finablement, qu'il ayt icelle chose possedée paisiblement par an & jour, la possession luy remaindra paisible, & le jugement de la proprieté sera fait & demené, si comme devant est dit.

(7) (b) Item. *Quod de cetero per nos, aut nostros successores in dicto Ducatu, in personis, aut bonis ibidem* commorantium *ultra redditus, census, & servitia nobis debita, tallias, subventiones, impositiones, aut exactiones quascumque facere non possimus, nec etiam debeamus, nisi evidens utilitas, vel urgens necessitas id exposcat.*

(8) Item. *Quod de cetero nullus ser-*

(7) *Item.* Doresenavant que aucun

NOTES.

(b) Item. *Quod de cetero &c.]* C'est l'article 22. de la Charte Françoise, laquelle n'est pas en tout dans le mesme ordre que la Latine.

LOUIS X. dit Hutin, à Vincennes, avant le 22. Juillet 1315.

viens noster spade, vel alius officialis noster, cujuscumque conditionis existat, servitium, vel officium sibi concessum alii cuicumque locare valeat, quocumque colore quesito, alias ipso facto ipsum servitium, vel officium amittat.

(9) Item. *Quod illis qui nostro nomine* nummata *quecumque, pro nostris munitionibus, aut necessariis, ubilibet capere voluerint, non pareatur impune, nisi literas apertas deferant, & ostendant super hoc confectas, sigillo nostro, aut magistri hospitii nostri communitas. Et etiam dum sic hujusmodi literas nostras, vel dicti magistri detulerint, loci justiciarium vocare teneantur, & per fide dignos nummata facere appreciari precio legitimo, secundum temporis & loci qualitatem, & pretium sic taxatum solvere antequam nummata permittantur deferre. Qui vero contrarium fecerint per* justitiarium *loci* arrestentur, *vel per eum ad quem pertinuerit corrigendi.*

(10) Item. *Quod de cetero de nemoribus mortuis videlicet Gallice*, Sauz, Marsauz, Pine, Espine, Seur, Aune, Genest, Genievres & Ronches, *nullus in Ducatu Normanie, cujuscumque conditionis existat*, tertium & dangerium, *vel alterum eorum nobis, aut alteri, nostro nomine* de cetero solvere teneatur, *nec quisquam ratione tertii & dangerii pro dictis nemoribus mortuis de cetero valeat molestari, usu quocumque contrario nonobstante.*

(11) Item. *Quod si aliquis dicat sua* nemora plantata fuisse ab antiquo, *& sic pro eis tertium & dangerium non deberi, Baillivius in cujus balliviâ dicta nemora sita fuerint, aut magistri forestarum nostrarum, seu alter eorumdem quam primum poterit ad dicta nemora condescendat, & vocatis fide dignis non suspectis, in talibus expertis, inquirat, ut decebit, super hoc diligentius veritatem, & per circonstancias, ac presumptiones universas, que tàm pro nobis, quàm pro parte facere possent, questionem pro nobis, aut contra nos diffiniat, sine morâ, nisi aliàs adeo dubium, vel obscurum sibi occurrat, quod ad Scacarium nostrum Rothomagense hujusmodi negotium sit merito remittendum. Quo casu ille qui super hoc inquisiverit negotium, inquestam sub sigillo interclusam in proximo tunc sequenti Scacario nostro*

nostre Sergent de l'épée, ou autre nostre Officier, de quelconque condition qu'il soit, service, ou office a luy octroyé ne puisse loüer a autre, par quelque maniere que ce soit. Et se autrement il le fait il perdra iceluy office, ou service.

(8) Item. Aucun ne obeïsse a ceux, qui en nostre nom auront voullu prendre *denrées* quelconques, pour nos garnisons & necessitez, se ils n'apportent lettres patentes scellées de notre Seel, ou du maître de notre hostel. Et jaçoit qu'ils apportent lettres de nous, ou dudit maître, ils soient tenus appeller la justice du lieu, & faire priser par loyaux hommes, les denrées, & payer le prix qui en sera trouvé, avant qu'ils les emportent. Et qui fera le contraire soit arresté par cil a qui il appartiendra a eux corrigier.

(9) Item. Que aucun de ladite Duchié de Normandie, de quelque condition qu'il soit, ne soit tenu payer doresenavant a nous, ne a autre en nostre nom, *tiers ne dangier* de mort-bois. c'est a sçavoir, de *Saulx, de Marsaulx, de Espine, Puisne, Seeur, Aulne, Genest, Genievre & Ronches*, ne aucun par raison *du tiers & dangier* pour les dits mort-bois ne puissent doresenavant estre molestez, non contrestant quelque usage au contraire.

(10) Item. Se aucun dit que ses bois ayent esté plantés d'ancieneté, & pour ce n'en doit-il *tiers, ne dangier*, le Baillif en quel Baillage les Bois sont, ou les maîtres de nos forests, ou l'un de ceux qui premier pourra, voise au lieu, preudes hommes non souspeçonneux appellez, enquerre comme il appartiendra sur ce diligemment la verité, & definisse sans demeure, la question pour nous, ou contre nous, par les circonstances, & presomptions de bonnes gens, se pour ce doubte, ou obscurité ne luy appert, laquelle chose, se elle luy appert, il renvoye en nostre Eschiquier a Roüen, afin que ce qui en doit estre fait, soit jugé hastivement.

LOUIS X. dit Hutin, à Vincennes, avant le 22. Juillet 1315.

remittere non postponat, ut super hiis quid agendum fuerit celeriter judicetur.

(12) Item. *Quod ubicumque per gentes nostras, vel aliquos deputatos ab eisdem, aliqua pecunia levata fuerit,* pro Pontibus faciendis, *vel reficiendis, vel in statu tenendis, (quod) hujusmodi pecunia per* compotum *legitimum in dictis usibus convertatur. Et si quid residuum fuerit, aut quidquid de cetero levari contigerit ad usus predictos, integraliter, & pro vide conservetur.*

(13) Item. *Quod ubicumque* Pontes *sumptibus, & expensis nostris facere, aut reficere, seu in statu tenere* consuevimus *ab antiquo, pro ipsis faciendis, reficiendis, vel in statu tenendis, nullus noster subditus de cetero aliquatenus contribuere teneatur.*

(14) Item. *Quod quilibet nobilis, aut alius quicumque ratione dignitatis sui feodi, quod obtinet in Ducatu Normanie, de cetero* veriscum, & res vayvas, *in sua terrâ percipiat integraliter, prout in registro* consuetudinis Normanie *continetur, quocumque usu contrario nonobstante.*

(15) Item. *Quod de cetero (c)* de triennio in triennium in Ducatu nostro Normanie Inquisitores *sufficientes, & idoneos, nos & nostri successores mittere teneantur, pro reformandis, corrigendis & puniendis excessibus officialium nostrorum quorumcumque, qui officia nostra gesserint in Ducatu memorato.*

(16) Item. *Quod in Ducatu Normanie* nullus liber homo de cetero ponatur *(d)* in questionibus, *vel tormentis, nisi vehementes presumptiones, & verisimiles conjecture ipsum reddant suspectum de crimine capitali, & in eo casu in quo poni debebit in tormentis, talibus subjiciatur, & adeo moderatis, quod propter gravitatem tormentorum mors, aut membri mutilatio aliquatenus non sequatur.*

(17) Item. *Quod nullus* Advocatus pro majori causà, ultra triginta libras turonenses pro *salario recipiat. In ceteris* vero minoribus causis, ipsis advocatis a

(11) *Item.* En quelque lieu que monoye aura esté levée par nos gens, ou aucuns leurs deputez pour *Pons* estre faits, ou refaits, ou estre tenus en estat, que icelle monoye, par bon compte & loyal, soit convertie es dits usages. Et si aucun residu y a, ou aucune chose, outre ce qui aura esté levé pour les usages devant dits, entierement soient conservez pour lesdits usages.

(12) *Item.* Que aucun nostre soumis ne soit tenu doresenavant en aucune maniere, a faire, ne a tenir en estat *les Pons,* que nous avons accoustumé a faire, ou refaire, ou a tenir en estat a nos couts & dépens.

(13) *Item.* Que chascun noble, ou autre par la raison de sa droiture, ou de son fiés, qu'il tient en la Duchié de Normandie, doresenavant *varech & choses gaives* en sa terre, ayt, & prenne entierement, si coume est contenu au Registre de la *Coustume de Normandie,* usage au contraire non contrestant.

(14) *Item.* Que doresenavant en nostre Duchié de Normandie, nous & nos successeurs serons tenus envoyer *Enquesteurs* suffisans de trois ans en trois ans, pour reformer, corriger & punir les exés de nos Officiers en nostre Duchié de Normandie.

(15) *Item.* Que en la Duchié de Normandie, nul *franc homme* doresenavant ne soit mis en questions, ne en tourmens, se presomptions & conjectures vray-semblables ne le rendent soupeçonneux de crime capital. Et si pour iceuls cas, il est mis en tourmens, soit mis en tourmens si attrempez, que pour la grieveté des tourmens, mort, ne perte de ses membres ne ensieve.

(16) *Item.* Que aucun Avocat ne reçoive pour son salaire, pour la greigneur cause, *outre trante livres* tournois, & és autres mendres soient les salaires

NOTES.

(c) *De triennio in triennium.]* Voyez cy-dessus les lettres du mois de Juin 1315.

(d) *In questionibus, &c.]* Voyez l'article 14. de l'Ordonance du mois de May 1315, pour les nobles de Champagne.

LOUIS X. dit Hutin, à Vincennes, avant le 22. Juillet 1315.

judice sua salaria statuantur, secundum qualitatem cause, consuetudinem fori, possibilitatem clientuli, industriam advocati. Et de his *Advocati quolibet anno juramentis propriis astringantur, & qui contrarium fecerit gravissime puniatur.*

(18) Item. *Cum* cause Ducatus Normanie, *secundum patrie consuetudinem debeant terminari, quod ex quo in* Scacario *nostro Rothomagi fuerint terminate, vel sententialiter diffinite, per quamcumque viam, ad nos, vel* Parlamentum *nostrum Parisiense de cetero nullatenus deferantur, nec etiam super causis dicti Ducatus ad Parlamentum nostrum aliqui valeant adjornari.*

(19) Item. *Quod* quadragenaria prescriptio *cuilibet in Ducatu Normanie de cetero sufficiat pro titulo competenti, seu de totali altâ aut bassâ justitiâ contendatur, sive de quocumque articulo ad altam aut bassam justitiam, sive ad alteram earumdem quomodolibet pertinente, sive de quacumque alia re contendatur. Et si quisquam Ducatus Normanie cujuscumque conditionis aut status existat, aliquid de premissis, aut* aliquo *premissorum, per quadraginta annos pacifice possederit, super hoc nequaquam ulterius molestetur, aut a nostris justitiariis permittatur aliquatenus molestari. Quin immo contrarium volens facere nullatenus admittatur, cum talibus jus, consuetudo & ordinatio dicti* proavi nostri *evidentissime adversentur, quocumque usu contrario nonobstante. Per hoc tamen in causis juris patronatus Ecclesiarum, nobis, aut aliis non intendimus prejudicium generare, sed volumus constitutionem, & consuetudinem scriptas super hoc inviolabiliter observari.*

(20) Item. *Quod de cetero (e) hereditas cujuscumque, pro defectu solutionis nostrorum debitorum, nostro patrimonio applicanda, quantum valere posset in decem annis fide dignorum testimonio juratorum legitime primitus estimetur. Et pro tali estimatione, & pretio non mino-*

establis du juge, selon la quantité des causes, & la coutumance du lieu, & le pouair de la personne, & la noblesse de l'Avocat. E's dites choses soient les Avocats contraints chacun an par leur serment, & qui fera le contraire soit puni griesvement.

(17) Item. Comme les causes de la Duchié de Normandie, selon la Coutume du Pays doivent estre terminées, que depuis qu'elles auront esté terminées, ou finies par Sentence, par quelque voye que ce soit en nostre Eschiquier a Roüen, doresenavant ne puissent estre apportées, ni envoyées, ou a nous, ou en nostre Parlement, ni que aucun puisse en nostre Parlement estre adjourné des causes de ladite Duchié.

(18) Item. Que la prescription, ou la tenuë de quarante ans suffise a chascun en Normandie doresenavant pour titre competant, en toute haute justice & basse, ou de quelconque chose que ce soit. Et se aucun de la Duchié de Normandie, de quelconque condition ou estat qu'il soit, aucunes des choses dessusdites aura possedées par quarante ans paisiblement, qu'il ne soit sur ce molesté en aucune maniere de nos justitiers, ne souffert estre molesté. Et qui le contraire voudra faire, il ne soit de rien ouy, ne reçu en aucune maniere, combien que le droit de la Coutume, & l'Ordonnance dudit *nostre bisaël* soient évidemment contraires a ces choses, & ce voullons estre gardé nonobstant tout usage contraire. Non pourtant nous ne voullons par ce faire aucun prejudice, a nous, ne a nos autres causes du droit de Patronage des Eglises. Ainçois voullons garder fermement la constitution de la Coustume sur ce faite, sans enfraindre.

(19) Item. Que l'heritage de quiconques qui soit tenu, qu'il convenra par la defaute du payement de nos dettes, estre appliqué a nostre patrimoine, soit estimé loyaument ce qu'il pourra valoir en dix ans, par le temoignage de loyaux hommes. Et pour cette estima-

NOTES.

(e) Hereditas, &c.] Voyez les Ordonnances faites à la supplication des nobles de Champagne en 1315.

ri, dicto

LOUIS X. dit Hutin, à Vincennes, avant le 22. Juillet 1315.

ni, dicto nostro patrimonio absque alterius prejudicio assignetur.

(21) Item. *Quod si alicujus hereditas nobis, aut nostris successoribus obvenerit, ob* defectum solutionis *nostrorum debitorum, (quod) intra annum in quo hereditas ad nos taliter devenerit,* illi de genere ipsius cujus fuerit hereditas, *aut Dominus a quo tenebatur ipsa hereditas, in defectum illius de genere,* ad retrahendum *de cetero sine difficultate admittantur, servatâ in hac parte patrie consuetudine, inter nostros subditos hactenus observatâ, usu quocumque contrario nonobstante.*

(22) Item. *Quod propter quamcumque donationem, permutationem, aut alienationem qualemcumque, de bonis ad nostrum patrimonium pertinentibus, per nos, aut nostros successores, cuicumque factam, aut faciendam, dicti nostri subditi, per illum, in quem* dictum *patrimonium transtulerimus, ut prefertur, in loco, vel sub judice remotiori* trahi *non possint, nec ipsi subditi comparere, aut respondere aliter teneantur, quam ipsi antea tenebantur, ac etiam ipsis nostris subditis* Ducatus Normanie *ob hoc prejudicium aliquod nullatenus generetur. Insuper premissa, aut aliquod premissorum patrie consuetudinem non intendimus aliquatenus erga subditos immutari.*

(23) Item. *Quod* super executione literarum obligationum coram nostris judicibus confectarum, *partes de cetero nullatenus ponantur in processu, & si contrarium fiat, non teneat ipso jure, nisi ex parte debitorum solutio allegetur, in quo casu, saisitâ manu nostrâ de quantitate petitâ, probationes ex parte debitorum* admittantur.

(24) Item. *Quod in* nullo *casu* in

tion du pris, & non pas mendre, a nostre patrimoine, sans prejudice d'autruy, soit assigné.

(20) *Item.* Quand l'heritage sera venu a nous, ou a nos successeurs pour la defaute du payement de nos dettes, que dedans l'an auquel l'heritage nous sera ainsi venu, ceux du lignage de celuy de qui l'heritage fust, ou le Seigneur de qui l'heritage est tenu, doresenavant soit reçû a retraire ledit heritage, suivant la Coustume du Pays qui est gardée entre nos soumis, non contrestant usage contraire.

(21) *Item.* Que aucun ne soit trait pardevant aucun juge étrange, ne en lieu lointain, pour quelconque *don, permuation*, ou par quelconque maniere faite, ou a faire des biens de nostre patrimoine, par nous, ou par nos successeurs, ne que aucun soit tenu comparer, ne respondre neant plus qu'il estoit pardevant, & que a nos soubmis de la Duchié de Normandie aucun prejudice ne puisse estre acquis, ni engendré. Et si n'entendons pas envers nos submis müer les choses dessus dites, ou aucunes d'icelles contre la Coustume du Pays.

(22) *Item.* (f) Doresenavant par nous, ou par nos successeurs, en ladite Duchié és personnes, ou és biens, outre rentes chevels & services dûs a nous, tailles & subventions, impositions, contractions, ou exactions quelconques faire ne puissions, ne doions sur iceux qui y demeurent, si necessité grand ne le requiert.

(23) *Item.* Que sur l'execution des lettres d'obligation faites devant nos Juges, les parties ne seront mises en aucune maniere en procez, & si le contraire est fait ne tienne pas, si le payement n'est allegué du debiteur, auquel cas nostre main garnie de la quantité de la dette, la preuve soit reçüe de la partie du debiteur.

(24) *Item.* Que en aucun cas de

NOTES.

(f) C'est l'article 7. de la Charte Latine, mal transposé dans la version gothique.

LOUIS X. dit Hutin, à Vincennes, avant le 22. Juillet 1315.

mercato burse *querelatus, nisi mercatum possideat, respondere nullatenus teneatur, etiamsi nos mercatum burse* retrahere *niteremur.*

Hec autem omnia & singula supradicta ad perpetuam rei memoriam, nostris subditis quibuscumque hujusmodi Ducatus Normanie concessimus, & concedimus, & autoritate regiâ confirmamus, & ab omnibus nostris justiciariis precipimus perpetuo inviolabiliter observari.

Datum apud Vicenas sub sigillo nostro, anno Domini millesimo trecentesimo decimo quinto mense Julio.

marchié debourcé, le querellé ne soit tenu a respondre, se il ne possede le marchié, au cas mesmes que nous efforcerions a retraire ledit marchié.

Item. Toutes les choses dessusdites & chascune d'icelles nous octroions, & avons octroyé a tous nos soubmis de la Duchié de Normandie a memoire perpetuel, & les confermons de l'autorité Royal, & a tous nos justitiers le commandons a estre fermement gardé a perpetuité, sans aucune corruption.

Donné (g) à Vincennes sous nostre seel, duquel nous usions nostre pere vivant, au dix-neufviéme jour du mois de Mars, en l'an de grace mil trois cens & quatorze.

NOTES.

(g) Cette date est fausse & doit estre rectifiée par celle de la Charte Latine.

Le Roy envoya ensuite les Lettres qui suivent, le Dimanche avant la Magdelaine, à tous ses Officiers, afin qu'ils tinsent la main à l'execution des precedentes.

Ludovicus *Dei gratiâ Francorum, & Navarræ Rex omnibus Baillivis, Vicecomitibus, & aliis Officialibus, & justitiariis Ducatus nostri Normaniæ,* Salutem. *Ex parte Prælatorum, Ecclesiasticarum personarum, Baronum, nobilium, & aliorum subditorum Ducatus Normaniæ nuper nobis fuit expositum, quod per officiales, & alios ministros, ac prædecessorum nostrorum multa eis fuerant illata gravamina, & etiam novitates, gravia que præjudicia generata, quæ nobis seriosius duxerunt exponi. Et nos ipsi volentes exhibere celeris justitiæ complementum, ac etiam ob eorum merita gratiam facere specialem, ex maturâ deliberatione nostri consilii, ipsorum supplicationes admisimus gratiose, & eas expedivimus justitiâ suadente, prout in quibusdam aliis nostris literis in serico, & cerâ viridi sigillatis plenius continetur. Quas quidem literas, & quidquid continetur in ipsis, quantum ad ipsos, & ipsis subditos, ratas habentes, & gratas,* Volumus, *ac districte præcipimus, & mandamus per vos, & vestrum quemlibet, ac quoscumque alios nostros subditos, perpetuo, ut præmittitur, inviolabiliter observari, & quidquid contra ipsarum tenores, a tempore publicationis earumdem, vobis constiterit temere fuisse attentatum, prout ad vos, & vestrum quemlibet pertinuerit, ad statum debitum festinetis revocare, nec a quoquam Commissario nostro, contra aliquid de contentis in literis supra dictis, ut supra dictum est, permittatis aliquid attentari. Et quia desideramus præmissa omnia, & singula de cætero inconcusse servari, vobis & vestrum cuilibet, ac quibuscumque successoribus vestris, in officiis vobis commissis, districtius præcipimus, & mandamus, sub pœnâ amissionis officiorum vestrorum, & aliis pœnis infra scriptis firmiter injungentes, quatenus, quando per latorem præsentium fueritis requisiti, in assisis, & placitis nostri dicti Ducatus, dictas nostras literas faciatis legi, & etiam publicari, & ipsis perlectis, tactis sacrosanctis Evangeliis, omnia & singula contenta, ut præmittitur in eisdem, juretis perpetuo inconcusse & inviolabiliter observari. Alias vos & vestrum quemlibet, quousque juraveritis, dum tamen fueritis requisiti, a vestris officiis suspendimus. Si vero contra contenta, seu aliqua, vel aliquod de contentis in eisdem literis, vos, aut vestrum aliquem aliquid contigerit attentare, ultra transgressionem juramenti, quemlibet Baillivum, in viginti libris turonensibus, quemlibet Vicecomitem in decem libris turonensibus, quemlibet vero officialem nostrum inferiorem in centum solidis turonensibus, totiens quotiens contra fecerit, condemnamus, & nobis decernimus efficaciter obligatos, & per juramentum hujusmodi dictam pecuniæ summam volumus teneri solvere nobis, seu nostris gentibus compotorum nostrorum, in proximo nostro Rothomagensi scacario, post transgressionem memoratam, si quam vos, aut vestrum aliter, vel vestri successores duxeritis committendam.* Datum apud Cressiacum, die Dominicâ ante festum Beatæ Mariæ Magdalenæ, anno Domini millesimo trecentesimo quinto decimo.

Ces Letres sont au Tresor des Chartes Registre 71. piece 253. & elles sont imprimées dans les Coûtumes de Normandie, apres la Charte aux Normands.

LOUIS X. dit Hutin, à Paris, le 28. Juillet 1315.

(a) Ordonance pour le rappel des Juifs, pendant douze années.

SOMMAIRES.

(1) Les Juifs pourront revenir dans le Royaume pendant douze années, & s'establir dans les Villes, où ils pouvoient demeurer avant leur sortie.

(2) Ils vivront du travail de leurs mains, ou vendront de bonnes marchandises.

(3) Ils porteront la marque ordinaire, qui sera large d'un blanc tournois d'argent, & d'autre couleur que leur robe.

(4) Ils poursuivront le payement de leurs anciennes dettes, dont ils auront le tiers, & le Roy les deux tiers.

(5) Ils ne seront pas inquietez au sujet des meubles, & des cateux qu'ils ont emportez quand ils ont esté chassez, ni des prests qu'ils ont faits depuis leur depart.

(6) Ils ne pourront estre poursuivis, pour tout ce qui s'est fait au temps passé.

(7) Leurs Synagogues, & leurs Cœmetieres leur seront rendus, en rendant le prix à ceux qui les ont achetez.

(8) S'ils ne peuvent retirer leurs Synagogues & leurs Cœmetieres, le Roy leur en donnera pour un prix convenable.

(9) Les livres de leur Loy, qui n'ont pas esté vendus leur seront rendus, à l'exception du Talmud.

(10) Aprés douze années passées le Roy ne les pourra chasser du Royaume, qu'en leur donnant le temps convenable d'une année pour emporter leurs effets.

(11) Nul Seigneur ne pourra retenir en sa terre autres Juifs que les siens, d'origine & de poursuite. Et si un Juif du Roy va demeurer dans la terre d'un Seigneur, ou le Juif d'un Seigneur dans la terre du Roy, la condition du Juif n'en sera pas changée.

(12) Les Juifs ne pourront prester à usure.

(13) Les Juifs ne pourront compter avec leurs debiteurs qu'à la fin de l'année, & les debiteurs compteront avec eux, quand ils voudront.

(14) Les Juifs prestans sur gages ne pourront prendre des ornemens sacrez, & des vestemens sanglans, ou moüillez.

(15) Les Juifs ne pourront prester sur lettres, mais seulement sur gages, & pour bonnes marchandises, dont ils pourront prendre des lettres, & les faire mettre à execution.

(16) Nul ne sera contraint par le Roy, ou ses Officiers à payer des usures.

(17) Les Juifs ne pourront disputer de la foy.

(18) Les privileges des Juifs leur seront rendus, si on les trouve.

(19) Le Roy establira deux prud'homes Auditeurs des Juifs, pour faire executer la presente Ordonnance.

(20) Ces preud'homes connoistront des heritages des Juifs, vendus moins de la moitié du juste prix.

LOYS par la grace de Dieu Roys de France & de Navarre. A tous nos feauls, & subgiés de nostre Royaume de France, *Salut*. Nous faisons assavoir, que comme nostre tres cher Seigneur & Pere, dont Dieu ait l'ame, *eust*, ou temps qu'il vivoit, par le conseil, & par le pourchas d'aucunes graves gens de son Conseil, *mis hors & chaciés les Juis de son Royaume*, & dés lors meemes que il li eust esté signiffié, & monstré en complaignant, & aprés a Nous, & a nostre grant Conseil, de par les dits *Juis*, plusieurs raisons, & de commune clamour du pueple aussint, pourquoy il devoit estre soufferts, si comme il avoient esté ça en arrieres, & estoient en autres contrées. *Nous* oyes icelles raisons, adecertes considerant que *la Sainte Eglise de Rome nostre mere les sueffre*, tant a perpetuel memoire de la Passion nostre Seigneur *Jesus-Christ*, comme pour oster de leur erreur, & convertir a la foy Chrestienne, si comme souvent avient que plusieurs s'y convertissent, par la conversation des Chrestiens. Et regardans, selon l'enseignement de *l'Escriture*, que plus s'esjoist Nostre Seigneur d'un pecheur repentant, que de moult d'autres justes, & mesmement que M.r *Saint Louys* nostre Besaeul, qui par aucuns Conseils, fut meus aussint a les chacier, & puis *les rappella*, & retint pour

NOTES.

(a) Cette Ordonance est en la Chambre des Comptes de Paris, Registre *Pater*, fol. 109. & feüillet 118.

LOUIS X. dit Hutin, à Paris, le 28. Juillet 1315.

les causes dessus dites. Eüe pleniere deliberation encore sus ceu avecq nos Prelats, & Barons, & nostre grant Conseil, desirans ensuivre les euvres & les fais dudit *M.r Saint Loüis* en ceu, & en toutes autres choses a nostre pouvoir, oye adecertes la clamour du pueple, par ces raisons especiaument avons *ordené, establi,* & fait en la maniere qui s'ensuit.

Premierement. Que les *Juis* porront retourner, & demourer en nostre Royaume jusques a douze ans, és Villes & és lieus es quiex ils povoient demourer avant qu'ils s'en allassent, & non és lieus, qui dés lors leurs estoient deffendus.

(2) Item. Il *laborront de leurs mains* en certains mestiers, ou il marchanderont de bonnes, & loyals marchandises.

(3) Item. Ils porteront le signel la ou il l'avoient accoustumé a porter, & sera large *d'un blanc tournois* d'argent au plus, & sera d'autre couleur *que la robbe,* pourtrait de fil, ou de soye grossement, pour estre mieus, & plus clerement aparant.

(4) Item. Il recouvreront, & arront *le tiers*, & Nous *les deus pars de leurs debtes* qui leur sont deües du temps devant ce que il fussent chaciex, tant de celles qui ja sunt seües, comme de celles qui seront accusées, & que il rapporteront. Et est a entendre que icelles debtes soient bonnes & loyauls. Et se il avenoit que *un Juif* feist demande de aucune debte en nom de lui, ou d'autre de qui il eust cause de succession de laquelle le debteur se peust sauver, en monstrant payement, ou quittance ou qui autant vausist, *le Juif seroit tenus a rendre les cous* & les dommages que le debteur auroit souffert, pour ceu, & seroit creus le debteur de ceus cous, & dommage par son serment.

(5) Item. Il ne seront achaisonnez de lettres de *müebles*, ne de *chateus* que il emportassent, ne de *prest,* ne de finance que il aient fait, depuis ce qu'il s'en allerent.

(6) Item. Nuls ne sera tenus, ne ne les poura suire des choses que il aient fait ou temps passé.

(7) Item. Leurs *synagogues*, & leurs *Cimeteres* leur seront rendus, en paiant le pris que il furent vendus, a ceux qui les achapterent, se il n'i avoit *si grans edifioes*, & tels que par raison, on ne leur peust oster, Et se aucun en estoit encore pardevers nous qui n'eussent esté vendus, il leur seroient rendu.

(8) Item. Se par aventure il ne poent recouvrer leurs synagogues, & leurs Cimeteres, pour aucunes causes resonnables *Nous* leur ferons delivrer habitations & hebergemens souffisans pour prix convenables.

(9) Item. Les livres de leur loy, qui encore sont pardevers nous, qui n'ont esté vendus, leur seront rendus, exceptés les Talameus condamnés.

(10) Item. Que les dites *douze* années passées, *Nous* ne les pourrons chacier arrieres hors de nostre Royaume, que Nous ne leur *donnons temps convenables, c'est* assavoir un an, dedens lequel ils puissent lever, & emporter le leur seurement & en nostre conduit, jusques hors du Royaume.

(11) Item. Nul autre Seigneur que *Nous* en nostre Royaume, *(b)* ne porra *retenir en sa terre autres Juys que les siens d'ourine*, & de *poursuite;* Et se ainsint estoit que aucuns Juis *d'Ourine*, & de *poursuite* d'autres Seigneurs vousist demourer en nostre terre, & ce fust de nostre souffrance, ou aucuns de *nos Juis* voulissent demourer en la terre d'autruy Seigneur, & de sa souffrance, neantmoins nous arions les droits & les profits des nos, aussint comme s'il demourassent en nostre terre, & chascun Seigneur des siens aussint, ne ne seroit en rien la condition du Juif changiée devers son Seigneur.

NOTES.

(b) Ne pourra retenir autres Juifs.] On void par cet article qu'ancienement les Juifs estoient serfs. Joignez le chapitre 129. du premier livre des Establissemens, avec la note.

(12) Item.

(12) *Item.* Comme *les Juis sont tenus a ouvrer & labourer (c) de leurs mains*, ou a marchander, si comme dessus est dit, nostre volonté n'est mie, que il puissent *(d) prester a usure*, ainçois le deffendons expressement, & se ainsint estoit que il avenist par aventure que pretassent, il ne porroient prendre plus de deux deniers pour livre par sepmaine. LOUIS X. dit Hutin, à Paris, le 28. Juillet 1315.

(13) *Item.* Le Juif porra compter a son debteur au chief de l'an & non avant, & toutes-voie que le debteur voudra compter au Juif, & li payer dedens l'an, le Juif sera tenu a le faire, & ne le porra refuser.

(14) *Item.* Il ne porront prester sus vessel, ou *(e) aournement d'Eglise*, ne sus gage sanglant, ne sus gage moillié freschement, ne les recevoir en quelque maniere que ce soit.

(15) *Item.* Il ne presteront, ne ne porront prester *sus lettres*, mes que *sus gages*. Et ne sera execution faite, mes que de gaiges, excepté les lettres de bonnes marchandises & de loyals, lesquelles seront mises a execution deüe, si comme il est accoustumé.

(16) *Item.* Nuls ne sera contraints *par Nous* a payer usures qu'elles que elles soient a Juis. Et entendons usures quant qui est outre le pur sort.

(17) *Item.* Il ne porront, sus paine de eux messaire *(f)* desputer de la foy a quelques personnes que ce soit, poure, ou riche, en appert, ou en secret.

(18) *Item.* Leurs Privileges, se il sont trouvés, leur seront rendus, & se il ne peuvent estre trouvé, & len treue les transflas, ils leur seront renouvellés, excepté ce en quoy il seront contraires a ceste presente Ordenance.

(19) *Item.* Nous establirons deux *preudes-hommes de nostre Court, Auditeurs des dits Juis*, pour faire tenir & garder ceste presente Ordenance, & pour droit faire és besoignes des dits Juis, en la maniere que acoustumé estoit avant qu'il s'en allassent.

(20) *Item.* Les deux preudes-hommes dessus dit, *connoistront* par eus, ou par autres des heritages desdits Juis, *vendus mains de* la moitié de droit pris, & feront droit sus la deception, appellés *ceux qui seront a appeller*, gardée *la Coûtume du Pays*, & y regarderont nostre raison, & la raison desdits *Juis*. Et comme nous ayons pris les dis Juis en nostre *especial protection, & conduit*, Nous vous mandons & a chascun de vous *Commandons*, que vous leurs biens, & leurs maisnies gardés & faites garder de forces, injures, violences & toutes oppressions, & que vous & chacun de vous, si comme a luy appartiendra, les Ordenances dessus dites gardés, & faites tenir & garder, en telle maniere que par vostre deffaut les dits Juis ne soient plaintis a nous. En témoin de laquelle chose Nous avons fait mettre nostre seel en ceste presente Ordennance. *Donné à Paris vingt-huitiéme jour de Juignet, l'an de grace mil trois cens quinze.*

NOTES.

(c) *De leurs mains.*] Selon le verset 2. du Pseaume 127. Voyez de Muis en cet endroit.

(d) *Prester à usure.*] Vide capitul. penult. *Extra De usuris.*

(e) *Aournement d'Eglise.*] Voyez l'article 4. de l'Ordonance de Philippe Auguste du mois de Fevrier 1218. page 36.

(f) *Ne pourront disputer de la foy.*] Suivant la maxime de S.t Loüis, dont Joinville parle en ces termes page 11. *Encore me compta le bon Roy, que une fois advint au monstier de Clugny y eut une grande disputation de Clers & de Juifs, & que là se trouva un Chevalier vieil & ancien, le quel requist à l'Abbé d'iceluy monstier qu'il eust congié de parler, ce que à peine luy octroia. Adonc li bon Chevalier se leve de dessus sa potence qu'il portoit à soy soûtenir, & dit qu'on luy fist venir le plus grand maistre d'iceux Juifs, ce qui fust fait, & li Chevalier lieva sa potence, & fiert le Juif bien étroit sur l'oüye, tant qu'il le coucha à terre renversé. Lors vint l'Abbé, & dist Sires Chevalier vous avez fait folie, & le Chevalier luy dit. Et vous avez fait plus grand folie, d'avoir ainsi assemblé tele dispute d'erreurs.* Ainsi vous dis-je, me fist le Roy, *que nul, s'il n'est grand Clerc, ne doit disputer aux Juifs.*

LOUIS X. dit Hutin, à Paris, au mois de Juillet 1315.

(a) Letres par lesquelles le Roy confirme un accord fait entre ses Officiers, le Prevost, les Echevins de Paris, & plusieurs Marchands deputez de plusieurs Villes du Royaume, touchant les Marchandises voiturées par eau, depuis les Ponts de Paris, de Mante & de l'Arche jusques à la Mer, & depuis la Mer jusqu'au Pont de Paris, de l'Arche, & de Mante.

SOMMAIRES.

(1) Toutes personnes, soit du Royaume, ou estrangers pourront librement mener, & faire mener en remontant, ou descendant la Seine, toutes leurs denrées & Marchandises, depuis le Pont de Mante jusques à la Mer, & depuis la Mer jusques au Pont de Mante, &c.

(2) Le Roy levera les peages marquez cy-aprés sur toutes les Marchandises, qui seront transportées depuis le lieu où la Seine se jette dans la Mer, jusques au Pont de l'Arche, duquel peage il n'y aura d'exempts que le Clergé, les nobles qui ne font pas commerce, & ceux de Roüen, &c.

(3) Le peage sera payé de toute marchandise emmenée par terre en la Ville de Roüen, comme lors que le Pont estoit clos, & tout ainsi que des marchandises voiturées par eau, &c.

(4) Ceux qui seront preposez pour lever le peage, feront tous les ans serment, qu'il l'exigeront, & recevront fidelement.

(5) Ils rendront compte deux fois l'an de leur recepte, à la Toussaints, & à l'Ascension, &c.

(6) Toutes les faussès Coûtumes, & autres charges levées jusques à present cesseront, &c.

(7) Les receveurs & Collecteurs des fausses Coûtumes, rendront bon compte aux gens du Roy à Paris, en presence du Prevost & des Eschevins.

LOYS par la grace de Dieu Roy de France & de Navarre. Nous faisons *savoir a tous presens & a venir*, que comme *le Prevost des Marchans de Paris, & li Eschevins*, pour euls, & pour les Marchans, & voituriers de l'yaue de Paris, meintenissent que comme il fussent, & eussent esté en bonne saisine continuellement par lonc temps, *de mener, & faire mener, & envoyer leurs denrées, & leurs marchandises, & leurs* autres biens publiquement & notoirement de Paris, parmy l'iaue de *Saine, en avalant*, & passant droitement & delivrement par dessous le *Pont de Roüen jusqu'a la Mer*, & de la Mer en venant & remontant contremont l'iaue de *Saine, par dessous ledit Pont jusqu'a Paris*, & par tout ailleurs la ou il leur plaisoit, & a plû, ou temps passé; Et nous, ou nos gens de par nous, *puis trois ans, ou quatre*, de nostre propre volenté, sans jugement, & sans connoissance de cause, eussiens fait, & fait faire deffense, que il ne usassent, ne esploitassent desormais desdites choses, a tort, & mains deüement, & en eus dessaisissant & depoillant de leur dite saisine, si comme il disoient, pourcoi il nous requeroient, o grant instance, que *nous leur ostissons la deffense, & l'empeschement dessusdit*, a la fin que il fussent tenus & gardez en leur saisine dessudite, meesmement, comme ladite deffense & empeschement fut, & tournast trop grandement, ou tres grand damage & prejudice d'euls, & de tous les Marchans, & de tous autres gens qui leurs biens, & leurs Marchandises avoient accoustumé de mener, & de ramener pardessous ledit Pont, & parmy ladite yaue, & de nos Barons, & dou commun des gens de la Ville de Roüen meismes, plus que de nul autre Ville du Royaume, & generalement aussy comme de touttes les bonnes Villes dou Royaume frequentans marchandises par yaue, nous, ou nos gens pour nous asser-

NOTES.

(a) Ces lettres sont au Registre *Pater* de la Chambre des Comptes de Paris, feüillet 243. Voyez le Coutumier de la Vicomté de l'eaue.

mans, & maintenant plusieurs resons au contraire, pourquoy leurdite requeste ne devoit estre faite. Aprés lesquelles choses ainsy maintenuës, & aprés plusieurs traittiez faits pour cause desdites choses entre nous & nos gens pour nous, & de nostre commandement d'une part, & lesdits Prevosts & Eschevins, de l'accort & dou consentement de grant foison des plus souffisans Bourgeois & Marchans de la Ville de Paris, & dou commun accort de grant foison de nos autres bones Villes dou Royaume de France, dont nous veismes les lettres, & les rescriptions faites & envoyées sus ce autre part, *furent, & ont esté faites & accordez a la fin, pour tres grand, & commun proffit de nous, & de nos Barons, & desdis marchans & aussi comme de tout nostre royaume, les convenances & les accorts* qui s'ensuivent.

Premierement. Que toute maniere de gens, tant de nostre Royaume, comme dehors, de quelconque estat, ou condition que ils soient, peuvent & pourront deformais a toûjours heritablement, & perpetuelement franchement, & delivrement, sans arrest, contredit, ou empeschement aucun, quelque il soit, *mener & faire mener & envoyer, tant en montant comme en avalant* l'iaue de *Saine,* toutes leurs denrées & leurs marchandises, & touttes maniere d'autre bien, en avallant dou dessous *dou pont de Mante* droitement par dessous *le Pont de Roüen, tout* droit contreval jusqu'a *la mer,* & en montant contremont *de Mer* jusqu'au *Pont de Mante,* en alant & trespassant par dessous ledit Pont de Roüen sans dangier nul, sans les deriens mettre, ne embattre, ne mener, ne ramener entre le *Pont de Paris & le Pont de Mante,* fors que seulement selon ce que il est usé, & accoustumé d'ancienneté, entre nos Bourgeois de Paris, & ceux de Roüen, & ceux de Compiegne & des autres bonnes Villes, qui ont accoustumé de mener, & d'envoyer les denrées, & leur marchandise de l'iaue de Saine en la riviere de Oize, sauf & reservé expressement, & entierement a nos *Bourgeois de Paris,* que par accort, ne par chose qui soit contenu en ceste *presente lettre,* ou instrument, toutes leurs libertez, leurs privileges, leurs usages, & leurs coustumes, meismement de tant comme il touche le descort, & le dangier que il ont sur les biens, les denrées, & les marchandises qui sont mises, ou trouvées en liaue, entre ledit Pont de Paris & le Pont de Mante, ne puissent de rien estre empirées ne amenuisées, ne prejudice fait a euz, en aucunes choses, sauf tant seulement le droit paage, qui est deub & accoustumé de estre payé, pour cause de la Vicomté de lyaue, & les autres Ordenances, droitures & anciens paages qui de tout temps ont esté accoustumez de estre payez pour cause de la Vicomté de liaue, & avec ce mettre descendre & herbergier touttes fois que il leur plaira, leurs dittes denrées & leurs marchandises & leurs autres biens au Port & en la Ville de Roüen, & ramener & renvoyer, si comme il leur plaira, & vendre & marchander en ladite Ville de Roüen par yaue & par terre, tout aussy franchement en toutes choses comme li Marchans & li Bourgeois de Roüen font, & ont accoustumé de faire, & ce eux meismes faire executer & exploitier, sans dangier ou empeschement nul, & comment ils ont accoustumé de faire autrefois, quant le Pont a esté ouvert en toutes choses & en toutes les autres Villes, qui sont entre ledit Pont de Mante & la Mer, tant en montant comme en avalant.

(2) Item. Que pour cause desdites choses, nous povons & devons prendre & avoir sus toutes manieres de biens, de denrées, & de marchandises, qui seront mises, ou embattuës en ladite yaue, de la ou Saine chiée en la Mer, jusques au Pont de l'Arche, tant en montant comme en avalant, par maniere de paage, les deniers & les redevances dont expresse mention est faite plus pleinement, & nommement cy-dessous, d'ou que il viegnent, ne ou que il voisent, ou soient menez, & a quelquonque maniere de gens & de quelconque condition que il soient, *excepté tout Clergié, & tous nobles, qui ne marchenderoient, & exceptez ceulz de Roüen,* jusqu'autant que nous en avons autre chose ordenné jusques a la somme de *Soixante mille livres Parisis.* C'est a sçavoir, Bled, Avoine, & tout autre grain, Vin de la Somme, c'est le muid, quatre sols tournois, Vin François, le

LOUIS X. dit Hutin, à Paris, au mois de Juillet 1315.

tonnel quarante deniers. Vin d'Auxerre le tonnel cinq sols. Vin de Baune & de saint Pourcain, comptant deux queües pour un tonnel, la piece cinq sols. Vin de saint Jean d'Angely & de Gascoigne, la piece sept sols. Vin du Garnache la queüe vingt sols. Vin Grec & d'Espaigne le tonnel dix sols. Vinaigre & Verjus, le tonnel vingt sols. Cidre le tonnel dix deniers. Sel *engle* & tout autre Sel menus la piece deux sols six deniers, c'est le muid quatre sols deux deniers. Harenc blanc le millier treize deniers. Harenc sort le millier dix deniers, Morüe & Congres salés le cent deux sols six deniers. Saumons salé le cent cinq sols. Maquereaux & Avonselles salés, le cent sept deniers. Crapois nouviau, le cent trois sols quatre deniers. Crapoy viel, le cent vingt deniers. Seiches millier trois sols quatre deniers, Alés le millier dix deniers. *Bacons*, la piece cinq deniers. Suif & Oint, le cent quinze deniers. Huille de Noix, de Pavot, & de Chavenyz, vingt deniers. Huile d'Olive, Sain de Haran, & tout autre Sain, le tonnel dix sols. Miel le tonnel dix sols, comptant deux queües pour un tonnel. Beurre, le cent sept deniers. Fromage, le cent dix deniers, Plomb & Poids, le cent, sept deniers. Estain, Alun, & Cuivre, le cent, vingt deniers. Ris commun & Couperose, le cent, sept deniers, Figues & Raisins d'Espaigne, la couple dix deniers. Figues de Meligne, la piece, dix deniers. Cire, Vif Argent, & autres avoir de poids de la valüe, le cent, cinq sols. Graine, le cent seize sols. Petrelle & Saumace, le cent cinq deniers. Cendres & Teintures, le grant baril vingt deniers, & le petit baril dix deniers. Cuirs de Sebile de Stramadiere & du Port, le lot, cinq sols. Cuirs d'Illande, d'Ecosse & de Meiros, & tous autres Cuirs, le lot quarante deniers. Veelin, Cuirs de chevaux, & de tous autres a la valuë, le lot vingt deniers. Cordoüen cru, la douzaine treize deniers, Cordoüen...... la douzaine vingt deniers. Bazenne vermeille, la douzaine dix deniers. Molles a Moulin, chacune vingt deniers. Molles a Fevre chacune sept deniers. Malardiaux la piece quatre deniers. Ovennes le cent, trois deniers. Fruit, la coste deux deniers & sans coste a la valüe. Noix le Sestier six deniers. Savonne la Somme vingt deniers. Robe raive, l'une parmi l'autre, le millier seize sols. Connins d'Espaigne le vestir sept deniers, Chats Goupis & lievre, le cent sept deniers. Peaux de Bouq l'une parmi l'autre, le cent treize deniers, Escuirex & esquemnestes, le millier huit sols. La Coste & le Coussin dix deniers. Plume d'Angleterre, le cent dix deniers. Charbon de terre, la poise quatorze deniers. Tonneaux vois la piece deux deniers. Buche a mole le quarteron treize deniers. Buche de gloc, le millier huit sols quatre deniers. Buche de Costerez le millier sept deniers, Rés & Gentes, le cent dix deniers. Estulles, le cent mille huit sols quatre deniers, Armes & Arçons le cent cinq deniers. Lates & Escorberges, le millier dix deniers. Merien François de cinq & de six pieds, le millier cinq sols. Merrien de deux pieds & de deux pieds & demy, le millier vingt deniers. Merrien de Bordillande le cent quatorze deniers. Merrien assigné, le cent, cinq sols. Roes, le cent, quarante deniers. Eschalas le cent de bottes cinquantins, dix deniers. Peles & Auges, le cent, cinq deniers. Escüelles, le millier dix deniers. Cerceaux a trezeaux, le millier sept deniers. Acier, le cent de jarbes, quarante deniers. Fer le cent de plattes vingt deniers, la ferrure de charette dix deniers. Fain, le millier dix deniers. Laine d'Angleterre, d'Ecosse & d'Illande le droit sac seize sols. Laine de ce païs le droit sac sept sols. Peaux & laine cinq sols le cent. Le tonnel de guede sept sols & auguermer au feur payelles de batterie le cent pezant trois sols quatre deniers, Poids le cent pesant vingt deniers. La semelle de paelles, de pos & de chaudieres d'arain, sept deniers. Archal & fil d'Archal, le cent deux sols dix deniers. Chaneveaux, le cent alués vingt deniers. Toilles blanches, les cent alués deux sols six deniers chacun. Les cent Balenes sept sols. Fil de Lin, le cent quarante deniers. Fil de Chanvre, le cent vingt deniers. Filace d'Espaigne, le cent vingt deniers, & toutes autres denrées a la valüe du prix dessudit, & faitte cette imposition & évalüée a toujours.

(3) Item.

(3) *Item.* Que le Bled, les Draps, & toutes autres denrées & marchandises, qui feront amenées, & apportées *par terre* en nostre Ville de Roüen, n'y puissent demourer, ne estre hebergiées, a la maniere fors que il est, & a esté accoutumé, quant le pont estoit clos, que il ne conviegne tout avant que il payent, & contribuent a leur avenant; en leur acquit doudit *paage*, tout ainsi comme se elles estoient apportées, & amenées par l'yaue de Saine. Et fera ledit paage, tant comme il durera, prins, cueilly & receu par certaines, & souffisantes personnes qui y seront mis, establis & deputez, tant de par nous d'une part, comme par ledit Prevost & Eschevins d'autre part, aux propres coust & dépens de laditte cueillette, & n'i en porront mettre, ne tenir aux couts dudit paage, que une personne tant seulement en chascun lieu, ou ladite cüeillette sera reçeüe.

Louis X. dit Hutin, à Paris, au mois de Juillet 1315.

(4) *Item.* Que les dittes personnes, qui a ce seront deputez tant par nous, comme par les dits marcheans, feront & renouvelleront *chacun an*, tant comme ledit paage durera, a nous, & audist Prevost & Eschevins, serment, que eux bien & loyallement, au commun proffit de nous, & desdits marchands queudront, & recevront ledit paage.

(5) *Item.* Que les dits Collecteurs, tant comme ledit paage durera, compteront, & seront tenus de compter, & de rendre bon compte, & leel, par leurs dits sermens, de leurs receptes deux fois l'an *a Paris, a la Toussaint, & a l'Ascension*, a nos Mestres de nos Comptes pour nous, & audit Prevost & Eschevins, ou a ceux qui de par eus y seront deputez. Et cherra & cesserra dou tout a toujours-més le paage dessusdit, tantost comme les dits Collecteurs en auront prins & receu, jusques a ladite somme, avec leurs les cous & dépens que il feront & auront faits durant ladite cueillette, qui seur ledit paage seront prins, si comme dit est. Et aussy bien cherra & cesserra ledit paage, se aucun demeure, ou y reste a payer, parquoy ce soit par le desaut, ou delay de la garantie, dessivrance, ou depeschement desdites choses, ou d'aucunes d'icelles de nous, ou de nos gens.

(6) *Item.* Que parmy les dites choses, toutes les *fausses Coustumes*, & autres *charges & impositions* mises sur les néz, bateaux, marchandises, ou denrées, en montant, & en avalant parmy l'yaue, *du Pont de Paris jusques a la mer, & dudit Pont en montant contremont, & en avalant parmy ladite yaue de Saine, & parmy les autres rivieres, ou fleuves qui en l'iaue de Saine chieent*, tant comme il est dû, doivent dou tout en tout cheer & cesser d'estre queillies du tout en tout, des maintenant a tousjours-més, se cil, ou ceux qui les queillent, & a qui il ont esté otroyées ne font pleine foy & souffisans, dedens la Magdelaine prochaine, pardevant nosdits mestres des Comptes a Paris, appellés a ce lesdits Prevosts & Eschevins, que le temps desdites fausses Coustumes dure encore, par nos lettres scellées de nostre Seel, données sus ce. Et n'est pas nostre entention que par cecy *les redevances & payemens* accoustumés anciennement ne soient toujours payés, si comme il a esté accoustumé, & avec ce les dites fausses Coustumes qui aient esté données & empetrées deument, & pour le proffit de la marchandise. Et esdits cas lesdites fausses Coustumes empetrées, si deuement comme dit est, dureront tant & seulement jusques aux termes contenus en nosdites lettres.

(7) *Item.* Que les Receveurs, ou Collecteurs desdites fausses Coustumes rendront bon comptes, & leel a Paris, pardevant nos gens, appellés a ce lesdits Prevosts & Eschevins, de tout ce qu'il en auront receus, & feront tenus de faire plaine foy souffisans, que tout ce qu'il en auront reçeus sera & aura esté tourné & converti ou proffit de laditte marchandise, ou des choses pour lesquelles les dittes Coutumes auront esté octroyées. Et se il y a reste, il le mettront dés maintenant en sauvemains, pour tourner & convertir ou prouffit de ladite marchandise, ou desdittes choses. Toutes lesquelles choses dessus dittes, & chacune d'icelles, en la maniere qu'elles sont cy-dessus escrites & divisées, nous promettons en bonne foy, & sommes tenus nous, & nos successeurs fermement & loyallement tenir, garder, & accomplir, & de non venir encontre, en tout, ne en par-

LOUIS X. dit Hutin, à Paris, au mois de Juillet 1315.

tie, par nous, ne par autre, en nul jour, ou temps a venir, entredisans & deffendans, sur toute la poine, que nous y pouons mettre, a toutes nos gens, nos Sergens, & tous nos Officiers & a toutes manieres de gens de quelconque condition, ou estat que ils soient, que contre les dittes choses, ou aucunes d'icelles, il ne viegnent, ne exploitent, ne ne facent riens, ne ne souffrent a venir, ne de riens exploitier ou temps a venir, voulant & octroyant, que se nous, ou aucun de nos dits gens, ou autres de quelconques conditions, ou estat que il soient, venoient ou faisoient aucun exploit contre les dites choses, ou aucunes d'icelles, fut pour nous ou autrement, que tout chiée & soit de nulle vallüe, & que len ne se puisse de riens aidier, ne ensaisiner, encontre les dis Marchans, ne contre nul autres, & que tous ceulz qui ensi seroient venus, ou fait aucune chose a lencontre, soient tenus a le nous amender. Et pour ce que soit ferme chose & estable a toujours, nous avons fait mettre nostre Scel a ces presentes lettres, sauf en autre chose nostre droit, & le droit d'autruy. *Donné à Paris l'an de grace mil trois cens quinze ou mois de Juignet.*

LOUIS X. dit Hutin, à Paris, au mois de Juillet 1315.

(a) Lettres touchant une ayde, levée sur les habitans de Paris, pour la Guerre de Flandres.

LOUIS par la grace de Dieu Roys de France & de Navarre, *Nous faisons a* a sçavoir a tous presens & a venir, que comme nostre gent estant a Paris pour nos besoignes, demandassent pour nous, & en nostre nom, *aide a genz de Paris, pour nostre presente guerre de Flandres*, la quelle aide les dites gens de Paris, & tuit li autre de nostre Royaume sont tenuz a nous faire. Et entre nostre dit gent pour nous, & en nostre nom *d'une part*, & les dites gens de Paris, qui touzjours volentiers, & de leur bien & loyaument ont servy & aidé nos ancessseurs, & lesquels nous avons trouvez & trouvons loyaux & de bonne foy envers nous, & envers nostre Royaume *d'autre part*, fu traitié & accordé en la fourme & en la maniere, & selon ce qui s'ensuit, *C'est assavoir*, que les dites genz de Paris nous feront, en ceste presente année, en nostre ost, que nous entendons, o l'aide de Dieu, avoir, contre ceuz de Flandres, *aide de quatre cens hommes de cheval, & de deux mille hommes de pié*, pour lesquelz nous, ou nostre gent, querrons, & ferons paiez par les gens de ladite *Ville de Paris*, & du leur, *au feur & au pris* pour chascune journée, que le Commis de nos soudoiers seront paiez, mouvans de Paris, & retournans de Paris, ou aussi loing. Et leurs payeront lesdites gens de Paris au partir de Paris, pour quinze jours a venir, & aussy de quinzaine en quinzaine a venir. Et pource que nuls se peuvent escuser, ne ne doutent, que il ne soint tenuz a nous *aidier en ce cas*, *Nous Voulons* que tuit li Bourgoiz marcheant, ou non marcheant habitans en la Ville, & és Fors-Bourgs de Paris, qui se dient *franc, ou demourans en terres franches de la ditte Ville*, soient tenuz a contribuer ovecques les dites genz de ladite Ville, selonc la valüe, ou la faculté de euz, aussy comme il sont tenu du faire a nous, pour la taxation de la Ville, se elle semble juste a noz genz, & par la contrainte de nostre gent, se il s'en douloient. Et a ce que tel maniere de gens d'armes soient paiez sans delay si comme il esconvient, & est mestiers du faire, vous manderons estroitement un Mandement, pour touz, & commettrons par nos lettres pendans a nostre Prevost de Paris, & a certains preud'hommes, que il nous nommeront, que il tantost, & sanz delay, non contrestant

NOTES.

(a) Ces lettres sont au Registre A *fol.* 76. *verso* de la Chambre des Comptes de Paris. où elles ont pour titre, *Subsidium pro exercitu Flandriæ.*

mandement, ou priere aucune faite au contraire, lievent, ou facent lever par les deputez de la Ville a ce faire, les *assiettes*, ou *impositions* qui seront mises sur l'argent de ladite Ville, pour paier les diz fraiz, *par la prise, ou la venduë de leurs biens, a tel feur tel vente, de touz ceuz* qui seront rebelles, ou contredisans du paier, souverainement & de plain, oustées toutes cautelles, allegacions & fuites d'Avocaz; Et est accordé que tout l'argent qui sera levé desdites Imposicions, ou assiettes, soit pris & reçeu *par la main des genz de ladite ville*, & poiez par leur main & en leur nom, ou par leurs deputez a ce faire as diz soudoiers, & que lidit soudoier aient & portent *deuz bannieres*, c'est assçavoir *cil de cheval une*, & cil de *pié l'autre*, teles comme les genz de Paris bailleront au signe de la Ville. Et se il avenoit par aventure, que il convenist que le commun des gens de ladite Ville de Paris alast oudit ost, par maniere *d'ariereban*, ou autrement, ou que il eust pais, ou treves, ou que nous nous en retournissons, *Nous voulons* que des lors, tantost comme l'un desdiz cas aviendroit, que les dites genz de Paris fussent quites envers nous de tenir y plus les diz soudoiers, paié toutes-voies ce qui deu leur seroit, jusques a leur retour a Paris. *Ne ne voulons* que les dites gens de Paris soint tenuz de faire les choses dessus dites, *si nous n'allons, & sommes en nostre personne*, se ainsi n'estoit que nous eussions essoine juste & loyal, dont Dieux nous deffende. Et se il avient que l'en *(b) meuve* a aler oudit ost, les dites gens de Paris payeront pour tous retours de chevaux, cinq cens livres tournois tant seulement, mais se lon n'y *mouvoit* a aler, ils n'en paieroient riens, Et pour ce que nous ne ne *voulons* pas que les diz genz de Paris soient grevez, ne molestez de service nul *(c) de fiez, ne d'autres choses par quelque maniere que ce soit*, & toute-voies se aucuns Seigneurs se emouvoient, ou voloient riens demander pour raison de *leurs fiez*, nous *ferions partie avecques ceuz de la Ville, & les en deffendrions, entant comme nous pourrions* de raison; Et n'est pas nostre entention, ne ne *voulons* que cestes choses puissent porter a nous, ne as *dites genz de la Ville de Paris aucun prejudice*, ne que nous, ne il, nous en puissions de riens aider ou temps a venir, l'un contre l'autre. Et que ce soit chose ferme & estable, Nous avons fait mettre nostre Scel en ces presentes lettres, sauf en autres choses nostre droit, & toutes choses l'autruy. *Donné à Paris l'an de grace mil trois cens quinze, ou mois de Juignet.*

LOUIS X. dit Hutin, à Paris, au mois de Juillet 1315.

NOTES.

(b) Meuve.] Vide Cangii glossarium in verbis *Mota. Movere.*

(c) De fiez.] Ce privilege des Bourgeois de Paris a esté ensuite confirmé, & augmenté par plusieurs Roys.

LOUIS X. dit Hutin, à Reims, le 3. Aoust, l'an 1315.

(a) Letres par lesquelles le Roy permet au Collecteur des Decimes qui estoient levées dans le Diocese de Rheims pour le voyage d'outremer, de créer des Sergens, & de les revoquer.

LUDOVICUS *Dei gratiâ Francorum & Navarre Rex, Universis presentes litteras inspecturis*, Salutem. *Notum facimus, quod nos ad requisitionem Executorum* super decimis, pro terre sancte subsidio novissime concessis per Apostolicam sedem deputatorum, *Dilecto clerico nostro magistro Petro de* Albiniaco *decano Ecclesie de Castro Bituricens.* generali collectori *dictarum decimarum, ab eisdem Executoribus, in totâ Remensi Provinciâ deputato*, faciendi *per suas patentes literas*, & consti-

NOTES.

(a) Ces letres sont au Registre A *fol.* 81. *verso* de la Chambre des Comptes de Paris. Elles ne sont pas une loy, mais comme elles ont fait une espece de Droit, on a jugé à propos de l'inserer icy.

LOUIS X. dit Hutin, à Reims, le 3. Aoust, l'an 1315.

tuendi *ex parte nostrâ, in qualibet dicte* Remensis Provincie *Dyocesi* servientes, unum vel plures, *si, & prout necessarium fuerit, & sibi videbitur faciendum, qui arreragia & defectus dictarum decimarum ad manum suam, vel aliorum particularium receptorum, seu collectorum, per singulares civitates, & Dyoceses dicte* Remensis *Provincie deputatorum, venire faciant, compulsionesque per captionem, & explectationem bonorum contrâ debitores arreragiorum, & defectuum ipsorum*, autoritate nostrâ *faciant, prout alias in talibus fieri consuevit, nec non* servientes ipsos revocandi, *& amovendi, & alios in eorum locis subrogandi, quandocumque sibi placuerit, plenam & liberam tenore presentium,* concedimus potestatem, *omnibus, & singulis justiciariis, & subditis nostris, dantes eisdem presentibus in mandatis, quatenus* servientibus *ipsis super premissis dicti Clerici nostri patentes literas habentibus, in hiis, & ea tangentibus pareant, & pareri faciant cum effectu.* Actum Remis die tertio Augusti, anno Domini millesimo trecentesimo quinto decimo.

LOUIS X. dit Hutin, à Reims, le 5. Aoust 1315.

(a) Letres par lesquelles le Roy commet Guillaume Bernard, pour faire la recherche des effects recellez des Juifs.

LUDOVICUS *Dei graciâ Francie & Navarre Rex Universis presentes literas inspecturis*, Salutem. *Cum datum sit nobis intelligi, quod* Judei fuerunt a regno nostro ejecti, *bonaque eorum ad manum nostram, per gentes nostras posita,* plura de bonis Judeorum ipsorum in inventariis super hoc confectis scripta non fuerunt, *(b) commendeque, & (c) accusaciones dictorum Judeorum recelate, nec non debitores obligati eisdem Judeis, jus nostrum recelando, cum dictis Judeis finaverunt, ac ipsorum Judeorum plura debita, clara, & legitima adhuc levanda supersunt.* Notum facimus quod *nos de fidelitate, & industriâ* Guilelmi Bernardi *receptoris nostri in Senescaliâ Lugdunensi, & Bailliviâ Masticonensi plenarie confidentes, ipsum* ad sciendum, & inquirendum super premissis, ac ipsa debita levanda, & recipienda per se ipsum, seu per alium, vel alios in Senescalliis Carcassone, Bellicadri, & Lugduni, & earum *ressortis, pro ut solebant esse dicte Senescallie, tempore quo Judei in regno nostro residenciam faciebant, corrigendique, & ad statum debitum reducendi, pro nobis summarie & de plano, quecunque in premissis, & ea tangentibus invenerit male gesta, prout ad utilitatem nostram viderit rationabiliter faciendum, tenore presencium* deputamus, similiter instituendi substitutos, coadjutores, servientes *pro premissorum exequtione debitâ faciendâ, & de certis & justis stipendiis eisdem concedendi & dandi, & eos amovendi quotiescunque viderit opportunum, eosque puniendi, si commiserint, eidem Guilelmo concedimus potestatem. In predictis vero perquirendis & exigendis modum & formam concessionis, seu* ordinacionis *nostre contente plenius in literis nostris (d) super eorum reditu confectis, teneri cum* effectu *volumus, & servari, omnes alios commissarios revocando. Dantes autem omnibus Senescallis, Balli-*

NOTES.

(a) Ces lettres sont au memorial *Pater* fol. 120. *verso* col. 1. de la Chambre des Comptes de Paris. Elles ne contiennent qu'une Commission, mais comme elles ont fait une espece de Droit, on a jugé à propos de les mettre icy.

(b) Commende.] Id est *Deposita.* Vide Cangium *in Commenda*, & Van Espen. *parte 1. tit. 31. cap. 7.*

(c) Accusationes.] Forte *Actiones.*

(d) Super eorum reditu.] Voyez cy-dessus au 28. Octobre 1315. page 595.

Il y eut un grand nombre de pareilles Commissions. Et afin que cette finance fut exactement levée, le Roy le lendemain envoya le Mandement qui suit à tous ses Officiers, tiré du Registre *Pater* de la Chambre des Comptes de Paris, feüillet 110. colonne 2.

Ludovicus *Dei gratiâ Francie & Navarre Rex, Universis Senescallis, Ballivis, Prepositis, ceterisque justiciariis nostris, ad quos pre-*

vis, Prepositis, caterisque justiciariis nostris presentibus in mandatis, ut eidem Guilelmo, in premissis & ea tangentibus, pareant efficaciter, & intendant. Datum Remis die quintâ Augusti, anno Domini millesimo trecentesimo quinto decimo.

LOUIS X. dit Hutin, à Reims, le 5. Aoust 1315.

NOTES.

sentes litere pervenerint, Salutem. *Mandamus vobis & vestrum cuilibet, quatenus omnes literas, cartas, & alia instrumenta obligatoria, ac registra, & cartularia omnia negocium Judeorum tangentia, commissariis deputatis a nobis de novo, super dicto negocio Judeorum tradatis, & liberetis, seu liberari faciatis, per detentores eorumdem vobis subditos, taliter quod dictum negocium finem sortiatur optatum, nec ob vestri defectum valeat retardari. Actum Suess. sextâ die Augusti, anno Domini millesimo trecentesimo quinto decimo.*

Et le 18. Aoust suivant, le Roy envoya au mesme Bernard, le Mandement qui suit, tiré du Registre *Pater* de la Chambre des Comptes, feüillet 110.

Ludovicus *Dei gratiâ Francie & Navarre Rex, dilecto Guillelmo Bernardi Lugdunensi & Masticonensi receptori nostro, ac commissario super negocio Judeorum, a nobis deputato,* Salutem. *Si aliquid obscuri, vel dubii super debitis quondam, Judeorum qui juxta formam aliarum literarum nostrarum, ad manum nostram exigi & levari mandavimus, tibi occurat, super hoc componendi, & transigendi cum dictis debitoribus, & eos quittandi, & absolvendi, nec non instrumenta, & alia munimenta debitorum hujusmodi, que verisimiliter, vel alias soluta fuisse tibi apparebunt, ipsis debitoribus reddendi tibi, & per te deputatis, & deputandis, concedimus plenam & liberam potestatem, tenore presencium; id quod super hoc tu, vel a te deputati & deputandi, feceritis, ex nunc & perpetuo valitura decernentes. Datum Attrebat. decimo octavo die Augusti, anno Domini millesimo trecentesimo quinto decimo.*

LOUIS X. dit Hutin, à Soissons, le 7. Aoust 1315.

(a) *Letres par lesquelles deffenses sont faites de porter aucunes Marchandises aux Flamans, & qui ordonnent que tous Marchans pourront transporter des vivres & toutes manieres de marchandises en l'ost de Flandre, sans payer aucun peage ni coustume.*

LOUIS par la grace de Dieu Roys de France & de Navarre, a touz Seneschauls, Baillis, Prevoz & autres Justiciers de nostre Roiaume, aus quieux ces presentes lettres venront, *Salut.* Nous vous mandons, & commandons estroitement, & a chacun de vous, que vous generalment en touz les lieus, sougiez a vous, esquiex il est accoustumé a faire criz, *faites publiquement crier que* nus sus peine *de perdre cors & avoir,* de quelconques estat & condition que il soit, ne marcheande, achate, ne vende, ne *face marcheander aus Flamens,* de quelconques marcheandise que ce soit, ne ne leur administre, ne face administrer quels que il soient, & especiallement *le segnefiez aus marcheans Genevoys, & aux autres Lombars.* Et avecques ce *faites crier* que touz, & chascun marcheant, & autre de quelconque estat & condition que il soient, *puissent porter, mener par terre & par yaue, entre Soleil couchant & levant souz nostre conduit, Blez, Vins, & toutes manieres de vivres, & toutes autres marcheandises* a nostre ost de Flandres franchement sans paier paage, vinage ou autre coustume quelle que elle soit. Et entredisons & deffendons estroitement, generalment & singulierement a touz & chascun paageurs, vuinageurs & tous autres Justiciers, Gardes & Receveurs establiz a lever & recevoir coustumes & paages dedanz nostre Royaume, en quelconques leu que ce soit, que il, de quelconque personne que ce soit, aportanz, amenanz ou faisans aporter, ou amener Blez, Vins, autres vivres, ou marcheandises quelles que elles soient, ne lievent, ne ne facent lever aucune chose pour raison de vuinage,

NOTES.

(a) Ces Letres sont au Registre A de la Chambre des Comptes de Paris, feüillet 81.

paage ou d'autre coustume pour les diz vivres & marcheandises. *Donné à Soissons le septiéme jour d'Aoust, l'an de grace mil trois cens quinze.*

LOUIS X. dit Hutin, à Arras, le premier Septembre 1315.

(a) Lettres par lesquelles le Roy explique les cas, qui touchent la Majesté Royale.

LOUIS par la grace de Dieu Roy de France & de Navarre, a tous ceux qui ces presentes Lettres verront, *Salut*. Sçavoir faisons, que comme nous ayons octroyé aux nobles de Champaigne aucunes Requestes, que ils nous faisoient, en en retenant *les cas qui touchent nostre (b) Royal Majesté*, & nous eussent requis que les cas nous leur voulsissions éclaircir. Nous les avons éclairci en cette maniere. *C'est* assavoir que *la Royal Majesté est entendüe, és cas qui de droit, ou de ancienne coustume püent & doient appartenir a Souverain Prince, & a nul autre.* En tesmoing de laquelle chose nous avons fait sceller ces Lettres de nostre Scel. *Donné à Arras le premier jour de Septembre, l'an de grace mil trois cens & quinze.*

NOTES.

(a) Ces lettres sont rapportées à la fin de la Coûtume de Troyes, page 602. de l'*in-quarto*.

(b) Royal Majesté.] Voyez cy-dessus l'article 10. des additions à l'Ordonance faite à la supplication des nobles de Champagne.

LOUIS X. dit Hutin, à Paris, le 25. Septembre 1315.

(a) Lettres touchant la recherche, & la vente du Sel.

LUDOVICUS *Dei gratiâ Francie & Navarre Rex dilectis, & fidelibus nostris* Ludovico de Villapetrosâ, & Magistro Helie de Orliaco, Salutem. *In solio Troni Regalis positi, habemus subjectorum nostrorum dispendia, sicut & cetera mala, nostro dispensare intuitu, presertim ut eorum necessitates nostra remedia sublevent, & malinancium refrenandas astucias debitâ provisione coarceant. Ad nostrum siquidem pervenit auditum, immo proloquium, & murmurans vulgaris fama jam personat, quod in tuis precipue partibus*, sâlis imminet gravis, & calumniosa penuria, *cui temporis intemperies causam in parte prebuerit, occasionem tamen grandem producit aliquorum avara cupiditas, qui beneficentie nescii, commiserationis ignari, & caritatis expertes*, sal cujus habundantiam habere noscun-

LOYS par la grace de Dieu Roys de France & de Navarre, a nos amez & feables *Loys de Villeperose*, & Mestre *Helye d'Orli, Salut & dilection.* Nous qui sommes ordenné & establi en estat & dignité royal, & qui avons par nostre avisement a dissiper les maux & les dommages de nos sougiez, especiaument en revelant leurs besoings, & leurs necessitez, & en restringnant les malices & les cautelles, par lesquelles tiex besoings & necessitez veirent a nous Avons oi par commune renommée complainte du pueple, que en ces presentes parties, meimement a tres grants deffauts, & tres grant souffreité de sel, lequel deffaut & souffreité ne vient pas tant seulement par la cause du temps, qui n'a pas esté convenable pour faire sel, mais par la grant convoitise & mauvestié de plusieurs Marcheans de nostre

NOTES.

(a) Ces Lettres sont au Registre *Pater* fol. 237. *verso* de la Chambre des Comptes de Paris.

tur penes se retinent, & occultant, & ut ex caristiâ illius, sibi specialiter lucra uberiora, & conventiones illicitas super hoc inierunt ad invicem, ac fraudes alias in subjectorum nostrorum, & totius rei nostre publice grave dispendium commiserunt, non advertentes quod (b) qui absconndit frumentum, cujus nomine potest quomlibet genus victualium comprehendi, maledicetur in populis, & benedictio super caput erit vendentium, testimonio sapientis. In hiis itaque compatientes ipsorum subjectorum nostrorum angustiis, & per id ipsi nostræ reipublice providere volentes, vobis & vestrum cuilibet, de quorum fide, ac industriâ in hac parte confidimus, tenore presentium committimus & mandamus quatenus ad Paris. Rothomag. civitates, & alia quelibet loca, in quibus ubilibet sal habundare noveritis, vos personaliter conferentes, aut mittentes personas ydoneas, & fideles per vos ad id deputandas, personarum acceptatione sublatâ, de predictis monopoliis, seu conventionibus illicitis, dolis & fraudibus in hac parte commissis, vocatis & evocandis, summarie & de plano inquirentes, cum omni diligenciâ, & veritate quoscumque reos, seu culpabiles inde reperitis, prout ad vos pertinuerit, tam per confiscationem bonorum omnium eorumdem, quam per aliarum penarum impositionem, quas juri viderint convenire, sic rigide puniatis, quod pena eorum transeat ceteris in exemplum; Per singulas etiam domos, tuguria, naves, graneria, seu receptacula, quorumlibet mercatorum & loca quelibet alia, sal hujusmodi diligenti & districtâ indagine perquiratis, injungentes firmiter ex auctoritatis nostre presidio omnibus & singulis, apud quos in aquâ, vel domibus, aut receptaculis & locis quibuslibet aliis, Sal in quantitate repertum fuerit, sub penâ confiscationis salis ejusdem, & alia per vos debite imponenda, ut infra octo dies, ab inventionis vestre tempore computandos, sal ipsum exponatur venale publice, ad competens pretium, quibuscumque regnicolis volentibus emere, ut per id possit quilibet sue indigentie de-

Royaume, qui ont grant foison de sel acheté, & mis a repos devers euz a la fin que il puissent le dit sel plus vendre, & seur ce ont fait entre eaulx conspiration & convenance non deües, & fait avec ce plusieurs autres fraudes, ou griefs & domages desdits nos sugiez, & de tout le profit commun de nostre Royaume, non considerant, que celuy qui repoint le froment, par lequel toute maniere de vitaille peut estre comprise, sera maudit au peuple, & la benoicion sera sur celuy qui l'abandonera a vendre, selon le temoin du sage; Pourquoi nous voulans quant a ce pourvoir a nos soubgiez de remedes convenables, & au pourfit commun de nostre Royaume, Mandons & commettons par la teneur de ces lettres a vous, & a chacun de vous desquiex nous nous fyons, que vous en vos personnes alliez ez Villes de Paris & de Roën, & en tous autres lieux la où vous sçavez que y ait grant habundance de sel, ou vous y envoyez & deputez personnes souffisans & loyaux, & desdites conspirations, convenances non deües, fraudes & tricheries qui en ce ont esté commises, appellez ceux qui seront a appeller, sommerement & de plain, sans acception de personne & sans nulle espargne, enquerez a toute la diligence que vous pourrez la verité, & tous ceux que vous trouverez de ce estre coupable, punissiez, si comme il est a vous, tant par confiscation de tous leurs biens, qu'autrement, par imposition d'autres penes, teles comme verez qui sera a faire de droit, si vigoureusement que leur pene soit essemple a tous les autres. Et avec ce pourquerrez, & faites pourquerre diligemment par chascune maison, nefs, graniers, recez, & en quiconques autres lieus, soit en yaue, soit en terre enjoignans de par nous que le sel qui pourra estre trouvé, sur pene de perdre & forfere le sel, & sur autre peine tele comme vous verrez convenable, il dedens huit jours, a compter du temps de ce dit commandement, ledit sel, en quelconque lieu il

LOUIS X. dit Hutin, à Paris, le 25. Septembre 1315.

NOTES.

(b) Qui absconndit.] Proverbiorum XI. 26.

LOUIS X. dit Hutin, à Paris, le 25. Septembre 1315.

bite providere. Quod si secus temptare, vel negligere quoquomodo presumpserint, vos in eorum deffectum, *sal ipsum apud quoscunque, ut prefertur, inventum, per vos aut ministros fideles deputandos a vobis publice faciatis ad competens pretium exponi, venale precium exinde redigendum in penam inobedientiæ & contemptus illorum,* fisci nostris rationibus *applicantes, retenturi penes* vos nomina, & cognomina *eorum apud quos sal inveneritis ante dictum, ac quantitatem salis quam venalem precepteritis exponi per eos, ut per id certius invenire possitis, an fraus vel in obedientia, circa id committatur. De illis etiam quorum sal ex eorum inobedientiâ confiscari contingeret & de salis confiscati quantitate, ac pretio quod exinde redactum fuerit* scriptum unum sub vestris sigillis fieri faciatis nostris ratiociniis assignandum, *sic diligenter & fideliter vos super hiis habituri, quod persolers vestrum in hac parte ministerium populi nobis subjecti competenter occuratur inopie, vosque inde in conspectu nostro merito possitis commendabiles apparere. Damus autem omnibus & singulis justiciariis fidelibus & subditis nostris tenore presentium in mandatis, ut vobis ac vestrum cuilibet ac deputatis a vobis in premissis & ea tangentibus efficaciter pareant & intendant.* Datum Parisiis die vigesima quinta Septembris, anno Domini millesimo trecentesimo quinto decimo.

sera trouvé, y mettent avant, pour vendre publiquement a prix convenable, & souffisans, a quiconque gens de nostre Royaume, qui achater le voudront, en tele maniere que chascun en puisse avoir a sa souffisance. Et se il font autrement, vous ledit . . . sel en leur deffaut, en queleonque lieu que il soit trouvé, par vous, ou par vos ministres, & deputez, fassiez abandonner, & mettre en vente a prix souffisant, & le prix de ladite vente, en peine de la desobeïssance, appliquiez a nous. Et si retenez par devers vous les noms & les seurnoms de ceux sur qui ledit sel sera trouvez, & la quantité de sel que vous aurez fet mettre en vente, si que puissiez plus certainement trouver quelle fraude & quelle desobeïssance sera fete sur ce. Et de ceux aussy de qui vous aurez pris le Sel, *& apliquiez a nous,* & de la quantité dudit sel, & du pris qui en aura receuz, faites faire un escript sous *vos seauls, & les renvoyez en la Chambre de nos Comptes à Paris.* Et de toutes ces choses dessus dittes, soyez si diligent comme le cas le requiere, en tele maniere que vous doyez estre recommendé de diligence. Et quant a ce nous mandons & commandons a tous nos Justiciers feables & soubgiers que en les choses dessusdites & en dependent d'icelles, obeïssent a vous, & a deputez de par vous. *Donné à Paris vingt-cinquiéme jour de Septembre, l'an de grace mil trois cens quinze.*

LOUIS X. dit Hutin, à Paris, le 18. Novembre 1315.

(a) Ordonance contre les Prises.

LOUIS par la grace de Dieu Roys de France & de Navarre. A tous Seneschaus, Baillis, Prevoz & autres Justiciers de nostre Royaume ausquels ces Lettres vendront, *Salut.* Comme la Communeauté de nostre Ville de Paris, & des autres bonnes Villes de nostre Royaume, nous aient montré en complaignant, que *plusieurs prises de Blés, de Vins, vivres, chevaux & autres choses sont faites,* par plusieurs genz de nostre Royaume, en telle maniere, que nulz marcheanz de nostre Royaume, ne dehors, n'ose, ne ne puist marchander, ainçois est marchandise du tout cheüe, & sont le vivres si encheriz *par les prisées* dessudites, que a peine a le menu peuple a de quoy soy vivre, Et se nous n'y mettions remede

NOTES.

(a) Cette Ordonance est au Registre A feüillet 27. de la Chambre des Comptes de Paris feüillet 87. *verso.* Voyez cy-dessus l'Ordonance de Philippe le Bel du Jeudy 1308. avant Pâques fleuries, pages 458. 459.

convenable

convenable il feroient en voie d'estre affamé, si comme il dient. Et nous qui les voulons garder, & deffendre de tiex oppressions & damages, quar ainsi le vosit nostre tres cher Seigneur & Pere, & le nous enjoint autrefoiz a faire, tenir & garder. De certaine science, eüe deliberation de nostre Conseil, *voulons, & octroions* que tuit Marchant puissent marchander seurement par nostre Royaume *sanz prises nulles*, de quelconques biens, & de quelconques personnes que ce soient, *lesquelles prises nous deffendons* a touz, *par ces Lettres*, & *deffendons* du tout. Et se nous avons donné aucunes lettres de grace, de penre *pour pris*, nous les *rappellons* par ces presentes lettres. Et *mandons & commandons* a touz ceuz de nostre Hôtel, estans establis sur le fait de noz garnisons. Que se il avient, que de ce qui faudra pour nostre *Hôtel*, ou pour nostre *Guerre*, il ne puissent faire marchié aux Marcheans, qui auront les choses qui nous faudront, & se pour les choses dessus dites, pour nous, & pour l'ostel de nostre chiere Compaigne, il conviegne que *priz soit fait*, il le facent faire, par *bonnes gens dignes de foy, & le prix fait, il paient* les deniers, ou doignent leurs lettres de ce que il leveront, par lesquelles nous paierons les deniers. Et *voulons* que nulz de noz gens ne puissent riens lever, ne donner lettres, fors que nostre amé & feal *Tresorier Baudoin de Roy* Maitre de nos Garnisons, pour cause de la Guerre tant seulement, & nostre amé *Pierre Remy* Maître de nostre hostel, *& de la Chambre aus deniers* de nostre hôtel, pour cause de *nostre hostel*, & de l'ostel de nostre chere Compaigne tant seulement, ausquelz nous *deffendons* estroitement, & commandons, que riens il ne praignent, ne ne facent penre ne arrester, se ce n'estoit pour achat, ou par prise fait par *bonnes gens dignes de foy*, en tele maniere que par ledit pris, ne par la demeure, les Marcheans n'i aient damage, & que il paient l'argent tantost, & ou il doignent lettres de leurs Seaux, qui voisent a nos Tresoriers ausquiex nous avons donné en mandement, que il paient tout ce qui aperra, qui sera deu par leurs lettres pour la cause dessusdite. Et *ne voulons* que il puissent riens *penre par prise suz nul marcheant dehors*, fors tant seulement pour pur achat, & en paiant l'argent tantost. Et *rappellons* des-ore-endroit tous autres qui ont eû pooir de vous, de penre ou temps passé, & leur *deffendons des-ores-en avant* le penre & l'arrester, sus quanque il se pouent mesfaire envers nous, pourquoy vous *mandons* a vous & a chascun de vous, que en la maniere que dessus est dit, *vous le faciez crier & publier a cri general* par touz les lieus de vos Baillies & de voz Seneschaussiées, la ou vous verrez que il sera a faire. Et ce faites tenir & garder fermement sanz enfraindre. Et se vous trouvez que aucun vousist aller, ou faire contre les choses dessus dites, si le contraingnez a cesser, ne ne souffrez que il levient riens fors en la maniere dessusditte. *Donné à Paris dix-huit jours en Novembre, l'an de grace mil trois cens quinze.*

LOUIS X. dit Hutin, à Paris, le 18. Novembre 1315.

LOUIS X. dit Hutin, à Paris, le 19. Novembre 1315.

(a) *Ordonance portant que les monoies noires, ou blanches forgées dans les Pays Estrangers, n'auront cours dans le Royaume. Que celles des Barons n'auront cours que dans leurs terres, & que les monoies decriées seront percées, &c.*

LUDOVICUS *Dei gratiâ Francorum, & Navarre Rex, &c.* Au Bailly de Mâcon, *Salut*. Nous qui avons oie la grant complainte de nostre pueple du Royaume de France, qui nous a montré comment par les *monoies faites hors de*

NOTES.

(a) Cette Ordonance est en la Chambre des Comptes de Paris, Registre A *fol.* 88.

LOUIS X. dit Hutin, à Paris, le 19. Novembre 1315.

nostre Royaume, & contrefaites a nos Coings, & aus *Coings de nos Barons,* & par les monoies aussi de nos dits Barons, lesquelles monoies touttes ne sont pas *du poids, de la Loy, ne du Coing anciens,* ne convenables, nos subgiez, & nostre pueple sont damagiez en moult de manieres, & deceuz souvent grossement, & feroient encore plus, se plus estoit souffert. Pourquoy il nous ont supplié, & requis a grant instance, que sus ce nous *pourveissions de remede convenable.* Et pour ce nous qui voulons toujours nos subgiez, & nostre pueple garder de damage, & oster toutes manieres pourquoy ils pouroient estre grevez & deceuz, *Ordenons & avons ordené, & estably* que nulle monoie noire, forgiée hors de nostre Royaume, de quelconque Coing que elle soit, ne nulle autre monoie d'Or & d'Argent contrefaitte, soit prise, mise, ne alloüée en nostre Royaume, par nul de nos subgiez, ne par autre, pour nul pris, & les dittes monoies de nos dits Barons, nous ne voullons que elle ait cours en nostre terre, ne en terre d'autre Baron, fors tant seullement és lieux, ou elles ont eu cours de grant ancienneté, & pour leur droit, Pourquoy nous te *Mandons & Commandons* que tu cette nostre presente Ordonance *face crier* solemnement, & publier en ta Baillie & és ressorts, & par tous les lieus d'icelle, ou tu voiras que il sera a faire. Et toutes les dites monoies qui contre nostre deffense puis en ça, seront trouvez prenant & metant, & non autrement, nous *voulons* que elles soient *prinses* & tantost *perciées,* & *rendues toutes perciées a ceus de qui elles auront esté prises.* Et se aucuns *Changeurs,* ou *Orfevres* qui les dittes monoies deffenduës doivent connoistre estoient trouvez prenant, ou mettant icelles monnoies deffenduës, Nous *voulons* que elles soient prinses comme *forfaittes,* & commises a nous. *Donné à Paris le dix-neuf jour de Novembre, l'an de grace mil trois cens quinze.*

LOUIS X. dit Hutin, à Paris, le 15. Decembre 1315.

(a) Lettres par lesquelles le Roy approuve une Constitution de l'Empereur Frederic.

SOMMAIRES.

(1) Tous Statuts de Villes, & toutes Coutumes contre la liberté de l'Eglise seront nuls, & ceux qui les feront à l'avenir seront infames.

(2) On ne pourra imposer aucune Taille, ni aucune charge sur les Eglises, ni sur les personnes Ecclesiastiques.

(3) Toute Communauté, ou toute personne excommuniée, pour avoir donné atteinte aux Libertez de l'Eglise, & qui sera restée pendant une année dans son excommunication, sera au ban de l'Empire.

(4) Nulle personne Ecclesiastique ne sera traite en Cour Laye, soit en matiere civile, ou criminelle.

(5) Tous heretiques seront infames, & leurs enfans ne leur succederont pas &c.

(6) Tous magistrats & Officiers jureront qu'ils chasseront tous les heretiques de leurs Jurisdictions, sous peine d'estre privez de plein droit de leurs Offices.

(7) Les Seigneurs temporels avertis de purger leurs terres d'heretiques, & qui n'y auront pas satisfait dans l'année, à compter du jour de la monition, perdront leur terre, dont les Catholiques pourront se mettre en possession.

(8) Les fauteurs d'heretiques sont bannis, & ceux qui par cette raison auront esté excommuniez, & qui ne se seront pas fait absoudre dans l'an, seront infames, &c.

(9) Les effets de vaisseaux échoüez seront rendus à ceux à qui ils appartiennent, &c.

(10) Les estrangers disposeront librement de leurs biens par testament. S'ils n'en ont pas disposé l'Evesque les employera en œuvres pieuses, ou ils seront rendus, s'il se peut, à leurs heritiers, &c.

(11) Les laboureurs ne seront pas troublez dans leurs occupations, & personne sous peine du quadruple & d'infamie ne pourra s'emparer de leurs biens.

LUDOVICUS *Dei gratiâ Francorum & Navarræ Rex, &c.* Fredericus *Dei gratiâ Romanorum Imperator semper Augustus, Ducibus, Marchionibus, Comitibus cæterisque populis quos clementiæ nostræ Regit Imperium*, salutem & gratiam. In die *quâ de manu sanctissimi Patris nostri summi Pontificis recepimus imperii diadema, curavimus ad Dei & Ecclesiæ Romanæ honorem, edere quasdam leges, quas præsenti paginæ jussimus annotari, per totum nostrum imperium publicandas. Sunt autem hæ leges.*

LOUIS X. dit Hutin, à Paris, le 15. Decembre 1315.

Ad decus, *& honorem imperii, & ad laudem Romani Principis, nihil magis videtur accedere, quàm ut expurgatis quorumdam erroribus, & iniquis quorumdam statutis pœnitus destitutis, de cætero Ecclesia Dei plenâ quiete vigeat, & securâ gaudeat libertate. Sane adeo infidelium & perversorum quorumdam iniquitas abundavit; ut non dubitent contra Ecclesiasticam disciplinam, & contra sacros Canones, plura sua statuta confingere, adversus Ecclesiasticas personas & Ecclesiæ libertatem; Cum ergo Ecclesia, quæ nihil debet appetere præter bonum, dispositione divinâ favente, nihil velit quod nobis eodem concursu voluntatis non placeat.*

(1) Nos Fredericus Dei gratiâ Romanorum Imperator & semper Augustus, hac edictali lege *irritamus & præcipimus irrita nuntiari, omnia statuta, consuetudines, quæ civitates vel loca, potestates, Consules, vel quæcunque aliæ personæ, contra libertates Ecclesiæ, & Ecclesiasticas personas, edere, vel servare tentaverint, adversus canones, vel imperiales sanctiones, & eadem de capitularibus suis, infra duos menses post hujusmodi publicationem edicti penitus aboliri. Etsi de cætero similia attentaverint, eo ipso jure decernimus esse nulla, & eos sua jurisdictione privatos, nec non locis ubi talia præsumpta fuerint, banno mille marcharum præcipimus subjacere. Potestates vero, Consules, Rectores, statuarii, & scriptores dictorum statutorum, nec non consiliarii locorum ipsorum, & qui secundum statuta, vel consuetudines memoratas judicaverint, sint ex tunc, ipso jure* infames, *quorum sententias, vel actus alios legitimos, statuimus aliquatenus non tenere. Quod si per annum nostræ hujus constitutionis inventi fuerint contemptores, bona eorum, mandamus per totum nostrum imperium ab omnibus occupari, salvis tamen aliis pœnis contra tales in generali consilio promulgatis.*

(2) Item. *Nulla communitas, vel persona publica, vel privata collectas, sive exactiones, angarias, vel perangarias Ecclesiæ, aliisque piis locis imponant, aut invadere Ecclesiastica bona præsumant. Quod si fecerint, & requisiti ab Ecclesiâ, vel imperio emendare contempserint, triplum refundant, & nihilominus banno imperiali subjaceant, quod absque satisfactione debitâ nullatenus remittetur.*

(3) Item. *Quæcunque Communitas, vel persona per annum in excommunicatione propter libertatem Ecclesiæ factâ (b) restiterit, ipso jure imperiali banno subjaceat, a quo nullatenus extrahatur, nisi prius ab Ecclesiâ beneficio absolutionis obtento.*

(4) Statuimus autem, ut nullus Ecclesiasticam personam in criminali quæstione, vel civili trahere ad judicium seculare præsumat, contra Constitutiones imperiales, & Canonicas sanctiones. Quod si fecerit actor a suo jure cadat, judicatum non teneat, & judex sit extunc judicandi potestate privatus. Statuimus etiam ut si qui Clericis, aut Ecclesiasticis personis justitiam denegare præsumpserint, tertio requisiti suam jurisdictionem amittant.

(5) (c) Catharos, Paterinos, Leonistas, Paronistas, Arnaldistas, circumcisos & omnes hæreticos utriusque sexus, quocunque nomine censeantur, perpetuâ damnamus infamiâ, diffidamus, atque bannimus, censentes ut bona talium confiscentur, nec ad eos ulterius revertantur, ita quod filii ad successionem eorum pervenire non possint, cum longe sit gravius æternam, quam temporalem offendere majestatem. Qui autem in-

NOTES.

(a) Ces Lettres sont au Registre de la Seneschaussée de Nîmes cotte D. Quant à la Constitution de Frederic elle est rapportée dans les livres des fiefs, livre 5. titre premier, avec quelques differences. Voyez en cet endroit les notes de Denys Godefroy.

(b) Restiterit.] Dans les imprimez il y a mal, *præstiterit.* Voyez l'article 123. du premier livre des Establissemens, avec la note.

(c) Catharos.] C'estoient des Manichéens, & ce nom a esté ensuite donné aux Vaudois. *Vide Cangium in Cathari.*

LOUIS X. dit Hutin, à Paris, le 15. Decembre 1315.

venti sunt solâ suspicione notabiles, nisi ad mandatum Ecclesiæ juxta considerationem suspicionis, qualitatem personæ, propriam innocentiam, congruâ purgatione monstraverint, tanquam infames, *& banniti habeantur, ita quod si sic* per annum *permanserint, ex tunc eos sicut hæreticos condemnamus.*

(6) Statuimus hoc Edicto *in perpetuum valituro, ut Potestates, vel Consules, seu Rectores, quibuscumque fungantur officiis, pro defensione fidei præstent publice juramentum, quod de terris suæ jurisdictionis subjectis universos hæreticos ab Ecclesiâ denotatos, bonâ fide, pro viribus exterminare studebunt, ita quod amodo quandocunque fuerit quis in potestatem, sive perpetuam, sive temporalem assumptus, hoc teneatur capitulum juramento firmare; alioquin nec pro potestatibus, neque pro Consulibus habeantur, eorumque sententias decernimus ex tunc irritas & inanes.*

(7) Si vero Dominus temporalis *requisitus & monitus terram suam purgare neglexerit ab hæreticâ pravitate,* post annum *a tempore monitionis elapsum, terram ipsius exponimus catholicis occupandam, qui eam exterminatis hæreticis, absque ullâ contradictione possideant & in fidei puritate conservent, salvo jure, domini principalis, dummodo super hoc nullum preesset obstaculum, neque aliquod impedimentum apponat, eadem lege nihilominus servatâ, contra eos qui non habent dominos principales.*

(8) Credentes præterea, receptatores, defensores, & fautores hæreticorum bannimus, *firmiter statuentes, ut si postquam quilibet talium fuerit ab Ecclesiâ excommunicatione notatus, satisfacere contempserit* infra annum, *ex tunc ipso jure sit factus* infamis, *nec ad publica officia, seu consilia, vel ad eligendos aliquos ad hujusmodi, nec ad testimonium admittatur, sit etiam intestabilis &c. ut nec testandi liberam habeat facultatem, nec ad hereditatis successionem accedat. Nullus preterea & super quecumque negotio, sed ipse aliis respondere cogatur. Quod si forte* judex *extiterit, ejus sententia nullam habeat firmitatem, nec causæ aliquæ ad ejus audientiam perferantur. Si fuerit* advocatus *ejus patrocinium nullatenus admittatur, Si* tabellio *instrumenta per eum confecta, nullius sint momenti.*

(9) Navigia undecumque locorum proveniant, si aliquo casu contingente rupta fuerint, vel alias ad terram veniant, tam navigia, quam navigantium bona illis integre reserventur, ad quos spectabant antequam navigium illud periculum incurrisset, sublatâ pœnitus consuetudine locorum, quæ huic adversatur ordinationi, nisi talia sint navigia quæ piraticam exerceant, aut sint nobis, vel Christiano nomini inimica. Transgressores autem hujus nostræ constitutionis bonorum publicatione multentur, & si res exegerit juxta mandatum nostrum modis aliis compescatur.

(10) Omnes peregrini, & advenæ libere hospitentur ubi voluerint : & hospitati (d) si testari voluerint, de rebus suis ordinandi liberam habeant facultatem, quorum ordinatio inconcussa servetur. Si vero intestati *decesserint ad hospitem nihil veniat, sed bona ipsorum per manum Episcopi loci tractentur; si fieri potest hæredibus, vel in pias causas erogentur. Hospes vero si de bonis talium aliquid contra hanc nostram constitutionem habuerit, triplum Episcopo restituat, quibus justum fuerit assignandum, nonobstante statuto aliquo, aut consuetudine, seu privilegio, quæ hactenus contrarium inducebant. Si qui autem contra præsumpserint eis, de rebus tuis, testandi interdicimus facultatem, ut in hoc puniantur, in quo deliquerunt, aliàs prout culpæ qualitas puniendos.*

(11) Agricultores, & circa rem rusticam occupati, dum illis insident, dum agrocolunt, securi sint, quacumque parte terrarum, ita ut nullus inveniatur tam audax, ut personam, boves, agrorum instrumenta, aut si quid aliud sit quod ad operam rusticanam pertineat, invadere, rapere, aut violenter auferre præsumat. Si quis autem

NOTES.

(d) Si testari voluerint.] Delà vient en partie que le droit d'Aubaine n'a pas lieu dans les pays de droit écrit. Voyez Casencuve dans son Traité du franc-aleu livre 2. chapitre 4. n. 15. page 185.

statutu

statutum ausu temerario violare præsumpserit, quadruplum *violato restituat, &* infamiæ *notam ipso jure, imperiali animadversione nihilominus puniendus*.

(e) Nos autem statuta prædicta salubria reputantes Senescallo Bellicadri, *vel ejus locum tenenti, cæterisque justiciariis regni nostri, tenore præsentium districte præcipimus & mandamus quatenus ipsa statuta & alia in ipsis contenta litteris, teneri, servari & executioni mandari faciant diligenter, nec aliquem contra ea, ac aliquid eorumdem attemptent, seu attemptari quoquomodo permittant, & ea quæ contra facta fuerint revocent, & ad statum debitum juxta dictorum statutorum continentiam faciant reduci. In cujus rei testimonium, præsentibus nostrum fecimus apponi sigillum.* Datum Parisius quintâ die Decembris, anno Domini millesimo trecentesimo quinto decimo.

LOUIS X. dit Hutin, à Paris, le 15. Decembre 1315.

NOTES.

(e) Nos.] Dans les imprimez l'approbation du Pape Honoré est mise en ce lieu.

LOUIS X. dit Hutin, à Vincennes, en Decembre 1315.

(a) Letres par lesquelles le Roy confirme les libertez des Eglises du Languedoc, & leur accorde de nouveaux Privileges.

SOMMAIRES.

(1) Les privileges accordez aux Eglises sont confirmez.

(2) Les Seneschaux, & les Baillis jureront qu'ils observeront les Ordonances énoncées dans l'article precedent, & celle-cy qui les confirme.

(3) Les Officiers, qui rendront Justice en differens Dioceses, feront leur serment dans celuy, où ils tiendront leur premiere assise.

(4) Les Officiers inferieurs feront leur serment, entre les mains de leurs superieurs aux premieres assises.

(5) Chaque Officier ne fera qu'un seul serment pour tout le temps de son exercice.

(6) Les Officiers qui ne retracteront pas ce qu'ils auront attenté contre les libertez de l'Eglise, en payeront les dommages & interests.

(7) Les Officiers du Roy presteront main forte à l'Eglise, quand elle en aura besoin.

(8) Les Clercs non mariez ne contribuëront pas aux Tailles.

(9) Les Prelats qui ont droit de faire battre monoye, en useront en la faisant du poids & de la Loy marquez au Registre de S.t Loüis.

(10) Les Seneschaux & les Baillis ne troubleront pas les Ecclesiastiques, dans l'exercice de leurs Justices, &c.

(11) On n'exigera plus pour le Roy aucune finance des hommes des gens d'Eglise, pour n'avoir point esté à la Guerre.

(12) Les lettres impetrées contre les personnes d'Eglise, sans qu'il en soit fait mention, sont nulles.

L*UDOVICUS Dei gratiâ Francorum Rex. Notum facimus Universis præsentibus & futuris, quod nos omnipotenti Deo, qui est Rex Regum & Dominus dominantium, per quem Reges regnant, & legum conditores justa decernunt, ad instar almi confessoris* Beati Ludovici proavi nostri, *& inclitæ recordationis carissimi domini* Philippi genitoris nostri, *ac aliorum Christianissimorum principum prædecessorum nostrorum regum, quondam Franciæ & Navarræ, devote famulari, regulasque Christianæ, & orthodoxæ fidei custodire, ac ex ipsius fidei progressu & ampliatione gaudere & gloriari cupientes, Ecclesias, monasteria, & alia pia loca ad honorem divini numinis, in terrâ regnorum nostrorum gubernaculo dedicatâ, nec non & ministros ipsius fidei, & pugiles, sub protectione nostræ celsitudinis Regiæ, ut per terrenum nostrum regnum cæleste proficiat, & pax & tranquillitas, sine quibus pacis actor nequit excoli,*

NOTES.

(a) Ces letres sont au Registre de la Seneschaussée de Nîmes, cotté D. Voyez cy-aprés sous *Philippes le Long*, au mois de Mars 1316.

LOUIS X. dit Hutin, à Vincennes, en Decembre 1315.

serventur uberius, gratiose, volumus *confoveri,* prænoscentes *magis sanctorum meritis, eorumdemque devotorum Ecclesiæ ministrorum orationibus, quam armorum exercitiis, publicisque officiis, ac laboribus corporis vel sudore, prædictorum regnorum nostrorum rempublicam* contineri. *Ea propter, nec non & in considerationem debitam deducentes fidelem, promptum que dilectionis affectum, quem per exhibitionem operis spiritualis, & decimalis subventionis ad nos, & coronæ nostræ tuitionem, dilectos & fideles nostros Episcopum* Nemausi, *Abbates, capitula, conventus, cæterasque personas Ecclesiasticas sæculares & regulares diœcesis Nemausi habere comperimus, ipsis ac Ecclesiis, monasteriis que & successoribus eorumdem statuta ipsius* beati Ludovici proavi nostri, *nec non ordinationes ejusdem Domini genitoris nostri quæ sic incipiunt.*

(1) Nos Philippus *Dei gratiâ Francorum Rex. (b)* Pro reformatione regni nostri, &c. *ac alias ejusdem domini genitoris nostri litteras, quarum una sic incipit. (c)* Decens reputamus & congruum &c. *alias (d)* Regi regum &c. *alias (e)* Notum facimus Universis tam præsentibus quam futuris, quod nos *oblatam &c. & alias (f)* Quia Flamingorum, &c. *Ac omnes litteras, & gratias alias a dicto Domino genitore nostro, aut aliis prædecessoribus nostris eisdem communiter, vel divisim concessas, omnes que eorum libertates & immunitates & privilegia, antiquas que & approbatas consuetudines* approbamus; ratificamus, renovamus *& authoritate regiâ, ex certâ scientia tenore præsentium* confirmamus, *eisque alias libertates & gratias, per litteras* nostras *quæ sic incipiunt. (g)* Subditorum nostrorum tranquillitatem &c. *communitatibus & universitatibus civitatum castrorum & villarum linguæ occitanæ, nec non & alias libertates Religiosis, ac nobilibus Comitatus Foresii pridem concessas, quæ sic incipiunt. (h)* Subditorum nostrorum tranquillitati indemnitati & quieti providere, &c. *de novo prout ad eos, contenta in dictis litteris ipsis de Foresio & de linguâ occitanâ a nobis, ut prædicitur concessis, pertinent, vel poterunt pertinere,* concedimus, *atque super hiis litteras nostras sub sigillo nostro, tenore dictorum statutorum, ordinationum & litteratum ac gratiarum, de verbo ad verbum ex integro continentes, ipsis liberaliter tradi præcipimus & mandamus, revocantes ex nunc nihilominus ea omnia, quæ contra libertates, ac litteras, & statuta prædicta, per quoscumque officialum nostrarum, aut quarumcumque aliarum personarum fuerint quomodolibet indebite attemptata.*

(2) Volumus *etiam & ordinamus, quod Senescalli, Baillivi, bajulique nostri, tactis sacrosanctis Dei Evangeliis* jurent *de novo,* & jurare teneantur *de cætero, in principio regiminis eorumdem, publice, in assisiis eorum, & sub pœnâ omissionis officii sui, vocato loci diocesano,* se servaturos *& impleturos, & etiam executuros omnia & singula contenta in dictis statutis, litteris que prædictis per nos concessis, ac etiam renovatis ordinatione nostrâ præsenti, bonâ fide & sine fraude & dolo, & contra non venire fraudulenter, vel dolose per se vel per alium quoquomodo, & indebite, attemptata contra statuta ipsa, libertates, & litteras prædictas prout de illis ipsis constiterit breviter, & sine difficultate qualibet revocare.*

(3) Mandamus *etiam quod illi qui in pluribus diocesibus præsidebunt, per viam ressorti, vel aliàs vocato loci diocesano, in primâ assisiâ cujuslibet diœcesis juramentum prædictum facere teneantur.*

(4) Ordinamus, *insuper quod inferiores officiales nostri hoc idem* juramentum *in manu superiorum suorum, in primis assisiis, ut dictum est, præstare teneantur; Et si forsan aliqua diœcesis dictorum Prælatorum fuerit, in quâ aliquæ non teneantur*

NOTES.

(b) Pro reformatione.] Voyez cy-dessus, page 357.

(c) Decens.] Voyez cy-dessus, page 334.

(d) Regi Regum.] Voyez page 341.

(e) Notum facimus quod nos oblatam.] Voyez au 3. May 1304.

(f) Quia Flamingorum.] Voyez cy-dessus, page 380.

(g) Subditorum nostrorum tranquillitatem.] Voyez cy-dessus, page 554.

(h) Subditorum nostrorum tranquillitati.] Voyez cy-dessus, page 568.

LOUIS X. dit Hutin, à Vincennes, en Decembre 1315.

per gentes nostras assisiæ, Volumus etiam & præcipimus, quod Senescallus, seu bajulus, qui in prædictâ præsidebit diœcesi, per viam ressorti, vel alias vocato dictæ diœcesis Prelato, in suis primis assisiis quas curia alibi, in loco tamen proximiori dictæ diocesis tenere contingerit, dictum præstet juramentum, & a suis judicibus, officialibus ministris inferioribus regiis recipiat, prout superius est expressum.

(5) Volumus tamen quod singuli officiales nostri prædicti, pro toto tempore sui regiminis semel tantum in singulis diœcesibus præstare juramentum hujusmodi teneantur. Et si forsan aliquis dictorum sufficienter requisitus, juramentum prædictum præstare noluerit, volumus sic ipsum puniri, quod per exemplum pœne ipsius ceteri ad jurandum & obediendum, de cetero arceantur, nec salaria, seu stipendia nostra percipiat, donec prædictum præstiterit juramentum.

(6) Ordinamus etiam, quod si aliqui dictorum officiariorum indebite attemptata contra libertates, ordinationes, literas & statuta prædicta, cum de ipsis sibi legitime constiterit, non retractaverint, vel plus debito malitiose revocare distulerint, sufficienter tamen super hoc requisiti, expensas & damna prosequentibus restituere teneantur, justitiâ mediante.

(7) Item. Ordinamus quod omnes justitiarii nostri Ecclesiis auxilium sæcularis brachii præstent, ubi viderint Ecclesiam, pro suâ jurisdictione Ecclesiasticâ indigere.

(8) Volumus etiam, & ordinamus, quod Clerici non conjugati, dum tamen publice mercatores non fuerint, quantum ad nos spectat, ad contribuendum in taliis laïcorum extraordinariis, vel super judicio, salvo tamen jure cujuslibet alterius, nullatenus teneantur, quodque officiales nostri, quantum ad nos pertinet ipsos ad hoc non compellant, seu qualitercumque compelli permittant.

(9) Volumus insuper quod Prælati ipsi, quibus cudendi monetam jus competit, non impediantur per aliquos officialium nostrorum quin eam cudi facere possint cum voluerint, & sibi viderint expedire, dum tamen eam cudi faciant de formâ, pondere & lege debitis, & antiquitus consuetis, prout in registris antiquis beati Ludovici reperitur, in camerâ compotorum nostrorum, nisi sint aliqui quibus amplius competat, de privilegio, vel indulto aliquo speciali. Et si forsan, superdicto jure cudendi quæstio, vel dubium oriatur, cognitionem, & decisionem hujusmodi penes nos reservamus.

(10) Item. Inhibemus districte omnibus Senescallis, Baillivis, Præpositis, & aliis Officiariis ac Ministris, & Universis ac singulis justiciabilibus & districtibilibus nostris, quod dictos prælatos, personas Ecclesiasticas, & jurisdictionem Ecclesiasticam non impediant, nec perturbent directe, vel indirecte, quominus contra quascumque personas Ecclesiasticas, vel seculares cognoscant libere de crimine usurarum, & dictarum usurarum restitutionem fieri faciant, ut de antiquâ & approbatâ consuetudine pertinet ad eosdem, & quominus ad forum Ecclesiasticum contra quoscumque, vel per quoscumque laïcos & alios recurratur, & per dictos prælatos & curias Ecclesiasticas cognoscatur, de omnibus & singulis casibus ad eos pertinentibus de antiquâ & approbatâ consuetudine, vel de jure, hoc servari volentes, nonobstantibus quibuscumque proclamationibus, bannis, prohibitionibus, edictis, statutis, ordinationibus, pœnis & colligationibus quibuscumque, nec non & litteris, si forte a nostrâ curiâ in contrarium emanassent, quæ omnia cassamus & irritamus, cassa & irrita esse declaramus, quantum ad omnia & in omnibus & in quibus sunt, vel esse possunt juri, Ecclesiasticæ libertati, ordinationibus prædecessorum nostrorum, seu antiquæ & approbatæ consuetudini contraria, prohibentes consimilia in posterum attemptari, & mandantes eos qui contra hec aliquid attemptaverint puniri, Nolentes quod propter dicta attemptata, foro Ecclesiastico, & Ecclesiasticæ libertati, dictis que prælatis & personis Ecclesiasticis, ac curiis earumdem, aliquod prorsus prejudicium generetur, in hiis quæ de jure, vel antiquâ & approbatâ consuetudine pertinent ad eosdem, nec quod nobis quo ad præmissa, vel ex eis jus novum, vel præjudicium aliquod aliquatenus acquiratur. Ceterum cum per dictum genitorem nostrum in hoc divino cultui, animarum saluti, Ecclesiasticæ libertati, & utilitati reipublicæ prospicientem, deliberatione providâ fuerit

LOUIS X. dit Hutin, à Vincennes, en Decembre 1315.

certa pœna appositâ, contra usurarios manifestos, qui immensas usuras exigunt, ut quos divinus timor a malo non revocat, temporalis saltem pœnâ coherceat, propter præmissa derogare non intendimus in aliquo juri nostro, quominus laïcos usurarios manifestos transgressores ordinationis regiæ supradictæ, punire possimus, & ad restitutionem usurarum compellere, prout ad nos pertinere potest, de jure, vel aliqua consuetudine, super qua quidem consuetudine per personas fideles diligenter inquiri mandabimus, *& inquisito faciemus quod justitia suadebit, præsertim cum dicti Prælati asserant, quod ad nos pertinet dictarum usurarum punitio de consuetudine, vel de jure. Ad hæc, omnia blada, vina, & alia bona seu garnisiones dictorum prælatorum & aliarum personarum Ecclesiasticarum regni nostri, quæ per gentes nostras propter guerras & necessitates nostras hactenus capta fuerunt eisdem, si dicta blada vina & alia bona extent, integraliter reddi, sin autem de justo eorum pretio satisfieri præcipimus indilate, & a consimilibus in posterum abstinere. Nolentes dictos prælatos & personas Ecclesiasticas in prædictis, vel quibuscumque aliis contingentibus Ecclesiasticam libertatem, ultra illa quæ nobis de jure, vel antiquâ consuetudine competunt, aliquatenus agravari, nec quod brachium eorum temporale cùm spirituali coadunare prohibeantur, per dictas gentes nostras, seu quoscumque alios justiciabiles & districtibiles nostros.*

(11) Item. *Circa financias quæ ab omnibus, & subditis dictorum Prælatorum, & personarum Ecclesiasticarum per gentes nostras petuntur, pro eo quod juxta mandatum nostrum ad guerram nostram Flandrie non venerunt, nec miserunt, eorumdem prælatorum, hominum & subjectorum libertates & privilegia, si quæ habent, volumus & præcipimus illibata servari, & ad dictas financias non compelli, si obtentu dictorum privilegiorum & libertatum, vel de jure aut consuetudine immunes sunt ab eisdem, super quibus faciemus justitiam petentibus exhiberi.*

(12) Item. *Cum interdum per fraudem, & malitiam impetrantium litteræ nostræ contra personas Ecclesiasticas impetrentur, nulla facta in ipsis litteris, quod sint personæ Ecclesiasticæ mentione, prædictas litteras nullas esse declaramus, & executioni prohibemus mandari eosdem, dictosque impetrantes puniri præcipimus, prout fuerit rationis.*

Damus autem omnibus Senescallis, Baillivis, majoribus, judicibus, præpositis, bajulis, procuratoribus, ministris, servientibus, a justiciariis nostris, ac eorum loca tenentibus & successoribus in dictis officiis eorumdem, tenore præsentium in mandatis, & sub indignationis nostræ pœnâ, quatenus bonâ fide, & absque omni fraude, dolo, malitiâ difficultate & diffugio servent & servari faciant, a justiciabilibus & subditis eorumdem, omnia & singula in statutis, ordinationibus, litteris, gratiis & privilegiis contentus prædictis, ac in ordinatione nostrâ præsenti. Et si qua per eos, seu alios indebite attemptata fuerint in contrarium, quæ omnia ex nunc revocamus, cassa & irrita esse volumus, *& decernimus & nullum nobis vel successoribus nostris propter hoc jus novum acquiri, nec in aliis jus nostrum diminui volumus, nec dictis prælatis abbatibus, Conventibus, capitulis, ceterisque personis Ecclesiasticis eorumque monasteriis Ecclesiis monasteriis, privilegiis, libertatibus antiquis & approbatis consuetudinibus prejudicium generari, sed prout de ipsis eisdem constiterit, & ad eorum quemlibet pertinuerit revocent indilate, salvo in aliis jure nostro & in omnibus quolibet alieno. Quod ut firmum & stabile permaneat in futurum præsentibus litteris nostrum fecimus apponi sigillum.* Actum apud Vicennam, anno Domini millesimo trecentesimo quinto decimo, mense Decembris.

(a) Ordonance

(a) Letres par lesquelles le Roy confirme les Usages de la Baillie d'Auvergne, contre les entreprises des Officiers Royaux.

LOUIS X. dit Hutin, à Tournoy, en Decembre 1315.

LOYS par la grace de Dieu Roys de France & de Navarre, Nous faisons sçavoir a tous presens & a venir, que comme les Barons, les nobles, & les autres habitans de la Baillie d'Auvergne, & du ressort d'icelle, nous aient fait montrer, en complaignant, que plusieurs griez & nouvelletez non deües, leur ont esté faiz ou temps passé, *leurs bonnes Costumes anciennes, leurs Franchises, & leurs Usages corrumpuz, & despointez en plusieurs manieres*, requerans que ces choses nous voussissions ramener a l'estat ancien du temps *M.r saint Loys nostre besaieul*, & faire garder les *Ordenances & Establissemenz* de nostre cher Seigneur & pere, que Dieux absoille, & pour les *griez* que nos *Officiaux* qui ont esté pour le temps, ont faiz en ladite Baillie & ou ressort d'icelle, nous envoiessions prodes houmes a les *corrigier* & *adrecier*. Et comme il aient servi nostre cher Seigneur & pere dessusdit & nous, a leur pouoir, & ou temps que les autres contrées & païs de nostre Royaume nous ont requis & pressiez, ne nous aient volu pressier, ne chargier, ne encores ne veulent, fors entant comme nostre grace se voudra estendre, nous les *desclarations, & les graces* que nous avons faites aus autres païs, qui en general, ou especial, sans contrarieté des uns ou autres, leur pourroient toucher en cele mesme maniere, leur voussissions faire & ottroier. Nous adecertes reconnoissans les services dessus diz, leur bonnes volentés & obeïssances, oyes leurs requestes dessus dites, leur avons *ottroié & ottroions*, que des-or-en-droit toutes les *nouvelletez* & seurprises qui leur ont esté faites, du temps nostre cher Seigneur & pere & du nostre, *nous rappellons*, & *voulons* que les *Costumes*, les *Franchises*, & les *Usages* soient ramenez & gardez a l'encien temps dessus dit, & que par bonnes gens, les quieux *nous envoierons* esdites parties, les *griez dessus diz soient corrigiez & adreciez*, & que il usent & joissent de toutes les declarations & graces faites par nous aux autres païs, en la maniere que il nous ont requis cy-dessus, entant comme a nous appartient en nos demaines: sauf a nos Barons de ladite Baillie d'Auvergne, & du Ressort d'icelle leur droit en leur demaines, aus quieux, & a chascuns de eus nous donnons en Mandement par ces Lettres, que il facent & accomplissent les choses dessus dittes, si comme a chascun appertendra en sa terre, ou se il en estoient defaillanz & negligenz, nous permettons a les y contraindre, si comme raison & justice le requerra. Et que ce soit ferme & estable ou temps a venir, Nous avons fait sceller ces Lettres de nostre Scel. *Fait à Tornoy, l'an de grace mil trois cens & quinze ou mois de Decembre.*

NOTES.

(a) Ces Letres sont au Tresor des Chartes, Registre cotté 72. pour les années 1323. 24. 25. piece 44. dans un *Vidimus* sans date de Charles V.

(a) Ordonance touchant les Monoies.

LOUIS X. dit Hutin, à Paris, le 15. Janvier 1315.

(1) On ne pourra faire aucune monoie ressemblante à celle du Roy, & il y aura toûjours de la difference à Croix & à Pile, suivant les Ordonances de S.t Loüis, qui seront en tout observées.

(2) Les monoies des Barons seront differentes les unes des autres à Croix & à Pile.

(3) On ne pourra mettre, ni recevoir dans le Royaume que des purs tournois, des Parisis, de pures mailles tournoises, des Parisis & des Bourgeois forts pour trois mailles, des Bourgeois simples pour un petit tournois, des

LOUIS X. dit Hutin, à Paris, le 15. Janvier 1315.

mailles Bourgeoises pour une maille tournoise, des gros tournois d'argent pour douze tournois petits, & des mailles d'argent pour quatre tournois petits.

(4) Le denier d'Or à l'Aignel aura cours jusques à Pâques pour douze sols, & ensuite pour dix sols, & les monoies autres que celles marquées cy-dessus choiront.

(5) La presente Ordonance sera observée dans tout le Royaume. Et nul Baron ne pourra faire prendre dans sa terre que ses monoies, & celles du Roy.

(6) Nul Orfevre ne pourra faire, ni faire faire de la vaisselle d'argent, depuis la Chandeleur prochaine jusques à deux ans.

(7) Nul Orfevre ne pourra acheter l'argent, pour plus grand prix qu'on en donne aux monoyes.

(8) Nul ne pourra affiner, ni rechasser les monoies decriées, mais elles seront portées aux monoies les plus prochaines, percées, ou non percées.

(9) Les Changeurs qui sont en la terre du Roy, ou des Barons qui n'ont pas monoie, ne pourront porter l'argent & le billon qu'aux monoies du Roy.

(10) Le prix du marc de l'argent le Roy sera aux monoies du Roy de cinquante-quatre sols tournois.

LOUIS par la grace de Dieu Roy de France & de Navarre, a touz ceus qui ces presentes lettres verront, *Salut*. Comme nous qui de nouvel sommes venus au gouvernement de nostre Royaume, ayons grant volenté, & grant desir pour le bon gouvernement & seur estat d'iceluy Royaume, de ensuir les bons faits de nos predecesseurs, & de ceus plus especiallement qui a la pais & bonne volenté du peuple saintement & sagement se sont portez ou gouvernement dudit Royaume. Et pour ce oyes les complaintes de nos subgiets, & d'autres conversans, & habitans en nostre dit Royaume, pour cause de marchandises & de moult d'autres causes, sur le griez & damages que il sans nombre & sans estimation, ont plus longtems soustenu par la *mutation, & affleboiement des monoies*, & les grans perils de perdre corps & avoir, ou il ont esté, & sont encores, pour les mauvaises, fausses & contrefaites monoies, qui par les faussaires convoiteux, & avoriacuz ont esté faites, & apportées ou temps passé, & sont encore faites, & apportées en nostre dit Royaume, mises & despenduës entreus comme bonnes, & en la fausseté & contrefaçon ne se connoissent pas, aions fait querir & serchier par nos escripts & registres anciens, les *(b) Ordenances, Estatuts & Commandemens sur le fait des monoies de M.r saint Loüis nostre predecesseur* Roy de France qui par tres grant excellence tint en grant pais & tranquillité son Royaume, & sagement le gouverna; Et pour le bon advisement que nous avons eû par ces Ordenances, Estatuts & Commandements, & grant deliberation de nostre Conseil & d'autres prudes hommes des bonnes Villes de nostre Royaume, sages & connoissants en telles choses, qui pour ce ont esté a nostre dit Conseil appellez, aiors fait ordené, & estably sur le fait des monnoies, *ordenons & establissons* en ensuivant & gardant les Ordenances, Estatuts & Commandements dudit *M.r Saint Loüis*, en la maniere qui s'ensuit.

(1) Il fut *esgardé*, que nul ne pust faire monnoie semblant à la monnoie le Roy, qu'il n'y eut dessemblance apperte & *(c)* devers *crois & devers piles*, & que

NOTES.

(a) Cette Ordonance est en la Chambre des Comptes de Paris, Registre A *fol.* 89. Elle est rapportée par Le Blanc dans son Traité des Monoyes, sous Loüis Hutin page 199. de l'Edition de Hollande. Ce même autheur remarque à la page 198. qu'avant cette Ordonance, vers les festes de Noël, le Roy en avoit fait une autre touchant les Monoyes des Barons, par laquelle Sa Majesté en prescrivit le cours & la loy, mais comme Le Blanc ne marque pas le Registre où elle est, on n'a pû l'avoir. Voyez Chopin sur la Coûtume d'Anjou page 121.

(b) Ordenances, Estatuts & Commandemens de Monsieur S.t Loüis, &c.] Voyez cy-dessus, sous l'an 1262. 1265. pages 93. 94. 95. &c. Voyez aussi les plaintes des Estats de Bourgogne articles 9. & 10. page 559. & Le Blanc dans son Traité des Monoyes sous Loüis Hutin.

(c) Devers croix & devers pile.] Voyez l'Ordonance de S.t Loüis devers la Mi-Caresme 1262. article premier, avec la note, page 93.

elles cessassent estre faites dés lors en avant, & que nulle monnoie ne fust prise ou Royaume là où il n'a point de propre monoie, fors que la propre monoie le Roy, & que nul ne vendit, ne n'achetat, ne fit marchié, fors que a celle monoie. Et pouoit & devoit la monoye le Roy courir par tout son Royaume, sans contredit de nulluy qui ait propre monoie, ou point, que elle devoit courir en la terre le Roy, ne ne devoient estre refusez *parisis*, ne *tournois*, tant fussent-il pelez, mes que il y eust connoissance *devers crois & devers pile*, qui fussent *parisis* ou *tournois*, pour que il ne faussist piece. Et veult encorre *li Saint Roy Loüis*, & commanda que telles monoies fussent receues a ses Rentes, comme il commandoit a prendre en sa terre, & que nul ne pust fondre, recourre, ne trebuchier la monoie le Roy, sus paine de corps & d'avoir. Toutes les choses dessus dittes en la maniere que elles furent faittes, ordennées, establies, & commandées de par lidit *M.r Saint Loüis*, Nous *ordenons*, *establissons*, & sur les paines dessus dittes, commandons estre gardées & tenües. Et comme l'en nous ait donné a entendre, que l'en contreface nos monnoies si prés & semblables a nostre Coing, en la *contrée de Poitiers*, de *la Marche de Saint Paul*, & de *Meun sur Yeure*, de quoy il nous deplaist, Nous *deffendons*, que desoresnavant ils ne soient si hardis de faire icelles monnoies, qui n'y ait grand difference *devers crois & devers pile*, sur paine de mefaire leurs monnoies, & du demourant de demourer a nostre volenté, lesquelles dés maintenant nous abbattons & mettons au Marc pour billon.

LOUIS X. dit Hutin, à Paris, le 15. Janvier 1315.

(2) Item. Nous deffendons que nuls des Barons qui ont droit de faire differentes monnoies, ne puist faire autel monnoie li un comme li autre, & qu'il n'y ait *(d)* grant dessemblance devers *crois* & devers *pile*.

(3) Item. Ledit M.r *Saint Loüis* voult, ordena & commanda, que nul ne prist en sa terre, fors que *purs tournois & parisis*, sauf ce que il voult & commanda, pour ce que li pueple doutoit que il ne fust assés monnoies de tournois & de parisis, que aucunes autres monnoies qui lors estoient en cours, fussent prises & mises pour certain pris, & jusques a certain temps. Et nous autresi, *Voulons, ordenons & commandons*, que nul ne prengnent, ne ne mettent en tout nostre Royaume, fors que *purs tournois* & *parisis*, & les *pures maales tournoises*, & *parisis*, & *bourgois forts*, pour trois maales parisis le bourgois, & le *bourgois (e) seugle* chacun pour un tournois, *& les maalles bourgoises* chacune pour une maalle tournoise, *(f)* sauf ce que pour ce que li pueple n'ait souffrance de telle monoie. Nous *voulons & commandons*, que les autres monoies cy-dessous escrites aient cours, & soient prises & mises par tout nostre Royaume, en la maniere qui s'ensuit, & tant comme il nous plaira; C'est a sçavoir, *tournois gros d'argent*, chacun tournois gros pour douze petiz tournois & non pour plus, les *maalles d'argent* chascune pour quatre deniers tournois petits & non pour plus, car plus ne valent-ils.

(4) Item. Pour ce que c'est nostre entente, & nostre volenté de garder en toute maniere les Ordenances de M.r *Saint Loüis*, nous avons fait regarder en nos Registres seur le fait de *la monoie de l'Or*, & avons trouvé, que il fist faire le *denier d'Or*, que len appelle *a l'Aignel*, & le fist faire & ajuster le plus leallement que il pot, & que il eust cours *pour dix sols parisis* tant seulement, & plus ne vaut-il, & eû regart a la valüe que argent vault. Et pour ce que nous *Voulons* en tout garder, & ensuir ces Ordenances, nous voulons que il ne queurre que pour *dix sols parisis* tant seullement, fors jusques *a Pasque prochain* venant, pour garder nostre pueple au mains de damage que nous poorons, & pour eus en delivrer, nous voulons que il queurre *pour douze sols parisis*, & la Pasque prochaine

NOTES.

(d) Grant dessemblance.] Voyez le Blanc, sous Loüis Hutin, page 197. de l'Edition de Hollande à la fin.

(e) Seugle.] Ou simple.

(f) Maalle tournoise.] Tout ce qui suit jusques à l'article 4. manque dans Le Blanc.

LOUIS X. dit Hutin, à Paris, le 15. Janvier 1315.

venuë, il ne courra que *pour dix sols parisis* tant seullement, & touttes autres monoies soient d'Or, ou d'Argent, ou noires, ou que elles aient esté faittes & contrefaittes a nostre Coing en nostre Royaume, ou dehors, & autressi toutes autres monoies contrefaittes au Coing *de nos Barons* des maintenant *chiessent*, & soient *perciées* & du tout *abbatuës*, & n'aient point de cours, fors que *au marcq pour billon*. Et especiallement nous abbattons les *gros tournois de sept deniers tournois*, les *doubles parisis*, & les *doubles tournois*, que l'en appelle *Cornus*, que *Guillaume le Flament* fist faire, pour ce qu'ils sont & ont esté contrefaits, & apportez des *fausses forges* en nostre Royaume, en decevant nostre peuple, *Et voulons* que ils soient apportez a nos monoies plus prochaines, & non a autres, des lieus ou ils seront pris, pour ce que il ont esté faits & contrefaits en nostre Coing. Et par cette presente *Ordenance* dés maintenant, nous *les abbattons* & ostons de tout cours & les mettons & commandons estre mises & despendües toutes perciées a nos monnoies plus prochaines des lieus ou elles seront, *au marcq pour billon*. Et se aucune des monoies ainsint abbattües, & ostées de tout cours, estoient trouvées *entieres*, & non *perciées un mois aprés*, ce que ces choses auront esté solemnement publiées en la Ville, ou en la Paroisse ou elles seront trouvées, fussent, si comme *M.r Saint Loüis l'ordonna*, prises & perdües a ceus qui entieres & non perciées les garderoient & retendroient.

(5) Item. M.r *Saint Loüis* par ses Ordenances, voult & commanda que les Ordenances de ses monoies fussent tenües par toute sa terre, & és terres a ceus qui n'ont propres monoies, & a ceus qui ont propre monoie. Voult autresi li dit *M.r Saint Loüis* que ses Ordenances fussent gardées & tenües en leurs terres, fors que tant que chacun peust faire prendre sa monoie propre en sa terre, & non autre, fors que celle que il laisseroit & auroit laissié en cours par ses Ordenances. Et autresi *voulons & commandons* que nos Ordenances cy dessus, & les autres cy-aprés écrites, soient gardées & tenües *par tout nostre Royaume* de France, soit en la nostre propre terre, soit en terres de ceus qui n'ont propres monoies & qui ont propres monoies fors tant que il nous plaist. Et *voulons que chascun qui a droit de faire monoie de grant ancienneté, puist faire prendre sa propre monoie en sa terre* & non autre, fors que les nostres monoies *cy-dessus nommées*, lesquelles nous avons laissiées, & laissons en cours par ces presentes Ordenances, & en la maniere, & non autrement, que il est cy-dessus escript. Et voulons & commandons que nos monoies a qui nous donnons cours pour tant que ils vallent mieus que les monoies que les Barons font faire en leurs terres, soient prises & mises en la terre d'iceus Barons pour tant plus comme ils vaudront miex de la leur.

(6) Item. Pour ce que le commun peuple puist avoir plustost planté de nostre bonne monoie, & que l'en puisse avoir plus grant abondance de matiere, pour faire bonne monoie, Nous avons ordené & estably, *Ordenons & establissons, Commandons & deffendons*, que nul Orfevre ne autre ne facent, ne ne facent faire *vaissellement d'Argent, du jour de la Chandeleur prochaine venant, jusques a deus ans, sous paine de perdre tout* leur euvre, & de demourer en nostre volenté de corps & d'avoir.

(7) Item. Que nul Orfevre, ne Changeur, ne nulle autre personne de quelque condition que il soient, ne achatent, ne ne puisse acheter, ou faire acheter Or, ne Argent, pour plus grand pris que l'en en donra en nos monoies.

(8) Item. Que nul ne puisse rachassier, ne affiner, ne recoure nulle monoie abbattüe, mais que chacun la porte perciée & non perciée, si comme elle li vendra, a la forge de nos monoies plus prochaines du lieu, la ou elle sera.

(9) Item. Que nul *Changeur*, ne autre de nostre terre, ne de la terre des *Barons* & *Prelats* qui ne font monoies, ne porte, ne ne face porter Argent, ne billon a nulle monoie, fors a la nostre plus prochaine du lieu, la ou elle sera.

(10) Item. L'en donra en nos monoies, en tout argent que l'en dit l'argent le Roy, *cinquante-quatre sols* tournois le Marc au Marc de Paris. Et ceste

presente

presente Ordenance. Nous en la maniere cy-dessus escrite.

Voulons, commandons & enjoignons a tous nos Officiaus & subgiets quiex que ils soient, que il la publient és lieux accoustumez, & gardent, & maintiegnent, & facent garder & maintenir sans corrompre, sus les peines contenües en icelles, en telle maniere que deffaut n'y ait. *Donné à Paris quinze jour de Janvier mil trois cens quinze.*

LOUIS X, dit Hutin, à Orleans, au mois de Janvier 1315.

(a) Lettres accordées aux Estats de Languedoc, par lesquelles il est permis aux Nobles de donner en pure aumône, leurs fiefs & leurs alleus aux Eglises, & de les donner aux Roturiers pour recompense de services.

LUDOVICUS Dei gratiâ Francorum & Navarræ Rex. Notum facimus Universis tam præsentibus quam futuris, quod nos dilectorum nostrorum, Comitum, Baronum, & aliorum nobilium Senescalliarum Tolosanæ, Carcassonensis, Petragoricensis, Ruthenensis, Bellicadri & Lugdunensis supplicationibus inclinati, ipsos que volentes favore prosequi gratioso, ac ipsorum tranquillitati, indemnitati, & quieti providere totis affectibus cupientes, super requestis nobis ex parte ipsorum porrectis, plurima gravamina eisdem, & eorum subjectis, per charissimi Domini & genitoris nostri, nostras gentes, Officiales, & Ministros, injuste, ut dicebant illata, nec non plures gratias, quas a nobis sibi concedi petebant, continentibus. Habito super hoc diligenti consilio, & tractatu prout continetur inferius duximus ordinandum.

Primo. *Super eo quod dicebant se habere facultatem alienandi, quocumque titulo libere feuda, vel partem ipsorum in personas Ecclesiasticas, seu ignobiles, absque eo, quod a dictis personis Ecclesiasticis, seu ignobilibus nos, quamquam ipsi nobiles, vel aliqui ex eisdem sub nostrâ jurisdictione existant, aliquam summam exigere debeamus, & de hoc fuerant ab antiquo, in possessione pacificâ, sicut dicunt, a tempore a quo memoria hominum in contrarium non existat, excepto quod nostro, & genitoris nostri tempore, gentes, Officiales, & Ministri ipsius Domini & genitoris nostri, nisi fuerunt compellere ad præstandum nobis financias, pro aliquibus de personis Ecclesiasticis, seu ignobilibus, nedum de feudis, & retrofeudis suis alienatis per ipsos, imo & de franchis allodiis, ut dicebant. Eisdem nobilibus de gratiâ* concedimus *speciali, quod ipsi & eorum successores altam & bassam justitiam habentes, de cætero de bonis suis immobilibus quibuscumque tam feudalibus, quam aliis in suis jurisdictionibus consistentibus, dare, & in Ecclesias transferre possint, in puram, veram & perpetuam eleemosynam, sine fraude tamen, vel etiam eorum servitoribus ignobilibus, in remunerationem servitiorum, cum eis placuerit, &c.*

NOTES.

(a) Ces Lettres sont au Tresor du Roy à Toulouse, au volume intitulé *la Saume*, & ce qu'on en donne est rapporté par Caseneuve dans son Traité du Franc-aleu, livre premier, chapitre 13. nombre 7. page 122.

LOUIS X, dit Hutin, à Meaux, le 28. Fevrier 1315.

(a) *Ordonnance qui fixe le prix, auquel les Monoies decriées seront reçeües aux Hôtels des Monoies, & aux Changes.*

LOUIS par la grace de Dieu Roy de France & de Navarre, A tous ceus qui ces presentes lettres verront, *Salut.* Nous faisons a sçavoir, que comme par *nos Ordenances des monoies, faites* par grant avis, & deliberation de nostre Conseil, &

LOUIS X. dit Hutin, à Meaux, le 28. Fevrier 1315.

grant planté de sages hommes, & bien connoissans ou fait des monnoies, de plusieurs bonnes Villes de nostre Royaume, qui a ce fait ont esté appellez, nous aions *abatu & osté de tout cours*, si comme autrefois avoit esté fait par les Ordenances de nostre chier Seigneur & pere, touttes *monnoies d'Or*, de quelconque condition, ou façon que elles soient, & commandé que elles *soient portées & mises a nos monnoies, au marcq pour billon*, excepté *les deniers d'Or a l'Aignel*, qui par nos dites Ordenances doivent avoir cours, *jusques a Pasques prochaine* venant, chascun *pour douze sols parisis* bons, & dilecq en avant chascun pour *dix sols parisis* bons, & non pour plus. Nous pour ce que chascun sache, & soit advisié combien il aura & devra avoir de chacun *denier d'Or abatu*, que il portera a nos monnoies, avons fait avallüer, & estimer au plus leallement, & justement que peut estre fait, par changeurs sages & connoissans en change, & valüe de monnoies au pris du denier d'Or a l'Aignel, pour le temps que il aura cours pour *douze sols*, & pour *dix sols*, par lesquelles estimations, & avalüement l'en donra en nos monnoies, ou temps que le denier d'Or *a l'Aignel aura cours pour douze sols*, de chacun *denier d'Or a la chaire* du poids & de la Loy, que il doit estre, *dix & neuf* sols dix deniers parisis.

Item. Du *denier d'Or a la masse*, *dix-sept* sols dix deniers parisis.

Item. Du *denier d'Or*, que l'en appellera *a la royne*, douze sols parisis.

Item. Des *deniers d'Or au mantelez*, & de ceux *a la double crois*, de *Florins de Florence & de Venitiens d'Or*, de chacun, se il est de pois & de loy, si comme il doit estre, *neuf sols* unze deniers parisis.

Item. Le *denier d'Or a l'Aignel courant pour dix sols parisis*, de chacun *denier d'Or a la chaire*, douze sols dix deniers parisis.

Item. De chascun *denier d'Or a la mace* quatorze sols dix deniers parisis.

Item. De *chascun denier d'Or a la royne*, dix sols parisis.

Item. Des *deniers d'Or a mantelez a la double crois*, des *Florins de Florence* & de *Venitiens*, de chascun huit sols trois deniers parisis. Et sera chascun paié des deniers d'Or abbattus dessusdits, que il portera a nos monoies, *des deniers d'Or a l'Aignel*, selon les prix dessusdit, tant comme ce que l'en li devra se porra estendre, & le surplus, se surplus y avoit, en autre bonne monoie courante. Et n'est mie nostre entente, que nul de quelque estat que il soit, puist mettre, changier, aloer, ou en autre maniere despendre, pour quelque pris que ce soit, nuls des *deniers d'Or abattus* dessusdits, ailleurs que en *nos monoies*, & en la maniere que dessus est dite, Et comme nous aions oies grant plaintes de nos subgiets des griefs & damages, qui non deument leur ont esté faits, ou temps passé, si comme ils disoient, par les *Commissaires* & *Sergens* establis a faire garder & tenir les *Ordenances des monoies*, Nous pour garder nostre peuple de si grant griefs, & domages *Voulons*, *Ordonnons & Commandons*, que par nos Senechauls & Baillis, en chascune bonne Ville de leur Seneschaussée & Baillie, soient mis & establis deus prudes hommes, Changeurs, ou autres, ou trois ou plus, selon ce que la qualité & quantité de la Ville le requerra, qui sans coustemens, & sans frais du commun peuple aient cure & diligence de faire tenir & garder nos dites Ordenances & deffenses, & de sçavoir & enquerre contre ceus qui feront des-ores-en-avant contre nos dittes Ordenances & deffenses, des monoies, & de rapporter a nos dits Seneschaus & Baillis, *les noms* de ceus tous que il trouveront avoir fait contre nos dittes Ordenances & deffenses, & les qualitez & quantitez de leurs mefaits, & par qui ils pourroint estre sçeus. Et donnons, & commettons ausdits Seneschaux & Baillis plain pooir, autorité & mandement de punir tels mefaits par les paines contenües esdites Ordenances & autrement, si comme ils verront que il sera a

NOTES.

(a) Cette Ordonnance est en la Chambre des Comptes de Paris, Registre A *fol.* 91.

faire par raiſon, & que la qualité & quantité du meſfait de chaſcun le requerra, Et jurront leſdits prudes-hommes que bien & laiallement ils feront & rapporteront leurs informations, & enqueſtes, & que pour faveur, haine, ou amour de nulluy ne deporteront, ne nulluy torſonierement, pour que il le ſçachent, ne accuſeront, ne autrement ne greveront. Et *voulons & commandons* que nos Seneſchaus & Baillis facent ſolemnement crier & publier en la maniere que nos amez & feals *les gens de nos Comptes le manderons* par leurs lettres cloſes, nos dittes Ordenances & defenſes & ces preſentes lettres facent & accompliſſent de tant comme a chaſcun appartendra toutes les choſes contenües en icelles & facent tenir & garder ſans nul deport de tous nos feals & ſubgiez. *Donné à Miaux vingt-ſix jours en Fevrier, l'an de grace mil trois cens quinze.*

LOUIS X. dit Hutin, à Meaux, le 28. Fevrier 1315.

LOUIS X. dit Hutin, à Rampillon, dernier Fevrier 1315.

(a) *Letres par leſquelles tout Commerce eſt deffendu avec les Brabançons & les Flamans.*

LOUIS par la grace de Dieu Roys de France & de Navarre, au Baillif d'Orleans, ou a ſon Lieutenant, *Salut.* Comme ou traitié de la reformacion de la pais, qui fut faite jadis entre noſtre tres cher Seingneur & pere, d'une part, & le Conte de Flandres, qui pour le temps eſtoit, & ceus de Flandres d'autre, feu *Jean* jadiz Duc de Braibant ſe fuſt obligiez de certaine ſcience, par ſes Letres pendants ſcellées de ſon grant Scel, envers noſtre dit chier pere, que ſe il avenoit que ledit Conte de Flandres, ou ſes ſucceſſeurs, & ceus de Flandres fuſſent rebelles de tenir ladite pais, ledit Duc contraindroit, & feroit contraindre par ſes gens de ſadite terre en toutes les manieres que il porroit eſtre mieulz fait, ledit Conte, ceus de Flandres & touz autres rebelles venans contre ladite pais, a eus delaiſſier de ladite rebellion, & a retenir fermement la pais deſſuſdite, & promiſt & obliga encore ledit Duc es dites lettres, que ſon filz, ou hoir Duc de Brebant, qui ſeroit aprés ſon decez, feroit & donrroit celles lettres, & meiſmes ſemblables & feroit ladite . . . ſe meſtier en eſtoit, toutes foiz que il en ſeroit requiz de par noſtre dit chier pere, ou ſes ſucceſſeurs Roys de France, ne ne soufferroit que il demouraſſent, ou feiſſent aucune marchandiſe en ſadite terre, ne que il fuſſent en aucune maniere confortez, ou ſoutenu par les gens de ladite terre, eus demourants en ladite rebellion, Et pour ce que il appert évidemment ledit Conte, & ceus de Flandres eſtre rebelles a ladite pais tenir, & noz anemis, nous aions requiz premiere, ſeconde, & tierce foiz, non pas tant ſeulement par lettres, mes par nos genz de noſtre Conſeil, & en noſtre preſence le filz & hoir dudit Duc de Brebant, que il nous donnaſt leſdites lettres, & contrainſiſt, & fit contraindre les diz rebelles venans contre ladite pais, a euz delaiſſier de ladite rebellion, & ladite pais garder, ſelonc ce que il eſt contenu es lettres de ſondit pere faitte ſur ce, laquelle choſe ledit filz & hoir dudit Duc n'a pas voulu faire ne accomplir, Et comme il nous ſoit monſtré que les genz de la terre dudit Duc, & pluſieurs autres nos anemiz, & rebelles a ladite pais tenir & garder, viennent dans noſtre Royaume, *& achatent blez, vins, chevaus, armures, & emportent hors dequoy noz diz anemiz ſont ſoutenuz, confortez, aidiez & nouris, en leurs fauces & malicieuſes erreurs & rebellion contre nous, laquelle choſe nous ne pouons, ne ne voulons plus ſoufrir,* Nous eüe deliberation o grant Conſeil, *Voulons* pourveoir ſur ce, parquoy noz anemis ne ceus qui les confortent, n'aient ſouſtenement, aide, confort, Conſeil de noz ſougiez, ne de leurs, ainçois *Voulons* contreſter a leurs rebellions, ainſy comme a nous

NOTES.

(a) Ces Lettres ſont en la Chambre des Comptes au Regiſtre A *fol.* 92.

LOUIS X. dit Hutin, à Rampillon, dernier Fevrier 1315.

appartient, te mandons & commandons estroitement, que tu publiquement & solennement *face crier* és lieux a toy comis, la ou tu verras que il sera miex, & plus profitablement a faire en ladite Baillie, que nuls *de ladite terre de Brebant ne viene dedenz nostre Royaume, marchander, prendre, vendre, acheter, ne emporter hors vivres, ne autres choses quelles quelles soient,* parquoy *lesdiz Flamens, ne autres anemiz puissent par eus estre confortez, ne nuls de nostre Royaume ne leur vende, ne achate de eus, ne ne leur doint confort,* conseil, ne aide, en quelque maniere que ce soit, sus quanques il se pevent mesfaire envers nous, en cors & en biens, sçachanz que se aucun faisoit contre cette nostre *Ordenance, nous voulons & commandons,* que touz ses biens qui porront estre trouvez en nostre pooir, soient tournez pardevers nous, *comme forfaiz* & les cors remannent a punir a nostre volenté. Et fait faire cette criée solennement, & si diligemmment, que nulz ne se puisse ne ne doie excuser de ignorance. *Donné à Rampillon, le darrenier jour de Febvrier, l'an de grace mil trois cens & quinze.*

LOUIS X. dit Hutin, à S.t Germain en Laye, en Mars 1315.

(a) Ordonance faite à la requisition du Duc de Bretagne, touchant la Jurisdiction Royale.

SOMMAIRES.

(1) Le Roy envoyera des Commissaires en Bretagne, pour connoistre à qui la garde des Eglises appartient.

(2) Le Roy fera une Ordonance touchant la connoissance, & la punition du fait d'armes, dans le Duché de Bretagne.

(3) Le Roy envoyera des Commissaires, pour informer comment les appellations interjettées des Jugemens rendus au Duché de Bretagne doivent ressortir au Parlement.

(4) Le Roy n'accordera plus de Lettres pour adjourner les sujets du Duc, si ce n'est en cas de ressort.

(5) Le Roy, sous quelque pretexte que ce soit, n'accordera plus de Lettres aux sujets du Duc, dans les cas dont le Duc doit avoir la connoissance, & la punition.

(6) Le Roy n'accordera plus de Lettres par lesquelles il ordonne au Duc de reparer les griefs & les injustices faites à ses sujets, sinon & à faute de ce, que les Baillis Royaux mettront ces Lettres à execution, ce que les Baillis Royaux ne pourront plus faire à l'avenir.

(7) Le Parlement ne recevra plus les appellations interjettées immediatement des Justices des vassaux du Duc.

(8) Le Roy n'accordera plus de Lettres à ceux qui diront avoir interjetté appel, pour estre exempts de la Jurisdiction du Duc.

(9) Le Parlement ne fera plus expedier de Lettres portant ordre, ou mandement aux Baillis & Officiers Royaux, de mettre à Execution les Contracts passez avec les sujets du Duc.

(10) La Cour du Parlement ne pourra plus recevoir d'applegemens de la part des sujets du Duc.

(11) Les sujets du Duc accusez de crimes, ne seront sous la protection du Roy, que dans le cas d'appel.

(12) Les Lettres obtenuës par ceux qui ne sont pas appellans, & qui n'auront pas marqué qu'ils sont sujets du Duc, dans le dessein de vexer ceux qui en sont sujets, seront de nul effect, &c.

(13) Il n'y aura plus en Bretagne de Sergens Royaux generaux. Et s'il est necessaire de faire en Bretagne quelque execution au nom du Roy, la Cour, ou les Baillis commettront les Sergens, tantost l'un, tantost l'autre.

LUDOVICUS Dei gratiâ Francorum & Navarre Rex, Universis presentes litteras inspecturis, Salutem. *Novit ille qui scrutator est cordium, & cognitor secretorum, quod postquam ad apicem regie dignitatis divina clementia nos provexit, nostre semper extitit, & adhuc est voluntatis intentio, & ad hoc nostra desideria diriguntur,*

NOTES.

(a) Cette Ordonance est au Tresor des Chartes Registre 72. pour les années 1323. 24. 25. piece 146. & au Registre du Parlement cotté A *fol.* 127. *verso.* Voyez cy-dessus au 25. Mars 1302. page 369.

guntur, ut subjectum nobis populum in quiete pacis, & vigore justitie conservemus. Cum itaque nonnulli regnicolarum nostrorum, de illatis sibi per gentes, Baillivos, alios officiales, & ministros nostros, gravibus oppressionibus, & indebitis novitatibus conquerantur, nostre intencionis est super hoc de tam salubri & celeri remedio providere, quod ab inferendis de cetero cessetur omnino, ac jam illata debitum & pristinum reducantur in statum, repertique culpabiles de premissis remanere non debeant impuniti. Sane super nonnullis articulis per dilectum & fidelem nostrum J. Ducem Britannie nobis exhibitis, super quibus idem Dux conquerebatur, eidem in modum qui sequitur, deliberatione, cum nostro consilio, diligenti super hoc prehabitâ, respondemus.

LOUIS X. dit Hutin, à S.t Germain en Laye, en Mars 1315.

(1) Super eo, quod asserit idem Dux gardiam Ecclesiarum ducatus Britannie, spectare ad ipsum, & se esse in possessione ejusdem; & tam ipsum, quam ejus predecessores ab antiquo fuisse, in quâ possessione per gentes nostras turbari dicitur indebite, & de novo, per certos & probos commissarios nostros, quos ad illas partes propter hoc mittemus in brevi, super hiis veritas inquiretur, ad quam citius & lucidius inveniendam tradetur eis quedam inquesta olim super hujusmodi gardie saisinâ, quantum ad prioratum de Leononio, per certos commissarios, auctoritate regiâ deputatos, tempore avi dicti Ducis, facta, qui Commissarii nostri clara dicto duci deliberabunt, & obscura, vel dubia referent, vel sub suis nobis mittent inclusis sigillis, & interim casus, qui super hoc emerserint, in suspenso tenebuntur, quousque predicta adimpleantur ad plenum.

(2) Item. Super cognitione, & punitione facti armorum cujuslibet indebiti in ducatu predicto, in cujus possessione idem Dux se asserit esse, & sui antecessores ab antiquo fuerunt, ac per gentes nostras super hoc, ut dicitur, minus rationabiliter impeditur, de novo fiet ordinatio generalis in brevi, que dicto Duci, & omnibus subditis ac fidelibus nostris erit utilis & accepta. Et interim casus super hoc emergentes in dicto ducatu tenebuntur in suspenso.

(3) Item. Super eo quod dictus Dux conqueritur, quod quando duo, vel plures subditi sui, ad invicem unus contra alium, aut contra dictum Ducem de aliquâ re contendunt, vel litigium inter se, seu debatum habent, super quo tenentur coram dicto Duce, vel ipsius judicibus, seu officialibus litigare gradatim, cum ab omnibus Senescallis dicti Ducis, excepto Senescallo Nanetensi, ad suum Senescallum Redonensem per viam contradicti ressortiatur, & ab ipsis Redonensi & Nanetensi Senescallis ad ipsum Ducem, ac ultimo ab ipso ad nostram Cameram appelletur, gentes, seu Officiales nostri dictos litigantes, omissis, eodem Duce, judicibus, aut Officialibus ejus, quasi per modum ressorti indifferenter admittunt, Respondemus ipsi Duci, quod per dictos Commissarios super modo ressortiendi faciemus veritatem inquiri, & habebunt iidem Commissarii potestatem liquida expediendi, & referendi, sub suis sigillis, dubia vel obscura, casibus emergentibus interim remanentibus in suspenso.

(4) Item. Super eo quod prefatus Dux asserit, quod in ipsius prejudicium, & injuste contra dictum Ducem & ejus subditos adjornamenti, seu simplicis justitie, nonnullis interdum nostre litere conceduntur, Respondetur eidem, quod de cetero tales litere minime concedentur, nisi pro talibus casibus, qui ad nostram superioritatem pertineant, aut ressortum.

(5) Item. Super eo quod prefatus Dux conqueritur, quod nonnullis super generalibus, aut specialibus prohibitionibus nostris, ut asserunt, inter consubditos violatis, litere conceduntur, pro casibus in quibus alias jurisdictio & punitio ad Ducem pertinet antedictum, Respondetur ei quod tales litere de cetero minime concedentur.

(6) Item. Super eo conqueritur idem Dux quod nonnullis nostre litere conceduntur, quibus ipsi Duci mandatur, ut dampna & injustitias quas ab eodem, vel ejus subditis sibi asserunt esse illatas, reducat in statum pristinum indilate, alioquin damus Baillivis nostris eisdem literis nostris in mandatis, ut predicta compleant in ejusdem Ducis deffectum, super quibus tales litere de cetero non concedentur aliquibus, & Baillivis nostris districtius inhibemus ne tales literas executioni demandent.

(7) Item. Conqueritur idem Dux super eo, quod Curia nostra indifferenter ad-

LOUIS X. dit Hutin, à S.t Germain en Laye, en Mars 1315.

mittit appellationes ab officialibus, seu Curiis vassallorum & subditorum ipsius *ad nos emissas, omisso dicto Duce, ad quem debet primo, & convenit antiquitus appellari. Super quo* respondetur *eidem, quod tales appellationes de cetero nullatenus admittentur.*

(8) Item. *Super eo quod nonnullis, cum de ipsorum* appellatione *non appareat evidenter, frequenter se asserentibus appellasse,* litere conceduntur, ut sic se a jurisdictione eximant *dicti Ducis,* Respondetur *eidem quod tales litere de cetero minime concedentur.*

(9) Item. *Super eo, quod idem Dux conqueritur, de* literis, *quas interdum nostra Curia concedit* de integrandis, & executioni mandandis in dicto Ducatu, *per Baillivos, servientes, aut alios officiales nostros,* literas confectas super contractibus factis, *cum subditis ducatus predicti,* Respondetur *eidem Duci, quod* tales litere deinceps minime concedentur. *Et baillivis, servientibus, ac aliis, officialibus nostris quibuslibet* inhibemus, *ne tales literas executioni demandent.*

(10) Item. *Super eo quod Curia nostra de novo recipit* applegiamenta *a subditis dicti Ducis, in ejus prejudicium, sicut dicit,* Respondemus *eidem quod hujusmodi applegiamenta recipi de cetero nullatenus permittemus.*

(11) Item. *Super eo quod ejusdem ducatus subditi ad evadendam suorum maleficiorum punitionem debitam, se in gardiâ nostrâ ponunt, & servientes nostri eos indifferenter suscipiunt in eâdem,* Respondetur *eidem duci, quod tales, nisi* in casibus appellationis *per eos ad curiam nostram* emisse, *in gardiâ nostrâ non recipientur, & hoc Baillivis & servientibus nostris districtius inhibemus.*

(12) Item. *Conqueritur idem Dux, super eo quod nonnulli sui subditi* literas a curiâ nostrâ reportant *indifferenter* ad baillivos, *& alios* officiales nostros, *tacito in eisdem, quod* sint subditi Ducis *ejusdem, virtute quarum literarum* alios subditos *ducatus, & gentes Ducis ipsius infestant sepius multipliciter, ac molestant, licet per appellationem, vel aliter non sint a jurisdictione dicti Ducis exempti.* Respondetur *quod tales litere non concedentur de cetero quoquomodo, & si baillivis, vel aliis officialibus nostris deferantur, eas nullatenus executioni demandent, nec demandari permittant.*

(13) Item. *Conqueritur idem Dux super eo quod quidam servientes nostri, qui dicunt* se esse servientes generales in ressorto Britannie, *sergentant ibidem, & suas tenent assisias, nonnulli etiam de servientibus nostris qui in dicto ducatu morantur, & larem fovent, nihilominus suum ibidem officium servientis exercent, etiam in casibus ad nos ratione ressorti, vel superioritatis non pertinentibus, quod est contra statuta super hoc dudum edita in prejudicium dicti Ducis.* Respondetur *eidem, quod dicti servientes* generales *amoveantur, omninò. Et si in dicto ducatu aliquam executionem auctoritate nostrâ fieri opporteat, Curia nostra, vel baillivus noster, ad quem executio hujusmodi, pertinebit, per specialem servientem,* modo per unum, modo per alium *fieri faciet executionem predictam, casu se super hoc offerente, nec aliquis serviens noster, qui in dicto ducatu larem foveat, aut moretur, exerceat ibidem officium aliquod servientis, contra predictorum continentiam statutorum, sed specialis serviens ad hoc a nostrâ Curiâ, seu baillivo nostro, quocies casus emerserint, deputetur,* qui nullam habeat generalem potestatem in casibus ressortorum, *nec officio completo remaneat in ducatu predicto contra tenorem hujusmodi statutorum.*

Præmissa vero omnia & singula complere, tenere, ac firmiter & inviolabiliter observare, pro nobis & successoribus nostris Francorum Regibus, eidem Duci, suisque successoribus nostris Francorum regibus, eidem Duci suisque successoribus promittimus *bonâ fide, nec contra ea, vel eorum aliqua, per aliquem, seu aliquos de gentibus baillivis, servientibus, officialibus, vel ministris nostris venire, vel quoquomodolibet attemptare, seu facere permittemus, Dantes eisdem tenore presentium in mandatis, & specialiter* Turonensi & Constantiensi baillivis, *& eorum cuilibet, ut predicta, prout superius sunt expressa,* compleant & observent, *nec contra ea, vel eorum aliqua veniant quomodolibet, vel attemptent, sed quoscumque tali fraude dicti Ducis justiciam evertere satage-*

tes, comperire poterunt, ad requisitionem ipsius, vel gentis sue, puniant, vel si casus magnitudo requirat, ipsos, si sint subditi nostri ad nostram, sub fidâ custodiâ, punicionem remittant. Si vero sint ipsius Ducis subditi, ad ipsum remittant eosdem debite puniendos. In cujus rei testimonium presentibus literis fecimus apponi sigillum, quo ante susceptum regni Francie regnum utebamur. *Actum apud sanctum Germanum in Layâ, anno Domini millesimo trecentesimo quinto decimo mense Martii.*

OBSERVATION.

Nos autheurs citent assez souvent des Ordonances, sans exactitude, ou sans marquer où elles sont, & quelquefois ils donnent pour une Ordonance entiere ce qui n'en est qu'un article, ce qui donne lieu à des recherches penibles & souvent inutiles.

Chopin dans son Traité *de Domanio lib. 2. Tit. 10. n. 2. pag. 217.* cite une Ordonance de Loüis Hutin de l'an 1314. portant que les Benefices seront conferez par Election, conformement aux anciennes Ordonnances. *Ecclesiastici ordinis Patribus indultum est a Carolo Magno, & Ludovico filio Galliæ Regibus, ut cleri & populi liberis votis Pontifices designarentur. Quorum pietatem principum æmulati sunt Philippus II. & Ludovicus IX. latâ pragmaticâ sanctione, de observandis Electionibus sacris, nempe ut Cathedralis templi sacerdotes jus haberent justi suffragii, solutamque creandi Episcopi optionem. Anno 1220. & 1267. tam piæ Leges a posteris Regibus comprobatæ* Hutino *& Joanne II. anno 1314. 1351.* Cette pretenduë Ordonance de Loüis Hutin de l'an 1314. ne se trouve pas.

En l'année 1315. le 2. Juillet, le Roy estant à Paris accorda à l'Université de Paris les Lettres qui suivent, qui ne contiennent qu'une espece de Privilege.

Ludovicus *Dei gratiâ Francorum & Navarræ Rex Universis præsentes literas inspecturis,* Salutem in Domino *Per venerabilem Magistrorum & Scholarium laudabilis Studii Parisiensis Universitatem, quæ ab olim suos intantum fructiferos doctrinæ ramos, per varia mundi climata diffundere consuevit, quod hinc orthodoxæ fidei status firmus conservatur, vitaque hominum lucidius informatur, & mundus etiam ad obediendum Deo, & ministris suis illuminatur, attendentes, præcipue nostrum Franciæ regnum, multis scientiarum & virtutum titulis inter cætera decorari.* Notum facimus, *quod nos progenitorum nostrorum Regum Franciæ vestigiis inherendo, universitatem ipsam, & singulos ejusdem benigne prosequi desiderantes affectibus, nec non favore placido, omnia quæ ejus firmitatem ac prosperitatem respicient nutrire, & augere sincerius intendentes,* Concedimus & volumus, *quod omnes & singuli de quacumque regione, vel natione oriundi de ejusmodi corpore universitatis existentes & esse volentes, ad eam accedere, morari, redire, & se, nuncios, res que suas ubilibet transferre pacifice & libere, absque ullâ imputatione possint, sicut eis melius videbitur expedire, dum tamen aliquo zizaniæ modo, regiam offendere majestatem quomodolibet non præsumant, sed potius studeant se nostram, & regni, & fidelium nostrorum amicitiam confovere. Quod si reperirentur, quod absit, contrarium attentare, intelligimus ipsos fore modo debito puniendos, ideò que districte prohibemus nostris omnibus justitiariis, ministris & subditis, per presentes, ne contra præmissa quicquam audeant in prædictæ universitatis, vel aliquarum personarum ejusdem præjudicium attemptare, injurias, molestias, violentias quascumque inferre, vel in eorum aliquatenus perniciem machinari. In cujus rei testimonium sigillum nostrum præsentibus literis duximus apponendum.*

Actum Parisius secundâ die mensis Julii, anno Domini millesimo trecentesimo decimo quinto.

Chopin dans son Commentaire sur la Coûtume d'Anjou, livre premier chapitre 3. n. 7. cite une Ordonance du Roy *Loüis Hutin,* du mois de Decembre 1315. par laquelle il priva ses Barons du droit de battre monoye, pour leurs malversations, & se l'attribua à luy seul. Mais les Barons qui estoient alors puissans s'y estant opposez, cette pretenduë Ordonance fut sans effet, & le Roy se contenta seulement de prescrire à ses Barons *la Loy, le poids, & la marque de leurs monoyes.* Le Blanc qui rapporte la substance de cette Ordonance page 198, dit qu'elle fut faite *à Lagny sur Marne,* vers Noël, en 1315, & qu'elle est *au Tresor Reg. & S.t Victor.* Ce qui est une preuve qu'il ne sçavoit précisément où elle estoit, & en effet quelque recherche qu'on ait faite, on n'a pû la trouver.

Il fut arresté par cette Ordonance que

Le Comte de Nevers Le Duc de Bretagne Le Prieur de Souvigni	Devoient faire leur monoie à 3. deniers, 16. grains de Loy, *A R,* à la taille de 234. deniers au Marc, les 13. valans 12. tournois de la monoie royale.
Les Comtes de la Marche, de Sancerre, de Charanton Le Vicomte de Brosse Le Sire d'Urec Les Seigneurs de Vierzon, de Chasteau Raoul, de Chasteau-Vilain, de Mehun	Devoient faire à 3. deniers 6. grains de Loy, *A R,* à la taille de 240. au Marc, les 15. deniers valans 12. deniers tournois de la monoye du Roy.
L'Archevesque de Rheims	A quatre deniers 12. grains, *A R,* 212. deniers au Marc, valans autant que celle du Roy.
Les Comtes de Soissons, de S.t Paul	A trois deniers 12. grains, *A R,* 276. deniers au Marc, les 20. deniers ne valans que 12. Parisis de ceux du Roy.
L'Evesque de Maguelonne Le Comte de Rhetel Le Vicomte de Limoges	A trois deniers 16. grains, *A R,* les 13. deniers, pour 12. tournois de la monoye du Roy.
L'Evesque de Clermont	A trois deniers 16. grains au Marc, *A R,* 246. deniers au Marc, les 13. pour 12. tournois.
Le Comte du Mans	A six deniers, *A R,* 292. deniers au Marc, ne valans que 2. sols de petits tournois.
L'Evesque de Laon	A trois deniers 13. grains.
Les Comtes d'Anjou, de Vendôme, de Poitiers, de Blois Le Seigneur de Chasteaudun	A trois deniers 10. grains, *A R,* 234. deniers au Marc, les 14. deniers pour 12. deniers tournois de la monoye du Roy.

Le Comte

Le Comte de Chartres L'Evesque de Meaux	A trois deniers 10. grains, *A R*, 235. deniers au Marc.
L'Evesque de Cahors.	A trois deniers 16. grains, *A R*, 260. deniers au Marc, les 20. deniers pour 12. tournois.
Le Seigneur de Faukembergue	A quatre deniers 12. grains, *A R*, 204. deniers au Marc.
Le Duc de Bourgogne.	A deux deniers 18. grains, argent fin 240. deniers au Marc.

Il y a au stile du Parlement, partie 3. tit. 19. §. 5. un fragment d'Ordonance de *Loüis Hutin*, de l'an 1315. par lequel il est ordonné que les causes qui concerneront le Domaine du Roy en Languedoc, seront portées devant le Seneschal de Toulouse, & que celles qui passeront cent livres seront évoquées au Parlement. *Ad instantiam fidelium nobilium & subditorum nostrorum Seneschalliæ Tolosæ, & infra, &c.* Duximus ordinandum, *quod de cætero omnes & singulæ causæ proprietatem nostram tangentes, cujuscumque conditionis existant, per procuratores nostros, seu alios quoscumque nostros, seu nostro nomine motæ, vel movendæ,* coram eodem Seneschallo, *& curiâ suâ ventilentur, & diffiniantur. Verumtamen si ab aliquo contra nos, seu procuratores nostros aliquæ quæstiones proprietatem nostram, sicut præmittitur, tangentes, usque* ad summam centum librarum, *in eadem Seneschalliâ moveantur,* volumus *per eundem Seneschallum audiri ac etiam terminari. Si verò prædicta quæstio* centum librarum summam excesserit, illam volumus ad nostrum Parlamentum remitti, *juxta ordinationem aliàs super hoc factam. Cæteras verò quascumque causas, inter privatos ejusdem Seneschalliæ motas, & movendas ibi* volumus *audiri, ac etiam terminari* (Et infra, &c. *non obstantibus ordinationibus contrariis quibuscumque hactenus editis.*

Il y eût une Ordonance pour la reformation du Royaume, donnée à S.t Germain en Laye, le 17. May 1316. sur les plaintes du Comte de Nevers & des Ecclesiastiques de la Province du Nivernois. On n'a pas jugé à propos de la donner, parce qu'elle est semblable à celle du 17. May 1315. accordée aux habitans de Bourgogne, d'Autun & de Châlons, imprimée cy-dessus, pages 567. 568.

Quant à l'Ordonance faite à Pontoise contenant plusieurs Reglemens touchant les monoyes, mal datée dans la table chronologique du mois de Juin 1316. & rapportée par *Constant*, dans les preuves de son traité des monoyes, page 11, c'est celle du mois de Juin 1313. imprimée cy-dessus, page 519.

PHILIPPE V. dit le Long, à Paris, le 28. Aoust 1316.

PHILIPPE V. SURNOMMÉ LE LONG.

(a) Ordonance portant que les sommes qui proviendront des confiscations, seront employées à acquitter les Rentes à vie, ou perpetuelles.

PHILIPPUS *Regis Francorum filius (a)* Regens regna Francie & Navarre, *dilectis & fidelibus gentibus compotorum nostrorum, & thesaurariis nostris Parisius*, Salutem & dilectionem. *Considerantes propensius magna, immò maxima debitorum onera, quibus thesaurus Regius est*, tam ad vitam, *quam* perpetuò oneratus, *ac desiderantes ferventius, quod tempore nostri regiminis, thesaurus predictus (b)* exonerari *valeat tantâ sarcinâ debitorum, ac cum* nostro magno consilio, *duximus* ordinandum, *quod omnes* forisfacture, seu incursus, aut commissa, *que nobis, & bonis hereditariis deinceps provenient, personis habentibus (c)* redditus perpetuos, *vel ad vitam super thesauro predicto, in exonerationem, & acquitationem perpetuam predictorum redditaum assignentur.* Vobis mandamus, *quatenus prædictas* forisfacturas *bonorum hereditariorum, seu immobilium quando, & quoties eas nobis* committi, *vel deberi ratione* commissi, vel forisfacture *noveritis, vocatis vobiscum consiliariis nostris Parisius existentibus, personis in dicto thesauro redditus habentibus, religiosis, vel aliis, prout faciendum fuerit, & nobis expedire videritis*, assignetis *(d) in onerationem & solutionem perpetuam* redditaum eorumdem, *de cujusmodi assignationibus dictis personis vestras literas concedatis, suas antiquas, super dictis redditibus capiendis in dicto thesauro, confectas literas retinentes, & eas quantocius cancellantes*, Nos *vero literas quas tradetis prædictis personis, & assignationes quas facietis eisdem ratas habebimus, confirmabimus, & eis super hiis literas sigillatas nostro sigillo in premissorum testimonium concedemus, vobis autem de predictis omnibus faciendis, tenore presentium* damus, concedimus, & committimus potestatem. *In cujus rei testimonium, presentibus literis, quo ante dictorum regnorum susceptum regimen utebamur, fecimus apponi sigillum.* Datum Parisius vigesimâ octavâ die Augusti, anno Domini millesimo trecentesimo decimo sexto.

NOTES.

(a) Cette Regence fut sans Roy, pendant la grossesse de la Reine *Clemence* femme de *Loüis Hutin*, laquelle accoucha le 15. de Novembre 1316. d'un fils nommé *Jean Baptiste*, qui ne vescut que huit jours, & qu'on ne met pas pour cette raison au nombre de nos Roys.

(b) Exonerari.] Dans l'original de la Chambre des Comptes, il y a mal, *onerari*.

(c) Redditus perpetuos.] Ainsi les Rentes perpetuelles sont anciennes. Voyez la Novelle de Justinien 160. chapitre premier, avec la note de Godefroy, les Extravagantes *Regimini*, ce que j'ay remarqué dans ma Dissertation sur le Droit d'Amortissement, page 184. du Molin dans son Traité *De Usuris*. question 75. n. 585. *Salmasium de Fœnore trapezitico paginâ 77. Gasparem Rodericum de annuis reditibus, libro 3. qu. 3. num. 7. 8. paginâ 276. col. 2. Legem 33. Digestis De Usuris. Legem unicam Codice Theodosiano de Curatoribus Kalendarii, tom. 4. pag. 774. Legem 2. Codice de Debitoribus civitatum, libro 11. Tit. 32.* M.e Antoine Loisel dans ses Opuscules, entre ses observations du Droit Romain, page 129. & les pieces que j'ay rapportées à la fin de ma dissertation sur le tenement de cinq ans.

(d) In onerationem.] Lisez *in exonerationem*.

PHILIPPE V. dit le Long, à Paris, jour de la decollation de S.t Jean Baptiste, le 29. Aoust 1316.

(a) Revocation d'une Imposition qui avoit esté faite, pour un armement sur Mer, contre les Flamands.

PHILIPPUS *Regis Francie filius Francorum & Navarre (a)* Regna Regens, *Ballivo Ambianensi,* Salutem. *Cum dies septima instantis mensis Septembris, videlicet dies Mercurii tertia vigiliâ proximo futuri festi Nativitatis* Beate Marie Virginis, *stipendiariis armate maritime, pro suorum solutione stipendiorum habendâ, apud Dieppam sit, & diu est, fuerit assignata,* Nolentes, *ut stipendiarii ipsi in ulteriori expectatione solutionis prædicte graventur, vobis districte præcipiendo, mandamus, quatenus totam pecuniam, que ex impositione ad opus armate predicte concessa, usque ad diem confectionis presentium, in vestrâ debetur balliviâ, a quibuscumque debeatur personis, in hac parte nemini deferendo, visis his presentibus exigatis, explecteîis, & levatis, vel exigi, levari, &* nobis *assignari faciatis, ac totam pecuniam ipsam, & quidquid aliud ex impositione predictâ jam recepistis, ad locum & diem predictos, sine diminutione, & retentione quibuslibet,* transmittatis & faciatis nostris gentibus, *qui predictis solutionibus faciendis tunc ibidem erunt, liberari. Ceterum cum agente Domino* Jesu Christo, *per quandam ordinationem, inter nos & Flamingos, his diebus prolocutam, guerra quæ cum ipsis* Flamingis, *diu est, invaluerat, cesset, ad presens.* Nos *attendentes quod* cessante causâ cessare debet effectus, *& ob hoc indemnitati subditorum nostrorum, & mercatorum quorumlibet mare frequentantium in hac parte providere* volentes, *in quantum possumus & debemus, a mercaturis & rebus aliis quibuslibet, que a die confectionis presentium inantea ad Portus maritimos regni Francie applicabunt,* dictam impositionem levari de cetero prohibemus, *vobis districte precipiendo* mandantes, *quatenus hanc prohibitionem nostram, in omnibus locis baillivie vestre, de quibus expedierit, faciatis solemniter* publicari, *vosque prohibitionem servetis, & servari faciatis.* Datum Parisius, sub sigillo quo ante susceptum dictorum regnorum regimen utebamur, festivali die Decollationis beati Joannis Baptiste, anno Domini millesimo trecentesimo decimo sexto.

NOTES.

(a) On met cette Ordonance, comme la precedente, entre celles de Philippes le Long, comme Roy, parce que le Prince Jean Baptiste, dont la Reyne Clemence femme de Loüis Hutin estoit enceinte, quand le Roy son mary mourut, n'ayant vescu que huit jours, on ne le met pas au nombre de nos Roys.

PHILIPPE V. dit le Long, au bois de Vincennes, le 21. Decembre 1316.

(a) Ordonance portant que toutes les terres que le Roy avoit lors de son avenement à la Couronne, rentrent dans le mesme estat & les ressorts, où elles estoient avant qu'elles luy appartinsent.

PHILIPPUS *Dei gratiâ Francorum & Navarre Rex, dilectis & fidelibus gentibus nostris nostrum presens tenentibus Parlamentum,* Salutem & dilectionem. *Cum nos, ex deliberatione nostri consilii, duxerimus* ordinandum, *ut omnes* terre nostre, *in regno nostro Francorum* existentes, *quas habebamus, antequam ad nos devenirent regna Francorum & Navarre, (b)* eodem modo & sub eisdem ressortis deinceps

NOTES.

(b) Eodem modo, &c.] Voyez le *Factum* de Montbar à la fin du Commentaire de Duplessis sur la Coûtume de Paris, pages 87. 88. &c.

regantur, quibus antequam essent nostre, regebantur, *quodque Senescallia Engolismensis per Xantonensem, & Ballivia Lemovicensis per Pictavensem Senescallos, teneantur & regantur, Senescallum Engolismensem & Ballivum Lemovicensem exinde totaliter amoventes, Mandamus vobis quatenus* ordinationem *hujusmodi publicantes, eam teneri faciatis & firmiter observari.* Actum apud Boscum Vicenn. vigesimâ primâ die Aprilis, anno Domini millesimo trecentesimo decimo sexto.

PHILIPPE V. dit le Long, à Tremblay, le 3. Janvier 1316.

(a) Ordonance touchant le Tresor & les Tresoriers.

SOMMAIRES.

(1) Nulle delivrance de deniers ne sera faite au tresor, que par letres du Roy, ou par celuy qui sera au dessus des tresoriers, à l'exception des rentes anciennes, & du droit ordinaire, &c.

(2) Tous les deniers provenans des recettes, seront portez directement au Tresor.

(3) Nul tour de Compte ne sera fait par letres, ni par cedules, si ce n'est par les cedules des gens des Comptes. Et les clercs du Tresor jureront qu'ils n'écriront rien au Tresor, de recette, ni de dépense, si elles ne sont faites par les Changeurs du Tresor.

(4) Nulle assignation ne sera faite par le Roy, ou le sus-establi, sur aucune Baillie, Seneschaussée &c. que les Tresoriers n'en fassent le rapport par leur serment au sus-establi.

(5) Les Tresoriers, ni les Changeurs ne feront nulle recette, & nulle dépense qu'ils ne marquent de qui, & de quel lieu elles viendront, &c.

(6) Tous ceux qui recevront pour le Roy bailleront les monoies, comme ils les auront reçeües, & au mesme prix, & ils en recevront des cedules, qui marqueront les sommes, en quelle monoie elles auront esté payées, avec le prix de la monoie, &c.

(7) On ne tiendra pas compte aux Commissaires envoyez dans le Royaume, de leurs dépens, à moins qu'ils n'aillent en la Chambre des Comptes declarer les lieux où ils seront envoyez, & qu'on y marque le jour qu'ils partiront, & le jour qu'ils reviendront.

(8) Les gens des Comptes commanderont chaque semaine aux jugeurs, qu'ils delivrent chaque jour les enquestes qui leur sont apportées, & le Clerc qui sera en la Chambre pour le dessus-establi, ou le Souverain, baillera par écrit la valüe de tous les dixiémes du Royaume, & de chaque Province, avec l'estat de ce qui restera deû par les Baillis & Seneschaux, &c.

(9) Nulles letres ne seront passées de non contrestant autres Ordonances sur tel fait faites, *& s'il y en a le Chancelier ne les passera pas, &c.*

(10) Le Roy entend que la presente Ordonance soit executée, & que l'on fasse jurer tous les Receveurs, Tresoriers, Baillis, Seneschaux, &c. qu'ils l'observeront.

PHILIPPE par la grace de Dieu Roy de France & de Navarre, à nos amez & feals le *Seigneur de Sully,* & les autres Gens de nos Comptes de Paris, *Salut.*

Comme nous ayons par deliberation *de nostre Conseil,* pour le commun bien de nous, de la Chambre de nos Comptes, de nostre Tresor, & de tout nostre Royaume fait les Ordenances qui s'ensuivent.

(1) Il est ordenné, que nulle delivrance de deniers ne se face au Tresor, ne més, que de rentes deües d'ancienneté, & du droit ordinaire, se n'est *par letre du Roy,* ou par celuy qui sera establi par dessus les Tresoriers. Et commandera le Roy, par bouche, aux Tresoriers qui seront en sa presence, ou celuy qui est souverains pardessus euls establis, ce que on verra qui sera a faire. Et toutes fois li Tresoriers auront letres, ou cedules du Roy, ou du pardessus establis, de ce aussi bien comme se ils estoient en leur absence, en maniere que de ce ils puissent rendre compte bon & loyal toutes fois que mestier sera, en temps & en lieu.

NOTES.

(a) Cette Ordonance est en la Chambre des Comptes de Paris au Registre *Pater* feüillet 51. & au Registre A feüillet 103.

(2) Item.

PHILIPPE V. dit le Long, à Tremblay, le 3. Janvier 1316.

(2) *Item.* Que *toutes les receptes du Royaume de* quelque lieu qu'elles *soient, seront portées au Tresor,* sans descendre, ne dêcharger ailleurs, puisque elles seront parties du lieu d'où elles vendront, & illec seront baillées & despensées sans tourner autre part.

(3) *Item.* Nul tour de compte ne se fera par letres, ne par cedules, fors que par la cedule des gens des comptes. Et jurront les *Clers du Tresor sur saintes Evangiles,* à peine de perdre leur service, que rien il n'écriront au Tresor de recette, ne de despence, se elle n'est faite par les Changeurs du Tresor.

(4) *Item.* Nulle assignation de quelques sommes d'argent que ce soit, ne se fera par le Roy, ne par le dessus-establis, sus aucune Baillie, Seneschauchie, disiéme, subvention, ne ailleurs, que li Tresoriers ne rapportent par leurs sermens *audit souverain,* si que pour ce pourra l'en sçavoir combien pourra l'en recevoir d'argent.

(5) *Item.* Les Tresoriers, ne les Changeurs ne feront nulle recette, ne nulle depence que il ne dient de qui, & de quel lieu elles vendront, & de quel commandement elles seront faites, & baudront par escrit, signé de leur signet, ou scel, *au Souverain de pardessus,* ou à son commandement, chascun jour, toutes *leurs receptes,* de quelque *lieu,* que elles viengnent, & en *quel monoie,* & aussint baudront il par escript & seellé, si comme dessus est dit, au dit *Souverain,* ou à son commandement, *en quel monoie* il feront *leurs depences* & leurs *mises,* & pour quel *pris* & *à qui,* & de quel *commandement* il l'auront fait. Et és letres que il donrront des receptes que il feront, sera contenu *quel monoie leur aura esté baillée* & delivrée, & *pour quel prix,* & aussi és letres que il prendront des personnes, à qui il feront leur delivrance.

(6) *Item.* Que tuit cil qui recevront pour le Roy monoie par tout le Royaume, pour quelque cause que ce soit, qui les devront delivrer aux Tresoriers, ou receveurs du Roy de leurs lieus, leur bailleront à icelle monoie, & pour autel pris, sans müer, ou changer comme il l'auront reçeüe, & en bailleront & prendront letres, ou cedulles seellées, contenant la some, & en quel monoie, & pour quel pris, si comme dit est, & aussi le feront les Tresoriers & receveurs du Roy des Seneschauciés & Baillies de tout le Royaume. Et li Baillis le feront, & feront faire, & les Seneschaux aussi és lieus, ou les recettes de leur Seneschaucies & Baillies leur appartendront. Et telles cedulles, ou letres prendront des Tresoriers le Roy de Paris, tous ceuls qui monoie leur delivreront, toutesfois que il leur feront aucun payement, & qui sera trouvé faisant le contraire, si sera punis *de cors & de l'avoir.*

(7) *Item.* Tous les Commissaires du Royaume de France, toutes les fois que il seront envoyés en commissions, ils vendront en la Chambre des Comptes, & diront les lieux où il seront envoyés & pourquoy. Et sera arresté le jour que il partiront, & le jour que il revendront, se n'est chose si secrete que le Roy l'ait commandée de bouche, ou par sa letre. Et toutesfois diront-il quant il partiront, & quant il revendront, si comme dit est, ou autrement, on ne leur compteroit riens de leur despens.

(8) *Item.* Les gens des Comptes doivent commander, chascune sepmaine, *aus jugeurs des enquestes,* que les enquestes qui leur seront apportées chascun jour il delivreront tantost sans y faire delay. pourquoy les exploits des jugiés que il feront pour le Roy, soient tantost levés & apportés au *Tresor,* où là où il devront tourner. Et est assavoir que *le Clerc* qui sera en la Chambre pour ledit *Souverain,* rapportera par escrit, bien & loyaulment & diligemment, la valüe de tous *les dixiémes* du Royaume, & de chascune Province par soi, & les restans que devront tous les Seneschaus & Baillis, & tous les Commissaires du Royaume, & tous les Receveurs aussit au plus prés que il pourra, & einsi pourra sçavoir le Roy, ou le pardessus-establi, combien d'argent on pourra recevoir se mêtier est.

PHILIPPE V. dit le Long, à Tremblay, le 3. Janvier 1316.

(9) *Item.* Que nulles lettres ne seront passées *de non contrestant autres Ordenances sus tel fait faites*, & se elles venoient au Seel, que le *Chancellier* ne les passe, jusqu'à tant que l'en aura rapporté au *Roy*, ou à *l'Establi* de par li, en ce cas especiaument de delivrance d'argent, se il n'i a cause de deception. Et est assavoir que *(a) le Doyen* & li Sire *de Lor* seront *Souverains* par dessous *le Seigneur de Sully*, lequel est *Souverain establi*, & en son absence feront garder & tenir ces Ordenances, & y contreindront les autres.

(10) *Item.* Le Roy n'entend point à remüer ces Ordenances de maintenant, ne les estats que ont ses Clercs, ses Chevaliers & ses autres Officiaus. Et à ce furent d'accort *le Roy*, & tout *son Conseil* estroit. Et pour ce nous *Mandons & commandons* à vous Seigneur *de Sully* & aus autres gens de nos Comptes, si estroitement comme nous pouvons, que vous & chacun de vous, sus l'amour, & la foy en quoy vous nous estes tenus, les *Ordenances dessusdites*, en tout & en chacun de leurs points, & leurs articles cy-devant escripts & exprés, *accomplissiez, tenez, & gardez chacun en droit soy, & faites accomplir, garder, & tenir fermement sans rien faire*, ou venir encontre en nul cas, & tous ceux que vous trouverez qui en aucun cas vendront encontre, punissiez & faites punir en telle maniere que les autres pregnent exemple.

Et pour ce que *cette Ordenance* soit miex gardée especiaument en cas qui parle, que *cil qui recevront monoie pour nous, le nous rendent en tele maniere & pour tel pris comme il la recevront sans changier*, nous *voulons*, vous mandons & commandons, que vous commandez estroitement à tous nos *Tresoriers* & *Receveurs* de tout nostre Royaume, & aux *Seneschaux*, & *Baillis* aussi, ausquiex les receptes de leurs lieux appartendront, & à tous autres qui deniers recevront, pour quelque cause que ce soit, que ils facent expressement jurer, à tous ceux que il commettront à faire recette pour eux *sus saintes Evangiles*, que il en tous leux & de toutes les receptes, que il feront pour euls, les feront, si comme dessus est dit, de point en point sans rien changer ne müer. Et aussi voulons & vous mandons que vous le faciez faire & *jurer* à tous nos Tresoriers, Receveurs, Seneschaus, Baillis de nostre Royaume, & à tous ceuls que vous envoyerez faire aucunes receptes pour nous, ou que ce soit, & quiex que il soient & punissiés tous ceuls que vous sçaurez qui feront le contraire. Et ces choses faites si diligeaument que vous n'en doiez estre repris. *Donné à Tremblay le tiers jour de Janvier l'an de grace mil trois cens & seize.*

NOTES.

(a) Le Doyen.] Au Registre A feüillet 103. il y a, *le Doyen de Bourges.*

PHILIPPE V. dit le Long, à Paris, le 14. Fevrier 1316.

(a) Letres, ou Commission contre les Italiens & Ultramontains negocians, & demeurans en France.

PHILIPPUS *Dei gratiâ Francie & Navarre Rex, Universis presentes literas inspecturis*, Salutem. *Inter* Ytalicos, *qui suas habent in regno Francie* mansiones, *frequenti insinuatione dedicimus eorum quamplures* edicta *progenitorum nostrorum, & nostra diversis* fraudibus & maliciis *infringere*, mercaturas illicitas, *& omninò* prohibitas *exercendo, sic edictorum penas ipsorum incurrere non verentes.* Nos igi-

NOTES.

(a) Cette Commission est au Registre *Pater* fol. 126. *verso* de la Chambre des Comptes de Paris. Comme elle contient un Reglement, contre les fraudes des Italiens, avec pouvoir de les punir & de les taxer, on a crû devoir la mettre au nombre des Ordonnances.

PHILIPPE V. dit le Long, à Paris, le 14. Fevrier 1316.

tur hujusmodi maliciis obviare, & super hoc providere volentes de dilectorum & fidelium .... & fidelitate & industriâ confisi, eisdem, & cuilibet ipsorum duximus committendum, *quod ipsi, per se, vel alios loco sui, a preterito novissimo festo* Beati Johannis Baptiste, *usque ad* novem annos *continuos, de illis omnibus & singulis* Ytalicis *hujusmodi mercaturas exercentibus diligenter inquirant, & sollicite se informent, & quos in culpâ, super hoc, per inquestam publice vocis, vel aliter quomodolibet poterint reperire,* adjornent vel faciant adjornari coram se, *sub penâ banniendi a regno predicto, procedant que contra ipsos & quemlibet ipsorum* ad bannimentum *omninò si opus fuerit, &* aliter puniant eosdem in personis & bonis, prout eorum *protervitas meruerit, & sibi videbitur expedire. Illos verò quos de predictis mercaturis illicitis vehementer deprehendere potuerunt ad hoc* emendandum compellant, *& ipsos ad emandam recipiant in hunc modum videlicet quod primo & principaliter eos jurare faciant, quantam quantitatem pecunie habent, vel debent habere, gubernant & ministrant de eorum propriâ pecuniâ, vel alterius, meram & legitimam dicens veritatem; eisque* de quibuslibet centum libris quas habent *& habere debent, gubernabunt & ministrabunt, C. Sol. imponent solvendos pro nobis thesauris nostris Parisius, vel eorum certo mandato, quolibet anno, medietatem videlicet* tertio Kalendas Januarii *&, aliam medietatem* tertio Kalendas Julii, *usque ad* novem annos *predictos, ita tamen quod si eis constiterit famâ publicâ, vel aliter, aliquem dictorum* Ytalicorum *majorem summam habere gubernare & administrare de suo proprio, vel alieno, quam juraverint, medietatem illius partis nomine emendo dictis thesaur. pro nobis solvere teneantur. Et si aliquis dictorum* Ytalicorum, *cum eis vellet finare, & componere ad solvendum per dictum tempus* novem annorum, *vel minus, certam summam pecunie quolibet anno, & esse quitti de dicto juramento, & dictis nostris Commissariis visum fuerit utilius pro nobis, quod tales* Ytalicos *recipiant, & recipere possint ad finandum de predictis per annatas, ut dictum est. Rebelles in predictis per eos, vel alios loco eorum per captionem eorum ipsorum & bonorum ac debitorum eorumdem explectationem & venditionem, prout eis visum fuerit expedire compellendi & alia faciendi ad hoc pertinentia predictis nostris in hac parte Commissariis concedimus plenam & validam tenore presentium potestatem dantes tenore presentium, &c.* Actum Parisius die decimâ quartâ Februarii, anno millesimo trecentesimo decimo sexto.

PHILIPPE V. dit le Long, à Paris, le 24. Fevrier 1316.

(a) Letres ou Commission par lesquelles le Roy ordonne qu'il sera levé finance, pour les Amortissemens & les Francs-fiefs.

PHILIPPUS *Dei gratiâ Francorum & Navarre Rex dilecto clerico nostro magistro Odoni de Columbar.* Salutem & dilectionem. *Cum sicut accepimus per ordinationes prædecessorum editas & publicatas dudum extiterit prohiberi, tam personis Ecclesiasticis, Religiosis, communiis & Universitatibus Regni nostri Francie,* ne res, bona, seu possessiones temporales quascumque, *pro* suis Ecclesiis, locis Ecclesiasticis, seu Religiosis, Universitatibus, seu communiis, & personis innobilibus, acquirerent, *in dicto regno nostro Francie, titulo gratuito, seu non gratuito. Acquisita quod jam per Ecclesias, loca religiosa, communias, seu Universitates, in quibus regaliam habemus, seu aliqua alia deveria,* non alienarent, *nec extra manus suas ponerent in toto, nec in parte, quod caderet in damnum, seu damnationem juris predicti regni nostri : Insuper inhibitum fuerit* personis nobilibus, *ne de feodis, seu retrofeodis*

NOTES.

(a) Ces letres sont au Registre A *fol.* 105. de la Chambre des Comptes de Paris. Voyez ce que j'ay écrit à ce sujet dans ma Dissertation sur l'origine du droit d'amortissement.

PHILIPPE V. dit le Long, à Paris, le 24. Fevrier 1316.

nostris que tenent alienarent, seu alicui (a) ad servitium minus competens traderent, *absque nostrâ licentiâ speciali, dicteque persone Ecclesiastice, Religiosi, communie, Universitates, innobiles, & nobiles, acquisita, seu alienata, ut predicitur, per eosdem, extra manus suas ponerent, & ad statum pristinum reponerent infra annum, que facere distulerint seu etiam neglexerint, quin imo fructus & exitus dictorum acquisitorum levarunt, res & possessiones jam acquisitas, & dicti nobiles feoda & retrofeoda alienare, & ad* servitium minus competens *tradere de die in diem, spretis prohibitionibus & inhibitionibas nostris, ac predecessorum nostrorum non verentur, & specialiter in balliviâ & ressorto ballivie* Senonensis, *in grande dampnum & diminutionem predicti regni nostri. Et quod talia amplius tolerare, nec sub dissimulatione pertransire* nolumus nec debemus, *hinc est quod vobis, de cujus fidelitate & industriâ plenarie confidentes, tenore presentium* committimus & mandamus *quatenus vos ad dictam balliviam personaliter transferentes*, inquiratis, *seu etiam vos diligenter* informetis *per vos, vel deputandos a vobis summarie & de plano*, super acquisitis & alienatis, ut predicitur, a predictis personis, *& ea que inveneritis* sic acquisita, seu distracta ad manum nostram ponatis & capiatis, & fructus exitus inde provenientes levetis seu levare faciatis nostris usibus applicando. De perceptis vero post *prohibitionem predictam fructibus & exitibus dictorum acquisitorum, seu alienatorum predictorum, personas seu illos qui eadem levaverint, ad reddendum & restituendum vobis nomine nostro compellatis, seu compelli faciatis prout videritis faciendum. Si qui vero super predictis acquisitis & alienatis a vobis nomine nostro* ad financiam rerum predictarum se admitti petierint, *de ipsis financiis faciendis & recipiendis, salvo in aliis jure nostro & quolibet alieno, vobis tenore presentium* concedimus facultatem, exceptis possessionibus & feodis multum notabilibus, *ad quorum financiam ipsas personas per vos nolumus recipi*, sed nobis, seu magistris camere compotorum nostrorum Parisiis tales financias reservamus. *Super financiis verò per vos factis, nostras literas confirmatorias petentibus* concedimus *mandantes omnibus justiciariis & subditis nostris & omnibus quorum interest ut vobis & deputandis a vobis in premissis & ea tangentibus pareant, & intendant.* Datum Parisius die vicesima quarta Februarii, anno millesimo trecentesimo decimo quinto sexto.

NOTES.

(a) Ad servitium minus competens.] Ce qui estoit une diminution, ou un abregement de fief deffendu par les Loix. Voyez ce que j'ay remarqué sur ce sujet, dans ma Dissertation sur l'origine du droit d'amortissement, pages 83. 84. 85. 86. & les Ordonances de Philippe III. de l'an 1275. & de Philippe IV. de l'an 1291. & cy-aprés l'Ordonance du mois de Mars 1320.

PHILIPPE V. dit le Long, à Paris en Fevrier 1316.

(a) Ordonance touchant les Notaires du Chastelet.

PHILIPPUS *Dei gratiâ Francorum & Navarre Rex. Notum facimus universis tam presentibus quam futuris*, nos *infra scriptas carissimorum Dominorum* genitoris, *ac* Germani *nostrorum, quondam dictorum regnorum Regum, vidisse literas in laqueo serici, & cerâ viridi sigillatas, in hæc verba.*

Ludovicus *Dei gratiâ Francie & Navarre Rex, Notum facimus universis tam presentibus quam futuris*, nos *literas inclite recordationis carissimi Domini, ac genitoris nostri vidisse, in hec verba.*

Philippus *Dei gratiâ Francie Rex Preposito parisiensi*, Salutem. *Intellecto dudum*

NOTES.

(a) Cette Ordonance est au Tresor des Chartes, Registre de Philippe le Long, cotté 53. n. 78.

& fide

PHILIPPE V. dit le Long, à Paris en Fevrier 1316.

& fide dignorum relatu, ex confusâ Notariorum Castelleti nostri Paris. multitudine, multa pericula provenire, mandaveramus tibi, vocato tecum Nicolao portitore, ejusque circa hoc habito consilio diligenter inquirere, quot Notarii ad facienda negotia Castelleti predicti sufficerent, & qui de Notariis ydoniores existerent ad prædicta, quid inde faceres & invenires, dilecto & fideli nostro magistro Stephano archidiacono Brugensi subtus & dicti Nicolai sigillis inclusum celeriter remissurus, (a) &c. Anno Domini millesimo trecentesimo.

Item, alias literas quarum tenor talis est.

Philippus *Dei gratiâ Francorum Rex notum facimus universis, tam presentibus quam futuris, nos infra scriptas vidisse literas tenorem qui sequitur continentes.*

A tous ceux, &c. *(b)*

Nos vero *ordinationem dicte confratrie, & omnia & singula præmissa rata & grata habentes, ea laudamus, volumus, approbamus, & autoritate regiâ tenore presentium confirmamus. Quod ut firmum permaneat & stabile in futurum, presentibus literis nostrum fecimus apponi sigillum, salvo in omnibus jure nostro, & quolibet alieno. Actum apud Fontem-bladi, anno Domini millesimo trecentesimo octavo.*

Nos autem *ordinationes prescriptas, & omnia & singula in predictis literis contenta, rata & grata habentes, ea volumus, laudamus, approbamus & auctoritate nostrâ regiâ confirmamus, salvo in aliis jure nostro, & in omnibus quolibet alieno. Quod ut firmum & stabile perseveret in futurum, presentibus literis nostrum sigillum, quo vivente carissimo Domino genitore nostro utebamur fecimus apponi.* Datum apud Vincen. anno Domini millesimo trecentesimo decimo quarto mense Januarii.

Nos *vero ordinationes prescriptas & omnia & singula in predictis contenta, rata & grata habentes, ea volumus, laudamus, approbamus & auctoritate regiâ tenore presentium confirmamus. Quod ut firmum & stabile perseveret presentibus literis nostrum fecimus apponi sigillum, salvo in aliis jure nostro & in omnibus quolibet alieno.* Datum Paris. mense Februario, anno Domini millesimo trecentesimo decimo sexto.

NOTES.

(a) Voyez cy-dessus, page 336.

(b) Ce sont les Statuts de la Confrairie des Notaires, de l'an 1300. imprimez entre les Chartes des Notaires, page 32.

PHILIPPE V. dit le Long, à Paris, le 2. Mars 1316.

(a) Letres portant que les Sujets du Duc de Bretagne ne pourront estre distraits de sa Jurisdiction, sous pretexte des appellations interjettées de ses Juges.

PHILIPPUS *Dei gratiâ Francie & Navarre Rex Turonensi & Constantiensi Ballivis, vel eorum loca tenentibus,* Salutem. *Significavit nobis dilectus & fidelis noster* Joannes Dux Britanniæ *conquerendo, quod nonnulli sui subditi, dum ipsius curiæ ad nostram appellant, pendentibus hujusmodi appellationibus, ab ipsius jurisdictione; non solum ratione causarum in quibus deffendentes existunt, sed agendo, & causas movendo, coram nobis, seu gentibus nostris, contra alios dicti Ducis subditos, eximunt se frequenter, & faciunt per gentes nostras hujusmodi exemptione deffendi, sic ipsius forum per diversa evitando diffugia, & multimodo prejudicium inferendo ei-*

NOTES.

(a) Ces letres sont dans un *Vidimus* de Philippe de Valois de l'an 1328. au Registre du Tresor cotté 65. piece 72. Loüis Hutin en donna de semblables au mois de Mars 1315. Voyez les letres de Philippe Le Bel du 12. Fevrier 1296. page 329.

dem. Quare mandamus vobis & vestrum cuilibet, ut appellantes ipsos, pro ut de his vobis constiterit, in casibus illis dumtaxat, *in quibus defendentes existunt legitime pendentibus eorum appellationibus, hujusmodi exemptione gaudere, sub protectione regiâ permittatis & faciatis. In aliis verò in quibus extra appellationum ipsarum causas* actores sint, eos non intelligimus *a jurisdictione dicti Ducis* fore, *virtute dictarum appellationum,* exemptos, *quin ipsi appellantes in Curiâ dicti Ducis ejusdem subditos, debeant deducere causas, dictusque Dux, aut ejus gentes, eisdem appellantibus, & contra ipsos justitiam exhibere.* Datum Parisius die secundâ Martii, anno Domini millesimo trecentesimo decimo sexto.

PHILIPPE V. dit le Long, à Paris, le 8. Mars 1316.

(a) Confirmation des Letres de Philippe le Bel, portant revocation des alienations des Notairies, Ecritures, &c.

PHILIPPE par la grace de Dieu Roy de France & de Navarre, à nos amez & feaulx les Gens de nos Comptes, *Salut.* Nous avons vües les letres de tres bonne memoire nostre tres chier Seigneur & Pere jadis, contenant la fourme qui s'ensuit.

Philippes par la grace de Dieu Roy de France, à nos amez & feaulz, les Gens de nos Comptes, *Salut & amour.* Comme nous en diverses parties de nostre Royaume, aiens octroyé à plusieurs personnes nos Notairies, escriptures, enregistremens, gardes de Registres, Offices de examen de temoins, les emolumenz de nos Sceaux, & l'execution de iceux à aucunes personnes à vie, aux autres à nostre volenté, & aux autres à certain temps par voye de accensement, &c. *(b)*

Nous enseur que tout, qui seur les choses contenües esdites letres avons eü grant deliberation, & grant avis de nostre Conseil, toutes les choses contenües esdites letres, comme bienfaites & ordenées, voullons, loons, & approuvons, & confirmons, & vous commettons & commandons estroitement, que se aucunes des choses contenües esdites letres, ou temps de nostre dit Seigneur & Pere n'ont esté faites & accomplies, jusques à ce, que vous les faciez, accomplissiez hastivement, en la maniere que il vous commist & manda. Et autresit, si depuis par importunité de requereurs, ou en autre maniere, aucuns dons ont esté faiz, ou gardes bailliées à vie, à volenté, ou à temps, & plus especialement des Sieges, & Notairies de nostre Chastellet de Paris, par nostre tres chier Seigneur & *frere Monsieur Loys* jadis Roy des diz Royaumes, ou par nous, & tout ce qui sera fait doresnavant, contre la teneur des Articles & des choses contenües esdites letres, si vous commettons nous, & vous commandons que vous les rappelliez, & en ordenez à nostre profit en la maniere que nostre dit Seigneur & Pere le vous commist & manda par ses letres. Et donnons en mandement par ses letres, à tous nos Seneschaux, Baillis, Vicomtes, Prevoz & subgiez que és choses devant dites, & en tout ce qui y peut appartenir, vous obéïssent fermement & diligemment. *Donné à Paris le huitiéme jour de Mars mil trois cens seize.*

NOTES.

(a) Ces Letres sont au Memorial A feüillet 106. *verso* en la Chambre des Comptes de Paris.

(b) Ces Letres sont imprimées cy-dessus, page 476. 477.

PHILIPPE V. dit le Long, à Paris, le 12. Mars 1316.

(a) *Ordonance portant Establissement de Capitaines dans les Villes du Royaume.*

PHILIPPES, &c. Au Baillif de Roüen, ou à son Lieutenant, *Salut.* Comme pour avoir deliberation de faire pourveance, sur le bon estat de nostre Royaume, & de touz les habitans d'icelli, *Nous* eussiens fait venir pardevant nous à Paris, des souffisans persones de bonnes Villes de nostre Royaume. Et eus presens pardevant Nous, aprés plusieurs deliberations, de par eus, nous fust requis entre les autres choses & supplié que *Nous voussissiens* seur ce garder droit & justice en nostre Royaume, & eus & nostre autre peuple maintenir, & garder en tranquillité & en païs, en la forme & en la maniere qu'il fut fait & maintenu au temps *M.r Saint Loüis nostre besayeul;* Et nous leur aiens fait respondre en nostre presence, que ce a esté; & est encores, & sera des-ores en-avant, se Diex plaist, nostre volenté & nostre entente, & ensi l'entendons à faire tousjours; Et que pour ce qu'il entendoient que à la pais & à la tranquillité de leurs Villes & de leurs pays, convenable chose, bonne & necessaire seroit, que especiaument les bonnes Villes, & les autres de nostre Royaume, & les gens d'icelles, fussent *guernies d'armeures,* en tele maniere que se li besoins avenoit, que ja n'aviegne, les bonnes gens fussent plus prest pour nostre droit, & leur deffendre de par Nous, & maintenir & faire garder justice, & la pais, & le bon estat du pays & de tout nostre Royaume. Et nous aient requis, que Nous sur ce veilliens faire & mettre *Ordenance convenable,* & en chascune des bonnes Villes mettre à nos couz *un Capitaine bon & souffisanz, qui ausdites Villes, & aus peuples d'icelles facent serment de eus, leurs Villes, leurs païs & le peuple d'iceux maintenir & garder loyaument, bien, & souffisaument à son pooeir, Et les gens aussi des Villes & des pays facent serment audit Capitaine de li bien &, loyaument obéir, & aidier* à la garde dessusdite. Et nientmoins *en chascune Baillie ou contrée, mettre un Capitaine general à noz couz* ainsi qui fera, & fera on à luy serement en la maniere dessusdite, & li seront tenuz de obéir & aidier li autre Capitaines, & li peuples touz desdites Villes de ladite Baillie, ou contrée. *Et Nous* pour le bon estat de nostre Royaume leurs ayens octroyé & accordé à ce faire, & especiaument à y faire mettre *les Capitaines,* toutesfois que *poins* sera & mestiers. *Nous te mandons* que tantost, sanz nul delay tu elises & establisse és *(b)* Cité & Villes de Roüan, du Pont-de l'Arche, du Pont-Audemer, du Pont l'Evesque, de *Robec,* & de tous les autres Chastiaux & Villes de ta Baillie, où Nous *avons Chastellenies,* ou *Vicomtez,* par le Conseil des Bourgeois *preudeshommes* & souffisanz de celles Villes, Citez & Chastiaux, tant, & tiex comme tu verras que bon sera, certaines persones à ce souffisanz, qui sachent de toutes les persones desdites Citez, Villes & Chastiaux, & des autres Villes qui appartiennent & appendent à leurs Chastellenies, & Vicomtez, lesquelles persones par leur poair & par leur estat, porront tenir *chevaux & gens d'armes,* & combien, & chascuns selonc leur estat & leurs facultez, & ainsi des menuz, liquel pourront avoir *armures, pour gens de pied,* & combien chascun selonc leur estat & leurs facultez, & selonc ce que il te rapporteront en *ordene,* & fay tenir, garder & accomplir.

Et pource que Nous avons consideration especiaument à ce que les menües

NOTES.

(a) Cette Ordonance est au Tresor des Chartes Registre cotté 55. & 18. feüillet 5.

(b) *E's Cités & Ville de Roüen, &c.]* On appelloit anciennement *Citez* les Villes où il y avoit *Evesché,* ou *Archevesché.*

PHILIPPE V. dit le Long, à Paris, le 12. Mars 1316.

gens ont de jour en jour grands neceſſitez pour eus, & pour leurs meſnies vivre; & doutons que leur armeures ne engageaſſent, ou vendiſſent, *Nous* pour ce, & pour eſchiver tous autres eſclandres & perils, qui en pourroient, avenir avons par le Conſeil de nos gens, ordené & eſtabli, que toutes les armeures és menües gens, ſoient enſemble *miſes en lieu, ou en lieus ſehurs & convenables, & certains en noſtre main & en noſtre garde, & que chaſcun mette ſon ſeing, & ſon brevet en ce qui ſien ſera,* Et que toutes ces choſes ſoient ſi ſeurement gardées, que chaſcun, ſe li beſoins venoit, peuſt au ſien aſſener, & le prendre par noſtre main pour li en aydier, par la cauſe deſſuſdite, ouquel cas, & non en autre, *Nous voullons* qu'elles leur ſoient delivrées & bailliées. *Si te mandons* que ceſte *Ordenance* faces accomplir, garder & tenir par toute ta Baillie, & à ce faire contraing tous les manans eſdites Citez, Châtiaux, Villes & Vicomtez. Et n'eſt pas noſtre entente que li diz *Capitaines* ſe doient meſler des *Juriſdictions*, qui auſdites Villes appartiennent, ou eus entremettre de choſes nulle, fors des *guerres*, & de ce qui y appartiendroit, ou s'en pourroit dependre, ainſi comme il a eſté autrefois accouſtumé en temps de guerres. Ainçois *voullons* que leurs *Juriſdictions*, leur droit & leur couſtume leur ſoient & demeurent ſaines, quar Nous ne entendons que par ce ſoit fait prejudice ou rien en noſtre droit, ne ou leur, ne à noz Bailliz, ou officiaux ne au leur. *Donné à Paris le douziéme jour de Mars, l'an de grace mil trois cens ſeize.*

Per Dominum Regem preſente conſilio.

NOTES.

Similes literæ miſſæ ſunt Baillivis infra ſcriptis.

De Orliens.	De Sens.	De Meauz.
De Senlis.	De Caux.	De Amiens.
De Vermandois.	De Giſors.	
	De Troyes.	
De Caën.	De Conſtantin.	

Ce nouvel eſtabliſſement fit de la peine aux Seigneurs temporels, ce qui donna lieu au Roy de leur envoyer de telles letres.

Philippus *Dei gratiâ Franciæ & Navarræ Rex, Univerſis preſentes literas inſpecturis,* Salutem. *Notum facimus, quod cum nos ad obviandum quorumdam malitiis, conatibus que perverſis, qui ſtatui pacifico regni noſtri, ac ſubditorum noſtrorum quieti plurimùm invidentes, adversùm nos in rebellione, ſeu inobedientiâ ſe ponere non verentur, habitâ cum procuratoribus bonarum villarum, ac locorum inſignium dicti Regni deliberatione pleniori, per conſilium noſtrum* duxerimus ordinandum, *quod in certis villis & locis Regni noſtri prædicti, videlicet in quibuſlibet earumdem,* unus ex parte noſtrâ gardiator & Capitaneus deputetur. *Et juxta dictam* Ordinationem *in civitate & villâ Remenſi certum gardiatorem & Capitaneum duxerimus ordinandum; Nolumus quod per hoc dilecto & fideli noſtro Archiepiſcopo Remenſi, vel ſuis ſucceſſoribus, aut Eccleſiæ ſuæ Remenſi in ſua juriſdictione, libertate, vel aliis prejudicium aliquod in poſterùm generetur, aut nobis ſeu ſucceſſoribus noſtris Franciæ Regibus, aut quibuſvis aliis jus novum aliquod quomodolibet acquiratur.*

In cujus rei teſtimonium preſentibus literis noſtrum fecimus apponi ſigillum. Datum Pariſ. die vigeſimâ primâ Aprilis, anno Domini milleſimo trecenteſimo decimo ſeptimo.

Ces lettres ſont au Regiſtre de Philippe le Long cotté 55. & 18. *folio* 5. *verſo.*

PHILIPPE V. dit le Long, à Paris, le 20. Mars 1316.

(a) Letres adreſſées au Bailly de Meaux pour la ſeureté des Chemins contre les voleurs.

PHILIPPE par la grace de Dieu Roys de France & de Navarre au Bailli de Miauz, *Salut.* Nous volons que chacun ſaiche, & tu eſpeciaument, que entre totes les autres choſes, qui tuchent l'eſtat & le gouvernement de nous, & de noſtre

NOTES.

(a) Ces Letres ſont au Treſor des Chartes, Regiſtre cotté au haut 55. au bas 18. *fol.* 7.

nostre Reaume de France, nous desirons de plus grant affection *la pais, & la seurté de nos sugiez, & dou peuple* qui en nostre Reaume vient chacun jour, pour vendre & achater leurs Marcheandises : car senz marchandises ne se porroit nostre diz Reaumes, ne nul autre gouverner, laquele pais & seuretez ne porroit pas bien estre maintenüe, se cil qui ont à maintenir & garder justice, ni mettoient lour entente, & diligence, Et pour ce nous remanbrons nous, que, comme n'a pas lonc-temps, grant clameur fust venüe à nous, que plusieurs maufeteurs estoient en nostre *Comté de Champaigne*, & especiaument en ta Baillie, qui *roboient* Marcheanz & autres gens, si que touz li pais estoit se malsehurs, que nuns ne osoit aler, ne venir, que il ne fust robez, *Nous te mandasmes* par nos autres lettres; Et pour ce que cele clameur ne cesse mie, ançois s'enforce de jour en jour, & plus souvent nous vient que devant, Encores *te mandons & commandons* si estroitement, comme plus pouons, que si chier comme tu as à eschiver nostre courroux, & nostre offense, tu fay mettre par toy, & par autruy, & ceus qui ont les terres, & les Justices de ton ressort, & en ta Baillie, contraing à ce que il y mettent aussi tel garde, & tel cure, tel paine, & tel diligence, pourquoy *li pais* & la terre *puissent estre si sehur*, que les genz du pais & d'autre pais, marcheant & autres, puissent sehurement aler venir en leur marchandises, les maufeteurs soient pris & puniz, en tele maniere que li pais puist demorer an sehur estat, & que nous n'en ayens plus clameur, ne escandle. *Et voulons* bien que tu saches que se nous te trouvons en c'est cas negligent, nous t'en punirons, si que tuit li autre y panront exemple. *(a) Donné à Paris le vingtiéme jour de Mars, l'an de grace mil trois cens & seze.*

PHILIPPE V. dit le Long, à Paris, le 20. Mars 1316.

NOTES.

(a) Aliæ similes literæ fuerunt missæ Ballivis infra scriptis.

De Vitri. De Amiens. De Vermandois. De Senz. De Senliz. De Chaumont. De Troyes.

PHILIPPE V. dit le Long, à Paris, en Mars 1316.

(a) Letres portant que le Duc de Bretagne ne pourra estre ajourné pardevant le Roy, ou ses Juges, qu'en cas d'appel, ou cas concernant la Souveraineté.

PHILIPPUS, *&c. Notum facimus Universis, tam præsentibus, quam futuris, quod nos dilecto & fideli nostro* J. Duci Britanniæ, *ejusque heredibus Ducibus Britanniæ, in fidelitate & devotione nostris, in posterum permansuris, ejus gratis meritis quamplurimum exigentibus*, Concedimus, *quod ipsi ad instanciam subditorum suorum coram nobis, seu coram nostris gentibus*, per simplicia adjornamenta *non valeant* adjornari, *sed tantum in casu* appellationis, ob defectum juris ad curiam, vel officiales nostros *interpositæ, vel à* pravo & falso judicio, *vel etiam in aliis casibus, qui ad* superioritatem nostram *regiam debent pertinere.*

Hæc autem, si dicto Duci heredibus suis Ducibus jure suo spectant, seu competunt, sibi tenore præsentium confirmamus : *si autem ad eos non pertineant, nos ipsos favore benivolo prosequi cupientes, eisdem premissa* concedimus, *de gratiâ speciali. Quod ut robur obtineat perpetuæ firmitatis præsentibus nostrum fecimus apponi sigillum.* Actum Parisius, anno Domini millesimo trecentesimo sexto decimo, mense Martii.

NOTES.

(a) Ces Letres sont au Tresor des Chartes, Registre cotté 53. piece 81. *fol.* 36. *verso.*

Voyez cy-dessus les lettres du mois de Fevrier 1296. du mois de Mars 1302. & du 2. Mars de cette année.

PHILIPPE V. dit le Long, à Paris, au mois de Mars 1316.

(a) Letres accordées à l'Evesque & au Diocese de Paris, portant confirmation d'autres letres, par lesquelles les Roys precedens avoient accordez plusieurs privileges aux Evesques, & aux Eglises.

SOMMAIRES.

(1) Les privileges des Eglises sont confirmez.

(2) Les Seneschaux & les Baillis, au commencement de leurs fonctions, jureront publiquement aux assises, sous peine de perdre leurs offices, qu'ils observeront ce qui est contenu dans ces letres, & celles qui y sont énoncées.

(3) Ceux qui presideront dans de differens Dioceses, feront leur serment à leur premiere assise dans chaque Diocese, l'Evesque appellé.

(4) Les Officiers inferieurs feront leur serment en la main des superieurs, &c.

(5) Les Officiers ne presteront qu'un seul serment, pour tout le temps de leur gouvernement, &c.

(6) Les Officiers qui auront contrevenu aux susdites letres, & qui n'auront pas voulu reparer leur faute, en payeront les domages & interests.

(7) Les Officiers Royaux presteront le bras seculier aux Eglises, quand elles en auront besoin.

(8) Les Clercs non mariez, s'ils ne font aucun negoce, ne payeront au Roy aucuns imposts.

(9) Les Prelats useront librement du Droit qu'ils ont de faire battre monoie, en la faisant de la forme, du poids & de la loy dûs & prescrits.

(10) Les Seneschaus, les Baillis, leurs justiciables, &c. ne troubleront pas les Prelats ni les personnes Ecclesiastiques dans l'exercice de leur justice, & n'empescheront pas que les Prelats & les personnes Ecclesiastiques ne connoissent du crime d'usure, qu'ils ne punissent ceux qui en seront convaincus, ni qu'ils ne les obligent à restitution, &c.

(11) Les bleds, les vins & autres provisions qui auront esté pris aux Ecclesiastiques pour la guerre, leur seront rendus, s'ils sont en nature, sinon l'estimation leur en sera renduë, &c.

(12) Les hommes, ou sujets des Prelats & des personnes Ecclesiastiques, qui ont esté taxez, pour n'estre pas allez à la guerre de Flandre, seront conservez dans leurs privileges, s'ils en ont, & l'on ne pourra sous ce pretexte exiger d'eux finance.

(13) Les letres obtenuës, sans qu'il y soit fait mention qu'elles sont contre les Ecclesiastiques, seront nulles, &c.

(14) Tout ce qui est contenu cy-dessus sera executé par tous les Officiers, & leurs justiciables, &c.

(15) Le Prevost de Paris fera observer toutes les letres, qui sont icy énoncées.

(16) Les laïques ne pourront traire les laïques en action personelle, pardevant les juges d'Eglise, &c.

(17) Les Officiers Royaux protegeront les Prelats dans leur droit de visite, lorsque les Prelats en seront en possession.

(18) Les Officiers Royaux puniront ceux qui mettent la main sur les personnes d'Eglise, & qui se rendent maîtres injustement de leurs biens.

PHILIPPUS, *&c. Notum facimus Universis tàm præsentibus quàm futuris, nos infrascriptas vidisse literas sub hac formâ.*

(1) Ludovicus *Dei gratiâ Franciæ & Navarræ Rex, Notum facimus Universis præsentibus & futuris, quod nos omnipotenti Deo, qui est Rex Regum & Dominus dominantium, per quem Reges regnant, & legum conditores justa decernunt, ad instar almi Confessoris* Beati Ludovici proavi nostri, *& inclitæ recordationis carissimi domini* Philippi genitoris *nostri, ac aliorum Christianissimorum Principum prædecessorum nostrorum Regum quondam Franciæ & Navarræ, devote famulari, regulasque Christianæ & orthodoxæ fidei custodire, ac ex ipsius fidei cultu & ampliatione gaudere & gloriari cupientes,* Ecclesias, monasteria, & alia pia loca, ad honorem divini nominis, intra regnorum nostrorum gubernacula dedicata, nec non & Ministros ip-

NOTES.

(a) Ces Letres sont au Tresor des Chartes, Registre cotté 53. piece 124. *fol.* 57. Voyez cy-dessus, page 613. 614. 615.

PHILIPPE V. dit le Long, à Paris, au mois de Mars 1316.

fius fidei & Ecclesiæ, cujus sumus filii & pugiles, sub protectione nostræ celsitudinis Regiæ, ut per terrenum nostrum regnum cœleste proficiat, & pax & tranquillitas, sine quibus pacis auctor nequit excoli, serventur uberius, gloriose volumus confoveri, *prænoscentes magis sanctorum meritis, eorumdemque devotorum Ecclesiæ ministrorum orationibus, quam armorum exercitiis, publicis que officiis, ac laboribus, corporis ve sudore, prædictorum Regnorum rempublicam contineri: Eapropter, necnon & in considerationem debitam deducentes pium, fidelem, promptumque dilectionis affectum, quem per exhibitionem operis, ac spiritualis & decimalis subventionis ad nos & coronæ nostræ tuitionem, Dilectos & fideles nostros* Episcopum Parisiensem, *Abbates, Capitula, conventus, cæterasque personas Ecclesiasticas sæculares & Regulares Diocesis* Parisiensis *habere comperimus, ipsis ac Ecclesiis monasteriisque & successoribus eorumdem, statuta ipsius* Beati Ludovici proavi nostri, *nec non & ordinationes ejusdem Domini* genitoris nostri, *quæ sic incipiunt.* Nos Philippus &c. *(a)* Pro reformatione regni nostri, *ac quinque alias ejusdem Domini genitoris nostri literas, quarum una sic incipit, (b)* Decens reputamus & congruum; *alia (c)* Regi regum; *alia (d)* Notum facimus universis tam præsentibus quam futuris quod nos prolocutam: *& alia, (e)* Quia Flamingorum: *alia,* Oblatam, *& omnes literas & gratias a dicto Domino genitore nostro, aut aliis prædecessoribus nostris eisdem communiter, vel divisim concessas, omnesque eorum libertates, immunitates, & privilegia, antiquasque & approbatas consuetudines approbamus, ratificamus, renovamus, & auctoritate regia ex certa scientia, tenore præsentium confirmamus; Eisque alias libertates & gratias per literas nostras quæ sic incipiunt, (f)* Subditorum nostrorum tranquillitatem communitatibus & universitatibus civitatum castrorum & villarum linguæ occitanæ, *nec non & alias libertates Religiosis & nobilibus* Comitatus Foresii *pridem concessas quæ sic incipiunt. (g)* Subditorum nostrorum tranquillitati, indempnitati etiam & quieti providere, &c. *de novo, pro ut ad eos contenta in dictis literis ipsis de Foresio & de Lingua occitana a nobis, ut prædicitur concessis, pertinent, vel poterunt pertinere,* concedimus, *atque super hiis literas nostras sub sigillo nostro tenorem dictorum statutorum, ordinationum & literarum ac gratiarum de verbo ad verbum ex integro continentes, ipsis liberaliter tradi* præcipimus & mandamus, *revocantes ex nunc nihilominus ea omnia quæ contra libertates ac literas & statuta prædicta per quoscumque Officialium nostrorum, aut quarumcumque aliarum personarum fuerint quomodolibet attemptata.*

(2) Volumus *etiam &* ordinamus, *quod Senescalli Baillivique nostri tactis sacrosanctis Dei Evangeliis, jurent de novo & jurare teneantur de cœtero in principio regiminis eorumdem publice in assisiis eorum, & sub pœna amissionis officii sui, vocato loci Diocesano, se servaturos, adimpleturos, ac etiam exequturos omnia & singula contenta in dictis* statutis, *literisque prædictis, per nos concessis ac etiam renovatis, ac in ordinatione nostra præsenti bona fide, sine fraude & dolo, & contra non venire fraudulenter vel dolose, per se, vel per alium quoquomodo, & indebitè attemptata contra statuta ipsa, libertates & literas prædictas, prout de illis ipsis constiterit breviter & sine difficultate qualibet revocare.*

(3) Mandamus *etiam quod illi qui in pluribus diocesibus præsidebunt per viam ressorti, vel alias, vocato loci diocesano, in prima assisia cujuslibet Diocesis juramentum prædictum facere teneantur.*

(4) Ordinamus *insuper quod inferiores officiales nostri hoc idem juramentum in*

NOTES.

(a) Pro reformatione.] Voyez cy-dessus page 357.

(b) Decens reputamus.] Voyez cy-dessus page 334.

(c) Regi Regum.] Voyez page 341.

(d) Notum facimus quod nos prolocutam.] Ce sont les letres qui furent accordées à l'Archevesque de Rheims, le premier May 1304.

(e) Quia Flamingorum.] Voyez cy-dessus page 380.

(f) Subditorum nostrorum tranquillitatem.] Voyez page 554.

(g) Subditorum nostrorum tranquillitati.] Voyez cy-dessus page 568.

PHILIPPE V. dit le Long, à Paris, au mois de Mars 1316.

manu superiorum suorum in primis assisiis, ut est dictum, præstare teneantur. Et si forsan aliqua Diocesis dictorum Prælatorum fuerit, in quâ aliquæ non teneantur per gentes nostras Assisiæ, volumus & etiam præcipimus, quod Senescallus, seu Baillivus qui in dicta præsidebit Diocesi, per viam ressorti vel aliter, vocato dictæ Diocesis Prælato, in suis primis assisiis quas cum alibi, in loco tamen proximiori dictæ Diocesis tenere contigerit dictum præstet juramentum, & a suis judicibus, officialibus & ministris inferioribus regiis recipiat, prout superius est expressum.

(5) Volumus tamen quod singuli officiales nostri prædicti, pro toto tempore sui regiminis, semel tantum in singulis Diocesibus, præstare juramentum hujusmodi teneantur. Et si forsan aliquis dictorum officialium sufficienter requisitus juramentum prædictum præstare noluerit, volumus sic ipsum puniri, quod per exemplum pœnæ ipsius cæteris ad jurandum & obediendum de cætero arceantur, nec salaria seu stipendia nostra percipiat donec prædictum præstiterit juramentum.

(6) Ordinamus etiam quod si aliquis dictorum officialium indebitè attemptata contra libertates, ordinationes, prædictas literas, & statuta prædicta, cum de ipsis sibi legitimè constiterit non revocaverint, vel plus debito malitiosè revocare distulerint, sufficienter tamen super hoc requisiti, expensas & dampna prosequentibus restituere teneantur justitia mediante.

(7) Item. Ordinamus quod omnes justitiarii nostri Ecclesiis auxilium brachii sæcularis præstent, ubi viderint Ecclesiam pro sua jurisdictione Ecclesiastica indigere.

(8) Volumus etiam & ordinamus quod (a) Clerici non conjugati, dum tamen publicè mercatores non fuerint, quantum ad nos spectat, ad contribuendum in talliis laïcorum extraordinariis, vel superindictis salvo tamen jure cujuslibet alterius, nullatenus teneantur. Quodque officiales nostri quantum ad nos pertinet ipsos ad hoc non compellant seu qualitercumque compelli permittant.

(9) Volumus insuper quod Prælati ipsi, quibus jus cudendi monetam competit, non impediantur per aliquos officialium nostrorum quin eam cudi facere possint, cum voluerint, & sibi viderint expedire, dum tamen eam cudi faciant de formâ & pondere & lege debitis, & antiquitus consuetis, pro ut in registris antiquis beati Ludovici reperitur in Camera Compotorum nostrorum, nisi sint aliqui quibus amplius competat de privilegio vel consuetudine speciali. Et si forsan super dicto jure cudendi quæstio vel dubium oriatur, cognitionem & decisionem hujusmodi penes nos reservamus.

(10) Item. Inhibemus districtè omnibus Senescallis, Baillivis, Præpositis, & aliis officiariis, ac Ministris, & Universis & singulis justiciabilibus, districtibilibus nostris quod dictos Prælatos, personas Ecclesiasticas & jurisdictionem Ecclesiasticam non impediant nec perturbent directè vel indirectè, quominus contra quascumque personas Ecclesiasticas, vel seculares cognoscant libere de crimine usurarum, & quin dictarum usurarum restitutionem fieri faciant, & prædictos usurarios puniant, pro ut de jure, vel antiqua & approbata consuetudine pertinet ad eosdem, & quominus ad forum Ecclesiasticum, contra quoscumque, vel per quoscumque laïcos & alios recurratur, & per dictos Prælatos, & Curias Ecclesiasticas cognoscatur de omnibus & singulis casibus ad eos pertinentibus, de antiquâ, & approbatâ consuetudine, vel de jure. Hoc servari volentes, non obstantibus quibuscumque proclamationibus, bannis, prohibitionibus, edictis, statutis, ordinationibus, pœnis, & obligationibus quibuscumque, nec non & literis, si quæ fortè à nostra Curia in contrarium emanassent : quæ omnia cassamus & irritamus, cassa & irrita esse declaramus, quantum ad omnia, & in omnibus in quibus sunt vel esse possunt juri, Ecclesiasticæ libertati, ordinationibus prædecessorum nostrorum, seu antiquæ & approbatæ consuetudini contraria. Prohibentes consimilia in posterum attentari, & mandantes eos, qui contra hoc aliquid attentaverint puniri, Nolentes quod propter dicta attentata foro Ecclesiastico & Ecclesiasticæ libertati, dic-

NOTES.

(a) Clerici non conjugati.] Voyez le Mandement de Philippes le Bel de l'an 1296. ou 1297. page 329. l'Ordonance du 3. May 1302. pour le Languedoc, article 5. page 342. usque

tisque Prælatis & personis Ecclesiasticis ac Curiis eorumdem aliquod prorsus præjudicium generetur, in hiis quæ de jure, vel antiquâ consuetudine & approbatâ pertinent ad eosdem; nec quod nobis, quo ad præmissa, vel aliquod ex eis jus novum, vel præjudicium aliquod aliquatenus acquiratur. Cæterum cum (a) per dictum Dominum genitorem nostrum, *in hoc, divino cultui, animarum saluti, Ecclesiasticæ libertati, & utilitati reipublicæ prospicientem, deliberatione providâ fuerit, certa pœna apposita, contra usurarios manifestos, qui* in menses usuras exigunt, *& quos divinus timor a malo non revocat, temporalis saltem pœna coërceat, propter præmissa derogare non intendimus in aliquo juri nostro, quominus laïcos usurarios manifestos transgressores* Ordinationis Regiæ supradictæ, *punire possimus, & ad restitutionem usurarum compellere, prout ad nos pertinet de jure vel antiqua consuetudine, super qua quidem consuetudine per personas fideles diligenter inquiri mandabimus, & inquisito faciemus quod justitia suadebit, præsertim cum dicti Prælati asserant quod ad nos non pertinet dictarum usurarum punitio de consuetudine vel de jure.*

Philippe V. dit le Long, à Paris, au mois de Mars 1316.

(11) Ad hæc *omnia blada, vina, & alia bona, seu garnisiones dictorum Prælatorum, & personarum Ecclesiasticarum regni nostri, quæ per gentes nostras propter guerras & necessitates nostras hactenus capta fuerunt, eisdem, si blada, vina, & alia bona extent, integraliter reddi, si non financiis, de justo eorum pretio satisfieri præcipimus indilatè & a consimilibus in posterum abstineri.* Nolentes *dictos Prælatos & personas Ecclesiasticas in prædictis, vel quibuscumque aliis contingentibus Ecclesiasticam libertatem, ultra illa quæ nobis de jure, vel antiqua consuetudine competunt, aliquatenus aggravari, quod brachium eorum temporale cum spirituali coadunare prohibeantur, per dictas gentes nostras, seu quoscumque alios justitiabiles & districtibiles nostros.*

(12) Item. *Circa financias, quæ ab* hominibus *& subditis dictorum Prælatorum & personarum Ecclesiasticarum, per gentes nostras petuntur, pro eo quod juxta mandatum nostrum ad guerram nostram Flandriæ non venerunt, nec miserunt, eorumdem Prælatorum hominum, & subjectorum libertates & privilegia, si qua habent,* volumus & præcipimus *illibata servari, & ad dictas financias non compelli. Si obtentu dictorum Privilegiorum & libertatum, vel de jure, ac consuetudine immunes sint ab eisdem, super quibus faciemus petentibus justitiam exhiberi.*

(13) Item. *Cum interdum per fraudem & malitiam impetrantium literæ nostræ, contra personas Ecclesiasticas impetrentur, nulla factâ in ipsis literis,* quod sint personæ Ecclesiasticæ *mentione, prædictas literas nullas esse declaramus, & exequutioni prohibemus mandari easdem, dictosque impetrantes puniri præcipimus, pro ut fuerit rationis.*

(14) Damus *autem omnibus Senescallis, Baillivis, Majoribus, judicibus, Præpositis, Bajulis, procuratoribus, Ministris, servientibus, & justitiariis nostris ac eorum loca tenentibus & successoribus in dictis officiis eorumdem, tenore præsentium in mandatis, & sub indignationis nostræ pœna quatenus bonâ fide, & absque omni fraude, dolo, malitia, difficultate & diffugio servent, & servari faciant a justitiabilibus & subditis eorumdem, omnia & singula in statutis, ordinationibus, literis, gratiis & privilegiis contenta prædictis, ac in ordinatione nostrâ præsenti: Et si qua per eos, seu alios indebite attentata fuerint in contrarium, quæ omnia revocamus ex nunc, cassa & irrita esse volumus & decernimus, & nullum nobis, vel successoribus nostris propter hoc jus novum acquiri, nec in aliis diminui jus nostrum volumus, nec dictis Prælatis, Abbatibus, Conventibus, Capitulis, cœterisque personis Ecclesiasticis, eorumque Ecclesiis, Monasteriis, Privilegiis, Libertatibus antiquis & approbatis consuetudinibus præjudicium generari, sed pro ut de ipsis eisdem constiterit & ad eorum quemlibet pertinuerit, revocent indilate, salvo in aliis jure nostro, & in omnibus quolibet alieno. Quod*

NOTES.

(a) Per Dominum genitorem nostrum.] Voyez l'Ordonance de Philippes le Bel du mois de Juillet 1311. page 484.

PHILIPPE V. dit le Long, à Paris, au mois de Mars 1316.

ut firmum & stabile permaneat in futurum, præsentibus literis nostrum fecimus apponi sigillum. Actum apud Vincennas, anno Domini millesimo trecentesimo quinto, decimo, mense Decembri.

Item alias literas sub hac formâ.

(15) Ludovicus *Dei gratiâ Franciæ & Navarræ Rex Præposito Parisiensi, vel ejus locum tenenti, cæterisque justitiariis nostris in eadem præpositurâ deputatis, ad quos præsentes literæ pervenerint,* Salutem. *Dilecti & fidelis nostri* Episcopi Parisiensis *Supplicationibus inclinati, vobis & vestrum singulis* mandamus *firmiter injungentes, quatenus ordinationes & statuta nostra, nuper cum magna deliberatione pro Ecclesiasticâ libertate facta, quæ sic incipiunt, (a)* Notum facimus præsentibus & futuris, quod nos omnipotenti Deo; *& sic terminatur,* Actum apud Vincennas, anno Domini millesimo trecentesimo quinto decimo, mense Decembri, *ac etiam ordinationes & statuta carissimi Domini genitoris nostri quæ sic incipiunt.* Pro reformatione regni nostri, &c. *Nec non omnia & singula contenta in aliis quinque literis ejusdem Domini & Genitoris nostri, quarum una sic incipit.* Decens reputamus & congruum; *alia,* Regi Regum; *alia,* Notum facimus Universis tam præsentibus quam futuris, quod nos prolocutam; *alia,* Quia Flamingorum; *& alia,* Oblatam; *nec non & libertates singulas, & gratias per literas nostras quæ sic incipiunt.* Subditorum nostrorum tranquillitati, Communitatibus & Universitatibus civitatum, castrorum, & villarum Linguæ Occitanæ, *ac etiam libertates Religiosis & Nobilibus Comitatus Foresii pridem concessas quæ sic incipiunt,* Subditorum nostrorum tranquillitati, indempnitati, & quieti providere, *pro ut ipsi Episcopo ac personis Ecclesiasticis suæ diocesis contenta in dictis literis, illis de Foresio & Lingua Occitana a nobis concessis, pertinent, vel* potuerint *pertinere, bona fide prius sunt concessa & scripta, faciatis realiter observari, & ea integraliter observentur, & in primis assisiis vestris juretis vos ordinationes & statuta prædicta fideliter servaturos. Si quid autem post, vel contra editionem statutorum & concessionem gratiarum, ac contra tenorem ipsorum attentatum fuerit vel contigerit attentari ad statum debitum reducatis, non obstantibus quibuslibet literis a Curia nostra in contrarium impetratis vel etiam impetrandis.*

(16) Item. *Quasdam præconizationes, seu proclamationes factas, ne Laïci Laïcos, vel Clerici Clericos super personalibus actionibus ad forum Ecclesiasticum evocarent, vel facerent evocari, sicut generaliter factæ fuerunt & publice, faciatis revocari, ipsum Episcopum & personas Ecclesiasticas ipsius diocesis in juribus & jurisdictionibus sibi de jure, vel antiqua & approbata consuetudine competentibus manutenentes, ipsos in præmissis non turbetis indebite, vel permittatis ab aliis indebitè perturbari.*

(17) Insuper *Prælatos, & monasteria, & loca alia visitantes seu (b) Procurationes recipere volentes de quibus constiterit eos esse in possessione visitandi, seu recipiendi* visitationes *prædictas, ab injuriis, oppressionibus & violentiis cum ab eis super hoc requisiti fueritis, deffendatis.*

(18) Cœterum *cum plurimum insideat cordi nostro, quod Prælati & personæ Ecclesiasticæ regni nostri, ut divinis possint obsequiis liberius deservire, a quibuslibet malignorum incursibus protectionis nostræ subsidio defensentur,* mandamus *vobis districtè, quatenus* invasores, *& in personas Ecclesiasticas, maxime in Prælatos manus injicientes temere violentas, sic rationabiliter puniatis, quod cedat cæteris in exemplum.* Actum Parisius vigesimo tertio die Decembris, anno Domini millesimo trecentesimo quinto decimo.

Nos autem *in considerationem debitam deducentes pium, fidelem, promptumque dilectionis affectum quem per exhibitorem operis, ac spiritualis & decimalis subventio-*

NOTES.

(a) Notum, &c.] Voyez cy-dessus, page 613.

(a) Procurationes.] Voyez l'Ordonance de S.t Loüis pour la reformation du Royaume, article 15. celle de Philippes le Bel du 23. Mars 1302. article 23. page 361. Le Mandement au Bailly de Vermandois de 1308. article 4. page 457.

nis ad nos, & coronæ nostræ tuitionem dilectos & fideles nostros Episcopum Parisiensem, Abbates, Capitula, Conventus, cœterasque personas Ecclesiasticas sæculares & Regulares civitatis & Diocesis Parisiensis *prædictas habere* comperimus, *ipsis & Ecclesiis, monasteriisque & successoribus eorumdem* Statuta Beati Ludovici *proavi nostri, nec non* ordinationes ejusdem Domini genitoris nostri, *quæ sic incipiunt,* Philippus Dei gratiâ Francorum Rex pro reformatione regni nostri, *ac quinque alias ejusdem Domini genitoris nostri literas de quarum principiis fit mentio in præmissis, ac omnes literas & gratias alias* a dicto Domino genitore nostro, *& a* carissimo Domino Ludovico fratre nostro, aut aliis prædecessoribus nostris *eisdem conjunctim, vel divisim* concessas, *omnesque eorum libertates, immunitates & privilegia, antiquasque & approbatas consuetudines, ac omnia & singula præmissa, pro ut superius sunt expressa rata & grata habentes, ea volumus, renovamus,* concedimus, *approbamus, & auctoritate regia, ex certa scientia tenore præsentium confirmamus. Quod ut ratum & stabile perpetuo perseveret, nostrum præsentibus fecimus apponi sigillum.* Actum Parisius, anno Domini millesimo trecentesimo sexto decimo, mense Martii.

PHILIPPE V. dit le Long, à Paris, au mois de Mars 1316.

PHILIPPE V. dit le Long, à Bourges, le premier Avril 1316.

(a) Ordonance contre les Tournois.

PHILIPPE par la grace de Dieu Rois de France & de Navarre, au Baillif de Senliz, ou son Lieutenant, *Salut.* Desierranz la pais & la tranquillité de nostre Royaume, voullans pourveoir & contraitier aux perils, qui pourroient damager, & donner occasions *de troubler la paix,* & la *seheurté* de nostre pueple, laquelle nous querons & desierons à avoir, garder & maintenir, à la loange *de Dieu,* par tout nostre Royaume, à la fin que droiture & justice soit miex gardée, & le *saint voyage d'outremer,* que nous à l'aide de Dieu, & de l'Eglise & de nos feaux amis, & sougiez avons *empris* en nostre propre personne, soit, & puist estre parfaiz sans detourbier. *Pensanz* que pour *les Tournois,* & les *joustes* que aucunes personnes de nostre Royaume veullent maintenir & exerciter, ledit voyage d'outremer, que nous avons tant à cuer, & chascun doit avoir, pourroit estre delayez, non sans offence de Dieu, & la paix & la seurté de nostre peuple troublée, *considerans* que pour espargner les fraiz & les mises qui sont faiz & qu'il convient à faire esdites *joustes & tournois,* ledit saint voiage pourroit estre avanciez au plaisir & honneur de Dieu. *Nous ensuivans* les bonnes euvres de nos predecesseurs, eüe deliberation seur ce, pour ledit voiage approcher, & la paix & la seurté garder & maintenir, sans laquelle ledit voiage ne pourroit estre parfaiz, & le damage d'eus & de nos sougiez eschiver, lesdites *joustes & Tournois souspendons & deffendons* par tout nostre Royaume, jusques à nostre volenté, *Si vous mandons,* que vous de par nous *faciez crier* par tous les lieux de vostre Baillie, où vous verrez qu'il sera à faire, *que nuls ne soit si hardi, sus paine d'encourre nostre indignation, d'aller à joustes, ne à tournois, ne de jouster, ne tournoier d'ores-en-avant durant nostre-dite deffence,* & que *il gardent leur armeures & chevaux,* si que il soient & puissent estre pris & appareilliez à ce que nous avons à faire pour ledit voiage exaucier, & la paix, seurté & justice entre eus sougez garder, & adrecier, à la loenge de Dieu, & au profit commun, & en telle maniere le facent, & si *se tiegnent garni de chevaux & d'armeures,* que des maintenant il soient tuit prest, & appareilliez de venir à nostre Mandement, toutesfois que il seroit mestier pour la paix de nostre Royaume maintenir & deffendre. Et deffendez à toutes les bonnes Villes de

NOTES.

(a) Cette Ordonance est au Tresor des Chartes, Registre de Philippe le Long, cotté 55. & 18. feüillet 7. *verso.*

PHILIPPE V. dit le Long, à Bourges, le 1.er Avril 1316.

vostre Baillie, que il sus poine de quanque il se pevent messaire envers nous, ne *hebergent*, ne hostellent, & ne reçoivent en leurs maisons, hostieux, ou manoirs nulles personnes, de quelque condition qu'il soient, qui iroient ou vendroient *ausdites jousles* ou *Tournois*, contre nostredite deffence. Et de tous ceus que vous pourrez trouver, allanz, venanz, ou retournanz desdites joustes & tournois saisissiez, & arrestez & prenez harnois, chevaux & armeures, & tenez en nostre main, sans delivrer & sans recroire, fors que par nostre especial mandement. *Donné à Bourges le premier jour d'Avril, l'an de grace mil trois cens seize.*

NOTES.

Les pareilles Letres furent envoyées aux Baillis

De Vermandois. De Constantin. De Caën. De Senz. De Roën. De Tours. De Cauz. De Troyes. De Vitry. De Chaumont. De Gisors.

PHILIPPE V. dit le Long, à Bourges, le 7. Avril 1316.

(a) Letres par lesquelles le Roy confirme les Privileges des peuples du Languedoc.

PHILIPPUS *Dei gratiâ Franciæ & Navarræ Rex, Universis, Seneschallis, Vicariis, judicibus, aliisque nostris Officiariis, & ministris ad quos præsentes literæ pervenerint*, Salutem. *Ad nos pro habendâ deliberatione faciendi bonam provisionem super bono statu regni nostri, & incolarum ejusdem, Procuratores non nullorum bonorum villarum, & locorum insignium dicti Regni Linguæ specialiter Occitanæ nuper apud Bituric. fecimus ad nostram præsentiam convocari. Ipsis que ibidem præsentibus coram nobis, & pluribus deliberationibus habitis, nobis ex parte ipsorum fuit inter cætera requisitum, & etiam supplicatum; Quod nos in dicto regno nostro* facere teneri justitiam & servari *vellemus, ipsosque & alium populum nostro subjectum regimini, manutenere & servare in tranquillitate, & pace, modo & formâ quibus tempore* (b) Beatissimi Ludovici proavi nostri *factum extitit & servatum. Super quibus sic eis fecimus in nostra presentiâ responderi, quod hoc fuerat, & adhuc erat, & erit deinceps, auxiliante Domino, nostræ voluntatis intentus, & sic semper cura pervigili facere intendimus toto posse. Verum cum procuratores præfati assererent quod vos, seu prædecessores vestri usus, antiquas que & approbatas consuetudines, Libertates, Franchisias, & Privilegia eorumdem, retroactis infrigeratis temporibus, & adhuc infringere, & multas novitates inferre, contra justitiam, & ordinationes, atque statuta dicti proavi nostri minime cessabatis, nobis humiliter supplicarunt, ut super his indemnitati ipsorum ac paci providere salubriter, de benignitate regia dignaremur.*

Nos itaque constantiæ ac devotionis intime puritatem, quibus per exhibitionem operis, promptitudine fructuosâ se nobis reddiderunt acceptos, infra nostra præcordia revolventes, prosequi volentes eisdem speciali prærogativâ favoris, Concessimus eis & concedimus generose, quod usus, antiquæ & approbatæ consuetudines, jura & libertates, franchisiæ & privilegia quælibet eorumdem, nec non ordinationes prædictæ, & statuta, privilegia sibi concessa, vel alias acquisita legitime & debite, a tempore dicti proavi nostri citra, rationabilia tamen, & de quibus pacifice usi fuerint, deinceps eisdem, inviolabiliter observentur. *Et si quid super his in contrarium factum, a quoquam vel attemptatum fuerit, illud statim* Volumus *ad pristinum &* *debitum*

NOTES.

(a) Ces letres sont au Registre du Tresor des Chartes coté 53. pour les années 1316. 1317. feüillet 66. *verso*, piece 149.

(b) *Beatissimi Ludovici.*] Le regne de S.t Loüis estoit alors regardé comme un modele de Justice, ce qui paroist encore par toutes les Ordonances des Monoyes, qui furent faites dans ces temps-là.

debitam, de plano reduci, & illatas novitates indebitas revocari, quas ex nunc, tenore præsentium revocamus, *ipsosque manuteneri, ac deffendi in suis juribus, & franchisiis, libertatibus, privilegiis prædictis & possessionibus legitimis eorumdem, tractari favorabiliter & benigne. Eaque omnia & singula prædicta generose, & ex certa scientiâ volumus per vos inviolabiliter observari.*

PHILIPPE V. dit le Long, à Bourges, le 7. Avril 1316.

Quo circa vobis, & cuilibet vestrum precipimus & mandamus, districtius injungentes, quatenus ad requisitionem habitatorum Ville Montispessulani, vel *procuratorum ipsorum, quorum habitatorum procuratores die & loco præfatis comparuerunt coram nobis, & predicta sibi fieri, & concedi humiliter supplicarunt, predicta omnia & singula, prout superius sunt expressa, teneatis, compleatis & exequamini diligenter, ac inviolabiliter observetis, teneri que compleri ac exequi & observari firmiter faciatis. Sciturı quod si ad nos occasione prædictorum, vel aliquorum ex eis, per culpam vestram, negligentiam, aut defectum recursus ulterior habeatur, vos inde taliter puniemus, præter nostræ indignationis offensam, quod cedet ad laudem bonorum, malorumque opprobrium, atque penam.*

Quod ut ratum & stabile perpetuò perseveret præsentibus literis nostrum fecimus apponi sigillum. Datum Biturigibus septimâ die Aprilis, anno Domini millesimo trecentesimo decimo septimo. Per Regem in Consilio in cera viridi.

PHILIPPE V. dit le Long, à Chasteau sur Loire, le Mardy aprés Quasimodo, le 12. Avril 1317.

(a) *Mandement portant reduction des Maîtres des Eaux & Forests.*

PHILIPPE par la grace de Dieu Roy de France & de Navarre, à nos amez & feaus les gens de nos Comptes de Paris, *Salut & dilection.* Sçavoir vous faisons, que nous avons ordené par deliberation de nostre Conseil, que nous n'aurons d'ores-en-avant, que *deus mestres de noz Forez & de nos Eauës,* ce est à sçavoir, *Robert le veneur* Chevalier, *& Oudart Doucreus,* & tous les autres nous avons *osté & ostons dudit Office,* & non pas pour nul meffait, quar nous les pensons à pourveoir en autre maniere. Si vous *Mandons* que pour cause de l'Office de Mestre de nos Forez & de nos Eauës, vous ne comptez gages à nul des autres, fors à ces deus dessus nommez tant seulement. Et est aussi nostre entention que les diz Chevalier & Oudart, & non autre s'entremettent des enquestes desdites Forez, si soiez avisez suz les chouses, & vous en souvengnez. *Donné à Chasteau-neuf du Loire le Mardy aprés* Quasimodo *mil trois cens dix-sept.*

NOTES.

(a) Ce Mandement est au Registre A *fol.* 107. de la Chambre des Comptes de Paris.

PHILIPPE V. dit le Long, à Paris, au mois d'Avril 1317.

(a) Ordonance touchant les Juifs du Roy.

SOMMAIRES.

(1) Les Juifs du Roy ne pourront estre mis en gage de bataille, si ce n'est pour meurtre apparent.

(2) Les Juifs du Roy ne pourront au plus estre mis qu'à dix livres d'amende, avant que le fait ait esté proposé en justice, & qu'ils ayent fourni de deffenses.

(3) Les Juifs du Roy, en Champagne comme ailleurs, seront mis à la taille à proportion de leurs biens.

(4) Les Juifs ne pourront estre punis lorsqu'ils ne porteront pas leur signe, ou marque aux champs, pourvû qu'ils le mettent en revenant chez eux.

(5) Les Juifs ne seront main-mortables ou serfs, & leurs biens appartiendront à leurs plus proches parens.

(6) Les Juifs demeureront dans leurs maisons, sans pouvoir les loüer aux Chrestiens.

(7) Ils vendront de bonnes marchandises, & s'ils trompent quelqu'un, l'argent du marché sera forfait au Roy.

PHILIPPE V. dit le Long, à Paris, au mois d'Avril 1317.

(8) Les Juifs ne seront justiciables que de leurs Baillis.

(9) Si aucun Juif est arresté, ou si ses biens sont saisis, il sera reçeû par pleiges à ester à droit, à moins qu'il ne soit arresté pour crime.

(10) Les gages qui peuvent empirer en les gardant, ne pourront estre redemandez aux Juifs après un an, & les autres, comme l'Or ou l'Argent, aprés deux années.

(11) Les sommes dont on se reconnoîtra debiteur envers les Juifs, pour raison de la Taille, leur seront payées.

(12) On ne fera pas de peine aux Juifs pour les choses qu'ils auront prises en gage, si ces choses ne sont defenduës, comme des ornemens d'Eglise.

(13) Les personnes des Juifs, leurs livres, ni leurs biens ne pourront estre arrestez à la requeste d'aucunes personnes, à moins que les Seneschaux, ou les Baillis ne se soient informez du cas que l'on imposeroit aux Juifs, sur qui on demanderoit l'arrest.

PHILIPPES par la grace de Dieu Roy de France & de Navarre. *Nous faisons* sçavoir à tous presens & advenir, que

(1) Nous *ordonnons & octroyons* à tous *nos Juifs,* & à ceux qui istront d'iceux, que nuls, soient *Chrestiens,* ou autres les puissent, ou aucuns d'eux mettre *en gage de bataille* pour nul cas, ce n'est pour *meurtre apparant.*

(2) Item. Que nuls Seneschaux, ou Bailliz ne puissent contre aucuns de *nos Juifs* amande tauxer de plus grande somme *de dix livres,* jusqu'à tant que cil Seneschaux, ou Bailliz auront le faict à eus proposé devant les Maistres de nostre Cour, & li Juif ses deffences allencontre.

(3) Item. Que *nos Juifs de Champagne* avec nos autres Juifs soient *taillez* selon la quantité & maniere de leurs biens.

(4) Item. Que nos Juifs, ou autres d'eux ne puissent estre punis ou .... *(b)* se il ne portent le signal aux Champs, ou allans de Ville à autre, pour leurs besognes pourchassier, pour les besoins de corps qui peuvent advenir, mais qu'ils le portent tantost qu'ils vendront à l'hostel.

(5) Item. Qu'ils ne puissent estre subjets, *(c)* ne tenus *de main-morte,* en maniere que li bien qu'il aura ne vienne au plus prochain parent.

(6) Item. Que les *maisons* qu'ils tiennent ores, ou tendront, leur demeurent en tele maniere qu'ils ne puissent nulles loüer à Chrestiens.

(7) Item. Que ils puissent marchander *de bonne marchandise* & de leaux. Et se il advenoit qui il voulsissent prendre lettres de nos Senechaux, ou de nos Baillifs, ou de nos Prevots de leurs marchandises ou de leurs Contracts qu'ils fairont il auront lettres & leur fera l'en passer, sceller & enteriner, selon l'obligation & la Coûtume du pays, Et se il advenoit que ils fussent atteints, ou fut prouvé contre eux, qu'en aucun, ou aucuns des marchiez, ou Contracts dessus dis, eust *point de mauvaistié,* toute la somme de l'argent du marché seroit fourfaite à nous.

(8) Item. Que nuls Juifs ne soient contraints *à respondre* fors pardevant *(d) leurs Baillifs,* ou pardevant ceux que li Baillifs y mettront pour eux.

(9) Item. Que si *aucun Juif* estoit arresté, ou pris, & ses biens aussint, pour aucune *surmise,* qu'il soit reçeûs par pleiges à estre à droict pardevant le Baillif ou le Vicomte, ou pardevant celuy qui sera en son lieu, ce n'est par cas de crime apparcissant.

NOTES.

(a) Cette Ordonance est au Recüeil de M.r du Tillet page 268. *verso,* vol. 1. & au Tresor des Chartes, Registre cotté 56. guichet 20. piece 153.

(b) Le signal.] C'estoit une roüelle jaune que les Juifs devoient porter sur leurs habits, pour estre distinguez des Chrestiens, ce qui avoit esté ordonné par le Concile de Latran de l'an 1215. chapitre 68.

(c) Ne tenus de main-morte.] Anciennement ils en estoient tenus. Voyez ce que j'ay remarqué à ce sujet sur l'Ordonance de Loüis VIII. de l'an 1223. de Philippe Auguste, page 44. l'Ordonance de S.t Loüis faite à Melun au mois de Decembre 1230. & ce que j'ay remarqué sur le chapitre 129. du premier livre des Establissemens.

(d) Leurs Baillis.] Voyez l'Ordonance de Philippe Auguste, page 44. cy-dessus.

PHILIPPE V. dit le Long, à Paris, au mois d'Avril 1317.

(10) *Item.* Que nuls Juifs ne soient contraints à rendre aprés an & jour nuls gages qui se puissent empirer en gardant, & ceux d'Or, ou d'Argent, & qui sans empirer se peuvent garder aprés deux ans entiers.

(11) *Item.* Que ceux qui de leur bonne volonté se tourneront devers les *Baillifs*, ou les *Viconites* ou les *Prevosts*, ou leurs commandemens, *pour aucuns Juifs*, pour aucunes sommes d'argent, en acquittance de leurs tailles, soient contraints à les rendre.

(12) *Item.* Que nul Juif soit *achoisonné*, ne ne perde son *chastel*, pour gage qu'il prenne, qui engaiger le puisse, se ce n'est pour ceux qui sont deffendus, c'est assavoir, (e) *aornemens d'Eglise, Draps, &c.*

(13) *Item.* Que nuls *de nos Juifs* ne soient pris, ne arrestés, ne les livres de leur loy, ne leurs biens, au mandement, ne à requeste d'aucunes personnes seculieres, ou d'Eglise, soit Religieux ou autres, en quelque office que ils soient, se nostre *Seneschaus ou Baillis*, sous qui jurisdiction demeurent ceux, ou cil Juifs que l'on requerroit estre pris, ne s'estoient premierement enformez du cas que l'on mettroit sus aus dis Juifs, ou à leurs livres & que li cas fussent si clairs que pour celuy cas l'on les deust prendre, & que ceux qui les requierent estre pris eussent poer, & authorité de requerre. Et si li cas estoit douteux nous ne voulons pas que leurs personnes, ou livres soient pris ne arrestés, mais que li Seneschaux ou Baillis qui seront requis de les prendre, ou arrester, envoye li doute aux gens de nostre Cour de Paris, par les quiex nous voulons que ladite doubte soit declarée. Et voulons que si aucuns ...... autres qui ayt pooir de nous, ou d'autres faisoit, ou vouloit faire encontre les choses dessusdites, ou aucunes d'icelles, *qu'il, & ses biens, soient tantost pris par nostre Seneschal, ou Bailly,* ou nostre autre justicier, sous qui ils demouroient, & qui sus ce en seroit requis, & seroient tenus pris, jusques à tant que sur ce ils ayent special commandement sans en faire recreance; *Et prometions* de nostre certaine science pour nous, & pour nos successeurs Roys de France *garder & tenir, & faire garder & tenir toutes les choses dessusdites* octroyées à nosdits Juifs, & non venir & faire encontre par nous ne par autres ne souffrir que l'on voit à l'encontre, comme que ce soit non contrestant toutes Concessions, Ordenances, Letres, ou Mandemens contraires, parquoy lesdites choses pourroient estre annullées. Et pource que ces choses soient fermes & stables à toûjours nous avons fait mettre nostre Scel à ces presentes Letres, par lesquelles *nous n'entendons* pas rappeller quelques graces ou privileges que nostre chier pere & frere sous quelque forme ou teneur que elles soient, firent ou temps qu'ils vivoient ausdits Juifs, ains voulons & octroyons que elles demeurent en leur force & vertu. *Ce fut fait à Paris, l'an de grace mil trois cens dix-sept au mois d'Avril.*

NOTES.

(e) *Aornemens d'Eglise.]* Voyez l'Ordonance de Philippe Auguste, touchant les Juifs, page 44.

PHILIPPE V. dit le Long, à Taverny, le 5. Juin 1317.

(a) Ordonance touchant les fonctions des Auditeurs, des Examinateurs & des Notaires du Chastelet de Paris.

PHILIPPUS *Dei gratiâ Francorum & Navarre Rex Præposito, ac Sigillifero Castelleti nostri Parisiensis,* Salutem. *Cum ex tenore* ordinationis *& confirma-*

NOTES.

(a) Cette Ordonance est dans le Recüeil de M.r du Tillet, qui appartient à M.r Gilbert Greffier en Chef, feüillet 54. *verso*, vol. 1. Elle est aussi au Tresor des Chartes, volume cotté 105. pour les années 1373. 74. & dans les Chartes des Notaires, page 38.

PHILIPPE V. dit le Long, à Taverny, le 5. Juin 1317.

tionis, (a) per inclitæ recordationis Regem Philippum chariſſimum genitorem, *& Dominum noſtrum factæ, deliberatione & informatione præcedentibus, appareat evidenter, quod pro vitandis malis plurimis, atque periculis, quæ ex confuſâ Notariorum dicti Caſtelleti multitudine provenire dicebantur, dicti Notarii ad certum numerum, videlicet* ſexaginta *(quos ad dicti Caſtelleti gerenda negotia compertum fuit eſſe ſufficientes) reducti fuerunt, excluſis aliis quibuſcumque. Inter quos* ſexaginta *in dictâ ordinatione expreſſos, nonnulli tam Præpoſiti, quam Auditores qui tunc erant, ac etiam examinatores & alii non exiſtentes notarii nominati fuerunt, & retenti in ordinatione prædictâ, prout ad auditum noſtrum Notariorum ipſorum Caſtelleti prædicti inſinuatio* queruloſa *produxit, mandavitque poſtmodum dictus genitor & Dominus noſter per ſuas literas Præpoſito tunc Pariſienſi, ut omnibus aliis in dictâ* ordinatione *non expreſſis, ab officio Notarii Caſtelleti prædicti prorſus amotis, ſupradictos in dictâ ordinatione contentos, qui ad* ſexagenarium *dumtaxat numerum aſcendebant, abſque hujuſmodi augmentatione numeri, permitteret officium ipſum exequi, & libere exercere, prout hæc, & alia in ipſius Domini & genitoris noſtri literis plenius vidimus contineri. Quamquidem* ordinationem *claræ memoriæ (b)* Ludovicus chariſſimus Germanus & Dominus noſter *per ſuas ſubſequentes (c) & nos poſtmodum per noſtras duximus literas confirmandum. Nihilominus ſicut ex Notariorum ipſorum querruloſa inſinuatione audivimus, quamquam per ſupradictum* genitorem noſtrum, *&* Dominum, *Præpoſito & ſigilliſero, qui pro tempore fuerunt, firmiter & diſtricte præcipiendo* datum fuerat in mandatis, *ac etiam inhibitum expreſſe ſub juramentis ſuis, ne quaſvis* literas, inſtrumenta, commiſſiones, inventaria, ſeu quolibet acta judiciaria, vel proceſſus ſcripta per quoſvis alios, *qui de dicto numero & jurati non eſſent, ipſi præpoſitus & Notarii ſignare, ſe que ſigillifer ſigillare auderent, ſed potius ordinationem hujuſmodi tenerent, obſervarent, tenerique firmiter facerent & ſervari, abſque augmentatione numeri prætaxati, tuque præpoſite & auditorum clerici & examinatores ejuſdem Caſtelleti, & quidam alii Notarii proceſſus, cauſas & negotia quæ in Caſtelleto ipſo aguntur lucri cupiditate accenſi præoccupant, amplectuntur & hauriunt impudenter : ad quorum ſcripturas propriis manibus ſufficere non valentes, eos per quoſdam Clericos & ſcriptores non juratos, nec de dicto exiſtentes numero in domibus ſuis, & cameris, ac alibi ſcribi faciunt & tranſcribi in ipſorum* notariorum *conquerentium, ordinationis que prædictæ & confirmationis ejuſdem præjudicium, eluſionem, contemptum, & gravamen. Qui quidem ſcriptores, & Clerici non intelligentes quæ ſcribunt, ſecreta cauſarum plerumque partibus revelaſſe dicuntur. Ex quibus producuntur lites, convaleſcit falſitas, & juſtitia ſuffocatur. Quod etiam exiſtit deterius quidam ex ipſis præoccupatoribus, dum a dicto Caſtelleto abſentantur, ſuos habent Clericos in ſuis locis reſidentes, qui literas, inſtrumenta, & acta conficiunt, & ea ſub nominibus magiſtrorum ſuorum ſignant, ac in præſentia eorumdem temerarie, pro ut fertur, ex quo acta & inſtrumenta hujuſmodi ſignantes merito poſſunt argui falſitatis. Cæteri vero notarii jurati dedicto exiſtentes numero, in ſuis ſedent ſedibus quotidie otioſi, nemo enim eos conducit, & ipſorum reliquias præoccupatorum mendicare coguntur : quod nihil aliud eſſe ſenſemus, niſi quod ipſi præoccupatores, & Clerici notarios creent, & faciant, ſtatutum quod numerum augeant pro ſue libito voluntatis. Præmiſſa igitur debere corrigi cupiendo, nolendo que per ordinationem & confirmationem, numerum ipſorum notariorum infringere, ſed potius inviolabiliter facere obſervari & teneri, nec etiam totum emolumentum, ſic ad partem converti, quod pars altera ſit mendicans,* Mandamus *vobis inſuper, & veſtrum cuilibet* diſtricte præcipiendo, *& ſub juramentis veſtris, quibus nobis adſtricti tenemini, quatenus nonobſtantibus quibuſcumque literis a nobis, ſeu gen-*

NOTES.

(a) Per inclitæ recordationis Regem Philippum genitorem noſtrum.] Voyez cy-deſſus aux pages 336. 517.

(b) Ludovicus Germanus.] Voyez cy-deſſus, page 557. les Chartes des Notaires, page 29. & cy-deſſus, page 632.

(c) Et nos.] Au mois de Fevrier 1316. Voyez cy-deſſus, page 632.

titus

tibus nostris quoquomodo in contrarium impetratis, a quibuscumque personis omnibus & singulis auditoribus & examinatoribus *prædictis ex parte nostrâ*, sub juramentis suis, & officiorum suorum amissione, firmiter inhibeatis, *ne quis eorum* literas quaslibet, memorialia, commissiones, testium depositiones, inventaria, seu acta quælibet vel processus, quæ manu Notarii jurati, & de dicto existentis numero, scripta non fuerint, quomodolibet signare præsumant, *quæ etiam per te Præposite signari & per te Sigillifer sigillari, sub juramentis vestris specialiter* prohibemus, *Omnibus etiam ac singulis ejusdem Castelleti Notariis & examinatoribus, visis præsentibus, & postmodum anno quolibet futuris, ex parte nostrâ* sub juramentis *suis, & sub officiorum suorum* amissione, *quibus si contra præsentem inhibitionem & sequentem fecerint, ipso facto volumus esse privatos, in plenâ audientiâ, & per proclamationem publicam districtius inhiberi, ne quis eorum* literas quascumque instrumenta, commissiones, depositiones inventaria, acta judicialia, vel processus aut scripturam *quamcumque, quæ per* signa vel sigilla Castelleti *transire, vel eisdem signari, aut sigillari debeat per alios quam* per notarium juratum, *&* de dicto numero existentem, *scribi facere, vel scripta* signare audeat, *vel* permittat *signo suo, quacumque de causa, ut tamen ipsi, si eis abundant negocia,* de connotariis suis juratis sumere debeant adjutores; *Quod si contra fieret illud ex nunc prout ex tunc, præsentium auctoritate & ex certâ scientiâ cessari penitus* volumus, *& etiam annullari. Sic igitur faciatis observari præmissa, quod ad nos de contrario non referatur querela, scientes quod si contra facientis, præter perjurii notam, nostram pariter incurretis offensam reddite literas.* Datum apud Taverniacum, quinta die Junii, anno Domini millesimo trecentesimo decimo septimo.

PHILIPPE V. dit le Long, à Taverny, le 5. Juin 1317.

PHILIPPE V. dit le Long, à Livry en Aunis, au mois de Juin 1317.

(a) Ordonance par lesquelles le nombre des Sergens des Foires de Champagne est reduit à cent quarante, six vingt à cheval, & vingt à pied.

PHILIPPUS *Dei gratiâ Franciæ & Navarræ Rex, Notum facimus Universis, tàm presentibus, quam futuris, nos infra scriptas literas sigillo nundinarum Campaniæ sigillatas, de verbo ad verbum vidisse, formam quæ sequitur continentes. Excellentissimo Principi ac Domino Philippo Dei gratiâ Franciæ & Navarræ Regi Flamingus de Laude Miles, & Radulphus Macardi de Marolio nundinarum vestrarum Campaniæ custodes se totos ad sua beneplacita preparatos. Literas vestras recipimus formam quæ sequitur continentes.*

Philippus *Dei gratiâ Francie & Navarre Rex custodibus nundinarum nostrorum Campaniæ*, Salutem. *Attendentes servientium multitudinem in ipsis nundinis existentem, vobis precipimus & mandamus, quatenus de antiquioribus & sufficientioribus earumdem nundinarum servientibus, tot & tales eligere studeatis, quod ad faciendum Sergentarie officium sufficere debeat, absque nostrorum indebitâ oppressione subditorum. Alios vero minus idoneos secundum quod vobis videbitur celeriter admoventes.* Datum Parisius ultimâ die Januarii, anno Domini millesimo trecentesimo decimo sexto.

Quarum tenore literarum nobiscum pluribus bonis & fide dignis personis dictum officium servientium ipsarum nundinarum, eorum que mores & conditiones agnoscentibus, receptis ipsorum fide dignorum juramentis, habito super hoc eorum consilio de an-

NOTES.

(a) Ces Letres sont au Tresor des Chartes, Registre de Philippe le Long, cotté 53. pour les années 1316. 1317. page 92. piece 218.

Le mesme jour, par d'autres Letres toutes semblables, le nombre des Notaires de ces Foires fut réduit à quarante. Ces Letres que l'on ne rapporte pas icy sont au mesme Registre piece 219.

PHILIPPE V. dit le Long, à Livry en Aunis, au mois de Juin 1317.

tiquioribus & sufficientioribus ipsarum nundinarum servientibus usque ad septies vigint' *eligimus. Videlicet Joannem Chancelli, &c.*

Qui quidem servientes prædicti, ceteris exclusis, eisdem nundinis in Sergenterie officio, more solito, deservient, ita quod nisi aliquem in ipsis cedere, vel decedere, aut per ejus culpam, quod absit, aliqualem delinquere contigerit, aliquis serviens instituatur ibidem, maxime cum dictorum septies viginti servientium *numerus, ad dictum officium exercendum sufficere dignoscatur, de quo numero supradicto* sexies viginti equites *& viginti pedites duximus ordinandos. Unde nos ad evitanda & abolenda pericula quæ ex effusa multitudine servientium in dicto officio tempore futuro possint evenire,* Regiæ *Majestati vestræ* Supplicamus, *quatenus prefatas* electionem & ordinationem, *virtute dictarum vestrarum literarum, per nos factas, absque dicti numeri augmentatione confirmare velitis ac etiam faciatis inviolabiliter observari. In cujus rei testimonium sigillum dictarum nundinarum presentibus literis duximus apponendum.* Datum anno gratiæ Domini millesimo trecentesimo decimo septimo, mense Junii.

Nos autem considerantes attentius dictam ordinationem & restrinctionem dictorum servientium nundinarum Campanie, de mandato nostro salubriter esse factam, ac nostris subditis expedire, ipsam volumus, auctoritate regiâ confirmamus, & mandamus inviolabiter observari. Et ut prædicta Ordinatio *majorem habeat roboris firmitatem, præsentibus literis nostrum fecimus apponi sigillum.* Datum apud Livriacum in Alneto, anno Domini millesimo trecentesimo decimo septimo, mense Junii.

PHILIPPE V. dit le Long, à Paris, le 9. de Septembre 1317.

(a) Ordonance touchant la perception des deniers & maille, qui se levoit sur les Italiens.

SOMMAIRES.

(1) En la Ville de Paris il y aura un Clerc de par le Roy, & à ses cousts, qui mettra par écrit toutes les ventes, les achats, & les changes, qui seront faits par les Italiens.

(2) Ceux qui denonceront les marchez faits par les Italiens & les Courtiers auront la quatriéme partie de l'amende.

(3) On traitera de la Finance avec les Italiens, qui vendent en détail.

(4) Les Italiens qui ont emmené leurs femmes avec eux payeront la redevance, comme les Italiens non mariez, ou qui ont pris des femmes dans le Royaume, ils la payeront à raison des marchandises qu'ils font entrer ou sortir, mais ils ne devront rien pour celles qu'ils achetent, ou vendent dans le Royaume.

(5) Ceux qui ont traité de la redevance la recevront dans la maison, qui appartient au Roy, prés du Chastelet de Paris.

(6) Ceux qui ont acquis partie de la redevance, auront un estal sur le grand Pont de Paris, où sera mis l'argent qui proviendra des diverses parties du Royaume.

PHILIPPE &c. à tous &c. Comme, par nostre chier Seigneur & frere *Loys* jadis Roys de France & de Navarre, eust esté *ordené* comme les *deniers & maalle* pour livre, fussent poiez par les *Italiens* des Marchandises, & Changes qu'ils font, ou feroient ou Royaume de France, si coume il appert par ses Letres sur ce faites & données à Paris l'an de grace 1315. le 9. jour de Juillet, & nous ayens puis vendüe ladite redevence des dits *deniers & maalle pour livre, à François Garibault, Lyon Dayron Marcheanz, à Guillaume Toussat, Bourgeois de Paris, & à Jean Brun de Florence, de quatre années* pour le pris d'onze mil livres tournois chascun an, à poier à certains termes, en tele condition que si ladite redevance vaut plus par an d'onze mil livres tournois, du plus sera ladite

NOTES.

(a) Cette Ordonance est au Tresor, Registre de Philippe le Long, pour les années 1316. 1317. cotté au haut 54. & au bas 16.

Voyez cy-dessus au regne de Loüis Hutin, sous les années 1315. au mois de Juillet & 1317. au mois de Septembre.

quarte partie nostre, si comme il appert par nos Letres faites. *Et nous qui voullons* que en ladite redevance ne puisse estre faite nulle fraude, & que nos droits & ceux des diz acheteurs soient sauvez.

PHILIPPE V. dit le Long, à Paris, le 9. de Septembre 1317.

(1) Ordenons & Declarons que en la Ville de Paris ayt un Clerc de par nous, à nos couz, liquel mettra en écrit *toutes les ventes,* & les achaz, & changes qui se feront en la Ville de Paris, *par les Ytaliens,* & tout ce qui s'en recevra, si comme feront ceux à qui nous avons vendu ladite redevance, & aussi en aura un autre és foires de Champagne & de Brie, & en chascun lieu du Royaume, là où mestier sera.

(2) Item. Parce que aucuns Italiens ont recelé & recellent chascun jour aucuns marchiez que ils ont faiz, & font au prejudice de nous, *ordenons* que ceux qui denonceront les marchiez que *les Ytaliens* ont faiz, & feront, les quels ont esté & seront recellez, & les courratiers qui tiels marchiez ont faiz, & ne les ont denoncez, & il sera trouvez que ainsi soit, lesdits *denonceeurs ayent la quarte partie de l'amende* qui en sera levée des dits Ytaliens & courratiers, & leur sera tenu secret.

(3) Item. Comme plusieurs *Ytaliens* soient en nostre Royaume de France, si comme sont *Epiciers, Drapiers, Taverniers,* qui vendent par menües parties à detail, & *Changeeurs* qui changent particulierement qui ne peuvent bien sçavoir ce que il vendent & changent par an, *il nous plaist & voullons,* que ovesques tels Ytaliens s'en puisse finer de ladite redevance par années.

(4) Item. Ordenons & declarons, entant comme raison pourra souffrir, pour eschiver toutes malices, fraudes, & ricles, que les *Ytaliens* demourans en nostre Royaume de France, qui ont amenées *leurs femmes* de leur pays, que il poient ladite redevence de leurs changes & marchandises, aussi bien comme font les autres Ytaliens, qui ne sont mariez, & les autres *Ytaliens* mariez à femmes de nostre Royaume de France, de toutes marchandises & changes que il feront audit Royaume, & les envoyeront en leur pays, & hors des bonnes, & mettes du Royaume & celles que il ferout venir de leur pays, ou dehors du Royaume, aussint des dits achats, ventes, & changes, il en poieront aussi comme font les autres *Ytaliens.* Et de celles que il acheteront, vencleront ou changeront oudit Royaume, sanz aller, ou venir dehors il ne poient rient, ainsi en seront quittes, se ainsi n'estoit que la marchandise fut faite & poyée des deniers des Ytaliens qui sont tenus à poier ladite redevance.

(5) Item. Voullons & ordenons aux dits *achateeurs* de ladite redevance, que durant le terme *desdits quatre ans pour* recüeillir ladite redevance, que il ayent *nostre maison, qui est prés le Chastellet de Paris,* là où est accoustumé de recevoir ladite redevance.

(6) Item. Voullons & ottroions ausdits acheteeur, que il ayent un estal de noz changes, qui sont sus *nostre grant pont* de Paris, là où il tendront l'argent, qui

NOTES.

Le mesme jour on fit par ordre du Roy, la publication qui suit, tirée du Registre de Philippes le Long pour les années 1316. 1317. cotté au haut 54. & au bas 16. feüillet 47. 48.

Il est mandé à touz Seneschaux, Baillis, Prevoz & à tous autres justitiers du Royaume, que tous les Ytaliens frequentanz le Royaume de France, qui de toutes les Marchandises, Changes, Commandes, & de tous autres Contraus que il font, & feront ou Royaume de France, doivent *poier au Roy nostre Sires certaines redevances,* si comme il appert par les Ordonances du Roy *Loüis* sur ce faites *l'an 1315. le 9. jour de Juillet.* C'est à sçavoir comme les deniers & maalle pour livre sussent poyé, lesquelles redevances & émolumens ont esté vendües par le Roy à *François de Gambaut, Lyon Dragon marchans de Gennes, Guillaume Toussat Bourgeois de Paris, & Jehan Brun de Florence,* pour certain pris & convenances, à la requeste des dits marchaans, ou de leur mandement, *contraingnent tous les Italiens à poier,* aus dits achateur, ou leur mandement, ladite redevance & émolument, de tout ce que il vendront, achateront, changeront, ou accommanderont de quelque Contraut que ce soit,

PHILIPPE V. dit le Long, à Paris, le 9. de Septembre 1317.

vendra de chascune partie du Royaume de ladite recepte à la fin que miex & plus promptement nous poient ce que il doivent poier de ladite redevance, aux termes ordonez. Et illec changeront, & feront leur profit propre. *Et donnons en mandement* à tous nos justitiers & sougiez de nostre Royaume que lesdites *Ordenances* tiengnent & gardent & facent tenir & garder aux dits achateeurs en la fourme & maniere que dit est. *Donné à Paris le neuf jour de Septembre l'an dessusdit mil trois cens dix-sept.*

NOTES.

tant de vitailles comme d'autres marchandises, si comme autrefois a esté mandé par *le Roy*, non contractant Lettres de Bourgeoisies, & si aucuns des Italiens se vouloit opposer au contraire, pour quelque cause que ce soit, saisie la main de ce qu'il devront, dognent journée competent, pardevant les gens des Comptes, à Paris. Et de ces choses faites tant que par leur defaut, le Roy, ni les dits achaateurs n'y ayent damage, & que pour cette cause il ne conviegne pas que les dits marchans en reviegnent par devers le Roy. *Donné à Paris le 9. jour de Septembre, l'an mil trois cens & dix-sept.*

PHILIPPE V. dit le Long, à Vernon, le 26. Decembre 1317.

(a) Ordonance portant Reduction des Sergens du Chastellet.

PHILIPPE par la grace de Dieu Roys de France & de Navarre au Prevost de Paris ou à son Lieutenant, *Salut*. Comme nous qui avons grant desir que nos subgiez puissent vivre, & mourir en bonne tranquillité de paix, à estre gardez de domages, de oppressions, & de griez, especiaument que par nos Officiers ils soient grevez, ne domagiez, aiens en grant avis & grant deliberation avec nostre grant Conseil, comment convenables remedes soit sur ce mis. Et pour ce que, si coume il est venu à nostre connoissance, nos diz subgiez ont esté & sont encore moult grevez, par la grant multitude & le nombre excessif des Sergenz qui sont establi en ta Prevosté, *Nous* qui ledit nombre voullons remettre au point & à l'estat ancien, especialement du temps le Saint Roys *Loys nostre besaieul,* avons *Ordonné* & *ordenons* en la maniere qui s'ensuit. *C'est à sçavoir* que tu en ta personne aille par tous les lieux de ta Prevosté, & du ressort, où il y a Sergent, & appelle ou adjourne avec toi quatre, ou six bonnes personnes dignes de foy, & de bonne renommée de tadite Prevosté, & toi & eus vous enformez, quel nombre de Sergenz souloit avoir, en chascun lieu de tadite Prevosté, & du ressort ancienement, especialement *ou temps du Roy (b) S.t Loys,* & quel nombre il suffiroit orendroit, au profit de nous & de nos subgiez, & le nombre que vous verrez qui y souloit ancienement estre, & qui devra souffire, y establissez de par nous, & pour accomplir tel nombre aussi des plus souffisans Sergenz qui estoient devant, & tous les autres qui y seroient, outre le nombre que vous aurez establiz, ostez dou tout, non contrestant toutes Letres, qu'il ayent de nous & de nos devanciers, ou d'autres, quiex que il soient, sans faveur, ou deport de nulluy. Et à ceus que vous aurez establiz, sous ledit nombre, *bailliez vos Letres* sur ce, & nous renvoyez sous vos Sceaux tout ce que vous aurez fait de cette chose, les noms, & le nombre des Sergens que tu auras establi, & en quel lieu chascun sera establi, sauf ce que par les enquesteurs envoyez en ta Prevosté, ou temps *de nostre chier Seigneur & frere* que Diex absoille, en a esté ordené. Nous volons que l'Ordenance qui par euls en soit faite, soit tenüe & gardée. Mais se aucune chose y avoit à amender, fait le nous tantost assavoir, si que nous

NOTES.

(a) Cette Ordonance est au Tresor des Chartes, Registre cotté au haut 55. & au bas 18. feüillet 37. piece 72.

(b) *Saint Loys.*] Le regne de S.t Loüis estoit alors comme on l'a dit regardé comme un modele de justice.

nous en puissions ordener, & à remander à toi nostre volenté.

Si te *mandons, & Commandons*, sur le serment que tu as à Nous, sous peine d'encourre nostre indignation, que les dites choses, & chascune d'icelles, tu fasses bien & diligemment, & sans nul delay, en la maniere qui devant est dit. Et desfendons que outre ledit nombre, ne faites metre Sergens esdis lieux, soit de ta autorité, par nos Letres, ou Mandemanz, ou pour priere d'aucun. Car nostre volenté est de tenir & garder le nombre qui sera establi, en chascun lieu de tadite Prevosté, sans qu'il soit de riens accreuz des-lors-en-avant. Et volons encore, & te mandons que les diz adjoins avec toi, tu fasses jurer aus saintes Evangilles, que bien & loialment, sans faveur & depost de nulluy, il yront & procederont avec toy, sus les choses devant dites. *Donné à Vernon le landemain de Noël 1317.*

PHILIPPE V. dit le Long, à Vernon, le 26. Decembre 1317.

(a) *Letres portant que les serfs des Domaines du Roy seront affranchis, en payant finance.*

PHILIPPE V. dit le Long, à Paris, le 23. Janvier 1318.

PHILIPPE par la grace de Dieu Roy de France & de Navarre, à nos amez & feaus le Doyen de S.t Germain l'Auxerrois de Paris, & Maistre Nichole de Braye Chanoine de Tournay, *Salut & dilection.* Comme selont le droit de nature chascun doit naistre frans, & par aucuns usages, ou Coustumes, qui de grant ancienneté ont esté entroduites & gardées jusques-ci, en nostre Royaume, & par avanture par le meffait de leurs predecesseurs, mout de personnes de nostre commun pueple *soient encheu en lien de servitutes*, & de diverses conditions, qui mout nous desplait. *Nous considerans* que nostre Royaume est dit & nommé *le Royaume des frans.* Et vueillans que la chose en verité soit accordant ou nom, & que la condition des gens amende de nous en la venüe de nostre novel gouvernement. Par deliberation de nostre grant Conseil, *avons ordené, & ordenons*, que generalement par tout nostre Royaume, de tant comme il puet apartenir à nous, & à nos successeurs, *teles servitutes soient remanées à franchise*, & à tous ceus qui de orine, *ou ancienneté*, ou *de nouvel, par mariage, ou par residence des lieus de serve condition* sont encheus, ou pourroient encheir en lien de servitutes, & diverses conditions, *franchises soit donnés*, o bonnes & convennables conditions. Et pource especialment que nostre commun pueble, qui par les Collecteurs, Serjans & autres Officiaus, qui ou temps passé ont esté deputé, sur le fait de mainsmortes & formariages, ne soient plus grevés, ne dommagés pour ces choses, si comme ils ont esté jusques ci, laquelle chose nous desplait. Et pource que les autres Seigneurs, qui ont *hommes de cors*, praignent example à nous, de euls remaner à franchise, *Nous* qui de vostre loiauté, & approuvée discretion, nous fions tout à plain, vous commettons, & mandons par la teneur de ces Letres, que ailliés en la *Baillie de Senlis* & és ressorts d'icelles, & à tous les lieus, Villes & Communautés, & persones singulieres, qui de la dite franchise vous requereront, traitiés & accordez avec eux de certaines compositions, par lesqueles souffisans recompensation nous soit faite, des émolumens qui des dites servitutes pooient venir à nous, & à nos successeurs general & perpetuel, Et à eux donnez, de tant comme il peut toucher nous, & nos Successeurs, franchise en la maniere que dessus est dit, & selont ce que plus plainement le vous avons dit, decleirié & commis de bouche, *Et nous prometrons* en bonne foy, que nous, pour nous & nous successeurs, ratifierons, approuverons, tenrons & ferons tenir & garder tout ce que vous ferés &

NOTES.

(a) Ces Letres sont au Tresor des Chartes Registre 59. guichet 20. piece 263. dans des *Vidimus*, contenant des affranchissemens de certaines personnes, par des Commissaires, qui sont confirmez par le Roy. Il y en a de pareilles de Loüis Hutin du 3. Juillet 1315. Voyez en cet endroit, & la Thaumassiere dans ses Coûtumes de Berry, page 251.

accorderés sur les choses dessus dites, & les lettres que vous donrés, sur vous tr tiés, composition, & acors de la franchise as Villes, Communautés, lieus, ou pe sonnes singulaires, nous les agreons desorendroit, & leur en donrons les nostr seur ce, toutesfois que nous en serons requis. Et donnons en mandement à to nos justiciers & subgiés, que en toutes ces choses il obéïssent à vous, & en ente dent diligemment. *Donné à Paris le vingt-troisiéme jours de Janvier, l'an de gra mil trois cens & dis & sept*

PHILIPPE V. dit le Long, à Paris, le 24. Mars 1318.

(a) Letres portant que les Sujets du Duc de Bretagne, en intentai action, ne pourront estre distraits de sa Jurisdiction sous pretext d'appellations interjettées de ses Juges.

PHILIPPUS Dei gratiâ Franciæ & Navarræ Rex, &c. Dilectis & fidelib nostris gentibus Parlamenti, ceterisque justiciariis nostris, aut eorum loca tenent bus, Salutem. *Ad supplicationem dilecti & fidelis nostri Ducis Britanniæ, dicent sibi, per Dominum quondam (b) genitorem nostrum declaratum, & a nobis postmodu approbatum fuisse, quod nullus* appellans *ab ipso Duce, vel suis gentibus, occasio appellationum hujusmodi, sit exemptus ab eorum jurisdictione,* agendo. *Mandamus v bis, & vestrum cuilibet, ut ad eum pertinuerit, quatenus visis literis, quas inde pr fatus Dux asserit sibi datas, ipsas inviolabiliter, prout justum fuerit observetis.* Datu Parisius die vigesimo quarto Martii, anno Domini millesimo trecentesimo decim octavo.

NOTES.

(a) Ces Letres sont au Tresor des Chartes, Registre cotté 65. piece 72. Voyez cy-dessus au 12. May 1318.

(b) Genitorem.] Voyez cy-dessus so l'an 1296. au mois de Fevrier, & sous l'a 1302. au mois de Mars.

PHILIPPE V. dit le Long, à Paris, le 12. May 1318.

(a) Letres portant que les Sujets du Duc de Bretagne, en intentar action, ne pourront estre distraits de la Jurisdiction du Duc, so pretexte des appellations qu'ils auront interjettées de ses Juges.

PHILIPPUS Dei gratiâ Franciæ & Navarræ Rex, Turonensi & Constantie si Ballivis, aut eorum loca tenentibus, cœteris que justitiariis regni nostri, ad qu præsentes literæ pervenerint, Salutem. *Mandamus vobis, & vestrum cuilibet, ut a eum pertinuerit, quatenus (b)* visis nostris aliis literis, *per nos dilecto, & fid nostro* Joanni Duci *Britanniæ gratiose concessis, continentibus intentionis & volunt tis nostrarum non esse, quod appellantes Ducatus Britanniæ,* agendo *debeant exem ptione gaudere, nisi in casibus in quibus existerent appellantes, sed in aliis eorum ca sis remanere debeant justitiabiles dicti Ducis, pro ut erant ante appellationes eorum literas juxta earumdem tenorem servetis, & faciatis firmiter observari, nihil contra e attemptantes, vel fieri quomodolibet permittentes. Si quid in contrarium attemptatu fuerit sive factum, ad statum pristinum & debitum celeriter reducendo. Vos super h*

NOTES.

(a) Ces Letres sont au Tresor des Chartes. Registre cotté 65. piece 72. Dans un *Vidimus* de Philippe de Valois, où toutes les Letres obtenües par le Duc de Bretagne sont transcrites.

(b) Visis nostris aliis literis.] Ce sont les Letres du mois de Mars 1316. imprimées cy-dessus, page 637. Dans le *Vidimus* de Phili pe de Valois, ces Letres-cy qui sont du 1 May 1318. sont aprés les precedentes du 2 Mars de la mesme année. Pâques en 1318. f le 23. Avril. Ainsi à juger par cet arrang ment, il semble qu'on ait compté l'anné comme ayant commencé au premier de Ja vier, & non à Pâques.

taliter habitari, quod ex parte ipsius Ducis non referatur querela. Datum Parisius die duodecimo Maii, anno Domini millesimo trecentesimo decimo octavo.

PHILIPPE V. dit le Long, à S.t Germain en Laye, le premier Juillet 1318.

(a) *Mandement au Bailly de Vermandois de faire cesser les Guerres privées.*

PHILIPPES par la grace de Dieu Roys de France & de Navarre, au *Bailly de Vermandois*, ou à son Lieutenant, *Salut*. Comme pour les guerres qu'il semble devoir, que nous doions avoir, *és parties de Flandres*, par ce que nous avons congneu & veu, & veons chacun jour, au port & à la volonté des Flamans, qu'il n'ont pas fait par devers nous, ains ont refusé, & encore refusent à faire leur deu, en venant en plusieurs manieres encontre la paix traitiée & accordée entre nous & eux. *Nous* pour contrester à leurs mauvéses & deloyales volentés, *(b)* ayens fait faire *nostre semonse* de gens d'armes à cheval, & à pied, à la quinzaine de cette prochaine Madelaine, *à Arras*, où nous entendons lors à estre, se Dieu plaist. Et nous aiens entendu que entre plusieurs nos subjets de ta Baillie *à orendroit grans guerres & diverses*, les quelles, se elles estoient souffertes à faire, mesmement orendroit durant les nostres, se ainsi est que nous les ayens, la quelle chose nous cuidons bien, selon ce que nous veons, esdits Flamens, pourroient estre perilleuses, & porter grans domages à nous, & à tout nostre Royaume. *Nous* qui desirons à pourveoir au bon estat de nostredit Royaume, mesmement, & par plus forte raison & marcher par delà, *cessent dou tout toutes manieres de guerre, quant à ores jusques à tant que nous en mandiains nostre volenté*, non contrestant *Us, Coustumes de pays, graces, ou privileges octroiées*, ou faisans au contraire, lesquels, *Nous* de nostre autorité & plain pooir real, *mettons & voullons estre en suspens*, tant comme il nous plaira.

Si te *mandons & commandons* estroitement, que ces choses tu fasses tantost *publier par cry solennel*, par tous les lieux de ta Baillie, & dou ressort d'icelle, & deffendre de par nous, *Que nul susquonques il se puest meffaire envers nous, de corps & d'avoir, ne fasse au contraire de ces choses. Et si aucuns se* voulloient pourforcier de faire ou venir encontre, *Nous voullons* que tu preignes leurs personnes, & mette en nos prisons, & mettes en nostre main, & tiegnes sans rendre, ne sans recroire, si ce n'est de nostre especial Mandement, leurs terres, leurs chevaux, armeures, & tous leurs autres biens, quels que il soient, & ou que il soient. Et

NOTES.

(a) Ce Mandement par lequel le Roy deffendit les Guerres privées pendant sa Guerre contre les Flamans seulement, est tiré du Recüeil des preuves de l'histoire des trois enfans de Philippe le Bel.

(b) Ayens fait faire nostre semonce. La voicy.

Philippe par la grace de Dieu Roys de France & de Navarre, au Baillif de Vermandois ou à son Lieutenant, *Salut.* Nous vous envoyons plusieurs Lettres, par les quelles nous requerrons & semonons les *Prelaz, Abbez, Barons, Nobles*, & autres de vostre Baillie, des quiex nous avons pû avoir memoire, que il soient en chevaux, *& en armes* appareilliez suffisament selon leur estat, & le plus efforciement que il pourront, à la quinzaine de celle *prochaine Madelaine à Arras*, où nous entendons lors à estre, si Dieu plaist, pour les causes contenües esdites Letres. *Pourquoy* nous vous mandons, & commandons estroitement, que les dites Letres vous envoyez tantost à ceux à qui elles vont, par devers & plusieurs messages suffisans, car pour la brieté du temps, la besoigne n'a mestier de delay. Et s'il y avoit aucuns autres tiex, és quiex nous n'écrissions pas, pour ce que nous ne sçavons pas leurs noms, *Nous voullons* que vous à ceux vous écrissiez par vos Letres, esquelles il soit contenu toute la teneur des nostres, que nous envoyons aux autres, si comme dit est, & si requerrez de par nous, de faire & accomplir sans delay les choses contenües en nos dites Letres. Et nous certifiez tantost par vos Letres de la reception de noz dites Letres, à quel lieu & à quel jour, vous les aurez reçües, & de la reponse que il

PHILIPPE V. dit le Long, à S.t Germain en Laye, le premier Juillet 1318.

ce fais si diligemment, & si vigoureusement, que il n'y puist avoir deffault, dou quel nous te pugnerions, si griefment, comme il appartiendroit. *Donné à S.t Germain en Laye le premier jour de Juignet, l'an de grace mil trois cens dix-huit.*

NOTES.

auront faite sur les dites choses contenües en nos Letres, & de toutes autres choses qui appartiendront à la besoigne. Et sur ces choses faire, tost & en diligence vous portez en tele maniere que par vous ne peust avoir defaut, auquel se il y estoit, que ja n'aviengne, nous en aurions recours à vous. *Donné à Paris le quatriême jour de Juin, l'an de grace mil trois cens dix-huit.*

PHILIPPE V. dit le Long, à Pontoise, le 18. Juillet 1318. & à Longchamp le 10. Juillet 1319.

(a) Ordonance pour le profit du Roy & le gouvernement de son Hôtel.

SOMMAIRES.

(1) Il y aura chaque mois une partie du grand Conseil prés du Roy, & jusques à ce jour toutes graces seront retardées, &c.

(2) A ce jour il sera fait rapport au Roy de l'estat de son Hôtel, de celuy de la Reine & de ses enfans, &c.

(3) Chaque mois il sera fait rapport au Roy de l'estat de son Tresor.

(4) Le Roy voira son Estat une fois tous les ans.

(5) Les Tresoriers & les Gens de l'Hôtel du Roy compteront deux fois l'an.

(6) Les Baillis, les Seneschaux & les Receveurs viendront compter tous les ans aux termes accoûtumez, & les gens des Comptes puniront ceux qui y manqueront.

(7) Toutes receptes seront apportées au Tresor, où les fiefs & aumônes & les gages seront payez en la maniere ancienne.

(8) Toutes receptes seront portées directement au Tresor, sans estre auparavant déchargées ailleurs.

(9) Nuls deniers ne seront delivrez au Tresor, si ce n'est pour le payement des rentes dües d'ancienneté & du droit ordinaire, ou en vertu de Letres du Roy ou du Souverain establi au-dessus des Tresoriers, &c.

(10) Tout tour de Compte ne sera fait que par la cedule des gens des Comptes. Et les Clercs du Tresor jureront qu'ils n'écriront rien de la recepte ou de la dépense, à moins qu'elles n'ayent esté faites au Tresor & par les Changeurs du Tresor.

(11) Il y aura un Clerc au Comptoir des Changeurs, qui tiendra Registre de toutes les monoies, du prix de celles qui seront reçües & payées, de qui, à qui, quel jour, par quel ordre, & en fera le rapport au Sus estabil.

(12) Les Tresoriers & les Changeurs ne feront nulles receptes qu'ils ne marquent de qui, & de quel lieu elles viendront, quelle monoie on leur aura donnée, & à quel prix, & quel jour, &c.

(13) Tous ceux qui recevront des monoies pour le Roy, & qui en devront faire la delivrance aux Tresoriers, ou aux Receveurs des lieux, les leur bailleront en mesmes Especes, & pour le mesme prix, sans rien changer, & ils se feront donner Letres, où cela sera marqué exactement, &c.

(14) Les Tresoriers seront continuellement au Tresor, & ne seront pas de la Chambre des Comptes.

(15) Les forfaitures seront employées à payer les aumônes assignées sur le Tresor, & si le Roy baille des terres à heritage ou à vie, ce seront des terres des forfaitures, &c.

(16) Il ne sera fait assiete en terres des Rentes à heritage, à vie & à volonté, ni des gages payables en deniers assis sur le Tresor, les Bailles & les Prevostez, &c.

(17) Lorsque le Roy donnera des terres en payement, l'assiete, ou l'assignat qui sera fait de ces terres, sera registré en la Chambre des Comptes, avant que l'on puisse s'en mettre en possession.

(18) Quand le Roy baillera des terres en assiete, elles seront estimées, ce qu'elles vaudront réellement.

(19) Les gens de l'Hôtel du Roy, Clercs ou Laïques qui prenoient leurs gages en la Chambre aux deniers, & ceux qui en ont fait faire assiete sur les Seneschaucées & les Baillages, les prendront d'orenavant en la Chambre aus deniers, & au Tresor, ou ailleurs comme devant, sans joüir des assietes.

(20) Le Chancelier envoyera en la Chambre des Comptes les Commissaires deputez dans les Provinces pour y registrer leurs noms, la cause pour laquelle ils seront envoyez, & le jour qu'ils partiront, &c.

(21) Le Chancellier ne scellera nulles Letres contre ces Ordonances.

(22) Il ne scellera nulles Letres non contrestant Ordonances.

(23) Il comptera en la Chambre des émolumens de la Chancellerie.

(24) Il en sera de mesme du Tresorier de la Chapelle

Philippe V. dit le Long, à Pontoise, le 18. Juillet 1318. & à Longchamp le 10. Juillet 1319.

la Chapelle pour le Parchemin.

(25) Le maître Escuyer comptera pareillement.

(26) Les pensions accordées par le Roy à des Clercs, jusques à ce qu'ils ayent des Benefices, cesseront dés qu'ils en auront esté pourveûs. Et le Confesseur de Sa Majesté luy fera rapport de ceux qui auront eû des Benefices.

(27) Il n'y aura plus de gages pour la garde des Chasteaux, si les Chasteaux ne sont sur les frontieres, ou donnez à vie. Et s'ils sont sur les frontieres, le Roy, quand ils vacqueront, y mettra des Sergens d'armes, qui les garderont, pour leurs gages de la mace, &c.

(28) Nul ne prendra doubles gages, à l'exception de quelques Veneurs, qui ont la garde des Forests.

(29) Le Roy n'aura plus de Procureurs, sinon dans les lieux regis par le Droit écrit, & ailleurs il sera deffendu par ses Baillis.

(30) Tous Sceaux & écritures seront adjugés par encheres à personnes convenables. Et si quelqu'un en joüit par don, ou sans encheres, on luy en fera recompense.

(31) Les émolumens du chauffe-cire du Seel des Foires de Champagne, seront donnez aussi aux encheres.

(32) Les geoles seront aussi baillées aux encheres.

(33) Les Receveurs & les Commissaires jureront qu'ils ne feront connoître à personne les estats de ce qu'ils auront reçeû, si ce n'est au Roy, ou aux gens des Comptes.

(34) On ne payera rien aux gens d'armes jusques à ce qu'ils ayent esté reçeûs par le Mareschal, ou le maître des arbalestriers.

(35) Les Tresoriers de la Guerre, & le Clerc des arbalestriers, auront les noms des gens d'armes, & les seings de leurs chevaux, avec les noms des gens de pied, &c.

(36) Renier Coquatrix sera Tresorier de la Guerre.

(37) Jean le Mire sera Clerc des arbalestriers.

(38) Les Tresoriers, & le Clerc des arbalestriers serviront en personnes, & s'ils y manquent leurs Offices seront donnez à d'autres.

(39) Le Roy ne disposera de ses quints, deniers, rachats, gardes, tiers & dangers, & de ses Rentes, si on les luy demande, qu'aprés que les Requestes en auront esté rapportées en son Conseil.

(40) Le Roy en usera de mesme, à l'égard des amendes du Parlement, qui luy seront demandées, &c.

(41) Les Dons accordez à vie, ou à volonté, pour recompense de services, finiront par le decés de ceux qui les ont obtenus. Ils ne pourront estre accordez à d'autres, &c. & les letres qui en seront expediées seront nulles.

(42) Les Baillis de Champagne, les Gruiers, & les Maîtres des Forests, laisseront toucher leurs exploits & ventes au Receveur.

(43) Les Baillis & les Seneschaux n'auront qu'un certain nombre de Sergens. Et quand il faudra renouveller leurs Letres, le profit sera pour le Roy. Il en sera de mesme des Sergens des Foires de Champagne.

(44) Il y aura aux Foires de Champagne un Garde-Seel, qui en recevra l'émolument, & qui le remettra au Receveur de Champagne.

(45) En chaque Seneschaussée il y aura un Seel particulier, dont le Seneschal comptera de l'émolument.

(46) Les maîtres des Eaües & Forests compteront en la Chambre des Comptes.

(47) L'Hôtel du Roy sera reglé suivant l'Ordonance du 17. Novembre 1317. faite à Lorris.

(48) On sçaura si les dettes des Roys predecedez, dont on demande le payement sont acquitées, ou non, & si quelqu'un y doit prendre quelque profit, ce profit sera appliqué au Roy, &c.

ORDENANCES faites à Pontoise le dix-huitiéme jour de Juillet, l'an mil trois cens dix-huit, & accordées *& confirmées à Longchamp, dix jours en Juillet l'an trois cens dix-neuf, pour le* proffit du Roy, & pour le gouvernement de son hostel, par le Conseil *M.r de Valeys, M.r de la Marche, M.r de Clermont, M.r de Suilly, M.r de Noyers, M.r de Jainville* & de plusieurs autres.

Premierement. Nous avons *ordenné* que *chascun mois,* il aura de nostre *grant Conseil,* avec nous, là où nous serons. Et jusques à ce jour toutes graces, que l'en nous requerera, dedens ledit mois, *de dons, & d'autres choses, seront retardées* à faire, excepté *delivrance de justice,* qui se fera de jour en jour. Et alors nous

NOTES.

(a) Cette Ordonance, où la forme manque, est au memorial *Croix* de la Chambre des Comptes de Paris, feüillet 89. au Registre *Pater* feüillet 53. au feüillet *Noster* feüillet 107. au Registre A feüillet 104. & 112. Voyez cy-aprés l'Ordonance du 16. Novembre 1318. & Joly dans ses additions à Girard, tome premier, page 291.

PHILIPPE V. dit le Long, à Pontoise, le 18. Juillet 1318. & à Longchamp le 10. Juillet 1318.

feront rapportées lesdites graces qui nous auront esté requises en ce temps, & nous ordennerons par nostre Conseil dessusdit, ce que il nous plaira.

(2) Item. Que audit jour, nous sera rapporté l'estat de nostre hostel, de la Royne, & de nos enfans, & le nous rapportera chascun de son office, affin de ce que se il y avoit desordonnance, que elle feust adreciée. Et regarderons quant le mois commancera, si quiex de nostre Conseil il aura avec nous.

(3) Item. Chacun mois nous sera rapporté l'estat de nostre Tresor.

(4) Item. Nous avons ordené que nous verrons chacun an, nostre Estat une fois, par les gens de nos Comptes.

(5) Item. Nos Tresoriers, & les gens de nos hostiex compteront chacun an deux fois.

(6) Item. Tous *Baillis, Seneschaulx,* & autres manieres de *Receveurs* vendront chascun an aux termes anciennement accoustumez, sans faulte. Et ceulx qui seront deffaillans de venir compter audit terme, nous avons donné povoir & commandement aux gens de nos Comptes de *les punir,* selon ce que il verront que il sera à faire.

(7) Item. Toutes manieres de receptes vendront au Tresor. Et seront payez audit Tresor, touttes manieres de despens, *(a) fiez, aumosnes* & gages en la maniere ancienne, & nulle assignation ne sera faite fors que sus le Tresor dessusdit.

(8) Item. Toutes les Receptes de nostre Royaume, de quelque lieu que elles soient, seront rapportées au Tresor, sans descendre & descharger ailleurs, puisque elles seront parties du lieu dont elles vendront, & illecques seront baillées & depensées, sans tourner autre part.

(9) Item. Nulle dellivrance de deniers ne sera faite au Tresor, ne més que des Rentes deües *d'ancienneté,* & du droit ordinaire, se ce n'est par nos lettres, ou du *Souverain establi* pardessus les Tresoriers. Et se nous, ou le Souverain pardessus les Tresoriers establi, Commanderons *par bouche* aux Tresoriers dessus diz, qui seront en nostre presence, ce que on verra qui sera à faire. Touttefois li Tresoriers *auront lettres, ou cedulles de nous, ou du pardessus* euls estably, de ce qui leur aura esté commandé, aussi bien comme se il estoient en leur absence, afin de ce que il puissent rendre compte bon & loyal, touttesfois que besoin sera en temps & en lieu deu.

(10) Item. Nul tour de compte ne se fera par *lettres,* ne par *cedulles,* fors par la cedulle des gens de nos Comptes. Et jureront les *Clercs du Tresor,* sur saintes Evangilles, à paine de perdre leur service, que riens il n'écriront au Tresor, de recette, ne de depense, se elle n'est faite par *les Changeurs du Tresor, ou Tresor.*

(11) Item. Il aura un Clerc de nostre Royaume, ou du Tresor, qui sera continuellement *au comptoir des Changeurs,* & fera un *livre de sa main,* ouquel il arrestera toutes les monnoyes, & le prix d'icelles qui seront reçües & poiées audit Tresor, & de qui, & à qui, & à quel jour, & par quel commandement, & le proffit qui en pourra issir; Et rapportera chascun jour *audit Souverain,* ou à son commandement, toute la recepte, ou despense faite audit Tresor, en la maniere que dessus est dit.

(12) Item. Les *Tresoriers,* ne les *Changeurs* ne feront nulles *receptes,* que il ne dient de qui, & de quel lieu elles vendront, & en quele monnoie, & pour quel prix, & à qui, & de quel commandement, & le jour. Et és lettres, que il donront des receptes que il feront, sera contenu, quele monnoye leur aura esté

NOTES.

(a) Fiez & aumosnes.] Les *fiefs* sont des rentes, ou des pensions en argent, à prendre sur le Tresor, tenues à foy & homage du Roy. Et les *aumosnes* sont des Rentes assignées sur le Tresor pour fondations, &c. Voyez Bacquet *des francs-fiefs,* chapitre 7 nombre 30. partie premiere.

dellivrée, & pour quel pris, & ainsi ces lettres il prendront des personnes, à qui il feront leurs delivrances.

PHILIPPE V. dit le Long, à Pontoise, le 18. Juillet 1318. & à Longchamp le 10. Juillet 1318.

(13) *Item.* Que tuit cil qui recevront pour nous monnoyes par tout nostre Royaume, pour quelque cause que ce soit, qui les devront dellivrer aux Tresoriers, ou à nos Receveurs des lieux, où il seront estably Receveurs, leur bailleront *autele monnoye, & pour autel pris, sans rien müer ou changer, comme il auront receüe,* & bailleront & prendront lettres, ou cedulles scellées contenant la somme, *& quelle monnoye & pour quel pris,* si comme dit est, & ainsy le feront, ou feront faire les Seneschaux & les Baillys, és lieux où les receptes de leurs Seneschaucies, & Baillies leur appartendront, & teles letres ou cedulles prendront de nos Tresoriers de Paris tous ceulx qui monnoye leur delivreront, touttes fois que il leur feront aucun paiements. Et qui sera trouvé faisant le contraire, si sera puni *du corps & de l'avoir.*

(14) *Item.* Les Tresoriers seront continuellement sus le Tresor, & ne seront pas du Conseil de la Chambre des Comptes.

(15) *Item.* Les fourfaictures seront converties à payer *les aumosnes deües sur le Tresor.* Et se *il nous plest donner terres à heritage, ou à vie,* nous donrrons des dictes *fourfaictures,* & en deniers aussi, au jour & en la maniere que il est contenu ci-dessus *ou premier article, & par nostredit Conseil.* Et n'est pas nostre entention que nous dongnons point de nostre *demaine,* ne de nost.e *heritage,* se ce n'est au cas que nous le doions faire par raison. Et est à entendre que *Seaulz & escriptures sont de nostre propre demaine.* Et seront tenus les Seneschaux & Baillis à signifier aux gens de nos Comptes *les values des dictes forfaictures,* & en quoy elles seront, & quant elles escheront, dedenz le mois que elles seront eschecoites, ou au plutost convenablement qu'il en pourront avoir fait *l'inventoire,* Et seront tenus lesdits Baillis & Seneschaux par leurs feremens à appeller, avecques eulx, ou faire appeller avecques ceulx que il y commetteront à faire *inventoire* desdites *fourfaictures deux preudes hommes* & loiaulx, des Villes, où lesdictes *fourfaictures escherront,* qui soient presens avec lesdits Baillis & Seneschaux, ou ceulx qui il y establiront à faire lesdits inventoires & *meteront leurs Seaux avec les Seaux desdits Baillys & Seneschaux, ou les establis d'iceux* esdits inventoires, & seront leurs noms escripts dedens lesdits Inventoires.

(16) *Item.* Les *Rentes à heritage, à vie, & à volenté,* & gaiges en deniers assis sur le Tresor, en Baillies, Prevostez, Seneschauciées, & en nostre hostel, ne seront eschangié en terres, ne assis en terre *(Sic correcta fuit mense Septembri trecentesimo vigesimo per Dominum* solidei, *ut est in libro rubeo.)*

(17) *Item.* Les *assietes de terre* que nous ferons faire des-ores-en-avant nous seront rapportées, & *enregistrées en la Chambre des Comptes,* avant que les personnes, à qui lesdictes terres devront estre bailliées, en soient mis en saisine.

(18) *Item.* Nulle *assiette* de terre ne sera faite par estimation de ce qu'elle nous a vallu par compte, par cinq ans ou plus, mais sera faite à valüe à maniere deüe.

(19) *Item.* Les gens de nostre Hostel, Clercs & Lays, qui souloient prendre leurs *gages en la chambre aux deniers,* & autres qui les prenoient au Tresor & ailleurs, qui se sont fait asseoir leursdits gages *en nos demaines,* & en *Seneschauciées, Prevostez & Baillies, les prendront des-ores-en-avant, en ladite Chambre aux deniers, &* (a) *au Tresor,* & ailleurs, comme devant, *& ne joïront des-ores-en-avant desdites assiettes.* Et est commandé ausdits Tresoriers, & aux Mestres de ladite *Chambre aux deniers,* que il les paient en la maniere, & aux termes que ils souloient estre payez anciennement.

NOTES.

(a) Voyez l'article 3. de l'Ordonance du 28. Juillet 1318.

PHILIPPE V. dit le Long, à Pontoise, le 18. Juillet 1318. & à Longchamp le 10. Juillet 1318.

(20) *Item.* Le Chancelier envoyera des-ores en-avant les Commissions de tous les *Commissaires* qui seront envoyez par nostre Royaume, pour faire exploits pour nous, *(a)* en la Chambre des Comptes, *pour enregistrer leurs noms, & pour quel cause ils seront envoyez, & pour sçavoir quant ils se partiront pour aller en leurs Commissions, & pour faire serement de bien & loialment faire les besoignes à eulx commises,* & que il se vendront presenter en ladite Chambre, le jour, ou lendemain que il seront retournez de leurs Commissions. Et comptera chascun Commissaire des besoignes de sa premiere commission, avant que il soit envoyé en autre Commission.

(21) *Item.* Ledit *Chancelier ne scellera nulles lettres faites contre ces Ordonances* des-ores-en-avant. Et se par erreur aucunes lettres se passoient, *Nous voulons* que se elles viennent en la cognoissance des gens des Comptes, que, *il les retiengnent,* & qu'il nous en avisent avant que il les passent, ne que il les rendent.

(22) *Item.* Il ne scellera nulles lettres, où il ait *non contrestant Ordenances.*

(23) *Item.* Ledit *Chancelier comptera* en la Chambre des Comptes des émolumens de la Chancellerie.

(24) *Item.* *(b)* Soit ce fait du Tresorier de la Chapelle *du parchemin,* où il soit acheté & dellivré par les gens des Comptes.

(25) *Item.* *(c)* Le mestre Ecuier le Roy compte aussy du sejour, & monstre dellivrance des *chevaux* que il achete. Et receve & prengne lettres de ceulx à qui il les dellivrera des-ores-més.

(26) *Item.* Les Clercs, à qui nous avons donné *certaine pension,* jusques à tant que il fussent *pourveûs de benefice,* l'en sara les quiex sont porveûs, & ceulx qui sont pourveûs, la pension que nous leur avons donnée, *leur sera ostée.* Et est *commandé* à nostre *Confesseur,* que il nous rapporte les *quiex de nos Clercs nous aurons pourveux,* & en quoy. Et se hastera l'en de faire pourveoir ceulx qui seront à pourveoir, afin que nous aions ce que il tiennent de nous.

(27) *Item.* Tous *gages de Chastiaux* qui ne sont *en frontiere,* & autres émolumens d'iceulx cessent & chéent du tout des-ores-en-avant, *exceptez ceulx qui sont donnez à vie.* Et quant aucuns des Chastiaux qui sont en frontiere escheront, Nous y mettrons *(d) des Sergens d'armes,* qui garderont lesdits Chastiaux pour leurs *gages de la mace.* Et n'est pas nostre entention de donner plus nulles gardes de Chastiaux, aincoiz les garderont les *Sergens d'armes* pour leurs gages, si comme dessus est dit.

(28) *Item.* Nul ne prendra *doubles gages,* exceptez aucuns veneurs, aus quiex Nous avons baillié la garde de aucunes de nos forez.

(29) *Item.* Tous Procureurs seront ostez, exceptés ceulx qui sont *és lieux és quiex on use de droit escript,* & soustendront *les Baillys,* & deffendront nos causes par bon conseil qu'il prendront.

(30) *Item.* Tous sceaulx & escriptures seront *vendus* des-ores-en-avant par *enchiere,* à bonnes gens & convenables, si comme *il a esté ordené autrefois.* Et veuës les lettres, ou la copie d'icelles, de ceulx qui aucunes en tiennent par titre de don, ou pour certain prix sans enchiere, Nous leur en feront *recompensation* convenable, selon ce que nous y seront tenus.

(31) *Item.* Les émolumens du chauffecire du Seel des Foires de Champagne seront vendus par enchiere, aussi comme les Seaulx & escriptures dessusdit.

(32) *Item.* Les *geoles* seront venduës à bonnes gens & convenables par en-

NOTES.

(a) En la Chambre.] Voyez l'Ordonance du 16. Novembre 1318. cy-aprés.

(b) Cet article n'est pas dans Joly, ni au Registre *Pater.*

(c) Cet article n'est encore, ni au Registre *Croix,* ni dans Joly.

(d) Des Sergens d'armes.] Touchant ces Sergens. Voyez Boutillier dans sa Somme, page 899.

chiere

chiere, qui donront bonne caution de bien traitier les prisonniers.

PHILIPPE V, dit le Long, à Pontoise, le 18. Juillet 1318. & à Longchamp le 10. Juillet 1319.

(33) *Item.* Tous *Receveurs* & *Commissaires* jurront, que l'estat de ce qu'il auront receu, ou pourront recevoir, ne manifesteront à personne nulle, de quelconque estat que ce soit, fors tant seullement à nous, aux gens de nos Comptes, ou à nos Tresoriers. Ne ne feront assavoir par lettres, ne autrement, quant ils envoyeront deniers à nostre Tresor, ne combien. Et ce fera l'en jurer aux gens des Comptes, & à noz Tresoriers, que il ne le manifesteront à nul.

(34) *Item.* L'en ne paiera nuls deniers *à gens d'armes*, jusques à tant que le *Mareschal*, ou le *Mestre des Arbalestriers* les ayent receus deüement, si comme il est accoutumé. Et à tous les payemens que l'on leur fera depuis la premiere monstre, sera faite monstre nouvelle.

(35) *Item.* Nos *Tresoriers de la Guerre*, & *le Clerc des Arbalestriers* auront pardevers eulx *les noms des gens d'armes*, & *saings de leurs chevaux*, & les noms *des gens de pié*, en la maniere que le *Mareschal* & le *Mestre des Arbalestriers* les ont devers eulx. Et fera chascun l'Office qui à luy appartient, c'est assavoir *le Tresorier de la guerre*, ce qui li appartient pardevers les *Mareschaux*, & le *Clerc des Arbalestriers*, ce qui touche le Mestre des Arbalestriers.

(36) *Item.* Il y aura un Tresorier de la guerre, c'est assavoir *Renier Coquatrix.*

(37) *Item.* Le Clerc des arbalestriers, *Jehan le Mire.*

(38) *Item.* Et avons *ordené*, que les Tresoriers & Clercs devant dits soient en leurs propres personnes sus leurs Offices continuelment, en maniere que il n'y ait deffaute, quar si il y fasoient deffaulte nous y pourverrions d'autres. Et ne prendront autres gages ne despens, que leurs devanciers ont accoustumé à avoir, ce adjousté, que se ledit *Jehan le Mire* maine gens d'armes avec luy, ce seront à *nos gages*, aussi comme autres gens d'armes.

(39) *Item.* Les *quins deniers*, & *rachats*, *gardes*, *tiers*, *dangiers de bois*, qui sont nos demaines, & rentes, les quiex l'en nous demande souvent, & sont de greigneur valüe que nous ne cuidons, *nous devons estre avisié*, se aucun *les nous demandent*, & se requestes nous en sont faites, il seront rapportées au jour du mois devant nostre Conseil.

(40) *Item.* Les amendes de Parlement, & autres qui nous sont souvent demandées à pardonner, *Nous nous en devons avisier*, & garder de pardonner & quittier legierement, pour conservation de bien de justice. Et des requestes qui nous en seront faites, nous en ordenerons en la maniere que dessus est dit.

(41) *Item.* Les *dons* qui ont esté pieça faits *à vie & à volenté*, à plusieurs personnes *pour leurs bons services*, les quiex l'en empetroit de nous, quant les personnes mouroient, aussi comme se ce fussent benefices, ainsi tiex gages ne pevent mourir, nous *voulons* que tiex dons soient des-ores-en avant de nulle vallüe. Et se aucunes lettres en estoient commandées que elles ne passassent pas au Seel, ne en la Chambre de nos Comptes.

(42) *Item.* Les *Baillis de Champaigne*, les *Gruiers*, & les *Mestres des Forests* ne receveront riens, & baudront leurs exploits de ventes à recevoir au Receveur de Champaigne.

(43) *Item.* Nous avons commandé à nos *Baillis & Seneschaux*, que certain nombre de Sergens soit mis en leurs Baillies & Seneschauciées, si comme il a esté *ordené & mandé autrefois*. Et quant leurs lettres seront faites, ou renouvellées, que les Baillis & Seneschaux ne prengnent point d'argent pour eulx, mais tournera en nostre proffit, ce proffit que l'en a accoustumé à avoir; Et ainsy voulons nous qu'il soit fait & tenu en nos *foires de Champaigne*.

(44) *Item.* Pour eschever les fraudes & les malices qui se font souz *les Seauls des foires de Champaigne*, l'en establira un preudomme & loial, qui portera & gardera les Seaus, & suivra les foires, & y fera residence, & recevra l'émolument dudit Seaul, & le baudra en la fin de chacune foire au Receveur de Champai-

PHILIPPE V. dit le Long, à Pontoise, le 18. Juillet 1318. & à Longchamp le 10. Juillet 1319.

gne, & aura gages, & recevra aussi les amandes & les esplois du Sceau dessusdit; & en rendra compte audit receveur.

(45) *Item.* (a) En chascune Seneschauciée aura un propre Scel establi de par nous, que le *Seneschal* portera, & nous rendra l'émolument, & usera de ycelui és choses de Seneschauciée aussy comme il faisoit du sien propre, & le lessera chascun Seneschal à son successeur, quant il se partira de la Seneschauciée.

(46) *Item.* (b) Les *Mestres des yaues & des forés compteront* en la Chambre des Comptes des émolumens de leurs Offices, aussy comme les autres officiaux.

(47) *Item.* Nostre hostel sera ramené, selon l'Ordenance qui fut faite à Lorris *le dix-septiéme jour de Novembre l'an mil trois cens dix-sept*, en toutes choses, exceptées aucunes choses les quiex nous y avons adjoustées, qui sont escriptes en la fin de ladite Ordenance.

(48) *Item.* Ordené *est du Roy present en son Conseil*, que toutes debtes que li Roys, ou les executeurs de ses predecesseurs, doivent de pieca, & especialment *pour le fait des guerres*, lesqueles l'en prendra en despense pour estre poiées, *l'en sara par les serremens* de ceulx à qui les debtes sont deües, & par les seremens de ceulx qui les poursuivront, & qui les vourront prendre pour leurs comptes, *se ycelles debtes sont venduës, ou non*, ou se aucuns y doivent prendre aucun proffit, gaaing, ou promesse qui pour ce soit faite, aux persônnes qui en aucune maniere se pourront desdits payemens avancier, & entremettre, lequel gaaing, proffit, ou promesse *le Roy traira devers soy*, touttesfois que ce sera sçeu & ataint (quant aux étranges personnes qui ne seront pas au Roy,) *Et se il estoit trouvé que nulz des gens, ou officiaus, Baillis, Receveurs, Seneschaux, ou autres personnes, qui soient au Roy, ayent teles debtes acheptées, il perdront tout le prix que la debte leur devra couster, & tournera pardevers le Roy. Ce fu fait le Dimenche devant Noël l'an trois cens dix-neuf* (c) *à Saint Germain en Laye, si comme Me. Pierre de Condé & Girault Guete ont temoigné, en la presence de tous les Mestres.*

NOTES.

(a) *En chascune Seneschauciée il y aura un propre Scel.*] Voyez l'article 7. de l'Ordonance du 28. Juillet 1318.

(b) *Les Maîtres des Eaües.*] Quelqu'un a adjoûté en cet endroit au Registre, *Depuis est ordené que les Receveurs compteront des yaues, ne n'y aura autres que eulx à ce establis*, ut est inferius in ordinatione aquarum, Lathomorum & Carpentariorum folio 624.

(c) *A Saint Germain 1319.*] Cette date ne peut tomber que sur quelque article ajoûté à l'Ordonance qui est du 18. Juillet 1318.

PHILIPPE V. dit le Long, à Pontoise, le 28. Juillet 1318.

(a) Ordonance portant confirmation de la precedente, touchant les comptes des Baillis, & Seneschaus, touchant le payement des fiefs & aumônes, des gages, &c.

SOMMAIRES.

(1) *Tous Baillis, Seneschaus & receveurs viendront compter chacun an aux termes accoûtumez.*

(2) *Les forfaitures, ou confiscations seront employées à payer les aumônes assignées sur le Tresor.*

(3) *Les gens de l'Hôtel du Roy, Clercs ou Laïques, qui prenoient leurs gages en la Chambre aux deniers, & ceux qui les ont fait asseoir sur les Seneschaussées, Baillages & Prevostez, ne les prendront d'orenavant en la Chambre aus deniers, mais au Tresor, &c.*

(4) *Toutes les receptes viendront au Tresor.*

(5) *Toutes Notairies, Sceaux & leurs émolumens seront adjugez aux encheres.*

(6) *Les Chastelains & les Sergens seront ostez dans les maisons Royales où ils seront inutiles. Et dans les maisons où ils seront necessaires, ce qu'ils auront pris au-delà de leurs gages, sera restitué au Roy.*

(7) *Les ventes de bois & des rente de bois seront faites aux encheres, &c.*

(8) *En chaque Seneschaussée il y aura un Scel particulier, dont l'émolument sera pour le Roy.*

PHILIPPE V. dit le Long, à Pontoise, le 28. Juillet 1318.

PHILIPPE par la grace de Dieu Roy de France & de Navarre au Prevost de Paris, ou à son Lieutenant, *Salut*. Sçavoir faisons, que pour le bon estat de nostre Royaume, eüe deliberation avec nostre grant Conseil *à Pontoise le vingt-huitiéme jour du mois de Juillet*, l'an de grace mil trois cens dix-huit, fismes certaines Ordonances en la maniere qui s'ensuit.

Premierement. Nous avons ordené, & ordenons, que touz *Baillis*, *Seneschaux*; & autres manieres de *Receveurs* venront compter chascun an, és termes ancienement accoustumez, sans faute. Et ceux qui seront deffaillans de venir compter aus diz termes, nous donnons pooir & commandement aux gens de noz Comptes de les pugnir, selon ce que il voiront qu'il sera à faire.

(2) *Item*. Nous avons *ordené*, & *ordenons*, que toutes *les forfaitures*, qui écherront en nostre Royaume, seront converties à payer les *aumosnes* qui sont assignées sur nostre Tresor, sanz ce que elles soient converties en autre usages, & dés maintenant les assignons nous, & voullons qu'elles soient payées & delivrées selonc l'Ordenance des gens de noz Comptes. Et noz Seneschaus & Baillis seront tenus à signifier aus gens de noz Comptes & à nos Tresoriers, la valüe *des dites forfaitures*, & en quoy elles soient, & le temps que elles échoiront, dedans le mois que elles seront escheües.

(3) *Item*. Nous avons *ordené & ordenons* que les gens de nostre Hostel; Clercs & Lais, qui soloient prendre leurs gages en la *Chambre aus deniers*, & autres qui les prenoient en nostre Tresor, & ailleurs, qui se sont faiz *assoir leurs diz gages en nos domaines*, & en nos *Seneschaucies*, *Prevostés & Baillies*, *les prendront des-ores-en-avant en ladite Chambre aus deniers*, *en nostre Tresor*, & ailleurs comme devant, & ne joiront dores-en-avant *des dites assietes*. Et avons commandé à nos diz Tresoriers, & aus Maîtres de nostre dite Chambre aus deniers, que il les payent sans nul defaut, en la maniere & aus termes qui soloient estre poiez ancienement.

(4) *Item*. Avons *ordené* que toutes manieres de receptes veinent à nostre Tresor. Et seront paiez par nostre Tresor, les dêpens, & (b) *aumosnes*, & gages, qui y sont assignez. En la maniere ancienne nulle assignation de payement ne sera faite fors que *sur ledit Tresor*.

(5) *Item*. Avons *ordené* que toutes Notairies, Seeaux, & Exploits d'iceux; seront des-ores-en-avant vendus par enchiere. Et se il sont donnez à aucun, ou bailliés *sans enchiere*, à mendre prix, que il ne vallent, contre les Ordenances de *nos chiers Seigneurs Pere & Frere*, dont Diex ayt les âmes, nous les rappellons dés maintenant. Et se nous sommes tenus à aucuns qui les tiengne, nous les pourverrons, selon ce que nous verrons que nous serons tenus à eux.

(6) *Item*. Nous avons ordené que les Chastelainz & Sergens, qui sont establis à gage en noz Chasteaux, & mesons, qui n'ont mestier de garde, ou ne sont necessaires à estre gardez, seront ostez, selon l'Ordonance de nos devant diz *Seigneurs Pere & Frere*. Et tous les émolumens des Chasteaux, où il *est mestier d'avoir Chastellains & garde*, tout ce que les diz Chastelains ont pris, outre leurs gages, sera converti en nostre profit. Et ne penrront les diz *Chastelains* de cy en avant que leurs propres gages. Ne nul ne penra *deux paires* de gaiges.

(7) *Item*. Nous avons ordené que toutes ventes de bois, & de rentes des dits bois seront des-ores-en-avant vendües par enchiere, & se passeront par comptes de Baillies, & Seneschaucies. Et se aucunes y eust à present faite, sans enchiere &

NOTES.

(a) Cette Ordonance, qui a moins d'articles que la precedente, est au Tresor des Chartes, Registre de Philippes le Long, cotté 55. pour les années 1317. 1318. 1319. feüillet 47. piece 95. Elle est aussi en la Chambre des Comptes de Paris au Registre A feüillet 112. *verso*.

(b) *Aumosnes*.] Voyez la note sur l'article 7. de l'Ordonance de 1318.

PHILIPPE V. dit le Long, à Pontoise, le 28. Juillet 1318.

en deniers comptans, qui soient encore entiere, ou ne soient poiez, nous les *rappellons, & voullons* qu'elles soient vendües à enchiere, comme dessus est dit. Et ne retenront mestres des Forés, ne vendeurs, ne mesureurs riens dores-en-avant & envoyeront les diz mestres des Forés, les ventes & rentes de bois à noz Baillis, & Seneschaux, souz qui il seront, dedans le mois au plus tard, que elles seront faites.

(8) *Item.* Avons *ordené* que en chascune Senechaucie aura un propre Seal establi de par nous, que li Seneschaux portera, & nous rendra l'émolument dudit Seel, & usera d'iceluy és choses de Seneschaucie, aussi coume il faisoient de leur propre. Et le lessera chascun Seneschaux à son successeur, quand il partira de la Seneschaucie, & ainsint auront les émolumens des Seeaux dont les Baillis usent en leurs Baillies.

Pourquoy Nous te Mandons, & Commandons estroitement, que les Ordenances dessus dites, selonc leur teneur, tu tiegnes, gardes & accomplisse, & fasse tenir, garder & accomplir en tadite Prevosté, & ou ressort d'icelle, de point en point, sans enfraindre, si diligeaument, & si deüement, que tu n'y puisse estre trouvez en negligence. Et se aucuns par aventure s'efforçoient de les enfraindre, ou qu'il ne les voulsissent tenir, selonc leur teneur, puniz les, selonc ce que tu voiras, que raison sera, & à toi appartiendra. *Donné à Pontoise l'an & jour dessusdit Vendredy vingt-huit de Juillet mil trois cens dix-huit.*

NOTES.

En consequence de l'article 3. de cette Ordonnance, le Roy fit le Mandement qui suit, lequel est au mesme Registre feüillet 47. piece 96.

Philippe par la grace de Dieu Roys de France & de Navarre, au Prevost de Paris, & au Receveur dudit lieu, *Salut.* Sçavoir vous faisons, que pour esciver plusieurs grants damages, les quels, non pas nous tant seulement, mais tous ceux à qui nous sommes tenus, encorriens, & sustenriens, en faisant assignation autre part que en nostre Tresor de Paris, de ce que nous devons, ou porrons devoir (afin qu'ils) puissent plus enfermement avoir leur poiement. Et pour ce aussi que nous puissions mieux sçavoir la verité des dis poiemens, & esciver les fraudes, qui se porroient faire es dits poiemens. Par deliberation *de nostre grant Conseil*, nous avons ordené, & ordenons que *nulle assignation de poier, ne soit faite des-ores-en-avant autre part qu'en nostre Tresor de Paris.* Et se ensi estoit que pour la importunité de aucuns, ou par oubliance, fut faite aucune assignation de son poiement autre part qu'en nostre dit Tresor à Paris, *puis le dix-huitiéme jour de Juillet prochain passé* en ça, par nos Letres, ou par le Mandement de nos gens. Nous voulons que vous ni obéïssiez riens. Aincois vous *Mandons & Commandons*, que nul assignement, qui puis ledit jour en avant seroit fait sus vous, ou sus vos receptes, vous ne poiez par Letres de nous, ou Mandement de aucuns de nos gens, si coume dessus est dit, *exceptez les fiez & aumosnes*, ou autres ordinaires, & necessaires despens accoustumez à poier en vostre baillie. Et sçachez que se vous faites au contraire, il ne vous sera descompté, ne rabatu, & aussit l'avons-nous commandé, & encores le commandons-nous aus gens de nos Comptes, sur le serment qu'ils ont à nous. Et por ce que nos Tresoriers de Paris puissent mieux poier ceux que nous ordenons estre poiez ou dit nostre Tresor, est nostre entente, & volons que tous les deniers qui nous seront dûs en vostre Baillie, vous envoyez en nostre dit Tresor à Paris, sitost aprés que *les termes accoustumez à poier nos Rentes*, en vostre Baillie seront eschus. *Donné à Paris le 28. jour en Juignet l'an 1318.*

(a) Ordonance

(a) *Ordonance portant revocation de tous les dons faits par les Roys precedens depuis Saint Loüis.*

PHILIPPE V. dit le Long, en l'Abbaye Royale de Maubuisson, prés de Pontoise, le 29. Juillet 1318.

PHILIPPE, &c. Au Baillif de Senliz, ou à son Lieutenant, *Salut.* Quant nous reçûmes de Dieu le gouvernement de nos diz Royaumes, le greigneur desir que nous eussiens, & ayons encor, fust & est de *justice*, & de *Droiture* garder, & maintenir, sus les quelles les diz Royaumes sont establi, & fondé, especiaument *celi de France soit tenus, & gouvernez aus bons uz, & coustumes, & en la fourme & en la maniere, que il estoit ou temps le Roy Monsieur S.t Loys.* Et pour ce commençames dés lors à panser, considerer, & querre toutes les voyes, les manieres, par les quelles nous poons venir sus ce, à nostre entente. Et entre les autres choses, avons consideré, & considerons, que à ce que il puisse estre fait, si coume dessus est dit, il est mestiers que toutes choses, expeciaument, celes qui depuis le temps *dudit S.t Roy* ont esté desordenecment faites, menées & traitées, soient, avant toute euvre, ramenées à estat dû & à mesure, par quoy à l'ayde de Dieu nous puissions mieux, & plustost venir à nostre desir. Et coume plusieurs de nos Prelaz, Barons & autres grans de nostre Royaume de France, come nos feaus, nous ayent avisé, en gardant leur feauté envers nous, & de ce est renommée & notoire par tout ledit Royaume de France, & ailleurs en divers lieus, & estranges pays, & si qu'il ne peut estre teu, ne celé, que *nos tres chiers Seigneurs pere & frere*, ou temps qu'ils regnerent Roys de France, deceus, si coume nous croions fermement par maintes guises, & maintes manieres, *ayent fait Dons tres granz & outre mesure*, & plusieurs autres contraus, comme d'achas fais sus nostre

NOTES.

(a) Cette Ordonance est au Tresor des Chartes, Registre cotté 55. & 18. feüillet 43. *verso*, & au Registre A de la Chambre des Comptes, feüillet 114. Il est dit dans le Registre du Tresor qu'elle fut envoyée à Symon de Ville Bailly de Senlis, à M.e Jehan de Courriaus, à Philippe du Pont & à Guinot de Montlchery, pour la mettre à execution.

Sous nos Rois de la premiere & de la seconde race, où le Droit public & particulier estoit peu connu, le domaine de la Couronne n'estoit pas inalienable, ce qui fut pratiqué sous nos premiers Rois de la troisiéme race, comme il se void par cette Ordonance.

Cet abus eût lieu dans les autres Royaumes comme en France. Et si l'on en croit l'autheur de *Fleta*, ancien praticien Anglois, livre 3. chap. 6. §. 3. il y eût en l'année 4.e du regne d'Edoüart Roy d'Angleterre, c'est-à-dire, vers la fin de l'année 1275. ou au commencement de 1276, une assemblée solennelle tenüe à Montpellier, où tous les Roys Chrestiens convinrent qu'à l'avenir, le domaine de leur Couronne seroit inalienable, & que ce qui en auroit esté alienė seroit revoqué. *Res quidem Coronæ sunt antiqua maneria, Regis homagia, libertates. Et hujusmodi, cum alienantur*, tenetur Rex ea revocare, secundum provisionem omnium Regum Christianorum apud Montem Pessoloniam, *anno Regis Eduardi filii Regis H. quarto habitam &c.*

Le celebre *Selden*, dans sa Dissertation sur *Fleta*, a crû que l'autheur de cette pratique s'estoit trompé, & voicy comme il en parle au nombre 4. page 549. de l'Edition de Londres *in quarto*, en 1685.

Locus autem ille quem diximus, apud autorem hunc perinsignis, qui & satis prodigiosus mihi videtur. Ad hunc modum se habet. Res quidem coronæ, *&c. Alia habentur apud eum, de alienatione regiâ consona.* Sed verò ita ne! *omnium Regum Christianorum de patrimonii Regum alienatione revocandâ, provisio habita ne est tunc temporis, apud Montem Pessulanum, urbem scilicet Langue-dokii inclytam, quam nunc* Montpellier *dicimus, neque enim puto alio de loco mons hic* Pessolonia intelligendus est. Nam & urbs *ipsa etiam* Mons Pullerius, *&* Mons Pisciculanus, *aliterque* nonnullis pro libitu dictus est.

Annus ille quartus Eduardi primi, quo asseritur hic, hujus *provisionem habitam, partem habet annorum Christi 1275. 1276. Incœpit nempe Eduardus illâ die 16. Novembris anni 1275. atque eundem in anno 1276. diem, conventus habebatur, aut Regum omnium Christianorum, aut Legatorum, qui vicariâ hac in re potestate fungerentur.*

Reges Christiani tunc erant Michael Palæo-

PHILIPPE V. dit le Long, en l'Abbaye Royale de Maubuisson, prés de Pontoise, le 29. Juillet 1318.

Tresor, & ailleurs sus nos revenus, des eschanges, permutations, & autres decevables, à plusieurs qui lors estoient leurs serviteurs, & à d'autres qui devoient estre leurs feaus, de terres, rentes, Chasteaux, Villes, bois, possessions, & demaines, & de pluseurs autres choses, au grand grief & prejudice de nous, & de nos Royaumes, cuidans faire les diz Dons en bonne foy, és quiex il ont esté deceuz, tant par ceux aus quels les diz dons estoient faiz, comme par autres. Li quel Don n'ont pas esté faiz, si coume chascun le peut sçavoir, à personnes; as quelles tels dons-afferissent, mais à gens qui en plusieurs autres manieres ont grevé & exploitié leur droiturier Seigneur, les devant diz nos chiers Seigneurs, en prenant de euls, par manieres soutiles, & cauteleuses, *Dons de deniers*, de joyaux, de vivres, & d'autres biens meubles, dont le subjet du Royaume de France sont moult grevé & apouri en pluseurs parties, dont c'est peschié & damages. Et encore ne lor souffisient mie les diz Dons ensint faiz à euls de terres, rentes, Chastiaux & autres choses dessus dites, mais pour plus grandement grever, & decevoir leurs diz Seigneurs, en venant apertement, encontre leurs sermens, les foys & les loyautés, en quoy il estoient tenus à eus, il pourchassoient, en decevant leurs Seigneurs, par qui ces dons leur estoient *assis* en tels leus, & en tieux fiés, & en tels domaines, qui valoient bien, & a tousjours depuis valu, si coume nous entendons trop plus que donné ne leur estoit. Et ensint appért clairement, que li donneur, *& Nous qui representons leurs personnes en la succession des diz Royaumes,* il, & Nous avons esté & fusmes defraudez & deceuz moult grandement. De la quelle fraude & deception, cil à qui ont esté faiz li don, permutation, ou eschange ne se povoient bonement escuser, coume depuis longuement, & continuelement il en ont levé & esploitié les fruits & les issües, és quelles il peuvent bien avoir connu, & apperçeû les fraudes, & deceptions dessus dites.

Pourquoy Nous eüe seur les choses, & seur pluseurs autres grant malices, &

NOTES.

logus *Imperator Orientis.* Rodulphus primus *Occidentis, seu Germaniæ.*

Philippus audax *Galliæ. Castellæ & Leonis* Alfonsus decimus *summus ille astronomus, & Partitarum autor. Scotiæ* Alexander tertius. *Daniæ* Ericus octavus. *Poloniæ* Boreslus. *Hungariæ* Uladislaus quartus. *Aragoniæ* Jacobus. *Bohemiæ* Ottocarus. Carolus *Siciliæ.* Hugo *Hierosolymorum. Atque alii fuere minoris nominis, qui Regum Christianorum vocamine tunc fruebantur.*

Atqui in annalibus, historiis ve alibi, extra hunc autoris nostri locum, non omninò opinor reperiri, aut volam, aut vestigium horum, eorumve aliquorum ibi conventus ejusmodi; aut missos illuc Legatos, qui de ejusmodi re aliquà transigerent.

Certe sub idem tempus, atque, ut aliqui volunt, anno ipso 1275. concessit Rodulphus *primus* Cæsar Gregorio *Papæ decimo* Bononiam *& latifundia circumquaque amplissima, quæ ante Imperii Romani pars insignis, Sed de anno ipso non consentiunt scriptores.*

At sub idem tempus factum certo certius est Tantumdem item tum a successoribus subinde, quàm adcessoribus factum, nec omnino revocatum.

De re ipsâ, sane, seu de patrimonii regii alienatione revocandâ, occurrunt quædam apud veteres pluribus annis quartum Eduardi primi ante-vertentia.

Illustre est rescriptum Honorii Papæ III. *de* Andreæ II. *Hungariæ Regis alienationibus, sub annum Christi 1220. ad Archiepiscopum Collocensem.* Azonis item Jurisconsulti *illius summi, vetustique, sed diu ante quartum Eduardi primi annum demortui, eadem de re sententia, nec adeò provisioni huic similis citatur ex ejusdem disputationibus.*

Et quæ huc spectant, leguntur in Aphensinis, circa annos 25. ante quartum Eduardi nostri *editis, uti etiam in Gregorianorum Decretalium corpore, annis triginta sex, aut circiter ante hunc* Eduardi *edito, ut qui ad illud ante conscripsere, prætercam.*

Bractonius *item noster de Donationibus regiis non ita dissimiliter monet. Adde* Mathæum Parisium, *Guillelmum Neubrigensem, alios in initiis Henrici II.*

Sed verò etiam post illum annum, seu tempus provisioni jam dictæ tributum, eadem ipsâ de re per quam diligenter disputarunt, docuerunt que Jurisconsulti non pauci, quorum nemini provisionis ejusdem mentio puto omnino aliqua.

In Compendio juris nostri illa Briton *dicto, & non ita diu post annum illum conscripto, expressa habetur doctrina de Donationibus regiis, uti etiam apud* Thorntonium, *qui intra annos sexdecim, a quarto illo, summam suam*

fraudes, qui commises ont esté, les quelles pourront estre, se mestiers est, declairiées, en lieu, & en temps, pour plusieurs fois dés le commancement de nostre gouvernement *aveques nostre frere,* nos oncles, & ceux de nostre lignage, & aveques plusieurs Prelats, & Barons de nostre Royaume, & autres de nostre Conseil, eüe grant deliberation & pleniere, par le Conseil de tous avons *ordené & ordenons* de certaine science, & nostre autorité Roial, que *tous tiels Dons*, combien qu'il ayent esté transportés, à autres, par ceuls à qui il furent faiz, soit par achaz, par eschanges, ou autrement, & specialement tout ce que *Pierre Seigneur de Chambli, Hüe de Bouville, & les enfans de Jean de Bouville, toute la lignée de Machaus, Guillaume Flote, les hoirs Guillaume de Nogaret, & de Guillaume de Plaisieu, Hugues d'Angers, les hoirs Oudart de Chambli, & les enfans la Dame Neausle, ou leurs devanciers,* tiennent, & ont tenu des Dons de nos chiers Seigneurs dessus dits, ou par aucunes des causes dessus dites, comme par la commune renomée, & en nostre conscience soions enformé qu'il y a à corriger, & amender, soient dés maintenant pris, & aprés levé exploitié en nostre main, jusques à tant que chascun ayt monstré son titre, en quoy il soit connu & declairié pardevant Nous, en nostre court, que en sera à faire par Droit & par raison, à laquelle nous ne voullons deffaillir à nul. En la quelle cognoissance nous voullons que l'en aille avant sommairement, & de plain, & en bonne foy sans escrit & figure de jugement.

PHILIPPE V. dit le Long, en l'Abbaye Royale de Maubuisson, prés de Pontoise, le 29. Juillet 1318.

Si vous mandons selonc ce que les dessus diz, a ceu qu'il ont, si coume dit

NOTES.

edidit. Neque tamen aut in hoc, *aut illo* provisionis ejusmodi *mentio aliqua.* Neque sane *in librorum nostrorum juridicorum, in quibus versamur, reliquorum aliquo, provisionis hujusmodi vestigium habetur ullum, ne quidem* in Joanne Fortescutio, qui sub Henrico VI. de Regiis donationibus revocandis disertius loquitur . . . . *Veterum sententias* Cæsarum, Regum sanctiones, *placita forensia, alia de ea re diligentissime corrogant, provisionis quam diximus,* aliusve congeneris planissime ignari.

Id palam docebunt tum Doctores in Extra Tit. De jure jurando cap. Intellecto 33. *tum* Bartolus *&* Baldus, *ad Tit.* Quis dare feudum possit, &c.

A quoy l'on peut joindre que cette Ordonance ne dit rien, non-seulement de cette assemblée, mais que le Roy y dit précisément que Philippes le Bel son pere & Loüis Hutin son frere, avoient fait pendant leur regne un grand nombre d'alienations de domaines, dont il y a lieu de croire qu'ils se seroient abstenus, si ce reglement pretendu avoit esté fait à Montpellier en 1275. ou 1276.

Cependant vers ce temps-là quelques Princes Chrestiens ordonnerent que le domaine de leur couronne seroit inalienable, & que ce qui en auroit esté aliené y seroit réüni. Ainsi Jacques Roy de Sicile, qui regnoit en 1285. fit l'Ordonance suivante.

Circa donationes, diligenti deliberatione, pensantes, quam Regiæ dignitati expediat, ac sit fructuosum & utile, absque fidelium nostrorum gravamine curiæ dominia alienari aliquatenus non debere, provisionis præsentis edicto mandamus, & tam Nos quam heredes, & successores nostros, ab ipsorum domaniorum donatione volumus abstinere. Nam quanto ipsa demania levabuntur, ipsorum concessione prohibita, tanto proventus fisci nostri uberiores fieri poterunt, & per copiam & ubertatem ipsorum qualibet extorsione sopitâ, status pacificus, & conservatio nostrorum refluebit, &c.

On dit que Philippe le Bel luy-mesme revoqua les *domaines* que ses predecesseurs avoient alienez. Ce que l'on prouve par la question qui suit de Jean le Coq. *Per arrestum Procurator Regis absolutus a petitione Comitis sancti Pauli, petentis super thesauro Regio quatuor centum libras redituales.* Ratio, *quia fuerat alienatio facta de Domanio Regio, & a tempore Regis Philippi, quæ revocata fuerat per generalem Ordinationem factam super revocatione talium alienationum, a tempore dicti Philippi le Bel. Decisione 348.* Mais Jean le Coq dans cet Arrest parle manifestement de l'Ordonance de Philippes le Long, qui est icy rapportée, par laquelle ce Prince revoqua toutes les alienations des domaines, qui avoient esté faites par Philippe le Bel son pere, & par *Loüis Hutin* son frere.

Le 16. de Novembre suivant il deffendit qu'on ne luy fit demande d'aucun don à heritage sur ses domaines. Voyez cy-aprés l'art. 5.

Enfin en 1321. Charles le Bel suivit les vestiges de son frere le Roy Philippe le Long. Et ces Ordonances jointes à celle de Jacques Roy de Sicile, servent à prouver que vers l'an 1275. on fit en quelques Royaumes, des Reglemens pour empescher les alienations des domaines royaux.

Depuis ces Ordonances le domaine de la

est & sont en vostre jurisdiction ou en vostre baillie, que par vous ou par autres; vous les faites en la fourme & maniere qu'il est dit dessus & devisié. Et nous envoiez par inventoire, tout ce que vous aurez pris, ou saisi, ou fait penre, ou saisir, en nostre main. *Donné en l'Abbaye Royal de Nostre-Dame de lez Pontoise, le vingt-neufviéme jour de Juignet, l'an de grace m. ccc. & dis vvit.*

NOTES.

Couronne a toûjours esté tenu pour *inaliénable*. Et elles ont esté ensuite confirmées par l'Edit de François I. de l'an 1539. par l'article premier de l'Ordonance de Moulins du mois de Fevrier 1566. & par l'article 329. de l'Ordonance de Blois. Voyez sur ce sujet *Chopinum de Domanio*, Bartholomæum *De las casas*, *Christophorum Cellarium Portugalium de Donationibus regiis lib. 2. cap. 4. & las Siete Partid. part. 2. Tit. 1. lib. 8.*

PHILIPPE V. dit le Long, à Bourges, le 16. Novembre 1318.

(a) Ordonance pour le gouvernement de l'Hostel du Roy, & pour le bien du Royaume.

SOMMAIRES.

(1) Le Roy entendra tous les jours la Messe, & pendant qu'on la dira, il n'y aura dans la Chapelle aucun des deputez à oüir ou à recevoir les requestes.

(2) Nul de quelque condition qu'il soit, Chapelain, Clerc, Chevalier, Huissier d'armes, ne pourra recevoir, ni bailler requestes au Roy, ni luy parler, tant que la Messe durera, à l'exception du Confesseur, & de l'Aumônier, &c.

(3) Les Chambellans empescheront qu'aucune personne inconnuë, ou de petit estat n'entre dans la garderobe du Roy, ne mettent la main à son lict, & ne soient presens quand on le fera, & ils ne souffriront pas qu'on y mette des draps estrangers, &c.

(4) Il y aura toûjours à la suite du Roy deux personnes, lesquelles auront & delivreront les requestes, quand il n'y aura pas de Parlement, & qui les renvoyeront au Parlement quand il tiendra. Et soit qu'il y ait Parlement ou non, elles voirront & examineront toutes les letres qui doivent estre envoyées au grand Scel. Elles donneront celles qui doivent estre reçües à celuy des Chambellans qui portera le seel secret, pour les enclorre. Et ces letres ainsi encloses seront envoyées au grand Scel au Chancelier, &c.

(5) Les Poursuivans, & specialement le Clerc, auront un Registre, où ils écriront tous les Offices que le Roy aura donnez.

(6) Nul ne fera au Roy la demande, qu'il luy plaise faire don de ses domaines à heritage.

(7) L'estroit Conseil du Roy s'assemblera tous les mois, & tout ce qui y sera deliberé sera registré par un des Notaires.

(8) Les Baillis, les Seneschaux & autres Officiers Royaux, resideront au lieu de leurs Offices, sans qu'ils les puissent faire desservir par leurs Lieutenans, si ce n'est par permission du Roy.

(9) Tous Officiers de Justice la rendront à leurs sujets. Ils ne commettront aucunes exactions, & ne feront aucunes nouvelletés, &c.

(10) Nul témoin en cas criminel, où il y aura peine afflictive, ne sera examiné par des Notaires, sans la presence de Juge.

(11) Les Tresoriers compteront deux fois l'an, & les gens de l'Hostel de la Reine pareillement.

(12) Tous Seneschaus, Baillis & Receveurs compteront aus termes accoustumez.

(13) Toutes receptes viendront au Tresor, & nulle assignation de payement ne sera faite que sur le Tresor.

(14) Quand le Roy baillera en payement des terres, l'assiete qui en sera faite luy sera rapportée, & registrée en la Chambre des Comptes.

(15) Les terres que le Roy baillera en assiete, seront estimées à leur juste valeur.

(16) Ceux qui prenoient leurs Gages en la Chambre aus deniers, ou au Tresor, & qui en ont obtenu assiete sur les Seneschaussées & les Baillages, &c. les prendront comme auparavant, sans joüir de leurs assietes.

(17) Les forfaitures qui écheiront par tout le Royaume, seront employées à payer les anciennes dettes assises sur le Tresor.

(18) Les Notairies, les Seeaux, &c. seront donnez aux encheres.

(19) Les Chastelains & les Sergens establis dans les Chasteaux & les Maisons Royales, qui n'ont besoin de garde, seront ostez. Et ceux qui seront dans les maisons qui ont besoin de garde, n'auront que leurs gages.

(20) Les dons faits à vie, ou à volonté expireront par le decés des donataires, & ne seront plus accordez à d'autres.

(21) Les Baillis de Champagne, les Gruiers, & les Maîtres des Forests laisseront leurs exploits à lever au Receveur.

(22) Il y aura aux Foires de Champagne un

gne un Garde-Scel qui les suivra. Il recevra l'émolument du Scel, & le baillera à la fin de chaque foire au Receveur.

(23) Les ventes des bois du Roy seront faites aux encheres, & seront employées dans les comptes des Baillies & des Seneschaussées.

(24) Les Commissions de ceux qui seront nommez pour aller dans les Provinces, seront envoyées par le Chancelier en la Chambre des Comptes, &c.

(25) Le Chancelier ne scellera nulles letres contre ces Ordonances, & on ne conseillera au Roy d'en faire aucunes, &c.

(26) Le Chancelier ne scellera nulles letres, où il y ait la clause, non contrestant Ordenances.

(27) Qui sont ceux qui peuvent commander letres.

(28) En chaque Seneschaussée il y aura un Scel particulier, que chaque Seneschal portera, & dont il usera dans les affaires de la Seneschaussée.

PHILIPPE V. dit le Long, à Bourges, le 16. de Novembre 1318.

PHILIPPE par la grace de Dieu Roys de France & de Navarre. A tous ceus qui voiront ces presentes Letres, *Salut.* Comme Messire Dieus, en qui poüer sont tous Roys, & Royaumes, ait pour ce establiz Roys en terre, que il premierement ordené en leurs personnes, dehument gouvernent, & ordenent leur Royaumes, & leurs subgiez. Et il pour sa grace nous ayt especiaument (fait) Roy de si nobles Royaumes, comme sont li Royaume de France & de Navarre, Nous avons moult touzjours desiré, & encore desirons comment tele Ordenance fust mise, & gardée en nous, & és gens qui sont, & doivent estre entour nous, que nuls deffauz ne pust estre, pour desordenance, ou pour negligence, en nostre gouvernement, si que nos subgez y peussent penre exemple, & quant il recourroient à nous, ou à noz genz, il trovassent preste, & convenable delivrance. Si que pour ce eüe grant deliberation en nostre grant Conseil. *Nous avons ordené* sur les choses dessusdites, & *ordenons* en la maniere qui s'ensit.

Premierement. Comme il soit escript, que l'en doit premierement querre le Royaume de nostre Seigneur, & sa justice, & toutes choses veut ce point. Nous qui dou tout nous fions à son adrecement, entendons *tous les matins,* avant que nous commanciens à besoigner és aucunes choses temporelles, *à oir Messe,* à tele devotion comme il plaira à Dieu de nous donner, & la ferons dire à tele solennité comme il nous semblera, & li jour le requerra. Et pour ce que la solennités ou nostre devotion ne soient empeschiées par . . . . . occupations dehors, quar il est bien raison, que quand on est au service de Dieu, l'on y entende entierement de tout le cüer. Nous ordenons & deffendons que nuls deputez à penre, ou oir Requestes, ne soit en nostre Chapelle, tant comme nostre Messe se dira, mais soient dehors en sale, ou en autre lieu convenable, pour penre & oir Requestes à cette heure, ou autre convenable. Més bien voullons que quand nostre Messe sera dou tout dite, à l'issüe de nostre Chapelle il puissent estre avec nous, & aller jusques à nostre Chambre, pour ce qu'alors assez de gens nous presentent Requestes, & que nous les leur faciens penre quant il nous semblera.

(2) *Item.* Pour ce que autres de noz gens, qui ne sont mie deputez à penre Requestes, les voudront par avance lors penre, en l'absence des autres deputez à ce, & ainsi ce que nous ordenons pour bien, porroit torner à pis. Nous *deffendons* generaument à touz, que nuls de quelque condition qu'ils soient, Chapelains, *Clercs, Chevaliers, Huissiers d'armes,* ou autres, en nostre Chapelle, *Requestes* ne reçoivent, ne nous baillent, ne parlent à nous, tant coume nostre Messe demourera à dire, si nous ne le demandiens par especial. Si ce n'estoit *nostre Confesseur,* le quel pourra parler à nous des choses qui toucheront seulement le fait de nostre conscience, & le salut de nostre âme, & de nulles autres non.

NOTES.

(a) Cette Ordonance est au Registre du Tresor des Chartes, cotté 55. & 18. page 54. piece 114. Elle a quelque conformité avec celle du 18. Juillet 1318. ensorte qu'il est bon que le Lecteur se donne la peine de les conferer, & d'y joindre celle du 28. Juillet 1318.

PHILIPPE V. dit le Long, à Bourges, le 16. de Novembre 1318.

Et quant nostre Messe sera tote dite, avant que nous partiens de nostre oratoire, pourra venir à nous nostre *Aumosnier*, & nous parler des choses qui toucheront le fait de nostre *aumosne*, & non de nulles autres. Et à cette heure pourra aussi venir à nous nostre *Confesseur*, pour nous parler de ce qui touchera le fait de la Collation de noz benefices, & non mie d'autres choses.

(3) *Item.* Quar aprés l'eure de la *Messe*, l'en ne doit mie estre si negligent de son cors, que pour negligence, ou pour autre mauvese garde, nuls perilz avejgne, especiaument, quant pour une personne, pourroient estre plusieurs troublés. *Nous ordenons*, & de ce especiaument chargeons nos *Chambellains*, que nulle personne mescongüe, ne garçon de petit estat, *ne entre en nostre garde-robe, ne mettent main, ne soient à nostre lit faire*, & qu'on n'i soffre mettre draps estranges. Et Commandons aus Mestres de nostre Hostel, qu'ils se pregnent garde, que nostre *eschançonerie*, nostre cuisine, & tous autres mestiers, & Offices de nostre Hostel, soient si bien, & diligemment gardez, que nulz perils ne puissent avenir. Et ces choses voullons nous estre gardées, & tenües és hostiex, de nostre Compaigne, & de nos effenz.

(4) *Item.* Nous *ordenons* que nous aurons toujours aveques nous deux *poursuianz*, un Clerc & un Lay, li quel quant *Parlement ne sera*, auront & delivreront *les Requestes de justice*, & *quant Parlement sera*, il ne les delivreront mie, més les renvoieront au Parlement. *Et soit Parlement ou non*, totes Letres qui se delivreront pardevers vous, les quelles devront aller à nostre grant Scel, il voiront & examineront, & celles qui seront de recevoir, il bailleront à celi de nos *Chambellains qui portera le Scel de nostre secret*, & il les encloira sous iceluy Scel, & nulles autres Letres il n'y encloira, se elle ne luy est baillée par les deux, se il n'avenoit que li uns des deux fust absent, & empeschié de tel empeschement, qu'il convenist que li autres tous seux les examinast & baillast. Et celles Letres ainsi encloses seront envoiez en nostre grant Scel, pardevers nostre Chancellier, & nulles autres Letres, qui devers nous venissent, se ainsit n'estoient encloses *sous nostre secret Scel*, il ne sera tenus de Sceller. *Et deffendons* à nostre *Chambellain qui nostre dit Scel secret portera*, que il ne scelle, ne encloe autres Letres, fors ou cas, & en la maniere dessus diz. Et bien si preigneut garde li diz poursuians des choses qui en leur temps passeront devers nous, mesmement de celles qui porteront pois, qu'il les facent enregistrer par devers eux, pourquoi il en sachent rendre raison, qui la leur en demandera, especiaument *à la fin dou mois, que nous aurons nostre estroit Conseil*, si coume dessus est contenu.

(5) *Item.* Pour ce que nous ne voudrions pas, que nulle couleur de inconstance, ni de variation peut estre trouvée en nous, *Nous ordenons*, que li dit poursuiant, especiaulment li Cler, ayent enregistré par devers eux tous les Offices que nous donrons, & les noms des personnes à qui ils seront donnez, si que se aucuns les demandoit, nous en puissions estre avisez.

(6) *Item.* Que pour les *Dons outrageus qui ont esté faiz ça en arrieres, par nos predecesseurs, li domaine dou Royaume sont moult apetitié.* Nous qui desirons mout l'accroissement & le bon estat de nostre Royaume, & de nos subgiez, *nous entendons dores-en-avant garder de tels dons, au plus que nous pourrons* bonement, & deffendons que nul ne nous ose faire supplication, *de faire Dons à heritage*, se ce n'est en la presence de nostre grant Conseil.

(7) *Item.* Nous ordenons que *nostre estroit Conseil s'assemble* tous les mois en un lieu, où il nous semblera, & que tout ce qui lors sera conseillé, sera registré par un de nos Notaires, liquel nous deputerons à ce, liquels *Notaires* aura cure de demander à *nostre Chancelier*, ou à un autre de qui nous li dirons, au cas que li Chancelier n'i seroit, quand l'on istra du Conseil, se par avanture il n'y avoit esté, s'il y a riens conseillé qu'il doie enregistrer. Et ce que l'en li dira, il arrestera par devers li. Et quand li Conseils se partira, il nous baillera copie de ce qu'il aura par devers soi, & baillera aussi copie à ceux à qui il appartiendra d'ac-

complir les choses, qui auront esté conseillées, si que quand nostre estroit Conseil assemblera à l'autrefois, chascuns puisse rendre reson, s'il aura bien fait ce qui à li en appartiendra, ou que l'on puisse connoitre sur qui à deffaut sera.

PHILIPPE V. dit le Long, à Bourges, le 16. de Novembre 1318.

(8) *Item.* Que pour ce que par les deffaus de nos Seneschaus, Baillis, & autres Officiaus dou Royaume, mout de rebellions naissent, & sont avenües ça en arrieres, *Nous ordonnons & commandons*, que tuit *Seneschal, Bailly & autre Official* de nostre Royaume, *demeurent continuelement & personellement en leurs Offices, ne ne les puissent faire desservir par leurs Lieutenans*, si ce n'est de nostre especial congé, & si autrement en partoient, qu'il ne preignent nuls de leurs gaiges. Et encore se il s'absentoient longuement sans especial licence de nous, comme dit est, qu'il perdent dou tout leurs Offices.

(9) *Item.* Nous *ordonnons, Commandons* estroitement à tous nos Officiaus, qui tiennent jurisdiction, qu'il soient diligent & attentif de faire droiture à leur subgiez, & enquerre des malefices se il se faisoient, & deffendre & deveer tout portement d'armes & en garder pais. Et qu'il cessent de faire oppressions, & exactions non deüies en leurs subgiez, & de faire nouvelletés & choses non accoustumées, quar se il faisoient le contraire, il seroient puni & corrigié, sans nul deportement, en tele maniere que li subgiet s'en tenroient pour poié, & leur correction seroit telle, que elle tourneroit en exemple aux autres.

(10) *Item.* Nous *ordenons* & *commandons*, que en cas *criminel* fiscal, ou autre grand cas, *nuls tesmoin ne soit examiné* par Notaire tant seulement, sans presence de Seneschal, de Bailly, de Juge, ou d'autre bien suffisante personne, qui par eux y soit deputée.

(11) *Item.* Pour ce que nous voullons tous les ans voir nostre estat, *Nous avons ordené & ordenons*, que tous Tresoriers compteront deux fois l'an. Et les gens de l'hostel nostre chiere Compaigne aussi.

(12) *Item.* Tous nos Seneschaus, Baillis & autres Receveurs venront compter chascun an, aus termes ancienement accoustumez, sans faute, & ceux qui seront deffaillans, de venir compter aus diz termes, nous donnons pooir, & commandement aus gens de nos Comptes de les punir, selon ce qu'il verront que de faire sera.

(13) *Item.* Toutes manieres de receptes viendront en nostre Tresor. Et seront poiés audit Tresor toute maniere de depens, à la maniere ancienne. Ne nulle assignation de poiement ne sera faite fors que sur ledit Tresor.

(14) *Item.* Les *assietes de terre* que nous ferons faire dores-en-avant, nous serons (a) rapportées, & enregistrées en la Chambre des Comptes, avant que les personnes à qui les dites Terres doivent estre baillées en soient mis en saisine.

(15) *Item.* Nulle *assiete de terre* ne sera faite par estimation, de ce qu'elle pourra avoir vallu à nous par compte de cinq ou six ans, ou plus, mais sera faite à valüe de maniere deüe

(16) *Item.* Les gens de nostre Hostel, *Clerc*, & Lais qui soloient prenre leurs gages, en nostre Chambre aus deniers, & autres qui les prenoient au Tresor, & ailleurs, qui se sont fait *assoir* leurs diz gaiges, en noz Domaines, & en Seneschaucies, Prevostez, & Baillies, les prendront des-ores-en-avant, en ladite Chambre aus deniers, & en Tresor, & ailleurs comme devant. Et ne joïront dores-en-avant desdites *assietes*. Et avons *commandé & commandons* aus diz Tresoriers, & aus Mestres de nostre Chambre aus deniers, qu'il les payent en la maniere, & aus termes qui soloient estre poiez ancienement.

(17) *Item.* Les *forfaitures* qui échoiront par nostre Royaume seront converties à paier les *aumosnes* qui sont assignées sur nostre Tresor, par l'Ordenance

NOTES.

(a) *Rapportées.*] Voyez les articles 15. & 16. de l'Ordonance du 18. Juillet 1318.

PHILIPPE V. dit le Long, à Bourges, le 16. de Novembre 1318.

des gens de noz Comptes, sans ce qu'elles soient converties en autres usaiges, & dés maintenant nous les y *assenons*. Et seront tenus tous Seneschaus, Baillis, à signifier la valüe des dites forfaitures, en quoi elles seent, & le temps qu'elles écherront, aus gens de noz Comptes, & à noz Tresoriers.

(18) Item. Les *Noteries, Sceaus,* & les *Exploiz* d'iceux seront dores-en-avant vendus, & par enchieres. Et se il sont donnez à aucun sanz enchiere, à mendre pris qu'il ne vallent, contre les Ordonances de nos tres chiers Seigneurs *Pere & Frere,* dont Dieux ayt les âmes. Nous les rappellons dés maintenant. Et si nous sommes tenuz à aucuns qui les teignent, nous les pourvoirons, selonc ce que nous y serons tenu.

(19) Item. Nos *Chastelains* & *Sergens* qui sont establi à gages, & nos Chastiaux & Mesons qui n'ont mestier de garder, ou qui ne sont necessaires seront ostez, selon les Ordonances de nos tres chiers Seigneurs *Pere & Frere.* Et tous les émolumens que les *Chastelains* prenoient, outre leurs gages és Chastiaux és quels il appartient gardes, seront convertis en nostre profit. Et ne prendront les diz Chastelains que leurs propres gages. Ne nuls ne prendra doubles gages, exceptés les *Veneurs,* ou quels nous avons commis la garde de aucunes de noz Forez par especial.

(20) Item. Les *Dons* qui ont esté pieça faits à *vie* & à *volenté* à plusieurs personnes, pour *leurs bons services,* les quels l'en empetroit, quand les personnes mourroient, qui les tenoient, ainsi comme se ce fussent benefices, & ainsint tels gages ne pouvoient mourir. *Nous voullons* que tiels *Dons* soient de nulle valüe des-ores-en-avant. Et se aucunes Letres en estoient commandées, qu'elles ne passent en nostre Scel, ne en la Chambre de nos Comptes.

(21) Item. Nos Baillis de Champagne, les Gruiers, & les Mestres de nos Forez ne recevront riens, ains bailleront leurs exploits & ventes à recevoir au Receveur de Champaigne.

(22) Item. Pour eschiver les *fraudes & malices,* qui se font sous le *Scel des Foires de Champaigne.* Nous *voullons* qu'un *preud'home* & loyal soit establiz, qui *gardera & portera ledit Scel,* & suira les Foires, & y fera residence, & *recevra l'émolument doudit Scel,* & le baillera à la fin de chascune Foire, à nostre *Receveur de Champaigne,* & aura *gages,* & recevra aussit les *amendes,* & esploiz doudit Scel, & en rendra compte à nostre dit *Receveur.*

(23) Item. Avons *ordené, & ordenons* que totes ventes de *bois* & *de flotes d'iceux,* soient dores-en-avant vendües par *enchieres,* & se passeront par *comptes des Baillies,* & des *Seneschaucies.* Et se aucunes y en a à present faites sans enchieres, ou à deniers comptenz, qui soient encores entieres, ne ne soient poiées, Nous *les rappellons, & voullons* qu'elles soient vendües à enchieres, coume dessus est dit. Et ne receveront les Maistres de nos Forez vendeurs ne mesureurs riens dores-en-avant. Et envoyront les diz Maistres des Forez les ventes des diz bois, & flotes, aus Baillis, & Seneschauz, dedanz le mois qu'elles seront faites au plus tard.

(24) Item. Nostre *Chancelers* envoyera dores-en-avant les Commissions de touss les *Commissaires,* qui seront envoyez par nostre Royaume, pour faire esploiz pour nous, en la Chambre de noz Comptes, pour *enregistrer leurs noms,* & pour quelle cause il seront envoyez, & pour sçavoir quand il *partiront* à aller en leurs Commissions, & pour faire serment de bien & loyaulment faire les besoignes, à euls commises, & qu'ils se vendront presenter en la Chambre, le jour, ou le landemain qu'il seront revenu de leur Commission, si coume autrefois a esté ordené.

(25) Item. Nous ne *voullons* que dores-en-avant nostre *Chanceler seelle nulles Letres, contre nos Ordonances* dessus dites. Et *deffendons* à touz ceuls, par qui nos Letres se doyent passer, que il ne en passent nulles contre nos Ordenances, & qu'il ne nous conseille nulles, à passer contre elles. Et se par erreur aucunes en passoient par devers nostre *Chancelier,* Nous *voullons* que se elles venoient à la

cognoissance

cognoissance de nos gens des Comptes, qui les retiengnent, & l'en avise, avant qu'il les passent, ne qu'il les rendent.

PHILIPPE V. dit le Long, à Bourges, le 16. de Novembre 1318.

(26) *Item.* Nous ne voullons, que nostre dit Chancelier seelle nulle Letres faisant mention de *non contrestant Ordenances.*

(27) *Item.* Cil qui s'ensuient poent commander Letres. Et sont tenus nos Notaires de obéir, & non à autres, exceptée nostre personne.

Premierement. Letres de justice ne se doyent commander durant Parlement, fors par la *grant Chambre*, ou par les Requestes. Et hors Parlement se doyent commander par *le Clerc & le Lay*, qui nous poursuient à Paris, se aucuns y avoit deputez, ou par nostre *Chancelier.*

Letres *de Don à heritage* ne se doient commander, fors que par nous en nostre Conseil.

Letres d'autres graces que nous ferions, se pourront commander par nous, à la relation de ceuls de nostre estroit Conseil.

Nostre *Confesseur* püet faire relation des dons des benefices que nous donrons, & nostre *Aumosnier* des aumosnes, que nous ferons, tant seulement.

Nous *Chambellans* poent faire relation de graces, que nous ferons *à plaider par Procureur au Parlement*, & des dons que nous ferions de bestes sauvages. *Et peuvent commander Letres de homages, ou de feautés*, que nous auroiens reçeuz.

Cil de la *Chambre des Comptes.* Li mestres des finances, & li Tresorier pevent commander les Letres qui toucheront leurs Offices, si coume il est accoustumé.

(28) *Item.* Nous avons *ordené, & ordenons*, que en chascune Seneschaucie nous arons un propre Scel, li quel chascun Seneschaux portera, & en usera en choses qui toucheront sa Seneschaucie, és quels il usoit dou sien. Et en sera li émolument, qui en ystra nostres. Et celi Seel chascuns Seneschaus lessera à son successeur, quant il se partira de sa Seneschaucie.

Et *voullons & commandons* à tous ceuls, à qui les choses dessusdites toucheront ou appartiendront, ou aucunes d'icelles, que il noz Ordenances tieignent, & gardent, sans corrompre. En tesmoin des quelles choses, & à plus grant fermeté de elles. Nous avons fait mettre nostre Scel en ces presentes Letres. *Ce fut fait à Bourges le seiziéme jour de Novembre, l'an de grace mil ccc diz & huict.*

PHILIPPE V. dit le Long, à Bourges, le 17. de Novembre 1318.

Ordonance touchant le Parlement.

SOMMAIRES.

(1) Ceux qui auront à faire au Parlement, se presenteront au plus tard dans le premier, ou le second jour de leur Baillie, ou de leur Seneschaussée, &c.

(2) Ceux qui auront des affaires dans de differents Bailliages, ou Seneschaussées, se presenteront en chacun, &c.

(3) Les parties seront expediées, ou delivrées dans le mesme ordre, qu'elles se seront presentées, &c.

(4) La partie qui n'aura pas esté expediée par la faute de son Avocat, sera entendüe, & l'Avocat sera condamné en dix livres *d'amende.*

(5) Il n'y aura aucun delay, en quelque cause que ce soit, si ce n'est en faveur de ceux qui sont absens, pour le profit commun, &c.

(6) On ne commencera d'expedier un Bailliage, ou une Seneschaussée, que quand les affaires des Bailliages precedents auront esté jugées, &c.

(7) Il y aura des personnes commises pour delivrer les Requestes, tant de la langue-d'oc, *que de la* langue-d'ouy, *ou Françoise. Et en chaque siege des Requestes, il y aura trois ou quatre Notaires, &c.*

(8) Les Auditeurs, ou Commissaires envoyez pour faire enqueste, ne pourront mener avec eux, que les personnes & les chevaux qui leur seront necessaires.

(9) Les Maistres du Parlement, Presidens ou autres n'interromperont pas les besognes du Parlement, &c.

(10) Toutes contestations cesseront au Parlement, quand le Roy y viendra, pour entendre les causes qu'il se sera reservées. Et quand un Parlement finira, on publiera le suivant.

PHILIPPE V. dit le Long, à Bourges, le 17. de Novembre 1318.

(11) Les gens du Parlement, de la Chambre des Enquestes, ou des Requestes, n'entendront pas chez eux, ceux qui leur viendront parler d'affaires, pendantes en la Cour, &c.

(12) Tant que le Parlement durera, on ne commettra aucuns des Maistres, Clercs ou Lais, pour faire enquestes.

(13) On ne donnera nulle Commission aux Notaires.

(14) On prendra des Maistres à part, pour terminer les affaires extraordinaires.

(15) Quand le Roy aura affaire de ceux qui tiennent le Parlement, il les mandera à autre heure que le matin, pendant les plaids.

(16) Quand le Roy viendra au Parlement, la place qui est devant son siege sera vuide.

(17) Nul ne se partira de son siege, pour venir s'asseoir vers le lict du Roy.

(18) Ceux qui tiendront le Parlement, ne boiront, ni ne mangeront avec les parties.

(19) Ceux qui tiendront le Parlement, ne souffriront pas que les Avocats & les parties leur manquent de respect.

C'EST *(a)* l'Ordenance que ly Roys fait pour son Parlement.

Et *premierement* que tuit cil qui auront à faire au Parlement, *seront presentés* dans le premier jour, ou le second, au plus loin, de leur Baillie, ou Seneschaussie, avant que le Siége du Parlement soit levé, ou autrement, sans nulle esperance, & sans demander defaut, il ne soient plus reçû, ainçois seront tenus pour deffaillant, & sera le defaut puis la en avant, baillé à leur partie toutes les fois qu'il en sera requis.

(2) Item. Tuit cil qui se presenteront, facent *especial presentation* en chascune Baillie, ou Seneschaucie en la quelle il auront à faire. En Diocceses, Baillies, ou Seneschaucies, en chascune *presentation ils fassent écrire tous ceux contre qui ils se presenteront.* Ou autrement de tout le Parlement, ils ne seront reçeûs encontre nul autre, mais que contre ceux contre qui il se seront presentez.

(3) Item. Qu'en toutes manieres de parties, selonc ce que elles seront *presentées*, seront *delivrées* par des presentations, sans nul avantage de donner audience à autre personne, mais que selon l'ordre que il seront presentés. Et bien se gardent les parties, que elles soient trouvées à l'huis de la chambre presentes, & garnies de leur conseil, quand elles seront appellées. Car les parties presentes seront tantost delivrées sans delay. Et se l'uns est present, & l'autre est absent, le present ara & emportera dés lors autel proufit, comme se il ne fust point presentez. Et si toutes les deux parties sont deffaillans, il reviengnent à l'autre Parlement, sans nulle esperance de estre oüis, ou Parlement present, se la Cour ne voit que il l'eussent fait, en fraude d'aucune chose qui touchât le Roy. Et ainsi se *delivrera* chascune Baillie & Seneschaucie, avant que on commance l'autre.

(4) Item. Que la partie qui ne seroit oye & *delivrée*, par la defaute de son *Avocaz*, qui devroit plaider sa cause, & seroit certain que ce seroit par la defaute de l'Avocaz, seroit aprés oye, mais li Avocaz, en payeroit *dix livres d'amende*, touz les ainçoins qu'il fust oy en autre cause. Et est assavoir, & entendre des *Avocats* residens en Parlement; car nulle autre partie ne seroit excusée, pour attendre Avocaz estrange ne de son pays. Et commande li Roys que telle peine soit levée, sans nulle deport.

(5) Item. Que nulle cause ne prendra delay contre quelque personne que ce soit, soit *Per* ou *Baron*, qu'elle ne se delivre, selon l'ordre dessusdit, por grace que li Roys fasse, si ce n'est à aucun, qui soit absent pour le profit commun. Et lors de grace sa cause seroit mise à l'autre Parlement, ou en cas de *droit Domaine, de Pairies, ou de Baronies*, les quelles *li Roys mettroit devant luy à sa venüe*. Et

NOTES.

(a) Cette Ordonance est tirée des preuves de l'histoire des enfans de Philippes le Bel.

Ancienement il y avoit peu *d'appellations*. Et l'usage en fut reçeû fort tard dans le Royaume. Voyez les notes sur le chap. 115. 138. du premier Livre des Establissemens & le 15. du second Livre. Joignez l'Ordonance de Philippes le Bel, *touchant le Parlement*, de l'an 1291. page 320. & Fontanon tome premier, livre premier, Tit. 3. & 4. pages 9. 10. 11. &c.

que la cauſe, pour quoy il voudroit que ſa venüe fuſt attendüe, fuſt écrite en la Lettre, par la quelle il manderoit que la cauſe fuſt attendüe à ſa venüe, ou autrement l'en *la delivreroit*, ſans luy attendre. Et n'eſt mie l'entente le Roy, que nulle grace fuſt octroyée, ne donnée par luy au contraire, ains la tendroit, & veult eſtre tenüe comme non octroyée, hors de ſa conſcience, ſe il n'appert clerement que elle fuſt donnée & octroyée de ſa certaine ſcience.

PHILIPPE V. dit le Long, à Bourges, le 17. de Novembre 1318.

(6) *Item.* Que nulle Baillie, ne Seneſchaucie ne ſera commancée *à delivrer*, devant ce que tuit li Arreſt de l'autre ſeront tuit conſeillé, & prononcié, ſi ce n'eſtoit un cas, où la Court pour aucune grande cauſe voudroit attendre le Roy, au quel cas la Cour diroit aus parties, que il s'en pourroient raler en leur pays, juſques à tant que li Roys fuſt revenu, ſe il leur plaiſoit.

(7) *Item.* Que bonnes perſonnes & apertes, pour *delivrer*, ſoient aux Requeſtes de la *Langue-d'oc*, & *de la Françoiſe*. Et qu'en chaſcun Siege des Requeſtes ayt trois ou quatre Notaires, un de c . . . . & le remanent des autres, par leurs feremens, ſoient tenus d'eſtre aux Requeſtes, tant comme les Maîtres des Requeſtes y ſeront, ſans faillir & ſans aller à la Chambre, & que par leur ſerment ils ne puiſſent faire autres Letres, tant que ils ayent *Letres de requeſtes* à faire, & que les Letres que il feront, il rapporteront écrites au matin, à leurs Maîtres des Requeſtes, liquel les corrigeront, ſe il voyent que elles facent à corriger, & les ſigneront *dou ſignet*, que l'un d'eux portera, cognu au *Chancelier*, & les envoyeront au *Chancelier* toutes corrigées, & ſignées, pour ſceller. Et s'il y a aucun deffaut, il en ſeront blâmez, cil qui les auront ſignées & paſſées. Et n'aura en chaſcun Siege des Requeſtes qu'un *ſignet*, tel comme li Roys ordonnera. Et ne pourront connoitre, ne prendre connoiſſance de cauſes, ne de querelles eſpeciaument dou principal des cauſes, qui doivent eſtre demenées en *Parlement*, ou devant les *Baillis*, ou les *Seneſchaus*. Mais ſe partie ſe oppoſe contre Requeſte, à la fin que Letre de Juſtice ne ſoit donnée, il pourront bien cognoiſtre, & oir les parties à la fin ſe il donront Letres de juſtice, ou non.

(8) *Item.* Nous ordenons, que nul *Auditeur*, ou *Commiſſaire* envoyé, ou donné de la Cour de France, pour *faire enqueſte*, ne pourront mener *chevaux*, *ne meſnies*, fors tant ſeulement comme leur eſtat requiert, & comme ils en devroient mener s'il alloient pour leur propre beſoigne. Et combien que il euſſent accouſtumé à deſpendre l'argent en leur propre beſoigne, pour quatre chevaux, il ne pourront prendre que *quarante ſols* de la monoie courant au pays, au plus, & pour deux chevaux autre *vingt ſols*, & pour trois chevaux autre *trente ſols*, comment que il dépendiſſent plus, & de ſix plus de *cinquante ſols* le jour. Et ſe il de quelque condition que il ſoient *dépendoient moins, moins prendroient*. Et cil qui en metera plus, de quelque autorité que il ſoit, ſe il n'eſt *Duc*, ou *Cüens*, ou *Prelaz*, ne pourra prendre que *ſoixante ſols* de la monoye courant au pays. Et eſt à entendre que pour ce ne leur donne l'en pas congié, de prendre pour leurs dêpens, quels que ils ſoient, juſques à ladite taxation, fors tant ſeulement, ce qu'ils devront deſpendre, por raiſon, conſidereé leur condition, & la beſoigne pour quoy il vont, auſſi coume deſſus eſt dit. Et toutes les choſes deſſus dites leur commandons nous, ſur la foy, & ſerment és quiex il nous ſont tenus. Et ſe nous ſçavions que aucuns en levaſt, ou payaſt plus, avec le puniſſement que nous ferions de ceux, qui plus en recevroient, ſi leverions *Nous* de ceux qui le payeroient pour chaſcune fois qu'ils auroient payé, *60. ſols d'amende*. Et cil ſtatut auront à garder lidit Commiſſaire.

(9) *Item.* Nous deffendons eſtroitement, que nul des *Maîtres du Parlement*, ſoit Preſident, ou autres, ne empechent, ne enterrompent les beſoignes ordenées dou Parlement, & pour leurs propres beſoignes, ou autres que ils ne tiennent leurs *conſauls* en la Chambre dou Parlement, & que puiſqu'il ſeront aſſis en la Chambre, ils ne ſe tiennent pour aller parler, ou conſeiller avec autres, de quelquonque beſoigne, ſe ce n'eſtoit la beſoigne de la Court, ne ne faſſent ve-

PHILIPPE V. dit le Long, à Bourges, le 17. de Novembre 1318.

nir à eux aucunes personnes grant, ou petite, pour parler, ou conseiller à li, puisque il soiront. Et se en enchargeons nous, & commandons especialement à chascun de euls, par leur serment, se ce n'est dou congié des *Presidens*, à cette fin que les besoignes dou Parlement ne soient empeschiées.

(10) Item. Que li jour que *li Roys vendra à Paris pour oir les causes, que il aura reservées* pour oyr pardevant li, le Parlement de toutes autres querelles cessera. Et seront publiées lesquelles causes il aura reservées, en plaine Court, pour ce que nuls ne demeure, se il n'y a à faire. Cependant & si tost comme les causes *reservées au Roy*, seront delivrées, le Parlement cessera, quant aux causes qui estoient reservées devant le Roy. Et retournera l'en à delivrer les autres causes, qui estoient par la venuë du Roy, mises en suspens, non contrestant Requestes, que aucun grant homme eust à faire au Roy. Et puis emprés toutes causes delivrées, *le Parlement finira, & publiera l'en* le nouvel Parlement. Et si vieult li Roys, & ordenne, si comme dit est, jusques à tant que il, de certaine science, ayt ordoné dou contraire.

(11) Item. Li Roys enjoint à tous ceux du Parlement, soient de la *Chambre*, soient des *Enquestes*, ou soient des *Requestes*, sur leur serment, que de nulle cause qui en Parlement soit, il ne reçoivent enformations, ne paroles privées, en leurs maisons, ne ailleurs, quelque personne qui leur en veüille parler, ou enformer par Letres, ou par messages, ne autre maniere, fors seulement en Parlement, les parties plaidantes presentes, & monstrans leur droit.

(12) Item. Li Roys ordenne, que durant li Parlement, *les Mestres du Parlement, ne Clercs, ne Lays, ne soient envoyez en commission*, pour faire *enquestes* durant le Parlement. Et que continuelement il soient à la delivrance des besoignes dou Parlement, tant coume il durera.

(13) Item. Que à nul *Notaire* l'en ne fasse nulle Commission par tout l'an.

(14) Item. Que des besoignes extraordinaires l'en n'empesche pas le Parlement, mais prengne l'en des *Maistres* à part, pour conseiller, les dites besoignes extraordinaires.

(15) Item. Li Roys ne entend pas, comme le Parlement sera, au matin, de empescher ceux qui tendront le Parlement, mais se il a affaire de euls, il les mandera à autre heure, que l'en ne tendra pas les plez doudit Parlement.

(16) Item. Quand *li Roys vendra en Parlement*, que le parc soit tretous unis, & ainsi soit toute vuide la place, qui est devant son siege, si que il puisse parler secretement à ceux, que il appellera pour parler à luy.

(17) Item. Que nul ne se parte de son siege, ne ne viegne soier de lez le lict du Roy, les Chambellains exceptez, ne ne viegne conseiller à luy, se il ne l'appelle.

(18) Item. Que cil qui tendront le Parlement, ne beuvent, ne ne mangent avec les parties, qui ont à faire par devant euls, ne les dites parties avec euls, ne avec les *Avocats*, quar l'en dit pieça, *que trop grande familiarité engendre grand mal.*

(19) Item. Que cil qui *tendront le Parlement*, ne souffrent pas euls vituperer par *outrageuses paroles des Avocats*, ne des parties, car *l'honeur du Roy*, de qui ils representent la personne tenant le Parlement, ne le doit mie souffrir.

En tesmoing desquelles choses, & à plus grande fermeté de elles, le Roy *a commandé* à mettre son grand Seel en ces presentes Lettres. *Ce fust fait & ordené à Bourges le dix-septiéme jour de Novembre mil trois cens dix-huit.*

NOTES.

Comme on doute que l'Ordonnance, qui suit, ayt eû force de Loy, on a pris le parti de la mettre en note.

C'est la nouvelle Ordonnance, qui n'est pas encore publiée, touchant le Parlement.

(1) Li Rois commande à ses gens dou Parlement de quelque estat qu'ils soient, &

NOTES.

NOTES.

leur enjoint par leur serment, que il gardent diligemment l'Ordonance de son Parlement.

(2) *Item.* Il commande que les causes plaidoyées, & mises au Conseil, soient tantost conseilliés, celi mesme jour, ou l'endemain au plus tard, quar les Arrets en seront faiz plus ligierement, & plus certainement, & ainsi ne sera pas une Baillie chargiée de l'autre.

(3) *Item.* Il commande que les *interlocutoires* ligieres *à delivrer* entre quelsconques personnes, que ce soit, ne soient pas mises *au Conseil,* ains soient tantost delivrées, car ce sera grand descharge du Parlement.

(4) *Item.* Il commande que ses *Seneschaus, Baillis & Prevots* soient contraints par sa Court, à obéir diligemment au commandement du Roy & de sa Court, & que ceux qui desobéïront, ou ne se excuseront souffisament, soient, sans nul deport, si bien punis par sa Court, que les autres y preignent exemple.

(5) *Item.* Pource que le Parlement est moult empeschiez par *les enquestes,* que l'en trouve, qui ne sont pas bien faites, car il les convient mettre au nient, ou refaire, par le defaut des Commissaires, sans deffaut des parties. Il commande que il rendent aus parties les deniers que il ont eus pour leurs depens faire, especialement ceux *qui sont de son Conseil,* & connus par la Court à ce faire. Et si les parties preignent de commun accord Commissaires, ce commandement ne s'étend pas à eux.

(6) *Item.* Pour ce que le Parlement est moult empeschié pour les *Requestes, que l'en fait pardevers le Roy,* les quelles sont envoyées en Parlement. Il commande que les *Requestes,* qui ne s'y pourront delivrer par devers li, soient envoyées à son *Chancelier,* & li Chancelier pour *les delivrer,* preigne des gens dou Parlement, si comme il verra que bon sera, selon la grandeur de la condition des besoignes.

(7) *Item.* Il commande que les gages de ceux du Parlement, de tous les Auditoires, de quelque estat qu'il soient, soient payez souffisament.

(8) *Item.* Il commande que tous les *Procureurs* qui sont establis as baillies, & *ès terres qui se gouvernent par coustumes,* soient ostez, & que l'en encharge aux Baillis, que il soient bien diligent, & curieux de garder le Droit le Roy. Et devant euls, & en Parlement, & là, où li cas le requerra, à deffendre le Droit le Roy, que pardevant euls il establissent une souffisante personne à ce faire. Et en Parlement se pour le droit le Roy deffendre, il ont mestier de Conseil, la Cour leur en baudra souffisament, & leur encharge l'en bien, quar le Roy commande, & ordonne, que si deffaute y a par euls, le Roy s'en prendra à euls pour li dedommager.

(9) *Item.* Li Roys veut & ordonne, qu'il ayt en son Parlement *deux Prelats* presidens, & son Chancelier, *& deux Barons,* si comme il voudra ordonner.

(10) *Item.* Qu'il ayt en son Parlement une personne, qui ayt cure de faire avancier, & delivrer les propres causes le Roy, & que il puisse estre de son Conseil, avec ses Avocats.

(11) *Item.* Que en la Chambre des Enquestes ayt une autre personne, qui ayt cure de faire cerchier, & delivrer les Enquestes, qui touchent le Roy.

(12) Et les devant dites Ordonances li Roys veut que les deputez en son Parlement tiengnent fermement, sans corrompre, selon son estat.

(13) Et commande le Roy especialment aux *Presidens* deputez, en icel uy, qu'il les fasse tenir & garder, comme dit est.

PHILIPPE V. dit le Long, à Bourges, le 17. de Novembre 1318.

PHILIPPE V. dit le Long, à Bourges, le 17. de Novembre 1318.

(a) Letres par lesquelles le Roy declare que le subside qui luy a esté accordé par les nobles de Berry, pour la guerre de Flandres, sera sans consequence.

PHILIPPE, &c. à tous ceus qui ces presentes Letres verront, *Salut.* Nous faisons sçavoir à tous, que comme nous eussiens fait appeller, & assembler *à Bourges,* nos amez & fealz les *nobles hommes de Berry,* pour leur requerre conseil & ayde de nostre guerre de Flandre. Et li dit noble de ladite terre de Berry considerans les granz fraiz, mises, & despens, que il nous convient faire, & soustenir pour nostre dite guerre, de leur *propre volenté, & pure liberalité,* nous aient

NOTES.

(a) Ces Letres sont au Tresor des Chartes, Registre cotté au haut 58. & au bas 17. feüillet 24. *verso.*

PHILIPPE V. dit le Long, à Bourges, le 17. de Novembre 1318.

octroié & donné la *quinziéme partie* de tous les fruits, yssües, levées, & émolumenz de leurs terres, *un an*, pour avoir genz d'armes, pour la guerre devant dite, en tele maniere, que la dite *quinziéme* partie des dites levées de leur terre seroit levée & exploitiée par aucuns prudes hommes de eux meismes, les quels ils esliroient, & deputeroient à ce faire. Et soit mise, en certains lieus en despost, & gardée pour le fait de ladite guerre, en tele maniere que elle soit preste pour querir genz d'armes, au plus tard le Dimanche devant Pâques floriz prochainement venant. *Nous*, voullans que leur dite liberalité ne leur puisse, ne doie estre à euls, ne à leurs hoirs prejudicial, ne damaigeuse ou temps à venir, *Voullons, ordonnons*, & leur octroions, que nous, ne nos successeurs ne puissent dire que par cette grace, & ce service qu'il nous ont fait, & donné, aucun droit nouvel, autre que nous n'avions avant cette grace, nous soit acquis contre euls, ou temps à venir, ne que nous, ne noz successeurs, pour raison de cette grace, leur doiens demander aucun service, ou aucunes redevances, ausquels ils n'estoient tenuz à nous avant la dite grace. Et *voullons* enquores que nostre Baillif de Bourges, ne nuls de noz Prevoz, ne de noz Sergens, ne s'entremettent de les contraindre à payer ladite *quinziesme* partie, ou aucun de euls, se ce n'estoit à la requeste de euls, ou de ceuls, que il auroient deputé. Et encores *volons* que par les diz nobles, ou par ceuls que il y mettront, & ordeneront, soient pris gens d'armes, gentils hommes, Chevalliers, ou Escuyers, du pays ou d'ailleurs, selonc ce que il leur semblera bon. Et se ensi estoit que nous ne eussions guerre, quant que on auroit levé leur seroit rendu, à chascun selonc ce que il auroit payé. Et est assavoir que ceuls qui auront payé la dite quinziéme partie des levées de lor terre de un an, nous ne devrons contraindre de nous faire autre service de guerre, & n'y seront tenu, se ce n'estoit de leur volenté propre. En tesmoing de la quelle chose, nous avons fait mettre en ces presentes Letres nostre Scel. *Donné à Bourges le 17. jour de Novembre, l'an de grace mil ccc. & XVIII.*

PHILIPPE V. dit le Long, à Nostre-Dame des Champs, le 25. Fevrier 1318.

(a) Ordonance touchant la Gabelle du Sel, les Emprunts, les Sergens, les Prises, &c.

SOMMAIRES.

(1) La gabelle du Sel, & les impositions de quatre deniers pour livre ne seront point perpetuelles, ni incorporées au Domaine du Roy. On prendra conseil pour les abatre, & supprimer en mesme temps les Prevostez foraines pour les bailler en garde.

(2) Personne ne sera contraint de faire prest au Roy, à la Reyne, ni au Prince leur fils.

(3) Les Sergens seront remis au nombre ancien, suivant les anciennes Ordonnances, &c.

(4) Nulles personnes, Princes, Barons, Mareschaux, Conestables, Admiraux, Maîtres des Comptes, ou de l'Hôtel du Roy & de la Reyne ne pourront user de prises, soit de chevaux, de charettes, de bleds, d'avoines, ni de vivres, mais ils payeront les choses dont ils auront besoin argent comptant.

(5) Les prises de chevaux, de harnois & de charettes sont pareillement deffenduës, si ce n'est pour la necessité de l'Hôtel du Roy, & de la Reyne, & en vertu de Lettres signées du Scel du Roy.

(6) Les Maistres des Requestes ne pourront faire ajourner personne pardevant eux, si ce n'est pour Office donné par le Roy, pour lequel il y ait contestation entre les parties, ou pour actions personelles intentées contre des Commansiaux.

(7) Les Maistres des Requestes ne connoîstront que des actions personelles des Commanseaux.

(8) Les Lettres de respit & d'Estat ne seront plus données, que par le Roy, ou ses Lieutenans. Et personne ne s'en pourra servir si elle n'est personellement à la guerre, ou malade, &c.

(9) Nulle amende ne sera taxée par les Maistres d'Hôtel, si ce n'est en la presence du Roy.

(10) Les Maistres des Eaux & Forests n'auront nuls Lieutenans, & connoistront en personne des delicts commis aux Eaux & Forests, &c.

(11) Les Baillis, Seneschaux & Prevots

ou leurs Lieutenans ne feront faire enqueftes que par bons Commiffaires, &c.

(12) Les Commiffaires donnez par la Cour ne pourront prendre que 40. fols Parifis en pays de Parifis, & 40. fols tournois en pays de tournois.

(13) Les Officiers nouveaux créez pour l'examen des témoins, font fupprimez, & cet examen fera à l'avenir confié à des perfonnes fuffifantes.

(14) Les Commiffaires deputez fur le fait d'ufure, de tranfgreffion aux Ordonances des Monoyes faites hors le Royaume font revoquez, &c.

PHILIPPE V. dit le Long, à Noftre-Dame des Champs, le 25. Fevrier 1318.

PHILIPPES par la grace de Dieu Roy de France, à tous ceux qui ces prefentes Letres verront, *Salut*. Comme pour ce qu'à noftre cognoiffance eftoit venu que la gabelle *du Sel,* & les impofitions de *quatre deniers pour livre* eftoient moult deplaifantes à noftre peuple, & que tant par icelles, comme par les *Prevoftz, fermiers, & les exceffifs nombres des Sergens,* & les *Commiffaires* envoyez par noftre Royaume fus plufieurs cas, noftre dit peuple fe tenoit moult aggravé, nous euffions fait appeller devant nous, au jour de la fefte Noftre-Dame de Chandeleur dernier paffé, les *Prelaz, Barons, Chapitres & bonnes Villes* de noftre Royaume, pour pourvoir par leur bon confeil, fur les diz griefs, au plaifir, & profit commun de noftre peuple, auquel jour nous feifmes dire & expofer noftre intention en noftre prefence, fur la quelle eüe deliberation, par aucuns jours, ils nous ont fait refponfe bonne & graticufe.

Sçavoir faifons, que nous confiderans la bonne volonté, & la grand affection que ils ont eû à nous, au temps paffé, & encores ont, & les travaux que ils ont fouftenuz, fpecialement au fait de nos guerres, *defirans* noftre Royaume, mettre & tenir en bon eftat, au plaifir de nos fubjets, *avons ordonné* fur les chofes deffus dites, & fur plufieurs autres qui font venües à noftre cognoiffance, des quelles noftre penfée fe tenoit aggravée, en la maniere qui s'enfuit.

Premierement. Sur ce qu'ils doubtoient, que *la Gabelle du Sel,* & les *impofitions* fuffent incorporées en noftre domaine, & qu'elles duraffent à perpetuité, Nous leur feifmes dire, & declarer que noftre intention n'eftoit pas que les dites *gabelles* & impofitions duraffent à toufjours, & qu'elles fuffent mifes en *nôtre domaine*. ainçois pour la deplaifance qu'elles font à noftre peuple, *voudrions-nous* que par bon confeil, & advis, bonne voye & convenable fuft trouvée par laquelle l'en mift bonne provifion fur le fait de noftre guerre, & les dites *gabelles & impofitions fuffent abatües* à toufjours, & parmy ladite voye tous *Prevots fermiers fuffent oftez, & les Prevoftez* d'icy en avant fuffent baillées *en garde,* à bonnes perfonnes & fuffifantes.

(2) Item. Nous voullons & ordonnons que tous *emprunts* de nous, & de noftre tres chiere compaigne *la Royne,* de noftre tres cher *fils le Duc de Normandie, ceffent* dés maintenant, & qu'aucuns ne foient par aucune maniere contrains de faire prets, fe ce n'eft de leur bon gré & volonté, fans contrainte.

(3) Item. Des Sergents & Sergenteries, nous *voulons & ordenons* qu'ils foient tous ramenez à l'eftat & au nombre ancien, felon les Ordonances autrefois faites fur ce. Et nos Senefchaus & Baillis faffent venir, en leur prefence tous leurs Sergenz de nos dites Senefchaucies & Baillages, & par le confeil *de dix, ou douze des plus fuffifans du pays, tant d'Eglife, comme Nobles & Bourgeois,* ils fachent & enquierent quel nombre de Sergens il y avoit en leurs Senefchauciés, & Baillages au temps paffé, & audit nombre les reftraignent, finon qu'ils, & les dites bonnes gens de confeil, voyent qu'il foit tres grand neceffité de plus, & que par le confeil des dites bonnes gens, ils en laiffent & eflifent des plus fuffifans tant, & en tel nombre, comme bon leur fembiera, en oftant les autres tout à plain

NOTES.

(a) Cette Ordonance eft dans un Reciieil d'Ordonances *in folio* imprimée chez Petit feüillet 3. où elle eft mal attribuée à Philippes le Bel, on ne l'a trouvée dans aucun Regiftre manufcrit, quelque recherche qu'on y ait faite.

PHILIPPE V. dit le Long, à Nostre-Dame des Champs, le 25. Fevrier 1318.

des dits Offices. Et *voullons* & *deffendons* que tous les Sergenz quels qu'ils soient, n'ayent puissance de Sergenter en Seneschaussée, ou Baillage generalement, mais *voullons* qu'ils ayent puissance chascun singulierement de Sergenter *par Prevostez & Chastellenies*, selon ce que à nos Seneschaus, & Baillis semblera bon à faire, par le conseil des sages du pays. Et si par avanture nous avons donné, & donnons aucunes Letres au contraire, nous *les rappellons* dés maintenant, & mettons tout au neant. Et au cas qu'aucuns d'iceux à qui Nous aurions donné les dites sergenteries, ne voudroient, ou pourroient en leurs personnes faire leurs Offices, & ils auroient puissance, *Nous voullons* qu'aucun substitué ne soit pris, ou reçû, si ce n'est par le conseil de dix ou douze des plus suffisans du Pays. Si comme dessus est dit, & que celuy qui sera substitué donne toute, & telle caution, & si grande pardevant les Seneschaux, & Baillis, à qui il appartiendra, comme s'il estoit tenu pour Sergent, non obstant qu'en nos Letres soit contenu, que ceuls qui les establiront, ayent donné caution par devers nous, ou aucuns de nos gens, & soient tenus d'obéyr aux Seneschauls, & Baillis en toutes choses, ou sinon les Seneschaux & Baillis les osteront dou tout.

(4) *Item.* Quant aux *prises de chevaux, & charettes, & de chevaux pour chevaucher, & des prinses de bleds, & des avoines & autres grains, & des vins, & des bestes, & de tous autres vivres*, pour les quelles prinses, nostre peuple s'est pardevers nous dolu griefvement, & exposé plusieurs inconveniens, qui de ce peuvent ensuivir, *Nous avons ordonné, & ordonnons* en cette maniere, que nulz soient de nostre lignage, ou autres soient nostre *Lieutenant, ou Conneslable, Mareschaux ou Admiraux, Maistres de nos Comptes, de nostre Hostel, des Requestes d'iceluy*, ou de quelsconques de nos Estats, ou *Officiers, Princes, Barons, ne Chevaliers* fassent aucunes prinses en nostre Royaume, des choses dessus dites. Et *voullons & ordonnons & leurs deffendons*, qu'aucuns ne leur soient obéissans, en ce cas, *s'ils ne payent deniers comptans*, au prix que les choses vauldront, par commun cours, & qu'elles seront exposées en vente. Et si aucun s'efforce de faire contre leur volunté aucune prinse, *Nous voullons* que l'on n'y soit tenu d'obéïr, ainçois *voullons* que les preneurs *soient prins par la justice* des lieux, où ils feront les dites prinses. Et *Commandons* à tous justiciers par la teneur de ces presentes Letres, qu'ils les prennent, & mettent en prison, sans les rendre, si ce n'est par nos Letres, passées par nous, & signées par Secretaire, sans relation d'autruy. Et quant à ce *voullons & ordennons, que chascun ayt autorité de faire Office de Sergent*, pour les prendre & mettre en prison, sans encourir en aucune maniere nostre offence. Et quant aux *prinses de chevaux pour chevaucher*, nous les deffendons, sur les peines dessus dites, & aussi les *deffendons*, à tous les chevaucheurs, & preneurs, si ce n'estoit au cas que nous envoyerions nos chevaucheurs, pour nos propres besoignes, & qu'ils n'en pussent trouver nuls à loüer, au quel cas nous *voullons* qu'ils n'en puissent prendre de leur autorité, mais par la justice des lieux, où les chevaux seront.

(5) *Item.* Toutes prinses de chevaux de harnois, de charettes nous deffendons generalement à tous, si ce n'est pour la necessité de nostre Hostel, celuy de nostre chere compagne la Royne, & de nos enfans, auquel cas nous voullons que ceux qui les prendront ayent commission de prendre, par Letres signées de nostre Seel, & signées par Secretaires sans relation d'autruy, & autrement que nuls n'obéissent à eux.

(6) *Item.* Comme plusieurs de nos subjets se soient doluz de ce qu'ils sont souvent travaillez, par devant les *Maistres de noz Requestes* Nous *ordonnons* que les dits Maistres des Requestes de nostre Hostel n'ayent povoir de nul faire adjourner pardevant euls, n'en tenir Court, ne connoissance, *si ce n'est pour cause d'aucun office de nous donné*, du quel il soit debat entre parties, ou que l'on feist aucunes demandes pures personelles contre aucun de nostre Hostel.

(7) *Item.* Et par telle maniere *ordonnons*, que les Maistres de nostre Hostel, & de

& de nostre dite Compagne, & de nos dits enfans, n'ayent aucune cognoissance de cause, si ce n'est des personnes de nostre Hostel, au cas où l'on leur feroit aucunes demandes pures personelles.

PHILIPPE V, dit le Long, à Nostre-Dame des Champs, le 25. Fevrier 1318.

(8) Item. Pour les *Letres des respits, & estats,* que nous donnons, & de plusieurs autres au nom de nous, mesmement en faveur de ceuls qui dient qu'ils vont, ou veullent aller en nos guerres, plusieurs grands pertes & dommages viennent de jour en jour aux bons marchands de nostre Royaume, dont nous desplait, *Nous voullons & ordenons,* que d'ores-en-avant, *nul ne donne telles Letres d'Estat,* si ce n'est par *nous,* ou par nos *Lieutenans.* Et si par avanture aucuns autres de nos gens, ou Officiers les donnent, *Nous voullons & ordenons,* que nul ne soit tenu de obéyr. Et avec ce *voullons* que ceux à qui nous, ou nos Lieutenans auront donné les dites Letres d'Estat, que d'icelles ne se puissent ayder, ne porter aucun profit, s'ils n'estoient en leurs personnes en nos dites guerres, ou par maladie, ou impotence de leur corps, ils estoient excusez, & qu'ils y eussent suffisamment envoyé selon leur estat.

(9) Item. Pour ce que plusieurs se deulent *des Maistres de nostre Hostel,* de ce qu'ils *taxent plusieurs amendes* excessivement, & en prennent grands profiz. *Nous ordonnons* que nulle amende ne soit taxée par euls, si ce n'est en *nostre presense,* quand nous avons nos Requestes.

(10) Item. Pour ce que nous avons eu plusieurs plaintes de nos *Maistres des Eauës & Forez,* & de leurs *Lieutenans. Nous ordonnons* que d'icy en avant ils n'ayent nuls *Lieutenans,* & qu'en leurs personnes ils cognoissent des excez & deliz commis en nos Eauës & Forez seulement. Et au cas qu'ils feront adjourner aucun pardevant eux, *nous voullons* que ce soit à certain jour, & en certain lieu, & en la Chastellenie dont l'adjourné sera, où là où il auroit meffait. *Et aussi voullons* que les uns d'eux soient en un pays, pour entendre en leur Office, & les autres jouxte l'Ordonnance que nous ferons seur ce.

(11) Item. Nous avons entendu que noz Mareschaux, Baillifs, Prevots, & leurs Lieutenans és causes qui pendent pardevant eux, ils retiennent aucune fois par devers eux, *l'audition & examination des tesmoins,* & aucunes fois *les commettent à leurs Clercs,* & à leurs affins, dont plusieurs domages s'en ensuivent, *Nous voullons & ordonnons que* d'icy en avant, aucuns de nos Seneschaux, Baillis, ou Prevots, ou leurs Lieutenans, ne fassent faire enqueste, si ce n'est par *bons Commissaires* & souffisans, & si nous avons donné, & donnons aucunes Lettres, au contraire *nous voullons* qu'elles soient nulles, & de nulle valeur. Et pour ce qu'aucune fois, en nostre Parlement viennent querelles qui sont de peu de chose, & aucunes fois des *gens de petit estat,* il nous *plaist & voullons,* qu'au cas que les parties seront d'accord en nostre Parlement de *prendre Commissaires* en leur pays, qu'il leur soit octroié, afin que chascun puisse poursuivre sa cause à moins de fraiz, & de coutz, & que par defaut de poursuite ne laissent à poursuivre leur droit.

(12) Item. Ordonnons que nul *Commissaire* donné par la Cour de Parlement, ne puisse prendre outre *quarante sols* parisis par jour au pays de parisis, & quarante sols tournois au pays de tournois.

(13) Item. Pour ce que l'on a fait depuis peu de temps *Officiers* nouveaux *pour examiner tesmoings,* nous *voullons* que tels Officiers soient ostez, & l'examination commise à bonne personne & suffisante, ou à ceux qui seront eslus du consentement des parties, si comme dessus est dit.

(14) Item. Tous *Commissaires* donnez sur le fait *d'usure,* sur la *transgression des Ordonnances* de nos Monoyes faites hors de nostre Royaume, & sur autres cas semblables, nous *rappellons dés maintenant,* & ne *voullons* qu'il leur soit en rien obéy, pour pourveoir à Letres, qu'ils ayent sur ledit cas, ou aucun d'iceux.

Si *donnons* en Mandement à tous les Justitiers de nostre Royaume & à leurs *Lieutenans,* que nos dites Ordonnances, & chascunes d'icelles en la forme & maniere que cy-dessus sont exprimées, fassent garder, tiennent & accomplissent, &

fassent tenir, garder & accomplir, chascun en droit soy, si comme à luy appartiendra, & y obéïssent, sans autre Mandement attendre. Et que nul ne soit si hardy d'icelles enfraindre, sur tant qu'il peut meffaire envers nous. En tesmoing de laquelle chose nous avons fait mettre nostre Scel à ces presentes.

Donné à Nostre-Dame des Champs lés Paris, le vingt-cinquiéme jour de Fevrier, l'an mil trois cens dix-huict.

PHILIPPE V. dit le Long, au mois de Fevrier 1318.

(a) Ordonance touchant les Juifs.

SOMMAIRES.

(1) Nul Juif, à compter de la Purification, ne prestera à aucun Chrestien qui pourra vivre du travail de ses mains. Les prests qu'ils feront, ne seront que pour un an, & la livre ne produira d'interest, que deux deniers par semaine.

(2) Nul Juif ne prestera à des Moines, ni à des Chanoines reguliers, à moins qu'ils n'ayent le consentement de leur Abbé & de leur Chapitre, par des Letres Patentes, ni à des Relligieus, sans la permission de leur Superieur.

(3) Nul Juif ne prendra en gage des ornemens d'Eglise, des vestemens sanglans ou moüillés, des fers de charüe, & du bled non venné.

(4) Si le prest est fait à un Bourgeois, un Marchand, un Chevalier, le debiteur donnera en assiete au Juif quelque heritage, ou quelque rente dont le Juif joüira par ses mains, & si le debiteur fait violence au Juif pour raison de l'assignat, l'usure aura son cours pendant la violence, &c.

(5) Lors qu'en Normandie les Juifs auront contestation pour les sommes, qui leur seront dües, & pour leur assignat, ils en auront le recort pardevant le Bailly, aux assises, ou pardevant le Bailly & dix Chevaliers, & ils feront registrer leurs dettes, & leur assignat. Mais si l'assignat ayant esté fait, en l'absence du Bailly, le debiteur refuse de comparoir, aprés que le Juif aura fait preuve par témoins Chrestiens, le Bailly contraindra le debiteur & son garand au record, &c.

(6) Si un Chevalier, ou quelqu'autre donne en gage son cheval, ses habits, ou quelqu'autres meubles, les Juifs les pourront prendre.

(7) A l'égard des dettes contractées avant la Purification, les debiteurs & leurs cautions ne pourront estre contraints de vendre leurs heritages, ou leurs Rentes, ni estre pris au corps, mais les Juifs joüiront des deux tiers des heritages, tant des debiteurs que des cautions, & les cautions & les debiteurs vivront de l'autre tiers.

(8) Tous les debiteurs, qui n'ont ni heritages ni meubles, & qui ne vivent que du travail de leurs mains, auront un respit de trois années, en donnant chaque année seûreté pour un tiers de leurs dettes.

(1) NULLUS *Judeus, ab octabâ Purificationis beate Marie in-antea,* mutuo tradet, *alicui* Christiano, *qui propriis manibus laboret, sicuti agricola, sutor, carpentarius & hujus modi, qui non habent* hereditates, *vel* mobilia, *unde possint sustentari, nisi laborent propriis manibus, nec debitum curret ultra annum a mutuo facto. Et* libra *non lucrabitur per* hebdomadam, *nisi tantum* duos denarios.

(2) Item. *Nullus Judeus mutuo tradet monacho vel canonico regulari, nisi de assensu Abbatis & Capituli sui, per suas literas patentes, nec alicui religioso, sine (b) assensu Capitanei sui, cum literis suis patentibus.*

(3) Item. *Nullus Judeus accipiet in* vadium *ornamenta Ecclesie aut (c) vesti-*

NOTES.

(a) Cette Ordonance est en la Chambre des Comptes de Paris, au feüillet 185. du Registre *Noster*, où l'on y a mis pour Titre, *Ordinatio facta a Rege, anno 1318. pro Judæis potestatis suæ.* Vide *Tiberium Decianum* in Prattica lib. 5. cap. 10.

(b) Assensu Capitanei.] Capitaneus est icy le Superieur, le Chef, comme il se voit par les paroles *d'Iperius* dans la chronique de S.t Bertin, publiée par Dom Martene. *Duas etiam imagines* ligneas auro & argento super fabrifactas, in Ecclesia, juxta Capitaneam *crucem* statuit, *& omnia decoravit.*

(c) Vestimentum sanguinolentum.] Voyez l'Ordonance de Philippes le Bel du mois de Fevrier 1218. article 4. & la Loy *Sancimus* 21. Cod. *De Sacrosanctis Ecclesiis.*

mentum sanguinolentum, aut madidum, aut ferrum carruce, aut alia carrucæ, aut bladum non ventilatum.

PHILIPPE V. dit le Long, au mois de Fevrier 1318.

(4) Item. *Si alius Judeus* Militi, Burgensi, *aut* Mercatori *mutuo pecuniam tradiderit, pro debito suo, accipiet assignamentum a debitore* heredii, tenementi, *vel* redditus, *per assensum Domini de quo debitor tenet. Et si debitor violentiam fecerit* de assignamento, *usura curret quamdiu durabit violentia, propter clamorem Judei, & ille qui violentiam fecerit, Domino regi* emendabit. *Et ex quo factum fuerit* assignamentum, *non curret debitum, nisi facta fuerit violentia, ut dictum est.*

(5) Item. *Judei Normanie coram Ballivo, sive in assisiâ publica habent (d)* recordationem, *vel coram Ballivio,* presentibus decem militibus *habebunt* recordationem *debitorum, de summis debitis, & de* assignamento, *ut ibi inrotulentur, tàm debita quàm assignamenta. Si verò* absente Ballivo *factum fuerit assignamentum & debitor noluerit venire coram Ballivo, &* decem Militibus, *vel in assisiâ, sicut dictum est, si Judeus id probaverit, per testes legitimos Christianos, Ballivus compellet* debitorem, & garentum *nominatos coram se, & decem Militibus, vel in assissiâ ad* faciendam recordationem & in rotulationem, *tam debiti quam assignamenti.*

(6) *Si miles, vel alius quicumque fuerit, voluerit in vadio ponere, equum suum, vel vestimenta aut alias res mobiles, Judeo licebit accipere, sed Dominus Rex super hoc se non intromittet.*

(7) *De debitis mutuatis,* ante Purificationem, *non compellatur debitor, aut ejus plegius vendere* hereditatem suam, aut redditus suos, *nec propter hoc* capientur corpora, *eorum, sed assignabuntur Judeo* due partes hereditatum, *aut* reddituum, *tàm debitoris quàm plegii, &* de tertiâ parte *vivent. Nec propter hoc capientur, animalia, carruce debitoris, aut culcitre, aut alia utensilia domus sue.*

(8) *Omnes debitores, tàm* Francie, *quàm* Normanie, *qui non habent* hereditates, *vel* mobilia *unde possint sustentari, nisi laborent propriis manibus, habent* respectum trium annorum *ad solvendum debita sua, faciendo* securitatem *de quolibet tertio singulis annis reddendo.*

NOTES.

(d) Recordationem.] Touchant les recordś. Voyez les chapitres 102. 103. 104. 105. & 106. de l'ancienne Coûtume de Normandie.

PHILIPPE V. dit le Long, en l'Abbaye de Joüy, prés Provins, le Mardy devant Pasques 1318.

(a) Ordonance touchant les Eauës & Forests, les Gruiers & les Sergens des Eauës & Forests de Champagne.

SOMMAIRES.

(1) Les gruiers auront inspection sur les eauës, & les viviers.

(2) Les gruiers ne delivreront aucuns poissons, que les viviers du Roy & ses eauës ne soient publiées.

(3) Quant les Sergens des Bois auront compté de leurs prises, les gruiers en feront les escroës.

(4) Nul Sergent de Bois ne fera aucune marchandise.

(5) Les gruiers ne feront nulles ventes, sans estre mesurées.

PHILIPPE par la grace de Dieu Roys de France & de Navarre, à tous ceus qui ces presentes Letres voiront, *Salut.* Sçavoir faisons que pour le bon gouvernement, & le bon estat de nos Forez de Champaigne, *nous avons ordené* ce qui s'ensuit.

Premierement. Que li *gruier* gouverneront les *eaües,* & les *viviers,* en la maniere qu'il souloient faire.

NOTES.

(a) Cette Ordonance est au Tresor des Chartes, Registre cotté 55. & 18. pour les années 1317. 18. 19. piece 145. feüillet 68.

PHILIPPE V. dit le Long, en l'Abbaye de Joüy, prés Provins, le Mardy devant Pâques 1318.

(2) Item. que pour Don, ne pour Mandement, que nous faciens, il ne delivreront, ne bailleront, à quelques personnes que ce soit, *nuls de nos poissons*, jusques à tant que touz nos *viviers*, & nos eaües seront à plein *publiez*.

(3) Item. Quand *li Serjant des bois* auront compté de leur prises, & des exploits des Forez, *li gruier* leur feront escroës de leur compte, sous leurs Sceaux.

(4) Item. Nuls *Serjans des bois* ne marchandera de nulle *marchandise*, quelle qu'elle soit *de bois*, ou d'autre, sous peine de perdre son service.

(5) Item. Li dit gruier ne vendront, ne feront nulles ventes, devant que elles soient mesurées.

Si *mandons & commandons* aus diz gruiers qui ores sont, ou qui pour le temps seront, que nostre dite Ordenance il tiengnent & gardent & fassent tenir & garder fermement, senz faire venir, ne venir de riens à l'encontre. En tesmoing de la quelle chose, nous avons fait mettre nostre Scel en ces presentes Lettres. *Donné en l'Abbaye de Joy de lez Provins. Le mardy devant Pasques les granz, Mil trois cens & dix-huict.*

PHILIPPE V. dit le Long, à Asniere, le 2. Juin 1319.

(a) Ordonance touchant les Forests.

SOMMAIRES.

(1) Le Roy à l'avenir ne fera plus de dons d'argent, ou de merrain à prendre sur les ventes de ses Forests, en sorte que tout l'émolument en sera pour Sa Majesté.

(2) Les Maîtres feront faire livrée d'une certaine quantité d'arpens des Forests du Roy, sur les quels les dons par luy faits seront pris. En faisant les livrées, ils auront égard à la differente valeur des differents arpens, & les Verdiers ou Maîtres Sergens, qui auront reçû les livrées à Compte, en rendront compte chacun an aux Maîtres des Forests, &c.

(3) Les Maîtres qui feront faire les livrées, vendront aux encheres les bois des routes qu'ils feront faire, & ils compteront de ce qui en proviendra, aux Seneschaus & Receveurs, au profit du Roy, &c.

(4) De toutes les ventes qui seront faites, les marchands par chaque quarante sols, donneront une livre de cire pour les Hôtels du Roy & de la Reyne.

(5) Quand le Roy fera don de bois pour bastir, ou pour brûler, ce sera sur les livrées. Le prix en sera marqué par les Letres de Don. Et si le bois donné n'est pas bon à bastir, il sera employé à brûler.

(6) Le Chancelier ne scellera aucunes Letres, où il y ayt non contrestant les presentes Ordonances.

(7) Les Letres de Don de bois seront envoyées en la Chambre des Comptes, où le nom de ceux à qui le don aura esté fait, sera registré, & avant que de recevoir leurs Letres ils jureront qu'ils feront couper à leurs cousts, travailler & charger les bois donnez.

(8) Les Verdiers, ou Maîtres Sergens jureront qu'ils ne souffriront pas que ceux qui auront des dons de bois, les vendent, les donnent, les eschangent, &c.

(9) Les Letres de don de bois n'auront effect que pour une année, aprés laquelle elles seront nulles.

(10) Les Maîtres des Forests feront jurer les Marchands, qu'ils n'acheteront ni feront acheter de personne les bois donnez par le Roy.

(11) Si le Roy fait à quelques personnes dans ses Forests, don d'usage, ou à vie ou à heritage, ces personnes en joüiront conformement à leurs Letres, sous peine d'amende, & d'estre privez du don.

(12) Les Maîtres des Forests jureront qu'ils feront garder les presentes Ordonances.

(13) Les Maîtres & les Mesureurs ne seront plus payez de leurs gages, sur ce qui proviendra des routes, mais sur leurs quittances, ils les recevront des marchands ausquels il en sera tenu compte.

(14) On ne fera plus de ventes de bois extraordinaires, ni à deniers secs.

(15) Nulle beste n'ira au taillis, jusques à ce que le bois se puisse deffendre.

(16) Les Sergens des Forests seront crûs à leur serment des prises qu'ils feront, où il y aura amende pecuniaire.

(17) Les Sergens des Forests ne répondront pour le fait des Forests, que pardevant les Maistres & les Gruiers, ou Maistres Sergens.

(18) Les poissons des Estangs du Roy seront vendus à prix d'argent.

(19) Les Sergens des Forests pourront prendre les malfaiteurs qu'ils trouveront saisis des bois, ou des bêtes qu'ils auront volez, en quelques lieux qu'ils les trouvent, &c.

PHILIPPE V. dit le Long, à Asniere, le 2. Juin 1319.

PHILIPPE par la grace de Dieu Roy de France & de Navarre, à nos amez les Maistres de nos Forés, *Salut & dilection*. Savoir vous faisons, que pour le grant profit de nous, & de nostre Royaume, de tous les marchans de noz Forés, & pour eschiver les fraudes & les malices de moult de genz, qui nous ont demandé, ou pourroient demander pour les temps à venir, bois pour edifier, ou pour ardoir, Nous eüe deliberation, avec *nostre grant Conseil*, avonz faites les Ordenances qui s'en suient.

Premierement. Pour ce que nous avonz donné si grant quantité d'argent & de merrien sus les ventes de noz Forés, que le pris des ventes, & les émolumens d'icelles sont si tournez en ces dons, que les ventes des Forés sont aussi comme de nulle valüe, *Nous avonz ordené*, que nous ne donrronz plus *d'argent*, ne *merrien* sus nos ventes, ne en nos ventes, & tournera tout le pris & l'émolument d'icelles devers nous.

(2) Item. Les Maistres des Forés feront faire livrée, és Forés où nouz donrrons continuellement bois, d'une quantité des arpenz, tele comme il verront que bon sera à faire, selon la quantité & l'estat de la Forest, où *noz donz* seront livrés. Et pour ce que *les Verdiers, ou Maistres Sergenz des Forez* font aucune foiz, ou ont fait en temps passé, moult de fraudes *es diz dons*, en delivrant à aucuns bois de gregneur valüe, que il ne devoient, pour les grant donz & remunerations, que il en avoient, & as autres bois de mendre valüe que il ne deussent, combien que nous fussonz plus tenuz par moult de justes causes à iceulz que à autres. *Ordené est* que quant les livrées seront faites, en la maniere dessus dite, es lieus des Forés, où il sera avis aux maistres d'icelles, que nostre mendre demage, & des Marchanz des Forés y pourra estre, les diz Maistres, ou cellui d'iceulz qui la fera faire, par le resgart de bonnes genz qui se cognoissent en ce, resgardera en icelle livrée, selont le nombre des arpenz qui sera contenu, qu'aucuns arpens il y aura du gregneur pris, qu'aucuns du moiens, qu'aucuns du mendre, & les fera *(b) Laier & mesurer. Et einsi les bailleront les diz Maistres des Forés, ou celui d'iceulz, qui la dite livrée fera faire, par compte, par nombre, par pris, aux verdiers, ou aux Maistres Sergenz des dites Forés, ou les autres livrées seront faites, en la maniere dessus dite*. Et seront tenuz lediz *verdiers, ou Sergenz* de rendre compte des dites livrées, chacun an, en sa garde, auz diz Maistres des Forés, comme, & à qui, & par quel commandement il aura livré, & despendu la dite livrée, avant que autre nouvele livrée soit faite en la dite Forest. Et seront tenuz les dis Maistres & chacunz par soi qui recevront les diz comptes des diz Verdiers, ou Sergenz à porter & baillier les diz Comptes en la Chambre des Comptes à Paris, Et pour ce que les Forés *de Vernon*, de *Andely*, du *Trait*, de *la Haye*, *d'Arches*, de *Saint Germain en Laye*, de *Queruelle*, de *Halate*, & de *Wisines* sont si petites & si foulées que il ne peuent donz soufrir, il est ordené, que l'en ni fera nuls douz.

(3) Item. Il est ordené, que les diz Maistres des Forés, qui feront faire les dites livrées en la maniere dessus dite, *vendront à enchiere & à terme souffisant, les bois des Routes que il feront faire*, és dites livrées, en la maniere dessus dite, & bailleront le pris de la vendüe du bois des dites Routes aus *Seneschaus*, ou *Receveurs*, pour compter en, & tourner au profit du Roy. Et pour ce que il font faire despens, ou mises, à faire les dites Routes, les Marchans qui acheteront les dites *Routes*, paieront iceubz despenz, ou mises au commandement des Maistres

NOTES.

(a) Cette Ordonance est en la Chambre des Comptes de Paris, Registre *Pater* fol. 58. Voyez De Saint Yon dans son recüeil livre premier tit. 28. page 344. Elle a esté confirmée le 17. May 1320. avec quelques changemens.

(b) Laier.] C'est faire dans les bois taillis de petits chemins droits, afin qu'on puisse poser des fiches ou piquets, pour mesurer. Voyez S.t Yon, page 308.

PHILIPPE V. dit le Long, à Asniere, le 2. Juin 1319.

des Forés, duquel paiement il prendront les lettres des diz Maistres, ou de celuy, qui fera la dite livrée, par les queles lettres les Seneschaus, Baillis ou Receveurs feront tenuz à rabatre auz diz Marcheanz ce que il auront baillié par le commandement dessus dit. Et se les diz Maistres n'y povoient estre, pour aucuns empeschemens, ou que elles ne peussent estre venduës, eulz estanz au lieu, que li *Mesurieres*, ou li *Verdier* des lieus les puissent vendre, & faire paier les despenz faiz sus ce, en la maniere dessusdite.

(4) Item. Ordené est, que *de toutes les ventes*, que les Maistres vendront, *les Marcheans* paieront de *quarante souls une livre de cire,* & leur sera mis en convent au marchié faire. Et tournera toute la dite cire par devers *Nouz,* & par devers *la Royne*, pour la garnison de nos hostieux.

(5) Item. Ordené est, quant nous voudronz donner *boiz pour édifier,* ou pour *ardoir,* nous le donrrons à prendre és livrées qui feront faittes, en la maniere dessus dite. Et sera faite mention en nostre lettre, de *quel pris* nouz voudronz que l'en livre à cellui *à qui le don sera fait*, du *gregneur* pris, du *moien,* ou du *mendre,* selonc la condition & l'estat des personnes à qui nouz voudronz donner, soit pour *édifier,* ou pour *ardoir,* Et se il estoit einsi, que celui à qui nous aurions fait don de bois, pour *édifier,* veist que il ne fust pas bon tout pour édifier, il pourra faire *buche* pour son *ardoir,* de cellui qui ne sera pas bon pour édifier.

(6) Item. Il est, & sera enjoint de par nous à nostre *Chancelier,* qui ores est, & qui par le temps à venir sera, que par son *ferment*, & par la loiaulté que il nous doit, il ne *face sceller nulles lettres*, és queles il soit contenu *non contrestant les dites Ordenances*. Et que les diz Maistres des Forés, ou aucun d'iceulz, ou autre quelconques il soit, face, ou doie faire aucune chose qui soit, ou doie estre contre ces presentes Ordenances, ou aucunes d'icelles.

(7) Item. Celui qui rent ou rendra les *lettres de la Chancelerie,* sera tenuz par son serement, à envoier toutes les lettres de *dons* & *de bois* en *la Chambre des Comptes. Et deputeront les Maistres de la dite Chambre, un des Clers,* qui les recevra & enregistrera devers eulz, yceulz à qui nouz auronz *donné,* en la maniere de sus dite (&) iront en leur propres personnes en la dite Chambre, querre leur dites lettres, & jurront sus Saintes Evangiles devant celui qui les rendra, que il feront couper, menouvrer & chargier à leur propres coux, le bois donné, & que il le mettront tout sanz fraude, & sanz rien vendre, ne donner, à l'euvre, pourquoi nous leur aurons donné. Et se il avient que nouz donnons bois à *Abbayes, Chapitres, à Communautés de Villes, à Eglise Parochial, à freres Prescheurs, & Meneurs,* ou à tele maniere de gent, ou de Religion qui de necessité se gouvernent par *Procureur,* ou par *Sindiques,* les dis Procureur, ou Sindiques fondez souffisament sus ce, vendront faire en propre persone le serment que dessus est dit, avant que il aient leur lettres.

(8) Item. Les *Verdiers, & les Maistres Sergenz* des Forés, qui ore sont, feront tenuz à jurer aus Maistres des Forés, que il ne soufferront, que nuls de ceulz à qui nous donrrons bois, si comme dit est, en puissent vendre, donner, ne permuer aucune chose du bois qui à li sera donné, ne convertir que à tel usage comme nous li aurons donné, si comme dessus est dit, Et se les diz *Verdiers ou Maistres Sergenz* le soufrent à faire, il feront en amende volentaire *& si perdront leur services*, Et quant il avendra que nous dourronz aucune *Verderie ou Maistre Sergenterie,* à aucuns Sergenz, *icelui jurra* devant cellui qui rendra les lettres, en propre personne *que il tendra les Ordenances* devant dites de point en point en la maniere, & à la peine dessus dite.

(9) Item. Ordené est, que se nous donnonz bois à aucun, si comme dit est, & cellui à qui il sera donné *ne le prent & lieve dedanz l'an,* la lettre que il aura de don, sera de nulle valüe à nous demourra le bois.

(10) Item. Ordené est, que les Maistres des Forés, qui ore sont, & qui pour

le temps à venir feront, feront jurer les Marchans qui tienent & tendront les ventes des Forés, que il n'achetront, ne feront acheter de nullui, quiconques il soit, bois donné de nous. Et se autres genz l'achetoient, il le feroient tantost savoir auz Maistres des Forés, Et se einsi est que il ne le facent en la maniere dessus dite, il seront en *amende* volentaire condampné.

(11) Item. Ordené est, que se nouz donnions, ou temps avenir, aucuns *dons* en nos Forés, soit de *usage*, ou *autres choses à vie*, ou à *propre heritage*, que il n'en pourront faire autre chose que en la *fourme* & en la *maniere* que il est contenu *en leur lettres*, sus peine de perdre leur *usages*, où il seront en *amende* volentaire condempné.

(12) Item. Les Maistres des Forés, qui ore sont, & ou temps à venir seront, *jureront* que il garderont & feront garder à tout leur povoir toutes les Ordenances dessus dites, & chascune d'icelles.

(13) Item. Ordené est, que pour ce que il est ordené, que toutes les *Routes des Forés seront vendües*, aussi comme les *propres ventes* à enchiere, & tournera tout le profit devers nous, & seront bailliées és Comptes des Seneschiaux, Baillis, ou Receveurs, des queles *Routes les Maistres & mesureurs de nos Forés se souloient paier*, que les dis Maistres & mesureur se paieront de leur gages sus quelques marcheanz de Forés que il voudront, & *de cent livres que chascun Maistre des Forez à chascun an* suz les *Eschequiers*. Et prendront les Marcheans du Maistre des Forés à qui il paieront, *pour li & pour les mesureurs, lettres de tant comme il auront paié*, par les queles lettres les *Seneschcaus*, *Baillis*, ou *Receveurs* les descompteront aus marcheanz & les Maistres des Comptes auz Seneschaus, Baillis ou Receveurs. Et quant les paiemens des Marcheans sus qui les Maistres des Forés voudront estre paié, seront escheuz les Seneschaus, *Baillis*, ou *Receveurs* seront tenus à faire paier les diz Maistres, & contreindre les Marcheanz aussi comme pour nostre propre debte.

(14) Item. L'en ne fera de ci en avant nulles *(a)* ventes extraordinaires, ne ne vendra l'en point de bois *à deniers secs*.

(15) Item. Ordené est que nulle *beste* ne yra *en taillis*, jusqu'à tant que les boiz se pourra *deffendre* des bestes, pour ce que une beste qui ne vaudra pas *60. sols*, ou *4. livres*, y peut faire domage de *cent livres*, ou de plus, en une année.

(16) Item. Ordené est que *chascun Sergent (b)* sera creu par son serment, des Forés des prises que il sera, où il ne charra que *amende pecuniaire*, quar il convient que les Sergenz querent les malfaicteurz, le plus coiement que il pevent, & se il alloient querre tesmoings, les malfaicteurs s'en pourroient aler avant que il revenissent, ne ne peut-on pas touzjours mener tesmoings, pour tesmoigner leur prises, se einsi n'est que il y ait *menaces* entre les Sergent, & celui qui sera pris, tele que les Maistres des Forés voient que les Sergent le face pour grever cellui.

(17) Item. Ordené est que les *Sergenz des Forés* ne respondront devant nul Juge, pour le cas des Forés, se n'est devant les Maistres des Forés, les *Gruiers ou Maistres Sergenz*, quar se on les faisoit semondre hors, entant comme il demourroient pourroit l'en damager les Forés, en boiz & en bestes.

(18) Item. Ordonné est, que quand nous voudrons donner *des poissons* de noz Estans, ou viviers, soit *nourritures*, ou *gros poisson*, nous les donrons pour prix d'argent, soit *dix livres*, ou *vingt livres*, ou tant comme il nous plaira.

(19) Item. Il est ordonné que tous les Sergens des Forés pourront prendre tous malfaiteurs, *que il trouveront saisis de leur meffait*, soit de bois, ou de bestes, par tout où il les pourront trouver, hors *lieu saint*. Et se ainsi estoit que aucuns

NOTES.

(a) Ventes extraordinaires.] Voyez S.t Yon, page 305.
(b) Sera cru.] Voyez Rousseau des Eaües & Forests, page 110. article 73.

PHILIPPE V. dit le Long, à Asniere, le 2. Juin 1319.

malfaiteurs, ou aucuns meffaits leur fust accusé *de bois, ou de bestes*, les dits Ser gens iront à la justice du lieu, & la justice sera tenüe à aller avec eux, ou er voyer au lieu, où le meffait sera. Et se aucuns malfaiteurs s'enfuioit, il le pou ront prendre, en luy fuiant, en quelque lieu qu'il le trouvent, hors *lieux saints* si comme dessus est dit.

Si vous *Mandons* & commandons estroitement, & sur toute la peine que no vous pouvons enjoindre, & par le serment que vous avez à nous, que les Ord nances dessus dites, *gardez & faciez* garder, de point en point, sans enfreindre au plus que vous pourrez. Et se il avenoit que vous sçeussiez que aucuns alla allencontre, & que il ne les gardast, en la maniere que dessus est dite. *Nous vo* mandons, & commettons, que vous les punissiez, sans nul delay, & sans depo ter, selon ce que vous trouverez, que il auront meffait, & selon les Ordonanc dessus dites. *A Asnieres le second jour de Juin, l'an de grace mil trois cens dix-neu*

PHILIPPE V. dit le Long, au bois de Vincennes, au mois de Juin 1319.

(a) Ordonance faite sur les remontrances des habitans d'Auvergne.

SOMMAIRES.

(1) Les Barons & les nobles de la Baillie d'Auvergne, & leurs successeurs, qui ont haute Justice dans leurs terres, auront l'execution de toutes sortes de Lettres, quand mesmes elles seroient passées sous le Seel Royal, &c.

(2) Les Prevosts fermiers, ne taxeront pas les amendes qu'ils demanderont, mais elles seront taxées par les Baillis.

(3) S'il y a denonciation faite de quelque crime, pour lequel les Barons, les nobles & les habitans denoncez doivent estre mis en prison, on ne procedera pas ainsi contr'eux avant que le denonciateur ayt fait serment qu'il n'y a de sa part, ni fraude ni malice.

(4) Les Procureurs du Roy, à l'instance d'aucuns Religieus, ou autres, qui se diront en la garde du Roy, ne pourront, sous ce pretexte inquieter les Barons, les nobles & les habitans, qui auront opposé qu'il n'est pas question de la garde du Roy. Et il faudra examiner avant toutes choses, & sommairement, si la cause touche la garde du Roy.

(5) Quiconque aura appellé de faux jugement des Officiers du Roy, au Bailly d'Auvergne, & qui aura succombé dans son appel, ne payera que 60. sols d'amende.

(6) Quand la main du Roy aura esté apposée sur des biens meubles, ou immeubles, ces biens seront donnez en garde à une personne qui en rendra compte, &c.

(7) Nul des nobles, des Barons, & de tous les autres habitans, pour quelque cause, ou quelque crime que ce soit, ne pourra esti tiré de son domicile, pour aller pardevant Bailly, &c.

(8) Dans la Baillie d'Auvergne il n aura que quinze Sergens generaux. Dans l Prevosté de Riom onze, & dans les autr Baillies, Villes & Chancelleries, il n'y aur que le nombre qui est icy marqué.

(9) Nulles Commissions de gardes, ou a saisine ne seront données qu'aux Sergens ge neraux, ou des Prevostez énoncées cy-dessus.

(10) Nul dans la Baillie & le Ress d'Auvergne ne sera la fonction de Notair Royal.

(11) On n'apposera à l'avenir aucuns pen nonceaux, brandons & autres signes Royaux dans les Abbayes & les lieux Religieus q sont dans la haute justice des Barons & d Nobles, &c.

(12) Le Bailli ne pourra prendre que deniers tournois, pour l'écriture, & le Sce de toute Lettre & de tout Acte.

(13) Les Baillis appelleront à leurs j gemens pour les conseiller des Chevaliers, des personnes sages du pays.

(14) En chaque port d'armes le C pourra avoüer ses associez, & au moyen cet aveu, le Chef & ses associez en ser quittes, en payant une amende, si le Chef banneret, Chastelain, ou Chevalier, à mo toutefois que le cas ne soit criminel.

(15) Le Bailly d'Auvergne, & les tres Officiers jureront sur les Evangilles, qu observeront la presente Ordonance.

PHILIPPUS *Dei gratiâ, &c. Notum facimus Universis presentibus & futur quod cum Barones, nobiles & ceteri habitantes in Balliviâ Arvernie, & c*

NOTES.

(a) Cette Ordonance est au Tresor des Chartes, cotté 59. guichet 20. piece 115. *resson*

ressorto, nobis supplicaverint humiliter & devotè, ut nonnullas gratias sibi faceremus, & indebitas novitates, quas sibi illatas, & factas fuisse asserebant, per officiales nostros ejusdem Ballivie & ressorti ipsius, contra consuetudines eorumdem, ac contra seriem, & tenorem privilegiorum sibi a nostris predecessoribus concessorum, revocari, & *ad statum debitum* reduci facere dignaremur, & *ipsas consuetudines & privilegia observari. Nos attendentes eorum grata servitia, dona, fidelitatis & obedientie constantiam, ac bonas voluntates, quæ, quam & quas ipsi, & eorum predecessores carissimis Dominis* genitori & germano nostris *quondam dictorum regnorum Regibus, & aliis predecessoribus nostris, ac nobis impenderunt, & etiam habuerunt, attendentes etiam, quod temporibus retroactis, quibus Regnum nostrum Francie predictum, per quamplures subditos, & incolas dicti Regni requestis & gratiis extitit oneratum*, prefati Barones & nobiles habitantes, *multo magis liberaliter, & gratanter nostris predecessoribus, & nobis servierunt, absque eo quod a nostris predecessoribus, vel a nobis petierint, aut voluerint gratiam aliquam reportari, preterquam illam que clementer à Regiâ mansuetudine condescendit; Unde Nos eosdem volentes non immerito favore prosequi benivolo, ac etiam generoso, auditis eorum supplicationibus & requestis, visisque eorum privilegiis diligenter, de quibus fecerunt nobis plenam fidem*, deliberatione, *que nedum semel, sed pluries cum majori nostro consilio, tàm super predictis, quàm super omnibus & singulis infra scriptis*, habitâ *pleniori, ex certâ scientiâ, & de gratiâ speciali, per presens privilegium, eisdem & eorum successoribus, pro nobis, & nostris successoribus* Concedimus *gratias, libertates, declarationes, & franchisias inferius annotatas. Et cum ipsi dicerent ad eos pertinere, & pertinere debere* cognitionem & executionem quarumcumque litterarum *sub nostris* sigillis confectarum, & conficiendarum, ex privilegiis sibi concessis, *per predictos Dominos nostros* Genitorem & Germanum, *super quibus cognitione, & executione dicebant se per gentes nostras* fuisse indebite impeditos, *suppliciter postulantes per nos declarari predictas* cognitionem & executionem ad eos debere totaliter pertinere, *& impedimentum quodlibet in premissis appositum amoveri.* Volumus & concedimus eisdem.

Primo. *Quod dicti Barones, nobiles, & habitantes dicte Ballivie, & ejus ressorti, & eorum* successores, *habeant de cetero in terris eorum, in quibus habent* altam, justitiam, executiones litterarum, *& cognitiones descendentes ab eisdem litteris, sub obligationibus quibusque confectarum, & conficiendarum*, sub sigillis Regiis, *que habemus, aut nos, seu successores nostri habituri sumus in dictis Ballivia & ressorto, preterquam in debitis nostris, aut si fuerint negligentes vel etiam deffectivi. In casu verò in quo super dictâ cognitione falsitatis scripture duntaxat, aut sigilli debatum oritur, ipsius debati cognitionem, nobis & nostris successoribus* reservamus.

(2) Item. *Volumus, & concedimus eisdem, (Et sic aliàs Dominus & genitor noster voluit & concessit) quod Prepositi nostri* firmarii, *seu* censuarii, *non judicent, neque taxent emendas quas petent a subditis suis, ymo eas petent* coram Ballivo *dicte Ballivie, qui eas taxabit, ac etiam judicabit.*

(3) Item. *Volumus & concedimus eisdem, quod si aliquis* denunciaverit *contra aliquem Baronum, Nobilium, aut habitantium predictorum*, crimen *tale, propter quod denunciatus in* prisione debeat detineri, *dictus denunciatus in dictâ prisione nullatenus intrudatur, donec denunciator* ad sancta Dei Evangelia juraverit, *quod ad denunciationem hujusmodi ex fraude & maliriâ non procedit.*

(4) Item. *Volumus, & concedimus eisdem, quod* Procuratores nostri *dicte Ballivie & ejus ressorti, ad quorumvis religiosorum, seu aliorum dicentium* se esse in nostrâ gardiâ, *instanciam, & cum ipsis nullam partem, occasione dicte gardie, faciant, contra aliquem* Baronum, Nobilium, *seu* habitantium *predictorum, si prius se opposuerit, dicendo hoc nostram gardiam non tangere, donec prius cognitum fuerit & de plano, an causâ hujusmodi tangat gardiam supra dictam.*

(5) Item. *Volumus & concedimus eisdem, quod ex nunc, quicumque appellaverit a falso judicio, a quovis officialium nostrorum ad Ballivum nostrum Arvernie, &*

PHILIPPE V. dit le Long, au bois de Vincennes, au mois de Juin 1319.

PHILIPPE V. dit le Long, au bois de Vincennes, au mois de Juin 1319.

succumbat in causâ appellationis predicte, non solvat pro emendâ, nisi sexaginta solidos Turonenses *duntaxat.*

(6) Item. *Volumus & concedimus eisdem, quod dum* manus nostra *in bonis aliquibus mobilibus, sive immobilibus alicujus, quamvis ex causâ apponatur, dicta bona sufficienti persone, & locupleti* commendentur, *que de eis, & fructibus, ac emolumentis ex eis provenientibus, possit & debeat* reddere rationem; *Et tenebitur Ballivus, & ceteri Officiarii nostri, ille, vel illi, auctoritate cujus, vel quorum manus hujusmodi apponetur,* litteras concedere requirenti, *continentes casum propter quem manus fuerit apposita in predictis.*

(7) Item. *Volumus & concedimus eisdem, quod de cetero nullus dictorum Baronum, Nobilium, sive habitantium, pro* quovis casu, civili vel criminali, *extra suas residentias ad judicium evocetur, seu etiam extrahatur coram dicto Ballivo, seu aliis officialibus nostris in Arverniâ & ressorto quibuscumque. Volumus tamen quod dictus Ballivus, aut alii Officiales nostri Ballivie, & ressorti predictorum, capere & detinere possint in dictâ Balliviâ & ejus ressorto ubilibet,* in domanio tamen Regio, *criminosos.*

(8) Item. *Volumus & concedimus eisdem, quod ex nunc in antea, sit duntaxat in dictâ Balliviâ & ressorto, servientium numerus infrascriptus. Videlicet* quindecim servientes generales tantum in Balliviâ Arvernie. *Item in prepositurâ* de Riomo undecim *servientes, videlicet in villâ de Riomo* quatuor *tantum, in villâ sancti Boniti* unus, *&* sex *in ressorto alio dicte preposituure; In prepositurâ Montisferandi & ejus ressorto, adjuncto ressorto, quod solebat esse de Ponte Castri,* sex servientes; *Et pro ressorto Montonii* tres servientes. *In prepositurâ Ruppis Sonatorie* tres. *In prepositurâ Nonete* sex, *In prepositurâ Alzonii* quatuor. *In prepositurâ Brivatensi* quatuor. *In prepositurâ Largiaci* quatuor; *In prepositurâ de Corne* unus, *In prepositurâ Bullionis* duo, *In prepositurâ Geherni* quatuor; *In prepositurâ Vichiaci* quatuor; *In prepositurâ Cuciaci* tres; *In prepositurâ Podii Rogerii* tres; *In prepositurâ Langiaci* tres; *In prepositurâ Paluelli* sex; *In prepositurâ Bellegarde* tres; *In prepositurâ Ruppis de Donnezac* unus *bajulus & unus* serviens *& in ressortis dictarum prepositurarum. In villâ Cornonii* unus bajulus & unus serviens *communes. In Villâ Pollogneti unus* bajulus & unus serviens *communes solum. In Balliviâ vero Montanarum Arvernie erunt tantummodo* viginti & sex servientes, *videlicet* duo generales, *In prepositurâ Aureliaci* decem, *In prepositurâ Sancti Flori* septem, *In prepositurâ de Mauriaco* septem, *& isti iidem erunt servientes Cancellarie Montanarum. Preterea in Cancellariâ de Riomo erunt solummodo* duodecim servientes. *In Cancellariâ Montisferrandi erunt* octo, *In Cancellariâ Nonete* sex, *In Cancellariâ Langiaci* quatuor; *In Cancellariâ Cornonii* quatuor, *In Cancellariâ Paluelli* sex. *In Cancellariâ Bellegarde tres tantummodo servientes. Volentes & concedentes quod servientes predicti, & numerus eorumdem non possint a modo per dictum Ballivium aut per alium quomodolibet augmentari, sed altero eorum sublato de medio, vel aliàs amoto, ex quavis causâ aliâ, dictus Ballivus, loco illius alium instituat servientem, quodque predicti* servientes generales & prepositurarum predictarum non sint, aut esse possint servientes dictarum Cancellariarum Ballivie Arvernie *& è converso predicti servientes dictarum Cancellariarum Arvernie non sint, aut esse possint servientes generales dicte Ballivie aut prepositurarum predictarum.*

(9) Item. *Volumus & concedimus eisdem, quod nulla commissio, gardie, saisine, aut aliquod aliud officium servientis cujusvis persone committatur, preterquam servientibus predictis generalibus & servientibus prepositurarum predictarum.*

(10) Item. *Volumus & concedimus eisdem, quod ex nunc in antea, nullus auctoritate nostrâ* Notarius publicus *sit* in dictis Balliviâ & ressorto, *aut fungatur in eisdem officio Notarii publici quoquomodo.*

(11) Item. *Volumus & concedimus eisdem, quod de cetero, ad quorumvis instanciam* panuncellus, paillo, brando, baculus, *vel quodvis aliud simile signum Regale, in quibuscumque Abbatiis, Religiosis locis, aut aliis quibuscumque existentibus, infra*

altam justitiam Baronum, vel nobilium aut habitantium predictorum ratione gardie nullatenus apponantur, *apposita que jubemus illico amoveri, esto quod illi ad quorum instantiam, seu requestam tales* penuncelli, paillones, brandones, baculi, *vel alia similia signa regalia jam positâ, vel forsan in posterum apponi requirerentur, sint, vel esse se advocent in, & de nostrâ* gardiâ *speciali, reservato tamen nobis nostrisque successoribus, quod personis & locis in nostrâ speciali gardiâ existentibus, possimus per modum alium de opportuno remedio providere, sine prejudicio tamen justitie alterius cujuscumque.* PHILIPPE V. dit le Long, au bois de Vincennes, au mois de Juin 1319.

(12) Item. *Volumus & concedimus, eisdem, &* sic dictus Dominus Germanus noster concessit, *quod Ballivus noster qui nunc est, & pro tempore fuerit in Balliviâ supradictâ, non recipiat* nisi sex denarios Turonenses tantummodo *pro* scripturâ, & sigillo *cujuslibet littere, commissionis, acti, sive alterius cujuscumque. Et solvendo dictos* sex denarios *erit quilibet quittus a* sigillo & scripturâ, *nec plus modo quolibet exigi poterit propter hoc ab eodem.*

(13) Item. *Volumus & concedimus eisdem, quod Ballivus Arvenie predictus & sui successores faciant sua judicia* de consilio militum, *sapientum & bonarum gentium patrie memorate.*

(14) Item. *Volumus & concedimus eisdem, quod in qualibet cavalcatâ, seu portatione armorum,* principalis *possit suos socios advoare, & totum factum cavalcate, seu portationis armorum predictorum; Et hujusmodi* advoatione mediante, *ipse (a)* principalis *& omnes sui socii quitti sint, & remaneant a cavalcatâ, & a portatione armorum predictorum, solvendo propter hoc unam emendam duntaxat. Si* principalis *predictus fuerit* vexillarius, *vel* Castellanus, *aut Miles, nisi tamen* casus fuerit criminalis *juxta consuetudinem Arvernie observatam.*

(15) Item. *Volumus & concedimus eisdem, quod exinde* Ballivus noster Arvernie, *& quicumque alii officiales nostri dictorum Ballivie & ressorti, qui nunc sunt & qui pro tempore fuerint, in eorum novâ creatione, sive institutione,* ad solam ostensionem presentis privilegii *jurent in eorum assisiis, seu placitis, vel alibi in loco debito requisiti,* ad sancta Dei Evangelia, *quilibet semel tantum* presens privilegium *& quecumque in eo contenta & cetera privilegia dictis Baronibus, nobilibus, & habitantibus* a prefatis dominis *(b)* genitore & germano nostris & aliis predecessoribus nostris concessa *& contenta in eis, tenere & servare, & contra modo aliquo, non venire. Quod ut firmum & stabile permaneat in futurum, presentibus litteris nostrum fecimus apponi sigillum.* Actum & datum apud Boscum Vicenarum, anno Domini millesimo trecentesimo decimo nono mense Junii per Dominum Regem. J. de Templo.

NOTES.

(a) Principalis.] Voyez Beaumanoir dans ses Coûtumes du Beauvoisis, chapitre 59. page 302.

(b) Genitore & Germano.] Voyez cy-dessus les Letres du mois de Mars 1303. du mois de May 1304, & celle du mois de Decembre 1315.

(a) Letres par lesquelles le Roy declare la maniere dont l'ayde accordée par les habitans d'Auvergne, sera levée.

PHILIPPE V. dit le Long, au bois de Vincennes, en Juin 1319.

SOMMAIRES.

(1) Chaque noble de deux mille livres de rente, payera les gages d'un homme d'armes, de sept sols & demy par jour, pendant une année entiere, &c.

(2) L'ayde sera levée par ceux que les nobles auront deputez.

(3) Nuls Baillis, Prevots, & Sergens Royaux ne prendront gages, pour la levée de l'ayde.

(4) Chaque Baron, Baneret & Chastelain sera crû à sa parole, de la valeur de ses rentes.

(5) Les nobles inferieurs en seront crûs aussi à leur serment.

PHILIPPE V. dit le Long, au bois de Vincennes, en Juin 1319.

(6) On ne pourra pour raison de l'ayde proceder contre les nobles, par enqueste, gagement, ou execution, &c. Et la moitié en sera payée à la S.t Remy prochaine, & l'autre à Noël suivant.

(7) Au moyen de l'ayde, les Barons, les nobles, & leurs hommes non nobles, ne seront tenus à nul ban, ou arriereban, pendant un an.

(8) On ne pourra pendant cette mesm année, lever sur les nobles, ni leurs justitia bles, aucun subside pour la guerre de Flan dres, &c.

(9) Ceux qui seront deputez pour fair l'estimation des rentes, en compteront par de vant les personnes cy nommées, & deputées, ce par les nobles.

PHILIPPE par la grace de Dieu, &c. Nous faisons à savoir, à tous presen & à venir, que comme nous eussions envoyé és parties d'Auvergne, no amez & feaux *Pierre Evesque de Cambray, Robert Conte de Bouloigne,* & *Gill Asselin Seigneur de Montagu nostre Chevalier,* pour requerre, & demander de pa nous *aus Barons, & aus nobles dou Bailliage d'Auvergne,* comme *des monta gnes desdites parties,* & de leurs ressors, que de leur grace, ils nous voussissent fair *aucune aide,* pour cause de nostre presente *guerre de Flandres.* Les Barons & le nobles dou Bailliage desdites *montaignes* nous octroierent benignement, & gracieu sement *l'aide* qui s'ensuit en la maniere, & en la forme, & és conditions cy-dessu escrites.

(1) C'est à savoir que chascun noble de *deus mille livres de rente, paiera les gages de un homme d'armes de sept sols & demi par jour, une année entiere,* & selon ce que chascuns aura plus de rente il paiera plus, & cil qui en aura moins en paiera moins, chascun selonc ce qu'il aura de rente. Et cil *qui auront moins de deus mille livres de rente, seront estimés ensemble jusqu'à ladite somme,* & paiera chascuns selonc ce que il aura de rente, sa part desdits gages dou plus, plus, & dou moins, moins : Et est à sçavoir que ce don il nous ont fait de leur bonne volenté, & de grace especial; *Et voulons & leur octroions,* que ce ne soit, & ne puisse tourner en prejudice de eus ne de leur successeurs, ou temps present, ne ou temps à venir, & que pour raison de ce don, nuls drois ne soit acquis à nous, ne à nos successeurs, car ils ni en sont pas tenus fors de pure grace.

(2) Item. Que ledit don sera taxé & levé par aucuns desdis nobles, ou autres qui seront deputés par le commun des nobles du païs dessus dit.

(3) Item. Que à taxer, & lever ledit don, nuls de nos gens, Baillis, Prevos, ou Sergens, ou autres de nos gens ne prendront gages, salaires, gagemens, ou despans sus les dis nobles.

(4) Item. Que chascuns Baron, Baneret, & Chastelains, sera creus par sa foi de la valüe de ses rentes, sans aucun serment faire.

(5) Item. Que les autres nobles plus petis seront creus de la valeur de leu rentes par leur serment.

(6) Item. Que pour raison de petite estimation, de contens de paier, ou autrement en aucune maniere, pour raison de ce present don, aucunes de nos gen ne pourront proceder contre les dis nobles, ou leur gens, soit guerre ou non *par enqueste,* par *gagement,* par *execution,* ou autrement, ne *lever de eus amende* ou autre émolument qui doie estre appliquez à nous, se ce n'estoit à la request des dis nobles, ou de leur deputés, si comme dessus est dit. Et Nous sera lidit don paiés & rendus as termes qui s'ensuivent, c'est à savoir la moitié à la feste *de la Saint Remi* prochainement, & l'autre moitié à la feste de Noël prochaine ensuivant.

(7) Item. Que les diz Barons, & nobles, & leurs hommes nobles & noi

NOTES.

(a) Ces Letres sont au Tresor des Chartes, Registre cotté 59. guichet 20. piece 114. ell est encore piece 116.

noble

nobles ne seront tenus *à nul ban*, ne *arriereban* de un an entier, à conter de la date de ces presentes, pour raison de ladite guerre de Flandres, fors que seulement audit don.

PHILIPPE V. dit le Long, au bois de Vincennes, en Juin 1319.

(8) Item. Que l'en ne puisse pour nous, & en nostre nom, demander, ne *lever subside, taille, ou autre maniere de subvention* des dis Barons nobles, ou de leur hommes justiciables nobles & non nobles, de l'an dessusdit, pour raison de ladite guerre de Flandres, mais seulement le don dessus dit; Et s'il avenoit que *ladite guerre de Flandres se feist durant ladite année*, & les nobles desdites montaignes vouloient aller en ladite guerre, icil noble veullent, & aussy le volons nous, que l'en preigne des plus sofisans de eus, pour aler en ladite guerre, Et cil qui iront *seront paiez de leur gages* de l'argent dou dit don. Et se il ni voloient aler en tel nombre, comme la somme dou dit don monte, le remanent de l'argent sera rendu en la maniere & en la fourme dessus dites.

(9) Item. Que ceux qui seront deputés de par les dis nobles, à faire *l'estimation desdites Rentes*, & à lever ledit don, content & doient, & soient tenus de compter de receptes & mises, que il feront en ce faisant, devant nos amez & feaus *Austor d'Orellac, Raymont de Montaut, Rigaut de Charbonnieres, & le Seigneur de Plestrie Chevaliers, & Armant de Chasteauneuf Escuier*, ou devant aucun de eus, ou autres soffisans à ce deputés par le commun des dis nobles.

Laquelle aide octroiée par les dis Barons & nobles, si comme dessus est dit, *nous avons agreable, icelle acceptons en la maniere, fourme & conditions dessus dites*, & icelle maniere, fourme & conditions, *volons, loons & approuvons de certaine science, & aurons & avons tousjours-mais* estable. Et a gregneur fermeté des choses dessus dites, *nous avons* fait mettre en ces presentes lettres nostre Scel. Ce fu fait & donné au bois de Vincennes, *l'an de l'Incarnation nostre Seigneur mil trois cens & dix-neuf, ou mois de Juing. Par le Roy, à la relation Monsieur l'Evesque de Cambray J. Du Temple.*

PHILIPPE V. dit le Long, à Longchamp le 10. Juillet 1319.

(a) Ordonance faite par le Roy & son grand Conseil, pour le bien de l'Estat.

(1) (b) LE Roy a ordené par son *Grant Conseil*, que chacun mois, il aura de son Grant Conseil, avec li, là où il sera, & jusques à ce jour toutes graces que l'en li requerra dedens ledit mois, de dons, & d'autres choses seront retardées à faire, excepté la delivrance de justice, qui se fera de jour en jour. Et lors seront rapportées les dittes graces, qui auront esté requises en ce temps, & il en ordenera par son Conseil ce qui li plaira.

(2) Item. (c) Audit jour sera rapporté l'estat des hosteux du Roys, de la Royne & de leur enfans, & le rapportera chascun de son Office, afin que se il y avoit desordenance, qu'elle fut adrecié. Et regardera le Roy quant le mois commencera *(&)* quiex de son Conseil il aura avec li.

(3) Item. (d) Chascun mois sera rapporté au Roy l'estat de son Tresor.

(4) Item. L'Ordenance faite sus le Tresor à *Tremblay (e) le tiers jour de Jan-*

NOTES.

(a) Cette Ordonance est au Registre *Croix*, & au Registre *Pater*, feüillet 54. où elle a pour titre, *c'est l'Ordenance* faite à Longchamp par le Roy & son Grant Conseil le 10. de Juignet l'an de grace 1319.

(b) Le Roy.] C'est l'article premier de l'Ordonance faite à Pontoise, le 18. Juillet 1318.

(c) Audit jour sera rapporté.] C'est l'article 2. de l'Ordonance du 18. Juillet 1318.

(d) Chacun mois.] C'est l'article 3. de l'Ordonance du 18. Juillet 1318.

(e) Le tiers Janvier 1316.] Voyez sous cette datte.

PHILIPPE V. dit le Long, à Longchamp le 10. Juillet 1319.

vier l'an mil trois cens seize, sera tenüe en la maniere que elle est.

(5) Item. Outre ladite Ordenance il aura *(f)* un Clerc du Royaume audit Tresor, qui sera continuelment au comptoir des Changeurs. Et fera un livre de sa main, à quel il arestera toutes les monoies, & le pris d'icelles qui seront reçües, & payées à dit Tresor, & de qui, & à qui, & à quel jour, & le profit qui en pourra issir.

(6) Item. (g) Les Tresoriers seront continuelment à dit Tresor, & ne seront pas du Conseil de la Chambre des Comptes.

NOTES.

(f) Un Clerc.] Voyez les articles 11. & 12. de l'Ordonance du 18. Juillet 1318.

(g) Les Tresoriers seront continuellement.] Voyez l'Ordonance du 18. Juillet 1318. article 12.

PHILIPPE V. dit le Long, à Paris, au mois de Juillet 1319.

(a) Letres par lesquelles le Roy accorde plusieurs privileges aux habitans du Perigord, & du Quercy.

SOMMAIRES.

(1) Les habitans du Perigord & du Quercy, pourront donner sans deterioration, partie de leurs fiefs à cens, ou en emphyteose.

(2) Si deux, ou quatre Barons, ou le Seneschal, pourvû qu'ils soient tenus au Roy par serment, écrivent que quelque noble obligé de faire homage à Sa Majesté, ne peut s'en acquitter, ni venir en France, à cause de son infirmité, de sa pauvreté, ou de son âge, ce noble le pourra faire entre les mains du Seneschal, sans que le Roy puisse l'inquieter, tant que l'empeschement durera. Quant aux nobles qui ont cinq cens livres de rente, le Seneschal en pourra recevoir le serment de fidelité, sauf l'homage *reservé au Roy, quand il ira sur les lieux.*

(3) S'il arrive que quelques biens soient mis en la main du Roy, la garde n'en sera pas donnée à ses Officiers, mais à quelque personne fidele.

(4) A l'égard des premieres appellations dont les habitans demandent le renvoy, on informera comment on en usoit ancienement.

(5) Le Roy n'acquerera rien par eschange, donation, ni achat, dans les terres où ils ont haute justice, & il n'y contractera aucun pariage. Et s'il vient au Roy quelque confiscation, sa Majesté donnera un homme pour les fiefs, qui seront dans leur Seigneurie, ou il mettra ces fiefs hors de ses mains.

(6) Ceux qui possedent des alleux, auront la liberté de les tenir des nobles, & les nobles de prendre les alleutiers pour homes, pourvû que les alleux soient dans les lieux où les nobles ont toute jurisdiction. Et ces alleus devenus fiefs, seront tenus par les nobles à homage du Roy.

(7) Afin que les causes intentées pour le Roy, par ses Procureurs, ne tirent point en longueur sous pretexte de l'argent qu'il faut debourcer, pour faire entendre & examiner les témoins, les Seneschaus & les Tresoriers seront tenus de fournir les sommes qui seront necessaires à cet effet.

(8) Si quelqu'un de la famille des nobles commet quelque crime dans la jurisdiction des nobles, ils en auront la connoissance, & pourront punir le coupable.

(9) Les Seneschaus & autres Officiers Royaux ne pourront faire prendre au corps aucune personne de bonne renommée, qu'après information, ou lorsque le crime sera public, ou qu'il y aura de violentes presomptions.

(10) Lors que les meubles de quelqu'un auront esté executez, ils seront vendus sur le lieu, & si cela ne se peut, ils seront vendus au plus prochain marché.

(11) Quant aux crimes commis sur les grands chemins, dans la haute justice des nobles, les Seneschaus en informeront, & s'il se trouve que les nobles soient en possession d'en connoitre, ils y seront laissez.

(12) Les sujets des nobles ne payeront aucun subside au Roy, à moins qu'il n'y en ayt sur lesquels le Roy soit en possession ancienne d'en estre payé.

(13) Les Officiers Royaux n'empescherent pas que les nobles ne puissent saisir les meubles des Ecclesiastiques, pour estre payez des charges réelles, que les Ecclesiastiques leur doivent.

(14) Les Seneschaus & autres Officiers Royaux ne souffriront pas que les gens d'Eglise abusent de leur justice, pour empescher la justice temporelle des nobles.

(15) Lors que des obligations auront esté passées sous des Jurisdictions Royales, & que les creanciers y auront obtenu des Letres, pour y appeller leurs debiteurs domiciliez ail-

leurs, les Sergens Royaux ne pourront contraindre les creanciers de les faire porteurs de ces Letres.

(16) Aucuns Officiers du Roy, Procureurs ou autres, ne pourront recevoir pension des Prelats, des Barons, ni des nobles, ou de leurs enfans, sous peine de perdre leurs Offices, &c.

(17) Les Seneschaus, & autres Officiers Royaux, ne pourront faire les publications d'aller à la guerre, que dans les domaines du Roy, & non dans les terres des nobles, si ce n'est dans le cas d'arriere-ban.

(18) Les Seneschaus n'empescheront pas que les nobles qui ont haute justice, ne punissent les criminels du port d'armes, pour les autres delicts commis dans leurs terres. Les Seneschaux leveront pour le Roy les amendes à cause du port d'armes, en la maniere anciennement accoûtumée. Et si d'ancienneté les nobles ont la connoissance & la punition du port d'armes, ils pourront continuer d'en user.

(19) Les nobles ne pourront estre executez pour dettes, mesme pour celles du Roy, dans le lieu de leur domicile, pourvû qu'ils ayent d'autres biens dans la Jurisdiction du Juge qui aura ordonné l'execution. Et l'on ne pourra executer, ni saisir leurs bœufs, leurs chevaux de labour, ni tout ce qui servira à l'agriculture, &c.

(20) Les Seneschaux, les Procureurs du Roy appellez, diviseront & borneront, comme il se pratique entre les nobles, sommairement & sans formalité de justice, les territoires des nobles, qui sont contigus à ceux du Roy.

(21) Toutes les Enquestes qui seront faites à l'avenir, dans les Seneschaussées du Perigord, & du Quercy, seront publiées.

(22) Les Seneschaus, & autres Officiers ne pourront apposer personne à la question, qu'aprés sentence prononcée, en presence des parties.

(23) Les Seneschaus & autres Officiers ne s'entremetteront pas au sujet des crimes commis, ou des Contracts passez dans la jurisdiction des nobles, si ce n'est en cas de ressort, &c.

(24) Les nobles auront la confiscation des biens de leurs sujets, situez dans leurs jurisdictions, soit que les sujets y ayent commis le crime, ou ailleurs, &c.

(25) Les Juges ordinaires, ou leurs assesseurs procederont par eux-mesmes à la connoissance des causes qui leur appartiennent. Et attendu qu'ils ont des gages fixes, le Seneschal, s'il leur donne quelque commission, ne souffrira pas qu'ils en prennent aucun salaire.

(26) Si les sujets des nobles, mesmes pour crimes qui sont de la connoissance des Juges Royaux, ont esté bannis, la confiscation de leurs biens appartiendra aus nobles, pour ce qui en sera dans leur Jurisdiction.

(27) Quand les crimes auront esté commis dans la jurisdiction des nobles, les coupables ne pourront estre exilez par les Juges Royaux.

(28) Les nobles, soit pour crimes, ou pour Contracts passez, en la Seneschaussée, n'auront point d'autre juge que le Seneschal, ou le Juge ordinaire, &c.

(29) Les nobles auront l'execution du Scel de la Seneschaussée, contre les obligez domiciliez dans leurs justices.

(30) Les Procureurs du Roy ne se rendront partie en aucunes causes, à moins que le Roy, ou le public n'y ayent interest.

(31) S'il y a necessité de mettre en la main du Roy, les terres des nobles, pour crimes, ou pour dettes, ce sera au moindre coust que faire se pourra, & sans y mettre des Sergens en garnison, s'il n'y a necessité.

(32) Nulle prescription, sans titre, quelque longue qu'elle soit, ne pourra estre opposée de la part du Roy, ou de ses Officiers, contre tout ce qui a esté accordé cy-dessus.

(33) Si quelques Officiers Royaux, Sergens, ou autres, contreviennent aux presentes Letres, le Seneschal aura soin de les en punir.

(34) La levée du quinziéme denier accordée au Roy, ne donnera à Sa Majesté aucun droit, ni à ses successeurs, contre les nobles.

(35) L'Ordonance du Roy Philippe le Bel du 25. Mars 1302. pour la reformation du Royaume, sera executée, & en tant que besoin seroit, le Roy la confirme.

(36) Le Roy confirme tous les privileges & les immunitez des nobles, & de leurs hommes. Et s'il y survient quelque doute, le Seneschal fera appeller le Procureur du Roy, & observer ce qui sera de justice, &c.

PHILIPPE V. dit le Long, à Paris, au mois de Juillet 1319.

PHILIPPUS, &c. *Eterne dispositionis ordinem, per ipsius conditorem statutum in orbe, suis fore distinctum gradibus arbitrantes, ut dum honorem debitum & obedientiam devotam subditi nostri fideles, affectu & opere nobis exhibent, eodem effectu Nos* dilectionem *sibi &* gratiam *debeamus impendere, & cum eisdem differentie hujusmodi servare ordinem, sicque tranquillitatem & pacem, secundum veritatis, & rationis judicium, in veritatis vinculo confovere.* Notum facimus *universis, tàm presen-*

NOTES.

(*a*) Ces Lettres sont au Tresor des Chartes, Registre 59. guichet 20. piece 211.

PHILIPPE V. dit le Long, à Paris, au mois de Juillet 1319.

tibus quàm futuris, quod nos dilectos & fideles nostros, Comites, Barones, *& No*biles *quoscumque Senescallie* Petragoricensis & Caturcensis *tanto majoribus gratiis & favoribus volentes prosequi, quanto generosius & libentius nostris semper beneplacitis, in nobis concedendo presertim, & ab eorum subditis nobilibus consentiendo, & faciendo concedi, petitum nuper ex parte nostrâ*, pro subsidio guerre Flandrensis *de eorum terris* quintum decimum, *se devotos, & benivolos ostenderunt, in posterum quo speramus eos, & prosperitatem eorum propensius ostensuros; Eorum supplicationibus nobis pro ipsorum, ac subditorum suorum, videlicet qui predictum nobis legitime & integre solverunt subsidium, indempnitate & quiete porrectis, gravamina multa, sibi, ut asserunt, per gentes Domini carissimi* genitoris nostri *olim, ac nostras illata continentibus, cum quibusdam gratiis eis & patrie toti suæ utilibus, inclinati*, supplicationes *& gratias hujusmodi, deliberatione cum nostro majori consilio habitâ, super eis ad exauditionis gratiam duximus admittendas, & eas benigne in modum qui sequitur, pro dictis videlicet solventibus admittendas.*

Primò. *Concedimus eis de gratiâ speciali, quod ipsi possint dare, & concedere* sine deterioratione feodi, *res & possessiones eorum feodales ad* censum, *seu* in emphiotesim *in* perpetuum, *vel* ad tempus, *imponendo* certos redditus, *vel obventiones, seu redebentias in rebus que per eos dabuntur, sine deterioratione feodi, in emphiotesim, vel ad censum.*

(2) Item. *Concedimus eisdem de gratiâ speciali, quod, si* duo, *vel* quatuor Barones *dicte Senescallie, seu etiam Senescallus, nobis sub fidelitatis eorum debito scripserint, dum tamen ipsi scribentes sint in nostro* homagio, *sive* fide, *quod aliquis nobilis, qui nobis homagium facere tenebitur*, propter infirmitatem, paupertatem, *vel etatem ipsius ad* partes Francie, pro dicto prestando nobis homagio, *non possit accedere, quod prestito ab eodem ipsi Senescallo juramento fidelitatis*, Nos, *vel Senescallus ipsum occasione non prestiti homagii, non* poterimus molestare, *causâ predicti impedimenti durante.* Concedimus *que eis, quod* Senescallus *noster a nobilibus habentibus in redditibus usque ad* quingentas libras turonenses *& infra, ubicumque, & a quibuscumque teneantur*, possit recipere juramentum fidelitatis, *pro nobis in Senescalliâ, si sibi intra tempus debitum offeratur, salvo quod si nos ad partes illas vel illas in Franciâ, aut ubicumque fuerimus, venire contigerit, illi tantum (a)* nobis homagia facere *teneantur, non obstante quod ea fecerint Senescallo.*

(3) *Concedimus eis etiam generose, &* Volumus, *quod si aliqua bona ad manum nostram, propter debatum partium, sive ad instantiam Procuratoris nostri, vel alterius cujuscumque* poni contingat, *quod ipsa bona Prepositis, Servientibus, seu aliis officialibus, gentibus aut ministris nostris* custodienda aliquatenùs non tradantur, *sed ipsa per aliquem* probum virum, *vel plures, prout casus exigerit, nomine nostro, & pro nobis per officiales nostros deputandos, & si necesse fuerit compellendos, pro immoderatis expensis vittandis*, custodiri volumus & mandamus, *qui de eis, & eorum custodiâ rationem debitam reddere teneantur.*

(4) *Super eo verò quod ipsi* primas appellationes dimitti, vel remitti sibi petunt, *placet nobis, &* volumus *quod vocatis Procuratoribus nostris, & ceteris evocandis, de plano inquiratur, qualiter usum est antiquitùs, & illis qui antiquitùs usi fuerint de predictis* primis appellationibus, *tanto videlicet tempore, quod sufficiat ad proprietatem acquirendam, ipsis deliberentur indilate, nec impediantur ampliùs quominùs suâ possessione predictâ gaudeant, non obstantibus quibuscumque debatis, seu questionibus motis super hoc, tàm de tempore nostro, quàm Domini nostri genitoris prefati, nisi forte super premissis nostra talis, & tam pacifica inveniretur possessio, quod non immerito deberet eorum possessioni preferri.* Antiqua *verò* intelligi *volumus ea, de quibus*

NOTES.

(a) Nobis homagia facere teneantur.] On void par là qu'il y avoit alors de la difference entre *l'hommage, & le serment de fidelité*, ce que j'ay déja prouvé dans mon glossaire, & sur l'article 3. de la Coûtume de Paris, nos autheurs confondent mal ces deux choses.

bus liquide constitit, quod tempore beatissimi Ludovici proavi nostri, *&* predecessorum ipsius *Regum Francie utebatur, sic nova ea, de quibus solum circa ipsum tempus haberetur memoria, quoad usum hujusmodi declarantes.*

PHILIPPE V. dit le Long, à Paris, au mois de Juillet 1319.

(5) *Concedimus eis insuper de gratiâ speciali, quod* Nos *de cetero, seu* Senescalli, *aut alie* gentes, *seu* officiales, *aut* ministri *nostri pro nobis, non faciemus, seu recipiemus* permutationes, seu escambia, *nec etiam* pariagia *aliqua, in terris, castris, villis, sive castellaniis eorumdem, seu in pertinentiis eorumdem, in quibus* habent altam justitiam, *vel aliter acquiremus titulo emptionis, seu donationis cujuscumque, nisi solum in casibus in quibus confiscatio bonorum ad nos deberet de jure vel consuetudine pertinere,* in quibus casibus infra annum & diem eisdem dabimus hominem, *si res ipse* feodales fuerint, *vel eas* extra manum nostram ponemus.

(6) Concedimus *insuper eisdem, de gratiâ speciali, quod* illos *qui tenent* allodia, *(&) qui ipsa* allodia, *de ipsis* nobilibus *tenere, & advoare voluerint,* libere possint recipere in eorum homines, *de allodiis ipsis, que tamen infra eorum* omnimodam juridictionem *existant. Quorum quidem* allodiorum *per eos receptorum* feoda *tenebunt a nobis.*

(7) Volumus *insuper, quod cum* procuratores nostros, *de jurisdictione, seu quacumque aliâ causâ, contra privatas personas,* comites *&* nobiles, *seu alios quoscumque, seu ipsos contra eosdem,* aliquas movere *contigerit* questiones, *& pro parte dictarum privatarum personarum probationes, & testes producti fuerint examinati, ac conclusum in causis, ut* procuratores *ipsi, propter* deffectum expensarum, in probationibus nostris producendis causas ipsas aliquatenus non protelent, *procuratoribus ipsis* expensas *ipsas* Senescallus, *vel* Thesaurarius *nostri* tradant celeriter, *&* ministrent. *Quodque si per fraudem, & maliciam apertam,* causas *hujusmodi dicti* procuratores nostri protelent, *eos predicti* Senescallus *&* Thesaurarius *nostri ad solvendum, tam nobis quam parti dampna, propter hoc incursa compellant, & cum hoc debite puniant & castigent.*

(8) Item. *Volumus, ac etiam tenore presentium* declaramus, *quod si aliquis de* familiâ ipsorum nobilium *deliquerit infra predictam jurisdictionem illorum, quod nobiles ipsi non impediantur per quoscumque officiales nostros, quin de hoc possint cognoscere, & delinquentes punire, ac jus facere inter partes; Exceptis illis quorum cognitio de jure, vel consuetudine non pertinet ad eosdem.*

(9) Volumus *insuper &* concedimus *generose, quod* Senescalli *nostri predicti, seu alii officiales, & ministri nostri ad* captionem *aliquorum hominum* bone fame *aliquatenùs non* procedant, *nisi prius per* informationem factam, *cum non malivolis,* secretam, *vel famâ publicâ referente, de crimine sibi imposito, verisimiliter dicatur esse suspectus.*

(10) Preterea. *Concedimus eisdem de gratiâ speciali, quod si* aliquos *pro* debitis, *vel* salariis servientium, *vel ex causâ aliquâ* pignorari *contigerit, quod pignora capta per dictos servientes non abstrahantur de villâ, seu loco ubi capta fuerint, nec alibi quam ibidem, si commode fieri possit, vendantur; Et si commode forsan ibi vendi non possent, ad propinquius mercatum pignora ipsa vendantur.*

(11) Item. *Super eo quod petunt, quod* non impediantur in cognitione criminum commissorum & *committendorum* in itineribus *terrarum dictorum nobilium, ubi* altam habent justitiam, *Volumus quod Senescalli nostri se diligenter & de plano informent, an cognitio vel punitio criminum* in itineribus *commissorum pertineant ad eosdem, & quod si ab antiquo invenerint in possessione premissorum eos uti suâ possessione permittant, non obstante impedimento per Nos & Dominum genitorem nostrum, vel Officiales nostros apposito in premissis, nisi forsan nostra talis, & tam pacifica inveniatur possessio, quod non immerito debeat eorum possessioni preferri, Quod quidem antiquum de tempore quo supra intelligimus, & novum similiter ab illo tempore declaramus.*

(12) Item. *Concedimus eis, de gratiâ speciali, quod subditi dictorum nobilium, per gentes, vel officiales nostros, de cetero* non compellantur ad solvendum nobis ali-

PHILIPPE V. dit le Long, à Paris, au mois de Juillet 1319.

quod subsidium, *nisi illi a quibus ab antiquo levari & exigi consuevit, & nisi in casu in quo de jure communi non deberent immunes haberi, vel ab illis qui sponte nobis aliquod dare vellent, quacumque occasione cessante.*

(13) Volumus *insuper & concedimus generose, quod nobiles ipsi non impediantur per quemcumque officialium nostrorum, quominus ipsi* personas quascumque ecclesiasticas, *bona* immobilia in *eorum* jurisdictione *habentes, ratione dictorum bonorum, ad solvendum eisdem super* bonis mobilibus *per eos possessis*, onera realia, *ab antiquo levari consueta, ad que res ipse tenentur, ad quoscumque transeant possessores, possint per captionem bonorum mobilium compellere predictorum.*

(14) Item. *Volumus & precipimus districte, quod* Senescallus, *seu officiales nostri quicumque, non permittant Prelatos, seu eorum officiales, per* suam jurisdictionem Ecclesiasticam *impedire aliquatenùs* temporalem *dictorum nobilium jurisdictionem in terris eorumdem. Et si forsan per eosdem Prelatos, seu officiales ipsorum secùs fieret, volumus quod officiales nostri predicti ipsos ad cessandum de premissis, remediis opportunis compellant.*

(15) Item. *Volumus & concedimus, de gratiâ speciali, quod si aliqui* creditores, *contra suos debitores* litteras obtinuerint *a Curiis nostris, in quarum jurisdictionibus contractus facti fuerint, dirigendas justiciariis, sub quibus ipsi debitores domicilia faciunt, eas que per eorum* proprios nuncios *mittere velint, ad evittandum expensas majores, quod* Senescallus & alii Officiales, *seu ministri nostri* non permittant, quod. servientes *nostri* predictos creditores compellant, *contra eorum voluntatem dictas sibi tradere litteras, pro portandis eisdem & exequtioni mandandis.*

(16) Item. *Concedimus eisdem generose, quod nulli de* procuratoribus, *seu* officialibus *nostris, a Prelatis, Baronibus, seu personis aliis quibuscumque, aut liberis eorumdem*, pensionem *aliquam de cetero quoquomodo recipiant, sub penâ eorum* officii amittendi, & alterius pene *per nos sibi imponende.*

(17) Item. *Concedimus eis generose, quod nullus dictorum Senescallorum, aut officialium, seu ministrorum nostrorum*, de veniendo ad guerram nostram, preconizationem aliquam fieri faciat, *nisi in domanio nostro, dum tamen nobiles predicti non sint super hoc in deffectu, sed ipsam* preconizationem *mandent, per eosdem nobiles fieri in terris ipsorum*, retrobanno nostro excepto, *quod in quibuscumque terris dictorum nobilium per nostros officiales fieri volumus, cum casus se obtulerit & mandamus. Prohibemus tamen omnibus officialibus nostris ne dictum* retrobannum *fieri faciant, nisi de mandato nostro processerit speciali.*

(18) Volumus *etiam, & de gratiâ* concedimus *speciali, quod Senescalli nostri predicti, ceterique officiales nostri predictos* nobiles altam habentes justitiam, *delatores armorum, occasione criminum & excessuum aliorum, quam ipsius* delationis armorum, *in eorum terris commissorum, punire permittant, quod que ab illis, a quibus emendas occasione portationis armorum pro nobis levabunt Senescalli, vel officiales nostri, ipsas non exigant, nisi modo* quo antiquitùs fieri *consuevit, quod que dictos nobiles ad quos ab antiquo cognitio & punitio portationis armorum pertinent, non impediant quominus de hoc uti possint impedimento quocumque cessante.*

(19) Preterea *ipsis nobilibus, de gratiâ* concedimus *speciali, quod pro debitis nostris, seu privatarum personarum, vel aliâ quacumque causâ aliquâ*, contra dictos nobiles non fiant executiones in bonis eorum, *in locis, domiciliis, seu in bonis existentibus in eis, in quibus dicti nobiles, cum familiâ suâ, inhabitant, & principaliter larem fovent, dum tamen in aliis rebus, seu bonis ipsorum nobilium, que habent infra districtum, & jurisdictionem judicum, qui dictam executionem fieri mandabunt*, executiones possint fieri *supradicte, nec quod pro dictis faciendis executionibus* boves, & equi eorumdem, ad aratrum, vel ad quamcumque agriculturam terrarum, seu etiam vinearum parati, *nec etiam arma, seu hernesia, aut vestes proprie corporum eorumdem, seu uxorum, vel familie, nec ea que usui cotidiano eis necessaria esse noscuntur, aliqualiter* capiantur, *dum tamen in aliis bonis ipsorum de facili fieri possint executiones predicte.*

(20) *Concedimus etiam generose, quod Senescalli nostri predicti, vocatis procuratoribus nostris,* territoria, *que* dicti nobiles habent contigua, & indivisa terris, & jurisdictionibus nostris, *per modum, per quem consuetum est fieri inter nobiles, & quascumque personas alias* summarie & de plano dividant & limitent, *certis &* manifestis terminis appositis *in eisdem, ita quod de cetero super dictis territoriis cesset omnis materia questionis.*

(21) Concedimus *insuper eisdem de gratiâ, quod* inqueste, *que de cetero fient in* Senescalliâ ipsâ Petragoricensi *&* Caturcensi *in criminalibus, (a)* publicentur, *& earum copia partibus, si petierint, in scriptis tradatur, quodque omnes* inqueste *facte in dictâ Senescalliâ, per quoscumque officiales regios, vel per alios,* publicentur, *sive* criminaliter, *sive* civiliter *agatur, & sive sint* crimina publica, *seu* privata *quod pars ad objiciendum, si objicere voluerit admittatur.*

(22) Volumus *etiam &* concedimus *generose dictis nobilibus dicte Senescallie, quod* Senescallus & alii officiales *nostri aliquos* questionibus non supponant, *absque pronuntiatione, seu* sententiâ *in presentiâ partium per eos* proferendâ.

(23) Item. *Concedimus eisdem, quod de* criminibus commissis, *aut* contractibus prorsus completis *infra jurisdictionem ipsorum nobilium ubi agitur inter partes, officiales nostri* se nullatenus intromittant, *nisi in casibus* ressorti, *aut* negligentie, *vel aliis ad nostram spectantibus superioritatem, quodque, ubi non agitur inter partes, ipsi non possint negligentes reputari, nisi sint de jure.*

(24) Concedimus *etiam, quod si contingat* aliquos subditos suos, sub eorum jurisdictione degentes, committere *infra* eamdem jurisdictionem, *vel etiam extra eam* aliqua delicta, *propter que ipsorum bona de jure, vel consuetudine* debeant confiscari, *bona ipsa per* nobiles ipsos confiscentur, *& sibi prout eis* subjecta *fuerint* applicentur, *& quod non* impediantur *in hoc per* officiales nostros, *nisi in casu in quo de jure, vel consuetudine antiquitùs observatâ, nobis bona ipsa debeant confiscari.*

(25) Item. *Volumus & concedimus, quod* judices ordinarii, *seu* assessores *sui, dum eis per* Senescalli commissionem *fieri contigerit, vel aliis de causis emergentibus, de quibus cognoscere debent,* per se procedant, *absque dispendiis, satisfacto decenter notario de scripturis. Prohibemus que Senescallo, quod si talibus officialibus* stipendia *habentibus,* commissiones *fecerit, eis non permittat aliquod* salarium *recipere, nisi* commissio fieret *de partium* assensu, *inter quas questio ventilatur.*

(26) Item. *Concedimus, quod, si pro* casibus, *etiam ad* nostram jurisdictionem spectantibus, *vel alio quoquomodo,* subditos *ipsorum, per Senescallum, vel alios officiales nostros* banniri *contingat,* bona bannitorum hujusmodi, *ipsis nobilibus,* sub quorum jurisdictione fuerint, applicentur; *Et quod non impediantur in hoc per officiales nostros, nisi in casibus in quibus de jure, vel consuetudine antiquitùs observatâ, nobis bona ipsa debeant applicari.*

(27) Concedimus que, *quod pro* delictis commissis in jurisdictione ipsorum, delinquentes, *per officiales nostros, nullatenùs* banniantur, *nisi delicta talia sint, quorum cognitio, & punitio ad nos ratione superioritatis nostre spectet.*

(28) Concedimus *eis insuper, quod* nobiles *ipsi,* pro contractibus initis, *&* delictis commissis per eos, *vel eis in dictâ Senescalliâ, judicium subire* coram Senescallo, vel judice ordinario tantum habeant, *quodque si de facto* Parisiis, *vel alibi eos trahi contingat, parere non teneantur, nisi* per viam appellationis *legitime traherentur, ymo remitti habeant ad examen Senescalli, vel judicum predictorum, nisi forsan qualitas delicti, vel conditio personarum requireret, in quo casu* littere adjornamenti, *vel* mandati nostri, *in genere,* vel in specie, *de hoc facerent mentionem.*

(29) Item. *Concedimus quod* executiones sigillorum nostrorum dicte Senescallie *fieri habeant* per eosdem nobiles, *sub quorum jurisdictione* obligati ad sigilla *hu-*

NOTES.

(a) Publicentur.] Voyez les articles premier & sixiéme du premier livre des Establissemens de S.t Loüis, avec la note qu'on y a faite.

PHILIPPE V. dit le Long, à Paris, au mois de Juillet 1319.

hujusmodi morantur. *Et quod in hoc non impediantur per officiales, seu servientes nostros, nisi sint in deffectu super hoc, vel plus debito negligentes.*

(30) Preterea *nolumus, ymo expresse* prohibemus procuratoribus nostris, *ne ipsi in causis quibuscumque apponant se, aut* partem facere presumant, *nisi de* patrimonio, *aut* alio jure nostro *sine fraude agatur, vel jus publicum requirat, vel nisi aliter cognitâ causâ, a nobis, vel a Senescallo habeant specialiter in mandatis.*

(31) *Concedimus eisdem, quod si contingat* eos capi, *vel* eorum terram, *pro debitis suis, vel delictis eis impositis, ad* manum nostram *poni, terra ipsa, cum* minori custu *&* dampno, *quo fieri poterit, custodiatur, & non ponantur servientium garnisiones in terrâ, vel bonis ipsorum, nisi protervia eorum, vel negotii qualitas id exposcat.*

(32) Item. *Concedimus, si contingat aliqua per officiales nostros, vel alios, fieri & explectari contra premissa, vel aliquid ex premissis, ex quibus possit induci* prescriptio, *quod non noceat eis* prescriptio *aliqua,* quantumcumque longa sit, *sine* titulo, *quin premissa remanere debeant in suâ roboris firmitate, nisi sit talis prescripio, que vice tituli habeatur de jure.*

(33) Item. *Si officiales, vel servientes nostri, in terris dictorum nobilium aliqua,* contra concessiones nostras presentes, fecerint, *Nos ex nunc* Senescallo *moderno, & qui pro tempore fuerit, districte* mandamus, *quod si questio inde ad ipsum devenIat, illos taliter corrigat & puniat quod non immerito aliis transeat in exemplum.*

(34) Ceterum *prefatis nobilibus duximus concedendum, quod ex* concessione dicti quinti decimi *nobis ab ipsis, ut supra scribitur, factâ, jus novum aliquod nobis, seu successoribus nostris Francie Regibus acquiratur in posterum, nullum que per hoc generetur eisdem prejudicium, aut heredibus eorumdem.*

(35) Insuper *volumus & precipimus, quod statuta* per carissimum Dominum genitorem nostrum dudum pro reformatione patrie *edita, serventur, & executioni, juxta ipsorum tenorem, mandentur, & ea etiam tenore presentium ex certâ scientiâ* confirmamus, *precipientes* Senescallo moderno, *& qui pro tempore fuerit, ut absque alterius expectatione mandati, in suo primo adventu cujuslibet assisie ejusdem de statutis ipsis fideliter & firmiter observandis, debitum & solitum prestet personaliter* juramentum.

(36) Volumus *que ut fidelium nostrorum Baronum, & aliorum nobilium predictorum dicte Senescallie, eorumque hominum & subditorum* status & mores *in suis honoribus, ac jura ipsorum, usus,* consuetudines, franschisie, immunitates, libertates & privilegia *quecumque inconcussa penitus* observentur. *Quod si quid contra predicta, vel eorum aliqua, in eorum prejudicium, per predecessores nostros Reges Francie seu eorum, aut nostras gentes factum fuerit, seu etiam attemptatum, de quo legitime liquebit, a* tempore beatissimi Ludovici Regis proavi nostri, *nihilominus ea permaneant in suâ roboris firmitate.* Volumus *etiam quod si forte super hiis, vel aliquo premissorum* dubium inter gentes nostras & ipsos nobiles occurrere contingat, *quod* Senescallus noster, *prout ad ipsum pertinuerit,* vocato procuratore *nostro, & aliter evocandis, super hiis se informet* summarie & de plano, *& quod predictâ informatione* legitime repererit inviolabiliter observet, *& faciat observari, Et cum hoc dudum predicta nobis per eos exhibita fuerint, prout de ipsis in possessione, vel quasi erant tempore* prefati beatissimi Ludovici Regis, *ea ipsis libenter* confirmabimus, *pro ut nobis constiterit de eisdem. Quod ut firmum in perpetuum perseveret, salvo jure nostro in aliis, & quolibet alieno, presentes litteras nostri fecimus sigilli impressione muniri.* Actum Parisius, anno Domini millesimo trecentesimo decimo nono, mense Julio. Per Dominum Regem in Consilio suo majori. Joy.

(a) Ordonance

PHILIPPE V. dit le Long, à Clervaux, le 11. Novembre 1319.

(a) Ordonance contre les incendies, qui estoient frequents dans le Comté de Bourgogne, sous pretexte des guerres privées.

PHILIPPUS *Dei gratiâ Francie & Navarre Rex, Universis presentes litteras inspecturis*, Salutem. *Ad rei memoriam sempiternam bone rei dare consultum, & presentis habetur vite subsidium, ac eterne remunerationis spectare cernitur premium.* Proinde *cum in* Comitatu nostro Burgundie, *propter frequentium* guerrarum discrimina, *multa & illicita, presertim* incendia, depopulationes agrorum, vinearum, & arborum, captiones *&* arrestationes agricolarum, pauperum, & animalium eorumdem fuerint hactenùs *subsequuta, omnis que potestas ad regendum subjectos a Domino tributa fuerit, ad justitiam faciendam, ut ejus ministerio humana coherceatur audacia, tuta sit inter probos innocentia, & in ipsis improbis nocendi refrenetur facultas, & eripiantur de manu calumpniantium vi oppressi. Et considerantes quod officii nostri debitum invigilare habet remediis subjectorum; nam dum eorum excutimus onera, & scandala removemus ab ipsis, nos in eorum quiete quiescimus, & fovemur in pace. Tractatu, diligentique deliberatione*, cum Consilio nostro magno, *necnon cum* Prelatis, Baronibus, & majoribus dicti Comitatûs *prehabitis, pessimam & horrendam* incendiariorum *& aliorum, populum & pauperem aggravantium, & pro peccatis frequenter etiam alienis, que suos tenere debent autores opprimentium, maliciam detestantes*, Statuimus, ordinavimus, interdicimus, *&* prohibemus *omninò, jure*, potestate, & superioritate *ad nos spectantibus, seu spectare* valentibus, *ratione* Comitatûs *predicti, & in ipso Comitatu, ratione &* nomine dotis carissime consortis nostre Johanne, *dictorum regnorum Regine, ac carissime, Burgundie* Palatine. *Ne quis deinceps cujuscumque statûs, preeminentie, vel conditionis existat, pro odio & malivolentiâ, inimicitiâ, vindictâ, aut* guerrâ, ignem in dicto Comitatu, *vel intra* ipsum, *seu ejus pertinentias, in (b) domibus, castris, edificiis, vel aliis quibuscumque rebus, locis, vel bonis suis, vel alienis, apponere*, vineas, arbores domesticas & fructiferas scindere, destruere, extirpare, animalia quecumque trahentia, vel homines, *& res* deservientes carruge, vel aratro, aratra, sive carrugas, aliaque ad dicta aratra, carrugas, & agriculturam spectantia, *occasione* quacumque capere, *vel* arrestare per se, vel per alium quomodolibet presumat, vel attemptet, vel id facientibus dare consilium, auxilium, vel juvamen, seu aliquomodo receptare eosdem. *Si quis verò premissa, vel aliquod de premissis fecerit, aut fieri mandaverit, vel consenserit, tanquam* violator pacis, inimicus, & hostis publicus, *ab omnibus* habeatur, *& contra ipsum & ejus fautores, adjutores & receptatores, eorumque bona, sicut contra* pacis violatorem, *inimicum* & hostem publicum *procedatur, quousque emendam fecerit congruentem, quocumque usu hactenus in dicto Comitatu servato, in contrarium, quem usum, abusum verius reputamus, & quem cessare deinceps* volumus & decernimus, *non obstante.* Et ut premissa firma & stabilia perpetuò perseverent, nostra fecimus presentibus hiis apponi sigilla.

Nos verò Johanna Francie & Navarre Regina, Comitissa que Burgundie

NOTES.

(a) Cette Ordonance est au Tresor des Chartes, Registre 59. guichet 20. piece 172. & 373. Dans la piece 72. elle est datée, *Dominicâ decimâ primâ die Novembris, anno, &c.* ce qui n'est & ne peut estre autre chose que le 11. de Novembre. Voyez la Constitution de l'Empereur Frederic de l'an 1187. *De incendiariis & pacis violatoribus*, à la fin du livre des fiefs, & l'Ordonance de Philippes le Bel, du 9. Janvier 1303. page 390.

(b) *Domos & castra diriere.)* Ces mots ne sont pas dans la piece 72. du mesme Registre.

PHILIPPE V. dit le Long, à Clervaux, le 11. Novembre 1319.

(c) Palatina, omnia premissa, & singula, per carissimum dominum nostrum Regem, in dicto Comitatu nostro Burgundie, ad nos jure hereditario, *& ex successione clare memorie Domini* Othonis *quondam dicti Comitatûs Comitis, genitoris nostri carissimi, & in tractatu matrimonii cum dicto Domino nostro Rege nobis assignato pertinente, sicut premittitur, statuta, ordinata, interdicta & prohibita* laudamus, ratificamus & approbamus, *& eisdem ex certâ scientiâ, nostrum* prebemus consensum, *& eum* volumus *perpetuam habere roboris firmitatem. Et ut perpetuo firma sint, & valida, presentibus hiis nostrum, unà cum sigillo Domini nostri Regis,* fecimus apponi *sigillum. Datum in Abbatiâ Clarevallis, anno Domini millesimo trecentesimo decimo nono mense Novembri.*

Triplicata rescripta propter additionem clausule De non diruendis domibus, *aliàs signata per Dominum Regem.* Mordret. *Per Dominos Regem & Reginam.* Julianus.

NOTES.

(c) Palatina.] Voyez du Cange dans sa Dissertation 14. sur Joinville.

PHILIPPE V. dit le Long, le 3. Decembre 1319.

(a) Ordonance touchant le Parlement.

SOMMAIRES.

(1) Il n'y aura nul Prelat deputé pour le Parlement, & cependant les Prelats qui sont du Conseil du Roy y resteront.

(2) Il y aura au Parlement un Baron, ou deux.

(3) Il y aura huit Clercs, & douze Laïques, outre le Chancelier, & l'Abbé de Saint Denis.

(4) Aux Requestes il y aura quatre personnes.

(5) Aux Enquestes il y aura deux Chambres, une pour delivrer les enquestes du temps passé, & l'autre pour les enquestes à venir.

IL est ordené par le Roy en son Grant Conseil, sus l'estat de son Parlement, en la maniere qui s'ensuit.

Premierement. Il n'aura nulz *Prelaz* deputez en Parlement, car le Roy fait conscience de eus empeschier ou gouvernement de leurs experitüautez, & li Roys veut avoir en son Parlement genz qui y puissent entendre continuellement, sanz en partir, & qui ne soient occupez d'autres grans occupations. Toutes-voies l'entente du Roy n'est mie que les Prelaz qui sont de son Conseil, en soient pour ce hors, ainçois est s'entente, que il demeurent de son Conseil, & il les appellera à ses autres grans besoignes.

(2) Item. En Parlement aura *un Baron,* ou *deux.* Et desja le Roy y meit le *Comte de Bouloingne.*

(3) Item. Oultre le Chancelier, & l'Abbé de Saint Denis qui y seront, il y aura huit Clercs & douze Lays.

(4) Aux Requestes il y aura quatre personnes.

(5) Item. Es Enquestes aura deux Chambres, c'est assavoir une pour delivrer toutes les Enquestes du temps passé, jusques à aujourd'huy. Et l'autre pour délivrer celles qui avendront du jourd'huy en avant. Et en celles deux Chambres aura huit Clers & huit Lays jugeurs, & vingt-quatre Rapporteurs, pour le tout.

NOTES.

(a) Cette Ordonance est au Registre *Croix* de la Chambre des Comptes de Paris, feüillet 99. & 100. & au Registre *Qui es in cælis,* feüillet 126. *verso.*

PHILIPPE V. dit le Long, au vivier en Brie en 1319. vers l'Epiphanie publiée en la Chambre des Comptes le 17. Avril 1320.

(a) Ordonance touchant la Chambre des Comptes.

SOMMAIRES.

(1) Il y aura à l'avenir quatre Maîtres Clercs, dont deux seront Auditeurs *des Comptes, & les deux autres* Correcteurs, *&c.*

(2) Il y aura deux Clercs, pour tenir les comptes.

(3) Il y aura un troisiéme Clerc, qui tiendra le livre que l'on nommera journal, *où tout ce qui sera fait, sera registré.*

(4) Il y aura de plus huit Clercs, pour corriger les écrits.

(5) Ces onze Clercs demeureront en leurs hostels.

(6) Il n'y aura que trois Maîtres.

(7) Chacun viendra en la Chambre, le matin à heure düe, & y sera continuelement jusques à midy, sans parler.

(8) Nul compte ne sera rapporté sans les Maîtres Lais, & quand il aura esté entendu, on n'y pourra ajoûter, ni diminuer.

(9) Le Roy ne chargera les gens des Comptes d'aucunes Commissions.

(10) Chaque samedy les Maîtres & les Clercs establis à corriger, feront rapport aux autres des écrits qu'ils auront corrigez, afin qu'ils soient enregistrez au journal.

(11) On fera inventaire des écrits de la Chambre. Les corrigez seront mis d'un costé, & les autres d'un autre. Et ceux de chaque pays seront mis ensemble.

(12) Chaque jeudy de la semaine, les gens des Comptes seront aux Requestes, *& ce jour ils n'entendront point de Comptes, &c.*

(13) Les Seneschaus, les Baillis & les Receveurs n'employeront dans leurs Comptes, que la dépense ordinaire & necessaire.

(14) Les Seneschaux, les Baillis & autres Officiers Royaux ne pourront recevoir ce qui est dû au Roy.

(15) Tous les jours quand midy sera sonné, on voira s'il y a réponse à faire aux Letres des Baillis, des Seneschaux & des Receveurs, &c.

(16) Tous les Commissaires du Royaume viendront compter, dans le temps qui leur sera marqué.

(17) Ceux qui auront commission pour recevoir de l'argent, viendront compter dans l'année, & si leur commission dure moins que l'année, ils seront tenus de compter du jour qu'elle sera finie.

(18) Les Letres expediées pour les Commissaires, ne dureront qu'un an.

(19) Les Baillis & Seneschaux envoyeront en la Chambre par écrit toutes les forfaitures, *les* grosses amendes, *les* quints deniers, *les rachats, les morte-mains & les aventures, dûs & échûs en leurs Baillies, &c.*

(20) Les Baillis & les Seneschaux satisferont à l'article precedent, tous les ans une fois, à la Chandeleur.

(21) Le Roy ne donnera plus les amendes, les forfaitures, les quints deniers, ni les rachats, & les forfaitures *& les mortesmains, & autres choses semblables, seront vendües par les Baillis, les Seneschaux & les Receveurs, & l'émolument sera employé dans la recepte ordinaire, ainsi que les quints deniers & les rachats.*

(22) Les Seneschaux, Baillis, Receveurs & Commissaires, dés qu'ils seront créez & establis, iront faire leur serment en la Chambre des Comptes, &c.

(23) Si quelques personnes se plaignent de quelques sentences rendües contr'elles par la Chambre, il n'y aura point d'autres Commissaires que de la Chambre, avec deux, trois ou quatre personnes du Parlement, &c.

(24) Nulles Lettres du grand Scel, ni de la Chambre, ni nulle cedulle de tour de Compte ne seront signées, avant qu'elles soient accordées en la presence de tous, sur le Bureau, &c.

(25) Tout ce qui est marqué cy-dessus sera executé. Et si par erreur le Roy ordonnoit quelque chose contre, on n'y auroit aucun égard.

CE est l'Ordenance que nous avons faite pour nostre Chambre de nos Comptes, l'an mil trois cens dix-neuf, au Vivier en Brie.

NOTES.

(a) Cette Ordonance est au Registre *Pater* de la Chambre des Comptes de Paris, feüillet 60. Cette mesme Ordonance est aussi au Registre *Croix,* fol. 93. *verso,* & y commence ainsi.

Ce est l'Ordenance que nous avons faite pour nostre Chambre des Comptes, & du Tresor, au Vivier en Brie, environ la Typhanie 1319. publiée en ladite Chambre par Mr de Sully, le 17. jour d'Avril l'an 1320. & lors fit . . . le serement, & le Tresorier aussi, qui ne fu lors establi que comme garde, mais il fu conferme pour Tresorier seul, environ la Chandeleur cet an meesmes.

PHILIPPE V. dit le Long, au Vivier en Brie en 1319. vers l'Epiphanie, publiée en la Chambre des Comptes le 17. Avril 1320.

Premierement. Pour la grant multitude de Comptes qui ſunt à corrigier, & amender en ladite Chambre des temps paſſés, en quoy nous ſoutenons moult de damages, & pluſieurs gens en ſunt en peril, juſqu'à tant que il ſoient amandés & bonnement ne ſe peut faire, ſans avoir plus grant nombre de Maîtres Clers, *Voulons & ordenons* que il ait en ladite Chambre *quatre Maîtres Clercs*, cheſt aſſavoir les trois qui y ſunt en preſent, & Maître Jehan *Mignon*, que Nous y mettons de nouvel, Et avons *ordené* que deſdits Maîtres Clercs, les deux ſeront touſjours continuellement en la Chambre, *pour oir* les Comptes, & les autres deus ſeront continuellement en bas, *pour corrigier* les Comptes, dont l'un ſera chargié de corrigier les Comptes anciens, juſqu'au temps noſtre chere frere *le Roy Loüis*, & l'autre corrigera ceux du temps dudit noſtre frere, & de noſtre temps. Et dés maintenant ſera fait inventoire de tous les Comptes qui ſunt à corrigier, & puis ſeront mis pardevers ceux qui à eux corrigier ſeront eſtablis, *Et voulons* que par nos amez & feaux *l'Evêque de Noyon, & le Seigneur de Sully*, ſoient ordené, cil qui ſeront *à oir* les Comptes, & les autres qui *corrigeront.*

(2) Item. Avons ordené, & *Voulons* que en la Chambre, là où les Comptes ſeront oys, ait deux *Clercs pour tenir* les Comptes.

(3) Item. Un tiers pour tenir un livre que on appellera *Journal*, lequel Nous voulons dés maintenant avoir en ladite Chambre, pour enregiſtrer touttes choſes qui ſeront faittes en laditte Chambre, enquel regiſtre *Nous voulons* que touttes choſes qui y ſeront faites ſoient *enregiſtrées*, chacun jour, par lequel livre on puiſſe ſçavoir toutes choſes qui fait y ſeront, dont il convient avoir memoire, & celuy *tiers Clercs* aidera à tenir les Comptes quant meſtier ſera, & autres choſes convenables faire.

(4) Item. Avons *ordené*, que avec les trois Clers deſſuſdits, ait *huit Clers*; qui entendront continuellement, & à matin, & aprés diſné, aus jours à ce ordenés, *aux eſcripts corrigier*, deux & deux enſemble, dont les quatre ſeront pour les eſcrits juſqu'à la mort noſtre tres cher pere, & les autres quatre pour les eſcrits dudit temps en ença.

(5) Item. Avons ordené, & voulons que leſdits *onze Clers* demourront en leurs hoſtiex tous par eux, ſans ce que nuls des *Maîtres* en tiegnent point avec euls.

(6) Item. Nous avons ordené que en notreditte Chambre, n'ait que trois Maîtres Lais, C'eſt aſſavoir Guillaume *Courteheuſe* noſtre Chevalier; Martin *Des Eſſards* & Giraut *Gueite*, nos familiaus.

(7) Item. Voulons & Commandons que chacun viengne en la Chambre matin à heure deüe, & y ſoient continuellement juſqu'à midy, en oyant & delivrant la beſoingne, qui auroit eſté commencié, ſans euls partir, ne entendre à autre beſongne de leurs amis, ne d'euls, ſe eſpecial mandement n'avoient de nous.

(8) Item. Voulons que nul Compte ne ſoit oy, ſans les *Maîtres lays*, ou aucuns d'eux, & par commun aſſentement prengnent ceux qui feront à oyr devant. Et deffendons que puiſque les Comptes ſeront oys, nulle choſe n'i ſoit adjoutée ne oſtée, que ne fut en preſence de tous.

(9) Et pour ce que les gens de nos Comptes puiſſent miex entendre en ce que à euls appartient faire; *avons ordené*, que Nous ne les chargerons de nulle Commiſſion, qui non appartiegne en la Chambre.

(10) Item. Avons ordené & voulons, que *chacun Samedy* les *Maîtres* & les *Clers*, qui ſeront *eſtablis à corrigier* les eſcrips, rapportent aux autres *quiex eſcrips il auront corrigiez*, & ſoient enregiſtrées en journal.

(11) Item. Voulons & ordenons que *inventoire* ſoit fait de tous les *eſcrips* de la Chambre, & les corrigiez mis d'une part, & les autres d'autre, & chacuns eſcrips d'un pays mis enſemble, en huches diviſeement, & ceux des *diſiémes* & des annexes & impoſitions d'autre part.

(12) *Item.*

(12) *Item.* Voulons que chacun Jeudy, touttes les *gens des Comptes* soient *aux Requestes*, pour delivrer la bonne gens. Et icelui jour n'en oiront point de Comptes, & iceluy jour delivreront les *Enquestes*, que il aront devers euls. Et deffendons que en tous les autres jours de la semaine, nulle *Requeste* ne soit oye *laienz*, mais continuellement entendent aux Comptes oyr & corrigier, si comme ordené seront.

PHILIPPE V. dit le Long, au Vivier en Brie en 1319. vers l'Epiphanie, publiée en la Chambre des Comptes le 17. Avril 1320.

(13) *Item.* Nous voulons & ordenons que és Comptes des Seneschaux, Baillis & Receveurs, on ne compte riens, fors seulement *la depence ordinaire & necessaire.* Et s'ils avoient faits aucuns *payemens par assignation,* qui fussent tournés pardevers le Tresor, & par le Tresor rendus en la fin de leurs Comptes, si que on puist miex veoir que nostre demaine vaut, & plus legierement corrigier les escrips, & sçavoir nostre estat.

(14) *Item.* Que nuls, ne Bailly, ne Seneschal, ne autre Official du Roy ne reçoive riens, fors que les Receveurs à ce establis.

(15) *Item.* Pour ce que plusieurs *lettres* de Seneschaus, Baillis, Receveurs ou autres viennent souvent en ladite Chambre, là où il convient *hastivement respondre,* ou autrement y pourroit avoir peril, ou damage du delai. *Nous voulons & mandons* que chascun jour au departir de la Chambre, puisque *midy sera sonné,* en regarde s'il y a à faire nulle responce, & que sans faillir on la face, & delivre avant que on s'envoit d'illec. Et s'il y a chose dont il conviegne avoir nôtre deliberation, que ce jour meismes on le nous escrive, & fasse assavoir.

(16) *Item.* Nous avons *ordené* que tous Commissaires de nôtre Royaume, viengnent compter, & soient mandés pour ce faire dedens certein temps, & sus bonne peine laquelle il encourront, se il sunt deffaillant.

(17) *Item.* Que ceuls qui ont, ou auront *commission de recevoir argent,* soient tenus par leur serment à rendre compte chascun an de ce qu'il auront fait, se plustost ne failloit leur Commission, en quel cas il seront tenus de compter leur Commission faillie.

(18) *Item.* Que és *lettres* qui seront faites pour les Commissaires dessusdits, soit mis que il ne dureront que *jusqu'à un an tant seulement,* si que on voie que en ce temps il auront fait.

(19) *Item.* Nous *voulons* & ordenons que il soit mandé à tous nos Seneschaux & Baillis, que il envoyent par escript en *ladite Chambre* touttes les *forfaitures, grosses amandes, quints deniers, rachapts & mortemains & aventures,* & aussi les *gros cas & fais qui seroient escheus* en leurs Baillies & Seneschaucies, de tout le temps passé, jusqu'à ore. Et se ceuls à qui il a esté mandé ne l'ont fait, qu'ils soient punis, si en telle maniere que les autres y prengnent exemple.

(20) *Item.* Nous voulons que lesdits Seneschaux & Baillis envoyent en ladite Chambre par escript, touttes les choses dessus dittes, *chacun an une fois dedens la Chandeleur,* & qui en sera deffaillant soit privé de son office, ou autrement griefment *puny.*

(21) *Item.* Pour nostre proffit, *Nous avons ordené & ordenons* que Nous *ne donrrons amendes, forfaitures, quints deniers, ne rachapts à personnes quelles qu'ils soient,* pour eux guerredonner, ne pour autre cause, més se ainsy estoit que les personnes sus qui tiex choses devroient estre prises, ou aucun de leur lignage prochein Nous auroient fait aucuns services, parquoi nous leur fussons tenus à guerredonner, à tiex personnes ferion nous graces sus ces choses, selonc ce que nous serions tenus à euls, & tel cas nous leur donrrons sus certaine somme, & einsi toutes *forfaitures mortes-mains & choses semblables, seront venduës & exploitiés par les Seneschaux, Baillis & Receveurs, & tout l'émolument mis en leur Recette ordi-*

NOTES.

(a) Cet article n'est que dans le Registre *Croix,* & non au Registre *Pater.*

PHILIPPE V. dit le Long, au vivier en Brie en 1319. vers l'Epiphanie publiée en la Chambre des Comptes le 17. Avril 1320.

naire, & autre tel soit fait des *amendes, quints deniers, ou rachapts*. Et ce que Nous *donrons* par la maniere dessus ditte, sera *payé* par la main de nos *Receveurs*, & mis en leur Comptes en dépense par le Tresor, si comme aprés sera divisé. Et tous dons que Nous ferons aux autres gens quiex que il soient, seront payés par nostre Tresor.

(22) Item. Nous *voulons & ordenons* que tous *Seneschaux, Baillis, Receveurs & Commissaires*, tantost comme il seront creés & establis és Offices de par *Nous*, viengnent en *la Chambre de nos Comptes* devant ditte, pour faire illec leur *serment*. Et voulons que nostre Chancellier envoie leurs lettres de leur Offices en ladite Chambre, là où il seront renduës & delivrées, faits les sermens dessusdits, afin que les Gens de nos Comptes soient miex enfourmez de les appeler à compte, & de leur escrire & mander ce que mestier sera, & de sçavoir leurs nons, & qui ils sunt. Et voulons que des meilleurs & des plus sages & des plus feaux personnes que on pourra trouver, soient pourveûs aux Offices & qu'il n'y ait nuls Receveurs dehors du Royaume.

(23) Item. Nous *voulons & ordenons, que* ou cas que aucun se plaindroit devers *Nous*, d'aucuns *griés*, ou d'aucunes *Sentences*, qui aroient esté données contre euls, en *laditte Chambre*, on ne doint Commission, ne ne face l'en autres *Commissaires que de ladite Chambre*, més *voulons* & *Nous plaist* que on prengne *deux, ou trois, ou quatre personnes de nostre Parlement*, sages & souffisans, selon ce que les cas requerront, qui avec les gens de *nostredite Chambre* soient, toutesfois que mestier sera. Et se on y treuve aucune chose à *corrigier*, ou *amender*, qu'il soit fait en leur presence; quer les choses de la Chambre convient il tenir *secretes*, pour eschiver le mal qui s'en pourroit ensuivre, qui autrement le feroit, quer moult de inconveniens sunt aucune fois venus du contraire.

(24) Item. Nous *voulons & ordenons* que nules *lettres de nôtre grand Seel*, ne de *la Chambre*, ne soit signée, ne passée, sus quel fait que ce soit, devant que elle soit levée, & accordée en la presence de tous, sus le *Burel*. Et nulle cedulle de tour de Compte ne se fasse, qui ne soit leüe sus le *Burel* en la presence de tous. Et voulons & enjoingnons, par serment, à tous ceuls de ladite Chambre, que nuls escrips de ladite Chambre il ne meittent hors, pour nul besoing, se *Nous* ne le mandons, ne ne les monstrent aux gens étranges. Et se par aventures aucuns en ont esté mis hors, que tantost il soient rapportés & remis arriere.

(25) Item. Nous *voulons & ordenons*, establissons & commandons, que les *choses dessusdites, touttes & chascune d'iceles soient tenües, gardées & accomplies* fermement sans enfreindre ne venir encontre. Et se il avenoit que *par erreur*, ou oubliance, si comme aucune fois avient, nous passissons, ou octroissons aucune chose contre la teneur ou l'entente de nos Ordenances dessus dittes, *Nous voulons qu'il ne soit mis à exeqution* més soit delayé & retardé, jusqu'à tant que de ce on nous ait avisé pour en dire & esclaircir nostre final entente, & ce meismes entendons nous de toutes nos autres Ordonnances.

PHILIPPE V. dit le Long, à Paris, le 6. May 1320.

(a) Mandement adressé au Seneschal de Beaucaire, touchant les Francs-fiefs.

PHILIPPUS *Dei gratiâ Francorum & Navarræ Rex, Senescallo Bellicadri*, Salutem. *Intelleximus quod in Senescalliâ vestrâ, plures* Ecclesiæ, & Ecclesiast-

NOTES.

(a) Ce Mandement, qui est au Registre D de la Seneschaussée de Nîmes, où il fut envoyé, comme dans les Seneschaussées de Beaucaire & de Carcassonne, fut publié à Nîmes le 2. Juillet suivant.

ticæ personæ, Religiosæ, & seculares *in feudis, retrofeudis laïcis, allodiis, & censivis temporalibus, nonnullæ quoque* personæ non nobiles, *in feudis nobilibus, magnas acquisiverunt possessiones, & non modica tenementa, quæ sine nostrâ, vel prædecessorum nostrorum gratiâ, & licentiâ eis per financias factas propter hoc, vel aliàs rationabiliter* tenere non possunt, *quod in nostrum superioritatis nostræ redundat præjudicium, atque damnum; Quare* mandamus *vobis præcipiendo districtè, quatenus diligenter, & sollicite vos* informare & inquirere studeatis, de omnibus personis expressis superius, *quæ in vestrâ Senescalliâ hujusmodi acquisita fecerunt, pro quibus nobis, vel prædecessoribus nostris* nulla financia facta extitit, *aut super hoc nullam a nobis, vel dictis nostris prædecessoribus gratiam habuerunt, & omnia acquisita hujusmodi de quibus liquebit,* ad manum nostram ponatis & teneatis, & fructus provenientes ex inde levetis, quousque vobiscum super hoc finaverint, *aut vobis ostenderint gratiam a nobis, vel prædecessoribus super hoc sibi factam; rescribentes nihilominus dilectis & fidelibus nostris gentibus computorum nostrorum Parisius, per vestras expressas litteras, omnia adquisita prædicta, quæ ad manum nostram posita fuerint, occasione prædictâ, præmissa sic celeriter & seriose adimplentes, quod in nostris proximis compostis super hoc sufficienter respondere & de his quæ de præmissis levaveritis computare possetis cum nostris gentibus supradictis.* Datum Parisius sextâ die Maii, anno Domini millesimo trecentesimo vigesimo.

PHILIPPE V. dit le Long, à Paris, le 6. May 1320.

PHILIPPE V. dit le Long, à Paris, le 17. May 1320.

(a) Ordonance touchant les Forests.

SOMMAIRES.

(1) Le Roy ne fera plus de dons d'argent, ou de merrein, à prendre sur les ventes de ses Forests.

(2) Les Maîtres feront faire livrée d'une certaine quantité d'arpens des Forests du Roy, sur lesquels les dons par luy faits seront pris. En faisant les livrées ils auront égard à la differente valeur des differens arpens. Et les Verdiers, ou Maîtres Sergens qui auront reçû les livrées à compte, le rendront chacun an aux Maîtres des Forests.

(3) Les Maîtres qui feront faire les livrées, vendront aux encheres les bois des routes qu'ils feront faire, & il compteront de ce qui en proviendra, aux Seneschaus & Receveurs, au profit du Roy.

(4) De toutes les ventes qui seront faites, les Marchands bailleront par chaque 40. sols, une livre de cire, *pour l'hostel du Roy, ou de la Reine.*

(5) Quand le Roy fera don de bois pour bastir, ou pour brûler, ce sera sur les livrées. Le prix en sera marqué dans les letres de don. Et si le bois donné n'est pas bon à bastir, il sera employé à brûler, &c.

(6) Le Chancelier ne scellera aucunes letres, où il y ait non contrestant les Ordonances.

(7) Les letres de Don de bois seront envoyées en la Chambre des Comptes, où le nom de ceux à qui le don aura esté fait sera registré, & avant que de receveir leurs letres, ils jureront qu'ils feront couper les bois à leurs cousts, &c.

(8) Les Verdiers, ou maîtres Sergens jureront, qu'ils ne souffriront que ceux qui auront des dons de bois, les vendent, les donnent, ou les échangent.

(9) Les letres de Don de bois surannées seront nulles.

(10) Les Maîtres des Forests feront jurer les Marchands, qu'ils n'acheteront, ni ne feront acheter de personne, les bois donnez par le Roy.

(11) Les personnes à qui le Roy aura fait dans ses Forests des dons d'usage à vie, ou à heritage, en joüiront conformement à leurs letres.

(12) Les Maîtres des Forests jureront qu'ils feront observer les presentes Ordonances.

(13) On ne fera aucunes ventes extraordinaires, ni à deniers secs.

(14) Nulle beste n'ira en taillis, jusques à ce que le bois se puisse deffendre.

(15) Les Sergens des Forests seront crûs de leurs prises, lors qu'il n'y aura qu'amende pecuniaire.

(16) Les Sergens des Forests ne répondront pour le fait des Forests, que pardevant les Maîtres & les Gruiers, ou Maîtres Sergens.

(17) Les poissons des Estangs du Roy seront vendus à prix d'argent.

(18) Avant que les dons de Poissons faits pour le Roy, sur quelque Estang puissent avoir

PHILIPPE V. dit le Long, à Paris, le 17. May 1320.

effect, les Viviers, ou Estangs voisins seront peuplez.

(19) Les maîtres ne feront aucun marché de poissons avec ceux de leur lignage.

(20) Les Sergens des Forests ne pourront prendre aucun bois verd ou sec, que par la livrée des Verdiers.

(21) Les Sergens des Forests pourront prendre les malfaiteurs, qu'ils trouveront saisis des bois, ou des bêtes volées.

(22) Toutes ventes de bois, & de toutes seront faites aux encheres.

(23) Chaque Maître des Forests, ou chaque Enquesteur choisira une Baillie, sur laquelle il prendra ses gages.

(24) Les mesureurs prendront par les mains du Commandeur du Bailly, & par ses letres, ce qui leur sera dû de leurs gages.

(25) Les aumônes de bois faites aux freres Precheurs & Mineurs, ou autres Religieux leur seront delivrées.

PHILIPPE par la grace de Dieu Roy de France & de Navarre, à nos amez les Mestres de nos Forés, *Salut & dilection.* Sçavoir vous faisons, que pour le grant proffit de Nous, & de nostre Royaume, & de touz les Marcheanz de noz Forez, & pour eschiver les fraudes & les malices de moulte de genz, qui nous ont demandé, ou pourroint demander, pour le temps à venir, bois pour edifier & pour ardoir, Nous eüe deliberation avec nostre Grant Conseil, avons fait les Ordenances qui s'ensivent.

Premierement. Pour ce que nous avons donné si grant quantité d'argent & de merrien sus les ventes de noz Forez, que le prix des ventes, & les émolumens d'icelles sont si tournez en ces dons, que les ventes des Forez sont aussi comme de nulle valüe, Nous *ayons ordené* que nous ne donrrons plus d'argent, ne de merrien sus noz ventes, ne en noz ventes, & tournera tout le prix & les émolumens d'icelles entierrement par devers Nous.

(2) Item. Les Mestres des Forez feront faire livrées és Forez, où nous donnons ou donrrons continuellement bois d'une quantité de arpens telle comme il verront que ce sera bon à faire, selonc la quantité & l'estat de la Forest, où noz dons seront livrez. Et pour ce que les *Verdiers, ou mestres Sergens* des Forez font aucune foiz, & ont fait, ou temps passé, moulte de fraudes, esdiz donz, en delivrant à aucun bois de greigneure valüe, que il ne devoient, pour les grans dons & remunerations que il en avoient, & aus autres bois de meindre valüe, que il ne deussent, combien que nous fussions plus tenuz par moulte de justes causes à iceus, que aus autres, *Ordené est* que quant les livrées seront faites en la maniere dessusdite, és lieus des Forez, là où il sera avis aus Mestres d'icelles, que nostre damage mendre & des Marcheanz des Forez y pourra estre, les diz Mestres, ou celui d'iceus qui la fera faire, par le regart des bonnes genz, qui se recongnoissent en ce, regardera en icelle livrée selonc le nombre des arpens qui sera contenu, qu'aucuns arpens il y aura de greigneur pris, qu'aucuns du moien, & qu'aucuns du mendre. Et les fera *laier & mesurer,* & ainsint les bailleront, les diz Mestres des Forez, ou celui d'iceus qui ladite livrée fera faire, par compte, par nombre, par pris, aux *Verdiers ou aus Mestres Sergens* desdites Forez, où lesdites livrées seront faites, en la maniere dessus dite. Et seront tenuz lesdiz *Verdiers,* ou Sergens de rendre compte desdites livrées chascun en sa garde, aus diz Mestres des Forez, comment, à qui, & par quel commandement il aura livré, ou despendu ladite livrée, avant que autre nouvelle livrée soit faite en ladite Forest, Et seront tenuz lesdiz Mestres à chascun par soy, qui recevront les diz Comptes des diz *Verdiers, ou Sergens,* à porter, & bailler les dites Comptes en la Chambre des Comptes à Paris. Et pour ce que les Forez de Vernon, de *Andely,* du Trait & de la Haye, *d'Arches, de Saint Germain en Laye, de Queruelles, de Halate & de la Haye*

NOTES.

(a) Cette Ordonance qui est presque en tout la mesme que celle du 2. Juin 1319. donnée à Asnieres, est au Registre *Creix* feüillet 110. 111, 112. & au Registre *Qui es in cælis,* feüillet 139. au Registre *Noster* feüillet 125. & au Registre *Pater* feüillet 158. en la Chambre des Comptes de Paris.

Wisines

Wifines sont si petites & foulées, que dons n'y pourroient estre faiz sans trop grant dommage de nous, ordené est que len n'y fera nul don.

PHILIPPE V. dit le Long, à Paris, le 17. May 1320.

(3) *Item.* Il est ordené que les diz *Mestres des Forez*, qui feront faire les dites livrées en la maniere dessus dite, vendront à *enchiere*, à terme souffisant, les bois des *romptes*, que il feront faire és dites livrées, en la maniere dessus dite, & bailleront le pris de la vendüe du bois des dites *romptes* aux Seneschaus, Baillis ou Receveurs, pour compter en, & tourner en nostre profit. Et pour ce que il faut faire despens, ou mises à faire lesdites romptes, les Marcheanz, qui achepteront les dites *romptes* poiront iceus despens, ou mises, par le commandement des Mestres des Forez, duquel paiement il prendront les letres desdiz *Mestres*, ou de celui qui fera les dites livrées, par lesqueles *letres*, les Seneschaux, Baillis, ou Receveurs seront tenuz à rabattre ausdiz Marcheans ce que il auront baillié par le commandement dessusdit, Et se lesdiz mestres n'y pooient estre, pour aucuns empeschemens, ou que elles ne peussent estre vendües, eus estanz au lieus, que li *Mesurieres*, ou li *Verdiers* des lieus les puisse vendre, & faire paier les despens faiz sur ce, en la maniere dessus dite.

(4) *Item.* Ordené est, que toutes les *ventes* que les mestres vendront, les *marcheans* poieront, *de quarante sols, une livre de cire*, & leur sera mis en convenant au marché faire, & tournera toute ladite cire pardevers Nous, & pardevers la Royne, pour la garnison de noz hostiex.

(5) *Item.* Ordené est quant Nous voudrons donner bois pour édifier, & pour ardoir, Nous le donrrons à prendre és livrées qui seront faites en la maniere dessus dite, & sera fait mencion en nostre lettre, duquel pris Nous voudrons que l'en livre à celui à qui le don sera fait, du greigneur pris, du moien, ou du mendre, selonc la condition & l'estat des personnes, à qui nous le vourrons donner, soit pour *édifier*, ou pour *ardoir.* *(b)* Et n'en livrera l'en point du grant pris, ne du moien, s'il n'est mandé par noz autres lettres que celles du don, lesqueles les *Verdiers* retendront devers euls, pour en rendre compte, & sera faite encore mention en noz lettres, que il n'en puissent point vendre, donner, ne estranger, à poine de perdre le bois, ou autant avec. Et se il estoit ainssi que celui à qui nous arions fait dons de bois pour édifier, veist que il ne fust pas tout bon pour édifier, il pourra faire buche pour son ardoir, de celui qui ne seroit pas bon pour édifier, se ainssi est que nous en facions mencion en la lettre du don. Toutesfoiz nostre entencion est que les dons que nous & noz predecesseurs avons acoustumé à faire par charrettées, ou par moulles, de an en an, aus *poures mendians* de nostre Royaume, comme aux *freres Prescheurs, Meneurs, Augustins, Carmelistres, bons enfanz*, maladeries & mesons Dieu, & autres poures Eglises, se feront en maniere acoustumée & seront livrées par les Baillis & Seneschaus des lieus.

(6) *Item.* Il est, a esté, & sera enjoint de par Nous à *nostre Chancelier*, qui ores est, & qui pour le temps avenir sera, par son serment, & par la loiauté qu'il nous doit, il ne face seeller nulles lettres, esqueles il ait contenu *non contrestant les Ordenances* devant dites, Et que lesdiz mestres des Forez, ou aucun d'iceus, ou autres quiconque il soient, facent, ou doient faire aucune chose qui soit, ou doie estre contre ces presentes Ordenances ou aucunes d'icelles.

(7) *Item.* Celui qui rent, ou rendra les lettres de la Chancelerie, sera tenu par son serment, à envoier toutes *les lettres des dons, & des bois en la Chambre des Comptes*, & deputeront les mestres de ladite Chambre, un des Clers, qui les recevra & enregistrera devers euls, & ceus à qui nous aurons donné, en la maniere dessus dite, iront en ladite Chambre en leurs propres personnes, querre leurs lettres, & jureront sus *sainctes Euvangiles*, devant celui qui rendra lesdites lettres,

NOTES.

(b) Et n'en livrera l'en point.] Cet article est plus ample dans cette Ordonance que dans celle du 2. Juin 1319.

PHILIPPE V. dit le Long, à Paris, le 17. May 1320.

que il feront couper, manouvrer & charier à leurs propres cous, le bois donné, & que il le mettront tout ſanz fraude, & ſanz rien vendre, ne donner, à l'euvre, pourquoy nous leur aurons donné. Et ſe il avient que nous donnons bois à Abbayes, Chapitres, à Communautez de Villes, à Ygliſes Parroichialles, Freres Preſcheurs, & Meneurs, ou à tele maniere de gent, ou de religion, qui de neceſſité ſe gouvernent par Procureurs, ou par Sindicqs fondez ſouffiſamment ſeur ce, leſdits Procureurs, ou Syndiques vendront faire en propres perſonnes le ferment deſſuſdit, en la maniere que deſſus eſt deviſié, avant que il aient leurs lettres.

(8) Item. Les *Verdiers,* & les *Meſtres Sergens* des Forez, qui ores ſont, feront tenuz à jurer aux Meſtres des Forez, que il ne ſoufferront que nul de ceus à qui nous donnons bois, ſi comme dit eſt, en puiſſe vendre, donner, ne permuter aucune choſe du bois qui à lui ſera donné, ne convertir, que à cel uſage comme nous li aurons donné, & ſi comme deſſus eſt dit. Et ſe les diz *Verdiers,* ou *Meſtres Sergenz* le ſeuffrent à faire, il feront en amende volentaire, & ſi perdront leurs ſervices. Et quant il avendra que nous dourrons aucune *verderie,* ou *Meſtre Sergenterie,* à aucun Sergent, *icelui jurera* devant celui qui rendra les lettres en propres perſonnes, que il tendra leſdites Ordenances de point en point en la maniere, & à la poine deſſus dite.

(9) Item. Ordené eſt que ſe nous donnons bois à aucun, ſi comme dit eſt, & celui à qui il ſera donné ne le prent & lieve dedans l'an, ſa lettre que il aura du don ſera de nulle valüe, & nous demourra le bois.

(10) Item. Ordené eſt que les Meſtres des Forez qui ores ſont, & qui pour le temps à venir feront, feront jurer *les Marcheans* qui tiennent, & tendront les ventes des Forez, que il n'acheteront, ne ne feront acheter de nullui, quiconques il ſoit, bois donné de Nous, & ſe autres gens l'achetoient il le feront tantoſt ſavoir aus Meſtres des Forez, & ſe ainſſi eſt que il ne le facent en la maniere deſſuſdite il feront en amende volentaire.

(11) Item. Ordené eſt que, ſe nous donnons, ou donnions ou temps à venir aucuns dons en nos Forez, ſoit de *uſaige,* ou autre choſe *à vie,* ou *à perpetuité* que il n'en pourroit faire autre choſe, que en la fourme & en la maniere que il eſt contenu en leurs lettres, ſus poine de perdre leurs uſages, ou feront en amande volentaire condempné.

(12) Item. Les Meſtres des Forez qui ores ſont, ou temps à venir feront, jurreront que il garderont, & feront garder à touz leurs poairs, toutes les Ordenances deſſuſdites & chaſcunes d'icelles.

(13) Item. L'en ne fera decy en avant nulles ventes *extraordinaires,* ne ne vendra l'en point de bois *à deniers ſecs.*

(14) Item. Ordené eſt que nulle beſte n'yra en taillis, juſques à tant que le bois ſe pourra deffendre des beſtes, pource que une beſte qui ne vaut mie 60. ſols, ou 4. livres, puet faire dommage de 100. ſols, ou de plus en une année.

(15) Item. Ordené eſt que chaſcun Sergent des Forez ſera creu par ſon ferment des priſes que il fera, où il ne cherra que amande pecuniaire, car il convient que li Sergent quierent les malfaicteurs des Forez le plus coiement que il peuent, & ſe il aloient querre teſmoins, li malfaicteurs s'en pourroient aler avant que il reveniſſent, ne ne peuent mie touzjours mener teſmoinz pour teſmoigner leurs priſes, ſe ainſſi n'eſt que il y ait menaces, ou hayne entre le Sergent & celui qui ſera prins, tele que li Meſtre des Forez voient que li Sergent le facent pour grever celui, ou que le meffait ne puiſſe eſtre prouvé par bonnes genz non ſoupeçonneus.

(16) Item. Ordené eſt que les Sergens des Forez ne reſpondront devant nul Juge, pour le cas des Forez, ce n'eſt devant le Meſtre des Forez, les Gruiers ou Meſtres Sergens, car ſe on les faiſoit ſemondre hors, en tant comme il demourroient, pourroit l'en domager les Forez en bois ou en beſtes.

(17) Item. Ordené eſt que quant nous voudrons donner des poiſſons de nos

estanz ou viviers, soit noureture ou gros poisson, Nous le dourrons par pris d'argent, soit dix livres, ou vingt livres, ou tant comme il nous plaira. Et seront prins & peschiez, aus despens de celui à qui nous les dourrons.

PHILIPPE V. dit le Long, à Paris, le 17. May 1320.

(18) *Item.* Il est ordené que quant nous ferons dons de poissons, comme dessus est dit, en aucuns de noz *viviers*, ou estans, & ledit vivier, ou estanc, où le don sera fait, *estoit souffisamment garni*, ou *pueplé*, & il est aucun de noz estanz prés d'ilec, qui ne fust pas souffisamment peuplé, & que on y peust mener la noureture dudit vivier, où nous arions fait dons, tout feust il bien garni & peuplé, l'en peuplera ençois les noz diz viviers qui mestier en aront, ains que ledit don soit acompli.

(19) *Item.* Nulz Mestres des Forez, ne vendront nuz de noz marchiez de poissons, ne de forest, à nul de leur lignage, ne conjoint par mariage.

(20) *Item.* Pour ce que nous avons entendu que plusieurs Sergenz de noz Forez ont vendu, & fait plusieurs fraudes, souz l'ombre de ce que il prenoient pour leur ardoir en leurs gardes, ou ailleurs esdites Forez, Nous voulons que il ne preingnent point de bois, ne vert ne seic, en leur garde, ne ailleurs, fors par livrée du Verdier, ou Mestre Sergent de la Forest.

(21) *Item.* Il est ordené que touz les Sergenz des Forez pourront prendre touz *malfaicteurs*, qui de coustume ancienne aprouée ne le peuent faire, que il trouveront saisiz *de leur meffaiz*, soit de *bois, ou de bestes*, par tout là où l'en les pourra trouver *hors lieu saint.* Se ainssi estoit que aucun malfaicteur, ou aucun meffait leur feust accusé de bois, ou de bestes *en la terre de haut justicier*, les diz Sergenz iront à la justice du lieu, & la justice sera tenüe d'aler avec euls, ou envoier au lieu où le meffait sera, & se il en estoient negligenz, lidit Sergent pourroient justicier, & prendront lidiz malfaicteurs par leur deffaut, & se aucun malfaicteur s'enfuioit, il le penrroient en fuiant, en quelque lieu que il le trouveroient, *hors lieu saint*, si comme dessus est dit, soit en nostre propre demaine ou d'autre.

(22) *Item.* Toutes ventes de bois & de romptes desdiz bois seront des-ores-en-avant venduës par enchieres, & se passeront par Comptes de Baillis & de Seneschaus. Et se aucuns en y a à present faites sanz enchiere, ou à deniers comptans qui soient encore entierres, ou ne sont poiées, elles sont rapelées, & seront venduës à enchiere comme dessus est dit. Et ne recevront Mestres des Forez, ne Verdiers, ne mesureurs des-ores-en-avant riens desdites ventes, & envoieront les diz Mestres des Forez les ventes & romptes des bois, aus Baillis & Seneschaus, dedens le mois ou plutost que elles seront faites.

(23) *Item.* Les Mestres *Inquisiteurs* des Forez, qui pour leur volenté ont prins des deniers le Roy sus les Marcheans des Forez, & sus les Receveurs, ou esploiz d'icelles, par touz lieus là où il ont volu, en tant de parties que à poine peut l'en savoir toutes leurs receptes, & dient que ainsi le peuent & doivent faire pour estre poiez de leurs gaiges. *Si est ordené* à l'exemple de ce que il souloient leurs gages prendre en nostre Tresor à Paris par les Tresoriers, si comme il appert par plusieurs Comptes du Tresorier, que dés-ores-més, chascun d'iceus *mestres*, ou *enquesteurs eslira une Baillie, là où il prendra dés-ores-més ses gages*, par la main du Bailli, auquel Bailli il demandera ce que deu li sera pour ses gages, à chascun terme, & le Bailli par sa lettre li fera paier par un des Marcheanz des Forez, & rabattra au Marcheant, ce qu'il aura poié par sa lettre, en retenant les lettres de recognoissance, lesqueles lettres ledit Bailli rapportera à son Compte, & adonc sera trouvé par le Tresorier ce qui li sera ainsi poié.

(24) *Item.* Les *Mesureurs*, qui ont acoustumé de prendre & lever les rouptes, & en ont rendu ce qu'il ont voulu, lesqueles rouptes, par certaines Ordenances doivent, desoresinés estre *venduës par enchiere*, ainsi comme les ventes, & renduës par Compte de Baillies, il prendront par la main, ou du commandement dudit Bailli, & par ses lettres, ce que deu leur sera de leurs gages à chascun, terme, &

PHILIPPE V. dit le Long, à Paris, le 17. May 1320.

les lettres de recognoiffance feur ce, rapportera le Bailli à son Compte, & li feront tournez par le Trefórier auffi comme des vendeurs.

(25) *Item.* Les aumofnes acouftumées de bois pour ardoir, feront delivrées *aux freres Prefcheurs & Meneurs, & autres religions mendiens*, & defcomptées pardevers les Receveurs, non contreftans les Ordenances nouvellement faites, lefquelles le Roy veuft eftre corrigées, quant à cefte claufe, fi comme il appert par la relation Meftre Philippe *le Convers.*

Si vous *mandons* eftroitement *& commandons*, & fus toute la poine que nous vous pouons enjoindre, & par *le ferment* que vous avez à *Nous*, que les Ordenances deffus dites, gardez & faciez garder de point en point, fanz enfreindre au plus que vous pourroiz. Et fe il avenoit que vous feuffoiz que aucun alaft à l'encontre, & que il ne les gardaft en la maniere, que deffus eft dit, *Nous vous mandons & commettons* que vous les puniffoiz, fanz nul delay, & fanz deport, felonc ce que vous trouverez que il auront meffait, & felonc les Ordenances deffus dites, *& voulons* que noz fubgiez vous obeiffent és chofes deffus dites & entendent diligemment. *Donné à Paris le dix-feptiefme jour de May l'an de grace mil trois cens vint.*

PHILIPPE V. dit le Long, à Paris, le 27. May 1320.

(a) Ordonance touchant les Receveurs.

SOMMAIRES.

(1) Chaques Receveurs en leur Baillie, bailleront à ferme les domaines & les juftices du Roy, & ils n'admettront pas aux encheres des perfonnes de mauvaife renommée.

(2) Ils fe feront donner de bonnes cautions, & fe feront payer, fans accorder, ni repit, ni fouffrance.

(3) Ils payeront les fiefs & aumônes, en la monoie qu'ils auront reçüe, & aux termes accoûtumez.

(4) Ils entretiendront les Hôtels du Roy, fes fours, moulins & autres édifices, fans y faire de nouveaux bâtimens.

(5) Les fiefs & aumônes, & les penfions eftant payées, ils envoyeront au Trefor tout l'argent qui leur reftera.

(6) Ils ne prefteront pas les deniers du Roy, & n'en feront aucun trafic.

(7) Ils rendront exactement leurs comptes, fuivant l'Ordonance de la Chambre des Comptes.

(8) Ils envoyeront fecretement les deniers qu'ils auront reçûs au Trefor, fans marquer le jour, ni l'heure.

(9) Ils n'avertiront perfonne des mainsmortes, des eftrayeres, & autres cafuels qui viendront au Roy.

(10) Ils garderont les droits du Roy, & empêcheront qu'on n'en recelle aucuns.

(11) Ils ne prendront aucunes penfions, ni ne fouffriront pas que leurs Clers en reçoivent, & ils ne prendront à ferme aucuns biens d'Eglife.

(12) Ils ne mettront dans les Eglifes aucunes perfonnes de leur lignage, & n'y prendront aucuns repas, ni giftes.

(13) Ils ne diront à perfonne à combien peut monter leur recepte, & ne donneront avis à perfonne pour demander des dons & des affignations.

(14) Ils iront aux affifes, ou y envoyeront leurs Clers, pour recevoir les exploits des Baillis.

(15) Chaque Receveur pourra eftablir deux Sergens, dans le lieu de fa recette, &c.

(16) Les marchez & baux à fermes des domaines du Roy, feront faits par les Receveurs, comme il eft dit cy-deffus, & non par les Baillis.

(17) Aucunes Rentes affignées fur les Prevoftez de la Senefchauffée de Xaintonge, ne feront payées, jufques à ce que la Chambre des Comptes en ait ordonné, aprés avoir vû les privileges.

PHILIPPE par la grace de Dieu Roys de France, au Senefchal de Xaintonge, *Salut.* Nous, pour l'évident profit de nous, & de noz Subjets, par

NOTES.

(a) Cette Ordonance eft tirée du Trefor des Chartes, Regiftre de Philippe le Long, cotté 58. & 17. feüillet 67. Elle eft en la Chambre des Comptes au Regiftre *Croix*, feüillet 115. au Regiftre *Pater* feüillet 146. au Regiftre *Nofter* feüillet 118. & *Quies in cælis*, feüillet 146. Voyez l'auteur du grand Coutumier livre premier, chapitre 7. page 83.

la delibe-

la deliberation de nostre Conseil, entre nos autres Ordenances, avons faites certaines Ordenances, les quelles nous voulons estre tenües *par nos Receveurs*, dont la teneur s'ensuit.

PHILIPPE V, dit le Long, à Paris, le 27. May 1320.

Premierement. Les diz *Receveurs*, chascun en sa Baillie, vendront noz marchiez, & noz fermes bien & loyaument. C'est assavoir, *la verge, le siege & la justice* à par soy, & *à un an* tant seulement. Et les *chatieus* à autre part, *à un an, ou à plusieurs années*, selon ce que il verront que ce sera mieux nostre profit, sauf ce que les diz marchiez il ne vendront, ne aux enchieres d'iceulz recevront persone de mal renomée, de reproche d'aucun villain cas, ne meins souffisant de gouverner le marchié, que il voudra acheter, ou enchierir.

(2) Derechief. Il penront bonnes seurtés sous scel authentique, de ceux à qui il vendront nos marchiez, & ne donront nul respit, ni souffrance aux debiteurs, mais se feront payer aux termes accoûtumez.

(3) Derechief. Que il payeront *(b) fiez, & aumosnes*, aus assenés, & en monoie tele comme il recevront de nos fermiers, ou de nos Rentes, aux termes accoûtumez.

(4) Derechief. Que il retendront du nostre, noz hostieux, fours, moulins, chastiaux, forteresses & autres édifices, senz superfluité, & senz faire nouvel édifices, si ce n'estoit de nostre especial commandement.

(5) Derechief. Que les *(b) fiez & aumosnes*, pensions & missions necessaires paiées, il envoieront au Tresor, senz nul delay, tout ce que il auront reçeû en argent, senz faire change, ou mutation aucune de monoie, & senz rien baillier à autre personne.

(6) Derechief. Que il ne *presteront* nuls de noz deniers à personnes quelles que elles soient, ne leur leur gages, ou rentes assignez pour les termes à venir, ne autrement, ne n'en marchande.

(7) Derechief. Que il feront diligens, de faire leurs comptes à point & à heure, selonc l'Ordonance, qui leur est, ou sera bailliée, de la Chambre de noz Comptes, & si à point que par paresse d'eux, ou de leurs Clers il ne se excusent avoir fait leur Comptes, à la quelle excusation, ils ne seront nullement reçeûs.

(8) Derechief. Que les deniers que il envoyeront au Tresor, il les envoieront secrément, & ne feront assavoir à personne nulle, le jour, le temps, ne la somme que il envoyeront, fors tant seulement au Tresorier, ou au Souverain establi de par nous au Tresor.

(9) Derechief. Qu'il ne senefieront à personne nulle de nostre Court, de quelque estat, ou condition que elle soit, les aventures qui échoiront en leurs receverie, comme *(c) mains-mortes, estrayeres*, & autres revenües, à ce que nous en puissiens estre requis de les donner. Et se il sevent aucun en leur receverie, qui serve de teles choses faire, il le nous segnefieront, ou à celui qui de par nous sera establi leur souverain, à la fin que il en soient corrigiez.

(10) Derechief. Il garderont diligemment nostre droit, chascun en sa receverie, ou cas, où il sauront, ou orront dire que aucune chose en aura esté fortraite, reçeüe, ou recelée, tant en heritages comme en meubles, il s'en enformeront, & remenront en nostre main, ce qui en aura esté fourtrait. Et se c'estoient telles personnes contre les quelles, il n'osassent proceder, il le feroient sçavoir à nous, ou à noz gens des Comptes.

(11) Derechief. Il ne prendront dons, pensions nulles, ne soufferont à prendre à leurs Clers, ou escuiers, ne ne prendront à ferme, ou autrement pour le temps present, ou à venir, mesons, granges, ou autres revenus d'Eglise, ne d'au-

NOTES.

(b) Fiez & aumênes.] Voyez ce que j'ay remarqué cy-dessus, sur l'article 7. de l'Ordonance de 1318. page 658.

(c) Mains-mortes, estrayeres.] Voyez mon glossaire du Droit François sur ces mots.

PHILIPPE V. dit le Long, à Paris, le 27. May 1320.

tres personnes de leurs receveries, ne ne feront, ou prendront sur les dites Egli-ses sejour de jour entier, ni de eux, ne de leurs chevaux.

(12) Derechief. Il ne rendront és dites Eglises nulles personnes de leur lignage, ou affinitez, & ne prendront *(d) Provendes* és Eglises des Prelats de leur juridition, pour leurs Clers, ou leurs amis, se ce n'estoit de notre especial licence.

(13) Derechief. Il ne reveleront à personne nulle, le pooir, la valüe, ne l'estat de leurs receveries, ne ne baudront avis, seur quoy aucune personne puisse prendre, ne demander, don, assignation, ou assise de terre, fors à Nous, ou au Souverain dessusdit.

(14) Derechief. Les dits Receveurs iront aux assises des Baillies, se bonnement y peuvent estre, sans nostre domage, où ils envoyeront leurs Clers, en la fin des assises, pour prendre les esploits du Bailly.

(15) Derechief. Chascun Receveur aura, & pourra faire deux Sergens en sa receverie. Et au cas que de plus en auroient mestier, il se aideroient des Sergens des Baillies, qui seront tenus d'obeïr à eus.

(16) Derechief. Les Baillis ne se entremetteront en riens, de vendre les marchiez, non contrestant à ce que il est contenu és articles, qui bailliés leur sont, sur l'instruction de leurs Offices, mais les Receveurs les vendront, si comme dessus est dit, sauf ce que toutefois que bonement ils pourront avoir les Bailliz, ils vendront les diz marchiez par leur Conseil.

(17) Derechief. Comme plusieurs personnes prennent, & requierent à avoir plusieurs *rentes*, sur aucunes de nos *Prevostez* de nostre *Seneschaucie*, par les *mains des Prevoz*, senz les *descompter aus diz Prevoz*, dont nulle mention n'est faite és escripz de nostre recepte de nostre Seneschaucie. *Nous voullons* que de tiex rentes riens ne soit paié, jusques à tant que les gens de noz Comptes auront vû les privileges. Et se aucuns en ont joüy indeüment, que il les contraigne à ce que restitution nous en soit faite, en la maniere que il appartiendra.

Pourquoy *Nous* vous *mandons, & commettons que* lesdites Ordenances vous fassiez lire & publier en vos plais & assises, & és lieux où il sera à faire. Et ce leu & publié, faites de par nous jurer, en la presence de tous les Receveurs de ladite Seneschaucie, que tous les points & Ordenances dessusdits, il tendra & gardera fermement, sans enfraindre, en la forme & en la maniere que dessus est especifié, & devisé. Et ce faites en tele maniere que vous ne devez estre repris de defaut, ou de negligence. *Donné à Paris le vingt-sept jour de May, l'an de grace mil trois cens vingt.*

NOTES.

(d) Provendes.] C'est ce qu'on donne pour la nourriture. Ce mot vient de *præbenda*, d'où l'on a fait *provenda*. Les beneficiers & les Prestres estoient anciennement appellez *Provendarii*, & en François *Provaires*, ou *Prouvaires*. La ruë *des Prouvaires* à Paris a retenu ce nom, parce qu'ancienement les Prestres de S.t Eustache y demeuroient. Il y a encore plusieurs ruës à Paris qui sont nommées par cette raison ruës des Prestres. Voyez l'article 15. de l'Ordonance de 1254. page 71. cy-dessus.

PHILIPPE V. dit le Long, à S.t Denis, le Jeudy 4. Juin 1320.

(a) Ordonance portant que les Forges, & les Changes du grand Pont de Paris seront baillés aux encheres.

L'ORDENANCE des Changes & des Forges de grant Pont de Paris, faite par le Roy & son Conseil, à Saint Denis, le Jeudy quatre jours en Juing, l'an mil trois cens vingt.

NOTES.

(a) Cette Ordonance est au Registre *Croix* fol. 98. *verso*, au Registre *Noster* feüillet 140. & au Registre *Qui es in cælis*, feüillet 125. *verso*.

PHILIPPE V. dit le Long, à S.t Denis, le Jeudy 4. Juin 1320.

POUR ce que moulte de personnes, teüe verité, de la Charge qui est sus les *Forges*, & les *Changes de grant Pont*, de plusieurs *fiez & aumosnes*, & autres assignations faites sur les dites Forges, & Changes, ont par les acointemens que il ont à la Court, empetré du Roy à tenir les dites Forges, les uns en pur don à leurs vies, & les autres pour mendre pris, que il ne valent, en tele maniere que ledit Pont ne püet estre soutenu, ne les diz assignez ne pouvent estre poyez, la quelle charge est greigneur, & monte à greigneure somme que ne font tous les émolumens, qui peuvent & seulent ancienement venir des dites Forges & Changes. *Le Roy* tout consideré & regardé, en la presence de son Conseil, *le Jeudy cinq jours en Juing, l'an mil ccc. xx. à Saint Denis en France.* Voult & commanda, que non contrestans les impetrations, & les dons faiz par luy, ou ces predecesseurs, des dites *Forges & Changes*, les *dites Forges & Changes* soient desoremés venduz, & par enchieres, à ceux qui plus y voudront donner, & que des émolumens, qui en istront, soient payez les diz assignez, & à la soustenance dudit Pont. Et fu commandé au Receveur de Paris qui en . . . . & que il ne obéïssist à Lettre, ne à Mandement contraire, qui li en venist, jusques à tant que il eust montré au gens des Comptes.

PHILIPPE V. dit le Long, à Pontoise, le 15. Juin 1320.

(a) Ordonance touchant les Eaux, les Gages & les Pensions.

PHILIPPE par la grace de Dieu Roy de France & de Navarre, à noz amez & feaus les gens de nos Comptes de Paris, *Salut & dilection.* Pour ce que nous voulons que l'Ordenance de noz genz, & de nos Offices soit en vostre connoissance, & enregistrée pardevers vous à memoire perpetuel, Sçavoir vous faisons que par nostre grant Conseil, Nous avons *ordené & ordenons*, que nos yaues *(b)* & estans soient dés-ores-en-avant gardées par nos Seneschaus & *(c)* Baillis, par chascun en son lieu, & les proffiz & émolumens nous en soient renduz par leurs Comptes de Seneschaussées, ou de Baillies; Et pour ce *aussi* que nous avons soustenu, & soustenons encore granz fraiz & granz cous, en gages & pensions des *poieurs* & mestre de *nos œuvres*, en plusieurs parties de nostre Royaume, lesqueles euvres sont cessées & cessent pour la greigneure partie, *Nous voulons* que lesdits gages & pensions cessent par tout dés maintenant, comment que il soient octroiées, à aucuns à vie, à volenté, ou autrement. Et ou cas que pour aucune cause il seroit proffit, ou necessité que aucuns fussent à ce establiz, Nous voulons & vous commettons que vous en pourvoiez, ensi comme vous verrez que mestier sera, c'est assavoir de deux en la Viconté de Paris, en Champaingne & Normandie, & de deux en toute la Languedoc & non de plus, des quiex l'un soit expert en artefice de Charpenterie & l'autre de Maçonnerie, en chascun des lieus dessusdiz. *Donné à Pontoise le quinziesme jour de Juing (d) l'an mil trois cens vingt.*

NOTES.

(a) Cette Ordonance est en la Chambre des Comptes, au memorial *Croix*, fol. 98. & *Noster* fol. 134. recto. *Qui es in cælis*, feüillet 125.

(b) Estans.] Dans le Registre *Noster*, il y a, *& regales.*

(c) Baillis.] Le Registre *Noster* adjoûte (& receveurs.)

(d) L'an.] Le Registre *Noster* adjoute *de grace.*

PHILIPPE V. dit le Long, Longchamp, le 10. Juillet 1320.

(a) Ordonance pour la vente des Seaux & des Escriptures.

TOus Seaux & Escriptures seront vendus des-ores-en-avant par enchieres, à bonnes gens, & convenables, si comme il a esté ordené autrefois. Et ce fu fait à Lonchamp dix jours en Juillet, l'an de grace mil trois cens vingt.

PHILIPPUS, &c. *Ballivo Roth.* Salutem. *Non solum semel, sed pluries ex nostri deliberatione Consilii ordinasse recolimus, quod omnes & singule scripture nostre, & emolumenta sigillorum nostrorum quecunque, per subhastationes solempnes, personis ydoneis & plus dare volentibus, ad incarimenta consueta, vendantur, & per compotum Bellivie, in quolibet scacario per medium, tanquam propria Domania nostris rationibus applicentur, non obstante si forsitan aliquas ex eis quibusve personis ad vitam, vel ad tempus, seu pro minori pretio, quam quod ex inde posset haberi aut alio quovis titulo duxerimus concedendum, vosque & alios Ballivos nostros, qui coram dilectis & fidelibus gentibus compotorum nostrorum Paris. id juravistis facere, non latere probamus. Hinc est quod pro delata nobis vestra negligentia, super omissione, quam in literis vestri juramenti, immemores commisistis, ipsam meritò increpamus, mandantes, vobis quod scripturas nostras & emolumenta sigillorum quascumque vestre Ballivie & scripturarum assisiarum vestrarum, quas vobis hactenus applicasse dicimini, venditioni, ut predicitur, exponatis, id, & alias ordinationes nostras vobis traditas & expositas in omnibus observantes. Taliter sic diligenter id acturi, quod nobis per exhibitionem proximi compoti vestri dicte Ballivie nobis debeat esse gratum.* Datum, &c.

PHILIPPE V. dit le Long, à Verberie, le 25. Octobre 1320.

(a) Ordonance touchant le service qui doit estre rendu au Roy en la Chambre des Comptes.

PHILIPPES par la grace de Dieu Roys de France & de Navarre, à nos amez & feauls les gens de nos Comptes à Paris, *Salut & dilection.* Comme en nos Ordenances faites sur l'estat de ladite Chambre, soit entre les autres choses contenu, que puisque vous serez là venus au matin, vous devés continuelement entendre en nos besoignes, sans entendre à nulles autres, & sans partir d'ileuc, jusques à tant que la heure de midy soit sonnée, en nostre Chapelle royal, se ce n'estoit pour cas de necessité, ou par nostre mandement especial, ou par le Congié du President en ladite Chambre. Et nous ayons entendu, que pour ce que moult de fois aucuns Prelas, Barons & autres de nostre Conseil viennent en ladite Chambre pour parler, & besoigner à vous d'autres choses, que de celles à quoy vous avés à entendre, vous estes souvent empeschiés & laissiés à entendre, & à faire nos besoignes, en venant contre nostre Ordenance devant dite, de quoy vostre conscience peut estre bleciée, & nous y avons grant dommage, *Nous* à qui ceste chose desplaist, & qui *voulons* que nostredite Ordenance soit gardée sans corrompre, *vous mandons,* & sur le serement en quoy vous estes tenus à nous *Vous commandons,* que puisque vous serés entrés en ladite Chambre, vous sans partir d'ileuc, jusques à l'heure dessusdite, entendez diligemment & continuelement en nos besoignes, que vous aurés entre mains, & commendés & enjoignés sus grant

NOTES.

(a) Cette Ordonance est en la Chambre des Comptes, Registre E feüillet 4. Voyez l'Ordonance du 17. Avril 1320. article 7.

peine,

peine, à ceuls qui sont ordenez à garder les huys de ladite Chambre, que puisque vous y serés entrés pour besoigner, il ne ouvrent les dits huys à nulle personne quelle quelle soit, ne n'entrent devers vous, pour vous dire ceuls qui là seront venus, s'il n'estoit ou cas que il seroient venus pour causes des besoignes, que vous aurés entre mains, ou que vous les eussiés mandé querre; Et ce faittes en tele maniere que nos dites Ordenances soient mieux gardées, que elles n'ont esté jusques à ores, & que vos consciences n'en puissent estre bleciés, ne nos besoingnes destourbées, quar dores-en-avant nous ne vous en pourrions, ne devrions avoir pour excusé, & y voudrions pourvoir de remede convenable. *Donné à Verberie, sous le scel de nostre secret, le xxv. jour d'Octobre, l'an de grace mil trois cens & vingt.* Par le Roy, BARRIERE.

PHILIPPE V. dit le Long, à Verberie, le 25. Octobre 1320.

PHILIPPE V. dit le Long, à Paris, au mois de Novembre 1320.

(a) Traité & Reglement touchant les Salines de Carcassonne.

PHILIPPUS, *&c. Notum facimus universis, tàm presentibus, quàm futuris, nos infra scriptas vidisse litteras formam que sequitur continentes.*

In nomine Domini. Amen. (b) Anno incarnationis ejusdem millesimo trecentesimo vigesimo, die ultimâ Augusti. *Noverint universi presentes pariter & futuri, quod cum in compositione, seu financiâ dudum, retro lapsis temporibus, die primâ Octobris,* anno Domini millesimo trecentesimo decimo nono, *per universitates districtus Salini Carcassonensis, habitâ atque factâ, cum reverendo in Christo patre Domino R. divinâ providentiâ* Laudunensi Episcopo, *& magnifico viro Domino* Johanne Comite Foresii, *ad partes* Lingue occitane, *pro reformatione patrie,* auctoritate Regiâ *destinatis, &* per Dominum nostrum Regem confirmata, *expresse, inter cetera tantum sit, quod* Salinum Carcassonense, *& omnia* alia Salina, *infra* Senescalliam Carcassonensem *& extra, infra districtum dicti* Salini Carcassonensis, *& omnia & singula ipsorum Salinorum jura, servitutes, privilegia, libertates, usus observantie, redibentieque, atque franquesie quecumque, & qualescumque sint,* omninò amoveantur atque cassentur, *& amota, cassata & viribus imposterum vacuata nihilominùs reducantur, & aliquatenùs restaurentur, sub conditionibus, inter cetera que sequntur. Ita videlicet quod imposterum quibuscumque temporibus Domino nostro Regi & ejus perpetuò successoribus, seu causam ab eis habentibus, quâcumque ex causâ, jus non sit, nec liceat in quibuscumque partibus, sive locis inde, seu infra districtum predicti Salini Carcassonensis constitutis, per se, vel alios,* Salinum novum, vel vetus *seu* Salis congregationem *aliquam habere, facere, reficere, vel tenere, nec alii habenti,*

NOTES.

(a) Ce Reglement est au Tresor des Chartes, Registre 59. guichet 20. nombre 554. & nombre 555. où la piece est moins ample. Ce n'est pas néantmoins proprement une Ordonance, mais comme il sert de titre au Roy, pour establir un Droit domanial, on a jugé à propos de le donner. Touchant la *gabelle*, ou l'impost sur le sel. Voyez de la Thaumassiere dans ses anciennes Coûtumes du Berry, chapitre 28. page 36. *Balmasedam Hispanum de Collectis Qu. 123. An in sale poni possit Collecta, pag. 367. editionis Lugdunensis. Consilia pro ærario Maximiliani Aschaffemburgi, lib. 1. cap. 16. De salinis, pag. 17. Cujacium lib. 3. observationum cap. 32.* Si l'on en croit Gaguin, ce fut Philippe de Valois qui rendit ce tribut universel. Voyez cet autheur livre 8. Joignez le glossaire du Droit François sur *Gabelle.*

(b) Anno Incarnationis.] On void par là qu'ancienement en France, on ne comptoit pas toûjours les années comme commençantes à Pâques. *Constat tamen annos incarnationis apud nos, & si a Paschate incæptos, non prævertisse annos Nativitatis receptos a Romanis, sed trimestri spatio posteriores fuisse, tametsi incarnatio nativitatem, novem mensibus præcesserit. Quippe Galli, ut fit etiam modo, annos incarnationis, & nativitatis promiscue adhibebant.* Mabillonius De re Diplomaticâ lib. 2. cap. 22. n. 9. pag. 175. Voyez neamoins ce qu'on a remarqué à ce sujet, au 12. May 1318. page 654. cy-dessus.

PHILIPPE V. dit le Long, à Paris, au mois de Novembre 1320.

facienti, reficienti, seu tenenti aliquatenùs in futurum consentire, nec permittere, nisi duntaxat pro tenendis garnisionibus, ad opus & usum ipsius Domini nostri Regis. Et si forte in futurum, Salinum, sive Salinas, infra ipsius Salini Carcassonensis districtum, ex causâ confiscationis, seu ex aliis quibuscumque titulis, ad Dominum Regem, vel ejus perpetuò successores devenire contigerit, illud, sive illas, idem Dominus Rex, & ejus perpetuò successores, extra manum suam, infra annum & diem, *sub eisdem, vel saltem non gravioribus conditionibus quibus antea fuerant, modis omnibus* ejicere teneantur, *& quandiu* infra annum & diem *in manu Regiâ fuerint, non possint, nec debeant* Sal *cariori pretio vendere, quam aliàs, ab aliis venderetur, quodque omnes & singuli nunc, vel in futurum, in vel infra districtum Salinorum predictorum, deinceps, per se, vel alios sal emere, & quibuscumque titulis acquirere ubicumque, & a quibuscumque personis voluerint, de Regno Francie extra ipsum regnum, & de extra regnum in ipsum regnum adducere, adportare, & adduci, & portari facere, per terram, & per aquam, & ipsum sal sic emptum, & acquisitum, adductum, seu portatum retinere, quibuscumque personis voluerint vendere, donare, permutare, & aliter alienare, & de ipso suam omnimodam voluntatem facere libere possint, absque impedimento quocumque, solutis tamen semel tantum in dictâ salinâ Carcassonensi Domino nostro Regi, & causam ab eo habentibus, (c)* leudâ, *seu* pedagio *sequentibus, videlicet pro* saumatâ salis, *cum* animali equino, *seu* mulino *portatâ, seu portandâ,* duos solidos *turonenses, & pro* Saumatâ, *cum* animali asinino, decem & octo denarios turonenses, *& pro qualibet* quadrigatâ salis, quatuor solidos turonenses, *pro* quolibet animali, *quod ad dictam cadrigam ducendam poni contigerit, ita tamen quod si propter asperitatem temporis, vel viarum, omni fraude cessante, in malis passibus, animalia forte super-addi contingeret, dictarum cadrigarum ductores, seu domini,* ad majorem solvendam leudam, vel penam *aliam minimè teneantur. Que quidem* leuda *solvetur infra dicti Salini districtum, in locis per Senescalliam Carcassonensem deputandis, vel altero eorumdem, sic videlicet quod in altero locorum deputandorum dictâ leudâ, sive pedagio semel solutis, amplius in aliis locis dicti districtûs, vel altero eorumdem, ratione prefati Salini* Domino Regi *nullatenùs exsolvatur. Si verò dictum Sal, non cum* animalibus, *nec in* quadrigis *portari contigerit, sed ad* collum *per* homines, *vel etiam* mulieres, *solvat homo pro sale quod portaverit,* quatuor denarios turonenses, *&* mulier duos denarios turonenses *duntaxat, ita tamen quod* Sal *predictum, quocumque modorum predictorum portatum, per gentes Domini Regis, vel aliter non habeat, nec debeat mensurari, nec ad mensurationem ipsius faciendam gentes ipsius districtûs Salini, & alie quecumque forenses, seu extranee,* Sal *ipsum portantes, seu portari facientes, aliquatenùs* teneantur, *nisi cum per* aquam *portari contingeret, quo casu mensurabitur, quia aliter de modo* solvende leude, *non posset veritas inveniri. Cujus quidem* leude, *seu* pedagii *fraudatores, perditione, seu amissione* salis, *cujus* leudam *substrahi, seu fraudari contigerit, seu estimationis ipsius, ad electionem rei, & nullâ aliâ penâ aliquatenùs puniatur, acto specialiter, quod dicti districtûs Salini Carcassonensis jam dicti habitatores, occasione fraudate, seu substracte* leude, *seu* pedagii *predictorum,* ultra annum, *a die commissi criminis computandum, accusari, vel eâ occasione puniri, vel molestari non possint; Quod quidem Sal cujus* leuda, *seu* pedagium *substrahi, seu fraudari contigerit, seu ejus estimatio ad Rei electionem ipso facto, absque omni ferendâ sententiâ, committatur, & ut, ipso jure, & facto, commissa ad manus Domini Regis capiatur & explectetur, ad commodum ejusdem. Rursus actum fuit specialiter, quod si* nobiles *&* persone alie privilegiate *districtûs predicti, ultra quantitatem salis hactenùs consuetam, & ex privilegio suo eis competente,* sal *ducere, seu per districtum dicti salini portare, seu portari facere voluerint, pro omni eo quod ultra quantitatem* Salis *hactenùs consuetam, & ex privilegio*

NOTES.

(c) Leuda, seu pedagio.] Voyez le glossaire du Droit François sur *Laude* ou *Lòiiade*.

PHILIPPE V. dit le Long, à Paris, au mois de Novembre 1320.

eis competente ducere, seu portare, duci, aut portari facere voluerint, dictam leudam *modo & formâ, ac locis predictis, sicut ceteri habitatores prefati districtûs solvere teneantur, & illud* Sal, *dictam solvendo Leudam, & illud etiam quod ex privilegio suo portari, vel adduci fecerint, libere poterunt retinere, vendere, donare & quibuscumque personis alienare & de ipso facere suam omnimodam voluntatem; Et illi qui ab ipsis personis privilegiatis* Sal *privilegiatum, vel non privilegiatum semel, cùm ab ipsis privilegiatis personis* leudatum *fuerit, emerint, vel acquisierint, pro eodem sale* Leudam, *sive* pedagium *predictum solvere, ratione dicti salini minime tenebuntur.* Solvent *tamen emptores, & alii dicti salis acquisitores, seu vectores predicti, in omnibus casibus supradictis undecumque, & a quibuscumque personis privilegiatis, vel non privilegiatis emerint, seu aliter acquisierint* Sal *predictum, per loca quibus iter facient, Domino Regi, Baronibus, & Prelatis, & aliis privatis personis quarum intererit,* Leudas *&* pedagia consueta & antiqua. *Insuper actum fuit quod predicte privilegiate persone, cujuscumque status, conditionis, gradûs, officii, seu dignitatis existant, etiam si universitates fuerint, & quibuscumque nominibus censeantur, si predictis in dicto* tractatu, *seu* compositione *contentis uti, & gaudere voluerint, habeant &* teneantur *cum ceteris universitatibus, & hominibus in dicto districtu Salini Carcassonensis predicti degentibus, pro subsidio hominum finantium, juxta impositionem eis bonâ fide faciendam, cum hominibus locorum, in quorum territoriis fuerint,* contribuere *in subventionibus supra & infra scriptis, sicut cetere universitates, & homines prefati districtûs* contribuere tenebuntur; *Quod si forte id facere recusaverint, libertatibus & franchisiis in dicto tractatu* compositionis *concessis minime uti valeant, nec gaudere, ymo in statu in quo tunc erant, sint & perpetuo remaneant, & quo ad eos districtus dicti Salini, prout erat ante predictam* compositionem, *remaneat perpetuo nullatenùs immutatus. Acto etiam quod in predictorum recompensationem universitates & habitatores districtûs predicti Salini Carcassonensis, & alii omnes, qui predicte* compositioni *consenserint, dabunt, & solvere tenebuntur Domino nostro Regi, pro quolibet* foco *ipsius districtus, habente in bonis estimationem, seu valorem* centum solidorum, *vel amplius,* sexaginta solidorum turonensium parvorum solvendorum *eidem Domino nostro Regi, postquam dicta* compositio, *per Dominum nostrum Regem confirmata sortietur effectum, videlicet* sextam partem in primâ die proxime preteriti mensis Julii, & *& aliam* sextam partem in proximo futuro festo Nativitatis Domini, ad unum annum subsequentem, in eodem festo anno revoluto residuam tertiam partem. *Fuit etiam specialiter & expresse actum in* compositione *predictâ, quod pro totali terrâ Saltus, & quatuordecim castrorum infra scriptorum, videlicet de* Spersano, *de* Montazellis, *de* Cruce, *de* Leone, *cum* Serpente, *de* Brenaco, *de* Covilato, *de* Sancto Juliano, *de* Grasso Capone, *de* Rovenaco, *cum* Bernotio, *de* Favo, *de* Sancto Johanne, *de* Peracollo, *de* Sansillis, *de* Guihollis, *de* Campanha, *de* Antimacho, *cum* Omato *&* Cayracho, *pro quingintis focis duntaxat in dictorum focorum numero computatis, prefati habitatores districtûs dicti salini facient pro totali districtu dicti salini* quinquaginta millia focorum, & pro quinquaginta millibus focis, *solvent Domino Regi, & solvere tenebuntur financiam supradictam. Et si forte in predictâ terrâ Saltûs, & in predictis* quatuordecim castris *& pertinentiis eorundem, major quantitas, seu numerus focorum reperiatur, ultra* quingintos focos predictos, *foci, qui ultrà dictos* quingintos *reperientur, cedant & cedere debeant lucro & commodo dicti Domini nostri Regis, & in dicto numero* quinquaginta millium focorum *nullatenùs computentur. Acto etiam & convento, quod si in totâ terrâ districtûs dicti salini majorem focorum numerum reperire contigerit, quam sit quantitas* quinquaginta millium focorum predictorum, *illud totum quod plus erit, cedat & cedere debeat commodo Domini nostri Regis, & idem fiat de Burgo Carcassonensi, & omnibus aliis locis & gentibus dicto Salino, seu ejus districtui contiguis, seu vicinis, & specialiter de gentibus existentibus* in camino Gallico, *seu circa* dictum caminum, *que se immunes a dicto Salino, & juribus, & libertatibus ejus esse dicebant, ut si quid ab eis Dominus noster Rex, seu ejus gentes habere po-*

PHILIPPE V. dit le Long, à Paris, au mois de Novembre 1320.

fuerint; occasione presentis compositionis, id totum cedat & cedere debeat lucris & commodis Domini nostri Regis. Et quia Consules, Sindici & Procuratores villarum & locorum, Rivorum de Bolbestre, montis Squini Galliaci, sancti Sulpicii Lesacensis, de sancto Eparcio, *& aliorum locorum, judicaturarum, Rivorum ex causâ ad partem cum dictis dominis reformatoribus finaverant, fuit inter prefatos Consules, Sindicos & procuratores ex unâ parte, & dictos Dominos reformatores, ex aliâ concordatum, atque conventum, quod numerus* focorum *dictorum locorum proxime expressorum, in dicto numero* quinquaginta millium *(non) computetur, & de ipso totaliter deducatur. Et ne prefate privilegiate persone, que predicte compositioni consentire voluerint, per locorum, quibus fuberunt, Consules, seu talliatores plus debito forte* tallientur, *seu graventur, licebit privilegiatis personis predictis in talliatione, seu impositione subventionis predicte, unam in singulis locis, pro se & suo nomine deputare personam, que prefate* talliationi *intersit, & eos non permittat ultra debitum agravare. Fuit etiam conventum specialiter & concessum, quod pro quibuscumque* delictis, *per quascumque personas prefati districtûs, usque ad diem, quo dicta* compositio *per Dominum Regem extitit* confirmata *accusari, seu puniri, vel aliter deinceps molestari non possint, & quod omnes inqueste super predictis, usque ad diem predictam pendentes, sententie, & condempnationes, a quibus appellatum extitit, & quarum appellationum cause* Parisiis, *vel alibi ubicumque pendent, sint omninò* casse & irrite, *& pro cassis deinceps totaliter habeantur, prout hec, & plura alia in instrumento compositionis & financie predicte facto, plenius dicuntur contineri.*

Hinc est quod cum vigore financie & compositionis predicte, homines, seu habitatores villarum, seu locorum de Sparsano *& de* Montazellis, *& aliorum in numero* quatuordecim *locorum extra terram Saltus superius nominatorum, compellantur ad observantiam omnium & singulorum in predictâ* compositione *contentorum, & specialiter ad solvendas* Leudas *superius expressas, & pro* singulis focis, *in numero* quingentorum *focorum, pro terrâ Saltûs, & locis predictis, prout superius expressum.*

Die presenti venientes apud Carcassonam, *in Castro civitatis, ante presentiam nobilis viri domini* Aymerici de Croso *militis domini Regis, Senescalli Carcassonensis & Biterrensis,* Bernardus Miri de Sperzano. *B.* Nogareda *de* Campanha, *magister* Remundus Basinii de Montazellis, Raimundus Sabaterii de Rovenacho. *P.* Cathalani de sancto Joanne de Peracollo, Bartholomeus Aguillerii de Fano, *B.* Gast de Sansillis, *P.* Rota de Antoniaco, *R.* Effoitz de Cruce *R.* Roplaudi de Leone & *P.* Pagesii de Brenaco, *pro se, & nomine universitatum predictorum locorum, & singulorum de eisdem, ut dicebant, asserentes se ad predicta, in dictâ* compositione, *seu financia expressa non teneri, presertim cum ad predicta non consenserint & sint, ut dixerunt, privilegiati, juxta modum & formam, in quibus patentibus litteris Regiis sigillo Regio in* cerâ viridi cum filo de serico sigillatis, *expressa & contenta, quas ibidem ostenderint, quorum tenor hic describitur.*

Philippus *Dei gratiâ Francie Rex Universis presentes litteras inspecturis,* Salutem. *Notum facimus nos vidisse, tenuisse, & intellexisse quoddam instrumentum publicum receptum & signatum per R. . . . de* Pradali *Notarium nostre Curie publicum Carcassonensis, sigillo cereo pendenti, Henrici Domini de Elisiæ militis Senescalli nostri Carcassonensis sigillatum, cujus instrumenti tenor sequitur in hec verba.*

Anno Dominice incarnationis millesimo ducentesimo nonagesimo sexto. *Philippo Francie Rege regnante, septimo Kalendas Martii. Noverint universi, quod factâ dudum prohibitione, & publicâ preconizatione, de mandato Domini Simonis* Brisecelte *militis, nunc Senescalli Carcassonensis & Biterrensis, ex parte Domini Regis apud Quilhanum, Electum, ne aliquis, vel aliquâ de terrâ Redesii superioris, emere, sive recipere* Sal *alibi, quam in* Salino Carcassonensi *Domini Regis presumat, sub penâ* corporis & averii. Raimundus de Solerio *de* Montazellis, Poncius de Brens de Leone, Johannes Rota de Antinihaco *Sindici, seu procuratores hominum castrorum seu villarum de* Montazellis, de Cruce, de Couilhato, de Leone, de sancto Juliano de liano de Rovenaco, de Sanzillis de Brenaco, de Sperſano & de Fano terre Redeſii ſuperioris, *dicentes ſe, & univerſos ac ſingulos villarum predictarum, & eorum predeceſſores, a Ponte de* Petra veteri *de electo uſque ad collum de* Moſtala, *& uſque ad* ſanctum Julianum, *& uſque ad* Collum Crucis, *& uſque* a la Ventoſa de Brenaco, *eſſe & fuiſſe olim, a tanto tempore citrà, quod non extat memoria hominum in contrario, in uſu & poſſeſſione, ſive quaſi, emendi & recipiendi Sal ad uſum expenſarum ſuorum hoſpitiorum ad mediam quarteriam, & pro ſalando porco unam quarteriam, & dicto ſale expenſo, eſſe & fuiſſe quandocumque, & quotieſcumque, & quantum in anno volebant, ad collum, in pacifica poſſeſſione plus emendi & tranſeundi de Sale* de Styano, *quod tranſit & portatur per villam Siccam, per* Albaria, *per* Villam Rubeam *& per* Felinas, *ubi ſolvitur* leuda *Domino Regi, & deinde* per Monthonietum, *per* Alavetum, per montem Cornerium, *per* Equas, *per* Vallem de Archis *& per* Conſtantianum, *uſque* Coinſanum, *ubi leuda ſolvitur Domino de* Vitims, *vel uſque ad* Guilhanum, *quod Sal defertur apud Electum, vel ad ripam fluminis de* Acate, *vel apud* Guilhanum *in ripa Acatis, pro ſe & nomine Sindicatûs, ſeu procurationis hominum predictorum, ſupplicaverunt dicto Domino Symoni* Briſecelle, *predictas prohibitionem, publicationem & bannum ſic factas revocari, & amoveri, quantum ad homines predictarum villarum, & ſe & homines ipſos permitti poſſe pacifice emere, portare, & recipere* Sal, *ad expenſas ſuorum hoſpitiorum, in locis predictis juxtà uſum & poſſeſſionem ſuam, ſive quaſi, predictam, & ſuis uſu & poſſeſſione predictis, ſive quaſi, ſervari, offerentes de premiſſis facere promptam fidem. Super quibus* procuratore *Domini Regis* ſe opponente, *lis fuit conteſtata, teſtes producti, & alie probationes hinc inde recepte, & in causâ ipsâ* renunciatum & concluſum. *Et tandem licet predicti* Sindici, *ſeu* procuratores *ſuam plane in premiſſis intentionem fundaſſent, & nihil ſufficiens in contrarium pro jure Domini Regis eſſet probatum, quia tedioſum erat ipſis hominibus per ita munitas menſuras, & ad collum ſuum Sal recipere & portare, erat etiam tedioſum & ſumptuoſum cuſtodibus dicti Salini continue indagare & perſcrutari loca predicta, ne Sal aliter portaretur, vel fraus fieret in premiſſis, prefatus* Raimundus de Solerio, *pro ſe, &* ut Sindicus, *ſeu* procurator *hominum, villarum predictarum, nobili viro Domino Henrico* de Eliſia *militi Seneſcallo Carcaſſonenſi, & Biterrenſi, ſuper premiſſis* tranſigendo, *obtulerit, quod ſi eidem Domino Seneſcallo placeat, & quod hec auctoritate Regiâ confirmari faciat, videlicet quod univerſi & ſinguli predictarum villarum, &* de Anthinaco, *de* ſancto Johanne, *de* Peracolle *& de* Guiholis *in perpetuum & eorum ſucceſſores, a feſto Beate Marie* menſis Septembris, *uſque ad feſtum* omnium ſanctorum, *ſingulis annis duntaxat, poſſint de dictis locis portare Sal, pro uſibus & expenſis ſuorum hoſpitiorum & pecudum, cum animalibus tranſeundo per pontem de* Sperazano *villa propria Domini Regis, & ibidem Sal pro ſuis predictis uſibus & expenſis neceſſarium & ſufficiens recipere, preſtito* corporali juramento, *coram Bajulo ejuſdem loci Domini Regis, vel deputato per firmarium dicti Salini Carcaſſonenſis, per ſingulos recipientes Sal, quod tantum Sal quantum recipient, ſeu recipere volent, eſt & erit neceſſarium eiſdem, & quod illud non extraherent extra terminos, ſeu territoria predictarum villarum, per ſe, vel per interpoſitam perſonam, & ſpecialiter quod non poſſint tenere Salinum, nec vendere, nec aliter alienare, poſſint tantum inter ſe accommodare, dummodo id recuperent ſine fraude, & quod nullam fraudem in premiſſis committant, vel committi conſentiant, vel permittant, & quod, ſi contrarium facere invenirentur,* puniantur *juxta uſus &* conſuetudines Salini Carcaſſonenſis, *dare & ſolvere Domino Regi & ſuo firmario Salini Carcaſſonenſis, pro* qualibet ſummatâ aſinina, quatuor denarios *turonenſes, &* pro qualibet equinâ, ſeu mulinâ, ſex denarios turonenſes *pro* Leudâ, *& ſic ſecundum magis & minus, & ultrà hoc,* centum libras turonenſes in preſenti, Domino noſtro Regi, *quam* oblationem & tranſactionem *ſub formâ, modo, ac conventionibus predictis, deliberato conſilio cum Magiſtro* Sicardo de Vaure *ſuo majore judice, Domino* Friſco Ricomanni *patrono cauſarum Domini Regis,* Magiſtris Raimundo Coſta *Judice Burgi,* Geraldo Galardi *Judice* Minerbeſii, *Petro de* Prunino *Vicario Carcaſſonenſi*

PHILIPPE V. dit le Long, à Paris, au mois de Novembre 1320.

PHILIPPE V. dit le Long, à Paris, au mois de Novembre 1320.

Domino Petro Effredi *milite Castellano montis Regalis*, Domino Gaufrido de Varanis *constabulario Carcassonensi, Joanne* Deodati *tenente dictum Salinum. Et cum Magistris Petro de* Medenchis, Guillelmo Petri *procuratore Domini Regis & aliis Domini Regis fidelibus & juratis, dictus Dominus Senescallus nomine Domini Regis acceptavit, & singulis predictis hominibus, ac universis & dicto Sindico, seu procuratori eorum, pro se & nomine quo supra, Sal portare & recipere, juxtà formam supra scriptam, nomine Domini Regis concessit, voluntate tamen in omnibus Domini Regis retentâ, & ipsam transactionem per Dominum Regem facere confirmari promisit, & de dictis centum libris turonensibus confitendo se eas plenariè recepisse & in utilitatem Domini Regis convertisse se contentum reputavit. Et fuit actum inter dictum Dominum Senescallum & Sindicum supradictum, de consensu procuratorum Domini Regis predictorum, quod si Dominus Rex presentem transactionem, seu compositionem hinc ad instans festum Pentecostes nollet confirmare, quod omnia in presentem compositionem deducta, habeantur pro infectis, & suum Inde Salinum utrique parti remaneat sicut ante, & quod dicte centum libre turonenses solute restituantur eidem Sindico, & quod interim in deposito teneantur. Actum fuit hoc in castro civitatis Carcassonensis Domini Regis, in presentiâ & testimonio Magistri Johannis* de Cassanhis *jurisperiti, Domini* Ade de Morellis *militis vicarii* Minerbesii *Domini Regis, Domini* Ansselli Jortis *militis, Magistrorum, Guillelmi* Armandi de Par. *Guillelmi* Maurini Bernardi de Brugairolle *Notariorum Carcassonensium Domini Regis, & plurium aliorum, & Raimundi* de Pradali *publici notarii curie Carcassonensis Domini Regis, qui predictis interfuit, & jussu Domini Senescalli & Sindici, seu procuratoris predictorum hanc cartam recepit. Cujus vice & mandato ego* Petrus Guilaberti notarius Lymosi *Domini Regis publicus eamdem scripsi. Et ego idem* Raimundus de Pradali *notarius publicus antedictus subscribo & signo, Domino Philippo Rege Francie regnante. In cujus rei testimonium, & ad majorem omnium precedentium firmitatem, nos* Henricus de Elisia *miles Senescallus predictus Sigillum nostrum huic instrumento publico duximus apponendum, volentes, quod si dictum sigillum vetustate, vel aliâ de causâ corrueret, dictum instrumentum nihilominùs in suâ remaneat firmitate.*

Nos autem omnia & singula in predicto instrumento contenta, rata & grata habentes, ea volumus, approbamus & *ex certâ scientiâ* auctoritate Regiâ confirmamus, *salvo in aliis jure nostro & in omnibus alieno. Quod ut firmum & stabile permaneat in futurum, presentibus litteris nostrum fecimus apponi sigillum.* Actum die Mercurii post Ramos Palmarum, anno Domini millesimo ducentesimo nonagesimo sexto.

Et petentes precipue, ex causis in litteris Regiis proxime dictis expressis, easdem observando a predictâ compulsatione & predictorum inquietatione desisti, & in pace dimitti eosdem. Tandem *diversis & pluribus tractatibus & proloqutionibus habitis, inter dictum Dominum Senescallum, pro jure Regio ex parte unâ, & homines predictos de* Sparzano, de Montazallis *& aliorum locorum proxime dictorum pro se & nomine universitatum locorum ipsorum, & singulorum de eisdem ex alterâ*, talis tractatus financie & compositionis intervenit. *Videlicet quod predicti homines proxime ante presentiam dicti Domini Senescalli venientes, pro se, & quo supra nomine, ut libertate, franchisiâ, & immunitate, & aliis omnibus & singulis in* compositione, seu finantiâ, *cum dictis dominis reformatoribus, de quâ superius habetur mentio, factâ, gaudeant, & perpetuò uti valeant ipsi, & dictorum locorum universitates, & singuli de eisdem, & eorum perpetuò successores, & gaudere possint, prout plenius in dictâ compositione, seu finantiâ continetur, non ad* leudas *in ipsâ compositione expressas, sed solùm & duntaxat* ad leudas & pedagia, *se obligaverunt, que sequuntur. Videlicet quod solvant, & ad solvendum se & dictas universitates & singulos de eisdem presentes & futuros perpetuò obligarunt, pro qualibet* Saumatâ Salis, *cujuscumque animalis, per quemcumque de dicto districtu, aut alium, sive alios eorum nomine, & undecumque & ad quecumque loca Sal portetur*, decem & octo denarios, *& pro* cargaturâ *hominis* quatuor denarios, *& pro* cargaturâ mulieris duos denarios *turonenses inclusos* in leudis *ipsis*

PHILIPPE V. dit le Long, à Paris, au mois de Novembre 1320.

seu pedagiis *aliis* leudis, *&* pedagiis *in dictis litteris Regiis expressis, & in eisdem* pedagiis, *sive* Leudis, *ad quas noviter se obligant totaliter comprehensis. Acto specialiter & expressè, prout etiam in dictâ finantiâ, seu compositione cum prefatis dominis reformatoribus cavetur, quod semel in uno ex locis dicti districtûs, per prefatum dominum Senescallum deputatis, seu deputandis* leuda predicta *& novâ oblata exsoluta, amplius in aliis locis dicti districtûs, vel eorum altero vel alibi, infrà, seu extrà terram Saltûs ubicunque, nullatenùs exsolvatur, seu aliquid aliud exigatur, quicquid contingat fieri de eodem sale. Obligaverunt se nihilominùs gratis ad solvendum & contribuendum,* pro numero focorum *in articulo, in quo de terrâ Saltûs,* & quatuordecim locorum *predictorum, in dictâ compositione, seu finantiâ, coram dictis dominis reformatoribus facta specialis mentio habetur, & juxtà modum & formam in eadem* compositione, *seu* finantiâ *comprehensam, videlicet pro* quingintis focis predictis, *unà cum* hominibus terre Saltûs *predicte. Que omnia prefati homines pro se & nomine quo supra, prefato Domino Senescallo, nomine Domini Regis recipienti, per modum compositionis, obtulerunt, ut ipsi & dicte universitates & singuli ex eisdem presentes & futuri & eorum perpetuò successores uti valeant & gaudeant, omnibus & singulis in prefatâ dominorum reformatorum compositione comprehensis,* solvendo pro focis, ut proxime dictum est, & solvendo leudas & pedagia noviter & proxime prefato domino Senescallo oblatas per eosdem, *&* etiam in locis quibus iter facient, Domino Regi, Baronibus & Prelatis, & aliis privatis personis quarum intererit leudas & pedagia alia consueta & antiqua, *Supplicantes prenominato Domino Senescallo ut predicta pro Domino Rege* acceptare, *& a majori inquietatione liberare eosdem, & dictas universitates dignaretur, ad hec omnia se & universitates predictas & singulos de eisdem & eorum bona obligantes, me P. de* Perage *Notario infra scripto pro Domino Rege, & ejus nomine tanquam persona publica stipulante. Quam oblationem & proxime dicta omnia, modo & formis proximis, suprà, per prefatos homines oblata, prefatus dominus Senescallus, consideratâ formâ litterarum Regiarum, per dictos homines ostensarum superiùs insertarum & utilitate Regiâ in hac parte pensatâ, deliberato consilio cum Domino* Jordano de Vallibus *judice criminum Senescallie Carcassonensis, tenente que locum Domini* Rostangni Pararerii *judicis majoris Senescallie predicte, Domino* Frisco Ricomanni patrono causarum *Regiarum, & Magistri* R. . . . Falcaudi *&* Armando Assaliti *procuratoribus Regiis in eadem Senescalliâ,* acceptavit, *& prefatos homines & universitates predictas a majori inquietatione perpetuo liberavit, Domini nostri Regis in omnibus voluntate retenta, & salvo & retento, quod per precedentia non intendit contraire, nec derogare compositioni facte per Dominos reformatores predictos, nec propter premissa prefati homines intendunt, se ad alia, nec aliter obligare, nisi prout superiùs est expressum.* Acta fuerunt hec anno, die, & loco quibus suprà, in presentiâ & testimonio Magistrorum Guillelmi de locis, Francisci Domini de Carcassona, Raimundi de Alzona *de Biterris jurisperitorum,* Sicardi Martini *Notarii Carcassonensis Domini Regis, & plurium aliorum & Magistri P. de* Perage *de Carcassona publici auctoritate Regia Notarii jam dicti & infrà scripti. Et eadem die* Bartholomeus Vassalli *de Cavillato P.* Martini *de sancto Juliano de Grasso Capone, &* Guillelmus Cossol *de Guilhollis Consules in castro civitatis Carcassonensis predicto, existentes in mei & testium infrà scriptorum presentiâ, ad predicta proxime omnia consenserunt, & ad hec se, & dictas universitates & omnia eorum bona de certâ scientiâ obligarunt, me Petro* de Perage *Notario infra scripto, pro ipso Domino Rege & ejus nomine tanquam persona publicâ stipulante in presentiâ, & testimonio Magistrorum* Raimundi Falcaudi *procuratoris generalis Domini Regis,* Arnaldi Assalici *super incursibus heresum procuratoris Domini Regis, in Senescalliâ Carcassonensi predictâ, & plurium aliorum, & Magistri Petri de* Perage *Notarii auctoritate Regiâ Carcassonensis publici, qui requisitus de premissis hanc cartam recepit, vice cujus & nomine. Ego* Arnaldus Bocrati *Clericus habitator Carcassonensis eandem scripsi, & ego idem* Petrus de Perage *Notarius publicus ante dictus subscribo, atque signo,* regnante Domino Philippo Rege Francie & Navarre. *Et ad majus testimo-*

PHILIPPE V. dit le Long, à Paris, au mois de Novembre 1320.

nium premissorum, nos Aymericus de Croso *miles Domini Regis Senescallus Carcassonensis & Biterrensis predictus, sigillum regium quo utimur, huic presenti instrumento, tanquam vero & publico duximus apponendum.*

Nos autem *oblationem & compositionem predictas, ac omnia alia & singula in supra scriptis contenta litteris, rata habentes & grata, ea* volumus, laudamus, ratificamus, approbamus *&* auctoritate nostra Regiâ ex certâ scientiâ tenore presentium confirmamus, *nostro in aliis, & alieno in omnibus jure salvo.*

(a) Quod ut ratum & stabile perpetuò perseveret, nostrum presentibus litteris fecimus apponi sigillum. Actum Parisiis, anno Domini millesimo trecentesimo vigesimo mense Novembri.

NOTES.

(a) Il y a au mesme Registre du Tresor, cotté 59. piece 555. un autre Reglement, ou Traité semblable, daté du mesme jour, & moins ample, fait avec d'autres habitans du Languedoc, qui fut pareillement approuvé par le Roy, en ces termes.

Philippus, &c. *Notum facimus universis, tam presentibus quam futuris, Nos infra scriptas vidisse litteras formam, que sequitur, continentes. In nomine Domini. Amen.* Anno incarnationis ejusdem millesimo trecentesimo vicesimo, die ultimâ Augusti. *Noverint universi presentes pariter & futuri, quod cum in compositione, seu finantiâ dudum retrolapsis temporibus,* die primâ Octobris, anno Domini millesimo trecentesimo decimo nono, *per universitates districtûs* Salini Carcassonensis *habitâ, atque factâ cum Reverendo in Christo Patre Domino R. divinâ providentiâ Laudunensi Episcopo, & magnifico viro Domino* Johanne Comite Foresii, *ad partes* Lingue occitane, *pro reformatione patrie, auctoritate Regiâ destinatis, & per Dominum nostrum Regem confirmatâ, expressè inter cetera cautum sit, quod* Salinum Carcassonense, *& omnia alia Salina, infrà Senescalliam Carcassonensem & extrà, infrà districtum dicti Salini Carcassonensis, & omnia & singula ipsorum Salinorum jura, servitutes, privilegia, libertates, usus, observantie, redibentieque, atque franquesie quecumque, & qualescumque sint, omninò* amoveantur atque cassentur, *& amota, cassata & viribus inposterum vacuata, nihilominus reducantur, & aliquatenùs restaurentur, sub conditionibus inter cetera que sequntur. Ita videlicet quod imposterum, quibuscumque temporibus, Domino nostro Regi & ejus perpetuò successoribus, seu causam ab eisdem habentibus, quacumque ex causâ jus non sit, nec liceat, in quibuscumque partibus, sive locis inde, seu infra districtum predicti Salini Carcassonensis constitutis, per se, vel alios Salinum novum, vel vetus, seu Salis congregationem aliquam habere, facere, reficere, vel tenere, nec alii habenti, facienti, reficienti, seu tenenti aliquatenùs in futurum consentire, nec permittere, nisi duntaxat, pro tenendis garnisionibus ad opus, & usum ipsius Domini nostri Regis. Et si forte in futurum Salinum, sive Salinas, infra ipsius Salini Carcassonensis districtum, ex causâ confiscationis, seu ex aliis quibuscumque titulis ad Dominum Regem, vel ejus perpetuò successores devenire contigerit,* illud, sive illas idem Dominus Rex, & ejus perpetuò successores extrà manum suam, infra annum & diem, sub eisdem, *vel* saltem non gravioribus conditionibus, quibus antea fuerant modis omnibus ejicere teneantur. *Et quandiu infrà* annum & diem, *in manu regiâ fuerint, non possint,* nec debeant sal cariori pretio vendere, *quàm aliàs ab aliis venderetur, quodque omnes & singuli, nunc, vel in futurum, in, vel infra districtum Salini predictum deinceps per se vel alios, Sal emere & quibuscumque titulis acquirere ubicumque & à quibuscumque personis voluerint, de Regno Francie, extra ipsum regnum, & de extra regnum in ipsum Regnum adducere, apportare, & adduci, & portari facere, per terram & per aquam, & ipsum Sal sic emptum & acquisitum, adductum, seu portatum retinère, quibuscumque personis voluerint vendere, donare, permutare, & aliter alienare, & de ipso suam omnimodam voluntatem facere libere possint, absque impedimento quocumque.* Solutis tamen semel tantum in dictâ Salinâ Carcassonensi Domino nostro Regi, & causam ab eo habentibus leudâ, seu pedagio, *sequentibus. Videlicet pro* saumatâ *Salis, cum animali equino, seu mulino portatâ, seu portandâ,* duos solidos turonenses, *& pro summatâ cum animali asinino,* decem & octo denarios turonenses, *& pro qualibet quadrigatâ Salis* quatuor solidos turonenses, *pro quolibet* animali, *quod ad dictam* quadrigam *ducendam poni contigerit. Ità tamen quod si propter asperitatem temporis, seu viarum, omni fraude cessante, in malis passibus, animalia forte superaddi contingeret dictarum quadrigarum ductores, seu domini ad majorem* leudam *solvendam, vel* penam *aliam minimè teneantur; Que quidem* leuda *solvetur infra dicti Salini districtum, in locis per Senescallum Carcassonensem deputandis, vel altero eorumdem, sic videlicet quod in altero locorum deputandorum dictâ leudâ, sive pedagio semel solutis, amplius in aliis locis dicti districtus, vel altero eorumdem ratione prefati Salini* Domino Regi *nullatenùs exsolvatur. Si*

NOTES.

PHILIPPE V. dit le Long, au mois de Novembre 1320.

NOTES.

vero dictum Sal, non cum animalibus, nec in quadrigis portari contigerit, sed ad collum *per homines, vel etiam mulieres, solvat homo pro sale quod portaverit,* quatuor denarios, *&* *mulier* duos denarios *turonenses duntaxat. Ita tamen quod Sal predictum, quocumque modorum predictorum, portatum, per gentes Domini Regis, vel aliter non habeat, nec debeat mensurari, nec ad mensurationem ipsius faciendam gentes districtus ipsius Salini, & alie quecunque forenses, seu extranee Sal ipsum portantes, seu portari facientes aliquatenùs teneantur, nisi cum* per aquam *portari contingeret, quo casu* mensurabitur, *quia aliter de modo solvende* leude *non posset veritas inveniri. Cujus quidem* Leude, *seu* pedagii *fraudatores, perditione, seu amissione Salis, cujus leudam substrahi, seu fraudari contigerit, seu estimationis ipsius, ad electionem rei, & nullâ aliâ penâ aliquatenus puniatur. Acto specialiter quod dicti districtûs Salini Carcassonensis jam dicti habitatores occasione fraudate, seu substracte* leude, *seu* pedagii *predictorum, ultra* annum a die commissi criminis *computandum accusari, vel eâ occasione puniri, vel molestari non possint. Quod quidem Sal, cujus leuda, seu pedagium substrahi, vel fraudari contigerit, seu ejus estimatio ad rei electionem ipso facto absque omni ferendâ sententiâ committatur, & ut ipso jure & facto commissa, ad manus Domini Regis capiatur & explectetur, ad commodum ejusdem. Rursus actum fuit specialiter quod si nobiles, & alie privilegiate persone districtus predicti, ultrà quantitatem salis hactenus consuetam, & ex privilegio suo eis competente, Sal ducere, seu per districtum dicti Salini portare, seu portari facere voluerint, pro omni eo quod ultra quantitatem salis hactenùs consuetam, & ex privilegio eis competente, ducere seu portare, duci seu portari facere voluerint, dictam* leudam, *modo & formâ ac locis predictis, sicut ceteri habitatores prefati districtûs solvere teneantur. Et illud Sal dictam solvendo leudam, & illud etiam quod ex privilegio suo portari, vel adduci fecerint, libere poterunt retinere, vendere, donare, & quibuscumque personis alienare, & de ipso suam facere omnimodam voluntatem. Et illi qui ab ipsis privilegiatis personis Sal privilegiatum, vel non privilegiatum semel cum ab ipsis privilegiatis personis leudatum fuerit, emerint, vel acquisierint, pro eodem Sale* leudam, *sive* pedagium *predictum solvere ratione dicti Salini minime tenebuntur. Solvent tamen emptores & alii dicti Salis acquisitores, seu vectores predicti, in omnibus casibus supradictis, undecumque & a quibuscumque personis privilegiatis, vel non privilegiatis emerint, seu aliter acquisierint Sal predictum, per loca quibus iter facient Domino Regi, Baronibus, Prelatis, & aliis privatis personis quarum intererit,* leudas & pedagia consueta, *& antiqua. Insuper actum fuit quod predicte privilegiate persone, cujuscumque status, conditionis, gradûs, officii, seu dignitatis existant, etiam si universitates fuerint, & quibuscumque nominibus censeantur, si predictis in dicto tractatu seu compositione contentis uti & gaudere voluerint, habeant & teneantur cum ceteris universitatibus & hominibus in dicto districtu Salini Carcassonensis predicti degentibus, pro subsidio hominum finantium juxta impositionem eis bonâ fide faciendam, cum hominibus locorum in quorum territoriis fuerint, contribuere in subventionibus supra & infra scriptis, sicut cetere universitates & homines prefati districtûs contribuent, & contribuere tenebuntur. Quod si fortè id facere recusaverint, libertatibus & franchisiis in dicto tractatu compositionis concessis, minime uti valeant & gaudere, immò in statu in quo tunc erant, sint & perpetuò remaneant, & quo ad eos districtus dicti Salini, pro ut erat ante predictam compositionem, remaneat perpetuò nullatenùs immutatus. Acto etiam quod in predictorum recompensationem universitates & habitatores districtûs predicti Salini Carcassonensis, & alii omnes qui predicte compositioni consenserint, dabunt & solvere tenebuntur Domino nostro Regi, pro quolibet foco ipsius districtûs habente in bonis estimationem, seu valorem* centum *solidorum, vel ampliùs,* sexaginta solidorum turonensium parvorum, solvendorum eidem Domino nostro Regi, postquam dicta compositio per Dominum nostrum Regem *confirmata sortietur effectum, videlicet* sextam partem in prima die proxime preteriti mensis Julii, & aliam sextam partem in proximo futuro festo Nativitatis Domini, & alio subsequenti festo Nativitatis Domini tertiam partem, *& de ipso festo Nativitatis Domini ad unum annum subsequentem in eodem festo anno revoluto* residuam tertiam partem. *Fuit etiam specialiter & expressè actum in compositione predictâ, quod in totali terrâ Saltûs, & quatuordecim castrorum infra scriptorum videlicet de* Sperzano, *de* Montazallis, *de* Cruce, *de* Leone, *cum* Serpente, *de* Brenaco, *de* Covilato, *de* Sancto Juliano, *de* Crasso Capone, *de* Rovenaco cum Bernotio, *de* Fauco, *de* Sancto Johanne, *de* Peracollo, *de* Sansillis, *de* Guilhollis, *de* Campanha, *de* Antihaco, *cum* Omato, *&* Cayrato, *pro quingintis focis duntaxat in dictorum focorum numero computatis, prefati habitatores districtus Salini predicti facient pro totali districtu dicti Salini,* quinquaginta millia focorum, & pro quinquaginta millibus focis solvent Domino Regi & solvere tenebuntur finantiam supradictam; *Et si fortè in predictâ terra Saltûs, & in predictis quatuordecim castris & pertinentiis eorumdem major quantitas, seu numerus focorum reperiatur,* ultra quingintos *focos predictos, foci qui* ultra

PHILIPPE V. dit le Long, au mois de Novembre 1320.

dictos quingintos reperientur, cedant & cedere debeant lucro & commodo Domini nostri Regis, & in dicto numero quinquaginta millium focorum nullatenùs computentur. Acto etiam & convento, quod si in totâ terrâ districtus dicti Salini, majorem focorum numerum reperiri contigerit, quam sit quantitas quinquaginta millium focorum predictorum, illud totum quod plus erit, cedat & cedere debeat commodo Domini nostri Regis, & idem fiat de Burgo Carcassonensi, & omnibus aliis locis & gentibus, dicto Salino, seu ejus districtui contiguis, seu vicinis, & specialiter de gentibus existentibus in camino Gallico, seu circà dictum caminum, que se immunes a dicto Salino & juribus & libertatibus ejus esse dicebant, ut si quid ab eis Dominus noster Rex, seu ejus gentes habere potuerint, occasione presentis compositionis, id totum cedat & cedere debeat lucris & commodis Domini nostri Regis. Et quia Consules, Sindici & procuratores villarum & locorum Rivorum de Bolbestre, Montisquini Galliaci, Sancti Sulpicii Lexacensis, de Sancto Epercio, & aliorum locorum, judicaturarum, rivorum, ex causâ ad partem cum dictis dominis reformatoribus finaverant, fuit inter prefatos Consules, Sindicos & procuratores ex unâ parte, & dictos Dominos reformatores ex aliâ, concordatum atque conventum, quod numerus focorum dictorum locorum proxime expressorum in dicto numero quinquaginta millium (non,) computetur, & de ipso totaliter deducatur. Et ne prefate privilegiate persone, que predicte compositioni consentire voluerint, per locorum quibus suberunt Consules, seu talliatores plus debito forte tallientur, seu graventur, licebit privilegiatis personis predictis in talliatione, seu impositione subventionis predicte, unam in singulis locis, pro se & suo nomine deputare personam, que prefate talliationi intersit, & eos non permittat ultrà debitum agravare. Fuit etiam conventum specialiter, & concessum, quod pro quibuscumque delictis, per quascumque personas prefati districtûs, usque ad diem quo dicta compositio per Dominum Regem extitit confirmata, accusari, seu puniri, vel aliter deinceps molestari non possint, & quod omnes inqueste super predictis usque ad diem predictam pendentes, sententie, condempnationes a quibus appellatum extitit & quarum appellationum cause Parisiis, vel alibi ubicumque pendent, sint omninò casse & irrite, & pro cassis deinceps totaliter habeantur, pro ut hec & plura alia in instrumento compositionis & finantie predicte facto plenius dicuntur contineri. Hinc est quod cum vigore finantie, & compositionis predicte, homines, seu habitatores terre & Bajulie Saltûs, ad observantiam omnium superius dictorum in prefatâ compositione contentorum, & specialiter ad solvendas leudas superius expressas, & pro singulis focis in numero quingentorum focorum pro terrâ Saltûs, & quatuordecim castrorum, sive locorum in eadem compositione expositorum compellerentur. Venientes apud Carcassonam in Castro civitatis, die presenti ante presentiam nobilis viri Domini Aymerici de Croso militis Domini Regis Senescalli Carcassonensis & Biterrensis, Magister Guillelmus Martini de Masubio P. Salas de Onacho. Jacobus Vaquerii de Camilleato Guillelmus de Arragone de Marsano, Sindici, seu procuratores, ut dixerunt universitatum & locorum terre Saltûs, asserentes se ad predicta in dictâ compositione expressâ non teneri, cum ad predicta non consenserint, & sint de extrà districtum Salini Carcassonensis predicti, & in aliquo non subsint, seu subessent districtui predicto, super quibus asserebant declarationem in curiâ Carcassonensi habuisse, & ad hoc ostendentes litteras que tales sunt.

Universis & singulis servientibus, & custodibus passuum Salini Carcassonensis Domini Regis, ad quos presentes littere pervenerint, vel eorum alteri Johannes Fulconis de Tornach[...] Domicellus, Vicarius Carcassonensis, custosque & conservator Jurium & libertatum Salini de Carcassonâ, auctoritate Regia deputatus, Salutem & dilectionem. Cum homines de Redoniâ, de Honaco, & alii terre Saltûs dudum delati in curiâ Carcassonensi Domini Regis, sub anno millesimo trecentesimo decimo pridie nonas Martii, super abusu Salis non recipiant subesse districtui Salini de Carcassona, quin imò Sal portare possint de partibus Rossilionis viâ rectâ, seu per itinera consueta ad loca sua, pro quibus judicio nostro fuerunt per curiam nostram liberati ac etiam absoluti. Mandamus vobis quatenus dictos homines contra usum suum antiquum in predictis ulterius minime molestetis, nec aliter inquietare curetis, contra formam predictam. Datum Carcassonæ die secundâ Martii, anno Domini millesimo trecentesimo decimo tertio.

Quare petebant predictâ compulsione desisti, & in pace eosdem dimitti. Tandem inter ipsos & dictum Senescallum tractatus compositionis fuit habitus, qui talis est.

Videlicet quod prefati homines, pro se, & quo supra nomine, obtulerunt prefato Domino Senescallo, nomine Domini Regis recipienti, dare & solvere Domino nostro Regi, prout in compositione prefatâ expressa mentio habetur, quoad ipsos, videlicet pro quingentis focis, unà cum hominibus quatuordecim castrorum predictorum, leudas tamen in eadem compositione expressas reddere, & solvere, contradicentes precipue, cum non subessent districtui Salini predicti, prout in litteris proxime dictis per ipsos exhibitis continetur. Obtulerunt dicto Domino Senescallo, ultrà leudam, decem & octo denariorum, quam Domino Regi, ut dicebant, tam apud Canderium, quam apud sanctum Paulum, pro leudâ cujuslibet sarcinate Salis, ante compositionem predictam cum dictis Dominis reformatoribus factam, solvere consueverant, dare & solvere Domino nostro Regi, ut ipsi, & dicte terre Saltus universitates, & singuli de eisdem, & eorum perpetuò successores uti & gaudere possint & valeant emendo, vendendo, & aliter libertatibus franchisiis, & immunitatibus universis, & singulis in prefata compositione comprehensis. Videlicet pro qualibet saumata Salis animalis equini & mulini, octo denarios, & pro saumata salis animalis asinini sex denarios, & pro cargatura mulieris unum denarium. Acto specialiter & expressè prout etiam in dictâ finantiâ, seu compositione cum prefatis Dominis reformatoribus cavetur, quod semel in uno ex locis dicti districtûs, per prefatum Dominum Senescallum deputato, seu deputando, leuda predicta, & de novo oblata exsoluta, amplius in aliis locis dicti districtus, vel eorum altero, vel alibi infra, seu extra terram Saltus ubicumque, nullatenus exsolvatur, seu aliquid aliud exigatur, quidquid contingat fieri de sale eodem. Solvent tamen integre, in locis quibus iter facient Domino Regi, & Baronibus, & Prelatis & personis quarum intererit, leudas & pedagia alia consueta & antiqua. Supplicantes prenominato Domino Senescallo, ut predicta pro Domino Rege acceptare, & a majori inquietatione liberare eosdem, & dictas universitates dignaretur, ad hec omnia se ad universitates predictas & singulos de eisdem, & eorum bona obligantes, me Petro de Perage notario infrascripto, pro Domino Rege & ejus nomine tanquam persona publica stipulante. Quam oblationem & proxime dicta omnia modo & formis proxime supra, per prefatos homines oblata, prefatus Dominus Senescallus, consideratâ formâ litterarum, per dictos homines ostensarum superius insertarum, & utilitate Regiâ in hac parte pensatâ, deliberato Consilio cum Domino Jordano de Vallibus judice criminum Senescallie Carcassonensis, tenente que locum Domini Rostagni Payrerii judicis majoris Senescallie predicte, Domino Frisco Ricomanni patrono causarum Regiarum, Magistris Raimundo Fulcaudi, & Arnaldo Assalici procuratoribus Regiis, in eadem Senescalliâ, acceptavit, & prefatos homines & universitates predictas a majori inquietatione perpetuò liberavit, Domini nostri Regis in omnibus voluntate retentâ. Et salvo & retento quod per precedentia non intendit contraire, nec derogare compositioni facte per Dominos reformatores predictos, nec propter premissa prefati homines intendunt se ad alia, nec aliter obligare, nisi prout est expressum supra.

PHILIPPE V. dit le Long, au mois de Novembre 1320.

Acta fuerunt hec in castro civitatis Carcassone predicte, in presentiâ & testimonio Magistrorum Guillelmi de Locis, Francisci Dominici de Carcassona, Raimundi de Alzonâ de Biterri, jurisperitorum, Sycardi Martini Notarii Carcassonensis publici Domini Regis, & plurium aliorum & Magistri Petri de Perage de Carcassonâ publici auctoritate Regiâ Notarii jam dicti, qui requisitus & rogatus de premissis hanc cartam recepit, vice cujus & nomine ego Arnaldus Bocrati Clericus habitator Carcassone eandem scripsi, & ego idem Petrus de Perage Notarius publicus antedictus subscribo atque signo, regnante Domino Philippo Rege Francie & Navarre. Et ad majus testimonium premissorum, nos Aymericus de Croso miles Domini Regis Senescallus Carcassonensis & Biterrensis predictus sigillum Regium quo utimur, huic presenti instrumento tanquam vero & publico duximus apponendum.

Nos autem oblationem, & compositionem predictas, ac alia omnia & singula in suprascriptis contenta litteris, rata habentes & grata, ea volumus, laudamus, ratificamus, approbamus & auctoritate nostrâ Regiâ ex certâ scientiâ tenore presentium confirmamus, nostro in aliis & alieno in omnibus jure salvo. Quod ut ratum & stabile perpetuò perseveret, nostrum presentibus litteris fecimus apponi sigillum. Actum Parisiis, anno Domini millesimo trecentesimo vicesimo mense Novembri.

PHILIPPE V. dit le Long, au mois de Decembre 1320.

(a) Ordonance touchant le Parlement.

SOMMAIRES.

(1) Il y aura au Parlement huit Clercs & douze Lays Presidens, les quels viendront à l'heure que l'on chante la premiere Messe, en la basse Chapelle, & demeureront jusqu'à midy sonné.

(2) Ils ne parleront, ni de leurs affaires, ni de celles de leurs amis. Et ils ne se leveront pour parler à personne, si ce n'est par la permission du Souverain.

(3) Les Baillis, Seneschaux & Procureurs viendront trois jours avant la journée de leur presentation, & lors qu'ils se seront presentez, le Parlement nommera du corps un Clerc & un Lay, lesquels avec un Maître des Comptes, & le Tresorier du Roy, voiront s'il y a quelque cause qui touche sa Majesté, & à cet effet les Baillis, Seneschaux & Procureurs bailleront leur relation par écrit. Les causes qui ne meritent pas d'estre plaidées seront rejettées, & les autres seront jugées.

(4) Les Baillis, Seneschaux & les Procureurs seront promptement expediez, afin qu'ils se puissent rendre sans retardement en leurs Jurisdictions.

PHILIPPE V. dit le Long, au mois de Decembre 1320.

(5) Toute cause commencée ne sera point interrompuë, & jusques à ce qu'elle ait esté finie aucun Juge ne pourra se lever, &c.

(6) Les Arrests seront rendus le Jeudy, *& ce jour les causes plaidées seront jugées. Quand les Juges seront aux opinions, il n'y aura en la Chambre que ceux qui sont du Parlement. Et si le Jeudy ne suffisoit pour decider toutes les causes, on pourroit prendre le* Vendredy, *& mesme le* Samedy *suivant.*

(7) Quand on deliberera pour rendre les Arrests, nulle personne étrange n'y sera, & aucun du Conseil ne sortira.

(8) On ne pourra parler de nouvelles, qu'aprés midy sonné.

(9) Pendant que le Parlement durera, nul Maître, ou Notaire ne pourra sortir de Paris, sans la permission du Roy, du Chancelier, & du souverain du Parlement.

(10) Le Greffier du Parlement envoyera tous les Samedys en la Chambre des Comptes, les condamnations & les amendes pecuniaires.

(11) Les Commissaires ne se chargeront d'enquestes, qu'autant qu'ils en pourront expedier dans le Parlement suivant, & on ne leur donnera rien à faire de ce qui pourra estre recusé par les Baillis & Seneschaux.

(12) Guillaume de Dicy *recevra toutes les Enquestes civiles ou crimineles, & les baillera aux gens du Parlement.*

(13) Les Huissiers laisseront entrer les Baillis & les Seneschaux, pour parler aux maîtres, lors que les maîtres ne seront pas aux avis.

(14) Aprés le Parlement fini, ceux qui en sont, & qui voudront demeurer à Paris, pour delivrer les enquestes, joüiront de leurs gages, comme si le Parlement tenoit.

(15) Les gages des gens du Parlement seront payez par le Tresorier de Paris.

PHILIPPES par la grace de Dieu Roy de France & de Navarre, faisons sçavoir à touz, que nous desirans le bon estat de nostre Royaume, & le proufit de nostre peuple, & de nos subgez, qui par bonne administracion de Justice puent estre gouvernez & maintenuz en pais & tranquilité, par grant deliberacion de nostre Conseil, avons fait ordenances sus *l'estat de nostre Parlement*, en la maniere qui s'ensuit.

(1) C'est assavoir que en nostre dit Parlement aura *huit Clers*, & *douze Lays* Presidens, les quiex & les Notaires aussi vendront au matin en la Chambre de Parlement, à l'eure que l'en chante la premiere Messe en nostre Chapelle basse de Paris, & demorront illec continuellement jusques au midy sonnant, en nostre dite Chapelle sans partir & sans issir, se n'estoit pour necessité corporelle.

(2) Item. Que il ne pourront parler de nulles besoignes qui toucheront euls, ne leurs amis, ne ne se porront lever pour parler, ne conseiller à aucuns leurs amis ou leur acointé, se n'est de speciale licence du Souverain de ladite Chambre. Et se il faisoient le contraire nous les astraignons par leurs sermenz que il ne praignent leurs gaiges pour y ce jour.

(3) Item. Que les Senechauls, Baillyz & Procureurs, qui ont accoustumé à venir en Parlement, venrront par trois jourz au plus avant la journée de leurs presentations, & se presenteront tantost comme il seront venuz au Parlement, & lors le Parlement baudra un Clerc & un Lay dudit Parlement, lesquels avec un *des Mestres de nos Comptes*, & nostre Tresorier touz ensemble, orront en certains lieu les relacions desdits Seneschauls, Bailliz & Procureurs, sus les causes, & tous les faiz qui nous touchent, & peuent toucher, & s'il voient qu'il rapportent chose qui ne face à oyr, il leur diront qu'il se seuffrent, & les autres il publieront & les feront oir & juger en Parlement. Et ces relations baudront lesdits Seneschauls, Bailliz & Procureurs chascun en droit soy tout par escript.

(4) Item. Pour ce que l'absence des Seneschauls, Bailliz & Procureurs à leurs Jurisdictions est moult perilleuse & domageuse au pays, & à nous, & que molt de malefices se sont plussieurs fois faiz ez Senechaucées & Baillies, quant les malfeteurs sentoient leurs Juges absenz, & que les causes des subgez se retar-

NOTES.

(a) Cette Ordonance est en la Chambre des Comptes de Paris, aux Regiſtres *Croix*, feüillet 101. *Noster*, feüillet 124. 146. & *Qui es in cœlis*, feüillet 129. Voyez Fontanon, livre 1. Titre 7. tome 1. page 15. & l'ancien stile du Parlement, dans le tome 2. des œuvres de du Molin, de la derniere Edition.

doient

doient & ſont moult de fois retardez à oyr & jugier, & aucunes foiz toutes, parducs par la longue demeure que leſdits Seneſchauls & Bailliz feſoient en Parlement, *Ordenons* que les cauſes qui touchent, & toucheront leſdits Seneſchauls, Bailliz & Procureurs, tant pour nous, comme pour eus, ſeront des-ores-més oudit Parlement premierement oyes & jugées, à ce que les diz Juges puiſſent plus haſtivement retourner en leur lieus, pour garder & gouverner leurs ſubgez. Et aprés ſeront oyes les dites cauſes des privez perſonnes, ſelon l'ordre qu'il auront eſté preſentez.

PHILIPPE V. dit le Long, à Paris, au mois de Decembre 1320.

(5) *Item.* Que nuls ne entrerompra une cauſe, puis qu'elle aura eſté commenciée à pledoier, ſe n'eſt par cauſe reſonnable, ne ne ſe levera aucuns de Syege, juſques à temps que ladite cauſe aura eſté oye entierement, ce n'eſt pour cauſe de neceſſité corporele.

(6) *Item.* Que l'en ſera *le Jeudy* aux arrez, & jugera l'en les cauſes qui auront eſté pledoiées. Et au conſeiller & juger les dittes cauſes, en fera vuidier de Chambre de Nottaires, & de touttes autres gent, & ni demorront fors tant ſeullement ceuz qui ſont ordenez pour tenir le Parlement. Et ſe le Jeudi ne ſouffiſoit pour tout ce faire, l'en i ſeroit le Vendredi aprés enſuivant, & encores le Samedi ſe meſtier eſt, juſques à tant que toutes les cauſes pledoiées fuſſent conſeillées & jugées, ſe n'eſtoit aucune cauſe eſpecial, qui fuſt reſervée pour avoir greigneur conſeil. Quar il eſt advenu aucune foiz que par la longue demeure de conſeiller les arrez, l'en a oublié les plaidoiez, & les reſons qui avoient eſté pledoiées, dont l'en a moins ſouffiſamens jugié, dont il eſt advenu aucunes foiz, qu'il convenoit rappeler les advocaz quand l'en jugeoit les arrez, pour recorder leurs pledoiers que l'en avoient oubliées.

(7) *Item.* Quant l'en conſeillera les arrez nulle perſonne eſtrange ni entrera, ne nul de conſeil n'en iſtra, ſe ce n'eſt par eſpecial mandement, à ce que le ſecret ſoit mieux gardé.

(8) *Item.* L'en ſe laira de demander & de raconter *nouvelles, & esbattemenz.* Et ſe aucuns en veuſt demander, ou raconter, il le pourra faire quand midy ſera ſonné.

(9) *Item.* Nuls des *Meſtres & Nottaires* durant le Parlement, ne porra iſſir de Paris ſans eſpecial *licence de Nous*, ou de noſtre *Chancelier*, avec le *ſouverain du Parlement*, par quoy il perdent les heures determinées pour le Parlement tenir.

(10) *Item.* Celui qui *tient le Greffe du Parlement* ſera tenuz tous les Samedys à bailler en la Chambre des Comptes, toutes les condampnations & amandes pecuniaires, qui nous toucheront ſanz rienz retenir, ne aſſigner autre part.

(11) *Item.* L'en ne chargera nuls Commiſſaires de faire *(b) Enqueſtes, ou informacions*, fors de tant comme il pourront bonnement *depecher dedans le Parlement aprés enſuivant.* Et jurront les diz Commiſſaires, que ils feront tout leur pooir, & toute leur diligence de faire les *Enqueſtes*, qui leurs ſeront commiſes diligaument, *dedanz l'autre Parlement*, & que pour faveur de partie il ne ſe excuſeront, ne ne ſe departiront de faire les *Enqueſtes*, ſelon ce qui leur ſera commis, à ce que les cauſes preignent plus briefment fin. Et ne ſe chargeront *d'Enqueſtes* qu'il ne penſent faire dedanz ledit terme. Et ſeront taxez les deſpens des Commiſſaires que on envoira, ſelon la qualité des perſonnes, *par les Preſidenz* ou *Parlement*, & cele taxacion enregiſtrée devers celui qui tient le Greffe, & la *journée* qu'il partiront de Paris pour aller en Commiſſion. Et bien ſoit pourveû que aucun Commiſſaire ne ſoit envoyé, ne Commiſſion faite de beſoigne qui *puiſſe eſtre faite par les Seneſchauls ou Bailliz*, més à yceus ſoient faittes les Commiſſions, ſe n'eſt ou caz qui les toucheront, ou qu'il ſeroient ſoupeſonnables.

NOTES.

(b) Voyez l'Ordonance de 1667. tit. 22. avec la conference, & l'ancien ſtile du Parlement, partie premiere chap. 27. & partie 2. aprés le chapitre 22.

PHILIPPE V. dit le Long, à Paris, au mois de Decembre 1320.

(12) Guillaume de Dicy du Parlement recevera toutes les Enquestes civiles & crimineles, & les baudra par devers les autres gens du Parlement, & au chef de chascun moiz fera memoire & cedule des Enquestes qu'il aura reçeües.

(13) Item. Nous voulons que les *Huissiers* de Parlement laissent passer les Seneschauls, Bailliz & nos Procureurs pardevers les Mestres, forz tant seullement quant il seront *en Conseil sur les arrez.*

(14) Item. Que le Parlement fini, ceus du Parlement qui voudront demeurer *à Paris* pour *besoigner aus Enquestes delivrer,* penront leurs gages accoustumez, aussy comme ou temps du Parlement.

(15) Item. Pour ce que nos dittes gens du Parlement soient plus curieus & diligenz de besoigner, Nous voulons que il soient poiez de leurs gages par nostre Tresorier de Paris, des exploiz dudit Parlement, avant qu'il en convertissent rienz ailleurs.

(c) Ordenances pour la Chambre des Enquestes.

SOMMAIRES.

(1) La Chambre des Enquestes sera composée de vingt Clercs, & de vingt Laïques, dont seize seront jugeurs, *& les autres* rapporteurs. *Les jugeurs se rendront en la Chambre, comme ceux du Parlement, & sous les mesmes peines, &c.*

(2) On fera l'inventaire des Enquestes qui seront en la Chambre, & on en donnera copie à la Chambre des Comptes.

(3) Il y aura trois coffres, dans l'un desquels on mettra les enquestes à juger, dans le second les jugées, & dans le troisiéme les enquestes de sanc.

(4) Quand une Enqueste sera faite & baillée en la Grand-Chambre, la Grand-Chambre la baillera clause aux jugeurs, pour la juger, &c.

(5) On ne baillera à chaque Rapporteur qu'une seule enqueste à la fois. Et celuy qui en sera chargé ne pourra sortir de Paris avant qu'il l'ait vüe & rapportée.

(6) Si les jugeurs n'ont rien à faire par le defaut des Rapporteurs. Ils voiront ensemble & jugeront quelques enquestes des plus grosses besoignes. Et la Chambre des Enquestes durera toûjours, soit qu'il y ait Parlement ou non.

(7) Huit jours avant que le Parlement commence, les Maîtres, tant du Parlement que des Enquestes, seront assemblez à Paris, pour entendre les relations des Rapporteurs, & juger les Enquestes, &c.

(1) ITem. Nous avons *ordené & ordenons* suz l'estat *de la Chambre de nos Enquestes* en la maniere qui s'ensuit. *C'est à savoir* que en ladite Chambre aura *vingt Clers & vingt Lays, des quels* les *seize seront Jugeurs,* & les autres *Rapporteurs,* les quels *Jugeurs* venront & demorront en la ditte Chambre à l'eure & en la maniere que *ceux du Parlement,* & sus autele paine. Et venront à la dite Chambre *aprés disner,* pour besoigner *de Pasques jusques à la S.t Michel,* & pour plus despescher de besoignes seront en *deux Chambres.*

(2) Item. Que tantost en face inventoire des Enquestes qui sont en la dite Chambre, duquel inventoire en baudra copie en la Chambre de nos Comptes.

(3) Item. Que en trois huches, ou coffres soient mises lesdites Enquestes. C'est assavoir en l'une les Enquestes à juger, & l'autre les Enquestes jugées, & en la tierce les Enquestes *de sanc,* dont les diz jugeurs porteront les clés.

(4) Item. Quant une Enqueste sera parfaite & baillée *en la Grant-Chambre,* icelle Chambre la baudra tantost au *jugeurs close,* pour veoir *& juger.* Et sera arresté par devers le Clerc du Greffe à quel jour elle aura esté baillée.

(5) Item. Que l'en ne baillera aus *rapporteurs desdites Enquestes,* c'est assavoir *à chascun que une Enqueste* à une foiz, & que celui à qui elle aura esté baillée ne face autre chose, ne ne parte de Paris jusques à temps qu'il l'aura diligaument veüe, & rapportée.

NOTES.

(c) Ce qui suit est la continuation de la mesme Ordonnance. Touchant les Enquestes, Voyez Beaumanoir dans ses Coûtumes du Beauvoisis, chapitre 40.

(6) *Item.* Se il avenoit que les *jugeurs ne eussent nulles Enquestes* à juger, par la deffaute, ou demeure de *rapporteurs*, qu'il soient pourveuz d'avoir par devers eus *aucunes Enquestes de plus grosses besoignes* & que euls meismes tous ensemble *la voient*, & *jugent* sans euls occuper d'auctres besoignes *en la Chambre du Parlement.* Et durra laditte Chambre des Enquestes par tout l'an *en Parlement & hors.*

PHILIPPE V. dit le Long, à Paris, au mois de Decembre 1320.

(7) *Item.* Avons ordené que huit jours avant que le Parlement commence, les Mestres du Parlement & des Enquestes soient assemblez à Paris pour oyr les relacions des Rapporteurs desdites Enquestes, & pour icelles juger. Et que toutes les *Enquestes anciennes*, qui leur sembleront plus necessaires soient jugées, avant que l'on entende à autres. Et soit bien arresté un memoire pardevers la Chambre des Enquestes quantes en seront demourez à juger, & auquels Clers elles auront esté baillées, afin que nulle n'en soit perdüe. Et *voulons* que lesdits jugeurs & rapporteurs soient poyez de leurs gages *par nostre Tresorier* aussi comme *nos genz du Parlement.*

(d) Ordenance pour les Requestes.

SOMMAIRES.

(1) Il y aura trois Clercs & deux Lays. Pour oyr les Requestes ils viendront à l'heure des gens du Parlement, & demeureront jusques à midy.

(2) Les Notaires qui sont à Paris, s'ils ne sont pas deputez à de certains Offices, viendront tous les jours aux Requestes, & en apporteront tant qu'ils en pourront expedier dans le jour, &c.

(3) Si ceux qui sont chargez des Requestes ne peuvent les rapporter promptement, ils en parleront aux gens du Parlement, quand midy sera sonné, &c.

(4) Ceux des Requestes n'entreront en la Grand-Chambre du Parlement, que dans les cas marquez cy-dessus, à moins qu'ils n'y soient mandez.

(1) ITem. Avons *ordené & ordenons* suz l'estat de nos Requestes en ceste maniere. *C'est assavoir,* que il y aura trois Clers & deux Lays, pour oyr les dites Requestes qui vendront matin à l'eure que ceuls du Parlement, & demorront jusques à midi, se il en est mestier, & orront continuelment par bonne deliberacion lesdites Requestes.

(2) *Item.* Que les *Notaires,* qui seront à Paris, exeptez ceuls qui sont deputez à certains Offices, *venrront chacun jour audites Requestes,* & enporront chascun tant comme il en pourra faire la journée, sanz soy astraindre par son serment de loyaulment besoigner. Et lendemain rapportera *les letres qu'il aura faites* pour lire ez *Requestes,* & par son serment n'en signera nulles, jusques à tant que elles y auront esté leües, ou devant celuy par qui elles auront esté commandées.

(3) *Item.* Se aucunes *Requestes* avoit esté baillées à ceuls des Requestes, laquelle il ne peussent pas bonnement depecher, il en parleroient *au genz du Parlement,* quant midy seroit sonné. Et se la Requeste estoit si pesant qu'il en convenist avoir greigneur deliberacion, il en parleront *quant en sera au Arrez,* & le diront à celui à qui ladite Requeste touchera, affin qu'il sache que on ne le fait pas attendre sanz cause.

(4) *Item.* Ceuls *des Requestes n'entreront en la Chambre du Parlement,* fors pour les cas desusdiz, se il n'i sont *mandé,* ou *s'il ni ont à faire pour leur propres besoignes,* ou pour leurs *amis especiaus,* & en ce cas sitost comme il auront parlé il s'en istront, & iront faire leur Offices. Et est nostre entente, *qu'il soient payés de leurs gaiges par nostre Tresorier, en la maniere que nos genz du Parlement & des Enquestes desus diz.* Et pour ce que toutes ces choses soient plus fermement te-

NOTES.

(d) C'est la suite de la mesme Ordonnance. Voyez l'ancien stile *des Requestes,* dans la seconde partie de l'ancien stile du Parlement, aprés le chapitre 10.

nües & gardées sans enfreindre & à memoire perpetuel nous avons fait mettre &c.

PHILIPPE V. dit le Long, à Paris, au mois de Decembre 1320.

(a) Ordonance touchant les Poursuivans le Roy.

SOMMAIRES.

(1) Il n'y aura à la suite de la Court, que deux personnes des Requestes, un Clerc & un Lay. Ils seront chaque jour en un lieu certain pour oüir les Requestes, &c.

(2) Les Ordonances portant que toutes les recettes du Royaume seront faites par les Receveurs Generaux des Baillages & Seneschaussées, seront executées, & les deniers qui en proviendront, ainsi que les quints deniers, rachapts, reliefs & forfaitures, seront apportées directement au Tresor, à l'exception des fiefs & aumônes, gages & autres charges ordinaires, &c.

(3) Les Poursuivans la Court ne delivreront nulles Requestes qui concernent le Parlement, la Chambre des Comptes, ou le Tresor & ils les renvoyeront où elles ont dû estre données, &c.

(4) Il y aura un livre nommé journal du Conseil, qui sera fait & gardé par M.e Pierre de Barriere.

(5) . . . .

PHILIPPES par la grace de Dieu Roy de France & de Navarre, faisons savoir à touz, Nous avoir fait extraire de nos Ordenances faites par nostre Grant Conseil, les articles cy-aprés escripz, lesquels nous voulons estre tenuz & gardez fermement sans corrompre par *(b)* nos *Poursuians.*

Premierement. Avons ordené que *deux de ceuls des Requestes* seront continuelment avec nous *suians la Court* & non plus, un Clerc & un Lay, lesquels seront tenuz de seoir chascun jour à heures determinée, & accoustumée en lieu commun, pour oyr les Requestes qui faites leur seront. Et ne passeront, ne ne souffreront à passer aucunes *lettres* qui soient *contraires à nos Ordenances.*

(2) Et pour ce que nous avons *ordené,* que touttes receptes de nostre Royaume queles qu'elles soient, seront faites *par nos Receveurs Generaux des Senechaucées & Baillies, & apportées à Paris (c)* à nostre Tresor, sanz aucune chose autre part tourner ou convertir, exeptez *(d) fiez, aumosnes, gaiges & choses ordinairement accoustumées à payer ez dittes Senechauscées & Baillies. Et toutes* misses autres extraordinaires, soient pour nos besoignes secretes, ou autres seront depensées à nostre Tresor. *Deffendons* que contre ceste Ordenance, aucunes lettres ne soient commandées, passées, ne scellées. Et tout ainsi est nostre entente, afin que nous puisons plus clairement savoir, & cognoistre les revenus & émolumens de nostre Royaume, que touz *quinz deniers, rachaz, reliez, forfaitures, amendes, & touttes manieres de autre chose semblable,* soient reçeües & apportées entierement par nosdiz generauls Receveurs à nostredit Thresor, sans rien en donner ceste presente année, à quelque personne que ce soit, fors *en cas pitoable & moult necessaire,* ouquel caz se aucune chose nous en plesoit à donner, ou remettre de grace especiale *pour pitié,* ce sera en certaine quantité d'argent, laquelle vous commandons à estre payée par nostre Tresorier à Paris.

(3) Item. Les diz poursuianz ne deliverront ne ne passeront nulles Requestes qui touchent nostre Parlement, nostre Chambre des Comptes, ou nostre Tresor,

NOTES.

(a) On a mis cette Ordonance aprés la precedente, parceque selon toutes les apparences elles ont esté faites l'une & l'autre dans le mesme temps. Celle-cy ne suit pas cependant la precedente au Registre *Qui es in cœlis.*

(b) Les Poursuians.] Voyez l'Ordonance du 16. Novembre 1318. article 5.

(c) A nostre Tresor.] Voyez l'Ordonance du 3. Janvier 1316. article 2. page 628. cy-dessus.

(d) Fiefs & aumônes.] Voyez l'article 4. de l'Ordonance du 28. de Juillet 1318.

ainsoiz

ainſoiz iceuls requeranz renvoiront aus lieux, là où il appartiendra chacun en droit ſoy.

PHILIPPE V. dit le Long, à Paris, au mois de Decembre 1320.

Et pour ce que moult de Requeſtes ont ſouvent eſté faites à nos predeceſſeurs & à nous, qui paſſées ont eſté fraudeuſſement, ſous l'ombre d'aucune couleur de raiſon, leſquelles, ſe diſcutées euſſent eſté, pardevant ceuz qui ſont inſtruiz, & ont cognoiſſance des beſoignes, n'euſſent pas eſté paſſées, comme de moult de genz qui requerrent *recompenſacion de ſervices, reſtitucions de domages, grace de dire contre arreſz donnez en noſtre Parlement,* & pluſieurs autres choſes ſemblables, où moult de fraudes & decepcions ont eſté faittes, ou temps paſſé, de toutes icelles Requeſtes nous doivent les pourſuians, qui avec nous ſeront, à aviſer, affin qu'elles ne paſſent, & qu'elles ſoient *ranvoyées chaſcune en droit ſoy, au lieux, là où il appartiendra* chacun en droit ſoy.

(4) Item. Nous avons *ordené,* pour tousjours avoir *pleine cognoiſſance des* choſes qui ſe feront pardevers euz en noſtre Conſeil, que un livre ſoit fait, que l'en appele *(e) Journal,* auquel l'en eſcrira continuelment ce qui fait aura eſté en noſtre Conſeil, dont memoire ſoit à faire. Et à iceluy livre faire & garder nous avons ordené M.e *Pierre Barriere noſtre Clerc,* auquel il ſera dit & deviſé par ceuz qui ſeront preſenz de noſtre eſtroit Conſeil, ou par l'un des *Pourſuians* ſe appelé eſtoit, ou caz où les autres ſeroient abſens, chaſcun jour ce que fait aura eſté en noſtredit Conſeil, dont mencion ſoit à faire. Et *i ſeront* mis expreſſement *les nons de ceuz qui auront eſté aux beſoignes* conſeiller, & pour ce que aucunes des choſes conſeillées ne ſoient oubliées, ou retardées à mettre execution, ledit Maiſtre P. ou celui qui tendra ledit *Journal,* venrra toutes les ſemaines deux foiz, ou trois ſelon ce que plus y aura de beſoignes conſeillées, ramainteveoir à ceuz de noſtre Conſeil leſdites beſoignes, pour icelles determiner & mettre à fin, ſelon ce que il garderont que les beſoignes le requerront.

(5) Item. Avons ordené afin que nos Clercs, &c. *(f)*

C'eſt *(g)* ce que les Notaires non Pourſuianz doivent faire & garder, ſur les choſes qui s'enſuivent touchanz leurs Offices.

SOMMAIRES.

(1) Les Notaires ne delivreront nulles lettres pour porter ſceller, avant qu'elles ayent eſté relües, à ceux qui les auront commandées, &c.

(2) Aucun Notaire ne pourra employer dans aucunes lettres la clauſe non contreſtant Ordonances, *faites ou à faire.*

PRemierement. Leſdiz *Notaires* ne delivreront nulles letres, pour *porter ſceller,* avant que elles ayent eſté *relües* à ceuz qui les auront *commandées.* Et ce meſmes doivent faire touz les autres Notaires, combien que il ne pourſuient la Court. Et pource que pluſieurs letres ſont ſignées par Nous, leſqueles ne ſeroit pas convenable choſe à nous rapporter pour corrigier, *chaſcun Notaire ſera mencion expreſſe és letres que il ſignera, de celuy* de noſtre Conſeil qui ſera preſent au commander, parquoy il en ſache reſpondre ſe meſtier eſt.

(2) Item. Comme nous ayons fait nos *Ordenances par noſtre Grant Conſeil,* leſqueles *nous voulons eſtre tenües,* & fermement gardées, ſanz corrompre, *Nous voulons & commandons,* que aucun de nos Notaires ne mette, ou eſcripſe és lettres qui commandées li ſeront, *le langage, non contreſtant Ordenances faites, ou à faire.* Et ſe par adventure aucunes leur eſtoient commandées contre nos Ordenances,

NOTES.

(e) Un journal.] Voyez l'article 6. de l'Ordonance du 16. de Novembre 1318. Le reſte manque auſſi au Regiſtre *Qui es in cœlis.*

(f) Le reſte manque dans les manuſcrits.

(g) C'eſt toûjours la ſuite de la meſme Ordonance.

PHILIPPE V. dit le Long, à Paris, au mois de Decembre 1320.

par leur sereman, il ne passeront, ne signeront icelles lettres, avant qu'il nous en ayent avisiez, desqueles Ordenances ils prendront Copie aux *poursuianz* la Court; Et toutes ces choses doit chascun des *poursuians* & *Notaires* par leurs sermens, tenir & garder fermement, sanz corrumpre. Se aucun cas leur venoit, que il ne peussent desclarcir par les articles desus diz, Voulons pour euz acertener sus ce, que il ayent recours en nostre Chambre *des Comptes, où nous avons fait registrer nosdites Ordenances & baillées à garder.*

NOTES.

Il y a ensuite dans le Registre, d'une main plus recente l'arresté qui suit, touchant le Parlement.

Il y aura deux Parlemenz en l'an, l'un commencera aux Octaves de Pasques, l'autre aux Octaves de la Touzsaints, & ne durra chascun que deux moys.

Il y aura aus Parlemenz quatre Prelaz, deux Arcevesques & deux Evesques.

Item. Trois Lays.

Aus Enquestes, seront tel & tel.

Ceuls qui rapporteront les Enquestes, seront tel & tel.

Aus Requestes de la Languedoc, seront tel & tel.

Aus Requestes de la langue Françoise, seront tel & tel.

Aus Eschequiers, iront tel tel.

Aus jours de Troyes, qui sont à la quinzaine de la St Jehan, seront tel & tel.

Voyez cy-dessus l'observation sur le regne de Philippe le Bel page 547. ligne 19. & l'Ordonance du mois de Decembre 1320. cy-aprés.

PHILIPPE V. dit le Long, en Decembre 1320.

(a) Fragment d'Ordonance, portant que tout Beneficier, ou Officier ne pourra avoir Pension du Roy.

ORDENÉ fu à Paris *en Decembre 1320.* par *le Roy,* & son Grand Conseil, en la Chambre des Comptes, avec autres choses, que *nuls Clers,* quiex que il soit, Beneficiers par le Roy, ou à sa contemplation, ne aura, ne ne tendra des-ores-més, *pension d'argent,* de quoy le Roy doie, ou puisse estre chargié, *ou Office* quel que il soit, dont aucun émolument puisse & doive venir au Roy. Et à tous ceux qui les ont, seront tantost ostez, & mis devers le Roy, & tourné à son profit, jaçoit ce que il avint à vie ou à volenté. Et tout autel sera leû à tous ceuls, qui en ont ou Royaume de Navarre.

NOTES.

(a) Ce fragment est tiré de la Chambre des Comptes de Paris, Registre *Croix,* feüillet 96. *verso.* Voyez l'article 26. de l'Ordonance du 18. Juillet 1318. qui contient une disposition à peu prés semblable.

PHILIPPE V. dit le Long, à Paris, le 12. Fevrier 1320.

(a) Ordonance touchant le payement des Gens des Enquestes.

PHILIPPE par la grace de Dieu Roys de France & de Navarre, à noz amez & feaus les gens de nos Comptes, & Tresorier demourans à Paris, *Salut & dilection.* Nous avons *voulu & ordené,* de nostre certaine science, afin que chascun soit remuneré de son labeur, & plus curieux de bien faire, *pourquoy justice puisse estre miex faite,* laquelle chose nous desirrons moulte, que vous genz de nosdiz Comptes comptiez, *& bailliez à nos amez & feaus les Gens de nos Enquestes demourans à Paris, cedules de leurs gages des services, (b) & mantiaus* de

NOTES.

(a) Cette Ordonance est au Registre *Croix* fol. 101. & au Registre *Qui es in cœlis,* feüillet 128.

(b) *Et mantiaux.]* Les anciens Empe-

jadis acoustumez, tant pour le temps passé, comme pour cil avenir, toutes foiz que il en iront, ou envoieront à vous, sanz delay. Et que vous nostre dit Tresorier, leur poiez, sans demeure, le contenu de leurs dites *cedules de mois en mois, pour leurs gages du temps à venir, & deux foiz l'an leurs mantiaus.* Pourquoy Nous desirans ces choses estre fermement tenües & gardées sanz enfraindre, *Vous mandons & commandons* par le serment & foy que vous avez à Nous, que vous & chascun de vous, si comme à lui appartiendra, gardiez & accomplissiez diligemment ces choses dessus dites, & avecque ce, que vous diz Tresorier les poiez des maintenant, sanz faute du temps passé, sanz attendre autre terme, ne mandement, tant *gages* comme de *mantiaus.* Et les choses dessus dites faites & accomplissiez en tele maniere que noz dites genz n'aient cause de euls complaindre à Nous, par vostre deffaute, laquele chose nous desplairoit moulte. *Donné à Paris le douziéme jour de Fevrier l'an . . . cccxx.*

PHILIPPE V. dit le Long, à Paris, le 12. Fevrier 1320.

NOTES.

reurs faisoient des *largesses* à leurs soldats, à leurs Officiers, & leurs domestiques *en argent & en habits*, & ils en faisoient mesmes aux Avocats. *Vide Leg. 11. Cod. Theodosiano De Palatinis. Leg. unicam Cod. Si liberalitatis &c. lib. 10. tit. 14. Leg. 16. in principio De erogatione militaris annonæ.* Ces liberalitez estoient *piquées* ou marquées, & pour user du terme de Tertullien, *Expungebantur*, d'où elles sont appellées dans la Loy 4. au Code *De Advocatis diversorum judicum*, puncti *solatia.*

Dans les bas siecles, lorsque les peaux cesserent d'estre en usage, les Etoffes & les Draps n'estant point encore communs, nos Roys en firent aussi des largesses aux Princes & Princesses, & à leurs Officiers, & ces largesses furent appellées *livrées*, nom qui n'est point encore hors d'usage. Et de là vient que dans l'inventaire qui fut fait des meubles de Loüis Hutin, il y a un chapitre *des Draps de livrées*, où l'on trouve *8. Draps de la livrée aux Chevaliers de la Robe de Pâques, 8. Draps de la livrée aux valets de mestier, 2. Draps de la livrée aux valets d'échançonnerie, 2. Draps de la livrée aux Ecuiers du terme de Toussaint, &c.*

Comme dans ces temps-là ce qu'on nommoit *Robes* estoit les vestemens des *Chevaliers* & autres personnes, les *manteaux* estoient les vestemens des gens de justice, & avec lesquels ils jugeoient, nos Robes de Palais n'estant peut-estre pas alors connuës. Et de-là vient que l'on donne icy deux fois l'an des *manteaux* aux gens des Enquestes.

Il est parlé de ces *manteaux* dans une Ordonance de l'an 1388. Et il nous reste de cet usage, que le Roy donne encore quelquefois des Robes.

Vide Tertulianum de corona in principio. Ramirez ad Martialem lib. 1. epigr. 46, & & ibi Musambert. Salmasium ad Spartianum pag. 20. col. 1. lit. a, Torrent. ad Suetonium, Amayam ad Codicem pag. 299. Cyprianum epist. 42. pag. 226. editionis anni 1700.

Ceux qui recevoient ainsi des *Robes*, & des *manteaux* estoient reputez commensaux des Princes qui les donnoient. *Vide Cangium in glossario in* Roba, *circa finem, & ad Joinvillam pag. 160.*

PHILIPPE V. dit le Long, au mois de Fevrier 1320.

(a) Ordonance touchant les Notaires du Roy, & les émolumens du Sceau, & de la Chancellerie.

SOMMAIRES.

(1) Chaque Notaire mettra par écrit combien de Lettres il aura faites, combien il y en aura à double queüe, combien à simple queüe, & combien à heritage, &c.

(2) Il y aura une personne qui sera avec celuy qui delivre les Lettres, laquelle recevra l'émolument du Sceau, & le portera le Samedy de chaque Semaine au Tresor.

(3) Chaque Notaire envoyera au Receveur de l'émolument du Seel les Lettres qu'il aura faites, & signées dans le jour. Et le receveur donnera sa reconnoissance des Lettres qu'il aura reçeües, & marquera combien il y en aura à simple queüe, combien à double queüe, & combien à heritage.

(4) Chaque Notaire sera chaque mois deux écrées des Lettres qu'il aura faites, dont il donnera une, à celuy qui recevra l'émolument du Sceau, & l'autre à celuy qui sera preposé pour en recevoir le compte chaque mois.

(5) Celuy qui sera commis pour éxaminer le compte de l'émolument du Seel, ne passera en compte aucune cedule, à moins que les Notaires ne luy en ayent autant baillé sous leur Sceau, qu'ils en auront baillé au Receveur, &c.

PHILIPPE V. dit le Long, au mois de Fevrier 1320.

(6) Si le Chancelier refuse de sceller quelques Lettres, il en fera écrire la cause au dos, ou au blanc des Lettres. Et celuy qui reçoit l'émolument de Scel, les baillera en payement.

(7) Les Notaires, qui pour absence, ne pourront donner la cedule de leurs Lettres chaque mois, seront tenus par serment de les bailler le plustost qu'ils pourront à ceux qui les doivent recevoir.

(8) Celuy qui recevra l'émolument, & celuy qui sera estabi à oüir son Compte chaque mois, seront tenus trois fois l'an d'aller compter en la Chambre des Comptes.

(9) Celuy qui recevra l'émolument des Lettres, & celuy qui delivrera les Lettres ne pourront estre Notaires, tant que leur Office durera.

(10) Les émolumens de la Chancellerie de Champagne, de Navarre, & des Juifs, *tourneront au profit du Roy, comme les émolumens de la Chancellerie de France.*

(11) Le Chancelier ne Scellera aucunes Lettres, si elles ne sont signées de la main des Notaires.

(12) Les Notaires feront registre à part des Lettres expediées pour le Roy, & pour ceux de son lignage, dont il n'est rien dû au Sceau.

(13) Les Lettres qui seront restées & n'auront pas esté delivrées seront rapportées, & remises au Compte du Receveur de l'émolument du Sceau.

(14) L'on ne prendra rien des Lettres qui doivent estre franches. Et de toutes autres, tant en cire verte que à queüe double & simple, on sçaura en la Chambre des Comptes combien on doit prendre d'ancieneté.

PHILIPPE par la grace de Dieu Roy de France & de Navarre, faisons à sçavoir à tous presens & à venir, que nous par nostre Grant Conseil, Et pour le profit évident de nous, & de nostre peuple, avons fait sur le port & l'estat de nostre *grant Scel*, & sus la recette de l'émolument d'iceluy, les Ordonances qui s'ensuivent, lesquelles nous voulons perpetuellement estre tenües & gardées.

Premierement. Chascun de nos Notaires presens & à venir, sera tenu par son serment à mettre en escript chascun jour quantes lettres il fera, ou aura faites, ou signées chacun jour, & combien il y en aura à double queüe, combien à simple, & combien à heritage, & de quel pays.

(2) Item. Nous establirons aucunes *certaine personne, qui sera avecq celuy qui rend les lettres, & recevra l'émolument dudit Scel,* & aura soixante livres parisis de gages par an. Et sera tenu par son serment à envoyer, ou à porter *chacun Samedy* tout l'argent qu'il aura reçeû en la semaine en nostre Tresor.

(3) Item. Nos *Notaires,* & chascun d'iceus sera tenu à bailler, ou envoyer *aus Receveurs* de l'esmolument de nostre dit Scel, *les lettres qu'il aura faittes, ou seignées la journée.* Et celuy Receveur escrira de sa main en *une cedule,* qui toûjours demeurera pardevers le Notaire, quantes lettres il recevra de luy, & combien il en y aura à simple queüe, combien à double, & combien à heritage, & de quel pays.

(4) Item. Chascun Notaire sera tenu chascun mois à faire deus *escroes des lettres qu'il aura faites* divisement, en la maniere que dessus est dit, dont *il baudra l'une à celuy qui recevra l'émolument desdites lettres, & l'autre il baudra à une autre c rtaine personne, que nous establirons à recevoir & oir le compte du Receveur dudit esmolument,* chascun mois.

(5) Item. Celuy qui de par nous, sera *establi à oüir le compte de l'esmolument* des lettres, si comme dessus est dit, ne *comptera, ne passera au compte dudit Receveur aucune cedule,* que Notaire ly ait bailliée, *se les Notaires ne ly en ont autant baillié qu'audit Receveur,* ainçois mettra le compte en souffrance de la cedule, que il n'aura pas reçeüe, jusques à temps que il l'aye eû du Notaire, si comme dessus est dit.

(6) Item. Pource que toutes lettres *que les Notaires font, ou seignent, ne passent pas toutes au Scel,* nostre *Chancelier,* sera tenu à faire escrire *la cause* au blanc, ou au dos de la lettre, *pourquoy il ne la scellera,* & la rendra sans despecia

NOTES.

(a) Cette Ordonance est au Registre A du Parlement, feüillet 78. au Registre *Noster* de la Chambre des Comptes feüillet 154. & au Registre *Qui es in cœlis* feüillet 154.

à celuy

à celuy qui *recevra l'esmolument* desdites lettres. Ainsy quant *il comptera,* il les *baudra en poyement* en son Compte, & en baudra copie à celuy qui attendra ladite lettre pour faire refaire, se il en est requis, & il voit que bon soit, & attendra là la lettre du Notaire refusée, pour bailler à son compte, si comme dessus est dit.

PHILIPPE V, dit le Long, au mois de Fevrier 1320.

(7) Item. Pourceque les *Notaires* qui seront aucunes fois *loin* avecques nous, *hors de Paris,* avec *nostre Chancelier,* ou avec *aucun de nos gens,* qui ont pouvoir de commander & de faire . . . ne pourront pas baillier *chascun mois* leurs cedules des lettres qu'ils auront faittes par les semaines, aus personnes, si comme dessus est dit, ils seront tenus par leurs seremens, à les bailler au plustost que ils pourront trouver les personnes dessus dittes.

(8) Item. Le Receveur de l'émolument des dites lettres, & celuy qui de par nous sera *estably à oyr son compte chascun mois,* si comme dessus est dit, seront tenus *tous deux* ensemble, *à compter* chascun an trois fois *en la Chambre de nos Comptes* à Paris, c'est assavoir au mois de *Febvrier* pour les mois *d'Octobre,* Novembre, Decembre & Janvier. *Item,* ou mois de *Juing* pour les mois de Fevrier, Mars, Avril & May, & ou mois *d'Octobre,* pour les mois de Juing, Juillet, Aoust & Septembre.

(9) Item. Pour toutes doutes oster, *celuy qui recevra l'esmolument desdites lettres,* & celuy *qui rendra lesdites lettres,* si comme dessus est dit, *ne seront pas Notaires,* tant comme ils soient oudit Office. Et aura celuy qui rendra les lettres cent livres de pension par an, & penront parchemin pour leur compte faire, & les coppies des cedules là où les Nottaires les penront.

(10) Item. Tous les émolumens de la *Chancellerie de Champagne* & de *Navarre & des Juifs* venront, & seront tournez à nostre proufit, si comme la *Chancellerie de France.* Et *tuit li autre esmolument & droit que li Chancellier avoient acoustumé à penre sur le sel, revendront tuit à nous.* Et penra le Chancellier de France pour tous ses gages & droits *mille livres* parisis par an.

(11) Item. Pour ce que moult de lettres sont scellées, *comme de grace à plaidier par Procureur, & de faire debtes payer,* & d'autres qui *ne sont de main de Notaires,* ne ne sont signées d'eus, dont on prent argent aussy comme des autres, nostredit *Chancellier* ne passera celles, ne autres, se elles ne sont signées de main de Notaires, tant pour oster toutte presomption que l'on pourroit avoir contre lesdites letres, comme pour ce que le Notaire en puisse rendre compte en sa cedule en la maniere dessus ditte.

(12) Item. Pour ce que moult de letres y a, *qui ne doivent point d'argent au Sceau, comme pour nous & ceus de nostre lignage,* dont on a rien accoustumé à payer anciennement, les Notaires enregistreront à part en leurs cedules, parquoy l'en puisse voir tout le domaine.

(13) Item. Pour ce que plusieurs letres faittes, scellées & delivrées pour rendre, sont laissiées aucunes fois en l'audience, ou pour deffaut d'argent de ceus à qui elles sont, ou pour trop longue demeure ou autrement, icelles qui demoureront ainsi pour ce que les Notaires les ont bailliées à enregistrer, seront apportées & reçeües ou compte de celuy qui recevra l'esmolument desdites lettres.

(14) Item. L'en sçaura en la Chambre de nos Comptes lesquelles doivent estre franches, & de icelles ne prendra l'en rien, & sçaura l'en de toutes autres letres, tant en *cire vert, à queüe double & simple,* combien en doit penre de chascune d'ancienneté, & tant en penra l'en & non plus.

Et pour ce que nos Ordenances dessus dittes & devisées, soient perpetuellement fermes & estables, nous avons fait mettre nostre Seel de nostre secret, en ces presentes lettres, *l'an de grace mil trois cens vingt ou mois de Fevrier.*

PHILIPPE V. dit le Long, au mois de Fevrier 1320.

(a) Ordonance touchant le Scel du Chastelet.

SOMMAIRES.

(1) Le Scelleur du Chastelet demeurera à l'avenir au Chastelet. Quand on plaidera il sera au Siege, & il aura cinq sols de gages par jour.

(2) Le Scelleur sera toûjours au Chastelet, s'il est obligé d'en sortir pour affaire, il mettra une personne en sa place, & son absence ne pourra durer plus de trois jours.

(3) Le Scelleur remettra le Vendredy, ou le Samedy entre les mains du Tresorier, l'argent qu'il aura reçeû de l'émolument du Sel pendant la semaine, il comptera au chef de l'an de la cire qu'il aura achetée pour sceller, & du salaire tant de luy, que du Clerc & du chauffe-cire.

(4) Par grace speciale les Notairies du Chastelet ne seront point données aux encheres, mais chaque Vendredy, chaque Notaire payera le quart de ce qu'il aura pris pour ses écritures scellées, ou à sceller, &c.

(5) Les Notaires commis par le Prevost, & les Auditeurs pourront examiner les témoins, en toutes causes meües, ou à mouvoir, &c.

(6) On ne fera rien au Chastelet qui ne soit passé, ou signé des Notaires, si ce n'estoit quelque commission de sang, de l'Office du Prevost, &c.

(7) Le Prevost de Paris present & à venir n'aura que deux Clercs, pour faire ses Registres, ses Commissions & secretes besoignes, &c. & les Clercs payeront comme les Notaires, le quart de ce qu'ils auront de leurs écritures qui passeront au Scel.

(8) Les deux Auditeurs n'auront nuls Clercs, & se serviront des Notaires.

(9) Nul Notaire ne pourra vendre, ni donner son Siege, ni faire exercer ses fonctions par un autre, en retenant pour luy le profit.

(10) Il n'y aura au Chastelet que huit Examinateurs, qui seront nommez par les gens des Comptes, & qui examineront les témoins avec un des Notaires, & ils auront le tiers du profit des examens, &c.

(11) Le Prevost & les Auditeurs feront enregistrer par le Clerc du Roy, toutes les causes qu'ils commettront aux Examinateurs & aux Notaires, pour entendre les témoins, & les Notaires & les Examinateurs ne pourront commencer leur enqueste, avant que le Clerc ait fait son enregistrement.

(12) Les Examinateurs à Paris ne prendront que huit deniers parisis, pour examiner un témoin sur un seul article. Et s'ils sortent de Paris, ils ne pourront mener que deux chevaux au plus aux dépens des parties, & 16. sols par jour pour leur dépense, &c.

(13) Les Notaires & les Clercs marqueront en chaque lettre, la somme qu'ils auront reçüe.

(14) Toutes personnes payeront le droit du Scel, s'ils n'ont lettres de grace, ou Princes du Sang Royal.

(15) Le Roy aura un Clerc à luy, qui sera continuellement au Chastelet avec le Scelleur, & recevra le quart des écritures & le tiers des examens, &c.

PHILIPPES par la grace de Dieu Roy de France & de Navarre, faisons sçavoir à touz, presens & à venir, que nous *par nostre Grand Conseil,* & pour le prouffit de nous & de nostre peuple, avons fait suz l'estat *de nostre Chastellet de Paris, les Ordenances qui s'ensuivent.*

Premierement. Nous voulons & ordennons que nostre *Seelleur de Chastellet demeure des-ores-en-avant en nostre Chastellet,* & ait une Chambre, & une fenestre traittée suz la court, là où l'on Scelle continuellement, fors à l'heure que l'en pledoie, oudit Chastellet, à laquelle heure il sera ou siege acoustumé, pour mieux delivrer les bonnes gens, & pour ce que Mestre *Girard* de la *Croix* qui a grant mesniée & grand hostel, ne pourroit pas convenablement estre hebergié audit Chastelet, & pour autre certaine cause, nous avons ordené & nous plest, que une certaine bonne & loyal personne *soit Sceleur,* tant comme il plera à nostre volenté, & ait *cinq sols parisis de gaiges par jour,* & demeurt accoustumement oudit Chastelet.

NOTES.

(a) Cette Ordonance est au Registre *Noster* fol. 151. en la Chambre des Comptes de Paris, au Registre *Croix* feüillet 107. & au Registre *Qui es in cœlis,* feüillet 136.

(2) *Item.* Nous ne voulons que ledit *Scelleur se parte point du Chastelet*, més il soit coustumement, à ce que les bonnes gens puissent estre delivrées à toutes heures que il vendront. Et se il avient que ledit *Sceleur* alast *hors pour aucune necessité, il pouroit mettre en lieu de luy aucun loyal & souffisant*, qui garderoit ledit Scel, jusques à son retour. Et ne se pouroit esloigner, ne absenter par *trois jours* ou plus, se n'estoit de nostre especial licence, ou de nostre Chambre des Comptes. PHILIPPE V. dit le Long, au mois de Fevrier 1320.

(3) *Item.* Ledit Sceleur sera tenu par son serment à apporter toutes les *sepmaines*, c'est assavoir *le Vendredy* ou *le Samedy* au plus tart, l'argent qu'il aura reçeû de l'émolument dudit Scel en la semaine passée, & le bailler à nostre *Tresorier à Paris* entierement, sans rien convertir autre part. Et comptera au Chef de l'an *de la cire* qu'il aura acheté pour sceler, & du salaire de luy & de nostre *Clerc*, que nous ordenerons estre pour nous au Chastelet, & de son *chauffe-cire*, selon ce que l'en a accoustumé à bailler pour luy. Et pour ce que aucuns se sont dolu du *registre* que nous avons commandé à faire, oudit Chastelet à certains temps, & pour certaines causes, en disant que moult estoient delayé à delivrer, pour ce que leurs lettres ne peuvent mie si briefement estre enregistrées, selon la multitude qui isent venir, & en doubtant que parmy ledit registre leurs estats & conditions ne fussent plus manifestez & cogneuz, Nous avons volu & octroyé que dés-ores-en-avant l'en cesse de faire iceluy Registre.

(4) *Adecertes.* Pour ce que despieça fut ordené par nos chers Seigneurs *Pere & frere* jadis Roys de France & par Nous, que touttes les *Noteries* de nostre Royaume fussent vendües & le profiz des vendües apliquiez à nos usaiges, & les Notaires dudit Chastelet ont tenus jusques icy les dittes Noteries franchement, jaçoit ce que les autres aient esté vendües & encheries, & le plus que l'en a peu. Nous qui voulons à nosdits Notaires du Chastelet *faire plus grande* grace, de nostre royalle liberalité que aux autres, & pour certaines causes *avons ordené* par nostre Conseil, que dés-ores-en-avant *lesdits Notaires & chascun d'eux poyera le quart tant seullement de ce qu'il penrra pour s'escriptures Scellées, ou à Sceller de nostredit Sel de Chastelet*, de resons, & de touttes autres Escriptures qui, à l'office desdits Notaires appartenir peuent. Et ce jurera chascun des dits Notaires aus saintes Evangilles, en la presence de nostre Prevost de Paris, & dudit Sceleur & seront tenus à poier chascun *Vendredy* à nostredit Clerc *le quart de ladite escripture*, Et se il en deffailloient, ledit *Sceleur* les puniroit & pouroit punir, selon ce que bon leur sembleroit, & especiaument de non sceler & reffuser leurs lettres, jusques à temps qu'il auroient poié ledit quart & amende convenable.

(5) *Item.* Lesdits Nottaires pourront *examiner tesmoins* en toutes les causes meües & à mouvoir oudit Chastelet, selon ce que le Prevost & les Auditeurs dudit Chastelet leur commettront, & ceuls speciaument qui les parties requerront & nommeront de commun accort.

(6) *Item.* L'en ne sera rien oudit Chastelet qui ne soit passé, ou signé par la main desdits Notaires, se n'estoit aucunes commissions de sanc, ou de l'Office du Prevost, ou lettres en nostre nom, faites à sceler en l'absence de nostre grant Scel, souz le Sel dudit Chastelet.

(7) *Item.* Nostre Prevost de Paris, qui est à present, & qui sera pour le temps à venir, aura tant seullement *deux Clercs*, pour faire les Registres & ses commissions & secrettes besoignes, & ses deux Clercs poieront semblament le quart de ce qu'il auront de leurs escriptures qui venra audit Scel; Et se mestier, a de plus de Clercs pour faire son Office, il prendra desdits Notaires de ceux qui mieux li plairont, & non autres.

(8) *Item.* Les deux *Auditeurs* de Chastelet n'auront nuls Clercs, & feront faire des-ores-en-avant toutes leurs besoignes par la main desdits Notaires.

(9) *Item.* Nuls des Notaires de Chastelet ne *vendra* ou *aumosnera* des-ores-en-avant son Siege, ne ne pourra faire deffervir par autruy, en applicant à luy aucun prouffit.

PHILIPPE V. dit le Long, au mois de Fevrier 1320.

(10) *Item.* Nous avons *ordené & ordenons*, que en nostre dit Chastelet ait *huit Examinateurs* tant seullement, loyaux & discrettes personnes, tels comme nos *gens des Comptes esliront.* Et lesdits examinateurs *examinent tesmoins* en toutes causes, chascun adjoint avec luy un desdits Nottaires, & auront le *tiers* de ce qu'il gaigneront esdittes examinations, lequel tiers, ils seront tenus à bailler chascun Vendredy à nostredit *Seelleur*, ou à celuy que nous establirons à recevoir *le quart* de ladite escripture.

(11) *Item.* Le *Prevost*, & les *Auditeurs* dudit Chastelet feront enregistrer, par nostre Clerc si aprés declarié, toutes les causes desquelles ils commettront à oüir tesmoings ausdits *Examinateurs* & Notaires. Et ne pourront lesdits *Notaires* & *Examinateurs* encommencer leur Enqueste, devant que ledit Clerc ait enregistré par devers luy les noms des parties, & la cause meüe entre eux & pardevant qui, c'est assavoir ou pardevant le Prevost, ou aucuns des Auditeurs dudit Chastelet.

(12) *Item.* Lesdits *Examinateurs* ne prendront *de examiner* un tesmoin suz un article *que huit deniers parisiis.* Et se ledit tesmoin est trait sur plusieurs articles, il auront semblablement pour chascun article tant seulement, en demourant à Paris. Et se il *vont hors de Paris*, il ne pourront mesner chascun que *deux chevaux* au plus, aux despens des parties, & prenderont pour leurs despens *seize sols parisis* pour chascune journée tant seullement, & *pour leur salaire la moitié de la taxation* dessusdite tant seullement, *c'est assavoir pour chascun article oir, quatre deniers parisis*, de laquelle moitié ils nous seront tenus à rendre *le tiers.*

(13) *Item.* Lesdits *Notaires* & *Clercs* seront tenus par leurs sermens à mettre justement *en chascune lettre la somme d'argent qu'il* en prendront & sans fraude. Et s'il avenoit que il à aucun leur amy feist grace de leur escripture, neentmoins il seront tenus à mettre en ladite lettre *la somme qu'il en prissent* de une autre privé personne. Et se il deffailloient ou faisoient fraude, ledit Seeleur ne la scelleroit, jusques à temps qu'il en eust sceu la verité par son serment, où il la tasseroit justement selon sa conscience.

(14) *Item.* Toute maniere de genz poieront audit Seel ce qui est accoustumé, se il ne monstre lettres de grace especialle qu'il ayent de nous sur ce, fors ceux de *nostre sanc*, qui de ce n'ont rien accoustumé à payer.

(15) *Item.* Nous aurons pour nous un Clerc, qui demourra continuellement en Chastelet, & sera avec ledit Seeleur, & recevera *le quart des Escriptures & les tiers des examinations* dessusdites, & l'apportera à nostre Tresor chascun *Vendredy, ou Samedy* pour la semaine passée. Et pource que l'en y puisse faire fraude ne barat, il escrira en parchemin, ou en papier *la somme que chascun Notaire & Clerc prendra de chascune Lettre*, selon *l'instruction*, qui baillée li sera, en nostre *Chambre des Comptes.* Et quant aux *examinations*, il mettra en escript combien chascun aura gaigné la semaine, & de qui, à ce qu'il n'i puissent faire fraude. Et aura ledit *Clerc deux sols six deniers parisis de gaiges par jour*, & poura faire *lettres de Chastelet*, comme un autre Nottaire, quant il aura temps, en tele maniere touttes-voies que son office n'en soit delaiée à faire, & qu'il paye le *quart de son gaing des escriptures*, comme un autre *Notaire*; Et au chief de l'an comptera de ce qu'il aura reçeü & poié des *Escriptures & examinations* dessusdites, *pardevant nos gens de nos Comptes*; Et est *nostre (b) entente de faire Ordenances*

NOTES.

(b) Le Roy dans cet article, dit que *son entente estoit de faire des Ordonnances sur les autres Offices de son Chastellet*, pour cet effet on luy presenta le Memoire qui suit, que l'on a tiré du Registre *Pater* de la Chambre des Comptes de Paris feüillet 102.

C'est ce qu'il semble à celuy qui c'est escript baille, qu'il seroit bon à faire & à ordener ou Chastelet de Paris, pour le proffit du Roy nostre Sire & du commun pueple.

Premierement. L'en ne compte du Seel que quatre cens livres de tournois par an, si *certaines*

certaines suz les autres Offices de nostre Chastelet selon ce que bon nous semblera.

Toutes les choses dessus dittes, & chascunes d'icelles nous *volons* estre fermement

PHILIPPE V. dit le Long, au mois de Fevrier 1320.

NOTES.

ble par estimation, que il devroit valoir plus deux tamps. Si feroit bon que il fust livré à *censo & à rentiere,* & que les deffauts des gaigemens fussent bailliées avec, dont le Scelleur n'en compte, ou pou, ou nient. Et si devroit moult valoir, car de chacun gagement, que on apporte pour mettre à execution, li Roys en doit avoir *dix sols,* ne ne le puet le Sergent mettre à execution, jusques à tant qu'il l'a fait enregistrer devers le Scelleur. Et de ce trouveroit-on qui en donroit *à chense, mille livres de tournois.* Et si ne pourroit-on dire que ce fust contre le commun peuple, car li seauls est tauxées, *le grant Seel à six deniers,* & le petit *à deux deniers parisis,* ne plus n'en puet-on prendre, & aussi n'y pourroit-on faire fraude.

(2) Item. Il n'a point ou Royaume, en la *Langued'oc,* ni ailleurs, où li Roys ne vendent ses Notairies, & il a *soixante Notaires en Chastellet de Paris,* qui tous vivent sus le commun pueple, & de tels qui baillent *à chenses leurs Sieges,* quant li Roys leur a donnés, & plusieurs en y a pou souffisant, & ne vient nul profit au Roy. Si samble que qui rameneroit le nombre des Nottaires *de soixante à trente, ou à vingt-quatre bons Notaires,* biens entendans, & bien escrisans, & leur baillast-on les Nottairies à chascun, de *trois ans à autres,* que on vendroit bien chascun Siege *cent livres de tournois,* ou *soixante livres* parisis du mains, car il y a de tels Notaires, qui dés maintenant à tout le grand nombre qui y est, vendent leur Office *trente, ou quarante livres parisis par an.* Et si porroit-on au chief de trois années, sçavoir comment chacun se seroit portés, & qui bien ne se porteroit, si ne li rebaillast-on plus. Et de ce ne se porroit nuls douloir, car l'escriture des Nottaires *est toutte taxée & ordennée, dés le temps nostre Sire le Roy Philippe qui Diex absoille,* Et ce porroit bien valoir du mains *deux mille livres* de terre, ou de rente, qui riens ne li vaut orendroit.

(3) Item. Que li Nottaire qui ainsi seroient ordené, comme dit est, fussent tenu & abstraint, de faire dire *leur Messe de leur Confrairie, en la Chapelle du Chastellet, pour ce que* le lieu en fust plus honnoré & plus hanté, & le service de Dieu plus souvent fait oudit lieu, & que li Prevost de Paris les peust plus souvent veoir ensemble, pour sçavoir, & veoir leurs meurs & leurs conversations, & que il n'ecresissent point ou Chastellet les Dimanches, ne les jours sollennes.

(4) Item. Que dores-en-avant li Notaires soient tenus à mettre en chacune lettre, Acte, ou instrument qu'il feront en la marge aprés leur nom, *le nombre de l'argent qu'il en prendront, par quoy* il n'y commettent fraudes, contre l'Ordenance.

(5) Item. Il avient souvent par le barat, & la tricherie des *Procureurs du Chastellet,* que quant il ont plaidié devant les *Auditeurs* des causes, & il ont jugement contre eux, que il en demandent *l'amendement* du Prevost, pour fuir, & puis si y a aussy lonc plet en la cause de l'appel, comme il a en la principal querelle. Et quant il en enchieent, si n'en payent point d'amende, & ainsy n'est le *Prevost* point deschargié par ses *Auditeurs,* qui pour ce deschargement du Prevost sont establi ou Chastellet, ne li Roys n'y a nul proffit. Si samble qu'il seroit bon, qu'il fust ordené, que cil qui *appelleroit de l'Auditeur* devant le Prevost, & en decherroit, payast au mains *trente sols tournois d'amende.*

(6) Item. Que pour ce que li exploist des Auditeurs valent peu, ou nient au Roy, que il soit ordené que dés-ores-en-avant li Auditeur soient tenu de apporter chacun Vendredy aux delivrances, leurs exploits, pour tauxer par le Prevost, & par le Conseil, & que cil dou Prevost soient tauxé aussi chacun *Vendredy,* & que le Receveur soit abstrains d'estr'y, ou d'envoyer y son Clerc, pour recevoir les dis explois par escript, & pour fere les esploitier. Car pour la longue attente que on y fait, ils enviesissent, & les gens se transportent de lieu en autre, si ne les puet-on trouver, ou on empire, si les convient pardonner, si tourne à grant dammage du Roy, & autant en soit baillié par le Prevost en la Chambre des Comptes deux fois l'an, devant le Compte du Receveur.

(7) Item. Il n'a ou Royaume de France lieu, fors que ou Chastellet de Paris, que se aucuns se plaint de *nouvel trouble, & de nouvel empeschement* d'un autre, que cils qui en chie de la nouvelleté, n'en poie que *soixante souls parisis d'amende,* & se il est noble *soixante livres parisis,* & que cil qui fait rescousse à un Sergent, ou *brise aussi saisine,* n'en paye *soixante livres parisis,* se il est noble, & *soixante sols* se il est non nobles. Et parce que on n'en prent nul amende ou Chastellet, avient souvent & chacun jour, que se uns poures hons à cens ou rente, sus la maison d'un riche homme, & li pouvres hons ne li veut vendre, ou lessier, que quant cil va *gagier,* pour *sa rente,* li autres li *resqueut,* & quant cil se plaint qu'il est empechiés de nouvel en sa saisine, li autres propose le contraire, & chieent en un long procés, qui dure un an, ou deux, & convient au povre homme *deguerpir,* & lessier sa rente, où il li coste plus en plait, que elle

PHILIPPE V. dit le Long, au mois de Fevrier 1320.

gardées, tenües & accomplies, fans corrompre, deffendons, caffons & oftons dés-ores-en-avant, les *affemblées, & Confrairies* faites ou temps paffé, entre lefdits No-

NOTES.

ne vaut. Et encore avient-il fouvent que quant Sentence eft donnée & fcellée, & on envoye le Sergent le Roy, pour mettre ce à execution, que cil, le refqueut au Sergent, & recommence un nouviau plet. Et fi ne paye point d'amande, ne de la *refcouffe*, ne de ce que il eft alés contre la Sentence, ne il ne rent defpens de tefmoins, d'adjournemens de Sergens, ne defpens d'efcriptures. Si feroit bon fauf meilleur confeil, que quiconques enquerroit en cas de *nouveleté*, qu'il payaft *foixante fouls d'amande*, & autretant *de refcouffe* faite au Sergent le Roy, & autretant *de faifine brifiée*, & *dix livres* de venir contre la Sentence du Prevoft, puifque elle feroit paffée en chofe jugiée, & rendift defpens d'Avocats, & Procureurs, de tefmoins, de efcriptures, & de adjournemens, en la tauxation du Prevoft de Paris. Et auffi n'iroient mie tant de gens plaidier en la Cour de *Creftienté*, & fi vaurroit bien cil explois au Roy chacun an *cinq cens livres, ou plus*.

(8) Item. Pour ce que li Advocat & Procureur *mengent* tout le pays, par les grans falaires que il prennent, que *nuls Advocats en Chaftellet ne puift prendre le jour, que cinq fols tournois* de la querelle de *trente livres* tournois, & du mains mains à la valüe, & de toute la querelle *dix livres tournois*, & du mains auffi mains. Si y feroit bon mettre attemperance en la maniere deffus ditte, & auffi que nul Procureur ne puift prendre que *douze deniers par jour, pour chafcune querelle, ou vingt fols* à l'année, ou *foixante fouls* pour toute la caufe, montant à trente livres tournois, & du mains mains à la valüe.

(9) Item. Que nul *Examineur* ne puft prendre que *douze deniers* de oir un *tefmoing*, & *douze deniers* pour l'efcriture, fe li Prevoft ne le tauxe à plus, pour raifon de l'efcripture, & de la quantité du labour, car autrefois a il ainfi efté ordené par Ordenance.

(10) Item. Que fe en la deffaute de *l'Examineur*, la querelle eft retardée, il rendra les defpens à partie, fe il n'a excufation telle qui fouffife au Prevoft de Paris.

(11) Item. Que en trois fois l'an, c'eft affavoir à la Touffaint, à la Chandeleur, & à l'Afcenfion, felon la chierté, ou la bonté du temps, le geolier du Chaftelet face tauxer les defpens de fa table, pour les prifonniers, par le Prevoft de Paris.

(12) Item. Il femble que pour les mauvaifes convenances, que on tient ore-en-droit pour avoir refpit de debtes autres fois, pour faire *cheffion & abandonnement*, ou aucun veullent eftre reçeûs de leurs biens, jufques à la valüe de la debte, fauves leurs bonnes raifons, & par tout plain d'autres empefchemens, que chacun s'efforce de mettre, a fin que il ne paie ce que il doit, que pour ce font les chofes fi chieres par ceuls qui legierement acroient & achetent chier, ne ne leur chaut comment il s'obligent, fors pour les delais & les remedes, que il fcevent que il auront, & pour ce li marcheant vendent chier, pour ce que il fcevent que il auront tout plein de defpens à recouvrer leurs debtes. Si famble, que fe cil favoit que on le deuft bien contraindre, qu'il fe garderoit de legierement accroire, & li marchant venderoient volontiers fe il favoient que on leur en payaft legierement, & que on les feift payer briefment & radement. Et fi en vaurroit miex li Seauls, & ainfy feroit bon à ordener.

(13) Item. Que nuls qui foit obligiés par lettres, ne foit reçeûs à *cheffion*, puifqu'il ait le vaillant de payer la debte, efpecialment ou cas, où il y aura renoncié par lettres, & par ferment. Et ou cas où il ferroit *cheffion*, que le feurplus aprés la debte payée, foit acquis au Roy.

(14) Item. Que ou cas où il fera *cheffion*, que de là en avant il ne foit ois en nulles deffences en celle querelle. Et foit *l'abandonnement crié en plaine audience*, pourquoi il ne puift plus decevoir les gens en croire follement.

(15) Item. Que fe aucuns demande par lettres dont il ait efté payez, & que li payement foit fouffifamment prouvé, que il l'a demandé à la volonté & taxations du Prevoft de Paris, celi qui propofera payement, & ne le prouvera pas, car chafcun jour l'en propofe payement affin d'avoir delay de payer, cils en fera amande competent.

(16) Item. Que nuls ne foit receus contre lettres du Chaftelet, à propofer, fors quittances, payement ou refpit, felon les anciennes Ordenances, & ou cas où ils propoferoient, que il *garniffent la main le Roy* d'or ou d'argent, ou de gages fouffifans, ou leur corps demeurent en prifon.

(17) Item. Que chacun *Rolles* fés de procés en Chaftelet, foit *fcellées du petit Scel*, chacun Scel pour *un denier*, originals & copies, car fouvent avient que li fuitiff des caufes perdent leur procés à enfient, ou propofent en caufe d'appel, qu'il a eu en fon procés, ou plus ou moins pour querre fuittes, & delais.

(18) Item. Que li Prevoft de Paris foit tenu par fon ferment à vifiter *le portement de la douzaine* chacun mois, & punir ceux qui mal fe porteront, & rapporter au Roy, pour ofter ceux, qu'il trouveroit autres que bons,

taires, *suz peine de corps & d'avoir*. Aussy leur *deffendons* que dores-en-avant ne facent assemblées, ne *taguehon*, pour quelle cause que ce soit, mais se tiegnent paisiblement & comme singulieres personnes.

PHILIPPE V. dit le Long, au mois de Fevrier 1320.

NOTES.

car autrement il n'y font riens, & en emportent leurs gages, & si n'y font ne que li autres Sergens, & chacun pour y demourer s'efforceroit de bien faire. Sy en feroit miex justice gardée, & en venroient plus grans Explois au Roy.

(19) Item. Que cils qui fera semondre & non comparra, ou se presentera, payera aussy bien amende de deffaut, que fera la journée, s'il ne vient, car plusieurs pour fere damage à leurs voisins, les font semondre en Chastelet, & n'i vont, ne ne viennent. Et il convient que cils qui est semons, garde son jour jusqu'au midy, & perdra sa journée, ou il perdroit dix-sept sols six deniers d'amende. Soit fet que ou cas que celuy qui fera semondre, ne vendrá au second adjournement, paye amende competent.

(20) Item. Qu'il eut en Chastelet un Controlleur pour le Roy tout resident, qui ait un papier, où il arrestera les *clains de nouvelleté*, les clains de *sesines brisiées*, pourquoy il en souviegne de leur amande, quant la cause sera fuie, & qu'il mette les amendes devers li, & les ramentueve à tauxer, & exploitier, & deffendre & provienne les causes du Roy en tout cas, car le Procureur du Roy n'y puet entendre pour les causes qu'il a.

(21) Item. Que pour ce que l'en met és lettres de Chastellet tousjours le nom du Prevost, & en porroit li Prevost estre blamez, qui riens ne sauroit, pour ce que cil qui empetrent les Commissions depiecent le seignet de celuy pour qui elle est signée, que dés-ores-en-avant le nom de celuy qui passera la commission, soit escrit en la marge de la lettre, avec le nom du Notaire, ou Clerc du Prevost, qui fera la Commission, & que nuls des *Auditeurs* ne doint Commission hors de la banlieuë de Paris, ne autres quiex que il soit, fors le Prevost, ou celuy qui la journée tendra son lieu, que la datte de la Commission parlera pour les faussetés qui y porroient estre faites.

(22) Item. Que és Sentences, cil qui verront les procés avec la condempnation qu'il feront de partie, qu'il mette l'amende aussi en quoy la partie sera encheüe, & par maniere de condempnation, pourquoy elle soit exploitié, quant on fera l'execution de la Sentence.

(23) Item. Pour ce que *le guet de Paris* deust valoir mout grand chose au Roy, & il li vaut peu, ou nient, pour ce que les deffauts sont peu, ou nient exploitiez de ceux qui ni viennent, & en est le *guet si feble*, que à peine y vient-il nulluy, fors quant li Roys est à Paris. Qu'il soit ordené que le Controlleur soit, ou envoie toutes les nuits au guet, & escrise aussi comme feront les Clercs du guet, les comparans & les deffaillans, & que chacun *Vendredy*, aprés les delivrances, il apportient en la main du Receveur, leurs deffauts & leurs finances, pourquoy le Receveur les puist exploitier, ou rabattre des gages aux Sergens du guet, & que les Clercs du guet ne soient si hardi, qu'ils facent finances du guet, fors par le Receveur & le Controlleur.

(24) Item. Soit ordenné que en toutes examinations de tesmoins, soient deux examinateurs, & soient bonnes gens & loyaus.

* (Au feüillet 105. du mesme Registre il y a ce qui suit).

Remembrance pour le proffit du Roy, & l'utilité publique, sus l'estat du Chastelet de Paris, & du Parloir *aux Bourgeois.*

Premier. Ou Chastelet ne seront trouvés Registres de bannis, ne de anciennes delivrances de prisonniers, qui pour cas de crime ont esté detenus ou temps passé, ne des amendes, ne des recreances de prisonniers, car les Prevosts qui pour le temps ont esté, chacuns en droit soy, en apporte ses Registres, dont li Roys a perdu mout de amendes, & mout de fais sont demeurés impunis.

(2) Et parceque les Prevosts, quant il viennent nouviaus, ne pueent riens sçavoir des faits de leurs devanciers, vont mout de bannis parmi la Ville, & mout d'autres messais demeurent impunis, & sont mout d'amandes recelées, & d'autres grands prises de faux monnéers & d'autres cas occultes.

(3) Pourquoi il seroit mestier que ou Chastelet eust *un Clerc de par le Roy estably, non commensal,* ne *affin au Prevost*, qui eust & retinst copie des Registres, & de touttes delivrances, & amandes de devant les *Auditeurs* faites, & pardevers le Prevost.

(4) Soit demandé à tous ceux que l'en porra trouver *vifs*, & aus hoirs de ceuls qui sont *mors*, copie de tous leurs Registres.

(5) Item. Li Prevost, pour ce qu'il n'a curre, fors des choses qui chieent en esploit, n'a cure de tenir plais, & pour ce a Lieutenent sous nombre, qui delivrent touttes causes, & en leurs maisons & dehors, & usent de signes, & est tout scellé ce que ils font, dont ly Roys & les subgiés ont grant damage, car li uns fait, l'autre deffait, l'un delivre, l'autre empesche, & einsit il y a plus de Prevost que mestiers ne fust.

(6) Item. Li Prevost ne voit pas les pro-

PHILIPPE V. dit le Long, au mois de Fevrier 1320.

Et pour ce que nos devant dites *Ordenances* demeurent perpetuellement en leur force, Nous avons fait mettre nostre Scel en ses presentes letres. *L'an de grace mil trois cens vingt, au mois de Fevrier.*

NOTES.

cés, ains les fait voir par ses Lieutenans, & ainsy se excuse, que il ne les a pas veu, quant l'en en appelle pourquoy &c.

(7) Item. Il a un Clercq qui en a plusieurs dessous luy, & prennent de si grands salaires, & demeurent les causes à jugier, quant il leur plaist, & tant comme il leur plaist, & obéist l'en autretant à eux comme au Prevost, & font mout de extorcions, qui porront bien estre sçeüe, quand l'en voudra, & que li Prevost est parconniers de leurs prises, donc ce est contre droit, & ou grant dammage des subgés.

(8) Item. Il y a si grant multitude de Sergens, dont la greigneur partie est du païs au Prevost, & de son lignage, ou du lignage sa femme, aucuns freres, serourges, ou cousins aus Auditeurs, qui batent gens, & font moult d'autres excés & meffais, qui bien seront sçeus, dont on ne puet avoir raison, ne plaindre ne s'en oze l'en.

(9) Item. Li Auditeurs ont plusieurs Lieutenans *Lombards*, & estranges personnes, qui delivrent, & scellent de leurs signes par rües, & en leurs hostiex, & tiennent leur plais, dont grans inconveniens, & de leurs Registres font-il ainsy, comme dit est des Prevost.

(10) Item. Leur amendes & du Prevost souloient estre taxées en commun trois fois l'an, & par le Conseil, present le Receveur & touttes à une journée, & ils le font si comme ils veulent, dont le Roy, & les subgés sont dommagiez en diverses manieres, qui bien seront sçeües, quant mestier en sera.

(11) Item. Et mout de autres choses qui en iceluy Chastelet sont mal ordenées, si comme il porra bien estre sçeu. Car il est tous corrompus en trop de cas, & par *examinateurs de tesmoins* que li Prevost y a mis, & met de jour en jour, *usuriers, diffamez, Sergens & autres* qui à la Court n'ont nuls seremens, & y a Tisserans, & gens qui oncques à Court ne repairerent, & tiex qui de grosses faussetés ont esté repris, qui se entremettent des causes examiner, & sont as secrés des delivrances, & des consauls de la Court, dont mout de secrés en sont souvent revelés, & autres plusieurs inconveniens en viennent.

(12) Item. Et de l'Office de l'Audience des desfauts aussic.

(13) Item. Du Parloir des Bourgeois, & de l'Office *au Prevost des Marchands* deveroit venir au Roy grant proffit, tant de forfaitures de vins, de buches, comme de autres marchandises.

(14) Item. Des *chantelages, des celerages* dont il vient de chacune piece vendüe à broche, six deniers, à compter deux queües par un tonnel.

(15) Item. De voieries, & de estauls mis parmy les rües, dont il n'y a si petite *porcere*, ne si petit *mercier*, ne autres quelconques, qui mette son estal, ou auvent sus ruë, qui ne reçoive pourfit. Et sy en sont les rües si empechiés, par le grant pourfit que li Prevost des Marchands en prent, que les gens ne les chevaux ne pueent aller parmi les mestres rües, & ce püet clerement apparoir.

(16) Item. Mout de émolumens de forfaitures sont recelées au Roy, *du parloir,* par ce que il n'y a aucun de par le Roy, qui enregistrat les *haussages* de liaue, & les autres choses dont émolumens püet venir au Roy, car quant il plaist *au Clerc des Bourgeois,* il püet receler telles forfaitures, dont le Roy a une fois, puet pretendre N. M. ou plus. Et puet tiex cas plusieurs fois escheoir & avenir, pourquoi uns preudons & diligens Clercs, y seroit bien convenables de par le Roy, pour garder son pourfit és choses dessusdites, & és autres choses qui à luy appartiennent.

De ce & des autres choses dessus dittes l'en pourra bien sçavoir en mout de manieres la verité, quand l'en voudra à certes.

Et se sur ce estoit bonnes Ordenances faites, li Roys y auroit honneur, & pourfit, & tous ses subgiez.

Soit fet des *Rapporteurs des Enquestes,* aussy comme des *Examinateurs* est ordené, en l'autre Rolle.

Soit commandé au Receveur qui est, & qui sera, que des Exploits de Chastelet les gages des Officiaux soient payez.

Ce fut fet à Pontoise, le treiziéme jour de Juin, trois cens vingt, present le Comte de Beuloigne, le Comte de Forest, le Connestable, le Seigneur de *Joinville,* le Seigneur de *Noyers,* R. *de Loi.* Monsieur J. *Darbl.* Monsieur G. *Courteheuse,* Martin *des Essarts,* Giraut *Gueyette,* & P. *de Condé.*

(a) Ordonance

PHILIPPE V. dit le Long, à Paris, au mois de Mars 1320.

(a) Ordonance touchant les Amortissemens, les nouveaux Acquets, & les Franc-fiefs.

SOMMAIRES.

(1) Les Eglises & les personnes Ecclesiastiques ne seront pas contraintes de mettre hors de leurs mains les biens immeubles qu'elles ont acquis à titre gratuit depuis soixante années, dans les fiefs & les censives du Roy en Languedoc, pourvû qu'elles veüillent payer au Roy la valeur des fruits de six années.

(2) Quant aux choses qu'elles ont acquis à titre non gratuit, comme d'achat ou d'eschange, elles ne pourront estre forcées de les mettre hors de leurs mains, en payant leur juste valeur, ou le prix qu'elles en ont donné, s'il est plus fort.

(3) Pour ce qu'elles ont acquis dans les arriere-fiefs, & les arriere-censives du Roy, à titre gratuit, elles payeront l'estimation des fruits de quatre années, & à titre onereux, l'estimation des fruits de six années.

(4) Pour ce qu'elles auront acquis dans les lieux, où elles ont basse justice, elles payeront l'estimation des fruits de trois années. Mais quant à ce qu'elles ont acquis dans leurs fiefs, leurs censives, leurs arriere-fiefs & leurs arriere-censives, où elles ont haute & basse justice, on n'éxigera rien d'elles, jusqu'à ce que le Roy en ait ordonné.

(5) Si elles ont acquis ces choses à titre gratuit dans les alleux situez dans les fiefs ou les arriere-fiefs du Roy, elles payeront l'estimation des fruits de deux années, & à titre onereux l'estimation des fruits de quatre années.

(6) A l'égard des personnes non nobles qui ont fait des acquisitions dans des fiefs & arrriere-fiefs nobles, si entre le Roy & ceux qui ont fait l'alienation, il n'y a pas trois Seigneurs intermediaires, quoy qu'elles tiennent ces choses à la charge de service competent, elles payeront l'estimation des fruits de trois années, & si elles les possedent affranchies des services competens, l'estimation des fruits de quatre années.

(7) Et attendu que les heritages sont plus chers dans le pays de Languedoc, que dans celuy de Langue de France, & qu'en Languedoc les Rentes se constituent ordinairement au denier vingt, les Eglises & les personnes Ecclesiastiques qui y ont acquis des fonds à titre onereux, dans les fiefs & les censives du Roy, luy payeront ce qu'elles pourroient avoir de ces fonds, si elles les vendoient, ou l'estimation sur le pied du denier vingt, ou ce qu'elles les ont payés, si elles les ont acheté plus cher. Et pour toutes les autres acquisitions marquées cy-dessus, le double de ce qu'elles payeroient dans la langue Françoise.

(8) Les Eglises & les personnes Ecclesiastiques ne payeront rien, pour les acquisitions qu'elles ont faites au delà des soixante années marquées cy-dessus.

(9) Si entre les acquisitions qu'elles ont faites, il y avoit des Chasteaux, des maisons fortes, & des terres qui eussent des titres d'honneur annexez, ou de grande valeur, le Roy se reserve d'en taxer la finance.

(10) S'il se trouve quelques personnes, qui pretendent avoir obtenu du Roy, ou de ses predecesseurs, la permission de posseder ces acquisitions, ou qui disent en avoir payé finance, comme ces permissions peuvent estre vagues, & les finances avoir esté mal payées, l'intention du Roy est qu'on n'y ait aucun égard, jusques à ce que ces graces, & les finances ayent esté approuvées par la Chambre des Comptes, & que cependant les personnes restent en possession de leurs biens, &c.

PHILIPPUS *&c. Notum facimus Universis, quod nos pro Ecclesiarum regni nostri, etiam Reipublice utilitate, & subjectorum nostrorum quiete, circa acquisita, per* ipsas Ecclesias & Ecclesiasticas personas, *in feodis & retrofeodis laïcis, allodiis & censivis temporalibus, necnon & per* personas innobiles, *in feodis nobilibus, quæ ipse Ecclesiæ, & personæ, absque nostro & predecessorum nostrorum assensu, tenere non possunt,* prehabitâ *super hoc deliberatione providâ, in modum qui sequitur duximus ordinandum.*

(1) Videlicet *pro rebus, & possessionibus quas Ecclesie, & Ecclesiastice persone in feodis, & censivis nostris, in partibus* lingue Gallicane *acquisiverunt,* titulo gratuito, *sine nostro, vel predecessorum nostrorum assensu,* a sexaginta annis *citra, res ipsas*

NOTES.

(a) Cette Ordonance est au Registre *Pater* de la Chambre des Comptes de Paris, *fol.* 145.

PHILIPPE V. dit le Long, à Paris, au mois de Mars 1320.

& possessiones extra manum suam ponere non cogantur, dum tamen pro rebus & possessionibus taliter acquisitis, nobis prestent in pecunia, ratione financie, quantum valere possent fructus sex annorum rerum *& possessionum sic acquisitarum legitime estimati.*

(2) *Pro acquisitis vero* in feodis & censivis *nostris, emptionis, vel excambii, aut alio quocumque* titulo non gratuito, *estimationem precii, quod pro eis in venditione perpetuâ semel posset haberi, vel illud precium, si majus fuerit, pro quo res ipso titulo quo predicitur, acquisitæ fuerunt.*

(3) Item. *Pro rebus, & possessionibus acquisitis per ipsas Ecclesias, & Ecclesiasticas personas,* in retrofeodis & retrocensivis nostris, titulo gratuito, *estimationem fructuum* quatuor annorum. *Pro rebus vero acquisitis in dictis* retrofeodis *&* retrocensivis, *titulo non gratuito, estimationem fructuum* sex annorum.

(4) Item. *Pro rebus & possessionibus acquisitis, in locis ubi predicte Ecclesie & Ecclesiastice persone* bassam habent justiciam *tantummodo, estimationem fructuum* trium annorum *tantummodo legitime estimatorum pro financia nobis prestent. Pro hiis vero que acquisiverunt in earum* feodis, retrofeodis, censivis & retrocensivis, in quibus habent omnimodam justiciam, ac merum & mixtum imperium, *eas ad prestandum nobis financiam quo ad presens, volumus* non compelli, *donec super hoc duxerimus plenium ordinandum.*

(5) *Quod si Ecclesie & persone predicte res ipsas acquisiverint in* allodiis sitis in terris nostris feodis, aut retrofeodis, titulo gratuito, *estimationem fructuum* duorum annorum, *si eas retinere maluerint, quam extra manum suam ponere, nobis prestent. Si autem* titulo non gratuito, *estimationem fructuum quatuor annorum nobis proindè solvere teneantur.*

(6) *Si vero personè innobiles res, aut possessiones aliquas* in feodis, *vel* retrofeodis nobilibus, *absque nostro, vel predecessorum nostrorum assensu, acquisiverint, & ita sit quod inter nos & personam que res ipsas alienavit (b)* non sint tres, vel plures intermedii Domini, si ad servicium competens *acquisita teneant, estimationem* trium annorum : *Et si* ad minus competens *servicium teneant, estimationem fructuum* quatuor annorum *ratione financie nobis prestent.*

(7) *Preterea quoniam in* partibus Lingue occitane, *possessiones sunt cariores quam*

NOTES.

(b) Non sint tres, vel plures intermedii Domini.] On a déja expliqué cecy, dans la dissertation qu'on a donnée, en 1692. sur l'origine du Droit d'amortissement, page 120. Par l'ancien droit de la France, il n'estoit pas permis aux Vassaux d'abreger, ou de diminuer leurs fiefs. Et si les Vassaux manquoient à cette obligation, ils en estoient punis, parce que la partie du fief abregée, estoit devolüe au mesme estat, au Seigneur superieur. Si le Seigneur superieur y donnoit son consentement, la partie ainsi demembrée estoit devolüe au Seigneur dont il mouvoit, & il en estoit de mesme de Seigneur en Seigneur, jusques au Roy, comme souverain fieffeux de son Royaume.

Ainsi lors qu'un roturier acqueroit un fief noble, & sur tout avec abregement de service, comme le fief estoit diminué, le roturier, en quelques lieux, devoit en payer finance à son Seigneur Suserain, & à tous les Seigneurs superieurs, jusques au Roy, pour pouvoir le garder, selon la decision de l'article 28. des anciennes Coûtumes de Bourges, qui porte, que *l'en garde en coustume, que là où aucune personne non noble acquiert de noble, telle personne acquerant, ne peut tenir l'acquest, si elle ne fait finance au Seigneur du fief, & aussi de Seigneur en Seigneur, jusques au Roy.* Mais presque par tout le roturier en estoit quitte en payant finance à *trois* Seigneurs suzerains, en remontant de degré en degré, comme il paroist par cette Ordonnance, & par Bouteillier, autheur qui vivoit vers 1402. le quel écrit dans sa Somme, livre 2. tit. 1. page 654, que *les non nobles ne devoient de son temps aucune finance au Roy, pour les fiefs tenus de sa Majesté en quart degré,* ce qui ne se pratique plus.

Quant aux Eglises, & aux personnes Ecclesiastiques, depuis le deceds de Philippe le Hardy, elles furent plus favorisées, en ce qu'on ne les obligea de payer finance, pour leurs acquets, qu'aux Seigneurs suserains immediats, & au Roy, sans rien donner aux Seigneurs intermediaires. Voyez l'Ordonnance de Philippe le Hardy, faite au Parlement de Noël en 1275. Celle de Philippe le Bel faite au Par-

in partibus Gallicanis, volumus & precipimus, *quod* Ecclesie, & Ecclesiastice persone *dictarum partium & locorum circumvicinorum, in quibus denarius* annui *(c)* redditus pretio viginti denariorum, vel plurium, vel circa communiter hereditariè vendi potest, *pro rebus & possessionibus in feodis & censivis nostris,* titulo non gratuito, *acquisierint,* estimationem precii, quod proinde legitima venditione posset haberi, saltem estimato denario ad viginti, vel illud precium, si majus fuerit, pro quo res ipso titulo quo predicitur acquisite fuerunt, *nobis solvant. Pro acquisitis per ipsas Ecclesias & Ecclesiasticas personas in partibus supradictis, in quibusvis aliis membris, & articulis ante dictis, ultra quam in partibus Gallicanis* duplum *volumus exigi & levari.*

PHILIPPE V. dit le Long, à Paris, au mois de Mars 1320.

(8) *Nostre (d) autem voluntatis est, quod Ecclesie & persone predicte, pro re-*

NOTES.

lement de Noël en 1291. & ce qu'on y a remarqué.

(c) Redditus pretio viginti denariorum communiter vendi potest.] On void manifestement par là deux choses.

La premiere, que les Rentes constituées à prix d'argent, estoient la vente & l'achat d'un revenu annuel imposé sur un fond.

Et la seconde, que les Rentes constituées à prix d'argent, sont en France beaucoup plus anciennes, que les extravagantes *Regimini,* qui ne sont que des années 1420. & 1455. au lieu que cette Ordonnance est du mois de Mars 1320.

Quand on la confere avec celles de Philippe le Hardy de l'an 1275, & celle de Philippe le Bel de l'an 1291. Il est évident qu'elle ne peut estre que de Philippe le Long, & qu'elle doit estre du mois de Mars 1320.

Comme tout ce qui est vendu par un Proprietaire, est aliené à perpetuité, si la faculté de rachat n'est stipulée, de-là vient que les Rentes qui avoient esté ainsi vendües & achetées, estoient *non rachetables,* à moins, comme on l'a dit, que la faculté de rachat n'eut esté stipulée, & quand elle l'avoit esté, elle se prescrivoit par trente années entre majeurs, & par quarante années contre l'Eglise. Et de-là vient que la noblesse qui avoit vendu des Rentes sur ses biens, ayant demandé au Roy la permission de les racheter, elle luy fut refusée, aux Estats tenus à Tours en 1483. Cet usage qui obligea les creanciers des Rentes à en faire foy & homage, & à en prendre saisine, parce que diminuant à l'éternité les fonds qui en estoient chargez, elles estoient reputées en faire partie, cet usage dura jusques au Pontificat de Pie V. lequel en 1569. fit une Bulle à la sollicitation du celebre Docteur *Navarre,* par laquelle ce Pape changea le droit des Rentes constituées, en ordonnant, qu'à l'avenir elles seroient rachetables, en rendant le prix qui en auroit esté donné. Et cette Bulle quoy qu'elle eut alteré le droit des Rentes, parce que ce qui est rachetable à perpetuité, est moins aliené qu'engagé, sa disposition en ce point, fut reçeüe dans toutes nos Coûtumes, quand on les reforma, où passant ensuite à une jurisprudence toute opposée à l'ancien droit, on regarda comme usuraire la stipulation apposée dans les Contracts, que les Rentes ne pourroient estre rachetées, quoyque les Canonistes Ultramontains la tiennent tres juste & tres conforme à la nature du Contract de vente. Sur quoy l'on peut voir ce qu'a écrit *Duardus* dans son Commentaire *ad Bullam Pii Quinti. De justitiâ census consignativi, quæstione 28. Conclus. 2. pag. 121.*

On a fait plus, car la question ayant esté proposée de sçavoir, si celuy qui achetoit une Rente, pouvoit stipuler que le debiteur ne le pourroit faire qu'en avertissant quelques mois auparavant. On a decidé qu'une telle stipulation estoit *usuraire,* sans faire attention que Pie V. qui a introduit le rachat perpetuel des Rentes, contre la nature de l'achat & de la vente, avoit ordonné par un esprit d'équité, que le debiteur ne pourroit se liberer, qu'en avertissant le Creancier deux mois auparavant. *Cum verò traditione pretii redditus extinguendus erit, volumus per bimestre ante id denuntiari, cui pretium dandum erit, &c.*

(d) Au mois de Mars de la mesme année 1320. le Roy donna l'instruction qui suit pour les finances des acquets dans la *Langue de France,* qui est au Registre *Pater* de la Chambre des Comptes, feüillet 146.

Instruction sur les finances des acquetz faits par les Eglises & personnes non nobles en France. *Et est l'entente que les plus grans finances qui pourront estre prises, soient prises non pas mendres que celles qui s'ensiveut, en aucune maniere.*

Premierement. Que pour les choses & les possessions que les Eglises ont acquis en nos fiefz & censives par titre de don, ou d'aumosnes, sans l'assentement de nous, ou de nos devanciers, depuis soixante ans en ça, il ne soient contrains à mettre icelles choses, ou possessions hors de leurs mains, se il veulent donner par raison de finance pour les choses ainsi acquises, autant une fois comme vaudroint les fruits d'icelles loyaument estimés, de six ans.

(2) Item. Pour les choses acquises en nos

PHILIPPE V. dit le Long, à Paris, au mois de Mars 1320.

bus & possessionibus ante tempus predictum acquisitis, ad prestandum nobis pro eis aliquam financiam nullatenus compellantur.

(9) *Si autem in acquisitis predictis, vel aliquo eorumdem, fuerint* castra, domus fortes, nobilitates, aut alia valoris notabilis, *de hiis apud nos, aut dilectas & fideles gentes compotorum nostrorum Parisius, quas de eorum valore particulariter, per justiciarios locorum certificari volumus, faciendam financiam reservamus.*

(10) *Rursus si aliqui de acquisitis hujusmodi obtinendis* gratiam a nobis, *seu* predecessoribus *nostris habere, vel pro eis financiam prestitisse pretendant, quia forsitan predicte* gratie, *ita sunt* generales, *quod ad specialia locum non habent, vel interpretatione indigent financie, que facte fuerint, cum personis ad hoc non habentibus potestatem, ipsas* gratias, privilegia, *seu* financias *per justiciarios nostros* volu-

NOTES.

fiez & censives, par titre d'achat, ou de eschange, ou par quelqu'autre maniere, sans titre de don, ou d'aumosne, il paieront l'estimation des fruits de huit ans.

(3) Item. Pour les choses acquises en nos arrieres-fiez, ou arrieres-censives par titre de don ou d'aumosne, il poieront l'estimation des fruiz de *trois* ans.

(4) Item. Pour les choses & possessions acquises és lieus, où les devant dites Eglises ont basse justice tant seulement, il poieront pour finance l'estimation des fruits de deux ans.

(5) Item. Pour les choses & possessions acquises en alleus, assises en nos terres, fiez, ou arriere-fiez, par titre de don, ou aumosne, ils poieront l'estimation des fruiz de six ans.

(6) Item. Des autres choses qui sont acquises és lieus dessusdis, par autre titre, que de don, ou d'aumosne, il poieront l'estimation des fruis de huit ans.

(7) Item. Pour les choses & possessions que personnes *non nobles* ont acquis, depuis le temps dessusdit en nos fiez, ou arrieres-fiez sans nostre assentement, ou de noz devanciers, & ainsi soit que entre nous & la personne qui aliena ces choses, ne soient trois entre moyens Seigneurs, ou plus, il poieront l'estimation de fruits de trois ans.

(8) Item. Chacun Bailly fera crier publiquement & solemnellement par sa Baillie, que ce que les Eglises, ou personnes non nobles acqueront dores-en-avant en nos fiez, ou arrieres-fiez, si comme dessus est dit, sans nostre assentement, se il le tiennent par an & par jour, sans finer nient à nous, ou à nos gens à ce establis de par nous l'an, & le jour passé il sera du tout *confisqué* à nous.

(9) Item. De tous les Notaires de vostre Baillie, de quel estat que il soient, vous prendrez de chascun un marc d'argent au mains. Et se il en i a aucuns qui aient servi par lonc temps vous prendrez tout ce que vous en pourrez bonnement avoir, en non de don, selon leurs facultez, & selon ce qu'il pourront avoir gaignié en l'Office. Des Sergens à cheval & à pied est entendu ce meismes, & poiera chascun Sergent à cheval, quarante sols, & chacun Sergent à pied, vingt sols.

* Et aprés le Roy donna l'instruction qui suit pour le Languedoc, laquelle est au Registre *Pater* de la Chambre des Comptes, feüillet 147.

Instruction de lever les finances des acquets faits par les Eglises & personnes non nobles en la Langue-d'oc. *Et est l'entente que les plus grans finances qui pourront estre levées, soient prises non pas mendres que celles qui s'ensuivent en nulle maniere.*

Premierement Que pour les choses & possessions que les Eglises ont acquises en nos fiez & censives, par titre de don, ou d'aumosne, sans l'assentement de nous, ou de nos devanciers, depuis soixante ans en çà, ils ne soient contrains à mettre icelles choses, ou possessions hors de leurs mains, se ils veulent donner pour raison de finances, pour les choses ainsi acquises, autant une fois comme vaudroient les fruits d'icelles loiaument estimées, de dix ans.

(2) Item. Pour les choses acquises en nos fiez & censives, par titre d'achat, ou d'eschange, ou par quelqu'autre manere, sans titre de don ou d'aumosne, ils poieront l'estimation des fruits de douze ans.

(3) Item. Pour les choses acquises en nos arriere-fiez, ou arriere-censives par titre de don ou d'aumosne, il poieront l'estimation des fruits de six ans.

(4) Item. Pour les choses & possessions acquises ez lieux, où les devant dites Eglises ont basse justice tant seulement, il poieront pour finance l'estimation des fruits de quatre ans. Et les mettra l'en en souffrance des choses qu'ils ont acquises ez lieus, où il ont haute justice, & ainsi des *dismes feodaux* qu'il acqueront, qui sont tenus d'euls sans nul moien.

(5) Item. Pour les choses, ou possessions acquises en alleus, assises en nos terres, fiez, ou arriere-fiez, par titre de don, ou d'aumone, il poieront l'estimation des fruits de dix ans.

(6) Item. Pour les choses, ou possessions que personnes non nobles ont acquiz depuis le temps dessusdit, en nos fiez ou arriere-fiez, sans nostre assentement, ou de nos devanciers,

mus non

mus non admitti. *Quinimo per ipsas gentes nostras compotorum quas de hiis per transcriptum earum, sub sigillis autenticis, vel earum originalia doceri precipimus, declarentur. Nos autem res ipsas de quibus privilegia vel gratias obtinendi, seu jam factas financias pretendi contingitur, Ecclesiis aut personis acquirentibus interim recredi volumus & mandamus, inhibentes eisdem Ecclesiis & personis, ne de cetero res aut possessiones aliquas in locis predictis audeant acquirere vel presumant.* Datum Parisiis mense Martii vicesimo.

PHILIPPE V. dit le Long, à Paris, au mois de Mars 1320.

NOTES.

& ainsi soit que entre nous & la personne qui aliena icelles choses, ne soient trois entremoiens Seigneurs, ou plus, il poieront pour finance l'estimation des fruits de six ans.

(7) *Item.* Chacun Senefchal fera crier publiquement & solennellement par sa Senechaucie, que ce que les Eglises ou personnes non nobles acquerront dores-en-avant en nos fiez ou arriere-fiez, si comme dessus est dit, sans nostre assentement, se il le tiennent par an & par jour sans finer nient à nous, ou à nos gens à ce establis de par nous, l'an & jour passez, il sera du tout *acquis* & *confisqué* à nous.

(8) *Item.* De tous les Notaires de vostre Senechaucié, de quel estat que ils soient, vous prendrez de chacun un marc d'argent au meins, & se il en y a aucuns qui aient servi par lonc temps, vous prendrez tout ce que vous en pourrez bonnement avoir en non de don, selon leurs facultez, & selon ce qu'il pourront avoir gaaignié en l'Office. Des Sergens à cheval & à pied est entendu ce meisme, & poiera chascun Sergent à cheval quarante sols, & chacun Sergent à pied vingt sols.

PHILIPPE V. dit le Long, à Boisgency sur Loire en 1320.

(a) Ordonance portant revocation du droit de Bourgeoisie accordé aux Italiens.

PHILIPPUS *Dei gratiâ Francorum Rex, Universis præsentes litteras inspecturis*, Salutem. *Cum per carissimos Dominos genitorem & germanos nostros, quondam dictorum regnorum Reges, & per nosmetipsos ipsos, pluribus* Lombardis, *sive* Ytalicis, & Januensibus, *concessæ fuerint* gratiæ, libertates & Burgesiæ, *de non solvendo denarios & obolos pro librâ, de mercaturis, & cambiis, quæ faciunt, & contrahunt in regno nostro Franciæ supradicto. Et ex relatione fide dignorum, & maxime deputatorum nostrorum, super explectatione & receptione dictorum denariorum, & obolorum, accepimus, quod dicti redditus, non valent, nec afferunt commodum, prout facere consueverant*, propter fraudes & malitias ipsorum, qui dictas gratias libertates, & Burgesias habent, *& etiam propter fraudes quorumdam Ytalicorum, dictos denarios, & obolos non solventium, qui cum* uxoribus regni nostri matrimonium contraxerunt, *quod nobis cedit in magnum prejudicium, & usuram.* Nos volentes *eorum fraudibus, & malitiis obviare, habitis, super hoc, consilio, & deliberatione, ex certâ scientiâ & ex causâ*, dictas gratias, & libertates sic concessas, ad requisitionem & supplicationem quorumcumque concessæ fuerint, & sub quacumque forma verborum, tenore præsentium revocamus & totaliter adnullamus. *Declarantes quod quicumque fuerint Ytalici, & Januenses, tales libertates habentes, dictos denarios & obolos, pro librâ, secundum ordinationem super his factam, non obstantibus dictis gratiis, & libertatibus*, aut Burgesiis, *per nos, aut alios sibi concessis*, solvent & solvere teneantur. *Declaramus etiam & declarando* præcipimus, *ut Ytalici*, Burgensibus nostris uxorati, solvant, & solvere cogantur dictos denarios & obolos, de mercaturis quas ement in regno & ipsas mittent ad partes Ytaliæ, & extra regnum, & de mercaturis quas facient venire de extra regnum, & ipsas ven-

NOTES.

(a) Cette Ordonance est en la Chambre des Comptes de Paris, au Registre E, feüillet 147. *verso.*

PHILIPPE V. dit le Long, à Boisgency sur Loire en 1320.

dent in regno, secundum ordinationes super hoc factas, prout faciunt, alii minime uxorati. *Si vero aliqui prædictorum* Lombardorum, *aut* Ytalicorum, *seu* Januensium *prædictas gratias, aut libertates, mediantibus compositionibus, aut pecuniæ summis, quas propter hoc præstiterint, habuerint, eas apud fideles gentes compotorum nostrorum Parisius asportari volumus, quibus interpretationem, roborationem, frustrationem, seu adnullationem eorum, prout æque faciendum fuerit,* committimus, *per præsentes.* Damus *autem earumdem tenore, deputatis nostris super explectatione, & receptione denariorum & obolorum, qui modo sunt, & qui pro tempore fuerint,* in mandatis, *ut a dictis* Ytalycis *dictos* denarios & obolos *explectent, prout eis supra declaratum, & omnibus justitiariis regni nostri, quod eisdem in prædictis pareant, & pareri faciant cum effectu. In cujus rei testimoninm presentibus literis nostrum fecimus apponi sigillum.* Datum apud Belgentiacum super Ligerim, die Jovis secundâ, anno Domini M. CCC. vigesimo.

PHILIPPE V. dit le Long, à Paris, le 19. May 1321.

(a) Mandement touchant les Ports & Passages.

PHILIPPUS, &c. Universis Portuum & Passagiorum nostrorum custodibus, cartulariis registratorum, ad quos presentes littere pervenerint. Salutem. *Vos vestrum quemlibet scire volumus, quod Nos, audito a pluribus, & ex conjecturis verisimilibus advertentes jus nostrum, circa extractionem a regno nostro Francie Lanarum, Agnellinorum, filorum, & telarum, de lanâ, de canabo, vel de lino, pannorum crudorum, tinturarum, billonii & aliorum ad artem pannificii spectantium, ceterorumque ab ipso regno extrahi vetitorum, transactis temporibus, provida deliberatione statuimus, quod talia & alia pro quibus est merito nobis financia facienda, de regno ipso nullatenus extrahantur, nisi cum dilectis & fidelibus gentibus compotorum nostrorum Parisius super hoc primitus pro nobis finetur, aut aliàs componatur, de qua financiâ, seu compositione per ipsarum gentium nostrarum literas appareat, priusquam premissorum, aut alterius eorum extractionem fieri a quoqumque quomodolibet permittatis, inhibentes vobis & vestrum cuilibet tenore presentium ne contrarium presentis mandati nostri facere, seu fieri permittere presumatis.* Datum Parisius die decima nona Maii, anno Domini millesimo trecentesimo vigesimo primo.

NOTES.

(a) Ce Mandement est au Registre *Noster* de la Chambre des Comptes de Paris, feüillet 136.

PHILIPPE V. dit le Long, à Poitiers, au mois de Juin 1321.

(a) Ordonance portant reduction des Sergens à cheval du Chastellet de Paris à quatre-vingt-dix-huit, & des Sergens à pied à six-vingt treize, & qu'il n'y aura que le Roy seul qui donnera les Sergenteries.

SOMMAIRES.

(1) Les anciens Sergens du Chastellet capables d'exercer l'Office de Sergenterie, ou pourvûs pour recompense de services, seront restablis en leur Office, & les nouveaux ostez. Et le nombre des Sergens à cheval *sera de quatre-vingt-dix-huit, & des Sergens à pied, de cent trente-trois.*

(2) Les noms des Sergens à cheval.

(3) Les noms des Sergens à pied.

(4) Confirmation de la presente Ordonance faite par le Prevost de Paris, & M.e Girard de la Croix, avec reserve au Roy de disposer des Sergenteries, tant à cheval qu'à pied.

(5) Les anciens Sergens seront mis en la place de ceux qui ont esté employez dans la presente Ordonance, en cas de mort, ou de forfaiture.

(6) Les Sergens à cheval ne pourront Sergenter dans la Ville & banlieüe de Paris, ni les Sergens à pied hors de la banlieüe.

PHILIPPE V. dit le Long, à Poitiers, au mois de Juin 1321.

PHILIPPE par la grace de Dieu Roy de France & de Navarre, Nous faisons à sçavoir à tous presens & à venir, que comme plusieurs de nos Sergens de nostre Chastellet de Paris se fussent complains à Nous, que nostre Prevost de Paris, & ceux qu'il avoit avec luy appellez de nostre commandement, pour l'Ordonance faire, sur la *restrinction des Sergens de nostre dit Chastellet* à cheval & à pied, avoit esté par ladite Ordonnance les plus anciens & suffisans mis hors, & mis nouveaux, laquelle chose ne fut oncques nostre attente. Et nous eussent requis que sur ce nous leur voulussions pourvoir de remede convenable. *Nous inclinans* à ladite supplication, pource qu'elle estoit raisonnable, mandames & commisimes par nos Lettres Patentes, à nostre amé & feal Chevalier & Conseiller *Jean Robert* nostredit Prevost de Paris, & à Maistre *Gerard de la Croix*, jadis scelleur de nostre dit Chastellet, que la dite Ordonance des Sergents tant à pied comme à cheval corrigeassent & amendassent.

(1) C'est à sçavoir que les *anciens Sergents*, qui pourroient exercer l'Office de Sergenterie convenablement, ceux aus quels en *recompensation de service* faits à nous, & à nos predecesseurs, la *Sergenterie* dudit Chastelet leur avoit esté *donnée*, qui toutes-voyes n'avoient rien meffait, pour quoy ils deussent estre ostez de leurs services, *demourassent devant tous autres Sergents dudit Chastellet*, jusques à certain nombre, que nous dimes de bouche au dit nostre Chevalier, & que *les plus nouveaux en fussent ostez*, & les autres *anciens*, & ceux qui en la *recompensation* dessus dite, tenoient Sergenteries oudit Chastellet, qui ostez en estoient, fussent arriere mis en leur dit Office, mais qu'ils n'eussent rien meffait, & fussent suffisans oudit Office exercer. Les devant dits nostre Chevalier Prevost de Paris, & Maistre *Girard de la Croix*, eüe sur ce grande deliberation, & diligence *ordonnérent*, par la vertu de nos dites Lettres, & ramenerent le nombre des Sergents *à cheval* de nostre dit Chastellet & *quatre-vingt-dix-huit Sergens*, & ceux *à pied*, *à six vingt & treize Sergents*.

(2) Et sont les noms des Sergens à cheval tels. *Renoul de Chevilly*, *Jean Pentecouste*, *Jean le Leu*, *Jean Longpied*, *Pierre de Burins*, *Jean de Ferrieres*, *Jean du Bois*, *Richard de Saint Martin*, *Guillaume de Senlis*, *Nicolas Lenne*, *Laurent de Nanterre*, *Laurent Diacre*, *Guillaume le Breton*, *Thibault de Hangest*, *Adam de Hoüez*, *Loüis Parisi*, *Pierre le Leu*, *Adam de Berron*, *Jean d'Esparnay*, *Guillaume le Deschargé*, *Jean de Mons*, *Lambert Lenne*, *Laurent des Maillez*, *Pierre Mallet*, *Jean Taçot*, *Gobin de Guise*, *Jean de Remy*, *Pierre Damiens*, *Denys de Montereul*, *Girard le Beguin*, *Macy Bien fait*, *Henry le Leu*, *Girard Coquart*, *Pierre Severin*, *Baudet de Laon*, *Guillaume de la Jonchere*, *Guillot Pellerin*, *Pierre Hurel*, *Jean Bordu*, *Jean du Temple*, *Ferry Lemmencheur*, *Mahioin*, *Jean de Pinquingny*, *Guy Duchecens*, *Jean Chapperon*, *Jean Champion*, *Thomas de Poissy*, *Phi-*

NOTES.

(a) Cette Ordonance est rapportée par Girard tome 2. livre 3. des Edits & Creations d'Offices, titre 32. pages 1575. 1576. Elle se trouve aussi manuscrite entre les preuves de l'Histoire de trois enfans de Philippes le Bel. Voyez cy-dessus l'Ordonance de Philippe le Bel, en la quinzaine de la Toussaints, au mois de Novembre 1302. & celle du 26. de Novembre 1317. pages 352. 652. Girard observe qu'au Chastelet de Paris, il y a quatre sortes de Sergents; Sçavoir, les *Fieffez*, confirmez par la Declaration de François I. du mois de Juin 1544. ceux qui sont à *cheval*, ceux à verge, & ceux de la *douzaine*.

Que les *fieffez* sont d'ancienneté *quatre*, & que le nombre n'en a esté augmenté que d'un seul pendant les troubles de la Ligue. Voyez le glossaire du Droit François sur Sergens fieffez & sur Sergens à cheval & à verge.

Que les Sergens à cheval & à verge ont esté plusieurs fois reduits à un certain nombre, qui est aujourd'huy de beaucoup augmenté. Et que ceux de la *douzaine* composent une petite compagnie de *douze*, portans la hallebarde & le hocqueton, les quels sont originairement à la nomination du Prevost de Paris & pourvûs par le Roy. Voyez touchant leurs fonctions Girard, dans son recüeil d'Edits, livre 3. Titre 36. tome 2. page 626.

PHILIPPE V. dit le Long, à Poitiers, au mois de Juin 1321.

lippes Vaſſal, Richard Remon, Jean Buimont, Richard de Saint Maur, Baudet Blanchart, Guillaume de Büe, Collart Buffart, Burat de L'archer, Hüe Lhuiſſier, Henry de Villiers, Jean Houderiam, Michel le Bourguignon, Pierre Ferry, Jean de Busſes, Thomas Langlois, Pierre Bourgeois, Richard Vaudin, Robert le Barbier, Bertrand de Chaſtillon, Pierre Chef-defer, Jean le Grand, Jean Hanon, Adam Bourdin, Pierre de Saint Brice, Renier Lomblaier, Thomas le Barbier, Jean Coupelart, Pierre Daties, Guillaume Coquart, Henry de Moner, Jean de Baſile, Guillaume de la Ruelle, Jean Morel, Pierre de Gouſſainville, Jean de Cotingny, Jean Aupié, Nicolas Deſerances, Thibaud de Senlis, Jean Duhamel, Robert de la Vigne, Jean dit Paris, Gilles de Compiegne, Gilles le Seigle, Guiart de Bailleul, Jean Chambellane, Jean Loms, Hus de la Charmaye, Guerin de Houſſey, Richard le Deſert, Robert de Jumeges & Robert Prevé.

(3) Les noms des Sergens à pied. *Dreux de Senlis, Pierre le Coffrier, Guillaume Depois, Collin de Lintres, Royer Remont, Geoffroy le Breton, Gobin le Beguin, Jean de Bellay, Jean de la Croix, Jean Sarazin, Pierre de Beauvais, Jean de Mante, Colin Laffilé, Oudouart le Breton, Eſtienne Perrequin, Pierre de Flamaville, Jean le Bourguignon, Vincent Deſtampes, Jean de Crapot, Meſme Pie de Laigny, Guillaume de Saint Leu, Geofroy Seleur, Geofroy Alorge, Alexandre de Senlis, Thomas Langlas, Gaultier de Mons, Alliaume de Pontoiſe, Robert Dailly, Jean Baillet, Jean de l'Ile, Jean Deport, Jean de Pinquingny, Thomas Tournard, Richard Aumont, Pierre L'eveque, Pierre la Herche, Raoul Maillart, Jean le Chandelly, Henry de Saint Paul, Noel Huré, Eude Hüe de Paris, Robin de Renelle, Geoffroy Denis, Jean de Vingnes, Richard Dailly, Guillot le Vaſſeur, Jean d'Alençon, Pie Caimant, Johannot Aince, dit de Saint Denis, Guillaume le Petit, Oudin de Grais, Michel Gondoüin, Guillaume le Marie, Salomon le Breton, Jean de Morſelles, Aubert de la Tour, Jean de Beauvais, Bertaud Detalenas, Robin Baillet, Jean de la Haye, Maciot de Mante, Jacques le Mareſchal, Richard du Pont, Guillot de Caquerel, Jean Germain, Jean le Barbier, Guillot le Barbier, Jean Chandorſel, Denis le Cordonier, Jean Sciart, Pierre de Mons, Guillaume Domrel, Guillaume Deſchamps, Jean du Mauny, Jean de Pontingny, Jean Deſtampes, Rogier de Mouſtier, Colas le Riche, Alain le Boſſu, Jean Chevillon, Thomas Piquet, Guillaume Gueſdin, Thibaut Leſtreuil, Michel Lange, Adam le Begue de Saint Juſt, Adam Blondel, Guillaume Blancheville, Gutart de Ponteaudemer, Guillot Leſcot, Jean Pocholle, dit de Boulogne, Thomas de Guinbais, Pierre de Guinbais, Fremine Pille-Avoine, Mahieu Fremin, Jean d'Avenaycourt, Alain Trouſſecorne, Richard du Chaſtel, Richard de Chemilly, Jean Petit-freſne, Paſquier le Barbier, Jean Labbé, Gamot Baſe, Hemon du Chal, Robert de Montdidier, Guillaume de Bernon, Laurent Poſtel, Gilles de Moucy, Jean Coquet, Jean Gomgabel, Guillaume le Formagier, Raoul de Luilly, Pierre Rignord, Mahut d'Autriche, Guermont le Goullu, Jean Sommeillon, Jean Gaſtebreſe, Cado le Leu, Pierre de Navarre, Guillaume de Fontaine-Françoiſe, Nicolas Aupes, Eſtienne Bourde, Pierre Loiſel, Jean de Vimarel, Jean Rabudel, Eſterenout, de Loude, Jean de Chally, Jacques du Val, Berthelot Loiſeleur, Pierre de Senlis, Pierre de Val de Roy, Jean de Bouzelicourt, Jean Pinceglere, & Alain de Miſraut.*

(4) Item. Le devant dit Chevalier, & Prevoſt, & *Maiſtre* Girard ont ordonné de noſtre commandement, que pource qu'il y a pluſieurs Sergens, tant à pied comme à cheval, flebes, & anciens, qui longuement & loyaument ont ſervi aux guets, noſtre dit Chevalier a donné de noſtre commandement, lettres de ſon Seel, à ce qu'ils puiſſent Sergenter comme devant, outre le nombre deſſuſdit, ſauf ce que s'ils mesfaiſoient, ou s'il mourroit aucun d'iceux, que pour ce nuls ne puiſſent avoir ne impetrer leur Office, ne le dit nombre eſtre accreu en aucune maniere, ſi comme toutes ces choſes ledit Chevalier Nous a rapporté par vive voix. Nous adecertes, l'Ordonance deſſuſdite faite par ledit noſtre Chevalier Prevoſt, & *Maiſtre Girard* deſſus nommez, toute en la maniere qu'il eſt deſſus eſcrit.

escrit. *Voullons, loüons, ratifions, approuvons & confirmons*, par la teneur de ces presentes lettres, de certaine science, & de nostre autorité Royale. Et avec ce nous retenons par devers *Nous à donner doresnavant lesdites Sergenteries*, tant à pied comme à cheval de nostre Chastellet, quand elles échoiront par forfaitures, par mort, ou autrement, sans ce que le Prevost de Paris, qui est à present, & ses successeurs, ou autres quels qu'ils soient, puissent donner les dites Sergenteries, en quelque maniere que ce soit, s'il n'est de nostre commandement.

PHILIPPE V. dit le Long, à Poitiers, au mois de Juin 1321.

(5) Item. Comme le dit nostre Chevalier nous ayt rapporté, que plusieurs qui soulloient estre Sergents, tant de pied comme de cheval, ainçois que l'Ordonance dessus dite fut faite, n'ayant pû estre mis & comprins en ladite Ordenance, pour la grand multitude des Sergents qui estoient audit Chastellet, avant la dite Ordonance, qui bien & loyaument ont servi. *Nous voullons & ordonnons*, que quand aucun des dits Sergents nommez, qui sont comprins en la dite Ordonance, mourront, forferont, ou delaisseront les Offices dessusdits, en quelque maniere que ce soit, que les dessus dits, qui autrefois ont esté Sergents dudit Chastellet, qui bien se sont portez audit Office, soient restablis Sergents, en lieu de ceux qui forferont, mourront, ou delaisseront les dits services, si comme dessus est dit. Et voullons que les plus anciens d'iceux soient restablis aux dits services avant les nouveaux, selon ce que chacun d'eux a esté ancienement establi audit Office.

(6) Et pource que d'ancieneté il a esté toûjours accoustumé audit Chastellet que les Sergents de cheval ne devoient Sergenter dedans la Banlieüe de Paris, ne ceux de pied hors de la Banlieüe, si ce n'est en cas de necessité. Nous *voullons & ordonnons* que des-ores-en-avant, il soit gardé entre les dits Sergents.

Si mandons & Commandons au Prevost de Paris, qui à present est & pour le temps sera, & à tous les autres Officiers dudit Chastellet presens & à venir, que l'Ordonance dessus dite tiengnent & gardent entierement en la maniere que dessus est dit, sans enfraindre icelle, ou venir encontre en aucune maniere. En tesmoin de ce Nous avons fait mettre à ces Lettres nostre Seel. Ce fut fait à Poitiers au mois de Juin, l'an de grace mil trois cens vingt-un. Ainsi signé *Per Dominum Regem presente Domino J. Roberti de Templo.*

OBSERVATION.

VOilà à peu prés toutes les Ordonnances que *Philippe le Long* a faites, ou du moins toutes celles qu'on a pû recouvrer, aprés plusieurs recherches. S'il paroist y en avoir plus dans la Table Chronologique, c'est que la mesme Ordonance y a esté mise deux fois sous de differents titres, & qu'on y a mis assez souvent un article pour une Ordonance entiere, ce qu'on ne pût se dispenser de faire alors, parce qu'on n'avoit pas sous la main tous les manuscrits, dont on avoit besoin pour verifier les citations qui avoient esté faites par differens Autheurs.

Du Tillet dans son Recüeil des Roys, au Titre *du grand Chambellan*, page 416, & Du Cange, aprés luy dans son glossaire, sur *Sigillum secreti*, citent une Ordonance de Philippes le Long en qualité de Regent, portant que *les Chambellans ne pourroient seeller, ni signer des Lettres de justice, ni d'Offices, ni de Benefices, ni aucune autre, à la reserve des Lettres de prieres, de reponses, & de Mandement.*

Quelques recherches qu'on ait faites, on n'a pû trouver cette Ordonance que Du Tillet & Du Cange ont peut estre confonduë, avec l'article 4. de celle du 16. de Novembre 1318. imprimée cy-dessus, où *le Roy dessend à son Chambellan, qui portera son seel secret*, c'est-à-dire, le seel qui sert à *cacheter*, ou *cacher* ses intentions, *que il ne seelle. ne encloë autres Lettres, fors au cas, & en la maniere dessus diz.* Voyez cy-dessus en la page 669. 670.

Ce qu'on a mis dans la Table Chronologique sous le 10. Mars 1316. touchant les Italiens & autres Etrangers demeurans en France, & la finance qu'ils sont tenus de payer au Roy, n'est pas une Ordonance.

Choppin *De sacrâ politiâ* page 254. cite une Ordonance qu'il date de 1316, portant que *la premiere Chambre du Parlement sera composée de trente Juges, qui auront pour Chef le Chancellier de France, & qu'en la deuxiéme Chambre, il y aura deux Evêques & Abbez, trois Juges & huit Rapporteurs.* C'est peut-estre celle du 2. Decembre 1316. faite en l'Hostel de M.r d'Evreux, qu'on n'a pû avoir, quoyque dans la Table Chronologique on ait marqué qu'elle estoit entre les preuves de l'Histoire des trois fils de Philippes le Bel. Voyez cy-dessus au 3. Decembre 1319. page 702, & au 17. de Novembre 1318. page 673. & 677.

Les Letres données à Taverny le 5. Juin 1317. pour reduire à un nombre fixe les Auditeurs & Examinateurs & les Greffiers du Chastellet, & celles données à Taverny le mesme jour, par lesquelles le nombre des Notaires a esté reduit à soixante, ne sont qu'une seule & mesme Ordonance, dont on a fait deux.

Dans les notes manuscrites sur le livre des monoyes de M.r Hautin, il est parlé d'une Ordonance pour la fabrication des *moutons d'or, gros tournois d'argent, oboles tierces, & parisis petits,* qui n'est que citée, & datée du 15. Septembre 1317. Mais comme Le Blanc dans son Traité des monoies, page 201. de l'Édition d'Hollande ne l'a pas connüe, puisqu'il n'en parle pas, on n'est pas surpris si on ne l'a pû trouver.

Le Blanc en cite une autre de ce Prince en date du 23. Juin 1317. au sujet des monoies des Barons, qu'ils avoient afoiblies & contrefaites, mais comme il ne marque pas où il l'a vüe, on n'a pû la trouver. Voicy trois lettres de cette année, touchant les monoies, qu'on a tirées du Registre de Philippe le Long qui est au Tresor des Chartes, cotté 55. feüillet 21. *recto* & 22. *verso,* lesquelles ont esté obmises dans la Table Chronologique.

Super facto monetarum fuit scriptum, pro ut sequitur, bonis villis, videlicet Gallicanis in Gallico, & Occitanis in Latino, pro ut sequitur de utroque.

PHILIPPUS, &c. *Cum occasione diversitatis, & defectus in Lege & pondere monetarum, quæ cursum suum habuerunt in regno nostro temporibus retroactis, ipsius incolæ dispendiosa sustinuerint incommoda, & sustineant incessanter. Nos que considerantes quod ex causis hujusmodi, non nulli nostri subditi dicti regni qui divitiis habundare solebant,* ad tantam paupertatis inopiam devenerunt, quod vix habent unde valeant sustentari, *propter quod habentes compassionis affectum, in votis gerimus & desiderio affectamus, quod circa hoc debitum salubre, & celere remedium apponatur, ex quo subditi nostri talibus & tantis non debeant ulterius incommodis subjacere. Et ut de causis ex quibus tam gravis & enormis læsio popularis evenit evidentior notitia possit haberi, & debitum ad utilitatem publicam remedium adhiberi,* quascumque monetas Prelatorum ac Baronum *& aliorum quarumcumque regni nostri, qui monetas ipsas faciebant, poni mandavimus ad regiam manum nostram, capique fecimus, & ad certam diem precepimus nobis afferri pissides* (id est Pyxides) assaiarum monetarum ipsarum, *ut per hoc deffectus cuilibet possit plene cognosci. Nos super premissis ut utilior, universalior provisio fructuosa valeat commodius circa hoc adhiberi, vestram ac aliorum regnicolarum nostrorum notitiam in dictis monetis habentium, pleniorem deliberationem habere volentes.* Mandamus *vobis quatenus tres, vel quatuor bonas personas dictæ villæ, qui dictis monetis melius se cognoscant vestram & publicam utilitatem affectent, & avisamenti vestri super hoc prehabiti, nobis certitudinem afferant. Parisius ad nos ad Dominicam post brandones destinare curetis, cum plenaria potestate, a vobis & villa vestra predicta, faciendi, consulendi & concordandi, quicquid ad vos dictam que villam super hoc possit pertingere omnibus de premissis.* Datum Parisius decimo quinto die Decembris, anno Domini millesimo trecentesimo decimo septimo.

Lettres semblables aux precedentes adressées aux habitans d'Amiens.

PHILIPPES par la grace de Dieu Roy de France & de Navarre, à noz amez les habitans de la Ville d'Amiens, *Salut.* Comme le Royaume de France, & li subgiet d'iceluy aient esté griement domagié, & domaigeusement grevez, ça en arriers, pour cause de la diversité & deffaut en *pois,* & en *Loy* des monoies, qui ont courru en diverses parties, & plusieurs lieus de nostre Royaume. Et nous qui avons regardé que par le cours de teles diverses, & mauvaises monoies, nostre pueple a esté si grevez, & domaigiez, que *ceux qui soloient habonder en richesses, sont pour ce cheuz en si grand pouvreté,* de quoy nous aians grant compassion, aions volonté & grant desir, comment remedes convenables & hastis soit mis en cette chouse, pourquoy li pueples ne doie des-ores-en-avant, encourre, ne soutenir tels griez & tels domaiges, ains doie retourner ou temps de prosperité, & d'abondance, Et que par le conseil de pluseurs de divers pais, & lieus, de ceus especialement qui mieux se cognoissent ou fait des dites monoies, cils remedes soient mis hastivement, comme la grant necessité le requiert. Et pour ce que la cause pour la quelle le pueple a esté si domaigiez griement & maulment, se puisse miex trouver, & meilleur & plus profitable remede mettre seur ce. Nous aiens fait *mettre en nostre main toutes les monoies, soient de Barons, ou d'autres,* qui les ont accoustumez à faire, & faisoient, & aiens ainsi fait prendre les *boites des essaiz* des dites monoies, & commander à apporter par devers nous à certain jour, pour voir & sçavoir plus certainement le deffaut de chascune. Et pour ce que plus profitablement puissions pourveoir sur ces choses, Nous voulliens avoir l'avis & le conseil de vous, & des autres de nostre Royaume, qui miex se cognoistront en ce. Comme nostre entente soit de remettre toutes monoies, en l'estat ancien mesmement *du pois & de la Loy,* que elles estoient ou temps *le Saint Roy Loys* nostre besayeul, ou la meilleure maniere que faire se pourra au profit du pueple, & au moins de domaige, *Nous vous mandons & commandons,* que vous eslisiez trois ou quatre bonnes personnes de vostre Ville, qui miex se cognoistront au fait des monoies, & les envoyez par devers nous, à tout vostre bon avis, sur les choses dessus dittes à Paris au Diemanche aprés prochains brandons, les quelles aient plain pooir de vous & de vostre dite Ville de faire, consiellier & accorder, tout ce qui vous en appartiendra, ou pourra appartenir. *Donné à Paris le 15. jour d'Octembre, l'an de grace mil trois cens dix-sept.*

Item infra scriptis Seneschallis fuit scriptum super eodem negotio in modo qui sequitur.

PHILIPPUS, &c. *Seneschallo Tholosæ vel ejus locum tenente,* Salutem. *Cum pridem ad octavas instantium Brandonum habitatores bonarum villarum linguæ Occitanæ super facto monetarum nostrarum adjornari mandaverimus Parisius, coram nobis, ut ipsi certas deputarent personas, majorem in dictis monetis habentes notitiam, & eas ad dictos diem & locum mitterent, cum plenaria potestate, ac super ipsarum monetarum nostrarum negotio sufficienter instructas.* Nos *considerantes quod venire nunc ipsos Parisius potest eis esse plurimum odiosum, & ob hoc volentes ipsorum in hac parte laboribus & expensis parcere quo ad præsens, mittimus vobis in quodam rotulo sub nostro clauso sigillo, nomina dictarum bonarum villarum,* mandantes ac præcipientes *vobis, quatenus habitatoribus villarum illarum quæ de vestra Senescallia fuerint, aut aliis de eadem Senescallia, si qui forsan per litteras nostras, aut per vos virtute nostri generalis mandati vobis in hac parte directi, fuerint adjornati, & in ro-*

tulo non contineantur prædicto, mandetis & celeriter intimetis, ut ipsi ad dictos diem & locum venire supersedeant, quo usque de termino & loco, forsan aliis, vel de mittendo certas propter hoc ad partes illas personas duxerimus ordinandum. Datum apud sanctum Germanum in Laya die Dominicâ Candelosam, anno Domini millesimo trecentesimo decimo septimo.

Ce qu'on a mis comme Ordonnance dans la Table Chronologique, sous l'an 1317. portant que nul ne pourra mettre en gage de bataille, *les Juifs*, ni ceux qui naistront d'eux, pour aucun cas, si ce n'est pour meurtre apparent, est l'article premier de l'Ordonance du mois d'Avril 1317. *touchant les Juifs du Roy*, imprimée cy-dessus, page 645. 646.

Le Mandement qui suit du 8. Juillet 1318. qu'on n'a pû mettre dans son ordre, & qui defend d'assigner ailleurs que sur le Tresor les payemens ordonnez par le Roy, a esté tiré du Registre du Tresor cotté 55. & 18. feüillet 47, & collationné sur le Registre A de la Chambre des Comptes, feüillet 113.

Philippe par la grace de Dieu Roy de France & de Navarre, au Prevost de Paris & au Receveur dudit lieu, *Salut.* Sçavoir vous faisons que pour esciver plusieurs domages, les quels non pas nous tant seulement, mais ceux à qui nous sommes tenus encorriens & sustenriens, en faisant assignation autre part, que en nostre Tresor de Paris, de ce que nous devons, ou pourrons devoir, puissent plus enterinement avoir leur poiement, & pour ce aussi que nous puissions mieus, & plus clerement cognoistre la verité des dis paiemens, & esciver les fraudes qui se porroient fere és dis poiemens. *Par la deliberation de nostre Grand Conseil Nous* avons *ordonné & ordonnons,* que nulle assignation de poier deniers ne soit faite des-ores-en-avant autre part que en *nostre Tresor de Paris.* Et se ensi estoit que pour la importunité d'aucuns, ou par oubliance fut faite aucune assignation de son poiement, autre part que en nostre dit Tresor à Paris, *puis le 18. jour de Juillet* prochain passé en ça, par nos Lettres, ou par le mandement de nos gens, Nous voullons que vous n'y obéïssiez en riens, ainçois vous *mandons, & commandons que nul assignement,* qui puis ledit jour en avant seroit fait sur vous, ou sur vous receptes, vous ne poiez, par Lettres de nous ou commandement d'aucuns de nos gens, si comme dessus est dit, exceptés *les fiez & aumosnes,* ou autres ordinaires & necessaires despens accoustumez à poier en vostre Baillie. Et sachiez que si vous faites au contraire, il ne vous sera descompté, ni rabatu. Et aussit l'avons-nous commandé, & enquores le commandons-nous, aux gens de nos Comptes, sur le serment qu'il ont à Nous. Et pour ce que nos Tresoriers de Paris puissent mieus poier ceulz qui nous ordonnons estre poiez, oudit nostre Tresor est nostre entente, & voullons que tous les deniers qui nous seront deu en vostre Baillie, vous envoyez en nostre dit Tresor à Paris, sitost aprés que les termes accoustumez à poier nos Rentes en vostre Baillie, seront escheois. *Donné à Paris le huitiéme jour en Juignet, l'an 1318.*

Immediatement aprés ce Mandement, il y a au mesme Registre des Letres du 8. Aoust 1318, par lequel le Roy revoqua tous les Commissaires.

Philippe par la grace de Dieu Roy de France & de Navarre, au Prevost de Paris, ou à son Lieutenant, *Salut.* Comme plusieurs *Commissaires,* aient esté ça en arrieres, tant du temps de nos chiers Seigneurs, Pere & frere, comme du nostre, envoyez en ta Prevosté pour esploitier, cüeillir & lever deniers pour nous, des quels Commissaires plusieurs n'ont encore rendu compte des esploits que ils ont faits, ne nul pourfit, ou moult petit, en soit venu par deça, combien que leurs dis exploits doient estre moult grans, & combien aussi que l'en leur ait plusieurs fois mandé que ils en venissent compter en la Chambre de nos Comptes de Paris, ils en ont esté desobéïssans, & en deffaut jusques à ores, au grant domages de nous, & griefs de nos subgiez, qui forment se sont plusieurs fois doulus,

à nous,

à nous, & encores se doullent des grans domages que ils ont recheus par les dis Commissaires, qui encontre raison, les ont outrageusement grevez, si comme ils dient. *Nous* qui leur ce voullons pourveoir au domage de nous, & de nous subgiez, & qui volons bien sçavoir, tous les esplois faits jusques au jour de huy, par iceux Commissaires, *Eüe sur ces choses diligent deliberation, avec nostre grand Conseil,* tout iceux Commissaires quels que ils soient, exeptez tant seulement ceux qui sont deputez *sur le fait des disiémes* & des *amez,* & sur le fait des *Changeeurs,* en ta Prevosté, avons *rappellé,* & *rappellons* du tout des-or-en-droit, & ne voullons que il s'entremettent plus de ce qui commis leur estoit, sur les dites choses. Et *commandons* que dés maintenant ils en cessent du tout. *Si te mandons* & commandons que à ces dits Commissaires tu fasses tantost à sçavoir nostre present *rappel,* & leur deffend de par nous que il ne s'entremettent plus des-ores-en-avant des dites choses à eux commises, si coume dessus est dit. Et s'il vouloient faire le contraire, deffens à tous, que nus ne leur obéïsse, & leur assigne certaine journée & convenable, à laquelle il doit estre, sans nul defaut pardevant nous amez & feaux les gens de nos Comptes de Paris, pour rendre compte de tous leurs esploits, & pour poier à nos Tresoriers de Paris, tout ce en quoy ils nous pourront estre tenus pour le restant de leur Compte. Et rescrits tantost par ces Lettres à nos dites Gens des Comptes de Paris, les noms des dits Commissaires, & de quoy ils seront entremis, & par combien de temps, & la journée que tu leur auras assignée pour venir compter, & rendre raison, & toutes autres choses qui toucheront & pourront toucher le fait des diz Commissaires. Et faits ce si diligemment, sans nul deport, que tu ne puisse estre repris de deffaut, ou de negligence, car nous en auriens recours, à ta personne, & à tes biens. *Donné à Paris le 8. Aoust, l'an de grace 1318.*

Seneschalli.	Petragoricensis.	Aurelianensis.	Meldensis.	Cadomensis.
Tholosæ.	Xantonensis.	Senonensis.	Trecensis.	Caletensis.
Carcassonensis.	Pictaviensis.	Parisiensis.	Calvimontensis.	Constantiensis.
Bellicadri.	*Ballivi.*	Silvanectensis.	Vitriaci.	
Ruthenensis.	Bituricensis.	Ambianensis.	Insulensis.	Gisortii.
Lugdunensis.	Turonensis.	Viromãdensis.	Rothomagensis.	Arverniæ.

Du Cange dans sa sixiéme Dissertation sur Joinville, page 173. vers le commencement, dit que Philippe le Long, fit une Ordonnance generale contre les *tournois,* le 23. Octobre 1318, mais cette Ordonnance ne se trouve pas. Voyez cy-dessus au 7. Avril 1316. page 643.

Ce qui est cité comme Ordonance, touchant *l'estroit Conseil du Roy,* dans la table chronologique, page 112, n'en est pas une. Quant à celle qui est datée du 24. Janvier 1319. touchant *le tresor & le domaine du Roy,* il n'a pas esté possible de la voir.

En l'année 1319. le 20. jour d'Aoust, le Roy adressa le *Mandement* qui suit aux Baillis de Troyes, de Meaux, de Vitry & de Chaumont, qu'on n'a pas jugé à propos de mettre cy-dessus entre les Ordonances.

Philippe par la grace de Dieu Roy de France & de Navarre, aux Baillis de Troyes, de Meaulx, de Vitry & de Chaumont, & à leurs Lieutenans, *Salut. Nous* avons entendu que aucuns nobles de vos Baillages s'efforcent d'avoir les *mainsmortes* & les escheoites des épaves, & des bastards, qui se assient en lor terres, où ils ont hautes & basses justices, jaçoit ce que cil espaves & bastards ne soient pas nez de leurs femmes de corps, & requierent que il soient reçus & ois, à ce que il offrent à prouver saisine, & que il en ont usé. Et comme par les Ordonances octroyez à eux par nostre tres chier Seigneur Pere & frere, dont Dieu ayt l'ame, il ne doivent avoir tailles, morte-mains, ne cognoissance, *fors que tant seulement des baſtards*, nez de leurs femmes de corps, & *en leurs terres*, où ils ont toute juſtice, & non d'autres, ne autrement. *Nous vous* mandons, que vous ce ne ſouffrez, ne les recevez à ladite preuve. Et en cas où il vous en vourrons ſuir, ou ſommer de droit, ſi leur donnez jour, aux jours de Troyes prochains, & plus n'en faites par vertu de Mandement que vous en ayez, ou poez avoir au contraire. *Donné à Paris le 20. jour d'Aouſt, l'an de grace 1319.*

L'Ordonance touchant les *Dons & les remiſes des amendes du Parlement*, citée dans la table Chronologique, ſous l'an 1319, eſt l'article 39. & le 40. de l'Ordonance faite à Pontoiſe, l'an 1318, & confirmée à Longchamp le 10. Juillet 1319. Voyez cy-deſſus page 662. & page 703. art. 19. 20. 21.

L'Ordonance miſe dans la table Chronologique, ſous l'an 1319, portant que *le Chancellier ne doit ſceller aucunes Lettres* contre les Ordonances, eſt un article de celle du 3. Janvier 1316. Voyez cy-deſſus page 630. article 9.

L'Ordonance du 18. Juillet 1318. *pour le profit du Roy*, article 21. 22, & l'article 26. de l'Ordonance du 16. Novembre 1318. page 669.

Touchant l'Ordonance concernant *les appellations des gens des Comptes.* Voyez l'Ordonance faite au Vivier en Brie, vers l'Epiphanie, article 23. page 706.

Les letres du Samedy avant la Trinité, en date du 24. May 1320. portant reglement *touchant les Sergens du Chaſtellet*, ſont celles de l'an 1309. imprimées cy-deſſus, page 465.

De l'article 10. de l'Ordonance du mois de Fevrier 1320. on a mal fait une Ordonance, portant *qu'aucuns des Examinateurs du Chaſtellet* preſens & à venir, ne pourront proceder au fait d'enqueſtes, informations, examen de témoins, ſans appeller pour adjoint avec eux l'un des Notaires du Chaſtellet. Voyez cy-deſſus, page 740.

Ce qui eſt cité comme Ordonance dans la *compilation Chronologique* du 13. Juin 1320. page 67. n'eſt qu'un *avis* qui fut donné au Roy touchant la reformation du *parloüer*, que l'on a fait imprimer en note en la page 744. aprés l'avis donné pour la reformation du Chaſtellet.

Philippe le Bel par l'article 15. de ſes letres de l'an 1290. avoit ordonné que les perſonnes Eccleſiaſtiques, quand meſme elles ſe ſeroient obligées par lettres paſſées devant les Juges Royaux, ne pourroient eſtre contraintes de plaider en Cour ſeculiere. *Quod Eccleſiaſticæ perſonæ non compellantur in foro ſeculari, ſuper actionibus perſonalibus litigare, quanquam per noſtras, aut miniſtrorum literas fuerint obligatæ.* Dans la conference des Ordonances, tome premier titre 4. partie 2. page 84. §. 3. Ces lettres ont eſté mal datées de l'an 1320, au lieu de l'an 1290, & de *cet article* on a mal fait dans la table Chronologique une Ordonance de Philippe le Long, que l'on a placée ſous l'an 1320.

Touchant l'Ordonance ſur la *revocation du domaine aliené*, que l'on a datée de l'an 1320. dans la table Chronologique. Voyez cy-deſſus les lettres du 29. Juillet 1318. page 665. avec la note qu'on y a faite.

CHARLES IV. DIT LE BEL.

CHARLES IV. dit le Bel, à Paris, au mois de Fevrier 1321.

(a) Ordonance touchant les Epiceries, & autres avoirs, ou Marchandises, qui se vendent à poids.

SOMMAIRES.

(1) Chaque Marchand, Bourgeois de Paris, aura de bons poids, justifiés au Patron du Chastellet, & aura pareillement de bonnes & justes balances.

(2) Aucun n'achetera, ni fera acheter aucune mauvaise marchandise, quelque bon marché qu'on luy en fasse.

(3) Celuy qui par ignorance aura acheté de mauvaise marchandise, & qui ne pourra avoir de recours contre son vendeur, parce qu'il ne le trouve pas, ne la pourra vendre.

(4) Aucun n'achetera ni fera acheter des marchandises volées. Chacun les retiendra jusques à ce que celuy qui les a apportées à vendre, ait trouvé son garand, & s'il ne le trouve pas, ou ne l'annonce pas, les marchandises seront portées au Chastellet, pour en faire ce que de raison.

(5) Aucun Marchand ne meslera du Suif avec de la cire, ni de la vieille cire avec de la nouvelle, & dans les gros ouvrages, comme torches, &c. la cire sera dessous comme dessus.

(6) Nul ne vendra à la livre soutive, ou legere aucunes marchandises, qui doivent estre venduës à la livre grosse.

(7) Sur les marchandises venduës à poids, les enveloppes seront rabatuës.

(8) Les Confitures en boëtes, ou en bouteilles seront dessous comme dessus, & on n'en mêlera pas de vieilles avec les nouvelles.

(9) Les Confitures seront de mesme sucre dessous comme dessus.

(10) Ceux qui voudront faire le negoce d'avoir de poids & d'Epicerie, *s'adresseront au Maistre ou son Lieutenant, & jureront d'observer les Ordonances du mestier.*

(11) Au mestier de la marchandise d'Epicerie il y aura une certaine quantité de Courretiers, qui seront choisis par les Maistres & Gardes, & presentez au Prevost de Paris. Et ces Courretiers ne pourront estre marchands de ladite marchandise, &c.

(12) Les peseurs ne pourront estre, ni Courretiers, ni Marchands de la marchandise qu'ils peseront.

(13) Les hosteliers hebergeans les Marchands qui apportent des marchandises, n'en pourront faire negoce, sans en avertir les Maistres deux jours auparavant.

(14) Les Maistres & Gardes seront esleûs par les gens du mestier ou la plus saine partie. Ils ne pourront refuser l'Office, & y seront pendant trois années. Et quatre preud'hommes du mestier les presenteront au Prevost de Paris, qui recevra leur serment.

(15) Les Maistres & Gardes feront leurs visites toutes les fois que il leur plaira, mais de droit deux ou trois fois l'an. Et il feront rapport au Prevost des malefaçons qu'ils auront trouvées.

(16) Le Roy aura les quatre parts des amendes, & la cinquiéme sera pour les Epiciers.

CHARLES par la grace de Dieu Roy de France & de Navarre, Sçavoir faisons, à tous presens & à venir, que *Nous* oyes les complaintes dou commun peuple, commune renommée à ce labourant, sur les fraudes & malices *de plusieurs marchands d'avoir de pois & Epiceries demourans à Paris*, ont fait & font de jour en jour, au mestier de ladite Marchandise, en plusieurs & diverses manieres, & Nous *qui desirons* à oster les dites fraudes & malices, & mettre les dites choses à estat dû, & convenable, & à faire le commun profit. Eû conseil & deliberation sur ce, & appellé & oyz, en nostre Court sus ce diligemment, les Marchands dudit mestier demourans à Paris, *avons ordonné & ordenons* en la maniere qui s'ensuit.

Premierement. Chascun desdits Marchands Bourgeois de Paris, aura & tiendra *bon poix* & loyal, justifié au *patron d'un poix*, que le Prevost de Paris, ou Chas-

NOTES.

(a) Cette Ordonance est entre les preuves de l'histoire des 3. fils de Philippes le Bel, d'où elle a esté tirée. Elle est aussi au livre vert vieil du Chastellet chapitre 48. feüillet 94. *verso*. Voyez cy-dessus l'Ordonance de Philippes le Bel de 1312. au mois de Decembre ou de Janvier, page 512.

CHARLES IV. dit le Bel, à Paris, au mois de Fevrier 1321.

tellet de Paris pour nous, & aura *bonnes ballances, & justes,* perciées entre *le bras, & la langue,* sans estre *enarchiées.* Et à iceluy *poix & ballance* pourront vendre & acheter leurs marchandises, selon l'accord fait entre les dits Marchands Bourgeois de Paris *d'une part,* & les tenans du poix, qu'on appelle *le poix le Roy* d'autre part. *(b)*

(2) Item. Que nul n'achetera, ni fera acheter aucune Marchandise, en quoy il sache, qu'il ayt aucune fraude, pour grant marché que l'en li face. Ainçois soit chascun par son serement tenu de faire sçavoir, tantost comme il vendra à leur cognoissance, la fauscetė de leur mestier, & marchandise au Prevost de Paris, pour faire punition de ce meffait. Et en aura ledit Prevost execution, appellez les *Maistres* doudit mestier, & ceuls qu'il verra qui seront à appeller.

(3) Item. Que se aucuns *par ignorance* avoit acheté marchandise, en quoy il eust faussetė, & l'eust pardevers luy & payé, & ne peust trouver *son vendeur,* sitost comme de ce s'appercevra, il ne la pourra vendre. Et se il la vendoit, & estoit de ce attaint, ladite marchandise seroit jugée par le Prevost de Paris, appellez avec luy ceux qu'il voira qui seront à appeller, soient les Maistres dudit mestier, ou autres.

(4) Item. (c) Que nul n'achetera, ne fera acheter denrées nulles, en quoy il sente, que il y ait, ou doie avoir aucune souspeçon, d'estre *mal prises,* ou *emblées.* Ainçois sera chascun tenus par son serement, de retenir pardevers soy, ce qui luy semblera ainsi estre *mal pris,* jusques à tant que cil qui l'aura apporté à vendre, *ayt trouvé* son garand. Et se il ne l'ameine dedans le jour que l'en luy donra, *l'acheteur* la portera bientost au Chastellet de Paris, pour en faire ce qu'il verra qu'il en faudra faire de raison.

(5) Item. (d) Que nuls des dits Marchands, qui œuvre, ou face œuvrer *cire,* à la main, ou *œuvre de bougie,* ne ne meslera, ne fera mesler avec la *cire, suif,* ne autre chose qui empire la cire. Et ne fasse nuls, ne fasse faire *en torches,* ne autres ouvrages de *cire,* soit à la main, ou de bougie, couverture nulle, que la *cire* ne soit autelle dessous, comme dessus, & qu'en chascune *torche,* ou autres gros ouvrage de cire, soit à la main, ou de bougie, ayt autant de cire parmi langue toute seiche, comme il sera seigné dessus, & lumeignon selon raison, & selon que l'en a accoustumé. Et ne vendra nul par son serement, ouvrage de *viex* cire pour *neufve,* ne de *viex* meslée avec la *nueve,* qui ne le die à son acheteur. Et qui sera trouvez faisant le contraire, il payera amende *au Roy,* & au mestier. Et l'ouvrage, du congé du Prevost, par les dits Maistres & Gardes faite de euls la relation audit Prevost, sera jugiée, & execution faite selon la malefaçon par ledit Prevost de Paris.

(6) Item. (e) Que nuls par son serement, ne vendra, ne fera vendre, peser, livrer aucune marchandise à *livre soutive,* qui doit estre livrée & pesée à *la livre grosse,* sus peine d'amende, comme dessus est dit. De quoy la cognoissance, punition, correction, appartient & appartiendra au Prevost de Paris.

(7) Item. Que nuls n'achetera, ne fera achater marchandise nulle, quelle que elle soit, ni quoy il fasse nulles convenances, que il ne puisse & doie rabatre, *de (f) sarpillerie & cordes* & autres serres, ce qu'elles peseront sous peine d'amende.

(8) Item. (g) Que nuls n'apporte, ne face apporter à Paris, ne ne face à

NOTES.

(b) Voyez l'article 3. de l'Ordonance de 1312.

(c) Voyez l'article 4. de l'Ordonance du mois de Decembre ou Janvier 1312. page 512.

(d) Voyez l'article 5. de l'Ordonance du mois de Decembre ou Janvier 1312.

(e) Voyez l'article premier de l'Ordonance du mois de Decembre ou de Janvier 1312.

(f) Sarpillerie.] C'est la grosse toile ou les gros papiers qui servent à envelopper les marchandises.

(g) Voyez l'article 10. de l'Ordonance du mois de Decembre ou Janvier 1312.

Paris,

Paris, nulles *confitures* en *boiſtes*, ou en *bouteilles embouchiées*, qu'elles ne ſoient d'autel matiere deſſous comme deſſus, & ſans priſorages, ne ne meſſe nulle *confiture* vieille avec la nueve qu'il vendra, s'il ne le dit à l'acheteur, ſur peine d'amende, & de jugement de ladite marchandiſe, comme deſſus eſt dit.

CHARLES IV. dit le Bel, à Paris, au mois de Fevrier 1321.

(9) *Item.* Que nuls ne face, ou face faire *confiture* nulle de *(h) ſucre*, comme *Gingembre* confit, *Anis*, & autres *confitures* ſemblables, en ce en quoy il ayt couverture nulle, que elles ne ſoient *d'autel ſucre* deſſous comme deſſus, Et qui ſera trouvé faiſant le contraire, il payera *l'amende* au Roy. Et la *confiture*, par le Prevoſt de Paris, appellez avec luy, les Meſtres du meſtier, ſera jugiée, & execution faite de ce, ſelon la qualité de la malefaçon, comme deſſus eſt dit, par ledit Prevoſt.

(10) *Item.* Que nuls qui à Paris vüeillent commancier marchandiſe *d'avoir de poids*, & tenir *hoſtel d'Epicerie*, ne puiſſe commancier ſon meſtier, ſans parler tout avant œuvre, audit *Maiſtres*, ou ſon *Lieutenant*, pour ce que dedans huit jours aprés ce qu'il aura ſon meſtier commancié, il ſera tenus de jurer de garder & tenir les Ordonances doudit meſtier, qui par lidit Meſtre, ou ſon Lieutenant, luy ſeront lües mot à mot, & diviſé. Et au ſerment faire payera vingt ſols audit Meſtres, pour ſoûtenir les frais doudit meſtier.

(11) *Item.* Que ou meſtier & en la marchandiſe deſſuſdite, ayt certaine quantité de *courretiers*, qui par les dits *Maiſtres & Gardes*, & les bonnes gens du meſtier ſeront eſtimez & eſlûs ſouffiſans. Et les preſenteront les dits Meſtres & Gardes au Prevoſt de Paris, le quel les fera jurer, que il feront l'Office de *courretier* bien & loyaument. Et leur ſoit deffendu & enjoint, ſur peine d'eſtre bannis de la *courreterie* à tousjours-més, que ils ne faſſent nuls *faux Contracts*, ne nuls *mauvais marchiez* de chevances. Et auront iceux *Letres dou Prevoſt de Paris*, ſous leſquelles il ne pourront faire l'Office de courreterie, que ils ne ſoient bannis de Paris un an & un jour. Et ne pourront li dit *courretier* eſtre *marchand* de la Marchandiſe de quoy il ſeront *courretier*, ne demander de leur *courretage*, fors l'eſtimation faite d'ancienneté par les Marchands ſur la peine deſſus dite.

(12) *Item.* Que nuls des *peſeurs* qui ſont, ou ſeront eſtablis à peſer ce que l'en dit *(i) Le poids le Roy*, ſoit de *cire*, ou des autres marchandiſes ne puiſſe eſtre *courretier*, ne marchand de marchandiſes que il *pezent, ou pezeront*. Ne nuls des marchands qui au poix vont, ou iront pezer leurs marchandiſes, ne leur donront, promettront, feront donner, ou promettre *dons, ne ſervices* anciens en l'intention d'eulx corrompre, pour eulx donner le droit d'autruy, en leur *pezage*, ſus peine d'amende.

(13) *Item.* Que nuls *hoſteliers*, qui communement *hebergent marchands*, qui à Paris apportent *denrées* pour vendre, ne puiſſent *acheter les denrées*, que ils hebergent, ne eſtre marchands, ſur *peine d'amende*, juſques à ce qu'il l'ayt fait ſçavoir aux Meſtres dou meſtier, deux jours avant qu'il en puiſſe rien acheter, ce qu'il luy en plaira pour le commun proufit, & les deux jours paſſez, il pourra acheter avec les dits Marchans, ce qu'il luy plaira des dites denrées.

(14) *Item.* Les *Meſtres* & les *Gardes* ſeront *eſlûs par le commun dou meſtier*, ou de la plus *ſouffiſant partie*, chaſcun trois ans, & ceux qui à ce ſeront eſlus ne pourront refuſer de faire l'Office pendant trois années accomplies. Et dedans les huit jours aprés que il ſeront ainſi eſlûs, *quatre preud'homes* ſouffiſant doudit mêtier les preſenteront por ledit meſtier au Prevoſt de Paris, lequel prendra d'euls *le ſerement*, que bien loyaument & diligemment garderont lidit meſtier, & ferons

NOTES.

(h) Sucre.] Il y en avoit peu alors, & les confitures ſe faiſoient ordinairement avec *des Epiceries*, ou *du miel*. Voyez le P. Thomaſſin dans ſon traité *des jeunes*, partie 2. chapitre 11. ce que j'ay remarqué dans mon gloſſaire, ſur le mot *Eſpices*, & l'Ordonance de 1312. au mois de Decembre, ou Janvier, article 10.

(i) Le poids le Roy.] Voyez mon gloſſaire ſur ce mot.

CHARLES IV. dit le Bel, à Paris, au mois de Fevrier 1321.

tenir & garder à leur pooir les *Ordonances* dou dit mestier, & garderont nostre droit, & celuy dou mestier.

(15) Item. Les dits *Mestres & Gardes* porront & seront tenus de euls prendre garde dou dit mestier, & de visiter toutes fois que il leur plaira, en chascun hostel doudit mestier, *poids, ballances, ouvrages de cire, confitures,* & autres choses en quoy malefaçons peuvent estre faites, & especiaument deux fois ou trois l'an au moins, & rapporteront toutes les malefaçons, que il trouveront devers le Prevost de Paris.

(16) Item. Que toutes les *amendes & forfaitures,* qui oudit mestier escherront, & qui par les dits *Mestres & Gardes* seront apportées à la cognoissance *dou Prevost* de Paris, pour le Roy, seront appliquées, *C'est assavoir* pour les *quatre parts* au Roy, & la *quinte partie* aux dits Espiciers, pour leurs frais & couz, de quiconques amendes que ce soit, pour ce qu'il soient plus diligent de faire sçavoir les meffaits dudit mestier.

Et pource que ce soit ferme & stable à tousjours, nous avons fait mettre nostre Scel à ces presentes Lettres, sauf en autres choses nostre droit, & le droit d'autruy. *Donné à Paris l'an de grace mil trois cens vingt-un, au mois de Fevrier.* Ainsi signé sur le reply, *Chalop.*

CHARLES IV. dit le Bel, à Vincennes, le 5. Avril 1321.

(a) Ordonance en forme de Mandement, portant revocation des Domaines alienez.

CAROLUS Dei gratiâ Francie & Navarre Rex Ballivo Matisconensi, vel ejus locum-tenenti, Salutem. *Recordationis inclite carissimus Dominus & Germanus noster Rex* Philippus, *inter ceteras curas sollicitudinis sue Regni nostri prosperitatem appetens, cum maturâ deliberatione consilii,* male alienata *de domaniis dicti Regni sui, & clare memorie carissimorum dominorum genitoris & Germani nostrorum quondam Regum temporibus, sub donationis, vel permutationis, seu cujusvis alterius tituli nomine, vel colore, ad hujusmodi domania reducenda decrevit. Et propterea volens etiam id procedere rationabili viâ,* edici fecit *generaliter, & in vestrâ Balliviâ publice proclamari, ut quicumque de domaniis ipsis* quidquam *tenerent, in eos, vel illos a quibus causam haberent, dictis* translatum *temporibus, nomine, vel colore titulorum ipsorum, suas litteras & munimenta, quas & quæ super ipsis haberent domaniis, & quecumque alia, quibus se juvare vellent, & negotio opus esset, exiberent & pretenderent, certo dudum*

NOTES.

(a) Cette Ordonance est au Registre *Noster* de la Chambre des Comptes de Paris feüillet 156. Il y en a une autre moins ample adressée au mesme Bailly de Mâcon, au feüillet 157. Voyez l'Ordonance de Philippe le Long du 29. Juillet 1318. page 665. cy-dessus.

Il y a au feüillet 158. du mesme Registre ce qui est transcrit cy-aprés.

Ce qui s'ensuit fu fait & ordené *par le Roy en son grand Conseil à Vincennes, le Lundi devant Pasques, cinquiéme jour en Avril, l'an trois cens vingt-un, sur le fait des domaines.*

Premierement. Comme *Marguerite de Chambly,* Dame de Ronquerolles tiegne *des domaines* du Royaume, Croy & ses appartenances, la basse & haulte Justice d'iceuls, baillé à luy & transporté à heritage, ez temps des Seigneurs Roys, *Philipes Pere, Loys & Philipes* frere du Roy Monsieur, jadis Roys, que Diex assoille, Veües les lettres de ladite *Marguerite,* & monstrées suz ledit *Baill,* & consideré en grande deliberation les causes & couleurs du Bail, & *transport,* Il a esté dit que pour les fraudes & deceptions qui sont trouvées, li dis manoir aveque les appartenances, & justice, ainsi comme ladite *Marguerite* les ot des diz Roys, retoureront, & des maintenant & sont remises au *domaines du Royaume,* & rendra la dite Marguerite les fruits & yssues desdites choses, du temps qu'elles les a tenues.

(2) Item. Et quart il est trouvé que P. de *Chambli* li antien, qui du don du Roy

lapso termino, deputatis in negotio alienatorum hujusmodi Par. in camerâ compotorum, ut eis visis ordinaretur *quod expediens videretur cum intimatione. Quod nisi in dicto termino exhiberentur & pretenderentur supra dicta, quod ex tunc omnia que de predictis domaniis tenerent, ut premittitur, ad manum regiam ponerentur. Cujus edicti pretextu, illi quorum nomina mittimus vobis* in rotulo *clauso, sub nostro contra sigillo exhibuerunt, & pretenderunt litteras suas & munimenta super hiis que in eodem* rotulo *specialiter exprimuntur, Nos autem dicti Domini germani vestigiis inherentes, & ut onus regium ad nostrorum subditorum quietem, tranquillitatem, & pacem lenius & laudabilius supportemus, non minus habentes in desideriis regni prosperitatem predicti,* Mandamus *vobis, quatenus in dicto contenta rotulo intuentes sollicite, & etiam attendentes, si que ultra ea que in dicto rotulo continentur, vel ex eodem rotulo potuerunt comprehendi in nominatos in rotulo ipso & quoscumque alios, cujuscumque status aut conditionis existant, dictis temporibus qualitercumque alienata fuerint, ad manum nostram ponatis & teneatis, ac de alienatorum, vel translatorum ipsorum nobilitate, conditione & valore omnimodò, omni cura & majore solita, sollicitudinis diligentia perquiratis, illis que qui hujusmodi domania alienata, dictis tempori-*

CHARLES IV. dit le Bel, à Vincennes, le 5. d'Avril 1321.

NOTES.

Philipes qui mourut en Aragon, tenoit Croy & autres choses contenues ez lettres, ou prix de deux cens livres de rente, le bailla ainsi comme il le tenoit avecques cent livres de perpetuel rente qu'il avoit acquises au tresor le Roy, de feu *Symon de Baugency* Chevalier, tant seullement *du* Roy *Philipes* Pere du Roy Monsieur, pour la terre des Quatremares, qui par la vertu de l'Arrest donné contre ceulz de Chambly, est retourné ez domaines du Royaume, & la Contesse de Sanceure qui tenoit Quatremares au temps dudit Arrest, pouroit dire qu'elle devroit retourner selon ledit Arrest à Croy, & ez cent livres dessusdit, Il fu dit que li Roys le tendra en sa main, comme en main souveraine au proffit de celuy à qui il apartendra, selon ledit Arrest. Et se ladite Comtesse le veut demander, li Roys fera appeler Monsieur P. de Chambly Chevalier, & les autres hoirs dudit P. l'ancien, assavoir se ledit P. & hoirs voudront dire nulle cause peremptoire, pour coi le ne doie estre delivré à ladite Comtesse. Et ou cas, où il s'opposeront, l'en leur fera hatif droit sommairement & de plain, & au cas où il ne se voudront opposer l'en le delivrera à ladite Comtesse.

(3) Item. Vehues les lettres feu *Geoffroy Coquatrix*, sur les moulins de Corbueil, qu'il eust ou temps du Roy *Philipes* Pere du Roy *Monsieur, à perpetuel ferme de six vingt six livres Parisis.* Consideré que par la teneur des dittes lettres, il y a évident presomption de fraude, & consideré la grant deception, que y est trouvée, Il fut dit que li dit Moulin retourneront, & dés maintenant sont remis aux *domaines* du Royaume, & rendront li hoirs dudit Geuffroy ce qu'il ont valu, outre *la ferme* puis le temps du Bail, sauf la deduction des despences, si comme raison sera.

(4) Item. Comme li Roys *Loys* donnast à *Guillaume le Comte Chevalier*, deux cens livres parisis *de rente perpetuelle, sur la Prevosté* de Monstreüil sur la mer. Et depuis li Roys *Philipes* pour les dites deux cens livres, luy donna deux cens *dix livres parisis de perpetuelle Rente* qu'il prenoit sur *le minage* de Monstreüil, & li fist grace qu'il le peust *transporter en morte-main*, & il les transporta en la commune de Monstreüil. Vehües les lettres, Il fut dit que lesdits deux cens dix livres sur le minage retourneront *au domaine* du Roy, & dés maintenant il sont remises. Et li Roys donrra pour les deux cens livres devant dites, deux mille livres une fois, & de tant acquitant ledit Chevalier envers ladite commune. Et se plus en ont donné, il leur sera restably & seur les biens dudit Guillaume le compte.

(5) Item. Comme ledit *Guillaume* soit chargiés de la Conciergerie de Vincennes, à dix sols parisis de gaiges chascun jour, li Roys dés maintenant le descharge dudit Office, & oste du tout les gaiges, & y pourvera d'un autre, aux gaiges anciens.

(6) Item. Comme li *Roys Philipes* pere du Roy Monsieur, prist de *Oudart de Chambly* Chevalier la terre de *Gandeluze*, & ses appartenances, au prix de deux mille livres tournois *de perpetuelle Rente*, compté estroitement forteresse, édifices & touttes autres choses, & le baillast ainsi à *Gauchier de Chasteillon* Connestable de France, & ledit Roys assignast audit Oudart deux mil cinq cens livres de *Rente annuelle* sur la Ville de Roën, jusques l'en luy *eust assis en terre, deux mil livres tournois de Rentes perpetuelles.* Veües les lettres monstrées sur ce par ledit *Oudart*, & consideré le fait, il fut dit que les cinq cens livres qui passent les deux mil livres, retourneront, & dés maintenant sont remis aux *domaines du Royaume*, & rendra ledit Oudart tout ce qu'il a reçeu; outre lesdits deux mil livres tournois par an, puis le temps de ladite assignation.

CHARLES IV. dit le Bel, à Vincennes, le 5. Avril 1321.

bus, ut est dictum, in litteris exhibitis non comprehensa, detinent, specialiter injungatis & faciatis etiam ex parte nostra ex habondanti in assisis vestris, locisque insignibus & aliis vestre ballivie de quibus expedierit edici, & publice proclamari, quod omnes & singuli, qui de domaniis ipsis quicquam tenent, qualitercumque temporibus predictis translatum in eos, vel in illos a quibus causam habent, qui nundum suas exibuerunt litteras, infra instans festum beati Remigii, quod eis pro termino peremptorio assignamus, & vos etiam ex parte nostra assignetis *eisdem, ut suas litteras & munimenta, & omnia quibus se juvare volent & opus erit negotio, exhibeant & pretendant paris. in camera compotorum deputatis predictis, ut visis ipsis, fiat ulterius quod videbitur expedire cum intimatione. Quod nisi citra dictum terminum predicta exhibuerint & pretenderint, ut est dictum, ex tunc que sic tenent, nostris applicabimus domaniis, absque eo quod super hoc amplius audientur. Regni autem* domania *intendimus, ne dum ea* que ab antiquo, sed que ex forefacturis, commissis, vel quibusvis causis aliis obvenerant, & alienationis translationisque tempore in domaniis ipsis erant. *In premissis tamen nolumus comprehendi ea, que de dictis domaniis, feodis, juridictionibus, juribus, sive bonis* in Ecclesias, & alia pia loca fuerunt dictorum

NOTES.

(7) Item. Il fut *ordoné, que generalment* cil qui prenoient *Rentes en deniers suz le Tresor* & leurs ont esté eschangiées *en fiefs-fermes,* ou en *autres rentes en deniers, denier* pour denier, par quelconques main qui les preignent, soit par celle du Roy, ou par la leur, les dittes fermes & Rentes, retourneront & dés maintenant sont remises *ou domaine* du Royaume, & il retourneront au Tresor, ainsy comme il y estoient ou temps de l'eschange, sauf touttes fois que ceuls que li Rois sçaura qui bien l'auront deservy, & loyaument, sera eschangié, non pas en soy rapportant à la teneur des lettres, mais à la verité des faits, & merites, nous en ferons ce que bon nous semblera.

(8) Item. Il est *ordené* que tout ce qui aura esté donné sur les *domaines,* outre la valüe des rentes des lieux, où il aura esté donné, li dons *ainsy faiz, soit de nulle valüe* & recompensations faites pour iceuls dons ne tiegnent & dés maintenant sont du nuls.

(9) Item. Il est ordonné que quiconques aura pourchasié luy estre donné *forfaitures,* devant ce que elle fut declariée & sentenciée estre forfait, & quant il ne la peut avoir, car elle ne estoit point commise, il a pourchassié luy en estre fait *recompensation,* la *recompensation* soit nulle, & retournera *aux domaines* & dés maintenant y est mise, & rendera tout ce qu'il aura reçeu des yssëues de telle *recompensation.*

(10) Item. Il est ordoné & estably que quiconques demandera des-ores-en-avant, ou fera demander, pourchacera, ou fera pourchassier, luy donner *forfaitures,* c'est assavoir autres que cil sur qui elle sera forfaitte, si li Roys ne la donne de son propre mouvement, sanz interpellations d'autre, li dons soient nuls à oultre li demandeurs rendra au Roy, tant comme vaudra la forfaiture, qui ainsy luy aura oste donnée.

* *Ces quatre precedens articles sont transcrits comme Ordonance generale, au Registre* Croix *de la Chambre des Comptes de Paris, feüillet 93.*

(11) Item. Sur le fié lequel ont dit *la Prevostoit,* qui fut si comme l'en dit, Damoiselle Abbesse, que li Maire & la *commune de Vally* avoient, si comme l'en-dit achaté, pour le prix de sept cens livres tournois; Et depuis pour les empeschemens & oppressions que ledit P. *de Chambly le Gras* leur y mettoit & faisoit mettre, en seurmettant certaines choses, il en ot deux mil six cens livres tournois, qui furent d'extorcion, si comme li Maire a rapporté, jaçoit ce que les lettres dudit P. dient que ce fut par la vente & le prix de la vente dudit fié, Il fut dit que li hoirs dudit P. seront approuchié, & quant-que l'en trouverra que ledit Pierre en eust indeüement, ledit hoir seront contraint à le rendre.

(12) Item. Des fiez que li Roys *Philipes pere du Roy Monsieur,* qui ores est, donna audit P. *le Gras,* en accroissement d'un fief qu'il avoit d'un don du Roy, li quel fiez n'est point nommez. Et du fié P. *de Amet* aussy donné à luy, la valüe desdits fiez est rapporté par l'information faite sur ce par le Baillif de Senlis, si la pourront *asséner,* cil qui scevent que tel chose monte, & veoir combien il doivent valoir de rentes aux Seigneurs.

(13) Item. De quatre cens dix-sept livres huit sols parisis que ledit P. prenoit sur le Tresor, & les procura luy estre eschangiées deux cens livres, sur le paage de Roye, & deux cens dix-sept livres huit sols suz le paage de Perronne, & ainsy sur lesdits paages les bailla pour titre de ventes, *à l'Eglise de S.t Lucien de Biauvez,* ou nom, & en acquittant les hommes & hostes de laditte Eglize, qui estoient tenus à ladite Eglise, entant, si comme dient les lettres, & pourchaça estre admorties, Il fut dit que ce qu'il en ot, oultre la loyal

dictorum Dominorum nostrorum pia largitione translata, *quorum cum dicto rotulo comprehendamus sub brevibus litterarum exhibitarum continentiam, nostre tamen intensionis non est, quod ad manum nostram ponatis aliqua in dictis litteris comprehensa, etiamsi in rotulo ipso fuerint causa brevitatis omissa; sed super omnibus expressis in litteris, ut* premittitur, *exhibitis, quas vobis, si opus fuerit facere poteritis exhiberi, illos qui ea tenent dimittatis in pace, donec aliud a nobis receperitis in mandatis.* Nolumus *etiam quod si que littere regie vobis misse fuerunt, vel mittantur specialiter super facto* domaniorum ipsorum, *quod earum executio impediatur, vel retardetur, per presens generale mandatum, nec sumus contenti, quod licet idem* Dominus & germanus noster mandasset vobis *per litteras predictas, seu generali* edicto, *ut vos informaretis super alienatis de domaniis ipsis, & referretis in dicto lapso ordinato termino, deputatis predictis, id tamen facere non curastis. Quia igitur negotium hujusmodi in quo res nostra non mediocriter agitur, valde insidet cordi nostro, injungimus vobis sub juramento & debito fidelitatis quibus nobis tenemini, & sub nostre indignationis incursu, quod premissa omnia in singulis articulis sollicite attendentes, & omni curio-*

CHARLES IV, dit le Bel, à Vincennes, le 5. Avril 1321.

NOTES.

valeur de quatre cens dix sept livres huit sols, sans admortir, retournera au Roy & les rendront li hoir, & quant les lettres ne font point mention du prix, l'en sçaura ausdits hommes & autres, & aux Religieux, combien en donnerent, affin que si pardevers le Roy retournoit, & rendent li dit hoir ce qui en fut donné, oultre ce que valent au tresor quatre cens dix-sept livres huit sols parisis, sans admortir si comme dit est.

(14) *Item.* De deux cens quarante livres que li *Religieus de Fescamp* devoient au Roy, pour la ferme de certaines chose en quoy l'Eglize luy estoit tenüe, & P. *de Chambly* l'ancien les se pourchaça estre bailliées en eschange, pour tant de rentes qu'il prenoit au tresor, & puis les vendit *ausdits Religieus*, pour le prix de sept mille livres, Il fut dit que l'en sçaura la verité de la ferme, & la maniere de l'eschange & de la vente.

(15) *Item.* Fut dit que li dit heritier rendront au Roy cinq mille livres tournois que ledit P. ot desdits *Religieux de Fescamp*, pour les seurprises qui leur seurmist, & avoir fait de certaines choses de Cany & de Canville, & de la maison de Villes, que ledit P. ot desdits Relligieux pour celles mesmes causes, à sa vie, & de sa femme maintenant Comtesse de *Sancuerre*, l'en en aura advis, & sçaura l'en se ladite Comtesse la tient, & combien puet valoir de rente par an.

(16) *Item.* De cent livres tournois de rente que donna à celuy mesme *P. l'ancien*, la *Comtesse de Blois*, sur le tresor, desquels il vendit aux Religieux *de Chaliz* soixante livres tournois de Rente, & en ot quinze cens livres parisis, & en feignant que il n'en eust que le juste prix sanz admortir, les pourchaça frauduleusement estre admorties en aumosnes, & pour contemplation de l'Eglize, Il fu dit que six cens livres tournois tant seulement pour le juste pris en demourront aux heritiers de luy, & qu'ils rendront au Roy le surplus.

(17) *Item.* De cent livres Parisis de rentes que ledit *P. l'ancien* prenoit ou Tresor, & vendit *aus Escoliers Cholet*, & en ot, si comme dient li dit Escoliers, deux mille six cens livres parisis, Veû le prix ez lettres, & qu'il les deust pourchacier admortir, & le pourchaça frauduleusement, & en ce fut deceu li Roys qui admortit en aumosne pour l'ame de luy, & de la Royne *Jehanne sa compaigne*, que Dieu assoille, Il fut dit que li hoir seront approchiez, & qu'il se trouvera ainsy, il rendront au Roy tout ce qui en fut donné, oultre valüe du juste prix de cent livres de rente ou tresor sans admortir.

(18) *Item.* Comme *P. de Chambly le Gras* preist suz l'argenterie de Chartres soixante livres parisis, & sur la tresorerie de Thoulouse soixante livres parisis de Rente, il les se pourchaça eschanger à six vingt livres parisis de Rente, que li Roys prenoit sur la Ville de Senliz, & puis les eschangea ledit P. aus *Religieux de la Victoire* à certaines choses qu'il avoient en prez, es environ *Coie.* Il fut dit que li Roys retournera ez six vingt livres sur la Ville de Senliz, & li Religieux à ce qu'il bailleront oudit P, sauf aux hoirs dudit Pierre leur droit seur les despens faits ez lieux baillez, & lidit hoir retourneront à l'argenterie de Chartres, & à la tresorerie de Thoulouze, sauf en ceste restours le droit le Roy & d'autruy.

(19) *Item.* Comme ledit *Pierre le Gras* preist sur le Tresor deux cens livres de rentes, li Roys *Philipes pere dou Roy Monseigneur*, les eschangea à Monsieur *Pierre le jeune*, qui ores est, sur le peage de Choisy, & les transporta ou Chapitre de *Bialuez*, & leur furent admorties. Il fut dit que l'en sçaura le prix que elles furent vendües au Chapitre, & retournera pardevers le Roy ce que elles furent vendües, oultre le juste prix, sans admortir.

(20) *Item.* Comme *li Molin de Montfort* sur Rille, fussent donné *à perpetuelle ferme* de six vingt livres parisis, audit Monsieur

sitate complentes nihil omissuri de ipsis, quicquid super hiis inveneritis, & feceritis, deputatis predictis, intra dictum terminum clare & lucide rescribatis. Scituri quod si apud vos reperiatur negligentia, vel deffectus, vos taliter puniemus quod pena docebit, qualiter mandata regia debeatis exequi & complere. Datum Vien. quinta die Aprilis, anno Domini millesimo trecentesimo vigesimo primo.

NOTES.

Pierre de Chambly, qui ores est, & depuis luy a esté donné & remise ladite ferme, il fut dit que l'en sçaura la value des Molins assavoir se en baillant la ferme, il furent bien ou mal prisiez.

CHARLES IV. dit le Bel, à Paris, le 5. May 1322.

(a) Ordonance sur le fait des Monoies.

SOMMAIRES.

(1) On fera des deniers doubles.

(2) On fera de petits deniers.

(3) On fera des deniers d'or à l'aignel.

(4) On fera des deniers, dont chacun courra pour un parisis.

(5) Nulle monoie d'or n'aura cours fors qu'au marc pour billon, excepté le denier d'or à l'aignel.

(6) Le gros tournois ne sera pris & mis que pour douze parisis de la monoie qui courra.

(7) Les Changeurs & les Marchands ne pourront prendre les deniers d'or à l'aignel que pour le prix dessus dit.

(8) Personne ne pourra porter argent, ni nulle monoie d'or hors du Royaume, si ce ne sont des monoies noires, & des deniers à l'aignel, mais quant aux Pelerins, ils pourront porter de petits tournois.

(9) Les Tresoriers du Roy, & ses Receveurs ne pourront faire aucuns paiemens qu'en deniers d'or à l'aignel, & en la monoie que l'on fabrique à present.

(10) Nul ne pourra affiner, rechacier, ni recourre aucune monoie.

(11) Nul ne pourra donner plus de l'or, ni de l'argent, qu'on en donne aux monoies.

(12) Les Changes ne pourront estre tenus qu'aux lieux accoûtumez. Et on ne vendra le denier d'or à l'aignel plus de vingt sols, de la monoie sengle, &c.

(13) Nul Orfevre ne pourra faire de la grosse vaisselle, que du poids d'un marc, & au dessous.

(14) Toutes les monoies des Barons cesseront, pendant la fabrique de celles-cy.

CHARLES par la grace de Dieu Roy de France & de Navarre, au Prevost de Paris, ou à son Lieutenant, *Salut.* Comme nous, qui de nouvel sommes venus au gouvernement de nostre Royaume, aions souverain desir de entendre au bon regimen, & seur l'estat d'icely & d'y ordonner en tele maniere que ce soit à la loüange de Dieu, & à la pais & tranquillité des subgiez, & pour le bien & le profit commun. Regardans entre les autres choses que *le fait des monoies* y est tant necessaire, considerans ensement, comment, & par quantes fois, nos predecesseurs, especiaument nostre tres chier *Seigneur & frere Philippe* de bonne memoire Roys des dits Royaumes, y ont entendu, & labouré, o grant estude, pour la reformation, & adrecement d'icelles, & fait souvent convocations, & grans assemblées de Prelats, Barons, bonnes Villes & autres, pour y donner avis & conseil, toutes fois les choses ont tant duré, & tant longuement esté demenées, sans y prendre final provision, que les monoies qui toûjours se gastent, sont si écoulées & aneanties, & *si peu en est maintenant entre les peuples pour poiemens, marchander, & autres choses faire, que grant defaut en est par tout, & greigneur encore y seroit & porroit estre, se remede n'y estoit mis*, à la fin que la matiere qui est allée hors de nostre Royaume, *à grant domaige de nous*, & de nostre peuple, par l'engien & cautelle, de soutis, & malitieuse gens, *puist revenir arriere*,

NOTES.

(a) Cette Ordonance a esté tirée des preuves de l'histoire des trois enfans de Philippes le Bel, qui sont chez M. le Chancelier. Voyez le Blanc sous Charles le Bel & Du Cange dans son glossaire sur *Moneta*.

en nostre Royaume, pour quoy li pueple soit rempli de monoies, qui queurent en nostre Royaume, en grant deception de nous, & de nostre peuple, les quelles y ont esté apportées & mises, pour greigneur pris, que elles ne valloient, par quoy les nostres ont esté détruites, & gastées, & portées hors de nostre Royaume. Nous voullans sur ce pourveoir convenablement, eû avis, & plaine deliberation, avec nos bonnes Villes, les quelles Nous avons mandées sus ce, avec nostre grant Conseil, appellez à ce pluseurs sages cognoissans, & experts, ou fait des monoies, regardé & consideré, à tout ce qui püet touchier cette besoingne, afin que nos dites monoies ne faillent & ne perissent, ainçois puissent estre moutepliées, & accrües, pour bien commun, *avons ordonné, & ordenons* en la maniere qui s'ensuit.

CHARLES IV. dit le Bel, à Paris, le 5. May 1322.

Premierement. L'en fera *un denier double,* qui courra pour deux deniers tournois petis.

(2) *Item.* L'en fera un *petit denier,* dont les deux vaudront un d'iceux justement.

(3) *Item.* L'en fera les *deniers d'or à l'aignel* de tel pois & de tel aloy, comme l'en fait à present. Et courra le denier *d'or à l'aignel,* pour dix sols de la monoie, qui courra pour deux deniers tournois, & pour vingt sols de la monoye *(b) sengle,* & pour seize sols de la monoie qui courra pour Parisis, & non pour plus. Et ne sera nul si hardis de refuser dix sols de la monoie qui courra pour deux deniers tournois, pour un florin à l'aignel, ni vingt sols de *la sengle,* ni seize sols de la monoie qui courra pour Parisis.

(4) *Item.* L'en fera *un denier* qui courra pour un Parisis, de quoy les quatre deniers vaudront cinq des petits dessusdits justement.

(5) *Item.* Nous *voullons & ordonnons* que nulle *monoie d'or* quelle que elle soit de nostre coing, ou d'autre n'ayt nul cours, fors que au Marc *pour billon,* excepté le *denier d'or à l'aignel,* qui courra pour le pris qui est dit par dessus, au quel denier toutes les autres monoies *d'or* se convertiront. Et s'il estoit trouvé que nul les prist, ne mist fors que au Marc pour billon, le mois passé, aprés que cette Ordonance sera publiée, que elles fussent acquises à nous, se ainsi n'estoit qui ne fussent coupées ou perciées.

(6) *Item.* Que nuls *gros tournois* ne soit pris, ne mis fors que pour douze parisis, de la monoie qui courra. Et n'auront cours fors que tant qu'il nous plaira seulement.

(7) *Item.* Que nuls Changeurs, Marcheans, ne autres, quiex que il soient, ne soient si hardis de changer, de prendre, ne de mettre par euls, ne par autres, les *deniers d'or à l'aignel* en nulles marchandises, quelles que elles soient, ne en nuls contraus, fors que pour le pris dessus dit, Et qui sera trouvé faisant le contraire, par enqueste, ou par preuve de bonnes gens, dignes de foy, que le contract & la monoie, fussent acquises à nous, & le corps à nostre volenté.

(8) *Item.* Que nuls ne soit si hardis de porter, ni faire porter or ne argent, ne nulle monoie d'or ne d'argent, quelle que elle soit, hors de nostre Royaume, fors que les monoies dessus nommées, c'est assavoir les monoies *noires,* & le *denier d'or à l'aignel* que l'on fait à present, exceptez *pellerins,* qui pourront porter *petits tournois,* pour leur dépens suffisament. Et qui fera le contraire, il encourra en la peine dessus dite.

(9) *Item.* Que nuls de nos *Tresoriers,* ne de nos Receveurs ne fassent poiement de nulle monoie quelle que elle soit, se n'est *deniers d'or à l'aignel,* que l'en fait, & de la monoie que l'en fera à present; Et des autres monoies qu'ils

NOTES.

(b) *Sengle,* ou *single.* C'est-à-dire, *simple.* Voyez le Blanc dans son Traité des monoies de l'Edition de Hollande, page 200. ligne 15.

CHARLES IV. dit le Bel, à Paris, le 5. May 1322.

recevront, il n'en feront nul poiement, ainçois les apporteront & feront apporter à nos monoies plus prochaines, pour convertir en nostre monoie noire, ou d'or que l'en fera à present, & d'iceluy se feront les poiemens, les quelles monoies ils prendront en nos poiemens, & icelles seront tenus prendre sans refuser.

(10) Item. Que nul ne soit si hardis d'affiner, ne rechacier, ou de recourre nulle monoie quelle que elle soit. Et qui sera trouvé faisant le contraire, l'argent & la monoie nous sera acquise, & le corps en nostre volenté.

(11) Item. Que nuls ne soit si hardis de donner plus grand prix en or, ne en argent, que il est ordonné de donner en nos monoies. Et qui sera trouvé faisant le contraire, il encourra en la peine dessus dite.

(12) Item. Que nuls Changeurs de nostre Royaume, quel que il soit, ne changera, ne tendra Change, fors que *és lieux accoûtumez.* Et feront serement de tenir & garder les Ordonnances, qui leur seront leües & baillées. Et ne seront si hardis, de vendre *le denier d'or à l'aignel* plus haut de vingt sols de la monoie *sengle* dessus dite, ou dix sols de celle qui courra pour deux deniers tournois, ou seize sols de celle qui courra pour Parisis. Et s'ils font le contraire, ils perdront le change qu'ils feront, & la caution qu'il auront donnée, & si auront le poing coppé, & seront bannis de nostre Royaume, & à nous tous ses biens appliquez.

(13) Item. Que nuls Orfevre, ou autre ne soit si hardis faire grosse *vessellemente d'argent*, ce n'est d'un Marc, ou à dessous, ce n'est par nostre commandement, si ne sont calices, ou estuits, ou vaisseaux as saĉtuaires. Et qui fera le contraire, il perdra la vessellemente, & le corps à nostre volonté.

(14) Item. Que nuls *Barons* ne *Prelats*, ne autre qui ayent droit de faire monoie, ne ouvreront tant comme cette monoie si fera.

Pour les quelles choses nous *te mandons*, & commandons expressement que tu les Ordonances dessus dites, faces garder & enteriner diligemment, sans corrompre, & *le fais crier & publier*, en tous les lieux, où tu verras qu'il sera à faire, & qui à toi appartiendra, & le mande à tes subgiez, là où il afferra à mander, és lieux accoustumez, que les dites Ordonances & gardent & tiengnent, & fassent tenir & garder sans corrompre, ne venir encontre, en telle maniere que par ta defaute, & negligence nous, ni nostre peuple, n'y puissions avoir dommaige, car si defaut y avoit, nous nous en prendrions à toi.

En tesmoing de ce Nous avons fait mettre nostre Scel en ces presentes Lettres. *Donné à Paris le cinq May, l'an mil trois cens vingt-deux.*

CHARLES IV. dit le Bel, à Paris, le 11. May 1322.

(a) Ordonance en forme de Mandement, portant deffenses de transporter des Bleds & autres grains hors du Royaume.

CAROLUS *Dei gratiâ Francie & Navarre Rex* Senescallo Bellicadri, *vel ejus locum tenenti, nec non portuum, passagiorum & finium Regni nostri custodibus ceterisque quibuscumque justiciariis nostris*, Salutem. *Cordi nobis est providere, qualiter Reipublice Regni nostri obvietur incommodis, & commoda valeant promoveri, maxime cum necessaria victus tangit, Qui igitur clamore populi, & multorum fide dignorum assertione percepimus, quod querentes que sua sunt, frumentum & grana, bladaque alia, in quantitate non modica, de regno nostro extrahere paraverunt, & jam extrahunt in parte, propter quod precipue* causatur caristia *annone, que subjectum nobis populum opprimit, &* paretur *major, nisi providere circa id curaremus, Nos hujusmodi*

NOTES.

(a) Cette Ordonance est au Registre *Noster* de la Chambre des Comptes de Paris, feüillet 136.

precavere

precavere volentes, Mandamus *vobis, & vestrum cuilibet prout pertinebit ad eum, sub juramento & debito fidelitatis, quibus nobis tenemini, quatenus portus & passagia finium dicti regni fideliter & sollicite custodire, & facere custodiri curantes, non permittatis quoquomodo, quod aliquis cujusquumque status, aut conditionis existat*, frumentum & quodvis bladum, sive granum qualitercumque de nostro regno extrahat, *sine nostrâ licentiâ speciali, inhibentes ex parte nostra, & sine cujuscumque more dispendio, ac inhibendo*, facientes publicè proclamari *in locis vestre Ballivie de quibus expedierit, ne aliquis cujuscumque sit conditionis aut status*, frumentum, vel bladium, sive granum de regno nostro, sine nostra speciali licentia, extrahere sub confiscationis frumenti, grani vel bladi, & pena infligenda eidem, quoquomodo audeat vel presumat. *Si quis autem contrarium facere presumpserit, quicquid contra hujusmodi inhibitionem presumet extrahere, tanquam* commissum capiatis & nostris *commodis applicetis, & nihilominus presumptorem juxta qualitatem persone, & quantitatem excessus, pena alia debite puniatis sic, quod ipse & alii a similibus arceantur. Sciturí firmiter quod si apud vos defectum, vel negligentiam reperimus circa id, taliter vos puniemus, quod exemplum erit aliis metus pene. Proviso tamen quod si aliqui frumentum, granum vel bladum de portu aliquo ad portum alium Regni nostri transferre voluerint, idoneâ cautione receptâ quod non transferant extrà Regnum, & quod vobis reportent testimoniales litteras justiciarii nostri loci ubi ea admiserint, eos permittatis abire, solvendo deveria consueta.* Datum Parisius undecimâ die Maii, anno Domini millesimo trecentesimo vigesimo secundo.

CHARLES IV. dit le Bel, à Paris, le 11. May 1322.

CHARLES IV. dit le Bel, à Paris, le 15. Octobre 1322.

(a) Ordonance touchant les Monoies.

SOMMAIRES.

(1) On fera une monoie qui aura cours pour deux petits parisis, & on fera des petits deniers, dont deux vaudront un petit parisis.

(2) On fera de petites mailles dont deux vaudront un denier simple.

(3) On fera des deniers d'or à l'aignel de tel poids & de telle loy qu'on les fait à present. Et chaque denier à l'aignel courera pour sept sols six deniers, de ceux qui ont cours pour deux parisis, &c.

(4) Les gros tournois, soit de Saint Loüis, ou d'autres, n'auront cours que pour six deniers, de ceux qui courrent pour deux parisis.

(5) Toute monoie d'or à l'exception du denier à l'aignel, n'aura nul cours, & ne sera pris qu'au marc pour billon, &c.

(6) Toute monoie blanche, ou noire ne sera prise que pour billon, à l'exception du petit parisis, *& du gros* tournois.

(7) Les Changeurs & les Marchands ne mettront, ni ne prendront les deniers d'or à l'aignel, qu'au prix marqué cy-dessus.

(8) On ne pourra transporter hors du Royaume aucunes monoies d'or ni d'argent, à l'exception des monoies noires, & des deniers d'or à l'aignel, & exceptés les pelerins, qui pourront avoir des tournois petits, pour leur dépense.

(9) Les Tresoriers du Roy ne feront nuls payemens qu'en monoies noires, ou en deniers d'or à l'aignel, &c.

(10) Nul ne pourra affiner, rechacier, ni recourre quelque monoie que ce soit, sous peine de confiscation de corps & de biens.

(11) Nul n'achetera l'or & l'argent, à plus haut prix qu'on en donne aux monoies.

(12) Les Changes seront tenus aux lieux accoûtumez. Et on n'y vendra le denier d'or à l'aignel pour plus grand prix qu'il est marqué cy-dessus, &c.

(13) Nul Orfevre ne fera de grosse vaisselle d'argent, si ce n'est d'un marc, ou au dessous, &c.

(14) La presente Ordonance sera criée & publiée.

CHARLES par la grace de Dieu Roys de France & de Navarre, *au Bailly de Mâcon & de Lyon*, ou son Lieutenant, *Salut*. Comme nous qui de

NOTES.

(a) Cette Ordonance est au Registre A de la Chambre des Comptes de Paris, feüillet 131. & elle ne differe presque en rien de celle du 5. May precedent.

CHARLES IV. dit le Bel, à Paris, le 15. Octobre 1322.

nouvel sçûmes venir au gouvernement de nostre Royaume, ayons souverain desir de entandre au bon regiment & seur l'estat de celly, & de ordéner en tel magnére que ce soit à loüange de Deu, & à la pais & tranquilité des subgiets, & pour le bien & le profit commun. Regardans entre les autres choses que le *faitz des monoyes* est tant nécessaires, considerant ansemant commant & par quantes fois nous predécessours & especialement nôtre tres chiers *Sengneur pere, & frere Philipe* de bonne memoire Roys desdits royaumes, y ont entendus & labourés o grant estude, pour la réformation & adressemant d'icelles, & fait sovant convocation & granz assemblées de plussiours Barons, de bones Villes & autres ydoines, pour donner avis & conseil. Toutefois les choses ont tant duré & tant longuemant esté demenées sans prendre final provision, que les monoyes, qui toûjours se gastent, sont si escolées & anienties, & si pou en est maintenant entre les peuples, pour paimans, marcheander, & autres choses faire, que grans deffauz en est par tout, & gregniour y seroit encour & poroit estre, si remede n'y estoit mis, à la fin que la matére qui est alée hors de nostre Royaume, à grand domage de nous, & de nôtre pueble, par l'engin & la cautele des soutis & malicieuses gens, peût revenir ariére en nostredit Royaume, par coy le pueple fut reamplis de monoyes, & pour oter le cours des mauveses monoyes qui corrent en nostre Royaume en grand deception de nous & de notre puéple, lesquelles y ont esté aportées & mises pour greygniour pris, qu'elles ne valoient, pour coy les nostres ont esté destituées & gastées & portées hors de nostre Royaume. *Nous volans* seur ce pourvoir convenablement, eû avis & plaine deliberation avec nous, nous bones Villes lesquelles nous avons mandées sur ce avec nostre grand Conseil, appellés à ce plusieurs sages conoissans & espers en fait des Monoyes, regardé & consideré à tout ce qui peut tochier cette besoigne, afin que nosdites monoyes ne faillent & ne perissent, ains puissent estre multipliées & accreües pour bien commun, avons *ordené & ordenons* en la maniere que s'ensuit.

Parmeiremant. L'on fera une monoye qui courra pour *deus parisis petits*, &

NOTES.

Le 22. Novembre 1322. le Roy envoya d'autres Lettres au Seneschal de Xaintonge en la forme qui suit.

Charles par la grace de Dieu Roys de France & de Navarre, au Seneschal de Xaintonge, ou à son Lieutenant, *Salut.* Comme nous vous avons escrit par nos Lettres, le fait des *Ordonances de nos monoies*, les quelles Ordenances, nous avons fait de nostre propre science, o l'aide de nostre grand Conseil, & de plusieurs autres sages congnoissans en ce fait, & des bonnes gens de nos bonnes Villes, les quelles Ordenances Nous voullons que elles soient tenües & gardées en la maniere qu'il est contenu és dites Ordenances, & que nulle monoie ne queurre en nostre Royaume, fors que celles qui sont contenües dedans. Et pour ce que vous soiez plus certains des *monoies qui n'ayent cours* en nostre Royaume, nous vous signifions celles qui s'ensuivent.

Premierement. Celles d'or, florins de Florence, n'aura nul cours.

(2) Item. Deniers à la chaire.

(3) Item. Deniers à la mace.

(4) Item. Deniers à la Royne.

(5) Item. Deniers au mantelet, ne nul denier d'or, quel que il soit, excepté le *denier au mouton*, qui courra pour le prix, qui est ordonné en nos dites Ordonances, ainçois seront toutes fonduës, & converties audit *denier au mouton*, & apportées *au marc pour billon.*

(6) Item. Des monoies d'argent aux quelles nous ostons cours de nostre Royaume *Esterlins, doubles cornuz & mittes*, & toutes monoies des Barons quelles que elles soient, & toutes autres monoies qui auroient pris cours en nostre Royaume, soient abatuës, si comme dit est en nos Ordonances, & apportées au marc pour billon.

(7) Item. Nous voullons commant qu'il ne soit contenu, en nos *dites Ordenances*, que si *monoie d'or à qui nous donnons cours*, c'est à sauvoir *le denier à l'aingnel* ne soit trouvé de droit pois, que celuy qui le trouvera le puisse *copper*, ou *percier*, pour la cause des *faussoniers, qui les roignent.*

(8) Item. Nous voullons que nul courratier quel que il soit, ne soit si hardis, de soi meller de nulle *corraterie d'or ne d'argent ne de billon.*

(9) Item. Nous vous *mandons* que vous fassiez mandement à tous les Receveurs, qui sont dessous vostre Seneschaucie, qu'il ne preignent, ne mettent autrement qu'il est ordonné és nos dites Ordenances.

un petit denier qui courra pour un parisis, dont les deux vaudront un des deniers dessus dit.

(2) *Item.* L'on fera mailhes petites, dont les deux corront par un denier seugls.

(3) *Item.* L'on fera les deniers d'or à l'agniel de tel poys & de tel aloy, comme l'on les fait à present, & courra chacun denier à l'agniel pour sept sols six deniers des deniers qui corront pour deux parisis, & pour quinze sols des deniers seugles & non pour plus, & aura cours au pris dessus dit, tant comme il nous plairra seulement.

(4) *Item.* Les *gros tornoys* quel qu'ils soient, ne de quel coing qu'il soient, soit de Monsieur Saint Loys, ou d'autres, n'auront cors, ne ne soient pris, ne mis, fors que *pour six deniers*, & de ceux qui corront pour deux parisis, & pour douse des seugles, & n'auront cors tous, que tant comme il nous plaira.

(5) *Item.* Nous *volons & ordenons* que nulle monoye d'or, quelle que soit de nostre coing ou d'autre, n'ayt nul cors, fors que *au marc pour billion*, excepté *le denier d'or à l'agniel*, qui corra pour le pris dessusdit, en quel denier toutes les autres monoyes d'or se convertiront. Et s'il estoit trouvé que nul le prist, ne mist, fors que au marc pour billion, le moys passé aprés que cette *Ordenance* sera poupliée, qu'ils fussent acquises à nous, si ainsy visions qu'il ne fussent copées, ou parties.

(6) *Item.* Que nulle monoye dehors nostre Royaume, ne de nostre Royaume *blanche, ne noyre* n'ayent nul cors, fors que al marc pour billion, excepté *parisis petit, tornoys petit, & gros tornoys*, les quieux gros corront pour le pris dessus dit, Et s'il estoit trové que nul lo preist, ne meist, fors que au marc pour billion, le mois passé aprés ce que ceste Ordenance sera pueupliée, qu'il fussent acquises à nous, si ainsy n'estoit qu'ils ne fussent parties, ou copées.

(7) *Item.* Que nulz Changeours, Marchians, ne autres quel qu'il soyt, ne soyt si ardis de changer, ne de prendre, ne de mettre par eus, ne par autres *les deniers*

NOTES.

(10) *Item.* Que pour ces choses faire, & garder diligamment, & que les dites *Ordonnances ne perissent*, Nous vous mandons, que vous establissiez certaines gardes, en tous les lieux de vostre Seneschaucie, là où voirez qu'il sera à faire. Et telles personnes, qui soient convenables à ce faire, & les quelles personnes doignent bonne caution de faire l'office qu'il leur sera enjoint, & leur bailliez tous les poins contenus és dites Ordenances, à la fin que il ne puissent errer, autrement que à ce qui leur sera enchargié justement. Et voullons que ces establis ayent le *quint denier*, de toutes les forfaitures que il trouveront, les quelles forfaitures, il apporteront à nos plus prochaines monoies. Et le quel *quint* nous voullons que le maistre, qui tendra nostre monoie li delivre, des lieux où il seront.

Pour la quelle chose *Nous* vous mandons que vous les choses dessus dites, si comme il vous est mandé orc & autresfois, mettre à execution par tous les lieux de vostre Seneschauchie, en telle maniere *que nos Ordonnances ne soient corrompuës*, si comme elles ont esté ça en arriere, ou temps de nos devanciers, quar si deffaute y a par vous, nous nous en prendrons à vous. En tesmoin de la quelle chose nous avons fait mettre nostre Scel en ces presentes Lettres. *Donné à Paris le 22. jour de Novembre mil trois cens vingt & deux.*

Et le 3. Decembre suivant le Roy envoya les Lettres suivantes au Bailly d'Orleans.

Charles par la grace de Dieu Rois de France & de Navarre, au *Bailly d'Orleans*, ou à son Lieutenant, *Salut*. Comme nous vous aions mandé par nos *Lettres* le fait *des Ordonances* de nos monoies, és quelles estoit contenu, que les Changeurs qui changeroient en ta Baillie *d'Orliens*, és lieux où on a accoustumé *à changier*, deussent donner caution de garder & tenir nos dites *Ordenances*, qui leur seroient enjointes, & que se il alloient contre les dites Ordenances, que *la caution que il auroient donnée, fût acquise à nous, & tous leurs biens à nous appliquez, & eussent le poing coppé, & avec tout ce bannis hors de nostre Royaume.* Sçavoir vous faisons, que nostre entente n'est mie que ceux qui sont residens en vostre Baillie, & ont leurs femmes & enfans, ou qu'ils soient souffisans & solvables, tant en heritages comme en autres choses, que ceux ne doingnent point de caution, fors que de leurs biens tant seulement, à la fin que se il alloient contre les poins, qui sont contenus en *nos dites Ordenances*, que les biens que ils

CHARLES IV. dit le Bel, à Paris, le 15. Octobre 1322.

d'or à l'agniel à nules marchandises quelles que elles soyent, en nuls contraucts; fors que por le pris dessus dit, Et qui sera trové faisant le contraire par enqueste, ou par pruêve de bones gens, dignes de foy, que le contraucts & la monoye fussent acquises à nous, & le corps à nôtre volonté.

(8) Item. Que nul ne soyent si ardis de porter, ny de faire porter or ne argent, ne nule monoye d'or ny d'argent, quelle que elle soit hors de nostre Royaume, fors que les monoyes dessus nomées, or est à sçavoir les monoyes *noyres & les deniers d'or à l'agniel,* que l'on fait à present, exceptés *pelerins* qui porront porter *tornoys petits* pour leur despence soffisament. Et qui fera le contraire il encorra la poyne dessus dite.

(9) Item. Que nul de nous *Tresoriers,* ny de nous *Receveurs* ne fassent paiment de nule monoye quelle que elle soit, ce n'est de *deniers d'or à l'agniel, & de la moneye noyre que l'on fera à present,* & de celles à qui nous donons cors, & des autres monoyes qui iceus recevront, il ne feront nul paiemant, ainçois les aporteront & feront apporter à nos monoyes plus prochienes, pour convertir à nôtre monoye *d'or, ou noire* que l'on fera à present, & d'icelles se feront paiemant, Lesquelles monoyes ils prendront à nostre paiement, & icelles monoyes ils feront tenus de prendre sans refuser.

(10) Item. Que nuls ne soyt si ardis d'affiner, rechacier, ou de recourre nule monoye quelle qu'elle soyt. Et qui sera trové faissant le contraire, l'argent & la monoye nous sera acquise à nostre volunté, & le corps.

(11) Item. Que nul ne soyt si ardis de donner plus grand pris en or, ne en argent qu'il n'est ordené de doner en nos monoyes. Et qui sera trové faissant le contraire, il encorra en la poyne dessus dite.

(12) Item. Que nuls *Changeurs* de nostre Royaume, quel qu'il soyt, ne changera, ne ne tiendra *Change,* fors que aus leus accoutumez. Et se il changent il donront bone caution, & feront saeremant de tenir & garder les Ordenances qui leur seront leûes & bailliés. Et ne seront si ardis de vendre le *denier d'or à l'agniel*

NOTES.

auroient fussent acquis à nous, & les corps à nostre volenté, & de ceux qui ne *seroient solvables,* que ils donnassent caution, se ils voulloient changier, en la maniere que il est contenu *en nos dites Ordenances.* Pourquoy nous vous *mandons,* que les poins des dites Ordenances vous leur *montrez, & esclarcissiez* diliganment, à la fin que il ne puissent mal user contre les dites *Ordenances.* Et voullons que en chascune bonne Ville de vostre Baillie, là où l'en a accoustumé à changier, aiez à establir deux *Changeurs,* ou un, ou tant comme vous verrez que mestier sera pour nous, & qu'ils soient hommes dignes de foy, selonc ce que en ta baillie devra souffire. Aux quiex Changeurs vous baudrez les poins qui s'ensuivent.

C'est assavoir que nuls ne soit si hardis de prendre ne de mettre les monoies, pour plus grand pris qu'il est ordonné, & que *le denier à l'aignel,* auquel nous avons donné cours ne soit changié à monoie nulle, au dessus de xv. sols. Ainçois voullons, qu'il achatent un denier moins de quinze sols. Et se il avenoit, que aucuns eussent la monoie à qui nous donnons cours, fussent *gros tournois,* & autres monoies & voulsissent avoir *deniers à l'aignel,* pour icelle monoie, *Nous voullons* qu'il puissent gaaingnier un denier pour livre, & non plus. Et *voullons* que nulle monoie d'argent blanche ou noire quelle que elle soit, ne porte change l'une contre l'autre, plus de un denier pour livre au plus.

Item. Nous voullons que les dits establis Changeurs pour nous, doingnent au plus prés que il pourront des monoies deffendües, à la fin que nostre pueple soit grevez au moins que on pourra. C'est à sçavoir les *deniers d'or* deffendus *à la mace* appellez *Durs,* qui seront trouvez de xxxv. au marc de Paris, xxii. sols parisis, en poiant *le Florin à l'aingnel* pour xv. sols.

Item. Des deniers à la mace qui seroient de xxxvi. au marc, xxi. sols iii. deniers Parisis.

Item. De ceux à la *mace* qui seroient trouvez de xxxvii. au marc, xx. sols viii. deniers de parisis.

Item. Des Florins de Florence, qui seroient de lxx. au marc, xii. sols ii. deniers obole parisis, & de ceux qui seroient de lxxii. au marc, xi. sols x. deniers parisis.

Item. Des *deniers à la chierre* au tel pris l'un parmi l'autre, comme l'en fera de deux *Florins* de Florence.

Item. Des *Florins à la Royne* qui seroient de liiii. au marc, viiii. sols parisis.

pour

pour plus grand pris que dessus est dit, & s'il font le contraire, il perdront le change qu'il feront, & la caution qu'il auront doné, & si auront *le poing copé*, & seront bagni de nôtre Royaume, & à nous tous leurs biens apliqués.

CHARLES IV. dit le Bel, à Paris, le 15. Octobre 1322.

(13) Item. Que nul Orfévre, ne autres ne soyt si ardis de faire *grosse veyssellemente* d'argent, s'il n'est *d'un marc*, ou dessous, s'il n'est par nostre comandemant, si ne sont calices, ou estuitz, ou veysseaux à *sanctuaires*, Et qui fera le contraire il perdra la veyssellemante & le corps, à nostre volunté.

(14) Item. Que nuls Barons, Prelats & autres qui ayent droit de faire monoye, ne ouvreront tant comme cette monoye se fera. Pour lesquelles choses nous vous mandons expressement que vous, les Ordenances dessus dites faites garder & enteriner diligement sans corrompre, & les faites *crier & publier* en tous les leüs où vous verrés qu'il sera à faire, & qui à vous appartiendra, & les mandés à vous sugiets là où il affeira de mander ez leûs acoutumés, que lesdites Ordenances il fassent tenir & garder, sans corrumpre ne venir encontre, en telle manére que par vostre deffaute, ne negligence nous, ne nostre puéble ne puissions avoir domage, car sy deffaut y avoit nous en prendrions à vous. En temoing de ce Nous avons fait mettre nostre Seel en ces presentes Lettres. *Donné à Paris le quinziéme jour d'Oytobre, l'an mil trois cens vingt-deux.*

NOTES.

Item. Des *Florins au mantelet* qui feroient de LXX. au marc, XII. sols II. deniers, obole.

Item. Des deniers à la Royne, de ceuls que li Roys fit faire, qui sont de III. deniers & demy au marc, XV. sols parisis.

Et est assavoir que des *deniers d'or* dessus dits l'en poiera au Florins à *l'aingnel*, pour XV. sols parisis la piece.

Item. Des *Esterlins* qui feront de XIIII. sols X. deniers, au marc de Paris, & à XI. den. & X. grains & demy d'argent le Roy, vault la piece III. deniers obole, pour la monoie que l'en fait, qui queurt pour parisis.

Et de toutes les autres monoies, en telle maniere, que le peuple puisse avoir la valüe de ce que elles pourroient valloir bonnement, car nous ne voullons riens gaaingnier. Car c'est la cause pourquoy nous establissons les dits *Changeurs* pour nous, c'est pour donner exemple aux autres, à la fin que nostre peuple, soit gardez de dommaige, au plus que nous pourrons.

Et vous mandons que ces presentes Letres & *Ordenances* que nous vous avons *envoyées*, vous fassiez faire *copies*, & *mettre*, & cloer en plusieurs lieux, afin que le peuple les puisse veoir, & lire, pour sçavoir & cognoistre combien ils pourroient avoir des monoies deffendües, & qu'il ne puissent errer contre nos Ordenances. Et toutes ces choses, & les autres contenües en nos dites Ordenances vous faciez tenir & garder fermement sans corrompre, ne venir encontre, car si defaute y a, nous nous en prendrons à vous & à vos biens, & serez bannis à tousjours de nostre service. En tesmoing de laquelle chose, nous avons fait mettre nostre Seel en ces presentes Lettres. *Donné à Paris le troisiéme jour de Decembre. M. CCC. XXII.*

Il y a au Registre A de la Chambre des Comptes feüillet 32. un autre Mandement adressé au Seneschal de Beaucaire. Dans les Registres de Languedoc armoire A feüillet 52. il y en a un autre envoyé au Bailly de Mâcon le 14. Janvier 1322.

CHARLES IV. dit le Bel, à Paris, le 10. Novembre 1322.

(a) Mandement portant que les Sceaux, les Greffes & les Geolles seront donnez à ferme.

C*AROLUS Dei gratiâ Francorum & Navarre Rex Baillivo, & receptori nostris Senonensibus*, Salutem *Cum pridem per carissimum Dominum, & germanum nostrum, recordationis inclite*, Regem Philippum, *& per* Nos *etiam ordinatum fuerit, ut* scripture, sigilla, scribanie, stilli, memorialia processuum, geole, omnium

NOTES.

(a) Ce Mandement est en la Chambre des Comptes de Paris, au Registre *Croix*, feüillet 129. & au Registre *Qui es in cœlis*, feüillet 157.

CHARLES IV. dit le Bel, à Paris, le 10. Novembre 1322.

& singularum Seneschalliarum & Bailliviarum nostrarum, *& alia ejusdem, seu consimilis conditionis, in dicta* ordinatione contenta, *a quibuscunque detinentur personis*, ad firmam *& cum inchariorameuto, tradenda* exponantur, *& vendenda, ut in certis firmis, & mercatis regiis est fieri consuetum. Nuncque intellexerimus quod illi, seu quamplures illorum, qui temporibus retroactis premissa ex dono regio, aut aliter pro certo precio, sine inchariorameuto tamen tenuerunt, litteras quas inde ante dictarum ordinationum nostrarum confectionem obtinuerunt, per fallaces subgestiones & frequentem importunitatem ipsorum, contra ordinationes predictas, & eisdem tacitis, procuraverunt a nobis confirmari, in juris nostri eminentem lesionem & diminutionem damposam.* Nos *autem hujusmodi maliciis & fraudibus, sicut decet, obviare volentes*, mandamus *vobis atque* precipimus *districtius injungendo, quatenus si qui justiciabilium vestrorum, a nobis litteras modo quo premittitur contra (b)* ordinationes *predictas obtinuerint, quas ex nunc ex certa scientia revocamus, ipsas litteris hujusmodi uti*, seu gaudere nullatenus permittatis, *quin imo scripturas*, scribanias, sigilla, stillos, memorialia, geolas predictas & alia consimilia, juxta ordinationum ipsarum tenorem, ad firmam & cum inchariorameuto, ut prefertur, & commodius fieri poterit, sine morosa dilatione tradere nostro nomine studeatis, *litteris a nobis, seu predecessoribus nostris impetratis, seu etiam impetrandis nonobstantibus quibuscunque, taliter sicque celeriter, & caute super hoc vos habentes, quod negligencie culpa vos inde imputari non valeat, sed potius debeatis ex solerti diligentiâ meritò commendari. Sciturí quod id presens mandatum in compotorum nostrorum camerâ Registrari fecimus seriatim in memoriam premissorum.* Datum Parisius decimâ die Novembris, anno Domini millesimo trecentesimo vigesimo secundo.

NOTES.

(b) Ordinationes prædictas.] Voyez l'Ordonance de *Philippes le Long* du 8. Mars 1316, & celle de *Philippes le Bel* du Mardy avant la S.t Vincent 1310. cy-dessus, page 476. & page 634.

CHARLES IV. dit le Bel, à Paris, le 16. Novembre 1322.

(a) Ordonance en forme de Mandement adressée au Bailly de Roüen, luy portant ordre de deffendre à tous Commissaires & Substituts d'user de leurs Commissions, à moins qu'elles n'ayent esté renouvellées. Elle porte aussi que toutes les Commissions, & autres Lettres concernant les recettes du Roy seront registrées en la Chambre des Comptes.

CHARLES par la grace de Dieu Roys de France & de Navarre, au Bailly de Roan, ou à son Lieutenant, *Salut.* Comme és temps de nos predecesseurs jadis Roys de France, plusieurs *Commissaires* ayent esté deputez & establis en plusieurs Senechauciées & Baillies, à lever, exploitier & recevoir plusieurs sommes de pecunes qui deües estoient, tant pour amendes, fourfaitures, impositions, subventions, compositions & finances, comme pour plusieurs autres certaines causes, par la vertu desquelles Commissions yceuls Commissaires sousestablirent plusieurs *Substituz*, lesquiex principaux *Commissaires & Substituz* ont fait plusieurs & diverses receptes, dont la greigneur partie d'iceuls n'ont point rendu compte, en grant domage de nous & de plusieurs de nos subgiez, mesmement comme autrefois l'en demande derechief aucunes debtes que yceux Commissaires ont reçeües en nostre nom, combien que elles ne nous soient pas rendües, par deffaute

NOTES.

(a) Cette Ordonance est en la Chambre des Comptes de Paris Registre *Croix*, feüillet 128. & Registre *Qui es in cœlis*, feüillet 156.

de ce que il n'ont pas compté, si comme dit est. Et pour ce aprés le deceds de nostre tres cher Seigneur & frere le Roy *Philippes* que Dieu absoille, Nous aions voulu & ordené, & encore *voulons & ordenons*, que tous Commissaires se cessassent du tout de proceder & aller avant en leurs Commissions, especialement cil qui s'entremettoient de *receptes de deniers*, se ainsy n'estoit que il eussent leurs Commissions renouvellées sous nostre Scel, & que elles fussent registrées en nostre Chambre de noz Comptes, afin que nos gens des Comptes sçeussent à quel jour il partiroient pour aller en leurs dites Commissions, & en quel partie il yroient, & sur quoy & en queles besoignes il seront commis & envoiez, & que il les aprochassent de compter touttesfois que il verroient que temps seroit, & ainsy que nos Tresoriers qui ledit Registre verroient, les sollicitassent d'envoier argent au Tresor, quant il sentiroient que il auroient receu deniers, Et il soit venu à nostre cognoissance que plusieurs des Commissaires & Substituz dessus dits, contre nostre dite *Ordenance* & deffense usent de leurs dites Commissions, sans ce que elles soient renouvellées de nous, & ont reçeu & reçoivent de jour en jour plusieurs sommes de deniers, sans ce que riens en soit venu, ou viegne à nostre dit Tresor, & aucuns autres ont eû leurs Commissions renouvellées de nous, mais touttes voies plusieurs d'icelles n'ont pas esté *registrées* en nostre dite *Chambre des Comptes*, si comme dit est, dont moult de fraudes s'en pouroient ensuivre en nostre grant dommage & de nos dits subgiez, mesmement comme plusieurs d'icelles receptes pouvoient estre recelées & non venir à cognoissance de nous, ne de nos dits gens, se les dites Commissions n'estoient ausdits lieus registrées en la maniere dessus dite. Pourquoy nous voulons sur ce pourveoir & obvier aus fraudes & malices qui de ce pouroient ensuir se remede n'y estoit mis, & eû conseil & deliberation sur ce, vous *mandons & enjoignons* estroitement que à tous Commissaires tant principaus comme Substituz, qui ont esté deputez és temps de nosdits predecesseurs à faire execution, esplois & receptes de deniers mesmement, qui n'ont leurs Commissions renouvellées de nous, comme dit est, vous deffendez de par nous, sur quanque il se peuvent meffaire, que il ne usent de leurs dites Commissions, ne ne les souffrez à user en aucune maniere, & à yceuls Commissaires assignez certaines & brieves journées pardevant nos dits gens à Paris, à rendre compte final de tout ce qu'il ont levé & receu, lesquelles *journées* avec les noms d'iceuls adjournez, vous certiffiez à nos dites gens. Et ou cas ou il, ou aucun d'euls seroient rebelles ou deffaillans de venir ausdits lieu & jour en la maniere que dit est, si saisissiez leurs biens & mettez en nostre main, sans rendre ne sans recroire, se ce n'est de nostre especial mandement, ou de nos dites gens des Comptes, faisant plaine & expresse mention de ces presentes. Et neantmoins des autres qui n'ont leurs Commissions renouvellées comme plusieurs & la greigneur partie d'icelles n'aient pas esté registrées en nostre dite Chambre des Comptes, comme dit est, prenez copie mot à mot sous scel autentique de touttes leursdites Commissions, & les envoyez à nosdites gens encloses sous vostre scel au plus briefvement que vous pourrés, afin que elles soient illec registrées & d'autres Commissions fors de celles dont ils vous bauront les Copies, comme dit est, ne les souffrez à user en aucune maniere, Et aussy *voulons, mandons & ordenons* que toutes Commissions & autres Lettres touchant & appartenant aux receptes de deniers, qui dores-en-avant se feront sous nostre scel, ou sous les sceaus d'aucuns de nos gens pour nous, *soient registrées* en la maniere que dit est, en nostre dite Chambre des Comptes, & que illec soit signé & escript par moz exprés, que elles aient esté veües & leües en nostre dite Chambre des Comptes. Et de ycelles Commissions faites mention pardevers vous, & les arrez que faiz aurez sur ce, rapportez dores-en-avant ordeneement à vos comptes, à chascun terme que vous compterez, avec les noms de yceuls Commissaires, & sur quoy il seront commis, & de ce faire cautement & meurement, si comme le cas le desire soyez si curieus & ententiz, que nous qui ceste besoigne avons moult à cuer,

CHARLES IV. dit le Bel, à Paris, le 16. Novembre 1322.

nous doions tenir pour contens, de la bonne diligence que mise y aurez. Et pour ramener à vous à nosdites gens ce present Mandement en memoire nous l'avons fait registrer ordeneement en nostre dite Chambre des Comptes. *Donné à Paris le seiziéme jour de Novembre, l'an de grace mil trois cens vingt & deux.*

CHARLES IV. dit le Bel, à Angers, au mois de Novembre 1323.

(a) Ordonance touchant les Monoies, les Tresoriers, &c.

SOMMAIRES.

(1) Il n'y aura qu'un seul tresor, ou tout sera pris & rendu par un seul compte.

(2) Les receptes & mises, à l'exception des ordinaires, seront faites au tresor.

(3) Les emprunts qui se feront, seront portez au tresor.

(4) Les deniers reçeûs pour le Roy dans le royaume, seront portez directement au tresor, sans les décharger ailleurs. Et ceux qui feront le contraire seront punis.

(5) Le Clerc du tresor donnera des reconnoissances, & chargera ses registres, des monoies, telles qu'il les aura reçeües, & de leur pris.

(6) Cet article est semblable au precedent.

(7) Les Tresoriers rendront leurs comptes deux fois l'an.

(8) Aucun Receveur ne sera au Tresor, s'il n'est du Royaume.

(9) Les Tresoriers ne pourront faire passer aucune composition, si ce n'est en la Chambre des Comptes.

(10) Les Tresoriers ne pourront faire aucuns Commissaires.

(11) Le Receveur du Tresor jurera que le jour ou le lendemain de sa recepte il la signifiera au Clerc du Tresor, en marquant les monoies qu'il aura reçeües, & leur prix.

(12) Les Tresoriers feront & ordonneront ensemble au Tresor les choses qui concernent leur Office.

(13) On ne paiera rien au Tresor sans ordre du Roy, si ce n'est l'ordinaire.

(14) Les comptes & les écrits du Tresor seront faits selon l'Ordonance des gens des Comptes.

(15) Les gens des Comptes ne seront chargez d'aucune Commission foraine.

(16) Les gens des Comptes ne seront chargez de voir, ni de juger aucunes enquestes, &c.

(17) Les Mandemens pour payer seront adressez aux Tresoriers, selon l'article 13.

(18) Les gens des Comptes ne seront tenus d'oüir, ou recevoir aucunes Enquestes, à moins qu'elles ne concernent les comptes.

(19) Les amendes seront levées & exploitées par les Receveurs des lieux.

(20) Tous Seneschaux, Baillis & Receveurs viendront rendre compte, aux trois termes accoûtumez, &c.

(21) Les Commissaires iront en la Chambre des Comptes prendre leurs Commissions & faire leurs sermens, &c.

(22) Tout Officier du Roy créé nouvellement, ira en la Chambre des Comptes faire le serment, & y prendre son instruction, & son Ordonance.

(23) Le Compte de l'hostel du Roy sera rendu deux fois l'an.

(24) Toutes assignations sont suspendües, & les Seneschaux, Baillis & Receveurs n'en feront aucuns paiemens, que par Mandemens du Roy.

(25) Les Prelats mandez par le Roy ne prendront rien, tant pour aller, que pour retourner.

(26) Quant aux Barons, Chevaliers & Bannerets que le Roy envoyera en certains lieux, il en sera ce qui a esté ordonné aux gens des Comptes.

(27) Tous les Baillis feront les receptes, à l'exception de celuy d'Auvergne. Le Receveur de Paris aura cent livres de gages, & chaque Bailly & Prevost de Paris, cinq cens livres.

(28) En Languedoc & en Champagne, &c. il ne sera rien donné aux Marchands, sur qui les fermes du Roy auront esté encheries.

(29) Quant à ceux qui ont eû quelque chose pour avoir fait payer les dettes du Roy, on suivra ce qui a esté ordonné du temps de Philippes le Long.

(30) Aucun Receveur du Roy ne sera Ultramontain ou de Lombardie.

ORDONNANCES faites à Angers present le Roy en son Conseil, au mois de Novembre, *l'an de grace mil trois cens vingt & trois.*

NOTES.

(a) Cette Ordonance, qui n'est pas en forme, est au Registre *Noster* de la Chambre des Comptes de Paris, feüillet 165. Elle est aussi entre les preuves des preuves de l'histoire des trois enfans de Philippes le Bel, qui sont chez M. le Chancelier, & elle est citée par Chopin, *De Domanio*, page 80.

Premierement.

CHARLES IV. dit le Bel, à Angers, au mois de Novembre 1323.

Premierement. Sur le fait du *Tresor*, que tout soit pris & rendu doresnavant, par un seul compte, sans faire compte à part des executions. Et qu'il n'y ait qu'un seul tresor.

(2) Item. Que toutes *receptes & mises* soient faites *au tresor*, excepté les *ordinaires*, qui se font & doivent faire aux *Seneschaussées & Baillies.*

(3) Item. Que tous emprunts, se aucuns s'en font, soient rendus au tresor, & non ailleurs.

(4) Item. Que ceux qui reçoivent deniers pour le Roy, en quelque partie du Royaume, & pour quelques causes que ce soit, les apportent tout droit au *tresor*, sans dechargier, ou mettre iceux deniers à Paris, ailleurs que au *tresor*, en tels deniers & monoie, comme ils l'auront reçû, & pour tel prix. Et se ils font le contraire que il soient punis.

(5) Item. Que le *Clerc du tresor* pour le Roy, mette en son livre, & és cedules que il donnera des receptes, les monoies telles comme elles seront reçûes, & le prix.

(6) Item. Fera mettre és *Lettres des reconnoissances*, quelles monoies, & pour quel prix elles auront esté payées.

(7) Item. Les Tresoriers rendront leurs comptes chacun an deux fois, aux termes accoûtumez.

(8) Item. Que aucun Clerc Receveur ne soit *au tresor*, qu'il ne soit du Royaume.

(9) Item. Que les *Tresoriers* ne puissent faire & passer aucune *composition* fors que avec les gens des Comptes, & en la Chambre des Comptes, & en la presence de tous ceux des Comptes, qui lors seront.

(10) Item. Que les Tresoriers ne puissent faire aucuns Commissaires parmi le Royaume, en quelque besoingne que ce soit, fors que par les gens des Comptes, & sous le scel du Roy.

(11) Item. Que le Receveur du tresor jurra que à la journée, ou lendemain, que il aura faite aucune recepte, il le signifiera audit *Clerc dudit tresor*, & quelle monoie ils auront reçeües, & pour quel prix, & que il ne recevra ailleurs, que audit tresor, & qu'il rendra au Roy tout le profit, & croist, qui en istera. Et n'y aura que un *Changeur*, qui sera tenu de rapporter chaque semaine par écrit, toutes les parties de monoies reçeües & payées, & pour quel prix.

(12) Item. Que les *Tresoriers* feront, & ordeneront les besongnes, qui touchent leurs Offices du tresor, ensemble au tresor. Et se il advient que l'un des Tresoriers fut absent, quand il rassembleront, l'un sera tenu de dire à l'autre, ce qu'il aura fait des besongnes, touchant le Roy, & leur Office.

(13) Item. Que aucuns poiemens ne se fassent au tresor, sans Mandement du Roy, & par Lettres ouvertes, excepté seulement l'ordinaire.

(14) Item. Que les comptes & escrits du tresor soient dores-en-avant faits selon l'Ordonance des gens des Comptes.

(15) Item. Sur la Chambre des Comptes, afin que les Gens des Comptes puissent mieux besongner, en ce qui touche le propre fait de la Chambre, ils ne seront chargez de nulles *Commissions foraines*, fors tant seulement celles qui touchent la Chambre, & le fait des Comptes.

(16) Item. Que les *gens des Comptes* ne soient chargez de juger, ou veoir aucunes *enquestes*, ainçois soient vües & jugées par les gens du Parlement, & des Enquestes, qu'il appelleront avec eux aucuns des Gens des Comptes, & au cas tant seulement, où la besoingne touchera la Chambre des Comptes.

(17) Item. Que nul mandement de poier argent ne soit fait aux gens des Comptes, ainçois soit fait aux *Tresoriers* par Lettres ouvertes, comme dit est.

(18) Item. Que il ne soient tenus à oir, ou recevoir aucunes Enquestes, qu'il ne touchent le propre fait des Comptes.

(19) Item. Que toutes *amendes*, & *compositions* soient levées, ne exploitées

par les *Receveurs* des lieux sous qui elles sont dües, sans faire autre Commissaires.

CHARLES IV. dit le Bel, à Angers, au mois de Novembre 1323.

(20) Item. Que tous Seneschaux, Baillis, Receveurs viennent compter ordonnéement, aux trois termes accoutumez, sous peine de perdre soixante livres tournois, chascun Bailly à chascun terme, & chascun Receveur de Seneschaucie la moitié de ses gages.

(21) Item. Que toutes fois que aucuns *Commissaires* seront faits, qui partiront de la Cour de France, ils viendront en leurs personnes, en la Chambre des Comptes, pour prendre leurs *Commissions*, & jurer. Et lors leur seront taxez leurs gages, comme il devroient avoir, & instruction baillée, & sera enregistré quand ils devront partir, & quels gages leur seront taxez.

(22) Item. Que toutes fois, que aucun *Official* du Roy sera créé de nouvel, qu'il vienne en la Chambre des Comptes pour faire *le serment*, & pour prendre sa Lettre, & son instruction, & son Ordonance.

(23) Item. Que le compte *des hostiex* soit rendu tous les ans deux fois, en la maniere accoutumée.

(24) Item. Que toutes *assignations* soient à present suspendües. Et soit mandé estroitement à tous Seneschaux, Baillis, & Receveurs, qu'ils ne fassent *aucuns paiemens* d'icelles, si ce n'estoit par especial *mandement du Roy* donné aprés cette Ordonance. Et signifient chascun en droit soy aux gens des Comptes, toutes les dites *assignations*, & ce qui en est paié, & ce qui en est dû, & ce feront à sçavoir les gens des Comptes pardevers le Roy, pour ordonner les quelles *assignations*, il li plaira qui tiengnent, & les quelles non.

(25) Item. Ordonné est que *tous Prelats* qui seront mandez du Roy en son Royaume, ne prendront *pour aller au Roy*, ne pour leur retour, aucuns dépens. Et se il sont envoyez en aucuns voyages, ou commissions, ils auront pour leurs dêpens, c'est assavoir, *quatre livres tournois* par chacun jour.

(26) Item. Et des *Barons*, *Chevaliers*, *Bannerets* que le Roy envoyera en certains lieus, ce sera fait ce que nous avons ordonné & commandé aux gens de nos Comptes. Il sera escrit au Roy, que il en fasse & mande sa volonté, consideré l'estat des personnes.

(27) Item. Tous Baillis du Royaume de France, *excepté le Bailly d'Auvergne*, feront les *receptes* de leurs Baillies, & en compteront aux termes accoutumez sur la peine dessus dite. Et n'y aura aussi Receveur, excepté le Receveur de Paris, qui aura *cent livres tournois chascun an* pour raison de ses gages, & *chascun Bailly*, & Prevost de Paris auront *cinq cens livres* tournois de gage par an. Et est faite cette crüe aus Baillis, pour causes de receptes à eux baillies, & au Prevost de Paris pour la multitude de besongnes qu'il a à faire.

(28) Item. De toutes parties accoustumées estre rendües en la Languedoc, en Champagne, & ailleurs, aus Marchans sur qui les marchiez, & les fermes du Roy sont enchieries, ne sera desormais rien payé aux Marchans, & sera le profit d'oresnavant appliqué au profit du Roy.

(29) Item. De ceux qui ont pris profit aucun, pour faire paier les dettes du Roy, soit tenu, ce qui en fust ordené du temps de *Philippes le Long.*

(30) Item. Que nuls Receveurs du Roy ne soient Ultramontains, ne de Lombardie.

CHARLES IV, dit le Bel, à Toulouse, au mois de Fevrier 1323.

(a) Ordonance par laquelle le Roy en confirme une autre de *Philippe le Bel*, du mois de May 1304. faite en faveur des Barons, des nobles, & des habitans du Baillage d'Auvergne.

KAROLUS Dei gratiâ Franciæ & Navarræ Rex, Notum facimus Universis tam præsentibus, quàm futuris, Nos infra scriptas vidisse litteras, formam quæ sequitur continentes.

Ludovicus *Dei gratiâ Franciæ & Navarræ Rex. Notum facimus tam præsentibus, quàm futuris, Nos inclitæ recordationis charissimi* Domini & genitoris *nostri litteras, ejus sigillo serico & cera viridi sigillatas vidisse, tenorem qui sequitur continentes.*

Philippes par la grace de Dieu Roys de France, Sçavoir faisons, &c. * Voyez cy-dessus, sous l'an 1304. au feüillet 410. 411. où cette piece est imprimée.

Nos *autem concessiones & gratias supradictas, a dicto charissimo Domino &* genitore *nostro concessas Baronibus, nobilibus & aliis habitantibus dictæ Balliviæ Arverniæ, prout in superioribus sunt expressæ, ad eorum requisitionem, quibus in ipsorum requestis, prout rationabiliter condecet, nos favorabiles intendimus exhibere, de speciali gratia, & ex certa scientia*, volumus, laudamus, & tenore presentium *confirmamus. Quod ut firmum, & stabile permaneat in futurum, presentibus literis nostrum fecimus apponi sigillum.* Datum Parisius, anno Domini millesimo trecentesimo decimo quinto mense Septembri.

Nos *verò omnia & singula, in prædictis litteris contenta, rata habentes & grata*, ea volumus, laudamus, & approbamus, *& auctoritate nostra regiâ, tenore presentium* confirmamus, *nostro in aliis, & alieno in omnibus jure salvo. Quod ut firmum & stabile permaneat in futurum, nostrum presentibus litteris fecimus apponi sigillum.* Actum anno Domini millesimo trecentesimo vigesimo tertio mense Februario.

NOTES.

(a) Cette Ordonance est au Tresor des Chartes, Registre de Charles le Bel, cotté 72. pour les années 1323. 24. & 25. piece 42.

CHARLES IV, dit le Bel, à Toulouse, au mois de Fevrier 1323.

(a) Ordonance par laquelle le Roy en confirme une autre de *Loüis Hutin*, faite au mois d'Octobre 1315. touchant les émolumens du Scel d'Auvergne.

KAROLUS Dei gratiâ Francie & Navarre Rex. Notum facimus universis, tàm presentibus, quam futuris, Nos infra scriptas vidisse litteras in hec verba.

Loys par la grace de Dieu Roy de France & de Navarre, sçavoir faisons à tous presens & à venir, Que comme les nobles, & li autres habitans de la Baillie d'Auvergne & du ressort d'icelle, se fussent complains à nous, que nostre Baillif d'Auvergne, qui pour le temps estoit, prenoit pour raison *de son Seel*, & de escripture des Actes, Commissions, & autres Lettres, où il convenoit que audit Scel feust mis plus grand émolument, que anciennement n'avoit esté acostumé,

NOTES.

(a) Cette Ordonance est au Tresor des Chartes, Registre cotté 72. piece 45. pour les années 1323. 1324. 1325.

CHARLES IV. dit le Bel, à Toulouse, au mois de Fevrier 1323.

lequel émolument tornoit orendroit pardevers nous, combien que li diz Baillifs l'eussent acostumé à torner pardevers eus, & à leur proffit. Et combien que nous eussions fait faire *propre Scel* de quel il usent orendroit, sus ce nostre dit Baillif, & nos autres gens proposoient au contraire, que il ne prenoient pour raison *dudit Scel*, ne de *escripture* plus grand émolument que acostumé ne feust, & gardé paisiblement d'ancienneté. A la parfin, pour oster toute doute, & toute maniere de question, & pour ce que touzjours *volons* estre enclins à garder le droit de nos subgez, & à eus faire graces, là où mestier est, entre nos genz pour nous d'une part, & les diz nobles & autres habitans de ladite Baillie, & du ressort d'icelle d'autre, a esté acordé, de nostre assentement, que de *nostre dit Scel, duquel li Baillif* qui ores est, & cils qui pour le temps à venir seront, useront, & porteront, pour l'escripture de la lettre, où il sera mis, l'en ne penrra, ne pourra l'en penrre des-ores-en-avant, que *six deniers tournois* tant seulement. Et en paiant ces *six deniers*, sera chacun quittes de *Scel & d'escripture*, ne plus ne li en pourra l'en demander, pour cause de chacune lettre que il aura scellée de ce *Scel*. Et que ce soit chose ferme & estable à touzjours més, Nous avons fait mettre nostre Scel en ces presentes lettres. *Donné au Pont Sainte Maxence, l'an de grace mil trois cens & quinze au mois de Octobre.*

Nos autem omnia, & singula in dictis litteris contenta rata habentes & grata, ea volumus, laudamus, & approbamus & auctoritate nostra regia, tenore presencium confirmamus, nostro in aliis & alieno in omnibus jure salvo. Sub hoc tamen moderamine, quod si littere commissionis, vel quecumque alie per dictum Baillivum nostrum Alverniæ qui nunc est, & qui pro tempore fuerit, concedende & sigillande, lineas continentes longitudinem unius palmi, in quo palmo sexaginta & decem littere sint incluse, excedentes, tunc pro quibuslibet tribus lineis dicte longitudinis, dictum numerum literarum continentibus, dictas sex *lineas excedentibus*, unus denarius ratione scripture, *ultra* sex denarios *supra pro scripturâ, & sigillo taxatos possit recipi solum modo & non ultra quoquomodo, dicto privilegio in omnibus aliis, & in hoc cum isto moderamine, in suo robore perpetuo duraturis. Quod ut firmum, &c.* Datum Tholosæ anno Domini millesimo trecentesimo vigesimo tertio, mense Februario.

CHARLES IV. dit le Bel, à Toulouse, au mois de Fevrier 1323.

(a) Ordonance par laquelle le Roy en confirme encore une autre de *Philippe le Long* du mois de Juin 1319. touchant les privileges des habitans d'Auvergne.

KAROLUS *Dei gratiâ Francorum & Navarre Rex.* Notum facimus *universis tàm presentibus, quàm futuris Nos infra scriptas vidisse litteras formam que sequitur continentes.*

Philippus *Dei graciâ Francorum & Navarre Rex.* Notum facimus *universis presentibus & futuris, Quod cum Barones, nobiles & ceteri habitantes in Balliviâ Arvernie & ejus ressorto, nobis supplicaverint humiliter & devote, ut nonnullas gratias, sibi faceremus, & indebitas novitates, quas sibi illatas & factas fuisse asserebant, per officiales nostros ejusdem Ballivie, & ressorti ipsius, contra consuetudines eorumdem, ac contra seriem, & tenorem privilegiorum sibi à nostris predecessoribus concessorum, revocari, & ad statum debitum reduci facere dignaremur. Et ipsas consuetudines & privilegia observari.*

NOTES.

(a) Cette Ordonance est au Tresor des Chartes, Registre de Charles le Bel, cotté 72. pour les années 1323. 1324. 1325. piece 41.

Nos

Nos *attendentes eorum grata servitia, &c.* Voyez cy-dessus au mois de Juin, sous l'an 1319. pages 688. 689.

Nos autem omnia & singula, in dictis litteris contenta, rata habentes & grata, ea volumus, laudamus, approbamus auctoritate nostra Regia, ex certa sciencia, *tenore presentium* confirmamus, *nostro in aliis, & alieno in omnibus jure salvo. Sub hoc tamen moderamine, quod si littere commissionis, acti, vel quecumque alie predictum Baillivum nostrum Alverniæ, qui nunc est, & qui pro tempore fuerit concedende & sigillande,* sex lineas continentes, & longitudinem unius palmi, *in quo palmo sexaginta & decem littere ad minus sint incluse, excedentes, tunc pro quibuslibet tribus lineis dicte longitudinis dictum numerum litterarum continentibus, dictas sex lineas exedentibus, unus denarius ratione scripture, ultra sex denarios, supra pro scriptura & sigillo taxatos, possit recipi solummodo, & non ultra quoquomodo, dicto privilegio, in omnibus aliis & in hoc, cum isto moderamine, in suo robore perpetuo duraturis. Quod ut firmum permaneat, &c.* Datum Tholosæ, anno Domini millesimo trecentesimo vigesimo tertio mense Februarii.

CHARLES IV. dit le Bel, à Toulouse, mois de Fevrier 1323.

CHARLES IV. dit le Bel, au Vaumain, le 21. May 1324.

(a) Confirmation de la revocation du Droit de Bourgeoisie, qui avoit esté accordé aux Italiens.

KAROLUS *Dei gratiâ Francorum & Navarre Rex Universis presentes literas inspecturis,* Salutem. *Notum facimus nos vidisse litteras charissimi Domini & germani nostri* Philippi *quondam dictorum regnorum Regis, formam quæ sequitur continentes.*

Philippus *Dei gratiâ Francorum Rex Universis presentes litteras inspecturis,* Salutem. *Cum per charissimos Dominos genitorem, & germanos nostros, &c.* Voyez au regne de Philippes le Long, sous l'an 1320. page 749.

Quæ omnia & singula, prout sunt expressa rata habentes & grata, ea volumus, laudamus, approbamus, ratificamus, & auctoritate nostra regiâ, tenore presentium confirmamus. Dantes in mandatis dilectis, & fidelibus gentibus nostris, presens Parlamentum nostrum tenentibus, & qui futuris Parlamentis prefuerint, ac omnibus aliis justitiariis Regni nostri, ut omnia & singula supradicta servent & teneant, servari & teneri faciant, ac etiam inviolabiliter observari, nonobstantibus quibuscumque litteris subreptitiis impetratis in contrarium, ac etiam impetrandis. In cujus rei testimonium præsentibus litteris nostrum fecimus apponi sigillum. Datum apud *Vaumain,* die vigesima prima Maii, anno Domini millesimo trecentesimo vigesimo quarto.

NOTES.

(a) Cette Confirmation est en la Chambre des Comptes de Paris, au Registre E feüillet 147. *verso.*

CHARLES IV. dit le Bel, au Vaumain en Vexin, au mois de May 1324.

(a) Letres en faveur du Prevost des Marchands & des Eschevins de la Ville de Paris.

CAROLUS *Dei gratiâ Francorum & Navarræ Rex. Notum facimus Universis præsentibus & futuris, quod cum Reges Franciæ prædecessores nostri, plures libertates ac plura privilegia concesserint* Præposito, & Scabinis mercaturum *villæ*

NOTES.

(a) Ces Letres sont tirées des Registres de l'Hostel de Ville de Paris.

CHARLES IV. dit le Bel, au Vaumain en Vexin, au mois de May 1324.

Parisiensis, ratione mercaturarum, & propter utilitatem publicam totius populi, quorum prosecutio & deffensio pertinent ad prædictos Præpositum & scabinos, ad expensas mercaturarum, contra illos qui aliqualiter prædictas libertates, & prædicta privilegia impugnare nituntur, seu contra venire, ex quibus etiam ad nos, & successores nostros Reges Franciæ, certa portio emendarum, delinquentium contra dicta privilegia, pertinet, juxta tenorem dictorum privilegiorum. Et cum nihilominus dampnosum esset prædictis Præposito, & Scabinis & etiam mercandisiis, si oporteret dictos Præpositum & Scabinis litigare coram Seneschallis, & Baillivis, Præpositis, ac etiam coram judicibus regni nostri. Ideò volumus, statuimus *& concedimus in perpetuum prædictis Præposito, & Scabinis, quod in causis quæ tangunt dicta privilegia & statum Præposituræ mercaturarum,* ipsi non cogantur litigare, agendo, *vel* deffendendo, *coram aliquo judice, præterquam* coram gentibus nostris nostrum tenentibus Parlamentum, *seu* coram gentibus nostris pro nobis Parisius præsidentibus, *si Parlamentum Parisius tunc non esset, Quod ut ratum & firmum perpetuo perseveret, nostrum præsentibus litteris fecimus apponi sigillum.* Actum apud *Vaumain*, in Vulcassino, anno Domini millesimo trecentesimo vigesimo quarto, mense Maii.

CHARLES IV. dit le Bel, à S.t Germain en Laye, au mois de Juillet 1324.

(a) Lettres par lesquelles le Roy confirme celles de *Loüis Hutin* du mois de Mars 1315. faites à la requisition du Duc de Bretagne.

KAROLUS Dei gratiâ Francie & Navarre Rex. Notum facimus universis tam presentibus, quam futuris nos literas infra scriptas, sigillo carissimi Domini, & germani nostri Ludovici *quondam dictorum regnorum Regis, ut in prima facie apparebat sigillatas vidisse, formam quæ sequitur continentes.*

Ludovicus *Dei gratiâ Francorum & Navarre Rex universis presentes litteras inspecturis,* Salutem. *Novit ille, qui scrutator est cordium, & cognitor secretorum, quod postquam ad apicem regie dignitatis divina providentia nos provexit, nostræ semper extitit, & adhuc est voluntatis intentio, & ad hoc nostra desideria diriguntur, ut subjectum nobis populum, in quiete pacis, & vigore justitiæ confirmemus. Cum itaque multi regnicolarum nostrorum, de illatis sibi, per gentes, Ballivos, aliosque officiales, & ministros nostros, gravaminibus, oppressionibus, ac indebitis novitatibus conquerantur, nostræ intentionis est, super hoc de tam salubri & celeri remedio providere, quod ab inferendis de cætero cesseiur omninò, & jam illata debitum, & pristinum reducantur in statum, reperti que culpabiles de præmissis remanere non debeant impuniti. Sane super nonnullis articulis per dilectum & fidelem nostrum* J. Ducem Britanniæ *nobis exhibitis, super quibus idem Dux conquerebatur eidem in modum qui sequitur. Deliberatione cum nostro consilio diligenti super hoc prehabita.* Respondemus.

1.° *Super eo, &c.* Cette Ordonance est imprimée cy-dessus sous l'an 1315. au mois de Mars, pages 620. 621. &c.

Nos autem contenta in prædictis litteris rata habentes & grata, ea volumus, laudamus, approbamus, & presentium tenore ex certa scientia nostra regia confirmamus. Quod ut perpetuæ stabilitatis robur obtineat, nostrum præsentibus litteris fecimus apponi sigillum. Actum apud sanctum Germanum in Laia, anno Domini millesimo trecentesimo vigesimo quarto, mense Julii.

NOTES.

(a) Ces Letres sont au Tresor des Chartes, Registre 72. pour les années 1323. 1424. 1325. piece 146.

CHARLES IV. dit le Bel, à S.t Germain en Laye, au mois de Juillet 1324.

(a) Letres par lesquelles le Roy en confirme d'autres de *Philippes le Bel* & de *Philippes le Long*, en faveur du Duc de Bretagne.

KAROLUS *Dei gratiâ Francie & Navarre Rex, Notum facimus universis, tàm presentibus quàm futuris, nos quasdam literas, sigillo carissimi Domini* & genitoris nostri, *& quasdam alias carissimi Domini &* germani nostri Philippi, *quondam dictorum regnorum Regum, ut prima facere apparebat, sigillatas vidisse in hæc verba.*

Philippe par la grace de Dieu Roys de France, à tous ceux qui ces presentes Lettres verront, & oiront, *Salut.* Sçachent touz, que nous à nostre amé & feal Jean Comte de Bretagne, & à ses hoirs Comtes de Bretagne, en nostre feaulté, &c.

Item. *Philippus Dei gratiâ Francie & Navarre Rex. Notum facimus universis tam presentibus quam futuris, quod nos dilecto & fideli nostro Joanni Duci Britannie, ejusdemque heredibus Ducibus Britannie, in fidelitate & devotione nostris in posterum permansuris.*

Ces Lettres sont imprimées cy-dessus, sous l'an 1316. pages 329. 637.

Nos autem prædicta omnia in dictis litteris contenta rata habentes & grata, ea volumus, laudamus, approbamus *& presentium tenore auctoritate nostra regia, & ex certa scientia* confirmamus, *salvo in omnibus jure nostro, & quolibet alieno. Quod ut perpetue robur obtineat firmitatis, presentes litteras sigilli nostri fecimus impressione muniri.* Actum apud sanctum Germanum in Laia, anno Domini millesimo trecentesimo vigesimo quarto, mense Julio.

NOTES.

(a) Ces Letres sont au Tresor des Chartes, Registre cotté 72. piece 147.

CHARLES IV. dit le Bel, le 13. Decembre 1324.

(a) *Lettres touchant une imposition sur les Marchandises transportées hors du Royaume.*

NOTES.

On n'a pû avoir ces Lettres, mais voicy les avis qui furent donnez en consequence, tirez du Registre *Noster* de la Chambre des Comptes de Paris, feüillet 40.

C'EST l'avis des choses sur quoy imposition se pourroit faire, & de combien, & comment, qui seront transportez hors du Royaume, *Literæ regie facte sunt super hoc, & date decimo tertio Decembris millesimo trecentesimo vigesimo quarto, & misse in plures partes regni, pro dicta impositione levandâ, eodem mense tunc.*

Premierement. De chascun tonneau de vin, qui sera trayé hors du Royaume, cil qui l'en traira hors, payera huit sols. Et est à entendre deux queux pour un tonneau, & ez lieux où l'en ne met pas le vin en tonneau, il sera avalué selon le tonneau.

Et est assavoir que és lieux où l'en met parisis, l'en levera à parisis, & où l'en met tournois, l'en levera à tournois.

Item. Froument, poés & feves, pour chascun sextier, douze deniers. Et est à entendre que tout ce est au sextier de Paris, & à ce sextier tout sera avalué.

Item. Avoine & tout autre grain, chascun sextier six deniers.

Item. Tout avoir de pois, pour chascun vingt sols quatre deniers, & en seront creuz les Marchands, ou les conduiseurs de dire par leur serment ce qui sera ez balles sans defardeler. Et s'acquiteront ou lieu, d'où il se partiront, & de tel acquit porteront lettres aux gardes qui sont establiz sur les fins du Royaume. Et est assavoir que l'en ne payera rien des marchandises qui se face au desouz de vingt sols.

Et à ce mesme prix poiera l'en des chevaux.

Item. Pour chascun millier de harenc, huit deniers. Et l'en ne levera rien au dessous du millier.

CHARLES IV. dit le Bel, le 13. Decembre 1324.

Guyede, pour chascun vingt sols quatre deniers.

Cuirs, pour chascun vingt sols quatre deniers, & au dessous de vingt sols, neant.

Sel, pour chascun sextier, à la mesure de Paris quatre deniers, & au desous du sextier, nient.

Chascun bœuf, douze deniers.

Chascune vache, huit deniers.

Chascun pourceau, quatre deniers.

Chascun mouton, deux deniers.

Pelleterie, pour chascune vingt sols quatre deniers, & au desous de vingt sols, nient.

* Au feüillet 41. il y a ce qui suit.

C'EST l'advis surquoy imposition se pouroit faire, & de combien, & comment, au Royaume. *Missi fuerunt resformatores, seu inquisitores in diversas partes regni quibus fuit commissum procurare istam impositionem subtiliori modo quam possent, loquendo cum tribus vel quatuor probioribus hominibus quibuslibet bonne ville, super modo procurande ejusdem, mense Decembri millesimo trecentesimo vigesimo quarto.*

Premierement. De chascun tonneau de vin qui sera vendu ou Royaume, le vendeur poiera deux sols. Et est à entendre deux queux pour un tonneau, & ez lieux où l'on ne met pas le vin en tonneau, il sera avalué selon le tonneau, & ez lieux où l'en met parisis, l'en levera à parisis, & où l'en met tournois, l'en levera à tournois.

Item. Chascun sextier de froument, de pocs & de feves, deux deniers. Et est à entendre que tout ce est au sextier de Paris, & & à ce sextier sera tout avalué.

Item. Avoine & tout autre grain, chascun sextier un denier.

Item. Tout avoir de poiz, pour chascun vingt sols deux deniers, & en seront creus les Marchanz, ou les conduiseurs par leur serment ce qui sera ez balles, sans desardeler, & s'acquitteront ez lieux d'où il partiront. Et est assavoir que l'en ne poiera rien de marchandises qui se face au dessous de vingt sols. Et à ce mesme prix poiera l'en des chevaux qui demorront au Royaume, & que l'en merra hors.

Item. Pour chascun millier de harencs, quatre deniers, & n'en levera non rien au desous du millier.

Draps, pour chascun vingt sols, un denier, & au desous, nient.

Cuirs, pour chascun vingt sols, deux deniers, & au desous, nient.

Sel, pour le sextier deux deniers, & au dessous, nient.

Un buef, six deniers.

Une vache, quatre deniers.

Un pourceau, deux deniers.

Un mouton, un denier.

Pelleterie, pour chascun vingt sols deux deniers, & au dessous, nient.

La navée de foin, de buche & de charbon, cinq sols, & la couple de foin, deux sols.

Guyede, pour chascun vingt sols deux deniers, & au dessous, nient.

CHARLES IV. dit le Bel, à Paris, en Janvier 1324.

(a) Ordonance portant que les dêpens des Procés seront paiez, par la partie qui succombera.

CAROLUS Dei gratiâ Francie & Navarre Rex, universis præsentibus & futuris ad perpetuam rei memoriam. Inter curas assiduas & immensas sollicitudines, quæ ministerio Regiæ majestatis incumbunt, de statu salubri regnicolarum nostrorum, cogitare nos convenit, ut improborum temerè litigandi audaciâ refrenatâ, tempestatesque seditionum sedatâ, vigeat inter omnes tranquillæ beatitudo quietis, & bonæ voluntatis homines in justitiæ & pacis osculo delectentur. Sane cùm hactenus ab olim in multis regni Franciæ partibus consuetum fuit, expensas inter litigantes, coram secularibus judicibus non refundi, ex quo multi suæ salutis prodigi, pacis æmuli, exultantes in rebus pessimis, imò dum seipsos præcipitabant gaudentes si se cum in præcipitium detrahebant

NOTES.

(a) Cette Ordonance est tirée de Fontanon, tome premier, page 641. Et elle a esté collationnée sur l'original qui est au Registre A du Parlement, feüillet 3. *verso*, & au Registre du tresor des Chartes cotté 72. piece 82.

Sa disposition a esté prise du nouveau Droit Romain. *Vide Legem.* Eum quem 79. Dig. *De judiciis. Legem* Properandum §. Sive autem 6. *Cod. eodem. Legem 4. Cod. De fructibus & litium expensis, & Novellam.* 112. cap. 2. *Cujacium lib. 7. observationum cap. 5. & caput 29. formularum secundum Legem Romanam.*

On condamnoit auparavant, presque dans tout nos pays coutumiers, suivant l'ancien Droit Romain & l'ancien Droit François, celuy qui avoit intenté un mauvais procés, & qui l'avoit perdu, à payer à son adversaire *Decialios*

alios frequenter provocabant temerè, & interdum juste vocati ad judicium se improbe defendebant : ac sepissime contingebat pauperes, innocentes & rectos imminentium, quas nunquam recuperarent, expensarum formidine, vel juri suo cedere, vel illud persequi non audere. Nos præmissis inconvenientibus obviare, nostrorum que providere subditorum indemnitatibus cupientes, hac irrefragabili perpetuò valiturâ constitutione sancimus, ut in omnibus & singulis nostris, ac Prælatorum, Baronum, nobilium, & aliorum subditorum nostrorum sæcularibus curiis, VICTUS VICTORI in expensis causarum de cætero condamnetur ad integram earum refusionem, taxatione judicis, & juramento victoris præcedente, debite compellendus, *præmissa nonobstante consuetudine, quam corruptelam potius reputantes, ad instantiam & de consilio dictorum Baronum & aliorum nobilium, auctoritate Regia, ex certa scientia, tenore præsentium abolemus. Decernimus etiam ut quidquid amodo contrà, dictum, factum attentatumve fuerit, penitus non valeat.* Quod ut firmum & stabile perpetuò perseveret, presentes litteras sigilli nostri fecimus appensione muniri. *Actum Parisius, anno Domini millesimo trecentesimo vigesimo quarto, mense Januarii.*

CHARLES IV. dit le Bel, à Paris, en Janvier 1324.

NOTES.

mam litis. Voyez le §. 1. aux Institutes, *De Pœnâ temere litigantium.* Le chapitre 20. du premier livre des formules de Marculphe, avec les notes de *M. Bignon,* Jean *Faber, ad* §. 1. *Instit. De pœna temere litigantium.* L'Ordonnance de S.t Loüis de l'an 1254. chap. 29. avec la note, page 74. cy-dessus. Le chap. 92. du premier livre des Establissemens page 183. cy-dessus. Villa diego *ad Forum Gothorum, seu Fuero Juzgo lib. 2. Leg. 14. tit. 98. & lib. 2. tit. 1. Leg 44.* Vrevin *des despens* chap. 1. Des Fontaines dans son conseil chap. 22. article 3. & 8. Loisel dans ses *Institutes coutumieres,* liv. 6. titre 3. *Des jugemens,* Regle 3. Le dialogue des Avocats, pages 477. 478. *& Goffredum a Saligniaco ad Leg. 79.* §. Etiam *Digestis de Legatis 2.*

CHARLES IV. dit le Bel, à Paris, en Janvier 1324.

(a) Lettres portant qu'il sera levé une imposition sur toutes les marchandises qui entreront dans Paris, à la dêcharge des Bourgeois, qui s'estoient obligez d'entretenir deux cens hommes d'armes, pour la guerre de Gascogne.

CHARLES par la grace de Dieu Roy de France & de Navarre, faisons savoir à touz, que comme noz genz aient parlé à noz amez & feauls les *genz de Paris,* & les aient requis de par nous, que il nous vousissent aidier à nostre presente *guerre de Gascoigne.* Euls qui touzjours nous ont esté feauls, nous ont offert mouit gratieusement à nous aidier *de deux cens hommes d'armes,* pour l'espace de six mois, se nous y alons en nostre propre personne, ou de quatre mois se nous ni alons. Et nous tenons pour moult content de la gracieuse response, & de la bonne volenté que nous veons que il ont à nous, Et pour ce que nous ne voulons mie que il soient grevé, *Nous voulons & leur octroions* de grace especial, que en leur descharge il facent une imposition, jusques à la somme que pourroit monter les despens & frez des diz deux cens hommes d'armes, pour six ou quatre mois dessus diz tant seulement, sus touz les marchans vendans & achatans denrées & marchandises *en la Ville de Paris,* & es forbours, & es terres franches soient frans ou non frans, Ytaliens, & touz autres dehors du Royaume & dedans, vendans denrées en ladite Ville. Et est à entendre que touz Bourgois & habitans de ladite Ville, tout ne soient-il Marchans, paieront de toutes les choses que il vendront, soit des fruiz de leurs heritages & d'autres choses, c'est assavoir un denier pour livre. Et doit commancier a estre levée ladite imposition, le premier jour de

NOTES.

(a) Ces Lettres sont au Tresor des Chartes, Registre cotté 72. pour les années 1323, 24, & 25. piece 300.

CHARLES IV. dit le Bel, à Paris, en Janvier 1324.

Fevrier, & il nous doivent commencier à faire ladite aide le premier jour de May & paier à nostre Tresor à Paris pour un mois à venir, & ainssi de mois en mois. Et est accordé que des ce que trieves, ou pais sera, ladite aide doit cesser, & ladite imposition aussi, se tant en a esté levé comme les despens & frais de la dite aide auroient monté. Et se il avenoit que il ne fust point de guerre, de tout, ce qui aura esté levé de ladite imposition avant le terme que il doivent commencier à faire ladite aide, les deux parties tourneront par devers nous & le tiers demourra pour convertir ou proffit de ladite Ville de Paris, Et se il avenoit que il feust guerre, & fut trouvé que l'en eust plus levé de la dite imposition, que ne monteroient les despens & fraiz de ladite aide, le plus levé seroit departi par la maniere que dessus est dit, Et est assavoir que parmi ceste aide les dites gens de Paris ne seront tenus à nous faire autre aide, soit par *ban*, ou par *arriereban*, ne d'aller autrement en *ost*, ne en *chevauchée*, de ceste presente année. Et se il avenoit que des-ores-en-avant nous franchissions aucun de ladite imposition, nous voullons que il leur tiengne lieu, en la descharge de ladite aide, & que les bonnes genz de la Ville, & des mestiers recevront ladite imposition, & en compteront au Prevost des Marchands, & aux Eschevins, appellez avec eulx des bonnes gens de la Ville, avec un ou deux de nos genz, que nous y mettrons. Et parmi cest accord, & ayde dessusdiz, Nous voullons que aucun droit nouvel nous soit seur euls acquis, ne ne face prejudice à euls, ne à leurs privileges ne à nous aussi.

Et donnons en commandement à nostre Prevost de Paris, que toutes foiz que il le requerreront, il leur baille Sergenz, un ou plusieurs, & les conforte & aide, entant comme il pourra deüement, à lever l'imposition dessus dite. En tesmoing de laquelle chose nous avons fait mettre nostre Seel à ces presentes Lettres. *Donné à Paris l'an de grace mil trois cens vingt-quatre, ou mois de Janvier.*

CHARLES IV. dit le Bel, en 1324.

(a) Ordonance touchant les amortissemens, les francs-fiefs & les nouveaux acquests, &c.

NOTES.

On n'a point cette Ordonance, qui estoit peut-estre celle de *Philippes le Long* de l'an 1320. au mois de Mars, mais comme on en est incertain, on luy donne la date de l'instruction suivante, datée de l'an 1324. au Registre *Nester* de la Chambre des Comptes de Paris, feüillets 42. 43.

Instructio facta anno millesimo trecentesimo XXIIII. super financiis ab Eclesiis & personis innobilibus in Francia levandis, pro subsidio habendo pro guerra Vasconiæ tunc.

Instruction de lever les finances des acquests faitz par les Eglises, & personnes non nobles *en France*. Et est l'entente que les plus grands finances qui pourront estre prises, soient prises non pas mendre, que celle qui s'ensuient en nule maniere.

Premierement. Que pour les choses & possessions que les Eglises ont acquis en nos fiefs & censives par lettre de don, ou d'aumosne, sans l'assentement de nous, ou de nos devantiers, depuis soixante ans en ça, ne soient contraints à mettre icelles choses, ou possessions hors de leurs mains, se ils veullent donner par raison de finance, pour les choses ainsy acquises, autant une fois comme vaudroient les fruits d'icelles loyallement estimez de six ans, * (& de dix ans en Languedoc.)

(2) Item. Pour les choses acquises à nos fiefs & censives par tiltre d'achat, ou d'eschange, ou par quelqu'autre maniere sans tiltre de don ou d'aumosne, il payeront l'estimation des fruits de huit ans, * (& de douze ans en Languedoc.)

(3) Item. Pour les choses & possessions acquises en nos *arrieres-fiefs* & *arrieres-censives* par titre de don ou d'aumosne, ils payeront l'estimation des fruits de *trois ans* * (& de six ans en Languedoc.)

(4) Item. Pour les choses & possessions acquises ez lieux, où les devant dites Eglizes ont basses Justices tant seullement, il payeront pour finance l'estimation des fruits de deux ans, * (& de quatre années en Languedoc.)

(5) Item. Pour les choses & possessions acquises en alleus assis en nos terres, fiefs & arriere-fiefs par titre de don ou d'aumosne, il

CHARLES IV. dit le Bel, en 1324.

NOTES.

payeront pour finance l'estimation des fruits de six ans, * (& de dix ans en Languedoc.)

(6) Item. Des choses qui seront acquises ez lieux desusdits par autre titre que de don ou d'aumosne, ils payeront l'estimation des fruits de huit ans.

(7) Item. Pour les choses & possessions que personnes non nobles ont acquises depuis le temps desusdit en nos fiefs, ou arriere-fiefs, sans nostre assentement, ou de nos devantiers & ainsy soit que entre nous & la personne qui alienne icelle chose, ne soient trois entremoyens Seigneurs au plus, il paieront pour finance l'estimation des fruits de trois ans, * (& de six années en Languedoc.)

(8) Item. Chascun Baillif fera crier publiquement & solennellement en sa Baillie ce que les Eglises, ou personnes non nobles acquerreront dores-en-avant en nos fiefs ou arriere-fiefs, si comme dessus est dit, sans nostre assentement. Se il les tiennent par an & par jour sans finer en à nous, ou à nos genz à ce establis de par nous, l'an & le jour passé, il sera du tout acquis & confisqué à nous.

(9) Item. De tous les Notaires de vostre Baillie de quelque estat & condition qu'il soient, vous prendrés de chascun un marc d'argent au moins. Et se il y en a aucuns qui ayent servy par long-temps, vous en prendrez tout ce que vous en pourez bonnement avoir en nom de don selon leurs facultez, & selon ce qu'il pouroit avoir gaigné en l'Office.

(10) Des Sergens de cheval & de pied est entendu ce mesme. Et payera chascun Sergent de cheval quarante sols, & chascun Sergent de pied vingt sols.

* Ces instructions sont les mesmes que celles qui furent données sous le regne de *Philippes le Long*, imprimées cy-dessus, pages 747. 748.

Au mois de Janvier 1325. il y eut l'instruction qui suit.

Interpretatio precedentis ordinationis facta anno 1325. mense Januarii, pro acquisitis in Petragoricensi & Sanctonensi Seneschalliis.

Primò. *Super eo quod pro acquisitis per innobiles a nobilibus pro se in emphiteosin ad certum censum annuum, vel annuam pensionem aut alias ad meliorationem feodi & valoris augmentum financia exigitur. Volumus quod si alienata hujusmodi sunt sine jurisdictione, nec valor feodi minuatur ab ipsis innobilibus, pro talibus alienatis per nobiles, seu per innobiles a nobilibus quomodolibet acquisitis, financia non exigatur. Volentes quod personæ a quibus financiæ sunt exigendæ, pro acquisitis a quadraginta annis dumtaxat compellentur, possessiones & bona pro quibus ad financiam tenentur dumtaxat saisientes, ad bona alia mobilia, nec immobilia manum nostram ea occasione nolentes extendi.*

Item. *Nolumus personas innobiles pro his quæ ex successione parentum matris, vel ejus collateralium nobilium eis obvenerunt, aut aliter acquisiverunt ad financiam cogi.*

Item. *Volumus possibilitates & facultates eorum qui ad financias tam ecclesiasticarum, quàm innobilium personarum, & eorum oppressiones adverti eos, qui illico absque gravi dispendio solvere poterunt, ad solvendum faciant compelli, illis autem quos sine gravi dispendio & bonorum distractione & comprehendatione solvere non poterunt, terminos competentes, quibus de suis proventibus solvere valeant summas hujusmodi financiarum, de nostro gratiosæ voluntatis beneplacito, receptis idoneis cautionibus, assignari, eorumdem terminorum assignationesque sic diligenter in scriptura retinere, quod jus nostrum super his, per oblivionem, aut negligentiam, nequeat deperire. Et si quid contra premissa, vel aliquid premissum factum fuerit revocamus, & ad statum pristinum & debitum volumus reduci.*

De acquisitione vero in retrofeodis in quibus inter nos & nobiles alienantes sunt tres aut plures intermedii Domini, ex illis finantiam nullatenus exigi volumus. Et si quos de pluribus possessionibus finare contingat, unam vel plures litteras, pro ut requisierint, pro minoribus expensis quibus faciendum videbitur, eis fieri precipimus. Si autem contra declarationem nostram presentem aliquid a dictis personis arrestatum fuerit, vel levatum, ea sibi cum integritate, qua decet, restitui volumus celeriter & mandamus. Datum Parisius septimâ die Januarii, anno Domini millesimo trecentesimo vigesimo quinto.

CHARLES IV. dit le Bel, à Paris, le 13. Avril 1325. Cette année commença le 7. Avril, qui fut le jour de Pâques.

(a) Lettres par lesquelles le Roy ordonne que les sujets des Seigneurs de Normandie, habitans des Villes *bateices*, ne payeront pas de taille.

SOMMAIRES.

(1) Les habitans des Villes bateices *sujets des Barons seront quittes de toutes tailles & impositions, en payant l'impost sur les choses qu'ils vendront dans leurs Villes & ailleurs.*

(2) Ces sujets ne payeront qu'un denier de dix sols des marchandises qu'ils auront vendües en un jour, au dessous ils ne payeront rien. Et cette imposition sera levée par les gens des bonnes Villes.

(3) Les Commissaires nommez pour regler

& lever l'imposition marquée cy-dessus, appelleront les nobles ou leurs gens. Et ils ne feront lever aucune imposition sur les nobles & les gens d'Eglise des choses qu'ils vendent provenües de leurs terres, ou de leurs domaines, ou de leurs Rentes.

CHARLES IV. dit le Bel, à Paris, le 13. Avril 1325. Cette année commença le 7. Avril, qui fut le jour de Pâques.

CHARLES par la grace de Dieu Roys de France & de Navarre, à nos amez & feauls Commissaires deputez de par nous, és Baillies de Caën & de Costentin, & aux Baillis des Baillies, *Salut & dilection.* Nos feauls Barons & autres justitiers de nostre Duchié de Normandie, se sont dolus & complains, à nous mout griement, & dient que vous contraigniez leurs subgiez des Villes *(b) bateices,* à payer taille, outre l'imposition qui a esté assise & accordée és bonnes Villes, de quoy ils se tiengnent pour grevez. *Si vous faisons sçavoir* que nostre entente n'est mie que leurs dits subgiez payent *l'imposition, & taille,* mais voullons qu'ils soient quittes, en payant l'imposition des choses qu'ils vendront, en leurs Villes & ailleurs.

(2) Item. Ils se deüillent & dient, que vous contraigniez leurs subjets à payer de *cinq souldées* de denrées, que il vendront *un denier,* & du plus plus, & du moins moins. *Si vous faisons sçavoir* que nostre entente n'est mie que il doient payer *un denier de dix sols,* si tant püent vendre de denrées *en un jour,* & au dessous neant, & *de vingt sols deux deniers* en la maniere qu'il a esté ordoné par nous en nostre grand Conseil. Si vous faisons à sçavoir que nostre entente est que les dites impositions se doient lever par les bonnes gens des Villes, où elles sont assises, & ceux y devez establir les plus souffisans & convenables à ce, & non autres.

(3) Item. Se deuillent & dient que quand vous avez esté en leurs terres, pour faire & accomplir ce que nous vous avons commis, vous n'avez appellé euls, ni leur gens, pour vous aidier, ne conseiller à enduire leurs subgiez à vous obéir, & faire que vous leur aurez requis de par nous. *Si voullons & est nostre entente,* que vous les *appellez* avec vous és lieux où vous avez encore à aller pour la cause dessus dite. Et n'est mie nostre entente que *vous levez, ou fassiez lever imposition sur les nobles, & sur les Eglises, des choses que ils vendent, ou font vendre, creües en leurs terres, &* reçeües de leurs rentes.

Si vous mandons, & à chascun de vous, que és besoingnes dessus dites, vous procedez & allez avant, faites proceder & aller avant, par ceuls que vous y avez deputez, & deputerez de par nous, par cette maniere & non autrement. Et se aucune chose a esté levée par maniere de taille, és dites Villes *bateices*, rendez là à ceuls, de qui il aura esté levé. *Donné à Paris le treize jour d'Avril, l'an de grace mil trois cens vingt-cinq.*

NOTES.

(a) Ces Letres sont chez M. le Chancelier, entre les preuves manuscrites de l'histoire des trois enfans de Philippes le Bel.

(b) Bateices.] Selon Philippe de Beaumanoir dans ses Coutumes de Clermont en Beauvoisis, chapitre 4. page 32. ligne 38. & chap. 21. page 115. ligne 21. C'estoient des Villes qui n'avoient pas Droit de commune, & où il n'y avoit ni Maires ni Eschevins. Ces Villes estoient aussi nommées *Batelereschès, Bateillesches & Batheiches*, peut-estre parce qu'elles estoient comme des places d'armes, & fortifiées de Châteaux de bois appellez dans la basse Latinité *Baldreschæ. Batreschæ. Charta anni* 1179. Videlicet *ad fossidandum, & aspaldandum & faciendum* Baldrescas Guillelmus Brito lib. 4. Philippidos vers. 186.

> *Dein vallo munire student, fossis que profundis*
> *Omnem circuitum castrorum, nec minus alte*
> *Per loca* Brisegæ, Castella que lignea surgunt.

Batailliæ estoient aussi des fortifications, d'où ces Villes ont peut-estre esté nommées *Bateillesches* & *Bateiches.* Voyez l'ancienne Chronique de Flandres, page 49. ligne 14. Cangium in glossario ad scriptores mediæ & infimæ Latinitatis, in *Bretachia,* & M. Menge dans son Dictionaire Etymologique sur le mot *Bretesche.*

(a) Ordonance

(a) Ordonance touchant les Changes de Paris.

CHARLES IV. dit le Bel, *apud Lacum nigrum*, en Aoust 1325.

SOMMAIRES.

(1) Le Change de Paris sera sur le grand Pont du costé de la Greve, entre la grande arche & l'Eglise de S.t Leufroy.

(2) On n'exercera pas le Change ailleurs, sous peine de confiscation des choses eschangées.

(3) Ceux du Change qui par leur delation, donneront lieu aux confiscations, en auront la cinquiéme partie.

KAROLUS *Dei gratiâ Francie & Navarre Rex. Notum facimus Universis tàm presentibus quàm futuris, quod nos,* ad instar inclite recordationis carissimi Domini *(b)* genitoris nostri, *ad ea que pro bono communi, utilius expedire videntur, aciem considerationis nostre dirigere, & propter hoc, eorum que* facto Cambii Parisiensis *ingruunt, statum & usum in melius ordinare studentes,* duximus ordinandum.

(1) *Quod Cambium Parisius erit & tenebitur supra nostrum magnum Pontem solummodo, a parte Gravie, inter Ecclesiam* Sancti Leufredi *& majorem archam, sive defectum ipsius pontis, prout hactenus, ante corruptionem pontis ejusdem quondam lapidei, extitit consuetum.*

(2) Item. *Quod nulli omninò liceat alibi, quàm in loco illo cambiare, seu cambium tenere Parisius, aut infra banleucam. Et quod si contra hujusmodi ordinationem nostram secus fieri contingat, & in posterum reperiri, pecunia, seu res illa que alibi quam in loco per nos ad hoc ordinato cambiata fuerit, vel ad cambiandum fuerit ordinata, nobis cedet penitus in commissum.*

(3) Item. *Quod si per aliquem habentem sedem, seu locum in cambio predicto, commissum hujusmodi nobis* delatum *fuerit, volumus, & ne frustra se in hoc laborasse doleat, concedimus, quod cum pecunia, seu res illa per gentes nostras fuerit tanquam commissa judicata, nobis que applicata, quatuor partibus illius nobis pro jure nostro retentis, ipse habeat* quintam partem *residuam sibi, pro salario & labore suo, per gentes easdem de speciali gratia liberandam. Quod ut firmum permaneat in futurum, salvo in omnibus jure nostro & quolibet alieno, presentibus litteris nostrum fecimus apponi sigillum.* Actum apud Lacum nigrum, anno Domini millesimo trecentesimo vigesimo quinto, mense Augusti.

NOTES.

(a) Cette Ordonance est au Tresor des Chartes, Registre cotté 72. pour les années 1323. 1324. & 1325. piece 434.

(b) Genitoris nostri.] Voyez cy-dessus au mois de Fevrier 1304. page 426.

(a) Ordonance touchant les Changes de Roüen.

CHARLES IV. dit le Bel, à Poissy, au mois de Decembre 1325.

CHARLES par la grace de Dieu Roys de France & de Navarre, sçavoir faisons à tous presens & à venir, Comme nous soions souffisament enformez que par l'espace de deux cens ans, & environ, *toutes manieres de Changes,* & d'Orfevreries demourans en la Ville de Roüen, ont accoustumé à demourer, & tous leurs ouvreurs de Change, & d'Orfevrerie, en la ruë de la *Cornoiserie* à Roën, & non ailleurs en ladite Ville, fors que depuis un peu de temps, que Chau-

NOTES.

(a) Cette Ordonance est au Registre 64. du Tresor, pour les années 1325. 1326. piece premiere.

CHARLES IV. dit le Bel, à Poiſſy, au mois de Decembre 1325.

cetiers, Chandeliers, Merciers, Epiciers, & autres pluſeurs perſonnes de leur autorité, ont levé & eſtabli Changes en pluſeurs autres lieux divers & obſcurs, comme en la ruë de la *Viez Cour,* où l'on n'avoit vendu avant ce fors que chauces & avoir de pois, & en la ruë de la *Court l'Official* qui eſt aumoſne de Chapitre, & en autres lieux non convenables pour ce faire. Et ſoiens ſouffiſament enformez, que par ce moult de mals, & de damages à nous & à autres ont eſté faits, & ſe ſont enſuiz, comme de roegner florins, & autres monoies, & prendre & alloer mauvaiſes, & deffendües monoies, & autres que celle de noſtre coing. Les quels mals ne fuſſent pas enſuiz, ſi ces dits Changes & ouvreurs fuſſent toûjours demourez en ladite ruë de la *Cornoiſerie,* ſelonc ce qu'ancienement avoit eſté acouſtumé & uſé. Et ſoiens encore enfourmez que grans domages & grans inconveniens, tant à nous, comme au commun pueple pourroient eſtre engendrez, ſe ſeur ce n'eſtoit par nous pourvû haſtivement de remede convenable, *Nous* voullans ſeur ce pourveoir, au profit de nous, & du commun püeple, pour oſter toutes fraudes & autres mauvaiſtiez, qui pourroient entrevenir, pour cauſes de tels Changes faits és lieux couverts, & repos, & hors des grans ruës frequentées, & accouſtumées de temps ancien pour telle choſe, ainſi comme il a eſté en la Ville de Paris, *ſeur le Pont de Paris,* & enſement de temps ancien a eſté en ladite ruë de la *Cornoiſerie, Ordonnons & Voullons* de certaine ſcience, que touz les Changes qui ſont faits & levez en ladite Ville de Roën, hors ladite ruë de la *Cornoiſerie,* ſans avoir ſeur ce, eû grace de nous, ou de nos predeceſſeurs, ſoient ſans nul delay, oſtez, & abbatus, & que dores-en-avant, nul Change ne ſoit fait, ou levé en ladite Ville, ailleurs que en ladite rüe de *Cornoiſerie.* Et qui levera Change en ladite Ville ailleurs qu'en ladite ruë, où on exerce le meſtier de Change, Nous *voullons & ordonnons,* qu'il perde la monoie qu'il y changera, & ſoit appliquée comme forfaite à nous.

Item. Nous *Ordenons, & Volons,* que nul ne ſoit Changeur en ladite Ville, s'il n'eſt de bonne renommée, & ſoffiſant quant audit meſtier, & prouvé pour tel par devant le *Maire* & les *(b) Pairs* de ladite Ville de Roüen. Par quoy ſi aucun eſtoit repris, ou attaint d'aucune malefaçon ſur ce, l'en puiſſe trouver de ſes biens pour la malefaçon amender & corrigier, & autrement punir, ſi comme raiſon ſera.

Donnons en Mandement par la teneur de ces Lettres, à noſtre Bailly de Roën, qui eſt à preſent, & qui ſera por le temps, que ces *preſentes Ordenances* face publier chaſcun an, d'orenavant une fois en ladite Ville, & les face tenir & garder fermement, ſans corrompre. Et ſi aucun faiſoit le contraire, qu'il l'en puniſſe en la maniere deſſus dite, & ſi comme il verra qu'il ſera à faire de raiſon. Et pour que ce ſoit choſe ferme & eſtable à tousjours, nous avons fait mettre noſtre Scel en ces Lettres. *Donné à Poiſſy, l'an de grace mil trois cens vingt-cinq, au mois de Decembre.*

NOTES.

(b) Pairs.] Voyez Loiſel dans ſon hiſtoire de Beauvais au chap. des Maires & des Pairs.

CHARLES IV. dit le Bel, en Parlement, au mois de Mars 1325.

(a) Ordonance par laquelle le Roy ſupprime une impoſition nommée hallebic, *qui ſe levoit ſur le Poiſſon de Mer.*

CHARLES par la grace de Dieu Roy de France & de Navarre. Nous faiſons ſavoir à tous preſens & à venir, que comme à la ſupplicacion & complainte de pluſeurs *Marchans de poiſſon de Mer,* confluans à Paris des parties deſ-

NOTES.

(a) Cette Ordonance eſt au Parlement de Paris, Regiſtre A *fol. 2. verſo.*

fus la Mer, sur ce qu'il se doloient d'une fausse coustume estant à Paris, sur le poisson, appellée *hallebic,* par laquelle li Marchant estaller, pour chascun panier, puis le pris fait, rabatoient à la fois *douze sols,* à la fois *dix,* à la fois *huit,* selonc leur volenté, & d'autres qui participoient à ce gaaing, & non mie des paniers contenans poissons mains souffisans indistinctement, dont il advenoit que li dit marchant se transportoient ailleurs, où plus franchement exerçoient leurs marchandises, & de quant mains on en trouvoit à Paris, de tant y estoit-il plus chiers, ou grant grief & dommage de tout le peuple & de nous aussi, si comme il disoient. Si nous supplioient que nous vousissions ladite fausse coustume *oster, & abatre,* comme par ce li marchant hastivement conflueroient à Paris, & y auroit-on plus de poisson, & à trop mendre pris que devant, laquelle chose redunderoit ou grant profit de toute la chose commune, & de nous aussi. *Nous* convoitans mesmement en ce cas, pour l'abundance des vivres de la Ville de Paris, contre tant de mal profits & dommages pourveoir, eussions mandé & commis à nostre Prevost de Paris, que appellé aveuc luy aucun preudomme, il se enfourmast des dommages & inconveniens qui de ladicte fausse coustume, à la chose commune à nous & ausdis marchans venoient, & au contraire des gaains & profis qui pourroient venir, se ladite fausse coustume estoit ostée, & ce qu'il en trouvassent à ce que nous peussiens veoir quel chose feust sur ce à ordener, souz leurs Seauls, nous renvoiassent. Ladite informacion faite, à nous raportée & diligemment veüe, comme par la disposicion de grant foison de poissonniers de la Ville de Paris, & mesmement de pluseurs de ceuls, qui ledit *hallebic taxoient,* oiz sur ce en ladite informacion, il nous appere par celle dicte fausse coustume, le poisson à Paris estre plus chier de la tierce partie, ou environ, que il ne seroit, se elle estoit ostée & abatuë, & que de l'abatre ce seroit le profit de la chose commune, especialment de la Ville de Paris, de Nous, & des dis marchans. *Nous* de nostre pouoir Royal, qui tousjours desirons à augmenter & accroistre le bien commun, ladite fausse coustume, que nous reputons pour abus, *rappellons & au nient giettons.* Et pour ce que li marchant estrange n'aient occasion de vendre mauvaises denrées & mauvais poisson, laquelle chose nous desplairoit, *Nous Ordenons* & *Volons* que li poissons viegne sans entrer en hostel, droit en la place accoustumée à vendre le poisson, sur peine d'estre commis envers nous, se on faisoit le contraire. Et là se il plaist à l'acheteur sera veus li dis poissons dessus dessoubs, & emmilieu. Et ne se partira par les dis marchans de ladite place, jusques à donc que chascun en pourra avoir pris, selon ce que mestier li sera. Et ce *ordenons* nous pour le pourfit commun aussint comme dessus est dit, sauf toutes autres coustumes & Ordenances touchant la marchandise de poisson à Paris, desqueles nous voulons demourer tant comme à present & tenir en leur vertus. En tesmoing de ce, &c. *Donné à Paris, en nostre Parlement, l'an de grace mil trois cens vingt-cinq, ou mois de Mars.*

CHARLES IV. dit le Bel, en Parlement, au mois de Mars 1325.

CHARLES IV. dit le Bel, en Parlement, au mois de Mars, l'an de grace 1325.

(a) Ordonance portant qu'il sera levé sur le Poisson de Mer le double de ce qui estoit payé auparavant.

CHARLES, &c. Nous faisons savoir à tous presens & à venir, que comme à la supplicacion des Marchans de poisson de plusieurs parties dessus la Mer, nous aiens osté & abatu la fausse coustume appellée *(b) Hallebic* estant à Paris sur

NOTES.

(a) Cette Ordonance est au Registre A du Parlement, feüillet 3.
(b) *Hallebic.*] Voyez mon Glossaire sur ce mot.

la marchandise de poisson, & il feussent assenti, & le nous eussent offert, que nostre coustume que nous avons à Paris sur le poisson *se doublast,* ou cas que ladite fausse coustume cherroit. *Nous voulons dors-en-avant que nostre dite coustume soit levée double,* en la maniere que lidit marchant l'ont accordé & volu, selon la teneur de *l'Ordenance* qui est faite sur ce. En tesmoing de ce, &c. *Donné à Paris en nostre Parlement, l'an mil trois cens vingt-cinq, ou mois de Mars.*

CHARLES IV. dit le Bel, à Chambelly prés Meaux, le 26. Juin 1326.

(a) Ordonance portant Reglement pour la pesche des Poissons des Rivieres.

SOMMAIRES.

(1) Tous les engins, dont les pescheurs se servent pour détruire le poisson des rivieres, seront pris, & les pescheurs seront appellez pour estre presens à la punition des coupables, chez qui les engins auront esté trouvez.

(2) Ces instrumens, ou engins seront brûlez. Et ceux chez qui ils auront esté trouvez, seront condamnez en 60. sols d'amende. Les poissons ainsi pris seront confisquez, & remis à l'eau s'ils sont vifs, ou donnez aux pauvres, s'ils sont morts.

(3) Ces engins, ou instrumens seront cherchez de nuit & de jour.

(4) Noms des engins, ou instrumens deffendus.

(5) Depuis la mi-Mars, jusques à la mi-May, on ne peschera avec aucun de ces instrumens. Par tout on pourra pescher avec de bons engins, ou instrumens, à l'exception du temps qui vient d'estre marqué, &c.

(6) On ne pourra prendre Barbel, Carpe, Tenche ni Breme, si chacun ne vaut un denier, le Lucel s'il ne vaut deux deniers, & l'Anguille si les deux ne valent un denier, &c.

CHARLES par la grace de Dieu Roy de France & de Navarre. A nos amez & feaux les Maîtres des Eaux & Forests, *Salut & dilection.* Comme les fleuves, & chacun par soi, & rivieres grandes & petites de nostre Royaume, par malices & par engins pourpensez des pescheurs, soient aujourd'huy sans fruit, & par euls sont empeschez les poissons à croistre en leur droit estat, ni ne sont de nulle valeur, quand ils sont pris d'eux, & ne profitent pas à en user en leurs mains, ainçois monstrent qu'ils sont plus chers, qu'ils n'ont accoustumé. Laquelle chose tourne au grand domage, tant des riches, comme des pauvres gens de nostre dit Royaume, & de nous, & de nostre droit Royal, à qui appartient curer, & penser du bon estat, & profit commun de nostre dit Royaume.

(1) Nous vous mandons & à chascun de vous, que tous les engins des quels les noms sont cy-dessous nommez & exposez, prenez ou faites prendre par vous, ou vos deputez, à ceux que vous trouverez prés. Et au regard des pescheurs, qu'ils soient appellez, & autres hommes, voir la vengeance, en telle maniere, que les pescheurs d'oresnavant ne fassent tels engiens.

(2) Et si autres engiens sont trouvez chez les dits pescheurs, ou avec eux, qui seroient plus dommageables, pourpensés pour leur malice. *Nous Commandons* qu'ils soient pris par vous, ou par ceux qui seront establis à ce faire, & qu'ils soient ars & brûlez, comme les autres devant dits. Et tous ceux & celles qui en ovreront, ou qui seront trouvez garnis, a estre contrains à payer à nous la somme *de soixante sols,* ou telle amende comme vous regarderez, selon les meffets. Et tous les poissons qui seront ainsi pris, soient forfaits, & rejettez en l'eau, s'ils sont encore vifs, & s'ils sont morts, qu'ils soient donnez aux pauvres.

(3) Et iceux engins *Nous voullons* estre prins, & cherchez de nuit & de jour.

(4) Et pource que les dits engins vous sont inconnus en plusieurs noms, nous les nommerons cy-dessous par escrit, *le bas reboüer, le chiphre, garnis, vallois,*

NOTES.

(a) Cette Ordonance est rapportée par Fontanon, tome 2. livre 2. titre 6. page 252. par l'autheur du grand Coutumier.

amende,

amende, le pluseroit, le truble, l'allois, l'ouroce, la chasse de marche-pied, le cliquet, le roüaille, rames, seurs, fogats, nasses pellées, jonchées, ligne du long, hameurs, hameçons, & que l'on ne batte aux arthes, ni au gros aux alles, & que vraye chance, arbre, ne cuevre, & que l'on y adjoigne boisse & dépens.

CHARLES IV. dit le Bel, à Chambelly prés Meaux, le 26. Juin 1326.

(5) Des quels engins nous deffendons que l'on ne pesche *de nuit* en deux mois à aucun engin, c'est à sçavoir depuis la mi-Mars, jusques à la mi-May, car les poissons fraient en iceluy temps, *(b)* & laissent leur fraye aux herbes, & les pescheurs de nuit les chassent, & detruisent toute ladite fraye. Et que nul ne soit si hardy, qui voise prendre fraye dedans, ni qu'il prenne guerdons, ne dars durant ledit temps. Par tout l'on pourra pescher de bons engins, excepté le temps dessus dit. Et tous les autres engins, qui seront faits de fil, des quels ils pourront pescher, Nous voullons qu'ils soient faits à nostre maille, c'est à sçavoir de la largeur d'un gros tournois chascune maille. Et pourront estre faits plus larges, à prendre les gros poissons, & de la S.t Remy jusques à Pâques de la largeur d'un parisis, & nasses ne courront par les rivieres, si elles ne sont telles, que l'on y puisse bouter les doigts, jusques au gros de la main.

(6) Et ne pourront prendre *Barbel, Carpe, Tenche,* ne *Breme,* si chacun ne vaut un denier, le *Lucel* s'il ne vault deux deniers, ne *l'Anguille,* si les deux ne vallent un denier, ni autre poisson de Loire, ne d'autre riviere Royale.

Et toutes ces choses nous *Commandons* estre gardées estroitement & accomplies diligemment, en telle maniere que les devant dits fleuves & rivieres soient ramenées en l'estat ancien & accoustumé par vostre diligence. Et ne voullons qu'aucun ayt la connoissance de faire tenir & garder les Ordonances dessus nommées, fors vous, ou les deputez de par vous. Ainçois voullons ceux qui auront meffait depuis le cry & Ordonance faite *par nostre cher & redouté (c) Seigneur,* dont Dieu *ayt l'ame, & de luy & de Nous,* sur ce qu'autrefois ont esté publiées, soient appellez pardevant vous, ou pardevant les deputez à ce faire, & con-

NOTES.

(b) Laissent leur fraye aux herbes.] *Fernelius Physiologiæ lib. 7. cap. 7. De semine fœminarum, cap. 7. pag. 178. edit. Trajectensis anni 1656.* In piscium genere, cum fœmina ova deposuerit, mas deinde illa semine conspergit. Quæcumque id attigerit, vitam assumunt, reliqua autem irrita, & a maris calore destituta contabescunt, &c.

(c) Charles le Bel ne marque pas icy si cette Ordonance estoit de *Philippes le Bel,* ou de *Philippes le Long.* Comme on ne sçait precisément de qui elle est, & qu'il y a plus d'apparence qu'elle est de Philippes le Bel que de Philippes le Long, on l'a mise dans ce doute, dans l'Observation sur le regne de Philippes le Bel, page 541.

Il y a aprés cette Ordonance, ce qui suit, dans Fontanon.

(1) Item. Une maniere d'attrempance faite par le Conseil du Roy nostre Sire, laquelle il veut estre gardée, comme les Ordonances dessus dites. Quant aux *quideaux*, les *chauces* seront au moule d'un parisis de plat, & y pourront adjoindre *boissel* d'osier d'un moule, qu'entre deux verges l'on puisse par tout bouter son petit doigt de plat, tant que l'on le porte.

(2) Item. Quant aux femois, dont l'on peschera depuis la S.t Martin jusques à Pâques, seront faites au moule d'un parisis plat aisement, & depuis Pâques jusques à la S.t Remy d'un gros tournois de plat, & de tous autres filez dont l'on peut pescher selon les Ordonances dessus dites, semblablement, sauf *la trouble du fil* autre que celle du bois, en tout temps l'on pourra pescher, mais qu'elle soit du moule d'un parisis de plat, excepté le temps de fraye.

(3) Item. Quant aux *nasses* des quelles l'on peut pescher par les Ordonances, elles seront faites telles qu'on y puisse bouter ses trois doigts, en passant la premiere jointe, sans force.

Autres Instructions.

(1) Poissons qui ne sont de la longueur d'un doigt à main d'homme, outre queüe & teste, sont deffendus par les Ordonances royaux.

(2) Truites, Barbeaux, Brochets, Bremes, Carpes, Perches, Tenches, Vendoises, Guerdons.

(3) Anguille, qui ne vaut un denier tournois de bonne monoie à vendre & acheter de Marchand à autre, est deffendüe par les dites Ordonances.

(4) Vendoises, de quelque moise, ou qualité que ce soit, grandes ou petites, sont def-

CHARLES IV. dit le Bel, à Chambelly prés Meaux, le 26. Juin 1326.

trains à donner response sur les choses dessus dites sommairement & de plain, nonobstant excusations frivoles, ni dilations, & amendes de ce fait, & que raison soit gardée. De ce faire vous donnons pouvoir. Mandons à tous qu'en ce faisant vous obéïssent. *Donné à Chambelly prés Meaux, le vingt-six Juin, mil trois cens vingt-six.*

NOTES.

fendües. *Guerdons* du temps demy-Mars, jusques à my-May.

(5) Tous engins à pescher faits de fil, dont la maille est si estroite qu'un gros tournois d'argent, fait du temps du *Roy S.t Loüis*, ne puisse passer de plat, par chascune maille aisément, sont deffendües à pescher, depuis Pâques jusques à la S.t Remy.

(6) Tous engins à pescher, s'ils sont si espez, qu'un parisis à la taille du temps *de S.t Loüis*, ne puisse passer aisément de plat par chascune maille, sont deffendües depuis la S.t Remy, jusques à Pâques.

(7) Tous engins de bois, soient *nasses d'ozier*, *nasses pellées*, *jonchées* ou autres engins quels conques de bois d'ozier, ou de jonc, qui soient si espez, qu'un homme ne puisse aisément bouter, & sans force, tous ses doigts, jusques aux premieres jointures de la main, sont deffendus par les dites Ordonances.

(8) Et semblablement les bons *bousseaux*, ou *plancons* ajoutez aux dites *nasses*, ou autres engins d'ozier, ou de jonc, qui soient si espez, qu'un homme n'y puisse aisément bouter son petit doigt, c'est assavoir le bout de l'ongle, sont deffendus.

(9) Tous engins dessus dits, ou autres quels conques de fil, de bois, de jonc, & de quelque maniere que ce soit sont deffendus, à tendre, ou à mettre en eau, & les y laisser par nuit du temps dessus dit, depuis la mi-Mars jusques à la mi-May. Et les ouvriers, ou faiseurs des dits engins, & les Marchans des dits poissons deffendus doivent estre traits à amende, comme ceuls qui en peschent. C'est à sçavoir que toutes les amendes faites pour les choses dessus dites sont de *soixante sols tournois*, par les dites Ordonances, c'est assavoir les deux parts au *Roy*, & le tiers aux *Sergens*.

(10) Comme ramée, ou fagots de bois sont deffendus en tous affaires, en rivieres, *les bas rembroüer, le chiphre garni de vallois, amende, le plusieurs, la truble aux bois, la bourrache, la chatte, le marche-pied, le cliquet, la roüaille, braye à chauce, orbe, les peschéurs à truble, loches, ables, sentrilles, verons, ou* autres poissons non deffendus, peuvent pescher des trubles, especes qui ne sont mie trubles à bois n'a marche-pied. Et doivent estre les poissons deffendus, si aucun y en a, prins ausdits trubles avant qu'ils soient hors de l'eau. Et si dehors sont prins, ou trouvez saisis d'aucuns poissons deffendus, ils doivent l'amende, & doivent leurs dits *trubles*, & autres engins deffendus, comme dit est, estre ars publiquement.

(11) Nulle personne de quelque estat ou condition que ce soit, ne peut faire, ou avoir *champleure*, ou fosse qui boive en riviere.

CHARLES IV. dit le Bel, à S.t Christophe en Hallatte, l'an de grace 1326. au mois de Juin.

(a) Ordonance touchant les Foires de Champagne.

SOMMAIRES.

(1) On ne levera plus aux foires de Champagne, le quart du courretage, les six deniers pour mandemens, ni les trois deniers pour livre.

(2) Toutes graces, & tous repits cesseront, & les maîtres jureront que pour Letres données & à donner, ils ne feront rien contre l'usage des foires.

(3) Les deffenses données par les maîtres des foires du temps passé, seront suspendües pendant quatre ans.

(4) Si les Prevosts n'obéïssent aux mandemens qui leur seront envoyez, on levera sur eux la peine qui y sera contenüe, &c.

(5) Il y aura continuellement un des maîtres qui residera aux foires.

(6) Le nombre des Sergens fixé par l'Ordonance aura lieu, & les Marchans ne se serviront pas d'autres Sergens.

(7) Les Marchans de quelques pays qu'ils soient resideront aux foires, sans pouvoir avoir domicile principal dans le Royaume, &c.

(8) Tout Italien, Ultramontain & Cazenier demeurera, & fera compagnie aux foires, ou ils vuideront le Royaume dans trois mois aprés la publication des presentes, &c.

(9) Les Changeurs seront assis en leurs Changes comme anciennement.

(10) Il n'y aura pas de Tabellions aux foires. Et les Marchans ne pourront s'aider des chartes de leurs Contracts, si elles ne sont scellées du sceau des foires.

(11) Le Roy n'envoyera nuls Commissaires aux foires, & si par inadvertance, quelques-uns y estoient envoyez, les maîtres ne leur obéiront pas.

(12) Si aucun des Officiers du Roy faisoit quelques griefs, ou empeschemens aux Marchans, le Roy establira deux personnes de son Conseil pour redresser ces empeschemens, ou griefs.

(13) Ceux qui contreviendront à ces Ordonnances seront punis, pour servir d'exemple aux autres.

(14) De tout ce qui est ordonné cy-dessus il y aura Letres en cire verte, & en soye.

CHARLES IV. dit le Bel, à S.t Christophe en Hallatte, l'an de grace 1326. au mois de Juin.

CHARLES par la grace de Dieu Roy de France & de Navarre. *Nous* faisons sçavoir à tous presens & à venir, que comme par les fraudes, & malices, & aucunes nouvelletés indües, qui ont esté faites ou temps passé, en nos *foires* de Champaigne & de Brie. Et sous l'ombre des dites foires, les Villes justitiables, & subgiez de nostre Royaume & des autres pays aient esté ça en arriere grossement fraudez, domagez, & domageusement grevez, & les franchises, libertez, usages, & coustumes anciennes des dites foires mal gardées, ou grant griés, deshoneur, prejudice, & domage de nous, de nostre Royaume, des subgiez & Marchands de nostre dit Royaume & des frequentans nos dites foires, & du commun profit. *Nous* qui avons volenté, & grand desir de mettre remede convenable & hastif en cette besoingne, & en la reformation des dites foires, & de garder les bons usaiges & anciens d'icelles, parquoy li pueples, les Marcheans & frequentans des dites foires ne soient doresnavant grevez & domagiez, & puissent seurement, aller & venir aux dites foires *(b) sous nostre conduit, de nostre autorité royal,* & de certaine science, eüe seur ce deliberation avec nostre grand Conseil, pour le commun profit, *avons ordené & ordenons* en la fourme & maniere qui s'ensuit.

Premierement. Il nous plaist & voullons que nos dites foires de Champaigne & de Brie soient remises à leur droit estat ancien, pourquoy nous voullons que les Coustumes mises & establies de nouvel, soient du tout abatües. C'est assavoir *le quart du courretage, six deniers pour mandement, & trois deniers pour livre,* les quiex six deniers pour mandement, & trois deniers pour livre alloient au Scel.

(2) Item. Toutes graces données & à donner, & tuit respit cesseront du tout. Et jureront les maistres des foires que pour lettres données, ne à donner, ils ne feront riens qui soit contre la coustume des foires.

(3) Item. Les deffenses données par les maistres des foires du temps passé, contre plusieurs *pays,* cesseront, & seront suspendües jusques à quatre ans, dedans les quiex, la justice & les creanciers se puissent apaisier, & iceux passez, se apaisiez ne sont, les deffenses vaillent comme devant.

(4) Item. De tous les mandemens envoyez aus Prevoz de Champaigne & de Brie. Se li dit Prevoz n'y obéïssent, l'on levera la paine contenüe és dits mandemenz seur les diz Prevoz, & l'amende seur celuy qui defaudra de payement. Et aussi sera levée l'amende des autres de *touz pays,* qui defaudront de payement.

(5) Item. Li uns des Maîtres des dites foires demourra continuellement seur les dites foires, pour la delivrance des Marcheans & le profit commun.

(6) Item. Le nombre de l'Ordenance des Sergens qui a esté faite pieça tendra & le seurplus osté, & ne pourra Marcheant ne autre avoir Sergent, fors que de l'Ordenance.

(7) Item. Toutes compaignies de Marcheans, tant de *Ytalie,* de *Provence,* comme d'autres pays, quel qu'il soient, seront tenus demourer és foires de Champaigne & de Brie, & ne pourront avoir mension principal en nostre Royaume, més, que és dites foires, & de *Nismes,* més il pourront se il leur plest, envoyer leurs facteurs là où il leur plaira, faire leur marchandise. Liquel facteur amerront

NOTES.

(a) Cette Ordonance est au Registre du Tresor des Chartes, cotté 64. pour les années 1325. 1326. 1327. piece 177.

(b) Sous nostre conduit.] Voyez Loisel dans ses Institutes, liv. 6. tit. 5. Regle 8.

CHARLES IV. dit le Bel, à S.t Christophe en Hallatte, l'an de grace 1326. au mois de Juin.

les marchandises és foires, ou autrement il ne joiront pas du conduit, ne des privileges des foires, & respondront les compaignons des faiz de leurs facteurs.

(8) Item. Tuit *Ytalien, Outremontain & Cazenier* seront tenus venir demourer & faire compagnie en nos dites foires, ou cil *vuideront le Royaume dedans trois mois* aprés la publication de ces lettres, & au cas qu'il n'y vendront demourer dedans ledit temps, il vuideront nostre Royaume, comme dit est, & de leurs dettes qui dües leur sont, ne pourront demander fors que ce que l'en leur devra. Et les sommes qui seront contenües és lettres obligatoires, seront sans croistre d'illec en avant la dite dette, jusques à tant qu'il auront fait nouvel dette és dites foires.

(9) Item. Toutes les *Compaignies & Changeurs* seront tenus de soir en leurs Changes, & avoir leurs tapiz en la maniere qu'il le souloient faire ancienement.

(10) Item. Il n'aura és dites foires *Tabellions* qui fassent Chartres. Et se li marcheant voulloient avoir Chartres de leurs Contraux, il ne s'en pourroient aidier en faisant action ne Contrauct de foire, se il n'avoient obligation scellée du Sceau des foires.

(11) Item. Nuls Commissaires ne seront envoyez de par nous seur les frequentans de noz dites foires, mais seront justicé par les maîtres des foires tant seulement. Et se par aventure, par aucune oubliance, il alloient, nous ne voullons que les dits maîtres y obéissent.

(12) Item. Se aucun de noz *Officiaux* faisoit aucun grief, ou empeschement aux marcheans des dites foires, nous establirrons deux personnes de nostre Conseil, qui les feront *adrecier* tantost, à la requeste des maîtres des foires.

(13) Item. Nous *voullons & ordonnons* que se aucunes des compaignies, ou marcheans dessusdiz venoit en aucune maniere contre noz *Ordenances* dessus dites, ou faisoient aucune fraude, nous *voullons* que il soient puniz, en telle maniere que tuit li autre y pregnent exemple. Et toutes ces choses faisons-nous en l'honneur de nostre Royaume, & au proufit de tout le commun.

(14) Item. Pour toutes les choses dessus dites plus fermement tenir & garder *seront faites Letres en cire verte & en soye,* en la meilleure maniere que l'en pourra, parquoy li marcheant puissent demourer en seurté.

Les quelles Ordenances dessus dites & chascunes d'icelles, Nous *voullons & Commandons* estre gardées & tenües de point en point perpetuelement & fermement sans venir encontre, par quelque voye ou maniere que ce soit. *Et mandons & commandons par la teneur de ces presentes Lettres, aux gardes, ou maîtres* de noz dites foires qui sont à present, & qui seront pour le temps à venir, & à tous noz Seneschaux, Bailliz, Prevoz & autres Justitiers de nostre Royaume, & requerons à tous autres, que nos dites Ordenances, tiengnent, gardent & facent tenir, & garder fermement & publier en leur Seneschaucies, Baillies & Jurisdictions és lieux accoustumez à faire criées. Et qu'il punissent tous ceux qui vendront, ou feront encontre par quelque voye ou maniere que ce soit, en telle maniere que il soit exemple à touz autres. Et que ce soit ferme & estable à touzjours; *Nous avons fait mettre nostre Scel en ces presentes Letrres données à Saint Christophe en Hallatte, l'an de grace mil trois cens vingt-six, au mois de Juing.*

(a) Ordonance

CHARLES IV, dit le Bel, à Paris, le 18, Juillet 1326.

(a) Ordonance touchant les Amortissemens & les Francs-fiefs.

SOMMAIRES.

(1) Les Eglises & les personnes Ecclesiastiques payeront pour les fonds qu'elles ont acquis depuis trente années, à titre gratuit, la valeur des fruits de deux années, & pour les fonds qu'elles ont acquis à titre onereux, la valeur des fruits de trois années.

(2) Quant aux personnes non nobles, qui ont acquis des fonds dans les fiefs & les arriere-fiefs du Roy, sans avoir eû le consentement de trois Seigneurs superieurs intermediaires, si elles possedent ces biens avec abregement de services, elles payeront la valeur des fruits de deux années.

(3) Si les non nobles possedent des fonds qu'ils ont fait changer de fiefs en censives, ils payeront la valeur des fruits de trois années.

CAROLUS *Dei gratiâ Francie & Navarre Rex, dilecto & fideli Magistro Raymbaudo de* Rechigenoisin *Clerico & consiliario nostro, commissario a nobis in Senescallia Pictaviensi, Marchie & Lemovicensi, super financias feodorum & aliorum acquestuum deputato.* Salutem & dilectionem, *Ecclesiarum utilitati, & subjectorum nostrorum quieti, predecessorum nostrorum & maxime (b)* Beatissimi Ludovici proavi nostri inherendo vestigiis, *providere volentes, deliberatione providâ precedenti super dictis financiis in modum qui sequitur duximus* ordinandum.

(1) *Videlicet quod Ecclesie &* Ecclesiastice persone *pro rebus, & possessionibus quas acquisiverint a* triginta annis citra, titulo gratuito *extimationem fructuum* duorum annorum, *& pro rebus & possessionibus acquisitis a dicto tempore citra,* titulo

NOTES.

(a) Cette Ordonance est au Registre *Croix* de la Chambre des Comptes de Paris, feüillet 130. Au Registre *Qui es in cœlis*, feüillet 161. & dans quelques copies elle est datée du 18. Janvier 1326.

(b) *Beatissimi Ludovici.*] On ne void pas neanmoins que S.t *Loüis* ayt fait de telles Ordonances, touchant les amortissemens & les francs-fiefs, ni qu'il ayt levé de telles finances. Si nous en croyons l'autheur de la chronique de S.t Martial de Limoges, *Philippes* III. surnommé le Hardy a esté le premier de nos Roys, qui a fait payer finance aux Eglises, pour les fonds qu'elles avoient acquis. Voicy comme cet autheur s'exprime sous l'an 1271. dont les paroles font assez connoître, que l'Ordonance de Philippes le Hardy de l'an 1275, quoy que juste, ne fut pas agreable aux Ecclesiastiques. *Coronatur Philippus Rex per Suessionensem Episcopum, nam Archiepiscopus Remensis, per quinque dies, vel circa fuerat mortuus. Iste Philippus qui tanti viri fuit filius, cœpit initio suo gravare Ecclesias de acquisitis, & aliis, &c.* Voyez le chapitre 125. du premier livre des Establissemens de S.t Loüis, page 213. & Beaumanoir chap. 48. page 265. ligne 28.

Declarationes ultime super financiis feodorum, & aliorum acquestuum. Anno Domini millesimo trecentesimo vigesimo sexto.

Primo. *De acquisitis per personas Ecclesiasticas, si Ecclesia vel persona Ecclesiastica acquirat rem aliquam super quam habet censum, servitutem, onus vel annuam pensionem, finabit de valore rei, verumtamen de dicto valore dicti census, servitus, onus, vel annua pensio deducentur.*

(2) Item. *Si Ecclesia, vel Ecclesiastica, vel religiosa, seu innobilis persona finare de suis acquisitis compellatur, non debebit apponi manus regia, nisi dumtaxat in rebus acquisitis, nisi demum facta financia, qua facta pro ipsius solutione sunt financiis bona omnia obligata, & per ipsorum explectationem poterit ad solvendum compelli.*

(3) Item. *Si aliqua de dictis personis aliquam possessionem, vel redditum, causa permutationis rei equivalentis acquirat, finabit, nisi dicta permutatio fuerit autoritate regia confirmata.*

(4) Item. *Ecclesiastice persone ponentur in sufferentia de acquisitis per eas in locis in quibus omnimodam, altam & bassam habent justitiam, & de decimis feodalibus acquisitis immediate moventibus ab eisdem.*

(5) Item. *Ecclesiastice persone habentes privilegium a carissimo Domino nostro Rege* Philippo Pulchro, *de non finando de acquisitis suis, quia privilegium illud fuit concessum pro duabus decimis, quas eidem Domino Regi, obtentu dicti privilegii solvere promiserunt, si de dictarum decimarum solutione docere possint legitime, pro acquisitis ante datam dicti privilegii non finabunt, alias, &c.*

(6) Item. *Si persone que finaverunt quecumque sint, sine magno & evidenti gravamine*

CHARLES IV. dit le Bel, à Paris, le 18. Juillet 1326.

non gratuito *extimationem fructuum* trium annorum *nobis prestare, pro financia tantummodo tenebuntur.*

(2) *Persone vero* innobiles, *pro rebus feodalibus acquisitis per eas* infeodis, vel retrofeodis *nostris, & ita sit* quod inter nos & personam que alienavit res ipsas, non sint tres, vel plures intermedii Domini, *si res ipsas teneant ad servicium minus competens, vel alias appareat feodi deterior facta conditio, prestare nobis extimationem fructuum* duorum annorum, *pro financia, & non ulterius compellantur.*

(3) *Si vero* res feodalis *acquisita per dictas personas* innobiles *facta fuerit* censualis, *extimationem fructuum* quatuor annorum *nobis prestare pro financia tenebuntur.*

Quare mandamus vobis quatenus super dictis financiis per hunc modum, & non aliter procedatis, previso tamen quod presens ordinatio, *ad alienationes de quibus sine dilatione sciri poterit manifeste eas nobis adeò fore dampnosas & graves, quod merito tolerari non debeant, nullatenus se extendat.* Datum Parisiis decima octava die Jullii. Anno Domini millesimo trecentesimo vigesimo sexto.

Misse fuerunt littere supradicte omnibus Commissariis, & tradite ad Thesaurum vigesimo quinto die Jullii.

NOTES.

solvere non possint financias quas fecerunt, dilationes competentes, earum tenuitate facultatum considerata, de solvendo dictam financiam, concedentur,

(7) Item. *Persone innobiles non finabunt de acquisitis per eas in emphiteosim ad certum censum, vel annuam, pensionem, aut aliter ad meliorationem feodi, si res acquisite sine jurisdictione sint, nec valor feodi minuatur.*

(8) Item. *Persone innobiles descendentes a* patre innobili & a matre nobili, *pro rebus que eis ex successione dicte matris vel ejus collateralium nobilium pervenerunt,* financias non prestabunt.

(9) Item. *Si persone, quecumque sint, habeant privilegium non finandi de rebus per eos acquisitis, & dicto privilegio alias usi sint pacifice, tenor & continentia dicti privilegii servabuntur.*

(10) Item. *In* Normania *ad finandum de acquisitis, a quadraginta annis citra, & non ampliori tempore compellantur.*

(11) Item. *Super* usurariis *non procedetur nisi dumtaxat contra usurarios manifestos & de usura publice diffamatos, videlicet illos qui pecuniam pro pecunia mutuant, vel qui res a se venditas reemunt, seu reemifaciunt, vel qui pecuniam cum rebus ab eis traditis & venditis ad terminum majori pretio quam valeant, mutuant sub velamine usurarum. Nec reputabuntur usurarii, qui possessiones, vel redditus justi pretii interventu acquirunt, licet emptores venditoribus, qui ipsas possessiones & redditus infrà certum tempus possint redimere de gratia speciali concedant.*

Au Registre *Croix* feüillet 132. il y a aprés cette Ordonance d'autres declarations en François.

CHARLES IV. dit le Bel, à Château-Thierry, le 12. Octobre 1326.

(a) Mandement pour empescher la levée d'un subside, que quelques personnes exigeoient au nom du Pape, pour la guerre qu'il avoit en Lombardie.

CHARLES par la grace de Dieu Roy de France & de Navarre, au *Seneschal de Beaucaire,* ou à son Lieutenant, *Salut.* Nous avons entendu que aucuns qui se dient de par nostre S.t Pere le Pape, quierent & demandent subside par nostre Royaume, aux Prelats, Chapitres, Priours, & autres personnes d'Eglise, pour sa guerre qu'il a ez *parties de Lombardie,* laquelle chose nous ne cuidons pas parvenir de sa conscience, comme de ce ne nous ayt rien fait sçavoir, ne onques mais par nostre Royaume tel subside semblable, par le Siege de Rome ne fut oüis, ne demandé. Comme nous ayons plusieurs guerres à present en divers lieux, où il convient non seulement que les nobles, & les autres nos Sujets,

NOTES.

(a) Ce Mandement est au Registre D de la Seneschaussée de Nîmes.

mais les personnes d'Eglise dessusdites entendent de necessité, & fassent grande messions & dêpens, pour la defension de nous terres, & des leurs, & du bien commun, laquel chose il non poirroient soustenir, & faire ledit subside. Nous qui de ces choses avons écrit audit Nostre S.t Pere, pour sçavoir sa intention, sur ce, *vous mandons & commandons* étroitement, que vous diés ou fassiés dire de par nous, à ceus que vous sçaurés estre commis, & deputés en vostredite Seneschaucie pour ledit subside demandé, qu'ils se suffrent du tout, jusques à tant que sur ce nous sçachions la volonté de nostredit S.t Pere, & que se aucune chose en avoient levé, qu'ils le rendent entierement sans delais. Et dites, ou fassiés dire aux Prelats & personnes d'Eglise de vostre Seneschaucie, & au ressort d'icelle, que sur quanque ils se pourroient mesaire vers nous, ils ne baillent deniers, ny autre chose, combien qu'ils en eussent promis pour cause de tel subside. Et s'ils en avoient ja baillé aucune chose, & on ne leur voulut rendre, si le arretés, & sçachies combien, & ceux que, & dont il l'auront levé & reçeu, les nous reserviés jusques à tant qu'il en soit autrement ordonné. *Donné à Château-Thierry, le douziéme jour d'Octobre, l'an mil trois cens vingt-six.*

CHARLES IV, dit le Bel, à Château-Thierry, le 12. Octobre 1326.

CHARLES IV, dit le Bel, à S.t Christophe en Hallatte, le 15. May 1327.

(a) *Ordonance portant deffenses aux* soudoiers *& autres, qui ont gages du Roy, de vendre leurs cedules & escroës, à vil prix, & à quelques personnes que ce soit, de les acheter, sous peine de confiscation de corps & d'avoir.*

CHARLES par la grace de Dieu Roy de France & de Navarre, au Baillif de Vermandois, ou son Lieutenant, *Salut.* A nostre cognoissance est venus, que les soudoiers, & autres personnes, qui ont esté à gaiges, en noz guerres, & aux quiex nous sommes tenus pour autres causes, par *cedules, escroës* & autrement, *vendent* à marcheans, & autres, les *escroës & cedules,* que il ont eu de leurs dis *gages* & debtes (b) *pour pris non souffisant, & pour mendre sommes,* que il n'est contenu en leurs dites *cedules, & escroës,* & que ceuls qui les *achettent, par faveurs & importunes instances & prieres, empetrent Lettres de Nous, par les quelles ils sont poiez entierement des dis gages & dettes,* de quoy les dis *soudoiers,* & creanciers sont grevez & domagiez, & nous n'y avons point de profit. *Si vous mandons,* que vous faciez crier publiquement és lieux solemnes, & notables de vostre Baillie, és quiex a accoustumé autrefois à faire cris, que nulz sur quanque il se püet meffaire envers nous *en corps & en biens,* ne soit si hardis *de vendre, ne d'acheter tiex* manieres de *gages* & *dettes, ne les cedules & escroës, contenans les dits gages & dettes. Et que ceuls qui auront tiex maniere de dettes & gages achetées & venduës, ou temps passé, le vous segnefient, & le vous soient tenus de segnefier,* tantost aprés ledit cry, *seur la peine dessus dite.* Et tous ceux que vous trouverez *faisant le contraire prenez & arrestez, avec les dites cedules & escroës, & tous leurs biens mettez en nostre main,* sans rendre & sans recroire, si ce n'est de nostre commandement, ou de noz gens des Comptes à Paris, les quiex *Nous voul-*

NOTES.

(a) Cette Ordonance est chez Monf.gr le Chancelier, entre les preuves de l'histoire des trois fils de Philippes le Bel.

(b) *Pour prix non souffisant, &c.*] Cette Ordonance est tres juste & tres sage. Ceux qui ont des gages du Roy & qui les vendent à vil prix sont coupables, parce que par ce mauvais negoce ils se mettent dans l'impuissance de servir le Roy & l'Estat. Et ceux qui font de telles acquisitions sont encore plus coupables, en profitant de l'indigence des autres, pour profiter à leurs dêpens & au prejudice du Roy. Voyez la Loy 2. au Code *Ne liceat Potentioribus, &c. lib. 2. cap. 14.* & Loyseau des Offices liv. 4. chapitre 7. n. 62. 63. 67. 68. 69. 70. 71. &c.

lons que vous certifiez de ce que vous en aurez fait. Et se par aventure vous recevez aucun Mandement de pour tiex manieres *de gaiges, & dettes vendus*, recevez ledit Mandement & ne le mettez point à execution. Et avisez aussi nostre Receveur, auquel *nous donnons en mandement* par la teneur de ces presentes Lettres, que il tiengnent & garde de point en point nostre presente Ordonance. *Donné à Saint Christophe en Hallatte, le quinziéme jour de May, l'an de grace mil trois cens vingt-sept.*

CHARLES IV. dit le Bel, à Paris, au mois de May 1327.

(a) Ordonance touchant les Foires de Champagne, & de Brie.

SOMMAIRES.

(1) Les Foires de Champagne & de Brie seront remises à leur estat ancien, & les nouvelles coustumes y seront ostées & abatuës.

(2) Toutes graces, & tous respits cesseront.

(3) Les deffenses données par les Maîtres des foires, seront suspenduës, de la S.t Jean prochaine à quatre ans.

(4) Les Prevosts qui n'obéiront pas aux mandemens qui leur seront envoyez, payeront la peine qui y sera contenüe.

(5) Il y aura continuellement un des Maîtres aux dites foires.

(6) Le nombre des Sergens fixé par les Ordonances tiendra, & le surplus sera osté.

(7) Tous Marchans Italiens, ou Provenceaux auront leur demeure aux foires, ou à Nîmes, & ils pourront envoyer leurs facteurs où ils voudront, &c.

(8) Les marchands qui n'auront pû vendre leurs marchandises aux foires, les pourront faire conduire en tel lieu du Royaume, qu'il leur plaira, &c.

(9) Tout Italien & Ultramontain seront tenus de venir demeurer aux foires de Champagne & de Brie, ou de sortir du Royaume dans trois mois, &c.

(10) Les Changeurs ordonnez par les Maîtres, soiront en leurs Changes.

(11) Il n'y aura aux foires qu'un seul Tabellion, pour faire les Contracts d'Italien à Italien, & non à autres.

(12) Le Roy n'envoyera aux foires nuls Commissaires. Et les frequentans les foires seront justiciés par les Maîtres.

(13) Si aucun des Officiers du Roy faisoit aucun grief aux marchands des foires, ce grief seroit reparé par quatre personnes, que le Roy nommera, deux du Parlement, & deux de la Chambre des Comptes, &c.

(14) Ceux qui contreviendront à ces presentes Lettres seront punis. Et le Roy annulle les precedentes du mois de Juin 1326.

CHARLES par la grace de Dieu Roys de France & de Navarre, Nous faisons sçavoir à tous presens & à venir, que comme par les fraudes & malices & aucunes nouvelletez indeües, qui ont esté faites ou temps passé en nos foires de Champaigne & de Brie, & souz l'ombre des dittes foires les Villes justiciables & subgiez de nostre Royaume & des autres pays, ayent esté ça en arrieres, & sont encore grossement fraudez & domagiés & dommageusement grevés, & les franchises, libertez, usaiges & coustumes anciennes des dittes foires mal gardées, ou grant grief & deshonneur, prejudice & demaige de nous, & de nostre Royaume, des subgiez & marcheanz de nostredit Royaume, & des frequentans nos dites foires, & du commun prouffit. Nous qui avons volonté, o grant, desir de mettre remede convenable & hastif en ceste besoigne, & en la reformacion des dites foires, & de garder les bons usaiges & anciens d'icelles, par quoy li pueples, les marcheans & frequentans des dites foires ne soient des-ores-en-avant grevez, ne domaigiez, & puissent aller, & venir seurement aus dites foires, sous nostre conduit,

NOTES.

(a) Cette Ordonance est au Registre *Noster* de la Chambre des Comptes de Paris, feüillet 180. *verso*, & au Tresor des Chartes Registre cotté 64. pour les années 1325. 26. 27. piece 579. Elle revoque celle de S.t *Christophe en Hallatte* du mois de Juin 1326. imprimée cy-dessus page 794. Comme ces deux Ordonances ont beaucoup de conformité, on a mis en lettres Italiques les changements qui ont esté faits en celle-cy.

duit, & de nostre authorité royalle, & de certaine science, eu sur ce deliberacion avec nostre grand Conseil, & pour le commun prouffit, avons *ordené & ordenons* & en la forme & en la maniere qu'il s'ensient.

CHARLES IV. dit le Bel, à Paris, au mois de May 1327.

Premierement. Il nous plest & voulons, que noz dites Foires de Champaigne & de Brie soient remises à leur droit estat ancien. Pourquoy nous *voulons* que les Coustumes mises & establies de novel soient du tout abatuës. C'est assavoir le quart du corretaige, six deniers pour mandement, & trois deniers pour livre, les quiex six deniers pour mandement, & trois deniers pour livre aloient au Scel.

(2) Item. Que toutes graces données & à donner, & tuit respit cesseront du tout, & jureront les Mestres des Foires que pour lettres données, ne à donner, il ne feront rienz qui soit contre la coustume des Foires.

(3) Item. Les deffences données par les Mestres des Foires du temps passé, contre plusieurs pays cesseront & seront sospendües *de la S.t Jehan prochaine venant, jusques à quatre ans,* dedans les quiex la justice, & les Creanciers se puissent appaisier, & yceulz passez se appaisier ne sont, les deffences vaillent comme devant.

(4) Item. De touz les *Mandemenz* envoyez aus Prevoz de Champaigne & de Brie, se li dits Prevosts n'i obéïssent, l'en levera la paine contenüe ez dits mandemens & l'amende suz celuy qui deffaudra de payement, & aussy sera levée l'amende des autres de touz pays qui deffaudront de poiement.

(5) Item. Li uns des Mestres des dites Foires, demoura continuelment sur les dites Foires, pour la delivrance des marcheans & le proufit commun.

(6) Item. Le nombre de l'Ordenance des Sergens qui a esté faite piçca, tendra, & le surplus osté. Et ne porra marchands, ne autres avoir Sergens fors que de ceux de l'Ordenance.

(7) Item. Toutes Compagnies de marcheanz, tant *d'Ytalie, de Prouvence,* comme d'autres pays, quels qu'il soient, seront tenus *d'avoir mension és Foires de Champaigne & de Brie, ou à Nîmes.* Més il porront, se il leur plaist, envoier leurs facteurs là où leur plaira de fere leurs marcheandises, liquel facteur amerront les marcheandises ez foires, ou autrement il ne joyront pas du conduit, ne des privileges des foires. Et repondront les compagnons des faiz de leurs facteurs. *Exceptez que les marcheans, tant de Ytalie, comme de Provence & d'autres pays, qui sont mariez & ont leurs femmes, leurs enfans & possessions en nostre Royaume de France, & qui ont, & font mestier, si comme de faire draps de soie, & autres charges de hebergier, de marcheans Espiciers & autres mestiers necessaires demourront ez lieux où il ont accoustumé à demourer, sanz prester à usure, ou faire autres mauvés Contraux.*

(8) Item. Les marcheans qui ameinent & amerront en Foire leur marcheandises, pouront mener leur remanant de leurs marcheandises, qui ne se porront delivrer aus trois jours ordenez en Foires, les diz trois jours passez, par tout là où il voudront en nostre Royaume de France, ou ailleurs, més lors teles marcheandises ne seront pas ou conduit des dites Foires. Et porront avoir les marcheans leurs facteurs ez Villes où il moineront leur remanant des dites marcheandises, pour icelles vendre & exploittier, ou en leurs personnes, & hostel pour descendre & hebergier eulz & iceles marcheandises, en tenant touzjours ez dites Foires leur mension, selon nostre presente Ordenance.

(9) Item. Tuit Ytalien & Oultremontain, *& toutes autres manieres de personnes de quelque part que il soient dehors de nostre Royaume, presteurs, ou Casenier, seront tenus venir* demourer & faire compaignie en nos dites Foires, où *il vuideront* nostre Royaume *dedans trois mois aprés* la publicacion de ces Letres. Et ou cas qu'il n'y vendront demourer dedans ledit temps, il vuideront nostre Royaume dit est. Et de leurs debtes qui deües leur sont ne porront demander fors que ce que l'en leur devera justement, & loyaument, sanz croistre d'ilec en avant ladite debte, jusques à tant qu'il auront faite nouvelle debte es dites foires.

(10) Item. Toutes les Compagnies qui tiengnent Changes, & autres Changeurs

CHARLES IV. dit le Bel, à Paris, au mois de May 1327.

qui ont esté, sont & seront ordené Changeurs, par les Mestres des Foires en payant les debtes accoustumées, & non autres personnes, seront tenuz de soair à leurs Changes, & avoir leur tapiz en la maniere qu'il soloient faire anciennement.

(11) Item. Ez dites Foires aura un Tabellion tant seullement, qui pourra faire Carte des Contraux, faiz de Ytalien à autre Ytalien, & non autres autres persónnes, lesquelles cartes, ou instrumens ne *seront pas mises à execution par mandement des Foires.*

(12) Item. Nuls *Commissaires* ne seront envoyez de par nous sur les frequentans des dites Foires, més seront *justicé* par les Mestres des Foires tant seulement. Et se par advanture, par aucune oubliance, il y alloient, nous ne voulons que li dits Mestres y obéissent.

(13) Item. Se aucuns de nos Officiaux fesoit aucun grief, ou empeschement aus marcheans des dites Foires, *Nous voulons & ordenons par la teneur de ses presentes letres, quatre personnes de nostre Conseil, c'est assavoir deux personnes de nostre Parlement & deux autres personnes des Mestres de nostre Chambre des Comptes, ou les trois de eulz appellez, ceux qui seront à appeller, à la requeste des Mestres des dites foires, facent sommerement & de plain accomplissement de Justice.*

(14) Item. Nous *voulons & ordenons* que se aucunes des Compaignies ou Marcheans dessus diz venoient en aucune maniere contre noz Ordenances dessus dites, ou fesoient aucunes fraudes *Nous voulons* qu'il soient puniz en telle maniere, que tuit li autres y preignent example. Et toutes ces choses faisons nous à l'onneur de nostre Royaume & au prouffit de tout le commun, en *adnullant & rappellant toutes autres Ordenances, qui n'aguieres avoient esté faites & publiées sur ce.* Et *voulons & ordenons* ces presentes Ordenances & chascunes d'icelles estre gardées & tenües de point en point perpetuelment & fermement sanz venir encontre par quelque voie que ce soit. Et *mandons & commandons* par la teneur de ses presentes letres, aus gardes, ou mestres de noz dites foires qui sont à present, & qui seront pour le temps à venir, & à touz noz Seneschaux, Baillis, Prevosts & autres Justiciers de nostre Royaume, & *requerons* à tous autres que nos dites Ordenances tiennent, gardent & facent tenir & garder fermement & publier en leur Senechauciées, Baillies & Jurisdictions, ez lieux accoustumez à faire criées & qu'il punissent touz ceux qui vendront, ou feront encontre, par quelque voie ou maniere que ce soit, en telle maniere que li soient example à touz autres. Et que ce soit ferme & estable à toûjours, nous avons fet mettre nostre Scel en ces presentes Letres. *Donné à Paris, l'an de grace mil trois cens vingt-sept au mois de May.*

CHARLES IV. dit le Bel, à Paris, le Vendredy 25. Septembre 1327.

(a) Ordonance portant Reglement entre les Maîtres, les ouvriers & les monoiers des monoies du Roy. Elle regle les fonctions & les droits des ouvriers & des monoiers, & confirme les privileges des uns & des autres.

SOMMAIRES.

(1) Les ouvriers auront du plon de vingt marcs d'or ouvré de deniers à l'aignel, 20. sols tournois, en payant un denier d'or pour le prix que le Roy luy donnera à tournois.

(2) Des gros tournois d'argent, ils auront du plon de 20. marcs & un fierton, dix gros tournois, & pourront faire deux marcs & demi de cisaille.

(3) Il en sera de l'ouvrage des mailles tierces, comme des gros tournois.

(4) Ils auront des parisis petits, du plon de 20. marcs & un fierton, huit sols parisis petits, & ils pourront faire deux marcs & demy de cisaille, *&c.*

(5) Ils auront le tiers de plus des mailles parisis.

(6) Ils auront des tournois petits, du plon de vingt marcs & un fierton, dix sols tournois petits, & ils pourront faire deux marcs & demy de cisaille.

(7) Ils auront le tiers plus des mailles

tournoises, lesquelles seront taillées sans recours.

(8) De l'ouvrage des mailles d'argent, qui ont cours pour six deniers parisis, du Plon de vingt marcs & un fierton, ils auront vingt mailles d'argent, & ils pourront faire deux marcs & demy de cisaille.

(9) De l'ouvrage des deniers doubles, qui courent pour deux deniers parisis, du plon de vingt marcs & un fierton, ils auront quatre sols quatre deniers de doubles, & pourront faire deux marcs & demy de cisaille. Et si ces deniers avoient cours pour deux deniers tournois, ils auroient cinq sols de doubles, &c.

(10) Les monoiers auront douze deniers tournois, du cent des deniers d'or à l'aingnel.

(11) Du monoier des gros tournois d'argent, ils auront un gros tournois.

(12) De la breve des livres de mailles tierces d'argent de quatre deniers parisis, ils auront huit mailles.

(13) Du monoier de la breve des livres de mailles blanches d'argent, qui courrent pour six deniers Parisis, ils auront six mailles blanches, & les deux v d'une maille.

(14) De la breve des livres de parisis petits, ils auront 16. deniers petits, & 3. deniers parisis pour le dechet. Des mailles ils auront le tiers plus, &c.

(15) De la breve des livres de deniers doubles, qui courent pour deux deniers parisis, ils auront dix deniers doubles, & trois doubles pour le dechet, &c.

(16) De la breve des livres de deniers sengles, ou simples, ils auront vingt deniers, & quatre pour le dechet.

(17) Du monoier de la breve des livres de tournois petits, ils auront quatre deniers tournois pour le dechet, & des mailles le tiers plus.

(18) Les ouvriers doivent prendre & rendre à parmi, à la balance.

(19) Ils feront de beaux & nets deniers, sans charge & sans conchiment, &c.

(20) Les ouvriers ne pourront faire du plon de quarante marcs, que deux onces de faute, ou deffaute. Et s'ils en font plus, ils payeront les deux onces & la deffaute.

(21) Les monoiers prendront à poids & rendront à poids. Ils jureront qu'ils ne monoieront que les deniers que la garde leur baillera, & s'ils en monnoient d'autres, ils perdront les deniers, & seront punis.

(22) S'ils traient le foiblage de leur breve, ils seront mis hors du mestier, & punis à la volonté des Maîtres.

(23) Les ouvriers & monoiers doivent se rendre aux monoies du Roy à leurs dépens, quand on y a besoin d'eux. Et si huit jours après le cry fait, ou l'avertissement donné, ils ne s'y rendoient, ils payeroient dix sols chaque jour, & on les feroit venir à leurs dépens.

(24) Si les ouvriers & monoyers du serment de France ne suffisoient pour garnir les monoies, le Roy seroit en droit d'en faire venir d'autres pour un temps seulement, pendant lequel ils travailleroient à part.

(25) Les ouvriers & monoiers ne pourront admettre à leurs franchises, que des enfans d'ouvriers, ou de monoiers, ou des fils & filles d'ouvriers & de monoiers, & ils ne les pourront admettre, ni autres, sans appeller les Maîtres.

(26) Nul ne pourra s'absenter des monoies, sans la permission du Maître, ou garde, &c.

(27) Nuls ouvriers, ou monoiers ne chomeront, si ce n'est pour cas de maladie, ou de gage de bataille.

(28) Si aucuns ouvriers, ou monoiers meffaisoient au Maître, ils ne chomeroient pas pour cela, mais ils seroient punis eû égard au delict.

(29) L'ouvrier, ou le monoier qui aura commis quelque faute, & qui se sera absenté sans congé, pourra estre arresté par la justice, à la poursuite du Maître, & mis en prison, jusques à ce qu'il ait reparé le dommage.

(30) Les ouvriers seront payez tous les jours de leur ouvrage, & les monoiers de leur brassage.

(31) Les ouvriers & monoiers du serment de France, n'auront en nul cas autres Juges que les Maîtres, si ce n'est pour meutre, larrecin, ou rapt. Ils seront exempts de toutes tailles & coutumes, & de tous peages, passages, centiémes, cinquantiémes, &c.

CHARLES IV, dit le Bel, à Paris, le Vendredy 25. Septembre 1327.

CHARLES par la grace de Dieu Roys de France & de Navarre. A touz ceus qui ces presentes Letres verront, *Salut*. Sachent tuit ceuls qui sont, & qui à venir seront. Que comme *contens* fust entre les Mestres de noz monnoies & les ouvriers & monnoiers de nostre Royaume, sus l'ouvrage de noz monnoies nouvelles *blanches & noires*, & à la parfin de nostre assentement, & de nostre commandement les diz ouvriers & monnoiers & les diz Mestres vouldrent & octroierent, que l'ouvrage & le monnoiage des dites monnoies fust faiz, & demenez en la maniere & en la fourme qui s'ensuit. Et à ces choses faire ordener & acorder, furent pour nous *Jehan le Paumier, Nicolas des Moulins, Pierre de Caours*,

NOTES.

(a) Cette Ordonance est au Tresor des Chartes, Registre cotté 64. piece 53.

CHARLES IV. dit le Bel, à Paris, le Vendredy 25. Septembre 1327.

Amaury de Gray, & Pierre Chauviaus Mestres de noz monoies, *& Giles Maseline*, Et pour touz les ouvriers & monnoiers de nostre Royaume du serement de France, furent *Pierres Hurtaut* Prevost des ouvriers de Paris, *Gilles Sermentéz de Tournay, Riboulz de Bienveillorens Fardiau*, touz ouvriers, *Jehan Rochatt* Prevost des monnoies de Paris, *Pierre* diz de *Verbonne* li ainznez, de *Troyes, & Thomas de Congi* monnoiers. Et fu assis l'ouvrage & le monnoiage des dites monnois en ceste maniere.

Premierement. Les ouvriers auront du *plon* de vingt mars d'or ouvré *de deniers d'or à l'aingnel vint solz tournois*, en paiant un denier d'or pour le pris que nous li donrrons cours à tournois. Et pourront faire des vint mars dessus diz, deus mars & demie de *cisaille.* Et seront tailliez de *(b)* taille & de *(c) recours*, si comme l'en a acoustumé, sans *fors* & sans *foible.* Et auront charbon davantage raisonnablement pour faire ledit or.

(2) Item. De gros *tournois d'argent*, il auront *du plon de vint mars*, & un *(d)* fierton, dis gros tournois. Et pourront faire deus mars & demi de *cisaillle*, & se il en font plus il paieront le surplus. Et seront *tailliez* de recours, si comme l'en a acoustumé, sans *fort* & sans foible.

(3) Item. Des *mailles tierces* d'argent, tel ouvrage comme des diz *gros.*

(4) Item. Il auront *de parisis petiz, du plon de vint mars & un fierton*, huit solz parisis petiz, & pourront faire *deus mars & demi de cisaille*, Et se il font plus, il paieront le seurplus. Et seront *tailliez* les parisis dessus diz *traisains* dessus & dessouz, à huit fors, & à huit foibles au marc.

(5) Item. Des mailles parisis, il auront le tiers plus. Et seront tailliées, si comme l'en a acoustumez.

(6) Item. Il auront *des tournois petiz*, du plon de *vint mars* & un fierton, *dis sols tournois* petiz, & pourront faire deus mars & demi de cisaille, & se il en font plus, il paieront le seurplus. Et aura au marc *douze fors & douze foibles tresains*, dessus & dessouz.

(7) Item. Il auront de l'ouvrage des mailles tournoises, le *tiers plus*, & seront tailliés sans recours, si comme l'en a acoustumé.

(8) Item. Il auront de l'ouvrage *des mailles d'argent* qui ont cours, pour *sis deniers* parisis, *du plon de vint mars* & un *fierton, vint mailles d'argent*, & pourront faire *deus mars & demi de cisaille*, & se il en font plus, il paieront le seurplus. Et seront *tailliées* les dites mailles sans *fort* & sans *foible.*

(9) Item. Il auront de l'ouvrage des deniers doubles qui courent pour *deus deniers* parisis, du plon de vint mars & un fierton, *quatre sols quatre deniers de doubles.* Et pourront *faire deux mars & demi de cisaille*, & se il en font plus il paieront le surplus. Et seront *tailliez à huit forz & à huit foibles* au marc, *traisains* dessus & dessous. Et se il advenoit que les diz *deniers veinssent* & eussent cours pour *deus deniers tournois*, il auroient cinq sols de doubles. Et se l'en faisoit *petiz de-*

NOTES.

(b) Taille.] Voyez Boisard des monoies, chapitre 5. & Poullain, page 426.

(c) Recours.] Voyez Poullain dans son Traité des monoyes, pages 203. 205. 206. & 212. Boisard, pages 146. 191. & 208.

(d) Fierton.] Boisard dans son Traité des monoies chap. 26. page 256. remarque que *Philippes Auguste* en l'année 1214. au mois de Juillet crea des Officiers nommez *Fiertonneurs*, en chaque monoie du Royaume, pour visiter le matin & de relevée les Officiers de chaque fournaise. Il ordonna que ces *Fiertonneurs* seroient garnis chacun de balances, pour recevoir au poids de *Fierton*, l'ouvrage qui seroit devant les ouvriers, lequel *Fierton* contiendroit en soy le poids du remede de l'ouvrage, qui seroit ordonné estre forgé en monoye.

On doit, adjoûte-t-il, inferer de cette Ordonance, que les *deneraux* doivent estre comme cet ancien *poids de Fierton*, qui contenoit le trebuchant des Especes, & que la fonction de *Fiertonneur* est exercée aujourd'huy, par celuy des ouvriers qui est commis pour verifier les *flaons*, qui ont esté adjustez par les ouvriers & *les taillereſſes* qui sont les filles des ouvriers.

niers

niers qui fussent à la valüe des *doubles* dessus diz, il en auroient autant d'ouvrage comme des doubles.

(10) Item. Les *(e) monnoiers* auront de *monnoier* le cent des deniers *d'or à l'aingnel; douze deniers* tournois, en paiant le denier d'or à l'aingnel pour le pris que nous li donrrons cours à tournois.

(11) Item. Il auront de monnoier, quarante solz de gros tournois d'argent, un gros tournois.

(12) Item. Il auront de la *(f) breve* des dis *(g) livres* de mailles, tierces d'argent de quatre deniers parisis la piece, *huit mailles tierces.*

(13) Item. Il auront *de monnoier la breve* des dis livres de *mailles blanches d'argent*, qui courent pour *sis deniers parisis, sis mailles* blanches, & les *deus pars d'une maille.*

(14) Item. De la *breve des dis* livres *parisis petiz*, seize deniers parisis petiz & trois deniers parisis pour dechié, & des *mailles le tiers plus*. Et prendront à pois & rendront à pois la monnoie noire tout à parmi.

(15) Item. De la breve de dis livres de deniers doubles, qui courent pour deus deniers parisis, dis deniers doubles, & trois doubles de dechié. Et se il dechiet plus, il le rendront.

(16) Item. De la breve de dis livres de deniers *sengles*, vint deniers *sengles* & quatre pour dechié.

(17) Item. De *monnoier* la breve de dis livres de tournois petiz, & quatre deniers tournois *pour dechié*, & des *mailles le tiers plus.*

(18) Item. Les ouvriers doivent prendre *à parmi & rendre à parmi (h) à la balance*, sanz nul avantage.

(19) Item. Il doivent faire *biaus deniers, & nez* sans nul charge, & sans nul *conchiement*, ne n'y doivent mettre nulle chose, fors ce que le mestre leur baudra, pieur, ne meilleur. Et ne mettront *suif*, ne *ointure* és deniers, puis que il seront tailliez, ne nulle *poudre* à ouvrer les diz deniers, ne outre conchiement quel que il soit. Et que nuls ne puisse moüillier sa fournaise puis qu'il auront *(i)* esleslé, & se il le faisoient il seroient puni selonc leur meffait.

(20) Item. Li ouvrier ne pourront faire du *plon* de quarante mars, que deus onces de deffaute, & du plus, & du moins à l'avenant. Et se il avenoit que il feissent plus de faute il paieront les deus onces & la deffaute, avant que il parte de la balance.

(21) Item. Li monnoier prendront *à pois* & rendront *à pois* tout *à parmi à la balance*. Et *jurront* seur saintes *Evangiles*, qu'il ne monnoieront nuls deniers, fors ceus que la garde leur baudra. Et se il estoit trouvé que il monnoiassent nuls autres deniers il perdront les deniers, & seront puniz par les mestres selon le meffait.

(22) Item. Se il estoit trouvé que il tresissent le *(k) foiblage* de leur *breve*, il

NOTES.

(e) Monoiers.] Selon Poullain sont ceux qui marquent les Especes de leur Coin, ou Caractere, par le moyen de la pille, ou du troussseau. Voyez Boisard des monoies, pages 378. 379. Et touchant le *trousseau & la pille*, voyez en la page 161. 162. 163.

(f) Breve.] C'est ainsi qu'on nomme la quantité des deniers qu'on donne pour monoier. Voyez Poullain, page 331. & Boisard page 144. 136. 137.

(g) Livres.] Voyez Poullain des monoies, pages 126. 135.

(h) A la ballance.] Voyez Boisard des monoies, chap. 19. partie premiere, page 166.

(i) Eslesié.] On appelle dans les monoies, *flatir*, batre, estendre, & dresser le flan, ou l'espece de monoie sur le tas ou l'enclume, du volume & de la circonference à peu prés qu'elle doit avoir.

Eslaiser est presque la mesme chose que *flatir*, sinon que l'on ne penetre pas tant la piece, ne faisant que la redresser du rechauffage. Cette façon se fait par l'ouvrier sur le mesme tas, ou enclume ronde, & avec le marteau du *flatoir*, laquelle faite, il recuit, puis rechauffe les flans, estant obligé par les Ordonances de *repeter* cette façon deux fois. Poullain des monoies, pages 326. 327. 328. 329.

(k) Foiblage.] Dans les monoies *le reme-*

CHARLES IV, dit le Bel, à Paris, le Vendredy 25. Septembre 1327.

seroient mis hors de mestier, & puniz à la volenté des mestres. Et ne doivent faire *deffaut en la breve* de dis *livres*, que *huit deniers*.

(23) Item. Les diz *ouvriers*, & *monnoiers* sont tenuz de venir garnir noz monnoies toutes foiz que mestier sera, à leurs propres couz & despens sans demander nul avantage, ne nul don. Et se aucun aprés ce que il auroit esté *crié* ou lieu là où il demourroit, que il venissent à noz monnoies, en estoit en deffaute, que il ne partist de son *païs huit jours aprés le cri, qu'il fust* chascun jour *à dis solz de paine,* se il n'avoit *essoine* loial. Et seroit envoié *querre à ses* propres *couz & despens.*

(24) Item. Se ainsi estoit que li *ouvriers, & monnoiers du serment de France* ne peussent garnir noz monnoies de tant d'ouvriers & *monnoiers* comme l'en auroit mestier, nous pourrions appeller autres ouvriers & monnoiers de quelque lieu avec eus, tant seulement comme l'en auroit à faire de euls, & ouvroroient, & monnoieroient à part.

(25) Item. Que il ne puissent recevoir és franchises que nous leur avons octroiées fors que enfant d'ouvrier ou de monnoier, ou filz de fille d'ouvrier ou de monnoier, ne acqueillir ou mestier iceus, ne autres, sans appeller les mestres de noz monnoies, ou ceuls qui de par les diz mestres y seront deputez.

(26) Item. Que nuls, puis que il sera venu en monnoye du Roy, ne s'en puisse partir, sans congié dou *mestre* de la monnoie, ou de la *garde*. Et se il fait le contraire, *l'en l'envoiera querre à ses propres couz & despens*, tant comme il pourra avoir à ouvrer, & à monnoier souffisamment.

(27) Item. Que nuls *ouvriers*, ou *monnoiers* ne doivent *(l) chômer* par quelconques choses que ce soit, ce n'est pour cas de *maladie*. Et doivent demander leur droit en ouvrant, & se il ne le font il seront puniz à la volenté des mestres, exceptez ceus *(m) qui se combatront,* qui seront tenuz à chomer.

(28) Item. Se il y avoit aucuns *ouvriers*, ou *monnoiers qui meffeissent au mestre de la monnoie*, ou à ses gens, & le mestre, ne li vousist bailler à ouvrer, que li autre ne chomassent pas, més seroit puniz, les choses congneues, selon la quantité du meffait.

(29) Item. Se il avoit *ouvrier*, ou *monnoier* qui *emportast* la faute que il auroit faite, sans le *congié du mestre,* que ledit mestre le peust *faire prendre* par la *justice du lieu* & mettre en *prison*, jusques à tant que il eust rendu la *faute* & le *dommage.*

(30) Item. Que li ouvrier soient paiez touz les jours de leur ouvrage, & les monnoiers de leur *(n) brassage.*

NOTES.

de de poids est une permission que le Roy accorde aux Maîtres de ses monoies, de pouvoir tenir le marc d'especes plus foible d'une certaine quantité de grains que le poids juste, ce qui s'appelle *foiblage*, à condition neamoins, que si le marc d'especes d'or, ou d'argent se trouve hors du remede permis, les maistres sont condamnez à la restitution des sommes, ausquels les *foiblages* hors du remede permis se trouvent monter, & à l'amende, & mesme à plus grande peine selon les cas, & la quantité de foiblage hors du remede permis. Mais si le marc d'especes se trouve dans le remede permis, les Maîtres ne sont condamnez qu'à la restitution de la somme, à la quelle revient ce qui se trouve de *foiblage* dans le remede permis, sans aucune amende, parce qu'ils n'ont pris que le remede permis. De sorte qu'il y a deux sortes de *foiblages* dont l'un est dans le remede, lorsque les maîtres n'excedent pas le remede permis, & l'autre hors du remede, quand ils excedent le remede permis. Voyez Boisard des monoies, pages 33. 34. 483. Poullain, pages 430. 431. Et touchant la *breve.* Voyez cy-dessus l'article 12. On void par là pourquoy cette Ordonance deffend de traire le *foiblage* des *breves.*

(l) Chomer.] C'est manquer d'ouvrage.

(m) Qui se combatront.] Voyez cy-dessus l'Ordonance de Philippes le Bel de l'an 1306. Touchant les gages de bataille, ce que j'ay remarqué sur les institutes de Loisel liv. 6. tit. 1. Regle 22. 23. 24. &c. & Beaumanoir, page 308. ligne 24.

(n) Brassage, Brazeagium.] C'est selon Boisard, le pouvoir accordé par le Roy, aux maîtres des monoies, de prendre sur chaque

CHARLES IV. dit le Bel, à Paris, le Vendredy 25. Septembre 1327.

(31) Et nous considerans les agreables services à nous faiz, & à noz predecesseurs par les diz *ouvriers*, & *monnoiers*, ottroions & *confermons* aus mestres de noz monnoies, & aus *ouvriers & monnoiers* de nostre Royaume *du serment de France*, touz les previleges & toutes les franchises que noz devanciers Roys de France leur ont donné & octroié, ça en arriere. C'est assavoir que il ne sont tenu de respondre de nul cas devant *nul Juge*, se n'est devant *les mestres de noz monnoies*, fors que de trois cas, c'est assavoir, de *meurtre*, *(o)* de *larrecin*, & *rapt*. Et *voulons & ottroions* que il soient franc, quittes & delivrés par tout nostre Royaume, de toutes *tailles & de toutes coustumes*, *de touz paages*, *passages*, *centiesme*, *cinquantiesme*, *chauciées*, *ost*, *chevauchiées*, *& generaument de toutes subventions*, *exactions & impositions*, *quelles que elles soient*, *ouvrant*, *& non ouvrant*, non obstans previleges donnez & à donner, non faisans especial mention de cestui. Et prenons des maintenant & mettons les mestres de noz monnoies, les ouvriers & les monnoiers dessus diz, leurs cors & leurs biens en *nostre garde especial*. Et voulons & ottroions que quiconques fera *grief*, ou moleste, aus Mestres de noz monnoies, ou à noz ouvriers & monnoiers dessus diz, qui soient contre leurs libertez, privileges, ou franchises, que celui ou ceuls, qui grief ou moleste, destourbier, ou aucun dommage leur fera, soit condampnez & contrains, à euls rendre tous couz, despens, & dommages que il auront encouru pour le fait des empeschemens, & aussi à nous amender selont la qualité, & la quantité du meffait. Et *voulons & commandons* estroitement à touz nos Seneschaus, Baillis, Prevos, & à touz noz autres justiciers & subjez, que cil en qui destroit, ou jurisdiction li grief, moleste, destourbiers, ou dommage seront fait, ou donné, sommierement & de plain, face tout rendre adrecier & amender, comme dessus est dit, tant en partie comme à nous. Et pour ce que il est nostre entention, que és dites franchises, libertez, & leurs droiz & anciennes bonnes coustumes il soient tenu & gardé par tout nostre Royaume, *Nous enjoignons* & estroitement *commandons* à touz noz Seneschaus, Baillis, Prevoz, & à touz autres justiciers de nostre Royaume, que il les dites libertez, privileges, & franchises facent tenir & garder enterinement, sans corrompre, aus diz *Mestres de nos monnoies*, & à noz diz ouvriers, & monnoiers, par la representation faite à euls de la copie de ces lettres, souz le Scel de nostre *Chastellet de Paris*, ou d'autre Scel Royal autentique. Et pour que ce soit ferme chose & estable à touz jours, Nous avons fait mettre nostre Scel à ces presentes lettres. *Donné à Paris, l'an de grace mil trois cens vingt & sept, le Vendredy 25. jour du mois de Septembre. (p)*

NOTES.

marc d'or, d'argent, ou de billon ouvré en especes, une certaine somme modique, dont le maître retient la moitié, ou environ pour le charbon, & autres frais ordinaires, & l'autre moitié est distribuée aux Officiers des monoies, & aux ouvriers qui ont aydé & contribué de leur ministere à la fabrication des Especes, &c. page 59. Voyez Poullain, page 89. 396. 425.

(o) Voyez cy-dessus l'article 27. à la fin.

(p) Et au bas il y a au ms. ce qui suit. Par mestre *Jehan Mandevilain*, & *Aymart de Trois*, & par *Vincent du Castel* deputez quant à la concession des privileges, par les Presidens & par la Chambre des Comptes, en laquelle Chambre il en firent relation & par *Jehan Paumier, Pierre de Caours, Almaurry de Gray & Pierres Chauviaus*, mestres des monnoies du Royaume de France, quant à l'Ordonnance de l'ouvrage & du *monnoiage des dites monnoies*.

OBSERVATION.

LE Blanc dans sa Table, à la fin de son Traité des monoies, page 315. de l'Edition d'Hollande, remarque que le 20. Fevrier 1321. le Roy fit fabriquer *de gros tournois, & des deniers parisis*. L'autheur des notes sur le livre des monoies de M.r Hautin, dit que le mesme jour 20. Fevrier le Roy fit une Ordonnance pour la manufacture des *grands moutons d'or fin*, *des gros d'argent*, *des mailles blanches, des parisis doubles, des parisis petits, des mailles petites, des Royaux d'or, des gros deniers d'argent, des oboles blanches, & des petits tournois.* On ne trouve pas cette Ordonnance.

Quant aux moutons qui furent faits au commencement de ce regne, ils furent du même poids, & du même Titre que ceux du regne precedent.

Les Letres Patentes de 1321. touchant le trafic des laines, ne sont proprement que des Statuts de ce mêtier, confirmez par le Roy, & par cette raison on n'a pas crû qu'elles deussent estre mises au nombre des Ordonances.

En 1322. le dernier Aoust, le Roy fit l'Ordonance qui suit, touchant la Reyne & sa Maison.

(1) *Ordinatum est à Domino Rege, quod Domina Regina, pro omnibus eleesosynis suis, & oblationibus, per annum habeat 400. lib. Parisienses, & non amplius, & hoc ultra decimam victualium Domus, quam solvere tenetur aliquibus certis locis, & ultra illos XIII. pauperes quos cotidie reficere consuevit, & illos quatuor pauperes quos consuevit reficere in die sabbati, & præter mesellos valori XII. s. per diem.*

(2) Item. *Pro omnibus donis, quæ per annum faciet, summam 40. lib. Paris. non excedat.*

(3) Item. *Quod a nemine nuncium recipiat, vel recipi faciat, neque donum, nec permittat a liberis suis donum aliquod recipi, neque dari, in quo non intelliguntur vina, victualia, aut hujusmodi levia, vel minuta.*

(4) Item. *Quod abstineat a dominabus vocandis, vel aliis magnis personis & eas cum venerint diutius retinendis. Et quod se non reddat nimis facilem ad loquendum cum tot venientibus, sed aliquotiens se excusari faciat, sicut decet.*

(5) Item. *Ordinavit Dominus Rex, quod G. & E. jurent, quod curabunt & providebunt, bonâ fide, quod expensæ domus fideliter & moderate fiant. Et quod in expensis domus, sub obtentu, vel nomine expensarum nihil computabunt præter expensas proprias dictæ domus. Et hoc juraverunt dicti G. & C. in præsentia Domini Regis.*

(6) Item. *Quod ipsa nec mandet vel præcipiat Ballivis regni, vel Præpositis, aut aliis officia ab ipso habentibus. Et quod neminem poni faciat autoritate sua in Balliviis, vel Sergenteriis, aut officiis aliis quibuscumque.*

(7) Item. *Quod amplius edificari non faciat, & quod personam aliquam non recipiat in familia sua, vel liberorum suorum, sine licentia Domini Regis.*

Hæc omnia vult & præcepit Dominus Rex ab ipsa Domina Regina servari & teneri.

Cette premiere Ordonance fut suivie d'une autre que voicy, dont on ne sçait pas la date.

(1) *Ordinatum est à Domino Rege de* hospitio *Dominæ Reginæ, quod decimâ victualium Domus solvatur, sicut est consuetum.*

(2) Item. *Quod reficiantur 13. pauperes cottidie sicut solent, & hæc sint super expensa hospitii.*

(3) Item. *Pro quatuor pauperibus, quos ipsa Domina consuevit reficere die sabbati, habeat, sicut solet quatuor solidos illa die.*

(4) Item. *16. Solidos pro eleemosyna, quando equitat & hospitium mutat. Habeat autem ultra prædicta omnia, pro donis, eleemosynis aliis, oblationibus exeniis, sive presentis, & aliis omnibus, quæ sibi placuerint, 600. lib. per annum, scilicet 200. lib. in quolibet compoto.*

(5) Item. *Pro 61. Dominarum vestibus, & aliis necessariis, pro qualibet XXX. lib. turon. sum. IX. xx. lib. turon. pro illis.*

(6) Item. *Pro XX. aliarum mulierum vestibus & aliis necessariis, pro qualibet XX. libr. Turonens. summa IIII. c. lib. Turonens. pro illis.*

(7) *De cappellâ ordinatum est, quod tota cera Regis sit, & capellanus habeat pro cera*

pro cera sua x. libras Parisienses per annum, ipse autem capellanum suum tenebit de suo, in vestibus & aliis necessariis, preter cibum.

(8) *A nemine autem Domina Regina mutuum recipiat, aut recepi faciat, neque Donum, nec permittat a liberis suis donum aliquod recipi sive dari, in quo non intelligantur vina, vel victualia, seu alia hujusmodi levia vel minuta.*

(9) Item. *Quod abstineat a Dominabus vocandis, vel aliis magnis personis, & eis cum venerint diutius retinendis, & quod se non reddat nimis facilem ad loquendum cum tot venientibus, sed aliquotiens se excusari faciat, sicut decet.*

(10) Item. *Quod nec mandet, vel precipiat Ballivis Regis, sive Prepositis, aut aliis ab ipso habentibus officia, & quod neminem poni faciat autoritate suâ, in Balliviis, vel Sergenteriis, aut aliis Officiis quibuscumque.*

(11) Item. *Quod amplius edificari vel operari non faciat, & quod personam aliquam in familiâ, vel liberorum suorum non recipiat, sine licentia Domini Regis.*

(12) *Hæc omnia supradicta vult Dominus Rex, & precipit Dominæ Reginæ servari & teneri.*

(13) *Jurabunt autem tactis sacrosanctis Evangeliis in presentia Domini Regis. Dom. Al. & G. clericus, quod fideles erunt Domino Regi, & quod bona fide curabunt, & providebunt quod expensæ domus fideliter & moderate fiant, & quod in expensis domus, sub obtentu, vel nomine expensarum, nec ponent, nec computabunt præter expensas proprias dictæ domus.*

(14) *Consergio autem Sancti Germani precipi debet, quod expensas aliquas non faciat neque computet, nisi pro coopertura domorum, vel horto excolendo, aut pro factione vinearum Regis.*

* Ces deux Ordonances sont tirées des preuves manuscrites de l'histoire des trois fils de Philippes le Bel, qui sont chez Monsᵍʳ le Chancelier.

Les Letres Patentes portant que *les droits du Roy qui avoient esté diminuez seroient rétablis*, datées du *12. May 1322*, & qui sont à Montpellier, au Registre des homages de Carcassone, cotté n. 1. armoire A. feüillet 62. l'Ordonance du mois de May 1322. qui est au mesme Registre, & celle du 17. Septembre 1322, ont esté obmises, parce que les personnes à qui on les a demandées, ne les ont pas envoyées.

Celuy qui a fait des notes manuscrites sur le livre des monoyes de M.ʳ Hautin, cite une Ordonance du 27. Octobre 1322, portant qu'il seroit fait des *Parisis doubles, qui auroient cours pour deux deniers Parisis la piece.* Le Blanc dans sa Table, sous l'an 1322. n'en parle pas, ce qui fait croire que cette Ordonance est, ou mal datée, ou qu'elle n'a peut-estre pas esté faite.

Dans la Table Chronologique, au 12. de Novembre 1322. on a mis deux letres, ou pretenduës Ordonances. L'une portant que *le Chancellier, les Notaires & les Secretaires* du Roy seront payez de leurs gages sur l'émolument du grand Sceau, & l'autre que *les gens du Parlement seront payez de leurs gages sur les amendes*, mais pour faire voir qu'on a eû raison de rejetter ces deux pieces comme plusieurs autres, qui ne sont pas des Loix, on a crû les devoir transcrire icy.

Mandement touchant le payement des gages du Chancellier, des Notaires, & des Secretaires du Roy.

CHARLES par la grace de Dieu Roys de France & de Navarre, à nos amez & feauls Tresoriers de Paris, *Salut & dilection.* Nous avons *ordené* par nostre grant Conseil, que nostre *Chancelier*, & noz *Notaires* seront payez de leurs gages *sus l'émolument de nostre grant Scel*, & que ledit Chancelier payera les diz Notaires par les escroes du mestre de nostre Chambre aux deniers. *Si mandons* par ces presentes Letres, audit Chancelier & à vous, que vous *ladite Ordonance* tiengniez, & gardez sans enfraindre. Et ne voullons que vous recevez aucune chose dudit émolument, jusques à tant que les dits gages soient tous paiez. *Donné à Montargis le douze jour de Novembre, mil trois cens vingt & deux.*

Mandement portant que les gens du Parlement seront payez de leurs gages sur les amendes.

CHARLES par la grace de Dieu Roys de France & de Navarre, à nos amez & feaulz Tresoriers de Paris, *Salut & dilection.* Nous avons ordonné par nostre Grand Conseil, que tous les gens de nostre Parlement, & de nos enquestes seront dores-en-avant payez de leurs gages, sur les *explez & amendes,* qui vendront de nostre dit Parlement. Et que noz gens dessus diz & nos Notaires soient poiez sur les diz explez & amendes, *de tout ce que deû leur est,* pour les gages du *temps passé.* Si vous *Mandons* que les *explez* que il feront en ce present Parlement, vous fassiez lever, & esploitier, & convertir en la solution des choses dessus dites. Et se il vous requierrent, que en solution de ce que il leur est deû, vous leur bailliez des diz exploiz, si leur en bailliez, & à les lever & esplcter leurs bailliez tels Commissaires, comme il vous requerront. *Donné à Montargis le douze de Novembre, l'an de grace mil trois cens vingt & deux.*

En l'année 1322. au mois de Fevrier, Charles le Bel resolut de faire le voyage de la Terre Sainte, & comme il luy falloit un subside extraordinaire pour executer cette entreprise, il envoya les Letres qui suivent, à l'Evêque de Carcassone, & selon toutes les apparences aux autres Evêques du Royaume.

Carolus Dei gratiâ Francie & Navarre Rex Episcopo Carcassonæ *& singulis Episcopis, Abbatibus, Decanis, capitulis, Ducibus, Comitibus, Baronibus & cæteris notabilibus & potentibus personis Seneschalliæ Carcassonæ, & ejus ressorti,* Salutem & dilectionem.

Ad terræ sanctæ pretiosissimo Domini nostri Jesu Christi, *creatoris ac redemptoris nostri sanguine dedicatæ liberationem, & de manibus perfidorum nomen ejusdem Domini nostri* Jesu Christi, *quod est super omne nomen, cui omne genu cœlestium, terrestrium & infernorum flecti debet, & omnis lingua confiteri, quod idem Dominus noster* Jesus Christus *est in gloria Dei Patris, exsufflantium, blasphemantium, & prosequentium ereptionem noster præcordialiter aspirat affectus, ad id nostra versatur intentio principalis. Nunc de generalibus, & specialibus remediis pro dictæ terræ sanctæ liberatione, & terrarum quæ in partibus transmarinis, a Christianis tenentur conservatione, ac infidelium impugnatione, nunc etiam de personis, quæ ad dicta exequenda remedia sufficienter & idonee reperiri valeant cogitando provide. Cum per nuntios* magnifici, & catholici principis Regis Cypri illustris, *& per alios nuper ad nostrum, & non absque magna cordis amaritudine, fuerit perlatum auditum, inimicos fidei orthodoxæ, a paucis citra temporibus ter regnum* Armeniæ *hostiliter invasisse, & innumerabiles Christianos, & innocentes, ac parvulos crudelissime tractasse, ac multos ex eis secum in captivitate duxisse, ut a veritate & lumine orthodoxæ fidei faciant exorbitare, & in sectâ eorum perfidiæ, ac erroris, & damnationis aggregari eosdem, nec non quod dictæ fidei inimici se præparant ad dictum* regnum Armeniæ, *& etiam* regnum Cypri, *Et alias terras, quas Christiani in illis tenent partibus invadendas, & nisi Deus eorum malignis obviet conatibus, capiendas. Et vos Prelati, & Barones nobis cum, quando prædicta fuerunt nobis Parisius exposita & ibi existentes a dictis nuntiis Regis Cypri lacrimabiliter fuerimus requisiti, ut prædecessorum nostrorum, per quorum, & potentiæ Gallicanæ manus, terra sancta prædicto frequenter a manibus impiorum erepta extitit, inhærendo providere vellemus super de remedio oportuno, protestati que ipsi nuntii fuerint, ut si, quod Deus avertat, dicta regna, sine quibus dicta terra sancta difficulter recuperari possit, temporibus nostris, & vestris* *perdi contingeret, & christicolarum in eis degentium sanguinem innocentem effundi, eorum uxores ac liberos capi, & eisdem per dictos infideles abuti, de nostris & vestris ac aliorum Christianorum adjuvare valentium, & nolentium, seu negligentium, manibus in districto examine ratio requiratur.*

Nos dictis particulis occurrere, & prædictorum regnorum securitati, & ne per mare eisdem infidelibus deferantur, ad impugnandum Christianos, arma, ferrum, lignamina, & pueri Christiani, quos proh dolor ad Christi fidem *susceptam abnegandam & impugnandam aliqui perfidi Christiani venales exponunt, providere volentes, certum versus partes illas, ob prædicta, navium, galearum, ac lignorum, atque gentium numerum, juxta instantem mensem madii decrevimus destinare, & dilectum atque fidelem militem, consiliarium & familiarium nostrum* AMALRICUM *Dominum & Vicecomitem Narbonæ, quem etiam ad hoc propria accendit devotio, tamquam verum discretione præditum, in armis strenuum & expertum, zelo fidei accensum, fidelem, & idoneum Capitaneum* Constituimus *pro prædictis, ei que dilectum & fidelem* BERENGARIUM BLANCHI *admiralium nostrum maris, ad promptiorem & feliciorem expeditionem prædictorum tradidimus, cum quibus etiam aliqui Prælati consiliarii nostri, ac nonnulli Barones, nobiles & potentes, ac multæ aliæ personæ Ecclesiasticæ & sæculares regni nostri, ob devotionem, & ad assequendum indulgentias, propter deffensionem dictorum Regnorum* Armeniæ & Cypri, *illis qui transfretabunt, vel pro se alios mittent, aut transfretantibus subvenient, de novo autoritate Apostolica concessas, transfretare intendunt. Quamobrem cum per Nos & dilectum atque fidelem Patruum nostrum* Comitem Valesii, *& alios de genere nostro, & per Prælatos, Barones, & alios clericos & laïcos tunc nobiscum existentes, gratis, liberaliter, & ex devotione* pecuniarum subsidium allatum fuerit *pro relevamine expensarum faciendarum, in primo passagio memorato, & dictum subsidium sine vestro, & aliorum fidelium adjutorio non sufficiat ad prædicta, vos, & vestrum singulos affectuose* requirimus, & rogamus, *quatenus ad locum magis communem, & commodum a vobis Prælatis in singulis diœcesibus deputandum, propter zelum & deffensionem fidei orthodoxæ, ac regnorum prædictorum, convenientes, absque dilatione in unum, juxta facultates, & potestatem vobis a Deo concessas, subveniatis, & ad subsidium dandum, & mutuandum vestros inducatis subditos, præsertim divites & abundantes, ac alios in prædictis, ut ob defectum subsidii, primum passagium retardari, quomodolibet valeat memoratum, in grave periculum, & damnum fidei, &* in regnis *Cypri & Armeniæ commorantium memoratis. Sane illa, quæ pro præmissis, in quantitatibus parvis dari contigerit, reponi volumus in* truncis, in singulis parochialibus Ecclesiis indilate constituendis, *in quibus, quatuor claves fiant, quarum unam* curatus *parochiæ teneat, & tres alias tres probi viri, de assensu majoris partis parochianorum, in dictis parochiis deputandi, per quos bona fide redigantur, in fine cujuslibet mensis, illa quæ reposita in* truncis *fuerint supradictis, & sic recollecta integraliter tradantur Episcopo diocesano, vel capitulo Ecclesiæ Cathedralis, & tribus probis viris in singulis civitatibus, secundum prædictum modum deputandis. A quibus quidem Episcopo, & capitulo, & tribus probis viris dicta pecunia, & alia quæ in grosso, seu alias in subsidium dicti primi passagii fuerint erogata, tradantur, seu Parisius mittantur, dilectis & fidelibus nostris* Decano Parisiensi, & Nicolao de Pacy *ad recipiendum, & in dictos usus, & in nullos alios convertendum dictam pecuniam deputatis, sedem gerentes indubiam, & de hoc alios certificare curantes, quod in nullos alios usus convertemus, nec converti permittemus pecuniam memoratum. Porro in dicti primi passagii & etiam alterius passagii particularis, in quo plures homines armorum ire disposuerunt, quod in sequenti anno circa mensem Augusti, largiente Domino faciendum est, adjutorium obtulerunt dicti Prælati Parisius existentes, ut vobis & aliis absentibus exemplum præberent, similia vel majora circa hoc faciendi, vicesimam partem,* juxta decimæ *taxationem redituum eorumdem, ad quod quidem particulare passagium faciendum multi magnates regni nostri intendunt, & precipue dilecti & fideles* Ludovicus Dominus Borbonii, Camerarius Franciæ consanguineus Claromontensis, Gualterus *de*

Castillione constabularius, nostri de Portiniis Comites, cum multis sequacibus eorumdem. Datum Parisius septima die Februarii, anno Domini millesimo trecentesimo vigesimo secundo. *Vide tom. 1. Thesaur. Anecdot. col. 1370.*

Selon l'anonyme qui a fait des notes sur le livre des monoies de M.r Hautin, Charles le Bel fit une Ordonance le 2. Mars 1323, portant *qu'il seroit fait des oboles blanches d'argent, qui auroient cours pour deux deniers la piece.* Le Blanc dans sa table parle de cette fabrique, & dit qu'elle fut ordonnée le 2. Mars 1322. On n'a pû voir cette Ordonance.

La pretenduë Ordonance du 16. Juin 1324. touchant les Ports & passages, ne sont que des Statuts faits pour les ouvriers en laine dans le Languedoc, confirmez par le Roy.

En 1325. le 25. May le Roy commist quelques personnes pour travailler à la reformation du Chastellet. Les Letres en sont rapportées par Joly aux additions à Girard, tome 2. page 1413. Mais comme ce que Charles avoit projetté ne fut executé que sous Philippes de Valois, on renvoye le lecteur au regne suivant sous le mois de Fevrier 1327.

L'Ordonance touchant la reparation des Eglises, datée dans la table Chronologique du 6. Octobre 1325, ne se trouve pas, & a esté obmise par cette raison dans la compilation Chronologique.

Il y a erreur dans la date & dans l'indication de la confirmation de plusieurs Ordonances faites en faveur des vendeurs de Poisson de Mer à Paris, & comme on n'a pû la trouver, on n'a pû la mettre en son rang.

On n'a pû aussi voir l'Ordonance du 16. Fevrier, citée par celuy qui a fait des notes sur le livre des monoyes de M.r Hautin, portant qu'il seroit fait *des Royaux doubles d'or fin, qui auroient cours pour vingt sols,* & ce qui peut faire douter de la verité de cette Ordonance, c'est que le Blanc n'en parle pas dans sa Table.

La pretenduë Ordonance touchant *le profit des defauts en action* personelle du 5. Decembre 1327. rapportée par Joly aux additions à Girard, tome 2. page 10. & 11, n'est qu'un reglement de la Cour.

L'Ordonance du mois de Fevrier 1327. *Touchant les marchandises qui se vendoient au poids, & touchant l'Apotiquairie de Paris,* est celle du mois de Fevrier 1321. qu'on a mal employée deux fois dans la table Chronologique. Ce qui a donné lieu à l'erreur, est que dans cette Ordonance qui est datée au long dans le manuscrit de *mil trois cens vint & un,* on a confondu le mot *un* avec le nombre *VII.* en chifre Romain, qui ont ensemble une grande ressemblance. Mais ce qui prouve incontestablement que cette Ordonance est de 1321. c'est que dans le Registre du Tresor cotté 61, pour les années 1321. 1322. & 1323. elle est à la teste des pieces de 1321, & par consequent la premiere du regne de Charles le Bel.

Quant à l'Ordonance touchant la forme de proceder contre les reformateurs qui avoient esté envoyez dans le Royaume, datée de l'année 1327, ce n'est qu'un Arrest, comme le lecteur en jugera par la piece mesme tirée du Registre A du Parlement feüillet 2.

Ordinatio super modo procedendi contra reformatores per regnum destinatos.

C'EST la fourme & la maniere comment l'en procedera, contre les reformateurs desreinerement envoiez pour la reformation.

Premierement. Se il est trouvé par les procés, ou autrement que il ayent passé les metes de leur commission, ce que il auront fait par ceste maniere, sera mis au nient, & seront condempnés és despens de partie.

(2) Item. Les Commissaires ordenés à oir les complaignans, voiront se il feront à recevoir, ou à refuser & en feront ce que raison leur semblera.

(3) Item.

(3) *Item.* Se lesdis reformateurs & complaignans cheoient en fais contraires, & ledit complaignant soit miserable personne, l'en convienra à un preudomme Bourgois, ou autre du pays, pour en savoir la verité. Et sera fait au mains de despens que l'en poura.

(4) *Item.* Se li dit complaignant sont riche, le procés se fera à leurs despens; sans ce que li Roys y mette riens du sien. Et se obligeront de paier tous les dêpens, & de paier une grosse amende, laquele leur sera imposée, ou cas que il decherront de leur complainte. Et ou cas que il sera trouvé que les dis reformateurs auront fait non deüement ce que fait auront, il seront condempnés à rendre à partie les despens & dommages.

Ista ordinatio fuit facta & ordinata presentibus dominis qui sequuntur, abbate de Fescamp, *Domino de Bellomonte, Domino Cancellario, Abbate de sancto Dyonisio, Comite Boloniensi, Episcopo Carnotensi, Andrea de Florentia, Domino de Credonio, Roberto Bertrandi Marescallo Francie, Domino Bellijoci, Hugone Geraldi, J. de* Castellart, *R. Chaillo, P. de Villa-Brema, Vidone Baudeti, Reimbaudo de* Rechine-voisin, *Nicolao Albi, Raymundo Saqueti, Andrea Porcherii, Guillelmo Morelli, Martino de Essartis, G.* Courteheuse, *Petro de Angueriis.*

En marge il y a, *Hæc ordinatio registrata est, inter arresta anni 1327.*

Pieces nouvellement recouvrées.

PHILIPPES III. DIT LE HARDY.

PHILIPPE III. dit le Hardy, à Paris 1275. au mois de Decembre.

(a) Ordonance touchant les Monoies.

PHILIPPUS *Dei gratiâ Francorum Rex Senescallo Carcassone,* Salutem. *Mittimus vobis ordinationem nostrarum monetarum, que talis est.* Volumus *quod vos per vos, & prepositos, & per servientes, & alios qui debent & possunt esse ad hoc ydonei, faciatis custodiri, quod aliene monete non currant in terrâ nostrâ, nisi nostre proprie que consueverunt ibi currere. Et quod nullus vendat, vel emat, nec mercatum faciat, nisi ad illam monetam. Et transactis duobus mensibus, postquam presens* ordinatio *erit publicata, quicumque inventus fuerit accipiendo, vel mittendo aliam monetam, vel quicumque inde convictus fuerit, per directam probationem, vel per inquestam, vel per duos, sive plures testes ydoneos, persolvat pro emenda, duodecim denarios pro libra. Et si quis homo dives inventus fuerit consuevisse facere contra presentem ordinationem, volumus ipsum compelli, per captionem sui corporis, & per majorem emendam. Et in qualibet villa vocentur duo vel tres probi homines, qui habeant custodiam emendarum, & qualiter prepositi & servientes circa hoc se habebunt, & quod illi injuste non gravent gentes. Nulle monete debent accipi in regno, ubi non est propria moneta, nisi nostre, & in locis ubi est propria moneta, potest & debet currere nostra moneta secundum suum valorem, nec reffutabuntur Parisiensis & turonen. licet*

NOTES.

(a) Cette Ordonance est au troisiéme *Thalamus* des archives de la maison de Ville de Narbonne.

PHILIPPE III. dit le Hardy, à Paris 1275. au mois de Decembre.

sint pelati, *dum tamen habeant cognitionem versus crucem, vel versus pilam, quod sint parisienses, vel turonenses, & quod non deficiat pecia. Volumus quod tales monete recipiantur ad nostros redditus, quas vobis precipimus recipi, nec aliquis de toto regno nostro audeat contrafacere monetam nostram, nec aliquis Baro monetam alterius Baronis, illorum scilicet Baronum qui habent monetas. Nec debent currere alique monete nisi sue quas ipsi tenent a nobis, vel nostre proprie. Et in terra illorum qui non habent monetam, non debet currere aliqua moneta nisi nostra propria, vel ille monete que per magnam antiquitatem, & de eorum jure consueverant ibi currere. Et mandamus & deffendimus, sub pena corporis & averi, omnibus illis qui faciunt & qui non faciunt monetas, quod ipsi non fundant nec fundi faciant, aliquas de nostris monetis, seu de monetis Baronum nostrorum, nec emant bilhonem illarum monetarum, dum stabunt in suo recto cursu, nec erunt abatute.*

Item. *Quod nullus eas trabuchet. Et quicumque inventus fuerit portans bilhonem monetarum regni non abatutarum, amittet ipsum bilhonem, & corpus ejus erit in terra nostra misericordiè nostre, & in terra aliorum justiciariorum nostrorum ipse bilhonus erit dominorum illorum locorum ubi inventus fuerit, & corpus ejus erit ad misericordiam ipsorum dominorum.*

Item. *Mandamus quod aliqui Barones non diminuant monetam, quam facere inceperint, de pondere vel de Lege, nisi faciat apertam differentiam versus crucem, vel versus pilam, que possit cognosci ab omnibus gentibus. Et quicumque deinceps fecerit contra, amittat monetam. Et quod monete que fuerint diminute non facta ibi differentia aperta, volumus quod cadant, & sint abatute.*

Item. *Volumus quod in omnibus villis, ubi argentarii operabuntur de argento, quod operentur de argento affinato de Calis *, scilicet quemadmodum operatur apud Tur. Et quod quelibet villa habeat signum suum proprium, & quod nullus faciat signum alterius, & quicumque contra hoc fecerit amittet argentum.*

Item. *Mandamus & precipimus, quod faciatis teneri istam ordinationem, & sciri magis communiter quam poteritis, & faciatis haberi transcriptum totius ordinationis omnibus Baronibus vestre Senescallie, & illis qui habent justitias in terris suis, & mandetis eis ex parte nostra, quod istam ordinationem faciant observari, & puniatis & faciatis puniri eos qui erunt in deffectu, & ad hoc tenendum & servandum eos constringatis per corporum & rerum suarum captionem.* Datum apud Parisius, anno Incarnationis Domini, millesimo ducentesimo sexagesimo decimo quinto mense Decembri.

PHILIPPE V. dit le Long, à Crecy, le 16. Aoust 1321.

PHILIPPE V. DIT LE LONG.

(a) Letres par lesquelles le Roy fait main-levée des saisies, qu'il avoit fait faire des biens des leproseries.

PHILIPPUS *Dei gratiâ Francorum & Navarræ Rex Ballivo Bitur. vel ejus locum tenenti, cæterisque justitiariis nostris.* Salutem. *Cum propter detestabile flagitium, & crimen horrendum, quod leprosi Regni nostri & aliunde, contra Catholicos universos fuerant machinati, ut eos morti traderent, potionibus & venenis, quas in puteis, fontibus, aquis & locis aliis ponebant, conceptam hujusmodi nequitiam molientes explere, nisi circa id, suis cultoribus providisset Christi benignitas, cujus clementia miserante, tanta revelata fuit iniquitas, & per plurium confessiones, & facti evidentiam*

NOTES.

(a) Ces Letres sont tirées des preuves manuscrites de l'histoire des trois fils de Philippes le Bel, qui sont en la Bibliotheque de Monsʳ le Chancelier.

patefacta, Nos tantum scelus, & execrabile crimen remanere nolentes inultum, dictos leprosos in Regno nostro capi fecerimus, & animadverti in plerosque eorum, qui reperti fuere culpabiles præmissorum, & ordinassemus inter alia, quod omnia bona eorum ad manum nostram ponerentur & tenerentur, donec super his duxissemus aliter ordinandum, quodque personis, que solebant vivere de bonis leprosiararum, ac etiam leprosis, quod juxta nostram ordinationem predictam includi contingeret, ministrarentur victui necessaria, per gentes nostras, vel deputatos ab ipsis, Nos *auditis post modum super his supplicationibus plurium Prelatorum, Baronum, nobilium, communitatum, & aliarum personarum dicti Regni, asserentium gardam, gubernationem & administrationem leprosariarum ipsarum, institutionemque & destitutionem personarum earumdem ad se ab antiquis temporibus pertinere*, habitoque super his consilio, & deliberatione plenaria, *manum nostram ab omnibus locis, & bonis leprosariarum ipsarum in quibus posita fuerat, ob causam prædictam*, ordinavimus & duximus *amovendam, mandantes vobis & cuilibet vestrum, prout pertinebit ad eum, quatenus dicta manu amota penitus, illos qui ante appositionem ipsius, gardam, & administrationem locorum & bonorum hujusmodi, institutionemque & destitutionem personarum in eis habebant, de ipsis locis, bonis & personis ubi administrare, providere, & ordinare, prout tempore appositionis manus nostræ, ibidem faciebant, libere permittatur, nostro tamen & alieno in omnibus jure salvo, prædictis Prælatis, Baronibus, communitatibus & aliis, quos hujusmodi tangit negotium, injungentes ut sic se super his habeant, quod nos qui eis per premissa nullum jus novum acquiri nolumus, nullumque prejudicium nobis generari non oporteat, super hoc aliter providere.* Datum Creciaci decimo sexto die Augusti, anno Domini millesimo trecentesimo vicesimo primo.

PHILIPPE V. dit le Long, à Crecy, le 16. Aoust 1321.

Et tout ainsi a esté mandé aus Seneschaus, & aus autres Baillis de France, & aus Baillis de Normandie.

Fin du premier volume.

TABLE DES ANNÉES

De Jesus-Christ, des Lettres Dominicales, des Pâques, & des Indictions.

* On commence cette table par 1057. parce que la premiere charte de ce volume est de cette année. Voyez le P. Petau *de Doctrinâ temporum* lib. 7. cap. 3. & *Rationarii part.* 2. *librum* 1. *cap.* 3. *Cangium in glossar. tom.* 1. *in* V. ANNUS. *Labbeum in* 1. *parte concordiæ chron. Pagium tom.* 4. *criticæ, contra Baronium. Ejusdem Breviarium illustriora Pont. Romanor. acta complectens, tom.* 2. & 3. *in fine,* & *tom* 1. *Galliæ Christ. pag.* 210.

* Année 1057.	Letre Dominicale E.	Pâques le 30. Mars.	Indiction 10.
Année 1058.	Letre Dominicale D.	Pâques le 19. Avril.	Indiction 11.
Année 1059.	Letre Dominicale C.	Pâques le 4. Avril.	Indiction 12.
Année 1060.	Letre Dominicale B A.	Pâques le 26. Mars.	Indiction 13.
Année 1061.	Letre Dominicale G.	Pâques le 15. Avril.	Indiction 14.
Année 1062.	Letre Dominicale F.	Pâques le 31. Mars.	Indiction 15.
Année 1063.	Letre Dominicale E.	Pâques le 20. Avril.	Indiction 1.
Année 1064.	Letre Dominicale D C.	Pâques le 11. Avril.	Indiction 2.
Année 1065.	Letre Dominicale B.	Pâques le 27. Mars.	Indiction 3.
Année 1066.	Letre Dominicale A.	Pâques le 16. Avril.	Indiction 4.
Année 1067.	Letre Dominicale G.	Pâques le 8. Avril.	Indiction 5.
Année 1068.	Letre Dominicale F E.	Pâques le 23. Mars.	Indiction 6.
Année 1069.	Letre Dominicale D.	Pâques le 12. Avril.	Indiction 7.
Année 1070.	Letre Dominicale C.	Pâques le 4. Avril.	Indiction 8.
Année 1071.	Letre Dominicale B.	Pâques le 24. Avril.	Indiction 9.
Année 1072.	Letre Dominicale A G.	Pâques le 8. Avril.	Indiction 10.
Année 1073.	Letre Dominicale F.	Pâques le 31. Mars.	Indiction 11.
Année 1074.	Letre Dominicale E.	Pâques le 20. Avril.	Indiction 12.
Année 1075.	Letre Dominicale D.	Pâques le 5. Avril.	Indiction 13.
Année 1076.	Letre Dominicale C B.	Pâques le 27. Mars.	Indiction 14.
Année 1077.	Letre Dominicale A.	Pâques le 16. Avril.	Indiction 15.
Année 1078.	Letre Dominicale G.	Pâques le 8. Avril.	Indiction 1.
Année 1079.	Letre Dominicale F.	Pâques le 24. Mars.	Indiction 2.
Année 1080.	Letre Dominicale E D.	Pâques le 12. Avril.	Indiction 3.
Année 1081.	Letre Dominicale C.	Pâques le 4. Avril.	Indiction 4.
Année 1082.	Letre Dominicale B.	Pâques le 24. Avril.	Indiction 5.
Année 1083.	Letre Dominicale A.	Pâques le 9. Avril.	Indiction 6.
Année 1084.	Letre Dominicale G F.	Pâques le 31. Mars.	Indiction 7.
Année 1085.	Letre Dominicale E.	Pâques le 20. Avril.	Indiction 8.
Année 1086.	Letre Dominicale D.	Pâques le 5. Avril.	Indiction 9.
Année 1087.	Letre Dominicale C.	Pâques le 28. Mars.	Indiction 10.
Année 1088.	Letre Dominicale B A.	Pâques le 16. Avril.	Indiction 11.
Année 1089.	Letre Dominicale G.	Pâques le 1.er Avril.	Indiction 12.
Année 1090.	Letre Dominicale F.	Pâques le 21. Avril.	Indiction 13.
Année 1091.	Letre Dominicale E.	Pâques le 13. Avril.	Indiction 14.
Année 1092.	Letre Dominicale D C.	Pâques le 28. Mars.	Indiction 15.
Année 1093.	Letre Dominicale B.	Pâques le 17. Avril.	Indiction 1.
Année 1094.	Letre Dominicale A.	Pâques le 9. Avril.	Indiction 2.
Année 1095.	Letre Dominicale G.	Pâques le 25. Mars.	Indiction 3.
Année 1096.	Letre Dominicale F E.	Pâques le 13. Avril.	Indiction 4.
Année 1097.	Letre Dominicale D.	Pâques le 5. Avril.	Indiction 5.
Année 1098.	Letre Dominicale C.	Pâques le 28. Mars.	Indiction 6.
Année 1099.	Letre Dominicale B.	Pâques le 10. Avril.	Indiction 7.
Année 1100.	Letre Dominicale A G.	Pâques le 1.er Avril.	Indiction 8.
Année 1101.	Letre Dominicale F.	Pâques le 21. Avril.	Indiction 9.
Année 1102.	Letre Dominicale E.	Pâques le 6. Avril.	Indiction 10.
Année 1103.	Letre Dominicale D.	Pâques le 29. Mars.	Indiction 11.
Année 1104.	Letre Dominicale C B.	Pâques le 17. Avril.	Indiction 12.

Année 1105

Année 1105.	Letre Dominicale A.	Pâques le 9. Avril.	Indiction 13.
Année 1106.	Letre Dominicale G.	Pâques le 25. Mars.	Indiction 14.
Année 1107.	Letre Dominicale F.	Pâques le 14. Avril.	Indiction 15.
Année 1108.	Letre Dominicale E D.	Pâques le 5. Avril.	Indiction 1.
Année 1109.	Letre Dominicale C.	Pâques le 25. Avril.	Indiction 2.
Année 1110.	Letre Dominicale B.	Pâques le 10. Avril.	Indiction 3.
Année 1111.	Letre Dominicale A.	Pâques le 2. Avril.	Indiction 4.
Année 1112.	Letre Dominicale G F.	Pâques le 21. Avril.	Indiction 5.
Année 1113.	Letre Dominicale E.	Pâques le 6. Avril.	Indiction 6.
Année 1114.	Letre Dominicale D.	Pâques le 29. Mars.	Indiction 7.
Année 1115.	Letre Dominicale C.	Pâques le 18. Avril.	Indiction 8.
Année 1116.	Letre Dominicale B A.	Pâques le 2. Avril.	Indiction 9.
Année 1117.	Letre Dominicale G.	Pâques le 25. Mars.	Indiction 10.
Année 1118.	Letre Dominicale F.	Pâques le 14. Avril.	Indiction 11.
Année 1119.	Letre Dominicale E.	Pâques le 30. Mars.	Indiction 12.
Année 1120.	Letre Dominicale D C.	Pâques le 18. Avril.	Indiction 13.
Année 1121.	Letre Dominicale B.	Pâques le 10. Avril.	Indiction 14.
Année 1122.	Letre Dominicale A.	Pâques le 26. Mars.	Indiction 15.
Année 1123.	Letre Dominicale G.	Pâques le 15. Avril.	Indiction 1.
Année 1124.	Letre Dominicale F E.	Pâques le 6. Avril.	Indiction 2.
Année 1125.	Letre Dominicale D.	Pâques le 29. Mars.	Indiction 3.
Année 1126.	Letre Dominicale C.	Pâques le 11. Avril.	Indiction 4.
Année 1127.	Letre Dominicale B.	Pâques le 3. Avril.	Indiction 5.
Année 1128.	Letre Dominicale A G.	Pâques le 22. Avril.	Indiction 6.
Année 1129.	Letre Dominicale F.	Pâques le 14. Avril.	Indiction 7.
Année 1130.	Letre Dominicale E.	Pâques le 30. Mars.	Indiction 8.
Année 1131.	Letre Dominicale D.	Pâques le 19. Avril.	Indiction 9.
Année 1132.	Letre Dominicale C B.	Pâques le 10. Avril.	Indiction 10.
Année 1133.	Letre Dominicale A.	Pâques le 26. Mars.	Indiction 11.
Année 1134.	Letre Dominicale G.	Pâques le 15. Avril.	Indiction 12.
Année 1135.	Letre Dominicale F.	Pâques le 7. Avril.	Indiction 13.
Année 1136.	Letre Dominicale E D.	Pâques le 22. Mars.	Indiction 14.
Année 1137.	Letre Dominicale C.	Pâques le 11. Avril.	Indiction 15.
Année 1138.	Letre Dominicale B.	Pâques le 3. Avril.	Indiction 1.
Année 1139.	Letre Dominicale A.	Pâques le 23. Avril.	Indiction 2.
Année 1140.	Letre Dominicale G F.	Pâques le 7. Avril.	Indiction 3.
Année 1141.	Letre Dominicale E.	Pâques le 30. Mars.	Indiction 4.
Année 1142.	Letre Dominicale D.	Pâques le 19. Avril.	Indiction 5.
Année 1143.	Letre Dominicale C.	Pâques le 4. Avril.	Indiction 6.
Année 1144.	Letre Dominicale B A.	Pâques le 26. Mars.	Indiction 7.
Année 1145.	Letre Dominicale G.	Pâques le 15. Avril.	Indiction 8.
Année 1146.	Letre Dominicale F.	Pâques le 31. Mars.	Indiction 9.
Année 1147.	Letre Dominicale E.	Pâques le 20. Avril.	Indiction 10.
Année 1148.	Letre Dominicale D C.	Pâques le 11. Avril.	Indiction 11.
Année 1149.	Letre Dominicale B.	Pâques le 5. Avril.	Indiction 12.
Année 1150.	Letre Dominicale A.	Pâques le 16. Avril.	Indiction 13.
Année 1151.	Letre Dominicale G.	Pâques le 8. Avril.	Indiction 14.
Année 1152.	Letre Dominicale F E.	Pâques le 30. Mars.	Indiction 15.
Année 1153.	Letre Dominicale D.	Pâques le 19. Avril.	Indiction 1.
Année 1154.	Letre Dominicale C.	Pâques le 4. Avril.	Indiction 2.
Année 1155.	Letre Dominicale B.	Pâques le 27. Mars.	Indiction 3.
Année 1156.	Letre Dominicale A G.	Pâques le 15. Avril.	Indiction 4.
Année 1157.	Letre Dominicale F.	Pâques le 31. Mars.	Indiction 5.
Année 1158.	Letre Dominicale E.	Pâques le 20. Avril.	Indiction 6.
Année 1159.	Letre Dominicale D.	Pâques le 12. Avril.	Indiction 7.
Année 1160.	Letre Dominicale C B.	Pâques le 27. Mars.	Indiction 8.
Année 1161.	Letre Dominicale A.	Pâques le 16. Avril.	Indiction 9.
Année 1162.	Letre Dominicale G.	Pâques le 8. Avril.	Indiction 10.
Année 1163.	Letre Dominicale F.	Pâques le 24. Mars.	Indiction 11.

Année 1164.	Letre Dominicale E D.	Pâques le 12. Avril.	Indiction 12.
Année 1165.	Letre Dominicale C.	Pâques le 4. Avril.	Indiction 13.
Année 1166.	Letre Dominicale B.	Pâques le 24. Avril.	Indiction 14.
Année 1167.	Letre Dominicale A.	Pâques le 9. Avril.	Indiction 15.
Année 1168.	Letre Dominicale G F.	Pâques le 31. Mars.	Indiction 1.
Année 1169.	Letre Dominicale E.	Pâques le 20. Avril.	Indiction 2.
Année 1170.	Letre Dominicale D.	Pâques le 5. Avril.	Indiction 3.
Année 1171.	Letre Dominicale C.	Pâques le 28. Mars.	Indiction 4.
Année 1172.	Letre Dominicale B A.	Pâques le 16. Avril.	Indiction 5.
Année 1173.	Letre Dominicale G.	Pâques le 8. Avril.	Indiction 6.
Année 1174.	Letre Dominicale F.	Pâques le 24. Mars.	Indiction 7.
Année 1175.	Letre Dominicale E.	Pâques le 13. Avril.	Indiction 8.
Année 1176.	Letre Dominicale D C.	Pâques le 4. Avril.	Indiction 9.
Année 1177.	Letre Dominicale B.	Pâques le 24. Avril.	Indiction 10.
Année 1178.	Letre Dominicale A.	Pâques le 9. Avril.	Indiction 11.
Année 1179.	Letre Dominicale G.	Pâques le 1.er Avril.	Indiction 12.
Année 1180.	Letre Dominicale F E.	Pâques le 20. Avril.	Indiction 13.
Année 1181.	Letre Dominicale D.	Pâques le 5. Avril.	Indiction 14.
Année 1182.	Letre Dominicale C.	Pâques le 28. Mars.	Indiction 15.
Année 1183.	Letre Dominicale B.	Pâques le 17. Avril.	Indiction 1.
Année 1184.	Letre Dominicale A G.	Pâques le 1.er Avril.	Indiction 2.
Année 1185.	Letre Dominicale F.	Pâques le 21. Avril.	Indiction 3.
Année 1186.	Letre Dominicale E.	Pâques le 13. Avril.	Indiction 4.
Année 1187.	Letre Dominicale D.	Pâques le 29. Mars.	Indiction 5.
Année 1188.	Letre Dominicale C B.	Pâques le 17. Avril.	Indiction 6.
Année 1189.	Letre Dominicale A.	Pâques le 9. Avril.	Indiction 7.
Année 1190.	Letre Dominicale G.	Pâques le 25. Mars.	Indiction 8.
Année 1191.	Letre Dominicale F.	Pâques le 14. Avril.	Indiction 9.
Année 1192.	Letre Dominicale E D.	Pâques le 5. Avril.	Indiction 10.
Année 1193.	Letre Dominicale C.	Pâques le 28. Mars.	Indiction 11.
Année 1194.	Letre Dominicale B.	Pâques le 10. Avril.	Indiction 12.
Année 1195.	Letre Dominicale A.	Pâques le 2. Avril.	Indiction 13.
Année 1196.	Letre Dominicale G F.	Pâques le 21. Avril.	Indiction 14.
Année 1197.	Letre Dominicale E.	Pâques le 6. Avril.	Indiction 15.
Année 1198.	Letre Dominicale D.	Pâques le 29. Mars.	Indiction 1.
Année 1199.	Letre Dominicale C.	Pâques le 18. Avril.	Indiction 2.
Année 1200.	Letre Dominicale B A.	Pâques le 9. Avril.	Indiction 3,
Année 1201.	Letre Dominicale G.	Pâques le 25. Mars.	Indiction 4.
Année 1202.	Letre Dominicale F.	Pâques le 14. Avril.	Indiction 5.
Année 1203.	Letre Dominicale E.	Pâques le 6. Avril.	Indiction 6.
Année 1204.	Letre Dominicale D C.	Pâques le 25. Avril.	Indiction 7.
Année 1205.	Letre Dominicale B.	Pâques le 10. Avril.	Indiction 8.
Année 1206.	Letre Dominicale A.	Pâques le 2. Avril.	Indiction 9.
Année 1207.	Letre Dominicale G.	Pâques le 22. Avril.	Indiction 10.
Année 1208.	Letre Dominicale F E.	Pâques le 6. Avril.	Indiction 11.
Année 1209.	Letre Dominicale D.	Pâques le 29. Mars.	Indiction 12.
Année 1210.	Letre Dominicale C.	Pâques le 18. Avril.	Indiction 13.
Année 1211.	Letre Dominicale B.	Pâques le 3. Avril.	Indiction 14.
Année 1212.	Letre Dominicale A G.	Pâques le 25. Mars.	Indiction 15.
Année 1213.	Letre Dominicale F.	Pâques le 14. Avril.	Indiction 1.
Année 1214.	Letre Dominicale E.	Pâques le 30. Mars.	Indiction 2.
Année 1215.	Letre Dominicale D.	Pâques le 19. Avril.	Indiction 3.
Année 1216.	Letre Dominicale C B.	Pâques le 10. Avril.	Indiction 4.
Année 1217.	Letre Dominicale A.	Pâques le 26. Mars.	Indiction 5.
Année 1218.	Letre Dominicale G.	Pâques le 15. Avril.	Indiction 6.
Année 1219.	Letre Dominicale F.	Pâques le 7. Avril.	Indiction 7.
Année 1220.	Letre Dominicale E D.	Pâques le 29. Mars.	Indiction 8.
Année 1221.	Letre Dominicale C.	Pâques le 11. Avril.	Indiction 9.
Année 1222.	Letre Dominicale B.	Pâques le 3. Avril.	Indiction 10.

Année 1223.	Letre Dominicale A.	Pâques le 23. Avril.	Indiction 11.
Année 1224.	Letre Dominicale G F.	Pâques le 14. Avril.	Indiction 12.
Année 1225.	Letre Dominicale E.	Pâques le 30. Mars.	Indiction 13.
Année 1226.	Letre Dominicale D.	Pâques le 19. Avril.	Indiction 14.
Année 1227.	Letre Dominicale C.	Pâques le 11. Avril.	Indiction 15.
Année 1228.	Letre Dominicale B A.	Pâques le 26. Mars.	Indiction 1.
Année 1229.	Letre Dominicale G.	Pâques le 15. Avril.	Indiction 2.
Année 1230.	Letre Dominicale F.	Pâques le 7. Avril.	Indiction 3.
Année 1231.	Letre Dominicale E.	Pâques le 23. Mars.	Indiction 4.
Année 1232.	Letre Dominicale D C.	Pâques le 11. Avril.	Indiction 5.
Année 1233.	Letre Dominicale B.	Pâques le 3. Avril.	Indiction 6.
Année 1234.	Letre Dominicale A.	Pâques le 23. Avril.	Indiction 7.
Année 1235.	Letre Dominicale G.	Pâques le 8. Avril.	Indiction 8.
Année 1236.	Letre Dominicale F E.	Pâques le 30. Mars.	Indiction 9.
Année 1237.	Letre Dominicale D.	Pâques le 19. Avril.	Indiction 10.
Année 1238.	Letre Dominicale C.	Pâques le 4. Avril.	Indiction 11.
Année 1239.	Letre Dominicale B.	Pâques le 27. Mars.	Indiction 12.
Année 1240.	Letre Dominicale A G.	Pâques le 15. Avril,	Indiction 13.
Année 1241.	Letre Dominicale F.	Pâques le 31. Mars.	Indiction 14.
Année 1242.	Letre Dominicale E.	Pâques le 2. Avril.	Indiction 15.
Année 1243.	Letre Dominicale D.	Pâques le 12. Avril.	Indiction 1.
Année 1244.	Letre Dominicale C B.	Pâques le 3. Avril.	Indiction 2.
Année 1245.	Letre Dominicale A.	Pâques le 16. Avril.	Indiction 3.
Année 1246.	Letre Dominicale G.	Pâques le 8. Avril.	Indiction 4.
Année 1247.	Letre Dominicale F.	Pâques le 31. Mars.	Indiction 5.
Année 1248.	Letre Dominicale E D.	Pâques le 19. Avril.	Indiction 6.
Année 1249.	Letre Dominicale C.	Pâques le 4. Avril.	Indiction 7.
Année 1250.	Letre Dominicale B.	Pâques le 27. Mars.	Indiction 8.
Année 1251.	Letre Dominicale A.	Pâques le 16. Avril.	Indiction 9.
Année 1252.	Letre Dominicale G F.	Pâques le 31. Mars.	Indiction 10.
Année 1253.	Letre Dominicale E.	Pâques le 20. Avril.	Indiction 11.
Année 1254.	Letre Dominicale D.	Pâques le 12. Avril.	Indiction 12.
Année 1255.	Letre Dominicale C.	Pâques le 28. Mars.	Indiction 13.
Année 1256.	Letre Dominicale B A.	Pâques le 16. Avril.	Indiction 14.
Année 1257.	Letre Dominicale G.	Pâques le 8. Avril.	Indiction 15.
Année 1258.	Letre Dominicale F.	Pâques le 24. Mars.	Indiction 1.
Année 1259.	Letre Dominicale E.	Pâques le 13. Avril.	Indiction 2.
Année 1260.	Letre Dominicale D C.	Pâques le 4. Avril.	Indiction 3.
Année 1261.	Letre Dominicale B.	Pâques le 24. Avril.	Indiction 4.
Année 1262.	Letre Dominicale A.	Pâques le 9. Avril.	Indiction 5.
Année 1263.	Letre Dominicale G.	Pâques le 1.er Avril.	Indiction 6.
Année 1264.	Letre Dominicale F E.	Pâques le 20. Avril.	Indiction 7.
Année 1265.	Letre Dominicale D.	Pâques le 5. Avril.	Indiction 8.
Année 1266.	Letre Dominicale C.	Pâques le 28. Mars.	Indiction 9.
Année 1267.	Letre Dominicale B.	Pâques le 17. Avril.	Indiction 10.
Année 1268.	Letre Dominicale A G.	Pâques le 8. Avril.	Indiction 11.
Année 1269.	Letre Dominicale F.	Pâques le 24. Mars.	Indiction 12.
Année 1270.	Letre Dominicale E.	Paques le 13. Avril.	Indiction 13.
Année 1271.	Letre Dominicale D.	Pâques le 5. Avril.	Indiction 14.
Année 1272.	Letre Dominicale C B.	Pâques le 24. Avril.	Indiction 15.
Année 1273.	Letre Dominicale A.	Pâques le 9. Avril.	Indiction 1.
Année 1274.	Letre Dominicale G.	Pâques le 1.er Avril.	Indiction 2.
Année 1275.	Letre Dominicale F.	Pâques le 14. Avril.	Indiction 3.
Année 1276.	Letre Dominicale E D.	Pâques le 5. Avril.	Indiction 4.
Année 1277.	Letre Dominicale C.	Pâques le 28. Mars.	Indiction 5.
Année 1278.	Letre Dominicale B.	Pâques le 17. Avril.	Indiction 6.
Année 1279.	Letre Dominicale A.	Pâques le 2. Avril.	Indiction 7.
Année 1280.	Letre Dominicale G F.	Pâques le 21. Avril.	Indiction 8.
Année 1281.	Letre Dominicale E.	Pâques le 13. Avril.	Indiction 9.

Année 1282.	Letre Dominicale D.	Pâques le 29. Mars.	Indiction 10.
Année 1283.	Letre Dominicale C.	Pâques le 18. Avril.	Indiction 11.
Année 1284.	Letre Dominicale B A.	Pâques le 9. Avril.	Indiction 12.
Année 1285.	Letre Dominicale G.	Pâques le 25. Mars.	Indiction 13.
Année 1286.	Letre Dominicale F.	Pâques le 14. Avril.	Indiction 14.
Année 1287.	Letre Dominicale E.	Pâques le 6. Avril.	Indiction 15.
Année 1288.	Letre Dominicale D C.	Pâques le 28. Mars.	Indiction 1.
Année 1289.	Letre Dominicale B.	Pâques le 10. Avril.	Indiction 2.
Année 1290.	Letre Dominicale A.	Pâques le 2. Avril.	Indiction 3.
Année 1291.	Letre Dominicale G.	Pâques le 22. Avril.	Indiction 4.
Année 1292.	Letre Dominicale F E.	Pâques le 6. Avril.	Indiction 5.
Année 1293.	Letre Dominicale D.	Pâques le 29. Mars.	Indiction 6.
Année 1294.	Letre Dominicale C.	Pâques le 18. Avril.	Indiction 7.
Année 1295.	Letre Dominicale B.	Pâques le 3. Avril.	Indiction 8.
Année 1296.	Letre Dominicale A G.	Pâques le 25. Mars.	Indiction 9.
Année 1297.	Letre Dominicale F.	Pâques le 14. Avril.	Indiction 10.
Année 1298.	Letre Dominicale E.	Pâques le 6. Avril.	Indiction 11.
Année 1299.	Letre Dominicale D.	Pâques le 19. Avril.	Indiction 12.
Année 1300.	Letre Dominicale C B.	Pâques le 10. Avril.	Indiction 13.
Année 1301.	Letre Dominicale A.	Pâques le 2. Avril.	Indiction 14.
Année 1302.	Letre Dominicale G.	Pâques le 22. Avril.	Indiction 15.
Année 1303.	Letre Dominicale F.	Pâques le 7. Avril.	Indiction 1.
Année 1304.	Letre Dominicale E D.	Pâques le 29. Mars.	Indiction 2.
Année 1305.	Letre Dominicale A.	Pâques le 18. Avril.	Indiction 3.
Année 1306.	Letre Dominicale B.	Pâques le 3. Avril.	Indiction 4.
Année 1307.	Letre Dominicale A.	Pâques le 26. Mars.	Indiction 5.
Année 1308.	Letre Dominicale G F.	Pâques le 14. Avril.	Indiction 6.
Année 1309.	Letre Dominicale E.	Pâques le 30. Mars.	Indiction 7.
Année 1310.	Letre Dominicale D.	Pâques le 19. Avril.	Indiction 8.
Année 1311.	Letre Dominicale C.	Pâques le 11. Avril.	Indiction 9.
Année 1312.	Letre Dominicale B A.	Pâques le 26. Mars.	Indiction 10.
Année 1313.	Letre Dominicale G.	Pâques le 15. Avril.	Indiction 11.
Année 1314.	Letre Dominicale F.	Pâques le 7. Avril.	Indiction 12.
Année 1315.	Letre Dominicale E.	Pâques le 23. Mars.	Indiction 13.
Année 1316.	Letre Dominicale D C.	Pâques le 11. Avril.	Indiction 14.
Année 1317.	Letre Dominicale B.	Pâques le 3. Avril.	Indiction 15.
Année 1318.	Letre Dominicale A.	Pâques le 23. Avril.	Indiction 1.
Année 1319.	Letre Dominicale G.	Pâques le 8. Avril.	Indiction 2.
Année 1320.	Letre Dominicale F E.	Pâques le 23. Mars.	Indiction 3.
Année 1321.	Letre Dominicale D.	Pâques le 19. Avril.	Indiction 4.
Année 1322.	Letre Dominicale C.	Pâques le 11. Avril.	Indiction 5.
Année 1323.	Letre Dominicale B.	Pâques le 27. Mars.	Indiction 6.
Année 1324.	Letre Dominicale A G.	Pâques le 15. Avril.	Indiction 7.
Année 1325.	Letre Dominicale F.	Pâques le 7. Avril.	Indiction 8.
Année 1326.	Letre Dominicale E.	Pâques le 23. Mars.	Indiction 9.
Année 1327.	Letre Dominicale D.	Pâques le 12. Avril.	Indiction 10.

TABLE CHRONOLOGIQUE DES ORDONNANCES

Contenuës dans ce premier Volume.

HENRY PREMIER.

PHILIPPE PREMIER.

LOUIS VI. DIT LE GROS.

LOUIS VI. DIT LE GROS, ET LOUIS VII. DIT LE JEUNE.

LOUIS VII. DIT LE JEUNE.

PHILIPPE AUGUSTE.

LOUIS VIII. SURNOMMÉ LE LYON.

SAINT LOUIS IX. DU NOM.

Ordonance

PHILIPPE III. SURNOMMÉ LE HARDY.

PHILIPPE IV. SURNOMMÉ LE BEL.

Ordonance

LOUIS X. SURNOMMÉ HUTIN.

Ordonance

PHILIPPE V. SURNOMMÉ LE LONG.

Ordonance

CHARLES IV. DIT LE BEL.

Fin de la Table Chronologique.

TABLE DES MATIERES.

TABLE DES MATIERES.

Cette Table et les deux autres suivantes ont été dépouillées pour la Table générale.

A

B

C

D

Il faut

E

F

G

Le *justiciable*

N

S

Substituts

TABLE DES NOMS DES PROVINCES, &c.

TABLE DES NOMS

des Provinces, des Bailliages, des Seneschaussées, des Villes & des autres lieux, dont il est parlé dans ce Volume.

R

S

Seneschaussées.

T

V

Vicomtez.

X

TABLE DES NOMS DES PERSONNES, &c.

TABLE DES NOMS

des personnes, dont il est parlé dans ce Volume.

A

B

C

D

H

Jean

L

M

N

O

S

T

V

Y

Corrections & Additions.

Dans la Preface.

PAGE v. ligne 32. *1686.* lisez *1706.*
Page XIII. ligne 1. *& que*, lisez *& tant que.*

Dans l'Ouvrage.

Page 2. aux Notes, col. 1. ligne 8. *interponabatur*, lisez *interponebatur.*
Page 11. à la premiere date, à la marge, *à Paris*, lisez *à Lorris.*
Page 12. à la Note, col. 1. & 2. *Loüis le Gros*, lisez *Philippe I.*
Page 26. à la seconde date marginale, *1208. ou 1209.* lisez *1207. ou 1208.* Et à la Note, col. 1. ligne 9. aprés 189. adjoustez, voyez *les Conciles de Normandie* in folio, *page* 106. & 107.
Page 132. à la Note du Ch. 29. col. 2. ligne 5. *abcindantur*, lisez *abscindantur*, & à la ligne 8. au lieu de *repetente*, lisez *repente.*
Page 178. aux Notes, col. 1. ligne 13. *vacare*, lisez *vocare*, ligne 15. *consulitur*, lisez *consuletur.*
Page 277. aux Notes, col. 1. ligne 10. *ses*, lisez *les.*
Page 278. aux Notes, col. 2. ligne 16. 17. *Saulontgue*, lisez *Saaloingne.*
Page 282. aux Notes, col. 1. ligne 18. aprés le mot *reponse*, adjoustez *s'il s'avoüe du vavasseur ou du Baron, il ne sera plus renvoyé*, car &c. Col. 2. ligne 6. *la cour*, lisez *le recort.*
Page 287. aux Notes, col. 2. ligne 9. *cela estoit ainsi*, adjoustez *dans les terres des Barons, mais non dans &c.*
Page 293. à l'Observation, ligne 9. *126.* lisez *1260.*
Page 301. aux Sommaires, col. 1. art. 3. ligne 3. *justice*, lisez *negoce.*
Page 302. aux Notes, col. 1. lig. 1. *nostram*, lisez *Domini.*
Page 314. au Sommaire 2. ligne 7. lisez *depuis la veille de la Toussaint, jusques à la veille de la Saint Jean.* Et à la col. 2. art. 7. à la fin, lisez *& de leur ancien Seigneur pour les meffets commis trois mois avant leur retraite.*
Page 320. col. 1. art. 3. ligne 1. *Requestes*, lisez *Enquestes.*
Page 328. ligne 3. au titre. *establies*, lisez *abolies.*
Page 329. ligne 27. au titre *Bailly*, lisez *Seneschal.*
Page 330. à la seconde date, aprés *Nativité*, lisez *de la Vierge.*
Page 336. à la ligne 2. du Titre, au lieu *de Sergens*, lisez *Notaires.*
Page 354. à la date *23. Mars*, lisez *25. Mars.*
Page 356. col. 2. ligne 32. & 49. lisez comme à la page 314.
Page 357. à la date, au lieu de *23. Mars*, lisez *25. Mars.*
Page 378. ligne 23. *solabantur*, lisez *solvebantur.*
Pag. 387. ligne 3. *deteriotæ*, lisez *deterioratæ.*
Page 394. à la Note, ligne premiere, *a jure*, adjoustez *civili permissis.*
Page 397. à la Note, col. 1. ligne 9. *Framalleu*, lisez *Francalleu.*
Page 441. col. 2. ligne 3. *d'encherir*, lisez *d'enchéoir.*
Page 452. à la date, *apud mercatum*, lisez *novum mercatum.*
Page 465. à la date *12. Juin*, lisez *13. Juin.*
Page 497. à la Note, col. 2. ligne 10. *Salvicæ leges*, lisez *Salicæ legis.*
Page 511. aux Sommaires, art. 5. ligne 5. *& une once*, lisez *& une demie once.*
Page 545. ligne 29. *le 25.* lisez *le 27.* Ligne 30. *qui sont*, lisez *qui est.*
Page 546. *Philippus* &c. Cette Ordonnance est à la page 386.
Page 547. 5. Fevrier 1303. Cette Ordonnance est à la page 400.
Page 619. à la premiere date, *28. Fevrier*, lisez *26. Fevrier.*
Page 645. à la premiere date, *1316.* lisez *1317.* Et à la seconde date, au lieu de *chasteau*, lisez *chasteauneuf.*
Page 657. à la date, ligne derniere, *1310.* lisez *1318.*
Page 713. ligne 25. *marchande*, lisez *marchanderont.*
Page 728. au Sommaire 11. ligne 5. *recusé*, lisez *executé.*
Page 736. au texte, ligne 7. *traitée*, lisez *treillée.*

www.ingramcontent.com/pod-product-compliance
Lightning Source LLC
Chambersburg PA
CBHW071402230926
51846CB00001B/3
9782012597938